FAR EAST
MINI ENGLISH-CHINESE DICTIONARY
遠東迷你英漢字典

編輯者
遠東圖書公司編審委員會

遠東圖書公司印行

序　文

爲適應一般讀者隨身攜帶輕便，及日常生活查閱快捷起見，遠東圖書公司創辦人浦家麟先生秉持一貫追求新知以利讀者之政策，特囑編輯部以遠東簡明英漢辭典爲基礎，精簡字義、減少篇幅，仍能涵蓋梁實秋教授主編之遠東迷你英漢字典。

這本新的遠東迷你英漢字典收錄單字、複合字及成語七萬餘，含一萬五千日常用字。其中較常用的七千餘單字，加星號 *；最常用的兩千單字加雙星號 **。這本字典體積雖小、內涵仍多、足供日常生活及研究英文參考之用。

遠東圖書公司編審委員會謹識

1996 年 10 月

編輯體例說明

1. 本字典所收單字、複合字及成語約七萬餘。單字一律依字母順序統一編排，並以圓點「・」分音節，以 K.K.音標注音(衍生字重音標注方式例外，詳見說明 11.)。
2. ‡：表示特別重要之常用字，國中程度應熟悉者，約 2,000 字。例：**‡a·ble**
   *：表示常用字，高中程度應熟悉者，約 7,000 字。例：***a·ban·don**
3. **ar·mor,** 〖英〗 **-mour**：表示美國拼法爲 **ar·mor,** 而英國則拼成 **ar-mour.** 本字典以美國英語爲主。
4. 字形變化：(1)名詞之數，動詞變化，形容詞與副詞之比較級，如爲規則變化一概從略。
   (2)(-rr-)如 **re·fer** 項下之(-rr-)表示其動詞變化爲 **re·ferred, re·fer·ring.**
   (-ck-)如 **mim·ic** 項下之(-ck-)表示其動詞變化爲 **mim·icked, mim·ick·ing.**
   (-l-, 〖英〗-ll-)如 **trav·el** 項下之(-l-, 〖英〗-ll-)表示其動詞變化，美式爲 **trav·eled, trav·el·ing.** 英式爲 **trav·elled, trav·el·ling.**
   (3)其他不規則變化者採全拼方式。
5. Ⓤ Ⓒ：名詞有的字義可以數，其單數附有不定冠詞 a, an, 也有複數形，這種名詞稱爲「可數名詞」(Countable)，略作 Ⓒ；有時不能數，既不帶不定冠詞也沒有複數形，這種名詞則稱爲「不可數名詞」(Uncountable)，略作 Ⓤ.
   專有名詞與用於稱呼的名詞以及特定之物則沒有 Ⓤ 或 Ⓒ 的標示。此外 Ⓤ 或 Ⓒ 也非絕對的，而只是爲了瞭解字義與增進學習效果的一種方法。
   同一定義標示 Ⓤ Ⓒ 時，視其在句子中之含義而決定其爲 Ⓤ 或 Ⓒ.
   例：***de·moc·ra·cy** [də`mɑkrəsɪ] *n.* ① Ⓤ 民主政治…。② Ⓒ 民主國家…
   han·ker·ing [`hæŋkərɪŋ] *n.* Ⓒ (常 a ～)熱望；切望…
6. (*sing.*)，(*pl.*)，(作 *sing.* 解)，(作 *pl.* 解)，(the ～)，(A-)：表示某釋義在使用時應作單數，複數，作單數解，作複數解，加冠詞，或大寫等。
   例：***al·might·y** … — *n.* (the A-)上帝。
7. ～：表示原單字在例句或注音中之全部省略。但原單字未超過兩個字母者，全拼出。
   例：**‡a·bout** 項下之 The plane is ～ to take off.
   áir·raid shèlter [`ɛr,red ～]
   ～：表示原單字在成語中之全部省略。
   例：**‡hit** 項下之成語 ～ ***it off***

-：表示原單字之部分省略。

例：**me·te·or·o·log·ic, -i·cal** 表示後者之完整拼法應爲 **me-te·or·o·log·i·cal,** 且與前者爲同一字。又如 **hear** 項下之 *H-! H-!* 係表示 *Hear! Hear!* 之省略。

8.〔 〕：表示在此符號內之介系詞或副詞，常與原單字連用。

例：**a·bide** 項下②遵守；忠於〔by〕. 表示 **a·bide** 在當②義解時常與 by 連用。

9.( )：表示此符號內之部分可予省略。

例：**flan·nel·et(te)** 表示 **te** 可有可無。

good 項下成語 ***for ~ (and all)***，表示 ***and all*** 可有可無。

10.[ ]：表示此符號內之部分可替代其前面之字者。

例：**back** 項下成語 ***get [put] one's ~ up***，表示 ***get*** 可以 ***put*** 替代。

11.衍生字：(1)若干衍生字係附於單字之後，分音節並在重音之後上方加注重音符號「′」(請特別注意，此與國際音標將重音符號加注於重音之前，恰好相反)。

(2) — 表示原單字在衍生字中之全部省略，但如音節或重音與原單字有異，或省略後易於混淆者，則完全拼出。

例：‡**in·sist** 項下—**ent,** *adj.* —**ence,** —**en·cy,** *n.*(各表示 **in·sist-ent, in·sist·ence, in·sist·en·cy**)

in·sip·id [ɪn`sɪpɪd] *adj.* … —**in·si·pid′i·ty,** *n.*(表示 **in-si·pid′i·ty** 之重音節爲 **pid,** 與原單字之重音及音節不同，故在衍生字中全拼)。

(3)-：此細短橫表示某衍生字注音之部分省略。

例：—**an·ti·chris′tian** [-`krɪstʃən]

(4)衍生字與首字意義不易聯想時，則酌加釋義。

12.成語：本字典對有關各單字之重要成語，均盡量蒐集。部分成語，除解釋之外，更酌加例句。

例：‡**go**[1] 項下 ***go without saying*** 不待言。It *goes without saying* that....(某事)自不待言。

13.爲了在有限篇幅內收錄大量字彙，本字典將複合字列入其起首單字之後。

例：fat farm(減肥中心)列於 fat 下，作 **∼ fàrm**; New Testament(新約聖經)列於 new 下，作 **N∼ Téstament**; paternity leave(陪產假)列於 paternity 下，作 **∼ léave**; sexual harassment(性騷擾)列於 sexual 下，作 **∼ hárass-ment.**

14.外來語：本字典收錄之外來語除標明來源，必要時，並舉出相當之英語，以資比較。

例：**ex·em·pli gra·ti·a** [ɪg`zɛmplaɪ`greʃɪə] 〖拉〗 *adv.* 例如(= for example). (略作 **e.g.**)

15.〔注意〕：字彙中凡有闡釋必要者，如同義與反義之比較，正式與非正式之用法，標準與俚俗之差異，文法之規則與例外等，以〔注意〕標明之。

音標說明

在二十世紀初葉以前，國人學習英語發音，都是利用英美人士今天仍然通用的韋氏(Noah Webster)音標。1917年英國語言學家 Daniel Jones 出版了以國際音標注音的 *Everyman's English Pronunciation Dictionary*，此後我們就逐漸採用國際音標。

顧名思義，國際音標原本是標注各國語言發音之用的，有人卻誤以爲祇有 Jones 音標是國際音標，這當然是不對的。全部國際音標的符號也不僅止於我們學習英語所用的這些。例如法、德等國的語言也可用國際音標注音，祇不過他們有若干特殊的發音，就另需我們學習英語中通常所沒有的符號(如 x, y, ϕ 等)。同理，在用於學習英語的國際音標中，也有極少數是在學習德、法等國語言中所用不著的，因爲他們根本沒有那種發音(如 θ, ð, tʃ 等)。

明白了以上的情形，我們應該不難瞭解，同是英語，既有 Jones 音標，爲甚麼又有 K.K.(美國兩位語言學家 John Samuel Kenyon 和 Thomas Albert Knott 二氏的簡稱)音標。因爲英美兩國英語的發音多少有些區別，前者乃專用於標注英國英語，而後者則適用於標注美國英語。

我們現在日常所聽到的英語，多數是美音，國民中學的英語課本也改用 K.K.音標，所以 K.K.音標的採用，目前已較 Jones 音標爲普遍。我們爲了參考的方便，特在這裡摘要列出兩種音標的對照，相信對於一般讀者應該是有所幫助的。

K.K. 與 Jones 音標對照表

vowels 母音			consonants 子音	
K.K.	Jones	Key Words	K.K. Jones 同	Key Words
i	iː	bee [bi; biː]	b	bob [bɑb; bɔb]
ɪ	i	hit [hɪt; hit]	d	dad [dæd; dæd]
ɪ(r)	(iə)	here [hɪr; hiə]	f	fife [faɪf; faif]
ɛ	e	yes [jɛs; jes]	g ɡ	gag [gæg; ɡæɡ]
ɛ(r)	(ɛə)	there [ðɛr; ðɛə]	h	high [haɪ; hai]

vowels 母 音			consonants 子 音	
K.K.	Jones	Key Words	K.K. Jones 同	Key Words
æ	æ	sat [sæt; sæt]	k	kick [kɪk; kik]
ɑ	ɑ:	palm [pɑm; pɑ:m]	l	lull [lʌl; lʌl]
ɑ	ɔ	ox [ɑks; ɔks]	l̩	national [ˋnæʃənl̩; ˈnæʃənl̩]
ɔ	ɔ:	law [lɔ; lɔ:]	m	mom [mɑm; mɔm]
ʊ	u	book [bʊk; buk]	m̩	stop'em [ˋstɑpm̩; ˈstɔpm̩] (stop'em 爲 stop them 之縮寫)
u	u:	tool [tul; tu:l]	n	noon [nun; nu:n]
ʌ	ʌ	cut [kʌt; kʌt]	n̩	pardoner [ˋpɑrdn̩ɚ; ˈpɑ:dn̩ə]
ɝ	ə:	bird [bɝd; bə:d]	p	pop [pɑp; pɔp]
ɚ	ə	better [ˋbɛtɚ; ˈbetə]	r	red [rɛd; red]
ə	ə	about [əˋbaʊt; əˈbaut]	s	souse [saʊs; saus]
e	ei	name [nem; neim]	t	tat [tæt; tæt]
o	ou	no [no; nou]	v	valve [vælv; vælv]
aɪ	ai	my [maɪ; mai]	w	way [we; wei]
aʊ	au	out [aʊt; aut]	j	yet [jɛt; jet]
ɔɪ	ɔi	boy [bɔɪ; bɔi]	z	zoo [zu; zu:]
(ɪr)	iə	mere [mɪr; miə]	ŋ	sing [sɪŋ; siŋ]
(ɛr)	ɛə	dare [dɛr; dɛə]	ʃ	shed [ʃɛd; ʃed], lash [læʃ; læʃ]
(or,ɔr)	ɔə	four [fɔr; fɔə]	tʃ	church [tʃɝtʃ; tʃə:tʃ]
(ʊr)	uə	tour [tʊr; tuə]	ʒ	pleasure [ˋplɛʒɚ; ˈpleʒə]
ju	ju:	use [juz; ju:z]	dʒ	judge [dʒʌdʒ; dʒʌdʒ]
			θ	thin [θɪn; θin]
			ð	thither [ˋðɪðɚ; ˈðiðə]
			hw	why [hwaɪ; (h)wai]

略 語 表 (I)

adj. ·········adjective 形容詞
adv. ·········adverb 副詞
art.···········article 冠詞
aux. ·········auxiliary 助動詞
comp. ·····comparative degree 比較級
conj. ·········conjunction 連接詞
def. art. ···definite article 定冠詞
fem. ·········feminine 陰性
gen. ·········genitive 所有格
indef. art.···indefinite article 不定冠詞
interj. ······interjection 感嘆詞
mas. ·········masculine 陽性
n. ············noun 名詞
nom. ·········nominative 主格
obj. ·········objective 受格
pl. ············plural 複數
poss. ·········possessive 所有格
pp. ············past participle 過去分詞
ppr. ·········present participle 現在分詞
prep. ·········preposition 介系詞
pron. ·········pronoun 代名詞
pt. ············past tense 過去式
rel. pron. ···relative pronoun 關係代名詞
sing. ·········singular 單數
superl. ······superlative degree 最高級
v. ············verb 動詞
v.i. ············intransitive verb 不及物動詞
v.t. ············transitive verb 及物動詞
?··············uncertain 或許;可能;不確定
& ············and 及

略 語 表 (II)

〖空〗航空
〖解〗解剖學
〖古〗古語
〖建〗建築學
〖天〗天文學
〖澳〗澳洲
〖生化〗生物化學
〖植〗植物學
〖英〗不列顚(的) (英國; 英語; 英國的)
〖加〗加拿大(的)
〖化〗化學(的)
〖中〗中國的; 中國語
〖俗〗俗語的; 口語的
〖電算〗電子計算機
〖蔑〗輕蔑語
〖方〗方言
〖荷〗荷蘭
〖經〗經濟學
〖電〗電的; 電學
〖工〗工程學
〖法〗法國的; 法語
〖地〗地理學(的)
〖德〗德國的; 德語
〖希神〗希臘神話
〖徽〗徽章
〖史〗歷史(的)
〖昆〗昆蟲學
〖愛〗愛爾蘭的; 愛爾蘭語
〖義〗義大利的; 義大利語
〖日〗日本的; 日本語
〖謔〗戲謔語
〖拉〗拉丁語
〖文〗文學用語
〖鄙〗鄙俗語
〖數〗數學
〖機〗機械學
〖醫〗醫學(的)
〖軍〗軍語
〖礦〗礦業; 礦冶
〖影〗電影
〖樂〗音樂
〖廢〗廢語
〖古生〗古生物學
〖藥〗藥學
〖哲〗哲學
〖攝〗攝影
〖理〗物理學(的)
〖詩〗詩中用語
〖政〗政治
〖葡〗葡萄牙的; 葡萄牙語
〖諺〗諺語
〖心〗心理學
〖無線〗無線電
〖罕〗罕用語
〖宗〗宗教
〖修〗修辭學(的)
〖羅神〗羅馬神話
〖俄〗俄國的; 俄語
〖海〗航海
〖梵〗梵語
〖蘇〗蘇格蘭; 蘇格蘭的; 蘇格蘭語
〖貝〗貝殼
〖俚〗俚語
〖西〗西班牙(的)
〖紡〗紡織
〖視〗電視
〖土〗土耳其的; 土耳其語
〖美〗美國的; 美語
〖動〗動物學(的)

A a A a *A a*

‡A or **a** [*unstressed* ə *stressed* e] *n.* Ⓤ Ⓒ (*pl.* **A's, a's**)①英文字母之第一個字母。②甲(成績)。**—** *adj.* or *indefinite article.* ①任一。②一。③每一。④某一。

a·ba·ca [ˌɑbəˋkɑ] *n.* Ⓤ馬尼拉麻。

a·back [əˋbæk] *adv.* 向後地。**be taken ～** 吃驚；嚇了一跳。

ab·a·cus [ˋæbəkəs] *n.* Ⓒ (*pl.* **～es, -ci** [-ˌsaɪ])算盤。

a·baft [əˋbæft] *adv.* 在[向]船尾。**—** *prep.* 〖海〗在…之後。

ab·a·lo·ne [ˌæbəˋlonɪ] *n.* Ⓒ〖動〗鮑魚。

***a·ban·don** [əˋbændən] *v.t.* ①放棄。②捨棄。③放縱；放肆。**—** *n.* Ⓤ 狂放；放肆。**— ed,** *adj.*

a·ban·don·ee [əˌbændəˋni] *n.* Ⓒ〖法律〗受委付者。

a·ban·don·er [əˋbændənə] *n.* Ⓒ①放棄者。②〖法律〗遺棄者。

a·ban·don·ment [əˋbændənmənt] *n.* Ⓤ①放棄。②〖法律〗遺棄。

a·base [əˋbes] *v.t.*貶抑；降低(職位、階級等)；使卑下。**— ment,** *n.*

a·bash [əˋbæʃ] *v.t.* 使慚愧；使侷促不安。**— ed,** *adj.* **— ment,** *n.*

***a·bate** [əˋbet] *v.t.* ①減少；降低。②消除。**—** *v.i.* 減退。**— ment,** *n.*

ab·at·toir [ˌæbəˋtwɑr] *n.* Ⓒ屠宰場。

***ab·bey** [ˋæbɪ] *n.* ① Ⓒ 大修道院；庵堂。② Ⓤ (the～, 集合稱)一院庵之僧尼。③ Ⓒ (常 A-)大教堂。

***ab·bot** [ˋæbət] *n.* Ⓒ大修道院院長。

abbr(ev). abbreviated; abbreviation.

ab·bre·vi·ate [əˋbrivɪˌet] *v.t.* 縮寫；縮短。

ab·bre·vi·a·tion [əˌbrivɪˋeʃən] *n.* ① Ⓤ 簡略；縮短。② Ⓒ 縮寫字。

ABC [ˋeˋbiˋsi] *n.* (*pl.* **～'s, ～s** [～z]) ①(*pl.*)字母。② Ⓒ 基礎。

ABC American Broadcasting Company. 美國廣播公司。

ab·di·cate [ˋæbdəˌket] *v.t.* & *v.i.* ①放棄(權利)。②讓位；辭職。

***ab·do·men** [æbˋdomən, ˋæbdəmən] *n.* Ⓒ (*pl.* **～s, -dom·i·na** [æbˋdɑmənə])腹部；下腹。**— ab·dom·i·nal** [æbˋdɑmənl, əb-], *adj.*

ab·duct [æbˋdʌkt] *v.t.* ①綁架；綁走；拐走。②〖生理〗使外旋。

ab·duc·tion [æbˋdʌkʃən] *n.* Ⓤ Ⓒ①誘拐。②〖生理〗外旋；外展。

ab·duc·tor [æbˋdʌktə] *n.* Ⓒ ①誘拐者。②〖生理〗外展肌。

a·bed [əˋbɛd] *adv.* & *adj.*〖古〗在床上(的)。

ab·er·rant [æbˋɛrənt] *adj.* ①偏離常軌的。②異常的。

ab·er·ra·tion [ˌæbəˋreʃən] *n.* Ⓤ Ⓒ ①越軌。②恍惚；錯亂。

a·bet [əˋbɛt] *v.t.* (**-tt-**)煽動；教唆。**— ter, — tor, — ment,** *n.*

a·bey·ance [əˋbeəns] *n.* Ⓤ 中止；暫擱。

***ab·hor** [əbˋhɔr, æb-] *v.t.* (**-rr-**) 憎惡；痛恨。

ab·hor·rence [əbˋhɔrəns] *n.* ① Ⓤ 憎恨；嫌惡。② Ⓒ 憎惡之事物。

ab·hor·rent [əbˋhɔrənt] *adj.* ①嫌惡的。②令人憎恨的。

***a·bide** [əˋbaɪd] *v.i.* (**a·bode** or **a·bid·ed**)①居住。②遵守；忠於[by]。③滯留。**—** *v.t.* ①忍受。②守候。

a·bid·ing [əˋbaɪdɪŋ] *adj.* 永久的。

***a·bil·i·ty** [əˋbɪlətɪ] *n.* ① Ⓒ (常*pl.*)能力。② Ⓤ 技能；本領。③ Ⓤ 天才。

ab·ject [æbˋdʒɛkt, ˋæbdʒɛkt] *adj.* ①不幸的；可憐的；難堪的。②卑鄙的；卑屈的。**— ab·jec′tion,** *n.*

ab·jure [əbˋdʒur] *v.t.* ①誓絕。②鄭重放棄或撤銷。**— ab·ju·ra·tion** [ˌæbdʒuˋreʃən], *n.*

ab·laut [ˋɑblaut] *n.* Ⓤ〖語言〗母音變換(如 drink, drank, drunk)。

a·blaze [əˋblez] *adj.* ①着火的。②發光的。③激動的；忿怒的。

‡a·ble [ˋebl] *adj.* ①能。②能幹的。③詳盡的。④〖法律〗有資格的。

-able 〖字尾〗表「可…的；足可…的；適合…的；愛好…的」之義。

a·ble-bod·ied [ˋeblˋbɑdɪd] *adj.* 強健的。§ **～ séaman** 熟練之水手。

ab·lu·tion [æbˋluʃən] *n.* ① Ⓤ Ⓒ 沐浴。② Ⓒ (常 *pl.*)〖宗〗洗禮；齋戒沐浴。

a·bly [ˋeblɪ] *adv.* 能幹地；巧妙地。

ab·ne·gate [ˋæbnɪˌget] *v.t.* ①棄權。②自制。**— ab·ne·ga′tion,** *n.*

A

*ab·nor·mal [æbˋnɔrml̩] *adj.* 變態的;不正常的。— ab·nor·mal·i·ty [ˏæbnɔrˋmælətɪ], *n.*

*a·board [əˋbord, əˋbɔrd] *adv.* ①在船[飛機]上。②〖美, 加〗在火車[汽車]上。—*prep.* 在船[車]上。

*a·bode [əˋbod] *n.* Ⓒ住處。— *v.* pt. & pp. of **abide**.

*a·bol·ish [əˋbɑlɪʃ] *v.t.* 廢止; 革除。— a·ble, *adj.* — ment, *n.*

*ab·o·li·tion [ˏæbəˋlɪʃən] *n.* Ⓤ①廢止; 革除。②(有時 A-)廢止黑奴制度。— ism, — ist, *n.*

A-bomb [ˋeˏbɑm] *n.* Ⓒ原子彈。

*a·bom·i·na·ble [əˋbɑmnəbl̩] *adj.* ①可厭的。②惡劣的。 § A∸ Snówman 雪人。

a·bom·i·nate [əˋbɑməˏnet] *v.t.* 痛恨; 痛惡。— a·bom′i·na·tor, *n.*

a·bom·i·na·tion [əˏbɑməˋneʃən] *n.*①Ⓤ憎惡。②Ⓒ可憎之事物或行爲。

ab·o·rig·i·nal [ˏæbəˋrɪdʒənl̩] *adj.* 原始的; 土著的。— *n.* Ⓒ原始之居民; 土人。

ab·o·rig·i·ne [ˏæbəˋrɪdʒəni] *n.* ①Ⓒ原始居民; 土人。②(*pl.*)(某一地區的)土生的動植物。

a·bort [əˋbɔrt] *v.i.* ①流產; 墮胎。②失敗。③〖生物〗發育不全。— *v.t.* ①使墮胎。②使中止。— ed, *adj.*

a·bor·tion [əˋbɔrʃən] *n.* ①ⓊⒸ流產; 墮胎。②Ⓒ流產或墮胎產下之胎兒。③Ⓒ失敗; 挫折。— ist, *n.* — a·bor′tive, *adj.*

*a·bound [əˋbaund] *v.i.* 富於。

‡a·bout [əˋbaut] *prep.* ①關於。②近於。③繞於。④即將。The plane is ~ to take off. 此機即將起飛。⑤在…附近。⑥在(某人)身邊; 手頭。⑦到處。— *adv.* ①將近。②近處。③遍於。④大約。⑤向相反方向。— *adj.* ①在活動的。②流通的。

a·bout-face [əˋbautˏfes] *n.* Ⓒ(常 *sing.*)①向後轉。②改變主意。—[əˏbautˋfes] *v.i.* 改變主意或態度。

‡a·bove [əˋbʌv] *prep.* ①於…之上。②地位高於。③超過。④勝於。~ ***all*** 最重要。— *adv.* ①在上; 上方。②在上文。— *adj.* 上述的; 上面的。— *n.* ①(the ~)上述者; 如上者。②Ⓤ上級。

a·bove·board [əˋbʌvˏbord] *adv.* & *adj.* 光明磊落地[的]; 坦誠地[的]。

a·brade [əˋbred] *v.t.* & *v.i.* 磨擦; 擦傷; 磨損。

a·bra·sion [əˋbreʒən] *n.* ①Ⓤ磨擦。②Ⓤ磨損。③Ⓒ擦傷[磨損]處。

a·bra·sive [əˋbresɪv] *adj.* 使生磨損或剝蝕的。— *n.* ⓊⒸ磨礪物。

a·breast [əˋbrɛst] *adv.* ①並肩; 相並。②趕得上; 不落伍。

a·bridge [əˋbrɪdʒ] *v.t.* ①縮短; 刪節(指文字或語言)。②削減。

a·bridg(e)·ment [əˋbrɪdʒmənt] *n.* ①Ⓤ縮短; 刪節。②Ⓤ削減。③Ⓒ(某書之)刪節本。

*a·broad [əˋbrɔd] *adv.* ①在國外。②在戶外。③廣布地。

ab·ro·gate [ˋæbrəˏget] *v.t.* 廢止。

*ab·rupt [əˋbrʌpt] *adj.* ①突然的。②陡峭的。③唐突的。④突兀的。— ly, *adv.*

ab·scess [ˋæbˏsɛs] *n.* Ⓒ潰瘍; 膿腫。

ab·scond [æbˋskɑnd] *v.i.* 潛逃; 逃亡; 逃匿。— ence, *n.*

*ab·sence [ˋæbsn̩s] *n.* ①ⓊⒸ缺席。②Ⓤ不在意; 不注意。③Ⓤ缺乏。

‡ab·sent [ˋæbsn̩t] *adj.* ①缺席的。②不存在的。③不關心的; 不在意的。—[æbˋsɛnt] *v.t.*缺席; 不在。— ly, *adv.*

ab·sen·tee [ˏæbsn̩ˋti] *n.* Ⓒ缺席者; 在外者。— *adj.* 缺席的。

*ab·sent-mind·ed [ˋæbsn̩tˋmaɪndɪd] *adj.* 茫然的。— ly, *adv.*

ab·sinth(e) [ˋæbsɪnθ] *n.* Ⓤ①苦艾酒。②〖植〗苦艾。

*ab·so·lute [ˋæbsəˏlut] *adj.* ①完全的; 純粹的; 專斷的; 確實的。②〖文法〗獨立的。§ ∼ addréss〖電算〗絕對位址。∼ códing〖電算〗絕對編碼。∼ majórity 絕對多數。

*ab·so·lute·ly [ˋæbsəˏlutlɪ, ˏæbsəˋlutlɪ] *adv.* ①完全地。②絕對地。

ab·so·lu·tion [ˏæbsəˋluʃən] *n.* Ⓤ赦免; 責任解除。

ab·so·lut·ism [ˋæbsəlutˏɪzəm] *n.* Ⓤ專制主義; 絕對論。

ab·solve [æbˋsɑlv] *v.t.* ①解除(義務、責任等)。②〖宗〗赦免。

*ab·sorb [əbˋsɔrb] *v.t.* ①吸收; 併吞。②使專心。

ab·sorb·a·ble [əbˋsɔrbəbl̩] *adj.* 可吸收的; 容易被吸收的。

ab·sorbed [əbˋsɔrbd] *adj.* 熱中的; 專注的。

ab·sorb·ent [əbˋsɔrbənt] *adj.* 能吸收的。— *n.* ⓊⒸ〖醫〗吸收劑。

ab·sorb·er [əb`sɔrbɚ] *n.* Ⓒ ①吸收器。②令人神往的人或事物。
ab·sorb·ing [əb`sɔrbɪŋ] *adj.* ①吸收的。②極有趣的；撩人心的。
***ab·sorp·tion** [əb`sɔrpʃən] *n.* Ⓤ ①吸收。②全神貫注。③合併。
ab·stain [əb`sten] *v.i.* ①抑制；戒絕(from)。②棄權。—**er,** *n.*
ab·ste·mi·ous [æb`stimɪəs] *adj.* 飲食有度的；有節制的；適度的。
ab·sten·tion [æb`stɛnʃən] *n.* ①Ⓤ自制；戒絕。②ⓊⒸ棄權。
ab·sti·nence [`æbstənəns] *n.* Ⓤ ①禁戒酒類或其他嗜慾。②節制。
***ab·stract** [æb`strækt, `æbstrækt] *adj.* ①抽象的。②理論上的。③難解的。—[æb`strækt] *v.t.* ①抽出；提煉。②摘錄。③轉移注意；不關心。④偷。—[`æbstrækt] *n.* Ⓒ ①摘要。②抽象；理論。③抽象藝術品。
ab·stract·ed [æb`stræktɪd] *adj.* 抽象化的；抽出的；心不在焉的。
ab·strac·tion [æb`strækʃən] *n.* ①Ⓤ抽出。②Ⓒ抽象概念。③Ⓤ心不在焉。④Ⓒ【美術】抽象派作品。
ab·strac·tion·ism [æb`strækʃənɪzəm] *n.* Ⓤ【美術】抽象派。
ab·struse [æb`strus] *adj.* 深奧的；難解的。
***ab·surd** [əb`sɝd] *adj.* 荒謬的；可笑的。
***ab·surd·i·ty** [əb`sɝdətɪ, -`zɝ-] *n.* ①Ⓤ愚蠢；荒謬。②Ⓒ愚蠢荒謬的事物[言行]。
***a·bun·dance** [ə`bʌndəns] *n.* Ⓤ 豐富；充足；多量。
***a·bun·dant** [ə`bʌndənt] *adj.* 豐富的；充足的。—**ly,** *adv.*
***a·buse** [ə`bjuz] *v.t.* ①濫用。②虐待。③辱罵。—[ə`bjus] *n.* ①ⓊⒸ濫用；妄用。②Ⓤ虐待。③Ⓤ辱罵。④Ⓒ(常 *pl.*)惡習；弊端。
a·bu·sive [ə`bjusɪv] *adj.* ①濫用的。②辱罵的。③虐待的。
a·but [ə`bʌt] *v.i.* & *v.t.* (**-tt-**)鄰接；緊靠。
a·bysm [ə`bɪzəm] *n.* 【詩】=**abyss.**
a·bys·mal [ə`bɪzml] *adj.* ①深淵的；地獄的。②深不可測的。
***a·byss** [ə`bɪs] *n.* ①Ⓒ深淵；任何深不可測之事物。②(the ～)地獄。
AC, A.C., a.c. alternating current. 【電】交流電。
a·ca·cia [ə`keʃə] *n.* Ⓒ【植】①洋槐。②相思樹。③阿拉伯樹膠。
***ac·a·dem·ic** [ˌækə`dɛmɪk] *adj.* ①學院的；大學的。②【美】(大學的)人文學科的。③學究式的；學院派的。④理論[觀念，學術]上的。⑤(藝術等)墨守成規的。—*n.* Ⓒ 大學生；大學教師；學究。§ ～ **fréedom** 學術(研究)自由。～ **yéar** 學年。
ac·a·dem·i·cal [ˌækə`dɛmɪkl] *adj.* =**academic.** —*n.* (*pl.*)大學禮服。—**ly,** *adv.*
ac·a·de·mi·cian [əˌkædə`mɪʃən] *n.* Ⓒ學會會員；院士。
***a·cad·e·my** [ə`kædəmɪ] *n.* Ⓒ ①專科學校。②學會。§ **A～ Awárd** 奧斯卡金像獎。
ac·cede [æk`sid] *v.i.* ①同意；允諾。②就職；繼承。③加入。
ac·cel·er·ant [æk`sɛlərənt] *n.* Ⓒ①加速器；促進劑。②【化】觸媒。
ac·cel·er·ate [æk`sɛləˌret] *v.t.* & *v.i.* ①加速。②催促。
ac·cel·er·a·tion [ækˌsɛlə`reʃən] *n.* Ⓤ ①加速。②(汽車等的)加速能力。③【理】加速度。
ac·cel·er·a·tor [æk`sɛləˌretɚ] *n.* Ⓒ ①加速者；加速物。②變速器；油門。③【攝】顯像催進劑。④【化】觸媒劑。
***ac·cent** [`æksɛnt] *n.* ①ⓊⒸ重音。②Ⓒ重音符號。③Ⓒ腔調；口音。④Ⓒ(常 *pl.*)音調；語調；聲調。⑤Ⓒ重讀符號。⑥Ⓒ強調；注重。—[æk`sɛnt, `æksɛnt] *v.t.* ①重讀；加重音符號。②着重；強調。
ac·cen·tu·ate [æk`sɛntʃʊˌet] *v.t.* ①用重音讀。②加重；強調。—**ac·cen·tu·a′tion,** *n.*
‡**ac·cept** [ək`sɛpt] *v.t.* ①領受；接受。②承認；同意。③採納；採用。④承擔。⑤承兌；認付。
***ac·cept·a·ble** [ək`sɛptəbl] *adj.* ①值得接受的。②合意的。
***ac·cept·ance** [ək`sɛptəns] *n.* ⓊⒸ ①領受。②承認。③【商】(票據、匯票等之)承兌；認付。
ac·cep·ta·tion [ˌæksɛp`teʃən] *n.* Ⓒ①公認的意義。②滿意的接受；良好的反應。
ac·cep·tor [ək`sɛptɚ] *n.* Ⓒ ①領受人。②【商】票據承兌人。
***ac·cess** [`æksɛs] *n.* ①Ⓤ接近；進入或使用權。②Ⓤ接近之途徑或方法。③Ⓒ通路；入口。—*v.t.* ①取得(連繫)。②【電算】存取(資料)。

A

ac·ces·sa·ry [æk`sɛsərɪ] *n.* & *adj.*=accessory.

***ac·ces·si·ble** [æk`sɛsəbl̩] *adj.* ①易近的; 可進入的。②容易取得的; 可達到的。③易受影響的; 易受引誘的。— **ac·ces·si·bil′i·ty,** *n.*

***ac·ces·sion** [æk`sɛʃən] *n.* ① Ⓤ 到達; 接近。② Ⓤ 就任; 即位。③ Ⓤ 加入。④ Ⓤ 增加; 追加。⑤ Ⓒ 增加物; 獲得物。⑥ ⓊⒸ 承認。

ac·ces·so·ri·al [͵æksə`sorɪəl] *adj.*①=accessory. ②增補的。

***ac·ces·so·ry** [æk`sɛsərɪ] *n.* Ⓒ ①(常 *pl.*)附件; 附屬裝飾品。②從犯。— *adj.* 附加的; 附屬的。

ac·ci·dence [`æksədəns] *n.* Ⓤ 〖文法〗語形變化之規則。

‡**ac·ci·dent** [`æksədənt] *n.* ① Ⓒ 意外之事[災害]。② Ⓒ 偶然之事。③ Ⓤ 偶然性。*by* ~ 偶然。

***ac·ci·den·tal** [͵æksə`dɛntl̩] *adj.* 偶然的。— **ly,** *adv.*

ac·claim [ə`klem] *v.t.* & *v.i.* 歡呼; 稱讚。— *n.* Ⓤ 歡呼; 稱讚。

ac·cla·ma·tion [͵æklə`meʃən] *n.* Ⓤ ①歡呼; 稱讚。②口頭表決。

ac·cli·mate [ə`klaɪmɪt] *v.t.* & *v.i.* 〖美〗(使)服水土; (使)適應。

ac·cli·ma·tize [ə`klaɪmə͵taɪz] *v.t.* & *v.i.* 〖英〗=acclimate.

ac·cliv·i·ty [ə`klɪvətɪ] *n.* Ⓒ 向上的斜坡(爲 declivity 之對)。

ac·co·lade [͵ækə`led] *n.* Ⓒ ①武士授與式。②賞賜; 讚頌。

***ac·com·mo·date** [ə`kɑmə͵det] *v.t.* ①給方便。②容納。③供給住宿。④使適應。⑤調解。

ac·com·mo·dat·ing [ə`kɑmə͵detɪŋ] *adj.* 肯通融的; 好施惠的。

***ac·com·mo·da·tion** [ə͵kɑmə`deʃən] *n.* ① Ⓤ (〖美〗常 *pl.*)暫時的住宿或膳宿。② ⓊⒸ 施惠; 便利。③ Ⓤ 適應。④ ⓊⒸ 調解。⑤ Ⓤ (〖美〗常 *pl.*)車、船、飛機上的座位、房間、艙位等。

***ac·com·pa·ni·ment** [ə`kʌmpənɪmənt] *n.* Ⓒ①伴隨物。②〖樂〗伴奏。

ac·com·pa·nist [ə`kʌmpənɪst] *n.* Ⓒ〖樂〗伴奏者。

‡**ac·com·pa·ny** [ə`kʌmpənɪ] *v.t.* ①伴; 陪。②隨。③補充。④伴奏。

ac·com·plice [ə`kɑmplɪs] *n.* Ⓒ 從犯; 同謀者。

‡**ac·com·plish** [ə`kɑmplɪʃ] *v.t.* 達到; 完成; 實現。

***ac·com·plished** [ə`kɑmplɪʃt] *adj.* ①完成的; 實現的。②完善的; 熟練的; 有成就的。③善社交而多才藝的。

***ac·com·plish·ment** [ə`kɑmplɪʃmənt] *n.* ① Ⓤ 完成; 達到。② Ⓒ 成就。③ Ⓒ (常 *pl.*)技藝。

***ac·cord** [ə`kɔrd] *v.i.* 一致; 相合。— *v.t.* 給與。— *n.* ① Ⓤ 一致; 相合。② Ⓒ 國際間協定。③ Ⓤ 調和。④ Ⓤ 和解。*of one's own* ~ 出於自願; 自動地。

***ac·cord·ance** [ə`kɔrdn̩s] *n.* Ⓤ 一致。*in* ~ *with* 依照; 與…一致。

ac·cord·ant [ə`kɔrdn̩t] *adj.* 一致的; 調和的(with, to)。

‡**ac·cord·ing** [ə`kɔrdɪŋ] *adj.* ①相符的; 一致的。②〖俗〗視…而定的。~ *as* 依照; 如果。~ *to* 依照; 據。

***ac·cord·ing·ly** [ə`kɔrdɪŋlɪ] *adv.* 如前所說; 於是。

ac·cor·di·on [ə`kɔrdɪən] *n.* Ⓒ 手風琴。— **ist,** *n.*

ac·cost [ə`kɔst] *v.t.* 搭訕; 招呼。

‡**ac·count** [ə`kaunt] *n.* ① Ⓒ 報告; 記事。② ⓊⒸ 原因。③ Ⓤ 考慮。④ Ⓤ 價值。⑤ Ⓒ 戶頭; 帳目。⑥ Ⓤ 利益。⑦ Ⓒ (常 *pl.*) 據聞; 道聽塗說。*on* ~作爲分期[部分]付款。*on* ~ *of* 因爲。*on no* ~無論持何理由決不; 切莫。*take into* ~ 考慮。— *v.t.* & *v.i.* ①認爲; 說明(for)。②對…負責; 引起(某種後果)。

ac·count·a·ble [ə`kauntəbl̩] *adj.* ①應加解說的; 有責任的。②可說明的。

ac·count·ant [ə`kauntənt] *n.* Ⓒ 會計員; 主計員。§ ~ **général** 會計主任。

ac·count·ing [ə`kauntɪŋ] *n.* Ⓤ 商業會計法; 會計(學); 清理帳務。

ac·cou·ter, 〖英〗**-tre** [ə`kutɚ] *v.t.* 供給服裝; 裝備。

ac·cou·ter·ment, 〖英〗**-tre-** [ə`kutɚmənt] *n.* (*pl.*)①衣著; 服裝。②裝備; 配備。

ac·cred·it [ə`krɛdɪt] *v.t.* ①譽(某人)爲。②歸功於。③信賴。④委派。⑤承認合格。

ac·crue [ə`kru] *v.i.* 自然增殖。

***ac·cu·mu·late** [ə`kjumjə͵let] *v.t.* & *v.i.* 堆積; 積聚。

***ac·cu·mu·la·tion** [ə͵kjumjə`leʃən] *n.* ① Ⓤ 積聚; 堆積。② Ⓒ 積

聚的東西。

ac·cu·mu·la·tive [əˋkjumjə,letɪv] *adj.* ①積聚的。②好貯蓄的。

ac·cu·mu·la·tor [əˋkjumjə,letɚ] *n.* Ⓒ①積聚者；蓄財者。②〖英〗蓄電池。③〖電算〗累加器。

***ac·cu·ra·cy** [ˋækjərəsɪ] *n.* Ⓤ 正確性；準確性。

***ac·cu·rate** [ˋækjərɪt] *adj.* 正確的；準確的。—**ly,** *adv.*

ac·curs·ed [əˋkɝsɪd, -st], **ac·curst** [-st] *adj.* ①被咒的；不幸的。②可惡的；討厭的。

***ac·cu·sa·tion** [,ækjəˋzeʃən] *n.* ⓊⒸ①控告。②指控之罪。

ac·cu·sa·tive [əˋkjuzətɪv] *adj.* 〖文法〗受格的。—*n.* ①(the ～)受格。②Ⓒ受格之字。

ac·cu·sa·to·ry [əˋkjuzə,torɪ] *adj.* 告發的；告訴的；非難的。

***ac·cuse** [əˋkjuz] *v.t.* & *v.i.* ①控告。②歸咎。

ac·cused [əˋkjuzd] *adj.* 被控告的。*the* ～ 〖法律〗被告。

***ac·cus·tom** [əˋkʌstəm] *v.t.* 使習慣；習慣於。

***ac·cus·tomed** [əˋkʌstəmd] *adj.* 通常的；習慣的。

ace [es] *n.* Ⓒ①(紙牌或骰子上的)么點。②小點；微粒。③傑出的人才。④(網球賽等中的)發球得分。***an*** ～ ***in the hole*** 到緊要關頭可資運用的某種具有決定性的事物。***within an*** ～ ***of*** 差一點；瀕於。—*adj.* 最優秀的。

a·cer·bi·ty [əˋsɝbətɪ] *n.* Ⓤ①苦；酸；澀。②苛刻；嚴苛。

ac·e·tate [ˋæsə,tet] *n.* Ⓤ①〖化〗醋酸鹽。②醋酸人造絲。

a·ce·tic [əˋsitɪk] *adj.* 醋的；醋質的；酸的。§ ～ **ácid**〖化〗醋酸。

ac·e·tone [ˋæsə,ton] *n.* Ⓤ丙酮。

a·cet·y·lene [əˋsɛtl,in] *n.* Ⓤ〖化〗乙炔；電石氣。

***ache** [ek] *v.i.* ①疼痛。②渴望。—*n.* Ⓒ疼痛。

***a·chieve** [əˋtʃiv] *v.t.* ①完成；實現。②獲得。

***a·chieve·ment** [əˋtʃivmənt] *n.* ①Ⓤ達成。②Ⓒ成就；事功；偉績。§ ～ **tèst**〖心〗學力測驗。

A·chil·les [əˋkɪliz] *n.* 阿奇里斯(荷馬史詩 *Iliad* 中之希臘英雄)。§ ～(') **héel** 唯一之弱點；致命處。～(') **téndon** 〖解〗阿奇里斯腱；跟腱。

ach·ro·mat·ic [,ækrəˋmætɪk] *adj.* ①無色的。②〖理〗消色的。

***ac·id** [ˋæsɪd] *n.* ①ⓊⒸ酸性物質。②ⓊⒸ〖化〗酸。③Ⓤ〖俚〗迷幻藥(=LSD)。④Ⓤ尖刻的話。—*adj.* ①〖化〗酸性的。②有酸味的。③尖刻的。§ ～ **ráin** 酸雨。～ **tést** (1)酸性試驗。(2)嚴密的考查。

ac·id·head [ˋæsɪd,hɛd] *n.* Ⓒ〖俚〗服用迷幻藥(LSD)的人。

a·cid·i·ty [əˋsɪdətɪ] *n.* Ⓤ①酸味；酸性。②酸量過多。

***ac·knowl·edge** [əkˋnɑlɪdʒ] *v.t.* ①自認；承認。②承認…之主權或主張。③答謝；就…表示感謝。

***ac·knowl·edg(e)·ment** [əkˋnɑlɪdʒmənt] *n.* ①Ⓤ〖法律〗承認。②Ⓒ謝函；謝禮。③Ⓒ收條；回執。④Ⓤ自白；謝罪。

ac·me [ˋækmɪ] *n.* (the ～) 頂點；極致。

ac·ne [ˋæknɪ] *n.* Ⓤ〖醫〗痤瘡；粉刺。

ac·o·lyte [ˋækə,laɪt] *n.* Ⓒ ①〖宗〗沙彌。②侍者；新手。③〖天〗衛星。

***a·corn** [ˋekɔrn] *n.* Ⓒ橡實；橡子。

a·cous·tic, -ti·cal [əˋkustɪk(l̩)] *adj.* 聽覺的；有關聲音的；聲學的。

a·cous·tics [əˋkustɪks] *n.* ①(作*pl.*解)建築物之音響效果。②Ⓤ聲學。

***ac·quaint** [əˋkwent] *v.t.* ①告知。②使熟悉；使認識；介紹。

ac·quaint·ance** [əˋkwentəns] *n.* ①Ⓒ熟人。②Ⓤ熟悉。make one's*** ～***; make the*** ～ ***of*** 結識。

ac·qui·esce [,ækwɪˋɛs] *v.i.* 默許；勉強同意。

***ac·quire** [əˋkwaɪr] *v.t.* 得；獲得。—**ac·quired′**, *adj.* 學習得來的。—**ment,** *n.*

***ac·qui·si·tion** [,ækwəˋzɪʃən] *n.* ①Ⓤ獲得。②Ⓒ獲得物。

ac·quis·i·tive [əˋkwɪzətɪv] *adj.* 想獲得的；貪得的。—**ly,** *adv.*

ac·quit [əˋkwɪt] *v.t.* (**-tt-**)①宣告無罪。②處己；行爲。He ～*ted* himself well. 他潔身自愛。③卸脫(責任、義務)。④清償(債務等)。

ac·quit·tal [əˋkwɪtl̩] *n.* ⓊⒸ ①(義務之)履行；(負債之)還淸。②釋放。

‡a·cre [ˋekɚ] *n.* ①Ⓒ英畝(=43,560平方英尺)。②(*pl.*) **a.** 土地。**b.** 大量。

ac·rid [ˋækrɪd] *adj.* 辛辣的；苦的；尖刻的。

A

ac·ri·mo·ni·ous [ˌækrə`monɪəs] *adj.* 辛辣的；尖刻的。— **ly,** *adv.*
ac·ri·mo·ny [`ækrəˌmonɪ] *n.* Ⓤ 苛刻；刻薄。
ac·ro·bat [`ækrəˌbæt] *n.* Ⓒ ①特技表演者；賣藝者。②善變者。
ac·ro·bat·ic [ˌækrə`bætɪk] *adj.* 特技表演(似)的；(似)賣藝者的。
ac·ro·bat·ics [ˌækrə`bætɪks] *n.* ①(作*pl.* 解)特技。②Ⓤ熟練的技巧。
ac·ro·nym [`ækrənɪm] *n.* Ⓒ 頭字語(如：radar 由 *ra*dio *d*etecting *a*nd *r*anging 等之開頭字母組成)。
ac·ro·pho·bi·a [ˌækrə`fobɪə] *n.* Ⓤ〖醫〗高空恐怖症；懼高症。
a·crop·o·lis [ə`krɑpəlɪs] *n.* Ⓒ (古希臘城市之)衛城。
‡**a·cross** [ə`krɔs] *prep.* ①橫過；越過。②遇到。③交叉。— *adv.* ①橫過。②交叉地。
a·cross-the-board [ə`krɔsðə`bord] *adj.* 全盤的；全面的。
a·cryl·ic [ə`krɪlɪk] *adj.*〖化〗壓克力的。§ ∼ **fíber**〖化〗丙烯類纖維。∼ **résin**〖化〗丙烯類樹脂。
‡**act** [ækt] *n.* ①Ⓒ行爲；舉動。②(the ∼)動作過程。③Ⓒ(常 A-)〖戲劇〗一幕；一齣。④Ⓒ(常 A-)法案。∼ *of God*〖保險，法律〗天災；不可抗力。— *v.i.* ①行動。②作用。③扮演。④表現。⑤假裝。— *v.t.* 扮演；仿傚；裝。∼ *as* 充當。∼ *for* 代理。∼ *out* 演出(故事、角色等)。
***act·ing** [`æktɪŋ] *adj.* 代理的。— *n.* Ⓤ演技。
‡**ac·tion** [`ækʃən] *n.* ①Ⓒ行爲。②Ⓤ動作；行動。③Ⓒ訴訟。④Ⓒ(常 *sing.*)作用；影響。⑤Ⓤ(故事或戲劇中之)情節。*take* ∼ **a.** 活動。**b.** 採取行動；開始工作。**c.** 控告。
ac·ti·vate [`æktəˌvet] *v.t.* ①刺激；使產生活動。②〖化〗將…活性化；促進…的反應。§ ∼**d cárbon**〖化〗活性碳。— **ac·ti·va′tion,** *n.*
‡**ac·tive** [`æktɪv] *adj.* ①活動的。②活躍的。③積極的；勤勉的。④〖文法〗主動的。⑤有效的。⑥激烈的。⑦活動性的。— *n.* Ⓒ活躍的人或事物。§ ∼ **cápital** 流動資本。∼ **dúty** [**sérvice**] 現役。∼ **immúnity**〖醫〗自動免疫性。— **ly,** *adv.*
ac·tiv·ism [`æktɪvˌɪzəm] *n.* Ⓤ 實踐主義。
ac·tiv·ist [`æktɪvɪst] *n.* Ⓒ 實踐主義者。
‡**ac·tiv·i·ty** [æk`tɪvətɪ] *n.* ①Ⓤ活躍。②(*pl.*)(各種)活動。social *activities* 社交活動。③Ⓤ活動力。
***ac·tor** [`æktɚ] *n.* Ⓒ①男演員。②角色；有關人物。③行事的人。
***ac·tress** [`æktrɪs] *n.* Ⓒ女演員。
‡**ac·tu·al** [`æktʃuəl] *adj.* ①眞實的；實際(上)的。②目前的。
ac·tu·al·i·ty [ˌæktʃu`ælətɪ] *n.* ①Ⓤ實在；眞實。②(*pl.*)現狀；事實。
‡**ac·tu·al·ly** [`æktʃuəlɪ] *adv.* 實際上；事實上；實際地。
ac·tu·ate [`æktʃuˌet] *v.t.* 使行動；使運作；激勵；開動(機器等)。
a·cu·i·ty [ə`kjuətɪ] *n.* Ⓤ ①尖銳。②(病況之)急劇。③敏銳。
a·cu·men [ə`kjumɪn] *n.* Ⓤ 敏銳；聰明；洞察力。
ac·u·punc·ture [`ækjuˌpʌŋktʃɚ] *n.* Ⓤ〖醫〗針灸(術)。— [ˌækju`pʌŋktʃɚ] *v.t.* 針灸；針療。
ac·u·punc·tur·ist [ˌækju`pʌŋktʃərɪst] *n.* Ⓒ針灸醫生。
***a·cute** [ə`kjut] *adj.* ①銳的；尖的。②敏感的。③劇烈的。④嚴重的。⑤〖醫〗急性的。— **ly,** *adv.* — **ness,** *n.*
ad [æd] *n.* Ⓒ〖美俗〗廣告。
***A.D.** [`e`di] Anno Domini. 西元；紀元。
ad·age [`ædɪdʒ] *n.* Ⓒ 諺語；格言。
a·da·gio [ə`dɑdʒo]〖義〗〖樂〗*adj.* & *adv.* 緩慢的[地]。— *n.* Ⓒ (*pl.* ∼**s**) 慢板；慢板的曲子。
Ad·am [`ædəm] *n.* 亞當(聖經中所稱人類的始祖)。§ ∼**'s àpple** 喉結。
ad·a·mant [`ædəˌmænt] *n.* Ⓤ 硬石；堅硬的東西。— *adj.* 堅硬的；堅定不移的。
ad·a·man·tine [ˌædə`mæntɪn] *adj.* ①硬石製的。②堅定不移的。
***a·dapt** [ə`dæpt] *v.t.* ①使適合；使適應。②改編；改裝。— **a·ble,** *adj.* — **a·dapt·a·bil′i·ty,** *n.*
***ad·ap·ta·tion** [ˌædəp`teʃən] *n.* Ⓤ①適應。②改編。
a·dapt·er, a·dap·tor [ə`dæptɚ] *n.* Ⓒ①改編者。②〖電〗轉接器。
a·dap·tive [ə`dæptɪv] *adj.* (可)適應的；適合的。— **ly,** *adv.*
‡**add** [æd] *v.t.* ①增加。②加起〔常 up〕。③補充地說；附言。— *v.i.* ①增加。②加起。③累積。∼ *up* 與應有的總額相符；合乎情理。∼ *up to* 總計達…；顯示。
ad·dend [`ædɛnd] *n.* Ⓒ〖數〗加數。

ad·den·dum [əˋdɛndəm] *n.* Ⓒ (*pl.* **-da** [-də])①追加物；附加物。②補遺；附錄。

ad·der [ˋædɚ] *n.* Ⓒ一種毒蛇。

ad·dict [ˋædɪkt] *n.* Ⓒ①耽溺於不良嗜好者。②酷愛…者；…迷。—[əˋdɪkt] *v.t.* 使耽溺；使熱中。— *v.i.* 上癮。

ad·dict·ed [əˋdɪktɪd] *adj.* 耽溺…的；嗜好…的。— **ness,** *n.*

ad·dic·tion [əˋdɪkʃən] *n.* ⓊⒸ耽溺；癖好；熱中。

‡**ad·di·tion** [əˋdɪʃən] *n.* ①Ⓤ附加。②Ⓒ附加物。③ⓊⒸ加法。*in* ~ 此外。*in* ~ *to*加於…上；除…外。

***ad·di·tion·al** [əˋdɪʃənl] *adj.* 加添的；補充的。— **ly,** *adv.*

ad·di·tive [ˋædətɪv] *adj.* ①附加的；加法的。②累積的。— *n.* Ⓒ添加物。§ ~ **group**〖數〗加法群。

ad·dle [ˋædl] *v.t.* & *v.i.* ①(使)混亂。②(使)腐壞。— *adj.* 腐壞的。

add-on [ˋæd,ɑn] *n.* Ⓒ 額外費用；附加條款；附加物。— *adj.* 附加的。

‡**ad·dress** [əˋdrɛs, ˋædrɛs] *n.* ①Ⓒ講演。②Ⓒ住址。③Ⓤ說話的態度。④Ⓤ本領。⑤Ⓒ正式請願。⑥(*pl.*)求愛；求婚。—[əˋdrɛs] *v.t.* ①對(人)說話；發表演說。②寫住址。③稱呼。④忙著做。⑤獻殷勤。§ ~ **book** 通訊錄。

ad·dress·ee [,ædrɛsˋi] *n.* Ⓒ〖美〗收信人；收件人。

ad·duce [əˋdjus] *v.t.* 引證；舉例；舉出。—**ad·duc′er,** *n.*

a·dept [əˋdɛpt] *adj.* 熟練的；老練的。~ *in* [*at*] 擅長；精通。—[ˋædɛpt, əˋdɛpt] *n.* Ⓒ高手；專家。

ad·e·qua·cy [ˋædəkwəsɪ] *n.* Ⓤ適當；充分；足夠。

***ad·e·quate** [ˋædəkwɪt] *adj.* ①適量的；足夠的。②適當的。③令人滿意的。— **ly,** *adv.*

***ad·here** [ədˋhɪr] *v.i.* ①黏著；附著(to)。②堅執(to)。③忠於；皈依(to)。— *v.t.* 使黏著。

ad·her·ence [ədˋhɪrəns] *n.* Ⓤ①黏著；附著。②忠誠；皈依。

ad·her·ent [ədˋhɪrənt] *adj.* 黏著的；附著的。— *n.* Ⓒ擁護者。

ad·he·sion [ədˋhiʒən] *n.* Ⓤ①黏著；附著。②皈依；忠實。③〖理〗附著力。④〖醫〗黏連。

ad·he·sive [ədˋhisɪv] *adj.* 有黏性的；黏著的。— *n.* Ⓒ有黏性的東西；接合劑。§ ~ **plaster** [**tape**] 膠布；橡皮膏。

ad hoc [ˋædˋhɑk]〖拉〗*adv.* & *adj.* 特別地[的]。

***a·dieu** [əˋdju]〖法〗*interj.* & *n.* Ⓒ (*pl.* **~s, ~x**[~z])再會；辭別。

ad in·fi·ni·tum [ˋæd,ɪnfəˋnaɪtəm]〖拉〗*adv.* 無窮地；永遠地。

adj. adjective.

***ad·ja·cent** [əˋdʒesn̩t] *adj.* 鄰接的；毗連的。— **ad·ja′cen·cy,** *n.*

ad·jec·ti·val [,ædʒɪkˋtaɪvl] *adj.* 〖文法〗形容詞的。

***ad·jec·tive** [ˋædʒɪktɪv]〖文法〗*n.* Ⓒ形容詞。— *adj.* 形容詞的。

***ad·join** [əˋdʒɔɪn] *v.t.* & *v.i.* ①接界；臨近。②附；加。— **ing,** *adj.*

ad·journ [əˋdʒɝn] *v.t.* & *v.i.* ①延期；休會。②〖俗〗遷至別處；移往(to)。— **ment,** *n.*

ad·judge [əˋdʒʌdʒ] *v.t.* ①宣判。②裁定。— **ad·judg(e)′ment,** *n.*

ad·ju·di·cate [əˋdʒudɪ,ket] *v.t.* & *v.i.* 判決；裁定。

ad·junct [ˋædʒʌŋkt] *n.* Ⓒ①附屬物。②助手。③〖文法〗修飾語(如形容詞等)。— *adj.* 附屬的。

ad·junc·tive [əˋdʒʌŋktɪv] *adj.* 附屬的；輔助的。— **ly,** *adv.*

ad·ju·ra·tion [,ædʒʊˋreʃən] *n.* ⓊⒸ①命令。②懇請。

ad·jure [əˋdʒʊr] *v.t.* ①命令。②懇請。

***ad·just** [əˋdʒʌst] *v.t.* ①調節；校準；調停。②使適應。— *v.i.* 適應。— **a·ble,** *adj.*

***ad·just·ment** [əˋdʒʌstmənt] *n.* ①ⓊⒸ調整。②ⓊⒸ調節。③Ⓒ調節裝置。

ad·ju·tant [ˋædʒətənt] *n.* Ⓒ①〖軍〗副官。②助手。③禿鸛(印度產之大鸛)。— *adj.* 輔助的。

ad-lib, ad·lib [ædˋlɪb] *n.* Ⓒ即興表演。— *adv.* 隨意地；即興地。

***ad·min·is·ter** [ədˋmɪnəstɚ] *v.t.* ①管理。②實施；執行。③供給。— *v.i.* 擔任管理人；照料。

***ad·min·is·tra·tion** [əd,mɪnəˋstreʃən] *n.* Ⓤ①管理；經營。②政府的行政部門；政府。③行政。④給與；執行。⑤管轄。

***ad·min·is·tra·tive** [ədˋmɪnə,stretɪv] *adj.* 管理的；行政上的。

ad·min·is·tra·tor [ədˋmɪnə,stretɚ] *n.* Ⓒ①管理者；行政官。②

〖法律〗遺產管理人。

***ad·mi·ra·ble** [ˋædmərəbl] *adj.* ①令人驚奇的；可欽佩的。②極佳的。

ad·mi·ra·bly [ˋædmərəblɪ] *adv.* 可讚美地；極好地。

***ad·mi·ral** [ˋædmərəl] *n.* Ⓒ ①艦隊總司令。②海軍上將。③海軍將官。④旗艦。

ad·mi·ral·ty [ˋædmərəltɪ] *n.* ①Ⓤ 海軍上將之階級、地位或權力。②(the A-)英國海軍部。

***ad·mi·ra·tion** [ˏædməˋreʃən] *n.* ①Ⓤ欽佩；羨慕；讚賞。②(the ~)令人讚賞的人或物。

‡**ad·mire** [ədˋmaɪr] *v.t.* ①欽佩；歎賞。②誇獎。③佩服(譏諷語)。④〖方〗喜歡(做某件事)。**—** *v.i.* 驚訝；驚異。— **ad·mir′er,** *n.*

ad·mir·ing [ədˋmaɪrɪŋ] *adj.* 佩服的；讚賞的。— **ly,** *adv.*

ad·mis·si·ble [ədˋmɪsəbl] *adj.* ①可接納的；可採信的。②可容許的。

***ad·mis·sion** [ədˋmɪʃən] *n.* ①ⓊⒸ 准入。②Ⓤ門票費；入場費。③Ⓤ承認；供認。

‡**ad·mit** [ədˋmɪt] *v.t.* (-tt-)①承認。②許入。③容納。④認爲有效。⑤〖美〗使獲得。⑥容許。**—** *v.i.* ①通向。②容許。③承認。

ad·mit·tance [ədˋmɪtṇs] *n.* Ⓤ①入場(許可)。②准入；許入。

ad·mit·ted [ədˋmɪtɪd] *adj.* 不可否認的；明白的。— **ly,** *adv.*

ad·mix·ture [ædˋmɪkstʃɚ] *n.* ①Ⓤ混合。②Ⓒ混合物。

ad·mon·ish [ədˋmɑnɪʃ] *v.t.* 警告；勸告；儆戒。— **ment,** *n.*

ad·mo·ni·tion [ˏædməˋnɪʃən] *n.* ⓊⒸ勸告；訓誡；警告。

ad·mon·i·to·ry [ədˋmɑnəˏtorɪ] *adj.* 勸告的；訓誡的；警告的。

a·do [əˋdu] *n.* Ⓤ騷擾；困難。

a·do·be [əˋdobɪ] *n.* ①Ⓤ泥磚。②Ⓤ製泥磚的黏土。③Ⓒ泥磚屋。

ad·o·les·cence [ˏædḷˋɛsṇs] *n.* Ⓤ青春期。— **ad·o·les′cent,** *n.* & *adj.*

A·don·is [əˋdonɪs] *n.* ①〖希神〗阿多尼斯(Venus所愛之美少年)。②Ⓒ美男子。③Ⓒ〖植〗側金盞花。

‡**a·dopt** [əˋdɑpt] *v.t.* ①採納(意見等)。②收養。③正式通過；接受。

a·dopt·ee [əˏdɑpˋti] *n.* Ⓒ被收養者。

***a·dop·tion** [əˋdɑpʃən] *n.* ⓊⒸ①採用。②收養。

a·dop·tive [əˋdɑptɪv] *adj.* ①收養(關係)的。②採用的；採取的。

a·dor·a·ble [əˋdorəbl] *adj.* ①可崇拜的；可敬重的。②〖俗〗可愛的。

ad·o·ra·tion [ˏædəˋreʃən] *n.* Ⓤ崇拜；愛慕。

***a·dore** [əˋdor] *v.t.* ①敬重；崇拜。②〖俗〗極爲喜愛。**—** *v.i.* 崇拜。

***a·dorn** [əˋdɔrn] *v.t.* 裝飾。— **ment,** *n.* ①Ⓤ裝飾。②Ⓒ裝飾品。

ADP automatic data processing. 〖電算〗自動資料處理。

ad·re·nal [ædˋrinḷ] *adj.* 副腎的；腎上腺的。**—** *n.* Ⓒ 副腎；腎上腺。§ ∼ **glànds** 腎上腺；腎上體；副腎。

ad·ren·a·line [ædˋrɛnḷɪn] *n.* Ⓤ腎上腺素。

a·drift [əˋdrɪft] *adv.* & *adj.* ①(船)漂泊地[的]；漂流地[的]。②(人)游移不定地[的]。***turn** (**a person**) ~* 逐出(某人)使漂泊無依。

a·droit [əˋdrɔɪt] *adj.* 機巧的；熟練的。

ad·sorb [ædˋsɔrb] *v.t.* 〖化〗吸附；聚集。— **ad·sorp′tion** [-ˋsɔrp-], *n.*

ad·u·late [ˋædʒəˏlet] *v.t.* 諂媚；奉承。— **ad·u·la′tion,** *n.*

***a·dult** [əˋdʌlt, ˋædʌlt] *adj.* ①成長的；成人的。②成熟的。**—** *n.* Ⓒ①成人。②〖生物〗成蟲。

a·dul·ter·ate [əˋdʌltəˏret] *v.t.* 攙以劣等物質。— **a·dul·ter·a′tion,** *n.*

a·dul·ter·er [əˋdʌltərɚ] *n.* Ⓒ姦夫。

a·dul·ter·ess [əˋdʌltərɪs] *n.* Ⓒ淫婦。

a·dul·ter·y [əˋdʌltərɪ] *n.* Ⓤ通姦。

ad·um·brate [ædˋʌmbret] *v.t.* ①略示梗概。②預示。③蔭蔽。

adv. adverb; ad valorem.

ad va·lo·rem [ˏædvəˋlorəm] 〖拉〗*adv.* & *adj.* 照價地[的]。

‡**ad·vance** [ədˋvæns] *v.t.* ①使前進；推前。②提出。③擢升。④借貸；墊付。⑤增加；漲價。⑥促進。⑦提前。**—** *v.i.* ①前進；進行。②增加(數量、價錢)。③進步；生長。④升級。**—** *n.* ①Ⓒ(常 *sing.*)前進。②ⓊⒸ 進步；高陞。③Ⓒ漲價。④Ⓒ友好的表示。⑤(*pl.*)接近。⑥Ⓒ預支；貸款。***in* ~** a. 進步；在前。b.預先。***in ~ of*** 在…之前；比…進步。**—** *adj.* ①先期的。②在前的。§ ∼ **cópy** 新書樣本。∼ **guárd** 〖軍〗前衛。

***ad·vanced** [ədˋvænst] *adj.* ①在

A

…高深的。③老的。
…nt [əd`vænsmənt] …進。②擢升；升級。…④增進。⑤預付。
…e [əd`væntɪdʒ] n. ①…。②Ⓒ優勢。take ~ …n [thing])利用(人[東…)。…e best ~ 最有益；最有…。①促進。②有助於。
…ta·geous [ˌædvən`te-…] …有利的；便利的。
…t [`ædvɛnt] n. ①(the ~)到…(A-)耶穌降臨；降臨節。
…n·ti·tious [ˌædvɛn`tɪʃəs] …①偶然的；外來的。②〖生物〗偶…。③〖醫〗偶發的。
…ven·ture [əd`vɛntʃɚ] n. ①…奇遇。②Ⓤ 冒險。③ⓊⒸ商業…的投機。—v.t. & v.i. 敢爲；冒險…嘗試。
…d·ven·tur·er [əd`vɛntʃərɚ] n. Ⓒ冒險者；投機分子。
*ad·ven·tur·ous [əd`vɛntʃərəs] adj. 愛冒險的；膽大的；危險的。
*ad·verb [`ædvɜb] n. Ⓒ〖文法〗副詞。
ad·ver·bi·al [əd`vɜbɪəl] adj. 副詞的；作副詞用的。—**ly,** adv.
*ad·ver·sar·y [`ædvɚˌsɛrɪ] n. Ⓒ對手；仇敵。
*ad·verse [əd`vɜs, `ædvɜs] adj. ①逆的；不利的。~ winds逆風。②有敵意的；敵對的。—**ly,** adv.
*ad·ver·si·ty [əd`vɜsətɪ] n. ①Ⓤ不幸；厄運。②Ⓒ(常 pl.)災難。
ad·vert [əd`vɜt] v.i. 談及；注意。
*ad·ver·tise [`ædvɚˌtaɪz, ˌædvɚ-`taɪz] v.t. ①登…的廣告；爲…作宣傳。②通知。—v.i. 登廣告。
*ad·ver·tise·ment [ˌædvɚ`taɪz-mənt] n. ⓊⒸ①廣告。②宣傳。§ ∼ **cólumn** 廣告欄。
ad·ver·tis·er [`ædvɚˌtaɪzɚ] n. Ⓒ廣告客戶。
*ad·ver·tis·ing [`ædvɚˌtaɪzɪŋ] n. Ⓤ廣告；廣告業。
‡ad·vice [əd`vaɪs] n. ①Ⓤ勸告；忠告。②Ⓒ(常 pl.)消息。
ad·vis·a·ble [əd`vaɪzəbl] adj. 合理的；可取的；適當的。
*ad·vise [əd`vaɪz] v.t. ①勸告；忠告。②通知；告知。—v.i. ①商量。②勸告；忠告。
*ad·vis·er, -vi·sor [əd`vaɪzɚ] n. Ⓒ①忠告者；顧問。②(美大學的)指導教授。
ad·vi·so·ry [əd`vaɪzərɪ] adj. ①勸告的；忠告的。②諮詢的；顧問的。—n. Ⓒ〖美〗(氣象等的)狀況報告。
ad·vo·ca·cy [`ædvəkəsɪ] n. Ⓤ辯護；主張；擁護；提倡。
*ad·vo·cate [`ædvəkɪt, -ˌket] n. Ⓒ辯護者；律師；提倡者。—[`ædvə-ˌket] v.t. 提倡；主張。
Ae·gé·an (Séa) [i`dʒiən(~)] n. (the ~)愛琴海。
ae·gis [`idʒɪs] n. (the ~)①保護；庇護；主持；主辦；支持。②〖希神〗Zeus之神盾。
Ae·ne·as [ɪ`niəs] n. 〖希神〗伊尼亞斯(特洛伊的英雄，古羅馬的創建者)。
ae·on [`iən] n. Ⓒ無限長的時間。
aer·ate [`eəˌret] v.t. ①暴露於空氣中。②充以空氣或氣體。③使(血液)經呼吸與氣結合。§ ∼d **brèad(s)** 無酵母麵包。∼d **wàter** 碳酸水。
*aer·i·al [e`ɪrɪəl, `ɛrɪəl] adj. ①空氣的。②輕飄如空氣一般的。③夢幻的。④與飛機有關的。⑤高懸的。⑥〖植〗氣生的。—n. Ⓒ天線。§ ∼ **bòmb** (飛機)空投的炸彈。∼ **làdder** 雲梯；消防梯。∼ **ráilway** 高架鐵路；空中纜車。
aer·i·al·ist [e`ɪrɪəlɪst, `ɛrɪ-] n. Ⓒ表演空中飛人特技者。
aer·ie [`ɛrɪ] n. Ⓒ①(鷹等的)巢。②(鷹等的)雛。③高山上之房舍、城市等。
aer·i·fy [e`ɪrəˌfaɪ] v.t. 使與空氣化合；使氣化。
aer·o [`ɛəro] adj. 飛機的；航空的。
aer·o·bat·ic [ˌɛərə`bætɪk] adj. 飛行技藝的。an ~ flight 飛行表演。
aer·o·bat·ics [ˌɛərə`bætɪks] n. ①Ⓤ特技飛行術。②(作 pl. 解)(飛機一連串的)特技飛行表演。
aer·obe [`ɛərob] n. Ⓒ〖生物〗好氧性生物；(尤指)好氧細菌或微生物。
aer·o·bic [ˌɛə`robɪk] adj. 好氧性細菌或微生物的。
aer·o·bics [ˌɛə`robɪks] n. Ⓤ〖運動〗有氧舞蹈。
aer·o·drome [`ɛrəˌdrom] n. Ⓒ〖英〗(小型的)飛機場。
aer·o·dy·nam·ics [ˌɛrodaɪ`næm-ɪks] n. Ⓤ〖理〗空氣動力學；氣體力學。
aer·o·em·bo·lism [ˌɛrə`ɛm-bəlɪzəm] n. Ⓤ〖醫〗高空[氣泡]栓塞。
aer·o·gram(me) [`ɛərəˌgræm] n. Ⓒ①無線電報。②航空信[郵簡]。

A

aer·o·lite [ˋeəroˌlaɪt] *n.* Ⓒ 隕石。
aer·o·me·chan·ic [ˌɛromɪˋkænɪk] *n.* Ⓒ 飛機修理技工。— *adj.* 氣體力學的。
aer·o·me·chan·ics [ˌɛromɪˋkænɪks] *n.* Ⓤ 氣體力學。
aer·o·naut [ˋɛrəˌnɔt] *n.* Ⓒ ① 飛艇或輕氣球之駕駛員。②飛艇乘客。
aer·o·nau·ti·cal [ˌɛrəˋnɔtɪkl] *adj.* 飛行員的; 航空的; 航空術的。
aer·o·nau·tics [ˌɛrəˋnɔtɪks] *n.* Ⓤ航空學[術]。
aer·o·pause [ˋɛrəˌpɔz] *n.* Ⓤ 〖空〗大氣界面(大氣層的最上層; 超過此處飛機無法飛行); 大氣航空上限。
‡**aer·o·plane** [ˋɛrəˌplen] *n.* Ⓒ 〖英〗飛機。
aer·o·sol [ˋɛrəˌsɑl] *n.* ① Ⓤ 〖化〗液化氣體。② Ⓤ 煙; 霧。③ Ⓒ 裝液化氣體的罐子。
aer·o·space [ˋɛrəˌspes] *n.* Ⓤ ① 地球大氣層內外; 航空和宇宙航行空間。②航太工業。
aer·y [ˋɛrɪ] *n.* = **aerie.**
Aes·chy·lus [ˋɛskələs] *n.* 哀斯奇勒斯(525-456 B.C., 希臘悲劇詩人)。
***Ae·sop** [ˋisəp] *n.* 伊索(620? - ? 560 B.C., 希臘寓言作家)。§ ~**'s Fábles** 伊索寓言。
aes·thete [ˋɛsθit] *n.* Ⓒ 審美家; 唯美主義者。
aes·thet·ic [ɛsˋθɛtɪk] *adj.* ① 美的; 美學的。②審美的; 藝術的。
aes·thet·ics [ɛsˋθɛtɪks] *n.* Ⓤ 美學。
aes·ti·vate [ˋɛstəˌvet] *v.i.* ①〖動〗夏眠。②(人)避暑。(亦作 **estivate**)
***a·far** [əˋfɑr] *adv.* ①在遠處。②遙遠地。~ *off* 遠隔; 遙遠。*from* ~ 自遠處。
af·fa·ble [ˋæfəbl] *adj.* 和藹可親的; 殷勤的。— **af·fa·bil′i·ty,** *n.*
‡**af·fair** [əˋfɛr] *n.* Ⓒ ①事情。②(常 *pl.*)事務; 任務。③東西。④愛情; 戀情。~ *of honor* 決鬥。
‡**af·fect**[1] [əˋfɛkt] *v.t.* ①影響。②感動。— [ˋæfɛkt] *n.* Ⓤ Ⓒ 〖心〗感覺; 感情。
‡**af·fect**[2] [əˋfɛkt] *v.t.* ①佯爲; 假作。②愛好。③(動植物)生長於。
af·fec·ta·tion [ˌæfɪkˋteʃən] *n.* Ⓤ Ⓒ ①虛飾; 假裝。②裝腔作態。
af·fect·ed[1] [əˋfɛktɪd] *adj.* ①受影響的。②感動的。③受感染的。
af·fect·ed[2] *adj.* ①矯飾的。②傾心的。③愛好的。— **ly,** *adv.*
af·fect·ing [əˋfɛktɪŋ] *a*... 的; 傷心的; 可憐的。— **ly,** ...
***af·fec·tion** [əˋfɛkʃən] *n.* (... 愛; 愛。②(*pl.*)愛慕。③ Ⓒ 疾...
***af·fec·tion·ate** [əˋfɛkʃənɪ... 摯愛的; 親切的。— **ly,** *adv.*
af·fec·tive [əˋfɛktɪv] *adj.* ①... 的; 情緒上的。②情緒激動的。
af·fi·ance [əˋfaɪəns] *n.* Ⓤ ... 婚約; 信託。— *v.t.* 使訂婚。
af·fi·da·vit [ˌæfəˋdevɪt] *n.* 〖法律〗誓詞; 口供。
af·fil·i·ate [əˋfɪlɪˌet] *v.t.* ①使...併; 使聯合。②聯絡; 結交(with). 收爲養子。— *v.i.* 聯絡; 密切聯繫... 參加(with). — [əˋfɪlɪɪt, -ˌet] *n.* Ⓒ ①支會; 分會。②會員。③附屬公司. 子公司。
af·fil·i·at·ed [əˋfɪlɪˌetɪd] *adj.* 附屬的; 相關聯的。
af·fil·i·a·tion [əˌfɪlɪˋeʃən] *n.* Ⓤ Ⓒ ①立嗣。②親密關係。③(私生子之)父子關係的鑑定。④加入; 合併。
***af·fin·i·ty** [əˋfɪnətɪ] *n.* ① Ⓤ Ⓒ 密切之關係。② Ⓤ Ⓒ 類似。③ Ⓒ (常 *sing.*)吸引力。④ Ⓤ Ⓒ 〖化〗親和力。§ ~ **càrd** 認同卡。
***af·firm** [əˋfɝm] *v.t.* & *v.i.* ①斷言。②證實; 確認。— **a·ble,** *adj.*
af·fir·ma·tion [ˌæfəˋmeʃən] *n.* Ⓤ Ⓒ ①斷言; 肯定。②證實。
af·firm·a·tive [əˋfɝmətɪv] *adj.* 斷言的; 贊成的; 肯定的。— *n.* ① Ⓒ 贊成; 認可。② Ⓒ 肯定語(句)。③(the ~)贊成的方面。
af·fix [əˋfɪks] *v.t.* ①使固定; 貼上。②附加。③蓋(印); 簽署。④連有。— [ˋæfɪks] *n.* Ⓒ ①附加物。②詞綴(字首、字尾)。
***af·flict** [əˋflɪkt] *v.t.* 使痛苦。
af·flic·tion [əˋflɪkʃən] *n.* ① Ⓤ 痛苦; 苦難。② Ⓒ 產生痛苦的事由。
af·flu·ence [ˋæfluəns] *n.* ① Ⓤ 富裕; 豐富。②(an ~)注入; 匯聚。
af·flu·ent [ˋæfluənt] *adj.* ①富裕的。②暢流的。— *n.* Ⓒ 支流。
‡**af·ford** [əˋford, əˋfɔrd] *v.t.* ①能堪; 力足以(常與 can, could, be able to 連用)。②產生。③供給; 給與。
af·for·est [əˋfɔrɪst] *v.t.* 造林於; 使成林區。— **af·for·est·a′tion,** *n.*
af·fray [əˋfre] *n.* Ⓒ 騷動; 滋擾; 打架(尤指於公共場所中的吵架)。

af·front [ə`frʌnt] *v.t.* ① 侮辱；冒犯。②泰然面對。 — *n.* Ⓒ 侮辱。
Af·ghan [`æfgən] *n.* ① Ⓒ 阿富汗人。② Ⓤ 阿富汗語。③ Ⓒ 阿富汗獵犬。 — *adj.* 阿富汗(人，語)的。
Af·ghan·i·stan [æf`gænə,stæn] *n.* 阿富汗(亞洲西南部一國家，首都 Kabul)。
a·field [ə`fild] *adv.* ①至田野[野外]。②離鄉背井地。③離題地；離譜地。④在戰場上。
a·fire [ə`faɪr] *adv.* & *adj.* 燃燒地[的]。
a·flame [ə`flem] *adv.* & *adj.* ①著火地[的]。②殷切地[的]。
af·la·tox·in [,æflə`tɑksɪn] *n.* Ⓤ 〖生化〗黃麴毒素(致癌物質)。
a·float [ə`flot] *adj.* & *adv.* ①飄浮的[地]。②在船上的[地]；在海上的[地]。③爲水所淹的[地]；氾濫的[地]。④傳播甚廣的[地]。
a·foot [ə`fut] *adv.* & *adj.* ①徒步地[的]。②在進行中(的)；在準備中(的)。③行動地[的]；走動地[的]。
a·fore·men·tioned [ə`for`mɛnʃənd] *adj.* 前述的；上述的。
a·fore·said [ə`for,sɛd] *adj.* 前述的。
a·fore·thought [ə`for,θɔt] *adj.* 預謀的；故意的。 — *n.* Ⓤ 預謀；預想。
AFP Agence France Presse. 法國新聞社；法新社。 **Afr.** Africa(n).
‡**a·fraid** [ə`fred] *adj.* ①害怕的；畏懼的。②擔心的；掛念的。③我認爲(駁斥或糾正對方時較客氣的說法)。
a·fresh [ə`frɛʃ] *adv.* 再；重新。
‡**Af·ri·ca** [`æfrɪkə] *n.* 非洲。
***Af·ri·can** [`æfrɪkən] *adj.* ①非洲的。②非洲人的；黑人的。 — *n.* Ⓒ 非洲人；黑人。
aft [æft] *adv.* & *adj.* 在[向]船尾。
‡**af·ter** [`æftə] *prep.* ①在…之後。②追求；跟蹤。③於…後。④以…之故。⑤次於。⑥雖…終；畢竟。⑦仿照；依從。~ **all** 終究；畢竟。**A- you.** 請先行。 — *adv.* ①在後；隨後。②之後；以後。 — *adj.* 後面的；後來的。 — *conj.* 後於；在…之後。
af·ter·care [`æftə,kɛr] *n.* Ⓤ 〖醫〗病後或產後之調養。
af·ter·ef·fect [`æftərə,fɛkt] *n.* Ⓒ (常 *pl.*)①後遺症。②〖醫〗副作用。
af·ter·glow [`æftə,glo] *n.* Ⓒ (常 *sing.*)①晚霞。②(灼熱金屬等之)殘燭。③(玩樂後的)餘味。
af·ter-hours [`æftə,aurz] *adj.* 公餘的；下班之後的。
af·ter·im·age [`æftə,ɪmɪdʒ] *n.* Ⓒ 〖心〗殘像；遺留感覺；餘音；餘味。
af·ter·life [`æftə,laɪf] *n.* ① Ⓒ 來世。② Ⓤ 晚年。
af·ter·math [`æftə,mæθ] *n.* Ⓒ ①割後再生之草。②(不幸的)結果。
af·ter·most [`æftə,most] *adj.* ①最後的。②〖海〗近船尾的。
‡**af·ter·noon** [,æftə`nun] *n.* Ⓤ 下午。 — *adj.* 下午的。 § ~ **téa** (1)下午茶。(2)午後之社交集會。
af·ter·shock [`æftə,ʃɑk] *n.* Ⓒ 餘震。
af·ter·taste [`æftə,test] *n.* Ⓒ ①餘味；回味。②(不愉快的經驗等的)餘悸；餘恨。
af·ter·thought [`æftə,θɔt] *n.* Ⓤ Ⓒ ①回想。②追悔。③加添物。
‡**af·ter·ward(s)** [`æftəwəd(z)] *adv.* 以後；後來。
af·ter·word [`æftə,wɜd] *n.* Ⓒ (書籍等的)跋文；後記。
af·ter·world [`æftə,wɜld] *n.* Ⓒ 來世。
‡**a·gain** [ə`gɛn, ə`gen] *adv.* ①再；復。②再者；此外。③在另一方面。~ ***and*** ~; ***time and*** ~ 一再；屢次。***as much*** [***many***] ~ 倍於。
‡**a·gainst** [ə`gɛnst, ə`genst] *prep.* ①逆；反對。②防備。③對著；在…前面。④對比。⑤對照；以…爲背景。⑥抵抗；抵禦。⑦靠；倚；接觸。⑧對著…打擊。⑨隔壁。
a·gape [ə`gep] *adv.* & *adj.* 目瞪口呆地[的]；張口呆望地[的]。
ag·ate [`ægɪt, `ægət] *n.* ① Ⓤ Ⓒ 瑪瑙。② Ⓤ 瑪瑙體活字(5 ½ point)。③ Ⓒ 兒童玩的彈珠。
‡**age** [edʒ] *n.* ① Ⓤ Ⓒ 年齡。② Ⓤ 壽命。③ Ⓒ 世紀；時代。④ Ⓤ 老年。⑤ Ⓒ (常 *pl.*)長時間。⑥ Ⓤ 成年。***over*** [***under***] ~ 超過[未達]限定年齡。 — *v.i.* (**aged, ag(e)·ing**) 變老；成熟。 — *v.t.* 使老。 § ~ **gròup** 年齡相仿之一群人。 ~ **lìmit** 退休年齡；年齡限制。
***a·ged** [`edʒɪd] *adj.* ①年老的。②(the ~)老者。③[edʒd]有…歲數的。
age·ing [`edʒɪŋ] *n.* =**aging.**
age·ism [`edʒɪzəm] *n.* Ⓤ 歧視老年人；年齡歧視。—**age′ist,** *adj.* & *n.*
age·less [`edʒlɪs] *adj.* ①長生不老的。②永恆的；不滅的。
***a·gen·cy** [`edʒənsɪ] *n.* ① Ⓤ 動作；

A

作用。②Ⓒ經銷處。③Ⓤ代理(權)；代理業。**through** [**by**] **the ~ of...** 經…之手。

a·gen·da [ə`dʒɛndə] *n. pl.* (*sing.* **-dum** [-dəm])應辦之事；議程。

***a·gent** [`edʒənt] *n.* Ⓒ ①代理人[商(店)]；經紀人。②媒介物。③原動力；原因。④藥劑。⑤官方工作人員。

ag·glom·er·ate [ə`glɑmə͵ret] *v.t.* & *v.i.* (使)成團；(使)凝聚。 —[ə`glɑmərɪt] *adj.* ①凝聚的。②〖植〗群生的。 —[ə`glɑmərɪt] *n.* Ⓤ團；塊。— **ag·glom·er·a'tion,** *n.*

ag·gran·dize [`ægrən͵daɪz] *v.t.* ①加大；擴大；增強。②擴充。

***ag·gra·vate** [`ægrə͵vet] *v.t.* ①加重；增劇；使惡化。②〖俗〗激怒。

ag·gre·gate [`ægrɪgɪt] *adj.* 聚合的。 —*n.* ①Ⓤ Ⓒ 集合；集合體。②(the ~)總數；合計。**in the ~** 總計。 —[`ægrɪ͵get] *v.t.* & *v.i.* ①集合；團聚。②合計。

ag·gre·ga·tion [͵ægrɪ`geʃən] *n.* ①Ⓤ集合；總合。②Ⓒ集合體；集團。

ag·gres·sion [ə`grɛʃən] *n.* ⓊⒸ ①進攻；侵略。②侵犯。

***ag·gres·sive** [ə`grɛsɪv] *adj.* ①攻擊的；挑釁的。②積極的；活潑的。

ag·gres·sor [ə`grɛsɚ] *n.* Ⓒ攻擊者；侵略者；侵略國。

ag·grieve [ə`griv] *v.t.* 使苦惱；迫害。

a·ghast [ə`gæst] *adj.* 驚駭的；恐怖的(at).

ag·ile [`ædʒəl] *adj.* 活潑的；動作敏捷的。

a·gil·i·ty [ə`dʒɪlətɪ] *n.* Ⓤ動作的敏捷；機智；機敏。

ag·ing [`edʒɪŋ] *n.* Ⓤ①老化。②(葡萄酒等的)陳釀；(乾酪等的)熟化。

***ag·i·tate** [`ædʒə͵tet] *v.t.* ①使洶湧。②搖擺。③攪亂；激動。④熱烈討論。 —*v.i.* 鼓動；熱烈討論。

ag·i·tat·ed [`ædʒə͵tetɪd] *adj.* ①激動的。②討論不休的。— **ly,** *adv.*

***ag·i·ta·tion** [͵ædʒə`teʃən] *n.* ①Ⓤ劇烈的震動；搖動。②Ⓤ激動。③ⓊⒸ鼓動；煽動(for, against).

ag·i·ta·tor [`ædʒə͵tetɚ] *n.* Ⓒ ①煽動者；宣傳員。②攪拌器。

ag·it·prop [`ædʒɪt͵prɑp] *n.* Ⓒ ①(常 A-)(共黨之)煽動及宣傳機構。②煽動家兼宣傳家。

a·glit·ter [ə`glɪtɚ] *adj.* & *adv.* 光輝燦爛的[地]。

a·glow [ə`glo] *adv.* & *adj.* 發紅地[的]；興奮地[的]。

ag·nos·tic [æg`nɑstɪk] *adj.* 不可知論的。 —*n.* Ⓒ不可知論者。

ag·nos·ti·cism [æg`nɑstə͵sɪzəm] *n.* Ⓤ〖哲〗不可知論。

‡**a·go** [ə`go] *adj.* 已往的；以前的。 —*adv.* 已往；以前。

a·gog [ə`gɑg] *adv.* & *adj.* 因渴望或好奇而極度興奮地[的]。

ag·o·nize [`ægə͵naɪz] *v.i.* ①煩惱；苦悶。②掙扎。 —*v.t.* 使痛苦。 — **ag'o·niz·ing(ly),** *adj.* (*adv.*)

***ag·o·ny** [`ægənɪ] *n.* ①Ⓤ極大的痛苦。②Ⓒ任何精神上的激動。§ ~ **còlumn**(報紙之)人事廣告欄。

ag·o·ra·pho·bi·a [͵ægərə`fobɪə] *n.* Ⓤ〖醫〗廣場恐怖症。

a·grar·i·an [ə`grɛrɪən] *adj.* ①土地的；土地之耕種或所有權的。②農業的。 —*n.* Ⓒ主張平均地權者。

‡**a·gree** [ə`gri] *v.i.* ①同意。②相合；一致。③允諾；答應。④相宜。⑤〖文法〗一致。⑥和好相處。 —*v.t.* 承認；同意。**~ to something** [**with somebody**] 同意某事[某人]。

***a·gree·a·ble** [ə`griəbl] *adj.* ①令人愉快的。②合意的；適合的。③願意的。**make oneself ~ to somebody** 使自己與某人合得來。 — **a·gree'a·bly,** *adv.*

***a·gree·ment** [ə`grimənt] *n.* ①Ⓤ相合；同意。②Ⓒ契約；協議；條約。③Ⓤ〖文法〗相應；一致。

ag·ri·busi·ness [`ægrɪ͵bɪznɪs] *n.* Ⓤ農業綜合企業(包含加工、貯藏、販賣等有關事業)。

***ag·ri·cul·tur·al** [͵ægrɪ`kʌltʃərəl] *adj.* 農業的。

***ag·ri·cul·ture** [`ægrɪ͵kʌltʃɚ] *n.* Ⓤ農業；農藝；農耕；農學。— **ag·ri·cul'tur·ist,** *n.*

a·gron·o·my [ə`grɑnəmɪ] *n.* Ⓤ ①農藝學。②=**agriculture.**

a·ground [ə`graʊnd] *adv.* & *adj.* (船)擱淺(的)；在地上(的)。

a·gue [`egju] *n.* Ⓤ①〖醫〗瘧疾。②打寒戰；發冷。— **a'gu·ish,** *adj.*

‡**ah** [ɑ] *interj.* 感歎之聲。**Ah me!** 唉呀!

a·ha [ɑ`hɑ] *interj.* 感歎之聲。

‡**a·head** [ə`hɛd] *adv.* ①在前地。②進行。③預先；在…之先；在…之前。④朝前。⑤超過；勝於。⑥占優勢。**get ~** 〖俗〗成功。**get ~ of** 勝過。

a·hem [ə`hɛm] *interj.* 啊咳(引起注

意)；嗯(語塞時發音)。

a·hoy [əˋhɔɪ] *interj.* 〖海〗與遠處之人打招呼或呼喊其他船隻的聲音。

‡**aid** [ed] *v.t.* & *v.i.* ①幫助；援助。②促成。— *n.* ①Ⓤ幫助；援助。②Ⓒ幫助者。③Ⓒ〖美〗副官；侍從官。*call in one's* ～求人援助。*come to one's* ～ 赴援；援助。

aide [ed] *n.* Ⓒ副官；侍從官。

aide-de-camp [ˋeddəˋkæmp] *n.* Ⓒ (*pl.* **aides-de-camp**) (將軍、元帥等之)副官；侍從武官。

AIDS [edz] *n.* Ⓤ〖醫〗後天性免疫不全症候群；愛滋病(爲 *A*cquired *I*mmune *D*eficiency *S*yndrome 之略)。

ai·gret(te) [ˋegrɛt] *n.* Ⓒ①〖動〗(白)鷺。②鷺毛。③(倣製之)鷺毛飾。

ail [el] *v.t.* 使苦惱；使煩惱。— *v.i.* 生病。

ai·lan·thus [eˋlænθəs] *n.* Ⓒ〖植〗臭椿；樗。

ai·ler·on [ˋeləˏrɑn] *n.* Ⓒ (常 *pl.*) (飛機之)副翼；輔助翼。

ail·ment [ˋelmənt] *n.* Ⓒ疾病。

‡**aim** [em] *v.i.* & *v.t.* ①瞄準[at]。②企圖；意欲[at]。— *n.* ①Ⓤ瞄準。②Ⓒ目的。*take* ～ 瞄準。

ain't [ent] 〖俗〗原爲 am not 的縮寫，現擴充爲 are not, is not, have not 和 has not 的縮寫。

‡**air** [ɛr] *n.* ①Ⓤ空氣；大氣；天空。②Ⓒ微風。③Ⓒ曲調；旋律。④Ⓤ公開表示；顯示。⑤Ⓒ態度；容貌。⑥(*pl.*)裝腔作勢。*off the* ～ 廣播停止。*on the* ～ 廣播。*take the* ～ 到戶外去；散步或騎馬。*walk* [*tread*] *on* ～ 高興；快樂。— *v.t.* & *v.i.* ①晾；通風。②顯示；誇示。③散步。④廣播。§ ～ **alèrt** 空襲警報。～ **attàck** 空襲。～ **bàg** 〖美〗氣囊(於汽車碰撞時會自動充氣膨脹而緩和乘客所受之衝擊的安全裝置)。～ **bàse**空軍基地。～ **blàdder** (1)(魚)鰾。(2)〖植〗氣囊。～ **bràke** 空氣煞車；空氣制動機。～ **condìtioner** 空氣調節機。～ **condìtioning** 空氣調節設備。～ **fòrce** 空軍(略作 A.F.)。～ **gùn** 氣槍。～ **hòstess** 〖英〗空中小姐。～ **làne** 飛機航線。～ **lòck** (1)潛水箱不透氣的前室。(2)阻隔室。(3)氣塞。～ **màss**〖氣象〗氣團。～ **pollùtion** 空氣污染。～ **prèssure** 氣壓。～ **ràid** 空襲。～ **rìfle** (有膛線的)氣槍。～ **sàc** (1)氣袋。(2)〖鳥〗氣囊。～ **sèrvice** 航空運輸。～ **spèed** 飛行速度。

air·borne [ˋɛrˏborn] *adj.* ①空降的；空運的。②空中傳播的。

air·brush [ˋɛrˏbrʌʃ] *n.* Ⓒ (一種用以噴漆之)噴霧器。

air·bus [ˋɛrˏbʌs] *n.* Ⓒ 空中巴士(中、短程距離用的大型客機)。

air-con·di·tion [ˋɛrkənˏdɪʃən] *v.t.* 裝空氣調節設備於(房間、車廂等)。

air-con·di·tioned [ˋɛrkənˏdɪʃənd] *adj.* 裝有冷[暖]氣設備的。

***air·craft** [ˋɛrˏkræft] *n.* Ⓒ (*pl.* ～)飛行器(飛機、飛船等)。§ ～ **càrrier** 航空母艦。

air·crew [ˋɛrˏkru] *n.* Ⓒ (集合稱)飛機上之工作人員；空勤組(員)。

air·drome [ˋɛrˏdrom] *n.* Ⓒ飛機場。

air·drop [ˋɛrˏdrɑp] *n.* Ⓒ空投。— *v.t.* (**-pp-**)以降落傘降落；空投。

air·field [ˋɛrˏfild] *n.* Ⓒ飛機場。

air·head [ˋɛrˏhɛd] *n.* Ⓒ空降陣地。

air·ing [ˋɛrɪŋ] *n.* ①ⓊⒸ曬乾；晾乾。②Ⓒ (常 *sing.*)散步或駕車兜風。③Ⓒ (常 *sing.*)公開；公開討論。

air·less [ˋɛrlɪs] *adj.* 不通風的；沒有空氣的。

air·lift [ˋɛrˏlɪft] *n.* Ⓒ①空運。②空運乘載的人或貨物。③空運所用的飛機。— *v.t.* 空運。

air·line [ˋɛrˏlaɪn] *n.* Ⓒ ①定期航線。②〖美〗直線。③(常*pl.*, 作*sing.*解，常 A-)航空公司。§ ～ **hòstess** 〖美〗空中小姐。

***air·lin·er** [ˋɛrˏlaɪnɚ] *n.* Ⓒ定期客運班機。

***air·mail** [ˋɛrˏmel] *n.* Ⓤ航空郵件；航空信。

air·man [ˋɛrmən] *n.* Ⓒ (*pl.* **-men**) ①飛行家；飛行員。②空軍中最低級之士兵。

‡**air·plane** [ˋɛrˏplen] *n.* Ⓒ飛機。

***air·port** [ˋɛrˏport] *n.* Ⓒ飛機場。

air·proof [ˋɛrˋpruf] *adj.* 不通氣的；密不透氣的。— *v.t.* 使不透氣。

áir-raid shèlter [ˋɛrˏred ～] *n.* Ⓒ防空洞；防空壕。

air·ship [ˋɛrˏʃɪp] *n.* Ⓒ飛艇；飛船。

air·sick [ˋɛrˏsɪk] *adj.* 航空病的；暈機的。— **ness,** *n.*

air·strip [ˋɛrˏstrɪp] *n.* Ⓒ①飛機跑道。②臨時機場。

air·tight [ˋɛrˋtaɪt] *adj.* ①不透氣的。②無懈可擊的。

air-to-air [ˋɛrtəˋɛr] *adj.* & *adv.*

A

空對空的[地]。
air-to-sur·face [`ɛrtə`sɜfɪs] *adj.* & *adv.* 空對地的[地]。
air·waves [`ɛr,wevz] *n. pl.* 無線電或電視廣播。
air·way [`ɛr,we] *n.* ① Ⓒ 航(空)線。② Ⓒ〖礦〗通風孔。③(A-) (*pl.*) 航空公司。
air·wom·an [`ɛr,wumən] *n.* Ⓒ (*pl.* **-wom·en**) 女飛行家。
air·wor·thy [`ɛr,wɜðɪ] *adj.* 符合安全飛行標準的; 適宜航空的。
***air·y** [`ɛrɪ] *adj.* ①(像)空氣的。②輕快的; 快活的。③空幻的。④在空中的。⑤通風的。⑥〖俗〗裝腔作勢的。
***aisle** [aɪl] *n.* Ⓒ①教堂、禮堂、列車或劇院座椅中之縱直的通道。②任何狹長之通道。③教堂的側廊。
A.I.T. American Institute in Taiwan. (the ~)美國在台協會。
a·jar¹ [ə`dʒɑr] *adv.* & *adj.* (門)半開地[的]; 微開地[的]。
a·jar² *adv.* & *adj.* 不和諧地 [的]; 相軋轢地[的]〔with〕.
a·kim·bo [ə`kɪmbo] *adv.* & *adj.* 兩手叉腰地[的]。
a·kin [ə`kɪn] *adj.* ①同血族的。②同性質的; 類似的。
Al 〖化〗aluminum. **Ala.** Alabama.
à la [`ɑlə] 〖法〗 *prep.* 按…; 依照…; …式的。
Al·a·bam·a [,ælə`bæmə] *n.* 阿拉巴馬(美國南部一州)。
al·a·bas·ter [`ælə,bæstɚ] *n.* Ⓤ 雪花石膏。— *adj.* ①雪花石膏製的。②雪白光滑的。
à la carte [,ɑlə`kɑrt] 〖法〗*adj.* & *adv.* 照菜單自行點菜的[地]。
al·ac·ri·ty [ə`lækrətɪ] *n.* Ⓤ 活潑; 敏捷。
al·a·mo [`ælə,mo] *n.* Ⓒ (*pl.* **~s**) 一種白楊。
à la mode [,ɑlə`mod] 〖法〗*adj.* ①時髦的。②〖烹飪〗**a.**加冰淇淋的(甜點心)。**b.**加蔬菜紅燒然後澆以濃滷汁的(牛肉)。— *adv.* 時髦地。
‡**a·larm** [ə`lɑrm] *n.* ① Ⓤ 驚慌。② Ⓒ 警報。③ Ⓒ 警報器。— *v.t.* ①使驚慌。② 警告。§ ∼ **bèll** 警鐘; 警鈴。∼ **clòck** 鬧鐘。∼ **sìgnal** 警報; 警報器。
a·larm·ing [ə`lɑrmɪŋ] *adj.* 可驚的。
a·larm·ist [ə`lɑrmɪst] *n.* Ⓒ 大驚小怪者。
***a·las** [ə`læs] *interj.* 感歎聲(表示悲哀或愁苦)。
A·las·ka [ə`læskə] *n.* (美國)阿拉斯加州。
A·las·kan [ə`læskən] *adj.* (美國)阿拉斯加州的。— *n.* Ⓒ 阿拉斯加人。
Al·ba·ni·a [æl`benɪə] *n.* 阿爾巴尼亞(歐洲國名)。
Al·ba·ni·an [æl`benɪən] *adj.* 阿爾巴尼亞(人, 語)的。— *n.* ①Ⓒ阿爾巴尼亞人。②Ⓤ阿爾巴尼亞語。
al·ba·tross [`ælbə,trɔs] *n.* Ⓒ 〖鳥〗信天翁。
al·be·it [ɔl`biɪt] *conj.* 雖然。
al·bi·no [æl`baɪno] *n.* Ⓒ (*pl.* **~s**) ①白化病者(皮膚、頭髮及眼睛缺乏正常色素的人)。②白變種。
Al·bi·on [`ælbɪən] *n.* 〖詩〗 英國; 不列顛; 英格蘭。
***al·bum** [`ælbəm] *n.* Ⓒ①貼相片、郵票等之簿冊。②唱片集。③來賓簽名簿。
al·bu·men [æl`bjumən] *n.* Ⓤ ①蛋白。②〖植〗胚乳。
al·bu·min [æl`bjumɪn] *n.* Ⓤ〖生化〗 蛋白質; 蛋白素。— **al·bu′mi·nous, al·bu′mi·nose,** *adj.*
al·che·mist [`ælkəmɪst] *n.* Ⓒ 煉金術士。— **al·che·mis′ti·cal,** *adj.*
al·che·my [`ælkəmɪ] *n.* Ⓤ (中世紀之)煉金術; 煉丹術。
***al·co·hol** [`ælkə,hɔl] *n.* ⓊⒸ ①〖化〗酒精; 乙醇。② 酒。§ ∼ **làmp** 酒精燈。— **ism,** *n.* Ⓤ 酒精中毒。
***al·co·hol·ic** [,ælkə`hɔlɪk, -`hɑl-] *adj.* (含)酒精的。— *n.* Ⓒ 酗酒者。
al·cove [`ælkov] *n.* Ⓒ 凹室; 牆壁凹入作書架等用的一部分。
al·der [`ɔldɚ] *n.* Ⓒ 赤楊。
al·der·man [`ɔldɚmən] *n.* Ⓒ (*pl.* **-men**) ①〖美〗 市議員。②〖英〗市府參事。
***ale** [el] *n.* ⓊⒸ 麥酒。
a·lee [ə`li] *adv.* & *adj.* 〖海〗向下風。
al·e·gar [`æləgɚ] *n.* Ⓒ 麥酒醋。
ale·house [`el,haus] *n.* Ⓒ 麥酒店; 酒館。
***a·lert** [ə`lɜt] *adj.* ①警覺的。②活潑的; 敏捷的。— *n.* Ⓒ ①注意; 小心。②空襲[暴風]警報; 空襲或暴風警報期間。**on the ∼** 注意。— *v.t.* ①發空襲或暴風警報給…。②警告…作…準備; 警告。— **ly,** *adv.*
A·leu·tian [ə`luʃən] *adj.* ①阿留申群島的。②阿留申群島之土人的; 其文化的。— *n.* ① Ⓒ 阿留申群島之土

人。②(*pl.*)阿留申群島(=the Aleutian Islands)。

Al·ex·an·der [ˌælɪgˋzændɚ] *n.* 亞歷山大(男子名)。§ ∼ **the Gréat** 亞歷山大大帝(356-323 B.C., 古馬其頓國王 336-323 B.C.)。

a·lex·i·a [əˋlɛksɪə] *n.* Ⓤ〖醫〗無閱讀能力; 失讀症。

al·fal·fa [ælˋfælfə] *n.* Ⓤ 紫花苜蓿。

al·fres·co [ælˋfrɛsko] *adv.* & *adj.* 戶外地[的]; 露天地[的]。

al·ga [ˋælgə] *n.* Ⓒ (*pl.* **-gae** [-dʒi]) 〖植〗海藻; 藻類。— **al′gal,** *adj.*

***al·ge·bra** [ˋældʒəbrə] *n.* Ⓤ 代數(學)。— **al·ge·bra′ist** [-ˋbre-], *n.*

Al·ge·ri·a [ælˋdʒɪrɪə] *n.* 阿爾及利亞(北非一國, 首都 Algiers)。— **Al·ge′ri·an,** *adj.* & *n.*

Al·giers [ælˋdʒɪrz] *n.* 阿爾及耳(阿爾及利亞之首都)。

Al·gol, ALGOL [ˋælgɑl] *n.* Ⓤ 〖電算〗算術語言(爲 *Algo*rithmic *L*anguage 之略)。

Al·gon·qui·an [ælˋgɑŋkɪən] *n.* Ⓒ 阿爾基安人(美國印第安族之最大一族, 居於美國中西部)。

a·li·as [ˋelɪəs] *adv.* & *n.* Ⓒ 別名; 化名; 假名。

al·i·bi [ˋæləˌbaɪ] *n.* Ⓒ ①〖法律〗不在現場的答辯。②〖美俗〗託辭。

***al·ien** [ˋelɪən, ˋeljən] *n.* Ⓒ 外國人。— *adj.* ①外國人的; 外國的。②相反的; 完全不同的〔to, from〕。

al·ien·a·ble [ˋeljənəbl] *adj.* 可轉讓的。— **al·ien·a·bil′i·ty,** *n.*

al·ien·ate [ˋeljənˌet] *v.t.* ①離間; 使疏遠。②讓渡; 割讓。— **al′ien·a·tor,** *n.* — **al′ien·a·tive,** *adj.*

al·ien·a·tion [ˌeljənˋeʃən] *n.* Ⓤ ①離間; 疏遠。②讓渡; 割讓。③精神錯亂。

al·ien·ist [ˋeljənɪst] *n.* Ⓒ (供給法律證據之)精神病醫師[學家]。

***a·light** [əˋlaɪt] *v.i.* ①由車或馬上下來。②降落。③偶遇〔on, upon〕。

a·lign, a·line [əˋlaɪn] *v.t.* & *v.i.* ①排列成行。②使合作。— **ment,** *n.*

***a·like** [əˋlaɪk] *adv.* & *adj.* 同樣地[的]; 相似地[的]。— **ness,** *n.*

al·i·ment [ˋæləmənt] *n.* Ⓤ Ⓒ ①營養物; 食物。②扶養。

al·i·men·ta·ry [ˌæləˋmɛnt(ə)rɪ] *adj.* 有關食物或營養的。§ ∼ **canál** [**tráct**] 消化管; 消化道。

al·i·mo·ny [ˋæləˌmonɪ] *n.* Ⓤ 離婚贍養費。

‡**a·live** [əˋlaɪv] *adj.* ①活的。②活躍的。③豐富的。④繼續活動的; 繼續有效的。*be* ∼ *to* 敏感。*be* ∼ *with* 充滿。*Look* ∼*!* 趕快! 注意!

***al·ka·li** [ˋælkəˌlaɪ] *n.* Ⓤ Ⓒ (*pl.* ∼**(e)s**) ①〖化〗鹼。②〖農〗土壤所含的可溶性無機鹽。— *adj.* 〖化〗鹼性的。

al·ka·line [ˋælkəˌlaɪn] *adj.* 含鹼的; 鹼性的。

al·ka·loid [ˋælkəˌlɔɪd] *n.* Ⓒ〖生化〗生物鹼。— *adj.* 生物鹼的; 鹼性的; 鹼基的。

‡**all** [ɔl] *adj.* ①完全的; 一切的。②儘可能的。③僅有。④〖俚〗完了。The cake is ∼. 蛋糕吃光了。— *pron.* 總數。∼ *in* ∼ **a.**完全地。**b.** 最愛的。**c.**一般說來。*and* ∼ 連同。*at* ∼ **a.** 全然。**b.**爲任何理由。*for* ∼ (*that*) 雖然; 縱然。*for good and* ∼ 永遠。*if at* ∼ 假如果有其事。*in* ∼ 合計。*not at* ∼ 毫不。— *adv.* ①全體。②同一; 相等。∼ *alone* 獨自的。∼ *along* **a.** 自始至終。**b.** 沿途; 全長。∼ *at once* **a.** 突然。**b.** 同時; 一下子。∼ *but* **a.** 除了…全。**b.** 差不多; 幾乎。∼ *in*〖俗〗疲倦。I'm ∼ *in*. 我累得要死。∼ *ready* 一切就緒。∼ *right* **a.** 不錯; 滿意。**b.** 是(=yes)。**c.** 確然(=certainly)。**d.** 健康; 安全。**e.** 可以(含勉強意)。**f.**〖俗〗可靠的; 好的。∼ *the better* 更好。∼ *the same* 仍然; 一樣地。∼ *the time* 始終。∼ *together* 一起。∼ *up* 沒有希望了。§ ∼ **cléar** 空襲或其他危險解除的信號。**Á-Fóols' Dây** 愚人節(四月一日, 又稱 April Fools' Day)。**Á- Sáints' Dây**〖基督教〗萬聖節(十一月一日)。**Á-Sóuls' Dây**〖天主教〗萬靈節(十一月二日)。

Al·lah [ˋælə, ˋɑlə] *n.* 阿拉(爲回教之上帝或神)。

all-a·round [ˋɔləˌraund] *adj.* 〖俗〗①多才藝的。②普遍的。

al·lay [əˋle] *v.t.* ①使和緩。②使鎮靜; 解憂。

all-com·ers [ɔlˋkʌmɚz] *n. pl.* 所有的來者[競爭者]。

al·le·ga·tion [ˌæləˋgeʃən] *n.* Ⓒ ①空言; 推諉。②斷言; 辯解; 主張。

al·lege [əˋlɛdʒ] *v.t.* ①託言。②宣稱。

al·le·giance [əˋlidʒəns] *n.* Ⓤ Ⓒ

A

對國家或君主的忠順；忠誠。

al·le·gor·i·cal [,ælə`gɔrɪkl] *adj.* 比喻的；寓言的。(亦作 **allegoric**)

al·le·go·ry [`ælə,gorɪ] *n.* ①Ⓤ諷喻。②Ⓒ寓言。

al·le·gro [ə`legro]〖義〗〖樂〗*adj.* & *adv.* 活潑；快速。— *n.* Ⓒ (*pl.* **~s**)急速的調子。

al·le·lu·ia(h) [,ælə`lujə] *interj.* & *n.* =**hallelujah.**

all-em·brac·ing [`ɔlɪm`bresɪŋ] *adj.* 範圍很廣的；包含全部的。an ~ principle 總括性的原理。

al·ler·gen [`ælə,dʒɛn] *n.* Ⓒ(引起過敏症的)過敏原。

al·ler·gic [ə`lɜdʒɪk] *adj.* ①過敏症的。②患過敏症的。③〖俚〗具有強烈反感的。②厭惡。

al·ler·gy [`ælədʒɪ] *n.* Ⓒ①過敏症。

al·le·vi·ate [ə`livɪ,et] *v.t.* 使緩和；減輕(痛苦)；安慰。— **al·le·vi·a′tion,** *n.* — **al·le′vi·a·tive,** *adj.* & *n.* — **al·le′vi·a·tor,** *n.*

***al·ley** [`ælɪ] *n.* Ⓒ①弄；巷。②園林中之小徑。③保齡球之球場。

al·ley·way [`ælɪ,we] *n.* Ⓒ①〖美〗巷；衖。②窄道；小過道。

All·hal·lows [,ɔl`hæloz] *n.* = **All Saints' Day.**

***al·li·ance** [ə`laɪəns] *n.* ①ⓊⒸ聯盟。②Ⓒ同盟國。③Ⓒ聯姻。④Ⓒ共通點。

***al·lied** [ə`laɪd, `ælaɪd] *adj.* ①聯盟的；同盟的。②聯姻的。③類似的。

***al·li·ga·tor** [`ælə,getə] *n.* ①Ⓒ短吻鱷(一種產於美洲的鱷魚)。②Ⓤ該種鱷魚之皮。

al·lo·cate [`ælə,ket] *v.t.* ①撥出。②按計畫分配。③定位置。— **al·lo·ca′tion,** *n.*

***al·lot** [ə`lɑt] *v.t.* (**-tt-**) ①分配；攤派。②指定用途地分配；指派。— **ment,** *n.*

al·lo·type [`ælə,taɪp] *n.* Ⓤ同種抗原免疫球蛋白。

all-out [`ɔl`aut] *adj.* 盡可能的；徹底的。

all·o·ver [`ɔl`ovə] *adj.* 布滿全面的；有布滿全面之花樣的。— [`ɔl,ovə] *n.* Ⓤ印花布料。

‡**al·low** [ə`lau] *v.t.* ①允許。②給與。③承認。④酌留；酌加或減少。⑤〖俗〗說；想。⑥(由於不小心而)讓某種情形發生。— *v.i.* 承認；容許〔of〕. ~ **for** **a.**原諒；體諒。**b.**斟酌；考慮。**c.**準備；酌留。— **a·ble,** *adj.*

***al·low·ance** [ə`lauəns] *n.* Ⓒ①定量分配。②津貼；零用錢。③留餘地；預留。④承認；接受。⑤認可；寬容。⑥折扣；酌加[減]額。*make* ~ (*for*) 留餘地；原諒。— *v.t.* ①給零用錢或津貼。②按定量分配。

al·loy [`ælɔɪ, ə`lɔɪ] *n.* Ⓒ①合金。②(金銀)成色。— [ə`lɔɪ] *v.t.* ①使成合金。②攙雜以劣質。

all-pow·er·ful [`ɔl`pauəfəl] *adj.* 全能的。

all-pur·pose [`ɔl`pɜpəs] *adj.* 可作各種用途的。

all-round [`ɔl`raund] *adj.* ①萬能的；多才多藝的。②全面性的；不偏頗的(教育等)；到處行得通的。

all·spice [`ɔl,spaɪs] *n.* ①Ⓒ甜胡椒。②Ⓤ其所製之香料。

all-star [`ɔl,stɑr] *adj.* 第一流演員或選手組成的。§ **Áll-Star Gàme** 明星棒球賽。

all-time [`ɔl,taɪm] *adj.* ①=**full-time.** ②空前的。

***al·lude** [ə`l(ɪ)ud] *v.i.* 暗指；提及〔to〕.

***al·lure** [ə`l(ɪ)ur] *v.t.* 引誘；誘惑。— *n.* Ⓤ引誘；誘惑。— **ment,** *n.*

***al·lur·ing** [ə`lurɪŋ] *adj.* 誘惑的；迷人的；銷魂的。

***al·lu·sion** [ə`luʒən] *n.* ⓊⒸ引述；提及。

al·lu·vi·al [ə`luvɪəl] *adj.* 沖積的。— *n.* ⓊⒸ沖積土。

***al·ly** [ə`laɪ] *v.t.* & *v.i.* ①聯合；結盟〔to, with〕. ②聯繫。③在血統或組織上發生關係。— [`ælaɪ, ə`laɪ] *n.* Ⓒ①同盟國。②擁護者。

al·ma ma·ter, Al·ma Ma·ter [`ælmə`metə]〖拉〗*n.* Ⓒ母校。

***al·ma·nac** [`ɔlmə,næk, `ɔlmənɪk] *n.* Ⓒ年鑑；曆書。

***al·might·y** [ɔl`maɪtɪ] *adj.* ①萬能的；有無限權力的。②〖俗〗非常的；甚大的。— *n.* (the A-)上帝。

***al·mond** [`ɑmənd] *n.* ①ⓊⒸ杏仁。②Ⓒ杏樹。③Ⓒ形似杏仁之物。

‡**al·most** [ɔl`most, `ɔl,most] *adv.* 差不多；幾乎。

***alms** [ɑmz] *n. pl.* 施捨(物)；賙濟(品)。

alms·house [`ɑmz,haus] *n.* Ⓒ救濟院。

al·oe [`ælo] *n.* ①Ⓒ〖植〗蘆薈。②(*pl.*, 作 *sing.* 解)蘆薈油(瀉藥)。③Ⓒ〖美〗龍舌蘭。

***a·loft** [ə`lɔft] *adj.* & *adv.* ①到上

面；在上面。②在桅上；在桅桿高處。

al·o·ha [əˋloə, ɑˋlohɑ] 〖夏威夷語〗 *interj.* ①歡迎！喂！②再見！ — *n.* Ⓒ問候；致意。

‡**a·lone** [əˋlon] *adj.* ①單獨的；孤單的。②獨特的；無雙的。***leave somebody*** [***something***] ~ 聽其自然。***let*** ~ **a.** 聽其自然。**b.** 至於…更不必說。 — *adv.* ①單獨地。②僅；獨。

‡**a·long** [əˋlɔŋ] *prep.* ①沿；循。②在…期間；在…過程中。 — *adv.* ①成一行地；縱長地。②向前。③共同。④近。***be*** ~ 到達某地。

***a·long·side** [əˋlɔŋˋsaɪd] *adv.* 傍；靠；沿。 — *prep.* 橫傍。

***a·loof** [əˋluf] *adv.* 遠離；躲開。 — *adj.* 冷漠的；疏遠的。 — **ness,** *n.*

‡**a·loud** [əˋlaud] *adv.* 高聲；大聲。

al·pac·a [ælˋpækə] *n.* ① Ⓒ〖動〗羊駝。② Ⓤ 羊駝毛。③ Ⓒ 羊駝毛織物。

al·pen·stock [ˋælpɪn,stɑk] *n.* Ⓒ登山杖。

al·pha [ˋælfə] *n.* ⓊⒸ①希臘字母的第一個字母(A,α)。②最初；開端。~ ***and omega*** 始終。§ ~ **párticle** 〖理〗α 質點。~ **rȧys** 〖理〗α 射線；甲射線。

***al·pha·bet** [ˋælfə,bɛt] *n.* ①Ⓒ字母。②(the ~)初步；初階。

al·pha·bet·i·cal [,ælfəˋbɛtɪkḷ] *adj.* 字母的；依字母順序的。

Al·pine [ˋælpaɪn] *adj.* ①阿爾卑斯山的。②(a-)高山的。

Al·pin·ist, al·pin·ist [ˋælpɪnɪst] *n.* Ⓒ登山家。

***Alps** [ælps] *n. pl.* (the ~) 阿爾卑斯山脈。

‡**al·read·y** [ɔlˋrɛdɪ] *adv.* 早已；業經。

al·right [ɔlˋraɪt] *adv.* & *adj.* =**all right.**

‡**al·so** [ˋɔlso] *adv.* 並且；又；亦。 — *conj.* =**and.**

al·so-ran [ˋɔlso,ræn] *n.* Ⓒ①〖賽馬〗落選之馬。②〖俗〗失敗者；庸才。

alt [ælt] *n.* & *adj.* =**alto.**

alt. alternate; altitude; alto.

al·tar** [ˋɔltɚ] *n.* Ⓒ①祭壇。②聖餐檯。③祈禱之所。lead*** (***a woman***) ***to the*** ~ 結婚。

***al·ter** [ˋɔltɚ] *v.t.* 更改；變更。 — *v.i.* 改變。 — **a·ble,** *adj.*

***al·ter·a·tion** [,ɔltəˋreʃən] *n.* ⓊⒸ變更；改變。

al·ter·cate [ˋɔltɚ,ket] *v.i.* 爭論；吵嘴〔with〕。 — **al·ter·caˊtion,** *n.*

al·ter e·go [ˋæltɚˋigo] 〖拉〗*n.* Ⓒ (*pl.* ~**s**)①密友；知己。②他我；個性之另一面。

***al·ter·nate** [ˋɔltɚ,net, ˋæl-] *v.i.* & *v.t.* ①輪流；交替〔with〕。②〖電〗交流。 — [ˋɔltɚnɪt, ˋæl-] *adj.* ①間隔的。②交替的。③〖植〗互生的。

al·ter·nat·ing [ˋɔltɚ,netɪŋ, ˋæl-] *adj.* 交替的；交流的。§ ~ **cúrrent** 〖電〗交流電。

al·ter·na·tion [,ɔltɚˋneʃən] *n.* ⓊⒸ①交替；輪流。②間隔；交錯。

***al·ter·na·tive** [ɔlˋtɝnətɪv, æl-] *adj.* ①二者任擇其一的。②可從數個中擇其一的。③選擇的。 — *n.* Ⓒ①二者擇一；二者之一。②選擇之事物。③選擇餘地。

al·ter·na·tor [ˋɔltɚ,netɚ] *n.* Ⓒ交流發電機。

‡**al·though, al·tho** [ɔlˋðo] *conj.* 雖然；縱使。

al·tim·e·ter [ælˋtɪmətɚ] *n.* Ⓒ高度測量器；高度計。

***al·ti·tude** [ˋæltə,t(j)ud] *n.* ①Ⓤ高度。②Ⓒ(常 *pl.*)高處。③Ⓒ高職位。§ ~ **sìckness** 高空病。

al·to [ˋælto] *n.* (*pl.* ~**s**)〖樂〗①Ⓤ次高音(女聲最低音；男聲最高音)。②Ⓒ唱 alto 者。 — *adj.* alto 的。

***al·to·geth·er** [,ɔltəˋgɛðɚ] *adv.* ①完全地。②總共。③總之。

al·tru·ism [ˋæltru,ɪzṃ] *n.* Ⓤ利他主義；愛他主義。 — **alˊtru·ist,** *n.* — **al·tru·isˊtic,** *adj.*

al·um [ˋæləm] *n.* Ⓤ〖化〗明礬。

***al·u·min·i·um** [,æljəˋmɪnɪəm] *n.* 〖英〗=**aluminum.**

***a·lu·mi·num** [əˋlumɪnəm] *n.* Ⓤ〖化〗鋁。

a·lum·na [əˋlʌmnə] *n.* Ⓒ (*pl.* **-nae** [-ni])女校友；女畢業生。

a·lum·nus [əˋlʌmnəs] *n.* Ⓒ (*pl.* **-ni** [-naɪ])男校友；男畢業生。

‡**al·ways** [ˋɔlwɪz, -wez] *adv.* ①永遠。②總是。③不斷地。

‡**am** [*stressed* æm *unstressed* əm] *v.* be 的第一人稱，單數，現在，直說法。

AM amplitude modulation. 調幅。

Am. America; American.

***a.m., A.M.** [ˋeˋɛm] *adv.* & *adj.* 上午地[的] (爲〖拉〗ante meridiem (=before noon)之縮寫)。

a·mah [ˋɑmə] *n.* Ⓒ女傭；乳母；阿媽。

a·mal·gam [əˋmælgəm] *n.* ①Ⓤ

Ⓒ汞合金；汞齊。②Ⓒ任何混合物。

a·mal·gam·ate [ə`mælgə,met] *v.t.* & *v.i.* ①與汞混合。②混合。 — **a·mal·gam·a'tion,** *n.*

am·a·ryl·lis [,æmə`rılıs] *n.* Ⓒ 〖植〗孤挺花。

a·mass [ə`mæs] *v.t.* & *v.i.* ①積聚。②集合。

***am·a·teur** [`æmə,tʃur] *n.* Ⓒ 業餘技藝家；非專家。 — *adj.* 業餘的。 — **am·a·teur·ish** [,æmə`tɜrıʃ], *adj.*

am·a·to·ry [`æmə,torı] *adj.* 戀人的；戀愛的；色情的。

***a·maze** [ə`mez] *v.t.* 使大吃一驚；使驚愕；使驚奇。

***a·mazed** [ə`mezd] *adj.* 吃驚的；驚奇的。 — **a·maz'ed·ly** [-zıdlı], *adv.*

***a·maze·ment** [ə`mezmənt] *n.* ①Ⓤ驚異。②Ⓒ使人驚異的事物。

***a·maz·ing** [ə`mezıŋ] *adj.* 令人驚異的。 — **ly,** *adv.*

***Am·a·zon** [`æmə,zɑn] *n.* ①(the ～)亞馬遜河(在南美洲)。②Ⓒ〖希神〗一族女戰士中之一員。③(a-) Ⓒ 高大而有男子氣概的女人。

***am·bas·sa·dor** [æm`bæsədɚ] *n.* Ⓒ①大使。②代表。§ ～ **extraórdinary** 特命大使。 ～ **plenipoténtiary** 全權大使。 — **am·bas·sa·do'ri·al** [-`dorıəl], *adj.*

am·bas·sa·dress [æm`bæsədrıs] *n.* Ⓒ①女大使。②大使夫人。

***am·ber** [`æmbɚ] *n.* Ⓤ①琥珀。②琥珀色。

am·bi·dex·trous [,æmbə`dɛkstrəs] *adj.* ①兩手都很靈巧的。②懷二心的。③極技巧的。

am·bi·ence [`æmbıəns] *n.* Ⓒ 環境；周圍。

am·bi·ent [`æmbıənt] *adj.* 周圍的。

am·bi·gu·i·ty [,æmbı`gjuətı] *n.* ① Ⓤ 二種(以上)的意義；曖昧；不分明。②Ⓒ曖昧的語意或文句。

am·big·u·ous [æm`bıgjuəs] *adj.* 含糊的；可疑的。 — **ly,** *adv.*

am·bit [`æmbıt] *n.* Ⓒ (常 *pl.*) 周圍；範圍。

***am·bi·tion** [æm`bıʃən] *n.* ① Ⓤ Ⓒ野心；雄心。②Ⓒ所希望的東西。

***am·bi·tious** [æm`bıʃəs] *adj.* ①有雄心或野心的。②熱望的。③需要極大努力或才幹的。

am·biv·a·lent [æm`bıvələnt] *adj.* (對同一人、物)同時具有矛盾情感的。 — **am·biv'a·lence,** *n.*

am·ble [`æmbl] *n.* (an ～)①溜蹄(馬之同側兩足同時並舉之步調)。②緩行。 — *v.i.* 漫步；緩馳。

am·bro·si·a [æm`broʒıə] *n.* Ⓤ Ⓒ ①〖希、羅神〗神(仙)之食物。②美味；芳香之物。 — **am·bro'si·al,** *adj.*

***am·bu·lance** [`æmbjələns] *n.* Ⓒ①救護車[船，飛機]。②昔時之野戰醫院。

am·bu·la·to·ry [`æmbjələ,torı] *adj.* ①行走的；能走的。②動的。③〖醫〗不必臥床的。④〖法律〗可變更的。 — *n.* Ⓒ (有屋頂的)走廊；屋內散步之處。

am·bus·cade [,æmbəs`ked] *n.* & *v.t.* & *v.i.* =**ambush.**

***am·bush** [`æmbuʃ] *n.* Ⓒ①埋伏。②伏兵。③埋伏之處。 — *v.t.* & *v.i.* ①自埋伏處出擊。②伏(兵)於隱處。

a·mel·io·rate [ə`miljə,ret] *v.t.* 改善；修正。 — *v.i.* 變好。 — **a·mel·io·ra'tion,** *n.*

***a·men** [`e`mɛn, `ɑ`mɛn] *interj.* 阿們(祈禱終了時之語)；心願如是。 — *n.* Ⓤ Ⓒ「阿們」之語。

a·me·na·ble [ə`minəbl] *adj.* ①有服從之義務的。②願服從的；肯接受勸告的。 — **a·me·na·bil'i·ty,** *n.*

***a·mend** [ə`mɛnd] *v.t.* ①正式的修改。②改正；改良。 — **a·to·ry,** *adj.*

***a·mend·ment** [ə`mɛndmənt] *n.* ①Ⓒ修正案。②Ⓤ Ⓒ修正；改良。

a·mends [ə`mɛndz] *n.* (作 *sing.* or *pl.* 解)賠償；賠罪。

a·men·i·ty [ə`mɛnətı] *n.* ①(the ～)適意；溫和。② Ⓒ (常 *pl.*) 令人愉快之事物。

Amer. America; American.

a·merce [ə`mɜs] *v.t.* ①罰鍰；罰金。②懲罰；罰科。 — **ment,** *n.*

‡**A·mer·i·ca** [ə`mɛrıkə] *n.* ①美國。②南美或北美。③(*pl.*)南北美洲。

‡**A·mer·i·can** [ə`mɛrıkən] *adj.* ①美國的。②美洲的。 — *n.* ①Ⓒ美國人。②Ⓒ美洲人。③=**American English.** § ～ **Énglish** 美國英語。 ～ **Índian** 美國印第安人。 ～ **Revolùtion** 美國獨立戰爭。

A·mer·i·can·ism [ə`mɛrəkən,ızəm] *n.* ①Ⓤ Ⓒ 美國的風俗習慣及特性等。②Ⓒ美國特有的用語。

A·mer·i·can·ize [ə`mɛrəkən,aız] *v.t.* & *v.i.* 美國化。 — **A·mer·i·can·i·za'tion** [-nə`zeʃən], *n.*

am·e·thyst [\`æməθɪst] *n.* ① Ⓤ Ⓒ 〖礦〗紫晶；紫水晶。② Ⓤ 紫色。

***a·mi·a·ble** [\`emɪəbl̩] *adj.* 和藹可親的；溫柔的；友善的。— **a·mi·a·bil′i·ty,** *n.* — **a′mi·a·bly,** *adv.*

am·i·ca·ble [\`æmɪkəbl̩] *adj.* 友善的；和平的。— **am·i·ca·bil′i·ty,** *n.* — **am′i·ca·bly,** *adv.*

***a·mid** [ə\`mɪd] *prep.* 在其中。

a·mid·ship(s) [ə\`mɪdʃɪp(s)] *adj.* & *adv.* 在船中央的[地]。

***a·midst** [ə\`mɪdst] *prep.* =**amid.**

a·mí·no ácid [ə\`mino～] *n.* Ⓒ 〖化〗氨基酸。

***a·miss** [ə\`mɪs] *adv.* & *adj.* 錯誤地[的]；差錯地[的]。

am·i·ty [\`æmətɪ] *n.* Ⓤ Ⓒ 友善；和睦。

AMM antimissile missile. 反飛彈飛彈。

am·me·ter [\`æm,mitɚ] *n.* Ⓒ 安培計。

am·mo [\`æmo] *n.* Ⓤ 〖俗〗彈藥。

***am·mo·nia** [ə\`monjə, -nɪə] *n.* Ⓤ ①氨(氣體)。②氨水。

***am·mu·ni·tion** [,æmjə\`nɪʃən] *n.* Ⓤ 彈藥；軍火。§ ～ **bèlt** 彈帶。

am·ne·sia [æm\`niʒ(ɪ)ə] *n.* Ⓤ 〖醫〗健忘症。

am·ne·si·ac [æm\`niʒɪ,æk] *adj.* 健忘症的。— *n.* Ⓒ 健忘症患者。

am·nes·ty [\`æm,nɛstɪ] *n.* Ⓤ 大赦；特赦。— *v.t.* 大赦；特赦。

am·ni·o·cen·te·sis [,æmnɪosɛn\`tisəs] *n.* Ⓤ 〖醫〗羊膜穿刺術(直接採集羊水以判斷胎兒的性別)。

a·moe·ba [ə\`mibə] *n.* Ⓒ (*pl.* **～s, -bae** [-bi]) 阿米巴(極小的單細胞原生動物)；變形蟲。

‡**a·mong** [ə\`mʌŋ] *prep.* ①在…中(常用於三者以上)。②在…所圍繞之中。③於…之間(分配)。④互相。

***a·mongst** [ə\`mʌŋst] *prep.* =**among.**

a·mor·al [e\`mɔrəl] *adj.* 超道德的；與道德無關的。— **i·ty** [,emə\`rælətɪ], *n.*

am·o·rous [\`æmərəs] *adj.* ①多情的；好色的。②表示愛情的。③關於愛情的。～ songs 情歌。— **ly,** *adv.*

a·mor·phous [ə\`mɔrfəs] *adj.* ①無定形的；無組織的。②非結晶形的。

a·mor·tize [\`æmɚ,taɪz] *v.t.* (用減債基金等方法)逐漸償還。

‡**a·mount** [ə\`maunt] *n.* ①(the ～) 總數；總額。② Ⓤ 效力；價值。③ Ⓒ 數量。 *in* ～ 在數量上。 — *v.i.* ①總計；共達。②等於；近於。

a·mour [ə\`mur] 〖法〗*n.* Ⓒ (常 *pl.*) 戀情；姦情。

amp. amperage; ampere(s).

am·pere [\`æmpɪr] *n.* Ⓒ 安培(電流之單位)。

am·phet·a·mine [æm\`fɛtə,min] *n.* Ⓤ Ⓒ 〖藥〗安非他命(興奮劑的一種)。

am·phib·i·an [æm\`fɪbɪən] *n.* Ⓒ ①水陸兩棲的生物。②水陸兩用的飛機或坦克。— *adj.* 水陸兩棲的。

am·phib·i·ous [æm\`fɪbɪəs] *adj.* ①水陸兩棲或兩用的。②有兩種特性[種類，性質，部分]的。

am·phi·the·a·ter, 〖英〗 **-tre** [\`æmfə,θiətɚ] *n.* Ⓒ ①鬥技場。②圓形劇場。③四面環有小山的平地。

***am·ple** [\`æmpl̩] *adj.* ①富足的；充足的。②廣大的；廣闊的。— **ness,** *n.* — **am′ply,** *adv.*

am·pli·fi·ca·tion [,æmpləfə\`keʃən] *n.* Ⓤ ①擴大。②倍率。③〖電〗增幅。

am·pli·fi·er [\`æmplə,faɪɚ] *n.* Ⓒ 〖無線〗放大器；擴音機。

am·pli·fy [\`æmplə,faɪ] *v.t.* ①放大；擴大。②詳述。③加強(聲音或電流)。— *v.i.* 詳述(on)。

am·pli·tude [\`æmplə,tjud] *n.* Ⓤ ①廣闊。②豐富。③〖理〗振幅。④〖軍〗射程。⑤〖天〗天體出沒方位角。§ ～ **modulátion** 〖理〗振幅調節；調幅(略作 AM 或 A.M.)。

am·poule [\`æmpul], **-pule** [-pjul] *n.* Ⓒ 〖醫〗壺腹玻管；安瓿。

am·pu·tate [\`æmpjə,tet] *v.t.* ①切除；鋸掉。②減除；修剪(花草樹木等)。— **am·pu·ta′tion,** *n.*

am·pu·tee [,æmpju\`ti] *n.* Ⓒ 被切斷手或足的人。

Am·ster·dam [\`æmstɚ,dæm] *n.* 阿姆斯特丹(荷蘭首都)。

a·muck [ə\`mʌk] *adv.* & *adj.* 狂亂地[的]。 *run* ～ 發殺人狂；失去自制力。

am·u·let [\`æmjəlɪt] *n.* Ⓒ 護身符。

***a·muse** [ə\`mjuz] *v.t.* ①使笑；使樂。②消遣；娛樂。

***a·muse·ment** [ə\`mjuzmənt] *n.* ① Ⓤ 快樂；滑稽；娛樂。② Ⓒ 娛樂事物[場所]。§ ～ **pàrk** 遊樂園。

***a·mus·ing** [ə\`mjuzɪŋ] *adj.* ①有趣的。②引人發笑的。

a·myg·da·la [ə\`mɪgdələ] *n.* Ⓒ (*pl.* **-lae** [-,li]) ①杏仁。②〖解〗扁桃腺。

‡**an** [*unstressed* ən *stressed* æn] *adj.* or *indefinite article.* ①一；一個。②每；各。

a·nach·ro·nism [əˋnækrə,nɪzəm] *n.* ① Ⓤ Ⓒ 時代錯誤。② Ⓒ過時或不合時宜的人或事物。—**a·nach·ro·nis′tic, a·nach′ro·nous,** *adj.*

an·aes·the·sia [,ænəsˋθiʒə] *n.* =**anesthesia.**

an·aes·thet·ic [,ænəsˋθɛtɪk] *n.* & *adj.* =**anesthetic.**

an·a·gram [ˋænə,græm] *n.* Ⓒ 顚倒字母而成的字或短語(如將 lived 改爲 devil 即是)。

a·nal [ˋenl] *adj.* 肛門的；近肛門的。

an·al·ge·sic [,ænælˋdʒizɪk] *adj.* 〖醫〗痛感缺失的；止痛的。— *n.* Ⓤ Ⓒ 鎭痛劑。(亦作 **analgetic**)

an·a·log(ue) [ˋænl,ɔg] *n.* Ⓒ ①相似物。②〖語言〗同源字。③〖生物〗相似器官。

an·a·log·ic, -i·cal [,ænlˋɑdʒɪk(l)] *adj.* 類似的；類推的。

a·nal·o·gous [əˋnæləgəs] *adj.* 類似的；相似的。—**ly,** *adv.*

a·nal·o·gy [əˋnælədʒɪ] *n.* ① Ⓤ Ⓒ 相似；類似。② Ⓤ 類推。③ Ⓤ〖生物〗類似關係。④ Ⓤ 語言類推法。

***a·nal·y·sis** [əˋnæləsɪs] *n.* Ⓤ Ⓒ (*pl.* **-ses**[-,siz])①分析。②梗概；要略；綱領。③〖數〗解析。

an·a·lyst [ˋænlɪst] *n.* Ⓒ 分析者；解析者。

an·a·lyt·ic, -i·cal [,ænlˋɪtɪk(l)] *adj.* 分析的；解析的。

***an·a·lyze,**〖英〗**-lyse** [ˋænl,aɪz] *v.t.* ①分析。②審察；細察。

an·ar·chism [ˋænəˌkɪzəm] *n.* Ⓤ 無政府主義。

an·ar·chist [ˋænəkɪst] *n.* Ⓒ 無政府主義者。

an·ar·chy [ˋænəkɪ] *n.* Ⓤ ①無政府(狀態)。②混亂；無秩序。

a·nath·e·ma [əˋnæθəmə] *n.* Ⓒ 被呪逐嫌惡之人或物。

an·a·tom·ic [,ænəˋtɑmɪk] *adj.* ①解剖的；解剖學上的。②構造上的。

a·nat·o·mist [əˋnætəmɪst] *n.* Ⓒ 解剖者；解剖學者；分析者。

a·nat·o·mize [əˋnætə,maɪz] *v.t.* ①解剖。②分析。

***a·nat·o·my** [əˋnætəmɪ] *n.* ① Ⓤ Ⓒ 解剖。② Ⓤ 解剖學。human ～人體解剖學。③ Ⓒ (動物或植物的)構造；身體結構。④ Ⓒ (常*sing.*)分析。

***an·ces·tor** [ˋænsɛstə] *n.* Ⓒ ①祖先。②起源。—**an·ces′tral,** *adj.*

an·ces·try [ˋænsɛstrɪ] *n.* Ⓤ 祖先；門第。

an·chor** [ˋæŋkə] *n.* Ⓒ ①錨。②使人覺得穩定[安全]的東西。③接力賽中最後接棒者。 ***cast [***drop***] ***an*** ～拋錨。***ride*** [***lie, be***] ***at*** ～停泊。***weigh an*** ～ **a.** 起錨。**b.** 出發；離去。— *v.t.* & *v.i.* ①拋錨；泊船。②穩定；穩固。

an·chor·age [ˋæŋkərɪdʒ] *n.* ① Ⓤ 停泊。② Ⓒ 停泊所。③ Ⓤ (又作 an ～)停泊稅。

an·cho·vy [ˋæntʃəvɪ] *n.* Ⓤ Ⓒ 鯷「類。」

‡**an·cient** [ˋenʃənt] *adj.* ①古代的；遠古的。②舊的；古的。***the*** ～***s*** 古人。—**ly,** *adv.*

an·cil·la·ry [ˋænsə,lɛrɪ] *adj.* 輔助的；附屬的(to)。— *n.* Ⓒ 輔助者。

‡**and** [*stressed* ɛnd *unstressed* ənd, ən] *conj.*①及；和。②而；則(含有結果之意)。③而；則(含有假定之意)。④而且(加重之意)。⑤而(相反之意)。⑥於是；然後。⑦同時。⑧用在句子的開頭以表示連續性。⑨特別用法。Come ～ see(=Come to see). 來看。～ ***so on*** [***forth***]等等。～ ***then*** 然後；其次。～ ***yet*** 然而。

An·der·sen [ˋændəsn̩] *n.* 安徒生(Hans Christian, 1805-75；丹麥童話作家)。

and·i·ron [ˋænd,aɪən] *n.* Ⓒ (常*pl.*)(壁爐之)柴架。

an·drog·y·nous [ænˋdrɑdʒənəs] *adj.* ①陰陽人的。②〖植〗有雌雄兩花的。

an·droid [ˋændrɔɪd] *n.* Ⓒ 機器人。

***an·ec·dote** [ˋænɪk,dot] *n.* Ⓒ 軼事。—**an·ec·do′tal,** *adj.*

a·ne·mi·a [əˋnimɪə] *n.* Ⓤ〖醫〗貧血(症)。

a·ne·mic [əˋnimɪk] *adj.* 貧血(症)的。

an·e·mom·e·ter [,ænəˋmɑmətə] *n.* Ⓒ 風力計；風速計。

***a·nem·o·ne** [əˋnɛmə,ni] *n.* Ⓒ〖植〗白頭翁；秋牡丹。

an·es·the·sia [,ænəsˋθiʒə] *n.* Ⓤ 麻醉；麻木。

an·es·the·si·ol·o·gy [,ænəs,θiziˋɑlədʒɪ] *n.* Ⓤ〖醫〗麻醉學。—**an·es·the·si·ol′o·gist,** *n.*

an·es·thet·ic [,ænəsˋθɛtɪk] *n.* Ⓒ 麻醉劑；麻藥。— *adj.* 麻醉的；

失去知覺的。 「C 麻醉師。

an·es·the·tist [əˋnɛsθətɪst] *n.*

an·es·the·tize [əˋnɛsθə͵taɪz] *v.t.* 使麻醉；使麻木。

an·eu·rism, -rysm [ˋænjə͵rɪzəm] *n.* C〖醫〗動脈瘤。

***a·new** [əˋnju, əˋnu] *adv.* 再；重新；另。 「善可愛之人。

***an·gel** [ˋendʒəl] *n.* C ①天使。②完

an·gel·ic, -i·cal [ænˋdʒɛlɪk(l̩)] *adj.* 天使的。

an·gel·i·ca [ænˋdʒɛlɪkə] *n.* U C ①〖植〗當歸；羌活；白芷。②蜜餞的羌活莖。③(A-)一種白色葡萄酒。

An·ge·lus [ˋændʒələs] *n.* (the ～) ①〖天主教〗奉告祈禱。②奉告祈禱鐘。

‡**an·ger** [ˋæŋgɚ] *n.* U 怒；忿怒。 — *v.t. & v.i.* 激怒；發怒。

an·gi·na [ænˋdʒaɪnə] *n.* U〖醫〗①咽峽炎。②心絞痛。

***an·gle**[1] [ˋæŋgl̩] *n.* C ①角；隅；稜。②角度。③觀點。④角落。⑤新聞報導之角度或偏見。

an·gle[2] *v.i.* ①釣魚。②釣取。

an·gler [ˋæŋglɚ] *n.* C ①釣者。②爲達目的不擇手段者。③琵琶魚。

An·gles [ˋæŋglz] *n. pl.* 盎格魯族。

An·gli·can [ˋæŋglɪkən] *adj.* 英國國教的。 — *n.* C 英國國教徒。

An·gli·cism [ˋæŋglə͵sɪzəm] *n.* ① U C 英國習語。② U C〖美〗英國語調。③ U 英國化。

An·gli·cize [ˋæŋglə͵saɪz] *v.t.* 使成英國派；使…英語化。

an·gling [ˋæŋglɪŋ] *n.* U 釣魚(術)。

An·glo-A·mer·i·can [ˋæŋglo-əˋmɛrəkən] *adj.* ①英美兩國的。②英裔美國人的。 — *n.* C 英裔美國人。

An·glo·ma·ni·a [͵æŋgləˋmenɪə] *n.* U 醉心英國；英國狂。

An·glo·phile [ˋæŋglə͵faɪl] *adj.* 親英的。 — *n.* C 親英(派)之人。

An·glo·phone [ˋæŋglə͵fon] *n.* C (英語爲官方語言之一的國家中)說英語的居民。 — *adj.* 說英語的。

An·glo-Sax·on [ˋæŋgloˋsæksn̩] *n.* ① C 屬於說英語的人。② U 盎格魯撒克遜族或其語文。 — *adj.* 盎格魯撒克遜族或其語文的。

An·go·la [æŋˋgolə] *n.* 安哥拉(西非一國名，首都 Luanda)。

An·go·ra [æŋˋgorə] *n.* ① C 安哥拉貓[羊，兔子]。② U 安哥拉呢；純毛海。

***an·gri·ly** [ˋæŋgrəlɪ] *adv.* 忿怒地。

‡**an·gry** [ˋæŋgrɪ] *adj.* ①怒的；忿怒的。②風雨交作的。③(傷口)腫脹的；痛楚的。④兇猛的；強烈的。

angst [ɑŋ(k)st]〖德〗*n.* U 憂世；痛苦；不安。

***an·guish** [ˋæŋgwɪʃ] *n.* U (身心上)極度的痛苦。 — *v.t. & v.i.* (使)痛苦。

an·guished [ˋæŋgwɪʃt] *adj.* 痛苦的；煩惱的。

an·gu·lar [ˋæŋgjəlɚ] *adj.* ①有角的。②以角度測量的。③消瘦的。

an·gu·lar·i·ty [͵æŋgjəˋlærətɪ] *n.* ① U 有角。② C (常 *pl.*)有角的外形。③ U 不屈。④ U 笨拙。

an·i·line, -lin [ˋænl̩͵in] *n.* U〖化〗苯胺。 — *adj.* 苯胺的。

an·i·mad·vert [͵ænəmædˋvɜt] *v.i.* 批判；譴責；非難(on, upon)。 — **an·i·mad·ver′sion** [-ˋvɜʒən], *n.*

‡**an·i·mal** [ˋænəml̩] *n.* C ①動物。②獸。an ～ of prey 食肉獸。③殘暴的人。 — *adj.* ①動物的。②肉體上的；肉慾上的。§ ～ **kingdom** 動物界。～ **spirits** 血氣；精力。

an·i·mal·cule [͵ænəˋmælkjul] *n.* C 微生物；微小的動物。

an·i·mal·i·ty [͵ænəˋmælətɪ] *n.* U ①獸性。②動物界。

an·i·mate [ˋænə͵met] *v.t.* ①賦予生命。②使活潑；使有生氣。③激動；激勵。④使活動。 — [ˋænəmɪt] *adj.* ①活的。②活潑的。

an·i·mat·ed [ˋænə͵metɪd] *adj.* 有生氣的；活潑的；熱烈的。

an·i·ma·tion [͵ænəˋmeʃən] *n.* ① U 生氣。② U 鼓舞。③ U〖影〗卡通製作。④ C 卡通片[電影]。

an·i·ma·tor [ˋænɪ͵metɚ] *n.* C ①鼓舞者。②〖影〗卡通片繪製者。

an·i·mos·i·ty [͵ænəˋmɑsətɪ] *n.* U C 憎惡；仇恨(against, toward)。

an·i·mus [ˋænəməs] *n.* U ①意旨；心意。②敵意。③〖法律〗意向；意圖。

an·ise [ˋænɪs] *n.* C〖植〗大茴香。

an·i·seed [ˋænɪ͵sid] *n.* U 大茴香子；八角(調味料)。

***an·kle, an·cle** [ˋæŋkl̩] *n.* C 踝。

an·kle·bone [ˋæŋkl̩͵bon] *n.* C 踝骨；距骨。

an·klet [ˋæŋklɪt] *n.* C ①足踝飾品；腳鐐。②(女人之)短襪。

an·nal·ist [ˋænl̩ɪst] *n.* C 編年史之作者。

A

***an·nals** [\`ænlz] *n. pl.* ①紀年表；年鑑。②(學會等之)年報。

An·nam [ə\`næm] *n.*安南(原爲法國的保護地；今爲越南之一部分)。

an·nex [ə\`nɛks] *v.t.*①附加。②合併。③併吞；霸占。④蓋(印章)。⑤獲得。⑥侵占。— [\`ænɛks] *n.* Ⓒ附屬物；附屬建築。

an·nex·a·tion [,ænɛks\`eʃən] *n.* ①Ⓒ附加物。②Ⓤ附加；合併。

an·nexe [\`ænɛks] *n.*〖英〗=**annex.**

***an·ni·hi·late** [ə\`naɪə,let] *v.t.* 殲滅。— **an·ni·hi·la′tion,** *n.*

***an·ni·ver·sa·ry** [,ænə\`vɜsərɪ] *n.* Ⓒ & *adj.* ①周年(的)。②周年紀念(的)。

an·no Dom·i·ni [\`æno\`dɑmə,naɪ]〖拉〗*adv.*西元。(略作 **A.D.**)

an·no·tate [\`æno,tet] *v.t.* & *v.i.* 註解；評註。— **an·no·ta′tion,** *n.*

‡**an·nounce** [ə\`naʊns] *v.t.*①正式宣告；發表。②報到；通知客到。③預示；預告。④顯示；顯露。⑤廣播(電臺節目)。— *v.i.*①擔任廣播員。②宣布有意競選。

***an·nounce·ment** [ə\`naʊnsmənt] *n.* ⓊⒸ通告。

***an·nounc·er** [ə\`naʊnsɚ] *n.* Ⓒ播報員；廣播員。

***an·noy** [ə\`nɔɪ] *v.t.* ①使不樂；使苦惱。②騷擾；傷害。— *v.i.* 煩擾；騷擾；傷害。— **ance,** *n.* — **ing,** *adj.* — **ing·ly,** *adv.*

an·noyed [ə\`nɔɪd] *adj.* ①心煩的；被惱怒的；煩惱的。an ～ look 煩惱的臉色。②(對人)感到煩惱的(with)；(對事物)感到煩惱的(at, about).

***an·nu·al** [\`ænjʊəl] *adj.* ①一年一次的。②年年的；全年的。③一年生的。— *n.* Ⓒ ①年刊書；年鑑；年報。②一年[季]生植物。§ ～ **ríng** (樹木之)年輪。— **ly,** *adv.*

an·nu·i·ty [ə\`nuətɪ] *n.* Ⓒ 年金；養老金。

an·nul [ə\`nʌl] *v.t.* (**-ll-**)取消；宣告作廢。— **ment,** *n.*

an·nu·lar [\`ænjəlɚ] *adj.*環的；環狀的。

an·num [\`ænəm] *n.* Ⓒ 年；歲。per ～ 每年。

an·nun·ci·ate [ə\`nʌnʃɪ,et] *v.t.* 通告；布告。

an·nun·ci·a·tion [ə,nʌnsɪ\`eʃən] *n.* ①ⓊⒸ 通告；布告。②(A-)天使報喜節(三月二十五日)。

an·nun·ci·a·tor [ə\`nʌnʃɪ,etɚ] *n.* Ⓒ①通告者。②〖美〗電動喚人裝置。

an·ode [\`ænod] *n.* Ⓒ〖電〗陽極；正極。

an·o·dize [\`æno,daɪz] *v.t.* 電鍍。

an·o·dyne [\`ænə,daɪn] *adj.* ①止痛的。②緩和情緒的。— *n.* Ⓒ①止痛藥。②緩和情緒之物。

a·noint [ə\`nɔɪnt] *v.t.* 塗油；搽油。— **ment,** *n.*

a·nom·a·lous [ə\`nɑmələs] *adj.* 不規則的；破格的。

a·nom·a·ly [ə\`nɑməlɪ] *n.* ⓊⒸ 反常事物。

a·non [ə\`nɑn] *adv.*〖古〗①不久；未幾。②他時。③立刻。**ever and** ～ 不時地。

anon. anonymous.

a·non·y·mous [ə\`nɑnəməs] *adj.* 無名的；匿名的。— **ly,** *adv.*

a·noph·e·les [ə\`nɑfə,liz] *n.* Ⓒ (*pl.* ～)瘧蚊。

an·o·rak [\`ɑnə,rɑk] *n.* Ⓒ 連兜帽的夾克。

an·o·rex·i·a [,ænə\`rɛksɪə] *n.* Ⓤ 食慾減退；厭食症。

‡**an·oth·er** [ə\`nʌðɚ] *adj.* ①又一的；再的。②另一的；不同的。③同一類的。— *pron.* ①又一。②另一；不同的東西。③同類。**one after** ～ 相繼地；一個一個地。

ans. answer; answered.

An·sa·phone [\`ænsəfon] *n.*〖商標〗電話答錄機。

‡**an·swer** [\`ænsɚ] *n.* Ⓒ①答覆。②解答。— *v.t.* ①答覆；回答。②符合。③應付。④響應。⑤解答。— *v.i.* ①答覆；回答。②對(某事)有責任。③符合。④發生作用或效果。⑤有反應。～ **back**〖俗〗頂嘴。— **er,** *n.*

an·swer·a·ble [\`ænsərəbl] *adj.* ①當負責的。②可答覆的。③合比例的；相關的(to).

an·swer·phone [\`ænsɚfon] *n.* Ⓒ〖電話〗答錄機。(亦作 **answering machine**)

***ant** [ænt] *n.* Ⓒ 蟻。

ant·ac·id [ænt\`æsɪd] *adj.* 中和酸的。— *n.* ⓊⒸ〖醫〗制酸劑。

an·tag·o·nism [æn\`tægə,nɪzəm] *n.* ⓊⒸ 敵對；反對。

***an·tag·o·nist** [æn\`tægənɪst] *n.* Ⓒ①敵手；反對者。②〖生理〗對抗肌。

an·tag·o·nis·tic [æn,tægə\`nɪstɪk] *adj.* 敵對的；相反的。

an·tag·o·nize [æn\`tægə,naɪz] *v.t.* & *v.i.* 使成敵人；敵對；反對。

***ant·arc·tic** [ænt\`ɑrktɪk] *adj.* 南

極的。── n.(the A-)南極地區。
Ant·arc·ti·ca [æn`tarktɪkə] *n.* 南極洲。
an·te [`æntɪ] *v.t.* & *v.i.* 下賭注。── *n.* Ⓒ (常 *sing.*)賭注；賭金。
ant·eat·er [`ænt,itə] *n.* Ⓒ 食蟻獸。
an·te-bel·lum [`æntɪ`bɛləm] *adj.* 戰前的；美國南北戰爭之前的。
***an·te·ced·ent** [,æntə`sidn̩t] *adj.* 在先的；在前的〔常to〕。── *n.* ① Ⓒ (常 *pl.*)前事。②(*pl.*) **a.** 祖先。**b.** 出身。③ Ⓒ 〖文法〗先行詞。④ Ⓒ 〖數〗前項。⑤ Ⓒ 〖邏輯〗前提。─ **an·te·ced′ence, an·te·ced′en·cy,** *n.*
an·te·cham·ber [`æntɪ,tʃembə] *n.* Ⓒ 前廳；來賓接待室。
an·te·date [`æntɪ,det] *v.t.* ①指定較早之日期於。②居先。③預料。
an·te·di·lu·vi·an [,æntɪdɪ`luvɪən] *adj.* ①Noah時之大洪水以前的。②太古的。③陳舊的。── *n.* Ⓒ ①洪水時代以前的人[動植物]。②老朽之人；舊式之人。
an·te·lope [`ænt!,op] *n.* Ⓒ (*pl.* ~, ~**s**)〖動〗羚羊。
an·te·me·rid·i·an [,æntɪmə`rɪdɪən] *adj.* 午前的。
an·te me·rid·i·em [`æntɪmə`rɪdɪ,ɛm] 〖拉〗*adv.* 午前。(略作**A.M.**或**a.m.**)
an·te·na·tal [,æntɪ`netl] *adj.* 出生前的。
***an·ten·na** [æn`tɛnə] *n.* Ⓒ ①(*pl.* **-nae**[-ni])觸鬚。②(*pl.* ~**s**)天線。
an·te·ri·or [æn`tɪrɪə] *adj.* ①前面[部]的〔to〕。②以前的；較早的〔to〕。
an·te·room [`æntɪ,rum] *n.* Ⓒ ①較小的外室。②接待室。
an·them [`ænθəm] *n.* Ⓒ ①聖歌。②讚美歌。a national ~ 國歌。
ant·hill [`ænt,hɪl] *n.* Ⓒ 蟻丘；蟻塚。
an·thol·o·gy [æn`θalədʒɪ] *n.* Ⓒ 詩集；文選。─ **an·thol′o·gist,** *n.*
an·thra·cite [`ænθrə,saɪt] *n.* Ⓤ 無煙煤。
an·thrax [`ænθræks] *n.* Ⓤ 〖醫〗癰；炭疽熱。
an·thro·po·cen·tric [,ænθrəpə`sɛntrɪk] *adj.*①以人類爲宇宙中心的；人類中心主義的。②以人類之經驗和價值來觀察、解釋萬物的。
an·thro·poid [`ænθrə,pɔɪd] *adj.* 似人類的。── *n.* Ⓒ 類人猿。
an·thro·po·log·ic, -i·cal [,ænθrəpə`ladʒɪk(!)] *adj.* 人類學(上)的。─ **an·thro·po·log′i·cal·ly** [-k!ɪ], *adv.*
an·thro·pol·o·gist [,ænθrə`palədʒɪst] *n.* Ⓒ 人類學家。
an·thro·pol·o·gy [,ænθrə`palədʒɪ] *n.* Ⓤ 人類學。physical ~ 自然人類學。
an·thro·po·mor·phism [,ænθrəpo`mɔrfɪzm̩] *n.* Ⓤ 神人同形[同性]論。
an·thro·poph·a·gi [,ænθrə`pafə,dʒaɪ] *n. pl.* (*sing.* **-gus**[-gəs])食人族；食人肉之人。
an·ti [`æntaɪ, `æntɪ] *n.* Ⓒ (*pl.* ~**s**)〖俗〗持反對論者。── *adj.* 反對的。
anti- 〖字首〗表「反對；抵抗；排斥」之義。
an·ti·a·bor·tion [,æntɪə`bɔrʃən] *adj.* 反對墮胎的。─ **ist,** *n.*
an·ti·air·craft [,æntɪ`ɛr,kræft] *adj.* 防空的；用以防禦敵機的。an ~ gun 高射砲。
an·ti·bi·ot·ic [,æntɪbaɪ`atɪk] *adj.* 〖生化〗抗生的。── *n.* Ⓒ 抗生素。
an·ti·bi·ot·ics [,æntɪbaɪ`atɪks] *n.* ①(作 *pl.* 解)抗生素。②(作 *sing.* 解)抗生學。
an·ti·bod·y [`æntɪ,badɪ] *n.* Ⓒ 抗體。
an·tic [`æntɪk] *n.* Ⓒ (常 *pl.*)古怪；滑稽的姿勢或動作。── *adj.*古怪的；滑稽的；詼諧的。── *v.i.* (**-ck-**)作滑稽的姿勢或動作。
an·ti·can·cer [,æntɪ`kænsə] *adj.* 抗癌的。~ drugs 抗癌劑。
an·ti·christ [`æntɪ,kraɪst] *n.* ① Ⓒ反對基督者。②(A-)假基督。─ **an·ti·chris′tian**[-`krɪstʃən], *n.* & *adj.*
***an·tic·i·pate** [æn`tɪsə,pet] *v.t.* ①預期；預測。②占先。③預備。④預先考慮或說出。⑤提前。
***an·tic·i·pa·tion** [æn,tɪsə`peʃən] *n.* Ⓤ ①預期；期望；預料。②預備。③占先。④預感；預知。
an·tic·i·pa·tive [æn`tɪsə,petɪv] *adj.* 預期的；預料的；占先著的。
an·tic·i·pa·to·ry [æn`tɪsəpə,torɪ] *adj.* =**anticipative.**
an·ti·cli·max [,æntɪ`klaɪmæks] *n.* ① Ⓒ 突減(重要性、興趣等)。② Ⓤ 〖修〗漸降法。 ③ Ⓒ 令人洩氣的轉變。
an·ti·clock·wise [,æntɪ`klak,waɪz] *adj.* 反時針方向的。
an·ti-com·mu·nism [,æntɪ`kamjʊ,nɪzəm] *n.* Ⓤ 反共。
an·tics [`æntɪks] *n. pl.* 怪異行爲。

A

an·ti·cy·clone [ˌæntɪˋsaɪklon] *n.* Ⓒ〖氣象〗反氣流；高氣壓。—**an·ti·cy·clon′ic,** *adj.*
an·ti·dem·o·crat·ic [ˌæntɪdɛməˋkrætɪk] *adj.* 反民主的。
an·ti·dote [ˋæntɪˌdot] *n.* Ⓒ ①解毒劑；消毒藥。②有消除作用之物。
an·ti·fer·til·i·ty [ˌæntɪfɝˋtɪlətɪ] *adj.* 抗繁殖的；避孕的。
an·ti·freeze [ˋæntɪˌfriz] *n.* Ⓤ 防凍劑。
an·ti·fric·tion [ˌæntɪˋfrɪkʃən] *adj.* 減少磨擦的。—*n.* ⓊⒸ 減低或防止磨擦之物；滑潤劑。
an·ti·gas [ˌæntɪˋgæs] *adj.*防毒(氣)的。
an·ti·he·ro [ˌæntɪˋhɪro] *n.* Ⓒ (*pl.* ~**es**)反英雄主角(小說或劇本中無英雄氣質的主角)。
an·ti·hi·jack·ing [ˌæntɪˋhaɪdʒækɪŋ] *adj.* 防止劫機的。
an·ti·his·ta·mine [ˌæntɪˋhɪstəmin] *n.* ⓊⒸ 抗組織胺劑。
an·ti·in·fla·tion [ˌæntɪɪnˋfleʃən] *adj.* 〖經〗抑制通貨膨脹的。
an·ti·kid·nap·(p)ing [ˌæntɪˋkɪdnæpɪŋ] *adj.* 防止綁架的。
an·ti·knock [ˌæntɪˋnɑk] *n.* Ⓤ 減震劑(減低燃料爆音之物)。
an·ti·mis·sile [ˌæntɪˋmɪsl] *adj.* 〖軍〗反飛彈的。an ~ missile 反飛彈飛彈。—*n.* Ⓒ 反飛彈飛彈。(亦作 **anti-missile**)
an·ti·mo·ny [ˋæntəˌmonɪ] *n.* Ⓤ 〖化〗銻。
an·ti·no·my [ænˋtɪnəmɪ] *n.* Ⓤ 〖哲〗二律相悖；矛盾。
an·ti·nu·cle·ar [ˌæntɪˋnuklɪɚ] *adj.* 反核子武器的；反核的。
an·tip·a·thy [ænˋtɪpəθɪ] *n.*①Ⓤ 憎惡。②Ⓒ 被人憎惡之物。
an·ti·per·son·nel [ˌæntɪˌpɝsəˋnɛl] *adj.* 〖軍〗用於殺傷人的。
an·ti·per·spi·rant [ˌæntɪˋpɝspərənt] *n.* Ⓒ 止汗劑。
an·ti·phlo·gis·tic [ˌæntɪfloˋdʒɪstɪk] *n.* ⓊⒸ 消炎劑。—*adj.*消炎的。
an·ti·phon [ˋæntəˌfɑn] *n.* Ⓒ ①唱和詩歌。②交互輪唱之讚美詩。
an·ti·pode [ˋæntɪˌpod] *n.* Ⓒ 正相反的事物。—**an·tip′o·dal,** *adj.*
an·tip·o·des [ænˋtɪpəˌdiz] *n. pl.* (the ~)①對蹠之地(地球上正相反之地區)。②對蹠地之居民。
an·ti·pol·lu·tion [ˌæntɪpəˋluʃən] *adj.* 反(環境)污染的。
an·ti·py·ret·ic [ˋæntɪpaɪˋrɛtɪk] 〖醫〗*adj.* 解熱的；退熱的。—*n.* Ⓒ 解熱劑。
an·ti·quar·i·an [ˌæntɪˋkwɛrɪən] *adj.* 古物的；博古家的。—*n.* Ⓒ 博古家；古物蒐集家。
an·ti·quar·y [ˋæntɪˌkwɛrɪ] *n.* Ⓒ 古物專家；骨董商人。
an·ti·quate [ˋæntəˌkwet] *v.t.* ①廢棄。②使古舊。—**an′ti·quat·ed,** *adj.*
***an·tique** [ænˋtik] *adj.*①過時的。②古老的。③舊式的。—*n.*①Ⓒ 骨董。②Ⓤ (the ~)古代風格。
***an·tiq·ui·ty** [ænˋtɪkwətɪ] *n.* ①Ⓤ 古；舊。②Ⓤ 古代。③Ⓒ (常 *pl.*)古器；古代的生活及風俗。
an·ti·re·jec·tion [ˌæntɪrɪˋdʒɛkʃən] *adj.* 防止排斥作用的。
an·ti·rust [ˌæntɪˋrʌst] *adj.* 防銹的。—*n.* ⓊⒸ 防銹劑。
an·ti·sci·ence [ˌæntɪˋsaɪəns] *adj.*反對犧牲人文價值而從事科學研究者的；科學無用論的。
an·ti-Sem·ite [ˌæntɪˋsɛmaɪt] *n.* Ⓒ 反對或排斥猶太人者。—**an·ti-Se·mit·ic** [ˌæntɪsəˋmɪtɪk], *adj.*—**an·ti-Sem·i·tism** [ˌæntɪˋsɛməˌtɪzṃ], *n.*
an·ti·sep·tic [ˌæntəˋsɛptɪk] *adj.* 防腐的；有消毒力的。—*n.* ⓊⒸ 防腐劑；消毒藥。
an·ti·se·rum [ˌæntɪˋsɪrəm] *n.* ⓊⒸ (*pl.* ~**s,** **-se·ra** [-ˋsɪrə])抗毒血清；免疫血清。
an·ti·slav·er·y [ˌæntəˋslev(ə)rɪ] *n.* Ⓤ 反對奴隸制度。—*adj.* 反對奴隸制度的。
an·ti·smut [ˌæntɪˋsmʌt] *adj.* 防色情氾濫的。
an·ti·so·cial [ˌæntɪˋsoʃəl] *adj.* ①不擅社交的。②違反社會制度的。
an·ti·so·cial·ist [ˌæntɪˋsoʃəlɪst] *n.* Ⓒ 反對社會主義者。
an·ti·spas·mod·ic [ˌæntɪspæzˋmɑdɪk] *adj.* 〖醫〗治痙攣的。—*n.* Ⓒ 鎮痙劑。
an·ti-sun·burn [ˋæntɪˋsʌnbɚn] *adj.* 防日曬的。
an·tith·e·sis [ænˋtɪθəsɪs] *n.* Ⓤ ①正相反。②對照；對比。③〖修〗對比法；對照格。
an·ti·thet·ic, -i·cal [ˌæntɪˋθɛtɪk(l)] *adj.* ①對照格的；對比的。②正相反的。
an·ti·tox·in(e) [ˌæntɪˋtɑksɪn]

n. Ⓤ Ⓒ 抗毒素。— an·ti·tox'ic, adj.
an·ti·trust [ˌæntɪˋtrʌst] adj. 反托拉斯的; 反對資本兼併的。— ism, n.
an·ti·war [ˌæntɪˋwɔr] adj. 反戰的。
ant·ler [ˋæntlɚ] n. Ⓒ (常 pl.)鹿角; 鹿角的叉枝。
an·to·nym [ˋæntəˌnɪm] n. Ⓒ 反義字。
ant·sy [ˋæntsɪ] adj.〖美俗〗心不在焉的。
a·nus [ˋenəs] n. Ⓒ 肛門。
***an·vil** [ˋænvɪl] n. Ⓒ ① 鐵砧。②〖解〗(耳內的)砧骨。on the ~ 研討中; 製作中。
***anx·i·e·ty** [æŋ(g)ˋzaɪətɪ] n. ① Ⓤ 憂慮; 不安。② Ⓤ Ⓒ 渴望。
***anx·ious** [ˋæŋ(k)ʃəs] adj. ①不安的; 掛念的。②渴望的。③使人憂慮的。— ly, adv.
‡**an·y** [ˋɛnɪ] adj. ①任何一個。②有多少。③任何; 每一個。— pron. ①任何一個; 一個。②有何; 任何。if ~ 即有; 雖有。— adv. 略; 稍。~ more a. (不)再; 再也(不)。b. 另外; 再。c. 現在。
‡**an·y·bod·y** [ˋɛnɪˌbɑdɪ] pron. 任何人。— n. Ⓤ 重要人物。
***an·y·how** [ˋɛnɪˌhaʊ] adv. ①以任何方法。②無論如何。③隨便。
an·y·more [ˋɛnɪmɔr, -mor] adv. (不)再; 再也(不)。
‡**an·y·one** [ˋɛnɪˌwʌn] pron. 任何人。〔注意〕當重音在 one 上時, any 與 one 應分寫成兩個字, one 可以指人或物。
an·y·place [ˋɛnɪˌples] adv. 〖俗〗無論何處; 任何地方。
‡**an·y·thing** [ˋɛnɪˌθɪŋ] pron. 任何事物。~ but 並不; 決不。if ~ 若有任何情形…; 若要說, 不過…罷了。like ~〖俗〗非常。not care ~ for 不在乎(=care nothing for)。
‡**an·y·way** [ˋɛnɪˌwe] adv. ①無論如何。②用任何方法; 以任何方式。
***an·y·where** [ˋɛnɪˌhwɛr] adv. 任何地方; 無論何處。
A one [ˋeˋwʌn] adj.〖俗〗第一等的; 第一流的; 極佳的。
a·or·ta [eˋɔrtə] n. Ⓒ (pl. ~s, -tae [-ti])〖解〗大動脈; 主動脈。
a·or·tic [eˋɔrtɪk] adj. 大動脈的; 主動脈的。
A.P. Associated Press. 美聯社。
a·pace [əˋpes] adv. 急速地; 快地。
a·pache [əˋpæʃ] n. Ⓒ (巴黎等的)都市流氓。
A·pach·e [əˋpætʃɪ] n. Ⓒ (pl. ~, ~s) 阿帕契族人 (印第安人之一部落)。
‡**a·part** [əˋpɑrt] adv. ①拆開。②分開。③離開; 除此。④個別。~ from 除…之外; 此外。take ~ 拆開。
a·part·heid [əˋpɑrthet, -haɪt] n. Ⓤ 種族隔離制(行於南非)。
***a·part·ment** [əˋpɑrtmənt] n. Ⓒ〖美〗①公寓。②房間。③公寓式房屋。§ ~ hòuse [bùilding]〖美〗公寓房屋。
ap·a·thet·ic [ˌæpəˋθɛtɪk] adj. 冷淡的; 無動於衷的; 缺乏興趣的。— ap·a·thet'i·cal·ly, adv.
ap·a·thy [ˋæpəθɪ] n. Ⓤ 冷淡; 漠不關心。
***ape** [ep] n. Ⓒ ①猿。②任何猴子。③模倣者。④醜八怪。— v.t. 模仿。— adj. 瘋狂的。
a·pep·si·a [eˋpɛpsɪə] n. Ⓤ〖醫〗不消化; 消化不良。(亦作 **apepsy**)
a·pe·ri·ent [əˋpɪrɪənt] adj. 輕瀉的。— n. Ⓒ 輕瀉劑。
a·pé·ri·tif [aperiˋtif]〖法〗n. Ⓒ 飯前酒; 開胃酒。
***ap·er·ture** [ˋæpɚtʃɚ] n. Ⓒ ①孔。②〖光學〗鏡徑(球面鏡的口徑); 孔徑。
a·pex [ˋepɛks] n. Ⓒ (pl. ~es, ap·i·ces [ˋæpɪˌsiz]) 最高點; 尖頂。
a·pha·sia [əˋfeʒə] n. Ⓤ〖醫〗失語症(語言能力之喪失)。
a·phe·li·on [æˋfilɪən] n. Ⓒ (pl. -li·a [-lɪə])〖天〗遠日點。
a·phid [ˋefɪd, ˋæfɪd] n. Ⓒ〖動〗蚜蟲。
a·pho·ni·a [eˋfonɪə] n. Ⓤ〖醫〗無發音能力; 失音; 瘖。
aph·o·rism [ˋæfəˌrɪzəm] n. Ⓒ 格言; 警語。
aph·ro·dis·i·ac [ˌæfrəˋdɪzɪˌæk] adj. 引起性慾的。— n. Ⓤ Ⓒ 春藥; 壯陽劑。
a·pi·a·rist [ˋepɪərɪst] n. Ⓒ 養蜂者。
a·pi·ar·y [ˋepɪˌɛrɪ] n. Ⓒ 養蜂場; 蜂房。
a·pi·cul·ture [ˋepɪˌkʌltʃɚ] n. Ⓤ 養蜂(業)。
***a·piece** [əˋpis] adv. 每人; 每個; 各。
a·pi·ol·o·gy [ˌepɪˋɑlədʒɪ] n. Ⓤ 蜜蜂學。
ap·ish [ˋepɪʃ] adj. ①似猿的。②模擬的。③笨拙的。
a·plen·ty [əˋplɛntɪ] adv. & adj.〖俚〗豐富地[的]。— n. Ⓤ〖美〗豐富; 大量。
a·plomb [əˋplɑm] n. Ⓤ ① 鉛直; 垂直。②自若; 沉著。
a·poc·a·lypse [əˋpɑkəˌlɪps] n.

A

①Ⓒ啓示。②Ⓒ(世界之)大變動；大災難。③(A-)〖聖經〗啓示錄。

a·poc·ry·pha [ə`pɑkrəfə] *n. pl.* ①任何作者可疑的著作品；僞書。②(A-)〖宗〗僞經。

ap·od [`æpɑd] *n.* Ⓒ無足動物；無腹鰭之魚。— *adj.* 無足的；無腹鰭的。

ap·o·gee [`æpə,dʒi] *n.* Ⓒ①〖天〗遠地點。②最高點；極點。

a·po·lit·i·cal [,epə`lɪtɪkḷ] *adj.* 非政治的。— **ly,** *adv.*

A·pol·lo [ə`pɑlo] *n.* 〖希、羅神〗阿波羅神；太陽神。

a·pol·o·get·ic [ə,pɑlə`dʒɛtɪk] *adj.* 辯解的；道歉的；認錯的。

a·pol·o·gist [ə`pɑlədʒɪst] *n.* Ⓒ辯護者；辯解者。

***a·pol·o·gize** [ə`pɑlə,dʒaɪz] *v.i.* ①道歉；謝罪。②作正式的辯護。

***a·pol·o·gy** [ə`pɑlədʒɪ] *n.*①ⓊⒸ道歉；謝罪。②Ⓒ辯白；辯護。

ap·o·phthegm [`æpə,θɛm] *n.* =**apothegm.**

ap·o·plec·tic [,æpə`plɛktɪk] *adj.* ①(患)中風的。②易怒的。— *n.* Ⓒ①(易)患中風者。②中風藥。

ap·o·plex·y [`æpə,plɛksɪ] *n.* Ⓤ〖醫〗中風。cerebral ~ 腦溢血。

a·pos·ta·sy [ə`pɑstəsɪ] *n.* ⓊⒸ背教；脫黨；變節。— **a·pos′tate,** *n.* Ⓒ背教者；變節者。— **a·pos′ta·tize,** *v.i.*

a·pos·te·ri·o·ri [`epɑs,tɪrɪ`oraɪ] 〖拉〗*adj. & adv.* 後天[經驗]的[地]；自結果追溯其原因的[地]；歸納的[地]。

a·pos·tle [ə`pɑsḷ] *n.* Ⓒ ①(A-)使徒(基督十二弟子之一)。②(主義、政策等之)提倡者。

ap·os·tol·ic [,æpəs`tɑlɪk] *adj.* ①使徒(時代)的。②羅馬教皇的。

***a·pos·tro·phe** [ə`pɑstrəfɪ] *n.* ①Ⓒ〖文法〗**a.** 省略符號，如：*can't.* **b.** 所有格符號，如：*rat's* tail. **c.** 形成複數形，如：two *O's.* **d.** 表示一字中之某一音不發，如：*'lectric*=electric. ②ⓊⒸ〖修〗頓呼法。

a·poth·e·car·y [ə`pɑθə,kɛrɪ] *n.* Ⓒ藥劑師；藥商。

ap·o·thegm [`æpə,θɛm] *n.* Ⓒ格言；箴言；警語。— **ap·o·theg·mat·ic** [,æpəθɛg`mætɪk], *adj.*

a·poth·e·o·sis [ə,pɑθɪ`osɪs] *n.* Ⓤ①尊崇爲神。②崇拜。

a·poth·e·o·size [ə`pɑθɪə,saɪz] *v.t.* ①神格化。②頌揚。

app. apparent(ly); appendix.

***ap·pal(l)** [ə`pɔl] *v.t.* (-**ll**-)使驚駭。

***ap·pall·ing** [ə`pɔlɪŋ] *adj.* 駭人的。

***ap·pa·ra·tus** [,æpə`retəs, ,æpə`rætəs] *n.* ⓊⒸ (*pl.* ~, ~**·es**) ①儀器；器械。②器官。

***ap·par·el** [ə`pærəl] *n.* Ⓤ 衣服；裝飾。— *v.t.* (-**l**-,〖英〗-**ll**-)加以裝飾。

***ap·par·ent** [ə`pærənt, ə`pɛrənt] *adj.* ①顯然的；明白的。②可見的。③外表上的。「顯然地。」

‡**ap·par·ent·ly** [ə`pærəntlɪ] *adv.*

ap·pa·ri·tion [,æpə`rɪʃən] *n.*①Ⓒ妖怪；幽靈。②Ⓤ (尤指不意的)出現。③Ⓒ不平常出現之事物。

‡**ap·peal** [ə`pil] *n.* ⓊⒸ ①吸引力；引起興趣。②懇求。③〖法律〗上訴。④訴諸。— *v.i.* ①求援；哀懇。②上訴。③訴諸(to)。④引起興趣；投人所好。— *v.t.* 〖法律〗爲(某案)上訴。— **ing(ly)**, *adj.* (*adv.*)

‡**ap·pear** [ə`pɪr] *v.i.* ①出現。②顯得。③出版；發表。④公開出現。⑤覺得；覺察。*as it ~s* 似乎。

‡**ap·pear·ance** [ə`pɪrəns] *n.* ①ⓊⒸ出現。②ⓊⒸ外觀；儀表。③ⓊⒸ登臺。④ⓊⒸ出版。⑤ⓊⒸ出現之事物。⑥ⓊⒸ出庭。⑦(*pl.*)表面跡象。

***ap·pease** [ə`piz] *v.t.* ①安靜；緩和。②滿足。③姑息；安撫。— **ap·peas′a·ble,** *adj.* — **ment,** *n.*

ap·pel·lant [ə`pɛlənt] *n.* Ⓒ①懇求者。②控訴人；上訴人。— *adj.* 〖法律〗控訴的；上訴的。

ap·pel·late [ə`pɛlɪt] *adj.* 〖法律〗控訴的；上訴的。

ap·pel·la·tion [,æpə`leʃən] *n.* Ⓒ名稱；稱呼。

ap·pel·la·tive [ə`pɛlətɪv] *adj.* ①名稱的。②〖文法〗普通名詞的。— *n.* Ⓒ①通稱。②〖文法〗普通名詞。

ap·pend [ə`pɛnd] *v.t.* 附加；增補。

ap·pend·age [ə`pɛndɪdʒ] *n.* Ⓒ①附屬物。②〖動〗附屬肢體。③下屬。

ap·pen·dec·to·my [,æpən`dɛktəmɪ] *n.* ⓊⒸ〖外科〗闌尾切除術。

ap·pen·di·ci·tis [ə,pɛndə`saɪtɪs] *n.* Ⓤ闌尾炎；盲腸炎。

***ap·pen·dix** [ə`pɛndɪks] *n.* Ⓒ (*pl.* ~**es, -di·ces** [-də,siz])①附錄。②闌尾；盲腸。

ap·per·tain [,æpə`ten] *v.i.* 屬

於; 與…有關(to).

***ap·pe·tite** [ˋæpə,taɪt] *n.* Ⓤ Ⓒ ①食慾。②慾念。③嗜好。④慾望。

ap·pe·tiz·er [ˋæpə,taɪzɚ] *n.* Ⓒ ①開胃的食物。②刺激慾望之事物。

ap·pe·tiz·ing [ˋæpə,taɪzɪŋ] *adj.* 開胃的; 促進食慾的。

***ap·plaud** [əˋplɔd] *v.i.* & *v.t.* ①鼓掌[歡呼]贊成或讚許。②稱讚。

***ap·plause** [əˋplɔz] *n.* Ⓤ ①鼓掌[歡呼]以示讚許。②稱讚。

ap·plau·sive [əˋplɔsɪv] *adj.* 喝采的; 稱讚的。

‡**ap·ple** [ˋæpl̩] *n.* Ⓒ ①蘋果。②蘋果樹。～ *of the*[*one's*] *eye* **a.** 瞳子。**b.** 極珍愛之人或物。§ ～ **bútter** 蘋果醬。～ **píe** 蘋果派。

ap·ple·cart [ˋæpl̩,kɑrt] *n.* Ⓒ 販賣蘋果之手推車。*upset the* [*one's*] ～ 破壞(某人)計畫。

ap·ple·jack [ˋæpl̩,dʒæk] *n.* Ⓤ 蘋果白蘭地; 蘋果酒。

Ap·ple·mac [,æpl̩ˋmæk] *n.* Ⓒ 〖商標〗蘋果牌個人電腦。

ap·ple·sauce [ˋæpl̩,sɔs] *n.* Ⓤ ①蘋果醬。②〖美俚〗胡說; 假意之恭維。

***ap·pli·ance** [əˋplaɪəns] *n.* Ⓒ ①器具。②電氣用具。③應用; 適用。

ap·pli·ca·ble [ˋæplɪkəbl̩] *adj.* 適宜的; 合用的。

***ap·pli·cant** [ˋæpləkənt] *n.* Ⓒ 請求者; 申請人。

***ap·pli·ca·tion** [,æpləˋkeʃən] *n.* ①ⓊⒸ 應用; 用途。②Ⓤ 適用; 適合。③ⓊⒸ 敷用。④Ⓤ 申請。⑤Ⓒ 申請書。⑥Ⓤ 專心; 勤奮。⑦Ⓒ〖電算〗應用軟體。

ap·pli·ca·tor [ˋæplə,ketɚ] *n.* Ⓒ①(藥物、化妝品等的)塗抹器。②敷用或噴射藥品等物質的人。

ap·plied [əˋplaɪd] *adj.* 應用的。

ap·pli·qué [,æplɪˋke] 〖法〗*n.* Ⓤ ①貼花; 縫飾。②縫飾或貼花之細工。—*v.t.* 飾以貼花[縫飾]。

‡**ap·ply** [əˋplaɪ] *v.t.* ①使接觸; 敷; 塗; 用。②應用。③使用。④專心。He *applied* himself to learning French. 他專心學法文。⑤置於他物之上。—*v.i.* ①應用; 適用。②請求; 申請。③專心; 努力。

‡**ap·point** [əˋpɔɪnt] *v.t.* ①任命; 派。②指定; 約定。③設備。④命定。—*v.i.* 運用任命的法定權力。

ap·point·ed [əˋpɔɪntɪd] *adj.* 指派的; 約定的。

ap·point·ee [əpɔɪnˋti] *n.* Ⓒ 被任命者; 被指定者。

ap·poin·tive [əˋpɔɪntɪv] *adj.* 任命的(爲 elective 之對)。

***ap·point·ment** [əˋpɔɪntmənt] *n.*① Ⓤ 任命。② Ⓒ 職位。③ Ⓒ 約會。④(*pl.*)設備。

ap·por·tion [əˋporʃən] *v.t.* 分攤; 分配。—**ment,** *n.*

ap·po·site [ˋæpəzɪt] *adj.* 適當的; 適切的。—**ly,** *adv.* —**ness,** *n.*

ap·po·si·tion [,æpəˋzɪʃən] *n.* Ⓤ ①並置。②〖文法〗同位[格]。

ap·pos·i·tive [əˋpɑzətɪv] 〖文法〗*n.* Ⓒ 同位語。—*adj.* 同位的。

ap·prais·al [əˋprezl̩] *n.* ①ⓊⒸ 鑑定。②Ⓒ 評價; 估價。

ap·praise [əˋprez] *v.t.* ①鑑定。②評價。—**ap·prais′er,** *n.*

ap·pre·ci·a·ble [əˋpriʃɪəbl̩] *adj.* 可察覺的; 可估計的; 有一點的。—**ap·pre′ci·a·bly,** *adv.*

***ap·pre·ci·ate** [əˋpriʃɪ,et] *v.t.* ①重視; 賞識。②察知; 辨別。③感激。④抬高(價錢)。—*v.i.* 抬高價錢。

***ap·pre·ci·a·tion** [ə,priʃɪˋeʃən] *n.* Ⓤ ①評價; 鑑識。②尊重; 讚賞。③感激。④漲價。

ap·pre·ci·a·tive [əˋpriʃɪ,etɪv] *adj.* 有賞識力的; 表示感激的(of). —**ly,** *adv.*

***ap·pre·hend** [,æprɪˋhɛnd] *v.t.* ①覺察; 憂懼。②捕捉。③了解。—*v.i.* ①理解。②憂懼。

ap·pre·hen·si·ble [,æprɪˋhɛnsəbl̩] *adj.* 可理解的; 可了解的。

***ap·pre·hen·sion** [,æprɪˋhɛnʃən] *n.* ①Ⓤ 憂懼; 恐怕。②ⓊⒸ 逮捕。③Ⓤ 了解力。④Ⓤ 觀念。

ap·pre·hen·sive [,æprɪˋhɛnsɪv] *adj.* ①憂慮的(of, for). ②易了解的。③有關理解力的。—**ly,** *adv.*

***ap·pren·tice** [əˋprɛntɪs] *n.* Ⓒ ①學徒。②初學者。—*v.t.* 使爲學徒。—**ship,** *n.* ⓊⒸ 學徒身分[年限]。

ap·prise, -prize [əˋpraɪz] *v.t.* 報告; 通知(常 of).

‡**ap·proach** [əˋprotʃ] *v.t.* ①接近。②逼近。③向…接洽。④進行; 致力於。—*v.i.* 行近; 迫近。—*n.* ①Ⓤ 行近。②Ⓒ 相近的事。③Ⓒ 步驟。④Ⓒ 通路; 入口。⑤Ⓒ(常 *pl.*)親近。§ ～ **light** 進場燈(飛機場跑道

A

上之著陸指示燈)。— **a·ble,** *adj.*
ap·pro·ba·tion [ˌæprə`beʃən] *n.* Ⓤ許可; 嘉許; 核准。
***ap·pro·pri·ate** [ə`proprɪɪt] *adj.* ①適當的。②專屬的; 適合的。—[ə`proprɪˌet] *v.t.* ①撥(款); 撥爲某種用途的款。②占用。— **ly,** *adv.* — **ap·pro·pri·a′tion,** *n.*
ap·prov·a·ble [ə`pruvəbl̩] *adj.* 可贊成的; 可核准的。
***ap·prov·al** [ə`pruvl̩] *n.* Ⓤ ①贊成。②批准。
***ap·prove** [ə`pruv] *v.t.*①贊成; 贊同。②批准。③證明爲。— *v.i.* 贊成〔of〕。— **ap·proved′** [~d], *adj.*
ap·prov·er [ə`pruvɚ] *n.* Ⓒ ①承認者; 贊成者。②〖法律〗自首而告發共犯者。
***ap·prox·i·mate** [ə`praksəmɪt] *adj.* 近似的; 大概的。—[ə`praksəˌmet] *v.i.* & *v.t.* 近; (使)接近。
ap·prox·i·ma·tion [əˌpraksə`meʃən] *n.* ①ⓊⒸ 接近。②Ⓒ〖數〗近似值。
ap·pur·te·nance [ə`pɝtn̩əns] *n.* Ⓒ①附屬物。②〖法律〗從物。
ap·pur·te·nant [ə`pɝtn̩ənt] *adj.* 附屬的; 從屬的〔to〕。— *n.* Ⓒ 附屬物。
Apr. April.
***a·pri·cot** [`eprɪˌkat, `æprɪˌkat] *n.* ①Ⓒ 杏。②Ⓒ 杏樹。③Ⓤ 杏黃色。
‡**A·pril** [`eprəl, -rɪl] *n.* 四月。§ ∼ **fóol** (1)在愚人節受愚弄之人。(2)在愚人節開的玩笑。∼ **Fóols' Dày** 愚人節(四月一日)。
a pri·o·ri [`epraɪ`oraɪ]〖拉〗*adv.* & *adj.* 先驗地[的]; 自原因推其結果地[的]; 演繹地[的]。
***a·pron** [`eprən, `epɚn] *n.* Ⓒ ①圍巾; 圍裙。②停機坪。③前舞臺。— *v.t.* 著圍裙於。§ ∼ **stríng** 圍裙帶。
ap·ro·pos [ˌæprə`po]〖法〗*adj.* & *adv.* 適當的[地]; 順便的[地]。∼ **of** 關於; 就…而論。
***apt** [æpt] *adj.*①傾向的; 易於的〔to〕。②聰明的〔at〕。③適當的。— **ly,** *adv.*
APT automatically programmed tools.〖電算〗自動程式化工具(一種用電腦輔助的程式化數控系統)。
ap·ti·tude [`æptəˌtjud] *n.* ⓊⒸ ①才能。②穎悟。③適當。§ ∼ **tèst** 性向測驗。
aq·ua [`ækwə] *n.* ⓊⒸ (*pl.* ∼**s,** **-uae** [-wi])水; 溶液。— *adj.* 水色的。
aq·ua·lung [`ækwəˌlʌŋ] *n.* Ⓒ 「水肺。」
aq·ua·ma·rine [ˌækwəmə`rin] *n.* ①ⓊⒸ〖礦〗水藍寶石。②Ⓤ 藍綠色。
aq·ua·naut [`ækwəˌnɔt] *n.* Ⓒ ①潛水人。②海底科學工作者。
aq·ua·plane [`ækwəˌplen] *n.* Ⓒ 滑水板。— *v.i.* 做滑水運動。
a·quar·ist [ə`kwɛrɪst] *n.* Ⓒ 水族館館長; 魚類學者。
a·quar·i·um [ə`kwɛrɪəm] *n.* Ⓒ (*pl.* ∼**s,** **-i·a** [-ɪə]) ①蓄魚之池或槽。②水族館。
A·quar·i·us [ə`kwɛrɪəs] *n.* ①〖天〗寶瓶座。②寶瓶宮。
a·quat·ic [ə`kwætɪk] *adj.* ①〖生物〗水生的; 棲於水面或水中的。②水的。③〖運動〗水上的。— *n.* ①Ⓒ 水生的植物或動物。②(*pl.*)水中或水上運動。
aq·ue·duct [`ækwɪˌdʌkt] *n.* Ⓒ①水道。②高架式水道。③〖解〗導管。
a·que·ous [`ekwɪəs] *adj.* 水的; 似水的; 水成的。
aq·ui·fer [`ækwəfɚ] *n.* Ⓒ〖地質〗帶水層。
aq·ui·line [`ækwəˌlaɪn, -lɪn] *adj.* ①鷹的; 似鷹的。②彎曲的。
***Ar·ab** [`ærəb] *n.* Ⓒ 阿拉伯人。— *adj.* 阿拉伯(人)的。
ar·a·besque [ˌærə`bɛsk] *n.* Ⓒ①錯綜圖飾。②一種芭蕾舞姿。— *adj.* 阿拉伯式的。
***A·ra·bi·a** [ə`rebɪə] *n.* 阿拉伯。
***A·ra·bi·an** [ə`rebɪən] *adj.* 阿拉伯(人)的。— *n.* Ⓒ 阿拉伯人。
Ar·a·bic [`ærəbɪk] *adj.* 阿拉伯(人, 語)的。— *n.* Ⓤ 阿拉伯語。
ar·a·ble [`ærəbl̩] *adj.* 適於耕種的。
a·rach·nid [ə`ræknɪd] *n.* Ⓒ 蜘蛛類之節肢動物。
ar·bi·ter [`arbɪtɚ] *n.* Ⓒ 仲裁人。
ar·bi·trage [`arbətrɪdʒ] *n.* Ⓤ①裁決; 仲裁。② [`arbətrɪdʒ, ˌarbə`traʒ] 股票等之套利; 套匯。
ar·bi·tra·geur [ˌarbətra`ʒɜ] *n.* Ⓒ 從事套利[套匯]的人。
ar·bi·trar·y [`arbəˌtrɛrɪ] *adj.* ①任意的。②專制的。— **ar′bi·trar·i·ly,** *adv.* — **ar′bi·trar·i·ness,** *n.*
ar·bi·trate [`arbəˌtret] *v.i.* & *v.t.* 仲裁; 公斷。— **ar·bi·tra′tion, ar′bi·tra·tor,** *n.*
ar·bor[1] [`arbɚ] *n.* Ⓒ (*pl.* **ar·bo-**

res [ˋarbə,riz])①〖植〗樹；喬木。②〖解〗(小腦之)活樹體。§ Á- Dày〖美〗植樹節。
*ar·bor², 〖英〗-bour [ˋarbɚ] n. Ⓒ①涼亭。②籐架。
ar·bo·re·al [arˋborɪəl] adj. ①樹的；喬木的。②棲於樹木的。
ar·bo·re·tum [,arbəˋritəm] n. Ⓒ (pl. -ta [-tə], ~s)植物園。
ar·bo·vi·rus [ˋarbə,vaɪrəs] n. Ⓒ 節肢病毒(一種由節肢動物所傳播可引致腦炎的病毒)。
*arc [ark] n. Ⓒ①弧。②弧光。§ ∼ làmp [lìght] 弧光燈。
ar·cade [arˋked] n. Ⓒ①〖建〗拱廊；騎樓。②有拱廊或騎樓之街道。
ar·cane [arˋken] adj. 神祕的。
*arch¹ [artʃ] n. Ⓒ①拱門。a triumphal ∼ 凱旋門。②彎曲的東西；弓形。— v.t. & v.i. 彎曲；成爲弓形。— ed, adj.
arch² adj. ①主要的。②奸詐的。③淘氣的。— ly, adv. — ness, n.
ar·cha·ic [arˋke·ɪk] adj. ①古代的。②古文的。③已廢的。
ar·cha·ism [ˋarkɪ,ɪzəm] n. ①Ⓒ古語。②Ⓤ古風。
arch·an·gel [ˋarkˋendʒəl] n. Ⓒ大天使。
*arch·bish·op [ˋartʃˋbɪʃəp] n. Ⓒ總主教。— ric, n. ⓊⒸ 大主教之職銜或轄區。
arch·dea·con [ˋartʃˋdikən] n. Ⓒ副主教；副監督。— ry, n. ⓊⒸ副主教之職銜[轄區, 宅邸]。
arch·di·o·cese [ˋartʃˋdaɪə,sis] n. Ⓒ總主教之管轄區。
arch·duke [ˋartʃˋdjuk] n. Ⓒ大公(尤指昔奧國太子)。
ar·ch(a)e·ol·o·gy [,arkɪˋalədʒɪ] n. Ⓤ考古學。— ar·ch(a)e·o·log·i·cal [,arkɪəˋladʒɪkl], adj. — ar·ch(a)e·ol′o·gist, n.
*arch·er [ˋartʃɚ] n. ①Ⓒ射手；弓箭手。②(A-)〖天〗射手座。
arch·er·y [ˋartʃərɪ] n. Ⓤ①箭術；射藝。②(集合稱)弓箭。
ar·che·type [ˋarkə,taɪp] n. Ⓒ原型。
arch·fiend [ˋartʃˋfind] n. ①Ⓒ大惡魔。②(the ∼)撒旦。
Ar·chi·me·des [,arkəˋmidiz] n. 阿基米德(287?-212 B.C., 希臘數學家、物理學家)。
ar·chi·pel·a·go [,arkəˋpɛlə,go] n. (pl. ∼(e)s)①Ⓒ多島之海。②Ⓒ列島。③(the A-)愛琴海。
*ar·chi·tect [ˋarkə,tɛkt] n. Ⓒ①建築師。②製造者；設計者；創造者。
*ar·chi·tec·ture [ˋarkə,tɛktʃɚ] n. ①Ⓤ建築學。②Ⓤ建築的式樣。③Ⓤ建築的構造。④ⓊⒸ建築物。⑤Ⓤ結構。— ar·chi·tec′tur·al, adj.
ar·chi·trave [ˋarkə,trev] n. Ⓒ〖建〗軒緣；楣樑。
ar·chives [ˋarkaɪvz] n. pl. ①檔案保存處。②文件；檔案。*family* ∼ 家譜。— ar·chi′val, adj. — ar·chi·vist [ˋarkəvɪst], n.
arch·way [ˋartʃ,we] n. Ⓒ拱門；拱道(有拱門的通道)。
*arc·tic [ˋarktɪk] adj. ①北極的。the *A-* Ocean [Sea] 北冰洋。the *A-* Zone 北極帶。②極寒的。— n. (the A-)北極地區。
*ar·dent [ˋardnt] adj. 熱心的；熱情的。— ar′den·cy, n. — ly, adv.
*ar·dor, 〖英〗-dour [ˋardɚ] n. ⓊⒸ①熱情；熱心。②灼熱。
*ar·du·ous [ˋardʒuəs] adj. ①費力的。②辛勤的。③陡峭的。— ly, adv.
‡are¹ [ar] v. be 的現在式，直說法，複數(各人稱)或單數(第二人稱)。
‡are² [ɛr, ar] n. Ⓒ一百平方公尺(面積單位)。
‡ar·e·a [ˋɛrɪə, ˋerɪə] n.①Ⓒ地區。②ⓊⒸ面積。③Ⓒ範圍。④Ⓒ空地；庭院。⑤Ⓒ〖英〗地下室的門或窗前之低窪處。§ ∼ côde(電話之)區域號碼。
ar·e·a·way [ˋɛrɪə,we] n. Ⓒ①地窖門前之凹院。②〖美〗通道；過道。
ar·e·ca [ˋærɪkə] n. Ⓒ〖植〗檳榔(樹)。
a·re·na [əˋrinə] n. Ⓒ①(古羅馬之)鬥技場。②任何競爭之場所或地點。
*aren't [arnt] = are not.
Ar·es [ˋɛriz] n. 〖希神〗艾力士(戰神)。
Arg. Argentina.
ar·gent [ˋardʒənt] n. Ⓤ銀；銀色。— adj. ①銀的。②銀白的。
Ar·gen·ti·na [,ardʒənˋtinə] n. 阿根廷(南美洲一國，首都 Buenos Aires)。
Ar·gen·tine [ˋardʒən,tin] adj. 阿根廷的。— n.①Ⓒ阿根廷人。②(the ∼) = Argentina.
ar·gon [ˋargan] n. Ⓤ〖化〗氬(稀有氣體元素；符號 A)。
ar·go·sy [ˋargəsɪ] n. Ⓒ①大商船。

A

②大商船隊。
ar·got [ˋargo] *n.* Ⓤ Ⓒ (黑社會之)暗語；隱語；(某一職業或團體的)慣用語。
***ar·gue** [ˋargju] *v.i.* ①辯論。②爭論。— *v.t.* ①辯論。②主張。③說服；勸告。④證明。— **ar′gu·a·ble,** *adj.* — **ar′gu·er,** *n.*
***ar·gu·ment** [ˋargjəmənt] *n.* ①ⓊⒸ辯論；爭論。②ⓊⒸ議論。③Ⓒ論據。④Ⓒ導言。
ar·gu·men·ta·tion [͵argjəmɛnˋteʃən] *n.* ⓊⒸ①立論。②辯論。③議論。
ar·gu·men·ta·tive [͵argjəˋmɛntətɪv] *adj.* ①爭論的。②好辯論的。
Ar·gus [ˋargəs] *n.* ①〖希神〗阿格斯(百眼巨人)。②Ⓒ機警之看守人。
a·ri·a [ˋarɪə] 〖義〗*n.* Ⓒ〖樂〗詠嘆調；抒情調。
ar·id [ˋærɪd] *adj.* ①乾燥的；不毛的。②枯燥無味的。— **a·rid·i·ty** [əˋrɪdətɪ], *n.*
Ar·ies [ˋɛriz] *n.*〖天〗①白羊座。②白羊宮。
a·right [əˋraɪt] *adv.* 正確地。
***a·rise** [əˋraɪz] *v.i.* (**a·rose, a·ris·en**)①起來。②上升。③出現；發生。④起源於(from)。
***ar·is·toc·ra·cy** [͵ærəˋstɑkrəsɪ] *n.* ①Ⓒ貴族。②Ⓒ上流社會。③ⓊⒸ貴族政治(的國家)。
***a·ris·to·crat** [əˋrɪstə͵kræt, ˋærɪstə͵kræt] *n.* Ⓒ①貴族。②主張貴族政治的人。③有貴族氣派的人。
‡**a·ris·to·crat·ic, -i·cal** [ə͵rɪstəˋkrætɪk(l̩), ͵ærɪstə-] *adj.* ①適合於貴族的。②貴族政治的。
Ar·is·tot·le [ˋærə͵stɑtl̩] *n.* 亞里斯多德(384-322B.C., 希臘哲學家)。
***a·rith·me·tic** [əˋrɪθmə͵tɪk] *n.* ①Ⓤ算術。②Ⓒ算術教科書。— [͵ærɪθˋmɛtɪk] *adj.* (亦作**arithmetical**)算術的；有關算術的。
a·rith·me·ti·cian [ə͵rɪθməˋtɪʃən] *n.* Ⓒ算術家。
Ariz. Arizona.
Ar·i·zo·na [͵ærəˋzonə] *n.* 亞利桑那(美國西南部一州)。
ark [ark] *n.* Ⓒ①方舟(大洪水時Noah所乘之大船，見舊約創世紀)。②避難所。③〖聖經〗約櫃。
Ark. Arkansas.
Ar·kan·sas [ˋarkən͵sɔ] *n.* 阿肯色(美國中南部之一州)。
Ar·ling·ton [ˋarlɪŋtən] *n.* 阿靈頓(在華盛頓郊區，該處有無名英雄墓)。
‡**arm**[1] [arm] *n.* Ⓒ①臂。②似臂之物。an ～ of the sea 海灣。③衣袖。～ *in* ～ 挽臂；攜手。
arm**[2] *n.* ①(*pl.*)武器；軍械。②Ⓒ兵種；兵科。③(*pl.*)紋章。appeal to ～s*** 訴諸武力。— *v.t.* & *v.i.* 武裝；備戰。
ARM Anti-Radar Missile. 反雷達飛彈。
ar·ma·da [arˋmadə] *n.* ①Ⓒ艦隊。②Ⓒ龐大的車隊或飛機群。③(the A-)1588年西班牙派征英國之無敵艦隊。
ar·ma·dil·lo [͵arməˋdɪlo] *n.* Ⓒ (*pl.* **～s**)〖動〗犰狳(中南美洲產)。
***ar·ma·ment** [ˋarməmənt] *n.* Ⓒ①兵力。②(軍艦、要塞等之)大砲。③(常*pl.*)軍備。
ar·ma·ture [ˋarmətʃə] *n.* Ⓒ①甲冑。②〖生物〗防禦器官。③〖電〗電動子；電樞。
***arm·chair** [ˋarm͵tʃɛr] *n.* Ⓒ 有扶手的椅子。— *adj.* 安逸的。
armed [armd] *adj.* 武裝的。～ forces(陸海空)三軍。～ robbery 持械搶劫。
arm·ful [ˋarm͵ful] *n.* Ⓒ (單臂或雙臂)一抱之量。
arm·hole [ˋarm͵hol] *n.* Ⓒ 衣服袖孔。
***ar·mi·stice** [ˋarməstɪs] *n.* Ⓒ 休戰。§ **Á- Dày** 第一次世界大戰休戰紀念日(十一月十一日)。
arm·less [ˋarmlɪs] *adj.*①無臂的。②無武器的；無武裝的。
arm·let [ˋarmlɪt] *n.* Ⓒ①〖英〗臂環；臂釧。②小海灣。
***ar·mor,** 〖英〗**-mour** [ˋarmə] *n.* Ⓤ①甲冑。②鐵甲。③裝甲部隊。— *v.t.* 裝甲。§ **～ plàte** 鋼板；裝甲板。— **ed,** *adj.*
ar·mor·er [ˋarmərə] *n.* Ⓒ製造或修理兵器者；軍械保管員。
ar·mor·plat·ed [ˋarmə͵pletɪd] *adj.* 裝鋼板的；裝甲的。
ar·mor·y [ˋarmərɪ] *n.* Ⓒ①軍械庫。②兵工廠。③武器。
arm·pit [ˋarm͵pɪt] *n.* Ⓒ腋窩。
arm·rest [ˋarm͵rɛst] *n.* Ⓒ (椅子等的)扶手；靠臂。
Arm·strong [ˋarmstrɔŋ] *n.* 阿姆斯壯(Neil, 1930- ，美國太空人，1969年7月20日登陸月球，爲人類

身臨月球第一人)。

‡**ar·my** [ˋɑrmɪ] *n.* ①Ⓒ軍隊。②Ⓒ(常 the A-)陸軍。③Ⓒ軍團。④(an ～ of)大群; 群眾。§ ～ **còrps** 軍(陸軍單位)。

a·ro·ma [əˋromə] *n.* Ⓒ芳香; 風韻。

a·ro·ma·ther·a·py [əˌroməˋθɛrəpɪ] *n.* Ⓤ油壓療法(用芳香油按摩身體某部位, 以治療病痛)。

ar·o·mat·ic [ˌærəˋmætɪk] *adj.* ①芳香的。②〖化〗芳香族的。

a·rose [əˋroz] *v.* pt. of **arise.**

‡**a·round** [əˋraund] *prep.* ①環繞。②在四周。③〖美俗〗近於; 在…近處; 差不多。④〖美俗〗到處。 **—** *adv.* ①環繞; 在四周。②到處。③近處。④向相反方向地。⑤恢復意識。

a·round-the-clock [əˋraundðəˋklɑk] *adj.* 二十四小時不斷的。

***a·rouse** [əˋrauz] *v.t.* ①喚醒。②喚起; 振作。

ARP, A.R.P. Air-Raid Precautions. 空襲預防措施。

ar·peg·gi·o [ɑrˋpɛdʒɪˌo] 〖義〗 *n.* Ⓒ(*pl.* **～s**)〖樂〗和音急速彈奏; 琶音。

ar·raign [əˋren] *v.t.* ①〖法律〗提訊; 傳問。②控告; 責難。— **ment,** *n.*

‡**ar·range** [əˋrendʒ] *v.t.* ①排列; 配置; 整理。②處理; 調解。③預備。④改寫(樂曲)。 **—** *v.i.* ①協商。②安排; 準備(for, about)。

***ar·range·ment** [əˋrendʒmənt] *n.* ①ⓊⒸ布置。②ⓊⒸ排列。flower ～ 插花。③ⓊⒸ處理; 調解。④Ⓒ(常 *pl.*)準備(for)。⑤Ⓒ特別安排之事物。⑥Ⓤ樂曲之改寫。

ar·rant [ˋærənt] *adj.* ①完全的。②聲名狼藉的。

ar·ras [ˋærəs] *n.* ⓊⒸ花氈; 掛氈。

ar·ray [əˋre] *v.t.* ①盛裝。②排列; 布署。 **—** *n.* ①Ⓤ服裝。②Ⓤ排陣。③Ⓤ軍隊。④Ⓒ序列。

ar·rear [əˋrɪr] *n.*(*pl.*)未做之事。

***ar·rest** [əˋrɛst] *v.t.* ①逮捕。②吸引(注意)。③停止; 阻擋。 **—** *n.* ⓊⒸ①逮捕。②阻止。

ar·rhyth·mi·a [əˋrɪðmɪə] *n.* Ⓤ〖醫〗心律不整。— **ar·rhyth′mic,** *adj.*

***ar·riv·al** [əˋraɪvl] *n.* ①ⓊⒸ到達。②Ⓒ抵達的人或物。

‡**ar·rive** [əˋraɪv] *v.i.* ①到達。②獲得(結果); 達到(目的)。③達到某點或某階段。④來臨。⑤成功。

ar·ro·gance [ˋærəgəns], **-cy** [-sɪ] *n.* Ⓤ傲慢; 自大。

ar·ro·gant [ˋærəgənt] *adj.* 傲慢的; 自大的。— **ly,** *adv.*

ar·ro·gate [ˋærəˌget] *v.t.* ①僭越; 霸占。②不當地認爲歸屬某人。— **ar·ro·ga′tion,** *n.*

***ar·row** [ˋæro] *n.* Ⓒ①箭。②箭號(→)。

ar·row·head [ˋæroˌhɛd] *n.* Ⓒ①箭頭。②〖植〗慈姑。

ar·row·root [ˋæroˌrut] *n.* ①Ⓒ〖植〗葛。②Ⓤ葛粉。

ar·roy·o [əˋrɔɪo] *n.* Ⓒ(*pl.* **～s**)①乾涸之小谿谷。②小河; 小溪。

ar·se·nal [ˋɑrsn̩əl] *n.* Ⓒ兵工廠; 軍械庫。

ar·sen·ic [ˋɑrsn̩ɪk] 〖化〗 *n.* Ⓤ砷; 砒素。 **—** [ɑrˋsɛnɪk] *adj.* 砷的; 砒素的。～ acid 砒酸。

ar·son [ˋɑrsn̩] *n.* Ⓤ(非法)縱火。

ar·son·ist [ˋɑrsn̩ɪst] *n.* Ⓒ縱火犯。

‡**art**[1] [ɑrt] *n.* ①Ⓤ藝術。②Ⓤ(常 *pl.*)美術。③Ⓤ人工。④ⓊⒸ技術。⑤(*pl.*)詭計; 詐術。⑥(*pl.*) **a.**(作 *sing.* 解)人文學科。**b.**(作 *pl.* 解)文理科。§ ～ **gàllery** 美術館; 畫廊。

art[2] *v.* 〖古, 詩〗 be之第二人稱, 單數, 現在式, 直陳法(與 thou 連用)。

ar·te·ri·o·scle·ro·sis [ɑrˋtɪrɪˌosklɪˋrosɪs] *n.* Ⓤ〖醫〗動脈硬化。

***ar·ter·y** [ˋɑrtərɪ] *n.* Ⓒ①動脈。②孔道。— **ar·te·ri·al** [ɑrˋtɪrɪəl], *adj.*

art·ful [ˋɑrtfəl] *adj.* ①狡詐的。②巧妙的; 機敏的。③不自然的。— **ly,** *adv.*

ar·thri·tis [ɑrˋθraɪtɪs] *n.* Ⓤ關節炎。

Ar·thur [ˋɑrθɚ] *n.* (King ～)亞瑟(昔不列顛傳說之國王)。

ar·ti·choke [ˋɑrtɪˌtʃok] *n.* ⓊⒸ〖植〗朝鮮薊。

‡**ar·ti·cle** [ˋɑrtɪkl] *n.* Ⓒ①論文; 文章。②條款。③物件。④〖文法〗冠詞。 **—** *v.t.* ①逐條陳述。②訂約雇用。③列舉(罪狀)。 **—** *v.i.* ①約定。②訂契約。③控告。

ar·ti·cled [ˋɑrtɪkəld] *adj.* 訂有雇用契約的。

ar·tic·u·lar [ɑrˋtɪkjəlɚ] *adj.* 關節的。

ar·tic·u·late [ɑrˋtɪkjəlɪt] *adj.* ①發音清晰的。②能言的。③有條不紊的。④〖解〗關節相連的。 **—** [ɑrˋtɪkjəˌlet] *v.t.* & *v.i.* ①明言。②發音清晰。③(使)清晰。④(使)互相連貫。⑤以關節連接。

ar·tic·u·la·tion [ɑrˌtɪkjəˋleʃən] *n.* ①ⓊⒸ〖解〗節; 關節; 關節之結

合。②Ⓤ清晰的發音。

ar·tic·u·la·tor [ɑrˋtɪkjə,letɚ] *n.* Ⓒ①發音清晰之人；發音矯正器。②發音器官。③接骨的人。

ar·ti·fact [ˋɑrtɪ,fækt] *n.* Ⓒ①人工製品；加工品。②〖生物〗外來物質。

ar·ti·fac·ti·tious [,ɑrtəfækˋtɪʃəs] *adj.* 人工製品的；加工的。

ar·ti·fice [ˋɑrtəfɪs] *n.* ⓊⒸ①技巧；巧妙。②巧計；詭計。

*__ar·ti·fi·cial__ [,ɑrtəˋfɪʃəl] *adj.* ①人造的。②虛僞的；不自然的。③武斷的。④(寶石)仿造的。—**ly,** *adv.*

ar·ti·fi·ci·al·i·ty [,ɑrtə,fɪʃɪˋælətɪ] *n.* ①Ⓤ人爲；不自然。②Ⓒ人造之物；人爲之事物。

ar·til·ler·y [ɑrˋtɪlərɪ] *n.* Ⓤ①大砲。②砲兵(隊)。③砲術。—**man,** *n.*

ar·ti·san [ˋɑrtəzn̩] *n.* Ⓒ技工。

‡**art·ist** [ˋɑrtɪst] *n.* Ⓒ①畫家。②藝術家。③長於技術者。

ar·tiste [ɑrˋtist] 〖法〗*n.* Ⓒ①技藝家；藝人。②極精於某一行業的人(常爲幽默語)。

*__ar·tis·tic, -ti·cal__ [ɑrˋtɪstɪk(l̩)] *adj.* ①美術的；藝術(家)的。②精巧的。③有美感的。

art·ist·ry [ˋɑrtɪstrɪ] *n.* Ⓤ①藝術之事業、性質。②藝術家之才能、手藝。

art·less [ˋɑrtlɪs] *adj.* ①無藝術[技巧]的；笨拙的。②天眞爛漫的。③單純的。—**ly,** *adv.*

art·sy [ˋɑrtsɪ] *adj.* 假裝對藝術有興趣的；過分裝飾的；浮華的。

art·work [ˋɑrt,wɝk] *n.* ⓊⒸ美術品；藝術品。

art·y [ˋɑrtɪ] *adj.*冒充藝術的；附庸風雅的。

Ar·y·an [ˋɛrɪən] *adj.* ①印歐語的。②印歐語族的。—*n.* Ⓒ①印歐語族之人。②(納粹德國指)猶太人以外之白種人(尤指北歐的)。

‡**as** [æz, əz] *adv.* ①相等；相同；同樣。②例如。***as for; as to***至於。***as long as***祇要。—*conj.* ①像。②當。③因爲。④雖。Rich *as* he is, he is not happy. 他雖富，仍不樂。⑤結果。⑥以…而言。⑦到某種程度。***as if*** 儼若；好像。***as it were*** 好像是。***as though*** 好像。—*prep.* 充任；擔任。—*pron.* 照；如。Do the same thing *as* I do. 照我這樣做。

As 〖化〗arsenic.

as·a·fet·i·da [,æsəˋfɛtɪdə] *n.* Ⓤ阿魏(繖形科的藥用植物)；從其莖提煉的惡臭汁液(用做鎭靜劑)。

a.s.a.p., ASAP as soon as possible. 盡快。

ASAT Anti-Satellite. 反衛星(的)。

as·bes·tos, -tus [æsˋbɛstəs] *n.* Ⓤ石綿。—*adj.* 石綿(製成)的。

as·bes·to·sis [,æsbɛsˋtosɪs] *n.* Ⓤ〖醫〗石綿沈著病；石綿入肺病。

A.S.C.A.P. American Society of Composers, Authors and Publishers. 美國作曲家、作家及出版家協會。

as·ca·rid [ˋæskərɪd] *n.* Ⓒ〖動〗蛔蟲。

*__as·cend__ [əˋsɛnd] *v.t. & v.i.* 上升；攀登。—**ing,** *adj.* —**ance,** —**ence,** —**an·cy,** —**en·cy,** *n.*

as·cend·ant, -ent [əˋsɛndənt] *adj.* ①上升的。②優越的；有權勢的。—*n.* ①Ⓤ權勢；優越。②Ⓒ祖先。

as·cen·sion [əˋsɛnʃən] *n.* ①Ⓤ上升。②(the A-)耶穌復活後四十天之升天。

*__as·cent__ [əˋsɛnt] *n.* ①ⓊⒸ上升。②ⓊⒸ攀登；登高。③Ⓒ斜坡；斜坡路。④ⓊⒸ擢升。

*__as·cer·tain__ [,æsɚˋten] *v.t.* 發現；確定。—**a·ble,** *adj.* —**ment,** *n.*

as·cet·ic [əˋsɛtɪk] *n.* Ⓒ①修道者；苦行者。②禁慾者。—*adj.* (亦作 **ascetical**) 苦行的；禁慾的。—**ism,** *n.*

a·scór·bic ácid [əˋskɔrbɪk ～] *n.* Ⓤ抗壞血酸(即維他命 C)。

As·cot [ˋæskət] *n.* 英國Ascot Heath地方每年一度之賽馬。

*__as·cribe__ [əˋskraɪb] *v.t.* ①歸…於。②認爲…屬於。—**as·crib′a·ble,** *adj.*

as·crip·tion [əˋskrɪpʃən] *n.* Ⓤ①歸於；歸因。②宣教終了時所說榮耀歸於上帝等詞。

ASEAN [ˋæsɪən] Association of Southeast Asian Nations. 東南亞國(家)協(會)。

a·seis·mic [eˋsaɪzmɪk, -ˋsaɪs-] *adj.* 抗地震的；耐震的。

a·sex·u·al [eˋsɛkʃuəl] *adj.* 無性(生殖)的。—**i·ty** [e,sɛkʃuˋælətɪ], *n.*

*__ash__[1] [æʃ] *n.* ①Ⓤ(常 *pl.*)灰；灰燼。②(*pl.*)骨灰；屍體。③Ⓤ(常 *pl.*)火山灰。④Ⓤ灰色。⑤(*pl.*)蒼白；痕跡。

ash[2] *n.* ⓊⒸ〖植〗白楊。

*__a·shamed__ [əˋʃemd] *adj.* ①羞恥的；慚愧的。②恥於；不願。

ash·can [ˋæʃ,kæn] *n.* Ⓒ〖美〗①垃圾箱。②〖俚〗深水炸彈。

A

ash·en[1] [ˋæʃən] *adj.* 灰色的。
ash·en[2] *adj.* 白楊樹(做)的。
ash·en-faced [ˋæʃən,fest] *adj.* 臉色灰白的。
ash·lar,-ler [ˋæʃlɚ] *n.* ① Ⓤ Ⓒ 建築用之方石。② Ⓒ 方石築成之建築物。
ash·man [ˋæʃmən] *n.* Ⓒ (*pl.* **-men**) 〖美〗清除垃圾之人。
***a·shore** [əˋʃor] *adj.* & *adv.* ①向[上]岸的[地]。②在陸地上的[地]。
ash·ram [ˋɑʃrəm] *n.* Ⓒ ①〖美〗嬉皮聚集的地方。②(印度教高僧的)隱居所。
ash·tray [ˋæʃ,tre] *n.* Ⓒ 煙灰缸。
ash·y [ˋæʃɪ] *adj.* ①灰色的；灰白的。②有灰覆蓋的；灰的。
‡**A·sia** [ˋeʃə, ˋeʒə] *n.* 亞洲。§ ~ **Mínor** 小亞細亞。
***A·sian** [ˋeʃən, ˋeʒən] *adj.* 亞洲(人)的。 —— *n.* Ⓒ 亞洲人。
***A·si·at·ic** [,eʒɪˋætɪk] *adj.* & *n.* 〖蔑〗= **Asian.**
‡**a·side** [əˋsaɪd] *adv.* ①在旁地；側向地。②撇開。③縱然。④貯存。~ ***from*** **a.** 除了。**b.** 離開。 —— *n.* Ⓒ ①旁白。②悄悄話。
as·i·nine [ˋæsn,aɪn] *adj.* 像驢一樣的；愚魯的；冥頑的。
‡**ask** [æsk] *v.t.* & *v.i.* ①詢問；問。②請求；央求。③要；討價。④邀請。⑤需要。
a·skance [əˋskæns] *adv.* ①懷疑地；不贊許地。②側目地；斜地。(亦作 **askant**)
a·skew [əˋskju] *adv.* ①歪地；斜地；側地。②不贊同地；輕視地。 —— *adj.* 歪的；斜的；側的。
ask·ing [ˋæskɪŋ] *n.* Ⓤ 探問；請求。***for the*** ~ 如果你要…就；備贈。
a·slant [əˋslænt] *adv.* & *adj.* 斜地[的]；傾斜地[的]。 —— *prep.* 斜過。
‡**a·sleep** [əˋslip] *adj.* ①睡著的。②不活潑的。③麻痺的。④死的。 —— *adv.* ①睡。He fell fast ~. 他熟睡了。②靜止狀態地。
a·so·cial [eˋsoʃəl] *adj.* 沒有社交性的；自我中心主義的。
asp [æsp] *n.* Ⓒ 毒蛇(尤指埃及眼鏡蛇)。
***as·par·a·gus** [əˋspærəgəs] *n.* Ⓤ Ⓒ 〖植〗蘆筍；龍鬚菜。
A.S.P.C.A. American Society for the Prevention of Cruelty to Animals. 美國動物保護協會。
***as·pect** [ˋæspɛkt] *n.* Ⓒ ①外觀；形勢。②外貌。③觀點；方面。④(房屋等的)方向；方位。
as·pen [ˋæspɪn] *n.* Ⓒ 白楊。 —— *adj.* ①白楊樹的。②顫抖的。
as·per·i·ty [æsˋpɛrətɪ] *n.* Ⓤ ①粗糙。②(氣候之)嚴酷。③粗暴。
as·perse [əˋspɝs] *v.t.* ①誹謗。②〖基督教〗灑(聖水)。 — **as·per′sion** [-ʒən, -ʃən], *n.*
***as·phalt** [ˋæsfɔlt] *n.* Ⓤ (亦作 **asphaltum**) 瀝青；柏油。 —— *v.t.* 以瀝青舖(路)。
as·pho·del [ˋæsfə,dɛl] *n.* Ⓒ 〖植〗日光蘭；水仙花。
as·phyx·i·a [æsˋfɪksɪə] *n.* Ⓤ 〖醫〗窒息；悶死。
as·phyx·i·ate [æsˋfɪksɪ,et] *v.t.* 使窒息。 — **as·phyx·i·a′tion,** *n.*
as·pic [ˋæspɪk] *n.* Ⓤ 肉類凍子(肉、魚、蕃茄等作成)。
as·pi·dis·tra [,æspɪˋdɪstrə] *n.* Ⓒ 〖植〗蜘蛛抱蛋屬之植物；葉蘭。
as·pir·ant [əˋspaɪrənt] *n.* Ⓒ 抱負不凡者；候選人；渴望(名譽、地位等)者。 —— *adj.* 抱大願望的。
as·pi·rate [ˋæspərɪt] *n.* Ⓒ ①氣音；[h]音。②氣音字。 —— *adj.* 氣音的。 —— [ˋæspə,ret] *v.t.* ①〖語音〗送氣發音。②〖醫〗用吸引器吸出；抽吸。
***as·pi·ra·tion** [,æspəˋreʃən] *n.* Ⓤ Ⓒ ①呼吸；呼氣。②渴望；熱望。③〖語音〗送氣發音；氣音。④〖醫〗用吸引器吸出。
as·pi·ra·tor [ˋæspə,retɚ] *n.* Ⓒ ①抽氣機；吸氣機。②〖醫〗抽吸器。
***as·pire** [əˋspaɪr] *v.i.* ①熱望；抱大願望。②升高；高聳。
as·pi·rin [ˋæspərɪn] *n.* Ⓤ Ⓒ 〖藥〗阿斯匹靈。
as·pir·ing [əˋspaɪrɪŋ] *adj.* ①抱大願望的；有大志的；有雄心的。②上升的；高聳的。 — **ly,** *adv.*
***ass** [æs] *n.* Ⓒ ①驢。②笨人。make an ~ of a person 愚弄人。③〖美鄙〗屁股；肛門。
***as·sail** [əˋsel] *v.t.* ①攻擊；責罵。②詰問。③困擾。 — **a·ble,** *adj.*
as·sail·ant [əˋselənt] *n.* Ⓒ 攻擊者。
as·sas·sin [əˋsæsɪn] *n.* Ⓒ 暗殺者。
as·sas·si·nate [əˋsæsn,et] *v.t.* ①暗殺；行刺。②以卑鄙手段毀壞。 — **as·sas·si·na′tion,** *n.*
***as·sault** [əˋsɔlt] *n.* ① Ⓒ 突擊；襲擊。② Ⓤ Ⓒ 〖法律〗人身傷害之威脅或企圖。③ Ⓤ Ⓒ 肉搏。 —— *v.t.* 攻擊；襲擊。

A

as·say [ə`se] *v.t.* ①分析。②試驗。③嘗試。— *v.i.* ①試金。②礦苗經分析而知(含貴金屬量)。—[ə`se, `æse] *n.* Ⓒ分析; 試金。

as·sem·blage [ə`sɛmblɪdʒ] *n.*① Ⓒ聚集的人或物; 集會。②Ⓤ集合; 裝配。

***as·sem·ble** [ə`sɛmbḷ] *v.t.* ①集會; 集合。②裝配。— *v.i.* 聚集。

as·sem·bler [ə`sɛmblɚ] *n.* Ⓒ裝配的人或機器。

***as·sem·bly** [ə`sɛmblɪ] *n.* ①Ⓒ集會; 會合; 會議。②(the A-)〖美〗州議會的下院。③Ⓤ機件的裝配。④Ⓒ(常 A-)議會。the National *A*-國民大會。§ ∼ **line** 裝配線。∼ **plant** 裝配廠。

as·sem·bly·man [ə`sɛmblɪmən] *n.* Ⓒ(*pl.* **-men**)①議員。②(A-)〖美〗州議會下院之議員。③(中國之)國民大會代表; 省議員。

***as·sent** [ə`sɛnt] *v.i.* 同意; 贊成。— *n.* Ⓤ同意; 贊成; 允許。

***as·sert** [ə`sɝt] *v.t.* ①確說; 斷言。②辯護; 維護。— **as·ser′tive,** *adj.*

***as·ser·tion** [ə`sɝʃən] *n.* ①Ⓒ聲明; 斷言。②Ⓤ主張; 辯護。

as·sess [ə`sɛs] *v.t.*①評估; 估定(財產數額等以課稅)。②評定(罰款、稅額等)。③課(稅、罰款等)。— **a·ble,** *adj.* — **ment, as·ses′sor,** *n.*

as·set [`æsɛt] *n.* ①Ⓒ有價值[有用]的東西。②Ⓒ資產(的一項)。③(*pl.*)財產; 遺產。 ***personal* ∼*s*** 動產。***real* ∼*s*** 不動產。

as·set-strip·ping [`æsɛt,strɪpɪŋ] *n.* Ⓤ廉價收購公司, 將其資產出售謀利後再關閉的營運。

as·sev·er·ate [ə`sɛvə,ret] *v.t.* 斷言; 確言。— **as·sev·er·a′tion,** *n.*

as·si·du·i·ty [,æsə`djuətɪ] *n.* ①Ⓤ勤勉; 專心; 精勵。②(*pl.*)殷勤。

as·sid·u·ous [ə`sɪdʒuəs] *adj.* ①勤勉的; 有恆的。②周到的。— **ly,** *adv.*

***as·sign** [ə`saɪn] *v.t.* ①分配; 分派。②指定。③指派。④〖法律〗讓渡; 過戶。⑤歸因。— *n.* Ⓒ(常 *pl.*)(財產、權利讓渡之)受讓人。

as·sig·na·tion [,æsɪg`neʃən] *n.* ①Ⓤ分配。②Ⓤ(財產、權利等之)讓渡。③Ⓤ(會場、時間等之)指定。④Ⓒ歸因。

as·sign·ee [əsaɪ`ni] *n.* Ⓒ〖法律〗受讓人; 受託人; 財產保管人。

***as·sign·ment** [ə`saɪnmənt] *n.* ①Ⓒ分派或指定的東西; 派定的工作。②Ⓤ分派; 分配。③Ⓤ〖法律〗讓渡。

as·sign·or [əsaɪ`nɔr] *n.* Ⓒ〖法律〗讓渡人; 委託者。(亦作 **assigner**)

as·sim·i·late [ə`sɪmḷ,et] *v.t.* ①吸收; 徹底了解; 同化。②使相像; 使適應。— *v.i.* 同化。— **as·sim·i·la′tion,** *n.*

***as·sist** [ə`sɪst] *v.t.* 幫助; 援助。— *v.i.* ①幫助。②出席(會議等)。— *n.* Ⓒ①〖棒球〗助殺。②幫助。

***as·sist·ance** [ə`sɪstəns] *n.* Ⓤ幫助。

***as·sist·ant** [ə`sɪstənt] *n.* Ⓒ①助手; 助教。②輔助物。— *adj.* ①幫助的。②輔助的。an ∼ professor 助教授(低於副教授, 高於講師)。

as·size [ə`saɪz] *n.*①Ⓒ立法機關在會期中所決定之法案、條例等。②Ⓤ陪審團、推事助理之偵查; 其決定。③Ⓤ審判。

Assoc., assoc. associate; association.

***as·so·ci·ate** [ə`soʃɪ,et] *v.t.* ①聯想。②聯合; 結交。③結合。— *v.i.* 結交; 聯合。—[ə`soʃɪɪt] *n.* Ⓒ①同伴; 同事。②預備會員; 社員。— *adj.* ①同伴的; 同事的。②預備會員的。③副的。an ∼ professor 副教授。④聯合的。— **ship,** *n.*

‡**as·so·ci·a·tion** [ə,sosɪ`eʃən, ə,soʃɪ`eʃən] *n.* ①Ⓒ會; 協會; 團體。②Ⓤ聯合。③Ⓤ聯想。

as·so·ci·a·tive [ə`soʃɪ,etɪv] *adj.* ①聯合的; 組成的。②聯想的。

as·sort [ə`sɔrt] *v.t.* ①分類; 分等; 配合。②供給(各類貨品)。— *v.i.* ①調和; 相配; 符合。②結交; 來往。

as·sort·ed [ə`sɔrtɪd] *adj.* ①雜集的。②分類的。③相配的; 合適的。

Asst., asst. assistant.

as·suage [ə`swedʒ] *v.t.* 緩和; 減輕; 安撫。— **ment,** *n.*

‡**as·sume** [ə`s(j)um] *v.t.* ①假定。②擔任。③假裝。④僭取; 擅用。⑤顯出。⑥採用。

as·sumed [ə`sumd] *adj.* ①假裝的。an ∼ name 化名。②假定的; 假想的。③僭取的。— **as·sum′ed·ly** [-mɪdlɪ], *adv.* 大概; 也許。

as·sum·ing [ə`sjumɪŋ] *adj.* 傲慢的; 獨斷的; 僭越的。— *n.* Ⓤ傲慢; 僭越; 無禮。— **ly,** *adv.*

***as·sump·tion** [ə`sʌmpʃən] *n.* ①

Ⓒ假定; 假說。②ⓊⒸ擔任。③Ⓤ Ⓒ傲慢; 僭越。④ⓊⒸ假裝。

***as·sur·ance** [əˋʃurəns] *n.*①Ⓤ確信。②Ⓒ保證。③Ⓤ信任。④Ⓤ自信。⑤Ⓤ〖英〗保險。

‡**as·sure** [əˋʃur] *v.t.* ①鄭重宣告。②保證。③使安全。④使確信。⑤保險。

as·sured [əˋʃurd] *adj.* ①確信的; 一定的。②自信的。③保險的。— **as·sur·ed·ly** [əˋʃurɪdlɪ], *adv.*

As·syr·i·a [əˋsɪrɪə] *n.* 亞述(亞洲西南部之古國)。

as·ter [ˋæstɚ] *n.* Ⓒ ①紫菀。②〖生物〗星(狀)體。

as·ter·isk [ˋæstəˌrɪsk] *n.* Ⓒ 星標; 星狀物。— *v.t.* 加上星標。

as·ter·ism [ˋæstəˌrɪzəm] *n.* Ⓒ〖天〗星群; 星宿; 星座。

a·stern [əˋstɜn] *adv.* ①在船尾; 向船尾。②在後; 向後。

as·ter·oid [ˋæstəˌrɔɪd] *adj.* 星狀的。— *n.* Ⓒ〖天〗(其軌道在火星與木星間的)小行星。

asth·ma [ˋæzmə] *n.* Ⓤ 氣喘。

asth·mat·ic [æzˋmætɪk] *adj.* 氣喘症的。— *n.* Ⓒ 氣喘症患者。

a·stig·ma·tism [əˋstɪgməˌtɪzəm] *n.* Ⓤ①〖醫〗散光; 亂視。②〖光學〗像散現象。

a·stir [əˋstɜ] *adv.* & *adj.* ①活動地[的]; 擾動地[的]。②起床。

***as·ton·ish** [əˋstɑnɪʃ] *v.t.* 使驚愕。

as·ton·ished [əˋstɑnɪʃt] *adj.* 感到驚異的; 驚嚇的。

***as·ton·ish·ing** [əˋstɑnɪʃɪŋ] *adj.* 可驚異的; 可驚的。— **ly,** *adv.*

***as·ton·ish·ment** [əˋstɑnɪʃmənt] *n.* ①Ⓤ 驚奇; 驚愕。②Ⓒ 使人驚異的事物。

***as·tound** [əˋstaund] *v.t.* 使大驚駭。— **ing(ly),** *adj.* (*adv.*)

as·tra·khan [ˋæstrəkən] *n.* Ⓤ 俄國羔皮; 小羊皮。

as·tral [ˋæstrəl] *adj.* 星的; 如星的; 多星的。an ～ body 天體。

***a·stray** [əˋstre] *adv.* 出正軌地; 迷途地。*go* ～ 走入歧途; 墮落。*lead* ～使入迷途; 使墮落。— *adj.* 出正軌的; 迷途的。

a·stride [əˋstraɪd] *adv.* & *adj.* 跨坐地[的]; 跨騎地[的]。— *prep.* 跨騎。

as·trin·gent [əˋstrɪndʒənt] *adj.* ①收斂性的。②止血的。③嚴酷的。— *n.* ⓊⒸ〖醫〗收斂劑。— **as·trin′gen·cy,** *n.*

as·tro·labe [ˋæstrəˌleb] *n.* Ⓒ 星盤(昔天文觀測儀)。

as·trol·o·ger [əˋstrɑlədʒɚ] *n.* Ⓒ占星家。

as·trol·o·gy [əˋstrɑlədʒɪ] *n.* Ⓤ 占星學[術]。— **as·tro·log′ic(al),** *adj.*

as·tro·naut [ˋæstrəˌnɔt] *n.* Ⓒ 太空旅行者; 太空人。

as·tro·nau·tics [ˌæstrəˋnɔtɪks] *n.* Ⓤ 太空學; 太空航行學。

as·tro·nav·i·ga·tion [ˌæstroˌnævəˋgeʃən] *n.* Ⓤ 太空航行。

***as·tron·o·mer** [əˋstrɑnəmɚ] *n.* Ⓒ天文學家。

as·tro·nom·i·cal [ˌæstrəˋnɑmɪkl] *adj.* 天文學的; 星學的。§ ～ **obsérvatory** 天文臺。～ **télescope** 天文望遠鏡。

***as·tron·o·my** [əˋstrɑnəmɪ] *n.* Ⓤ 天文學。

as·tro·pho·tog·ra·phy [ˌæstrofəˋtɑgrəfɪ] *n.* Ⓤ 天體照相術。

as·tro·phys·i·cist [ˌæstroˋfɪzəsɪst] *n.* Ⓒ 天體物理學家。

as·tro·phys·ics [ˌæstroˋfɪzɪks] *n.* Ⓤ 天體物理學。

as·tute [əˋstjut] *adj.* 機敏的; 狡猾的。— **ly,** *adv.* — **ness,** *n.*

a·sun·der [əˋsʌndɚ] *adj.* & *adv.* 分開的[地]; 星散的[地]。

***a·sy·lum** [əˋsaɪləm] *n.*① Ⓒ 避難所。② Ⓒ 救濟院。③ Ⓒ 精神病院。④Ⓤ〖國際法〗庇護。political ～ 政治庇護。

a·sym·me·try [eˋsɪmɪtrɪ] *n.* Ⓤ 不對稱。— **a·sym·met′ri·cal,** *adj.*

‡**at** [æt, ət] *prep.* ①在(某地); 近(某處)。②向; 對準。③處於…情形或狀態。④工作; 嘗試做。He sits *at* his desk all day. 他終日工作。⑤經由。⑥在或近於某一時間。*at* sunrise 日出。⑦因爲。⑧依照; 應。We did it *at* his request. 我們應他之請而做。⑨數額; 價格。two books *at* a dollar each 兩本書, 每本一元。⑩從。

AT & T [ˌetiəndˋti] American Telephone and Telegraph. 美國電話電報公司。

at·a·vism [ˋætəˌvɪzəm] *n.* ①Ⓤ 隔代遺傳。②Ⓒ 隔代遺傳之例。— **at·a·vis′tic(al),** *adj.*

‡**ate** [et] *v.* pt. of **eat.**

at·el·ier [ˋætlˌje] 〖法〗 *n.* Ⓒ 畫家或雕刻家之工作室; 畫室。

a·the·ism [ˋeθɪˏɪzəm] *n.* Ⓤ 無神論。— **a'the·ist,** *n.* — **a·the·is'tic,** *adj.*

A·the·na [əˋθinə] *n.* 〖希神〗雅典娜(智慧、技藝及戰爭的女神)。(亦作 **Athene**)

ath·e·n(a)e·um [ˏæθəˋniəm] *n.* (*pl.* **~s, -n(a)e·a** [-ˋniə]) ①(the A-) 雅典 Athena 女神廟。②Ⓒ 文藝[學術]俱樂部。③Ⓒ 圖書室; 文庫。

Ath·ens [ˋæθɪnz] *n.* 雅典(希臘首都)。

ath·er·o·scle·ro·sis [ˏæθəˏrosklə'rosɪs] *n.* Ⓤ 〖醫〗動脈(粥瘤)硬化。— **ath·er·o·scle·rot'ic,** *adj.*

a·thirst [əˋθɜst] *adj.* 渴望的(for)。

***ath·lete** [ˋæθlit] *n.* Ⓒ 運動家; 運動員。§ ~'s **fóot**〖醫〗腳濕氣; 香港腳。

***ath·let·ic** [æθˋlɛtɪk] *adj.* ① 身體活潑而強壯的。②運動的。

ath·let·i·cism [æθˋlɛtəsɪzm] *n.* Ⓤ 對運動競賽的癖好; 嗜好運動。

***ath·let·ics** [æθˋlɛtɪks] *n.* ①(常作 *pl.* 解)運動(指各種競技)。②Ⓤ 運動(指體育原理或運動術)。

at-home [ətˋhom] *n.* Ⓒ (約定時日之)會客; 家庭招待會。— *adj.* 家用的; 非正式的。an ~ day 會客日。

a·thwart [əˋθwɔrt] *adv.* 橫穿過地; 斜地; 不順利地。— *prep.* ①橫過。②逆; 反對。③〖海〗橫越航向。

a·tilt [əˋtɪlt] *adj.* & *adv.* ①傾側的[地]; 傾斜的[地]。②作舉槍衝刺狀的[地]。

At·lan·ta [ətˋlæntə] *n.* 亞特蘭大(美國喬治亞州之首府)。

‡**At·lan·tic** [ətˋlæntɪk] *n.* (the ~) 大西洋。the North [South] ~ 北[南]大西洋。— *adj.* 大西洋的; 大西洋沿岸的。the ~ Charter 大西洋憲章。the ~ Ocean 大西洋。

***at·las** [ˋætləs] *n.* Ⓒ 地圖; 地圖集; 地圖冊。

At·las [ˋætləs] *n.* ①〖希神〗亞特拉斯(受罰以雙肩揹天之巨人)。②Ⓒ 揹負重擔之人。③Ⓒ 擎天神飛彈。

ATM automatic teller machine. 自動櫃員機。

***at·mos·phere** [ˋætməsˏfɪr] *n.* ①(the ~)大氣; 空氣。②Ⓒ 氣壓。③(*sing.*)環境。④(*sing.*)氣氛。

at·mos·pher·ic, -i·cal [ˏætməsˋfɛrɪk(l̩)] *adj.* ①大氣的。~ pressure 大氣壓力。②氣氛的。

at·mos·pher·ics [ˏætməsˋfɛrɪks] *n. pl.* 〖無線〗①天電干擾。②天電(由大氣電產生的一種電波)。

at. no. atomic number. 原子序。

at·oll [ˋætɑl] *n.* Ⓒ 環狀珊瑚島; 環礁。

***at·om** [ˋætəm] *n.* Ⓒ ①原子。②極少量。§ ~ **bòmb** 原子彈。

***a·tom·ic** [əˋtɑmɪk] *adj.* ①原子的。②微粒的; 極小的。§ ~ **bómb** 原子彈。~ **énergy** 原子能。~ **wéapon** 原子武器。the ~ **áge** 原子時代。the **A~ Énergy Commìssion** 原子能委員會。

at·om·ize [ˋætəmˏaɪz] *v.t.* ①使成原子。②〖俚〗用原子彈轟炸。③噴爲霧狀。

at·om·iz·er [ˋætəmˏaɪzɚ] *n.* Ⓒ 「噴霧器。」

a·ton·al [eˋtonl] *adj.* 〖樂〗無調性的。— **a·to·nal'i·ty,** *n.*

a·tone [əˋton] *v.t.* & *v.i.* 賠償; 贖罪。

a·tone·ment [əˋtonmənt] *n.* ①ⓊⒸ 補償; 贖罪。②(the A-)耶穌替世人贖罪之受難。

a·top [əˋtɑp] *adv.* 在上地。— *prep.* 在上面。

a·tri·um [ˋetrɪəm] *n.* Ⓒ (*pl.* **-tri·a** [-trɪə]) ①〖解〗心房; 內耳窩。②〖建〗(古羅馬建築之)前室。

a·tro·cious [əˋtroʃəs] *adj.* ①兇暴的; 殘忍的。②〖俗〗惡劣的; 太過分的。

a·troc·i·ty [əˋtrɑsətɪ] *n.* ①Ⓤ 兇惡; 暴行。②Ⓒ〖俗〗嚴重的錯誤。

at·ro·phy [ˋætrəfɪ] *n.* Ⓤ 萎縮; 衰退。— *v.t.* & *v.i.* (使)萎縮[衰退]。

***at·tach** [əˋtætʃ] *v.t.* ①結; 縛; 連接; 參加(to)。②使附屬。③加; 附; 歸…於。④〖軍〗(暫時)委派; 指派。⑤〖法律〗逮捕; 拘留; 查封。— *v.i.* 附著; 連屬(to, upon)。— **a·ble,** *adj.*

at·ta·ché [ˏætəˋʃe] 〖法〗*n.* Ⓒ (大使或公使之)隨員; 大[公]使館員。§ ~ **càse** 扁平的小型手提箱。

***at·tach·ment** [əˋtætʃmənt] *n.* ①Ⓤ 附著。②ⓊⒸ 情感; 忠誠。③Ⓒ 附件。④Ⓤ〖法律〗逮捕; 拘留。⑤Ⓒ 逮捕[拘留]令狀。

‡**at·tack** [əˋtæk] *v.t.* ①攻擊。②辱罵; (用文字或言語)抨擊。③(疾病)侵襲(常用被動語態)。④從事; 著手。— *v.i.* 攻擊。— *n.* ①ⓊⒸ 攻擊。②Ⓒ 辱罵。③Ⓒ (疾病之)侵襲。④Ⓒ 著手; 從事。

***at·tain** [əˋten] *v.t.* & *v.i.* 達到; 成就; 到達; 得到(to)。— **a·ble,** *adj.*

at·tain·der [əˋtendɚ] *n.* Ⓤ 〖法律〗褫奪公權。

A

at·tain·ment [əˋtenmənt] *n.* ① Ⓤ 達到; 成就。② Ⓒ 造詣。③ Ⓒ (常 *pl.*)學識; 技能。

at·taint [əˋtent] *v.t.* 使喪失公民權[財產]; 羞辱。—— *n.* Ⓤ 污點; 恥辱。

at·tem·per [əˋtɛmpɚ] *v.t.* ① 沖淡; 稀釋。②調節。③使緩和。

‡**at·tempt** [əˋtɛmpt] *v.t.* ①嘗試; 企圖。②襲擊; 攻擊; 奪取。—— *n.* Ⓒ ①努力嘗試。②襲擊; 攻擊(常 on, upon)。③〖法律〗未遂行爲。

‡**at·tend** [əˋtɛnd] *v.t.* ①出席; 到; 參加。②照顧; 侍候。③陪伴; 隨至。—— *v.i.* ①料理; 從事(to)。②侍候; 看護(on, upon)。③注意; 專心(to)。④伴; 隨至(常 on, upon)。⑤出席參加(at)。

***at·tend·ance** [əˋtɛndəns] *n.* ① ⓊⒸ 到; 出席。② Ⓤ 隨侍; 隨從。③(*sing.*)出席人數; 出席者。

***at·tend·ant** [əˋtɛndənt] *n.* Ⓒ ① 侍者。②伴隨事物。③出席人。—— *adj.* ①隨侍的; 陪從的。②伴隨的; 附隨的。③出席的。

‡**at·ten·tion** [əˋtɛnʃən] *n.* ① Ⓤ 注意; 專心。②(*pl.*)款待; 慇懃。③ Ⓤ 立正姿勢或口令。*A·*! 立正! ④ Ⓤ 關照。***stand at*** ～ 直立不動。

***at·ten·tive** [əˋtɛntɪv] *adj.* 注意的; 慇懃的; 關懷的。— **ly,** *adv.*

at·ten·u·ate [əˋtɛnjuˏet] *v.t.* & *v.i.* (使)變細[變弱, 變稀薄]。—— [əˋtɛnjuɪt] *adj.* 細的; 薄的; 稀薄的; 減弱的。— **at·ten·u·a′tion,** *n.*

at·test [əˋtɛst] *v.t.* ①證明; 爲…作證。②使發誓。—— *v.i.* 作證(to)。— **at·tes·ta′tion,** *n.*

***at·tic** [ˋætɪk] *n.* Ⓒ 閣樓。

At·tic [ˋætɪk] *adj.* ① Attica 的; 雅典的。②古雅的; 文雅的。

At·ti·ca [ˋætɪkə] *n.* 雅地加(希臘東南地區, 雅典爲其中心)。

at·tire [əˋtaɪr] *v.t.* 穿衣; 盛裝。—— *n.* Ⓤ 服飾; 盛裝。

‡**at·ti·tude** [ˋætəˏtjud] *n.* Ⓒ ①態度。②姿態。— **at·ti·tu′di·nal,** *adj.*

at·tor·ney** [əˋtɝnɪ] *n.* Ⓒ ①代理人。②律師。letter of*** ～ 委任狀。§ ～ **géneral** (1)首席檢察官; 檢察長。(2)(A- G-)〖美〗司法部長。

***at·tract** [əˋtrækt] *v.t.* ①吸引; 引起(注意、興趣等)。②引誘。

***at·trac·tion** [əˋtrækʃən] *n.* ① Ⓤ 吸引力; 〖理〗引力。② Ⓒ 吸引物。

***at·trac·tive** [əˋtræktɪv] *adj.* ① 嫵媚的; 動人的。②有引誘力的。

at·trib·ut·a·ble [əˋtrɪbjutəbl] *adj.* 可歸於…的; 可歸因的(常 to)。

***at·trib·ute** [əˋtrɪbjut] *v.t.* 諉於; 屬於; 歸因(常 to)。—— [ˋætrəˏbjut] *n.* Ⓒ ①性質; 品性; 屬性。②象徵。③〖文法〗屬性修飾語。

at·trib·u·tive [əˋtrɪbjətɪv] *adj.* ①屬性的。②〖文法〗形容的; 修飾的。—— *n.* Ⓒ 〖文法〗屬性形容詞; 修飾語。

at·tri·tion [əˋtrɪʃən] *n.* Ⓤ 磨損; 減少。a war of ～ 消耗戰。

at·tune [əˋtjun] *v.t.* 使調和; 使一致。

Au 〖化〗aurum.

au·ber·gine [ˋobɚˏʒin] 〖法〗*n.* ① ⓊⒸ 茄子。② Ⓤ 茄色。

au·burn [ˋɔbɚn] *adj.* 赤褐色的; 赭色的。—— *n.* Ⓤ 赤褐色; 赭色。

***auc·tion** [ˋɔkʃən] *n.* ⓊⒸ 拍賣。—— *v.t.* 拍賣(off)。

auc·tion·eer [ˏɔkʃənˋɪr] *n.* Ⓒ 拍賣人; 競賣人。—— *v.t.* 拍賣。

***au·da·cious** [ɔˋdeʃəs] *adj.* 大膽的; 無禮的; 無恥的。— **ly,** *adv.*

***au·dac·i·ty** [ɔˋdæsətɪ] *n.* ① Ⓤ 大膽無恥; 膽識。② Ⓒ 大膽的言行。

***au·di·ble** [ˋɔdəbl] *adj.* 聽得見的。— **au′di·bly,** *adv.*

***au·di·ence** [ˋɔdɪəns] *n.* ① Ⓒ 聽衆; 觀衆; 讀者。② Ⓤ 聽取。③ Ⓒ 正式謁見; 覲見。

au·di·o [ˋɔdɪˏo] *adj.* 〖電〗成音頻率的; 成音的。～ frequency 〖理〗成音頻率。

audio- 〖字首〗表「聽」之義。

au·di·o-vis·u·al [ˋɔdɪoˋvɪʒuəl] *adj.* 視聽的。～ aids 視聽教材(如電影、電視等)。

au·dit [ˋɔdɪt] *v.t.* & *v.i.* ①稽核; 檢查(帳目)。②旁聽(課程)。—— *n.* Ⓒ 稽核; 檢查。

au·di·tion [ɔˋdɪʃən] *n.* ① Ⓤ 聽; 聽力; 聽覺。② Ⓒ (鑑定音質之)試聽。—— *v.t.* & *v.i.* (作)試聽。

au·di·tor [ˋɔdɪtɚ] *n.* Ⓒ ①旁聽者。②查帳員。③聽者。— **ship,** *n.*

***au·di·to·ri·um** [ˏɔdəˋtorɪəm] *n.* Ⓒ (*pl.* **～s, -ri·a** [-rɪə]) ①(戲院等之)觀眾席; 聽眾席。②禮堂。

au·di·to·ry [ˋɔdəˏtorɪ] *adj.* 耳的; 聽覺的。—— *n.* Ⓒ 聽眾; 聽眾席; 大禮堂。

Aug. August.

au·ger [ˋɔgɚ] *n.* Ⓒ螺絲錐；錐子。
aught [ɔt] *pron.* 任何事物；任何部分。—*n.* Ⓒ零。—*adv.* 無論如何。
aug·ment [ɔgˋmɛnt] *v.t.* & *v.i.* ①增大；增加。②〖樂〗增音。—**aug·men·ta'tion,** *n.*
au·gur [ˋɔgɚ] *n.* Ⓒ①(古羅馬)占兆官。②預言者。—*v.t.* & *v.i.* 占兆；預示。~ ***well*** [***ill***] 示吉[凶]兆。
au·gu·ry [ˋɔgjərɪ] *n.* ①ⓊⒸ占兆。②Ⓒ徵兆。
au·gust [ɔˋgʌst] *adj.* 威嚴的；高貴的。—**ly,** *adv.*
‡**Au·gust** [ˋɔgəst] *n.* 八月。
Au·gus·tus [ɔˋgʌstəs] *n.* 奧古斯都(63B.C.-A.D.14, 羅馬第一任皇帝)。
auk [ɔk] *n.* Ⓒ海雀(北極海鳥之一種)。
auld [ɔld] *adj.* 〖主蘇〗老的；古的。§ ~ **láng sýne** [ˋlæŋˋsaɪn] (1)往日。(2)(A- L- S-)驪歌。
‡**aunt** [ænt] *n.* Ⓒ①姑母；姨母；舅母；嬸母；伯母。②慈善的老婦人。
aunt·y, aunt·ie [ˋæntɪ] *n.* Ⓒ①aunt之暱稱。②〖俚〗反飛彈飛彈。
au pair [oˋpɛr] *n.* Ⓒ家庭打工留學生(如以幫忙料理家事換膳宿等)。
au·ra [ˋɔrə] *n.* Ⓒ (*pl.* ~**s,** -**rae** [-ri])①氣味；氣息。②(常*sing.*)氣氛。③〖醫〗(病症之)先兆。
au·ral [ˋɔrəl] *adj.* ①氣味的；氣息的。②先兆的。③耳的；聽覺的。
au·re·ole [ˋɔrɪ,ol] *n.* Ⓒ①(神像之)光輪；光環。②(日月等之)暈。
au re·voir [,orəˋvɔr] 〖法〗*interj.* 再見。
au·ri·cle [ˋɔrɪkl] *n.* Ⓒ①〖解〗**a.** 外耳。**b.** 心耳；心室。②〖生物〗耳狀物。
au·ric·u·lar [ɔˋrɪkjəlɚ] *adj.* ①耳的；聽覺的。②耳語的；私語的。③耳形的。④〖解〗心耳的。
au·ro·ra [ɔˋrɔrə] *n.* Ⓒ (*pl.* ~**s,** -**rae** [-ri])①黎明。②極光。
au·ro·ral [ɔˋrorəl] *adj.* ①曙光的。②極光的。③燦爛的。
au·rum [ˋɔrəm] *n.* Ⓤ〖化〗金(符號Au)。
aus·cul·tate [ˋɔskəl,tet] *v.t.* & *v.i.* 〖醫〗聽診。—**aus·cul·ta'tion,** *n.*
aus·pice [ˋɔspɪs] *n.* Ⓒ (常*pl.*)①前兆；吉兆。②保護；贊助；主辦。
aus·pi·cious [ɔˋspɪʃəs] *adj.* ①幸運的。②吉兆的。—**ly,** *adv.*
Aus·sie [ˋɔsɪ] *n.* Ⓒ〖俚〗澳洲人。
aus·tere [ɔˋstɪr] *adj.* ①苛刻的；嚴峻的。②嚴肅的。③樸素的。

***aus·ter·i·ty** [ɔˋstɛrətɪ] *n.* ①Ⓤ嚴峻；樸素。②Ⓒ (常*pl.*)禁慾生活。
aus·tral [ˋɔstrəl] *adj.* ①南的；南方的。②(A-)澳大利亞的；澳洲的。
***Aus·tral·ia** [ɔˋstreljə] *n.* ①澳洲。②澳大利亞聯邦(首都Canberra)。
***Aus·tral·ian** [ɔˋstreljən] *adj.* 澳洲(人，語)的。—*n.* Ⓒ澳洲人。
***Aus·tri·a** [ˋɔstrɪə] *n.* 奧地利(歐洲中部一國家，首都Vienna)。
‡**Aus·tri·an** [ˋɔstrɪən] *adj.* 奧地利的。—*n.* Ⓒ奧地利人。
au·ta·coid [ˋɔtə,kɔɪd] *n.* Ⓤ〖生理〗內分泌物。
au·tarch·y [ˋɔtarkɪ] *n.* ①Ⓤ專制。②Ⓒ專制國家。③=**autarky.**
au·tar·ky [ˋɔtarkɪ] *n.* Ⓤ經濟自足。
au·then·tic [ɔˋθɛntɪk] *adj.* 可靠的；眞正的。—**au·then'ti·cal·ly,** *adv.*
au·then·ti·cate [ɔˋθɛntɪ,ket] *v.t.* 鑑定；證明。—**au·then·ti·ca'tion,** *n.*
au·then·tic·i·ty [,ɔθənˋtɪsətɪ] *n.* Ⓤ眞實性；確切性。
‡**au·thor** [ˋɔθɚ] *n.* Ⓒ①著作人。②(某作家之)作品。③創始者。
au·thor·ess [ˋɔθɚɪs] *n.* Ⓒ女作家。
au·tho·ri·al [ɔˋθorɪəl] *adj.* 作家的；創作者的。
au·thor·i·tar·i·an [ə,θɔrəˋtɛrɪən] *adj.* 獨裁的。—*n.* Ⓒ獨裁主義者。—**ism,** *n.*
***au·thor·i·ta·tive** [əˋθɔrə,tetɪv] *adj.* ①權威的；可信的。②命令的；絕對的。—**ly,** *adv.*
‡**au·thor·i·ty** [əˋθɔrətɪ] *n.* ①Ⓤ權威；權力。②Ⓒ(常*pl.*)當局；官府。③Ⓒ權威者；專家{on}。④Ⓤ權限；職權。
au·thor·ize [ˋɔθə,raɪz] *v.t.* ①授權。②認可。③裁定。④使成爲正當。—**au·thor·i·za'tion,** *n.*
au·tism [ˋɔtɪzəm] *n.* Ⓤ〖心〗自閉症；孤獨癖。—**au·tis'tic,** *adj.*
***au·to** [ˋɔto] *n.* Ⓒ (*pl.* ~**s**)汽車(=automobile). § ~ **cȯurt**〖美〗汽車旅館(=motel). ~ **shȯw** 汽車展示會。
auto-〖字首〗表「自己；獨自；自身」之義。
au·to·bahn [ˋɔto,ban] 〖德〗*n.* Ⓒ (*pl.* ~**s,** ~**en** [~ən])高速公路。
au·to·bi·og·ra·phy [,ɔtəbaɪˋagrəfɪ] *n.* Ⓒ自傳。—**au·to·bi·og'ra·pher,** *n.*
au·toc·ra·cy [ɔˋtakrəsɪ] *n.* Ⓤ獨裁政治。

au·to·crat [ˋɔtə,kræt] *n.* Ⓒ 專制君主；獨裁者；專橫霸道的人。 — **au·to·crat′ic(al),** *adj.*
au·to·cy·cle [ˋɔtə,saɪkl] *n.* Ⓒ 機器腳踏車。
au·to·gi·ro, -gy- [,ɔtoˋdʒaɪro] *n.* Ⓒ (*pl.* **~s**) 直昇飛機；旋翼機。
au·to·graph [ˋɔtə,græf] *n.* Ⓒ 親筆；手稿。 — *v.t.* 親筆簽名；親筆寫。
au·to·im·mune [,ɔtoɪˋmjun] *adj.* 〖醫〗自身免疫(性)的。
au·to-in·tox·i·ca·tion [,ɔto-ɪn,tɑksəˋkeʃən] *n.* Ⓤ 〖醫〗自體中毒。
au·to·mak·er [ˋɔtə,mekɚ] *n.* Ⓒ 〖美〗汽車製造者。
au·to·mat [ˋɔtə,mæt] *n.* Ⓒ 〖美〗①自動販賣機。②自動販賣式餐館。
au·to·mate [ˋɔtə,met] *v.t. & v.i.* (使)自動化。
***au·to·mat·ic** [,ɔtəˋmætɪk] *adj.* ①自動的。②無意識的；機械的。 — *n.* Ⓒ ①自動的機器。②自動步槍或手槍。 § ∼ **dríve**(汽車等)自動駕駛。 ∼ **péncil** 自動鉛筆。 ∼ **pílot** 自動駕駛儀。 ∼ **pístol** 自動手槍。 ∼ **rífle** 自動步槍。 ∼ **trácking**(雷達等的)自動追蹤。 ∼ **transmíssion** (汽車之)自動變速裝置。
‡**au·to·mat·i·cal·ly** [,ɔtəˋmætɪklɪ] *adv.* 自動地；機械地。
au·to·ma·tion [,ɔtəˋmeʃən] *n.* Ⓤ 自動操作；自動控制。
au·tom·a·tism [ɔˋtɑmə,tɪzəm] *n.* Ⓤ ①自動(作用)。 ②〖生理〗自動性。③〖心〗無意識行動。
au·tom·a·ton [ɔˋtɑmə,tɑn] *n.* Ⓒ (*pl.* **~s, -ta** [-tə]) ①機器人。②自動機械裝置。③機械式動作之人或動物。
‡**au·to·mo·bile** [ˋɔtəmə,bil, ,ɔtəˋmobil, ,ɔtəməˋbil] *n.* Ⓒ 汽車。 — **au·to·mo·bil′ist,** *n.*
au·to·mo·tive [,ɔtəˋmotɪv] *adj.* ①自動(推進)的。②有關汽車的。
au·ton·o·mous [ɔˋtɑnəməs] *adj.* ①自治的；自主的。②〖生物〗有獨立機能的；自發的。 — **ly,** *adv.*
au·ton·o·my [ɔˋtɑnəmɪ] *n.* ① Ⓤ 自治。② Ⓒ 自治區。
au·top·sy [ˋɔtɑpsɪ] *n.* Ⓒ ①驗屍。②事後分析。
au·to·type [ˋɔtə,taɪp] *n.* Ⓒ ①單色照相版。②複寫；複製。
‡**au·tumn** [ˋɔtəm] *n.* ① ⓊⒸ 秋。②(the ∼) 盛極而衰之時。 — *adj.* 秋天的。 — **au·tum′nal,** *adj.*
aux., auxil. auxiliary.
aux·il·ia·ry [ɔgˋzɪljərɪ] *adj.* ①協助的；輔助的。an ∼ verb 助動詞。②備用的。 — *n.* ① Ⓒ 幫助者。② Ⓒ 助動詞。③(*pl.*)外國援軍。
av. average; avoirdupois.
Av. Avenue.
a·vail** [əˋvel] *v.i.* 有用；有利；有效。 — *v.t.* 幫助；利於。∼ ***oneself of 利用。 — *n.* Ⓤ 效用；利益。 ***of*** [***to***] ***no*** ∼ 無用。
***a·vail·a·ble** [əˋveləbl̩] *adj.* ①可利用的；可取得的。②有效的。
av·a·lanche [ˋævl̩,æntʃ] *n.* Ⓒ ①雪崩；山崩。②(常 an ∼ of) (信件等之)蜂湧而至。 — *v.i.* 崩落。
a·vant-garde [ɑvɑ̃ˋgɑrd] 〖法〗*n.* Ⓤ 先鋒；前衛(=vanguard).
av·a·rice [ˋævərɪs] *n.* Ⓤ 貪財[慾]。 — **av·a·ri·cious** [,ævəˋrɪʃəs], *adj.*
Ave., ave. avenue.
a·venge** [əˋvɛndʒ] *v.t. & v.i.* 爲…報仇；報…之仇；報復。∼ ***oneself on 報復。 — **a·veng′er,** *n.*
‡**av·e·nue** [ˋævə,nju] *n.* Ⓒ ①〖美〗大街。②林蔭大道。③方法；途徑。
a·ver [əˋvɜ] *v.t.* (**-rr-**) ①斷言。②〖法律〗主張；證明。 — **ment,** *n.*
‡**av·er·age** [ˋævərɪdʒ] *n.* ① Ⓒ 平均數。② ⓊⒸ 普通；平常。***on an*** ∼ 平均。 — *adj.* ①平均的。②普通的；平常的。 — *v.t.* ①求平均數。②平均分配。
a·verse [əˋvɜs] *adj.* 不願意的；嫌惡的；反對的(to).
a·ver·sion [əˋvɜʒən] *n.* ① Ⓤ 嫌惡。② Ⓒ 厭惡之人或物。
***a·vert** [əˋvɜt] *v.t.* 防止；避免；避開。
a·vi·an [ˋevɪən] *adj.* 鳥(類)的。
a·vi·ate [ˋevɪ,et] *v.i.* 飛行；航行；駕駛飛機。
***a·vi·a·tion** [,evɪˋeʃən] *n.* Ⓤ ①航空；飛行。②航空術。
***a·vi·a·tor** [ˋevɪ,etɚ] *n.* Ⓒ 飛行家；飛機駕駛員。
a·vi·a·tress [ˋevɪ,etrɪs] *n.* = **aviatrix.**
a·vi·a·trix [,evɪˋetrɪks] *n.* Ⓒ 女飛行家；女飛機駕駛員。
av·id [ˋævɪd] *adj.* 貪婪的；熱望的。 — **ly,** *adv.*
a·vi·on·ics [,evɪˋɑnɪks] *n.* Ⓤ 航空電子學。 — **a·vi·on′ic,** *adj.*

av·o·ca·tion [ˌævə`keʃən] *n.* Ⓒ ①副業；嗜好。②〖俗〗本職；職業。
‡**a·void** [ə`vɔɪd] *v.t.* ①避免。②〖法律〗宣布無效；取消。—**a·ble,** *adj.* —**ance,** *n.*
av·oir·du·pois [ˌævədə`pɔɪz] *n.* Ⓤ ①常衡(16英兩爲一磅, 2,000磅爲一噸)。②〖俗〗重量；(尤指)體重。(略作 **avoir.**)
a·vouch [ə`vautʃ] *v.t.* & *v.i.* ①承認。②保證。③斷言。—**ment,** *n.*
a·vow [ə`vau] *v.t.* 承認；宣稱。—**al,** *n.*
a·vowed [ə`vaud] *adj.* 承認的；宣稱的。—**a·vow′ed·ly** [-ɪdlɪ], *adv.*
***a·wait** [ə`wet] *v.t.* & *v.i.* 等候；期待。
‡**a·wake** [ə`wek] *v.t.* (**a·woke** or **a·waked**)①使醒；喚醒。②喚起。—*v.i.* ①醒；起床。②覺醒；奮起(常 to)。—*adj.* ①醒的。②覺醒的；深知的(to)。
***a·wak·en** [ə`wekən] *v.t.* =**awake.**
***a·ward** [ə`wɔrd] *v.t.* ①授與；賞給。②判定；判斷。—*n.* Ⓒ ①獎賞；獎品。②判斷；裁定。
***a·ware** [ə`wɛr] *adj.* ①知覺的。②機警的(of, that)。—**ness,** *n.*
a·wash [ə`wɑʃ, ə`wɔʃ] *adv.* & *adj.* ①〖海〗與水面齊平地[的]。②覆有水地[的]。③充滿地[的]。
‡**a·way** [ə`we] *adv.* ①在遠方；離開；不在。②轉方向。③繼續不斷地。④放棄；消逝；死亡。⑤立刻。~ ***back*** 早在以前。~ ***with*** 取去；離去(用在命令句中)。***far and*** ~ 超過其他地。***right*** [***straight***] ~立即；即刻。—*adj.* ①〖運動〗在對方之場地比賽的。②〖棒球〗出局的。
awe** [ɔ] *v.t.* 使敬畏。—*n.* Ⓤ 敬畏。stand*** [***be***] ***in*** ~ ***of*** 敬畏。
awe·some [`ɔsəm] *adj.* 引起敬畏的。
awe-struck [`ɔˌstrʌk] *adj.* (充滿)敬畏的。(亦作 **awe-stricken**)
‡**aw·ful** [`ɔful, `ɔfl] *adj.* ①可怕的；莊嚴的。②〖俗〗非常的。③〖俗〗極壞的。—*adv.*〖俗〗非常地。
***aw·ful·ly** [`ɔflɪ] *adv.* ①可怕地；敬畏地；莊嚴地。②〖俗〗非常地。
***a·while** [ə`hwaɪl] *adv.* 暫時；片刻。
***awk·ward** [`ɔkwəd] *adj.* ①笨拙的；無技巧的；不優美的。②不便的；麻煩的。③令人困惑的；使人侷促不安的。§~ **cústomer** 麻煩的傢伙。**the** ~ **áge** 青春期；尷尬的年齡。—**ly,** *adv.* —**ness,** *n.*
awl [ɔl] *n.* Ⓒ 錐子；尖鑽。
awn [ɔn] *n.* Ⓒ〖植〗芒；穀刺。
awn·ing [`ɔnɪŋ] *n.* Ⓒ 雨篷；遮日篷。—**ed,** *adj.*
a·woke [ə`wok] *v.* pt. & pp. of **awake.**
A.W.O.L., AWOL, a.w.o.l. absent without leave. 〖軍〗擅自離職；不假外出。
a·wry [ə`raɪ] *adj.* & *adv.* ①歪、拗或曲的[地]。②錯誤的[地]。
ax,** 〖英〗**axe** [æks] *n.* Ⓒ 斧。have an*** ~ ***to grind*** 〖俗〗有所企圖。—*v.t.*①用斧劈或砍(某物)。②大量裁減(預算等)。
ax·es [`æksiz] *n.* pl. of **axis.**
ax·i·al [`æksɪəl] *adj.* 軸的。
ax·il·la [æk`sɪlə] *n.* Ⓒ (*pl.* ~**s, -lae** [-lɪ])①〖解〗腋窩；腋。②〖植〗葉腋；枝腋。③(鳥)翼腋。
ax·i·om [`æksɪəm] *n.* Ⓒ ①〖數〗公理。②定理。③格言。
ax·i·o·mat·ic, -i·cal [ˌæksɪə`mætɪk(l)] *adj.* ①公理的。②多眞理的；多箴言的。
***ax·is** [`æksɪs] *n.* (*pl.* **ax·es**)① Ⓒ 軸。② Ⓒ 聯盟。③(the A-)軸心國。
***ax·le** [`æksl] *n.* Ⓒ 輪軸。
ay [e] *adv.* 〖古, 詩, 方〗永恆地。***for*** (***ever and***) ***ay*** 永久地。
***aye, ay** [aɪ] *adv.* & *n.* ⓊⒸ是(=yes)。
a·zal·ea [ə`zeljə] *n.* Ⓒ杜鵑花。
az·i·muth [`æzəməθ] *n.* Ⓒ 方位；方位角。
***az·ure** [`eʒə, `æʒə] *n.* ① Ⓤ 青色；天青色。②(the ~)碧空；青空。

B b **B b** *B b*

B or **b** [bi] *n.* (*pl.* **B's, b's**)① ⓊⒸ 英文之第二個字母。② Ⓒ B狀之物。③ ⓊⒸ (成績)乙。
B.A. Bachelor of Arts. (亦作 **A.B.**)
baa [bæ:] *n.* Ⓒ 羊叫(聲)。—*v.i.* 作羊叫聲。
Ba·al [`beəl] *n.* (*pl.* ~**im** [~ɪm]) ①腓尼基人的神；太陽神。② Ⓒ (有

時 b-)邪神；偶像。

***bab·ble** [ˋbæbḷ] *v.i.* & *v.t.* ①說話模糊不清。②嘮嘮叨叨。③多嘴；洩密。④作潺潺聲。—— *n.* Ⓤ (又作 a ～)①模糊的言語。②胡說。③潺潺之聲。— **bab'bler,** *n.*

bab·bling [ˋbæblıŋ] *n.* ① ⓊⒸ 胡說。② Ⓒ 嬰兒發出的牙牙學語之聲。—— *adj.* 胡說的；喋喋不休的。

***babe** [beb] *n.* Ⓒ ①嬰孩。②天真而無經驗的人；易受騙的人。

Ba·bel [ˋbebḷ] *n.* ①〖聖經〗巴別(古巴比倫之一城及該城所建之塔)。② Ⓤ (常 b-)雜亂之聲；混亂嘈雜之處。③ Ⓒ (常 b-)無法實現之計畫。

ba·boon [bæˋbun] *n.* Ⓒ〖動〗狒狒。

‡**ba·by** [ˋbebı] *n.* Ⓒ ①嬰孩。②一家或一團體中最幼小的人。③有孩子氣的人。④〖俗〗女孩。⑤初生動物。—— *adj.* ①嬰孩的。②年幼的；稚嫩的。—— *v.t.* 縱容；如對嬰兒般對待。§～ **càrriage** 嬰兒車。— **hood,** *n.*

Bab·y·lon [ˋbæblən] *n.* ①巴比倫(古代 Babylonia 的首都)。② Ⓒ 奢華的或邪惡的城市。

ba·by-sit [ˋbebı,sıt] *v.i.* (**-sat, -sit·ting**) 充任臨時褓姆；照顧嬰孩。

ba·by-sit·ter [ˋbebı,sıtɚ] *n.* Ⓒ 臨時照顧幼兒者。

bac·ca·lau·re·ate [,bækəˋlɔrııt] *n.* Ⓒ ①大學學士學位。②對畢業生之告別訓辭。

bac·cha·nal [ˋbækənḷ] *adj.* ①屬於或像酒神 Bacchus 的。②鬧酒狂歡的。—— *n.* Ⓒ ①信奉酒神 Bacchus 者。②酒徒。③醉後鬧酒者。

Bac·chus [ˋbækəs] *n.* 〖羅神〗巴克斯(酒神)。

Bach [bɑk, bɑx] *n.* 巴哈(Johann Sebastian, 1685-1750, 德國音樂家)。

***bach·e·lor** [ˋbætʃələ] *n.* Ⓒ ①未婚男子。②學士。— **hood,** *n.*

ba·cil·lus [bəˋsıləs] *n.* Ⓒ (*pl.* **-li** [-laı])①桿狀細菌。②任何細菌。

‡**back** [bæk] *n.* Ⓒ ①背後；背部。②後衛球員。③後面；背面。***at one's ～; at the ～ of*** 在…幕後支持。***behind one's ～*** 在背後；暗中。***break one's ～*** **a.** 使某人挫敗。**b.** 使其負擔過重而不能勝任。***break the ～ of (something)*** 完成某事的最艱難部分。***get [put] one's [someone's] ～ up*** 生氣；使某人生氣。***see the ～ of (someone)*** 趕走(某人)。***turn one's ～ on*** 不理睬。—— *v.t.* ①支持；擁護。②使向後退。③襯托。④簽名於…之背面。—— *v.i.* ①向後退。②〖海〗(風向)逆轉。***～ down [off]*** 退出或放棄(如辯論、要求等)。***～ out*** **a.** 食言；背信。**b.** 撤消；後退。***～ up*** **a.** 支持；擁護。**b.** 向後移動。—— *adj.* ①後面的。②以前出版的；舊的。③拖欠的。—— *adv.* ①落後。②回溯；以往。③回原處。④還報。⑤隱匿。⑥退後。⑦忍住。***～ and forth*** 來回；往復。***～ from*** 遠離；在遠處。***～ of*** **a.** 在後邊。**b.** 支持；幫助。***go ～ on a friend*** 背叛朋友。***go ～ on one's word*** 食言。§～ **dóor** 後門。～ **númber** (1)過期出版物。(2)〖俗〗過時之人或物；骨董。～ **tàlk** 〖美〗回嘴；反唇相譏。

back·bite [ˋbæk,baıt] *v.t.* & *v.i.* (**-bit, -bit·ten** or **-bit**) 背後誹謗(人)。

***back·bone** [ˋbækˋbon] *n.* ①(the ～)背脊骨。②(the ～)主幹；中堅；主力。③ Ⓤ 毅力。

back·break·ing [ˋbæk,brekıŋ] *adj.* 勞力的；辛勞的。

back·court [ˋbæk,kɔrt] *n.* Ⓒ (網球、籃球等的)後場(屬於守方之一半場地)。

back·door [ˋbæk,dɔr] *adj.* 祕密的；不正當的。

back·drop [ˋbæk,drɑp] *n.* Ⓒ 背景(幕)。

back·er [ˋbækɚ] *n.* Ⓒ 支援者。

back·gam·mon [ˋbæk,gæmən] *n.* Ⓤ 西洋雙陸棋戲。

***back·ground** [ˋbæk,graund] *n.* ① Ⓒ 背景。② Ⓤ 經驗；智識的背景。③ Ⓤ (戲劇中的)配樂。

back·hand [ˋbækˋhænd] *n.* Ⓒ ①反手抽擊。②向左傾斜的書法。—— *adj.* =**backhanded.**

back·hand·ed [ˋbækˋhændıd] *adj.* ①反手打擊的。②諷刺的。③間接的。④向左傾斜的。

back·ing [ˋbækıŋ] *n.* ① Ⓤ 支持；擁護。② Ⓤ (又作 a ～, 集合稱)支持者。③ ⓊⒸ 置於背後的支持物。④ ⓊⒸ〖建〗隔板；內牆。

back·lash [ˋbæk,læʃ] *n.* Ⓒ ①反撞力；後座力。②激烈的反應。

back·pack [ˋbæk,pæk] *n.* Ⓒ 〖美〗(裝物負在背上之)背箱。

back·room [ˋbæk,rum] *adj.* 〖俗〗不公開的；祕密的。

back·seat [ˋbækˋsit] *n.* Ⓒ ①後

B

座。②不重要之地位。§ ～ dríver (1)不斷地告訴汽車司機如何開車的乘客。(2)多管閒事的人。

back·side [ˋbækˋsaɪd] *n.* Ⓒ ①背部；背後；後方。②(常 *pl.*)臀部。

back·slide [ˋbæk͵slaɪd] *v.i.* (**-slid, -slid·den** or **-slid**) ①墮落。②再犯；故態復萌。

back·space [ˋbæk͵spes] *v.i.* 按退格鍵。— *n.* Ⓒ (打字機上使滾筒後退的)退格鍵。

back·stage [ˋbækˋstedʒ] *adj.* ①在後臺的。②隱藏的；幕後的。

back·stop [ˋbæk͵stɑp] *n.* Ⓒ ①〖棒球〗擋球網。②〖俗〗棒球隊捕手。

back·stretch [ˋbæk͵strɛtʃ] *n.* Ⓒ (徑賽跑道中)與終點直道平行並相對之部分。

back·stroke [ˋbæk͵strok] *n.* Ⓤ ①反擊；後座力。②(常the ～)仰泳。

back·track [ˋbæk͵træk] *v.i.* ①退卻。②撤回。

back·up [ˋbæk͵ʌp] *n.* Ⓒ 支援者；後備者。— *adj.* 支持的；後備的。

***back·ward** [ˋbækwəd] *adj.* ①向後的。②返回的。③逆反的。④遲鈍的。⑤落後的。⑥遲來的。⑦猶疑的。— *adv.* =**backwards.** ～(*s*) *and forward*(*s*)上下地；往復地；徹底地。— **ness,** *n.*

***back·wards** [ˋbækwədz] *adv.* ①向後。②背向前；倒；逆。

back·wash [ˋbæk͵wɑʃ] *n.* (*sing.*, 常 the ～)①反浪。②事件的餘波。

back·wa·ter [ˋbæk͵wɔtə] *n.* ① Ⓤ 逆流；水壩阻回之水。② Ⓒ 窮鄉僻壤。

back·woods [ˋbækˋwudz] *n. pl.* (常作 *sing.* 解)邊遠地區；遠離城鎮之森林地帶；半墾地。

back·yard [ˋbækˋjɑrd] *n.* Ⓒ 後庭；後院。(亦作 **back yard**)

***ba·con** [ˋbekən] *n.* Ⓤ 醃薰的豬肉(尤指脊肋肉)。*bring home the* ～ **a.** 供應物質上的需要。**b.** 成功。

Ba·con [ˋbekən] *n.* 培根(Francis, 1561-1626, 英國作家及哲學家)。

***bac·te·ri·a** [bækˋtɪrɪə] *n. pl.* (*sing.* **-ri·um**)細菌。

bac·te·ri·al [bækˋtɪrɪəl] *adj.* 細菌的。

bac·te·ri·cide [bækˋtɪrə͵saɪd] *n.* 「Ⓤ Ⓒ 殺菌劑。」

bac·te·ri·ol·o·gy [ˋbæk͵tɪrɪˋɑlədʒɪ] *n.* Ⓤ 細菌學。

bac·te·ri·um [bækˋtɪrɪəm] *n.* sing. of **bacteria.**

‡**bad** [bæd] *adj.* (**worse, worst**)①不良的；邪惡的。②令人厭惡的。③有妨害的。④不健康的。⑤無價值的；品質不佳的。⑥腐敗的(指食物等)。⑦遺憾的。⑧不適用的；賠本的；錯誤的。⑨僞造的。*be in a* ～ *way* 生病；不幸。*go* ～ 壞了。*go from* ～ *to worse* 每況愈下。*have a* ～ *time* 過困難或痛苦的生活。*not so* [*half*] ～ 還不壞；相當好。*too* ～ 可惜。— *n.* Ⓤ (the ～)不好的東西或狀態。*go to the* ～ 惡化(身體或道德上)。*in* ～ **a.** 在危急狀態中。**b.** 失寵。*to the* ～ 拖欠；破產。— *adv.* 惡劣地(=badly). ～ *off* 窮困。§ ～ **débt** 呆帳。～ **égg** [**ápple, hát**] 〖俚〗壞人。

bade [bæd] *v.* pt. of **bid.**

***badge** [bædʒ] *n.* Ⓒ 徽章；標記。

***badg·er** [ˋbædʒə] *n.* ① Ⓒ 〖動〗貛。② Ⓤ 貛的毛皮。— *v.t.* 困擾。§ ～ **gàme** 仙人跳；美人計。**the B: Stàte** 美國 Wisconsin 州的別稱。

bad·i·nage [ˋbædṇɪdʒ] 〖法〗*n.* Ⓤ 嘲弄；揶揄。— *v.t.* 打趣；嘲弄。

***bad·ly** [ˋbædlɪ] *adv.* (**worse, worst**)①惡劣地。②甚；劇。～ *off* 窮困(爲 well off 之對)。

***bad·min·ton** [ˋbædmɪntən] *n.* Ⓤ 羽毛球。

bad-mouth [ˋbæd͵maʊð] *v.t.* 〖美俚〗嚴厲批評；誹謗。

Bae·de·ker [ˋbedəkə] *n.* Ⓒ 旅行指南。

***baf·fle** [ˋbæfl] *v.t.* ①困惑；迷惑。②阻撓；妨礙。— *v.i.* 徒勞。— *n.* Ⓒ ①困惑。②障板。③揚聲機之盒狀外殼。— **ment,** *n.* — **baf′fling,** *adj.*

‡**bag** [bæg] *n.* ① Ⓒ 袋。② Ⓒ 手提包；手提箱。③ Ⓒ (常 *sing.*)獵獲物。④ Ⓒ 〖棒球〗壘包。⑤ Ⓒ (昆蟲體中之)囊。⑥ Ⓒ (動物之)乳房。⑦(*pl.*)〖英俚〗褲子。*give one the* ～ **a.** 解雇。**b.** 拒婚。*in the* ～ 〖俗〗確實無疑；十拿九穩。— *v.t.* (**-gg-**)①裝入袋中。②獵獲；收集；順手牽羊。— *v.i.* 膨脹；如袋般鬆弛垂下。

***bag·gage** [ˋbægɪdʒ] *n.* Ⓤ (集合稱)①行李。②〖軍〗輜重。

bag·gy [ˋbægɪ] *adj.* ①膨脹的；凸出的。②似袋子的；鬆弛垂落的。

bag·pipe [ˋbæg͵paɪp] *n.* Ⓒ 蘇格

蘭的風笛。— **bag′pip·er,** *n.*

bah [bɑ] *interj.* 哼！(表示輕視或不耐煩)。

bail[1] [bel] *n.* Ⓤ①保釋金。②(集合稱)保釋者。③保釋。***go*** [***stand***] ~ ***for*** (***a person***) 做(某人)的保釋人。***out on*** ~ 交保釋金獲釋。**—** *v.t.* 保釋；委託。~ ***out*** 保釋出。

bail[2] *v.t.* ①用桶汲(水)。②汲盡水 [out]. **—** *v.i.* 汲水。~ ***out*** **a.** 跳傘。**b.** 〖俚〗幫助遇到困難之人或公司。**c.** 放棄(以逃避責任)。**—** *n.* Ⓒ①杓；戽斗；桶。②(廐的)柵欄。

bail[3] *n.* Ⓒ壺或桶之半圓形把手。

bail·or [ˌbelˋɔr] *n.* Ⓒ委託人。

bail·out, bail-out [ˋbelˌaut] *n.* Ⓒ①跳傘。②緊急援助(尤指財政上)。

***bait** [bet] *n.* Ⓤ①餌。②任何誘惑物。③小憩。**—** *v.t.* ①裝餌在(鉤上或陷阱中)。②迫之使怒；縱犬迫獸(以取樂爲目的)。③誘惑。④逗；戲弄。

baize [bez] *n.* Ⓤ(做窗簾或桌布用的)厚羊毛氈。

‡**bake** [bek] *v.t.* ①烘；焙。②烘乾使硬。③曬之使乾。**—** *v.i.* 焙。**—** *n.* Ⓒ①烘；焙。②供餐的集會。

***bak·er** [ˋbekɚ] *n.* Ⓒ①製或賣麵包糕點等的人。②小型輕便的爐子。

bak·er·y [ˋbekərɪ] *n.* Ⓒ麵包店。

***bak·ing** [ˋbekɪŋ] *n.* ①Ⓤ焙；烘。②Ⓒ一次所烘焙之量。**—** *adj.* 〖俗〗灼熱的。§ ~ **pòwder** 醱粉。

‡**bal·ance** [ˋbæləns] *n.* ①Ⓒ天平；秤。②Ⓤ平衡；均勢。③Ⓒ(收支等的)差額；餘額。the ~ due [in hand] 收支平衡的不足額[餘額]。④Ⓤ〖體育〗平衡運動。⑤(B-)〖天〗天平座；天平宮。~ ***of payments*** 國際收支。~ ***of power*** 均勢。~ ***of trade*** 貿易差額。***hold the*** ~ 有決定之權。***in the*** ~ 緊要關頭；危險的。***strike a*** ~ 結算帳目。**—** *v.t.* ①以天平稱。②權衡(利害得失等)。③使平衡。④相抵。⑤結帳。**—** *v.i.* ①平衡；相稱。②猶疑。§ ~ **shèet** 資產負債表。

bal·anced [ˋbælənst] *adj.* ①安定的。②和諧的；有條不紊的。§ ~ **díet** 含有維持健康所需各種營養的食物。

***bal·co·ny** [ˋbælkənɪ] *n.* Ⓒ①陽臺；騎樓。②戲院裏的包廂。

***bald** [bɔld] *adj.* ①禿頭的；光禿的。②無掩飾的；明白的。

bal·der·dash [ˋbɔldɚˌdæʃ] *n.* Ⓤ胡言亂語；無意義的話。

bald-faced [ˋbɔldˌfest] *adj.* ①臉上有白斑的。②無掩飾的。

bald·ing [ˋbɔldɪŋ] *adj.* 逐漸變禿的。

bal·dric [ˋbɔldrɪk] *n.* Ⓒ(掛劍、號角等之)胸綬；佩帶。

***bale** [bel] *n.* ①Ⓒ(貨物的)包；綑。②(*pl.*)貨物。**—** *v.t.* 將…打包。

bale·ful [ˋbelfəl] *adj.* 邪惡的；有害的。— **ly,** *adv.* — **ness,** *n.*

Ba·li [ˋbɑlɪ] *n.* 巴里島(印尼的領土)。

balk [bɔk] *v.i.* ①停止。②(馬)停蹄不前。③〖棒球〗做投球假動作。**—** *v.t.* ①阻礙。②錯過(機會)。**—** *n.* Ⓒ①障礙。②〖建〗大樑。③〖棒球〗投手假裝投球的犯規動作。

Bal·kan [ˋbɔlkən] *adj.* ①巴爾幹半島[各國，山脈]的。②巴爾幹諸國人民的。***the*** ~***s; the*** ~ ***States*** 巴爾幹各國。

‡**ball**[1] [bɔl] *n.* ①Ⓒ球；球狀物。②ⓊⒸ子彈。③Ⓤ球戲。④Ⓒ〖棒球〗壞球。~ ***and chain*** **a.** 繫在囚犯脚部之鐵球與鐵鏈(以防其逃走)。**b.** 沉重的約束。**c.** 〖俚〗黃臉婆；妻。***carry the*** ~ 負起主要責任。***keep the*** ~ ***rolling*** 使持續不懈。***on the*** ~ **a.** 提高警覺。**b.** 效率高。***play*** ~ **a.** 開始比賽；恢復比賽。**b.** 開始某行爲。**c.** 合作。**—** *v.t.* & *v.i.* 製成球；成球狀。~ ***up*** 擾亂。§ ~ **pàrk** 棒球場。~ **pèn** 原子筆。

***ball**[2] *n.* Ⓒ舞會。

***bal·lad** [ˋbæləd] *n.* Ⓒ民謠；民歌。

bal·lade [bəˋlɑd] *n.* Ⓒ①〖韻律〗三節聯韻詩。②〖樂〗敍事歌[曲]。

bal·last [ˋbæləst] *n.* Ⓤ①壓艙物。②(穩定氣球、飛船的)沙袋。③(鋪鐵路、公路路基的)碎石；道渣。

bal·le·ri·na [ˌbæləˋrinə] *n.* Ⓒ芭蕾舞女(主角)。

bal·let [ˋbælɪ, bæˋle] *n.* ⓊⒸ芭蕾舞(團)。§ ~ **dàncer** 芭蕾舞者；芭蕾舞家。~ **slìpper**(**s**) [**shòe**(**s**)] 芭蕾舞鞋。

bal·lis·tic [bæˋlɪstɪk] *adj.* 彈道(學)的。§ ~ **míssile** 彈道飛彈。

***bal·loon** [bəˋlun] *n.* Ⓒ氣球；飛船。**—** *v.i.* ①乘輕氣球。②膨脹若氣球。③迅速增加。— **er,** *n.*

bal·loon·ist [bəˋlunɪst] *n.* Ⓒ氣球搭乘[操縱]者。

***bal·lot** [ˋbælət] *n.* ①Ⓒ選舉票。②Ⓒ投票總數。③ⓊⒸ祕密投票的

選舉。④ⓊⒸ投票。⑤ⓊⒸ抽籤。—— *v.i.* ①投票[for, against]。②抽籤。—— *v.t.* ①向…拉票。②投票[on, for]。③以抽籤決定。

ball·play·er [ˋbɔl,pleɚ] *n.* Ⓒ (棒)球員。

ball·point [ˋbɔl,pɔɪnt] *n.* Ⓒ 原子筆。(亦作 **ballpoint pen**)

ball·room [ˋbɔl,rum] *n.* Ⓒ 大舞廳。§ ∼ **dàncing** 交際舞。

bal·ly·hoo [ˋbælɪ,hu] 〖俗〗 *n.* Ⓤ ①大吹大擂；大肆宣傳。②喧噪。—— *v.t.* & *v.i.* 大肆宣傳。

balm [bɑm] *n.* ⓊⒸ ①止痛的東西；慰藉。②香脂；香膏。③香味。

balm·y [ˋbɑmɪ] *adj.* ①溫和的；安慰的。②芳香的。③〖俚〗古怪的。

ba·lo·ney [bəˋlonɪ] *n.* ①ⓊⒸ 燻製臘腸。②Ⓤ〖俚〗胡言；荒謬。

bal·sam [ˋbɔlsəm] *n.* ①Ⓤ香膠或香脂。②Ⓤ香油。③ⓊⒸ醫療或慰藉物。④Ⓒ產香膠的樹。

Bal·tic [ˋbɔltɪk] *adj.* 波羅的海(諸國)的。§ **the** ∼ **Státes** 波羅的海諸國(從前的 Estonia, Latvia, Lithuania 三共和國)。

bal·us·ter [ˋbæləstɚ] *n.* ①Ⓒ 欄杆的支柱。②(*pl.*)欄杆。

bal·us·trade [,bæləˋstred] *n.* Ⓒ 有支柱支撐的欄杆。

***bam·boo** [bæmˋbu] *n.* ⓊⒸ (*pl.* **∼s**)竹。—— *adj.* 竹(製)的。

bam·boo·zle [bæmˋbuzl] *v.t.* & *v.i.* 〖俗〗欺騙；哄；迷惑。

ban [bæn] *v.t.* (**-nn-**)①禁止。②咒詛。—— *n.* ①Ⓒ 禁令；法律。②Ⓒ 逐出教會。③Ⓒ〖法律〗不受法律保護。④Ⓒ公告。⑤(*pl.*)＝**banns.**

ba·nal [ˋbenl] *adj.* 平凡的；陳腐的；瑣屑的。— **ly,** *adv.*

ba·nal·i·ty [bəˋnælətɪ] *n.* ⓊⒸ 平凡；陳腐；陳腔濫調。

***ba·nan·a** [bəˋnænə] *n.* Ⓒ ①香蕉(樹)。②〖俚〗傾向於白人的東方人(外黃內白)。§ ∼ **repùblic** 〖蔑〗香蕉共和國(指政治不安定而經濟高度依賴水果之輸出、觀光事業及外資的中南美洲小國家)。∼ **splìt** 香蕉船(一種以香蕉墊底，上覆冰淇淋等的甜點)。

‡**band**[1] [bænd] *n.* Ⓒ①一群；隊。②樂隊。③帶；條紋。④波段；波帶(無線電)。—— *v.t.* & *v.i.* ①聯合。②用帶結之。

‡**band**[2] *n.* Ⓒ ①(常 *pl.*)束縛人之物；枷；鐐；銬。②義務；束縛。

***band·age** [ˋbændɪdʒ] *n.* Ⓒ 繃帶。—— *v.t.* & *v.i.* 縛以繃帶。

Band-Aid [ˋbænd,ed] *n.* ①ⓊⒸ〖商標〗一種急救膠布。②(band-aid) Ⓒ 權宜措施；彌補辦法。

***ban·dit** [ˋbændɪt] *n.* Ⓒ (*pl.* **∼s, ban·dit·ti** [bænˋdɪtɪ])強盜；土匪。

band·mas·ter [ˋbænd,mæstɚ] *n.* Ⓒ 樂隊隊長或指揮。

bands·man [ˋbændzmən] *n.* Ⓒ (*pl.* **-men**)樂隊隊員。

band·stand [ˋbænd,stænd] *n.* Ⓒ 音樂臺。

band·wag·on [ˋbænd,wægən] *n.* Ⓒ 樂隊花車；得勢之一方。

band·width [ˋbænd,wɪdθ] *n.* ⓊⒸ〖電訊〗頻帶寬度。

ban·dy [ˋbændɪ] *v.t.* 往復投擲；交換；傳布。—— *adj.* (腿)向外彎曲的。

ban·dy-leg·ged [ˋbændɪˋlɛgɪd, -ˋlɛgd] *adj.* 腿向外彎曲的。

bane [ben] *n.* ①(the ∼)致命的事物；毀滅。②Ⓤ 毒藥(用於複合詞)。—**ful,** *adj.*

***bang**[1] [bæŋ] *n.* Ⓒ ①(砰然)重擊。②突然的巨響。③活力。—— *v.t.* & *v.i.* ①重擊；重擊作聲。②砰然關上。∼ (*oneself*) *against* 砰然撞上。—— *adv.* ①突然巨響地。②直接地；規矩地。—— *interj.* 砰；轟隆一聲。

bang[2] *n.* Ⓒ (常 *pl.*)垂前髮；劉海。—— *v.t.* 剪(髮)成劉海。

Bang·kok [ˋbæŋkɑk] *n.* 曼谷(泰國首都)。

Ban·gla·desh [ˋbæŋglə,dɛʃ] *n.* 孟加拉共和國(原爲東巴基斯坦，首都Dacca)。

ban·gle [ˋbæŋgl] *n.* Ⓒ ①手[脚]鐲。②環飾。

ban·ian [ˋbænjən] *n.* Ⓒ①(不吃肉階級的)印度商人。②＝**banyan.**

***ban·ish** [ˋbænɪʃ] *v.t.* ①驅逐出境；放逐。②擯棄；忘卻。— **ment,** *n.*

ban·is·ter [ˋbænɪstɚ] *n.* ＝**baluster.**

ban·jo [ˋbændʒo] *n.* Ⓒ (*pl.* ∼(**e**)**s**) 班究琴；五絃琴。— **ist,** *n.*

‡**bank**[1] [bæŋk] *n.* ①Ⓒ一堆。②Ⓒ岸；堤。③Ⓒ 淺灘；沙洲。④Ⓤ 飛機轉彎時的傾斜。—— *v.t.* ①圍以堤。②堆積。③使(飛機)傾斜轉彎。—— *v.i.* ①成堆狀。②傾斜。

‡**bank**[2] *n.* ①Ⓒ 銀行。②(the ∼)莊家的賭本。③Ⓒ 倉庫；血庫。④Ⓒ 撲滿。—— *v.i.* ①經營銀行業；與銀行來往。②存款。③(賭博)做莊。—— *v.t.* 存(款)於銀行。∼ *on* [*upon*] 依賴。

§ ∼ **accòunt** 銀行帳戶[存款]。∼ **bìll** (1)〖英〗銀行匯票。(2)〖美〗紙幣; 鈔票。∼ **càrd** (銀行發行的)信用卡。∼ **dìscount** 銀行貼現。∼ **ínterest** 銀行利息。∼ **nòte** 鈔票。∼ **ràte** 銀行貼現率。

bank³ *n.* Ⓒ①一排。②鍵盤。③(古代galley船上槳手坐的)長凳。— *v.t.* 排成一序列。

bank·book [ˋbæŋk,buk] *n.* Ⓒ 銀行存摺。

***bank·er** [ˋbæŋkɚ] *n.* Ⓒ①銀行家。②(賭博)莊家。

***bank·ing** [ˋbæŋkɪŋ] *n.* Ⓤ 銀行業。§ ∼ **accòunt** 〖英〗=bank account.

bank·roll [ˋbæŋk,rol] *n.* Ⓒ 財源; (手邊擁有的)資金。— *v.t.* 〖俗〗以金錢支持。

bank·rupt** [ˋbæŋkrʌpt, -rəpt] *n.* Ⓒ 破產者。— *adj.* ①破產的。②缺乏的; 耗盡的(常 of, in)。 ***go ∼ 宣告破產。— *v.t.* 使破產。

***bank·rupt·cy** [ˋbæŋkrʌptsɪ, -rəptsɪ] *n.* ①ⓊⒸ 破產; 倒閉。②Ⓤ (地位、名聲等之)破產; 失敗。

***ban·ner** [ˋbænɚ] *n.* Ⓒ①旗幟。②書有標語或口號的旗。③報紙上橫貫全頁的大標題。§ ∼ **hèad** [**lìne**] 橫貫全頁之大標題。

banns [bænz] *n. pl.* 教堂中的結婚預告。

***ban·quet** [ˋbæŋkwɪt] *n.* Ⓒ 宴會; 酒宴。

ban·quette [bæŋˋkɛt] *n.* Ⓒ ①沿牆放的長椅。②〖美〗人行道。

ban·tam [ˋbæntəm] *n.* Ⓒ①(常B-)矮腳雞。②短小精悍的人。

ban·tam·weight [ˋbæntəm,wet] *n.* Ⓒ 羽量級拳擊手。

ban·ter [ˋbæntɚ] *v.t.* & *v.i.* & *n.* Ⓤ 嘲弄; 戲謔。

Ban·tu [ˋbænˋtu] *n.*(*pl.* ∼(**s**))①Ⓒ 班圖人(非洲黑人)。②Ⓤ 班圖語。

ban·yan [ˋbænjən] *n.* Ⓒ 榕樹。

***bap·tism** [ˋbæptɪzəm] *n.* ⓊⒸ ①洗禮。②滌罪。— **bap·tis·mal** [bæpˋtɪzm̩], *adj.*

***Bap·tist** [ˋbæptɪst] *n.* Ⓒ①浸信會教友。②施洗者。

bap·tize [bæpˋtaɪz] *v.t.* & *v.i.* ①施洗禮; 行浸禮。②入會。③命名。

‡**bar** [bɑr] *n.* Ⓒ ①棒; 條。②門閂; 橫木。③障礙; 阻礙航行之沙灘。④樂譜的節線。⑤條紋(顏色或光線)。⑥法庭的被告席; 法院。⑦(the ∼)律師業。⑧酒館; 酒吧。⑨巴(壓力單位, 相當於 10⁴微巴)。***be tried at*** (***the***)∼ 在法院受審。— *v.t.* (**-rr-**) ①以橫木攔阻。②阻礙; 妨害。③飾以條紋。— *prep.* 除…之外; 除外。§ ∼ **còde**(商品識別)條碼。∼ **gràph** [**chàrt**] 柱狀統計圖表。

barb [bɑrb] *n.* Ⓒ①倒鉤。②鬃。③植物的芒刺。④鳥毛的羽枝。⑤魚口邊的觸鬚。⑥帶刺的話。

Bar·ba·di·an [bɑrˋbedɪən] *n.* Ⓒ 巴貝多人。— *adj.* 巴貝多的。

***bar·bar·i·an** [bɑrˋbɛrɪən] *n.* Ⓒ ①野蠻人。②非希臘人。③羅馬帝國版圖外之居民。④非基督教徒。— *adj.* 野蠻的。

bar·bar·ic [bɑrˋbærɪk] *adj.* ①野蠻的。②俗麗的。

bar·ba·rism [ˋbɑrbə,rɪzəm] *n.* ①Ⓤ 野蠻。②Ⓒ 蠻行; 蠻性。

bar·bar·i·ty [bɑrˋbærətɪ] *n.* Ⓤ ①殘忍。②粗鄙。

bar·ba·rize [ˋbɑrbə,raɪz] *v.t.* & *v.i.* ①變野蠻。②用不雅的言語。

***bar·ba·rous** [ˋbɑrbərəs] *adj.* ①野蠻的; 下流的。②(語言、文體)不合常規[語法, 文法]的。— **ly,** *adv.*

bar·be·cue [ˋbɑrbɪ,kju] *n.* Ⓒ ①用炙烤全牲的野宴。②炙烤用之臺架。— *v.t.* ①炙烤全牲; 全燒。②炙烤(魚、肉片)。(亦作 **barbeque**) § ∼ **sàuce** 烤肉醬。

barbed [bɑrbd] *adj.* ①有倒鉤的。②(言詞等)帶諷刺的。§ ∼ **wíre** 有刺鐵絲。(亦作 barbwire)

bar·bell [ˋbɑr,bɛl] *n.* Ⓒ 槓鈴(雙手用舉重運動器材)。

***bar·ber** [ˋbɑrbɚ] *n.* Ⓒ 理髮匠。— *v.t.* 理髮; 刮…之鬍子。§ ∼**'s ìtch** [**ràsh**] 鬚癬。∼(**'s**) **pòle** 理髮店招牌桿。

bar·ber·shop [ˋbɑrbɚ,ʃɑp] *n.* Ⓒ 理髮店。— *adj.* 〖俗〗男聲和唱的。

bar·bi·tu·rate [bɑrˋbɪtʃə,ret] *n.* ⓊⒸ 巴比妥酸鹽(用作鎮靜劑)。

Bar·ce·lo·na [,bɑrsəˋlonə] *n.* 巴塞隆納(西班牙東北部港市)。

bard** [bɑrd] *n.* Ⓒ①古代 Celt 自編自彈自唱的遊唱詩人。②詩人。B- of Avon*** 阿文河畔的詩人(莎士比亞的別稱)。

‡**bare** [bɛr] *adj.* ①赤裸的; 無隱藏的。②空的(of)。③簡單的。④僅有的。***believe a person's ∼ word*** 相信某人片面之詞。***lay*** ∼ 揭露; 暴露。— *v.t.* 使赤裸; 暴露(of)。§ ∼ **in-**

B

fínitive 〖文法〗原形不定詞(未加to的不定詞，如I saw him run. 的run).

bare·back(ed) [ˋbɛr,bæk(t)] *adv.* 不用馬鞍地。— *adj.* 無鞍的。

bare·faced [ˋbɛr,fest] *adj.* ①無髯的。②無恥的。③公然的。

***bare·foot(ed)** [ˋbɛr,fut(ɪd)] *adj.* & *adv.* 赤足的[地]。

bare·head·ed [ˋbɛrˋhɛdɪd] *adj.* & *adv.* 光著頭的[地]；不戴帽的[地]。

***bare·ly** [ˋbɛrlɪ] *adv.* ①僅；幾不能。②公開地；赤裸裸地。③貧乏地。

barf [barf] *v.i.* & *v.t.* 〖美俚〗嘔吐。

bar·fly [ˋbar,flaɪ] *n.* Ⓒ 流連於酒吧的人。

***bar·gain** [ˋbargɪn] *n.* Ⓒ ①交易；合同；協議。②廉售或廉購的東西。*drive a* ～ 講價。*into* [*in*] *the* ～ 另外。— *v.i.* ①議價。②交易；協議；訂約。③意料；希望〔for〕。§～ **básement**(百貨公司之)地下廉價商店。

***barge** [bardʒ] *n.* Ⓒ ①平底載貨船；駁船。②大型遊艇。③戰艦司令官之座艇。— *v.t.* 由載貨船運送。— *v.i.* ①緩慢移動。②撞碰。③闖入。～ *into* a. 干涉。b. 撞。

bar·i·tone [ˋbærə,ton] 〖樂〗 *n.* Ⓤ①上低音。②男中音。— *adj.* 上低音的；男中音的。

bar·i·um [ˋbɛrɪəm] *n.* Ⓤ〖化〗鋇。

‡**bark**[1] [bark] *n.* Ⓒ ①吠聲；狗叫。②咆哮。— *v.i.* ①吠；狗叫。②咆哮；喝叱。③〖俗〗咳嗽。④發出爆炸的聲音。— *v.t.* 吼叫。～ *at the moon* 徒勞地吵鬧。～ *up the wrong tree* 認錯目標；看錯人。

***bark**[2] *n.* Ⓤ①樹皮。②含有單寧酸的樹皮。③金雞納樹皮。— *v.t.* ①剝去樹皮。②覆以樹皮。③擦破皮膚。

bark[3] *n.* Ⓒ三桅船；小帆船。

bar·keep(er) [ˋbar,kip(ɚ)] *n.* Ⓒ①酒吧店主。②酒保。

bark·er [ˋbarkɚ] *n.* Ⓒ①會吠的動物；吵鬧者。②招徠客人者。

***bar·ley** [ˋbarlɪ] *n.* Ⓤ大麥。

bar·man [ˋbarmən] *n.* Ⓒ (*pl.* **-men**) 酒吧店主；調酒師。

bar mi(t)z·vah [barˋmɪtsvə] *n.* Ⓒ 猶太男子的成人禮(通常爲男孩之十三歲生日)。

***barn** [barn] *n.* Ⓒ①穀倉。②車房。§～ **dànce** 〖美〗美國鄉間在穀倉舉行的舞會；此種舞會中所跳的一種方塊舞。

bar·na·cle [ˋbarnəkḷ] *n.* Ⓒ ①藤壺(附於岩石、船底的甲殼動物)。②不易擺脫的人。

barn·storm [ˋbarn,stɔrm] *v.i.* 〖美俗〗在鄉間競選旅行[巡迴演出]。

barn·yard [ˋbarn,jard] *n.* Ⓒ 穀倉近旁的場地。

***ba·rom·e·ter** [bəˋramətɚ] *n.* Ⓒ ①氣壓計；晴雨表。②測量器；顯示變化的事物。

bar·o·met·ric, -ri·cal [,bærəˋmɛtrɪk(ḷ)] *adj.* 氣壓計(所示)的。

***bar·on** [ˋbærən] *n.* Ⓒ ①男爵。②〖美〗大財主；大老闆。

bar·on·ess [ˋbærənɪs] *n.* Ⓒ ①男爵夫人。②女男爵。

bar·on·et [ˋbærənɪt] *n.* Ⓒ ①從男爵(低於男爵之爵位)。②從男爵爵位。

ba·ro·ni·al [bəˋronɪəl] *adj.* ①男爵的。②宏大的；華麗的。

bar·o·ny [ˋbærənɪ] *n.* Ⓒ 男爵的領地、身分、爵位、稱謂等。

ba·roque [bəˋrok] *adj.* ①形狀不規則的。②(常 B-)巴洛克式之藝術或建築的。③奇形怪狀地過分裝飾的；俗麗的。— *n.* (the ～)巴洛克式藝術等。

barque [bark] *n.* =**bark**[3].

***bar·rack** [ˋbærək] *v.t.* & *v.i.* ①供給兵營；居於兵營。②〖澳，英〗吶喊爲某人或某隊加油或喝倒采。

***bar·racks** [ˋbærəks] *n. pl.* ①兵營。②臨時工房；簡陋大房舍。

bar·rage [bəˋraʒ] *n.* Ⓒ①〖軍〗掩護砲火；彈幕。②勢不可當的數量。③[ˋbarɪdʒ] 堰；堰堤。

***bar·rel** [ˋbærəl] *n.* Ⓒ ①大桶。②桶狀物。③一桶之量。④槍管。— *v.t.* (**-l-**, 〖英〗**-ll-**)裝入桶中。§～ **òrgan** 手風琴。

***bar·ren** [ˋbærən] *n.* Ⓒ (常 *pl.*)不毛之地。— *adj.* ①不生產的(指土地)。②不結實的。③不生育的。④缺乏的〔常 of〕。— **ness**, *n.*

bar·rette [bəˋrɛt] *n.* Ⓒ 女用髮夾。

bar·ri·cade [,bærəˋked] *n.* Ⓒ 臨時防禦工事；路障；障礙物。— *v.t.* 設柵防守；阻擋。

***bar·ri·er** [ˋbærɪɚ] *n.* Ⓒ ①障礙〔to〕。②界線。§～ **rèef** 堡礁(一種珊瑚礁)。

bar·ring [ˋbarɪŋ] *prep.* 除…以外。

bar·ris·ter [ˋbærɪstɚ] *n.* Ⓒ〖英〗律師。

bar·room [ˋbar,rum] *n.* Ⓒ 酒館；酒吧。

bar·row¹ [ˋbæro] *n.* Ⓒ ①雙輪手推車。②獨輪車。
bar·row² *n.* Ⓒ塚；古墓。
bar·tend·er [ˋbɑr,tɛndɚ] *n.* Ⓒ (酒吧)調酒師。
bar·ter [ˋbɑrtɚ] *v.i.* 交換物品。 **—** *v.t.* ①交換；物物交換(for)。②得不償失；喪失(away)。 **—** *n.* ①Ⓤ物物交換。②Ⓒ交換品；交易品。
bar·y·on [ˋbærɪ,ɑn] *n.* Ⓒ〖理〗重子。
ba·sal [ˋbesḷ] *adj.* 基礎的；根本的。
ba·salt [bəˋsɔlt] *n.* Ⓤ玄武岩。
‡**base**¹ [bes] *n.* Ⓒ ①底；地基；基礎。②基本原則。③根據。④柱脚；牆脚。⑤〖化〗鹽基；鹼。⑥〖棒球〗壘。⑦〖軍〗基地。⑧〖數〗基數。⑨(地形勘測的)基線。⑩(化妝或油漆等)最下面之一層。 **～ *on balls*** 〖棒球〗(四壞球後)保送上壘。 ***get to first* ～** 獲得初步成功。 ***load the ～s*** 〖棒球〗使滿壘。 ***off* ～ a.** 〖棒球〗不在壘上。 **b.** 〖俗〗大錯。 **c.** (軍事基地)閒人勿進。 ***on* ～** 〖棒球〗在壘上。 **—** *v.t.* 基於；以…爲根據(on)。 § **～ hít** 〖棒球〗安打。 **～ líne**(1)基(準)線。(2)〖棒球〗壘線。(3)〖網球〗(與網平行的)球場底線。 **～ páy** 底薪。 **～ ráte** 〖英〗基本利率。 **～ stèaling** 〖棒球〗盜壘。
***base**² *adj.* ①卑鄙的；劣等的。②假的。 **— ly,** *adv.* **— ness,** *n.*
‡**base·ball** [ˋbes,bɔl] *n.* Ⓤ棒球。
based [best] *adj.* (常構成複合字)①以…爲基礎的。②設基地(於…)的；以…爲根據地[地盤，基地]的。
base·less [ˋbeslɪs] *adj.* 無基礎的；無事實根據的。
base·man [ˋbesmən] *n.* Ⓒ (*pl.* **-men**)〖棒球〗壘手。
***base·ment** [ˋbesmənt] *n.* Ⓒ地下室。
ba·ses [ˋbesiz] *n.* pl. of **basis.**
bash [bæʃ] *v.t.* & *n.* Ⓒ〖俗〗重擊；重敲。
***bash·ful** [ˋbæʃfəl] *adj.* 害羞的；羞怯的。
***ba·sic** [ˋbesɪk] *adj.* ①基本的。②鹽基性的；鹼性的。 **—** *n.* Ⓒ (常 *pl.*)基礎；原理。 § **B～ Énglish** 基本英語。(亦作 Basic)
BASIC, Ba·sic [ˋbesɪk] *n.* Ⓤ〖電算〗培基(程式語言)(爲*B*eginner's *A*ll-purpose *S*ymbolic *I*nstruction *C*ode之略)。
ba·si·cal·ly [ˋbesɪkḷɪ] *adv.* 基本地；主要地。
bas·il [ˋbæzḷ] *n.* Ⓤ〖植〗羅勒(味香似薄荷的一種草本植物，常用於烹調；臺灣俗稱九層塔)。
ba·sil·i·ca [bəˋsɪlɪkə, bəˋzɪlɪkə] *n.* Ⓒ①(古羅馬之)會堂。②〖建〗長方形建築物。
bas·i·lisk [ˋbæsə,lɪsk, ˋbæzə-] *n.* Ⓒ①傳說中非洲沙漠之似龍、蛇等之怪物。②一種蜥蜴。

***ba·sin** [ˋbesṇ] *n.* Ⓒ ①盤；盆。②(深)潭。③流域。④盆地。
ba·sis** [ˋbesɪs] *n.* Ⓒ (*pl.* **-ses** [-siz]) ①基礎。②根據。③主要成分。④原則。 ***on the ～ of 根據…。
bask [bæsk] *v.i.* ①曝日；取暖。②處於某種適意情況中。
‡**bas·ket** [ˋbæskɪt] *n.* Ⓒ ①籃；筐。②一籃的量。③籃狀物。④(籃球的)籃。⑤(籃球賽)得分。
***bas·ket·ball** [ˋbæskɪt,bɔl] *n.* ①Ⓤ籃球(運動)。②Ⓒ籃球運動用的球。
bas·ket·work [ˋbæskɪt,wɝk] *n.* Ⓤ柳條編織物；編籃技藝。
bas-re·lief [,bɑrɪˋlif] *n.* ⓊⒸ浮雕；淺浮雕；雕刻之陽文。
***bass**¹ [bes] *adj.* 低音的。 **—** *n.* ①Ⓤ男低音。②Ⓒ低音歌者；低音樂器。③Ⓤ低音部。 § **～ drúm** (管弦樂隊用的)大鼓。
bass² [bæs] *n.* Ⓒ (*pl.* **～, ～es**)鱸魚類。
bas·set [ˋbæsɪt] *n.* Ⓒ一種短腿獵犬。 § **～ hòrn**〖樂〗巴賽管。
bass·ist [ˋbesɪst] *n.* Ⓒ低音樂器[伸縮低音管]演奏者。
bas·soon [bæˋsun] *n.* Ⓒ〖樂〗低音管；巴頌管。
bas·soon·ist [bæˋsunɪst] *n.* Ⓒ巴頌管吹奏者。
bas·tard [ˋbæstɚd] *n.* Ⓒ ①私生子。②劣等東西；贋品。③卑鄙的傢伙。 **—** *adj.* ①私生的。②假的；劣的。
bas·tard·ize [ˋbæstɚ,daɪz] *v.t.* & *v.i.* ①宣示爲私生子；判爲庶出。②使墮落；變壞。
baste [best] *v.t.* ①稀疏的縫紉；假縫。②〖俗〗毆打；責罵。③烤肉時塗以油脂。 **— bast′ing,** *n.*
Bas·tille [bæsˋtil] *n.* ①(巴黎的)巴士底監獄。②(b-) Ⓒ監獄。
bas·tion [ˋbæstʃən] *n.* Ⓒ稜堡；防禦工事。
bat**¹ [bæt] *n.* Ⓒ①棒。②〖俗〗打擊。③狂歡；縱飲。④(板球等之)擊球者。 ***at* ～** (棒球)輪爲打擊手。 ***go to* ～ *for〖俚〗幫助；爲…辯護或調停。 ***off one's own* ～** 靠自己力量。 ***right off the* ～** 立刻；立即。 **—** *v.t.*

(-tt-)①用棒擊(球)；擊。②有…之擊中率。③草率撰寫。—v.i. 用棒擊球；輪到擊球。

*bat² n. Ⓒ 蝙蝠。*blind as a* ~ 近乎全瞎。

B

bat³ v.t. (-tt-)〖俗〗眨(眼)。*not* ~ *an eye* 漫不經心；保持冷靜。

batch [bætʃ] n. Ⓒ ①一次所烘的麵包。②一批；一組。§ ~ **pròcessing**〖電算〗分批處理。

bate [bet] v.t. ①壓制。②減弱；減少。—v.i. 減弱；減少。*with* ~*d breath* 屏息地。

‡**bath** [bæθ] n. Ⓒ (pl. ~s [bæðz]) ①洗澡。②洗澡的水；浴具。③浴室。④(常 pl.)有溫泉或礦泉之名勝地。—v.t. & v.i.〖英〗替…洗澡；沐浴。§ ~ **tòwel** 浴巾。

*bathe [beð] v.t. ①浸於；洗。②浸濕。③浴於。④蓋；籠罩；圍繞。—v.i. 入浴。—n.(a ~)海水浴或江河水浴。—bath′er, n.

bath·house [ˋbæθ,haus] n. Ⓒ ①公共浴室；澡堂。②更衣室。

bath·ing [ˋbeðɪŋ] n. Ⓤ 沐浴；游泳。§ ~ **bèach**〖美〗海水浴場。~ **càp** 游泳帽。~ **dràwers** 游泳褲。~ **sùit** [〖英〗**còstume**] 游泳衣。

ba·thos [ˋbeθɑs] n. Ⓤ①〖修〗突降法。②平凡而陳腐之風格。③過度誇張之哀惻。

bath·robe [ˋbæθ,rob] n. Ⓒ 浴衣。

*bath·room [ˋbæθ,rum] n. Ⓒ 浴室。§ ~ **tìssue** 草紙；衛生紙。

bath·tub [ˋbæθ,tʌb] n. Ⓒ浴盆；浴缸。

bath·wa·ter [ˋbæθ,wɑtɚ] n. Ⓤ 浴缸裏的水；洗澡水。

bath·y·sphere [ˋbæθɪ,sfɪr] n. Ⓒ 潛水箱。

ba·tik [ˋbɑtik] n. Ⓤ ①蠟染。②蠟染布。③蠟染圖案。

bat·man [ˋbætmən] n. Ⓒ (pl. -men) 侍役；勤務兵。

ba·ton [bæˋtɑn] n. Ⓒ ①警棍。②〖樂〗指揮棒。③權杖。

bats·man [ˋbætsmən] n. Ⓒ (pl. -men) (棒球等之)打擊手。

*bat·tal·ion [bəˋtæljən, bæ-] n. ①Ⓒ營；大隊。②(pl.)軍隊。

bat·ten¹ [ˋbætn̩] v.i. & v.t. (使)發育旺盛；(使)肥。

bat·ten² n. Ⓒ ①木板；板條。②(支撐帆的)木棍。—v.t. 裝板條；釘木條。

*bat·ter¹ [ˋbætɚ] v.t. & v.i. ①連擊；重擊。②敲碎；用壞。

bat·ter² n. Ⓤ 蛋、麵粉、牛奶等和成之糊狀物。

*bat·ter³ n. Ⓒ 擊球者；打擊手。§ ~'s **bòx**〖棒球〗打擊位置。

bat·tered [ˋbætɚd] adj. ①打扁了的；用舊的。②憔悴的；消瘦的。

*bat·ter·y [ˋbætərɪ] n. Ⓒ①一組類似或相聯的東西。②電池。③列砲。④砲兵連。⑤砲臺。⑥〖棒球〗投手和捕手。

bat·ting [ˋbætɪŋ] n. Ⓤ ①擊球；打球動作。②棉胎；毛胎。§ ~ **àverage**〖棒球〗打擊率。

‡**bat·tle** [ˋbætl̩] n. ①ⓊⒸ 戰爭。②(the ~) 勝利；成功。③Ⓒ 奮鬥。—v.i. & v.t. 戰；奮鬥。§ ~ **arrày** 戰鬥隊形[序列]；陣形。~ **crý**(戰鬥時助威的)吶喊；標語；口號。

bat·tle-ax(e) [ˋbætl̩,æks] n. Ⓒ ①戰斧。②〖俗〗苛刻的女人。

bat·tle·dore [ˋbætl̩,dor] n. ①Ⓒ 打毽板。②Ⓤ 打毽遊戲。~ *and shuttlecock*打毽遊戲。

bat·tle·field [ˋbætl̩,fild] n. Ⓒ 戰場。

bat·tle·ment [ˋbætl̩mənt] n. Ⓒ (常 pl.)城垛；雉堞。

*bat·tle·ship [ˋbætl̩,ʃɪp] n. Ⓒ 主力艦。

bat·ty [ˋbætɪ] adj. ①(似) 蝙蝠的。②〖俚〗瘋狂的。③〖俚〗古怪的。

bau·ble [ˋbɔbl̩] n. Ⓒ①美觀的廉價貨；玩具。②丑角手持之棒。

baud [bɔd] n. Ⓒ〖電算〗波特(傳達資料的速度單位)。

baux·ite [ˋbɔksaɪt] n. Ⓤ〖礦〗鐵礬土。

bawd [bɔd] n. Ⓒ 鴇母；娼主。

bawd·y [ˋbɔdɪ] adj. (言詞、談話等)淫穢的；下賤的。—**bawd′i·ly**, adv.

*bawl [bɔl] v.t. & v.i. 大叫；大喊。~ *out*〖美 俚〗責罵。—n. Ⓒ 大叫；號哭。

‡**bay¹** [be] n. Ⓒ ①海灣。②凹陷之地。

bay² n. Ⓒ①房屋之翼。②船上之病室。§ ~ **wíndow** 凸窗。

*bay³ n. Ⓤ ①狗吠聲。②窮途反噬之狀態。*at* ~ 處於窮途之境。*keep* [*hold*] *at* ~ 阻止(敵人等)不使前進。—v.i. & v.t. ①吠；連續狂吠。②圍困。

bay⁴ n. ①Ⓒ 月桂樹。②(pl.)榮譽；月桂冠。§ ~ **lèaf** 月桂樹之葉(可用爲做菜之佐料)。

bay[5] *n.* ①Ⓒ紅棕色的馬。②Ⓤ紅棕色。— *adj.* 紅棕色的。

bay·o·net** [ˋbeənɪt] *n.* Ⓒ槍尖；槍上的刺刀。Fix*** [***Unfix***] ~***s***! 〖口令〗上[下]刺刀！— *v.t.* 用刺刀刺。— *v.i.* 操刺刀。

bay·ou [ˋbaɪu] *n.* Ⓒ美國南部之湖、河等的支流；灣流。

***ba·za(a)r** [bəˋzɑr] *n.* Ⓒ ①市場；商品陳列所。②百貨店；小工藝品商店。③義賣場。

ba·zoo·ka [bəˋzukə] *n.* Ⓒ火箭筒。

B.B.C., BBC British Broadcasting Corporation. 英國廣播公司。

BBS bulletin board system. 〖電算〗(電子)通信聯絡系統。

***B.C.**[1] before Christ. 西元前。

B.C.[2] British Columbia; Bachelor of Commerce.

bd.ft. board foot; board feet.

‡**be** [bi] *v.i.* 現在，直說法，單數，**am**(第一人稱)，**are**(第二人稱)，**is**(第三人稱)，複數，**are**；過去，直說法，單數，**was**(第一人稱)，**were**(第二人稱)，**was**(第三人稱)，複數 **were**；過去分詞 **been**；現在分詞 **being.** ①存在；發生；存留；持續；等於；代表。②連結主詞和補語。You *are* late. 你晚了。③用作助動詞。**a.** 與現在分詞並用，以成進行式或未來式。I *am* waiting. 我正在等候。**b.** 與過去分詞並用，以成被動語態。The date *was* fixed. 日期已定。④表示將來、責任、意向、可能性及事前的安排。He is to *be* there at nine. 他將於九時在該處。⑤與動詞之過去分詞連用，成為完成式。⑥值。⑦去過；來過。He has *been* to New York. 他到過紐約。⑧作命令句。*Be* quiet! 不要作聲！***be for*** 贊成。***so be it*** **a.** 聽其自然。**b.** 即使如此。

be- 〖字首〗加於名詞、形容詞或其他動詞之前，形成動詞。如：become, befriend.

‡**beach** [bitʃ] *n.* Ⓒ海濱；江河或湖的水濱。— *v.t.* & *v.i.* ①移(船)靠岸。②(使)擱淺。

beach·comb·er [ˋbitʃˏkomə] *n.* Ⓒ①向岸滾來之巨浪。②在海濱或碼頭求乞者。

beach·head [ˋbitʃˏhɛd] *n.* Ⓒ〖軍〗灘頭陣地；橋頭堡。

bea·con [ˋbikən] *n.* Ⓒ①烽火；信號。②無線電信號(以引導飛機)。③燈塔。④引導與警告之人、物或動作。

***bead** [bid] *n.* ①Ⓒ有孔之小珠。②(*pl.*)念珠；珠串。③Ⓒ珠狀物；滴。④Ⓒ(槍之)照門。—**bead'y,** *adj.*

bead·ing [ˋbidɪŋ] *n.* ⓊⒸ①珠細工。②〖建〗起珠線；串珠狀緣飾。

bea·dle [ˋbidl] *n.* Ⓒ教區小吏；差役。

bea·gle [ˋbigl] *n.* Ⓒ畢格爾獵犬(一種獵兔用之小獵犬)。

***beak** [bik] *n.* Ⓒ①喙；鳥嘴。②鳥嘴狀物。③(古戰艦)突出之船首。④〖美俚〗鼻。

beak·er [ˋbikə] *n.* Ⓒ①有傾口之燒杯。②大杯子。

be-all [ˋbiˏɔl] *n.* (the ~)所有；全體；最要緊的事。~ ***and end-all*** 最重要的因素[人，物]。

beam** [bim] *n.* Ⓒ①桁；梁。②天平的橫桿；秤桿；天平。③光線；光束。④船幅。⑤容光煥發。⑥無線電波束(指引飛機或船)。off the*** ~ **a.** 離正道；迷路。**b.** 錯誤的。***on the*** ~ **a.** (船)與龍骨成直角；(飛機)依指示航線或方向飛行。**b.** 〖俗〗恰好。— *v.t.* & *v.i.* ①放(光)；照耀。②上梁。③廣播。④微笑；開顏。§ ~ **còmpass** 長腳圓規。—**ing,** *adj.*

beamed [bimd] *adj.* ①有梁的。②照耀的。③〖無線〗定向的。

bean** [bin] *n.* Ⓒ①豆；產豆的植物。②豆狀的實。③〖俚〗頭。④〖英俚〗硬幣；一分錢。⑤〖俗〗些許；一點點。full of*** ~***s*** 〖俚〗精力充沛。— *v.t.* 擊打…之頭。— *interj.* 表不滿、不悅、輕微的憤怒。§ ~ **bàll**〖棒球〗擊中打擊手頭部的球。~ **cùrd** 豆腐。~ **pód** 豆莢。~ **spròuts** 豆芽。

bean·feast [ˋbinˏfist] *n.* Ⓒ①〖英〗雇主款待雇工的宴會。②〖俚〗宴會。

bean·pole [ˋbinˏpol] *n.* Ⓒ①支竿。②〖俗〗瘦長之人。

‡**bear**[1] [bɛr] *v.t.* (**bore** or 〖古〗**bare, borne** or **born**)①負荷；負重。②忍受。③生產。④負擔。⑤表示；具有。⑥舉止。⑦抬。⑧強迫。⑨懷有；記憶。⑩具有(某種身分或特性)。⑪享有(某種權利)或負有(某種責任)。⑫容許。⑬擔任(角色)。— *v.i.* ①生；產生。②支持；承載。③移；向。④加諸於。⑤進；行。~ ***arms*** 從軍。~ ***down*** 壓制；平定。~ ***fruit*** 產生效果。~ ***out*** 證實。~ ***up*** 鼓起勇氣；保持希望或信心。~ ***with*** 容忍；忍耐。

B

***bear²** *n.* ①Ⓒ熊。②Ⓒ鄙野之人。③Ⓒ能力、耐力或興趣等勝過他人者。④(B-)熊星座。⑤Ⓒ(股票市場)空頭(爲bull之對)。*be a ~ for* 對(工作、辛勞等)特具耐力、興趣、才幹等。— *v.t.* 使…跌價。§ ~ hùg 熱烈的擁抱。

***beard** [bɪrd] *n.* Ⓒ①鬚；髯。②〖美俚〗留鬍子的人。③芒。*speak in one's ~* 喃喃地說。*to one's ~* 當面。— *v.t.* 勇敢面對；公然反對。

beard·ed [ˋbɪrdɪd] *adj.* ①有鬚的。②有芒的。

***bear·er** [ˋbɛrə, ˋbærə] *n.* Ⓒ①送信人；持票人。②挑夫。③結實或開花之植物。④擔任者。⑤扈棺之人。

***bear·ing** [ˋbɛrɪŋ, ˋbær-] *n.* ①ⓊⒸ意義。②(*pl.*)方向。③Ⓤ忍耐。④Ⓤ(又作a ~)舉止；態度。⑤Ⓤ產子；結實。⑥Ⓒ(常*pl.*)軸承。⑦Ⓒ(常*pl.*)紋章。*lose*[*be out of*]*one's ~s* **a.** 迷失方向。**b.** 惶惑；不知所措。

bear·ish [ˋbɛrɪʃ] *adj.* ①粗暴的；似熊的。②使或期望(股票等)下跌的。

bear·skin [ˋbɛr,skɪn] *n.* ①Ⓤ熊皮。②Ⓒ熊皮製品。③Ⓒ(英國禁衛軍之)黑皮高帽。

‡**beast** [bist] *n.* ①Ⓒ獸。②Ⓒ可惡[凶惡]的人。③Ⓒ可惡的東西。④(the ~)獸性。~ *of prey* 食肉獸。

beast·ly [ˋbistlɪ] *adj.* ①獸(性)的。②淫猥的。③令人討厭的。— *adv.* 〖英俗〗非常地；過分地。

‡**beat** [bit] *v.t.* (**beat, beat·en** or **beat**)①打；連打。②擊敗。③〖樂〗打拍子。④開路；踏平。⑤〖俗〗難倒。⑥欺騙；詐取。⑦攪拌。⑧鼓(翼)。⑨通過；遍查。— *v.i.* ①敲；連打。②搏動；跳動。③打擊；衝擊。④(鼓)咚咚地響。⑤逆風循鋸齒狀路線行駛。⑥〖俗〗得勝。~ *about*[*around*] *the bush* 轉彎抹角地說或做。~ *down* **a.** 擊敗。**b.** 以講價壓低(價錢)。~ *it* **a.** 逃走。**b.** 急奔；趕。*B- it!* 離開！走開！~ *one's brains* 苦思。~ *out* **a.** 踏出(路等)。**b.** 擊敗。~ *up* 毒打。— *n.* ①Ⓒ划；頻擊。②Ⓒ搏動；跳動。③Ⓒ節拍。④Ⓒ常走之路；巡邏。⑤(the ~)〖俗〗更強者。⑥=**beatnik.** ⑦Ⓒ〖新聞〗獨家報導。⑧Ⓒ(亦作**news beat**[**run**])〖新聞〗記者所負責採訪之範圍。*off one's ~* **a.** 不再做慣常之工作。**b.** 非本行。— *adj.* 〖美俚〗①疲乏的。dead ~ 筋疲力盡的。②驚訝的；受嚇的。③beatnik的；beatnik特有的。§ **the ~ generátion** 披頭世代(二次大戰後，對人生失望，只圖歡樂，行爲乖僻的男女青年)。

***beat·en** [ˋbitn̩] *v.* pp. of **beat.** — *adj.* ①被責打的。②鍛打的。③被打敗的。④慣踏的(路)。⑤疲倦的。⑥破爛的。

beat·en-up [ˋbitn̩ˋʌp] *adj.* 破舊的。

beat·er [ˋbitə] *n.* Ⓒ打或攪拌的工具。

be·a·tif·ic [,biəˋtɪfɪk] *adj.* 快樂的；祝福的。

be·at·i·fy [bɪˋætə,faɪ] *v.t.* ①賜福。②〖天主教〗行宣福禮。— **be·at·i·fi·ca'tion,** *n.*

***beat·ing** [ˋbitɪŋ] *n.* ①Ⓤ打。②Ⓤ搏動。③Ⓒ敗北。

be·at·i·tude [bɪˋætə,tjud] *n.* ①Ⓤ全福；至福。②Ⓤ祝福。③(the Beatitudes)〖聖經〗八福。

beat·nik [ˋbitnɪk] *n.* Ⓒ披頭族的人。

beat-up [ˋbitˋʌp] *adj.* 〖俗〗用舊了的；破舊的。

beau [bo] 〖法〗*n.* Ⓒ(*pl.* **~s, ~x** [boz])①喜修飾者；紈袴子弟。②情郎。— *v.t.* 爲…任護花使者。

beaut [bjut] 〖俗〗*n.* Ⓒ美人；美好的東西(多用來諷刺)。— *adj.* 很棒的。

beau·te·ous [ˋbjutɪəs] *adj.* 美麗的。

beau·ti·cian [bjuˋtɪʃən] *n.* Ⓒ美容師。

‡**beau·ti·ful** [ˋbjutəfəl] *adj.* ①美麗的。②完美的。— **ness,** *n.*

***beau·ti·ful·ly** [ˋbjutəfəlɪ] *adv.* 美麗地；好。

beau·ti·fy [ˋbjutə,faɪ] *v.t.* 美化。— *v.i.* 變美。— **beau·ti·fi·ca'tion,** *n.*

‡**beau·ty** [ˋbjutɪ] *n.* ①Ⓤ美貌。②Ⓒ美人。③Ⓤ美。④Ⓒ美的事物。⑤Ⓒ優點。§ ~ **pàrlor**[**shòp**]美容院。~ **slèep**〖俗〗午夜前之睡眠。~ **spòt** (1)美人痣。(2)美景；名勝。

beau·ty-spe·cial·ist [ˋbjutɪ,spɛʃəlɪst] *n.* Ⓒ美容專家。

beaux [boz] *n.* pl. of **beau.**

***bea·ver** [ˋbivə] *n.* ①Ⓒ海狸。②Ⓤ海狸皮。③Ⓤ一種厚毛呢。④Ⓒ海狸皮帽；禮帽。

be·bop [ˋbi,bɑp] *n.* Ⓤ〖樂〗波普(一種爵士音樂)。

be·calm [bɪˋkɑm] *v.t.* ①因無風而使(船)停航；使不動(常用pp.)。②使安靜；使平靜。

‡**be·came** [bɪˋkem] *v.* pt. of **become.**

‡**be·cause** [bɪˋkɔz] *conj.* 因爲。～ **of** 因爲；由於。

beck [bɛk] *n.* Ⓒ 點頭或招手以示意。*be at one's ～ and call* 聽人命令；受人指揮。**—** *v.t.* & *v.i.* 打招呼。

Beck·ett [ˋbɛkɪt] *n.* 貝克特 (Samuel, 1906-, 愛爾蘭劇作家、小說家，於 1969 年獲諾貝爾文學獎)。

***beck·on** [ˋbɛkən] *v.i.* & *v.t.* 招手或點頭示意〔to〕. **—** *n.* Ⓒ 招人行近之手勢。

be·cloud [bɪˋklaud] *v.t.* ①遮暗；蒙蔽。②使混亂。

‡**be·come** [bɪˋkʌm] *v.i.* (**be·came, be·come**) ①變爲；成爲；轉爲。②〖古〗發生。**—** *v.t.* 適合；相稱。～ *of* 降臨；遭遇。

be·com·ing [bɪˋkʌmɪŋ] *adj.* 適當的；合適的。**—ly,** *adv.*

‡**bed** [bɛd] *n.* ①Ⓒ床。②Ⓤ就寢(時間)。③Ⓤ婚姻。④Ⓒ墳墓。⑤Ⓒ基；底。⑥Ⓒ(花)壇；(苗)床。⑦Ⓒ層；地層。a ～ of coal 煤礦層。*go to ～* 就寢。*make the ～* 整理床鋪。**—** *v.t.* (**-dd-**)①使睡。②安置；嵌入。③種植於苗床或花壇。**—** *v.i.* 臥；睡。

B.Ed. Bachelor of Education.

be·dab·ble [bɪˋdæbl] *v.t.* 潑濕；濕污。

be·daub [bɪˋdɔb] *v.t.* ①塗；污染。②過分裝飾；不當地修飾。

be·daz·zle [bɪˋdæzl] *v.t.* 使暈眩；使迷惑。**—ment,** *n.*

bed·bug [ˋbɛd,bʌg] *n.* Ⓒ 臭蟲。

bed·cham·ber [ˋbɛd,tʃembə] *n.* Ⓒ臥房；寢室。

bed·clothes [ˋbɛd,kloz] *n. pl.* 寢具。

bed·cov·er [ˋbɛd,kʌvə] *n.* = **bedspread.**

bed·ding [ˋbɛdɪŋ] *n.* Ⓤ ①被褥。②寢具；床。③基床；底床。

be·deck [bɪˋdɛk] *v.t.* 裝飾；使美麗。

be·dev·il [bɪˋdɛvl] *v.t.* (**-l-,** 〖英〗**-ll-**)①虐待；使苦惱。②蠱惑；使混淆。**—ment,** *n.*

be·dew [bɪˋdju] *v.t.* 沾濕。

bed·fel·low [ˋbɛd,fɛlo] *n.* Ⓒ ①同床者。②同事；夥伴。

be·di·zen [bɪˋdɪzn, -ˋdaɪzn] *v.t.* 俗氣地穿著或裝飾。

bed·lam [ˋbɛdləm] *n.* ①Ⓤ喧擾；騷亂。②Ⓒ瘋人院。

Bed·ou·in [ˋbɛduɪn] *n.* Ⓒ (*pl.* ～, ～**s**) ①貝多因人(居無定所的阿拉伯遊牧民族)。②流浪者。③遊牧的人。

bed·pan [ˋbɛd,pæn] *n.* Ⓒ ①暖床器。②(病人用的)便盆。

bed·post [ˋbɛd,post] *n.* Ⓒ床柱。*between you and me and the ～* 暗地裏；祕密。

bed·quilt [ˋbɛd,kwɪlt] *n.* Ⓒ 棉被。

be·drag·gle [bɪˋdrægl] *v.t.* (衣服)拖髒；拖濕；拖皺。

be·drag·gled [bɪˋdrægld] *adj.* 全身泥污的；滿身濕透的。

bed·rid·den [ˋbɛd,rɪdn] *adj.* 臥病的；纏綿病榻的；久病不起的。

bed·rock [ˋbɛdˋrɑk] *n.* Ⓤ ①〖地質〗巖床。②根底；基礎。

bed·roll [ˋbɛd,rol] *n.* Ⓒ 鋪蓋捲。

***bed·room** [ˋbɛd,rum] *n.* Ⓒ 臥房。

bed·sheet [ˋbɛd,ʃit] *n.* Ⓒ 床單。

***bed·side** [ˋbɛd,saɪd] *n.* Ⓒ 枕邊。**—** *adj.* ①臨床的。②床側的。§ ～ **mánner** 醫生對病人的態度。

bed·sore [ˋbɛd,sor] *n.* Ⓒ 褥瘡。

bed·spread [ˋbɛd,sprɛd] *n.* Ⓒ 床罩；床單。

bed·spring [ˋbɛd,sprɪŋ] *n.* Ⓒ 彈簧床面。「床架。

bed·stead [ˋbɛd,stɛd, -stɪd] *n.* Ⓒ

***bed·time** [ˋbɛd,taɪm] *n.* Ⓤ 就寢時間。

bed·wet·ter [ˋbɛd,wɛtə] *n.* Ⓒ 尿床者。「尿床。

bed-wet·ting [ˋbɛd,wɛtɪŋ] *n.* Ⓤ

‡**bee** [bi] *n.* Ⓒ①蜂；蜜蜂。②〖美〗聚集；聚會。

***beech** [bitʃ] *n.* ①Ⓒ山毛櫸；椈。②Ⓤ其木材。「堅果。

beech-nut [ˋbitʃ,nʌt] *n.* Ⓒ 山毛櫸

***beef** [bif] *n.* ①Ⓤ牛肉。②Ⓒ (*pl.* **beeves** [bivz])長成待宰的牛。③Ⓤ〖俗〗膂力；力。④Ⓤ〖俗〗重；重量。⑤Ⓒ (*pl.* ～**s**)〖美俚〗牢騷；訴苦。**—** *v.i.* ①〖美俚〗發牢騷；抱怨。②增強。§ ～ **cáttle** 肉牛。～ **téa** 濃牛肉湯。

beef·burg·er [ˋbif,bɜgə] *n.* = **hamburger.**

beef·cake [ˋbif,kek] *n.* Ⓤ〖美俗〗男性健美〖裸體〗照片。

beef·eat·er [ˋbif,itə] *n.* Ⓒ①食牛肉者。②(常 B-)英王之衛士。③倫敦塔之守衛人。④〖俚〗英國人。

beef·steak [ˋbif,stek] *n.* ⓊⒸ 牛排。

beef·y [ˋbifɪ] *adj.* 強壯的；結實的。

bee·hive [ˋbi,haɪv] *n.* Ⓒ ①蜂窩。②人口羣集而熱鬧之處所。

B

bee·keep·er [ˋbi,kipɚ] *n.* Ⓒ 養蜂家。 「養蜂(業)。」
bee·keep·ing [ˋbi,kipɪŋ] *n.* Ⓤ
bee·line [ˋbi,laɪn] *n.* Ⓒ 直線；最短之路。*make a ~ for* 走最短之路；匆匆趕赴。— *v.i.* 走最短之路。
‡**been** [bɪn] *v.* pp. of **be.**
beep [bip] *n.* Ⓒ①汽車喇叭聲。②尖銳短暫的音響。— *v.i.* & *v.t.* 鳴汽車喇叭。
beep·er [ˋbipɚ] *n.* Ⓒ①發出嗶嗶聲的儀器。②〖俚〗無人駕駛飛機之遙控員。
*__beer__ [bɪr] *n.* ⓊⒸ 啤酒。— **beer′y,** *adj.* 「啤酒店。」
beer·house [ˋbɪr,haus] *n.* Ⓒ〖英〗
bees·wax [ˋbiz,wæks] *n.* Ⓤ 蜂蠟。— *v.t.* & *v.i.* 以蜂蠟塗、擦。
*__beet__ [bit] *n.* ①Ⓒ 甜菜。②ⓊⒸ 甜菜根。§ ~ **sūgar** 甜菜糖。
Bee·tho·ven [ˋbetovən] *n.* 貝多芬(Ludwig van, 1770-1827, 德國作曲家)。
*__bee·tle__[1] [ˋbitl] *n.* Ⓒ①甲蟲。②類似甲蟲之昆蟲。③槌。— *v.i.* 急走。— *v.t.* 用大槌打破、撞開等。
bee·tle[2] *adj.* 突出的。— *v.i.* 突出。
bee·tle-browed [ˋbitl,braud] *adj.* ①眉毛粗濃而突出的；凸額的。②慍色的；蹙額的。
beet·root [ˋbit,rut, -,rut] *n.* ⓊⒸ 甜菜根。
beeves [bivz] *n.* pl. of **beef.**
*__be·fall__ [bɪˋfɔl] *v.t.* & *v.i.* (**-fell, -fall·en**)降臨；遭遇；發生。
be·fit [bɪˋfɪt] *v.t.* (**-tt-**)適宜；適合。— **ting,** *adj.*
be·fog [bɪˋfɑg] *v.t.* (**-gg-**)罩入霧中；令困惑。
‡**be·fore** [bɪˋfor, bɪˋfɔr] *prep.* ①在…前面。②以前。③當…面前。④在前面；未來。⑤(寧…)而不願。⑥位在…之上。~ *everything* 最先；第一。— *adv.* 在前；以前；早於。— *conj.* 以前；前於。
*__be·fore·hand__ [bɪˋfor,hænd] *adv.* 事前；預先。— *adj.* 預先的。*be ~ with* 先發制人。
be·foul [bɪˋfaul] *v.t.* ①汚染；汚穢。②誹謗。③糾纏。~ *one's own nest* 說自家人壞話；外揚家醜。
be·friend [bɪˋfrɛnd] *v.t.* 照顧；協助；待之如友。
be·fud·dle [bɪˋfʌdl] *v.t.* ①使酒醉昏迷。②使昏亂；使迷惑。— **ment,** *n.*

‡**beg** [bɛg] *v.t.* (**-gg-**)①求乞。②懇求。— *v.i.* ①求乞。②請求。~ *a favor of* 請求…幫忙。~ *leave* 請求准許。*I ~ your pardon.* **a.** 請恕我。**b.** 請再說一遍。
‡**be·gan** [bɪˋgæn] *v.* pt. of **begin.**
be·get [bɪˋgɛt] *v.t.* (**be·got, be·got** or **be·got·ten, be·get·ting**) ①爲…父；生(子)。②引起；產生。
*__beg·gar__ [ˋbɛgɚ] *n.* Ⓒ①乞丐。②很窮的人。— *v.t.* 使之貧窮。— **ly,** *adj.* — **li·ness,** *n.*
beg·ging [ˋbɛgɪŋ] *n.* Ⓤ 行乞；乞討。— *adj.* 求乞的。
‡**be·gin** [bɪˋgɪn] *v.i.* (**be·gan, be·gun, be·gin·ning**)①開始。②始於。— *v.t.* ①開始。②創始。*to ~ with* 第一；首則。*Well begun is half done.* 好的開始是成功的一半。
*__be·gin·ner__ [bɪˋgɪnɚ] *n.* Ⓒ①初學者；無經驗者。②開始者；創始者。
*__be·gin·ning__ [bɪˋgɪnɪŋ] *n.* Ⓒ①開始。②(常 *pl.*)初期。③起源。
be·gone [bɪˋgɔn] *interj.* 去！走開！— *v.i.* 去；走開。
be·go·ni·a [bɪˋgonjə] *n.* ①(B-)〖植〗球莖秋海棠屬。②Ⓒ 秋海棠。
be·grime [bɪˋgraɪm] *v.t.* 弄髒。
be·grudge [bɪˋgrʌdʒ] *v.t.* ①嫉妒；羨慕。②吝嗇。
be·grudg·ing·ly [bɪˋgrʌdʒɪŋlɪ] *adv.* 不情願地；小氣地；吝嗇地。
*__be·guile__ [bɪˋgaɪl] *v.t.* ①欺騙；誘惑。②消遣。③迷住。— *v.i.* 迷人。— **ment,** *n.*
be·guil·ing [bɪˋgaɪlɪŋ] *adj.* ①欺騙的。②有趣的。
‡**be·gun** [bɪˋgʌn] *v.* pp. of **begin.**
*__be·half__ [bɪˋhæf] *n.* Ⓤ①利益；便利或援助。②方面。*in ~ of* 爲了…(之利益)。*on ~ of* **a.** 作…之代表。**b.** =**in behalf of.**
*__be·have__ [bɪˋhev] *v.i.* ①立身；舉動。②(機器等)開動。③舉止適當或有禮貌。— *v.t.* 檢點；守規矩。
*__be·hav·ior,__ 〖英〗**-iour** [bɪˋhevjɚ] *n.* Ⓤ①行爲；品行。②態度。③(機器等之)活動狀態；(藥品等之)作用或功效。
be·hav·io(u)r·al [bɪˋhevjərəl] *adj.* 行爲的；與行爲有關的。
be·hav·io(u)r·ism [bɪˋhevjɚ,ɪzəm] *n.* Ⓤ〖心〗行爲主義；行爲學派。— **be·hav′io(u)r·ist,** *n.*

be·head [bɪˋhɛd] *v.t.* 殺頭。
be·held [bɪˋhɛld] *v.* pt. & pp. of **behold.**
be·he·moth [bɪˋhiməθ] *n.* Ⓒ〖美俗〗巨大或有力之人、獸、物等。
be·hest [bɪˋhɛst] *n.* Ⓒ 吩咐; 命令。
‡**be·hind** [bɪˋhaɪnd] *prep.* ①在後。②隱藏在後。③較遲於。④支持。⑤落後; 不如。⑥留於身後。～ **time** 過時; 逾期。— *adv.* ①在後。②落後。③保存著。④遲。**come up from ～** 迎頭趕上。— *adj.* 在後的。
be·hind·hand [bɪˋhaɪnd,hænd] *adv.* & *adj.* ①遲延(的)。②落後(的)。③拖欠(的); 欠債(的)。
be·hind-the-scenes [bɪˋhaɪnd-ðəˋsinz] *adj.* ①幕後的。②祕密的; 內幕的。
‡**be·hold** [bɪˋhold] *v.t.* (**be·held**) ①看。②將…視為。— *interj.* 注視(祈請); 看呀。
be·hold·en [bɪˋholdən] *adj.* ①蒙恩的; 銘感的。②依賴的〔常 to〕。
be·hoof [bɪˋhuf] *n.* Ⓒ (*pl.* **-hooves**) 利益。
be·hoove [bɪˋhuv], 〖英〗**-hove** [-ˋhov] *v.t.* 理應; 必需。
beige [beʒ] *n.* Ⓤ ①本色毛呢; 嗶嘰。②灰棕色。— *adj.* 灰棕色的。
Bei·jing [ˋbeˋdʒɪŋ] *n.* 北京(=Peking).
‡**be·ing** [ˋbiɪŋ] *n.* ①Ⓤ 生命; 存在; 生存。②Ⓤ 稟性; 體質。③(B-)神。④Ⓒ 人。human ～s 人類。⑤Ⓤ 本質。— *adj.* 現在。— *v.* ppr. of **be.**
Bei·rut [ˋberut, beˋrut] *n.* 貝魯特(黎巴嫩之首都)。
be·jew·eled [bɪˋdʒuəld] *adj.* ①被飾以珠寶的。②被(以…)裝飾的; 被(以…)點綴的〔with〕。
be·la·bor, 〖英〗**-bour** [bɪˋlebɚ] *v.t.* ①〖古〗重打。②不斷地辱罵。③冗長地討論或分析。
be·lat·ed [bɪˋletɪd] *adj.* ①誤期的; 太遲的。②陳舊的; 過時的。
belch [bɛltʃ] *v.i.* & *v.t.* ①打噎。②噴出。— *n.* Ⓒ ①打噎; 噴。②噴出之物。
be·lea·guer [bɪˋligɚ] *v.t.* 包圍; 圍攻。
Bel·fast [ˋbɛlfæst] *n.* 貝爾法斯特(北愛爾蘭首都, 為一海港)。
bel·fry [ˋbɛlfrɪ] *n.* Ⓒ 鐘樓。
Belg. Belgian; Belgium.
Bel·gian [ˋbɛldʒən] *n.* Ⓒ 比利時人。— *adj.* 比利時(人)的。
***Bel·gium** [ˋbɛldʒɪəm] *n.* 比利時(西歐一國, 首都 Brussels)。
Bel·grade [ˋbɛlgred] *n.* 貝爾格勒(南斯拉夫首都)。
be·lie [bɪˋlaɪ] *v.t.* (**～d, -ly·ing**) ①掩飾; 使人誤會。②辜負。
***be·lief** [bɪˋlif] *n.* Ⓤ ①相信; 信以為真。②信念。③宗教信仰。
‡**be·lieve** [bɪˋliv] *v.t.* ①信; 接受其說。②信任。③以為。— *v.i.* ①信以為真。②信仰。③以為。**make ～** 假裝。— **be·liev′a·ble,** *adj.*
***be·liev·er** [bɪˋlivɚ] *n.* Ⓒ 信徒。
be·liev·ing [bɪˋlivɪŋ] *n.* Ⓤ 相信。— *adj.* 有信仰的; 相信的。
be·lit·tle [bɪˋlɪtl] *v.t.* ①輕視; 貶。②使…顯得微小。
Be·lize [bɛˋliz] *n.* 貝里斯(中美洲的一個國家, 首都 Belmopan)。
‡**bell** [bɛl] *n.* Ⓒ ①鐘; 鈴。②鐘聲。— *v.t.* ①繫鈴於; 置鐘於。②鳴鐘召(人)。— *v.i.* 變成鐘形。～ **the cat** 做極危險的事。
bell-bot·tom [ˋbɛl,bɑtəm] *adj.* 褲管成鐘形的。— *n.* (*pl.*) 喇叭褲。
bell·boy [ˋbɛl,bɔɪ] *n.* Ⓒ 旅館侍者。
belle [bɛl] *n.* Ⓒ 美女; 美婦。
belles-let·tres [bɛlˋlɛtrə] 〖法〗 *n.* Ⓤ 純文學; 純文藝。— **bel·let′rist,** *n.*
bell·flow·er [ˋbɛl,flauɚ] *n.* Ⓒ 吊鐘花; 風鈴草。
bell·hop [ˋbɛl,hɑp] *n.* 〖美俚〗=**bellboy.**
bel·li·cose [ˋbɛlə,kos] *adj.* 好戰的; 喜打鬥的; 好爭吵的。
bel·lig·er·ent [bəˋlɪdʒərənt] *adj.* ①好戰的。②交戰的。— *n.* Ⓒ 交戰國; 交戰者。— **bel·lig′er·ence, bel·lig′er·en·cy,** *n.*
bell·man [ˋbɛlmən] *n.* Ⓒ (*pl.* **-men**) ①鳴鐘者。②更夫。
***bel·low** [ˋbɛlo] *v.i.* ①(牛、象等)吼叫。②怒吼; 咆哮。— *v.t.* 吼叫。— *n.* Ⓒ ①(牛、象等的)吼聲。②(人的)吼叫。
***bel·lows** [ˋbɛloz] *n.* Ⓒ (*pl.* ～) ①風箱。②肺。
bell·weth·er [ˋbɛl,wɛðɚ] *n.* Ⓒ ①繫鈴之雄羊。②首領。
***bel·ly** [ˋbɛlɪ] *n.* Ⓒ ①腹(部); 胃。②任何東西的內部或鼓出的部分。③食慾。— *v.t.* & *v.i.* (使)鼓脹。§ ～ **dànce** 肚皮舞。～ **dàncer** 肚皮舞

B

嬢。～ lànding 機腹觸地的著陸。～ láugh〖俗〗捧腹大笑。
bel·ly·ache [ˋbɛlɪˏek] *n.* ① Ⓤ Ⓒ腹痛。② Ⓒ〖俚〗抱怨；牢騷。 ― *v.i.* 〖俗〗抱怨；發牢騷。
bel·ly·band [ˋbɛlɪˏbænd] *n.* Ⓒ ①(馬之)腹帶。②肚兜。
bel·ly·but·ton [ˋbɛlɪˏbʌtn̩] *n.* Ⓒ〖俗〗肚臍。
bel·ly·ful [ˋbɛlɪˏful] *n.* Ⓒ ①滿腹之量。②(常 *sing.*)〖俚〗充分；十足。
bel·ly-up [ˋbɛlɪˋʌp] *adj.* 〖俚〗死去的；破產的；倒閉的。***go*** ～〖美俗〗死翹翹；(公司等)倒閉。
‡**be·long** [bəˋlɔŋ] *v.i.* ①屬於。②適合；對…合適或有用。
***be·long·ings** [bəˋlɔŋɪŋz] *n. pl.* ①所有物；財產。②附屬物。
***be·lov·ed** [bɪˋlʌv(ɪ)d] *adj.* 所愛的。― *n.* (常 one's ～)所愛的人。
‡**be·low** [bəˋlo] *prep.* ①在…以下；不及。②不值得。③在…之下游。 ― *adv.* ①在下面。②在世上。③在地獄中。④在頁末；在下文。⑤在零下(指溫度)。***down*** ～ 在下面。
‡**belt** [bɛlt] *n.* Ⓒ① 帶；帶狀物。②地帶。③連在機輪上的帶。***tighten one's*** ～ 儉省[束緊褲帶]。― *v.t.* ①圍繞以帶。②用帶繫上。③用帶打人。§ ～ lìne(繞行城市的)交通系統；環狀路線。
belt·ed [ˋbɛltɪd] *adj.* ①束帶的；佩戴綬帶的。②有條紋的。
belt·ing [ˋbɛltɪŋ] *n.* Ⓤ ①帶類。②製帶用之材料。
belt-tight·en [ˋbɛltˏtaɪtn̩] *v.i.* 採取緊縮政策。
belt-tight·en·ing [ˋbɛltˏtaɪtn̩ɪŋ] *n.* Ⓤ 強制性的節約。― *adj.* 節約的；節省開支的。
belt·way [ˋbɛltˏwe] *n.* Ⓒ〖美〗(都市周圍的)環狀公路(=〖英〗ring road)。
be·moan [bɪˋmon] *v.t.* & *v.i.* 慟哭；嘆息；惋惜。
be·muse [bɪˋmjuz] *v.t.* 使困惑；使獃。
‡**bench** [bɛntʃ] *n.* ① Ⓒ 長凳；長椅。② Ⓒ 工作臺。③ Ⓤ 法官(的職位)。④ Ⓤ 法院。⑤ Ⓒ 一塊高起來而平坦的地。⑥ Ⓒ〖英議會〗席位。― *v.t.* ①供給長凳。②給予座位或職位。③使(運動員)離場。
‡**bend** [bɛnd] *v.t.* (**bent**) ①彎；屈；使曲。②使屈從。③致力；專心。④轉向。⑤固定；縛結。― *v.i.* ①彎曲；轉。②屈身。③屈服；順從。④彎。⑤專心。***be bent on*** 決心做…。 ― *n.* Ⓒ ①彎曲；彎轉。②彎身；鞠躬。③一種繩結。
bend·ed [ˋbɛndɪd] *v.* 〖古〗pt. & pp. of **bend.** ― *adj.* 彎曲的。with ～ bow 拉滿弓。***on*** ～ ***knee(s)*** 跪著；哀求著。
bend·er [ˋbɛndɚ] *n.* Ⓒ ①佝僂之人。②用以彎曲他物之物。③〖美俚〗宴飲。④〖棒球〗曲球。
‡**be·neath** [bɪˋniθ] *adv.* 在下(方)。 ― *prep.* ①在下。②不足取；不值得。③品級次於；低於。
ben·e·dic·tion [ˏbɛnəˋdɪkʃən] *n.* Ⓤ Ⓒ ①祝福。②(禮拜結束時之)祝禱。③(B-)〖天主教〗祝福儀式。
ben·e·fac·tion [ˏbɛnəˋfækʃən] *n.* Ⓤ 恩惠；施惠；捐助。
ben·e·fac·tor [ˋbɛnəˏfæktɚ] *n.* Ⓒ 施主；恩人。
ben·e·fac·tress [ˋbɛnəˏfæktrɪs] *n.* Ⓒ 女施主；女恩人。
ben·e·fice [ˋbɛnəfɪs] *n.* Ⓒ ①牧師之職；聖職。②僧侶之祿；聖俸。
be·nef·i·cent [bəˋnɛfəsn̩t] *adj.* 仁慈的；慈善的。― **ly,** *adv.* ― **be·nef′i·cence,** *n.*
***ben·e·fi·cial** [ˏbɛnəˋfɪʃəl] *adj.* 有益的。
ben·e·fi·ci·ar·y [ˏbɛnəˋfɪʃərɪ] *n.* Ⓒ ①受益人(尤指承受遺產者)。②享受保險賠償者；信託受益人。
‡**ben·e·fit** [ˋbɛnəfɪt] *n.* Ⓤ Ⓒ ①利益；裨益。②恩惠。③善舉；救濟金。― *v.t.* 裨益；有益於。― *v.i.* 獲益。
***be·nev·o·lent** [bəˋnɛvələnt] *adj.* ①慈善的。②仁慈的。― **be·nev′o·lence,** *n.*
Ben·gal [bɛnˋgɔl] *n.* 孟加拉(昔印度東北部一省，現分東、西孟加拉)。
Ben·ga·lese [ˏbɛŋgəˋliz] *adj.* 孟加拉(人，語)的。― *n.* Ⓒ (*pl.* ～)孟加拉人。
Ben·ga·li [bɛnˋgɔlɪ] *n.* ① Ⓒ 孟加拉人。② Ⓤ 孟加拉語。― *adj.* 孟加拉(人，語)的。
be·night·ed [bɪˋnaɪtɪd] *adj.* ①趕路到天黑的。②愚昧的。
be·nign [bɪˋnaɪn] *adj.* ①親切的。②良好的；有益的。③(病等)良性的。― **be·nig·ni·ty** [bɪˋnɪgnətɪ], *n.*
be·nig·nant [bɪˋnɪgnənt] *adj.* ①仁慈的；親切的。②有利的；有益的。― **ly,** *adv.* ― **be·nig′nan·cy,** *n.*

Be·nin [bəˋnɪn] *n.* 貝南(非洲幾內亞灣沿岸之一共和國)。

ben·i·son [ˋbɛnəzn̩] *n.* Ⓤ Ⓒ 祝福。

***bent**[1] [bɛnt] *v.* pt. & pp. of **bend.** — *adj.* ①彎曲的。②決心的; 熱心的; 傾心的。③〖英俚〗不誠實的。— *n.* Ⓒ 嗜好; 傾向。

bent[2] *n.* Ⓤ Ⓒ 草梗; 枯莖; 雜草。

Ben·tham·ism [ˋbɛnθəmɪzm̩] *n.* Ⓤ 邊沁學說; 功利主義。

be·numb [bɪˋnʌm] *v.t.* 使麻木; 使無感覺。

ben·zene [ˋbɛnzin] *n.* Ⓤ〖化〗苯。

ben·zine [ˋbɛnzin] *n.* Ⓤ〖化〗輕油精; 石油精。

ben·zol [ˋbɛnzol] *n.* Ⓤ〖化〗苯; 安息油(=benzene).

***be·queath** [bɪˋkwið] *v.t.* ①遺贈; 遺留。②傳與。— **al,** *n.*

be·quest [bɪˋkwɛst] *n.* ①Ⓤ 遺贈; 遺傳。②Ⓒ 遺產。

be·rate [bɪˋret] *v.t.* 痛罵; 嚴責。

Ber·ber [ˋbɝbɚ] *n.* ①Ⓒ 巴伯人(北非山地信奉回教之土人)。②Ⓤ 巴伯語。— *adj.* 巴伯人[語]的。

be·reave [bəˋriv] *v.t.* (~**d** or **be·reft**) ①剝奪。②喪失親屬。— **ment,** *n.*

be·reaved [bəˋrivd] *v.* pt. & pp. of **bereave.** — *adj.* 喪失親屬的。

be·reft [bəˋrɛft] *v.* pt. & pp. of **bereave.** — *adj.* 被剝奪的。

berg [bɝg] *n.* Ⓒ 冰山(=iceberg).

ber·i·ber·i [ˋbɛrɪˋbɛrɪ] *n.* Ⓤ〖醫〗腳氣病。

Bér·ing Séa [ˋbɪrɪŋ ～] *n.* (the ～)白令海。

Béring Stráit *n.* (the ～)白令海峽。

Berke·ley [ˋbɝklɪ] *n.* ①伯克萊(George, 1685-1753, 愛爾蘭哲學家)。②柏克萊(美國 California 西部的一個城市)。

***Ber·lin** [ˋbɝlɪn, bɝˋlɪn] *n.* 柏林。

Ber·lin·er [bɝˋlɪnɚ] *n.* Ⓒ 柏林市民。

Ber·mu·da [bɚˋmjudə] *n.* 百慕達群島(位於大西洋中)。

Bern(e) [bɝn] *n.* 伯恩(瑞士首都)。

***ber·ry** [ˋbɛrɪ] *n.* Ⓒ 漿果(如草莓)。

ber·serk [ˋbɝsɝk] *adj.* & *adv.* 發狂的[地]。

***berth** [bɝθ] *n.* Ⓒ ①火車的臥鋪; 輪船中的艙位。②可以有餘地使船迴轉的停泊處。③〖英俗〗差事; 缺; 職位。

ber·yl [ˋbɛrəl] *n.* ①ⓊⒸ 綠寶石。②Ⓤ 淺藍色。

***be·seech** [bɪˋsitʃ] *v.t.* (**-sought** or ~**ed**) 懇求; 哀懇。

be·seech·ing [bɪˋsitʃɪŋ] *adj.* 懇求(般)的; 哀求(似)的。— **ly,** *adv.*

be·seem [bɪˋsim] *v.t.* 適合於。

be·set [bɪˋsɛt] *v.t.* (**-set, -set·ting**) ①包圍。②圍攻。③鑲嵌。

be·set·ting [bɪˋsɛtɪŋ] *adj.* 包圍的; 使不斷苦惱的; 糾纏的。

‡**be·side** [bɪˋsaɪd] *prep.* ①在旁; 在…邊。②於…以外。③和…比較。④離開; 超出…以外。⑤與…同等。～ *oneself* 發狂; 忘形。

‡**be·sides** [bɪˋsaɪdz] *adv.* ①並且; 又。②外加; 更。— *prep.* 除…以外。

***be·siege** [bɪˋsidʒ] *v.t.* ①圍攻; 圍。②困惱; 包圍。— **ment,** *n.*

be·smear [bɪˋsmɪr] *v.t.* 搽; 塗抹。

be·smirch [bɪˋsmɝtʃ] *v.t.* ①玷污。②糟蹋(名譽等)。

be·sot [bɪˋsɑt] *v.t.* (**-tt-**) ①使糊塗; 使醉。②使愚昧。

be·sot·ted [bɪˋsɑtɪd] *adj.* ①昏潰的。②沉溺酒色的。

be·sought [bɪˋsɔt] *v.* pt. & pp. of **beseech.**

be·spat·ter [bɪˋspætɚ] *v.t.* ①玷污; 濺污。②詆毀。

be·speak [bɪˋspik] *v.t.* (**-spoke, -spo·ken** or **-spoke**) ①〖英〗預約; 預定。②表示; 顯示。

be·spoke [bɪˋspok] *v.* pt. & pp. of **bespeak.** — *adj.* 〖英〗預定的; 定製的。

be·sprin·kle [bɪˋsprɪŋkl] *v.t.* ①灑布。②遍布。

‡**best** [bɛst] *adj.* superl. of **good.** ①最佳的。②最大的; 最多的; 大半。③最有用[利]的。— *adv.* superl. of **well.** ①最好地。②最; 極。*had* ～ 應該; 最好。— *n.* ①(the ～)最好的部分。②(one's ～, the ～)極力。③(one's ～)最好的衣服。*at* ～ 充其量。*at one's* ～ **a.** 在一個人健康或精神最佳狀態之下。**b.** 一個人能力、力量等的巔峰狀態。*make the* ～ *of* 善用; 儘量利用。*to the* ～ *of one's knowledge* 就…所知。*to the* ～ *of one's power*[*ability*]盡…之力量[能力]。— *v.t.* 擊敗。§ ～ **mán** 男儐相。～ **séller**〖美〗暢銷書或唱片等; 暢銷書[唱片]的作者。

bes·tial [ˋbɛstʃəl] *adj.* ①(似)野獸的。②野蠻的。— **bes·ti·al·i·ty,**

[ˌbɛstʃɪ`ælətɪ], *n.*
be·stir [bɪ`stɜ] *v.t.* (**-rr-**) 使發奮; 鼓舞; 鼓勵。
best-known [`bɛst`non] *adj.* 最出名的。
***be·stow** [bɪ`sto] *v.t.* ①贈; 給予 (on)。②用; 利用。— **al,** *n.*
be·strew [bɪ`stru] *v.t.* (**~ed, ~ed** or **-strewn**)撒布; 布滿。
be·stride [bɪ`straɪd] *v.t.* (**-strode** or **-strid, -strid·den** or **-strid**)跨坐; 跨過。
best-sell·ing [`bɛst`sɛlɪŋ] *adj.* 暢銷的。
***bet** [bɛt] *v.t.* (**bet** or **bet·ted, bet·ting**)①打賭。②敢說; 相信。— *v.i.* 打賭。 *You* ~! 〖俗〗當然! 眞的! — *n.* Ⓒ ①打賭。②賭注; 賭金。
be·ta [`betə, `bitə] *n.* ① ⓊⒸ 希臘字母之第二字母(B, *β*). ② Ⓒ 一系列中之第二個。§ ~ **rày**〖化〗*β* 射線。
be·take [bɪ`tek] *v.t.* (**be·took, -tak·en**)①去(後接反身代名詞)。②致力於(後接反身代名詞)。
be·tel [`bitl] *n.* Ⓤ〖植〗①蒟醬(胡椒科)。②其葉。§ ~ **nùt** 檳榔。~ **pàlm** 檳榔樹。
bête noire [`bet`nwar]〖法〗*n.* Ⓒ (*pl.* **bêtes noires**[~])可怕[討厭]的東西[人]。
be·think [bɪ`θɪŋk] *v.t.* (**-thought**) 想; 考慮。
Beth·le·hem [`bɛθlɪəm] *n.* 伯利恒(耶路撒冷一市鎭, 爲耶穌之降生地)。
be·thought [bɪ`θɔt] *v.* pt. & pp. of **bethink.**
be·tide [bɪ`taɪd] *v.t.* ①降臨。②預示。— *v.i.* 發生。
be·times [bɪ`taɪmz] *adv.* 早; 及時。
be·to·ken [bɪ`tokən] *v.t.* ①指示; 表示。②預示。
be·took [bɪ`tuk] *v.* pt. of **betake.**
***be·tray** [bɪ`tre] *v.t.* ①出賣。②不忠於; 辜負。③暴露; 顯示。— **al,** — **er,** *n.*
be·troth [bɪ`troθ] *v.t.* 許配。
be·troth·al [bɪ`troθəl] *n.* ⓊⒸ 婚約; 許配; 訂婚(禮)。
be·trothed [bɪ`troθt] *n.* (one's ~)某人的未婚夫[未婚妻]。— *adj.* 已訂婚的。
‡**bet·ter**[1] [`bɛtɚ] *adj.* comp. of **good.** ①更好的; 較優的。②(健康)較佳的。③較多的; 較大的。the ~ part of a lifetime 一生中的大部分。*no ~ than* 一樣的。— *adv.* comp. of **well.** ①更好地。②更多地。*~ off* **a.** 景況更佳。**b.** 更快樂; 更幸運。*go (someone) one* ~ 勝過。*had* ~ 最好。— *n.* ①(*sing.*)較好的東西或情形。②(*pl.*)長輩; 勝於己者。*for ~ or for worse* 無論好運與惡運。*for the* ~ 轉好。*get* [*have*] *the ~ of* 勝於; 超過。— *v.t.* ①使進步; 改良。②勝過; 優於。— *v.i.* 進步; 有改善。§ ~ **hálf**〖俚〗(某人的)夫或妻。
bet·ter[2] *n.* Ⓒ 打賭者; 賭博者。
bet·ter·ment [`bɛtɚmənt] *n.* Ⓤ 改良; 改進。
bet·ting [`bɛtɪŋ] *n.* Ⓤ 打賭。
‡**be·tween** [bə`twin] *prep.* ①在(兩者)之間(指時間或位置)。②…與…間的(指關係)。③在…的中間(指數量或性質)。*~ ourselves; ~ you and me*(這是)我們之間的祕密; 祕密地。*~ the lines* 暗示; 言外之意; 弦外之音。— *adv.* 在其間。
be·twixt [bə`twɪkst] *adv.* & *prep.* 〖古〗= **between.**
bev·el [`bɛvl] *n.* Ⓒ ①(亦作 **bevel square**)斜角規。②斜面; 傾斜; 斜角。— *v.t.* & *v.i.* (**-l-,**〖英〗**-ll-**)切成斜角。— *adj.* 成斜角的; 傾斜的。
bev·er·age [`bɛvrɪdʒ] *n.* Ⓒ 飲料。
Bév·er·ly Hílls [`bɛvəlɪ ~] *n.* 比佛利山莊(美國洛杉磯附近的小城, 許多著名影星居住而著名)。
bev·y [`bɛvɪ] *n.* Ⓒ ①一群鳥。②一群(少女或婦女)。
be·wail [bɪ`wel] *v.t.* & *v.i.* 悲傷。
***be·ware** [bɪ`wɛr] *v.i.* & *v.t.* 當心; 小心。*B-* of fire. 當心火燭。
***be·wil·der** [bɪ`wɪldɚ] *v.t.* 使迷惑; 使昏亂。— **ment,** *n.*
be·wil·der·ing [bɪ`wɪldərɪŋ] *adj.* 爲難的; 不知所措的。— **ly,** *adv.*
***be·witch** [bɪ`wɪtʃ] *v.t.* ①施魔術於; 蠱惑; 迷惑。②令人陶醉。— **ment,** *n.* — **ing,** *adj.*
‡**be·yond** [bɪ`jand] *prep.* ①越過; 在…之較遠的一邊。②超過; 晚於。③爲…所不能及; 出乎…之外。④高於; 超出。⑤除…以外。*~ compare* 無與倫比。*live ~ one's income* [*means*] 入不敷出。— *adv.* 遠離; 在遠處。*the life ~* 來生; 再世。— *n.* (the ~)①未來。②遠方。
bf, b.f. 〖印刷〗boldface.

B.H. bill of health.
Bhu·tan [bu`tɑn] *n.* 不丹(印度東北之獨立王國, 首都 Thimphu).
bi-〖字首〗表「雙; 二」之義。
bi·an·nu·al [baɪ`ænjuəl] *adj.* 一年二度的。
***bi·as** [`baɪəs] *n.* Ⓤ Ⓒ ①斜線。②〖保齡球〗使球斜進之力或偏重。③偏見。— *adj.* 傾斜的; 對角的。— *adv.* 傾斜地; 對角地。— *v.t.* (**-s-**,〖英〗**-ss-**)影響; 使存偏見; 使傾向一方。
bi·as(s)ed [`baɪəst] *adj.* 存有偏見的。
***bib** [bɪb] *n.* Ⓒ ①圍裙或工作服之上部。②(小孩用)圍兜。— *v.t.* & *v.i.* (**-bb-**)飲; 啜飲。
Bib. Bible; Biblical.
***Bi·ble** [`baɪbl] *n.* ①(the ～)(基督教之)聖經。② Ⓒ 任何宗教的經典。③(b-) Ⓒ 公認爲權威的書籍。— **Bib·li·cal** [`bɪblɪkl], *adj.*
biblio-〖字首〗表「書; 聖經」之義。
bib·li·og·ra·phy [ˌbɪblɪ`ɑgrəfɪ] *n.* ① Ⓒ 參考書目; 參考文獻。② Ⓒ (某作者作品之)目錄。③ Ⓤ 書籍學; 書誌學。— **bib·li·og′ra·pher,** *n.* — **bib·li·o·graph′ic,** *adj.*
bib·u·lous [`bɪbjələs] *adj.* ①好飲酒的。②吸取性的; 吸水的。
bi·cam·er·al [baɪ`kæmərəl] *adj.*〖政〗兩院制的。
bi·carb [baɪ`kɑrb] *n.* Ⓤ〖俗〗小蘇打。
bi·car·bo·nate [baɪ`kɑrbənɪt] *n.* Ⓤ〖化〗重碳酸鹽。～ of soda 小蘇打; 碳酸氫鈉。
bi·cen·ten·ar·y [baɪ`sɛntəˌnɛrɪ] *adj.* & *n.*〖英〗=**bicentennial.**
bi·cen·ten·ni·al [ˌbaɪsɛn`tɛnɪəl] *adj.* ①存續二百年的。②每二百年發生一次的。— *n.* Ⓒ 二百年; 二百周年紀念。
bi·ceps [`baɪsɛps] *n.* ① Ⓒ〖解〗二頭肌(尤指上臂之雙頭肌)。② Ⓤ 膂力。
bick·er [`bɪkə] *v.i.* ①爭吵; 爭論。②作潺潺聲。③閃爍; 顫動。— *n.* Ⓒ ①爭吵; 爭論。②潺潺聲。
bick·er·ing [`bɪkərɪŋ] *n.* Ⓤ 爭吵。
bi·cul·tur·al [baɪ`kʌltʃərəl] *adj.* 兩種不同文化混合的。
‡**bi·cy·cle** [`baɪsɪkl] *n.* Ⓒ 脚踏車。— *v.i.* & *v.t.* 騎脚踏車。
bi·cy·clist [`baɪˌsɪklɪst] *n.* Ⓒ 騎自行車者。
‡**bid** [bɪd] *v.t.* (**bade** or **bad** or **bid, bid·den** or **bid, bid·ding**)①命令; 囑咐。②說; 致意。③出價。④(玩紙牌時)叫牌。⑤宣布。— *v.i.* ①出價; 投標。②尋求。— *n.* Ⓒ ①出價。②邀請。③玩紙牌時的叫牌。④嘗試。
bid·den [`bɪdn̩] *v.* pp. of **bid.**
bid·der [`bɪdə] *n.* Ⓒ ①出價人; 投標人。②命令者。③〖紙牌〗叫牌者。
bid·ding [`bɪdɪŋ] *n.* Ⓤ ①命令。②邀請。③(橋牌中之)叫牌。④出價。
bid·dy [`bɪdɪ] *n.* Ⓒ ①小雞; 母雞。②〖美俗〗女傭。
bide [baɪd] *v.i.* & *v.t.* (**bode** or **bid·ed, bid·ed**)〖古, 方〗①居住。②留; 繼續。③等待。
bi·en·ni·al [baɪ`ɛnɪəl] *adj.* ①二年一次的。②經歷或生長二年的。— *n.* Ⓒ ①二年一次的事。②二年生的植物。— **ly,** *adv.*
bier [bɪr] *n.* Ⓒ ①棺架; 屍架。②棺材。
biff [bɪf] *v.t.* & *n.* Ⓒ〖美俚〗打; 擊。
bi·fo·cal [baɪ`fokl] *adj.* 有兩焦點的。— *n.* (*pl.*) 遠近兩用之眼鏡。
bi·fur·cate [`baɪfəˌket, baɪ`fɜkɪt] *adj.* 分兩枝的; 成叉的。— [`baɪfəˌket, baɪ`fɜket] *v.t.* & *v.i.* 成叉; 分爲兩枝。
bi·fur·ca·tion [ˌbaɪfə`keʃən] *n.* ① Ⓤ 分歧; 分叉; 分枝。② Ⓒ 分歧點; 分叉點; 分枝處。
‡**big** [bɪg] *adj.* (**-gg-**)①大的。②懷孕的。③〖俗〗重要的; 偉大的。④誇大的。⑤充滿的。⑥寬大的。— *adv.* 誇大。§ ～ **dèal** (1)大生意。(2)〖美俚〗非同小可的事; 大事。(3)〖諷刺〗了不起! ～ **gáme** (1)大的獵物。(2)大目標。～ **móuth**〖美俗〗大嘴巴; 多嘴的人。～ **náme**〖美〗知名人士; 聞人。～ **tálk** 大話; 吹牛; 自誇。～ **tíme**〖俚〗(1)愉快的時光。(2)(尤指運動或娛樂界的)最高級; 第一流。～ **tóe** 脚拇趾。～ **tòp**〖俗〗(1)馬戲團之主帳篷。(2)(the ～ top)馬戲。**the B- Àpple**〖美俚〗紐約市的綽號。**the** ～ **báng théory**〖天〗(宇宙起源的)大爆炸學說。— **big′gish,** *adj.* — **big′ly,** *adv.* — **big′ness,** *n.*
big·a·mist [`bɪgəmɪst] *n.* Ⓒ 重婚者。
big·a·mous [`bɪgəməs] *adj.* 重婚的。
big·a·my [`bɪgəmɪ] *n.* Ⓤ 重婚。
big-eyed [`bɪgˌaɪd] *adj.* ①有大眼睛的。②驚愕的; 吃驚的。

B

big·head [ˋbɪg,hɛd] *n.* ①Ⓤ(動物的)大頭病。②Ⓤ自大。③Ⓒ自負者。
big-heart·ed [ˋbɪg,hɑrtɪd] *adj.* 親切的；寬大的；慷慨的。
big·horn [ˋbɪg,hɔrn] *n.* Ⓒ (*pl.* ～, ～s)巨角野羊。
big·ot [ˋbɪgət] *n.* Ⓒ①盲從一種主義或教條的人。②心地狹窄的人。③頑固者。
big·ot·ed [ˋbɪgətɪd] *adj.* ①固執己見的。②心地狹窄的。
big·ot·ry [ˋbɪgətrɪ] *n.* Ⓤ持偏見之行爲或態度等。
big-tim·er [ˋbɪgˋtaɪmɚ] *n.* Ⓒ (在某行業或領域中)成名者。a television ～電視紅星。「大亨。」
big·wig [ˋbɪg,wɪg] *n.* Ⓒ〖俗〗權貴；
bi·jou [ˋbiʒu] 〖法〗 *n.* Ⓒ (*pl.* ～x [～z])①珠寶。②小巧之珍物。
— *adj.* 小巧玲瓏的。
bike [baɪk] 〖俗〗*n.* Ⓒ①脚踏車。②摩托車。— *v.t.* & *v.i.* ①騎脚踏車(旅行)。②騎摩托車(旅行)。
Bi·ki·ni [bɪˋkinɪ] *n.* ①比基尼(北太平洋中一珊瑚島，1946 年原子彈試驗地)。②(b-) Ⓒ三點式女泳裝。
bi·la·bi·al [baɪˋlebɪəl] *adj.* ①〖植〗有兩唇的。②〖語音〗雙唇音的。— *n.* Ⓒ〖語音〗雙唇音(如 p,b,m)。
bi·lat·er·al [baɪˋlætərəl] *adj.* ①(在)兩邊的。②雙方的。— **ly,** *adv.*
bile [baɪl] *n.* Ⓤ①膽汁。②壞脾氣。
bile·stone [ˋbaɪl,ston] *n.* Ⓒ〖醫〗膽石。
bilge [bɪldʒ] *n.* ①Ⓒ桶之腹部；船腹。②Ⓤ船底的汚水。③Ⓤ〖俚〗無聊的文章[話]。
bi·lin·gual [baɪˋlɪŋgwəl] *adj.* ①兩種語言的。②能說兩種語言的。
bi·lin·gual·ism [baɪˋlɪŋgwəl,ɪzəm] *n.* Ⓤ習用兩種語言；能用兩種語言。
bi·lin·guist [baɪˋlɪŋgwɪst] *n.* Ⓒ通二國語言者。
bil·ious [ˋbɪljəs] *adj.* ①因膽汁過多所致的。②令人不快的；乖戾的。
bilk [bɪlk] *v.t.* ①欺；騙。②開溜；賴(債等)。
‡**bill**[1] [bɪl] *n.* Ⓒ①帳單；發票。②鈔票。③廣告；招貼。④項目單。⑤戲目。⑥法案；議案。⑦匯票；支票。⑧〖法律〗訴狀。～ *of exchange* 匯票。～ *of fare* a.菜單。b.節目單。*fill the* ～〖俗〗合乎條件。— *v.t.* ①記入帳。②用招貼通告[宣傳]。③張貼海報等。
***bill**[2] *n.* Ⓒ鳥嘴。— *v.i.* ①(鳥類)接嘴；觸嘴。②調情。— *v.t.* (鳥等)用嘴啄取。「告示板。」
bill·board [ˋbɪl,bord] *n.* Ⓒ〖美〗
billed [bɪld] *adj.* 有鳥喙的。
bil·let [ˋbɪlɪt] *n.* Ⓒ①士兵之住宿處；宿營。②工作；職位。— *v.t.* 指定(士兵)住宿之處。
bil·let-doux [ˋbɪlɪˋdu] 〖法〗*n.* Ⓒ (*pl.* **bil·lets-doux** [～z])情書。
bill·fold [ˋbɪl,fold] *n.* Ⓒ置錢物之皮夾。
bil·liard [ˋbɪljɚd] *adj.* 撞球戲的；彈子戲的。— *n.* Ⓒ母球連撞兩球之一擊。§ ～ **bàll** 撞球。～ **cùe** 撞球桿。「撞球。」
***bil·liards** [ˋbɪljɚdz] *n.* Ⓤ彈子戲；
***bil·lion** [ˋbɪljən] *n.* Ⓒ①〖美，法〗十億。②〖英，德〗萬億。
bil·lion·aire [,bɪljənˋɛr] *n.* Ⓒ十億富翁；巨富。
bil·lionth [ˋbɪljənθ] *adj.* ①第十億的。②十億分之一的。— *n.* Ⓒ①第十億個。②十億分之一。
***bil·low** [ˋbɪlo] *n.* Ⓒ①巨浪。②似巨浪之物。— *v.i.* (波濤)洶湧。
— **bil'low·y,** *adj.*
bill·post·er [ˋbɪl,postɚ] *n.* Ⓒ以張貼廣告爲業者。
bil·ly [ˋbɪlɪ] *n.* Ⓒ①警棍。②棒。§ ～ **gòat** 〖俗〗雄山羊。
bim·bo [ˋbɪmbo] *n.* Ⓒ (*pl.* ～s, ～es)漂亮而沒大腦的女郎。
bi·met·al·lism [baɪˋmɛtḷ,ɪzəm] *n.* Ⓤ①複本位制(金銀二本位幣制)。②擁護此種制度之主義、行動或政策。— **bi·me·tal'lic,** *adj.*
bi·month·ly [baɪˋmʌnθlɪ] *adj.* & *adv.* ①兩個月一回的[地]。②一個月兩回的[地]。— *n.* Ⓒ隔月發行的雜誌[刊物]；雙月刊。
***bin** [bɪn] *n.* Ⓒ(貯藏食物、燃料等之)箱或倉。— *v.t.* (-**nn**-)置或貯藏於箱或倉中。
bi·na·ry [ˋbaɪnərɪ] *adj.* 兩重的。
— *n.* Ⓒ①雙體；複體。②〖天〗雙子星。「耳的。②立體迴音的。」
bin·au·ral [bɪnˋɔrəl] *adj.* ①用雙
***bind** [baɪnd] *v.t.* (**bound**)①縛；綁。②束縛；約束。③使負義務。④使受法規之拘束。⑤包紮。⑥滾(邊)；鑲(邊)。⑦裝訂。⑧使便祕。⑨使凝固；

使凝結。⑩使爲學徒。— *v.i.* ①凝固；凝結。②約束；拘束。— *n.* Ⓒ ①縛或綁的行動或狀態。②縛或綁之物。*in a* ~ 〖美俚〗在困境中。

bind·er [ˋbaɪndɚ] *n.* Ⓒ ①縛者。②活頁紙的封面。③裝訂者。④使稻穗成束的收割機。⑤用以綑綁或黏附之物。

bind·er·y [ˋbaɪndərɪ] *n.* Ⓒ 書籍「裝訂廠。」

***bind·ing** [ˋbaɪndɪŋ] *n.* ① Ⓤ 書籍的裝訂。② Ⓤ 鑲邊；滾條。③ ⓊⒸ 束縛(物)。— *adj.* 有束縛力的。

bine [baɪn] *n.* Ⓒ 蔓；藤；莖。

binge [bɪndʒ] *n.* Ⓒ 〖俚〗狂飲。

bin·go [ˋbɪŋgo] *n.* Ⓤ 〖美〗賓果遊戲(一種賭博性遊戲)。

bi·noc·u·lar [baɪˋnɑkjəlɚ] *adj.* 雙眼並用的。— *n.* (*pl.*) 雙目望遠鏡。

bi·o·chem·i·cal [ˏbaɪoˋkɛmɪkl] *adj.* 生物化學的。

bi·o·chem·is·try [ˏbaɪoˋkɛmɪstrɪ] *n.* Ⓤ ①生物化學。②生化機能。— **bi·o·chemˊist,** *n.*

bi·o·feed·back [ˏbaɪoˋfidˏbæk] *n.* Ⓤ 生物回饋(法)(藉控制腦波以維持特定精神狀態)。

bi·og·ra·pher [baɪˋɑgrəfɚ] *n.* Ⓒ 傳記作家。

***bi·og·ra·phy** [baɪˋɑgrəfɪ] *n.* Ⓒ 傳記。— **bi·o·graphˊic(al),** *adj.*

bi·o·log·i·cal [ˏbaɪəˋlɑdʒɪkl] *adj.* 生物(學)的；有關生物(學)的。§ ~ **wárfare** 生物戰；細菌戰。

***bi·ol·o·gy** [baɪˋɑlədʒɪ] *n.* Ⓤ ①生物學。②(集合稱)生物。③生命現象。— **bi·olˊo·gist,** *n.*

bi·o·med·i·cine [ˏbaɪoˋmɛdəsn̩] *n.* Ⓤ 生物醫學(根據生理學及生化學理論的臨床醫學)。

bi·on·ic [baɪˋɑnɪk] *adj.* ①生物工學的。②〖俗〗超人的；像部分生理機能由機器裝置代替以適應太空等特殊環境的人的。

bi·on·ics [baɪˋɑnɪks] *n.* Ⓤ 生物工學(藉電子工程學開發並利用生物體機能的學問)。

bi·op·sy [baɪˋɑpsɪ] *n.* Ⓒ 〖醫〗活體檢視(法)；活組織切片檢查(法)。

bi·o·sphere [ˋbaɪəˏsfɪr] *n.* (the ~) 生物圈(地球上生命可以生存的區域)。

bi·o·ta [baɪˋotə] *n.* (集合稱)一地區[一時代]的動植物。

bi·o·tech·nol·o·gy [ˏbaɪotɛkˋnɑlədʒɪ] *n.* Ⓤ 生物工藝學。

bi·ot·ic, -i·cal [baɪˋɑtɪk(l̩)] *adj.* 關於生命的；關於生物的。

bi·o·tin [ˋbaɪətɪn] *n.* ⓊⒸ 維他命H；生物素。

bi·o·tite [ˋbaɪəˏtaɪt] *n.* Ⓤ 〖礦〗黑「雲母。」

bi·par·ti·san, -zan [baɪˋpɑrtəzn̩] *adj.* 兩(政)黨的。

bi·par·tite [baɪˋpɑrtaɪt] *adj.* ①由二部組成的。②〖植〗深裂爲二的。

bi·ped [ˋbaɪpɛd] *n.* Ⓒ 兩足動物。— *adj.* (亦作 **bipedal**) 兩足的。

bi·plane [ˋbaɪˏplen] *n.* Ⓒ 雙翼飛機。

bi·po·lar [baɪˋpolɚ] *adj.* 〖電〗雙極的。

***birch** [bɝtʃ] *n.* ① Ⓒ 樺樹。② Ⓤ 樺木。③ Ⓒ 笞責用之木條；樺條。— *v.t.* 鞭笞；用樺條打。

‡**bird** [bɝd] *n.* Ⓒ ①鳥。②〖俚〗人。***Birds of a feather flock together.*** 物以類聚。~ ***of passage*** **a.** 候鳥。**b.** 暫住一地的人；時常移居的人。~ ***of prey*** 食肉鳥；猛禽。***kill two ~s with one stone*** 一舉兩得。***The early ~ catches the worm.*** 〖諺〗早起之鳥獲蟲(喻做事趁早者得利)。

bird·bath [ˋbɝdˏbæθ] *n.* Ⓒ 水盤(供小鳥飲[戲]水用的)。

bird·call [ˋbɝdˏkɔl] *n.* Ⓒ ①鳥聲。②吹出似鳥聲之哨子。

bird·er [ˋbɝdɚ] *n.* Ⓒ ①獵鳥者。②鳥類觀察者。

bird·house [ˋbɝdˏhaus] *n.* Ⓒ 鳥屋；大鳥籠；鳥舍。

***bird·ie** [ˋbɝdɪ] *n.* Ⓒ ①小鳥；鳥。②〖高爾夫〗較標準桿數少一桿而入洞。

bird·lime [ˋbɝdˏlaɪm] *n.* Ⓤ ①黏鳥膠。②圈套；甜言蜜語。

bird·man [ˋbɝdˏmæn] *n.* Ⓒ (*pl.* **-men**) ①〖俗〗飛行員。②鳥類研究者。③捕鳥者。

bird's-eye [ˋbɝdzˏaɪ] *adj.* ①鳥瞰的。②概觀的。③似鳥眼的。§ ~ **víew** (1)鳥瞰圖。(2)(常 *sing.*) (自高處俯視之)全景。(3)〖俗〗概觀；概要。

bird-watch [ˋbɝdˏwɑtʃ] *v.i.* 觀察野鳥(之外表、生活動態等)。

bird-watch·ing [ˋbɝdˏwɑtʃɪŋ] *n.* Ⓤ 鳥類觀察。

Bir·ming·ham [ˋbɝmɪŋˏhæm] *n.* ①伯明罕(美國阿拉巴馬州中北部的一城市)。②[ˋbɝmɪŋəm] 伯明罕(英格蘭中部之一城市)。

‡**birth** [bɝθ] *n.* ① ⓊⒸ 出世；誕生。

②Ⓤ開始；起源。③Ⓤ生產；分娩。④Ⓤ身世；出身。§～ certìficate 出生證明書。～ contròl 節育。

*birth·day [ˋbɜθ,de] n. Ⓒ 生日；誕辰。§～ càke 生日蛋糕。～ sùit 〖諧〗裸體。

B

birth·mark [ˋbɜθ,mɑrk] n. Ⓒ ①胎記；胎痣。②特點；特徵。

*birth·place [ˋbɜθ,ples] n. Ⓒ 誕生地；發源地；發祥地。

birth·rate [ˋbɜθ,ret] n. Ⓒ 出生率；生育率。

birth·right [ˋbɜθ,raɪt] n. ⓊⒸ (常 sing.)①與生俱來的權利[所有物]。②長子繼承權[所有物]。

birth·stone [ˋbɜθ,ston] n. Ⓒ 誕生石(象徵出生月分的寶石)。

*bis·cuit [ˋbɪskɪt] n. ①Ⓒ〖美〗小甜麵包。②Ⓒ〖英〗餅乾。③Ⓤ灰棕色。

bi·sect [baɪˋsɛkt] v.t. ①分切爲二。②分爲二等分。— bi·secˊtion, n.

bi·sec·tor [baɪˋsɛktɚ] n. Ⓒ〖數〗二等分線。

bi·sex·u·al [baɪˋsɛkʃuəl] adj. 〖生物〗①兩性的。②雌雄同體的。

*bish·op [ˋbɪʃəp] n. Ⓒ 主教。

bish·op·ric [ˋbɪʃəprɪk] n. Ⓒ①主教之轄區。②主教之職。

Bis·marck [ˋbɪzmɑrk] n. 俾斯麥(Otto von, 1815-98, 德國政治家，德國第一任首相)。

bis·muth [ˋbɪzməθ] n. Ⓤ〖化〗鉍。

bi·son [ˋbaɪsn̩] n. Ⓒ (pl. ～)美洲或歐洲的野牛。

bis·sex·tile [bɪˋsɛkstɪl] n. Ⓒ 閏年。— adj. 閏年的。

bis·ter, 〖英〗-tre [ˋbɪstɚ] n. Ⓤ①(取自煤煙之)褐色顏料。②褐色。

bis·tro [ˋbɪstro] n. Ⓒ (pl. ～s)〖俗〗①小酒館。②酒保。

‡bit¹ [bɪt] n. ①Ⓒ一小塊。②(a ～)有點；些許。③(a ～)〖俗〗片刻。④Ⓒ〖美〗一角二分半。⑤Ⓒ〖英〗小銅錢。⑥Ⓒ鑽；螺旋錐。～ by ～ 一點一點地。not a ～ 毫不。

bit² n. Ⓒ ①馬嚼口；馬勒。②拘束物；控制物。— v.t. (-tt-)給(馬)帶嚼口；拘束。

bit³ v. pt. & pp. of bite.

bit⁴ n. Ⓒ〖電算〗位元。

bitch [bɪtʃ] n. Ⓒ ①母狗；母狼；母狐。②〖俚〗賤女人。son of a ～ 畜生！(罵人語，相當於「他媽的」)。

bitch·y [ˋbɪtʃɪ] adj. 〖俚〗脾氣壞的；心眼壞的；(適合)賤女人的。

*bite [baɪt] n. ①Ⓒ 咬下的一塊；一口。②Ⓒ咬；咬傷。③Ⓒ 魚之吞餌。④Ⓤ劇痛。⑤Ⓤ (酸類對金屬之)腐蝕。⑥Ⓤ (齒輪等)卡緊。— v.t. (bit, bit·ten or bit)①咬。②穿刺。③刺激；刺痛。④侵蝕。⑤抓緊。⑥(用酸類)蝕刻。— v.i. ①咬。②嚙。③抓緊。～ off more than one can chew 貪多而吃不下；從事能力所不及之工作。

bit·er [ˋbaɪtɚ] n. Ⓒ咬者。

*bit·ing [ˋbaɪtɪŋ] adj. ①咬痛的；如刺的。②銳利的。— ly, adv.

bit·ten [ˋbɪtn̩] v. pp. of bite.

‡bit·ter [ˋbɪtɚ] adj. ①有苦味的。②難堪的。③嚴厲的；銳利的。④刺痛的；嚴酷的。⑤痛苦的。⑥懷恨的。⑦不友善的。— n. (the ～, 常 pl.)苦。§～ sàlt 硫酸鎂；瀉鹽。

*bit·ter·ly [ˋbɪtɚlɪ] adv. ①苦澀地。②難堪地。③悲痛地。cry ～ 悲痛地喊叫。④殘酷地。

*bit·ter·ness [ˋbɪtɚnɪs] n. Ⓤ①苦味。②悲痛；酷烈；激越；諷刺。

bit·ter·sweet [ˋbɪtɚ,swit] n. Ⓤ 半苦半甜。— adj. 苦樂參半的。

bit·ty [ˋbɪtɪ] adj. ①零碎的。②〖美方〗很小的。

bi·tu·men [bɪˋtjumən] n. Ⓤ 瀝青。

bi·tu·mi·nous [bɪˋtjumənəs] adj. 瀝青的。§～ cóal 煙煤；生煤。

bi·valve [ˋbaɪ,vælv] n. Ⓒ ①雙殼貝類。②〖植〗雙蒴子。— adj. 雙殼的；雙蒴的。

biv·ou·ac [ˋbɪvu,æk] n. Ⓒ 露營(之處)。— v.i. (-ack-)露營。

bi·week·ly [baɪˋwiklɪ] adj. & adv. ①兩週一次的[地]。②每週二次的[地]。— n. Ⓒ 雙週刊。

bi·year·ly [baɪˋjɪrlɪ] adj. & adv. 兩年一次的[地]；一年兩次的[地]。

biz [bɪz] n. 〖俚〗=business.

bi·zarre [bɪˋzɑr] adj. 古怪的。

Bi·zet [bɪˋze] n. 比才(Georges, 1838-75, 法國作曲家)。

blab [blæb] v.t. & v.i. (-bb-)①洩漏(祕密)。②胡扯。

‡black [blæk] adj. ①黑色的。②黑暗無光的。③黑人的。④污穢的。⑤憂鬱的；悲慘的；暗淡的。⑥慍怒的。⑦兇惡的。⑧身穿黑衣的。⑨不榮譽的。～ and blue 被打得青一塊紫一塊的。— n. ①ⓊⒸ 黑(色)。②Ⓤ

黑衣；喪服。③Ⓒ(常 *pl.*)黑人。 — *v.t.* 使黑。— *v.i.* ①變黑。②暫失知覺。§～ **bèlt**(1)(常B-B-)黑人地帶(美國南部)。(2)〖柔道〗四段選手的黑色腰帶。～ **bòok** 黑名單。～ **bòx** 黑盒子(供自動控制用之電子裝置，如飛機上的自動儀器，用以收集情報等)。**B- Déath** 黑死病。～ **ecónomy** 黑市交易。～ **éye** (1)眼圈發黑。(2)〖俗〗恥辱。**B- Fríday** 不祥的禮拜五。**B- Hánd** 〖美〗黑手黨(專營敲詐或犯罪的黑社會組織)。～ **hóle** (1)〖天〗黑洞。(2)(軍營中的)禁閉室；牢房。～ **lìst** 黑名單 (亦作 blacklist)。～ **márket** 黑市。～ **marketéer** [**márketer**] 黑市商人。～ **pépper**黑胡椒。**B- Plágue** (1665年倫敦大流行的) 黑死病 (亦作 Great Plague)。～ **pòwder** 黑色火藥。**B- Séa** 黑海。～ **shéep** (1)黑羊。(2)害群之馬。～ **spót** 〖英〗車禍多的路段。～ **téa** 紅茶。～ **tíe** (1)黑色領結。(2)(男子之)半正式禮服。

black-and-white [ˋblækənˋhwaɪt] *adj.* 黑白的；無彩色的(圖片)。

black·ball [ˋblæk,bɔl] *n.* Ⓒ 反對票。— *v.t.* 投票反對。

***black·ber·ry** [ˋblæk,bɛrɪ] *n.* Ⓒ 〖植〗黑莓。

***black·bird** [ˋblæk,bɜd] *n.* Ⓒ〖鳥〗烏鶇。

‡**black·board** [ˋblæk,bord] *n.* Ⓒ 黑板。

black·cur·rant [ˋblækˋkɜənt] *n.* Ⓒ〖植〗黑醋栗。

***black·en** [ˋblækən] *v.t.* ①使變黑；使變暗。②毀謗。— *v.i.* 變黑。

black-eyed [ˋblækˋaɪd] *adj.* ①黑眼睛的。②黑眼圈的。

black·guard [ˋblægəd] *n.* Ⓒ 流氓；無賴。— *v.t.* 辱罵。— *adj.* ①粗鄙的；低俗的。②辱罵的。

black·head [ˋblæk,hɛd] *n.* Ⓒ①〖鳥〗美洲所產之鴨。②黑頭粉刺。

black·heart·ed [ˋblæk,hartɪd] *adj.* 壞心腸的；惡毒的。

black·ing [ˋblækɪŋ] *n.* Ⓤ①塗黑。②黑蠟；黑色鞋油。

black·ish [ˋblækɪʃ] *adj.* 稍黑的；帶黑色的。— **ly,** *adv.* — **ness,** *n.*

black·mail [ˋblæk,mel] *v.t.* & *n.* Ⓤ敲詐；勒索。

***black·ness** [ˋblæknɪs] *n.* Ⓤ ①黑；黑暗。②兇惡；陰險。

black·out [ˋblæk,aut] *n.* Ⓒ ①燈火管制。②飛機師因速度、方向之突變而暫時失去視覺或知覺。③戲院中舞臺上之全部熄燈。

***black·smith** [ˋblæk,smɪθ] *n.* Ⓒ 鐵匠。

black·thorn [ˋblæk,θɔrn] *n.* Ⓒ ①黑刺李(薔薇科之一種有刺植物)。②〖美〗山楂。

black·top [ˋblæk,tap] *n.* ①Ⓤ柏油。②Ⓒ柏油路。— *v.t.* (**-pp-**)以柏油鋪(路面)。

blad·der [ˋblædɚ] *n.* Ⓒ①〖解〗膀胱。②可充氣的囊袋。

***blade** [bled] *n.* Ⓒ ①刀鋒；刀口。②刀；劍。③精於劍術者。④槳的扁平部分；槳身。⑤葉片；葉身。

blah [blɑ] *n.* Ⓤ〖俚〗無意義；瞎說。— *interj.* 瞎說！

blain [blen] *n.* Ⓒ〖醫〗膿疱；水疱。

blam(e)·a·ble [ˋbleməbḷ] *adj.* 可責備的；該譴責的；有過失的。

‡**blame** [blem] *v.t.* ①譴責；歸咎。②〖美俚〗咒罵。**be to ～** 應該受責。— *n.* Ⓤ①過失。②譴責；非難；歸咎。— **ful(ly),** *adj.* (*adv.*)

blame·less [ˋblemlɪs] *adj.* 無可責難的；無過失的。— **ly,** *adv.*

blame·wor·thy [ˋblem,wɜðɪ] *adj.* 該受非難的；值得挨罵的。

Blanc [blæŋk] *n.* (Mont ～) 白朗峰(在法國東南部，爲阿爾卑斯山之最高峰)。

blanch [blæntʃ] *v.t.* & *v.i.* 漂白；使變(蒼)白。

blanc·mange [bləˋmanʒ] 〖法〗*n.* ⓊⒸ (以牛乳及澱粉質製成之)膠質狀甜點心。

bland [blænd] *adj.* ①溫柔的；慇懃的。②溫和的(氣候等)。— **ly,** *adv.*

blan·dish [ˋblændɪʃ] *v.t.* & *v.i.* 甘言勸誘；諂媚；奉承。— **ment,** *n.*

***blank** [blæŋk] *n.* Ⓒ ①空白(處)。②茫然。③空包彈。④空白紙。⑤沒有中獎的獎券。— *adj.* ①空白的。a ～ form 空白表格。②預留填寫位置的。③空的；單調的；無聊的。— *v.t.* ①隱匿；使模糊不清。②〖運動〗使(對方)不得分。§～ **chéck** (1)(已簽名但未填金額的)空白支票。(2)自由處理權；全權。～ (**cassétte**) **tàpe** 空白卡帶。～ **vérse** 無韻詩。— **ly,** *adv.* ①茫然地。②完全地。

***blan·ket** [ˋblæŋkɪt] *n.* ① Ⓒ 氈；毛毯。②(a ～ of)任何如氈狀之覆蓋物。— *v.t.* ①蓋以氈；裹以氈。②蓋；掩蓋。③妨阻。— *adj.* 總括的；全體的。

blare [blɛr, blær] *v.t.* & *v.i.* 叫嘩; 高聲鳴叫。— *n.* (*sing.*)粗大的聲音; 咆哮聲。

blar·ney [ˋblɑrnɪ] *n.* Ⓤ 諂媚話; 奉承話。— *v.i.* & *v.t.* 諂媚。

bla·sé [blɑˋze] 〖法〗*adj.* (因過度享樂而)厭煩享樂[人生]的。

blas·pheme [blæsˋfim] *v.t.* & *v.i.* ①褻瀆(神祇)。②咒罵; 辱罵。—**blas·phem′er,** *n.*

blas·phe·my [ˋblæsfɪmɪ] *n.* ① Ⓒ 對上帝或神祇的褻瀆言行。② Ⓒ 咒罵之話語或行爲。③ Ⓤ 輕視上帝或神祇; 褻瀆。—**blas′phe·mous(ly),** *adj.* (*adv.*)

***blast** [blæst] *n.* Ⓒ ①一陣疾風[空氣]。②吹; 吹聲(如笛、喇叭等)。③爆炸。④吹風; 輸風。— *v.t.* ①炸毀; 炸裂。②摧毀。③按喇叭。④咒罵。— *v.i.* ①枯萎。②〖俚〗吸毒。§ ∼ **àrea** 因(原子彈等之)爆炸而受損害、死傷之地區。∼ **fùrnace** 鼓風爐。

blast·off [ˋblæst,ɔf] *n.* Ⓒ (火箭、飛彈等)升空; 發射。

bla·tant [ˋbletn̩t] *adj.* ①喧嘩的。②極顯著的。③厚顏的。—**bla′tan·cy,** *n.*

blath·er [ˋblæðɚ] *v.t.* & *v.i.* 胡說; 喋喋不休。

***blaze**[1] [blez] *n.* ① Ⓒ 火焰; 火災。② Ⓒ (常 *sing.*)強烈的光。③ Ⓒ (常 *sing.*)爆發; 激發。④(*pl.*)地獄。— *v.i.* ①燃; 發焰。②發光。③發怒。— *v.t.* ①使發光。②使燃起。③明顯地表現。

blaze[2] *n.* Ⓒ ①樹皮上的刻痕(用作記號)。②(馬、牛等)臉上的白斑。— *v.t.* ①刻記號於樹皮(以標示道路)。②開拓; 領導。∼ *a trail* 做路標。

blaz·er [ˋblezɚ] *n.* Ⓒ 顏色鮮明之運動外衣。

blaz·ing [ˋblezɪŋ] *adj.* ①熾燃的。②燦爛的。③鮮明的。

bla·zon [ˋblezn̩] *v.t.* ①宣布。②誇示。③描繪徽章於盾上。— *n.* Ⓒ ①徽章。②徽章之描繪或解說。③炫示; 誇示。—**ry,** *n.*

bldg. building.

***bleach** [blitʃ] *v.t.* & *v.i.* 漂白; 變白。— *n.* Ⓤ Ⓒ 漂白(劑)。

bleach·er [ˋblitʃɚ] *n.* Ⓒ ①漂白者; 漂布業者。②漂白劑; 漂白器。③(常 *pl.*)〖美〗(球場等之)露天座位。

bleach·ing [ˋblitʃɪŋ] *n.* Ⓤ 漂白法; 漂白。— *adj.* 漂白的。§ ∼ **pòwder** 漂白粉。

***bleak** [blik] *adj.* ①荒涼的。②寒冷的。③蒼白的; 憂鬱的。—**ly,** *adv.*

blear [blɪr] *adj.* 朦朧的; 模糊不清的。— *v.t.* 使模糊不清。

blear-eyed [ˋblɪr,aɪd] *adj.* ①淚眼模糊的。②眼光遲鈍的; 目光淺近的。③患瞼緣炎的。

***bleat** [blit] *n.* Ⓒ (常 *sing.*)牛羊之鳴聲。— *v.i.* ①作牛羊鳴聲。②說廢話。③訴苦。— *v.t.* 以低微顫動之聲音說出。

bleb [blɛb] *n.* Ⓒ ①水皰; 皰疹。②(水、玻璃等之)氣泡。—**bleb′by,** *adj.*

bled [blɛd] *v.* pt. & pp. of **bleed.**

***bleed** [blid] *v.i.* (**bled**) ①流血。②受傷; 流血而死。③悲痛。④流出汁液。⑤付出高價(被勒索等)。— *v.t.* ①放血; 取血。②榨取金錢。③使(樹)流出汁液; 抽出水、空氣、電等。

bleed·er [ˋblidɚ] *n.* Ⓒ ①抽(他人之)血者。②易出血者。

bleep [blip] *n.* Ⓒ 短尖的聲音(發自袖珍收音機等)。— *v.i.* 發嗶嗶聲。

blem·ish [ˋblɛmɪʃ] *n.* Ⓒ 汚點; 缺點。— *v.t.* ①汚。②損傷。

blench[1] [blɛntʃ] *v.i.* 退縮; 畏縮; 退避。— *v.t.* 避免。

blench[2] *v.t.* & *v.i.* (使)變蒼白。

***blend** [blɛnd] *v.i.* & *v.t.* (∼**ed** or 〖詩〗 **blent**) ①混合; 混雜。②配合; 溶合。— *n.* Ⓒ 混合(物)。

blend·er [ˋblɛndɚ] *n.* Ⓒ ①混合的人。②攪拌器; 〖美〗果汁機。

blent [blɛnt] *v.* 〖詩〗pt. & pp. of **blend.**

‡**bless** [blɛs] *v.t.* (∼**ed** or **blest** [blɛst]) ①祝福; 祈禱。②賜福; 降福。③讚美; 頌揚。④使幸福; 使快樂。⑤保佑; 庇護(表驚嘆)。*B-* me! 哎呀! ⑥感激; 感謝; 對…表好感。⑦在胸前畫十字。

***bless·ed** [ˋblɛsɪd] *adj.* ①神聖的。②幸福的。③被咀咒的(=damned)。④(用以強調)一切的; 所有的。

bless·ed·ness [ˋblɛsɪdnɪs] *n.* Ⓤ 幸福; 福祉。

***bless·ing** [ˋblɛsɪŋ] *n.* Ⓒ ①祝福; 祈福。②幸福。*ask the* ∼ 祈禱(尤指進餐前)。

blew [blu] *v.* pt. of **blow.**

***blight** [blaɪt] *n.* ① Ⓤ (植物之)枯萎病; 蟲害。② Ⓒ 招致毀滅或挫敗的原因。— *v.t.* ①使枯萎。②毀壞。

blight·er [ˋblaɪtɚ] *n.* Ⓒ①萎縮[受摧殘]之人或物。②〖英俚〗可厭之人。

blimp [blɪmp] *n.* Ⓒ 〖俗〗小型軟式飛艇。

‡**blind** [blaɪnd] *adj.* ①瞎的。②缺乏判斷力的。③不加思考的。④隱蔽的。⑤閉塞的。⑥只有一個出口的。⑦盲人(用)的。⑧別人代爲安排的。⑨〖俚〗酒醉的。⑩無餡的(如餅等)。⑪無知覺的。⑫盲目的; 非根據理智的。 — *v.t.* ①使瞎; 使看不見。②蒙蔽。③使失去判斷力或覺察力。 — *n.* ①Ⓒ(常 *pl.*)障蔽物; 窗簾; 百葉窗。②(the ～, 作 *pl.* 解)盲人。§～ **álley** (1)死巷; 絕路。(2)困境。～ **dáte** (1)陌生男女經第三者介紹而見面的約會。(2)參加此種約會的男女。～ **spót** (1)盲點。(2)不明瞭、有偏見或不關心的事物。(3)(電視、無線電等)收視[聽]不佳之地區。 — **ness,** *n.*

blind·fold [ˋblaɪnd,fold] *v.t.* ①將…的眼睛蒙起。②擋住…的視線。③欺騙; 引入歧途。 — *adj.* ①蔽目的。②輕率的。 — *n.* Ⓒ蔽目的東西。

blind·ing [ˋblaɪndɪŋ] *adj.* 使盲目的; 使目眩的; 使昏瞶的。 — *n.* Ⓒ填補路面的沙土、碎石。 — **ly,** *adv.*

***blind·ly** [ˋblaɪndlɪ] *adv.* ①摸索地。②盲目地。③不繼續地。

blind·man [ˋblaɪndmən] *n.* Ⓒ (*pl.* **-men**)盲人。§～**'s búff** 捉迷藏。

***blink** [blɪŋk] *v.i.* & *v.t.* ①霎眼。②閃光。③不理睬; 忽視(常 at)。④吃驚。 — *n.* Ⓒ一瞥; 霎眼; 閃光。

blink·er [ˋblɪŋkɚ] *n.*① Ⓒ十字路口之閃光警燈。②(*pl.*)護目鏡。③Ⓒ(常 *pl.*)馬眼罩。

blintz(e) [blɪnts(ə)] *n.* Ⓒ〖美〗(包有乾酪、水果的)熱薄餅。

blip [blɪp] *n.* Ⓒ①(雷達幕上顯示之)影像; 光點。②電視音響干擾。

***bliss** [blɪs] *n.* Ⓤ極大的幸福; 天賜的福。 — **ful(ly),** *adj.*(*adv.*)

***blis·ter** [ˋblɪstɚ] *n.* Ⓒ①膿疱; 水泡。②(植物、金屬或油漆上面起的)浮泡。 — *v.t.* & *v.i.* (使)生水泡。

blis·ter·ing [ˋblɪstərɪŋ] *adj.* ①(尤指因酷熱而)引起水泡的。②惱怒而有意傷害的。 — **ly,** *adv.*

blithe [blaɪð] *adj.* ①快樂的; 活潑的。②無憂無慮的。

blith·er [ˋblɪðɚ] *n.* Ⓤ胡扯。 — *v.i.* 〖俚〗胡扯; 嘮叨。

blith·er·ing [ˋblɪðərɪŋ] *adj.* 嘮叨不休的; 胡扯的。

blithe·some [ˋblaɪðsəm] *adj.* 歡樂的; 愉快的。 — **ly,** *adv.*

blitz [blɪts] *n.* Ⓒ〖軍〗閃電戰。 — *v.t.* 對…作迅速而強烈的攻擊。

blitz·krieg [ˋblɪts,krig] 〖德〗 *n.* & *v.t.* =**blitz.**

bliz·zard [ˋblɪzɚd] *n.* Ⓒ大風雪。

bloat [blot] *v.t.* & *v.i.* ①(使)膨脹。②醃燻(鯡魚等)。③自誇。 — **ed,** *adj.*

blob [blɑb] *n.* Ⓒ一滴。 — *v.t.* & *v.i.* (**-bb-**)濺; 汚。

bloc [blɑk] *n.* Ⓒ(爲某種共同目的而一致行動的)政治組織; 集團。

‡**block** [blɑk] *n.* Ⓒ①一塊(木或石等)。②障礙物。③〖美〗(市街的)一區。④一組同樣的東西。⑤滑車。⑥斷頭臺。⑦拍賣臺。⑧(運動中給對方之)阻擋。⑨木刻板。⑩積木。***go to the ～* a.** 上斷頭臺。**b.** 拍賣。 — *v.t.* ①阻塞。②妨礙。③(用木塊或石塊)支撐。④阻擋(對方)。～ ***out*** [***in***]畫略圖。§～ **càpital** 〖印刷〗方體字(block letter)的大寫字母。～ **lètter** (1)木版字。(2)方體字。

***block·ade** [blɑˋked] *n.* Ⓒ①封鎖。②障礙物。 — *v.t.* ①封鎖。②阻礙。

block·bust·er [ˋblɑk,bʌstɚ] *n.* Ⓒ①〖俚〗大型具高度破壞的炸彈。②一鳴驚人者。③土地投機商。

block·bust·ing [ˋblɑk,bʌstɪŋ] *adj.* 一鳴驚人的。 — *n.* Ⓤ〖美〗房地投機者在較高尚住宅區放出謠言使屋主倉促以低價售房地產的手法。

block·er [ˋblɑkɚ] *n.* Ⓒ阻擋的人或物。

block·head [ˋblɑk,hɛd] *n.* Ⓒ愚蠢的人。

block·house [ˋblɑk,haus] *n.* Ⓒ①碉堡。②木堡。③圓木小屋。

bloke [blok] *n.* Ⓒ〖英俚〗(男)人; 傢伙。

***blond(e)** [blɑnd] *adj.* & *n.* Ⓒ金髮碧眼白膚的(人)(女的稱爲 blonde, 男的稱爲 blond)。

‡**blood** [blʌd] *n.* ①Ⓤ血; 血液。②Ⓤ殺戮; 流血。③Ⓤ血統; 家世。④Ⓤ血氣; 脾氣; 心境。⑤Ⓒ血氣方剛的人。⑥Ⓤ活力; 生命力。～ ***and thunder*** 刺激而誇張的通俗劇。***B- is thicker than water.*** 血濃於水(親戚總比朋友親)。***make one's ～ run cold*** 使極度害怕。***taste ～*** 嘗到甜頭。§～ **bànk** 血庫。～ **bàth** 大屠殺。～ **bròther** (1)親兄弟。(2)拜把兄弟。～ **còunt** 血球計數。～

B

donàtion 捐血。~ dònor 捐[供]血者。~ fèud 血仇。~ gròup [tỳpe] 血型。~ gròuping [tỳping] 血型分類；血型鑑定。~ hèat 人體血溫(爲37°C或98.6°F)。~ mòney (1)付給兇手的酬金。(2)付給被害人家屬之撫恤金。(3)爲免報復而付給的錢。(4)將兇犯交給警方所得的獎金。~ plàsma 血漿。~ pòisoning 血中毒；血毒症。~ prèssure 血壓。~ relátion [rélative] 血親；骨肉。~ spòrts 會有流血的運動或競技(如狩獵、鬥牛等)。~ sùgar 血糖。~ tèst 驗血。~ transfùsion 輸血(法)。~ vèssel 血管。

blood·cur·dling [ˋblʌd,kɝdlɪŋ] *adj.* 令人毛骨悚然的。

blood·ed [ˋblʌdɪd] *adj.* ①有…血的。②純種的。③有戰鬥經驗的。

blood·hound [ˋblʌd,haund] *n.* Ⓒ①一種大偵察獵犬。②〖俚〗偵探。

blood·less [ˋblʌdlɪs] *adj.* ①無血的；沒有血色的。②不流血的。③沒精打采的。④無情的。

blood·line [ˋblʌd,laɪn] *n.* Ⓒ (動物之)血統。

blood-red [ˋblʌdˋrɛd] *adj.* 血紅的；血染的。

blood·shed [ˋblʌd,ʃɛd] *n.* Ⓤ 流血(事件)；殺害。

blood·shot [ˋblʌd,ʃat] *adj.* 充血的；有血絲的。

blood·stain [ˋblʌd,sten] *n.* Ⓒ 血污；血跡。— *v.t.* 血染。

blood·stained [ˋblʌd,stend] *adj.* ①有血跡的。②犯殺人罪的。

blood·stone [ˋblʌd,ston] *n.* Ⓤ Ⓒ〖礦〗血玉髓；血石。

blood·stream [ˋblʌd,strim] *n.* Ⓤ (常 the ~)(循環體內的)血流。

blood·suck·er [ˋblʌd,sʌkɚ] *n.* Ⓒ①吸血動物[蟲]；水蛭。②剝削者。

blood·thirst·y [ˋblʌd,θɝstɪ] *adj.* 嗜殺的；殘忍的。

***blood·y** [ˋblʌdɪ] *adj.* ①血的；血污的。②殘忍的；嗜殺的。③〖英鄙〗該死的；非常的。— *adv.* 〖英鄙〗非常地。— *v.t.* 使流血；以血弄污。

***bloom** [blum] *n.* ①Ⓒ花。②Ⓤ花開的狀態。③Ⓤ青春；壯盛時期。④Ⓤ面色紅潤。— *v.i.* ①開花。②繁盛。③處於最健康情況中。— *v.t.* ①使繁榮；使開花。②使光采；使美麗。

bloom·ers [ˋblumɚz] *n. pl.* 婦女運動時所穿長及膝部之燈籠褲。

bloom·ing [ˋblumɪŋ] *adj.* ①開花的。②青春的；壯盛的。③興旺的；繁榮的。④〖俗〗全然的；討厭的。

***blos·som** [ˋblɑsəm] *n.* ①ⓊⒸ花(尤指結果實者)。②Ⓤ花開的時期或狀態。— *v.i.* ①開花。②繁榮。

***blot** [blɑt] *n.* Ⓒ①污痕。②文字的刪除。③缺點；污名。— *v.t.* (-tt-) ①弄髒。②(用吸墨紙)吸乾。③玷污。~ *out* **a.** 遮蓋。**b.** 塗抹。**c.** 擦掉。**d.** 毀掉。§ ~ting pàper 吸墨紙。

blotch [blɑtʃ] *n.* Ⓒ①大污漬；斑點。②皮膚上的紅疤。

blot·ter [ˋblɑtɚ] *n.* Ⓒ ①吸墨紙。②記事簿；記錄簿。

***blouse** [blaus] *n.* Ⓒ①似襯衫的上衣。②(寬鬆的婦女或兒童之)短衫。③(美軍軍服之)短上衣。

‡**blow**[1] [blo] *n.* Ⓒ①打；毆打。②精神上的打擊。③〖樂〗吹奏。*come to ~s* 互毆。

‡**blow**[2] *v.i.* (**blew, blown**) ①吹。②爲風所捲。③吹氣。④喘息。⑤自誇。⑥響起。⑦爆炸(up)。— *v.t.* ①吹。②將空氣吹進…。③擤(鼻涕)。④自誇。⑤使喘氣。⑥吹製。⑦(昆蟲)產卵於…之上。~ *out* **a.** 吹熄。**b.** 因電流過強而融化。**c.** 漏氣。**d.** 力量消失。~ *up* **a.** 打氣。**b.** 爆炸。**c.** 炸毀。**d.** 發脾氣。**e.** 形成。**f.** 放大(照片)。**g.** 斥責。

blow[3] *v.t.* & *v.i.* (**blew, blown**) (使)開花。— *n.* Ⓒ①花叢。②華麗炫耀之物。

blow-by-blow [ˋblo,baɪˋblo] *adj.* (如報導拳擊手之一舉一動)非常詳細的；詳盡入微的。— *n.* Ⓒ詳盡的敍述。

blow-dry [ˋblo,draɪ] *v.t.* (用吹風機)吹乾(溼頭髮)。— *n.* Ⓒ頭髮的吹乾。

blow-dry·er [ˋblo,draɪɚ] *n.* Ⓒ 手握式吹風機。

blow·er [ˋbloɚ] *n.* Ⓒ①吹者；吹奏之物。②風箱。③〖俚〗愛吹牛的人。

blow·fly [ˋblo,flaɪ] *n.* Ⓒ 綠頭蒼蠅。

blow-hard [ˋblo,hɑrd] *n.* Ⓒ〖俚〗大言不慚者。

blown [blon] *v.* pp. of **blow**.

blow·out [ˋblo,aut] *n.* Ⓒ①爆破。②車胎爆裂。③保險絲燒斷。④〖俚〗盛大宴會。⑤(蒸氣等的)噴出。

blow·torch [ˋblo,tɔrtʃ] *n.* Ⓒ (熔焊鉛管等的小型)噴燈。

blow·up [ˋblo,ʌp] *n.* Ⓒ①爆炸；

爆發。②激怒；叱責。③〖攝〗放大。④破產。「亂的。」
blow·y [ˋblo·ɪ] *adj.* 颳風的；易吹
blowz·y [ˋblauzɪ] *adj.* ①紅臉的；日炙的。②不整潔的。
blub·ber[1] [ˋblʌbɚ] *n.* Ⓤ鯨脂。
blub·ber[2] *n.* Ⓤ泣訴。— *v.i.* & *v.t.* ①(哇哇地)痛哭；泣訴。②哭腫(眼睛、臉)。
bludg·eon [ˋblʌdʒən] *n.* Ⓒ大頭棒(一端較重之短棒)。— *v.t.* ①棒打。②脅迫；恫嚇。
‡**blue** [blu] *n.* ①ⓊⒸ天藍色；青色。②Ⓤ藍色染料。③(*pl.*)憂鬱；沮喪。④(the ～)天空；海洋。⑤Ⓒ穿藍色衣服者。⑥Ⓒ〖英〗保守黨員；(牛津、劍橋大學)選手及其藍色標幟。*out of the* ～ 完全出於不意。— *adj.* ①蔚藍的。②憂鬱的。③發青的。④猥褻的。～ *in the face* 筋疲力竭得說不出話。*once in a* ～ *moon* 罕；極少。— *v.t.* 將…染成青色。§ ～ **blòod** (1)貴族的血統。(2)〖俗〗貴族。～ **bòok** (1)藍皮書(英國國會之出版物，因書皮爲藍色，故稱)。(2)美國政府官員錄。(3)社會知名人士錄。(4)若干大學供學生作試題答案之藍皮小冊子。～ **jèans** 藍色斜紋布料的牛仔褲[工作裝]。～ **Mónday**〖俗〗沮喪的星期一(因週末假期後又開始工作)。～ **móon** 罕見的事物；極長的一段時間。～ **ríbbon**(英國嘉德勳章之)藍綬；最高榮譽；第一獎。**the B～ Bírd** 青鳥(源自 Maeterlinck 詩劇，象徵幸福)。
Blue·beard [ˋblu,bɪrd] *n.* ①藍鬍子(傳說中殺害六個妻子之人)。②Ⓒ無情、變態的丈夫。「植物。」
blue·bell [ˋblu,bɛl] *n.* Ⓒ鐘形花
blue·ber·ry [ˋblu,bɛrɪ] *n.* Ⓒ〖植〗藍莓；藍莓的漿果。
***blue·bird** [ˋblu,bɜd] *n.* Ⓒ 藍知更鳥。「色的。」
blue-black [ˋbluˋblæk] *adj.* 深藍
blue·bot·tle [ˋblu,batl] *n.* Ⓒ①〖植〗矢車菊。②〖昆〗青蠅。
blue-col·lar [ˋbluˋkalɚ] *adj.* 藍領(階級)的；勞工的。
blue·grass [ˋblu,græs] *n.* ①Ⓒ〖植〗藍草；早熟禾。②Ⓤ美國南方傳統的鄉村民謠。「水兵。」
blue·jack·et [ˋblu,dʒækɪt] *n.* Ⓒ
blue·print [ˋblu,prɪnt] *n.* Ⓒ 藍圖；詳細計畫。— *v.t.* 製…之藍圖；詳細計畫…。「一流的；特選的。」
blue-rib·bon [ˋblu,rɪbən] *adj.*
blues [bluz] *n. pl.* ①憂鬱。②(常作 *sing.* 解)布魯士舞步。
blue·stock·ing [ˋblu,stakɪŋ] *n.* Ⓒ〖蔑〗女學者；才女；炫耀自身學識的女人。
bluff[1] [blʌf] *n.* 〖美〗①Ⓤ虛張聲勢；唬人。②Ⓒ虛張聲勢的人。*call someone's* ～ 揭穿某人的虛僞。— *v.i.* 故弄玄虛。— *v.t.* 虛張聲勢以嚇(人)。
***bluff**[2] *adj.* ①陡峭的。②坦直的；豪放的。— *n.* Ⓒ絕壁。— **ly,** *adv.*
blu·ing [ˋbluɪŋ] *n.* Ⓤ藍色漂白劑。(亦作 **blueing**)
blu·ish [ˋbluɪʃ] *adj.* 淺藍色的。
***blun·der** [ˋblʌndɚ] *n.* Ⓒ大錯。— *v.t.* ①做錯。②脫口而出。— *v.i.* ①措施失當。②盲目或愚蠢地行動。～ *away*不愼錯失(好機會等)。～ *out* 脫口而出。— **er,** *n.*
blun·der·buss [ˋblʌndɚ,bʌs] *n.* Ⓒ①老式散彈短槍。②輕率者。
***blunt** [blʌnt] *adj.* ①鈍的。②坦白的；直言的。③愚蠢的；粗魯的。— *v.t.* & *v.i.* 使鈍；變鈍。— *n.* Ⓒ鈍的東西。
***blur** [blɜ] *v.t.*(**-rr-**)①使污黑。②使模糊。— *v.i.* 變模糊。— *n.* ①Ⓤ模糊。②Ⓒ污點。
blurb [blɜb]〖俗〗*n.* Ⓒ(印在書籍封面上的)誇大的廣告或介紹詞。— *v.t.* & *v.i.* 在廣告中推薦。
blurt [blɜt] *v.t.* 不加思索地衝口說出〔常 out〕。— *n.* Ⓒ不加思索的話。
***blush** [blʌʃ] *n.* ①Ⓒ赧顏。②Ⓤ紅色。*at* [*on*] *first* ～ 一見；乍看時。— *v.t.* 以臉紅來表達。— *v.i.* ①臉紅。②慚愧。
blush·er [ˋblʌʃɚ] *n.* Ⓒ ①臉紅者。②一種類似胭脂的化妝品。
blus·ter [ˋblʌstɚ] *v.i.* ①狂吹。②咆哮；誇言。③恫嚇。— *v.t.* ①威嚇；欺凌。②咆哮地說。— *n.* Ⓤ①狂吹。②誇言；恫嚇。
blvd. boulevard. **BM** bowel movement. **BMW**〖商標〗德國高級車。「皮圍巾。」
bo·a [ˋboə] *n.* Ⓒ①蟒蛇。②女用毛
B.O.A.C. British Overseas Airways Corporation. 英國海外航空公司。「豬。③Ⓤ野豬肉。」
***boar** [bor] *n.* ①Ⓒ雄豬。②Ⓒ野

B

‡**board** [bord] *n.* ①Ⓒ寬薄的木板。②Ⓒ爲特殊用途的木板。③Ⓒ厚紙板。④Ⓒ飯桌。⑤Ⓤ膳食。⑥Ⓒ理事會；董事會；(政府中的)部會。⑦Ⓒ舷(側)；甲板。***All on ~!***〖美〗請大家上車！***~ and lodging***膳宿。***~ of health***衛生局。***~ of trade***商會。***on ~***上船[火車]；在船[車]上。***on the ~s***從事舞臺生涯。— *v.t.* ①用板蓋。②供膳；供膳宿。③上(船)；登(車)。— *v.i.* ①寄膳。②逆風中屈折航行。***~ out***在外面吃飯。***~ up***用木板(把門窗)釘起。§ ~ **chàirman** 董事長。~ **fòot**〖美〗板呎(木材測量單位)。~ **gàme** 在盤上玩的遊戲(如西洋棋等)。~ **ròom** (1)董事會會議室。(2)(證券行的)交易場。~ **schòol** 英國的公立小學。~ **wàges** (1)代工資的膳食。(2)僅夠糊口的工資。(3)膳費。

***board·er** [ˋbordɚ] *n.* Ⓒ ①寄膳(宿)者。②寄宿生。

board·ing [ˋbordɪŋ] *n.* Ⓤ ①寄膳(宿)。②供膳宿。③上船[火車]；登機。④攻擊或擄獲敵船。§ ~ **hòuse** (寄)宿舍。~ **schòol** 寄宿制學校。

board·walk [ˋbord,wɔk] *n.* Ⓒ〖美〗木板鋪成之道路。

***boast** [bost] *v.i.* 自誇{of, about, that}。— *v.t.* ①誇(其所有)。②誇言。— *n.* Ⓒ自誇。— **ful,** *adj.*

‡**boat** [bot] *n.* Ⓒ①船。②船形的碗[盆]。***burn one's ~s***破釜沉舟；斷絕退路。***have an oar in every man's ~***多管閒事。***in the same ~***同舟共濟；共患難。— *v.i.* 乘船。— *v.t.* 以舟載運。§ ~ **pèople** 海上難民。~ **tràin** (與船期銜接的)港口聯運火車。

boat·er [ˋbotɚ] *n.* Ⓒ①乘船者。②一種平頂硬草帽。

boat·house [ˋbot,haus] *n.* Ⓒ船[庫；艇庫。]

boat·ing [ˋbotɪŋ] *n.* Ⓤ ①划船遊樂。②使用小船之運輸業。

***boat·man** [ˋbotmən] *n.* Ⓒ (*pl.* **-men**)①船夫。②出租船者。(亦作 **boatsman**)

boat·swain [ˋbosn, ˋbot,swen] *n.* Ⓒ掌帆長；水手長。

***bob**[1] [bab] *n.* Ⓒ①短髮。②秤錘。③釣竿線上的浮子；釣線上的蟲。④(馬之)截短之尾巴。— *v.t.* (**-bb-**)剪短。— *v.i.* ①用牙齒咬住上下浮動的東西。②用繫有浮子的釣竿釣魚。

bob**[2] *v.t.* (**-bb-**)使上下疾動。— *v.i.* 上下疾動。~ up***突然出現。— *n.* Ⓒ疾速的動作。

bob[3] *n.* Ⓒ (*pl.* ~)〖英俚〗先令。

bob·bin [ˋbabɪn] *n.* Ⓒ線軸。

bob·ble [ˋbabl̩] *n.* Ⓒ①(輕微的)上下反覆搖蕩。②〖美俗〗笨拙的失誤。③〖棒球〗漏接。— *v.t.* 失(球)；漏接。

***bob·by** [ˋbabɪ] *n.* Ⓒ〖英俚〗警察。§ ~ **pìn** 金屬製彈簧狀髮夾。

bob·by·sox·er [ˋbabɪ,saksɚ] *n.* Ⓒ〖俗〗(醉心於時髦的)少女。

bob·cat [ˋbab,kæt] *n.* Ⓒ〖動〗美洲野貓。

bob·o·link [ˋbabl̩,ɪŋk] *n.* Ⓒ (美洲產之)食米鳥。(亦作 **ricebird**)

bob·sled [ˋbab,slɛd] *n.* Ⓒ連橇。— *v.i.* (**-dd-**)乘連橇；以連橇滑行。(亦作 **bobsleigh**)

bob·tail [ˋbab,tel] *n.* Ⓒ ①截短之尾。②截尾之動物。— *adj.* 截尾的；剪短的。

Boc·cac·ci·o [boˋkatʃɪ,o] *n.* 薄伽丘(Giovanni, 1313-75, 義大利詩人、小說家)。

bod [bad] *n.* Ⓒ〖英俗〗人。

bode[1] [bod] *v.i.* & *v.t.* 預示。***~ ill [well]***兇[吉]兆。— **ment,** *n.*

bode[2] *v.* pt. of **bide.**

bo·de·ga [boˋdigə]〖西〗*n.* Ⓒ 酒窖；酒店；雜貨店。

bod·ice [ˋbadɪs] *n.* Ⓒ (女人穿的)緊身胸衣。

bod·i·less [ˋbadɪlɪs] *adj.* 無體的；[無形的。]

***bod·i·ly** [ˋbadl̩ɪ] *adj.* ①身體上的。②有形的；具體的。— *adv.* ①親自。②全體地。

bod·ing [ˋbodɪŋ] *n.* ⓊⒸ 預兆；惡兆。— *adj.* 預兆的；不吉的；凶兆的。

bod·kin [ˋbadkɪn] *n.* Ⓒ ①錐。②長的束髮針。③粗鈍之針。***sit ~***〖英〗擠坐在兩人座位的中間。

‡**bod·y** [ˋbadɪ] *n.* ①Ⓒ身體。②Ⓒ軀幹。③Ⓒ主要部分。④Ⓒ屍體。⑤Ⓒ團體；隊。⑥Ⓒ人。⑦(*sing.*)實體；數量(許多)。⑧Ⓒ車[船，機]身。***keep ~ and soul together***養活自己；苟延殘喘。— *v.t.* 賦以形體；使具體化。***~ forth* a.** 賦予實體。**b.** 爲…之象徵。§ ~ **bùilding** 強身法。~ **còunt**(戰役中)敵方陣亡人數。~ **Ènglish**〖美俗〗身體旋轉(球員下意識之動作，使球朝自己所期望的方向行進)。~ **lànguage** 肢體語

言。~ mike〖美〗掛在頸上的小型麥克風。the ~ pólitic 國家。

bod·y·guard [ˋbadɪ͵gard] *n.* Ⓒ 保鑣。

bod·y·work [ˋbadɪ͵wɜk] *n.* Ⓤ ①車身的打造[修理]。②車身。

Boer [bor, bur] *n.* Ⓒ 波爾人。— *adj.* 波爾人的。§ the ~ Wàr 波爾戰爭。

bof·fin [ˋbafɪn] *n.* Ⓒ〖英俗〗科學家。

***bog** [bag] *n.* ⓊⒸ 沼澤。— *v.t.* & *v.i.* (-gg-) (使)陷於泥淖; (使)進退兩難〔常 down〕. — **gy,** *adj.*

bo·gey [ˋbogɪ] *n.* Ⓒ ①鬼怪。②〖高爾夫〗a. 每洞標準桿數。b. 超過某洞標準桿數一桿之記錄。

bog·gle[1] [ˋbagl] *v.i.* ①受驚; 驚跳。②畏縮不前; 躊躇。③閃爍其辭〔at, about〕. — *v.t.* ①弄糟; 做壞。②使吃驚。— *n.* Ⓒ 驚跳; 退縮。

bog·gle[2] *n.* Ⓒ 鬼怪; 妖魔。

bo·gie [ˋbogɪ] *n.* Ⓒ ①轉向車; 臺車。②(戰車之)履帶輪。

bo·gus [ˋbogəs] *adj.* 〖美〗假的; 僞造的。— *n.* Ⓒ 贋品。

Bo·he·mi·a [boˋhimɪə] *n.* 波希米亞(昔中歐一國家, 現爲捷克一部分)。

Bo·he·mi·an [boˋhimɪən] *adj.* ①波希米亞(人, 語)的。②狂放不羈的。— *n.* ①Ⓒ 波希米亞人。②Ⓤ 波希米亞語。③Ⓒ 狂放者。④Ⓒ 吉卜賽人。

‡**boil**[1] [bɔɪl] *v.i.* & *v.t.* ①沸。②似沸。③發怒; 激動。④烹煮。~ **away** a. 繼續沸騰。b. 煮乾。~ **down** a. 蒸濃; 煮濃。b. 摘要。~ **over** a. 因沸溢出。b. 發怒。— *n.* ①(a ~) 沸騰; 煮沸。②(the ~)沸點。***be at* [*on*] *the* ~** 在沸點。***come to the* ~** 開始沸騰。

boil[2] *n.* Ⓒ 疔; 癤。

***boil·er** [ˋbɔɪlɚ] *n.* Ⓒ ①煮沸器。②汽鍋。③盛熱水的桶。

boil·ing [ˋbɔɪlɪŋ] *n.* ①Ⓤ 沸騰; 烹煮。②Ⓒ 一次所煮之物。— *adj.* ①沸騰的。②激動的。③極熱的。§ ~ pòint 沸點。

***bois·ter·ous** [ˋbɔɪstərəs] *adj.* ①喧鬧的。②猛烈的; 狂暴的。

bold** [bold] *adj.* ①勇敢的; 過度自信的。②無禮的; 魯莽的; 厚顏無恥的。③顯眼的。④陡峭的。make* ~** 膽敢; 冒昧。— **ly,** *adv.* — **ness,** *n.*

bold·face [ˋbold͵fes] *n.* Ⓤ〖印刷〗粗體鉛字; 黑體字。

bole [bol] *n.* ①Ⓒ 樹幹。②Ⓤ 黏土。

bo·le·ro [boˋlɛro] *n.* Ⓒ (*pl.* ~s) ①波蕾若(一種輕快之西班牙舞蹈或其舞曲)。②前面開口之短上衣。

Bo·liv·i·a [bəˋlɪvɪə] *n.* 玻利維亞(南美之一國)。— **Bo·liv′i·an,** *adj.* & *n.*

boll [bol] *n.* Ⓒ (棉、亞麻等之)圓「蒴; 莢殼。」

Bol·she·vik [ˋbalʃə͵vɪk] *n.* (*pl.* ~s, **Bol·she·vi·ki** [-͵vɪkɪ]) ①布爾什維克。②Ⓒ 俄國共產黨之一分子。③Ⓒ (有時 b-)激進分子。— *adj.* 共產黨的; 激烈派的。

Bol·she·vism [ˋbalʃə͵vɪzəm] *n.* Ⓤ ①布爾什維克主義; 共產主義。②(有時 b-)激進主義。

bol·ster [ˋbolstɚ] *n.* Ⓒ ①長枕(墊)。②墊物; 承板。— *v.t.* 支持; 支撐〔有時 up〕.

bolt**[1] [bolt] *n.* Ⓒ ①螺釘。②門閂。③短而粗之箭頭; 矢。④霹靂; 閃電。⑤突發; 逃亡。⑥一捲布[紙]。a* ~ *from the blue*** 晴天霹靂。***shoot one's* ~** 盡力而爲。— *v.i.* ①逃走; 突然跳開。②〖美〗脫黨; 拒絕擁護自己政黨的候選人。— *v.t.* ①閂住。②〖美〗脫黨; 不擁護自己政黨的政策。③射出。④囫圇吞下。

bolt[2] *n.* Ⓒ 篩子。— *v.t.* ①篩。②細查; 分開。

***bomb** [bam] *n.* Ⓒ ①炸彈。②突發事件。③〖俚〗徹底的失敗。— *v.t.* 轟炸。— *v.i.* ①投彈。②完全失敗〔常 out〕. § ~ shèlter 防空洞; 避難室。

bom·bard [bamˋbard] *v.t.* ①砲轟。②攻擊; 質問。— **ment,** *n.*

bom·bar·dier [͵bambɚˋdɪr] *n.* Ⓒ ①〖軍〗投彈手。②砲兵下士。

bom·bast [ˋbambæst] *n.* ⓊⒸ 誇大之辭; 大話。— **bom·bas′tic,** *adj.*

bombed [bamd] *adj.* ①圓的; 凸的。②〖俚〗(爲酒或毒品所)麻醉的。

bomb·er [ˋbamɚ] *n.* Ⓒ ①轟炸機。②轟炸員。

bomb·proof [ˋbamˋpruf] *adj.* 避彈的。— *n.* Ⓒ 防空壕。

bomb·shell [ˋbam͵ʃɛl] *n.* Ⓒ ①炸彈。②(常 *sing.*)突然引起騷動的人[事]。

bo·na fide [ˋbonəˋfaɪdɪ] 〖拉〗 *adv.* & *adj.* 眞誠地[的]。

bo·na fi·des [ˋbonəˋfaɪdiz] 〖拉〗 *n.* (作 *sing.*解) 誠意。

bo·nan·za [boˋnænzə] *n.* Ⓒ ①富礦帶。②〖俗〗致富之源; 幸運。

B

bon·bon [ˋban,ban] 〖法〗*n.* Ⓒ夾心糖。

‡**bond** [band] *n.* ① Ⓒ 束縛; 結合。② Ⓒ 債券。③ Ⓒ 契約; 合同; 票據。④ Ⓤ 保結。⑤(*pl.*)禁錮; 桎梏。⑥ Ⓒ 保證人。— *v.t.* ①以證券作抵押; 抵押。②結合; 砌合(磚石等)。③作保。— *v.i.* 砌合。§ ∼ **pàper**銅版紙。

***bond·age** [ˋbandɪdʒ] *n.* Ⓤ 奴役; (習慣、情慾等的)奴隸; 囚禁。

bond·hold·er [ˋband,holdɚ] *n.* Ⓒ債券持有人。

bond·man [ˋbandmən] *n.* Ⓒ (*pl.* **-men**)①男奴。②中世紀之農奴。

‡**bone** [bon] *n.* ① Ⓤ Ⓒ 骨。②(*pl.*)屍骸。③ Ⓒ 似骨的東西(如象牙、傘骨、骨牌等)。④(*pl.*)〖俗〗**a.** 骰子。**b.** 骨骼。**c.** 身體。***have a ∼ in the throat*** 難於開口。***have a ∼ to pick with*** (*someone*)有可爭論或抱怨的事。***make no ∼s about*** 毫不猶疑; 毫無顧忌。***to the ∼*** 完全地; 至極限。— *v.t.* ①除去骨頭。②以骨灰施肥於。— *v.i.* 苦讀; 用功研習。§ ∼ **àsh** 骨灰。

bone·black [ˋbon,blæk] *n.* Ⓤ (漂白用)骨炭。(亦作 **bone black**)

bone-dry [ˋbonˋdraɪ] *adj.* ①極乾燥的。②〖美俗〗絕對禁酒的。

bon·er [ˋbonɚ] *n.* Ⓒ ①〖俚〗大錯。②苦讀的人。

bon·fire [ˋban,faɪr] *n.* Ⓒ 在戶外或為慶祝所舉的火。

bon·go[1] [ˋbaŋgo] *n.* Ⓒ (*pl.* **∼s**)(非洲產)大羚羊。

bon·go[2] *n.* Ⓒ (*pl.* **∼(e)s**) 拉丁小鼓(一種用手指敲打的小鼓)。

bon·ho·mie [,banəˋmi] 〖法〗*n.* Ⓤ好性情; 和藹。

bo·ni·to [bəˋnito] *n.* Ⓒ (*pl.* **∼(e)s**) 〖魚〗鰹。

bon mot [bɔ̃ˋmo] 〖法〗*n.* Ⓒ 合適的話; 聰明的話; 雋語。

Bonn [ban] *n.* 波昂(前西德首都)。

***bon·net** [ˋbanɪt] *n.* Ⓒ ①婦孺所戴的軟帽。②保護用之覆蓋物。③蘇格蘭男用無邊軟帽。

bon·ny, bon·nie [ˋbanɪ] *adj.* ①美麗的。②好的。③健美的。

***bo·nus** [ˋbonəs] *n.* Ⓒ ①獎金; 紅利。②額外酬金。③免費贈送的東西。

bon vo·yage [bɔ̃vwaˋjaːʒ] 〖法〗 *interj.* 再會; 一路順風; 一路平安。

bon·y [ˋbonɪ] *adj.* 多骨的; 如骨的; 骨瘦如柴的。

boo [bu] *interj.* 呸! (表輕視、不贊成或震驚之聲音)。— *n.* Ⓒ (*pl.* **∼s**)嘘聲。— *v.i.* 作嘘聲。— *v.t.* 以嘘聲嚇走; 向…作嘘聲。

boob [bub] *n.* ① Ⓒ 〖美俚〗愚人。②(*pl.*)〖俗〗(女人的)乳房。

boo·by [ˋbubɪ] *n.* Ⓒ ①呆子。②塘鵝。§ ∼ **prìze** 末名獎品。

boo·by-trap [ˋbubɪ,træp] *n.* Ⓒ (亦作 **booby trap**)①置物於微開的門上以驚打來人之惡作劇。②〖軍〗詭雷。— *v.t.* (**-pp-**)安設陷阱。

boog·ie-woog·ie [ˋbugɪˋwugɪ] *n.* Ⓤ〖樂〗布基烏基(快節奏的爵士樂)。

‡**book** [buk] *n.* Ⓒ ①書。②卷。③簿冊。④歌劇之歌詞。⑤(常 *pl.*)帳簿。⑥(歌舞劇等之)劇本。⑦賭注帳冊(賽馬等的)。⑧裝訂如書之物(支票簿、郵票等)。***bring to ∼*** **a.** 請求解釋。**b.** 斥責。***close the ∼s*** **a.**(結帳時)暫停記帳。**b.**使…告結束。***in one's ∼*** 按某人的個人意見。***on the ∼s*** 有記載; 有案可查。***suit one's ∼*** 合於某人的計畫或希望。***the B- of Changes*** 易經。— *v.t.* ①登記。②預定; 約定。③託運。④控告。— *v.i.* ①登記。②訂座; 訂票。§ ∼ **lèarning** [**lɔ̀re**] (1)書本上的學問。(2)〖俗〗正規教育。∼ **review** 書評。

***book·case** [ˋbuk,kes] *n.* Ⓒ 書架。

book·end [ˋbuk,ɛnd] *n.* Ⓒ (常*pl.*)書夾; 書靠。

book·ie [ˋbukɪ] *n.* Ⓒ〖俚〗以賭賽馬為生之人。

book·ing [ˋbukɪŋ] *n.* Ⓤ Ⓒ ①演講或表演之預約。②訂票。§ ∼ **clèrk** (1)售票員。(2)受理預約之人員。∼ **òffice** 〖英〗售票房。

book·ish [ˋbukɪʃ] *adj.* ①好讀書的。②迂腐的; 拘泥的。③書上的。

***book·keep·er** [ˋbuk,kipɚ] *n.* Ⓒ 簿記員。

book·keep·ing [ˋbuk,kipɪŋ] *n.* Ⓤ 簿記。

***book·let** [ˋbuklɪt] *n.* Ⓒ 小冊子。

book·mak·er [ˋbuk,mekɚ] *n.* Ⓒ ①作者; 編者。②〖賽馬〗馬票商。

book·mark (·er) [ˋbuk,mark(ɚ)] *n.* Ⓒ ①書籤。②=**bookplate.**

book·plate [ˋbuk,plet] *n.* Ⓒ 書本標籤。

***book·sell·er** [ˋbuk,sɛlɚ] *n.* Ⓒ 書商。

book·shelf [ˋbuk,ʃɛlf] *n.* Ⓒ (*pl.* **-shelves**)書架; 書櫥。

book·shop [ˋbuk,ʃap] *n.* Ⓒ 書店。

book·stall [ˋbuk,stɔl] *n.* Ⓒ 〖英〗

書報攤。「書店。」
book·store [ˋbuk,stor] n. Ⓒ〖美〗
book·worm [ˋbuk,wɜm] n. Ⓒ ①〖昆〗蠹魚；書蟲。②書呆子。
***boom**[1] [bum] n. Ⓒ ①隆隆聲。②繁榮。③景氣。— v.i. ①作隆隆聲；發低沉之聲音。②趨於繁榮。§ ∽ **tòwn** 突然繁榮的新興都市。— **ing,** *adj.*
boom[2] n. Ⓒ ①〖海〗帆之下桁。②阻擋浮木漂走的欄木。③(起重機等的)吊桿。
boo·mer·ang [ˋbumə,ræŋ] n. Ⓒ 回飛棒(澳洲土人打獵時用的彎曲堅木，擲出後仍能返回原處)。
boon[1] [bun] n. Ⓒ ①恩惠；(請求或賜予的)恩澤。②請求。
boon[2] adj. ①仁慈的。②快樂的。
boor [bur] n. Ⓒ 舉止粗魯的人。
boost [bust] v.t. ①〖美俗〗由後推；推上。②〖俚〗為之吹噓。③〖俚〗提高；增加。— n. Ⓒ ①〖美俗〗推動；幫助。②〖俚〗在商店中行竊。— **er,** *n.*
‡**boot**[1] [but] n. Ⓒ ①(常*pl.*) 皮靴；長靴。②古代夾足刑具。③踢。④〖美俚〗新兵。⑤(the ∼)〖俚〗解雇。⑥〖俚〗刺激。***get the*** ∼被解雇。***give (one) the*** ∼ 解雇(某人)。***lick someone's*** ∼***s*** 諂媚；奴性的服從。***The*** ∼ ***is on the other leg.*** 情勢逆轉；責任在他。— v.t. ①穿上靴。②踢；激勵。③〖俚〗解雇；趕出。④〖電算〗啓動(程式)。§ ∽ **trèe** 鞋楦。
boot[2] n. Ⓤ 利益；獲益。***to*** ∼ 除…之外；而且。「鞋者。」
boot·black [ˋbut,blæk] n. Ⓒ 擦
***booth** [buθ, buð] n. Ⓒ (*pl.* ∼s [buðz]) ①(市場內之)攤位。②哨崗；電話亭。③(飯館中的)小間隔。
boot·leg [ˋbut,lɛg] n. Ⓤ 私酒。— v.i. & v.t. (**-gg-**)違法製造、販賣或運輸(酒等)。— *adj.* 違法製造、販賣或運輸的。— **ger,** *n.*
boot·less [ˋbutlɪs] adj. 無益的；無用的。— **ly,** *adv.* — **ness,** *n.*
boot·lick [ˋbut,lɪk] v.t. & v.i. 〖俚〗諂媚。— **er,** *n.*
***boo·ty** [ˋbutɪ] n. Ⓤ ①勝利品；俘獲物。②劫掠物。③獲利；獎品。
booze [buz] 〖俗〗 n. Ⓤ 酒。***on the*** ∼ 痛飲。— v.i. 痛飲。
bop [bap] 〖俚〗 v.t. (**-pp-**)毆打；重擊。— n. Ⓒ 毆打。
bo-peep [boˋpip] n. Ⓤ 躲躲貓。***play*** ∼ (政客)耍政治權術。
Bor·deaux [bɔrˋdo] n. ①波爾多(法國西南部之一海港)。②Ⓤ 該地所產的葡萄酒。「妓院。」
bor·del·lo [bɔrˋdɛlo] n. Ⓒ (*pl.* ∼**s**)
‡**bor·der** [ˋbɔrdɚ] n. Ⓒ ①邊；界線；邊緣。②邊境。③窄邊；滾邊。④狹長之花床；其上之花草。— v.t. ①鑲邊。②毗連。③作…之疆界。— v.i. ①接壤。②接近。
bor·der·land [ˋbɔrdɚ,lænd] n. ①Ⓒ 邊界之地。②(the ∼)模糊含混之情境。
bor·der·line [ˋbɔrdɚ,laɪn] n. Ⓒ (常 *sing.*)界線；國界。— *adj.* ①邊境上的。②在兩類之間的；不確定的。
***bore**[1] [bor] v.t. ①鑽；鑿。②排衆向前；鑽進。— v.i. 鑽孔；穿孔。— n. Ⓒ ①孔。②口徑。
bore[2] v.t. 令人厭煩。— n. Ⓒ 討厭的人或事。— **dom,** *n.* — **some,** *adj.*
bore[3] n. Ⓒ ①海嘯。②激潮；高潮。
bore[4] v. pt. of **bear**[1].
bored [bord] adj. 感到厭煩的。
bor·er [ˋborɚ] n. Ⓒ ①穿孔者；鑽孔器。②在水果中鑽孔之蟲。
bor·ing[1] [ˋborɪŋ] adj. 令人厭煩的。
bor·ing[2] n. ①Ⓤ 鑽孔；打孔。②Ⓒ 鑽成之孔。③(*pl.*)鑽屑；鏜花。
‡**born** [bɔrn] adj. 天生的。— v. pp. of **bear**[1].
borne [born] v. pp. of **bear**[1].
Bor·ne·o [ˋbornɪ,o] n. 婆羅洲。
***bor·ough** [ˋbɜo] n. Ⓒ ①〖美〗享有自治權的市鎮。②〖英〗自治市鎮。
bor·row** [ˋbaro] v.t. & v.i. 借。∼ ***trouble 杞人憂天。「者。」
bor·row·er [ˋbaroɚ] n. Ⓒ 借用
***bos·om** [ˋbuzəm] n. Ⓒ ①胸。②(衣服的)胸襟。③中心。④胸懷(感情之源)；心裏。⑤女人之乳房。— *adj.* 親密的；知己的。
***boss** [bɔs] 〖俗〗 n. Ⓒ ①工頭；老板。②領袖；首腦。— v.t. 指揮；監督。
boss·y [ˋbɔsɪ] adj. 〖俗〗跋扈的。
Bos·ton [ˋbɔstn̩] n. ①波士頓(美國麻薩諸塞州之首府)。②(b-) Ⓒ 波士頓華爾茲(一種類似華爾茲的舞步)。
***bo·tan·i·cal** [boˋtænɪkl] adj. 植物(學)的。「家。」
bot·a·nist [ˋbatnɪst] n. Ⓒ 植物學
***bot·a·ny** [ˋbatn̩ɪ] n. Ⓤ 植物學。
botch [batʃ] v.t. ①拙劣地補綴。②笨拙而弄壞。— n. Ⓒ ①拙劣的補綴。②笨活。

B

‡both [boθ] *adj.* 二者的; 兩方的。 —*pron.* 兩者。 —*adv.* (both ... and ... 當相關連接副詞用)既…而又; 兩者皆。

***both·er** [ˋbaðɚ] *n.* ①Ⓤ麻煩; 困擾。②Ⓒ(常 *sing.*)可厭的人、事。③Ⓤ焦慮; 煩心。④Ⓤ努力; 盡心。 —*v.t.* ①煩擾。②使焦慮。 —*v.i.* 煩惱。 —*interj.* 〖主英〗討厭!
—some, *adj.*

‡bot·tle [ˋbatl̩] *n.* Ⓒ①瓶。②一瓶容量。 *hit the* ~ 〖俗〗酗酒。
—*v.t.* ①裝入瓶中。②隱藏; 抑制。 ~ *up* a.抑制; 隱藏。b.擁塞。 § ~ gréen 深綠色。

bot·tled [ˋbatl̩d] *adj.* 瓶裝的。 § ~ gás 筒裝(液化)瓦斯。

bot·tle·neck [ˋbatl̩ˌnɛk] *n.* Ⓒ ①瓶頸。②狹道; 隘路。③障礙。

‡bot·tom [ˋbatəm] *n.* ①Ⓒ底。②Ⓒ基。③Ⓒ水底。④Ⓒ臀部。⑤(the ~)基礎; 來源。⑥Ⓒ船; 船底。 *at* (*the*) ~ 實際地; 基本地。 *at the* ~ *of* 眞正的原因; 負責。 *Bottoms up!* 〖俗〗乾杯! —*adj.* ①最後的; 最低的。②基本的。 —*v.t.* ①供以底或墊。②以…爲基礎(常 on, upon)。③使(潛艇)停在海底。④爲…追根究底; 探究。 —*v.i.* ①以某事爲根據或基礎(on, upon)。②到底。
—less, *adj.*

bot·tom-line [ˋbatəmˌlaɪn] *adj.* ①只關注成本的。②實際的。

bou·doir [buˋdwar] 〖法〗*n.* Ⓒ女性之會客室或化妝室; 閨房。

***bough** [bau] *n.* Ⓒ樹枝。

‡bought [bɔt] *v.* pt. & pp. of **buy.**

bought·en [ˋbɔtn̩] *adj.* 〖美方〗買來的; 購進的(爲 homemade 之對)。

***boul·der** [ˋboldɚ] *n.* Ⓒ大鵝卵石。

boul·e·vard [ˋbuləˌvard] *n.* Ⓒ林蔭大道。

***bounce** [bauns] *v.i.* ①跳; 反彈。②〖美俗〗(支票)退票。 —*v.t.* ①使…跳。②〖俚〗拋出…。③〖俚〗解雇。 ~ *back* 捲土重來。 —*n.* ①ⓊⒸ跳; 反躍。②Ⓤ自誇; 吹噓。 —*adv.* 突然地。

bounc·er [ˋbaunsɚ] *n.* Ⓒ①龐然大物。②〖俗〗愛吹噓的人。③〖俚〗(旅館等中的)保鏢。④跳躍之人或物。

bounc·ing [ˋbaunsɪŋ] *adj.* ①跳躍的。②強健的。③巨大的。

***bound¹** [baund] *v.* pt. & pp. of **bind.** —*adj.* ①被縛的。②裝訂好的; 有封面的。③負有義務的。④一定的。 *be* ~ *up in* [*with*] a.對…發生濃厚興趣; 專心於…。b. 同…有密切關係。

***bound²** *v.i.* & *n.* ⓊⒸ①跳躍; 跳躍前行。②回跳; 反躍。

***bound³** *n.*(*pl.*) ①界限。②可以合法出入之地。 *out of* ~*s* a. 禁止入內的。b. 在界線之外。 —*v.t.* ①限制。②形成…之限界。 —*v.i.* 接界(on)。

bound⁴ *adj.* 準備要去的; 開往的。

***bound·a·ry** [ˋbaundərɪ] *n.* Ⓒ界線; 境界。

bound·en [ˋbaundən] *adj.* ①受恩的。②義務的; 本分的。

bound·er [ˋbaundɚ] *n.* Ⓒ〖俗〗粗魯之人。

***bound·less** [ˋbaundlɪs] *adj.* 無限的; 無窮的。

boun·te·ous [ˋbauntɪəs] *adj.* ①慷慨的; 好施的。②豐富的。

boun·ti·ful [ˋbauntəfəl] *adj.* = **bounteous.**

***boun·ty** [ˋbauntɪ] *n.* ①ⓊⒸ慷慨; 施與。②Ⓒ獎金。

***bou·quet** [boˋke, buˋke] *n.* ①Ⓒ花束。②ⓊⒸ芳香。③Ⓒ恭維。

bour·bon [ˋburbən] *n.* ⓊⒸ波旁威士忌。

bour·geois [burˋʒwa] *n.* (*pl.* ~) ①Ⓒ中產[資產]階級的人。②(the ~, 集合稱)中產階級。 —*adj.* 中產[資產]階級的。

bour·geoi·sie [ˌburʒwaˋzi] *n.* Ⓤ(the ~)①中產階級。②資產階級。

bourn(e)¹ [born] *n.* Ⓒ〖蘇〗小溪。

bourn(e)² *n.* Ⓒ〖古〗①目的地。②境界。

bout [baut] *n.* Ⓒ①一個回合; 一番; 一巡。②發作。 *this* ~ 此時; 此次。

bou·tique [buˋtik] 〖法〗*n.* Ⓒ專售時裝、服飾等的委託店或小商店。

bo·vine [ˋbovaɪn] *adj.* ①牛的。②似牛的; 遲鈍的。

‡bow¹ [bau] *v.t.* ①彎(腰); 俯(首)。②鞠躬以迎送(賓客); 鞠躬表示(謝意)。③屈服。 —*v.i.* ①鞠躬。②屈服。 ~ *down* a. 壓彎。b. 崇拜。 ~ *out* a. 由…退出。b. 送出。 —*n.* Ⓒ鞠躬。 *take a* ~ 上前謝幕。

‡bow² [bo] *n.* Ⓒ①弓。②弓形物; 彎曲的形狀。③蝶形領結。④樂弓。 *have two strings to one's* ~ 有一個以上的計畫。 —*v.t.* & *v.i.* ①

(使)彎曲。②用弓奏樂。— *adj.* ①弓形的。②蝶形的。§ ~ tíe 蝶形領結。~ wíndow (1)弓形窗。(2)〖俗〗大腹便便者。

***bow**[3] [baʊ] *n.* Ⓒ 船首；飛機前部。

bowd·ler·ize [ˋbaʊdlə,raɪz] *v.t.* 刪去(書中猥褻或不妥的文句)。

***bow·el** [ˋbaʊəl] *n.* ① Ⓒ (常 *pl.*) 腸；內臟。②(*pl.*)內部。③(*pl.*)慈悲；憐憫。§ ~ mòvement 通便。

***bow·er** [ˋbaʊɚ] *n.* Ⓒ ①樹蔭；園亭。②〖詩〗村舍。③〖古〗閨房。

‡**bowl**[1] [bol] *n.* Ⓒ ①碗；缽。②一碗的容量。③大酒杯。

bowl[2] *n.* ① Ⓒ (遊戲用的)木球。②(*pl.*, 作 *sing.* 解)滾木球戲(=lawn bowling)。— *v.t.* ①滾(木球)。②用球撞倒(木瓶)。— *v.i.* 滑動(如球)。~ *over* 使狼狽；吃驚。

bow·leg [ˋbo,lɛg] *n.* Ⓒ (常 *pl.*)向外彎曲之腿；弓形腿；膝內翻。

bowl·er[1] [ˋbolɚ] *n.* Ⓒ ①玩保齡球者。②〖板球〗投手。

bowl·er[2] *n.* Ⓒ 〖英〗一種圓頂硬禮帽。

bow·line [ˋbolɪn, -,laɪn] *n.* Ⓒ 〖海〗帆脚索。§ ~ knòt〖海〗帆繩結。

bowl·ing [ˋbolɪŋ] *n.* Ⓤ ①保齡球戲。②〖板球〗投球。§ ~ àlley (1)保齡球場。(2)保齡球球道。~ grèen 玩滾木球戲用的草地球場。

bow·man [ˋbomən] *n.* Ⓒ (*pl.* **-men**)射手；弓箭手。

bow·shot [ˋbo,ʃɑt] *n.* Ⓒ (常 *sing.*) 一箭之遙；射距。

bow·sprit [ˋbaʊ,sprɪt] *n.* Ⓒ 〖海〗船首斜桅。

bow·string [ˋbo,strɪŋ] *n.* Ⓒ ①弓弦。②絞索。— *v.t.* (~**ed** or **-strung**) 以索絞殺。

‡**box**[1] [bɑks] *n.* Ⓒ ①箱；盒；匣。②一箱的容量。③戲院的包廂。④席。a press ~ 記者席。⑤〖美，棒球〗投手區；打擊區；教練區。⑥(報紙、雜誌上)花邊框出的文章。— *v.t.* ①裝於箱中。②(於競賽中)擋住(對手使他不能超前)〔常 in〕。~ *up* 關閉；拘禁。§ ~ òffice (1)(戲院等之)票房。(2)票房收入。

box[2] *n.* Ⓒ 一拳；一摑。— *v.t.* 掌擊；拳擊；摑。— *v.i.* 拳鬥。

box[3] *n.* 〖植〗① Ⓒ 黃楊。② Ⓤ 黃楊木。

box·er [ˋbɑksɚ] *n.* Ⓒ ①將貨物裝箱之人或機器。②拳師；鬥拳者。

***box·ing** [ˋbɑksɪŋ] *n.* Ⓤ 拳擊。§ ~ glòve 拳擊手套。

box·keep·er [ˋbɑks,kipɚ] *n.* Ⓒ 戲院包廂之管理者。

box-of·fice [ˋbɑks,ɔfɪs] *adj.* ①票房的。②很賣座的。

box·wood [ˋbɑks,wʊd] *n.* Ⓤ 黃楊木(材)。

‡**boy** [bɔɪ] *n.* Ⓒ ①男孩。②兒子。③僕人。④〖俗〗男人；傢伙。— *interj.* 好傢伙！哇！§ ~ scòut 童子軍。

boy·cott [ˋbɔɪ,kɑt] *v.t.* & *n.* Ⓒ 杯葛；聯合抵制；排斥。

boy·friend [ˋbɔɪ,frɛnd] *n.* Ⓒ 〖俗〗男朋友。(亦作 **boy friend**)

***boy·hood** [ˋbɔɪhʊd] *n.* Ⓤ ①童年；幼年；少年時代。②少年輩；兒童輩。

***boy·ish** [ˋbɔɪɪʃ] *adj.* (似)小兒的；活潑的；孩子氣的。

Br. Britain; British.

bra [brɑ] *n.* Ⓒ 乳罩(=brassière).

brace** [bres] *n.* ① Ⓒ 支撐的東西。② Ⓒ (*pl.* ~)一雙；一對。③ Ⓒ 鑽子的曲柄。④ Ⓒ 大括弧(即{ })。⑤(*pl.*)〖英〗(褲子的)吊帶。take a*** ~〖美〗鼓起勇氣；奮力。— *v.t.* ①使穩固。②使振作。③使消除疲勞。— *v.i.* 振作。~ *up* 奮起；振作。

***brace·let** [ˋbreslɪt] *n.* ① Ⓒ 手鐲；臂鐲。②(*pl.*)〖俗〗手銬。

brac·er [ˋbresɚ] *n.* Ⓒ ①護腕帶。②帶；索。③〖俚〗刺激性飲料；酒。

brac·ing [ˋbresɪŋ] *adj.* 增加氣力的；興奮的；使心神清爽的。

brack·en [ˋbrækən] *n.* Ⓤ 蕨；羊齒。

***brack·et** [ˋbrækɪt] *n.* Ⓒ ①三角形的托架。②(常 *pl.*)括弧。— *v.t.* ①用托架托住。②置於括弧內。

brack·ish [ˋbrækɪʃ] *adj.* ①有鹽(味)的。②可厭的；作嘔的。

brad [bræd] *n.* Ⓒ 無頭釘；曲頭釘。

***brag** [bræg] *n.* ① Ⓤ 誇張。② Ⓒ 誇張者；自誇者。— *v.i.* & *v.t.* (**-gg-**) 誇張〔of, about〕。—**ger**, *n.*

brag·ga·do·ci·o [,brægəˋdoʃɪ,o] *n.* (*pl.* ~**s**) ① Ⓒ 自誇者；大言者。② Ⓤ 吹牛；自誇。

brag·gart [ˋbrægɚt] *n.* Ⓒ 自誇者；大言者。— *adj.* 自誇的；矜誇的。

Brah·ma [ˋbrɑmə] *n.* ①〖印度神學〗梵天(衆生之父)。② Ⓒ 印度產之牛。

Brah·man [ˋbrɑmən] *n.* Ⓒ (*pl.* ~**s**) ①婆羅門(印度四大階級中之最高者)之一分子。②印度產之牛。

Brah·man·ism [ˋbrɑmən,ɪzəm] *n.* Ⓤ 婆羅門教。

B

Brah·min [ˋbrɑmɪn] *n.* Ⓒ (*pl.* ~, ~**s**)①=**Brahman.** ②很有學識或社會地位者。

***braid** [bred] *v.t.* ①將髮或細帶編織在一起。②束或飾以辮帶或花等。—*n.* Ⓒ①絲帶；辮條。②(常 *pl.*)辮子。③(髮上)飾帶。

Braille [brel] *n.* ①布雷爾(Louis, 1809-52, 法國盲人教師，發明點字)。②Ⓤ(有時 b-)盲人所用的點字法。

‡**brain** [bren] *n.* ①Ⓒ腦。②ⓊⒸ(常 *pl.*)智慧；智力。③(*pl.*)智囊。***beat one's ~s out*** 盡最大的努力去瞭解或做某事。***blow out one's ~s*** 舉槍擊頭自殺。***pick someone's ~s*** (自己不下工夫而去)請教他人；抄襲他人的想法。***turn the ~s of*** 使驕傲或忘形。—*v.t.* 打破…之腦殼；打…之頭。§ ~ **dráin** 人才外流。~ **stòrm** (1)突然的精神錯亂。(2)〖俗〗心血來潮；突然之靈機。~ **trùst** 智囊團。~ **wàve** (1)〖生理〗腦波。(2)〖俗〗靈感；突然之靈機。

brain·child [ˋbrenˏtʃaɪld] *n.* Ⓒ (*pl.* **-chil·dren**)〖俗〗腦力創造物(指計畫、概念、創作等而言)。

brain·storm·ing [ˋbrenˏstɔrmɪŋ] *n.* Ⓤ腦力激盪。

brain·wash·ing [ˋbrenˏwɑʃɪŋ] *n.* ⓊⒸ洗腦。

brain·work [ˋbrenˏwɝk] *n.* Ⓤ勞心工作。

brain·y [ˋbrenɪ] *adj.*〖俗〗聰明的。

braise [brez] *v.t.* 燉(肉)；蒸(肉)。

***brake**¹ [brek] *n.* Ⓒ①(常 *pl.*)煞車；制動機。②麻梳。③大耙。—*v.t.* 用煞車止住或遲緩(車)的行動。—*v.i.* 煞車。

brake² *n.* ①Ⓒ叢林。②Ⓤ蕨類植物。

brake·man [ˋbrekmən], 〖英〗**brakes-** [ˋbreks-] *n.* Ⓒ (*pl.* **-men**)(列車的)煞車手。

bram·ble [ˋbræmbḷ] *n.* Ⓒ①野薔薇；荊棘；懸鉤子。②有刺之灌木。—**bram′bly,** *adj.*

***bran** [bræn] *n.* Ⓤ糠；穀皮；麥麩。

‡**branch** [bræntʃ] *n.* Ⓒ①樹枝。②枝狀物；支流。③支店；分行；分局。④家族的分支。—*v.i.* ①分支。②逸出正軌。③分出來；發展出來。~ ***off*** 分支。~ ***out*** **a.** 發枝。**b.** 擴充(事業等)。

***brand** [brænd] *n.* Ⓒ①種類。②商標；牌子。③烙印。④污辱的標記。⑤燃燒中的木頭。—*v.t.* ①打烙印於…。②加以污辱。③印(在心上)。

bran·dish [ˋbrændɪʃ] *v.t.* 揮動；舞動；揮。—*n.* Ⓒ揮動；舞動。

brand-new [ˋbrændˋnju] *adj.* ①全新的。②(泛指)最近獲得的。

***bran·dy** [ˋbrændɪ] *n.* ⓊⒸ白蘭地酒。

brant [brænt] *n.* Ⓒ黑雁。(亦作**brant goose**)

brash¹ [bræʃ] *n.* Ⓤ①殘枝。②(巖石、冰等之)碎片。

brash² *adj.* ①易碎的。②倉促的；性急的。③無禮的。

***brass** [bræs] *n.* ①Ⓤ黃銅。②Ⓒ銅器；銅管樂器。③Ⓤ〖俗〗錢。④(the ~)〖俗〗厚顏無恥。§ ~ **bánd** 銅管樂隊。

bras·se·rie [ˏbræs(ə)ˋri]〖法〗*n.* Ⓒ啤酒店。

brass·ware [ˋbræsˏwɛr] *n.* Ⓤ(集合稱)黃銅器。

brass·y [ˋbræsɪ] *adj.* ①銅製的。②厚顏無恥的。③廉價而華麗的。

brat [bræt] *n.* Ⓒ〖蔑〗乳臭小兒。

bra·va·do [brəˋvɑdo]〖法〗*n.* ⓊⒸ (*pl.* ~(**e**)**s**)浮誇；虛張聲勢。

‡**brave** [brev] *adj.* ①勇敢的。②鮮艷的。③很好的。—*n.* Ⓒ①勇敢的人。②北美印第安戰士。—*v.t.* 抵抗；勇敢地面對。—**ly,** *adv.*

***brav·er·y** [ˋbrevərɪ] *n.* Ⓤ①勇敢。②華麗；華飾；華麗的衣服。

bra·vo [ˋbrɑvo] *interj.* (喝采聲)好！—*n.* Ⓒ (*pl.* ~(**e**)**s**)喝采。

***brawl** [brɔl] *n.* Ⓒ爭吵；打架。—*v.i.* ①爭吵；打架。②淙淙而流。

brawn [brɔn] *n.* Ⓤ①筋肉；膂力。②人力；勢力。—**brawn′y,** *adj.*

bray¹ [bre] *n.* Ⓒ驢叫聲。—*v.i.* & *v.t.* ①驢叫。②嘶叫。③以高而沙啞的聲音說。

bray² *v.t.* 搗碎；搗成粉。

***bra·zen** [ˋbrezṇ] *adj.* ①黃銅的。②無恥的。—*v.t.* 厚顏無恥地作。

bra·zen-faced [ˋbrezṇˋfest] *adj.* 厚臉皮的。

bra·zier [ˋbreʒɚ] *n.* Ⓒ①火盆。②銅匠。

***Bra·zil** [brəˋzɪl] *n.* 巴西(南美洲最大的國家，首都 Brasília)。

***Bra·zil·ian** [brəˋzɪljən] *adj.* 巴西(人，文化)的。—*n.* Ⓒ巴西人。

***breach** [britʃ] *n.* ①Ⓒ破裂。②ⓊⒸ違(法)；毀(約)。③ⓊⒸ絕交；不和。—*v.t.* ①攻破。②違反。

‡**bread** [brɛd] *n.* Ⓤ①麵包。②食物；

生計。～ *and butter* a. 麵包與牛油。b. 生計；必需品。*know which side one's* ～ *is buttered on* 知道自己的利益所在。

bread·bas·ket [ˋbrɛd,bæskɪt] *n.* ①(the ～)產糧區。②Ⓒ〖俚〗胃；腹。③Ⓒ麵包籃。

***breadth** [brɛdθ] *n.* ①ⓊⒸ寬度。②Ⓤ寬宏大度。

bread·win·ner [ˋbrɛd,wɪnɚ] *n.* Ⓒ負擔家庭生計者。

‡**break** [brek] *v.t.* (**broke, broken**)①打破；粉碎。②違犯；違背。③挫；傷。④弄壞。⑤減弱；阻擋。⑥使之中斷。⑦使馴服。⑧超越。⑨掘；耕。⑩洩露。⑪兌換…成零錢。 — *v.i.* ①破碎；破裂。②闖入。③突然發生；突然改變。④挫折；衰弱。⑤破曉。⑥散開。⑦破產；倒閉。⑧分離。⑨發生故障；壞掉。⑩(球)轉向。～ *away* a. (如在賽跑等中)搶先開始；搶步。b. 逃走。c. 突然改變。d. 脫離；放棄；革除。～ *down* a. 失敗。b. 損壞；崩潰。c. 失去控制。d. 分爲細目。～ *forth* 迸出；突然發出。～ *in* a. 訓練；馴養。b. 闖入。c. 打斷。d. 啓用。～ *in on* [*upon*] 闖入。～ *into* a. 潛入；闖入。b. 插入；打斷。～ *off* a. 突然停止。b. 絕交。～ *out* a. 發生。b. 準備使用。～ *through* 突破；透過。～ *up* a. 停止。b. 散開。c. 弄碎。d. 衰弱；衰退。e. 使哄堂大笑。 — *n.* Ⓒ ①破。②裂縫。③暫停。④〖俚〗失禮。⑤〖俚〗機會；運氣。⑥奔跑。⑦斷絕關係。⑧突變。⑨停電。⑩破曉；黎明；天亮。

break·age [ˋbrekɪdʒ] *n.* ①Ⓤ破損。②Ⓒ裂口。③Ⓒ(常 *pl.*)賠償損失費。④Ⓒ(常 *pl.*)損毀物。

break·a·way [ˋbrekə,we] *n.* Ⓒ ①脫離。②(牛、羊等)狂奔。

break·down [ˋbrek,daun] *n.* Ⓒ ①體力不支；病倒。②崩潰；衰敗；損壞。③分析；分爲細目。

***break·er** [ˋbrekɚ] *n.* Ⓒ①弄碎者。②軋碎機。③碎浪。④(動物)馴服者。

‡**break·fast** [ˋbrɛkfəst] *n.* Ⓤ 早餐。 — *v.i.* 吃早餐。

break-in [ˋbrek,ɪn] *n.* Ⓒ ①非法闖入(建築物)。②首次使用；試車。

break·neck [ˋbrek,nɛk] *adj.* 非常危險的。

break·out [ˋbrek,aut] *n.* Ⓒ 逃走；突圍。

break·through [ˋbrek,θru] *n.* Ⓒ①突破。②(價錢等之)猛漲。

break·up [ˋbrek,ʌp] *n.* Ⓒ ①解散；瓦解；終止。②分手；絕交。

break·wa·ter [ˋbrek,wɔtɚ] *n.* Ⓒ防波堤。

bream [brim] *n.* Ⓒ〖魚〗鯿鯛。

‡**breast** [brɛst] *n.* Ⓒ ①胸部。②乳房。③心。*make a clean* ～ 完全承認。 — *v.t.* & *v.i.* 奮勇前進。

breast-feed [ˋbrɛst,fid] *v.t.* (**-fed**) 以母奶養育；哺乳。

breast·pin [ˋbrɛst,pɪn] *n.* Ⓒ 胸針。

breast·plate [ˋbrɛst,plet] *n.* Ⓒ (盔甲上之)護胸甲。

breast·stroke [ˋbrɛst,strok] *n.* Ⓤ(常 the ～)〖游泳〗蛙式。

‡**breath** [brɛθ] *n.* ①Ⓤ氣息。②(*sing.*)呼吸。③(a ～)微風。④Ⓒ香氣。*catch one's* ～ 鬆一口氣。*hold one's* ～ 因恐懼或興奮而屏息。*in the same* ～ 同時。*out of* ～ 氣喘的。*save one's* ～ 不白費唇舌。*take a deep* ～ 作深呼吸。*take one's* ～ *away* 使大爲驚訝。*waste one's* ～ 白費唇舌。

‡**breathe** [brið] *v.i.* ①呼吸。②吐氣；呼氣。③生存；活著。④說話。⑤(風)吹。 — *v.t.* ①呼吸。②吐出。③注入。④說出。⑤使鬆一口氣。～ *one's last* 斷氣；死。*not to* ～ *a word* [*syllable*] 保守祕密。

breath·ing [ˋbriðɪŋ] *n.* ①Ⓤ呼吸。②Ⓤ微風。③(a ～)休息。§ ～ **spàce** 起碼的活動餘地或空間；喘息的時間。

***breath·less** [ˋbrɛθlɪs] *adj.* ①喘氣的。②屏息的。③無呼吸的；死的。④無風的。⑤令人透不過氣來的。

breath-tak·ing [ˋbrɛθ,tekɪŋ] *adj.* 令人提心吊膽的；使人興奮的。

bred [brɛd] *v.* pt. & pp. of **breed.**

breech [britʃ] *n.* Ⓒ ①臀部。②(槍砲)後膛。③物之後部。

***breech·es** [ˋbrɪtʃɪz] *n. pl.* ①馬褲；長及膝蓋的褲子。②〖俗〗褲子。*wear the* ～(女人)當家主事。

***breed** [brid] *v.t.* & *v.i.* (**bred**)①生育。②飼養；繁殖。③招致；惹起。④養育；訓練。 — *n.* Ⓒ ①種；族。②類；型。

breed·er [ˋbridɚ] *n.* Ⓒ①飼育者。②產子之動物。③原因。

***breed·ing** [ˋbridɪŋ] *n.* Ⓤ ①生育；

畜養。②教養; 行爲。③〖原子物理〗滋生。§ ~ **gròund** (1)(動物的)繁殖地。(2)(罪惡等的)溫床; 滋生地。

***breeze¹** [briz] *n.* ①ⓊⒸ微風。②Ⓒ騷動; 爭吵。③Ⓒ易事。*in a ~* 輕易地。— *v.i.* ①吹微風。②〖俚〗輕鬆地行動。— **breez'y,** *adj.*

breeze² *n.* Ⓤ炭灰; 炭渣。

breeze·way [ˋbriz,we] *n.* Ⓒ聯接兩棟房子的走廊或陽臺。

***breth·ren** [ˋbrɛðrən] *n. pl.* 同道; 同教的教友。

brev·i·ty [ˋbrɛvətɪ] *n.* Ⓤ①短暫。②簡潔。

***brew** [bru] *v.t.* & *v.i.* ①釀造。②醞釀; 形成。③泡(茶)。— *n.* ①Ⓒ釀造物。②Ⓤ釀造; 醞釀。— **er,** *n.*

brew·er·y [ˋbruərɪ] *n.* Ⓒ釀造所。

bri·ar [ˋbraɪɚ] *n.* =**brier.**

***bribe** [braɪb] *n.* Ⓒ賄賂。— *v.t.* & *v.i.* 賄賂。— **brib'er, brib'er·y,** *n.*

bric-a-brac, bric-à-brac [ˋbrɪkə,bræk] 〖法〗 *n.* Ⓤ(集合稱)小古董; 小古玩。

***brick** [brɪk] *n.* ①ⓊⒸ磚。②Ⓒ似磚的東西。③Ⓒ〖俚〗慷慨可靠的好人。— *v.t.* 砌以磚。

brick·bat [ˋbrɪk,bæt] *n.* Ⓒ①碎磚。②無情的批評; 譏刺。— *v.t.* (-tt-)譏刺。

brick·kiln [ˋbrɪk,kɪl(n)] *n.* Ⓒ磚窰。

brick·lay·er [ˋbrɪk,leɚ] *n.* Ⓒ泥水匠; 磚瓦匠。

brid·al [ˋbraɪdl̩] *adj.* 新娘的; 新婚的。— *n.* Ⓒ婚禮; 婚禮之宴會。

***bride** [braɪd] *n.* Ⓒ新娘。

***bride·groom** [ˋbraɪd,grum] *n.* Ⓒ新郎。

brides·maid [ˋbraɪdz,med] *n.* Ⓒ女儐相。

‡**bridge¹** [brɪdʒ] *n.* Ⓒ①橋。②船橋; 艦橋。③鼻梁。④(假牙的)牙床; 齒橋。⑤任何橋形物。⑥眼鏡中間的鼻梁架。***burn one's ~s (behind one)*** 破釜沉舟。— *v.t.* ①架橋於。②跨過; 橫越。③度過。

bridge² *n.* Ⓤ橋牌(一種紙牌戲)。

bridge·head [ˋbrɪdʒ,hɛd] *n.* Ⓒ橋頭堡; 灘頭陣地。

***bri·dle** [ˋbraɪdl̩] *n.* Ⓒ①馬勒; 韁轡。②拘束; 抑制。— *v.t.* ①繫以韁轡。②克制; 控制。— *v.i.* 昂首(表示憤怒、傲慢或輕視)。

Brie [bri] *n.* Ⓤ一種白而軟的法國乾酪。

‡**brief** [brif] *adj.* ①簡單的; 簡短的。②短時間的; 短暫的。— *n.* ①Ⓒ摘要。②Ⓒ簡報。③(*pl.*) 貼身的短內褲。*in ~* 簡言之; 要之。— *v.t.* ①節略; 摘要。②對…作簡報; 指示。

brief·case [ˋbrif,kes] *n.* Ⓒ公事包。

brief·ing [ˋbrifɪŋ] *n.* ⓊⒸ①任務講解(戰鬥出發前所頒布的任務要略)。②簡報。

brief·ly [ˋbriflɪ] *adv.* ①簡單地; 簡短地。②簡言之。

bri·er [ˋbraɪɚ] *n.* Ⓒ①荊棘。②〖植〗石南。③石南根製成之煙斗。

brig [brɪg] *n.* Ⓒ①雙桅帆船。②(軍艦上之)牢房。③〖軍俚〗禁閉室。

***bri·gade** [brɪˋged] *n.* Ⓒ①旅。②一隊的人。a fire ~ 消防隊。

brig·a·dier [,brɪgəˋdɪr] *n.* Ⓒ①旅長。②〖美軍〗陸空軍准將。

brig·and [ˋbrɪgənd] *n.* Ⓒ盜賊; 土匪。

brig·and·age [ˋbrɪgəndɪdʒ] *n.* Ⓤ搶劫; 掠奪。

‡**bright** [braɪt] *adj.* ①光亮的; 閃光的。②晴朗的。③聰明的; 伶俐的。④明顯的; 鮮艷的。⑤生氣勃勃的。⑥燦爛的; 輝煌的。⑦活潑的; 快樂的。⑧光明的。⑨著名的。— *adv.* 明亮地。— **ly,** *adv.* — **ness,** *n.*

***bright·en** [ˋbraɪtn̩] *v.i.* ①露出開朗愉快之狀。②放晴。③變亮。④趨於活潑。— *v.t.* ①使愉快; 使生輝。②擦亮。③使明顯; 使鮮艷。

bril·liance [ˋbrɪljəns], **-cy** [-sɪ] *n.* Ⓤ①光亮; 光輝。②卓越; 傑出。

***bril·liant** [ˋbrɪljənt] *adj.* ①燦爛的; 光輝的。②顯赫的。③有才能的。— **ly,** *adv.*

***brim** [brɪm] *n.* Ⓒ①(杯、碗等的)邊。②(帽)緣。③(河、湖、川等之)邊緣。— *v.i.* & *v.t.* (**-mm-**)(使)盈滿。*~ over* 溢出。— **ful,** *adj.*

brim·stone [ˋbrɪm,ston] *n.* Ⓤ硫黃。— **brim'ston·y,** *adj.*

brin·dle [ˋbrɪndl̩] *n.* ①Ⓤ斑紋。②Ⓒ有斑紋的動物。

brin·dled [ˋbrɪndl̩d] *adj.* 有斑紋的。

brine [braɪn] *n.* ①Ⓤ鹽水。②(the ~)海洋; 鹹水湖。— *v.t.* 以鹽水處理。§ ~ **pàn** 鹽田; 鹽場。

‡**bring** [brɪŋ] *v.t.* (**brought**)①帶來; 取來。②引來; 使來。③影響; 使致。④訴諸法庭。*~ about* 使發生; 致使。*~ around* [*round*] **a.** 使復甦。**b.** 使相信; 說服。*~ back* 使回

憶。～ **down** a. 使降低。b. 捕殺；傷害。～ **forward** a. 提出。b. 出示；展示。～ **in** a. 產生；使賺到。b. 介紹。～ **off** a. 拯救。b. 〖俗〗成功。～ **on** 致使；促成。～ **out** a. 提出。b. 出版；使出現。～ **to** a. 使復甦。b. 停止；阻礙。～ **up** a. 養育；撫養。b. 提出。c. 教養。d. 使突然停止。

brink** [brɪŋk] *n.* Ⓒ (常 *sing.*)邊緣。 ***on the ~ of 瀕於。

brink(s)·man·ship [ˋbrɪŋk(s)mən,ʃɪp] *n.* Ⓤ ①外交冒險政策。②使至極限的行動。

brin·y [ˋbraɪnɪ] *adj.* 鹽水的；海水的；鹹的。***the ~*** 〖俗〗海。

***brisk** [brɪsk] *adj.* 活潑的；敏捷的；興隆的。**—** *v.i.* & *v.t.* (使)趨於活潑或興隆(up)。— **ly,** *adv.*

***bris·tle** [ˋbrɪsḷ] *n.* Ⓒ 剛毛；豬鬃。**—** *v.i.* & *v.t.* ①(毛髮)豎立；聳起。②林立；充滿。③發怒。

bris·tly [ˋbrɪslɪ] *adj.* ①有剛毛的；有刺毛的。②易怒的。

Brit. Britain; British.

***Brit·ain** [ˋbrɪtən] *n.* 大不列顛。(亦作 **Great Britain**)

‡**Brit·ish** [ˋbrɪtɪʃ] *adj.* 英國(人)的。～ ***Commonwealth of Nations*** 英國聯邦；不列顛國協。§ **the ～ Ísles** 不列顛群島。— **er,** *n.*

***Brit·on** [ˋbrɪtən] *n.* Ⓒ ①英國人。②不列顛人(羅馬入侵時的塞爾特人)。

***brit·tle** [ˋbrɪtḷ] *adj.* ①脆的。②易怒的。**—** *n.* Ⓤ 酥糖。

broach [brotʃ] *n.* Ⓒ ①炙肉用的叉。②鑽；錐；鑿。③胸針。④教堂上之尖塔。**—** *v.t.* ①鑽孔(如開桶、罐等)。②初次提起或建議。

‡**broad** [brɔd] *adj.* ①寬的。②廣闊的。③寬宏的。④大概的；大略的。⑤光明的。⑥明顯的。⑦粗野的。**—** *adv.* 完全地。**—** *n.* Ⓒ〖俚〗行爲浪蕩之女人。§ **～ jùmp** 跳遠。— **ly,** *adv.*

‡**broad·cast** [ˋbrɔd,kæst] *v.t.* & *v.i.*(～ or ～**ed**) ①廣播。②撒播。③傳布。**—** *n.* Ⓒ ①廣播(節目)。②播種；撒播。**—** *adj.* ①廣播的。②撒播的；播種的。③普遍的。**—** *adv.* ①以撒播方式。②廣布地。— **er,** *n.*

broad·cast·ing [ˋbrɔd,kæstɪŋ] *n.* Ⓤ〖無線〗廣播；播音。§ **～ stá·tion** 廣播電台。**～ stúdio** 播音室。

broad·en [ˋbrɔdṇ] *v.i.* & *v.t.* 變闊；放寬；增廣。

broad-gauge, -gauged [ˋbrɔdˋgedʒ(d)] *adj.* ①寬宏大量的。②寬軌的。

broad-mind·ed [ˋbrɔdˋmaɪndɪd] *adj.* 寬大爲懷的；無偏見的。

broad·side [ˋbrɔd,saɪd] *n.* Ⓒ ①舷側。②凶猛的攻擊。**—** *adv.* ①側向地。②無特定對象地。

broad·sword [ˋbrɔd,sord] *n.* Ⓒ 腰刀；大砍刀。

Broad·way [ˋbrɔd,we] *n.* 百老匯(紐約大街名，爲戲院等集中地)。

bro·cade [broˋked] *n.* Ⓤ Ⓒ 織錦；錦緞。**—** *v.t.* 織成浮花錦緞。

broc·co·li [ˋbrɑkəlɪ] *n.* Ⓤ Ⓒ 花莖甘藍(俗稱花椰菜)。

bro·chure [broˋʃur] *n.* Ⓒ 小冊子。

***broil**[1] [brɔɪl] *v.t.* & *v.i.* ①烤；燒；炙。②曬；被曬。**—** *n.* Ⓤ ①烤肉；炙肉。②高熱。— **ing,** *adj.*

broil[2] *n.* Ⓒ 口角；爭鬧。**—** *v.i.* 爭吵。

broil·er [ˋbrɔɪlɚ] *n.* Ⓒ ①燒烤食物的人；燒烤器。②〖俗〗大熱天。

‡**broke** [brok] *v.* ① pt. of **break.** ②〖古〗pp. of **break. —** *adj.* 〖俚〗破產的。***go ~*** 〖俚〗破產。***go for ~*** 孤注一擲；全力以赴(in)。

‡**bro·ken** [ˋbrokən] *v.* pp. of **break. —** *adj.* ①破碎的。②折斷的。③頹喪的。④不完全的。⑤間斷的。⑥馴服的。⑦凹凸不平的。⑧失約的。⑨陰晴不定的。

bro·ken-down [ˋbrokənˋdaun] *adj.* ①毀壞的。②衰弱的。

bro·ken-heart·ed [ˋbrokənˋhɑrtɪd] *adj.* 傷心的。

***bro·ker** [ˋbrokɚ] *n.* Ⓒ 經紀人；掮客。

bro·ker·age [ˋbrokərɪdʒ] *n.* Ⓤ ①經紀業。②佣金；經紀費。

bro·mide [ˋbromaɪd] *n.* ① Ⓤ Ⓒ〖化〗溴化物。② Ⓒ〖俚〗庸俗、陳腐之言。③ Ⓒ 庸俗之輩。

bro·mine [ˋbromin] *n.* Ⓤ〖化〗溴。

bron·chi·al [ˋbrɑŋkɪəl] *adj.* 支氣管的。

bron·chi·tis [brɑnˋkaɪtɪs] *n.* Ⓤ 支氣管炎。— **bron·chit′ic,** *adj.*

bron·chus [ˋbrɑŋkəs] *n.* Ⓒ (*pl.* **-chi** [-kaɪ])〖解〗支氣管。

bron·to·saur [ˋbrɑntə,sɔr] *n.* Ⓒ〖古生〗雷龍。

***bronze** [brɑnz] *n.* ① Ⓤ 青銅(銅錫合金)。② Ⓤ 青銅色。③ Ⓒ 青銅器。

B

— *adj.* ①青銅製的。②青銅色的。

***brooch** [brotʃ, brutʃ] *n.* Ⓒ 女用胸針或領針(=broach).

***brood** [brud] *n.* Ⓒ ①一窠孵雛；同母的子女。②種；類；批。— *v.t.* & *v.i.* ①孵。②沉思；籌畫。

brood·ing [ˋbrudɪŋ] *adj.*①游移不去的；在附近翺翔的。②沈思的。

brood·y [ˋbrudɪ] *adj.* ①將孵卵的。②多產的。③抑鬱的；沈思的。

‡**brook**[1] [brʊk] *n.* Ⓒ 溪流；小河。

brook[2] *v.t.* 忍受；容忍；耐；捱。

brook·let [ˋbrʊklɪt] *n.* Ⓒ 小溪。

***broom** [brum] *n.* Ⓒ ①掃帚。②金雀花。— *v.t.* 掃。

broom·corn [ˋbrum,kɔrn] *n.* Ⓒ 〖植〗高粱；蘆粟。

broom·stick [ˋbrum,stɪk] *n.* Ⓒ 帚柄。

***broth** [brɔθ] *n.* Ⓤ Ⓒ 煮魚肉蔬菜的清湯。

broth·el [ˋbrɔθəl] *n.* Ⓒ 妓院。

‡**broth·er** [ˋbrʌðɚ] *n.* Ⓒ ①兄弟。②同胞；教友；會友。③〖俚〗傢伙；老兄。*half* ~ 同父異母或同母異父兄弟。—**ly,** *adj.* & *adv.*

***broth·er·hood** [ˋbrʌðɚ,hʊd] *n.* Ⓒ ①兄弟關係。②同業公會。

broth·er-in-law [ˋbrʌðəɪn,lɔ] *n.* Ⓒ (*pl.* **broth·ers-**) 姻兄弟。

brough·am [ˋbru(ə)m] *n.* Ⓒ 駕駛座在外面的四輪馬車或汽車。

‡**brought** [brɔt] *v.* pt. & pp. of **bring.**

***brow** [braʊ] *n.* Ⓒ ①額。②(常 *pl.*) 眉；眉毛。③峭壁邊緣或頂端。

brow·beat [ˋbraʊ,bit] *v.t.* (**-beat, -beat·en**) 嚴詞叱責。

‡**brown** [braʊn] *n.* ①Ⓤ Ⓒ 棕色；褐色。②Ⓤ 棕色或褐色的顏料。— *adj.* ①褐色的；棕色的。②曬黑的。— *v.t.* & *v.i.* (使)變爲褐色。§ ~ **bréad** 全麥麵包。~ **páper** 牛皮紙。~ **súgar** 紅糖。

brown·stone [ˋbraʊn,ston] *n.* ①Ⓤ 褐石。②Ⓒ 用褐石造的房屋(高級住宅)。

browse [braʊz] *v.t.* ①食；嚙。②牧於。— *v.i.* ①食[嚙]葉、嫩枝等。②瀏覽書籍等。③漫然地觀看店內或攤上之貨。— *n.* Ⓤ ①嫩枝；嫩葉。②瀏覽。

***bruise** [bruz] *v.t.* ①使受碰[擦,瘀]傷。②搗碎。③使受傷(指情感)。— *v.i.* ①受傷。②受傷害(指情感)。— *n.* Ⓒ 打傷；瘀傷。

brunch [brʌntʃ] *n.* Ⓤ Ⓒ 〖俗〗早午餐(早餐與午餐合而爲一)。— *v.i.* 吃早午餐。

Bru·nei [ˋbru,naɪ] *n.* 汶萊(Borneo 西北部之一國)。

bru·net [bruˋnɛt] *adj.*①暗色或褐色的。②頭髮、皮膚及眼睛呈褐色的。— *n.* Ⓒ 頭髮、皮膚及眼睛呈褐色的男子。

bru·nette [bruˋnɛt] *adj.* = **brunet.** — *n.* Ⓒ 髮、膚及眼睛爲褐色之女子。

brunt [brʌnt] *n.* (the ~) 衝擊主力。*bear the ~ of* 首當其衝。

‡**brush**[1] [brʌʃ] *n.* Ⓒ ①刷子；畫筆；毛筆。②拂拭；刷。③小衝突。— *v.t.* ①拂拭；用刷子刷。②輕觸；掠過。— *v.i.* 急速移動。~ ***aside*** [***away***] **a.** 排除。**b.** 漠視；不理。~ ***up*** **a.** 清潔；拂拭。**b.** 溫習。

brush[2] *n.* ①Ⓤ 叢林。②Ⓤ 柴枝。③(the ~)未開拓地。

brush-off [ˋbrʌʃ,ɔf] *n.* (the ~) 〖美俚〗突然放棄或拒絕。

brush·wood [ˋbrʌʃ,wʊd] *n.* Ⓤ ①砍下的樹枝；柴。②密集的小樹叢。

brusque [brʌsk, brusk] *adj.* 唐突的；粗率的。(亦作 **brusk**)

Brus·sels [ˋbrʌslz] *n.* 布魯塞爾(比利時的首都)。§ ~ **spróuts** 〖植〗芽甘藍。

***bru·tal** [ˋbrutl] *adj.* 野蠻的；殘忍的；野獸的；不講理的。—**ly,** *adv.*

bru·tal·i·ty [bruˋtælətɪ] *n.* ①Ⓤ 殘忍。②Ⓒ 暴行。

***brute** [brut] *n.* ①Ⓒ 野獸。②Ⓒ 殘暴的人。③(the ~) 獸性。— *adj.* 殘忍的；愚蠢的。—**brut′ish,** *adj.*

bub·ble** [ˋbʌbl] *n.* ①Ⓒ 氣泡。②Ⓤ 起泡；沸騰聲。③Ⓒ 泡沫般的計畫或思想。④Ⓒ 騙局。— *v.i.* ①起泡。②大笑。③沸騰。— *v.t.* ①使起泡。②欺騙。~ ***over **a.** 盈滿。**b.** 熱情洋溢。

bub·ble-gum [ˋbʌbl,gʌm] *n.* Ⓤ 泡泡糖。

bub·bly [ˋbʌblɪ] *adj.* 起泡的。— *n.* Ⓤ 〖英俚〗香檳酒。

buc·ca·neer [,bʌkəˋnɪr] *v.i.* 做海盜。— *n.* Ⓒ 海盜。

***buck**[1] [bʌk] *n.* Ⓒ ①雄鹿；公羊。②納袴子。③〖俗〗人。④〖蔑〗美國印第安人或黑人(指男性)。⑤臺架。— *v.i.* 跳躍(使背上之物摔落)。— *v.t.* ①使…摔下。②〖橄欖球〗帶球衝鋒。③

奮戰；猛衝。～*up* 變為快樂或有活力。— *adj.* 雄性的；公的。

buck[2] *n.* Ⓒ〖美俚〗一美元。

***buck·et** [ˋbʌkɪt] *n.* Ⓒ ①水桶。②一桶的量。*kick the* ～〖俚〗死。
— *v.t.* & *v.i.* 以吊桶汲取或攜帶。
§～ **shŏp** 投機商店。

buck·et·ful [ˋbʌkɪt,ful] *n.* Ⓒ 一桶(之量)〔of〕。

Búck·ing·ham Pálace [ˋbʌkɪŋ,hæm ～] *n.* 白金漢宮(英國皇宮)。

***buck·le** [ˋbʌkḷ] *n.* Ⓒ ①釦子。②彎曲；皺。— *v.t.* & *v.i.* ①扣住〔up〕。②努力從事。③使彎曲或變形。

buck·ram [ˋbʌkrəm] *n.* Ⓤ (裝訂書及西服襯裡用之)膠硬的粗布。

buck·shot [ˋbʌk,ʃɑt] *n.* Ⓤ 大型鉛彈。

buck·skin [ˋbʌk,skɪn] *n.* Ⓤ 鹿皮。

buck·wheat [ˋbʌk,hwit] *n.* Ⓤ 蕎麥(粉)。

bu·col·ic [bjuˋkɑlɪk] *adj.* ①牧人的。②鄉村的。— *n.* Ⓒ (常*pl.*)牧歌。

***bud** [bʌd] *n.* Ⓒ ①芽；花蕾。②未成熟的人[事]。*in* ～ 在發芽或含苞中。
— *v.i.* (**-dd-**)①發芽。②發育。
— *v.t.* 接(芽)；移植。

Bud·dha [ˋbudə] *n.* (the ～)佛；佛陀；浮屠。

***Bud·dhism** [ˋbudɪzəm] *n.* Ⓤ 佛教；佛法。

Bud·dhist [ˋbudɪst, ˋbu-] *n.* Ⓒ 佛教徒。— *adj.* 佛教(徒)的；佛陀的。

bud·ding [ˋbʌdɪŋ] *adj.* ①發芽的；開始發育的。②初露頭角的。

bud·dy [ˋbʌdɪ] *n.*〖美俗〗① Ⓒ 伙伴。②兄弟；喂(對男性較隨便的稱呼)。(亦作 **buddie**)

budge [bʌdʒ] *v.i.* & *v.t.* ①移動(常用否定式)。②(使)改變意見或立場。

***budg·et** [ˋbʌdʒɪt] *n.* Ⓒ ①預算。②堆積。③根據預算而做的計畫。— *v.t.* 設計使用。 — *v.i.* 編預算。
—**ar·y,** *adj.*

buff [bʌf] *n.* ① Ⓤ 淺黃色之軟牛皮革。② Ⓤ 淺黃色。③ Ⓒ 狂熱的愛好者。④ Ⓒ (包以軟皮革之) 磨棒。
— *v.t.* 以棒磨光；使光軟如皮革。

***buf·fa·lo** [ˋbʌfḷ,o] *n.* Ⓒ (*pl.* ～(e)s, ～)牛；水牛。

buff·er[1] [ˋbʌfɚ] *n.* Ⓒ〖電算〗緩衝器。§～ **stàte** 緩衝國。

buff·er[2] *n.* Ⓒ ①磨光者。②磨輪或磨棒。③〖俚〗守舊或無能者；老頭。

buf·fet[1] [buˋfe, ˋbufe] *n.* Ⓒ ① [bʌˋfe] 餐具櫥。②飲食店供備飲食的櫃臺。③自助餐(餐館)。§～ **dínner** [**lúnch, súpper**]自助餐。

buf·fet[2] [ˋbʌfɪt] *n.* Ⓒ 手打；拳擊；打擊。— *v.t.* 手打；拳擊；奮鬥。

buf·foon [bʌˋfun] *n.* Ⓒ 丑角；滑稽劇演員。—**ish,** *adj.*

buf·foon·er·y [bʌˋfunərɪ] *n.* Ⓤ 滑稽。

***bug** [bʌg] *v.t.* (**-gg-**)〖俗〗①使煩惱。②裝置竊聽器。③趕快地離開〔常out〕。④打擾。～ *off* 〖美俚〗匆匆離開。
— *n.* Ⓒ ①小蟲(尤指臭蟲)。②〖俗〗病菌。③〖電算〗程式的錯誤。④著迷；…迷。⑤隱藏之麥克風。

bug·a·boo [ˋbʌgə,bu] *n.* Ⓒ (*pl.* ～s)鬼怪。

bug-eyed [ˋbʌg,aɪd] *adj.* 〖俚〗凸眼的。

***bu·gle** [ˋbjugḷ] *n.* Ⓒ 號角；喇叭。
—**bu′gler,** *n.*

‡**build** [bɪld] *v.t.* & *v.i.* (**built**)①建築；建造。②建立；創建。③信賴〔on, upon〕。～ *in* 建(某物)使其成為他物之一部分。～ *up* **a.** 增加；加強。**b.** 讚揚；捧場。**c.** 發展為市區。
— *n.* ⓊⒸ 體格。

***build·er** [ˋbɪldɚ] *n.* Ⓒ ①建築業者；營造商。②建立者；建造者。

‡**build·ing** [ˋbɪldɪŋ] *n.* ① Ⓒ 建築物。② Ⓤ 建築術；建築業。

build-up [ˋbɪld,ʌp] *n.* Ⓒ ①宣傳。②建立。③集結。④累積；增強。

‡**built** [bɪlt] *v.* pt. & pp. of **build.**
— *adj.* 〖俚〗身段優美的。

built-in [ˋbɪltˋɪn] *adj.* ①與建築結構連在一起的。②生就的；內在的。

built-up [ˋbɪltˋʌp] *adj.* ①組合的。②蓋滿了房屋或住滿了人的。

***bulb** [bʌlb] *n.* Ⓒ ①(植物)球莖。②球莖狀物；電燈泡。—**bulb′ous,** *adj.*

Bul·gar·i·a [bʌlˋgɛrɪə] *n.* 保加利亞(歐洲東南一國)。—**Bul·gar′i·an,** *adj.* & *n.*

***bulge** [bʌldʒ] *v.i.* 突出。— *v.t.* 使膨脹。— *n.* Ⓒ ①凸出物。②任何突然的增加。*get* [*have*] *the* ～ *on*〖美俚〗對…占優勢。—**bulg′y,** *adj.*

***bulk** [bʌlk] *n.* ① Ⓤ 大小；巨大。②(the ～)大部分。③ Ⓤ 堆；大量。④ Ⓤ 散裝貨。*in* ～ **a.** 散裝。**b.** 大量；批發。— *v.i.* & *v.t.* ①增大。②變為重要。—**bulk′y,** *adj.*

***bull**[1] [bul] *n.* Ⓒ ①公牛。②雄的大動物。③購買股票抬高其行市以謀利者；

多頭。④彪形大漢。⑤〖俚〗警察；刑警。*a ~ in a china shop* 粗人。—*v.t.* & *v.i.* 抬高(股票)價格；(使)上漲。—*adj.* ①公的。②粗壯的。③大號的。④價格上漲的。§ ~ pèn (1)牛欄。(2)臨時拘留所。(3)〖棒球〗救援投手練習投球之區域。

bull² *n.* Ⓤ〖美俚〗蠢話；胡說八道；瞎扯。*shoot* [*throw*] *the* ~ 〖俚〗閒聊；吹牛。

***bull·dog** [ˋbʊl,dɔg] *n.* Ⓒ 牛頭犬。

bull·doze [ˋbʊl,doz] *v.t.* ①〖美俗〗恐嚇。②用推土機推平。

bull·doz·er [ˋbʊl,dozɚ] *n.* Ⓒ〖美俗〗①恐嚇者。②推土機。

***bul·let** [ˋbʊlɪt] *n.* Ⓒ 子彈。

***bul·le·tin** [ˋbʊlətɪn] *n.* Ⓒ ①告示。②小型雜誌或報紙。—*v.t.* 公告。§ ~ sýstem 電子公布欄系統。

bul·let·proof [ˋbʊlɪt,pruf] *adj.* 防彈的。

bull·fight [ˋbʊl,faɪt] *n.* Ⓒ 鬥牛。

bull·finch [ˋbʊl,fɪntʃ] *n.* Ⓒ〖鳥〗照鶯。

bull·frog [ˋbʊl,frɑg] *n.* Ⓒ 牛蛙。

bull·horn [ˋbʊl,hɔrn] *n.* Ⓒ〖美〗(攜帶用)擴聲器。

bul·lion [ˋbʊljən] *n.* Ⓤ 金銀塊[條]。

bull·ish [ˋbʊlɪʃ] *adj.* ①似公牛的。②〖商〗看漲的。③樂觀的。④愚頑的。

bul·lock [ˋbʊlək] *n.* Ⓒ 閹牛。

bull·ring [ˋbʊl,rɪŋ] *n.* Ⓒ 鬥牛場。

bull's-eye [ˋbʊlz,aɪ] *n.* Ⓒ ①靶心。②牛眼窗(船上的厚圓玻璃窗)。

***bul·ly¹** [ˋbʊlɪ] *n.* Ⓒ 欺凌弱小者；土霸。—*v.t.* 威脅；欺負。—*adj.*〖俗〗①豪俠的。②好的。

bul·ly² *n.* Ⓤ 罐頭牛肉(=bully beef)。

bul·rush [ˋbʊl,rʌʃ] *n.* Ⓒ〖植〗①蘆葦。②香蒲。

bul·wark [ˋbʊlwɚk] *n.* Ⓒ ①(常 *pl.*)壁壘；堡壘。②防禦。③防波堤。④(常 *pl.*)甲板上之船舷。—*v.t.* ①建堡壘以防禦。②保衛。

bum [bʌm]〖美俗〗*n.* Ⓒ 遊手好閒者。—*v.i.* & *v.t.* (**-mm-**)遊蕩；乞食。—*adj.* 劣質的。

bum·ble [ˋbʌmbḷ] *v.i.* ①拙劣地做事。②顛躓；跌倒。—*v.t.* 拙劣地做；弄糟。—*n.* Ⓒ 錯誤。

bum·ble·bee [ˋbʌmbḷ,bi] *n.* Ⓒ 大黃蜂。

bum·mer [ˋbʌmɚ] *n.* Ⓒ〖美俚〗①懶漢。②不愉快的經驗或事物。

***bump** [bʌmp] *v.t.* ①撞；碰。②撞落。③解雇；投票反對。—*v.i.* ①碰撞。②顛簸地走。~ *into* 意外碰到。~ *off*〖俚〗殺死。—*n.* Ⓒ ①碰撞；猛擊。②腫塊。③〖俚〗升遷或降級。④〖俚〗增加(錢)；加薪。

bump·er [ˋbʌmpɚ] *n.* Ⓒ ①(汽車)保險槓。②撞擊之人[物]。③緩衝之物。④〖俗〗特大之事物。⑤(乾杯)滿杯。—*adj.* 豐盛的。

bump·kin [ˋbʌmpkɪn] *n.* Ⓒ 鄉巴佬。

bump·tious [ˋbʌmpʃəs] *adj.* 傲慢的。

bump·y [ˋbʌmpɪ] *adj.* 顛簸崎嶇的。

***bun** [bʌn] *n.* Ⓒ ①小圓甜麵包。②(婦女挽在頭後的)圓髻。

***bunch** [bʌntʃ] *n.* Ⓒ ①束；球；串。②群。—*v.t.* & *v.i.* 縛[紮]成束；群集。—**bunch'y,** *adj.*

***bun·dle** [ˋbʌndḷ] *n.* Ⓒ ①捆；束；紮。②包；包裹。—*v.t.* ①捆起；包紮。②推開；倉惶遣去(常 off, out)。—*v.i.* 急離；急去。

bun·dling [ˋbʌndlɪŋ] *n.* Ⓤ (New England 昔日風俗)男女於求婚期間和衣同睡一床。

bung [bʌŋ] *n.* Ⓒ (桶口的)木塞。—*v.t.* ①塞住(up)。②〖俚〗打腫(up)。

***bun·ga·low** [ˋbʌŋgə,lo] *n.* Ⓒ ①平房。②別墅；小屋。

bún·gee jùmp [ˋbʌndʒi~] *n.* Ⓒ 高空彈跳。

bung·hole [ˋbʌŋ,hol] *n.* Ⓒ 桶孔；桶口。

bun·gle [ˋbʌŋgḷ] *v.t.* & *v.i.* 搞壞。—*n.* Ⓒ 拙劣的工作。—**bun'gling,** *adj.*

bun·gler [ˋbʌŋglɚ] *n.* Ⓒ 技術不熟練的工人；敗事者。

bun·ion [ˋbʌnjən] *n.* Ⓒ〖醫〗拇趾黏液囊炎腫；拇囊腫。

bunk [bʌŋk] *n.* Ⓒ (舟、車上)倚壁而設的床鋪。—*v.i.* ①睡此舖上。②〖俗〗睡眠。§ ~ bèd 雙層床。

bun·ker [ˋbʌŋkɚ] *n.* Ⓒ ①(船上之)煤倉。②〖高爾夫〗穴；坑窪。③地下之碉堡。—*v.t.*〖高爾夫〗擊(球)入穴。

bunk·house [ˋbʌŋk,haus] *n.* Ⓒ 工寮。

***bun·ny** [ˋbʌnɪ] *n.* Ⓒ ①〖兒〗兔子。②〖美俗〗松鼠。③(亦作 **bunny girl**)兔女郎。

bunt [bʌnt] *v.t.* & *v.i.* ①用頭或角抵撞。②〖棒球〗觸擊；短打。—*n.* Ⓒ ①抵觸。②〖棒球〗短打球。

bun·ting[1] [ˋbʌntɪŋ] *n.* Ⓤ ①製旗用之薄布。②旗幟之集合稱(尤指船旗)。
bun·ting[2] *n.* Ⓒ 雀類。
***bu·oy** [bɔɪ, ˋbu·ɪ] *n.* Ⓒ ①浮標；浮筒。②救生圈；救生衣(=life buoy).
— *v.t.* ①用浮標作記號。②使浮起。③鼓勵；支持。
buoy·an·cy [ˋbɔɪənsɪ] *n.* Ⓤ ①浮力。②開朗。③價格上漲的趨勢。
***buoy·ant** [ˋbɔɪənt] *adj.* ①能浮的；有浮力的。②(價格)看漲的；(市場)買氣旺的。③快樂的；活潑的。
bur [bɜ] *n.* Ⓒ ①帶有芒刺之果實。②黏附著不離的東西。
bur·ble [ˋbɜbl] *v.i.* ①作潺流之聲；起泡。②說話滔滔不絕。
***bur·den**[1] [ˋbɜdn̩] *n.* ① Ⓒ 負荷；重載。② Ⓒ 負擔；責任。③ Ⓤ 船的載貨量。**—** *v.t.* 使負擔。
bur·den[2] *n.* ①(the ～) 主旨。② Ⓒ〖樂〗疊句；副歌。
bur·dened [ˋbɜdn̩d] *adj.*〖海〗須讓路給另一艘有優先航行權之船的。
bur·den·some [ˋbɜdn̩səm] *adj.* 累人的；麻煩的；沉重的。
bur·dock [ˋbɜˌdɑk] *n.* Ⓒ〖植〗牛蒡。
***bu·reau** [ˋbjʊro] *n.* Ⓒ (*pl.* **～s, ～x** [～z])①〖美〗五斗櫃；〖英〗寫字臺。②辦公處。③政府的機關；局。
bu·reauc·ra·cy [bjʊˋrɑkrəsɪ] *n.* Ⓤ ①官僚政治。②(集合稱)官吏。③官僚作風；繁文縟節。
bu·reau·crat [ˋbjʊrəˌkræt] *n.* Ⓒ 官僚。— **bu·reau·crat′ic,** *adj.*
bur·geon [ˋbɜdʒən] *n.* Ⓒ 芽；新芽。**—** *v.i.* & *v.t.* 萌發；發芽。
burg·er [ˋbɜgɚ] *n.* Ⓤ Ⓒ ①〖俗〗碎牛肉夾餅。②(用於複合詞)各種夾餅(如 turkey*burger*).
bur·gess [ˋbɜdʒɪs] *n.* Ⓒ〖英〗市民；鎮民。「之公民；市民。」
burgh·er [ˋbɜgɚ] *n.* Ⓒ 自治市鎮
***bur·glar** [ˋbɜglɚ] *n.* Ⓒ ① 夜賊。②竊賊。§ ～ **alârm** 自動警鈴；防盜鈴。「*adj.* 防盜的。」
bur·glar·proof [ˋbɜglɚˋpruf]
bur·gla·ry [ˋbɜglərɪ] *n.* Ⓤ Ⓒ〖法律〗夜盜罪；盜竊。
bur·gle [ˋbɜgl] *v.t.* & *v.i.*〖俗〗犯竊盜罪；竊盜。
Bur·gun·dy [ˋbɜgəndɪ] *n.* ① 勃艮地(法國東部一地名)。②(b-) Ⓤ 該地所產之葡萄酒。
***bur·i·al** [ˋbɛrɪəl] *n.* ① Ⓤ Ⓒ 埋葬。② Ⓒ 葬禮。**—** *adj.* 埋葬的。
bur·lap [ˋbɜlæp] *n.* Ⓤ 粗麻布(製袋用)。
bur·lesque [bɚˋlɛsk] *n.* ① Ⓒ 諷刺性或滑稽性之文字、圖畫或模仿。② Ⓤ〖美〗低級粗野之歌舞表演。
— *v.t.* 用文字、圖畫或模仿以諷刺。
— *adj.* 諷刺性或滑稽性之模仿的。
bur·ly [ˋbɜlɪ] *adj.* ①魁梧的；強壯的。②粗魯的。— **bur′li·ness,** *n.*
Bur·ma [ˋbɜmə] *n.*緬甸(東南亞一國，首都 Rangoon).
Bur·mese [bɜˋmiz] *adj.* 緬甸(人，語)的。**—** *n.* (*pl.* ～)① Ⓒ 緬甸人。② Ⓤ 緬甸語。
‡**burn** [bɜn] *v.i.* (**～ed** or **burnt**)①燃燒；燒燬。②感覺發熱。③發光。④熱中。⑤**a.**〖化〗氧化。**b.**〖理〗核子分裂或結合。⑥(遊戲)接近隱藏之東西或猜中答案。⑦燒焦。⑧被曬黑或因熱而褪色。**—** *v.t.* ①燒燬；焚燒。②使覺熱。③燒焦；灼傷。④曬。⑤燒穿。⑥燒成。～ ***down*** **a.** 全部焚燬。**b.** 火力或燃料減弱。～ ***oneself out*** 因工作過度或生活無節制而筋疲力盡。～ ***out*** **a.** 燒壞。**b.** 住所或工作場所等被燒光。～ ***up*** **a.** 燒完。**b.** 使生氣。**—** *n.* Ⓒ ①燒傷；灼傷。②烤焙。
burned-out [ˋbɜndˋaʊt] *adj.* 燒盡了的；用盡了的；因過度使用而損壞的；耗盡精力的。
***burn·er** [ˋbɜnɚ] *n.* Ⓒ ①燈；燈頭。②火爐。a gas ～ 煤氣爐。③火伕。
burn·ing [ˋbɜnɪŋ] *adj.* ①燃燒的。②激烈的。③極嚴重的。④不體面的。
bur·nish [ˋbɜnɪʃ] *v.t.* & *v.i.* ①磨光。②使光滑。**—** *n.* Ⓤ 光澤。
bur·noose, -nous [bɚˋnus] *n.* Ⓒ (阿拉伯人所著)連有頭巾之外衣。
burn·out [ˋbɜnˌaʊt] *n.* Ⓒ ①毀滅性的火。②竭盡。③(火箭引擎的)熄火(時間，地點)。④(電器之被電流)燒毀。
***burnt** [bɜnt] *v.* pt. & pp. of **burn.**
burnt-out [ˋbɜntˋaʊt] *adj.*= **burned-out.** 「打嗝。」
burp [bɜp] *v.i.* & *n.* Ⓒ〖俚〗打噎；
burr[1] [bɜ] *n.* Ⓒ ①=**bur.** ②牙醫用之鑽孔器。「說話。」
burr[2] *n.* Ⓒ 喉音。**—** *v.i.* 用喉音
bur·ro [ˋbɜo] *n.* Ⓒ (*pl.* **～s**) (美西南部馱貨用的)小毛驢。
***bur·row** [ˋbɜo] *n.* Ⓒ (動物所掘

之)地洞。— *v.t.* & *v.i.* ①掘洞穴。②穴居；潛伏。③搜尋。

bur·sa [ˋbɜsə] *n.* Ⓒ (*pl.* **~s, -sae** [-si])〖解〗囊。

bur·sar [ˋbɜsɚ] *n.* Ⓒ ①(大學內的)會計員。②〖蘇〗領獎學金的學生。

bur·sa·ry [ˋbɜsərɪ] *n.* Ⓒ ①(大學內的)會計部門。②〖蘇〗大學獎學金。

‡**burst** [bɜst] *v.i.* (**burst**) ①爆炸。②脹裂。③猝發。④突然而完全地顯現。— *v.t.* ①打破；突破。②將(複寫紙與其他紙張)分開。~ ***in*** **a.** 突然出現。**b.** 打斷。~ ***out*** 迸發；大呼；驚歎。— *n.* Ⓒ ①爆炸；猝發。②(自動武器之)連續發射。

Bu·run·di [buˋrundɪ] *n.* 蒲隆地(中非一共和國，首都 Bujumbura)。

‡**bur·y** [ˋbɛrɪ] *v.t.* ①埋；葬。②隱匿。③專心於。④遺忘；忘記。⑤使深入。

bur·y·ing [ˋbɛrɪɪŋ] *n.* Ⓤ 埋；葬。§ ~ **ground** 墳場；墓地。

‡**bus** [bʌs] *n.* Ⓒ (*pl.* **~(s)es**)公共汽車；巴士。— *v.t.* (**~(s)ed, ~(s)ing**) 用巴士載。— *v.i.* 乘巴士。

bus·boy [ˋbʌs,bɔɪ] *n.* Ⓒ (餐廳之)打雜男工。(亦作 **bus boy**)

‡**bush** [buʃ] *n.* ①Ⓒ 灌木；多枝的矮樹。②Ⓤ (常 the ~)未開墾之地。— *v.i.* 生密枝。— *v.t.* 以灌木覆蓋或保護。§ ~ **bàby**〖動〗灌叢嬰猴。

Bush [buʃ] *n.* 布希(George Herbert Walker, 1924-, 美國第四十一位總統，任期 1989-93)。

bushed [buʃt] *adj.* ①長滿灌木的。②〖俗〗疲倦的。③迷失方向的；不知所措的。

***bush·el** [ˋbuʃəl] *n.* Ⓒ 蒲式耳(容量名，合八加侖，用以量穀)。

bush·fire [ˋbuʃ,faɪr] *n.* Ⓒ 矮林地之野火。

***bush·y** [ˋbuʃɪ] *adj.* ①灌木叢生的。②濃密的。

***bus·i·ly** [ˋbɪzlɪ] *adv.* 忙碌地。

‡**busi·ness** [ˋbɪznɪs] *n.* ①ⓊⒸ 職業；職務；責任。②Ⓤ 事；事件。③Ⓤ 營業；商業。④Ⓒ 商店。⑤Ⓤ (戲劇中之)動作及表情。***B- is ~.*** 公事公辦。***have no ~*** 無權。***It is none of one's ~.*** 不關某人的事。***mind one's own ~*** 不管閒事。***on ~*** 因商務；因公；有事。§ ~ **càrd** 業務用名片。~ **Ènglish** 商業英文。~ **hòurs** 上班或營業時間。

busi·ness·like [ˋbɪznɪs,laɪk] *adj.* 認眞的；井然有條的。

busi·ness·man [ˋbɪznɪs,mæn] *n.* Ⓒ (*pl.* **-men**) 商人。

busk [bʌsk] *n.* Ⓒ〖美〗婦女胸衣。— *v.t.* 〖蘇〗打扮；裝備。— *v.i.* 〖英俚〗沿街賣藝。

busk·er [ˋbʌskɚ] *n.* Ⓒ〖英俚〗街頭藝人。

bus·load [ˋbʌs,lod] *n.* Ⓒ 一部巴士之裝載量。

bus·man [ˋbʌsmən] *n.* Ⓒ (*pl.* **-men**) 公共汽車之駕駛員或車掌。

***bust**[1] [bʌst] *n.* Ⓒ ①半身雕塑或畫像。②胸部(尤指女人者)。

bust[2] 〖俚〗 *v.t.* & *v.i.* ①爆裂。②(使)破產。③(使)降級。④馴服。⑤拳打。— *n.* Ⓒ ①失敗；破產。②縱飮。③重打。

***bus·tle**[1] [ˋbʌsl] *v.i.* 匆忙；迅速而喧擾地移動。— *v.t.* 催促。— *n.* (*sing.*)緊張而喧擾的活動。

bus·tle[2] *n.* Ⓒ 裙撑。

bust-up [ˋbʌst,ʌp] *n.* Ⓒ ①〖美俚〗(婚姻、交情等的)破裂；分離。②喧鬧的大集會。③吵架；鬥毆。

bust·y [ˋbʌstɪ] *adj.* 〖俗〗大胸脯的(女性)。

‡**bus·y** [ˋbɪzɪ] *adj.* ①忙碌的。②被佔用中的(指電話線路)。③繁盛的；熱鬧的。④好管閒事的。⑤亂糟糟的。— *v.t.* 使忙。— **ness,** *n.*

bus·y·bod·y [ˋbɪzɪ,bɑdɪ] *n.* Ⓒ 好管閒事者；多嘴者。

‡**but** [*stressed* bʌt *unstressed* bət] *conj.* ①但是；然而。②除卻。③只有。***never...~*** 必定。It ***never*** rains ~ it pours. 不雨則已，雨必傾盆；〖諺〗禍不單行。— *rel. pron.* 無不(=who not; which not)。— *prep.* 除；除卻…之外。~ ***for*** 如非。— *adv.* ①僅；不過；只有。②如非(=if...not)。③至少(與 can, could 連用)。— *n.* Ⓒ (常 *pl.*)限制；反對。

bu·tane [ˋbjuten] *n.* Ⓤ〖化〗丁烷。

butch [butʃ] *adj.* 〖英俚〗男性化的；(同性戀女子)扮男子角色的。— *n.* Ⓒ 男性化的女人；(同性戀中)扮男子角色的女子。§ ~ **cùt** 平頭(髮式)。

***butch·er** [ˋbutʃɚ] *n.* Ⓒ ①屠夫。②屠宰商；肉店。③殘殺者。④〖美〗小販。— *v.t.* ①屠；宰；殺。②殘殺。

butch·er·y [ˋbutʃərɪ] *n.* ①Ⓤ 屠宰業。②Ⓒ 屠場。③Ⓤ 屠殺。

***but·ler** [ˋbʌtlɚ] *n.* Ⓒ 司膳的人；僕役長。§ ~**'s pàntry** 備餐室。

butt[1] [bʌt] *n.* Ⓒ ①(武器、工具等)粗大之一端。②殘餘部分。③煙蒂。④靶；目標。⑤〖俚〗臀；屁股。⑥〖俚〗香煙。⑦譏笑或攻擊的對象。

butt[2] *n.* Ⓒ 大酒桶。

butt[3] *v.t.* & *v.i.* ①撞；以頭撞。②突出。～ ***in*** [***into***] 介入；干擾。～ ***out***〖俚〗不介入；不管閒事。

‡**but·ter** [ˋbʌtɚ] *n.* Ⓤ ①奶油。②似奶油之物。***peanut*** ～ 花生醬。 —*v.t.* ①塗奶油於…上。②〖俗〗諂媚。～ ***up*** 討好。

but·ter·cup [ˋbʌtɚˏkʌp] *n.* Ⓒ〖植〗毛茛；金鳳花。

but·ter·fat [ˋbʌtɚˏfæt] *n.* Ⓤ 牛乳中之脂肪。

but·ter·fin·gers [ˋbʌtɚˏfɪŋgɚz] *n.* (作 *sing.* 解)〖俗〗①容易將手中物滑落之人；常失球之選手。②笨手笨脚者。

but·ter·fish [ˋbʌtɚˏfɪʃ] *n.* Ⓒ (*pl.* **～, ～es**) 白鯧。

*__but·ter·fly__ [ˋbʌtɚˏflaɪ] *n.* ① Ⓒ 蝴蝶。② Ⓒ 服裝鮮艷的人；遊手好閒的人。③ Ⓤ (the ～)蝶泳。

but·ter·milk [ˋbʌtɚˏmɪlk] *n.* Ⓤ 提去奶油之酸乳。

but·ter·scotch [ˋbʌtɚˏskɑtʃ] *n.* Ⓤ 奶油糖果。

but·ter·y [ˋbʌtərɪ] *adj.* ①似奶油的；含奶油的。②〖俗〗諂媚的。 —[ˋbʌtrɪ] *n.* Ⓒ ①酒窖。②備餐室。

but·tock [ˋbʌtək] *n.* Ⓒ (常 *pl.*)臀；屁股。

‡**but·ton** [ˋbʌtn̩] *n.* ① Ⓒ 鈕扣。② Ⓒ 任何像鈕扣的東西；電鈕。③(*pl.*)〖英俗〗旅館中之侍役。 —*v.t.* & *v.i.* 扣(鈕扣)。

but·ton-down [ˋbʌtn̩ˏdaun] *adj.* ①(襯衫領子)有鈕孔可扣在襯衫上的。②(襯衫)有此種領子的。

but·ton·hole [ˋbʌtn̩ˏhol] *n.* Ⓒ ①鈕孔。②戴於大衣襟鈕孔中的花。 —*v.t.* ①開鈕孔於。②以縫鈕孔的針脚去縫。③強留人談話。

but·tress [ˋbʌtrɪs] *n.* Ⓒ ①扶牆；拱壁。②支持物。 —*v.t.* ①以扶牆支持。②支持；加強。

bux·om [ˋbʌksəm] *adj.* 乳房豐滿的；健美活潑的。

‡**buy** [baɪ] *v.t.* (**bought**) ①買。②獲得。③賄賂。④全買。 —*v.i.* 購物；作買主。～ ***off*** 賄賂。～ ***on credit*** 賒。～ ***out*** **a.** 買進。**b.** 付錢免役。～ ***over*** 收買；行賄。～ ***up*** 全買。

*__buy·er__ [ˋbaɪɚ] *n.* Ⓒ ①買主。②專管採買之人。§ **～'s màrket** 買主市場(供過於求)。

*__buzz__[1] [bʌz] *n.* ① Ⓒ (蚊蠅和蜂等的)嗡嗡聲。② Ⓒ 多人低聲談話的雜聲。③ Ⓒ 耳語；謠言。④(a ～)〖俗〗電話。 —*v.i.* ①作嗡嗡聲。②發嘈雜聲。③匆忙地到處活動。 —*v.t.* ①使作嗡嗡聲。②謠傳。③〖俗〗打電話予。～ ***off*** **a.** 掛斷(電話)。**b.** 走開!

buzz[2] *n.* Ⓒ〖俚〗平頭(=crew cut)。

buz·zard [ˋbʌzɚd] *n.* Ⓒ ①鵰。②〖美〗兀鷹。③〖俚〗貪婪者；卑劣者。

buzz·er [ˋbʌzɚ] *n.* Ⓒ ①發出似蜂音的電鈴。②發嗡嗡聲的東西。

buzz·word [ˋbʌzˏwɝd] *n.* Ⓒ 流行用語；專業術語。

B.V.M. Blessed Virgin Mary. 聖母瑪利亞。

‡**by** [baɪ] *prep.* ①近於；傍於。②沿；經；由。③藉以；經；由。④以量計。⑤表示相乘(以計面積)。⑥逐個；一一。⑦依照；以。⑧至於…程度。⑨對於。⑩當…的時候。⑪不遲於；在…以前。⑫向。⑬由…所生。⑭進；至。***by oneself*** 獨自。 —*adv.* ①近；在旁。②過去；已往。③(置)於旁；放開。④經過；越過。***by and by*** 不久；不一會兒。***by and large*** 就整個來說；一般說來。

bye [baɪ] *n.* Ⓒ 淘汰制比賽中，因比賽者爲奇數，而不經比賽即晉級之人。***by the*** ～ 順便；附帶。(亦作 **by**)

bye-bye [ˋbaɪˋbaɪ] *interj.*〖俗，兒〗再會。

by-e·lec·tion [ˋbaɪɪˏlɛkʃən] *n.* Ⓒ 「(國會之)補選。」

by·gone [ˋbaɪˏgɔn] *adj.* 過去的；已往的。 —*n.* (*pl.*)過去的事。

by(e)·law [ˋbaɪˏlɔ] *n.* Ⓒ ①〖英〗市鎮、公司等制定之法規；地方法。②附則；細則。

by·line [ˋbaɪˏlaɪn] *n.* Ⓒ ①(鐵道之)平行幹線。②(報刊等)每篇文字題目下作者之署名。 —*v.t.* 署名於(報刊上之文章)。

by·lin·er [ˋbaɪˏlaɪnɚ] *n.* Ⓒ 署名於報刊上之文章的作者或記者。

by·name [ˋbaɪˏnem] *n.* Ⓒ ①姓。②綽號；別名。

by·pass [ˋbaɪˏpæs] *n.* Ⓒ ①旁道；間道。②輔助管；旁通管。③(電路中的)旁路。 —*v.t.* (～**ed** or **-past**) ①設旁路。②繞道。③規避。

by·path [ˋbaɪ,pæθ] *n.* Ⓒ (*pl.* **~s** [-,pæðz]) 小路；僻徑。

by-prod·uct [ˋbaɪ,prɑdəkt] *n.* Ⓒ 副產品。

By·ron [ˋbaɪrən] *n.* 拜倫(George Gordon, 1788-1824, 英國詩人)。

by·stand·er [ˋbaɪ,stændɚ] *n.* Ⓒ 旁觀者。

byte [baɪt] *n.* Ⓒ〖電算〗位元組。

by·way [ˋbaɪ,we] *n.* Ⓒ ①旁路(爲highway 之對)。②研究、努力等之次要或輔助部分。

by·word [ˋbaɪ,wɝd] *n.* Ⓒ ①俗諺。②可鄙或可笑的人[物]。

by-work [ˋbaɪ,wɝk] *n.* Ⓤ 副業；兼職。

By·zan·tine [bɪˋzæntɪn] *adj.* ①拜占庭帝國的。②拜占庭式建築的。**—** *n.* Ⓒ 拜占庭古城的居民。§ ~ **Émpire** 拜占庭帝國。

C

C c **C c** *C c*

C or **c** [si] *n.* (*pl.* **C's, Cs, c's, cs**) ① ⓊⒸ 英文字母之第三個字母。② Ⓤ〖樂〗C 大調第一音階；C 調。③ ⓊⒸ (學校成績中之)丙。④ Ⓤ (羅馬數字之)100。⑤ Ⓒ〖美俚〗100 元鈔票。§ **C flát**〖樂〗降 C 調。

C〖化〗carbon. © copyright.〖商〗已取得版權的；版權所有的。

***cab** [kæb] *n.* Ⓒ ①計程車。②一種二輪或四輪的單馬車。③火車頭之遮蓋部(司機與司爐所坐處)。④貨運汽車之駕駛台。**—** *v.i.* (**-bb-**) 乘坐計程車或出租馬車。

CAB〖英〗Citizens' Advice Bureau; Civil Aeronautics Board.〖美〗民用航空局。

ca·bal [kəˋbæl] *n.* Ⓒ ①徒黨；祕密集會。②陰謀。③(藝術、文學或演劇之)派系。**—** *v.i.* (**-ll-**) 結黨；陰謀。

cab·a·ret [ˋkæbə,rɛt]〖法〗*n.* ① Ⓒ 有歌舞助興之餐館。② ⓊⒸ 助興歌舞；餘興。

***cab·bage** [ˋkæbɪdʒ] *n.* ⓊⒸ 甘藍菜(俗稱包心菜)。

cab·by [ˋkæbɪ] *n.*〖俗〗=**cabman.**

cab·driv·er [ˋkæb,draɪvɚ] *n.* Ⓒ 計程車司機；馬車夫。

‡**cab·in** [ˋkæbɪn] *n.* Ⓒ ①小屋；茅屋。②船艙。③機艙。④拖車或纜車上之臨時住處或座位。⑤軍艦上軍官之艙位。**—** *v.t.* & *v.i.* 禁閉於小屋中；拘束。§ ~ **clàss** 二等艙。~ **crùiser** 可住宿的遊艇。

***cab·i·net** [ˋkæbənɪt] *n.* Ⓒ ①放置杯碟等的櫥或櫃。②(常 C-)內閣。③小私室。④電唱機或電視機的外殼。⑤浴室。⑥展覽藝術品之房間。§ ~ **cóuncil** 內閣會議。

cab·i·net·mak·er [ˋkæbənɪt-,mekɚ] *n.* Ⓒ 製家具之細工木匠。

cab·i·net·work [ˋkæbənɪtˋwɝk] *n.* Ⓤ 細工家具；細木工。

***ca·ble** [ˋkebl] *n.* ① ⓊⒸ 金屬製的巨纜。② ⓊⒸ 電纜。③ Ⓒ 海底電報。**—** *v.t.* & *v.i.* ①用纜繫。②拍海底電報。§ ~ **càr** 纜車。~ **ràilway** 懸索鐵路；纜車道。~ **stàtion** 海底電報電信局。~ **télevision** [TV] 有線電視。~ **trâmway** 纜車道。~ **trânsfer**〖美〗(國外)電匯。

ca·ble·gram [ˋkebl,græm] *n.* Ⓒ 海底電報。

cab·man [ˋkæbmən] *n.* Ⓒ (*pl.* **-men**) 車夫；駕車者；出租汽車司機。

ca·boo·dle [kəˋbudl] *n.* Ⓒ〖俚〗團；群。*kit and ~; the whole ~*〖俚〗全部；全體。

ca·boose [kəˋbus] *n.* Ⓒ ①〖美〗載貨火車之守車。②〖英〗船上之廚房。

cab·ri·o·let [,kæbrɪəˋle] *n.* Ⓒ ①篷式汽車。②有篷馬車。

ca·ca·o [kəˋkeo] *n.* Ⓒ (*pl.* **~s**) ①可可樹。②可可子。(亦作 **cocoa**)

cach·a·lot [ˋkæʃə,lɑt] *n.* Ⓒ〖動〗抹香鯨。

cache [kæʃ] *n.* Ⓒ ①隱藏食物、彈藥等供應品的地窖。②隱藏之食物或供應品。③〖電算〗快取記憶體。

ca·chet [kæˋʃe]〖法〗*n.* Ⓒ ①(公文等之)封印。②特徵；標識。③藥包；膠囊。

cack·le [ˋkækl] *n.* ① (*sing.*, 常 the ~) (母雞生蛋後的)咯咯啼聲。② Ⓤ 高聲喧談。③ Ⓒ 呵呵笑。**—** *v.i.* & *v.t.* ①(母雞生蛋後)咯咯啼。②喋喋而談。③呵呵笑。

ca·coph·o·ny [kæˋkɑfənɪ] *n.* ⓊⒸ ①刺耳的聲音。②〖樂〗不和諧音。

cac·tus [ˋkæktəs] *n.* Ⓒ (*pl.* **~·es, -ti** [-taɪ]) 仙人掌。
cad [kæd] *n.* Ⓒ 下流人。
ca·dav·er·ous [kəˋdævərəs] *adj.* ①似屍的。②灰白的; 憔悴的。
cad·die [ˋkædɪ] *n.* Ⓒ【高爾夫】①(裝運高爾夫球用具的)小型手推車。②球僮; 桿弟(爲人背球桿、拾球之小僮)。— *v.i.* (**-died, -dy·ing**)供差遣; 當球僮。
cad·dy[1] [ˋkædɪ] *n.* Ⓒ 茶葉罐。
cad·dy[2] *n.* & *v.i.* =**caddie.**
***ca·dence** [ˋkedn̩s] *n.* ① Ⓤ Ⓒ 韻律; 聲調。② Ⓤ Ⓒ 聲音之抑揚頓挫。③ Ⓒ 樂章之結尾。— *v.t.* 使成節奏。— **caˊdenced, ca·denˊtial,** *adj.*
***ca·den·cy** [ˋkedənsɪ] *n.* = cadence.
ca·den·za [kəˋdɛnzə]【義】*n.* Ⓒ【樂】裝飾樂段[曲]。
ca·det [kəˋdɛt] *n.* Ⓒ ①陸海空軍官校學生。②幼子或幼弟。③實習生。— **ship,** *n.*
cadge [kædʒ] *v.t.* & *v.i.* ①【方】叫賣。②【俗】行乞。
Cad·il·lac [ˋkædl̩,æk] *n.* Ⓒ【商標】凱迪拉克(美國製高級汽車)。
cad·mi·um [ˋkædmɪəm] *n.* Ⓤ【化】鎘(金屬元素; 符號 Cd)。
ca·dre [ˋkɑdɚ] *n.* Ⓒ ①【軍】負訓練之責的軍官及士兵; 核心幹部。②骨架。
cae·cum [ˋsikəm] *n.* (*pl.* **-ca** [-kə]) =**cecum.**
Cae·sar [ˋsizɚ] *n.* ①凱撒(Gaius Julius, 102 or 100-44 B.C., 古羅馬將軍、政治家及歷史家)。②羅馬皇帝之尊號。— **e·an,** — **i·an** [sɪˋzɛrɪən], *adj.*
Caesárian operátion [**séc·tion**] *n.* Ⓒ【醫】剖腹生產(術)。
***ca·fé** [kəˋfe, kæˋfe]【法】*n.* (*pl.* **-fés** [-ˋfez, -ˋfe]) ① Ⓒ 飲食店; 飯館。② Ⓒ【美】酒店。③ Ⓒ 咖啡店。④ Ⓤ 咖啡。
caf·e·te·ri·a [,kæfəˋtɪrɪə] *n.* Ⓒ【美】自助餐餐館。
caf·fein(e) [ˋkæfiɪn] *n.* Ⓤ【化】咖啡鹼; 咖啡因。
caf·tan [ˋkæftən] *n.* Ⓒ 土耳其式長衫(長袖、腰部束帶)。
***cage** [kedʒ] *n.* Ⓒ ①籠; 檻。②籠狀物。③監獄。— *v.t.* ①入籠; 入檻; 監禁。②【籃球】向(籃圈)投籃。
cag(e)·y [ˋkedʒɪ] *adj.*【俚】小心的; 狡猾的。
ca·hoot [kəˋhut] *n.* (*pl.*)【俚】合夥。*in* ~(*s*) **a.** 合夥; 結合。**b.** 同謀; (與)…勾結; 狼狽爲奸。
CAI computer-assisted [aided] instruction.【電算】電腦輔助教學。
cai·man [ˋkemən] *n.* =**cayman.**
cairn [kɛrn] *n.* Ⓒ ①圓錐形石堆(作爲紀念碑或地界界標者)。②(亦作 **cairn terrier**)(蘇格蘭原產的)小型㹴。
Cai·ro [ˋkaɪro] *n.* 開羅(埃及的首都)。
cais·son [ˋkesn̩] *n.* Ⓒ ①潛水箱; 浮船箱。②彈藥箱[車]。
cai·tiff [ˋketɪf] *n.* Ⓒ 鄙漢。— *adj.* 鄙下的。
ca·jole [kəˋdʒol]【法】*v.t.* 以甜言蜜語誘惑或欺騙。— **ment,** *n.*
ca·jol·er·y [kəˋdʒolərɪ] *n.* Ⓤ Ⓒ 甜言蜜語的誘惑; 諂媚; 勾引。
Ca·jun, Ca·jan [ˋkedʒən] *n.* ① Ⓒ (住在美國 Alabama 西南部與鄰接 Mississippi 之地區的)白人、印第安人、黑人的混血兒。② Ⓤ 其使用的方言。
‡**cake** [kek] *n.* ① Ⓤ Ⓒ 糕; 蛋糕; 餅。② Ⓒ 薄扁的餅狀物。③ Ⓒ 塊狀的東西。***a piece of*** ~ 容易的事。***You cannot eat your ~ and have it.***【諺】點心吃下去當然就沒有了; 魚與熊掌不可得兼。— *v.t.* 結成塊。— *v.i.* 結塊。
Cal. California.
ca·lam·i·tous [kəˋlæmətəs] *adj.* 災難的; 極爲不幸的; 悲慘的; 引起災難的。— **ly,** *adv.* — **ness,** *n.*
***ca·lam·i·ty** [kəˋlæmətɪ] *n.* Ⓒ 不幸之事; 災難。§ ~ **hòwler** [**shòut·er**]【美】杞人憂天者。
cal·car·e·ous, -i·ous [kælˋkɛrɪəs] *adj.* 石灰(質)的;含鈣(質)的。
cal·cif·er·ous [kælˋsɪfərəs] *adj.* (含)碳酸鈣的。
cal·ci·fy [ˋkælsə,faɪ] *v.t.* & *v.i.* ①(使)成石灰; 鈣化。②(使)變頑固。— **cal·ci·fi·caˊtion,** *n.*
cal·cine [ˋkælsaɪn] *v.t.* & *v.i.* 鍛燒。
***cal·ci·um** [ˋkælsɪəm] *n.* Ⓤ【化】鈣(金屬元素; 符號 Ca)。§ ~ **cár·bonate** 碳酸鈣。
cal·cu·la·ble [ˋkælkjələbl̩] *adj.* ①可計算的。②可依賴的。
***cal·cu·late** [ˋkælkjə,let] *v.t.* ①計算。②估計。③【美俗】計畫; 打算。④【美俗】認爲。⑤估價。— *v.i.* ①計算; 考慮。②預料; 靠得住。
cal·cu·lat·ed [ˋkælkjə,letɪd]

C

adj. ①計算的。②有意的；計畫的。③適合的。

cal·cu·lat·ing [ˋkælkjə,letɪŋ] *adj.* ①計算的。②有算計的。③有策略的。§～ **machìne** 計算機。

***cal·cu·la·tion** [,kælkjəˋleʃən] *n.* ①Ⓤ Ⓒ計算。②Ⓒ計算所得的結果。③Ⓤ Ⓒ預料；謹慎的計畫。④Ⓤ慎思；考慮。⑤Ⓤ估計。

C

cal·cu·la·tor [ˋkælkjə,letɚ] *n.* Ⓒ①計算者。②計算機。

cal·cu·lous [ˋkælkjʊləs] *adj.* 〖醫〗結石性的。

cal·cu·lus [ˋkælkjələs] *n.* (*pl.* **-li** [-,laɪ], **～es**)①Ⓤ微積分學。②Ⓒ〖醫〗結石。

Cal·cut·ta [kælˋkʌtə] *n.* 加爾各答(印度東北部的港口)。

cal·dron [ˋkɔldrən] *n.* Ⓒ大鍋。

***cal·en·dar** [ˋkæləndɚ] *n.* Ⓒ①曆法；日曆。②一覽表；表；紀錄；開庭日程表。— *v.t.* 登記。§～ **yéar** 曆年(從元月一日至十二月三十一日的一段時間)。

***calf**[1] [kæf, kɑf] *n.* (*pl.* **calves**)①Ⓒ小牛；犢。②Ⓒ小象；小鯨；小海豹。③Ⓤ小牛皮；犢皮。④Ⓒ〖俗〗笨拙的男子。

calf[2] *n.* Ⓒ (*pl.* **calves**)腓；小腿。

calf·skin [ˋkæf,skɪn] *n.* Ⓤ小牛皮。

cal·i·ber,〖英〗**-bre** [ˋkæləbɚ] *n.* ①Ⓒ(槍砲)口徑。②Ⓒ(砲彈或子彈之)直徑。③Ⓤ才幹；能力。④Ⓤ品質；質地。

cal·i·brate [ˋkælə,bret] *v.t.* ①量…之口徑。②校準…之刻度。

***cal·i·co** [ˋkælə,ko] *n.* Ⓤ Ⓒ (*pl.* ～(**e**)**s**) ①〖美〗印花布。②〖英〗白棉布。— *adj.* ①印花布或白棉布做的。②有斑點的。

Cal·i·for·nia [,kæləˋfɔrnjə] *n.* 加利福尼亞州(美國西海岸的一州)。

cal·(l)i·per [ˋkæləpɚ] *n.* Ⓒ (常*pl.*)彎腳規；測徑器。

ca·liph [ˋkelɪf] *n.* Ⓒ回教國國王。(亦作**calif**)

cal·iph·ate [ˋkælə,fet] *n.* Ⓒ caliph之職權[轄區]。(亦作**califate**)

cal·(l)is·then·ic [,kæləsˋθɛnɪk] *adj.* 柔軟體操的。

cal·(l)is·then·ics [,kæləsˋθɛnɪks] *n.* ①(作*pl.* 解)柔軟體操；運動。②Ⓤ柔軟體操法。

calk [kɔk] *v.t.* 塡縫使不漏水。

‡**call** [kɔl] *v.t.* ①喊；叫。②喚醒。③號令；命令。④召喚。⑤令服務。⑥召集。⑦打電話。⑧稱之爲。⑨視爲。⑩點名。⑪催付。⑫〖牌戲〗要求攤牌。⑬學(鳥或動物)叫聲以引誘之。⑭邀請。⑮引起(注意)。⑯使來；使發生。⑰〖俗〗要求(某人)爲某事提供證據。⑱〖俗〗責備。⑲〖運動〗判定。⑳〖運動〗中止(比賽)。— *v.i.* ①高聲說話；大叫。②訪問。③要求；命令。④打電話。⑤叫；鳴；吼。～ *at* 訪問。～ *back* a. 喚回。b. 撤銷。c. 回電話。～ *down* a.〖俗〗斥責。b. 導致。～ *for* a. 取；迎；接。b. 求援；要求。～ *in* a. 收集。b. 收回(不再流通)。c. 邀請。～ *off* a. 取消。b. 命令停止。c. 逐條讀出。～*on* [*upon*] a. 請求。b. 拜訪。～ *out* a. 大聲叫。b. 召集。c. 使顯現。～*up* a. 打電話。b. 回憶；回想。c. 徵召…入伍。— *n.* Ⓒ ①呼叫聲。②號音(喇叭)；鐘聲等。③邀請；召喚。④拜訪。⑤需求。⑥理由。⑦付款要求。⑧叫；喊。⑨鳥獸鳴叫之聲。⑩打電話。⑪〖運動〗裁定。*a close* ～ 千鈞一髮；死裡逃生。*within* ～ 叫聲能達的範圍之內。§～ **bèll** 呼人鈴；警鈴。～ **gìrl** 應召女郎。

call-back [ˋkɔl,bæk] *n.* Ⓒ〖美俗〗①召回休假工人之通告。②與顧客之再度會商。③(製造商)產品收回檢修。§～ **pày** 加班費。

call·er [ˋkɔlɚ] *n.* Ⓒ ①喊叫者。②召集者。③訪客。

cal·lig·ra·phy [kəˋlɪgrəfɪ] *n.* Ⓤ書法；墨寶。

call-in [ˋkɔlɪn] *n.* Ⓒ〖美〗將聽眾打進來的電話當場播出的廣播或電視節目。

call·ing [ˋkɔlɪŋ] *n.* ①Ⓒ職業。②Ⓤ Ⓒ邀請；召喚。③Ⓒ慾望。④Ⓤ Ⓒ(會議之)召集。§～ **càrd**名片。

cal·los·i·ty [kəˋlɑsətɪ] *n.* Ⓤ①皮膚硬化。②鐵石心腸。

cal·lous [ˋkæləs] *adj.* ①堅硬的；變硬的。②無情的；無感覺的。③起繭的。

cal·low [ˋkælo] *adj.* ①未生羽毛的。②沒有經驗的。

cal·lus [ˋkæləs] *n.* Ⓒ皮膚硬化的部分；胼胝；老繭。

‡**calm** [kɑm] *adj.* ①安靜的；無風浪的。②寧靜的；不激動的。— *n.* Ⓤ平靜；安靜。— *v.t.* 使安靜。— *v.i.* 變安靜(常 down)。— **ly,** *adv.*

cal·ma·tive [ˋkælmətɪv] *adj.* 鎮靜的。— *n.* Ⓤ Ⓒ 鎮靜劑。
ca·lor·ic [kəˋlɔrɪk] *n.* Ⓤ 熱。— *adj.* ①熱的。②(引擎)由熱空氣推動的。③卡路里的。
*__cal·o·rie, cal·o·ry__ [ˋkælərɪ] *n.* Ⓒ 卡路里(熱量的單位，使 1 公克水升高攝氏 1 度所需的熱量)。
cal·o·rif·ic [ˌkæləˋrɪfɪk] *adj.* 生熱的；發熱的。
ca·lum·ni·ate [kəˋlʌmnɪˌet] *v.t.* 毀謗；中傷。— **ca·lum·ni·a′tion,** *n.*
ca·lum·ni·ous [kəˋlʌmnɪəs] *adj.* 中傷的；毀謗的。
cal·um·ny [ˋkæləmnɪ] *n.* Ⓤ Ⓒ 誹謗；讒言。
calve [kæv] *v.i.* & *v.t.* ①產(犢)。②崩解；崩落。
calves [kævz] *n.* pl. of **calf**[1] & 「**calf**[2].」
ca·lyp·so [kəˋlɪpso] *adj.* 千里達島上土人所演唱之歌曲的。— *n.* Ⓒ (*pl.* **~s, ~es**) 此種歌曲或音樂。
ca·lyx [ˋkelɪks] *n.* Ⓒ (*pl.* **~es, ca·ly·ces** [ˋkæləˌsiz]) 花萼。
cam [kæm] *n.* Ⓒ 【機】凸輪；鏗。
ca·ma·ra·de·rie [ˌkɑməˋrɑdərɪ] 【法】*n.* Ⓤ 同志愛；友誼。
cam·ber [ˋkæmbɚ] *v.t.* & *v.i.* 彎作弧形；翹曲。— *n.* Ⓤ Ⓒ ①小彎曲；眉形。②(機翼之)彎曲；(汽車前輪之)垂直斜度；曲弧度。
Cam·bo·di·a [kæmˋbodɪə] *n.* 高棉(東南亞之一國)。
cam·bric [ˋkembrɪk] *n.* Ⓤ 麻紗白葛布(質料很薄的白色細葛布或棉布)。
Cam·bridge [ˋkembrɪdʒ] *n.* ①劍橋(英格蘭東部名城，爲 Cambridgeshire 郡之首府，因劍橋大學而著名)。②劍橋大學。③美國波士頓附近一城市，哈佛大學所在地。
cam·cord·er [ˋkæmˌkɔrdɚ] *n.* Ⓒ (手提式)電視攝錄放影機。
‡**came** [kem] *v.* pt. of **come.**
*__cam·el__ [ˋkæml] *n.* Ⓒ 駱駝。the Arabian [Bactrian] ～ 單[雙]峯駱駝。
cam·el·back [ˋkæmlˌbæk] *n.* ①Ⓒ 駱駝背。②Ⓤ 一種翻新橡膠。
ca·mel·lia [kəˋmiljə] *n.* Ⓒ 【植】山茶(花)。
cam·el's-hair [ˋkæməlzˌhɛr] *adj.* ①駱駝毛製成的。②松鼠尾之毛做成的(畫筆)。(亦作 **camelhair**)
cam·e·o [ˋkæmɪˌo] *n.* Ⓒ (*pl.* **~s**) 刻有浮雕之寶石。

*__cam·er·a__ [ˋkæmərə] *n.* Ⓒ ①照相機。②(電視)攝影機。③(*pl.* **-er·ae** [-əˌri]) 法官之私人辦公室。
cam·er·a·man [ˋkæmərəˌmæn] *n.* Ⓒ (*pl.* **-men**) ①攝影者；照相師。②攝影記者。
cam·er·a-shy [ˋkæmərəˌʃaɪ] *adj.* 不喜歡照相的。
Ca·me·roun [ˌkæməˋrun] *n.* 喀麥隆(非洲西部之一獨立國)。

cam·i·sole [ˋkæməˌsol] *n.* Ⓒ ①婦女用之飾有花邊的胸衣。②婦女化妝時所穿之短上衣。
cam·o·mile [ˋkæməˌmaɪl] *n.* Ⓒ 【植】甘菊。
cam·ou·flage [ˋkæməˌflɑʒ] 【法】*n.* Ⓤ Ⓒ ①掩飾。②【軍】僞裝。— *v.t.* 掩飾；僞裝。
‡**camp**[1] [kæmp] *n.* ①Ⓒ 營。②Ⓒ 營地。③Ⓒ 住在營地的人；營兵。④Ⓒ 供臨時居住之營帳、茅屋等。⑤Ⓤ 野營生活。— *v.i.* & *v.t.* (使)宿於營中；令紮營於。～ ***out*** **a.** 過臨時的簡陋生活。**b.** 過野營生活；露營。§ ～ **béd** 行軍床。～ **chàir** 輕便的帆布摺椅。— **er,** *n.*
camp[2] *n.* ①Ⓒ 同性戀者。②Ⓤ 誇大的矯揉造作。— *adj.* 同性戀的；做作的。— *v.t.* & *v.i.* 做作地演出。
‡**cam·paign** [kæmˋpen] *n.* Ⓒ ①戰役。②活動；選舉的運動。— *v.i.* ①從事運動。②打仗；作戰。
cam·paign·er [kæmˋpenɚ] *n.* Ⓒ ①推行運動者。②老兵。
camp·fire [ˋkæmpˌfaɪr] *n.* Ⓒ ①營火。②營火晚會。
camp·ground [ˋkæmpˌgraund] *n.* Ⓒ 露營地。
cam·phor [ˋkæmfɚ] *n.* Ⓤ 樟腦。§ ～ **bàll** 樟腦丸。～ **trèe** 樟腦樹。
cam·phor·ate [ˋkæmfəˌret] *v.t.* 加樟腦於；使與樟腦化合。
camp·ing [ˋkæmpɪŋ] *n.* Ⓤ 露營。
camp·site [ˋkæmpˌsaɪt] *n.* Ⓒ 露營地。
*__cam·pus__ [ˋkæmpəs] *n.* Ⓒ 【美】①校園；校內。②大學(教育)。
camp·y [ˋkæmpɪ] *adj.* 【俚】①裝模作樣的。②明顯地表現同性戀者之態度的。
cam·shaft [ˋkæmˌʃæft] *n.* Ⓒ 【機】「凸輪軸。」
Ca·mus [kæˋmu] *n.* 卡繆(Albert, 1913-60, 法國短篇小說家、劇作家、散文家，1957年諾貝爾文學獎得主)。

‡**can**¹ [kæn, kən, kn̩] *aux. v.* (*pt.* **could**)①能夠。②〖俗〗可以(=may)。③有權利。④有能力。⑤會。⑥可能。～ ***but*** 祇能…罷了。～ ***not but*** 不得不。～ ***not help*** 不能不; 不禁。～ ***not...too*** 決不會太…。We ～ *not* praise him *too* much. 我們無論怎樣稱讚他也不算過分。

can**² *n.* Ⓒ ①罐頭。②罐頭食品。③酒杯。④桶。⑤〖俚〗監獄。in the*** ～ 〖影〗已完成製片。— *v.t.* (**-nn-**)①裝於罐頭。②〖美俚〗解雇。③〖俚〗停止。④〖俚〗丟棄。§ ∼ **òpener** 開罐器(=〖英〗tin opener)。

***Can·a·da** [ˋkænədə] *n.* 加拿大。

***Ca·na·di·an** [kəˋnedɪən] *adj.* 加拿大(人)的。— *n.* Ⓒ 加拿大人。

***ca·nal** [kəˋnæl] *n.* Ⓒ ①運河。②(體內的)管。③水道; 溝; 渠。— *v.t.* (**-l-**, 〖英〗**-ll-**)①開運河於。②疏導。

can·a·pé [ˋkænəpɪ] 〖法〗*n.* Ⓒ 加有菜餚、乾酪等之烤麵包或餅乾。

ca·nard [kəˋnɑrd] 〖法〗*n.* Ⓒ 虛報。

***ca·nar·y** [kəˋnɛrɪ] *n.* ① Ⓒ 金絲雀。② Ⓤ 淡黃色。

can·can [ˋkænkæn] *n.* Ⓒ 康康舞(一種法國式舞蹈)。

***can·cel** [ˋkænsl̩] *v.t.* (**-l-**, 〖英〗**-ll-**)①刪去; 以線劃去。②取消。③抵消。④加蓋註銷戳使作廢。— *v.i.* ①互相抵消(out)。②〖數〗相約。— **can·cel·la′tion**, *n.*

***can·cer** [ˋkænsɚ] *n.* ① ⓊⒸ 癌。② Ⓤ 社會上之弊端。③(C-) Ⓤ 〖天〗巨蟹座。— **ous**, *adj.*

can·de·la·brum [ˌkændl̩ˋebrəm] *n.* Ⓒ (*pl.* **∼s**, **-bra** [-brə])枝狀大燭臺或燈臺。

***can·did** [ˋkændɪd] *adj.* ①坦白的。②公正的。— **ly**, *adv.*

can·di·da·cy [ˋkændɪdəsɪ] *n.* Ⓤ Ⓒ 候補者或候選人之地位或資格。

***can·di·date** [ˋkændəˌdet] *n.* Ⓒ ①候補者; 候選人。②應考者。

can·died [ˋkændɪd] *adj.* ①糖漬的; 蜜餞的。②變成糖的。

‡**can·dle** [ˋkændl̩] *n.* Ⓒ ①蠟燭。②燭光。***burn the*** ～ ***at both ends*** 過分消耗體力。***not hold a*** ～ ***to*** 不能與之相比。***not worth the*** ～ 不值得的。— *v.t.* 將(蛋)放在光前看其是否新鮮。§ ∼ **hòlder** 燭臺。

can·dle·light [ˋkændl̩ˌlaɪt] *n.* Ⓤ ①燭光。②黃昏時候。

Can·dle·mas [ˋkændl̩məs] *n.* Ⓤ 〖天主教〗聖燭節(二月二日)。

can·dle·stick [ˋkændl̩ˌstɪk] *n.* Ⓒ 燭臺。

***can·dor**, 〖英〗**-dour** [ˋkændɚ] *n.* Ⓤ ①坦白; 誠意。②公平; 公正。

‡**can·dy** [ˋkændɪ] *n.* ⓊⒸ 糖果; 蜜餞。— *v.t.* ①製成糖果。②使(糖等)結晶。— *v.i.* 結晶成糖。

***cane** [ken] *n.* ① Ⓒ 手杖。② Ⓒ 鞭打用的杖。③ Ⓒ 長而有節的莖(如竹和甘蔗等)。④ Ⓤ 〖植〗甘蔗(=sugar-cane)。— *v.t.* ①鞭笞。②以籐編製。§ ∼ **cháir** 籐椅。

ca·nine [ˋkenaɪn] *adj.* (似)犬的。— *n.* Ⓒ 犬齒。§ ∼ **tòoth** 犬齒。

Ca·nis [ˋkenɪs] *n.* ①〖動〗犬屬。②(c-) Ⓒ 犬。

can·is·ter [ˋkænɪstɚ] *n.* Ⓒ ①茶葉罐。②金屬罐。③榴霰彈。

can·ker [ˋkæŋkɚ] *n.* ① ⓊⒸ (口部的)潰瘍; 壞疽。② Ⓒ 積弊; 弊害。— *v.t.* & *v.i.* 使腐爛。

canned [kænd] *adj.* ①裝罐的。②〖俚〗錄音的; 灌成唱片的。③〖俚〗事前準備好的。

can·nel·lo·ni [ˌkænəˋlonɪ] 〖義〗*n.* Ⓤ 義大利肉捲; 義大利餡捲。

can·ner [ˋkænɚ] *n.* Ⓒ 〖美〗罐頭食品製造者。

can·ner·y [ˋkænərɪ] *n.* Ⓒ 食品罐頭工廠。

Cannes [kæn, kænz] *n.* 坎城(法國東南部之一海港)。

can·ni·bal [ˋkænəbl̩] *n.* Ⓒ ①食人肉的野蠻人。②食同類之肉的動物。— *adj.* 吃人的; 同類相殘的。— **ism**, *n.* — **can·ni·bal·is′tic**, *adj.*

***can·non** [ˋkænən] *n.* Ⓒ (*pl.* **∼s**, ∼)加農砲; 大砲。§ ∼ **bàll** 砲彈。

can·non·ade [ˌkænənˋed] *n.* Ⓒ 連續砲擊。— *v.t.* & *v.i.* 砲轟。

‡**can·not** [ˋkænɑt] =**can not.**

can·ny [ˋkænɪ] *adj.* ①靈敏的。②謹慎的。③節儉的。④安靜的。

***ca·noe** [kəˋnu] *n.* Ⓒ 獨木舟。— *v.i.* 乘獨木舟。

***can·on**¹ [ˋkænən] *n.* Ⓒ ①教規。②(常 *pl.*)法規; 原則。

can·on² *n.* Ⓒ 〖基督教〗牧師會會員。

ca·ñon [ˋkænjən] *n.*=**canyon.**

ca·non·i·cal [kəˋnɑnɪkl̩] *adj.* ①依教規的。②正經的; 聖典的。

ca·non·i·cals [kəˋnɑnɪkl̩z] *n. pl.* 牧師禮服; 法衣。

can·on·ize [ˋkænən͵aɪz] *v.t.* ①封爲聖徒。②承認合於敎典或敎規。— **can·on·i·za'tion,** *n.*

can·o·py [ˋkænəpɪ] *n.* Ⓒ①床或寶座上之罩蓋。②天篷狀覆蓋物。

cant[1] [kænt] *n.* Ⓤ①僞善之言。②切口；黑話。③哀求唱吟聲。— *v.i.* 做哀求聲；講黑話。

cant[2] *n.* Ⓒ斜面；傾斜。— *v.t.* & *v.i.* ①斜切。②(使)傾斜或傾覆。

‡**can't** [kænt] = **can not.**

can·ta·loup(e) [ˋkæntl͵op] *n.* Ⓒ一種甜瓜。

can·tan·ker·ous [kænˋtæŋkərəs] *adj.* ①難相處的；好吵鬧的。②壞脾氣的。

can·ta·ta [kænˋtɑtə] 〖義〗*n.* Ⓒ清唱劇。

can·teen [kænˋtin] *n.* Ⓒ①隨身帶的水壺。②軍中福利社。③軍用炊事箱。

can·ter [ˋkæntɚ] *n.* Ⓒ (馬的)慢步小跑。— *v.i.* & *v.t.* (使)(馬)慢跑。

can·ti·cle [ˋkæntɪkl] *n.* ① Ⓒ 敎堂禮拜用之頌歌。②(Canticles)雅歌(聖經之一卷)。

can·ti·le·ver [ˋkæntl͵ivɚ] *n.* Ⓒ〖建〗懸臂；懸桁。

*__can·to__ [ˋkænto] *n.* Ⓒ (*pl.* ~**s**)長詩中的篇。

can·ton [ˋkæntən] *n.* Ⓒ①(瑞士的)州。②(法國的)村；鎮；區。

can·ton·ment [kænˋtɑnmənt] *n.* Ⓒ軍隊駐紮地。

*__can·vas__ [ˋkænvəs] *n.* ① Ⓤ 帆布；畫布。② Ⓒ 帆製的東西。③ Ⓒ 油畫。*under* ~ **a.** 在帳幕中。**b.** 張帆。

can·vass [ˋkænvəs] *v.t.* ①細究。②討論。③向(人)拉票；招徠(顧客)。— *v.i.* ①拉票。②檢票。③討論。— *n.* Ⓒ①討論。②拉票。③細究。— **er,** *n.*

can·yon [ˋkænjən] *n.* Ⓒ峽谷。

‡**cap** [kæp] *n.* Ⓒ①無邊便帽。②戴以表示階級或職業的帽子。③帽狀物。④蓋；頂。⑤頂部。~ *in hand* 謙恭地。— *v.t.* (**-pp-**)①覆之以蓋或帽。②覆以；蓋以。③做得比前面的更好。— *v.i.* 脫帽以示敬。

ca·pa·bil·i·ty [͵kepəˋbɪlətɪ] *n.* ①Ⓤ能力。②Ⓤ可能(性)。③Ⓒ(常 *pl.*)可發展之能力。

*__ca·pa·ble__ [ˋkepəbl] *adj.* ①有能力的；能幹的。②表露才幹的。~ *of* **a.** 有能力的；有資格的。**b.** 有…可能的。**c.** 可容納…的。

ca·pa·cious [kəˋpeʃəs] *adj.* 容量大的。

ca·pac·i·tor [kəˋpæsətɚ] *n.* Ⓒ〖電〗電容器(=condenser).

*__ca·pac·i·ty__ [kəˋpæsətɪ] *n.* ①Ⓤ容量。②Ⓤ能力。③Ⓤ性能。④Ⓒ地位；資格。

ca·par·i·son [kəˋpærəsn̩] *n.* ①Ⓒ馬衣；馬的裝飾物。②Ⓤ美服；行頭。— *v.t.* ①以馬衣遮(馬)。②打扮。

*__cape__[1] [kep] *n.* ①Ⓒ岬；海角。②(the C-)**a.** 好望角(=Cape of Good Hope). **b.** 科德角(=Cape Cod).

*__cape__[2] *n.* Ⓒ披肩；披風。

ca·per[1] [ˋkepɚ] *n.* Ⓒ①跳躍。②戲弄；頑皮。— *v.i.* 雀躍。

ca·per[2] *n.* Ⓒ〖植〗續隨子(產於地中海沿岸)。

cap·il·lar·y [ˋkæpl͵ɛrɪ] *adj.* 毛細管(現象)的。— *n.* Ⓒ①毛細管。②〖解〗微血管。

‡**cap·i·tal** [ˋkæpətl] *n.* ①Ⓒ國都；首都；省會。②Ⓒ大寫字母。③Ⓤ資金；資本。④Ⓤ(集合稱)資本家。*make* ~ *of* 利用。— *adj.* ①主要的。②上等的。③死刑的。④嚴重的。§ ~ **góods** 〖經〗資本財。~ **pùnishment** 死刑。

cap·i·tal·ism [ˋkæpətl͵ɪzəm] *n.* Ⓤ資本主義。

*__cap·i·tal·ist__ [ˋkæpətlɪst] *n.* Ⓒ資本家。

cap·i·tal·is·tic [͵kæpɪtlˋɪstɪk] *adj.* 資本家的；資本主義的。

cap·i·tal·ize [ˋkæpətl͵aɪz] *v.t.* ①用大寫字母寫。②變成資本；做資本用。— *v.i.* 利用〔on〕. — **cap·i·tal·i·za'tion,** *n.*

cap·i·ta·tion [͵kæpəˋteʃən] *n.* ①Ⓤ按人數計算。②Ⓒ人頭稅。

Cap·i·tol [ˋkæpətl] *n.* ①(the ~)〖美〗國會大廈。②Ⓒ(常 c-)美國州議會會堂。③古羅馬 Jupiter 神殿。

ca·pit·u·late [kəˋpɪtʃə͵let] *v.i.* (有條件地)投降。

ca·pon [ˋkepɑn] *n.* Ⓒ閹雞。

ca·price [kəˋpris] *n.* ①ⓊⒸ反覆無常；善變；幻想。②Ⓒ〖樂〗幻想曲；隨想曲。

ca·pri·cious [kəˋprɪʃəs] *adj.* 多變的；反覆無常的；任性的。

Cap·ri·corn [ˋkæprɪ͵kɔrn] *n.* Ⓤ〖天〗山羊座；魔羯宮。

cap·si·cum [ˋkæpsɪkəm] *n.* Ⓒ〖植〗番椒；辣椒。

cap·size [kæpˋsaɪz] *v.t.* & *v.i.*

C

(使)(船)傾覆。「起錨機。」
cap·stan [ˋkæpstən] *n.* Ⓒ 絞盤;
cap·sule [ˋkæpsḷ, ˋkæpsjul] *n.* Ⓒ ①(藥的)膠囊。②瓶帽。③蒸發皿。④〖生理〗被囊。⑤〖植〗蒴;莢。⑥太空艙。⑦摘要;綱要。── *v.t.* ①以瓶帽密封。②節略。
‡**cap·tain** [ˋkæptɪn] *n.* Ⓒ ①首領。②陸軍上尉;海軍上校。③船[艦]長。④隊長(球隊或田徑隊等)。

C

cap·tion [ˋkæpʃən] *n.* Ⓒ ①標題。②插圖的說明。③電影字幕。
cap·tious [ˋkæpʃəs] *adj.* ①好吹毛求疵的;好責備人的。②詭辯的。
cap·ti·vate [ˋkæptə,vet] *v.t.* 迷惑。— **cap·ti·va′tion,** *n.*
***cap·tive** [ˋkæptɪv] *n.* Ⓒ ①俘虜。②被迷者;被困者。── *adj.* ①被虜的;被俘的。②被迷住的。
***cap·tiv·i·ty** [kæpˋtɪvətɪ] *n.* Ⓤ ①囚禁。②被拘留的狀態。「者。」
cap·tor [ˋkæptɚ] *n.* Ⓒ 擄掠者;捕捉
***cap·ture** [ˋkæptʃɚ] *v.t.* ①擄獲。②捕捉。③占領。── *n.* ① Ⓒ 戰利品。② Ⓤ 捕獲。③ Ⓤ 占領。
‡**car** [kɑr] *n.* Ⓒ ①車;汽車。②火車車廂。③氣球載人的懸籃。④有軌的車。⑤〖美〗電梯之機箱。§ ∼ **pàrk**〖英〗停車場(=〖美〗parking lot). ∼ **pòol** 汽車共乘制。
ca·rafe [kəˋræf] *n.* Ⓒ 玻璃水瓶。
***car·a·mel** [ˋkærəmḷ] *n.* ① Ⓤ 焦糖。② Ⓒ 牛奶糖。
car·a·mel·ize [ˋkærəmḷ,aɪz] *v.t.* 加熱熔(糖)使焦。── *v.i.* (糖)熔化而變成焦黃。「外殼。」
car·a·pace [ˋkærə,pes] *n.* Ⓒ 甲殼;
car·at [ˋkærət] *n.* Ⓒ ①克拉(寶石重量的單位)。②開(純金爲 24 開)。
***car·a·van** [ˋkærə,væn] *n.* Ⓒ ①旅行隊。②旅行乘用之大篷車。
car·a·van·sa·ry [,kærəˋvænsərɪ], **-se·rai** [-sə,raɪ] *n.* Ⓒ ①可以容納旅行車隊投宿的旅舍。②大旅舍。
car·a·way [ˋkærə,we] *n.* ① Ⓒ〖植〗葛縷子;香芹。② Ⓤ (亦作 **caraway seeds**)香芹籽(用作香料)。
car·bide [ˋkɑrbaɪd] *n.* Ⓤ ①〖化〗碳化物。②碳化鈣。
car·bine [ˋkɑrbaɪn] *n.* Ⓒ 卡賓槍。
carbo- 〖字首〗表「碳」之義。
car·bo·hy·drate [,kɑrboˋhaɪdret] *n.* Ⓒ〖化〗醣;碳水化合物。
car·bol·ic [kɑrˋbɑlɪk] *adj.* 石炭酸的。§ ∼ **ácid**〖化〗石炭酸;酚。
***car·bon** [ˋkɑrbən] *n.* Ⓤ ①〖化〗碳(符號 C)。②複寫紙。§ ∼ **cópy** (1)(文件等用複寫紙抄寫或打字的)副本;複寫本。(2)一模一樣[極相像]的人或物[of]. ∼ **dàting**〖考古〗(利用 carbon 14的)放射性碳年代測定法。∼ **pàper** 複寫紙。
car·bon·ate [ˋkɑrbənɪt, -,net] *n.* Ⓤ Ⓒ 碳酸鹽。
car·bon·ic [kɑrˋbɑnɪk] *adj.* 含碳素的。§ ∼ **ácid**〖化〗碳酸。
car·bon·if·er·ous [,kɑrbəˋnɪfərəs] *adj.* ①含碳或煤的。②(C-)〖地質〗石炭紀[系]的。
car·bon·ize [ˋkɑrbən,aɪz] *v.t.* ①碳化。②以碳處理。
car·boy [ˋkɑrbɔɪ] *n.* Ⓒ (有木框或籐籃保護的)大玻璃瓶;酸瓶。
car·bun·cle [ˋkɑrbʌŋkḷ] *n.* Ⓒ ①〖醫〗疔。②粉刺。③紅玉;紅寶石。
car·bu·ret [ˋkɑrbə,rɛt] *v.t.* (**-t-**,〖英〗**-tt-**)使與碳化合。
car·bu·ret·(t)or [ˋkɑrbə,retɚ] *n.* Ⓒ (引擎之)化油器。
***car·cass,**〖英〗**-case** [ˋkɑrkəs] *n.* Ⓒ 動物的屍體。
car·cin·o·gen [kɑrˋsɪnədʒən] *n.* Ⓒ〖醫〗致癌物。
car·ci·no·ma [,kɑrsəˋnomə] *n.* Ⓒ (*pl.* **∼s, ∼ta** [∼tə])〖醫〗癌。
‡**card**[1] [kɑrd] *n.* ① Ⓒ 厚紙片;卡片。a calling [visiting] ∼ 名片。② Ⓒ 紙牌。③ Ⓒ (紙牌戲中的)大牌;辦法;妙計。④(*pl.*)紙牌戲。⑤ Ⓒ 節目單。***have a ∼ up one's sleeve*** 有錦囊妙計。***in[on] the ∼s*** 即將發生的;可能的。***put one's ∼s on the table*** 攤牌;對於某計畫之坦白表示。── *v.t.* ①備置卡片。②記於卡片上。③用卡片標示。④〖運動〗得(分)。§ ∼ **càtalog**(圖書館的)卡片目錄。∼ **file** 卡片目錄。∼ **ìndex** 卡片索引。∼ **rèader**〖電算〗讀卡機。
card[2] *n.* Ⓒ 鋼絲刷。── *v.t.* 刷;梳(羊毛等)。
car·da·mom, -mum [ˋkɑrdəməm], **-mon** [-mən] *n.* Ⓒ〖植〗小豆蔻。「紙板。」
***card·board** [ˋkɑrd,bord] *n.* Ⓤ
card-car·ry·ing [ˋkɑrd,kærɪɪŋ] *adj.* 正式(獲准入黨或參加團體)的;持有黨員[會員]證的。

car·di·ac [ˋkardɪ,æk] *adj.* ①心臟(病)的。②胃之上部的。§ ～ **arrést** 心跳停止。

car·di·gan [ˋkardɪgən] *n.* Ⓒ羊毛上衣。

***car·di·nal** [ˋkardṇəl] *adj.* ①首要的；基本的。②鮮紅色的。— *n.* ①Ⓤ鮮紅色。②Ⓒ天主教的樞機主教。§ ～ **númber** [**númeral**] 基數。～ **póints** 基本方位(即東西南北)。～ **vírtues**〖哲〗基本道德。

car·di·o·gram [ˋkardɪə,græm] *n.* Ⓒ心電圖。

car·di·o·graph [ˋkardɪə,græf] *n.* Ⓒ心動描記器。

car·di·ol·o·gy [,kardɪˋalədʒɪ] *n.* Ⓤ心臟學。— **car·di·olʹo·gist,** *n.*

car·di·o·vas·cu·lar [,kardɪoˋvæskjulɚ] *adj.*〖醫〗心與血管的；循環系統的。

card·sharp(**·er**) [ˋkard,ʃarp(ɚ)] *n.* Ⓒ以詐術賭紙牌爲生者。

‡**care** [kɛr] *n.* ①Ⓤ憂慮；操心。②Ⓤ小心；注意。③Ⓤ照顧；管理。④Ⓒ所關心之事；所顧慮之事。⑤Ⓤ關懷。～ *of* 由…轉交(略作c／o). *take* [*have a*] ～ 小心；謹慎。*take* ～ *of* a. 照顧；看護。b. 處理；克服。— *v.i.* ①關心；顧慮。②喜歡；愛好；願；欲。③照顧(for).

ca·reen [kəˋrin] *v.t.* & *v.i.* ①(修船時)使(船)傾倒。②(使)傾側。

***ca·reer** [kəˋrɪr] *n.* ①Ⓒ生涯；經歷。②Ⓒ職業；事業。③Ⓤ急馳；飛奔。④Ⓒ所經之路；軌道。— *adj.* 職業的。a ～ diplomat 職業外交家。a ～ girl 職業婦女。— *v.i.* 急馳；飛奔。

ca·reer·ist [kəˋrɪrɪst] *n.* Ⓒ野心家。

care·free [ˋkɛr,fri] *adj.* ①快樂的；無憂慮的。②無責任感的。

‡**care·ful** [ˋkɛrfəl] *adj.* ①謹慎的；小心的。②用心從事工作的。— **ly,** *adv.* — **ness,** *n.*

***care·less** [ˋkɛrlɪs] *adj.* ①粗心的。②不正確的；疏忽的。③不負責的。④無憂慮的。— **ly,** *adv.* — **ness,** *n.*

***ca·ress** [kəˋrɛs] *n.* Ⓒ & *v.t.* 撫愛；擁抱；吻。

car·et [ˋkærət] *n.* Ⓒ脫字符號(如∧、∨等)。

care·tak·er [ˋkɛr,tekɚ] *n.* Ⓒ看守者；管理者。§ ～ **góvernment** 看守內閣；過渡時期的政府。

care·worn [ˋkɛr,worn] *adj.* 憂思苦慮的；疲倦的；飽經憂患的。

***car·go** [ˋkargo] *n.* ⓊⒸ(*pl.* ～**s,** ～**es**) (船、飛機等所載的)貨物。§ ～ **bòat** 貨輪。

Car·ib·be·an [,kærəˋbiən] *adj.* ①加勒比海的。②加勒比族的。§ **the** ～ **Séa** 加勒比海。

car·i·bou [ˋkærə,bu] *n.* Ⓒ (*pl.* ～**s,** ～)北美馴鹿。

car·i·ca·ture [ˋkærɪkətʃɚ] *n.* ①Ⓒ諷刺畫；漫畫。②Ⓤ作諷刺畫的技術。— *v.t.* 作諷刺畫或描述。— **carʹi·ca·tur·ist,** *n.*

car·ies [ˋkɛriz]〖拉〗*n.* Ⓤ齲；骨瘍。

car·load [ˋkar,lod] *n.* Ⓒ一車的量。

car·mine [ˋkarmɪn] *n.* Ⓤ & *adj.* 洋紅色(的)。

car·nage [ˋkarnɪdʒ] *n.* Ⓤ大屠殺。

car·nal [ˋkarnḷ] *adj.* 肉體的；世俗的。— **ly,** *adv.*

car·nal·i·ty [karˋnælətɪ] *n.* Ⓤ①淫慾。②俗念。③性行爲。

car·na·tion [karˋneʃən] *n.* Ⓒ荷蘭石竹(康乃馨)。

Car·ne·gie [karˋnegɪ] *n.* 卡內基(Andrew, 1835-1919, 美國鋼鐵工業家及慈善家)。

***car·ni·val** [ˋkarnəvḷ] *n.* ①Ⓒ巡迴表演的娛樂遊戲團。②Ⓤ嘉年華會；狂歡節(四旬齋前之飲宴狂歡)。

car·ni·vore [ˋkanə,vor] *n.* Ⓒ①肉食動物。②食蟲植物。

car·niv·o·rous [karˋnɪvərəs] *adj.* ①肉食的。②肉食動物的。

***car·ol** [ˋkærəl] *n.* Ⓒ①歡樂之歌。②耶誕歌或讚美詩。Christmas ～*s* 耶誕頌歌。

Car·o·li·na [,kærəˋlaɪnə] *n.* 卡羅來納(從前英國在北美之一殖民地)。*the* ～*s* 美國南、北卡羅來納兩州。

car·o·tene [ˋkærə,tin] *n.* Ⓤ〖化〗胡蘿蔔素；葉紅素。(亦作 **carotin**)

ca·rot·id [kəˋratɪd] *n.* Ⓒ & *adj.* 頸動脈(的)。

ca·rous·al [kəˋrauzḷ] *n.* = **carouse.**

ca·rouse [kəˋrauz] *n.* ⓊⒸ喧鬧的宴飲。— *v.i.* 痛飲；參加喧鬧的宴會。

car·ou·sel [,kærəˋzɛl] *n.* Ⓒ①〖美〗旋轉木馬(=merry-go-round). ②(機場裡爲旅客運送行李的)旋轉式輸送帶。

carp[1] [karp] *v.i.* & *v.t.* 吹毛求疵；找碴兒。

***carp**[2] *n.* Ⓒ (*pl.* ～**s,** ～)①鯉魚。②鯉科的魚。

***car·pen·ter** [ˋkarpəntɚ] *n.* Ⓒ木

匠。a ～'s rule 折尺。── *v.t.* 以木工手藝製作。── *v.i.* 做木工。

car·pen·try [ˋkarpəntrɪ] *n.* Ⓤ木匠工作。

***car·pet** [ˋkarpɪt] *n.* ①Ⓒ地毯；毛毯。②Ⓤ如毛毯鋪地的東西。*on the* ～ **a.** 在考慮中；在討論中。**b.** 受責。── *v.t.* 鋪以地毯；鋪蓋。§ ～ **bòmbing** 地毯式轟炸(使地區徹底摧毀之輪番轟炸)。

C

car·pet·bag [ˋkarpɪt͵bæg] *n.* Ⓒ氈製之旅行手提包。── *v.i.* (**-gg-**)〖美俚〗投機取巧。

car·pet·bag·ger [ˋkarpɪt͵bægɚ] *n.* Ⓒ①美國內戰後自北方至南方尋求特別利益之投機政客。②到他處藉投機取巧以圖僥倖謀利者。

car·pet-bomb [ˋkarpɪt͵bam] *v.t.* 全面猛炸(一地區)；對(一地區)作地毯式轟炸。

car·port [ˋkar͵port] *n.* Ⓒ車棚。

car·rel(l) [ˋkærəl] *n.* Ⓒ圖書館書庫中供研讀者使用之卡座。

***car·riage** [ˋkærɪdʒ] *n.* ①Ⓒ客車(普通係指馬車，英國亦指火車之客車)。②Ⓒ砲車；(機器的)臺架。③Ⓤ身體的姿態；舉止。④Ⓤ運輸。⑤Ⓤ運費。～ *forward* 〖英〗運費由收件人負擔。～ *free* 運費免付。

car·riage·way [ˋkærɪdʒ͵we] *n.* Ⓒ〖英〗①馬路。②(道路上之)車道。

***car·ri·er** [ˋkærɪɚ] *n.* Ⓒ①運送人；搬運夫。②搬運的工具。③運輸機構。④貨架。⑤帶菌者；傳染疾病的媒介。⑥〖無線〗載波。⑦〖化工〗載媒劑。⑧航空母艦；運輸機；運輸船。⑨傳信鴿。§ ～ **pìgeon** 傳信鴿。

car·ri·on [ˋkærɪən] *n.* Ⓤ腐屍；腐肉。── *adj.* ①臭屍的；腐爛的。②吃腐肉的。

***car·rot** [ˋkærət] *n.* Ⓒ胡蘿蔔。

car·rou·sel [͵kærəˋzɛl] *n.* =**carousel.**

‡**car·ry** [ˋkærɪ] *v.t.* ①搬運；攜帶。②維持。③舉動。④獲得；採納。⑤帶有。⑥延續。⑦感動。⑧可容納。⑨傳播。⑩身懷(胎兒)。⑪輸送(流體)。⑫〖簿記〗轉記；結轉。⑬〖數〗移上一位。── *v.i.* ①運送；攜帶。②達；及。～ *all before one* 極為成功。～ *away* **a.** 深深地影響；感動。**b.** 沖走。～ *off* **a.** 強行帶走。**b.** 獲得(獎品或榮譽)。**c.** 成功地對付。**d.** 造成死亡。～ *on* **a.** 經營。**b.** 繼續。～ *out* 完成；實行。～ *over* **a.** 遺留。**b.** 繼續；延續。～ *through* **a.** 完成。**b.** 幫助度過難關。── *n.* ①Ⓤ射程。②ⓊⒸ運輸；水陸聯運。③Ⓒ舉槍的姿勢。§ ～ **bàg**〖美〗購物袋(=〖英〗shopping bag).

car·ry-on [ˋkærɪ͵an] *adj.* 上飛機可隨身攜帶的。

car·ry·out [ˋkærɪ͵aut] *adj.* & *n.* 〖美俗〗=**takeout.**

car·sick [ˋkar͵sɪk] *adj.* 暈車的。—**ness,** *n.* Ⓤ暈車。

***cart** [kart] *n.* Ⓒ二輪馬車；手拉車。*put the* ～ *before the horse* 本末倒置。── *v.t.* 用車運送。── *v.i.* 駕車。§ ～ **hòrse**拖貨車的馬。～ **whèel** 車輪。

cart·age [ˋkartɪdʒ] *n.* Ⓤ①貨車運輸。②貨車運費。

carte blanche [ˋkartˋblanʃ]〖法〗*n.* (*pl.* **cartes blanches** [ˋkartsˋblanʃ])①Ⓒ署名白紙。②Ⓤ全權委任。

car·tel [ˋkartl, karˋtɛl] *n.* Ⓒ①卡特爾(企業聯合)。②交換俘虜等之條約。③決鬥挑戰書。

Car·thage [ˋkarθɪdʒ] *n.* 迦太基(非洲北部一古國)。

car·ti·lage [ˋkartḷɪdʒ] *n.* Ⓒ〖解〗軟骨。

car·ti·lag·i·nous [͵kartəˋlædʒənəs] *adj.* 軟骨(質)的。

car·tog·ra·pher [karˋtagrəfɚ] *n.* Ⓒ製圖者；繪製地圖者。

car·to·graph·ic, -i·cal [͵kartəˋgræfɪk(ḷ)] *adj.* 製圖的。

car·tog·ra·phy [karˋtagrəfɪ] *n.* Ⓤ製圖；繪圖法。

car·ton [ˋkartn̩] *n.* Ⓒ紙板盒[箱]。

car·toon [karˋtun] *n.* Ⓒ①諷刺畫；漫畫。②(亦作 **animated cartoon**) 卡通電影片。—**ist,** *n.*

car·tridge [ˋkartrɪdʒ] *n.* Ⓒ①〖兵〗子彈；彈藥筒。②照相軟片捲筒；一捲軟片。③(電唱機)針頭。

cart·wheel [ˋkart͵hwil] *n.* Ⓒ①車輪。②〖俗〗大型硬幣。③橫翻觔斗。── *v.i.* ①側翻觔斗。②車輪似地轉動。

***carve** [karv] *v.t.* ①切成碎片。②雕刻。③造成；創造〔常out〕。── *v.i.* ①雕刻。②切肉。～ *up* 分割(肉等)；劃分(遺產等)。

car·ver [ˋkarvɚ] *n.* Ⓒ①雕刻者。②切肉者。③切肉刀。

carv·ing [ˋkarvɪŋ] *n.* ⓊⒸ雕刻(物)；切片。§ ～ **knìfe** 切肉刀。

Cas·a·blan·ca [͵kasəˋblaŋkə]

n. 卡薩布蘭加(摩洛哥西北部一海港)。
cas·cade [kæs`ked] n. Ⓒ ①小瀑布。②(衣服的)波狀花邊。— v.i. 像瀑布般落下。
cas·car·a [kæs`kɛrə] n. Ⓤ〖植〗藥鼠李(其樹皮可作輕瀉劑用)。
‡**case**[1] [kes] n. ①Ⓒ事; 例。②Ⓒ情形; 狀況; 場合。③Ⓒ訟案。④Ⓒ病人; 病症。⑤ⓊⒸ〖文法〗格。⑥Ⓒ令人信服的理論。⑦Ⓒ〖俗〗奇人; 怪人。⑧Ⓒ〖法律〗供詞。*as the ~ may be* 看情形; 隨機應變地。*be in good* [*evil*] ~境況(不)好; 身體(不)好。*in any* ~無論如何。*in* ~ **a.** 預防。**b.** 如果。*in* ~ *of* 倘; 倘使。*in no* ~絕不。§ ~ **làw**〖法律〗判例法。
***case**[2] n. Ⓒ ①箱; 盒; 套。②一箱之容量。— v.t. 裝於箱、盒、套中。§ ~ **shòt** 榴霰彈。
***case·ment** [`kesmənt] n. Ⓒ ①(亦作 **casement window**)(兩扇的)門式窗。②〖詩〗窗。
case·work [`kes,wɜk] n. Ⓤ 社會福利工作。— **er,** n.
***cash**[1] [kæʃ] n. Ⓤ ①現金; 現款。②錢; 財富。~ *on delivery* 貨到付款(略作 **C.O.D.**)。*hard* ~ 硬幣。*pay* ~ 付現款。— v.t. ①兌現; 支現。②付款。~ *in* **a.** 以籌碼兌換現金。**b.**〖美俚〗將財產、股份等變賣以取得現金。**c.**〖美俚〗死亡。~ *in on* **a.** 營利; 賺錢。**b.** 利用。§ ~ **càrd** 自動提款卡。~ **dispènser** 自動提款機。~ **règister** 收銀機。
cash[2] n. Ⓒ (pl. ~)小銅錢; 方孔錢。
cash·book [`kæʃ,buk] n. Ⓒ 現金收支簿。
cash·ew [kə`ʃu, `kæʃu] n. Ⓒ ①〖植〗檟如樹(屬漆樹科)。②腰果。
***cash·ier**[1] [kæ`ʃɪr] n. Ⓒ 出納員。
cash·ier[2] v.t. ①解雇。②丟棄。
cash·mere [`kæʃmɪr] n. ①Ⓤ 喀什米爾產的一種輕暖羊毛。②Ⓒ 其圍巾或衣服。③Ⓤ 其斜紋呢。
cas·ing [`kesɪŋ] n. ①Ⓒ箱; 套; 鞘。②Ⓤ 包裝材料。③Ⓒ (門窗的)框。
ca·si·no [kə`sino] n. Ⓒ (pl. ~s)俱樂部; 娛樂場。
***cask** [kæsk] n. Ⓒ ①桶。②滿桶。
cas·ket [`kæskɪt] n. Ⓒ ①貯藏珠寶或信件的小箱。②〖美〗棺; 柩。
cas·sa·va [kə`savə] n. ①Ⓒ〖植〗參茨; 樹薯。②Ⓤ 參茨根製成之澱粉; 樹薯粉。
cas·se·role [`kæsə,rol] n. ①Ⓒ 有蓋的蒸鍋。②ⓊⒸ 放在此鍋中所焙之菜餚。
cas·sette [kæ`sɛt] 〖法〗n. Ⓒ ①珠寶箱。②〖攝〗乾板匣。③(錄音帶、錄影帶等的)卡式匣。
cas·sia [`kæʃə] n. Ⓒ〖植〗肉桂。
Cas·si·o·pe·ia [,kæsɪə`piə] n. 〖天〗仙后座。
cas·sock [`kæsək] n. Ⓒ 教士所穿著之法衣; 袈裟。

‡**cast** [kæst, kast] v.t. (**cast**) ①投; 擲; 拋。②投向; 投射。③鑄造。④〖戲劇〗分配角色。⑤捨棄; 脫落; 蛻。— v.i. ①投; 擲。②鑄造。③計算。④計畫; 圖謀。⑤推測; 搜尋(about)。~ *about* **a.** 尋求; 搜尋。**b.** 計畫; 盤算。~ *away* **a.** 丟棄; 摒除; 拒絕。**b.** 遭遇海難。**c.** 浪費。~ *back* 提及過去事; 復回原態。~ *off* **a.** 放(船); 解纜。**b.** (編織衣物時的)收針。**c.** 放棄。~ *out* 趕出去。~ *up* **a.** 加起。**b.** 被沖浮到上面。— n. ①Ⓒ 投; 擲; 拋。②Ⓒ鑄成物; 模子。③Ⓒ 演員的陣容。④(sing.)形狀; 表情。⑤Ⓤ 種類。⑥Ⓒ斜視。⑦ⓊⒸ計算。⑧(sing.)傾向。§ ~ **íron** 鑄鐵; 生鐵。~ **stéel** 鑄鋼。
cas·ta·net [,kæstə`nɛt] n. Ⓒ (常 pl.)〖樂〗響板。
cast·a·way [`kæstə,we] n. Ⓒ ①遭船難之人。②被棄之人或物。
caste [kæst] n. ①ⓊⒸ印度的世襲階級。②Ⓤ 社會階級制度。
cast·er [`kæstɚ] n. Ⓒ ①投手; 投擲者。②家具之腳輪。③調味瓶(架)。④鑄造者。⑤分派角色者。
cas·ti·gate [`kæstə,get] v.t. ①懲治; 苛評; 譴責。②修訂。— **cas·ti·ga′tion, cas′ti·ga·tor,** n.
cast·ing [`kæstɪŋ] n. ①Ⓤ 鑄造。②Ⓒ 鑄件。§ ~ **vóte** 決定性投票。
cast-i·ron [`kæst`aɪɚn] adj. ①生鐵製的。②(證據)難以推翻的。
‡**cas·tle** [`kæsl, `kasl] n. Ⓒ ①城堡; 堡壘。②(西洋棋中)城形之棋子。*build* ~*s* [*a* ~] *in the air* 築空中樓閣; 做白日夢。— v.t. ①使安全。②將…圍起來。
cast-off [`kæst,ɔf] adj. 被丟棄的。— n. Ⓒ 遭遺棄之人或物。
cas·tor [`kæstɚ] n. ①Ⓒ 家具上的腳輪; 調味瓶(架)。②Ⓒ 海狸。③

Ⓤ 海貍毛皮。④ Ⓒ 海貍皮帽。§ ~ bèan 〖植〗蓖麻子。~ ôil 蓖麻油。~-ôil plânt 蓖麻。

cas·trate [ˋkæstret] *v.t.* ① 閹割。②刪除。— **cas·tra′tion,** *n.*

***cas·u·al** [ˋkæʒuəl] *adj.* ①偶然的。②疏忽的; 不在乎的。③臨時的; 不定期的。§ ~ **làborer** 臨時工。~ **wàrd** 臨時救濟所。— **ly,** *adv.*

cas·u·al·ty [ˋkæʒuəltɪ] *n.* ① Ⓒ 意外。② Ⓒ 災禍。③(*pl.*)〖軍〗死傷(人數)。④ Ⓒ 因意外而死傷的人或物。§ ~ **insùrance** 意外保險。

cas·u·ist [ˋkæʒuɪst] *n.* Ⓒ ①詭辯家。②決疑者。

cas·u·ist·ry [ˋkæʒuɪstrɪ] *n.* Ⓤ ①〖哲〗決疑論。②詭辯; 曲解。

‡**cat** [kæt] *n.* Ⓒ ①貓。②貓科動物。③可鄙的女人; 惡婦。④九尾鞭。⑤鯰魚。⑥〖俚〗爵士樂狂。***let the ~ out of the bag*** 洩漏祕密。***rain ~s and dogs*** 下傾盆大雨。***see which way the ~ jumps*** 伺機而動。§ ~ **bùrglar** 從上層樓窗或天窗進屋的盜賊。

CAT computerized axial tomography. 〖醫〗電腦斷層攝影術。§ ~ **scàn** 電腦斷層攝影[掃描]。~ **scànner** 電腦斷層攝影裝置。

cat·a·clysm [ˋkætə,klɪzəm] *n.* Ⓒ ①〖地質〗(地殼的)劇變。②(政治或社會的)劇變。③洪水。— **cat·a·clys′mic, cat·a·clys′mal,** *adj.*

cat·a·comb [ˋkætə,kom] *n.* Ⓒ (常*pl.*)地下墓穴。***the Catacombs*** (羅馬的)墓窖。

cat·a·falque [ˋkætə,fælk] *n.* Ⓒ 「靈柩臺; 靈車。」

Cat·a·lan [ˋkætl̩ən] *adj.* 加泰隆尼亞(人, 語)的。— *n.* ① Ⓒ 加泰隆尼亞人。② Ⓤ 加泰隆尼亞語。

cat·a·lep·sy [ˋkætə,lɛpsɪ] *n.* Ⓤ 〖醫〗強直性昏厥。(亦作 **catalepsis**)

***cat·a·log(ue)** [ˋkætl̩,ɔg] *n.* Ⓒ ①目錄; 貨物價目表。②大學概況手冊。③任何一系列之事物。— *v.t.* ①編目。②歸類。— *v.i.* 做成編目。

ca·tal·y·sis [kəˋtæləsɪs] *n.* Ⓤ Ⓒ (*pl.* **-ses** [-,siz])〖化〗觸媒作用; 催化作用; 接觸反應。

cat·a·lyst [ˋkætl̩ɪst] *n.* Ⓒ 〖化〗觸媒; 催化劑。

cat·a·lyt·ic [,kætl̩ˋɪtɪk] *adj.* 起催化作用的。— *n.* Ⓒ 觸媒; 催化劑。§ ~ **convérter** 汽車廢氣淨化器。

cat·a·ma·ran [,kætəməˋræn] *n.* Ⓒ ①木筏。②雙船身之遊艇。

cat·a·pult [ˋkætə,pʌlt] *n.* Ⓒ ①彈弓。②古代之弩砲。③軍艦甲板上之放送飛機的彈射器。— *v.t. & v.i.* ①發射; 彈出。②突然移動。

cat·a·ract [ˋkætə,rækt] *n.* ① Ⓒ 大瀑布; 洪流。② Ⓤ Ⓒ 〖醫〗白內障。

ca·tarrh [kəˋtɑr] *n.* Ⓤ ①〖醫〗卡他; 鼻或喉的黏膜炎。②〖俗〗感冒。

***ca·tas·tro·phe** [kəˋtæstrəfɪ] *n.* Ⓒ ①大災禍。②(悲劇的)結局。③毀滅。— **cat·a·stroph′ic,** *adj.*

cat·bird [ˋkæt,bɜd] *n.* Ⓒ 貓鵲。

cat·call [ˋkæt,kɔl] *n.* Ⓒ 仿貓叫聲(表示不滿或嘲弄)。

‡**catch** [kætʃ] *v.t.* (**caught**) ①捕捉; 捉住。②得; 傳; 招; 惹; 感受。③接(球, 尤指棒球)。④領悟; 了解。⑤掛住; 絆著。⑥趕上。⑦突然撞見; 發覺。⑧令(人)注意。⑨握住。⑩欺騙。⑪擊中。⑫突然阻止或約束。— *v.i.* ①絆住; 掛住。②鎖住; 握住。③攫取; 搶取。④著火。⑤傳染(如疾病)。⑥了解。⑦〖棒球〗充當捕手。~ ***(a) cold*** 感冒。~ ***on*** a. 理解。b. 流行。~ ***up*** a. 突然舉起或攫取。b. 向(某人)指出錯誤〖常 on〗。c. 受感染。~ ***up with*** [***to***]追隨; 追及; 趕上。— *n.* Ⓒ ①捕捉; 捕獲。②掛鉤; 鎖鐶。③捕獲物。④〖俗〗宜於締婚的對象。⑤數人輪唱的短歌。⑥〖棒球〗接球; 捕手。⑦陷阱。— *adj.* ①有趣而易記住的。②容易上當的。§ ~ **phrâse** 標語; 引人注目的詞句(亦作 catchphrase)。

***catch·er** [ˋkætʃɚ] *n.* Ⓒ ①捕捉者[物]。②捕鯨船。③〖棒球〗捕手。

catch·ing [ˋkætʃɪŋ] *adj.* ①有傳染性的。②迷人的; 動人的。

catch-22 [ˋkætʃ,twɛntɪˋtu] *n.* Ⓒ (*pl.* **~'s, ~s**) (常C-)〖俗〗無可奈何的矛盾狀態; 進退兩難的困境。

catch·up [ˋkætʃəp] *n.* Ⓤ 番茄醬。

catch·word [ˋkætʃ,wɜd] *n.* Ⓒ ①標語; 口號。②〖印刷〗標字(字典或目錄等頁上端之該頁的首字或末字)。

catch·y [ˋkætʃɪ] *adj.* 〖俗〗①(令人喜愛而)易記的。②令人迷惑的。

cat·e·chism [ˋkætə,kɪzəm] *n.* ① Ⓤ 教義問答。② Ⓒ 任何科目之一套問答教本。③ Ⓤ 問答教授法。

cat·e·chize, -chise [ˋkætə,kaɪz] *v.t.* ①以問答法教學。②質問。

cat·e·gor·i·cal [ˌkætəˋgɔrɪkḷ] *adj.* ①絕對的；無條件的。②明確的。③屬於某一範疇的。④〖邏輯〗斷言的(命題)。§ ～ **impérative**(康德哲學之)無上命令(乃良心至上的道德律)。

cat·e·go·rize, -rise [ˋkætəgəˌraɪz] *v.t.* ①分類；分列入目錄中。②替…取名形容之。— **cat·e·go·ri·za′tion, cat·e·go·ri·sa′tion,** *n.*

cat·e·go·ry [ˋkætəˌgorɪ] *n.* Ⓒ 類；種；部門。

ca·ter [ˋketɚ] *v.i.* ①備辦食物〔for〕。②迎合；滿足〔to, for〕。**—** *v.t.* 供給酒食與服務。

ca·ter·er [ˋketərɚ] *n.* Ⓒ 備辦食物的人。

***cat·er·pil·lar** [ˋkætɚˌpɪlɚ] *n.* Ⓒ①毛蟲。②戰車；履帶車。

cat·er·waul [ˋkætɚˌwɔl] *v.i.* ①(貓)叫春。②發出像貓叫春的吵鬧聲。**—** *n.* Ⓒ 貓叫春聲。

cat·fish [ˋkætˌfɪʃ] *n.* Ⓒ (*pl.* ～, ～**es**) 鯰魚。

cat·gut [ˋkætˌgʌt] *n.* Ⓤ 腸弦[線] (由羊腸製成，用作弦樂器、球拍的弦線或外科手術的縫線)。

ca·thar·sis [kəˋθɑrsɪs] *n.* ⓊⒸ ①〖醫〗瀉法；通便。②亞里斯多德「詩學」所述之悲劇的淨化情感作用。

ca·the·dra [kəˋθidrə] *n.* Ⓒ (*pl.* **-drae** [-dri]) ①主教座。②主教之職位。③權威人士之座位。④講座。

***ca·the·dral** [kəˋθidrəl] *n.* Ⓒ ①主教的座堂。②大教堂。

Cath·er·ine [ˋkæθrɪn] *n.* 凱薩琳(女子名)。

cath·e·ter [ˋkæθətɚ] *n.* Ⓒ〖醫〗導管；導尿管。

cath·ode [ˋkæθod] *n.* Ⓒ〖電〗陰極。

***cath·o·lic** [ˋkæθəlɪk] *adj.* ①(C-)天主教的。②一般的。③寬容的。**—** *n.* (C-) Ⓒ天主教徒。

Ca·thol·i·cism [kəˋθɑləˌsɪzəm] *n.* Ⓤ天主教之教義、信仰及組織等。

cat·kin [ˋkætkɪn] *n.* Ⓒ〖植〗葇荑花。

cat·nap [ˋkætˌnæp] *n.* Ⓒ小睡；假寐。**—** *v.i.* (**-pp-**)假寐；小睡。

cat-o'-nine-tails [ˌkætəˋnaɪnˌtelz] *n.* Ⓒ (*pl.* ～)①九尾鞭(用以鞭撻罪人者)。②〖植〗香蒲。

cat's-eye [ˋkætsˌaɪ] *n.* Ⓒ〖礦〗貓眼石；貓兒眼。

cat's-paw [ˋkætsˌpɔ] *n.* Ⓒ ①受人愚弄者。②〖海〗貓爪風；使海面起輕波之和風。

cat·sup [ˋkætsəp] *n.* =**catchup.**

cat·tish [ˋkætɪʃ] *adj.* 似貓的；狡猾的。

‡**cat·tle** [ˋkætḷ] *n.* (集合稱，作 *pl.* 解)①牛；家畜；牲口。②毫無價值的人；畜生。

cat·tle·man [ˋkætḷmən] *n.* Ⓒ (*pl.* **-men**)牧牛者。

cat·ty [ˋkætɪ] *adj.* =**cattish.**

CATV Community Antenna Television. 有線電視。

cat·walk [ˋkætˌwɔk] *n.* Ⓒ①橋樑旁側之步行小道。②飛機等內之甬道。

Cau·ca·sia [kɔˋkeʒə] *n.* 高加索(黑海與裏海間的地區)。

Cau·ca·sian [kɔˋkeʃən] *n.* ①Ⓒ高加索人種；白種人。②高加索地方。**—** *adj.* 高加索人的；白種人的。

cau·cus [ˋkɔkəs] *n.* Ⓒ①〖美〗政黨預備會議。②〖英〗政黨中之決策機構。

cau·dal [ˋkɔdḷ] *adj.* 〖動〗尾部的。

‡**caught** [kɔt] *v.* pt. & pp. of **catch.**

caul·dron [ˋkɔldrən] *n.* =**caldron.**

cau·li·flow·er [ˋkɔləˌflauɚ] *n.* Ⓒ花椰菜(俗名菜花)。

caulk [kɔk] *v.t.* =**calk.**

caus·al [ˋkɔzḷ] *adj.* 原因的；形成原因的。

cau·sal·i·ty [kɔˋzælətɪ] *n.* Ⓤ ①緣由；起因。②因果關係。

cau·sa·tion [kɔˋzeʃən] *n.* Ⓤ①造因；原因。②因果律。

caus·a·tive [ˋkɔzətɪv] *adj.* ①原因的。②〖文法〗表原因的；使役的。

‡**cause** [kɔz] *n.* ①ⓊⒸ 原因；緣由。②Ⓤ 理由；動機；根據。③Ⓒ 理想；目標。④Ⓒ訴訟；訟事。***make common ～ with*** 與…團結一致；支持。**—** *v.t.* 致使(發生)；起因於。

cause·way [ˋkɔzˌwe] *n.* Ⓒ ①堤道。②石子路；公路。

caus·tic [ˋkɔstɪk] *adj.* ①腐蝕性的；苛性的。②刻薄的；譏刺的。**—** *n.* ⓊⒸ腐蝕劑。§ ～ **sóda** 苛性鈉。

cau·ter·ize [ˋkɔtəˌraɪz] *v.t.* 〖醫〗燒灼；腐蝕。— **cau·ter·i·za′tion,** *n.*

***cau·tion** [ˋkɔʃən] *n.* ① Ⓤ 謹慎；小心。②Ⓒ警告。③Ⓒ〖俗〗極不平常的人或物。**—** *v.t.* 警告；勸…使小心。— **ar·y,** *adj.*

***cau·tious** [ˋkɔʃəs] *adj.* 極小心的；慎重的。— **ly,** *adv.* — **ness,** *n.*

cav·al·cade [ˌkævḷˋked] *n.* Ⓒ騎兵隊、車隊等的行列；一隊人馬。

***cav·a·lier** [ˌkævəˋlɪr] *n.* Ⓒ ①騎士。②豪俠。 — *adj.* ①豪俠的。②傲慢的。 — **ly,** *adv.*

***cav·al·ry** [ˋkævlrɪ] *n.* Ⓤ (集合稱)騎兵隊。

cav·al·ry·man [ˋkævlrɪmən] *n.* Ⓒ (*pl.* **-men**)騎兵。

***cave** [kev] *n.* Ⓒ 洞; 穴; 窟。 — *v.t.* & *v.i.* ①掘洞。②(使)崩落。～ *in* a. 崩; 塌陷。b.〖俗〗讓步; 屈服。§～ **màn** 石器時代之穴居人。

ca·ve·at [ˋkevɪˌæt] *n.* Ⓒ〖法律〗中止訴訟手續之申請。

cave-in [ˋkevˌɪn] *n.* Ⓒ ①(礦坑等之)塌陷; 崩陷。②塌陷處。

***cav·ern** [ˋkævən] *n.* Ⓒ 巨穴。 — **ous,** *adj.*

cav·i·ar(e) [ˌkævɪˋɑr] *n.* Ⓤ 魚子醬。～ *to the general* 曲高和寡。

cav·il [ˋkævl] *v.i.* (**-l-**,〖英〗**-ll-**) 吹毛求疵; 苛責(at, about). — *n.* Ⓤ Ⓒ 無端的指摘; 苛責。

***cav·i·ty** [ˋkævətɪ] *n.* Ⓒ ①穴。②洞; 槽。③〖生理〗腔; 窩。

ca·vort [kəˋvɔrt] *v.i.*〖美俗〗騰躍。

ca·vy [ˋkevɪ] *n.* Ⓒ〖動〗天竺鼠。

caw [kɔ] *n.* Ⓒ 烏鴉叫聲。 — *v.i.* (烏鴉)鳴叫。

cay [ke, ki] *n.* Ⓒ 沙洲; 岩礁; 小島。

cay·enne [kaɪˋɛn] *n.* ① Ⓒ〖植〗辣椒。② Ⓤ 辣椒(末)。(亦作 **cayenne pepper**)

cay·man [ˋkemən] *n.* Ⓒ (*pl.* **～s**) (中、南美所產之)鱷魚。

CB citizens band.

CBW chemical and biological warfare. 生化戰爭。**CCTV** closed-circuit television. 閉路電視。**Cd** 〖化〗cadmium. **CD** Civil Defense; compact disk. **CD-ROM** [ˌsidiˋrɑm] compact disc read-only memory. 唯讀光碟; 小型電腦磁碟。

‡**cease** [sis] *v.i.* & *v.t.* ①停止。②終止。 — *n.* Ⓤ 停止。

cease-fire [ˋsisˋfaɪr] *n.* Ⓒ 停戰。

cease·less [ˋsislɪs] *adj.* 永不停止的。 — **ly,** *adv.*

ce·cum [ˋsikəm] *n.* Ⓒ (*pl.* **-ca** [-kə])盲腸。(亦作 **blind gut**)

***ce·dar** [ˋsidə] *n.* Ⓒ 西洋杉; 香柏。

cede [sid] *v.t.* 割讓; 過戶; 轉讓。

ce·dil·la [sɪˋdɪlə] *n.* Ⓒ 法文等 C 字母下之"¸"符號(表 ç 讀[s]音, 如: façade).

cei·lidh [ˋkeli] *n.* Ⓒ〖蘇, 愛〗晚間娛樂(包含唱歌、跳舞及說故事等)。

***ceil·ing** [ˋsilɪŋ] *n.* Ⓒ ①天花板。②飛機所能達到的最高度。③最高的限度。④自地面至最低雲層間之距離。

***cel·e·brate** [ˋsɛləˌbret] *v.t.* ①慶祝。②褒揚。③舉行儀式。 — *v.i.* ①慶祝。②舉行宗教儀式(尤指彌撒)。 — **celʹe·bra·tor,** *n.*

***cel·e·brat·ed** [ˋsɛləˌbretɪd] *adj.* 著名的。

***cel·e·bra·tion** [ˌsɛləˋbreʃən] *n.* ① Ⓒ 慶祝的典禮或儀式。② Ⓤ 慶祝。

ce·leb·ri·ty [səˋlɛbrətɪ] *n.* ① Ⓒ 名人。② Ⓤ 名譽。

***cel·er·y** [ˋsɛlərɪ] *n.* Ⓤ 芹菜。§～ **càbbage** 白菜。

ce·les·ta [səˋlɛstə] *n.* Ⓒ〖樂〗鐘琴。

***ce·les·tial** [səˋlɛstʃəl] *adj.* ①天的; 天上的。～ bodies 天體。②天國的。 — *n.* Ⓒ 天堂之居民。

cel·i·ba·cy [ˋsɛləbəsɪ] *n.* Ⓤ 獨身生活。 — *adj.* 獨身的。

cel·i·bate [ˋsɛləbɪt] *n.* Ⓒ 獨身者。

‡**cell** [sɛl] *n.* Ⓒ ①(寺院的)小室; 密室。②(監獄裡的)小囚房。③細胞。④電池。⑤團體中的小組織。

***cel·lar** [ˋsɛlə] *n.* ① Ⓒ 地窖。② Ⓒ 酒窖。③ Ⓒ 藏酒。④(the ～)〖美俗〗運動比賽之末名。

(**ʼ**)**cel·list** [ˋtʃɛlɪst] *n.* Ⓒ 奏大提琴者(=violoncellist).

(**ʼ**)**cel·lo** [ˋtʃɛlo] *n.* Ⓒ (*pl.* **～s**)大提琴; 低音提琴(爲 violoncello 之略)。

cel·lo·phane [ˋsɛləˌfen] *n.* Ⓤ 玻璃紙。

cel·lu·lar [ˋsɛljələ] *adj.* 細胞狀的; 多孔的。§～ **phóne** 行動電話。

***cel·lu·loid** [ˋsɛljəˌlɔɪd] *n.* Ⓤ ①賽璐珞; 假象牙。②〖美俗〗影片。

cel·lu·lose [ˋsɛljəˌlos] *n.* Ⓤ〖生化〗纖維素。

Cel·si·us [ˋsɛlsɪəs] *n.* Ⓒ 攝氏寒暑表。 — *adj.* 攝氏的。

Celt [sɛlt] *n.* Ⓒ 塞爾特人。

Celt·ic [ˋsɛltɪk] *adj.* 塞爾特人[語]的。 — *n.* Ⓤ 塞爾特語。

***ce·ment** [səˋmɛnt] *n.* Ⓤ ①水泥。②結合物。 — *v.t.* & *v.i.* ①(使)結合; 強固。②砌以水泥。§～ **blòck**〖建〗水泥磚。～ **mìxer** 水泥攪拌機。

***cem·e·ter·y** [ˋsɛməˌtɛrɪ] *n.* Ⓒ 墓地。

cen·o·taph [ˋsɛnəˌtæf] *n.* Ⓒ 紀念碑。

cen·ser [ˋsɛnsɚ] *n.* Ⓒ 香爐。
cen·sor [ˋsɛnsɚ] *n.* Ⓒ①檢查員(檢查新聞、書籍、戲劇、電影、廣播等者)。②羅馬監察吏(負責調查人口及人民行爲者)。— *v.t.* 檢查(新聞、書籍、戲劇等)。— **ship,** *n.*
cen·so·ri·ous [sɛnˋsorɪəs] *adj.* 吹毛求疵的。— **ly,** *adv.*
*__cen·sure__ [ˋsɛnʃɚ] *n.* Ⓤ & *v.t.* 譴責；非難。— **cen′sur·a·ble,** *adj.*
*__cen·sus__ [ˋsɛnsəs] *n.* Ⓒ 戶口調查。
‡**cent** [sɛnt] *n.* Ⓒ 分(一元的百分之一)。
cen·taur [ˋsɛntɔr] *n.* ①Ⓒ〖希神〗人首馬身怪物。②(C-)〖天〗人馬座。
cen·te·nar·i·an [ˌsɛntəˋnɛrɪən] *n.* Ⓒ 百歲(以上)的人。
cen·ten·ar·y [ˋsɛntəˌnɛrɪ] *n.* Ⓒ ①百年。②百年紀念。
cen·ten·ni·al [sɛnˋtɛnɪəl] *n.* Ⓒ & *adj.* 百年紀念(的)。
‡**cen·ter,** 〖英〗**-tre** [ˋsɛntɚ] *n.* ①Ⓒ 中央；中心(點)。②Ⓒ 在中心位置的人[物]。③Ⓒ 中鋒。④(the C-)(議會中之)中間派。～ ***of gravity*** 〖理〗重心。— *v.t.* ①置於中心位置。②集中。— *v.i.* 集中(於)。§ ～ **field** 〖棒球，壘球〗中外野。
cen·ter·fold [ˋsɛntɚˌfold] *n.* Ⓒ 雜誌[書籍]中摺疊起來的跨頁圖畫。
cen·ter·piece [ˋsɛntɚˌpis] *n.* Ⓒ ①中央部位裝飾品(如餐桌中央之盆花等)。②(演說等)最重要的部分。
centi- 〖字首〗米突制中表「百；百倍；百分之一」等義。
cen·ti·grade [ˋsɛntəˌgred] *adj.* ①百分度的。②攝氏的。§ ～ **thermómeter** 攝氏溫度計。
*__cen·ti·gram,__ 〖英〗**-gramme** [ˋsɛntəˌgræm] *n.* Ⓒ 公毫；毬(一公克的百分之一)。(略作 **cg.**)
*__cen·ti·li·ter,__ 〖英〗**-tre** [ˋsɛntḷˌitɚ] *n.* Ⓒ 公勺(1／100 公升)。
cen·time [ˋsɑntim] 〖法〗*n.* Ⓒ 生丁(法國或瑞士貨幣單位)。
*__cen·ti·me·ter,__ 〖英〗**-tre** [ˋsɛntəˌmitɚ] *n.* Ⓒ 公分。
cen·ti·pede [ˋsɛntəˌpid] *n.* Ⓒ 〖動〗蜈蚣。(亦作 **centiped**)
‡**cen·tral** [ˋsɛntrəl] *adj.* ①在[近]中央的。②主要的。— *n.* Ⓒ〖美〗①電話總機。②電話接線生。§ **C～ América** 中美洲。～ **góvernment** (對地方政府而言的)中央政府。～ **héating** 中央暖氣系統。**C～ Intélligence Ágency**〖美〗中央情報局(簡稱 CIA)。～ **nérvous sýstem** 中樞神經系統。～ **prócessing ùnit**〖電算〗中央處理單元(略作 C.P.U.)。— **ly,** *adv.*
cen·tral·ism [ˋsɛntrəlˌɪzəm] *n.* Ⓤ 中央集權主義[制度]。
cen·tral·ize [ˋsɛntrəlˌaɪz] *v.t.* & *v.i.* ①集中；聚集。②集中管理；統一。— **cen·tral·i·za′tion,** *n.*

cen·trif·u·gal [sɛnˋtrɪfjʊgḷ] *adj.* 離心的。§ ～ **fórce**〖理〗離心力。
cen·tri·fuge [ˋsɛntrəˌfjudʒ] *n.* Ⓒ 離心機。
cen·trip·e·tal [sɛnˋtrɪpətḷ] *adj.* ①向心的。②利用向心力的。
cen·trist [ˋsɛntrɪst] *n.* Ⓒ 政治上走中間路線者；中立派議員。— *adj.* (政治上)溫和派的；中間路線的。
cen·tu·ri·on [sɛnˋtjʊrɪən] *n.* Ⓒ (古羅馬之)百夫長。
‡**cen·tu·ry** [ˋsɛntʃərɪ] *n.* Ⓒ①百年；一世紀。②一百個。
ce·ram·ic [səˋræmɪk] *adj.* 陶器的；製陶的。— *n.* Ⓒ 陶器。§ ～ **gláze** 釉。～ **tíle** 瓷磚。
ce·ram·ics [səˋræmɪks] *n.* ①Ⓤ 製陶業。②(作 *pl.* 解)陶器。
*__ce·re·al__ [ˋsɪrɪəl] *n.* ①Ⓒ 穀類。②Ⓒ 穀實。③ⓊⒸ 穀類所做的食品。
ce·re·bral [ˋsɛrəbrəl] *adj.* 〖解〗大腦的；腦的。
cer·e·brate [ˋsɛrəˌbret] *v.i.* 用腦；思考。— **cer·e·bra′tion,** *n.*
cer·e·mo·ni·al [ˌsɛrəˋmonɪəl] *adj.* ①儀式的。②正式的。— *n.* Ⓒ 禮儀；儀式。— **ly,** *adv.*
cer·e·mo·ni·ous [ˌsɛrəˋmonɪəs] *adj.* ①正式的；隆重的。②講究儀式的。— **ly,** *adv.*
*__cer·e·mo·ny__ [ˋsɛrəˌmonɪ] *n.* ①Ⓒ 典禮；儀式。②Ⓤ 禮貌；禮節。③Ⓤ 繁文縟節。***stand on*** ～ 拘於禮節。
ce·rise [səˋriz] 〖法〗*n.* Ⓤ & *adj.* 鮮紅色(的)；櫻桃色(的)。
cert. certainly; certificate; certify.
‡**cer·tain** [ˋsɜtn̩] *adj.* ①確實的。②一定的。③可靠的。④某。know a ～ person 認識某人。⑤不可避免的。⑥有相當程度的；不多不少的。***make*** ～ 弄確實。— *n.* 僅見於下列成語中的習慣用法。***for*** ～ 一定。
‡**cer·tain·ly** [ˋsɜtn̩lɪ] *adv.* ①必然地；確實；無疑地。②可以；當然。
*__cer·tain·ty__ [ˋsɜtn̩tɪ] *n.* ①Ⓤ 無

疑；確信。②Ⓒ免不了[已成]的事實。

*cer·tif·i·cate [sə`tɪfəkɪt] n. Ⓒ 證明書；憑照。— [sə`tɪfə,ket] v.t. ①授證書予。②以證書授權予。— cer·ti·fi·ca'tion, n.

cer·tif·i·cat·ed [sə`tɪfə,ketɪd] adj. 〖英〗檢定合格的。

cer·ti·fied [`sɜtə,faɪd] adj. 經證明的；有證明文件的。§ ∼ chéck 保付支票。∼ mílk 合格牛乳。

cer·ti·fy [`sɜtə,faɪ] v.t. ①證明。②保證。③證明合格；授給執照。— v.i. ①證明{to}. ②保證{for}.

cer·ti·tude [`sɜtə,tjud] n. Ⓤ 確實性；確信。

ce·ru·men [sə`rumən] n. Ⓤ 耳垢。

cer·vi·cal [`sɜvɪkl] adj. 〖解〗頸部的；子宮頸的。

cer·vix [`sɜvɪks] 〖拉〗n. Ⓒ (pl. ∼es, -vi·ces [sə`vaɪsiz])〖解〗頸部；子宮頸。

ces·sa·tion [sɛ`seʃən] n. ⓊⒸ 停止；中止。∼ of arms [hostilities] 停戰；休戰。

ces·sion [`sɛʃən] n. ⓊⒸ 讓與；割讓。

cess·pool [`sɛs,pul] n. Ⓒ ①污水池；污水溝；化糞池。②污穢場所。

ce·ta·cean [sɪ`teʃən] adj. 鯨類的；鯨的。— n. Ⓒ 鯨；鯨類動物。

Cf 〖化〗californium.

cf. 〖拉〗confer(=compare).

cg. centigram(me)(s).

C.G. Coast Guard.

ch., Ch. church; check.

cha-cha(-cha) [`tʃɑ,tʃɑ(`tʃɑ)] n. Ⓒ 恰恰舞。

chafe [tʃef] v.t. ①擦熱；擦傷。②激怒。— v.i. ①摩擦；擦傷。②發怒。— n. Ⓒ ①擦熱；擦傷。②激怒。

chaf·er [`tʃefə] n. Ⓒ〖昆〗金龜子。

chaff [tʃæf] n. Ⓤ ①穀殼；糠。②惡作劇。be caught with ∼ 容易上當。— v.t. & v.i. 愚弄；戲弄；開玩笑。

chaf·finch [`tʃæ,fɪntʃ] n. Ⓒ 蒼頭燕雀(鳴鳥，產於歐洲)。

cha·grin [ʃə`grɪn] n. Ⓤ 煩悶；懊惱。— v.t. 使煩悶或懊惱。

‡chain [tʃen] n. ①ⓊⒸ 鏈。②Ⓒ 連續的事物。③(pl.)腳鏈；桎梏。④Ⓒ 屬於同一所有者而性質相同的機構。— v.t. ①以鏈繫之；用鏈鎖之。②束縛。③禁錮；奴役。④用皮尺測量地面距離。— v.i. 做成鏈條。— adj. ①連續發生的。②連串累積的；越來越…的。§ ∼ gàng 用鐵鏈鎖住之一群囚犯。∼ lètter 連鎖信；幸運函(受信人須轉致他人者)。∼ reàction 連鎖反應。∼ stòre 連鎖店。

chain-smoke [`tʃen,smok] v.i. & v.t. 連續不斷地吸煙。— chain'-smok·er, n.

‡chair [tʃɛr] n. ①Ⓒ 椅子。②(the ∼)職位；地位。③Ⓒ(會議)主席。④Ⓒ 轎子。⑤Ⓒ 電椅。take the ∼ a. 會議開始。b. 主持會議。— v.t. ①使就…職位。②任…之主席。§ ∼ lìft (裝於轉運帶上之)升降椅。

*chair·man [`tʃɛrmən] n. Ⓒ (pl. -men)①開會時的主席。②會長；議長；社長；委員長；董事長。

chair·man·ship [`tʃɛrmən,ʃɪp] n. ①Ⓤ chairman的才能[本質]。②Ⓒ chairman的地位[身分，任期]。

chair·per·son [`tʃɛr,pɜsn] n. Ⓒ〖美〗主席(男女通用)。

chair·wom·an [`tʃɛr,wumən] n. Ⓒ (pl. -wom·en)女主席[會長，議長，社長，委員長，董事長]。

chaise [ʃez] n. Ⓒ 一種輕便馬車。

chaise longue [`ʃez`lɔŋ] 〖法〗n. Ⓒ (pl. chaises longues, ∼s) 躺椅。

cha·let [ʃæ`le] n. Ⓒ ①瑞士山中牧人所居之小屋。②瑞士農舍式的小屋。

chal·ice [`tʃælɪs] n. Ⓒ ①〖宗〗聖餐杯。②杯；高腳酒杯。③〖植〗杯狀花。

‡chalk [tʃɔk] n. ①Ⓤ 白堊。②ⓊⒸ 粉筆。by a long ∼ 極大程度的差別。— v.t. ①用粉筆寫。②塗上白堊。∼ out a. 標出。b. 計畫。∼ up a. 記下。b. 歸咎於。c. 得分。

chalk·y [`tʃɔkɪ] adj. ①白堊的；含白堊的。②質地或顏色像白堊的。

*chal·lenge [`tʃælɪndʒ] v.t. ①向…挑戰。②邀請比賽。③盤問。④懷疑；詰難。— n. Ⓒ ①挑戰。②邀請比賽。③盤問。— chal'leng·er, n.

chal·leng·ing [`tʃælɪndʒɪŋ] adj. ①引起競爭性興趣的。②挑撥的；煽動的。— ly, adv.

‡cham·ber [`tʃembə] n. ①Ⓒ 房間；寢室。②(the ∼)(立法或司法的)議事廳。③Ⓒ 自由職業所組織的團體。④Ⓒ 槍膛。⑤(pl.)律師[法官]的辦公室。§ ∼ cὸncert 室內樂演奏會。∼ mùsic 室內樂。∼ òrchestra

室內樂隊。∼**pòt** 尿壺；夜壺。

***cham·ber·lain** [ˋtʃembəlɪn] *n.* Ⓒ①國王之侍從；內臣。②貴族的管家。*Lord C-* 侍從長。

cham·ber·maid [ˋtʃembəˏmed] *n.* Ⓒ (旅館等的)女侍。

cha·me·le·on [kəˋmiliən] *n.* Ⓒ ①〖動〗變色龍[蜥蜴]。②善變的人。

cham·ois [ˋʃæmɪ] *n.* (*pl.* ∼, **-oix** [∼z])① Ⓒ 臆羚(歐洲與亞洲西南部高山上之一種小羚羊)。② Ⓤ 羚羊皮；麂皮。

champ[1] [tʃæmp] *v.t.* (馬)大聲地嚼。— *v.i.* (怒得)咬牙切齒。∼ *at the bit* 顯得不耐煩。

champ[2] *n.* 〖俗〗＝**champion.**

cham·pagne [ʃæmˋpen] *n.* ⓊⒸ 香檳酒。

***cham·pi·on** [ˋtʃæmpɪən] *n.* Ⓒ① 奪得錦標者；冠軍。②爲人[主義]而奮鬥者；擁護者。— *adj.* ①優勝的；冠軍的。②〖俗〗第一流的。— *v.t.* 守衛；擁護。§∼ **bèlt** 優勝帶；錦標帶。— **ship,** *n.*

Champs É·ly·sées [ʃɑ̃zeliˋze] *n.* (the ∼)香榭里舍大道(巴黎有名的繁華大街)。

‡**chance** [tʃæns] *n.* ① Ⓒ 機會。② ⓊⒸ 可能。③ ⓊⒸ 或然。④ Ⓤ 命運；僥倖。⑤ Ⓒ 冒險。⑥ Ⓒ 偶然事件的發生；機緣。*by* ∼ 偶然地。*Let us leave it to* ∼. 聽其自然吧！*take one's* ∼ 碰碰運氣。— *v.i.* ① 偶然發生。②不期而遇(on, upon)。— *v.t.* 冒險。— *adj.* 偶然的。

chan·cel [ˋtʃænsl] *n.* Ⓒ 聖壇所。

chan·cel·ler·y [ˋtʃænsələrɪ] *n.* ① Ⓤ chancellor 之職位。② Ⓒ chancellor 的辦公處。③ Ⓒ 大使館、領事館等之辦公處。

chan·cel·lor [ˋtʃænsələ] *n.* Ⓒ① 〖英〗大臣。②〖美〗法院的首席法官。③(某些大學的)大學校長。

chan·cer·y [ˋtʃænsərɪ] *n.* ①(the C-)〖英〗大法官的法庭。② Ⓒ 〖美〗衡平法院；記錄所。

chanc·y [ˋtʃænsɪ] *adj.* ①危險的；靠不住的。②〖蘇〗帶來好運的。

***chan·de·lier** [ˏʃændlˋɪr] *n.* Ⓒ 枝形吊燈(架)。

chan·dler [ˋtʃændlə] *n.* Ⓒ①雜貨零售商。②蠟燭製造者；蠟燭商。

‡**change** [tʃendʒ] *v.t.* ①變更；使改變。②替換；更換。③交換。④兌換。⑤變成(into)。— *v.i.* ①變更；改變；變化。②更換；交換。③換車。④換衣服。∼ *over* (使)改變；轉換；更迭。— *n.* ①ⓊⒸ變更。②ⓊⒸ轉變；變化。③ Ⓤ 找回的餘錢。④ Ⓤ 小幣；零錢。⑤(*pl.*)一組鐘可鳴奏的順序。*ring the* ∼*s* **a.** 以不同順序奏一組鐘。**b.** 以不同方法做事或說明。— **ful,** *adj.*

change·a·ble [ˋtʃendʒəbl] *adj.* ①可改變的。②易變的。

change·less [ˋtʃendʒlɪs] *adj.* 不變的；確定的。

change·ling [ˋtʃendʒlɪŋ] *n.* Ⓒ 傳說中神仙劫走漂亮小孩後所留下的醜小孩。

change·o·ver [ˋtʃendʒˏovə] *n.* Ⓒ①(生產方法、裝備、方針等之)轉變。②(內閣之)更迭。

***chan·nel** [ˋtʃænl] *n.* ① Ⓒ 河床。② Ⓒ 海峽。③ Ⓤ 水道之較深處。④ Ⓒ 溝；槽。⑤(*pl.*)途徑；方面。⑥ Ⓒ (無線電或電視)頻道。— *v.t.* (**-l-,** 〖英〗**-ll-**)①形成溝渠；鑿渠。②引導。

chan·son [ˋʃænsən] 〖法〗*n.* Ⓒ 歌。

chant [tʃænt] *n.* Ⓒ①歌曲；旋律。②聖歌；讚美詩。③單調的說話。— *v.i.* & *v.t.* ①唱。②歌頌。③單調地說。

chan·ti·cleer [ˋtʃæntɪˏklɪr] *n.* Ⓒ 「公雞。」

***cha·os** [ˋkeɑs] *n.* Ⓤ①紛亂；混亂。②混沌狀態(宇宙未成前之情形)。— **cha·ot'ic,** *adj.*

***chap**[1] [tʃæp] *v.t.* & *v.i.* (**-pp-**)(皮膚)皺裂粗糙。— *n.* Ⓒ (常*pl.*)皺裂。

***chap**[2] *n.* Ⓒ〖俗〗傢伙；小伙子。

chap[3] *n.* Ⓒ (常 *pl.*)①顎。②頰。

chap. chaplain; chapter.

***chap·el** [ˋtʃæpl] *n.* ① Ⓒ 小禮拜堂。② Ⓒ (學校、王宮等內之)禮拜堂。③ Ⓤ 小禮拜堂中之禮拜。④ Ⓒ 〖英〗(國教以外的)禮拜堂。

chap·er·on(e) [ˋʃæpəˏron] *n.* Ⓒ (陪少女上交際場所的)女伴。— *v.t.* 陪隨；伴護。

***chap·lain** [ˋtʃæplɪn] *n.* Ⓒ (社團、醫院、軍中等之)牧師。

‡**chap·ter** [ˋtʃæptə] *n.* Ⓒ①章；篇。②分會；分社。③教士團體。*a* ∼ *of accidents* 接踵而來之意外事件。∼ *and verse* **a.** 詳細地。**b.** 〖俚〗規程；規章。**c.** 詳盡消息；詳細資料或情節。

char[1] [tʃɑr] *v.t.* & *v.i.* (**-rr-**)①(把…)燒成炭。②(把…)燒焦。— *n.* ①

C

Ⓒ燒焦之物。②Ⓤ木炭。

char² *n.* ①Ⓒ〖英〗charwoman之簡稱。②Ⓤ兼差性零工(打掃公共場所的工作)。 — *v.t.* & *v.i.* (**-rr-**) (按時或按日計酬)做零工；打雜。

char³ *n.* Ⓤ〖英俗〗茶。

‡**char·ac·ter** [ˋkærɪktɚ,-ək-] *n.* ① ⓊⒸ **a.** (人的)性格；氣質。 **b.** (東西的)特質；特性。②Ⓤ人格；德性。③Ⓤ身分；資格。④Ⓒ(與修飾語連用)(有名的)人；人物。⑤Ⓒ(劇中或書中)人物；角色。⑥Ⓒ符號；文字。*in* ~ 合適的[地]。*out of* ~ 不合適的[地]。§ ~ **assassinàtion** 毀謗名譽。~ **skètch** 人物短評；(簡短的)性格描寫。

*__char·ac·ter·is·tic__ [ˏkærɪktəˋrɪstɪk] *adj.* 特性的；特有的。 — *n.* Ⓒ 特質；特性；特徵。— **char·ac·ter·is′ti·cal·ly,** *adv.*

*__char·ac·ter·ize__ [ˋkærɪktəˏraɪz] *v.t.* ①描述。②表特點；以…爲特性。 — **char·ac·ter·i·za′tion,** *n.*

cha·rade [ʃəˋred] *n.* ①(*pl.*, 作*sing.* 解)手勢猜字。②Ⓒ(上述遊戲的)手勢動作。

*__char·coal__ [ˋtʃɑrˏkol] *n.* ①Ⓤ木炭。②Ⓒ木炭筆。③Ⓒ木炭畫。

chard [tʃɑrd] *n.* ⓊⒸ〖植〗一種可供食用之甜菜。

‡**charge** [tʃɑrdʒ] *v.t.* ①裝；載。②使(電池)充電。③命令；指示。④控訴；歸罪於。⑤索價。⑥賒帳。⑦攻擊；突擊。 — *v.i.* ①猛衝；猛攻。②索價。③充電。~ *off* **a.** 因虧損而減少。**b.** 記下當作。 — *n.* ①ⓊⒸ負荷。②Ⓤ職責。③Ⓤ委託。④Ⓒ受照顧者。⑤Ⓒ命令。⑥Ⓒ控訴。⑦Ⓒ索價。⑧Ⓤ應付之款。⑨Ⓒ突擊。⑩ⓊⒸ電荷。*give (a person) in* ~ 將某人交付警方。*in* ~ *(of)* 負責管理。 § ~ **càrd**記帳卡；信用卡。

charge·a·ble [ˋtʃɑrdʒəbl] *adj.* ①可被控訴的；可歸咎於…的。②可記在某項帳目上的。

charg·er [ˋtʃɑrdʒɚ] *n.* Ⓒ①軍馬；戰馬。②充電器。

*__char·i·ot__ [ˋtʃærɪət] *n.* Ⓒ古時雙輪戰車。

char·i·ot·eer [ˏtʃærɪəˋtɪr] *n.* Ⓒ「戰車之御者。」

*__char·i·ta·ble__ [ˋtʃærətəbl] *adj.* ①慈悲的；慈善的。②慷慨的。③寬厚的。

*__char·i·ty__ [ˋtʃærətɪ] *n.* ①Ⓤ施與。②Ⓒ慈善機關。③Ⓤ博愛；慈悲。 § ~ **schòol** 貧民義務學校。~ **shòw** 慈善義演。

char·la·tan [ˋʃɑrlətn] *n.* Ⓒ①騙子。②庸醫。— **ry,** *n.*

Charles·ton [ˋtʃɑrlztən] *n.* Ⓒ查爾斯敦舞(四分之四拍子的一種舞蹈)。

‡**charm** [tʃɑrm] *n.* ①ⓊⒸ魔力；誘惑力。②Ⓒ(常 *pl.*)可愛的性質；女子的美色。③Ⓒ咒語；符咒。 — *v.t.* ①使迷醉；迷惑；使高興。②施以符咒。 — *v.i.* ①迷人；悅人。②施符咒[魔法]。— **er,** *n.*

charmed [tʃɑrmd] *adj.* ①被迷住的；被施以符咒的。②似受符咒保護的。「的；嬌媚的。」

*__charm·ing__ [ˋtʃɑrmɪŋ] *adj.* 迷人

Char·on [ˋkɛrən] *n.* 〖希神〗凱農(在Styx河上渡亡靈往冥府之船夫)。

*__chart__ [tʃɑrt] *n.* Ⓒ①水路圖；航海圖。②圖；表。 — *v.t.* ①製圖(表)；記入海圖。②計畫。

*__char·ter__ [ˋtʃɑrtɚ] *n.* Ⓒ①(政府發的)特許狀。②分會或分社的設立許可(狀)。③憲章；宣言。*the C- of the United Nations* 聯合國憲章。 *the Great C-* (英國)大憲章。 — *v.t.*①特許。②包租；包賃。§ ~ **mémber**基本會員；發起人。

char·tered [ˋtʃɑrtɚd] *adj.* ①特許的；受特許的。②租賃的。§ ~ **accóuntant**〖英〗(獲有合格證書之)特許會計師。

char·wom·an [ˋtʃɑrˏwʊmən] *n.* Ⓒ(*pl.* **-wom·en**)雜役女傭；按日計資之女傭。

char·y [ˋtʃɛrɪ] *adj.* ①謹愼的。②害羞的。③吝嗇的。

*__chase¹__ [tʃes] *v.t.* ①追捕；捕獲。②追；逐。 — *v.i.* ①追。②〖俗〗急急掠過；急進。 — *n.* ①ⓊⒸ追；追求。②(the ~)狩獵。「飾。」

chase² *v.t.* ①雕鏤。②施以雕鏤之裝

chas·er [ˋtʃesɚ] *n.* Ⓒ①追者；獵者。②驅逐機[艦]。③追擊砲；反擊砲。④〖美俗〗酒後所飲之淸淡飲料。

*__chasm__ [ˋkæzəm] *n.* Ⓒ①深坑；裂罅；罅隙。②情感、利害等之衝突。

chas·sis [ˋʃæsɪ] *n.* Ⓒ(*pl.* ~ [~z]) ①(汽車等之)底盤。②(飛機之)底部。

*__chaste__ [tʃest] *adj.* ①貞節的。②純潔的。③樸素的。

chas·ten [ˋtʃesn̩] *v.t.* ①懲戒。②磨練。③洗鍊。④緩和；抑制。

chas·tise [tʃæs`taɪz] *v.t.* 責罰；鞭打。— **ment,** *n.*

chas·ti·ty [`tʃæstətɪ] *n.* Ⓤ ①貞節。②純潔。③簡潔無華。

***chat** [tʃæt] *n.* ①ⓊⒸ閒談。②Ⓒ燕雀類之鳥。**—** *v.i.* (**-tt-**)閒談；暢談。

châ·teau [ʃæ`to] 〖法〗 *n.* Ⓒ (*pl.* **~s, ~x** [~z])①城堡。②別墅。

chat·tel [`tʃætl] *n.* Ⓒ①(常 *pl.*)〖法律〗動產。②奴婢。

***chat·ter** [`tʃætɚ] *v.i.* ①喋喋。②啁啾。③震顫作聲。**—** *v.t.* ①絮絮不休地說。②使震顫作聲。**—** *n.* Ⓤ ①喋喋。②啁啾聲。③唧唧聲。

chat·ter·box [`tʃætɚ,bɑks] *n.* Ⓒ饒舌者。

chat·ty [`tʃætɪ] *adj.* 健談的；好閒談的。

***chauf·feur** [`ʃofɚ, ʃo`fɜ] 〖法〗 *n.* Ⓒ汽車夫；司機。**—** *v.i.* 做司機；開車。

chau·vin·ism [`ʃovɪn,ɪzəm] *n.* Ⓤ①盲目的愛國主義。②盲目的排外或排他主義。— **chau′vin·ist,** *n.*

‡**cheap** [tʃip] *adj.* ①便宜的；價廉的。②索價低廉的。③無甚價值的。④吝嗇的。***feel* ~** 感到慚愧；自愧不如。**—** *adv.* 便宜地。**—** *n.* 用於下列片語。***on the* ~** 低廉地；經濟地。— **ly,** *adv.* — **ness,** *n.*

cheap·en [`tʃipən] *v.t.* ①減價；削價。②貶損價值。**—** *v.i.* 減價；跌價。

cheap-jack, cheap·jack [`tʃip,dʒæk] *n.* Ⓒ (先抬價後減價的)攤販。**—** *adj.* 此種攤販的；不值錢的。

cheap·skate [`tʃip,sket] *n.* Ⓒ〖俚〗吝嗇鬼。

***cheat** [tʃit] *v.t.* ①欺騙。②詐取；騙取。③避開；躲避。**—** *v.i.* ①行騙。②〖俗〗(瞞著配偶等)拈花惹草。**—** *n.* ①Ⓒ騙子。②ⓊⒸ欺詐。

cheat·er [`tʃitɚ] *n.* ①Ⓒ騙子。②(*pl.*)〖美俗〗眼鏡。

‡**check** [tʃɛk] *v.t.* ①突然停止；強制停止。②抑制。③阻止；抵擋。④核對；查驗。⑤做記號以表示核對無誤。⑥使生裂縫。⑦暫存；託運。⑧攻王棋。**—** *v.i.* ①核對無誤。②查核。③停止。④攻王棋。⑤簽發支票；兌付支票。**~ *in***(投宿旅館等)辦理登記手續。**~ *off*** 驗訖。**~ (*up*) *on***調查；檢查。**~ *out*** **a.** 付款而離開(旅館等)。**b.** 〖俚〗死。**c.** 檢查合格。**d.** 提(款)。**—** *n.* ① Ⓒ 遏止；阻止。②Ⓒ制止者。③Ⓒ核對。④Ⓒ檢訖的記號。⑤Ⓒ對號牌。⑥Ⓒ飯館的帳單。⑦Ⓒ支票。⑧Ⓤ方格子的花樣。⑨Ⓤ攻王棋。⑩Ⓒ裂縫。***in* ~** 在控制中；被阻止。§ **~ing accòunt**活期存款戶頭。

check·book [`tʃɛk,bʊk] *n.* Ⓒ支票簿。

checked [tʃɛkt] *adj.* 方格子花紋的。

check·er[1], 〖英〗 **cheq·uer** [`tʃɛkɚ] *v.t.* ①使成格子花樣。②使交錯。③使多變化。**—** *n.* ①Ⓒ棋盤格花紋。②**a.** (*pl.*, 作 *sing.* 解)西洋棋。**b.** Ⓒ西洋棋之棋子。

check·er[2] *n.* Ⓒ ①阻止之人或事物。②衣帽間管理員。③收款人。

check·er·board [`tʃɛkɚ,bord] *n.* Ⓒ西洋棋盤。

check·ered [`tʃɛkɚd] *adj.* ①有方格的。②多變的。

check·mate [`tʃɛk,met] *v.t.* ①圍攻(王棋)；(象棋)將死。②完全擊敗。**—** *n.* Ⓒ ①擒王棋。②完全失敗。**—** *interj.* (棋賽)將軍!

check-out [`tʃɛk,aut] *n.* ①Ⓤ付款退租旅館房間。②Ⓤ應退租的時間。③Ⓒ檢查；查驗。④Ⓤ核算(貨物)而付款。§ **~ còunter**〖美〗付帳櫃臺。

check·point [`tʃɛk,pɔɪnt] *n.* Ⓒ關卡。

check·up [`tʃɛk,ʌp] *n.* Ⓒ〖美〗①核對；審查；檢定。②健康檢查。

Ched·dar [`tʃɛdɚ] *n.* Ⓤ一種乾酪。(亦作 **Cheddar cheese**)

‡**cheek** [tʃik] *n.* ①Ⓒ頰。②Ⓤ〖俗〗無禮；厚顏。③Ⓒ任何類似頰的事物。**~ *by jowl*** **a.** 並肩；緊靠著。**b.** 親密的。**—** *v.t.* 〖俗〗厚顏地提出；大膽地講。§ **~ tòoth** 臼齒。

cheek·bone [`tʃik,bon] *n.* Ⓒ 頰骨；顴骨。

cheek·y [`tʃikɪ] *adj.* 〖俗〗厚顏的；無恥的。

cheep [tʃip] *v.i.* 作吱喳聲。**—** *n.* Ⓒ吱吱的叫聲。

‡**cheer** [tʃɪr] *n.* ①Ⓤ喜悅；愉快。②Ⓒ歡呼；喝采。③Ⓤ食物。④Ⓤ心情。⑤ (*pl.*) 〖主英〗乾杯等之用語。**—** *v.t.* ①令(人)喜悅[愉快]。②向…歡呼。③喝采。④鼓勵；爲…加油。**—** *v.i.* 喝采；歡呼。**~ *up***高興；歡樂。— **less,** *adj.*

***cheer·ful** [`tʃɪrfəl] *adj.* ①快樂的；高興的。②樂意的。③歡愉的。— **ness,** *n.*

cheer·i·o [`tʃɪrɪ,o] *interj.* 〖英〗①再見。②=**hurrah.**

cheer·lead·er [ˋtʃɪr,lidɚ] *n.* Ⓒ 啦啦隊隊長。

***cheer·y** [ˋtʃɪrɪ] *adj.* 快樂的; 高興的。—**cheer′i·ly,** *adv.*

‡**cheese** [tʃiz] *n.* ① ⓊⒸ 乾酪。② Ⓒ 〖俚〗頭等的人或事物。***Say ~!*** 笑一個! (照相時, 說 cheese 會出現笑容)。§ ~ **càke** 乾酪、蛋、糖等混合焙成的餅(亦作 cheesecake).

C

cheese·burg·er [ˋtʃiz,bɜgɚ] *n.* ⓊⒸ 乾酪漢堡。

cheese·cloth [ˋtʃiz,klɔθ] *n.* Ⓤ 薄而稀鬆之棉布。

chees·y [ˋtʃizɪ] *adj.* ①乾酪製的; 似乾酪的。②〖俚〗下等的; 低級的。

chee·tah [ˋtʃitə] *n.* Ⓒ 〖動〗印度豹。

chef [ʃɛf] 〖法〗*n.* Ⓒ ①主廚。②廚役。

***chem·i·cal** [ˋkɛmɪkl] *adj.* 化學的。—*n.* Ⓒ (常*pl.*)化學藥品。§ ~ **bòmb** 化學彈。~ **enginéer** 化學工程師。~ **enginéering** 化學工程。~ **téxtile** 化學纖維。~ **wárfare** 化學戰。

***che·mise** [ʃəˋmiz] 〖法〗*n.* Ⓒ 女用似襯衫的內衣。

***chem·ist** [ˋkɛmɪst] *n.* Ⓒ ① 化學家。②〖英〗藥店[雜貨店]主人或店員(即美國之 druggist)。

***chem·is·try** [ˋkɛmɪstrɪ] *n.* Ⓤ ① 化學。②化學性質、反應、現象等。

chem·o·ther·a·py [,kɛmoˋθɛrəpɪ] *n.* Ⓤ 化學療法。

chem·ur·gy [ˋkɛmɜdʒɪ] *n.* Ⓤ 農業化學。

cheque [tʃɛk] *n.* Ⓒ 〖英〗支票。

cheq·uer [ˋtʃɛkɚ] *n.* & *v.* 〖英〗= checker[1].

***cher·ish** [ˋtʃɛrɪʃ] *v.t.* ①珍愛。②撫育; 愛撫。③堅持; 懷抱(希望等)。

che·root [ʃəˋrut] *n.* Ⓒ 方頭雪茄菸。

‡**cher·ry** [ˋtʃɛrɪ] *n.* ① Ⓒ 櫻桃。② Ⓒ 櫻桃樹。③ Ⓤ 櫻木。④ Ⓤ 如櫻桃的鮮紅。—*adj.* ①鮮紅如櫻桃的。②櫻木製的。③含櫻桃的(飲料、食物等)。§ ~ **stòne** 櫻桃核。

cher·ub [ˋtʃɛrəb] *n.* Ⓒ (*pl.* **cher·u·bim** [ˋtʃɛrjubɪm], **~s**) ①〖聖經〗有翼的天使。②天眞美麗的孩童。③有孩童般容貌的人。

che·ru·bic [tʃəˋrubɪk] *adj.* ①天使的。②天眞無邪的。③胖胖的。

cher·vil [ˋtʃɜvəl] *n.* Ⓤ 〖植〗山蘿蔔。

***chess** [tʃɛs] *n.* Ⓤ 西洋棋

chess·board [ˋtʃɛs,bord] *n.* Ⓒ 西洋棋盤。

chess·man [ˋtʃɛs,mæn] *n.* Ⓒ (*pl.* **-men**) (西洋棋的)棋子。

chest** [tʃɛst] *n.* Ⓒ ①胸部。②有蓋的大箱。③有屜的櫃。④(裝氣體之)密閉箱。⑤金庫。~ ***of drawers 五斗櫃。***get*** (*something*) ***off one's*** ~ 〖俗〗把悶在心裡的話講出來。§ ~ **tròuble** 胸部疾病。

ches·ter·field [ˋtʃɛstɚ,fild] *n.* Ⓒ ①男用長大衣。②大型沙發。

***chest·nut** [ˋtʃɛsnət, -,nʌt] *n.* ① Ⓒ 栗樹。② Ⓒ 栗子。③ Ⓤ 栗木。④ Ⓤ 紅棕色; 栗褐色。⑤ Ⓒ 栗色馬。⑥ Ⓒ 〖俗〗陳腐的話; 濫調。—*adj.* ①栗(褐)色的。②(食物)含有栗子的; 栗子做的。

chev·ron [ˋʃɛvrən] *n.* Ⓒ ①〖軍〗臂章。②〖紋章〗山形符號。

***chew** [tʃu] *v.t.* & *v.i.* ①咬碎; 咀嚼。②熟思; 玩味〔常 over〕。③〖俗〗嚼煙草。—*n.* ①(a ~)咬碎;咀嚼。② Ⓒ 所嚼之物。§ ~**ing gùm** 口香糖。

chew·y [ˋtʃuɪ] *adj.* (食物等)不易咬碎的; (糖果等)需要咀嚼的。

chi·a·ro·scu·ro [kɪ,ɑrəˋskjʊro] 〖義〗*n.* (*pl.* **~s**) 〖美術〗① Ⓤ 明暗對照法。② Ⓒ 用此法所繪之畫。

chic [ʃik] *n.* Ⓤ 式樣; 別致之款式。—*adj.* 漂亮的; 別致的; 高雅的。

Chi·ca·go [ʃɪˋkɑgo] *n.* 芝加哥(美國中西部一大城市)。

chi·cane [ʃɪˋken] *n.* ① Ⓤ 奸謀。② Ⓒ 〖橋牌〗無王牌之一手牌。—*v.i.* & *v.t.* 用詐術。

chi·can·er·y [ʃɪˋkenərɪ] *n.* ⓊⒸ 奸計; 狡猾手段。

Chi·ca·no [tʃɪˋkɑno] *n.* Ⓒ (*pl.* **~s**) 墨西哥裔美國人。

***chick** [tʃɪk] *n.* Ⓒ ①小雞; 小鳥。②小孩。③〖俚〗少女; 年輕婦女。

‡**chick·en** [ˋtʃɪkɪn, -ən] *n.* ① Ⓒ 雛雞。② Ⓒ 雞。③ Ⓤ 雞肉。④ Ⓒ 雛鳥。⑤ Ⓒ 〖美俗〗年輕人(尤指年輕女人); 乳臭小兒。***count one's ~s before they are hatched*** 依賴尙未到手的利益; 打如意算盤。—*adj.* ①年輕的; 小的。②(食物)用雞做的。③〖俚〗膽小的。§ ~ **còop** 雞舍。~ **fèed** 〖美俚〗零錢; 小錢。~ **pòx** 〖醫〗水痘。

chick·en-heart·ed [ˋtʃɪkɪnˋhɑrtɪd] *adj.* 膽小的; 懦弱的。

chic·o·ry [ˋtʃɪkərɪ] *n.* Ⓤ 〖植〗菊苣(根可爲咖啡之代用品)。

chide [tʃaɪd] *v.t.* & *v.i.* (**chid·ed** or **chid** [tʃɪd], **chid·ed** or **chid** or **chid·den** [ˋtʃɪdn̩])叱責；譴責。

‡**chief** [tʃif] *n.* Ⓒ 領袖；首領；首長。— *adj.* ①階級最高的。②主要的。§ ~ **jústice** (1)首席法官。(2)(C- J-)〖美〗最高法院院長。

***chief·ly** [ˋtʃiflɪ] *adv.* ①大概地；多半地。②首要地；主要地。

chief·tain [ˋtʃiftɪn] *n.* Ⓒ ①酋長。②首領；領袖(尤指強盜的頭目)。

chif·fon [ʃɪˋfɑn] *n.* ① Ⓤ 一種絲質或人造絲質的薄紗。②(*pl.*)女人衣服上作爲裝飾的花邊[絲邊]等。

chif·fo(n)·nier [ˌʃɪfəˋnɪr] *n.* Ⓒ 帶鏡的有屜豎櫃。

chi·hua·hua [tʃɪˋwɑwɑ] *n.* Ⓒ 吉娃娃(一種墨西哥原產的小狗)。

chil·blain [ˋtʃɪlˌblen] *n.* Ⓒ (常 *pl.*)〖醫〗手腳上之凍瘡。

‡**child** [tʃaɪld] *n.* Ⓒ (*pl.* **chil·dren**) ①嬰孩。②小孩。③兒子或女兒。④(常 *pl.*)後裔；後代。***with* ~** 懷孕。

child·bear·ing [ˋtʃaɪldˌbɛrɪŋ] *n.* Ⓤ 生產；分娩。

child·bed [ˋtʃaɪldˌbɛd] *n.* Ⓤ 分娩；生產。§ ~ **féver**〖醫〗產褥熱。

child·birth [ˋtʃaɪldˌbɜθ] *n.* ⓊⒸ 分娩；生產。

***child·hood** [ˋtʃaɪldˌhʊd] *n.* ⓊⒸ 兒童時期；幼時。

***child·ish** [ˋtʃaɪldɪʃ] *adj.* ①孩子氣的。②幼稚的；愚蠢的。— **ly**, *adv.*

child·like [ˋtʃaɪldˌlaɪk] *adj.* ①孩子氣的。②天眞無邪的。

Child·line [ˋtʃaɪldˌlaɪn] *n.* 〖英〗兒童生命線(兒童恐懼或有問題而無熟人可談即撥此電話)。

child·mind·er [ˋtʃaɪldˌmaɪndɚ] *n.* Ⓒ 托嬰保姆。

chil·dren [ˋtʃɪldrən] *n.* pl. of **child.**

Chil·e [ˋtʃɪlɪ] *n.* 智利(南美洲西南部的一國，首都 Santiago)。

chil·i [ˋtʃɪlɪ] *n.* Ⓒ (*pl.* **~es**) 紅番椒。

***chill** [tʃɪl] *n.* Ⓒ ①寒冷。②發冷；寒慄。③掃興；沮喪。④冷淡。— *adj.* ①寒冷的。②冷漠的。— *v.i.* 變冷。— *v.t.* ①使冷；使…打寒顫。②令失望。③冷藏(食物)。

***chill·y** [ˋtʃɪlɪ] *adj.* ①寒冷的。②不友好的；態度冷淡的。③恐怖的。

chime** [tʃaɪm] *n.* ① Ⓒ 一套發諧音的鐘。②(*pl.*)該鐘所發出的樂聲。③ Ⓤ 和諧。④ Ⓒ 門鈴。⑤ Ⓤ 諧音。— *v.t.* & *v.i.* ①鳴(鐘)；鳴(鐘)作樂聲。②擊(鐘)以報時。③發出和諧之聲。**~ *in 加入或插嘴。**~ *in with*** 同意；一致。

***chim·ney** [ˋtʃɪmnɪ] *n.* Ⓒ ①煙囪。②玻璃燈罩。③石頭、山等的裂縫。§ ~ **pìece** 壁爐架。~ **swèep(er)** 掃煙囪的人。

chim·pan·zee [ˌtʃɪmpænˋzi] *n.* Ⓒ〖動〗非洲之小人猿；黑猩猩。

***chin** [tʃɪn] *n.* Ⓒ ①下頷；顎。②〖俗〗談話。— *v.t.* (**-nn-**) ①引體向上。②將(小提琴等)提到顎下。

***chi·na** [ˋtʃaɪnə] *n.* Ⓤ ①陶瓷；瓷器；陶器。②瓷製小雕像。— *adj.* 瓷製的。§ ~ **clày** 陶土；瓷土。

‡**Chi·na** [ˋtʃaɪnə] *n.* 中國。

Chi·na·town [ˋtʃaɪnəˌtaʊn] *n.* Ⓒ 唐人街。

chinch [tʃɪntʃ] *n.* Ⓒ ①臭蟲。②麥虱。

chin·chil·la [tʃɪnˋtʃɪlə] *n.* ①Ⓒ〖動〗南美產之栗鼠類。② Ⓤ 栗鼠類之毛皮。

chine [tʃaɪn] *n.* Ⓒ ①脊椎。②脊肉。③山脊；嶺。

***Chi·nese** [tʃaɪˋniz] *n.* (*pl.* ~) ① Ⓒ 中國人。② Ⓤ 中國的文字、語言。— *adj.* 中國(人)的。§ ~ **cóstume** 唐裝。~ **ínk** 墨。~ **Kungfú** 中國功夫；國術。~ **lántern** 紙燈籠。~ **púzzle** 複雜難解之事；難解之謎。**the ~ Wáll** 長城。

***chink**[1] [tʃɪŋk] *n.* Ⓒ 裂罅。— *v.t.* ①使成裂罅。②塞住(裂罅、裂縫等)。

chink[2] *n.* ①(a ~)(玻璃等之)叮噹聲。② ⓊⒸ〖俚〗錢幣；現款。— *v.t.* & *v.i.* (使)作叮噹聲。

chintz [tʃɪnts] *n.* Ⓤ 印花棉布。

chintz·y [ˋtʃɪntsɪ] *adj.* ①用印花棉布做的。②庸俗的；賤的；吝嗇的。

chin-up [ˋtʃɪnˌʌp] *n.* ⓊⒸ (單槓運動的)引體向上。— *adj.* 不洩氣的；保持士氣的；提高士氣的。

chip** [tʃɪp] *n.* Ⓒ ①碎片；木屑。②(瓷器等的)缺口。③(常*pl.*)小片食物。potato ~*s*(油炸的)馬鈴薯片。④圓形籌碼。⑤〖電算〗晶片。a ~ off* [*of*] *the old block*** 酷似父親的兒子。**~ *on one's shoulder*** 好吵架的脾氣。— *v.t.* (**-pp-**)切爲小片；破爲碎片。— *v.i.* 碎裂。**~ *in*** **a.** 集資；共同援助。**b.** 插嘴。**c.** 用籌碼打賭。

chip·munk [ˋtʃɪpˌmʌŋk] *n.* Ⓒ〖動〗(北美產之)花栗鼠。

chip·per [ˋtʃɪpɚ] *adj.* 〖美俗〗輕快

的；活潑的；愉快的。

chi·rop·o·dy [kaɪˋrɑpədɪ] *n.* Ⓤ 手足病之治療。

chi·ro·prac·tic [ˏkaɪrəˋpræk-tɪk] *n.* Ⓤ 按摩脊椎之指壓法。

chi·ro·prac·tor [ˋkaɪrəˏpræk-tə] *n.* Ⓒ 按摩脊椎療病者。

***chirp** [tʃɜp] *v.i.* (鳥)吱喳而鳴；(蟲)唧唧而鳴。— *n.* Ⓒ 吱喳聲；唧唧聲。

***chis·el** [ˋtʃɪzl] *n.* Ⓒ 鑿子。— *v.t.* (**-l-**,〖英〗**-ll-**)① 鑿；刻。②〖美 俚〗詐取；騙取。

chit[1] [tʃɪt] *n.* Ⓒ ①芽。②小孩。③活潑之少女。— *v.i.* (**-tt-**)〖方〗發芽。

chit[2] *n.* Ⓒ ①〖英〗短信；便條。②小額掛帳之單據；借條。

chit·chat [ˋtʃɪtˏtʃæt] *n.* Ⓤ 閒聊；「聊天」

chiv·al·ric [ˋʃɪvlrɪk] *adj.* 有武士氣概的；有武士風範的。

chiv·al·rous [ˋʃɪvlrəs] *adj.* 有武士風度的；俠義的。— **ly,** *adv.*

***chiv·al·ry** [ˋʃɪvlrɪ] *n.* ① Ⓤ 武士氣概。② Ⓤ 武士制度。③(集合稱，作 *pl.* 解)武士團；豪俠之士。

chive [tʃaɪv] *n.* Ⓒ〖植〗蝦夷葱。

chlo·rel·la [kləˋrɛlə] *n.* ⓊⒸ綠藻。

chlo·ride [ˋkloraɪd] *n.* Ⓤ〖化〗氯化物。~ **of lime** 漂白粉。

chlo·rine [ˋklorin] *n.* Ⓤ〖化〗氯。

chlo·ro·form [ˋkloraˏfɔrm] *n.* Ⓤ〖醫〗氯仿；哥羅仿(麻醉劑)。— *v.t.* 用氯仿麻醉[殺死]。

chlo·ro·phyl(l) [ˋkloraˏfɪl] *n.* Ⓤ 葉綠素。

chock [tʃɑk] *n.* Ⓒ ①墊木；楔子(置於圓桶下，以防止滾動者)。②大船上安置救生艇的定盤。— *v.t.* ①用墊木或楔子墊阻。②置(小艇)於定盤上。— *adv.* 塞滿地。

***choc·o·late** [ˋtʃɔkəlɪt] *n.* ① Ⓤ Ⓒ 巧克力製品[飲料，糖]。② Ⓤ 黑褐色。— *adj.* ①巧克力製的。②黑褐色的。

‡**choice** [tʃɔɪs] *n.* ① ⓊⒸ 選擇。② Ⓒ 被選之人或物。③ⓊⒸ 選擇的機會與權利。④(a ~ of...)備選的量和種類。⑤(the ~)精選或最佳的部分。— *adj.* ①精選的。②上等的。

***choir** [kwaɪr] *n.* Ⓒ ①(教堂中的)唱詩班；歌唱隊。②(常 *sing.*)教堂中唱詩班的席位。§ ~ **lôft**(位於教堂二樓中央的)唱詩班席位。

***choke** [tʃok] *v.t.* ①勒絞；使窒息。②因窒悶而使不能出聲。③阻塞；填塞。④使(火)熄滅。⑤壓制(情感)〔常 back, down〕。⑥阻止成長、進展等。— *v.i.* ①窒息。②阻塞。~ **back** 忍住；抑制。~ **down** 忍住；抑制。~ **off** a. 窒息死。b. 放棄；終止。~ **up** a. 阻塞。b.〖俗〗因感情激動說不出話來。— *n.* Ⓒ ①窒息。②汽油發動機內關閉空氣的活門。

choked [tʃokt] *adj.* ①阻塞的；窒息的。②〖英俚〗厭煩的。

chok·er [ˋtʃokə] *n.* Ⓒ ①阻礙之人或事物。②〖俗〗a. 短項鍊。b. 高領。

chol·er [ˋkɑlə] *n.* Ⓤ ①憤怒。②〖古〗膽汁。

***chol·er·a** [ˋkɑlərə] *n.* Ⓤ 霍亂。

chol·er·ic [ˋkɑlərɪk] *adj.* 易怒的。

cho·les·ter·ol [kəˋlɛstəˏrol] *n.* Ⓤ〖生化〗膽固醇。

‡**choose** [tʃuz] *v.t.* (**chose, cho·sen**) ①選擇。②寧願。③欲；望；要。— *v.i.* ①選擇；挑選。②作決定。**cannot ~ but** 不得不；只有。

choos·(e)y [ˋtʃuzɪ] *adj.*〖美俚〗愛挑剔的；難以取悅的；苛求的。

***chop**[1] [tʃɑp] *v.t.* (**-pp-**)①砍。②切碎。③切擊(網球)。④伐木以開路。— *v.i.* ①砍。②突然插入。— *n.* Ⓒ ①砍。②(切下的一塊)連骨的肉。③切擊。§ ~**ping blòck [bòard]** 砧板。~**ping knìfe** 菜刀。~ **súey** [ˋsuɪ] 雜碎(一種由肉及蔬菜炒成的雜炒菜；加在米飯上的美式中國菜)。

chop[2] *n.* ①Ⓒ(常 *pl.*)顎；下巴。②(*pl.*)〖俚〗口腔。③(*pl.*)海峽、山谷、深淵等的入口。

chop[3] *n.* Ⓒ ①圖章；印。②〖俚〗品質；等級。

chop·house [ˋtʃɑpˏhaus] *n.* Ⓒ 餐館(通常以供應肉排類食品爲主)。

Cho·pin [ˋʃopæn] *n.* 蕭邦(Frédéric François, 1810-49, 波蘭鋼琴家及作曲家)。

chop·per [ˋtʃɑpə] *n.* Ⓒ ①切物之人。②切割之機器或器具；刀；斧。③光線或電流之阻斷器。④〖俗〗直升機。⑤(常 *pl.*)牙齒。— *v.i.*〖俚〗乘直升機飛行。

chop·py [ˋtʃɑpɪ] *adj.* ①波浪起伏的。②(風等)不斷改變方向的。

chop·stick [ˋtʃɑpˏstɪk] *n.* Ⓒ(常 *pl.*)筷子。

cho·ral [ˋkorəl] *adj.* ①合唱隊的。②合唱的。— *n.* Ⓒ 聖歌；合唱隊。

cho·rale [koˋrɑl] *n.* = **choral.**

*__chord__ [kɔrd] *n.* Ⓒ ①樂弦；琴線。②身體內的絃狀物。the vocal ～s 聲帶。③〖樂〗和絃；和諧音。

__chore__ [tʃor, tʃɔr] *n.* 〖美〗①Ⓒ零工。②(*pl.*)家庭中或農場上之雜務。

__cho·re·a__ [ko`riə] *n.* Ⓤ〖醫〗舞蹈症(一種使肌肉發生痙攣的神經病)。

__cho·re·og·ra·pher__ [ˌkorɪ`ɑgrəfɚ] *n.* Ⓒ(芭蕾舞等的)編舞者；指導者。

__cho·re·og·ra·phy__ [ˌkorɪ`ɑgrəfɪ] *n.* Ⓤ舞蹈術；舞蹈(尤指芭蕾舞)。

__cho·ric__ [`korɪk] *adj.* 〖希臘戲劇〗合唱歌舞式的。

__chor·is·ter__ [`kɔrɪstɚ] *n.* Ⓒ ①唱詩班之一員。②唱詩班指揮者。

__chor·tle__ [`tʃɔrtḷ] *v.t.* & *v.i.* 咯咯而笑；歡笑。— *n.* (a ～)縱聲歡笑；咯咯的笑(聲)。

*__cho·rus__ [`korəs] *n.* Ⓒ ①(集合稱)合唱團。②歌曲中的複句(合唱部分)。③合唱隊所唱之歌。④異口同聲。*in* ～ 一起；共同。— *v.t.* & *v.i.* ①合唱。②同聲說。

__chose__ [tʃoz] *v.* pt. of __choose.__

*__cho·sen__ [`tʃozṇ] *v.* pp. of __choose.__ — *adj.* 精選的。§ the ～ __péople__ 上帝之選民；以色列人。

__chow__ [tʃau] *n.* ①Ⓒ雄獅狗(中國狗之一種，有厚毛，舌為深藍色)。②Ⓤ〖俚〗食物。— *v.i.* 〖俚〗吃(down)。

__chow·der__ [`tʃaudɚ] *n.* Ⓤ〖美〗(用魚或蛤加豬肉、洋葱等所燉之)羹湯。

__chow mein__ [`tʃau`men] 〖中〗*n.* Ⓤ炒麵。

*__Christ__ [kraɪst] *n.* 基督。

__chris·ten__ [`krɪsṇ] *v.t.* ①施洗禮以加入教會；施洗。②施洗禮以命名。③命名(尤指船)。④〖俗〗首次使用。— __ing,__ *n.* ⓊⒸ洗禮、命名(儀式)。

__Chris·ten·dom__ [`krɪsṇdəm] *n.* Ⓤ(集合稱)基督教國家；基督徒。

‡__Chris·tian__ [`krɪstʃən] *adj.* ①基督(教)的。②信基督的。③表現基督之精神的。④高尚的。— *n.* Ⓒ ①基督(教)徒。②〖俗〗高尚的人。§ ～ __náme__ (1)教名；洗禮名(= baptismal name). (2)名(亦稱 first name).

*__Chris·ti·an·i·ty__ [ˌkrɪstʃɪ`ænətɪ, krɪs`tʃænətɪ] *n.* Ⓤ①基督教。②基督教的信仰[精神]。

__Chris·tian·ize__ [`krɪstʃənˌaɪz] *v.t.* 使成為基督教徒；使基督教化。

‡__Christ·mas__ [`krɪsməs] *n.* Ⓤ耶誕節。§ ～ __càrd__ 耶誕卡片。～ __Dày__ 聖誕日。～ __Éve__ 耶誕前夕。～ __gíft__ 聖誕禮物。～ __trèe__ 耶誕樹。

__Christ·mas·tide__ [`krɪsməsˌtaɪd] *n.* Ⓤ耶誕節期(自十二月二十四日至一月六日)。

__chro·mat·ic__ [kro`mætɪk] *adj.* ①色彩的。②〖生物〗核染質的。③〖樂〗半音階的。

__chrome__ [krom] *n.* Ⓤ ①=__chromium.__ ②(亦作 __chrome yellow__)〖化〗鉻黃。§ ～ __stéel__ 鉻鋼。

__chro·mi·um__ [`kromɪəm] *n.* Ⓤ〖化〗鉻(金屬元素；符號 Cr).

__chro·mo·some__ [`kroməˌsom] *n.* Ⓒ〖生物〗染色體。

__chron·ic__ [`krɑnɪk] *adj.* ①(疾病)慢性的。②長期的。③慣常的。—__chron′i·cal·ly,__ *adv.*

*__chron·i·cle__ [`krɑnɪkḷ] *n.* ①Ⓒ編年史；年代記。②(the Chronicles)〖聖經〗歷代志。③(the C-，用於報紙名稱)…報。the News C- 新聞記事報。— *v.t.* 載入年代史。

__chron·o·log·i·cal__ [ˌkrɑnə`lɑdʒɪkḷ] *adj.* ①按年代次序記載的。②年代學的。— __ly,__ *adv.*

__chro·nol·o·gist__ [krə`nɑlədʒɪst] *n.* Ⓒ年代學者。

__chro·nol·o·gy__ [krə`nɑlədʒɪ] *n.* Ⓒ年代記；年代表。

__chro·nom·e·ter__ [krə`nɑmətɚ] *n.* Ⓒ①精密時計。②(航海用)經線儀。

__chrys·a·lis__ [`krɪsḷɪs] *n.* Ⓒ(*pl.* ～__es, chry·sal·i·des__ [krɪ`sæləˌdiz]) ①蛹。②繭。③準備期；過渡期。

__chry·san·the·mum__ [krɪs`ænθəməm] *n.* Ⓒ菊；菊花。

__chub·by__ [`tʃʌbɪ] *adj.* 圓胖的。

__chuck__[1] [tʃʌk] *v.t.* ①輕叩；輕捏(下頷)。②拋擲；投擲。③〖英俚〗驅逐(out)。④〖英俚〗辭職；解雇。*C- it!* 停！住手！住口！— *n.* Ⓒ ①拋擲；投擲。②輕叩或輕捏下頷。

__chuck__[2] *n.* ①Ⓤ牛頸部與肩胛骨之間之肉。②Ⓒ〖機〗夾盤；夾頭。

__chuck__[3] *n.* Ⓒ咯咯(母雞喚雛之聲)。— *v.t.* & *v.i.* 作咯咯聲。

*__chuck·le__ [`tʃʌkḷ] *v.i.* 低聲輕笑。— *n.* Ⓒ低聲的輕笑。

__chuff__ [tʃʌf] *n.* Ⓒ①粗野之人。②農夫。

__chug__ [tʃʌg] *n.* Ⓒ軋軋聲。— *v.i.* (-__gg__-)發軋軋聲；軋軋而行。

__chum__ [tʃʌm] *n.* Ⓒ〖俗〗同室之友；密

友。— *v.i.* (**-mm-**)①同室而居(up)。②結爲好友(up, with)。

chum·my [ˋtʃʌmɪ] 〖俗〗*adj.* 親密的。— *n.* Ⓒ室友；密友(=chum)。

chump [tʃʌmp] *n.* Ⓒ ①厚木塊。②厚鈍之一端。③〖俚〗頭。④ **a.** 〖俗〗笨傢伙。**b.** 容易受騙的人。

chunk [tʃʌŋk] *n.* Ⓒ ①〖俗〗厚塊(如肉片、麵包等)。②〖美俗〗矮胖之人或動物。— **chunkʹy**, *adj.*

C

‡**church** [tʃɜtʃ] *n.* ① Ⓒ 禮拜堂；教堂。② Ⓤ 禮拜。③(the C-, 集合稱)基督徒。④ Ⓒ (常 C-)基督教的教派；教會。⑤(the ～)教會的職務。*enter the* ～ 從事神職。

church·go·er [ˋtʃɜtʃ,goɚ] *n.* Ⓒ 經常按時到教堂做禮拜的人。

Church·ill [ˋtʃɜtʃɪl] *n.* 邱吉爾(Winston L.S., 1874-1965, 英國首相, 1953 年諾貝爾文學獎得主)。

church·man [ˋtʃɜtʃmən] *n.* Ⓒ (*pl.* **-men**)牧師；傳教士。

church·ward·en [ˋtʃɜtʃˋwɔrdn̩] *n.* Ⓒ①(英國國教及聖公會之)教會執事。②〖英俗〗陶土製之長煙斗。

***church·yard** [ˋtʃɜtʃ,jɑrd] *n.* Ⓒ 毗連教堂之院落；墓地。

churl [tʃɜl] *n.* Ⓒ ①農夫；鄉下人。②粗野之人。③吝嗇鬼。

churn [tʃɜn] *n.* Ⓒ ①攪乳器。②〖英〗大型牛乳桶。— *v.t.* & *v.i.* ①攪拌(牛奶)以製奶油。②劇烈地攪拌。③攪動。

chut [tʃʌt] *interj.* 咄! (表示不耐煩)。

chute [ʃut] *n.* Ⓒ ①瀑布；急流。②瀉槽；斜槽。③〖俗〗降落傘。

chut·ney, -nee [ˋtʃʌtnɪ] *n.* Ⓤ 酸辣醬(印度調味品)。

chutz·pa(h) [ˋhutspə] *n.* Ⓤ 〖美俚〗肆無忌憚；厚顏無恥。

CIA, C.I.A. Central Intelligence Agency. (美國)中央情報局。

ci·ca·da [sɪˋkedə] *n.* Ⓒ (*pl.* **～s, -dae** [-di])〖動〗蟬。

cic·a·trix [ˋsɪkətrɪks], **-trice** [-trɪs] *n.* Ⓒ (*pl.* **cic·a·tri·ces** [,sɪkəˋtraɪsiz])①〖醫〗瘢痕。②〖植〗葉痕。

C.I.D. Criminal Investigation Department. 〖英〗(倫敦警務署之)偵察課。

***ci·der** [ˋsaɪdɚ] *n.* ⓊⒸ 蘋果酒(=〖英〗cyder). § ～ **prêss**蘋果壓汁器。

***ci·gar** [sɪˋgɑr] *n.* Ⓒ 雪茄煙。

***cig·a·ret(te)** [,sɪgəˋrɛt, ˋsɪgə,rɛt] *n.* Ⓒ 香煙；紙煙。

cinch [sɪntʃ] *n.* ① Ⓒ 束馬鞍用之肚帶；馬之腹帶。②(a ～)〖俗〗緊握；抓牢。③(a ～)〖俚〗易做之事；有把握之事。

***cin·der** [ˋsɪndɚ] *n.* ① Ⓒ 煤渣；餘燼。②(*pl.*)灰燼。

Cin·der·el·la [,sɪndəˋrɛlə] *n.* ①灰姑娘(「仙履奇緣」中女孩名)。② Ⓒ 未被發現的美女[人才]。

***cin·e·ma** [ˋsɪnəmə] *n.* ① Ⓤ (常 the ～)電影(事業)。② Ⓒ 電影院。§ ～ **fàn** [**gòer**]〖英〗影迷。

Cin·e·ma·Scope [ˋsɪnəmə,skop] *n.* Ⓒ〖商標〗新藝綜合體(弧形寬銀幕及立體音響發音的電影)。

cin·e·mat·ic [,sɪnəˋmætɪk] *adj.* 電影的。

cin·e·ma·tize [ˋsɪnəmə,taɪz] *v.t.* & *v.i.* ①以電影攝影機攝影；攝製電影。②將…改編成電影。

cin·e·ma·tog·ra·pher [,sɪnəməˋtɑgrəfɚ] *n.* Ⓒ 電影攝影師。

cin·e·ma·tog·ra·phy [,sɪnəməˋtɑgrəfɪ] *n.* Ⓤ 電影攝製術。

cin·er·ar·y [ˋsɪnə,rɛrɪ] *adj.* 安放骨灰的。

cin·na·mon [ˋsɪnəmən] *n.* Ⓤ ①肉桂(皮)。②肉桂色；黃褐色。— *adj.* 肉桂色的。

ci·pher [ˋsaɪfɚ] *n.* ① Ⓒ 零(=0)。② Ⓒ 無價值的人或物。③ Ⓒ 阿拉伯數字。④ ⓊⒸ 暗號；密碼。— *v.t.* & *v.i.* ①做算術。②以暗號[密碼]寫或記載。

cir·ca [ˋsɜkə] 〖拉〗*prep.* & *adv.* 大約。(亦作 **circiter**, 常略作 **ca., c.**)

cir·ca·di·an [sɜˋkedɪən] *adj.* 以 24 小時爲周期的(如生理或行爲現象等)。§ ～ **rhýthm**(生物的)周期；生理節奏。

‡**cir·cle** [ˋsɜkl] *n.* Ⓒ①圓；圓周。②圓形物；圓狀物。③週期；循環。④(常 *pl.*)集團；…界。business ～*s* 商界。⑤範圍。⑥天體的軌道。⑦戲院包廂中的座位。— *v.t.* ①環繞；包圍。②繞…而行。③打圈於…。— *v.i.* ①盤旋。②圍繞。

cir·clet [ˋsɜklɪt] *n.* Ⓒ 小環(尤指裝飾用者)。

***cir·cuit** [ˋsɜkɪt] *n.* Ⓒ ①周圍。②被圍起的空間。③繞行一周。④ **a.** 巡迴；巡行。**b.** 做此巡迴的人。⑤巡迴區。⑥巡迴裁判(區)。⑦〖電〗電路。

—*v.i.* & *v.t.* 巡迴。§ ~ **brèaker** 斷路器。
cir·cu·i·tous [sə`kjuɪtəs] *adj.* 迂曲的; 間接的。—**ly,** *adv.*
cir·cuit·ry [`sɝkɪtrɪ] *n.* Ⓤ ①電路圖。②電路系統。
***cir·cu·lar** [`sɝkjələ] *adj.* ①圓的。②循環的; 巡迴的。③通告的。④間接的; 迂迴的。⑤傳閱的。—*n.* Ⓒ 傳單; 傳閱的文件。§ ~ **létter** 傳閱的信件。~ **sáw** 圓鋸。
***cir·cu·late** [`sɝkjə,let] *v.i.* ①循環; 流通; (繞…)轉。②傳布。—*v.t.* 使傳布; 使循環。
***cir·cu·la·tion** [,sɝkjə`leʃən] *n.* ①Ⓤ 流通; 傳布。②ⓊⒸ 循環。③(*sing.*)銷路; 發行量。④Ⓤ 通貨。
cir·cu·la·tor [`sɝkjə,letə] *n.* Ⓒ ①(情報等的)傳布者; (尤指)到處散布謠言的人。②【數】循環小數。
cir·cu·la·to·ry [`sɝkjələ,torɪ, -,tɔrɪ] *adj.* (尤指血液)循環的。the ~ system 循環系統。
cir·cum·cise [`sɝkəm,saɪz] *v.t.* ①【宗】行割禮。②淨心; 去邪念。
cir·cum·ci·sion [,sɝkəm`sɪʒən] *n.* ⓊⒸ 割禮; 割包皮。
***cir·cum·fer·ence** [sə`kʌmfərəns] *n.* Ⓒ 圓周; 周圍。—**cir·cum·fer·en'tial,** *adj.*
cir·cum·flex [`sɝkəm,flɛks] *adj.* 【語音】有音調符號的; (語調)抑揚的。—*v.t.* 加音調符號於(母音)。
cir·cum·lo·cu·tion [,sɝkəmlo`kjuʃən] *n.* Ⓒ 迂迴累贅的陳述。
cir·cum·lu·nar [,sɝkəm`lunə] *adj.* 環繞月球的; 繞行月球的。
cir·cum·nav·i·gate [,sɝkəm`nævə,get] *v.t.* 環遊。—**cir·cum·nav·i·ga'tion,** *n.*
cir·cum·scribe [,sɝkəm`skraɪb] *v.t.* ①劃界線; 立界限; 限制。②【幾何】畫(一圓形)之外接圓。
cir·cum·scrip·tion [,sɝkəm`skrɪpʃən] *n.* Ⓤ 限制; 界限。
cir·cum·spect [`sɝkəm,spɛkt] *adj.* 慎重的; 縝密周到的。—**cir·cum·spec'tion,** *n.*
‡**cir·cum·stance** [`sɝkəm,stæns] *n.* ①(*pl.*)(行動或事件的)情形; 情況。②Ⓤ(常 *pl.*)現狀; 環境。③(*pl.*)財力; 境遇。④Ⓒ事件; 意外的事。⑤Ⓤ 細節; 原委。***under*** [***in***] ***no*** ~***s*** 決不; 無論如何都不…。***under*** [***in***] ***the*** ~***s*** 在此情形之下。
cir·cum·stan·tial [,sɝkəm`stænʃəl] *adj.* ①詳盡的。②依照情況的。~ evidence情況[間接]證據。③不重要的; 偶然的。
cir·cum·vent [,sɝkəm`vɛnt] *v.t.* ①阻遏。②勝過; 占上風。③陷害; 用計加以包圍。④繞行。—**cir·cum·ven'tion,** *n.*
***cir·cus** [`sɝkəs] *n.* Ⓒ ①馬戲(團)。②【俗】有趣的人[物]。③歡樂的時光。④古羅馬之圓形競技場或其節目。

cir·rho·sis [sɪ`rosɪs] *n.* ⓊⒸ (*pl.* **-ses** [-siz])【醫】硬化; 硬變。
cir·rus [`sɪrəs] *n.* Ⓒ (*pl.* **cir·ri** [`sɪraɪ]) ①【植】卷鬚。②【動】觸毛。③(*pl.* ~)【氣象】卷雲。
cis·tern [`sɪstən] *n.* Ⓒ ①水槽; 貯水池。②【解】池。
cit·a·del [`sɪtədl] *n.* Ⓒ ①(保衛城市之)城堡。②要塞。③避難處。
ci·ta·tion [saɪ`teʃən] *n.* ①**a.** Ⓤ 引證。**b.** Ⓒ 引用文。②【法律】**a.** Ⓤ 傳喚。**b.** Ⓒ 傳票。③ Ⓒ【軍】褒揚。④ Ⓒ 褒獎; 獎狀。
***cite** [saɪt] *v.t.* ①引用; 引證。②舉例。③召喚。④傳詢。⑤褒揚。
cit·i·fied [`sɪtɪ,faɪd] *adj.* 【美】有都市色彩的; 都市化的(通常爲輕蔑語)。
cit·i·fy [`sɪtɪ,faɪ] *v.t.* 【俗】使都市化。
‡**cit·i·zen** [`sɪtəzn̩] *n.* Ⓒ ①市民。②公民; 國民。③平民。④居民。§ ~**s bànd**【美】【通訊】市民波段; 民用波段(專供私人無線電通訊使用的波段, 略作CB)。—**ly,** *adj.*
cit·i·zen·ry [`sɪtəzn̩rɪ] *n.* Ⓤ (集合稱)公民或市民。
***cit·i·zen·ship** [`sɪtəzn̩,ʃɪp] *n.* Ⓤ公民的身分[權利, 義務]。
cit·ric [`sɪtrɪk] *adj.* 取自檸檬的; 檸檬的。§ ~ **ácid**【化】檸檬酸。
cit·ron [`sɪtrən] *n.* ①Ⓒ 香櫞(樹)。②Ⓤ香櫞皮蜜餞。
cit·rus [`sɪtrəs] *n.* Ⓒ【植】柑橘屬植物。
‡**cit·y** [`sɪtɪ] *n.* ①Ⓒ 大城市; 要鎮; 都會。②(the ~)城市居民的全體。③(the C-)倫敦商業區。§ ~ **assèmbly** 市民大會。~ **cóuncilor** 市議員。~ **fáther** 市府官員; 本市聞人。~ **háll** 市政府大廈; 市府當局。~ **mánager**(由市議會所指派而非由人民公選之)管理市政者。~ **plán** [**plánning**]都市計畫。~ **ròom**

地方新聞編輯室(的全體工作人員)。～ slícker(常含輕蔑)打扮入時[油腔滑調]的人；都市人。
cit·y-state [ˋsɪtɪˋstet] *n.* Ⓒ (古希臘之)城邦。
***civ·ic** [ˋsɪvɪk] *adj.* ①城市的。②公民的；市民的。～ rights 公民權利。
civ·ics [ˋsɪvɪks] *n.* Ⓤ ①〖美〗公民(課程)。②市政學[論]。

C

‡**civ·il** [ˋsɪvl] *adj.* ①市民的；公民的。②國家的；政府的。③民事的。④文職的。⑤有禮貌的。⑥文明的。§～ déath〖法律〗褫奪公權終身。～ defénse 民間防空；民防。～ disobédience 和平抵抗；不合作主義(如抵制不繳稅等)。～ engineér 土木工程師。～ engineéring 土木工程學。～ láw 民法。～ líberty 公民的言論和行動自由。～ márriage 公證結婚。～ ríghts 公民權。～ sérvant 文職公務員。～ sérvice 公職。～ wár (1)內戰。(2)(the C- W-)(美國的)南北戰爭(1861-65)。
***ci·vil·ian** [səˋvɪljən] *n.* Ⓒ 平民。— *adj.* 平民的。
***ci·vil·i·ty** [səˋvɪlətɪ] *n.* Ⓤ 禮貌；慇懃。
***civ·i·li·za·tion** [ˌsɪvl̩əˋzeʃən, ˌsɪvl̩aɪˋzeʃən] *n.* ① ⓊⒸ 文明；教化。②Ⓤ (集合稱)文明國家。
***civ·i·lize** [ˋsɪvl̩ˌaɪz] *v.t.* ①使開化。②教導；使文雅。
***civ·i·lized** [ˋsɪvl̩ˌaɪzd] *adj.* ①文明(人)的；開化的。②有禮貌的；有教養的；高尚的。
clack [klæk] *n.* (a ～)①畢剝聲。②嘮叨。— *v.i.* ①發畢剝聲。②嘮叨。
clad [klæd] *v.* pt. & pp. of **clothe.**
‡**claim** [klem] *v.t.* ①要求；請求。②聲言；主張。③需要。— *v.i.* ①提出要求。②聲言；聲稱。— *n.* Ⓒ ①要求。②要求的權利。③所要求的東西。④使用者占有之公有土地。⑤保險等所請求之賠償。⑥聲言。*lay* ～ *to* a. 爭…之所有權。b. 宣稱屬己。
claim·ant [ˋklemənt] *n.* Ⓒ 請求者；申請者。
clair·voy·ance [klɛrˋvɔɪəns] *n.* Ⓤ①透視力；千里眼。②敏銳的洞察力[透視力]。
clair·voy·ant [klɛrˋvɔɪənt] *adj.* ①透視的。②有敏銳的洞察力的。— *n.* Ⓒ 有超人之洞察力的人。
***clam** [klæm] *n.* Ⓒ ①蛤；蚌；蚶。②〖美俗〗沈默之人；嘴緊之人。③〖美俗〗銀幣；一元。— *v.i.* (-mm-)拾蛤；掘蛤。～ *up*〖俚〗不講話；不提供消息。
***clam·ber** [ˋklæmbə] *v.i.* & *n.* (a ～)攀爬；攀登。
clam·my [ˋklæmɪ] *adj.* 濕冷而黏的。
***clam·or,** 〖英〗**-our** [ˋklæmə] *n.* Ⓒ & *v.i.* & *v.t.* 喧鬧；大聲要求或責難。
clam·or·ous [ˋklæmərəs] *adj.* ①吵鬧的；喧嚷的。②大聲要求或抗議的。— **ly,** *adv.*
clamp [klæmp] *n.* Ⓒ 鉗；夾子。— *v.t.* 用夾子夾住。 ～ *down* (*on*)〖俗〗箝制；取締。
clamp·down [ˋklæmpˌdaun] *n.* Ⓒ 嚴禁。
***clan** [klæn] *n.* Ⓒ ①宗族；部落。②黨派；團體。③家族。
clan·des·tine [klænˋdɛstɪn] *adj.* 祕密的；暗中的。
***clang** [klæŋ] *n.* (a ～)玎璫聲。— *v.i.* & *v.t.* 發玎璫聲。
clan·gor, 〖英〗**-gour** [ˋklæŋgə] *n.* (a ～)①玎璫聲。②喧鬧聲。— *v.i.* 作玎璫聲。— **ous,** *adj.*
clank [klæŋk] *n.* (a ～) 玎璫聲。— *v.i.* 作玎璫聲。
clans·man [ˋklænzmən] *n.* Ⓒ (*pl.* **-men**)同宗；族人。
***clap**[1] [klæp] *n.* ①Ⓒ突然的轟聲(如雷鳴)。②(a ～)拍手聲；擊掌聲；碰撞聲。③(a ～)一擊；一拍。— *v.t.* (-pp-)①鼓(掌)；拍(手)。②輕拍。③急置；急爲。④(面對面地)碰在一起。⑤(鳥)振翅飛翔。⑥〖俗〗急速地安排(常 up, together)。— *v.i.* ①擊；拍。②鼓掌。～ *eyes on* 注視；看。
clap[2] *n.* (the ～)〖俚〗淋病。
clap·board [ˋklæbəd] *n.* ⓊⒸ 護牆板；隔板。
clap·per [ˋklæpə] *n.* Ⓒ①鼓掌者。②鐘或鈴之舌。③〖俚〗舌。④(常 *pl.*)響板。*like the* ～*s*很快地；拚命地。
clap·trap [ˋklæpˌtræp] *n.* Ⓤ 爲引人注意或喝采的噱頭。
claque [klæk] 〖法〗*n.* Ⓒ ①(受雇於戲院中)喝采者。②諂媚者或奉承者。
clar·et [ˋklærət] *n.* ①ⓊⒸ紅葡萄酒。②Ⓤ 紫紅色。— *adj.* 紫紅色的。
clar·i·fy [ˋklærəˌfaɪ] *v.t.* ①使清淨；使澄清。②使明瞭；解釋。— *v.i.* ①澄清。②明瞭。— **clar·i·fi·ca′tion,** *n.*
clar·i·net [ˌklærəˋnɛt] *n.* Ⓒ 豎笛。

clar·i·on [ˋklærɪən] *n.* Ⓒ ①尖音小號。②〖詩〗尖音小號所發出之聲音。 **—** *adj.* 響亮清澈的。

clar·i·ty [ˋklærətɪ] *n.* Ⓤ明晰；清澄。

***clash** [klæʃ] *n.* ①(a ～)撞擊聲(如刀劍鏗然聲)。②Ⓒ衝突。③Ⓒ戰鬥。 **—** *v.i.* & *v.t.* ①作撞擊聲。②衝突。③相撞；相遇。

***clasp** [klæsp] *n.* Ⓒ①釦；鉤。②緊握；緊抱。 **—** *v.t.* & *v.i.* ①緊抱；緊握。②用釦或鉤搭住。

‡**class** [klæs, klɑs] *n.* ①Ⓒ種類；類別。②Ⓒ班；級。③ⓊⒸ上課；上課時間；講授和講習之科目。④Ⓒ階級。⑤Ⓒ等級。⑥Ⓒ綱(動植物的分類)。⑦Ⓒ同期兵。⑧Ⓤ〖俚〗優秀；卓越；風度。⑨Ⓒ教室。*the ～es* 上流的人士。 **—** *v.t.* ①分等級；分類。②將…分班或編級。§ ∼ **cón·sciousness** 階級意識。

***clas·sic** [ˋklæsɪk] *adj.* ①第一等的；最高等的；典雅的。②屬於古希臘羅馬的文藝或生活方面的。③古典的。④在文學與歷史方面著名的。⑤傳統的；典型的。 **—** *n.* Ⓒ①第一流的文藝作家或著作。②有代表性之物。③〖俚〗傳統式樣的女裝。④傳統的(又有名的)儀式。*the ～s*(希臘、羅馬的)古典文學。

‡**clas·si·cal** [ˋklæsɪkl] *adj.* ①第一等的。②精通古代典籍的。③正統的；標準的。④古典的；典雅的。§ ∼ **músic** 古典音樂。 **—ly,** *adv.*

clas·si·cism [ˋklæsə,sɪzəm] *n.* Ⓤ①古典主義。②擬古主義。

clas·si·cist [ˋklæsəsɪst] *n.* Ⓒ古典學者；古典主義者。

***clas·si·fi·ca·tion** [,klæsəfəˋkeʃən] *n.* ⓊⒸ分類。

clas·si·fied [ˋklæsə,faɪd] *adj.* ①分類的。②〖俗〗機密的。§ ∼ **ád** [**advertísement**] 分類廣告。

***clas·si·fy** [ˋklæsə,faɪ] *v.t.* ①分類；列等。②將(文件等)列入機密類。

class·less [ˋklæslɪs] *adj.* ①無階級差別的。②不屬於任何階級的。

***class·mate** [ˋklæs,met, ˋklɑs,met] *n.* Ⓒ同班同學。

***class·room** [ˋklæs,rum] *n.* Ⓒ教室。

***clat·ter** [ˋklætə˞] *n.* ①(a ～)劈啪聲；嘩啦聲。②Ⓤ嘈雜的笑鬧聲。 **—** *v.i.* & *v.t.* (使)劈啪或嘩啦作響。

***clause** [klɔz] *n.* Ⓒ ①〖文法〗子句。②(法律、條約等的)條款。

claus·tro·pho·bi·a [,klɔstrəˋfobɪə] *n.* Ⓤ〖醫〗幽閉恐懼症。

claus·tro·pho·bic [,klɔstrəˋfobɪk] *adj.* 幽閉恐懼症的。

clave [klev] *v.* 〖古〗pt. of **cleave**².

clav·i·chord [ˋklævə,kɔrd] *n.* Ⓒ〖樂〗翼琴(為鋼琴之前身)。

clav·i·cle [ˋklævəkl] *n.* Ⓒ〖解〗鎖骨。

***claw** [klɔ] *n.* Ⓒ①爪。②(龍蝦、蟹等的)鉗。③似爪之物。 **—** *v.t.* 用爪撕；用爪挖。§ ∼ **hàmmer** 拔釘鎚。

***clay** [kle] *n.* Ⓤ①黏土。②土；泥。③肉體；人身。 **—ey** [ˋkle·ɪ], *adj.*

‡**clean** [klin] *adj.* ①清潔的。②清白的。③有潔淨習慣的。④適於做食物的。⑤整齊的。⑥新的；洗淨的。⑦完全的。⑧俐落的。⑨不挾雜物的。⑩不產生放射塵的。*come* ～ 〖俚〗全部招供。*keep the hands* ～ 廉潔清正。*make a* ～ *breast of* 徹底懺悔；吐露一切詳情。 **—** *adv.* ①乾淨地。②完全地。③熟練地。 **—** *v.t.* 使清潔。 **—** *v.i.* 打掃(up). ～ *out* **a.** 清除。**b.** 用完。**c.** 〖俗〗將(不良分子)趕出。**d.** 〖俚〗使一文不名。**e.** 將…清場。～ *up* **a.** 使潔淨。**b.** 做完；整理。**c.** 賺錢；獲利。**d.** 肅清不法分子。 **—ness,** *n.*

clean-cut [ˋklinˋkʌt] *adj.* ①輪廓鮮明的。②形狀美好的。③清晰的。

***clean·er** [ˋklinə˞] *n.* Ⓒ①清潔工。②(常*pl.*)乾洗店。③清潔劑。④吸塵器。

***clean·ing** [ˋklinɪŋ] *n.* ①Ⓤ洗濯；掃除。②Ⓒ〖俗〗(投資等的)大損失。

***clean·ly** [ˋklɛnlɪ] *adj.* ①潔淨的。②有清潔習慣的。 **—** [ˋklinlɪ] *adv.* 清潔地；純潔地；俐落地。 **—clean′li·ness,** *n.*

***cleanse** [klɛnz] *v.t.* 使清潔；使純潔。

cleans·er [ˋklɛnzə˞] *n.* ①ⓊⒸ清潔劑。②Ⓒ洗滌者。

clean-up [ˋklin,ʌp] *n.* Ⓒ①清掃；清潔。②〖俚〗賺錢(尤指暴利)。

‡**clear** [klɪr] *adj.* ①晴朗無雲的。②透明的。③白皙的。④嘹亮的。⑤清晰的；明確的。⑥無疑的。⑦一覽無餘的。⑧暢通無阻的。⑨清白的；無罪的；無瑕疵的。⑩淨利的；淨得的。⑪無限制的；全然的。 **—** *adv.* ①完全地。②乾淨俐落地。 **—** *v.t.* ①使乾淨。②移除。③越過。④宣告[證明]…無罪。⑤除卻疑慮。⑥掃蕩；除去。⑦獲得純利。⑧使(船)辦理出港手續。⑨交換清算(票據)。 **—** *v.i.* ①放晴。

C

②出港；啓碇。③交換；清算。④逃走。⑤明白。～ ***away*** **a.** 消釋。**b.** 清除。**c.** 消散。～ ***off*** **a.** 清除；掃除。**b.** 償清。**c.** 放晴；雲霧消散。**d.** 售淸。**e.** 離開；逃走。～ ***out*** **a.** 售淸。**b.** 離開。**c.** 掃除；清除。**d.** 使囊空如洗。**e.** 趕走。～ ***up*** **a.** 放晴。**b.** 使明瞭；解釋。**c.** 掃除。—*n.* Ⓒ ①空隙；空間。②內部之長寬深。

cléar-áir túrbulence [ˋklɪrˋɛr ～] *n.* Ⓤ 晴空亂流。(略作 **CAT**)

clear·ance [ˋklɪrəns] *n.* ① ⓊⒸ 距離；間隔。② ⓊⒸ 清除。a ～ sale 減價清售存貨。③=**clearance papers.** ④Ⓒ純益；淨利。⑤Ⓤ支票或期票的交換。⑥ Ⓤ 森林之開墾。§ ～ **pàpers** 出[入]港單(證明船隻通關手續已清)。

clear-cut [ˋklɪrˋkʌt] *adj.* ① 輪廓分明的。②清晰的；明確的。

clear·head·ed [ˋklɪrˋhɛdɪd] *adj.* 頭腦清楚的；聰明的。

***clear·ing** [ˋklɪrɪŋ] *n.* ①Ⓒ開墾的土地。②Ⓤ銀行之票據交換。③(*pl.*)票據交換額。④Ⓤ 清除；掃除。§ ～ **hòuse** 票據交換所。

‡**clear·ly** [ˋklɪrlɪ] *adv.* ①明亮地；清澄地。②明確地。③顯然地；無疑地。

clear-sight·ed [ˋklɪrˋsaɪtɪd] *adj.* 視力銳敏的；聰明的。

cleat [klit] *n.* Ⓒ楔；栓。

cleav·age [ˋklivɪdʒ] *n.* ①Ⓤ劈開；分裂。②Ⓒ劈開處。③Ⓒ(政黨的)分裂。④Ⓤ〖生物〗(受精卵的)分裂。

***cleave**[1] [kliv] *v.t.* (**cleft** or **cleaved** or **clove, cleft** or **cleaved** or **clo·ven**)①割開；劈開；分開。②穿過。③劈通；打通。④砍下。⑤使分裂。—*v.i.* 分裂；裂開。

cleave[2] *v.i.* (**~d** or〖古〗**clave, ~d**) 忠於；固守(to).

cleav·er [ˋklivɚ] *n.* Ⓒ①屠刀。②「切割者。」

clef [klɛf] *n.* Ⓒ〖樂〗譜號。

***cleft**[1] [klɛft] *v.* pt. & pp. of **cleave**[1].

cleft[2] *n.* Ⓒ裂縫；裂口。—*adj.* 裂開的；劈開的。***be in a ～ stick*** 進退維谷。§ ～ **líp** 兔脣。

clem·en·cy [ˋklɛmənsɪ] *n.* Ⓤ ①仁慈。②(氣候的)溫和。③和藹。

clem·ent [ˋklɛmənt] *adj.* ①仁慈的。②(氣候)溫和的。

***clench** [klɛntʃ] *v.t.* ①緊握；咬緊。②牢牢抓住。③確定。—*v.i.* 握緊。—*n.* (a ～)①牢牢抓住。②釘緊。

***cler·gy** [ˋklɝdʒɪ] *n.* (the ～，集合稱)僧侶；牧師。

***cler·gy·man** [ˋklɝdʒɪmən] *n.* Ⓒ (*pl.* **-men**)牧師；教士。

cler·ic [ˋklɛrɪk] *n.* Ⓒ 牧師；傳教士。—*adj.* 牧師的。

cler·i·cal [ˋklɛrɪkl] *adj.* ①書記的；抄寫員的。②牧師的。

‡**clerk** [klɝk] *n.* Ⓒ①售貨員；店員。②(政府機關的)書記。③辦事員。—*v.i.* 做 clerk 的工作。

***clev·er** [ˋklɛvɚ] *adj.* ①聰明的。②巧妙的。③擅長的。④身手靈活的。—**ly,** *adv.* —**ness,** *n.*

clew [klu] *n.* Ⓒ ①(解決問題的)線索。②線團；繩團。③帆的下角。④帆下角上的金屬圈。—*v.t.* ①以 clew 張[收]帆。②將…纏成線團。

cli·ché [kliˋʃe] 〖法〗*n.* Ⓒ 陳腔濫調。

***click** [klɪk] *n.* Ⓒ①滴答聲。②掣子。—*v.i.* ①作滴答聲。②〖俚〗情形良好；成功。③〖俗〗**a.** 合得來。**b.** 變爲清晰。—*v.t.* 使喀答作響。

***cli·ent** [ˋklaɪənt] *n.* Ⓒ①委託律師訴訟之當事人。②顧客。

cli·en·tele [͵klaɪənˋtɛl] *n.* Ⓤ (集合稱)顧客；常客。

***cliff** [klɪf] *n.* Ⓒ懸崖；絕壁。

cliff-hang·er [ˋklɪf͵hæŋɚ] *n.* Ⓒ〖俗〗①緊張懸疑的連續劇[電影]。②扣人心弦的緊張比賽。

cliff-hang·ing [ˋklɪf͵hæŋɪŋ] *adj.* 緊張懸宕的；勝敗相差極微的。(亦作 **cliffhanging**)

cli·mac·ter·ic [klaɪˋmæktərɪk] *n.* Ⓒ ①更年期。②任何緊要時期。—*adj.* ①更年期的。②重要時期的。

***cli·mate** [ˋklaɪmɪt] *n.* ① ⓊⒸ 氣候。②Ⓒ (某地域的)風土；(某時代的)思潮。

cli·mat·ic [klaɪˋmætɪk] *adj.* 氣候「的。」

cli·ma·tol·o·gy [͵klaɪməˋtɑlədʒɪ] *n.* Ⓤ 氣候學；風土學。

***cli·max** [ˋklaɪmæks] *n.* ① Ⓒ 頂點；極點。② Ⓤ〖修〗漸進法。③ Ⓒ 高潮。—*v.t.* & *v.i.* (使)達頂點。

‡**climb** [klaɪm] *v.t.* & *v.i.* ①攀登；上升。②攀緣。～ ***down*** **a.** 攀緣而下。**b.** 放棄自己的地位；退步；屈服。—*n.* Ⓒ (常 *sing.*)①攀登。②攀登的地方。

climb·er [ˋklaɪmɚ] *n.* Ⓒ ①登山

者。②攀緣植物。③力求上進的人；有野心者。④=**climbing irons.**

climb·ing [ˋklaɪmɪŋ] *adj.* 攀緣而上的；上升的。— *n.* Ⓤ 攀登。§ ∼ **ìrons**(登山用)鐵爪器；鞋底釘。

***clime** [klaɪm] *n.* Ⓒ〖詩〗①氣候。②(常 *pl.*)地方；地域。

clinch [klɪntʃ] *v.t.* ①敲彎(釘頭等)使釘牢。②釘牢(東西)。③確定。— *v.i.* ①敲彎釘頭使釘牢。②揪扭。— *n.* ①Ⓒ釘牢。②(a∼)(拳擊手等的)揪扭；扭住。③Ⓒ釘牢的釘。

clinch·er [ˋklɪntʃɚ] *n.* Ⓒ①敲彎釘頭之人[工具]。②決定性之言辭。

***cling** [klɪŋ] *v.i.* (**clung**)①黏著；固守；堅持。②靠近；依附[to]。③緊握；擁抱。

cling·film [ˋklɪŋˏfɪlm] *n.* Ⓤ〖英〗保鮮膜；保潔膜。

cling·stone [ˋklɪŋˏston] *adj.* 果肉緊貼於核的。— *n.* Ⓒ①(果肉緊貼於核之)桃或梅子。②此種桃[梅]核。

***clin·ic** [ˋklɪnɪk] *n.* Ⓒ①專門醫治某些病的診所。②臨床的講習(班)。

clin·i·cal [ˋklɪnɪkl] *adj.* 臨床的。§ ∼ **thermómeter**體溫計。

cli·ni·cian [klɪˋnɪʃən] *n.* Ⓒ臨床醫生。

clink [klɪŋk] *n.* ①(a ∼) 玎璫聲。②(the ∼)〖俗〗監獄。— *v.i.* & *v.t.* 玎璫作響。

Clin·ton [ˋklɪntən] *n.* 柯林頓(William J. (Bill), 1946-, 美國第四十二位總統)。

***clip**¹ [klɪp] *v.t.* (**clipped, clipped** or **clipt** [klɪpt], **clip·ping**)①剪；剪短；修剪…之毛。②〖俗〗用力一擊。③(在發音中)省略(尾音)。④削[縮]短。— *v.i.* ①剪掉；撕掉。②〖俗〗迅速行動。③剪報。— *n.* ①Ⓒ修剪。②Ⓒ一次剪下之羊毛。③(a∼)〖俗〗迅速行動。④Ⓒ〖俗〗重擊。

clip² *v.t.* & *v.i.* (**-pp-**)緊握；夾住。— *n.* Ⓒ①夾子。②〖軍〗彈夾。

clip·board [ˋklɪpˏbord] *n.* Ⓒ〖美〗附紙夾的寫字板。

clipped [klɪpt] *adj.* 省略一部分的；發音短促而清脆的。

clip·per [ˋklɪpɚ] *n.* ①Ⓒ剪取者。②(*pl.*)剪刀；剪毛器。③Ⓒ快船；快馬；大而快的飛機。④Ⓒ〖俗〗第一流的人或物。§ ∼ **shìp** 快速帆船。

clip·ping [ˋklɪpɪŋ] *n.* ①Ⓤ修剪。②Ⓒ(報紙、雜誌等的)剪報。③Ⓒ剪下的東西。— *adj.* ①剪的。②〖俗〗快的。③〖俗〗極好的。

clique [klik] *n.* Ⓒ朋黨；派系。— *v.i.* 〖俗〗結成派系。

***cloak** [klok] *n.* Ⓒ①外衣；斗篷。②藉口。— *v.t.* 用外衣遮蔽；隱匿。

cloak-and-dag·ger [ˋklokənˋdægɚ] *adj.* 有關陰謀或間諜活動的。

***cloak·room** [ˋklokˏrum] *n.* Ⓒ①衣帽間。②(車站中之)寄物處。③〖英〗盥洗室。

clob·ber¹ [ˋklɑbɚ] *v.t.* ①毆打。②使慘敗。

clob·ber² 〖俚〗 *n.* Ⓤ(集合稱)衣服。— *v.i.* 穿衣服。

cloche [kloʃ] *n.* Ⓒ①〖園藝〗鐘形玻璃罩。②鐘形之婦人帽。

‡**clock** [klɑk] *n.* Ⓒ時鐘；時計。*around the* ∼ 二十四小時連續地。— *v.t.* 爲…計時。— *v.i.* 僅見於下列成語中。∼ *in* 上班打卡。∼ *out* 下班打卡。§ ∼ **wàtch** 報時錶；自鳴錶。∼ **wàtcher** 作事不起勁，老盼望下班的人。

clock·wise [ˋklɑkˏwaɪz] *adv.* & *adj.* 順時針方向地[的]；右旋地[的]。

clock·work [ˋklɑkˏwɝk] *n.* Ⓤ鐘錶的機械；發條裝置。*like* ∼ 規律地；順利地。

clod [klɑd] *n.* Ⓒ①土塊；泥塊。②肉體。③傻瓜；老粗。— **dish,** *adj.*

clog [klɑg] *n.* Ⓒ①木屐；木底鞋。②木屐舞。③障礙(物)。— *v.i.* & *v.t.* (**-gg-**)①妨礙；阻礙。②塞住。

***clois·ter** [ˋklɔɪstɚ] *n.* Ⓒ①迴廊。②修道院；寺院。③遠離塵世之地。— *v.t.* 幽閉於修道院中；隱遁。

clois·tral [ˋklɔɪstrəl] *adj.* ①修道院的。②遁世的；隱居的。

‡**close**¹ [kloz] *v.t.* ①關；閉。②靠緊。③結束。④使閉塞。⑤辦妥。⑥關店。— *v.i.* ①關閉。②完畢。③圍集；圍困。④格鬥；扭住互毆。⑤同意；和解。⑥接近；靠近。⑦〖股票〗收盤。∼ *down* [*up*] **a.** 關門。**b.** 停止做生意。**c.** 設法控制或消滅。∼ *out* **a.** 賣完(底貨)；出清。**b.** 減價以求脫手。**c.** 結束買賣。— *n.* Ⓒ(常 *sing.*)完畢；終了。

‡**close**² [klos] *adj.* ①接近的。②密閉的；狹窄的。③緊密的。④親近的；親密的。⑤準確的。⑥徹底的；謹嚴的；密切的。⑦欠缺新鮮空氣的。⑧窒息的。⑨不喜多言的。⑩祕密的；隱藏的。⑪吝嗇的。⑫勢均力敵的。⑬嚴密的；精細的。⑭不公開的。

keep oneself ～ 不與人相往來。 **—** *adv.* 接近地; 緊密地; 嚴密地。 § ∠ cáll [sháve]〖美俗〗千鈞一髮的險境。 —ness, *n.*

closed [klozd] *adj.* ①關閉的。②休業的。

clósed-cir·cuit télevision [ˋklozd,sɝkɪt ～] *n.* Ⓤ 閉路電視。

close·fist·ed [ˋklosˋfɪstɪd] *adj.* 吝嗇的。

close-fit·ting [ˋklosˋfɪtɪŋ] *adj.* 緊身的。

close-grained [ˋklosˋgrend] *adj.* (木材)木理細緻的; 密實的。

‡**close·ly** [ˋkloslɪ] *adv.* ①接近地。②緊密地。③親密地。

close·mouthed [ˋklosˋmauðd] *adj.* 閉口不言的; 緘默的。

***clos·et** [ˋklazɪt] *n.* Ⓒ①小櫥; 小房間。②祕密研究或會客之小室。③〖古〗廁所(=water closet). **—** *v.t.* 關在私室中作密談。*be ～ed with* 與…密談。**—** *adj.*①祕密的。②適於私下使用或享受的。③不實際的。

close-up [ˋklos,ʌp] *n.* Ⓒ ①〖影〗特寫。②精密的觀察。

clos·ing [ˋklozɪŋ] *n.* Ⓤ Ⓒ & *adj.* 閉鎖(的); 終止(的)。 § ∠**addrèss** 閉幕辭。∠**prìce**〖股票〗收盤價格。

clo·sure [ˋkloʒɚ] *n.* ①Ⓤ Ⓒ 封閉; 封鎖。②Ⓒ 封閉物。③Ⓤ Ⓒ 終止。④Ⓒ 終止討論以進入表決之方法。**—** *v.t.* & *v.i.* 對(議案)終止辯論而付諸表決。

clot [klat] *n.* Ⓒ ①凝塊。②一小群。**—** *v.i.* & *v.t.* (**-tt-**) (使)凝結。

‡**cloth** [klɔθ] *n.* (*pl.* **cloths** [klɔðz, klɔθs]) ① Ⓤ 布。② Ⓒ 特種用途的布(如 tablecloth 桌布等)。③ Ⓒ 某一行業中人所常穿的服裝。*lay the* ～ 鋪桌布準備開飯。*the* ～ 教士(職)。

‡**clothe** [kloð] *v.t.* (**clothed** or **clad**) ①著(衣)。②供以衣著。③覆蓋。

‡**clothes** [kloz, kloðz] *n. pl.* ①衣服。②被褥。 § ∠**trèe**〖美〗衣帽架。

clothes·horse [ˋkloz,hɔrs] *n.* Ⓒ 曬衣架。

clothes·line [ˋkloz,laɪn] *n.* Ⓒ 曬衣繩。

clothes·pin [ˋkloz,pɪn] *n.* Ⓒ 曬衣繩上夾衣服之夾子。

cloth·ier [ˋkloðjɚ] *n.* Ⓒ ①製或賣衣服之人。②織布商; 布商。

‡**cloth·ing** [ˋkloðɪŋ] *n.* Ⓤ (集合稱)衣服。

‡**cloud** [klaud] *n.*① Ⓤ Ⓒ 雲。② Ⓒ 雲狀物。③ Ⓒ 大群。④ Ⓒ 使暗晦之事物。⑤(*pl.*)天空。⑥ Ⓒ 污點。*in the ～s* **a.** 心不在焉; 陷入幻想。**b.** 幻想的; 非現實的。*under a* ～ **a.** 受到懷疑。**b.**失體面。**—** *v.t.* & *v.i.* ①被雲遮蔽。②變陰沉; 陰鬱。 § ∠ **càstle** 空中樓閣; 幻想。∠ **níne**〖俚〗狂喜。

cloud·burst [ˋklaud,bɝst] *n.* Ⓒ 驟雨; 豪雨。

cloud-capped [ˋklaud,kæpt] *adj.* 聳入雲霄的。

cloud·land [ˋklaud,lænd] *n.* Ⓤ Ⓒ 仙境; 神祕之國; 夢幻之世界。

cloud·less [ˋklaudlɪs] *adj.* 無雲的; 晴朗的。

‡**cloud·y** [ˋklaudɪ] *adj.* ①有雲的; 多雲的。②如雲的; 雲的。③不明朗的; 朦朧的。—**cloud′i·ness,** *n.*

clout [klaut] *n.* Ⓒ ①〖俗〗敲; 打。②白布製成之箭靶。③中的之射。④〖古〗布; (常 *pl.*)破布。⑤〖棒球, 俚〗長打。**—** *v.t.* 敲; 打。

clove[1] [klov] *v.* pt. of **cleave**[1].

clove[2] *n.* Ⓒ〖植〗①丁香。②珠芽。

clo·ven [ˋklovən] *v.* pp. of **cleave**[1]. **—** *adj.* ①分裂的。②偶蹄的。*show the* ～ *hoof* (魔鬼)顯現本性; 現原形; 露出馬腳。 § ∠**hóof** (1)偶蹄。(2)撒旦或邪惡誘惑的象徵。

clo·ven-foot·ed [ˋklovənˋfutɪd] *adj.* ①分趾蹄的。②似惡魔的。

clo·ven-hoofed [ˋklovənˋhuft] *adj.* =**cloven-footed.**

***clo·ver** [ˋklovɚ] *n.* Ⓤ Ⓒ〖植〗苜蓿。*be* [*live*] *in* ～ 生活逸樂奢華。

clo·ver·leaf [ˋklovɚ,lif] *n.* Ⓒ (*pl.* **～s, -leaves**)似四葉苜蓿的公路立體交叉點。

***clown** [klaun] *n.* Ⓒ ①丑角; 小丑。②粗魯笨拙而無知識的人。**—** *v.i.* 扮小丑。—**ish,** *adj.*

cloy [klɔɪ] *v.t.* ①使過飽。②使因過多享樂而生厭。—**ing,** *adj.*

‡**club** [klʌb] *n.* Ⓒ①棒; 棍。②會社; 俱樂部。③印有黑梅花的紙牌。④夜總會; 舞廳。**—** *v.t.* (**-bb-**)①用棒擊。②形成棒狀物。③組織; 聯合。④共同出錢。**—** *v.i.* ①爲共同目的而結合。②共同出資。

club·foot [ˋklʌbˋfut] *n.* Ⓒ (*pl.* **-feet**)畸形足。—**ed,** *adj.*

club·house [ˋklʌb,haus] *n.* Ⓒ 俱樂部的房屋; 會所。

***cluck**[1] [klʌk] *n.* Ⓒ 咯咯聲。**—** *v.t.*

& *v.i.* 以咯咯聲呼叫。

cluck² *n.* Ⓒ〖俚〗愚笨的人。

clue [klu] *n.* Ⓒ①線索。②線團。

***clump** [klʌmp] *n.* Ⓒ①草叢；樹叢。②塊；團。③(常 *sing.*) 笨重的腳步聲。④多加的一層厚鞋底。— *v.t.* & *v.i.* ①(使)叢生；(使)結塊。②重踏著走。③給(鞋底)加貼一層皮。

clum·sy [ˋklʌmzɪ] *adj.* ①笨拙的。②樣子不好看的。— **clum′si·ly,** *adv.* — **clum′si·ness,** *n.*

clung [klʌŋ] *v.* pt. & pp. of **cling.**

clunk [klʌŋk] *n.* (a ～) & *v.i.* 咚(金屬等的撞擊聲)。

***clus·ter** [ˋklʌstə] *n.* Ⓒ 串；簇；束；叢；群；團。— *v.i.* & *v.t.* 叢生；群聚。§ ∼ **bòmb** 子母炸彈(爆炸時再散出許多小炸彈)。

***clutch** [klʌtʃ] *v.i.* ①抓牢；抓緊〔常 at〕。②踩汽車之離合器。— *v.t.* ①抓住；緊抱住。②孵小雞。— *n.* ①(a ～)緊抓。②Ⓒ(常 *pl.*)掌握。③Ⓒ〖機〗離合器。④(*sing.*)(抓東西的)手；爪。⑤Ⓒ一次所孵之小雞或一窩之卵。

clut·ter [ˋklʌtə] *v.t.* 使散亂；使雜亂。— *v.i.* ①忙亂。②喧鬧。③說話過快因而模糊不清。④亂跑。— *n.* (a ～)混亂；喧鬧；雜亂。

cm. centimeter(s). **CNN** Cable News Network. 有線新聞電視網。

Co 〖化〗cobalt. **Co., co.** company; county. **c.o., c/o** care of. 由…轉；carried over. 轉下頁。

co- 〖字首〗表「聯合；伴同」之義。

***coach** [kotʃ] *n.*①Ⓒ轎式大馬車；轎式汽車。②Ⓒ鐵路的客車廂。③Ⓒ教導；教練。④Ⓒ爲準備某種考試之私人教師。⑤Ⓒ公共汽車。⑥Ⓤ(飛機上之)二等艙。— *v.t.* ①以 coach 載運。②教授；訓練。

coach-and-four [ˋkotʃənˋfor] *n.* Ⓒ四匹馬牽引的馬車。

coach·er [ˋkotʃə] *n.* Ⓒ①教練；練習指導員。②拉車之馬。

***coach·man** [ˋkotʃmən] *n.* Ⓒ (*pl.* **-men**)①馬車夫；車夫。②人造蠅(垂釣用之魚餌)。

co·ad·ju·tor [koˋædʒətə] *n.* Ⓒ①助手；夥伴。②副主教。

co·ag·u·lant [koˋægjələnt] *n.* ⓊⒸ凝固[結]劑；促凝劑。

co·ag·u·late [koˋægjəˌlet] *v.t.* & *v.i.* (使)凝結。— **co·ag·u·la′tion,** *n.*

‡**coal** [kol] *n.*①Ⓤ煤；煤炭。②Ⓒ燃燒中或燒過的煤塊等。③Ⓤ焦炭。***call*** [***haul, drag, rake, take***] ***over the ～s*** 責罵。***carry ～s to Newcastle*** 多此一舉(Newcastle是產煤地)。— *v.t.* 供給煤炭。— *v.i.* 裝煤；加煤。§ ∼ **bèd** 煤層。∼ **field** 煤田。∼ **gàs** 煤氣。∼ **hèaver** 搬運煤炭之人；煤夫。∼ **mìne** [**pìt**] 煤礦[坑]。∼ **mìner** 煤礦工。∼ **òil** 煤油；石油。∼ **tàr** 煤焦油。

co·a·lesce [ˌkoəˋlɛs] *v.i.* ①(斷骨)癒合。②聯合；合併。— **co·a·les′cence,** *n.* — **co·a·les′cent,** *adj.*

cóal·ing stàtion [ˋkolɪŋ ～] *n.* Ⓒ船舶或火車之加煤站。

co·a·li·tion [ˌkoəˋlɪʃən] *n.* ①Ⓤ聯合；結合。②Ⓒ聯盟。§ ∼ **cábinet** [**mínistry**]聯合內閣。

***coarse** [kors, kɔrs] *adj.* ①粗的；粗糙的。②質粗的。③普通的；劣等的。④粗魯的；粗俗的。— **ly,** *adv.*

coars·en [ˋkorsn̩] *v.t.* & *v.i.* (使)變粗糙[粗野，低俗]。

‡**coast** [kost] *n.* ①**a.** Ⓒ海岸。**b.** (the ～)沿岸地方。②(a ～)溜下山；滑下坡。③Ⓒ坡。***the C-***〖美〗太平洋海岸。***The ～ is clear.*** 無人阻礙；危險已過。— *v.i.* ①沿海岸而行。②向下滑行。③順利進展。§ ∼ **guàrd** 海岸巡邏隊。

coast·al [ˋkostl̩] *adj.*海岸的；沿岸的。

coast·er [ˋkostə] *n.* Ⓒ①沿岸航行者。②沿岸貿易的船。③滑行橇。④ =**roller coaster.** ⑤茶杯墊。⑥放酒瓶的盤子。

coast·ing [ˋkostɪŋ] *n.* Ⓤ ①沿岸航行；沿海貿易。②海岸線(圖)。§ ∼ **tràde**沿海貿易。

coast·line [ˋkostˌlaɪn] *n.* Ⓒ海岸線。

‡**coat** [kot] *n.* Ⓒ①外衣。②獸皮；獸毛；羽毛。③樹皮。④表層。⑤果皮；洋葱鱗。～ ***of arms***盾形徽章；盾徽；中古騎士甲胄外面的罩袍等。— *v.t.* ①披以外衣。②覆；蓋；塗。

coat·ed [ˋkotɪd] *adj.* ①著外衣的；有皮的。②(紙)磨光的。③加一層化學塗料使不透水的。

coat·ing [ˋkotɪŋ] *n.* ①ⓊⒸ被覆物；外層。②Ⓤ衣料。

coat·tail [ˋkotˌtel] *n.* Ⓒ (常 *pl.*) (燕尾禮服之)下襬。

co·au·thor [koˋɔθə] *n.* Ⓒ合著者。

***coax** [koks] *v.t.* & *v.i.* ①用巧言誘

哄；甘言勸誘。②以巧言誘哄得到。③巧妙地做。

cob [kab] *n.* 🄲①硬固之圓塊。②雄天鵝。③矮而肥之小馬。④〖美〗玉蜀黍的穗軸。

co·balt [ˋkobɔlt] *n.* 🅄〖化〗鈷(金屬元素；符號 Co)。§ ～**60** 鈷 60(用於治療癌症)。

cob·ble[1] [ˋkabl] *n.* 🄲圓石子。 **—** *v.t.* 鋪以圓石子。

cob·ble[2] *v.t.* ①補綴。②粗劣的修補。

*__cob·bler__ [ˋkablɚ] *n.* 🄲①補鞋匠。②粗笨的工人。③〖美〗一種水果餅。④酒、水、果汁等混成之一種冷飲。

cob·ble·stone [ˋkabl,ston] *n.* 🄲圓石。

Co·bol, COBOL [ˋkobl] *n.* 🅄〖電算〗通用商業語言(爲 *C*ommon *B*usiness *O*riented *L*anguage 之略)。

co·bra [ˋkobrə] *n.* 🄲眼鏡蛇；毒帽蛇。

*__cob·web__ [ˋkab,wɛb] *n.* ①🄲蜘蛛網；(一條)蛛絲。②🄲薄細如蛛網的東西。③(*pl.*)陳腐；混亂。④🄲陰謀；圈套；陷阱。 **—** *v.t.* (**-bb-**)①用蜘蛛網蓋住。②使混亂。

Co·ca-Co·la [,kokəˋkolə] *n.* 🅄🄲〖商標〗可口可樂(一種清涼飲料)。

co·cain(e) [koˋken] *n.* 🅄古柯鹼。

‡**cock**[1] [kak] *n.* 🄲①公雞。②雄鳥。③首領。④龍頭；活栓。⑤槍的扳機。⑥翹起(鼻子)；斜翻(眼睛)；翻起(帽邊)。⑦風信雞。 **—** *v.t.*①豎起；歪斜。②扣扳機準備發射。 **—** *v.i.*①扣扳機。②顯著地站立或豎起。

cock[2] *n.* 🄲(乾草等之)錐形小堆。 **—** *v.t.*堆(乾草等)成小堆。

cock-a-doo·dle-doo [ˋkakə,dudlˋdu] *interj.* & *n.* 🄲 (*pl.* **～s**) ①公雞啼聲。②〖兒〗公雞。

cock·a·too [,kakəˋtu] *n.* 🄲 (*pl.* **～s**)〖鳥〗鳳頭鸚鵡。

cock·crow [ˋkak,kro] *n.* 🅄雞鳴之時刻；黎明。(亦作 **cockcrowing**)

cock·er [ˋkakɚ] *n.* 🄲〖動〗一種短腿、長毛、大耳下垂的小獵犬。(亦作 **cocker spaniel**)

cock·er·el [ˋkakərəl] *n.* 🄲小公雞。

cock·eyed [ˋkak,aɪd] *adj.* ①斜眼的；鬥雞眼的。②〖俚〗歪斜的。

cock·fight [ˋkak,faɪt] *n.*🄲鬥雞。

cock·fight·ing [ˋkak,faɪtɪŋ] *n.* 🅄鬥雞(遊戲)。***beat*** ～ 非常有趣的。

cock·le [ˋkakl] *n.* 🄲 ①〖貝〗海扇(殼)。②小舟。

cock·le·shell [ˋkakl,ʃɛl] *n.* = **cockle.**

cock·ney [ˋkaknɪ] *n.*①🄲倫敦人。②🅄倫敦腔。 **—** *adj.* 倫敦(人, 語)的。(亦作 **Cockney**)

cock·pit [ˋkak,pɪt] *n.* 🄲①駕駛員的座艙。②鬥雞場。③屢經戰役的戰場。

cock·roach [ˋkak,rotʃ] *n.* 🄲 蟑螂。

cocks·comb [ˋkaks,kom] *n.* 🄲①(公雞的)雞冠。②〖植〗雞冠花。③丑角所戴之雞冠帽。④花花公子。

cock·sure [ˋkakˋʃur] *adj.* ①絕對可靠的；必定的。②過於自信的。

cock·tail [ˋkak,tel] *n.* 🅄🄲①雞尾酒。a ～ party 雞尾酒會。②開胃的食品。③混合水果；以濃烈之醬調製之貝類食物。④尾剪短的馬；雜種馬。§ ～ **lòunge**(飯館、機場大廈之)酒吧間。

cock·y [ˋkakɪ] *adj.* 〖俗〗傲慢的；自負的。

co·co [ˋkoko] *n.* 🄲 (*pl.* **～s**)椰子樹。

*__co·coa__ [ˋkoko] *n.* ①🅄可可粉。②🄲可可樹。～ beans可可豆。③🅄棕黃色。

‡**co·co(a)·nut** [ˋkokənət] *n.* 🄲椰子。

co·coon [kəˋkun] *n.* 🄲繭；蠶繭。

*__cod__ [kad] *n.* 🄲〖魚〗鱈。*cod*-liver oil 魚肝油。

co·da [ˋkodə] 〖義〗 *n.* 🄲 ①〖樂〗尾聲。②芭蕾舞結尾部分。③戲劇、小說之結局。

cod·dle [ˋkadl] *v.t.* ①嬌養；溺愛；細心照顧。②用文火煮。

*__code__ [kod] *n.* 🄲①法典；法規。the civil [criminal] ～民[刑]法。②章程；規則。③禮儀。④海陸軍信號制度。⑤暗號；電碼；代號。

cod·fish [ˋkad,fɪʃ] *n.* (*pl.* **～, ～es**) = **cod.**

codg·er [ˋkadʒɚ] *n.* 🄲〖俗〗有怪癖之(老)人。

cod·i·cil [ˋkadəsl] *n.* 🄲 遺囑附錄。

cod·i·fy [ˋkadə,faɪ] *v.t.*編成法典；編纂。 **—cod·i·fi·caˊtion,** *n.*

co·ed, co-ed [ˋkoˋɛd] *n.* 🄲〖美俗〗(男女合校的)女生。

co·ed·u·ca·tion [,koɛdʒəˋkeʃən] *n.* 🅄男女合校教育。 **—al,** *adj.*

co·erce [koˋɝs] *v.t.* 強迫；壓制。

co·er·cion [koˋɝʃən] *n.* 🅄 ①強制。②高壓政治。

co·er·cive [koˋɝsɪv] *adj.* 強制的；

高壓的。§ ～ fórce〖理〗抗磁力。
co·e·val [ko\`ivl] *adj.* & *n.* Ⓒ 同時代的(人); 同年代的(人)。
co·ex·ist [ˏko·ɪg\`zɪst] *v.i.* 同時存在; 共存。— ent, *adj.*
co·ex·ist·ence [ˏko·ɪg\`zɪstəns] *n.* Ⓤ 共存。
‡**cof·fee** [\`kɔfɪ] *n.* ①ⓊⒸ 咖啡。②Ⓤ 咖啡子或粉末。③Ⓒ 咖啡樹。④Ⓤ 咖啡色。§ ～ brèak 工作時之喝咖啡休息時間。～ hòuse [shòp] 咖啡館[屋]。～ stàll [stànd] 賣咖啡及點心之活動攤位。～ tàble 茶几。
cof·fer [\`kɔfɚ] *n.* ①Ⓒ (存放金錢、貴重物品等之)箱櫃。②(*pl.*) 資金; 財源; 金庫。
cof·fer·dam [\`kɔfɚˏdæm] *n.* Ⓒ ①圍堰。②沈箱; 潛水箱。
***cof·fin** [\`kɔfɪn] *n.* Ⓒ 棺; 柩。*drive a nail into one's* ～(烟、酒、憂慮等)促人早死。— *v.t.* ①納入棺中; 收殮。②將…緊閉。
cog [kag] *n.* Ⓒ ①〖機〗嵌齒(輪)。②〖木工〗柄; 榫; 筍。*slip a* ～ 做錯事。— *v.t.* (-gg-) 裝齒輪; 打榫。— *v.i.* 欺騙(特指擲骰子時之詐欺)。
co·gent [\`kodʒənt] *adj.* 強有力的; 使人信服的。— co′gen·cy, *n.*
cog·i·tate [\`kadʒəˏtet] *v.i.* 慎思; 思考; 沉思。— *v.t.* 計畫; 設計。— cog·i·ta′tion, *n.*
cog·i·ta·tive [\`kadʒəˏtetɪv] *adj.* 能思考的; 好思考的; 善用心思的。
co·gnac [\`konjæk] *n.* ⓊⒸ (法國 Cognac 地方所產之)白蘭地酒。
cog·nate [\`kagnet] *adj.* ①同源的。②同性質的。③同族的。— *n.* Ⓒ 同源之人、物或字。
cog·ni·tion [kag\`nɪʃən] *n.* Ⓤ ①認識(力)。②所認識之事物; 知識。
cog·ni·tive [\`kagnətɪv] *adj.* 認識(力)的。— ly, *adv.*
cog·ni·za·ble [\`kagnəzəbl] *adj.* ①可認知的; 可知覺的。②〖法律〗在審判權限內的; 可審問的。
cog·ni·zance [\`kagnəzəns] *n.* Ⓤ ①認識; 知覺。②認知範圍。③〖法律〗審理(權)。*have* ～ *of* 知道; 察覺。*take* ～ *of* 注意到; 覺察到。
cog·ni·zant [\`kagnəzənt] *adj.* ①認識的; 認知的。②〖法律〗審理(權)的。
co·hab·it [ko\`hæbɪt] *v.i.* (男女)同居。— co·hab·i·ta′tion, *n.*
co·here [ko\`hɪr] *v.i.* ①黏著; 附著; 凝結。②連貫; 結合。
co·her·ent [ko\`hɪrənt] *adj.* ①一致的; 連貫的。②黏著的; 附著的。— co·her′ence, *n.*
co·he·sion [ko\`hiʒən] *n.* Ⓤ ①附著; 團結; 凝結(力); 結合力。②〖理〗內聚力。— co·he′sive, *adj.*
co·hort [\`kohɔrt] *n.* Ⓒ ①古羅馬軍團(legion)中之一大隊(約有 300 至 600人)。②一隊兵。③一隊。「師。」
coif·feur [kwa\`fɝ] 〖法〗*n.* Ⓒ 理髮
coif·fure [kwa\`fjʊr] 〖法〗*n.* Ⓒ ①髮式。②婦女之頭飾。— *v.t.* ①做成某種髮型。②戴以頭飾。
coign(e) [kɔɪn] *n.* Ⓒ ①外角; 隅; 隅石。②楔。
***coil** [kɔɪl] *v.t.* & *v.i.* 盤繞; 捲。— *n.* Ⓒ ①捲。②螺旋。③〖電〗線圈。④髮捲。
‡**coin** [kɔɪn] *n.* ⓊⒸ 貨幣; 硬幣; 錢。*pay (a person) back in his own* ～ 以其人之道還治其人之身。— *v.t.* ①鑄(硬幣)。②造(新字)。
coin·age [\`kɔɪnɪdʒ] *n.* Ⓤ ①貨幣之鑄造。②貨幣鑄造權。③硬幣。④幣制。⑤新創字及成語等。
co·in·cide [ˏko·ɪn\`saɪd] *v.i.* ①同時發生; 時間上相合。②一致; 符合。
***co·in·ci·dence** [ko\`ɪnsədəns] *n.* ⓊⒸ ①一致; 符合。②同時發生或存在之事。
co·in·ci·dent [ko\`ɪnsədənt] *adj.* ①同時發生的。②一致的; 巧合的。
co·i·tion [ko\`ɪʃən], **co·i·tus** [\`koɪtəs] *n.* Ⓤ 性交。
coke [kok] *n.* ①Ⓤ 焦炭。②Ⓤ〖俚〗古柯鹼。③(C-) ⓊⒸ〖俚〗可口可樂(=Coca-Cola)。— *v.t.* & *v.i.* (使)變爲焦炭。
co·la [\`kolə] *n.* ①Ⓒ〖植〗可樂樹。②ⓊⒸ 可樂(飲料)。
‡**cold** [kold] *adj.* ①寒冷的; 涼的。②冷漠的。③冷靜的。④輕微的。⑤寒色的。*have* ～ *feet* 怯懦起來。*in* ～ *blood* 冷靜地; 鎮靜地。— *n.* ①Ⓤ (常 the ～)寒冷。②ⓊⒸ 受寒; 感冒。③Ⓤ 冰點以下。*catch* [*take*] ～ 著涼; 傷風。§ ～ crèam 冷霜(化妝品)。～ pàck (1)冰袋; 冷毛巾。(2)(食物的)低溫製罐法。～ sòre〖醫〗唇疱疹(傷風、發高燒時出現於唇邊的疹子)。～ stórage (1)(食物、毛皮、藥品等的)冷藏。(2)(計畫等的)停頓; 擱置。～ wár 冷戰。～ wàve (1)

寒流。(2)冷燙。— **ness,** *n.*
cold-blood·ed [ˋkoldˋblʌdɪd] *adj.* ①冷血的。②殘忍的。
cold-heart·ed [ˋkoldˋhɑrtɪd] *adj.* 冷淡無情的。
***cold·ly** [ˋkoldlɪ] *adv.* 冷淡地; 冷靜地; 無情地。
cole·slaw [ˋkol,slɔ] *n.* Ⓤ 甘藍沙拉。
col·ic [ˋkɑlɪk] *n.* Ⓤ & *adj.* 腹痛(的); 疝痛(的)。
col·i·se·um [,kɑləˋsiəm] *n.* Ⓒ 競技場; 大表演場。
co·li·tis [koˋlaɪtɪs] *n.* Ⓤ〖醫〗結腸炎。
col·lab·o·rate [kəˋlæbə,ret] *v.i.* ①合作。②通敵。— **col·lab′o·ra·tor, col·lab·o·ra′tion,** *n.*
col·lab·o·ra·tion·ist [kə,læbəˋreʃənɪst] *n.* Ⓒ 通敵賣國者。
col·la·gen [ˋkɑlədʒən] *n.* Ⓤ〖生化〗膠原質。
***col·lapse** [kəˋlæps] *v.i.* & *v.t.* ①倒塌; 崩潰。②突然失敗; 病倒。③摺疊。**—** *n.* ① Ⓤ 倒塌; 崩潰。② Ⓤ 失敗。③ Ⓤ Ⓒ 體力不支。
col·laps·i·ble, -a·ble [kəˋlæpsəbl] *adj.* (家具等)可摺疊的。
***col·lar** [ˋkɑlɚ] *n.* Ⓒ ①衣領。②項飾。③狗、馬等之項圈。④畜牲頸部皮毛之一圈顏色。⑤軸鉗; 環管。*hot under the* ~ 怒; 激動。**—** *v.t.* ①扭住…的衣領; 捉住。②〖俗〗拿去。③裝領於; 加項圈於。
col·lar·bone [ˋkɑlɚˋbon] *n.* Ⓒ〖解〗鎖骨。
col·late [kɑˋlet, ˋkɑlet] *v.i.* ①對照; 校勘。②整理; 檢點。
col·lat·er·al [kəˋlætərəl] *adj.* ①並行的; 附隨的; 副的。②旁系的; 間接的。**—** *n.* ① Ⓒ 旁系親屬。② Ⓤ 擔保物; 抵押品。
col·la·tion [kɑˋleʃən] *n.* ① Ⓤ 校勘; 整理。② Ⓒ 齋期中可獲准之點心。③ Ⓒ 便餐。④ Ⓤ 牧師職之委任。
***col·league** [ˋkɑlig] *n.* Ⓒ 同事; 同僚。
‡**col·lect** [kəˋlɛkt] *v.t.* ①集合; 收集。②集(款); 收回(款); 催繳(租稅等)。③蒐集。④使(心神)鎮靜或安靜; 使(思想)集中。⑤接走; 取走。**—** *v.i.* ①聚集; 積聚。②收款。~ *on delivery* 貨到收款(略作 **C.O.D., c.o.d.**)。**—** *adj.* & *adv.* 向收件人[受話人]收款的[地]。**—** [ˋkɑlɛkt] *n.* Ⓒ 某些宗教儀式中很短的祈禱文。
col·lect·a·ble, -i·ble [kəˋlɛktəbl] *adj.* 可收集的; 可徵集的。
col·lect·ed [kəˋlɛktɪd] *adj.* ①聚集的; 積聚的。②鎮靜的; 泰然的。
***col·lec·tion** [kəˋlɛkʃən] *n.* ① Ⓤ 收集; 收取。② Ⓒ 蒐集的東西。③ Ⓒ (常 *sing.*)聚集。④ Ⓒ 募集之款。
***col·lec·tive** [kəˋlɛktɪv] *adj.* 集合的; 集體的; 集團的。**—** *n.* Ⓒ ①集合名詞。②集體; 集團。§ ~ **fárm** 〖俄〗集體農場。— **ly,** *adv.*
col·lec·tiv·ism [kəˋlɛktɪv,ɪzəm] *n.* Ⓤ 集產[體]主義。— **col·lec′tiv·ist,** *n.*
col·lec·tor [kəˋlɛktɚ] *n.* Ⓒ ①收集者; 蒐集者。②收款人。
‡**col·lege** [ˋkɑlɪdʒ] *n.* Ⓒ ①大學內的學院。②獨立的高等學府; 獨立的學院。③學會; 社團。*C-* of Cardinals (天主教)樞機團。
col·le·giate [kəˋlidʒɪɪt] *adj.* ①大學的; 學院的。②大學生的。
***col·lide** [kəˋlaɪd] *v.i.* ①碰撞。②衝突; 抵觸。
col·lie [ˋkɑlɪ] *n.* Ⓒ 長毛牧羊犬。
col·lier [ˋkɑljɚ] *n.* Ⓒ〖英〗①運煤船。②煤礦工人。
col·lier·y [ˋkɑljərɪ] *n.* Ⓒ 煤礦場及其建築與設備。
col·li·sion [kəˋlɪʒən] *n.* Ⓤ Ⓒ ①撞; 碰。②衝突; 抵觸。*come into* ~ *with* 與…衝突; 抵觸。
col·lo·cate [ˋkɑlo,ket] *v.t.* ①配置。②排列。
col·lo·ca·tion [,kɑloˋkeʃən] *n.* ① Ⓤ 排列; 安排。② Ⓒ〖文法〗連語。
col·loid [ˋkɑlɔɪd] *n.* Ⓤ〖化〗膠體; 膠質。**—** *adj.* 膠質的; 膠狀的。— **col·loi′dal,** *adj.*
colloq. colloquial(ly); colloquialism.
col·lo·qui·al [kəˋlokwɪəl] *adj.* 俗語的; 會話的。— **ly,** *adv.*
col·lo·qui·al·ism [kəˋlokwɪəl,ɪzəm] *n.* Ⓒ 俗語; 白話; 口語。
col·lo·qui·um [kəˋlokwɪəm] *n.* Ⓒ (*pl.* **~s, -qui·a** [-kwɪə])非正式之會議; 座談會; 研討會。
col·lo·quy [ˋkɑləkwɪ] *n.* Ⓒ ①談話。②會議。③以對話體寫的文章。
col·lo·type [ˋkɑlə,taɪp] *n.* Ⓤ〖印刷〗珂羅版。
col·lude [kəˋlud] *v.i.* 共謀; 串騙 (with).「串騙; 勾結。
col·lu·sion [kəˋluʒən] *n.* Ⓤ 共謀;

co·logne [kə`lon] *n.* Ⓤ 古龍水(一種香水)。
Co·lom·bi·a [kə`lʌmbɪə] *n.* 哥倫比亞(南美洲之一國, 首都波哥大 Bogotá)。
Co·lom·bo [kə`lʌmbo] *n.* 可倫坡(斯里蘭卡之首都)。
co·lon[1] [`kolən] *n.* Ⓒ 冒號(:)。
co·lon[2] *n.* Ⓒ (*pl.* **~s, co·la** [-lə])〖解〗結腸。
***colo·nel** [`kɝnl] *n.* Ⓒ (陸空軍及海軍陸戰隊)上校。— **cy,** — **ship,** *n.*
***co·lo·ni·al** [kə`lonɪəl] *adj.*①殖民地的。②(常 C-)〖美〗英屬十三州殖民地的。— *n.* Ⓒ 殖民地居民。
co·lo·ni·al·ism [kə`lonɪəl-ˌɪzəm] *n.* Ⓤ 殖民政策; 殖民地主義。
***col·o·nist** [`kɑlənɪst] *n.* Ⓒ ①開發殖民地者。②殖民地居民。
col·o·nize [`kɑləˌnaɪz] *v.t.* & *v.i.* ①殖民; 拓殖。②建立殖民地。— **col′o·niz·er, col·o·ni·za′tion,** *n.*
col·on·nade [ˌkɑlə`ned] *n.* Ⓒ〖建〗柱廊; 列柱。
***col·o·ny** [`kɑlənɪ] *n.* Ⓒ ① 殖民。②殖民地。③僑民。④〖生物〗群體。
‡**col·or,** 〖英〗**-our** [`kʌlɚ] *n.* ① ⓊⒸ 顏色; 色彩; 色素。②(*pl.*)顏料。③ Ⓤ 面色; (害羞的)臉紅; 紅潤。④ Ⓤ 外表; 樣子。⑤ Ⓤ 特色; 生動之品質。⑥(*pl.*)徽章。⑦ Ⓒ (常 *pl.*)艦旗; 軍旗。⑧ Ⓤ 藉口。⑨ Ⓤ (某一時期或地區之)色彩。local ~ 地方色彩。***change*** ~變臉色(面色變紅或蒼白)。***come off with flying ~s*** 奏凱歌; 凱旋; 大功告成。***join the ~s*** 從軍。***lose*** ~面色變蒼白。***nail the ~s to the mast*** 決不投降。***show one's true ~s*** **a.** 現出本來面目。**b.**宣布自己的意見或計畫。— *v.t.*①為…染色; 為…著色。②加以渲染; 曲解。③使…有顯著特性。— *v.i.* 變色; 臉紅。§ ~ **blìndness** 色盲。~ **bòx** 顏料盒。~ **photógraphy** 彩色照相。~ **prìnting** 彩色印刷。~ **télevision** [TV]彩色電視。
col·or·a·ble [`kʌlərəbl] *adj.* ①可著色的。②似眞的; 似是而非的。③僞造的。
Col·o·rad·o [ˌkɑlə`rædo] *n.* 科羅拉多(美國西部之一州)。
col·o(u)r·a·tion [ˌkʌlə`reʃən] *n.* Ⓤ 染色; 著色; 色澤。
col·o·ra·tu·ra [ˌkʌlərə`tjʊrə] *n.*〖樂〗① Ⓤ 華彩; 花腔。② Ⓤ 具有華彩之樂曲。③ Ⓒ 花腔女高音。
col·o(u)r-blind [`kʌlɚˌblaɪnd] *adj.* 色盲的。
col·o(u)red [`kʌlɚd] *adj.* ①有色的; 著色的。②黑人的。③帶有偏見的。
col·or·fast [`kʌlɚˌfæst] *adj.* 不褪色的。
***col·o(u)r·ful** [`kʌlɚfəl] *adj.* ①富有色彩的。②生動的; 如畫的。

col·o(u)r·ing [`kʌlərɪŋ] *n.*① Ⓤ 著色。② ⓊⒸ 顏料。③ Ⓤ 氣色; 血色。§ ~ **màtter** 顏料; 染料。
col·or·ist [`kʌlərɪst] *n.* Ⓒ ①著色者。②專門研究彩色之藝術家。
col·o(u)r·less [`kʌlɚlɪs] *adj.* ①無色的。②無趣味的。③蒼白的。④無偏見的; 公正的。
***co·los·sal** [kə`lɑsl] *adj.* 巨大的。
Col·os·se·um [ˌkɑlə`siəm] *n.* (the ~)古羅馬之圓形大競技場。
co·los·sus [kə`lɑsəs] *n.* (*pl.* **-los·si** [-`lɑsaɪ], **~es**) ① Ⓒ 巨大石像。②(C-)Rhodes 島(土耳其西南)上 Apollo 神之巨像。③ Ⓒ 巨大之物或人。
***colt** [kolt] *n.* Ⓒ ①雄駒(四歲或五歲以下者)。②〖俗〗無經驗的年輕人。
colt·ish [`koltɪʃ] *adj.* 小馬似的; 輕佻的; 放蕩的。
Co·lum·bi·a [kə`lʌmbɪə] *n.*①哥倫比亞(美國南卡羅來納州之首府)。②〖詩〗美洲; 美國。
Co·lum·bus [kə`lʌmbəs] *n.* 哥倫布(Christopher, 1446?-1506, 義大利人, 1492年發現美洲)。§ ~ **Dày** 哥倫布發現美洲紀念日(十月十二日)。
***col·umn** [`kɑləm] *n.* Ⓒ ①〖建〗圓柱; 柱。②細長而直如柱的東西。③(報紙的)欄; 段。④軍隊的縱隊; 艦隊的縱列。⑤專欄文章。
col·um·nist [`kɑləmɪst] *n.* Ⓒ 專欄作家。
co·ma [`komə] *n.* Ⓒ〖醫〗昏迷; 昏睡。
com·a·tose [`kɑməˌtos] *adj.* ①〖醫〗昏睡的; 昏迷的。②似昏迷的。
comb** [kom] *n.* Ⓒ①頭梳。②用途如梳的東西(如馬梳)。③雞冠。④浪頭。cut the ~ of a person*** 挫人銳氣; 使屈服。— *v.t.* ①梳(髮); 刷(馬毛等)。②到處搜尋。— *v.i.* 起浪花。
***com·bat** [`kɑmbæt, `kʌm-, kəm`bæt] *v.i.* & *v.t.* (**-t-,** 〖英〗**-tt-**) 格鬥; 爭鬥(with, against)。— [`kɑmbæt, `kʌm-] *n.* ⓊⒸ 戰鬥;

格鬥。§～càr 裝甲車。

com·bat·ant [ˋkɑmbətənt] *adj.* ①戰鬥的。②好鬥的。— *n.* Ⓒ 戰鬥員；鬥士。

com·bat·ive [kəmˋbætɪv] *adj.* ①好鬥的。②鬥志旺盛的。

C

*__com·bi·na·tion__ [ˏkɑmbəˋneʃən] *n.*① ⓊⒸ 聯合；組合。② Ⓒ 組合物。③ Ⓤ〖化〗化合。④ Ⓒ (開鎖時之)暗碼。*in* ～ *with* 與…共同。§～lòck 密碼鎖；對號鎖。

‡**com·bine** [kəmˋbaɪn] *v.t.* ①聯合；結合。②同時具有。— *v.i.* ①化合。②聯合；結合；混合。—[ˋkɑmbaɪn, kəmˋbaɪn] *n.* Ⓒ ①〖美俗〗團體；組合。②〖美〗聯合收割打穀機。

com·bined [kəmˋbaɪnd] *adj.* 聯合的；結合的；合併的。

com·bo [ˋkɑmbo] *n.* Ⓒ (*pl.* ～**s**) ①小型爵士樂隊。②〖俗〗聯合之物；聯合組織。

com·bus·ti·ble [kəmˋbʌstəbl] *adj.* ①易燃的。②易激動的。— *n.* Ⓒ (常 *pl.*) 易燃物。— **com·bus·ti·bil′i·ty,** *n.*

com·bus·tion [kəmˋbʌstʃən] *n.* Ⓤ 燃燒。

‡**come** [kʌm] *v.i.* (**came, come**) ①來。*C-* here! 來這裡！②到。③出現。④伸至；及。⑤發生。⑥結果。⑦出身。⑧成爲；變爲。⑨等於；總共。⑩有；裝；存。⑪注意(常作命令式)。— *v.t.* ①〖俗〗做；爲。②達到(某一年齡)。～ *about* a.發生。b. 改變方向。～ *across* a. 偶然遇到；找到。b.〖俗〗交付；償付。～ *along* a. 伴隨；陪伴。b. 進行；進步。c. 趕快。～ *around*[*round*]a. 恢復知覺或健康。b. 讓步；同意。c. 訪問。～ *at* a. 攻擊；撲向。b. 得到；找到。～ *away* a. 散開。b.離開。c. 發芽。～ *back* a. 回來。b.〖俗〗恢復原狀或原位；捲土重來；憶起。c.〖俚〗還嘴。～ *between* a. 分開；離間。b. 居…間。～ *by* a. 獲得。b. 走近；經過。c.藉…爲交通工具而來。～ *down* a. 下來；降下。b. 下得大(如雨)。c. 失掉(階級、金錢、地位)。d. 傳遞；傳給。e. 生病。f. 減價；跌價。～ *down on*[*upon*] a. 斥責；重責。b. 突然攻擊。c.表示反對。～ *forward* 提出；自願效勞。～ *from* a. 來自。b. 出生於。～ *in* a. 開始；開始使用…。b. 進入。c.(競賽中)獲選。d.開始生產。～ *into* a. 承繼。b. 進入。～ *off* a. 舉行。b. 結果。c. 成功。d. 離開。～ *on*[*upon*] a. 進行；進展；發展。b. 遇到；發現。c. 上臺。d. 開始；出現。e.〖俗〗趕快(常用命令式)。f.〖俗〗請(常用懇求語氣)。～ *out* a. 出現。b. 刊出。c. 參加。d. 初入社會。e. 結果。～ *out with* a. 被伴隨著。b. 洩露。c. 說出。d. 向大眾提供。～ *over* a. 訪問。b. 發生。c. 占住；侵占。d. 占上風。～ *through* a. 成功。b. 交出；付。c. 經歷宗教信仰的改變。～ *to* a.恢復知覺。b. 發生。c. 憶及。d. 停止；下錨。e. 總數達…。～ *to pass* 發生。～ *up* a. 前來。b. 生長；發展。c. 出現。d. 被提出討論。～ *up to* 達到某一水準。～ *up with* a. 追及。b. 取出。c. 建議。

come·back [ˋkʌmˏbæk] *n.* Ⓒ ①〖俗〗回復；重返。②〖俚〗反唇相譏；辯駁；巧妙的應答。

co·me·di·an [kəˋmidɪən] *n.* Ⓒ ①喜劇演員[作家]。②滑稽人物。

co·me·di·enne [kəˏmidɪˋɛn] *n.* Ⓒ 喜劇女演員。

come·down [ˋkʌmˏdaun] *n.* Ⓒ 衰落；退步；(階級、地位等之)降落。

*__com·e·dy__ [ˋkɑmədɪ] *n.* ① ⓊⒸ 喜劇。② Ⓒ 有趣的事情。

come·ly [ˋkʌmlɪ] *adj.* ①漂亮的。②合宜的。— **come′li·ness,** *n.*

come-on [ˋkʌmˏɑn] *n.* Ⓒ〖美俚〗①誘人的眼神[態度]。②勸誘；誘惑。

com·er [ˋkʌmɚ] *n.* Ⓒ ①來者；新來者。②〖俚〗有成功希望的人或事。

*__com·et__ [ˋkɑmɪt] *n.* Ⓒ 彗星。

come·up·pance [kʌmˋʌpəns] *n.* Ⓒ〖美俚〗應得之責罰；因果報應。

‡**com·fort** [ˋkʌmfɚt] *v.t.* ①安慰；鼓舞。②使安逸；使舒適。— *n.* ① Ⓤ 安慰；慰藉。② Ⓤ 安樂；舒適。③ Ⓒ 使生活安樂之人或物。

*__com·fort·a·ble__ [ˋkʌmfɚtəbl] *adj.* ①安逸的。②(覺得)舒服的。③豐富的。— **com′fort·a·bly,** *adv.*

com·fort·er [ˋkʌmfɚtɚ] *n.*① Ⓒ 安慰者；安慰之物。②(the C-)聖靈。

com·frey [ˋkʌmfrɪ] *n.* Ⓒ〖植〗紫草科植物。

*__com·ic__ [ˋkɑmɪk] *adj.* ①滑稽的。②喜劇的。③連環圖畫的。— *n.* (*pl.*) (亦作 **comic strips**) 連環圖畫。§～ bòok 漫畫書。～strìp 連載漫畫；連

環圖畫。

*com·i·cal [ˋkamɪkl] *adj.* 滑稽的; 詼諧的; 可笑的。

‡com·ing [ˋkʌmɪŋ] *n.* Ⓤ Ⓒ 到來。～*s* and goings 活動。— *adj.* ①其次的; 將來的。②〖俗〗將成爲重要的; 將成名的。

*com·ma [ˋkamə] *n.* Ⓒ 逗點(,)。

‡com·mand [kəˋmænd] *v.t.* ①命令。②統率; 指揮。③臨視; 俯視。④把握; 支配。⑤應得; 博得。⑥控制; 克制。— *v.i.* ①指揮。②俯視。— *n.* ①Ⓒ命令。②Ⓤ統率權; 指揮權。③Ⓒ管轄下的軍隊、艦隊或地區。④Ⓤ控制。⑤Ⓤ支配; 運用。⑥Ⓤ俯視。⑦Ⓒ司令部。**at one's** ～ 供某人支配。

com·man·dant [ˌkamənˋdænt] *n.* Ⓒ 司令官; 指揮官。

com·man·deer [ˌkamənˋdɪr] *v.t.* ①徵募(兵丁等)。②〖俗〗霸占。

*com·mand·er [kəˋmændə] *n.* Ⓒ ①司令官; 指揮官。②海軍中校; 副艦長。～ *in chief* 統帥; 總司令。

com·mand·ing [kəˋmændɪŋ] *adj.* ①指揮的。②有威儀的。③眺望無阻的。

*com·mand·ment [kəˋmændmənt] *n.* Ⓒ ①戒律。②〖聖經〗聖誡。*the Ten Commandments* 〖聖經〗十誡。

com·man·do [kəˋmændo] *n.* Ⓒ (*pl.* ～**s**, ～**es**) ①〖英〗突擊隊(員)。②(南非之)民兵。

com·mem·o·rate [kəˋmɛməˌret] *v.t.* ①紀念; 慶祝。②表揚。

com·mem·o·ra·tion [kəˌmɛməˋreʃən] *n.* Ⓤ 紀念; 慶祝。*in* ～ *of* 紀念。

com·mem·o·ra·tive [kəˋmɛməˌretɪv] *adj.* (亦作 **commemoratory**) 紀念的; 慶祝的。— *n.* Ⓒ 紀念之物。

*com·mence [kəˋmɛns] *v.t.* 開始; 著手。— *v.i.* 開始。

*com·mence·ment [kəˋmɛnsmənt] *n.* Ⓤ ①開始。②畢業典禮。③畢業日; 文憑或學位授予日。

*com·mend [kəˋmɛnd] *v.t.* ①稱讚。②推薦。③委託; 付託。④給以良好印象。— **a·ble,** *adj.*

com·men·da·tion [ˌkamənˋdeʃən] *n.* ①Ⓤ稱讚; 讚揚。②Ⓒ獎狀。

com·mend·a·to·ry [kəˋmɛndəˌtorɪ] *adj.* 推薦的; 稱讚的。

com·men·su·ra·ble [kəˋmɛnʃərəbl] *adj.* ①有公度的; 能較量的。②相稱的; 適當的〔to〕。

com·men·su·rate [kəˋmɛnʃərɪt] *adj.* ①同量的; 同大小的。②相稱的。③可以用同一標準比較的。

*com·ment [ˋkamɛnt] *n.* ①Ⓤ Ⓒ 註解; 註釋; 批評。②Ⓤ閒談; 談話; 談論。— *v.i.* ①註釋; 批評〔on, upon〕。②談論。

com·men·tar·y [ˋkamənˌtɛrɪ] *n.* Ⓒ ①註解; 註釋。②評註; 評語。

com·men·tate [ˋkamənˌtet] *v.t.* 評論。— *v.i.* 〖廣播〗時事論評。

com·men·ta·tor [ˋkamənˌtetə] *n.* Ⓒ ①註釋者。②時事評論家。

‡com·merce [ˋkamɜs] *n.* Ⓤ ①商業; 貿易。②交往; 社交。

*com·mer·cial [kəˋmɜʃəl] *adj.* ①商業的; 營利的。②由廣告資助的。— *n.* Ⓒ 廣告節目。§ ～ **bréak** (電視或廣播節目中)插播廣告。— **ism,** *n.* — **ly,** *adv.*

com·mer·cial·ize [kəˋmɜʃəlˌaɪz] *v.t.* ①使商業化。②使商品化。

com·mie [ˋkamɪ] *n.* Ⓒ (常 C-) (常用於稱呼)共產黨員; 共產黨徒。(亦作 **commy**)

com·mi·nate [ˋkaməˌnet] *v.t.* & *v.i.* 威嚇; 詛咒。

com·min·gle [kəˋmɪŋgl] *v.i.* & *v.t.* 混合; 摻合; 混雜。

com·mis·er·ate [kəˋmɪzəˌret] *v.t.* 憐憫; 同情。— *v.i.* 弔慰; 慰問〔with〕。— **com·mis·er·a′tion,** *n.*

com·mis·sar·i·at [ˌkaməˋsɛrɪət] *n.* ①Ⓒ〖軍〗軍需處。②Ⓤ食物供應; 給養。

com·mis·sar·y [ˋkaməˌsɛrɪ] *n.* Ⓒ ①委員; 代表。②軍需官。③(軍隊等的)供應食物及日用品的商店。

‡com·mis·sion [kəˋmɪʃən] *n.* ①Ⓤ Ⓒ 委託; 委任狀。②Ⓒ陸海軍的任命書。③Ⓤ陸海軍的職位和權力。④Ⓤ授予之權力。⑤Ⓒ委託代辦的事。⑥Ⓒ委員會。⑦Ⓤ Ⓒ 佣金。*in* ～ **a.** 服役的。**b.** 可用的。*out of* ～ **a.** 退役的。**b.** 不能用的。— *v.t.* ①授權; 委託。②任命。～*ed* officers 少尉以上的軍官。③使(船艦)服役。

*com·mis·sion·er [kəˋmɪʃənə]

C

n. Ⓒ①委員；(考察團等之)團員。②政府中某一部門的長官。

*com·mit [kə\`mɪt] v.t. (-tt-) ①委託；委任。②藏於；付於。③監禁；下獄。④授與；付託。⑤作；犯。⑥發交(議案等)於委員會。⑦束縛；受拘束。⑧將(軍隊)投入(戰場)。—ment, n.

com·mit·tal [kə\`mɪtl] n. ⓊⒸ①監禁；禁閉。②獻身。③埋葬。

‡com·mit·tee [kə\`mɪtɪ] n. Ⓒ委員會。*standing* ~ 常務委員會。

com·mode [kə\`mod] n. Ⓒ①櫥櫃。②洗臉臺。③室內便器。

com·mo·di·ous [kə\`modɪəs] adj. ①寬敞的。②方便的；合宜的。

*com·mod·i·ty [kə\`madətɪ] n. Ⓒ商品；物品。

com·mo·dore [\`kaməˌdor] n. Ⓒ①〖美〗海軍代將。②〖英〗艦隊司令官。③資深船長。

‡com·mon [\`kamən] adj. ①共有的。②團結的。③共同的。④常見的。⑤普通的。⑥劣等的。⑦粗俗的。⑧〖數〗公有的。— n. ①Ⓒ(常 pl.)公地。②Ⓤ普通股。*in* ~ **a.** 相同；相似。**b.** 共有的。§ ∼ **génder**〖文法〗通性(陽性陰性通用者，如 parent 等)。∼ **láw** 不成文法；習慣法。∼ **nóun**〖文法〗普通名詞。∼ **sénse** (1)常識(累積人生經驗所得的思考力、判斷力)。(2)(一般的)見解；常理。

com·mon·al·i·ty [ˌkamən\`ælətɪ] n. Ⓤ共通性。

com·mon·er [\`kamənə] n. Ⓒ平民。

*com·mon·ly [\`kamənlɪ] adv. 通常地；普通地；普遍地。

com·mon- or- gar·den- va·ri·e·ty [\`kamənəˌgardṇvə\`raɪətɪ] adj. 〖美俗〗司空見慣的；常有的；普通的。(〖英俗〗亦作 **common-or-garden**)

*com·mon·place [\`kamənˌples] adj. ①平凡的。②陳腐的。— n. Ⓒ①老生常談。②普通的事物。

com·mons [\`kamənz] n. pl. ①平民。②公共食堂(尤指大學內者)。③公共食堂中的食物。*the C-*〖英〗下議院(=House of Commons)。

*com·mon·wealth [\`kamənˌwɛlθ] n.①Ⓒ共和國。②Ⓤ(集合稱)國民。③Ⓒ聯邦。④Ⓒ美國的一州。*the (British) C- of Nations* 不列顛國協。

*com·mo·tion [kə\`moʃən] n. ⓊⒸ騷動；暴動；騷擾。

com·mu·nal [\`kamjunḷ] adj.①公有的。②社區內的。— **ly,** adv.

com·mune¹ [kə\`mjun] v.i. ①密談(with)。②接受[領受]聖餐[聖體]。— [\`kamjun] n. Ⓤ①交換思想、意見。②懇談。

com·mune² [\`kamjun] n. Ⓒ①(法國、比利時、義大利、瑞士等國的)最小地方行政區；自治村。②(共產國家曾試行過的)公社。

com·mu·ni·ca·ble [kə\`mjunɪkəbḷ] adj. ①可傳達的。②可傳染的。a ~ disease 傳染病。

com·mu·ni·cant [kə\`mjunɪkənt] n. Ⓒ(基督教)領受聖餐者。

*com·mu·ni·cate [kə\`mjunəˌket] v.t. ①傳染；傳授。②傳達；告知。③授聖體給…。— v.i.①聯絡；通信。②相通；相連。— **com·mu'·ni·ca·tor,** n.

*com·mu·ni·ca·tion [kəˌmjunə\`keʃən] n. ①Ⓤ傳達或交換思想、意見、消息等。②Ⓒ書信公文或電訊等。③Ⓤ交通工具；聯絡方法。

com·mu·ni·ca·tive [kə\`mjunɪˌketɪv] adj. ①愛說話的。②傳達的；通信的。

com·mun·ion [kə\`mjunjən] n. Ⓤ①共有；共享。②交際；交換思想和情感。③領聖餐禮；聖餐(式)。*Holy C-* 聖餐。

com·mu·ni·qué [kəˌmjunə\`ke] n. Ⓒ官報；公報。

*com·mu·nism [\`kamjuˌnɪzəm] n. Ⓤ共產主義。

*com·mu·nist [\`kamjunɪst] n. Ⓒ①共產主義者。②(C-)共產黨員。— adj. (C-)共產黨的。

‡com·mu·ni·ty [kə\`mjunətɪ] n. ①Ⓒ(同住一地，具相同文化和歷史背景的)社區。②Ⓒ團體。the business ~ 實業界。③Ⓤ(又作 a ~)共有；共享。④Ⓒ同居一起之動物；同生一處之植物。⑤Ⓤ(又作 a ~)相同；一致。⑥(the ~)公眾。§ ∼ **cènter** 社區活動中心。

com·mu·ta·tion [ˌkamju\`teʃən] n.①Ⓤ變換。②Ⓤ交換。③ⓊⒸ折算；代換償付。④Ⓤ〖美〗以定期車票旅行。⑤Ⓤ〖法律〗減刑。§ ∼ **tícket**〖美〗定期[回數]車票。

com·mute [kə\`mjut] v.t. ①變換。

②減刑。③代換償付；折償。— *v.i.* ①代換；折償。②〖美〗使用定期票乘車往返。

com·mut·er [kə`mjutɚ] *n.* Ⓒ 〖美〗用定期票通勤者。

***com·pact**[1] [kəm`pækt] *adj.* ①固結的；緊密的。②簡潔的。— *v.t.* 壓緊；使簡潔。— [`kampækt] *n.* Ⓒ ①有鏡小粉盒。②小型汽車。§ ∼ **dísc** 雷射唱片(略作 CD)。— **ly,** *adv.*

com·pact[2] [`kampækt] *n.* Ⓒ 契約。

‡**com·pan·ion** [kəm`pænjən] *n.* Ⓒ 同伴；伴侶；朋友。— **a·ble,** *adj.*

***com·pan·ion·ship** [kəm`pænjən,ʃɪp] *n.* Ⓤ 友誼；交往。

com·pan·ion·way [kəm`pænjən,we] *n.* Ⓒ 〖造船〗甲板通往船艙之梯；該梯之升降口。

‡**com·pa·ny** [`kʌmpənɪ] *n.* ① Ⓤ 一群人。② Ⓤ 同伴；陪伴。③ Ⓤ 〖俗〗賓客。④ Ⓒ 連(陸軍單位)。⑤ Ⓒ 全體船員。⑥ Ⓒ 公司；行號。*in* ∼在人中；當眾。*in* ∼(*with*)(與…)一同；一起。*keep*[*bear*] *a person* ∼ 與人爲伴。*keep* ∼ **a.** 與人結交；與人爲伍。**b.**(戀愛中之)形影不離。*part* ∼ *with* **a.** 與人離別。**b.** 分道揚鑣；斷絕交往[關係]。**c.** 持反對意見。

***com·pa·ra·ble** [`kampərəbḷ] *adj.* ①可比的；能比的(to)。②可比較的(with)。— **com′pa·ra·bly,** *adv.* —**com·pa·ra·bil′i·ty,** *n.*

***com·par·a·tive** [kəm`pærətɪv] *adj.* 比較的。— *n.* (the ∼)比較級。

***com·par·a·tive·ly** [kəm`pærətɪvlɪ] *adv.* 比較地；相當地。

‡**com·pare** [kəm`pɛr] *v.t.* ①比較(常with)。②喻；比擬(常to)。— *v.i.* ①匹敵；相比(with)。②競爭。*not to be* ∼*d with* **a.** 相差極遠。**b.** 不如；不及。— *n.* Ⓤ 比較；匹敵。

***com·par·i·son** [kəm`pærəsn̩] *n.* ⓊⒸ ①比較。②比擬；相似。③〖文法〗比較。*by* ∼ 同其他比較時。*in* ∼ *with* 較之；比較。

***com·part·ment** [kəm`partmənt] *n.* Ⓒ ①間隔；區劃。②火車中的小房間。

com·part·men·tal·ize [kəm,part`mɛntḷaɪz] *v.t.* 區分；劃分。

***com·pass** [`kʌmpəs] *n.* Ⓒ ①指南針；羅盤。②境界；周圍。③範圍。④〖樂〗音域。⑤(常 *pl.*)兩腳規；圓規。— *v.t.* ①環行。②圍繞；包圍。③完成；達到。④圖謀。

***com·pas·sion** [kəm`pæʃən] *n.* Ⓤ 憐憫；同情。

com·pas·sion·ate [kəm`pæʃənet] *v.t.* 憐憫；體恤；對…表同情。— [kəm`pæʃənɪt] *adj.* 慈悲的；有同情心的；深表同情的。

com·pat·i·ble [kəm`pætəbḷ] *adj.* 能共處的；相容的(with)。— **com·pat·i·bil′i·ty,** *n.*

com·pa·tri·ot [kəm`petrɪət] *n.* Ⓒ 同胞。— *adj.* 同國的。

‡**com·pel** [kəm`pɛl] *v.t.* (**-ll-**) ①強迫；迫使。②強行要求。— **ling,** *adj.*

com·pen·di·ous [kəm`pɛndɪəs] *adj.* 簡潔的。(亦作 **compendiary**)

com·pen·di·um [kəm`pɛndɪəm] *n.* Ⓒ (*pl.* ∼**s, -di·a** [-dɪə]) 摘要；概略。

***com·pen·sate** [`kampən,set] *v.t.* ①償還；賠償。②報酬。③(改變黃金成色或儲備黃金以)穩定(貨幣)購買力。— *v.i.* 補償；抵補(for)。— **com·pen′sa·to·ry,** *adj.*

***com·pen·sa·tion** [,kampən`seʃən] *n.* ① Ⓤ 補償；賠償。② Ⓒ 賠償金；賠償物。③ Ⓒ 報酬(for)。

com·pere [`kampɛr] *n.* Ⓒ 節目主持人。— *v.t.* 主持(節目)。— *v.i.* 做節目主持人。

***com·pete** [kəm`pit] *v.i.* ①競爭。②比賽。

com·pe·tence [`kampətəns], **-cy** [-sɪ] *n.* ① Ⓤ 能力。②(a ∼) 相當的財產。③ Ⓤ 資格；權限；權能。

***com·pe·tent** [`kampətənt] *adj.* ①能幹的；勝任的。②有資格的。

***com·pe·ti·tion** [,kampə`tɪʃən] *n.* ① Ⓤ 競爭；角逐。② Ⓒ 比賽。③ Ⓤ 競爭者；敵手。

***com·pet·i·tive** [kəm`pɛtətɪv] *adj.* ①競爭的。②經得起競爭的。

***com·pet·i·tor** [kəm`pɛtətɚ] *n.* Ⓒ 競爭者；敵手。

com·pi·la·tion [,kampɪ`leʃən] *n.* ⓊⒸ 編輯；編纂(物)。

***com·pile** [kəm`paɪl] *v.t.* ①編輯；編纂。②編列。

com·pil·er [kəm`paɪlɚ] *n.* Ⓒ ①編纂者。②〖電算〗編譯程式。

com·pla·cent [kəm`plesn̩t] *adj.* 自滿的；得意的。— **com·pla′cence, com·pla′cen·cy,** *n.* — **ly,** *adv.*

***com·plain** [kəm`plen] *v.i.* ①抱

怨。②訴苦〔of〕. ③控訴；控告。

com·plain·ant [kəm`plenənt] *n.* Ⓒ①訴苦者。②原告。

***com·plaint** [kəm`plent] *n.* ①Ⓤ訴苦。②Ⓒ控告。③Ⓒ疾病。

com·plai·sant [kəm`pleznt] *adj.* ①慇懃的；彬彬有禮的。②順從的。— **com·plai′sance,** *n.*

***com·ple·ment** [`kampləmənt] *n.* Ⓒ ①補足(物)。②足量；全數。③〖數〗餘角。④〖文法〗補語。—[`kamplə,mɛnt] *v.t.* 補足；補充。

com·ple·men·ta·ry [,kamplə`mɛntərɪ] *adj.* 補足的；補充的。

‡**com·plete** [kəm`plit] *adj.* ①完整的。②徹底的；絕對的。③完畢的；終了的。— *v.t.*①完成。②使完整。— **ness,** *n.*

‡**com·plete·ly** [kəm`plitlɪ] *adv.* ①完全地。②徹底地；十分地。

***com·ple·tion** [kəm`pliʃən] *n.* Ⓤ Ⓒ完成；圓滿。

com·plex [kəm`plɛks, `kamplɛks] *adj.* 合成的；錯綜的。—[`kamplɛks] *n.* Ⓒ①複雜的事物。②深的成見。③〖心〗情結。④複合物。—[kəm`plɛks] *v.t.* 使複雜化。§ ∼ **séntence** 〖文法〗複句。

***com·plex·ion** [kəm`plɛkʃən] *n.* Ⓒ①面色；膚色。②外觀；形勢。

com·plex·i·ty [kəm`plɛksətɪ] *n.* ①Ⓤ複雜。②Ⓒ複雜之事[東西]。

com·pli·ance [kəm`plaɪəns], **-cy** [-sɪ] *n.* Ⓤ順從；應允。*in* ∼ *with* 聽從。— **com·pli′ant,** *adj.*

***com·pli·cate** [`kamplə,ket] *v.t.* ①使複雜；使起糾紛。②使惡化。

***com·pli·cat·ed** [`kamplə,ketɪd] *adj.* 複雜的。

***com·pli·ca·tion** [,kamplə`keʃən] *n.* ①Ⓒ糾紛。②Ⓤ複雜化。

com·plic·i·ty [kəm`plɪsətɪ] *n.* Ⓤ共謀；串通作弊。

***com·pli·ment** [`kampləmənt] *n.* ①Ⓒ恭維；稱讚。②(*pl.*)致意；問候；道賀。*With the* ∼*s of* 敬贈(作者贈書給他人時用語)。—[`kamplə,mɛnt] *v.t.* ①稱讚；恭維〔on〕. ②送禮；餽贈〔with〕. ③祝賀；致問；問候。— *v.i.* 稱讚；恭維。

com·pli·men·ta·ry [,kamplə`mɛntərɪ] *adj.* ①讚美的；恭維的。②〖美〗免費的。

***com·ply** [kəm`plaɪ] *v.i.* 應允；同意；順從〔with〕.

com·po·nent [kəm`ponənt] *adj.* 組成的；成分的。— *n.* Ⓒ成分。

com·port [kəm`port] *v.t.* 舉動；持(己)。— *v.i.* 適合；相稱〔with〕.

***com·pose** [kəm`poz] *v.t.* & *v.i.* ①組成；構成。②著；撰；作曲。③使安靜；鎮定(心神)。④調停；和解。⑤〖印刷〗排(字)。

***com·posed** [kəm`pozd] *adj.* 安靜的；鎮靜的；泰然自若的。

***com·pos·er** [kəm`pozɚ] *n.* Ⓒ①作曲家。②作家；著作者。③調停者。

com·pos·ite [kəm`pazɪt] *adj.* 混合成的；湊集成的。— *n.* Ⓒ合成物；複合物。

***com·po·si·tion** [,kampə`zɪʃən] *n.* ①Ⓒ組織；成分。②Ⓤ著作。③Ⓒ(學生的)作文。④Ⓤ(藝術作品等之)結構；布局。⑤Ⓤ和解。⑥Ⓤ〖印刷〗排字。⑦Ⓒ樂曲。

com·pos·i·tor [kəm`pazɪtɚ] *n.* Ⓒ排字工人[機]。

com·post [`kampost] *n.* Ⓤ混合肥料；堆肥。

***com·po·sure** [kəm`poʒɚ] *n.* Ⓤ泰然自若；鎮靜；沉著。

com·pote [`kampot] *n.* Ⓤ蜜餞。

***com·pound** [kam`paund] *adj.* 合成的；複合的。—[`kampaund] *n.* Ⓒ①複合字。②混合物。③化合物。—[kam`paund] *v.t.* ①攙合；調合。②增加。— *v.i.* ①結合。②調停；和解。§ ∼ **éye** (昆蟲等之)複眼。∼ **ínterest** 複利。∼ **séntence**〖文法〗複合句。

***com·pre·hend** [,kamprɪ`hɛnd] *v.t.* ①了解；領悟。②包括；包含。

com·pre·hen·si·ble [,kamprɪ`hɛnsəbl] *adj.* 能理解的。

com·pre·hen·sion [,kamprɪ`hɛnʃən] *n.* Ⓤ①理解力。②包含；含蓄。

***com·pre·hen·sive** [,kamprɪ`hɛnsɪv] *adj.* ①包羅豐富的。②有理解力的。

***com·press** [kəm`prɛs] *v.t.* ①緊壓；壓縮；壓榨。②鎮壓。③扼要歸納。—[`kamprɛs] *n.* Ⓒ(止血用)繃帶；壓布。— **com·pres′sion, com·pres′sor,** *n.* — **i·ble,** *adj.*

***com·prise, -prize** [kəm`praɪz] *v.t.* ①包括；包含。②構成。

***com·pro·mise** [`kamprə,maɪz] *v.t.* ①和解；妥協。②危及；洩祕。

— *v.i.* ①和解。②姑息；退讓。— *n.* ①Ⓤ Ⓒ和解。②Ⓤ連累。③Ⓒ中間物。④Ⓒ協議。

com·pro·mis·ing [ˋkamprə͵maɪzɪŋ] *adj.* 損壞名譽[聲譽]的；惹人懷疑的。

comp·trol·ler [kənˋtrolɚ] *n.* Ⓒ 主計官。

com·pul·sion [kəmˋpʌlʃən] *n.* ①Ⓤ強迫；強制。②Ⓒ(難以抑制的)強烈慾望。

com·pul·sive [kəmˋpʌlsɪv] *adj.* ①強迫的；強制的。②禁不住的。

***com·pul·so·ry** [kəmˋpʌlsərɪ] *adj.* ①強制的；義務的。②必修的。— **com·pul′so·ri·ly,** *adv.*

com·punc·tion [kəmˋpʌŋkʃən] *n.* Ⓤ追悔；良心不安。

***com·pute** [kəmˋpjut] *v.t.* & *v.i.* 計算；估計〔at〕. § **compúting machíne**電子計算機；計算機(=computer). — **com·pu·ta′tion,** *n.*

com·put·er, -pu·tor [kəmˋpjutɚ] *n.* Ⓒ ①計算者。②電子計算機；電腦。§ ∼ **dáting àgency** 電腦擇偶社。∼ **gráphics** 電腦繪圖。∼ **lànguage** 電腦語言。∼ **módelling** 電腦造型。∼ **prógrammer** 電腦程式設計師。∼ **vírus**〖電算〗電腦病毒。

com·put·er·ize [kəmˋpjutə͵raɪz] *v.t.* 使電腦化。§ ∼**d áxial tomógraphy** 〖醫〗電腦斷層攝影；CT掃描(略作CAT). — **com·put·er·i·za′tion,** *n.*

***com·rade** [ˋkamræd, ˋkamrɪd] *n.* Ⓒ同伴；同事。— **ship,** *n.* Ⓤ友誼。

com·sat [ˋkam͵sæt] *n.* Ⓒ通訊衛星(由*com*munications *sat*ellite合成)。

con[1] [kan] *adv.* 反對。— *n.* Ⓒ(常*pl.*)反對(者)；反對的理由。***pros and ∼s*** 正反兩面。

con[2] *v.t.* (-nn-)細心研讀；諳記。

con[3] *v.t.* (-nn-)〖美俚〗詐欺。

con·cat·e·nate [kanˋkætn͵et] *v.t.* 連結；連鎖。— *adj.* 連鎖的。— **con·cat·e·na′tion,** *n.*

con·cave [kanˋkev] *adj.* 凹面的；凹的。— [ˋkankev] *n.* Ⓒ凹面；凹。

***con·ceal** [kənˋsil] *v.t.* ①隱藏；隱匿。②對…保守祕密。— **ment,** *n.*

***con·cede** [kənˋsid] *v.t.* & *v.i.* ①承認；認以爲眞。②讓與；容許。

***con·ceit** [kənˋsit] *n.* ①Ⓤ自誇；自負。②Ⓒ觀念。③Ⓒ幻想。

con·ceit·ed [kənˋsitɪd] *adj.* ①自負的。②〖俗〗奇想的。

***con·ceiv·a·ble** [kənˋsivəbl̩] *adj.* 可料到的；可了解的。

***con·ceive** [kənˋsiv] *v.t.* & *v.i.* ①想像；構思。②以爲；了解。③懷孕。④養成或體驗(一種情感)。

***con·cen·trate** [ˋkansn̩͵tret] *v.t.* & *v.i.* ①集中。②注意。③濃縮。

***con·cen·tra·tion** [͵kansn̩ˋtreʃən] *n.* ①Ⓤ Ⓒ集中。②Ⓤ專心。③Ⓤ濃縮。§ ∼ **càmp** 集中營。

C

con·cen·tric [kənˋsɛntrɪk] *adj.* 同中心的。

con·cept [ˋkansɛpt] *n.* Ⓒ概念。

***con·cep·tion** [kənˋsɛpʃən] *n.* ①Ⓤ Ⓒ想像；想像力。②Ⓤ Ⓒ觀念；概念。③Ⓤ Ⓒ懷孕。④Ⓒ計畫。

con·cep·tu·al [kənˋsɛptʃuəl] *adj.* 概念的。

con·cep·tu·al·ize [kənˋsɛptʃuə͵laɪz] *v.t.* 使概念化。— **con·cep·tu·al·i·za′tion,** *n.*

‡**con·cern** [kənˋsɝn] *v.t.* ①關係；與之有關；涉及。②使關心。***as ∼s*** 關於。***as far as...is ∼ed*** 關於；至於。***∼ oneself*** **a.** 注意。**b.** 顧慮；介意。— *n.* ①Ⓒ事。②Ⓒ利害關係。③Ⓤ關懷；掛念。④Ⓒ關心事。⑤Ⓒ公司；商店。〔注意〕concern與in或with連用，以表示「參與」或「與…有關」。concern與for或about連用時，表示「關懷」或「擔憂」。

con·cerned [kənˋsɝnd] *adj.* ①掛念的；憂慮的。②有關的。

***con·cern·ing** [kənˋsɝnɪŋ] *prep.* 關於。

con·cert** [ˋkansɝt] *n.* ①Ⓒ音樂會。②Ⓤ一致；和諧。in ∼*** 一致；共同。— [kənˋsɝt] *v.t.* 協議設計或進行。

con·cert·ed [kənˋsɝtɪd] *adj.* ①協同的；一致的。②〖樂〗協調的。

con·cert·go·er [ˋkansɝt͵goɚ] *n.* Ⓒ常去音樂會的人。

con·cer·ti·na [͵kansɚˋtinə] *n.* Ⓒ六角手風琴。

con·cer·to [kənˋtʃɛrto] *n.* Ⓒ(*pl.* **∼s**)〖樂〗協奏曲。

***con·ces·sion** [kənˋsɛʃən] *n.* ①Ⓤ Ⓒ讓步。②Ⓒ特許權；讓給之物。③Ⓒ租界；租地。

con·ces·sion·aire [kən͵sɛʃənˋɛr] *n.* Ⓒ受讓人；特許權所有者。

con·ces·sion·ar·y [kən`sɛʃəˌnɛrɪ] *adj.* 讓步的。
con·ces·sive [kən`sɛsɪv] *adj.* 讓步的；讓與的；許可的。§ ∼ **cláuse** 〖文法〗讓步子句。
conch [kaŋk, kantʃ] *n.* Ⓒ (*pl.* **conchs** [kaŋks], **conch·es** [`kantʃɪz]) ①〖動〗海螺；貝類。②介殼；貝殼。
C
con·cil·i·ate [kən`sɪlɪˌet] *v.t.* ①安慰；取悅於。②調解；調停。— **con·cil·i·a·to·ry** [kən`sɪlɪəˌtorɪ], *adj.*
con·cil·i·a·tion [kənˌsɪlɪ`eʃən] *n.* Ⓤ①撫慰。②修好。③和解。
***con·cise** [kən`saɪs] *adj.* 簡明的；概括的。— **ly,** *adv.* — **ness,** *n.*
con·clave [`kanklev] *n.* Ⓒ①樞機主教互選教皇之會議。②祕密會議。
‡**con·clude** [kən`klud] *v.t.* ①結束。②結論；推斷。③締結。④斷定。— *v.i.* ①終結。②推斷。③決定。
***con·clu·sion** [kən`kluʒən] *n.* Ⓒ①完結；終了。②結論。③結果。④締結。⑤最後的決定。⑥推斷。*in* ∼ 最後；總之。
con·clu·sive [kən`klusɪv] *adj.* 確定的；決定性的；最後的。— **ly,** *adv.* — **ness,** *n.*
con·coct [kan`kakt] *v.t.* ①調製；混合。②編造；虛構。③計畫。— **con·coc′tion,** *n.*
con·com·i·tant [kan`kamətənt] *adj.* 相伴的；附隨的。— *n.* Ⓒ相伴物；附隨物。— **con·com′i·tance,** *n.*
***con·cord** [`kankɔrd, `kaŋ-] *n.* Ⓤ①和諧。②(國與國間的)友善；親睦。③〖樂〗諧和；和聲。④〖文法〗(人稱、性、數、格等之)一致。
con·cord·ance [kan`kɔrdn̩s] *n.* ①Ⓤ一致。②Ⓒ重要語詞索引。
con·cord·ant [kan`kɔrdn̩t] *adj.* 和諧的；一致的〔with〕. — **ly,** *adv.*
con·course [`kankors] *n.* Ⓒ①流集；會流。②群集。③車站或公園內的空地。④寬闊的大道。
***con·crete** [`kankrit, kan`krit] *adj.* ①具體的。②混凝土的。— *n.* ①Ⓤ混凝土；水泥。②(the ∼)具體(性)。— *v.t.* & *v.i.* ①鋪以混凝土；塗以水泥。②[kan`krit]凝固；凝結。③[kan`krit]使結合。
con·cu·bine [`kaŋkjuˌbaɪn] *n.* Ⓒ妾；姘婦。
con·cu·pis·cent [kan`kjupəsn̩t] *adj.* 慾望強烈的；好色的。
con·cur [kən`kɝ] *v.i.* (-**rr**-) ①同意；意見一致〔in, with〕. ②同時發生。③協力〔with〕. — **con·cur′rence,** *n.*
con·cur·rent [kən`kɝənt] *adj.* ①同時發生的。②合作的。③和諧的。④〖數〗共交於一點的。— **ly,** *adv.*
con·cus·sion [kən`kʌʃən] *n.* Ⓤ Ⓒ①震動；衝擊。②腦震盪。
***con·demn** [kən`dɛm] *v.t.* ①反對；責難。②招禍；致令有罪。③宣告不合用或不宜服役。④宣告有罪；判罪。⑤宣告無可救藥。⑥沒收；充公。— **con·dem·na′tion,** *n.*
con·demned [kən`dɛmd] *adj.* ①被責難的；被判罪的。②(財產)被沒收的。§ ∼ **céll** [**wárd**]死囚牢。
***con·dense** [kən`dɛns] *v.t.* ①使壓縮。②使簡潔。③使凝結。④使聚集(如光線等)。— *v.i.* 凝縮；凝結。— **con·den·sa′tion,** *n.*
con·densed [kən`dɛnst] *adj.* 縮小的；濃縮的。§ ∼ **mílk** 煉乳。
con·dens·er [kən`dɛnsɚ] *n.* Ⓒ〖電〗電容器。
con·de·scend [ˌkandɪ`sɛnd] *v.i.* 屈尊；俯就；降格相從。— **ing,** *adj.* — **con·de·scen′sion,** *n.*
con·di·ment [`kandəmənt] *n.* Ⓤ調味品；佐料。
‡**con·di·tion** [kən`dɪʃən] *n.* ①Ⓤ(又作 a ∼)情況；健康情形。②Ⓒ地位；身分。③Ⓒ條件。④Ⓤ(又作 a ∼)不利情況。⑤Ⓒ需補考之分數。⑥Ⓒ〖文法〗條件子句。*in* ∼ 健康情形良好。*on* [*upon*] ∼ *that* 假使。— *v.t.* ①調節。②附以條件。
con·di·tion·al [kən`dɪʃənl̩] *adj.* ①有條件的。②〖文法〗表示條件的。— **ly,** *adv.*
con·di·tion·er [kən`dɪʃənɚ] *n.* Ⓒ①調節者。②調節劑。③調節器。an air ∼ 空氣調節器。
con·do·la·to·ry [kən`doləˌtorɪ] *adj.* 弔唁的；弔慰的。a ∼ letter弔慰信。
con·dole [kən`dol] *v.i.* 哀悼；慰問〔with〕.
con·do·lent [kən`dolənt] *adj.* 弔慰的；哀悼的。— **con·do′lence,** *n.*
con·dom [`kandəm] *n.* Ⓒ(男性爲避孕、防性病用的)保險套；小夜衣。
con·do·min·i·um [ˌkandə`mɪnɪəm] *n.* Ⓒ①共同管轄區。②〖美〗各戶產權獨立可自由買賣的公寓〔大廈〕。

con·done [kən`don] *v.t.* 寬恕；通姦宥恕。— **con·do·na′tion,** *n.*
con·dor [`kandɚ] *n.* Ⓒ〖鳥〗兀鷹(南美產的大型鳥)。
con·duce [kən`djus] *v.i.* 助成；貢獻；引起〔to, toward〕.
con·du·cive [kən`djusɪv] *adj.* 促成的；有助益的〔to〕.
‡**con·duct** [`kandʌkt] *n.* Ⓤ ①行爲；舉動。②處理；經營。③指引；嚮導。—[kən`dʌkt] *v.t.* ①行爲；持(身)。②經營。③指揮。④嚮導。⑤傳導。
con·duc·tion [kən`dʌkʃən] *n.* Ⓤ ①傳導。②輸送。
con·duc·tive [kən`dʌktɪv] *adj.* 傳導性的；有傳導力的。— **con·duc·tiv′i·ty,** *n.* Ⓤ 傳導性。
***con·duc·tor** [kən`dʌktɚ] *n.* Ⓒ ①領導者。②樂隊指揮者。③車掌。④傳導體；導體。⑤避雷針。
con·duit [`kandɪt] *n.* Ⓒ ①導管；水管；油管。②線管(藏納電線者)。
***cone** [kon] *n.* Ⓒ ①圓錐；圓錐體。②毬果(如松毬等)。③似圓錐形的東西。
con·fab·u·late [kən`fæbjə,let] *v.i.* 談論；閒談。— **con·fab·u·la′tion,** *n.*
con·fec·tion [kən`fɛkʃən] *n.* Ⓒ 糖果；點心；蜜餞。
con·fec·tion·er [kən`fɛkʃənɚ] *n.* Ⓒ 糖果餅點類之製造[販賣]人。§ ∼s′ **súgar** 特級細砂糖。
con·fec·tion·er·y [kən`fɛkʃən,ɛrɪ] *n.* Ⓤ (集合稱)糖果餅點等。
***con·fed·er·a·cy** [kən`fɛdərəsɪ] *n.* Ⓒ ①聯盟；同盟。②共謀；私黨。*the C-* 美國南部邦聯。
***con·fed·er·ate** [kən`fɛdərɪt] *adj.* ①同盟的；聯合的。②(C-)美國南北戰爭時南部同盟的。— *n.* Ⓒ ①同盟者；聯合者；同盟國。②共犯；同謀者。③(C-)美國南北戰爭時擁護南部邦聯者。—[kən`fɛdə,ret] *v.t.* & *v.i.* 同盟；聯合。
***con·fed·er·a·tion** [kən,fɛdə`reʃən] *n.* ① Ⓤ 同盟；聯合。② Ⓒ 同盟國；聯邦。
***con·fer**[1] [kən`fɝ] *v.t.* (**-rr-**) ①賜予；頒給。②賦與。— *v.i.* 商量；商議〔with〕.
con·fer[2] 〖拉〗 *v.t.* (**-rr-**)比較；參照。(略作 **cf., conf.**)
***con·fer·ence** [`kanfərəns] *n.* Ⓒ 會議；談判；討論會。
***con·fess** [kən`fɛs] *v.t.* & *v.i.* ①承認；自白。②聲明。③懺悔；告解(尤指對神父告解)。
con·fessed [kən`fɛst] *adj.* ①公認的。②自認的；自白的；告解的。— **con·fess′ed·ly** [-sɪdlɪ], *adv.*
***con·fes·sion** [kən`fɛʃən] *n.* Ⓤ Ⓒ ①自認；自白。②認罪；懺悔。— **al,** *n.* & *adj.*
con·fes·sor [kən`fɛsɚ] *n.* Ⓒ ①自白者。②聽告解的神父。
con·fet·ti [kən`fɛtɪ] *n.* (作 *sing.* 解)(婚禮或狂歡時所投擲之)五彩碎紙。
con·fi·dant [,kanfə`dænt, `kanfə,dænt] *n.* Ⓒ 密友；知己。
***con·fide** [kən`faɪd] *v.i.* ①信任；信賴〔in〕. ②告以祕密或私事以示信賴。— *v.t.* ①透露(祕密)〔to〕. ②交託；信託；託付〔to〕.
‡**con·fi·dence** [`kanfədəns] *n.* ① Ⓤ 信任；信賴。② Ⓤ 自信。③ Ⓒ 祕密。§ ∼ **gàme** [〖英〗**trìck**] (獲得對方信任之後的)欺詐。∼ **màn** 騙子。
***con·fi·dent** [`kanfədənt] *adj.* ①確信的；完全相信的〔of, that〕. ②自信的；大膽的。— **ly,** *adv.*
***con·fi·den·tial** [,kanfə`dɛnʃəl] *adj.* ①機密的。②參與機密的。③信任他人的。— **ly,** *adv.*
con·fi·den·ti·al·i·ty [,kanfɪ,dɛnʃɪ`ælɪtɪ] *n.* Ⓤ 機密性；祕密性。
con·fig·u·ra·tion [kən,fɪgjə`reʃən] *n.* Ⓒ 輪廓；外貌；形狀；方位。
***con·fine** [kən`faɪn] *v.t.* ①限制〔to, within〕. ②監禁〔in〕. ③臥病；分娩。④控制。—[`kanfaɪn] *n.* Ⓒ (常*pl.*)疆界；境界。— **ment,** *n.*
con·fined [kən`faɪnd] *adj.* 分娩中的。
***con·firm** [kən`fɝm] *v.t.* ①證實。②認可；批准。③使堅定。④〖宗〗施堅信禮。⑤證明確實收到。
***con·fir·ma·tion** [,kanfɚ`meʃən] *n.* ① Ⓤ Ⓒ 認可；證實；確定。② Ⓤ 證明；證據。③ Ⓤ Ⓒ 〖宗〗堅信禮。
con·firm·a·tive [kən`fɝmətɪv] *adj.* 確定的；確認的。— **ly,** *adv.*
con·firm·a·to·ry [kən`fɝmə,torɪ] *adj.* ①確定的；確認的(=confirmative). ②〖宗〗堅信禮的。
con·firmed [kən`fɝmd] *adj.* ①證實的；確認的。②習慣的。
***con·fis·cate** [`kanfɪs,ket] *v.t.* 充公；沒收。— **con·fis·ca′tion,** *n.*
con·fla·gra·tion [,kanflə`greʃən] *n.* Ⓤ 大火。

C

***con·flict** [kən`flɪkt] *v.i.* ①爭鬥; 戰鬥。②爭執; 抵觸。— [`kɑnflɪkt] *n.* Ⓤ Ⓒ ①爭鬥(尤指長期的)。②爭執; 抵觸。— **ing,** *adj.*

con·flu·ence [`kɑnfluəns] *n.* ① Ⓤ Ⓒ (河流之)匯流處。② Ⓒ 群集; 群眾。— **con′flu·ent,** *adj.* & *n.*

***con·form** [kən`fɔrm] *v.t.* 使一致; 使順應(to)。— *v.i.* ①遵從; 依照。②相合; 一致。— **a·ble,** *adj.*

con·for·ma·tion [ˌkɑnfɔr`meʃən] *n.* Ⓤ Ⓒ ①構造; 形態。②一致。

con·form·ist [kən`fɔrmɪst] *n.* Ⓒ 遵奉傳統者。

con·form·i·ty [kən`fɔrmətɪ] *n.* Ⓤ ①一致。②〖英史〗信奉國教。

con·found** [kɑn`faʊnd] *v.t.* ①使惶惑; 使迷惑; 使狼狽。②混淆; 分不清。③打敗; 破壞。C- it!*** 該死的! — **ed,** *adj.*

con·front [kən`frʌnt] *v.t.* ①面對。②對抗。③相對。④對照; 比較。

con·fron·ta·tion [ˌkɑnfrən`teʃən] *n.* Ⓤ Ⓒ ①(軍事、政治的)對立; 衝突。②〖法律〗(在法庭的)對質。

Con·fu·cian [kən`fjuʃən] *adj.* 孔子的; 儒家的。— *n.* Ⓒ 儒家學者。— **ism,** *n.* Ⓤ 儒家思想。

Con·fu·cius [kən`fjuʃəs] *n.* 孔子。

con·fuse [kən`fjuz] *v.t.* ①使混亂。②二者之中不能辨別。— **con·fused′,** *adj.* — **con·fus′ed·ly** [~ɪdlɪ], *adv.*

***con·fu·sion** [kən`fjuʒən] *n.* Ⓤ ①混亂。②惶惑。③混淆不清。

con·fute [kən`fjut] *v.t.* 證明(某人或論據)錯誤; 辯倒(某人)。— **con·fu·ta′tion,** *n.*

con·ga [`kɑŋgə] *n.* Ⓒ 康加舞。

con·geal [kən`dʒil] *v.t.* & *v.i.* (使)凝結; (使)凍僵。

***con·gen·ial** [kən`dʒinjəl] *adj.* ①性格相同的(人); 意氣相投的。②適合的(事物); 適意的。

con·gen·i·tal [kən`dʒɛnətḷ] *adj.* 天生的; 先天的。

con·ger [`kɑŋgɚ] *n.* Ⓤ Ⓒ 海鰻。

con·gest [kən`dʒɛst] *v.t.* & *v.i.* ①充滿; 擁塞。②(使)充血。

con·ges·tion [kən`dʒɛstʃən] *n.* Ⓤ ①充滿; 擁塞。②充血。

con·ges·tive [kən`dʒɛstɪv] *adj.* 〖醫〗充血的; 充血性的。

con·glom·er·ate [kən`glɑməˌret] *v.t.* & *v.i.* (使)成一團; 集聚。— [kən`glɑmərɪt] *adj.* 集聚而成的。— *n.* Ⓒ ①集成物; 聚集物。②〖地質〗礫岩。

con·glom·er·a·tion [kənˌglɑmə`reʃən] *n.* ① Ⓤ Ⓒ 聚集(物); 團塊。② Ⓤ 多元混合商業組織。

***con·grat·u·late** [kən`grætʃəˌlet] *v.t.* ①慶賀。②私自慶幸。

con·grat·u·la·tion** [kənˌgrætʃə`leʃən] *n.* ① Ⓤ 祝賀。②(*pl.*)賀詞。Congratulations!*** 恭喜!

con·grat·u·la·to·ry [kən`grætʃələˌtorɪ] *adj.* 慶賀的; 祝賀的。

con·gre·gant [`kɑŋgrɪgənt] *n.* Ⓒ 聚集者; 會眾中的一員。

con·gre·gate [`kɑŋgrɪˌget] *v.t.* & *v.i.* 集合; 聚集。

***con·gre·ga·tion** [ˌkɑŋgrɪ`geʃən] *n.* ① Ⓤ 集合。② Ⓒ 集會。③ Ⓒ 宗教的集會或會眾。

con·gre·ga·tion·al [ˌkɑŋgrɪ`geʃənḷ] *adj.* ①會眾的; 集會的。②(C-)〖基督教〗公理(教會)的。

‡**con·gress** [`kɑŋgrəs] *n.* Ⓤ ①國家立法的機關(尤指共和國的)。②(C-)美國的國會; 美國國會會期。

***con·gres·sion·al** [kən`grɛʃənḷ] *adj.* ①會議的。②(C-)美國國會的。

***con·gress·man** [`kɑŋgrəsmən] *n.* Ⓒ (*pl.* **-men**) (常C-)美國國會議員(尤指眾院議員)。

con·gress·per·son [`kɑŋgrəsˌpɝsn] *n.* Ⓒ 美國國會議員(congressman 或 congresswoman)。

con·gress·wom·an [`kɑŋgrəsˌwʊmən] *n.* Ⓒ (*pl.* **-wom·en**) (常C-)國會女議員(尤指眾院女議員)。

con·gru·ent [`kɑŋgruənt] *adj.* ①一致的; 相合的。②〖幾何〗全等的。

con·gru·ous [`kɑŋgruəs] *adj.* 符合的; 一致的 (to, with)。

con·ic, -i·cal [`kɑnɪk(ḷ)] *adj.* 圓錐的; 圓錐形的。

co·ni·fer [`konəfɚ] *n.* Ⓒ 針葉樹; 松柏科植物。 — **co·nif·er·ous** [ko`nɪfərəs], *adj.*

conj. conjugation; conjunction.

con·jec·tur·a·ble [kən`dʒɛktʃərəbḷ] *adj.* 可推測的。

***con·jec·ture** [kən`dʒɛktʃɚ] *n.* Ⓤ Ⓒ 推測(的意見); 猜想。— *v.t.* & *v.i.* 推測; 猜想; 臆測。— **con·jec′tur·al,** *adj.*

con·join [kən`dʒɔɪn] *v.t.* & *v.i.* 結

合；聯合。

con·joint [kən`dʒɔɪnt] *adj.* 連合的；相聯的。—**ly,** *adv.*

con·ju·gal [`kandʒugl] *adj.* 婚姻的。

con·ju·gate [`kandʒə,get] *v.t.* ①〖文法〗把一個動詞的各形式作有系統的排列。②配合；結合。

***con·ju·ga·tion** [,kandʒə`geʃən] *n.* Ⓤ Ⓒ ①連合；配合。②〖文法〗動詞之變化。

***con·junc·tion** [kən`dʒʌŋkʃən] *n.* ① Ⓤ Ⓒ 連合；連結。② Ⓒ〖文法〗連接詞。*in ~ with* 連同；共同。

con·junc·tive [kən`dʒʌŋktɪv] *adj.* 連接的。— *n.* Ⓒ〖文法〗連接詞。

con·junc·ti·vi·tis [kən,dʒʌŋktə`vaɪtɪs] *n.* Ⓤ〖醫〗結膜炎。

con·junc·ture [kən`dʒʌŋktʃə] *n.* Ⓒ ①連接。②局面；時機；危機。

***con·jure** [`kʌndʒə, `kandʒə] *v.t.* ①行魔術。②以咒召遣(常 up)。③回憶(常up)。④[kən`dʒur] 懇求。— *v.i.* ①行魔術；用咒召遣靈魂或魔鬼。②以敏捷手法變戲法。

con·jur·er, -or [`kʌndʒərə] *n.* Ⓒ ①魔術師。②行咒法者。

‡**con·nect** [kə`nɛkt] *v.t.* ①連接；結合(常 with)。②聯想。③貫通。— *v.i.* ①連結；連接。②聯絡；接駁(如火車、汽車的聯運)。

con·nect·ed [kə`nɛktɪd] *adj.* 有關連的；有關係的。

con·nect·er, con·nec·tor [kə`nɛktə] *n.* Ⓒ 連結者[物]；連接器。

Con·nect·i·cut [kə`nɛtɪkət] *n.* 康乃狄克州(美國東北部一州)。

***con·nec·tion** [kə`nɛkʃən] *n.* ① Ⓤ 連接。② Ⓒ 交通工具。③ Ⓤ Ⓒ 關係。④ Ⓤ Ⓒ 宗派。⑤ Ⓒ 連接物。⑥ Ⓤ Ⓒ 聯想。*in ~ with* 關於。

con·nec·tive [kə`nɛktɪv] *adj.* ①連接的。②聯合的。— *n.* Ⓒ〖文法〗連接詞。§ ~ **tissue**〖生物〗結締組織。

con·nive [kə`naɪv] *v.i.* ①假裝沒看見；默許；縱容。②共謀。—**con·niv'ance, con·niv'ence,** *n.*

con·nois·seur [,kanə`sɜ] *n.* Ⓒ (藝術品之)鑑定家；行家。—**ship,** *n.*

con·no·ta·tion [,kanə`teʃən] *n.* Ⓒ 涵意；暗示。

con·note [kə`not] *v.t.* ①暗示；含意；包涵。②〖邏輯〗內涵；包攝。

con·nu·bi·al [kə`nubɪəl] *adj.* 婚姻的；夫婦的。—**ly,** *adv.*

***con·quer** [`kaŋkə, `kɔŋkə] *v.t.* 攻取；征服。— *v.i.* 得勝。—**a·ble,** *adj.* —**ing·ly,** *adv.*

***con·quer·or** [`kaŋkərə] *n.* ① Ⓒ 征服者；勝利者。②(the C-)征服者(英王威廉一世之稱號)。

***con·quest** [`kaŋkwɛst] *n.* ① Ⓤ 征服。② Ⓒ 略取的土地；戰利品。

con·quis·ta·dor [kan`kwɪstə,dɔr] *n.* Ⓒ (*pl.* **~s, -do·res** [kan,kwɪstə`doriz])〖西〗①十六世紀征服墨西哥和秘魯之西班牙人。②征服者。

***con·science** [`kanʃəns] *n.* Ⓤ Ⓒ 良心。a bad [guilty] ~ 有愧於心。*have something on one's ~* 問心有愧；內疚。*in all ~*〖俗〗**a.** 當然。**b.** 正當地；合理地。

***con·sci·en·tious** [,kanʃɪ`ɛnʃəs] *adj.* ①有良心的；正直的。②謹慎的；盡責的。—**ly,** *adv.* —**ness,** *n.*

***con·scious** [`kanʃəs] *adj.* ①覺得的；知道的。②自覺的。③有知覺的；有意識的。④有意的。—**ly,** *adv.*

***con·scious·ness** [`kanʃəsnɪs] *n.* Ⓤ ①知覺；意識。②自覺。

con·scious·ness-rais·ing [`kanʃəsnɪs`reziŋ] *n.* Ⓤ 意識提升。

con·script [`kanskrɪpt] *adj.* 被徵入伍的。— *n.* Ⓒ 徵集入伍的兵士。— [kən`skrɪpt] *v.t.* 徵召；徵用。—**con·scrip'tion,** *n.*

***con·se·crate** [`kansɪ,kret] *v.t.* ①奉爲神聖；尊崇；貢獻。②任聖職。③獻(身)；委(身)(to)。④使成爲神聖。—**con·se·cra'tion,** *n.*

con·sec·u·tive [kən`sɛkjətɪv] *adj.* ①連續的。②〖文法〗表示結果的。

con·sen·su·al [kən`sɛnʃuəl] *adj.* ①〖法律〗由雙方同意而成立的。②〖生理〗交感性的；交感作用的。—**ly,** *adv.*

con·sen·sus [kən`sɛnsəs] *n.* Ⓒ ①(意見的)一致。②輿論。

‡**con·sent** [kən`sɛnt] *v.i.* & *n.* Ⓤ 同意；答應；許可。

***con·se·quence** [`kansə,kwɛns] *n.* ① Ⓒ 結果；影響。② Ⓤ 重要。③ Ⓤ 重要的地位。*in ~(of)* 由於…。*take the ~s* 接受後果；自作自受。

***con·se·quent** [`kansə,kwɛnt] *adj.* ①是由於…的；是來自…的(on, upon)。②邏輯上必然的。— *n.* Ⓒ 結果；影響。

con·se·quen·tial [,kansə`kwɛnʃəl] *adj.* 結果的；自大的；重要的。

C

C

*con·se·quent·ly [ˋkɑnsə,kwɛntlɪ] *adv.* 因此；所以。
con·ser·va·tion [,kɑnsəˋveʃən] *n.* Ⓤ①保存；保藏。②受保護的森林或區域。
con·ser·va·tion·ist [,kɑnsɚˋveʃənɪst] *n.* Ⓒ (資源之)保護管理論者；(自然風景之)保護論者。
*con·serv·a·tive [kənˋsɝvətɪv] *adj.* ①保守的。②謹愼的。— *n.* Ⓒ ①保守者。②(C-)英國保守黨員。
§ C∸ Pàrty (英國之)保守黨。 — **ly,** *adv.* — **con·serv′a·tism,** *n.*
con·ser·va·tor [ˋkɑnsɚ,vetɚ] *n.* Ⓒ ①保護者。②[kənˋsɝvətɚ](博物館等之)管理員。③[kənˋsɝvətɚ]〖法律〗監護人。
con·serv·a·to·ry [kənˋsɝvə,torɪ] *n.* Ⓒ①溫室。②音樂學校。
*con·serve [kənˋsɝv] *v.t.* ①保存。②使成蜜餞。—[ˋkɑnsɝv, kənˋsɝv] *n.* ⓊⒸ (常 *pl.*)蜜餞；果醬。
‡con·sid·er [kənˋsɪdɚ] *v.t.* ①思考；考慮。②認爲；視爲。③尊重；重視。— *v.i.* 考慮；熟思。
‡con·sid·er·a·ble [kənˋsɪdərəbḷ] *adj.* ①値得考慮的；重要的。②相當多的。— *n.* Ⓤ〖美俗〗多。
*con·sid·er·a·bly [kənˋsɪdərəblɪ] *adv.* 非常地；頗。
*con·sid·er·ate [kənˋsɪdərɪt] *adj.* 體諒的；體貼的。— **ly,** *adv.*
*con·sid·er·a·tion [kən,sɪdəˋreʃən] *n.* ①Ⓤ 考慮。②Ⓒ 理由。③Ⓤ 體恤；斟酌。④Ⓤ 重要。⑤Ⓒ 報酬。⑥Ⓤ 尊敬。 ***take ... into ~*** 顧及；考慮。 ***under ~*** 在考慮中。
con·sid·ered [kənˋsɪdɚd] *adj.* ①經熟思的。②受尊敬的。
*con·sid·er·ing [kənˋsɪdərɪŋ] *prep.* 顧及；就…而論；照…情形而言。— *adv.* 總而言之。
con·sign [kənˋsaɪn] *v.t.* ①移交。②委託。③指定或留作。④傳遞。⑤託賣。— **or,** — **er,** — **ment,** *n.*
con·sign·ee [,kɑnsaɪˋni] *n.* Ⓒ 收件人；受託者；承銷人。
‡con·sist [kənˋsɪst] *v.i.* ①組成；爲…所製(of)。②存在；在於(in)。③相容；並存；符合(with)。
con·sist·en·cy [kənˋsɪstənsɪ], **-ence** [-əns] *n.* ①Ⓒ 堅實。②ⓊⒸ 濃度。③Ⓒ一致；一貫。
*con·sist·ent [kənˋsɪstənt] *adj.* ①前後一貫的；不矛盾的；一致的。②相合的。— **ly,** *adv.*
*con·so·la·tion [,kɑnsəˋleʃən] *n.* ①Ⓤ 安慰；慰藉。②Ⓒ 可安慰的人[事，物]。
con·sol·a·to·ry [kənˋsɑlə,torɪ] *adj.* 安慰的；撫慰的。
*con·sole [kənˋsol] *v.t.* 安慰。
con·sol·i·date [kənˋsɑlə,det] *v.i.* & *v.t.* ①(使)堅強；(使)鞏固；強化。②統一；合併。— **con·sol·i·da′tion,** *n.*
con·som·mé [,kɑnsəˋme]〖法〗*n.* 「Ⓤ 清燉肉湯。」
con·so·nance [ˋkɑnsənəns] *n.* Ⓤ①協調；一致。②聲音之和諧。
*con·so·nant [ˋkɑnsənənt] *n.* Ⓒ 子音；子音字母。— *adj.* 一致的；和諧的(to, with)。
con·sort [ˋkɑnsɔrt] *n.* Ⓒ ①配偶；夫或妻。②國王[女王]之配偶。③同事；夥伴。—[kənˋsɔrt] *v.t.* & *v.i.* ①陪伴；結交。②調和。
con·sor·ti·um [kənˋsɔrʃɪəm] *n.* Ⓒ (*pl.* **-ti·a** [-ʃɪə])①銀行團；財團。②國際協會；共同體。
*con·spic·u·ous [kənˋspɪkjuəs] *adj.* 顯著的；引人注目的。— **ly,** *adv.*
*con·spir·a·cy [kənˋspɪrəsɪ] *n.* ⓊⒸ 陰謀；共謀；謀叛。
con·spir·a·tor [kənˋspɪrətɚ] *n.* Ⓒ 共謀者；陰謀者；謀叛者。
con·spir·a·to·ri·al [kən,spɪrəˋtorɪəl] *adj.* 陰謀[共謀]的。
*con·spire [kənˋspaɪr] *v.i.* ①共謀；圖謀；陰謀。②協同；一致行動。
*con·sta·ble [ˋkɑnstəbḷ] *n.* Ⓒ〖英〗警察；警官。
con·stab·u·lar·y [kənˋstæbjə,lɛrɪ] *n.* Ⓒ (集合稱)警察隊；保安隊。
*con·stan·cy [ˋkɑnstənsɪ] *n.* Ⓤ①不變；恆久性。②忠誠；不屈不撓。
‡con·stant [ˋkɑnstənt] *adj.* ①不變的。②有恆的。③忠貞的。
*con·stant·ly [ˋkɑnstəntlɪ] *adv.* ①不變地。②不斷地。③時常地。
*con·stel·la·tion [,kɑnstəˋleʃən] *n.* Ⓒ①〖天〗星座；星群。②明麗如星之一群。
con·ster·na·tion [,kɑnstɚˋneʃən] *n.* Ⓤ 驚愕；恐怖；驚惶失措。
con·sti·pate [ˋkɑnstə,pet] *v.t.*〖醫〗使便祕。— **con·sti·pa′tion,** *n.*
con·stit·u·en·cy [kənˋstɪtʃuənsɪ] *n.* Ⓒ①選舉區之全體選民。②

選舉區。③顧客。

***con·stit·u·ent** [kənˋstɪtʃuənt] *adj.* ①有選舉權的。②有創制權的。③組成的；成分的。— *n.* Ⓒ ①構成分子；成分。②選民；選舉者。

***con·sti·tute** [ˋkanstəˏtjut] *v.t.* ①構成。②任命；選定。③設立；制定。

***con·sti·tu·tion** [ˏkanstəˋtjuʃən] *n.* ①Ⓤ構成；構造。②Ⓒ體格。③Ⓒ性情。④Ⓤ設立。⑤Ⓒ憲法。⑥Ⓤ法律；命令。⑦Ⓤ任命。

***con·sti·tu·tion·al** [ˏkanstəˋtjuʃənl] *adj.* ①憲法的；法治的。②體質的；生來的。— *n.* Ⓒ〖俗〗保健運動[散步]。§ ~ **mónarchy**君主立憲政體。— **ly,** *adv.* — **ism,** *n.*

con·sti·tu·tion·al·i·ty [ˏkanstəˏtjuʃənˋælətɪ] *n.* Ⓤ立憲；法治；符合憲法。

con·strain [kənˋstren] *v.t.* ①強迫。②受拘束；拘禁。③抑制。— **ed,** *adj.* — **con·straint′,** *n.*

con·strict [kənˋstrɪkt] *v.t.* ①壓縮；使收緊。②使緩慢或停止。— **con·stric′tion,** *n.* — **con·stric′tive,** *adj.*

***con·struct** [kənˋstrʌkt] *v.t.* ①構造；建築。②作(圖)。— [ˋkanstrʌkt] *n.* ①Ⓤ建築。②Ⓒ建築物。③Ⓒ〖心〗構思；概念。— **or,** *n.*

***con·struc·tion** [kənˋstrʌkʃən] *n.* ①Ⓤ建築；構造。②Ⓒ建築物。③Ⓒ解釋。④Ⓒ〖文法〗造句法。

***con·struc·tive** [kənˋstrʌktɪv] *adj.* ①建設性的。②構造上的；組織的。— **ly,** *adv.* — **ness,** *n.*

con·strue [kənˋstru] *v.t.* ①分析。②解釋。③翻譯。— *v.i.* ①分析句子的結構。②可被解釋；可被分析。

***con·sul** [ˋkansl] *n.* Ⓒ領事。§ ~ **géneral** 總領事。— **ship,** *n.*

con·su·lar [ˋkansḷɚ, ˋkansjələ˞] *adj.* 領事的。

con·su·late [ˋkansḷɪt] *n.* Ⓒ ①領事館。②領事之職權[任期]。

***con·sult** [kənˋsʌlt] *v.t.* ①請教；就教於。②諮詢。③參考；查閱。④顧及；顧念。— *v.i.* 商量(with)。

con·sult·an·cy [kənˋsʌltənsɪ] *n.* ⓊⒸ顧問醫師之職。

con·sult·ant [kənˋsʌltənt] *n.* Ⓒ ①諮詢者。②顧問；專員。

***con·sul·ta·tion** [ˏkansḷˋteʃən] *n.* ①ⓊⒸ請教；諮詢。②Ⓒ商議；會議。③Ⓤ參考。

con·sul·ta·tive [kənˋsʌltətɪv] *adj.* 諮詢的；協議的。(亦作**consultatory, consultive**) — **ly,** *adv.*

con·sum·a·ble [kənˋsuməbl] *adj.* 可消耗[消費]的；能用盡的。— *n.* Ⓒ (常 *pl.*) 消耗品。

***con·sume** [kənˋsum] *v.t.* ①消耗；耗盡；浪費。②食盡或飲完。③毀滅；燒毀。**~d with**被…所充滿。— *v.i.* 憔悴而死(away)。

***con·sum·er** [kənˋsumɚ] *n.* Ⓒ消費者(爲producer之對)。§ ~ **príce ìndex**〖經〗消費者物價指數(略作CPI). ~(**s'**) **gòods**〖經〗消費品。— **ism,** — **ist,** *n.*

con·sum·mate [ˋkansəˏmet] *v.t.* ①成就；完成。②完婚。— [kənˋsʌmɪt] *adj.* 至上的；完全的；圓滿的。— **con·sum·ma′tion,** *n.*

***con·sump·tion** [kənˋsʌmpʃən] *n.* Ⓤ ①消耗；用盡。②消耗量。③〖古〗肺病；結核病。

con·sump·tive [kənˋsʌmptɪv] *adj.* ①〖古〗害肺病的。②消費的。

***con·tact** [ˋkantækt] *n.* ①Ⓤ接觸。②Ⓤ聯繫。③Ⓤ〖電〗電路中之接觸。④Ⓒ〖醫〗與傳染病接觸者。— *v.t.* 〖俗〗與人接觸。— *v.i.* 發生接觸。§ ~ **lènses** 隱形眼鏡。

con·ta·gion [kənˋtedʒən] *n.* ①Ⓒ接觸傳染病。②Ⓤ傳染。③ⓊⒸ不良影響；道德敗壞。

***con·ta·gious** [kənˋtedʒəs] *adj.* ①接觸傳染的。②易感染的；蔓延的。③傳播疾病的。

‡**con·tain** [kənˋten] *v.t.* ①包含。②容納。③等於。④容忍。

con·tain·er [kənˋtenɚ] *n.* Ⓒ箱；罐；貨櫃；容器。§ ~ **càr**貨櫃車。~ **shìp** 貨櫃船。

con·tain·ment [kənˋtenmənt] *n.* Ⓤ圍堵；牽制；抑制。

con·tam·i·nate [kənˋtæməˏnet] *v.t.* ①污染。②使(人、心等)敗壞。— **con·tam·i·na′tion,** *n.*

***con·tem·plate** [ˋkantəmˏplet] *v.t.* ①注視。②沉思；考慮。③預期。④意欲；打算。— *v.i.* 沉思；默想。

con·tem·pla·tion** [ˏkantəmˋpleʃən] *n.* Ⓤ ①凝視；沉思。②期待；希望。③研討；考慮。have* (*a thing*) *in* ~** 籌畫(某事物)；企圖做…。— **con′tem·pla·tive,** *adj.*

con·tem·po·ra·ne·ous [kən-

ˌtɛmpəˋrenɪəs] *adj.* 同時代的; 同一時期的。— **ly,** *adv.*

***con·tem·po·rar·y** [kənˋtɛmpəˌrɛrɪ] *adj.* ①同時代的。②現代的。— *n.* Ⓒ ①同時代的人。②同時代或同日期的雜誌[報紙]。

con·tempt** [kənˋtɛmpt] *n.* Ⓤ ①輕視。②恥辱。③藐視。in ~ of*** 輕視; 蔑視。— **i·ble,** *adj.*

C

***con·temp·tu·ous** [kənˋtɛmptʃʊəs] *adj.* 表示輕蔑的; 藐視的。

***con·tend** [kənˋtɛnd] *v.i.* ①爭鬥; 競爭。②爭論; 辯論。— *v.t.* 主張。

con·tend·er [kənˋtɛndɚ] *n.* Ⓒ (尤指競賽中的)競爭者。

‡**con·tent**[1] [kənˋtɛnt] *v.t.* 使滿足; 使安心。— *adj.* ①滿足的; 安心的。②願意的。— *n.* Ⓤ 滿足; 安心。

***con·tent**[2] [ˋkantɛnt, kənˋtɛnt] *n.* ①(*pl.*)所容之物; 內容。②(*pl.*)書報等的內容; 目錄。③Ⓤ面積; 容積。

***con·tent·ed** [kənˋtɛntɪd] *adj.* 知足的; 滿意的; 安心的。

***con·ten·tion** [kənˋtɛnʃən] *n.* ①Ⓤ爭論; 辯論。②Ⓒ爭端; 爭點。

con·ten·tious [kənˋtɛnʃəs] *adj.* (人)好辯的; (問題等)引起爭論的。

***con·tent·ment** [kənˋtɛntmənt] *n.* Ⓤ 滿意; 知足。

***con·test** [ˋkantɛst] *n.* Ⓒ ①競爭; 比賽。②爭鬥; 爭論。— [kənˋtɛst] *v.t.* & *v.i.* ①爭取; 爭奪。②爭論; 爭辯。— **ant,** *n.* Ⓒ 競爭者; 選手。

con·text [ˋkantɛkst] *n.* ⓊⒸ ①上下文。②某事之前後關係。— **con·tex·tu·al** [kənˋtɛkstʃʊəl], *adj.*

con·tig·u·ous [kənˋtɪgjʊəs] *adj.* ①接觸的。②鄰近的。— **con·ti·gu·i·ty** [ˌkantɪˋgjuətɪ], *n.* — **ly,** *adv.*

***con·ti·nent**[1] [ˋkantənənt] *n.* ①Ⓒ洲; 大陸。②(the C-)歐洲大陸。

con·ti·nent[2] *adj.* 自制的; 節慾的。

***con·ti·nen·tal** [ˌkantəˋnɛntl] *adj.* ①洲的; 大陸的。②(常 C-)歐洲大陸的。— *n.* Ⓒ (常C-)歐洲大陸人。

con·tin·gent [kənˋtɪndʒənt] *adj.* ①偶然的; 意外的。②有條件的。③可能而不定的。— *n.* Ⓒ 分遣(艦)隊; 代表團。— **ly,** *adv.* — **con·tin′gen·cy,** *n.* Ⓒ 偶發事件。

***con·tin·u·al** [kənˋtɪnjʊəl] *adj.* 連續的; 頻頻的。— **ly,** *adv.*

***con·tin·u·ance** [kənˋtɪnjʊəns] *n.* ①Ⓤ連續; 繼續。②Ⓒ續篇。③Ⓤ〖法律〗延期。

***con·tin·u·a·tion** [kənˌtɪnjʊˋeʃən] *n.* ①Ⓤ連續; 延長。②Ⓒ續前; 續篇。③Ⓒ添附物。

‡**con·tin·ue** [kənˋtɪnjʊ] *v.t.* ①繼續; 連續。②(中斷後)繼續; 恢復。③續作; 續登。be ~*d* 未完待續。④留住; 使持續。⑤延期。— *v.i.* ①繼續; 連續。②持久。③留。④延續。⑤(中斷後)繼續。

con·ti·nu·i·ty [ˌkantəˋnuətɪ] *n.* ①Ⓤ連續; 密切的關連。②Ⓒ電影分景劇本; 影片組合。

***con·tin·u·ous** [kənˋtɪnjʊəs] *adj.* 不斷的; 連續的。— **ly,** *adv.*

con·tin·u·um [kənˋtɪnjʊəm] *n.* Ⓒ (*pl.* **con·tin·u·a** [-jʊə]) ①連續。②〖數〗連續統; 閉聯集。

con·tort [kənˋtɔrt] *v.t.* 扭歪; 使彎。— **con·tor′tion,** *n.*

con·tor·tion·ist [kənˋtɔrʃənɪst] *n.* Ⓒ (作彎曲身體的)雜技表演者。

con·tour [ˋkantʊr] *n.* Ⓒ 輪廓; 外形界線; 海岸線。— *v.t.* 畫輪廓; 畫地形線。§ ~ **line(s)** 等高線。

contra- 〖字首〗表「反對; 相反」之義。

con·tra·band [ˋkantrəˌbænd] *n.* Ⓤ①違法交易; 走私。②走私貨; 違禁品。— *adj.* ①禁運的。②違法的。

con·tra·bass [ˋkantrəˌbes] *n.* Ⓒ〖樂〗(倍)低音大提琴。

con·tra·cep·tion [ˌkantrəˋsɛpʃən] *n.* Ⓤ 避孕(法)。

con·tra·cep·tive [ˌkantrəˋsɛptɪv] *adj.* 避孕的。— *n.* Ⓒ 避孕藥; 避孕用具。

‡**con·tract** [kənˋtrækt] *v.t.* ①收縮。②皺。③縮短; 省略。④感受; 感染。⑤ [ˋkantrækt] 締結; 訂立。— *v.i.* ①收縮。②訂約。— [ˋkantrækt] *n.* Ⓒ①合同; 契約。②婚約。

***con·trac·tion** [kənˋtrækʃən] *n.* ①Ⓤ收縮; 縮短。②ⓊⒸ (字母之)省略。③Ⓤ緊縮(資金)。④Ⓤ約束。

con·trac·tor [ˋkantræktɚ] *n.* Ⓒ 承造者; 立約者。

con·trac·tu·al [kənˋtræktʃʊəl] *adj.* 契約上[性]的。— **ly,** *adv.*

***con·tra·dict** [ˌkantrəˋdɪkt] *v.t.* & *v.i.* ①否認。②反駁。③相反; 牴觸; 矛盾。— **con·tra·dic′to·ry,** *adj.*

***con·tra·dic·tion** [ˌkantrəˋdɪkʃən] *n.* Ⓤ①反駁; 否認。②矛盾。

con·trail [ˋkantrel] *n.* Ⓒ〖空〗凝結

尾流(飛機在飛行時尾部形成之似雲物)。

con·tral·to [kən`trælto] *n.* (*pl.* **~s, -ti** [-ti]) ① Ⓤ 最低女低音。② Ⓒ 唱此低音之女歌手。

con·trap·tion [kən`træpʃən] *n.* Ⓒ〖俗〗機巧品；(新奇的)機械。

con·trar·i·an [kən`trɛrɪən] *n.* Ⓒ 持反對意見的人。

con·tra·ri·e·ty [ˌkantrə`raɪətɪ] *n.* ① Ⓤ 矛盾。② Ⓒ 相反的事[物]。

con·trar·i·wise [`kantrɛrɪˌwaɪz] *adv.* ①相反地。②執拗地。

***con·tra·ry** [`kantrɛrɪ] *adj.* ① 反對的；矛盾的。②逆的；不順的。③ [kən`trɛrɪ] 固執的；剛愎的。**—** *adv.* 反對地；相反地。**—** *n.* ① Ⓒ (常 *pl.*) 相反的事物。② (the ~) 矛盾。*on the* ~ 相反地。*to the* ~ 有相反的情形。

***con·trast** [`kantræst] *n.* ① ⓊⒸ 差別；明顯的差異。② Ⓤ 對比；對照；反襯。**—** [kən`træst] *v.t.* 對比；對照。**—** *v.i.* 成對照。

con·tra·vene [ˌkantrə`vin] *v.t.* ①違反；抵觸。②破壞；侵犯。③否定；反駁。— **con·tra·ven′tion,** *n.*

con·tre·temps [kõtrə`tã]〖法〗*n.* Ⓒ (*pl.* ~)令人尷尬的事。

***con·trib·ute** [kən`trɪbjʊt] *v.t.* ①捐助；貢獻。②投(稿)。**—** *v.i.* ①捐助。②助成；促成。③投稿。— **con·trib′u·tor** [-bjətə], *n.*

***con·tri·bu·tion** [ˌkantrə`bjuʃən] *n.* ① Ⓤ 捐助；貢獻。② Ⓒ 捐助的東西。③ Ⓤ 投稿。④ Ⓒ 稅。

con·trib·u·tive [kən`trɪbjʊtɪv] *adj.* ①貢獻的；捐助的。②促成的；增進的。

con·trib·u·to·ry [kən`trɪbjəˌtorɪ] *adj.* 有貢獻的；捐助的；有助於…的；促成…的。

con·trite [`kantraɪt] *adj.* 悔罪的；痛悔的；表示懺悔的。— **con·tri·tion** [kən`trɪʃən], *n.*

***con·triv·ance** [kən`traɪvəns] *n.* ① Ⓒ 發明物；機械裝置。② Ⓤ 設計；籌畫。③ Ⓤ 設計或發明的才能。

***con·trive** [kən`traɪv] *v.t.* ①發明；設計。②圖謀。**—** *v.i.* ①設法；計畫。②圖謀。— **con·triv′er,** *n.*

con·trived [kən`traɪvd] *adj.* 不自然的；做作的。

‡**con·trol** [kən`trol] *n.* ① Ⓤ 管理；支配。② Ⓤ 抑制；克制。③(*pl.*)操縱裝置。④ Ⓒ (確定科學實驗之結果的)對照標準；核對。⑤ Ⓤ〖棒球〗控球能力。*be out of* ~ 失去控制；不能操縱。*be under* ~ 受控制；受鎮壓。**—** *v.t.* (**-ll-**) ① 指揮；管理。② 抑制；約束。③調節；操縱。④核對(帳目)；樽節(支出)。§ ~ **stick** (飛機之)操縱桿。

con·trol·la·ble [kən`troləbl] *adj.* 可控制的；能操縱的。

con·trolled [kən`trold] *adj.* 受約束的；克制的。

con·trol·ler [kən`trolə] *n.* Ⓒ ①主計員；查帳員。②管理者；指揮者。

***con·tro·ver·sy** [`kantrəˌvɜsɪ] *n.* ⓊⒸ 爭論；辯論。— **con·tro·ver′sial** [-ʃəl], *adj.*

con·tu·ma·cious [ˌkantju`meʃəs] *adj.* 不服從命令的。

con·tu·me·ly [`kantjʊməlɪ] *n.* ⓊⒸ ①傲慢；無禮。②侮辱。

con·tuse [kən`tjuz] *v.t.* 打傷；撞傷；挫傷。— **con·tu′sion,** *n.*

co·nun·drum [kə`nʌndrəm] *n.* Ⓒ (含詼諧、雙關之意的)謎語。

con·ur·ba·tion [ˌkanə`beʃən] *n.* Ⓒ〖文〗集合都市；大都市圈。

con·va·lesce [ˌkanvə`lɛs] *v.i.* 恢復健康；漸癒。

con·va·les·cence [ˌkanvə`lɛsn̩s] *n.* Ⓤ ①漸癒。②病後復原期。

con·va·les·cent [ˌkanvə`lɛsn̩t] *adj.* 漸癒的；復原期患者(用)的。**—** *n.* Ⓒ 恢復健康中的病人。

con·vec·tion [kən`vɛkʃən] *n.* Ⓤ ①傳達。②〖氣象〗對流。③〖理〗(熱或電之)對流。

con·vene [kən`vin] *v.i.* 集會；集合。**—** *v.t.* 召集；票傳。

***con·ven·ience** [kən`vinjəns] *n.* ① Ⓤ 方便；適合。② Ⓒ (常 *sing.*)便利的事物。③ Ⓒ〖英〗廁所。*at one's* ~ 在方便的時候。§ ~ **fōod** 便利食。~ **stōre** 便利商店。

***con·ven·ient** [kən`vinjənt] *adj.* ①方便的；合宜的；舒適的。②近便的；易得的。— **ly,** *adv.*

***con·vent** [`kanvɛnt] *n.* Ⓒ ①修女[修士]之團體。②(多指女)修道院。

‡**con·ven·tion** [kən`vɛnʃən] *n.* ① Ⓒ 集會；(正式派代表出席的)會議。② Ⓒ (會議的)代表；使節。③ Ⓒ 條約；契約。④ ⓊⒸ 習俗；習慣。⑤ Ⓒ〖美政〗政黨提名大會。

C

***con·ven·tion·al** [kən`vɛnʃənl] *adj.* ①傳統的；習慣的。②協定上的；依條約的；會議的。③形式上的。④陳舊的；因襲的。⑤任意選擇的。— **ism,** *n.* — **ly,** *adv.* — **ize,** *v.*

con·ven·tion·eer [kən,vɛnʃə`nɪr] *n.* Ⓒ 參加集會的人；與會代表。(亦作 **conventioner**)

con·verge [kən`vɝdʒ] *v.i.* & *v.t.* ①集中於一點。②收斂。

con·ver·gence [kən`vɝdʒəns] *n.* ⓊⒸ 集中；輻合；收斂。

con·ver·sant [`kɑnvɚsn̩t] *adj.* ①精通…的；嫻熟的。②親近的。

‡**con·ver·sa·tion** [,kɑnvɚ`seʃən] *n.* ⓊⒸ 會話；談話；座談。— **al,** *adj.*

con·ver·sa·tion·ist [,kɑnvɚ`seʃənɪst] *n.* Ⓒ 有口才的人；健談者。

***con·verse**[1] [kən`vɝs] *v.i.* 談話。—[`kɑnvɝs] *n.* Ⓤ 談話。

con·verse[2] [kən`vɝs] *adj.* 倒轉的。—[`kɑnvɝs] *n.* (the ~)①相反的說法。②【邏輯】逆定理；逆命題。

con·verse·ly [kən`vɝslɪ] *adv.* ①相反地。②(修飾整句)反過來說。

***con·ver·sion** [kən`vɝʃən] *n.* ⓊⒸ ①變換。②信仰的改變。

***con·vert** [kən`vɝt] *v.t.* ①轉變；改變。②使改變信仰。③兌換。④反轉。⑤【法律】侵占。—[`kɑnvɝt] *n.* Ⓒ 改變信仰或意見的人。— **i·ble,** *adj.*

con·vert·er [kən`vɝtɚ] *n.* Ⓒ ①轉換者。②(鍊鋼用之)轉化爐。③【電】變流器。

con·vex [kɑn`vɛks] *adj.* 凸狀[面]的。—[`kɑnvɛks] *n.* Ⓒ 凸面；凸透鏡。— **con·vex′i·ty,** *n.*

***con·vey** [kən`ve] *v.t.* ①運送；運輸。②傳遞；傳達。③通知；通報。④(合法的)讓與。⑤傳導。— **ance,** — **er,** — **or,** *n.*

***con·vict** [kən`vɪkt] *v.t.* ①證明有罪。②判爲有罪；宣告有罪。③使知罪。—[`kɑnvɪkt] *n.* Ⓒ 罪犯。

***con·vic·tion** [kən`vɪkʃən] *n.* ①ⓊⒸ 定罪；判罪。② Ⓤ 說服；信服。③ⓊⒸ 堅信；信念。

***con·vince** [kən`vɪns] *v.t.* 使相信；說服。

***con·vinc·ing** [kən`vɪnsɪŋ] *adj.* 令人心服的；能說服人的。

con·viv·i·al [kən`vɪvɪəl] *adj.* ①歡宴的；歡樂的。②愉快的。— **con·viv·i·al·i·ty** [kən,vɪvɪ`ælətɪ], *n.*

con·vo·ca·tion [,kɑnvə`keʃən] *n.* Ⓤ①(會議之)召集。②會議(尤指宗教或學術上的)。

con·vo·lute [`kɑnvə,lut] *adj.* 旋繞的；迴旋狀的。— *v.t.* & *v.i.* 旋繞。— **con·vo·lu′tion,** *n.*

con·vo·lut·ed [`kɑnvə,lutɪd] *adj.* 旋繞的；迴旋狀的。

con·voy [kən`vɔɪ] *v.t.* 護送；護衛。—[`kɑnvɔɪ] *n.* ① Ⓤ 護送。② Ⓒ (集合稱)護送隊。③ Ⓒ 被護送的人[船隻]。

con·vulse [kən`vʌls] *v.t.* ①震動。②痙攣。③使…哄堂大笑。

con·vul·sion [kən`vʌlʃən] *n.* Ⓒ ①震動；騷動。②【醫】痙攣；驚風症。③(常 *pl.*)大笑。*throw into* ~*s* 使起痙攣；使捧腹大笑。— **con·vul′sive,** *adj.*

coo [ku] *n.* Ⓒ (*pl.* ~**s**) 鴣鴣聲(如鴿子)。— *v.i.* ①作鴣鴣聲。②喁喁情話。— *v.t.* 低聲而言。

‡**cook** [kuk] *n.* Ⓒ 廚子。— *v.t.* ①烹調；煮。②【俗】**a.** 竄改；捏造。**b.** 毀壞。— *v.i.* ①烹調；煮。②擔任廚子。③【俗】發生。~ *one's goose* 破壞…計畫；使…徹底失敗。~ *up*【俗】**a.** 計劃。**b.** 捏造。

cook·book [`kuk,buk] *n.* Ⓒ 食譜。

cook·er [`kukɚ] *n.* Ⓒ①鍋；炊具。②(常 *pl.*)烹調用的水果。

***cook·er·y** [`kukərɪ] *n.* Ⓤ 烹飪；烹調術；烹調業。

***cook·ie** [`kukɪ] *n.* =**cooky.**

cook·ing [`kukɪŋ] *adj.* 烹調用的。— *n.* Ⓤ 烹調；烹調法。§ ~ **stòve** 烹飪用爐子。

cook·out [`kuk,aut] *n.* Ⓒ ①野外烹調聚會。②此種聚會之食物。

cook·ware [`kuk,wɛr] *n.* Ⓤ (集合稱)烹調用具。

***cook·y** [`kukɪ] *n.* Ⓒ 餅乾。

‡**cool** [kul] *adj.* ①微冷的；涼的。②涼爽的。③冷靜的。④冷淡的。⑤大膽的；無禮的。— *n.* (the ~)涼爽；涼爽的部分[地方，時間]。— *v.t.* & *v.i.* ①(使)冷。②(使)冷靜。③(使)失去興趣。~ *it*【俚】冷靜下來；鎮靜。~ *off*【俗】變冷靜。— **ly,** *adv.* — **ness,** *n.*

cool·ant [`kulənt] *n.* ⓊⒸ 冷卻劑。

cool·er [`kulɚ] *n.* Ⓒ①冷卻器。②清涼劑。③【俚】監獄。④冷氣機。

cool-head·ed [`kul`hɛdɪd] *adj.*

頭腦冷靜的。 「小工。

coo·lie, -ly [ˋkulɪ] *n.* Ⓒ 苦力；

coon [kun] *n.* Ⓒ〖俗〗①浣熊。②黑人(帶有輕蔑之意)。

coop [kup] *n.* Ⓒ (雞、兎等之)籠、欄等。 — *v.t.* 關入籠[欄]內。

co-op [koˋɑp] *n.* Ⓒ〖俗〗消費合作社。(亦作**coop**) 「匠。

coop·er [ˋkupɚ, ˋku-] *n.* Ⓒ 箍桶

***co·op·er·ate** [koˋɑpə,ret] *v.i.* ①合作；協同。②相助。— **co·op'er·a·tor,** *n.*

***co·op·er·a·tion** [ko,ɑpəˋreʃən] *n.* ①Ⓤ合作；協力。②Ⓒ合作社。

***co·op·er·a·tive** [koˋɑpə,retɪv] *adj.* 合作的；協力的；協同的。a producers' ～ society 生產合作社。— *n.* Ⓒ合作社。

co-opt [koˋɑpt] *v.t.* (由原任委員)選舉(新委員)。— **co-op·ta'tion,** *n.*

***co·or·di·nate** [koˋɔrdṇɪt] *adj.* ①同等的；同格的。②〖文法〗對等的；同位的。～ conjunctions 對等連接詞。③〖數〗坐標的。— *n.* ①Ⓒ同等的人或物。②(*pl.*)〖數〗坐標。— [koˋɔrdṇ,et] *v.t.* ①使同等。②調和。— **co·or·di·na'tion,** *n.*

coot [kut] *n.* Ⓒ①〖鳥〗大鷭(水鳥)。②〖俗〗愚人。

cop [kɑp]〖俚〗*n.* Ⓒ警察。— *v.t.* (-pp-)①抓；捉；獲得。②偷；竊。

co·part·ner [koˋpɑrtnɚ] *n.* Ⓒ合作者；合夥人。

***cope**[1] [kop] *v.i.* 對抗；應付(with).

cope[2] *n.* Ⓒ (教士主禮時穿之)長袍。

cop·i·er [ˋkɑpɪɚ] *n.* Ⓒ①謄寫者。②剽竊者；仿效者。

co·pi·lot [koˋpaɪlət] *n.* Ⓒ (飛機之)副駕駛員。 「蓋；蓋梁。

cop·ing [ˋkopɪŋ] *n.* Ⓒ〖建〗石頭頂

co·pi·ous [ˋkopɪəs] *adj.* ①豐富的。②長篇累牘的。— **ly,** *adv.*

***cop·per**[1] [ˋkɑpɚ] *n.* ①Ⓤ銅。②Ⓒ銅器。③Ⓒ銅幣。④Ⓤ銅色。— *adj.* ①銅(製)的。②銅色的。

cop·per[2] *n.* Ⓒ〖俚〗警察。

cop·per·plate [ˋkɑpɚ,plet] *n.* ⓊⒸ〖印刷〗銅版；銅版印刷。

cop·per·smith [ˋkɑpɚ,smɪθ] *n.* Ⓒ銅匠。

cop·pice [ˋkɑpɪs] *n.* =**copse.**

cop·ra [ˋkɑprə] *n.* Ⓤ乾椰子肉。

copse [kɑps] *n.* Ⓒ矮樹叢。

cop·ter [ˋkɑptɚ] *n.* Ⓒ〖俗〗直升機 (=helicopter).

Cop·tic [ˋkɑptɪk] *adj.* 埃及土人的；埃及基督徒的。

cop·u·la [ˋkɑpjələ] *n.* Ⓒ (*pl.* ～**s, -lae** [-,li])〖文法，邏輯〗連繫辭。

cop·u·late [ˋkɑpjə,let] *v.i.* 性交。— **cop·u·la'tion,** *n.*

cop·u·la·tive [ˋkɑpjə,letɪv] *adj.* ①〖文法〗連繫辭的。②性交的。

‡**cop·y** [ˋkɑpɪ] *n.* ①Ⓒ複本；謄本；複製品。②Ⓒ摹本；範本。③Ⓒ(一次刊行的)部；冊；分。④Ⓤ〖影〗拷貝。⑤Ⓤ原稿。⑥Ⓤ寫作的題材。⑦Ⓤ〖新聞〗(人或事之)新聞價值。— *v.t.* & *v.i.* ①抄寫。②模仿。§ ～ **protéction** 防拷貝保護。

cop·y·book [ˋkɑpɪ,bʊk] *n.* Ⓒ習字簿。— *adj.* 平凡的；老套的。

cop·y·cat [ˋkɑpɪ,kæt] *n.* Ⓒ〖俗〗模仿他人動作或工作的人。— *v.t.* (-tt-)盲目地模仿。

cop·y·ist [ˋkɑpɪɪst] *n.* Ⓒ①抄寫者；謄寫者。②模仿者。

cop·y·read·er [ˋkɑpɪ,ridɚ] *n.* Ⓒ〖新聞〗編輯；校訂人。

***cop·y·right** [ˋkɑpɪ,raɪt] *n.* ⓊⒸ版權；著作權。— *adj.* 有著作權[版權]的。— *v.t.* 取得版權。

cop·y·writ·er [ˋkɑpɪ,raɪtɚ] *n.* Ⓒ (報社之)寫稿人(尤指廣告文字)。

co·quet [koˋkɛt] *v.i.* (-tt-) (女子)賣弄風情；獻媚。

co·quet·ry [ˋkokɪtrɪ] *n.* ⓊⒸ (女子)玩弄男子；賣弄風情。

co·quette [koˋkɛt] *n.* Ⓒ賣弄風情之女子。

co·quet·tish [koˋkɛtɪʃ] *adj.* 賣俏的；賣弄風情的。

cor·a·cle [ˋkɔrəkḷ] *n.* Ⓒ (以枝條作骨架，外覆防水布的)輕便小舟。

***cor·al** [ˋkɑrəl] *n.* ①ⓊⒸ珊瑚(製品)。②Ⓤ珊瑚色。— *adj.* 珊瑚製的。§ ～ **rèef** 珊瑚礁。

***cord** [kɔrd] *n.* ①ⓊⒸ細繩；索；絃。②ⓊⒸ絕緣的小電線。③Ⓒ腱；索狀組織。④ⓊⒸ楞條(布)。

cord·age [ˋkɔrdɪdʒ] *n.* Ⓤ (集合稱)繩索；索具。

***cor·dial** [ˋkɔrdʒəl] *n.* ⓊⒸ興奮劑；強心劑。— *adj.* 熱心的；眞誠的。— **ly,** *adv.*

cor·dial·i·ty [kɔrˋdʒælətɪ] *n.* ①Ⓤ熱誠；懇摯。②(*pl.*)熱誠之言行。

cord·ite [ˋkɔrdaɪt] *n.* Ⓤ線狀火藥；

紐形火藥。 「的；以電池供電的。

cord·less [ˋkɔrdlɪs] *adj.* 無線電

cor·don [ˋkɔrdn̩] *n.* Ⓒ①飾帶；綬帶。②〖軍〗警戒線；哨兵線。

cor·don bleu [kɔrdɔ̃ˋblœ]〖法〗*n.* Ⓒ(*pl.* **cor·dons bleus**[～])某行業之佼佼者(尤指一流廚師)。

cor·du·roy [ˏkɔrdəˋrɔɪ] *n.* ①Ⓤ燈心絨。②(*pl.*)燈心絨所縫成之褲子。

***core** [kor] *n.* ①Ⓒ果心。②(the ～)中心或最重要的部分。③Ⓒ〖電〗心；心線。

co·re·li·gion·ist [ˏkorɪˋlɪdʒənɪst] *n.* Ⓒ信奉同一宗教之人。

cor·gi [ˋkɔrgɪ] *n.* Ⓒ(威爾斯產的)一種短腿、身長、頭似狐狸的小狗。

cor·i·an·der [ˏkorɪˋændɚ] *n.* ⓊⒸ〖植〗胡荽。

Co·rin·thi·an [kəˋrɪnθɪən] *adj.* ①古希臘城市科林斯(人)的。②科林斯式建築的。**—** *n.* ①Ⓒ科林斯人。②(*pl.*)聖經中哥林多前書及後書。

***cork** [kɔrk] *n.* ①Ⓤ軟木。②Ⓒ軟木製的東西。③Ⓒ軟木塞。④Ⓒ瓶塞。**—** *v.t.* ①用瓶塞塞緊。②阻止；抑制。

cork·screw [ˋkɔrkˏskru] *n.* Ⓒ拔塞鑽；螺絲錐。**—** *adj.* 螺旋形的。**—** *v.i.* 彎曲前進；作螺旋式移動。**—** *v.t.* 使…作螺旋式移動。

cor·mo·rant [ˋkɔrmərənt] *n.* Ⓒ①〖鳥〗鸕鷀。②貪心的人；饕餮者。

‡**corn**[1] [kɔrn] *n.* ①Ⓤ〖美〗玉蜀黍。②Ⓒ玉蜀黍粒。③Ⓤ〖英〗一般的穀類，尤指小麥。④Ⓤ〖蘇，愛〗燕麥。⑤Ⓤ〖俗〗老套而陳舊的笑話、故事、音樂等。§ ～ **brĕad**〖美〗玉米麵包。～ **chĭp** 玉米片。

corn[2] *n.* Ⓒ 脚上生的雞眼。*step* [*tread*] *on one's ～s* 觸及某人的傷心處。

corn·cob [ˋkɔrnˏkɑb] *n.* Ⓒ〖美〗①玉蜀黍之穗軸。②此種穗軸製之煙斗。

cor·ne·a [ˋkɔrnɪə] *n.* Ⓒ〖解〗(眼)角膜。

‡**cor·ner** [ˋkɔrnɚ] *n.* Ⓒ ①角；隅。②隱僻之處。③(常 a ～)窮境；窘境。④兩條街道連接處。*cut ～s* **a.** 走近路。**b.** 節省時間、金錢等。*turn the ～* 脫險；度過危機。**—** *v.t.* & *v.i.* ①迫至一隅。②使之困窘。③壟斷；獨佔。④〖俚〗(汽車)急轉彎。

cor·ner·stone [ˋkɔrnɚˏston] *n.* Ⓒ①基石；隅石。②基礎；要素。

cor·net [ˋkɔrnɪt] *n.* Ⓒ①〖樂〗短號。②圓錐形紙袋。③圓錐形之(冰淇淋)蛋捲。

corn·field [ˋkɔrnˏfild] *n.* Ⓒ稻田；麥田；玉蜀黍田。

corn·flakes [ˋkɔrnˏfleks] *n. pl.* 玉蜀黍片(拌糖、牛奶等當早餐吃的)。

corn·flow·er [ˋkɔrnˏflauɚ] *n.* Ⓒ〖植〗矢車菊。 「檐板。

cor·nice [ˋkɔrnɪs] *n.* Ⓒ〖建〗飛簷；

Cor·nish [ˋkɔrnɪʃ] *adj.* ①英國康瓦耳郡的。②康瓦耳人[語]的。**—** *n.* Ⓤ康瓦耳語(1800年以前該地居民使用的古方言)。§ ～ **pásty** 包有肉及馬鈴薯的餡餅。

corn·meal [ˋkɔrnˏmil] *n.* Ⓤ①玉蜀黍粗粉。②〖美〗玉米片。

corn·starch [ˋkɔrnˏstartʃ] *n.* Ⓤ玉蜀黍澱粉。

cor·nu·co·pi·a [ˏkɔrnəˋkopɪə] *n.* ①(the ～)〖希神〗豐饒的角。②(a ～)豐富[of]。

corn·y [ˋkɔrnɪ] *adj.* ①穀製的。②〖俚〗陳腔濫調的。③〖俚〗過於傷感的。

cor·ol·lar·y [ˋkɔrəˏlɛrɪ] *n.* Ⓒ①〖數〗系。②推論。③自然之結果。

co·ro·na [kəˋronə] *n.* Ⓒ(*pl.* **～s, -nae** [-ni])〖天〗日月之暈；日冕。

cor·o·nar·y [ˋkɔrəˏnɛrɪ] *adj.* ①冠的；花冠的。②〖解〗冠狀的；心臟的。**—** *n.* Ⓒ＝**coronary thrombosis.** § ～ **thrombósis**(心臟之)冠狀動脈血栓症。

***cor·o·na·tion** [ˏkɔrəˋneʃən] *n.* Ⓒ加冕；加冕禮。

cor·o·ner [ˋkɔrənɚ] *n.* Ⓒ驗屍官。

cor·o·net [ˋkɔrənɪt] *n.* Ⓒ①小冠冕。②冠狀頭飾。

corp., Corp. corporal; corporation. 「**corpus.**

cor·po·ra [ˋkɔrpərə] *n.* pl. of

***cor·po·ral**[1] [ˋkɔrp(ə)rəl] *adj.* ①肉體的。②個人的。**—ly,** *adv.*

***cor·po·ral**[2] *n.* Ⓒ〖軍〗下士。

cor·po·rate [ˋkɔrpərɪt] *adj.* ①團體的；法人組織的。②共同的。

***cor·po·ra·tion** [ˏkɔrpəˋreʃən] *n.* Ⓒ ①團體；公司；社團。②法人。③〖俗〗凸出之腹部；大肚子。

cor·po·re·al [kɔrˋporɪəl] *adj.* ①肉體的。②物質的。③具體的。

***corps** [kor] *n.* Ⓒ(*pl.* ～ [～z])①軍中的特種部隊。②〖軍〗軍團；兵團。③共同工作者的團體。～ *de ballet*

(集合稱)芭蕾舞團。 「的)。

*cor·pse [kɔrps] n. Ⓒ 屍體(尤指人)
cor·pu·lent [ˋkɔrpjələnt] adj. 肥胖的; 肥大的。— cor′pu·lence, n.
cor·pus [ˋkɔrpəs] n. Ⓒ (pl. -po·ra [-pərə])①身體(尤指屍體)。②(文獻、法典等之)全集。
cor·pus·cle [ˋkɔrpəsl] n. Ⓒ ①血球。②微粒子。
cor·ral [kəˋræl] n. Ⓒ ①畜欄。②(捕捉象等之)圍欄。③防禦攻擊之圓形車陣。
‡cor·rect [kəˋrɛkt] adj. ①正確的; 無誤的。②得當的; 適當的。— v.t. ①改正; 修正。②醫治; 克服。 — ness, n. — ly, adv.
*cor·rec·tion [kəˋrɛkʃən] n. ①ⓊⒸ改正; 修正; 校正。②ⓊⒸ改正的東西; 正誤。③Ⓤ懲戒。*house of* ～ 懲戒所; 感化院。
cor·rec·tive [kəˋrɛktɪv] adj. ①改正的。②中和的(藥)。— n. Ⓒ ①矯正物; 改善法。②中和物。
cor·re·late [ˋkɔrə͵let] v.i. 關連。— v.t. 使相關連。— n. Ⓒ有相互關係之人[物]。
cor·re·la·tion [͵kɔrəˋleʃən] n. ⓊⒸ相互關連; 關連。
cor·rel·a·tive [kəˋrɛlətɪv] adj. 關連的。— n. Ⓒ 相關物[詞]。
*cor·re·spond [͵kɔrəˋspɑnd] v.i. ①調合; 符合[with, to]。②相當; 相似[to]。③通信。
*cor·re·spond·ence [͵kɔrəˋspɑndəns] n. ①ⓊⒸ符合; 相似。②Ⓤ通信。 ③Ⓤ(集合稱)信件; 信札。§ ～ còurse 函授課程。
*cor·re·spond·ent [͵kɔrəˋspɑndənt] n. Ⓒ①通信者。②訪員; 通信記者。③有商務關係者。④與他物相當或相似的東西。
*cor·re·spond·ing [͵kɔrəˋspɑndɪŋ] adj. ①相當的; 一致的[to, with]。②通信的。— ly, adv.
*cor·ri·dor [ˋkɔrədə, ˋkɑr-] n. Ⓒ ①〖建〗走廊; 迴廊。② [-͵dɔr] 〖地〗走廊地帶。*the Polish C-* 波蘭走廊。
cor·ri·gen·dum [͵kɔrɪˋdʒɛndəm] n. (pl. -da [-də])①Ⓒ需改正之錯(尤指文稿或書中者)。②(pl., 作 sing. 解)勘誤表。
cor·ri·gi·ble [ˋkɔrədʒəbl] adj. 可改正的; 易矯正的。
cor·rob·o·rate [kəˋrɑbə͵ret] v.t. ①確定; 確證。②堅定; 鞏固。
cor·rob·o·ra·tive [kəˋrɑbə͵retɪv] adj. 確定的; 強壯性的。
cor·rode [kəˋrod] v.t. & v.i. ①腐蝕; 侵蝕。②損害; 損傷。
cor·rod·i·ble [kəˋrodəbl] adj. 可腐蝕的。(亦作 corrosible)
cor·ro·sion [kəˋroʒən] n. Ⓤ①腐蝕; 侵蝕。②衰敗; 漸失。
cor·ro·sive [kəˋrosɪv] adj. 腐蝕的; 侵蝕的。— n. Ⓒ腐蝕劑。
cor·ru·gate [ˋkɔrə͵get] v.t. & v.i. (使)起皺紋。— [ˋkɔrəgɪt, -͵get] adj. 有皺紋的; 波狀的。
cor·ru·gat·ed [ˋkɔrə͵getɪd] adj. 皺的; 有皺紋的; 波狀的。
*cor·rupt [kəˋrʌpt] adj. ①腐敗的; 貪污的。②語言轉訛的。③腐爛的。— v.t. ①使腐爛; 使腐敗。②使墮落。③用賄賂收買。④使(言語)轉訛。— v.i. 腐敗; 腐爛。— i·ble, adj.
*cor·rup·tion [kəˋrʌpʃən] n. ①Ⓤ墮落; 貪污。②Ⓤ賄賂。③Ⓤ腐爛。④Ⓒ轉訛或誤用(指語言)。
cor·sage [kɔrˋsɑʒ] n. Ⓒ ①(女用)緊身上衣。②(女性裝飾在腰部或肩部的)花束。
cor·sair [ˋkɔrsɛr] n. Ⓒ海盜(船)。
*cor·set [ˋkɔrsɪt] n. Ⓒ(常 pl.)(女用)束腹。
cor·tège [kɔrˋteʒ] 〖法〗n. Ⓒ ①行列; 儀仗。②扈從; 隨從。
cor·tex [ˋkɔrtɛks] n. Ⓒ (pl. -ti·ces [-tɪ͵siz], ～es) ①(植物之)皮層; 樹皮。②(腦或腎等之)皮層; 皮質。
cor·us·cate [ˋkɔrəs͵ket] v.i. ①閃光; 閃爍。②(才氣)煥發。
cor·vet(te) [kɔrˋvɛt] n. Ⓒ ①舊時中型巡洋艦。②千噸級之小軍艦(用於驅逐潛水艇或護航)。
Cós·by Shòw [ˋkɑzbɪ ～] n. (the ～)天才老爹(電視節目)。
cosh [kɑʃ] n. Ⓒ〖主英俚〗(用做武器的)短棒。— v.t. 用短棒打(頭)。
co·sig·na·to·ry [koˋsɪgnə͵torɪ] adj. 連名簽署的。the ～ powers 連署國。— n. Ⓒ連署人; 連署國。
co·si·ly [ˋkozɪlɪ] adv. 溫暖舒服地。
co·sine [ˋkosaɪn] n. Ⓒ〖數〗餘弦。
cos·met·ic [kɑzˋmɛtɪk] n. Ⓒ (常 pl.)化粧品。— adj. 化粧用的。
cos·me·tol·o·gist [͵kɑzmɪˋtɑlədʒɪst] n. Ⓒ美容師。
cos·mic [ˋkɑzmɪk] adj. ①宇宙的。

C

②廣大無邊的。③秩序井然的；和諧的。§～ dúst〖天〗宇宙塵。～ radiátion[ráy]宇宙射線；宇宙線。

cos·mol·o·gy [kɑz`mɑlədʒɪ] *n.* Ⓤ宇宙論(討論宇宙起源或構造)。

cos·mo·naut [`kɑzmə,nɔt] *n.* Ⓒ(尤指前蘇聯的)太空人。

cos·mo·pol·i·tan [,kɑzmə`pɑlətn̩] *adj.* ①四海爲家的；世界主義的。②分布於世界各地的。

cos·mo·po·lit·i·cal [,kɑzməpə`lɪtɪkl] *adj.* 世界性政策的。

cos·mos [`kɑzməs] *n.* (*pl.* ～, ～es) ①Ⓤ(井然有序之)宇宙(爲混沌之對)。②Ⓒ〖植〗大波斯菊。

co·spon·sor [ko`spɑnsɚ] *n.* Ⓒ共同主辦人。

cos·set [`kɑsɪt] *v.t.* 寵愛；珍愛；溺愛；縱容。

‡**cost** [kɔst] *n.* ①Ⓒ價；價值；費用。②Ⓤ損失；犧牲。③(*pl.*)訴訟費。***at all ～s; at any ～*** 無論作何犧牲。***at the ～ of*** 損失；犧牲。***～ of living*** 生活費。— *v.t.* (cost)①值(若干)；需(價若干)。②費；需。③令遭損失；令受犧牲。§～ accòunting〖商〗成本會計。～ efficiency [effèctiveness] 成本效率。～ price 成本價格；進貨價格。

co-star [`ko`stɑr] *n.* Ⓒ共演者；配角。— *v.i.* & *v.t.* (-rr-) (使)共演；當配角。

cost-ef·fec·tive [`kɔstə`fɛktɪv], **-ef·fi·cient** [-`fɪʃənt] *adj.* 成本效率的。

cos·tive [`kɑstɪv] *adj.* 便祕的。

***cost·ly** [`kɔstlɪ] *adj.* ①昂貴的；貴重的。②奢侈的；浪費的。

cost-of-liv·ing [`kɔstəv`lɪvɪŋ] *adj.* 生活費的。§～ allòwance 生活費用津貼。～ ìndex 生活費指數。

cost-plus [`kɔst`plʌs] *adj.* (對實際成本)利益增加的；成本加利潤的。

***cos·tume** [`kɑstjum] *n.* ⓊⒸ①服裝；服裝的式樣。②舞臺裝；劇裝。§～ pìece [plày] 古裝劇。

cos·tum·er [kɑs`tjumɚ] *n.* Ⓒ衣商(特指製、售或出租劇裝、舞衣者)。

cos·tum·i·er [kɑs`tjumɪɚ] *n.* = costumer.

co·sy [`kozɪ] *adj.* 溫暖而舒適的；安逸的。— *n.* Ⓒ茶壺上保暖的罩。

***cot**[1] [kɑt] *n.* Ⓒ①帆床(尤指帆布床)。②〖英〗小兒床(四圍常有欄杆者)。

cot[2] *n.* Ⓒ小屋；茅屋。

co·tan·gent [ko`tændʒənt] *n.* Ⓒ〖數〗餘切。

co·te·rie [`kotərɪ] *n.* Ⓒ(由共同興趣而組織的)小團體。

***cot·tage** [`kɑtɪdʒ] *n.* Ⓒ①小屋。②別墅。§～ chèese(由脫脂凝乳作成的)鬆軟白乾酪(亦作 Dutch cheese).

cot·tag·er [`kɑtɪdʒɚ] *n.* Ⓒ①住茅屋者。②〖美〗在度假勝地有別墅之人。

‡**cot·ton** [`kɑtn̩] *n.* Ⓤ①棉花。②棉樹。③棉紗；棉線。④棉布。— *v.i.* 〖俗〗①交友。②喜歡；贊成[to, with].§～ mìll 紗廠；紡織廠。～ spìnner (1)紡織工人。(2)紡紗業者；紗廠廠主。～ wóol(1)棉花；原棉。(2)〖英〗脫脂棉花。(3)安逸的生活。

cot·ton·wood [`kɑtn̩,wud] *n.* Ⓒ〖植〗白楊。

***couch** [kautʃ] *n.* Ⓒ①臥榻；長沙發。②隱藏之所；獸穴。— *v.t.* ①措辭；表達。②放低(矛等)預備攻擊。③使橫臥；使偃臥。— *v.i.* ①橫臥；偃臥。②埋伏；潛伏。

couch·ant [`kautʃənt] *adj.* ①俯伏的；(動物)蹲著的。②〖紋章〗(野獸)抬頭伏臥狀的。

cou·chette [ku`ʃɛt] *n.* Ⓒ有臥鋪的火車廂。

cou·gar [`kugɚ] *n.* Ⓒ美洲豹。

cough** [kɔf] *v.i.* ①咳嗽。②(引擎等)爆發不連續的噗噗聲。— *v.t.* 咳出[up, out]. ～ ***up **a.** 咳出。**b.** 付出。**c.** 吐露。— *n.* ①(a ～)咳；咳嗽。②(a ～)咳嗽病。③Ⓒ咳聲。

‡**could** [kud] *v.* pt. of **can.** ①表示簡單過去(常用於附屬子句)。②表示客氣。*C-* you do this for me? 你能爲我做這事嗎? ③表示假定。④表示沒有把握。

***could·n't** [`kudn̩t] = **could not.**

cou·lee [`kulɪ] *n.* Ⓒ①〖地質〗熔岩流。②〖美西部〗深谷；斜壁谷。

cou·lomb [ku`lɑm] *n.* Ⓒ庫；庫侖(電量之實用單位)。

‡**coun·cil** [`kaunsl] *n.* Ⓒ①會議。②市或鎮的議會。③顧問委員會。

coun·cil·man [`kaunslmən] *n.* Ⓒ(*pl.* -men)①市議會議員；鎮民代表。②參議；議員。

coun·ci·lor, 〖英〗 **-cil·lor** [`kaunslɚ] *n.* Ⓒ(州、市、鎮等議會之)議員；評議員；顧問。

***coun·sel** [`kaunsl] *n.* ①Ⓤ商議；商量。②Ⓤ勸告；忠告。③Ⓒ(集合稱時作 *pl.* 解)法律顧問；律師。④

Ⓤ計畫；企圖。*keep one's own* ~ 守祕密。— *v.t.* (-l-, 〖英〗-ll-)①勸告；忠告。②建議；主張。— *v.i.* 商議；商量；商討。

coun·sel·(l)ing [ˋkaunsḷɪŋ] *n.* Ⓤ輔導服務。

***coun·se·lor,** 〖英〗 **-sel·lor** [ˋkaunsḷɚ] *n.* Ⓒ①顧問；(使館)參事。②法律顧問。

‡**count**[1] [kaunt] *v.t.* ①點數；數。②計算；清點。③計及；包括。④以爲；想；視爲。— *v.i.* ①數；計算。②信賴；憑藉；期望(on, upon)。③有價值；有用。④總計達某數目。⑤得分。~ *in* 包括。~ *out* **a.** 宣告失敗(拳賽時，被對手打倒，數至十秒仍不能起立)。**b.** 出席者不足法定人數而宣告延會。**c.** 計算投票時，非法地使一部分選票失效，從而控制選舉。**d.** 忽略；不算在內。— *n.* ①ⓊⒸ數；計算。②Ⓒ控訴的條款。③Ⓤ考慮；注意。④Ⓒ事項。*keep*[*lose*] ~ *of* 數(不)清。

***count**[2] *n.* Ⓒ伯爵(歐洲大陸的稱號，相當於英國的 earl)。

count·a·ble [ˋkauntəbḷ] *adj.* 可數的。— *n.* Ⓒ〖文法〗可數名詞。

count·down [ˋkaunt,daun] *n.* Ⓒ(按預定時間實行計畫之)倒數計時。

***coun·te·nance** [ˋkauntənəns] *n.* Ⓤ①面容；面部表情。②面貌；容貌。③應許；鼓勵。④鎮靜；沉著。*keep one's* ~ 保持鎮靜；不露喜怒之色。— *v.t.* 鼓勵；贊助；默認；允許。

***count·er**[1] [ˋkauntɚ] *n.* Ⓒ①籌碼。②〖美〗櫃臺。③計算機。④僞幣。*under the* ~ 非法地；祕密地。

coun·ter[2] *adv.* & *adj.* 相反地[的]；反對地[的]。— *n.* Ⓒ①反對；反對物。②〖拳擊〗還擊。③(鞋底之)後跟。— *v.t.* & *v.i.* ①反對。②〖拳擊〗還擊。

counter- 〖字首〗表「相反；相對」之義。

***coun·ter·act** [,kauntɚˋækt] *v.t.* 抵消；中和。— **coun·ter·ac′tion,** *n.*

coun·ter·at·tack [ˋkauntərə,tæk] *n.* Ⓒ反攻；反擊。— [,kauntərəˋtæk] *v.t.* & *v.i.* 反攻；反擊。

coun·ter·bal·ance [ˋkauntɚ,bæləns] *n.* Ⓒ①平衡；平衡力。②平衡裝置。— [,kauntɚˋbæləns] *v.t.* ①使平衡；使抵消。②配以平衡裝置。

coun·ter·clock·wise [,kauntɚˋklɑk,waɪz] *adj.* & *adv.* 反時針方向的[地]。

coun·ter·cul·ture [ˋkauntɚ,kʌltʃɚ] *n.* Ⓤ(1960-70年代年輕人的)反傳統文化。

coun·ter·es·pi·o·nage [,kauntɚˋɛspɪənɪdʒ] *n.* Ⓤ反間諜(活動)。

coun·ter·feit [ˋkauntɚfɪt] *adj.* 贋造的；假冒的。— *n.* Ⓒ贋品；僞造品。— **er,** *n.*

coun·ter·foil [ˋkauntɚ,fɔɪl] *n.* Ⓒ〖英〗(支票、匯票等之)存根。

coun·ter·in·tel·li·gence [,kauntərɪnˋtɛlədʒəns] *n.* Ⓤ〖軍〗①反間諜活動。②反情報機構。

coun·ter·mand [,kauntɚˋmænd] *v.t.* ①撤回(已發出之命令)。②下令取消。— [ˋkauntɚ,mænd] *n.* ⓊⒸ收回成命。

coun·ter·meas·ure [ˋkauntɚ,mɛʒɚ] *n.* Ⓒ抵制手段；對策。

coun·ter·of·fen·sive [,kauntərəˋfɛnsɪv] *n.* Ⓒ〖軍〗(守軍之)反攻；反擊；逆襲。

coun·ter·pane [ˋkauntɚ,pen] *n.* Ⓒ床罩；床單。

coun·ter·part [ˋkauntɚ,pɑrt] *n.* Ⓒ①副本。②極相似的人或物；互相配對的東西。③互相補充的東西。

coun·ter·plot [ˋkauntɚ,plɑt] *v.i.* & *v.t.* (-tt-)將(計)就計；用計謀對抗。— *n.* Ⓒ反計；對抗策略。

coun·ter·poise [ˋkauntɚ,pɔɪz] *n.* ⓊⒸ①平衡；平衡力。②足以抗拒之力。③砝碼。— *v.t.* 使平衡。

coun·ter·pro·duc·tive [,kauntɚprəˋdʌktɪv] *adj.* 反效果的。

coun·ter·rev·o·lu·tion [,kauntɚ,rɛvəˋluʃən] *n.* ⓊⒸ反革命。

coun·ter·sign [ˋkauntɚ,saɪn] *v.t.* 連署；副署。

coun·ter·ten·or [ˋkauntɚ,tɛnɚ] *n.* Ⓤ〖樂〗男聲中音。

coun·ter·weight [ˋkauntɚ,wet] *n.* = **counterbalance.**

***count·ess** [ˋkauntɪs] *n.* Ⓒ伯爵夫人；女伯爵。

count·ing [ˋkauntɪŋ] *n.* ⓊⒸ計算；開票。§ ~ **machine** 計算機。

count·ing·house [ˋkauntɪŋ,haus] *n.* Ⓒ會計室。

***count·less** [ˋkauntlɪs] *adj.* 無數的。

coun·tri·fied, **-try-** [ˋkʌntrɪ,faɪd] *adj.* ①鄉野的。②粗俗的。

‡**coun·try** [ˋkʌntrɪ] *n.* ①Ⓒ國；國

C

家；國土。② Ⓤ 地方；地域。③(the ～)國民；全國。④Ⓒ家鄉；故土。⑤(the ～)鄉村；鄉間。— *adj.* 鄉間的。§ ～ **clùb** 鄉村俱樂部。～ **hòuse** 別墅。

coun·try-dance [ˋkʌntrɪˏdæns] *n.* Ⓒ土風舞。

***coun·try·man** [ˋkʌntrɪmən] *n.* Ⓒ (*pl.* **-men**)①鄉下人。②同國人。

coun·try·seat [ˋkʌntrɪˏsit] *n.* Ⓒ①別墅。②〖英〗鄉紳的住宅。

***coun·try·side** [ˋkʌntrɪˏsaɪd] *n.* ①Ⓤ鄉間。②(the ～)村民。

‡**coun·ty** [ˋkauntɪ] *n.* Ⓒ ①〖美〗郡。②〖英，愛〗州或郡。§ ～ **fámily** 郡世居望族。～ **séat** 郡政府所在地。～ **tówn** 郡的首邑。

coup [ku] *n.* Ⓒ①突然而有效的一擊；出乎意料的行動。②政變。~ ***de grâce*** [kudəˋgrɑs] 致命之一擊。~ ***d'état*** [ˋkudeˋtɑ] 武力政變。

coupe [kup] *n.* Ⓒ①〖美俗〗有車廂的四輪馬車。②雙門小轎車。

‡**cou·ple** [ˋkʌpl] *n.* Ⓒ ① 一對；一雙。②夫婦；情侶。— *v.t.* ①連接。②聯想。— *v.i.* ①連結；成對。②交配；交媾。〔注意〕在日常談話中，couple 相等於數目字 two. 但俗用亦作「數個」或「幾個」解。

cou·pler [ˋkʌplɚ] *n.* Ⓒ聯結器。

cou·plet [ˋkʌplɪt] *n.* Ⓒ〖詩〗對句；雙韻。②Ⓒ聯結器。

cou·pling [ˋkʌplɪŋ] *n.* ①Ⓤ聯結。

cou·pon [ˋkupɑn] *n.* Ⓒ①可撕下的利息單、聯票等。②商家的優待券。

‡**cour·age** [ˋkɜɪdʒ] *n.* Ⓤ勇敢；勇氣。***pluck up*** [***take***] ~ 鼓起勇氣。

***cou·ra·geous** [kəˋredʒəs] *adj.* 勇敢的。— **ly,** *adv.*

cour·gette [kurˋʒɛt] *n.* ⓊⒸ〖英〗〖植〗綠皮胡瓜(＝zucchini)。

cou·ri·er [ˋkurɪɚ] *n.* Ⓒ ①送遞快信的信差。②旅行時被雇用之從僕。

‡**course**[1] [kors, kɔrs] *n.* ①Ⓤ過程。②Ⓒ方向；方針。③Ⓒ行爲；做法。④Ⓒ所經之路。⑤Ⓒ連續的事物。⑥Ⓒ課程。⑦Ⓒ一道菜。⑧Ⓒ跑馬場或球場。⑨Ⓒ磚、瓦、石等的層列。***as a matter of*** ~ 自然地。***in due*** ~ 在適當的時候；不久以後。***in the*** ~ ***of*** 當…期間；在…過程中。***of*** ~ 當然。— *v.i.* & *v.t.* ①運行；流行。②狩獵。

course[2], **'course** *adv.* 〖俗〗＝of course.

course·ware [ˋkorsˏwɛr] *n.* Ⓤ〖電算〗教學用軟體。

‡**court** [kort, kɔrt] *n.* ①Ⓒ庭院。②Ⓒ短街。③Ⓒ場。④ⓊⒸ朝廷。⑤Ⓤ朝臣。⑥ⓊⒸ法院。⑦(the ～，集合稱)法官。⑧Ⓤ求寵；殷勤；求愛。~ ***of justice***法院。— *v.t.* & *v.i.* ①求愛。②乞惠。③招致。④引誘。

***cour·te·ous** [ˋkɜtɪəs] *adj.* 有禮貌的；殷勤的。— **ly,** *adv.*

cour·te·san, -zan [ˋkortəzn̩] *n.* Ⓒ高等娼妓。

cour·te·sy** [ˋkɜtəsɪ] *n.* ① Ⓤ 禮貌；殷勤。② Ⓤ 恩惠；允許。③ Ⓤ 禮儀；謙恭。④ [ˋkɜtsɪ] ＝**curtsy.** ***by [***of***] ~ 禮貌上；好意上；情面上。

court·house [ˋkortˏhaus] *n.* Ⓒ ①法院。②〖美〗郡政府所在地。

***cour·ti·er** [ˋkortɪɚ, ˋkɔr-, -tjɚ] *n.* Ⓒ①朝臣。②奉承者。

court·ly [ˋkortlɪ] *adj.* ①適於做朝臣的。②有禮貌而威嚴的；謙恭的。③奉承的。— **court'li·ness,** *n.*

court-mar·tial [ˋkortˋmɑrʃəl] *n.* Ⓒ (*pl.* **courts-, ～s**) ①軍事法庭。②軍事審判。— *v.t.* (**-l-,** 〖英〗**-ll-**) 軍事審判。

court·room [ˋkortˏrum] *n.* Ⓒ 法庭；審判室。

court·ship [ˋkortʃɪp] *n.* ⓊⒸ 求愛；求愛時期。

***court·yard** [ˋkortˏjɑrd] *n.* Ⓒ庭院。

‡**cous·in** [ˋkʌzn̩] *n.* Ⓒ ①堂[表]兄、弟、姊、妹。②遠親。

cou·ture [kuˋtur] 〖法〗*n.* ① Ⓤ 女裝業。②(集合稱)女裝設計師。

cou·tu·ri·er [kuˋturɪˏe, -rɪɚ] 〖法〗*n.* Ⓒ女服設計師。

cove [kov] *n.* Ⓒ小海灣；小灣。

cov·e·nant [ˋkʌvənənt] *n.* Ⓒ 契約；盟約；契約書。— *v.i.* & *v.t.* 締結盟約。

Cov·en·try [ˋkɑvəntrɪ] *n.* 科芬特里(英格蘭中南部一城市)。***send*** (***a person***) ***to*** ~ 拒絕同(某人)講話或來往。

‡**cov·er** [ˋkʌvɚ] *v.t.* ①蓋。②遮蔽。③占(時間或空間)。④穿衣；包裹起。⑤掩藏。⑥庇護。⑦通過；行過。⑧包括；論及。⑨供給；抵償；足敷。⑩對…瞄準；使在火力距離以內；掩護(部隊等)。⑪戴帽於。⑫採訪(新聞)。⑬接受賭注。⑭孵(蛋)。⑮淹沒。⑯交配。~ ***up*** **a.** 隱藏。**b.** 包蔽

別人。 — *n.* ①Ⓒ蓋子；封面。②Ⓤ掩蔽。③Ⓒ(餐桌上的)一分餐具。*take* ～ 託庇；隱蔽。*under* ～ **a.** 在安全地方。**b.** 祕密地；藉口。**c.** 裝在信封中。*under* ～ *of* **a.** 在…掩蔽下。**b.** 假託；假藉；藉口。*under the same* ～ 隨函。§ ∼ **chárge** 服務費或娛樂費。∼ **gìrl**〖俗〗(雜誌的)封面女郎。

cov·er·age [ˋkʌvərɪdʒ, ˋkʌvrɪdʒ] *n.* Ⓤ①某事物所包含或掩蓋之量、範圍、程度等。②〖保險〗保險項目。③賠償債務之準備金總額。④〖財政〗通貨發行之準備金。⑤〖新聞〗報導之範圍。

cov·er·all [ˋkʌvɚ,ɔl] *n.* Ⓒ (常 *pl.*)有袖之上下連身工作服。

cov·ered [ˋkʌvɚd] *adj.* ①有覆蓋的。②遮蔽的；隱藏的。③戴帽的。

***cov·er·ing** [ˋkʌvərɪŋ] *n.* Ⓒ覆蓋物。§ ∼ **lètter** 說明書或附信。

cov·er·let [ˋkʌvəlɪt] *n.* Ⓒ床單；被單。

cov·ert [ˋkʌvɚt] *adj.* ①暗地的；掩蔽的。②〖法律〗在丈夫保護下的。— *n.* Ⓒ①掩蔽處；庇護所。②鳥獸隱藏之叢林。— **ly,** *adv.*

cov·er-up [ˋkʌvɚ,ʌp] *n.* (a ～) 隱蔽；隱藏；掩飾。

***cov·et** [ˋkʌvɪt] *v.t.* & *v.i.* 貪；垂涎；妄圖。— **ous,** *adj.*

cov·ey [ˋkʌvɪ] *n.* Ⓒ①一群鳥(鷓鴣等)。②一群人。

‡**cow**[1] [kau] *n.* Ⓒ①母牛。②大的雌性動物。

cow[2] *v.t.* 恐嚇；嚇。

***cow·ard** [ˋkauɚd] *n.* Ⓒ膽小的人；膽怯者。— *adj.* 膽怯的；害怕的。

***cow·ard·ice** [ˋkauɚdɪs] *n.* Ⓤ怯懦。

***cow·ard·ly** [ˋkauɚdlɪ] *adj.* & *adv.* 卑怯的[地]；膽小的[地]。

cow·bell [ˋkau,bɛl] *n.* Ⓒ母牛之頸鈴。

***cow·boy** [ˋkau,bɔɪ] *n.* Ⓒ牛仔；牧童。

cow·er [ˋkauɚ] *v.i.* 畏縮；退縮。

cow·girl [ˋkau,gɝl] *n.* Ⓒ在牧場上照料牛馬的婦女。

cow·herd [ˋkau,hɝd] *n.* Ⓒ牧牛者。

cow·hide [ˋkau,haɪd] *n.* ①ⓊⒸ牛皮。②Ⓒ牛皮鞭。

cowl [kaul] *n.* Ⓒ①連有頭巾的修道士服；頭布。②煙筒頂上的旋轉罩；通風帽。③汽車中包括擋風玻璃和儀器板的部分。

cowl·ing [ˋkaulɪŋ] *n.* Ⓒ (飛機的)整流罩。

cow·pox [ˋkau,pɑks] *n.* Ⓤ牛痘。

cow·slip [ˋkau,slɪp] *n.* Ⓒ〖植〗野櫻草。

cox·comb [ˋkɑks,kom] *n.* Ⓒ①〖植〗雞冠花。②花花公子。

cox·swain [ˋkɑksn̩] *n.* Ⓒ舵手。

coy [kɔɪ] *adj.* ①害羞的。②賣弄風情的。

coy·o·te [kaɪˋot(ɪ)] *n.* Ⓒ①(北美大草原之)土狼。②〖美〗惡棍。

coz·en [ˋkʌzn̩] *v.t.* & *v.i.* 欺騙；欺哄。— **age,** *n.*

***co·zy** [ˋkozɪ] *adj.* & *n.* =**cosy.** — **coˊzi·ly,** *adv.* — **coˊzi·ness,** *n.*

CPU Central Processing Unit.〖電算〗中央處理單位。

***crab** [kræb] *n.* ①Ⓒ蟹。②Ⓒ脾氣乖戾的人。③Ⓒ起重機。④(the C-)〖天〗巨蟹座。

crab·bed [ˋkræbɪd] *adj.* ①乖戾的；暴躁的。②複雜而難解的。

crab·by [ˋkræbɪ] *adj.* 執拗的；暴躁的；乖戾的。

***crack** [kræk] *n.* Ⓒ①裂縫；龜裂。②爆炸聲；噼啪聲。③突然的重擊。④〖俗〗瞬息；頃刻。⑤〖美俚〗嘗試；努力。⑥〖美俚〗笑話；玩笑。— *v.i.* & *v.t.* ①破裂。②重擊。③(使)發爆裂聲。④打開。⑤解明。⑥破壞。～ *a person* [*thing*] *up* 盛讚一個人[物]。～ *down*〖美俚〗採取嚴厲手段。～ *up* **a.** 墜毀。**b.** 身心疲憊；解體。**c.** 使汽車粉碎。**d.**〖美俚〗捧腹大笑。— *adj.*〖俗〗一流的。

crack·down [ˋkræk,daun] *n.* Ⓒ嚴厲手段；懲罰行動。

cracked [krækt] *adj.* ①破碎的；破裂的。②破損的。③聲音嘶啞的。

crack·er [ˋkrækɚ] *n.* Ⓒ①薄而脆的餅乾。②鞭炮。③彩包拉炮(拉扯兩端即起爆炸)。④美國南部之窮苦白人。⑤敲破者；破碎器。

crack·ers [ˋkrækɚz] *adj.*〖英俚〗瘋狂的；狂熱的。

crack·ing [ˋkrækɪŋ] *n.* Ⓤ〖化〗裂煉；熱裂；裂化。

***crack·le** [ˋkræk!] *v.i.* & *v.t.* ①發噼啪聲；(使)發爆裂聲。②產生裂紋。— *n.* ①(*sing.*)爆裂聲。②Ⓤ裂紋。

crack·ling [ˋkræklɪŋ] *n.* Ⓤ①連續爆裂或噼啪聲。②烤豬肉的脆皮。

crack·ly [ˋkræklɪ] *adj.* 發爆裂聲的；發噼啪聲的。

crack·pot [ˋkræk,pɑt]〖俗〗*n.* Ⓒ狂想之人；顛狂的人。— *adj.* 狂想的；想入非非的；顛狂的。

crack-up [ˋkræk,ʌp] *n.* Ⓒ ①(飛機等之)撞碎。②〖俗〗精神或體力崩潰。

-cracy 〖字尾〗表「統治(權); 政體」之義, 如: demo*cracy*.

*__cra·dle__ [ˋkredl] *n.* Ⓒ ①搖籃。②發源地。③淘金器。④支船架。⑤附於大鐮刀上的配禾架; 此種大鐮刀。***from the ~ to the grave*** 從生到死; 一生中。 — *v.t.* ①搖小兒使睡; 置小兒於搖籃內。②撫育; 生長。③刈割。④在淘金器內淘洗。⑤置於支架上。

cra·dle·song [ˋkredl,sɔŋ] *n.* Ⓒ 「搖籃曲; 催眠曲。」

*__craft__ [kræft] *n.* ①Ⓤ技巧; 技術。②Ⓒ行業。③Ⓒ(集合稱)同業公會。④Ⓤ詭計。⑤Ⓒ(*pl.* ~)船; 飛機。***arts and ~s*** 美術與工藝。 — *v.t.* 靠技術製作; 精製。§ ≈ **ùnion** 同業工會。

crafts·man [ˋkræftsmən] *n.* Ⓒ (*pl.* **-men**)①工匠; 手藝精巧的人。②藝術家(=artist).

crafts·man·ship [ˋkræftsmən-ʃɪp] *n.* Ⓤ技巧; 技術。

*__craft·y__ [ˋkræftɪ] *adj.* 狡猾的; 詭詐的。— **craft'i·ly**, *adv.*

*__crag__ [kræg] *n.* Ⓒ 峭壁; 危岩。— **ged**, — **gy**, *adj.*

cram [kræm] *v.t.* (**-mm-**) ①填塞。②塞滿; 擁擠。③吃得太快或太多。④〖俗〗匆匆記誦。— *v.i.* ①貪食。②倉卒準備應試〔常 up〕. — *n.* ①Ⓒ擁擠。②Ⓤ臨時抱佛腳。

cramp[1] [kræmp] *n.* ①Ⓒ抽筋。②(*pl.*)腹部絞痛。— *v.t.* 使抽筋。

*__cramp__[2] *n.* Ⓒ①鐵搭; 鐵箍; 夾子。②約束(之事物)。— *v.t.* ①以鐵箍扣緊。②妨礙; 限制; 抑制。③監禁。— *adj.* ①狹窄的; 受限制的。②(字體)潦草難認的。

cramped [kræmpt] *adj.* ①狹窄的。②偏狹的。③(字體)難辨認的。

cram·pon [ˋkræmpən] *n.* Ⓒ ①(用以起重之)鐵鉤。②(常*pl.*)靴鐵(防滑用)。③〖植〗用以攀緣之氣根。(亦作 **crampoon**)

cran·ber·ry [ˋkræn,bɛrɪ] *n.* Ⓒ 蔓越橘; 小紅莓。

*__crane__ [kren] *n.* Ⓒ ①〖動〗鶴。②起重機。— *v.t.* ①以起重機搬動。②伸(頸)。— *v.i.* (鶴般)伸頸。「的。」

cra·ni·al [ˋkrenɪəl] *adj.* 頭蓋骨

cra·ni·um [ˋkrenɪəm] *n.* Ⓒ (*pl.* **-ni·a** [-nɪə], ~**s**)頭蓋; 頭蓋骨。

*__crank__ [kræŋk] *n.* Ⓒ ①〖機〗曲柄。②(言語、思想等之)反覆無常。③〖美俗〗瘋狂或古怪的人。— *adj.* ①〖海〗不穩的。②困難的。— *v.t.* ①製成曲柄形。②裝以曲柄。③以曲柄轉搖。— *v.i.* ①搖曲柄。②彎曲而行。

crank·shaft [ˋkræŋk,ʃæft] *n.* Ⓒ 〖機〗曲軸。

crank·y [ˋkræŋkɪ] *adj.* ①任性的; 暴躁的。②〖海〗搖蕩不穩的。③(建築物、機器等)不穩的; 鬆弛的。④奇癖的。⑤彎彎曲曲的。— **crank'i·ly**, *adv.*

cran·ny [ˋkrænɪ] *n.* Ⓒ 裂縫。

crap[1] [kræp] *v.i.* (**-pp-**)①〖鄙〗排泄。②〖俚〗做愚事。— *n.* ①Ⓤ排泄物。②(a ~)排泄。③Ⓤ胡說; 假話。

crap[2] *n.* Ⓤ〖美〗(擲雙骰子的賭博中)輸去賭注的一擲。

crape [krep] *n.* =**crepe.** 「博。」

craps [kræps] *n.* Ⓤ〖美〗雙骰子的賭

crap·shoot·er [ˋkræp,ʃutɚ] *n.* Ⓒ 賭雙骰(craps)之人。

*__crash__ [kræʃ] *n.* Ⓒ ①突然的轟聲; 破碎聲。②飛機的墜落; 猛撞。③失敗; 破產。— *v.t.* ①猛使破裂。②使發出巨響。③〖俗〗不買票進(場)。④〖空〗使(飛機)緊急降落; 使(車輛)撞毀。— *v.i.* ①撞毀; 撞碎。②(飛機)迫降; 墜毀。③衝撞作聲。④闖。⑤失敗(指金錢與商業); 破產。⑥〖電算〗當機。§ ≈ **hèlmet** 安全帽。

crash-land [ˋkræʃ,lænd] *v.t.* & *v.i.* 〖空〗(使飛機)緊急降落。

crass [kræs] *adj.* 愚蠢的。

-crat 〖字尾〗表「參與或支持某種政府或政治者」之義, 如: demo*crat.*

crate [kret] *n.* Ⓒ ①板條箱。②〖美俚〗舊汽車; 破飛機。— *v.t.* 裝入大板條箱。

cra·ter [ˋkretɚ] *n.* ①Ⓒ火山口。②Ⓒ(爆炸炸成的)彈坑。③(C-)〖天〗巨爵座。— *v.i.* & *v.t.* (使)成坑。

cra·vat [krəˋvæt] *n.* Ⓒ ①領結。②領巾。③〖醫〗三角布繃帶。

*__crave__ [krev] *v.t.* & *v.i.* ①渴望; 熱望〔for〕. ②請求; 懇求。③要求。— **crav'ing**, *adj.*

cra·ven [ˋkrevən] *adj.* 懦弱的。— *n.* Ⓒ懦夫。

craw·fish [ˋkrɔ,fɪʃ] *n.* Ⓒ (*pl.* ~, ~**es**)小龍蝦。

*__crawl__ [krɔl] *v.i.* ①爬行。②匍匐。③徐行。④感覺若有蟲爬。— *v.t.* ①行於…之上。②〖俚〗責怪。— *n.* ①

(a ～)爬行; 徐行。②Ⓤ自由式(游泳)。 「膚之感的; 悚然的。」
crawl·y [ˋkrɔlɪ] *adj.* 〖俗〗有蟲爬肌」
cray·fish [ˋkre,fɪʃ] *n.* Ⓒ (*pl.* ～, ～**es**)小龍蝦。
***cray·on** [ˋkreən] *n.* Ⓒ ①有色的粉筆; 蠟筆; 炭筆。②此種筆作的畫。 — *v.t.* ①以此種筆畫。②策畫。
***craze** [krez] *n.* ⓊⒸ ①爲時不久的強烈興趣。②一時的風尚。③瘋狂。④陶器之裂痕。 — *v.t.* & *v.i.* ①(使)發狂。②(使)(陶、瓷器)生裂痕。
crazed [krezd] *adj.* 狂熱的;狂怒的。
***cra·zy** [ˋkrezɪ] *adj.* ①瘋狂的; 發狂的。②〖俗〗狂熱的。③搖搖欲墜的。 —**cra′zi·ly,** *adv.*
***creak** [krik] *v.i.* & *v.t.* ①作輾軋聲。②勉強進行或發展。 — *n.* Ⓒ (常 *sing.*)輾軋聲。 —**creak′y,** *adj.*
‡**cream** [krim] *n.* ①Ⓤ乳酪; 乳脂。②ⓊⒸ乳酪所製的食品。③ⓊⒸ面霜。④(the ～)精華; 最好的部分。⑤Ⓤ乳酪色; 淡黃色。～ *of the crop* 最佳部分。 — *v.i.* ①成乳皮。②起泡沫。 — *v.t.* ①撇(乳酪); 掬取(乳皮)。②加乳酪於(茶、咖啡等)。③擷取精華。④和以奶油、糖等使成乳脂狀的東西。§ ～ **pùff** 奶油泡芙。
cream·er [ˋkrimɚ] *n.* Ⓒ ①裝乳酪之小瓶。②乳酪分離器。③冷凍乳酪之冰箱。④撇取乳酪之人或器具。
cream·er·y [ˋkrimərɪ] *n.* Ⓒ ①乳酪製造廠。②乳酪販賣處。
***cream·y** [ˋkrimɪ] *adj.* 似乳酪的;含乳酪的。
crease [kris] *n.* Ⓒ ①摺痕; 皺摺。②〖板球〗投手與打擊手的界線。 — *v.t.* ①使皺; 使有摺痕。②使擦傷。 — *v.i.* 變皺。
‡**cre·ate** [krɪˋet] *v.t.* ①創造; 建立。②製造; 產生; 致使。③封爵。 — *v.i.* ①創造; 創作。②〖英俚〗發牢騷。
***cre·a·tion** [krɪˋeʃən] *n.* ①(the C-) (上帝的)創造天地。② Ⓤ (集合稱)世界; 宇宙; 萬物。③Ⓤ創作; 產生。④Ⓤ封爵。⑤Ⓒ作品。
***cre·a·tive** [krɪˋetɪv] *adj.* 有創造力的; 創造的; 創作的。
cre·a·tiv·i·ty [,krieˋtɪvətɪ] *n.* Ⓤ創造力。
***cre·a·tor** [krɪˋetɚ] *n.* Ⓒ ①創造者; 創作者。②(the C-)上帝。
‡**crea·ture** [ˋkritʃɚ] *n.* Ⓒ ①人; 動物。②傀儡; 聽人驅使者; 依人爲生者。③受造之物。§ ～ **cómforts**物質的享受(尤指食物)。
crèche [kreʃ] 〖法〗 *n.* Ⓒ托兒所。
cre·dence [ˋkridṇs] *n.* Ⓤ ①相信。②可信任。③憑證; 證件。*letter of* ～ 介紹信;(大、公使等所呈遞的)國書。
cre·den·tial [krɪˋdɛnʃəl] *n.* Ⓒ (常 *pl.*)證件; 外國使臣所遞的國書; 介紹信。

cred·i·ble [ˋkrɛdəbl] *adj.* 可信的; 可靠的。 —**cred′i·bly,** *adv.*
‡**cred·it** [ˋkrɛdɪt] *n.* ①Ⓤ信託; 信任。②Ⓤ信用。③**a.** ⓊⒸ存款。**b.** Ⓒ貸方。④Ⓤ延緩付款的期限。⑤Ⓤ貸款。⑥Ⓤ名望; 光榮。⑦(a ～)帶給榮譽之事物。⑧Ⓒ學分。⑨Ⓒ(常 *pl.*)(戲劇、電影等)對原作者及其他有貢獻者的謝啓或姓名表。*do one* ～; *do* ～ *to one* 致譽; 成名。*give* ～ *to* 相信。*letter of* ～ 信用狀。*on* ～ 賒帳。 — *v.t.* ①相信; 信賴。②記於帳簿之貸方。③給予學分。④歸功於[to]。§ ～ **càrd** 信用卡; 簽帳卡。～ **hòur**〖教育〗學分。
cred·it·a·ble [ˋkrɛdɪtəbl] *adj.* ①可稱譽的。②可歸功(於某人或某事)的。
cred·it·a·bly [ˋkrɛdɪtəblɪ] *adv.* 可稱譽地; 有好名聲地。
***cred·i·tor** [ˋkrɛdɪtɚ] *n.* Ⓒ債權人; 貸方。 「條。」
cre·do [ˋkrido] *n.* Ⓒ (*pl.* ～**s**)信」
cre·du·li·ty [krəˋdulətɪ] *n.* Ⓤ輕信。 「信的。 —**ness,** *n.*」
cred·u·lous [ˋkrɛdʒələs] *adj.* 輕」
***creed** [krid] *n.* Ⓒ ①〖宗〗教條。②任何信仰的信條。③宗教; 宗派。
***creek** [krik] *n.* Ⓒ ①小溪; 小河。②〖主英〗小港; 小灣。
***creep** [krip] *v.i.* (**crept**) ①爬行。②蔓延; 盤旋。③皮膚有蟲爬的感覺。④緩行。⑤(時間、歲月等)不知不覺地來臨或消逝。⑥潛行。 — *n.* ①Ⓒ爬行; 徐行。②(*pl.*)若有蟲爬的感覺。③Ⓤ蠕動; 變形。*give one the* ～*s* 使某人驚恐、戰慄。
creep·er [ˋkripɚ] *n.* ①Ⓒ匍匐之人或物; 爬蟲。②ⓊⒸ蔓草。③Ⓒ〖動〗旋木雀。④Ⓒ鐵鉤。⑤(*pl.*)繫於鞋底用以防滑之有釘鐵板。
creep·y [ˋkripɪ] *adj.* ①爬行的。②皮膚上有蟲在爬行之感的; 悚然的。③緩行的; 蠕動的。④鬼鬼祟祟的。
cre·mate [ˋkrimet] *v.t.* 火葬; 燒成

灰。— **cre·ma'tion,** *n.*
cre·ma·to·ri·um [ˌkrimə`torıəm] *n.* Ⓒ (*pl.* **~s, -ri·a** [-rıə]) = **crematory.**
cre·ma·to·ry [`krimə,torı] *n.* Ⓒ火葬場；焚屍爐。
Cre·ole [`kriol] *n.* ① Ⓒ 生長於西印度群島和西屬美洲的歐洲人後裔。② Ⓒ 美國路易西安那州之法國人後裔。③(c-) Ⓒ 沿墨西哥灣各州歐洲人與黑人之混血兒。④ Ⓤ 上述各州中所用的法國方言。 **— *adj.*** Creole的。 § **the ∼ Státe** 美國路易西安那州的俗稱。
cre·o·sote [`kriə,sot] *n.* Ⓤ 木餾油；木焦油(防腐劑)。
crepe, crêpe [krep] *n.* ① Ⓤ 縐紗。② Ⓤ 縐紋紙。③ Ⓒ 黑喪章；孝布。 ④ Ⓤ Ⓒ 一種薄煎餅。 § **∼ pà-per** 縐紋紙。
crept [krɛpt] *v.* pt. & pp. of **creep.**
cre·pus·cu·lar [krı`pʌskjələ] *adj.* 晨曦的；黃昏的；朦朧的。
cre·scen·do [krə`ʃɛndo] *adj.* & *adv.* 〖樂〗漸強的[地]；漸響的[地]。**— *n.*** Ⓒ (*pl.* **~s, ~es**) ①〖樂〗(音之)漸強。②漸趨高潮。
cres·cent** [`krɛsn̩t] *n.* ① Ⓒ 新月；彎月；半鉤月。② Ⓒ 新月形的東西。③ Ⓤ 回教勢力；土耳其帝國勢力。 **— *adj. ①新月形的。②逐漸增加的。
cre·sol [`krisol] *n.* Ⓤ 〖化〗甲酚。
cress [krɛs] *n.* Ⓤ 〖植〗水芹；水蘿。
crest [krɛst] *n.* Ⓒ ①鳥的冠。②盔上的裝飾(如羽毛)；盔。③頂。④盾形徽號、紋章等上端的飾章。⑤馬、狗等的頸脊。⑥動物頸脊上長的毛(如馬鬃)。⑦任何物體之頂部。⑧〖建〗脊飾。
crest·fall·en [`krɛst,fɔlən] *adj.* 垂頭喪氣的。
cre·tin [`kritın] *n.* Ⓒ 矮呆病者；白癡。
cre·tin·ism [`kritın,ızəm] *n.* Ⓤ 〖醫〗矮呆病；癡呆症。
cre·tonne [krı`tɑn] *n.* Ⓤ (做窗帘等之)印花棉布。
cre·vasse [krə`væs] *n.* Ⓒ (冰河、堤壩等之)裂縫；罅隙。
crev·ice [`krɛvıs] *n.* Ⓒ 裂縫；罅隙。
***crew**[1] [kru] *n.* Ⓒ ①水手；船員的全體(包括官長)；飛機上的全體機員。②一群共同工作的人。③一群；一組。 § **∼ cùt** 海軍髮式；平頭。
crew[2] *v.* pt. of **crow**[1].
crew·man [`krumən] *n.* Ⓒ (*pl.* **-men**) 船員；機員。
crib [krıb] *n.* Ⓒ ①(嬰兒之)有欄小床。②小屋。③秣槽；芻槽。④(貯藏穀物、鹽等之)木桶；倉。⑤〖俗〗(學生用之)逐字對照譯本。⑥〖俗〗剽竊(他人之文字或思想)。⑦〖俚〗保險箱。⑧狹窄之空間。⑨貯水庫。⑩(考試時之)夾帶。 **— *v.t.*** **(-bb-)** ①關進(狹小地方)。②偷；剽竊。③在…裝設秣槽。
crib·bage [`krıbıdʒ] *n.* Ⓤ 一種紙牌遊戲。
crick [krık] *n.* Ⓒ 肌肉痙攣。 **— *v.t.*** 引起痙攣；扭傷。
***crick·et**[1] [`krıkıt] *n.* Ⓒ 蟋蟀。
***crick·et**[2] *n.* Ⓤ 板球。— **er,** *n.*
***crick·et**[3] *n.* Ⓒ 小腳凳。
cri·er [`kraıə] *n.* Ⓒ ①傳令員；叫賣者。②哭喊者。
‡**crime** [kraım] *n.* Ⓒ 罪；罪行。commit a ∼ 犯罪。
crim·i·nal** [`krımən̩l] *n.* Ⓒ 犯罪者。 **— *adj. 犯罪的；犯法的。∼ law 刑法。— **ly,** *adv.*
crim·i·nal·i·za·tion [ˌkrımənəlaı`zeʃən] *n.* Ⓤ 使成爲犯罪行爲。
crim·i·nal·ize [`krımən̩l,aız] *v.t.* ①使人犯罪。 ②宣布(某人)爲罪犯或宣布(某種行動)爲犯罪。
crim·i·nate [`krımə,net] *v.t.* 使負罪；定罪。
crim·i·no·log·i·cal [ˌkrımənə`lɑdʒıkl̩] *adj.* 犯罪學(上)的。
crim·i·nol·o·gist [ˌkrımə`nɑlədʒıst] *n.* Ⓒ 刑事學家。
crim·i·nol·o·gy [ˌkrımə`nɑlədʒı] *n.* Ⓤ 犯罪學；刑事學。
crimp [krımp] *v.t.* ①使摺縐。②使(頭髮等)捲縮。③妨礙。 **— *n.*** Ⓒ ①摺疊；摺縐。②摺縐物；波紋。③(常*pl.*)鬈髮。
crim·ple [`krımpl̩] *v.t.* & *v.i.* 縮緊；鬈縮。
crim·son** [`krımzn̩] *n.* Ⓤ 深紅色。**— *adj. 深紅色的。 **— *v.t.* & *v.i.*** 變爲深紅色；面赧。
cringe [krındʒ] *v.i.* ①畏縮。②奉承；諂媚。 **— *n.*** Ⓤ 畏縮；奉承。
crin·kle [`krıŋkl̩] *v.t.* & *v.i.* ①(使)縐；(使)縮。②(使)作沙沙聲。 **— *n.*** Ⓒ ①縐；波紋。②沙沙聲。
crin·kly [`krıŋklı] *adj.* 多皺褶的；起皺的；捲縮的；起伏的。
crin·o·line [`krın̩lın] *n.* ① Ⓤ 襯布或襯架；裙襯。② Ⓒ 帶襯的裙。
***crip·ple** [`krıpl̩] *n.* Ⓒ 跛的人或動

物。— *v.t.* ①使跛；使成殘廢。②使失戰鬥力；受損傷；削弱。

*__cri·sis__ [ˋkraɪsɪs] *n.* Ⓒ (*pl.* **-ses** [-siz]) ①(疾病的)危險期。②危機。

*__crisp__ [krɪsp] *adj.* (亦作**crispy**) ①(食物)脆的；乾硬而易碎的。②活潑的；明確的。③新鮮的。— *v.i.* & *v.t.* 使脆；捲起。

criss·cross [ˋkrɪs,krɔs] *adj.* 作十字記號的；成十字狀的。— *adv.* 互相交叉。— *v.t.* 用十字線作記號；交叉成爲十字狀。— *v.i.* 來回交織。— *n.* Ⓒ 十字記號；交叉。

cri·te·ri·on [kraɪˋtɪrɪən] *n.* Ⓒ (*pl.* **-ri·a** [-rɪə], **~s**) (評斷之)標準；準繩。

*__crit·ic__ [ˋkrɪtɪk] *n.* Ⓒ 批評家；評論家。

*__crit·i·cal__ [ˋkrɪtɪkl] *adj.* ①吹毛求疵的。②有判斷力的。③危急的。④決定性的。⑤批評的。— **ly,** *adv.*

*__crit·i·cism__ [ˋkrɪtə,sɪzəm] *n.* ① ⓊⒸ 批評；評論；吹毛求疵。② Ⓒ 批評的文章。

*__crit·i·cize__ [ˋkrɪtə,saɪz] *v.t.* & *v.i.* 批評；非難。

cri·tique [krɪˋtik] *n.* ① Ⓤ 批評；評論。② Ⓒ 批評法。

*__croak__ [krok] *n.* Ⓒ ①(蛙、鴉等的)哇哇聲；嘎聲。②怨言；凶事之預報。— *v.t.* & *v.i.* ①哇哇叫；發嘎聲。②預報凶事；抱怨。③悽慘地說。

cro·chet [ˋkratʃɪt] *n.* Ⓤ 鉤針織物。

crock [krak] *n.* Ⓒ ①瓦罐。②碎瓦片。

crock·er·y [ˋkrakərɪ] *n.* Ⓤ 陶器；瓦器。

*__croc·o·dile__ [ˋkrakə,daɪl] *n.* ① Ⓒ 鱷魚。② Ⓤ 鱷魚皮。

cro·cus [ˋkrokəs] *n.* Ⓒ (*pl.* **~es, cro·ci** [-saɪ])〖植〗番紅花。

crois·sant [krwaˋsan]〖法〗*n.* Ⓒ 新月形麵包；牛角麵包。

Crom·well [ˋkramwəl] *n.* 克倫威爾(Oliver, 1599-1658, 英國將領、政治家, 1653-58 任英國監國)。

crone [kron] *n.* Ⓒ 乾癟老太婆。

cro·ny [ˋkronɪ] *n.* Ⓒ 密友。

cro·ny·ism [ˋkronɪ,ɪzəm] *n.* Ⓤ 任用親信(而不論被任用者之才幹)。

*__crook__ [kruk] *n.* Ⓒ ①彎；鉤。②任何物之彎曲部分。③惡棍；賊。④牧人用之手杖。*on the* ~ 狡詐地；以不正當方法。— *v.t.* ①彎曲。②用鉤鉤住。③〖俚〗欺騙；詐取。— *v.i.* 彎曲。

*__crook·ed__ [ˋkrukɪd] *adj.* ①彎曲的。②〖美俗〗不正直的。③歪斜的。

croon [krun] *v.t.* & *v.i.* 輕哼；低唱。— **er,** *n.*

‡**crop** [krap] *n.* Ⓒ ①收成。②農作物。③鳥的嗉囊。④帶圈而不帶皮條之馬鞭；鞭柄。⑤短髮。⑥一組；一群。— *v.t.* (**-pp-**) ①種植。②刈；割；剪短。③(動物)吃(草)。— *v.i.* ①無意中出現。②收成。③(礦脈)露出地面。~ *up* 突然出現[發生]。

crop-dust·ing [ˋkrap,dʌstɪŋ] *n.* Ⓤ (由空中對農作物)噴灑農藥。

crop·per [ˋkrapə] *n.* Ⓒ ①種植者。②農作物。③〖俗〗重摔；慘敗。

cro·quette [kroˋkɛt]〖法〗*n.* Ⓒ 炸肉丸；炸魚丸。

‡**cross** [krɔs] *n.* Ⓒ ①十字架。②十字形的東西。③苦難。④十字路。⑤雜交的混合種。*the C-* **a.** 釘死耶穌的十字架。**b.** 耶穌的受難和死；耶穌救贖世人。**c.** 基督教。— *v.t.* ①作十字於；劃十字。②劃橫線。③交叉。④橫過；渡過。⑤錯過。⑥阻礙。⑦使雜交。— *v.i.* ①交叉。②橫過；渡過。③雜交。~ *a person's path* 遇到；與某人有瓜葛。~ *one's fingers* 交叉手指(表示祈求好運, 或說話中有隱瞞之處)。~ *one's mind* 想起。— *adj.* ①橫的。②乖戾的。③逆的；反對的。④雜交的。⑤不幸的；不利的。§ **~ fire** (1)〖軍〗交叉射擊。(2)內心衝突引起的困境。**~ réference** 對照；前後參照。**~ sèction** (1)橫斷面。(2)典型人物；樣品。— **ly,** *adv.* — **ness,** *n.*

cross·bar [ˋkrɔs,bar] *n.* Ⓒ ①閂；橫木。②足球場的球門橫木。③跳高架之橫竿。④單槓。

cross·bones [ˋkrɔs,bonz] *n. pl.* (畫於骷髏下)二股骨交叉之圖形。

cross·bow [ˋkrɔs,bo] *n.* Ⓒ 石弓；弩。

cross·breed [ˋkrɔs,brid] *v.t.* & *v.i.* (**-bred**)異種交配；雜交。— *n.* Ⓒ 雜種。

cross-coun·try [ˋkrɔsˋkʌntrɪ] *adj.* 越野的。— *n.* ⓊⒸ 越野賽。

cross-cul·tur·al [ˋkrɔsˋkʌltʃərəl] *adj.* 超越某種文化界限的。

cross·cur·rent [ˋkrɔs,kɜənt] *n.* Ⓒ ①(橫斷主流的)逆流。②(常 *pl.*)反對[相反]的趨勢(of)。

cross·cut [ˋkrɔs,kʌt] *n.* Ⓒ 直路；捷徑。— *adj.* 橫鋸的；橫切的。

cross-ex·am·ine [ˋkrɔsɪgˋzæmɪn] *v.t.* ①盤詰。②〖法律〗詰問

對方證人。
cross-eyed [ˋkrɔsˏaɪd] *adj.* 對視眼的; 斜視的。
cross-grained [ˋkrɔsˋgrend] *adj.* ①木材紋理不規則的; 扭絲的。②執拗的; 倔強的。
cross·ing [ˋkrɔsɪŋ] *n.* ①Ⓤ Ⓒ 橫過; 橫渡。②Ⓒ 街道河流等之過渡處或穿越道。③Ⓒ 交叉點。④Ⓒ 阻礙; 反對。⑤Ⓤ Ⓒ 雜交。⑥Ⓒ 鐵路路軌交叉點之銜接; 道岔。

C

cross-leg·ged [ˋkrɔsˋlɛg(ɪ)d] *adj.* & *adv.* 盤[翹]著腿的[地]。
cross·o·ver [ˋkrɔsˏovɚ] *n.* Ⓒ ①(鐵路之)轉線軌。②〖生物〗同型染色體之局部交換。③天橋。④U 型管。⑤男女雙方交換位置的一種舞步。
cross·piece [ˋkrɔsˏpis] *n.* Ⓒ 橫木; 橫檔; 閂。
cross-pur·pose [ˋkrɔsˋpɝpəs] *n.* ①Ⓒ 反對之目的。②(*pl.*) 滑稽問答遊戲。 ***at ~s*** 互相誤解; 齟齬。
cross-ques·tion [ˋkrɔsˋkwɛstʃən] *v.t.* =**cross-examine.**
cross·road [ˋkrɔsˏrod] *n.* Ⓒ①交叉路。②(常 *pl.*, 作 *sing.* or *pl.* 解) 十字路口。 ***at the ~s*** 面臨抉擇。
cross-stitch [ˋkrɔsˏstɪtʃ] *n.* Ⓒ 一種十字形針法。
cross·walk [ˋkrɔsˏwɔk] *n.* Ⓒ 行人穿越道; 斑馬線。
cross·way [ˋkrɔsˏwe] *n.* =**cross-road.**
cross·wise [ˋkrɔsˏwaɪz], **-ways** [-ˏwez] *adv.* 橫亙地; 交叉地。
cróss·word pùzzle [ˋkrɔsˏwɝd~] *n.* Ⓒ 填字遊戲; 縱橫字謎。(亦作 **cross word**)
crotch [krɑtʃ] *n.* Ⓒ①(樹枝之)交叉處。②人體兩腿分叉處。
crotch·et [ˋkrɑtʃɪt] *n.* Ⓒ①小鉤。②怪想; 奇思。③〖樂〗四分音符。
crotch·et·y [ˋkrɑtʃətɪ] *adj.* 耽於幻想的; 有怪癖的。
***crouch** [krautʃ] *v.i.* ①蹲伏。②畏縮。 **—** *n.* (a ~)蹲伏; 屈膝姿勢。
***crow**[1] [kro] *n.* Ⓒ①雞叫。②嬰孩歡笑聲。 **—** *v.i.* (**crowed** or **crew, crowed**)①雞叫。②自鳴得意。③(嬰孩)格格笑。
crow**[2] *n.* Ⓒ①烏鴉。 a white ~ 珍奇之物。②鐵橇。 ***as the ~ flies 成直線地; 取捷徑地。
crow·bar [ˋkroˏbɑr] *n.* Ⓒ 鐵橇; 橇棍。
‡**crowd** [kraud] *n.* ①Ⓒ (集合稱)群衆。②(the ~)民衆。③Ⓒ〖俗〗一夥。④(a ~ of) 許多; 一堆。 **—** *v.i.* ①聚集。②擠進。 **—** *v.t.* 擠滿。 —**ed,** *adj.* 擁擠的。
crow·foot [ˋkroˏfut] *n.* Ⓒ (*pl.* **~s, -feet**)①〖植〗毛莨。②〖軍〗鐵蒺藜。
‡**crown** [kraun] *n.* ①Ⓒ 王冠。②(the ~, the C-) 王權。③(the ~, the C-) 國王; 王后。④Ⓒ 冠狀物(如錨頂)。⑤Ⓒ 花冠。⑥Ⓒ 榮譽。⑦Ⓒ 頭。⑧Ⓒ 頂。⑨Ⓒ 英國的銀幣(值五先令)。 **—** *v.t.* ①加冕。②加榮譽於。③加冠於。④完成; 結束。⑤處於…之頂; 籠罩…之頂。 § **~ prínce** 皇太子; 皇儲。 **~ príncess** ⑴皇太子之妃。⑵將繼承王位的公主。
crown·ing [ˋkraunɪŋ] *adj.* 無上的; 至高的。 a ~ glory 無上光榮。
crow's-foot [ˋkrozˏfut] *n.* (*pl.* **-feet**)①(*pl.*)魚尾紋。②Ⓒ 衣服接縫末端之三角花樣。
cru·ces [ˋkrusiz] *n.* pl. of **crux.**
cru·cial [ˋkruʃəl] *adj.* ①嚴重的; 艱苦的。②有決定性的; 極重要的。
cru·ci·ble [ˋkrusəbl] *n.* Ⓒ ①坩堝。②嚴酷的考驗。
cru·ci·fix [ˋkrusəˏfɪks] *n.* Ⓒ①苦像(耶穌釘於十字架的像)。②十字架。
cru·ci·fix·ion [ˏkrusəˋfɪkʃən] *n.* ①Ⓤ Ⓒ 釘死於十字架。②(the C-) 耶穌之釘死於十字架。③Ⓒ 耶穌被釘十字架之圖畫或塑像。
cru·ci·form [ˋkrusəˏfɔrm] *adj.* 十字形的。
cru·ci·fy [ˋkrusəˏfaɪ] *v.t.* 釘死十字架上; 虐待。
***crude** [krud] *adj.* ①未提煉的; 未熟的; 生的。 ~ oil 原油。②粗野的。 —**ly,** *adv.* —**ness, cru′di·ty,** *n.*
‡**cru·el** [ˋkruəl] *adj.* ①殘忍的。②使痛苦的。③殘酷的。 —**ly,** *adv.*
***cru·el·ty** [ˋkruəltɪ] *n.* ①Ⓤ 殘酷; 無情。②Ⓒ 殘暴的行為。
***cruise** [kruz] *v.i.* & *n.* Ⓒ 巡航; 遊弋; 海上巡邏。
***cruis·er** [ˋkruzɚ] *n.* Ⓒ ①巡洋艦。②機動船艇。
crul·ler [ˋkrʌlɚ] *n.* Ⓒ〖美〗一種油煎小圓餅。
***crumb** [krʌm] *n.* Ⓒ①麵包屑; 餅屑。②小量; 少許。
***crum·ble** [ˋkrʌmbl] *v.t.* & *v.i.* 弄碎; 粉碎。 —**crum′bly,** *adj.*
crum·pet [ˋkrʌmpɪt] *n.* Ⓒ 熱煎餅。
***crum·ple** [ˋkrʌmpl] *v.t.* & *v.i.* ①變皺; 成摺。②突然倒下。 **~ up** *a.* 揉

皺；使皺。b. 征服；擊敗。c. 崩潰；損害。

crunch [krʌntʃ] *v.t.* & *v.i.* ①嘎扎有聲地吃。②(脚、輪等)嘎扎地碾踏過。—*n.* ①(*sing.*)咬碎；咬嚼聲。②(*sing.*)壓磨；踩踏；嘎扎聲。③(the ~, 有時 a ~)危機；轉捩點。

crunch·y [ˋkrʌntʃɪ] *adj.* 〖俗〗鬆脆的；易裂的。

***cru·sade** [kruˋsed] *n.* Ⓒ ①(常 C-)十字軍。②社會除惡運動。③宗教戰爭。—*v.i.* 加入十字軍。

***crush** [krʌʃ] *v.t.* ①壓破。②揉皺。③壓碎；磨細。④壓服。⑤喝(酒等)。—*v.i.* ①起皺紋。②擠入。—*n.* ①Ⓤ壓碎。②(*sing.*)擁擠。③Ⓒ〖俗〗迷戀；迷戀之對象。

crush·er [ˋkrʌʃɚ] *n.* Ⓒ ①軋碎機；碎石機。②軋碎機操作員。③令人心服的論點[回答]。④〖俗〗痛打。

crush·ing [ˋkrʌʃɪŋ] *adj.* ①壓破的；壓碎的。②決定性的。③壓倒性的。

***crust** [krʌst] *n.* ①Ⓤ麵包皮。②Ⓤ任何麵餅的外殼。③ⓊⒸ堅硬的外殼、外皮或外層。—*v.t.* & *v.i.* 蓋以硬皮；(使)結硬皮。

crus·ta·cean [krʌsˋteʃən] *n.* Ⓒ〖動〗甲殼類動物。—*adj.* 甲殼類的。

crust·y [ˋkrʌstɪ] *adj.* ①有硬皮的；似外殼的。②乖戾的；粗暴的。

***crutch** [krʌtʃ] *n.* Ⓒ ①拐杖。②支持物。③〖海〗叉柱；槳架。④叉狀物。

crux [krʌks] *n.* Ⓒ (*pl.* **~es, cru·ces** [ˋkrusiz]) ①緊要關頭。②要點。③難題。

‡**cry** [kraɪ] *v.i.* ①呼；喊。②號哭；哭泣。③(動物)叫；啼。—*v.t.* ①懇求。②大聲呼喊。③叫賣；公開宣告。~ ***down*** a. 喝止。b. 輕視。~ ***for*** a. 哭著要；要求。b. 急需。~ ***one's eyes*** [***heart***] ***out*** 痛哭。~ ***out*** 大叫；埋怨。~ ***to*** 呼籲；禱告。~ ***up*** 大聲稱讚。—*n.* Ⓒ ①呼；喊；叫。②哭泣。③動物的啼叫聲。④標語；口號。⑤懇求。***a far*** ~ a. 遠的距離。b. 大的差別。***in full*** ~ 緊追。

cry·ba·by [ˋkraɪ,bebɪ] *n.* Ⓒ ①愛哭之人(尤指小孩)。②軟弱者；愛訴苦者。

cry·ing [ˋkraɪɪŋ] *adj.* ①號泣的。②顯著的；緊急的。

crypt [krɪpt] *n.* Ⓒ地穴；地下墓。

cryp·tic, -ti·cal [ˋkrɪptɪk(l̩)] *adj.* 祕密的；神祕的。

cryp·to·gam [ˋkrɪptə,gæm] *n.* Ⓒ隱花植物。

cryp·to·gram [ˋkrɪptə,græm] *n.* Ⓒ密碼；暗號。

cryp·tog·ra·phy [krɪpˋtɑgrəfɪ] *n.* Ⓤ密碼學。

***crys·tal** [ˋkrɪstl̩] *n.* ①a. Ⓤ水晶。b. Ⓒ水晶製之裝飾品。②Ⓒ錶面玻璃。③Ⓒ結晶(體)。—*adj.* ①水晶製的。②透明如水晶的。§ ~ **bàll** (占卜)水晶球。~ **gàzing** (1)水晶球占卜術。(2)揣測；預測。

crys·tal-clear [ˋkrɪstlˋklɪr] *adj.* ①水晶般透明的；清澈晶瑩的。②非常清楚的。③明白易懂的。

crys·tal·line [ˋkrɪstl̩ɪn] *adj.* ①水晶的；結晶狀的。②透明的。

crys·tal·lize [ˋkrɪstl̩,aɪz] *v.t.* & *v.i.* ①(使)結晶。②覆以糖霜；包以糖。③(使)(計畫等)具體化。—**crys·tal·li·za′tion,** *n.*

***cub** [kʌb] *n.* Ⓒ ①(獅、熊、虎等之)幼兒。②〖諧〗小伙子；生手。③幼童軍。④新進記者。⑤學徒。

Cu·ba [ˋkjubə] *n.* 古巴(西印度群島中最大的島國，首都 Havana)。

Cu·ban [ˋkjubən] *adj.* 古巴的；古巴人的。—*n.* Ⓒ古巴人。

cub·by [ˋkʌbɪ] *n.* Ⓒ小而幽閉之處；小房間。(亦作 **cubbyhole**)

***cube** [kjub] *n.* Ⓒ ①正六面體；立方體。②立方。—*v.t.* ①使成立方體。②用一數自乘三次。§ ~ **róot** 立方根。

cu·bic [ˋkjubɪk] *adj.* ①立方體的。②三次方的。

cu·bi·cle [ˋkjubɪkl̩] *n.* Ⓒ小寢室。

cub·ism [ˋkjubɪzəm] *n.* Ⓤ〖美術〗立體派繪畫作風。—**cub′ist,** *n.*

cuck·old [ˋkʌkl̩d] *n.* Ⓒ妻子與人通姦的男人；烏龜。—*v.t.* 與(某人)之妻通姦。

***cuck·oo** [ˋkuku, kuˋku] *n.* Ⓒ (*pl.* **~s**) ①布穀鳥；杜鵑。②布穀鳥之鳴聲。§ ~ **clòck** 布穀鳥報時鐘。

cu·cum·ber** [ˋkjukʌmbɚ] *n.* Ⓒ ①〖植〗胡瓜(俗稱黃瓜)。②胡瓜的果實。cool as a*** ~ 冷靜。

cud [kʌd] *n.* Ⓤ ①反芻動物從胃中吐出重嚼之食物。②(反芻動物之)瘤胃。***chew the*** [***one's***] ~ 反芻；熟思。

cud·dle [ˋkʌdl̩] *v.t.* 撫愛地擁抱。—*v.i.* ①擁抱；撫抱。②貼著身睡；蜷曲著睡。—*n.* (a ~)擁抱；摟抱。

cud·dle·some [ˋkʌdl̩səm] *adj.* 適於擁抱的；令人想擁抱的。

cud·dly [ˋkʌdlɪ] *adj.* ①愛擁抱的。②=**cuddlesome.**

cudg·el [ˋkʌdʒəl] *n.* Ⓒ粗短的棍。*take up the ~s for*保衛；極力辯護。— *v.t.* (**-l-**, 〖英〗**-ll-**)以粗短的棍擊之。~ *one's brains*絞腦汁；苦思。

cue¹ [kju] *n.* Ⓒ①暗示。②演員說白的尾語。

cue² *n.* Ⓒ①髮辮。②(劇場售票處等候購票者所排)長龍。③〖撞球〗球桿。

*__cuff¹__ [kʌf] *n.* ①Ⓒ袖口。②Ⓒ西裝褲脚的反摺部分。③(*pl.*)手銬。§ ~ **lìnk** 男子襯衫的袖扣。

cuff² *n.* Ⓒ & *v.t.* 掌擊；掌摑；撞擊。

cui·rass [kwɪˋræs] *n.* Ⓒ①保護身軀之胸冑與背冑。②保護船身之鋼甲。③動物之甲殼。

cui·ras·sier [ˏkwɪrəˋsɪr] *n.* Ⓒ著甲冑之騎兵。

cui·sine [kwɪˋzin] *n.* ①Ⓤ烹調；烹飪法。②Ⓒ廚房。

cu·li·nar·y [ˋkjuləˏnɛrɪ] *adj.* 廚房的；烹調(用)的。

cull [kʌl] *v.t.* 選擇；揀出；採摘(花)。— *n.* Ⓒ剔除之物；揀剩之物。

cul·mi·nate [ˋkʌlməˏnet] *v.i.* ①達於頂點；達最高潮(in)。②升至最高點；形成最高點(常 in)。③〖天〗(天體)達到子午線；升至最高度。

cul·mi·na·tion [ˏkʌlməˋneʃən] *n.* Ⓤ①頂點；極點。②最高潮。③〖天〗中天。

cu·lottes [kjuˋlɑts] *n. pl.*(女用)褲裙。

cul·pa·ble [ˋkʌlpəbl] *adj.* 該受譴責的。— **cul·pa·bil'i·ty,** *n.*

cul·prit [ˋkʌlprɪt] *n.* Ⓒ犯人；罪人。

cult [kʌlt] *n.* Ⓒ①〖宗〗禮拜儀式。②(對人或主義)崇拜。③時尚。

*__cul·ti·vate__ [ˋkʌltəˏvet] *v.t.* ①耕種。②敎化；培養。③致力(藝術等)。

cul·ti·vat·ed [ˋkʌltəˏvetɪd] *adj.* ①在耕種中的。~ land 耕地。②由栽培而生長的。③有敎養的。

*__cul·ti·va·tion__ [ˏkʌltəˋveʃən] *n.* Ⓤ①耕種。②敎化；培養。

cul·ti·va·tor [ˋkʌltəˏvetɚ] *n.* Ⓒ①耕種者；培養者。②鬆土除草機。

*__cul·tur·al__ [ˋkʌltʃərəl] *adj.* ①栽培的。②敎養的。③文化的；人文的。§ ~ **lág** 〖社會〗文化遲滯[落後]。

*__cul·ture__ [ˋkʌltʃɚ] *n.* ①Ⓤ敎養；文雅。②Ⓒ文明；文化。③Ⓤ培養；敎化。④Ⓤ耕種。⑤Ⓤ細菌的培養。⑥Ⓒ以培養基培殖之物。— *v.t.* ①耕種。②〖生物〗以培養基培殖。§ ~ **cènter** 文化中心。~ **mèdium** 培養基(微生物之養料)。~ **shòck** 文化衝擊。~ **tràit** 文化特質。

cul·tured [ˋkʌltʃɚd] *adj.* ①有修養的。②被養殖的。a ~ pearl 養珠。

cul·vert [ˋkʌlvɚt] *n.* Ⓒ①暗渠；陰溝。②地下電纜。

cum [kʌm, kum] 〖拉〗*prep.* 連同；附帶；兼(=with, including)。

cum·ber [ˋkʌmbɚ] *v.t.* & *n.* Ⓒ①阻礙。②拖累。— **some,** *adj.*

cum·brous [ˋkʌmbrəs] *adj.* 累贅的。

cum·in [ˋkʌmɪn] *n.* Ⓤ〖植〗小茴香。

cu·mu·late [ˋkjumjəˏlet] *v.t.* & *v.i.* 累積；堆積。— [ˋkjumjəlɪt] *adj.* 堆積的。

cu·mu·la·tive [ˋkjumjəˏletɪv] *adj.* 累積的。

cu·mu·lus [ˋkjumjələs] *n.*(*pl.* **-li** [-ˏlaɪ]) ①ⓊⒸ〖氣象〗積雲。②(a ~)堆積。

cu·ne·i·form [ˋkjunɪəˏfɔrm] *adj.* ①楔形的。②楔形文字的。— *n.* Ⓤ(古波斯、亞述等國之)楔形文字。

*__cun·ning__ [ˋkʌnɪŋ] *adj.* ①狡猾的。②巧妙的。③〖美俗〗可愛的；迷人的。— *n.* Ⓤ狡猾。— **ly,** *adv.*

‡__cup__ [kʌp] *n.* ①Ⓒ杯；酒杯。②Ⓒ一杯的量。③Ⓒ杯形物。④Ⓤ杯中物；酒。⑤Ⓒ獎杯。⑥Ⓒ命運。*in one's ~s* 醉酒。— *v.t.* (**-pp-**)①使成杯形。②以杯盛。③用吸血器替…放血。

*__cup·board__ [ˋkʌbɚd] *n.* Ⓒ碗櫥；食櫥；小櫥。§ ~ **lòve** 有企圖的愛。

cup·cake [ˋkʌpˏkek] *n.* Ⓒ杯子蛋糕。

*__cup·ful__ [ˋkʌpˏful] *n.* Ⓒ一滿杯(之量)。

Cu·pid [ˋkjupɪd] *n.* ①〖羅神〗丘比特(愛神)。②(c-) Ⓒ象徵愛情的持弓箭美童(畫或雕像)。§ ~**'s bów** (1)丘比特(式)的弓。(2)(雙)弓形的(上)嘴唇形狀[線條]。

cu·pid·i·ty [kjuˋpɪdətɪ] *n.* Ⓤ貪婪。

cu·po·la [ˋkjupələ] *n.* Ⓒ①圓屋頂。②圓頂閣。③迴旋砲塔。

cup·pa [ˋkʌpə] *n.* Ⓒ(常 *sing.*)〖英俗〗一杯茶。

cur [kɝ] *n.* Ⓒ①雜種狗。②下流胚子。

cur·a·ble [ˋkjurəbl] *adj.* 可醫治的(病)；可矯正的(缺點)。

cu·ra·çao, -çoa [ˏkjurəˋso] *n.* Ⓤ(加苦橙皮所釀成之)柑香酒。

cu·ra·cy [ˋkjurəsɪ] *n.* Ⓤ Ⓒ 副牧師之職位或職務。

cu·rate [ˋkjurɪt] *n.* Ⓒ〖宗〗副牧師。

cur·a·tive [ˋkjurətɪv] *adj.* 有治病效力的。— *n.* Ⓒ 藥物; 補救。

cu·ra·tor [kjuˋretɚ] *n.* Ⓒ (博物館、圖書館、美術館等之)館長。

cu·ra·to·ri·al [ˏkjurəˋtorɪəl] *adj.* 主持者的; 監護人的。

***curb** [kɝb] *n.* Ⓒ ①馬勒; 馬銜。②抑制; 阻擋或抑制的東西。③路的邊欄; 邊石。④〖美〗(證券股票的)場外市場。— *v.t.* ①勒(馬)。②抑制。③加邊石。§ ∼ **márket**股票場外交易市場。

curb·stone [ˋkɝbˏston] *n.* Ⓒ 邊石。

curd [kɝd] *n.* Ⓤ ①(常 *pl.*)凝乳。②任何類似凝乳之物。

cur·dle [ˋkɝdl] *v.i.* & *v.t.* ①凝結。②變稠; 變濃厚。∼ ***the*** [***one's***] ***blood*** 嚇得戰慄。

***cure** [kjur] *v.t.* ①醫癒。②治療; 祛除(惡習)。③醃; 曬乾或燻製。— *v.i.* ①治療。②痊癒。— *n.* Ⓒ ①醫治; 痊癒。②醫法; 補救方法。③藥劑。④精神上的監督; 宗教上之職務。

cure-all [ˋkjurˏɔl] *n.* Ⓒ 萬靈藥。

cur·few [ˋkɝfju] *n.* Ⓒ ①古代晚間令人熄燈安睡的鐘聲。②宵禁。

Cu·rie [ˋkjuri, kjuˋri] *n.* 居里夫人(Marie, 1867-1934, 生於波蘭之法國女物理學家及化學家, 爲鐳的發現者)。

cu·ri·o [ˋkjurɪˏo] *n.* Ⓒ (*pl.* ∼**s**)古玩; 古董; 珍品。

***cu·ri·os·i·ty** [ˏkjurɪˋɑsətɪ] *n.* ①Ⓤ 求知慾。②Ⓤ 好奇; 好奇心。③Ⓒ 珍奇的事物。

‡**cu·ri·ous** [ˋkjurɪəs] *adj.* ①好問的; 好奇的。②好管閒事的。③奇特的。④精細的。— **ly,** *adv.*

***curl** [kɝl] *v.t.* & *v.i.* ①捲成小圈(如頭髮)。②捲曲; 盤旋。— *n.* ①(*pl.*)捲髮。②Ⓒ 盤旋; 彎曲的東西。③Ⓒ 圍繞。

curl·i·cue [ˋkɝlɪˏkju] *n.* Ⓒ ①裝飾性的捲曲。②(尤指書法等的)花體。

***curl·y** [ˋkɝlɪ] *adj.* ①捲曲的; 有波紋的。②有捲曲物的; 有捲髮的。

cur·mudg·eon [kɚˋmʌdʒən] *n.* Ⓒ 守財奴; 脾氣壞而愛爭吵的人。

***cur·rant** [ˋkɝənt] *n.* Ⓒ ①一種小而無核的葡萄乾。②〖植〗紅醋栗。

***cur·ren·cy** [ˋkɝənsɪ] *n.* ①Ⓤ Ⓒ 通貨; 貨幣。②Ⓤ 流通; 通用。

‡**cur·rent** [ˋkɝənt] *n.* ①Ⓒ 水流或氣流。②Ⓤ Ⓒ 電流。③Ⓒ 趨向。— *adj.* ①流通的; 通行的。②現在的。§ ∼ **accóunt** 活期存款(戶頭)。

cur·ri·cle [ˋkɝɪkl] *n.* Ⓒ 一種雙馬二輪馬車。

cur·ric·u·lum [kəˋrɪkjələm] *n.* Ⓒ (*pl.* ∼**s, -la** [-lə])課程。§ ∼ **ví·tae** [ˋvaɪti] 履歷; 簡歷。— **cur·ric′·u·lar,** *adj.*

cur·ry[1] [ˋkɝɪ] *n.* ①Ⓤ 咖哩醬。②Ⓤ Ⓒ 咖哩醬所調製的食品。— *v.t.* 用咖哩醬調製。§ ∼ **pòwder**咖哩粉。

cur·ry[2] *v.t.* ①梳刷(馬等之毛)。②硝(皮); 製(革)。③擊打; 鞭打。∼ ***favor*** (***with***) 曲意逢迎; 拍馬屁。

cur·ry·comb [ˋkɝɪˏkom] *n.* Ⓒ 馬梳。— *v.t.* 用馬梳梳刷。

curse** [kɝs] *v.t.* (**cursed** or **curst**) ①詛咒。②使感痛苦。— *v.i.* 詛咒。— *n.* Ⓒ ①詛咒。②殃禍。③禍因。④褻瀆的語言。⑤被詛咒之物。Curses come home to roost.*** 害人反害己。

curs·ed [ˋkɝsɪd, kɝst] *adj.* ①被咒的。②可憎的。— **ly,** *adv.*

cur·sive [ˋkɝsɪv] *adj.* 草書(體)的。— *n.* Ⓤ Ⓒ 行書; 草書原稿。

cur·sor [ˋkɝsɚ] *n.* Ⓒ〖英〗(計算尺或電腦畫面上的)游標。

cur·so·ry [ˋkɝsərɪ] *adj.* 匆促的; 粗略的。

curst [kɝst] *v.* pt. & pp. of **curse.** — *adj.* =**cursed.**

curt [kɝt] *adj.* ①簡短的; 草率的。②簡慢的。— **ly,** *adv.* — **ness,** *n.*

cur·tail [kɝˋtel] *v.t.* 縮短; 減縮。

‡**cur·tain** [ˋkɝtn̩, -tɪn] *n.* Ⓒ ①帳; 幕; 窗帘。②掩蔽; 掩蔽之物。— *v.t.* ①掛幕於。②掩蔽。§ ∼ **càll** 觀衆要求演員出場謝幕時之呼聲。∼ **lècture** 妻子在枕邊對丈夫之責備。∼ **ràiser** 開場戲。

curt·s(e)y [ˋkɝtsɪ] *n.* Ⓒ 女人彎身屈膝的鞠躬禮。— *v.i.* 行此禮。

cur·va·ceous [kɝˋveʃəs] *adj.* 〖俗〗曲線玲瓏的。

cur·va·ture [ˋkɝvətʃɚ] *n.* Ⓤ Ⓒ ①彎曲; 屈曲。②〖數〗曲率。

***curve** [kɝv] *n.* Ⓒ ①曲線。②彎曲。③繪圖者所用的曲線用具。④〖棒球〗曲球。— *v.t.* & *v.i.* (使)彎曲。

cur·vet [ˋkɝvɪt] *n.* Ⓒ 馬之騰躍。— [ˋkɝvɪt, kɚˋvɛt] *v.i.* & *v.t.* (**-tt-, -t-**)騰躍。

***cush·ion** [ˋkuʃən, -ɪn] *n.* Ⓒ ①墊

子；坐褥。②形狀或用途如褥墊的東西。③撞球桌面四周之彈性襯裏。④減輕撞擊[震動，痛苦，負擔]之物。— *v.t.* ①裝置褥墊於。②隱忍。③減輕…之效力。

cush·y [ˋkuʃɪ] *adj.* 〖俚〗容易的；舒適的。

cusp [kʌsp] *n.* Ⓒ 尖端；尖頭。

cus·tard [ˋkʌstəd] *n.* Ⓒ (雞蛋牛乳和糖製成的)軟凍。

cus·to·di·an [kʌsˋtodɪən] *n.* Ⓒ 保管人；管理人。— **ship,** *n.*

cus·to·dy [ˋkʌstədɪ] *n.* Ⓤ ①監督；保護。②監禁；拘留。*be in* ~ 為警方所扣留。*take into* ~ 逮捕。

‡**cus·tom** [ˋkʌstəm] *n.* ① Ⓒ 習慣。② Ⓒ 習俗；風俗；慣例。③ Ⓤ 主顧的經常照顧。④ Ⓤ (集合稱)顧客。— *adj.* 定製的。

***cus·tom·ar·y** [ˋkʌstəm,ɛrɪ] *adj.* 習常的。— **cusˊtom·ar·i·ly,** *adv.*

***cus·tom·er** [ˋkʌstəmə] *n.* Ⓒ ①顧客；主顧。②〖俗〗傢伙；人。

cus·tom·house [ˋkʌstəm,haus] *n.* Ⓒ 海關。

cus·tom·ize [ˋkʌstə,maɪz] *v.t.* 「定製；定做。」

cus·tom-made [ˋkʌstəmˋmed] *adj.* 定做的；訂製的。

‡**cus·toms** [ˋkʌstəmz] *n. pl.* ①進口稅。②(the C-, 作 *sing.* 解)海關。

‡**cut** [kʌt] *v.t.* (**cut, cut·ting**) ①割；切；剪。②劈開。③縮減。④刺。⑤〖網球〗切擊。⑥〖俗〗不睬。⑦缺席。⑧溶解。⑨(牌戲)切(牌)。⑩相交。⑪〖俗〗不再繼續〔常 out〕。⑫剪輯(影片)。— *v.i.* ①割；切；裁。②被割；被切。③取捷徑〔across, through〕。④刺。⑤長牙。⑥〖俗〗匆匆離開。*be* ~ *out for* 適於；勝任。~ *a loss* [*one's losses*] 重新做起；知難而退。~ *and run* 急忙逃竄。~ *back* a. 剪去其一端使短(如樹枝)。b. 忽然重提前事(如小說、電影等)。c. 減少或停止。~ *both ways* 有好處也有壞處。~ *down* a. 砍倒。b. 使減少。c. 毀滅；破壞。d. 修改(衣服)使小。~ *in* a. 突入；衝入。b. 攙言；插嘴。c. 舞伴中一人(常為女的)突然為人邀去共舞；截舞。d. 搶先；超車。~ *off* a. 切去；截斷。b. 使終止。~ (*something*) *short* 切[刪]短(某事物)；打斷；插嘴。~ *teeth* 長牙。~ *to the bone* 減至最低[少]限度。— *adj.* ①切過的。②琢磨過的。③降低的；減縮的。~ *and dried* a. 預先準備的。b. 呆板的。— *n.* ① Ⓒ 割傷；切傷；傷痕。② Ⓒ 溝渠；渠道。③ Ⓒ 切開的片、塊等。④(*sing.*)(裁剪的)樣式。⑤ Ⓒ 減少。⑥ Ⓒ 重擊。⑦ Ⓒ 切擊(如網球等)。⑧ Ⓒ 中傷。⑨(the ~)〖俗〗佯為不識。⑩ Ⓒ 刻板(圖)。⑪ Ⓒ〖俗〗缺課。⑫ Ⓒ 切牌。⑬ Ⓒ 捷徑。

cu·ta·ne·ous [kjuˋtenɪəs] *adj.* 皮膚的。

cut·back [ˋkʌt,bæk] *n.* Ⓒ ①剪去末端；剪尾。②(電影、故事等)以前事故之重現。③減少。④(契約等之)取消。

***cute** [kjut] *adj.* ①〖美〗美麗嬌小而可愛的。②聰明的；狡猾的。

cute·sy, -sie [ˋkjutsɪ] *adj.* 自以為聰明的。

cu·ti·cle [ˋkjutɪkl] *n.* Ⓒ〖解〗表皮。

cu·tin [ˋkjutɪn] *n.* Ⓒ〖植〗上皮之蠟狀質；表皮素。

cut·las(s) [ˋkʌtləs] *n.* Ⓒ (古時水手所用之)短厚而微彎的刀。§ ~ **fish** 隱足魚(帶魚科隱足魚類之通稱)。

cut·ler [ˋkʌtlə] *n.* Ⓒ 刀剪等之製造、修理或販賣者。

cut·ler·y [ˋkʌtlərɪ] *n.* Ⓤ ①(集合稱)刀、剪等利器；餐具(如刀、叉、匙等)。②刀、劍製造業。

cut·let [ˋkʌtlɪt] *n.* Ⓒ 供燒烤或煎炸的薄肉片。

cut·off [ˋkʌt,ɔf] *n.* Ⓒ ①近路。②新河道。③〖機〗停汽；切斷。

cut·out [ˋkʌt,aut] *n.* Ⓒ ①(內燃機之)排氣閥。②布或紙上可剪下的圖案花樣等。③〖電〗斷流器。

cut-price [ˋkʌt,praɪs] *adj.* ①價格已經降低的。②減價出售的。

cut·purse [ˋkʌt,pɝs] *n.* Ⓒ 扒手。

***cut·ter** [ˋkʌtə] *n.* Ⓒ ①切割者；截切器。②裁剪衣服者。③〖影〗影片剪輯者。④快艇。⑤輕便的雪橇。⑥軍艦用小艇。

cut·throat [ˋkʌt,θrot] *n.* Ⓒ 兇手；刺客。— *adj.* ①兇狠的。②激烈的；拚命的。

cut·ting [ˋkʌtɪŋ] *n.* ① Ⓤ Ⓒ 切；割。② Ⓒ 切下或割下之部分。③ Ⓤ〖影〗剪接。④ Ⓒ 從山丘中開鑿出來的道路。⑤ Ⓒ〖英〗剪報。⑥ Ⓒ 插枝。— *adj.* 刺骨的；尖刻的。— **ly,** *adv.*

cut·tle·fish [ˋkʌtl,fɪʃ] *n.* Ⓒ (*pl.* ~, ~**es**)〖動〗烏賊；墨魚。

cut·up [ˋkʌt,ʌp] *n.* Ⓒ〖美俚〗扮小

丑或開玩笑以引人注意的人[動作]。
cwt. hundredweight.
cy·a·nide [ˋsaɪə,naɪd] *n.* Ⓤ Ⓒ 〖化〗氰化物。(亦作 **cyanid**)
cy·ber·na·tion [,saɪbɚˋneʃən] *n.* Ⓤ (以電子計算機)控制。
cy·ber·net·ics [,saɪbɚˋnɛtɪks] *n.* Ⓤ 神經機械學(電腦與人類神經系統之比較研究)。
cyc·la·men [ˋsɪkləmən] *n.* Ⓒ 〖植〗仙克萊屬植物。
***cy·cle** [ˋsaɪkl] *n.* Ⓒ ①周期。②循環；周而復始。③成套的史詩或傳說等。④〖電〗周波。⑤腳踏車；機車。 — *v.i.* ①循環。②騎腳踏車。 — **cy·clic** [ˋsaɪklɪk], *adj.*
cy·clist [ˋsaɪklɪst] *n.* Ⓒ 騎腳踏車者。
cy·clom·e·ter [saɪˋklɑmətɚ] *n.* Ⓒ ①圓弧測定器。②計程表。
cy·clone [ˋsaɪklon] *n.* Ⓒ ①旋風。②颶風。— **cy·clon·ic**[saɪˋklɑnɪk], *adj.*
cy·clo·p(a)e·di·a [,saɪkləˋpidɪə] *n.* Ⓒ 百科全書；百科辭典 (encyclopedia 之簡體)。 — **cy·clo·p(a)e′dic,** *adj.*
Cy·clops [ˋsaɪklɑps] *n.* Ⓒ (*pl.* **Cy·clo·pes** [saɪˋklopiz]) 〖希神〗獨眼巨人。
cy·clo·tron [ˋsaɪklə,trɑn] *n.* Ⓒ 〖理〗迴旋磁力加速器(一種使原子核分裂之裝置)。
cyg·net [ˋsɪgnɪt] *n.* Ⓒ 小天鵝。
Cyg·nus [ˋsɪgnəs] *n.* 〖天〗天鵝座。
***cyl·in·der** [ˋsɪlɪndɚ] *n.* Ⓒ ①圓筒。②〖幾何〗圓柱體。③〖機〗汽缸。④〖印刷〗滾筒。— **cy·lin′dri·cal,** *adj.*
cym·bal [ˋsɪmbl] *n.* Ⓒ 鐃；鈸(常成對使用之打擊樂器)。
cyn·ic [ˋsɪnɪk] *adj.* & *n.* Ⓒ ①憤世嫉俗的(人)。②(C-)犬儒學派的(人)。
cyn·i·cal [ˋsɪnɪkəl] *adj.* ①懷疑人生之價值的。②譏刺的；冷嘲的。
cyn·i·cism [ˋsɪnə,sɪzəm] *n.* Ⓤ Ⓒ ①(C-)犬儒哲學。②譏嘲的言行。
cy·no·sure [ˋsaɪnə,ʃur] *n.* ① Ⓒ 指針；引導物。② Ⓒ 引人注目的對象。③(C-)〖天〗小熊星座；北極星。
cy·pher [ˋsaɪfɚ] *n.* & *v.* =**cipher.**
cy·press [ˋsaɪprəs] *n.* ① Ⓒ 柏樹。② Ⓤ 柏樹木。③ Ⓒ (用作誌哀之)柏樹枝。
Cyp·ri·ot [ˋsɪprɪət], **Cyp·ri·ote** [ˋsɪprɪ,ot] *n.* ① Ⓒ 塞浦路斯人。② Ⓤ 塞浦路斯島之希臘方言。 — *adj.* 塞浦路斯的；其居民或其語言的。
Cy·prus [ˋsaɪprəs] *n.* 塞浦路斯(地中海東部之一島，原屬英，於 1960 年宣布獨立成爲共和國，首都 Nicosia).
Cy·ril·lic [sɪˋrɪlɪk] *adj.* 古代斯拉夫語之字母的。
cyst [sɪst] *n.* Ⓒ 〖生物〗胞囊；包囊；囊腫。
cys·ti·tis [sɪsˋtaɪtɪs] *n.* Ⓤ 〖醫〗膀胱炎。
czar [zɑr] *n.* Ⓒ ①沙皇(舊時俄國皇帝的稱號)。②獨裁者。③掌權者。
cza·ri·na [zɑˋrinə] *n.* Ⓒ ①沙皇之妻。②舊時俄國女王之稱號。
czar·ism [ˋzɑrɪzəm] *n.* Ⓤ 專制[獨裁]政治。
Czech [tʃɛk] *n.* ① Ⓒ 捷克人。② Ⓤ 捷克語。 — *adj.* 捷克斯拉夫的；捷克斯拉夫人[語]的。
Czech·o·slo·vak [,tʃɛkəˋslovæk] *adj.* 捷克斯拉夫人[語]的。 — *n.* ① Ⓒ 捷克斯拉夫人。② Ⓤ 捷克斯拉夫語。(亦作 **Czecho-Slovak**)
Czech·o·slo·va·ki·a, Czech-o-Slo·va·ki·a [,tʃɛkəsloˋvækɪə] *n.* 捷克斯拉夫共和國(歐洲中部的國家，首都爲 Prague). — **Czech·o·slo·va′ki·an, Czech·o-Slo·va′ki·an,** *adj.* & *n.*

D d **D d** *D d*

D or **d** [di] *n.* (*pl.* **D's, d's**) ① Ⓤ Ⓒ 英文字母之第四個字母。② Ⓤ 〖樂〗C 大調音階中之第二個音或音符。
dab [dæb] *v.t.* & *v.i.* (**-bb-**) 輕拍；輕撫；塗敷。 — *n.* Ⓒ ①輕拍；塗敷。②少量。
dab·ble [ˋdæbl] *v.i.* ①戲水；玩水。②涉獵；淺嘗〔in, at〕。 — *v.t.* (以手、腳等)戲水；濺溼。
dace [des] *n.* Ⓒ (*pl.* **~, dac·es**) 鰷魚。
dachs·hund [ˋdɑks,hund] 〖德〗 *n.* Ⓒ 獵獾狗(一種身長腿短的獵犬)。
Da·cron [ˋdekrɑn] *n.* Ⓤ Ⓒ 〖商標〗達克龍(一種合成纖維)。
dac·tyl [ˋdæktɪl] *n.* Ⓒ 〖詩〗揚抑抑格。 — **dac·tyl′ic,** *adj.*

*dad [dæd] n. Ⓒ〖俗〗爸；爹。

Da·da [ˋdɑdɑ, ˋdɑdə] n. Ⓤ 達達派[主義](1916-22 年間興起的虛無主義藝術運動)。— ist, n.

*dad·dy [ˋdædɪ] n. Ⓒ ①〖俗〗爸爸；爹。②〖俚〗以金錢換取少女歡心之中年人。

dad·dy-long·legs [ˋdædɪˋlɔŋ-lɛgz] n. Ⓒ (pl. ～)①〖美〗盲蜘蛛。②〖英方〗長脚蚊。

*daf·fo·dil [ˋdæfə,dɪl] n. Ⓒ 黃水仙。

daf·fy [ˋdæfɪ] adj. 〖俗〗①瘋狂的。②愚笨的。③輕浮的。

daft [dæft] adj. =daffy.

*dag·ger [ˋdægɚ] n. Ⓒ ①短劍；匕首。②〖印刷〗劍號(†)。*at ～s drawn* 互相仇視。*look ～s at* 怒目相視。

da·guerre·o·type [dəˋgɛrə-,taɪp] n. Ⓤ 銀版照相術。

*dahl·ia [ˋdæljə, ˋdɑl-, ˋdel-] n. Ⓒ〖植〗天竺；牡丹；大麗花。

‡dai·ly [ˋdelɪ] adj. 每日的(除星期日)；日常的。～ bread 每日的糧食。one's [the] ～ dozen 每日的體操。— n. Ⓒ ①日報。②〖英〗不寄宿的僕人。— adv. 每日地。

*dain·ty [ˋdentɪ] adj. ①嬌美的。②講究的。③美味的。— n. Ⓒ 適口的食物。— dain′ti·ly, adv.

dai·qui·ri [ˋdaɪkərɪ] n. ⓊⒸ 台克利酒(由甜酒、檸檬汁及糖調配而成的雞尾酒)。

*dair·y [ˋdɛrɪ] n. Ⓒ ①擠奶棚；奶油[乳酪]製造廠。②酪農場。③奶品店。— adj. 酪農的；乳酪的。§ ～ càt-tle 乳牛。～ fàrm 牛奶場；酪農場。

dair·y·maid [ˋdɛrɪ,med] n. Ⓒ 酪農場的女工。

dair·y·man [ˋdɛrɪmən] n. Ⓒ (pl. -men)①酪農場的男工。②奶棚的棚主。③賣牛奶、乳酪、牛油、乾酪的人。

da·is [ˋdeɪs, des] n. Ⓒ (常sing.)講臺；壇；高座。

*dai·sy [ˋdezɪ] n. Ⓒ ①雛菊；延命菊。②〖俚〗第一流之物[人]。*push up daisies*〖俗〗死。— adj. 〖俚〗第一流的。

Da·ko·ta [dəˋkotə] n. 達科塔(美國中部地方，分南北兩州)。

dale [del] n. Ⓒ 山谷；谷。

Dal·las [ˋdæləs] n. 達拉斯(美國 Texas 東北部的一個城市)。

dal·ly [ˋdælɪ] v.i. ①嬉戲。②調情。③玩忽。④閑蕩。— v.t. 荒廢(時光)(away)。— dal′li·ance, n.

Dal·ma·tian [dælˋmeʃ(ɪ)ən] adj. 達爾馬希亞(人)的。— n. Ⓒ ①達爾馬希亞人。②大麥町犬(原產於 Dalmatia 之一種狗)。

*dam¹ [dæm] n. ①Ⓒ 水壩；堤；堰。②Ⓤ 爲壩所蓄阻的水。③Ⓒ 壩狀物。— v.t. (-mm-) ①築堤；築壩；築壩攔(水)。②控制；抑制(up)。

dam² n. Ⓒ ①母獸。②〖蔑〗母親。

*dam·age [ˋdæmɪdʒ] n. ①Ⓤ 損害；傷害；損失。②(pl.)賠償損失費。③(the ～)〖俚〗費用；代價。— v.t. 損害；毀傷。— a·ble, adj.

Da·mas·cus [dəˋmæskəs] n. 大馬士革(敍利亞之首都)。

dam·ask [ˋdæməsk] n. Ⓤ ①錦緞。②花布。③大馬士革鋼。④深薔薇色；粉紅色。— v.t. ①以花紋裝飾(鋼鐵)。②飾以彩色。— adj. ①大馬士革鋼鑄造的。②深薔薇色的。

dame [dem] n. ①(D-)夫人(常作稱號)。②Ⓒ 貴婦人。③Ⓒ〖美俚〗女人；妓女。

*damn [dæm] v.t. & v.i. ①指摘。②咒罵。*D.* it all! 該死。③遭天譴。④使失敗；破壞。～ *with faint praise* 寓貶於褒。— n. Ⓒ 咒罵。— adj. 〖俚〗要命的；非常的。

dam·na·ble [ˋdæmnəbl] adj. ①該死的。②討厭的。③〖俗〗很壞的。

dam·na·tion [dæmˋneʃən] n. Ⓤ ①指責；詛咒。②毀壞。③天譴。— *interj.* 該死！糟了！— dam·na·to·ry [ˋdæmnə,torɪ], adj.

damned [dæmd] adj. ①應罰的；被墮地獄的。②討厭的。③〖俗〗被咒的；該死的。— adv. 〖俗〗非常地；極。

*damp [dæmp] adj. 潮濕的。— n. Ⓤ ①濕氣；水氣。②(礦坑中之)毒氣。③沮喪。— v.t. ①使潮濕。②妨礙；挫折。③使窒息；熄滅。§ ～ còurse(舖於牆壁下端之)防濕層。— ish, adj.

damp·en [ˋdæmpən] v.t. ①使潮濕。②使沮喪。— v.i. 變潮濕。

damp·er [ˋdæmpɚ] n. Ⓒ ①掃興的人[物]。②(火爐的)節氣閘。③(鋼琴的)斷音裝置；制振器。

dam·sel [ˋdæmzl] n. Ⓒ〖古〗少女；處女。

dam·son [ˋdæmzn̩] n. Ⓒ 西洋李子(樹)。

‡dance [dæns] v.i. ①跳舞。②跳躍。— v.t. ①使跳舞。②逗弄(嬰兒)。～

to another tune 改變主意或態度。 — *n.* ①Ⓒ跳舞；舞蹈。②(the ～) 舞步；舞技。③Ⓒ舞曲。④Ⓒ舞會。 § ∼ **hàll** 舞廳。— **danc′er,** *n.*

‡**danc·ing** [ˋdænsɪŋ] *n.* Ⓤ跳舞。 § ∼ **gìrl** 舞女。 ∼ **pàrtner** 舞伴。 ∼ **salòon**〖美〗舞廳。

*__dan·de·li·on__ [ˋdændɪ͵laɪən] *n.* Ⓒ〖植〗蒲公英。

dan·druff [ˋdændrəf] *n.* Ⓤ頭皮屑。

dan·dy [ˋdændɪ] *n.* Ⓒ①好打扮的人。②〖俚〗優良或上等的東西。 — *adj.* ①上等的。②花花公子的；好打扮的。— **ism,** *n.* Ⓤ紈袴子作風；時髦。

Dane [den] *n.* Ⓒ①丹麥人。②大丹犬(=Great Dane).

‡**dan·ger** [ˋdendʒɚ] *n.* ⓊⒸ危險。 *in* ～ (*of*)在危險中。 *out of* ～ 脫險。 § ∼ **sìgnal** 危險信號。 ∼ **zòne** 危險地帶。

‡**dan·ger·ous** [ˋdendʒ(ə)rəs] *adj.* 危險的。— **ly,** *adv.*

*__dan·gle__ [ˋdæŋgl] *v.i.* ①搖擺。②追隨；依附〔after〕。 — *v.t.* 使懸擺。 § **dángling pàrticiple**〖文法〗不連結分詞。— **dan′gler,** *n.*

Dan·iel [ˋdænjəl] *n.* 〖聖經〗①但以理(希伯來先知)。②但以理書。

Dan·ish [ˋdenɪʃ] *adj.* 丹麥的；丹麥語[人]的。 — *n.* Ⓤ丹麥語。

dank [dæŋk] *adj.* 陰濕的。

Dan·te [ˋdæntɪ] *n.* 但丁(Alighieri, 1265-1321, 義大利詩人)。

Dan·ube [ˋdænjub] *n.* (the ～)多瑙河。

dap·per [ˋdæpɚ] *adj.* ①漂亮整潔的。②矯健活潑的。

dap·ple [ˋdæpl] *adj.* 有斑點的。 — *v.t.* 加斑點於。 — *n.* ①ⓊⒸ斑紋。②Ⓒ有斑點之馬。— **dap′pled,** *adj.*

dap·ple-gray [ˋdæplˋgre] *adj.* 灰色而有黑斑的。 — *n.* Ⓒ上述之馬。

Dar·da·nelles [͵dardəˋnɛlz] *n.* (the ～)達達尼爾海峽(在土耳其歐亞兩大陸之間)。

‡**dare** [dɛr] *v.i.* (∼**d** or **durst,** ∼**d**) 敢；膽敢。 — *v.t.* ①敢冒；不懼。②挑戰；挑激。 *I* ～ *say*我以爲；我想。 — *n.* Ⓒ挑激。

dare·dev·il [ˋdɛr͵dɛvl] *n.* Ⓒ 蠻勇之徒。 — *adj.* 膽大的。

*__dar·ing__ [ˋdɛrɪŋ] *n.* Ⓤ勇敢；大膽。 — *adj.* ①勇敢的。②膽大的。

‡**dark** [dark] *adj.* ①黑暗的。②暗色的；淺黑的。③祕密的。④不易了解的。⑤兇惡的；邪惡的。⑥憂鬱的。⑦愚昧無知的。⑧有黑髮的。 — *n.* Ⓤ①(the ～)黑暗。②夜；日暮。③祕密；無知。④暗色。 *at* ～ 日暮時；天黑時。 *in the* ～ **a.** 在黑暗中。 **b.** 不爲人所知的。 § ∼ **hórse** 黑馬。(1)(賽馬時)實力未明的參賽馬。(2)意想不到的勁敵。 **the D∸ Áges** 黑暗時代(約紀元476年至1000年)。 **the D∸ Cóntinent** 黑暗大陸(非洲大陸的舊稱)。— **ly,** *adv.*

*__dark·en__ [ˋdarkən] *v.i.* 變黑暗；變陰沈。 — *v.t.* ①使黑暗。②使帶黑色；使加深。③使難懂。④使瞎。⑤使陰沈；使憂鬱。 ～ *one's door* 拜訪某人。

dark·ling [ˋdarklɪŋ] *adv.* & *adj.* 在黑暗中地[的]；幽暗地[的]。

‡**dark·ness** [ˋdarknɪs] *n.* Ⓤ ①陰暗；黑暗。②無知。③曖昧；不明。④邪惡；陰險。⑤盲目。

dark·room [ˋdark͵rum] *n.* Ⓒ暗房。

dark·some [ˋdarksəm] *adj.* 〖詩〗①憂愁的。②模糊不清的。③陰暗的。

dark·y [ˋdarkɪ] *n.* Ⓒ〖蔑〗黑人。

*__dar·ling__ [ˋdarlɪŋ] *n.* Ⓒ親愛的人。 — *adj.* 鍾愛的；可愛的。

*__darn__[1] [darn] *v.t.* 縫補；補綴。 — *n.* Ⓒ補綴處。— **er,** *n.*

darn[2] *v.t.* & *n.* 〖美俗〗= **damn.**

darned [darnd] *adj.* & *adv.* = **damned.**

dar·nel [ˋdarnl] *n.* Ⓒ〖植〗毒麥。

*__dart__ [dart] *n.* ①Ⓒ 標槍；箭；鏢。②(a ～)突進；急發。 — *v.t.* & *v.i.* ①投擲。②投射。③突發；急馳。

dart·board [ˋdart͵bord] *n.* Ⓒ (擲鏢遊戲用的)圓靶。

Dar·win [ˋdarwɪn] *n.* 達爾文(Charles Robert, 1809-82, 英國生物學家，進化論之創立者)。— **ism,** *n.*

‡**dash** [dæʃ] *v.t.* ①擲；猛撞。②澆；淋。③使失望。④摻雜。⑤迅速完成。⑥〖俗〗= **damn.** — *v.i.* 衝撞；突進。 — *n.* ①(a ～)少量。②(a ～)突進；突擊。③Ⓤ(常 the ～)衝撞。④Ⓒ(常 *sing.*) 短跑。⑤Ⓤ銳氣。⑥Ⓒ破折號(—)。 *at a* ～ 急進；速發。— **dash′y,** *adj.* 華麗的；炫耀的。

dash·board [ˋdæʃ͵bord] *n.* Ⓒ ①(馬車等前部之)遮泥板。②〖海〗防波板。③(汽車等之)儀器板。

dash·ing [ˋdæʃɪŋ] *adj.* ①勇敢的；活躍的。②時髦的；炫耀的。

das·tard [ˋdæstəd] *n.* Ⓒ 懦夫；膽小的人。—**ly,** *adj.*

DAT digital audiotape.

***da·ta** [ˋdetə] *n. pl.* (*sing.* **da·tum**) 資料。§ ∼ **bànk** [**bàse**]〖電算〗資料庫。∼ **pròcessing** 資料處理。

‡**date**[1] [det] *n.* ①Ⓒ日期；年月日。②ⓊⒸ年代；時代。③Ⓒ〖俗〗約會(尤指與異性的約會)。④Ⓒ〖俗〗約會之對象。***out of*** ∼ 過時的；陳舊的。***to*** ∼ 到目前爲止。***up*** [***down***] ***to*** ∼ 及時的；最新式的；直至最近的。
—*v.i.* ①有日期；記日期。②始自某時期。—*v.t.* ①記載日期。②斷定時代。③與…約會。§ ∼ **lìne** 國際換日線。∼ **stàmp** 戳記；郵戳。

D

date[2] *n.* Ⓒ棗椰樹(之果)。

dat·ed [ˋdetɪd] *adj.* ①載明日期的。②過時的。

date·less [ˋdetlɪs] *adj.* ①無日期的。②無限期的。③太古的。④歷久而趣味不減的。⑤〖美〗沒有約會(對象)的。

date·line [ˋdet͵laɪn] *n.* Ⓒ日期欄(報紙等載明發稿日期與地點之處)。

da·tive [ˋdetɪv]〖文法〗*adj.* 與格的。—*n.* Ⓒ與格。—**da·ti·val** [deˋtaɪvl], *adj.* —**ly,** *adv.*

da·tum [ˋdetəm] *n.* (*pl.* **-ta**) ①Ⓒ資料；材料；論據。②(*pl.*)觀察所得之事實。

daub [dɔb] *v.t.* & *v.i.* ①塗；搽。②弄汚。③(拙劣地)繪畫；裝飾。—*n.* ①ⓊⒸ粉塗之物。②Ⓒ拙劣之畫。③ⓊⒸ塗、搽(之動作)。—**er,** *n.*

‡**daugh·ter** [ˋdɔtə] *n.* Ⓒ①女兒。②(某種族的)女後裔。

daugh·ter-in-law [ˋdɔtərɪn͵lɔ] *n.* Ⓒ (*pl.* **daugh·ters-in-law**) 兒媳婦。

daunt [dɔnt] *v.t.* ①恐嚇。②使失去勇氣或信心。

dav·en·port [ˋdævən͵port] *n.* Ⓒ①〖美〗長沙發。②〖英〗小型寫字檯。

Da·vid [ˋdevɪd] *n.*〖聖經〗大衛(以色列第二代國王)。

Dá·vis Cúp [ˋdevɪs∼] *n.* (the ∼)戴維斯杯(國際網球錦標賽)。

dav·it [ˋdævɪt] *n.* Ⓒ (船旁的)吊柱；吊艇架。

daw [dɔ] *n.* Ⓒ〖鳥〗穴烏；寒鴉。

daw·dle [ˋdɔdl] *v.i.* & *v.t.* 浪費光陰；閒蕩；怠惰(away)。—**daw′dler,** *n.*

‡**dawn** [dɔn] *n.* ①ⓊⒸ黎明；破曉。②(the ∼)開端。—*v.i.* ①天曙；破曉。②(漸爲人)了解(on)。③開始發展；初現。

‡**day** [de] *n.* ①Ⓤ白天；日間。②Ⓒ一日；一晝夜。③Ⓒ工作天。④ⓊⒸ紀念日。⑤Ⓒ(常*pl.*)時期；時代。⑥Ⓒ(常*pl.*)壽命。⑦(the ∼)某天的事件；(尤指)勝負。⑧Ⓤ全盛時期。∼ ***after*** ∼ 一連許多天。∼ ***and night; night and*** ∼晝夜。∼ ***in and*** ∼ ***out*** 每天；繼續不斷地。***from*** ∼ ***to*** ∼ **a.** 日益。**b.** 每日；日日。***have one's*** ∼ 有過輝煌的時代。***one of these*** ∼***s*** 將來有一天；最近的將來。***the other*** ∼ 前幾日。***this*** ∼ ***week*** 上星期或下星期的今天。***win the*** ∼ 獲得勝利。§ ∼ **làborer** 按日計酬的勞工。∼ **nùrsery** 日間托兒所。∼ **retúrn**〖英〗限當日使用之來回車票。∼ **schòol** (1)(對寄宿制學校而言的)通學學校。(2)(對夜校而言的)日校。

***day·break** [ˋde͵brek] *n.* Ⓤ破曉；黎明。

day-by-day [ˋdebaɪˋde] *adj.* 逐日的；每天的。

day-care [ˋde͵kɛr] *adj.* 日間照料學前兒童的。a ∼ center 托兒所。

day·dream [ˋde͵drim] *n.* Ⓒ白日夢；幻想。—*v.i.* 作白日夢；耽於幻想。—**er,** *n.*

***day·light** [ˋde͵laɪt] *n.* Ⓤ①日光。②白晝；日間。③(事情)明朗化。§ ∼ **sáving** (**tìme**) 日光節約時間；夏令時間。

***day·time** [ˋde͵taɪm] *n.* (the ∼) 日間；白晝。—*adj.* 白天的。

day-to-day [ˋdetəˋde] *adj.* ①每日的；逐日的。②祇顧目前需要的。

***daze** [dez] *v.t.* 使惶惑；使眩暈；使恍惚。—*n.* (a ∼)目眩；恍惚。—**daz′ed·ly,** *adv.*

***daz·zle** [ˋdæzl] *v.t.* ①以強光使目眩。②使迷惑。—*n.* (*sing.*) 閃耀；眩目的強光。

daz·zling [ˋdæzlɪŋ] *adj.* 眩目的；燦爛的。—**ly,** *adv.*

DBS direct broadcast satellite. 直播衛星。

D.C. District of Columbia. 哥倫比亞特區(指美國首都華盛頓市 Washington D.C., 以別於華盛頓州)。

DCC digital compact cassette.

DDT, D.D.T. dichloro-diphenyl-trichloroethane. 一種殺蟲劑。

de-〖字首〗①剝奪；分離。②否定；相反。③下；貶。④衍出。⑤重；倍。

dea·con [ˋdikən] *n.* Ⓒ(教會之)執事。—**ry,** *n.* Ⓤ其職位。
de·ac·ti·vate [dɪˋæktə,vet] *v.t.* 解散；撤銷。
‡**dead** [dɛd] *adj.* ①死的。②無生命的。③無生氣的。④麻木的。⑤(語言)不通行的。⑥缺乏趣味的。⑦熄滅的。—— *adv.* 全然地；完全地。—— *n.* ①(the ～, 集合稱)死人。②Ⓤ最暗或最冷的時期。§ ～ **dùck** 無價值之人[物]。～ **ènd** (1)(道路之)盡頭；死巷。(2)僵局；絕境。～ **hèat**(競爭者成績相同之)不分勝負；平手。～ **lètter** (1)無法投遞的信件。(2)失效的法令。**D～ Sèa** 死海(世界上最低之鹽水湖)。～ **shót** (1)射中目標之子彈。(2)射擊高手。
dead-beat [ˋdɛdˋbit] *adj.* 〖俗〗筋疲力盡的。
dead·beat [ˋdɛd,bit] *n.* Ⓒ賴債者；游手好閒者。
dead·en [ˋdɛdn̩] *v.t.* 使鈍；使弱；減緩。—— *v.i.* ①變鈍。②失去活力。—**ing,** *n.* Ⓒ〖建〗隔音材料。
dead·head [ˋdɛd,hɛd] *n.* Ⓒ①(使用優待券等的)免費入場者；免費乘客。②無能力者。
dead·line [ˋdɛd,laɪn] *n.* Ⓒ最後期限；截止時間。
dead·lock [ˋdɛd,lɑk] *n.* ①Ⓤ完全停頓。②Ⓒ非彈簧式安全鎖。
***dead·ly** [ˋdɛdlɪ] *adj.* ①致命的。②深仇的。③如死的。④極度的。—— *adv.* ①如死地。②〖俗〗非常地。—**dead′li·ness,** *n.*
dead·weight [ˋdɛd,wet] *n.* Ⓤ①沈重的(靜止)物體。②重負；重載。
dead·wood [ˋdɛd,wud] *n.* Ⓤ①枯枝。②無用之人或物。
deaf** [dɛf] *adj.* ①聾的。②不願聽的；不理會的。～ ***and dumb 聾且啞的。
***deaf·en** [ˋdɛfən] *v.t.* ①使聾。②被噪聲震聾。③(大聲)淹沒(小聲)。
deaf·en·ing [ˋdɛfənɪŋ] *n.* Ⓤ隔音裝置。—— *adj.* 令人耳聾的。
deaf-mute [ˋdɛfˋmjut] *n.* Ⓒ聾啞者。—— *adj.* 聾啞的。
‡**deal**[1] [dil] *v.i.* (**dealt**)①涉及；討論〔with〕。②處分；對待〔with〕。③交易〔with, in〕。④處理〔with〕。⑤分配(尤指分紙牌)。—— *v.t.* ①分配。②給以；加於。③發紙牌。～ ***in*** 買賣。—— *n.* ①Ⓒ〖俗〗交易。②Ⓒ〖俗〗(商業的或政治的)協議(尤指密約)。③(a ～)〖俗〗對待；待遇。④(a ～)量；數量。⑤(the ～)發紙牌。⑥(D-)Ⓒ(政治或社會)政策。the New *D-* (羅斯福的)新政。***a great***[***good***] ～ 許多。
deal[2] *n.* Ⓤ松木木材。
***deal·er** [ˋdilə] *n.* Ⓒ①商人。②發牌者；莊家。
***deal·ing** [ˋdilɪŋ] *n.* ①Ⓤ(對人的)態度。②(*pl.*)交際；友誼；交易。
dealt [dɛlt] *v.* pt. & pp. of **deal.**
dean [din] *n.* Ⓒ①教務主任；教務長；學院院長。②訓導長；學監。③(教會中)首席司祭。④團體中資格最老者。
‡**dear** [dɪr] *adj.* ①親愛的；可愛的。②寫信時的稱呼。*D-* sir 敬啓者。③昂貴的；索價高的(店鋪)。④寶貴的。—— *n.* Ⓒ親愛的人。—— *adv.* 昂貴地。—— *interj.* 啊；呀。Oh, ～!; *D-* me!; *D-,* ～! 啊呀！天呀！不得了！§ ～ **Jóhn** (**lètter**)絕交信。
dear·est [ˋdɪrɪst] *n.* (稱呼)親愛的；心愛的人。
dear·ly [ˋdɪrlɪ] *adv.* ①誠摯地；由衷地。②高價地。
dearth [dɝθ] *n.* (a ～) ①缺乏；少。②饑饉。
dear·y [ˋdɪrɪ] *n.* 〖俗〗(稱呼)親愛的人；親親；小寶貝(母親稱小孩)。
‡**death** [dɛθ] *n.* ①ⓊⒸ死亡。②Ⓤ死亡的狀態。③(the ～)死因。④(the ～)毀滅；終止。⑤(D-)死神。***be at*** ～***'s door*** 瀕於死亡。***to*** ～ 到極點；非常的。§ ～ **certificate** 死亡證明書。～ **dùty** 〖英〗遺產稅。～ **màsk** (以石膏壓在死人臉上製成之)死人面具。～ **ràte** 死亡率。～ **tàx**＝death duty. ～ **wàrrant** 死刑判決書。
death·bed [ˋdɛθ,bɛd] *n.* Ⓒ(常 *sing.*)①臨死時所臥之床。②臨終。
death·blow [ˋdɛθ,blo] *n.* Ⓒ(常 *sing.*)致命之打擊。
death·ly [ˋdɛθlɪ] *adj.* ①如死的；死一樣的。②致死的。—— *adv.* ①如死地；死一樣地。②非常地。
death's-head [ˋdɛθs,hɛd] *n.* Ⓒ(象徵死亡之)骷髏(畫)。
death·watch [ˋdɛθ,wɑtʃ] *n.* Ⓒ①守靈。②死囚行刑前夜之看守者。
deb [dɛb] *n.* 〖美俗〗＝**debutante.**
de·ba·cle [deˋbɑkl] 〖法〗 *n.* Ⓒ①大災難。②崩潰。③(河水的)氾濫。④(冰河的)潰裂。
de·bar [dɪˋbɑr] *v.t.* (**-rr-**) 阻止；禁止；排除。
de·bark [dɪˋbɑrk] *v.t.* 使登陸；使

上岸。 — *v.i.* 登陸；上岸。

de·base [dɪ`bes] *v.t.* ①貶低；貶降。②貶值。 — **ment,** *n.*

***de·bate** [dɪ`bet] *v.t.* & *v.i.* ①討論；辯論。②考慮。 — *n.* Ⓤ Ⓒ ①討論。②辯論。 — **de·bat′er,** *n.*

de·bauch [dɪ`bɔtʃ] *v.t.* ①使誤入歧途；誘使放蕩。②姦淫；敗壞。 — *n.* Ⓒ ①放蕩。②暴飲暴食。 — **de·bauched′,** *adj.*

deb·au·chee [ˌdɛbɔ`tʃi] *n.* Ⓒ 放蕩者。

de·bauch·er·y [dɪ`bɔtʃərɪ] *n.* ①Ⓤ 放蕩；沈迷酒色。②Ⓒ (常 *pl.*) 墮落的行爲。

de·ben·ture [dɪ`bɛntʃə] *n.* Ⓒ ①債券。②(海關發給的)退稅憑單。

de·bil·i·tate [dɪ`bɪləˌtet] *v.t.* 使衰弱；使虛弱。 — **de·bil′i·ty,** *n.*

deb·it [`dɛbɪt] *n.* Ⓒ 借方；負債。 — *v.t.* 〖簿記〗登入借方。

deb·o·nair(e) [ˌdɛbə`nɛr] *adj.* ①心境愉快的。②溫文有禮的。

de·brief [di`brif] *v.t.* 向(完成特定任務者)提出詢問。 — *v.i.* (完成特定任務者)接受詢問。 — **ing,** *n.*

de·bris [də`bri, `debri] *n.* Ⓤ ①殘骸；瓦礫堆。②〖地質〗岩屑。

‡**debt** [dɛt] *n.* ①Ⓒ 債；債務。②Ⓤ 負債。③Ⓤ Ⓒ 恩情；恩惠。 ***~ of honor*** 信用欠款；賭債。 ***get* [*run*] *into* ~** 負債。 ***in* ~** 欠債；負債。

debt·or [`dɛtə] *n.* Ⓒ 債務人；借方。

de·bunk [di`bʌŋk] *v.t.* 〖美俗〗①暴露；揭穿。②揭…之短；反駁。

de·but, dé·but [dɪ`bju] 〖法〗 *n.* Ⓒ ①初次在社交場露面。②初次登臺。③任何事物之初次出現。

deb·u·tante, dé·bu- [ˌdɛbju`tɑnt] 〖法〗 *n.* Ⓒ ①初入社會之少女。②初次登臺之女明星。

Dec. December.

deca- 〖字首〗表「十；十倍」之義。

***dec·ade** [`dɛked, dɛk`ed] *n.* Ⓒ ①十年。②由十所構成的一組。

de·ca·dence [dɪ`kedṇs] *n.* Ⓤ 衰落；墮落；衰微；頹廢。

de·ca·dent [dɪ`kedṇt] *adj.* ①衰落的。②(十九世紀末葉之文藝)頹廢期的；頹廢派的。 — *n.* Ⓒ ①衰落者；式微者。②頹廢派之作家或藝術家。

dec·a·li·ter, 〖英〗**-tre** [`dɛkəˌlitə] *n.* Ⓒ 公斗。

Dec·a·log, -logue [`dɛkəˌlɔg] *n.* (the ~) 十誡 (= the Ten Commandments). (亦作 **decalog, decalogue**)

dec·a·me·ter, 〖英〗**-tre** [`dɛkəˌmitə] *n.* Ⓒ 十公尺；公丈。

de·camp [dɪ`kæmp] *v.i.* ①逃亡。②離營；撤營。 — **ment,** *n.*

de·cant [dɪ`kænt] *v.t.* ①將(液體)慢慢倒出(俾將沈澱留於原容器中)。②將(液體等)由一容器倒入另一容器。

de·cant·er [dɪ`kæntə] *n.* Ⓒ 玻璃酒瓶；傾注器；傾析器。

de·cap·i·tate [dɪ`kæpəˌtet] *v.t.* 斬首；砍頭。

dec·a·syl·lab·ic [ˌdɛkəsɪ`læbɪk] *adj.* 十音節(之詩行)的。

de·cath·lon [dɪ`kæθlɑn] *n.* Ⓤ 十項運動。

***de·cay** [dɪ`ke] *v.i.* ①衰弱；衰微；衰退。②腐敗；腐爛。 — *n.* Ⓤ ①漸漸衰落；漸漸退化。②腐敗；腐爛。③〖理〗蛻變。 — **ed** [~d], *adj.*

***de·cease** [dɪ`sis] *n.* Ⓤ 死亡。 — *v.i.* 死亡。

***de·ceased** [dɪ`sist] *adj.* ①死的；死亡的；已故的。②(the ~) 死者。

***de·ceit** [dɪ`sit] *n.* ①Ⓤ 欺騙；虛僞。②Ⓒ 詭計。 — **ful,** *adj.*

***de·ceive** [dɪ`siv] *v.t.* 欺騙。 — *v.i.* 欺詐；行騙。 — **de·ceiv′er,** *n.*

de·cel·er·ate [di`sɛləˌret] *v.t.* & *v.i.* 減速；減緩。 — **de·cel·er·a′tion,** *n.*

‡**De·cem·ber** [dɪ`sɛmbə] *n.* 十二月。

de·cen·cy [`disṇsɪ] *n.* ①Ⓤ 端莊；謙恭有禮。②(*pl.*) 正當的行爲。

***de·cent** [`disṇt] *adj.* ①合式的。②適當的。③可尊重的。④尙佳的。⑤正經的。 — **ly,** *adv.*

de·cen·tral·ize [di`sɛntrəlˌaɪz] *v.t.* ①劃分；分散(權力等)。②疏散。 — **de·cen·tral·i·za′tion,** *n.*

de·cep·tion [dɪ`sɛpʃən] *n.* ①Ⓤ 欺騙。②Ⓒ 虛幻騙人的東西；詭計。 — **de·cep′tive(·ly),** *adj.* (*adv.*)

dec·i·bel [`dɛsəˌbɛl] *n.* Ⓒ 〖理〗分貝(音量之單位)。

‡**de·cide** [dɪ`saɪd] *v.t.* ①決定；決心。②解決；判決。③使決定。 — *v.i.* ①決定。②判決。

***de·cid·ed** [dɪ`saɪdɪd] *adj.* ①確定的。②堅定的；堅決的。 — **ly,** *adv.*

de·cid·u·ous [dɪ`sɪdʒuəs] *adj.* ①每年落葉的。②(按季節或生長期)脫落的。a ~ tooth 乳齒。

dec·i·gram, 〖英〗**-gramme**

[ˋdɛsə,græm] *n.* Ⓒ 公銖(公制的重量單位；等於十分之一克)。

dec·i·li·ter, 〖英〗 **-tre** [ˋdɛsə,litɚ] *n.* Ⓒ 公合(十分之一公升)。

dec·i·mal [ˋdɛsəml] *adj.* 十進的。 — *n.* Ⓒ 小數。

dec·i·mate [ˋdɛsə,met] *v.t.* ①(尤指古羅馬)將(叛亂者等)每十人殺一人。②(傳染病、戰爭等)殺死…的許多人。③把(敵對等)打得落花流水。

dec·i·me·ter, 〖英〗 **-tre** [ˋdɛsə,mitɚ] *n.* Ⓒ 公寸(1/10 公尺)。

de·ci·pher [dɪˋsaɪfɚ] *v.t.* 譯解(密碼)；解(謎)。— **a·ble,** *adj.*

***de·ci·sion** [dɪˋsɪʒən] *n.* ① ⓊⒸ 決定；決心；判決。② Ⓤ 果斷。③ Ⓒ 判決書。

***de·ci·sive** [dɪˋsaɪsɪv] *adj.* ①決定性的。②堅定的。— **ly,** *adv.*

‡**deck** [dɛk] *n.* Ⓒ ①甲板；艙面。②(紙牌之)一組或一副(通常爲 52 張)。 ***clear the ~s*** 準備戰鬥。 — *v.t.* 裝飾；打扮。 § **∼ chàir** 輕便折疊椅。

de·claim [dɪˋklem] *v.t.* 高聲朗誦。 — *v.i.* ①(用美麗的辭藻)演說；巧辯。②叱責；抗辯[against]。③唱高調。— **dec·la·ma′tion,** *n.*

de·clam·a·to·ry [dɪˋklæmə,torɪ] *adj.* 朗誦的；誇張的。

dec·la·ra·tion** [,dɛkləˋreʃən] *n.* ①ⓊⒸ 聲明；宣言書。② Ⓒ (關稅等的)申報(書)。 ***the D- of Independence (美國)獨立宣言。

de·clar·a·tive [dɪˋklærətɪv] *adj.* ①宣言的。②〖文法〗陳述的。

‡**de·clare** [dɪˋklɛr] *v.t.* ①公告；宣告。②斷言；聲稱。③申報(應納稅的東西等)。 — *v.i.* 宣言；表示；自白。 ∼ ***for*** [***against***] 贊成[反對]。

de·clas·si·fy [diˋklæsə,faɪ] *v.t.* 撤銷(文件等)之機密。

de·clen·sion [dɪˋklɛnʃən] *n.* 〖文法〗① Ⓤ (名詞、代名詞等之)語尾變化。② Ⓒ 語尾變化相同的字。

de·clin·a·ble [dɪˋklaɪnəbl] *adj.* 〖文法〗可以變化語形[語尾]的。

dec·li·na·tion [,dɛkləˋneʃən] *n.* ① ⓊⒸ 傾斜；斜面。② Ⓤ 衰微；衰落。③ Ⓤ 謝絕；婉辭。④ ⓊⒸ〖天〗赤緯。 ⑤ ⓊⒸ〖理〗(磁針的)偏差；偏角。

‡**de·cline** [dɪˋklaɪn] *v.t.* ①謝絕。②使傾斜；低垂(頭)。 — *v.i.* ①婉拒。②傾斜。③衰落。④減低；跌落。⑤屈尊。 ⑥接近終了。 — *n.* Ⓒ (常 *sing.*)①衰微；下跌。②任何東西的最末一部分。③消耗性的疾病；肺病。 ***fall into a ∼*** 體力衰退(尤指患肺病者)。— **de·clin′ing,** *adj.*

de·cliv·i·ty [dɪˋklɪvətɪ] *n.* ⓊⒸ 下傾的斜面。— **de·cliv′i·tous,** *adj.*

de·coct [dɪˋkɑkt] *v.t.* 煎；熬(藥草等)。— **de·coc′tion,** *n.*

de·code [diˋkod] *v.t.* 將(密碼等)譯成普通文字。

de·cod·er [diˋkodɚ] *n.* Ⓒ ①密碼譯員。②解碼器；譯碼機[器]。

dé·colle·té [,dekɑlˋte] 〖法〗 *adj.* ①露出頸部和肩部的。②穿袒胸露肩的衣服的。

de·col·o·nize [diˋkɑlə,naɪz] *v.t.* 給與政治獨立；使非殖民化。

de·col·o(u)r [diˋkʌlɚ] *v.t.* 使脫色；漂白。

de·com·mis·sion [,dikəˋmɪʃən] *v.t.* 使(軍艦、飛機)除役。

de·com·pose [,dikəmˋpoz] *v.i.* & *v.t.* (使)分解[腐爛]。— **de·com·pos′er,** *n.* Ⓒ〖生態〗分解者。

de·com·po·si·tion [,dikɑmpəˋzɪʃən] *n.* Ⓤ ①分解。②腐敗。

de·com·pres·sion [,dikəmˋprɛʃən] *n.* Ⓤ 減壓。 § **∼ chàmber** 氣壓調節室。 **∼ sìckness** 潛水夫病。

de·con·trol [,dikənˋtrol] *v.t.* (**-ll-**) 解除管制。 — *n.* ⓊⒸ 撤除管制。

dé·cor [deˋkɔr] 〖法〗 *n.* ⓊⒸ ①舞臺裝飾。②裝飾之格調。③室內裝飾。

***dec·o·rate** [ˋdɛkə,ret] *v.t.* ①裝飾。②爲…作室內裝修。③授以勳章。— **dec′o·ra·tor,** *n.*

***dec·o·ra·tion** [,dɛkəˋreʃən] *n.* ① Ⓤ 裝飾。② Ⓒ 裝飾品。③ Ⓒ 勳章。 § **D- Dày**〖美〗陣亡將士紀念日。

***dec·o·ra·tive** [ˋdɛkə,retɪv] *adj.* 裝飾的；裝潢的。

dec·o·rous [ˋdɛkərəs] *adj.* 合宜的；有禮的；端莊的。— **ly,** *adv.*

de·co·rum [dɪˋkorəm] *n.* ① Ⓤ 禮節合宜。② Ⓒ (常 *pl.*)(上流社會的)慣例和禮儀。

de·coy [dɪˋkɔɪ, ˋdikɔɪ] *n.* Ⓒ 媒鳥；引誘物。 —[dɪˋkɔɪ] *v.t.* 引誘；誘害 [into, out of]。

***de·crease** [dɪˋkris, ,diˋkris] *v.i.* & *v.t.* (使)減少。 —[ˋdikris, ,diˋkris] *n.* ① ⓊⒸ 減少。② Ⓒ 減少量。

***de·cree** [dɪˋkri] *n.* Ⓒ ①命令；法

D

令。②〖法律〗判決。③天命。— *v.t.* & *v.i.* 頒令；判定；天命註定。
de·crep·it [dɪˋkrɛpɪt] *adj.* ①衰老的。②破舊的；用舊的。— **de·crep′i·tude,** *n.*
de·crim·i·nal·ize [diˋkrɪmənə͵laɪz] *v.t.* 使不算犯法；使合法化。
de·cry [dɪˋkraɪ] *v.t.* ①公開譴責。②貶低。— **de·cri′er,** *n.*
***ded·i·cate** [ˋdɛdə͵ket] *v.t.* ①供奉；奉獻；致力。②題獻。— **ded·i·ca′tion,** *n.* — **ded′i·cat·ed, ded′i·ca·to·ry,** *adj.*
de·duce [dɪˋdjus] *v.t.* ①演繹；推論〔from〕。②對…追本溯源。
de·duct [dɪˋdʌkt] *v.t.* ①扣除；減除。②使減低〔from〕。
de·duc·tion [dɪˋdʌkʃən] *n.* ①Ⓤ Ⓒ減除。②Ⓒ扣除額。③Ⓒ推論；推斷。④Ⓤ Ⓒ演繹(法)。— **de·duc′tive,** *adj.*
‡**deed** [did] *n.* Ⓒ①行為。②事業；功績。③實行；事實。④證書；契據。*in* ～ 事實地；誠然地。
dee·jay [ˋdiˋdʒe, -͵dʒe] *n.* Ⓒ唱片音樂節目主持人(=disc jockey)。
deem [dim] *v.t.* & *v.i.* 認為；視為；想；判。
‡**deep** [dip] *adj.* ①深的。②深奧的。③銘心的。④專心的。⑤濃厚的；強烈的。⑥(顏色等)深的。⑦聲音低沈的。— *adv.* ①深深地。②(時間)深遠地。③強烈地。— *n.* ①(*pl.*)(指河海)深處。②(the ～)大海。§ ～ **spáce**(包括太陽系以外的)外太空。～ **thróat** 秘密供給資料者。— **ness,** *n.*
***deep·en** [ˋdipən] *v.t.* ①使(加)深。②使濃。③使強烈。④使低沈。— *v.i.* ①變深。②(顏色)變濃；變深。③變強烈；變醇。④變低沈。
deep-laid [ˋdipˋled] *adj.* 深遠的；精巧的；祕密策劃的。
***deep·ly** [ˋdiplɪ] *adv.* ①到深處。②強烈地。③(聲音)深沈地。④巧妙地。
deep-root·ed [ˋdipˋrutɪd] *adj.* 根深柢固的。
deep-sea [ˋdipˋsi] *adj.* 深海的；遠洋的。
deep-seat·ed [ˋdipˋsitɪd] *adj.* ①深層的。②根深柢固的。
deep-set [ˋdip͵sɛt] *adj.* = deep-seated.
deep-six [ˋdipˋsɪks] *v.t.* 〖俚〗①拋棄。②拋入水中。③拒絕。
***deer** [dɪr] *n.* Ⓒ (*pl.* ～)鹿。
deer·skin [ˋdɪr͵skɪn] *n.* Ⓤ鹿皮。
de·face [dɪˋfes] *v.t.* ①傷毀(外表或美觀)。②銷毀；毀滅。— **ment,** *n.*
de fac·to [diˋfækto] 〖拉〗 *adv.* & *adj.* 事實上(的)。
de·fal·cate [dɪˋfælket] *v.i.* 〖法律〗盜用公款。— **de·fal′cat·or,** *n.*
de·fame [dɪˋfem] *v.t.* 誹謗；中傷；損毀名譽。— **de·fam′a·to·ry,** *adj.*
de·fault [dɪˋfɔlt] *n.* Ⓤ①不履行責任[契約]。②不還債。③缺席；(球賽中)不出場。④不出庭；不到案。*judgment by* ～ 缺席判決。— *v.t.* & *v.i.* ①疏怠職責；不履行(條約)。②拖欠(債務)。③不出場。④不出庭；缺席裁判。— **er,** *n.*
‡**de·feat** [dɪˋfit] *v.t.* ①擊敗。②破壞；打破。③〖法律〗使無效。— *n.* ①Ⓤ Ⓒ失敗；敗北。②Ⓤ征服；傾覆。③Ⓤ〖法律〗無效。
def·e·cate [ˋdɛfə͵ket] *v.t.* & *v.i.* 澄清；除(污)。— **def·e·ca′tion,** *n.*
***de·fect** [dɪˋfɛkt, ˋdifɛkt] *n.* Ⓒ過失；缺點。— *v.i.* 變節；叛變；投奔敵方〔to〕。— **de·fec′tor,** *n.*
de·fec·tion [dɪˋfɛkʃən] *n.* Ⓤ Ⓒ①缺點；失敗。②背叛；脫黨；變節。
de·fec·tive [dɪˋfɛktɪv] *adj.* ①有缺點的；不完美的。②不健全的。— *n.* Ⓒ身心不健全者。— **ly,** *adv.*
‡**de·fence** [dɪˋfɛns] *n.* 〖英〗= defense.
‡**de·fend** [dɪˋfɛnd] *v.t.* ①保護；保衛〔from, against〕。②辯護。③〖法律〗作…之辯護律師。— *v.i.* 〖法律〗作辯護。
de·fend·ant [dɪˋfɛndənt] *n.* Ⓒ被告。— *adj.* 被告的。
***de·fend·er** [dɪˋfɛndɚ] *n.* Ⓒ①保護者；防守者。②〖運動〗衛冕者。
‡**de·fense** [dɪˋfɛns] *n.* ①Ⓤ防護；防禦。②Ⓤ辯護。③Ⓒ(常*sing.*)〖法律〗答辯。④(the ～)被告方。*in* ～ *of* 保衛。— **less,** *adj.*
de·fen·si·ble [dɪˋfɛnsəbl] *adj.* 可防禦的；可辯護的。— **de·fen·si·bil′i·ty,** *n.* — **de·fen′si·bly,** *adv.*
***de·fen·sive** [dɪˋfɛnsɪv] *adj.* ①防禦的。②守勢的。— *n.* Ⓤ(常the ～)防禦；守勢。*be on the* ～ 準備自衛的狀態。— **ly,** *adv.*
***de·fer**[1] [dɪˋfɝ] *v.t.* & *v.i.* (**-rr-**)延緩；展期。— **ment,** *n.*
de·fer[2] *v.i.* (**-rr-**)服從；順從〔to〕。
de·fer·(r)a·ble [dɪˋfɝəbl] *adj.* 可延遲的；可緩徵的。— *n.* Ⓒ緩徵者。

def·er·ence [ˋdɛfərəns] *n.* Ⓤ ①服從；順從。②敬意。

def·er·en·tial [ˏdɛfəˋrɛnʃəl] *adj.* 恭順的。

de·ferred [dɪˋfɝd] *adj.* ①延期的。②擱置的。§ ∼ **télegram** 慢遞送電報(費用便宜)。

*__de·fi·ance__ [dɪˋfaɪəns] *n.* Ⓤ 挑戰；輕視；違抗。

de·fi·ant [dɪˋfaɪənt] *adj.* 大膽反抗的；挑釁的。

*__de·fi·cien·cy__ [dɪˋfɪʃənsɪ] *n.* ①ⓊⒸ缺乏；不足。②Ⓒ不足額。

*__de·fi·cient__ [dɪˋfɪʃənt] *adj.* ①有缺點的；不完全的。②不足的；缺乏的。

def·i·cit [ˋdɛfəsɪt] *n.* Ⓒ 不足額；赤字；短缺。

*__de·file__ [dɪˋfaɪl] *v.t.* ①弄髒。②褻瀆。③使受損。—*n.* Ⓒ 小路；狹谷。—**ment,** *n.*

*__de·fine__ [dɪˋfaɪn] *v.t.* ①下定義。②詳細說明。③立界限。④使清楚。—**de·fin′a·ble,** *adj.*

*__def·i·nite__ [ˋdɛfənɪt] *adj.* ①明白的；確定的。②一定的。③〖文法〗限定的。—**ly,** *adv.*

*__def·i·ni·tion__ [ˏdɛfəˋnɪʃən] *n.* ①Ⓤ確定。②ⓊⒸ定義。③Ⓤ(透鏡的)鮮明度；(收音機收音)精確度；(電視等)清晰度。④Ⓒ(字詞的)字義。

de·fin·i·tive [dɪˋfɪnətɪv] *adj.* ①確定的；最後的。②限定的。—*n.* Ⓒ〖文法〗限定詞 (this, all, some 等)。—**ly,** *adv.*

de·flate [dɪˋflet] *v.t.* ①放出(氣球、車胎)中之空氣。②緊縮通貨。③使…沮喪。—*v.i.* ①洩氣。②(通貨)緊縮。

de·fla·tion [dɪˋfleʃən] *n.* ①Ⓤ放氣。②ⓊⒸ通貨緊縮。—**ar·y,** *adj.*

de·flect [dɪˋflɛkt] *v.t.* & *v.i.* (使)偏斜；(使)轉向。—**de·flec′tion,** *n.* —**de·flec′tive,** *adj.*

de·flow·er [dɪˋflauɚ] *v.t.* ①摧毀…之花。②奪去(婦女)之貞節；蹂躪。③破壞精華。—**er,** *n.*

de·for·est [dɪˋfɔrɪst] *v.t.* 採伐森林；清除樹林；濫伐…的山林。

de·form [dɪˋfɔrm] *v.t.* ①使殘廢。②使醜；使變形。—**ed,** *adj.* —**de·for·ma′tion,** *n.*

de·form·i·ty [dɪˋfɔrmətɪ] *n.* ①Ⓒ畸形；殘廢。②Ⓒ(人格、藝術品等之)瑕疵。③Ⓤ醜陋。

de·fraud [dɪˋfrɔd] *v.t.* 詐取；欺騙。—**al,** —**ment,** *n.*

de·fray [dɪˋfre] *v.t.* 付給；支付。

de·frost [dɪˋfrɔst] *v.t.* ①去冰或霜。②使(凍的食物)解凍。

deft [dɛft] *adj.* 熟練的；敏捷的；靈巧的。—**ly,** *adv.* —**ness,** *n.*

de·funct [dɪˋfʌŋkt] *adj.* ①死的。②非現存的。*the* ∼ 死人。

de·fuse, de·fuze [diˋfjuz] *v.t.* ①拆除(炸彈)的信管。②解除危機。

*__de·fy__ [dɪˋfaɪ] *v.t.* ①公然反抗；蔑視；不顧。②抵禦。③挑；激。

de·gauss [diˋgaus] *v.t.* 〖海〗消除(船隻的)磁場(以防磁雷)。

de·gen·er·a·cy [dɪˋdʒɛnərəsɪ] *n.* Ⓤ①退化；退步。②墮落。

*__de·gen·er·ate__ [dɪˋdʒɛnəˏret] *v.i.* ①退步；墮落；頹廢。②〖生物〗退化。—[dɪˋdʒɛnərɪt] *adj.* ①退步的；墮落的。②退化的。—*n.* Ⓒ①墮落者。②退化的東西。

de·gen·er·a·tion [dɪˏdʒɛnəˋreʃən] *n.* Ⓤ①退步；墮落。②〖生物〗退化。③〖生理〗變質；變性。

*__deg·ra·da·tion__ [ˏdɛgrəˋdeʃən] *n.* Ⓤ①惡化；退步。②免職；罷黜。③〖地質〗剝蝕；漸崩。

*__de·grade__ [dɪˋgred] *v.t.* ①降級；降職。②使墮落；使惡化。③〖地質〗使漸崩。④減低價格、力量、純度等。—*v.i.* ①墮落。②降等。

‡**de·gree** [dɪˋgri] *n.* ①ⓊⒸ等級；程度。②Ⓒ親等。③Ⓤ地位。④Ⓒ度數。⑤Ⓒ學位。⑥Ⓒ〖數〗次。⑦Ⓒ〖樂〗階；音度。⑧Ⓒ〖文法〗級。

de·gree-day [dɪˋgriˋde] *n.* Ⓒ 戶外每日平均溫度之單位。

de·gres·sion [dɪˋgrɛʃən] *n.* Ⓤ①漸減。②(稅率之)遞減。

de·hu·man·ize [diˋhjuməˏnaɪz] *v.t.* 使失掉人性；獸化。

de·hu·mid·i·fy [ˏdihjuˋmɪdəˏfaɪ] *v.t.* 除溼氣。

de·hy·drate [diˋhaɪdret] *v.t.* & *v.i.* 脫水；變乾。

de·ice [diˋaɪs] *v.t.* 除冰。

de·i·fi·ca·tion [ˏdiəfəˋkeʃən] *n.* Ⓤ神化。

de·i·fy [ˋdiəˏfaɪ] *v.t.* ①奉爲神；祀爲神。②崇拜如神。

deign [den] *v.i.* 認爲適合其身分或尊嚴；以爲值得。—*v.t.* 俯賜；恩賜。

de·ism [ˋdiɪzəm] *n.* Ⓤ①自然神教。②〖哲〗理神論。

*__de·i·ty__ [ˋdiətɪ] *n.* ①Ⓤ神性。②Ⓒ

D

神。*the D-* 上帝。

de·ject [dɪ`dʒɛkt] *v.t.* 使沮喪；使氣餒。— **ed,** *adj.* 「喪；憂鬱。

de·jec·tion [dɪ`dʒɛkʃən] *n.* Ⓤ 頹

de ju·re [di`dʒurɪ] 〖拉〗*adv.* & *adj.* 法理上(的)；權利上(的)。

de·late [dɪ`let] *v.t.* ①〖蘇〗彈劾。②敍述；公開。— **de·la′tion,** *n.*

‡**de·lay** [dɪ`le] *v.t.* 延期；延緩；耽擱。— *v.i.* 遲延。— *n.* ⓊⒸ 耽擱；遲滯。*without* ~ 勿延；立即。

de·lec·ta·ble [dɪ`lɛktəbl] *adj.* 令人愉快的；使人高興的。

de·lec·ta·tion [͵dilɛk`teʃən] *n.* Ⓤ 歡樂；愉快。

*__del·e·gate__ [`dɛlə͵get, `dɛləgɪt] *n.* Ⓒ①代表。②美國衆議院中一地區的代表。— [`dɛlə͵get] *v.t.* ①委派…爲代表。②委託。

del·e·ga·tion [͵dɛlə`geʃən] *n.* ①Ⓤ 授權；派遣代表。②Ⓒ 代表團。

de·lete [dɪ`lit] *v.t.* 消除；刪去。

del·e·te·ri·ous [͵dɛlə`tɪrɪəs] *adj.* 有害的；有毒的。— **ly,** *adv.*

*__de·lib·er·ate__ [dɪ`lɪbərɪt] *adj.* ①深思熟慮的。②愼重的；從容不迫的。— [dɪ`lɪbə͵ret] *v.t.* & *v.i.* 考慮；熟思；商議。— **ly,** *adv.*

de·lib·er·a·tion [dɪ͵lɪbə`reʃən] *n.* ①ⓊⒸ 愼思熟慮。②ⓊⒸ 審議。③Ⓤ 從容。

de·lib·er·a·tive [dɪ`lɪbə͵retɪv] *adj.* 愼重的；評議的。

*__del·i·ca·cy__ [`dɛləkəsɪ] *n.* ①Ⓤ 細緻；優美。②Ⓤ 靈敏；敏感。③Ⓤ 微妙；精巧。④Ⓤ 關心；體諒。⑤Ⓤ 虛弱。⑥Ⓒ 佳餚；美味。

*__del·i·cate__ [`dɛləkət, -kɪt] *adj.* ①纖細的；精美的。②美味的。③纖弱的；脆弱的。④微妙的；需愼重的。⑤靈敏的。⑥體諒的。— **ly,** *adv.*

del·i·ca·tes·sen [͵dɛləkə`tɛsn] *n.* Ⓤ 現成菜餚。

*__de·li·cious__ [dɪ`lɪʃəs] *adj.* ①美味的。②使人愉快的。— **ly,** *adv.*

‡**de·light** [dɪ`laɪt] *n.* ①Ⓤ 欣喜；愉快。②Ⓒ 嗜好的東西。— *v.t.* 使喜悅；使樂。— *v.i.* 喜；嗜；好(in).

de·light·ed [dɪ`laɪtɪd] *adj.* 欣喜的；快樂的。

*__de·light·ful__ [dɪ`laɪtfəl] *adj.* ①歡樂的；愉快的。②可愛的。— **ly,** *adv.*

de·lin·e·ate [dɪ`lɪnɪ͵et] *v.t.* 描畫；畫出輪廓；記述。— **de·lin·e·a′·tion,** *n.*

de·lin·quen·cy [dɪ`lɪŋkwənsɪ] *n.* ⓊⒸ①怠忽。②過失。③違法。

de·lin·quent [dɪ`lɪŋkwənt] *adj.* ①怠忽職務的。②犯法的。③有過失的。④(稅款等)過期未付的。— *n.* Ⓒ 犯過[犯法]的人。

de·lir·i·ous [dɪ`lɪrɪəs] *adj.* 精神錯亂的；狂言囈語的。

de·lir·i·um [dɪ`lɪrɪəm] *n.* ⓊⒸ (*pl.* **~s, -i·a** [-rɪə]) ①(暫時的)精神狂亂。②狂語；囈語。

‡**de·liv·er** [dɪ`lɪvɚ] *v.t.* ①遞送；交付。②陳述。③加(重擊)；投。④釋放。⑤爲…接生。

de·liv·er·ance [dɪ`lɪvərəns] *n.* Ⓤ①釋放；救出。②意見；判決。

*__de·liv·er·y__ [dɪ`lɪvərɪ] *n.* ①ⓊⒸ 分送；遞送。②Ⓒ 分娩。③Ⓤ 演說技巧。④ⓊⒸ 投球(法)。

dell [dɛl] *n.* Ⓒ (兩邊有樹的)小山谷；幽谷。

*__del·ta__ [`dɛltə] *n.* ⓊⒸ ①三角洲。②希臘字母的第四個字母(Δ, δ).

de·lude [dɪ`lud] *v.t.* 欺騙；迷惑。

del·uge [`dɛljudʒ] *n.* Ⓒ①大水災；洪水；豪雨。②(常 a ~)狂湧而至的東西。— *v.t.* ①泛濫。②湧至。

*__de·lu·sion__ [dɪ`l(ɪ)uʒən] *n.* ①Ⓤ 欺瞞；迷惑。②Ⓒ 謬見；幻想。

de·lu·sive [dɪ`lusɪv] *adj.* 欺騙的；虛妄的。

de·luxe [dɪ`lʊks] *adj.* 華美的；華麗的。— *adv.* 豪華地。

delve [dɛlv] *v.t.* & *v.i.* ①〖古〗掘。②蒐求；發掘。 「Ⓒ 煽動政治家。

dem·a·gog(ue) [`dɛmə͵gɔg] *n.*

dem·a·gog·ic [͵dɛmə`gɑdʒɪk] *adj.* 煽動群衆的。

‡**de·mand** [dɪ`mænd] *v.t.* ①要求。②詰問；查詢。③需要。④〖法律〗**a.** 召喚。**b.** 提出正式要求。— *n.* ①Ⓒ 要求；請求。②(*sing.*)需求。③Ⓒ〖法律〗請求(權)。*on* ~ 來取即付。§ ~ **depòsit** 活期存款。

de·mand·ing [dɪ`mændɪŋ] *adj.* 過分要求的；苛求的。

de·mar·cate [dɪ`market] *v.t.* ①定界線。②區別；區分。

de·mar·ca·tion [͵dimɑr`keʃən] *n.* ①Ⓒ 界限；界線。②Ⓤ 定界限[界線]。 「爲。②貶抑；降低。

de·mean [dɪ`min] *v.t.* ①舉止；行

*__de·mean·or,__ 〖英〗**-our** [dɪ-

ˋminɚ] *n.* Ⓤ 行爲; 態度; 風度。
de·ment·ed [dɪˋmɛntɪd] *adj.* 瘋狂的; 精神錯亂的。
de·men·tia [dɪˋmɛnʃɪə] *n.* Ⓤ〖醫〗痴呆。senile ～ 老人痴呆症。§ ～ **prǽecox** [ˋprikaks]〖醫〗精神分裂症。
de·mer·it [diˋmɛrɪt] *n.* Ⓒ ①過失; 缺點。②〖教育〗扣分; 記過。
de·mesne [dɪˋmen] *n.* ① Ⓤ (土地的)領有。② Ⓒ 封建領地。
dem·i·god [ˋdɛmə,gad] *n.* Ⓒ 半神半人; 神人。
dem·i·john [ˋdɛmə,dʒan] *n.* Ⓒ 「細頸大罎。」
de·mil·i·ta·rize [diˋmɪlətə,raɪz] *v.t.* ①廢除軍備。②解除軍事控制。
dem·i·monde [ˋdɛmɪ,mand] 〖法〗*n.* Ⓒ 行爲放蕩的女人。
de·mise [dɪˋmaɪz] *n.* Ⓤ ①死亡。②讓位。③讓與; 遺贈。— *v.t.* ①遺贈或讓與。②讓位。
dem·i·tasse [ˋdɛmə,tæs] *n.* Ⓒ 盛黑咖啡之小杯。
dem·o [ˋdɛmo] *n.* Ⓒ (*pl.* ～s)〖俗〗①示威運動。②試聽錄音帶[唱片]。③展示品。
de·mo·bi·lize [diˋmobḷ,aɪz] *v.t.* 「遣散; 使復員。」
***de·moc·ra·cy** [dəˋmakrəsɪ] *n.* ① Ⓤ 民主政治; 民主政體。② Ⓒ 民主國家。③(D-) 美國的民主黨。④(the ～)民衆。
***dem·o·crat** [ˋdɛmə,kræt] *n.* Ⓒ ①民主主義者。②(D-) 美國民主黨黨員。
‡**dem·o·crat·ic** [,dɛməˋkrætɪk] *adj.* ①民主主義的; 民主政體的。②(D-) 美國民主黨的。
de·mol·ish [dɪˋmalɪʃ] *v.t.* ①毀壞; 破壞; 推翻。②〖俗〗吃光。
dem·o·li·tion [,dɛməˋlɪʃən] *n.* ① Ⓤ Ⓒ 破壞; 毀壞。②(*pl.*) 廢墟。
***de·mon** [ˋdimən] *n.* Ⓒ 惡魔。
de·mo·ni·ac [dɪˋmonɪ,æk] *adj.* ①似魔鬼的。②著魔的; 凶惡的。— *n.* Ⓒ 著魔之人; 狂暴者。
de·mon·ol·o·gy [,dimənˋalədʒɪ] *n.* Ⓤ 對魔鬼之研究; 鬼神學。
de·mon·stra·ble [ˋdɛmənstrəbḷ] *adj.* 可證明的; 可示範的。
***dem·on·strate** [ˋdɛmən,stret] *v.t.* ①證明。②施教。③當衆表演; 誇示…之好處。④表露(情緒)。— *v.i.* ①示威。②炫耀軍力。
***dem·on·stra·tion** [,dɛmənˋstreʃən] *n.* Ⓤ Ⓒ ①證明。②示範。③感情流露。④示威; 炫耀武力。
de·mon·stra·tive [dɪˋmanstrətɪv] *adj.* ①說明的。②證實的。③論證的。④坦率表露感情的。⑤〖文法〗指示的。— *n.* Ⓒ〖文法〗指示詞。
de·mor·al·ize [dɪˋmarəl,aɪz] *v.t.* ①敗壞。②使沮喪; 使無鬥志。③使混亂。
de·mote [dɪˋmot] *v.t.* 降級。
de·mur [dɪˋmɝ] *v.i.* (-rr-) ①猶豫; 提出異議; 抗議。②〖法律〗抗辯。— *n.* Ⓤ 異議; 抗議。
de·mure [dɪˋmjʊr] *adj.* ①嚴肅的; 端莊的。②假裝正直[謹愼]的。
de·mur·rage [dɪˋmɝɪdʒ] *n.* Ⓤ〖商〗①延滯。②延滯罰金; 延期停泊費; 貨車停留費。
de·mys·ti·fy [diˋmɪstə,faɪ] *v.t.* ①解開…的神秘[謎]。②啓蒙。
***den** [dɛn] *n.* Ⓒ ①獸穴。②舒適之私室。③藏匿的處所。— *v.i.* (-nn-) 住於汚穢的地方。
de·na·tion·al·ize [diˋnæʃənḷ,aɪz] *v.t.* ①剝奪國籍; 褫奪公民資格。②解除國有。③使失去獨立國資格。— **de·na·tion·al·i·za′tion**, *n.*
de·nat·u·ral·ize [diˋnætʃrəl,aɪz] *v.t.* ①使違本性; 使不自然。②剝奪公民權; 剝奪國籍。
de·na·ture [diˋnetʃɚ] *v.t.* 使變性; 除去…之特性。
den·gue [ˋdɛŋgɪ] *n.* Ⓤ〖醫〗登革熱「(熱帶傳染病)。」
***de·ni·al** [dɪˋnaɪəl] *n.* ① Ⓤ Ⓒ 否認; 否定。② Ⓤ Ⓒ 拒絕。③ Ⓤ 抑制。
de·ni·er [dɪˋnaɪɚ] *n.* Ⓒ 否認者; 拒絕者。
den·i·grate [ˋdɛnə,gret] *v.t.* ①塗汚; 塗黑。②毀壞名譽; 玷辱。
den·im [ˋdɛnəm] *n.* Ⓤ 丁尼布(厚而粗之斜紋棉布)。
den·i·zen [ˋdɛnəzn̩] *n.* Ⓒ ①公民; 居民。②歸化者。③外來語; 外來之動植物。— *v.t.* ①給予永住權。②使歸化。
***Den·mark** [ˋdɛnmark] *n.* 丹麥「(北歐一國)。」
de·nom·i·nate [dɪˋnamə,net] *v.t.* 命名; 取名。— [dɪˋnamənɪt] *adj.* 有名稱的。
***de·nom·i·na·tion** [dɪ,naməˋneʃən] *n.* ① Ⓤ 命名。② Ⓒ 宗派; 分派。③ Ⓒ (重量、長度、貨幣等之)單位; 面額。
de·nom·i·na·tor [dɪˋnamə,netɚ] *n.* Ⓒ ①〖數〗分母。②命名者。
de·no·ta·tion [,dinoˋteʃən] *n.*

①Ⓤ表示；指示。②Ⓒ名稱；符號。③Ⓒ意義。④Ⓤ〖邏輯〗外延。

de·note [dɪ`not] *v.t.* ①指示；表示。②意味。

de·noue·ment [de`numã] 〖法〗「*n.* Ⓒ結局；收場。」

***de·nounce** [dɪ`nauns] *v.t.* ①當衆指責。②揭發。③通知廢止(條約等)。

***dense** [dɛns] *adj.* ①緊密[濃密]的。②愚鈍的。—**ly,** *adv.* —**ness,** *n.*

***den·si·ty** [`dɛnsətɪ] *n.* ⓊⒸ①濃密。②密度。③愚鈍。

dent [dɛnt] *n.* Ⓒ①凹；缺口。②齒狀突出物。③弱點；損害。—*v.t.* 使凹下。—*v.i.* 凹下；成鋸齒狀。

D

den·tal [`dɛntl] *adj.* ①牙齒的；齒科醫術的。②〖語音〗齒音的。—*n.* Ⓒ〖語音〗齒音。

denti- 〖字首〗表「齒」之義。

den·ti·frice [`dɛntə,frɪs] *n.* ⓊⒸ牙膏、牙粉、洗牙的藥水等。

***den·tist** [`dɛntɪst] *n.* Ⓒ牙科醫生。

den·tist·ry [`dɛntɪstrɪ] *n.* Ⓤ牙醫業；牙醫術。

de·nude [dɪ`njud] *v.t.* ①使裸露；剝下。②剝奪。③〖地質〗剝蝕。

de·nun·ci·a·tion [dɪ,nʌnsɪ`eʃən] *n.* ⓊⒸ①公開的指責。②告發。③廢止條約等的正式通知。

‡**de·ny** [dɪ`naɪ] *v.t.* ①否認；否定。②拒絕。～ ***oneself*** 自制；克己。

de·o·dor·ant [di`odərənt] *adj.* 除臭氣的。—*n.* ⓊⒸ防臭劑。

de·o·dor·ize [di`odə,raɪz] *v.t.* 除…之臭；防臭。

de·o·dor·iz·er [di`odə,raɪzɚ] *n.* ⓊⒸ防臭物；除臭劑。

‡**de·part** [dɪ`pɑrt] *v.i.* ①離去；離開；出發。②違反；放棄。③死。

de·part·ed [dɪ`pɑrtɪd] *n.* (the ～) 死人。—*adj.* 死的；過去的。

‡**de·part·ment** [dɪ`pɑrtmənt] *n.* ①Ⓒ部門。②Ⓒ系；科；所。③Ⓒ部；局；處；司；科。④Ⓒ行政區。⑤(D-)〖美軍〗衛戍區。§ ∼ **stōre** 百貨公司。

de·part·men·tal·ize [dɪ,pɑrt`mɛntl,aɪz] *v.t.* 把…分爲部門。

***de·par·ture** [dɪ`pɑrtʃɚ] *n.* ①ⓊⒸ離去；出發。②ⓊⒸ變更；違反。③Ⓒ新行動或方針之始。

‡**de·pend** [dɪ`pɛnd] *v.i.* ①信賴；信任。②依賴；依靠。③視…而定。④懸；垂。⑤〖文法〗附屬於其他字句。⑥無法決定；懸宕。—**a·ble,** *adj.*

***de·pen·dant** [dɪ`pɛndənt] *adj.* & *n.* =**dependent.**

***de·pend·ence** [dɪ`pɛndəns] *n.* Ⓤ①信賴；信任。②依賴；依靠。③視…而定。④隸屬；順從。⑤所依賴的人或東西。

de·pend·en·cy [dɪ`pɛndənsɪ] *n.* ①Ⓤ依賴；信任。②Ⓒ附屬物。③Ⓒ屬國；屬地。

***de·pend·ent** [dɪ`pɛndənt] *adj.* ①依賴的；從屬關係的。②關連的；受影響的。③下垂的。—*n.* Ⓒ①依賴他人者；侍從。②家眷。

de·pict [dɪ`pɪkt] *v.t.* ①描畫。②敍「述。」

dep·i·late [`dɛpə,let] *v.t.* 去…之髮；爲…去毛。—**dep·i·la′tion,** *n.*

de·pil·a·to·ry [dɪ`pɪlə,torɪ] *adj.* 去毛髮的；除毛性的。—*n.* ⓊⒸ脫毛劑。

de·plane [di`plen] *v.i.* ①下飛機。「②從飛機上卸下。」

de·plete [dɪ`plit] *v.t.* ①使空虛；用盡。②〖醫〗放血。

de·plor·a·ble [dɪ`plorəbl] *adj.* ①悲哀的；可嘆的。②不幸的。

de·plore [dɪ`plor] *v.t.* 悲痛；深悔。

de·ploy [dɪ`plɔɪ] *v.t.* & *v.i.* ①〖軍〗散開成戰鬥隊形。②部署。③展開。

de·pop·u·late [di`pɑpjə,let] *v.t.* 減少…之人口；使人口減少。

de·port [dɪ`port] *v.t.* ①驅逐出境；放逐。②舉止；持身。

de·por·ta·tion [,dipor`teʃən] *n.* Ⓤ移送；放逐。

***de·pose** [dɪ`poz] *v.t.* ①免職；廢(王位)。②宣誓作證。—*v.i.* 作證(尤指以書面的)。

***de·pos·it** [dɪ`pɑzɪt] *v.t.* ①放置。②貯存；存儲。③沈澱。④抵押；交保證金。—*n.* ①ⓊⒸ堆積物；沈澱物。②ⓊⒸ〖礦〗礦床。③Ⓒ(常*sing.*)存放物；存款。④Ⓒ(常*sing.*)押金；保證金。⑤Ⓒ保管處。

dep·o·si·tion [,dɛpə`zɪʃən] *n.* ①Ⓤ廢位；革職。②Ⓤ沈澱。③Ⓒ沈澱物。④Ⓤ證言。⑤Ⓒ口供(書)。

de·pos·i·to·ry [dɪ`pɑzə,torɪ] *n.* Ⓒ保管者；儲藏室。

***de·pot** [`dipo, `dɛpo] *n.* Ⓒ①庫房；倉庫。②火車站；公共汽車站；航空站。③軍械庫；補給站。

de·prave [dɪ`prev] *v.t.* 使敗壞；使腐敗。—**de·prav·i·ty** [dɪ`prævətɪ], *n.*

dep·re·cate [`dɛprə,ket] *v.t.* 抗議；不贊成。—**dep·re·ca′tion,** *n.*

dep·re·ca·to·ry [ˋdɛprəkə,torɪ] *adj.* 反對的; 求恕的。
de·pre·ci·ate [dɪˋpriʃɪ,et] *v.t.* & *v.i.* 減價; 輕視; 貶值。
de·pre·ci·a·tion [dɪ,priʃɪˋeʃən] *n.* Ⓤ①貶值。②輕視; 毀謗。③折舊。
dep·re·date [ˋdɛprɪ,det] *v.t.* & *v.i.* 劫掠; 掠取; 蹂躪。
***de·press** [dɪˋprɛs] *v.t.* ①壓下; 降低。②使沮喪。③使不活潑; 使蕭條。④減價; 貶值。⑤〖樂〗降調。
de·pres·sant [dɪˋprɛsn̩t] *adj.* 有鎮靜作用的。—— *n.* Ⓒ 鎮靜劑。
de·pressed [dɪˋprɛst] *adj.* 憂傷的; 降低的; 經濟蕭條的。
***de·pres·sion** [dɪˋprɛʃən] *n.* ①ⓊⒸ降低。②Ⓒ窪穴; 凹陷。③ⓊⒸ沮喪。④Ⓤ〖商〗蕭條。⑤Ⓒ不景氣時代。⑥Ⓤ〖醫〗抑鬱症。⑦Ⓒ〖氣象〗低氣壓。
***de·prive** [dɪˋpraɪv] *v.t.* ①奪去; 剝奪; 使喪失。②使不能有; 使不能享受。③撤職。
de·pro·gram [diˋprogræm] *v.t.* (-m-, -mm-)〖美〗使除去受洗腦所產生的影響。
dept. department; deputy.
depth** [dɛpθ] *n.* ①ⓊⒸ深; 深度。②ⓊⒸ縱深。③(the ～)最內部; 深處。④Ⓤ深奧。⑤Ⓤ深厚; 濃厚。⑥Ⓤ低沉。out of* [*beyond*] *one's* ～ a.** 入水至沒頂的深度。**b.** 不能理解; 力所不及。
dep·u·ta·tion [,dɛpjəˋteʃən] *n.* ①Ⓒ代理者; 代表團。②Ⓤ代表或代理人之指派。
de·pute [dɪˋpjut] *v.t.* 指定、委託或授權(某人)爲代理或代表。
dep·u·tize [ˋdɛpjə,taɪz] *v.t.* 委爲代表。—— *v.i.* 充任代表〔for〕.
***dep·u·ty** [ˋdɛpjətɪ] *n.* Ⓒ ①代理人; 代表。②副主管。③議員。④副警長。—— *adj.* 代理的; 副的。
de·rail [diˋrel] *v.t.* 使(火車)出軌。—— *v.i.* 出軌。— **ment,** *n.*
de·rail·leur [dɪˋrelɚ] *n.* Ⓒ 脚踏車的多段變速裝置。
de·range [dɪˋrendʒ] *v.t.* 擾亂; 使發狂。— **ment,** *n.*
de·ra·tion [diˋreʃən] *v.t.* 停止(物品之)配給。
Der·by [ˋdɜbɪ, ˋdɑrbɪ] *n.* ①英國之大賽馬會。②Ⓒ賽馬會。③(a d-)(有獎的)公開賽。④(d-) Ⓒ 圓頂窄邊絲質之禮帽。
der·e·lict [ˋdɛrə,lɪkt] *adj.* ①被棄的。②疏忽職務的。—— *n.* Ⓒ①被棄漂流於海上之船。②疏忽職務的人。
de·ride [dɪˋraɪd] *v.t.* 嘲笑; 愚弄。— **de·rid'ing·ly,** *adv.*
de·ri·sion [dɪˋrɪʒən] *n.* ① Ⓤ 嘲笑; 愚弄。② Ⓒ 笑柄。— **de·ri·sive** [dɪˋraɪsɪv], *adj.*
der·i·va·tion [,dɛrəˋveʃən] *n.* ①Ⓤ引出。②Ⓤ由來。③〖文法〗**a.** ⓊⒸ衍生。**b.** Ⓒ衍生語。
de·riv·a·tive [dəˋrɪvətɪv] *adj.* 引出的。—— *n.* Ⓒ ①引出之物。②衍生字。
***de·rive** [dəˋraɪv] *v.t.* ①獲得; 得來。②起源; 由來; 出自。③推論; 推究。④追溯根源; 溯源。—— *v.i.* 起源; 出自。
der·ma·tol·o·gy [,dɜməˋtɑlədʒɪ] *n.* Ⓤ皮膚學; 皮膚病學。
der·o·gate [ˋdɛrə,get] *v.i.* ①取去; 減除; 減損。②變壞; 減退; 退步。
de·rog·a·to·ry [dɪˋrɑgə,torɪ] *adj.* ①損毀(名譽)的。②降低價值的。
der·rick [ˋdɛrɪk] *n.* Ⓒ ①起重機。②油井的鐵架塔。
der·rin·ger [ˋdɛrɪndʒɚ] *n.* Ⓒ〖美〗迪林格手槍(大口徑短筒之手槍)。
des·cant [dɛsˋkænt] *v.i.* ①詳論。②合唱; 合奏。—— [ˋdɛskænt] *n.* ①Ⓒ〖詩〗歌曲。②ⓊⒸ〖樂〗**a.** 高音部。**b.** 變奏。
Des·cartes [deˋkɑrt] *n.* 笛卡爾(René, 法國哲學家及數學家)。
***de·scend** [dɪˋsɛnd] *v.i.* ①下降。②傳下來; 由來; 出自。③屈身。④突擊; 襲擊。⑤遞減。—— *v.t.* 降落。— **ent,** *adj.*
***de·scend·ant** [dɪˋsɛndənt] *n.* Ⓒ 子孫; 後裔。
***de·scent** [dɪˋsɛnt] *n.* ① ⓊⒸ 降下。②Ⓒ下坡路。③Ⓤ遺傳。④Ⓤ血統。⑤Ⓤ襲擊。⑥Ⓤ墮落。
‡**de·scribe** [dɪˋskraɪb] *v.t.* ①敍述; 描寫。②畫; 描; 摹; 作圖。
***de·scrip·tion** [dɪˋskrɪpʃən] *n.* ①ⓊⒸ敍述; 說明。②Ⓒ種類。
de·scrip·tor [dɪˋskrɪptɚ] *n.* Ⓒ〖電算〗描述符(指認物體之符號)。
de·scry [dɪˋskraɪ] *v.t.* 察看; 發現; 遠遠看到。
des·e·crate [ˋdɛsɪ,kret] *v.t.* 褻瀆; 把(神物)供俗用。

de·seg·re·gate [di`sɛgrə,get] *v.t.* & *v.i.* 取消種族隔離。

‡**des·ert**[1] [`dɛzɚt] *n.* Ⓒ 沙漠；不毛之地。— *adj.* 沙漠的；荒蕪的。

***de·sert**[2] [dɪ`zɝt] *v.t.* ①放棄；遺棄。②〖軍〗開小差；潛逃。③失去；離去。— *v.i.* ①〖軍〗開小差；棄職潛逃。②離開；他往。

de·sert[3] [dɪ`zɝt] *n.* (*pl.*) 應得的賞罰。

***de·serve** [dɪ`zɝv] *v.t.* 應得；應受(賞罰等)。— *v.i.* 應得報酬。

de·serv·ing [dɪ`zɝvɪŋ] *adj.* ①相當的；值得的。②有功的；功績的。③應得的。

des·ha·billé [,dɛzə`bil] *n.* = dishabille.

des·ic·cate [`dɛsə,ket] *v.t.* ①使乾。②乾貯(食物)。— *v.i.* 變乾。

de·sid·er·a·tum [dɪ,sɪdə`retəm] *n.* Ⓒ (*pl.* **-ta** [-tə]) 所願望之物。

‡**de·sign** [dɪ`zaɪn] *n.* ① Ⓤ 圖案設計。② Ⓒ 圖案；設計圖。③ Ⓒ 計畫；腹案。④(*pl.*) 企圖；圖謀。— *v.t.* ①作圖案；打圖樣；設計。②計畫；設計；盤算。③企圖。④意欲。— *v.i.* ①作圖案；打圖樣；設計。②企圖；志願。— **ing,** *adj.* & *n.*

***des·ig·nate** [`dɛzɪg,net] *v.t.* ①指示；標明。②指派；派定；任命。③指名；命名。— [`dɛzɪgnɪt, -,net] *adj.* 選派好的。 § ∼**d hítter** 〖棒球〗指定代打者。— **des·ig·na'tion,** *n.*

***de·sign·er** [dɪ`zaɪnɚ] *n.* Ⓒ ①設計家；計畫者。②陰謀者。

***de·sir·a·ble** [dɪ`zaɪrəbl] *adj.* 值得要的；合意的。— **de·sir'a·bly,** *adv.*

‡**de·sire** [dɪ`zaɪr] *v.t.* ①想要；意欲；願望。②請求；要求。— *n.* ① Ⓤ Ⓒ 願望；渴望。② Ⓤ Ⓒ 性慾；情慾。③ Ⓒ (常 *sing.*) 想要的東西。

de·sir·ous [dɪ`zaɪrəs] *adj.* 渴望的；希望的。

de·sist [dɪ`zɪst] *v.i.* 止；停止；斷念(from).

‡**desk** [dɛsk] *n.* ① Ⓒ 書桌；辦公桌。② Ⓒ 教堂講道台。③ Ⓒ 櫃台。④ (the ∼)〖美〗編輯部。⑤ Ⓒ 樂譜架。

***des·o·late** [`dɛslɪt] *adj.* ①荒涼的；無人煙的；荒廢的。②被棄的；孤獨的。③不幸的；可憐的；絕望的。④淒涼的。— [`dɛsl,et] *v.t.* ①使荒蕪。②使悲慘。③遺棄。— **ly,** *adv.*

***des·o·la·tion** [,dɛsl`eʃən] *n.* Ⓤ ①無人煙；荒蕪；荒廢。②悲慘；淒涼。③荒地；廢墟。

***de·spair** [dɪ`spɛr] *n.* Ⓤ ①失望；絕望。②(常 the ∼)令人失望的人或物。— *v.i.* 失望；絕望；斷念(of).

***de·spair·ing** [dɪ`spɛrɪŋ] *adj.* (感到)絕望的；表示絕望的。

***des·patch** [dɪ`spætʃ] *v.* & *n.* 〖英〗=**dispatch.**

des·per·a·do [,dɛspə`redo] *n.* Ⓒ (*pl.* ∼(**e**)**s**) 惡漢；亡命徒。

***des·per·ate** [`dɛspərɪt] *adj.* ①絕望的；嚴重的；危險的。②因無望而不惜冒險的。③非常的。— **ly,** *adv.* — **des·per·a'tion,** *n.*

des·pi·ca·ble [`dɛspɪkəbl] *adj.* 可鄙的；卑劣的。

***de·spise** [dɪ`spaɪz] *v.t.* 輕視；蔑視。

***de·spite** [dɪ`spaɪt] *n.* Ⓤ 侮辱；危害。*in* ∼ *of* 不管；不顧。— *prep.* 不顧；雖然；縱使。

de·spoil [dɪ`spɔɪl] *v.t.* 奪取；掠奪；搶劫。

de·spond [dɪ`spɑnd] *v.t.* 失掉勇氣；失去希望；沮喪(of). — **ence,** — **en·cy,** *n.* — **ent,** *adj.*

des·pot [`dɛspət] *n.* Ⓒ 暴君；專制君主。

des·pot·ic [dɪ`spɑtɪk] *adj.* 專制的；暴虐的。

***des·sert** [dɪ`zɝt] *n.* Ⓤ Ⓒ 餐後甜點。

de·sta·bi·lize, -lise [di`stebə,laɪz] *v.t.* 使不安定；打破平衡。

***des·ti·na·tion** [,dɛstə`neʃən] *n.* Ⓒ ①目的地。②預定；意圖。

***des·tine** [`dɛstɪn] *v.t.* ①預定。②命運注定。

***des·ti·ny** [`dɛstənɪ] *n.* ① Ⓤ Ⓒ 命運。②(the Destinies) 命運三女神。

des·ti·tute [`dɛstə,tjut] *adj.* ①缺乏的；窮困的。②無；沒有。— **des·ti·tu'tion,** *n.*

‡**de·stroy** [dɪ`strɔɪ] *v.t.* ①破壞。②毀滅；殺戮。③使無效。

de·stroy·er [dɪ`strɔɪɚ] *n.* Ⓒ ①毀滅者。②驅逐艦。

de·struct·i·ble [dɪ`strʌktəbl] *adj.* 可破壞的；易毀壞的。

***de·struc·tion** [dɪ`strʌkʃən] *n.* Ⓤ ①毀壞；毀滅。②毀滅的原因。

***de·struc·tive** [dɪ`strʌktɪv] *adj.* ①破壞的；毀壞的。②消極的；否定的；有害的。

des·ul·to·ry [`dɛsl,torɪ] *adj.* 無次序的；散漫的。— **des'ul·to·ri·ly,** *adv.*

***de·tach** [dɪ`tætʃ] *v.t.* ①分開；解開；分離。②指派；分遣。— **a·ble,** *adj.*

de·tached [dɪ`tætʃt] *adj.* ①分開的；分離的。②超然的；公平的。

***de·tach·ment** [dɪ`tætʃmənt] *n.* ①Ⓤ分離。②Ⓒ〖軍〗支隊。③Ⓤ分遣。④Ⓤ客觀。

‡**de·tail** [`ditel, dɪ`tel] *n.* ①Ⓤ枝節；小事。②ⓊⒸ細目；細節。③ⓊⒸ詳委；詳情。④ⓊⒸ細部的描畫。⑤Ⓒ〖軍〗特派的小隊。*in* ～ 詳細地。**—**[dɪ`tel] *v.t.* ①詳述；縷陳。②(陸海軍)選派；特派。③列舉。

***de·tain** [dɪ`ten] *v.t.* ①使延遲；留住；阻止。②拘留；扣押。

***de·tect** [dɪ`tɛkt] *v.t.* 發現；查出；探獲。— **de·tec′tion,** *n.*

***de·tec·tive** [dɪ`tɛktɪv] *n.* Ⓒ偵探。**—** *adj.* 偵探的；探究的。

de·tec·tor [dɪ`tɛktɚ] *n.* Ⓒ①發現者。②〖無線〗檢波器。

de·ten·tion [dɪ`tɛnʃən] *n.* ⓊⒸ①阻止；延遲。②監禁；拘留。

de·ter [dɪ`tɜ] *v.t.* (**-rr-**)①妨礙；阻礙；脅阻。②防止；延緩。

de·ter·gent [dɪ`tɜdʒənt] *adj.* 有洗淨力的。**—** *n.* ⓊⒸ清潔劑。

de·te·ri·o·rate [dɪ`tɪrɪə,ret] *v.t.* & *v.i.* (使)變壞；墮落。— **de·te·ri·o·ra′tion,** *n.*

***de·ter·mi·na·tion** [dɪ,tɜmə`neʃən] *n.* ①ⓊⒸ決心。②Ⓤ決定；確定。③Ⓤ測定。

de·ter·mi·na·tive [dɪ`tɜmə,netɪv] *adj.* 決定的；限定的。**—** *n.* Ⓒ①限定者。②〖文法〗限定詞。

‡**de·ter·mine** [dɪ`tɜmɪn] *v.t.* 決意；使下決心。**—** *v.i.* ①決心；決定。②終結；終止。

***de·ter·mined** [dɪ`tɜmɪnd] *adj.* ①決然的；堅決的。②下定決心的。

de·ter·rent [dɪ`tɜrənt] *adj.* 阻止的；制止的。**—** *n.* Ⓒ①阻礙之物；制止物。②嚇阻武力。

***de·test** [dɪ`tɛst] *v.t.* 深深憎恨；深惡；憎惡。— **a·ble,** *adj.*

de·tes·ta·tion [,ditɛs`teʃən] *n.* ①Ⓤ深惡。②Ⓒ憎恨的人或物。

de·throne [dɪ`θron] *v.t.* 廢黜(君王)；推翻權威地位。— **ment,** *n.*

det·o·nate [`dɛtə,net] *v.t.*使爆炸；使爆裂。**—** *v.i.* 大爆炸。— **det·o·na′tion,** *n.*

de·tour [`ditur, dɪ`tur] *n.* Ⓒ便道；繞行之路；迂路。**—** *v.t.* & *v.i.* 繞道而行；迂迴。

de·tox·i·fy [di`tɑksə,faɪ] *v.t.* 解除毒性；解毒。

de·tract [dɪ`trækt] *v.t.* ①去掉；減損。②轉移。**—** *v.i.* 減損；貶抑。— **de·trac′tion,** *n.*

de·train [di`tren] *v.t.* 自火車卸下。**—** *v.i.* 下火車。

det·ri·ment [`dɛtrəmənt] *n.* ①Ⓤ損害；傷害。②Ⓒ(常 *sing.*)損害的原因。

deuce [djus] *n.* ①Ⓒ二點(骰子或紙牌)。②Ⓤ〖網球〗平手(即比數40-40)。③Ⓤ惡運；災難。

de·val·u·ate [di`vælju,et] *v.t.* 減少…之價值；使(錢幣)減值；使貶值。— **de·val·u·a′tion,** *n.*

de·val·ue [di`vælju] *v.t.* =**devaluate.**

***dev·as·tate** [`dɛvəs,tet] *v.t.* ①使荒廢；蹂躪；破壞。②使不知所措。

‡**de·vel·op** [dɪ`vɛləp] *v.t.* ①發展。②使顯影；沖洗。③顯示。④揭露；披露。⑤逐漸擴大或擴充。**—** *v.i.* ①進步；發展；進展。②發育；生長。③變化；進化。④顯影。

de·vel·oped [dɪ`vɛləpt] *adj.* 已發展的；已開發的。～countries 已開發國家。

de·vel·op·er [dɪ`vɛləpɚ] *n.* ①Ⓒ發展者；顯示者。②ⓊⒸ〖攝〗顯像劑；顯色劑。

de·vel·op·ing [dɪ`vɛləpɪŋ] *adj.* 開發[發展]中的；在開發途中的。～countries 開發中國家。

‡**de·vel·op·ment** [dɪ`vɛləpmənt] *n.* ①Ⓤ發展；進展。②Ⓒ發展之物。③Ⓤ開發。④Ⓒ開發地；新社區。⑤Ⓒ新事實。⑥Ⓤ〖攝〗顯影。— **de·vel·op·men′tal,** *adj.*

de·vi·ant [`divɪənt] *adj.* 反常的。**—** *n.* Ⓒ異常者；變態者。

de·vi·ate [`divɪ,et] *v.i.* 逸出正軌；不符事實；離題(from)。**—** *v.t.* 使逸出正軌。

de·vi·a·tion [,divɪ`eʃən] *n.* ⓊⒸ①逸出正軌；離題。②偏差程度。③(思想)偏差。

de·vi·a·tion·ism [,divɪ`eʃən,ɪzm] *n.* Ⓤ(政治上的)偏差(主義)。

***de·vice** [dɪ`vaɪs] *n.* Ⓒ①發明或創造的東西；裝置。②策略；詭計。③圖案；紋章。④題銘。

‡**dev·il** [`dɛvl] *n.* ①Ⓒ魔鬼；惡魔。②(the D-)魔王；撒旦。③Ⓒ極兇惡之人。*give the* ～ *his due* 對於我們不喜歡的人或惡人，仍宜待以公平，承認其優點。*go to the* ～ **a.** (道德

上的)墮落; 染惡習。**b.** 潦倒。**c.** 徹底失敗; 希望落空。*the* ~ *to pay* 前途艱巨; 大難。**—** *v.t.* & *v.i.* (**-l-**, 〖英〗**-ll-**)〖俗〗戲弄; 困擾; 虐待。

dev·il-may-care [ˋdɛvlmɪˋkɛr] *adj.* 不在意的; 無所顧慮的。

dev·il·(t)ry [ˋdɛv](t)rɪ] *n.* ① Ⓤ Ⓒ 惡行; 惡作劇。② Ⓤ 活力。

de·vi·ous [ˋdivɪəs] *adj.* ①繞道的; 偏僻的。②不正直的。

***de·vise** [dɪˋvaɪz] *v.t.* ①設法; 計畫; 發明。②遺囑贈予(財產)。**—** *n.* Ⓤ 遺贈的財產。

dev·i·see [dɪ,vaɪˋzi] *n.* Ⓒ〖法律〗接受遺贈者。

de·vi·sor [dɪˋvaɪzɚ] *n.* Ⓒ〖法律〗遺贈人; 遺產贈與者。

de·vi·tal·ize [diˋvaɪtḷ,aɪz] *v.t.* ①殺死。②減少…之活力; 使弱。

de·void [dɪˋvɔɪd] *adj.* 缺乏的; 空的; 無的〖of〗。

de·volve [dɪˋvɑlv] *v.t.* 傳下; 授與; 委任; 移交。**—** *v.i.* 傳下; 授與; 移歸。

‡**de·vote** [dɪˋvot] *v.t.* ①專心從事; 獻身。②供奉; 供獻。

***de·vot·ed** [dɪˋvotɪd] *adj.* ①忠實的。②獻身於…的。— **ly,** *adv.*

dev·o·tee [,dɛvəˋti] *n.* Ⓒ 專心從事者; 獻身者。

***de·vo·tion** [dɪˋvoʃən] *n.* ① Ⓤ 摯愛; 熱愛。② Ⓤ 忠實; 專心。③(*pl.*)祈禱。— **al,** *adj.*

***de·vour** [dɪˋvaʊr] *v.t.* ①吞食; 貪食; 狼吞虎嚥。②貪婪地注視或諦聽。

de·vout [dɪˋvaʊt] *adj.* 虔敬的; 忠誠的。— **ly,** *adv.* — **ness,** *n.*

***dew** [dju] *n.* ① Ⓤ 露。② Ⓤ Ⓒ 小粒的水珠(如淚珠、汗珠等)。**—** *v.t.* & *v.i.* 用露水等沾濕; 沾潤。

dew·drop [ˋdju,drɑp] *n.* Ⓒ 露滴; 露珠。

Dew·ey [ˋdjuɪ] *n.* 杜威(John, 美國教育家及哲學家)。

***dew·y** [ˋdjuɪ] *adj.* ①帶露水的; 露濕的。②〖詩〗清爽的。

dex·ter [ˋdɛkstɚ] *adj.* ①右手的; 右側的。②〖紋章〗右邊的。

dex·ter·ous [ˋdɛkst(ə)rəs] *adj.* ①機巧的。②腦筋靈活的。— **ly,** *adv.* — **dex·ter·i·ty** [dɛksˋtɛrətɪ], *n.*

dex·trous [ˋdɛkstrəs] *adj.* =**dex·terous.**

di- 〖字首〗①表「二次; 二倍; 二」之義。② dis- 或 dia- 之變體。

di·a·be·tes [,daɪəˋbitɪs] *n.* Ⓤ〖醫〗糖尿病。

di·a·bet·ic [,daɪəˋbɛtɪk] *adj.* (患)糖尿病的。**—** *n.* Ⓒ 糖尿病患者。

di·a·bol·ic, -i·cal [,daɪəˋbɑlɪk(ḷ)] *adj.* 殘酷的; 窮兇極惡的。

di·ab·o·lism [daɪˋæbə,lɪzəm] *n.* Ⓤ ①魔法。②信仰魔鬼。

di·a·crit·i·cal [,daɪəˋkrɪtɪkḷ] *adj.* 示區別的; 能分辨的。§ ~ **mark** 附加於字母之發音記號(如 ă, â, é 所加之˘, ˆ, ˊ等)。

di·a·dem [ˋdaɪə,dɛm] *n.* Ⓒ ①王冠; 冕。②王權; 王位。

di·ag·nose [,daɪəgˋnos] *v.t.*〖醫〗診斷。

di·ag·no·sis [,daɪəgˋnosɪs] *n.* Ⓤ Ⓒ (*pl.* **-ses** [-siz]) 診斷。— **di·ag·nos'tic** [-ˋnɑstɪk], *adj.*

di·ag·o·nal [daɪˋægənḷ] *adj.* ①斜的; 斜紋的。②對角線的。**—** *n.* Ⓒ ①對角線。②斜紋布。— **ly,** *adv.*

***di·a·gram** [ˋdaɪə,græm] *n.* Ⓒ 圖樣; 圖表。**—** *v.t.* (**-m-**, 〖英〗**-mm-**) 用圖表示; 作成圖表。

di·a·gram·mat·ic, -i·cal [,daɪəgrəˋmætɪk(ḷ)] *adj.* 圖樣的; 圖表的。

***di·al** [ˋdaɪəl] *n.* Ⓒ ①日規; 日晷儀。②(鐘錶、羅盤、磅秤、電表等的)針〔標度〕盤。③(電話的)號碼盤。**—** *v.t.* & *v.i.* (**-l-**, 〖英〗**-ll-**) 撥電話號碼。

***di·a·lect** [ˋdaɪə,lɛkt] *n.* Ⓤ Ⓒ ①方言。②(某職業、階層的)專業用語。

di·a·lec·tic [,daɪəˋlɛktɪk] *adj.* 辯證(法)的。**—** *n.* Ⓤ ①(常 *pl.*)論理學; 邏輯。②〖哲〗辯證法。

di·a·lec·ti·cal [,daɪəˋlɛktɪkḷ] *adj.* ①辯證(法)的。②方言的。

***di·a·log(ue)** [ˋdaɪə,lɔg] *n.* ① Ⓤ Ⓒ 對話。② Ⓤ 對話體。③ Ⓤ Ⓒ (戲劇等的)對白; 對話。

di·al·y·sis [daɪˋæləsɪs] *n.* Ⓤ Ⓒ (*pl.* **-ses** [-,siz]) ①分離; 分解。②〖化〗濾膜分析; 滲析。

diam. diameter.

***di·am·e·ter** [daɪˋæmətɚ] *n.* Ⓒ 直徑。

di·a·met·ric, -ri·cal [,daɪəˋmɛtrɪk(ḷ)] *adj.* ①直徑的; 沿直徑的。②正相反的。

‡**dia·mond** [ˋdaɪmənd] *n.* ① Ⓤ Ⓒ 金剛鑽; 鑽石。② Ⓒ (紙牌)紅色的方塊。③ Ⓒ 菱形; 菱飾。④ Ⓒ (切玻璃用的)鑽刀。~ *in the rough* 有好資質而態度壞的人。

di·a·pa·son [ˌdaɪəˋpezn̩] *n.* Ⓒ 〖樂〗①諧音。②全音域。③標準調。
di·a·per [ˋdaɪəpɚ] *n.* ① Ⓒ (嬰兒之)尿布。② Ⓤ 菱形花紋。— *v.t.* ①爲(嬰兒)包尿布。②飾以菱形花紋。
di·aph·a·nous [daɪˋæfənəs] *adj.* (尤指布)透明的。
di·a·phragm [ˋdaɪəˌfræm] *n.* Ⓒ 〖解〗橫隔膜。
di·ar·rh(o)e·a [ˌdaɪəˋriə] *n.* [Ⓤ 〖醫〗腹瀉。]
***di·a·ry** [ˋdaɪərɪ] *n.* Ⓒ 日記；日記簿。— **di'a·rist,** *n.*
Di·as [ˋdiəs, ˋdiəʃ] *n.* 狄亞斯(Bartholomeu, 好望角的發現者)。
di·a·stase [ˋdaɪəˌstes] *n.* Ⓤ 〖生化〗澱粉酵素；糖化素。
di·a·ton·ic [ˌdaɪəˋtɑnɪk] *adj.* 〖樂〗全音階的。
di·a·tribe [ˋdaɪəˌtraɪb] *n.* Ⓒ 惡罵；苛評；誹謗。
***dice** [daɪs] *n. pl.* (*sing.* **die**) ①骰子。②(作*sing.* 解)骰子戲；賭博。— *v.i.* 玩擲骰子遊戲；以擲骰子賭博。— *v.t.* 賭骰子輸掉。
dice·box [ˋdaɪsˌbɑks] *n.* Ⓒ 骰子筒(擲骰子用)。
dic·ey [ˋdaɪsɪ] *adj.* 〖英俗〗聽天由命的；靠不住的；不確定的。
dick [dɪk] *n.* Ⓒ ①〖美俚〗偵探。②〖俗〗人；傢伙。③〖鄙〗男人性器。
Dick·ens [ˋdɪkɪnz] *n.* 狄更斯(Charles, 英國小說家)。
dick·er [ˋdɪkɚ] *n.* ⓊⒸ ①交易；小生意。②交易之商品。— *v.t.* & *v.i.* ①交易；做小生意。②討價還價。
dick·(e)y [ˋdɪkɪ] *n.* Ⓒ ①(婦人襯衣胸前之)胸衿。②(小孩之)涎圍；涎巾。③(馬車中供僕人等乘坐之)後座。
dic·ta [ˋdɪktə] *n.* pl. of **dictum.**
dic·ta·graph [ˋdɪktəˌgræf] *n.* Ⓒ 竊聽器。
***dic·tate** [ˋdɪktet, dɪkˋtet] *v.t.* & *v.i.* ①口授令人筆錄。②指定；命令。—[ˋdɪktet] *n.* Ⓒ (常 *pl.*)命令；指揮。
***dic·ta·tion** [dɪkˋteʃən] *n.* ① Ⓤ 命令。② ⓊⒸ 口授令人筆錄。
***dic·ta·tor** [ˋdɪktetɚ, dɪkˋtetɚ] *n.* Ⓒ ①獨裁者。②口授令人筆錄者；口述者。
dic·ta·to·ri·al [ˌdɪktəˋtorɪəl] *adj.* 獨裁的；專橫的。
dic·ta·tor·ship [ˋdɪktetɚˌʃɪp] *n.* ① ⓊⒸ 獨裁者的職位[任期]；獨裁權。② Ⓒ 獨裁制度[國家]。
dic·tion [ˋdɪkʃən] *n.* Ⓤ ①語法；句法；用字；措辭。②發音。
‡**dic·tion·ar·y** [ˋdɪkʃənˌɛrɪ] *n.* Ⓒ 字典；辭典。
dic·tum [ˋdɪktəm] *n.* Ⓒ (*pl.* **-ta** [-tə], **~s**) ①格言。②(權威的)斷言；正式聲明。
‡**did** [dɪd] *v.* pt. of **do.**
di·dac·tic, -ti·cal [daɪˋdæktɪk(l̩)] *adj.* 教誨的；教訓的。
did·dle [ˋdɪdl̩] *v.t.* & *v.i.* ①〖俗〗欺；騙；哄。②毀滅。③虛擲光陰。
‡**did·n't** [ˋdɪdn̩t] =**did not.**
‡**die**[1] [daɪ] *v.i.* (**died, dy·ing**) ①死。②枯萎。③消失；漸息。④〖俗〗渴望。⑤強烈地感覺到。⑥消逝。～ ***away*** 漸漸消失。～ ***down*** a. 漸息；漸漸衰亡。b. 枯萎。～ ***hard*** (觀念、信仰等之)不易根絕。～ ***off*** 相繼死亡。～ ***out*** a. 漸漸消滅。b. 完全停止。
die[2] *n.* Ⓒ ①(*pl.* **dice**) 骰子。The ～ is cast. 已做決定，不能再改。②(*pl.* **~s**) 印模。
die-hard [ˋdaɪˌhɑrd] *adj.* 抵抗到底的。— *n.* Ⓒ 死不屈從者。
di·e·lec·tric [ˌdaɪəˋlɛktrɪk] 〖電〗*adj.* 不導電的；絕緣的。— *n.* Ⓒ 非導體；絕緣體。
die·sel [ˋdizl̩] *n.* Ⓒ 柴油機[船，火車，汽車]。§ ～ ***èngine*** [***mòtor***] 柴油機。
***di·et**[1] [ˋdaɪət] *n.* ① ⓊⒸ 飲食。② Ⓒ 選定的飲食。— *v.i.* & *v.t.* 照規定而飲食。
***di·et**[2] *n.* Ⓒ (常 the D-)(日本、瑞典等之)議會；國會。
di·e·tar·y [ˋdaɪəˌtɛrɪ] *adj.* 有關飲食的。— *n.* Ⓒ (醫院、監獄等中規定之)日常飲食。
di·e·tet·ic [ˌdaɪəˋtɛtɪk] *adj.* 有關飲食衛生的；飲食學的。
di·e·tet·ics [ˌdaɪəˋtɛtɪks] *n.* Ⓤ 飲食學；營養學。
di·e·ti·tian, -cian [ˌdaɪəˋtɪʃən] *n.* Ⓒ 飲食學家；營養學家。
***dif·fer** [ˋdɪfɚ] *v.i.* ①相異；不同。②意見相左[不合]。
‡**dif·fer·ence** [ˋdɪf(ə)rəns] *n.* ① ⓊⒸ 不同。② Ⓤ 差數；差額。
‡**dif·fer·ent** [ˋdɪf(ə)rənt] *adj.* ①不同的。②差異的；各別的。
dif·fer·en·tial [ˌdɪfəˋrɛnʃəl] *adj.* ①差別的。②有區別的。③〖機〗差動的。④〖數〗微分的。— *n.* Ⓒ ①

D

差別。②〖機〗差動齒輪。§～ **cálculus**〖數〗微分學。

dif·fer·en·ti·ate [ˌdɪfəˋrɛnʃɪˌet] *v.t.* ①使有區別。②辨別；區分。③微分。—*v.i.* ①變爲有分別；分化。②辨別；區別。

***dif·fer·ent·ly** [ˋdɪf(ə)rəntlɪ] *adv.* 不同地；有分別地。

‡**dif·fi·cult** [ˋdɪfəˌkʌlt] *adj.* 困難的；費力的；難懂的。

‡**dif·fi·cul·ty** [ˋdɪfəˌkʌltɪ] *n.* ①Ⓤ困難。②Ⓒ難事；難題；障礙。③Ⓒ(常 *pl.*)逆境；經濟困難。

D

dif·fi·dent [ˋdɪfədənt] *adj.* 缺乏自信的。—**ly,** *adv.* —**dif′fi·dence,** *n.*

dif·fract [dɪˋfrækt] *v.t.* ①分解；分散。②〖理〗使(光波、音波、電波等)繞射。—**dif·frac′tion,** *n.*

***dif·fuse** [dɪˋfjuz] *v.t.* & *v.i.* 傳播；擴散；散布。—[dɪˋfjus] *adj.* ①散布的；擴散的。②冗長的。③展開的。

dif·fu·sion [dɪˋfjuʒən] *n.* Ⓤ①流布；普及。②〖理〗擴散(作用)。—**dif·fu′sive,** *adj.*

‡**dig** [dɪg] *v.t.* (**dug, dig·ging**)①掘；鑿。②用鋤翻(土)。③掘出。④發掘(事實)。⑤穿刺；衝刺；插入。—*v.i.* ①掘；翻(土)。②鑿通。③〖俗〗苦讀。—*n.* Ⓒ①〖俗〗衝；刺。②諷刺。③〖美俗〗苦讀的學生。④掘；刺。

***di·gest** [dəˋdʒɛst] *v.t.* ①消化。②了解；融會。③忍受。④浸漬。⑤摘要；分類。—*v.i.* 消化。—[ˋdaɪdʒɛst] *n.* Ⓒ分類；摘要。—**i·ble,** *adj.*

***di·ges·tion** [dəˋdʒɛstʃən] *n.* ⓊⒸ消化(力)。

***di·ges·tive** [dəˋdʒɛstɪv] *adj.* 消化的。—*n.* Ⓒ消化劑。

***dig·ger** [ˋdɪgɚ] *n.* Ⓒ①挖掘者；掘地獸。②掘鑿的器具。

dig·it [ˋdɪdʒɪt] *n.* Ⓒ①手指或足趾。②阿拉伯數字。

dig·it·al [ˋdɪdʒɪtl] *adj.* ①手指的；指狀的。②(使用)數字的。③數位的。a ～ audiotape 數位音響錄音帶。a ～ compact cassette player 數位卡帶放音機。a ～ compact disc 數位雷射唱片。—*n.* Ⓒ①手指。②(鋼琴等的)鍵。§～ **compúter**〖電算〗數字型電子計算機。

dig·i·tal·is [ˌdɪdʒəˋtelɪs] *n.* ①Ⓒ〖植〗毛地黃。②Ⓤ毛地黃(強心劑)。

dig·ni·fied [ˋdɪgnəˌfaɪd] *adj.* 威嚴的；高貴的；莊嚴的。

dig·ni·fy [ˋdɪgnəˌfaɪ] *v.t.* 使尊榮；使顯貴；加以尊號。

dig·ni·tar·y [ˋdɪgnəˌtɛrɪ] *n.* Ⓒ高貴人物；顯要人物。

***dig·ni·ty** [ˋdɪgnətɪ] *n.* ①Ⓤ高尙的品德；高貴。②Ⓤ威嚴；尊嚴。③Ⓒ高位；顯爵。

di·gress [dəˋgrɛs, daɪ-] *v.i.* 離開本題(from)。—**di·gres′sion,** *n.* —**di·gres′sive,** *adj.*

dike[1] [daɪk] *n.* Ⓒ①堤。②溝。③堤道。④障礙物；屏障。—*v.t.* 圍以堤；設堤(防水)。

dike[2] *n.* =**dyke**[2].

dike[3] *v.t.* 使穿漂亮衣服(常 out, up)。

di·lap·i·dat·ed [dəˋlæpəˌdetɪd] *adj.* 毀壞的；倒塌的；破舊的。

di·late [daɪˋlet] *v.t.* 使膨脹。—*v.i.* ①擴大；膨脹。②詳述；誇張。

dil·a·to·ry [ˋdɪləˌtorɪ] *adj.* ①慢的。②遲緩的。

***di·lem·ma** [dəˋlɛmə, daɪ-] *n.* Ⓒ①左右爲難。②〖邏輯〗兩端論法。

dil·et·tan·te [ˌdɪləˋtæntɪ] *n.* Ⓒ(*pl.* **～s, -ti** [-tɪ])業餘藝術愛好者。—**dil·et·tant′ism,** *n.*

***dil·i·gence** [ˋdɪlədʒəns] *n.* Ⓤ勤勉。

***dil·i·gent** [ˋdɪlədʒənt] *adj.* 勤勉的；用心的。—**ly,** *adv.*

dill [dɪl] *n.* Ⓤ〖植〗蒔蘿。

dil·ly·dal·ly [ˋdɪlɪˌdælɪ] *v.i.* (三心二意地)浪費時間。

di·lute [dɪˋlut] *v.t.* ①稀釋。②使(顏色)變淡。③使變弱。—*adj.* 稀薄的；淡的。—**di·lu′tion,** *n.*

di·lu·vi·al [dɪˋluvɪəl] *adj.* ①洪水的；(特指)Noah 時之洪水的。②〖地質〗洪水所積成的。

***dim** [dɪm] *adj.* (**-mm-**)①微暗的。②模糊的。③看不清的(視力)。*take a ～ view of* 對…無動於衷或持悲觀或懷疑的看法。—*v.t.* (**-mm-**)使暗淡；使模糊。—*v.i.* 變暗淡；變模糊〖朦朧〗。—**ness,** *n.*

***dime** [daɪm] *n.* Ⓒ〖美〗一角硬幣；一角。*a ～ a dozen* 多得不稀罕。§～ **nóvel** 廉價小說。

***di·men·sion** [dəˋmɛnʃən] *n.* Ⓒ①尺寸。②(常 *pl.*)大小；範圍。③〖數，理〗次元。—**al,** *adj.*

***di·min·ish** [dəˋmɪnɪʃ] *v.t.* ①使變小。②貶抑。—*v.i.* 減少；縮小。

di·min·u·en·do [dəˌmɪnjuˋɛndo]〖樂〗*adj.* & *adv.* 漸弱的[地]。

— n. Ⓒ (pl. ~(e)s) 漸弱(樂節)。

dim·i·nu·tion [ˌdɪmə`njuʃən] n. ①Ⓤ 縮小; 減少。②Ⓒ 減少之量。

***di·min·u·tive** [də`mɪnjətɪv] adj. ①小的。②縮小的; 變小的。③〖文法〗表示「小」的。— n. Ⓒ ①極小的人[物]。②表示「小」的字或字中的一部分。

***dim·ple** [`dɪmpḷ] n. Ⓒ ①酒渦; 靨。②微凹處。③波紋。— v.t. & v.i. ①(使)現酒渦。②(使)起波紋。

***din** [dɪn] n. ⓊⒸ 喧聲; 嘈聲。— v.i. (-nn-)喧嘩; 作嘈聲。— v.t. 絮聒不休地說。

‡**dine** [daɪn] v.i. 用餐。— v.t. 宴請。~ *out* 在外邊吃飯。

din·er [`daɪnɚ] n. Ⓒ ①用膳者。②〖美〗(火車的)餐車。

ding [dɪŋ] v.t. & v.i. 鳴(鐘); 叮噹地響。— n. Ⓒ 鐘聲; 叮噹聲。

ding·dong [`dɪŋˌdɔŋ] n. Ⓤ (鐘聲的)叮噹。

din·ghy, din·g(e)y [`dɪŋgɪ] n. Ⓒ 艦載的小艇; 小舟; 輕舟。

din·go [`dɪŋgo] n. Ⓒ (pl. ~es) 澳洲野犬。

***din·gy** [`dɪndʒɪ] adj. ①骯髒的。②昏暗的。

din·ing [`daɪnɪŋ] n. ⓊⒸ 用餐; 餐食。§ ~ càr (火車之)餐車。~ ròom 飯廳。~ tàble 餐桌。

dink, DINKS double income, no kids. 頂克族(夫妻雙職雙份收入, 不撫養小孩的上班族)。

‡**din·ner** [`dɪnɚ] n. ①ⓊⒸ (一日的)主餐(午餐或晚餐)。②Ⓒ 宴會。§ ~ jàcket[còat] 男子無尾晚禮服。~ pàrty 宴會。~ sèrvice [sèt] 一套正餐用的餐具。~ tàble 餐桌。~ thèater 餐館劇場。

di·no·saur [`daɪnəˌsɔr] n. Ⓒ 恐龍。

DINS Double Income, No Sex. 頂士族(雙方均有收入, 但因忙於工作或照顧小孩而致長期無性生活的夫妻)。

dint [dɪnt] n. ①Ⓒ 凹痕; 凹處。②Ⓤ 力; 力量。*by ~ of* 由於; 憑藉; 靠。— v.t. 在…上擊出凹痕。

di·o·cese [`daɪəˌsis] n. Ⓒ 主教轄區。

di·ode [`daɪod] n. Ⓒ〖電〗兩極(眞空)管。

Di·og·e·nes [daɪ`ɑdʒəˌniz] n. 戴奧眞尼斯(希臘犬儒學派哲學家)。

di·ox·ide [daɪ`ɑksaɪd] n. Ⓒ〖化〗二氧化物。

di·ox·in [daɪ`ɑksɪn] n. ⓊⒸ〖化〗戴奧辛(用於除草劑等)。

***dip** [dɪp] v.t. (dipped or dipt, dipping) ①沾; 浸。②行浸禮。③掬; 汲。④浸於液體以染之。— v.i. ①沾水; 浸水。②傾斜。③下降。④伸入掬取。— n. ①Ⓒ 浸。②Ⓤ 浸液。③Ⓒ 傾斜; 斜坡。④Ⓒ (地面之)凹處。

diph·the·ri·a [dɪf`θɪrɪə] n. Ⓤ〖醫〗白喉。— diph·ther′ic, adj.

diph·thong [`dɪfθɔŋ] n. Ⓒ〖語音〗雙母音(如 ɔɪ, aʊ 等)。

di·plo·ma [dɪ`plomə] n. Ⓒ (pl. ~s, ~ta[~tə])①文憑; 畢業證書。②證書; 獎狀; 執照。

***di·plo·ma·cy** [dɪ`ploməsɪ] n. Ⓤ①外交。②外交手腕。

dip·lo·mat [`dɪpləˌmæt] n. Ⓒ ①外交家。②有權謀的人。

***dip·lo·mat·ic** [ˌdɪplə`mætɪk] adj. ①外交的。②有外交手腕的; 圓滑的。§ ~ còrps [bódy] 外交使節團。~ immúnity 外交豁免權。~ sèrvice 外交勤務。

di·plo·ma·tist [dɪ`plomətɪst] n. =diplomat.

dip·per [`dɪpɚ] n. ①Ⓒ 浸者; 汲取者。②Ⓒ 長柄杯[勺]。③(D-)〖天〗北斗七星。

dip·so·ma·ni·a [ˌdɪpsə`menɪə] n. Ⓤ 耽酒狂; 酗酒病。

***dire** [daɪr] adj. ①可怕的; 可悲的。②極度的。

‡**di·rect** [də`rɛkt, daɪ-] v.t. ①管理; 指導; 指揮; 命令。②指示方向; 指引。— v.i. ①指揮。②指導; 引導。— adj. ①直的。②捷徑的。③直接的。④直系的。⑤坦白的; 確實的。⑥剛好; 恰好。— adv. 直接地。§ ~ cúrrent 直流電。~ spéech〖文法〗直接敍述。~ táx 直接稅。

‡**di·rec·tion** [də`rɛkʃən, daɪ-] n. ①Ⓤ 管理; 指揮。②Ⓒ (常pl.)指導; 命令; 說明。③Ⓒ 方面; 方向。

di·rec·tion·al [də`rɛkʃənḷ, daɪ-] adj. 方向的; 〖無線〗定向的。

di·rec·tive [də`rɛktɪv, daɪ-] adj. 指揮的; 指導的。— n. Ⓒ 指令。

‡**di·rect·ly** [də`rɛktlɪ, daɪ-] adv. ①直接地。②即刻地。③〖英俗〗立即。④全然地。

***di·rec·tor** [də`rɛktɚ, daɪ-] n. Ⓒ ①指揮者; 指導者; 管理者。②理事; 董事。③a.〖戲劇〗演出者。b. 電影的導演。

D

di·rec·to·rate [də`rɛktərɪt] *n.* ①Ⓒ董事會。②Ⓤ董事地位[身分]。
di·rec·to·ry [də`rɛktərɪ] *n.* Ⓒ①人名住址簿。②指南；寶鑑。— *adj.* 指導的；勸告的。
dire·ful [`daɪrfəl] *adj.* 可怕的；悲慘的；不幸的。
dirge [dɜdʒ] *n.* Ⓒ喪曲；輓歌。
di·ri·gi·ble [`dɪrədʒəbl] *n.* Ⓒ可駕駛的輕氣球；飛船。— *adj.* 能被指導的。
dirk [dɜk] *n.* Ⓒ短劍；匕首。— *v.t.* 以短劍刺。
***dirt** [dɜt] *n.* Ⓤ①垃圾；污穢物。②泥土。*eat* ~ 忍辱含詬。§ ∼ **ròad** (未鋪設路面的)砂土路。
dirt-cheap [`dɜt`tʃip] *adj.* & *adv.* 毫無價值的[地]。
***dirt·y** [`dɜtɪ] *adj.* ①不潔的；髒的。②卑劣的。③暴風雨的。④不鮮明的。⑤凶狠的。— *v.t.* 弄髒。— *v.i.* 變髒。§ ∼ **línen**家醜；見不得人的事。∼ **wórd** 汚穢[猥褻]的話；避諱的言詞。— **dirt′i·ly,** *adv.*
dis- 【字首】①表「分開；分離；離去；全然」或「否定；相反」之義。②表「兩次；雙」之義。
dis·a·bil·i·ty [,dɪsə`bɪlətɪ] *n.* Ⓤ①無力；無能。②【法律】無能力。§ ∼ **insùrance** 殘廢保險。
***dis·a·ble** [dɪs`ebl] *v.t.* ①使無能力；使殘廢。②使在法律上無資格。— **ment,** *n.*
dis·a·buse [,dɪsə`bjuz] *v.t.* 解惑；釋疑；矯正。
***dis·ad·van·tage** [,dɪsəd`væntɪdʒ] *n.* ①Ⓒ不便；不利情況。②Ⓤ傷害；損失。③Ⓒ缺點；缺陷。
dis·ad·van·taged [,dɪsəd`væntɪdʒd] *adj.* 貧窮的。
dis·ad·van·ta·geous [dɪs,ædvən`tedʒəs] *adj.* 不利的。
dis·af·fect [,dɪsə`fɛkt] *v.t.* ①使不滿意；使生惡感。②使生二心。
dis·af·fect·ed [,dɪsə`fɛktɪd] *adj.* ①不友善的。②不忠實的。③不滿意的；憤憤不平的。
***dis·a·gree** [,dɪsə`gri] *v.i.* ①不一致。②爭論。— **ment,** *n.*
***dis·a·gree·a·ble** [,dɪsə`griəbl] *adj.* ①不合意的。②令人不愉快的；脾氣不好的。
dis·al·low [,dɪsə`lau] *v.t.* ①不准。②拒絕接受。— **ance,** *n.*
‡**dis·ap·pear** [,dɪsə`pɪr] *v.i.* 不見；消失；不存在。— **ance,** *n.*
***dis·ap·point** [,dɪsə`pɔɪnt] *v.t.* ①使失望。②使受挫折。— **ing,** *adj.*
***dis·ap·point·ment** [,dɪsə`pɔɪntmənt] *n.* ①Ⓤ失望；挫折。②Ⓒ使人失望的人[事，物]。
dis·ap·pro·ba·tion [,dɪsæprə`beʃən] *n.* = **disapproval.**
***dis·ap·prov·al** [,dɪsə`pruvl] *n.* Ⓤ不承認；不贊成。
***dis·ap·prove** [,dɪsə`pruv] *v.i.* & *v.t.* 不贊成；不准許；非難。
dis·ap·prov·ing·ly [,dɪsə`pruvɪŋlɪ] *adv.* 非難地；不贊成地。
***dis·arm** [dɪs`ɑrm] *v.t.* ①繳械。②解除武裝；裁減軍備。
***dis·ar·ma·ment** [dɪs`ɑrməmənt] *n.* Ⓤ裁減軍備；解除武裝。
dis·arm·ing [dɪs`ɑrmɪŋ] *adj.* 排除警戒心[懷疑心]的；消除怒氣的。
dis·ar·range [,dɪsə`rendʒ] *v.t.* 擾亂；弄亂。— **ment,** *n.*
dis·ar·ray [,dɪsə`re] *n.* Ⓤ雜亂；毫無秩序。— *v.t.* 使亂。
dis·as·sem·ble [,dɪsə`sɛmbl] *v.t.* 解開；分解。
dis·as·so·ci·ate [,dɪsə`soʃɪ,et] *v.t.* 使分離；使分裂。— *v.i.* 分離；分裂；脫離關係。
***dis·as·ter** [dɪz`æstɚ] *n.* Ⓤ災禍；不幸。§ ∼ **àrea** 災區。
***dis·as·trous** [dɪz`æstrəs] *adj.* 造成災禍的；招致不幸的。
dis·a·vow [,dɪsə`vau] *v.t.* 不承認；否認；推翻(前言)。
dis·band [dɪs`bænd] *v.t.* 解散。— *v.i.* ①解散。②潰散。— **ment,** *n.*
dis·bar [dɪs`bɑr] *v.t.* (-rr-)【法律】取消律師資格。— **ment,** *n.*
dis·be·lief [,dɪsbə`lif] *n.* Ⓤ不信；懷疑。
dis·be·lieve [,dɪsbə`liv] *v.t.* & *v.i.* 不信；懷疑。
dis·bur·den [dɪs`bɜdn] *v.i.* & *v.t.* 解除；擺脫；卸除。
dis·burse [dɪs`bɜs] *v.t.* & *v.i.* 支出；付出。— **ment,** *n.*
disc [dɪsk] *n.* = **disk.**
***dis·card** [dɪs`kɑrd] *v.t.* ①拋棄。②【牌戲】擲出無用的牌。— [`dɪskɑrd] *n.* ①Ⓤ拋棄。②Ⓒ被棄的人[物]。③ⓊⒸ擲出無用之紙牌。
***dis·cern** [dɪ`zɜn, -`sɜn] *v.t.* & *v.i.* ①目睹；認識；洞悉。②辨識。— **i·ble,** — **ing,** *adj.* — **ment,** *n.*
***dis·charge** [dɪs`tʃɑrdʒ] *v.t.* ①將

(貨)從船上卸下。②發射。③放出；流出。④完成任務。⑤解除職務；開除；開釋。⑥還債。⑦送走；放行。⑧放電。⑨流出(膿)。⑩免除(破產者)償還舊債。— *v.i.* ①卸貨。②放出；流出。③出膿。④發射。⑤(染料)可洗除。— *n.* ①Ⓤ卸貨。②ⓊⒸ發射；爆炸。③Ⓤ放行。④Ⓤ開除。⑤ⓊⒸ放電。⑥ⓊⒸ放出；流出。⑦Ⓤ盡職。⑧Ⓤ償還。

***dis·ci·ple** [dɪ`saɪpl̩] *n.* Ⓒ①信徒；門徒；弟子。②耶穌之使徒。

dis·ci·pli·nar·i·an [ˌdɪsəplɪ`nɛrɪən] *n.* Ⓒ訓練者；維持紀律者。

dis·ci·pli·nar·y [`dɪsəplɪnˌɛrɪ] *adj.* ①懲戒的。②紀律的。

***dis·ci·pline** [`dɪsəplɪn] *n.* Ⓤ①教訓；訓練。②紀律；風紀。③懲戒。— *v.t.* 懲罰；訓練；控制。

dis·claim [dɪs`klem] *v.t.* & *v.i.* ①否認(與…有關)。②放棄權利。

***dis·close** [dɪs`kloz] *v.t.* 揭發；宣露。— **dis·clo′sure** [-`kloʒɚ], *n.*

dis·co [`dɪsko] *n.* (*pl.* ~**s**) ①=**discotheque.** ②Ⓤ迪斯可音樂。

dis·col·or, 〖英〗**-our** [dɪs`kʌlɚ] *v.t.* 使變色；使褪色；弄髒。— *v.i.* 變色；褪色。

dis·com·fit [dɪs`kʌmfɪt] *v.t.* ①挫敗；推翻(計畫等)。②使混亂；使困窘。— **dis·com′fi·ture,** *n.*

***dis·com·fort** [dɪs`kʌmfɚt] *n.* Ⓤ不適；不快；難過。— *v.t.* 使覺不舒服；使難過。

dis·com·mode [ˌdɪskə`mod] *v.t.* 使煩惱；使不方便。

dis·com·pose [ˌdɪskəm`poz] *v.t.* ①使不安。②弄亂。— **dis·com·po′sure** [-`poʒɚ], *n.*

dis·con·cert [ˌdɪskən`sɜt] *v.t.* ①使不安。②妨礙；破壞；擾亂。

dis·con·nect [ˌdɪskə`nɛkt] *v.t.* 使分離；使脫離；斷絕。

dis·con·nect·ed [ˌdɪskə`nɛktɪd] *adj.* 分離的；不連貫的。

dis·con·so·late [dɪs`kɑnsl̩ɪt] *adj.* 絕望的；哀傷的。

***dis·con·tent** [ˌdɪskən`tɛnt] *adj.* 不滿意的 (with)。— *n.* Ⓤ不滿意。— *v.t.* 使不滿足。— **ed,** *adj.*

dis·con·tin·ue [ˌdɪskən`tɪnju] *v.t.* & *v.i.* 停止；廢止；放棄。

dis·con·tin·u·ous [ˌdɪskən`tɪnjuəs] *adj.* 中斷的；不連續的。

***dis·cord** [`dɪskɔrd] *n.* ⓊⒸ①不一致。②爭論。③〖樂〗音調不和諧。

dis·cord·ant [dɪs`kɔrdn̩t] *adj.* ①不調和的；不一致的。②嘈雜的。— **ly,** *adv.* — **dis·cord′ance,** *n.*

dis·co·theque [ˌdɪskə`tɛk] 〖法〗 *n.* Ⓒ迪斯可舞廳。

***dis·count** [`dɪskaunt, dɪs`kaunt] *v.t.* ①折扣。②貼現。③不全置信。④減少。— [`dɪskaunt] *n.* ⓊⒸ①折扣。②貼現。③不全置信。§ ~ **hòuse** [**stòre, shòp**] 廉價商店。~ **ràte**〖商〗貼現率。

dis·coun·te·nance [dɪs`kauntənəns] *v.t.* & *n.* Ⓤ①不贊成；不支持。②(使)羞愧。

***dis·cour·age** [dɪs`kɜɪdʒ] *v.t.* ①使沮喪；使氣餒。②勸阻；使不敢做。③阻礙。— **ment,** *n.*

dis·cour·ag·ing [dɪs`kɜɪdʒɪŋ] *adj.* ①使人氣餒的。②阻止的。

***dis·course** [`dɪskors, dɪ`skors] *n.* ①Ⓒ演講；論文；講道。②Ⓤ談話。— [dɪ`skors] *v.i.* & *v.t.* 談話；演講；論述。

dis·cour·te·ous [dɪs`kɜtɪəs] *adj.* 無禮貌的；粗魯的。— **ly,** *adv.* — **dis·cour′te·sy,** *n.*

‡**dis·cov·er** [dɪ`skʌvɚ] *v.t.* 發現；看到。

‡**dis·cov·er·y** [dɪ`skʌvərɪ] *n.* Ⓒ發現[發明]的東西。

dis·cred·it [dɪs`krɛdɪt] *v.t.* ①不信任；懷疑。②玷辱。③使失去權威性。— *n.* Ⓤ①懷疑。②恥辱。

dis·cred·it·a·ble [dɪs`krɛdɪtəbl] *adj.* 不名譽的；無信用的。

***dis·creet** [dɪ`skrit] *adj.* 言行謹慎的；小心的。— **ly,** *adv.*

dis·crep·ant [dɪ`skrɛpənt] *adj.* 不同的；矛盾的；極懸殊的。— **dis·crep′an·cy,** *n.*

dis·crete [dɪ`skrit] *adj.* ①各別的。②抽象的。

***dis·cre·tion** [dɪ`skrɛʃən] *n.* Ⓤ①自由選擇[決定]。②謹慎；明辨。*at* ~ 隨意地。

dis·crim·i·nate [dɪ`skrɪməˌnet] *v.i.* ①歧視；區別待遇。②分別；辨別。— *v.t.* 分別；區別。— [dɪ`skrɪmənɪt] *adj.* 有辨識力的。

dis·crim·i·nat·ing [dɪ`skrɪməˌnetɪŋ] *adj.* ①有辨識力的。②辨別的。③有差別的。

dis·crim·i·na·tion [dɪˌskrɪmə-

`neʃən] *n.* Ⓤ ①差別的待遇; 歧視。②辨別力。

dis·cur·sive [dɪˋskɝsɪv] *adj.* 散漫的; 無層次的。

dis·cus [ˋdɪskəs] *n.* Ⓒ (*pl.* ~**·es**, **-ci**[-saɪ]) 鐵餅。

***dis·cuss** [dɪˋskʌs] *v.t.* 討論; 商討; 議論。

dis·cus·sant [dɪˋskʌsənt] *n.* Ⓒ (參加)討論者。

***dis·cus·sion** [dɪˋskʌʃən] *n.* Ⓤ Ⓒ 討論; 議論。

***dis·dain** [dɪsˋden] *v.t.* ①鄙視。②不屑爲。— *n.* Ⓤ 輕視; 輕蔑。

‡**dis·ease** [dɪˋziz] *n.* Ⓤ Ⓒ ①疾病。②弊病。

dis·em·bark [ˌdɪsɪmˋbɑrk] *v.t.* & *v.i.* 登岸; (自船上)卸貨。

dis·em·bod·y [ˌdɪsɪmˋbɑdɪ] *v.t.* 使(靈魂等)脫離肉體。

dis·em·bow·el [ˌdɪsɪmˋbauəl] *v.t.* (**-l-**, 〖英〗**-ll-**) 切腹取腸。

dis·en·chant [ˌdɪsɪnˋtʃænt] *v.t.* 解除魔法; 使醒悟。— **ment,** *n.*

dis·en·cum·ber [ˌdɪsɪnˋkʌmbɚ] *v.t.* 排除障礙; 清除憂煩。

dis·en·gage [ˌdɪsɪnˋgedʒ] *v.t.* ①使解約。②釋放; 解脫。— *v.i.* 脫離; 斷絕關係。— **ment,** *n.*

dis·en·tan·gle [ˌdɪsɪnˋtæŋgl] *v.t.* 清理; 解開。— *v.i.* 解開; 鬆開。

dis·es·tab·lish [ˌdɪsəˋstæblɪʃ] *v.t.* 廢除; 廢止。

dis·fa·vor, 〖英〗 **-vour** [dɪsˋfevɚ] *n.* Ⓤ ①不喜歡; 不贊成。②失寵; 失衆望; 輕視。— *v.t.* 不贊成; 不喜歡; 輕視。

dis·fig·ure [dɪsˋfɪgjɚ] *v.t.* 破壞(姿容、形狀、價值等)。

dis·fran·chise [dɪsˋfræntʃaɪz] *v.t.* ①褫奪公權。②剝奪特權。

dis·gorge [dɪsˋgɔrdʒ] *v.t.* & *v.i.* ①吐出。②流出。③交還。

***dis·grace** [dɪsˋgres] *n.* Ⓤ 不名譽。— *v.t.* ①玷辱。②解職。

dis·grace·ful [dɪsˋgresfəl] *adj.* 不名譽的; 可恥的。

***dis·guise** [dɪsˋgaɪz] *v.t.* ①改裝。②僞裝。③隱匿; 掩飾。— *n.* ①Ⓤ 僞裝。②Ⓤ Ⓒ 假託; 託辭; 藉口。

***dis·gust** [dɪsˋgʌst] *n.* Ⓤ 厭惡; 令人作嘔。— *v.t.* 使厭惡; 使嫌惡。— **ful,** *adj.*

dis·gust·ing [dɪsˋgʌstɪŋ] *adj.* 令人厭惡的; 令人作嘔的。

‡**dish** [dɪʃ] *n.* Ⓒ ①碟; 盤。②碟中的菜。— *v.t.* 盛於碟中。— *v.i.* 凹陷。~ **out a.** 上(菜)。**b.** 供給。**c.** 〖俚〗說得極爲動聽。

dis·ha·bille [ˌdɪsəˋbil] *n.* Ⓤ 便裝。

dis·har·mo·ny [dɪsˋhɑrmənɪ] *n.* Ⓤ 不調和; 不融合。

dish·cloth [ˋdɪʃˌklɔθ] *n.* Ⓒ (擦洗盤碟用之)抹布。

dis·heart·en [dɪsˋhɑrtn̩] *v.t.* 使沮喪; 使氣餒。

di·shev·eled, 〖英〗 **-elled** [dɪˋʃɛvld] *adj.* 不整潔的; 蓬亂的。

***dis·hon·est** [dɪsˋɑnɪst, dɪz-] *adj.* 不誠實的; 欺詐的。— **ly,** *adv.*

dis·hon·es·ty [dɪsˋɑnɪstɪ, dɪz-] *n.* ①Ⓤ 不誠實。②Ⓒ 欺詐。

***dis·hon·or,** 〖英〗**-our** [dɪsˋɑnɚ] *n.* Ⓤ 不名譽; 恥辱。— *v.t.* ①侮辱; 玷辱。②拒絕支付或接受(支票等); 不兌現。

dis·hon·or·a·ble [dɪsˋɑnərəbl] *adj.* 不名譽的; 可恥的。

dish·rag [ˋdɪʃˌræg] *n.* Ⓒ 抹布。

dish·wash·er [ˋdɪʃˌwɑʃɚ] *n.* Ⓒ 洗碗碟之人[機器]。

dis·il·lu·sion [ˌdɪsɪˋluʒən] *v.t.* 使從迷夢中醒悟。

dis·in·cli·na·tion [ˌdɪsɪnkləˋneʃən] *n.* Ⓤ 厭惡; 不中意。

dis·in·cline [ˌdɪsɪnˋklaɪn] *v.t.* & *v.i.* (使)厭惡; (使)不願。

dis·in·fect [ˌdɪsɪnˋfɛkt] *v.t.* ①消毒。②淨化。— **dis·in·fec′tion,** *n.*

dis·in·fect·ant [ˌdɪsɪnˋfɛktənt] *n.* Ⓤ Ⓒ 消毒劑。— *adj.* 消毒的。

dis·in·fla·tion [ˌdɪsɪnˋfleʃən] *n.* = **deflation.**

dis·in·gen·u·ous [ˌdɪsɪnˋdʒɛnjuəs] *adj.* 奸詐的; 不正直的。

dis·in·her·it [ˌdɪsɪnˋhɛrɪt] *v.t.* 剝奪…之繼承權。— **dis·in·her′i·tance,** *n.*

dis·in·te·grate [dɪsˋɪntəˌgret] *v.t.* & *v.i.* ①(使)分解。②(使)崩潰。

dis·in·te·gra·tion [ˌdɪsɪntəˋgreʃən] *n.* Ⓤ ①分解。②崩潰。③〖化〗蛻變。④〖地質〗崩解作用。

dis·in·ter [ˌdɪsɪnˋtɝ] *v.t.* (**-rr-**) ①從墳墓中挖出。②使顯現。— **ment,** *n.*

dis·in·ter·est·ed [dɪsˋɪntərəstɪd] *adj.* ①公正的; 無私的。②漠不關心的。— **ly,** *adv.* — **ness,** *n.*

dis·join [dɪsˋdʒɔɪn] *v.t.* & *v.i.* 分

離；拆散；散開。
dis·joint [dɪs`dʒɔɪnt] *v.t.* ①使關節脫離。②使解體。③使失去連繫。 — **ed** [～ɪd], *adj.*
***disk** [dɪsk] *n.* Ⓒ ①圓盤；平圓面。②花盤。③唱片。④鐵餅(=discus)。⑤〖電算〗磁碟。§ ∼ **drìve** 磁碟機。∼ **jòckey**(電臺)唱片音樂節目主持人。
disk·ette [`dɪskɛt, dɪs`kɛt] *n.* Ⓒ 〖電算〗軟性磁碟片(=floppy disk).
***dis·like** [dɪs`laɪk] *n.* ⓊⒸ 嫌惡；憎嫌。 — *v.t.* 嫌惡；憎嫌。
dis·lo·cate [`dɪslo͵ket] *v.t.* ①使脫臼。②使混亂。③〖地質〗使變位。
dis·lo·ca·tion [͵dɪslo`keʃən] *n.* ⓊⒸ ①脫臼。②〖地質〗斷層。
dis·lodge [dɪs`lɑdʒ] *v.t.* ①驅逐；逐退。②移出。
dis·loy·al [dɪs`lɔɪəl] *adj.* 不忠的；背叛的。 — **ly,** *adv.* — **ty,** *n.*
***dis·mal** [`dɪzml̩] *adj.* ①憂鬱的；黯淡的。②陰沉的。 — *n.*(*pl.*) 沮喪。
dis·man·tle [dɪs`mæntl̩] *v.t.* ①拆除；拆卸。②拆散。③剝脫(衣服)。
***dis·may** [dɪs`me] *n.* Ⓤ 喪膽；驚慌。 — *v.t.* 使喪膽；使驚慌。
dis·mem·ber [dɪs`mɛmbɚ] *v.t.* ①肢解。②分割；瓜分。 — **ment,** *n.*
***dis·miss** [dɪs`mɪs] *v.t.* ①解散。②開除；罷免。③摒除；放棄。④〖法律〗不受理。 — **dis·mis′sion,** *n.*
***dis·mount** [dɪs`maunt] *v.i.* 下馬；下車。 — *v.t.* ①使從馬上落下。②拆卸。
Dis·ney·land [`dɪznɪ͵lænd] *n.* 「狄斯耐樂園。」
dis·o·be·di·ent [͵dɪsə`bidɪənt] *adj.* 不服從的；違命的。 — **dis·o·be′di·ence,** *n.*
***dis·o·bey** [͵dɪsə`be] *v.t.* & *v.i.* 不「服從；違命。」
dis·o·blige [͵dɪsə`blaɪdʒ] *v.t.* ①不通融。②為難；使感不便。 — **dis·o·blig′ing,** *adj.*
***dis·or·der** [dɪs`ɔrdɚ] *n.* ①Ⓤ 無秩序；雜亂。②ⓊⒸ 疾病；不適。 — *v.t.* ①使紊亂。②致病。
dis·or·der·ly [dɪs`ɔrdɚlɪ] *adj.* ①不整齊的；混亂的。②不守法的。
dis·or·gan·ize [dɪs`ɔrgə͵naɪz] *v.t.* 破壞規律或組織；使紊亂。 — **dis·or·gan·i·za′tion,** *n.*
dis·o·ri·ent [dɪs`orɪ͵ɛnt] *v.t.* ①使失去方位。②使失去判斷力。
dis·own [dɪs`on] *v.t.* 否認為己所有。

dis·par·age [dɪ`spærɪdʒ] *v.t.* ①輕視。②毀謗；貶抑。 — **ment,** *n.*
dis·pa·rate [`dɪspərɪt] *adj.* 不同的；不相像的。
dis·par·i·ty [dɪs`pærətɪ] *n.* ⓊⒸ 不同；不等；不一致。
***dis·patch** [dɪ`spætʃ] *v.t.* ①派遣；發；送。②速辦。③殺死。④〖俗〗吃掉。 — *n.* ①Ⓤ 派遣；發送。②Ⓒ 快信；急件(公文)；電報。③Ⓤ 速辦。do something with ～ 趕辦某事。④Ⓤ 殺戮。
dis·pel [dɪ`spɛl] *v.t.* (**-ll-**) 驅散。
dis·pen·sa·ble [dɪ`spɛnsəbl̩] *adj.* ①可寬恕的。②非必要的。
dis·pen·sa·ry [dɪ`spɛnsərɪ] *n.* Ⓒ ①藥房。②診所。
dis·pense** [dɪ`spɛns] *v.t.* ①分配；施與。②實施。③配(藥)。④赦免；免除。 — *v.i.* 特免；宥恕。∼ ***with **a.** 免除；省卻。**b.** 無需；不用。
dis·pens·er [dɪs`pɛnsɚ] *n.* Ⓒ ①分配者。②實施者。③販賣機。④藥劑師。
***dis·perse** [dɪ`spɝs] *v.t.* ①使解散。②使分散。③傳播。 — *v.i.* ①分散。②消散。
dis·per·sion [dɪ`spɝʃən] *n.* Ⓤ ①散布；散亂。②〖理〗分散。
dis·pir·it [dɪ`spɪrɪt] *v.t.* 使喪志。
***dis·place** [dɪs`ples] *v.t.* ①代替。②移置。③免職。④使離鄉背井。§ ∼**d pérson** 難民(略作DP). — **ment,** *n.*
‡**dis·play** [dɪ`sple] *v.t.* ①展覽；陳列。②展開。③顯露。④誇示。⑤使顯明。 — *n.* ①ⓊⒸ 陳列；展覽。②Ⓤ 誇示；炫耀。③Ⓒ 展示品。④Ⓒ (電腦螢光幕之)顯示。
***dis·please** [dɪs`pliz] *v.t.* 使生氣。
dis·pleas·ing [dɪs`plizɪŋ] *adj.* 使人不愉快的。「不快；不滿。」
***dis·pleas·ure** [dɪs`plɛʒɚ] *n.* Ⓤ
dis·port [dɪ`sport] *v.i.* & *v.t.* ①嬉戲。②玩。 — *n.* Ⓤ 娛樂。
dis·pos·a·ble [dɪ`spozəbl̩] *adj.* ①可自由處置的；可隨意使用的。②用後即可丟棄的。
dis·pos·al** [dɪ`spozl̩] *n.* Ⓤ ①排列。②處理。③出售。at one's*** ～ 聽其使用。§ ∼ **bàg** 污物處理袋。
***dis·pose** [dɪ`spoz] *v.t.* ①排列；處置。②使傾向；使易於。 — *v.i.* 處置；決定。Man proposes, (but) God ～*s.* 謀事在人，成事在天。

dis·posed [dɪ`spozd] *adj.* 有…傾向的; 有意的。 *be well* [*ill*] ~ *towards* 對…友善[不友善]。

dis·pos·er [dɪ`spozɚ] *n.* Ⓒ 廚房廢棄物處理器。

***dis·po·si·tion** [ˌdɪspə`zɪʃən] *n.* ① Ⓤ 性情; 傾向。② Ⓤ Ⓒ 排列。③ Ⓤ 處理(權)。④(*pl.*)軍隊之部署。

dis·pos·sess [ˌdɪspə`zɛs] *v.t.* ① 強奪。②剝奪。③逐出。

dis·proof [dɪs`pruf] *n.* ① Ⓒ 反證。② Ⓤ 反駁。

dis·pro·por·tion [ˌdɪsprə`porʃən] *n.* Ⓤ 不相稱。— *v.t.* 使失均衡。

dis·pro·por·tion·ate [ˌdɪsprə`porʃənɪt] *adj.* 不成比例的; 不相稱的; 不平衡的。— **ly,** *adv.*

dis·prove [dɪs`pruv] *v.t.* 證明爲誤; 舉反證。

dis·put·a·ble [dɪ`spjutəbl] *adj.* 易引起爭論的; 可質疑的。

dis·pu·tant [`dɪspjutənt, dɪ`spjutn̩t] *n.* Ⓒ 爭論者。— *adj.* 爭論的。

dis·pu·ta·tion [ˌdɪspju`teʃən] *n.* Ⓤ Ⓒ 爭論; 討論。

dis·pu·ta·tious [ˌdɪspju`teʃəs] *adj.* 好議論的; 好爭論的。

***dis·pute** [dɪ`spjut] *v.i.* & *v.t.* ①爭論。②競爭。③爭吵。④反駁; 駁斥。— *n.* ① Ⓤ Ⓒ 辯論; 爭論。② Ⓒ 爭吵。 *beyond* ~ 無爭論餘地。

dis·qual·i·fy [dɪs`kwɑləˌfaɪ] *v.t.* ①使不適合。②取消資格。

dis·qui·et [dɪs`kwaɪət] *v.t.* 使不安; 使煩憂。— *n.* Ⓤ 憂慮; 不安。

dis·qui·e·tude [dɪs`kwaɪəˌtjud] *n.* Ⓤ 憂慮; 不安。

dis·qui·si·tion [ˌdɪskwə`zɪʃən] *n.* Ⓒ ①論文; 專論。②專題演講。

***dis·re·gard** [ˌdɪsrɪ`gɑrd] *n.* Ⓤ 不理; 輕視。— *v.t.* 不注意; 忽視。

dis·rep·u·ta·ble [dɪs`rɛpjətəbl] *adj.* ①名譽不好的。②不體面的。

dis·re·pute [ˌdɪsrɪ`pjut] *n.* Ⓤ 名譽壞; 聲名狼藉。

dis·re·spect [ˌdɪsrɪ`spɛkt] *n.* Ⓤ 不敬; 無禮。— **ful,** — **a·ble,** *adj.*

dis·rupt [dɪs`rʌpt] *v.t.* ①使分裂。②使中斷。③使陷入混亂。— *adj.* 中斷的。— **dis·rup′tive,** *adj.*

dis·sat·is·fac·tion [ˌdɪssætɪs`fækʃən] *n.* Ⓤ 不滿意; 不滿足。

dis·sat·is·fac·to·ry [ˌdɪssætɪs`fæktərɪ] *adj.* 令人不滿的。

dis·sat·is·fy [dɪs`sætɪsˌfaɪ] *v.t.* 使不滿。— **dis·sat′is·fied,** *adj.*

***dis·sect** [dɪ`sɛkt] *v.t.* ①切開; 解剖。②詳細研究。③分辨出(常 out).

dis·sem·ble [dɪ`sɛmbl] *v.t.* ①隱藏; 掩飾。②假裝; 矇混。— *v.i.* 掩飾。— **dis·sem′bler,** *n.*

dis·sem·i·nate [dɪ`sɛməˌnet] *v.t.* 散布; 傳播。

dis·sen·sion [dɪ`sɛnʃən] *n.* Ⓤ 衝突; 紛爭。

dis·sent [dɪ`sɛnt] *v.i.* ①不同意; 持異議。②反對國教。— *n.* Ⓤ 反對; 異議。。— **er,** *n.*

dis·sen·tient [dɪ`sɛnʃənt] *n.* Ⓒ 不贊成者。— *adj.* 不贊成的。

dis·ser·ta·tion [ˌdɪsɚ`teʃən] *n.* Ⓒ 論文; 學位論文。

dis·serv·ice [dɪs`sɝvɪs] *n.* Ⓤ 傷害; 損害; 虐待。

dis·si·dent [`dɪsədənt] *adj.* 不相合的。— *n.* Ⓒ 唱反調者。— **dis′si·dence,** *n.*

dis·sim·i·lar [dɪ`sɪmələ] *adj.* 不同的; 不相似的。

dis·sim·i·lar·i·ty [dɪˌsɪmə`lærətɪ] *n.* ① Ⓤ 不同; 不相似。② Ⓒ 相異點。

dis·sim·u·late [dɪ`sɪmjəˌlet] *v.t.* & *v.i.* 假裝; 掩飾(感情等); 欺瞞。

dis·si·pate [`dɪsəˌpet] *v.t.* ①使消散; 驅散。②浪費。— *v.i.* ①消散。②放蕩。— **dis·si·pa′tion,** *n.*

dis·so·ci·ate [dɪ`soʃɪˌet] *v.t.* ① 斷絕關係。②〖化〗分離。~ *oneself from* 斷絕和…之關係。

dis·sol·u·ble [dɪ`sɑljəbl] *adj.* ① 可分解的。②可解除的。③可溶解的。— **dis·sol·u·bil′i·ty,** *n.*

dis·so·lute [`dɪsəˌlut] *adj.* 放蕩的; 淫樂的。

***dis·so·lu·tion** [ˌdɪsə`luʃən] *n.* Ⓤ ①分解。②解除; 解散。③毀滅; 瓦解。④死亡。⑤溶解。

***dis·solve** [dɪ`zɑlv] *v.t.* ①溶解。②解散; 解除。③分解。④〖法律〗宣告無效; 取消。— *v.i.* ①溶解。②消失。③解散。 ~ *in tears*眼淚汪汪。— *n.* Ⓤ〖影〗漸隱; 溶暗。 § **dis·sólving víew**〖影〗漸隱畫面。

dis·so·nance [`dɪsənəns] *n.* ① Ⓤ 不調和; 不協調。② Ⓤ Ⓒ〖樂〗不諧和音。— **dis′so·nant,** *adj.*

dis·suade [dɪ`swed] *v.t.* 勸阻(常 from). — **dis·sua′sion** [-ʒən], *n.*

dis·syl·la·ble [dɪˋsɪləbl] *n.* Ⓒ〖語音〗二音節之字。

dis·taff [ˋdɪstæf] *n.* ①Ⓒ(手紡用之)捲線桿。②(the ～)婦女之事務。§ the ∼ side 女[母]系。

‡**dis·tance** [ˋdɪstəns] *n.* ①ⓊⒸ距離。②(*sing.*)遙遠; 遠處。③(*sing.*)(時間之)經過。④ⓊⒸ〖樂〗音程。⑤ⓊⒸ冷淡; 疏遠。⑥ⓊⒸ差異。*a long ～ call* 長途電話。*in the ～* 在遠處。*keep a person at a ～* 冷待某人(不與親近)。—— *v.t.* ①超過; 遠勝。②使不接近。

‡**dis·tant** [ˋdɪstənt] *adj.* ①遠離的(from)。②遙遠的。③遠族的。a ～ relative 遠親。④冷淡的。— **ly,** *adv.*

dis·taste [dɪsˋtest] *n.* Ⓤ ①嫌惡; 憎厭。②不愛吃[喝]。— **ful,** *adj.*

dis·tem·per [dɪsˋtɛmpɚ] *n.* ①Ⓤ犬瘟熱。②ⓊⒸ不健康。③ⓊⒸ不安。—— *v.t.* 使病; 使不安。

dis·tend [dɪˋstɛnd] *v.i.* & *v.t.* (使)擴張; 膨脹。 — **dis·ten′sion, dis·ten′tion,** *n.*

dis·till, 〖英〗**-til** [dɪˋstɪl] *v.t.* & *v.i.* (**-ll-**) ①蒸餾。②精鍊; 精選出。③(使)滴下。§ ∼**ed líquor** 蒸餾而得之酒(如威士忌)。∼**ed wáter** 蒸餾水。

dis·till·er·y [dɪˋstɪlərɪ] *n.* Ⓒ 蒸餾所; 釀酒廠。

***dis·tinct** [dɪˋstɪŋkt] *adj.* ①分別的; 不同的(from)。②清楚的; 明確的。③非凡的。— **ly,** *adv.*

***dis·tinc·tion** [dɪˋstɪŋkʃən] *n.* ①ⓊⒸ區別。②Ⓤ特徵。③Ⓤ高貴; 卓越。④Ⓒ榮譽。⑤Ⓤ殊勳; 優異的成績。

***dis·tinc·tive** [dɪˋstɪŋktɪv] *adj.* 特殊的; 辨別性的。— **ly,** *adv.*

***dis·tin·guish** [dɪˋstɪŋgwɪʃ] *v.t.* ①區別; 辨別(from)。②做爲…之特徵; 表特性。③使揚名; 使顯著。④分類。—— *v.i.* 區別; 辨別(between)。— **a·ble,** — **ing,** *adj.*

***dis·tin·guished** [dɪˋstɪŋgwɪʃt] *adj.* 著名的; 卓越的; 傑出的。

***dis·tort** [dɪsˋtɔrt] *v.t.* ①扭歪; 扭曲; 使變形。②曲解; 誤傳。

dis·tor·tion [dɪsˋtɔrʃən] *n.* Ⓤ 扭曲; 變形; 曲解。

***dis·tract** [dɪˋstrækt] *v.t.* ①分心; 轉移(意向)。②困惱; 迷惑。③使精神錯亂。④使輕鬆。

dis·tract·ed [dɪˋstræktɪd] *adj.* ①意亂情迷的; 精神錯亂的; 發狂的。②精神或注意力分散的。— **ly,** *adv.*

dis·trac·tion [dɪˋstrækʃən] *n.* ①Ⓤ分散注意力。②Ⓒ使人分心之事物。③Ⓤ心煩。④Ⓒ娛樂; 消遣。

dis·traught [dɪˋstrɔt] *adj.* ①心神分散的。②發狂的。

***dis·tress** [dɪˋstrɛs] *n.* Ⓤ ①痛苦; 憂愁。②窮困。③危險; 困難。—— *v.t.* ①使痛苦; 使悲愁。②逼使。§ ∼ **càll** 求救[遇難]呼號。— **ing,** *adj.*

dis·tress·ful [dɪˋstrɛsfəl] *adj.* ①痛苦的; 苦惱的。②不幸的; 悲慘的。

***dis·trib·ute** [dɪˋstrɪbjʊt] *v.t.* ①分配; 分發。②分布; 散布。③分類。

***dis·tri·bu·tion** [ˌdɪstrəˋbjuʃən] *n.* ①ⓊⒸ分配; 分布; 散布。②Ⓒ(消費品的)供銷。③Ⓤ分類。

dis·trib·u·tive [dɪˋstrɪbjətɪv] *adj.* ①分配的。②〖文法〗個別的。—— *n.* Ⓒ〖文法〗個別詞(each, every 等)。

dis·trib·u·tor [dɪˋstrɪbjətɚ] *n.* Ⓒ ①分配者; 分送之人。②〖商〗貨物之配售人或商號。③〖機〗配電器。

‡**dis·trict** [ˋdɪstrɪkt] *n.* Ⓒ 行政區; (英)郡; 縣; 地方; 管區。*D-* of Columbia 哥倫比亞特區(略作 D.C.)。

***dis·trust** [dɪsˋtrʌst] *v.t.* 不信; 疑惑。—— *n.* Ⓤ 不信任; 疑惑。

dis·trust·ful [dɪsˋtrʌstfəl] *adj.* 不信任的。*be ～ of* 對…缺乏信心。

***dis·turb** [dɪˋstɝb] *v.t.* ①攪動; 擾亂。②妨礙。③使煩惱; 使心亂。

***dis·turb·ance** [dɪˋstɝbəns] *n.* ⓊⒸ①擾亂。②騷動。③憂慮; 不安。

dis·u·nite [ˌdɪsjʊˋnaɪt] *v.t.* & *v.i.* (使)分離; (使)分裂; (使)不和。

dis·use [dɪsˋjus] *n.* Ⓤ 不用; 廢止。—— [dɪsˋjuz] *v.t.* 停用(常用被動式)。

***ditch** [dɪtʃ] *n.* Ⓒ 壕溝。—— *v.t.* ①以壕溝圍繞。②使墜溝中。③使(飛機)迫降於水面上。④丟棄。—— *v.i.* ①掘溝。②(指非水上飛機)水面迫降。

dith·er [ˋdɪðɚ] *n.* (a ～) & *v.i.* 戰慄; 震動。

dit·to [ˋdɪto] 〖義〗*n.* (*pl.* **～s**) ①Ⓤ同上; 同前(略作 **do., d°**)。②Ⓒ(常 *pl.*)代表同上之符號(″)。—— *adv.* 同前地; 同樣地。§ ∼ **machìne** 複印機。∼ **màrk** 同上、同前之符號(″)。

dit·ty [ˋdɪtɪ] *n.* Ⓒ 小曲; 歌謠。

di·u·ret·ic [ˌdaɪjʊˋrɛtɪk] *adj.* 〖醫〗利尿的。—— *n.* ⓊⒸ 利尿劑。

di·va [ˋdivə] 〖義〗 *n.* Ⓒ (*pl.* **～s,**

-ve [-ve])歌劇中之首席女角。

di·van [ˋdaɪvæn, dɪˋvæn] *n.* Ⓒ ①無靠背之長沙發椅。②吸煙室。

***dive** [daɪv] *v.i.* (~**d** or **dove**, ~**d**) ①(頭部向下)跳水。②俯衝。③潛水。④突然插入。⑤潛心於; 探究。⑥驟降。— *n.* Ⓒ ①潛水。②(飛機之)俯衝。③〖美俗〗低級的飲酒賭博處所。④埋頭研究。⑤急奔。⑥驟降。§ ~ **bòmber** 俯衝轟炸機。

div·er [ˋdaɪvɚ] *n.* Ⓒ ①潛水者。②潛水鳥。③〖俗〗潛水艇。④俯衝轟炸機。

di·verge [dəˋvɝdʒ] *v.i.* ①分歧; 分出。②差異。③逸出正軌。— **di·ver′gent,** *adj.* — **di·ver′gence,** *n.*

***di·vers** [ˋdaɪvɚz] *adj.* 不同的; 種種的。— *pron.* (作 *pl.*解)若干。

***di·verse** [dəˋvɝs, daɪ-] *adj.* ①不同的; 互異的。②種種的。

di·ver·si·fi·ca·tion [də,vɝsəfəˋkeʃən] *n.* ① Ⓤ 多樣化; 形形色色。② Ⓒ 變化; 變形。③ Ⓤ Ⓒ 〖經〗(事業等的)多角化; (投資的)分散。

di·ver·si·fy [dəˋvɝsə,faɪ] *v.t.* & *v.i.* (使)作多種變化; (使)多樣化。

***di·ver·sion** [dəˋvɝʒən] *n.* ① Ⓤ Ⓒ 轉向; 轉變; (資金的)挪用; 轉用。② Ⓒ 娛樂。③ Ⓒ 迂迴的路。④ Ⓒ 〖軍〗聲東擊西。— **ar·y,** *adj.*

di·ver·si·ty [dəˋvɝsətɪ, daɪ-] *n.* Ⓤ Ⓒ ①完全不同。②變化多端。

di·vert** [dəˋvɝt, daɪ-] *v.t.* ①使轉向。②使轉變注意力或思想等。③消遣; 娛樂。~ ***oneself **a.** 轉向。**b.** 自娛; 消遣。

di·vest [dəˋvɛst] *v.t.* ①脫去。②放棄。③剝奪。— **di·vest′i·ture,** *n.*

‡**di·vide** [dəˋvaɪd] *v.t.* ①分割; 分。②分界; 隔開〔from〕。③分配〔among, between〕。④等分; 除。⑤分類。⑥使意見不同。— *v.i.* ①分開。②分歧。③〖英〗表決。— *n.* Ⓒ ①〖美〗分水嶺。②分界線。***the Great D-*** **a.** 北美洲分水嶺(尤指Rocky山脈)。**b.** 重大時期。§ ~**d híghway** 分道公路。~**d skírt** 褲裙。

div·i·dend [ˋdɪvə,dɛnd] *n.* Ⓒ ①股息。②報酬; 效益。③〖數〗被除數。

di·vid·er [dəˋvaɪdɚ] *n.* ① Ⓒ 分開者; 分配者。②(*pl.*)圓規。

div·i·na·tion [,dɪvəˋneʃən] *n.* Ⓤ Ⓒ ①預言; 占卜。②先見。

di·vine** [dəˋvaɪn] *adj.* ①神的; 如神的。②神聖的。③超人的。④〖俗〗極好的。the*** ~ ***Being*** 神; 上帝。— *n.* Ⓒ ①神學者。②牧師。— *v.t.* & *v.i.* 預言; 推測。§ ~ **sérvice** 禮拜式; 祈禱禮。**divíning ròd** 卜杖。**the D- Cŏmedy** 神曲。— **di·vin′er,** *n.*

div·ing [ˋdaɪvɪŋ] *n.* Ⓤ 潛水; 跳水。§ ~ **bèll** 潛水箱; 潛水鐘。~ **bòard** (游泳池等的)跳板。~ **sùit** 潛水衣。

***di·vin·i·ty** [dəˋvɪnətɪ] *n.* ① Ⓤ 神性。②(the D-)神; 上帝。③ Ⓤ 神學。

di·vis·i·ble [dəˋvɪzəbl] *adj.* ①可分的。②〖數〗可除盡的〔by〕。

‡**di·vi·sion** [dəˋvɪʒən] *n.* ① Ⓤ 分開; 劃分; 分配。② Ⓤ 除法。③ Ⓒ 分界線。④ Ⓒ 部分章節。⑤ Ⓒ 〖軍〗師。⑥ Ⓤ 分裂; 不和。⑦ Ⓒ 〖英〗分組表決。⑧ Ⓒ 〖運動〗級。⑨ Ⓒ (公司、機關等之)部門。~ ***of labor*** 分工。~ ***of powers*** **a.** 三權分立。**b.** 〖美政〗(中央與地方的)主權分立; 分權。— **al,** *adj.*

di·vi·sive [dəˋvaɪsɪv] *adj.* ①區劃的; 分區的。②離間的; 造成不和的。

di·vi·sor [dəˋvaɪzɚ] *n.* Ⓒ 〖數〗除數; 約數。a common ~ 公約數。

***di·vorce** [dəˋvors] *n.* ① Ⓤ Ⓒ 離婚。② Ⓒ (常 *sing.*)分離; 分裂。— *v.t.* ①使離婚; 和…離婚。②分離; 分開。

di·vor·cé [də,vorˋse] 〖法〗*n.* Ⓒ 離了婚的男子。

di·vor·cée, -cee [də,vorˋsi, -ˋse] 〖法〗*n.* Ⓒ 離了婚的女子。

di·vulge [dəˋvʌldʒ] *v.t.* 洩露; 揭穿。

div·vy [ˋdɪvɪ] 〖俚〗*v.t.* & *v.i.* 分享; 分攤〔常 up〕。— *n.* Ⓤ Ⓒ 分配; 分紅。

Dix·ie [ˋdɪksɪ] *n.* 美國南部各州之別稱。

Dix·ie·land [ˋdɪksɪ,lænd] *n.* Ⓤ ①=**Dixie.** ②(亦作**Dixieland jazz**)狄克西蘭爵士樂。

D.I.Y. do-it-yourself.

***diz·zy** [ˋdɪzɪ] *adj.* ①暈眩的; 昏亂的; 迷惑的。②〖俗〗愚蠢的。— *v.t.* 使暈眩; 使昏亂。— **diz′zi·ly,** *adv.* — **diz′zi·ness,** *n.*

D.J. disc jockey; district judge.

Dja·kar·ta [dʒəˋkartə] *n.* 雅加達(印尼之首都)。(亦作 **Jakarta**)

dm. decimeter(s). 公寸。

DNA deoxyribonucleic acid. 去氧核糖核酸。

Dnie·per [ˋnipɚ] *n.* (the ~)聶伯河(發源於俄國西部, 注入黑海)。

‡**do** [du] *v.t.* (**did, done**)①做; 搞; 工

作；實行；執行。②勉力而爲；盡力而爲。*Do* your best. 盡力做。③完畢；完成(用被動式及完成式)。④演出；扮演；製片。⑤致有；致使。⑥翻譯。⑦給與(=give, render)。⑧處理；料理；照應(=attend to)。⑨適合；便於(=suit; be convenient to)。⑩解決(=solve)。⑪烹調；煮(=cook)。⑫通過；行經(=traverse)。⑬欺騙。⑭參觀；觀光。⑮招待；款待。⑯毀掉。That has *done* me. 那把我(的機會等)毀了。⑰使疲憊不堪。⑱服(刑)。⑲任(職)。⑳創造；畫。**—** *v.i.* ①做；實行。②進行(=proceed)；行動(=behave)。③起居；經過(指健康)；度日。How do you *do*? 你好嗎？④適合；可用；可；足(表示滿意)。⑤發生。⑥完成。⑦〖文法〗作助動詞。**a.** 加重動詞的語氣。Please *do* stay. 務請留此。**b.** 用於疑問句。**c.** 用於表示否定句。**d.** 用以替代前述之動詞，以避免重複。My dog goes where I *do*. 我去那裡，我的狗跟到那裡。**e.** 用於倒裝句，在rarely, hardly, little 等字之後。Rarely *did* she laugh. 她難得笑。***do away with*** **a.** 廢除。**b.** 殺。***do by*** 待(人)。***do down*** 打敗；擊敗。***do for*** (***someone***) **a.** 〖俚〗殺死或傷害(某人)。**b.** 照料；照顧(某人)。***do for*** (***something***) 處理；設法。***do in*** **a.** 欺騙。**b.** 疲乏至死；累得要命。**c.** 〖俗〗殺。***do over*** 重新做過。***do up*** 〖俗〗**a.** 扣起；束起；結好。**b.** 重新裝修(如油漆等)。**c.** 收拾整齊。**d.** 疲乏；力竭。**e.** 包好。***do with*** **a.** 利用。**b.** 忍受。**c.** 需要；樂於做。***do without*** 免除；不用。***have something*** [***nothing***] ***to do with*** 和…有[無]關係。**—** *n.* Ⓒ (*pl.* **dos, do's**) ①〖方〗騷動。②〖英〗熱鬧的聚會。③作戰；演習。④(常 *pl.*)應行之事。

DOA dead on arrival. 送達醫院即死亡。

do·a·ble [ˋduəbl] *adj.* 可行的；能「做的。」

DOB date of birth. 出生日期。

doc·ile [ˋdɑsl] *adj.* ①聽話的；溫順的；馴良的。②可教的。

do·cil·i·ty [doˋsɪlətɪ] *n.* Ⓤ 溫順；馴良；聽話。

***dock**[1] [dɑk] *n.* Ⓒ ①〖美〗碼頭。②船塢。**—** *v.t.* 拖船入船塢；將(船)靠碼頭。**—** *v.i.* ①進入船塢；靠碼頭。②(兩艘太空船)連接或銜接。

dock[2] *n.* (*sing.*, 常 the ～) (法庭中的)被告席。

dock[3] *n.* Ⓤ Ⓒ 〖植〗酸模；羊蹄。

dock·yard [ˋdɑk,jɑrd] *n.* Ⓒ 造船所；修船所。

‡**doc·tor** [ˋdɑktɚ] *n.* Ⓒ ①醫生。②(略作 **Dr.**)博士；博士學位。③修護者；補修者。**—** *v.t.* ①醫治。②〖俗〗修理。③〖俗〗假造；竄改。§ ～**'s degrée** (1)博士學位。(2)醫學士學位。

doc·tor·al [ˋdɑktərəl] *adj.* ①博士(學位)的。②有博士學位的。

doc·tor·ate [ˋdɑktərɪt] *n.* Ⓒ 博士學位[頭銜，資格]。

doc·tri·naire [,dɑktrɪˋnɛr] *n.* Ⓒ 純理論家；空論家。**—** *adj.* 空論的；純理論的。

***doc·trine** [ˋdɑktrɪn] *n.* Ⓤ Ⓒ ①教義；教條。②學說；主義。— **docˊtri·nal**, *adj.*

***doc·u·ment** [ˋdɑkjəmənt] *n.* Ⓒ 公文；文書；證件。**—** [ˋdɑkjə,mɛnt] *v.t.* ①用文書證明。②爲…引證。— **doc·u·menˊtal**, *adj.*

doc·u·men·ta·ry [,dɑkjəˋmɛntərɪ] *adj.* ①文件的；文書上的。②用藝術手法記錄或表現的。a ～ film 記錄影片。③多引證的；喜引證的。**—** *n.* Ⓒ 記錄影片；記實小說[戲劇]。— **doc·u·menˊtar·i·ly**, *adv.*

dod·der [ˋdɑdɚ] *v.i.* ①(因老弱等而)搖擺；蹣跚。②衰劣。— **ed**, *adj.*

***dodge** [dɑdʒ] *v.i.* ①躲開；閃避。②逃避責任。**—** *v.t.* ①躲避。②規避；推託。**—** *n.* Ⓒ ①躲避；閃避。②〖俗〗巧計；詭計。§ ～ **bàll** 躲避球。

dodg·er [ˋdɑdʒɚ] *n.* Ⓒ 躲避者；閃避者；規避者。

dodg·y [ˋdɑdʒɪ] *adj.* ①閃避的；支吾的；詭譎的。②〖俚〗巧妙的；精緻的。

doe [do] *n.* Ⓒ ①雌鹿。②雌兔。

do·er [ˋduɚ] *n.* Ⓒ 行爲者；實行家。

‡**does** [dʌz] *v.* do 的第三人稱，單數，現在式，直說法。

‡**does·n't** [ˋdʌznt] ＝**does not.**

doff [dɑf] *v.t.* 脫去(衣、帽等)。

‡**dog** [dɔg] *n.* ① Ⓒ 犬；狗。② Ⓒ 任何犬科動物。③ Ⓒ 卑鄙的人；小人。④ Ⓒ 傢伙。⑤ Ⓒ 鐵鉤；薪架。⑥(the D-)〖天〗大小犬星座。⑦(*pl.*)〖俚〗脚。～ ***eat*** ～ 同類相殘。～ ***in the manger*** 狗占馬槽。***Every*** ～ ***has his day.*** 每人在一生中皆有得意之日。***give to the*** ～***s*** 因無價值而

擲去。*go to the ~s* 潦倒；變糟。*lead a ~'s life* 度窮苦的生活。*not even a ~'s chance* 毫無機會。*put on the ~* 〖俚〗充門面；裝闊；擺威風。*teach an old ~ new tricks* 使老頑固接受新知識或新方法。*throw to the ~s* 不屑而棄之；棄如敝履。**—** *v.t.* (**-gg-**) ①追蹤；追隨。②使困惱。§ ~ **biscuit** 一種硬餅乾。~ **collar** 犬之頸圈。~ **days** 大熱天；三伏天。~ **fox** 〖動〗雄狐。~ **Latin** 不合文法之拉丁文。~ **paddle** 狗扒式游泳法。~ **racing** 狗的賽跑。~ **rose** 歐洲野薔薇(作樹籬)。~ **tag** (1)狗之識別牌。(2)〖俚〗軍人佩帶之識別牌。**the D~ Star**〖天〗天狼星。

dog·cart [ˋdɔg,kart] *n.* Ⓒ ①狗拖之輕便小車。②一種雙輪小馬車。

dog·catch·er [ˋdɔg,kætʃɚ] *n.* Ⓒ 捕狗人。

dog-ear [ˋdɔg,ɪr] *n.* Ⓒ 書頁之摺角。**—** *v.t.* 將書頁摺角。

dog·eared [ˋdɔg,ɪrd] *adj.* ①書頁有很多摺角的。②破舊的；襤褸的。

dog-eat-dog [ˋdɔgit,dɔg] *n.* Ⓤ 自相殘殺；殘忍；兇惡；暴烈。**—** *adj.* 自相殘殺的；殘忍的；兇惡的。

dog·fish [ˋdɔg,fɪʃ] *n.* Ⓒ (*pl.* ~, ~**es**)〖魚〗角鯊。

dog·ged [ˋdɔgɪd] *adj.* 頑強的；固執的。*It's ~ that does it.* 天下無難事，只怕有心人。— **ly,** *adv.*

dog·ger·el [ˋdɔgərəl] *n.* Ⓤ 拙句；打油詩。**—** *adj.* 拙劣不合詩律的。

dog·gie [ˋdɔgɪ] *n.* =**doggy.** § ~ **bag** (把在餐廳吃剩的菜帶回家的)剩菜袋。

dog·gish [ˋdɔgɪʃ] *adj.* ①犬的；似犬的。②乖戾的。③〖俗〗炫耀的。

dog·gy [ˋdɔgɪ] *n.* Ⓒ〖兒〗小狗。

dog·house [ˋdɔg,haus] *n.* Ⓒ 犬舍。*in the ~* 〖俚〗失寵。

dog·leg [ˋdɔg,lɛg] *n.* Ⓒ (如狗後腳般)彎曲成<狀的東西。— **ged,** *adj.*

dog·ma [ˋdɔgmə] *n.* (*pl.* ~**s,** ~**ta** [~tə]) ① ⓊⒸ 教條；信條。② Ⓒ 獨斷之見。

dog·mat·ic, -i·cal [dɔgˋmætɪk(l̩)] *adj.* ①教條的。②武斷的。

dog·mat·ics [dɔgˋmætɪks] *n.* Ⓤ 教理神學；教義論。

dog·ma·tism [ˋdɔgmə,tɪzəm] *n.* Ⓤ①教條主義。②獨斷主義。— **dog'-ma·tist,** *n.*

dog·ma·tize [ˋdɔgmə,taɪz] *v.t.* & *v.i.* 武斷；獨斷地主張。

do-good·er [ˋdu,gudɚ] *n.* Ⓒ (不切實際的)社會改革家。

dog's-ear [ˋdɔgz,ɪr] *n.* & *v.t.* = dog-ear. — **ed,** *adj.*

dog-tired [ˋdɔgˋtaɪrd] *adj.* 〖俗〗極疲倦的。

dog·tooth [ˋdɔg,tuθ] *n.* Ⓒ (*pl.* **-teeth**) ①犬牙。②〖建〗齒飾。

dog·trot [ˋdɔg,trɑt] *n.* Ⓒ (常 *sing.*)小跑步。

***do·ing** [ˋduɪŋ] *n.* ①(*pl.*)行爲；活動；所做之事。② Ⓤ 做；實行。③(*pl.*)(想不出名字的)小東西。④ Ⓒ〖英俗〗叱責；責罵。

do-it-your·self [,duɪtjɚˋsɛlf] *adj.* 爲業餘者使用或裝配而設計的。**—** *n.* Ⓤ 自己做(裝配、修理等)。

dol·drums [ˋdɑldrəmz] *n. pl.* (the ~)①憂悶；消沉。②不景氣；低潮。③(近赤道之海洋)無風帶。

dole [dol] *n.* ① Ⓒ (常 *sing.*) 賑濟(品)；少量的東西。②(the ~)失業救濟金。*go [be] on the ~* 接受政府的失業救濟金。**—** *v.t.* 布施；分配〔常 out〕。§ ~ **queue** 失業人口。

dole·ful [ˋdolfəl] *adj.* 悲哀的；憂愁的；陰鬱的。— **ly,** *adv.*

‡**doll** [dɑl] *n.* Ⓒ①洋娃娃。②美麗而無知識的女人。③美麗的孩子。**—** *v.t.* & *v.i.* 裝扮〔up, out〕.

‡**dol·lar** [ˋdɑlɚ] *n.* Ⓒ①元；圓(美加等國所用的貨幣單位，符號$)。②價值一元的銀幣或紙幣。③美金。§ ~ **area** 美元區域。~ **diplomacy** 美元外交；財力外交。

dol·lop [ˋdɑləp] *n.* Ⓒ 塊；團。

dol·ly [ˋdɑlɪ, ˋdɔlɪ] *n.* Ⓒ ①〖兒〗洋娃娃。②〖影，視〗安裝攝影機之矮盤車。

do·lo·mite [ˋdɑlə,maɪt] *n.* Ⓤ 〖礦〗白雲石。

do·lor, 〖英〗**-lour** [ˋdolɚ] *n.* Ⓤ 〖詩〗悲哀；憂愁。

dol·or·ous [ˋdɑlərəs] *adj.* 悲哀的；憂愁的；悲痛的。

dol·phin [ˋdɑlfɪn] *n.* Ⓒ 海豚。

dol·phi·na·ri·um [,dɑlfəˋnɛrɪəm] *n.* Ⓒ 海豚水族館。

dolt [dolt] *n.* Ⓒ 笨拙之人；傻瓜。

***do·main** [doˋmen] *n.* ① Ⓒ 領土；版圖。② Ⓒ (思想或活動的)範圍。③ Ⓤ〖法律〗(土地之)所有權。

‡**dome** [dom] *n.* Ⓒ①圓頂。②如圓頂的東西。§ ~ **light** (汽車等的)車內

燈。— **domed,** *adj.*
***do·mes·tic** [də`mɛstɪk] *adj.* ①屬於家的; 家務的。②適合家庭的; 善理家務的; 喜歡家庭生活的。③馴良的。④屬於本國的。⑤國內製造的。**—** *n.* ①Ⓒ僕人。②(*pl.*)國貨。§ ∼ **ánimal** 家畜。 ∼ **fôwl** 家禽。 ∼ **scíence** [**ecônomy**]家政(學); 家庭經濟。— **do·mes′ti·cal·ly,** *adv.*
do·mes·ti·cate [də`mɛstə,ket] *v.t.* ①使習於家事; 使喜歡家庭生活。②養馴;馴服。— **do·mes·ti·ca′tion,** *n.*
do·mes·tic·i·ty [,domɛs`tɪsətɪ] *n.* ①Ⓤ家庭生活(之愛好)。②Ⓒ(常 *pl.*)家事。
dom·i·cile [`daməsl] *n.* Ⓒ①家; 住所。②〖法律〗正式居住地。
***dom·i·nant** [`damənənt] *adj.* ①有統治權的; 有支配力量的; 最有勢力的。②〖遺傳〗優性的; 顯性的。③高於其他的(樹、山峰等)。— **dom′i·nance,** *n.* — **ly,** *adv.*
***dom·i·nate** [`damə,net] *v.t.* & *v.i.* ①統治; 支配; 管轄。②凌駕; 俯臨。③占重要位置。— **dom·i·na′-tion,** *n.*
dom·i·neer [,damə`nɪr] *v.i.* 弄權; 作威作福[over]. — **ing,** *adj.*
Dom·i·nic [`damənɪk] *n.* (St. ∼)(聖)道明(1170-1221; 西班牙神父, 道明修會(Dominican Order)之創始人)。
Do·min·i·can [də`mɪnɪkən] *adj.* & *n.* Ⓒ 多明尼加共和國的(人)。§ **the** ∼ **Repúblic** 多明尼加共和國(在西印度群島)。
***do·min·ion** [də`mɪnjən] *n.* ①Ⓤ主權; 統治權。②Ⓤ支配; 控制。③Ⓒ領土。
dom·i·no [`damə,no] *n.*(*pl.* **∼s, ∼es**)①Ⓒ化粧舞衣。②Ⓒ骨牌。③(*pl.*, 作*sing.*解)骨牌遊戲。§ ∼ **efféct** 骨牌效應。 **the** ∼ **thêory**骨牌理論; 連鎖反應理論。
***don¹** [dan] *n.* ①(D-)先生(西班牙人所用之尊稱)。②Ⓒ西班牙人[紳士]。③Ⓒ(牛津或劍橋大學的)導師; 院長; 得獎學金的研究生。
don² *v.t.*(**-nn-**)穿(衣)。
Do·ña [`donja] 〖西〗*n.* ①小姐; 太太(西班牙之敬稱語, 與名字連同使用)。②(d-) Ⓒ西班牙之婦女。
do·nate [`donet] *v.t.* 捐贈; 贈與。— **do·na′tion,** *n.*
‡done [dʌn] *v.* pp. of **do.** **—** *adj.* ①妥當的。②已完成的; 已達目的的。③疲倦的; 缺乏的。④已成過去的; 結束的。
***don·key** [`daŋkɪ] *n.* Ⓒ①驢。②蠢人; 頑固的人。 § ∼ **jàcket** 厚夾克。 ∼**'s yêars**〖俚〗很長的時間。
do·nor [`donə] *n.* Ⓒ給予者;捐贈者。
don't [dont] =**do not.**
doo·dle [`dudl] *v.i.* & *v.t.* ①混過(時間)。②胡寫亂畫。**—** *n.* Ⓒ①愚笨。②塗鴉; 亂寫。
doo·dle·bug [`dudl,bʌg] *n.* Ⓒ①蟻獅之幼蟲。②卜杖; 占棒。

***doom** [dum] *n.* ⓊⒸ命運(尤指惡運); 劫數; 毀滅; 死亡。**—** *v.t.* ①註定命運(尤指惡運)。②判罪。
dooms·day [`dumz,de] *n.* Ⓤ ①世界末日。②〖古〗定罪日; 判決日。
‡door [dor, dɔr] *n.* Ⓒ ①門; 戶。②(常 *sing.*)門口。③一戶; 一棟。④道路; 入口; 門戶。 *lay (something) at a person's* ∼ 歸咎某人。*show a person the* ∼ 下逐客令; 要某人離去。§ ∼ **chàin**防盜鍊。 ∼ **mòney** (遊樂場等之)入場費。
door·bell [`dor,bɛl] *n.* Ⓒ門鈴。
door·keep·er [`dor,kipə] *n.* Ⓒ守門人; 門房。
door·knob [`dor,nab] *n.* Ⓒ 門把。
door·man [`dor,mæn] *n.* Ⓒ (*pl.* **-men**)看門人; 門房。
door·mat [`dor,mæt] *n.* Ⓒ (門口之)擦鞋墊。
door·plate [`dor,plet] *n.* Ⓒ 門牌。
***door·step** [`dor,stɛp] *n.* Ⓒ門階。
***door·way** [`dor,we] *n.* Ⓒ 門口; 出入口。
door·yard [`dor,jard] *n.* Ⓒ〖美〗庭園; 天井。
dope [dop] *n.* ①Ⓤ (塗機翼之)明膠。②Ⓤ 油脂(如潤滑油等)。③Ⓤ〖俚〗麻醉藥。④Ⓤ〖美俚〗情報; 密告。⑤Ⓒ〖美俚〗笨人; 傻子。⑥Ⓒ〖美俚〗麻藥中毒者。**—** *v.t.* ①用藥物等使顯得更好。②〖俚〗擬定; 想出; 預測[out]。③使麻醉。§ ∼ **fiend** [**àddict**]〖俚〗麻藥慣用者。∼ **pùsher**販毒者; 吸毒成癮的人。
Dor·ic [`dɔrɪk, `dar-] *n.* Ⓤ & *adj.* 〖建〗陶立克式(的)。
dorm [dɔrm] *n.* Ⓒ〖俗〗宿舍。
dor·mant [`dɔrmənt] *adj.* ①蟄伏的; 睡眠狀態的。②休止的。③匿名的。④不動的; 靜止的。— **dor′man-**

cy, *n.* [U] 蟄伏; 靜止。

dor·mer [ˋdɔrmɚ] *n.* [C] 天窗; 老虎窗。(亦作 **dormer window**)

***dor·mi·to·ry** [ˋdɔrmə͵torɪ] *n.* [C] 寄宿舍; 宿舍。

dor·mouse [ˋdɔr͵maus] *n.* [C] (*pl.* **-mice**) 冬眠鼠; 睡鼠。

dor·sal [ˋdɔrsl̩] *adj.* ①〖動〗背脊的。②〖植〗(葉等)背面的; 背生的。③〖語音〗舌背的。— *n.* [C] ①〖動〗背部; 背鰭。②〖語音〗舌背音。

Dos [dɔs] disk operating system. 磁盤操作〖控制〗系統。

dos·age [ˋdosɪdʒ] *n.* ①[U] 配藥。②[C] (常 *sing.*) 劑量; 一服之量。

***dose** [dos] *n.* [C] ①一服(藥); 一劑(藥)。②部分; 一次給予或接受之一分。— *v.t.* ①配藥。②使服藥。

do·sim·e·ter [doˋsɪmətɚ] *n.* [C] 用量計(尤指測放射量者)。

dos·si·er [ˋdasɪ͵e] 〖法〗*n.* [C] 有關文件; 案卷。

dost [dʌst] *v.* 〖古〗do 之第二人稱, 單數, 現在式, 直說法。

dot**[1] [dat] *n.* [C] ①點; 小點。②極小之物。on the*** ∼ 〖俗〗準時。— *v.t.* (**-tt-**) ①加小點於。②點綴。③(匆匆)記下。— *v.i.* 打小點; 作小點記號。∼ ***the i's and cross the t's*** 把事情作得有條不紊; 一絲不苟。

dot[2] *n.* [C] 〖法律〗妝奩。

dot·age [ˋdotɪdʒ] *n.* [U] ①老弱; 老朽。②溺愛; 癡愛。

do·tard [ˋdotɚd] *n.* [C] 年老昏憒之人; 老糊塗。

dote [dot] *v.i.* ①年老昏憒。②溺愛 [on, upon]. — **dot′ing,** *adj.*

doth [dʌθ] *v.* 〖古〗= **does.**

dot·ty [ˋdatɪ] *adj.* ①有小點的; 用點所造成的。②〖俗〗脚步不穩的。③〖俗〗低能的; 瘋狂的; 昏憒的。④熱中的; 被迷住的。

‡**dou·ble** [ˋdʌbl̩] *adj.* ①雙重的; 雙層的。②加倍的。③兩面的。④兩(人)用的。⑤懷貳心的。⑥摺疊為二的。⑦〖植〗重瓣的。— *adv.* ①加倍地。②雙重地。— *n.* ①[U] 兩倍; 加倍。②[C] 相像的人或物。③(*pl.*, 作 *sing.*解) (網球、桌球等之)雙打。④[C] 急轉變; 突然的向後轉。⑤[C] 摺疊。⑥[C]〖棒球〗二壘安打。— *v.t.* ①使加倍; 兩倍於。②(在一劇中)扮演兩種角色。③摺; 彎。④使彎身。⑤反覆。⑥繞行。— *v.i.* ①增加一倍。②摺疊。③跑步。④在一劇中扮演兩種角色。∼ ***back*** **a.** 折回去; 向後急跑(以避危險)。 **b.** 拉回; 摺疊。∼ ***up*** **a.** 彎; 屈。**b.** 摺疊。**c.** 與別人共宿一床、一室等。§ ∼́ **ágent** 反間諜。∼́ **bár**〖樂〗(樂譜上之)雙縱線。∼́ **báss**〖樂〗低音提琴。∼́ **bassóon**〖樂〗倍低音管。∼́ **béd** 雙人床。∼́ **bíll** 同場演出的兩個節目。∼́ **bóiler** 雙層鍋。∼́ **chín** 雙下巴。∼́ **créam**〖英〗濃的(生)奶油。∼́ **cróss** 欺騙; 出賣。∼́ **crósser** 欺騙者; 出賣者。∼́ **dágger** 雙短劍的記號(‡)。∼́ **éagle** (1)(1849-1933 年發行的)美國金幣(相當於二十美元)。(2)〖高爾夫〗低於標準桿數(par)二桿進洞。∼́ **éntry** 複式簿記。∼́ **fáult** (網球等的)兩次失誤。∼́ **féature**〖影〗雙片連映; (一部)上下兩集的電影。∼́ **flát**〖樂〗重降記號(*bb*). ∼́ **génitive** [**posséssive**]〖文法〗雙重所有格。∼́ **négative**〖文法〗雙重否定。∼́ **pláy**〖棒球〗雙殺。∼́ **quótes** 雙引號(“ ”)。∼́ **róom** 雙人房。∼́ **shárp**〖樂〗重升記號(×)。∼́ **shíft** 兩班制; 二部制。∼́ **stándard** 雙重標準。∼́ **stéal**〖棒球〗雙盜壘。∼́ **táke** 經短時的心不在焉後突然注意到而驚訝的動作; 反應遲鈍的驚訝。**D∼́ Tén** [**Tènth**] 雙十節。∼́ **tìme** (1)〖軍〗跑步(每分鐘 180 步)。(2)雙倍工資。— **dou′bly,** *adv.*

dou·ble-bar·rel(l)ed [ˋdʌbl̩ˋbærəld] *adj.* 雙管的(槍); 雙筒的(望遠鏡)。

dou·ble-breast·ed [ˋdʌbl̩ˋbrɛstɪd] *adj.* 雙排鈕扣的; 對襟的。

dou·ble-cross [ˋdʌbl̩ˋkrɔs] *v.t.* 〖俚〗欺騙; 出賣。

dou·ble-deal·er [ˋdʌbl̩ˋdilɚ] *n.* [C] 口是心非者; 言行不一者。

dou·ble-deal·ing [ˋdʌbl̩ˋdilɪŋ] *n.* [U] 表裡不一的言行。— *adj.* 表裡不一的; 口是心非的。

dou·ble-edged [ˋdʌbl̩ˋɛdʒd, -ˋɛdʒɪd] *adj.* 兩刃的; 有正反兩面的。

dou·ble-faced [ˋdʌbl̩ˋfest] *adj.* ①偽裝的; 口是心非的。②有兩面的。

dou·ble-quick [ˋdʌbl̩ˋkwɪk] *adj.* & *adv.* 快速的[地]。— *n.* [U] 跑步; 快步。

dou·ble-speak [ˋdʌbl̩͵spik] *n.* [C] 欺人之談。

dou·blet [ˋdʌblɪt] *n.* [C] ①(十五、十六世紀歐洲男子穿的)緊身上衣。②

一對中之一; 相似物之一。③(同源而異形或異義之)對似語(如 hospital 和 hostel)。

dou·ble-talk [ˋdʌbl͵tɔk] *n.* Ⓤ 含糊其詞的言談; 不知所云的話。

‡**doubt** [daut] *v.t.* 懷疑; 猶疑; 不信。── *v.i.* 懷疑(of)。── *n.* ⓊⒸ 疑慮; 疑懼; 懷疑。***beyond*** [***no, out of, without***] ~ 無疑地。

***doubt·ful** [ˋdautfəl] *adj.* ①可疑的; 未確定的。②懷疑的。③狐疑的; 猶豫不決的。④難以預測的; 不明朗的。⑤不可靠的; 有問題的。

doubt·less(ly) [ˋdautlɪs(lɪ)] *adv.* 無疑地; 確定地。

douche [duʃ] *n.* 〖醫〗①Ⓒ 灌洗。②Ⓤ 灌洗療法。③Ⓒ 灌洗器。── *v.t.* & *v.i.* 行灌洗療法。

***dough** [do] *n.* Ⓤ ①生麵糰。②〖美俚〗錢; 金錢。

dough·boy [ˋdo͵bɔɪ] *n.* Ⓒ ①〖美俚〗步兵。②湯糰; 油炸的麵糰。

***dough·nut** [ˋdonət, -͵nʌt] *n.* ⓊⒸ 油煎圈餅。

dough·ty [ˋdautɪ] *adj.* 〖古, 謔〗勇敢的; 堅強的。

dough·y [ˋdoɪ] *adj.* ①如麵糰的; 糊狀的。②軟弱而蒼白的。

dour [dur, dur] *adj.* ①冷峻的; 陰鬱的。②〖蘇〗嚴厲的; 倔強的。

douse [daus] *v.t.* ①浸…入水; 潑水。②〖俚〗熄滅(燈)。③〖俗〗脫去(衣服等)。④〖海〗急速降下(帆等)。

***dove**[1] [dʌv] *n.* Ⓒ ①鴿; 鳩。②〖俗〗主張和平者; 非戰者(爲hawk之對)。③純潔可愛的女人或小孩。§ ~ **còl·or** 淺紫[紅]灰色。

dove[2] [dov] *v.* 〖俗〗pt. of **dive.**

dove·cote [ˋdʌv͵kot], **-cot** [-͵kɑt] *n.* Ⓒ 鴿舍; 鴿棚。

dove·tail [ˋdʌv͵tel] *n.* Ⓒ 〖木工〗鳩尾榫; 楔形榫頭。── *v.i.* & *v.t.* ①用鳩尾榫接合。②密合; 切合。

dow·a·ger [ˋdauədʒɚ] *n.* Ⓒ ①富孀。②〖俗〗貴婦。

dow·dy [ˋdaudɪ] *adj.* 衣衫襤褸的; 粗鄙的; 不整潔的。── *n.* Ⓒ 衣服襤褸或不整潔之婦女。

dow·er [ˋdauɚ] *n.* Ⓒ ①寡婦財產(得自亡夫之遺產)。②稟賦; 天分。── *v.t.* ①給寡婦應得之財產。②賦予(才能)(with)。

Dów Jónes àverage [**ìndex**] [ˋdauˋdʒonz ~] *n.* (the ~)道瓊指數(表示美國證券市場漲跌情形)。

‡**down**[1] [daun] *adv.* ①由上而下地。②在下邊地。③在[去]屬於南方的地方。④處於困難或危險之境地。⑤自古至今; 由前傳後(指時間)。⑥由大至小; 由多至少; 由上至下(指數量、地位、程度等)。⑦寫下; 記下。⑧付現。⑨病倒。⑩抑制; 壓制。~ ***to the ground*** 完全地。~ ***with*** 打倒。── *prep.* ①順沿而下; 朝向下方。②(時間)…以來。③到…中。He went ~ town. 他到市中心區了。── *adj.* ①向下的。a ~ train 下行車。②在下的。③病倒的。④意志消沈的; 沮喪的。⑤頭次的(付款)。~ ***and out*** a. 貧病潦倒。b. 拳賽時被打倒。~ ***in the mouth*** 〖俗〗面容憂戚的。── *v.t.* ①擊敗; 打倒。②吞下。③抑制。④擊落。⑤放下。~ ***tools*** 停止工作。── *n.* ①Ⓒ 下; 向下的行動。②(*pl.*)失敗; 厄運。***have a*** ~ ***on someone*** 不喜歡某人; 怨恨某人。

down[2] *n.* Ⓤ 軟毛; 柔毛。

down[3] *n.* ①Ⓒ 沙丘。②(*pl.*)草原。

down-and-out [ˋdaunənˋaut] *adj.* & *n.* Ⓒ 窮困潦倒的(人)。

down·beat [ˋdaun͵bit] *adj.* 哀愁的; 悲觀的。── *n.* Ⓒ 〖樂〗下拍; 強拍。

down·cast [ˋdaun͵kæst] *adj.* ①垂視的。②沮喪的。── *n.* ⓊⒸ ①向下看。②覆沒; 瓦解。③〖礦〗通風坑。

***down·fall** [ˋdaun͵fɔl] *n.* Ⓒ ①滅亡; 衰落。②落下; 降下。

down·grade [ˋdaun͵gred] *n.* Ⓒ 向下之斜坡。***on the*** ~ 走下坡地。── *adj.* & *adv.* 向下坡的[地]。── *v.t.* ①將(某人)降級減薪。②降低重要性。

down·heart·ed [ˋdaunˋhɑrtɪd] *adj.* 鬱悶的; 沮喪的; 消沉的; 無精打采的。─**ly,** *adv.*

down·hill [ˋdaun͵hɪl] *adv.* & *adj.* 向下地[的]; 下坡地[的]。***go*** ~ a. 下坡。b. 衰頹。

down-home [ˋdaunˋhom] *adj.* 〖美俗〗美國南部作風的; 淳樸的。

Dówn·ing Strèet [ˋdaunɪŋ ~] *n.* ①(英國)唐寧街(首相官邸所在)。②英國政府。

down·load [ˋdaun͵lod] *v.t.* 〖電算〗下載(將主電腦的資料傳送到終端機的過程)。

down·play [ˋdaun͵ple] *v.t.* 不重

覻。「雨。」

down·pour [ˋdaʊn,por] *n.* Ⓒ大

down·range [ˋdaʊnˋrendʒ] *adj.* & *adv.* 沿已定路線由(火箭或飛彈)發射台向目標發射的[地]。

down·right [ˋdaʊn,raɪt] *adj.* ①徹底的。②正直的。— *adv.* 徹底地。

down·side [ˋdaʊnˋsaɪd, -,saɪd] *adj.* 下側的。— *n.* Ⓒ下邊；底面。

down·size [ˋdaʊnˋsaɪz] *v.t.* 〖美〗使小型化。— **down'sized,** *adj.*

Dówn's sýndrome [ˋdaʊnz ～] *n.* Ⓤ〖醫〗唐氏症候群(昔稱Mongolism)。

D

***down·stairs** [ˋdaʊnˋstɛrz] *adj.* & *adv.* 樓下的[地]。— [,daʊnˋstɛrz] *n.* Ⓤ樓下。

down·stream [ˋdaʊnˋstrim] *adj.* & *adv.* 下游的[地]；順流的[地]。

down-to-earth [ˋdaʊntəˋɜθ] *adj.* ①樸實的。②實際的；現實的。

***down·town** [ˋdaʊnˋtaʊn] *adj.* 商業區的。— *adv.* 到[在]商業區。— *n.* Ⓒ商業區；鬧區。

down·trod(den) [ˋdaʊnˋtrɑd(n̩)] *adj.* 受壓制的；被蹂躪的。

down·turn [ˋdaʊn,tɜn] *n.* Ⓒ(景氣、物價等的)下降；不振。

***down·ward** [ˋdaʊnwəd] *adj.* 向下的；下降的。— *adv.* ①向下地。②衰微地。③自…以降。

***down·wards** [ˋdaʊnwədz] *adv.* =**downward.**

down·wind [ˋdaʊnˋwɪnd] *adj.* & *adv.* 順風的[地]。— *n.* Ⓤ順風。

down·y [ˋdaʊnɪ] *adj.* ①柔軟的。②覆有軟毛的。③平靜的。

dow·ry [ˋdaʊrɪ] *n.* Ⓒ①嫁妝；陪嫁物。②稟賦；天才。

dowse[1] [daʊs] *v.t.* =**douse.**

dowse[2] [daʊz] *v.i.* 用卜杖探測水源、礦藏等。§ **dówsing ròd** 卜杖。

dox·ol·o·gy [dɑksˋɑlədʒɪ] *n.* Ⓒ①(讚頌上帝的)讚美詩。②讚歌。

doz. dozen(s).

***doze** [doz] *v.i.* 小睡。— *v.t.* 打瞌睡度過〔out, away〕。～ *off* 打瞌睡。— *n.* (a ～)微睡；假寐。

‡**doz·en** [ˋdʌzn̩] *n.* Ⓒ一打；十二個。～*s of* 一大堆的；很多的。〔注意〕**dozen** 的複數爲 dozens. 但在數目字後則仍爲 dozen.

D.P., DP data processing. 數據處理；displaced person.

***Dr., Dr** doctor; Drive(用於街名)。

drab[1] [dræb] *n.* Ⓤ & *adj.* (**-bb-**)①土褐色(的)。②單調(的)。

drab[2] *n.* Ⓒ①不整潔之婦女。②娼妓。— *v.i.* (**-bb-**)嫖妓。

Dra·co·ni·an [dreˋkonɪən] *adj.* ①德拉寇(法典)的。②(d-)苛刻的；嚴峻的。③(d-)(似)龍的。

***draft** [dræft] *n.* ①ⓊⒸ氣流；通風。②Ⓒ調節空氣的設備。③Ⓒ圖樣；設計。④Ⓒ草稿。⑤(the ～)徵募兵士。⑥Ⓤ所徵的兵。⑦Ⓒ〖英〗分遣隊；特遣隊。⑧Ⓤ拉；曳。⑨Ⓤ〖商〗票據的開付。⑩Ⓒ匯票；支票。⑪Ⓤ(船的)吃水。⑫Ⓒ飲；一飲的量。⑬Ⓒ吸進；吸進之空氣。⑭Ⓤ從桶中汲飲啤酒等。— *v.t.* ①作草圖；起草。②拉開；曳去。③徵募。§ ∼ **bèer** 生啤酒。∼ **bòard** 〖美〗兵役委員會。∼ **dòdger**〖美〗逃避兵役者。— **er,** *n.* Ⓒ起草[立案]者。「兵。」

draft·ee [dræfˋti] *n.* Ⓒ被徵召之士

drafts·man [ˋdræftsmən] *n.* Ⓒ (*pl.* **-men**)①起草者。②製圖員。

draft·y [ˋdræftɪ] *adj.* 通風良好的。

‡**drag** [dræg] *v.t.* (**-gg-**)①拖曳。②勉強通過。③(用網或爪錨)打撈。④耙耕。— *v.i.* ①被拖曳而進。②困難地或用力地徐進。③拖延；落後。④拖網撈取。～ *on* 〔*out*〕冗長乏味地延長；拖延太久。～ *one's feet* 拖步而行。— *n.* ①ⓊⒸ拖曳；牽引。②Ⓒ拖曳的東西(如網、橇等)；大耙。③Ⓒ被拖曳的東西。④Ⓒ阻礙物。⑤Ⓤ吃力的前進。⑥Ⓒ一吸。⑦Ⓤ阻力。⑧Ⓤ〖俚〗勢力；背景。⑨Ⓒ〖俚〗街；路。⑩Ⓤ(男子之)女裝。⑪Ⓒ野獸留下的氣味。§ ∼ **búnt**〖棒球〗觸擊短打。∼ **chàin** (1)〖造船〗制動鏈。(2)障礙。∼ **quèen**〖美俚〗扮女裝的男同性戀者。

drag·gle [ˋdrægl̩] *v.t.* & *v.i.* ①拖污；拖溼；拖曳。②落後。

drag·net [ˋdræg,nɛt] *n.* Ⓒ①拖網。②搜捕之羅網；警網。

***drag·on** [ˋdrægən] *n.* ①Ⓒ龍。②Ⓒ兇惡的人。③Ⓒ嚴厲的女監管人。④(the D-)〖天〗天龍座。*sow* ～*'s teeth* 撒下不和或毀滅的種子。§ **D∼ Bóat Féstival**(中國)端午節。— **ish,** *adj.* 「〖昆〗蜻蛉。」

***drag·on·fly** [ˋdrægən,flaɪ] *n.* Ⓒ

dra·goon [drəˋgun] *n.* Ⓒ龍騎兵。— *v.t.* 以武力逼迫。

***drain** [dren] *v.t.* ①漸次排出(水)。②使乾竭；使流盡。③剝奪；使耗盡。④飲。— *v.i.* ①徐徐流出。②漸次流盡。— *n.* ①Ⓒ水管；陰溝；任何排水的東西。②Ⓒ精力、時間、金錢的消耗。③Ⓒ外流。④(*pl.*)排水系統。⑤Ⓤ排水。⑥(*pl.*)=**dregs.** *go down the* ～ 化為烏有。§～**ing bòard**(流理台旁的)瀝乾板。

***drain·age** [ˋdrenɪdʒ] *n.* Ⓤ①排水；排泄。②排水的裝置。③排水的區域。④排出的東西(如水等)。§～ **bàsin** 流域。～ **sŷstem** 排水系統。

drain·pipe [ˋdrenˏpaɪp] *n.* Ⓒ排水管。§～ **tróusers** 緊身褲。

***drake**[1] [drek] *n.* Ⓒ公鴨。*play ducks and* ～*s* 打水漂。

drake[2] *n.* Ⓒ蜉蝣。

dram [dræm] *n.* Ⓒ①特拉姆(衡量的單位)。②液體容量單位(等於1/123品脫)。③少量之酒。④微量；一點點。

***dra·ma** [ˋdræmə, ˋdrɑmə] *n.* ①Ⓒ戲劇；劇本。②Ⓤ劇作；戲劇文學。③ⓊⒸ(一連串的)戲劇性事件。

***dra·mat·ic** [drəˋmætɪk] *adj.* 戲劇(性)的。— **dra·mat′i·cal·ly,** *adv.*

dra·mat·ics [drəˋmætɪks] *n.* ①Ⓤ演技。②(作*pl.*解)業餘者演出之戲劇。③(作*pl.*解)〖美俗〗裝腔作勢之行為。

drám·a·tis persónae [ˋdræmətɪs ～] 〖拉〗 *n. pl.*(常the ～)登場人物；劇中人物。

dram·a·tist [ˋdræmətɪst] *n.* Ⓒ劇作家。

dram·a·tize [ˋdræməˏtaɪz] *v.t.* ①編為戲劇。②戲劇性地表示。

‡**drank** [dræŋk] *v.* pt. of **drink.**

drape [drep] *v.t.* ①摺綴(衣服)；整理(衣服)。②懸掛。— *n.* Ⓒ①(常*sing.*)懸掛的布。②(常*pl.*)厚窗帘。

drap·er [ˋdrepɚ] *n.* Ⓒ〖英〗布商。

***dra·per·y** [ˋdrepərɪ] *n.* ⓊⒸ①織物；帳；幃。②摺綴的帘子或衣著。

dras·tic [ˋdræstɪk] *adj.* 猛烈的；果斷的；徹底的。— **dras′ti·cal·ly,** *adv.*

***draught** [dræft] *n.* & *v.* =**draft.** 〔注意〕**draught** 在美國多用在 a *draught* of fish(一網所得之魚), a ship's *draught*(船的吃水), a *draught* of ale(一口酒)等意義；用作其他意義時，則多用 draft.

‡**draw** [drɔ] *v.t.*(**drew, drawn**)①拉；曳。②(船)吃(水)。③吸引。④吸入(空氣)。⑤引起；產生。⑥拔出。⑦汲(水)；取。⑧使流出。⑨支領；提取。⑩寫(支票、匯票等)。⑪推論。⑫拉之使變形；使縮。⑬畫。⑭起草；草擬。⑮使(茶)多泡一會兒而味更濃。⑯〖運動〗成和局。⑰抽籤。— *v.i.* ①拉；曳。②移動〔on, off, out, near〕。③通風。④拔出(刀、槍等)〔on〕。⑤作畫。⑥收縮。⑦不分勝負。⑧在開水中泡之而味變濃。⑨拈鬮決定。⑩汲水。⑪吸引人。⑫(船)吃水。～ *away* **a.** 拉走；抽回。**b.**(於比賽中)超越對手。～ *back* **a.** 拉起；退後。**b.** 遲疑；不守諾言。～ *down* **a.** 拉下。**b.** 招致。～ *down the curtain* **a.** 閉幕。**b.** 無話可說了。～ *in* **a.** 變短。**b.** 儉省。～ *off* **a.** 撤退；退去。**b.** 排除(水)。～ *on* **a.** 使出現；招致。**b.** 穿起。**c.** 依賴。**d.** 接近。～ *oneself up* 站直；坐直。～ *out* **a.** 拉長。**b.** 使說出(實情)。～ *round* 湊近。～ *the long bow* 誇張。～ *together* **a.** 靠近。**b.** 協力。～ *up* **a.** 草擬。**b.** 靠近。**c.** 停止。**d.** 排列。**e.** 提取；汲取。— *n.* Ⓒ①拉；抽；拔。②吸引注意的東西。③不分勝負。④吊橋可以移動的部分。⑤抽籤。⑥優勢。

draw·back [ˋdrɔˏbæk] *n.* ①Ⓒ缺點；障礙。②ⓊⒸ退稅；退款。

draw·bridge [ˋdrɔˏbrɪdʒ] *n.* Ⓒ(可開合之)吊橋。

draw·ee [drɔˋi] *n.* Ⓒ(支票、匯票等之)付款人。

***draw·er** [drɔr] *n.* ①Ⓒ抽屜。②(*pl.*)內褲。③[ˋdrɔɚ]Ⓒ製圖者；開票人；提款人。

***draw·ing** [ˋdrɔ·ɪŋ] *n.* ①Ⓤ製圖。②Ⓤ圖畫；素描。③Ⓒ抽籤。§～ **bòard** 製圖板。～ **pàper** 圖畫紙；製圖用紙。～ **pén**(製圖用之)鴨嘴筆；繪圖筆。～ **pìn**〖英〗圖釘。～ **ròom** (1)客廳；會客室。(2)〖美〗(火車上的)專用車廂。～ **tàble** 製圖桌。

drawl [drɔl] *v.t.* & *v.i.* 慢吞吞地說。— *n.* Ⓒ緩慢而拉長的語調。

‡**drawn** [drɔn] *v.* pp. of **draw.** — *adj.* ①拔出鞘的。②平手的。③(臉)歪曲的。④被吸引著的。

drawn-out [ˋdrɔnˏaʊt] *adj.* 拖長的；延長的；延續很久的。

dray [dre] *n.* Ⓒ大型運貨馬車。

***dread** [drɛd] *v.t.* & *v.i.* 害怕；恐

懼。— *n.* ①Ⓤ畏懼；恐怖。②Ⓒ(常 *sing.*)可怕的人或事物。— *adj.* ①可怕的。②令人敬畏的。

***dread·ful** [ˋdrɛdfəl] *adj.* ①可怕的。②〖俗〗不愉快的；不合意的。③非常的；極度的。— **ly,** *adv.*

dread·nought, -naught [ˋdrɛd͵nɔt] *n.* Ⓒ無畏艦；弩級戰艦。

‡**dream** [drim] *n.* Ⓒ①夢。②幻想；空想。③夢中之人或事物。— *v.i.* & *v.t.* (~**ed** or **dreamt**)①夢；做夢。②夢想；幻想(of)。~ ***away one's time***[***life***]虛度光陰[一生]。~ ***up***〖俗〗構思；杜撰。— **er,** *n.*

D

dream·land [ˋdrim͵lænd] *n.* Ⓤ Ⓒ①夢境；夢鄉。②幻想世界。

dream·y [ˋdrimɪ] *adj.* ①夢的；多夢的。②如夢的；幻想的。③朦朧的。— **dream′i·ly,** *adv.*

drear [drɪr] *adj.* 〖詩〗=**dreary.**

***drear·y** [ˋdrɪrɪ, ˋdrirɪ] *adj.* ①憂鬱的；寡歡的。②淒涼的。③陰沉的。④無聊的。— **drear′i·ly,** *adv.* — **drear′i·ness,** *n.*

dredge [drɛdʒ] *n.* Ⓒ①挖泥機。②撈網。— *v.t.* ①撈取；挖(泥)。②疏浚。

dredg·er [ˋdrɛdʒɚ] *n.* Ⓒ①挖泥船；疏浚機。②疏浚夫。

dregs [drɛgz] *n. pl.* ①渣滓；糟粕。②最無用的部分。③微量。***drink***[***drain***] ***to the*** ~ 喝乾；歷盡辛酸。

***drench** [drɛntʃ] *v.t.* 浸；浸透；淋濕。— *n.* Ⓤ①浸。②大雨。

‡**dress** [drɛs] *n.* Ⓤ Ⓒ 服裝；衣服；禮服。— *v.t.* (**dressed** or **drest**)①使穿衣。②裝飾。③準備。④整理；處理。⑤烹調。⑥整列(隊伍)。— *v.i.* ①穿衣。②穿燕尾服；著晚禮服。③〖軍〗整隊。~ ***down*** 〖俗〗**a.** 斥責。**b.** 鞭打。~ ***up*** **a.** 盛裝。**b.** 粉飾。§ ~ **círcle** 包廂；特別座。~ **cóat** 燕尾服。~ **paràde** 〖軍〗閱兵大典。~ **rehéarsal** 〖戲劇〗彩排；正式預演。~ **shírt** 男用襯衫(尤指著於禮服內者)。~ **súit**(男用)禮服；晚禮服。~ **úniform** 〖軍〗軍禮服。

dress·er[1] [ˋdrɛsɚ] *n.* Ⓒ 穿衣者；佈置商店之窗飾者；裹傷者。

dress·er[2] *n.* Ⓒ ①〖美〗化妝臺。②餐具櫥。③放做好菜肴的桌子。

dress·ing [ˋdrɛsɪŋ] *n.* ①Ⓤ著衣；衣服。②Ⓤ Ⓒ 調味品；調味醬。③Ⓒ繃帶；藥膏。④Ⓤ肥料。⑤Ⓤ Ⓒ裝飾表面之物。§ ~ **bàg**[**càse**] 化妝[洗臉]用品盒。~ **gòwn**[**sàck**] 晨衣。~ **ròom** 後台；化妝室。~ **stàtion**〖軍〗(接近火線的)包紮站。

dress·ing-down [ˋdrɛsɪŋ-ˋdaʊn] *n.* Ⓒ〖俗〗譴責；懲戒。

***dress·mak·er** [ˋdrɛs͵mekɚ] *n.* Ⓒ(製女服與童裝的)裁縫。

dress·y [ˋdrɛsɪ] *adj.* 〖俗〗①服飾考究的。②時髦的。③盛裝的。

‡**drew** [dru] *v.* pt. of **draw.**

drib·ble [ˋdrɪbl] *v.i.* & *v.t.* ①滴下；垂涎。②〖籃球〗運(球)。③(足球等)盤(球)。— *n.* Ⓒ ①一滴。②運球；盤球。③〖俗〗毛毛雨。

dried [draɪd] *v.* pt. & pp. of **dry.** — *adj.* 乾燥的。~ beef 牛肉乾。

dri·er [ˋdraɪɚ] *n.* Ⓒ①使乾燥的人；乾燥劑。②乾燥機。

***drift** [drɪft] *n.* ① Ⓤ Ⓒ 漂流；被沖走。② Ⓤ Ⓒ 移動；傾向；趨勢。③ Ⓤ 聽天由命。④ Ⓒ(雪等之)吹積(物)；漂流物。⑤(*sing.*)主旨；大意。— *v.t.* ①沖漂。②吹積。— *v.i.* ①漂流。②盲目前進。③被吹積。§ ~ **ìce** 流冰；浮冰。~ **nèt** 漂網；流網。

drift·er [ˋdrɪftɚ] *n.* Ⓒ ①漂流物。②流浪者。③漂網漁船。④掃雷船。

***drill**[1] [drɪl] *n.* ①Ⓒ 鑽；錐。②Ⓤ 訓練。③Ⓤ Ⓒ 反覆練習。— *v.t.* & *v.i.* ①鑽；穿。②訓練；教練。§ ~ **bòok** 練習簿。~ **prèss**〖機〗鑽床。

drill[2] *n.* Ⓒ①播種機。②播種時挖出的淺畦。— *v.t.* 以播種機播。

‡**drink** [drɪŋk] *v.i.* (**drank, drunk**) ①飲酒。②飲水或其他液體。③舉杯祝賀(to)。~ to one's health 舉杯祝賀某人健康。— *v.t.* ①飲；喝。②吸收。③飲酒祝賀。~ (***something***) ***in*** **a.** 吸取。**b.** 欣賞。— *n.* ①Ⓤ Ⓒ 飲料；水；酒。②(the ~)大海；海洋。***in*** ~ 醉酒。§ ~**s machìne** 熱飲販賣機(尤指咖啡販賣機)。~**s pàrty** 雞尾酒會。

drink·a·ble [ˋdrɪŋkəbl] *adj.* 可飲用的。— *n.* (*pl.*)飲料。

drink·er [ˋdrɪŋkɚ] *n.* Ⓒ 飲(酒)者。

drink·ing [ˋdrɪŋkɪŋ] *n.* Ⓤ ①飲；飲用。②飲酒。— *adj.* ①飲用的。②好飲酒的。§ ~ **fòuntain** 自動飲水器。~ **wàter** 飲用水。

***drip** [drɪp] *v.i.* & *v.t.* (**dripped** or **dript, drip·ping**)滴落；滴下。— *n.* ①Ⓒ(常*pl.*)水滴；點滴。②(*sing.*)水滴聲。③Ⓒ〖美俗〗乏味的人。§ ~

còffee 滲漏式咖啡。
drip-dry [ˋdrɪp,draɪ] *v.i.* 隨洗隨乾。— *adj.* 隨洗隨乾的。
drip·ping [ˋdrɪpɪŋ] *n.* ①Ⓤ滴下；滴落。②Ⓒ(常 *pl.*)水滴。③Ⓤ(〖美〗常*pl.*)(炙肉時的)肉汁。— *adj.* ①濕透的。②滴滴答答滴下的。
‡**drive** [draɪv] *v.t.* (**drove, driv·en**) ①驅使。②駕駛。③推動。④趕走；驅逐。⑤努力經營。⑥打(球)。⑦(大規模)開掘(隧道等)。⑧釘入；打進。⑨盡力完成。— *v.i.* ①開車。②打球。③向前疾駛。～ ***at*** 用意所在。～ ***away at*** 努力做。— *n.* ①Ⓒ駕駛；駕車出遊。②Ⓒ車道(=〖美〗driveway)。③Ⓤ力量；精力。④Ⓒ爲某一目標而發起的活動。⑤ⓊⒸ驅策力。⑥ⓊⒸ〖機〗傳動。⑦Ⓒ〖軍〗大規模攻勢。⑧ⓊⒸ(球之)一擊。
drive-in [ˋdraɪv,ɪn] *adj.* 免下車的。— *n.* Ⓒ路邊服務式的速簡餐廳(等)；露天電影院。
driv·el [ˋdrɪvl] *v.i.* (**-l-**, 〖英〗**-ll-**) ①流涎；流涕。②胡說八道。— *v.t.* ①笨拙地說。②浪費。— *n.* Ⓤ①流涎。②無聊的話。
‡**driv·en** [ˋdrɪvən] *v.* pp. of **drive.**
***driv·er** [ˋdraɪvɚ] *n.* Ⓒ①馬車夫。②司機。③牧人。④監工；工頭。⑤〖機〗轉動輪。⑥一種高爾夫球桿。⑦驅使者。§ ～'s lìcense(汽車)駕駛執照。～'s pérmit〖美〗臨時駕照。～'s sèat (1)駕駛員坐位。(2)領導地位。
drive·way [ˋdraɪv,we] *n.* Ⓒ①私用車道。②馬路；汽車道。
driv·ing [ˋdraɪvɪŋ] *adj.* ①推進的。②精力充沛的。③驅策的。④猛烈的。— *n.* Ⓤ①駕駛。②〖高爾夫〗長打。
driz·zle [ˋdrɪzl] *v.i.* 下細雨；下毛毛雨。— *n.* Ⓤ毛毛雨。— **driz′zly,** *adj.*
droll [drol] *adj.* 滑稽的。
droll·er·y [ˋdrolərɪ] *n.* ⓊⒸ①滑稽之事。②笑話。③詼諧。
drone [dron] *n.* Ⓒ①雄蜂。②怠惰的人。③無線電遙控的無人飛機。— *v.i.* & *v.t.* ①閒散度日。②作嗡嗡聲。
drool [drul] *v.i.* & *v.t.* ①流口水。②〖俚〗胡言。— *n.* Ⓤ①口水。②〖俚〗無聊話。
***droop** [drup] *v.i.* ①下垂；低垂。②憔悴；消沈；枯萎。— *n.* (*sing.*)下垂；低垂。— **droop′y,** *adj.*
‡**drop** [drɑp] *n.* ①Ⓒ滴。②Ⓒ下降；落下。③Ⓒ(常 *sing.*)下降的距離。④Ⓒ少量的液體。⑤(*pl.*)以滴計量的藥水。⑥Ⓒ(信箱等)投遞口。***a ～ in the bucket*** [***ocean***] 滄海一粟。— *v.i.* (**dropped** or **dropt, drop·ping**) ①滴下。②落下。③跌倒。④終止。⑤退出；不見〔常 out〕。⑥下降；下跌。⑦緩緩流下。⑧退後；落後。⑨不期而至；過訪〔常 in, by, over〕。⑩生產。— *v.t.* ①使滴下。②使跌下；使落下。③生下；生產。④無意地說出；暗示。⑤投寄。⑥射擊；射落。⑦卸(貨)。⑧漏排；去掉。⑨放低聲音。⑩終止；作罷。⑪〖美〗開除(學生)；解雇。⑫輸。～ ***across*** (***a person***)〖俗〗偶遇(某人)。～ ***away*** 離開；減少。～ ***behind*** 落伍；落後。～ ***in*** 偶然過訪。～ ***off*** **a.** 減少。**b.** 睡著。**c.** 離開。～ ***out*** 不參與；離去；放棄。§ ～ **cùrtain**〖戲劇〗(舞臺前的)垂幕；吊幕。～ **hàmmer**〖機〗落錘；吊錘；打樁錘。～ **scène**〖戲劇〗(1)景幕。(2)(每幕之)結局。
drop·let [ˋdrɑplɪt] *n.* Ⓒ小滴。
drop-off [ˋdrɑp,ɑf] *n.* Ⓒ①降低；減少。②陡然的下降。
drop-out, drop·out [ˋdrɑp,aut] *n.* Ⓒ①中途退學(者)。②落後(者)。
drop·per [ˋdrɑpɚ] *n.* Ⓒ〖醫〗滴管。
drop·ping [ˋdrɑpɪŋ] *n.* Ⓒ①(使)滴落；(使)滴下。②(常*pl.*)滴下物。③(常 *pl.*)鳥獸糞。
***drought** [draut] *n.* Ⓒ①久旱。②乾；乾燥。— **drought′y,** *adj.*
‡**drove**[1] [drov] *v.* pt. of **drive.**
drove[2] *n.* Ⓒ①一群動物(如牛、羊等)。②大批移動的人群。
***drown** [draun] *v.i.* 淹溺；溺死。— *v.t.* ①淹死。②消除。③使氾濫。④淹沒；壓制。— **ed,** *adj.*
drowse [drauz] *v.i.* ①假寐；打瞌睡。②發呆。— *v.t.* ①使昏睡。②糊里糊塗地度過〔away〕。— *n.* (a ～)瞌睡。
***drow·sy** [ˋdrauzɪ] *adj.* ①半睡的。②沉寂的；寂靜的。③令人昏昏欲睡的。— **drow′si·ness,** *n.* — **drow′si·ly,** *adv.*
drudge [drʌdʒ] *n.* Ⓒ服賤役的人；做苦工的人。— *v.i.* 做苦工。
drudg·er·y [ˋdrʌdʒərɪ] *n.* Ⓤ沉悶、辛苦或無興趣之工作。
***drug** [drʌg] *n.* Ⓒ①藥物；藥劑。②

D

麻醉藥(如鴉片、嗎啡等)。③無銷路的貨。*a* ~ *on*[*in*] *the market* 滯銷貨。— *v.t.* (**-gg-**)①下(麻醉)藥於食物或飲料中。②用藥使麻醉。③使如醉如癡。§ ~ **rehabilitátion cènter** 煙毒勒戒所。

drug·gist [ˋdrʌgɪst] *n.* Ⓒ ①藥商；藥劑師。② drugstore 的經營者。

drug·store [ˋdrʌgˏstor] *n.* Ⓒ 〖美〗藥房；雜貨店。

*__drum__ [drʌm] *n.* Ⓒ ①鼓。②(常 *sing.*)鼓聲。③鼓形物。④〖機〗鼓輪。⑤〖解〗鼓膜；鼓室。— *v.i.* (**-mm-**) ①擊鼓。②作鼓聲。— *v.t.* ①擊鼓奏(曲)。②鳴鼓召集。③反覆進言；絮絮不休。~ *out* 開除。~ *up* **a.** 召集。**b.** 招徠(生意)。**c.** 喚起；爭取。**d.** 想出；捏造。§ ~ **màjor** 〖軍〗鼓樂隊隊長；軍樂隊隊長。~ **major-étte** 鼓樂隊的女隊長。

drum·beat [ˋdrʌmˏbit] *n.* Ⓒ 鼓聲。

drum·mer [ˋdrʌmɚ] *n.* Ⓒ ①鼓手。②〖美〗旅行推銷員；外務員。

drum·stick [ˋdrʌmˏstɪk] *n.* Ⓒ ①鼓槌。②鼓槌形之物(如雞腿等)。

‡**drunk** [drʌŋk] *v.* pp. of **drink.** — *adj.* ①醉的。②陶醉的。~ *as a lord* 酣醉。*get* ~ 醉。— *n.* Ⓒ ①醉酒者。②酒宴。

*__drunk·ard__ [ˋdrʌŋkɚd] *n.* Ⓒ 醉漢；酒徒；酒鬼。

*__drunk·en__ [ˋdrʌŋkən] *adj.* ①醉酒的。②常酗酒的。— **ness,** *n.*

drupe [drup] *n.* Ⓒ 核果。

‡**dry** [draɪ] *adj.* ①乾的。②缺少雨水的；乾旱的；乾燥的。③乾涸的。④缺奶的。⑤無淚的。⑥口渴的。⑦枯燥無味的。⑧不加甜味的。⑨禁酒的。⑩明白的。⑪冷淡的。⑫〖軍〗非實彈演練的。~ *as a bone* 非常乾的。*not* ~ *behind the ears* 未成熟的；不懂世故的。— *v.t.* & *v.i.* (使)乾。~ *up* **a.** 乾涸。**b.** 停止說話。**c.** 失去創造力。— *n.* ①Ⓒ〖美俗〗主張禁酒者。②Ⓤ乾燥；乾旱。§ ~ **bát-tery** [**cèll**] 乾電池。~ **cléaner** (1)乾洗店[工人]。(2)乾洗劑。~ **cléaning** 乾洗。~ **dòck** 乾船塢。~ **fárming** 旱地耕作(法)。~ **gòods** 〖美〗布疋；布料；紡織品；女用服飾。~ **íce** 乾冰。~ **láw** 禁酒令。~ **méasure** 乾量(穀粒等的計量單位)。~ **nùrse**(不餵奶的)保姆。~ **rót** (1)(木材的)乾腐；枯朽。(2)(道德、社會的)腐敗；墮落。~ **rún** (1)試車。(2)演練；排演；預演。~ **wàsh** (1)洗過而尚未燙的衣物。(2)乾河床。— **ness,** *n.*

dry·ad [ˋdraɪəd] *n.* Ⓒ〖希神〗森林女神；樹精。

dry-clean [ˋdraɪˋklin] *v.t.* 乾洗。

dry·er [ˋdraɪɚ] *n.* =**drier.**

*__dry·ly__ [ˋdraɪlɪ] *adv.* ①乾燥地。②枯燥無味地。③冷淡地。

dry-shod [ˋdraɪˋʃɑd] *adj.* & *adv.* 鞋[腳]未濕的[地]。

du·al [ˋdjuəl] *adj.* 二的；二重的。— **ize,** *v.t.* 使二元化。

dub[1] [dʌb] *v.t.* (**-bb-**)①授以勳爵。②取綽號。

dub[2] *v.t.* (**-bb-**)〖影〗改換影片之錄音；爲(影片)配音。

du·bi·e·ty [djuˋbaɪətɪ] *n.* ①Ⓤ懷疑。②Ⓒ疑點。

du·bi·ous [ˋdjubɪəs] *adj.* ①懷疑的。②可疑的。③曖昧的。④結果未定的。— **ly,** *adv.*

Dub·lin [ˋdʌblɪn] *n.* 都柏林(愛爾蘭共和國的首都)。

*__duch·ess__ [ˋdʌtʃɪs] *n.* Ⓒ 公爵夫人；女公爵。

duch·y [ˋdʌtʃɪ] *n.* Ⓒ 公爵領地；公國。

*__duck__[1] [dʌk] *n.* ①Ⓒ 鴨；母鴨。②Ⓤ 鴨肉。③Ⓒ 親愛的人或小動物。④Ⓒ〖俚〗人；傢伙。⑤Ⓒ 零分；鴨蛋。*a* ~*'s egg* 零分。*like water off a* ~*'s back* 無效果。(*take to something*) *like a* ~ *to water* 自然地；毫不猶疑。§ ~ **sóup**〖美俚〗輕而易舉的事。

duck[2] *v.i.* & *v.t.* ①潛入水中；浸(頭)入水即出。②急速低(頭)或彎(身)。③閃避(打擊)。④〖俗〗逃避。— *n.* Ⓒ 俯身閃避或略浸入水中即出的動作。

duck·bill [ˋdʌkˏbɪl] *n.* Ⓒ 鴨嘴獸。

duck·ling [ˋdʌklɪŋ] *n.* Ⓒ 小鴨。

duck·weed [ˋdʌkˏwid] *n.* Ⓤ〖植〗浮萍；浮萍屬植物。

duck·y [ˋdʌkɪ] *adj.* 〖俚〗①最好的。②令人愉快的。③可愛的。— *n.* (用於稱呼)〖英俚〗親愛的。

duct [dʌkt] *n.* Ⓒ ①導管；輸送管。②包電纜之管。

duc·tile [ˋdʌktḷ] *adj.* ①(金屬等)可延展的。②柔軟的；易塑的。

duct·less [ˋdʌktlɪs] *adj.* 無導管的。§ ~ **glánd** 〖解〗內分泌腺。

dud [dʌd] *n.* Ⓒ〖俚〗①(常 *pl.*)衣服。

②不中用的東西[人]。③啞彈。
— *adj.* 失效的; 不中用的。
dude [djud] *n.* Ⓒ①花花公子。②〖美西俚〗在牧場度假之都市人(尤指東部人)。§ ∼ **rànch** 度假[觀光]牧場。
dudg·eon [ˋdʌdʒən] *n.* Ⓤ 憤怒。 ***in high*** ∼ 極為憤怒。
‡**due** [dju] *adj.* ①到期的; 應付給的。②適當的; 合宜的。in ∼ course 順序; 及時。③應到的; 預期的。④充分的。⑤由於; 起因於〔to〕.
— *n.* Ⓒ①(常*sing.*)應得的東西。②(常*pl.*)稅; 按期應繳的費用。***give* (*a person*) *his*** ∼ 公平待人; 善待他人。
— *adv.* 正向地; 直接地。
***du·el** [ˋdjuəl] *n.* Ⓒ 決鬥。 **—** *v.i.* (**-l-,** 〖英〗**-ll-**)決鬥; 鬥爭。— **(l)ist,** — **(l)er,** *n.* Ⓒ 決鬥者; 鬥爭者。
du·et [djuˋɛt] *n.* Ⓒ 二部合唱曲; 二重奏。
duff·er [ˋdʌfɚ] *n.* Ⓒ〖美俗〗行動笨拙者; 不能勝任者; 愚人。
dug [dʌg] *v.* pt. & pp. of **dig.**
dug·out [ˋdʌg,aut] *n.* Ⓒ①防空洞。②獨木舟。③棒球場邊的球員休息室。
‡**duke** [djuk] *n.* ①Ⓒ公爵。②Ⓒ(公國之)君主。③(*pl.*)〖俚〗手; 拳頭。
dul·cet [ˋdʌlsɪt] *adj.* (聲音)甜美的; 美妙的; 悅耳的。
dul·ci·mer [ˋdʌlsəmɚ] *n.* Ⓒ 德西馬琴; 洋琴(用小錘擊打的絃琴)。
***dull** [dʌl] *adj.* ①不銳的; 鈍的。②無光彩的; 不清楚的; 暗晦的; 陰沈的。③不聰明的; 笨的。④單調的; 枯燥無味的。⑤不活潑的; 不景氣的。⑥不太感覺得到的; 隱約的。a ∼ pain 隱痛。⑦(貨物)滯銷的。**—** *v.t.* ①使鈍。②使暗晦; 使不活潑; 使麻木。**—** *v.i.* 變鈍。— **dul(l)ˊness,** *n.* — **dulˊly,** *adv.*
dull·ard [ˋdʌlɚd] *n.* Ⓒ 愚人; 蠢物。
***du·ly** [ˋdjulɪ] *adv.* ①正當地; 適當地。②及時地; 按時地。③足夠地。
***dumb** [dʌm] *adj.* ①啞的。②沉默的。③〖美俗〗愚笨的。§ ∼ **shòw** (1)默劇; 啞劇。(2)做手勢。
dumb·bell [ˋdʌm,bɛl] *n.* Ⓒ①(常*pl.*)啞鈴。②〖美俗〗笨漢。
dumb·found [dʌmˋfaund] *v.t.* 使人啞然失聲; 使人驚惶失色。
dum-dum [ˋdʌmdʌm] *n.* Ⓒ〖俚〗笨蛋; 蠢貨。
dum·my [ˋdʌmɪ] *n.* Ⓒ①啞子。②人像模型; 人形靶。③〖美俗〗愚笨的人。④(橋牌中的)明家; 將牌攤出的人。⑤傀儡人物; 名義上的人物; 用作幌子的人物。⑥冒充貨。**—** *adj.* 仿造的; 假的; 名義上的。§ ∼ **rún** 預演; 排演; 演習。
***dump** [dʌmp] *v.t.* ①傾倒。②賤賣; 傾銷。③丟棄; 放棄。**—** *n.* Ⓒ①垃圾堆; 垃圾場。②傾銷; 傾倒。③〖俚〗破舊不潔之處所或色情場所。§ ∼ **trùck** (車身可向後傾斜以傾出裝載物的)貨車; 垃圾車。
dump·cart [ˋdʌmp,kɑrt] *n.* Ⓒ 一種車身可以斜豎而傾出裝載物的鐵道車輛。
dump·ing [ˋdʌmpɪŋ] *n.* Ⓤ ①(垃圾等的)傾倒。②傾銷; 大批廉價出售。
dump·ling [ˋdʌmplɪŋ] *n.* ①ⓊⒸ 蒸或煮的麵糰。②Ⓒ〖俗〗矮胖的人。
dumps [dʌmps] *n. pl.* 〖俗〗憂鬱。
dump·y [ˋdʌmpɪ] *adj.* 矮而肥的。
dun [dʌn] *adj.* (**-nn-**) ①黃褐色的; 暗褐色的。②陰暗的。**—** *n.* ①Ⓤ黃褐色。②Ⓒ暗褐色的馬。
dunce [dʌns] *n.* Ⓒ 愚蠢的人; 劣等的學生。
dun·der·head [ˋdʌndɚ,hɛd] *n.* Ⓒ 愚人; 蠢物。
dune [djun] *n.* Ⓒ (海邊的)沙丘。
dung [dʌŋ] *n.* Ⓤ (牛馬等之)糞便; 水肥。**—** *v.t.* 給(土地)施肥; 上糞。
***dun·geon** [ˋdʌndʒən] *n.* Ⓒ ①地牢。②城堡上防禦堅牢之塔。
dung·hill [ˋdʌŋ,hɪl] *n.* Ⓒ 糞堆; 堆肥。
dunk [dʌŋk] *v.t.* & *v.i.* ①浸泡(麵包、餅等)於咖啡、牛奶等中。②〖籃球〗灌籃。**—** *n.* Ⓒ〖籃球〗扣籃。
dun·lin [ˋdʌnlɪn] *n.* Ⓒ (*pl.* ∼, ∼**s**)〖鳥〗鷸類。
du·o [ˋduo] 〖義〗 *n.* Ⓒ (*pl.* ∼**s**)①〖樂〗二重奏曲; 二重奏者。②(表演者之)一對。
du·o·de·num [,djuəˋdinəm] *n.* Ⓒ (*pl.* ∼**s, -na** [-nə])〖解〗十二指腸。
dupe [djup, dup] *v.t.* 欺騙; 詐欺。
— *n.* Ⓒ ①(易)受欺騙的人。②傀儡。— **dupˊer,** *n.*
du·ple [ˋdjupl] *adj.* ①二倍的; 二重的。②〖樂〗二拍子的。§ ∼ **tìme** [**mèasure**] 二拍子。
du·plex [ˋdjuplɛks] *adj.* 雙倍的; 二重的。§ ∼ **hóuse**〖美〗雙拼式房屋。
***du·pli·cate** [ˋdjupləkɪt, -,ket] *adj.* ①完全相同的; 副的。②雙重的; 成雙的。**—** *n.* Ⓒ 相同的東西; 副

本；複本。—[ˋdjupləˏket] *v.t.* ①複製。②倍之；使加倍。③使再發生；重複。— **du·pli·ca′tion,** *n.*

du·pli·ca·tor [ˋdjupləˏketɚ] *n.* Ⓒ複印機。

du·plic·i·ty [djuˋplɪsətɪ] *n.* Ⓤ欺騙；口是心非；言行不一。

***du·ra·ble** [ˋdjurəbl̩] *adj.* 耐久的；不易傷損的。— **du·ra·bil′i·ty,** *n.* — **du′ra·bly,** *adv.*

du·ral·u·min [djuˋræljumɪn] *n.* Ⓤ杜拉鋁(一種輕而堅固之鋁合金)。

***du·ra·tion** [djuˋreʃən] *n.* ⓊⒸ持續的時間。

du·ress(e) [ˋdjurɪs] *n.* Ⓤ①威脅；強迫。②監禁；束縛。

‡**dur·ing** [ˋdjurɪŋ] *prep.* ①在…期間。②在…期間中的某一時間。

durst [dɜst] *v.* pt. of **dare.**

***dusk** [dʌsk] *n.* Ⓤ①傍晚；黃昏。②昏暗。— *adj.* 昏暗的；黃昏的。

***dusk·y** [ˋdʌskɪ] *adj.* 微暗的；(膚色)幽黑的；悽慘的。— **dusk′i·ly,** *adv.* — **dusk′i·ness,** *n.*

‡**dust** [dʌst] *n.* ①Ⓤ灰塵。②Ⓤ紛擾。③Ⓤ粉末。④Ⓤ遺骸。⑤(the ~)塵土。⑥Ⓤ無價值的廢物。⑦Ⓤ〖俚〗錢。***make*** [***raise***] ***a ~*** 揚起灰塵；引起騷動。***shake the ~ off one's feet*** 憤然而去。***throw ~ in a person's eyes*** 欺騙他人。— *v.t.* ①拂去灰塵。②撒粉於…上。§ ~ **cárt** 〖英〗垃圾車。~ **cöver** 防塵罩。~ **jácket** (書)套[皮]。~ **stórm** 塵暴。

dust·bin [ˋdʌstˏbɪn] *n.* Ⓒ〖英〗垃圾箱。

dust·er [ˋdʌstɚ] *n.* Ⓒ①打掃灰塵的人；除塵器；撢子。②防塵之長外衣。③(撒胡椒粉等的)撒粉器。

dust·man [ˋdʌstmən] *n.* Ⓒ(*pl.* **-men**)〖英〗清道夫。

dust·pan [ˋdʌstˏpæn] *n.* Ⓒ畚箕。

***dust·y** [ˋdʌstɪ] *adj.* ①多灰塵的；灰塵厚積的。②粉狀的。③灰色的。④枯燥無味的。— **dust′i·ness,** *n.*

Dutch** [dʌtʃ] *adj.* 荷蘭(人，語，文化)的。go ~*** 〖俗〗各人付各人的帳。***talk to someone like a ~ uncle*** 嚴厲地教訓某人。— *n.* ①(the ~)荷蘭人(集合稱)。②Ⓤ荷蘭語。§ ~ **áuction** 降價拍賣法。~ **cáp** (1)荷蘭帽。(2)(避孕用)子宮帽。~ **cóurage** 〖俗〗酒後之勇。~ **dóor** 兩截門。~ **tréat** [**párty**] 〖俗〗各自付帳的聚餐。

Dutch·man [ˋdʌtʃmən] *n.* Ⓒ(*pl.* **-men**)荷蘭人；荷蘭船。

du·te·ous [ˋdjutɪəs] *adj.* =**duti-ful.**

du·ti·a·ble [ˋdjutɪəbl̩] *adj.* 應納稅的；有稅的。

du·ti·ful [ˋdjutɪfəl] *adj.* 盡責的；孝順的；服從的。— **ness,** *n.*

‡**du·ty** [ˋdjutɪ] *n.* ⓊⒸ①義務；責任；本分。②(常 *pl.*)職務；任務。③稅；關稅。customs *duties* 關稅。***do ~ for*** 充作；當…用。***on*** [***off***] ***~*** 上[下]班；(不)值班。§ ~ **càll** 禮貌性的拜訪。

du·ty-free [ˋdjutɪˋfri] *adj. & adv.* 免(關)稅的[地]。

***dwarf** [dwɔrf] *n.* Ⓒ (*pl.* **~s, dwarves** [-vz])矮子；侏儒；較矮小的動[植]物。— *adj.* 矮小的。— *v.t.* 阻礙發育；使矮小。— **ish,** *adj.*

***dwell** [dwɛl] *v.i.* (**dwelt** or **dwelled**)①居；住；住宿。②注意；凝思；評述；詳論(on, upon)。

***dwell·er** [ˋdwɛlɚ] *n.* Ⓒ居住者；居民。

***dwell·ing** [ˋdwɛlɪŋ] *n.* ①Ⓤ居住。②Ⓒ住宅；寓所。

dwelt [dwɛlt] *v.* pt. & pp. of **dwell.**

***dwin·dle** [ˋdwɪndl̩] *v.i.* 縮減；減少。

***dye** [daɪ] *n.* ⓊⒸ①顏料；染料。②色；色彩；染色。— *v.t.* (**dyed, dye·ing**) ①染；著色於。②染汚。— *v.i.* ①染色。②被染；受染。— **dy′er,** *n.* Ⓒ染工。

dye·ing [ˋdaɪɪŋ] *n.* Ⓤ染色(法)；染色業。

dye·stuff [ˋdaɪˏstʌf] *n.* ⓊⒸ染料。

***dy·ing** [ˋdaɪɪŋ] *adj.* ①將死的；瀕死的；臨終的。②將結束的。

dyke[1] [daɪk] *n. & v.t.* =**dike**[1].

dyke[2] *n.* Ⓒ〖俚〗女同性戀者。

dy·nam·ic, -i·cal [daɪˋnæmɪk(l̩)] *adj.* ①活動的；精力充沛的；精悍的。②動力(學)的。③〖醫〗機能上的。— *n.* (*sing.*)動力；原動力。

dy·nam·ics [daɪˋnæmɪks] *n.* ①Ⓤ〖理〗動力學。②(作 *pl.* 解)任何事物之成長、變遷及發展史。

***dy·na·mite** [ˋdaɪnəˏmaɪt] *n.* Ⓤ炸藥。— *v.t.* 用炸藥爆炸。

***dy·na·mo** [ˋdaɪnəˏmo] *n.* Ⓒ(*pl.* **~s**)①發電機。②〖俗〗充滿活力的人。

***dy·nas·ty** [ˋdaɪnəstɪ] *n.* Ⓒ朝代；王朝。— **dy·nas·tic** [daɪˋnæstɪk], *adj.*

dys·en·ter·y [ˋdɪsn̩ˌtɛrɪ] *n.* Ⓤ痢疾; 赤痢。

dys·pep·sia [dɪˋspɛpʃə] *n.* Ⓤ〖醫〗消化不良症。

dys·pep·tic [dɪˋspɛptɪk] *adj.* ①消化不良的; 胃弱的。②憂鬱的; 難以取悅的。— *n.* Ⓒ患消化不良症的人。

dysp·ne·a [dɪspˋniə] *n.* Ⓤ〖醫〗呼吸困難。

dys·tro·phy [ˋdɪstrəfɪ] *n.* Ⓤ營養不良; 營養性退化。

dz. dozen(s).

E e **E e** *E e*

E or **e** [i] *n.* ⓊⒸ (*pl.* **E's, e's** [iz]) 英文字母之第五個字母。§ **the È làyer**〖通訊〗E層。

‡**each** [itʃ] *adj.* 每; 每一。— *pron.* 各個; 各人; 每人。~ ***other*** 互相; 相互。— *adv.* 每人; 每件(物)。

***ea·ger** [ˋigə] *adj.* 渴想的; 切望的; 急切的。§ ~ **béaver**〖俗〗(爲討好上司而)特別賣力工作者。

***ea·gle** [ˋigl] *n.* Ⓒ①鷹。②鷹狀之圖案。

ea·gle-eyed [ˋiglˌaɪd] *adj.* 目光銳利的; 明察秋毫的。

‡**ear**¹ [ɪr] *n.* ①Ⓒ耳。②(*sing.*)聽覺; 聽力。③Ⓒ耳狀物。***be all*** ~***s***傾聽。***fall on deaf*** ~***s***未受注意。***go in one*** ~ ***and out the other*** 左耳進右耳出; 未留任何印象。***have*** [***keep***] ***an*** ~ ***to the ground***〖俗〗留意社會的動向[輿論]; 留心可能發生的事。***turn a deaf*** ~ 不聽; 不注意。

ear² *n.* Ⓒ穗。

ear·ache [ˋɪrˌek] *n.* ⓊⒸ耳痛。

ear·drop [ˋɪrˌdrap] *n.* Ⓒ耳墜。

ear·drum [ˋɪrˌdrʌm] *n.* Ⓒ鼓室; 耳鼓; 鼓膜。

ear·ful [ˋɪrful] *n.* (an ~)〖俗〗滿耳的(聞)話。

***earl** [ɜl] *n.* Ⓒ〖英〗伯爵。

ear·lap [ˋɪrˌlæp] *n.* Ⓒ①(常 *pl.*)耳罩。②=**earlobe.**

Èarl Grèy [ˌɜl ~] *n.* Ⓤ茶(其內添加一種油的成分, 具有特殊風味)。

ear·lobe [ˋɪrˌlob] *n.* Ⓒ耳垂。

‡**ear·ly** [ˋɜlɪ] *adv.* 開始; 開端; 初; 早。— *adj.* 初期的。§ ~ **bìrd** (1)早起者。(2)(開會等)比規定時間早到者。(3)(飯館)因早到而享受廉價晚餐者。

ear·mark [ˋɪrˌmark] *n.* Ⓒ ①(加於牛、羊等耳朵上的)耳號(以表示所有權)。②(常 *pl.*)特徵。— *v.t.* ①加以耳號、記號。②指定(款項等)做特殊用途。

ear·muff [ˋɪrˌmʌf] *n.* Ⓒ (常 *pl.*) (禦寒用的)耳套。

‡**earn** [ɜn] *v.t.* ①賺錢; 謀生。②應得。— *v.i.* 獲得收入。

ear·nest** [ˋɜnɪst] *adj.* 熱心的; 誠摯的。— *n.* Ⓤ嚴肅性。in*** ~ 熱心地; 認眞地。—**ly,** *adv.* —**ness,** *n.*

***earn·ing** [ˋɜnɪŋ] *n.* ①Ⓤ賺; 掙錢。②(*pl.*)工資。

ear·phone [ˋɪrˌfon] *n.* Ⓒ耳機。

ear·piece [ˋɪrˌpis] *n.* Ⓒ①(常 *pl.*)〖英〗耳罩。②(常*pl.*)眼鏡脚。③聽筒。④=**earphone.**

ear·plug [ˋɪrˌplʌg] *n.* Ⓒ(常*pl.*)耳塞。

ear·ring [ˋɪrˌrɪŋ] *n.* Ⓒ(常 *pl.*)耳環。

ear·shot [ˋɪrˌʃat] *n.* Ⓤ聽力所及距離。

ear·split·ting [ˋɪrˌsplɪtɪŋ] *adj.* 震耳欲聾的。

‡**earth** [ɜθ] *n.* ①Ⓤ(the ~) 地球。②Ⓤ(the ~)地球上的居民。③(the ~)人世間; 塵世。④Ⓤ(the ~)(陸)地。⑤ⓊⒸ泥土。⑥Ⓤ〖電〗接地。***on*** ~ 全世界; 世界上。***run*** (***a thing***) ***to*** ~ **a.** 追尋(獵物)直至捕獲。**b.** 窮究到底。— *v.t.* ①用土掩蓋。②把…接到地下。③將(狐狸)趕入洞中。

***earth·en** [ˋɜθən] *adj.* ①土(製)的。②陶製的。

earth·en·ware [ˋɜθənˌwɛr] *n.* Ⓤ①陶器。②陶土。

***earth·ly** [ˋɜθlɪ] *adj.* ①地球的。②塵世的。

earth·nut [ˋɜθˌnʌt] *n.* Ⓒ花生。

***earth·quake** [ˋɜθˌkwek] *n.* Ⓒ地震。

earth·ward [ˋɜθwəd] *adv.* & *adj.* 向地面(的)。

earth·work [ˋɜθˌwɜk] *n.* Ⓒ泥土築成之防禦工事。

***earth·worm** [ˋɜθˌwɜm] *n.* Ⓒ蚯蚓。

earth·y [ˋɜθɪ] *adj.* ①泥土的; 土質的。②世俗的。③粗俗的。

ear·wax [ˋɪrˌwæks] *n.* Ⓤ耳垢。

ear·wig [ˋɪrˌwɪg] *v.t.* (**-gg-**)暗中諷示。— *n.* Ⓒ〖昆〗地蜈蚣。

‡**ease** [iz] *n.* Ⓤ①舒適; 安逸。②容

易。③不緊張。*at* (*one's*) ~ 安逸；自由自在。*with* ~ 容易地。**—** *v.t.* ①使舒適；減輕(痛苦等)。②放鬆。③使容易。**—** *v.i.* 減輕。

ea·sel [ˋizl] *n.* Ⓒ 畫架；黑板架。

‡**eas·i·ly** [ˋizılı] *adv.* ①容易地。②安樂地。③平靜地；自由地。

‡**east** [ist] *n.* ①(the ~)東；東方。②(the E-)亞洲諸國。③(the E-)美國東部。**—** *adj.* 在[向]東方的。**—** *adv.* 向東方地。

***Eas·ter** [ˋistɚ] *n.* Ⓤ 復活節。§ ~ **Dày** 復活節日。~ **ègg** 彩色蛋(復活節之飾品或禮品)。

east·er·ly [ˋistɚlı] *adj.* ①東方的；東向的。②由東方來的。**—** *adv.* ①向東方。②自東方。

‡**east·ern** [ˋistɚn] *adj.* 東方的；東邊的；自東方來的。

***east·ward** [ˋistwɚd] *adv.* & *adj.* 向東地[的]。**—** *n.* (the ~)東方。

***east·wards** [ˋistwɚdz] *adv.* = **eastward.**

‡**eas·y** [ˋizı] *adj.* ①容易的；輕易的。②舒適的；安樂的。③從容自如的。④鬆弛的。**—** *adv.* 輕易地；安適地。*take it* [*things*] ~ 輕鬆一點；不要緊張。§ ~ **chàir** 安樂椅；安樂處境。~ **màrk** 〖俗〗易受騙的人；易受利用的人。

eas·y·go·ing [ˋizıˋgoıŋ] *adj.* ①悠哉悠哉的；隨遇而安的。②寬大的。

‡**eat** [it] *v.t.* (**ate, eat·en**) ①吃；食。②嚙；吞。③蛀蝕成。④侵蝕；腐蝕。**—** *v.i.* ①吃；食；吃飯。②侵蝕；腐蝕。~ ***away*** [***into***]侵蝕。~ ***up*** **a.** 把…吃光。**b.** 用盡；浪費掉。**c.** 〖俚〗主動接受；照單全收。**—er,** *n.*

eat·a·ble [ˋitəbl] *adj.* 可吃的。**—** *n.* (*pl.*)可食用的東西；食品。

‡**eat·en** [ˋitn̩] *v.* pp. of **eat.**

eat·er·y [ˋitərı] *n.* Ⓒ〖俚〗小餐館；食堂；快餐店。

eat·ing [ˋitıŋ] *n.* Ⓤ ①吃。②食物。

eau de Co·logne [ˏodəkəˋlon] *n.* Ⓤ 科隆(香)水；古龍水。

***eaves** [ivz] *n. pl.* 屋簷。

eaves·drop [ˋivzˏdrap] *v.i.* (**-pp-**) 偷聽。**—per, —ping,** *n.*

***ebb** [ɛb] *n.* ①(the ~)退潮。②(*sing.*) 衰退。**—** *v.i.* ①(潮)退。②衰退。§ ~ **tìde** 退潮。

eb·on·ite [ˋɛbənˏaıt] *n.* Ⓤ 硬橡膠。

eb·on·y [ˋɛbənı] *n.* Ⓒ 烏木；黑檀。**—** *adj.* 純黑而亮的。

e·bul·lient [ıˋbʌljənt] *adj.* 沸騰的；興高采烈的；熱情充溢的。

eb·ul·li·tion [ˏɛbəˋlıʃən] *n.* ①Ⓤ 沸騰。②ⓊⒸ 激發。③ⓊⒸ 噴出。

ec·ce ho·mo [ˋɛksıˋhomo] 〖拉〗*n.* Ⓒ 戴著荊棘冠冕的耶穌畫像。

***ec·cen·tric** [ıkˋsɛntrık] *adj.* ①古怪的；怪癖的。②不同中心的(圓)。**—** *n.* Ⓒ ①古怪的人。②離心圓。

ec·cen·tric·i·ty [ˏɛksənˋtrısıtı] *n.* ①Ⓤ 怪癖性；古怪性。②Ⓒ 離心率。

Ec·cle·si·as·tes [ıˏklizıˋæstiz] *n.* 傳道書(舊約聖經中之一卷)。

ec·cle·si·as·tic [ıˏklizıˋæstık] *n.* Ⓒ 傳教士。**—** *adj.* =**ecclesiastical.**

ec·cle·si·as·ti·cal [ıˏklizıˋæstıkl] *adj.* 教會的。

ech·e·lon [ˋɛʃəˏlan] *n.* 〖軍〗①Ⓒ(常 *pl.*)指揮階層。②ⓊⒸ 梯隊；梯次隊形。

***ech·o** [ˋɛko] *n.* Ⓒ (*pl.* ~**es**) ①回聲；回音。②附和者；應聲蟲。③附和。**—** *v.i.* & *v.t.* 發回聲；共鳴。

ech·o·lo·ca·tion [ˏɛkoloˋkeʃən] *n.* Ⓤ 〖動〗回音定位。

é·clair [eˋklɛr] 〖法〗*n.* ⓊⒸ 手指形巧克力奶油小餅。

é·clat [ıˋkla] 〖法〗*n.* Ⓤ ①輝煌成就。②大聲喝采。

ec·lec·tic [ıkˋlɛktık] *adj.* 〖哲〗折衷的。**—** *n.* Ⓒ 折衷派之人。**—ec·lec′ti·cism,** *n.*

***e·clipse** [ıˋklıps] *n.* Ⓒ (日、月)蝕。**—** *v.t.* ①蝕；遮掩。②使失色；凌駕。

e·clip·tic [ıˋklıptık] *n.* (the ~)〖天〗黃道。**—** *adj.* 黃道的。

ec·logue [ˋɛklɔg] *n.* Ⓒ 牧歌；田園詩。

ECM European Common Market. 歐洲共同市場。

e·col·o·gy [ıˋkalədʒı] *n.* Ⓤ ①〖生物〗生態學。②社會生態學。

e·con·o·met·rics [ıˏkanəˋmɛtrıks] *n.* Ⓤ 計量經濟學。

‡**ec·o·nom·ic** [ˏikəˋnamık, ˏɛk-] *adj.* 經濟學的；經濟(上)的。

***ec·o·nom·i·cal** [ˏikəˋnamıkl], ˏɛk-] *adj.* ①經濟的；節儉的。②經濟學的。**—ly,** *adv.*

***ec·o·nom·ics** [ˏikəˋnamıks, ˏɛk-] *n.* Ⓤ 經濟學。

***e·con·o·mist** [ıˋkanəmıst, i-] *n.* Ⓒ ①經濟學家。②節約者。

e·con·o·mize [ɪˋkɑnə,maɪz] *v.t.* & *v.i.* 節儉；節約。
*__e·con·o·my__ [ɪˋkɑnəmɪ, i-] *n.* ① Ⓤ 經濟。② ⓊⒸ 節約。§ ~ **clàss** 經濟艙；二等艙。
ec·o·sys·tem [ˋɛko,sɪstəm] *n.* Ⓒ (常 the ~)生態系統。
ec·ru [ˋɛkru] *adj.* 淡褐色的；米色的。 — *n.* Ⓤ 淡褐色。
*__ec·sta·sy__ [ˋɛkstəsɪ] *n.* ⓊⒸ ① 狂喜。②忘形；恍惚；出神。
ec·stat·ic [ɪkˋstætɪk] *adj.* ①狂喜的。②出神的。 — *n.* ① Ⓒ 易發狂喜或神情恍惚之人。②(*pl.*)狂喜。
ec·to·derm [ˋɛktə,dɜm] *n.* Ⓒ〖生物〗外胚層；(腔腸動物之)外細胞層。
ec·to·plasm [ˋɛktə,plæzəm] *n.* Ⓤ ①〖生物〗外質；細胞外層質。②(據說發自靈媒身體的)心靈體。
ECU European Currency Unit. 歐洲貨幣單位。
Ec·ua·dor [ˋɛkwə,dɔr] *n.* 厄瓜多爾(南美洲西北部之一國)。
ec·u·men·i·cal [,ɛkjuˋmɛnɪkəl] *adj.* ①一般的；普遍的。②〖宗〗全基督教會的。
ec·ze·ma [ˋɛksəmə] *n.* Ⓤ〖醫〗濕疹。
-ed〖字尾〗①表規則動詞的過去式，過去分詞。②加於名詞後成形容詞。
*__ed·dy__ [ˋɛdɪ] *n.* Ⓒ ①逆流；漩渦。②旋風。 — *v.i.* & *v.t.* ①成逆流。②洄漩。
e·de·ma [ɪˋdimə] *n.* ⓊⒸ (*pl.* **~s, ~ta** [~tə])〖醫〗水腫。
*__E·den__ [ˋidn̩] *n.* ①〖聖經〗伊甸園。② Ⓒ 樂園。
‡**edge** [ɛdʒ] *n.* Ⓒ ① 邊緣；端。② 刀刃；鋒。*on* ~ **a.** 被困擾的；緊張的。**b.** 渴望的；不耐的。 — *v.i.* 徐進；側進。 — *v.t.* ①加邊於。②加刃於。③側身擠進；漸移。
edged [ɛdʒd] *adj.* 銳利的；有…刃的。a sharp-*edged* blade 利刃。
edge·ways [ˋɛdʒ,wez], **-wise** [-,waɪz] *adv.* 以刃(或邊緣)向前地；向邊緣地。*get a word in* ~ 插嘴。
edg·ing [ˋɛdʒɪŋ] *n.* ① Ⓒ 邊飾。② Ⓤ 飾邊。
edg·y [ˋɛdʒɪ] *adj.* 易怒的；躁急的。
ed·i·ble [ˋɛdəbl] *adj.* 可食的。
e·dict [ˋidɪkt] *n.* Ⓒ 敕命；布告。
ed·i·fi·ca·tion [,ɛdəfəˋkeʃən] *n.* Ⓤ 陶冶；啓迪。
ed·i·fice [ˋɛdəfɪs] *n.* Ⓒ ①大廈；大建築物。②體系。
ed·i·fy [ˋɛdə,faɪ] *v.t.* 陶冶；薰陶；教化。
Ed·i·son [ˋɛdəsn̩] *n.* 愛迪生(Thomas Alva, 美國發明家)。
*__ed·it__ [ˋɛdɪt] *v.t.* ①編輯；校訂。②剪輯(影片、錄音帶等)。
*__e·di·tion__ [ɪˋdɪʃən] *n.* Ⓒ 版(本)。
‡**ed·i·tor** [ˋɛdɪtɚ] *n.* Ⓒ 編者；主筆。*chief* ~ 主編；總編輯。
*__ed·i·to·ri·al__ [,ɛdəˋtorɪəl, -ˋtɔr-] *adj.* ①編輯的；主筆的。②社論的。 — *n.* Ⓒ 社論；時評。
EDP electronic data processing. 〖電算〗電子資料處理。
ed·u·ca·ble [ˋɛdʒəkəbl] *adj.* 可教育的；可塑的。
*__ed·u·cate__ [ˋɛdʒə,ket, -dʒu-] *v.t.* 教育；訓練；培養(愛好等)。 — **ed′u·ca·tor**, *n.*
ed·u·cat·ed [ˋɛdʒə,ketɪd] *adj.* ①受過教育的。②根據資料或經驗的。
‡**ed·u·ca·tion** [,ɛdʒəˋkeʃən, -dʒu-] *n.* ⓊⒸ 教育。
*__ed·u·ca·tion·al__ [,ɛdʒəˋkeʃənl, -dʒu-] *adj.* ①教育(上)的。②教育性的。§ ~ **párk**〖美〗教育公園(爲多所中學、小學學生設立之公園式佈局的教育設施)。
ed·u·ca·tive [ˋɛdʒə,ketɪv] *adj.* ①教育的。②含有教育意義的。
e·duce [ɪˋdjus] *v.t.* ①引出；令顯出。②推斷[演繹]出。③〖化〗析出。
ed·u·tain·ment [,ɛdʒuˋtenmənt] *n.* Ⓒ〖視〗(專爲小學生設計的)教育娛樂節目。
EEC, E.E.C. European Economic Community. 歐洲經濟共同組織。
*__eel__ [il] *n.* ⓊⒸ 鰻；鱔魚。
e'en [in] *adv.*〖詩，方〗=**even.**
-eer〖字尾〗名詞字尾，表「與…有關之人或物；寫作者；製作者」之義。
e'er [ɛr] *adv.*〖詩〗=**ever.**
ee·rie, ee·ry [ˋɪrɪ] *adj.* ①怪誕的；可怖的。②膽小的。
ef·face [ɪˋfes] *v.t.* 消除；抹殺。 — **ment,** *n.*
‡**ef·fect** [əˋfɛkt, ɪ-, ɛ-] *n.* ① ⓊⒸ 結果；效果。②(*sing.*)感觸；印象。③(*pl.*)動產。④ ⓊⒸ 影響；效驗。⑤(*sing.*)意旨；大意。*in* ~ **a.** 實際上。**b.** 生效；有效。**c.** 結果。*take* ~ **a.** 生效；奏效。**b.** 開始發生作用；開始工作。 — *v.t.* 實現；產生(效果)。
*__ef·fec·tive__ [əˋfɛktɪv, ɪ-] *adj.* ①有

效的。②生效的。— **ly,** *adv.*
ef·fec·tu·al [əˋfɛktʃuəl] *adj.* 有效的；收效的。— **ly,** *adv.*
ef·fec·tu·ate [əˋfɛktʃu͵et] *v.t.* 使有效；實踐。
ef·fem·i·na·cy [əˋfɛmənəsɪ] *n.* Ⓤ娘娘腔；優柔寡斷。
ef·fem·i·nate [əˋfɛmənɪt] *adj.* 無丈夫氣的；娘娘腔的；優柔的。 —[əˋfɛmə͵net] *v.t.* & *v.i.* (使)柔弱；(使)無丈夫氣。
ef·fer·vesce [͵ɛfəˋvɛs] *v.i.* ①沸騰；冒泡。②激動；興奮。— **ef·fer·ves'cence,** *n.* — **ef·fer·ves'cent,** *adj.*
ef·fete [ɛˋfit] *adj.* ①筋疲力盡的。②枯竭的；衰微的。
ef·fi·ca·cious [͵ɛfəˋkeʃəs] *adj.* 有效的。— **ly,** *adv.* — **ness,** *n.*
ef·fi·ca·cy [ˋɛfəkəsɪ] *n.* Ⓤ效力。
***ef·fi·cien·cy** [əˋfɪʃənsɪ, ɪ-] *n.* Ⓤ效能；效率。
***ef·fi·cient** [əˋfɪʃənt, ɪ-] *adj.* ①有效率的；最經濟的。②能勝任的。
ef·fi·gy [ˋɛfədʒɪ] *n.* Ⓒ肖[雕]像。
ef·flu·ent [ˋɛfluənt] *adj.* 流出的。 — *n.* ①ⓊⒸ廢棄物。②Ⓒ水流。③Ⓤ污水。
ef·flu·vi·al [ɛˋfluvɪəl] *adj.* 臭氣的；穢氣的。
ef·flu·vi·um [ɛˋfluvɪəm] *n.* Ⓒ (*pl.* ~**s,** **-vi·a** [-vɪə]) 惡臭；臭氣。
ef·flux [ˋɛflʌks] *n.* Ⓒ①流出物。②期滿；終了。
‡**ef·fort** [ˋɛfət] *n.* ①ⓊⒸ(常 *pl.*)努力；奮力。②Ⓒ(努力的)成果；作品。— **less,** *adj.*
ef·fron·ter·y [əˋfrʌntərɪ] *n.* Ⓤ厚顏無恥。
ef·ful·gent [ɛˋfʌldʒənt] *adj.* 光輝的；燦爛的。— **ef·ful'gence,** *n.*
ef·fuse [ɛˋfjuz] *v.t.* & *v.i.* ①流出。②散布。 —[ɛˋfjus] *adj.* 〖植〗疏展的；散開的。
ef·fu·sion [əˋfjuʒən] *n.* Ⓤ①流出。②(思想、感情之)迸發。
ef·fu·sive [ɛˋfjusɪv] *adj.* ①流[噴]出的。②感情橫溢的。
e.g. 〖拉〗exempli gratia(=for example). 例如。
e·gal·i·tar·i·an [ɪ͵gælɪˋtɛrɪən] *adj.* 平等主義的。 — *n.* Ⓒ平等主義者。— **ism,** *n.*
‡**egg** [ɛg] *n.* Ⓒ①蛋；卵。②卵形物。③〖俚〗炸彈；水雷。***a bad*** ~〖俚〗壞蛋；壞人。 — *v.t.* 慫恿；鼓勵(on).
egg·plant [ˋɛg͵plænt] *n.* ⓊⒸ〖植〗茄。
egg·shell [ˋɛg͵ʃɛl] *n.* Ⓒ蛋殼。
eg·lan·tine [ˋɛglən͵taɪn] *n.* Ⓒ〖植〗野薔薇。
e·go [ˋigo] *n.* ⓊⒸ(*pl.* ~**s**)我；自我。§~ **trip** 利己的行爲。
e·go·cen·tric [͵igoˋsɛntrɪk] *adj.* 自我中心的；利己主義的。
e·go·ism [ˋigo͵ɪzəm] *n.* Ⓤ①自我主義。②自私。③自負。
e·go·ma·ni·a [͵igoˋmenɪə] *n.* Ⓤ過分自私；自大狂。
e·go·tism [ˋigə͵tɪzəm] *n.* Ⓤ①自負。②自我吹噓。③自私。— **e'go·tist,** *n.* — **e·go·tis'tic,** *adj.*
e·gre·gious [ɪˋgridʒəs] *adj.* 非常的；過分的。
e·gress [ˋigrɛs] *n.* ①Ⓤ出去；出現。②Ⓤ外出權。③Ⓒ出口。④Ⓤ〖天〗出離。
e·gret [ˋigrɪt] *n.* Ⓒ①白鷺。②白鷺羽毛。③〖植〗冠毛。
***E·gypt** [ˋidʒəpt, ˋidʒɪpt] *n.* 埃及(非洲東北部之一國)。
***E·gyp·tian** [ɪˋdʒɪpʃən, i-] *adj.* 埃及(人，語)的。 — *n.* ①Ⓒ埃及人。②Ⓤ古埃及語。
E·gyp·tol·o·gy [͵idʒɪpˋtɑlədʒɪ] *n.* Ⓤ 埃及古物學。— **E·gyp·tol'o·gist,** *n.*
eh [e, ɛ] *interj.* (表疑問和驚訝)呃?啊!
ei·der [ˋaɪdə] *n.* ①Ⓒ棉鳧。②Ⓤ棉鳧之絨毛。
ei·der·down [ˋaɪdə͵daun] *n.* ①Ⓤ棉鳧之絨毛。②Ⓒ鳧絨被。
‡**eight** [et] *n.* ⓊⒸ八；八個。 — *adj.* 八(個)的。
‡**eight·een** [eˋtin, ˋeˋtin] *n.* ⓊⒸ十八；十八個。 — *adj.* 十八(個)的。
***eight·eenth** [ˋeˋtinθ] *adj.* 第十八的；十八分之一的。 — *n.* ①Ⓤ(常 the ~)第十八。②Ⓒ十八分之一。
eight·fold [ˋetˋfold] *adj.* & *adv.* 八倍的[地]；八重的[地]。
‡**eighth** [etθ] *adj.* 第八的；八分之一的。 — *n.* ①Ⓤ(常 the ~)第八。②Ⓒ八分之一。
***eight·i·eth** [ˋetɪɪθ] *adj.* 第八十的；八十分之一的。 — *n.* ①Ⓤ(常 the ~)第八十。②Ⓒ八十分之一。
‡**eight·y** [ˋetɪ] *n.* ⓊⒸ八十；八十個。 — *adj.* 八十(個，人)的。
Ein·stein [ˋaɪnstaɪn] *n.* 愛因斯坦

(Albert, 美國物理學家, 發明相對論)。

‡**ei·ther** [ˋiðɚ, ˋaɪðɚ] *adj.* (二者之)任一; 每一; 二者。 — *pron.* 二者之一。 — *adv.* 也; 亦。 — *conj.* (與 or 連用)抑; 或。

e·jac·u·late [ɪˋdʒækjə,let] *v.i.* & *v.t.* ①突然排出(液體); 射出。②突然說出; 喊叫。 — **e·jac·u·la′tion,** *n.* — **e·jac′u·la·to·ry,** *adj.*

e·ject [ɪˋdʒɛkt] *v.t.* ①噴出; 投出。②逐出; 罷黜。 — [ˋidʒɛkt] *n.* Ⓤ〖心〗投觀(他人之心理狀態, 自其身體動作等直接推知者)。 — **ment,** *n.*

eke [ik] *v.t.* 增加; 補充(out).

el [ɛl] *n.* Ⓒ ①側房。②(常 the el)〖俗〗高架鐵道。

***e·lab·o·rate** [ɪˋlæbərɪt] *adj.* 用心作成的; 精巧的; 複雜的。 — [ɪˋlæbə,ret] *v.t.* 精心製作; 用心地作; 苦心經營。 — **ly,** *adv.*

e·lab·o·ra·tion [ɪ,læbəˋreʃən] *n.* ①Ⓤ苦心經營。②Ⓒ 其成果。③Ⓤ精密; 精緻。

e·lab·o·ra·tive [ɪˋlæbə,retɪv] *adj.* 苦心經營的; 精緻的。

é·lan [eˋlɑ̃] 〖法〗 *n.* Ⓤ 銳氣; 活力。 § ≈ **vitál** [vɪˋtɑl] 〖哲〗生命的飛躍; 生命的躍動。

e·land [ˋilənd] *n.* Ⓒ 〖動〗 (非洲產之)大羚羊。

e·lapse [ɪˋlæps] *v.i.* (時間)溜走; 「(光陰)逝去。」

***e·las·tic** [ɪˋlæstɪk] *adj.* ①有彈性的。②可以伸縮的。③易於復原的。 — *n.* ①Ⓤ鬆緊帶。②Ⓒ橡皮筋。

e·las·tic·i·ty [ɪ,læsˋtɪsətɪ] *n.* Ⓤ 彈性; 伸縮性。

e·late [ɪˋlet] *v.t.* 使興奮; 使得意。

e·lat·ed [ɪˋletɪd] *adj.* 興高采烈的。

e·la·tion [ɪˋleʃən] *n.* Ⓤ 得意洋洋。

el·bow** [ˋɛl,bo] *n.* Ⓒ ①肘。②肘狀物。 ***be out at (the) ~s **a.** 衣衫襤褸的。 **b.** 貧窮。 — *v.t.* & *v.i.* 以肘推; 擠。

el·bow·room [ˋɛlbo,rum] *n.* Ⓤ 可自由伸肘之處; 充裕的活動空間。

***eld·er**[1] [ˋɛldɚ] *adj.* 年長的; 前輩的。 — *n.* Ⓒ ①前輩。②年長者。

el·der[2] *n.* Ⓒ 〖植〗接骨木。

***eld·er·ly** [ˋɛldɚlɪ] *adj.* 稍老的; 甫逾中年的; 老年人的。

***eld·est** [ˋɛldɪst] *adj.* 最年長的。

El·do·ra·do, El Do·ra·do [,ɛldəˋrɑdo] 〖西〗*n.* (*pl.* **~s**) ①理想中的黃金國。②Ⓒ 寶山。

‡**e·lect** [ɪˋlɛkt] *v.t.* ①推選; 選舉。②選擇; 決定。 — *adj.* 選出的。 — *n.* (the ~) ①上帝的選民。②特權階級; 領導階級。

***e·lec·tion** [ɪˋlɛkʃən] *n.* ⓊⒸ 選擇; 「選舉。」

e·lec·tion·eer [ɪ,lɛkʃənˋɪr] *v.i.* 競選; 作競選活動。

e·lec·tive [ɪˋlɛktɪv] *adj.* 被選出的; 選任的。 — *n.* Ⓒ 選修科目。

***e·lec·tor** [ɪˋlɛktɚ] *n.* Ⓒ ①有選舉權者; 合格選舉人。②(美國總統與副總統的)選舉人。

e·lec·tor·al [ɪˋlɛktərəl] *adj.* 選舉的; 選舉人的。 § **the ≈ cóllege**〖美〗選舉總統與副總統的選舉團。

e·lec·tor·ate [ɪˋlɛktərɪt] *n.* Ⓒ ①選民; 選舉團。②選舉區。

‡**e·lec·tric** [ɪˋlɛktrɪk, ə-] *adj.* 電的; 用電的; 生電的。 § ≈ **cháir** 電椅(刑具)。 ≈ **éye** 〖理〗電眼; 光電管。 ≈ **shóck (thérapy)** 電擊(療法)。

***e·lec·tri·cal** [ɪˋlɛktrɪkl] *adj.* = **electric.**

e·lec·tri·cian [ɪ,lɛkˋtrɪʃən] *n.* Ⓒ〖美〗電工技師; 電機師。

***e·lec·tric·i·ty** [ɪ,lɛkˋtrɪsətɪ, ə-, ,ilɛk-] *n.* Ⓤ 電; 電流; 電學。

e·lec·tri·fy [ɪˋlɛktrə,faɪ] *v.t.* ①充電。②使電氣化。③使驚駭; 使感動。 — **e·lec·tri·fi·ca·tion** [ɪ,lɛktrəfəˋkeʃən], *n.*

electro- 〖字首〗表「電」之義。

e·lec·tro·car·di·o·graph [ɪ,lɛktroˋkɑrdɪə,græf] *n.* Ⓒ〖醫〗心動電流描記器。

e·lec·tro·chem·is·try [ɪ,lɛktroˋkɛmɪstrɪ] *n.* Ⓤ 電化學。

e·lec·tro·cute [ɪˋlɛktrə,kjut] *v.t.* ①施以電刑。②誤觸電致死。 — **e·lec·tro·cu′tion,** *n.*

e·lec·trode [ɪˋlɛktrod] *n.* Ⓒ (常 *pl.*)電極。

e·lec·tro·dy·nam·ic [ɪ,lɛktrodaɪˋnæmɪk] *adj.* 電動力學的。

e·lec·tro·dy·nam·ics [ɪ,lɛktrodaɪˋnæmɪks] *n.* Ⓤ 電動力學。

e·lec·tro·en·ceph·a·lo·graph [ɪ,lɛktroɛnˋsɛfələ,græf] *n.* Ⓒ 腦波計。

e·lec·trol·y·sis [ɪ,lɛkˋtrɑləsɪs] *n.* Ⓤ ①電解。②〖外科〗電解療法。

e·lec·tro·lyte [ɪˋlɛktrə,laɪt] *n.* ⓊⒸ 電解質; 電解液。

e·lec·tro·lyze [ɪˋlɛktrə,laɪz] *v.t.*

電解。— e·lec·tro·ly·za'tion, *n.*

e·lec·tro·mag·net [ɪ͵lɛktro`mægnɪt] *n.* Ⓒ電磁石。

e·lec·tro·mag·net·ic [ɪ͵lɛktromæg`nɛtɪk] *adj.* ①電磁的; 電磁鐵的。②電磁學的。§～ **únit** 電磁單位。～ **wáve** 電磁波。

e·lec·tro·mo·tive [ɪ͵lɛktrə`motɪv] *adj.* 電動的。

e·lec·tro·mo·tor [ɪ͵lɛktrə`motə] *n.* Ⓒ電動機; 發電機。

***e·lec·tron** [ɪ`lɛktrɑn] *n.* Ⓒ〖理〗電子。§～ **gùn** 電子槍。

e·lec·tron·ic [ɪ͵lɛk`trɑnɪk] *adj.* 電子的。§～ **bráin** [**compúter**] (構造複雜之)電子計算機; 電腦。～ **dáta prócessing sýstem** 電子數據處理系統。～ **engineéring** 電子工程學。～ **flásh** 〖攝〗電子閃光燈。～ **máil** 電子郵件。～ **músic** 電子音樂。

e·lec·tron·ics [ɪ͵lɛk`trɑnɪks, ə-] *n.* Ⓤ電子工程學。

e·lec·troph·o·rus [ɪ͵lɛk`trɑfərəs] *n.* Ⓒ (*pl.* **-ri** [-͵raɪ]) 〖理〗起電盤。

e·lec·tro·plate [ɪ`lɛktrə͵plet] *v.t.* 電鍍。— *n.* Ⓒ 被電鍍的物品。

e·lec·tro·shock [ɪ`lɛktro͵ʃɑk] *n.* Ⓤ〖醫〗(治療精神病的)電擊療法。

e·lec·tro·type [ɪ`lɛktrə͵taɪp] *n.* Ⓒ 電鑄版。— *v.t.* 製…之電版。— *v.i.* 製電鑄版。

el·ee·mos·y·nar·y [͵ɛlə`mɑsn͵ɛrɪ] *adj.* ①慈善的; 賙濟的。②依賴救濟而生活的。

***el·e·gance** [`ɛləgəns] *n.* Ⓤ ①文雅; 高雅。②優美。

***el·e·gant** [`ɛləgənt] *adj.* ①文雅的; 高雅的。②優美的; 雅潔的。

el·e·gi·ac [ɪ`lidʒɪ͵æk] *adj.* 輓詩的; 輓歌的。— *n.* Ⓒ (常 *pl.*) 輓歌; 輓詩。

el·e·gy [`ɛlədʒɪ] *n.* Ⓒ輓歌; 悲歌。

‡**el·e·ment** [`ɛləmənt] *n.* Ⓒ ①元素。②要素; 成分。*the* ～*s* **a.** 自然的力量(指風、雨等)。**b.**基礎; 基本原理; 初步。*the Elements* 聖餐中之麵包與酒。

el·e·men·tal [͵ɛlə`mɛntl] *adj.* ①元素的。②要素的。③自然力的。④原理的。⑤可與自然力比擬的。

***el·e·men·ta·ry** [͵ɛlə`mɛntərɪ] *adj.* ①基本的; 初步的。②元素的。§～ **schòol** 小學。

‡**el·e·phant** [`ɛləfənt] *n.* Ⓒ (*pl.* ～, ～**s**)象。

el·e·phan·tine [͵ɛlə`fæntin] *adj.* ①(如)象的。②巨大[沉重]的。

***el·e·vate** [`ɛlə͵vet] *v.t.* ①舉起; 提高。②擢陞; 提拔。③使精神興奮。

el·e·vat·ed [`ɛlə͵vetɪd] *adj.* 高起的。an ～ railroad [railway] 〖美〗高架鐵路。

***el·e·va·tion** [͵ɛlə`veʃən] *n.* ① Ⓒ 高地。②(an ～)高度; 海拔。③ Ⓤ提高; 擢陞。④Ⓤ高超。

***el·e·va·tor** [`ɛlə͵vetə] *n.* Ⓒ①升降運送機。②電梯。③〖美〗穀倉。④(飛機的)升降舵。

‡**e·lev·en** [ɪ`lɛvən] *adj.* 十一(個)的。— *n.* ⓊⒸ十一; 十一個。

***e·lev·enth** [ɪ`lɛvənθ] *adj.* 第十一(個)的; 十一分之一的。— *n.* ①Ⓤ (the ～)第十一。②Ⓒ十一分之一。

***elf** [ɛlf] *n.* Ⓒ (*pl.* **elves**)① 小精靈。②喜歡惡作劇的孩子。— **ish,** *adj.*

elf·in [`ɛlfɪn] *adj.* (像)小精靈的; 淘氣的。— *n.* =**elf.**

e·lic·it [ɪ`lɪsɪt] *v.t.* 誘出; 引出。

e·lide [ɪ`laɪd] *v.t.* ①省略(母音或音節)。②略去。

el·i·gi·ble [`ɛlɪdʒəbl] *adj.* 合格的。— **el·i·gi·bil'i·ty,** *n.*

***e·lim·i·nate** [ɪ`lɪmə͵net] *v.t.* ①除去; 削減; 剔除; 淘汰。②忽略; 不予考慮。③〖生理〗排洩。

e·lim·i·na·tion [ɪ͵lɪmə`neʃən] *n.* ⓊⒸ ①除去; 削減。②排除; 排泄。③〖運動〗預賽。

e·lite [ɪ`lit, e`lit] *n.* ①Ⓒ 精華。②Ⓒ (集合稱)社會中或行業中最傑出的人物。③Ⓤ 艾利特字體。

e·lix·ir [ɪ`lɪksə] *n.* ① Ⓒ 鍊金藥液。②(the ～)長生不老藥。③Ⓒ萬靈藥。

E·liz·a·beth [ɪ`lɪzəbəθ] *n.* ① Elizabeth I, 伊利莎白一世(1533-1603, 自 1558 至 1603 之英女王)。② Elizabeth II, 伊利莎白二世(1952 即位之英女王)。

E·liz·a·be·than [ɪ͵lɪzə`biθən] *adj.* 伊利莎白(一世)女王的; 伊利莎白(一世)時代的。

elk [ɛlk] *n.* (*pl.* ～**s,** ～) ①Ⓒ〖動〗麋鹿。②Ⓤ 輕而韌的皮革。

el·lipse [ɪ`lɪps] *n.* Ⓒ 橢圓(形)。

el·lip·sis [ɪ`lɪpsɪs] *n.* (*pl.* **-ses** [-siz]) ① ⓊⒸ〖文法〗省略法。② Ⓒ

省略符號(…或＊＊＊)。

el·lip·tic, -ti·cal [ɪˋlɪptɪk(l̩)] *adj.* ①橢圓(形)的。②〖文法〗省略法的；省略的。

***elm** [ɛlm] *n.*①Ⓒ榆樹。②Ⓤ榆木。

el·o·cu·tion [ˏɛləˋkjuʃən] *n.* Ⓤ 辯論術；演說術。— **ar·y,** *adj.*

el·o·cu·tion·ist [ˏɛləˋkjuʃənɪst] *n.* Ⓒ善辯者；演說家。

e·lon·gate [ɪˋlɔŋget] *v.t.* & *v.i.* 延長；伸延。— **e·lon·ga′tion,** *n.*

e·lope [ɪˋlop] *v.i.* ①私奔。②逃亡。— **ment,** *n.*

***el·o·quence** [ˋɛləkwəns] *n.* Ⓤ雄辯；口才。

***el·o·quent** [ˋɛləkwənt] *adj.* 雄辯的；(口才、文體)動人的。— **ly,** *adv.*

El Sal·va·dor [ɛlˋsælvəˏdɔr] *n.* 薩爾瓦多(中美洲一共和國)。

‡**else** [ɛls] *adj.* 別的；其他的。— *adv.* ①此外；其它。②(常or ～)否則；不然。

***else·where** [ˋɛlsˏhwɛr] *adv.* 在別處；在別的地方；往別的地方。

e·lu·ci·date [ɪˋlusəˏdet] *v.t.* 闡明；說明。— **e·lu·ci·da′tion,** *n.*

e·lude [ɪˋlud] *v.t.* ①躲避；逃脫。②困惑。

e·lu·sion [ɪˋluʒən] *n.* Ⓤ躲避；規避。

e·lu·sive [ɪˋlusɪv] *adj.* ①規避的；躲避的。②難懂的；難捉摸的。

elves [ɛlvz] *n.* pl. of **elf.**

E·ly·sian [ɪˋlɪʒən] *adj.* 天堂的；幸福的；快樂的。

E·ly·si·um [ɪˋlɪʒɪəm] *n.* ①〖希神〗極樂世界。②Ⓤ天堂。

'em [əm] *pron.* 〖俗〗= **them.**

e·ma·ci·ate [ɪˋmeʃɪˏet] *v.t.* 使瘦弱；使憔悴。— **e·ma′ci·at·ed,** *adj.* — **e·ma·ci·a′tion,** *n.*

e-mail, E-mail [ˋɪˋmel] *n.* = **electronic mail.**

em·a·nate [ˋɛməˏnet] *v.i.* 流出；發出；發散。

em·a·na·tion [ˏɛməˋneʃən] *n.* ①Ⓤ流出；發出；散發。②Ⓒ發出物；流出物。③Ⓤ〖化〗放射性物質解體時放出之氣體。

e·man·ci·pate [ɪˋmænsəˏpet] *v.t.* 解放(奴隸)；解除(束縛)。

e·man·ci·pa·tion [ɪˏmænsəˋpeʃən] *n.* Ⓤ解放；解除。— **ist,** *n.*

e·mas·cu·late [ɪˋmæskjəˏlet] *v.t.* ①去勢。②使柔弱。③使失去雄偉氣勢。— [ɪˋmæskjəlɪt] *adj.* 去勢的；柔弱的。— **e·mas·cu·la′tion,** *n.*

em·balm [ɪmˋbɑm] *v.t.* ①塗敷香料、藥物於(屍體)以防腐。②使瀰漫香味。③銘記。

em·bank [ɪmˋbæŋk] *v.t.* 築堤；築(鐵路的)路基。— **ment,** *n.*

em·bar·go [ɪmˋbɑrgo] *n.* Ⓒ (*pl.* ～**es**)①禁止船舶出入港口。②禁止通商。③禁止。— *v.t.* 禁止(船舶)出入港口。

***em·bark** [ɪmˋbɑrk] *v.i.* ①乘船；搭載。②著手；從事。— *v.t.* ①裝於船上。②邀(某人)入夥；投(資)於某企業。

***em·bar·rass** [ɪmˋbærəs] *v.t.* ①使困窘；使侷促不安。②妨礙。③使複雜；使困難。

***em·bar·rass·ment** [ɪmˋbærəsmənt] *n.* ①Ⓤ困窘；困難；困惑。②Ⓒ令人困窘之事[人]。③Ⓒ(常*pl.*)財政困難；經濟拮据。

***em·bas·sy** [ˋɛmbəsɪ] *n.* Ⓒ ①(集合稱)大使館的全體人員。②大使館。③特使；特別使節團。

em·bat·tle [ɛmˋbætl̩] *v.t.* ①布陣。②備戰；設防。

em·bed [ɪmˋbɛd] *v.t.* (**-dd-**)①埋入。②嵌於。③使銘記於心。

em·bel·lish [ɪmˋbɛlɪʃ] *v.t.* 裝飾；布置。— **ment,** *n.*

***em·ber** [ˋɛmbɚ] *n.* Ⓒ (常 *pl.*)餘燼。

em·bez·zle [ɪmˋbɛzl̩] *v.t.* 盜用(公款、公物)；侵吞。— **ment,** *n.*

em·bit·ter [ɪmˋbɪtɚ] *v.t.* ①使苦；使痛苦；使難受。②激怒。

em·bla·zon [ɛmˋblezn̩] *v.t.* ①飾以紋章。②盛飾。③頌揚。

em·blem [ˋɛmbləm] *n.* Ⓒ①象徵。②紋章；徽章。

em·blem·at·ic, -i·cal [ˏɛmbləˋmætɪk(l̩)] *adj.* 象徵的；標誌的；表記的〔of〕。

em·bod·i·ment [ɪmˋbɑdɪmənt] *n.* ①Ⓤ賦與形體；具體化。②Ⓒ化身。

***em·bod·y** [ɪmˋbɑdɪ] *v.t.* 使具體化；具體表現。

em·bold·en [ɪmˋboldn̩] *v.t.* 增加勇氣；鼓勵。

em·boss [ɪmˋbɔs] *v.t.* ①加浮雕花紋於…。②使隆起；印浮凸文字。

em·bow·er [ɛmˋbauɚ] *v.t.* 以樹葉遮蓋；隱於樹葉中。

***em·brace** [ɪmˋbres] *v.t.* ①擁抱。②接受。③包含。④圍繞。⑤利用。

⑥信奉。— *v.i.* 互相擁抱。— *n.* C 擁抱。

em·bran·gle [ɪm`bræŋgl] *v.t.* 使紛亂；使生糾紛。

em·bra·sure [ɛm`breʒɚ] *n.* C ①(碉堡等之)砲眼。②〖建〗(門、窗之)內寬外窄之開口。

***em·broi·der** [ɪm`brɔɪdɚ] *v.t.* ①刺繡；繡花於…。②潤飾(語言)；鋪張。— *v.i.* 刺繡。

***em·broi·der·y** [ɪm`brɔɪdərɪ] *n.* ①U 刺繡。②C 刺繡藝品。

em·broil [ɛm`brɔɪl] *v.t.* ①捲入糾紛中。②使混亂。— **ment,** *n.*

em·bry·o [`ɛmbrɪ,o] *n.* C (*pl.* **~s**)①〖植〗胚芽。②〖動〗幼蟲；胚胎。③初期。

em·bry·ol·o·gy [,ɛmbrɪ`ɑlədʒɪ] *n.* U 胚胎學；發生學。

em·bry·on·ic [,ɛmbrɪ`ɑnɪk] *adj.* 胚芽的；胚胎的；幼蟲的。

em·cee [`ɛm`si] 〖俚〗 *v.t.* 作節目主持人。— *n.* C 司儀；節目主持人。

e·mend [ɪ`mɛnd] *v.t.* 校訂(文稿)。

e·men·da·tion [,imɛn`deʃən] *n.* U 修正；修改。

***em·er·ald** [`ɛmərəld] *n.* ① C 翡翠。② U 翠綠色。

***e·merge** [ɪ`mɝdʒ] *v.i.* ①出現。②自…脫穎而出。— **e·mer'gence,** *n.*

***e·mer·gen·cy** [ɪ`mɝdʒənsɪ] *n.* U C 緊急事件。

e·mer·gent [ɪ`mɝdʒənt] *adj.* ①出現的。②緊急的。③剛獨立的。

e·mer·i·tus [ɪ`mɛrətəs] *adj.* 名譽退休的。

Em·er·son [`ɛmɚsn̩] *n.* 愛默生(Ralph Waldo, 1803-82, 美國哲學家、散文家及詩人)。

em·er·y [`ɛmərɪ] *n.* U 〖礦〗金剛砂。§ ~ **pàper** 金剛砂紙；鏟紙。

***em·i·grant** [`ɛməgrənt] *n.* C 移居他國者；移民。— *adj.* 移民(他國)的。

em·i·grate [`ɛmə,gret] *v.i.* 遷居他國；移居。

em·i·gra·tion [,ɛmə`greʃən] *n.* ① U C (向國外)移居。② U (集合稱)移民。

é·mi·gré [`ɛmə,gre, emi`gre] 〖法〗 *n.* C (因政治迫害而)移居者。

***em·i·nence** [`ɛmənəns] *n.* ① C 高地；山丘。② U 高位；顯職；令名；卓越。

***em·i·nent** [`ɛmənənt] *adj.* ①聞名的。②高的；巍峨的。③顯著的。④明顯的；突出的。— **ly,** *adv.*

e·mir [ə`mɪr] *n.* C 阿拉伯之酋長、王侯。

em·ir·ate [ə`mɪrɪt] *n.* C 酋長國。

em·is·sar·y [`ɛmə,sɛrɪ] *n.* C 密使；特務。

e·mis·sion [ɪ`mɪʃən] *n.* ① U C 放射；發光。② C 放射物；流出物。

e·mit [ɪ`mɪt] *v.t.* (**-tt-**)①放射(光、熱等)。②發出(聲音)。③吐露(意見等)。④發行(紙幣)。

e·mol·lient [ɪ`mɑljənt] *adj.* 使柔軟的；使柔和的。— *n.* U C (皮膚的)軟化劑；鎮痛劑。

e·mol·u·ment [ɪ`mɑljəmənt] *n.* C (常 *pl.*)薪俸；報酬。

***e·mo·tion** [ɪ`moʃən] *n.* U C 情緒；感情。

***e·mo·tion·al** [ɪ`moʃənl] *adj.* ①情感的；情緒的。②感動人的。③易受感動的。

e·mo·tive [ɪ`motɪv] *adj.* 情感的；表達感情的；令人感動的。

em·pa·thy [`ɛmpəθɪ] *n.* U 〖心〗神入；移情作用。

***em·per·or** [`ɛmpərɚ] *n.* C 皇帝；君主。

***em·pha·sis** [`ɛmfəsɪs] *n.* U C (*pl.* **-ses** [-,siz])①強調；重視。②加重語氣；重讀。③強調之事物。

***em·pha·size** [`ɛmfə,saɪz] *v.t.* ①強調；重讀。②喚起注意。

em·phat·ic [ɪm`fætɪk] *adj.* ①有力的；強調的。②引人注意的。— **em·phat'i·cal·ly,** *adv.*

‡**em·pire** [`ɛmpaɪr] *n.* ① C 帝國。② U 絕對權力。

em·pir·ic [ɛm`pɪrɪk] *n.* C 經驗主義者。— *adj.* =**empirical.**

em·pir·i·cal [ɛm`pɪrɪkl] *adj.* ①只憑經驗的。②經驗主義的。

em·pir·i·cism [ɛm`pɪrə,sɪzəm] *n.* U ①經驗主義。②〖哲〗經驗論。

‡**em·ploy** [ɪm`plɔɪ] *v.t.* ①雇用；使用。②使忙於；使從事。— *n.* U 雇用。***in the ~ of*** 受雇於…。

***em·ploy·e(e)** [ɪm`plɔɪ·i, ,ɛmplɔɪ`i] *n.* C 被雇者；雇工；職員。

***em·ploy·er** [ɪm`plɔɪɚ] *n.* C 雇用者；雇主；老板。

***em·ploy·ment** [ɪm`plɔɪmənt] *n.* U ①職業；工作。②雇用；就業。③使用；利用。§ ~ **àgency** (民間的)職業介紹所。

em·po·ri·um [ɛm`poriəm] *n.* Ⓒ (*pl.* **~s, -ri·a** [-rɪə])①商業中心；商場。②大百貨商店。

em·pow·er [ɪm`pauə] *v.t.* ①授權與…。②允許。 「②女皇。」

***em·press** [`ɛmprɪs] *n.* Ⓒ①皇后。

em·presse·ment [ɑ̃prɛs`mɑ̃] 〖法〗*n.* ⓊⒸ熱誠；熱心。

‡emp·ty [`ɛmptɪ] *adj.* ①空的；無…的。②空虛的。③〖俗〗餓的。④無所事事的。⑤無知的。**—** *v.t.* 騰空；飲乾。**—** *v.i.* ①變空。②流入。③乾涸。— **emp'ti·ness,** *n.*

emp·ty-hand·ed [`ɛmptɪ`hændɪd] *adj.* 徒手的；空手的。

emp·ty-head·ed [`ɛmptɪ`hɛdɪd] *adj.* 無頭腦的；愚笨的。

em·py·re·al [ɛm`pɪrɪəl] *adj.* 最高天的；天空的。

em·py·re·an [ˌɛmpə`riən] *n.* (the ~, 常 E-)①最高天。②天神居處。③天空。

em·u·late [`ɛmjəˌlet] *v.t.* 趕上或超過；與…競爭。— **em·u·la'tion, em'u·la·tor,** *n.*

em·u·lous [`ɛmjələs] *adj.* 競爭的；好勝的。

e·mul·sion [ɪ`mʌlʃən] *n.* ⓊⒸ①乳狀液。②乳劑。③〖攝〗感光乳劑。

***en·a·ble** [ɪn`ebl] *v.t.* 使能夠。

en·act [ɪn`ækt] *v.t.* ①制定爲法律；規定。②扮演。③發生。

en·act·ment [ɪn`æktmənt] *n.* ①Ⓤ(法律之)制定。②Ⓒ法令。

***e·nam·el** [ɪ`næml] *n.* Ⓤ①瓷釉；琺瑯；搪瓷。②搪瓷製品。③(牙齒上之)琺瑯質。④亮漆。**—** *v.t.* (**-l-,** 〖英〗**-ll-**)①塗以瓷釉；漆以亮漆。②使發光澤。

e·nam·el·ware [ɪ`næmlˌwɛr] *n.* Ⓤ(集合稱)搪瓷器。

en·am·or, 〖英〗**-our** [ɪn`æmə] *v.t.* 引起愛憐；迷住。

en·camp [ɪn`kæmp] *v.i.* 紮營；露營。**—** *v.t.* ①置於營幕中。②使紮營。— **ment,** *n.*

en·cap·su·late [ɪn`kæpsəˌlet] *v.t.* 將…裝入膠囊。

en·case [ɪn`kes] *v.t.* =**incase.**

en·ceph·a·li·tis [ˌɛnsɛfə`laɪtɪs] *n.* Ⓤ〖醫〗腦炎。 「束縛。」

en·chain [ɛn`tʃen] *v.t.* 加鎖鍊於；

***en·chant** [ɪn`tʃænt] *v.t.* ①蠱惑；施魔法於。②使迷醉。— **ment,** *n.*

en·chant·ing [ɪn`tʃæntɪŋ] *adj.* 迷人的；令人銷魂的。

en·chant·ress [ɪn`tʃæntrɪs] *n.* Ⓒ①妖婦；女巫。②迷人的女人。

en·ci·pher [ɛn`saɪfə] *v.t.* 將(電文)譯成密碼。

en·cir·cle [ɪn`sɜkl] *v.t.* ①環繞；包圍。②繞行。

en·clave [`ɛnklev] *n.* Ⓒ 被包圍的領土；(插在別國領土中之)飛地。

***en·close** [ɪn`kloz] *v.t.* ①圍繞。②圍以籬[牆]。③(隨函)封入；附寄。

***en·clo·sure** [ɪn`kloʒə] *n.* ①Ⓤ圍繞。②Ⓒ圍場；籬。③Ⓒ附件。

en·code [ɛn`kod] *v.t.* 將(電文)譯成密碼。

en·co·mi·um [ɛn`komɪəm] *n.* Ⓒ (*pl.* **~s, -mi·a** [-mɪə])讚頌；頌辭。 「包圍；圍繞。」

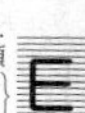

en·com·pass [ɪn`kʌmpəs] *v.t.*

en·core [`ɑŋkor, `ɑn-, -kɔr] *interj.* 再(=again)。**—** *n.* Ⓒ 經要求而再演唱之歌曲等。**—** *v.t.* 要求再演唱。

***en·coun·ter** [ɪn`kauntə] *v.i.* & *v.t.* ①遭遇(困難)；邂逅。②會戰。**—** *n.* Ⓒ①邂逅；遭遇。②會戰。

***en·cour·age** [ɪn`kɜɪdʒ] *v.t.* ①鼓勵；激勵。②援助；促進；助長。— **en·cour'ag·ing,** *adj.*

***en·cour·age·ment** [ɪn`kɜɪdʒmənt] *n.* ①Ⓤ鼓勵。②Ⓒ可作爲激勵之物。 「蝕。— **ment,** *n.*」

en·croach [ɪn`krotʃ] *v.i.* 侵占；侵

en·crust [ɪn`krʌst] *v.t.* ①覆以硬殼。②鑲嵌。**—** *v.i.* 形成外殼。

en·cum·ber [ɪn`kʌmbə] *v.t.* ①妨害；阻礙。②煩擾。③負債。

en·cum·brance [ɪn`kʌmbrəns] *n.* Ⓒ①阻礙物；累贅。②家累。③〖法律〗(財產上設定之)負擔；財產的抵押權。

***en·cy·clo·p(a)e·di·a** [ɪnˌsaɪklə`pidɪə] *n.* Ⓒ百科全書。

en·cy·clo·p(a)e·dic, -di·cal [ɪnˌsaɪklə`pidɪk(ḷ)] *adj.* ①百科全書的。②博學的。

en·cy·clo·p(a)e·dist [ɪnˌsaɪklə`pidɪst] *n.* Ⓒ百科全書編纂者。

‡end [ɛnd] *n.* Ⓒ①端點；末尾。②(常 *pl.*)目的。③結局；結果。④限度；極限。⑤死亡；毀滅。⑥(常 *pl.*)殘片；殘屑。⑦工作之一部分。~ *for* ~ 顚倒地；相反地。~ *to* ~ 頭尾相接。*in the* ~ 最後；終於。*make both*

～*s meet* 使收支平衡。*no* ～ 無限；非常。*on* ～ **a.** 豎起；直立著。**b.** 繼續地。*put an* ～ *to* 結束；停止。**—** *v.i.* & *v.t.* ①結束；終止；終結。②死。～ *off* [*up*] 完結；完畢。§ ～ **pròduct** 最後結果；最後生成物。～ **ùse**(產品之)主要[基本]用途。

end-all [ˋɛnd,ɔl] *n.*(the ～)一切事物之終了；結局。

en·dan·ger [ɪnˋdendʒɚ] *v.t.* 使受危險；危及。

en·dear [ɪnˋdɪr] *v.t.* 使親蜜；使受鍾愛。

en·dear·ing [ɪnˋdɪrɪŋ] *adj.* 深獲人心的；可愛的。

en·dear·ment [ɪnˋdɪrmənt] *n.* ①Ⓤ鍾愛。②Ⓒ表示鍾愛的行爲。

***en·deav·or,** 〖英〗**-our** [ɪnˋdɛvɚ] *v.i.* & *n.* ⓊⒸ努力；竭力。

en·dem·ic [ɛnˋdɛmɪk] *adj.* 地方性的。**—** *n.* Ⓒ風土病；地方性的病。

***end·ing** [ˋɛndɪŋ] *n.* Ⓒ①終結；結局。②〖文法〗字尾；語尾。③死亡。

***end·less** [ˋɛndlɪs] *adj.* 不停的；無窮盡的；無止境的。— **ly,** *adv.*

en·do·crine [ˋɛndo,kraɪn] *n.* Ⓒ〖生理〗①內分泌腺。②內分泌物。**—** *adj.* 內分泌的。

en·do·me·tri·o·sis [,ɛndo,mitrɪˋosɪs] *n.* Ⓤ〖醫〗子宮內膜異位。

en·dorse [ɪnˋdɔrs] *v.t.* ①簽名於(票據等)的背面；背書。②認可；贊同。— **ment, en·dors′er,** *n.*

en·do·scope [ˋɛndə,skop] *n.* Ⓒ〖醫〗內視鏡；內診鏡。

***en·dow** [ɪnˋdau] *v.t.* ①捐助；捐贈基金。②賦與；授與。

en·dow·ment [ɪnˋdaumənt] *n.* Ⓤ捐贈；捐助。

en·due [ɪnˋdju, -ˋdu] *v.t.* ①賦予(才能等)。②穿著；使穿著。

***en·dur·ance** [ɪnˋdjurəns, -ˋdur-] *n.* Ⓤ①耐久力。②忍耐力。③忍耐。

***en·dure** [ɪnˋdjur, -ˋdur] *v.i.* 忍耐；忍受。— **en·dur′a·ble,** *adj.*

***en·dur·ing** [ɪnˋdjurɪŋ, -ˋdur-] *adj.* 忍耐的；耐久的；長久不變的。

end·ways [ˋɛnd,wez] *adj.* & *adv.* =**endwise.**

end·wise [ˋɛnd,waɪz] *adj.* & *adv.* ①直立的[地]。②縱的[地]。③兩端相接的[地]。

‡**en·e·my** [ˋɛnəmɪ] *n.* Ⓒ①敵人。②有害物。

***en·er·get·ic** [,ɛnɚˋdʒɛtɪk] *adj.* ①精力充沛的。②積極的。— **en·er·get′i·cal·ly,** *adv.*

en·er·gize [ˋɛnɚ,dʒaɪz] *v.t.* 給與精力；使活動。**—** *v.i.* 用力；活動。

***en·er·gy** [ˋɛnɚdʒɪ] *n.* Ⓤ①活力；精力。②〖理〗能；能量。

en·er·vate [ˋɛnɚ,vet] *v.t.* 使衰弱；使無力。**—**[ɪˋnɜvɪt] *adj.* 衰弱的。— **en·er·va′tion,** *n.*

en·fee·ble [ɪnˋfibḷ] *v.t* 使弱；使衰。— **ment,** *n.*

***en·force** [ɪnˋfors, -ˋfɔrs] *v.t.* ①施行。②強迫。③強調。— **a·ble,** *adj.*

en·force·ment [ɪnˋforsmənt, -ˋfɔrs-] *n.* Ⓤ強迫；強制；實施。

en·fran·chise [ɛnˋfræntʃaɪz] *v.t.* ①釋放；解放。②給予投票權；授以公民權。

Eng. England; English.

‡**en·gage** [ɪnˋgedʒ] *v.i.* ①允諾；保證。②從事。③交戰。**—** *v.t.* ①與…訂婚(用被動式)。②約束；正忙於。③預定；訂(座)；雇。④與交戰。

en·gaged [ɪnˋgedʒd] *adj.* ①已訂婚的。②有保證的；有約束的。③忙碌的。④被占用的；使用中的。

***en·gage·ment** [ɪnˋgedʒmənt] *n.* Ⓒ①保證；諾言。②訂婚。③約會。④交戰。⑤訂定、雇用之期間。

en·gag·ing [ɪnˋgedʒɪŋ] *adj.* 美麗動人的；逗人喜愛的；迷人的。

en·gen·der [ɪnˋdʒɛndɚ] *v.t.* 產生；釀成。**—** *v.i.* 生成；發生。

‡**en·gine** [ˋɛndʒən] *n.* Ⓒ①引擎；發動機。②機車。③救火車。

***en·gi·neer** [,ɛndʒəˋnɪr] *n.* Ⓒ①機械師；技師。②工程師。③〖軍〗工兵；輪機官。

***en·gi·neer·ing** [,ɛndʒəˋnɪrɪŋ] *n.* Ⓤ(土木等之)工程(學)。

‡**Eng·land** [ˋɪŋglənd] *n.* ①英格蘭。②英國。— **er,** *n.*

‡**Eng·lish** [ˋɪŋglɪʃ] *adj.* 英國的；英國人的；英語的。**—** *n.* ①(the～, 集合稱)英國人。②Ⓤ英語；英文。

***Eng·lish·man** [ˋɪŋglɪʃmən] *n.* Ⓒ(*pl.* **-men**)英國人。

Eng·lish·wom·an [ˋɪŋglɪʃ,wumən] *n.* Ⓒ(*pl.* **-wom·en**)英國女人。

en·gorge [ɛnˋgɔrdʒ] *v.t.* 貪婪地吞食。

en·graft [ɛnˋgræft] *v.t.* ①接(枝)。②樹立；灌輸。

en·grain [ɪnˋgren] *v.t.* =**ingrain.**

en·gram [ˋɛngræm] *n.* Ⓒ〖心〗印

象；記憶痕跡。
***en·grave** [ɪn`grev] *v.t.* ①雕刻。②銘記(於心)。— **en·grav′er,** *n.*
en·grav·ing [ɪn`grevɪŋ] *n.* ①Ⓤ雕刻術；鐫版術。②Ⓒ木刻版；銅版。③Ⓒ版畫。
en·gross [ɪn`gros] *v.t.* ①使全神貫注。②以大字寫。③壟斷。
en·gulf [ɪn`gʌlf] *v.t.* (波濤、深淵等)將…吸入；吞噬。
en·hance [ɪn`hæns] *v.t.* 增加；提高。— **ment,** *n.*
e·nig·ma [ɪ`nɪgmə] *n.* Ⓒ (*pl.* **~s, ~ta** [~tə]) ①謎。②難解的事[人]。— **en·ig·mat·ic** [ˌɛnɪg`mætɪk], *adj.*
en·join [ɪn`dʒɔɪn] *v.t.* ①命令；吩咐。②禁止。
‡**en·joy** [ɪn`dʒɔɪ] *v.t.* ①享受；欣賞；歡喜。②享有。③獲得(某種利益)。
***en·joy·ment** [ɪn`dʒɔɪmənt] *n.* ①ⓊⒸ快樂；樂趣。②Ⓤ(常 the ~)享受；享有。
en·kin·dle [ɛn`kɪndl] *v.t.* & *v.i.* ①點燃。②燃熾；激起。
***en·large** [ɪn`lɑrdʒ] *v.t.* 擴大；擴充。— *v.i.* ①擴大；擴充。②詳述(on)。— **ment,** *n.*
***en·light·en** [ɪn`laɪtn̩] *v.t.* 啓迪；開導；教化；啓蒙。— **ment,** *n.* — **ed** [~d], *adj.*
***en·list** [ɪn`lɪst] *v.t.* ①使入伍；徵募；使參加。②得…的助力。
en·liv·en [ɪn`laɪvən] *v.t.* 使活潑；使愉快；使有生氣。
en·mesh [ɛn`mɛʃ] *v.t.* 使陷入網中；使絆住。
en·mi·ty [`ɛnmətɪ] *n.* ⓊⒸ敵意；「不和；仇恨。」
en·no·ble [ɪ`nobl] *v.t.* ①使尊貴。②使成爲貴族。
en·nui [`ɑnwi] 〖法〗*n.* Ⓤ怠倦；無「聊。」
e·nor·mi·ty [ɪ`nɔrmətɪ] *n.* ①Ⓤ極惡。②Ⓒ(常 *pl.*)暴行。
***e·nor·mous** [ɪ`nɔrməs] *adj.* 極大的；巨大的。— **ly,** *adv.*
‡**e·nough** [ə`nʌf, ɪ`nʌf] *adj.* 足夠的；充分的。— *pron.* 足夠。— *adv.* 足夠地；充分地。— *interj.* 夠了！
en·plane [ɛn`plen] *v.i.* 登(飛)機。
en·quire [ɪn`kwaɪr] *v.t.* & *v.i.* ①詢問；問明。②調查。
en·rage [ɪn`redʒ] *v.t.* 激怒；使暴「怒。」
en·rap·ture [ɪn`ræptʃɚ] *v.t.* 使狂喜；使迷惑。
***en·rich** [ɪn`rɪtʃ] *v.t.* ①使富足；使肥沃。②充實。— **ment,** *n.*
***en·rol(l)** [ɪn`rol] *v.t.* (**-ll-**)①登記。②加入；參加(與 oneself 連用)。③徵募。— **ment,** *n.*
en route [ɑn`rut] 〖法〗*adv.* 在途「中。」
en·sconce [ɛn`skɑns] *v.t.* ①藏匿；庇護。②安置；使安坐。
en·sem·ble [ɑn`sɑmbl] 〖法〗*n.* Ⓒ ①(常 the ~)整體；總效果。②全套服裝。③〖樂〗合奏；合唱。
en·shrine [ɪn`ʃraɪn] *v.t.* ①置於神龕內；奉祀於廟堂中。②珍藏；銘記。— **ment,** *n.*
en·shroud [ɛn`ʃraʊd] *v.t.* (以壽衣)掩蓋；掩蔽；覆蓋。
en·sign [`ɛnsaɪn] *n.* Ⓒ ①國旗；軍旗；船旗。②[`ɛnsn̩]〖美〗海軍少尉。
en·slave [ɪn`slev] *v.t.* ①奴役；使爲奴隸。②束縛。
en·snare [ɛn`snɛr] *v.t.* 使陷於羅網；誘入陷阱。
en·sue [ɛn`su, -`sju] *v.i.* 隨後發生；繼起；因而發生。
en·sure [ɪn`ʃur] *v.t.* ①保證。②擔保獲得。③使安全。
ENT ear, nose, and throat. 〖醫〗耳「鼻喉。」
en·tab·la·ture [ɛn`tæblətʃɚ] *n.* Ⓒ〖建〗柱頂線盤；臺口。
en·tail [ɪn`tel] *v.t.* ①惹起；使負擔；使需要。②〖法律〗限制繼承。— *n.* 〖法律〗①Ⓒ限定繼承之財產。②Ⓤ預定繼承人之順序。
***en·tan·gle** [ɪn`tæŋgl] *v.t.* ①使糾纏。②牽累；困惑。③使複雜。
en·tente [ɑn`tɑnt] 〖法〗*n.* ①Ⓒ(政府間的)協定；協約。②Ⓤ(集合稱)參加協約之國。
‡**en·ter** [`ɛntɚ] *v.t.* ①進入。②加入；參加。③使(某人)參加或進入；(報名)參加。④註明；登記。⑤〖法律〗**a.** 正式提出。**b.** 正式占有(土地等)。**c.** 提出(對公地之)申請。— *v.i.* ①進入。②(演戲)上場。~ ***into*** **a.** 著手處理；研究。**b.** 開始。**c.** 參加。**d.** 參與；同情；領略。**e.** 討論；考慮。~ ***upon*** [***on***] **a.** 開始；著手。**b.** 承受；得到。
en·ter·ic [ɛn`tɛrɪk] *adj.* 腸的。~ fever 傷寒；腸熱病。
en·ter·i·tis [ˌɛntə`raɪtɪs] *n.* Ⓤ〖醫〗腸炎。
***en·ter·prise** [`ɛntɚˌpraɪz] *n.* ①Ⓒ企業；計畫。②Ⓤ進取心。
en·ter·pris·ing [`ɛntɚˌpraɪzɪŋ]

E

adj. ①有進取心的。②冒險性的。

***en·ter·tain** [͵ɛntɚˋten] *v.t.* ①使娛樂；助興。②款待；招待。③懷著(感情、意見等)；考慮。

en·ter·tain·er [͵ɛntɚˋtenɚ] *n.* Ⓒ①招待人。②表演娛樂節目的人。

***en·ter·tain·ment** [͵ɛntɚˋtenmənt] *n.* Ⓤ款待；招待。

en·thral(l) [ɪnˋθrɔl] *v.t.* (-ll-)①迷惑。②使服從；奴役。

en·throne [ɪnˋθron] *v.t.* ①擁立…爲王。②〖宗〗任…爲主教。

en·thuse [ɪnˋθjuz] *v.i.* & *v.t.* 〖俗〗(使)熱中；(使)熱心。

***en·thu·si·asm** [ɪnˋθjuzɪ͵æzəm] *n.* Ⓤ熱心；狂熱。

en·thu·si·ast [ɪnˋθjuzɪ͵æst] *n.* Ⓒ熱心者；狂熱者。

***en·thu·si·as·tic** [ɪn͵θjuzɪˋæstɪk] *adj.* 熱心的；滿腔熱誠的。— **en·thu·si·as′ti·cal·ly,** *adv.*

en·tice [ɪnˋtaɪs] *v.t.* 誘惑；誘入；誘出。— **ment,** *n.*

‡**en·tire** [ɪnˋtaɪr] *adj.* 整個的；全部的；完全的。— *n.* Ⓤ整體；全部。— **ly,** *adv.*

en·tire·ty [ɪnˋtaɪrtɪ] *n.* ①(the ~)全部。②Ⓤ完全。***in its*** **~** 整個地；完全地。

***en·ti·tle** [ɪnˋtaɪtl] *v.t.* ①定…的名稱。②使有資格；使有權。③稱呼。

en·ti·ty [ˋɛntətɪ] *n.* ①Ⓤ存在。②Ⓒ實體；實存物。③Ⓤ本質。

en·tomb [ɪnˋtum] *v.t.* ①埋葬。②作爲…之墓。

en·to·mol·o·gy [͵ɛntəˋmɑlədʒɪ] *n.* Ⓤ昆蟲學。

en·tou·rage [͵ɑntuˋrɑʒ] 〖法〗*n.* Ⓒ①周遭；環境。②隨行人員。

en·tr'acte [ɑnˋtrækt] 〖法〗*n.* Ⓒ①換幕間的休息。②插演節目。

en·trails [ˋɛntrəlz, ˋɛntrelz] *n. pl.* ①內臟。②腸。③內部結構。

en·train [ɪnˋtren] *v.i.* 乘火車。

‡**en·trance**[1] [ˋɛntrəns] *n.* ①Ⓒ入口；大門。②ⓊⒸ進；入。③Ⓤ入場權；准許進入。④ⓊⒸ入學；入會。§ ~ **fée** 入場費。

en·trance[2] [ɪnˋtræns] *v.t.* ①使恍惚；使失神。②使狂喜。— **ment,** *n.*

en·trant [ˋɛntrənt] *n.* Ⓒ①進入者。②參加競爭[比賽]者。③新進人員。

en·trap [ɪnˋtræp] *v.t.* (-pp-) ①以網[陷阱]捕捉；誘陷。②使陷入困難[危險]。

***en·treat** [ɪnˋtrit] *v.t.* & *v.i.* 懇求；乞求。

en·tree, -trée [ˋɑntre] 〖法〗*n.* ①ⓊⒸ入場權。②Ⓒ兩道菜(魚與肉)之間所上的菜。

en·trench [ɪnˋtrɛntʃ] *v.t.* ①以壕溝防護。②確立。— *v.i.* 侵害；侵犯〔常 on, upon〕。— **ment,** *n.*

en·tre·pre·neur [͵ɑntrəprəˋnɝ] 〖法〗*n.* Ⓒ①包辦人。②企業家。

en·trust [ɪnˋtrʌst] *v.t.* 信賴；信託；交託。

***en·try** [ˋɛntrɪ] *n.* ①ⓊⒸ進；入。②Ⓒ入口。③Ⓒ條目；記載；(字典中的)字。④ⓊⒸ貨物報關。

en·twine [ɪnˋtwaɪn] *v.t.* & *v.i.* 使纏繞；編織。

en·twist [ɛnˋtwɪst] *v.t.* 纏；絞；搓合。

***e·nu·mer·ate** [ɪˋnjumə͵ret] *v.t.* ①枚舉；列舉。②計算；數。— **e·nu·mer·a′tion,** *n.*

e·nun·ci·ate [ɪˋnʌnsɪ͵et, -ʃɪ-] *v.t.* & *v.i.* ①發音。②宣布；發表。— **e·nun·ci·a′tion,** *n.*

***en·vel·op** [ɪnˋvɛləp] *v.t.* ①包；包裝。②包圍；掩藏。— **ment,** *n.*

***en·ve·lope** [ˋɛnvə͵lop] *n.* Ⓒ①信封。②封套。③(氣球之)氣囊。

en·ven·om [ɛnˋvɛnəm] *v.t.* ①使有毒。②使含惡意。

en·vi·a·ble [ˋɛnvɪəbl] *adj.* 可羨慕的。— **en′vi·a·bly,** *adv.*

***en·vi·ous** [ˋɛnvɪəs] *adj.* 嫉妒的；羨慕的。— **ly,** *adv.*

en·vi·ron [ɪnˋvaɪrən] *v.t.* 包圍；環繞。

***en·vi·ron·ment** [ɪnˋvaɪrənmənt] *n.* ⓊⒸ①圍繞；環繞。②環境；周遭的狀況。

en·vi·ron·men·tal [ɪn͵vaɪrənˋmɛntl] *adj.* 環境的；周圍的。~ pollution 環境污染。

en·vi·rons [ɪnˋvaɪrənz] *n. pl.* 郊外；近郊。

en·vis·age [ɛnˋvɪzɪdʒ] *v.t.* ①正視；面對。②擬想。

en·vi·sion [ɛnˋvɪʒən] *v.t.* 擬想(尙未實現之事)。

en·voy [ˋɛnvɔɪ] *n.* Ⓒ①使者。②特使；公使。***peace*** **~** 和平使者。

***en·vy** [ˋɛnvɪ] *n.* ①Ⓤ嫉妒；羨慕。②(the ~)可羨慕的東西；被羨慕者。— *v.t.* 嫉妒；羨慕。

en·wrap [ɛnˋræp] *v.t.* (-pp-)①包；圍繞。②吸引；使心神貫注。

en·zyme [ˋɛnzaɪm] *n.* Ⓒ〖化〗酵素；酶。

EP extended play. 慢速唱片(每分鐘45轉)。

ep·au·let(te) [ˋɛpə,lɛt] *n.* Ⓒ〖軍〗肩章。

é·pée [eˋpe]〖法〗*n.* Ⓒ 西洋(鈍)劍。

e·phem·er·a [əˋfɛmərə] *n.* Ⓒ (*pl.* **~s, -ae** [-,i]) ①生命短促之物。②蜉蝣。

e·phem·er·al [əˋfɛmərəl] *adj.* ①朝生暮死的；瞬息的。②一天的。

***ep·ic** [ˋɛpɪk] *n.* Ⓒ 敍事詩；史詩。**—** *adj.* ①敍事詩的。②宏偉壯麗的。

ep·i·cen·ter, 〖英〗**-tre** [ˋɛpɪ,sɛntɚ] *n.* Ⓒ①震源；震央。②中心。

ep·i·cure [ˋɛpɪ,kjur] *n.* Ⓒ 講究飲食的人；美食家。

ep·i·cu·re·an [,ɛpɪkjuˋriən] *adj.* ①好美食的；享樂主義的。②(E-)伊比鳩魯(派)的。**—** *n.* Ⓒ ①美食家。②(E-)享樂主義者；伊比鳩魯派的人。

Ep·i·cu·re·an·ism [,ɛpɪkjuˋriən,ɪzəm] *n.* Ⓤ ① Epicurus 之哲學。②享樂主義。③(e-)美食主義。

Ep·i·cu·rus [,ɛpɪˋkjurəs] *n.* 伊比鳩魯(342? -270 B.C.，希臘哲學家)。

***ep·i·dem·ic** [,ɛpəˋdɛmɪk] *n.* Ⓒ ①流行性傳染病。②(式樣等的)流行。**—** *adj.* 流行性的；傳染性的。

ep·i·der·mis [,ɛpəˋdɝmɪs] *n.* Ⓤ Ⓒ〖解〗表皮；上皮。

ep·i·glot·tis [,ɛpəˋglɑtɪs] *n.* Ⓒ〖解〗會厭(軟骨)。

ep·i·gram [ˋɛpə,græm] *n.* Ⓒ ①雋語；警句。②諷刺短詩。

ep·i·gram·mat·ic [,ɛpəgrəˋmætɪk] *adj.* ①雋語的；(多)警句的。②諷刺的。

ep·i·graph [ˋɛpə,græf] *n.* Ⓒ 碑文；題銘；題詞。

ep·i·lep·sy [ˋɛpə,lɛpsɪ] *n.* Ⓤ〖醫〗癲癇症。

ep·i·lep·tic [,ɛpəˋlɛptɪk] *adj.* 癲癇的。**—** *n.* Ⓒ 癲癇症患者。

ep·i·log(ue) [ˋɛpə,lɔg] *n.* Ⓒ ①結語；尾聲。②(戲劇的)收場白。

ep·i·neph·rin(e) [,ɛpəˋnɛfrɪn, -rin] *n.* Ⓒ〖生化〗腎上腺素。

e·pis·co·pal [ɪˋpɪskəpl] *adj.* ①主教(統轄)的。②(E-)英國國教的。

E·pis·co·pa·lian [ɪ,pɪskəˋpeljən] *n.* Ⓒ①(e-)主教派教友。②聖公會教徒。**—** *adj.* ①(e-)主教統轄的。②＝**episcopal** ②.

***ep·i·sode** [ˋɛpə,sod, -,zod] *n.* Ⓒ ①(人生或詩歌中的)插曲。②〖樂〗插入曲。③〖影，視〗某一影集中之一齣。— **ep·i·sod′ic,** *adj.*

e·pis·te·mol·o·gy [ɪ,pɪstəˋmɑlədʒɪ] *n.* Ⓤ〖哲〗認識論。

***e·pis·tle** [ɪˋpɪsl] *n.* ①Ⓒ 書信。②(the E-)(新約聖經中的)使徒書。

e·pis·to·lar·y [ɪˋpɪstə,lɛrɪ] *adj.* ①書信的。②書信體的。

***ep·i·taph** [ˋɛpə,tæf] *n.* Ⓒ 墓誌銘。

ep·i·tha·la·mi·um [,ɛpɪθəˋlemɪəm] *n.* Ⓒ (*pl.* **~s, -mi·a** [-mɪə]) 祝婚詩歌。

ep·i·thet [ˋɛpə,θɛt] *n.* Ⓒ ①(描述特性之)修飾語；表述語。②附加於人名後之描述詞。③渾名；綽號。

e·pit·o·me [ɪˋpɪtəmɪ] *n.* Ⓒ ①梗概；大要。②縮影；典型。

e·pit·o·mize [ɪˋpɪtə,maɪz] *v.t.* 成爲…的精萃；摘要。

***ep·och** [ˋɛpək] *n.* Ⓒ ①新紀元。②時代；時期。— **al,** *adj.*

ep·och-mak·ing [ˋɛpək,mekɪŋ] *adj.* 開新紀元的；劃時代的。

eq·ua·ble [ˋɛkwəbl] *adj.* ①寧靜的；穩定的；一致的。②(法律等)公平的。— **eq·ua·bil′i·ty,** *n.* — **eq′·ua·bly,** *adv.*

‡e·qual [ˋikwəl] *adj.* ①相等的；同樣的〔常 to, with〕。②平等的。③勢均力敵的。~ ***to*** 能勝任…的。**—** *n.* Ⓒ 對手；相等物。**—** *v.t.* (**-l-,** 〖英〗**-ll-**)①等於。②可與…匹敵。 § ~ **sign**〖數〗等號(＝)。

***e·qual·i·ty** [ɪˋkwɑlətɪ] *n.* Ⓤ①相等；平等。②(平面、運動等)均等。

e·qual·i·za·tion [,ikwələˋzeʃən] *n.* Ⓤ①平均；平等化。②一律。

e·qual·ize [ˋikwəl,aɪz] *v.t.* ①使平等；使平均；使平衡。②使整齊劃一。**—** *v.i.* (與對手)得同分。

e·qual·iz·er [ˋikwəl,aɪzɚ] *n.* Ⓒ ①使平等者。②均值器。③〖電〗均壓器。④(比賽平手時的)分數。

***e·qual·ly** [ˋikwəlɪ] *adv.* 相等地；同樣地。

e·quate [ɪˋkwet] *v.t.* ①使相等。②相提並論。

e·qua·tion [ɪˋkweʒən] *n.* Ⓒ〖數，化〗等式；方程式。

***e·qua·tor** [ɪˋkwetɚ] *n.* (the ~) 赤道。— **e·qua·to′ri·al,** *adj.*

e·ques·tri·an [ɪˋkwɛstrɪən] *adj.*

騎馬的; 騎術的。— *n.* Ⓒ 騎馬者; 騎術家。— **ism,** *n.* Ⓤ 馬術。

e·qui·lat·er·al [ˌikwəˋlætərəl] *adj.* 等邊的。— *n.* Ⓒ ①等邊形。②相等的邊。

e·qui·lib·ri·um [ˌikwəˋlɪbrɪəm] *n.* Ⓤ ①平衡; 均衡。②(對抗因素、力量的)均勢。③心理的平衡。

e·quine [ˋikwaɪn] *adj.* (似)馬的。— *n.* Ⓒ 馬。

e·qui·noc·tial [ˌikwəˋnɑkʃəl] *adj.* ①晝夜平分(線)的。②春分的; 秋分的。

e·qui·nox [ˋikwəˌnɑks] *n.* Ⓒ ①春[秋]分。②晝夜平分點。

***e·quip** [ɪˋkwɪp] *v.t.* (**-pp-**) ①設備。②提供(知識、情感)。③穿著。

eq·ui·page [ˋɛkwəpɪdʒ] *n.* Ⓒ ①馬車、馬匹及其隨從。②裝備; 設備。③成套之用具。

***e·quip·ment** [ɪˋkwɪpmənt] *n.* Ⓤ ①設備。②才能。

eq·ui·ta·ble [ˋɛkwɪtəbl] *adj.* ①公平的; 公正的。②〖法律〗衡平法的。— **eq′ui·ta·bly,** *adv.*

eq·ui·ty [ˋɛkwətɪ] *n.* ① Ⓤ 公平; 公正。② Ⓤ 〖法律〗衡平法。③(*pl.*)普通股。

e·quiv·a·lence [ɪˋkwɪvələns] *n.* Ⓤ 等價; 等值; 等量; 同義。

***e·quiv·a·lent** [ɪˋkwɪvələnt] *adj.* ①相等的。②相當的。— *n.* Ⓒ ①相等物。②〖文法〗相當對應語。

e·quiv·o·cal [ɪˋkwɪvəkl] *adj.* ①意義不明顯的; 模稜兩可的。②未決的。③可疑的。— **ly,** *adv.*

e·quiv·o·cate [ɪˋkwɪvəˌket] *v.i.* 說模稜兩可之話; 矇混; 推托。— **e·quiv·o·ca′tion,** *n.*

-er 〖字尾〗①加於名詞後表與某物有關或居於某地之人, 如: hatter, cottager, New Yorker. ②加於名詞、名詞複合語或名詞片語之後表相屬之物或動作, 如: diner, double-header. ③加於動詞之後表做該動作之人或物, 如: sprayer, roller. ④加於若干形容詞及副詞之後形成比較級, 如: later, greater.

***e·ra** [ˋɪrə] *n.* Ⓒ ①(歷史上的)時代。②紀元。③〖地質〗代。

e·rad·i·cate [ɪˋrædɪˌket] *v.t.* 根除; 撲滅。— **e·rad′i·ca·ble,** *adj.* — **e·rad·i·ca′tion,** *n.*

e·rase [ɪˋres] *v.t.* ①擦掉; 抹去。②將(所錄之音)洗掉。③〖俚〗謀殺。

***e·ras·er** [ɪˋresɚ] *n.* Ⓒ ①橡皮擦; 黑板擦。②擦去之人或物。

e·ra·sure [ɪˋreʒɚ] *n.* ① Ⓤ 擦掉。② Ⓒ 刪除之字; 擦拭的痕跡。

ere [ɛr] *prep.* 前於…。— *conj.* ①在…以前。②與其…(寧願…)。

***e·rect** [ɪˋrɛkt] *adj.* 直立的; 豎起的。— *v.t.* ①豎立; 使直立。②建築; 建立。③拼起; 裝起。— **ly,** *adv.*

e·rec·tion [ɪˋrɛkʃən] *n.* ① Ⓤ 直立。② Ⓤ 建設。③ Ⓒ 建築物。④ Ⓤ Ⓒ 〖生理〗勃起。

er·e·mite [ˋɛrəˌmaɪt] *n.* Ⓒ 隱修士; 隱者。

erg [ɜg] *n.* Ⓒ 〖理〗爾格(功之單位)。

er·go·nom·ics [ˌɜgəˋnɑmɪks] *n.* Ⓤ 人類工程學; 人體工學(研究人與機械控制配合的工程學)。

er·is·tic [ɛˋrɪstɪk] *adj.* (亦作 **eristical**) 好爭論的。— *n.* ① Ⓒ 辯論家。② Ⓤ 辯論術。

er·mine [ˋɜmɪn] *n.* ① Ⓒ 〖動〗貂; 白鼬。② Ⓤ 貂皮; 白鼬毛皮。

e·rode [ɪˋrod] *v.t.* 侵蝕; 腐蝕。— *v.i.* 被侵蝕(away)。

E·ros [ˋɪrɑs] *n.* 〖希神〗伊羅士(戀愛之神, 與羅馬之 Cupid 相當)。

e·ro·sion [ɪˋroʒən] *n.* Ⓤ 侵蝕; 腐蝕; 沖蝕。— **e·ro′sive,** *adj.*

e·rot·ic [ɪˋrɑtɪk] *adj.* 性愛的; 色情的。— **e·rot′i·cism,** *n.*

e·rot·i·ca [ɪˋrɑtɪkə] *n. pl.* (常作 *sing.* 解)色情書刊[圖片]。

***err** [ɜ] *v.i.* ①做錯; 犯錯。②走入歧途; 犯罪。③偏差; 未中的。

***er·rand** [ˋɛrənd] *n.* Ⓒ ①跑腿; 差使。②使命; 任務。§ ∼ **bòy** 供差使之僮僕。

er·rant [ˋɛrənt] *adj.* ①漂泊的; 遊俠的。②錯誤的; 離正途的。

er·rant·ry [ˋɛrəntrɪ] *n.* Ⓤ 遊俠行爲; 武士精神。

er·rat·ic [əˋrætɪk] *adj.* ①不穩定的; 不確定的; 不規律的。②奇僻的; 奇怪的。— *n.* Ⓒ 古怪的人。

er·ra·tum [ɪˋretəm] *n.* Ⓒ (*pl.* **-ta** [-tə]) (書寫或印刷中之)錯誤。

er·ro·ne·ous [əˋronɪəs] *adj.* 錯誤的。

***er·ror** [ˋɛrɚ] *n.* ① Ⓒ 錯誤; 謬誤。② Ⓒ 過失。③ Ⓤ 謬見; 誤信。④ Ⓒ 〖數〗誤差。⑤ Ⓒ 〖棒球〗失誤。⑥ Ⓒ 〖法律〗誤審; 違法。

er·satz [ɛr`zɑts] *adj.* 代用的。
— *n.* Ⓒ代用品。
erst·while [`ɝst,hwaɪl] *adv.* & *adj.* 以前(的)。
e·ruct [ɪ`rʌkt], **e·ruc·tate** [ɪ`rʌktet] *v.t.* & *v.i.* 打嗝; 噴出。
er·u·dite [`ɛru,daɪt] *adj.* 博學的; 飽學的。— **ly,** *adv.*
er·u·di·tion [,ɛru`dɪʃən] *n.* Ⓤ學識; 博學。
e·rupt [ɪ`rʌpt] *v.i.* ①爆發; 迸出。②發疹。③長牙; 生齒。**—** *v.t.* 迸出; 噴出。— **e·rup'tive,** *adj.*
***e·rup·tion** [ɪ`rʌpʃən] *n.* ⓊⒸ ①(火山之)爆發。②(泉水之)噴出。③〖醫〗出疹。④(牙齒的)長出。
er·y·sip·e·las [,ɛrə`sɪpləs] *n.* Ⓤ〖醫〗丹毒。
e·ryth·ro·cyte [ɪ`rɪθro,saɪt] *n.* Ⓒ〖解〗紅血球。
es·ca·lade [,ɛskə`led] *n.* Ⓤ 用梯攀登。**—** *v.t.* 用梯攀登。
es·ca·late [`ɛskə,let] *v.t.* & *v.i.* ①增強; 升高; 擴大。②(物價)上漲。— **es·ca·la'tion,** *n.*
***es·ca·la·tor** [`ɛskə,letɚ] *n.* Ⓒ①自動梯。②升降之方法、工具。③步步高昇。§ ∼ **clause**(勞資協定中有關工資等的)伸縮條款。
es·ca·pade [`ɛskə,ped] *n.* ⓊⒸ胡作非爲的惡作劇; 大膽妄爲。
‡**es·cape** [ə`skep, ɪ-, ɛ-] *v.i.* ①逃脫; 逃走[from]。②逸出; 漏出。③免除(懲罰等)。④溜走。**—** *v.t.* ①逃避。②免受。③逸出。④未注意; 忘記。**—** *n.* ①ⓊⒸ脫逃; 逃。②Ⓒ逃脫之方法。③Ⓤ解悶; 消遣。④Ⓒ漏水; 漏氣。§ ∼ **clause** 免責條款(契約中言明在某種情況下簽字者可不負責任之條款)。
es·cap·ee [əs,ke`pi, ɪs-, ɛs-] *n.* Ⓒ逃亡者; 逃獄者; 亡命之徒。
es·cape·ment [ə`skepmənt] *n.* Ⓒ①鐘錶內控制擺或擺輪速度之裝置。②打字機管制捲軸活動之裝置。
es·cap·ism [ə`skepɪzəm] *n.* Ⓤ逃避現實。
es·cap·ist [ə`skepɪst] *adj.* 逃避主義的。**—** *n.* Ⓒ逃避現實者。
es·carp·ment [ɛ`skɑrpmənt] *n.* Ⓒ懸崖; 絕壁。
-escence 〖字尾〗名詞字尾, 表「動作; 歷程; 變化; 情狀」之義。
es·cha·tol·o·gy [,ɛskə`tɑlədʒɪ] *n.* Ⓤ〖神學〗末世學; 終世論(研究死亡、世界末日、來世等之學問)。
es·chew [ɛs`tʃu] *v.t.* 避開; 遠離。—**al,** *adj.* & *n.*
***es·cort** [`ɛskɔrt] *n.* ①Ⓒ護送者; 護衛隊。②Ⓤ護送; 護衛。③Ⓒ護花使者。**—** [ɪ`skɔrt] *v.t.* 護送; 護航。
es·cutch·eon [ɪ`skʌtʃən] *n.* Ⓒ飾有紋章的盾。***a blot on one's*** ∼ 名譽上的污點。
-ese 〖字尾〗名詞或形容詞字尾, 表「地方; 國家; 語言; 文體; 人民或居住者」之義, 如: Chinese, Japanese.
***Es·ki·mo** [`ɛskə,mo] *n.* Ⓒ (*pl.* ∼, ∼**s**)愛斯基摩人。**—** *adj.* 愛斯基摩人的。— **Es·ki·mo'an,** *adj.*
ESL English as a second language. 當作第二語言的英語。

e·soph·a·gus [i`sɑfəgəs] *n.* Ⓒ (*pl.* **-gi** [-,dʒaɪ])食道。
es·o·ter·ic [,ɛsə`tɛrɪk] *adj.* ①祕傳的; 奧祕的。②私的; 祕密的。③祕教的。
ESP extrasensory perception.
***es·pe·cial** [ə`spɛʃəl] *adj.* 特別的; 特殊的; 格外的。
‡**es·pe·cial·ly** [ə`spɛʃəlɪ] *adv.* 特別地; 主要地; 多半; 尤其。
Es·pe·ran·to [,ɛspə`rɑnto] *n.* Ⓤ世界語(1887年 Dr. Zamenhof 所創)。— **Es·pe·ran'tist,** *n.*
es·pi·al [ɪ`spaɪəl] *n.* Ⓤ①偵察; 監視。②看出; 發現。
es·pi·o·nage [`ɛspɪənɪdʒ] *n.* Ⓤ間諜活動。
es·pla·nade [,ɛsplə`ned] *n.* Ⓒ①(海邊)遊憩場。②要塞與城市房屋間之空地。
es·pous·al [ɪ`spaʊzl] *n.* ①ⓊⒸ(主義、學說的)採納; 擁護。②Ⓒ(常 *pl.*)訂婚(典禮); 結婚(典禮)。
es·pouse [ɪ`spaʊz] *v.t.* ①嫁; 娶。②採取; 贊助。③信奉。
es·prit [ɛ`spri] *n.* Ⓤ 機智; 聰明。∼ ***de*** [də] ***corps*** 團隊精神。
es·py [ə`spaɪ] *v.t.* 看出; 探出。
Esq., Esqr. Esquire.
Es·quire [ə`skwaɪr] *n.* …先生(放在一個男人姓名後面的尊稱, 例如: John Jones, *Esquire*).
-ess 〖字尾〗名詞字尾, 表「陰性; 女性」之義。
***es·say** [`ɛsɪ, `ɛse] *n.* Ⓒ①文章; 論說文。②[ɛ`se, `ɛse] 試驗; 企圖; 嘗

試。—[əˋse, εˋse] *v.t.* 嘗試；企圖。

es·say·ist [ˋεse·ɪst] *n.* Ⓒ 論說文作家；隨筆作家；散文家。

***es·sence** [ˋεsṇs] *n.* ①Ⓤ本質；精髓；要素。②ⓊⒸ香水。③ⓊⒸ精；素。④Ⓤ〖哲〗存在。

***es·sen·tial** [əˋsεnʃəl] *adj.* ①基本的；重要的；必要的。②本質的；實質的。—*n.* Ⓒ (常*pl.*)要素；要點；本質；精髓。—**ly,** *adv.*

E.S.T., EST, e.s.t. Eastern Standard Time. 〖美〗東部標準時間。

-est 〖字尾〗表形容詞或副詞之最高級。

‡**es·tab·lish** [əˋstæblɪʃ] *v.t.* ①建立；設立。②確立；認可。③證實。④執業；開業。⑤住定；定居。⑥安置；使任…職。

es·tab·lished [əˋstæblɪʃt] *adj.* ①已確立的；基礎鞏固的。②已制定的；已設立的。

***es·tab·lish·ment** [əˋstæblɪʃmənt] *n.* ①Ⓤ建立；確立；固定。②Ⓒ建築物(如工廠、商店等)。③Ⓤ〖軍〗編制；組織。④Ⓤ員額；定員。⑤Ⓒ家庭。

***es·tate** [əˋstet] *n.* ①Ⓒ地產。②Ⓤ(人生的)時期。③Ⓒ社會階級。④Ⓒ〖英〗社區。⑤Ⓤ〖法律〗財產。personal ～ 動產。real ～ 房地產；不動產。

***es·teem** [əˋstim] *v.t.* ①尊敬；尊重。②認爲；想；諒。—*n.* Ⓤ尊重；尊敬。

es·thete [ˋεsθit] *n.* =**aesthete.**

es·thet·ics [εsˋθεtɪks] *n.* =**aesthetics.**

es·ti·ma·ble [ˋεstəməbḷ] *adj.* ①值得尊敬的。②可估計的。

***es·ti·mate** [ˋεstəmɪt] *n.* Ⓒ意見；估計；評價；判斷。—[ˋεstəˌmet] *v.t.* & *v.i.* 評價；評定；估計。

***es·ti·ma·tion** [ˌεstəˋmeʃən] *n.* Ⓤ①判斷；估計。②敬重。③預算。

Es·to·ni·a [εsˋtonɪə] *n.* 愛沙尼亞(波羅的海沿岸小國，首都 Tallinn)。

es·trange [əˋstrendʒ] *v.t.* ①使疏遠。②隔離；遠離。—**ment,** *n.*

es·tro·gen [ˋεstrədʒən] *n.* Ⓤ〖生化〗雌激素；動情激素。

es·tu·ar·y [ˋεstʃυˌεrɪ] *n.* Ⓒ(河流的)入海口。

-et 〖字尾〗表「小」之義，如：islet.

et al. 〖拉〗et alibi (=and elsewhere). 以及其它地方；〖拉〗et alii (=and others). 以及其它者。

***etc.** 〖拉〗et cetera. 及其他；等等。

et cet·er·a [εtˋsεtərə, -ˋsεtrə] 〖拉〗*adv.* 及其他；等等。

etch [εtʃ] *v.t.* ①蝕刻(銅版等)。②將…深印[銘記]。—*v.i.* 製作蝕刻畫。

etch·ing [ˋεtʃɪŋ] *n.* ①Ⓒ蝕刻版畫。②Ⓤ蝕刻術；蝕刻法。

***e·ter·nal** [ɪˋtɝnḷ] *adj.* ①永恆的；不變的。②不滅的；永生的。③不停的。—*n.* ①(the E-)上帝。②(the ～)永恆不變之事物。§ **the ～ tríangle** (男女間的)三角關係。

***e·ter·ni·ty** [ɪˋtɝnətɪ] *n.* ①Ⓤ永恆；無窮。②Ⓤ來世；永世。③(an ～)很長久的時間。④(*pl.*)不變的眞理或事實。

e·ther [ˋiθɚ] *n.* Ⓤ ①〖化〗醚。②(the ～) 上空；太空。③〖理〗以太。④〖俗〗無線電廣播。

e·the·re·al [ɪˋθɪrɪəl] *adj.* ①輕的；如空氣的。②纖弱的；淸輕的。③天上的。④上空的。⑤〖化〗醚的。

eth·ic [ˋεθɪk] *adj.* =**ethical.** —*n.* Ⓒ道德規範；倫理。

eth·i·cal [ˋεθɪkḷ] *adj.* ①倫理的；道德的。②倫理學的。③〖藥〗憑處方出售的。—**ly,** *adv.*

***eth·ics** [ˋεθɪks] *n.* ①Ⓤ倫理學。②(作*pl.*解)倫常；道德。

E·thi·o·pi·a [ˌiθɪˋopɪə] *n.* 衣索比亞(非洲東部之一國)。

E·thi·o·pi·an [ˌiθɪˋopɪən] *adj.* 衣索比亞(人)的。—*n.* Ⓒ①衣索比亞人。②黑人。

eth·nic, -ni·cal [ˋεθnɪk(ḷ)] *adj.* ①種族的；人種的。②人種學的。③異教徒的。④民族的(尤指原始的)。

ethno- 〖字首〗表「種族；民族」之義。

eth·no·log·ic, -i·cal [ˌεθnəˋlɑdʒɪk(ḷ)] *adj.* 人種學的。

eth·nol·o·gy [εθˋnɑlədʒɪ] *n.* Ⓤ人種學。—**eth·nol'o·gist,** *n.*

e·thos [ˋiθɑs] *n.* Ⓒ①性格；氣質。②〖社會〗民族精神；社會思潮；風氣。

eth·yl [ˋεθəl] *n.* Ⓤ〖化〗乙基。

eth·yl·ene [ˋεθəˌlin] *n.* Ⓤ〖化〗乙烯。

***et·i·quette** [ˋεtɪˌkεt] *n.* Ⓤ禮節；禮法；禮儀。

é·tude [eˋtjud] 〖法〗*n.* Ⓒ〖樂〗練習曲。

et·y·mo·log·i·cal [ˌεtəməˋlɑdʒɪkḷ] *adj.* 語源(學)的。—**ly,** *adv.*

***et·y·mol·o·gy** [ˌɛtəˋmɑlədʒɪ] *n.* ①Ⓒ語源。②Ⓤ語源學。

eu·ca·lyp·tus [ˌjukəˋlɪptəs] *n.* Ⓒ(*pl.* **~es, -ti** [-taɪ])尤加利樹。

Eu·cha·rist [ˋjukərɪst] *n.* (the ~)①聖餐。②聖餐之麵包與酒。

eu·clase [ˋjukles] *n.* Ⓤ〖礦〗藍柱石。

Eu·clid [ˋjuklɪd] *n.* ①歐幾里得(希臘數學家，約生於紀元前三世紀，被稱爲幾何學之父)。②Ⓤ歐氏幾何學。—**Eu·clid′e·an,** *adj.*

eu·gen·ic, -i·cal [juˋdʒɛnɪk(l̩)] *adj.* 有優良之遺傳質的。

eu·gen·ics [juˋdʒɛnɪks] *n.* Ⓤ優生學；人種改良學。—**eu·gen·ist** [ˋjudʒənɪst], *n.* Ⓒ優生學家。

eu·lo·gist [ˋjulədʒɪst] *n.* Ⓒ述說或寫作頌詞之人；頌揚者。

eu·lo·gize [ˋjuləˌdʒaɪz] *v.t.* 稱讚；頌揚。

eu·lo·gy [ˋjulədʒɪ] *n.* ①Ⓒ頌詞。②Ⓤ頌揚。

eu·nuch [ˋjunək] *n.* Ⓒ①閹人。②太監；宦官。

eu·phe·mism [ˋjufəˌmɪzəm] *n.* ①Ⓒ委婉話；婉言。②Ⓤ委婉的說法。—**eu′phe·mist,** *n.*

eu·phe·mis·tic [ˌjufəˋmɪstɪk] *adj.* 婉曲的；委婉說法的。

eu·phon·ic [juˋfɑnɪk] *adj.* ①和諧的；悅耳的。②使發音變爲容易的。

eu·pho·ni·ous [juˋfonɪəs] *adj.* 和諧的；悅耳的。

eu·pho·ny [ˋjufənɪ] *n.* ⓊⒸ①悅耳之音。②諧音；使聲音變爲容易發出之趨勢。

eu·pho·ri·a [juˋforɪə] *n.* Ⓤ〖心〗幸福感。—**eu·phor′ic,** *adj.*

Eu·phra·tes [juˋfretiz] *n.* (the~)幼發拉底河(在亞洲西南部，其流域是古文明的發祥地)。

eu·phu·ism [ˋjufjuˌɪzm̩] *n.* ①Ⓤ誇飾之文體。②Ⓒ華麗之詞藻。—**eu·phu·is′tic,** *adj.*

Eur·a·sia [juˋreʒə] *n.* 歐亞大陸。

Eur·a·sian [juˋreʒən] *adj.* ①歐亞(人)的。②歐亞混血的。—*n.* Ⓒ歐亞混血兒。

eu·re·ka [juˋrikə] *interj.* 我找到了(=I have found it! 歡呼用語)。

Eu·rip·i·des [juˋrɪpəˌdiz] *n.* 尤里披蒂斯(480? -406B.C., 希臘悲劇作家)。—**Eu·rip·i·de′an,** *adj.*

Eu·ro·bond [ˋjurəˌbɑnd] *n.* Ⓒ(美國或非歐洲之機構在歐洲發行、上市的)歐洲債券。

Eu·ro·cur·ren·cy [ˋjurəˌkɜənsɪ] *n.* Ⓤ歐洲通貨。

Eu·ro·dol·lar [ˋjurəˌdɑlə] *n.* Ⓒ歐洲美元(存於歐洲各銀行的美金存款)。

Eu·ro·mar·ket [ˋjurəˌmɑrkɪt] *n.* (the ~)歐洲市場。

‡**Eu·rope** [ˋjurəp] *n.* 歐洲。

***Eu·ro·pe·an** [ˌjurəˋpiən] *adj.* 歐洲(人)的。—*n.* Ⓒ歐洲人。§ **the ∼ Económic Commúnity** 歐洲經濟共同體。**the ∼ Recóvery Prógram** 歐洲復興計畫。

eu·tha·na·sia [ˌjuθəˋneʒə] *n.* Ⓤ安樂死。「境優生學。」

eu·then·ics [juˋθɛnɪks] *n.* Ⓤ環

Eu·to·pi·a [juˋtopɪə] *n.* 烏托邦。

e·vac·u·ate [ɪˋvækjuˌet] *v.t.* ①撤退；撤離。②撤空。③疏散。④使空；清除。⑤剝奪。—*v.i.* ①撤退。②使空。—**e·vac·u·a′tion,** *n.*

e·vac·u·ee [ɪˋvækjuˌi] *n.* Ⓒ撤離的人；疏散者。「避。」

***e·vade** [ɪˋved] *v.t.* 規避；逃避；閃

e·val·u·ate [ɪˋvæljuˌet] *v.t.* 評價；估計。—**e·val·u·a′tion,** *n.*

ev·a·nesce [ˌɛvəˋnɛs] *v.i.* 逐漸消失；消散。—**ev·a·nes′cence,** *n.*

ev·a·nes·cent [ˌɛvəˋnɛsənt] *adj.* ①(逐漸)消失的。②瞬息的；短暫的。—**ly,** *adv.*

e·van·gel [ɪˋvændʒəl] *n.* Ⓒ①福音；佳音。②(E-)四福音書之一。③主義；指導原則。④=**evangelist.**

e·van·gel·i·cal [ˌivænˋdʒɛlɪkl̩] *adj.* (亦作**evangelic**)①福音的。②新教會的(強調信基督而得救，儀式爲次要者)。③熱衷的。—*n.* Ⓒ福音主義者。—**ism,** *n.* Ⓤ福音主義。

e·van·ge·lism [ɪˋvændʒəˌlɪzəm] *n.* Ⓤ①傳播福音。②福音主義。③傳教之熱誠或活動。

e·van·ge·list [ɪˋvændʒəlɪst] *n.* Ⓒ①傳福音者。②(E-)四福音作者。

e·van·ge·lize [ɪˋvændʒəˌlaɪz] *v.t.* ①以福音教化之；佈道。②使皈依基督教。—*v.i.* 傳福音。

***e·vap·o·rate** [ɪˋvæpəˌret] *v.t.* ①蒸發。②去…的水分；使脫水。③使消失。—*v.i.* ①失去水分；蒸乾。②散發濕氣。③消失。§ **∼d mílk** 無糖煉乳。—**e·vap′o·ra·tor,** *n.*

***e·vap·o·ra·tion** [ɪ,væpə`reʃən] *n.* Ⓤ ①蒸發；蒸散；脫水。②消散；消失。

e·va·sion [ɪ`veʒən] *n.* ⓊⒸ ①逃避；規避。②支吾搪塞；矇混。③逃脫。

e·va·sive [ɪ`vesɪv] *adj.* ①逃避的；迴避的。②不可捉摸的。— **ly,** *adv.*

***eve** [iv] *n.* ①Ⓒ前夕；前日。②〖詩〗=**evening.**

Eve [iv] *n.* 夏娃 (Adam之妻，聖經中所謂世界最初的女人)。

‡**e·ven**¹ [`ivən] *adj.* ①平的；平坦的。②相齊的；同高的。③正規的；均勻的；沉靜的。④相等的。⑤(數目)偶數的。⑥整數的。an ~ mile 恰好一英里。⑦公正的。⑧不欠情的；兩相抵的。***get ~ with*** 報復。***of ~ date*** 同一日。**—** *v.t.* ①使平；使相等。②使平坦。③使得失相當〔常 up〕。**—** *adv.* ①正(當)；恰好。②即使；甚至；就是。③愈加；更加〔more, better〕。④完全地；很。⑤平坦地。***break ~*** 得失相等；不輸也不贏。***~ if*** [***though***] 縱使；即令。— **ness,** *n.*

e·ven² *n.* Ⓤ〖古〗晚；暮。

e·ven·hand·ed [`ivən`hændɪd] *adj.* 不偏不倚的；公正的。

‡**eve·ning** [`ivnɪŋ] *n.* ①ⓊⒸ晚間；夕；暮。②Ⓒ(…之)夜；晚會。③(the ~)晚年；末路；衰退期。§ **~ clàss** 夜校班。**~ clòthes** [**drèss**] 晚禮服。**~ edìtion** [**pàper**] 晚報。**~ schòol** 夜校。**~ stùdent** 夜校學生。

***e·ven·ly** [`ivənlɪ] *adv.* ①平坦地；均勻地。②速度大約相等地。

e·ven·song [`ivən,sɔŋ] *n.* Ⓤ (常 E-)英國國教[天主教]之晚禱。

‡**e·vent** [ɪ`vɛnt] *n.* Ⓒ①(重要的)事；事件。②結果。③〖運動〗項目。***at all ~s; in any ~*** 無論如何。***in the ~ of*** 設若。

e·ven-tem·pered [`ivən`tɛmpəd] *adj.* 鎮定的；不易生氣的。

e·vent·ful [ɪ`vɛntfəl] *adj.* ①多事故的。②重大的；重要的。— **ly,** *adv.*

e·ven·tide [`ivən,taɪd] *n.* Ⓤ〖詩〗日暮；黃昏。

e·ven·tu·al [ɪ`vɛntʃuəl] *adj.* 結果的；最後的；可能的。— **ly,** *adv.*

e·ven·tu·al·i·ty [ɪ,vɛntʃu`ælətɪ] *n.* Ⓒ可能性；可能發生的事件。

e·ven·tu·ate [ɪ`vɛntʃu,et] *v.i.* 結果；終歸〔常 in〕。

‡**ev·er** [`ɛvə] *adv.* ①曾；曾經(用於現在、現在完成及過去疑問句中)；無論何時(用於條件句及否定句中)。②究竟；到底(與疑問詞連用)；的確。③永遠。④如果；要是(用以強調驚奇、不耐等)。**~ *since*** 自從。**~ *so*** [〖俚〗***such***] 非常 (=very). ***for ~ (and ~); for ~ and a day*** 永遠；永久。***hardly ~*** 很少；幾乎不。

ever- 〖字首〗表示「永遠」之義。

Ev·er·est [`ɛvrɪst] *n.* (Mount ~) 埃弗勒斯峰(又稱珠穆朗瑪峰或聖母峰，爲世界最高峰，高 8,848 公尺)。

ev·er·glade [`ɛvə,gled] *n.* Ⓒ 沼澤地；溼地。***the Everglades***(美國 Florida 州南部之)大沼澤地。

***ev·er·green** [`ɛvə,grin] *adj.* 常綠的(樹)。**—** *n.* ①Ⓒ常綠植物；常綠樹。②(*pl.*)裝綵用的常綠樹枝。§ **É- Stàte** 美國華盛頓州的別稱。

***ev·er·last·ing** [,ɛvə`læstɪŋ] *adj.* ①永恆的。②持續太久的；令人厭倦的。**—** *n.* ①Ⓤ永恆。②(the E-)永恆者(=God). — **ly,** *adv.*

ev·er·more** [,ɛvə`mor] *adv.* ①經常。②永久。for ~*** 永遠。

‡**eve·ry** [`ɛvrɪ, `ɛvərɪ] *adj.* ①每；每一；所有的。②所有可能的；最大可能的。**~ *bit*** **a.** 全部。**b.** 完全。**~ *now and then*** [***again***]時時；不時。**~ *other*** **a.** 每隔一。**b.** 所有其他的。**~ *time*** 〖俗〗無例外地。**~ *way*** 從各方面看。

‡**eve·ry·bod·y** [`ɛvrɪ,badɪ] *pron.* 每個人；人人。

***eve·ry·day** [`ɛvrɪ`de] *adj.* ①每天的；日常的。②平日的。

‡**eve·ry·one** [`ɛvrɪ,wʌn] *pron.* = **everybody.**

‡**eve·ry·thing** [`ɛvrɪ,θɪŋ] *pron.* ①每樣[一切]事物。②重於一切者。

‡**eve·ry·where** [`ɛvrɪ,hwɛr] *adv.* 到處；處處。**—** *conj.* 無論何處。**—** *n.* Ⓤ〖俗〗所有的地方；到處。

e·vict [ɪ`vɪkt] *v.t.* ①(依法律程序自土地或建築物中)逐出；驅逐(租戶)。②追還(財產)。— **e·vic'tion,** *n.*

‡**ev·i·dence** [`ɛvədəns] *n.* Ⓤ ①證據。②證詞；作證據 ③跡象；痕跡。***in ~*** 顯然可見。**—** *v.t.* ①顯示。②證明。

***ev·i·dent** [`ɛvədənt] *adj.* 明白的；明顯的。— **ly,** *adv.*

‡**e·vil** [`ivl] *adj.* ①邪惡的；罪惡的。②有害的；不吉的。③不幸的。**—** *n.*

①Ⓤ邪惡；罪惡。②Ⓒ弊害；弊病。 — *adv.* 邪惡地。*speak ~ of*講(人)壞話。§ the É- Ône 惡魔(指Satan). — **ly,** *adv.* 「事者。」
e·vil·do·er [ˌivl̩ˋduɚ] *n.* Ⓒ做壞
e·vil-mind·ed [ˋivl̩ˋmaɪndɪd] *adj.* 惡毒的；黑心的。
e·vince [ɪˋvɪns] *v.t.* 表明；表示。
e·vis·cer·ate [ɪˋvɪsəˌret] *v.t.* ①剜除(動物)的腸[內臟]。②刪除…的重要部分。「的。」
ev·i·ta·ble [ˋɛvətəbl̩] *adj.* 可避免
e·voc·a·tive [ɪˋvɑkətɪv] *adj.* 喚起的；召喚的。
e·voke [ɪˋvok] *v.t.* ①喚起；引起。②使追憶。 — **ev·o·ca·tion** [ˌɛvoˋkeʃən], *n.*
*__ev·o·lu·tion__ [ˌɛvəˋluʃən, -ˋlju-] *n.* ①Ⓤ進化；發展。②Ⓤ進化論。③Ⓒ〖軍〗機動演習。④Ⓤ〖數〗開方。 — **al,** *adj.*
ev·o·lu·tion·a·ry [ˌɛvəˋluʃənˌɛrɪ] *adj.*①進化的；開展的。②進化論的。③機動演習的。
*__e·volve__ [ɪˋvɑlv] *v.t.*①發展；計畫。②放出；放射出。③引出；推理。④〖生物〗進化。 — *v.i.* 演變；進化。 — **ment,** *n.*
ewe [ju] *n.* Ⓒ母羊。
ew·er [ˋjuɚ] *n.* Ⓒ (大口)水罐。
ex [ɛks] *n.* Ⓒ〖俗〗前夫；前妻。
ex-〖字首〗①表「由…出來；從」之義，如：*ex*port. ②表「完全」之義，如：*ex*terminate. ③表「前…」之義，如：*ex*-president.
ex·ac·er·bate [ɪgˋzæsɚˌbet] *v.t.* ①使(病、痛等)加劇；加重。②激怒。 — **ex·ac·er·ba'tion,** *n.*
*__ex·act__ [ɪgˋzækt] *adj.* ①正確的；精確的。②嚴格的；嚴厲的。 — *v.t.* ①需要。②要求；堅持地要求。
ex·act·ing [ɪgˋzæktɪŋ] *adj.* ①苛求的。②費力的。③強取的。
ex·ac·tion [ɪgˋzækʃən] *n.* ①Ⓤ勒索；強取。②Ⓒ索取之物；稅。
ex·ac·ti·tude [ɪgˋzæktəˌtjud] *n.* Ⓤ正確；精密；嚴正。
ex·act·ly [ɪgˋzæktlɪ, ɪgˋzæklɪ] *adv.* 精確地；正確地；完全地。
ex·ag·ger·ate [ɪgˋzædʒəˌret] *v.t.* & *v.i.* 誇大；誇張。
ex·ag·ger·at·ed [ɪgˋzædʒəˌretɪd] *adj.* ①誇張的；誇大的。②過度擴大的。 — **ly,** *adv.*
*__ex·ag·ger·a·tion__ [ɪgˌzædʒəˋreʃən] *n.* ①Ⓤ誇張；過大。②Ⓒ誇大詞。③ⓊⒸ〖美術〗誇大之表現。
*__ex·alt__ [ɪgˋzɔlt] *v.t.*① 擢升；提高。②使得意。③讚揚。④刺激(想像力等)。⑤加強(如顏色等)。
ex·al·ta·tion [ˌɛgzɔlˋteʃən] *n.* Ⓤ①(榮譽等之)提高；擢升；讚揚。②意氣揚揚；狂喜。③〖冶金〗精鍊。
ex·alt·ed [ɪgˋzɔltɪd] *adj.* ①高尚的；高貴的。②意氣揚揚的。
ex·am [ɪgˋzæm] *n.* Ⓒ〖俗〗考試(＝examination).
exam. examination; examine; examined; examinee; examiner.
*__ex·am·i·na·tion__ [ɪgˌzæməˋneʃən] *n.* ①ⓊⒸ檢查。②ⓊⒸ審問。③Ⓒ考試。
‡**ex·am·ine** [ɪgˋzæmɪn] *v.t.* ①檢查。②考試。③審問。④驗屍。⑤調查。「應試者。」
ex·am·i·nee [ɪgˌzæməˋni] *n.* Ⓒ
ex·am·in·er [ɪgˋzæmɪnɚ] *n.* Ⓒ主考者；審問者；檢查者。
‡**ex·am·ple** [ɪgˋzæmpl̩] *n.* Ⓒ①實例。②樣本。③模範。④警告。*for ~* 例如。*make an ~ of somebody* 懲一以儆百。*set an ~ of somebody* 給某人樹立一個楷模。
ex·as·per·ate [ɛgˋzæspəˌret, ɪg-] *v.t.* 激怒；使(病苦、憤怒等)增劇。 — **ex·as'per·at·ing,** *adj.*
ex·ca·vate [ˋɛkskəˌvet] *v.t.* ①挖空。②挖掘(洞穴、隧道等)；挖出。 — **ex'ca·va·tor,** *n.*
*__ex·ca·va·tion__ [ˌɛkskəˋveʃən] *n.* ①ⓊⒸ挖掘；發掘。②Ⓒ挖掘之洞穴；發掘物。
*__ex·ceed__ [ɪkˋsid] *v.t.* & *v.i.* 越過；超過；駕乎…之上。
*__ex·ceed·ing__ [ɪkˋsidɪŋ] *adj.* 非常的；過度的。 — **ly,** *adv.*
*__ex·cel__ [ɪkˋsɛl] *v.t.* (-ll-)優於；勝過。 — *v.i.* 特出；擅長。
*__ex·cel·lence__ [ˋɛkslə ns] *n.* ①Ⓤ特優；傑出。②Ⓒ優點；美德。
*__ex·cel·len·cy__ [ˋɛksl̩ənsɪ] *n.* Ⓒ(常E-)對顯貴者之尊稱。*Your E-* 大人；閣下(對總統、省長、大使、主教等之尊稱語)。
‡**ex·cel·lent** [ˋɛksl̩ənt] *adj.* 最優的；特優的。 — **ly,** *adv.*
ex·cel·si·or[1] [ɪkˋsɛlsɪɔr] *adj.* 精益求精的(美國紐約州的箴言)。

E

ex·cel·si·or² [ɪk`sɛlsɪɚ] *n.* Ⓤ 細鉋花(用以填充墊子等者)。

‡**ex·cept** [ɪk`sɛpt] *prep.* 除…之外。～ *for* 除去…一點之外; 祇是(有表惋惜之意)。— *v.t.* 不包括…在內。— *v.i.*反對〔常to, against〕。— *conj.* ①除去…一點之外; 祇可惜〔常 that〕。②〖古〗除非(=unless)。

ex·cept·ed [ɪk`sɛptɪd] *adj.* 除外的; 例外的。nobody ～ 無人例外。

ex·cept·ing [ɪk`sɛptɪŋ] *prep.* 除…外。

***ex·cep·tion** [ɪk`sɛpʃən] *n.* ①Ⓒ 例外。②Ⓤ 除外。③Ⓤ〖法律〗異議。*make an ～ of* 把…除外。*take ～ to* a.反對。b.生氣。*without* ～沒有例外。*with the ～ of* 除…之外。

***ex·cep·tion·al** [ɪk`sɛpʃənl] *adj.* ①例外的; 特別的。②優秀的。

ex·cerpt [`ɛksɝpt] *n.* Ⓒ 選錄; 引述; 摘錄。—[ɪk`sɝpt] *v.t.* 摘錄。

***ex·cess** [ɪk`sɛs] *n.* ①Ⓤ 過多之量; 過度; 過分。②Ⓤ (又作 an ～)超額; 超過數。an ～ of imports 入超。③(*pl.*)暴行。④Ⓤ 飲食煙酒等的無節制。*in ～ of* 較…爲多。*to ～* 過度。— *adj.* 超額的。

***ex·ces·sive** [ɪk`sɛsɪv] *adj.* 過度的; 極度的。— **ly,** *adv.*

‡**ex·change** [ɪks`tʃendʒ] *v.t.* ①交換; 互換。②掉換。— *v.i.* ①交換。②調換。③兌換。— *n.* ①ⓊⒸ 交換; 交易。②Ⓒ 所交換之物。③Ⓒ 交易所。④Ⓒ (電話總局的)交換臺; 電話總機。⑤Ⓤ (外幣的)兌換。an ～ bank匯兌銀行。⑥Ⓤ (外幣的)匯率。*in ～ (for)* 交換。§ ～ **ràte** 匯率。～ **stùdent** [**tèacher**] 交換學生[教師]。

ex·change·a·ble [ɪks`tʃendʒəbl̩] *adj.* 可交換的; 可更換的; 可兌換的。

ex·cheq·uer [ɪks`tʃɛkɚ] *n.* ①(*sing.*)國庫。②Ⓒ (常 the ～)〖俗〗財源。③(E-)英國的財政部。

ex·cis·a·ble [ɪk`saɪzəbl̩] *adj.* ①應課稅的。②可切除的。

ex·cise¹ [ɪk`saɪz] *n.* Ⓒ (常the ～)國產稅; (煙、酒等之)消費稅。— *v.t.* 課以國產稅。

ex·cise² *v.t.* ①切除。②刪除。— **ex·ci·sion** [ɪk`sɪʒən], *n.*

ex·cit·a·ble [ɪk`saɪtəbl̩] *adj.* 易興奮的。

ex·cit·ant [ɪk`saɪtənt] *adj.* 刺激性的。— *n.* ⓊⒸ 刺激物; 興奮劑。

ex·ci·ta·tion [ˌɛksaɪ`teʃən] *n.* Ⓤ刺激; 鼓舞。

‡**ex·cite** [ɪk`saɪt] *v.t.* ①激動; 鼓舞。②引起; 招惹。③〖生理〗刺激。

ex·cit·ed [ɪk`saɪtɪd] *adj.*①興奮的。②活躍的。— **ly,** *adv.*

***ex·cite·ment** [ɪk`saɪtmənt] *n.* ①Ⓤ 興奮; 刺激; 騷動。②Ⓒ 引起刺激或騷動之事物。

***ex·cit·ing** [ɪk`saɪtɪŋ] *adj.* 鼓舞的; 令人興奮的。

‡**ex·claim** [ɪk`sklem] *v.i.* & *v.t.* 呼喊; 驚叫; 大呼。

***ex·cla·ma·tion** [ˌɛksklə`meʃən] *n.* ①Ⓤ 呼喊; 感嘆。②Ⓒ 感嘆詞。③Ⓒ 感嘆句。§ ～ **màrk** [**pòint**] 感嘆號(！)。

ex·clam·a·to·ry [ɪk`sklæməˌtorɪ] *adj.* 驚嘆的; 感嘆的。

***ex·clude** [ɪk`sklud] *v.t.* ①拒絕; 除去。②逐出; 排除。

ex·clud·ing [ɪk`skludɪŋ] *prep.* 除去; 不包括。

ex·clu·sion [ɪk`skluʒən] *n.* Ⓤ ①拒絕; 除去。②排斥; 排外。*to the ～ of* 排斥; 把…除外。

***ex·clu·sive** [ɪk`sklusɪv] *adj.* ①不許外人加入的。②獨有的; 獨享的。③限制嚴格的。④除外的。⑤孤芳自賞的。⑥唯一的; 排他的。— *n.* Ⓒ ①(報紙等的)獨家消息。②特有商品; 專賣品。— **ness,** *n.*

***ex·clu·sive·ly** [ɪk`sklusɪvlɪ] *adv.* 排外地; 獨占地; 專有地。

ex·com·mu·ni·cate [ˌɛkskə`mjunəˌket] *v.t.* 逐出教會。— **ex·com·mu·ni·ca′tion,** *n.*

ex·co·ri·ate [ɪk`skorɪˌet] *v.t.* ①磨損或擦去…之皮。②責罵。

ex·cre·ment [`ɛkskrɪmənt] *n.* Ⓤ ①排泄物。②(常 *pl.*)糞。

ex·cres·cence [ɪk`skrɛsn̩s] *n.* Ⓒ ①瘤; 贅肉。②長出物(如指甲等)。③多餘物。— **ex·cres′cent,** *adj.*

ex·cre·ta [ɛk`skritə] *n. pl.*〖生理〗排泄物; 汗; 尿; 腺分泌物。

ex·crete [ɛk`skrit] *v.t.* 排泄; 分泌。

ex·cre·tion [ɪk`skriʃən] *n.* ①Ⓤ 排泄; 分泌。②ⓊⒸ (*pl.*)排泄物; 分泌物。— **ex·cre′tive,** *adj.*

ex·cre·to·ry [`ɛkskrɪˌtorɪ] *adj.* 排泄[分泌]的。— *n.* Ⓒ 排泄器官。

ex·cru·ci·ate [ɪkˋskruʃɪ,et] *v.t.* ①施酷刑；拷打。②折磨；使痛苦。—**ex·cru′ci·at·ing,** *adj.*

ex·cul·pate [ˋɛkskʌl,pet] *v.t.* 剖白；辯解。—**ex·cul·pa′tion,** *n.*

***ex·cur·sion** [ɪkˋskɜʒən, -ʃən] *n.* Ⓒ①遠足；短程旅行。②(費用優待的)遊覽旅行。

ex·cur·sive [ɪkˋskɜsɪv] *adj.* ①漫遊的。②散漫的。③離正途的。

ex·cus·a·ble [ɪkˋskjuzəbl] *adj.* 可恕的；可原諒的。

‡**ex·cuse** [ɪkˋskjuz] *v.t.* ①原諒；寬恕。②辯解。③作爲…之理由。④免除。⑤不需要；可以不要。*E- me.*對不起；借光。—[ɪkˋskjus] *n.* ⓊⒸ①藉口；託辭。②辯解；解釋。

ex·e·cra·ble [ˋɛksɪkrəbl] *adj.* 討厭的；可惡的；可咒的。

ex·e·crate [ˋɛksɪ,kret] *v.t.* ①咒罵。②憎惡。—*v.i.* 咒罵。—**ex·e·cra′tion,** *n.*

***ex·e·cute** [ˋɛksɪ,kjut] *v.t.*①實現；執行。②處決。③製作(藝術品等)。④演奏(樂曲)；演(戲)。⑤(以簽章而)使(契約等文件)生效。

***ex·e·cu·tion** [,ɛksɪˋkjuʃən] *n.* ①Ⓤ實現；完成。②Ⓤ執行。③ⓊⒸ執行死刑。④Ⓤ(根據計畫或設計的)製作。⑤Ⓤ經簽章而在法律上生效。—**er,** *n.*

***ex·ec·u·tive** [ɪgˋzɛkjutɪv] *adj.* ①實行的；執行的。②行政的。—*n.* ①Ⓒ行政官。②Ⓒ執行者；經理主管級人員。③(the ～)(政府的)行政部門；行政院。④(the E-)〖美〗總統。

ex·ec·u·tor [ɪgˋzɛkjətɚ] *n.* Ⓒ①〖法律〗被指定執行遺囑者。②[ˋɛksɪ,kjutɚ] 執行者。

ex·e·ge·sis [,ɛksəˋdʒisɪs] *n.* ⓊⒸ (*pl.* **-ses** [-siz]) (特指聖經的)註釋；訓詁。

ex·em·plar [ɪgˋzɛmplɚ] *n.* Ⓒ 模範；範本；例。

ex·em·pla·ry [ɪgˋzɛmplərɪ] *adj.* ①可爲模範的。②可作鑑戒的。

ex·em·pli·fi·ca·tion [ɪg,zɛmpləfəˋkeʃən] *n.* ①Ⓤ例示；例證。②Ⓒ〖法律〗正式謄本。

ex·em·pli·fy [ɪgˋzɛmplə,faɪ] *v.t.* ①例示；例證。②製作…之正本。

ex·em·pli gra·ti·a [ɪgˋzɛmplaɪˋgreʃɪə]〖拉〗*adv.* 例如(=for example, 略作 **e.g.**).

ex·empt [ɪgˋzɛmpt, ɛg-] *v.t.* 使免除(義務等)。—*adj.*被免除(義務等)的。—*n.* Ⓒ免除(稅、義務)者。—**ex·emp′tion,** *n.*

‡**ex·er·cise** [ˋɛksɚ,saɪz] *n.* ①ⓊⒸ運動。②Ⓒ練習問題；習題。③Ⓒ練習。④(*pl.*)〖美〗儀式；典禮。⑤(*pl.*)演習。⑥ⓊⒸ心智活動或訓練。—*v.t.*①訓練。②運用；使用。③履行。④產生(作用)；影響。⑤吸引…之注意。⑥憂愁；惶恐。—*v.i.* 訓練；鍛鍊；運動。—**ex′er·cis·er,** *n.*

***ex·ert** [ɪgˋzɜt] *v.t.* 運用；施行。

***ex·er·tion** [ɪgˋzɜʃən] *n.* ①ⓊⒸ努力；盡力。②Ⓤ行使；運用。

ex·e·unt [ˋɛksɪənt]〖拉〗*v.i.*〖戲劇〗退場；下。

ex·ha·la·tion [,ɛksəˋleʃən] *n.* ⓊⒸ①呼出；呼氣；發出；蒸發。②發散物；蒸氣。

ex·hale [ɛksˋhel] *v.t.* ①呼出；呼(氣)。②發出(氣、煙、味等)。—*v.i.* ①呼氣。②蒸發。③發出；散發。

***ex·haust** [ɪgˋzɔst, ɛg-] *v.t.* ①用盡；耗盡。②使力竭。③抽盡。④闡述詳盡。—*v.i.* ①逸出；放出。②排出氣體。—*n.* ①Ⓤ廢氣。②Ⓒ廢氣口。§～ **fūmes** [**gās**]排出的氣體[廢氣]。—**ed,** —**ing,** *adj.*

ex·haust·i·ble [ɪgˋzɔstəbl] *adj.* 可用盡的；可耗盡的。

***ex·haus·tion** [ɪgˋzɔstʃən, ɛg-] *n.* Ⓤ①竭盡。②疲憊。

ex·haus·tive [ɪgˋzɔstɪv] *adj.* ①無遺漏的；徹底的。②消耗的；使枯竭的。

***ex·hib·it** [ɪgˋzɪbɪt] *v.t.* ①表現；顯示。②展覽；陳列。③提示(證據)。④配蘇格蘭(藥)。—*n.* Ⓒ①展覽品或陳列品。②〖法律〗證物；物證。

***ex·hi·bi·tion** [,ɛksəˋbɪʃən] *n.*①Ⓤ (又作an ～)表現；顯露。②Ⓒ展覽會；博覽會。③Ⓒ陳列品。④Ⓒ(英國大學之)獎學金。

ex·hi·bi·tion·ism [,ɛksəˋbɪʃən,ɪzəm] *n.* Ⓤ①風頭主義。②〖精神病〗a. 裸露狂。b.顯露下體。—**ex·hi·bi′tion·ist,** *n.*

ex·hib·i·tor, ex·hib·it·er [ɪgˋzɪbɪtɚ] *n.* Ⓒ①展覽者。②提供者。③電影院老闆或經理。

ex·hil·a·rate [ɪgˋzɪlə,ret] *v.t.* 使高興；使快活；使興奮。—**ex·hil·a·ra′tion,** *n.*

ex·hil·a·rat·ing [ɪg`zɪlə,retɪŋ] *adj.* 令人歡喜[快樂]的。
ex·hort [ɪg`zɔrt] *v.t.* & *v.i.* 勸告；勸誡。
ex·hor·ta·tion [,ɛgzɔ`teʃən] *n.* Ⓤ Ⓒ 勸誡；勸誡人之演說、佈道等。
ex·hu·ma·tion [,ɛkshju`meʃən] *n.* Ⓤ Ⓒ 發掘；掘墓。
ex·hume [ɪg`zjum] *v.t.* ①從墓中掘出。②從默默無聞中發掘。
ex·i·gen·cy [`ɛksədʒənsɪ] *n.* ①(*pl.*)急切之需要[事件]。② Ⓤ Ⓒ 迫切；緊急。(亦作 **exigence**)
ex·i·gent [`ɛksədʒənt] *adj.* ①緊急的；急需的。②所需極多的。
*__ex·ile__ [`ɛgzaɪl, `ɛksaɪl, ɪg`zaɪl] *v.t.* 放逐；流放。— [`ɛgzaɪl, `ɛksaɪl] *n.* ① Ⓤ 放逐。② Ⓒ 被放逐者。
‡**ex·ist** [ɪg`zɪst] *v.i.* ①存在。②生存；活著。— **ing,** *adj.* 現存的。
*__ex·ist·ence__ [ɪg`zɪstəns] *n.* Ⓤ ①存在；實在。②生存；生活。*call* [*bring*] *into* ~ 使產生；使成立。
ex·ist·ent [ɪg`zɪstənt] *adj.* ①存在的。②現存的；既成的。
ex·is·ten·tial [,ɛgzɪs`tɛnʃəl] *adj.* 有關存在的；存在(主義)的。— **ism,** *n.*
*__ex·it__ [`ɛgzɪt, `ɛksɪt] *n.* Ⓒ ①出口。②出；離去。③(演員的)退場。— *v.i.* (劇中人自舞臺)下；退場。§ ~ **vìsa** 出境簽證。
exo- 〖字首〗表「外」之義。
ex·o·dus [`ɛksədəs] *n.* ① Ⓒ (*sing.*)成群外出；大批離去。②(E-)以色列人隨摩西之離開埃及。③(E-)出埃及記(舊約聖經第二卷)。
ex of·fi·ci·o [,ɛksə`fɪʃɪ,o] 〖拉〗 *adv.* 職權上。— *adj.* 依官職的；當然的。
ex·og·a·my [ɛks`ɑgəmɪ] *n.* Ⓤ 異族結婚。— **ex·og'a·mous,** *adj.*
ex·on·er·ate [ɪg`zɑnə,ret] *v.t.* ①免罪；證明無罪。②免除(責任、義務等)。— **ex·on·er·a'tion,** *n.*
ex·or·bi·tance [ɪg`zɔrbətəns], **-cy** [-sɪ] *n.* Ⓤ (要求、價格、收費等的)過高；過度。
ex·or·bi·tant [ɪg`zɔrbətənt] *adj.* 過度的；荒唐的。
ex·or·cise, -cize [`ɛksɔr,saɪz] *v.t.* 驅除(人、地等)之邪怪。
ex·or·cism [`ɛksɔr,sɪzəm] *n.* ① Ⓤ 驅邪；伏魔。② Ⓒ 驅邪用之咒語。
ex·o·ter·ic [,ɛksə`tɛrɪk] *adj.* ①外界的。②適於外圍人士的。③一般人易於了解的；通俗的；公開的。
ex·ot·ic [ɪg`zɑtɪk] *adj.* ①外來的；外國產的。②〖俗〗奇特、華麗而動人的。— *n.* Ⓒ 舶來品；外國種。
ex·ot·i·ca [ɪg`zɑtɪkə] *n. pl.* 異國風物；珍奇品。
ex·ot·i·cism [ɪg`zɑtə,sɪzm̩] *n.* Ⓤ ①外國化傾向。②異國風味[情趣]。③外來語(法)。
*__ex·pand__ [ɪk`spænd] *v.t.* ①擴張；擴大。②展開。— *v.i.* ①膨脹。②擴大；擴展。③闡述〖on, upon〗. ④感到心花怒放。
*__ex·panse__ [ɪk`spæns] *n.* Ⓒ (常 *pl.*)寬闊之空間；廣袤。the blue ~ of the sky 一望無際的藍天。
*__ex·pan·sion__ [ɪk`spænʃən] *n.* ① Ⓤ 擴張；脹大。② Ⓒ 擴大之部分或形式。③ Ⓤ Ⓒ 〖數〗展開(式)。
ex·pan·sion·ism [ɪk`spænʃən-ɪzm̩] *n.* Ⓤ ①(通貨之)膨脹主義。②領土擴張主義。
ex·pan·sive [ɪk`spænsɪv] *adj.* ①可擴張的。②能促起膨脹的。③廣闊的。④(胸襟)開闊的。— **ly,** *adv.*
ex·pa·ti·ate [ɪk`speʃɪ,et] *v.i.* 詳述；鋪陳。— **ex·pa·ti·a'tion,** *n.*
ex·pa·tri·ate [ɛks`petrɪ,et] *v.t.* ①放逐。②脫離國籍。— *n.* Ⓒ ①被放逐的人。②脫離國籍者。— *adj.* 被放逐的；亡命國外的。— **ex·pa·tri·a'tion,** *n.*
‡**ex·pect** [ɪk`spɛkt] *v.t.* ①預期；期待。②堅持。③〖俗〗認為。— *v.i.* 懷孕；有喜。
ex·pect·an·cy [ɪk`spɛktənsɪ] *n.* ① Ⓤ 期望；預期。② Ⓒ 期望之目的物；希冀物。(亦作 **expectance**)
ex·pect·ant [ɪk`spɛktənt] *adj.* ①期待的。②即將生孩子的。— *n.* Ⓒ 期待之人。— **ly,** *adv.*
*__ex·pec·ta·tion__ [,ɛkspɛk`teʃən] *n.* ① Ⓤ 期望；預料。②(*pl.*)預期之物；希望。~ *of life* 平均壽命。
ex·pec·to·rate [ɪk`spɛktə,ret] *v.t.* & *v.i.* 咳出(痰)；吐痰；吐唾液。
ex·pe·di·ence [ɪk`spidɪəns], **-cy** [-sɪ] *n.* Ⓤ ①權宜；方便。②(事之)利害。
ex·pe·di·ent [ɪk`spidɪənt] *adj.* ①權宜的；方便的。②有利的；合算的。— *n.* Ⓒ 權宜之計。

ex·pe·di·en·tial [ɛks,pidɪ`ɛnʃəl] *adj.* 權宜主義的; 爲利益或便利起見的。

ex·pe·dite [`ɛkspɪ,daɪt] *v.t.* ①使加速。②速辦。③正式發布(公文等)。④發送。

***ex·pe·di·tion** [,ɛkspɪ`dɪʃən] *n.* ①Ⓒ 遠征; 探險。②Ⓒ 遠征隊; 探險隊。③Ⓤ 迅速。— **ar·y,** *adj.*

ex·pe·di·tious [,ɛkspɪ`dɪʃəs] *adj.* 迅速的; 敏捷的。— **ly,** *adv.*

***ex·pel** [ɪk`spɛl] *v.t.* (**-ll-**) ① 驅逐; 逐出。②開除。

ex·pend [ɪk`spɛnd] *v.t.* 花費; 消耗(時間、金錢等)。— **a·ble,** *adj.*

***ex·pend·i·ture** [ɪk`spɛndɪtʃɚ] *n.* ①Ⓤ 消費; 費用。②ⓊⒸ 經費; 開支。

‡**ex·pense** [ɪk`spɛns] *n.* ①Ⓤ 費用; 代價。②Ⓤ 犧牲; 損失。③(*pl.*)…用的經費。*at the* ~ *of* 犧牲。§ ∽ **accóunt**〖會計〗(薪資以外的)交際費; 津貼。

‡**ex·pen·sive** [ɪk`spɛnsɪv] *adj.* 昂貴的; 奢華的。— **ly,** *adv.*

‡**ex·pe·ri·ence** [ɪk`spɪrɪəns] *n.*①Ⓒ (具體的)經歷; 閱歷。②Ⓤ 經驗; 體驗。— *v.t.* 經驗; 感受; 體驗。

***ex·pe·ri·enced** [ɪk`spɪrɪənst] *adj.* ①已有經驗的。②老練的。

ex·pe·ri·en·tial [ɪk,spɪrɪ`ɛnʃəl] *adj.* 經驗(上)的; 得諸經驗的。

‡**ex·per·i·ment** [ɪk`spɛrəmənt] *n.* ⓊⒸ & *v.i.* 實驗; 試驗。

ex·per·i·men·tal [ɪk,spɛrə`mɛntl] *adj.*①實驗的; 根據經驗的。②試驗性的。— **ly,** *adv.*

ex·per·i·men·ta·tion [ɪk,spɛrəmɛn`teʃən] *n.* Ⓤ 實驗(法)。

***ex·pert** [`ɛkspɜt] *n.* Ⓒ 專家。— [ɪk`spɜt, `ɛkspɜt] *adj.* 老練的; 熟練的。— **ly,** *adv.*

ex·per·tise [,ɛkspɚ`tiz] *n.* ①Ⓒ 專家的見解。②Ⓤ 專門技術或知識。

ex·pi·ate [`ɛkspɪ,et] *v.t.* 贖(罪); 補償。— **ex·pi·a′tion,** *n.*

ex·pi·a·to·ry [`ɛkspɪə,torɪ] *adj.* 補償的; 贖罪的。

ex·pi·ra·tion [,ɛkspə`reʃən] *n.* Ⓤ①期滿; 終止。②呼出; 放出。

***ex·pire** [ɪk`spaɪr] *v.i.* ①滿期; 終止。②熄滅; 死亡。③呼氣。— *v.t.* 排出; 呼氣。

ex·pi·ry [ɪk`spaɪrɪ] *n.* Ⓤ 期滿; 告「終。」

‡**ex·plain** [ɪk`splen] *v.t.* & *v.i.* 解釋; 說明; 辯解。~ *away* 以解釋將…卻除。— **a·ble,** *adj.*

***ex·pla·na·tion** [,ɛksplə`neʃən] *n.* ⓊⒸ 解釋; 說明; 辯解; 剖白。

ex·plan·a·to·ry [ɪk`splænə,torɪ] *adj.* 解釋的; 說明的。

ex·ple·tive [`ɛksplɪtɪv] *n.* Ⓒ ①虛字; 助詞(常指 it, there 等)。②咒罵語; 感歎詞("my goodness"等)。

ex·pli·ca·ble [`ɛksplɪkəbl] *adj.* 可說明的; 可解釋的。

ex·pli·cate [`ɛksplɪ,ket] *v.t.* 解說; 分析。— **ex·pli·ca′tion,** *n.*

ex·plic·it [ɪk`splɪsɪt] *adj.* ①明白表示的。②直爽的。— **ly,** *adv.*

***ex·plode** [ɪk`splod] *v.i.* ①爆發; 爆炸。②發作。③迅速擴張。— *v.t.* ①使爆發; 使爆炸。②駁倒; 推翻。

ex·ploit [`ɛksplɔɪt, ɪk`splɔɪt] *n.* Ⓒ 功蹟; 功勞。— [ɪk`splɔɪt] *v.t.* ①開發。②剝削。③利用。

ex·ploi·ta·tion [,ɛksplɔɪ`teʃən] *n.* Ⓤ ①剝削; 榨取。②開發; 拓墾。③利用。④廣告; 宣傳。

***ex·plo·ra·tion** [,ɛksplə`reʃən] *n.* ⓊⒸ①探險。②探討。

ex·plor·a·to·ry [ɪk`splorə,torɪ] *adj.* ①探險的; 探究的。②試探性的; 初步的。

***ex·plore** [ɪk`splor, -`splɔr] *v.t.* & *v.i.* ①探險; 探測。②探究。

***ex·plor·er** [ɪk`splorɚ] *n.* Ⓒ ①探險者; 探究者。②探查器; 〖醫〗探針。

***ex·plo·sion** [ɪk`sploʒən] *n.* ①ⓊⒸ 爆發; 爆炸。②Ⓒ 爆炸聲。③Ⓒ (笑聲)爆出。

***ex·plo·sive** [ɪk`splosɪv] *adj.* ①爆炸的。②爆發音的。③劇增的。— *n.* Ⓒ ①爆炸物; 炸藥。②爆發音(如 b, p, t, d 等)。

ex·po·nent [ɪk`sponənt] *n.* Ⓒ ①說明者; 代表者; 典型。②〖數〗指數。

***ex·port** [ɪks`port] *v.t.* 輸出; 外銷。— [`ɛksport] *n.* ①Ⓒ (常 *pl.*)輸出品。②Ⓤ 輸出; 出口。— **er,** *n.*

ex·por·ta·tion [,ɛkspor`teʃən] *n.* ①Ⓤ 輸出。②Ⓒ 輸出品。

***ex·pose** [ɪk`spoz] *v.t.* ①暴露。②展覽; 陳列。③揭穿。④曝光。— **ex·posed′,** *adj.*

***ex·po·si·tion** [,ɛkspə`zɪʃən] *n.* ①Ⓒ 博覽會; 展覽會。②ⓊⒸ 說明。

ex·pos·i·to·ry [ɪk`spɑzɪ,torɪ]

adj. 註解的；說明的。

ex·pos·tu·late [ɪk`spɑstʃə,let] *v.i.* 勸戒；忠告；抗議。— **ex·pos·tu·la′tion,** *n.*

***ex·po·sure** [ɪk`spoʒɚ] *n.* ① Ⓤ Ⓒ 曝露；揭發。② Ⓤ〖攝〗曝光。③ (an ～)(房屋的)方向。④ Ⓤ (對幼兒等的)遺棄。

ex·pound [ɪk`spaund] *v.t.* ① 解釋；說明。②詳細說明；逐項敍述。

‡**ex·press** [ɪk`sprɛs] *v.t.* ①表示；表達。②代表。③〖美〗以快遞郵寄。④擠出。— *adj.* ①表明的。②特別的。③快遞的；快速的；特別快的。an ～ train 特別快車。④〖英〗限時的(郵件等)。— *n.* ① Ⓒ〖英〗專差。② Ⓤ 快遞法。③ Ⓒ 快車。— *adv.* ①直接地。②快遞地。§ ～ **delívery** (郵件之)限時專送。

E

‡**ex·pres·sion** [ɪk`sprɛʃən] *n.* ① Ⓤ Ⓒ 表達；表示。② Ⓒ 表現法；措辭；辭句。③ Ⓤ Ⓒ 表情；神色。***beyond*** [***past***] ～ 非言語或筆墨所能形容的。***find*** ～ ***in*** 以…表現[發洩]。

ex·pres·sion·ism [ɪk`sprɛʃən,ɪzm] *n.* Ⓤ 表現派；表現主義。

ex·pres·sive [ɪk`sprɛsɪv] *adj.* ①表現的。②富有表情的；有含意的。

ex·press·way [ɪk`sprɛs,we] *n.* Ⓒ 高速公路。

ex·pro·pri·ate [ɛks`proprɪ,et] *v.t.* 沒收；徵用(土地、財產)。

ex·pul·sion [ɪk`spʌlʃən] *n.* Ⓤ Ⓒ ①驅逐；逐出。②開除。

ex·punge [ɪk`spʌndʒ] *v.t.* 除去；刪掉；消滅(from)。

ex·pur·gate [`ɛkspɚ,get] *v.t.* ①修訂；刪除。②廓清；使潔淨。— **ex·pur·ga′tion,** *n.*

***ex·quis·ite** [`ɛkskwɪzɪt, ɪk`s-] *adj.* ①精美的；纖美的。②劇烈的。③極度靈敏的。— *n.* Ⓒ 衣飾過度講究者。— **ly,** *adv.* — **ness,** *n.*

ex-serv·ice·man [`ɛks`sɝvɪs-mən] *n.* Ⓒ (*pl.* **-men**)退役軍人。

ex·tant [ɪk`stænt] *adj.* 現存的。

ex·tem·po·ra·ne·ous [ɪk,stɛmpə`renɪəs], **-rar·y** [ɪk`stɛmpə,rɛrɪ] *adj.* 無準備的；即席的。

ex·tem·po·re [ɪk`stɛmpərɪ] *adv.* & *adj.* 臨時地[的]；即席地[的]。

ex·tem·po·rize [ɪk`stɛmpə,raɪz] *v.i.* & *v.t.* 即席演說；隨意演奏或演唱。— **ex·tem·po·ri·za′tion,** *n.*

‡**ex·tend** [ɪk`stɛnd] *v.t.* ①伸展；伸出。②延長；擴大。— *v.i.* ①伸延；延長。②伸出；突出。— **ed,** *adj.*

***ex·ten·sion** [ɪk`stɛnʃən] *n.* ① Ⓤ 延長；伸展；擴充。② Ⓒ 增加之物。③ Ⓤ〖解〗牽伸術。④ Ⓒ 延期。⑤ Ⓒ (電話)分機。⑥ Ⓤ〖邏輯〗外延。§ ～ **còrd** 延長線。～ **educàtion** 推廣教育。～ **télephone** 電話分機。

***ex·ten·sive** [ɪk`stɛnsɪv] *adj.* 廣闊的；廣泛的；大規模的。

***ex·tent** [ɪk`stɛnt] *n.* ①(*sing.*)程度；範圍。② Ⓤ Ⓒ 廣闊；淵博。

ex·ten·u·ate [ɪk`stɛnju,et] *v.t.* ①使(罪過等)減輕；使人原諒。②減少；減弱。— **ex·ten·u·a′tion,** *n.*

***ex·te·ri·or** [ɪk`stɪrɪɚ] *n.* Ⓒ ①(常 the ～)外部；外表。②外景。— *adj.* 外部的；外在的。

ex·ter·mi·nate [ɪk`stɝmə,net] *v.t.* 消滅；消除；根絕。— **ex·ter·mi·na′tion,** *n.*

ex·ter·mi·na·tor [ɪk`stɝmə,netɚ] *n.* ① Ⓒ 消滅者；根除者(尤指以撲滅老鼠、蟑螂等害蟲爲業的人)。② Ⓤ 殺蟲粉；驅蟲藥；老鼠藥。

***ex·ter·nal** [ɪk`stɝnl] *adj.* ①外部的。②外用的。③外來的。④外界的；客觀的。⑤外表的；形式上的。⑥國外的；對外的。— *n.* ① Ⓒ 外部；外面。②(*pl.*)外表；表面。— **ly,** *adv.*

ex·ter·nal·ize [ɪk`stɝnl,aɪz] *v.t.* ①賦予形體；具體化。②使趨於外向。— **ex·ter·nal·i·za′tion,** *n.*

ex·ter·ri·to·ri·al [,ɛkstɛrə`torɪəl] *adj.* 治外法權的。

***ex·tinct** [ɪk`stɪŋkt] *adj.* ①滅種的；滅絕的。②熄滅了的；不再活動的。an ～ volcano 死火山。③已亡故的。④已不風行的。— **ex·tinc′tion,** *n.*

***ex·tin·guish** [ɪk`stɪŋgwɪʃ] *v.t.* ①熄滅；撲滅。②使減色。③使沉默。④使…無效。— **a·ble,** *adj.*

ex·tin·guish·er [ɪk`stɪŋgwɪʃɚ] *n.* Ⓒ ①滅火器。②消滅者；消滅物。

ex·tir·pate [`ɛkstɚ,pet] *v.t.* 連根拔起；滅絕。— **ex·tir·pa′tion,** *n.*

ex·tol(l) [ɪk`stɑl] *v.t.* (**-ll-**)頌揚；極口稱讚。— **ment,** *n.*

ex·tort [ɪk`stɔrt] *v.t.* ① 勒索；敲詐。②強索；逼(供)。③牽強附會。

ex·tor·tion [ɪk`stɔrʃən] *n.* ① Ⓤ 強取；勒索。②(*pl.*)強取或勒索之行爲。— **ate** [～ɪt], *adj.* — **er,** *n.*

*__ex·tra__ [ˋɛkstrə, -trɪ] *adj.* ①額外的；特別的。②不包括在價目內的。③特佳的。 —*n.* Ⓒ ①額外的事物或人員。②〖美〗(報紙的)號外。③特級品。 —*adv.* 格外地。

__extra-__〖字首〗表「在外；外面；此外」之義。

*__ex·tract__ [ɪkˋstrækt] *v.t.* ①拔取；摘取；抽出。②得到。③榨取。④摘錄。 —[ˋɛkstrækt] *n.* ① Ⓒ 摘取物；選粹。② Ⓤ Ⓒ 濃縮物；濃汁；精；素。 —__ex·trac′tor__, *n.*

__ex·trac·tion__ [ɪkˋstrækʃən] *n.* ① Ⓤ Ⓒ 拔出；摘出。② Ⓤ 提煉。③ Ⓒ 拔出物；精萃。④ Ⓤ 血統；家世。

__ex·tra·cur·ric·u·lar__ [ˌɛkstrəkəˋrɪkjələ] *adj.* 課外的。(亦作 __extracurriculum__)

__ex·tra·dite__ [ˋɛkstrəˌdaɪt] *v.t.* ①引渡(逃犯)。②獲得(逃犯)之引渡。 —__ex·tra·di·tion__ [ˌɛkstrəˋdɪʃən], *n.*

__ex·tra·le·gal__ [ˌɛkstrəˋligl] *adj.* 超出法律管轄範圍的。

__ex·tra·mar·i·tal__ [ˌɛkstrəˋmærətl] *adj.* 婚姻外的(性經驗等)。

__ex·tra·mu·ral__ [ˌɛkstrəˋmjurəl] *adj.* ①城(牆)外的。②大學校園外的；校外的。③校際的(比賽等)。

__ex·tra·ne·ous__ [ɪkˋstrenɪəs] *adj.* ①外來的。②體外的。③無關係的。

*__ex·traor·di·nar·y__ [ɪkˋstrɔrdnˌɛrɪ, ˌɛkstrəˋɔr-] *adj.* ①特別的；異常的。②特任的。③臨時的。 —__ex·traor′di·nar·i·ly__, *adv.*

__ex·trap·o·late__ [ɪkˋstræpəˌlet] *v.t.* ①延伸。②推延。③推測。

__ex·tra·sen·so·ry__ [ˌɛkstrəˋsɛnsərɪ] *adj.* 超感覺的。 ～ perception〖心〗超感覺力；第六感。

__ex·tra·ter·res·tri·al__ [ˌɛkstrətəˋrɛstrɪəl] *adj.* 地球以外的。

__ex·tra·ter·ri·to·ri·al__ [ˌɛkstrəˌtɛrəˋtorɪəl] *adj.* 治外法權的。

__ex·tra·ter·ri·to·ri·al·i·ty__ [ˌɛkstrəˌtɛrəˌtorɪˋælətɪ] *n.* Ⓤ 治外法權。

*__ex·trav·a·gance__ [ɪkˋstrævəgəns] *n.* ① Ⓤ Ⓒ 浪費；奢侈。② Ⓤ 無節制；放縱。③ Ⓒ 荒唐的言行。

*__ex·trav·a·gant__ [ɪkˋstrævəgənt] *adj.* ①奢侈的；浪費的；放縱的。②過度的。③茂盛的。 —__ly__, *adv.*

__ex·trav·a·gan·za__ [ɪkˌstrævəˋgænzə] *n.* ① Ⓒ 狂詩；狂文；幻想曲；鬧劇。② Ⓤ 狂言；癡想。

*__ex·treme__ [ɪkˋstrim] *adj.* ①盡頭的；最遠的。②極端的；偏激的。 —*n.* Ⓒ ①完全相反之事物。②(常 *pl.*)極端。 ***go to*** ～***s*** 走極端。 —__ex·trem′ism__, *n.*

*__ex·treme·ly__ [ɪkˋstrimlɪ] *adv.* 極端地；非常地。

__ex·trem·ist__ [ɪkˋstrimɪst] *n.* Ⓒ 走極端者；極端主義者。

*__ex·trem·i·ty__ [ɪkˋstrɛmətɪ] *n.* ① Ⓒ 末端；極點。② Ⓤ 極度；極限。③ Ⓒ (*sing.*)窮境。④ Ⓒ (常 *pl.*) 極端的手段。⑤(*pl.*)手足；四肢。

__ex·tri·cate__ [ˋɛkstrɪˌket] *v.t.* 解脫；救出(from)。 —__ex·tri·ca′tion__, *n.*

__ex·trin·sic__ [ɛkˋstrɪnsɪk] *adj.* ①非固有的；附帶的。②外來的。

__ex·tro·vert__ [ˋɛkstroˌvɜt] *n.* Ⓒ〖心〗個性外向之人。 —*adj.* 外向的。

__ex·trude__ [ɪkˋstrud] *v.t.* ①逼出；擠出。②逐出。 —*v.i.* 突出。 —__ex·tru′sion__ [-ʒən], *n.*

__ex·u·ber·ant__ [ɪgˋzjubərənt,-ˋzu-] *adj.* ①繁茂的；茂盛的。②豐富的；充滿活力的。 —__ly__, *adv.* —__ex·u′ber·ance, ex·u′ber·an·cy__, *n.*

__ex·u·da·tion__ [ˌɛksjuˋdeʃən] *n.* Ⓤ Ⓒ 滲出(物)；流出(物)；汗水。

__ex·ude__ [ɪgˋz(j)ud, ɪkˋs(j)ud] *v.t.* & *v.i.* (使)滲出；(使)流出。

__ex·ult__ [ɪgˋzʌlt] *v.i.* 歡騰；狂歡；大喜。 —__ex·ult′ant__, *adj.*

__ex·ul·ta·tion__ [ˌɛgzʌlˋteʃən, ˌɛksʌl-] *n.* Ⓤ 狂歡；大喜。

‡__eye__ [aɪ] *n.* Ⓒ ①眼睛。②(常 *pl.*)眼神。③(常 *pl.*)視力。④(常 *sing.*)辨別力；眼光。⑤(常 *pl.*)監視。⑥(常 *pl.*)意見；觀點。⑦眼狀物(如針孔等)。 ***an*** ～ ***for an*** ～ 以牙還牙；以眼還眼。 ***be all*** ～***s*** 極欲看到；極注意。 ***have an*** ～ ***for*** 能夠瞭解。 ***in the public*** ～ a.常公開出現的。b.眾所周知的。 ***keep an*** ～ ***out for*** 密切注意。 ***make*** ～***s at*** 眉目傳情。 ***open one's*** ～***s to*** 使之注意。 ***see*** ～ ***to*** ～ 完全同意。 —*v.t.* 看；注視。 §～ __bànk__ 眼庫；眼角膜銀行。～ __chàrt__ 視力檢查表。～ __shàdow__ (婦女化妝用的)眼影。～ __sòcket__ 眼眶。

__eye·ball__ [ˋaɪˌbɔl] *n.* Ⓒ 眼球。

*__eye·brow__ [ˋaɪˌbrau] *n.* Ⓒ 眉毛。

__eye-catch·ing__ [ˋaɪˌkætʃɪŋ] *adj.* 吸引人的；引人注目的。

__eye·ful__ [ˋaɪˌful] *n.* ①(an ～)滿眼；

一瞥所見的東西。②Ⓒ〖俚〗顯眼或奇特的人或物(尤指美麗女郎)。

eye·glass [ˋaɪ,glæs] *n.*① Ⓒ (一片)眼鏡; 單眼鏡。② Ⓒ (望遠鏡等之)接目鏡。③(*pl.*)一副眼鏡。

eye·hole [ˋaɪ,hol] *n.* Ⓒ ①眼窩。②視孔; 窺視之孔。③=**eyelet.**

eye·lash [ˋaɪ,læʃ] *n.* Ⓒ 睫毛。

eye·let [ˋaɪlɪt] *n.* Ⓒ ①眼孔; 小孔(尤指穿帶子者)。②(孔眼之)鑲孔金屬環。

***eye·lid** [ˋaɪ,lɪd] *n.* Ⓒ 眼瞼; 眼皮。

eye-o·pen·er [ˋaɪ,opənɚ] *n.* Ⓒ 〖美〗令人眼開之事物。

eye·piece [ˋaɪ,pis] *n.* Ⓒ (望遠鏡等之)接目鏡。「野。」

eye·shot [ˋaɪ,ʃɑt] *n.* Ⓤ 視界; 視

eye·sight [ˋaɪ,saɪt] *n.* Ⓤ ①視力; 目力。②視界。③見; 見到。

eye·sore [ˋaɪ,sor] *n.* Ⓒ 難看的東西; 礙眼的東西。

eye·strain [ˋaɪ,stren] *n.* Ⓤ (使用過度或不當後的)眼睛疲勞。

eye·tooth [ˋaɪ,tuθ] *n.* Ⓒ (*pl.* **-teeth**) 犬齒。

eye·wit·ness [ˋaɪˋwɪtnɪs] *n.* Ⓒ 目擊者; 見證人。

F f **F f** *Ff*

F

F or **f** [ɛf] *n.* (*pl.* **F's, f's** [ɛfs])① ⓊⒸ 英文字母之第六個字母。② Ⓤ 〖樂〗C 長調的第四音。

F 〖化〗fluorine. **F.** Fahrenheit; February; French; Friday.

fa [fɑ] *n.* ⓊⒸ〖樂〗全音階之長音階的第四音。

Fa·bi·an [ˋfebɪən] *adj.* ①拖延[消耗] 戰略的。②Fabian Society 的。§ **the ∼ Society** 費邊學社(主張以和平緩進手段實現社會主義, 1884 年創立於英國)。— **ism,** *n.*

‡**fa·ble** [ˋfebl] *n.* Ⓒ ①寓言。②傳說; 神話。— *v.i.* 寫或說寓言; 說謊。— *v.t.* 傳說。— **faˊbled,** *adj.*

***fab·ric** [ˋfæbrɪk] *n.*① ⓊⒸ 布; 織物。② Ⓤ 結構; 構造。③ Ⓒ 建築物。

fab·ri·cate [ˋfæbrɪ,ket] *v.t.* ①建造; 製造; 裝配。②捏造; 偽造。— **fab·ri·caˊtion, fabˊri·ca·tor,** *n.*

fab·u·list [ˋfæbjəlɪst] *n.* Ⓒ ①寓言家; 編寓言者。②說謊者。

fab·u·lous [ˋfæbjələs] *adj.*①神話中的; 寓言的。②難以置信的; 驚人的。— **ly,** *adv.* — **ness,** *n.*

fa·çade, fa·cade [fəˋsɑd, fæˋsɑd] 〖法〗*n.* Ⓒ ①建築物的正面。②虛偽、浮面或做作的外表。

‡**face** [fes] *n.* ① Ⓒ 面部; 臉。② Ⓒ 表情。③ Ⓒ 表面。④ Ⓒ 正面。⑤ Ⓤ 厚顏。⑥ Ⓤ 尊嚴; 面子。⑦ Ⓒ 票面價值。⑧ Ⓒ 外表。⑨ Ⓒ 面具。∼ *to* ∼ 面對面。*in* (*the*) ∼ *of* 面臨。*make a* ∼ 做厭惡的表情。*pull* [*make, wear*] *a long* ∼ 拉長臉; 不高興。— *v.t.* ①朝; 向; 臨。②面臨; 對付。— *v.i.* ①將臉轉向。②朝某一方向。∼ *out* 堅持到底。∼ *up to* **a.** 勇敢面對。**b.** 承認。§ ∼ **cárd** 繪有人面之紙牌(如 King, Queen 及 Jack 等)。∼ **lìfting** (1)整形美容術。(2)外觀上之改善。∼ **pòwder** 撲面粉。∼ **vàlue** (1)面值。(2)表面之價值、意義等。

face·less [ˋfeslɪs] *adj.* ①無面孔的; 無臉的。②無個人特性的。

face-lift [ˋfes,lɪft] *v.t.* 作外觀上的改善。

fac·et [ˋfæsɪt] *n.* Ⓒ ①(寶石等之)小平面; 刻面。②(事物之)一面。

fa·ce·tious [fəˋsiʃəs] *adj.* ①好開玩笑的。②玩笑性質的。③不認真的; 輕浮的。— **ly,** *adv.* — **ness,** *n.*

fa·cial [ˋfeʃəl] *adj.* 臉面的。— *n.* Ⓒ〖俗〗臉部按摩; 美容。

fac·ile [ˋfæsl] *adj.* ①輕而易舉的。②靈巧的。③隨和的。

***fa·cil·i·tate** [fəˋsɪlə,tet] *v.t.* ①使容易; 使便利。②幫助; 促進。

***fa·cil·i·ty** [fəˋsɪlətɪ] *n.* ① ⓊⒸ 熟練; 敏捷; 靈巧。②(*pl.*)設備。③ Ⓤ 容易; 方便。④ Ⓒ 隨和的性格。

fac·ing [ˋfesɪŋ] *n.* ① Ⓤ 面飾; 覆面物(如覆牆等)。② Ⓤ (衣服的)飾邊; 貼邊。③(*pl.*)(軍服之)領飾; 袖飾。

fac·sim·i·le [fækˋsɪmәlɪ] *n.* ① Ⓒ 精摹; 複製。② Ⓤ 傳眞。

‡**fact** [fækt] *n.* Ⓒ ①事實; 眞相。②所主張之事。*after* [*before*] *the* ∼ 〖法律〗犯罪之後[前]。*in* ∼ 說得確切

點; 實際上。

*fac·tion [ˋfækʃən] n. ①Ⓒ(政黨等中的)小派別; 小黨派。②Ⓤ黨爭; 磨擦; 不和。—al, fac'tious, adj.

fac·ti·tious [fækˋtɪʃəs] adj. ①人爲的; 人工的。②虛假的。

*fac·tor [ˋfæktə] n. Ⓒ ①因素; 原動力。②〖數〗因數。③代理人。

‡fac·to·ry [ˋfæktrɪ, -tərɪ] n. Ⓒ ①工廠。②製造處。③駐外代理商。§ ~ ship 有處理鯨魚設備之捕鯨船。

fac·to·tum [fækˋtotəm] n. Ⓒ 雜役; 聽差。

fac·tu·al [ˋfæktʃuəl] adj. 事實的; 實際的; 確實的。—ly, adv.

*fac·ul·ty [ˋfækltɪ] n. Ⓒ ①才能; 天賦; 能力; 技能。②(大學中的)分科; 院; 系。③(集合稱)一學校中的全體教員; 大學或學院的全體教授。

fad [fæd] n. Ⓒ ①一時之狂熱; 時尚。②嗜好。③奇想; 突然的念頭。

*fade [fed] v.i. ①褪色; 退光; 消退。②凋謝; 枯萎; 衰弱。③消失。—v.t. 使褪色。~ *in* [*out*] (電影、無線電及電視中之)漸強[弱]。

fade-in [ˋfed,ɪn] n. ⓊⒸ〖影視, 廣播〗淡入; 漸顯; 漸強。

fade-out [ˋfed,aut] n. ⓊⒸ〖影視, 廣播〗淡出; 漸隱; 漸弱。

fae·ces [ˋfisiz] n. pl. =feces.

fa·er·ie, -er·y [ˋfeərɪ,ˋfɛrɪ] n. Ⓒ 仙女; 仙境; 仙國。

fag [fæg] v.t. (-gg-) 勞役; 使疲勞。—v.i. ①努力工作至疲倦。②(爲高年級生)服務; 服勞役。§ ~ ènd (1)沒用之剩餘物; 末端。(2)布疋頭尾之散口邊。(3)繩索等之散端。

fag·got¹ [ˋfægət] n. Ⓒ〖俚〗男性同性戀者。

fag·got² n. 〖英〗=fagot.

fag·ot [ˋfægət] n. Ⓒ 柴把; 束薪。—v.t. & v.i. 捆; 使成束。

*Fahr·en·heit [ˋfærən,haɪt, ˋfɑrən-] adj. 華氏(溫度計)的(略作F.)。—n. Ⓒ 華氏溫度計。

‡fail [fel] v.i. ①失敗; 未能成功(in, of)。②不足; 缺乏。③衰退。④破產。⑤忘記; 忽略。⑥不及格。—v.t. ①無助於; 使失望。②給…不及格; 使失敗。③於…不及格。④缺少。—n. 僅用於下面用法。*without* ~ 一定; 必定。

fail·ing [ˋfelɪŋ] n. Ⓒ ①失敗。②過失; 缺點。—prep. 如果沒有。

*fail·ure [ˋfeljə] n. ①Ⓤ 失敗。②Ⓒ 失敗者。③ⓊⒸ 衰弱; 不足。④ⓊⒸ 破產; 倒閉。⑤ⓊⒸ 未做; 忽略。

*fain [fen] adv. 〖古, 詩〗欣然地; 樂意地。—adj. ①高興的; 願意的。②不得不; 迫於環境的。③熱心的; 渴望的。

‡faint [fent] adj. ①模糊的; 不清楚的。②微弱的; 昏暈的。③無力的。—v.i. 昏暈; 昏厥。—n. Ⓒ 昏厥。—ness, n.

faint·heart·ed [ˋfentˋhɑrtɪd] adj. 怯懦的; 膽小的。

*faint·ly [ˋfentlɪ] adv. ①微弱地; 無力地。②微微地。

‡fair¹ [fɛr] adj. ①公平的; 正直的。②應當的。③美好的; 晴朗的。④相當的; 尚可的。⑤金髮碧眼白皮膚的。⑥有利的。⑦無遮掩的。~ *and square*〖俗〗正直的; 公平的。~ *to middling* 尚可; 中等; 馬馬虎虎。—adv. ①誠實無欺地。②直接地。③清晰地。④美麗地。⑤完全; 徹底地。—n. Ⓒ〖古〗女人; 愛人。

*fair² n. Ⓒ ①博覽會; 展覽會。②市集。③義賣會。

fair·ground [ˋfɛr,graund] n. Ⓒ 舉行賽會之場所; 露天市場。

‡fair·ly [ˋfɛrlɪ] adv. ①公平地; 光明正大地。②相當地; 尚可地。③正直地; 誠實地。④清楚地; 清晰地。⑤徹底地; 完全地。

fair-mind·ed [ˋfɛrˋmaɪndɪd] adj. 公正的; 公平的。—ness, n.

fair·ness [ˋfɛrnɪs] n. Ⓤ ①公平; 正直。②美好; 晴朗。③清晰; 潔白。④適當。

fair·way [ˋfɛr,we] n. Ⓒ ①通路。②〖高爾夫〗球座與終點間修整過的草地。③(川、港內之)航路。

fair-weath·er [ˋfɛr,wɛðə] adj. ①晴天的。②共安樂而難共患難的。

*fair·y [ˋfɛrɪ] n. Ⓒ 小仙子; 小神仙。—adj. (如)小神仙的; 纖巧的。§ ~ tàle (1)神仙故事。(2)虛傳。

*fair·y·land [ˋfɛrɪ,lænd] n. Ⓒ ①仙國; 仙境。②樂園。

fait ac·com·pli [fɛtakõˋpli] 〖法〗 n. Ⓒ (pl. faits ac·com·plis [~(z)])既成事實。

‡faith [feθ] n. Ⓤ ①信仰; 信心。②宗教信仰。③宗教。④忠誠。⑤保證; 諾言。*in* ~ 實在。*in good* ~ 老實地; 誠懇地。*keep* (*one's*) ~ *with*

somebody 對某人講信實。

***faith·ful** [ˋfeθfəl] *adj.* 忠實的；守信的。— *n.* (the ～)①信徒。②忠誠分子。— **ness,** *n.*

***faith·ful·ly** [ˋfeθfəlɪ] *adv.* 忠實地。*Yours ～; F- yours*謹上；敬上。

fake [fek] *n.* Ⓒ①作僞；欺詐。②贋品；僞造物。③佯裝之人。— *adj.* 僞造的。— *v.t.* & *v.i.* ①僞造。②假裝。

fak·er [ˋfekɚ] *n.* Ⓒ〖俗〗①作僞者。②騙徒。③小販；攤販。

fal·con [ˋfɔlkən] *n.* Ⓒ鷹；獵鷹。

fal·con·ry [ˋfɔlkənrɪ] *n.* Ⓤ①放鷹捕獵。②訓練鷲鷹捕獵術。

‡**fall** [fɔl] *v.i.* (**fell, fall·en**)①落下；跌下；下降。②倒下。③掛下；垂下。④低垂。⑤變壞；墮落。⑥被占領；推翻；毀壞。⑦因傷亡而倒下；死亡。⑧變爲；成爲。⑨臨；來到。⑩偶然遇到；碰上。⑪發生。⑫留傳。⑬降低；減少；減弱。⑭顯得憂愁或失望。⑮流下；注入。⑯向；照向。⑰說出；透露。～ *away* a. 減少；消滅；消退。b. 變爲不認眞。c. 疏遠；遺棄。d. 被毀。～ *back* 後退。～ *back on* [*upon*] a. 依靠。b. 退守。～ *behind* a. 落後。b. 拖欠。～ *for* 〖俚〗a. 傾倒；受誘惑。b. 受騙。～ *in* a. 排隊。b. 塌陷。c. 遇見。d. 同意。e. 跌入。～ *in with* 遇見。～ *off* a. 減色；消減；退步。b. 掉下。c. (健康)衰退。d. 離開。e. 分手；背棄。～ *on* a. 發生。b. 攻擊。c. 遭遇。～ *out* a. 吵架。b. 解散。c. 結果是。～ *through* 失敗；不能實現。～ *to* a. 開始工作。b. 開始吃。c. 開始攻擊。d. 落在。～ *under* a. 屬於(某一項目)之下。b. 爲…之責任。— *n.* ①Ⓒ落；跌落；跌倒。②(*sing.*)跌落之距離。③Ⓤ下垂。④Ⓒ適當的部位。⑤ⓊⒸ下降；降低。⑥Ⓒ下坡。⑦ⓊⒸ〖美〗秋季。⑧Ⓒ摔角中之被摔倒。⑨(*pl.*, 專有名詞時常作 *sing.* 解)瀑布。⑩Ⓒ(常 *sing.*)墮落；變壞。⑪Ⓒ(常 *sing.*)衰落；滅亡。*ride for a* ～ 註定失敗。*the F-* 人類之墮落。

fal·la·cious [fəˋleʃəs] *adj.* 欺騙的；謬誤的。— **ly,** *adv.* — **ness,** *n.*

fal·la·cy [ˋfæləsɪ] *n.* ①Ⓒ謬見；謬誤。②Ⓤ謬論。③Ⓤ不鞏固。

fall·back [ˋfɔl,bæk] *n.* Ⓒ①撤退；退路。②應急的辦法。

‡**fall·en** [ˋfɔlən] *v.* pp. of **fall.** — *adj.* ①落下的；倒下的。②被毀滅的。③死的。④墮落的。

fal·li·ble [ˋfæləbl] *adj.* 容易犯錯的。— **fal·li·bil′i·ty,** *n.*

fall·ing [ˋfɔlɪŋ] *n.* Ⓤ①落下；陷落；顚覆；墮落。②墜下之物。— *adj.* 落下的；垂下的；減退的；降低的。a ～ star 隕星；流星。

Fal·ló·pi·an tùbe [fəˋlopɪən ～] *n.* Ⓒ〖解〗輸卵管。

fall·out [ˋfɔlˋaut] *n.* ①Ⓤ輻射性微塵。②Ⓒ剩餘之物。

fal·low [ˋfælo] *adj.* ①犁過而不耕種的；休耕的。②無教養的。— *n.* Ⓤ①(又作 a ～)休耕地。②休耕法。— *v.t.* 使(田地)休耕。

‡**false** [fɔls] *adj.* ①不對的；錯的。②謊騙的；不實的。③不忠實的；虛僞的。④假的；人造的。⑤誤稱的；誤命名的。— *adv.* 錯誤地；欺騙地。— **ly,** *adv.* — **ness,** *n.*

false·heart·ed [ˋfɔlsˋhartɪd] *adj.* 不誠實的；背信的；欺騙的。

***false·hood** [ˋfɔls·hud] *n.* ①Ⓤ虛假。②Ⓒ謊言。③Ⓤ作僞；欺詐。

fal·set·to [fɔlˋsɛto] *n.* (*pl.* ～**s**)〖樂〗①ⓊⒸ假聲。②Ⓒ假聲歌手。

fal·si·fi·ca·tion [,fɔlsəfəˋkeʃən] *n.* ⓊⒸ僞造；曲解；揭破。

fal·si·fy [ˋfɔlsə,faɪ] *v.t.* ①僞造；曲解。②證明爲虛妄。

fal·si·ty [ˋfɔlsətɪ] *n.* ①Ⓤ錯誤。②Ⓤ奸詐。③Ⓒ詐僞的行爲。

***fal·ter** [ˋfɔltɚ] *v.i.* ①膽怯；動搖。②躊躇；支吾而語。③蹣跚。— *v.t.* 口吃地說出。— *n.* Ⓒ①遲疑的行動。②支吾。

‡**fame** [fem] *n.* Ⓤ名聲；名氣；聲譽。— *v.t.* 使有名氣。

famed [femd] *adj.* 著名的；聞名的。

‡**fa·mil·iar** [fəˋmɪljɚ] *adj.* ①日常的；見慣的。②熟悉的；通曉的。③親密的。④不必拘禮的；非正式的。⑤過分親密的；冒失的。— *n.* Ⓒ熟人；親密的朋友。— **ly,** *adv.*

***fa·mil·i·ar·i·ty** [fə,mɪlɪˋærətɪ] *n.* ①Ⓤ親密。②Ⓤ熟悉；精通。③Ⓒ(常 *pl.*)親密之舉動；不拘形式的行爲。④Ⓤ過分親密；冒失。⑤Ⓤ男女間之親密行動。

fa·mil·iar·ize [fəˋmɪljə,raɪz] *v.t.* ①使熟識。②使成爲家喻戶曉。

‡**fam·i·ly** [ˋfæməlɪ] *n.* ①Ⓒ家庭；

家屬。②U子女。③U家族；家世。④C〖生物〗族；科。— *adj.* 家庭的；適於家庭的。§～ **dóctor** [**phy·sícian**] 家庭醫師。～ **nàme** 姓。～ **plánning** 家庭計畫。～ **trée** 家譜。

***fam·ine** [ˋfæmɪn] *n.* ①UC饑荒。②C缺乏。

fam·ish [ˋfæmɪʃ] *v.i.* 饑餓；挨餓。— *v.t.* 使餓。

‡**fa·mous** [ˋfeməs] *adj.* ①著名的。②〖俗〗好的；優越的。— **ly,** *adv.*

***fan** [fæn] *n.* C①扇；風扇；扇狀物。②〖美俗〗迷；狂熱者。— *v.t.* (**-nn-**) ①扇；以扇驅。②煽動。③把…展成扇形。— *v.i.* 作扇形散開〔常 out〕。§～ **bèlt** 〖機〗(汽車的)風扇皮帶。～ **clùb** (影、歌迷等組成的)俱樂部。

fa·nat·ic [fəˋnætɪk] *n.* C盲信者；宗教狂熱者。— *adj.* 盲信的；狂熱的。

fa·nat·i·cism [fəˋnætəˌsɪzəm] *n.* U狂熱；盲目；盲從；宗教狂熱。

fan·cied [ˋfænsɪd] *adj.* ①空想的；非事實的。②所喜愛的。

fan·ci·er [ˋfænsɪə] *n.* C①有特別癖好者。②飼養並販賣鳥、狗等之人。③空想者。

fan·ci·ful [ˋfænsɪfəl] *adj.* ①希奇的；設計奇特的。②想像的；富於幻想的。— **ly,** *adv.* — **ness,** *n.*

‡**fan·cy** [ˋfænsɪ] *n.* ①U幻想；想像力。②UC幻想的東西；觀念。③C愛好；喜歡。④C想像之結果。⑤U鑑賞力。*take* [*catch*] *the* ～ *of* 討好某人；使某人注意。— *v.t.* ①想像；以爲；想。②想想看(表示驚訝等)。③喜歡。— *adj.* ①特製的；外表特別好看的。②特別裝飾的。③需要特殊技巧的；花式的。④特選而昂貴的。⑤特別培育的。§～ **dréss** 化裝舞會所著之服裝。

fan·cy-free [ˋfænsɪˋfri] *adj.* ①未受(愛情)影響的。②無憂的。

fan·dan·go [fænˋdæŋgo] *n.* C (*pl.* ～**s**)①(西班牙之)輕快三步舞。②其舞曲。

fan·fare [ˋfænˌfɛr] *n.* ①C喇叭聲。②U虛張之聲勢；誇耀。

fang [fæŋ] *n.* C①尖牙。②某物之長、細、尖的部分。③齒根。

fan·jet [ˋfænˌdʒɛt] *n.* C〖空〗①噴霧器。②渦輪引擎。③渦輪引擎提供動力的飛機。

fan·tail [ˋfænˌtel] *n.* C扇狀尾。

fan·ta·sia [fænˋteʒ(ɪ)ə] *n.* C①〖樂〗幻想曲。②奇幻事物。

fan·ta·size [ˋfæntəˌsaɪz] *v.t.* 幻想。— *v.i.* 耽於幻想。

***fan·tas·tic, -ti·cal** [fænˋtæstɪk(l)] *adj.* ①怪誕的。②奇形怪狀的。③空想的；幻想的。— **fan·tas′ti·cal·ly,** *adv.*

fan·ta·sy [ˋfæntəsɪ] *n.* ①U想像；幻想；狂想。②C想像的東西。③C〖樂〗幻想曲。

fan·zine [ˋfænˌzin] *n.* C愛好者雜誌(尤指爲科幻小說迷出版的雜誌)。

FAO Food and Agriculture Organization. 聯合國糧食及農業組織。

FAQ Frequently Asked Questions. 〖電算〗常見問題與解答。

‡**far** [fɑr] *adj.* (**far·ther** or **fur·ther, far·thest** or **fur·thest**) ①遠的；遠方的。②較遠的。③久遠的。④廣遠的；遠大的。*a* ～ *cry* 長距離。— *adv.* ①甚遠地；久遠地。②很；大大地。③很晚地。*as* [*so*] ～ *as* **a.** 像…那樣遠。**b.** 就…而論。*by* ～ **a.** 遠超過其他地；顯然地。**b.** 很；極高。～ *and away* 遠超過其餘之上地。～ *and near* 遠近；到處。～ *and wide* 廣布；普遍。～ *be it from me* 我不敢；我決不會。*go* ～ **a.** 成功；成名。**b.** 保持長時間的。**c.** 大有幫助。*how* ～ 至於甚麼距離、程度等。*so* [*thus*] ～ 到目前爲止。§ **the F-Éast** 遠東。

far·a·way [ˋfɑrəˋwe] *adj.* ①久遠的；遙遠的。②恍惚的；如夢的。

farce [fɑrs] *n.* ①UC笑劇；滑稽劇；鬧劇。②C無謂之事；滑稽可笑之事。③U詼諧；滑稽。

far·ci·cal [ˋfɑrsɪkl] *adj.* 滑稽劇的；詼諧的；引人發笑的。

‡**fare** [fɛr] *n.* ①C車費；船費；旅客票價。②C旅客；乘客。③U飲食；食品。— *v.i.* ①享受飲食。②處境；經營。③〖古〗行；旅行。

***fare·well** [ˋfɛrˋwɛl, ˌfɛrˋwɛl] *interj.* 再會；祝你平安。— *n.* ①C告別辭。②U離別；辭別。③C歡送會。— *adj.* 告別的；臨別的。

far-fetched [ˋfɑrˋfɛtʃt] *adj.* ①牽強的；不自然的。②來自遠方的。

far-flung [ˋfɑrˋflʌŋ] *adj.* 廣布的；範圍極廣的。

fa·ri·na [fəˋrinə] *n.* U①穀粉。②澱粉。

‡**farm** [fɑrm] *n.* C農田；農場；飼養場。— *v.i.* 種田；飼畜。— *v.t.* ①

F

耕(田)；種植；豢養(家畜)。②租佃。③招人承包(收租稅等)；承包(收租稅等)。④寄養(幼兒等)。§ ∼ **hand** 農場工人；農家雇工。

‡**farm·er** [ˋfɑrmɚ] *n.* Ⓒ ①農夫；佃農。②賦稅承包人。

***farm·house** [ˋfɑrm,haus] *n.* Ⓒ 農舍。

farm·ing [ˋfɑrmɪŋ] *n.* Ⓤ 農業；耕作。— *adj.* 農業的；耕種的。

farm·land [ˋfɑrm,lænd] *n.* Ⓤ 農地；耕地。

farm·stead [ˋfɑrm,stɛd] *n.* Ⓒ 農場及其建築物。

***farm·yard** [ˋfɑrm,jɑrd] *n.* Ⓒ 農家之庭院。

***far-off** [ˋfɑrˋɔf] *adj.* 遙遠的；遠隔的。

far-out [ˋfɑrˋaut] *adj.* 〖美俚〗非常特別的；前衛的。

far·ra·go [fəˋrego] *n.* Ⓒ (*pl.* ∼**es**) 混成物；混雜。

far-reach·ing [ˋfɑrˋritʃɪŋ] *adj.* 影響廣大的；遠達的。

far·row [ˋfæro] *n.* Ⓒ 一窩小豬；一胎所生的小豬。— *v.t.* & *v.i.* 產(小豬)。

far-see·ing [ˋfɑrˋsiɪŋ] *adj.* 有遠見的；有先見之明的。

far-sight·ed [ˋfɑrˋsaɪtɪd] *adj.* ①遠視的(眼)。②眼光遠大的。

fart [fɑrt] 〖鄙〗 *n.* Ⓒ 屁。— *v.t.* & *v.i.* 放屁。

‡**far·ther** [ˋfɑrðɚ] comp. of **far.** *adj.* ①(指距離)更遠的；較遠的。②進一步的；另外的。— *adv.* ①更遠地；較遠地。②更加地；進一步地。③此外。∼ ***on*** 再向前；更向前。

far·ther·most [ˋfɑrðɚ,most] *adj.* 最遠的(=furthermost)。

far·thest** [ˋfɑrðɪst] *adj.* & *adv.* superl. of **far.** 最遠的[地]；最久的[地]。at*** (***the***) ∼ 最多；至遲。

far·thing [ˋfɑrðɪŋ] *n.* ① Ⓒ 法辛(英國小錢幣名)。②(a ∼, 用於否定句)價值微小之物。

fas·ces [ˋfæsiz] *n. pl.* (*sing.* **fas·cis** [ˋfæsɪs]) ①(棒、桿等的)一束。②古羅馬代表權威的束棒。

fas·ci·a [ˋfæʃɪə] *n.* Ⓒ (*pl.* **-ci·ae** [-ʃɪ,i]) ①(商店前的)店主名牌；招牌。②[ˋfeʃə] (*pl.* ∼**s**) 〖英〗汽車儀錶板(=dashboard)。— **fas′ci·al,** *adj.*

fas·ci·cle [ˋfæsɪkḷ] *n.* Ⓒ ①小束。②(書籍等之)分冊。③〖植〗(花、葉等之)束；簇；團。④〖解〗纖維束。

***fas·ci·nate** [ˋfæsṇ,et] *v.t.* ①使迷惑；使著迷。②蠱惑。— *v.i.* 迷人；令人入神。— **fas′ci·na·tor,** *n.*

fas·ci·nat·ing [ˋfæsṇ,etɪŋ] *adj.* 迷人的；吸引人的。

***fas·ci·na·tion** [,fæsṇˋeʃən] *n.* Ⓤ ①迷惑。②魅力；魔力；嬌媚。

Fas·cism [ˋfæʃ,ɪzəm] *n.* Ⓤ 法西斯主義(1919 年創於義大利，1922 年在 Mussolini 領導下奪取義大利政權)。

Fas·cist, fas·cist [ˋfæʃɪst] *n.* Ⓒ 法西斯主義者[黨員]。

‡**fash·ion** [ˋfæʃən] *n.* ①(*sing.*)姿態；方式。② Ⓤ Ⓒ 時樣；風尚；時髦。③ Ⓤ (the ∼)時髦人物；上流社會。④ Ⓤ 形狀。⑤ Ⓤ 種類。***after*** [***in***] ***a*** ∼ 勉強地；不太令人滿意地。***in*** [***out of***] ∼ (不)流行。— *v.t.* ①做成…的形狀。②使配合。§ ∼ **plate** (1)時裝圖樣。(2)穿著時髦的人。

***fash·ion·a·ble** [ˋfæʃənəbḷ] *adj.* ①時髦的。②時髦人物用的；像時髦人物的。— *n.* Ⓒ 時髦人物。

‡**fast**[1] [fæst, fɑst] *adj.* ①迅速的。a ∼ lane 快車道。②緊的。③忠實的。④放蕩的。⑤不易褪色的；維持長久的。∼ coloreds 不褪色布料(亦作 colorfast cloth)。⑥激烈的。⑦深沉的；熟睡的。***pull a*** ∼ ***one*** 欺詐；詭計。— *adv.* ①快地。②堅定地；穩固地。③完全地。④激烈地。***play*** ∼ ***and loose*** (***with***) 玩弄；行爲不負責任。§ ∼ **food** 速食。

fast[2] *v.i.* 斷食；齋戒。— *n.* Ⓒ ①斷食；齋戒。②齋戒日；齋戒期。

***fas·ten** [ˋfæsṇ, ˋfɑsṇ] *v.t.* ①裝牢；關鎖；縛；繫。②連結；加諸於。③盯住；使朝向。— *v.i.* ①牢；緊；附著。②緊抓；堅持。③集中注意。

fas·ten·er [ˋfæsṇɚ] *n.* Ⓒ ①牢繫者。②使牢繫之物。

fas·ten·ing [ˋfæsṇɪŋ, ˋfɑsṇɪŋ] *n.* Ⓒ 繫結物；拴扣物(如門閂、鎖等)。

fast-food [ˋfæstˋfud] *adj.* 〖美〗速食的；快餐的。

fas·tid·i·ous [fæsˋtɪdɪəs] *adj.* 難以取悅的；苛求的。— **ly,** *adv.*

fast·ness [ˋfæstnɪs] *n.* ① Ⓤ 鞏固。② Ⓒ 堡壘。③ Ⓤ 迅速。

‡**fat** [fæt] *adj.* (**-tt-**)①肥的；胖的。②豐富的；充實的。③遲鈍的。④給予好機會的。⑤厚的；寬的。⑥肥沃的。⑦有錢的。***a*** ∼ ***chance*** 〖俚〗希望甚少；機會極小。— *n.* ① Ⓤ 肥肉；脂

肪。② U C 油類。③ C 多餘之物; 多餘部分。*The ~ is in the fire.* a. 生米已成熟飯; 木已成舟。b. 危機迫在眉睫。**—** *v.t.* (-tt-) 使肥胖。**—** *v.i.* 變胖。§∼ fàrm 減肥中心。

***fa·tal** [ˋfetl] *adj.* ①致命的。②毀滅性的。③重大的; 決定命運的。④不可避免的; 宿命的。— **ly,** *adv.*

fa·tal·ism [ˋfetl͵ɪzəm] *n.* U ①宿命論。②對宿命論之信仰。

fa·tal·i·ty [feˋtælətɪ] *n.* ① C 災禍; 死亡。② U (疾病等的)致命。③ (a ~)命運; 宿命; 命數。④ C (常 *pl.*)災禍中之死者。

‡**fate** [fet] *n.* ① U 命運; 天命。② C 吉凶; 禍福。③ C 死; 毀滅。④ C 結局。*the Fates* 〖希、羅神〗司命運之三女神。**—** *v.t.* 注定。

fat·ed [ˋfetɪd] *adj.* 命運決定了的。

fate·ful [ˋfetfəl] *adj.* ①命運注定的。②重大的。③招致毀滅的。

fat·head [ˋfæt͵hɛd] *n.* C 愚鈍者; 傻瓜; 笨蛋。

‡**fa·ther** [ˋfɑðɚ] *n.* ① C 父親。② C (常 *pl.*)祖先。③ C 創始者; 發明者。④(F-)神父。⑤(the F-)上帝。⑥(*pl.*)對長者之尊稱。⑦(*pl.*)古羅馬之參議員。⑧ C 扶養者; 養育者。⑨(*pl.*)元老。⑩ U 起源。**—** *v.t.* ①爲…之父。②養育。③創造; 負責。④認某人爲…之父。— **less,** *adj.*

fa·ther·hood [ˋfɑðɚ͵hud] *n.* U 父親之身分; 父權。

fa·ther-in-law [ˋfɑðərɪn͵lɔ] *n.* C (*pl.* **fa·thers-in-law**)①公公。②岳父。 「祖國。」

fa·ther·land [ˋfɑðɚ͵lænd] *n.* C

fa·ther·ly [ˋfɑðɚlɪ] *adj.* 父親的。

***fath·om** [ˋfæðəm] *n.* C (*pl.* **~s,** ~)噚(長度名, ＝6英尺, 用以量水深)。**—** *v.t.* ①量(水)的深淺。②徹底明白。 「不可測的。」

fath·om·less [ˋfæðəmlɪs] *adj.* 深

***fa·tigue** [fəˋtig] *n.* ① U 疲倦; 疲勞。② C (常 *pl.*)勞累。**—** *v.t.* 使疲勞; 使(心智)衰弱。

fat·ten [ˋfætn̩] *v.t.* ①催肥; 養肥〔常 up〕。②使增大[多]。**—** *v.i.* ①變肥。②增大[多]; 成長。

fat·ty [ˋfætɪ] *adj.* (含)脂肪的; 多脂肪的。**—** *n.* C 〖俗〗胖子。

fat·u·ous [ˋfætʃuəs] *adj.* ①愚庸而自滿的。②空虛的。— **fa·tu·i·ty** [fəˋtjuətɪ, -ˋtu-], *n.*

fau·cet [ˋfɔsɪt] *n.* C 水龍頭。

‡**fault** [fɔlt] *n.* ① U 過失。② C 毛病。③ C 〖地質〗斷層。④ C (網球等之)發球失誤。*at ~* a. 錯誤(的)。b. 茫然不知所措。*find ~* 批評; 吹毛求疵。*to a ~* 甚; 過分。**—** *v.i.* ①犯錯。②〖地質〗發生斷層。**—** *v.t.* ①批評; 認爲不妥。②將…做錯。③〖地質〗使發生斷層。

fault·find·er [ˋfɔlt͵faɪndɚ] *n.* C 揭人短處者; 吹毛求疵者。

fault·find·ing [ˋfɔlt͵faɪndɪŋ] *adj.* 揭人短處的; 吹毛求疵的。**—** *n.* U 挑剔; 揭短。

fault·less [ˋfɔltlɪs] *adj.* 完美的。

fault·y [ˋfɔltɪ] *adj.* 有缺點的; 有錯誤的。 「羊狀之農牧神)。」

faun [fɔn] *n.* C 〖羅神〗傅恩(半人半

fau·na [ˋfɔnə] *n.* U C (*pl.* **~s, ~e** [-ni])(集合稱)(某區域、某時代的)全部動物; 動物羣; 動物區系。

faux pas [ˋfoˋpɑ] 〖法〗*n.* C (*pl.* ~ [~z])失言; 失禮; 失態。

‡**fa·vor,** 〖英〗**-vour** [ˋfevɚ] *n.* ① U C 恩寵; 愛護; 善意。② U 喜歡; 贊成。③ U 私好。④ C 來函; 大札。⑤ C 贈品; 紀念物。⑥ U C 特權。⑦ C 利益。⑧ U C 有利的差別。⑨ C (常 *pl.*)(婦女)以身相許。*in ~ of* a. 贊成; 支持。b. 有利於。c. 支付給。*out of ~* 不受歡迎。**—** *v.t.* ①眷顧; 愛護; 贊成。②偏愛; 徇私。③於…有利; 幫助。④肖; 似。⑤善爲照顧。

***fa·vo(u)r·a·ble** [ˋfevərəbl̩] *adj.* ①贊成的。②順利的。③良好的。④前途有望的。

fa·vo(u)red [ˋfevɚd] *adj.* 有利的; 占優勢的; 有特權的。

‡**fa·vo(u)r·ite** [ˋfevərɪt] *adj.* 最喜愛的。**—** *n.* ① C 最喜愛之人[物]。② C 享受特殊待遇的人。③ (the ~)可望贏得競賽的人、馬等。

fa·vo(u)r·it·ism [ˋfevərɪt͵ɪzəm] *n.* U 偏愛; 徇私; 偏袒。

fawn[1] [fɔn] *v.i.* ①(犬之)搖尾乞憐。②巴結; 奉承。

fawn[2] *n.* ① C 未滿一歲之幼鹿。② U 淡黃褐色。**—** *adj.* 淡黃褐色的。

fax [fæks] *n.* U 無線電傳眞(機)。**—** *adj.* 用無線電傳眞的。**—** *v.t.* 用無線電傳眞傳送。

fay [fe] *n.* ＝**fairy.**

FBI, F.B.I. Federal Bureau of

Investigation. 美國聯邦調查局。
fe·al·ty [ˋfiəltɪ] *n.* Ⓤ①效忠。②忠誠；信實。
‡**fear** [fɪr] *n.* ①Ⓤ懼怕。②Ⓤ敬畏。③ⓊⒸ擔心。④Ⓤ可能；機遇。⑤Ⓒ令人懼怕之事物。***for* ~(*that*)** 因恐；免得。***in* ~ *of*** 懼怕。**—** *v.t.* ①懼怕。②恐怕。③敬畏。**—** *v.i.* ①懼怕。②擔心。
***fear·ful** [ˋfɪrfəl] *adj.* ①可怕的。②膽怯的。③〖俗〗很壞的；醜陋的；討厭的。④〖俗〗非常的。⑤擔心的。⑥〖俚〗敬畏的。— **ness,** *n.*
***fear·ful·ly** [ˋfɪrfəlɪ] *adv.* 〖俗〗頗；極；非常地；可怕地。
***fear·less** [ˋfɪrlɪs] *adj.* 無畏的。
fear·some [ˋfɪrsəm] *adj.* 可怕的；膽怯的。
fea·si·ble [ˋfizəbl] *adj.* ①可實行的。②可能的；合理的。③合宜的；方便的。
***feast** [fist] *n.* Ⓒ①饗宴；祝宴；宴樂。②〖宗〗節慶；節日。③賞心樂事。**—** *v.t.* & *v.i.* 款宴；(使)享受。
***feat** [fit] *n.* Ⓒ①功績；偉業。②技藝的表演。
feath·er** [ˋfɛðɚ] *n.* ①Ⓒ羽毛。②Ⓤ鳥類。③Ⓒ輕如羽毛的東西。a* ~ *in one's cap*** 值得驕傲的事物；榮譽。**—** *v.t.* 飾以羽毛；插羽毛於。**—** *v.i.* ①長羽毛；成羽毛狀生長〔常out〕。②像羽毛似地動搖。③像羽毛似地覆蓋。**~ *one's nest*** 營私中飽。
feath·er·bed [ˋfɛðɚ,bɛd] *v.i.* & *v.t.* (**-dd-**)〖美〗強迫雇用(較實際需要爲多之工人)。
feath·er·brain [ˋfɛðɚ,bren] *n.* Ⓒ愚人；低能者。
feath·ered [ˋfɛðɚd] *adj.* ①有羽毛的；飾以羽毛的。②有翼的；迅速的。③(箭)裝翎的。
feath·er·edge [ˋfɛðɚ,ɛdʒ] *n.* Ⓒ〖建〗薄邊。**—** *v.t.* 使有薄邊。
feath·er·weight [ˋfɛðɚ,wet] *n.* Ⓒ(體重在126磅與118磅之間的)拳擊手；羽量級選手。
‡**fea·ture** [ˋfitʃɚ] *n.* ①Ⓒ容貌之一部。②(*pl.*)相貌。③Ⓒ特徵；外貌。**—** *v.t.* ①使有特色；爲…之特色。②〖俗〗以…爲號召。③與…相貌相似。④給予顯著地位。— **less,** *adj.*
Feb. February.
feb·ri·fuge [ˋfɛbrɪ,fjudʒ] *n.* Ⓒ①退燒劑。②冷飲。
fe·brile [ˋfibrəl] *adj.* 發燒的；熱病的。
‡**Feb·ru·ar·y** [ˋfɛbru,ɛrɪ] *n.* 二月。
fe·ces [ˋfisiz] *n. pl.* 排泄物；糞便。
feck·less [ˋfɛklɪs] *adj.* ①無能的。②無思想的。
fe·cund [ˋfikənd] *adj.* 多產的；肥沃的；豐富的。
fe·cun·date [ˋfikən,det] *v.t.* ①使多產。②〖生物〗使受孕；授精。
fed [fɛd] *v.* pt. & pp. of **feed.**
***fed·er·al** [ˋfɛdərəl] *adj.* ①聯邦制的；聯合的。②聯邦政府的。③(F-)〖美〗南北戰爭中擁護聯邦政府的。**—** *n.* (F-) Ⓒ①〖美〗南北戰爭中擁護聯邦政府的人士或士兵。②〖美〗聯邦政府人員。§ **F- Resérve Sýstem** (美國)聯邦準備銀行制度。— **ism,** — **ist,** *n.*
fed·er·ate [ˋfɛdə,ret] *v.t.* & *v.i.* 組成聯邦；聯盟。**—** [ˋfɛdərɪt] *adj.* 聯盟的；聯合的；聯邦的。
***fed·er·a·tion** [,fɛdəˋreʃən] *n.* Ⓤ Ⓒ聯盟；聯合總會；聯邦政府。
fe·do·ra [fɪˋdorə] *n.* Ⓒ一種男式軟呢帽。
***fee** [fi] *n.* ①Ⓒ薪金；稅；費。②Ⓒ小費。③Ⓤ采邑；世襲地。④Ⓒ(常*pl.*)學費；會費。⑤Ⓤ所有權。**—** *v.t.* (**feed**)①交費給。②給小費。
***fee·ble** [ˋfibl] *adj.* 微弱的；無效的。
fee·ble-mind·ed [ˋfiblˋmaɪndɪd] *adj.* 意志薄弱的；低能的。
***fee·bly** [ˋfiblɪ] *adv.* ①無力地；不夠積極地；無效地。②微微地。③微弱地。
‡**feed** [fid] *v.t.* (**fed**)①飼育；供養。②供原料。③使滿足。**—** *v.i.* ①吃；食〔on, upon, off〕。②供養；飼養。**—** *n.* ①Ⓒ飼料。②Ⓤ吃飼料。③Ⓒ〖俗〗人的一餐。④Ⓤ〖機〗(原料的)供給。***be off one's* ~ a.** 胃口不好。**b.** 憂愁的；頹喪的。**c.** 身體不適。
feed·back [ˋfid,bæk] *n.* ⓊⒸ〖電〗(眞空增幅器的)反饋；回饋。
***feed·er** [ˋfidɚ] *n.* Ⓒ①餵養者。②輸送材料的裝置。③支流。④〖電〗饋電線。⑤(嬰兒的)奶瓶。⑥餵養器。⑦飲食者；好吃者。「場。
feed·lot [ˋfid,lɑt] *n.* Ⓒ家畜飼養
feed·stuff [ˋfid,stʌf] *n.* Ⓤ飼料。
‡**feel** [fil] *v.i.* (**felt**)①摸著是；感覺著是。②感覺。③有知覺；有感情作用。④用手摸索。⑤憐憫。⑥訴諸感情。

— *v.t.* ①感覺到。②敏感。③觸；摸。④摸索；探尋。⑤摸試。⑥受影響於。⑦以為；相信；想。⑧有…之感覺。～ **for** 同情於。～ **like** a. 摸著像是。b. 欲；想。～ **one's way** 摸索著走。— *n.* (*sing.*)①觸摸。②感觸；感覺。

feel·er [ˋfilə] *n.* Ⓒ ①〖動〗觸角；觸毛；觸鬚。②探人意見之言語、行動或暗示等。

‡**feel·ing** [ˋfilɪŋ] *n.* ① Ⓤ 感覺。② Ⓤ 憐憫。③(*pl.*)感情。④ ⓊⒸ 意見。⑤Ⓤ知覺。⑥Ⓒ情緒。⑦Ⓤ憤激。⑧Ⓤ感受性；敏感。⑨Ⓤ事物給人的感覺。— *adj.* ①易感動的；有同情心的。②動人的。③有感情的。—**ly,** *adv.*

***feet** [fit] *n.* pl. of **foot.**

***feign** [fen] *v.t.* ①假裝。②虛構。③想像。— *v.i.* 做假；佯裝。

feint [fent] *n.* Ⓒ ①假裝。②聲東擊西的行動。— *v.i.* 聲東擊西；佯攻。— *v.t.* 騙。

feist·y [ˋfaɪstɪ] *adj.* ①精力充沛的。②好鬥的；脾氣壞的。

fe·lic·i·tate [fəˋlɪsə,tet] *v.t.* 祝賀；慶賀。

fe·lic·i·tous [fəˋlɪsətəs] *adj.* 適當的；得體的；恰切的。

fe·lic·i·ty [fəˋlɪsətɪ] *n.* Ⓤ①幸福；幸運。②(措辭)適當；巧妙。

fe·line [ˋfilaɪn] *adj.* 似貓的；輕行的。— *n.* Ⓒ 貓科之動物。

‡**fell**[1] [fɛl] *v.* pt. of **fall.**

fell[2] *v.t.* ①打倒；推倒。②砍伐(樹木)。③縫起(縫邊)。

fell[3] *adj.* ①殘忍的。②致死的。

fell[4] *n.* Ⓒ 獸皮；毛皮。

‡**fel·low** [ˋfɛlo] *n.* Ⓒ ①〖俗〗人；男人。②同伴；夥友；同事。③一對中之一；相配者。④〖俗〗情人；情郎。⑤傢伙。⑥卑賤漢；無用之人。⑦類似之人[物]；相等者。⑧(得獎學金的)研究生。⑨(常 F-)學術團體之榮譽會員。— *adj.* 同伴的；同事的；同階級的。§ ～ **féeling** 同情；同感。～ **tráveler** (1)旅伴。(2)同路人；同情者。

fel·low·ship [ˋfɛlo,ʃɪp] *n.* ①Ⓤ交情；友誼；同伴關係。②Ⓒ同好；同志。③Ⓒ大學內給研究生的一種獎學金。

fel·on [ˋfɛlən] *n.* Ⓒ〖法律〗重罪犯。— *adj.* 邪惡的；殘忍的。

fe·lo·ni·ous [fəˋlonɪəs] *adj.* ①重罪犯的。②極惡的。

fel·o·ny [ˋfɛlənɪ] *n.* ⓊⒸ〖法律〗重罪。

‡**felt**[1] [fɛlt] *v.* pt. & pp. of **feel.**

***felt**[2] *n.* ①Ⓤ毛氈。②Ⓒ毛氈所製之物。— *adj.* 用毛氈做的。

felt·ing [ˋfɛltɪŋ] *n.* Ⓤ 製氈材料；製氈法；氈。

fem. female; feminine.

***fe·male** [ˋfimel] *n.* Ⓒ ①婦人；女性。②雌性動、植物。— *adj.* ①女性的。②雌的。

***fem·i·nine** [ˋfɛmənɪn] *adj.* ①婦女的。②柔弱的。③〖文法〗陰性的。

fem·i·nin·i·ty [,fɛməˋnɪnətɪ] *n.* Ⓤ①婦女氣質；柔弱。②娘娘腔。

fem·i·nism [ˋfɛmə,nɪzəm] *n.* Ⓤ 女權主義；男女平等主義；提高女權運動。—**femˊi·nist,** *n.*

fem·i·nize [ˋfɛmə,naɪz] *v.t.* & *v.i.* ①女性化。②使女性占多數。

fe·mur [ˋfimə] *n.* Ⓒ (*pl.* **～s, fem·o·ra** [ˋfɛmərə])〖解〗股骨。

fen [fɛn] *n.* Ⓒ (常 *pl.*)〖英〗沼澤；沼地。

‡**fence** [fɛns] *n.* Ⓒ ①柵欄。②劍術；擊劍。③巧辯。④買賣贓物者。⑤黑貨市場。**sit on the ～** 騎牆；觀望。— *v.t.* ①圍以柵籬；築圍牆防衛。②保衛。③在贓品買賣處出售。④閃避。— *v.i.* ①鬥劍；舞劍。②閃避。③防禦。④作圍牆。—**fencˊer,** *n.*

***fenc·ing** [ˋfɛnsɪŋ] *n.* Ⓤ①劍術；鬥劍法。②築牆材料。③(集合稱)圍牆。④買賣贓物。⑤(對重要問題之)閃避。

fend [fɛnd] *v.t.* & *v.i.* ①抵擋；抵禦。②謀生；撫養；照管。～ **off** 擋開；避開(災禍等)。

fend·er [ˋfɛndə] *n.* Ⓒ ①防禦物；防禦者。②(汽車等的)擋泥板。③〖英〗(火車裝的)防撞板；擋板。④(防爐炭滾出用的)炭欄；爐圍。⑤(船旁之)防擦索；護舷材；護舷墊。

Fe·ni·an [ˋfinɪən] *n.* Ⓒ 芬尼安會之會員(該會目的在使愛爾蘭脫離英國之統治)。

fen·nel [ˋfɛnl] *n.* Ⓒ〖植〗茴香。

fe·ral [ˋfɪrəl] *adj.* ①野生的。②野蠻的；兇猛的。

***fer·ment** [fəˋmɛnt] *v.i.* ①發酵。②激動；紛擾。— *v.t.* ①鼓勵；醞釀。②使發酵。—[ˋfɝmɛnt] *n.* ①Ⓒ發酵劑。②Ⓤ發酵。③Ⓤ激動。—**fer·men·taˊtion,** *n.*

***fern** [fɝn] *n.* ⓊⒸ羊齒(植物)。

fe·ro·cious [fəˋroʃəs] *adj.* ①殘忍的；兇猛的。②非常的。— **ly,** *adv.*
fe·roc·i·ty [fəˋrɑsətɪ] *n.* Ⓤ 兇猛；獰惡；殘暴。
fer·ret [ˋfɛrɪt] *n.* Ⓒ ①〖動〗雪貂；白鼬。②搜索者；偵探。**—** *v.t.* & *v.i.* ①用雪貂打獵。②搜索；捕獵；偵察〔out〕.
fer·ric [ˋfɛrɪk] *adj.* ①(含)鐵的。②「〖化〗三價鐵的。」
Fér·ris whèel [ˋfɛrɪs ～] *n.* Ⓒ 摩天輪(一種供遊戲之豎立轉輪)。
ferro- 〖字首〗〖化〗表「含鐵」之義。
fer·ro·mag·net·ic [ˌfɛromægˋnɛtɪk] *adj.* 鐵磁的。
fer·rous [ˋfɛrəs] *adj.* 〖化〗(含)二價「鐵的。」
fer·rule [ˋfɛrəl] *n.* Ⓒ 金屬箍；金屬包頭。**—** *v.t.* 裝以金屬箍。
***fer·ry** [ˋfɛrɪ] *n.* Ⓒ ①渡船。②渡口；渡頭。③飛機輸送制度。**—** *v.t.* ①以船渡。②用飛機輸送。
fer·ry·boat [ˋfɛrɪˌbot] *n.* Ⓒ 渡船。
fer·ry·man [ˋfɛrɪmən] *n.* Ⓒ (*pl.* **-men**) 擺渡人。
***fer·tile** [ˋfɝtl] *adj.* ①肥沃的；豐富的。②能生育的。
***fer·til·i·ty** [fɝˋtɪlətɪ] *n.* Ⓤ ①肥沃；豐富。②(土地的)生產力。③繁殖[生育]力。
fer·ti·lize [ˋfɝtḷˌaɪz] *v.t.* ①使肥沃；施肥於…。②〖生物〗使受精。— **fer·ti·li·za′tion,** *n.*
***fer·ti·liz·er** [ˋfɝtḷˌaɪzɚ] *n.* ①Ⓤ Ⓒ 肥料。②Ⓒ 受精媒介物。
fer·ule [ˋfɛrəl] *n.* Ⓒ 教鞭；戒尺。**—** *v.t.* 用戒尺懲罰。
fer·vent [ˋfɝvənt] *adj.* ①強烈的；熱情的；熱烈的。②熱的；白熱的。— **ly,** *adv.* — **fer′ven·cy,** *n.*
fer·vid [ˋfɝvɪd] *adj.* ①熱情的；熱烈的。②熾熱的。— **ly,** *adv.*
***fer·vor,**〖英〗**-vour** [ˋfɝvɚ] *n.* Ⓤ ①熱誠；熱心。②熱；熾熱。
fes·tal [ˋfɛstl] *adj.* ①節日的；假日的。②歡樂的。
fes·ter [ˋfɛstɚ] *v.i.* & *v.t.* ①(使)化膿。②(使)潰爛。③(使)煩惱、痛苦。**—** *n.* Ⓒ 膿瘡；膿疹；潰爛。
***fes·ti·val** [ˋfɛstəvl] *n.* ①Ⓤ Ⓒ 節日；節期。②Ⓤ Ⓒ 慶祝。③Ⓒ 飲宴；作樂。**—** *adj.* 節日的；喜慶的。
fes·tive [ˋfɛstɪv] *adj.* ①節日的。②節日氣氛的；快樂的。
fes·tiv·i·ty [fɛsˋtɪvətɪ] *n.* ①Ⓤ 歡宴；作樂。②Ⓒ (常 *pl.*)慶典；慶祝活動。
fes·toon [fɛsˋtun] *n.* Ⓒ 花綵。
fe·tal [ˋfitl] *adj.* (似)胎兒的。
***fetch** [fɛtʃ] *v.t.* ①取來；拿來。②使流(淚、血等)。③售得。④打擊。⑤〖俗〗吸引；迷惑。**—** *v.i.* ①攜帶；帶來。②〖海〗航行；前進；駛。～ *and carry* (*for*) 做雜事；供使役。～ *up* **a.** 停止；停步。**b.** 趕上。**c.** 扶養。**d.** 嘔吐。**—** *n.* Ⓒ ①帶來；拿來。②詭計；謀略。
fetch·ing [ˋfɛtʃɪŋ] *adj.* 〖俗〗引人的；嬌媚的；誘惑的。
fete, fête [fet] 〖法〗*n.* Ⓒ 慶典；慶祝；節日。**—** *v.t.* ①宴請；招待。②慶祝。③稱讚。
fet·id [ˋfɛtɪd] *adj.* 有惡臭的。
fet·ish, fet·ich(e) [ˋfitɪʃ] *n.* Ⓒ 被認爲有神靈之物；物神。
fet·ish·ism [ˋfitɪʃɪzṃ] *n.* Ⓤ ①拜物教；物神崇拜。②〖心〗戀物癖。
***fet·ter** [ˋfɛtɚ] *n.* Ⓒ (常 *pl.*)①足械；腳鐐。②束縛；囚禁。**—** *v.t.* ①加以足械[腳鐐]。②束縛；限制。
fet·tle [ˋfɛtl] *n.* Ⓤ (身心之)狀態。
fe·tus [ˋfitəs] *n.* Ⓒ 胎兒；胎。
feud[1] [fjud] *n.* Ⓤ Ⓒ ①家族之累世宿仇。②爭執；夙怨；不和。
feud[2] *n.* Ⓒ 封地；領地。
***feu·dal** [ˋfjudl] *adj.* ①封建(制度)的。②封地的。— **ist,** — **ism,** *n.*
feu·da·to·ry [ˋfjudəˌtorɪ] *adj.* 封建的；受封的。**—** *n.* Ⓒ ①家臣；諸侯。②領地；采邑。
***fe·ver** [ˋfivɚ] *n.* ①Ⓤ 熱病；發燒；發熱。②(a ～)狂熱；激昂。**—** *v.t.* 使發燒；使發熱；使興奮。
***fe·ver·ish** [ˋfivərɪʃ] *adj.* ①發熱的；熱病的。②狂熱的。— **ly,** *adv.*
‡**few** [fju] *adj.* ①很少的；不多的。②少數的；幾(個)；數(個)。～ *and far between* **a.** 稀少。**b.** 間隔很遠的。*no* ～*er than* 不少於；多達。**—** *n.* (作 *pl.*解)很少的人[物]；數個人[物]。*a good* ～〖英俗〗相當多的(人、物等)。*not a* ～ 不少；許多。*quite a* ～〖美俗〗相當多的(人、物等)；頗有幾個。— **ness,** *n.*
fez [fɛz] *n.* Ⓒ (*pl.* ～**(z)es**) 土耳其帽(無邊，紅色，飾有黑纓)。
fi·an·cé [ˌfiənˋse, fiˌɑnˋse, fiˋɑnse] 〖法〗*n.* Ⓒ 未婚夫。
fi·an·cée [ˌfiənˋse, fiˌɑnˋse, fiˋɑnse] 〖法〗*n.* Ⓒ 未婚妻。

fi·as·co [fɪˋæsko] *n.* Ⓤ Ⓒ (*pl.* ~(e)s) 慘敗; 大爲丟臉的失敗。
fi·at [ˋfaɪət] *n.* Ⓒ ①命令。②許可。
fib [fɪb] *n.* Ⓒ 無關緊要的謊言; 小謊。— *v.i.* (-bb-) 撒小謊。
*****fi·ber,** 《英》**-bre** [ˋfaɪbɚ] *n.* ① Ⓒ 纖維; 纖維質。② Ⓤ 纖維組織。
fi·ber·glass [ˋfaɪbɚ,glæs] *n.* Ⓤ 玻璃纖維。
fi·bril [ˋfaɪbrəl] *n.* Ⓒ 原纖維; 纖絲。
fi·brin [ˋfaɪbrɪn] *n.* Ⓤ ①《生理》纖維蛋白; 纖維素。②《植》麩質。
fi·broid [ˋfaɪbrɔɪd] *adj.* 纖維性的。
fi·bro·ma [faɪˋbromə] *n.* Ⓒ (*pl.* ~s, ~ta [~tə])《醫》纖維瘤。
fi·brous [ˋfaɪbrəs] *adj.* (有)纖維的; 纖維狀的。
fib·u·la [ˋfɪbjələ] *n.* Ⓒ (*pl.* -lae [-,li], ~s)《解》腓骨。
fick·le [ˋfɪkl] *adj.* 多變的; 不專的。
*****fic·tion** [ˋfɪkʃən] *n.* ① Ⓤ 小說。② Ⓤ 想像; 虛構。③ Ⓒ 杜撰的故事。④ Ⓒ《法律》假定。— **al,** *adj.*
fic·ti·tious [fɪkˋtɪʃəs] *adj.* ①虛構的; 假想的。②僞裝的。
fic·tive [ˋfɪktɪv] *adj.* ①能想像創造的。②想像的; 虛構的; 無稽的。
*****fid·dle** [ˋfɪdl] *n.* Ⓒ《俗》小提琴。*be as fit as a* ~ 精神健旺的。*play second* ~ 居次位; 聽人指揮。— *v.t.* ①《俗》(用小提琴)演奏。②虛度(光陰)。— *v.i.* ①《俗》奏小提琴。②做無益之事; 閒蕩。
fid·dler [ˋfɪdlɚ] *n.* Ⓒ ①彈奏小提琴者。②虛擲光陰者。
fid·dle·stick [ˋfɪdl,stɪk] *n.* Ⓒ ①拉提琴的弓。②無聊事。
fid·dle·sticks [ˋfɪdl,stɪks] *interj.* 胡說! 瞎扯!
*****fi·del·i·ty** [faɪˋdɛlətɪ, fə-] *n.* Ⓤ ①忠貞; 忠誠; 節操。②《無線》傳眞性。
fidg·et [ˋfɪdʒɪt] *v.i.* 不停地動; 坐立不安; 煩亂。— *v.t.* 使不安; 使煩躁。— *n.* Ⓒ ①煩躁不安。②侷促不安的人。
fi·du·ci·ar·y [fɪˋduʃɪ,ɛrɪ, -ˋdju-] *adj.* 受託人的; 信託的。
fie [faɪ] *interj.* 呸! 咄!
fief [fif] *n.* Ⓒ 領地; 封土; 采邑。
‡**field** [fild] *n.* Ⓒ ①田地; 田野。②場地; 運動場。③產地; (煤、油)田。④戰場; 戰役。⑤界; 範圍; 領域。⑥《理》場(如磁場等)。⑦視界; 視域。*in the* ~ **a.** 實地。**b.** 在某一行中。*take the* ~ 開戰; 開賽。— *v.t.* ①《棒球》(在外野)接(球)擲還。②送到戰場; 送到競賽場。§ ~ **artìllery** 《軍》野砲; 野戰砲兵。~ **evènt** 田賽項目(跳高、跳遠等)。~ **glàss(es)** 小型的雙眼望遠鏡。~ **hòspital** 野戰醫院。~ **màrshal** 《英》陸軍元帥。~ **òfficer** 陸軍校級軍官。~ **spòrts** (1)戶外運動(如狩獵、釣魚、競技等)。(2)田賽。~ **trìp** (學生的)校外考察旅行; (科研人員的)實地調查旅行。
field·er [ˋfildɚ] *n.* Ⓒ《棒球, 板球》守場員; 外野手。
field·piece [ˋfild,pis] *n.* Ⓒ 野戰砲; 野砲。
field-test [ˋfild,tɛst] *v.t.* 對…作現場試驗。
field·work [ˋfild,wɜk] *n.* ① Ⓤ 野外調查工作。② Ⓒ《軍》野戰工事。
*****fiend** [find] *n.* Ⓒ ①惡魔; 魔鬼。②窮兇極惡的人。③《俗》(耽於某種習慣、遊戲的)迷; 狂。— **ish,** *adj.*
*****fierce** [fɪrs] *adj.* ①兇猛的; 野的。②猛烈的。— **ly,** *adv.* — **ness,** *n.*
*****fier·y** [ˋfaɪrɪ, ˋfaɪərɪ] *adj.* ①火的; 燃燒的。②火紅的。③激情的; 激昂的。④火性的; 烈性的(馬)。
fi·es·ta [fɪˋɛstə]《西》*n.* Ⓒ ①聖徒紀念日。②假日; 慶典。
fife [faɪf] *n.* Ⓒ 橫笛。
FIFO [ˋfaɪ,fo] first in, first out. (庫存出貨次序)先進先出。
‡**fif·teen** [fɪfˋtin,ˋfɪfˋtin] *n.* Ⓤ Ⓒ 十五; 十五個。— *adj.* 十五(個)的。
*****fif·teenth** [fɪfˋtinθ] *adj.* ①第十五的。②十五分之一的。— *n.* ① Ⓤ (常 the ~)第十五(個)。② Ⓒ 十五分之一。
‡**fifth** [fɪfθ] *adj.* ①第五的。②五分之一的。— *n.* ① Ⓤ (常 the ~)第五。② Ⓒ 五分之一。§ ~ **cólumn** 第五縱隊; 奸細; 間諜。~ **cólumnist** 第五縱隊分子。
*****fif·ti·eth** [ˋfɪftɪɪθ] *adj.* ①第五十的。②五十分之一的。— *n.* ① Ⓤ (常the ~)第五十。② Ⓒ 五十分之一。
‡**fif·ty** [ˋfɪftɪ] *n.* ① Ⓤ Ⓒ 五十; 五十個。②(*pl.*)五十到五十九之間。— *adj.* 五十(個)的。
fif·ty-fif·ty [ˋfɪftɪˋfɪftɪ] *adj.* & *adv.* 《俗》平分爲二分的[地]; 各有二分之一的[地]。
*****fig** [fɪg] *n.* ① Ⓒ《植》無花果(樹)。②(a ~)瑣屑; 少許。
‡**fight** [faɪt] *v.t.* (**fought**) ①打(仗);

F

與…戰爭；使戰鬥；抵抗。②指揮；操縱。③對…帶來不必要的困難。 — *v.i.* 戰爭；打架；奮鬥。～ *it out* 徹底解決；一決雌雄。～ *shy of* a. 遠離(人)；避(人)。b. 避免。 — *n.* ①Ⓒ戰；戰役；戰鬥。②Ⓒ爭論；爭鬥；激辯。③Ⓤ戰鬥力；鬥志。④Ⓒ拳擊比賽。

***fight·er** [ˋfaɪtɚ] *n.* Ⓒ ①戰鬥者；戰士。②職業拳擊家。③戰鬥機。

fight·er-bomb·er [ˋfaɪtɚˋbɑmɚ] *n.* Ⓒ戰鬥轟炸機。

***fight·ing** [ˋfaɪtɪŋ] *n.* Ⓤ 戰鬥；鬥「火。」

fig·ment [ˋfɪgmənt] *n.* Ⓒ 想像物；虛構之事；無稽之談。

fig·ur·a·tive [ˋfɪgjərətɪv] *adj.* ①比喻的；假借的。②象徵的。③修飾多的；詞藻富麗的。—**ly,** *adv.*

‡**fig·ure** [ˋfɪgjɚ, ˋfɪgɚ] *n.* ①Ⓒ數字。②(*pl.*)(以數字)計算。③Ⓒ形象；形體；肖像。④Ⓒ圖形；圖解。⑤Ⓒ人物；名人。⑥Ⓒ體態；風度；相貌。⑦Ⓒ圖畫。⑧Ⓒ〖修〗喻；借喻。*a ～ of fun* 姿態滑稽的人。*cut* [*make*] *a* (*brilliant, conspicuous*) ～ 露頭角；放異彩。*cut a poor* [*sorry*] ～ 出醜；露出可憐相。*keep one's ～* 保持體態苗條。 — *v.t.* ①演算。②〖俗〗想；認爲。③用數字表示。④用圖表示。⑤加圖案；加花樣。 — *v.i.* ①出名；露頭角。②演算。～ *on* a. 料想；估計。b. 依賴。～ *out* a. 演算出來。b. 理解。§ ～ **skàting** 花式溜冰。

fig·ure·head [ˋfɪgjɚˌhɛd] *n.* Ⓒ ①船首所飾之雕像；破浪神。②有名無實的首領；傀儡。

fig·ur·ine [ˌfɪgjəˋrin] *n.* Ⓒ 小雕像。

Fi·ji [ˋfidʒi] *n.* 斐濟(南太平洋之一「國)。」

***fil·a·ment** [ˋfɪləmənt] *n.* Ⓒ①絲；線；纖維。②(電燈泡中的)燈絲。③〖植〗花絲。

fil·bert [ˋfɪlbɚt] *n.* Ⓒ〖植〗榛樹；「榛子。」

filch [fɪltʃ] *v.t.* 偷竊；竊取。

***file**[1] [faɪl] *n.* Ⓒ①卷宗；公文箱[匣，夾]。②案卷；文卷；檔案。③行列。④〖軍〗縱隊。 — *v.t.* ①歸檔；存卷。②把…排成縱隊前進。③提出；申請。④〖新聞〗發電報；發消息。 — *v.i.* ①排成單行或列隊行進。②〖美〗登記競選。③申請。§ ～ **sèrver** 〖電算〗檔案伺服器。

file[2] *n.* Ⓒ①銼子；銼刀。②狡猾的人。 — *v.t.* ①用銼子銼。②修整。

file·fish [ˋfaɪlˌfɪʃ] *n.* Ⓒ 魨；鮭魚。

file·name [ˋfaɪlˌnem] *n.* Ⓤ〖電算〗檔名。

fi·let [fɪˋle] 〖法〗*n.* Ⓤ 方眼花邊網。

fil·i·al [ˋfɪlɪəl] *adj.* 子女的；孝順的。

fil·i·bus·ter [ˋfɪləˌbʌstɚ] *n.* ①〖美〗a. ⓊⒸ妨礙議事。b. Ⓒ妨礙[杯葛]議事者。②Ⓒ未受本國命令而攻擊他國者；掠奪兵；海盜。 — *v.i.* & *v.t.* ①〖美〗阻礙(議事)之進行。②(未受政府命令)侵略他國。

fil·i·gree [ˋfɪləˌgri] *n.* Ⓤ 金銀銅絲所纏類似花邊之細工。

fil·ing[1] [ˋfaɪlɪŋ] *n.* Ⓤ (文件的)裝訂；彙集。

fil·ing[2] *n.* ①Ⓤ銼；銼平。②Ⓒ(常 *pl.*)銼屑；銼末。

Fil·i·pi·no [ˌfɪləˋpino] *n.* Ⓒ (*pl.* ～**s**)菲律賓人。 — *adj.* 菲律賓的。

‡**fill** [fɪl] *v.t.* ①使滿；填充；塞。②瀰漫；充滿；普及。③使滿足；使飽。④供應(貨物)。⑤填(空)；補(缺)。⑥任職；補缺。⑦使鼓脹。 — *v.i.* ①滿；充滿。②阻塞。～ *in* a. 填寫。b. 填滿。c. 補缺；暫代他人職務。～ *out* a. 填好。b. 脹滿；膨脹。c. 使更完全；使內容更爲充實。～ *up* 填好；填滿；答好。 — *n.* ①Ⓒ填塞物；填料。②(one's ～)盡量。

fill·er [ˋfɪlɚ] *n.* ①Ⓒ填裝之人[物]。②Ⓒ填塞物。③Ⓤ雪茄煙之煙草部分。④Ⓤ〖新聞〗(資料的)補白。⑤Ⓒ用於填充之器具(如漏斗等)。

fil·let [ˋfɪlɪt] *n.* Ⓒ ①束髮帶；細長的帶子。②肉片；魚片。 — *v.t.* ①以帶束結。②切(魚、肉)成片。

fill·ing [ˋfɪlɪŋ] *n.* ⓊⒸ①供填塞用之物。②(織品的)緯。③填充；充滿。§ ～ **stàtion** 汽車加油站。

fil·lip [ˋfɪləp] *v.t.* ①以指頭彈。②將…彈出去。③激動；刺激。 — *v.i.* 彈指。 — *n.* Ⓒ ①彈指；以指彈擊。②刺激物；興奮物。③一擊。④不足取之物。

fil·ly [ˋfɪlɪ] *n.* Ⓒ ①小雌馬。②〖俗〗活潑的小姑娘。

***film** [fɪlm] *n.* ①Ⓤ (又作 a ～)薄膜；表面之一層。②ⓊⒸ 軟片；膠捲。③Ⓒ電影；影片。 — *v.t.* & *v.i.* ①起一層薄膜。②適於上鏡頭。③拍電影。§ ～ **premìere** 影片首映。～ **stàr** 電影明星。

film-mak·er [ˋfɪlmˌmekɚ] *n.*

Ⓒ(電影)製作人；製片家；導演。

film-mak·ing [ˋfɪlm,mekɪŋ] *n.* Ⓤ電影製作。

film·strip [ˋfɪlm,strɪp] *n.* ⓊⒸ幻燈片。

film·y [ˋfɪlmɪ] *adj.* ①(如)薄膜的；極薄的。②覆有薄膜的；朦朧的。

*__fil·ter__ [ˋfɪltɚ] *n.* Ⓒ①過濾器。②過濾材料。③〖電〗濾波器；(照相機之)濾光鏡。— *v.t.* 過濾。— *v.i.* ①滲入。②漏過；濾過。③透過。§ ∼ **tip** (1)香煙濾嘴。(2)濾嘴香煙。

filth [fɪlθ] *n.* Ⓤ①骯髒；汚物。②醜行；猥褻語。

*__filth·y__ [ˋfɪlθɪ] *adj.* ①汚穢的；不潔的。②醜惡的；卑鄙的。③猥褻的。— **filthʹi·ly,** *adv.*

fil·trate [ˋfɪltret] *v.t.* & *v.i.* 過濾。— *n.* Ⓤ濾液；經濾清的水。

fil·tra·tion [fɪlˋtreʃən] *n.* Ⓤ過濾。

*__fin__ [fɪn] *n.* Ⓒ①鰭。②鰭狀物。③〖空〗(飛機的)安定翼。

‡**fi·nal** [ˋfaɪnl] *adj.* 最後的；最終的。— *n.* Ⓒ①(常 *pl.*)期末考試；決賽。②結局。

fi·na·le [fɪˋnalɪ] *n.* Ⓒ①樂曲[戲劇]的最後部分；最後一幕；終曲；終場。②結局。

fi·nal·ist [ˋfaɪnl̩ɪst] *n.* Ⓒ決賽選手。

fi·nal·i·ty [faɪˋnælətɪ] *n.* ①Ⓤ結局；最後；定局。②Ⓒ最後的事物；最後的行爲。

fi·na·lize [ˋfaɪnl̩,aɪz] *v.t.* 完成；核定。

‡**fi·nal·ly** [ˋfaɪnl̩ɪ] *adv.* ①最後地；最後一點。②決定地。③終於。

*__fi·nance__ [fəˋnæns, ˋfaɪnæns] *n.* ①Ⓤ財政；財務；財政學。②(*pl.*)財源；歲入；基金。— *v.t.* ①供以經費。②讓…賒帳。— *v.i.* 掌財政。

*__fi·nan·cial__ [fəˋnænʃəl, faɪ-] *adj.* 財政的；財務的；金融的。§ ∼ **yéar** 〖英〗會計年度。— **ly,** *adv.*

fin·an·cier [,fɪnənˋsɪr] *n.* Ⓒ①財政家。②資本家；金融業者。

finch [fɪntʃ] *n.* Ⓒ雀科鳴禽。

‡**find** [faɪnd] *v.t.* (**found**)①發現；找尋。②拾得；看見。③有；得到。④覺得；感覺。⑤發覺；探知；獲知。⑥判定；認定。⑦達於；自然成爲。⑧供給。— *v.i.* ①(法官)達成最後決定。②〖英〗打獵時發現獵物。∼ ***oneself*** 自知；發現自己的能力。∼ ***one's feet*** **a.** 能站立與走路。**b.** 能獨立行動。∼ ***out*** 査出來；揭露；顯示。— *n.* Ⓒ①發現。②發現物。

find·er [ˋfaɪndɚ] *n.* Ⓒ發現者。

fin de siè·cle [fædəˋsjɛkl] 〖法〗 *n.* (the ∼)(十九)世紀末。— *adj.* 世紀末的；頹廢的。

*__find·ing__ [ˋfaɪndɪŋ] *n.* ①Ⓤ發現。②Ⓒ(常 *pl.*)發現物；心得。③Ⓒ(常 *pl.*)判決；判定；結論。

‡**fine**[1] [faɪn] *adj.* ①優美的。②纖細的；微小的。③純的。④(布疋等)細密的；細緻的。⑤精細的；精微的。∼ arts 美術。⑥晴朗的。⑦銳利的。⑧優雅的；雅緻的。∼ manners 優雅的風度。⑨(衣服等)華麗的。⑩(健康等)安好的。⑪(文章等)華而不實的。⑫美貌的；英俊的。⑬非常的。⑭(選手等)訓練有素的。— *adv.* 〖俗〗很好地；優美地。— *v.t.* 使更精美；精鍊；澄淸；使精細。— *v.i.* 變精美；變純良；變精細；澄淸。

*__fine__[2] *n.* Ⓒ罰鍰；罰金。***in*** ∼ **a.** 最後。**b.** 總而言之。— *v.t.* 處以罰鍰；處以罰金。

fi·ne[3] [ˋfine] 〖義〗*n.* Ⓒ〖樂〗終結。

fin·er·y [ˋfaɪnərɪ] *n.* Ⓤ華麗的衣服、裝飾品等。

fi·nesse [fəˋnɛs] *n.* Ⓤ①技巧。②詭謀；策略；權術。③〖橋牌〗偷牌。— *v.i.* & *v.t.* ①運用策略；施巧計。②〖橋牌〗偷牌。

‡**fin·ger** [ˋfɪŋgɚ] *n.* Ⓒ①手指(常將大拇指除外)。②指狀物。③手指之寬度(¾英寸)。④手指之長度(4½英寸)。⑤關係；參與。***have a*** ∼ ***in the pie*** **a.** 參加一分。**b.** 管閒事；干涉。***keep***[***have***]***one's*** ∼***s crossed*** 希望成功；祝好運。***lay***[***put***]***one's*** ∼ ***on*** **a.** 明指。**b.** 發現。***twist***[***turn***]***around one's little*** ∼ 玩弄於股掌之上。— *v.t.* ①以手指摸[試]。②偷。③以手指撥彈(樂器)。④以某種指法彈(一段音樂)。— *v.i.* ①以指撫摸。②用指彈。

fin·ger·ing [ˋfɪŋgərɪŋ] *n.* Ⓤ①指觸；撫弄。②〖樂〗指法(記號)。

fin·ger·nail [ˋfɪŋgɚ,nel] *n.* Ⓒ手指甲。

fin·ger·print [ˋfɪŋgɚ,prɪnt] *n.* Ⓒ指紋。— *v.t.* 取…之指紋。

fin·ger·tip [ˋfɪŋgɚ,tɪp] *n.* Ⓒ①指尖；指頭。②保護指尖之物。***to one's***[***the***] ∼***s*** 完全地；充分地。

fin·i·al [ˋfɪnɪəl, ˋfaɪnɪəl] *n.* Ⓒ①〖建〗頂尖。②最高點。

fin·is [ˋfaɪnɪs] 〖拉〗*n.* Ⓤ完；結束。

F

‡**fin·ish** [ˋfɪnɪʃ] *v.t.* ①結束；完成。②用盡；吃完。③〖俚〗毀掉；殺；累死。④〖俗〗徹底征服；壓服。⑤修飾。⑥完成…之教育。— *v.i.* ①結束；終止。②完成。～ ***off*** **a.** 結束；用完。**b.** 毀掉；殺死。～ ***up*** **a.** 完成；結束。**b.** 用盡。～ ***with*** **a.** 完成。**b.** 斷絕關係；絕交。— *n.* Ⓤ ①終止；結束。②(又作 a ～)最後一層塗飾。

fi·nite [ˋfaɪnaɪt] *adj.* 有限的。～ verbs有限式動詞；定動詞。

Fin·land [ˋfɪnlənd] *n.*芬蘭(北歐一「國)。

Finn [fɪn] *n.* Ⓒ 芬蘭人。

Finn·ic [ˋfɪnɪk] *adj.* 芬蘭人[語]「的。

Finn·ish [ˋfɪnɪʃ] *adj.* 芬蘭(人，語)的。— *n.* Ⓤ 芬蘭語。

fin·ny [ˋfɪnɪ] *adj.* ①有鰭的；鰭狀的。②多魚的。

fiord [fjord, fjɔrd] *n.* Ⓒ 峽灣。

***fir** [fɝ] *n.* ①Ⓒ 樅樹。②Ⓤ 樅木。

‡**fire** [faɪr] *n.* ①Ⓤ 火。②Ⓒ 爐火。③ⓊⒸ 火災。④Ⓤ(似火的)火光；閃光；光輝。⑤Ⓤ熱情。⑥Ⓤ劇痛；高熱；發炎。⑦Ⓒ(常 *pl.*)〖古〗磨難；苦難。⑧Ⓤ 砲火。***catch*** [***take***] ～ 著火。***on*** ～ 失火；在燃燒中。***play with*** ～ 玩火；做危險之事。***under*** ～ **a.** 在敵人砲火下。**b.** 遭受嚴厲批評[抨擊]。— *v.t.* ①點燃；使燃燒。②加添燃料。③燒…使乾。④激起。⑤拋；投；擲。⑥放(槍)；開(火)。⑦〖俗〗解雇；辭退。— *v.i.* ①燃燒；起火。②開槍。③如火般發光。④激動。⑤射擊。～ ***away*** **a.** 繼續開槍。**b.** 〖俚〗繼續講下去或提出問題。～ ***off*** 發射(火箭、太空船等)。§ ～ alàrm (1)火警警報。(2)火警警報器。～ brigàde 救火隊；消防隊。～ depàrtment (1)消防隊。(2)消防隊全體隊員。～ drìll 消防訓練；救火演習；消防演習。～ èngine 消防車。～ escàpe 太平梯；雲梯。～ extìnguisher 滅火器[劑]。～ fìghter〖美〗消防隊員。～ sàle〖美〗火災品大拍賣。～ stàtion 消防站。

fire·arm [ˋfaɪr,ɑrm] *n.* Ⓒ(常 *pl.*)火器；槍砲；輕武器。

fire·ball [ˋfaɪr,bɔl] *n.* Ⓒ ①似火球之物。②大流星。

fire·bomb [ˋfaɪr,bɑm] *n.* Ⓒ 燒夷「彈。

fire·brand [ˋfaɪr,brænd] *n.* Ⓒ ①火把。②放火者；煽動者。

fire·break [ˋfaɪr,brek] *n.* Ⓒ(森林中或草原上之)防火線。

fire·brick [ˋfaɪr,brɪk] *n.* Ⓒ 耐火磚。

fire·bug [ˋfaɪr,bʌg] *n.* Ⓒ〖美俗〗放火犯；縱火犯。

fire·crack·er [ˋfaɪr,krækɚ] *n.* Ⓒ 爆竹；鞭炮。

fire·damp [ˋfaɪr,dæmp] *n.* Ⓤ(礦坑內之)甲烷；沼氣。

fire·dog [ˋfaɪr,dɔg] *n.* Ⓒ(爐之)薪「架。

fire·fly [ˋfaɪr,flaɪ] *n.* Ⓒ 螢火蟲。

fire·guard [ˋfaɪr,gɑrd] *n.* Ⓒ ①爐欄。②防火巷。

***fire·man** [ˋfaɪrmən] *n.* Ⓒ(*pl.* -men)①消防隊員。②火伕；管鍋爐者。③火車司爐。

***fire·place** [ˋfaɪr,ples] *n.* Ⓒ 壁「爐。

fire·plug [ˋfaɪr,plʌg] *n.* Ⓒ 消防栓。

fire·proof [ˋfaɪrˋpruf] *adj.* 防火的；耐火的。

***fire·side** [ˋfaɪr,saɪd] *n.* Ⓒ(常 the ～)①爐邊。②家庭(生活)。

fire·trap [ˋfaɪr,træp] *n.* Ⓒ 易失火之建築物。

fire·wood [ˋfaɪr,wʊd] *n.* Ⓤ 柴；「薪。

***fire·works** [ˋfaɪr,wɝks] *n. pl.* ①(作 *sing.* 解)煙火。②激烈爭論。

fir·ing [ˋfaɪrɪŋ] *n.* Ⓤ ①焙燒；燒製。②(用烙鐵)灼炙。③用火；生火。④開砲；發射。⑤燃料；煤；薪。§ ～ lìne (1)火線；陣線；戰線。(2)火線上的士兵。(3)(任何活動或職業的)前線。～ pàrty [squàd] (1)喪禮時之禮砲隊。(2)執行死刑之射擊隊。

‡**firm**[1] [fɝm] *adj.* ①堅固的；堅硬的。②牢固的；穩固的。③堅定的；堅強的。④健康的；健全的。⑤(物價等)穩定的。— *v.t.* 使堅固；使堅定。— *v.i.* ①變堅固；變堅定。②(物價等)回升。— *adv.* 堅定地。

firm[2] *n.* Ⓒ 商店；公司。

fir·ma·ment [ˋfɝməmənt] *n.* (the ～)蒼天；穹蒼。

firm·ware [ˋfɝm,wɛr] *n.* Ⓤ〖電算〗韌體(電腦硬體及軟體間的構成部分)。

‡**first** [fɝst] *adj.* ①第一的；最先的。②最重要的；首要的。③最微小的。④〖樂〗最高音的；唱最高音的。***at*** ～ ***hand*** 直接地。***at*** ～ ***sight*** [***view***] 一見之下。***in the*** ～ ***place*** 首先。— *n.* ①Ⓤ(常 the ～)第一個；(月之)一日。②Ⓤ(比賽中之)冠軍；首名。③(the ～)開始；起首。④(*pl.*)上等的東西；上品。***from the*** ～ 從開始起。— *adv.* ①首先地；最初地。

②寧願。~ ***and last*** 總而言之；畢竟。~ ***off*** 馬上。§~**àid** 急救。~ **frúits** (1)初結果實；第一次收成。(2)初次收益。~ **lády**〖美〗總統夫人；第一夫人。~ **náme** (姓名中之)名。~ **níght**(戲劇等之)首演。

first·born [ˋfɜstˋbɔrn] *adj.* 最先出生的。— *n.* Ⓒ長子；長女。

***first-class** [ˋfɜstˋklæs] *adj.* 頭等的；上等的。

first-de·gree [ˋfɜstdɪˋgri] *adj.* 初級的；一級的。

first·hand, first-hand [ˋfɜstˋhænd] *adj.* 第一手的。

first·ling [ˋfɜstlɪŋ] *n.* Ⓒ(常 *pl.*) ①最先者。②初產品；最初之結果。③〖動〗最初生出之幼兒。

first·ly [ˋfɜstlɪ] *adv.* 第一；首先。

first-night·er [ˋfɜstˋnaɪtɚ] *n.* Ⓒ經常看(戲劇)首演的人。

first-rate [ˋfɜstˋret] *adj.* ①第一流的；最佳的。②〖俗〗很好的；極佳的。— *adv.* 〖俗〗很好地；極佳地。

firth [fɜθ] *n.* Ⓒ 窄狹的海灣；(江、河)入海口。

***fis·cal** [ˋfɪskl] *adj.* 財政的；會計的。§~ **yéar**〖美〗會計年度。

‡**fish** [fɪʃ] *n.* (*pl.* ~**es**, (集合稱)~)①Ⓒ魚；魚類。②Ⓤ魚肉。③Ⓒ〖俚〗人。***drink like a*** ~ 牛飲。***have other*** ~ ***to fry*** 另有要事。— *v.t.* & *v.i.* ①釣魚；捕魚。②探求(for)。③企圖以詐術取得。~ ***in troubled waters*** 混水摸魚；趁火打劫。~ ***out*** 捕盡…中的魚。

fish·bowl [ˋfɪʃ,bol] *n.* Ⓒ ①金魚缸。②毫無遮蔽的地方。

***fish·er** [ˋfɪʃɚ] *n.* ①Ⓒ漁夫；漁船。②Ⓒ以魚爲食之獸。③Ⓒ〖動〗食魚貂。④Ⓤ食魚貂之褐色皮。

***fish·er·man** [ˋfɪʃɚmən] *n.* Ⓒ (*pl.* **-men**)①漁夫。②漁船。

fish·er·y [ˋfɪʃərɪ] *n.* ①Ⓒ(常 *pl.*)漁場。②Ⓤ漁業。

fish·hook [ˋfɪʃ,huk, ˋfɪʃuk] *n.* Ⓒ釣魚鉤。

***fish·ing** [ˋfɪʃɪŋ] *n.* ①Ⓤ捕魚；釣魚。②Ⓒ漁場。③Ⓤ捕魚權。§~ **ròd** 釣竿。~ **tàckle** 釣具。

fish·mon·ger [ˋfɪʃ,mʌŋgɚ] *n.* Ⓒ〖英〗魚商；魚販。

fish·net [ˋfɪʃnɛt] *n.* ①Ⓒ魚網。②Ⓤ魚網織狀物。

fish·pond [ˋfɪʃ,pɑnd] *n.* Ⓒ①養魚池。②〖謔〗海。

fish·wife [ˋfɪʃ,waɪf] *n.* Ⓒ (*pl.* **-wives**)①女魚販。②說話粗野的女人。

fish·y [ˋfɪʃɪ] *adj.* ①魚腥味的；似魚的。②魚的。③多魚的。④〖俗〗可疑的。

fis·sion [ˋfɪʃən] *n.* Ⓤ ①分裂。②〖生物〗分裂生殖法。③〖理〗原子核分裂。— *v.t.* 使發生原子核分裂。

fis·sure [ˋfɪʃɚ] *n.* Ⓒ ①裂縫。②裂開；分裂。— *v.t.* 使裂開；使生裂縫。— *v.i.* 裂開；分裂。

***fist** [fɪst] *n.* Ⓒ ①拳；拳頭。②〖俗〗手。③〖俗〗筆跡；手寫物。— *v.t.* ①將(手)握成拳頭。②緊握。

fist·ic [ˋfɪstɪk] *adj.* 〖俗〗拳擊的。

fist·i·cuff [ˋfɪstɪ,kʌf] *n.* Ⓒ (常 *pl.*)互毆；亂鬥。

‡**fit**[1] [fɪt] *v.i.* (**-tt-**)①合適；合宜。②預備。— *v.t.* ①適合於。②安裝；裝備。③使適應。~ ***out*** 裝備好；裝備齊全。~ ***up***裝置起來；設備。— *adj.* (**-tt-**)①合適的；適宜的。②對的；適當的。③準備妥當的。④〖俗〗幾乎要；就快要。⑤健康的。— *n.* ①Ⓤ適合；適宜。②Ⓒ適合之物。— **ness,** *n.*

fit**[2] *n.* Ⓒ①(病)發作；一陣(脾氣等)。②(做某事的)一段短時間。by*** ~***s and starts*** 一陣陣地；不規則地。

fit·ful [ˋfɪtfəl] *adj.* 斷斷續續的；一陣陣的。

fit·ter [ˋfɪtɚ] *n.* Ⓒ①適合者；裝配者。②爲人試樣之裁縫。

fit·ting [ˋfɪtɪŋ] *adj.* 適當的；恰當的。— *n.* Ⓒ ①(衣服之)試穿。②裝備；補給。③(常*pl.*)家具。— **ly,** *adv.*

‡**five** [faɪv] *n.* ①ⓊⒸ五。②Ⓒ五人籃球隊。③Ⓒ五個一組之物。— *adj.* 五(個)的。

five·fold [ˋfaɪvˋfold] *adj.* & *adv.* 五倍的[地]；五重的[地]。

fiv·er [ˋfaɪvɚ] *n.* Ⓒ〖俚〗①美國之五元鈔票。②英國之五鎊鈔票。

‡**fix** [fɪks] *v.t.* ①使穩固；使固定；縛緊；釘牢。②歸(咎)；委過；寄(希望)於。③安排；決定。④整理；修理。⑤注視；專心於。⑥吸引。⑦使(顏色等)持久不變。⑧〖攝〗定(影)。⑨作弊；賄賂。⑩〖俗〗報復。— *v.i.* ①固定；穩固。②安定。③準備。④定居。~ ***on*** [***upon***] 決定；選擇。~ ***up*** **a.** 預備；安排。**b.** 修理。**c.** 和解；解決。**d.** 打扮妥當。— *n.* ①Ⓒ(常 a ~)困境。②Ⓒ定方位。③(a ~)〖俚〗賄賂。

fix·a·tion [fɪks`eʃən] *n.* Ⓤ Ⓒ ①固定; 裝置。②影像之定色。③病態的固執[偏激]。④〖化〗凝固。
fix·a·tive [`fɪksətɪv] *n.* Ⓤ Ⓒ ①〖攝〗定影劑[液]。②〖染色〗定色劑; 媒染劑。
***fixed** [fɪkst] *adj.* ①固定的; 不變的; 一定的。②僵硬的; 直挺挺的。— **fix·ed·ly** [`fɪksɪdlɪ], *adv.*
fix·ing [`fɪksɪŋ] *n.* ① Ⓤ 固定。② Ⓤ 整理; 修理。③(*pl.*)〖美俗〗設備; 設施; 裝飾品。
fix·i·ty [`fɪksətɪ] *n.* Ⓤ 固定(性); 永久(性)。
***fix·ture** [`fɪkstʃə] *n.* Ⓒ ①裝置物; 設備。②固定一職之人。③(日期確定的)運動會; 運動項目。
fizz, fiz [fɪz] *v.i.* (**-zz-**)作嘶嘶聲。— *n.* ①(a ～)嘶嘶聲。② Ⓤ Ⓒ 有泡沫的飲料(如汽水)。
fiz·zle [`fɪzl] *v.i.* ①發微弱的嘶嘶聲。②〖俗〗失敗。～ ***out*** 結果失敗。

fjord [fjord] *n.* = **fiord.**
flab [flæb] *n.* Ⓤ (身體的)贅肉。
flab·ber·gast [`flæbə,gæst] *v.t.* 〖俗〗使大吃一驚; 使發愣。
flab·by [`flæbɪ] *adj.* ①鬆軟的; 弱的。②肌肉鬆弛的。③薄弱的。— **flab′-bi·ness,** *n.*
flac·cid [`flæksɪd] *adj.* 軟弱的; 鬆弛的; 沒氣力的。
‡**flag**[1] [flæg] *n.* ① Ⓒ 旗幟; 國旗。② Ⓒ 旗狀物。③(*pl.*)鳥羽; 鳥腿下半之茸毛。— *v.t.* (**-gg-**)①打旗號; 打手勢(有時 down)。②懸旗點綴。§ **F∸ Dày** (1)〖美〗國旗紀念日(六月十四日)。(2)(f- d-)〖英〗售旗募捐日。
flag[2] *n.* Ⓒ 菖蒲; 香蒲; 其葉或花。
flag[3] *n.* Ⓒ (鋪路用之)大石板。
flag[4] *v.i.* (**-gg-**) ①消沉; 衰退; 疲弱。②枯萎。
flag·el·late [`flædʒə,let] *v.t.* 鞭打。
flag·on [`flægən] *n.* Ⓒ ①具有把手、壺蓋之細頸壺。②大肚酒壺。
flag·pole [`flæg,pol] *n.* Ⓒ 旗竿。
fla·gran·cy [`flegrənsɪ] *n.* Ⓤ 罪惡昭彰。
fla·grant [`flegrənt] *adj.* ①窮兇極惡的。②至爲明顯的。
flag·ship [`flæg,ʃɪp] *n.* Ⓒ 旗艦。
flag·staff [`flæg,stæf] *n.* Ⓒ 旗杆。
flag·stone [`flæg,ston] *n.* ① Ⓒ 大石板。②(*pl.*)用大石板鋪的路。
flag-wav·ing [`flæg,wevɪŋ] *n.* Ⓤ (激發強烈愛國心等之)搖旗吶喊。
flail [flel] *n.* Ⓒ 連枷(舊式打穀具)。— *v.t.* 用連枷打; 敲擊。
flair [flɛr] *n.* Ⓤ ①敏銳的覺察力[鑑別力, 眼光]。②天賦; 本領。
flak [flæk] *n.* Ⓤ 辱罵性的批評。§ ∸ **jàcket** [**vèst**] 防彈夾克[背心]。
***flake** [flek] *n.* Ⓒ ①薄片; 雪片。②薄薄一片[層]。— *v.i.* 成片剝落(如石塊); 成片降下(如雪片)。— *v.t.* ①使成片剝落。②以薄片遮蓋。
flak·y [`flekɪ] *adj.* ①薄片的; 成片的。②易成片剝落的。
flam [flæm] *n.* Ⓤ Ⓒ 〖俚〗謊話; 詐欺; 虛構。— *v.t.* & *v.i.* (**-mm-**)欺騙; 詐僞。
flam·bé [flɑm`be] 〖法〗*adj.* (食物)上澆酒點燃後端出的。— *v.t.* 在(食物)上面澆酒點燃後端出。
flam·beau [`flæmbo] *n.* Ⓒ (*pl.* ～**x** [～z], ～**s**)火炬。
flam·boy·ant [flæm`bɔɪənt] *adj.* ①燦爛的。②火焰式的。③誇張的; 虛飾的。— **flam·boy′ance,** *n.*
‡**flame** [flem] *n.* ① Ⓤ (常 *pl.*)火焰; 燃燒。② Ⓒ 耀目之光亮[顏色]。③ Ⓒ 強烈之情感; 熱情。④ Ⓒ (常 old ～)〖俗〗情人; 愛人。⑤ Ⓒ 〖電算〗嘲弄、猥褻的電子郵件。— *v.i.* ①焚燒。②變得(紅)如火焰。③激動; 面紅。④發出亮光。— *v.t.* ①在火焰中燒。②用火焰傳遞消息。
fla·men·co [flə`mɛŋko] *n.* Ⓤ (西班牙的)佛朗明哥舞(曲)。
flam·ing [`flemɪŋ] *adj.* ①燃燒的。②火紅的。③溽暑的。④熱烈的。⑤誇張的。
fla·min·go [flə`mɪŋgo] *n.* Ⓒ (*pl.* ～(**e**)**s**)〖鳥〗紅鶴; 火鶴。
flam·ma·ble [`flæməbl] *adj.* 可著火的; 易燃燒的。
flan [flæn] *n.* Ⓒ 含有乳酪、水果等之餡餅。
flange [flændʒ] *n.* Ⓒ 輪緣; 凸緣。— *v.t.* 裝以凸緣。
flank [flæŋk] *n.* Ⓒ ①腰窩; 腰窩肉。②一側。③〖軍〗側翼。— *v.t.* ①立於…之側; 在…之側。②側面攻擊。③繞過…之側。④保衛側翼。
***flan·nel** [`flænl] *n.* ① Ⓤ 法蘭絨; 絨布。② Ⓒ 抹擦用的法蘭絨布塊。③(*pl.*)法蘭絨製的衣服。
flan·nel·et(te) [,flænl`ɛt] *n.* Ⓤ 棉織法蘭絨。
***flap** [flæp] *v.i.* (**-pp-**)①撲拍; 飄動;

吹動。②鼓翼；鼓翼而飛。— *v.t.* ①使飄動。②鼓(翼)。③拍打；拍擊。— *n.* Ⓒ ①拍打；拍擊聲。②邊緣；口蓋(口袋蓋、信封塗膠之口蓋等)；活邊。③〖空〗(飛機的)襟翼。

flap·jack [ˋflæp,dʒæk] *n.* Ⓒ 烙餅；大薄煎餅。

flap·per [ˋflæpɚ] *n.* Ⓒ 拍者；拍子；拍擊具。

*__flare__ [flɛr] *v.i.* ①閃耀；閃光。②(裙等)向外展開。~ *up*[*out*] 驟然震怒；突然發怒。— *n.* ① Ⓤ 閃光；閃耀。② Ⓒ 閃光信號；照明彈。③(a ~)突然爆發；突發。④ Ⓤ Ⓒ (裙等的)展開部分。⑤ Ⓒ 展開之物。

flare-up [ˋflɛr,ʌp] *n.* Ⓒ ①(火焰、光等之)驟燃。②〖俗〗暴怒。

‡**flash** [flæʃ] *n.* ① Ⓒ 閃光；閃爍；閃現。②(a ~)瞬息；一刻。— *v.i.* ①閃光；閃爍。②忽現；疾速馳過。③掠過；突然出現(心頭)。— *v.t.* 突然而短促地發出(光或火)；似閃光一般急促地發出。§ ~ **bùlb**(照相的)閃光燈泡。~ **càrd**(教學用)閃視卡。~(**ing**) **pòint** 閃點；燃點。

flash·back [ˋflæʃ,bæk] *n.* Ⓤ Ⓒ ①〖影〗倒敍(穿插往事之畫面)。②(故事、小說等之)插敍。

flash·gun [ˋflæʃ,gʌn] *n.* Ⓒ〖攝〗閃光槍(閃光燈及快門同時操作的裝置)。

flash·light [ˋflæʃ,laɪt] *n.* Ⓒ ①(燈塔之)閃光信號燈。②〖美〗手電筒。③〖攝〗閃光燈；鎂光燈。

flash·y [ˋflæʃɪ] *adj.* ①閃耀的；僅炫耀一時的。②浮華的。

*__flask__ [flæsk] *n.* Ⓒ ①水瓶；燒瓶。②扁玻璃瓶；金屬瓶。

‡**flat** [flæt] *adj.* (**-tt-**)①平坦的；平直的。②淺的；薄的；扁的。③斷然的；絕對的。④單調的；無變化的。⑤平臥地上的；倒下的。⑥〖樂〗降半音的。⑦低沉的。⑧(市場)蕭條的；不景氣的。— *adv.* ①〖樂〗降半音地。②平直地；臥倒地。③斷然地；絕對地。*fall* ~ **a.** 直挺挺地跌倒。**b.** 變成索然寡味。**c.** 徹底失敗。~ *out* 以最快速度或最大努力。— *n.* ① Ⓒ 平的東西；平的部分。② Ⓒ〖樂〗降半音符號(♭)；降半音。③ Ⓒ 平地。④ Ⓒ 分層的公寓。⑤(*pl.*)女人之平底鞋。— **ly,** *adv.* — **ness,** *n.*

flat·car [ˋflæt,kɑr] *n.* Ⓒ〖美俗〗無頂篷[邊板]之鐵路運貨車。

flat·fish [ˋflæt,fɪʃ] *n.* Ⓒ (*pl.* ~**es,** ~)比目魚。

flat·foot·ed [ˋflætˋfʊtɪd] *adj.* 有畸形扁平足的。

flat·i·ron [ˋflæt,aɪɚn] *n.* Ⓒ 熨斗。

*__flat·ten__ [ˋflætn̩] *v.t.* ①使平。②打倒；摧毀。— *v.i.* ①變平。②倒下；屈服。~ *out* 使平；變平。

*__flat·ter__ [ˋflætɚ] *v.t.* 諂媚；阿諛；奉承。~ *oneself* 自以爲；自誇。— **er,** *n.* — **ing,** *adj.*

flat·tered [ˋflætɚd] *adj.* ①對…(感到)高興的。②因…而高興的。

*__flat·ter·y__ [ˋflætərɪ] *n.* Ⓤ Ⓒ 阿諛之詞；諂媚。

flat·u·lence [ˋflætʃələns] *n.* Ⓤ ①胃腸氣脹。②空虛；浮誇；虛張聲勢。— **flat′u·lent,** *adj.*

flat·ware [ˋflæt,wɛr] *n.* Ⓤ (集合稱)扁平的餐具；盤碟類。

flat·wise [ˋflæt,waɪz], **-ways** [-,wez] *adv.* 扁平地；平放地。

flaunt [flɔnt] *v.i.* ①昂首闊步地走；炫耀。②飄蕩。— *v.t.* & *n.* Ⓤ ①炫耀。②藐視。

*__fla·vor,__〖英〗**-vour** [ˋflevɚ] *n.* ① Ⓤ Ⓒ 滋味；味道。② Ⓒ 調味料；香料；佐料。③ Ⓒ 特點；特別的風味。— *v.t.* 調味；使具特殊的風味。— **ing,** *n.* Ⓤ Ⓒ 調味品。

*__flaw__ [flɔ] *n.* Ⓒ ①裂縫；裂紋。②缺陷；瑕疵。— *v.t.* & *v.i.* (使)有裂縫；(使)有瑕疵。— **less,** *adj.*

*__flax__ [flæks] *n.* Ⓤ 亞麻(纖維)；亞麻紗。②淺黃色的。

flax·en [ˋflæksn̩] *adj.* ①亞麻織的。

flax·seed [ˋflæks,sid, ˋflæk,sid] *n.* Ⓤ Ⓒ 亞麻仁；亞麻子。

flay [fle] *v.t.* ①剝…的皮。②嚴責；苛評。③劫奪；掠奪。

*__flea__ [fli] *n.* Ⓒ 跳蚤。*a* ~ *in one's ear* **a.** 責備；刺耳的話；譏諷。**b.** 暗示；密告。§ ~ **còllar**(狗的)防蚤項圈。~ **màrket**[**fàir**]跳蚤市場；舊貨市場。

flea·bite [ˋfli,baɪt] *n.* Ⓒ ①蚤咬；蚤咬之紅斑。②小傷痛。③少；微量。

fleck [flɛk] *n.* Ⓒ ①點；斑點。②小粒；微粒。— *v.t.* 飾以斑點。

flec·tion [ˋflɛkʃən] *n.* ① Ⓤ 屈曲；彎曲。② Ⓒ 彎曲部分；彎處。③ Ⓤ Ⓒ〖文法〗語形變化；屈折。④ Ⓤ〖解〗(關節之)屈曲作用。

fled [flɛd] *v.* pt. & pp. of **flee.**

fledge [flɛdʒ] *v.t.* 養育(雛鳥，以待

其羽毛長成)。— *v.i.* 生羽毛。

fledg(e)·ling [ˋflɛdʒlɪŋ] *n.* Ⓒ ①剛生羽毛的雛。②年輕無經驗的人。

***flee** [fli] *v.i.* (**fled**) ①逃走; 逃避。②飛馳而過; 消逝。— *v.t.* 逃避。

***fleece** [flis] *n.* ①Ⓤ羊毛。②Ⓒ一次剪下的羊毛。③Ⓒ似羊毛之物。— *v.t.* ①剪(羊)毛。②騙取。

fleec·y [ˋflisɪ] *adj.* ①羊毛一般的; 柔而白的。②披有羊毛的。

***fleet**[1] [flit] *n.* Ⓒ ①艦隊。②一隊(飛機、汽車等)。§ ～ **àdmiral** (1)〖美〗五星海軍上將。(2)〖英〗海軍總司令。**F～ Strèet** 倫敦之符立德街，爲報館集中地(現多用以表示英國報業界)。

***fleet**[2] *adj.* 快速的。— *v.i.* ①疾馳; 飛逝。②變換位置。

fleet·ing [ˋflitɪŋ] *adj.* 疾逝的; 飛馳的; 短暫的。

Flem·ing [ˋflɛmɪŋ] *n.* 佛來明(Sir Alexander, 英國細菌學家，1929年發現盤尼西林)。

‡**flesh** [flɛʃ] *n.* ①Ⓤ肉; 肌肉。②Ⓤ肉類(食物); 食用肉。③(the ～)肉體; 軀殼。④(one's (own) ～)嫡親; 骨肉。⑤(the ～)肉慾; 淫慾。⑥Ⓤ人類。～ *and blood* 血肉之軀。*in the* ～ **a.** 本人。**b.** 活生生的。*make a person's* ～ *creep* 使某人毛骨悚然。*put on* ～ 長肥; 發胖。§ ～ **wòund** 皮肉傷; 輕傷。

flesh·ly [ˋflɛʃlɪ] *adj.* 肉體[慾]的。

flesh·y [ˋflɛʃɪ] *adj.* ①多肉的; 肥胖的。②(似)肉的。③多果肉的。

fleur-de-lis [ˌflɝdəˋli(s)] *n.* Ⓒ (*pl.* **fleurs-de-lis** [ˌflɝdəˋliz]) ①〖植〗鳶尾。②鳶尾花[百合花]形之紋章。

‡**flew** [flu] *v.* pt. of **fly**[1].

flex[1] [flɛks] *v.t.* & *v.i.* 彎曲; 褶曲。— *n.* Ⓤ彎曲; 褶曲。

flex[2] *n.* ⓊⒸ〖電〗花線; 皮線。

***flex·i·ble** [ˋflɛksəbl] *adj.* ①易彎曲的; 柔順的。②易適應的; 有伸縮性的。§ ～ **frìend** 信用卡。— **flex·i·bil'i·ty,** *n.*

flex·(i·)time [ˋflɛks(ɪ)ˌtaɪm] *n.* Ⓤ彈性上班制。

flex·ure [ˋflɛkʃə] *n.* ①Ⓒ屈曲部分。②Ⓤ褶曲。

flib·ber·ti·gib·bet [ˋflɪbətɪˌdʒɪbɪt] *n.* Ⓒ輕浮、多話之(女)人。

flick [flɪk] *n.* Ⓒ輕擊; 輕彈; 輕打。— *v.t.* 輕擊; 輕彈; 輕拂。§ ～ **knìfe** 〖英〗彈簧刀。

***flick·er** [ˋflɪkə] *v.i.* ①(火光)搖曳; 閃爍不定; 明滅不定。②輕快顫動。— *n.* ①Ⓒ(常 *sing.*)搖曳的火光。②(a ～)短暫之出現; 閃動。

fli·er [ˋflaɪə] *n.* Ⓒ ①飛行之人[物]。②飛行家。③特快車[船]。④小傳單。

‡**flight** [flaɪt] *n.* ①ⓊⒸ飛行; 飛翔。②Ⓒ航空; 航程。③Ⓒ飛行班次。④Ⓒ飛行的鳥群。⑤Ⓒ〖美〗飛行小隊。⑥Ⓒ一段(階梯); 一重(樓梯)。⑦ⓊⒸ逃逸; 逃亡。*put to* ～ 使逃走; 擊退; 驅散。*take (to)* ～ 逃走。§ ～ **bàg** 航空旅行袋。～ **contròl** (1)飛行管制系統。(2)飛行管制室。～ **dèck** (1)(航空母艦之)飛行甲板。(2)駕駛艙。～ **engineér** 飛行技師。～ **lieutènant**〖英〗空軍上尉。～ **lìne** (1)(機場的)飛機保養場。(2)飛行路線。～ **recòrder** 飛行記錄器。

flight·y [ˋflaɪtɪ] *adj.* 輕浮的; 神經微有錯亂的。

flim·flam [ˋflɪmˌflæm] *n.* ⓊⒸ ①囈語; 夢話; 胡說。②詐欺; 詭計。

flim·sy [ˋflɪmzɪ] *adj.* 弱的; 脆弱的。— *n.* Ⓒ薄紙。

flinch [flɪntʃ] *v.i.* & *n.* Ⓒ畏縮。

***fling** [flɪŋ] *v.t.* (**flung**) ①投; 擲; 拋; 摔。②強投。③突然而迅速地派遣。④突然而迅速地說話。⑤推翻。— *v.i.* 急行; 衝(進或出)。— *n.* Ⓒ ①投; 擲; 拋。②一種活潑的蘇格蘭舞。

***flint** [flɪnt] *n.* ⓊⒸ打火石; 燧石。§ ～ **glàss** 鉛玻璃。

flint·lock [ˋflɪntˌlɑk] *n.* Ⓒ ①燧石發火裝置。②燧發槍。

flip [flɪp] *v.t.* & *v.i.* (**-pp-**) (以指)彈拋; 彈投; 輕彈。— *n.* Ⓒ輕彈; 輕打。§ ～ **sìde**〖俗〗唱片的反面; B面。

flip·pant [ˋflɪpənt] *adj.* 言語尖刻的; 輕率的。— **flip'pan·cy,** *n.*

flip·per [ˋflɪpə] *n.* Ⓒ ①鰭狀之肢。②蛙鞋。③〖俚〗手。

***flirt** [flɝt] *v.i.* ①賣弄風情; 調情取樂。②玩弄。— *v.t.* ①急揮。②急投; 急擲。— *n.* Ⓒ調情者; 賣弄風騷者。— **flir·ta'tion,** *n.* — **flir·ta'tious,** *adj.*

***flit** [flɪt] *v.i.* (**-tt-**) ①飛躍; 輕而快地飛。②掠過。

flitch [flɪtʃ] *n.* Ⓒ ①醃豬脇肉。②比目魚肉片。

fliv·ver [ˋflɪvə] *n.* Ⓒ〖俚〗破舊便宜的汽車。

‡**float** [flot] *v.i.* ①漂；浮。②船漂行；漂流；浮動。③東飄西蕩。④猶豫不決。— *v.t.*①使漂流；使漂動。②創設(公司)。③發行(公債)。— *n.* Ⓒ①浮物；漂流物；船；筏。②遊行車。③劇院中之腳燈。④釣魚線上之浮標。⑤魚鰾。⑥(水車上的)蹼板；(輪船上的)輪翼。⑦(調節流水量的)浮球。⑧(飛機身下的)浮筒。⑨(泥水匠用的)塗牆板。

float·er [ˋflotɚ] *n.* Ⓒ①漂浮者；漂浮物。②〖俗〗經常變換住所、職業等之人。③〖美〗在同一次選舉中於多處作非法投票之人(通常為受雇者)。

float·ing [ˋflotɪŋ] *adj.* 漂浮的；移動的；流動的。§ ∼ **bridge**浮橋。∼ **capital**流動資本。∼ **vote** 流動選票。∼ **voter**(未決定投給任何一方的)流動投票者。

*__flock__ [flɑk] *n.* Ⓒ①羊群；獸群；鳥群。②人群；群眾。③同一教會之教徒。— *v.i.* 成群結隊而行；群集。

floe [flo] *n.* Ⓒ(常 *pl.*)大片浮冰。

flog [flɑg] *v.t.*(**-gg-**)重打；鞭笞。

flog·ging [ˋflɑgɪŋ] *n.* ⓊⒸ 重打；鞭笞。

‡**flood** [flʌd] *n.* ①Ⓒ(常*pl.*)洪水；氾濫；水災。②(a ∼ or *pl.*)充溢；氾濫；洶湧。③Ⓒ漲潮；滿潮。— *v.t.* ①氾濫；淹沒。②注滿；使氾濫。— *v.i.* ①氾濫。②湧進。

flood·gate [ˋflʌd,get] *n.* Ⓒ 水門。

flood·ing [ˋflʌdɪŋ] *n.* Ⓤ ① 氾濫。②血崩；產後出血。

flood·light [ˋflʌd,laɪt] *n.* Ⓒ①巨光燈；水銀燈。②巨光燈發出之強光。— *v.t.* 以巨光燈照耀。

‡**floor** [flor, flɔr] *n.*①Ⓒ地板；室內的地面。②Ⓒ樓層。the ground ∼〖英〗底層；一樓。the first ∼〖美〗底層；一樓；〖英〗二樓。③Ⓒ底部。④(the ∼)〖英〗議會中之議員席；〖美〗發言權。⑤Ⓒ交易所。⑥Ⓒ〖俗〗(價格、量等的)最低標準。— *v.t.*①鋪設地板於。②打倒。③〖俗〗難倒；使困惑。④〖俗〗擊敗。§ ∼ **lamp**(置於地板上的)座燈；落地燈。∼ **show**(夜總會等中之)歌舞表演。

floor·board [ˋflor,bord] *n.* Ⓒ①一塊地板。②汽車底部。— *v.t.*〖俗〗將汽車油門踏到底。

floor·ing [ˋflorɪŋ] *n.* ①Ⓒ 地板。②Ⓤ 地板的集合稱。③Ⓤ 鋪地板的材料[木板]。

floor·walk·er [ˋflor,wɔkɚ] *n.* Ⓒ〖美〗大百貨公司中之巡視員。(亦作**floor walker**)

floo·zy, floo·zie [ˋfluzɪ] *n.* Ⓒ〖美俚〗妓女；娼妓。

flop [flɑp] *v.i.*(**-pp-**)①啪嗒地跳動。②猛落。③突然轉變〖常 over〗。④〖俗〗失敗。— *v.t.* ①笨拙地拋下。②笨拙地撲擊。— *n.* ①(a ∼)笨重的落下；突然落下之聲音。②Ⓒ〖俗〗大失敗。

flop·house [ˋflɑp,haus] *n.* Ⓒ ①〖美俚〗廉價之旅社。②〖俗〗監獄。

flop·o·ver [ˋflɑp,ovɚ] *n.* Ⓒ〖視〗(因收視之干擾或調整不當而)畫面不斷地上下移動。

flop·py [ˋflɑpɪ] *adj.*〖俗〗軟弱的；鬆懈的；懶散的；下垂的。§ ∼ **disk**〖電算〗軟磁碟。

*__flo·ra__ [ˋflorə, ˋflɔrə] *n.* (*pl.* **∼s, -rae** [-ri])① **a.** ⓊⒸ(某區域、某時代的)植物。**b.** Ⓤ(集合稱)植物區系。②Ⓒ(某區系之)植物誌。

flo·ral [ˋflorəl] *adj.* 花的；如花的；由花製成的。§ ∼ **clock** 花鐘。∼ **emblem**代表國家、州、都市等的花。

Flor·ence [ˋflɔrəns, ˋflɑr-] *n.*佛羅倫斯(義大利中部一城市)。

flo·ri·cul·ture [ˋflorɪ,kʌltʃɚ] *n.* Ⓤ(在溫室內之)栽培花卉；花藝。— **flo·ri·cul′tur·al,** *adj.*

flor·id [ˋflɔrɪd, ˋflɑrɪd] *adj.* ①顏色鮮麗的；氣色好的。②(藝術方面的)多文飾的。

Flor·i·da [ˋflɔrədə] *n.* 佛羅里達(美國東南部之一州)。

flor·in [ˋflɔrɪn] *n.* Ⓒ佛羅林銀幣(一種英國銀幣，值二先令)。

flo·rist [ˋflorɪst] *n.* Ⓒ花匠；花店。

floss [flɔs] *n.* Ⓤ①(絲棉樹所產的)棉質纖維。②絲線。③絲線狀的東西(如玉蜀黍鬚)。§ ∼ **silk**(刺繡用之)散絲；絲棉。— **floss′y,** *adj.*

flo·ta·tion [floˋteʃən] *n.*① Ⓤ 漂浮。②ⓊⒸ(商業的)開創；設立。③ⓊⒸ(公債的)發行。

flo·til·la [floˋtɪlə] *n.* Ⓒ 小艦隊；艇隊。

flot·sam [ˋflɑtsəm] *n.* Ⓤ(遇難船隻的)殘骸[漂流貨物]。

flounce[1] [flauns] *n.* Ⓒ衣裙上的荷葉邊裝飾。— *v.t.* 飾以荷葉邊。

flounce[2] *v.i.* ①(因憤怒等)衝出[入]。②急動；急轉。— *n.* Ⓒ①盛

怒或不耐煩之舉動; 拂袖。②急動; 急轉。

floun·der[1] [ˋflaundə] *v.i.* ①掙扎; 深陷。②慌亂地說或做。— *n.* Ⓒ ①掙扎; 輾轉。②錯亂而笨拙的行動。

floun·der[2] *n.* Ⓒ (*pl.* ~s, ~)〖魚〗鰈(比目魚類, 可食用)。

‡**flour** [flaur] *n.* Ⓤ ①麵粉; 穀類之粉。②碎粉。— *v.t.*①研成粉末。②覆以麵粉; 撒以粉末。§ ∼ mìll 磨粉機; 麵粉廠。— flour′y, *adj.*

*__flour·ish__ [ˋflɝɪʃ] *v.i.* ①繁盛。②興隆。③(手臂等)揮動。④活躍。— *v.t.* ①揮舞; 搖(旗)。②炫耀。③寫花體字作裝飾。— *n.* Ⓒ ①揮舞。②花體字; 華麗的文體。③〖樂〗有震顫音的花腔。④炫耀。

flout [flaut] *v.t.* & *n.* Ⓒ 嘲弄; 侮慢; 輕視。

‡**flow** [flo] *v.i.* ①流動。②暢流。③飄懸; 垂下。④來自。⑤氾濫。⑥流入; (潮)漲。— *v.t.* ①使流。②淹沒。— *n.*① Ⓤ 流動; 流出。②(*sing.*)奔流。③ Ⓤ 流量。④(the ∼)漲潮。⑤ Ⓤ 潮流; 流水。⑥ Ⓤ 氾濫。

F

flow·chart [ˋflo,tʃart] *n.* Ⓒ 流程圖; 作業圖。

‡**flow·er** [ˋflauə] *n.* ①Ⓒ花。②(the ∼)精華。③(the ∼)盛時; 壯年; 青春。*in* ∼ 開花中。— *v.i.*①開花。②旺盛。— *v.t.* ①飾以花。②使開花。§ ∼ arràngement插花。∼ bùd 花苞。∼ shòp 花店。∼ shòw 花展。

flow·er·bed [ˋflauə,bɛd] *n.* Ⓒ 花床; 花壇。

flow·er·et [ˋflaurɪt] *n.* Ⓒ 小花。

flow·er·ing [ˋflauərɪŋ] *adj.* 有花的; 會開花的。

flow·er·pot [ˋflauə,pat] *n.* Ⓒ 花盆; 花缽。

*__flow·er·y__ [ˋflaurɪ, ˋflauərɪ] *adj.*①多花的。②絢麗的(文辭)。

flow·ing [ˋfloɪŋ] *adj.* ①流動的。②流暢的。③飄垂的。④上漲的(潮); 溢出的。

‡**flown** [flon] *v.* pp. of **fly**[1].

fl. oz. fluid ounce(s).

flu [flu] *n.*〖俗〗=**influenza.**

flub [flʌb] *v.t.* (-bb-)做錯; 弄糟。— *n.* Ⓒ 錯誤; 不佳的表現。

fluc·tu·ate [ˋflʌktʃu,et] *v.i.* 波動; 動搖; 變動。— fluc·tu·a′tion, *n.*

flue [flu] *n.* Ⓒ ①(煙囪的)通煙道。②(暖器之)通氣管。③風琴管。

*__flu·ent__ [ˋfluənt] *adj.* ①流利的; 流暢的。②寫作或說話流利的。— **ly,** *adv.* — flu′en·cy, *n.*

fluff [flʌf] *n.* ① Ⓤ 軟毛; 絨毛。② Ⓒ 鬆軟的絨毛團、塵塊或髮球。③ Ⓒ〖俚〗說錯臺詞。— *v.t.* & *v.i.* ①(使)鬆軟。②〖俚〗讀錯(臺詞等)。— fluff′y, *adj.*

*__flu·id__ [ˋfluɪd] *n.* Ⓤ Ⓒ 流體(包括液體和氣體)。— *adj.* ①流動的; 流質的。②不固定的; 易改變的。— flu·id′i·ty, *n.*

fluke [fluk] *n.* ⓊⒸ〖俚〗①(撞球戲等中之)僥倖的一擊; 倖中。②僥倖。— fluk′y, *adj.*

flum·mer·y [ˋflʌmərɪ] *n.* ① Ⓤ Ⓒ 乳蛋甜點。② Ⓤ (常 *pl.*)假慇懃; 諛詞。

flum·mox [ˋflʌməks] *v.t.*〖俚〗使狼狽; 使失措。

flump [flʌmp] *n.*(a ∼)猛然置放; 突落; 砰然聲。— *v.t.* & *v.i.* 猛然置放; 砰然落下。

flung [flʌŋ] *v.* pt. & pp. of **fling.**

flunk [flʌŋk]〖美俗〗*v.i.* & *v.t.* ①考試不及格。②(因考試不及格而)被退學(out)。③(使)失敗。— *n.* Ⓒ 不及格; 失敗。

flun·k(e)y [ˋflʌŋkɪ] *n.* Ⓒ ①〖蔑〗著制服的男僕人; 隨從。②諂媚者。

fluo·resce [,fluəˋrɛs] *v.i.* 發螢光。— fluo·res′cence, *n.*

fluo·res·cent [,fluəˋrɛsnt] *adj.* 螢光的。a ∼ lamp螢光燈; 日光燈。

fluor·i·date [ˋfluərə,det] *v.t.* 在(飲水)中加少量之氟(以防兒童蛀齒)。— fluor·i·da′tion, *n.*

fluor·ide [ˋfluə,raɪd] *n.* ⓊⒸ 氟化物。(亦作 **fluorid**)

fluor·ine [ˋfluə,rin], **-rin** [-rɪn] *n.* Ⓤ〖化〗氟(符號爲 F)。

fluo·rite [ˋfluə,raɪt] *n.* ⓊⒸ〖礦〗氟石。

fluor·o·car·bon [,flurəˋkarbən] *n.* Ⓤ 冷煤。

flur·ry [ˋflɝɪ] *n.*① Ⓒ 一陣疾風。② Ⓒ 一陣驟雨[雪]。③(a ∼)突然的興奮; 激動; 恐慌; 困惑; 擾亂。— *v.t.* 使激動; 使迷惑; 使恐慌。

*__flush__[1] [flʌʃ] *v.i.* ①(臉)發紅; 發紅光。②激流; 泛溢。— *v.t.* ①使(臉)發紅。②沖洗; 沖刷。③排水。④使興奮。— *n.* ① Ⓒ 面紅; 紅光。②(a ∼)激流; 泛溢。③ Ⓤ (常 the ∼)旺盛; 活力。④(*sing.*)茂盛。⑤

(a ～)一陣熱之感覺。§ ～ tóilet 抽水馬桶。

*flush² adj. ①齊平的; 同高的。②富裕的; 豐足的。③揮霍的。④繁榮的。⑤發紅的。⑥直截的。⑦活力充沛的。⑧氾濫的。— adv. ①齊平地。②直截地; 正面地。— v.t. 使齊平。

flush³ v.i. & v.t.突然驚起; (使鳥)突然飛起。— n.① Ⓤ 驚起。② Ⓒ 受驚飛起之鳥。

flush⁴ n. Ⓒ 〖牌戲〗同花; 清一色。

flushed [flʌʃt] adj. (人因喝酒、勝利、驕傲而)臉上發紅的;得意洋洋的。

flus·ter [ˋflʌstɚ] v.t. & v.i.(使)慌亂[驚慌]; (使)興奮。— n.(a ～)慌亂; 興奮。

*flute [flut] n. Ⓒ ①(橫)笛。②長凹槽。— v.t.①用笛子吹出(曲調等)。②在(柱等上面)刻凹槽。— v.i. 吹笛子。

flut·ist [ˋflutɪst] n. Ⓒ 吹笛人。

*flut·ter [ˋflʌtɚ] v.i. ①飄動。②鼓翼。③煩躁不安地動。④急跳; 顫動。⑤微弱而不規則地跳動。— v.t. ①使心亂。②(鳥)鼓(翼)。③使擺動。— n. ① Ⓤ 擺動。②(sing.) 鼓翼。③(a ～)煩惱。§ ～ kick (游泳時小腿部分的)上下交替擊水。

flu·vi·al [ˋfluvɪəl] adj. ①河的。②河流作用的。③生於河中的。

flux [flʌks] n. ①(a ～)流; 流動。② Ⓤ 不斷的改變; 變遷。③ Ⓤ Ⓒ 不正常的流血; 下痢。④ Ⓤ 熔接劑; 助熔劑。⑤ Ⓤ (液體、熱的)流動率; 通量。

‡fly¹ [flaɪ] v.i.(flew, flown)①飛; 空中航行。②飛奔。③(fled)逃走。④隨風飄揚。⑤(flied)〖棒球〗打高飛球。⑥突然而迅速之變動。— v.t. ①使飛; 放(紙鳶); 懸(旗)。②(fled)逃亡。③駕駛(飛機、飛船)。④空運。⑤逃避。— n. Ⓒ ①衣服上蓋鈕釦的遮蓋。②帳篷門簾。③(pl. ～s)〖英〗輕便馬車。④〖棒球〗高飛球。⑤飛行。

‡fly² n. Ⓒ ①蒼蠅。②(蒼蠅、蚊、蚋等之)兩翼類昆蟲。③任何有透明翼之昆蟲(如蜉蝣)。④假蚊鉤(蟲形釣魚鉤)。

fly·blow [ˋflaɪ,blo] n. Ⓒ 蠅卵; 蛆。— v.t. (-blew, -blown)①產蠅卵於(肉等)中。②使玷染; 玷污。

fly-by [ˋflaɪ,baɪ] n. =flyover.

fly-by-night [ˋflaɪbaɪ,naɪt] adj. ①不可信任的。②短暫的。

fly·catch·er [ˋflaɪ,kætʃɚ] n. Ⓒ ①捕食昆蟲的鳥。②捕蠅器。

fly·er [ˋflaɪɚ] n.=flier.

fly-fish [ˋflaɪ,fɪʃ] v.i. 以假蚊鉤釣魚。— er, n.

*fly·ing [ˋflaɪɪŋ] adj. ①飛的; 飛行中的。②飄揚的。③迅速移動的。④匆忙的。⑤飛快的。⑥短暫的。⑦逃亡的。— n. ① Ⓤ 飛; 飛行。②(pl.)毛屑; 棉屑。§ ～ brìdge 浮橋; 艦橋。～ bùttress 〖建〗拱柱; 飛支柱。～ cólors (1)臨風招展的旗幟。(2)勝利; 成功。～ dóctor 乘飛機應診的醫生。～ físh 飛魚。～ fóx 大蝙蝠。～ machìne 飛機; 飛船。～ sáucer [dìsk]飛碟。～ squàd 特遣小組; 霹靂小組。～ squírrel 飛鼠。

fly·leaf [ˋflaɪ,lif] n. Ⓒ (pl. -leaves) 扉頁(書前或書後的空白頁)。

fly·o·ver [ˋflaɪ,ovɚ] n. Ⓒ ①慶典時飛機編隊低空飛行。②轟炸機從假想目標上空之通過。③〖英〗公路上之陸橋。

fly·pa·per [ˋflaɪ,pepɚ] n. Ⓤ 捕蠅紙。

fly·weight [ˋflaɪ,wet] n. Ⓒ 蠅量級拳擊選手(體重在 112 磅以下)。

fly·wheel [ˋflaɪ,hwil] n. Ⓒ 〖機〗整速輪; 飛輪。

FM frequency modulation. 調頻。

foal [fol] n. Ⓒ 小馬; 小驢。— v.i. & v.t. (馬、驢等)生仔。

*foam [fom] n. Ⓤ ①水沫; 泡沫。②〖詩〗海。— v.i. 起泡; (口)流泡沫。— v.t. 使起泡沫。§ ～ extìnguisher 泡沫滅火器。～ rúbber 泡沫乳膠; 海綿乳膠。

fob¹ [fɑb] n. Ⓒ ①(男褲上之)錶袋。②露於錶袋外的短錶鍊。③此等錶鍊端之飾物。§ ～ chàin 錶鍊。～ wàtch 懷錶。

fob² v.t. (-bb-) 欺騙; 混騙。～ off 騙人; 以騙術脫手(贋品或劣貨)。

f.o.b., F.O.B. free on board. 船上(或交通工具上)交貨價; 離岸價格。

fo·cal [ˋfokl] adj. 焦點的。§ ～ dìstance[lèngth]焦距。～ plàne 焦平面。～ pòint 焦點。

*fo·cus [ˋfokəs] n.(pl. ～·es, -ci [-saɪ]) ① Ⓒ 〖理〗焦點。② Ⓤ 焦距。③ Ⓤ 配光。④ Ⓤ (問題等之)焦點。⑤ Ⓤ 震央; 震源。in ～ 清晰。out of ～ 模糊不清。— v.t. (-s-, 〖英〗-ss-)①集中於焦點。②調節(鏡頭); 定…的焦點。③集中。— v.i.集中於焦點; 調節眼睛。

*fod·der [ˋfɑdɚ] n. Ⓤ ①秣; 馬[牛]料; 草料。②無價值之人。— v.t. 餵

F

以草料。

***foe** [fo] *n.* Ⓒ①敵人。②敵手；對手。③反對者。④有害物。

foet·id [ˋfitɪd] *adj.* =**fetid.**

foe·tus [ˋfitəs] *n.* =**fetus.**

***fog** [fag, fɔg] *n.* ⓊⒸ①霧。②(照相底片上)不清楚之處；朦朧。*in a* ~ 〖俗〗困惑不解。**—** *v.t.* **(-gg-)**①(霧)籠罩；使朦朧。②使困惑。**—** *v.i.*①為霧所籠罩。②〖攝〗變得模糊。§ ∼ **làmp** [**lìght**]霧燈(車輛在霧中行駛時用的強光燈)。

***fog·gy** [ˋfagɪ, ˋfɔgɪ] *adj.* ①有濃霧的。②朦朧的；困惑的。

fog·horn [ˋfag,hɔrn] *n.* Ⓒ①霧號；霧笛。②粗嗄的聲音。

fo·g(e)y [ˋfogɪ] *n.* Ⓒ守舊者；老頑固；落伍者(前面常用old形容)。— **ish,** *adj.*

foi·ble [ˋfɔɪbl] *n.* Ⓒ弱點；小缺點。

foil[1] [fɔɪl] *v.t.* 打敗；阻止。

***foil**[2] *n.*① Ⓤ 箔。② Ⓤ 襯托。③ Ⓒ 陪襯者。④ Ⓒ〖建〗葉形飾。⑤ Ⓤ 襯托在寶石下的薄金屬片。⑥ Ⓒ 氣墊船。

foil[3] *n.* Ⓒ 鈍頭劍(練習劍術時用)。

foist [fɔɪst] *v.t.*①蒙騙。②混入。

‡**fold** [fold] *v.t.* ①摺疊。②抱(胳臂)。③擁抱；緊抱。④籠罩。⑤關(羊)入欄。⑥包起。**—** *v.i.* 摺疊。**—** *n.* Ⓒ①摺層。②羊欄。③同一欄中之羊群。④教會；一個教會的教徒。⑤山谷。⑥蛇或繩之一捲。

-fold 〖字尾〗表「倍；重」之義。

fold·er [ˋfoldɚ] *n.* Ⓒ①摺疊者；摺疊器。②硬紙夾。③摺疊的小冊子。

fold·ing [ˋfoldɪŋ] *n.* Ⓤ 摺疊；摺痕。**—** *adj.* (可)摺疊的；有摺痕的。

***fo·li·age** [ˋfolɪɪdʒ] *n.* Ⓤ (集合稱) ①樹或植物的葉子。②葉或花形飾物。§ ∼ **plànt** 觀葉植物。

fo·li·ate [ˋfolɪɪt] *adj.*①有葉的。②葉狀的。③有葉狀裝飾的。**—**[ˋfolɪ,et] *v.i.*①生葉。②分成薄片。**—** *v.t.* ①打成箔。②〖建〗飾以葉形飾。③將(書)葉編號。

fo·li·a·tion [,folɪˋeʃən] *n.* ① Ⓤ 生葉。② ⓊⒸ〖建〗花葉形裝飾。③ Ⓤ (集合稱)葉。④ ⓊⒸ 製箔；敷箔。⑤ Ⓤ (書籍等之)數或其編號。

fo·li·o [ˋfolɪ,o] *n.* Ⓒ (*pl.* **~s**)①(書本等之)對開張；對摺紙(成兩葉或四頁者)。②對摺本。③〖印刷〗頁碼。④(單面標頁碼的書或原稿之)一頁。⑤〖簿記〗總帳中左右相對兩頁記一頁碼的一頁。**—** *adj.*(最大號)對開本的；對摺本的。

‡**folk** [fok] *n.* ①(集合稱，作*pl.* 解；但〖美俗〗用 folks)人們；世人；某一階層或某一類的人。②(the ~)民族；種族。③(*pl.*)〖俗〗家人；(某人之)父母。**—** *adj.* 民間的；民俗的。§ ∼ **árt** 民間藝術。∼ **dànce** 土風舞。∼ **mèdicine** 民間療法。∼ **mùsic** 民間音樂。∼ **ròck**民歌搖滾舞曲。∼ **sìng·er** 民謠歌手。∼ **sòng**民歌；民謠。∼ **tàle** [**stòry**] 民間故事。

folk·lore [ˋfok,lor] *n.* Ⓤ①民間傳說；民俗。②民俗學。

folk·sy [ˋfoksɪ] *adj.* 〖美俗〗①民間藝術風格的。②友善的；好交際的。

folk·way [ˋfok,we] *n.* (*pl.*)社會習俗；民風。

fol·li·cle [ˋfalɪkl] *n.* Ⓒ ①〖植〗蓇葖。②〖解〗濾泡；濾囊。

‡**fol·low** [ˋfalo] *v.t.* ①跟隨；跟在後。②因…而發生。③循(路)。④從事(某種職業)；經營。⑤能聽懂；跟得上。⑥遵循；仿效。⑦注視；注意。⑧追趕。⑨繼承。⑩追求。⑪追隨。**—** *v.i.* ①追隨。②密切注意；發生興趣。③繼之而來。*as* **~s** 如下。~ *through* 貫徹到底。~ *up* **a.**乘；趁。**b.** 貫徹到底。**c.** 緊隨不捨。**—** *n.* Ⓤ 追蹤；跟蹤。

***fol·low·er** [ˋfaloɚ] *n.* Ⓒ ①跟隨者。②隨員。③門徒；信徒。④夥伴。⑤僕人。

‡**fol·low·ing** [ˋfaləwɪŋ] *n.* Ⓒ擁護者；徒眾。*the* ~ 如下。**—** *adj.* 下列的；其次的。

fol·low-on [ˋfalo,an] *n.* Ⓒ隨後發生之事物；繼任者。**—** *adj.* 後繼的。

fol·low-through [ˋfalo,θru] *n.* ⓊⒸ〖運動〗完成動作(如擊球後之繼續動作)。

fol·low-up [ˋfalo,ʌp, ˋfalə,wʌp] *n.* Ⓤ①追蹤調查；跟蹤。②經常發出的廣告信。③〖新聞〗追蹤[後續]報導。**—** *adj.*後續的；再度的。

***fol·ly** [ˋfalɪ] *n.*① Ⓤ 愚笨。② Ⓒ 愚行。③ Ⓒ 吃虧上當之事。④(*pl.*)一種輕鬆歌舞劇。

fo·ment [foˋmɛnt] *v.t.* ①煽動。②以熱水洗；以熱布敷(傷口)。— **fo·men·ta′tion,** *n.*

***fond** [fand] *adj.* ①愛；嗜好；喜歡(of)。②慈愛的。③溺愛的。④渴望的。

fon·dant [ˋfandənt] *n.* ⓊⒸ 奶油軟糖。

fon·dle [ˋfandl] *v.t.* & *v.i.* 撫弄; 撫愛。

***fond·ly** [ˋfandlɪ] *adv.* ①喜愛地; 情深地。②輕信地; 天眞地。

***fond·ness** [ˋfandnɪs] *n.* Ⓤ 溺愛; 鍾愛; 嗜好。

fon·due [ˋfandu] *n.* ⓊⒸ 酒味乾酪醬。— *adj.* 溶解的。(亦作 **fondu**)

font [fant] *n.* Ⓒ①〖宗〗洗禮盆; 聖水盆。②〖古〗泉; 泉源。

‡**food** [fud] *n.* ①ⓊⒸ食物。~ and drink 食物和飲料。②ⓊⒸ養料; 滋養品。③Ⓤ精神食糧; 材料; 資料。

food·stuff [ˋfud,stʌf] *n.* Ⓒ(常 *pl.*)食品; 糧食。

‡**fool¹** [ful] *n.* Ⓒ ①愚人; 獃子。②(昔日國王豢養的)弄臣; 小丑。③受騙者。*make a ~ of* 愚弄; 欺騙。*play*[*act*] *the ~*裝傻; 詼諧。— *v.i.* ①戲謔; 開玩笑。②愚笨地玩弄。③虛擲光陰。— *v.t.* 愚弄; 欺騙。~ *around*〖美俗〗**a.** 優遊; 虛度光陰。**b.** 調戲。~ *away*〖美俗〗浪費。

fool² *n.* ⓊⒸ果醬及乳油製品。

fool·er·y [ˋfulərɪ] *n.* ⓊⒸ 愚蠢的言行或想法。

fool·har·dy [ˋful,hardɪ] *adj.* 有勇無謀的; 魯莽的。

***fool·ish** [ˋfulɪʃ] *adj.* 愚蠢的; 不智的。— **ly,** *adv.*

fool·proof [ˋfulˋpruf] *adj.* ①愚人也能的。②極簡單的。③萬無一失的。

fools·cap [ˋfulz,kæp] *n.* ①Ⓒ(亦作 **fool's cap**)(丑角所戴的)錐形帽。②Ⓤ大頁紙(寬爲 12 或 13 ½ 英寸, 長 15 到 17 英寸)。

‡**foot** [fut] *n.*(*pl.* **feet** [fit])①Ⓒ足; 腳。②Ⓒ呎; 英尺(=12 inches)。③Ⓤ底部; 基部。④Ⓒ(鞋、襪的)足部。⑤Ⓤ步兵。⑥Ⓒ〖詩〗音步。⑦Ⓤ步行。⑧Ⓤ床或墳墓之下端。⑨Ⓤ一系列之最後一個。⑩(*pl.*)**a.** 渣滓; 沉澱物。**b.** 戲臺下方的照明燈。*be on one's feet* **a.** 站起(講演)。**b.** 病愈; 復元。**c.** 經濟獨立; 自立。*keep one's feet* 不跌倒。*on ~* **a.** 徒步; 步行。**b.** 進行中。*put one's ~ in*[*into*] *it*[*one's mouth*] 多管閒事惹出麻煩; 犯難堪的錯誤。*stand on one's own feet* 自食其力; 自力; 獨立。— *v.i.* ①步行。②跳舞。③(船等)移動。④結算[up]。— *v.t.* ①步行。②做(襪子的)足部。③〖俗〗付(帳)。④跳舞。⑤建立。

foot·age [ˋfutɪdʒ] *n.* Ⓤ①以呎計算之長度。②(影片之)長度。

***foot·ball** [ˋfut,bɔl] *n.*①Ⓤ橄欖球運動; 橄欖球戲。②Ⓒ橄欖球。③Ⓤ〖英〗= **soccer.** ④Ⓤ〖英〗每隊十五人之橄欖球戲。

foot·ball·er [ˋfut,bɔlə] *n.* Ⓒ足球隊員; 橄欖球隊員。(亦作 **footballist**)

foot-bind·ing [ˋfut,baɪndɪŋ] *n.* Ⓤ(中國古時婦女之)纏足。

foot·board [ˋfut,bord] *n.* Ⓒ①踏足板; 踏臺。②床靠足一端的豎板。

foot·bridge [ˋfut,brɪdʒ] *n.* Ⓒ(只供人行之)小橋; 窄橋。

foot·ed [ˋfutɪd] *adj.* 有…腳的(常用於組成複合字, 如: four-footed animal).

foot·fall [ˋfut,fɔl] *n.* Ⓒ腳步; 腳步聲。

foot·hill [ˋfut,hɪl] *n.* Ⓒ大山脈山麓之小丘。

foot·hold [ˋfut,hold] *n.* Ⓒ①著足點; 立足點。②根據地。

***foot·ing** [ˋfutɪŋ] *n.* ①ⓊⒸ立穩。②(*sing.*)立足點。③(*sing.*)地位。④Ⓤ結算。⑤Ⓤ結算之總數。⑥Ⓤ走路; 跳舞。⑦Ⓤ入會費; 執業費。

foot·lights [ˋfut,laɪts] *n. pl.* 舞臺上的腳燈。

foot·loose [ˋfut,lus] *adj.* 自由自在的。

foot·man [ˋfutmən] *n.* Ⓒ (*pl.* **-men**)侍者; 閽者; 隨從。

foot·note [ˋfut,not] *n.* Ⓒ(印在頁底的)註腳。— *v.t.* 加註腳。

foot·pace [ˋfut,pes] *n.* Ⓒ常步; 徐步。

foot·pad [ˋfut,pæd] *n.* Ⓒ(徒步的)攔路賊。

foot·path [ˋfut,pæθ] *n.* Ⓒ小徑; 小路。

foot-pound [ˋfutˋpaund] *n.* Ⓒ〖理〗呎磅(能之單位, 使一磅重之物升高一英尺所需之能)。

foot·print [ˋfut,prɪnt] *n.* Ⓒ足跡。

foot·sie [ˋfutsɪ] *n.* Ⓤ〖俗〗調戲; 偷情。

foot·sore [ˋfut,sor] *adj.* 腳痛的(尤指因走路過多而致的)。

***foot·step** [ˋfut,stɛp] *n.* Ⓒ①腳步。②腳步聲。③步度。④足跡。⑤階梯。*follow in one's ~s* 效法某人。

foot·stool [ˋfut,stul] *n.* Ⓒ腳凳。

foot·wear [ˋfut,wɛr] *n.* Ⓤ穿在腳上之物(如鞋、靴等)。

foot·work [ˋfut,wɜk] *n.* Ⓤ①(拳

擊、跳舞等之)步法; 腿功。②跑腿的工作。③巧妙的策略運用。

fop [fɑp] *n.* Ⓒ 紈袴子; 花花公子。

fop·per·y [ˋfɑpərɪ] *n.* Ⓤ Ⓒ ①紈袴子之行爲、服飾等。②矯飾之物。

fop·pish [ˋfɑpɪʃ] *adj.* ①紈袴子的。②矯飾的。

‡**for** [fɔr, fɚ] *prep.* ①向; 對; 爲。②給; 與; 適於。③以…爲目的地; 開往…的。④替代; 代表。⑤因爲; 爲了。⑥贊成; 支持。Are you against it or ～ it? 你對此事是反對呢還是贊成? ⑦當作。⑧就…而論。⑨經過(多少時間或距離)(注意 for 常被省略)。We stayed (～) three days. 我們逗留了三天。⑩若要(僅用於下列句式)。It is impossible ～ me to go. 要我去是不可能的。⑪希望; 渴望; 貪求。We longed ～ home. 我們渴望回家。⑫表示對比。*F*- one enemy he has a hundred friends.他有一敵而有百友(敵友之比爲一比一百)。⑬是。They know it ～ a fact. 他們知道那是事實。～ ***all I know*** 就我所知。He may be in Africa ～ *all I know.* 就我所知, 他可能在非洲。***Oh, ～...*** 但願有…! *Oh,* ～ a fine day! 但願有一個晴天! **—** *conj.* 因; 因爲。

fo·ra [ˋforə, ˋfɔrə] *n.* pl. of **forum.**

for·age [ˋfɔrɪdʒ, ˋfɑr-] *n.* Ⓤ①牛馬之飼料。②搜尋糧食。③搜尋芻秣。④搶掠。**—** *v.i.*①搜尋糧草。②搜尋〔for, about〕。**—** *v.t.*①從…處獲得或取到糧食。②劫掠。

for·as·much [ˏfɔrəzˋmʌtʃ] *conj.* 鑒於; 因爲; 既然〔as〕(=considering that; since)。

for·ay [ˋfɔre] *n.* Ⓒ①侵掠; 蹂躪。②突襲。**—** *v.t. & v.i.* 侵掠; 劫掠。

for·bade [fɚˋbæd] *v.* pt. of **forbid.** (亦作 **forbad**)

***for·bear**[1] [fɔrˋbɛr] *v.t.* & *v.i.* (**-bore, -borne**)①忍住; 容忍。②自制; 避免。

for·bear[2] [ˋfɔrˏbɛr] *n.*=**forebear.**

***for·bid** [fɚˋbɪd] *v.t.* (**-bade** or **-bad, -bid·den** or **-bid, -bid·ding**) ①禁止; 不許。②命令離開; 拒絕進入。③阻止。

***for·bid·den** [fɚˋbɪdn̩] *adj.* 被禁「的。」

for·bid·ding [fɚˋbɪdɪŋ] *adj.* ①形勢險惡的。②冷峻的。

for·bore [fɔrˋbor, fɚ-] *v.* pt. of **forbear**[1].

for·borne [fɔrˋborn] *v.* pp. of **forbear**[1].

‡**force** [fors, fɔrs] *n.* ①Ⓤ力; 力量; 暴力。②Ⓤ感情的力量; 道德的力量。③Ⓤ影響力; 說服力; 控制力。④Ⓒ自然力。⑤Ⓒ勢力; 權力。⑥Ⓒ(常 *pl.*)部隊; 組織; 武力。⑦Ⓤ法律上之效力; 實施。⑧Ⓤ意義。⑨Ⓤ〖理〗力。***by ～ of*** 藉…之力。***come*** [***go***] ***into ～*** 生效(指法律或章程)。**—** *v.t.* ①強迫; 迫使。②強行。③強奪。④用特殊方法使生長。⑤迫使(人或動物)做最大之努力。⑥攻克。⑦用暴力; 加壓力。

forced [forst] *adj.* 不得已的; 強迫的; 勉強的。a ～ landing (飛機)迫降。— **forc·ed·ly** [ˋforsɪdlɪ], *adv.*

force-feed [ˋforsˋfid] *v.t.*(**-fed**)①強迫…飲食。②強迫…接受。

force·ful [ˋforsfəl] *adj.* 堅強的; 強有力的; 有效的。— **ly,** *adv.*

for·ceps [ˋfɔrsəps] *n.* Ⓒ (*pl.* ～, **-ci·pes** [-səˏpiz]) (醫生用)鉗子; 鑷子。

for·ci·ble [ˋforsəbl] *adj.* ①有力的; 能感動或說服的。②強行的。— **for′·ci·bly,** *adv.*

***ford** [ford] *n.* Ⓒ 水淺可涉處; 淺灘。**—** *v.t.* 涉水; 涉過(淺灘等)。

Ford [ford] *n.* 福特(Henry, 1863-1947, 美國汽車製造者)。

fore[1] [for] *adj.* ①在前部的; 向前面的; 在船首的。②(時間、順序等)在前的。**—** *adv.*在前地; 向前地; 在船首地。**—** *n.* (the ～)前部; 首; (船之)前檣。

fore[2] *interj.* 〖高爾夫〗前面人注意! (以防被球擊中)。

fore-and-aft [ˋforəndˋæft] *adj.* 〖海〗自船首至船尾的; 縱的。

fore·arm[1] [ˋforˏɑrm] *n.* Ⓒ 前臂(肘至腕間之部分)。

fore·arm[2] [forˋɑrm] *v.t.* 預先武裝; 準備。

fore·bear [ˋforˏbɛr] *n.* Ⓒ (常*pl.*)「祖先。」

fore·bode [forˋbod] *v.t.* & *v.i.*①預示; 預兆。②預感(不祥之事)。

fore·bod·ing [forˋbodɪŋ] *n.* Ⓤ Ⓒ ①預言。②預感。

***fore·cast** [forˋkæst] *v.t.*(**-cast** or **-cast·ed**)①預言; 預測; 預料; 預報。②事先安排; 預訂。**—**[ˋforˏkæst] *n.* Ⓒ ①預言; 預測; 預料; 預報。②事先的安排; 先見之明。③預兆。

fore·cas·tle [ˋfoksl̩] *n.* Ⓒ①船首

樓(甲板)。②前甲板下的水手艙。

fore·close [for`kloz] *v.t.* & *v.i.* ①拒絕; 阻止。②取消抵押品之贖回權。③取得專有權。④提早關閉[解決, 回答]。

fore·clo·sure [for`kloʒə] *n.* Ⓤ Ⓒ ①拒斥。②〖法律〗抵押品贖取權之取消。

fore·court [`for,kort] *n.* Ⓒ ①(建築物之)前庭。②〖網球〗球場近網之前半部。③〖籃球〗球場接近進攻之籃框的部分。

***fore·fa·ther** [`for,faðə] *n.* Ⓒ 祖先; 祖宗。

***fore·fin·ger** [`for,fɪŋgə] *n.* Ⓒ 食指。

fore·foot [`for,fut] *n.* Ⓒ (*pl.* **-feet**) ①四足動物的前足。②船龍骨的前端。

fore·front [`for,frʌnt] *n.* (the ～) 最前部; 最前線。

fore·go [for`go] *v.t.* (**-went, -gone**) ①在…之前; 居先; 先行。②棄絕; 棄去(=forgo).

fore·go·ing [for`go·ɪŋ] *adj.* 前面的; 前述的。

fore·gone [for`gɔn] *adj.*①先前的; 過去的。②既知的。—— *v.* pp. of **forego.**

fore·ground [`for,graund] *n.* (the ～)①前景。②最顯著之地位。

fore·hand [`for,hænd] *adj.* ①前面的。②〖網球〗正擊的。③預先做的。—— *n.* Ⓒ ①正擊。②馬身之前部。③有利地位。

fore·hand·ed [`for`hændɪd] *adj.* ①〖網球〗正擊的。②隨機應變的。③謹慎的; 節儉的。

***fore·head** [`farɪd, `fɔr,hɛd] *n.* Ⓒ 前額; 前部。

‡**for·eign** [`fɔrɪn, `farɪn] *adj.* ①外國的; 外來的; 外交的。②不適宜的; 無關連的。③〖醫〗異質的。④外地的。

***for·eign·er** [`fɔrɪnə, `farɪnə] *n.* Ⓒ ①外國人。②外國船。③〖俗〗外地人。

fore·know [for`no] *v.t.* (**-knew, -known**) 預知。

fore·knowl·edge [`for,nalɪdʒ] *n.* Ⓤ 預知; 先知。

fore·land [`forlənd] *n.* Ⓒ ①岬; 崎; 海角。②沿海地區。

fore·leg [`for,lɛg] *n.* Ⓒ 獸的前腿。

fore·lock [`for,lak] *n.* Ⓒ 前額之髮; 馬額上之長毛。

***fore·man** [`formən] *n.* Ⓒ (*pl.* **-men**) ①工頭; 領班。②陪審團之主席。

fore·mast [`for,mæst] *n.* Ⓒ 船的前檣。

***fore·most** [`for,most, `fɔrməst] *adj.* 最先的; 第一的; 首要的。—— *adv.* 在最前。

***fore·noon** [`for,nun, `fɔr-] *n.* Ⓒ 午前; 上午。

fo·ren·sic [fə`rɛnsɪk] *adj.* ①法庭的。②討論的; 辯論的。

fore·or·dain [,forɔr`den] *v.t.* 注定命運。— **fore·or·di·na′tion,** *n.*

fore·play [`for,ple] *n.* Ⓤ 性交前的愛撫。

fore·run [for`rʌn] *v.t.* (**-ran, -run, -run·ning**)〖罕, 古〗①預告; 預示。②爲…之先驅。③跑在前面。④超越。

fore·run·ner [`for,rʌnə] *n.* Ⓒ ①前鋒; 先驅。②預兆。③祖先。

fore·sail [`for,sel] *n.* Ⓒ〖海〗前檣主帆。

***fore·see** [for`si, fɔr-] *v.t.* (**-saw** [-`sɔ], **-seen** [-`sin]) 先見; 預知。—— *v.i.* 有先見之明。

fore·see·a·ble [for`siəbl] *adj.* 可預知的; 能預測的。

fore·shad·ow [for`ʃædo] *v.t.* 預示; 預兆。

fore·shore [`for,ʃor] *n.* (the ～) ①(高潮線與低潮線之間的)海浦。②渚; 海灘。

fore·short·en [for`ʃɔrtn] *v.t.* 〖美術〗立體構圖中因表示遠近而縮小。

***fore·sight** [`for,saɪt] *n.* Ⓤ ①先見之明; 遠見。②遠瞻未來。

fore·skin [`for,skɪn] *n.* Ⓒ 包皮。

‡**for·est** [`fɔrɪst, `far-] *n.* ① Ⓤ Ⓒ 森林; 森林地帶。②(a ～)**a.** 很多。**b.** 林立之物。③ Ⓒ〖英〗狩獵場。—— *v.t.* 植樹於。§ ～ **presèrve** 保護林。

fore·stall [for`stɔl] *v.t.*①先採取行動以預防或阻止。②先發制人。③壟斷(市場等)。

for·est·er [`fɔrɪstə] *n.* Ⓒ ①林務官。②居住於森林地帶的人或獸。③森林學者。

for·est·ry [`fɔrɪstrɪ] *n.* Ⓤ ①森林學。②林業。③山林管理法。

fore·taste [for`test] *v.t.* 預嘗; 先試。——[`for,test] *n.* (a ～)①預嘗。②預兆。

***fore·tell** [for`tɛl, fɔr-] *v.t.* & *v.i.* (**-told**) 預言; 預測。

fore·thought [`for,θɔt] *n.* Ⓤ ①事先的盤算。②預謀; 存心; 先見。

fore·to·ken [`for,tokən] *n.* Ⓒ 預

兆；預示。— [for`tokən] *v.t.* 成爲…的前兆；預示。

fore·top [`for,tap] *n.* Ⓒ ①〖海〗前桅樓。②(馬等之)額毛。③額前覆蓋之髮。

‡**for·ev·er** [fə`ɛvə] *adv.* ①永遠地。②繼續地；不斷地。～ ***and ever*** 永遠地。

for·ev·er·more [fə,ɛvə`mor] *adv.* 永遠。

fore·warn [for`wɔrn] *v.t.* 預先警告。

fore·wom·an [`for,wumən] *n.* Ⓒ (*pl.* **-wom·en**)①女工頭；女領班。②女陪審長。

fore·word [`for,wɜd] *n.* Ⓒ (尤指非作者本人所寫的)前言；序。

***for·feit** [`fɔrfɪt] *v.t.* (因被沒收而)喪失(所有權)；(因過失、犯罪等而)喪失(職位、生命)；(因過勞而)喪失(健康)。— *n.* Ⓒ ①喪失物；沒收物。②罰鍰；處罰。③違約罰金。— *adj.* 喪失的；沒收的。

for·fei·ture [`fɔrfɪtʃə] *n.* ① Ⓤ (權利、名譽等)喪失；沒收。② Ⓒ 沒收物；罰金。

for·gath·er [fɔr`gæðə] *v.i.* ①相遇；聚會；集合。②不期而遇。③交往〔with〕.

for·gave [fə`gev] *v.* pt. of forgive.

***forge**[1] [fɔrdʒ] *n.* Ⓒ ①鐵工廠。②鍛鐵爐。— *v.t.* ①(鐵匠)打(鐵)；鍾鍊成。②僞造(文書、簽字等)。③編(假故事或謊話等)。— *v.i.* ①鍛鐵。②僞造文書。— **forg′er,** *n.*

forge[2] *v.i.* 徐緩推進〔常 ahead〕.

for·ger·y [`fɔrdʒərɪ] *n.* ① Ⓤ 僞造(文書)。② Ⓒ 僞造物。

‡**for·get** [fə`gɛt] *v.t.* & *v.i.* (**-got, -got·ten** or **-got, -get·ting**)忘記；遺忘；忽略；忽視。

for·get·ful [fə`gɛtfəl] *adj.* 健忘的；不留心的。

for·get-me-not [fə`gɛtmɪ,nat] *n.* Ⓒ〖植〗勿忘我；琉璃草。

***for·give** [fə`gɪv] *v.t.* & *v.i.* (**-gave, -giv·en**) ①原諒。②寬免。— **for·giv′ing,** *adj.*

for·giv·en [fə`gɪvən] *v.* pp. of forgive.

for·give·ness [fə`gɪvnɪs] *n.* Ⓤ ①寬恕；原諒。②寬仁之心。③寬減。

for·go [fɔr`go] *v.t.* (**-went, -gone**) 棄絕；拋棄；放棄。

‡**for·got** [fə`gat] *v.* pt. & pp. of forget.

‡**for·got·ten** [fə`gatn̩] *v.* pp. of forget.

***fork** [fɔrk] *n.* Ⓒ ①叉；肉叉。②草叉；耙。③似叉之物；分岔。④分叉處。— *v.t.* ①以叉叉(物)。②使分岔。— *v.i.* 成叉形；分岔。

forked [fɔrkt] *adj.* ①有叉的；叉狀的。②多曲折線條的；之字形的。

fork·ful [`fɔrkfəl] *n.* Ⓒ 一叉所舉之量。

fork·lift [`fɔrk,lɪft] *n.* Ⓒ〖機〗叉式升降機；堆高機。

***for·lorn** [fə`lɔrn] *adj.* ①孤零的。②可憐的；絕望的。③被遺棄的。④喪失的。§ ～ **hópe** (1)絕少成功希望的計畫。(2)危險或孤注一擲的計畫。(3)敢死隊。

‡**form** [fɔrm] *n.* ① Ⓤ Ⓒ 形狀；外貌；形體。② Ⓤ Ⓒ 形式；姿態。③ Ⓒ 制度。④ Ⓤ Ⓒ 禮節；手續。⑤ Ⓒ 表格。⑥ Ⓒ (英國學校裡的)班；級。⑦ Ⓒ 模型。⑧ Ⓒ 做事的方式。⑨ Ⓒ 種類。⑩ Ⓤ 身心的健康情況。⑪ Ⓒ 長凳。⑫ Ⓒ〖印刷〗板。⑬ Ⓤ Ⓒ〖文法〗型；式。⑭ Ⓒ 文件；公文程式。— *v.t.* ①作成。②養成。③排列。④組織。— *v.i.* ①形成。②(思想、信心等)產生。

***for·mal** [`fɔrml̩] *adj.* ①正式的；傳統的；合乎禮儀的。②合式的。③形式上的(對內容而言)。

for·mal·ism [`fɔrml̩,ɪzəm] *n.* Ⓤ 形式主義；拘泥虛禮。— **for′mal·ist,** *n.*

for·mal·i·ty [fɔr`mælətɪ] *n.* ① Ⓤ 禮節；儀式。② Ⓤ 形式的拘泥；禮節的嚴守。③ Ⓤ 拘束。④ Ⓒ 規定的秩序或程式。***without*** ～ 不拘形式。

for·mal·ize [`fɔrml̩,aɪz] *v.t.* ①使正式；形式化；使合禮儀。②使成形。— *v.i.* 正式化；合禮儀。

***for·mal·ly** [`fɔrmlɪ] *adv.* ①正式地。②就形式而言。

for·mat [`fɔrmæt] *n.* Ⓒ ①書刊之版式。②任何事之構成、格式等。

***for·ma·tion** [fɔr`meʃən] *n.* ① Ⓤ 構成；組成。② Ⓤ Ⓒ 編組；隊形。③ Ⓒ 構成物。④ Ⓒ〖地質〗岩層；層。

form·a·tive [`fɔrmətɪv] *adj.* ①使成形的。②形成的。③〖文法〗構成字的。— *n.* Ⓒ〖文法〗構成字之要素(如字首、字尾等)。

‡**for·mer** [`fɔrmə] *adj.* ①前者的(爲 latter 之對)。②往昔的。③早期的。④前一個的。⑤前任的。

***for·mer·ly** [`fɔrməlɪ] *adv.* 先前；

從前。

for·mic [ˋfɔrmɪk] *adj.* ①【化】蟻酸的。～ acid【化】蟻酸；甲酸。②螞蟻的。

***for·mi·da·ble** [ˋfɔrmɪdəbl] *adj.* ①可畏懼的；難以克服的。②可敬畏的。③強大的。— **for'mi·da·bly,** *adv.*

form·less [ˋfɔrmlɪs] *adj.* ①無形狀的。②無一定形式的。

***For·mo·sa** [fɔrˋmosə] *n.* 臺灣(正式名稱爲 Taiwan).

***for·mu·la** [ˋfɔrmjələ] *n.* Ⓒ (*pl.* **～s, -lae** [-ˌli]) ①客套語；(法律文件或宗教儀式所用之)套語。②【數】公式。③【化】分子式。④製法(=recipe)。⑤【醫】處方。⑥做事之定規。⑦俗套。

for·mu·late [ˋfɔrmjəˌlet] *v.t.* ①用公式表示。②有系統地陳述。③設計(方法、制度等)。 — **for·mu·la'tion,** *n.*

for·ni·cate [ˋfɔrnəˌket] *v.i.* 私通；通姦。— **for·ni·ca'tion,** *n.*

***for·sake** [fəˋsek] *v.t.* (**-sook, -sak·en**) ①遺棄；背棄；棄絕。②放棄；革除。

for·sak·en [fəˋsekən] *v.* pp. of **forsake.** — *adj.* 被棄的；孤獨的。

for·sook [fəˋsuk] *v.* pt. of **forsake.**

for·swear [fɔrˋswɛr] *v.t.* (**-swore, -sworn**) ①誓絕；戒絕。②否認。③作偽證。— *v.i.* 作偽證。

for·swore [fɔrˋswor] *v.* pt. of **forswear.**

***fort** [fort] *n.* Ⓒ ①堡壘；砲臺。②【北美】易貨站。

for·te¹ [ˋfɔrtɪ]【義】*adj.* & *adv.*【樂】強音的[地]。(略作 **f.**)

forte² [fort] *n.* ①(one's ～)長處；擅長。②Ⓒ劍身之最強部分。

‡**forth** [forθ, fɔrθ] *adv.* ①向前。②(自…)以後。③出外。④露出；出現。***and so*** ～ 等等。

forth·com·ing [ˋforθˋkʌmɪŋ] *adj.* ①即將出現的。②即將來到的；隨時可得的。— *n.* ⓊⒸ出現。

forth·right [forθˋraɪt] *adj.* ①直率的。②直接的。— *adv.* ①一直往前地。②立即地。③直率地。

forth·with [forθˋwɪθ] *adv.* 立即。

***for·ti·eth** [ˋfɔrtɪɪθ] *adj.* ①第四十的。②四十分之一的。— *n.* ①Ⓤ (常 the～)第四十。②Ⓒ四十分之一。

***for·ti·fi·ca·tion** [ˌfɔrtəfəˋkeʃən] *n.* ①Ⓤ設防。②Ⓒ (常 *pl.*)防禦工事。③Ⓒ (常 *pl.*)堡壘；要塞。④Ⓤ加強。

***for·ti·fy** [ˋfɔrtəˌfaɪ] *v.t.* ①加強。②設防。③加以滋養料(=enrich)。④增長心理上或道德上的力量。⑤證實。⑥加酒精於葡萄酒等。

for·tis·si·mo [fɔrˋtɪsəˌmo]【義】*adj.* & *adv.*【樂】最強音的[地]。(略作**ff.**)

for·ti·tude [ˋfɔrtəˌtjud] *n.* Ⓤ 堅忍；剛毅。

***fort·night** [ˋfɔrtnaɪt, -nɪt] *n.* Ⓒ (常 *sing.*)兩星期。

fort·night·ly [ˋfɔrtnaɪtlɪ] *adj.* ①二週一次的。②隔週發行的。— *adv.* 二週一次地；隔週地。— *n.* Ⓒ雙週刊。

For·tran, FORTRAN [ˋfɔrˌtræn] *n.* Ⓤ【電算】公式翻譯程式(爲 *for*mula *tran*slator 之略)。

***for·tress** [ˋfɔrtrɪs] *n.* Ⓒ ①堡壘。②安全處所。— *v.t.* 以堡壘防守。

for·tu·i·tous [fɔrˋtjuətəs] *adj.* ①偶然的；意外的。②幸運的；好運的。— **ly,** *adv.*

for·tu·i·ty [fɔrˋtjuətɪ] *n.* ①Ⓤ偶然性；意外。②Ⓤ偶然。③Ⓒ偶然之事故。

***for·tu·nate** [ˋfɔrtʃənɪt] *adj.* ①幸運的；幸福的。②帶來幸運的。a ～ star 吉星；福星。— **ly,** *adv.*

‡**for·tune** [ˋfɔrtʃən] *n.* ①ⓊⒸ財富。②Ⓤ運氣；幸運。③Ⓒ命運。④(F-)擬人化的命運。***make a*** ～ 致富；發財。***tell a person's*** ～算命。***try one's*** ～碰運氣。— *v.i.*偶然發生。§～ **hùnter**(尤指藉結婚)想得到財產者；尋找富有的結婚對象者。

for·tune·tell·er [ˋfɔrtʃənˌtɛlə] *n.* Ⓒ算命者；看相者。

‡**for·ty** [ˋfɔrtɪ] *n.* ⓊⒸ四十；四十個。— *adj.* 四十(個)的。

for·ty-five [ˋfɔrtɪˋfaɪv] *n.* Ⓒ ①每分鐘四十五轉的唱片。②【美俗】四十五口徑手槍。

fo·rum [ˋforəm, ˋfɔrəm] *n.* Ⓒ (*pl.* **～s, -ra** [-rə])①古羅馬的市場與公共集會地。②討論會。③法庭。

‡**for·ward** [ˋfɔrwəd] *adv.* ①繼續向前；向前面(=forwards)。②朝飛機或輪船之首端地。— *adj.* ①向前的；前部的。②早的；先的；早熟的。③迅速的。④鹵莽的。⑤進步的。⑥熱心的。⑦【商】未來的；預定的。～

prices 預約價目。— *v.t.* ①轉遞；轉寄。②助長；促進。— *n.* Ⓤ Ⓒ (足球等隊員的)前鋒。
for·ward·ing [ˋfɔrwədɪŋ] *n.* Ⓤ 運輸(業)；發送；轉遞。
for·ward-look·ing [ˋfɔrwəd͵lukɪŋ] *adj.* 進取的；前瞻性的；積極的。
for·wards [ˋfɔrwədz] *adv.* = **forward.**
for·went [fɔrˋwɛnt] *v.* pt. of **forgo.**
***fos·sil** [ˋfɑsl] *n.* Ⓒ ①化石。②(常 old ～)老頑固；古物。— *adj.* ①化石的。②陳腐的。
fos·sil·ize [ˋfɑsl͵aɪz] *v.t.* & *v.i.* ①(使)成化石。②(使)變成古板或頑固。— **fos·sil·i·za'tion,** *n.*
***fos·ter** [ˋfɔstə] *v.t.* ①撫育；看護。②心懷。③鼓勵；助長。Ignorance ～*s* superstition. 無知助長迷信。— *adj.* 養育的；收養的。a ～ child 義子；養子。a ～ home 養父母之家。a ～ parent 養父[母]。
fought [fɔt] *v.* pt. & pp. of **fight.**
***foul** [faul] *adj.* ①汚穢的；惡臭的。②邪惡的；不正的；不光明的(爲 fair 之對)。③碰撞的。④(繩等)糾纏著的。⑤阻塞的。⑥(船等)底部覆有海藻、貝殼等的。⑦險惡的；逆的。⑧討厭的。⑨泥濘的。⑩(草稿等)錯誤百出的。⑪不公平的；違規的。⑫(言語)粗俗的；瀆神的。— *v.t.* ①使汚穢；使臭。②(船)碰撞(船)。③與…糾纏。④(競技)對…犯規。⑤使汚塞。— *v.i.* ①變髒。②(船)碰撞。③糾結；塞住。④(競技)犯規。⑤〖棒球〗打出界外球。— *n.* Ⓒ ①(競技)犯規。②〖美, 棒球〗界外球。③相撞；糾纏。— *adv.* 碰撞地；爭執不和地。§ ∼ **báll**〖棒球〗界外球。∼ **lìne** (1)〖棒球〗界線。(2)〖籃球〗邊線。∼ **pláy** 犯規；欺詐；暴行。∼ **shòt**〖籃球〗(1)罰球。(2)罰球所得之一分。
foul·mouthed [ˋfaulˋmauðd] *adj.* 口出惡言的；出言不遜的。
foul-up [ˋfaul͵ʌp] *n.* Ⓒ〖俗〗①混亂；一團糟。②(機器之)故障。
‡**found**[1] [faund] *v.* pt. & pp. of **find.**
***found**[2] *v.t.* 建立；創設；以…爲基礎。— *v.i.* ①以…爲根據。②以…爲意見之根據。§ ∼**ing fáther** (1)創始人；創立者。(2)(the F- F-) (1787年的)美國憲法制定者。
found[3] *v.t.* ①鎔鑄(金屬)於模型中。②鑄造。
‡**foun·da·tion** [faunˋdeʃən] *n.* ① Ⓒ 基礎；根基；根據。The rumor has no ～. 謠言無根據。② Ⓒ 基金；基金會。the Carnegie *F.* 卡內基基金會。③ Ⓤ 建設；建立(如城鎮、教會、學校等)。④= **foundation garment.** ⑤ Ⓤ 粉底。§ ∼ **gàrment** 女人之內衣。∼ **stòne** (1)基石。(2)基礎。
found·ed [ˋfaundɪd] *adj.* (與 well, ill 連用)基礎[根據]…的。
***found·er**[1] [ˋfaundə] *v.i.* ①浸水而沉沒。②跌倒；跌跛。— *v.t.* ①使(馬)跌跛。②使浸水而沉沒。
***found·er**[2] *n.* Ⓒ 建立者；創設者。
found·ling [ˋfaundlɪŋ] *n.* Ⓒ 棄兒；棄嬰。§ ∼ **hòspital** 棄兒養育院。
found·ry [ˋfaundrɪ] *n.* ① Ⓒ 鑄造工廠。② Ⓤ 鑄造之成品。③ Ⓤ 鑄造(法)。
fount [faunt] *n.* Ⓒ ①源泉。②根源。
***foun·tain** [ˋfauntn, -tɪn] *n.* Ⓒ ①噴泉；噴水池。②泉源。③飲水器。④本源；出處。§ ∼ **pèn** 鋼筆；自來水筆。
foun·tain·head [ˋfauntn͵hɛd] *n.* Ⓒ (常 *sing.*)①水源。②根源。
‡**four** [for, fɔr] *n.* Ⓤ Ⓒ 四；四個。— *adj.* 四(個)的。
four-eyes [ˋfor͵aɪz] *n.* Ⓒ (*pl.* ～)〖謔〗戴眼鏡的人；四眼田雞。
four·fold [ˋfor͵fold] *adj.* & *adv.* ①四倍的[地]。②四重的[地]；四摺的[地]。
Fóur-Ĥ Clùb, 4-Ĥ Clùb [ˋforˋetʃ ～] *n.* Ⓒ 四健會(以 head, hands, heart, health 爲座右銘，並以提高農技，推展公民教育爲宗旨的美國農村青年教育機構)。
four-in-hand [ˋforɪn͵hænd] *n.* Ⓒ ①打活結之領帶。②一人駕馭之四馬馬車。
four·post·er [ˋforˋpostə] *n.* Ⓒ 四柱的床。
four·score [ˋforˋskor] *adj.*〖古〗八十的。— *n.* Ⓤ Ⓒ 八十。
four·some [ˋforsəm] *n.* Ⓒ ①四人的一組。②〖運動〗四人對抗賽；雙打。
four·square [ˋforˋskwɛr] *adj.* ①四方的；正方的。②坦白的。③堅定的。
‡**four·teen** [ˋforˋtin, ˋfɔr-] *adj.* 十四(個)的。— *n.* Ⓤ Ⓒ 十四；十四個。
***four·teenth** [ˋforˋtinθ, ˋfɔr-] *adj.* ①第十四(個)的。②十四分之一的。

—— *n.* ① Ⓤ 第十四(個)。② Ⓒ 十四分之一。

‡**fourth** [forθ, fɔrθ] *adj.* 第四(個)的; 四分之一的。—— *n.* ① Ⓤ 第四。② Ⓒ 四分之一。③ Ⓒ〖樂〗第四度音(程)。*the F- of July* 七月四日(美國1776年獨立紀念日)。— **ly,** *adv.*

***fowl** [faul] *n.* (*pl.* **~s,** ~) ① Ⓒ 禽; 鳥。② Ⓒ 家禽; 雞。③ Ⓤ 禽肉; 雞肉。—— *v.i.* 獵野禽。— **er,** *n.*

fowl·ing [ˋfaulɪŋ] *n.* Ⓤ 捕鳥; 獵野禽。§ ~ **pìece** 鳥槍; 獵槍。

fox [fɑks] *n.* ① Ⓤ Ⓒ 狐(皮)。② Ⓒ 狡猾的人。—— *v.t.* & *v.i.* ①〖俗〗用狡計; 欺詐。②獵狐。§ ~ **trȍt** (1)狐步舞。(2)狐步舞曲。— **fox′y,** *adj.*

fox·glove [ˋfɑks,glʌv] *n.* Ⓒ〖植〗指頂花。

fox·hole [ˋfɑks,hol] *n.* Ⓒ〖軍〗散兵坑。

fox·hound [ˋfɑks,haund] *n.* Ⓒ 狐猩(獵狐用的一種獵犬)。

fox·hunt [ˋfɑks,hʌnt] *v.i.* 獵狐。— **er,** — **ing,** *n.*

foy·er [ˋfɔɪɚ] *n.* Ⓒ ①(戲院、旅館等門口內的)休憩處。②(門口內的)走廊。

Fr. Father; France; French; Friar; Friday.

fra·cas [ˋfrekəs] *n.* Ⓒ (*pl.* **~es,** 〖英〗~ [ˋfrækɑz]) 吵鬧; 打鬧; 騷動。

***frac·tion** [ˋfrækʃən] *n.* Ⓒ ①部分; 碎片; 微量。②〖數〗分數。

frac·tion·al [ˋfrækʃənḷ] *adj.* ①〖數〗分數的。②極小的; 極少的。③〖化〗分段的; 分級的。

frac·tious [ˋfrækʃəs] *adj.* 乖張的; 易怒的; 難駕馭的。

***frac·ture** [ˋfræktʃɚ] *n.* ① Ⓒ 裂口; 裂縫。② Ⓤ 斷折; 破碎。③ Ⓒ〖外科〗挫傷; 骨折。④ Ⓒ〖礦〗斷口。—— *v.t.* & *v.i.* 折斷; 破碎。

***frag·ile** [ˋfrædʒəl] *adj.* ①易碎的; 脆的。②(體質)虛弱的。— **fra·gil·i·ty** [frəˋdʒɪlətɪ], *n.*

***frag·ment** [ˋfrægmənt] *n.* Ⓒ 碎片; 斷片。— **frag·men′tal,** *adj.*

frag·men·tar·y [ˋfrægmən,tɛrɪ] *adj.* ①碎片的; 斷片的。②殘破不全的; 不完整的。

frag·men·ta·tion [,frægmənˋteʃən] *n.* ① Ⓤ 破碎; 殘破。② Ⓤ 崩潰。③ Ⓒ (砲彈等之)爆裂。

frag·ment·ed [ˋfrægməntɪd] *adj.* ①碎片的。②片斷的; 不完整的。

***fra·grance** [ˋfregrəns], **-cy** [-sɪ] *n.* Ⓤ 香味; 芳香。

***fra·grant** [ˋfregrənt] *adj.* 芳香的; 馥郁的; 愉快的。— **ly,** *adv.*

***frail** [frel] *adj.* ①脆弱的; 不堅實的。②意志薄弱的; 易受誘惑的。

***frail·ty** [ˋfreltɪ] *n.* ① Ⓤ 脆弱。② Ⓤ 意志薄弱。③ Ⓒ 品德上的缺點; 過失。

‡**frame** [frem] *n.* ① Ⓒ 骨架。② Ⓤ 體格。③ Ⓒ 框架。④ Ⓒ 構造; 組織。⑤(a ~ of mind) 心境。⑥ Ⓒ〖影〗軟片中的一個畫面。⑦ Ⓒ〖保齡球〗一局。⑧ Ⓒ (電視中的)像; 形像。⑨ Ⓒ〖俗〗棒球之一局。—— *v.t.* ①構造; 組織; 設計。②給…裝框。③〖美〗誣陷。§ ~ **hóuse** 木造房屋。

frame-up [ˋfrem,ʌp] *n.* Ⓒ〖俗〗①陰謀詭計。②誣陷之計。

***frame·work** [ˋfrem,wɝk] *n.* Ⓒ ①骨架; 支架。②組織; 體制。

***franc** [fræŋk] *n.* Ⓒ 法郎(錢幣名, 通用於法國、比利時及瑞士)。

‡**France** [fræns] *n.* 法國。

fran·chise [ˋfræntʃaɪz] *n.* ① Ⓒ 特權。② Ⓒ 特權區。③ Ⓤ (the ~) 選舉權; 參政權。④ Ⓒ 經銷權。⑤ Ⓒ 有經銷權之地區。

fran·chi·see [,fræntʃaɪˋzi] *n.* Ⓒ (經公司授權的)經銷商。

Fran·co·phone [ˋfræŋkə,fon] *adj.* & *n.* Ⓒ 講法語的(人)。

fran·gi·ble [ˋfrændʒəbḷ] *adj.* 易碎的; 脆弱的。

***frank** [fræŋk] *adj.* ①坦白的; 率直的。②無掩飾的。*be perfectly ~ with you* 老實對你說。

Frank [fræŋk] *n.* Ⓒ ①日耳曼民族之法蘭克人。②西歐人[居民]。— **ish,** *adj.* & *n.*

frank·furt·er [ˋfræŋkfɚtɚ] *n.* Ⓒ (牛肉及豬肉所製之)法蘭克福香腸。(亦作 **frankforter**)

frank·in·cense [ˋfræŋkɪn,sɛns] *n.* Ⓤ 乳香(主要用於供奉神祇)。

***frank·ly** [ˋfræŋklɪ] *adv.* ①坦白地; 率直地。②坦白地說(修飾全句)。

***frank·ness** [ˋfræŋknɪs] *n.* Ⓤ 坦白; 率直。

***fran·tic** [ˋfræntɪk] *adj.* 似發狂的; 狂亂的。— **fran′ti·cal·ly,** *adv.*

fra·ter·nal [frəˋtɝnḷ] *adj.* 兄弟的; 如兄弟的; 友愛的。

***fra·ter·ni·ty** [frəˋtɝnətɪ] *n.* ① Ⓤ 博愛。② Ⓒ 團體; 同行。③ Ⓒ

F

(美國大學生的)兄弟會。

frat·er·nize [ˋfrætəˏnaɪz] *v.i.*①結交如兄弟；親善；友善地交往。②(在占領敵國領土期間，對其國民)友善。— **frat·er·ni·za′tion** [-nɪ-], *n.*

frat·ri·cide [ˋfrætrəˏsaɪd] *n.* ①Ⓒ殺害兄弟姊妹者。②Ⓤ此種殺害行爲。

***fraud** [frɔd] *n.*①Ⓤ詐欺；欺騙。②Ⓒ詐欺的行爲；騙人的事[人]。

fraud·u·lent [ˋfrɔdʒələnt] *adj.* ①詭詐的。②藉以欺騙的。③騙取的。— **ly,** *adv.* — **fraud′u·lence, fraud′u·len·cy,** *n.*

fraught [frɔt] *adj.* 充滿的；滿載的。

fray[1] [fre] *n.*(the ～)①吵鬧。②爭 [吵。]

fray[2] *v.t.* ①磨損；磨破。②使煩惱。— *v.i.* 被磨損；破爛。

fraz·zle [ˋfræzl]〖俗〗*v.t.* & *v.i.* ①擦損；(使)破爛。②(使)疲憊。— *n.* (a ～)①擦損；破爛。②疲憊。

freak [frik] *n.* ①Ⓒ畸形物。②ⓊⒸ異想天開。③ⓊⒸ朝三暮四。— **ish,** *adj.*

freak-out [ˋfrikˏaut] *n.* Ⓒ〖俚〗①吸毒引起的幻覺。②以吸毒逃避現實。

freak·y [ˋfrikɪ] *adj.* 異想天開的；怪異的(=freakish).

***freck·le** [ˋfrɛkl] *n.* Ⓒ(常 *pl.*)①雀斑；痣。②小斑點。— *v.t.* & *v.i.* (使)生雀斑。

‡**free** [fri] *adj.* ①自由的；(國家等)獨立的。②空閒的。③無拘束的。④免費的。⑤明白的；直率的。⑥免稅的。⑦慷慨的。⑧豐富的。⑨不拘泥於規則[形式]的。⑩任性的；放縱的。⑪〖化〗游離的。⑫流暢的；優美的。⑬在場者均參加的。～ *from* [*of*] **a.** 無…的。**b.**免…的；無…之憂的。*set* ～ 釋放。— *adv.* ①免費地。②隨意地。— *v.t.* ①釋放。②使免除。§ ～ **lánce**(自由賣作品的)著作家、藝術家等。～ **lóve** 自由性愛(主義)。～ **pórt** 自由港(輸出入免稅的港口)。～ **thrów**〖籃球〗罰球。～ **tráde** 自由貿易。～ **wíll** 自由意志。**the** ～ **wórld**(常 F- W-)(與共產集團相對的)自由世界。— **ly,** *adv.*

free·bie [ˋfribɪ] *n.* Ⓒ〖美俚〗不花錢的東西；免費贈品。(亦作 **freebee**)

free·born [ˋfriˏbɔrn] *adj.*①生而自由的。②自由民[不是奴隸]的。

freed·man [ˋfridmən] *n.* Ⓒ(*pl.* **-men**)解脫奴隸身分而得自由的人。

‡**free·dom** [ˋfridəm] *n.*①ⓊⒸ自由；自由權。②(the ～)自由使用權。③Ⓤ奔放；磊落；率直。④Ⓤ優游閒適。⑤(the ～)豁免權；特權(如城市所有之)。⑥Ⓤ免除。～ *of the press* 新聞自由。§ ～ **fighter** 自由鬥士。

freed·wom·an [ˋfridˏwumən] *n.* Ⓒ(*pl.* **-wom·en**)解脫奴隸身分而得自由之婦女。

free-fall [ˋfriˋfɔl] *n.*①Ⓤ(物體靠重力作用而)自由落下。②ⓊⒸ(降落傘張開之前的)降落。

free-for-all [ˋfrifəˋɔl] *n.* Ⓒ①可自由參加之競賽。②混戰。

free-form [ˋfriˏfɔrm] *adj.* ①自由形態的。②不按傳統格式的。

free·hand [ˋfriˏhænd] *adj.* & *adv.* 手畫的[地]。

free-hand·ed [ˋfriˋhændɪd] *adj.* ①慷慨的；好施與的。②不受拘束的。

free-heart·ed [ˋfriˋhɑrtɪd] *adj.* ①無憂無慮的。②慷慨的。③坦白的。

free·hold [ˋfriˏhold] *n.*①Ⓒ(終身或世襲之)不動產。②Ⓤ上述不動產之自由保有權。

free·lance [ˋfriˋlæns] *v.i.* 自由工作。— *adj.* & *adv.* 無契約約束的[地]；自由投稿的[地]。

free-liv·ing [ˋfriˋlɪvɪŋ] *adj.* ①縱情享樂的。②〖生物〗(非寄生[共生])獨立生活的。

free·load [ˋfriˋlod] *v.i.*〖美俗〗仰賴他人爲生；做食客。— **er,** *n.*

free·man [ˋfrimən] *n.* Ⓒ (*pl.* **-men**)①自由人。②公民；享有公民權的人。

Free·ma·son [ˋfriˏmesn̩] *n.* Ⓒ 共濟會(一國際性的祕密互助團體)之會員。

Free·ma·son·ry [ˋfriˏmesn̩rɪ] *n.* Ⓤ①共濟會主義、制度等。②(集合稱)共濟會會員。③(f-)同病相憐。

free-range [ˋfriˋrendʒ] *adj.*〖英〗(雞)放養的。

free-spend·ing [ˋfriˋspɛndɪŋ] *adj.* 浪費的；揮金如土的。

free-stand·ing [ˋfriˋstændɪŋ] *adj.*(雕刻、建築物沒有支柱)自立的；自力撐持的。

free·stone [ˋfriˏston] *n.* ①Ⓤ砂石；石灰石。②Ⓒ肉與核容易分開的果子(尤指桃、李)。— *adj.* 果肉與

‡**front** [frʌnt] *n.*① Ⓒ (常 the ～)前部; 前面; 正面。②(the ～)前線; 戰地。③ Ⓒ (政治或經濟鬥爭中的)陣線。④(the ～)(河邊、街邊的)土地; 濱。⑤(a ～)容貌。⑥(a ～)傲氣。⑦ Ⓒ 〖俗〗名譽領袖; 幌子。⑧ Ⓒ 額。⑨ Ⓤ 厚臉皮。⑩ Ⓒ 戴在胸口的東西。⑪ Ⓒ 〖氣象〗鋒(面)。*in ～ of* 在…的前面。— *adj.* ①前面的; 正面的。②〖語音〗前舌面的。— *v.t. & v.i.* ①面向; 朝對。②在…之前面。③面對; 對抗; 反抗。④作…之正面。

front·age [ˋfrʌntɪdʒ] *n.* Ⓒ ①前面; 正面。②(建築物等)正面寬度。③屋前空地。

fron·tal [ˋfrʌntl] *adj.*①前面[正面]的。②額的; 前額的。— *n.* Ⓒ ①前額骨。②建築物之正面。③套在額上的帶[裝飾品]。

***fron·tier** [frʌnˋtɪr, frɑn-, ˋfrʌntɪr, ˋfrɑn-] *n.* Ⓒ ①邊界; 邊疆。②(常 *pl.*)未開發的領域。— *adj.* 邊界的; 國境的。§ ～ **spírit**〖美〗拓荒精神。

fron·tiers·man [frʌnˋtɪrzmən] *n.* Ⓒ (*pl.* **-men**)邊疆居民; 拓荒者。

fron·tis·piece [ˋfrʌntɪs,pis] *n.* Ⓒ ①卷頭插畫。②〖建〗(門窗頂上的)三角楣飾。

front-line [ˋfrʌnt,laɪn] *adj.*(最)前線的; 最前頭的。

front-page [ˋfrʌntˋpedʒ] *adj.*(刊在)報紙第一版的; 重要的。

front-run·ner [ˋfrʌntˋrʌnɚ] *n.* Ⓒ ①(比賽中)領先者。②最有實力的選手[候補人]。

***frost** [frɔst, frɑst] *n.*① Ⓤ 冰凍; 嚴寒; 冰點以下的溫度。② Ⓒ 嚴寒的天氣。③ Ⓤ 霜。④ Ⓤ 冷酷。⑤ Ⓒ 〖俚〗失敗。— *v.t.* ①覆以霜(或似霜之物)。②(被霜)損害; 凍死。— *v.i.* ①結霜; 結冰。②(油漆等)表面凝成似霜物。

frost·bite [ˋfrɔst,baɪt] *n.* Ⓤ 凍傷; 凍瘡。— *v.t.* (**-bit, -bit·ten**)凍傷。— **frost′bit·ten,** *adj.*

frost·ed [ˋfrɔstɪd] *adj.*①(降)霜的。②冰凍的。③凍傷的。④覆以糖霜的。⑤表面呈霜狀的; 無光澤的(玻璃)。⑥冷酷的。⑦冰淇淋做的(餅或飲料等)。⑧快凍的。— *n.* Ⓤ Ⓒ 一種濃飲料(牛乳、糖漿、冰淇淋做成)。

frost·ing [ˋfrɔstɪŋ] *n.* Ⓤ ①糖霜(撒在糕餅表面)。②(玻璃等的)無光澤面。

frost·work [ˋfrɔst,wɜk] *n.* Ⓤ ①(玻璃窗等上的)霜花。②霜花紋細工。

***frost·y** [ˋfrɔstɪ, ˋfrɑstɪ] *adj.* ①寒冷的。②覆有霜的。③覆有似霜之物的。④冷淡的。⑤似霜的; 灰白的。⑥(似)老年的; 頭髮灰白的。

froth [frɔθ] *n.* Ⓤ ①泡沫。②輕浮的事物; 淺見; 空談。— *v.i. & v.t.* 起泡沫; 發泡沫。— **froth′y,** *adj.*

frou·frou [ˋfrufru] *n.* Ⓒ ①(行動時衣裙所發的)沙沙聲。②(女裝)過多裝飾。

fro·ward [ˋfro(w)ɚd] *adj.*剛愎的; 「倔強的。」

***frown** [fraʊn] *n.* Ⓒ 皺眉; 不悅。— *v.i.* 皺眉; 不悅。— *v.t.* 皺額表示; 蹙眉責之。

frowz·y, frows·y [ˋfraʊzɪ] *adj.* ①不整潔的; 懶散的。②難聞的。

froze [froz] *v.* pt. of **freeze.**

***fro·zen** [ˋfrozn̩] *v.* pp. of **freeze.** — *adj.* ①結冰的。②極冷的。③凍僵的; 凍死的。④因凍結而塞住的。

fruc·ti·fy [ˋfrʌktə,faɪ] *v.i. & v.t.* (使)結果實; (使)(土地)肥沃。

fruc·tose [ˋfrʌktos] *n.* Ⓤ 〖化〗果糖。

***fru·gal** [ˋfrugl̩] *adj.* 節儉的; 節省的。— **fru·gal′i·ty** [-ˋgælətɪ], *n.*

‡**fruit** [frut] *n.*① Ⓤ Ⓒ 水果。② Ⓤ Ⓒ 果實。③ Ⓒ (常 *pl.*)成果; 結果。— *v.i. & v.t.*(使)結果實。

fruit·age [ˋfrutɪdʒ] *n.* Ⓤ ①結實。②(集合稱)果實。③結果; 成果。

fruit·cake [ˋfrut,kek] *n.*① Ⓤ Ⓒ 水果蛋糕(含有葡萄、胡桃等的糕點)。② Ⓒ 怪人; 瘋子。

fruit·er·er [ˋfrutərɚ] *n.* Ⓒ 〖主英〗水果商。

***fruit·ful** [ˋfrutfəl] *adj.* ①多果實的; 肥沃的。②有收穫的; 有利的。— **ly,** *adv.* — **ness,** *n.*

fru·i·tion [fruˋɪʃən] *n.* Ⓤ ①實現; 成果。②享受。③結果實。

fruit·less [ˋfrutlɪs] *adj.* ①無結果的; 徒勞的。②不結實的。

fruit·y [ˋfrutɪ] *adj.* ①水果的; (味道)像水果的。②味醇的。③圓潤的(聲音等)。④〖俚〗耐人尋味的(故事、談話等)。

frump [frʌmp] *n.* Ⓒ 衣衫不整潔、乖戾守舊的女人。— **ish, frump′y,** *adj.*

***frus·trate** [ˋfrʌstret] *v.t.* 破壞; 使無效; 挫敗。— **frus·tra′tion,** *n.*

***fry**¹ [fraɪ] *v.t. & v.i.* 油煎; 油炸。

— *n.* Ⓒ 油炸食物。

fry² *n.* Ⓒ (*pl.* ～)①魚苗。②魚苗群；群居的動物。③小東西；小生物；孩子。***small*** **～ a.** 小孩子。**b.** 不重要的人[物]。

fry·er, fri·er [ˋfraɪɚ] *n.* Ⓒ ①油炸食品的人。②煎鍋；炸鍋。③適於油炸之食物。

***frý·ing pàn** [ˋfraɪŋ ～] *n.* Ⓒ 煎鍋；油炸鍋。

ft. feet; foot; fort; fortification.

fuch·sia [ˋfjuʃə] *n.* ① Ⓒ〖植〗吊金鐘屬植物。② Ⓤ 紫紅色。— *adj.* 紫紅色的。

fuck [fʌk]〖鄙〗*v.i.* 性交。— *v.t.* 與…性交。— *n.*① Ⓒ (常 *sing.*)性交。② Ⓒ 性交的對象(尤指女人)。③ (the ～)究竟；到底。— *interj.* (常～ you)(表厭惡、困惑)他媽的！混帳！哎呀！

fuck·ing [ˋfʌkɪŋ] *adj.*〖俚，鄙〗可恨的。— *adv.* 非常地；極。

fuck·off [ˋfʌk,ɔf] *n.* Ⓒ〖俚，鄙〗辦事靠不住的人。

fuck·up [ˋfʌk,ʌp] *n.* Ⓒ〖俚，鄙〗差勁的人[物]；愚蠢。

fud·dle [ˋfʌdl] *v.t.*①灌醉；使爛醉。②使糊塗。

fud·dy-dud·dy [ˋfʌdɪ,dʌdɪ] *n.* Ⓒ〖俚〗①嘮叨難纏者。②古板的人。— *adj.* ①守舊的。②吹毛求疵的。

fudge [fʌdʒ] *n.*① Ⓤ Ⓒ 由糖、牛奶、奶油等混做的軟糖。② Ⓤ 虛構的故事；胡言。— *interj.* 胡說！廢話！

***fu·el** [ˋfjuəl] *n.* ① Ⓤ Ⓒ 燃料。② Ⓤ 刺激物。— *v.t.* & *v.i.*(**-l-,**〖英〗**-ll-**)①加燃料(於)；加油(於)。②作爲原動力。

fug [fʌg] *n.* (a ～)〖俗〗①(通風不良之)氣悶的狀態。②(室隅、桌下等處的)灰塵；垃圾。— *v.i.*(**-gg-**)待在悶熱室中。— *v.t.* 使悶塞並有氣味。

***fu·gi·tive** [ˋfjudʒətɪv] *n.* Ⓒ ①亡命徒。②短暫[不可捉摸]之物。— *adj.* ①逃亡的。②瞬時即逝的。③即興的。

fugue [fjug] *n.* Ⓒ〖樂〗賦格曲。

Fu·ji [ˋfudʒi, ˋfju-] *n.*富士山(在日本本州中南部)。

-ful〖字尾〗表「充滿…的；具有…特性的；易於…的」之義，如：beautiful, forgetful.

ful·crum [ˋfʌlkrəm] *n.* Ⓒ (*pl.* **～s, -cra** [-krə])〖機〗槓桿支點。

***ful·fil(l)** [fulˋfɪl] *v.t.*(**-ll-**)①實踐(諾言)；應驗(預言)；完成(任務)。②盡；履行(責任、義務等)。～ a duty 盡職。③滿足；令滿意。④充分發展潛在能力(通常作反身用法)。— **ment,** *n.*

‡**full** [ful] *adj.* ①滿的；裝滿的。②豐富的。③完全的；充足的。④寬鬆的(衣服)。⑤(聲音)宏亮清晰的。⑥豐滿的。⑦同父母的。⑧(酒等)濃郁的。⑨滿帆的。⑩十足的。⑪到極限的。— *adv.* 完全地。— *v.i.* (月亮)變圓。— *n.* Ⓤ 最高[最充分]的境界[狀態]。§ ～ **hóuse** (1)大客滿；客滿的戲院。(2)〖牌戲〗有三張相同及另兩張相同之一手牌。～ **márks** 滿分。～ **móon** 滿月。～ **páy** 全薪。～ **proféssor** (正)教授。～ **spéed**全速(地)。～ **stóp** 句點。

full·back [ˋfulˌbæk] *n.* Ⓤ Ⓒ〖足球〗後衛。

full-blood·ed [ˋfulˋblʌdɪd] *adj.* ①純種的。②多血質的；有精神的。

full-blown [ˋfulˋblon] *adj.*①盛開的。②成熟的。③(帆等)張滿的。

full-dress [ˋfulˋdrɛs] *adj.* ①穿禮服的。②正式的。③全力以赴的。④詳盡的。

full-fledged [ˋfulˋflɛdʒd] *adj.*①羽毛長全的(鳥)。②發育完全的；有充分資格的。

full-grown [ˋfulˋgron] *adj.* 成熟的；長成的。

full-length [ˋfulˋlɛŋθ] *adj.*①全長的；等身的。②(小說等)足本的；未縮短的。

***full·ness** [ˋfulnɪs] *n.* Ⓤ ①充滿；滿；完全；十分。②肥滿。③(色、音等的)豐滿；豐富。(亦作 **fulness**)

full-scale [ˋfulˋskel] *adj.*①照原尺寸的。②全部的；完全的。

full-time [ˋfulˋtaɪm] *adj.*〖美〗全時間的；專任的。

‡**ful·ly** [ˋfulɪ] *adv.*①完全地；全部地。②充足地；十分地。

ful·mi·nate [ˋfʌlmə,net] *v.i.* ①猛烈攻擊；嚴詞譴責〔常 against〕。②怒喝。③猛烈爆發。④(疾病)突發。— *v.t.* ①使猛烈爆發。②嚴詞譴責。— *n.* Ⓒ ①〖化〗雷酸鹽。②一種強力炸藥。— **ful·mi·na′tion,** *n.*

ful·some [ˋfulsəm] *adj.* 過度的(諂媚、稱讚等)；令人作嘔的。

***fum·ble** [ˋfʌmbl] *v.i.* & *v.t.* ①摸索；搜尋。②拙笨地處理。③(運動

時)失(球); 漏接(球)。 — *n.* Ⓒ①摸索; 搜尋。②拙笨的處理。③失球; 運球、傳球等失當。

***fume** [fjum] *n.*①(*pl.*)(有害的、氣味難聞而強烈的)煙、氣體、汽等。②(a ～)一陣忿憤[不安]。 — *v.i.* ①發散出臭氣; 發出煙氣。②發怒。 — *v.t.* ①(以煙等)燻。②發出燻煙。

fu·mi·gate [ˋfjuməˏget] *v.t.* 以煙燻消毒; 燻。 — **fu·mi·ga′tion,** *n.*

‡**fun** [fʌn] *n.* Ⓤ ①戲鬧; 玩笑; 樂趣。②有趣的人[事]。 ***in*** [***for***] ～玩笑地; 非認眞地。 ***make ～ of; poke ～ at*** 嘲弄; 開玩笑。 — *v.i.* (-**nn**-) 〖俗〗開玩笑; 取笑。

***func·tion** [ˋfʌŋkʃən] *n.* Ⓒ①作用; 機能; 官能。②特殊目標[用途]。③職責; 職權。④典禮; 正式集會。⑤〖數〗函數。 — *v.i.* 擔任工作; 有效用。

func·tion·al [ˋfʌŋkʃənl] *adj.*①官能的; 機能的。a ～ disease 官能病。②職務上的。③〖數〗函數的。④以實用爲著眼而設計的。⑤有多種用途的。⑥可以使用的。 — *n.* Ⓒ〖數〗泛函數。

func·tion·al·ism [ˋfʌŋkʃənl̩ˏɪzəm] *n.* Ⓤ (建築等的)實用主義。

func·tion·al·ist [ˋfʌŋkʃənl̩ɪst] *n.* Ⓒ 機能[實用]主義者。 — *adj.* 機能[實用]主義(者)的。

func·tion·ar·y [ˋfʌŋkʃənˏɛrɪ] *n.* Ⓒ官員; 公務員。 — *adj.* 職務上的。

***fund** [fʌnd] *n.*①Ⓒ專款; 資金。②(a ～)貯藏; 貯藏之量。③(*pl.*)金錢; 財源; 現款。 — *v.t.*①儲蓄(一筆錢)以備付息。②提供資金。③將公債由短期改長期。

***fun·da·men·tal** [ˏfʌndəˋmɛntl̩] *adj.* ①基本的; 重要的。②〖樂〗基礎音的。 — *n.* Ⓒ①(常*pl.*)基本原理; 基本法則。②〖樂〗基音。③〖理〗基諧波。 — **ly,** *adv.*

fun·da·men·tal·ism [ˏfʌndəˋmɛntl̩ˏɪzəm] *n.* Ⓤ 基督教基本主義(絕對相信聖經之記載而排斥進化論)。— **fun·da·men′tal·ist,** *n.* & *adj.*

fund-rais·er [ˋfʌndˏrezɚ] *n.* Ⓒ ①籌募基金者。②爲募款所舉行的集會[宴會]。

fund-rais·ing [ˋfʌndˏrezɪŋ] *n.* Ⓒ & *adj.* 籌款(的); 募款(的)。

***fu·ner·al** [ˋfjunərəl] *n.* Ⓒ 葬禮; 喪禮。 — *adj.* 送殯的; 喪禮用的。§ ～ **cèremony** [**sèrvice**] 葬禮。～ **còlumn** 訃聞欄。～ **dirèctor** 殯葬業者。～ **hòme** [**pàrlor**] 殯儀館。

fu·ner·ar·y [ˋfjunəˏrɛrɪ] *adj.* 葬禮的; 埋葬的。

fu·ne·re·al [fjuˋnɪrɪəl] *adj.* ①喪禮的; 似葬禮的。②陰森的; 憂鬱的。

fun·gi [ˋfʌndʒaɪ] *n.* pl. of **fungus.**

fun·gi·cide [ˋfʌndʒəˏsaɪd] *n.* Ⓤ Ⓒ 殺黴菌劑。

fun·gus [ˋfʌŋgəs] *n.* (*pl.* **-gi** [ˋfʌndʒaɪ], **～es**)①ⓊⒸ 蕈類; 黴菌。②Ⓤ 黴菌狀腫。③Ⓤ 長得很快的東西。 — *adj.* 黴菌的。

fu·nic·u·lar [fjuˋnɪkjələ] *adj.* ①繩索的; 懸於繩索上的。②臍帶的。 — *n.* Ⓒ 纜車。

funk [fʌŋk] *n.*〖俗〗①(a ～)恐懼; 怯懦。②Ⓒ 懦夫。 — *v.t.* ①畏懼。②恐嚇。 — *v.i.* 畏縮。

funk·y [ˋfʌŋkɪ] *adj.* 〖俗〗①恐懼的; 怯懦的。②有臭味的。

fun·nel [ˋfʌnl] *n.* Ⓒ①漏斗。②(汽船、火車等的)煙囪。③漏斗形的東西。④通氣道; 通煙道。 — *v.i.* (-**l**-, 〖英〗-**ll**-)通過漏斗。 — *v.t.* 集中。

‡**fun·ny** [ˋfʌnɪ] *adj.*①有趣的; 好玩的。②奇特的。③可疑的。④無禮的。 — *n.* ①Ⓒ笑話; 趣事。②(*pl.*)〖美〗連載漫畫。

‡**fur** [fɝ] *n.* ①Ⓤ 獸皮之軟毛; 毛皮。②Ⓒ (常 *pl.*)毛皮衣。③Ⓤ 舌苔。 — *v.t.* (-**rr**-)①覆以毛皮; 襯以毛皮。②覆舌苔等。

fur·bish [ˋfɝbɪʃ] *v.t.*①擦亮; 磨光〔up〕。②刷新; 重溫。

***fu·ri·ous** [ˋfjʊrɪəs] *adj.*①狂怒的; 狂暴的; 猛烈的。②(工作行動等)非常努力而速度快的。 — **ly,** *adv.*

furl [fɝl] *v.t.* & *v.i.* 捲起; 疊起。 — *n.* (a ～)收疊。

fur·long [ˋfɝlɔŋ] *n.* Ⓒ 弗隆(長度名; =220 碼)。

fur·lough [ˋfɝlo] *n.* ⓊⒸ (軍人及公務員之)休假。 — *v.t.* 准假; 給假。

***fur·nace** [ˋfɝnɪs] *n.* Ⓒ①火爐; 鎔爐。②極熱的地方。③嚴苛的試煉。

‡**fur·nish** [ˋfɝnɪʃ] *v.t.* ①供給〔常with〕。②陳設; 布置(房間)。 — **er,** *n.*

fur·nished [ˋfɝnɪʃt] *adj.*①附有家具的。*F-* House (廣告辭)附有家具的(出租)房子。②有現貨的。

fur·nish·ing [ˋfɝnɪʃɪŋ] *n.*①Ⓤ供給物。②(*pl.*)家具; 室內陳設品。③(*pl.*)〖美〗服飾品。

‡**fur·ni·ture** [ˋfɝnɪtʃɚ] *n.* Ⓤ①(集

合稱)家具。②設備品；必需品。

fu·ror [ˋfjurɔr] *n.* Ⓤ Ⓒ ①熱烈的稱羨；熱狂；風靡。②狂怒。

fu·rore [ˋfjuror] *n.* =**furor.**

fur·ri·er [ˋfɜɪə] *n.* Ⓒ 皮貨商；縫製[修理]毛皮外衣的人。

***fur·row** [ˋfɜo] *n.* Ⓒ ①畦；犁溝。②車轍；輪溝。③(臉上的)皺紋。**—** *v.t.* ①犁；耕。②使起皺紋。

fur·ry [ˋfɜɪ] *adj.* ①覆毛皮的；如毛皮的。②毛皮製的。③襯有毛皮的。④有舌苔的。⑤柔軟的。

‡**fur·ther** [ˋfɜðə] comp. of **far.** *adj.* ①較遠的；更遠的。②另外的；更多的。**—** *adv.* ①較遠地；更進一步地。②此外；並且。**—** *v.t.* 促進；增進；贊助。

***fur·ther·more** [ˋfɜðəˏmor, -ˏmɔr] *adv.* 再者；此外。

fur·ther·most [ˋfɜðəˏmost] *adj.* 最遠的。

***fur·thest** [ˋfɜðɪst] superl. of **far.** *adj.* & *adv.* =**farthest.**

fur·tive [ˋfɜtɪv] *adj.* ①偷偷的；祕密做的。②狡猾的。 —**ly,** *adv.* —**ness,** *n.*

G

***fu·ry** [ˋfjurɪ] *n.* ①Ⓤ Ⓒ 激憤。②Ⓤ 狂暴；猛烈。③Ⓒ 狂怒的人(尤指女人)。④(F-)〖希、羅神〗復仇女神。

furze [fɜz] *n.* Ⓤ〖植〗金雀花。

***fuse** [fjuz] *n.* Ⓒ①〖電〗保險絲。②導火線；導火管。**—** *v.t.* & *v.i.*①(使)融合。②結合。§ ∼ **bòx** 電源保險絲箱。∼ **wìre** 保險絲。

fu·se·lage [ˋfjuzlɪdʒ, ˏfjuzlˋɑʒ] *n.* Ⓒ 飛機機身。

fu·si·ble [ˋfjuzəbl] *adj.*易熔解的。

fu·sil·lade [ˏfjuzlˋed] *n.* Ⓒ ①槍砲的齊射；猛射。②(比喻)連續急發。**—** *v.t.* 齊射。

***fu·sion** [ˋfjuʒən] *n.* ①Ⓤ 融解；融合。②Ⓤ Ⓒ 聯合；結合。③Ⓒ 融合一起的東西。④Ⓤ〖理〗核子融合。

***fuss** [fʌs] *n.*①Ⓤ Ⓒ 無謂紛擾；小題大做。②Ⓒ 愛小題大做的人。**—** *v.i.* 無謂紛擾；小題大做。**—** *v.t.* 煩擾。

fuss·budg·et [ˋfʌsˏbʌdʒɪt] *n.* Ⓒ 愛挑剔的人。

fuss·y [ˋfʌsɪ] *adj.* ①愛挑剔的；難以取悅的。②整潔的。③繁瑣的。

fus·tian [ˋfʌstʃən, ˋfʌstjən] *n.* Ⓤ ①斜紋布。②浮誇而無價值的話。**—** *adj.* ①斜紋布做的。②浮誇的；無價值的。

fus·ty [ˋfʌstɪ] *adj.* ①腐臭的。②舊式的；頑固的。

***fu·tile** [ˋfjutl, -tɪl] *adj.* ①徒勞的；無益的。②瑣細的。

fu·til·i·ty [fjuˋtɪlətɪ] *n.* ①Ⓤ 無益；徒勞。②Ⓒ (常*pl.*)不重要的事。

‡**fu·ture** [ˋfjutʃə] *n.* ①Ⓤ (常the ∼)將來；未來；前途。②(*pl.*)期貨。③Ⓤ (常 the ∼)〖文法〗未來式。*for the ∼; in* (*the*) ∼ 今後；在將來。**—** *adj.* 未來的。§ ∼ **lífe** 來生；來世。∼ **pérfect**〖文法〗未來完成式。∼ **tènse**〖文法〗未來式。

fu·tur·ism [ˋfjutʃəˏrɪzəm] *n.* Ⓤ 未來派(在文學、音樂等方面拋棄傳統手法，強調表現當代生活中機器代替一切的忙亂現象)。

fu·tur·ist [ˋfjutʃərɪst] *n.* Ⓒ ①未來派藝術家[作家]。②〖神學〗未來信徒(相信聖經中預言會實現者)。

fu·tu·ri·ty [fjuˋturətɪ] *n.* ①Ⓤ 未來。②Ⓒ 未來之狀態[事件]。③Ⓒ 後世之人。④Ⓤ 來生。

fuze [fjuz] *n.*=**fuse.**

fuzz [fʌz] *n.* Ⓤ ①絨毛；細毛。②(常the ∼)〖美俚〗**a.** 警官。**b.** 警察。**—** *v.t.* & *v.i.* ①(使)變成絨毛狀。②作絨毛狀飛散。

fuzz·y [ˋfʌzɪ] *adj.* ①絨毛的。②似絨毛的。③覆有絨毛的。④模糊的。

G g G g G g

G or **g** [dʒi] *n.*(*pl.* **G's, g's** [dʒiz])①Ⓤ Ⓒ 英文字母之第七個字母。②Ⓤ〖樂〗C 長調的第五音。③Ⓤ〖俚〗一千元(grand 之簡稱)。

G general (audiences). 普通級(電影)。 **g.** gauge; genitive; gender; gold; grain. **G.** German; Gulf.

gab [gæb] *n.* Ⓤ〖俗〗空談；饒舌。have the gift of (the) ∼ 有口才。

gab·ar·dine [ˋgæbəˏdin, ˏgæbəˋdin] *n.* =**gaberdine.**

gab·ble [ˋgæbl] *v.i.* & *v.t.* 急而不清地說；嚕囌。**—** *n.* Ⓤ 無意義的話。 —**gab′bler,** *n.*

gab·by [`gæbɪ] *adj.* 饒舌的。
gab·er·dine [,gæbə`din] *n.* ①Ⓤ軋別丁(布料)。②Ⓒ長而鬆的袍子。
ga·ble [`gebl] *n.* Ⓒ〖建〗(尖頂屋之)山形牆。§ ∼ **ròof** 人字[山]形屋頂。
gad [gæd] *v.i.* (**-dd-**)閒逛; 遊蕩。
gad·fly [`gæd,flaɪ] *n.* Ⓒ ①〖昆〗牛虻。②令人討厭的人。
gadg·et [`gædʒɪt] *n.* Ⓒ〖俗〗設計精巧的小機械。
gadg·et·ry [`gædʒətrɪ] *n.* Ⓤ (家庭用等的)機械類。
Gael [gel] *n.* Ⓒ 蓋爾人(蘇格蘭高地及愛爾蘭之 Celt 人)。
Gael·ic [`gelɪk] *adj.* 蓋爾人的。
— *n.* Ⓤ 蓋爾語。
gaff [gæf] *n.* Ⓒ ①大魚鉤; 大魚叉。②(縱帆上緣的)斜桁。
gaffe [gæf] *n.* Ⓒ 過失; 失態。
gag [gæg] *n.* Ⓒ①塞口的東西。②(使口張開不閉之)張口器。③官方的壓制言論自由。④〖俗〗演員加的額外話或動作; 插科打諢。**—** *v.t.* (**-gg-**)①塞物於口使不能出聲。②將張口器置口中使保持不閉。③壓制言論自由。④令人作嘔。**—** *v.i.* ①作嘔。②〖俗〗插科打諢。§ ∼ **làw** [**rùle**] 〖俗〗限制言論之法律; 言論箝制令。
gage[1] [gedʒ] *n.* Ⓒ ①象徵挑戰之物(如投擲手套等)。②挑戰。③抵押物。
gage[2] *n.* & *v.t.* = **gauge.**
gag·gle [`gægl] *n.* Ⓒ〖方〗①鵝群。②嘈雜的一群人(尤指女人)。③鵝叫聲。**—** *v.i.* (鵝)咯咯叫。
***gai·e·ty** [`geətɪ] *n.* ①Ⓤ 歡樂的精神; 歡樂的氣象。②(*pl.*)樂事。③Ⓤ 華麗(服飾等)。
***gai·ly** [`gelɪ] *adv.* ①歡樂地。②華麗地。
‡**gain** [gen] *v.t.* ①得到; 獲得。②獲勝。③獲益; 增加。**—** *v.i.* ①增進; 進步。②得利; 獲益。∼ *on* [*upon*] **a.** 接近; 追及; 趕上。**b.** 跑得快於。**c.** 侵蝕。∼ *over* (*somebody*) 說服(某人)。**—** *n.* ①Ⓤ 獲得之物。②Ⓒ 增添。③Ⓤ 獲取財富。④(*pl.*)贏餘; 利潤。
gain·ful [`genfəl] *adj.* 有利益的; 有報酬的。 — **ly,** *adv.*
gain·say [gen`se] *v.t.* (**-said**)否認(主用於否定語中)。
***gait** [get] *n.* Ⓒ 步態; 步法。
gait·er [`getə] *n.* Ⓒ (常 *pl.*)①綁腿; 鞋罩。②長統橡膠鞋。
gal [gæl] *n.* 〖俚〗= **girl.**

ga·la [`gelə] *n.* Ⓒ 節日; 慶祝。
— *adj.* 節日的。§ ∼ **nìght** (劇院等之)特別演出之夜。
gal·ax·y [`gæləksɪ] *n.* ①(the G-)天河; 銀河。②Ⓒ 一群顯赫的人。
***gale** [gel] *n.* Ⓒ ①狂風。②〖氣象〗強風。③(常 *pl.*)一陣(鬧聲)。
Gal·i·le·o [,gælə`lio] *n.* 伽利略(全名 Galileo Galilei, 1564-1642, 義大利物理及天文學家)。
***gall**[1] [gɔl] *n.* ①**a.** Ⓤ 膽汁。**b.** Ⓒ〖古〗膽囊。②Ⓤ 苦味。③Ⓤ 怨恨。④Ⓤ〖美俗〗厚顏無恥。
gall[2] *n.* Ⓒ ①磨擦的傷。②令人煩惱之物。**—** *v.t.* ①磨傷。②使煩惱; 屈辱。
gall[3] *n.* Ⓒ 蟲癭; 五倍子; 沒食子。
***gal·lant** [`gælənt] *adj.* ①英勇的; 勇敢的。②莊嚴的; 壯麗的。③(對女人)慇懃的。**—** *n.* Ⓒ ①勇敢的人。②時髦的人。③(對女人)獻慇懃者。④情人; 愛人。 — **ly,** *adv.*
gal·lant·ry [`gæləntrɪ] *n.* Ⓤ ①勇敢; 豪俠。②(對女人)極端慇懃。
gall·blad·der [`gɔl,blædə] *n.* Ⓒ〖解〗膽囊。(亦作 **gall bladder**)
gal·le·on [`gælɪən] *n.* Ⓒ (十五到十八世紀西班牙人的)大型帆船。
***gal·ler·y** [`gælərɪ,-lrɪ] *n.* ①Ⓒ 走廊。②Ⓒ (戲院、教堂等中的)最高樓座。③Ⓤ 觀眾; 聽眾。④Ⓒ 美術陳列館; 畫廊。⑤Ⓒ 陳列的藝術品。
***gal·ley** [`gælɪ] *n.* Ⓒ ①狹長之船。②大型划船。③軍艦上之廚房。
Gal·lic [`gælɪk] *adj.* ①高盧(Gaul)的; 高盧人的。②法國(人)的。
Gal·li·cism, g- [`gælə,sɪzəm] *n.* ⓊⒸ ①另一語言中的法語成語或字句。②法國的習俗[特性]等。
gal·li·vant [`gælə,vænt] *v.i.* 閒逛; 與異性遊蕩。
gall·nut [`gɔl,nʌt] *n.* Ⓒ 五倍子; 沒食子。
***gal·lon** [`gælən] *n.* Ⓒ 加侖(液體量名)。
***gal·lop** [`gæləp] *n.* (a ∼) (馬等)疾馳; 飛奔。**—** *v.i.* ①騎快馬。②倉促而做; 匆匆地做。③飛馳(如人或時間)。**—** *v.t.* 使(馬)飛馳。
gal·lows [`gæloz] *n.* (*pl.* **∼, ∼es**)① Ⓒ 絞架。②(the ∼)絞刑。*come to the* ∼ 上絞架。
gall·stone [`gɔl,ston] *n.* Ⓒ〖醫〗膽石。
Gal·lup [`gæləp] *n.* 蓋洛普(George Horace, 1910-84, 美統計學家, 蓋洛

普民意測驗之創始人)。§～ pòll〖美〗蓋洛普民意測驗。

ga·lore [gə`lor] *adv.* 豐富地。

ga·losh(e) [gə`lɑʃ] *n.* Ⓒ (常 *pl.*) 膠質套鞋。

ga·lumph [gə`lʌmf] *v.i.* 昂首闊步; 意氣揚揚地走。

gal·van·ic [gæl`vænɪk] *adj.* ①以化學作用產生電流的。②如被電擊的; 震驚的。§～ **báttery** [**céll**] 電池。

gal·va·nism [`gælvə,nɪzəm] *n.* Ⓤ①由化學作用產生的電。②〖醫〗化電療法。

gal·va·nize [`gælvə,naɪz] *v.t.* ①以鋅電鍍(鐵板)。②使驚嚇; 激勵。③〖醫〗用電療以刺激。— **gal·va·ni·za′tion**, *n.*

gal·va·nom·e·ter [,gælvə`nɑmətɚ] *n.* Ⓒ電流計。

gam·bit [`gæmbɪt] *n.* Ⓒ①下棋開局時犧牲一個棋子以取優勢的一著棋。②任何爲取得優勢的策略或活動。

***gam·ble** [`gæmbḷ] *v.i.* ①賭博。②打賭。③孤注一擲; 冒大險。— *v.t.* ①賭輸(常 away)。②打賭。— *n.* ①(a ～)(孤注一擲之)冒險; 投機。②Ⓒ賭博; 賭。

gam·bler [`gæmblɚ] *n.* Ⓒ 賭徒; 投機商人。

gam·bling [`gæmblɪŋ] *n.* Ⓤ 賭博。

gam·bol [`gæmbḷ] *v.i.* (-l-, 〖英〗-ll-) 歡跳; 雀躍。— *n.* Ⓒ (常*pl.*) 歡躍; 歡跳。

‡**game**[1] [gem] *n.* ①Ⓒ 遊戲; 比賽。②(*pl.*)競技會; 運動會。③Ⓒ 一場(球賽等); 一局。④Ⓒ(比賽中之)得分。⑤Ⓤ (集合稱)獵物。⑥Ⓤ 受人欺侮、迫害等之對象。*be on* [*off*] *one's* ～玩得好[不好]。*make* ～ *of* 取笑; 戲弄。*play the* ～ (遊戲中)遵守規則; 光明正大地幹。— *adj.* 勇敢的; 有膽量的。*die* ～ 奮鬥至死。— *v.t.* 賭輸(常 away)。— *v.i.* 賭博。§～ **bìrd** 獵鳥。～ **plàn**〖美〗策略。～ **pòint**〖網球〗決定比賽勝負之一分。～ **presèrve** 禁獵區; 野生動物保護區。

game[2] *adj.* 〖俗〗受傷的; 跛的。a ～ leg 一隻跛腿。

game·cock [`gem,kɑk] *n.* Ⓒ ①鬥雞。②勇敢有生氣之人。

game·keep·er [`gem,kipɚ] *n.* Ⓒ 獵場看守人。

games·man·ship [`gemzmənʃɪp] *n.* Ⓤ 競賽時使用雖不光明但並非犯規之取巧方法; 花招。

game·ster [`gemstɚ] *n.* Ⓒ 賭棍。

gam·in [`gæmɪn] *n.* Ⓒ 流浪兒。

gam·ing [`gemɪŋ] *n.* Ⓤ 賭博。§～ **tàble** 賭桌。

gam·ma [`gæmə] *n.* ①ⓊⒸ 希臘字母之第三字母(Γ, γ)(相當於英文字母 G, g)。②ⓊⒸ(一系列中)列爲第三者的符號。§～ **ràys**〖理〗γ 射線。

gam·mon [`gæmən] 〖俗〗*n.* Ⓤ 胡說; 欺詐。— *v.t.* & *v.i.* ①胡說。②裝糊塗。— *interj.* 胡說!

gam·ut [`gæmət] *n.* (*sing.*)①〖樂〗a. 全音階。b. 音域。②整個範圍。

gam·y [`gemɪ] *adj.* ①(森林等)多獵物的。②有活力的; 勇敢的。③有野獸、野禽之氣味的。

gan·der [`gændɚ] *n.* Ⓒ ①雄鵝。②蠢物; 笨人。③〖俚〗一瞥。

Gan·dhi [`gɑndɪ] *n.* ①甘地(Mohandas K., 1869-1948, 印度政治、社會和宗教領袖)。②甘地夫人(Indira, 1917-84, 印度總理 1966-77, 係尼赫魯之女)。

***gang** [gæŋ] *n.* Ⓒ①群; 隊。②幫(尤指專作惡事者)。③一組; 一套(工具、機械等)。— *v.t.* 〖俗〗①組成幫。②成群地攻擊。— *v.i.* 聯合在一起。～ *up on* 聯合對付(某人或某國)。§～ **plòw**[**plòugh**] (1)有數個犁頭之犁。(2)結合犁。

gan·gling [`gæŋglɪŋ] *adj.* 〖俗〗(身體)瘦長的。

gang·plank [`gæŋ,plæŋk] *n.* Ⓒ (輪船之)跳板。

gan·grene [`gæŋgrin, gæŋ`grin] *n.* Ⓤ 壞疽。— *v.t.* & *v.i.* (使)生疽[腐化]。— **gan′gre·nous**, *adj.*

***gang·ster** [`gæŋstɚ] *n.* Ⓒ〖美俗〗歹徒; 匪盜。a ～ film 匪盜影片。

gang·way [`gæŋ,we] *n.* Ⓒ①〖英〗(兩排座位間的)通道(=aisle)。②(船與岸間的)跳板。③船上通道。

gant·let[1] [`gæntlɪt] *n.* (the ～)夾鞭刑。*run the* ～ a. 受夾鞭刑。b. 受雙方夾擊。

gant·let[2] *n.* Ⓒ 鐵護手。

gan·try [`gæntrɪ] *n.* Ⓒ①桶架。②(高架移動起重機之)構臺。

***gaol** [dʒel] *n.* & *v.* 〖英〗=**jail**.

***gap** [gæp] *n.* Ⓒ①縫隙; 漏洞。②間斷; 空白。③意見、個性等之差異。④山間窄徑; 山凹。*fill* [*stop, supply*] a ～ 補充所缺之物；補缺。 — v.t. (-pp-)造成縫隙。

*__gape__ [gep] v.i. ①裂開。②張嘴；張嘴注視。 — n. Ⓒ①裂口；裂隙。②張嘴；打呵欠。③張嘴凝望。

*__ga·rage__ [gəˋrɑʒ, gəˋrudʒ, ˋgærɑdʒ] n. Ⓒ①汽車間；修車廠。②車庫。

__garb__ [gɑrb] n. Ⓤ裝束；打扮；外觀。 — v.t. 穿衣；打扮(常用於反身代名詞前或在被動式中)。

__gar·bage__ [ˋgɑrbɪdʒ] n. Ⓤ①廚房的剩飯殘羹。②無價值的東西。§ ～ càn 垃圾箱。～ collèctor〖美〗收垃圾的人。～ trùck 垃圾車。

__gar·ble__ [ˋgɑrbḷ] v.t. ①竄改；曲解。②無意中使(文字等)混亂或不清楚。

__gar·bol·o·gy__ [gɑrˋbɑlədʒɪ] n. Ⓤ垃圾處理學。

__gar·çon__ [ˌgɑrˋsɔ̃] 〖法〗n. Ⓒ①餐廳侍者。②少年。③男僕。④未婚男子。

‡__gar·den__ [ˋgɑrdṇ] n. Ⓒ①花園；菜圃；果園。②(常 pl.)公園。botanical ～s 植物園。*G- of Eden*(聖經中)亞當與夏娃所住之伊甸園。 — v.i. 栽培花木；從事園藝。§ ～ cíty 花園城市。～ párty 園遊會。～ wèdding 露天(花園)婚禮。the G- Státe 美國 New Jersey 州之別稱。

*__gar·den·er__ [ˋgɑrdnɚ, ˋgɑrdṇɚ] n. Ⓒ園丁；花匠；園藝家。

__gar·de·nia__ [gɑrˋdinɪə] n. Ⓒ〖植〗梔子屬；梔子花。

*__gar·den·ing__ [ˋgɑrdṇɪŋ] n. Ⓤ園藝。

__Gar·field__ [ˋgɑrfild] n. 加菲貓(卡通人物)。

__gar·gle__ [ˋgɑrgḷ] v.t. & v.i. (以水等)漱(喉)。 — n. Ⓤ含漱劑(用以漱口之藥水)。

__gar·goyle__ [ˋgɑrgɔɪl] n. Ⓒ〖建〗承霤口；筧嘴。

__gar·ish__ [ˋgɛrɪʃ, ˋgærɪʃ] adj. 炫耀的；俗美的。

__gar·land__ [ˋgɑrlənd] n. Ⓒ①花圈。②榮冠。③詩歌選粹。

__gar·lic__ [ˋgɑrlɪk] n. Ⓤ蒜(頭)。

*__gar·ment__ [ˋgɑrmənt] n. Ⓒ①衣服；任何外衣。②外表。

__gar·ner__ [ˋgɑrnɚ] v.t. ①收藏；儲藏。②獲取。 — n. Ⓒ①穀倉。②所收藏的東西。

__gar·net__ [ˋgɑrnɪt] n. ①ⓊⒸ〖礦〗石榴子石。②Ⓤ深紅色。

__gar·nish__ [ˋgɑrnɪʃ] n. Ⓒ①食物上的裝飾。②裝飾品。 — v.t. ①加裝飾。②在食物上加添調味料。

*__gar·ret__ [ˋgærɪt] n. Ⓒ頂閣；閣樓。

*__gar·ri·son__ [ˋgærəsṇ] n. Ⓒ①衛戍部隊；駐軍。②要塞。 — v.t. 鎮守。§ ～ tówn 有軍隊駐紮的市鎮。

__gar·ru·lous__ [ˋgærələs] adj. 愛說閒話的；多嘴的。 — __gar·ru·li·ty__ [gəˋrulətɪ], n. — __ly__, adv.

*__gar·ter__ [ˋgɑrtɚ] n. Ⓒ (常 pl.)①襪帶。②扣襯衫袖子的帶子。*Order of the G-* 嘉德勳位(英國歷史最久的最高勳位)。§ ～ bèlt〖美〗吊襪帶。～ snàke〖動〗(北美常見的)一種有黃色條紋的無毒小蛇。

‡__gas__ [gæs] n. ①ⓊⒸ氣體。②ⓊⒸ煤氣；瓦斯；毒氣。③Ⓤ笑氣(牙醫用做麻醉劑，即 N_2O)。④Ⓤ〖美俗〗汽油。⑤Ⓤ〖俗〗空談；瞎吹牛。⑥Ⓒ〖俚〗a. 有趣的人或事。b. 給某人很大影響的人或事。 — v.t. (-ss-)①供以煤氣。②以煤氣處理。③〖俗〗加汽油。④以毒氣攻擊；以毒氣殺害。§ ～ bùrner (1)煤氣爐。(2)煤氣噴嘴。～ chàmber (行刑用之)毒氣室。～ còoker〖〖美〗rànge〗〖英〗煤氣爐。～ éngine 氣體引擎；煤氣機。～ fìre〖英〗煤氣爐。～ gùzzler〖美俚〗耗油量多之(大型)汽車。～ màsk 防毒面具。～ òven 煤氣爐。～ rìng 一種圓形之輕便煤氣爐。～ stàtion〖美〗(汽車、機車之)加油站(=〖英〗petrol station)。

*__gas·e·ous__ [ˋgæsɪəs] adj. ①氣體的；似氣體的；氣體狀態的。②〖俗〗不可靠的；不具體的。

__gash__[1] [gæʃ] n. Ⓒ(長而深之)創傷；切痕。 — v.t. 深傷；深切。

__gash__[2] adj. 〖英俚〗多餘的；無用的。

__gas·light__ [ˋgæsˌlaɪt] n. Ⓒ煤氣燈。

*__gas·o·line, -lene__ [ˋgæsḷˌin, ˌgæsḷˋin] n. Ⓤ〖美〗汽油。

__gas·om·e·ter__ [gæsˋɑmətɚ] n. Ⓒ①煤氣計量表。②煤氣槽；蓄氣器。

*__gasp__ [gæsp, gɑsp] v.i. 喘息；喘氣。 — v.t. 喘氣而語。 — n. Ⓒ喘息；喘氣。*at one's* [*the*] *last* ～ 奄奄一息。

__gas·sy__ [ˋgæsɪ] adj. ①(像)氣體的；充滿氣體的。②〖俗〗誇張的；空談的。③腸胃氣脹的。 — __gas′si·ness__, n.

__gas·tric__ [ˋgæstrɪk] adj. 胃(部)的。§ ～ júice 胃液。～ úlcer 胃潰瘍。

__gastro-__ 〖字首〗表「胃；腹」之義。

__gas·tro·en·ter·i·tis__ [ˌgæstroˌɛntəˋraɪtɪs] n. Ⓤ〖醫〗腸胃炎。

__gas·tro·in·tes·ti·nal__ [ˌgæstro-

ɪn`tɛstən]] *adj.* 腸胃的。
gas·tron·o·my [gæs`trɑnəmɪ] *n.* Ⓤ美食法；美食學。
gas·tro·pod [`gæstrə,pɑd] *n.* Ⓒ〖動〗腹足類動物(如蝸牛等)。 — *adj.* 腹足類動物的。
gas·works [`gæs,wɜks] *n.* Ⓒ (*pl.* ~)煤氣廠。
‡**gate** [get] *n.* Ⓒ ①圍牆門；籬笆門；大門。②登機門。③水門；水閘。④運動會、展覽會等的觀眾數。
***gate·way** [`get,we] *n.* Ⓒ ①大門口。②通路。③方法；手段。
‡**gath·er** [`gæðɚ] *v.t.* ①集合；聚集。②採集；收拾。③漸增。④推斷；結論；瞭解。⑤打摺；摺皺。⑥吸引；喚起注意。⑦鼓起勇氣、努力等(常up)。 — *v.i.* ①聚集；集合。②漸增；積累。③蹙眉。④化膿。 — *n.* Ⓒ (常 *pl.*)衣服之褶。
***gath·er·ing** [`gæðrɪŋ] *n.* Ⓒ ①集合；聚集。②衣服之褶。
GATT, G.A.T.T. General Agreement on Tariffs and Trade. 關稅暨貿易總協定。
gauche [goʃ] *adj.* 笨拙的；粗魯的。
gaud [gɔd] *n.* ① Ⓒ 俗麗之裝飾品。②(*pl.*)俗麗的排場[宴會儀式]。
gaud·y [`gɔdɪ] *adj.* 俗麗的。— **gaud′i·ly,** *adv.* — **gaud′i·ness,** *n.*
gauge** [gedʒ] *n.* Ⓒ ①標準度量。②計量器。③(鐵道)軌距；(汽車)輪距。 ***take the ~ of 度量；計量。 — *v.t.* ①精確計量。②估計；估量。③使合乎標準。
gaug·er [`gedʒɚ] *n.* Ⓒ ①計量者[器]。②量器檢查官；收稅官。
Gaul [gɔl] *n.* ①高盧(歐洲一古國，領有今義大利北部、法、比、荷等國)。② Ⓒ (用 Celtic 語的)高盧人。③Ⓒ法國人。
***gaunt** [gɔnt, gɑnt] *adj.* ①憔悴的；骨瘦如柴的。②荒涼的。
gaunt·let[1] [`gɔntlɪt, `gɑnt-] *n.* Ⓒ (騎士戴的)鐵手套。 ***take up the ~*** **a.** 接受挑戰。**b.** 表示無畏。 ***throw down the ~*** 挑戰。
gaunt·let[2] *n.* =**gantlet**[1].
***gauze** [gɔz] *n.* Ⓤ ①薄紗。②〖醫〗紗布。③薄霧。 — **gauz′y,** *adj.*
‡**gave** [gev] *v.* pt. of **give.**
gav·el [`gævl] *n.* Ⓒ (法官等所用之)木槌；議事槌。
ga·vot(te) [gə`vɑt] *n.* Ⓒ ①嘉禾舞(法國舊式舞蹈)。②嘉禾舞曲。
gawk [gɔk] *n.* Ⓒ 呆子；笨拙的人。 — *v.i.* 〖俗〗做笨拙的舉動；呆視。 — **gawk′y,** *adj.*
‡**gay** [ge] *adj.* ①歡欣的。②五光十色的；輕快的。③放蕩的；淫佚的。
gay·e·ty [`geətɪ] *n.* =**gaiety.**
***gay·ly** [`gelɪ] *adv.* =**gaily.**
Gá·za Stríp [`gezə ~] *n.* (the ~)加薩走廊(地中海東岸一狹長地帶)。
‡**gaze** [gez] *v.i.* 凝視；注視(at, on, upon)。 — *n.* (*sing.*)凝視；注視；凝望。 — **gaz′er,** *n.*
ga·ze·bo [gə`zibo] *n.* Ⓒ (*pl.* **~s, ~es**)露臺；陽臺；涼亭。
ga·zelle [gə`zɛl] *n.* Ⓒ〖動〗瞪羚(產於北非及亞洲)。
ga·zette [gə`zɛt] *n.* Ⓒ①報紙(主要用爲報刊名稱)。②政府之公報。 — *v.t.* 刊載於公報上。
gaz·et·teer [,gæzə`tɪr] *n.* Ⓒ 地名「辭典。」
GB 〖電算〗gigabyte. 十億位元組。
gear** [gɪr] *n.* ①Ⓒ 齒輪；齒輪裝置；聯動機；(汽車)排檔。②Ⓤ 工具；道具。③Ⓤ 馬具。 ***in ~ 上檔；運轉順利；情況正常。 ***out of ~*** **a.** 機器不靈；出了毛病。**b.** 與馬達分開。 — *v.t.* ①以齒輪連起。②開動；發動(機器)。③裝上齒輪；安裝機器等。
gear·box [`gɪr,bɑks] *n.* Ⓒ ①齒輪箱[匣]。②(傳動裝置中之)變速箱。
gear·shift [`gɪr,ʃɪft] *n.* Ⓒ 操縱桿；變速桿。
gee[1] [dʒi] *interj.* ①(馭牛、馬聲)向右轉。②向前走；快一點(常up)。 — *v.t.* & *v.i.* ①向右轉。②閃避。
gee[2] *interj.* (感嘆語)哎啊!
geese [gis] *n.* pl. of **goose.**
gee·zer [`gizɚ] *n.* Ⓒ〖俚〗古怪的人；(尤指)古怪的老人。
Géi·ger cóunter [`gaɪgɚ ~] *n.* Ⓒ〖理〗蓋氏計算器(用以測量放射作用等)。
gei·sha [`geʃə] *n.* Ⓒ (*pl.* ~, **~s**) (日本之)藝妓。(亦作 **geisha girl**)
gel [dʒɛl] *n.* ⓊⒸ〖理化〗凝膠；膠滯體；乳膠體。 — *v.i.* (**-ll-**)膠化；成凝膠狀。
gel·a·tin(e) [`dʒɛlətn, -tɪn] *n.* Ⓤ ①膠；動物膠；骨膠。②植物膠。 — **ge·lat·i·nous** [dʒə`lætənəs], *adj.*
geld [gɛld] *v.t.* (**geld·ed** or **gelt**)①閹割；去(馬等)之勢。②取去(重要部

分)；使弱。

geld·ing [ˋgɛldɪŋ] *n.* Ⓒ ①去勢的馬。②閹人；太監。

gel·id [ˋdʒɛlɪd] *adj.* 似冰的；冰冷的；極寒冷的。

***gem** [dʒɛm] *n.* Ⓒ ①珠寶；寶石。②精華；佳作；珍貴之物。③被尊敬或喜愛的人。 —— *v.t.* (**-mm-**)(似)飾以寶石。

Gem·i·ni [ˋdʒɛmə,naɪ] *n. pl.* 〖天〗①雙子座。②雙子宮。

gem·(m)ol·o·gy [dʒɛˋmɑlədʒɪ] *n.* Ⓤ 寶石學。

gem·stone [ˋdʒɛm,ston] *n.* Ⓒ 適於作爲飾物的寶石。

gen·darme [ˋʒandarm] 〖法〗*n.* Ⓒ 憲兵。

***gen·der** [ˋdʒɛndɚ] *n.* ⓊⒸ ①〖文法〗性。②〖俗〗性别。the female ～ 女性。

gene [dʒin] *n.* Ⓒ 〖生物〗遺傳因子。 § ∼ **splìcing** 基因接合。

ge·ne·a·log·i·cal [,dʒinɪəˋlɑdʒɪkl] *adj.* 宗譜的。a ～ tree 家系圖。

ge·ne·al·o·gist [,dʒinɪˋælədʒɪst] *n.* Ⓒ 系譜學者；系譜家。

ge·ne·al·o·gy [,dʒinɪˋælədʒɪ] *n.* ①Ⓒ 系譜；家系。②Ⓤ 系譜學。

gen·er·a [ˋdʒɛnərə] *n.* pl. of **genus.**

‡**gen·er·al** [ˋdʒɛnərəl] *adj.* ①普遍的；大眾的。②一般的；普通的。③首席的；階級最高的(用於官銜之後)。*as a* ～ *rule* 照例地，通常。 —— *n.* Ⓒ ①大體；一般。②〖美〗陸軍二級上將；將軍；上將。*in* ～ 就大體而論。 § ∼ **eléction** 大選。

gen·er·al·is·si·mo [,dʒɛnərəlˋɪsə,mo] *n.* Ⓒ (*pl.* ～)大元帥；最高統帥；委員長。

gen·er·al·i·ty [,dʒɛnəˋrælətɪ] *n.* ① Ⓒ 概論；通論。②(the ～)多數；大部分。③Ⓤ 普遍性。

gen·er·al·ize [ˋdʒɛnərəl,aɪz] *v.i.* & *v.t.* ①歸納；概括；綜合；做出結論。②概括地說。③推廣。 — **gen·er·al·i·za′tion,** *n.*

‡**gen·er·al·ly** [ˋdʒɛnərəlɪ] *adv.* 通常；概括地；廣泛地。

gen·er·al·ship [ˋdʒɛnərəl,ʃɪp] *n.* ①Ⓤ 將才。②Ⓤ 指揮[管理，領導]之才幹。③Ⓒ 將官職位[身分，階級，任期，權力]。

gen·er·ate [ˋdʒɛnə,ret] *v.t.* ①產生；造成。②創造。③養育(後代)。 § **génerating stàtion**[**plànt**]發電廠。 — **gen′er·a·tive,** *adj.* — **gen′·er·a·tor,** *n.*

***gen·er·a·tion** [,dʒɛnəˋreʃən] *n.* ①Ⓒ 同時代的人(集合稱)；一代人。②Ⓒ 代(約三十年)。③Ⓒ (家族中之)一代；一世。④Ⓤ 產生；發生。⑤Ⓤ 生育後裔。⑥Ⓒ 同一時期之產物(尤指產品之舊式者)。

ge·ner·ic [dʒəˋnɛrɪk] *adj.* ①〖生物〗屬的；類的。②一般的。

***gen·er·os·i·ty** [,dʒɛnəˋrɑsətɪ] *n.* ①Ⓤ 慷慨。②Ⓤ 寬大；大度。③Ⓒ (常 *pl.*)慷慨或寬大的行爲。

***gen·er·ous** [ˋdʒɛnərəs] *adj.* 有雅量的；慷慨的；豐富的。— **ly,** *adv.*

gen·e·sis [ˋdʒɛnəsɪs] *n.* (*pl.* **-ses** [-,siz])①Ⓒ (常 the ～)根源；發生。②(G-)創世記(舊約的首卷)。

ge·net·ic [dʒəˋnɛtɪk] *adj.* ①遺傳學的。②發生的；起源的。

ge·net·ics [dʒəˋnɛtɪks] *n.* Ⓤ 〖生物〗遺傳學；發生學。

Ge·ne·va [dʒəˋnivə] *n.* 日內瓦(瑞士西南部城市)。

Gen·ghis Khan [ˋdʒɛŋ·gɪzˋkɑn] *n.*成吉思汗(1162-1227,中國元太祖)。

***gen·ial** [ˋdʒinjəl] *adj.* ①愉快的；和藹的。②幫助滋長的；和暖的。a ～ climate 和暖的氣候。— **ly,** *adv.*

ge·ni·al·i·ty [,dʒinɪˋælətɪ] *n.* Ⓤ 懇切；和藹；愉快；誠懇。

ge·nie [ˋdʒinɪ] *n.* Ⓒ (*pl.* **-ni·i**)〖回教神話〗神怪。

gen·i·tal [ˋdʒɛnətl] *adj.* 生殖的。 —— *n.* (*pl.*)生殖器。

gen·i·ta·li·a [,dʒɛnəˋteljə] *n. pl.* 生殖器；外陰部。

gen·i·tive [ˋdʒɛnətɪv] *adj.* 〖文法〗所有格的。 —— *n.* Ⓒ 所有格。

***gen·ius** [ˋdʒinjəs] *n.* (*pl.* ～**es**)①Ⓤ 天才；天賦。②Ⓒ 天才者；才子。③(a ～)才能；強烈的性向。④(*sing.*)一個人[民族，時代，語言等]之特質或精神。⑤ Ⓒ (*pl.* **ge·ni·i** [ˋdʒinɪ,aɪ])精靈；守護神。 § ∼ **lóci** [ˋlosaɪ] 一個地方的風氣或特色。

gen·o·cide [ˋdʒɛnə,saɪd] *n.* Ⓤ (對人種等的)集團大屠殺；種族滅絕。

gen·o·type [ˋdʒɛno,taɪp] *n.* Ⓒ 〖生物〗因子型；遺傳型。

gen·re [ˋʒanrə] 〖法〗*n.* Ⓒ (尤指藝術

品的)類；型；式樣。

gent [dʒɛnt] *n.* Ⓒ〖謔〗紳士；男子。

gen·teel [dʒɛn`til] *adj.* ①上流社會的；有教養的。②假裝爲紳士的。

Gen·tile, gen·tile [`dʒɛntaɪl] *n.* Ⓒ①非猶太人。②異教徒；基督教徒(以別於猶太教徒)。③〖美〗非 Mormon 教友。**—** *adj.* ①非猶太人的。②異教徒的。③非 Mormon 教的。

gen·til·i·ty [dʒɛn`tɪlətɪ] *n.* Ⓤ ①高貴的出身或身分。②優美儀態；文雅風度。③假裝文雅。

‡**gen·tle** [`dʒɛntl̩] *adj.* ①溫和的；溫柔的；易控制的。②文雅的；高尙的；淸白的。③輕輕的；低聲的。— **ness**, *n.*

gen·tle·folk(s) [`dʒɛntl̩,fok(s)] *n. pl.* 出身名門者；上流人士。

‡**gen·tle·man** [`dʒɛntl̩mən] *n.* Ⓒ (*pl.* **-men**)①上流人；紳士；君子。②先生(普通對男子的尊稱)。Ladies and *Gentlemen* 諸位先生諸位女士。③貴族之侍從。④美國參院或眾院的男議員。— **ly**, *adj.*

gen·tle·wom·an [`dʒɛntl̩,wumən] *n.* Ⓒ (*pl.* **-wom·en**) ①貴婦；淑女。②(貴婦之)女侍。

G

***gen·tly** [`dʒɛntlɪ] *adv.* ①輕輕地；小心地。②逐漸地。

gen·try [`dʒɛntrɪ] *n.* (常 the ～, 作 *pl.* 解)①紳士；上流社會人士(尤指英國之僅次於貴族者)。②某一階級或社團的人們。

gen·u·flect [`dʒɛnju,flɛkt] *v.i.* ①屈膝；跪拜。②屈從。

***gen·u·ine** [`dʒɛnjuɪn] *adj.* ①眞正的；非僞造的。②誠懇的。③純種的。— **ly**, *adv.*

ge·nus [`dʒinəs] *n.* Ⓒ (*pl.* **gen·er·a, ～es**)種；類；屬。

geo- 〖字首〗表「地球；土地；地面」之「義。」

ge·o·cen·tric [,dʒio`sɛntrɪk] *adj.* ①以地球爲中心的。②由地球中心所見或測量的。

ge·o·chro·nol·o·gy [,dʒiokrə`nɑlədʒɪ] *n.* Ⓤ 地質年代學。

ge·o·graph·ic, -i·cal [,dʒiə`græfɪk(l̩)] *adj.* 地理(學)的。— **ge·o·graph′i·cal·ly**, *adv.*

***ge·og·ra·phy** [dʒi`ɑgrəfɪ] *n.* ①Ⓤ地理(學)。②(the ～)地形。— **ge·og′ra·pher**, *n.*

ge·o·log·ic, -i·cal [,dʒiə`lɑdʒɪk(l̩)] *adj.* 地質學的。— **ge·o·log′i·cal·ly**, *adv.*

***ge·ol·o·gy** [dʒi`ɑlədʒɪ] *n.* ①Ⓤ地質學。②Ⓒ有關地質學的書。③(the ～)某一地區之地質概況。— **ge·ol′o·gist**, *n.*

ge·o·mag·net·ism [,dʒio`mægnə,tɪzm̩] *n.* Ⓤ 地磁；地磁學。

ge·o·met·ric, -ri·cal [,dʒiə`mɛtrɪk(l̩)] *adj.* ①幾何(學)的。②整齊而有系統的。§～ **progréssion** 幾何級數。— **ge·o·met′ri·cal·ly**, *adv.*

***ge·om·e·try** [dʒi`ɑmətrɪ] *n.* Ⓤ 幾何學。

ge·o·phys·ics [,dʒio`fɪzɪks] *n.* Ⓤ 地球物理學。— **ge·o·phys′i·cist**, *n.*

ge·o·pol·i·tics [,dʒio`pɑlətɪks] *n.* Ⓤ 地緣政治學(研究地理與政治之關係)。

George [dʒɔrdʒ] *n.* (St. ～)英國「的守護神。」

Geor·gia [`dʒɔrdʒə, -dʒjə] *n.* 喬治亞(美國南部之一州)。

Geor·gian [`dʒɔrdʒən] *adj.* ①英國王 George 一世至四世(1714-1830)的。②美國喬治亞州的。③英王 George 五世的。**—** *n.* Ⓒ ①美國喬治亞州居民。②喬治王時代之建築、藝術或裝飾形式。

ge·o·sta·tion·ar·y [,dʒio`steʃə,nɛrɪ] *adj.* (人造衛星)由地球看起來靜止的。a ～ satellite 同步衛星。

Ger. German; Germanic; Germany.

ge·ra·ni·um [dʒə`renɪəm] *n.*①Ⓒ〖植〗天竺葵。②Ⓤ鮮紅色。

ger·bil [`dʒɝbɪl] *n.* Ⓒ〖動〗沙鼠(生長於亞洲、非洲沙漠、草原之中小型老鼠)。

ger·i·at·ric [,dʒɛrɪ`ætrɪk] *adj.* 老人(病)科的；老人的。

ger·i·at·rics [,dʒɛrɪ`ætrɪks] *n* Ⓤ老人病科；老人醫學。

***germ** [dʒɝm] *n.* Ⓒ ①細菌；病菌。②種子；胚芽。③原始；根源。

ger·man [`dʒɝmən] *adj.* ①關係密切的(=germane)。②同父母的。③同(外)祖父母的。

‡**Ger·man** [`dʒɝmən] *n.* ①Ⓒ 德國人。②Ⓤ 德語；德文。**—** *adj.* 德國(人，語)的。

ger·mane [dʒɝ`men] *adj.* 有密切關係的；恰當的。

Ger·man·ic [dʒɝ`mænɪk] *adj.* ①德國的。②日耳曼民族的。

‡**Ger·ma·ny** [`dʒɝmənɪ] *n.* 德國。

ger·mi·cide [`dʒɝmə,saɪd] *n.* Ⓤ Ⓒ 殺菌劑。— **ger·mi·cid′al**, *adj.*

ger·mi·nal [ˋdʒɜmənl] *adj.* ①幼芽的；胚種的。②細菌的；菌狀的。③原始的。

ger·mi·nate [ˋdʒɜmə͵net] *v.t.* & *v.i.* ①(使)發芽。②創造；(使)發生；(使)產生。— **ger′mi·nant,** *adj.* — **ger·mi·na′tion,** *n.*

ger·on·tol·o·gy [͵dʒɛrənˋtɑlədʒɪ] *n.* Ⓤ老人學。

ger·ry·man·der [ˋgɛrɪ͵mændɚ] *n.* Ⓒ & *v.t.* & *v.i.* ①〖美政〗爲己黨之利益擅自改劃(州、郡等之選區)。②竄改以獲非分之利益。

***ger·und** [ˋdʒɛrənd, -ʌnd] *n.* Ⓒ〖文法〗動名詞(即 v+ing 作名詞用者，如 seeing, believing)。— **ge·run·di·al** [dʒəˋrʌndɪəl], *adj.*

ger·un·dive [dʒəˋrʌndɪv] *adj.* 動名詞的。— *n.* Ⓒ〖拉〗動詞狀形容詞。

ge·stalt [gəˋʃtɑlt]〖德〗*n.* Ⓒ (*pl.* **~s,** **~en** [~ən]) (有時作G-)〖心〗完形；經驗的整體。§ **~ psychólogy** 完形心理學；格式塔心理學。

ges·ta·tion [dʒɛsˋteʃən] *n.* ① Ⓤ 懷孕。②(*sing.*)(計畫在腦中的)孕育；形成；發展。

ges·tic·u·late [dʒɛsˋtɪkjə͵let] *v.i.* & *v.t.* 做表情或達意的動作或姿態。— **ges·tic·u·la′tion,** *n.*

***ges·ture** [ˋdʒɛstʃɚ] *n.* ① Ⓒ 手勢；表情；姿勢。② Ⓤ Ⓒ 姿態；表示。— *v.t.* & *v.i.* = **gesticulate.**

‡**get** [gɛt] *v.t.* (**got, got** or **got·ten, get·ting**) ①獲得；收到。②得(病)；患(病)。③取；索。④購買；訂購。⑤使；令。I am going to ~(=have) my hair cut. 我要去理髮。⑥說服；促使。⑦弄；放；置；搬；移。⑧穿{on}。⑨瞭解；明白。⑩使困惑；難住。⑪準備；做(飯)；吃(飯)。⑫生產；生育(通常指動物)。⑬射中；擊中。⑭〖俗〗殺；殺死。⑮捉住；捕獲。— *v.i.* ①變成；變得(常與形容詞的比較級連用)。②去到；抵達。~ ***about*** a. 行動。b. 走動。c. 旅行。d. 散播。~ ***across*** a. 使人了解。b. 成功。c. 使渡過；使橫過。d. 說明。~ ***along*** a. 進展。b. 相處。c. 走；離開。d. 成功；繁榮。e. 度日；過活。~ ***at*** a. 得到。b. 意指。c. 了解；發現。d. 賄賂。~ ***away*** a. 逃脫。b. 出發旅行；開始度假。~ ***away with*** 逃避懲罰。~ ***back*** a. 回來。b. 取回；收回。c.〖俚〗報仇{常 at}。~ ***behind*** a. (在工作、功課等方面)落後。b. 支持；贊助。~ ***down*** a. 取下。b. 下來。c. 吞下。d. 使疲倦；使無精神。~ ***down to*** (***one's work***) 靜下心(工作)。~ ***in*** a. 進入。b. 回家。c. 加入。d. 進站；到達。e. 進貨。f. 當選。g. 收割。h. 收回(借款)。i. 牽涉。~ ***off*** a. 下去；下車。b. 脫下。c. 付郵。d. 起身；動身。e. 開始。f. 獲釋；被原諒；不受處罰。g. 講(笑話)。h. 講演。i. 送走。j. 使入睡。~ ***on*** a. 進步。b. 痊癒。c. 登上；騎上；爬上。d. 相處。e. 成功；繁榮。f. 使進步。~ ***out*** a. 下車。b. 洩露出去。c. 出版。~ ***out of*** a. 放棄；棄絕。b. 使說出；得自。c. 躲閃；避免。~ ***through*** a. 完成。b. 及格。c. 抵達。d. 通過。~ ***to*** a. 開始；著手。b.〖美俚〗賄賂(某人)。c. 接觸。~ ***together*** a. 聚首。b. 聚集；積聚。c.〖俗〗達成協議。~ ***up*** a. 起床。b. 準備；籌畫。c. 打扮；穿起。d.起來。e.鼓勵；激勵。***have got***〖俗〗a. 有(=have). *Have* you *got* a newspaper? 你有報紙嗎？b. 必須；得；該(與不定詞連用)。I *have got* to go to the doctor's. 我得去看病。

get·a·way [ˋgɛtə͵we] *n.* (*sing.*)〖俗〗①逃走；逃亡。②起跑；開始(賽跑)。

get-to·geth·er [ˋgɛttu͵gɛðɚ] *n.* Ⓒ〖美俗〗聯歡會。

Get·tys·burg [ˋgɛtɪz͵bɜg] *n.* 蓋茨堡(美國 Pennsylvania 州南部之一鎮，南北戰爭的古戰場)。§ **~ Addréss** 林肯於 1863 年 11 月 19 日在 Gettysburg 所作闡述民主主義精神之演說。

get·up [ˋgɛt͵ʌp] *n.* Ⓒ〖俗〗①(書的)裝訂形式。②服式；裝束。

gew·gaw [ˋgjugɔ] *n.* Ⓒ 華麗而無價值之物；小擺飾；玩具。

gey·ser [ˋgaɪzɚ, ˋgaɪsɚ] *n.* Ⓒ ①間歇泉。②[ˋgizɚ]〖英〗熱水鍋爐。

Gha·na [ˋgɑnə] *n.* 迦納(非洲西部一國家，首都 Accra)。

***ghast·ly** [ˋgæstlɪ, ˋgɑst-] *adj.* ①可怕的；恐怖的。②面色慘白的；面如死人的。— *adv.* 恐怖地；慘白地。

gher·kin [ˋgɜkɪn] *n.* Ⓒ 小黃瓜。

ghet·to [ˋgɛto] *n.* Ⓒ (*pl.* **~(e)s**) ①(城市中)猶太人之居住區。②〖美〗城市中少數民族聚居的區域。

***ghost** [gost] *n.* ① Ⓒ 鬼；靈魂。②

(*sing.*)一些；一絲；一點。③Ⓒ〖攝〗假像。*give up the* ～〖古〗死。
— *v.t.* & *v.i.* 爲人代筆。— **ly**, *adj.*

ghoul [gul] *n.* Ⓒ①(東方神話中的)食屍鬼。②殘忍的人。

G.I., GI [ˋdʒiˋaɪ] *adj.* ①美國陸軍的；由美國陸軍補給部所發出的(Government Issue 之縮寫)。②〖俗〗服從規定的；標準的。— *n.* Ⓒ〖俗〗美國兵。§ **GÍ Jàne** 美國女兵。**GI Jòe** 美國大兵。

‡**gi·ant** [ˋdʒaɪənt] *n.* Ⓒ①巨人；大力士。②巨大的怪物。— *adj.* 龐大的；巨大的。— **like**, *adj.*

gi·ant·ess [ˋdʒaɪəntɪs] *n.* Ⓒ女巨人。

gib·ber [ˋdʒɪbɚ, ˋgɪbɚ] *v.i.* 嘰哩呱啦而言；喋喋而言。

gib·ber·ish [ˋdʒɪbərɪʃ, ˋgɪb-] *n.* Ⓤ快而不清的言語；亂語。

gib·bet [ˋdʒɪbɪt] *n.* Ⓒ絞架；絞臺。

gib·bon [ˋgɪbən] *n.* Ⓒ(東南亞產的)長臂猿。

gib·bous [ˋgɪbəs] *adj.* ①圓形凸出的；凸狀的；隆起的。②(月等)凸圓的。③駝背的。— **gib·bos·i·ty** [gɪˋbɑsətɪ], *n.*

gibe [dʒaɪb] *v.i.* & *v.t.* 譏笑；嘲弄。— *n.* Ⓒ嘲弄；辱罵(at, about)。

*__gid·dy__ [ˋgɪdɪ] *adj.* ①頭暈的；暈眩的。②使人頭暈的。③輕佻的。— **gid′di·ly**, *adv.* — **gid′di·ness**, *n.*

Gide [ʒid] *n.* 紀德(André, 1869-1951, 法國小說家、批評家及散文家, 1947 年得諾貝爾獎)。

‡**gift** [gɪft] *n.* ①Ⓒ禮物。②Ⓤ贈予(權)。③Ⓒ天才；天賦。— *v.t.* 賦與(才能)(常用被動式)。§ ∼ **certificate**(百貨公司等之)禮券。

*__gift·ed__ [ˋgɪftɪd] *adj.* 有天才的。

gig[1] [gɪg] *n.* Ⓒ魚叉。— *v.t.* & *v.i.* (-**gg**-)以魚叉捕(魚)。

gig[2] *n.* Ⓒ〖俗〗(爵士樂等僅限一次的)特約演奏。

giga- 〖字首〗表「十億」之義。

gig·a·byte [ˋgɪgə,baɪt] *n.* Ⓒ〖電算〗億萬位元組。

*__gi·gan·tic__ [dʒaɪˋgæntɪk] *adj.* 巨大的；龐大的；似巨人的。

*__gig·gle__ [ˋgɪgl] *n.* Ⓒ傻笑。— *v.i.* 格格地笑。

gig·o·lo [ˋdʒɪgə,lo] *n.* Ⓒ(*pl.* ∼**s**) ①職業男舞伴。②吃軟飯之人。

*__gild__[1] [gɪld] *v.t.* (∼**ed** or **gilt**)①給…貼上金箔；給…鍍金；將…塗成金色。②虛飾；文飾。— **ing**, *n.*

gild[2] *n.* =**guild.**

*__gill__[1] [gɪl] *n.* Ⓒ(常 *pl.*)(魚等的)鰓。

gill[2] [dʒɪl] *n.* Ⓒ液量名(=¼ pint)。

*__gilt__[1] [gɪlt] *v.* pt. & pp. of **gild.** — *n.* Ⓤ①(鍍於他物上之)鍍金。②表面的裝飾。— *adj.* 鍍[燙]金的。

gilt-edge(d) [ˋgɪltˋɛdʒ(d)] *adj.* ①邊緣塗金的；(紙、書籍等)金邊的。②(證券等)上等的。③極佳的。

gim·let [ˋgɪmlɪt] *n.* Ⓒ螺絲錐；鑽子。— *v.t.* 以鑽子鑽(孔)。

gim·me [ˋgɪmɪ] (give me讀音的變形)〖俚〗 *adj.* 貪婪的；貪得無厭的。— *n.*(the ∼s)貪婪；貪得無厭。

gim·mick [ˋgɪmɪk] *n.* Ⓒ〖美俚〗①(魔術師等之)祕密裝置。②噱頭。

*__gin__[1] [dʒɪn] *n.* ⓊⒸ杜松子酒。

gin[2] *n.* Ⓒ①軋棉機。②舉或拉重物之裝置(如絞盤等)。③陷阱。— *v.t.* (-**nn**-)①析出(棉花之籽)。②誘陷。

*__gin·ger__ [ˋdʒɪndʒɚ] *n.* Ⓤ①薑。②〖俗〗活潑；精力；元氣。③淡赤黃色。— *v.t.* ①使活潑；使有生氣(up)。②以薑佐…之味。§ ∼ **ále** [**pòp**]薑汁汽水。∼ **bèer** 薑汁啤酒。

*__gin·ger·bread__ [ˋdʒɪndʒɚ,brɛd] *n.* ①ⓊⒸ薑餅。②Ⓤ好看而無實質之物。— *adj.* 虛華的。

gin·ger·ly [ˋdʒɪndʒɚlɪ] *adj.* & *adv.* 極度小心謹慎的[地]。

gin·ger·snap [ˋdʒɪndʒɚ,snæp] *n.* ⓊⒸ〖美〗薑汁餅乾。

ging·ham [ˋgɪŋəm] *n.* Ⓤ條格棉布。

gin·seng [ˋdʒɪnsɛŋ] *n.* Ⓒ人參(根)。

*__Gip·sy__ [ˋdʒɪpsɪ] *n.* & *adj.* = **Gypsy.**

*__gi·raffe__ [dʒəˋræf, -ˋrɑf] *n.* Ⓒ長頸鹿。

*__gird__ [gɝd] *v.t.* (**girt** or ∼**ed**)①以帶束緊；束縛。②繫以帶；配以帶。③佩帶。④圍繞；圍起。⑤賦予；給予。⑥準備從事(常 up)。

gird·er [ˋgɝdɚ] *n.* Ⓒ桁；樑。

*__gir·dle__ [ˋgɝdl] *n.* Ⓒ①帶子；腰帶。②圍繞物；似帶狀物。③〖解〗帶；環狀骨。— *v.t.* ①以帶束縛；圍繞。②在…周圍繞行。③將(樹皮)刮掉一圈。

‡**girl** [gɝl] *n.* Ⓒ①女孩。②少女；青年女子。③女僕；女傭。④女職員。⑤〖俗〗愛人。⑥〖俗〗女人(不拘年齡)。⑦女兒。— **ish**, *adj.*

girl·friend [ˋgɝl,frɛnd] *n.* Ⓒ女朋友。

girl·hood [ˋgɝlhud] *n.* Ⓤ①少女

時代。②女子們；婦女界；女流。
girt [gɜt] *v.* pt. & pp. of **gird.**
girth [gɜθ] *n.* ①Ⓒ(馬等之)肚帶；繫帶。②ⓊⒸ周圍；周量。
gist [dʒɪst] *n.* (the ～)要旨；梗概。
‡give [gɪv] *v.t.* (**gave, giv·en**)①給予；贈予。②花去；報償。③供給；開藥給(病人)。④委託；讓渡。⑤將(名譽、任務等)賦予。⑥給予(祝福、保證等)。⑦傾心於；獻身於。⑧懲罰；課以。⑨開(會)；上演。⑩傳染。⑪產出。⑫發出(聲、光、熱)。⑬發表；宣布。⑭舉出；載入。⑮規定。⑯描寫。**—** *v.i.* ①贈給；捐贈；布施。②(對壓力之)不能支撐；彎曲；塌陷。③(氣候)變溫暖；(冰霜等)溶解。④通往；通到。～ ***away*** **a.** 贈送；捐贈。**b.** 犧牲；失掉。**c.** 背叛；暴露；洩露。**d.** 頒發。**e.** 把新娘的手放在新郎手中，表示她將受新郎照顧。～ ***back*** **a.** 送還；歸還。**b.** 後退。～ ***in*** **a.** 屈服；投降(=yield, surrender)。**b.** 塌陷。**c.** 同意。**d.** 公開宣布。～ ***off*** 發生；放出。～ ***out*** **a.** 用完；用盡。**b.** 疲倦。**c.** 分發。**d.** 公布；宣布。**e.** 發出。～ ***over*** **a.** 停止。**b.** 交給；交付；交出。**c.** 停止做。**d.** 放棄。**e.** 縱於。～ ***up*** **a.** 停止。**b.** 戒除。**c.** 投降。**d.** 自首。**e.** 放棄。**f.** 讓給。～ ***way*** **a.** 退後。**b.** 坍塌。**c.** 屈服；讓步。**—** *n.* Ⓤ①彈性；彈力。②適應性。
give-and-take [ˋgɪvənˋtek] *n.* Ⓤ①公平交易。②互相遷就；讓步。
give·a·way [ˋgɪvəˏwe] *n.* 〖俗〗①(*sing.*)(無意的)洩漏。②Ⓒ贈品；免費樣品。③Ⓒ(電視等之)有獎問答節目。
giv·en [ˋgɪvən] *v.* pp. of **give.** **—** *adj.* ①約定的；指定的。②慣於；沉溺於；癖好。③假使。④贈予的。§～ **náme** 教名；名(對姓而言)。
giv·er [ˋgɪvɚ] *n.* Ⓒ給與者；施贈者。
Gk. Greek.
gla·cé [glæˋse] 〖法〗*adj.* ①(布、皮等)光滑的。②(糕餅)覆有糖霜的。③凍結的；冷凍的。
gla·cial [ˋgleʃəl] *adj.* ①冰的；冰河的；冰河期的。②似冰的；極冷的；冷淡的。
gla·cier [ˋgleʃɚ] *n.* Ⓒ冰河。
glad [glæd] *adj.* (**-dd-**) ①高興的；歡喜的(僅作predicate adjective用)。I'm ～ to hear of it. 聞知此事，我甚覺高興。②使人歡樂的；可喜的。③情願的。§～ **èye**〖俗〗媚眼；秋波。～ **hând**〖俗〗熱烈歡迎。～ **rágs**〖俚〗考究的衣服(尤指晚禮服)。
glad·den [ˋglædn̩] *v.t.* 使快樂。
***glade** [gled] *n.* Ⓒ森林中的小空地。
glad·i·a·tor [ˋglædɪˏetɚ] *n.* Ⓒ①(古羅馬)格鬥者。②精於辯論或格鬥之人。— **glad·i·a·to′ri·al,** *adj.*
glad·i·o·lus [ˏglædɪˋoləs] *n.* Ⓒ(*pl.* **-li** [-laɪ], **～es**)〖植〗劍蘭。
***glad·ly** [ˋglædlɪ] *adv.* 高興地；歡喜地；樂意地。
***glad·ness** [ˋglædnɪs] *n.* Ⓤ歡樂；歡喜；喜悅。
glad·some [ˋglædsəm] *adj.* 高興的；可喜的。— **ly,** *adv.*
glam·o(u)r [ˋglæmɚ] *n.* Ⓤ魅力；魔力。§～ **bòy** [**gìrl**]特別漂亮而衣著入時的男[女]子。— **ous,** *adj.*
glam·o(u)r·ize [ˋglæməˏraɪz] *v.t.* ①使有魅力。②使光榮；讚美。
‡glance [glæns, glɑns] *n.* Ⓒ①一瞥；一見。②閃耀。③擦過。**—** *v.t.* ①瞥閃。②瞥見。
glanc·ing [ˋglænsɪŋ] *adj.* ①若無其事的(談到、觸及)；隨便的。②歪向一邊的(打擊等)；偏離正軌的。

***gland** [glænd] *n.* Ⓒ〖解〗腺。— **glan·du·lar** [ˋglændʒəlɚ], *adj.*
***glare** [glɛr] *n.* (*sing.*)①刺目的強光；強烈的閃光。②怒目而視。③炫目；耀目。**—** *v.i.* ①發出強光；閃耀。②怒視。**—** *v.t.* ①以怒視表示。②炫示。
glar·ing [ˋglɛrɪŋ] *adj.* ①閃耀的。②怒視的。③昭彰的。— **ly,** *adv.*
glas·nost [ˋglæsnɑst] *n.* Ⓤ(前蘇聯Gorbachev採行的)開放政策。
‡glass [glæs, glɑs] *n.* ①Ⓤ玻璃。②Ⓒ玻璃杯；一杯之量。③Ⓒ鏡子。④Ⓤ玻璃製品。⑤Ⓒ晴雨表。⑥Ⓒ望遠鏡。⑦(*pl.*)眼鏡。**—** *v.t.* ①裝以[嵌以]玻璃。②反射；反映。
glass·ware [ˋglæsˏwɛr] *n.* Ⓤ(集合稱)玻璃器皿。
glass·y [ˋglæsɪ, ˋglɑsɪ] *adj.* ①似玻璃的。②(目光)呆滯的。
glau·co·ma [glɔˋkomə] *n.* Ⓤ〖醫〗綠內障；青光眼。— **tous,** *adj.*
***glaze** [glez] *v.t.* ①裝玻璃；罩以玻璃。②上釉。③使(眼睛)呆滯。④使…表面光滑。**—** *v.i.* ①變成爲光滑。②(眼神)變呆滯。**—** *n.* ⓊⒸ①釉。

②覆罩的一層。— **glazed** [~d], *adj.*

gla·zier [ˋgleʒɚ] *n.* Ⓒ 裝玻璃工人。

***gleam** [glim] *n.* Ⓒ ①微弱的閃光；一絲光線。②瞬息的一現。— *v.i.* ①隱約閃光；閃爍。②忽現；突現。

glean [glin] *v.t.* & *v.i.* ①拾取(遺穗)。②收集。— **er,** — **ing,** *n.*

glee [gli] *n.* ①Ⓤ 歡樂；高興。②Ⓒ 三部或四部男聲合唱曲 (通常無伴奏)。§ ~ **clùb** 合唱團；合唱俱樂部。— **ful,** — **some,** *adj.*

glen [glɛn] *n.* Ⓒ 峽谷；幽谷。

glib [glɪb] *adj.* (**-bb-**)①口齒伶俐的；油腔滑調的。②(動作、態度等)敏捷的。③從容的。— **ly,** *adv.*

***glide** [glaɪd] *v.i.* ①滑翔；滑動。②溜走；飛逝。— *v.t.* 使滑動。— *n.* Ⓒ ①滑動；滑步；滑翔。②〖樂〗滑唱；滑奏。③〖語音〗滑音；過渡音。

***glid·er** [ˋglaɪdɚ] *n.* Ⓒ ①滑翔機。②滑行的人或物。

***glim·mer** [ˋglɪmɚ] *n.* Ⓒ ①微光；一絲光線。②隱約的一瞥。— *v.i.* 發微光；朦朧出現。

***glimpse** [glɪmps] *n.* Ⓒ ①一瞥。get [catch] a ~ of 瞥見。②一閃。— *v.t.* & *v.i.* 瞥見；看一眼。

***glint** [glɪnt] *v.i.* ①閃閃發光。②(箭矢)疾進；飛馳。— *n.* Ⓒ 閃爍；閃光。

glis·sade [glɪˋsɑd] *n.* Ⓒ (登山者沿覆雪斜坡之)制動滑降。— *v.i.* 滑降。

glis·san·do [glɪˋsɑndo] 〖義〗*n.* Ⓒ (*pl.* **-di** [-di], **~s**)〖樂〗滑奏；滑音；滑唱。— *adj.* 滑奏的；滑唱的；滑音的。— *adv.* 以滑奏法演奏。

***glis·ten** [ˋglɪsn] *v.i.* 閃爍；輝耀。— *n.* Ⓒ 閃爍；閃光。

glitch [glɪtʃ] *n.* Ⓒ〖美俚〗(偶發的)故障；毛病；失常。

***glit·ter** [ˋglɪtɚ] *v.i.* & *n.* Ⓤ 閃爍；輝耀；燦爛。— **ing,** *adj.*

glitz [glɪts] *n.* Ⓤ 誇耀；虛飾；華麗。— **glitz'y,** *adj.*

gloam·ing [ˋglomɪŋ] *n.* (the ~) 黃昏；薄暮。

gloat [glot] *v.i.* ①愛慕地凝視；幸災樂禍地看或想(over)。②滿足；竊喜。

glob [glɑb] *n.* Ⓒ ①水珠。②(可塑性物質的)一團；一堆。

glob·al [ˋglobl̩] *adj.* ①球形的。②全球的；全世界的。

***globe** [glob] *n.* ①Ⓒ 球；球狀物。②(the ~)地球。③Ⓒ 地球儀。— *v.t.* & *v.i.* (使)成球形。

globe·fish [ˋglob,fɪʃ] *n.* Ⓒ (*pl.* ~, **~es**) 河豚。

globe·trot [ˋglob,trɑt] *v.i.* (**-tt-**) 周遊世界；環球旅行。— **ter,** *n.*

glo·bose [ˋglobos] *adj.* 球狀的。

glob·u·lar [ˋglɑbjəlɚ] *adj.* ①球狀的；圓的。②由小球做成的。

glob·ule [ˋglɑbjul] *n.* Ⓒ 極小的球體或一滴。

glock·en·spiel [ˋglɑkən,spil] *n.* Ⓒ〖樂〗鐘琴；鐘組樂器。

***gloom** [glum] *n.* Ⓤ ①幽暗。②憂鬱。— *v.i.* 變暗；變朦朧；變憂鬱。— *v.t.* 使暗；使朦朧；使憂鬱。

***gloom·y** [ˋglumɪ] *adj.* ①幽暗的；黑暗的。②抑鬱的；悲觀的。③使氣餒的。— **gloom'i·ly,** *adv.*

glo·ri·fy [ˋglorə,faɪ, ˋglɔr-] *v.t.* ①加榮耀於。②讚美；崇拜。③使更美[壯麗]。— **glo·ri·fi·ca'tion,** *n.*

***glo·ri·ous** [ˋglorɪəs, ˋglɔr-] *adj.* ①光榮的。②輝煌燦爛的。③〖俗〗爽快的；宜人的。— **ly,** *adv.*

‡**glo·ry** [ˋglorɪ, ˋglɔrɪ] *n.* ①Ⓤ 光榮。②Ⓒ 光榮的成就。③Ⓤ 壯麗。④Ⓤ 輝煌；昌盛。⑤Ⓤ 天國。⑥Ⓤ 讚頌；榮耀。*go to* ~〖俗〗死。— *v.i.* 自豪；歡樂；得意(in)。

gloss[1] [glɔs] *n.* Ⓤ ①光澤；光滑面。②虛飾；虛僞。— *v.t.* ①使光滑；加光澤於。②掩飾(over)。

gloss[2] *n.* Ⓒ ①解釋；註釋。②字彙；語彙。③加於行間的不同文字的譯文。④曲解。— *v.t.* & *v.i.* ①加註解。②在字彙中加(字)。③曲解；詭辯。

glos·sa·ry [ˋglɑsərɪ, ˋglɔs-] *n.* Ⓒ 字彙；(特殊的或專門的)辭典。— **glos·sar'i·al** [-ˋsɛrɪəl], *adj.*

***gloss·y** [ˋglɔsɪ] *adj.* ①有光澤的；光滑的。~ hair 有光澤的頭髮。②似是而非的。

glot·tal [ˋglɑtl̩] *adj.*〖解〗聲門的；喉門的。

‡**glove** [glʌv] *n.* Ⓒ ①手套。②拳擊手套；棒球手套。*fit like a* ~ 恰合。

‡**glow** [glo] *n.* (*sing.*)①赤熱；白熱。②光輝。③熱情；容光煥發。— *v.i.* ①發紅光；熾燃；紅似火。②容光煥發。③表現熱心。

glow·er [ˋglauɚ] *v.i.* 怒目而視；皺眉(at)。— *n.* Ⓒ 怒目；皺眉。

glow·ing [ˋgloɪŋ] *adj.* ①赤熱的。②光輝的。③容光煥發的。④熱心的。

glow·worm [ˋglo,wɝm] *n.* Ⓒ 螢火蟲。

glu·cose [ˋglukos] *n.* Ⓤ 葡萄糖。

***glue** [glu] *n.* ⓊⒸ膠。— *v.t.* ①黏。②固著；黏附；使不移動。③塗以膠水〔有時 up〕。§ ～ **sniffing** 吸食強力膠。— **glue'y,** *adj.*

glum [glʌm] *adj.* (**-mm-**)陰鬱的；沉默的；怏怏不樂的。

glut [glʌt] *v.t.* (**-tt-**)①使充滿；使吃飽；過分地吃。②過多地供應。③阻塞。— *n.* Ⓒ (常 *sing.*)①充足之量；大量。②過多的供應。

glu·ten [ˋglutn̩] *n.* Ⓤ 麵筋；麩質。

glu·ti·nous [ˋglutɪnəs] *adj.* 黏的；膠質的；黏著性的。

glut·ton [ˋglʌtn̩] *n.* Ⓒ 貪食者；貪多者。— **ous,** *adj.* — **glut'ton·y,** *n.*

glyc·er·in(e) [ˋglɪsrɪn] *n.* Ⓤ 甘油；丙三醇。 「〖化〗甘油。」

glyc·er·ol [ˋglɪsə,rol, -,ral] *n.* Ⓤ

gly·co·gen [ˋglaɪkədʒən] *n.* Ⓤ 〖生化〗動物澱粉；糖原。

G-man [ˋdʒi,mæn] *n.* Ⓒ (*pl.* **G-men**) 美國聯邦調查局人員(爲Government man 之略)。

G.M.T. Greenwich Mean Time. 世界標準時間；格林威治時間。

gnarl [narl] *n.* Ⓒ 木節；木瘤。

gnarled [narld] *adj.* ①多瘤節的；粗糙的。②飽經風霜的(面容)；性格乖戾的。

gnash [næʃ] *v.t.* & *v.i.* 咬(牙)；切(齒)。～ *the teeth*咬牙切齒。— *n.* Ⓤ咬牙切齒。

***gnat** [næt] *n.* Ⓒ ①蚋。②〖英〗蚊。*strain at a ～ and swallow a camel* 小事拘謹而大事糊塗；見小不見大。— **gnat'ty,** *adj.*

***gnaw** [nɔ] *v.t.* & *v.i.* (**～ed, ～ed** or **gnawn** [nɔn])①咬；齧；噬。②侵蝕；損壞。③使苦惱；折磨。

gneiss [naɪs] *n.* Ⓤ〖地質〗片麻岩。

gnome[1] [nom] *n.* Ⓒ (傳說中居於地下保護珍藏之)地精；土地神。

gnome[2] [nom, ˋnomi] *n.* Ⓒ 格言。— **gno'mic,** *adj.*

gnos·tic, -ti·cal [ˋnastɪk(ḷ)] *adj.* ①(關於)知識的。②有知識的。

GNP, G.N.P. gross national product. 〖經〗國民生產毛額。

gnu [nu] *n.* Ⓒ (*pl.* **～s, ～**)〖動〗角馬；牛羚(南非產似牛的一種大羚羊)。

go[1] [go] *v.i.* (**went, gone**)①行走；去。*go* by train 乘火車。*go* swimming 出外游泳。②離去；消失；過去。③通；達；延及。④傾向；有助於。That *goes* to prove that.... 那可以證明…。⑤結果；終於；成功。⑥歸其所有；歸其管轄；歸於。The first prize *goes* to you. 第一獎歸你所得。⑦習慣於；過慣…之生活；經常處於。*go* hungry 經常挨餓。⑧變；逐漸。*go* bad 變壞。⑨開始；開動。Here *goes!* 開始！⑩判決；裁定。⑪聽從指揮或指導；依…下判斷。⑫迎合；趕上。⑬坍塌；折斷；跌落；生病；失敗。⑭活動；運行；工作。⑮作…舉動；發出…聲音；作…姿勢。⑯裝進；納入；被包容。⑰出賣；賣給。⑱賣得；以…價錢出售。⑲是…；聽說；據說。The story *goes* that.... 故事是這樣的…。⑳流通；通用；通行；流傳。㉑稱爲；叫做；冒(名)。㉒至某種程度。㉓被除去；被廢棄；被花費；被失去；死。㉔將；要。It's *going* to rain. 快要下雨了。㉕有；備有(只用其現在分詞形式)。㉖照一般水準。㉗〖俗〗用以加強否定命令式的語氣。㉘招惹；惹來。㉙起訴；訴諸；控訴。㉚損壞；發生故障。㉛歸屬；應置於。— *v.t.* ①賭；打賭。②〖俗〗忍耐；忍受。*as things* [*people*] *go* 就一般情形而言。*go about* **a.** 忙於；著手；作。**b.** 來去移動；走來走去。**c.** (謠言等)流傳。**d.** 轉身；轉向。*go after* 追求。*go against* 反對；相反；不利於。*go ahead* **a.** 不猶豫地向前進；做下去。**b.** 進步；成功；勝過對方。*go along* 進行；進步。*Go along with you!* 滾你的！去你的！別胡說啦！*go and*(*do*) **a.** 去做…(通常用不定詞或祈使語氣)。**b.** (考慮欠周地；不幸地；愚昧地)竟然做…。She had to *go and* lose her gloves at the theater. 她(不幸地)竟在戲院中丟了手套。*go around* **a.** 四處走動；走來走去。**b.** 供應。**c.** 常與…在一起〔with〕。*go at* **a.** 衝向；突擊；打擊。**b.** 精力充沛地開始(進行)…。*go away* 離去。*go back* **a.** 回去。**b.** 過盛時；走下坡。**c.** 回溯；追溯。*go between* 作中間人；作媒人；調停；斡旋。*go by* **a.** 過去；逝。**b.**受指導；遵照；依循。**c.** 受…所控制。**d.** 稱爲；名叫；叫做。*go down* **a.** (船)沉沒。**b.** (日)落；(月)下。**c.** 吞下。**d.** 受歡迎；被公認〔相信，讚許〕。**e.** 被記得；永垂不朽。**f.** 繼續不斷；延續。**g.** (風、

G

海浪等)平息；平靜。**h.** (物價)下降；跌落。**i.** 被推翻；被征服；屈服。**j.** (英牛津與劍橋兩大學用語)離開大學；退學。**k.**降下；下斜。**l.**承受失敗。***go far*** 著名；成名；揚名。***go for*** **a.** 想得到；延請。**b.** 讚許；贊助；支持。**c.** 被認爲。**d.** 襲擊。***go in*** **a.** 進入；放入。**b.** (日、月、星辰等)被雲所遮蓋。**c.** (板球戲等)開始一局比賽。***go in for*** **a.** 愛好；嗜好。**b.** 參加。***go into*** **a.** 考慮；討論。**b.** 從事。**c.** 進入；加入；納入。**d.** 調查；查究。**e.** 穿著。**f.** 變爲；發作。***go in with*** 入股；聯合。***go off*** **a.** 爆炸；(槍、爆竹等)響。**b.** 離去；(劇本中)下場；離開劇臺。**c.** 突發；突然說出或作出。**d.** 發生。**e.** 變壞；降低品質。**f.** 完成；演出。**g.** 逃走。**h.** (貨物)銷售；售出。***go on*** **a.** 繼續；持久。**b.** 過去；消逝。**c.** 接著。**d.** 發生。**e.** 穿進；戴進。**f.** 〖板球〗投球。**g.** 上臺；出場。**h.** 繼續某種舉動。**i.** 受支持；受資助；受救濟。***go out*** **a.** 熄滅。**b.** 離開。**c.** 參加社交活動；交際。**d.** 離職；退休；下臺。**e.** 過時；不流行。**f.** (婦女)離家工作。**g.** 出國；到外國去。**h.** (年)終了。**i.** (心)同情；憐憫。**j.** (工人)罷工。***go over*** **a.** 視察；查看；複習。**b.** 橫過；越過。**c.** 投靠；背叛自己的政黨或宗教等。***go round*** **a.** 足夠分配。**b.** 繞道；走彎路。**c.** 拜訪。***go through*** **a.** 審閱；查閱。**b.** 忍受；經歷。**c.** 舉行；參加。**d.** 做完；耗盡；至…之盡頭。**e.** (書)銷售；售完。**f.** 被接納；被認可。***go under*** **a.** 淹沒；沉沒。**b.**失敗；破滅；被毀滅。***go up*** **a.** (物價)上升；高漲。**b.** 爆炸；爆發。**c.** 蓋建。**d.** 毀壞。**e.** (英國牛津及劍橋兩大學用語)進入大學；入學。**f.** 增加。***go with*** **a.** 配合；調和。**b.** 陪伴；同意。**c.** 屬於；連同。***go without*** 沒有。***go without saying*** 不待言。It *goes without saying* that.... (某事)自不待言。***let go*** **a.** 鬆手；放鬆。**b.** 釋放。**c.** 解雇。**d.** 忘記；放棄；拋棄。***let oneself go*** 發脾氣；任性。***so far as it goes*** 就目前的情形而論。***to go*** **a.** 剩下；尙有。**b.** 〖俗〗(餐廳等食品)外帶的。**—** *n.* (*pl.* **goes**) ① Ⓤ 去；進行。② Ⓤ〖俗〗精神；精力。③ Ⓒ (常 *sing.*)〖俗〗事態；事件。④ (the go)〖俗〗時尙；時髦。⑤ Ⓒ〖俗〗嘗試；機會。⑥ Ⓒ 成功的事；勝利。***all*** [***quite***] ***the go*** 流行；時髦。***no go*** 〖俗〗不行；不要；沒有用；無價值。***on the go*** 〖俗〗活動；活躍；忙碌。

go² *n.* Ⓒ (日本之)圍棋。

goad [god] *n.* Ⓒ ①(驅畜用之)刺棒。②刺激物。**—** *v.t.* 刺激；驅迫。

go-a·head [ˋgoə,hɛd] *adj.* ①前進的。②〖俗〗進取的；有冒險精神的。**—** *n.* 〖俗〗①(*sing.*)前進；進步；前進的命令或信號。② Ⓒ 有進取心的人。

***goal** [gol] *n.* Ⓒ ①(賽跑之)終點。②(足球等)球門。③中一球；得一分。④目標。

goal·ie, goal·ee [ˋgolɪ] *n.* 〖俗〗= **goalkeeper.**

goal·keep·er [ˋgol,kipɚ] *n.* Ⓒ 〖足球等〗守門員。

‡**goat** [got] *n.* Ⓒ ①山羊。②〖美俚〗代人受過者；替罪的人。③〖俚〗色鬼。***get one's ~*** 〖美俚〗使人發怒或煩躁。

goat·ee [goˋti] *n.* Ⓒ 山羊鬍鬚。

goat·herd [ˋgot,hɝd] *n.* Ⓒ 牧羊人。

gob [gɑb] *n.* Ⓒ 〖俚〗嘴。

gob·bet [ˋgɑbɪt] *n.* Ⓒ ①小片；(生肉的)一塊；一口。②(原文或樂曲)的一段。

gob·ble¹ [ˋgɑbl] *v.t.* & *v.i.* 大吃；狼吞虎嚥。**~ up** 〖俗〗貪取；急攫。

gob·ble² *v.i.* 作咯咯聲(如火雞)。**—** *n.* Ⓒ 咯咯聲。

gob·ble·de·gook, gob·ble·dy·gook [ˋgɑbldɪ,guk] *n.* Ⓤ〖美俚〗官樣文章。

gob·bler [ˋgɑblɚ] *n.* Ⓒ 雄火雞。

go-be·tween [ˋgobə,twin] *n.* Ⓒ 居間人；中間人。

Go·bi [ˋgobɪ] *n.* (the ~)戈壁(亞洲之一大沙漠)。(亦作 **Gobi Desert**)

gob·let [ˋgɑblɪt] *n.* Ⓒ 高腳玻璃杯。

gob·lin [ˋgɑblɪn] *n.* Ⓒ 惡鬼；頑皮的醜小鬼；小妖精。

go-cart [ˋgo,kɑrt] *n.* Ⓒ ① (嬰兒)推車。②(嬰兒)習步車。③一種車身很低的單人遊戲車。

‡**god** [gɑd] *n.* ①(G-) Ⓤ 上帝。② Ⓒ 神；男神。③ Ⓒ 偶像；神像。④ Ⓒ 受尊崇的人或物。***the ~s*** (戲院)頂層樓座；頂層樓座的觀衆。**—** *v.t.* (**-dd-**) 奉爲神聖；崇拜。**—** *interj.* 表示失望、懷疑、絕望、厭煩等的感歎詞。§ **Gód's ácre** 墳場；公墓。

god·child [ˋgɑd,tʃaɪld] *n.* Ⓒ (*pl.* **-chil·dren**) 教子；教女。

god·damn [ˋgadˋdæm] *interj.* 〖俗〗(用以表示任何強烈之感情)該死; 天殺! —*n.* Ⓒ ①(作強調或發誓)該死。②(a ～, 用於否定句)〖俗〗毫; 一點點。—*adj.* & *adv.* =**god-damned.** —*v.t.* & *v.i.* (罵、發誓、強調等)該死。

god·damned [ˋgadˋdæmd] *adj.* 該死的; 壞透了的。—*adv.* 極端地; 非常地。

god·daugh·ter [ˋgad,dɔtɚ] *n.* Ⓒ 教女。

***god·dess** [ˋgadɪs] *n.* Ⓒ ①女神。②絕代美女。

***god·fa·ther** [ˋgad,faðɚ] *n.* Ⓒ ①教父。②保護者; 監護者。

God·for·sak·en, g- [ˋgadfɚ-ˋsekən] *adj.* ①見棄於神的; 罪惡的。②〖俗〗荒蕪的; 悽慘的。

God·head [ˋgadhɛd] *n.* ①(the ～)上帝。②(g-) Ⓤ 神性; 神格。

god·hood [ˋgadhʊd] *n.* Ⓤ 神格。

god·less [ˋgadlɪs] *adj.* ①無神的。②不信神的。③邪惡的。

god·ly [ˋgadlɪ] *adj.* ①虔誠的; 敬拜神的。②正當的。

***god·moth·er** [ˋgad,mʌðɚ] *n.* Ⓒ 教母。

god·par·ent [ˋgad,pɛrənt] *n.* Ⓒ 教父; 教母。

god·send [ˋgad,sɛnd] *n.* Ⓒ 意外獲得的心愛物; 天賜之物。

god·son [ˋgad,sʌn] *n.* Ⓒ 教子。

God·speed [ˋgad,spid] *n.* Ⓤ 成功; 幸運。

goes [goz] *v.* go 的第三人稱, 單數, 現在式, 直說法。

Goe·the [ˋgetɪ] *n.* 歌德 (Johann Wolfgang von, 1749-1832, 德國詩人及劇作家)。

go-get·ter [ˋgoˋgɛtɚ] *n.* Ⓒ 〖俚〗積極能幹的人; 老手。

gog·gle [ˋgagḷ] *n.* (*pl.*)護目鏡; 擋風眼鏡。—*v.i.* & *v.t.* 瞪(眼); 睜視; 轉動(眼睛)。—*adj.* 睜視的。

go-go [ˋgo,go] *adj.* ①阿哥哥舞的。②阿哥哥舞者的。③阿哥哥舞的夜總會的。④活潑的; 時髦的。

‡**go·ing** [ˋgoɪŋ] *n.* ①Ⓤ 離去。②Ⓤ 道路的狀況。③Ⓤ (行駛或工作的)速度或方法。④Ⓤ 進度; 進步。⑤(*pl.*)行爲; 舉止。—*adj.* ①進行中的; 運轉的。②活動的; 存在的。③目前的; 現在的。*be* ～ *to* 將要; 就要; 正打算。Do you think it *is* ～ *to* rain? 你認爲就要下雨了嗎? ～ *and coming* 進退維谷。～ *on* 將近; 幾乎。

goi·ter, 〖英〗**-tre** [ˋgɔɪtɚ] *n.* Ⓤ 〖醫〗甲狀腺腫。

‡**gold** [gold] *n.* Ⓤ ①金; 黃金。②錢財。③金幣。④貴重華麗之物。⑤金黃色。—*adj.* ①金製的; 金的。②金黃色的。§ ∼ **càrd** 簽帳金卡(信用卡的一種)。∼ **dìgger** (1)掘金者。(2)〖俗〗以美色騙取男人金錢的女人。∼ **dùst** 金粉; 沙金。∼ **fêver** 採金熱。∼ **léaf** 金箔。∼ **mìne** (1)金礦; 金山。(2)〖俗〗大富源; 大財源。(3)寶庫; 源泉。∼ **rùsh** 湧向新採金地之人潮。**the G∼ Cóast** (1)黃金海岸(西非海岸之一地區, 現爲 Ghana 國土之一部分)。(2)〖美俗〗高級住宅區。

gold·brick [ˋgold,brɪk] *n.* Ⓒ ①〖美俗〗假金磚。②〖美俗〗假物。③〖美軍俚〗藉故逃避工作者。—*v.i.* 〖俚〗逃避勤務; 裝病。

gold·bug [ˋgold,bʌg] *n.* Ⓒ 金甲蟲。

‡**gold·en** [ˋgoldṇ] *adj.* ①金製的(通常用 gold)。②金色的。③興盛的。④可貴的; 重要的。⑤有才幹的。§ ∼ **àger**〖美〗生活健康而滿足的老人(尤指65歲以上退休的老人)。∼ **méan** 中庸之道。∼ **rúle** 金科玉律。∼ **wédding** 金婚(結婚五十周年紀念)。**the** ∼ **àge** 黃金時代。**the G∼ Gáte** 金門灣(連接太平洋與美國舊金山灣之海峽)。

gold·finch [ˋgold,fɪntʃ] *n.* Ⓒ 金翅雀。

***gold·fish** [ˋgold,fɪʃ] *n.* Ⓒ (*pl.* ～**es,** ～)金魚。

***gold·smith** [ˋgold,smɪθ] *n.* Ⓒ 金匠。

***golf** [galf, gɔlf] *n.* Ⓤ 高爾夫球(運動)。—*v.i.* 打高爾夫球。§ ∼ **clùb** (1)高爾夫球桿。(2)高爾夫俱樂部。∼ **còurse**[**lìnks**] 高爾夫球場。—**er,** *n.*

Gol·go·tha [ˋgalgəθə] *n.* ①各各他(基督被釘於十字架之地)。②(g-) Ⓒ 墓地。③(g-) Ⓒ 受難之地; 殉教[犧牲]之地。

gol·li·wog(g) [ˋgalɪ,wag] *n.* Ⓒ ①黑面、烱眼、奇裝之玩偶。②奇異醜陋之人。

gol·ly [ˋgalɪ] *interj.* (表驚訝)天哪! (亦作 **by** [**my**] **golly**)

gon·do·la [ˋgandələ] *n.* Ⓒ ①威尼斯運河中航行之平底輕舟。②〖美〗平底船。③〖美〗無蓋貨車車廂。④(飛船等之)吊船; 吊籃。

gon·do·lier [,gandəˋlɪr] *n.* Ⓒ gondola 之船夫。

‡**gone** [gɔn] *v.* pp. of **go.** —*adj.* ①離去的。②失去的；無望的。③死去的。④〖美〗用完的；耗盡的。⑤失敗的；毀壞了的。⑥弱的；昏眩的。⑦過去的。*far* ~ a. 深入；深陷。b. 筋疲力竭的。c.瀕臨死亡的。~ *on* 〖俗〗與…相愛。

gon·er [ˋgɑnɚ] *n.* Ⓒ〖俗〗無望的事[人]；無可救藥者；臨死者。

gong [gɔŋ] *n.* Ⓒ①銅鑼。②鈴虫。

gon·na [ˋgɔnə] *v.* 〖美俚〗= **going to.**

gon·or·rh(o)e·a [ˏgɑnəˋriə] *n.* Ⓤ〖醫〗淋病。

goo [gu] *n.* Ⓤ〖美俚〗黏性體。

‡**good** [gud] *adj.* (**bet·ter, best**)①美好的；優良的；上等的。②有禮的。③適意的；愉快的。④有益的；宜於。⑤滿足的；充分的；很。⑥善良的；有德的。⑦負責的；忠實的；循規蹈矩的。⑧慈善的；和善的。⑨通達的；老練的。⑩新鮮的；純良的。⑪強健的；有力的。⑫有趣的。⑬真正的；不假的。⑭有教養的。⑮價值相當的。⑯親密的。⑰合適的。⑱安全的；靠得住的。*as* ~ *as* 幾乎等於；實際上。*feel* ~ 感覺健康舒適或得意洋洋。~ *evening* 晚安(晚間見面時之用語)。~ *for* a. 適於。b. 能支付。c. 值得。~ *morning* [*afternoon, day*] 早[午，日]安。~ *night* 晚安(晚間分別時或就寢時之用語)。*hold* ~有效。*make* ~ a. 修補。b. 成功。c. 恢復名譽。d. 賠補；償付。e.履行；實現。f. 證明；證實。*no* ~ 〖俗〗a. 毫無用處。b. 毫無價值。—*n.* Ⓤ①善行；道德。do ~行善。②利益；好處；幸福。*come to no* ~ 結果失敗。*do somebody* ~ 對某人有益。*for* ~ (*and all*) 永久地。*to the* ~ a. 在有利的一方；作爲盈利；作純益。b. 有益；有好處。—*interj.* (表滿意、愉快、同意等)好的！—*adv.* 〖俗〗=**well.** ~ *and* 〖俗〗很；極；非常。

‡**good-by(e)** [gudˋbaɪ] *interj.* & *n.* Ⓒ (*pl.* **~s**)再會；再見。

good-for-noth·ing [ˋgudfɚˋnʌθɪŋ] *adj.* 無益的；無用的。—*n.* Ⓒ無用之人。

good-hu·mo(u)red [ˋgudˋjumɚd] *adj.* 高興的；和善的。

***good-look·ing** [ˋgudˋlukɪŋ] *adj.* 貌美的；漂亮的。

good·ly [ˋgudlɪ] *adj.* ①優良的。②漂亮的；美觀的。③頗多的。

***good-na·tured** [ˋgudˋnetʃɚd] *adj.* 和藹的；和善的；溫厚的。

***good·ness** [ˋgudnɪs] *n.* ① Ⓤ 良；善；佳。② Ⓤ 仁慈。③(the ~)美德；長處；精華。—*interj.* (表驚訝等)天呀！*For* ~' *sake!* 務請；千萬。*G- knows!* 天曉得！*G- me* [*gracious*] ! (表驚訝等)啊呀！天呀！*Thank* ~ ! 謝天謝地！

***goods** [gudz] *n. pl.* ①貨物(不與數目字連用)。②財產；所有物。③〖美〗布料；布。④〖英〗貨運。*deliver the* ~ a. 交貨；履行契約。b.〖俚〗克盡責任。*get* [*have*] *the* ~ *on*發現[知道]…之缺點。

good-sized [ˋgudˋsaɪzd] *adj.* 大型的。

good-tem·pered [ˋgudˋtɛmpɚd] *adj.* 好脾氣的；溫和的。

***good·will** [ˋgudˋwɪl] *n.* Ⓤ ①善意；親切。②自願；欣然之同意。③商譽；信譽。(亦作 **good will**)

good·y¹ [ˋgudɪ] 〖俗〗*n.* Ⓒ (常 *pl.*) 好吃之物；糖果；餅。—*adj.* 僞善的；假道學的。—*interj.* 好呀！

good·y² *n.* Ⓒ ①身分低微之老婦。②對此等老婦之稱呼。

good·y-good·y [ˋgudɪˋgudɪ] *adj.*=**goody**¹. —*n.* Ⓒ 道學先生；僞善者。

goof [guf] 〖俚〗*n.* Ⓒ①呆子。②失誤。—*v.t.* 搞壞；弄糟(常 up). —*v.i.* ①犯錯。②混日子；打發時間(off, around).

goon [gun] *n.* Ⓒ〖俚〗①笨人。②(受雇恐嚇工人的)暴徒。

***goose** [gus] *n.* (*pl.* **geese**)① Ⓒ 鵝。② Ⓒ 雌鵝。③ Ⓤ 鵝肉。④ Ⓒ 傻瓜。⑤ Ⓒ (*pl.* **goos·es**) (裁縫用有長曲柄的)熨斗。*kill the* ~ *that lays the golden eggs* 斷絕財源。*the* ~ *hangs high* 前途有望。§ ~ **ègg** 〖俚〗零分。~ **flèsh** [**pìmples, skìn**] 小疙瘩；雞皮疙瘩。~ **stèp**〖軍〗正步。

goose·ber·ry [ˋgusˏbɛrɪ] *n.* Ⓒ ①〖植〗醋栗。②醋栗果實。

goose·neck [ˋgusˏnɛk] *n.* Ⓒ 曲如鵝頸之物。§ ~ **lámp** 活動曲頸檯燈。

goose-step [ˋgusˏstɛp] *v.i.* (**-pp-**) 〖俗〗正步走。

G.O.P., GOP Grand Old Party. 美國的共和黨 (=the Republican Party).

go·pher [ˋgofɚ] *n.* Ⓒ ① 囊頰獸。

②一種地鼠。③(G-)美國 Minnesota 州居民。④(G-)網際網路上的文字導覽系統。§～ wŏod〖聖經〗製造 Noah 方舟所用之木材；美洲香槐。

Gor·ba·chev [ˋgɔrbə,tʃɔf] *n.* 戈巴契夫(Mikhail, S., 1931-, 前蘇聯共產黨總書記(1985-91)，前蘇聯總統(1988-91))。

gore[1] [gor, gɔr] *n.* Ⓤ血塊；凝血。

gore[2] *v.t.* (獸等)用角抵死。

gore[3] *n.* Ⓒ①長三角形布；衽。②三角地帶。— *v.t.* 縫以長三角布。

gorge** [gɔrdʒ] *n.* ①Ⓒ隘路；峽。②Ⓤ嚥下物。③Ⓤ胃內之物。④Ⓤ厭惡；憎恨；憤懣。⑤Ⓒ〖築城〗背面的出入口。⑥Ⓒ狹道的阻塞物。make one's ～ rise*** 使厭惡；使作嘔。— *v.t.* ①塞飽。②狼吞虎嚥。

***gor·geous** [ˋgɔrdʒəs] *adj.* ①燦爛的。②〖俚〗令人滿意的。— **ly,** *adv.*

Gor·gon [ˋgɔrgən] *n.* Ⓒ①〖希神〗蛇髮女怪。②(g-)醜陋可怕之女人。

go·ril·la [gəˋrɪlə] *n.* Ⓒ①大猩猩。②醜陋而粗暴之人。③〖俚〗流氓。

gor·mand·ize [ˋgɔrmən,daɪz] *v.i.* & *v.t.* 大吃；拚命吃。— **gorˊ-mand·iz·er,** *n.*

gorm·less [ˋgɔrmlɪs] *adj.* 〖英俗〗呆的；笨的。

gorse [gɔrs] *n.* Ⓤ〖植〗荆豆。

gor·y [ˋgorɪ, ˋgɔrɪ] *adj.* ①染血的。②流血的；殘酷的。

gosh [gɑʃ] *interj.* (表驚愕)天哪! 啊呀!

gos·hawk [ˋgɑs,hɔk] *n.* Ⓒ蒼鷹。

gos·ling [ˋgɑzlɪŋ] *n.* Ⓒ小鵝。

go-slow [ˋgo,slo] *n.* Ⓒ〖俗〗①怠工。②有意緩慢之政策。③〖英〗減產。

gos·pel [ˋgɑspl] *n.* ①(the ～)福音。②(G-)Ⓒ新約四福音書之一。③Ⓒ〖俗〗信仰；主義。④Ⓤ眞理。***take as ～*** 相信爲絕對眞理。§～ trŭth 絕對眞理。

gos·sa·mer [ˋgɑsəmə] *n.* Ⓤ①蛛絲；游絲。②薄紗。③極薄的防水布[衣]。— *adj.* 如游絲的；極輕而薄的；纖細的。

gos·sip [ˋgɑsəp] *n.* ①ⓊⒸ閒話；閒談。②Ⓒ慣於閒談之人。③Ⓤ輕鬆的文字或談話。— *v.i.* 說閒話；散播謠言。

got [gɑt] *v.* pt. & pp. of **get.**

Goth [gɑθ] *n.* Ⓒ①哥德人。②野蠻人。

Goth·ic [ˋgɑθɪk] *n.* Ⓤ①哥德式的建築。②哥德語。③〖印刷〗哥德體活字。— *adj.* ①〖建〗哥德式的。②哥德人[語]的。③野蠻的。④中世紀的。⑤〖印刷〗哥德體的。

got·ta [ˋgɑtə]〖美俚〗=(**have, has**) **got to.** I ～ go. 我得走啦。

***got·ten** [ˋgɑtn] *v.* pp. of **get.**

gouge [gaudʒ] *n.* Ⓒ①半圓鑿。②半圓鑿所鑿的槽或孔。③〖俗〗詐欺。— *v.t.* ①(用半圓鑿)鑿。②挖出。③〖俗〗詐欺。

gourd [gord] *n.* Ⓒ①葫蘆。②結葫蘆的植物。③葫蘆製容器。④南瓜屬植物。a Spanish ～ 南瓜。

gour·mand [ˋgurmənd] *n.* Ⓒ美食家；饕餮者。

gour·met [ˋgurme]〖法〗*n.* Ⓒ能品評及精選美酒、美食的人。

gout [gaut] *n.* Ⓤ〖醫〗痛風。

***gov·ern** [ˋgʌvən] *v.t.* ①統治；管理。②控制；抑制。③支配；左右。④規定；規則。⑤〖文法〗限定(某字)應用於某一格或語態。— *v.i.* 統治；支配。— **a·ble,** *adj.*

gov·ern·ance [ˋgʌvənəns] *n.* Ⓤ①統治；管理。②統治方式。

gov·ern·ess [ˋgʌvənɪs] *n.* Ⓒ女家庭教師。

‡gov·ern·ment [ˋgʌvənmənt] *n.* ①Ⓤ管轄；統治。②Ⓒ政府；內閣。③Ⓤ政體。④Ⓤ政權；統治權。⑤Ⓒ管轄區域；縣；州；省；國。⑥Ⓤ管理；支配。⑦Ⓤ〖文法〗需用；限定。— **gov·ern·men·tal** [,gʌvənˋmɛntl], *adj.*

‡gov·er·nor [ˋgʌvənə, ˋgʌvnə, ˋgʌvənə] *n.* Ⓒ①統治者；管理者。②〖美〗州長。③省主席。④總督。⑤(社團、機關之)幹事；理事。⑥〖機〗調速機。§～ géneral 總督。

govt., Govt. Government.

gown** [gaun] *n.* ①Ⓒ女人所穿之長服。an evening ～(女人之)晚禮服。②Ⓒ(法官、教士等所穿之)長服。③Ⓒ長衣；睡衣。④Ⓤ(集合稱)大學的教師或學生。take the ～*** 受聖職。— *v.t.* & *v.i.* (使)穿著長服。

G.P. General Practitioner. 全科醫師。

GPA grade point average.〖教育〗學業成績總平均。**GPO, G.P.O.** General Post Office. 郵政總局。

Gr. Grecian; Greece; Greek.

grab** [græb] *n.* Ⓒ①取握；抓握。②被抓握之物。③〖機〗攫取機；起重鉤。have the ～ on***〖英俚〗占上風；占便

G

宜。— *v.t.* & *v.i.* (-bb-) ①急抓；搶。②奪。§~ **bàg**〖美俗〗摸彩袋。

‡**grace** [gres] *n.* ①Ⓤ優雅；溫文。②Ⓤ善意；恩賜；仁慈。③Ⓤ(上帝的)恩典。④ⓊⒸ飯前[後]的簡短感恩祈禱。say (a)~ 作簡短感恩祈禱。⑤(G-) Ⓒ閣下；夫人(對公爵、大主教等之尊稱)。His [Her, Your] G- (=He, She, You)閣下；夫人。⑥Ⓤ緩期；寬限。⑦Ⓤ謙和；美德。*fall from* ~ **a.** 失寵。**b.**〖宗〗陷入罪惡生活。*have the* ~ 表現正義感；有雅量。*the Graces*〖希神〗象徵光輝、喜悅、開花的三位姊妹女神。*with bad* ~ 不願意地；勉強地。*with good* ~ 願意地；欣然地。— *v.t.* ①增光；增色；使增光榮。②〖樂〗加裝飾音。③使更美麗；點綴。§~ **nòte**〖樂〗裝飾音。

***grace·ful** [ˋgresfəl] *adj.* 優雅的；合度的。— **ly**, *adv.* — **ness**, *n.*

grace·less [ˋgreslɪs] *adj.* ①不美的。②不雅的；粗野的。③邪惡的。④墮落的。— **ly**, *adv.* — **ness**, *n.*

***gra·cious** [ˋgreʃəs] *adj.* ①親切的；仁慈的；善意的(常指皇族人士，如：His gracious Majesty)。②優裕的。— *interj.* (表驚駭等)天啊！*Good ~!; G- me!; G- goodness!* 天啊！— **ly**, *adv.* — **ness**, *n.*

grack·le [ˋgrækl] *n.* Ⓒ〖鳥〗鶺哥；擬八哥。

gra·da·tion [greˋdeʃən] *n.* ①Ⓤ(狀態、性質、程度等之)漸變。②Ⓒ(常*pl.*)次序；等級；階級區別。③Ⓤ定次序；分等級。

***grade** [gred] *n.* Ⓒ①〖美〗班；年級。②階級；等級。③同級或同等之人或事物。④〖美〗(學生的)分數；成績；等第。⑤〖美〗道路之傾斜；傾斜度。⑥改良雜種。*at* ~ 在同一水平面上。*make the* ~ **a.** 上坡。**b.** 克服困難；成功。*on the up* [*down*] ~ 上升[下降]；盛[衰]。*the* ~*s* 小學。— *v.t.* ①分級；分等；歸類。②〖美〗評分；定成績。③〖美〗使近於水平(如建築基地等)。④改良品種。— *v.i.* ①屬於某等(級)。②漸變。§~ **cròssing**〖美〗(公路與鐵路或鐵路與鐵路之)平面交叉；平交道。~ **schòol**〖美〗小學(=〖英〗primary school). ~ **separàtion**〖美〗(鐵路與道路等的)立體交叉。

grad·er [ˋgredɚ] *n.* Ⓒ①分等級之人。②〖美〗…年級生。a fourth ~ 四年級生。③〖土木〗平地機。

gra·di·ent [ˋgredɪənt] *n.* Ⓒ①(鐵路、公路等之)傾斜率；坡度。②(溫度、氣壓等之)升降率；表示此升降率之曲線。

***grad·u·al** [ˋgrædʒuəl] *adj.* ①逐漸的；漸次的。②坡度平緩的。— **ly**, *adv.*

***grad·u·ate** [ˋgrædʒu,et] *v.i.* ①畢業；得學位。②漸變。— *v.t.* ①〖美〗授與學位；准予畢業。②刻度於(表、計、尺等)。③定等級。— [ˋgrædʒuɪt] *n.* Ⓒ①畢業生；得學位者(在英國專指大學畢業生)。high school ~〖美〗高中畢業生。②有刻度的容器；分度器。— *adj.* 已得學士學位的；研究院的。§~ **nùrse** (從護理學校畢業的)護理人員；護士。~ **schòol** 研究院；研究所。~ **stùdent** 研究生。

***grad·u·a·tion** [,grædʒuˋeʃən] *n.* ①Ⓤ畢業；得學位。②Ⓒ畢業典禮。③ⓊⒸ度；分畫；分度。

graf·fi·ti [grəˋfiti] *n.* pl. of graffito.

graf·fi·to [grəˋfito] *n.* Ⓒ (*pl.* -ti [-ti]) (出現在牆壁等處的)塗鴉；塗寫；塗畫。

***graft**[1] [græft, grɑft] *v.t.* & *v.i.* ①接枝。②〖外科〗移植(皮膚等)。— *n.* Ⓒ①(接枝用的)嫩枝。②接枝。③〖外科〗(皮膚等之)移植。

***graft**[2] 〖美俗〗*n.* Ⓤ①貪汚。②貪汚所得。— *v.t.* & *v.i.* 貪汚。

gra·ham [ˋgreəm] *adj.* 用全麥粉做的。§~ **brèad** 全麥麵包。

grail [grel] *n.* ①Ⓒ盤；杯。②(the G-)聖杯。③Ⓒ長期以來努力探求的目標[事物]。

‡**grain** [gren] *n.* ①ⓊⒸ穀粒；穀類。②Ⓒ粒；顆粒。③Ⓒ喱(=0.0648 gram, 來自一麥粒之重)。④Ⓒ珍珠之重量單位(=¼克拉)。⑤Ⓒ少許；微量。⑥Ⓤ木紋；石紋。⑦Ⓤ天性；脾氣。⑧Ⓤ皮革之糙面。*against the* [*one's*] ~ 違反本性、興趣等。*in* ~ 本性的；徹底的。*with a* ~ *of salt* 帶有保留。— *v.t.* ①作成細粒。②漆成紋理。③除去(皮)之毛；使(革等)表面粗糙。§~ **àlcohol** 乙醇；酒精。

***gram,**〖英〗**gramme** [græm] *n.* Ⓒ克；公分。§~ **àtom**〖化〗克原子。

***gram·mar** [ˋgræmɚ] *n.* ①Ⓤ文法。②Ⓒ文法書。③Ⓤ措辭；語法。§~ **schòol** (1)〖美〗初級中學。(2)〖英〗

中等學校。

gram·mar·i·an [grə`mɛrɪən] *n.* Ⓒ 文法家；文法學者。

gram·mat·i·cal [grə`mætɪk]] *adj.* ①文法的。②合乎文法的。§ ∼ **génder**〖文法〗語法上的性。

***gramme** [græm] *n.*〖英〗=**gram.**

Gram·my [`græmɪ] *n.* Ⓒ (*pl.* ∼**s**, **-mies**) 葛萊美獎(由美國國家錄音藝術科學學院，每年頒發的最佳唱片、最佳歌星、歌曲等獎)。

***gram·o·phone** [`græmə,fon] *n.* Ⓒ 留聲機。

gra·na·ry [`grænərɪ] *n.* Ⓒ ①穀倉。②產糧區。

‡**grand** [grænd] *adj.* ①雄偉的；壯麗的；堂皇的。②顯赫的；高貴的。③最高級的。④最重要的。⑤總計的。⑥〖俗〗完美的。⑦自負的；神氣活現的。⑧大規模的；盛大的。⑨受尊敬的。 — *n.* Ⓒ ①=**grand piano.** ②〖美俗〗一千元。§ **G∸ Cányon** 大峽谷(在美國 Arizona 州北部)。∼ **júry** 大陪審團。∼ **mál** [græn`mæl]〖醫〗(癲癇)大發作。**G∸ Óld Párty** 美國共和黨。∼ **ópera**〖樂〗大歌劇。∼ **piáno** 平台型鋼琴；大鋼琴。∼ **slám** (1)〖橋牌〗大滿貫。(2)〖棒球〗滿壘時之全壘打。(3)〖俚〗大成功。∼ **tóur**(旨在進修的)巡迴旅行。— **ly,** *adv.* — **ness,** *n.*

grand·child [`grænd,tʃaɪld] *n.* Ⓒ (*pl.* **-chil·dren** [-,tʃɪldrən])孫。

grand·dad, grand-dad [`græn,dæd] *n.* Ⓒ〖俗, 兒〗爺爺。

grand·daugh·ter [`grænd,dɔtə] *n.* Ⓒ 孫女。

***gran·deur** [`grændʒə] *n.* Ⓤ 偉大；高貴；莊嚴；富麗堂皇。

‡**grand·fa·ther** [`grænd,fɑðə] *n.* Ⓒ ①祖父。②(常 *pl.*)祖先。§ ∼ **clóck** 爺爺鐘(大型擺錘時鐘)。

gran·dil·o·quence [græn`dɪlə-kwəns] *n.* Ⓤ 大話；豪語；自我吹噓。 — **gran·dil'o·quent,** *adj.*

gran·di·ose [`grændɪ,os] *adj.* ①宏偉的；富麗堂皇的。②虛華的；浮華的(文體)。— **gran·di·os'i·ty,** *n.*

***grand·ma** [`græn(d)mɑ] *n.*〖俗〗=**grandmother.**

***grand·ma(m)·ma** [`græn(d)-,mɑmə, -mə,mɑ] *n.*〖俗〗= **grandmother.**

‡**grand·moth·er** [`græn(d),mʌðə] *n.* Ⓒ ①祖母。②(常 *pl.*)女祖先。

***grand·pa** [`græn(d)pɑ, `græmpɑ] *n.*〖俗〗=**grandfather.**

***grand·pa·pa** [`græn(d),pɑpə] *n.*〖俗〗=**grandfather.**

grand·par·ent [`græn(d),pɛr-ənt] *n.* Ⓒ 祖父；祖母。

Grand Prix [grɑ̃`pri]〖法〗*n.* Ⓒ ①國際長途大賽車。②(g- p-)最大獎；第一特獎。

grand·sire [`græn(d),saɪr] *n.* Ⓒ〖古〗①祖父；祖先。②老人。

***grand·son** [`græn(d),sʌn] *n.* Ⓒ 孫子；外孫。

grand·stand [`græn(d),stænd] *n.* Ⓒ 正面觀眾席；大看臺。§ ∼ **plày**〖俗〗(在棒球賽等中)爲討好觀眾而賣弄技巧。— **er,** *n.* Ⓒ 賣弄技巧的人。

grand·un·cle [`grænd`ʌŋk]] *n.* Ⓒ 父[母]之 uncle.

grange [grendʒ] *n.* Ⓒ①農場。②〖英〗農莊。

***gran·ite** [`grænɪt] *n.* Ⓤ 花崗石[岩]。

gran·ny, -nie [`grænɪ] *n.* Ⓒ〖俗〗①祖母；奶奶。②老太婆。

‡**grant** [grænt] *v.t.* ①允許；答應。②承認。③授與(權利等)；讓與(財產)。*take for* ∼*ed* 視爲當然。— *n.* ①Ⓤ 允許；授與；讓與。②Ⓒ 授與物；獎助金；贈款。

gran·tee [græn`ti] *n.* Ⓒ〖法律〗受讓人；受補助者。

grant-in-aid [`græntɪn`ed] *n.* Ⓒ (*pl.* **grants-in-aid**) ①(中央對地方政府之)補助金。②獎助金。

gran·tor [`græntə] *n.* Ⓒ〖法律〗授予者；讓渡人。

gran·u·lar [`grænjələ] *adj.* 粗糙的；粒狀的。

gran·u·late [`grænjə,let] *v.t.* & *v.i.* ①(使)成粒狀。②(使)生肉芽。 — **gran·u·la'tion,** *n.*

gran·ule [`grænjul] *n.* Ⓒ ①小粒。②粒狀物。

***grape** [grep] *n.* ①ⓊⒸ 葡萄。②Ⓒ 葡萄樹。③Ⓤ 葡萄汁；葡萄酒。④Ⓤ深紫紅色。*the* ∼*s of wrath* (象徵神怒的)憤怒的葡萄。§ ∼ **sùgar** 葡萄糖。

grape·fruit [`grep,frut] *n.* ①ⓊⒸ 葡萄柚。②Ⓒ 葡萄柚樹。

grape·vine [`grep,vaɪn] *n.* ①Ⓒ 葡萄藤；葡萄樹。②(the ∼)謠言流傳的途徑；謠傳。

graph [græf] *n.* Ⓒ 曲線圖。**—** *v.t.* 畫(曲線圖)；以曲線圖表示(方程式或函數)。§～ **pàper**方格紙；座標紙。

graph·ic, -i·cal [ˋgræfɪk(ḷ)] *adj.* ①生動的；逼眞的。②圖表的；圖解的。③(繪圖雕版等)平面的。④書寫的；文字的。§～ **árts** 書畫刻印(造型)藝術。— **graph′i·cal·ly,** *adv.*

graph·ics [ˋgræfɪks] *n.* ① Ⓤ 製圖法；製圖學。② Ⓤ 圖解法。③(作*pl.*解)＝**graphic arts.**

graph·ite [ˋgræfaɪt] *n.* Ⓤ 石墨。

graph·ol·o·gy [græˋfɑlədʒɪ] *n.* Ⓤ 筆跡學；圖解法。

grap·ple [ˋgræpḷ] *v.t.* 抓住；鉤住。**—** *v.i.* ①用爪鉤抓。②格鬥；揪打。**—** *n.* Ⓒ ①抓緊。②格鬥；揪打。③爪鉤；鉤竿。

*__grasp__ [græsp] *v.t.* ①緊握；抓住；把持。②領會；瞭解。**—** *v.i.* 做抓之動作；扭打。～ ***at*** **a.** 欲抓取；攫取。**b.** 殷切地接受。**—** *n.* (*sing.*)①緊握；把握力。②(能力等所及之)範圍。③控制(力)。④瞭解(力)。

‡**grass** [græs] *n.* ① ⓊⒸ 青草；草。② Ⓤ 草地；草原；牧場。③ Ⓒ 禾本植物(如穀類、甘蔗等)。***go to*** ～ **a.** 去牧場；休息。**b.** 退休。***let no*** ～ ***grow under one's feet*** 及時行動；勿懈怠。***put*** [***send, turn***] ***out to*** ～ **a.** 將牲畜趕到牧場去。**b.**〖俗〗開除；強迫退休。**—** *v.t.* ①用草覆蓋；使長草。②使吃草。§～ **róots** (1)農村地區。(2)一般人民。(3)基礎；根源。～ **skìing** 滑草(運動)。

*__grass·hop·per__ [ˋgræs,hɑpɚ] *n.* Ⓒ①蚱蜢。②小型偵察機。

grass·land [ˋgræs,lænd] *n.* Ⓤ (常*pl.*)牧場；草原；草原地帶。

grass-roots [ˋgræsˋruts] *adj.*〖俗〗①民間的；一般民眾的。a ～ movement 民眾運動。②鄉村的。

*__grass·y__ [ˋgræsɪ] *adj.* ①草的。②多草的；草深的。③似草的；草綠色的。

*__grate__[1] [gret] *n.* Ⓒ ①壁爐之鐵欄；爐架。②門窗之鐵柵欄。③壁爐。**—** *v.t.* 加築鐵柵欄於。

*__grate__[2] *v.i.* ①發生不愉快的影響。②磨擦發聲。③刺耳。**—** *v.t.* ①使發磨擦聲；軋。②擦碎。③刺激。

*__grate·ful__ [ˋgretfəl] *adj.* ①感謝的；感激的。②致謝意的。— **ly,** *adv.*

grat·er [ˋgretɚ] *n.* Ⓒ①磨碎[擦碎]東西的人。②擦子；銼刀。

*__grat·i·fy__ [ˋgrætə,faɪ] *v.t.* ①使高興。②使滿足。— **ing,** *adj.* — **grat·i·fi·ca′tion,** *n.*

grat·ing[1] [ˋgretɪŋ] *n.* Ⓒ 門窗之柵欄。

grat·ing[2] *adj.* ①(聲音)刺耳的。②討厭的。— **ly,** *adv.*

grat·is [ˋgretɪs] *adv.* 免費地。**—** *adj.* 免費的。

*__grat·i·tude__ [ˋgrætə,tjud] *n.* Ⓤ 感激；感謝。

gra·tu·i·tous [grəˋtjuətəs] *adj.* ①沒有報酬的；免費的。②無故的。③〖法律〗贈予的。— **ly,** *adv.*

gra·tu·i·ty [grəˋtjuətɪ] *n.* Ⓒ ①報酬；小帳。②禮金；軍人退伍金。

‡**grave**[1] [grev] *n.* ① Ⓒ 墳墓；墓碑。② Ⓒ 墓地。③(the ～)死。***beyond the*** ～ 死後；在陰間。***make some-one turn in his*** ～ 使人死不瞑目。

*__grave__[2] *adj.* ①莊重的；嚴肅的。②嚴重的；重大的。③陰暗的；陰沉的。④〖語音〗抑音的。— **ly,** *adv.*

grave[3] *v.t.* (**～d, ～d** or **grav·en**) ①雕刻；刻鏤。②留下深刻印象；銘記。

grave·dig·ger [ˋgrev,dɪgɚ] *n.* Ⓒ 挖墳者。

*__grav·el__ [ˋgrævḷ] *n.* Ⓤ ①碎石。②腎砂；尿砂。**—** *v.t.* (**-l-,**〖英〗**-ll-**) ①鋪碎石於(道路)。②使困惑；使苦惱。③〖俗〗使不安；使焦躁。§～ **pìt** 碎石坑；碎石採取場。～ **ròad** 碎石路。— **ly,** *adj.*

grav·en [ˋgrevən] *adj.* ①雕刻的。②銘記的。**—** *v.* pp. of **grave**[3].

§～ **ímage** (1)塑像。(2)偶像。

grave·stone [ˋgrev,ston] *n.* Ⓒ 墓碑；墓石。

grave·yard [ˋgrev,jɑrd] *n.* Ⓒ 墓地。§～ **shìft** 大夜班。

grav·id [ˋgrævɪd] *adj.* 妊娠的；懷孕的。

grav·i·tate [ˋgrævə,tet] *v.i.* ①被引力吸引。②向一方移動的趨向；傾至一方。③被吸引〔常 to, toward〕。

*__grav·i·ta·tion__ [,grævəˋteʃən] *n.* Ⓤ①重力；引力(作用)。②(自然的)傾向[趨向]；被吸引。

grav·i·ta·tion·al [,grævəˋteʃənḷ] *adj.* 引力(作用)的；重力的。§～ **fíeld**〖理〗引力場；重力場。— **ly,** *adv.*

*__grav·i·ty__ [ˋgrævətɪ] *n.* Ⓤ ①地心吸力；萬有引力；重力。②嚴肅；莊重。③嚴重；重大。

*__gra·vy__ [ˋgrevɪ] *n.* Ⓤ①肉湯。②用肉湯調製的濃汁。§～ **bòat** 盛肉汁之(船形)器皿。～ **tràin**〖俚〗輕易賺大錢

的工作；好差事。

‡**gray,**〖英〗**grey** [gre] *n.* ①Ⓤⓒ灰色。②Ⓤ灰布；灰色衣服。③ⓒ著灰衣之人。— *adj.* ①灰色的。②有灰髮的；有白髮的。③年老的；成熟的。④舊的；古老的。⑤陰沉的。— *v.t. & v.i.* (使)成灰色；變灰色。§ ~ **márket** 祕密買賣稀有貨物而未至犯法程度的交易手法；半黑市買賣。~ **mátter** (1)〖解〗灰白質。(2)〖俗〗智慧；頭腦。~ **múllet** 烏魚。~ **squírrel**〖動〗(北美產的)灰色大松鼠。— **ish,** *adj.*

gray·beard [ˋgreˌbɪrd] *n.* ⓒ老人。

***graze**[1] [grez] *v.i. & v.t.* ①吃青草。②放牧。— *n.* ⓒ放牧。

graze[2] *v.t. & v.i.* ①磨擦。②擦傷皮膚。— *n.* ①Ⓤ磨擦；輕觸。②ⓒ(常 *sing.*)擦傷。

gra·zier [ˋgreʒɚ] *n.* ⓒ畜牧者。

graz·ing [ˋgrezɪŋ] *n.* Ⓤ①放牧。②牧場。

GRE Graduate Record Examination. 研究所入學成績考試。

***grease** [gris] *n.* Ⓤ①油；脂肪。②未脫脂羊毛。— [griz, gris] *v.t.* ①塗油。②塗油使滑潤。③〖俚〗賄賂。~ *a person's hand* [*palm*] 賄賂某人。§ ~ **mònkey**〖俚〗技工。~ **pàint** (化妝用之)油彩。— **greas′y,** *adj.*

‡**great** [gret] *adj.* ①巨大的。②非常的；很；極。③高貴的；慷慨的；地位高的。④著名的；偉大的。⑤〖俗〗很快活的。⑥眾多的。⑦特出的；盛大的；重要的。⑧〖俗〗擅長的；精明的。*G- Wall of China* (中國之)萬里長城。— *adv.* 〖俗〗順利地；得意地。§ ~ **ápe**〖動〗大猿。**G- Brítain** 大不列顛(包括England, Scotland和Wales)。~ **círcle** (1)(球面的)大圓(通過球中心的平面與球面所切成的圓)。(2)(地球的)大圈(以地心爲中心點的地球外圈)。**G- Dáne** 大丹狗。~ **gó**〖英俗〗牛津大學文學[數學]士的最後考試。~ **pówer** 強國；大國。**the G- Assíze** 最後的審判。**the G- Béar**〖天〗大熊座。**the G- Chárter** 大憲章。**the G- Depréssion** 大蕭條。**the G- Lákes** 五大湖(在美國與加拿大)。**the G- Wár** 第一次世界大戰(1914-18)。

great·coat [ˋgretˌkot] *n.* ⓒ〖主英〗大衣；外套(美國多用 overcoat).

great-grand·child [ˌgretˋgrændˌtʃaɪld] *n.* ⓒ (*pl.* **-chil·dren**) (外)曾孫；(外)曾孫女。

great-grand·daugh·ter [ˌgretˋgrændˌdɔtɚ] *n.* ⓒ(外)曾孫女。

great-grand·fa·ther [ˌgretˋgrændˌfɑðɚ] *n.* ⓒ(外)曾祖父。

great-grand·moth·er [ˌgretˋgrændˌmʌðɚ] *n.* ⓒ(外)曾祖母。

great-grand·son [ˌgretˋgrændˌsʌn] *n.* ⓒ(外)曾孫。

great-heart·ed [ˋgretˋhɑrtɪd] *adj.* ①豪爽的；寬大的；慷慨的；高貴的。②勇敢的；有活力的。

‡**great·ly** [ˋgretlɪ] *adv.* ①很；非常地；大大地。②崇高地；偉大地。

***great·ness** [ˋgretnɪs] *n.* Ⓤ①偉大；卓越。②大；巨大。③重要；重大。

greaves [grivz] *n. pl.* 油渣。

Gre·cian [ˋgriʃən] *adj.* 希臘(式)的。— *n.* ⓒ①希臘人。②希臘語學家。〔注意〕除指建築、美術、容貌外，Greek 較常用。

Gre·co-Ro·man [ˌgrikoˋromən] *adj.* 希臘羅馬的；受希臘羅馬影響的。

***Greece** [gris] *n.* 希臘(歐洲南部一國家，首都 Athens).

greed [grid] *n.* Ⓤ貪慾；貪婪。

***greed·y** [ˋgridɪ] *adj.* ①貪婪的；貪得的。②貪吃的。— **greed′i·ly,** *adv.* — **greed′i·ness,** *n.*

‡**Greek** [grik] *adj.* 希臘的；希臘人[語]的。— *n.* ①ⓒ希臘人。②Ⓤ希臘文[語]。③Ⓤ無法了解之語文等。§ ~ **cróss** 正十字形。~ **fíre** 希臘火藥。~ **gíft** 別有用心[存心害人]的禮物。~ (**Órthodox**) **Chúrch** 希臘正教。

‡**green** [grin] *n.* ①Ⓤⓒ綠色；青色。②Ⓤ綠色衣服。③Ⓤ綠色顏料[染料]。④ⓒ草地；草原。⑤ⓒ〖高爾夫〗**a.** 果嶺；球洞區。**b.** 高爾夫球場。⑥(*pl.*)(裝飾用的)綠葉；綠枝。⑦(*pl.*)青菜。— *adj.* ①綠色的。②長滿綠草的。③充滿精力的。④未成熟的。⑤嫉妒的；臉發青的。⑥沒有經驗的；易受騙的。⑦新的。⑧(肉類)未煮熟的；生的。§ **G- Berèt** 美國特種部隊隊員。~ **cárd** 綠卡(在美國居留的許可證)。~ **còrn** 作蔬菜食用的玉蜀黍穗。~ **líght** (1)交通號誌之綠燈。(2)〖俗〗核准；許可。~ **manúre** (1)〖農〗綠肥。(2)尚未經過腐爛之肥料。~ **ónion** 小洋葱。~ **pépper** 青椒。~ **revolútion**〖農〗綠色革命。~ **téa**

綠茶。~ thúmb園藝的才能。~ túrtle〖動〗綠龜。— **ish,** *adj.* — **ness,** *n.*

green·back [ˋgrin,bæk] *n.* Ⓒ〖美俗〗美鈔。

green·belt [ˋgrin,bɛlt] *n.* ⓊⒸ圍繞社區之公園綠地。

green·er·y [ˋgrinərɪ] *n.* Ⓤ (集合稱)綠葉; 綠樹。

green-eyed [ˋgrin,aɪd] *adj.* ①綠眼的; 碧眼的。②嫉妒的; 不信任的。§ the ~ mónster 嫉妒。

green·gro·cer [ˋgrin,grosə] *n.* Ⓒ〖英〗賣蔬菜及水果的零售商(店)。

green·house [ˋgrin,haʊs] *n.* Ⓒ 溫室。§ ~ effèct 溫室效應。

Green·land [ˋgrinlənd] *n.* 格陵蘭(北美洲東北部之一島, 屬丹麥)。

green·room [ˋgrin,rum] *n.* Ⓒ (劇場之)演員休息室; 後臺。

green·sward [ˋgrin,swɔrd] *n.* Ⓤ 青草; 草皮。

Green·wich [ˋgrɪnɪdʒ] *n.* 格林威治(英國皇家天文臺所在地)。§ ~ (Méan) Tìme 世界標準時。

green·wood [ˋgrin,wʊd] *n.* (the ~)青葱的森林。

G

‡**greet** [grit] *v.t.* ①致候; 致敬; 打招呼。②歡迎; 接受。③映入眼簾。

***greet·ing** [ˋgritɪŋ] *n.* ①Ⓒ 問候; 致敬歡迎。②(*pl.*)問候語; 祝賀。

gre·gar·i·ous [grɪˋgɛrɪəs] *adj.* ①群居的。②合群的。③社交的; 愛交際的。④群眾的。— **ly,** *adv.*

gre·nade [grɪˋned] *n.* Ⓒ〖軍〗手榴彈。

‡**grew** [gru] *v.* pt. of **grow.**

‡**grey** [gre] *n.* & *adj.* & *v.* =**gray.**

***grey·hound** [ˋgre,haʊnd] *n.* Ⓒ ①〖動〗靈猩(一種獵犬)。②(G-) 美國灰狗巴士。

grid [grɪd] *n.* Ⓒ ①鐵柵; 格子。②〖電〗眞空管中之柵極(陰陽極之間的金屬柵)。③地圖上的方格。

grid·dle [ˋgrɪdl] *n.* Ⓒ (煎餅用的)淺鍋。— *v.t.* 以淺鍋煎煮。

grid·i·ron [ˋgrɪd,aɪən] *n.* Ⓒ ①(烤肉用之)烤架。②任何似格架之物。③〖美〗橄欖球場。④舞臺上升降布景裝置之梁格結構。

grid·lock [ˋgrɪd,lɑk] *n.* Ⓒ〖美〗全面性的交通阻塞。

***grief** [grif] *n.* ①Ⓤ 悲傷; 憂愁。②Ⓒ 可憂之事; 傷心事。*come to* ~ 遭受困難; 失敗。

grief-strick·en [ˋgrif,strɪkən] *adj.* 極度悲傷的。

***griev·ance** [ˋgrivəns] *n.* Ⓒ 委屈; 冤情。

***grieve** [griv] *v.i.* & *v.t.* (使)傷心; (使)悲傷。

***griev·ous** [ˋgrivəs] *adj.* ①難受的; 痛苦的。②嚴重的; 極惡的。③悲慘的。④充滿悲傷的; 表示悲傷的。

grif·fin [ˋgrɪfɪn] *n.* Ⓒ〖希神〗半獅半鷲之怪獸。

grill[1] [grɪl] *n.* Ⓒ ①烤架。②燒烤食品。③烤肉店。④燒烤。— *v.t.* & *v.i.* ①炙; 燒; 烤。②嚴加拷問。③對…用火刑。

grill[2] *n.* =**grille.**

grille [grɪl] *n.* Ⓒ ①鐵柵; 鐵欄。②鐵格子窗。

grill·room [ˋgrɪl,rum] *n.* Ⓒ 烤肉店; 烤肉館。

***grim** [grɪm] *adj.* (-**mm**-)①冷酷的; 嚴厲的。②倔強的; 不屈的。③猙獰的; 陰森的; 殘忍的。④可怕的。— **ly,** *adv.* — **ness,** *n.*

grim·ace [grɪˋmes] *n.* Ⓒ ①面部的歪扭。②鬼臉。③獰笑。— *v.i.* 皺眉頭; 扮鬼臉。

grime [graɪm] *n.* Ⓤ ①汚穢。②(道德上的)汚點。— *v.t.* 使汚濁; 使汚穢。

grim·y [ˋgraɪmɪ] *adj.* 汚穢的; 極骯髒的。

***grin** [grɪn] *v.i.* & *v.t.* (-**nn**-) 露齒; 露齒而笑(表示高興、輕蔑或滿足)。~ *and bear it* 逆來順受。— *n.* Ⓒ 露齒; 露齒笑。

***grind** [graɪnd] *v.t.* (**ground**)①磨碎(成粉)。②磨尖; 磨光; 磨損; 折磨。③磨擦。④迴轉; 轉動(磨機等)。⑤〖俗〗(教師)嚴令學生用功; 灌輸。— *v.i.* ①磨; 擦。②〖俗〗刻苦用功〔常 away〕。③可磨碎。— *n.* ①Ⓤ 碾; 磨; 搗; 擂。②(*sing.*)苦工作; 重功課。③Ⓒ 下苦功讀書的學生。④Ⓒ〖俚〗(跳舞時之)扭腰。

grind·er [ˋgraɪndə] *n.* Ⓒ ①研磨者。②磨器。③臼齒。

grind·ing [ˋgraɪndɪŋ] *n.* Ⓤ ①碾; 磨; 研磨。②輾軋; 摩擦。③〖俗〗填鴨式的教學方法。— *adj.* ①輾軋的; 嘎嘎作響的。②(聲音)刺耳的。③費事的; 乏味的; 厭煩的。④折磨人的。⑤疼痛難捱的。— **ly,** *adv.*

grind·stone [ˋgraɪnd,ston] *n.* Ⓒ 砥石; 磨刀石。 *hold* [*keep, put*] *one's nose to the* ~ 孜孜不倦地用功; 不斷地苦幹。

***grip** [grɪp] *n.* ① Ⓒ (常 *sing.*)緊握；抓牢。② Ⓒ 把手；柄。③ Ⓒ〖美〗手提箱；手提包。④(*sing.*)控制。⑤(*sing.*)了解。⑥(the ～)流行性感冒。*come to ～s* **a.** 揪扭；肉搏。**b.** 認眞地處理(問題)。— *v.t.* (**gripped** or **gript** [grɪpt], **grip·ping**)①抓緊；抓牢。②吸引(注意力)。— *v.i.* 抓緊；抱住。

gripe [graɪp] *v.t.* ①抓住；控制。②使腹部絞痛。③〖俚〗煩擾。— *v.i.* ①抓牢。②感覺腹部絞痛。③〖美俗〗發怨言。— *n.* ① Ⓤ 抓住；掌握。② Ⓒ〖俚〗怨言。③(*pl.*)腹部絞痛。

grippe [grɪp] *n.* (the ～)〖俗〗流行性感冒。

grip·ping [ˋgrɪpɪŋ] *adj.* 引人注意的；扣人心弦的。

grip·sack [ˋgrɪpˏsæk] *n.* Ⓒ 旅行袋；手提包。

gris·ly [ˋgrɪzlɪ] *adj.* 可怕的；猙獰的。

grist [grɪst] *n.* ① Ⓤ 預備磨粉的穀物。②〖美俗〗多量；很多。***All is ～ that comes to one's mill.*** 事事盤算巨細無遺。***bring ～ to the mill*** 獲利；有利可圖。

gris·tle [ˋgrɪsḷ] *n.* Ⓤ 軟骨。

***grit** [grɪt] *n.* Ⓤ ①砂礫；粗砂石。②勇氣。— *v.t.* (**-tt-**)覆以砂礫。— *v.i.* 發軋軋之聲。— **ty,** *adj.*

grits [grɪts] *n.* (作 *sing.* or *pl.* 解)①粗碾小麥。②〖美〗粗碾玉蜀黍。

griz·zled [ˋgrɪzḷd] *adj.* ①頭髮斑白的。②灰色的。

griz·zly [ˋgrɪzlɪ] *adj.* 帶灰色的；灰色(髮)的。— *n.* Ⓒ 灰熊。

***groan** [gron] *n.* Ⓒ ①呻吟；嘆息。②表示諷嘲、不贊成等的低沉的聲音。— *v.i.* ①呻吟。②負擔過重。③受苦；受折磨。— *v.t.* 噓(某人)；呻吟表示；哼著說。

groats [grots] *n. pl.* 去殼的穀粒。

***gro·cer** [ˋgrosɚ] *n.* Ⓒ 雜貨商。

***gro·cer·y** [ˋgrosərɪ] *n.* ① Ⓒ 雜貨店。②(*pl.*)日用雜貨。

grog [grɑg] *n.* Ⓤ Ⓒ 摻水烈酒。

grog·gy [ˋgrɑgɪ] *adj.*〖俗〗①不穩的。②無力的。③酒醉的。

groin [grɔɪn] *n.* Ⓒ ①鼠蹊。②〖建〗穹稜。

***groom** [grum] *n.* Ⓒ ①馬夫。②新郎。— *v.t.* ①餵(馬)；看(馬)；洗刷。②整飾。③〖美〗調教；培植(候選人)。

grooms·man [ˋgrumzmən] *n.* Ⓒ (*pl.* **-men**)男儐相。

***groove** [gruv] *n.* Ⓒ ①溝；槽；凹線。②固定的方式；習慣。— *v.t.* 挖溝槽於。

groov·y [ˋgruvɪ] *adj.* ①〖俗〗很帥的；絕妙的；時髦的。②〖俚〗順利的；圓滿的。

***grope** [grop] *v.i.* 摸索；盲目尋求〔after, for〕。— *v.t.* 摸索(路)。

gross** [gros] *adj.* ①總共的。②未打折扣的。③重大的。④粗鄙的。⑤肥大的。⑥濃密的。— *n.* ①(the ～)總數；總量。② Ⓒ (*pl.* ～)籮；十二打(12 dozens). ***in (***the***) ～ 大體上；總括地。— *v.t.* 總共賺得。§ ≃ **ná-tional próduct**〖經〗國民生產毛額(略作GNP). ≃ **tón** 長噸(2,240磅)。≃ **wéight** 總重；毛重。— **ly,** *adv.*

***gro·tesque** [groˋtɛsk] *adj.* ①醜怪的。②古怪的；可笑的。③〖藝術〗怪異派的。— *n.* Ⓒ 怪異的圖畫、雕刻、畫像等。— **ly,** *adv.* — **ness,** *n.*

grot·to [ˋgrɑto] *n.* Ⓒ (*pl.* ～(**e**)**s**)①巖穴。②(人造避暑用的)洞室。

grouch [grautʃ]〖俗〗*v.i.* 惱怒。— *n.* Ⓒ ①惱怒的人。②怒氣；不滿；牢騷。— **grouch'y,** *adj.*

‡**ground**¹ [graund] *n.* ① Ⓤ 地；土地；泥土；土壤。②(the ～)地面。③(*pl.*)房屋四周的空地；地基。④ Ⓤ (常 *pl.*)根據；理由。⑤ Ⓒ (裝飾的)背景(=background)；底子。⑥(*pl.*)渣滓；沉澱。⑦ Ⓤ〖無線〗接地。⑧(*pl.*)基礎；根基。⑨ Ⓤ 底；湖底。***above*** [***below***] ～ 活[死]的。***break*** ～ **a.** 耕田。**b.** 破土；動工。***gain*** ～ **a.** 前進；佔領陣地。**b.** 流行；流傳；得勢。***give*** ～ 撤退；屈降。***lose*** (***one's***) ～ 讓步；失勢；衰退。***run into the*** ～〖俗〗過分；過度；誇張。***shift one's*** ～ 改變立場；採不同論點。***stand one's*** ～ 堅持立場；不稍讓步。— *v.t.* ①放在地上。②使(船)觸礁；使擱淺。③建立於鞏固之基礎上。④教以基本知識；打基礎。⑤給以背景；加底子。⑥使(電線等)接地。— *v.i.* (船)觸礁；擱淺。§ ≃ **crèw**〖美〗(修護飛機的)地勤人員。≃ **flóor** (1)〖英〗一樓。(2)〖美俗〗在買賣中最有利的地位。(3)事業之開始。≃ **plàn** (1)房屋設計平面圖。(2)初步[根本]的計畫。≃ **rènt** (建築物之)地租。≃ **squìrrel**〖動〗黃鼠；地鼠。≃ **wàter** 地下水。≃ **wìre**〖電〗地線；接地線。≃ **zéro**(炸彈的)著地點。

G

ground² *v.* pt. & pp. of **grind.** — *adj.* 磨過的；磨成粉的。

ground·break·ing [ˋgraʊnd͵brekɪŋ] *n.* [U][C] (建築工程之)破土(典禮)。

ground·er [ˋgraʊndɚ] *n.* [C]〖棒球〗滾地球。

ground·hog [ˋgraʊnd͵hɔg] *n.* [C] (美國之)土撥鼠。

ground·ing [ˋgraʊndɪŋ] *n.* [U] 基本訓練；入門；初步。

ground·less [ˋgraʊndlɪs] *adj.* 無根據的；無理由的。

ground·work [ˋgraʊnd͵wɝk] *n.* [U] 基礎；根基；原理。

‡**group** [grup] *n.* [C] ①組；群；集團；團體。②種類。③空軍大隊。— *v.t.* & *v.i.* ①聚合；成群。②分類。§ ∼ **insùrance**團體保險。∼ **márriage**集體結婚。∼ **mìnd** 群眾心理。∼ **psychólogy** 群眾心理學。∼ **representátion**職業代表制(別於區域代表制)。

group·er [ˋgrupɚ] *n.* [C] (*pl.* ∼**s,** ∼)〖魚〗鱸科魚。

group·ie [ˋgrupɪ] *n.* [C]〖俚〗搖滾樂團女歌迷。

group·ing [ˋgrupɪŋ] *n.* [C] (常 *sing.*)歸組；分組；分類。

***grouse¹** [graʊs] *n.* [C] (*pl.* ∼, **grous·es**)松雞。

grouse²〖俚〗*v.i.* 鳴不平；埋怨。— *n.* [C] 牢騷。

***grove** [grov] *n.* [C] 叢樹；小樹林。

grov·el [ˋgrɑvl̩] *v.i.* (**-l-,**〖英〗**-ll-**) ①五體投地；匍匐。②卑躬屈節。— **er,** *n.* — **ing,** *adj.*

‡**grow** [gro] *v.i.* (**grew, grown**)①生長；發育。②增長；長大。③(逐漸)變成。— *v.t.* ①種植；栽培。②留；蓄。∼ a beard 留鬍鬚。③發展；形成。∼ *up* **a.** 長大；成人。**b.** 崛起。

grow·er [ˋgroɚ] *n.* [C] ①種植者；栽培者。②生長物；植物。

grow·ing [ˋgroɪŋ] *n.* [U] 成長；發育；發達；栽培。— *adj.* ①正値發育時期的。②增大[擴張]的；發展中的。③適合生長的；促進成長的。§ ∼ **pàins** (1)青春期的苦惱。(2)(事業等的)初期困難；生產之苦。

***growl** [graʊl] *v.i.* (犬等)作低吠聲〔at〕；咆哮；鳴不平；隆隆作響。— *v.t.* 咆哮著說〔out〕。— *n.* [C] 吠聲；怨言；咆哮聲。

‡**grown** [gron] *v.* pp. of **grow.** — *adj.* 發育完成的；成年的。

***grown-up** [ˋgronˋʌp] *adj.* 成年的；成年人的。— [ˋgron͵ʌp] *n.* [C] 成人。

‡**growth** [groθ] *n.* ① [U] 生長；發展。② [C] 生長物。③ [C]〖醫〗腫瘤。④ [U] 栽培；培養。⑤ [U] 增加；擴張。

grub [grʌb] *n.* ① [C] 蠐螬；蛆。② [U]〖俚〗食物。③ [C] 窮文人。— *v.i.* (**-bb-**)①掘；挖。②做苦工。— *v.t.* ①掘出；挖出。②〖俚〗餵；供給食物。

grub·by [ˋgrʌbɪ] *adj.* ①汚穢的；不潔的。②生蛆的。

***grudge** [grʌdʒ] *n.* [C] 嫉妒；惡意；怨恨。— *v.t.* ①嫉妒。②吝惜；吝嗇。

grudg·ing [ˋgrʌdʒɪŋ] *adj.* ①吝嗇的。②惡意的。③不願的。— **ly,** *adv.*

gru·el [ˋgruəl] *v.t.* (**-l-,**〖英〗**-ll-**)①使筋疲力竭。②嚴詰；嚴懲。— *n.* [U] 稀麥片粥。

gru·el·(l)ing [ˋgruəlɪŋ] *adj.* 令人筋疲力竭的；嚴厲的；激烈的。

grue·some [ˋgrusəm] *adj.* ①令人毛骨悚然的。②討厭的。— **ly,** *adv.*

gruff [grʌf] *adj.* ①(聲音)粗嘎的；沙啞的。②粗暴的；粗率的。— **ly,** *adv.*

***grum·ble** [ˋgrʌmbl̩] *v.i.* & *v.t.* ①喃喃訴苦；鳴不平。②隆隆作響；(雷)鳴。— *n.* ① [C] 怨言。②(*sing.*)隆隆聲；雷聲。— **grum′bler,** *n.*

grump [grʌmp] *n.* [C] ①(常 *pl.*)壞脾氣；發怒。②脾氣壞的人。— *v.i.* 發牢騷；鳴不平。

grump·y [ˋgrʌmpɪ] *adj.* 性情乖戾的。

***grunt** [grʌnt] *n.* [C] (豬等)咕嚕聲；輕微喉聲。— *v.i.* & *v.t.* (豬等)發咕嚕聲；發怨言。

gua·no [ˋgwɑno] *n.* [U] 海鳥糞；鳥糞石(用於製造肥料)。

***guar·an·tee** [͵gærənˋti] *n.* [C] ①擔保；保證。②擔保人；保證人。③被保證人。④保證書。⑤〖法律〗抵押品；抵押物。— *v.t.* 保證；擔保。

guar·an·tor [ˋgærəntɚ] *n.* [C] 保證人；擔保人。

***guar·an·ty** [ˋgærəntɪ] *n.* [C] ①保證；擔保。②作爲保證之物。

‡**guard** [gɑrd] *v.t.* ①保守；保衛；保護。②看守；看管。③當心。— *v.i.* 預防；提防〔against〕。— *n.* ① [C] 守衛者；防衛物。② [U] 警戒。③ [C] 防護部隊。④ [C] (監獄的)看守(人員)。⑤ [C] 車掌。⑥(G-) [C] 禁衛軍；御林軍。⑦ [U] (劍術、拳擊的)防守姿勢。*keep* [*mount*] ∼ 放哨；守望。*off* ∼ **a.** 不當班。**b.** 不備；疏忽。

off one's ~ 疏忽；不提防。*on* ~ **a.** 當班；值班。**b.** 警戒；準備防禦。*on one's* ~ 警戒著。*relieve* ~ 換崗；接班。*stand* ~ *over* 派人看守。§ ~̀ **bòat** 巡邏艇；警戒船。~̀ **chàin** (錶等的)扣鍊；錶鍊。

guard·ed [ˋgɑrdɪd] *adj.* ①安全的。②謹慎的。③有人防守的。

guard·house [ˋgɑrd,haus] *n.* Ⓒ ①禁閉室。②衛兵室。

***guard·i·an** [ˋgɑrdɪən] *n.* Ⓒ ①(法定)監護人。②保護人；監守人。—— *adj.* 保護的。

guard·rail [ˋgɑrd,rel] *n.* Ⓒ ①〖鐵路〗護軌。②(樓梯等之)護欄。

guard·room [ˋgɑrd,rum] *n.* = **guardhouse.**

guards·man [ˋgɑrdzmən] *n.* Ⓒ (*pl.* **-men**) ①衛兵。②〖美〗(屬於州的)國民兵一員。③〖英〗禁衛兵。

gua·va [ˋgwɑvə] *n.* ①Ⓒ 番石榴樹。②ⓊⒸ 番石榴；芭樂。

gu·ber·na·to·ri·al [,gjubənəˋtorɪəl] *adj.* 〖美〗州長的。

gudg·eon [ˋgʌdʒən] *n.* Ⓒ ①〖魚〗白楊魚(常被用爲餌)。②易受騙之人。

guer·don [ˋgɝdn̩] 〖詩〗 *n.* ⓊⒸ 報酬。—— *v.t.* 酬勞；獎賞。

gue(r)·ril·la [gəˋrɪlə] *n.* Ⓒ ①游擊隊隊員；(常 *pl.*)游擊隊。②游擊戰。—— *adj.* 游擊(隊)的。

‡**guess** [gɛs] *v.t.* ①猜度；臆測；推量。②〖美俗〗想；相信(=think, believe)。—— *v.i.* 猜想；猜測。—— *n.* Ⓒ 猜測。*by* ~ 由估計。

guess·work [ˋgɛs,wɝk] *n.* Ⓤ 猜測；臆測。

‡**guest** [gɛst] *n.* Ⓒ 客人；來賓；旅客。§ ~̀ **hòuse** 上等旅舍；賓館。~̀ **ròom** 賓客用寢室。~̀ **wòrker** 外籍工人；外勞。

guff [gʌf] *n.* Ⓤ 〖俚〗①胡言；廢話。②反辯。

guf·faw [gʌˋfɔ] *n.* Ⓒ 哄笑；大笑；捧腹。—— *v.i.* 捧腹大笑；哄笑。

***guid·ance** [ˋgaɪdn̩s] *n.* Ⓤ ①指導；領導；嚮導。②〖空〗導航。

‡**guide** [gaɪd] *v.t.* ①引導；指導；領導。②督導；支配；管理。—— *n.* Ⓒ ①引導者；嚮導；導遊。②指南。③〖機〗導桿。④路標。§ ~̀**d míssile** 導向飛彈。~̀ **dòg** 導盲犬。~̀**d tóur** 有人引導的(觀光)旅行。**guíding prínciple** 指導原則。**guíding spírit** 指導精神。

guide·board [ˋgaɪd,bord] *n.* Ⓒ 路標；路牌。

guide·book [ˋgaɪd,buk] *n.* Ⓒ 旅行指南。

guide·line [ˋgaɪd,laɪn] *n.* (*pl.*) ①指導方針。②指標。

guide·post [ˋgaɪd,post] *n.* Ⓒ 路標。

guild [gɪld] *n.* Ⓒ ①互助會；協會。②(中世紀之)同業公會；基爾特。

guild·hall [ˋgɪldˋhɔl] *n.* Ⓒ ①(公會集會用的)會館；公所。②〖英〗市政廳。

guile [gaɪl] *n.* Ⓤ 狡計；詐術；騙術。—**ful,** *adj.*

guile·less [ˋgaɪllɪs] *adj.* 不狡猾的；誠實的；坦白的。

guil·lo·tine [ˋgɪlə,tin] *n.* ①(the ~)斷頭臺。②Ⓒ 切紙機。③(the ~)〖英議會〗(爲避免妨礙議事而)停止討論。—— *v.t.* 在斷頭臺上斬首。

***guilt** [gɪlt] *n.* Ⓤ ①罪；罪行；罪狀。②內疚。

***guilt·less** [ˋgɪltlɪs] *adj.* ①無罪的；無辜的。②無知的；無經驗的〔of〕.

***guilt·y** [ˋgɪltɪ] *adj.* ①有罪的；犯罪的。②自覺有罪的；心虛的。—**guilt′i·ly,** *adv.* —**guilt′i·ness,** *n.*

***guin·ea** [ˋgɪnɪ] *n.* Ⓒ ①昔英國金幣名。②〖動〗珠雞。§ ~̀ **fôwl** 珠雞。~̀ **pìg** (1)〖動〗天竺鼠；荷蘭豬。(2)供作實驗[觀察]之人物。

guise [gaɪz] *n.* ①Ⓒ (常 *sing.*)裝束；打扮。②Ⓤ 外貌；外表。③Ⓤ 假裝。—— *v.t.* 穿著；打扮。

***gui·tar** [gɪˋtɑr] *n.* Ⓒ 吉他；六弦琴。—**ist,** *n.*

gulch [gʌltʃ] *n.* Ⓒ 〖美〗峽谷；深谷。

***gulf** [gʌlf] *n.* Ⓒ ①海灣。②深淵；深坑。③隔閡。§ **the G~̀ Strêam** 墨西哥灣流。

gull[1] [gʌl] *n.* Ⓒ 〖鳥〗鷗。

gull[2] *n.* Ⓒ 易受愚弄之人；易受騙的人；笨蛋。—— *v.t.* 欺騙。

gul·let [ˋgʌlɪt] *n.* Ⓒ 食道；咽喉。

gul·li·ble [ˋgʌləbl̩] *adj.* 易受騙的。(亦作**gullable**) —**gul′li·bly,** *adv.*

gul·ly [ˋgʌlɪ] *n.* Ⓒ ①溪谷。②(流水沖成的)溝渠。(亦作 **gulley**)

***gulp** [gʌlp] *v.t.* & *v.i.* ①吞飲；狼吞虎嚥。②抑制(嗚咽)；忍氣。—— *n.* Ⓒ ①吞。②一次吞飲之量。

***gum**[1] [gʌm] *n.* ①Ⓤ 樹膠；樹脂。②Ⓤ〖美〗口香糖。③Ⓤ 橡皮。④Ⓒ 橡膠樹。—— *v.t.* (**-mm-**)①塗樹膠；以樹膠黏合。②使有黏性。—— *v.i.* ①分泌樹膠。②變黏。§ ~̀ **bòots** 橡膠

靴。～ rèsin 樹膠脂。～ trèe 橡膠樹。

gum² *n.* Ⓒ (常 *pl.*) 齒齦。

gum·drop [ˋgʌm,drɑp] *n.* Ⓒ〖美〗橡皮軟糖。

gump·tion [ˋgʌmpʃən] *n.* Ⓤ〖俗〗積極性; 進取精神。

****gun** [gʌn] *n.* Ⓒ ①槍; 砲。②似槍[砲]之物。③(鳴槍或砲的)信號; 敬禮。*stick to one's ～s* 堅守立場。—— *v.i.* (-nn-) 放槍; 發砲; 用槍狩獵。～ *for* a. 搜尋。b. 力求; 爭取。§～ contròl 槍枝管制。

gun·boat [ˋgʌn,bot] *n.* Ⓒ 砲艇; 砲艦。§～ diplómacy (暗示軍事力量介入的)砲艇外交; 武力外交。

gun·fight [ˋgʌn,faɪt] *n.* Ⓒ 槍戰。

gun·fight·er [ˋgʌn,faɪtɚ] *n.* Ⓒ (尤指美國西部拓荒時期的)神槍手。

gun·fire [ˋgʌn,faɪr] *n.* Ⓤ 砲火; 砲轟; 槍擊。

gun·lock [ˋgʌn,lɑk] *n.* Ⓒ 槍機。

gun·man [ˋgʌn,mæn] *n.* Ⓒ (*pl.* -men)〖美〗①持槍歹徒; 殺手。②槍砲工人。③=gunfighter.

gun·ner [ˋgʌnɚ] *n.* Ⓒ ①砲手。②帶槍獵人。

gun·ner·y [ˋgʌnərɪ] *n.* Ⓤ ①砲術。②槍砲射擊法。③槍砲之總稱。

gun·ny [ˋgʌnɪ] *n.* Ⓤ ①粗麻布。②麻布袋。

gun·play [ˋgʌn,ple] *n.* Ⓤ〖美〗(手)槍戰。

gun·point [ˋgʌn,pɔɪnt] *n.* Ⓒ 槍口。*at* ～ 在槍口威脅下。

***gun·pow·der** [ˋgʌn,paʊdɚ] *n.* Ⓤ 火藥。

gun·run·ning [ˋgʌn,rʌnɪŋ] *n.* Ⓤ 軍火走私。— **gun′run·ner,** *n.*

gun·shot [ˋgʌn,ʃɑt] *n.* ①Ⓒ 砲彈。②Ⓒ 射擊聲。③Ⓤ 槍[砲]之射程。

gun-shy [ˋgʌn,ʃaɪ] *adj.* (獵犬或馬)怕槍砲聲的。

gun·smith [ˋgʌn,smɪθ] *n.* Ⓒ 造槍匠; 槍砲工人。

gun·stock [ˋgʌn,stɑk] *n.* Ⓒ 槍托。

gun·wale [ˋgʌnl] *n.* Ⓒ 船舷的上緣。

gur·gle [ˋgɝgl] *v.i.* & *v.t.* ①潺潺而流。②作汩汩聲。③(喉嚨)作咯咯聲。—— *n.* (*sing.*, 常the ～)潺潺聲。

***gush** [gʌʃ] *v.i.* ①湧出; 傾流。②感情奔流; 滔滔不絕地說[寫]。—— *v.t.* 湧出; 傾瀉。—— *n.* ①(*sing.*)湧出; 傾出。②Ⓒ 滔滔不絕的話。

gush·er [ˋgʌʃɚ] *n.* Ⓒ ①油井。②滔滔不絕地說話者; 易動感情者。

gush·ing [ˋgʌʃɪŋ] *adj.* ①噴出的。②感情橫溢的。

***gust** [gʌst] *n.* Ⓒ ①突起的強風; 陣風; 陣雨。②一陣。a ～ of anger 一陣發怒。

gus·ta·to·ry [ˋgʌstə,torɪ] *adj.* 味覺的。§～ búds (舌面之)味蕾。

gus·to [ˋgʌsto] *n.* Ⓤ ①(飲食的)滋味。②趣味; 享樂。③(個人的)愛好; 癖好。④藝術的風格。

gust·y [ˋgʌstɪ] *adj.* ①(風、雨等)陣陣的; 颱風的。②(音響、笑等)突發的。③空洞的。④熱烈的; 有活力的。

gut [gʌt] *n.* ①a. ⓊⒸ 腸。b. (*pl.*) 內臟。②(*pl.*)〖俚〗勇氣。③(*pl.*)內容。④Ⓤ 腸線(用做提琴絃及網球拍等)。—— *v.t.* (-tt-) ①取出內臟。②掠奪[破壞]…之內部。§～ còurse〖美俗〗(大學的)容易(取得學分)的課程。

gut·less [ˋgʌtlɪs] *adj.*〖俗〗膽怯的; 膽小的。— **ness,** *n.*

guts·y [ˋgʌtsɪ] *adj.*〖俗〗有勇氣的; 有勁的; 有力的。

gut·ta-per·cha [ˋgʌtəˋpɝtʃə] *n.* Ⓤ 馬來樹膠。

***gut·ter** [ˋgʌtɚ] *n.* ①Ⓒ (街道旁的)排水溝; 陰溝。②Ⓒ (沿屋簷裝設的)承霤; 導水溝。③(the ～)貧民區; 貧民窟。④Ⓒ 保齡球道兩旁之槽。—— *v.i.* ①(蠟燭)淌蠟。②成槽; 成流。

gut·ter·snipe [ˋgʌtɚ,snaɪp] *n.* Ⓒ〖俗〗街頭貧兒; 流浪兒。

gut·tur·al [ˋgʌtərəl] *adj.* ①喉的; 咽喉的。②自喉間發出的; 粗啞的。③〖語音〗發自舌後與軟腭間的。—— *n.* Ⓒ 舌後音; 軟腭音(如 g, k)。

***guy¹** [gaɪ] *n.* Ⓒ ①樣子古怪的人; 稻草人。②〖美俗〗人; 傢伙(=fellow)。—— *v.t.*〖俗〗挖苦; 嘲弄。

guy² *n.* Ⓒ 支索; 張索; 拉線。—— *v.t.* 用支索撐住。

guz·zle [ˋgʌzl] *v.i.* & *v.t.* 暴飲暴食; 豪飲。

***gym** [dʒɪm] *n.*〖俗〗①Ⓒ 體育館。②Ⓤ 體育(學科)。§～ shòe 運動鞋。～ sùit 運動衣。

gym. gymnasium; gymnastics.

***gym·na·si·um** [dʒɪmˋnezɪəm] *n.* Ⓒ (*pl.* ～s, -si·a [-zɪə]) 健身房; 體育館。

gym·nast [ˋdʒɪmnæst] *n.* Ⓒ 體育家; 健身運動家。

***gym·nas·tic** [dʒɪmˋnæstɪk] *adj.* 體操的; 體育的。

***gym·nas·tics** [dʒɪmˋnæstɪks] *n.*

①(作 *pl.*解)體操。②Ⓤ健身術。

gy·n(a)e·co·log·ic [ˌdʒaɪnɪkə`lɑdʒɪk] *adj.* 婦科醫學的。

gy·n(a)e·col·o·gy [ˌdʒaɪnɪ`kɑlədʒɪ] *n.* Ⓤ 〖醫〗婦科醫學。 — **gy·n(a)e·col′o·gist,** *n.*

gyp [dʒɪp] 〖俚〗 *n.* ① Ⓒ 欺騙。②Ⓒ騙子。③Ⓤ苦難。— *v.t.* & *v.i.* (-pp-)欺騙；騙取。

gyp·sum [`dʒɪpsəm] *n.* Ⓤ〖礦〗石膏。

***Gyp·sy** [`dʒɪpsɪ] *n.* ①Ⓒ(亦作 g-)吉普賽人。②Ⓤ吉普賽語。③(g-)Ⓒ似吉普賽人的人；流浪者。— *adj.* (g-)吉普賽的。

gy·rate [`dʒaɪret] *adj.* 〖植〗渦狀的。— *v.i.* 旋轉。— **gy·ra′tion,** *n.*

gy·ro [`dʒaɪro] *n.* Ⓒ (*pl.* ~**s**) ①= **gyroscope.** ②=**gyrocompass.**

gy·ro·com·pass [`dʒaɪroˌkʌmpəs] *n.* Ⓒ 迴轉儀羅盤；環動羅盤。

gy·ro·scope [`dʒaɪrəˌskop] *n.* Ⓒ 迴轉儀；方向陀螺儀。— **gy·ro·scop′ic,** *adj.*

gy·ro·sta·bi·liz·er [ˌdʒaɪrə`stebəˌlaɪzɚ] *n.* Ⓒ 迴轉穩定器(減低船[飛機]的搖晃之裝置)。

H h **H h** *H h*

H or **h** [etʃ] *n.* (*pl.* **H's, h's** [`etʃɪz]) ①ⓊⒸ 英文字母之第八個字母。②Ⓤ代表一系列事物中第八個的符號。③Ⓒ H 形物。

H 〖化〗 hydrogen.

***ha** [hɑ] *interj.* 哈；噫(表驚異、快樂等)。

ha·be·as cor·pus [`hebɪəs`kɔrpəs] 〖拉〗*n.* Ⓤ〖法律〗人身保護令。

hab·er·dash·er [`hæbɚˌdæʃɚ] *n.* Ⓒ ①〖美〗男子服飾經售商。②經售零星服飾雜貨之商人。

hab·er·dash·er·y [`hæbɚˌdæʃərɪ] *n.* Ⓒ ①〖英〗服飾雜貨商店。②〖美〗男子服飾店。

ha·bil·i·ment [hə`bɪləmənt] *n.* ①Ⓒ(常*pl.*)服裝；衣著。②(*pl.*)裝備。

‡**hab·it** [`hæbɪt] *n.* ①ⓊⒸ 習慣；習性。②(*sing.*)神性；體質；心境。③Ⓒ(動植物的)習性。*break off a* ~ 革除習慣。*get* [*fall*] *into the* ~ *of* (後接 gerund)養成…之習慣。~ *of body* 體質。~ *of mind* 性情；癖性。*have* [*be in*] *the* [*a*] ~ *of...* 有…的習慣。

hab·it·a·ble [`hæbɪtəbḷ] *adj.* 適於居住的。

hab·i·tat [`hæbəˌtæt] *n.* Ⓒ ①(動植物的)產地；棲息地。②居留地。

***hab·i·ta·tion** [ˌhæbə`teʃən] *n.* ①Ⓤ居住。②Ⓒ住所。

***ha·bit·u·al** [hə`bɪtʃuəl] *adj.* ①習慣的。②慣常的；通常的。— **ly,** *adv.*

ha·bit·u·ate [hə`bɪtʃuˌet] *v.t.* 使習慣於(常爲反身用法)。— **ha·bit·u·a′tion,** *n.*

hab·i·tude [`hæbəˌtjud] *n.* ①Ⓒ習慣；習癖。②Ⓤ性質；氣質。

ha·bit·u·é [hə`bɪtʃuˌe] 〖法〗*n.* Ⓒ 常客。

***hack**[1] [hæk] *v.t.* ①斧劈；亂砍。②(足球賽時)猛踢(對方球員)之脛；(籃球賽時)打(對方持球球員)之臂。③支解；隨意刪改。④大量削減。— *v.i.* ①亂砍。②乾咳。③故意踢對方球員之脛。— *n.* Ⓒ①(常 *sing.*)亂砍；亂劈。②砍劈用之工具(如斧、鋤)。③裂口；裂痕。④乾咳。⑤脛部被踢之傷口。

hack[2] *n.* Ⓒ①〖美〗出租馬車。②〖俗〗出租汽車。③〖英〗出租之馬。— *v.t.* ①出租(馬車)。②任意驅使。— *v.i.* ①乘租賃的馬或馬車出遊。②〖俗〗駕駛出租汽車。— *adj.* ①出租的；受雇的。②陳腐的。

hack·er [`hækɚ] *n.* Ⓒ ①電腦迷。②非法進入電腦通訊網的人。

hack·le [`hækḷ] *n.* Ⓒ ①麻梳。②蠅鉤(釣魚用之人造假蠅)。*with one's* ~*s up* 擺著要鬥的姿勢；發怒。

hack·saw [`hækˌsɔ] *n.* Ⓒ (鋸金屬用的)鋼鋸。(亦作 **hack saw**)

‡**had** [hæd] *v.* pt. & pp. of **have.**

had·dock [`hædək] *n.* Ⓒ (*pl.* ~, ~**s**)〖魚〗黑線鱈。

Ha·des [`hediz] *n.* ①〖希神〗冥府。②(亦作 **Pluto, Dis**)閻王。③(h-) Ⓤ〖俗〗地獄。

***had·n't** [`hædṇt] =**had not.**

hae·mo·glo·bin [ˌhimə`globɪn] *n.* =**hemoglobin.**

haem·or·rhage [`hɛmərɪdʒ] *n.*=**hemorrhage.**

haft [hæft] *n.* [C] 刀柄；劍柄。

hag [hæg] *n.* [C] ①老醜婆；巫婆；女巫。②〖動〗八目鰻類魚。

***hag·gard** [ˋhægɚd] *adj.* ①憔悴的；形容枯槁的。②野性的(特指鷹)。—*n.* [C] 成年即被捕之鷹。

hag·gle [ˋhægl] *v.i.* ①爭論。②討價還價〔about, over〕. —*n.* [C] ①講價。②爭論。③亂砍。

Hague [heg] *n.* (The ～)海牙(荷蘭之行政首都，爲國際法庭所在地)。

hail**[1] [hel] *v.t.* ①向…歡呼；致敬。②招呼；呼叫。—*v.i.* (向船)招呼；喊叫。～ ***from 來自。—*n.* [C] ①歡呼；致敬。②呼喊；招呼。—*interj.* 〖詩〗歡呼或致賀之聲。

***hail**[2] *n.* ① [U] 雹；冰雹。②(a ～ of...)(如雹之)一陣。—*v.i.* ①下雹。②(如雹般地)落下。—*v.t.* 猛烈地撒下或落下。

hail-fel·low [ˋhelˋfɛlo] *n.* [C] 親友；密友。—[ˋhel,fɛlo] *adj.* ①非常親密的。②(與人)親暱的；極要好的；熱絡的〔with〕.

hail·stone [ˋhel,ston] *n.* [C] 冰雹。

hail·storm [ˋhel,stɔrm] *n.* [C] 降雹。

‡**hair** [hɛr] *n.* ① [U] 髮；毛；獸毛。② [C] 毛狀物。③ [U][C]〖植〗茸毛。④(a ～)極小的空間；極微。be not worth a ～ 一錢不值。***by the turn of a*** ～ 差一點兒；險些兒。***keep one's ～ on***〖俗〗保持鎮靜。***let one's ～ down***〖俚〗**a.** 將頭髮散開。**b.** 舉止隨便；放輕鬆。**c.** 實說；直言無隱。***make one's ～ stand on end*** 使人毛髮悚然。***not turn a*** ～ 絲毫不爲所動。§ ∼ **nèt** 髮網。

hair·breadth [ˋhɛr,brɛdθ] *adj.* 間不容髮的。a ～ escape 九死一生。—*n.* (a ～)間不容髮；極狹。

hair·brush [ˋhɛr,brʌʃ] *n.* [C] 髮刷；毛刷。

hair·cloth [ˋhɛr,klɔθ] *n.* [U] 毛布(馬鬃與駱駝毛合織成的布)。

hair·cut [ˋhɛr,kʌt] *n.* [C] ①理髮。②男子髮型。

hair·cut·ting [ˋhɛr,kʌtɪŋ] *n.* [U] 理髮。

hair·do [ˋhɛr,du] *n.* [C] (*pl.* **～s**) ①女人的髮型。②做頭髮。

hair·dress [ˋhɛr,drɛs] *n.* [C] 女人的髮型。—*v.i.* (女人)做頭髮。

hair·dress·er [ˋhɛr,drɛsɚ] *n.* [C] 理髮匠；美容師。〔注意〕給男子理髮者爲 **barber.**

hair·dress·ing [ˋhɛr,drɛsɪŋ] *n.* [U] 美容業。

hair·less [ˋhɛrlɪs] *adj.* 無髮的；禿頂的。

hair·pin [ˋhɛr,pɪn] *n.* [C] 夾髮針。—*adj.* (道路)U 形的。

hair-rais·er [ˋhɛr,rezɚ] *n.* [C]〖俗〗驚人之故事；令人毛骨悚然之經歷。

hair-rais·ing [ˋhɛr,rezɪŋ] *adj.*〖俗〗令人毛骨悚然的。

hair·split·ting [ˋhɛr,splɪtɪŋ] *n.* [U] & *adj.* 吹毛求疵(的)；拘泥細節(的)；挑剔(的)。

hair·spring [ˋhɛr,sprɪŋ] *n.* [C] 游絲(鐘錶的細發條)。

hair·style [ˋhɛr,staɪl] *n.* [C] 髮型。

hair-trig·ger [ˋhɛrˋtrɪgɚ] *adj.* 一觸即發的。a ～ temper 火爆脾氣。

***hair·y** [ˋhɛrɪ] *adj.* ①長有毛的；多毛的。②如毛的；毛狀的。③毛製的。

Hai·ti [ˋhetɪ] *n.* 海地(位於西印度群島中，首都 Port-au-Prince).

hake [hek] *n.* [C] (*pl.* **～s,** ～)鱈魚；鱈魚類之魚。

hal·berd [ˋhælbɚd] *n.* [C] 戟(古兵器)。

hal·cy·on [ˋhælsɪən] *n.* [C] 翠鳥；魚狗。—*adj.* 平靜的；太平的。

***hale**[1] [hel] *adj.* 強壯的。

hale[2] *v.t.* 猛拉；拖曳。

‡**half** [hæf, hɑf] *n.* (*pl.* **halves**) ① [U][C] 一半。② [C] (球戲中之)半場時間。③ [C] 幾乎相等的兩部分之一。④ [C]〖美俗〗五角。⑤ [C]〖棒球〗半局。***by ～*** 一半；過份地；非常地。***by halves*** **a.** 不完全。**b.** 不熱心。***do (something) by halves*** 半途而廢；有始無終。***go halves with (a person) in (a thing)*** 與(某人)平分(某物)。—*adj.* ①半個的；一半的。～ an hour[a ～ hour]半小時。②不完全的。***see with ～ an eye*** 一看就明白。—*adv.* ①一半地；部分地。②差不多；幾乎。***not ～*** 壓根兒不；毫不。§ ∼ **blòod** 半血親(同父異母或同母異父)的關係。∼ **bòot** 半長統靴。∼ **bròther** 同母異父或同父異母兄弟。∼ **dóllar** (美、加)五角銀幣。∼ **nòte**〖樂〗半音符；二分音符。∼ **pìnt** (1)半品脫。(2)〖俗〗矮子。(3)〖俚〗無足輕重之人。∼ **sìster** 同父異母或同母異父姊妹。∼ **sòle**(鞋底之)前掌。〔注意〕**half a** 是一般的說法，比較正式的用法是 **a half.**

half-and-half [ˋhæfn̩ˋhæf] *adj.*

①兩者各半的。②兩者兼有的。 — *adv.* 等量地；各半地。— *n.* ①Ⓤ Ⓒ 兩者各半之混合物。②Ⓒ〖俚〗(白人與黑人之)混血兒。

half-baked [ˋhæfˋbekt] *adj.* ①半熟的。②缺乏經驗的。③無事實根據的。④不完全的。

half-bred [ˋhæf,brɛd] *adj.* 雜種的；混血的。

half-breed [ˋhæf,brid] *n.* Ⓒ 混血兒；混合種。

half-done [ˋhæfˋdʌn] *adj.* ①半完成的。②半熟的。

half-heart·ed [ˋhæfˋhɑrtɪd] *adj.* 不熱心的；無興趣的。— **ly,** *adv.*

half-hour [ˋhæfˋaʊr] *n.* Ⓒ 半小時。— *adj.* 半小時的。

half-length [ˋhæfˋlɛŋθ] *adj.* 半身的；半身像的。— *n.* Ⓒ 半身像。

half-mast [ˋhæfˋmæst] *n.* Ⓤ (下)半旗。— *v.t.* 下半旗。

half-moon [ˋhæf,mun] *n.* Ⓒ ①半月。②半月形(物)。

*__half·pen·ny__ [ˋhepnɪ, ˋhepənɪ] *n.* Ⓒ (*pl.* **-nies, -pence**)①半辨士銅幣。②半辨士之值。— *adj.* ①半辨士的。②微不足道的；無價值的。

half-tim·er [ˋhæf,taɪmɚ] *n.* Ⓒ ①做半工者。②〖英〗半工半讀的學童。

half·tone [ˋhæf,ton] *n.* Ⓒ ①網版圖。②〖美術〗(深淺色之間的)半調色；間色。③〖樂〗半音。

half-truth [ˋhæf,truθ] *n.* Ⓤ Ⓒ 含片面眞理或部分眞實的話。

*__half·way__ [ˋhæfˋwe] *adv.* 半路地。 ***go*** [***meet***] ~ 妥協。— *adj.* ①在中途的。②不徹底的；部分的。 § ~ **hôuse** (1)兩地間中途歇腳之小客棧。(2)任何路程之中途地點。(3)折中辦法。

half-wit [ˋhæf,wɪt] *n.* Ⓒ ①魯鈍者。②意志薄弱的人。

half-wit·ted [ˋhæfˋwɪtɪd] *adj.* 遲鈍的；愚笨的。— **ly,** *adv.*

half-year·ly [ˋhæfˋjɪrlɪ] *adv.* & *adj.* 每半年(的)。

hal·i·but [ˋhæləbət] *n.* Ⓒ (*pl.* **~s,** ~)大比目魚。

hal·ite [ˋhælaɪt] *n.* Ⓤ 岩鹽。

hal·i·to·sis [,hæləˋtosɪs] *n.* Ⓤ〖醫〗口臭。

‡**hall** [hɔl] *n.* ①Ⓒ〖美〗通道；走廊。②Ⓒ (靠近門口之)門廳。③Ⓒ 會堂。④Ⓒ 辦公室。⑤Ⓒ (大學裡的)宿舍；演講廳等。⑥(the H-)〖英〗(地主的)府第。

hal·le·lu·jah, -iah [,hæləˋlujə] *interj.* 哈利路亞(讚美上帝語)。— *n.* Ⓒ 讚美詩。

hall·mark [ˋhɔl,mɑrk] *n.* Ⓒ ①(金銀)純度檢驗證明印記。②品質的證明。— *v.t.* 加刻純度檢驗證明印記。

hal·lo(a) [həˋlo] *interj.* & *n.* Ⓒ (*pl.* **~s**)①喂！②啊！— *v.i.* & *v.t.* ①招呼(某人)。②歡呼。

*__hal·loo__ [həˋlu] *interj.* & *n.* Ⓒ (*pl.* **~s**) 大聲喊叫(尤指引人注意或狩獵時嗾犬者)。— *v.t.* & *v.i.* 招呼；喊叫。

*__hal·low__ [ˋhælo] *v.t.* ①使神聖。②視爲神聖而崇敬。

Hal·low·een, -e'en [,hæloˋin, ,hɑl-] *n.* 萬聖節前夕(十月三十一日之夜)。

hal·lu·ci·nate [həˋlusn̩,et] *v.t.* 使生幻覺。— *v.i.* 發生幻覺。

hal·lu·ci·na·tion [hə,lusn̩ˋeʃən] *n.* ①Ⓤ Ⓒ 幻覺。②Ⓒ 幻覺所見之物或聽見之聲。

hal·lu·ci·na·to·ry [həˋlusn̩ə,torɪ] *adj.* 引起幻覺的。

hal·lu·ci·no·gen [həˋlusn̩ədʒɛn] *n.* Ⓤ Ⓒ 幻覺劑。— **hal·lu·ci·no·gen'ic,** *adj.* (藥劑等)引起幻覺的。

hall·way [ˋhɔl,we] *n.* Ⓒ 走廊；玄關。

ha·lo [ˋhelo] *n.* Ⓒ (*pl.* **~(e)s**)①(日月的)暈輪；光圈。②(神像等頭上所畫之)光環。③榮光。

*__halt__[1] [hɔlt] *v.t.* & *v.i.* (使)立定；(使)停止前進。— *n.* ①(a ~)立定；停止行進。②Ⓒ (火車停留的)小站；電車站。 ***call a*** ~ 命令停止。

halt[2] *v.i.* ①猶豫。②囁嚅而言。③(韻文等)有缺點。

hal·ter [ˋhɔltɚ] *n.* Ⓒ ①韁繩。②絞首用繩索。③吊死。— *v.t.* ①以韁繩縛繫。②以繩吊縊。

halt·ing [ˋhɔltɪŋ] *adj.* ①跛的；有缺陷的。②躊躇的；曖昧的。— **ly,** *adv.*

halve [hæv] *v.t.* ①二等分；平分。②減半。

halves [hævz] *n.* pl. of **half.**

hal·yard [ˋhæljɚd] *n.* Ⓒ 帆、旗等的升降索。

*__ham__ [hæm] *n.* ①Ⓤ Ⓒ 火腿。②Ⓒ (獸類之)大腿。③Ⓤ 腿肉。④Ⓒ (常*pl.*)臀部。⑤Ⓒ〖俚〗笨拙的演員。⑥Ⓒ〖俚〗業餘無線電玩家。

H

H

Ham·burg [ˋhæmbɜg] *n.* 漢堡(德國西北部城市)。§ ∼ [h∸] **stèak** 漢堡牛肉餅。

ham·burg·er [ˋhæmbɜgɚ] *n.* ①=**Hamburg steak.** ② Ⓒ 夾牛肉餅的三明治。

ham-fist·ed [ˋhæmˋfɪstɪd] *adj.* 笨拙的。(亦作 **ham-handed**)

Ham·let [ˋhæmlɪt] *n.* 哈姆雷特(莎士比亞四大悲劇之一)。

*__ham·mer__ [ˋhæmɚ] *n.* Ⓒ ①鎚；鐵鎚。②木槌。③〖樂〗琴鎚。④似鎚之物。⑤〖運動〗鏈球。*bring* [*send*] *to the* ∼ 拿去拍賣。*come* [*go*] *under the* ∼ 被拍賣掉。∼ *and tongs*〖俗〗拚命；竭力。— *v.t.* ①鎚打；鎚成(某形狀)。②釘〔常 down, up〕。③用力敲打。④努力或費力地工作。⑤(辯論時)提出(有力的理由、論點等)(常與 home 連用)。— *v.i.* ①鎚打；敲打。②埋頭工作〔常 away〕。③重申；一再強調。∼ (*away*) *at* **a.** 苦心研究；下苦功。**b.** 一再強調。∼ *out* **a.** 用鎚打平；用鎚打掉。**b.** 努力去完成；用心去想。§ ∼ **thrôw** 擲鏈球運動。

ham·mer·head [ˋhæmɚ,hɛd] *n.* Ⓒ ①鎚頭。②〖魚〗撞木鮫。③〖美俚〗笨蛋；白痴。

*__ham·mock__ [ˋhæmək] *n.* Ⓒ 吊床。§ ∼ **chàir** 可折疊的帆布躺椅。

*__ham·per__[1] [ˋhæmpɚ] *v.t.* 使不能行動自如；妨礙；阻礙；困累。

ham·per[2] *n.* Ⓒ 有蓋大籃子。

ham·string [ˋhæm,strɪŋ] *n.* Ⓒ〖解〗腿筋。— *v.t.* (**-strung** or ∼**ed**) ①使殘廢；使跛。②使受挫。

‡**hand** [hænd] *n.* ① Ⓒ 手；掌。② Ⓒ (猴子的)腳；(高級脊椎動物的)前腳。③ Ⓒ 如手之物(如鐘錶之針)。④ Ⓒ 勞工；雇工。⑤ Ⓒ (常 *pl.*)掌握；處理。⑥ Ⓒ 方面；方向。⑦(a ∼)關係；參與。⑧(a ∼)筆跡；書法。⑨(one's ∼)簽名。⑩ Ⓒ 技巧；手法。⑪ Ⓤ 拍手喝采。⑫(*sing.*)婚約。⑬ Ⓒ 一掌寬(約四英寸)。⑭ Ⓒ〖牌戲〗一手牌；競賽之一盤；玩牌者。⑮ Ⓒ 水手。⑯ Ⓒ 人(就能力而言)。⑰(a ∼)幫助。*a good* [*poor*] ∼ *at* 巧[拙]於。*at first* [*second*] ∼ 直[間]接。*at* ∼ **a.** 近處；在手邊。**b.** 即將到來。*at one's* ∼ 由某人之手。*at the* ∼(*s*) *of* 被；受。*bear* [*give, lend*] *a* ∼ 參加〔in〕；幫助〔with〕. *by* ∼ 手工做的；用手。*by the* ∼*s of* 經…之手。*change* ∼*s* (財產等)換主人；易手。*clean* ∼*s* 無辜；清白。*come to* ∼ 收到；找著。*eat*[*feed*]*out of one's* ∼ 順從；易管理。*fight* ∼ *to* ∼ 短兵相接；肉搏。*from* ∼ *to* ∼ 用手傳遞。*from* ∼ *to mouth* 僅夠餬口；毫無積蓄的。*gain the upper* ∼ *of* 占優勢。*get a big* ∼ 大受喝采。∼ *and foot* 手腳一起；盡力。∼ *and*[*in*] *glove with* 跟…很親密。∼ *in* ∼ **a.** 手牽手地。**b.** 共同地。∼ *over* ∼ [*fist*] **a.** (如爬繩般)雙手交互地攀登。**b.** 進展快速。∼*s down* 不費力；輕而易舉地。*Hands off!* 不許動手！不要干涉！*Hands up!* **a.** 舉起你的手(作爲投降等的象徵)！**b.** 舉手表示同意。∼ *to* ∼ 接近。*have one's* [*a*] ∼ *in* 干與；熟習。*have one's* ∼*s full* 事忙；無法分身。*in* ∼ **a.** 在控制下。**b.** 擁有。**c.** 工作已經著手。*join* ∼*s* **a.** 結成同夥。**b.** 結婚。*lay* ∼*s on* **a.** 攫；取；拿。**b.** 抓住。**c.** 襲擊。**d.** 按手祝福(某人)。*off* ∼ 馬上；立即。*off one's* ∼*s* **a.** 不在某人掌握中。**b.** 擺脫責任。*on all* ∼*s*(從)四面八方；一致。*on* ∼ **a.** 現有。**b.** 在近處。**c.** 準備。**d.**〖美〗出席。*on one's* ∼*s* 在某人監督或掌握中。*on the one* ∼ 一方面。*on the other* ∼ 他方面。*out of* ∼ **a.** 即時。**b.** 難控制。*tie one's* ∼*s* 束縛；使某人無能爲力。*wash one's* ∼*s of* 洗手不幹；拒絕對…負責。*with a heavy* [*an iron*] ∼ 壓制地；用鐵腕。— *v.t.* ①交給；傳遞。②扶持；以手助。∼ *down* **a.** 傳遞。**b.** 宣布。∼ *in* 提出；遞進。∼ *out* 分給；交給。∼ *over* 移交；讓與。§ ∼ **bàggage** 手提行李。∼ **bràke** 手煞車。∼ **glàss** 放大鏡。∼ **gre-nāde** 手榴彈。∼ **lànguage** 手語。∼ **lùggage**〖英〗手提行李。∼ **mōney** 定金。∼ **òrgan** 一種大型手風琴。

hand·bag [ˋhænd,bæg, ˋhæn-] *n.* Ⓒ ①女用手提包。②小旅行袋。

hand·ball [ˋhænd,bɔl] *n.* Ⓤ 手球。

hand·bill [ˋhænd,bɪl] *n.* Ⓒ (用手分發之)傳單；廣告單。

hand·book [ˋhænd,bʊk] *n.* Ⓒ ①手冊。②旅行指南。

hand·cart [ˋhænd,kɑrt] *n.* Ⓒ 手推[拉]車。

hand·clap [ˋhænd,klæp] *n.* Ⓒ

拍手。

hand·clasp [ˋhænd͵klæsp] *n.* Ⓒ 握手。

hand·cuff [ˋhænd͵kʌf] *n.* Ⓒ (常 *pl.*)手銬。— *v.t.* 加手銬於…。

hand·ed [ˋhændɪd] *adj.* ①有手的。②用…手的。left-*handed* 慣用左手的。③由幾個人組成的。

***hand·ful** [ˋhænd͵fʊl, ˋhæn-] *n.* Ⓒ ①一撮；一把。②少數(人或物)。③〖俗〗難處理之人、事。

hand·gun [ˋhænd͵gʌn] *n.* Ⓒ〖美〗手槍。

hand·hold [ˋhænd͵hold] *n.* Ⓒ ①把握；掌握。②把手；把柄。

***hand·i·cap** [ˋhændɪ͵kæp] *n.* Ⓒ ①〖運動〗(優劣懸殊者作比賽時，所給予優者之)障礙。②障礙；困難。— *v.t.* (-pp-)①加障礙於(比賽者)。②使處於不利的地位。

hand·i·capped [ˋhændɪ͵kæpt] *adj.* ①身體有缺陷的。②〖運動〗在不利情形下比賽的。

hand·i·craft [ˋhændɪ͵kræft] *n.* ① Ⓤ 手工；手藝。② Ⓤ 需要手工技藝的行業。③ Ⓒ (常 *pl.*)手工藝品。

Hand·ie-Talk·ie [ˋhændɪ͵tɔkɪ] *n.* Ⓒ〖商標〗大哥大(一種可隨身携帶的小型無線電話機)。

hand·i·ly [ˋhændɪlɪ] *adv.* ①方便地。②靈巧地；熟練地。③容易地。

hand·i·work [ˋhændɪ͵wɜk] *n.* ① Ⓤ 手工。② Ⓒ 手工藝品。

***hand·ker·chief** [ˋhæŋkɚtʃɪf, -͵tʃif] *n.* Ⓒ 手帕。

hand-knit(ted) [ˋhændˋnɪt(ɪd)] *adj.* 手工編織的。

‡**han·dle** [ˋhændl̩] *n.* Ⓒ ① 柄；把手。②可乘之機；口實。③〖俗〗名字；頭銜。*fly off the* ～ 發怒；激動。— *v.t.* ①以手觸動；持；執；搬。②管理；指揮。③對付；對待。④〖美〗經銷；買賣。⑤討論。— *v.i.* 操作；舉動。

han·dle·bar [ˋhændl̩͵bɑr] *n.* Ⓒ ①(常 *pl.*)(腳踏車之)把手。②〖俗〗長八字鬍。

han·dler [ˋhændlɚ] *n.* Ⓒ ① 處理者。②(拳師、摔角者等之)經理人；教練。③(門犬或馬等之)訓練者。

hand·less [ˋhændlɪs] *adj.* 無手的；笨手笨腳的。

han·dling [ˋhændlɪŋ] *n.* Ⓤ ①以手觸摸；執握；利用。②管理；處理。

hand·made [ˋhændˋmed] *adj.* 手工做的。

hand·maid [ˋhænd͵med] *n.* Ⓒ ①女僕；婢女。②作爲輔助的事物。(亦作 **handmaiden**)

hand-me-down [ˋhænmɪ͵daʊn]〖俚〗*adj.* ①現成的；便宜的。②舊的。— *n.* Ⓒ (常 *pl.*)舊衣服；現成衣服。

hand·out [ˋhænd͵aʊt] *n.* Ⓒ ① 施捨品。②(免費奉送的)廣告物品。③給報社發表的新聞。④傳單。⑤講義。

hand·o·ver [ˋhænd͵ovɚ] *n.* Ⓤ 移交。

hand·rail [ˋhænd͵rel] *n.* Ⓒ 扶手；欄干。

hand·sel [ˋhænsl̩] *n.* Ⓒ ① 賀禮；新年禮物；新郎給新娘的禮物。②第一次付款；第一筆生意所得之款。③初試；初嘗。— *v.t.* (-l-,〖英〗-ll-) ①致送賀儀與…。②首先使用或嘗試。③爲…舉行開幕典禮。

hand·shake [ˋhænd͵ʃek] *n.* Ⓒ 握手。

‡**hand·some** [ˋhænsəm] *adj.* ① 英俊的；漂亮的。②相當大的。③慷慨的；大方的。④〖俗〗優美的；合宜的。⑤熟練的；得體的。

hand-to-hand [ˋhændtəˋhænd] *adj.* 交手的；白刃戰的。

hand-to-mouth [ˋhændtəˋmaʊθ] *adj.* & *adv.* ①無隔宿之糧的[地]。②不儉省的[地]。

hand·work [ˋhænd͵wɜk] *n.* Ⓤ 手工；精細工藝。—**ed,** *adj.*

hand·writ·ing [ˋhænd͵raɪtɪŋ] *n.* ① Ⓤ (又作 a ～)筆跡；書法。② Ⓒ 手寫物。

***hand·y** [ˋhændɪ] *adj.* ①便利的。②手熟的；敏捷的。③易於駕馭的。④在手邊的；容易取得的。

‡**hang** [hæŋ] *v.t.* (**hung** or **hanged**) ①懸；掛；吊。②絞死。③釘十字架處死。④懸掛以點綴之。⑤垂(首)。⑥貼(紙等)在牆上。⑦拖延(時間)。⑧懸擱。⑨陳列。⑩(將門用鉸鏈)裝在門框上。⑪較輕的詛咒。— *v.i.* ①懸；掛；吊。②吊死。③附著；纏住。④視…而定。⑤徘徊。⑥猶豫不決；躊躇。⑦上十字架。⑧擱置。⑨飄浮在空中。⑩負荷；擺不脫。⑪注意；思考(常 on, upon)。⑫被陳列。～ *about*[*around*] **a.** 留在近旁；在附近。**b.** 閒呆著。～ *back* 躊躇不前；退縮。～ *on* **a.** 緊抱。**b.** 不願讓(人等)走開、停下或離去。**c.** 堅持。**d.** 依恃；斜靠。**e.** 仔細地考慮或聽。**f.**

H

視…而定。~ *out* a. 前靠; 伸出身體。b. 掛在外面。c. 〖俚〗居住; 停留。~ *over* a. 接近。b. 威脅; 逼近。c. 擱置。~ *up* a. 放在鉤、栓等上面; 掛; 吊。b. 掛斷電話。c. 中止。— *n.* ① Ⓤ 懸; 掛; 吊; 掛樣; 垂下狀態。②(the ~)〖美俗〗用法; 作法; 訣竅。③(the ~)〖美俗〗意義; 意念。④ Ⓒ 一點點。§ ~ **glíding** 滑翔翼運動。

hang·ar [ˋhæŋɚ] *n.* Ⓒ ①飛機庫。②棚廠。

hang·dog [ˋhæŋ͵dɔg] *adj.* 低賤的; 鬼鬼祟祟的。— *n.* Ⓒ 卑賤的人。

hang·er [ˋhæŋɚ] *n.* Ⓒ ①懸掛者。②掛物之鉤或環。

hang·er-on [ˋhæŋɚˋɑn] *n.* Ⓒ (*pl.* **hang·ers-on**) 依附者; 隨從者。

***hang·ing** [ˋhæŋɪŋ] *n.* ① Ⓤ Ⓒ 絞死; 絞刑。② Ⓤ 懸掛; 垂吊。③ Ⓒ (常 *pl.*) 窗帘; 幔帳。— *adj.* ①應處絞刑的。②懸掛的。③位於高處或斜坡上的。

hang·man [ˋhæŋmən] *n.* Ⓒ (*pl.* **-men**) 絞刑吏; 劊子手。

hang·nail [ˋhæŋ͵nel] *n.* Ⓒ 指甲根上的肉刺; 逆臚。

hang·o·ver [ˋhæŋ͵ovɚ] *n.* (a ~) ①殘留物; 遺物。②〖美俚〗宿醉。③(藥物之)副作用。

hang·up [ˋhæŋ͵ʌp] *n.* Ⓒ 〖俚〗委屈; 委靡; 阻礙。

han·ker [ˋhæŋkɚ] *v.i.* 渴望; 切望; 嚮往。

han·ker·ing [ˋhæŋkərɪŋ] *n.* Ⓒ (常 a ~) 熱望; 切望。— *adj.* 切望的; 眷戀的。— **ly,** *adv.*

han·ky, han·kie [ˋhæŋkɪ] *n.* 〖俗〗= **handkerchief.**

han·ky-pan·ky [ˋhæŋkɪˋpæŋkɪ] *n.* Ⓤ 〖俗〗①騙術; 不道德的行爲。②戲言; 輕佻之行爲。

han·som [ˋhænsəm] *n.* Ⓒ 二輪雙座小馬車(御者座位高踞車後者)。

hap [hæp] *n.* ① Ⓒ 意外事件。② Ⓤ 運氣。— *v.i.* (**-pp-**) 偶然發生。

hap·haz·ard [ˋhæp͵hæzɚd] *n.* Ⓤ 偶然(事件); 隨便。— [͵hæpˋhæzɚd] *adj.* & *adv.* 偶然的[地]; 隨便的[地]。

hap·less [ˋhæplɪs] *adj.* 不幸的; 倒楣的。

‡**hap·pen** [ˋhæpən] *v.i.* ①發生。②偶然; 恰巧。

***hap·pen·ing** [ˋhæpənɪŋ] *n.* Ⓒ 「(常 *pl.*) 事件。

***hap·pi·ly** [ˋhæpɪlɪ] *adv.* ①快樂地; 高興地。②幸運地; 幸而。③適當地; 技巧地。

‡**hap·pi·ness** [ˋhæpɪnɪs] *n.* Ⓤ ①快樂; 幸福。②幸運。③適當。

‡**hap·py** [ˋhæpɪ] *adj.* ①高興的; 愉快的; 滿足的; 快樂的。②幸福的; 幸運的。③適當的; 成功的。④喜歡的。§ ~ **hòur** 快樂時刻(指酒吧飲料減價出售的那段時間)。

hap·py-go-luck·y [ˋhæpɪ͵goˋlʌkɪ] *adj.* 無憂無慮的; 聽天由命的; 隨遇而安的。

ha·rangue [həˋræŋ] *n.* Ⓒ ①大聲疾呼的演說。②長篇的高談闊論。③猛烈的口頭攻擊。— *v.t.* 向…作大聲疾呼演說。— *v.i.* 高談闊論。

ha·rass [ˋhærəs, həˋræs] *v.t.* ①侵擾; 襲擊。②使困苦; 使煩惱。

ha·rass·ment [ˋhærəsmənt] *n.* ① Ⓤ 侵擾; 煩惱; 困苦。② Ⓒ 使煩惱之事物; 侵擾之事物。

har·bin·ger [ˋhɑrbɪndʒɚ] *n.* Ⓒ ①先驅; 先鋒; 先行報信者。②先兆。— *v.t.* 作先鋒; 預兆。

‡**har·bor,** 〖英〗**-bour** [ˋhɑrbɚ] *n.* Ⓤ Ⓒ ①港。②避難所; 藏匿處。— *v.t.* ①庇護; 藏匿。②懷藏(惡意等)。— *v.i.* 躲藏; 潛伏; 停泊。

‡**hard** [hɑrd] *adj.* ①堅硬的。②結實的; 堅固的。③嚴重的; 嚴厲的。④辛苦的; 艱難的。⑤刻苦的; 堅忍的。⑥難堪的; 不悅的。⑦強烈的; 狂暴的。⑧無情的。⑨硬質的; 含有鹽分的。⑩〖美〗含酒精成分多的。⑪〖語音〗硬音的; 不濁的。⑫無法忍受的。⑬艱苦的。⑭無法否認的。⑮含有敵意的。~ *and fast* 嚴格的; 不許變動的; 牢不可破的。— *adv.* ①努力地; 辛苦地; 強烈地。②堅硬地。③堅牢地; 緊地。④猛烈地; 竭力地。⑤接近地; 緊隨地。⑥用力地; 困難地。§ ~ **cásh** (1)硬幣。(2)現款。~ **cópy** (1)(印在紙上)可讀的電腦資料; 硬拷貝。(2)清稿。~ **córe** (1)(黨派)核心中堅分子。(2)道路之底石。(3)頑固份子。~ **cúrrency** 〖經〗強勢貨幣。~ **dísk** 硬式磁碟。~ **drínk** [**líquor**] 烈酒。~ **hàt** 安全帽。~ **knócks** 〖美俗〗挫折; 艱苦。~ **lábor** (1)勞役; 苦役。(2)激烈的勞動; 非常的努力。~ **lúck** 不幸; 壞運氣。~ **séll** (1)積極的推銷技術。(2)困難的說服工作。~ **shóulder** (尤指公路邊供出毛病的汽

車停靠的)表面堅硬的路肩。

hard·back [ˋhard,bæk] *n.* Ⓒ 硬封面的書。

hard-bit·ten [ˋhardˋbɪtn̩] *adj.* 倔強的；頑強的。

hard·board [ˋhard,bord] *n.* Ⓤ 〖建〗硬質纖維板。

hard-boiled [ˋhardˋbɔɪld] *adj.* ①煮硬了的(蛋)。②〖俗〗頑強的；冷酷無情的。③理智的。④〖俚〗硬挺的。

hard-core [ˋhard,kor] *adj.* ①核心的。②(色情影片、書刊等)極端露骨的；赤裸裸的。**—** *n.* Ⓒ 極端露骨而大膽之色情電影或書刊。

hard·cov·er [ˋhardˋkʌvɚ] *n.* Ⓒ 精裝書。**—** *adj.* 精裝的。

***hard·en** [ˋhardn̩] *v.t.* ①使堅強；使堅固。②鍛鍊；使剛毅。**—** *v.i.* ①變硬；變堅強。②成爲無情；堅定。③漲價。④(市場)穩定。

hard·hat [ˋhard,hæt] *n.* Ⓒ〖俗〗①建築工人。②極端保守主義者。

hard-head·ed [ˋhardˋhɛdɪd] *adj.* 精明的；冷靜的。

hard·heart·ed [ˋhardˋhartɪd] *adj.* 硬心腸的。

har·di·hood [ˋhardɪ,hud] *n.* Ⓤ ①大膽；剛毅。②蠻勇；厚顏。

hard-lin·er [ˋhardˋlaɪnɚ] *n.* Ⓒ 〖俗〗主張採取強硬行動者。

‡**hard·ly** [ˋhardlɪ] *adv.* ①幾乎不；大概不。②剛剛；恰好(與 when 連用)。③努力地；刻苦地。④嚴厲地；刻薄地。～ *ever* 很少。

hard-nosed [ˋhard,nozd] *adj.* = **hard-headed.**

hard-of-hear·ing [ˋhardəv-ˋhɪrɪŋ] *adj.* 不良於聽的；重聽的。

hard-on [ˋhard,an] *n.* Ⓒ〖俗〗勃起。

hard-pressed [ˋhardˋprɛst] *adj.* 受強烈之壓力的；受緊壓的。

***hard·ship** [ˋhardʃɪp] *n.* Ⓤ Ⓒ 困苦；艱難；辛苦；缺乏。

hard·top, hard-top [ˋhard-,tap] *n.* Ⓒ 硬頂轎車。

***hard·ware** [ˋhard,wɛr] *n.* Ⓤ ①五金器具。②軍火、武器等。③電子計算機、核子反應器等的零件。④(用於飛彈、飛機等中的)機器；零件。⑤〖電算〗硬體；硬具。

hard·wood [ˋhard,wud] *n.* Ⓤ 硬木(如橡木)。

***har·dy** [ˋhardɪ] *adj.* ①強壯的。②需要膽量的。③耐寒的(植物)。④魯莽的；輕率的。⑤能吃苦耐勞的。

Har·dy [ˋhardɪ] *n.* 哈代(Thomas, 英國詩人及小說家)。

***hare** [hɛr] *n.* Ⓒ (*pl.* **~s, ~**)野兎。

hare·brained [ˋhɛrˋbrend] *adj.* 輕率的；粗心的。

hare·lip [ˋhɛr,lɪp] *n.* Ⓤ Ⓒ 兎唇。

har·em [ˋhɛrəm] *n.* Ⓒ ①(回教徒之)閨房。②(妻、妾、女僕等)女眷。

hark [hark] *v.i.* 聽(常用於命令語句)。**—** *v.t.* 〖古〗聽。～ ***back*** **a.** (獵犬)循原路而返以求嗅跡。**b.** 復原；歸還；舊事重提。

Har·lem [ˋharləm] *n.* 哈林區(紐約市Manhattan東北部的黑人居住區)。

har·le·quin [ˋharləkwɪn] *n.* Ⓒ ①(常 H-)一種趣劇或啞劇中的諧角。②丑角。

har·lot [ˋharlət] *n.* Ⓒ 妓女。

‡**harm** [harm] *n.* Ⓤ 傷害；損害；害處。**—** *v.t.* 傷害；損害；有害於。

***harm·ful** [ˋharmfəl] *adj.* 有害的。

***harm·less** [ˋharmlɪs] *adj.* ①無害處的。②無辜的；無惡意的。

har·mon·ic [harˋmanɪk] *adj.* ①調和的；和諧的。②〖樂〗和音的。**—** *n.* Ⓒ〖樂〗陪音；和音。

har·mon·i·ca [harˋmanɪkə] *n.* Ⓒ 口琴。

***har·mo·ni·ous** [harˋmonɪəs] *adj.* ①協調的；調和的。②和睦的。③音調和諧的；悅耳的。—**ly,** *adv.*

har·mo·nize [ˋharmə,naɪz] *v.t.* ①使調和；使一致。②〖樂〗加調和音(使成諧調)。**—** *v.i.* ①和諧；一致；諧調；相稱。②和諧地演奏或唱。

***har·mo·ny** [ˋharmənɪ] *n.* ① Ⓤ 協調；調和。② Ⓤ 和睦；和平共處。③ Ⓤ Ⓒ〖樂〗和聲；和聲法。

har·ness** [ˋharnɪs] *n.* Ⓤ Ⓒ ①馬具。②降落傘繫在身體上的繩子。③牽小孩走路使不會摔倒的繩帶等。④〖古〗甲冑。in*** ～ 從事日常工作。**—** *v.t.* ①束以馬具；駕(馬)於車。②利用(水、瀑布等)使產生動力。

***harp** [harp] *n.* ① Ⓒ 豎琴。② Ⓒ 豎琴形之物。③(H-)〖天〗天琴座。**—** *v.i.* ①彈豎琴。②不停地說。

har·poon [harˋpun] *n.* Ⓒ 銛；魚叉。**—** *v.t.* 以魚叉投射(魚)。

harp·si·chord [ˋharpsɪ,kɔrd] *n.* Ⓒ 大鍵琴(鋼琴的前身)。

Har·py [ˋharpɪ] *n.* Ⓒ ①〖希神〗首及身似女人，而翅膀、尾巴及爪似鳥之

H

怪物。②(h-)殘酷貪婪之人。

har·ri·dan [ˋhærədən] *n.* Ⓒ年老色衰之娼妓；惡婦；醜婆。

har·ri·er [ˋhærɪɚ] *n.* ①Ⓒ獵兎狗。②(*pl.*)獵兎的人與狗。③Ⓒ越野賽跑者。

har·row [ˋhæro] *n.* Ⓒ耙。— *v.t.* ①耙掘。②傷害；使傷心。③使受痛苦。

***har·ry** [ˋhærɪ] *v.t.* ①掠奪；蹂躪。②使痛苦；使苦惱。③不斷地困擾人。

***harsh** [hɑrʃ] *adj.* ①粗糙的；刺耳[目]的。②嚴厲的；苛刻的。③殘酷的；無情的。④崎嶇不平的。⑤(味道)澀口的。

hart [hɑrt] *n.* Ⓒ雄鹿(尤指五歲以上之雄紅鹿)。

har·um-scar·um [ˋhɛrəmˋskɛrəm] *adj.* & *adv.* 輕率的[地]；鹵莽的[地]。— *n.* ①Ⓒ冒失鬼。②Ⓤ粗率的行爲。

Har·vard [ˋhɑrvɚd] *n.* 美國哈佛大學(爲美國最早之學院)。

***har·vest** [ˋhɑrvɪst] *n.* ①Ⓒ收穫；收穫量；收穫物。②Ⓒ收穫期。③(*sing.*)成果；結果。— *v.t.* & *v.i.* 收割；收穫。§ ∼ **féstival**〖英〗收穫節(感謝豐收之教會祭典)。

har·ves·ter [ˋhɑrvɪstɚ] *n.* Ⓒ①收穫者。②收割機。

‡**has** [hæz] *v.* have的第三人稱，單數，現在式，直說法。

has-been [ˋhæz,bɪn] *n.* Ⓒ〖俗〗過時的人或物；曾經紅過的人。

hash [hæʃ] *n.* ①ⓊⒸ熟肉末炒馬鈴薯泥。②(a∼)混雜；混雜物。③Ⓤ亂七八糟。*make a* ∼ *of* 弄糟。— *v.t.* ①切細。②〖俗〗弄成亂七八糟。③徹底討論或檢討。

‡**has·n't** [ˋhæznt] =**has not.**

hasp [hæsp] *n.* Ⓒ①門窗、箱子等之鐵釦。②一束紗或線。— *v.t.* 用鐵釦扣上。

has·sle [ˋhæsl] *n.* Ⓒ ①激烈之爭論。②費力氣之工作[事]。— *v.t.* 使困擾。— *v.i.* 口角；激烈地爭論。

has·sock [ˋhæsək] *n.* Ⓒ膝墊(祈禱時跪用)。

hast [hæst] *v.* 〖古〗have之第二人稱，單數，現在式，直說法。

***haste** [hest] *n.* Ⓤ匆忙；急忙。*make* ∼ 急忙；匆忙。

***has·ten** [ˋhesn] *v.t.* 催促；促進。— *v.i.* 趕快；急行。

***hast·y** [ˋhestɪ] *adj.* ①匆匆的；急忙的。②草率的；率爾的。③易怒的；壞脾氣的。— **hast′i·ness,** *n.*

‡**hat** [hæt] *n.* Ⓒ帽(通常指有邊者)。∼ *in hand* 恭謹；謙和。*take off one's* ∼ *to* 對…表示敬意。*talk through one's* ∼〖俚〗說大話；吹牛。— *v.t.* (-tt-)戴帽子。

hat·band [ˋhæt,bænd] *n.* Ⓒ帽子的緞帶。

hat·box [ˋhæt,bɑks] *n.* Ⓒ帽盒。

***hatch**[1] [hætʃ] *v.t.* ①孵(卵、雛)。②策畫；圖謀。— *v.i.* 孵化。— *n.* Ⓒ①孵。②一窩所孵之雛。

***hatch**[2] *n.* Ⓒ①艙口；艙門。②地板[天花板]上之開口。

hatch·back [ˋhætʃ,bæk] *n.* Ⓒ後門可向上打開的汽車。

hatch·er·y [ˋhætʃərɪ] *n.* Ⓒ①魚卵孵化場。②大型幼豬養殖場。

***hatch·et** [ˋhætʃɪt] *n.* Ⓒ①手斧；斧頭。②(北美印第安人的)戰斧；鉞。*bury the* ∼ 修睦；媾和。§ ∼ **màn**〖俗〗(1)職業殺手；刺客。(2)受雇撰寫中傷他人之報導的記者(等)。

hatch·way [ˋhætʃ,we] *n.* Ⓒ①艙口。②地窖口。

‡**hate** [het] *v.t.* ①憎惡；憎恨。②不喜歡。— *n.* Ⓤ憎惡。§ ∼ **càll** [**màil**] 故意騷擾人的電話[信]。

***hate·ful** [ˋhetfəl] *adj.* 憎惡的。

hate·mon·ger [ˋhet,mʌŋgɚ] *n.* Ⓒ挑撥他人使對某人懷恨者。

hat·er [ˋhetɚ] *n.* Ⓒ懷恨者。

hath [hæθ] *v.* 〖古〗有(=has).

***ha·tred** [ˋhetrɪd] *n.* Ⓤ憎恨；仇恨；憎惡。

hat·ter [ˋhætɚ] *n.* Ⓒ製帽人；帽商。

***haugh·ty** [ˋhɔtɪ] *adj.* 傲慢的；驕傲的；不遜的。— **haugh′ti·ly,** *adv.* — **haugh′ti·ness,** *n.*

***haul** [hɔl] *v.t.* ①拖；拉；曳。②運輸。③使降下。— *v.i.* ①拖；拉；曳。②改變方向。∼ *off* **a.** 將船開駛。**b.** 撤退；縮手準備出擊。∼ *up* **a.** 改轉航路。**b.** 使船轉爲迎風前進。**c.** 傳喚(人)到…。**d.** 停止。— *n.* ①(a ∼)用力拖拉。②(a ∼)拖拉的距離。③Ⓒ所拖拉之量；(尤指)一網所獲之魚；收穫。

haul·age [ˋhɔlɪdʒ] *n.* Ⓤ牽引力；(貨物之)搬運；(貨物之)運費。

haul·er [ˋhɔlɚ] *n.* Ⓒ運輸業者。

haunch [hɔntʃ, hɑntʃ] *n.* Ⓒ①(常*pl.*)腰；臀部。②(動物之)腰部。

***haunt** [hɔnt, hant] *v.t.* & *v.i.* ①常到；常至；(鬼)出沒。②縈繞於心。 — *n.* Ⓒ (常 *pl.*)常到的地方。
haunt·ed [ˋhɔntɪd] *adj.* ①鬼常出沒的；鬼作祟的。②煩擾的；困惑的；焦慮不安的。
haunt·ing [ˋhɔntɪŋ] *adj.* 常浮現於腦海中的；不易忘懷的。
Haupt·mann [ˋhauptmən, -mɑn] *n.* 霍普特曼(Gerhart, 德國劇作家、小說家及詩人)。
haute cou·ture [ˏotkuˋtʊr] 〖法〗 *n.* Ⓤ ①(集合稱)(製銷新款式的)高級服裝店。②(集合稱)高級服裝設計師。③最新流行服裝款式。
haute cui·sine [ˏotkwɪˋzin] 〖法〗 *n.* Ⓤ ①高級烹飪。②名菜佳餚。
Ha·van·a [həˋvænə] *n.* ①哈瓦那(古巴首都)。② Ⓒ 哈瓦那雪茄煙。
‡**have** [hæv] *v.t.* (**had**) ①有；包括有。②令；使。③必須；不得不。④獲得；取用；吃；喝。⑤有(指抽象的事物)；表現。⑥享受；經歷。⑦進行；作。⑧允許；准；忍耐。⑨說；宣稱；認爲。⑩記憶；牢記。⑪懂；通曉。⑫心存；蓄懷。⑬生；生產。⑭有。⑮〖俗〗戰勝；使迷惑；打敗。⑯欺騙；瞞。⑰邀請；招待。⑱表示；表現。～ *and* (*to*) *hold* 保有。～ *at* (*a person*) 攻擊(某人)。*H- done!* 算了吧！～ *it coming* 〖俗〗活該；應得。～ *it in for* 〖俗〗懷恨。～ *it out* (打仗)打出結果；(辯論)辯出個結果。～ *to do with* **a.**與…有關。**b.**爲…的伴侶[夥伴，朋友]；與…交往。 — *aux. v.* 用以形成完成時態。 — *n.* ① Ⓒ 〖俚〗詐欺；詐騙。②(*pl.*, 常 the ～)有產者；富人；富國。
ha·ven [ˋhevən] *n.* Ⓒ ①港口；避風港。②避難所；安息所。
have-not [ˋhævˏnɑt] *n.* Ⓒ 窮人；〖俗〗窮國。
‡**have·n't** [ˋhævn̩t] =**have not.**
hav·er·sack [ˋhævɚˏsæk] *n.* Ⓒ 行軍糧袋；乾糧袋。
***hav·ing** [ˋhævɪŋ] *v.* ppr. of **have.** — *n.* Ⓒ (常 *pl.*)所有物；財產。
hav·oc [ˋhævək] *n.* Ⓤ 大破壞；蹂躪；毀壞。*play* ～ *with* [*among*] 大肆破壞。
haw[1] [hɔ] *n.* Ⓒ 山楂；山楂之實。
haw[2] *v.i.* 言語支吾；裝腔作勢地說「呃，嗯」。 — *n.* Ⓒ 呃；嗯；支吾聲。
haw[3] *interj.* 〖美〗豁！(吆喝馬左轉時之喝聲)。
Ha·wai·i [həˋwaɪjə] *n.* ①夏威夷(美國之一州)。②=**Hawaiian Islands.** ③夏威夷島。
Ha·wai·ian [həˋwaɪjən] *adj.* 夏威夷的。 — *n.* ① Ⓒ 夏威夷人。② Ⓤ 夏威夷語。§ ～ **guitár** 夏威夷吉他。**the** ～ **Íslands** 夏威夷群島。
***hawk**[1] [hɔk] *n.* Ⓒ ①鷹。②類若鷹的食肉鳥。③掠奪他人的人。④鷹派人物；主戰分子。 — *v.i.* 以鷹獵鳥。
hawk[2] *v.t.* & *v.i.* ①沿街叫賣。②散播(消息，謠言)。
hawk[3] *v.i.* 清嗓子。
hawk·er [ˋhɔkɚ] *n.* Ⓒ 沿街叫賣之小販。
hawk-eyed [ˋhɔkˏaɪd] *adj.* 目光敏銳的。
hawk-nosed [ˋhɔkˋnozd] *adj.* 鷹鉤鼻的。
haw·ser [ˋhɔzɚ, ˋhɔsɚ] *n.* Ⓒ 大纜；大鐵索。
***haw·thorn** [ˋhɔˏθɔrn] *n.* Ⓒ 〖植〗山楂。
Haw·thorne [ˋhɔˏθɔrn] *n.* 霍桑(Nathaniel, 美國作家)。
***hay** [he] *n.* Ⓤ 乾草；秣。*make* ～ *of* 使無效；弄亂。*Make* ～ *while the sun shines.* 把握時機；打鐵趁熱。§ ～ **féver** 乾草熱；花粉熱(過敏症)。
hay·cock [ˋheˏkɑk] *n.* Ⓒ 田野中之圓錐形乾草堆；草垛。
Hay·dn [ˋhaɪdn̩, ˋhedn̩] *n.* 海頓(Franz Joseph, 奧地利作曲家)。
hay·fork [ˋheˏfɔrk] *n.* Ⓒ 乾草叉。
hay·loft [ˋheˏlɔft] *n.* Ⓒ 馬廐[穀倉]中盛乾草的地方。
hay·mak·er [ˋheˏmekɚ] *n.* Ⓒ 製乾草之人；火力乾草機。
hay·stack [ˋheˏstæk] *n.* Ⓒ (戶外的)大乾草堆。
hay·wire [ˋheˏwaɪr] *n.* Ⓤ 〖美〗綑乾草用之鉛絲。 — *adj.* 〖美俚〗①糾結雜亂的；混亂的。②瘋狂的；興奮的。
***haz·ard** [ˋhæzɚd] *n.* Ⓒ 冒險；危險。*at all* ～*s* 不顧任何危險。 — *v.t.* 賭；冒…的危險。
haz·ard·ous [ˋhæzɚdəs] *adj.* 危險的；冒險的。§ ～ **wáste** 有毒(化學、放射)廢棄物。
Haz·chem [ˋhæzkɛm] *n.* Ⓤ Ⓒ 危險化學物標示。
***haze**[1] [hez] *n.* ① Ⓤ Ⓒ 薄霧；陰霾；暈。② Ⓒ (思想等之)模糊不清。
haze[2] *v.t.* 戲弄(大學新生)。
***ha·zel** [ˋhezl] *n.* ① Ⓒ 榛。② Ⓤ 榛

H

木。③Ⓤ淡褐色。— *adj.* ①榛(木)的。②淡褐色的。

ha·zel·nut [ˋhezḷnət, -ˏnʌt] *n.* Ⓒ 榛實。

ha·zy [ˋhezɪ] *adj.* ①有薄霧的；曇的。②模糊的；朦朧的。— **ha′zi·ly,** *adv.* — **ha′zi·ness,** *n.*

H-bomb [ˋetʃˏbɑm] *n.* Ⓒ 氫彈。

‡**he** [hi] *pron.* (*pl.* **they**) 他；彼(第三人稱，單數，主格)。— *n.* Ⓒ ①男孩；男人。②雄獸。

He 〖化〗helium.

‡**head** [hɛd] *n.* Ⓒ (*pl.* ~**s**) ①人的頭；頭部。②動物的頭。③任何物件的頂端[最前端部分]。④主要人物；領袖；首長；領袖的地位。⑤人。⑥(*pl.* ~)(牲畜等之)頭數。⑦圓如頭的東西。⑧工具的鎚擊[切割]部分。⑨鼓面(有皮的部分)。⑩桶蓋。⑪理解力；智力。⑫要點；要旨；題目；標題。⑬危機；極點；結論。⑭(蒸汽、水等的)壓力；落差；水源高度。⑮水源地；發源地。⑯泡沫；渣滓。⑰(常*pl.*)錢幣上有人像的一面。***come to a ~*** **a.** 化膿。**b.** 趨於危險；到達高潮。***from ~ to foot*** 從頭到腳；全身。***give one his ~*** 讓某人隨意而爲。***go to one's ~*** **a.** 使興奮。**b.** 使眩暈；使醉。**c.** 使自負。***~ and shoulders above*** 遠勝過。***~ over heels*** **a.** 翻觔斗；頭朝下。**b.** 慌慌張張地；急促地。**c.** 完全地；徹底地。***keep one's ~*** 保持冷靜的態度。***keep one's ~ above water*** **a.** 保持浮起。**b.** 〖喩〗不欠債。***lay ~s together*** 集議。***lose one's ~*** 失去理智；情感衝動。***make ~*** 往前擠；前進。***on*** [***upon***] ***one's ~*** 歸於某人之責任；落在某人肩上。***off*** [***out of***] ***one's ~*** 〖俗〗**a.** 大爲激動。**b.** 神經錯亂；瘋顚。**c.** 置之腦後；不想。***over one's ~*** **a.** 超過某人的理解力。**b.** 未與人商量；不關照。***turn one's ~*** **a.** 影響思想。**b.** 使眩暈；使激動。**c.** 使自負。— *v.t.* ①爲首；領頭；在最前端。②使面向…(而行)。③主持；領導。④以頭撞、擊、頂。⑤冠以標題；裝以頭。⑥砍下(動物)的頭。— *v.i.* ①向某處[方向]前進。②長出頂；長出頭。③〖美〗(河等)發源。~ ***off*** **a.** 上前攔截。**b.** 阻止；防止。§ ~ **còunt** 清點人數；民意調查。~ **pìn** (1)(保齡球戲中之)先頭之瓶。(2)〖俚〗最重要之人。~ **stàrt** 領先；先起步。

***head·ache** [ˋhɛdˏek] *n.* Ⓒ ①頭痛。②〖美〗令人頭痛的事物[情勢]。

head·band [ˋhɛdˏbænd] *n.* Ⓒ 束髮帶。

head·board [ˋhɛdˏbord] *n.* Ⓒ 床頭板。

head·dress [ˋhɛdˏdrɛs] *n.* Ⓒ ①頭飾。②頭髮之梳式。

head·er [ˋhɛdɚ] *n.* Ⓒ 爲釘、針等物加頭的人[機器]。

head·first [ˋhɛdˋfɝst] *adv.* ①頭向前地。②不顧前後地；匆忙地。

head·gear [ˋhɛdˏgɪr] *n.* Ⓤ ①馬首之裝具。②頭飾；帽子。

head·hunt [ˋhɛdˏhʌnt] 〖俚〗 *n.* Ⓒ 爲公司羅致高級職員。— *v.t. & v.i.* 羅致(高級職員)。

head·hunt·er [ˋhɛdˏhʌntɚ] *n.* Ⓒ 物色(公司)幹部級人才者。

head·ing [ˋhɛdɪŋ] *n.* Ⓒ ①標題(字)；題目。②〖海〗船頭的方向。③〖空〗飛行方向。

head·land [ˋhɛdlənd] *n.* Ⓒ 岬；崎。

head·less [ˋhɛdlɪs] *adj.* 無頭的。

***head·light** [ˋhɛdˏlaɪt] *n.* Ⓒ (汽車之)前燈。

***head·line** [ˋhɛdˏlaɪn] *n.* ① Ⓒ 報紙、雜誌上的標題。②(*pl.*)〖廣播〗(新聞報導開始時的)新聞提要。

head·lock [ˋhɛdˏlɑk] *n.* Ⓒ 〖摔角〗將對手之頭緊挾於腋下之一種摔角法。

***head·long** [ˋhɛdˏlɔŋ] *adv.* ①頭先地；頭向前地。②輕率地。— *adj.* ①頭先的；頭向前的。②輕率的。

head·man [ˋhɛdmən, ˋhɛdˏmæn] *n.* Ⓒ (*pl.* **-men**) 酋長；首領。

head·mas·ter [ˋhɛdˋmæstɚ] *n.* Ⓒ 〖英〗(中學或小學)校長。

head·mis·tress [ˋhɛdˋmɪstrɪs] *n.* Ⓒ 女校長。

head·most [ˋhɛdˏmost] *adj.* 最前面的。

head-on [ˋhɛdˋɑn, -ˋɔn] *adj. & adv.* ①頭向前的[地]；正面的[地]。②輕率的[地]。

head·phone [ˋhɛdˏfon] *n.* Ⓒ (常*pl.*)聽筒；耳機。

head·piece [ˋhɛdˏpis] *n.* Ⓒ ①頭盔；帽子。②頭；智力；理解。

***head·quar·ters** [ˋhɛdˋkwɔrtɚz, -ˏkwɔr-] *n.* (作 *sing.* or *pl.* 解)總部；司令部。

head·set [ˋhɛdˏsɛt] *n.* = **head-phone.**

head·ship [ˋhɛdʃɪp] *n.* Ⓤ Ⓒ 首領之職權；指導者之地位。

heads·man [ˋhɛdzmən] *n.* Ⓒ (*pl.*

-men) 劊子手。

head·stall [ˋhɛd,stɔl] *n.* Ⓒ 絡頭(套在馬等牲口頭上)。

head·stand [ˋhɛd,stænd] *n.* Ⓒ 倒立；豎蜻蜓。

head·stone [ˋhɛd,ston] *n.* Ⓒ ①墓碑。②〖建〗基石。

head·strong [ˋhɛd,strɔŋ] *adj.* 頑固的；倔強的。

head·wait·er [ˋhɛdˋwetɚ] *n.* Ⓒ 餐館等之侍者管理員；大班。

head·wa·ters [ˋhɛd,wɔtɚz] *n. pl.* 河源；上游。

head·way [ˋhɛd,we] *n.* Ⓤ ①前進；行進。②進步；成功。③(車輛、船隻)開行時間的間隔。

head·wind [ˋhɛd,wɪnd] *n.* Ⓒ 逆風。

head·work [ˋhɛd,wɜk] *n.* Ⓤ 勞心的工作；腦力[精神]勞動。

head·y [ˋhɛdɪ] *adj.* ①任性的；頑固的；性急的。②易使人醉的。

***heal** [hil] *v.t.* ①治癒；使復原。②和解；平息。— *v.i.* 痊癒；復原。

heal·er [ˋhilɚ] *n.* Ⓒ 醫治者。

‡**health** [hɛlθ] *n.* Ⓤ ①健康；身體的狀況。②使人健康的方法。③蓬勃；繁榮。§ ∼ **cènter** 綜合診所；保健中心。∼ **fòod** 健康食品。∼ **vìsitor**〖英〗(訪問家庭的)巡迴保健人員。

***health·ful** [ˋhɛlθfəl] *adj.* ①有益健康的；衛生的。②(精神上)健全的。

***health·y** [ˋhɛlθɪ] *adj.* ①健康[健壯]的。②看來健康的。③有益於健康的；衛生的。— **health′i·ly,** *adv.* — **health′i·ness,** *n.*

***heap** [hip] *n.* Ⓒ ①堆。②許多；大量。— *v.t.* ①堆積。②大量賜給；濫給。③盛滿。

‡**hear** [hɪr] *v.t.* (**heard**) ①聽見；聽到(聲音)。②聞知；聽說。③傾聽。④審問。⑤聽從；允許。— *v.i.* ①聽得見。②得到消息；接到信。*H-! H-!* (喝采的聲音)好哇！好哇！

‡**heard** [hɜd] *v.* pt. & pp. of **hear.**

***hear·er** [ˋhɪrɚ] *n.* Ⓒ 聽者。

***hear·ing** [ˋhɪrɪŋ] *n.* ① Ⓤ 聽；聽力；聽覺。② Ⓒ 聽訟；調查庭。③ Ⓒ 發言的機會。④ Ⓤ 聽力所及的距離。§ ∼ **àid** 助聽器。

heark·en [ˋharkən] *v.i.* 聽；傾聽。

hear·say [ˋhɪr,se] *n.* Ⓤ 謠傳；道聽途說。

hearse [hɜs] *n.* Ⓒ 柩車；靈車。

‡**heart** [hart] *n.* ① Ⓒ 心；心臟。② Ⓤ 心腸；心情；愛心；元氣；精神；熱誠。③ Ⓒ 中心；內部。④ Ⓒ 心形物。⑤ Ⓒ 被寵愛的人；心愛的人。*after one's own* ∼ 正合己意的。*at* ∼ **a.** 在思想與感情深處。**b.** 眞正地。*break the* ∼ *of somebody; break somebody's* ∼ 使某人傷心。*by* ∼ 憑記憶。*from* (*the bottom of*) *one's* ∼ 眞誠地；從心底地。*have a* ∼ 慈悲；同情。*have... at* ∼ 將…牢記在心。*have one's* ∼ *in one's boots* [*mouth*] 深爲驚恐；嚇一跳。*have one's* ∼ *in the right place* 懷好意[善意]。*in one's* ∼ *of* ∼*s* 在內心深處。*lose one's* ∼ *to somebody* 愛上某人。*near* [*close to*] *one's* ∼ 親近的；最親愛的；重要的；寶貴的。*set one's* ∼ *at ease* [*rest*] 安心。*set one's* ∼ *on some object* 渴望獲得某物。*take* ∼ 振起精神；鼓起勇氣。*take* [*lay*] *... to* ∼ **a.** 認眞；介意。**b.** 傷心。*wear one's* ∼ *on one's sleeve* 開誠布公。*with all one's* ∼ 誠懇地；欣然地。§ ∼ **attàck** 心臟病發作。∼ **fàilure** 心臟衰弱。

heart·ache [ˋhart,ek] *n.* Ⓤ 傷心；心痛。

heart·beat [ˋhart,bit] *n.* Ⓤ Ⓒ 心搏動。

heart·break [ˋhart,brek] *n.* Ⓤ 傷心；悲痛；斷腸。

heart·bro·ken [ˋhart,brokən] *adj.* 悲痛的。

heart·burn [ˋhart,bɜn] *n.* Ⓤ ①〖醫〗胃痛；胃灼熱。②不平；嫉妒。

heart·en [ˋhartn̩] *v.t.* 鼓勵；激勵。

heart·felt [ˋhart,fɛlt] *adj.* 衷心的；至誠的。

***hearth** [harθ] *n.* Ⓒ ①爐床；爐邊。②家庭。

hearth·rug [ˋharθ,rʌg] *n.* Ⓒ 爐邊地毯。

hearth·stone [ˋharθ,ston] *n.* Ⓒ ①爐底石。②家庭；爐邊。

heart·land [ˋhart,lænd] *n.* Ⓒ 心臟地帶(經濟上、軍事上均能自立，非常堅固之地域)。

heart·less [ˋhartlɪs] *adj.* 無情的。

héart-lúng machìne [ˋhart-ˋlʌŋ ∼] *n.* Ⓒ 心肺機。

heart·rend·ing [ˋhart,rɛndɪŋ] *adj.* 悲慘的；心碎的。

heart·sick [ˋhart,sɪk] *adj.* 悲痛的；苦惱的。

heart·strings [ˋhart,strɪŋz] *n.*

pl. 深情；心弦。

heart·throb [ˋhɑrt,θrɑb] *n.*①Ⓒ心跳。②(*pl.*)熱情。③Ⓒ愛人。

heart-to-heart [ˋhɑrttəˋhɑrt] *adj.* 坦率的；老老實實的。

heart-warm·ing [ˋhɑrt,wɔr-mɪŋ] *adj.* 溫馨感人的；可喜的。

***heart·y** [ˋhɑrtɪ] *adj.* ①誠懇的；熱烈的。②健旺的；強健的。③豐盛的；食慾旺盛的。④有精神的；豪爽的。⑤有力的。⑥(土壤)肥沃的。— *n.* Ⓒ水手同伴。

‡**heat** [hit] *n.* ①Ⓤ熱；熱力。②Ⓤ熱度；溫度。③Ⓤ暑熱；暑氣。④(the ～)高潮；最激烈的階段。⑤Ⓒ(賽跑)賽一次。⑥Ⓤ溫暖；暖氣。⑦(a ～)一舉；一次的努力。⑧Ⓤ(尤指雌性)動物之交尾期。⑨Ⓤ熱情；感情激動。— *v.i.* ①發熱。②激昂。— *v.t.* ①使發熱。②使激動。③使沸騰。§～ **ènergy** 熱能。～ **exhàustion**〖醫〗中暑衰竭。～ **wàve** (1)熱浪。(2)炎熱期；酷暑季。

heat·ed [ˋhitɪd] *adj.* 激烈的。

***heat·er** [ˋhitɚ] *n.* Ⓒ火爐；暖氣設備；加熱器。

heath [hiθ] *n.* ①Ⓤ〖植〗石南屬的常青灌木；石南樹叢。②Ⓒ叢生石南的荒地。

***hea·then** [ˋhiðən] *n.* Ⓒ①(不信基督教[猶太教，回教]之)異教徒。②粗野的人。— *adj.* 不信基督教[猶太教，回教]的；異教的。

heath·er [ˋhɛðɚ] *n.* Ⓤ石南屬植物；石南。

heat·ing [ˋhitɪŋ] *n.* Ⓤ暖氣(裝置)；加熱。

heat·stroke [ˋhit,strok] *n.* Ⓤ中暑；日射病。

heave** [hiv] *v.t.* (～**d** or **hove**)①用力舉起。②拋；投；擲。③發出(歎聲等)。④使隆起；使凸起。⑤〖海〗提(錨)；拉(纜)。⑥嘔吐。— *v.i.* ①拖；拉；曳。②洶湧；起伏。③喘息。④要嘔吐。⑤隆起；凸起。H- ho*** [***away***]***!*** 用力拉(水手拉錨時的呼聲)！ ～ ***in sight***(船)駛入視線內。～ ***to*** 使船停駛；停止。— *n.*①Ⓒ舉起；拋。②(*sing.*)起伏。③(*pl.*, 作 *sing.* 解)馬的喘息症。

‡**heav·en** [ˋhɛvən] *n.*①Ⓤ天堂；天國。②Ⓒ任何想像中的極樂世界。③(H-)上帝；天。④Ⓤ(常 *pl.*)天空。***move ～ and earth*** 竭盡全力。

***heav·en·ly** [ˋhɛvənlɪ] *adj.* ①天國的；神聖的。②如天堂的。③天空的。～ bodies 天體。

heav·en-sent [ˋhɛvən,sɛnt] *adj.* 天賜的；極巧的。

heav·en·ward [ˋhɛvənwɚd] *adj.* & *adv.* 向天空的[地]；向天國的[地]。

heav·en·wards [ˋhɛvənwɚdz] *adv.* 向天空地；向天國地。

***heav·i·ly** [ˋhɛvɪlɪ] *adv.* ①沈重地。②鬱悶地。

‡**heav·y** [ˋhɛvɪ] *adj.* ①重的；沉重的。②大量的；猛烈的。③難堪的；苛刻的。④難應付的；難處理的。⑤嚴重的；重大的。⑥深邃的。⑦壓垂的；載滿的。⑧憂愁的；心情沉重的。⑨陰沉的；多雲的。⑩闊的；厚的；粗的。⑪遲緩的；笨拙的。⑫沉悶的；無生氣的。⑬聲音高而悶的。⑭〖軍〗重武裝的。— *n.* Ⓒ①沉重的東西。②〖軍〗重武器。— *adv.* 沉重地(=heavily). ***hang*** ～ 緩慢且沈悶地過去。§～ **índustry** 重工業。～ **métal** (1)重金屬。(2)重砲。(3)強敵。～ **óil** 重油。～ **wáter**〖化〗重水。— **heav′i·ness,** *n.*

heav·y-du·ty [ˋhɛvɪˋdjutɪ] *adj.* ①耐用的。②重型的。③關稅高的。

heav·y-hand·ed [ˋhɛvɪˋhændɪd] *adj.* ①拙劣的。②暴虐的。

heav·y-heart·ed [ˋhɛvɪˋhɑrtɪd] *adj.* 心情沉重的；抑鬱的。

heav·y-set [ˋhɛvɪˋsɛt] *adj.*(人)身體矮胖的；健壯的。

heav·y·weight [ˋhɛvɪ,wet] *n.* Ⓒ①重量級拳擊手(體重在175磅以上者)。②超過平均重量的人[物]。③〖俗〗聰明的人；重要的人。

He·bra·ic [hiˋbreɪk] *adj.* 希伯來人[語，文化]的。

***He·brew** [ˋhibru] *n.* ①Ⓒ希伯來人。②Ⓤ希伯來語。— *adj.* 希伯來人[語]的；猶太人的。〔注意〕在美國 Hebrew 即指猶太人。

hec·a·tomb [ˋhɛkə,tom] *n.* Ⓒ①大屠殺。②(古希臘羅馬之)一次百牛的大祭祀。

heck [hɛk]〖俚〗*n.* Ⓤ(發怒等的聲音或作強調語)到底；究竟。— *interj.* 畜牲！

heck·le [ˋhɛkḷ] *v.t.*①(以難題)詰問(演說者)；使困惱。②(以麻梳)梳(麻等)。— **heck′ler,** *n.*

heck·uv·a [ˋhɛkəvə] *adj.* 非常好的；極佳的。

hec·tare [ˋhɛktɛr] *n.* Ⓒ 公頃(面積之單位, =1 萬平方公尺)。

hec·tic [ˋhɛktɪk] *adj.* ①發紅的。②發燒的。③〖俗〗興奮的。④有肺病跡象的。— *n.*① Ⓤ 臉紅。② Ⓤ 發燒。③ Ⓒ 患肺癆病者。

hecto- 〖字首〗表「一百」之義。

hec·to·gram(me) [ˋhɛktə,græm] *n.* Ⓒ 㖔; 百公克; 公兩。

hec·to·li·ter, 〖英〗**-tre** [ˋhɛktə,litɚ] *n.* Ⓒ 公石; 百公升。

***hec·to·me·ter,**〖英〗**-tre** [ˋhɛktə,mitɚ] *n.* Ⓒ 粨; 公引(=100 公尺)。

hec·tor [ˋhɛktɚ] *n.* Ⓒ 暴徒; 威嚇者。— *v.i. & v.t.* 威嚇; 作威作福。

he'd [hid] =**he had; he would; he should.**

***hedge** [hɛdʒ] *n.* Ⓒ ①灌木樹籬。a dead ~(樹枝等編成之)樹籬。②障壁或界限。③保護[防禦]之方法或工具。— *v.t.* ①以樹籬圍。②包圍; 限制。③做兩面投機以防損失; (賭博中)兩方下注。④閃避問題。⑤受到…之保護。— *v.i.* ①圍樹籬。②隱藏。③兩方下注。④閃爍其詞。

hedge·hog [ˋhɛdʒ,hag] *n.* Ⓒ ①美洲豪豬。②刺蝟。③〖軍〗拒馬等之障礙物。

hedge·row [ˋhɛdʒ,ro] *n.* Ⓒ 灌木樹籬。

he·don·ism [ˋhidn̩,ɪzəm] *n.* Ⓤ ①快樂主義。②〖心〗唯樂說; 享樂主義。

he·don·ist [ˋhidn̩ɪst] *n.* Ⓒ 享樂主義者。—**he·don·is'tic,** *adj.*

***heed** [hid] *v.t. & v.i.* 注意; 留意。— *n.* Ⓤ 注意; 留心。—**ful,** *adj.*

***heed·less** [ˋhidlɪs] *adj.* 不注意的; 不留心的。

‡**heel**[1] [hil] *n.* Ⓒ ①踵; 脚後跟。②鞋[襪]的踵部[後跟]。③馬的後足。④像踵的東西。***at*** (***one's***) **~(*s*)** 緊接後邊的。***on*** [***upon***] ***the ~s of*** 緊接著。***show a clean pair of ~s; take to one's ~s*** 逃脫; 逃之夭夭。— *v.t.*①裝鞋跟。②尾隨。③以鞋後跟踏(地板等)。— *v.i.* 尾隨而行。

heel[2] *v.i.*(船)傾向一邊。— *v.t.*使(船)傾向一邊。— *n.* Ⓒ 傾側。

heft·y [ˋhɛftɪ] *adj.*〖俗〗強壯的;重的。

He·gel [ˋhegl̩] *n.* 黑格爾 (Georg Wilhelm Friedrich, 1770-1831, 德國的哲學家)。

he·gem·o·ny [hiˋdʒɛmənɪ] *n.* Ⓤ 領導權; 霸權。

Hei·del·berg [ˋhaɪdəl,bɝg] *n.* 海德堡(德國西南部城市, 以大學及古城聞名)。

heif·er [ˋhɛfɚ] *n.* Ⓒ 三歲以下之小母牛。

‡**height** [haɪt] *n.*① Ⓤ 高; 高度。② ⓊⒸ 身高。③ Ⓒ (常 *pl.*)高地; 山岡。④(the ~)頂點; 極度。

***height·en** [ˋhaɪtn̩] *v.t.* ①增高; 加高。②增強。③加強(色彩); 誇張。— *v.i.* ①增高。②提高。

Hei·ne [ˋhaɪnə] *n.* 海涅(Heinrich, 1797-1856, 德國詩人、批評家)。

hei·nous [ˋhenəs] *adj.* 極可憎的。

***heir** [ɛr] *n.* Ⓒ 嗣子; 繼承人。§ ~ **appárent** 法定繼承人。~ **presúmptive** 雖爲繼承人但其繼承權可因近親之出生而消失的人。

heir·ess [ˋɛrɪs] *n.* Ⓒ 女繼承人。

heir·less [ˋɛrlɪs] *adj.* 無繼承人的; 無嗣的。

heir·loom [ˋɛrˋlum] *n.* Ⓒ 祖傳物。

heist [haɪst] *v.t. & v.i.* 〖美俚〗搶; 偷。— *n.* Ⓒ 盜竊。—**er,** *n.*

‡**held** [hɛld] *v.* pt. & pp. of **hold.**

Hel·en [ˋhɛlɪn] *n.* ①海倫(女子名)。②〖希神〗海倫(絕世美女, 因被 Troy 王子 Paris 帶走而引起特洛伊戰爭)。

hel·i·cal [ˋhɛlɪkl̩] *adj.* 螺旋形的。

hel·i·coid [ˋhɛlɪ,kɔɪd] *adj.* 螺旋形[狀]的。— *n.* Ⓒ 〖幾何〗螺旋體[面]。

hel·i·cop·ter [ˋhɛlɪ,kaptɚ, ˋhi-] *n.* Ⓒ 直升機。— *v.i. & v.t.*乘坐直升機。

helio- 〖字首〗表「太陽」之義(母音前爲 heli-).

he·li·o·cen·tric [,hilioˋsɛntrɪk] *adj.* 〖天〗以太陽爲中心的。

he·li·o·graph [ˋhiliə,græf] *n.* Ⓒ ①日光反射信號機。②太陽照像機。③日光儀。— *v.t. & v.i.*以日光反射信號機通訊。

he·li·o·trope [ˋhiljə,trop] *n.* ① Ⓒ 〖植〗天芹菜屬植物。② Ⓤ 淡紫色。③ Ⓤ 〖礦〗雞血石。

hel·i·port [ˋhɛlə,pɔrt] *n.* Ⓒ 直升機機場。

he·li·um [ˋhilɪəm] *n.* Ⓤ 〖化〗氦(稀有氣體元素; 符號 He).

***hell** [hɛl] *n.*① Ⓤ 地獄; 冥府。② Ⓒ 邪惡的地方。③ Ⓤ 苦境; 難境。④ Ⓤ 用以表示憤怒、煩惱。Go to ~! 滾蛋! 該死! § ~'s **àngel**(常 H-)魔鬼黨; 飛車黨。

he'll [hil] =**he will**[**shall**].

hell·bent [ˋhɛl,bɛnt] *adj.*〖美俚〗①

固執的；拼命的。②以全速疾馳的。

hell·cat [ˋhɛl,kæt] *n.* Ⓒ ①悍婦。②巫婆。

Hel·lene [ˋhɛlin] *n.* Ⓒ 希臘人。

Hel·len·ic [hɛˋlɛnɪk] *adj.* 希臘(人, 語)的。

Hel·len·ism [ˋhɛlɪn,ɪzəm] *n.* ① Ⓤ 希臘文化[精神]。② Ⓒ 希臘語法。

Hel·len·ist [ˋhɛlɪnɪst] *n.* Ⓒ ①用希臘語的人。②古代希臘文化研究者。

hell·hole [ˋhɛl,hol] *n.* Ⓒ ①不清潔、無秩序的地方。②下流場所。

hell·ish [ˋhɛlɪʃ] *adj.* ①(來自)地獄的。②兇惡的。③〖俗〗令人討厭的。— **ly,** *adv.*

***hel·lo** [həˋlo] *interj.* 喂！哈囉！ — *v.i.* & *v.t.* 向人呼「喂！」。— *n.* Ⓒ (*pl.* **~s**) 說 hello 的問候聲。

***helm** [hɛlm] *n.* ① Ⓒ 舵；舵柄；駕駛盤。②(the ~)支配(權)；領導。 — *v.t.* 駕駛；掌舵。

***hel·met** [ˋhɛlmɪt] *n.* Ⓒ 盔；鋼盔。

hel·minth [ˋhɛlmɪnθ] *n.* Ⓒ 寄生蟲；腸蟲；蛔蟲。

helms·man [ˋhɛlmzmən] *n.* Ⓒ (*pl.* **-men**)舵手。

‡**help** [hɛlp] *v.t.* ①幫忙；援助。②資助。③(餐席上)分配(菜等)。④減輕；減緩。⑤阻止；避免(常與can, can't 連用)。⑥促進。— *v.i.* ①幫助；援助。②開飯；上菜。***cannot*** [***can't***] **~ *but*** 不得不；禁不住。**~ *oneself to* a.** 自取(所需)。**b.** 擅取；侵占。— *n.* ① Ⓤ 幫助；救濟。② Ⓒ 幫助者；助手。③ Ⓒ〖美〗佣人。④ Ⓤ 補救辦法。⑤ Ⓒ 一人一份之食物。***be of*** **~** 有用；有益。

help·er [ˋhɛlpɚ] *n.* Ⓒ ①援助者；助手；有用之物。②幫佣者。

***help·ful** [ˋhɛlpfəl] *adj.* 有幫助的；有用的。— **ly,** *adv.* — **ness,** *n.*

help·ing [ˋhɛlpɪŋ] *n.* ① Ⓤ 輔助；援助。② Ⓒ (食物的)一份；一客。

***help·less** [ˋhɛlplɪs] *adj.* ①無依無靠的；無助的；不能自立的。②迷惑的。— **ly,** *adv.* — **ness,** *n.*

help·mate [ˋhɛlp,met] *n.* Ⓒ ①夥伴；助手。②配偶；伴侶。

help·meet [ˋhɛlp,mit] *n.* =**helpmate.**

Hel·sin·ki [ˋhɛlsɪŋkɪ] *n.* 赫爾辛基(Finland 首都)。

hel·ter-skel·ter [ˋhɛltɚˋskɛltɚ] *adv.* & *adj.* 倉皇地[的]；慌張地[的]。— *n.* Ⓤ Ⓒ 慌張；狼狽。

hem**[1] [hɛm] *n.* Ⓒ ①衣服的褶邊。②邊緣。— *v.t.* (**-mm-**)①縫…的邊。②包圍；關閉。**~ *out 閉門不納；排斥。

hem[2] *interj.* 哼！(表示懷疑或引人注意)。— *n.* Ⓒ 哼聲。— *v.i.* (**-mm-**) ①發哼聲。②(講演時)停頓；吞吞吐吐。

he-man [ˋhi,mæn] *n.* Ⓒ (*pl.* **-men**) 〖俗〗有男性魅力的男人。

Hem·ing·way [ˋhɛmɪŋ,we] *n.* 海明威(Ernest, 1899-1961, 美國小說家)。

***hem·i·sphere** [ˋhɛməs,fɪr] *n.* Ⓒ 半球；半球體。

hem·line [ˋhɛmlaɪn] *n.* Ⓒ (衣、裙之)底緣；下襬。

***hem·lock** [ˋhɛmlɑk] *n.* ① Ⓒ〖植〗毒胡蘿蔔。② Ⓤ 該毒草提煉之毒藥。③ Ⓒ〖美〗鐵杉。

hemo- 〖字首〗表「血」之義。

he·mo·glo·bin [,himəˋglobɪn] *n.* Ⓤ〖生化〗血紅蛋白；血紅素。

he·mo·phil·i·a [,himəˋfɪlɪə] *n.* Ⓤ〖醫〗血友症。

hem·or·rhage [ˋhɛmərɪdʒ] *n.* Ⓤ Ⓒ 出血。

hem·or·rhoids [ˋhɛmə,rɔɪdz] *n. pl.*〖醫〗痔。

hemp [hɛmp] *n.* Ⓤ ①大麻。②大麻纖維。③大麻製之麻醉劑。

hemp·en [ˋhɛmpən] *adj.* 大麻製的；似大麻的。

hem·stitch [ˋhɛm,stɪtʃ] *v.t.*(於布等之邊緣上)結垂縫。— *n.*① Ⓒ 垂縫。② Ⓤ 編結垂縫的針法。

‡**hen** [hɛn] *n.* Ⓒ ①母雞。②雌鳥；雌性者。③〖俗〗(尤指好管閒事的)女人；長舌婦。

‡**hence** [hɛns] *adv.* ①因此；所以。②從此時；從此地。③從今後。

***hence·forth** [,hɛnsˋforθ] *adv.*以後；今後。

***hence·for·ward** [,hɛnsˋfɔrwɚd] *adv.* =**henceforth.**

hench·man [ˋhɛntʃmən] *n.* Ⓒ (*pl.* **-men**)①親信。②忠實的追隨者。

hen·house [ˋhɛn,haus] *n.* Ⓒ 雞塒。

hen·na [ˋhɛnə] *n.* Ⓤ ①指甲花(亞熱帶灌木)。②(取自指甲花的)深橘紅色顏料(染頭髮等)。③紅褐色。

hen·peck [ˋhɛn,pɛk] *v.t.*(妻)駕馭(丈夫)；對(丈夫)嘮嗦。

hen·pecked [ˋhɛn,pɛkt] *adj.* 懼內的。

hep·a·ti·tis [,hɛpəˋtaɪtɪs] *n.* Ⓤ〖醫〗肝炎。

hepta- 〖字首〗表「七」之義(在母音前作 hept-).

hep·ta·gon [ˋhɛptə͵gɑn] *n.* Ⓒ 七角形; 七邊形。— **hep·tag′o·nal,** *adj.*

‡**her** [hɜ] *pron.* (she的受格)她。— *adj.* (she 的所有格)她的。

***her·ald** [ˋhɛrəld] *n.* Ⓒ ①傳令官。②使者; 報信者。③司紋章的官。④先驅; 前鋒。— *v.t.* 預報; 宣布。

he·ral·dic [hɛˋrældɪk] *adj.* ①傳令(官)的; 司紋章之官的。②紋章(學)的。

her·ald·ry [ˋhɛrəldrɪ] *n.* Ⓤ ①紋章學。②(集合稱)紋章。

***herb** [ɜb, hɜb] *n.* Ⓒ草; 藥草; 香草。§ ∼ **gàrden** 中藥栽培場。

her·ba·ceous [hɜˋbeʃəs] *adj.* ①草本植物的。②像葉的; 綠的。

herb·age [ˋɜbɪdʒ, ˋhɜ-] *n.* Ⓤ ①(集合稱)草本植物; 草(尤指牧草)。②草本植物之多汁的莖與綠葉。

herb·al [ˋhɜbl̩, ˋɜbl̩] *adj.* 草的; 草本的。— *n.* Ⓒ 植物誌。§ ∼ **mèdicine** 中藥。

herb·al·ist [ˋhɜbl̩ɪst,ˋɜbl̩-] *n.* Ⓒ ①植物學家; 草本學家。②植物採集者。③草藥商。

herb·i·cide [ˋhɜbə͵saɪd] *n.* Ⓒ除草劑。

her·biv·ore [ˋhɜbɪ͵vor] *n.* Ⓒ 草食動物。

her·biv·o·rous [hɜˋbɪvərəs] *adj.* 草食的。

her·cu·le·an [hɜˋkjulɪən] *adj.* ①力大無比的。②極艱鉅的; 需大力氣的。③(H-) Hercules 的。

Her·cu·les [ˋhɜkjə͵liz] *n.* ①〖希神〗海克力斯(大力士)。②〖天〗武仙座。

***herd** [hɜd] *n.* ① Ⓒ 家畜[動物]群。②(the ∼)〖蔑〗人群; 群眾。③ Ⓒ 牧人(多用於複合字中)。— *v.t.* ①使成群; 放牧。②領一群人至某地。— *v.i.* 成群; 群集。

herds·man [ˋhɜdzmən] *n.* Ⓒ (*pl.* **-men**)牧人。

‡**here** [hɪr] *adv.* ①在這裡; 向這裡。②現在。③今世。— *n.* Ⓤ ①這裡; 此處(與介系詞連用)。②此生; 今生。— *interj.* ①(喚人注意)喂! ②(點名時之答語)到! 有!

here·a·bout(s) [͵hɪrəˋbaut(s)] *adv.* 在這附近。

***here·af·ter** [hɪrˋæftɚ] *adv.* & *n.* (the ∼, a ∼)①此後; 將來。②(在)來世。

here·by [hɪrˋbaɪ] *adv.* 藉此。

***he·red·i·tar·y** [həˋrɛdə͵tɛrɪ] *adj.* ①世襲的; 祖傳的。②遺傳的。

he·red·i·ty [həˋrɛdətɪ] *n.* Ⓤ ①遺傳。②得自祖先的身心特性。

***here·in** [hɪrˋɪn] *adv.* ①在此。②鑒於。

here·of [hɪrˋɑv] *adv.*於此; 關於此點。

here·on [hɪrˋɑn] *adv.* =**hereupon.**

her·e·sy [ˋhɛrəsɪ] *n.* ⓊⒸ 異端邪說; 異教。

her·e·tic [ˋhɛrətɪk] *n.* Ⓒ 異教徒。— *adj.* =**heretical.**

he·ret·i·cal [həˋrɛtɪkl̩] *adj.* 異端邪說的。

***here·to·fore** [͵hɪrtəˋfor,-ˋfɔr] *adv.* 直到此時; 此時以前。

here·up·on [͵hɪrəˋpɑn] *adv.* ①於此。②隨即。

here·with [hɪrˋwɪθ] *adv.* ①同此。②因此; 藉此。

her·it·a·ble [ˋhɛrətəbl̩] *adj.* ①可繼承的。②可遺傳的。

***her·it·age** [ˋhɛrətɪdʒ] *n.* Ⓒ (常 *sing.*)①遺產。②繼承物; 祖先遺留下之事物。③與生俱來的權利。

her·maph·ro·dite [hɜˋmæfrə͵daɪt] *n.* Ⓒ ①兩性動物; 兩性花。②陰陽人。③具有兩種相反性格的人。— *adj.* 兩性體的; 陰陽人的; 具有相反性格的。

her·met·ic, -i·cal [hɜˋmɛtɪk(l̩)] *adj.* ①密封的。②鍊金術的。— **her·met′i·cal·ly,** *adv.*

***her·mit** [ˋhɜmɪt] *n.* Ⓒ ①隱居者。②獨居性動物。§ ∼ **cràb**〖動〗寄居蟹。

her·ni·a [ˋhɜnɪə] *n.* ⓊⒸ (*pl.* ∼**s, -ni·ae** [-nɪ͵i])〖醫〗脫腸; 疝氣。

‡**he·ro** [ˋhɪro] *n.* Ⓒ (*pl.* ∼**es**)①英雄; 勇士。②(小說、戲劇等之)男主角。§ ∼ **wôrship** 英雄崇拜。

***he·ro·ic** [hɪˋro·ɪk] *adj.* ①英勇的; 英雄式的。②歌頌英雄的; 英勇事蹟的。— *n.* Ⓒ 英雄故事詩。§ ∼ **cóuplet** 英雄雙行體[詩]。

her·o·in [ˋhɛro·ɪn] *n.* Ⓤ 海洛英; 嗎啡精。

***her·o·ine** [ˋhɛro·ɪn] *n.* Ⓒ ①女英雄。②(小說、戲劇等的)女主角。

***her·o·ism** [ˋhɛro͵ɪzəm] *n.* Ⓤ ①英勇。②勇敢的事蹟。

***her·on** [ˋhɛrən] *n.* Ⓒ 蒼鷺。

he·ro-wor·ship [ˋhɪro͵wɜʃɪp] *v.t.* (**-p-,**〖英〗**-pp-**)把…當英雄崇拜。

her·pes [ˋhɜpiz] *n.* Ⓤ〖醫〗疱疹。

H

*__her·ring__ [ˋhɛrɪŋ] *n.* ① Ⓒ 鯡；鰽白魚。② Ⓤ 其魚肉。

__her·ring·bone__ [ˋhɛrɪŋˏbon] *n.* Ⓒ ①鯡魚骨。②人字形。— *adj.* 鯡魚骨狀的；人字形的。

‡__hers__ [hɜz] *pron.* ①她的所有物。②(of ～)她的。

‡__her·self__ [hɚˋsɛlf] *pron.* ①她自己(her 的反身代名詞)。②(她)親自；(她)本人。

*__he's__ [hiz] = __he is__ [__has__].

__hes·i·tant__ [ˋhɛzətənt] *adj.* ①猶豫的。②吞吞吐吐的。— __hes′i·tance, hes′i·tan·cy,__ *n.*

*__hes·i·tate__ [ˋhɛzəˏtet] *v.i.* ①猶豫；遲疑。②不願。③停頓。④支吾其辭。

__hes·i·tat·ing·ly__ [ˋhɛzəˏtetɪŋlɪ] *adv.* 言語支吾地；吞吞吐吐地。

*__hes·i·ta·tion__ [ˏhɛzəˋteʃən] *n.* Ⓤ Ⓒ ①躊躇；遲疑。②停頓。③言語支吾。④不願意。

__Hes·per·us__ [ˋhɛspərəs] *n.* 黃昏星；金星。(亦作 __Hesper__)

__Hes·sian__ [ˋhɛʃən] *adj.* 德國赫斯州(Hesse)的；赫斯州人的。— *n.* ① Ⓒ 赫斯人。② Ⓒ〖美〗(美國獨立戰爭時英國所雇用之)Hesse 傭兵。③ Ⓒ 傭兵；可用金錢雇用的人。④(h-) Ⓤ 一種粗麻布。

__hetero-__〖字首〗表「其他；不同」之義(母音之前作 heter-)。

__het·er·o·dox__ [ˋhɛtərəˏdɑks] *adj.* 非正統的；違反共識標準的；異說的；異端的(為 orthodox 之對)。

__het·er·o·ge·ne·ous__ [ˏhɛtərəˋdʒinɪəs] *adj.* ①不同類的；龐雜的。②由不同種類之物構成的。

__het·er·o·sex·u·al__ [ˏhɛtərəˋsɛkʃuəl] *adj.*〖生物〗異性的；異性愛的。— *n.* Ⓒ 異性戀者。

__het·er·o·sex·u·al·i·ty__ [ˏhɛtərəˏsɛkʃuˋælətɪ] *n.* Ⓤ 異性愛。

__heu·ris·tic__ [hjuˋrɪstɪk] *adj.* (使學生)自行發展的；啓發式的。— *n.* (*pl.*, 作 *sing.*解)啓發式教學法。

*__hew__ [hju] *v.t.*(~__ed__, ~__ed__ or __hewn__) ①砍；劈。②砍成；將…削成某形狀。— *v.i.* ①砍；削。②奉行；遵守〔常 to〕。

__hexa-__〖字首〗表「六」之義(母音前作 hex-)。

__hex·a·gon__ [ˋhɛksəˏgɑn] *n.* Ⓒ 六角形；六邊形。— __hex·ag′o·nal,__ *adj.*

__hex·a·he·dron__ [ˏhɛksəˋhidrən] *n.* Ⓒ (*pl.* ~__s__, -__dra__ [-drə])六面體。

__hex·am·e·ter__ [hɛksˋæmətɚ] *n.* Ⓒ 六音步的詩行。

*__hey__ [he] *interj.* (招呼聲)喂!

__hey·day__ [ˋheˏde] *n.*(the ～)盛年；壯年；全盛時期。

__hf__ half. __HF, H.F.__〖無線〗high frequency.

__hi__ [haɪ] *interj.* (打招呼之聲)喂!

__H.I.__ Hawaiian Islands.

__hi·a·tus__ [haɪˋetəs] *n.* Ⓒ (*pl.* ~, ~__es__)①空隙；裂縫。②(文章中的)脫漏。③兩相接元音間之稍停或間歇(如 cooperation)。

__hi·ber·nal__ [haɪˋbɜnḷ] *adj.* 冬日的；寒冷的。

__hi·ber·nate__ [ˋhaɪbɚˏnet] *v.i.* ①冬眠；蟄伏。②過冬；避寒。③退隱。— __hi·ber·na′tion,__ *n.*

__hi·bis·cus__ [haɪˋbɪskəs] *n.* Ⓒ〖植〗芙蓉。

__hic·cup, hic·cough__ [ˋhɪkʌp] *n.* Ⓒ (常 *pl.*)打嗝；呃逆。— *v.i.* & *v.t.* 打嗝；打呃。

__hick__ [hɪk] *n.* Ⓒ〖俗〗鄉下人；土裏土氣的人。

__hick·o·ry__ [ˋhɪkərɪ, ˋhɪkrɪ] *n.* ① Ⓒ 北美產之山胡桃。② Ⓤ 山胡桃木。

__hid__ [hɪd] *v.* pt. & pp. of __hide__[1].

__hid·den__ [ˋhɪdṇ] *v.* pp. of __hide__[1]. — *adj.* 隱藏的；祕密的。

‡__hide__[1] [haɪd] *v.t.* (__hid, hid·den__ or __hid__)①藏；躲避。②遮蔽。③保密；隱瞞。

__hide__[2] *n.* ① Ⓤ Ⓒ 獸皮。② Ⓒ〖俗〗(人的)皮膚。

__hide-and-seek__ [ˋhaɪdṇˋsik] *n.* Ⓤ 捉迷藏。

__hide·a·way__ [ˋhaɪdəˏwe] *n.* Ⓒ ①退隱的地方。②逃避[隱匿]的地方。

__hide·bound__ [ˋhaɪdˏbaund] *adj.* ①皮包骨的(指動物言)。②心地狹窄而固執的。③守舊的。

*__hid·e·ous__ [ˋhɪdɪəs] *adj.* 醜惡的；可憎的；可怕的。— __ly,__ *adv.* — __ness,__ *n.*

__hide·out__ [ˋhaɪdˏaut] *n.* Ⓒ〖俗〗(盜匪之)巢穴；窩；隱匿處。

__hid·ing__[1] [ˋhaɪdɪŋ] *n.* ① Ⓤ 躲藏。② Ⓒ 藏匿處。

__hid·ing__[2] *n.* Ⓒ〖俗〗鞭打。

__hie__ [haɪ] *v.i.* & *v.t.* (使)快走；催促。

__hi·er·ar·chy__ [ˋhaɪəˏrɑrkɪ] *n.* ① Ⓤ Ⓒ 僧侶統治[政治]；教會組織。② Ⓤ Ⓒ (政府機構內的)階級組織。③ Ⓒ〖生物〗階層(如綱、目、科、屬等)。— __hi·er·ar′chic(al),__ *adj.*

hi·er·o·glyph [ˋhaɪərə,glɪf] *n.* Ⓒ①象形文字。②難理解的文字。
hi·er·o·glyph·ic [,haɪərəˋglɪfɪk] *adj.* ①(古埃及)象形文字的。②(字)潦草難解的。 — *n.* (*pl.*) ①(古埃及之)象形文字。②潦草難解的文字、數字等。
hi-fi [ˋhaɪˋfaɪ] *n.* 〖俗〗=**high fidelity.**
hig·gle·dy-pig·gle·dy [ˋhɪgldɪˋpɪgldɪ] *adv.* & *adj.* 雜亂無章地[的]; 紊亂地[的]。
‡**high** [haɪ] *adj.* ①高的。②高級的。③極大的(=very great). ④尖銳的(聲音、嗓子)。⑤超乎尋常的。⑥重要的。⑦價昂的。⑧達於最高點的。⑨傲慢的。⑩嚴重的。⑪興高采烈的。⑫遙遠的。⑬極端的。⑭高地的; 內陸區的。 — *adv.* ①高; 高度地。②奢侈地。 — *n.*① Ⓤ 高處。② Ⓒ 高氣壓區域。③ Ⓤ 齒輪產生最高速度之組合。④ Ⓒ〖俗〗最高紀錄。⑤ ⓊⒸ〖俗〗中學。§ ∼ **béam**〖汽車〗遠光(遠距離用向上的前燈光線)。∼ **blóod prèssure**高血壓。∼ **commíssioner** (常 H- C-)高級專員(大英國協相互派駐的大使級代表)。∼ **cóurt** 高等法院。∼ **fáshion** (1)=high style. (2)=haute couture. ∼ **fidélity**(收音機、電唱機之)高度傳眞性。∼ **fréquency**〖無線〗高頻率(數) (3-30 megahertz). **H**∼ **Gérman** 高地德語(今日德國之標準語)。∼ **jìnks** 喧鬧; 狂歡作樂。∼ **jùmp** 跳高。∼ **lìght** (1)〖攝〗光亮部分。(2)(新聞、節目等之)最精彩之場面; 最有趣之事件; 最重要之點; 最顯著之部分。∼ **prófile** 高姿態; 明確的立場。∼ **schòol** 〖美〗中學。∼ **spìrits** 快樂; 歡欣。∼ **spót**(活動中)最顯著[精彩]的部分; (尤指)最值得回憶的部分〔of〕. **H**∼ **Strèet** 〖英〗大街(在牛津 Oxford 通常叫 the High). ∼ **stýle** 最時髦的[最新流行的]高級式樣。∼ **téa** 〖英〗黃昏茶點; 「高茶」。∼ **technólogy** 高度[尖端]科技。∼ **tíde** (1)高潮(時)。(2)最高點。∼ **tíme** (1)正是時候(再遲就爲時已晚); 早該。(2)〖俗〗一段狂歡享樂時間; 飲酒作樂。**the** ∼ **commánd** (1)〖軍〗最高司令部[指揮部]; 統帥部。(2)(機關中的)領導部門。**the** ∼ **séas** 公海; 外海。**the** ∼ **wíre**(尤指馬戲團走鋼索的)高空鋼索。
high·ball [ˋhaɪ,bɔl] *n.* ⓊⒸ 混有冰、汽水或薑汁的威士忌酒。
high·born [ˋhaɪ,bɔrn] *adj.* 出身名門的; 出身高貴的。
high·brow [ˋhaɪ,braʊ] 〖俚〗 *n.* Ⓒ 有高深學問的人; 自炫博學的人。 — *adj.* 有高深學問的; 自炫博學的。
high-class [ˋhaɪˋklæs] *adj.* 高級的; 上流的; 上等的。
high·er [ˋhaɪɚ] *adj.*①更高的。②更進步的。∼ animals 高等動物。∼ education 高等教育。
high·fa·lu·tin [,haɪfəˋlutn̩], **-ting** [-tɪŋ] 〖俗〗 *n.* Ⓤ 誇張的話。 — *adj.* 誇張的; 驕傲的; 虛飾的。
high-flown [ˋhaɪˋflon] *adj.* ①高尙的; 崇高的。②過甚其詞的; 虛飾的。
high·fly·ing [ˋhaɪˋflaɪɪŋ] *adj.* 高飛的; 高空飛行的。
high-hand·ed [ˋhaɪˋhændɪd] *adj.* 專橫的; 橫暴的; 高壓的。
high-hat [ˋhaɪ,hæt] 〖俚〗 *v.t.* & *v.i.* (-tt-)對人驕傲; 冷待。 — *adj.* ①擺架子的; 勢利的。②時髦的; 漂亮的。
***high·land** [ˋhaɪlənd] *n.* ① Ⓒ 高地。②(*pl.*)丘陵地帶。 — *adj.* 高地的; 丘陵地帶的。
high·light [ˋhaɪ,laɪt] *v.t.* ①〖攝〗投強光使顯著。②使顯著; 強調。 — *n.* Ⓒ (常 *pl.*) =**high light.**
‡**high·ly** [ˋhaɪlɪ] *adv.* ①高度地。②很; 極。③高價地。
high-mind·ed [ˋhaɪˋmaɪndɪd] *adj.* 品格高尙的; 慷慨的。
***high·ness** [ˋhaɪnɪs] *n.* ① Ⓤ 高; 高度; 高尙。②(H-)大人; 閣下; 殿下(對皇族的尊稱)。
high-pitched [ˋhaɪˋpɪtʃt] *adj.*①聲調高的; 聲音尖銳的。②高傲的。③坡度大的。
high-pow·ered [ˋhaɪˋpaʊɚd] *adj.* ①大馬力的; 高性能的。②精力充沛的。
high-pres·sure [ˋhaɪˋprɛʃɚ] *adj.* ①(用)高壓的。②〖氣象〗高氣壓的。③強迫的; 急迫的。 — *v.t.*〖俗〗強迫; 施以壓力。
high-pro·file [ˋhaɪˋprofaɪl] *adj.* 高姿態的。
high-rank·ing [ˋhaɪ,ræŋkɪŋ] *adj.* 高級官員的; 高階層的。
high·road [ˋhaɪˋrod] *n.* Ⓒ ①大道; 公路。②直接而容易的方法。
high-sound·ing [ˋhaɪˋsaʊndɪŋ]

adj. (文體、頭銜等)派頭大的; 誇張的。

high-speed [ˋhaɪˏspid] *adj.* 高速度的。

high-spir·it·ed [ˋhaɪˏspɪrɪtɪd] *adj.* ①高傲的。②勇敢的。③烈性的。

high-strung [ˋhaɪˋstrʌŋ] *adj.* 敏感的; 神經過敏的; 緊張的。

high-tech [ˋhaɪˋtɛk] *adj.* 高科技的。— *n.* Ⓤ = **high technology.**

high-ten·sion [ˋhaɪˋtɛnʃən] *adj.* 〖電〗高壓的。

high-test [ˋhaɪˋtɛst] *adj.* ①經嚴格試驗的。②(汽油)沸點低的。

high-toned [ˋhaɪˋtond] *adj.* ①調子高的。②高尚的。③〖美〗曲高和寡的。

high-up [ˋhaɪˋʌp] *adj.* 高級的; 高位的。— *n.* Ⓒ 高級[高位]人員。

hígh-wáter màrk [ˋhaɪˋwɔtə ～] *n.* Ⓒ ①高水標; (海岸的)高潮線。②顚峰(of).

***high·way** [ˋhaɪˏwe] *n.* Ⓒ ①大道; 公路。②直截的途徑。

high·way·man [ˋhaɪˏwemən] *n.* Ⓒ (*pl.* **-men**) 攔路搶劫者; 強盜。

high-wire [ˋhaɪˋwaɪr] *adj.* 如走高空繩索般危險的。

H.I.H. His [Her] Imperial Highness. (日本等的)太子[太子妃]。

hi·jack [ˋhaɪˏdʒæk] *v.t.* & *v.i.* 〖美俗〗劫奪(飛機); 劫持(運輸中之貨物, 特指違禁或走私物品)。— **er,** *n.*

hi·jack·ing [ˋhaɪˏdʒækɪŋ] *n.* Ⓤ Ⓒ 搶劫; 劫機。

***hike** [haɪk] *v.i.* ①〖俗〗徒步旅行; 遠足; 行軍。②舉高。— *v.t.* ①突然地移動、拉高或舉起。②使高漲。— *n.* Ⓒ ①徒步旅行; 遠足。②升起; 上漲。— **hik′er,** *n.*

***hik·ing** [ˋhaɪkɪŋ] *n.* Ⓤ 遠足; 徒步旅行。

hi·lar·i·ous [həˋlɛrɪəs] *adj.* ①高興的; 熱鬧的。②有趣的; 引人大笑的。— **hi·lar′·i·ty,** *n.*

‡**hill** [hɪl] *n.* Ⓒ ①小山; 丘陵。②小土堆。— *v.t.* 堆成小丘。

hill·bil·ly [ˋhɪlˏbɪlɪ] *n.* Ⓒ 〖美俗〗①南部山林地帶之人; 山地人。②山地民謠。

hill·ock [ˋhɪlək] *n.* Ⓒ 小丘。

***hill·side** [ˋhɪlˏsaɪd] *n.* Ⓒ 山坡。

***hill·top** [ˋhɪlˏtɑp] *n.* Ⓒ 山頂; 山巓。— *v.i.* (**-pp-**) 騎馬[坐車, 徒步]獵狐。

hill·y [ˋhɪlɪ] *adj.* ①多小山的。②如小山的。③高峻的。

hilt [hɪlt] *n.* Ⓒ (劍或刀等的)柄。

‡**him** [hɪm] *pron.* (he 的受格)他。

H.I.M. His [Her] Imperial Majesty. 聖上; 陛下。

Him·a·la·yas [hɪˋmɑləjəz] *n. pl.* (the ～)喜馬拉雅山脈。(亦作 **the Himalaya, Himalaya Mountains**) — **Him·a′la·yan,** *adj.*

‡**him·self** [hɪmˋsɛlf] *pron.* ①他自己(him 的反身代名詞)。②(他)親自(用以加強語勢)。

***hind**[1] [haɪnd] *adj.* 在後的; 後部的。— **most,** *adj.* 最後(面)的

hind[2] *n.* Ⓒ 三歲以上的雌紅鹿。

***hin·der**[1] [ˋhɪndə] *v.t.* 妨礙; 阻止。— *v.i.* 成爲阻礙。

hind·er[2] [ˋhaɪndə] *adj.* 後面的; 後邊的; 後部的。

Hin·di [ˋhɪndi] *adj.* 北印度的; 北印度語的。— *n.* Ⓤ 北印度語。

hind·quar·ter [ˋhaɪndˋkwɔrtə] *n.* Ⓒ ①(常 *pl.*) (牛、羊肉等之)臀及後腿。②尾部; 後端。

hin·drance [ˋhɪndrəns] *n.* ① Ⓤ 防礙; 阻礙。② Ⓒ 阻礙物。

hind·sight [ˋhaɪndˏsaɪt] *n.* ① Ⓒ (槍等之)照門。② Ⓤ 〖謔〗事後聰明。

Hin·du, -doo [ˋhɪndu] *n.* Ⓒ (*pl.* **～s**) 印度人; 印度教教徒。— *adj.* 印度(人, 語文)的; 印度教的。— **ism,** *n.* Ⓤ 印度教。

***hinge** [hɪndʒ] *n.* Ⓒ ①絞鏈; 關鍵; 樞紐。②要點。— *v.t.* ①裝以鉸鏈。②使依靠。— *v.i.* ①依鉸鏈而轉動。②以…爲轉移。

***hint** [hɪnt] *n.* ① Ⓒ 暗示; 提示。② (a ～) 少量。— *v.t.* & *v.i.* 暗示; 示意。

hin·ter·land [ˋhɪntəˏlænd] *n.* Ⓤ Ⓒ ①海岸後方地區; 內地。②(常 *pl.*) 偏僻地區; 背地。③港口腹地。

***hip**[1] [hɪp] *n.* Ⓒ 臀; 股。

hip[2] *n.* Ⓒ 玫瑰花的莢。

hip·bone [ˋhɪpˏbon] *n.* Ⓒ 〖解〗無名骨; 髖骨。

hipped [hɪpt] *adj.* 〖俗〗① 被(…)迷住的; 熱心於…的(on). ② 抑鬱的。③被激怒的。

hip·pie [ˋhɪpi] *n.* Ⓒ 嬉皮。

hip·po [ˋhɪpo] *n.* Ⓒ (*pl.* **～s**) 〖俗〗河馬。

hip·po·drome [ˋhɪpəˏdrom] *n.* Ⓒ ①(古希臘、羅馬之)跑馬場; 競技場。②馬戲場。

hip·po·pot·a·mus [ˌhɪpəˋpɑtəməs] *n.* Ⓒ (*pl.* **~es, -mi** [-ˌmaɪ]) 河馬。(略作 **hippo**)

hip·ster [ˋhɪpstɚ] *n.* Ⓒ〖俚〗①爵士樂迷。②=**beatnik.** ③趕時髦的人。

hi·ra·ga·na [ˌhɪrəˋgɑnə]〖日〗*n.* Ⓒ平假名(日語字母的草書)。

‡**hire** [haɪr] *v.t.* ①雇；請。②租用。**—** *n.* Ⓤ工資；租金；租用。

hire·ling [ˋhaɪrlɪŋ] *n.* Ⓒ ①專爲金錢之工作者。②受雇而工作者。**—** *adj.* 被雇傭的；專爲金錢的。

hire-pur·chase [ˋhaɪrˋpɜtʃəs] *n.* Ⓤ〖英〗①分期付款。②分期付款銷貨法。

hir·er [ˋhaɪrɚ] *n.* Ⓒ 雇主；雇用者。

hir·sute [ˋhɜsut] *adj.*①多毛的。②〖動，植〗有鬃毛的。③毛的；毛質的。

‡**his** [hɪz, ɪz] *pron.*①(he 的所有格)他的。②(he 的所有代名詞)他的(所有物)。a friend of ～ 他的一位朋友。

His·pan·ic [hɪsˋpænɪk] *adj.* 西班牙的；西班牙語系[諸國]的；拉丁美洲的。**—** *n.* Ⓒ〖美〗(在美國講西班牙語的)拉丁美洲人；拉丁美洲裔的居民。

***hiss** [hɪs] *v.i. & v.t.* ①發嘶嘶聲。②以噓聲說明或表示。**—** *n.* Ⓒ 嘶嘶聲；嗤嗤聲。

hist [hɪst] *interj.* 噓！

***his·to·ri·an** [hɪsˋtorɪən] *n.* Ⓒ 歷史學家。

***his·tor·ic** [hɪsˋtɔrɪk] *adj.* ①歷史上著名的；有歷史性的。②=**historical.**

***his·tor·i·cal** [hɪsˋtɔrɪkḷ, -ˋtɑrɪkḷ] *adj.* ①歷史上的；眞實的。②依據歷史的。③有關歷史的。**—ly,** *adv.*

‡**his·to·ry** [ˋhɪstrɪ, ˋhɪstərɪ] *n.* Ⓤ ①歷史。②沿革；過去。

his·tri·on·ic [ˌhɪstrɪˋɑnɪk] *adj.* ①演員的；戲劇上的。②做戲的。

his·tri·on·ics [ˌhɪstrɪˋɑnɪks] *n.* ①Ⓤ演戲。②(作 *pl.*解)做作。

‡**hit** [hɪt] *v.t.* (**hit, hit·ting**) ①擊中；打中。②打；擊。③碰撞。④〖美俗〗到達。⑤攻擊；抨擊。⑥打擊；使受創。⑦找到；發現。⑧猜中。⑨受影響。**—** *v.i.* ①打；打擊。②(內燃機汽缸內)點火。～ *it off*〖俗〗相處甚善；相合。～ *off* **a.**模仿。**b.**巧妙地表示出。～ *on*[*upon*] **a.**無意中遇見；到達。**b.**偶然發現；忽然想起；猜中。**—** *n.* Ⓒ ①打；擊。②攻擊；抨擊。③〖棒球〗安打。④有效的文字表現。⑤(嘗試、演出等之)成功。～ *or miss* 隨便；馬虎。§～ **màn**〖美俚〗職業殺手。～ **paràde** 流行歌[暢銷曲]等的排行榜。

hit-and-run [ˋhɪtṇˋrʌn] *adj.*①撞倒行人就逃走的(如汽車等)。②〖棒球〗打帶跑的。

***hitch** [hɪtʃ] *v.t.*①急動；猛拉。②繫住；拴住；鉤住。**—** *v.i.*①被繫住；被拉住。②跛行。**—** *n.* Ⓒ ①急動；猛拉。②障礙；阻礙。③(暫時栓物用的)結。

hitch·hike [ˋhɪtʃˌhaɪk] *v.i.* 搭便車旅行。

hith·er [ˋhɪðɚ] *adv.*〖古〗到此處。～ *and thither* 到處。**—** *adj.* 在這邊的。

***hith·er·to** [ˌhɪðɚˋtu] *adv.* 迄今；至今。

Hit·ler [ˋhɪtlɚ] *n.* 希特勒(Adolf, 1889-1945, 納粹黨魁, 於 1933-45 任德國總理)。

hit·ter [ˋhɪtɚ] *n.* Ⓒ ①〖棒球〗打擊手。②打擊之物[人]。

HIV Human Immunodeficiency Virus.〖醫〗人體免疫缺乏病毒。

***hive** [haɪv] *n.* Ⓒ ①蜂房。②群蜂。③鬧市；鬧區。④一大群聚集的人。**—** *v.t.* ①置(蜂)於蜂房中。②儲藏(蜜)於蜂房中。**—** *v.i.* ①進入蜂房。②如蜂一般地集居於一處。

hives [haɪvz] *n.*(作 *sing.* or *pl.*解)〖醫〗蕁麻疹。

h'm [həm] *interj.* =**hem²; hum.**

H.M. His [Her] Majesty.

H.M.S.〖英〗His [Her] Majesty's Ship [Service].

***ho(a)** [ho] *interj.* ①(表示嘲笑、喜悅或驚愕之聲)嗬！②引起注意之聲。

hoar [hor] *adj.*①灰白的。②灰白頭髮的；年老的。

***hoard** [hord, hɔrd] *v.i. & v.t.* 貯藏金錢、貨物等(up)。**—** *n.* Ⓒ貯藏物。

hoard·ing [ˋhordɪŋ] *n.*①Ⓤ貯藏。②(*pl.*)貯藏物。③Ⓒ 廣告牌。④Ⓒ(工地四周的)板垣；圍籬。

hoar·frost [ˋhorˌfrɔst] *n.* Ⓤ 白霜。

***hoarse** [hors] *adj.* 嘶啞的；粗嘎的。

hoar·y [ˋhorɪ] *adj.* 古代的。

hoax [hoks] *n.* Ⓒ ①惡作劇。②騙局。**—** *v.t.* 用騙局欺詐。

hob [hɑb] *n.* Ⓒ 火爐後面或旁邊的鍋架。

hob·ble [ˋhɑbḷ] *v.i.* ①蹣跚。②跛行。**—** *v.t.* ①使跛行。②將(馬)腿綑縛以阻其行動。**—** *n.* ①Ⓤ跛行。②

Ⓒ束縛馬腿用的繩或帶。③Ⓤ困境；困難。

***hob·by** [ˋhabɪ] *n.* Ⓒ①嗜好；別好；癖。②=**hobbyhorse.**

hob·by·horse [ˋhabɪˏhɔrs] *n.* Ⓒ搖馬；旋轉木馬。

hob·gob·lin [ˋhabˏgablɪn] *n.* Ⓒ妖魔；惡鬼。

hob·nail [ˋhabˏnel] *n.* Ⓒ(釘於鞋跟之)平頭釘。

hob·nob [ˋhabˏnab] *v.i.* (**-bb-**)①交好；親睦。②共飲；碰杯。

ho·bo [ˋhobo] *n.* Ⓒ (*pl.* ~(**e**)**s**)〖美〗①游民；流氓。②流動工人。

hock[1] [hak] *n.* Ⓒ(馬牛等的)後腳踝關節。— *v.t.* 割斷腿腱使成殘廢。

hock[2] *n.* Ⓤ德國萊茵河地區所產之白葡萄酒。

hock[3] *v.t.* & *n.* Ⓤ〖美俚〗典當；典質。

***hock·ey** [ˋhakɪ] *n.* Ⓤ曲棍球。

ho·cus-po·cus [ˋhokəsˋpokəs] *n.* Ⓤ①(變戲法之)咒語。②戲法；魔術。③詭計；欺騙。— *v.t.* & *v.i.* (**-s-,**〖英〗**-ss-**)欺騙。

hod [had] *n.* Ⓒ①搬運磚瓦灰泥等物之工具。②煤斗。

hodge·podge [ˋhadʒˏpadʒ] *n.* (a ~)混雜物；雜食。

***hoe** [ho] *n.* Ⓒ鋤頭。— *v.t.* & *v.i.* (用鋤頭)鋤；掘。

***hog** [hag] *n.* Ⓒ①豬。②〖俗〗貪婪者。*go* (*the*) *whole* ~ 盡力而爲之。— *v.t.* (**-gg-**)①〖美俚〗貪取。②彎背(如豬狀)。

hogs·head [ˋhagzˏhɛd] *n.* Ⓒ①大桶。②液量單位。

hog·wash [ˋhagˏwaʃ] *n.* Ⓤ①豬食；餿水。②空洞的話或文章；劣作。

hoi pol·loi [ˋhɔɪpəˋlɔɪ] *n. pl.* (the ~)(希臘)民眾；烏合之眾。

***hoist** [hɔɪst] *v.t.* 升高；舉起。— *n.* Ⓒ①升高；舉起。②起重機。

hoi·ty-toi·ty [ˋhɔɪtɪˋtɔɪtɪ] *adj.* ①輕佻的；浮誇的。②易怒的；傲慢的。— *interj.*(表驚訝或藐視聲)噯喲!

ho·kum [ˋhokəm] *n.* Ⓤ〖俚〗無聊話；討人歡喜的話。

‡**hold**[1] [hold] *v.t.* (**held**)①握住；拿住。②使固定不動；按住。③支撐；托住不墜。④握有；持；抱。⑤維持。⑥容納；裝。⑦掌握；保持；固執。⑧舉行；開(會)。⑨堅守。⑩法庭裁決。⑪抑制；約束。⑫信仰；堅信。⑬守信；守約。⑭占有。⑮保留。⑯扣留。— *v.i.*①停留；維持；抑制。②持久不壞。③堅守。④有效。⑤繼續。⑥保持。~ *back* **a.** 克制。**b.** 抵擋。**c.** 隱而不宣。**d.** 保有；扣留。~ *down* **a.** 抑制；節制。**b.** 勝任而保持(職位)。~ *forth* **a.** 演說；說教；長篇大論地講。**b.** 給予；提議。~ *off* **a.**使離開；使不接近。**b.** 抵抗。**c.** 延緩。~ *on* **a.**等候。**b.** 抓住。**c.** 支持。**d.**〖俗〗停止。~ *out* **a.** 伸出。**b.** 給予。**c.** 拖延；延續。**d.** 支持。**e.**〖俚〗不使發生。**f.** 維持。**g.**〖俚〗扣壓；保留。~ *over* **a.** 展期；延擱。**b.** 逾期延續。**c.** 保存。~ *up* **a.**〖美〗攔路搶劫。**b.**使停滯。**c.** 經久。**d.** 展覽；提出。**e.** 擁護；支持。**f.** 停止。**g.** 保持地位或現狀。~ *with* **a.** 同意；贊成。**b.** 原諒。— *n.* ①ⓊⒸ把握；把持力。②Ⓒ支持物。③Ⓤ掌握；把持。④Ⓒ擒拿法。⑤Ⓒ〖樂〗音之持續。⑥Ⓒ監牢。⑦Ⓒ〖古〗堡壘。⑧Ⓒ預約。*get* ~ *of* 獲得；取得。

hold[2] *n.* Ⓒ(船之)貨艙；船艙。

hold·all [ˋholdˏɔl] *n.* Ⓒ①旅行用之大帆布袋。②放雜物的大袋。

***hold·er** [ˋholdɚ] *n.* Ⓒ①持有人；所有人。②支持物。③票據持有人。

hold·ing [ˋholdɪŋ] *n.* ①Ⓤ土地保有。②Ⓒ(常 *pl.*)(股票、債券等)財產。§ ~ **còmpany** 控股公司；母公司(擁有公司的股權而能壟斷或控制該公司)。

hold·out [ˋholdˏaʊt] *n.* Ⓒ(在集團活動、交涉中)拒絕協調的人。

hold·up [ˋholdˏʌp] *n.* Ⓒ①〖俗〗攔路搶劫。②(交通之)阻塞；停滯。

‡**hole** [hol] *n.* Ⓒ①洞；孔；穴。②簡陋的居所。③〖俗〗瑕疵；缺點。④〖俗〗困境；窘境。*pick ~s in* 對…吹毛求疵。— *v.t.* 鑽(洞)；打(洞)；鑿(洞)。~ *up* **a.** 入洞過冬。**b.** 隱居或藏匿一段時期。

‡**hol·i·day** [ˋhaləˏde] *n.* Ⓒ①假日；節日。②(常 *pl.*)假期。

hol·i·day·mak·er [ˋhaləˏdeˏmekɚ] *n.* Ⓒ〖英〗假日遊客。

ho·li·ness [ˋholɪnɪs] *n.* Ⓤ神聖。*His* [*Your*] *H-* (對教皇的尊稱)教皇陛下；教宗。

ho·lism [ˋholɪzəm] *n.* Ⓤ〖哲〗整體論。

hol·la, hol·loa [ˋhalə] *interj.* & *n.* & *v.* =**hollo.**

***Hol·land** [ˋhalənd] *n.* 荷蘭。

hol·ler [ˋhɑlɚ] 〖美俚〗*v.t. & v.i.* 呼喊。— *n.* Ⓒ holler 之叫聲。

hol·lo [ˋhɑlo] *interj.* 喂! — *n.* Ⓒ (*pl.* ~**s**) hollo之叫聲。— *v.t. & v.i.* ①叫 hollo; 喂喂地叫。②叱喊(獵犬)。

‡**hol·low** [ˋhɑlo] *adj.* ①空的; 中空的。②凹陷的。③呆滯的; 沉重的。④空虛的。⑤虛僞的; 假的。⑥饑餓的; 空腹的。— *n.* Ⓒ ①洞; 孔; 穴。②山谷。— *v.t. & v.i.* (使)成空洞〔常 out〕. — *adv.* 〖俗〗徹底地。*beat all* ~ 徹底擊敗。— **ness,** *n.*

hol·ly [ˋhɑlɪ] *n.* Ⓤ Ⓒ 冬青類。

hol·ly·hock [ˋhɑlɪ,hɑk] *n.* Ⓒ 〖植〗蜀葵。

Hol·ly·wood [ˋhɑlɪ,wʊd] *n.* 好萊塢(在洛杉磯 Los Angeles 市, 爲美國電影工業中心)。§ **the ∼ Bówl** 好萊塢劇院。

hol·o·caust [ˋhɑlə,kɔst] *n.* ① Ⓒ (人或獸之)全部焚燬。②(the H-)(二次大戰納粹對猶太人)大屠殺。

hol·o·graph [ˋhɑlə,græf] *n.* Ⓒ 親筆文書。— *adj.* 親筆的。

hols [hɑlz] *n. pl.* 〖英俗〗休假。

hol·ster [ˋholstɚ] *n.* Ⓒ 手槍皮套。

‡**ho·ly** [ˋholɪ] *adj.* ①神賜的; 神聖的。②聖潔的; 至善的。③宗教的。§ **H∼ Commúnion** 聖餐禮。**H∼ Gráil** 聖杯。**H∼ Lànd** 聖地。**∼ órders** 聖職。**H∼ Trínity** 三位一體。**H∼ Wèek** 受難週(復活節之前一週)。**the H∼ Bíble** 聖經。**the H∼ Cíty** 聖城。**the H∼ Fáther** 羅馬教皇。**the H∼ Ghóst[Spírit]** 聖靈。**the H∼ Róman Émpire** 神聖羅馬帝國。

***hom·age** [ˋhɑmɪdʒ, ˋɑm-] *n.* Ⓤ ①效忠; 臣服。②尊崇; 敬意。③(封建制度之)主僕關係。

hom·burg [ˋhɑmbɜg] *n.* Ⓒ 翹邊帽(帽緣翹起, 中央凹陷)。

‡**home** [hom] *n.* ① Ⓤ Ⓒ 家; 家庭; 家園。② Ⓤ 家鄉; 祖國。③ Ⓒ 庇護所; 避難所。④ Ⓒ 動植物之棲息地。*at* ∼ **a.** 在家裡。**b.** 無拘束; 舒適; 安詳。**c.** 接見客人; 會客。**d.** (球賽等)在本地或本隊球場舉行。— *adv.* ①在[到, 向]家。②中的地; 恰中地。③深入地。*bring* ∼ 弄清楚; 強調。— *adj.* ①家的; 家庭內的。②國內的; 本國的。— *v.i.* ①回家。②成家。— *v.t.* ①送返家。②供以家。§ **∼ báse [plàte]** 〖棒球〗本壘。**H∼ Depártment** 〖英〗內政部。**∼ económics** 家政學(亦作 home ec)。**∼ lòan** 抵押貸款。**∼ páge** 〖電算〗首頁。**∼ rúle** 地方自治。**∼ rún** 〖棒球〗全壘打。**the H∼ Cóunties** 倫敦周圍的諸郡。**the ∼ frònt** (戰爭時)大後方; 大後方之平民。

home·bod·y [ˋhom,bɑdɪ] *n.* Ⓒ 常留在家中的人; 家庭主義者。

home-brew [ˋhomˋbru] *n.* Ⓤ Ⓒ 自釀之飲料(啤酒等)。

home·com·ing [ˋhom,kʌmɪŋ] *n.* Ⓒ ①歸家; 歸國。②大學每年一度之校友集會。

home·felt [ˋhom,fɛlt] *adj.* 深切感到的; 內在的; 內心的; 祕密的。

home·grown [ˋhomˋgron] *adj.* (水果、蔬菜等)自家種植的。

home·land [ˋhom,lænd] *n.* Ⓒ 祖國; 故鄉。

home·less [ˋhomlɪs] *adj.* 無家可歸的。

***home·ly** [ˋhomlɪ] *adj.* ①家常的。②樸素的。③〖美〗不漂亮的。④似家的; 令人思家的。⑤友善的。

***home·made** [ˋhomˋmed] *adj.* ①自家製的; 自製的。②本國製造的。

home·mak·er [ˋhom,mekɚ] *n.* Ⓒ 〖美〗主婦。

hom·er [ˋhomɚ] *n.* Ⓒ 〖俗〗①〖棒球〗= **home run.** ② = **homing pigeon.**

Ho·mer [ˋhomɚ] *n.* 荷馬(古希臘詩人, 約生於西元前九世紀左右)。

***home·sick** [ˋhom,sɪk] *adj.* 思家的; 害懷鄉病的。— **ness,** *n.*

home·spun [ˋhom,spʌn] *adj.* ①手織的。②樸素的; 粗野的。— *n.* Ⓤ ①手織物。②毛織物。

home·stay [ˋhom,ste] *n.* Ⓒ 〖美〗客居外國家庭(期間)。

***home·stead** [ˋhom,stɛd] *n.* Ⓒ 〖美〗家園; 田園; 農家。

home·stretch [ˋhomˋstrɛtʃ] *n.* Ⓒ ①(賽馬或賽跑)最後之直線賽程。②任何工作之最後部分。

home·town [ˋhomˋtaʊn] *adj.* 家鄉的。— *n.* Ⓒ 家鄉。

***home·ward** [ˋhomwɚd] *adv.* 向家而(行)。— *adj.* 歸家的; 回國的。

home·ward-bound [ˋhomwɚdˋbaʊnd] *adj.* 往本國的。

***home·work** [ˋhom,wɜk] *n.* Ⓤ ①在家裡做的工作。②家庭作業。

hom·ey [ˋhomɪ] *adj.* 〖俗〗如家的; 安適的; 友善的。

hom·i·cide [ˋhɑmə͵saɪd] *n.* ①Ⓒ殺人者。②Ⓤ殺人。— **hom·i·cid′al,** *adj.* — **hom·i·cid′al·ly,** *adv.*
hom·i·ly [ˋhɑmḷɪ] *n.* Ⓒ講道。
hom·ing [ˋhomɪŋ] *adj.* ①歸家的；能識歸路的。②自動導向的。§ ∼ **pì·geon** 傳信鴿。
ho·mo [ˋhomo] *n.* Ⓒ (*pl.* ∼**s**)〖俚〗=**homosexual.**
Ho·mo [ˋhomo]〖拉〗*n.* (*pl.* **Hom·i·nes** [ˋhɑmə͵niz]) ①Ⓤ人屬(靈長類之一屬)。②(h-) Ⓒ人。
homo- 〖字首〗表「相同」之義。
ho·mo·ge·ne·ous [͵homəˋdʒinɪəs] *adj.* ①同類的；相似的。②以類似成分所組成的。③〖數〗齊次的。④〖理〗均質的。
ho·mog·e·nize [hoˋmɑdʒə͵naɪz] *v.t.* 使性質相同；使均質。
hom·o·graph [ˋhɑmə͵græf] *n.* Ⓒ同形異義字。
ho·mol·o·gous [hoˋmɑləgəs] *adj.* ①相同的；對應的。②〖化〗同族的。③〖生物〗對應的；異形同源的。
hom·o·nym [ˋhɑmə͵nɪm] *n.* Ⓒ ①同音異義字(如 meat 與 meet)。②同名之人。
ho·mo·pho·bi·a [͵homəˋfobɪə] *n.* Ⓤ恐懼同性戀症。
hom·o·phone [ˋhɑmə͵fon] *n.* Ⓒ ①同音字母或音標。②同音異義字。
Ho·mo sa·pi·ens [ˋhomoˋsepɪ͵ɛnz] *n.* Ⓤ〖生物〗人類。
ho·mo·sex·u·al [͵homəˋsɛkʃuəl] *adj.* ①同性戀的。②同性的。— *n.* Ⓒ同性戀者。
ho·mo·sex·u·al·i·ty [͵homə͵sɛkʃuˋælətɪ] *n.* Ⓤ同性戀。
hom·y [ˋhomɪ] *adj.* =**homey.**
Hon. Honorable.
hon·cho [ˋhantʃo] *n.* Ⓒ (*pl.* ∼**s**) 主事者；老闆；頭子。
Hon·du·ras [hanˋdurəs] *n.* 宏都拉斯(中美洲東北部之一共和國)。
hone [hon] *n.* Ⓒ細磨刀石。— *v.t.* (在細磨刀石上)磨。
‡**hon·est** [ˋɑnɪst] *adj.* ①誠實的；忠實的。②坦白的；直率的。③未攙雜的；純淨的；眞的。④以正當手段獲得的。§ ∼ **brŏker** 中立的仲裁者。
***hon·est·ly** [ˋɑnɪstlɪ] *adv.* 誠實地；坦白地；正當地。— *interj.* (表示埋怨、疑惑、生氣)哎啊! 「直。」
***hon·es·ty** [ˋɑnɪstɪ] *n.* Ⓤ誠實；正

‡**hon·ey** [ˋhʌnɪ] *n.* ①Ⓤ蜂蜜。②Ⓤ甜蜜。③Ⓒ愛人。— *adj.* 甜蜜的；親愛的。— *v.t.* 加蜜；甜言蜜語地說出。— *v.i.* 說甜言蜜語〔常 up〕.
hon·ey·bee [ˋhʌnɪ͵bi] *n.* Ⓒ蜜蜂。
hon·ey·comb [ˋhʌnɪ͵kom] *n.* Ⓒ ①蜂巢；蜂房。②似蜂巢之物。— *v.t.* ①作許多小洞於。②滲透至各部分。— *v.i.* 作成蜂巢形。
hon·eyed, -ied [ˋhʌnɪd] *adj.* ①甜的。②多蜂蜜的。③甜如蜂蜜的；美妙的。④逢迎的；阿諛的。
***hon·ey·moon** [ˋhʌnɪ͵mun] *n.* Ⓒ ①蜜月；蜜月假期。②任何和諧的期間。③初期和諧的新關係。— *v.i.* 度蜜月〔常 in, at〕.
hon·ey·suck·le [ˋhʌnɪ͵sʌkḷ] *n.* ⓊⒸ〖植〗忍冬；金銀花。
Hong Kong [ˋhaŋˋkaŋ] *n.* 香港。
honk [hɔŋk] *n.* Ⓒ ①雁鳴。②如雁鳴的聲音。— *v.t.* & *v.i.* 作似雁鳴之聲；按(喇叭)。
honk·y-tonk [ˋhaŋkɪ͵taŋk] *n.* Ⓒ〖美俚〗下等酒館、夜總會或舞廳。
Hon·o·lu·lu [͵hanəˋlulə] *n.* 檀香山；火奴魯魯(夏威夷州首府)。
‡**hon·or,** 〖英〗**-our** [ˋanɚ] *n.* ①Ⓤ名譽；信用。②Ⓤ尊敬；敬重。③(H-)閣下(對於法官、市長之尊稱)。④(an ∼)被引以爲榮之人或物。⑤ **a.** (*pl.*)(在學校中的)優等。**b.** (*sing.*)爲優等學生開的高級課程。⑥(the ∼)(領受上位者的好意，邀請的一種)榮幸。⑦Ⓤ尊敬之行爲；敬禮致敬。⑧Ⓤ榮譽感；節義；廉恥心；自尊心。⑨Ⓤ貞節；貞操。*do ∼ t*… **a.** 尊敬；敬重。**b.** 使…爲之增光。*do the ∼s* 作主人招待賓客；盡地主之誼。*in ∼ of* 尊敬；向…表敬意；紀念。*upon* [*on*] *one's ∼* 憑良心… 話或作事。— *v.t.* ①尊敬；使榮耀。②承認；如期支付。§ ∼ **guàrd** 儀隊。∼ **rôll** (1)優等生名冊。(2)榮譽名冊。∼**s lìst** 指定接受表揚人員之名單。∼ **sỳstem**〖美〗(學校考試時的)榮譽制度。
***hon·or·a·ble** [ˋanərəbḷ] *adj.* ①誠實的；正直的。②榮譽的；體面的；光榮的。③值得尊敬的；高尚的。④有爵位的；地位高的。⑤(H-)加於人名前之敬稱語(略作 **Hon.**). § ∼ **méntion** 未入選之佳作；優異獎；表揚獎。— **hon′or·a·bly,** *adv.*
hon·o·rar·i·um [͵anəˋrɛrɪən

n. Ⓒ (*pl.* **~s, -rar·i·a** [-ˋrɛrɪə])酬勞金；謝禮。

hon·or·ar·y [ˋɑnə͵rɛrɪ] *adj.* ①榮譽的。②名譽的。③道義上的。

hon·or·if·ic [͵ɑnəˋrɪfɪk] *adj.* 尊敬的；尊稱的。— *n.* Ⓒ ①尊稱。②(中文及日文中的)敬語。

***hood**[1] [hʊd] *n.* Ⓒ ①頭巾；兜帽。②似頭巾之物。③(汽車)引擎蓋。

hood[2] *n.* Ⓒ〖美俚〗流氓；地痞。

-hood〖字尾〗①表「性質；狀態；階級；身分；境遇」之義。②有時接形容詞表「狀態」之義。③表示「集合體」，義爲「圈；界；團體；社會」。

hood·ed [ˋhʊdɪd] *adj.* ①戴頭巾的。②附有罩[蓋]的。

hood·lum [ˋhudləm] *n.* Ⓒ〖美俚〗流氓；不良少年。

hood·wink [ˋhʊd͵wɪŋk] *v.t.* ①蒙混；欺騙。②遮蓋；藏匿。

hoof** [hʊf, huf] *n.* Ⓒ (*pl.* **~s, hooves**)①(馬、牛、羊、豬等之)蹄。②〖俚〗(人之)腳。③〖方〗有蹄之動物。on the*** **~** (指家畜)活著。

hook** [hʊk] *n.* Ⓒ ①鉤；釣鉤。②鐮刀。③急遽的彎曲。④地岬；地角；鉤狀岬。⑤投球所成之曲線。⑥〖拳擊〗鉤拳。by ~ or (by) crook***用各種方法；不擇手段。***get [give] the ~*** 丟掉差事。**~, *line, and sinker*** 〖俗〗完全地；一齊地。***on one's own ~*** 獨力。— *v.t.* ①掛(物)於鉤上；用鉤鉤住。②用鉤釣(魚)。③彎成鉤形。④鉤射(球)。⑤〖拳擊〗用鉤拳打。— *v.i.* ①彎曲如鉤。②用鉤鉤住。③(魚)上鉤。**~ *up* a.** 用鉤鉤住或鉤緊。**b.** 裝(收音機、電話等)。§ **~ shòt**〖籃球〗單手勾射投籃。

hooked [hʊkt] *adj.*①鉤狀的。②有鉤(形物)的。

hook·er [ˋhʊkɚ] *n.* Ⓒ ①〖美俚〗妓女。②用鉤鉤住的物[人]。

hook·up [ˋhʊk͵ʌp] *n.* Ⓒ ①〖無線〗聯播；轉播。②〖電〗線路(圖)；接線(圖)。③〖俗〗(政黨或政府間的)聯盟。④連接。

hook·worm [ˋhʊk͵wɝm] *n.*①Ⓒ 鉤蟲。②Ⓤ 鉤蟲病。

hook·y [ˋhʊkɪ] *n.* Ⓤ〖俚〗逃學(僅用於to play *hooky* 片語中)。

hoo·li·gan [ˋhulɪgən] *n.* Ⓒ〖俗〗流氓；不良少年。

***hoop**[1] [hʊp, hup] *n.* Ⓒ ①(桶等之)箍。②鐵環。③昔時婦女襯裙用之籐圈。④槌球戲之弓形小門。— *v.t.* ①加箍於(桶等)。②包圍。§ **~ skìrt**(1)用環圈撐開的裙子。 (2)=hoop[1] ③.

hoop[2] *v.i.* 呼喊。— *n.* Ⓒ ①呼喊。②百日咳之咳聲。

hoo·ray [huˋre, hu-] *interj.* & *v.i.* & *v.t.*=**hurrah.**

hoot [hut] *n.* Ⓒ ①梟叫聲。②表示反對或輕蔑之叫囂。③汽笛、汽車喇叭等聲音。***not care a ~*** 毫不在乎。— *v.t.* & *v.i.* ①梟叫。②作梟叫。③叫囂(表示輕蔑或反對)。④〖英〗按汽車喇叭。

hoot·er [ˋhutɚ] *n.* Ⓒ①汽笛；警笛；(汽車)喇叭。②〖英俚〗鼻。

Hoo·ver[1] [ˋhuvɚ] *n.* 胡佛(Herbert Clark, 美國第31位總統)。

Hoo·ver[2] *n.* Ⓒ〖商標〗(英國Hoover公司製的)眞空吸塵器。

hop**[1] [hɑp] *v.i.* (**-pp-**) ①跳躍。②〖俗〗跳舞。③飛行；做短程旅行。— *v.t.* ①跳過。②跳上(移動中的車輛)。— *n.* Ⓒ ①跳躍。②〖俗〗飛行。③〖俗〗跳舞。**~, *skip, and jump (田賽)三級跳遠。

hop[2] *n.* Ⓒ〖植〗蛇麻草；忽布。

‡**hope** [hop] *n.* ①Ⓤ 希望；信心。②Ⓒ 所希望之事物。***past [beyond] ~*** 無望的；不會成功的。— *v.t.* & *v.i.* 希望；期望。**~ *against* ~** 存萬一的希望。**~ *for*** 希望得到。

***hope·ful** [ˋhopfəl] *adj.* 有希望的；抱樂觀的；懷希望的。— *n.* Ⓒ ①有希望、前途的人。②(有希望當選的)候選人。

***hope·less** [ˋhoplɪs] *adj.* 無希望的；「絕望的。」

hop·per [ˋhɑpɚ] *n.* Ⓒ ①跳躍者；跳躍物。②漏斗。

hop·scotch [ˋhɑp͵skɑtʃ] *n.* Ⓤ 跳房子(兒童遊戲)。

horde [hord] *n.* ①(a ~ of, ~s of) 群衆；大群。②Ⓒ 遊牧部落。

***ho·ri·zon** [həˋraɪzn̩] *n.* Ⓒ ①地平線。②(常*pl.*)(思想、經驗等的)限度；範圍；眼界。

***hor·i·zon·tal** [͵hɔrəˋzɑntl̩] *adj.* ①與地平線平行的；水平的；橫的。②平的；平坦的。③依水平方向放置、行動、動作的。④只包括某一群人或某一行業的。— *n.* Ⓒ (the ~)水平線[面]；水平方面；橫的位置。

hor·mone [ˋhɔrmon] *n.* Ⓒ 荷爾蒙。

‡**horn** [hɔrn] *n.* Ⓒ①角。②鹿角。③(其他動物的)觸角。④角質；角製之

H

物。⑤挖空獸角而成之容器。⑥號角；喇叭。⑦示警之裝置；汽笛。⑧似角之物。⑨新月之鉤尖。*blow one's own* ~ 〖俗〗自誇；吹牛。*draw* [*pull*] *in one's ~s* 縮頭；不再熱心活動。*on the ~s of a dilemma* 處於進退維谷之境。— *v.t.* 用角觸；用角刺。

hor·net [ˋhɔrnɪt] *n.* Ⓒ大黃蜂。*arouse* [*stir up*] *a ~'s nest* 四處樹敵。*bring a ~'s nest about one's ears* 招惹麻煩。

horn·pipe [ˋhɔrn,paɪp] *n.* Ⓒ ①角笛號管。②號管舞。③號管舞曲。

horn·y [ˋhɔrnɪ] *adj.* ①角(質)的。②堅硬如角的。③〖俚〗淫亂的。

hor·o·scope [ˋhɔrə,skop] *n.* Ⓒ ①占星術。②算命所用之天宮圖。

hor·ren·dous [hɔˋrɛndəs] *adj.* 可怖的；驚人的。

***hor·ri·ble** [ˋhɔrəbl] *adj.* ①可怕的。②〖俗〗極可憎的。

***hor·ri·bly** [ˋhɔrəblɪ] *adv.* ①可怕地。②〖俗〗非常。

***hor·rid** [ˋhɔrɪd, ˋhɑr-] *adj.* ①可怕的。②〖俗〗極可厭的。

***hor·rif·ic** [hɔˋrɪfɪk] *adj.* 令人毛骨悚然的；可怖的。

***hor·ri·fy** [ˋhɔrə,faɪ, ˋhɑr-] *v.t.* ①嚇；使恐怖；使戰慄。②使厭惡。

***hor·ror** [ˋhɔrɚ] *n.* ①Ⓤ恐怖；戰慄。②(a ~)極度憎惡。

hors d'oeu·vre [ɔrˋdœvrə] 〖法〗*n.* Ⓒ (*pl.* ~, **~s**) (常*pl.*)正菜前的開胃小菜。

‡**horse** [hɔrs] *n.* ①Ⓒ馬；雄馬。②Ⓤ騎兵。③Ⓒ三脚架。④Ⓒ(健身用)木馬。⑤Ⓒ〖美俚〗(考試作弊用之)小抄。*eat* [*work*] *like a* ~ 大吃[努力工作]。*from the ~'s mouth*〖俚〗來自可靠的來源；有權威。*hold one's ~s* 鎮靜；不衝動。*look a gift ~ in the mouth* 挑剔禮物的缺點。— *v.t.* ①供以馬。②置於馬上。③〖俗〗猛推。④取笑；揶揄。— *v.i.* ①騎馬。②(母馬之)欲交配。§ ~ **chèstnut** 〖植〗七葉樹；七葉樹之實。~ **ràce** [**ràcing**] 賽馬。~ **sènse** 〖俗〗(粗淺實用之)常識。

***horse·back** [ˋhɔrs,bæk] *n.* Ⓤ馬背。— *adv.* 在馬背上。

horse·hair [ˋhɔrs,hɛr] *n.* Ⓤ①馬鬃；馬尾毛。②馬鬃織的織物。

horse·hide [ˋhɔrs,haɪd] *n.* ①Ⓤ馬皮；馬革。②Ⓒ〖俚〗棒球。

***horse·man** [ˋhɔrsmən] *n.* Ⓒ (*pl.* **-men**)騎馬者；騎兵；馬術師。

horse·man·ship [ˋhɔrsmən,ʃɪp] *n.* Ⓤ馬術。

horse·play [ˋhɔrs,ple] *n.* Ⓤ喧鬧的取笑；惡作劇。

***horse·pow·er** [ˋhɔrs,pauɚ] *n.* Ⓒ (*pl.* ~)馬力。

horse·rad·ish [ˋhɔrs,rædɪʃ] *n.* ①ⓊⒸ〖植〗辣根；西洋山萮菜。②Ⓤ辣根製調味品。

***horse·shoe** [ˋhɔrʃ,ʃu, ˋhɔrs-] *n.* Ⓒ①蹄鐵。②U形物。— *v.t.* 裝蹄鐵於(馬)。

horse·whip [ˋhɔrs,hwɪp] *n.* Ⓒ馬鞭。— *v.t.* (**-pp-**)笞以馬鞭。

horse·wom·an [ˋhɔrs,wumən] *n.* Ⓒ (*pl.* **-wom·en**)女騎師。

hors·y [ˋhɔrsɪ] *adj.* ①馬的；似馬的。②好馬的；愛賽馬的。

hor·ta·to·ry [ˋhɔrtə,torɪ] *adj.* 督促的；勸告的。

hor·ti·cul·tur·al [,hɔrtɪˋkʌltʃərəl] *adj.* 園藝(學)的。

hor·ti·cul·ture [ˋhɔrtɪ,kʌltʃɚ] *n.* Ⓤ園藝(學)。

hor·ti·cul·tur·ist [,hɔrtɪˋkʌltʃərɪst] *n.* Ⓒ園藝學家。

ho·san·na [hoˋzænə] *interj.* 和撒那(讚美上帝語)。— *n.* Ⓒ讚美(上帝)聲。

***hose** [hoz] *n.* (*pl.* ~)①(集合稱，作*pl.*解)長統襪。②Ⓒ昔日男用緊身褲。③ⓊⒸ (*pl.* **hos·es**)運輸液體所用之軟管。— *v.t.* 以軟水管輸水。

ho·sier [ˋhoʒɚ] *n.* Ⓒ襪商。

ho·sier·y [ˋhoʒərɪ] *n.* Ⓤ①襪類。②襪業。

hos·pice [ˋhɑspɪs] *n.* Ⓒ救濟院。

***hos·pi·ta·ble** [ˋhɑspɪtəbl] *adj.* ①善於款待客人的。②寬容的。— **hos'pi·ta·bly,** *adv.*

‡**hos·pi·tal** [ˋhɑspɪtl] *n.* Ⓒ①醫院。②慈善機構。

***hos·pi·tal·i·ty** [,hɑspɪˋtælətɪ] *n.* Ⓤ好客；款待；慇懃。

hos·pi·tal·ize [ˋhɑspɪtl,aɪz] *v.t.* 使住院；送入醫院。

***host**[1] [host] *n.* Ⓒ①主人。②旅館主人。③寄生物的寄主。④主電腦。

***host**[2] *n.* (a ~ of, ~s of)①極多；大群〔of〕。②軍隊。③天體。

Host [host] *n.* (the ~)〖宗〗聖體；

聖餐儀式[彌撒]中的麵包。

hos·tage [ˋhastɪdʒ] *n.* Ⓒ①人質。②抵押；抵押品。

hos·tel [ˋhastḷ] *n.* Ⓒ①旅社；招待所。②〖英〗大學生宿舍。

hos·tel·ry [ˋhastḷrɪ] *n.* Ⓒ〖古〗旅館；客棧。

***host·ess** [ˋhostɪs] *n.* Ⓒ①女主人。②旅館女主人。③(客機之)空中小姐。④(餐廳、火車、巴士等之)服務小姐。⑤職業舞女。

***hos·tile** [ˋhastɪl] *adj.* ①敵方的。②懷敵意的。

***hos·til·i·ty** [hasˋtɪlətɪ] *n.* ① Ⓤ 敵意；敵對。②(*pl.*)戰爭狀態。③Ⓤ反對；抵抗。④(*pl.*)戰爭；戰鬥。

hos·tler [ˋhaslɚ] *n.* Ⓒ (旅館的)馬夫。(亦作 **ostler**)

‡**hot** [hat] *adj.* (**-tt-**)①熱的；灼熱的。②辛辣的。③激動的；激烈的。④興趣濃厚的；熱心的；熱烈的。⑤新的；新鮮的；強烈的。⑥逼近的；緊迫的。⑦有放射性的。⑧爵士音樂的。⑨〖俚〗非法得來的。⑩好色的。⑪〖俚〗大膽而技巧的。⑫正在流行的；很受歡迎的；銷路好的。⑬可笑的；滑稽的。⑭高壓電線的。⑮通電的。
— *adv.* ①熱狀地；熱烈地。②趁熱。
— *v.t.* & *v.i.* (**-tt-**)〖英俗〗溫熱〔常 up〕. § ~ **áir**〖俚〗空話；誇張之辭。~ **dòg** (1)=frankfurter. (2)熱狗(夾香腸之小麵包)。~ **lìne** 熱線(兩政府首腦間隨時保持暢通的直接電話線)。~ **pànts** 熱褲。~ **plàte** (1)煤氣爐；電爐。(2)餐廳出售的熱食。(3)保溫盤。(4)(烹調用)鐵板；烤盤。~ **potáto** (1)〖英俗〗烤洋芋。(2)〖俗〗棘手的問題；難題；燙手山芋。~ **ròd**〖美俚〗(舊車拆卸改裝的)減重高速汽車。~ **spòt**〖俗〗(1)(政治、軍事的)紛爭地帶。(2)夜總會；遊樂街。~ **spríng** 溫泉。~ **stúff** 性感的女人；淫穢之物(黃色書刊等)。~ **tìcket** 風雲人物。~ **tùb** 大型木製熱水浴盆。~ **wár** 熱戰；交戰。— **ly,** *adv.*

hot-air [ˋhat,ɛr] *adj.* 熱[暖]氣的。§ ~ **ballòon** 熱氣球。

hot·bed [ˋhat,bɛd] *n.* Ⓒ ①溫床。②極易於滋長(惡事)之環境。

hot-blood·ed [ˋhatˋblʌdɪd] *adj.* ①易怒的。②輕率的。③情感強烈的。

hotch·potch [ˋhatʃ,patʃ] *n.* Ⓤ Ⓒ雜煮；雜燴。

‡**ho·tel** [hoˋtɛl] *n.* Ⓒ旅館；旅社。

ho·te·lier [,hotəˋlɪr] *n.* Ⓒ旅館經理或老闆。

hot·foot [ˋhat,fut]〖俗〗*adv.* 飛速地；急忙地。— *v.i.* 趕忙；急忙。

hot·head·ed [ˋhatˋhɛdɪd] *adj.* ①易怒的。②急躁的。

hot·house [ˋhat,haus] *n.* Ⓒ 溫室；暖房。

hot·shot [ˋhat,ʃat] *n.* Ⓒ有才幹者；藝高自負者。

hot-tem·pered [ˋhatˋtɛmpɚd] *adj.* 性急的；暴躁的；易怒的。

hound** [haund] *n.* Ⓒ獵犬。follow the ~s; ride to ~s*** 帶一群獵犬狩獵。— *v.t.* ①用獵犬狩獵。②追捕。③嗾使；激勵。

‡**hour** [aur] *n.* Ⓒ①小時；鐘頭。②時期；時間。③時刻；鐘點。④固定的時間。⑤短的時間。⑥一節課；堂。***after ~s*** 下班以後。***keep bad*** [***late***] ***~s*** 晚睡晚起；遲出遲歸。***keep good*** [***early***] ***~s*** 早睡早起；早出早歸。***the small ~s*** 清晨時間。§ ~ **hànd** 時針；短針。

hour·glass [ˋaur,glæs] *n.* Ⓒ 滴漏；更漏。

hour·ly [ˋaurlɪ] *adv.* ①每小時。②常常。③隨時地。— *adj.* ①以小時計的。②每小時一次的。③時常的。

‡**house** [haus] *n.* Ⓒ (*pl.* **hous·es** [ˋhauzɪz])①房屋；住宅。②居住一屋中的人；家庭；家族。③住處；家。④倉房。⑤議會。⑥議會會所。⑦商號。⑧戲院。⑨(集合稱)觀衆；聽衆。⑩(H-)貴族或王室家族；王朝。***bring down the ~*** 博得滿場喝采。***keep ~*** **a.** 成家。**b.** 料理家事、家務。**c.** (與…)住同一房屋〔with〕. ***on the ~*** 免費地；由公家或業主支付地。***put*** [***set***] ***one's ~ in order*** **a.** 整頓事務。**b.** 改過；修身。***the H- of Commons***(英國的)下議院。***the H- of Lords***(英國的)上議院。
— [hauz] *v.t.* ①供給房屋；供給住所。②貯藏(物品)。— *v.i.* 居住。§ ~ **arrèst** 軟禁。~ **càll**(醫生等的)出診。~ **pàrty** (1)招待過夜的別墅宴會。(2)此種宴會之全體賓客。

house·boat [ˋhaus,bot] *n.* Ⓒ 船宅(供居住之船隻)。

house·bound [ˋhaus,baund] *adj.* (因生病等)無法外出的。

house·break·er [ˋhaus,brekɚ] *n.* Ⓒ①(尤指白日)侵入住宅圖謀不軌者；強盜。②〖英〗拆屋人。

house·bro·ken [ˋhaus,brokən]

H

adj. 訓練成習慣良好的(貓、狗等)。

‡**house·hold** [ˋhaus,hold, -,old] *n.* ①Ⓒ家庭；家屬。②Ⓤ家事；家務。③(the H-)王室；皇族。— *adj.* ①家庭的；家務的。②普通的；家常的。③王室的。

house·hold·er [ˋhaus,holdɚ] *n.* Ⓒ①房主。②戶長。

***house·keep·er** [ˋhaus,kipɚ] *n.* Ⓒ①主婦。②女管家。

***house·keep·ing** [ˋhaus,kipɪŋ] *n.* Ⓤ①家事；家政。②管家。

house·lights [ˋhaus,laɪts] *n. pl.* 戲院或講堂內觀眾席之照明燈光。

house·maid [ˋhaus,med] *n.* Ⓒ女佣人；女僕。

house·man [ˋhausmən] *n.* Ⓒ (*pl.* **-men**)①男佣人；男僕。②〖英〗(駐院的)實習醫師。

house·mas·ter [ˋhaus,mæstɚ] *n.* Ⓒ (男校)舍監。

house·moth·er [ˋhaus,mʌðɚ] *n.* Ⓒ女舍監。

house·par·ent [ˋhaus,pɛrənt] *n.* Ⓒ (學生宿舍的)舍監。

house·per·son [ˋhaus,pɜsn̩] *n.* Ⓒ料理家務的人；管家的人。

house-proud [ˋhaus,praud] *adj.* (主婦等)熱中於家事、家庭裝飾的。

house·room [ˋhaus,rum] *n.* Ⓤ (房屋)住人或放東西的地方。

house·sit [ˋhaus,sɪt] *v.i.* (**-sat, -sit·ting**)〖美〗(幫別人)看守房子。

house-to-house [ˋhaustəˋhaus] *adj.* 挨戶的；逐戶的。

house·wares [ˋhaus,wɛrz] *n. pl.* 家庭用具(如廚具等)。

house·warm·ing [ˋhaus,wɔr-mɪŋ] *n.* Ⓒ喬遷慶宴。

***house·wife** [ˋhaus,waɪf] *n.* Ⓒ (*pl.* **-wives**)主婦。

house·wif·er·y [ˋhaus,waɪfrɪ, ˋhʌzɪfrɪ] *n.* Ⓤ家政；家事。

***house·work** [ˋhaus,wɜk] *n.* Ⓤ家事。

hous·ing [ˋhauzɪŋ] *n.* ①Ⓤ供給住宅。②Ⓤ(集合稱)房屋；住宅。③Ⓒ祖護；避難(所)。④Ⓒ〖機〗框；架構。

hove [hov] *v.* pt. & pp. of **heave.**

hov·el [ˋhʌvl̩] *n.* Ⓒ①簡陋小屋；茅舍。②牛舍；雜物室。— *v.t.* (**-l-**, 〖英〗**-ll-**)納入棚舍中。

***hov·er** [ˋhʌvɚ, ˋhɑvɚ] *v.i.* ①翱翔；盤旋。②守在近旁。③搖曳不定。

Hov·er·craft [ˋhʌvɚ,kræft] *n.* Ⓒ (*pl.* ～)〖商標〗氣墊船[車]。

‡**how** [hau] *adv.* ①怎樣；如何。②身體怎樣。③多少；好多。④多麼；何等(用於驚歎句中)。⑤價錢多少。⑥爲甚麼；爲何。⑦何種速度。⑧何種狀態。***And ～!*** 〖俗〗當然。***H- about...?*** 你覺得怎樣? ***H- come?*** 〖俗〗爲何? ***H- so?*** 爲甚麼是這樣? — *n.* (the ～)方法。

how·be·it [hauˋbiɪt] *adv.* 雖然如此；然而。— *conj.* 〖古〗雖然。

how·dy [ˋhaudɪ] *interj.* 〖美俗〗喂! 您好! (見面時的問候語)。

how·e'er [hauˋɛr] *conj. & adv.* = **however.**

‡**how·ev·er** [hauˋɛvɚ] *adv.* ①無論如何。②可是；仍然；究竟。— *conj.* 不管用什麼方法；〖古〗雖然。

how·itz·er [ˋhauɪtsɚ] *n.* Ⓒ〖軍〗榴彈砲。

howl** [haul] *v.i.* ①(犬、狼等)吠；嗥；咆哮。②怒號；哀號。③高聲叫囂。— *v.t.* ①吼叫著說出。②吼叫。～ down*** 以吼叫聲使他人所說的話聽不見。— *n.* Ⓒ ①嗥叫；呼號。②哀號；怒吼。

howl·er [ˋhaulɚ] *n.* Ⓒ〖俚〗愚蠢可笑的錯誤。

how·so·ev·er [,hausoˋɛvɚ] *adv.* =**however.**

hoy [hɔɪ] *interj.* 嗬! 喂! (呼船或趕牲畜之聲)。— *n.* Ⓒ "hoy"之呼聲。

HP, H.P., hp, h.p. horsepower.

H.P. 〖電〗high power; high pressure; high priest. **hr.** hour(s). **hrs.** hours. **HTML** Hypertext Markup Language. 超文字標記語言。

hub [hʌb] *n.* Ⓒ①輪軸。②中心。

hub·bub [ˋhʌbʌb] *n.* (*sing.*)嘈雜；喧囂；騷嚷。

hub·by [ˋhʌbɪ] *n.* Ⓒ〖俗〗丈夫(暱稱)。

hub·cap [ˋhʌb,kæp] *n.* Ⓒ輪軸蓋(遮蓋汽車輪軸外側的金屬盤)。

hu·bris [ˋhjubrɪs] *n.* Ⓤ狂妄自大；傲慢；目中無人。

huck·ster [ˋhʌkstɚ] *n.* Ⓒ①叫賣小販；零售商。②唯利是圖之商人。

***hud·dle** [ˋhʌdl̩] *v.i.* 擠成一團；縮成一團。— *v.t.* ①使成一團。②匆忙或胡亂地作(事)、穿(衣)等。③匆忙混亂地催趕或推塞。— *n.* Ⓒ ①一堆；一團。②混亂；雜亂。③〖俗〗祕

密的會談。

Hud·son [ˋhʌdsn̩] *n.* (the ～)哈得孫河(在美國 New York 州東部)。

***hue**[1] [hju] *n.* Ⓤ Ⓒ 顏色；色度；色彩。

hue[2] *n.* Ⓒ 喊叫聲。 ～ ***and cry*** **a.** 追捕罪犯之喊叫。**b.** 此種追捕。**c.** 高聲喧嚷著反對或責難。

huff [hʌf] *n.* (a ～) 發怒；憤怒。 — *v.t.* ①開罪；使怒。②脅迫。 — *v.i.* 氣憤。 — **ish, huff′y,** *adj.*

***hug** [hʌg] *v.t.* (**-gg-**)①緊抱；摟抱。②堅持；固執。③保持靠近。 — *n.* Ⓒ 緊抱；摟抱。

‡**huge** [hjudʒ] *adj.* 極大的；巨大的；無限的。 — **ly,** *adv.*

Hu·go [ˋhjugo] *n.* 雨果 (Victor Marie, 法國詩人、小說家及劇作家)。

Hu·gue·not [ˋhjugə,nɑt] *n.* Ⓒ (十六、七世紀間之)法國新教徒。

huh [hʌ] *interj.* 哼！哈！什麼？(表輕蔑、疑問等)。

hu·la [ˋhulə], **hu·la-hu·la** [ˋhuləˋhulə] *n.* Ⓒ 草裙舞(一種夏威夷土風舞)。

hulk [hʌlk] *n.* Ⓒ ①廢船。②笨重的人[物]；大個子；大漢。 — **ing,** *adj.*

***hull**[1] [hʌl] *n.* Ⓒ ①殼；莢；皮。②覆被物。 — *v.t.* 去殼；去皮。

hull[2] *n.* Ⓒ 船身；(水上飛機之)機身；(飛艇之)艇身。 — *v.t.* 以魚雷等轟擊(船)之船身。

hul·la·ba(l)·loo [ˋhʌləbə,lu] *n.* Ⓒ (*pl.* ～**s**)(常 a ～)喧囂；騷擾。

***hul·lo(a)** [həˋlo] *interj.* & *v.* & *n.* (*pl.* ～**s**) =**hello.**

***hum** [hʌm] *v.i.* (**-mm-**) ①作營營聲；作嗡嗡聲。②閉唇低唱；(在喉間)發出 m 聲(以示懷疑、不滿)。③〖俗〗忙碌；活躍起來。 — *v.t.* 閉口低唱。 — *n.* ①(*sing.*)營營聲；閉口低唱。②Ⓒ (表示不滿、猶豫等之)m聲。 — *interj.* (似m聲，表示猶豫、不滿等)哼；哦。

‡**hu·man** [ˋhjumən] *adj.* ①人物的；人類的。a ～ being 人。②似人類的。③與人類有關的。④有同情心的。 — *n.* ①Ⓒ 人。②(the ～)人類。

***hu·mane** [hjuˋmen] *adj.* ①仁愛的；慈悲的；人道的。②人文的；高尚的；文雅的。 — **ly,** *adv.* — **ness,** *n.*

***hu·man·ism** [ˋhjumən,ɪzəm] *n.* Ⓤ ①人性；人情；人道。②人文主義；人本主義。 — **hu′man·ist,** *n.*

hu·man·is·tic [,hjumənˋɪstɪk] *adj.* ①人性的；人情的；人道的。②人文學者的。③人文主義的。

hu·man·i·tar·i·an [hju,mænəˋtɛrɪən] *n.* Ⓒ 人道主義者；慈善家；博愛者。 — *adj.* 人道主義的；慈善的；博愛的。 — **ism,** *n.*

hu·man·i·ty** [hjuˋmænətɪ] *n.* Ⓤ ①(集合稱)人類。②人性。③人道；仁慈。the humanities*** 人文學科(包括語言、文學、哲學、藝術等)。

hu·man·ize [ˋhjumə,naɪz] *v.t.* ①教化；感化。②賦予人性。 — *v.i.* 成爲人；變爲有人性。

hu·man·kind [ˋhjumən,kaɪnd] *n.* Ⓤ (集合稱)人類。

hum·ble** [ˋhʌmbl̩] *adj.* ①卑下的；微賤的。②謙遜的；謙恭的。eat ～ pie*** 忍受恥辱；低聲下氣地。 — *v.t.* 使卑下；抑低；挫(他人的銳氣等)。 — **hum′bly,** *adv.*

hum·bug [ˋhʌm,bʌg] *n.* ①Ⓤ 欺詐；誘騙；詐僞之言行。②Ⓒ 吹牛的人；騙子。 — *v.t.* (**-gg-**)欺騙；瞞騙。 — *v.i.* 行騙。 — *interj.* 胡說！瞎扯！

hum·ding·er [ˋhʌmˋdɪŋɚ] *n.* Ⓒ 〖美俗〗非常出色的人[物]。

hum·drum [ˋhʌm,drʌm] *adj.* 單調的；乏味的。 — *n.* ①Ⓤ 單調；日常事務。②Ⓒ 單調乏味之言談。

hu·mid [ˋhjumɪd] *adj.* 潮濕的；濕潤的；有濕氣的。

hu·mid·i·fi·er [hjuˋmɪdə,faɪɚ] *n.* Ⓒ 濕潤機[器]。

hu·mid·i·fy [hjuˋmɪdə,faɪ] *v.t.* 使(空氣等)濕潤；使潮濕。

hu·mid·i·ty [hjuˋmɪdətɪ] *n.* Ⓤ ①潮濕；濕氣。②濕度。

***hu·mil·i·ate** [hjuˋmɪlɪ,et] *v.t.* 使丟臉；貶抑；屈辱。 — **hu·mil′i·at·ing,** *adj.*

***hu·mil·i·a·tion** [hju,mɪlɪˋeʃən] *n.* Ⓤ Ⓒ 丟臉；貶抑；屈辱；謙卑。

***hu·mil·i·ty** [hjuˋmɪlətɪ] *n.* ①Ⓤ 謙恭；謙卑。②(*pl.*)謙恭之行爲。

hum·ming·bird [ˋhʌmɪŋ,bɝd] *n.* Ⓒ (美洲產之)蜂雀。

hum·mock [ˋhʌmək] *n.* Ⓒ ①圓丘；圓岡。②(冰原之上)冰丘。

***hu·mor,** 〖英〗**-mour** [ˋhjumɚ, ˋju-] *n.* Ⓤ ①幽默；可笑；滑稽。②氣質；性情。③(又作 a ～)**a.** 興致；心情；情緒。**b.** (做事情的)心情；心。

hu·mo(u)r·ist [ˋhjumərɪst] *n.*

H

[C] ①富幽默感者。②幽默作家。

***hu·mo(u)r·ous** [ˋhjumərəs] *adj.* 滑稽的。— **ly,** *adv.*

***hump** [hʌmp] *n.* [C] ①圓形之隆起物；(駝)峰；(人身上之)瘤；隆肉。②圓丘；岡。— *v.t.* 使隆起成圓丘形；駝(背)。

hump·back [ˋhʌmp,bæk] *n.* [C] ①駝背。②駝背的人；駝子。

hu·mus [ˋhjuməs] *n.* [U] 腐植土。

Hun [hʌn] *n.* [C] ①匈奴人。②破壞者；野蠻人。③〖俗，蔑〗德國兵。

***hunch** [hʌntʃ] *n.* [C] ①圓形之隆起物；肉峰；瘤。②(餅等之)厚片；塊。③〖美俗〗預感；直覺；第六感。
— *v.t.* 彎(背)；聳(肩)。— *v.i.* 彎腰駝背。

hunch·back [ˋhʌntʃ,bæk] *n.* [C] 駝背人；駝子。

‡**hun·dred** [ˋhʌndrəd] *n.* [C] ①百；百個。②〖美俚〗百元鈔票。③〖英俚〗百鎊鈔票。— *adj.* ①一百(個)的。②(a ～)好幾百的；衆多的。

hun·dred·fold [ˋhʌndrəd,fold] *adj.* & *adv.* 一百倍的[地]。— *n.* (a ～)一百倍。

***hun·dredth** [ˋhʌndrədθ] *adj.* ①(常 the ～)第一百(個)的。②百分之一的。— *n.* ① [U] (常 the ～)第一百。② [C] 百分之一。

hun·dred·weight [ˋhʌndrəd,wet] *n.* [C] (*pl.* **～s,** (在數詞之後)～)英擔(重量單位，英爲112磅，美爲100磅)。(略作 **cwt.**)

hung [hʌŋ] *v.* pt. & pp. of **hang.**

Hun·gar·i·an [hʌŋˋgɛrɪən] *adj.* 匈牙利(人，語)的。— *n.* ① [C] 匈牙利人。② [U] 匈牙利語。

***Hun·ga·ry** [ˋhʌŋgərɪ] *n.* 匈牙利(中歐國名，首都 Budapest)。

***hun·ger** [ˋhʌŋgɚ] *n.* ① [U] 饑餓。②(a ～)渴望；慾望。— *v.i.* ①餓；飢餓。②渴望；極想。— *v.t.* 使饑餓。§ ～ **cure** 饑餓療法。～ **strike** 絕食抗議。

hung·o·ver [ˋhʌŋˋovɚ] *adj.* 〖美俚〗①感到宿醉的。②宿醉般難過的。

‡**hun·gry** [ˋhʌŋgrɪ] *adj.* ①饑餓的。②渴望的。③貧乏的。④饑饉的；荒年的。— **hun′gri·ly,** *adv.*

hunk [hʌŋk] *n.* [C] 〖俗〗大塊；厚片。

hun·ker [ˋhʌŋkɚ] *v.i.* 蹲下。— *n.* (*pl.*)臀部。

‡**hunt** [hʌnt] *v.t.* ①狩獵。②在(某地區)狩獵；搜索(某地之)獵物。③用(馬、狗等)狩獵。④追尋；尋求。⑤捕捉；追逐。— *v.i.* ①狩獵。②尋求。③遍索；仔細搜索。～ *down* 追捕或尋找，不達目的不休。— *n.* [C] ①狩獵。②追尋；搜索。③獵人會。

***hunt·er** [ˋhʌntɚ] *n.* [C] ①狩獵者；獵人。②獵馬；獵犬。③尋找某物者。

hunt·ing [ˋhʌntɪŋ] *n.* [U] 狩獵(尤指獵狐)；探尋；追求。

***hunts·man** [ˋhʌntsmən] *n.* [C] (*pl.* **-men**)〖英〗①獵人。②管獵犬者。

hur·dle [ˋhɝdl] *n.* ① [C] 欄。②(*pl.*, 作 *sing.* 解)跳欄賽跑。③ [C] 障礙；困難。④ [C] 臨時圍欄；疏籬。
— *v.t.* ①跳越；跳過。②克服。③圍以臨時圍欄。— **hur′dler,** *n.*

***hurl** [hɝl] *v.t.* ①用力投擲。②憤慨地說出。③丟下；推翻。— *n.* [C] (常 *sing.*)用力或猛烈的投擲。

hurl·er [ˋhɝlɚ] *n.* [C] ①投擲者。②〖棒球〗投手。

hurl·y-burl·y [ˋhɝlɪ,bɝlɪ] *n.* [U] (又作 a ～)騷擾；喧囂。

***hur·rah** [həˋrɔ] *interj.* & *n.* [C] 歡呼聲。— *v.i.* 歡呼；呼 hurrah.
— *v.t.* 以歡呼迎接[鼓勵]。

***hur·ri·cane** [ˋhɝɪ,ken] *n.* [C] ①颶風；暴風(雨)。②(怒氣或其他強烈情感的)暴發。

***hur·ried** [ˋhɝɪd] *adj.* 匆忙的；草率的。

***hur·ried·ly** [ˋhɝɪdlɪ] *adv.* 匆促地；慌忙地。

‡**hur·ry** [ˋhɝɪ] *v.i.* 匆忙；趕快。
— *v.t.* ①催促；驅趕。②匆匆移開或拿走。— *n.* [U] ①匆忙；慌張。②匆忙之行動。*in a* ～ **a.** 匆忙地；匆促地。**b.** 〖俗〗容易地。**c.** 〖俗〗願意地。

‡**hurt** [hɝt] *v.t.* (**hurt**)①使疼痛；傷害。②使苦惱；使傷心。— *v.i.* 疼痛；傷人感情；有害。— *n.* [U] [C] ①疼痛；傷害。②創傷；傷口。
— *adj.* ①受傷的。②傷感情的。③損壞的。— **less,** *adj.*

hurt·ful [ˋhɝtfəl] *adj.* (給肉體、精神上)帶來痛苦的。

hur·tle [ˋhɝtl] *v.i.* ①碰撞；衝擊。②急動；突進。— *v.t.* 投擲；抛。

‡**hus·band** [ˋhʌzbənd] *n.* [C] 丈夫。
— *v.t.* 節用；節儉。

hus·band·man [ˋhʌzbəndmən] *n.* [C] (*pl.* **-men**)農夫。

hus·band·ry [ˋhʌzbəndrɪ] *n.* [U] ①耕種；務農。②家政；節儉。

*__hush__ [hʌʃ] *v.t.* 使肅靜；發「噓」聲使安靜。 — *v.i.* 肅靜；緘默。～ ***up*** **a.** 隱瞞；隱祕不宣。**b.** 〖俗〗使肅靜。 — *n.* Ⓤ Ⓒ 肅靜；安靜。 — *interj.* 肅靜！不要吵！ §～ **mòney** (塞嘴的)賄賂；遮羞費。

hush-hush [ˋhʌʃˏhʌʃ] *adj.* 祕密的；暗中進行的。

*__husk__ [hʌsk] *n.* Ⓒ ①外殼；皮；莢。②皮；殼(無價值之物)。 — *v.t.* 剝…的皮或殼。

*__husk·y__[1] [ˋhʌskɪ] *adj.* ①(多)殼的；似殼的。②(聲音)沙啞的；嗄聲的。③〖俗〗壯碩的。

husk·y[2] *n.* Ⓒ 愛斯基摩犬。

hus·sar [hʊˋzɑr] *n.* Ⓒ 輕騎兵。

hus·sy [ˋhʌsɪ, ˋhʌzɪ] *n.* Ⓒ ①賤婦。②輕佻或粗野之女子。

hus·tings [ˋhʌstɪŋz] *n.* (the ～, 作 *sing.* or *pl.* 解)〖英〗①候選人發表政見之講臺。②競選演說之講臺[場地]。③選舉手續。

*__hus·tle__ [ˋhʌsḷ] *v.i.* ①〖俗〗趕忙著做。②擁擠；推擁而進。 — *v.t.* ①驅趕；驅逐。②猛推；亂擠。③催促。 — *n.* Ⓤ 亂擠；推擁。

hus·tler [ˋhʌslɚ] *n.* Ⓒ 〖俚〗①騙徒。②妓女。

*__hut__ [hʌt] *n.* Ⓒ ①簡陋的小屋；茅舍。②〖軍〗臨時軍營。

hutch [hʌtʃ] *n.* Ⓒ ①養小動物之圈欄(尤指兔箱)。②茅屋；小舍。③箱。

huz·za(h) [həˋzɑ, hʊˋzɑ] *interj.* & *n.* & *v.* =**hurrah.**

hy·a·cinth [ˋhaɪəˏsɪnθ] *n.* Ⓒ 〖植〗風信子。

hy·brid [ˋhaɪbrɪd] *n.* Ⓒ ①雜種；混血兒；混合物。②〖語言〗混合語。 — *adj.* 雜種的；混合語的。

hy·brid·ize [ˋhaɪbrɪdˏaɪz] *v.t.* 使雜交；使成混合物。 — *v.i.* 產生雜種；成爲混合之物。

hy·dra [ˋhaɪdrə] *n.* (*pl.* **～s, -drae** [-dri]) ①(H-)〖希神〗九頭怪蛇。② Ⓒ 難根除之禍害；大患。③ Ⓒ 〖動〗水螅。④(H-)〖天〗海蛇座。

hy·drant [ˋhaɪdrənt] *n.* Ⓒ 給水栓；消防栓。

hy·drate [ˋhaɪdret] *n.* Ⓤ Ⓒ 水化物；氫氧化物。 — *v.t.* & *v.i.* (使)成水化物；(使)與水化合。

hy·drau·lic [haɪˋdrɔlɪk] *adj.* ①水力的；水力學的。②用水發動的；水壓的。③在水中硬化的。

hy·drau·lics [haɪˋdrɔlɪks] *n.* Ⓤ 水力學。

hy·dro·car·bon [ˏhaɪdroˋkɑrbən] *n.* Ⓒ 碳氫化合物。

hy·dro·e·lec·tric [ˏhaɪdroɪˋlɛktrɪk] *adj.* 水電的；水力發電的。 — **hy·dro·e·lec·tric′i·ty,** *n.*

hy·dro·foil [ˋhaɪdrəˏfɔɪl] *n.* Ⓒ ①水翼船。②(水翼船上的)水翼。

*__hy·dro·gen__ [ˋhaɪdrədʒən, -dʒɪn] *n.* Ⓤ 〖化〗氫(符號H). §～ **bòmb** 氫彈(=H-bomb).

hy·dro·gen·ate [ˋhaɪdrədʒənˏet] *v.t.* 使與氫化合；使含氫。

hy·drom·e·ter [haɪˋdrɑmətɚ] *n.* Ⓒ 液體比重計。

hy·drop·a·thy [haɪˋdrɑpəθɪ] *n.* Ⓤ 〖醫〗水療法。 — **hy·dro·path·ic** [ˏhaɪdrəˋpæθɪk], *adj.*

hy·dro·pho·bi·a [ˏhaɪdrəˋfobɪə] *n.* Ⓤ 〖醫〗狂犬症；恐水症。

hy·dro·plane [ˋhaɪdrəˏplen] *n.* Ⓒ ①水上滑行艇。②水上飛機。③(潛艇之)水平舵。

hy·dro·pon·ics [ˏhaɪdrəˋpɑnɪks] *n.* Ⓤ 水耕法。

hy·dro·pow·er [ˋhaɪdroˏpauɚ] *n.* Ⓤ 用水力發電所產生之電。

hy·dro·stat·ics [ˏhaɪdrəˋstætɪks] *n.* Ⓤ 流體靜力學；靜水學。

hy·dro·ther·a·py [ˏhaɪdrəˋθɛrəpɪ] *n.* Ⓤ 水療法。

hy·drous [ˋhaɪdrəs] *adj.* ①含水的。②含氫的。

hy·drox·ide [haɪˋdrɑksaɪd] *n.* Ⓒ 〖化〗氫氧化物。

hy·(a)e·na [haɪˋinə] *n.* Ⓒ 〖動〗土狼；鬣狗。

hy·giene [ˋhaɪdʒin, ˋhaɪdʒɪˏin] *n.* Ⓤ 衛生學；保健法。

hy·gi·en·ic [ˏhaɪdʒɪˋɛnɪk] *adj.* ①衛生的；保健的。②衛生學的。

hy·gi·en·ics [ˏhaɪdʒɪˋɛnɪks] *n.* Ⓤ 衛生學。

hy·grom·e·ter [haɪˋgrɑmətɚ] *n.* Ⓒ 濕度計。

hy·ing [ˋhaɪɪŋ] *v.* ppr. of **hie.**

Hy·men [ˋhaɪmən] *n.* ①〖希神〗海曼(司婚姻之神)。②(h-) Ⓒ 處女膜。

hy·me·ne·al [ˏhaɪməˋniəl] *adj.* 婚姻的；結婚的。

*__hymn__ [hɪm] *n.* Ⓒ 讚美詩；聖歌。 — *v.t.* & *v.i.* 唱讚美歌。

hym·nal [ˋhɪmnəl] *n.* Ⓒ 讚美詩集。 — *adj.* 讚美詩的。

H

hype [haɪp] *n.* 〖俚〗① Ⓤ 誇大的廣告。② Ⓒ 欺騙；騙局。— *v.t.* ①欺騙(人)。②誇張地宣傳…。
hyped-up [ˋhaɪptˋʌp] *adj.* 〖俚〗興奮的。
hy·per·a·cid·i·ty [ˏhaɪpərəˋsɪdətɪ] *n.* Ⓤ〖醫〗胃酸過多症。
hy·per·ac·tive [ˏhaɪpɚˋæktɪv] *adj.* 極度活躍的。
hy·per·bo·la [haɪˋpɝbələ] *n.* Ⓒ〖數〗雙曲線。
hy·per·bo·le [haɪˋpɝbəˏli] *n.* Ⓤ〖修〗誇張法。
hy·per·bol·ic, -i·cal [ˏhaɪpɚˋbɑlɪk(l̩)] *adj.* 誇張法的。
hy·per·crit·i·cal [ˏhaɪpɚˋkrɪtɪkl̩] *adj.* 酷評的;苛求的;吹毛求疵的。
hy·per·in·fla·tion [ˏhaɪpərɪnˋfleʃən] *n.* Ⓤ 過度通貨膨脹。
hy·per·mar·ket [ˋhaɪpɚˏmɑrkɪt] *n.* Ⓒ〖英〗(通常設在郊外的)大規模超級市場。「超子。」
hy·per·on [ˋhaɪpəˏrɑn] *n.* Ⓒ〖理〗
hy·per·sen·si·tive [ˏhaɪpɚˋsɛnsətɪv] *adj.* ①過度敏感的。②〖醫〗神經過敏的；過敏症的。
hy·per·sex·u·al [ˏhaɪpɚˋsɛkʃuəl] *n.* Ⓒ 對性過分有興趣的人。— *adj.* 性慾極強的；非常好色的。
hy·per·son·ic [ˏhaɪpɚˋsɑnɪk] *adj.* 〖理〗高超音速的。
hy·per·ten·sion [ˏhaɪpɚˋtɛnʃən] *n.* Ⓤ〖醫〗高血壓。
hy·per·ten·sive [ˏhaɪpɚˋtɛnsɪv] *adj.* 高血壓的。— *n.* Ⓒ 高血壓患者。
hy·per·text [ˋhaɪpɚˏtɛkst] *n.* Ⓒ〖電算〗超文字(電腦上一篇文章的某些關鍵字可開啓另一篇文章或說明)。
hy·per·thy·roid·ism [ˏhaɪpɚˋθaɪrɔɪdˏɪzəm] *n.* Ⓤ〖醫〗甲狀腺亢進。
***hy·phen** [ˋhaɪfən] *n.* Ⓒ 連字號(-)。— *v.t.* 以連字號(-)連接。
hy·phen·ate [ˋhaɪfənˏet] *v.t.* 以連字號連接。
hy·phen·at·ed [ˋhaɪfənˏetɪd] *adj.* 以連字號連接的。
hyp·no·sis [hɪpˋnosɪs] *n.* Ⓤ ①催眠狀態。②催眠術。
hyp·no·ther·a·py [ˏhɪpnoˋθɛrəpɪ] *n.* Ⓤ 催眠療法。
hyp·not·ic [hɪpˋnɑtɪk] *adj.* ①催眠的；催眠術的。②易於催眠的。③使睡眠的。
hyp·no·tism [ˋhɪpnəˏtɪzəm] *n.* Ⓤ ①催眠術。②催眠。
hyp·no·tize [ˋhɪpnəˏtaɪz] *v.t.* ①施催眠術。②〖俗〗使著迷；使恍惚。
hy·po[1] [ˋhaɪpo] *n.* Ⓤ〖化〗五水合硫代亞硫酸鈉(洗相片時作定影之用)。
hy·po[2] *n.* (*pl.* ~**s**) = **hypodermic.**
hy·po·chon·dri·a [ˏhaɪpəˋkɑndrɪə] *n.* Ⓤ〖精神病〗憂鬱症；臆想病。
hy·po·chon·dri·ac [ˏhaɪpəˋkɑndrɪˏæk] *adj.* 患憂鬱症的。— *n.* Ⓒ 憂鬱症患者。
***hy·poc·ri·sy** [hɪˋpɑkrəsɪ] *n.* ① Ⓤ 僞善；矯飾。② Ⓒ 僞善的行爲。
***hyp·o·crite** [ˋhɪpəˏkrɪt] *n.* Ⓒ 僞君子。— **hyp·o·crit′i·cal,** *adj.*
hy·po·der·mic [ˏhaɪpəˋdɝmɪk] *adj.* 皮下(注射)的。— *n.* Ⓒ ①皮下注射器。②皮下注射。
hy·po·ten·sion [ˏhaɪpəˋtɛnʃən] *n.* Ⓤ〖醫〗低血壓。
hy·po·ten·sive [ˏhaɪpəˋtɛnsɪv] *adj.* 〖醫〗低血壓的；引起低血壓的。— *n.* Ⓒ 低血壓病患。
hy·pot·e·nuse [haɪˋpɑtn̩ˏjus] *n.* Ⓒ〖數〗(直角三角形之)斜邊。
hy·poth·ec [haɪˋpɑθɛk] *n.* Ⓤ〖法律〗抵押權；擔保權。
hy·poth·e·cate [haɪˋpɑθəˏket] *v.t.* 抵押；擔保。
hy·po·ther·mi·a [ˏhaɪpəˋθɝmɪə] *n.* Ⓤ〖醫〗體溫過低。
hy·poth·e·sis [haɪˋpɑθəsɪs] *n.* Ⓒ (*pl.* **-ses** [-ˏsiz])假設；學說。
hy·poth·e·size [haɪˋpɑθəˏsaɪz] *v.i.* 假設。— *v.t.* 作爲假設。
hy·po·thet·ic, -i·cal [ˏhaɪpəˋθɛtɪk(l̩)] *adj.* 假說的；假定的。— **hy·po·thet′i·cal·ly,** *adv.*
hy·po·thy·roid·ism [ˏhaɪpəˋθaɪrɔɪdˏɪzəm] *n.* Ⓤ〖醫〗甲狀腺機能減退。
hys·sop [ˋhɪsəp] *n.* Ⓤ ①〖植〗牛膝草。②〖聖經〗祓禊木。
hys·te·ri·a [hɪsˋtɪrɪə] *n.* Ⓤ ①歇斯底里症；癔病。②病態的興奮。
hys·ter·ic [hɪsˋtɛrɪk] *adj.* = **hysterical.**
***hys·ter·i·cal** [hɪsˋtɛrɪkl̩] *adj.* 患歇斯底里症的；(情緒)過度狂烈的；不可抑制的。— **ly,** *adv.*
hys·ter·ics [hɪsˋtɛrɪks] *n.* (作 *sing.* or *pl.* 解)①歇斯底里症的發作；發狂。②〖俗〗笑不止。
hystero- 〖字首〗表「子宮」之義。

hys·ter·ol·o·gy [ˌhɪstəˋrɑlədʒɪ] *n.* Ⓤ〖醫〗子宮學。

hys·ter·ot·o·my [ˌhɪstəˋrɑtəmɪ] *n.* Ⓤ〖外科〗子宮切開(術)。

I i **I i** *I i*

I[1] or **i** [aɪ] *n.* ⓊⒸ (*pl.* **I's, Is, i's, is** [aɪz]) 英文字母之第九個字母。

‡**I**[2] *pron.* (*pl.* **we**) 我。

i·am·bic [aɪˋæmbɪk]〖英詩〗*adj.* 抑揚格的。**—** *n.* Ⓒ ①抑揚格。②(常 *pl.*)抑揚格詩。

i·am·bus [aɪˋæmbəs] *n.* Ⓒ (*pl.* **-bi** [-baɪ], **~·es**)〖韻律〗抑揚格。

ib., ibid. ibidem.

I·be·ri·a [aɪˋbɪrɪə] *n.* 伊比利半島。(包括西班牙與葡萄牙)。

i·bi·dem [ɪˋbaɪdɛm]〖拉〗*adv.* 在同一書[章，頁，處]中；同上；同前。(略作 **ib., ibid.**)

i·bis [ˋaɪbɪs] *n.* Ⓒ (*pl.* **~, ~·es**)〖鳥〗朱鷺；鶚。

IBM, I.B.M. International Business Machines (Corporation).〖商標〗國際商業機器(公司)。

Ib·sen [ˋɪbsn̩] *n.* 易卜生(Henrik, 1828-1906, 挪威之劇作家及詩人)。

ICBM, I.C.B.M. intercontinental ballistic missile. 洲際彈道飛彈。

‡**ice** [aɪs] *n.* ①Ⓤ 冰。②Ⓒ 果凍；冰淇淋。③Ⓤ (糕點上的)糖霜。④Ⓤ 冷淡。***break the* ~ a.** 破除矜持；開始(融洽)。**b.** 著手做(困難之事)。***cut no* ~** 無甚價值；無影響；嚇不倒。***on* ~ a.**〖俚〗(對成功或實現)有把握。**b.** (爲將來而)準備。**c.** 擱置。**—** *v.t.* ①冰凍；冷藏。②使結冰。③加糖衣於(糕點)上。§ ≈ **bàg** 冰袋；冰枕。≈ **créam** 冰淇淋。≈ **cùbe** (冰箱冷凍室之)小冰塊。≈ **hòckey**〖運動〗冰上曲棍球。≈ **pàck** (1)(海中的)浮冰群。(2)(醫療用)冰袋。≈ **skàtes** 溜冰鞋。**the ≈ àge**〖地質〗(1)冰河時代。(2)(I- A-)更新世冰河期。

***ice·berg** [ˋaɪsˌbɝg] *n.* Ⓒ ①冰山。②〖俗〗冷峻的人。

ice·boat [ˋaɪsˌbot] *n.* Ⓒ ①冰上滑行的船。②破冰船。

ice·bound [ˋaɪsˌbaʊnd] *adj.* 冰封的(海港、河流等)。

ice·box [ˋaɪsˌbɑks] *n.* Ⓒ〖美〗冰箱。

ice·break·er [ˋaɪsˌbrekɚ] *n.* Ⓒ ①破冰船。②碎冰機。

ice·cap [ˋaɪsˌkæp] *n.* Ⓒ ①(高山等上之)冰帽；冰冠。②冰枕。

ice-cold [ˋaɪsˋkold] *adj.* ①冰冷的。②冷若冰霜的；無感情的。

ice-cream [ˋaɪsˋkrim] *adj.* 冰淇淋的。

iced [aɪst] *adj.* 覆以冰的；含冰的；冰凍的。

ice·house [ˋaɪsˌhaʊs] *n.* Ⓒ 冰庫。

Ice·land [ˋaɪslənd] *n.* 冰島(北大西洋中之一共和國)。

Ice·land·er [ˋaɪsˌlændɚ] *n.* Ⓒ 冰島人。

Ice·lan·dic [aɪsˋlændɪk] *adj.* 冰島的。**—** *n.* Ⓤ 冰島語。

ice·man [ˋaɪsˌmæn] *n.* Ⓒ (*pl.* **-men**)〖美〗送冰人；售冰人；製冰人。

ice·rink [ˋaɪsˌrɪŋk] *n.* Ⓒ (室內的)溜冰場。

ice-skate [ˋaɪsˌsket] *v.i.* 溜冰；滑冰。

ich·thy·ol·o·gy [ˌɪkθɪˋɑlədʒɪ] *n.* Ⓤ 魚類學。

i·ci·cle [ˋaɪsɪkl̩] *n.* Ⓤ 冰柱；垂冰。

ic·ing [ˋaɪsɪŋ] *n.* Ⓤ 糖衣。

i·con [ˋaɪkɑn] *n.* Ⓒ ①(希臘教會之)聖像。②畫像；偶像。③〖電算〗圖象。

i·con·o·clast [aɪˋkɑnəˌklæst] *n.* Ⓒ ①反對崇拜偶像者。②破除傳統[迷信]者。

i·con·o·scope [aɪˋkɑnəˌskop] *n.* Ⓒ〖視〗映像管。

I.C.R.T. International Community Radio of Taipei. 台北國際社區廣播電台。

***i·cy** [ˋaɪsɪ] *adj.* ①似冰的；極冷的。②多冰的。③冰的。④冷淡的。—**i'ci·ly,** *adv.*

I'd [aɪd] I should [would, had]之略。

I·da·ho [ˋaɪdəˌho] *n.* 愛達荷(美國西北部之一州)。

I.D. card identity card.

‡**i·de·a** [aɪˋdiə, -ˋdɪə] *n.* ①Ⓒ 主意；意見；辦法。②Ⓒ 感覺。③ⓊⒸ 理念；觀念。④ⓊⒸ 了解；認識。⑤Ⓒ 幻想。

***i·de·al** [aɪˋdiəl, aɪˋdil, aɪˋdɪəl] *n.* Ⓒ ①理想。②理想的事物[人]。**—** *adj.* ①理想的；完美的。②想像中的。—**ly,** *adv.*

i·de·al·ism [aɪ`diəl,ɪzəm] *n.* Ⓤ 唯心論; 理想主義; 觀念論。

i·de·al·is·tic [,aɪdiəl`ɪstɪk] *adj.* 高尙理想的; 理想主義的。

i·de·al·ize [aɪ`diəl,aɪz] *v.t.* 將…理想化。 **—** *v.i.* 理想化。

***i·den·ti·cal** [aɪ`dɛntɪk]] *adj.* ①同一的。②完全相同的。

i·den·ti·fi·ca·tion [aɪ,dɛntəfə`keʃən] *n.* ⓊⒸ ①認明; 鑑定; 證明。②證件。 § ∼ **càrd** 身分證。

***i·den·ti·fy** [aɪ`dɛntə,faɪ] *v.t.* ①認明; 認出; 鑑定。②作認明[識別]之方法。③認爲係同一的。④使有關係; 支持; 參與。

i·den·ti·kit [aɪ`dɛntəkɪt] *n.* Ⓒ 剪輯臉部照片的拼集裝置。

i·den·ti·ty [aɪ`dɛntətɪ] *n.* ① Ⓤ Ⓒ 本人; 眞面目; 身分。② Ⓤ 同一性質; 同一。③ Ⓒ 〖美俗〗身分證。 § ∼ **càrd** 身分證(亦作 ID card, I.D. card). ∼ **crìsis** 自我認識[性格認同]危機。

id·e·o·gram [`ɪdɪə,græm] *n.* Ⓒ ①表意[會意]文字。②記號。

id·e·o·graph [`ɪdɪə,græf] *n.* = **ideogram.**

id·e·ol·o·gy [,aɪdɪ`ɑlədʒɪ] *n.* Ⓤ Ⓒ 意識; 意識形態; 觀念學。

id·i·o·cy [`ɪdɪəsɪ] *n.* ① Ⓤ 白癡。② Ⓒ 極愚蠢的行爲。

***id·i·om** [`ɪdɪəm] *n.* ⓊⒸ ①習語; 成語; 慣用語法。②方言。③某一民族之特別語法。

id·i·o·mat·ic, -i·cal [,ɪdɪə`mætɪk(])] *adj.* ①慣用的; 合於習慣用法的。②具有某一語言特性的。 — **id·i·o·mat′i·cal·ly,** *adv.*

id·i·op·a·thy [,ɪdɪ`ɑpəθɪ] *n.* Ⓒ 〖醫〗自發症; 原發病; 特發病。

id·i·o·syn·cra·sy [,ɪdɪə`sɪnkrəsɪ] *n.* Ⓒ ①個人心理之特點; 癖性。②特異之體質。

id·i·o·syn·crat·ic [,ɪdɪosɪn`krætɪk] *adj.* 特癖的; 特性的; 特質的; 由於特質所致的。

***id·i·ot** [`ɪdɪət] *n.* Ⓒ ①白癡。②極蠢之人。 § ∼ **bòx** 〖俚〗電視機。 ∼ **lîght** 車況預示燈。 — **id·i·ot·ic** [,ɪdɪ`ɑtɪk], *adj.*

‡**i·dle** [`aɪd]] *adj.* ①不作事的; 停頓的; 閒散的。②懶惰的。③無用的; 無益的。 **—** *v.i.* ①遊手好閒; 不作事。②浪費時間; 虛擲時光。③(機器)慢慢轉動[發動]而不發出力量。 **—** *v.t.* ①浪費; 虛擲。②使停止工作。 — **i′dly,** *adv.*

***i·dle·ness** [`aɪd]nɪs] *n.* Ⓤ 怠惰; 懶惰; 無所事事。

i·dler [`aɪdlɚ] *n.* Ⓒ 懶惰者。

***i·dol** [`aɪd]] *n.* Ⓒ ①偶像。②〖聖經〗邪神。③崇拜物。

i·dol·a·ter [aɪ`dɑlətɚ] *n.* Ⓒ ①偶像崇拜者。②(盲目的)崇拜者。

i·dol·a·trous [aɪ`dɑlətrəs] *adj.* ①崇拜偶像的。②盲目崇拜的。

i·dol·a·try [aɪ`dɑlətrɪ] *n.* Ⓤ ①偶像崇拜。②過度崇信。

i·dol·ize [`aɪd],aɪz] *v.t.* ①偶像化。②過度崇拜[讚揚]。

i·dyl, i·dyll [`aɪd]] *n.* Ⓒ ①田園詩; 牧歌。②田園風景。

i·dyl·lic [aɪ`dɪlɪk] *adj.* ①適於抒情詩的。②簡單而美妙的。

i.e. 〖拉〗id est(=that is, that is to say). 即; 就是。

‡**if** [ɪf] *conj.* ①假使; 假設; 倘若。②〖俗〗縱令; 即使。③何時。④是否。⑤與否定式連用, 表示驚異或憎惡。 ***if only*** 若…就好了; 我多麼希望…啊! **—** *n.* Ⓒ ①假設。②條件。

if·fy [`ɪfɪ] *adj.* 〖俗〗靠不住的; 不安定的; 可疑的。

ig·loo [`ɪglu] *n.* Ⓒ (*pl.* **∼s**)愛斯基摩人用雪塊砌成的圓頂小舍。

ig·ne·ous [`ɪgnɪəs] *adj.* ①火的。②〖地質〗火成的。

ig·nis fat·u·us [`ɪgnɪs`fætʃuəs] 〖拉〗 *n.* Ⓒ (*pl.* **ig·nes fat·u·i** [`ɪgniz`fætʃu,aɪ]) ①燐火; 鬼火。②引人入迷途的東西。

ig·nite [ɪg`naɪt] *v.t.* ①使發火。②使灼熱; 使發赤熱之光。③煽動; 激動。 **—** *v.i.* 發火; 著火。

ig·ni·tion [ɪg`nɪʃən] *n.* ① Ⓤ 點火; 發火。② Ⓒ (內燃機的)發火裝置。

ig·no·ble [ɪg`nob]] *adj.* ①卑鄙的。②出身低微的。③可恥的。

ig·no·min·i·ous [,ɪgnə`mɪnɪəs] *adj.* 可恥的; 屈辱的。 — **ly,** *adv.*

ig·no·min·y [`ɪgnə,mɪnɪ] *n.* Ⓤ Ⓒ ①羞恥; 不名譽。②醜行。

ig·no·ra·mus [,ɪgnə`reməs] *n.* Ⓒ 無知的人。

***ig·no·rance** [`ɪgnərəns] *n.* Ⓤ 無知; 不知; 不熟悉。

***ig·no·rant** [`ɪgnərənt] *adj.* ①無知識的; 未受教育的。②不明白的。

—ly, *adv.*

*__ig·nore__ [ɪg`nor, -`nɔr] *v.t.* 不理睬; 忽視; 對…裝作不知。

__i·gua·na__ [ɪ`gwɑnə] *n.* Ⓒ〖動〗鬣蜥蜴(熱帶美洲產之大蜥蜴)。

__I.H.P., i.h.p.__ indicated horse-power. 指示馬力。

__i·kon__ [`aɪkɑn] *n.* =**icon.**

__Il·i·ad__ [`ɪlɪəd] *n.* 伊里亞德(希臘著名史詩, 相傳爲 Homer 所著)。

__ilk__ [ɪlk] *n.* (*sing.*)〖俗〗家族; 同類; 同地。*of that* ~ **a.** 同名的。**b.** 同種的; 同類的。

‡__ill__ [ɪl] *adj.* (**worse, worst**)①生病的。②邪惡的; 惡劣的。~ will 惡意。③不順利的; 不幸的。④不仁慈的; 嚴酷的。⑤不佳的; 有缺點的。⑥無技巧的; 無效率的。— *n.* ① Ⓒ 疾病。② Ⓤ 惡事; 傷害。③ Ⓤ 不幸。— *adv.* ①惡意地; 有害地。②不利地; 不幸地。③嚴酷地; 殘忍地。④困難地; 幾乎不能地。

__I'll__ [aɪl] =**I shall**[**will**].

__ill-ad·vised__ [`ɪləd`vaɪzd] *adj.* 欠考慮的; 愚蠢的。

__ill-bred__ [`ɪl`brɛd] *adj.* 沒教養的; 無禮的。

__ill-dis·posed__ [`ɪldɪs`pozd] *adj.* 懷惡意的。

*__il·le·gal__ [ɪ`ligḷ] *adj.* ①違法的。②不合規定的。—ly, *adv.*

__il·le·gal·i·ty__ [,ɪli`gælətɪ] *n.* ① Ⓤ 非法; 犯規。② Ⓒ 非法行爲。

__il·leg·i·ble__ [ɪ`lɛdʒəbḷ] *adj.* (字跡)難讀的; 難認的。

__il·le·git·i·mate__ [,ɪlɪ`dʒɪtəmɪt] *adj.* 私生的; 不合法的; 不合理論的。

__ill-fat·ed__ [`ɪl`fetɪd] *adj.* 苦命的; 不幸的。

__ill-fa·vored__ [`ɪl`fevəd] *adj.* 難看的(人或臉色)。

__ill-got·ten__ [`ɪl`gɑtn̩] *adj.* 來路不正的。

__ill-hu·mo(u)r__ [`ɪl`hjumə] *n.* Ⓤ 惡劣的情緒; 壞脾氣。

__il·lib·er·al__ [ɪ`lɪbərəl] *adj.* ①氣度狹隘的。②吝嗇的。③無教養的。

__il·lic·it__ [ɪ`lɪsɪt] *adj.* 不法的; 被禁止的; 不適宜的。—ly, *adv.*

__il·lim·it·a·ble__ [ɪ`lɪmɪtəbḷ] *adj.* 無限的; 無窮的。

__Il·li·nois__ [,ɪlə`nɔɪ(z)] *n.* 伊利諾(美國中西部之一州)。

__il·lit·er·a·cy__ [ɪ`lɪtərəsɪ] *n.* Ⓤ ①文盲。②無教育; 無學識。

__il·lit·er·ate__ [ɪ`lɪtərɪt] *adj.* 目不識丁的; 未開化的。

__ill-man·nered__ [`ɪl`mænəd] *adj.* 無禮貌的; 不客氣的; 粗野的。

__ill-na·tured__ [`ɪl`netʃəd] *adj.* 性情惡劣的; 根性不良的; 乖張的。

*__ill·ness__ [`ɪlnɪs] *n.* Ⓤ Ⓒ 疾病。

__il·log·i·cal__ [ɪ`lɑdʒɪkḷ] *adj.* ①不合邏輯的。②不合常理的。

__ill-starred__ [`ɪl`stɑrd] *adj.* 命運壞的; 倒霉的。

__ill-tem·pered__ [`ɪl`tɛmpəd] *adj.* 壞脾氣的; 暴躁的。

__ill-timed__ [`ɪl`taɪmd] *adj.* 不合時宜的。

__ill-treat__ [,ɪl`trit] *v.t.* 虐待。

*__il·lu·mi·nate__ [ɪ`lumə,net] *v.t.* ①(以燈光)照明; 照亮。②闡釋; 說明。③啓蒙; 啓發。—**il·lu′mi·na·tive,** *adj.*

*__il·lu·mi·na·tion__ [ɪ,lumə`neʃən] *n.* ① Ⓤ 照明。② Ⓤ 亮度。③ Ⓤ 闡釋。④(*pl.*)燈飾。⑤(*pl.*)(書籍、字母之)彩飾。⑥ Ⓤ 啓蒙; 啓發。

__il·lu·mine__ [ɪ`lumɪn] *v.t.* ①(以燈光)照亮; 照明。②啓蒙; 啓發。

__ill-use__ [`ɪl`juz] *v.t.* ①虐待。②濫用。—[`ɪl`jus] *n.* Ⓤ 虐待; 苛待。

*__il·lu·sion__ [ɪ`luʒən] *n.* ① Ⓤ Ⓒ 幻影。② Ⓒ 錯覺; 幻想; 錯誤的想法[判斷]。

__il·lu·sive__ [ɪ`lusɪv] *adj.* 虛幻的; 迷惑人的。

__il·lu·so·ry__ [ɪ`lusərɪ] *adj.* 虛幻的; 迷惑人的。

*__il·lus·trate__ [`ɪləstret, ɪ`lʌstret] *v.t.* ①舉例說明。②(在教科書等內)插圖; 作圖解。

*__il·lus·tra·tion__ [ɪ,lʌs`treʃən] *n.* ① Ⓒ 插圖; 圖解。② Ⓒ 實例。③ Ⓤ 例證; 舉例說明。

__il·lus·tra·tive__ [ɪ`lʌstrətɪv, `ɪləs,tretɪv] *adj.* 闡釋的; 說明的。

__il·lus·tri·ous__ [ɪ`lʌstrɪəs] *adj.* 著名的; 顯赫的。—ly, *adv.*

‡__I'm__ [aɪm] =**I am.**

*__im·age__ [`ɪmɪdʒ] *n.* Ⓒ ①像; 肖像。②塑像; 雕像。③形象。④概念; 想像。⑤化身。— *v.t.* ①作…之像。②想像出。

__im·age·ry__ [`ɪmɪdʒrɪ] *n.* Ⓤ (集合稱)①心象; 意象。②比喩。③雕像。

__im·ag·i·na·ble__ [ɪ`mædʒɪnəbḷ] *adj.* 可想像的; 可能的。

*__im·ag·i·nar·y__ [ɪ`mædʒə,nɛrɪ] *adj.* 想像的; 虛構的。

*__im·ag·i·na·tion__ [ɪ,mædʒə`ne-

I

ʃən] *n.* Ⓤ Ⓒ 想像；想像力。

***im·ag·i·na·tive** [ɪ`mædʒə,ne-tɪv] *adj.* 富於想像的；想像的。

‡**im·ag·ine** [ɪ`mædʒɪn] *v.t.* & *v.i.* 想像；幻想；猜想；以爲。

im·bal·ance [ɪm`bæləns] *n.* Ⓤ Ⓒ ①不平衡；不安定。②〖醫〗(內分泌等)失調。

im·be·cile [`ɪmbəsl̩] *n.* Ⓒ 心智能力極低者。—— *adj.* 低能的。

im·be·cil·i·ty [,ɪmbə`sɪlətɪ] *n.* ①Ⓤ 低能。②Ⓒ 極愚蠢之言行。

im·bibe [ɪm`baɪb] *v.t.* ①飲。②吸入；吸取。③(心智活動的)吸收。～ knowledge 吸收知識。

im·bro·glio [ɪm`broljo] *n.* Ⓒ (*pl.* ～**s**) 糾紛；糾葛。

im·bue [ɪm`bju] *v.t.* ①灌輸；影響。②浸染。

IMF, I.M.F. International Monetary Fund. 國際貨幣基金會。

im·i·ta·ble [`ɪmɪtəbl̩] *adj.* 可模仿的。

***im·i·tate** [`ɪmə,tet] *v.t.* ①模仿；效法。②假裝；冒充。

***im·i·ta·tion** [,ɪmə`teʃən] *n.* Ⓤ Ⓒ 模仿；仿效。*in ～ of* 仿效。—— *adj.* 假造的；冒充的。

im·i·ta·tive [`ɪmə,tetɪv] *adj.* ①喜模仿的。②模仿的；模擬的。③假的；僞造的。

im·i·ta·tor [`ɪmə,tetə] *n.* Ⓒ 模仿者。

im·mac·u·late [ɪ`mækjəlɪt] *adj.* 潔淨的；無瑕的；純潔的。

im·ma·nent [`ɪmənənt] *adj.* 〖哲〗內在(性)的；內涵的。

im·ma·te·ri·al [,ɪmə`tɪrɪəl] *adj.* ①不重要的。②非實體的；非物質的。

im·ma·ture [,ɪmə`tjʊr] *adj.* 未成熟的。— **im·ma·tu′ri·ty,** *n.*

im·meas·ur·a·ble [ɪ`mɛʒərəbl̩] *adj.* 不能衡量的；無限的。

im·me·di·a·cy [ɪ`midɪəsɪ] *n.* Ⓤ 直接；即時(性)。

‡**im·me·di·ate** [ɪ`midɪɪt] *adj.* ①立即的。②直接的。③鄰近的。④目前的。—**ly,** *adv.*

***im·me·mo·ri·al** [,ɪmə`morɪəl] *adj.* 太古的；人所不能記憶的。

***im·mense** [ɪ`mɛns] *adj.* 極廣大的；無邊的。— **ly,** *adv.*

im·men·si·ty [ɪ`mɛnsətɪ] *n.* Ⓤ 無限；無邊；無際的空間。

im·merse [ɪ`mɜs] *v.t.* ①浸入。②陷於。③給…施洗禮。

im·mer·sion [ɪ`mɜʃən] *n.* ①Ⓤ 浸入。②Ⓤ Ⓒ 洗禮。③Ⓤ 沈溺。

***im·mi·grant** [`ɪməgrənt] *n.* Ⓒ (自外國移入的)移民。—— *adj.* (自外國)移入的。

im·mi·grate [`ɪmə,gret] *v.i.* & *v.t.* 自外國移來。

***im·mi·gra·tion** [,ɪmə`greʃən] *n.* ①Ⓤ Ⓒ 移居入境。②Ⓒ 移民。

im·mi·nence [`ɪmənəns] *n.* ①Ⓤ 逼近。②Ⓒ 緊迫的危險。

***im·mi·nent** [`ɪmənənt] *adj.* ①即將來臨的；逼近的。②朝前突出的。— **ly,** *adv.*

im·mis·ci·ble [ɪ`mɪsəbl̩] *adj.* 不融和的；難混合的(with)。

im·mit·i·ga·ble [ɪ`mɪtəgəbl̩] *adj.* 不能減輕的；不可緩和的。

im·mo·bile [ɪ`mobl̩] *adj.* 不能(被)移動的。— **im·mo·bil′i·ty,** *n.*

im·mod·er·ate [ɪ`mɑdərɪt] *adj.* 過度的；極端的。— **ly,** *adv.*

im·mod·est [ɪ`mɑdɪst] *adj.* 粗魯的；無禮的；厚顏無恥的。— **ly,** *adv.* — **im·mod′es·ty,** *n.*

im·mo·late [`ɪmə,let] *v.t.* 犧牲；以…爲犧牲。— **im·mo·la′tion,** *n.*

im·mor·al [ɪ`mɔrəl] *adj.* ①不道德的。②淫蕩的。— **ly,** *adv.*

im·mo·ral·i·ty [,ɪmə`rælətɪ] *n.* ①Ⓤ 淫蕩。②Ⓒ (常 *pl.*) 不道德的行爲。

***im·mor·tal** [ɪ`mɔrtl̩] *adj.* 不死的；不朽的。—— *n.* ①(*pl.*)神祇。②Ⓒ 不朽的人物。

***im·mor·tal·i·ty** [,ɪmɔr`tælətɪ] *n.* Ⓤ ①不朽。②不朽的聲名。

im·mor·tal·ize [ɪ`mɔrtl̩,aɪz] *v.t.* 使不朽；使永存。

im·mov·a·bil·i·ty [ɪ,muvə`bɪlətɪ] *n.* Ⓤ 固定(性)；不動(性)。

im·mov·a·ble [ɪ`muvəbl̩] *adj.* ①不可移動的；固定的。②不動感情的。—— *n.* Ⓒ (常 *pl.*) 不動產。

im·mune [ɪ`mjun] *adj.* ①被豁免的。②免疫的。

im·mu·ni·ty [ɪ`mjunətɪ] *n.* Ⓤ ①免疫(性)。②(捐稅等的)免除。

im·mu·nize [`ɪmjə,naɪz] *v.t.* 使免疫。— **im·mu·ni·za′tion,** *n.*

im·mure [ɪ`mjʊr] *v.t.* 幽禁；囚禁。

im·mu·ta·ble [ɪ`mjutəbl̩] *adj.* 不變的。— **im·mu·ta·bil′i·ty,** *n.*

imp [ɪmp] *n.* Ⓒ ①小鬼。②頑童。

im·pact [`ɪmpækt] *n.* Ⓤ Ⓒ ①衝突；撞擊。②影響。**—** [ɪm`pækt] *v.t.* 填裝；壓緊。**—** *v.i.* ①撞擊。②發生影響。

im·pair [ɪm`pɛr] *v.t.* 削弱；損害。

im·pale [ɪm`pel] *v.t.* ①刺住；刺穿。②處以刺刑。— **ment,** *n.*

im·pal·pa·ble [ɪm`pælpəbḷ] *adj.* ①無法感觸到的。②難理解的。

***im·part** [ɪm`pɑrt] *v.t.* ①分給；傳授。②通知；告知。

***im·par·tial** [ɪm`pɑrʃəl] *adj.* 公平的；不偏不倚的；光明正大的。

im·par·ti·al·i·ty [ˌɪmpɑr`ʃælətɪ] *n.* Ⓤ 公平；無私；光明正大。

im·pass·a·ble [ɪm`pæsəbḷ] *adj.* 不能通行[通過]的。

im·passe [ɪm`pæs] 〖法〗*n.* Ⓒ ①僵局。②死路；死巷。

im·pas·si·ble [ɪm`pæsəbḷ] *adj.* 不感覺痛苦的；麻木的；無感情的。

im·pas·sioned [ɪm`pæʃənd] *adj.* 充滿熱情的；慷慨激昂的。

im·pas·sive [ɪm`pæsɪv] *adj.* 不動感情的；鎮靜的。

***im·pa·tience** [ɪm`peʃəns] *n.* Ⓤ ①性急；暴躁。②難耐；難忍。

***im·pa·tient** [ɪm`peʃənt] *adj.* 不耐煩的；焦急的。— **ly,** *adv.*

im·peach [ɪm`pitʃ] *v.t.* 非難；控告；檢舉；彈劾。— **ment,** *n.*

im·pec·ca·ble [ɪm`pɛkəbḷ] *adj.* 無瑕疵的；完善的；純潔的。

im·pe·cu·ni·ous [ˌɪmpɪ`kjunɪəs] *adj.* 貧窮的；身無分文的。

im·pede [ɪm`pid] *v.t.* 妨礙；阻礙。

im·ped·i·ment [ɪm`pɛdəmənt] *n.* Ⓒ ①妨礙(物)。②結巴；口吃。

***im·pel** [ɪm`pɛl] *v.t.* (-ll-) ①推進。②逼迫；驅使。

im·pend [ɪm`pɛnd] *v.t.* ①迫近；逼近。②懸空。

im·pend·ing [ɪm`pɛndɪŋ] *adj.* 迫切的；逼近的。

im·pen·e·tra·ble [ɪm`pɛnətrəbḷ] *adj.* ①不能穿過[進入]的。②不可理解的。③〖理〗不可入的。

im·pen·i·tent [ɪm`pɛnətənt] *adj.* 無悔意的；頑固的。— **im·pen′i·tence, im·pen′i·ten·cy,** *n.*

***im·per·a·tive** [ɪm`pɛrətɪv] *adj.* ①必要的。②命令式的。③〖文法〗祈使法的。**—** *n.* 〖文法〗(the ～)祈使法。— **ly,** *adv.*

im·per·cep·ti·ble [ˌɪmpə`sɛptəbḷ] *adj.* 不能感覺到的；微小的。— **im·per·cep′ti·bly,** *adv.*

***im·per·fect** [ɪm`pɝfɪkt] *adj.* 不完全的；有缺點的。— **ly,** *adv.*

im·per·fec·tion [ˌɪmpə`fɛkʃən] *n.* ①Ⓤ不完善。②Ⓒ缺點。

***im·pe·ri·al** [ɪm`pɪrɪəl] *adj.* 帝國的；皇帝的；至尊的。— **ism,** *n.* Ⓤ 帝國主義。— **ist,** *n.* Ⓒ 帝國主義者。

im·pe·ri·al·is·tic [ɪmˌpɪrɪəl`ɪstɪk] *adj.* 帝國主義的。

im·per·il [ɪm`pɛrəl] *v.t.* (-l-, 〖英〗-ll-)使陷於危險中；危及。

***im·pe·ri·ous** [ɪm`pɪrɪəs] *adj.* ①傲慢的；專橫的。②迫切的；緊急的。— **ly,** *adv.* — **ness,** *n.*

im·per·ish·a·ble [ɪm`pɛrɪʃəbḷ] *adj.* 不滅的；不朽的。

im·per·me·a·ble [ɪm`pɝmɪəbḷ] *adj.* 不能貫穿的；不透(水等)的。

im·per·son·al [ɪm`pɝsṇḷ] *adj.* ①一般的。②不具人格的。③〖文法〗無人稱的。— **ly,** *adv.*

im·per·son·ate [ɪm`pɝsṇˌet] *v.t.* ①扮演；飾演。②模仿；模擬。③人格化；代表。— **im·per·son·a′tion, im·per′son·a·tor,** *n.*

im·per·ti·nent [ɪm`pɝtṇənt] *adj.* ①無禮的；傲慢的。②不切題的；不相干的。— **ly,** *adv.* — **im·per′ti·nence, im·per′ti·nen·cy,** *n.*

im·per·turb·a·ble [ˌɪmpə`tɝbəbḷ] *adj.* 鎮靜的；不易激動的。

im·per·vi·ous [ɪm`pɝvɪəs] *adj.* ①不透的；不能滲透的。②不受影響的；不爲所動的。

im·pet·u·os·i·ty [ˌɪmpɛtʃu`ɑsətɪ] *n.* ①Ⓤ激烈；熱烈。②Ⓒ激烈之動作[感情]；急躁的言行。

im·pet·u·ous [ɪm`pɛtʃuəs] *adj.* ①猛烈的。②輕舉妄動的。— **ly,** *adv.*

im·pe·tus [`ɪmpətəs] *n.* Ⓤ Ⓒ ①衝力。②推動力；原動力；刺激。

im·pi·e·ty [ɪm`paɪətɪ] *n.* ①Ⓤ不恭；不尊敬；不孝順。②Ⓒ無信仰的言行；不敬[邪惡]的言行。

im·pinge [ɪm`pɪndʒ] *v.i.* ①打擊；衝擊(on, upon, against)。②侵害；侵犯。③影響。— **ment,** *n.*

im·pi·ous [`ɪmpɪəs] *adj.* 不虔敬的；邪惡的。

imp·ish [`ɪmpɪʃ] *adj.* 頑皮的；惡作

劇的。

im·plac·a·ble [ɪm`plekəbl̩] *adj.* 難和解的；難平息的；深仇的。

im·plant [ɪm`plænt] *v.t.* ①灌輸；注入。②嵌入。③〖醫〗移植。— **im-plan·ta′tion,** *n.*

im·plau·si·ble [ɪm`plɔzəbl̩] *adj.* 不似眞實的；難於相信的。

*__im·ple·ment__ [`ɪmpləmənt] *n.* Ⓒ 工具；器具。 —[`ɪmplə,mɛnt] *v.t.* ①(以工具)供給。②實施；執行。③補充。— **im·ple·men·ta′tion,** *n.*

im·pli·cate [`ɪmplɪ,ket] *v.t.* ①牽連；涉及。②暗示。③使糾纏；使糾結。— **im·pli·ca′tion,** *n.*

im·plic·it [ɪm`plɪsɪt] *adj.* ①暗含的；不明的。②絕對的；盲從的。

im·plied [ɪm`plaɪd] *adj.* 含蓄的；暗示的；言外的。— **ly,** *adv.*

im·plode [ɪm`plod] *v.i.* & *v.t.* ①〖語音〗內爆；發成內爆音。②(眞空管)向內側破裂。

*__im·plore__ [ɪm`plor, -`plɔr] *v.t.* & *v.i.* 懇求；哀求。— **im·plor′ing,** *adj.*

*__im·ply__ [ɪm`plaɪ] *v.t.* ①暗示；含…的意思。②意指；認爲。

im·po·lite [,ɪmpə`laɪt] *adj.* 不客氣的；粗魯的。— **ly,** *adv.*

im·pon·der·a·ble [ɪm`pɑndərəbl̩] *adj.* ①不可稱量的；極輕的。②無法衡量的。 — *n.* Ⓒ (常 *pl.*)不可計量[估價]之物。

*__im·port__ [ɪm`port, -`pɔrt] *v.t.* ①輸入；進口。②意含；含…的意思。 — *v.i.* 有重大關係。 —[`ɪmport, -pɔrt] *n.* ①Ⓒ (常*pl.*)輸入品；進口貨。②Ⓤ 輸入；進口。③Ⓤ (常 the ～)意義；涵義。④Ⓤ 重要性。— **er, im·por·ta′tion,** *n.*

‡**im·por·tance** [ɪm`pɔrtn̩s] *n.* Ⓤ ①重要(性)。②自大；驕傲。③重要的地位。

‡**im·por·tant** [ɪm`pɔrtn̩t] *adj.* ①重要的；重大的；要緊的。②位尊的；顯要的。③自尊自大的；驕傲的。④大額的；大量的。— **ly,** *adv.*

im·por·tu·nate [ɪm`pɔrtʃənɪt] *adj.* 不斷要求的；纏擾不休的。

im·por·tune [,ɪmpɚ`tjun] *v.t.* & *v.i.* 強求；不斷請求；煩瀆。 — **im·por·tu′ni·ty,** *n.*

*__im·pose__ [ɪm`poz] *v.t.* ①課(稅)；加(負擔、懲罰)於。②強欲；強使。③騙使他人買受(贋品等)。④〖印刷〗將…拼版。 — *v.i.* 利用；欺騙。～ *on*[*upon*] **a.** 占…的便宜；利用。**b.** 欺騙。 **c.** 強(人)所難；打擾。

*__im·pos·ing__ [ɪm`pozɪŋ] *adj.* 顯眼的；壯麗的；堂皇的。

im·po·si·tion [,ɪmpə`zɪʃən] *n.* ①Ⓤ (稅等之)課徵。②Ⓒ 課徵物；稅；負擔。③Ⓒ〖英〗(處罰學生的)作業。④Ⓒ 欺騙；欺詐。⑤Ⓒ 占便宜；利用。

‡**im·pos·si·ble** [ɪm`pɑsəbl̩] *adj.* ①不可能的；於理不通的。②做不到的。③不容易的；很難的。④令人無法忍受的。— **im·pos′si·bly,** *adv.*

im·post [`ɪmpost] *n.* Ⓒ①進口稅；關稅。②稅；貢賦。 — *v.t.* 分(進口貨)之種類以決定其稅額。

im·pos·tor [ɪm`pɑstɚ] *n.* Ⓒ (冒充他人的)騙子。

im·pos·ture [ɪm`pɑstʃɚ] *n.* Ⓤ Ⓒ①欺騙。②欺騙行爲。

im·po·tent [`ɪmpətənt] *adj.* ①無行動能力的；虛弱的。②〖醫〗陽萎的。— **im′po·tence, im′po·ten·cy,** *n.*

im·pound [ɪm`paund] *v.t.* ①將(獸類)關入欄中。②扣留(文件、證物等)。③貯存(水)。

im·pov·er·ish [ɪm`pɑvərɪʃ] *v.t.* ①使成貧困。②耗盡(地力)；使(土壤)貧瘠。③竭盡。— **ment,** *n.*

im·prac·ti·ca·ble [ɪm`præktɪkəbl̩] *adj.* ①不能實行的；不切實際的。②難駕馭的；固執的。③不能用的。— **im·prac·ti·ca·bil′i·ty,** *n.*

im·prac·ti·cal [ɪm`præktɪkl̩] *adj.* 不切實際的；不實用的。

im·pre·cate [`ɪmprɪ,ket] *v.t.* 詛咒；祈求天降禍於〔on, upon〕.

im·pre·cise [,ɪmprɪ`saɪz] *adj.* 不精確的；不正確的。— **ly,** *adv.*

im·preg·na·ble [ɪm`prɛgnəbl̩] *adj.* 不能攻破的；鞏固的。

im·preg·nate [ɪm`prɛgnet] *v.t.* ①使懷孕[受胎]。②〖生物〗使受精；使結實。③使充滿；使飽和。④灌輸；注入。 —[ɪm`prɛgnɪt] *adj.* ①懷孕的。②飽和的；充滿的。

im·pre·sa·ri·o [,ɪmprɪ`sɑrɪ,o] 〖義〗*n.* Ⓒ (*pl.* ～**s**)(歌劇團、樂團等的)經理人。

*__im·press__[1] [ɪm`prɛs] *v.t.* ①使有深刻印象。②給以影響；使感動。③銘記；印入記憶。④蓋印於；蓋(印)。 — *v.i.* 引人注目；給人以深刻印象。

—[ˋımprɛs] *n.* Ⓒ ①印象；痕跡；特徵。②刻銘；蓋印。

im·press[2] *v.t.* ①強迫徵兵。②徵召；徵用。③引用；利用。④積極說服。— **ment,** *n.*

im·pressed [ımˋprɛst] *adj.* 深受感動的；銘記的(by, at, with)。

***im·pres·sion** [ımˋprɛʃən] *n.* ① Ⓒ 印象。② Ⓤ 影響；效果。③ Ⓒ (常 *sing.*) (不確定的)感覺；模糊的想法。④ Ⓒ 印；印痕。⑤ ⓊⒸ 蓋印；銘刻。⑥ Ⓒ〖印刷〗一版所印之總數；一版(即原版再印刷一次)。

im·pres·sion·ism [ımˋprɛʃən͵ızəm] *n.* Ⓤ〖藝術〗印象主義；印象派。— **im·pres′sion·ist,** *n.*

***im·pres·sive** [ımˋprɛsıv] *adj.* 感人的；給人深刻印象的。

im·print [ˋımprınt] *n.* Ⓒ ①印跡；痕跡。②印象；印記。③書封底[內封面]上所印的出版者姓名、出版時間與地點、印刷者的姓名等。

—[ımˋprınt] *v.t.* 蓋印於；印刻。

***im·pris·on** [ımˋprızn̩] *v.t.* 下獄；禁錮；收押。— **ment,** *n.*

im·prob·a·ble [ımˋprɑbəbl̩] *adj.* 未必然的；似不可信的。— **im·prob′a·bly,** *adv.*

im·promp·tu [ımˋprɑmptu] *adj.* & *adv.* 臨時的[地]；即席的[地]。

— *n.* Ⓒ 即席演說；即席演出。

***im·prop·er** [ımˋprɑpɚ] *adj.* ①不合適的；不適當的。②錯誤的；不標準的。③不道德的；下流的。§ ∼ **fraction**〖數〗假分數。— **ly,** *adv.*

im·pro·pri·e·ty [͵ımprəˋpraıətı] *n.* ① Ⓤ 不適當；不正當。② Ⓒ 不正當的行爲。③ Ⓒ 語詞的誤用。

‡**im·prove** [ımˋpruv] *v.t.* ①改良；改善；增進。②利用。③增高…的價值。— *v.i.* ①改良；改善；進步。②漲價。— **im·prov′a·ble,** *adj.*

im·prove·ment [ımˋpruvmənt] *n.* ① Ⓤ 改良；改善；進步。② Ⓒ 改進[進步]之處。③ Ⓤ 利用。④ Ⓤ (土地、不動產)價值之提高。⑤ ⓊⒸ 裝修；修建。

im·prov·i·dent [ımˋprɑvədənt] *adj.* ①無遠見的；不顧未來的。②無節儉習慣的。— **im·prov′i·dence,** *n.*

im·pro·vise [ˋımprə͵vaız] *v.t.* & *v.i.* ①即席而作。②臨時製作。

— **im·pro·vi·sa′tion,** *n.*

im·pru·dent [ımˋprudn̩t] *adj.* 不謹慎的；輕率的。— **im·pru′dence,** *n.* — **ly,** *adv.*

***im·pu·dent** [ˋımpjədənt] *adj.* 鹵莽的；厚顏的。— **im′pu·dence,** *n.*

im·pugn [ımˋpjun] *v.t.* 指責；駁斥；非難；攻擊。

***im·pulse** [ˋımpʌls] *n.* ① Ⓒ 刺激；推動。② ⓊⒸ 情感的衝動；突然的慾望。

im·pul·sion [ımˋpʌlʃən] *n.* ⓊⒸ ①衝動；激動。②刺激；推動力。

im·pul·sive [ımˋpʌlsıv] *adj.* ①激動的；易衝動的。②有推動力的；推進的。— **ly,** *adv.* — **ness,** *n.*

im·pu·ni·ty [ımˋpjunətı] *n.* Ⓤ (懲罰、損失、傷害等之)免除。***with*** ∼ 不受懲罰地；無虞地。

im·pure [ımˋpjur] *adj.* ①髒的；不純潔的。②不道德的。— **im·pu′ri·ty,** *n.*

im·pute [ımˋpjut] *v.t.* 歸罪於；歸咎於。— **im·put′a·ble,** *adj.* — **im·pu·ta′tion,** *n.*

‡**in** [ın] *prep.* ①在…內；在…中(表示場所與方向)。②進；入(=into)。③在(環境、情況)下。④用。⑤在…方面；對於。⑥在(時間)以內；過(若干時間)。*in* January 在一月裡。

— *adv.* ①在家；在辦公室。②(火)未熄滅；還在燒著。③(車、船)到達；抵站；靠碼頭。④上市。***in for*** 注定；一定得到[遇到]。***in for it*** **a.** 鐵定要做。**b.** 定會倒楣[挨罵]。***in with*** 與…友善；與…熟悉。— *adj.* ①內的；在內的。②進來的。③當權的；執政的。— *n.* ①(the ins)執政黨。② Ⓒ〖美俗〗門路；關係。③(the ins)〖板球〗攻方。***the ins and the outs*** 執政黨與在野黨。

in. inch(es).

***in·a·bil·i·ty** [͵ınəˋbılətı] *n.* Ⓤ 無能力；無才能。

in·ac·ces·si·ble [͵ınækˋsɛsəbl̩] *adj.* ①不能進入的；難達到的。②難親近的。③難懂的。— **in·ac·ces·si·bil′i·ty,** *n.*

in·ac·cu·rate [ınˋækjərıt] *adj.* 不準確的；杜撰的；有錯誤的。

— **in·ac′cu·ra·cy,** *n.* — **ly,** *adv.*

in·ac·tion [ınˋækʃən] *n.* Ⓤ 不活動；懶散；怠惰。

in·ac·ti·vate [ınˋæktə͵vet] *v.t.* ①使不活潑；使不活動。②撤銷。

***in·ac·tive** [ınˋæktıv] *adj.* ①不活動的；不活潑的；懶惰的。②停止的；停業的。— **ly,** *adv.* — **in·ac·tiv′i-**

ty, *n.*

*__in·ad·e·quate__ [ɪn`ædəkwɪt] *adj.* 不充分的；不適當的；不合格的。 —**ly,** *adv.* —**in·ad′e·qua·cy,** *n.*

in·ad·mis·si·ble [ˌɪnəd`mɪsəbḷ] *adj.* ①不能承認的。②不可接受的。

in·ad·vert·ent [ˌɪnəd`vɜtṇt] *adj.* ①不注意的；粗心的。②偶然的；無意的。 —**ly,** *adv.* —**in·ad·vert′ence,** *n.*

in·al·ien·a·ble [ɪn`eljənəbḷ] *adj.* 不能讓與的；不可剝奪的。

in·ane [ɪn`en] *adj.* ①愚蠢的。②無意義的。③空虛的。 — *n.* (the ～) 太空；太虛。 —**ly,** *adv.*

in·an·i·mate [ɪn`ænəmɪt] *adj.* ①無生命的。②單調的。

in·a·ni·tion [ˌɪnə`nɪʃən] *n.* Ⓤ ①空虛。②營養失調。③無精神。

in·an·i·ty [ɪn`ænətɪ] *n.* ① Ⓤ 愚蠢。② Ⓒ 無意義的言行。③ Ⓤ 空虛。

in·ap·pli·ca·ble [ɪn`æplɪkəbḷ] *adj.* 不能適用[應用]的。

in·ap·pre·ci·a·ble [ˌɪnə`priʃɪəbḷ] *adj.* 毫無價值的；微不足道的。 —**in·ap·pre′ci·a·bly,** *adv.*

in·ap·proach·a·ble [ˌɪnə`protʃəbḷ] *adj.* ①難於接近的。②無敵的。

in·ap·pro·pri·ate [ˌɪnə`proprɪɪt] *adj.* 不合宜的。

in·apt [ɪn`æpt] *adj.* ①不適宜[合適]的。②笨拙的。 —**in·apt′i·tude,** *n.*

in·ar·tic·u·late [ˌɪnɑr`tɪkjəlɪt] *adj.* ①發音[說話]不清楚的。②不善辭令的。③〖解，動〗無關節的。

in·ar·tis·tic [ˌɪnɑr`tɪstɪk] *adj.* ①非藝術的。②無高尚趣味的。

*__in·as·much__ [ˌɪnəz`mʌtʃ] *adv.* 因為；既然(與as連用=since, because, 係文學用字)。

in·at·ten·tion [ˌɪnə`tɛnʃən] *n.* Ⓤ ①不注意；粗心。②疏忽的行為。 —**in·at·ten′tive(ly),** *adj.* (*adv.*)

in·au·di·ble [ɪn`ɔdəbḷ] *adj.* 聽不見的。 —**in·au′di·bly,** *adv.*

in·au·gu·ral [ɪn`ɔgjərəl] *adj.* ①就職的；就任的。②落成的。 — *n.* Ⓒ ①就職演說。②就職典禮。

in·au·gu·rate [ɪn`ɔgjəˌret] *v.t.* ①舉行就職典禮。②開創。③為…舉行開幕式[落成典禮]。

in·au·gu·ra·tion [ɪnˌɔgjə`reʃən] *n.* ⓊⒸ ①就職。②開創。③開幕。 § **I- Day**(美國總統之)就職日。

in·aus·pi·cious [ˌɪnɔ`spɪʃəs] *adj.* 不幸的；凶兆的。 —**ly,** *adv.*

in·board [`ɪnˌbord] *adv.* & *adj.* 〖海〗在船內地[的]。

in·born [ɪn`bɔrn] *adj.* 天生的；天賦的；先天的。

in·bound [`ɪn`baund] *adj.* ①開向本國的；歸航的。②開往市內的。

in·bred [ɪn`brɛd] *adj.* ①天生的。②近親繁殖的。

in·breed [ɪn`brid] *v.t.* (**in·bred**) ①使生於內部。②使同族繁殖。

inc. inclosure (信函內的)附件；incorporated 用於商店名稱之後，表示其為公司組織(亦作 **Inc.**)。

In·ca [`ɪŋkə] *n.* (*pl.* ～, ～**s**) ① Ⓒ 印加族人。②(the ～)印加國王。

in·cal·cu·la·ble [ɪn`kælkjələbḷ] *adj.* ①不可數的。②預料不到的。③不可靠的。 —**in·cal′cu·la·bly,** *adv.*

in·can·desce [ˌɪnkən`dɛs] *v.i.* & *v.t.* (使)白熱化。 —**in·can·des′cence,** *n.* —**in·can·des′cent,** *adj.*

in·can·ta·tion [ˌɪnkæn`teʃən] *n.* ⓊⒸ 咒語；咒文；魔法；念咒。

*__in·ca·pa·ble__ [ɪn`kepəbḷ] *adj.* 無能力的；不能的〔of〕.

in·ca·pac·i·tate [ˌɪnkə`pæsəˌtet] *v.t.* ①使不能；使不適於。②〖法律〗褫奪資格。 —**in·ca·pac′i·ty,** *n.*

in·car·cer·ate [ɪn`kɑrsəˌret] *v.t.* 監禁。 —**in·car·cer·a′tion,** *n.*

in·car·nate [ɪn`kɑrnɪt] *adj.* 具肉體的；成人形的；化身的。 — [ɪn`kɑrnet] *v.t.* ①賦以形體。②使具體化；實現。 —**in·car·na′tion,** *n.*

in·case [ɪn`kes] *v.t.* ①裝入箱內。②包裹；包住。

in·cau·tious [ɪn`kɔʃəs] *adj.* 不注意的；不謹慎的。

in·cen·di·ar·y [ɪn`sɛndɪˌɛrɪ] *adj.* ①縱火的。②煽動的。 — *n.* Ⓒ ①縱火者。②煽動者。③燃燒彈。 —**in·cen′di·a·rism,** *n.*

in·cense[1] [`ɪnsɛns] *n.* Ⓤ ①(供神所焚燒的)香(料)。②(香所發之)煙[香氣]。③諂媚。 — *v.t.* & *v.i.* 敬香；上香。

in·cense[2] [ɪn`sɛns] *v.t.* 激怒；激動。

in·cen·tive [ɪn`sɛntɪv] *n.* ⓊⒸ 刺激；鼓勵；動機。 — *adj.* 激勵的；誘發的；刺激的。

in·cep·tion [ɪn`sɛpʃən] *n.* Ⓒ 開

始；開端。

in·cer·ti·tude [ɪnˋsɜtəˏtjud] *n.* Ⓤ不確實；疑惑；不安定。

***in·ces·sant** [ɪnˋsɛsn̩t] *adj.* 不斷的；無盡的。— **ly,** *adv.*

in·cest [ˋɪnsɛst] *n.* Ⓤ 亂倫；血親相姦。— **in·ces′tu·ous** [-tʃʊəs], *adj.*

‡**inch** [ɪntʃ] *n.* ①Ⓒ吋；英寸(=1/12英尺)。②(an ～)些微；絲毫。③(*pl.*)身高。***by ～es*** 逐漸地。***every ～*** 完全地。 ***～ by ～*** 漸漸地；一步一步地。***within an ～ of*** 幾乎。

inch·worm [ˋɪntʃˏwɜm] *n.* Ⓒ〖昆〗尺蠖。

in·ci·dence [ˋɪnsədəns] *n.* ①(*sing.*)(事件、影響等的)發生(率)；範圍。②ⓊⒸ〖理〗投射；入射。

***in·ci·dent** [ˋɪnsədənt] *n.* Ⓒ①事件。②事變。③附帶的事物。— *adj.* ①易於發生的。②附帶的。③當然有關的。④〖理〗入射的。⑤外來的。

in·ci·den·tal [ˏɪnsəˋdɛntl̩] *adj.* ①隨帶的；附屬的。②偶然的；臨時的。— *n.* ①Ⓒ偶發事件。②(*pl.*)雜費。

***in·ci·den·tal·ly** [ˏɪnsəˋdɛntl̩ɪ] *adv.* ①附帶地；偶然地。②順便一提。

in·cin·er·ate [ɪnˋsɪnəˏret] *v.t.* ①燒成灰。②焚化；火葬。— **in·cin·er·a′tion, in·cin′er·a·tor,** *n.*

in·cip·i·ent [ɪnˋsɪpɪənt] *adj.* ①剛開始的。②初期的。

in·cise [ɪnˋsaɪz] *v.t.* ①切入；切開。②刻；雕。— **in·ci·sion** [-ˋsɪʒən], *n.*

in·ci·sive [ɪnˋsaɪsɪv] *adj.* ①鋒利的。②尖刻的。— **ly,** *adv.*

in·cite [ɪnˋsaɪt] *v.t.* 引起；激動；鼓動。— **ment,** *n.*

in·ci·vil·i·ty [ˏɪnsəˋvɪlətɪ] *n.* Ⓤ粗魯；無禮。

in·clem·ent [ɪnˋklɛmənt] *adj.* ①嚴寒的。②殘酷的。— **in·clem′en·cy,** *n.*

in·cli·na·tion [ˏɪnkləˋneʃən] *n.* ①ⓊⒸ傾向。②ⓊⒸ意願；愛好。③(*sing.*)傾斜(度)。

in·cline [ɪnˋklaɪn] *v.i.* ①愛好；傾向。②傾斜。— *v.t.* ①使傾向。②使低；使前傾。③使相信。— [ˋɪnklaɪn, ɪnˋklaɪn] *n.* Ⓒ傾斜(面)。

in·close [ɪnˋkloz] *v.t.* =**enclose.**

in·clo·sure [ɪnˋkloʒɚ] *n.* =**enclosure.**

in·clude [ɪnˋklud] *v.t.* 包括；包含。

in·clu·sion [ɪnˋkluʒən] *n.* ①Ⓤ包括。②Ⓒ包含的東西。

in·clu·sive [ɪnˋklusɪv] *adj.* 包括的；包含的〔常 of〕. — **ly,** *adv.*

in·cog·ni·to [ɪnˋkɑgnɪˏto] *adj.* & *adv.* 隱姓埋名的[地]；微行的[地]；化名的[地]。— *n.* Ⓒ (*pl.* **～s**)隱姓埋名者；微行者。

in·co·her·ent [ˏɪnkoˋhɪrənt] *adj.* ①(思想等)無條理的；無邏輯的。②語無倫次的。③前後不一致的。— **ly,** *adv.* — **in·co·her′ence,** *n.*

in·com·bus·ti·ble [ˏɪnkəmˋbʌstəbl̩] *adj.* & *n.* Ⓒ不能燃燒的(東西)。

***in·come** [ˋɪnˏkʌm, ˋɪŋˏkʌm] *n.* ⓊⒸ收入；所得。§ **～ tàx** 所得稅。

in·com·er [ˋɪnˏkʌmɚ] *n.* Ⓒ進來者；新進者；接任者。

in·com·men·su·ra·ble [ˏɪnkəˋmɛnʃərəbl̩] *adj.* ①不能比較的。②〖數〗無公約數的。

in·com·men·su·rate [ˏɪnkəˋmɛnʃərɪt] *adj.* ①不成比例的。②不能比較的。

in·com·mode [ˏɪnkəˋmod] *v.t.* ①使感覺不便。②擾亂；妨礙。

in·com·mo·di·ous [ˏɪnkəˋmodɪəs] *adj.* ①不寬敞的。②不方便的。

in·com·mu·ni·ca·ble [ˏɪnkəˋmjunɪkəbl̩] *adj.* 不能聯絡的；不能以言語表達的。

in·com·pa·ra·ble [ɪnˋkɑmpərəbl̩] *adj.* ①無比的。②不能比較的。

in·com·pat·i·ble [ˏɪnkəmˋpætəbl̩] *adj.* 不相容的；不能共存的。— **in·com·pat·i·bil′i·ty,** *n.*

in·com·pe·tent [ɪnˋkɑmpətənt] *adj.* ①無能力的。②不合格的；沒有資格的。— **in·com′pe·tence, in·com′pe·ten·cy,** *n.*

in·com·plete [ˏɪnkəmˋplit] *adj.* 不完全的。— **ness,** *n.* — **ly,** *adv.*

in·com·pre·hen·si·ble [ˏɪnkɑmprɪˋhɛnsəbl̩] *adj.* 不能理解的。— **in·com·pre·hen·si·bil′i·ty,** *n.*

in·com·press·i·ble [ˏɪnkəmˋprɛsəbl̩] *adj.* 不能壓縮的。

in·con·ceiv·a·ble [ˏɪnkənˋsivəbl̩] *adj.* ①不可思議的。②〖俗〗難以令人相信的。— **in·con·ceiv′a·bly,** *adv.*

in·con·clu·sive [ˏɪnkənˋklusɪv] *adj.* ①非決定性的。②不得要領的。— **ly,** *adv.*

in·con·gru·ent [ɪnˋkɑŋgruənt]

adj. 不協調的；不合適的。

in·con·gru·i·ty [ˌɪnkɑŋˋgruətɪ] n. Ⓤ不合適；不相稱。

in·con·gru·ous [ɪnˋkɑŋgruəs] adj. ①不合適的；不相稱的(with). ②不和諧的；不一致的。

in·con·se·quent [ɪnˋkɑnsəˌkwɛnt] adj. ①不合邏輯的。②不合理的。— **in·con′se·quence,** n.

in·con·sid·er·a·ble [ˌɪnkənˋsɪdərəbl̩] adj. 不重要的；微小的。

in·con·sid·er·ate [ˌɪnkənˋsɪdərɪt] adj. ①不顧及他人的(of). ②輕率的。— **ly,** adv. — **ness,** n.

in·con·sist·ent [ˌɪnkənˋsɪstənt] adj. ①矛盾的(with). ②不協調的。③無定見的。— **ly,** adv. — **in·con·sist′en·cy,** n.

in·con·sol·a·ble [ˌɪnkənˋsoləbl̩] adj. 不能慰藉的；傷心的。

in·con·spic·u·ous [ˌɪnkənˋspɪkjuəs] adj. 不引人注意的。

in·con·stant [ɪnˋkɑnstənt] adj. ①無常的；多變的；無定向的。②不專的。— **in·con′stan·cy,** n. — **ly,** adv.

in·con·test·a·ble [ˌɪnkənˋtɛstəbl̩] adj. 無可置辯的；不容置疑的。— **in·con·test′a·bly,** adv.

in·con·ti·nent [ɪnˋkɑntənənt] adj. ①不能自制的；淫亂的。②〖醫〗失禁的。— **in·con′ti·nence,** n.

in·con·tro·vert·i·ble [ˌɪnkɑntrəˋvɜtəbl̩] adj. 無爭辯餘地的。

***in·con·ven·ience** [ˌɪnkənˋvinjəns] n. (亦作**inconveniency**) Ⓤ不便；困難。— v.t. 使感不便[困難]。

***in·con·ven·ient** [ˌɪnkənˋvinjənt] adj. 不方便的；麻煩的。— **ly,** adv.

in·con·vert·i·ble [ˌɪnkənˋvɜtəbl̩] adj. (紙幣)不能兌換的。

***in·cor·po·rate** [ɪnˋkɔrpəˌret] v.t. ①合併；編入。②組成公司。③具體表現。④混合。— v.i. ①合併；結合。②組成法人。— [ɪnˋkɔrpərɪt] adj. ①合併的。②公司組織的。③具體化的。— **in·cor·po·ra′tion,** n.

in·cor·po·re·al [ˌɪnkɔrˋporɪəl] adj. ①無形體的。②精神的。

in·cor·rect [ˌɪnkəˋrɛkt] adj. ①不正確的；錯誤的。②不適當的。— **ly,** adv. — **ness,** n.

in·cor·ri·gi·ble [ɪnˋkɔrɪdʒəbl̩] adj. 積習難改的；根深柢固的。

in·cor·rupt·i·ble [ˌɪnkəˋrʌptəbl̩] adj. ①廉潔的。②不腐朽的。— **in·cor·rupt·i·bil′i·ty,** n.

‡**in·crease** [ɪnˋkris] v.i. & v.t. 增加；增多；增大。— [ˋɪnkris] n. Ⓤ Ⓒ增長；增加；增進。***on the ~*** 在增加中。— **in·creas′ing,** adj.

***in·creas·ing·ly** [ɪnˋkrisɪŋlɪ] adv. 逐漸地；漸增地。

***in·cred·i·ble** [ɪnˋkrɛdəbl̩] adj. 難以置信的；可疑的。— **in·cred′i·bly,** adv.

in·cre·du·li·ty [ˌɪnkrəˋdjulətɪ] n. Ⓤ不信；懷疑。

in·cred·u·lous [ɪnˋkrɛdʒələs] adj. 不肯輕信的；不相信的。

in·cre·ment [ˋɪnkrəmənt] n. ①Ⓤ增加；增進。②Ⓒ增加數量；增收。③Ⓤ盈餘。

in·crim·i·nate [ɪnˋkrɪməˌnet] v.t. ①牽累。②控告。

in·crust [ɪnˋkrʌst] v.t. ①覆以硬殼；包以皮。②鑲嵌。

in·cu·bate [ˋɪnkjəˌbet] v.t. ①鳥孵(卵)；人工孵(卵)。②籌策；籌畫。③保育(早產嬰兒)。

in·cu·ba·tion [ˌɪnkjəˋbeʃən] n. Ⓤ①孵卵。②疾病的潛伏期。

in·cu·ba·tor [ˋɪnkjəˌbetɚ] n. Ⓒ①孵卵器；孵雛器。②早產嬰兒保育器。③細菌培養器。

in·cu·bus [ˋɪnkjəbəs] n. Ⓒ (pl. **~es, -bi** [-ˌbaɪ])①夢魔。②夢魇。③心中重擔；煩惱事。

in·cul·cate [ɪnˋkʌlket, ˋɪnkʌlˌket] v.t. 諄諄教誨。— **in·cul·ca′tion,** n.

in·cul·pa·ble [ɪnˋkʌlpəbl̩] adj. 無辜的；無可非議的。

in·cul·pate [ɪnˋkʌlpet, ˋɪnkʌlˌpet] v.t. ①控告；歸罪；指責。②使成有罪；連累。

in·cum·ben·cy [ɪnˋkʌmbənsɪ] n. ①Ⓤ憑依。②Ⓒ義務。③ⓊⒸ(牧師等的)在職；任期。

in·cum·bent [ɪnˋkʌmbənt] adj. ①躺臥的；憑依的。②使負有義務的。③在職的。— n. Ⓒ在職者。

***in·cur** [ɪnˋkɜ] v.t. (-rr-)①遭遇陷於。②招致；蒙受。

in·cur·a·ble [ɪnˋkjurəbl̩] adj. 不能治療的；不能改正的。

in·cu·ri·ous [ɪnˋkjurɪəs] adj. 無好奇心的；不關心的。

in·cur·sion [ɪnˋkɜʒən, -ʃən] n.

Ⓒ①入侵；襲擊。②流入。

in·curve [ˋɪn,kɜv] *n.* Ⓒ ①內曲；彎曲。②〖棒球〗內曲球。—[ɪnˋkɜv] *v.t. & v.i.* (使)內曲。

in·debt·ed [ɪnˋdɛtɪd] *adj.* ①負債的。②(因受恩惠而)感激的。

in·de·cent [ɪnˋdisn̩t] *adj.* ①不禮貌的。②不道德的；猥褻的。③不適當的。— **in·de′cen·cy,** *n.*

in·de·ci·pher·a·ble [,ɪndɪˋsaɪfrəbl̩] *adj.* ①不可辨讀的。②(密碼)譯不出來的。

in·de·ci·sion [,ɪndɪˋsɪʒən] *n.* Ⓤ 優柔寡斷。

in·de·ci·sive [,ɪndɪˋsaɪsɪv] *adj.* ①無決定性的。②優柔寡斷的。

in·de·clin·a·ble [,ɪndɪˋklaɪnəbl̩] *adj.*〖文法〗字尾不變化的。

in·dec·o·rous [ɪnˋdɛkərəs] *adj.* 不適宜的；不雅的；失禮的。

in·de·co·rum [,ɪndɪˋkorəm] *n.* ① Ⓤ 無禮；不雅。② Ⓒ 不適當的舉止、言談等。

‡**in·deed** [ɪnˋdid] *adv.* 的確；實在。— *interj.* 眞的！的確！

in·de·fat·i·ga·ble [,ɪndɪˋfætɪgəbl̩] *adj.* 不疲倦的；不屈不撓的。— **in·de·fat′i·ga·bly,** *adv.*

in·de·fea·si·ble [,ɪndɪˋfizəbl̩] *adj.* 不能取消的；不能廢止的。

in·de·fen·si·ble [,ɪndɪˋfɛnsəbl̩] *adj.* ①不能防守的。②無法辯護的；站不住腳的。

in·de·fin·a·ble [,ɪndɪˋfaɪnəbl̩] *adj.* ①難下定義的。②不明確的。

*__in·def·i·nite__ [ɪnˋdɛfənɪt] *adj.* ①不確定的；模糊的。②無限制的；無限期的。③〖文法〗不定的。§ ~ **árticle**〖文法〗不定冠詞(即 a 或 an). ~ **prónoun**〖文法〗不定代名詞(如 some, any). — **ly,** *adv.*

in·del·i·ble [ɪnˋdɛləbl̩] *adj.* ①難擦掉的。②難忘的。

in·del·i·cate [ɪnˋdɛləkət] *adj.* ①不精緻的；粗糙的。②不適當的；下流的；粗野的。— **in·del′i·ca·cy,** *n.*

in·dem·ni·fy [ɪnˋdɛmnə,faɪ] *v.t.* ①賠償；償付。②使安全。

in·dem·ni·ty [ɪnˋdɛmnətɪ] *n.* ① Ⓒ 賠償；賠款。② Ⓤ 保險。③ Ⓤ (刑罰的)免除。

in·dent[1] [ɪnˋdɛnt] *v.t.* ①(邊緣)使成鋸齒狀。②(特指一段文字的首行)縮進排印(或書寫)。③(向…)訂購。— *v.i.* ①形成鋸齒狀邊緣。②縮進排印或書寫。—[ɪnˋdɛnt, ˋɪndɛnt] *n.* Ⓒ①缺口；鋸齒狀缺痕。②縮印。③訂貨單；徵用命令。

in·dent[2] *v.t.* ①留凹痕於…；使…凹入。②蓋(印等)。—[ˋɪndɛnt] *n.* Ⓒ凹痕；凹處；窪地。

in·den·ta·tion [,ɪndɛnˋteʃən] *n.* ① Ⓤ 成鋸齒狀。② Ⓒ 行首空格。③ Ⓒ 缺口；凹入處。

in·den·ture [ɪnˋdɛntʃɚ] *n.* Ⓒ ①契約；合同。②(常 *pl.*)服務契約；學徒契約。— *v.t.* 以契約束縛。

*__in·de·pend·ence__ [,ɪndɪˋpɛndəns] *n.* Ⓤ 獨立；自主。§ **I~ Dày** 美國獨立紀念日(七月四日)。

‡**in·de·pend·ent** [,ɪndɪˋpɛndənt] *adj.* 獨立的；自主的；不依賴他人的。— *n.* Ⓒ〖政〗中立派；無黨派者。

*__in·de·pend·ent·ly__ [,ɪndɪˋpɛndəntlɪ] *adv.* 獨立地。

in-depth [ˋɪnˋdɛpθ] *adj.* 深入的；徹底的；周密的。

in·de·scrib·a·ble [,ɪndɪˋskraɪbəbl̩] *adj.* 難以形容的；不可名狀的。

in·de·struct·i·ble [,ɪndɪˋstrʌktəbl̩] *adj.* 不能毀滅的。

in·de·ter·mi·na·ble [,ɪndɪˋtɜmɪnəbl̩] *adj.* 不能確定的。

in·de·ter·mi·nate [,ɪndɪˋtɜmənɪt] *adj.* 不確定的。

in·de·ter·mi·na·tion [,ɪndɪ,tɜməˋneʃən] *n.* Ⓤ 不確定。

*__in·dex__ [ˋɪndɛks] *n.* Ⓒ (*pl.* ~**es, in·di·ces** [ˋɪndə,siz]) ①索引。②標記；表徵；指標。③食指。④指針。⑤指數。— *v.t.* ①給…編索引；編入索引中。②指示出。§ ~ **càrd** 索引卡。~ **fìnger** 食指。

‡**In·di·a** [ˋɪndɪə] *n.* 印度(亞洲南部之一國)。

‡**In·di·an** [ˋɪndɪən] *n.* ① Ⓒ〖美〗印第安人。② Ⓤ 印第安語。③ Ⓒ 印度人；東印度群島人。— *adj.* ①〖美〗印第安人的。②印度的；東印度群島的。§ ~ **còrn** (1)玉蜀黍。(2)玉蜀黍植物。~ **súmmer** (1)(深秋、初冬之)小陽春。(2)(老年之)回春期。**the ~ Ócean** 印度洋。

In·di·an·a [,ɪndɪˋænə] *n.* 印第安那州(美國中西部之一州)。

‡**in·di·cate** [ˋɪndə,ket] *v.t.* ①指示；指出。②顯示；象徵；暗示。③表示需要…作爲治療。

***in·di·ca·tion** [ˌɪndəˋkeʃən] *n.* ①ⓊⒸ指示。②Ⓒ(計器的)度數之指示。③ⓊⒸ〖醫〗病的徵候。

***in·dic·a·tive** [ɪnˋdɪkətɪv] *adj.* 指示的；象徵的〔of〕. —*n.* 〖文法〗①ⓊⒸ直陳法。②Ⓒ直陳法動詞。

in·di·ca·tor [ˋɪndəˌketɚ] *n.* Ⓒ ①指示物。②指示器。③指示劑。

in·dic·a·to·ry [ɪnˋdɪkəˌtorɪ] *adj.* 指示的。

in·di·ces [ˋɪndəˌsiz] *n.* pl. of **index.**

in·dict [ɪnˋdaɪt] *v.t.* 〖法律〗控訴；控告；起訴。

in·dict·ment [ɪnˋdaɪtmənt] *n.* Ⓤ起訴；提起公訴。

In·dies [ˋɪndɪz] *n. pl.* (the ～)①東印度群島。②西印度群島。③印度區域。

***in·dif·fer·ence** [ɪnˋdɪfərəns] *n.* Ⓤ①無興趣；不重視；漠不關心。②不重要；無足輕重。

***in·dif·fer·ent** [ɪnˋdɪfərənt] *adj.* ①不感興趣的；漠不關心的。②沒有關係的；無重要性的。③平常的；不好不壞的。④相當壞的。—**ly,** *adv.*

in·dig·e·nous [ɪnˋdɪdʒənəs] *adj.* ①土產的；土著的；本地所產的。②天生的；固有的。

in·di·gent [ˋɪndədʒənt] *adj.* 貧窮的；貧乏的。—**in/di·gence,** *n.*

in·di·gest·i·ble [ˌɪndəˋdʒɛstəbl] *adj.* ①不能消化的；難消化的。②難理解的；難接受的；難領會的。

in·di·ges·tion [ˌɪndəˋdʒɛstʃən] *n.* Ⓤ消化不良症；未被消化的狀態。

in·dig·nant [ɪnˋdɪgnənt] *adj.* 憤慨的；不平的。—**ly,** *adv.*

***in·dig·na·tion** [ˌɪndɪgˋneʃən] *n.* Ⓤ憤怒；憤慨；義憤。

in·dig·ni·ty [ɪnˋdɪgnətɪ] *n.* ①Ⓤ輕蔑；侮辱。②Ⓒ侮辱性的言行。

***in·di·go** [ˋɪndɪˌgo] *n.*(*pl.* ～(e)s) Ⓤ靛青；紫藍色。

***in·di·rect** [ˌɪndəˋrɛkt] *adj.* ①間接的。～ tax 間接稅。②非直接相關的；次要的。③〖文法〗間接的。～ narration [speech]間接敍述法。an ～ object 間接受詞。—**ly,** *adv.*

in·di·rec·tion [ˌɪndəˋrɛkʃən] *n.* Ⓤ①迂迴。②不誠實。

in·dis·cern·i·ble [ˌɪndɪˋzɜnəbl, -ˋsɜn-] *adj.* 不能識別的。

in·dis·ci·pline [ɪnˋdɪsəplɪn] *n.* Ⓤ訓練不足；無紀律。

in·dis·creet [ˌɪndɪˋskrit] *adj.* 不審愼的；輕率的。—**ly,** *adv.*

in·dis·cre·tion [ˌɪndɪˋskrɛʃən] *n.* Ⓤ不謹愼；輕率。

in·dis·crim·i·nate [ˌɪndɪˋskrɪmənɪt] *adj.* ①雜亂的；混亂的。②不辨善惡的；不分皀白的。③無偏袒的。—**ly,** *adv.*

in·dis·crim·i·na·tion [ˌɪndɪˌskrɪməˋneʃən] *n.* Ⓤ無差別。

***in·dis·pen·sa·ble** [ˌɪndɪˋspɛnsəbl] *adj.* ①不可缺少的；絕對必要的。②不能避免的。

in·dis·pose [ˌɪndɪˋspoz] *v.t.* ①使不適合；使不合格。②使不願意。

in·dis·posed [ˌɪndɪˋspozd] *adj.* ①不願意的。②微感不適的。

in·dis·po·si·tion [ˌɪndɪspəˋzɪʃən] *n.* ⓊⒸ ①微恙；不適。②不願；不欲；嫌惡。

in·dis·put·a·ble [ˌɪndɪˋspjutəbl] *adj.* 不容置辯的；確實的；明白的。—**in·dis·put/a·bly,** *adv.*

in·dis·sol·u·ble [ˌɪndɪˋsɑljəbl] *adj.* ①不可分解的。②不能溶解的。③不變的。④永遠有效的。

in·dis·tinct [ˌɪndɪˋstɪŋkt] *adj.* ①不淸楚的；模糊的。②無明確定義的。—**ly,** *adv.*

in·dis·tin·guish·a·ble [ˌɪndɪsˋtɪŋgwɪʃəbl] *adj.* 不能區別的。

in·dite [ɪnˋdaɪt] *v.t.* 著作；撰寫。

‡**in·di·vid·u·al** [ˌɪndəˋvɪdʒuəl] *n.* Ⓒ ①個人；個體。②人。—*adj.* ①個別的；單獨的。②獨特的；有特性的。③個人用的。—**ly,** *adv.*

in·di·vid·u·al·ism [ˌɪndəˋvɪdʒuəlˌɪzəm] *n.* Ⓤ①個人主義。②利己主義。③個體；個性。

in·di·vid·u·al·ist [ˌɪndəˋvɪdʒuəlɪst] *n.* Ⓒ①利己主義者。②個人主義者；擁護個人主義的人。

in·di·vid·u·al·is·tic [ˌɪndəˌvɪdʒuəlˋɪstɪk] *adj.* 個人主義的；利己主義的。

***in·di·vid·u·al·i·ty** [ˌɪndəˌvɪdʒuˋælətɪ] *n.* ①Ⓤ個性。②(*pl.*)特質；特徵。③Ⓒ個人；個體。

in·di·vid·u·al·ize [ˌɪndəˋvɪdʒuəlˌaɪz] *v.t.* ①使有個性；使特殊化。②使適合。③詳細敍述。

in·di·vis·i·ble [ˌɪndəˋvɪzəbl] *adj.* ①不能分割的。②〖數〗不能整除的。

Indo- 〖字首〗表「印度(人)的」之義。

In·do·chi·na [ˋɪndoˋtʃaɪnə] *n.* 中南半島。

In·do·chi·nese [ˋɪndotʃaɪˋniz] *adj.* 中南半島(民族, 語言)的。 — *n.* Ⓒ (*pl.* ~) 中南半島人。

in·doc·tri·nate [ɪnˋdɑktrɪn͵et] *v.t.* ①灌輸學說、信仰或主義; 施以思想訓練。②教導; 教。

In·do-Eu·ro·pe·an [͵ɪndə͵jurəˋpiən] *adj.* ①印歐的。②印歐語系的。 — *n.* Ⓤ 印歐語系。

in·do·lent [ˋɪndələnt] *adj.* 懶惰的; 怠惰的。 — **ly,** *adv.*

in·dom·i·ta·ble [ɪnˋdɑmətəbḷ] *adj.* 不屈不撓的; 好勝的。

In·do·ne·sia [͵ɪndoˋniʃə] *n.* ①馬來群島。②印尼共和國。

In·do·ne·sian [͵ɪndoˋniʃən] *adj.* 印尼人[語, 共和國]的。 — *n.* ①Ⓒ 印尼人。②Ⓤ 印尼語。

***in·door** [ˋɪn͵dor] *adj.* 戶內的; 室內的。

***in·doors** [ˋɪnˋdorz] *adv.* 在戶內; 入戶內。

in·dorse [ɪnˋdɔrs] *v.t.* =**endorse.**

in·du·bi·ta·ble [ɪnˋdjubɪtəbḷ] *adj.* 無疑的; 明確的。

in·duce [ɪnˋdjus] *v.t.* ①引誘; 說服。②招致; 惹起。③感應。④歸納。

in·duce·ment [ɪnˋdjusmənt] *n.* ①Ⓤ 勸誘; 誘導。②ⓊⒸ 引誘物; 刺激; 動機。

in·duct [ɪnˋdʌkt] *v.t.* ①使(正式)就任。②引入(處所、座位)。③〖美〗徵召入伍。

in·duc·tion [ɪnˋdʌkʃən] *n.* ①Ⓤ〖電〗感應; 誘導。②ⓊⒸ〖邏輯〗歸納法。③ⓊⒸ 就職式; 聖職就任式。

in·duc·tive [ɪnˋdʌktɪv] *adj.* ①歸納的。②感應的; 誘導的。

in·dulge [ɪnˋdʌldʒ] *v.t.* ①放任; 縱容。②遷就。③〖天主教〗赦免。 — *v.i.* 縱情; 任意; 耽溺。

in·dul·gence [ɪnˋdʌldʒəns] *n.* ①Ⓤ 放任; 恣縱; 耽溺。②Ⓒ 所耽溺之事; 嗜好。③Ⓤ 恩惠; 特權。④Ⓤ〖天主教〗免罪。⑤Ⓤ 縱容。

in·dul·gent [ɪnˋdʌldʒənt] *adj.* 溺愛的; 寬大的。

in·du·rate [ˋɪndju͵ret] *v.t.* ①使堅硬。②使無情; 使無感覺或頑固。③使習慣於。 — *v.i.* ①硬化。②建立。 — [ˋɪndjurɪt] *adj.* 硬化的;無感覺的。

in·dus·tri·al [ɪnˋdʌstrɪəl] *adj.* 工業的; 實業的。§ ~ **árts** 工藝(尤指學校中之工藝科目)。~ **párk** [**estáte**]工業園區。 — **ly,** *adv.*

in·dus·tri·al·ism [ɪnˋdʌstrɪəl͵ɪzəm] *n.* Ⓤ 工業[產業]主義。

in·dus·tri·al·ist [ɪnˋdʌstrɪəlɪst] *n.* Ⓒ 產業主義者; 工業家。

in·dus·tri·al·ize [ɪnˋdʌstrɪəl͵aɪz] *v.t.* 使工業[產業]化。

***in·dus·tri·ous** [ɪnˋdʌstrɪəs] *adj.* 勤勉的。

‡in·dus·try [ˋɪndəstrɪ] *n.* ①Ⓤ 勤勉; 孜孜不倦。②ⓊⒸ 工業; 實業; 製造業。

in·e·bri·ate [ɪnˋibrɪ͵et] *v.t.* ①使醉。②激勵; 鼓舞。 — [ɪnˋibrɪɪt] *n.* Ⓒ 酒徒; 醉漢。 — *adj.* 大醉的; 酩酊的。 — **in·e·bri·a′tion,** *n.*

in·e·bri·e·ty [͵ɪnɪˋbraɪətɪ] *n.* Ⓤ 醉; 酩酊; 嗜酒癖。

in·ed·i·ble [ɪnˋɛdəbḷ] *adj.* 不能吃的; 不宜食用的。

in·ef·fa·ble [ɪnˋɛfəbḷ] *adj.* ①言語難以形容的。②不應說出的。

in·ef·face·a·ble [͵ɪnəˋfesəbḷ] *adj.* 不可磨滅的; 不能消除的。

in·ef·fec·tive [͵ɪnəˋfɛktɪv] *adj.* 無效的; 無用的。 — **ly,** *adv.*

in·ef·fec·tu·al [͵ɪnəˋfɛktʃuəl] *adj.* ①無效果的; 無益的。②無力的; 無法施展的。 — **ly,** *adv.*

in·ef·fi·ca·cious [͵ɪnɛfəˋkeʃəs] *adj.* 無效的。 — **ly,** *adv.*

in·ef·fi·cient [͵ɪnəˋfɪʃənt] *adj.* ①效率很低的。②無能的; 無用的。

in·el·e·gant [ɪnˋɛləgənt] *adj.* 不優美的; 不雅緻的; 粗俗的。

in·el·i·gi·ble [ɪnˋɛlɪdʒəbḷ] *adj.* 不合格的; 沒有資格的。

in·e·luc·ta·ble [͵ɪnɪˋlʌktəbḷ] *adj.* 難免的; 不能抵抗的。

in·ept [ɪnˋɛpt] *adj.* ①不合適的。②荒謬的; 愚蠢的。③拙笨的。

in·ept·i·tude [ɪnˋɛptə͵tjud] *n.* ①Ⓤ 不適宜。②Ⓒ 愚蠢的言行。

in·e·qual·i·ty [͵ɪnɪˋkwɑlətɪ] *n.* ①Ⓤ 不平等; 不平均。②ⓊⒸ〖數〗不等式。

in·eq·ui·ta·ble [ɪnˋɛkwɪtəbḷ] *adj.* 不公平的; 不公正的。

in·eq·ui·ty [ɪnˋɛkwətɪ] *n.* Ⓤ 不公平; 不公正。

in·e·rad·i·ca·ble [͵ɪnɪˋrædɪkəbḷ] *adj.* 根深柢固的; 不能根絕的。

in·ert [ɪn`ɝt] *adj.* ①無行動能力的；無生命的。②不活潑的；遲鈍的。③〖化〗不起化學作用的。

in·er·tia [ɪn`ɝʃə] *n.* Ⓤ ①不活動；遲鈍。②〖理〗惰性；慣性。

in·es·cap·a·ble [ˏɪnə`skepəbl̩] *adj.* 無法逃避的；不可避免的。

in·es·sen·tial [ˏɪnə`sɛnʃəl] *adj.* 不要緊的；可無的。

in·es·ti·ma·ble [ɪn`ɛstəməbl̩] *adj.* 不能估計的；無價的。

in·ev·i·ta·bil·i·ty [ˏɪnɛvətə`bɪlətɪ] *n.* Ⓤ 不可避免；必然(性)。

***in·ev·i·ta·ble** [ɪn`ɛvətəbl̩] *adj.* 一定發生的；不可避免的。— **in·ev′i·ta·bly,** *adv.*

in·ex·act [ˏɪnɪg`zækt] *adj.* 不精確的；不正確的。

in·ex·cus·a·ble [ˏɪnɪk`skjuzəbl̩] *adj.* 無可辯解的；不能原諒的。— **in·ex·cus′a·bly,** *adv.*

in·ex·haust·i·ble [ˏɪnɪg`zɔstəbl̩] *adj.* ①無窮盡的。②不倦的。

in·ex·o·ra·ble [ɪn`ɛksərəbl̩] *adj.* ①無情的；殘酷的。②不屈的；不爲所動的。

in·ex·pe·di·ent [ˏɪnɪk`spidɪənt] *adj.* 不合權宜的；失策的。

***in·ex·pen·sive** [ˏɪnɪk`spɛnsɪv] *adj.* 價廉的；不貴重的。

in·ex·pe·ri·ence [ˏɪnɪk`spɪrɪəns] *n.* Ⓤ 無經驗；缺乏經驗。

***in·ex·pe·ri·enced** [ˏɪnɪk`spɪrɪənst] *adj.* 無經驗的；缺乏經驗的。

in·ex·pert [ˏɪnɪk`spɝt] *adj.* 技術不精的；不熟練的。

in·ex·pi·a·ble [ɪn`ɛkspɪəbl̩] *adj.* ①不能抵償的。②不能平息的。

in·ex·pli·ca·ble [ɪn`ɛksplɪkəbl̩] *adj.* 不可解釋的；不能理解的。

in·ex·press·i·ble [ˏɪnɪk`sprɛsəbl̩] *adj.* 無法表達的；難以形容的；說不出的。

in ex·tre·mis [ˏɪnɪk`strimɪs] 〖拉〗 *adv.* 臨死之時；在危急狀態中。

in·ex·tri·ca·ble [ɪn`ɛkstrɪkəbl̩] *adj.* ①糾纏的。②不能解決的。

in·fal·li·bil·i·ty [ɪnˏfælə`bɪlətɪ] *n.* Ⓤ 絕無謬誤；絕對可靠性。

in·fal·li·ble [ɪn`fæləbl̩] *adj.* ①絕無謬誤的。②絕對確實的。— **in·fal′li·bly,** *adv.*

***in·fa·mous** [`ɪnfəməs] *adj.* ①無恥的；罪大惡極的。②不名譽的；聲名狼藉的。

in·fa·my [`ɪnfəmɪ] *n.* ① Ⓤ 不名譽；醜名。② Ⓒ (常*pl.*)可恥的行爲。

***in·fan·cy** [`ɪnfənsɪ] *n.* Ⓤ ①幼年(期)。②初期。③〖法律〗未成年。

***in·fant** [`ɪnfənt] *n.* Ⓒ ①嬰兒；幼兒。②法定未成年者。— *adj.* ①嬰兒的；幼年的。②幼稚時期的。③未成年的。§ ～(s′) **schòol** 幼兒學校；小學的幼兒部。

in·fan·ti·cide [ɪn`fæntəˏsaɪd] *n.* ① Ⓤ 殺嬰(罪)。② Ⓒ 殺嬰者。

in·fan·tile [`ɪnfənˏtaɪl] *adj.* ①嬰兒的。～ paralysis小兒麻痺症。②似嬰兒的；幼稚的。③初期的。

in·fan·tine [`ɪnfənˏtaɪn] *adj.* 嬰兒的；幼稚的。

***in·fan·try** [`ɪnfəntrɪ] *n.* Ⓤ ①(集合稱)步兵。②步兵團。

in·fan·try·man [`ɪnfəntrɪmən] *n.* Ⓒ (*pl.* **-men**)步兵。

in·fat·u·ate [ɪn`fætʃuˏet] *v.t.* ①使愚蠢；使糊塗。②迷戀。

in·fat·u·at·ed [ɪn`fætʃuˏetɪd] *adj.* 昏頭昏腦的；入迷的。

in·fat·u·a·tion [ɪnˏfætʃu`eʃən] *n.* Ⓤ ①迷惑。②迷戀；醉心。

***in·fect** [ɪn`fɛkt] *v.t.* ①傳染；傳播(病菌)於。②影響；使受感染。

‡**in·fec·tion** [ɪn`fɛkʃən] *n.* ① Ⓤ 傳染；感染。② Ⓒ 傳染病。③ Ⓤ (流行於社會的)影響。

***in·fec·tious** [ɪn`fɛkʃəs] *adj.* ①傳染性的。②易傳染的；易傳播的。

in·fe·lic·i·ty [ˏɪnfə`lɪsətɪ] *n.* Ⓤ ①不幸。②不適當。

in·fer [ɪn`fɝ] *v.t.* & *v.i.* (**-rr-**)①推論；推斷。②暗指。— **a·ble,** *adj.*

in·fer·ence [`ɪnfərəns] *n.* ① Ⓤ 推斷；推論。② Ⓒ 推斷之結果；結論。— **in·fer·en′tial,** *adj.*

***in·fe·ri·or** [ɪn`fɪrɪɚ] *adj.* ①下級的；較低的。②次等的；較劣的。— *n.* Ⓒ ①部下；屬員。②低劣之物

in·fe·ri·or·i·ty [ɪnˏfɪrɪ`ɑrətɪ] *n.* Ⓤ 初等；下級；低劣。§ ～ **còmplex** 自卑感；自卑情結。

in·fer·nal [ɪn`fɝnl̩] *adj.* ①地獄的。②惡魔般的。③〖俗〗可憎的；可惡的。— **ly,** *adv.*

in·fer·no [ɪn`fɝno] *n.* (*pl.* ～s) (the ～)地獄。

in·fer·tile [ɪn`fɝtl̩] *adj.* 不肥沃的；不毛的。

in·fest [ɪn`fɛst] *v.t.* 擾亂；蹂躪；群居於。— **in·fes·ta′tion,** *n.*

in·fi·del [`ɪnfəd!] *n.* Ⓒ ①無信仰者。②不信基督教者。— *adj.* 不信教的；異教的。

in·fi·del·i·ty [ˌɪnfə`dɛlətɪ] *n.* Ⓤ①無宗教信仰。②不貞。③背信。

in·field [`ɪnˌfild] *n.* (the ～)〖棒球, 板球〗①內野。②(集合稱)內野手。

in·fight·ing [`ɪnˌfaɪtɪŋ] *n.* Ⓤ ①貼近戰；肉搏戰。②內鬨。

in·fil·trate [ɪn`fɪltret] *v.t.* & *v.i.* ①浸透；浸潤。②滲透；突破。

***in·fi·nite** [`ɪnfənɪt] *adj.* ①無限的；無窮的。②極大的。— *n.* (the ～) 無窮數；無限量。— **ly,** *adv.*

in·fin·i·tes·i·mal [ˌɪnfɪnə`tɛsəm!] *adj.* ①無限小的；極微的。②〖數〗無限小的。

***in·fin·i·tive** [ɪn`fɪnətɪv] 〖文法〗 *n.* ⓊⒸ不定詞。— *adj.* 不定詞的。

in·fin·i·tude [ɪn`fɪnəˌtjud] *n.* ① Ⓤ無限。②(an ～ of)無數。

in·fin·i·ty [ɪn`fɪnətɪ] *n.* Ⓤ ①無窮；無盡。②〖數〗無限大。

in·firm [ɪn`fɝm] *adj.* ①虛弱的。②意志薄弱的。— **ly,** *adv.*

in·fir·ma·ry [ɪn`fɝmərɪ] *n.* Ⓒ ①醫務室。②醫院。

in·fir·mi·ty [ɪn`fɝmətɪ] *n.* ① Ⓤ虛弱。②Ⓒ疾病。③Ⓒ弱點。

***in·flame** [ɪn`flem] *v.t.* ①激動。②使熱；使腫；使發炎。— *v.i.* ①變激動。②紅腫；發炎。③著火。

in·flamed [ɪn`flemd] *adj.* (身體的某一部位)發炎的；紅腫的。

in·flam·ma·ble [ɪn`flæməb!] *adj.* ①易燃的；可燃的。②易激動的；易怒的。

in·flam·ma·tion [ˌɪnflə`meʃən] *n.* ①ⓊⒸ發炎。②Ⓤ憤怒。

in·flam·ma·to·ry [ɪn`flæməˌtorɪ] *adj.* ①有煽動性的。②引起炎症的。

in·flat·a·ble [ɪn`fletəb!] *adj.* (橡皮艇、備胎等)充氣使用的。

in·flate [ɪn`flet] *v.t.* ①使脹大。②使得意洋洋。③使(通貨)膨脹。

***in·fla·tion** [ɪn`fleʃən] *n.* ① Ⓤ 脹大；膨大。②ⓊⒸ通貨膨脹。

in·fla·tion·ar·y [ɪn`fleʃənˌɛrɪ] *adj.* ①使膨脹的。②通貨膨脹的。§～ **spiral** 惡性通貨膨脹。

in·flect [ɪn`flɛkt] *v.t.* ①改變音調。②〖文法〗變字形。③使彎曲；使屈折(常指向內彎曲)。

in·flec·tion [ɪn`flɛkʃən] *n.* ①ⓊⒸ音調變化。②Ⓤ〖文法〗語尾變化。③ⓊⒸ曲折。— **al,** *adj.*

in·flex·i·ble [ɪn`flɛksəb!] *adj.* ①堅定的；不屈的。②不可變的。— **in·flex·i·bil′i·ty,** *n.*

in·flex·ion [ɪn`flɛkʃən] *n.* =**inflection.**

***in·flict** [ɪn`flɪkt] *v.t.* ①予以；加(害)。②使受；使負擔(痛苦等)。

in·flic·tion [ɪn`flɪkʃən] *n.* ① Ⓤ 傷害；打擊。②Ⓒ痛苦；刑罰。

in·flo·res·cence [ˌɪnflo`rɛsṇs] *n.* Ⓤ①開花。②(集合稱)花。

in·flow [`ɪnˌflo] *n.* Ⓤ流入。

‡**in·flu·ence** [`ɪnfluəns] *n.* ① Ⓤ 影響；感化力。②Ⓤ權力；勢力。③Ⓒ予以影響者；有勢力者。④Ⓤ〖電〗感應。— *v.t.* ①影響；改變。②促使採取某種行動。

***in·flu·en·tial** [ˌɪnflu`ɛnʃəl] *adj.* 有影響力的；有勢力的。

***in·flu·en·za** [ˌɪnflu`ɛnzə] *n.* Ⓤ流行性感冒。

in·flux [`ɪnˌflʌks] *n.* ①ⓊⒸ流入。②Ⓒ河流之會合處。

‡**in·form** [ɪn`fɔrm] *v.t.* ①通知；報告。②使感受；賦與活力。— *v.i.* ①告發；密告。②供給知識。— **er,** *n.*

***in·for·mal** [ɪn`fɔrm!] *adj.* 非正式的；不拘禮儀的。— **ly,** *adv.*

in·for·mal·i·ty [ˌɪnfɔr`mælətɪ] *n.* Ⓤ非正式；簡略。

in·form·ant [ɪn`fɔrmənt] *n.* Ⓒ ①通知者；告密者。②資料供應者。

‡**in·for·ma·tion** [ˌɪnfɚ`meʃən] *n.* Ⓤ①消息；情報。②知識；見聞。③報告；通知。④〖法律〗告發；告訴。⑤詢問處；服務臺。⑥〖電算〗資訊。§～ **science** 資訊科學。

in·form·a·tive [ɪn`fɔrmətɪv] *adj.* 供給知識[情報]的；有益的。

in·formed [ɪn`fɔrmd] *adj.* 見聞廣的；精明的；消息靈通的。

in·frac·tion [ɪn`frækʃən] *n.* Ⓤ違犯；犯法；違反。

in·fra·red [ˌɪnfrə`rɛd] *adj.* 〖理〗紅外線的。

in·fra·struc·ture [`ɪnfrəˌstrʌktʃɚ] *n.* Ⓒ基本設施。

in·fre·quent [ɪn`frikwənt] *adj.* 稀少的；罕見[有]的。

in·fringe [ɪn`frɪndʒ] *v.t.* & *v.i.* 侵犯；侵害；違背。— **ment,** *n.*

in·fu·ri·ate [ɪn`fjʊrɪ,et] *v.t.* 激怒(某人)。

in·fuse [ɪn`fjuz] *v.t.* ①注入；灌輸。②浸；泡製。— **in·fu′sion** [-ʒən], *n.*

-ing 〖字尾〗加於原形動詞之後造成動名詞及現在分詞。

***in·gen·ious** [ɪn`dʒinjəs] *adj.* 智巧的；有發明天才的。— **ly,** *adv.*

in·gé·nue [æ̃ʒe`ny] 〖法〗 *n.* Ⓒ ①天眞無邪的女子。②演天眞少女之女演員。

***in·ge·nu·i·ty** [,ɪndʒə`nuətɪ] *n.* Ⓤ 智巧；發明之才能；創造力。

in·gen·u·ous [ɪn`dʒɛnjuəs] *adj.* ①坦白的；老實的。②誠樸的；天眞的。— **ly,** *adv.*

in·gest [ɪn`dʒɛst] *v.t.* 攝取。

in·glo·ri·ous [ɪn`glorɪəs] *adj.* 不名譽的；羞辱的。

in·got [`ɪŋgət] *n.* Ⓒ (金屬等之)鑄塊；錠。

in·grain [ɪn`gren] *v.t.* ①生染；深染。②(習慣等)使根深柢固。— *adj.* ①生染的；深染的。②天生的；根深柢固的。—[`ɪn,gren] *n.* Ⓒ ①生染的棉紗[羊毛]。②生染地毯。

in·grained [ɪn`grend] *adj.* 根深柢固的；天生的。

in·grate [`ɪngret] *n.* Ⓒ 忘恩負義者。

in·gra·ti·ate [ɪn`greʃɪ,et] *v.t.* 逢迎；討好。～ ***oneself with*** 迎合。

in·grat·i·tude [ɪn`grætə,tjud] *n.* Ⓤ 忘恩負義。

in·gre·di·ent [ɪn`gridɪənt] *n.* Ⓒ (混合物的)成分；組成分子。

in·gress [`ɪngrɛs] *n.* ① Ⓤ 進入。② Ⓤ 入場權。③ Ⓒ 入口。

in·grow·ing [`ɪn,groɪŋ] *adj.* ①生在內面的。②生入肉中的。

in·grown [`ɪn,gron] *adj.* (指甲等)向肉內生長的。

in·gui·nal [`ɪŋgwɪnl] *adj.* 〖解〗鼠蹊部的；腹股溝的。

***in·hab·it** [ɪn`hæbɪt] *v.t.* 居住於；占據。— **a·ble,** *adj.*

***in·hab·it·ant** [ɪn`hæbətənt] *n.* Ⓒ 居民；居住者。

in·hale [ɪn`hel] *v.t.* 吸入；把…吸進肺裡。

in·hal·er [ɪn`helɚ] *n.* Ⓒ 吸入器。

in·har·mo·ni·ous [,ɪnhar`monɪəs] *adj.* 不和諧的。

in·here [ɪn`hɪr] *v.i.* ①(性質等)存在；固有；具有。②歸屬於。

in·her·ence [ɪn`hɪrəns], **-cy** [-sɪ] *n.* Ⓤ 固有；與生俱來；天賦。

***in·her·ent** [ɪn`hɪrənt] *adj.* 與生俱來的。— **ly,** *adv.*

***in·her·it** [ɪn`hɛrɪt] *v.t.* ①由遺傳而得。②繼承。— *v.i.* 繼承。— **a·ble,** *adj.* — **in·her′i·tor,** *n.*

***in·her·it·ance** [ɪn`hɛrətəns] *n.* ① Ⓤ 繼承(權)。② Ⓒ (常 *sing.*)遺傳質[性]。③ Ⓒ (常 *sing.*)遺產。

in·hib·it [ɪn`hɪbɪt] *v.t.* ①抑制。②禁止。— **in·hib′i·to·ry,** *adj.*

in·hib·it·ed [ɪn`hɪbɪtɪd] *adj.* (人、性格等)被抑制的；受壓抑的。

in·hi·bi·tion [,ɪnhɪ`bɪʃən] *n.* Ⓤ Ⓒ ①抑制(力)。②禁止。

in·hib·i·tor [ɪn`hɪbətɚ] *n.* Ⓒ 〖化〗抗化劑；抑制劑。

in·hos·pi·ta·ble [ɪn`hɑspɪtəbl] *adj.* ①冷淡的；不親切的。②荒涼的；不毛的；無遮蓋的。

in·hos·pi·tal·i·ty [,ɪnhɑspə`tælətɪ] *n.* Ⓤ 不善款待；不親切。

in·hu·man [ɪn`hjumən] *adj.* ①無情的；殘忍的。②非人類的。

in·hu·mane [,ɪnhju`men] *adj.* 不近人情的；薄情的；不人道的。

in·hu·man·i·ty [,ɪnhju`mænətɪ] *n.* ① Ⓤ 殘暴；無人性。② Ⓒ (常 *pl.*)殘暴[不人道]之行爲。

in·im·i·cal [ɪn`ɪmɪkl] *adj.* ①有敵意的。②有害的。

in·im·i·ta·ble [ɪn`ɪmətəbl] *adj.* ①無法模仿的。②無與倫比的。

in·iq·ui·tous [ɪ`nɪkwətəs] *adj.* 不公正的；邪惡的。

in·iq·ui·ty [ɪ`nɪkwətɪ] *n.* Ⓤ 不公正；不法；邪惡。

***in·i·tial** [ɪ`nɪʃəl] *adj.* 最初的；開始的。— *n.* Ⓒ ①起首字母。②(常 *pl.*)姓名起首字母。— *v.t.* (**-l-,**〖英〗**-ll-**)簽姓名的起首字母於。— **ly,** *adv.*

in·i·ti·ate [ɪ`nɪʃɪ,et] *v.t.* ①創始；發起。②使加入(會等)。③引(人)入某種學科的知識；啓蒙。—[ɪ`nɪʃɪɪt] *n.* Ⓒ ①新入會者。②受教者。

in·i·ti·a·tion [ɪ,nɪʃɪ`eʃən] *n.* ① Ⓤ 創始；發起。② Ⓤ 正式加入。③ Ⓒ 入會式。

***in·i·ti·a·tive** [ɪ`nɪʃɪ,etɪv] *n.* ① Ⓤ 初步；主動。② Ⓤ 主動力；進取的精神。③(the ～)創制權。④ Ⓤ 優

先權。— *adj.* 自發的。

in·i·ti·a·tor [ɪ`nɪʃɪ,etɚ] *n.* Ⓒ 創始者；發起人；教導者；傳授者。

in·ject [ɪn`dʒɛkt] *v.t.* ①注射。②投入；加入。③注入；灌入。— **in·jec′tion,** *n.* ⓊⒸ 注射(液)。— **in·jec′tor,** *n.* Ⓒ 注射器。

in·ju·di·cious [,ɪndʒu`dɪʃəs] *adj.* 欠考慮的；不智的。— **ly,** *adv.*

in·junc·tion [ɪn`dʒʌŋkʃən] *n.* Ⓒ ①命令；訓諭。②〖法律〗禁止令。

***in·jure** [`ɪndʒɚ] *v.t.* ①傷害；損害。②傷(感情)；使冤屈。

in·jured [`ɪndʒɚd] *adj.* ①受損害的；受傷的。②受委曲的；生氣的。

***in·ju·ri·ous** [ɪn`dʒurɪəs] *adj.* ①有害的。②誹謗的。— **ly,** *adv.*

***in·ju·ry** [`ɪndʒərɪ] *n.* ⓊⒸ ①傷害；損害。②冤屈；屈辱。

***in·jus·tice** [ɪn`dʒʌstɪs] *n.* Ⓤ 不公正；不公平。

‡**ink** [ɪŋk] *n.* Ⓤ 墨水；油墨。— *v.t.* 塗墨水於；以墨水沾污。

ínk-jet prìnter [`ɪŋk,dʒɛt ～] *n.* Ⓒ〖電算〗針孔噴墨印表機。

ink·ling [`ɪŋklɪŋ] *n.* Ⓤ ①略知；微覺。②暗示。

***ink·stand** [`ɪŋk,stænd] *n.* Ⓒ 墨水瓶；墨水架。

ink·well [`ɪŋk,wɛl] *n.* Ⓒ 墨水池。

ink·y [`ɪŋkɪ] *adj.* ①如墨的；黑的。②染有墨水的。

in·laid [ɪn`led] *adj.* 嵌入的；鑲嵌的。

***in·land** [`ɪnlənd] *adj.* ①內陸的；內地的。②國內的。— [`ɪn,lænd, `ɪnlənd] *n.* Ⓒ 內地；腹地。— *adv.* 在內地；向內地。

in-law [`ɪn,lɔ] *n.* Ⓒ (常*pl.*)〖俗〗姻親。

in·lay [ɪn`le] *v.t.* (**-laid**) 鑲；嵌。— [`ɪn,le] *n.* ① Ⓤ 鑲嵌。② Ⓒ〖牙科〗鑲補。③ Ⓒ 鑲嵌圖案。

in·let [`ɪn,lɛt] *n.* Ⓒ ①港口。②通路；入口。③鑲嵌物。

in·mate [`ɪnmet] *n.* Ⓒ ①同屋居住者。②住院者；入獄者；(救濟院等)被收容者。

in·most [`ɪn,most] *adj.* ①最內部的。②祕藏於心中的。

***inn** [ɪn] *n.* Ⓒ ①旅館；客棧。②酒館；酒店。

in·nards [`ɪnɚdz] *n. pl.* 〖方〗①內臟。②(物之)內部。

in·nate [ɪ`net, ɪn`net] *adj.* 天生的；固有的。

***in·ner** [`ɪnɚ] *adj.* 內部的；內心的。— **most,** *adj. & n.*

***in·ning** [`ɪnɪŋ] *n.* ① Ⓒ〖棒球〗一局。②(〖英〗*pl.*, 作 *sing.* 解)執政時期；當權。③ Ⓒ (常*pl.*)活躍的機會或時期。

inn·keep·er [`ɪn,kipɚ] *n.* Ⓒ 旅館主人。

***in·no·cence** [`ɪnəsn̩s], **-cy** [-sɪ] *n.* Ⓤ ①無罪；清白。②天眞無邪；率直。③無知。

***in·no·cent** [`ɪnəsn̩t] *adj.* ①無罪的。②天眞無邪的；不懂事的。③無害處的。④無知的。⑤缺乏；無。— *n.* Ⓒ ①無罪的人；天眞無邪的人。②無知的人。— **ly,** *adv.*

in·noc·u·ous [ɪ`nɑkjuəs] *adj.* 無害的；無毒的。

in·nom·i·nate [ɪ`nɑmənɪt] *adj.* ①無名的。②匿名的；不知名的。

in·no·vate [`ɪnə,vet] *v.i.* 改革。— *v.t.* 發明；創始。— **in·no·va′tion, in′no·va·tor,** *n.*

in·nu·en·do [,ɪnju`ɛndo] *n.* Ⓤ Ⓒ (*pl.* ～(**e**)**s**)①暗指；影射。②間接誹謗；諷刺。

***in·nu·mer·a·ble** [ɪ`njumərəbl̩, ɪn`nju-] *adj.* 無數的。

in·oc·u·late [ɪn`ɑkjə,let] *v.t.* & *v.i.* ①給…接種(疫苗)。②攙入。③注入；灌輸。— **in·oc·u·la′tion,** *n.*

in·of·fen·sive [,ɪnə`fɛnsɪv] *adj.* 無害的；無礙的；不令人討厭的。

in·op·er·a·ble [ɪn`ɑpərəbl̩] *adj.* ①〖外科〗不能動手術的。②不能實行的。an ～ plan 不能實行的計畫。

in·op·er·a·tive [ɪn`ɑpə,retɪv] *adj.* 無效的；無益的。

in·op·por·tune [,ɪnɑpɚ`tjun, ɪn,ɑp-] *adj.* 不合時宜的；不適合的。

in·or·di·nate [ɪn`ɔrdn̩ɪt] *adj.* 無節制的；放肆的；過度的。— **ly,** *adv.*

in·or·gan·ic [,ɪnɔr`gænɪk] *adj.* ①無生活機能的。②〖化〗無機的。③無生物的。

in·pa·tient [`ɪn,peʃənt] *n.* Ⓒ 住院病人(爲 outpatient 之對)。

in·put [`ɪn,put] *n.* Ⓤ ①置入之物[量]。②〖機，電〗輸入(量)。③〖電算〗輸入(將資料轉至電腦內的步驟)。

in·quest [`ɪnkwɛst] *n.* Ⓒ ①審訊；偵訊；驗屍。②(集合稱)參加審訊之陪審員。

in·qui·e·tude [ɪn`kwaɪə,tjud] *n.* Ⓤ (身心之)不安；焦慮。

‡**in·quire** [ɪn`kwaɪr] *v.t.* & *v.i.* = enquire. — **in·quir′er,** *n.*

in·quir·ing [ɪn`kwaɪrɪŋ] *adj.* 愛追究的；好奇的。— **ly,** *adv.*

***in·quir·y** [ɪn`kwaɪrɪ, `ɪnkwərɪ] *n.* Ⓤ Ⓒ ①詢問；問題。②調查。

in·qui·si·tion [ˌɪnkwə`zɪʃən] *n.* ① Ⓤ Ⓒ 調查。② Ⓤ Ⓒ 〖法律〗審訊。③(I-)〖羅馬天主教〗宗教裁判(所)。

in·quis·i·tive [ɪn`kwɪzətɪv] *adj.* ①好奇的；好問的。②好管閒事的。

in·quis·i·tor [ɪn`kwɪzətɚ] *n.* Ⓒ ①審訊者。②(I-)宗教裁判官。

in·road [`ɪnˌrod] *n.* Ⓒ (常 *pl.*)①攻擊；襲擊。②損害；侵蝕。

in·rush [`ɪnˌrʌʃ] *n.* Ⓒ 湧入；侵入；來襲；流入。

***in·sane** [ɪn`sen] *adj.* ①患精神病的；瘋狂的。②爲瘋人設的。③極愚蠢的；毫無見識的。

in·san·i·tar·y [ɪn`sænəˌtɛrɪ] *adj.* 不衛生的；有害健康的。

***in·san·i·ty** [ɪn`sænətɪ] *n.* ① Ⓤ 瘋狂；精神錯亂。② Ⓤ 愚頑。③ Ⓤ Ⓒ 瘋狂之事；愚行。

in·sa·tia·ble [ɪn`seʃɪəbḷ] *adj.* 不知足的；貪求的。

in·sa·ti·ate [ɪn`seʃɪɪt] *adj.* 無饜的。

***in·scribe** [ɪn`skraɪb] *v.t.* ①題記；刻銘。②題獻。③登記；列入名單。④〖幾何〗使內接。§ ∼**d stŏck** 記名股票。

***in·scrip·tion** [ɪn`skrɪpʃən] *n.* ① Ⓤ (銘)刻。② Ⓒ 題名；題字；碑銘。③ Ⓒ (書中的)題獻；獻詞。

in·scru·ta·ble [ɪn`skrutəbḷ] *adj.* 不可了解的；不可測度的。— **in·scru·ta·bil′i·ty,** *n.*

***in·sect** [`ɪnsɛkt] *n.* Ⓒ ①昆蟲。②卑鄙的人。

in·sec·ti·cide [ɪn`sɛktəˌsaɪd] *n.* Ⓤ Ⓒ 殺蟲劑。

in·se·cure [ˌɪnsɪ`kjur] *adj.* ①不安全的；有危險的。②不可靠的；不堅固的。— **in·se·cu′ri·ty,** *n.*

in·sem·i·nate [ɪn`sɛməˌnet] *v.t.* ①播種於；種植。②使(人工)受精。— **in·sem·i·na′tion,** *n.*

in·sen·sate [ɪn`sɛnset, -sɪt] *adj.* ①無感覺的。②無情的；無理性的。③愚鈍的。

***in·sen·si·ble** [ɪn`sɛnsəbḷ] *adj.* ①無感覺力的；遲鈍的。②不知的。③不省人事的；昏迷的。④不易被感覺到的。— **in·sen′si·bly,** *adv.*

in·sen·si·tive [ɪn`sɛnsətɪv] *adj.* 無感覺的；感覺遲鈍的〔to〕.

in·sen·ti·ent [ɪn`sɛnʃɪənt] *adj.* 無知覺的；無感覺的；無生命的；無情的。— **in·sen′ti·ence, in·sen′ti·en·cy,** *n.*

***in·sep·a·ra·ble** [ɪn`sɛpərəbḷ] *adj.* 不能分離的。— *n.* (*pl.*)不可分的人[物]。— **in·sep′a·ra·bly,** *adv.*

***in·sert** [ɪn`sɝt] *v.t.* 插入；嵌入；刊載。— *n.* [`ɪnsɝt] Ⓒ 嵌入物；插入物。

in·ser·tion [ɪn`sɝʃən] *n.* ① Ⓤ 插入；刊入。② Ⓒ 插入物；刊入物。③ Ⓒ (衣服接縫處之)飾帶。

in-serv·ice [`ɪn`sɝvɪs] *adj.* 在職的。

in·shore [`ɪnˌʃor] *adj.* 向[近]海岸的。— [`ɪn`ʃor] *adv.* 向海岸。

‡**in·side** [`ɪn`saɪd] *n.* ①(*sing.*, 常 the ∼)內部；內面；內側。②(*pl.*)內臟。③(*sing.*, 常 the ∼)內幕(消息)。④ Ⓒ (跑道等之)內圈。— *adj.* ①內部的；靠內面的。②熟知內幕[內情]的；祕密的。③〖俚〗內線的。④戶內的。— *adv.* 在裡面；在內部；在戶內。∼ *of* 在(某時間或空間)之內。∼ *out* **a.** 翻轉地；由裡向外地。**b.** 完全地；徹底地。— [ɪn`saɪd] *prep.* ①在…裡面；在內。②在…結束以前。§ ∼ **tráck** (1)(跑道的)內圈。(2)〖俗〗有利地位；優先權利。

in·sid·er [ɪn`saɪdɚ] *n.* Ⓒ ①內部的人；會員。②〖俗〗熟知內幕的人。

in·sid·i·ous [ɪn`sɪdɪəs] *adj.* ①狡猾的；詭詐的。②暗中活動的。

***in·sight** [`ɪnˌsaɪt] *n.* Ⓤ Ⓒ 洞察(力)；眼光；見識。

in·sig·ni·a [ɪn`sɪgnɪə] *n. pl.* 徽章；勳章；標幟。

***in·sig·nif·i·cant** [ˌɪnsɪg`nɪfəkənt] *adj.* 無關重要的；無意義的；無用的。— **in·sig·nif′i·cance,** *n.* — **ly,** *adv.*

in·sin·cere [ˌɪnsɪn`sɪr] *adj.* 不誠懇的；不誠實的。— **in·sin·cer·i·ty** [ˌɪnsɪn`sɛrətɪ], *n.* — **ly,** *adv.*

in·sin·u·ate [ɪn`sɪnjuˌet] *v.t.* ①暗指；暗示。②以間接紆曲方式使進入(與反身代名詞連用)。③巧妙地奉承。— **in·sin′u·at·ing(ly),** *adj.* (*adv.*) — **in·sin·u·a′tion,** *n.*

in·sip·id [ɪn`sɪpɪd] *adj.* ①(食物)沒有味道的；淡而無味的；不好吃的。②乏味的；枯燥的；不精采的。— **in-**

si·pid′i·ty, *n.*

‡**in·sist** [ɪnˋsɪst] *v.i.* 堅持；極力主張；強調(on, upon)。**—** *v.t.* 堅持；強調。— **ent,** *adj.* — **ence,** — **en·cy,** *n.*

in·sole [ˋɪnˌsol] *n.* Ⓒ 鞋的內底；鞋內軟墊。

***in·so·lent** [ˋɪnsələnt] *adj.* 粗野的；無禮的；侮慢的；蠻橫的。— **ly,** *adv.* — **in′so·lence,** *n.*

in·sol·u·ble [ɪnˋsɑljəbl] *adj.* ①不能溶解的。②不能解決的；難以解釋的。

in·sol·vent [ɪnˋsɑlvənt] *adj.* 無力償付債務的；破產的。**—** *n.* Ⓒ 破產者。— **in·sol′ven·cy,** *n.*

in·som·ni·a [ɪnˋsɑmnɪə] *n.* Ⓤ 失眠(症)。— **in·som′ni·ac,** *adj.*

in·so·much [ˌɪnsəˋmʌtʃ] *adv.* 至如此程度；就此程度而言。~ ***as*** **a.** 由於；因爲。**b.** 到…的程度。

in·sou·ci·ant [ɪnˋsusɪənt] 〖法〗 *adj.* 不注意的；漫不經心的；無憂無慮的。— **in·sou′ci·ance,** *n.*

***in·spect** [ɪnˋspɛkt] *v.t.* ①檢查；審查。②調查；視察；巡察。

***in·spec·tion** [ɪnˋspɛkʃən] *n.* Ⓤ Ⓒ 調查；檢查；視察；檢閱。

***in·spec·tor** [ɪnˋspɛktɚ] *n.* Ⓒ ①檢查員；督學；視察員；巡視員。②檢閱官。③(警察的)巡官。

***in·spi·ra·tion** [ˌɪnspəˋreʃən] *n.* ①Ⓤ 靈感；啓示。②Ⓒ 妙策。③Ⓤ 鼓勵；鼓舞。④Ⓤ 指示；授意。⑤Ⓤ 神的感召。⑥Ⓤ 吸入；吸氣。

in·spi·ra·tion·al [ˌɪnspəˋreʃənl] *adj.* ①給與靈感的；有鼓舞力的。②受靈感影響的；憑靈感的。

***in·spire** [ɪnˋspaɪr] *v.t.* ①使感動；鼓舞。②激發；激起。③影響。④授意；教唆；煽動。⑤使受神的感召。⑥賜給(人)靈感。⑦造成；導致。⑧吸入(空氣)。**—** *v.i.* ①給與靈感。②吸氣。— **in·spired′,** *adj.*

in·spir·ing [ɪnˋspaɪrɪŋ] *adj.* 使人振奮的；激勵的。

in·spir·it [ɪnˋspɪrɪt] *v.t.* 鼓舞；激勵。

in·sta·bil·i·ty [ˌɪnstəˋbɪlətɪ] *n.* Ⓤ 不穩固；不穩定；反覆無常。

***in·stal(l)** [ɪnˋstɔl] *v.t.* (-ll-)①任命；使就職。②安置。③裝設。

in·stal·la·tion [ˌɪnstəˋleʃən] *n.* ①Ⓤ 就任；就職；安置。②Ⓤ 裝設；裝置。③Ⓒ 裝置物；裝設的機器。④Ⓒ 就職典禮。

***in·stal(l)·ment** [ɪnˋstɔlmənt] *n.* Ⓒ ①(叢書的)一冊；(連載刊物)一回。②分期付款；分期攤付的錢。

‡**in·stance** [ˋɪnstəns] *n.* ①Ⓒ 實例；例證。②Ⓒ 階段；場合；步驟。③(*sing.*)請求；建議。④Ⓒ 訴訟程序。***at the ~ of*** 應…的請求或建議。***for ~*** 例如。***in the first ~*** 首先；第一。**—** *v.t.* 引以爲例；引證。

‡**in·stant** [ˋɪnstənt] *n.* ①Ⓒ 瞬間；頃刻；刹那；此刻。②Ⓤ Ⓒ 〖俗〗速食食品[飲料]。***on the ~*** 立刻；立即。***the ~ (that)*** 一經…(立即)。**—** *adj.* ①立刻的；即時的。②緊急的；迫切的。③本月的(略作 **inst.**)。the 10th ~ 本月十日。— **ly,** *adv.*

in·stan·ta·ne·ous [ˌɪnstənˋtenɪəs] *adj.* ①即時的；瞬間的。②即刻的；立刻的。— **ly,** *adv.*

‡**in·stead** [ɪnˋstɛd] *adv.* 代替；更換。~ ***of*** 代替…。

in·sti·gate [ˋɪnstəˌget] *v.t.* 鼓動；煽動；教唆。— **in′sti·ga·tor, in·sti·ga′tion,** *n.*

in·stil(l) [ɪnˋstɪl] *v.t.* (-ll-)①逐漸灌輸。②徐徐滴入。— **in·stil·la′tion,** *n.*

***in·stinct**[1] [ˋɪnstɪŋkt] *n.* ①Ⓤ Ⓒ 本能。②Ⓒ (常 *pl.*)直覺(能力)；第六感。

***in·stinct**[2] [ɪnˋstɪŋkt] *adj.* 充滿的；瀰漫的(with)。

***in·stinc·tive** [ɪnˋstɪŋktɪv] *adj.* 本能的；直覺的。— **ly,** *adv.*

***in·sti·tute** [ˋɪnstəˌtjut] *v.t.* ①創立；設立；制定。②開始；著手。③任命。**—** *n.* Ⓒ ①會；社；學會；學院；研究所；講習會。②會館。③原則；慣例。

***in·sti·tu·tion** [ˌɪnstəˋtjuʃən] *n.* ①Ⓒ 社會或教育事業機構(如教會、學校、醫院等)。②Ⓒ 慣例；風俗；制度。③Ⓤ 創立；設立；制定。④Ⓒ 法規；法律。⑤Ⓒ 〖俗〗知名之士；著名人物。— **al,** *adj.*

***in·struct** [ɪnˋstrʌkt] *v.t.* ①教授；教導。②下命令；指示。③通知。

***in·struc·tion** [ɪnˋstrʌkʃən] *n.* ①Ⓤ 教授；教導。②Ⓒ (常 *pl.*)指示；命令。③Ⓒ (常 *pl.*)(產品等的)使用說明書。④Ⓒ (常 *pl.*)〖電算〗指令。— **al,** *adj.*

***in·struc·tive** [ɪnˋstrʌktɪv] *adj.* 教訓的；有益的；教育性的。

***in·struc·tor** [ɪnˋstrʌktɚ] *n.* Ⓒ ①

教師。②〖美〗大學講師。

***in·stru·ment** [ˋɪnstrəmənt] *n.* Ⓒ①工具；手段；方法；傀儡。②器具；儀器。③樂器。④法定文件(如合同等)。§ ∼ **bòard**[**pànel**]儀表板。

in·stru·men·tal [ˌɪnstrəˋmɛntḷ] *adj.* ①有功用的；有幫助的。②樂器的。③(使用)儀器的。— **ist,** *n.*

in·sub·or·di·nate [ˌɪnsəˋbɔrdṇɪt] *adj.* 犯上的；不服從的。— **in·sub·or·di·na′tion,** *n.*

in·suf·fer·a·ble [ɪnˋsʌfrəbḷ] *adj.* 不可忍受的；難堪的；難受的。

***in·suf·fi·cient** [ˌɪnsəˋfɪʃənt] *adj.* ①不充足的。②不能勝任的。— **ly,** *adv.* — **in·suf·fi′cien·cy,** *n.*

in·su·lar [ˋɪnsələ˞] *adj.* ①島的；島國性的；島民的。②島國根性的；胸襟褊狹的。— **ism,** *n.*

in·su·late [ˋɪnsəˌlet] *v.t.* ①使與外界絕緣。②隔離；使孤立。— **in′su·la·tor, in·su·la′tion,** *n.*

in·su·lin [ˋɪnsəlɪn] *n.* Ⓤ〖生化〗胰島素。

***in·sult** [ɪnˋsʌlt] *v.t.* 侮辱；對…無禮。—[ˋɪnsʌlt] *n.* ①Ⓤ侮辱；無禮。②Ⓒ侮辱的行爲。③Ⓒ〖醫〗損傷。— **ing,** *adj.* — **ing·ly,** *adv.*

in·su·per·a·ble [ɪnˋsupərəbḷ] *adj.* 不能超越[克服]的。— **in·su′per·a·bly,** *adv.*

in·sup·port·a·ble [ˌɪnsəˋportəbḷ] *adj.* ①難堪的；不能忍受的。②無理的；無法支持的。

***in·sur·ance** [ɪnˋʃurəns] *n.* Ⓤ①保險。②保險業。③保險額。④保險費(=premium)。⑤保證。§ ∼ **àgent** 保險經紀人。∼ **pòlicy** 保險單。〔注意〕「保險」美作 **insurance.** 英作 **assurance.**

***in·sure** [ɪnˋʃur] *v.t.* ①使確定；保證；確保。②投保；保險。

in·sured [ɪnˋʃurd] *adj.* ①加入保險的。②(the ∼, 當名詞用)被保險者；保戶。

in·sur·er [ɪnˋʃurə˞] *n.* Ⓒ保險業者；保險公司。

in·sur·gence [ɪnˋsɝdʒəns], **-cy** [-sɪ] *n.* ⓊⒸ暴動；叛亂。

in·sur·gent [ɪnˋsɝdʒənt] *n.* Ⓒ(常 *pl.*)①暴動者；叛徒。②〖美〗叛黨者。— *adj.* 暴動的；叛亂的。

in·sur·mount·a·ble [ˌɪnsə˞ˋmauntəbḷ] *adj.* (障礙等)難越過的；不能克服的。

in·sur·rec·tion [ˌɪnsəˋrɛkʃən] *n.* ⓊⒸ起義；暴動；叛亂。

in·sus·cep·ti·ble [ˌɪnsəˋsɛptəbḷ] *adj.* ①不受…影響的〔of〕. ②不爲所動的；無感覺的〔to〕.

in·tact [ɪnˋtækt] *adj.* 未觸動的；未受傷的；完整的。

in·take [ˋɪnˌtek] *n.* ①Ⓒ入口；引入口。②Ⓤ吸入[攝取]量。③Ⓒ(瓶、襪等的)窄細部分；收縮處。

in·tan·gi·ble [ɪnˋtændʒəbḷ] *adj.* ①不能觸摸的；無實體的。②難弄明白的；模糊的。— **in·tan′gi·bly,** *adv.*

in·te·ger [ˋɪntədʒə˞] *n.* Ⓒ①整數。②完整[完全]之物。

in·te·gral [ˋɪntəgrəl] *adj.* ①構成整體必需的。②〖數〗整數的；積分的。③完整的；整個的。— *n.* Ⓒ①整體；完整物。②〖數〗整數；積分。

in·te·grate [ˋɪntəˌgret] *v.t.* ①使完全。②合(部分)成一整體；使合而爲一。③表示…之總數[平均值]。④〖數〗求…之積分。⑤取消種族隔離。— *v.i.* 種族融合。

ìn·te·grat·ed cìrcuit [ˋɪntəˌgretɪd ∼] *n.* Ⓒ積體電路(略作**IC**).

in·te·gra·tion [ˌɪntəˋgreʃən] *n.* Ⓤ①統合；完成；調整。②〖數〗積分法。③種族[宗教]融合。

in·teg·ri·ty [ɪnˋtɛgrətɪ] *n.* Ⓤ①誠篤；正直；廉正。②完整；無缺。

in·teg·u·ment [ɪnˋtɛgjəmənt] *n.* Ⓒ皮膚；外殼；外皮。

***in·tel·lect** [ˋɪntḷˌɛkt] *n.* ①Ⓤ理智；智力。②(the ∼(s))知識分子。

***in·tel·lec·tu·al** [ˌɪntḷˋɛktʃuəl] *adj.* ①智力的。∼ faculties 智能。②需用智慧的。③聰明的；理智的。— *n.* Ⓒ知識分子。— **ly,** *adv.*

***in·tel·li·gence** [ɪnˋtɛlədʒəns] *n.* Ⓤ①智力；才智。②情報；消息。③情報機構。§ ∼ **depàrtment**[**bùreau**] 情報局；情報部門。∼ **quòtient** 智力商數；智商(略作 IQ). ∼ **tèst** 智力測驗。

***in·tel·li·gent** [ɪnˋtɛlədʒənt] *adj.* 有才智的；聰明的。— **ly,** *adv.*

in·tel·li·gent·si·a [ɪnˌtɛləˋdʒɛntsɪə, -ˋgɛnt-] *n.* Ⓤ(常 the ∼)(集合稱)知識階級；知識分子。

in·tel·li·gi·ble [ɪnˋtɛlɪdʒəbḷ] *adj.* 可理解的；易領悟的。— **in·tel′li·gi·bly,** *adv.*

in·tem·per·ate [ɪnˋtɛmpərɪt]

adj. ①無節制的；過度的。②飲酒過度的。③酷烈的(氣候等)。—**in·tem′per·ance,** *n.*

‡**in·tend** [ɪn\`tɛnd] *v.t.* ①意欲；意指；存心。②設計；計畫。

in·tend·ed [ɪn\`tɛndɪd] *adj.* ①有計畫的；故意的。②未來的。③已訂婚的；未婚的。**—** *n.* (one's ～)〖俗〗未婚夫[妻]。

***in·tense** [ɪn\`tɛns] *adj.* ①強烈的；劇烈的。②緊張的。③熱情的；熱烈的。—**ly,** *adv.*

in·ten·si·fy [ɪn\`tɛnsə,faɪ] *v.t.* ①使強烈。②〖攝〗加強明暗度。**—** *v.i.* 變強烈；增強。—**in·ten·si·fi·ca′tion,** *n.*

in·ten·sion [ɪn\`tɛnʃən] *n.* Ⓤ ①(精神上的)緊張；努力。②強烈。③強度。④〖邏輯〗內涵。

***in·ten·si·ty** [ɪn\`tɛnsətɪ] *n.* Ⓤ ①強烈；熱烈。②緊張。③(熱、光等之)強度。

in·ten·sive [ɪn\`tɛnsɪv] *adj.* ①徹底的；集中的；密集的。②強烈的；劇烈的。③〖農〗密集栽培的；集約栽培的。④〖文法〗加強的；增強語氣的。**—** *n.* Ⓒ 增強語氣的字、字首等。—**ly,** *adv.*

in·tent** [ɪn\`tɛnt] *n.* Ⓤ ①〖法律〗意旨；意向。②目的；計畫。③意義；意思。to all ～s and purposes*** 實際上；事實上。***with good*** [***evil***] **～** 好[惡]意地。**—** *adj.* ①專心的。②熱心的。③決心的。—**ly,** *adv.*

***in·ten·tion** [ɪn\`tɛnʃən] *n.* ①Ⓤ意旨；意圖。②(*pl.*)結婚的意向。③Ⓒ擬議中的事物；目的。

in·ten·tion·al [ɪn\`tɛnʃənl] *adj.* ①有意的；故意的。②有目的的；有企圖的。—**ly,** *adv.*

in·ter [ɪn\`tɜ] *v.t.* (**-rr-**)埋葬。

inter- 〖字首〗表「交互；在…之間；在(一群)中」之義。

in·ter·act [,ɪntə\`ækt] *v.i.* 交互作用；互相影響。—**in·ter·ac′tion,** *n.*

in·ter·ac·tive [,ɪntə\`æktɪv] *adj.* 交互作用的；互相影響的。

in·ter·cede [,ɪntə\`sid] *v.i.* ①代爲懇求；說人情。②從中調停。

***in·ter·cept** [,ɪntə\`sɛpt] 〖拉〗*v.t.* ①中途攔截。②竊聽；截獲。③截斷(自來水、電力等)。④〖數〗截切；截取。**—**[\`ɪntə,sɛpt] *n.* ⓊⒸ①截取；截奪；妨礙。②〖數〗截距。—**in·ter·cep′tion,** *n.*

in·ter·ces·sion [,ɪntə\`sɛʃən] *n.* ①Ⓤ從中調停；仲裁；說項；代爲求情。②ⓊⒸ代禱。

***in·ter·change** [,ɪntə\`tʃendʒ] *v.t.* ①交換；互換。②輪換；交替。**—**[\`ɪntə,tʃendʒ] *n.* ①ⓊⒸ交換。②ⓊⒸ交替。③Ⓒ立體交叉道。

in·ter·change·a·ble [,ɪntə\`tʃendʒəbl] *adj.* 可互相交換的；可替換的。

in·ter·col·le·giate [,ɪntəkə\`lidʒɪɪt] *adj.* 大學[學院]之間的。

in·ter·com [\`ɪntə,kɑm] *n.* Ⓒ〖俚〗對講機(爲 *intercom*munication system 之略)。

in·ter·com·mu·ni·cate [,ɪntəkə\`mjunə,ket] *v.i.* ①互通消息。②(房間等)相通。—**in·ter·com·mu·ni·ca′tion,** *n.*

in·ter·con·nect [,ɪntəkə\`nɛkt] *v.t. & v.i.*(使)互相連接[連絡]。

in·ter·con·ti·nen·tal [,ɪntə,kɑntə\`nɛntəl] *adj.* 大陸間的；洲際的。

***in·ter·course** [\`ɪntə,kors, -,kɔrs] *n.* Ⓤ ①交往；交通。②心理的溝通；靈交。③性交；交媾。

in·ter·de·pend [,ɪntədɪ\`pɛnd] *v.i.* 互相依賴。

in·ter·de·pend·ence [,ɪntədɪ\`pɛndəns] *n.* Ⓤ相倚；互賴。

in·ter·de·pend·ent [,ɪntədɪ\`pɛndənt] *adj.* 相倚的；互賴的。

in·ter·dict [,ɪntə\`dɪkt] *v.t.* ①禁止。②限制。③〖宗〗停止…之教權。④斷絕(運輸等)。**—**[\`ɪntə,dɪkt] *n.* Ⓒ ①禁止；禁令。②〖宗〗停止教權。—**in·ter·dic′tion,** *n.*

‡**in·ter·est** [\`ɪntərɪst, \`ɪntrɪst] *n.* ①ⓊⒸ興趣；趣味；關心。②Ⓒ所愛好之事物；嗜好。③Ⓒ股份；所有權。④Ⓒ(常 *pl.*)利益；利害(關係)。⑤Ⓤ利息；利潤。～ rates 利率。⑥Ⓤ重要(性)。⑦(*pl.*)夥伴；利害相關者；同業者。***in the ～(s) of*** 爲…計；爲對…有利。***take*** (***an***) **～** ***in*** 愛好；熱心；關心。**—** *v.t.* ①使感興趣；使熱心。②與…有關係。§ **～ gròup** 利益團體。

***in·ter·est·ed** [\`ɪntərɪstɪd, \`ɪntrɪstɪd] *adj.* ①感興趣的。②偏私的；有私心的。③有利害關係的。

‡**in·ter·est·ing** [\`ɪntərɪstɪŋ, \`ɪntrɪstɪŋ] *adj.* 令人發生興趣的；有趣的。

in·ter·face [ˋɪntɚ͵fes] *n.* Ⓒ ①(兩者間的)(分)界面；交界面；切點；共通的問題。②〖電算〗接口；界面。

***in·ter·fere** [͵ɪntɚˋfɪr] *v.i.* ①衝突；抵觸；妨害〔常 with〕。②干涉；干預〔常 in〕。③仲裁；調停。④〖理〗干擾。⑤〖運動〗犯規妨礙對方球員。

***in·ter·fer·ence** [͵ɪntɚˋfɪrəns] *n.* Ⓤ ①衝突；干涉；插嘴。②〖無線，理〗干擾。③〖運動〗犯規妨礙對方球員。

in·ter·fuse [͵ɪntɚˋfjuz] *v.t.* ①充滿；滲入。②使混合。— *v.i.* 混合。

in·ter·im [ˋɪntərɪm] 〖拉〗 *n.* (the ～)中間時期；過渡時間；暫時；臨時。*in the* ～ 在其間；在其時。— *adj.* 過渡時期的；暫時的。

***in·te·ri·or** [ɪnˋtɪrɪɚ] *n.* ①(the ～)內部；內面。②(the ～)內政。③(the ～)(一國之)內地；腹地。④Ⓒ室內圖；屋內圖。— *adj.* ①在內的；內部的。～ decoration 室內裝飾。②內地的。③內政的；國內的。④祕密的。⑤精神的；心靈的。

in·ter·ject [͵ɪntɚˋdʒɛkt] *v.t.* 投入其間；突然插入。

***in·ter·jec·tion** [͵ɪntɚˋdʒɛkʃən] *n.* ①Ⓒ感歎詞。②Ⓤ(語詞之)插入。

in·ter·lace [͵ɪntɚˋles] *v.t.* & *v.i.* ①編織。②交織；交錯；組合。

in·ter·line [͵ɪntɚˋlaɪn] *v.t.* ①插(字等)於行間。②寫、印於行間。—[ˋɪntɚ͵laɪn] *n.* Ⓒ插入之行。

in·ter·lin·e·ar [͵ɪntɚˋlɪnɪɚ] *adj.* ①插於行間的。②含有相間排列之兩種文字的。

in·ter·link [͵ɪntɚˋlɪŋk] *v.t.* 環接；使連鎖。

in·ter·lock [͵ɪntɚˋlɑk] *v.i.* 結合；連結；互鎖。— *v.t.* 連繫；結合。

in·ter·lop·er [͵ɪntɚˋlopɚ] *n.* Ⓒ ①無照營業者。②闖入者；干涉他人之事者。

in·ter·lude [ˋɪntɚ͵lud] *n.* Ⓒ①空檔時間。②節目間之插樂；插曲。③(多幕劇之)幕間節目。

in·ter·mar·ry [͵ɪntɚˋmærɪ] *v.i.* (不同種族、階段、宗教之間)通婚。

in·ter·me·di·ar·y [͵ɪntɚˋmidɪ͵ɛrɪ] *n.* Ⓒ中間人；媒介物。— *adj.* ①媒介的。②中間的。

***in·ter·me·di·ate** [͵ɪntɚˋmidɪɪt] *adj.* 中間的；中級的；居間的。— *n.* Ⓒ①中間物。②調停者。

in·ter·mez·zo [͵ɪntɚˋmɛtso] 〖義〗*n.* Ⓒ (*pl.* **~s, -zi** [-sɪ]) ①幕間表演。②間奏曲。

in·ter·mi·na·ble [ɪnˋtɝmɪnəbl̩] *adj.* 無終止的；冗長的。— **in·ter′mi·na·bly,** *adv.*

in·ter·min·gle [͵ɪntɚˋmɪŋgl̩] *v.t.* & *v.i.* 混合；攙雜。

in·ter·mis·sion [͵ɪntɚˋmɪʃən] *n.* ①ⓊⒸ活動暫停；中止；中斷。②Ⓒ休息時間。

in·ter·mit [͵ɪntɚˋmɪt] *v.t.* & *v.i.* (-tt-)暫停；中止；間斷。

in·ter·mit·tent [͵ɪntɚˋmɪtn̩t] *adj.* 斷續的；間歇的。— **ly,** *adv.*

in·ter·mix [͵ɪntɚˋmɪks] *v.t.* & *v.i.* 混合；混雜。

in·ter·mix·ture [͵ɪntɚˋmɪkstʃɚ] *n.* ①Ⓤ混合。②Ⓒ混合物。

in·tern[1] [ɪnˋtɝn] *v.t.* (在一定區域內)拘留；禁閉。

in·tern[2] [ˋɪntɝn] *n.* Ⓒ〖美〗住院見習醫生。— *v.i.* 任住院見習醫生。

***in·ter·nal** [ɪnˋtɝnl̩] *adj.* ①內部的。②內服的；口服的。③國內的；內政的。④內在的；本質上的。⑤體內的。～ medicine 內科醫學。— *n.* ①(*pl.*)內臟。②Ⓒ(事物的)本質；實質。— **ly,** *adv.*

in·ter·nal-com·bus·tion [ɪnˋtɝnl̩kəmˋbʌstʃən] *adj.* 〖機〗內燃的。an ～ engine 內燃機。

***in·ter·na·tion·al** [͵ɪntɚˋnæʃənl̩] *adj.* 國際的。*I- Court of Justice* 國際法庭。— *n.* (I-) Ⓒ 國際(社會主義者與共產主義者之)組織。§ ～ relátions 國際關係。

in·ter·na·tion·al·ism [͵ɪntɚˋnæʃənl̩͵ɪzəm] *n.* Ⓤ國際主義。— **in·ter·na′tion·al·ist,** *n.*

in·ter·na·tion·al·ize [͵ɪntɚˋnæʃənl̩͵aɪz] *v.t.* 使國際化；使歸數國共管。

in·ter·ne·cine [͵ɪntɚˋnisɪn] *adj.* ①互相毀滅的；兩敗俱傷的。②致命的；毀滅的。

in·ter·net [ˋɪntɚ͵nɛt] *n.* Ⓒ〖電算〗國際網路。§ ～ sérvice províder 國際網路服務提供者。

in·tern·ist [ɪnˋtɝnɪst] *n.* Ⓒ〖醫〗內科醫師。

in·tern·ment [ɪnˋtɝnmənt] *n.* Ⓤ拘留；禁閉。

in·ter·pel·late [͵ɪntɚˋpɛlet, ɪnˋtɝpɪ͵let] *v.t.* (議員向政府官員)質

詢。— **in·ter·pel·la′tor,** *n.*

in·ter·per·son·al [ˌɪntɚˋpɝsn̩l] *adj.* 人與人之間的；人際關係的。

in·ter·phone [ˋɪntɚˌfon] *n.* Ⓒ (船、飛機等之)內部電話。

in·ter·play [ˋɪntɚˌple] *n.* Ⓤ 相互作用；相互影響。

in·ter·po·late [ɪnˋtɝpəˌlet] *v.t.* & *v.i.* ①加入字句以改(書等)。②添進(字句等)。③〖數〗(在級數中)插入(中項)。— **in·ter·po·la′tion,** *n.*

***in·ter·pose** [ˌɪntɚˋpoz] *v.t.* ①置於…之間；使介入。②插入(話語)以打斷談話；提出(異議)。— *v.i.* ①介於二者間；插入。②仲裁；調停。③插嘴；干涉。

in·ter·po·si·tion [ˌɪntɚpəˋzɪʃən] *n.* ①Ⓤ 置於中間；調停；干涉。②Ⓒ 插入物。

***in·ter·pret** [ɪnˋtɝprɪt] *v.t.* ①解釋；闡明。②演出；演奏。③了解；認爲。④口譯。— *v.i.* ①口譯。②解說。

***in·ter·pre·ta·tion** [ɪnˌtɝprɪˋteʃən] *n.* ⓊⒸ ①解釋；解說。②演出；演奏。③翻譯；口譯。

in·ter·pre·ta·tive [ɪnˋtɝprɪˌtetɪv] *adj.* ①解釋的；說明的。②因翻譯而造成的。

***in·ter·pret·er** [ɪnˋtɝprɪtɚ] *n.* Ⓒ ①解釋者。②翻譯員。

in·ter·ra·cial [ˌɪntɚˋreʃəl] *adj.* 各種族間的；包括各種族的。

in·ter·re·late [ˌɪntɚrɪˋlet] *v.t.* & *v.i.* (使)相互關連。

in·ter·ro·gate [ɪnˋtɛrəˌget] *v.t.* 訊問；審問。— *v.i.* 提出問題。— **in·ter′ro·ga·tor,** *n.*

in·ter·ro·ga·tion [ɪnˌtɛrəˋgeʃən] *n.* ⓊⒸ 詰問；訊問；審問。

in·ter·rog·a·tive [ˌɪntəˋrɑgətɪv] *adj.* ①疑惑的。②問句的；疑問的。an ～ adverb 疑問副詞。— *n.* Ⓒ〖文法〗疑問詞；疑問句。

in·ter·rog·a·to·ry [ˌɪntəˋrɑgəˌtorɪ] *adj.* 疑問的；質問的；訊問的。— *n.* Ⓒ ①疑問；質問；詢問。②〖法律〗書面質詢。

in·ter·rupt [ˌɪntəˋrʌpt] *v.t.* ①打斷(談話、工作等)；打擾。②遮斷；妨礙。③使中斷。— *v.i.* 打斷；插嘴。

in·ter·rup·tion [ˌɪntəˋrʌpʃən] *n.* ⓊⒸ 妨礙；中斷。

in·ter·sect [ˌɪntɚˋsɛkt] *v.t.* ①貫穿。②相交。— *v.i.* 交叉。

in·ter·sec·tion [ˌɪntɚˋsɛkʃən] *n.* ①Ⓒ 交叉點。②Ⓤ 交叉。③Ⓒ〖幾何〗交點；交叉線。

in·ter·sperse [ˌɪntɚˋspɝs] *v.t.* ①點綴。②散置；散布。

in·ter·state [ˌɪntɚˋstet] *adj.* (美國之)州與州間的；州際的。

in·ter·stel·lar [ˌɪntɚˋstɛlɚ] *adj.* 星際的。

in·ter·stice [ɪnˋtɝstɪs] *n.* Ⓒ (常 *pl.*)裂口；空隙；罅隙。

in·ter·twine [ˌɪntɚˋtwaɪn] *v.t.* & *v.i.* 糾纏；纏繞；編結。

***in·ter·val** [ˋɪntɚvl̩] *n.* Ⓒ ①中間時間(指休息或間隔之時間)。②間隔；距離。③〖樂〗音程。*at ～s* **a.** 時時。**b.** 處處。

***in·ter·vene** [ˌɪntɚˋvin] *v.i.* ①插入；介入。②干涉；調停。③衝突；阻撓。— **in·ter·ven′tion,** *n.*

***in·ter·view** [ˋɪntɚˌvju] *n.* Ⓒ ①接見；會見。②(新聞記者的)訪問。③(報章雜誌上發表的)訪問記。— *v.t.* ①接見；會見；會談。②採訪。— **er,** *n.*

in·ter·weave [ˌɪntɚˋwiv] *v.t.* & *v.i.* (**-wove** or **～d, -wo·ven** or **-wove** or **～d**) ①交織；織合。②混合。

in·tes·ti·nal [ɪnˋtɛstɪnl̩] *adj.* 腸的；在腸內的。

in·tes·tine [ɪnˋtɛstɪn] *n.* Ⓒ (常 *pl.*)腸。— *adj.* 國內的；內部的。

***in·ti·ma·cy** [ˋɪntəməsɪ] *n.* ①Ⓤ 親密；親近。②Ⓒ (常 *pl.*)親密的行爲。③Ⓤ (與異性的)性關係；私通。

***in·ti·mate**[1] [ˋɪntəmɪt] *adj.* ①親密的；親近的。an ～ friend 密友。②內心的；心底的。③私人的；祕密的。④熟稔的；精湛的。⑤詳細的。⑥有性關係的。— *n.* Ⓒ (常 one's ～)密友；親友。— **ly,** *adv.*

in·ti·mate[2] [ˋɪntəˌmet] *v.t.* ①暗示；暗指。②宣布；公布；通知。— **in·ti·ma′tion,** *n.*

in·tim·i·date [ɪnˋtɪməˌdet] *v.t.* 恐嚇；脅迫。— **in·tim·i·da′tion,** *n.*

‡**in·to** [ˋɪntu, ˋɪntu] *prep.* ①進入…之內；深入…之中。②成爲(…之狀況)。The house is divided ～ ten rooms. 該屋分爲十個房間。③〖數〗除。2 ～ 20 equals 10. 2 除 20 等於 10。

***in·tol·er·a·ble** [ɪnˋtɑlərəbl̩] *adj.* 難耐的；無法忍受的。— **in·tol′er·a·bly,** *adv.*

in·tol·er·ant [ɪnˋtɑlərənt] *adj.*

①不容有異說的；偏執的。②不能忍耐的；不寬容的〔of〕. —**in·tol′er·ance,** *n.*

***in·to·na·tion** [ˌɪnto`neʃən] *n.* ①Ⓤ誦讀；朗誦；唱。②ⓊⒸ(語言之)語調；音調。

in·tone [ɪn`ton] *v.t.* ①抑揚其聲。②唱；吟誦。**—** *v.i.* 吟誦。

in·tox·i·cant [ɪn`tɑksəkənt] *n.* Ⓒ①酒精飲料。②麻醉劑。**—** *adj.* 醉人的。

***in·tox·i·cate** [ɪn`tɑksəˌket] *v.t.* ①使醉。②使興奮。

in·tox·i·ca·tion [ɪnˌtɑksə`keʃən] *n.* Ⓤ①醉。②極度興奮。③〖醫〗中毒。

in·trac·ta·ble [ɪn`træktəbḷ] *adj.* 難駕馭的；難處理的；倔強的。

in·tran·si·gence [ɪn`trænsədʒəns] *n.* Ⓤ不讓步；不妥協；強硬。

in·tran·si·gent [ɪn`trænsədʒənt] *adj.* 不妥協的。**—** *n.* Ⓒ不妥協的人(尤指政治上的)。

***in·tran·si·tive** [ɪn`trænsətɪv] 〖文法〗*adj.* 不及物的(動詞)。**—** *n.* Ⓒ不及物動詞。

in·trench [ɪn`trɛntʃ] *v.t.* & *v.i.* = **entrench.**

in·trep·id [ɪn`trɛpɪd] *adj.* 無畏的；勇猛的。—**in·tre·pid·i·ty** [ˌɪntrə`pɪdətɪ], *n.*

***in·tri·cate** [`ɪntrəkɪt] *adj.* ①錯綜複雜的；糾纏不清的。②難懂的。—**in′tri·ca·cy** [-kəsɪ], *n.*

***in·trigue** [ɪn`trig] *n.* ①ⓊⒸ陰謀；密謀。②Ⓒ私通。③Ⓤ錯綜複雜的劇情。**—** *v.i.* ①設陰謀〔against〕. ②私通〔with〕. **—** *v.t.* 激起…的好奇和興趣；吸引。

in·trin·sic [ɪn`trɪnsɪk] *adj.* 本身的；實質的；固有的。

intro- 〖字首〗表「向內；在內」之義。

‡**in·tro·duce** [ˌɪntrə`djus] *v.t.* ①納入；引進；傳入。②插入。③提倡；採用。④介紹相識；推薦。⑤提出。⑥使認識；使熟悉。⑦爲…之始；引導。

***in·tro·duc·tion** [ˌɪntrə`dʌkʃən] *n.* ①ⓊⒸ介紹；推薦。②Ⓤ輸入；傳入。③Ⓤ採用；使用。④Ⓒ初步；入門。⑤Ⓒ引言；緒論；總論。⑥Ⓒ〖樂〗前奏曲。

in·tro·duc·to·ry [ˌɪntrə`dʌktərɪ] *adj.* 介紹的；序文的；前言的；初步的；入門的。

in·tro·spect [ˌɪntrə`spɛkt] *v.i.* & *v.t.* 內省；自省；反省。—**in·tro·spec′tive,** *adj.*

in·tro·spec·tion [ˌɪntrə`spɛkʃən] *n.* Ⓤ內省；自省；反省。

in·tro·vert [ˌɪntrə`vɜt] *v.t.* ①使內向；使內省。②使向內彎曲。**—** [`ɪntrəˌvɜt] *n.* Ⓒ個性內向者。 **—** *adj.* ①向內彎的。②有內向性格的。

***in·trude** [ɪn`trud] *v.i.* 闖入；侵擾〔upon〕. **—** *v.t.* ①強使他人採納。②強擠入。—**in·trud′er,** *n.*

***in·tru·sion** [ɪn`truʒən] *n.* ⓊⒸ①侵入；妨礙。②(意見等的)強加於人〔upon〕.

in·tru·sive [ɪn`trusɪv] *adj.* 闖入的；打擾的。

in·trust [ɪn`trʌst] *v.t.* =**entrust.**

in·tu·it [`ɪntjuɪt] *v.t.* & *v.i.* 由直覺[直觀]獲知。

in·tu·i·tion [ˌɪntju`ɪʃən] *n.* ①ⓊⒸ直覺；第六感；直觀。②Ⓒ直覺知識。—**al,** *adj.*

in·tu·i·tive [ɪn`tjuɪtɪv] *adj.* ①(具有)直覺的。②由直覺而得的。—**ly,** *adv.*

in·un·date [`ɪnənˌdet] *v.t.* ①淹沒；氾濫。②使充滿。

in·un·da·tion [ˌɪnən`deʃən] *n.* ⓊⒸ淹沒；氾濫；洪水。

in·ure [ɪn`jʊr] *v.t.* 鍛鍊；使慣於。**—** *v.i.* ①生效；適用。②有助益。

***in·vade** [ɪn`ved] *v.t.* ①侵犯；侵略。②擁入；強入。③遍布；充滿。④侵害；干擾。—**in·vad′er,** *n.*

***in·va·lid**[1] [`ɪnvəlɪd] *n.* Ⓒ病人；病弱者。**—** *adj.* ①有病的；殘廢的。②供殘病者用的。**—** [`ɪnvəˌlɪd] *v.t.* ①(因殘病而)使退役。②使虛弱；使病；使殘廢。

in·val·id[2] [ɪn`vælɪd] *adj.* 無效的；無用的；不成立的；無價值的。

in·val·i·date [ɪn`væləˌdet] *v.t.* 使無效；使無價值；使作廢。

***in·val·u·a·ble** [ɪn`væljəbḷ] *adj.* 無價的；非常貴重的。

in·var·i·a·ble [ɪn`vɛrɪəbḷ] *adj.* 不(能)變的。

***in·var·i·a·bly** [ɪn`vɛrɪəblɪ] *adv.* 不變地；一定地。

***in·va·sion** [ɪn`veʒən] *n.* ⓊⒸ侵犯；侵入。—**in·va′sive,** *adj.*

in·vec·tive [ɪn`vɛktɪv] *n.* ①Ⓤ痛罵；大罵；猛烈抨擊。②Ⓒ(

pl.)罵人話。— *adj.* 痛斥的；大罵的。

in·veigh [ɪn`ve] *v.i.* 猛烈抨擊；痛罵(against).

in·vei·gle [ɪn`vigḷ] *v.t.* 誘騙；誘陷。

***in·vent** [ɪn`vɛnt] *v.t.* ①發明；創作。②虛構；杜撰(謊言等)。

***in·ven·tion** [ɪn`vɛnʃən] *n.* ①Ⓤ發明。②Ⓒ發明物。③Ⓒ虛構[捏造]的故事。

in·ven·tive [ɪn`vɛntɪv] *adj.* ①有發明才智的；善於創造的。②發明的。③顯示出創造力的。

***in·ven·tor** [ɪn`vɛntɚ] *n.* Ⓒ發明家；發明者。

in·ven·to·ry [`ɪnvən,torɪ] *n.* ①Ⓒ目錄；存貨清單。②Ⓤ〖美〗盤點；清點。— *v.t.* 編列目錄；清點存貨。

in·verse [ɪn`vɝs] *adj.* (位置、方向等)倒轉的；逆的；反的。— *n.* ①(the ～)相反；倒數。②Ⓒ相反之物。— **ly,** *adv.*

in·ver·sion [ɪn`vɝʃən] *n.* ⓊⒸ①倒轉；倒置；反轉。②〖修〗倒裝法。③〖樂〗轉位。

in·ver·sive [ɪn`vɝsɪv] *adj.* 顛倒的；逆的；使倒轉的；使轉換的。

in·vert [ɪn`vɝt] *v.t.*①倒轉。②前後倒置；轉換。③〖樂〗轉位。— [`ɪnvɝt] *n.* Ⓒ同性戀者。§～**ed cómmas**〖英〗引號(如' '或" ")。

in·ver·te·brate [ɪn`vɝtəbrɪt] *adj.* ①無脊椎的。②不堅定的。— *n.* Ⓒ①無脊椎動物。②無骨氣的人。

in·vest [ɪn`vɛst] *v.t.* ①投(資)。②花費。③籠罩；包圍。④授權給。⑤使就職。⑥賦予。⑦使穿著。— *v.i.* ①投資。②〖俗〗購買。— **in·ves′tor,** *n.*

in·ves·ti·gate [ɪn`vɛstə,get] *v.t.* & *v.i.* 調查；研究。— **in·ves′ti·ga·tor,** *n.*

in·ves·ti·ga·tion [ɪn,vɛstə`geʃən] *n.* ⓊⒸ調查；研究；審查。

in·ves·ti·ture [ɪn`vɛstətʃɚ] *n.* Ⓒ敍任式；授爵式。

in·vest·ment [ɪn`vɛstmənt] *n.*①ⓊⒸ投資。②Ⓒ投資之資本。③Ⓒ投資的對象。

in·vet·er·ate [ɪn`vɛtərɪt] *adj.* ①習慣已深的。②根深柢固的；難改的。— **in·vet′er·a·cy,** *n.*

in·vid·i·ous [ɪn`vɪdɪəs] *adj.* 招嫉妬的；惹人惡感的。

in·vig·or·ate [ɪn`vɪgə,ret] *v.t.* 使強壯；鼓舞。

in·vin·ci·ble [ɪn`vɪnsəbḷ] *adj.* 不可征服的；無敵的；難以克服的。

in·vi·o·late [ɪn`vaɪəlɪt] *adj.* 未受侵犯的；未被破壞的；未被褻瀆的。

in·vis·i·ble [ɪn`vɪzəbḷ] *adj.* ①不可見的；看不見的。②無從覺察的。— *n.* Ⓒ看不見的人[物]。— **in·vis′i·bly,** *adv.*

***in·vi·ta·tion** [,ɪnvə`teʃən] *n.* ①ⓊⒸ邀請；招待。②Ⓒ請柬；請帖。③Ⓒ引誘；誘惑；招致。— *adj.* 〖運動〗邀請的。

‡**in·vite** [ɪn`vaɪt] *v.t.* ①邀請。②請求。③招致；引起。④引誘；誘惑。

in·vit·ing [ɪn`vaɪtɪŋ] *adj.* 誘惑人的；引人動心的。

in·vo·ca·tion [,ɪnvə`keʃən] *n.* ①Ⓤ祈禱。②Ⓒ召喚惡魔的咒語；咒文。③ⓊⒸ(法律的)行使；實施。

in·voice [`ɪnvɔɪs] *n.* Ⓒ〖商〗發票；發貨單。— *v.t.* 開發票。

in·voke [ɪn`vok] *v.t.* ①求(神)保護；祈求。②懇求；迫切地需求。③以法術召(鬼)。

in·vol·un·tar·y [ɪn`vɑlən,tɛrɪ] *adj.* ①非本意的。②無心的。③不隨意的；本能的。

in·vo·lute [`ɪnvə,l(ɪ)ut] *adj.* ①紛亂的。②〖植〗(葉等)內捲的。③〖動〗捲成螺狀的。— **in·vo·lu′tion,** *n.*

***in·volve** [ɪn`vɑlv] *v.t.* ①包括。②影響；拖累。③使陷於。④使糾纏；使變複雜。⑤專心於。⑥包圍；包裹。

in·vul·ner·a·ble [ɪn`vʌlnərəbḷ] *adj.* ①不會受傷害的；刀槍不入的。②無懈可擊的。

***in·ward** [`ɪnwɚd] *adj.* ①內在的。②向中心的。③內陸的。④(聲音等之)不清楚的。⑤精神上的。— *adv.* ①向內地。②在內心地。— *n.* (*pl.*)〖俗〗腸；內臟。— **ly,** *adv.*

in·wards [`ɪnwɚdz] *adv.* = **inward.**

IOC International Olympic Committee. 國際奧林匹克委員會。

i·o·dide [`aɪə,daɪd] *n.* ⓊⒸ〖化〗碘化物。

i·o·dine [`aɪə,daɪn, -,din], **-din** [-dɪn] *n.* Ⓤ①〖化〗碘。②碘酒。

i·on [`aɪən] *n.* Ⓒ〖理〗離子。

I·o·ni·a [aɪ`onɪə] *n.* 愛奧尼亞(小亞細亞海岸與愛琴海東部島嶼構成的地區)。— **I·o′ni·an,** *n.* & *adj.*

IOU, I.O.U. [`aɪ,o`ju] *n.* Ⓒ

I

(*pl.* ~**s,** ~**'s**)借據(源出 I owe you).
I·o·wa [ˋaɪəwə] *n.* 愛荷華(美國中西部之一州)。
IQ, I.Q. intelligence quotient. 智商。
I·ran [aɪˋræn, iˋrɑn] *n.* 伊朗。
I·ra·ni·an [aɪˋrenɪən] *adj.* 伊朗(人)的；伊朗語系的。— *n.* ①Ⓒ伊朗人。②Ⓤ伊朗語。
I·raq, I·rak [iˋrɑk] *n.* 伊拉克。
I·ra·qi [ɪˋrɑkɪ] *n.* ①Ⓒ伊拉克人。②Ⓤ伊拉克語。— *adj.* 伊拉克的；伊拉克人[語]的。
i·ras·ci·ble [aɪˋræsəbḷ] *adj.* 易怒的；暴躁的；發怒的。
i·rate [ˋaɪret] *adj.* 發怒的；生氣的。
ire [aɪr] *n.* Ⓤ憤怒；怒氣。
***Ire·land** [ˋaɪrlənd] *n.* 愛爾蘭。
ir·i·des·cent [ˌɪrəˋdɛsn̩t] *adj.* 呈虹色的；現暈光的；燦爛光輝的。— **ir·i·des′cence,** *n.*
i·rid·i·um [aɪˋrɪdɪəm] *n.* Ⓤ〖化〗銥(金屬元素；符號 Ir).
***i·ris** [ˋaɪrɪs] *n.* ①Ⓒ (*pl.* ~**es**) (眼球的)虹膜。②Ⓒ (*pl.* **ir·i·des** [ˋaɪrɪˌdiz]) 鳶尾屬植物。③(I-)〖希神〗彩虹女神。
***I·rish** [ˋaɪrɪʃ] *adj.* 愛爾蘭(人，語)的。— *n.* ①(the ~)愛爾蘭人。②Ⓤ愛爾蘭語。— **man,** — **wom·an,** *n.*
irk [ɜk] *v.t.* 令厭煩[厭倦]；使苦惱。— **some,** *adj.*
‡**i·ron** [ˋaɪən] *n.* ①Ⓤ鐵。②Ⓒ鐵器。③Ⓒ熨斗。④(*pl.*)鐐銬。⑤Ⓤ毅力；堅定不移的意志。⑥Ⓒ〖高爾夫〗鐵頭球桿。⑦Ⓒ〖俚〗手槍。⑧Ⓒ烙鐵。⑨Ⓒ (常 *pl.*)馬鐙。⑩Ⓤ〖醫〗鐵質。⑪Ⓤ〖藥〗鐵劑。— *adj.* ①鐵製的。②似鐵的；堅強的。③苛刻的；殘酷的。— *v.t.* ①熨燙(衣服等)。②裝以鐵；用鐵鋪蓋。— *v.i.* 燙衣服。§ ~ **lúng** 鐵肺(一種人工呼吸儀器)。**the Í- Áge**〖考古〗鐵器時代。
i·ron·clad [ˋaɪənˋklæd] *adj.* 裝甲的。— *n.* Ⓒ裝甲艦。
i·ron·ic, -i·cal [aɪˋrɑnɪk(ḷ)] *adj.* (用反語以)譏諷的；幽默的。— **i·ron′i·cal·ly,** *adv.*
i·ron·ing [ˋaɪənɪŋ] *n.* Ⓤ熨衣服。
i·ron·mon·ger [ˋaɪənˌmʌŋgə] *n.* Ⓒ〖英〗五金商；鐵器商。
i·ron·mon·ger·y [ˋaɪənˌmʌŋgərɪ] *n.* Ⓤ〖英〗鐵器業。
i·ron·stone [ˋaɪənˌston] *n.* Ⓤ鐵礦(石)。
i·ron·ware [ˋaɪənˌwɛr] *n.* Ⓤ鐵器；五金。
i·ron·work [ˋaɪənˌwɜk] *n.* Ⓤ(構造物的)鐵製部分；鐵製品。
i·ron·works [ˋaɪənˌwɜks] *n.* Ⓒ (*pl.* ~)鐵工廠；煉鐵廠。
***i·ro·ny** [ˋaɪrənɪ] *n.* ①Ⓤ〖修〗反語法。②Ⓤ諷刺；挖苦。③Ⓒ諷刺的話。④Ⓒ意外的結局。
ir·ra·di·ate [ɪˋredɪˌet] *v.t.* 照耀；使發光。— *v.i.* 發光；照耀。— **ir·ra·di·a′tion,** *n.*
ir·ra·tion·al [ɪˋræʃənḷ] *adj.* 不合理的；無理性的。— **ly,** *adv.*
ir·rec·on·cil·a·ble [ɪˋrɛkənˌsaɪləbḷ] *adj.* 不能和解的；不能相容的。
ir·re·cov·er·a·ble [ˌɪrɪˋkʌvərəbḷ] *adj.* 不能挽回的；不能補救的。
ir·re·deem·a·ble [ˌɪrɪˋdiməbḷ] *adj.* ①不能償還的。②不能兌現的(紙幣)。③不能挽救的。
ir·re·duc·i·ble [ˌɪrɪˋdjusəbḷ] *adj.* ①不能減縮的。②難歸復的。
ir·ref·ra·ga·ble [ɪˋrɛfrəgəbḷ] *adj.* 不可辯駁的；無爭論餘地的。
ir·ref·u·ta·ble [ɪˋrɛfjutəbḷ] *adj.* 不能反駁的。
***ir·reg·u·lar** [ɪˋrɛgjələ] *adj.* ①不規則的；不合常規的。②〖文法〗變化不規則的(動詞等)。— *n.* Ⓒ (常 *pl.*) 非正規軍。— **ly,** *adv.* — **ir·reg·u·lar′i·ty,** *n.*
ir·rel·e·vant [ɪˋrɛləvənt] *adj.* 不相關的；離題的。— **ir·rel′e·vance, ir·rel′e·van·cy,** *n.*
ir·re·li·gion [ˌɪrɪˋlɪdʒən] *n.* Ⓤ無宗教；無信仰；反宗教。— **ir·re·li′gious,** *adj.*
ir·re·me·di·a·ble [ˌɪrɪˋmidɪəbḷ] *adj.* 不能補救的；無可救藥的。
ir·rep·a·ra·ble [ɪˋrɛpərəbḷ] *adj.* 不能修補的；不能挽回的。
ir·re·place·a·ble [ˌɪrɪˋplesəbḷ] *adj.* 不能替換的。
ir·re·press·i·ble [ˌɪrɪˋprɛsəbḷ] *adj.* 不能抑制的。
ir·re·proach·a·ble [ˌɪrɪˋprotʃəbḷ] *adj.* 無可責難的；無過失的。
***ir·re·sist·i·ble** [ˌɪrɪˋzɪstəbḷ, ˌɪrrɪ-] *adj.* ①不可抵抗的。②不能抑制的。③不能反駁的。— **ir·re·sist′i·bly,** *adv.*
ir·res·o·lute [ɪˋrɛzəˌlut] *adj.* 無決斷力的；優柔寡斷的；猶豫不決的。— **ir·res·o·lu′tion,** *n.*
ir·re·spec·tive [ˌɪrɪˋspɛktɪv]

adj. 不顧的；不論的。

ir·re·spon·si·ble [ˌɪrɪˋspɑnsəbl̩] adj. 不負責任的；無責任感的。

ir·re·spon·sive [ˌɪrɪˋspɑnsɪv] adj. 無反應的；不起感應的[to].

ir·re·triev·a·ble [ˌɪrɪˋtrivəbl̩] adj. 不能恢復的；不能復原的。

ir·rev·er·ent [ɪˋrɛvərənt] adj. 不敬[不恭]的。— **ir·rev′er·ence,** n.

ir·re·vers·i·ble [ˌɪrɪˋvɜsəbl̩] adj. ①不能倒逆的；不能反轉的。②不能取消[變更]的。

ir·rev·o·ca·ble [ɪˋrɛvəkəbl̩] adj. 不能撤回的；不能取消的。

ir·ri·gate [ˋɪrəˌget] v.t. 灌溉(農田等)。— **ir′ri·ga·tor,** n.

***ir·ri·ga·tion** [ˌɪrəˋgeʃən] n. Ⓤ ①灌溉。②〖醫〗注洗(法)。

ir·ri·ta·ble [ˋɪrətəbl̩] adj. ①易怒的；性急的。②過敏的。

ir·ri·tant [ˋɪrətənt] adj. 有刺激性的。— n. Ⓒ 刺激劑[物]。

***ir·ri·tate** [ˋɪrəˌtet] v.t. ①激怒。②使過敏。③刺激。— **ir′ri·tat·ing,** adj.

***ir·ri·ta·tion** [ˌɪrəˋteʃən] n. ① Ⓤ 急躁；生氣；發怒。② Ⓒ 使人急躁的事[物]。③ Ⓤ Ⓒ 發炎；刺痛。

ir·rup·tion [ɪˋrʌpʃən] n. Ⓤ Ⓒ 入侵；闖入。

‡**is** [ɪz, z, s] v.i. be 的第三人稱，單數，現在，直說法。

i·sin·glass [ˋaɪzɪŋˌglæs] n. Ⓤ ①魚膠。②〖礦〗雲母。

Is·lam [ˋɪsləm] n. Ⓤ ①伊斯蘭教；回教。②(集合稱)回教徒。③回教國。

‡**is·land** [ˋaɪlənd] n. Ⓒ ①島；島嶼。②似島之物；(街道之)安全島。③甲板室；艦臺等。— **er,** n.

***isle** [aɪl] n. Ⓒ 〖詩〗島；嶼。*The British Isles* 不列顛群島。

is·let [ˋaɪlɪt] n. Ⓒ 小島。

ism [ˋɪzəm] n. Ⓒ 主義；學說；論。

‡**is·n't** [ˋɪznt, ˋɪzn̩] = **is not.**

i·so·bar [ˋaɪsəˌbɑr] n. Ⓒ ①〖氣象〗等壓線。②〖理，化〗同量素。

***i·so·late** [ˋaɪsl̩ˌet, ˋɪs-] v.t. ①使隔離；使孤立。②〖化〗分解；使游離。— **i′so·lat·ed** [～ɪd], adj.

i·so·la·tion [ˌaɪsl̩ˋeʃən] n. Ⓤ ①隔離；孤立；游離。②〖電〗絕緣。③〖化〗分離。— **ism,** n.

i·so·therm [ˋaɪsəˌθɜm] n. Ⓒ 等溫線(地圖上表示溫度相等之線)。

i·so·tope [ˋaɪsəˌtop] n. Ⓒ 〖化〗(原子序相同，原子量相異)同位素。

Is·ra·el [ˋɪzrɪəl] n. ①以色列。②(集合稱，作 pl.解)猶太人。

Is·rae·li [ɪzˋrelɪ] n. Ⓒ (pl. ～s, ～)以色列人；猶太人。— adj. 以色列(人)的；猶太(人)的。

Is·ra·el·ite [ˋɪzrɪəlˌaɪt] n. Ⓒ 以色列人；猶太人；希伯來人。

is·su·ance [ˋɪʃuəns] n. Ⓤ ①發給；配給。②發行；發布。

‡**is·sue** [ˋɪʃu, ˋɪʃju] v.t. ①發行。②出版；刊行。— v.i. ①冒出。②結果。③發出；出。④得…結果。⑤生；出生。⑥發行。— n. ① Ⓤ 發行。② Ⓤ 發出。③ Ⓒ 結果；後果。④ Ⓒ (常 sing.)配給(物)。⑤ Ⓒ 爭論點；關鍵所在。⑥ Ⓤ (集合稱)〖法律〗子(女)。

Is·tan·bul [ˌɪstɑnˋbul] n. 伊斯坦堡(土耳其之一城市，舊稱君士坦丁堡 Constantinople).

isth·mi·an [ˋɪsmɪən] adj. ①地峽的。②(I-)巴拿馬地峽的。③(I-)科林斯地峽的。

***isth·mus** [ˋɪsməs] n. Ⓒ (pl. ～es, -mi [-maɪ])①地峽。②〖解〗峽部。

‡**it** [ɪt] pron. (pl. **they**)①它；牠(第三人稱，單數，中性，主格及受格；可指無生物，動物，有時亦指很小的小孩)。②那個；這個。③作無人稱動詞及無人稱結構之主詞，多指自然現象、時間與距離。④置於句首做假主詞，以代替後述較長之短語[子句]。⑤用作動詞的含糊受詞。⑥作以述詞所分開之關係代名詞的前述詞。— n. Ⓤ ①(捉迷藏遊戲之)鬼。②〖俗〗理想；極致。③〖俚〗性感；魅力。

‡**I·tal·ian** [ɪˋtæljən] adj. 義大利的；義大利人[語]的。— n. ① Ⓒ 義大利人。② Ⓤ 義大利語文。

i·tal·ic [ɪˋtælɪk] adj. 用義大利體[斜體]字印刷的。— n. Ⓤ (常 pl.)義大利體字；斜體字。

i·tal·i·cize [ɪˋtæləˌsaɪz] v.t. 用印刷體印刷；把…排成印刷體。

‡**It·a·ly** [ˋɪtl̩ɪ] n. 義大利。

itch [ɪtʃ] n. ①(an ～)癢。②(the ～)疥癬。③ Ⓒ (常 sing.)渴望；渴想。— v.i. ①發癢。②渴望；渴想。— **itch′y,** adj.

***i·tem** [ˋaɪtəm] n. Ⓒ 條；款；項目。

i·tem·ize [ˋaɪtəmˌaɪz] v.t. 詳細列舉；分項列出；逐項列記。

it·er·ate [ˋɪtəˌret] v.t. 重複；重做；重述。— **it·er·a′tion,** n.

i·tin·er·ant [aɪˋtɪnərənt] *adj.* 巡迴的。— *n.* Ⓒ 巡迴工作者。
i·tin·er·ar·y [aɪˋtɪnəˏrɛrɪ] *n.* Ⓒ 旅行日誌；旅行指南。
i·tin·er·ate [aɪˋtɪnəˏret] *v.i.* ①巡迴；遊歷。②巡迴傳教[審判]。
‡**its** [ɪts] *pron.* 它的；牠的。
‡**it's** [ɪts] ①=**it is.** ②=**it has.**
‡**it·self** [ɪtˋsɛlf] *pron.* (它)本身；它自己。(*all*) *by* ~ **a.** 自行；單獨地。**b.** 獨自。*in* ~ 就其本身而論；本質上。*of* ~ 自行。
‡**I've** [aɪv] =**I have.**
***i·vo·ry** [ˋaɪvərɪ] *n.* Ⓤ 象牙；象牙質。§ ~ **tówer** (1)象牙塔(與世隔絕之夢想境界)。(2)對實務[俗事]之冷漠態度。**the Í- Cóast** 象牙海岸(非洲西部共和國)。
***i·vy** [ˋaɪvɪ] *n.* Ⓤ 常春藤。§ **the Í-Léague** 常春藤聯盟。

J j J j 𝒥 𝒿

J or **j** [dʒe] *n.* ⓊⒸ (*pl.* **J's, j's** [dʒez]) 英文字母之第十個字母。
jab [dʒæb] *v.t.* & *v.i.* (**-bb-**)刺；戳。— *n.* Ⓒ 刺；戳。
jab·ber [ˋdʒæbɚ] *v.t.* & *v.i.* 快而含糊地說。— *n.* Ⓤ 含糊不清的話或聲音。
ja·bot [ʒæˋbo] *n.* Ⓒ 褶縐花邊。
jack** [dʒæk] *n.* ① Ⓒ (常 J-)男子；少年；常人。② Ⓒ 起重機；千斤頂。③ Ⓒ〖牌戲〗傑克(介於十點與王后之間)。④ Ⓒ 船首旗。⑤ Ⓒ (常 J-)水手；水兵。⑥ Ⓒ〖英俚〗警官。⑦ Ⓒ〖英〗保齡球戲用以瞄準之小球。⑧ Ⓒ 烤肉夾。⑨ Ⓒ 公驢。⑩ Ⓒ〖電〗插座。⑪ Ⓤ〖俚〗錢。J- in the Box*** 速食餐廳。***J- of all trades*** 博而不精之人。— *v.t.* 抬起；提醒。
jack·al [ˋdʒækɔl] *n.* Ⓒ ①〖動〗胡狼。②卑鄙之人；走狗。
jack·ass [ˋdʒækˏæs] *n.* Ⓒ ①公驢。②愚蠢的人。
jack·daw [ˋdʒækˏdɔ] *n.* Ⓒ〖鳥〗穴烏。
***jack·et** [ˋdʒækɪt] *n.* Ⓒ ①短外衣；夾克。②封套。③馬鈴薯的皮。④毛皮。⑤公文卷宗。
jack·ham·mer [ˋdʒækˏhæmɚ] *n.* Ⓒ 一種用壓縮空氣操作的輕便鑽。
jack-in-the-box [ˋdʒækɪnðəˏbɑks] *n.* Ⓒ 玩偶盒(打開盒蓋即跳出小人的玩具)。
jack·knife [ˋdʒækˏnaɪf] *n.* Ⓒ (*pl.* **-knives**) ①〖美〗大摺刀；水手刀。②鐮刀式跳水。
jack·pot [ˋdʒækˏpɑt] *n.* Ⓒ ①〖牌戲〗須俟有人持有一對 jack 或更佳之牌時方可開始下注之一種累積賭注。②累積賭注或大獎。
Jac·o·bite [ˋdʒækəˏbaɪt] *n.* Ⓒ 英王 James II之擁護者。
jade¹ [dʒed] *n.* ⓊⒸ 翡翠；玉。
jade² *n.* Ⓒ ①瘦馬；老馬；駑馬。②〖謔〗名譽不好[水性楊花]的女人。— *v.t.* & *v.i.* ①(使)疲倦。②(使)乏味。— **jad′ed,** *adj.*
jag [dʒæg] *n.* Ⓒ 尖銳的突出；鋸齒形缺口。— *v.t.* (**-gg-**)使成鋸齒狀。— **jag′ged,** *adj.*
jag·uar [ˋdʒægwɑr, ˋdʒægjʊˏɑr] *n.* Ⓒ〖動〗美洲虎。
***jail** [dʒel] *n.* ① Ⓒ 監牢；牢獄；(犯人候審或犯小罪者之)拘留所。② Ⓤ 拘留；監禁。— *v.t.* 下獄；監禁。
jail·bird [ˋdʒelˏbɝd] *n.* Ⓒ ①〖俗〗犯人；囚犯。②常犯法的人。
ja(l)·lop·y [dʒəˋlɑpɪ] *n.* Ⓒ〖俚〗老爺車；破舊的飛機。
***jam¹** [dʒæm] *v.t.* (**-mm-**) ①壓緊；擠緊。②夾傷；擠傷。③推開；擠。④塞滿；塞入。⑤使發生故障。⑥〖無線〗干擾(信號)。— *v.i.* ①發生故障。②擁塞。— *n.* Ⓒ ①擁擠之人群；堆積之物。②〖美俗〗困難；障礙。③妨礙；擁擠。
jam² *n.* Ⓤ ①果醬。②〖英俚〗愉快[輕鬆]的事。
Ja·mai·ca [dʒəˋmekə] *n.* 牙買加。
jam·bo·ree [ˏdʒæmbəˋri] *n.* Ⓒ ①〖美俗〗喧鬧之宴會或娛樂。②童軍大會。③有餘興節目的大集會。
jam-packed [ˋdʒæmˋpækt] *adj.* 〖美俗〗塞緊的；擠得透不過氣的。
Jan. January.
jan·gle [ˋdʒæŋgl] *v.i.* ①(鈴)亂響。②爭吵。— *v.t.* ①亂搖(鈴)使發刺耳之聲。②爭論。③刺激；使不安。— *n.* Ⓤ ①噪音；亂吵。②口角。
jan·i·tor [ˋdʒænətɚ] *n.* Ⓒ 管門者；

守衛；〖美〗(大樓等的)管理員。

‡**Jan·u·ar·y** [ˋdʒænjuˌɛrɪ] *n.*正月。

ja·pan [dʒəˋpæn] *n.* Ⓤ漆；漆器。 —— *v.t.* (**-nn-**)漆以日本漆。

‡**Ja·pan** [dʒəˋpæn, dʒæ-] *n.* 日本。

‡**Jap·a·nese** [ˌdʒæpəˋniz] *adj.* 日本(人，語文)的。 —— *n.* (*pl.* ~)① Ⓒ日本人。② Ⓤ日語；日文。

jape [dʒep] *n.* Ⓒ戲謔；嘲弄；揶揄。 —— *v.t.* & *v.i.* 戲謔；嘲弄。

*__jar__[1] [dʒɑr] *n.* Ⓒ①大口瓶。②一瓶之量。

*__jar__[2] *n.* Ⓒ①搖撼；震動。②軋轢聲。③衝突；不和。④刺激；激動。 —— *v.t.* (**-rr-**)①震驚；震動。②使作軋轢聲。③激動。 —— *v.i.* ①衝突；不諧。②作軋轢聲。③震動。④激動。

jar·gon [ˋdʒɑrgən] *n.* ⓊⒸ ①(某一行業或學科)專用術語。②難懂的話。③喋喋不休的閒談。 —— *v.i.*①說行話。②閒談。

jas·min(e) [ˋdʒæsmɪn] *n.* ① Ⓤ Ⓒ〖植〗茉莉。② Ⓤ 淺黃色。

jas·per [ˋdʒæspɚ] *n.* ⓊⒸ不透明有色之半寶石；碧玉。

jaun·dice [ˋdʒɔndɪs] *n.* Ⓤ ①黃疸病。②偏見。 —— *v.t.* ①使患黃疸病。②使懷偏見。

jaunt [dʒɔnt] *v.i.* 遠足；遊覽。 —— *n.* Ⓒ遠足；徒步旅行。

jaun·ty [ˋdʒɔntɪ] *adj.* ①活潑的。②漂亮時髦的。 — **jaun′ti·ly**, *adv.*

jave·lin [ˋdʒævlɪn] *n.* ① Ⓒ 標槍。②(the ~)擲標槍之運動項目。

*__jaw__ [dʒɔ] *n.*① Ⓒ 頷；顎。②(*pl.*)(鉗子之)鉗口；狹口。③(*pl.*)險境。④ⓊⒸ〖俗〗喋喋不休；斥責。 —— *v.i.* & *v.t.* 〖俚〗①嘮叨；閒談。②責罵；漫罵。

jaw·bone [ˋdʒɔˌbon] *n.* Ⓒ①顎骨。②下顎骨。

*__jay__ [dʒe] *n.* Ⓒ①〖鳥〗樫鳥。②〖俚〗愛講話的笨伯。

*__jazz__ [dʒæz] *n.* Ⓤ ①爵士樂。②爵士舞。③狂噪。④〖俚〗活潑；熱鬧。⑤〖俚〗誇張的話。 —— *adj.* (似)爵士樂的。 —— *v.t.* ①奏(樂曲)成爵士音樂。②〖俚〗使有活力〔常up〕. —— *v.i.* ①跳爵士舞。②快活地行動〔常 up〕.

jazz·y [ˋdʒæzɪ] *adj.* ①爵士樂的。②活潑的。 — **jazz′i·ly**, *adv.*

*__jeal·ous__ [ˋdʒɛləs] *adj.* ①嫉妒的。②妒羨的；羨慕的。③注意的；愛惜的。④忠實的；審慎的。⑤不可不信的；須絕對忠實的。 — **ly**, *adv.*

jeal·ous·y [ˋdʒɛləsɪ] *n.* ① Ⓤ 嫉妒；妒忌。② Ⓤ 小心翼翼的維護(某事)；珍視。③ Ⓒ 妒忌的行爲[言詞]。

jean [dʒin, dʒen] *n.*① Ⓤ 斜紋布。②(*pl.*)**a.** 斜紋布工作服。**b.** 〖俚〗褲子；牛仔褲。

jeep [dʒip] *n.* Ⓒ 吉普車。 —— *v.i.* 乘「吉普車。」

*__jeer__ [dʒɪr] *v.i.* & *v.t.*①嘲弄；揶揄〔at〕. ②以嘲笑驅走〔off〕. —— *n.* Ⓒ 嘲弄；譏評。

Je·ho·vah [dʒɪˋhovə] *n.*耶和華(舊約聖經中對上帝的稱呼)。

*__jel·ly__ [ˋdʒɛlɪ] *n.* ① ⓊⒸ 凍子。② Ⓤ (又作 a ~)似凍子之物。 —— *v.i.* 成凍子。 —— *v.t.* ①使成凍子。 ②塗凍子於…上。

jel·ly·fish [ˋdʒɛlɪˌfɪʃ] *n.* (*pl.* ~, ~**es**)① Ⓒ 水母；海蜇。② Ⓤ 海蜇皮。③ Ⓒ〖俗〗意志薄弱之人。

jen·ny [ˋdʒɛnɪ] *n.* Ⓒ ①紡紗機。②某些動物之雌性。

jeop·ard·ize [ˋdʒɛpɚdˌaɪz] *v.t.* 使瀕於險境；冒…之險。

jeop·ard·y [ˋdʒɛpɚdɪ] *n.* Ⓤ 危險；危難。

*__jerk__ [dʒɝk] *n.* Ⓒ ①急拉；急停；急動。②肌肉的痙攣。③〖俚〗未經世故的人；愚笨的人。 —— *v.t.* ①急拉；急推；急拋。②抽水。 —— *v.i.* ①急動；連續急動而行；急停。②結結巴巴地說。

*__Jer·sey__ [ˋdʒɝzɪ] *n.* ①澤西(法國海岸附近之英屬島嶼)。② Ⓒ 澤西產之乳牛。 ③= **New Jersey.** ④(j-) Ⓤ (女用)緊身內衣。⑤(j-) Ⓒ 緊身套頭衫。⑥(j-) Ⓤ 巧織毛料。

*__Je·ru·sa·lem__ [dʒəˋrusələm] *n.* 耶路撒冷(以色列的首都)。

*__jest__ [dʒɛst] *n.* Ⓒ ①笑話；滑稽。②嘲弄。③嘲笑的對象；笑柄。 —— *v.i.* ①講笑話；開玩笑〔常 with〕. ②取笑〔常 at〕. —— *v.t.* 嘲笑；嘲弄。

Jes·u·it [ˋdʒɛʒuɪt] *n.* Ⓒ ①耶穌會會員。②(j-)陰謀家；虛僞者。

*__Je·sus__ [ˋdʒizəs] *n.* ①耶穌。②上帝。 —— *interj.* 表誓言或強烈的敬畏、失望、痛苦等。

*__jet__[1] [dʒɛt] *n.* Ⓒ ①噴射；噴出。②噴射口。③噴射機。④噴出物。 —— *v.i.* & *v.t.* (**-tt-**)①迸出；射出。②乘坐噴射機。③迅速地移動或旅行。§ ~ **éngine** 噴射引擎。~ **lâg**(長時間飛行的)時差失調。~ **strêam** (1)噴射氣流。(2)火箭或噴射引擎之廢氣。

jet[2] *n.* Ⓤ①〖礦〗黑玉。②漆黑。 —— *adj.* ①黑玉所製的。②漆黑的。

J

jet-black [ˋdʒɛtˋblæk] *adj.* 黑玉色的；漆黑的。
jet-pro·pelled [ˋdʒɛtprəˋpɛld] *adj.* 噴射推進式的。
jet·sam [ˋdʒɛtsəm] *n.* Ⓤ 船舶遇難時爲減輕負擔而拋棄之貨物。
jet-ski [ˋdʒɛtski] *n.* Ⓒ 滑水車。
jet·ti·son [ˋdʒɛtəsn̩] *v.t.* (船或飛機遇難時)向船[機]外投棄(貨物)。 — *n.* Ⓤ 拋出船[機]外之貨物。
jet·ty[1] [ˋdʒɛtɪ] *n.* Ⓒ ①防波堤。②碼頭。③(建築物的)突出部。
jet·ty[2] *adj.* 烏黑的。
***Jew** [dʒu, dʒɪu] *n.* Ⓒ 猶太人。
***jew·el** [ˋdʒuəl, ˋdʒɪuəl] *n.* Ⓒ ①珠寶。②珠寶飾物。③貴重的物或人。 — *v.t.* (**-l-**,〖英〗**-ll-**) 飾以珠寶。
jew·el·er [ˋdʒuələ˞] *n.* Ⓒ ①珠寶商。②鐘錶商；鐘錶匠。
jew·el·ler·y [ˋdʒuəlrɪ] *n.*〖英〗= **jewelry.**
***jew·el·ry** [ˋdʒuəlrɪ] *n.* Ⓤ (集合稱)珠寶；鑲嵌有寶石之飾物。
***Jew·ish** [ˋdʒuɪʃ, ˋdʒɪuɪʃ] *adj.* 猶太的；猶太人的；似猶太人的。
Jew's-harp, Jews'-harp [ˋdʒuzˏhɑrp] *n.* Ⓒ 單簧口琴。
jib[1] [dʒɪb] *n.* Ⓒ ①船首三角帆。②起重機之鐵臂。
jib[2] *v.i.* (**-bb-**)側行或後退而不前進；逡巡不前。 — *v.t.* 轉移或移動(帆、帆桁等)。
jibe [dʒaɪb] *v.t.* & *v.i.* ①嘲弄；諷罵〔常at〕。②〖美俗〗同意；與…相和諧。 — *n.* Ⓒ 嘲弄；諷罵。
jif·fy [ˋdʒɪfɪ] *n.* (a ～)〖俗〗瞬間。
jig [dʒɪg] *n.* Ⓒ ①捷格舞。②捷格舞曲。③特種魚鉤。④篩。 — *v.t.* (**-gg-**) ①跳(捷格舞)。②搖動。 — *v.i.* ①作輕快之跳舞。②蹦跳。③用jig魚鉤釣魚。④用礦篩搖篩。
jig·gle [ˋdʒɪgl] *v.t.* & *v.i.* & *n.* Ⓒ 輕搖；微動。
jig·saw [ˋdʒɪgˏsɔ] *n.* Ⓒ 鋼絲鋸；鏤花鋸。
Jill [dʒɪl] *n.* Ⓒ (常 j-)少女；情人；妻子。
jilt [dʒɪlt] *v.t.* 遺棄；拋棄(情人)。 — *n.* Ⓒ 拋棄戀人的女子。
Jim [dʒɪm] *n.* 吉姆(男子名)。§ ～ **Crów**〖美俚〗(1)老烏(對黑人之蔑稱)。(2)對黑人之不平等待遇；種族分離。
jim·my [ˋdʒɪmɪ] *n.* Ⓒ (盜賊用之)撬門棒。 — *v.t.* 撬開(門、窗等)。
***jin·gle** [ˋdʒɪŋgl] *v.i.* ①作玎噹聲。②(詩句)充滿簡單的韻及重覆字句。③作玎噹聲而行走。④押韻。 — *v.t.* 使作玎噹聲。 — *n.* Ⓒ ①玎噹聲。②聲韻鏗鏘之詩篇。③二輪馬車。
jin·go [ˋdʒɪŋgo] *n.* Ⓒ (*pl.* **～es**) 侵略主義者；極端愛國主義者；主戰論者。 — *adj.* 侵略主義的。
jinx [dʒɪŋks]〖美俚〗*n.* Ⓒ 不祥之人[物]；掃帚星；白虎星。 — *v.t.* 使(某人)倒楣[失敗]。
jit·ter [ˋdʒɪtə˞] *v.i.*〖美俚〗神經過敏；心神不定。 — *n.* (the ～s)〖俚〗神經過敏。 — **jit'ter·y,** *adj.*
jit·ter·bug [ˋdʒɪtə˞ˏbʌg] *n.* Ⓒ ①〖俚〗搖滾音樂狂；熱門音樂迷。②一種交際舞。 — *v.i.* (**-gg-**)〖俚〗似搖滾音樂狂地跳。
jive [dʒaɪv] *n.*〖俚〗① Ⓤ 搖滾樂。② Ⓒ 隨搖滾樂起舞之舞蹈。③ Ⓤ 無意義的或欺騙的話。 — *v.i.* ①奏搖滾樂。②隨搖滾樂起舞。 — *v.t.* 欺騙。
‡**job** [dʒɑb] *n.* Ⓒ ①工作。②須做的事情；應盡之責。③〖美俗〗職位；工作。④包工；散工。⑤〖俗〗事件；事情。⑥(假公濟私的)營利事業。⑦〖俚〗盜竊或其他犯罪行爲。⑧〖俚〗人或事(引起注意者)。⑨〖印刷〗零星印刷工作。 *on the* ～〖俚〗盡職的。 — *v.t.* (**-bb-**) ①購買(大量貨物)以分售零售商；買賣；經紀；租賃。②分包(工作)給人。③假公濟私。④開革。⑤欺騙。 — *v.i.* ①做散工。②作經紀。③假公濟私。 — *adj.* ①包工的；臨時雇用的。②大宗的。§ ～ **lòt**(廉價)整批出售的貨物。 — **less,** *adj.* 無業的。
job·ber [ˋdʒɑbə˞] *n.* Ⓒ ①〖英〗股票經紀人。②批發商。③做散工者。④假公濟私者。
jock·ey [ˋdʒɑkɪ] *n.* Ⓒ ①賽馬的騎師。②〖俗〗駕駛或指揮的人。 — *v.t.* & *v.i.* ①(賽馬時)騎(馬)。②欺騙；瞞。③用手段(謀職位或利益)。④〖俗〗駕駛。
jo·cose [dʒoˋkos] *adj.* 詼諧的；滑稽的。 — **ly,** *adv.* — **jo·cos'i·ty,** *n.*
joc·u·lar [ˋdʒɑkjələ˞] *adj.* 滑稽的。 — **joc·u·lar'i·ty** [-ˋlærətɪ], *n.*
joc·und [ˋdʒɑkənd] *adj.* 歡樂的；高興的。 — **jo·cun'di·ty** [-ˋkʌn-], *n.*
jodh·purs [ˋdʒɑdpə˞z] *n. pl.* 馬褲。
jog [dʒɑg] *v.t.* (**-gg-**) ①推動；輕搖；輕撞。②喚起(記憶)。③使上下顛動。④使(馬)維持慢步行走。 — *v.i.* 搖盪前進；沉重緩慢而行。 — *n.* Ⓒ ①輕

推；搖動。②慢步。③暗示。

jog·gle [\`dʒagl] *v.t.* & *v.i.* ①輕搖；震動。②搖曳而行〔on, along〕. — *n.* Ⓒ搖動；震動。

John [dʒan] *n.* 〖聖經〗①(新約)約翰福音。②約翰(耶穌的門徒)。③施洗者約翰。§ ~ **Búll** (1)英國人。(2)典型的英國人。

John·ny [\`dʒanɪ] *n.* ①(j-) Ⓒ 男人；少年；傢伙。②強尼(男子名)。③(j-) Ⓒ 花花公子。

joie de vi·vre [ʒwadə\`vivr] 〖法〗*n.* Ⓤ 生活樂趣(=joy of living).

‡**join** [dʒɔɪn] *v.t.*①連接；接合；聯合。②會合；交接。③使締交；使聯姻。④加入；參加。⑤隨同。⑥接近；毗連。⑦會戰；交戰。— *v.i.* ①加入；參加。②聯合。③伴隨；一同。④毗連。⑤從軍〔常 up〕. ~ *battle* 交戰；會戰。~ *forces* (*with*) (與)合作；聯合行動。~ *up* 〖俗〗入伍；從軍。— *n.* Ⓒ 連接處；接縫處。

join·er [\`dʒɔɪnə] *n.* Ⓒ ①聯合者；接合物。②細工木匠。③〖俗〗加入許多俱樂部及社團的人。

***joint** [dʒɔɪnt] *n.* Ⓒ ①連接物；連接處。②〖解〗關節。③大塊(肉)。④接合；聯接(之狀態)。⑤〖俚〗下流場所。*out of* ~ **a.** 脫節；脫臼。**b.** 不吉利。**c.** 不相稱。— *v.t.* ①(用連接物)接合。②自關節切斷；分節。— *adj.* ①共同的；連合的。②共有的。*J- Chiefs of Staff*〖美〗參謀首長聯席會議。—**less,** *adj.* —**ly,** *adv.*

joint·ed [\`dʒɔɪntɪd] *adj.*接合的；有接縫的；有關節的。

joint-stock [\`dʒɔɪnt\`stak] *adj.*合資的；股份組織的。§ ~ **còmpany** [**corporàtion**] 股份公司。

joist [dʒɔɪst, dʒɔɪs] *n.* Ⓒ 托梁；小桁。

***joke** [dʒok] *n.* Ⓒ ①笑話；玩笑；幽默。②笑柄；取笑之對象。③惡作劇。④過於容易的事。*a practical* ~惡作劇。*in* ~ 玩笑地。*make a* ~ *about something* 把某事當做兒戲。*no* ~ 重要的事。*play a* ~ *on somebody* 捉弄人。*see a* ~識幽默。*take a* ~經得起開玩笑。— *v.i.* 說笑話；開玩笑。— *v.t.* 取笑；愚弄。

jok·er [\`dʒokə] *n.* Ⓒ ①愛講笑話者；詼諧者。②〖英俚〗傢伙。③小丑牌；飛牌；百搭。④取巧。

jok·ing [\`dʒokɪŋ] *adj.*戲謔的；打趣的；(當著)開玩笑的。—**ly,** *adv.*

jol·li·ty [\`dʒalɪtɪ] *n.* Ⓤ Ⓒ 快樂；歡宴。

***jol·ly** [\`dʒalɪ] *adj.* ①高興的；愉快的。②宜人的；爽快的。③**a.** 很；非常的。**b.** 大的。④〖英俗〗(飲酒而心情)愉快的；微醉的。— *adv.* 〖英俗〗極；很；非常。— *v.t.* & *v.i.* 〖俗〗恭維；奉承。§ ~ **bòat**(大船上所攜帶的)小艇。**J- Róger**海盜[骷髏]旗。

***jolt** [dʒolt] *v.t.* 搖動；搖晃；使顛簸。— *v.i.* 顛簸而行；搖動。— *n.* Ⓒ ①顛簸；搖動。②震驚。③令人震驚之事。—**jolt'y,** *adj.*

Jones [dʒonz] *n.*瓊斯(Daniel, 1881-1967, 英國語音學家)。

jon·quil [\`dʒaŋkwɪl] *n.* Ⓒ 〖植〗長壽花；黃水仙。

Jor·dan [\`dʒɔrdn̩] *n.*①約旦(亞洲西南部之一國, 其首都爲 Amman). ②約旦河(巴勒斯坦境內之一河流)。

***jos·tle** [\`dʒasl] *v.t.* 推擠。— *v.i.* ①推擠〔常 with, against〕. ②競爭。— *n.* Ⓒ 擁擠；推撞。

jot [dʒat] *n.* (a ~)些微；少量。*not a* ~ 一點也不。— *v.t.* (**-tt-**)略記。

joule [dʒaul] *n.* Ⓒ 〖理〗焦耳(電能之實用單位, $=10^7$爾格)。

jounce [dʒauns] *v.i.* & *v.t.* & *n.* Ⓒ 震動；搖撼；顛簸。

‡**jour·nal** [\`dʒɝnl̩] *n.* Ⓒ ①日誌；日記。②期刊；報紙；雜誌。③分類帳；流水帳。④〖機〗軸頸。

jour·nal·ese [ˌdʒɝnl̩\`iz] *n.* Ⓤ 新聞文體；新聞用語。

***jour·nal·ism** [\`dʒɝnl̩ˌɪzəm] *n.* Ⓤ ①新聞學；新聞業。②(集合稱)報章雜誌。③報章雜誌上之文章。

***jour·nal·ist** [\`dʒɝnl̩ɪst] *n.* Ⓒ ①新聞記者[工作者]。②記日記者。

jour·nal·is·tic [ˌdʒɝnl̩\`ɪstɪk] *adj.* 新聞事業的；新聞雜誌特有的。

‡**jour·ney** [\`dʒɝnɪ] *n.* Ⓒ 旅行；旅程。*break one's* ~ (*at*) 中途逗留。— *v.i.* 旅行。

jour·ney·man [\`dʒɝnɪmən] *n.* Ⓒ (*pl.* **-men**)①熟練工人。②(學徒滿期的)職工。

joust [dʒʌst] *n.* Ⓒ ①(騎士之)馬上長槍比武。②(常 *pl.*)比賽；競技。— *v.i.* 馬上用長槍比武。

Jove [dʒov] *n.*=**Jupiter.** *by* ~*!* **a.** 表驚異、快樂。**b.** 發誓用語。

jo·vi·al [\`dʒovɪəl] *adj.* ①快活的；和氣的；快樂的。②(J-)Jove 的。

J

—jo·vi·al′i·ty [-ˋæl-], *n.*
jowl [dʒaul] *n.* Ⓒ①(常*pl.*)下顎；顎。②(常*pl.*)頰。③(胖子)下顎之垂肉。④魚頭。⑤(家畜的)喉部垂肉。
‡**joy** [dʒɔɪ] *n.* ①Ⓤ歡喜；快樂；高興。②Ⓒ樂事。 ***for*** ～ 由於快樂或高興而(做某事)。***to the*** ～ ***of*** 令…極爲快樂或高興。— *v.i.* & *v.t.* (使)快樂。
***joy·ful** [ˋdʒɔɪfəl] *adj.* 歡喜的；快樂的；高興的。—**ly,** *adv.* —**ness,** *n.*
***joy·ous** [ˋdʒɔɪəs] *adj.*快樂的；高興的。—**ly,** *adv.*
joy-ride [ˋdʒɔɪ,raɪd] *v.i.*〖俗〗駕車「兜風。」
jr., Jr. Junior.
ju·bi·lant [ˋdʒublənt] *adj.*歡呼的；喜洋洋的。—**ju′bi·lance,** *n.*
ju·bi·la·tion [,dʒubḷˋeʃən] *n.*①Ⓤ歡呼；歡騰；歡喜；喜悅。②Ⓒ(常*pl.*)歡欣慶祝。
ju·bi·lee [ˋdʒubḷ,i] *n.*①Ⓒ猶太之五十年節。②Ⓤ歡騰；狂歡節。③Ⓒ二十五或五十周年紀念。④Ⓒ天主教之大赦年。
Ju·da·ism [ˋdʒudɪ,ɪzəm] *n.* Ⓤ①猶太教。②猶太主義；信奉猶太教；猶太人之文化。③(集合稱)猶太人。
Ju·das [ˋdʒudəs] *n.*①〖聖經〗猶大(出賣耶穌者)。②Ⓒ出賣朋友者。③Ⓒ(常 j-)門戶上小孔(以窺探外面)。
‡**judge** [dʒʌdʒ] *n.* Ⓒ①司法官；推事；審判官。②裁判者。③鑑識家。④士師(古以色列的統治者)。— *v.t.* ①審判。②裁判；判斷；評判。③鑑定；識別。④認爲。⑤批評；譴責。— *v.i.* ①當法官；審判。②判斷；估計。～ ***by*** [***from***] 由…觀之；由…看來。§ ～ **ádvocate**〖軍〗軍法官；檢察官。～ **ádvocate géneral**〖軍〗軍法處長；軍法局長。
‡**judg(e)·ment** [ˋdʒʌdʒmənt] *n.* ①ⓊⒸ審判；判決。②Ⓤ判斷力。③ⓊⒸ判斷；意見。④Ⓒ天譴；報應。⑤(J-)〖神學〗最後審判。***the*** (***Day of***) ***J-*** (基督教所謂的)最後審判日；世界末日。§ **J**～ **Dày**〖神學〗世界末日；最後審判日。～ **sèat** 推事席；審判官席；法官席。
ju·di·ca·ture [ˋdʒudɪkətʃə] *n.* ①Ⓤ司法行政。②Ⓤ司法權。③Ⓤ法官的權威[職權]。④Ⓒ司法官。
***ju·di·cial** [dʒuˋdɪʃəl] *adj.* ①法庭的；法官的；司法的。②公平的；公正的。③法官或法院裁決的。
ju·di·ci·ar·y [dʒuˋdɪʃɪ,ɛrɪ] *n.* ①(the ～)司法部。②Ⓒ司法組織。③Ⓒ(集合稱)法官。— *adj.* 司法的；法院的；法官的。
ju·di·cious [dʒuˋdɪʃəs] *adj.* 賢明的；深思遠慮的。—**ly,** *adv.* —**ness,** *n.*
ju·do [ˋdʒudo]〖日〗*n.* Ⓤ柔道。
***jug** [dʒʌg] *n.*①Ⓒ壺；細頸瓶。②Ⓒ壺中物。③ⓊⒸ〖俚〗監獄。— *v.t.* (-gg-)①〖俚〗關進監獄。②裝入壺中。③在陶製鍋中燉肉。
jug·gle [ˋdʒʌgḷ] *v.t.*①變(戲法)；耍(把戲)。②騙取。③竄改。④似漏接後又抓住。— *v.i.* ①變戲法。②欺瞞。— *n.* Ⓒ①變把戲；魔術。②欺騙。
jug·gler [ˋdʒʌglə] *n.* Ⓒ變戲法者；「行騙者。」
jug·gler·y [ˋdʒʌglərɪ] *n.* Ⓤ①戲法；幻術。②詐欺。
jug·u·lar [ˋdʒʌgjələ] *adj.*①頸[喉]部的。②頸靜脈的。— *n.*①Ⓒ〖解〗頸靜脈。②(the ～)最大弱點。
***juice** [dʒus] *n.*①ⓊⒸ汁；液。②Ⓤ〖美俚〗酒。③(*pl.*)體液。④Ⓤ〖美俚〗電。⑤Ⓤ〖俚〗汽油。⑥Ⓤ精華；活力。⑦Ⓤ〖美俚〗不合理的利息；暴利。
juic·er [ˋdʒusə] *n.* Ⓒ①果汁機。②〖美俚〗酒鬼。
***juic·y** [ˋdʒusɪ] *adj.* ①多汁液的。②有趣的；生動的。
ju·jube [ˋdʒudʒub] *n.* Ⓒ ①〖植〗棗樹；棗實。②棗形或棗味之糖果。
juke·box [ˋdʒuk,bɑks] *n.* Ⓒ自動「點唱機。」
Jul. July.
ju·lep [ˋdʒulɪp] *n.* Ⓒ①〖美〗一種白蘭地或威士忌加糖、冰及薄荷等之混合飲料。②用以調和藥物之糖水。
‡**Ju·ly** [dʒuˋlaɪ] *n.* 七月。
jum·ble [ˋdʒʌmbḷ] *v.t.* 混合；混雜。— *v.i.* 混雜；亂成一團。— *n.* (a ～)①一團；一堆。②雜亂。§ ～ **sàle** 義賣。
jum·bo [ˋdʒʌmbo] *n.* Ⓒ (*pl.* ～**s**)①龐然大物；巨漢；巨無霸；巨獸。②= **jumbo jet.** — *adj.* 粗大的；巨大的。§ ～ **jét** 巨無霸噴射客機。
‡**jump** [dʒʌmp] *v.i.* ①跳；躍。②猛跳；驚跳。③突升。④〖俗〗趕忙服從。⑤〖俚〗充滿著活動。⑥開始某事、戰役、攻擊等(尤指大規模者)。⑦越過。⑧突然改變。⑨徘徊。⑩省略(字、數目等)。⑪快速升級。— *v.t.* ①使跳。②跳過；躍過。③(西洋棋中)跳過而吃(對方之棋子)。④〖俚〗逃離。⑤漏掉；略去。⑥欺騙。⑦〖美俚〗跳上(火

車)。⑧跳級；越級。⑨使越級上升。⑩時間未到而先開始。⑪突然增加。⑫突然攻擊。~ *at* 欣然接受。~ *down someone's throat* 責罵某人。~ *upon*[*on*]責罰；突擊。— *n.* ①Ⓒ跳；躍。②Ⓒ驚跳。③Ⓒ突升；突增。④Ⓒ跳躍之距離。⑤Ⓒ(西洋棋中)吃對方棋子之一著。⑥(the ~s)〖俗〗神經緊張；憂慮。*have* [*get*] *the* ~ *on*〖俚〗占優勢；勝過。*high* [*broad*] ~ 跳高[遠]。*on the* ~匆匆忙忙。§ ~ **àrea** 指定敵後傘兵著陸區。~ **ròpe** 跳繩遊戲。~ **sùit** 跳傘衣。

jump·er[1] [ˋdʒʌmpɚ] *n.* Ⓒ ①跳躍者；跳躍選手。②跳蟲(跳蚤等)。

jump·er[2] *n.* ①Ⓒ工作服上衣。②Ⓒ無袖短掛。③Ⓒ〖英〗(穿在 blouse 等外面之)套頭毛衣；運動衫。④(*pl.*)連衫褲童裝。

jump·y [ˋdʒʌmpɪ] *adj.* ①跳動的；痙攣的。②神經質的。

Jun. June; Junior.

*__junc·tion__ [ˋdʒʌŋkʃən] *n.*①Ⓤ聯絡；連接。②Ⓒ(河流)會合處；(鐵路等)交叉點。

junc·ture [ˋdʒʌŋktʃɚ] *n.*①Ⓒ接合點。②Ⓤ接合；連合。③Ⓒ時機；危機。④ⓊⒸ〖語音〗相鄰音節之連合。

‡**June** [dʒun] *n.* 六月。

*__jun·gle__ [ˋdʒʌŋgḷ] *n.*①(the ~)叢林。②Ⓒ叢林地帶。③Ⓒ混亂；複雜。④Ⓒ(大都市等)複雜而危險的地方。⑤Ⓒ〖美俚〗無情而激烈的生存競爭之地。§ ~ **féver** 叢林熱。

*__jun·ior__ [ˋdʒunjɚ] *adj.* ①年少的；年幼的。②下級的；職位低的。③(四年制中學或大學)三年級生的。④日期較後的；遲於。⑤資淺的。— *n.* ①(one's ~)**a.** 年少者。**b.** 職位低者。②Ⓒ〖美〗(四年制中學或大學)三年級學生。③Ⓒ年輕人；(尤指)少女。§ ~ **cóllege**(二年制)專科學校。~ **hígh schòol**初級中學。

ju·ni·per [ˋdʒunəpɚ] *n.* Ⓒ〖植〗杜「松。」

junk[1] [dʒʌŋk] *n.* Ⓤ ①破爛物。②〖俚〗垃圾。③便宜貨。④〖俚〗麻醉藥；(尤指)海洛英。— *v.t.*〖俚〗當作廢物；丟掉。§ ~ **fòod** 垃圾食品；零食。

junk[2] *n.* Ⓒ中國大帆船。

jun·ket [ˋdʒʌŋkɪt] *n.* ①ⓊⒸ凍奶食品；乳酪。②Ⓒ宴會；野宴。③Ⓒ遊覽。— *v.i.* 遊覽；野宴。

junk·ie [ˋdʒʌŋkɪ] *n.* Ⓒ〖俗〗①有毒癮者。②舊貨商。

Ju·no [ˋdʒuno] *n.* ①〖羅神〗茱諾(羅馬女神，專司婚姻及生育)。②Ⓒ貴婦人。

jun·ta [ˋdʒʌntə] *n.* Ⓒ①(政變後的)軍事政權；臨時政府。②(西班牙或拉丁美洲的)議會；會議。

jun·to [ˋdʒʌnto] *n.* Ⓒ (*pl.* ~**s**)(政治性之)祕密會議；祕密結社；私黨。

Ju·pi·ter [ˋdʒupətɚ] *n.*①〖羅神〗朱比特(羅馬主神)。②〖天〗木星。

ju·rid·i·cal [dʒuˋrɪdɪkḷ] *adj.* 審判上的；司法上的；法律上的。§ ~ **dàys** 開庭日期。

*__ju·ris·dic·tion__ [͵dʒurɪsˋdɪkʃən] *n.*①Ⓤ司法權；審判權。②Ⓤ管轄權。③Ⓒ管轄區；管區。④Ⓤ支配(權)；控制。

ju·ris·pru·dence [͵dʒurɪsˋprudṇs] *n.* Ⓤ〖法律〗法理學；法律學。*medical* ~ 法醫學。

ju·rist [ˋdʒurɪst] *n.* Ⓒ①法律學者；法理學家；法學權威。②法學作家。

ju·ror [ˋdʒurɚ] *n.* Ⓒ①陪審團之一員。②審查委員；評判員。③宣誓人。

*__ju·ry__ [ˋdʒurɪ] *n.* Ⓒ(集合稱)①陪審團。②(比賽等之)評審委員會。§ ~ **bòx** 陪審員席。

ju·ry·man [ˋdʒurɪmən] *n.* Ⓒ (*pl.* **-men**)陪審員。

‡**just**[1] [dʒʌst] *adj.* ①公平的；正直的。②合法的；正當的。③應當的；應得的。④確實的；精確的。⑤允當的。⑥有正當理由的。⑦眞正的。— **ly,** *adv.* — **ness,** *n.*

‡**just**[2] *adv.* ①正好；剛巧。②幾乎不；僅僅地。③正要；正欲。④剛才；剛剛。⑤請(較 please 隨便)。⑥(試)…看！⑦〖俗〗十分；頗；眞正。⑧祇不過是；僅…而已。⑨接近地。~ *about* 正是…附近。~ *now* **a.**剛才。**b.**此刻。~ *so* 正是如此；對極了。

‡**jus·tice** [ˋdʒʌstɪs] *n.*①Ⓤ正義；公道；公理。②Ⓤ公平；合理。③Ⓤ應得的回報；報應。④Ⓤ法律的制裁；審判。⑤Ⓒ法官；保安官。⑥(J-)正義女神。*bring to* ~使歸案受審。*do* ~ *to* **a.**公平對待。**b.**賞識；欣賞。*do oneself* ~盡量發揮能力；作優良表現。

jus·ti·fi·a·ble [ˋdʒʌstə͵faɪəbḷ] *adj.* 可辯明的；有理由的。

*__jus·ti·fi·ca·tion__ [͵dʒʌstəfəˋkeʃən] *n.* Ⓤ①辯護；辯明。②理由。③

J

〖神學〗不因罪惡而受譴責；釋罪。

‡**jus·ti·fy** [ˋdʒʌstə͵faɪ] *v.t.*①證明…爲正當；替…辯護。②證明確有其事。③認爲無罪。④將(鉛字各行)排成適當長度。⑤成爲…的理由。

*__jut__ [dʒʌt] *v.i.* (-tt-)突出；伸出。—*n.* Ⓒ 突出部分；尖端。

jute [dʒut] *n.* Ⓤ〖植〗黃麻；其纖維。

ju·ve·nes·cent [͵dʒuvəˋnɛsn̩t] *adj.* ①達青年期的；年輕的。②看來年輕的。③返老還童的。—**ju·ve·nes′cence,** *n.*

*__ju·ve·nile__ [ˋdʒuvən̩l] *adj.* ①幼年的；少年的。②適於少年的。③不成熟的。—*n.* Ⓒ ①年少者。②少年讀物。③演少年的演員。§ ～ **delínquent** 少年罪犯。

jux·ta·pose [͵dʒʌkstəˋpoz] *v.t.* 並列；並置。—**jux·ta·po·si′tion** [-pəˋzɪʃən], *n.*

K k K k 𝒦 𝓀

K or **k** [ke] *n.*(*pl.* **K's, Ks** [kez])① Ⓤ Ⓒ 英文字母之第十一個字母。② Ⓒ K字形(之物)。§ **K ràtion**〖美軍〗(三包一份的)K號乾糧包。

Ka·bul [ˋkɑbʊl] *n.* 喀布爾(阿富汗首都)。

kai·ser [ˋkaɪzɚ] *n.* (the ～)皇帝(昔時德國、奧國、神聖羅馬帝國等皇帝之尊稱)。

kale [kel] *n.* ① Ⓤ Ⓒ 甘藍。② Ⓤ〖蘇〗蔬菜；菜湯。③ Ⓤ〖美俗〗錢。

ka·lei·do·scope [kəˋlaɪdə͵skop] *n.* Ⓒ ①萬花筒。②(常 *sing.*)不斷改變之事物；千變萬化。—**ka·lei·do·scop′ic,** *adj.*

Ka·le·va·la [͵kɑlɪˋvɑlə] *n.* (the ～)芬蘭民族史詩。

Kam·chat·ka [kæmˋtʃætkə] *n.* 堪察加半島(位於俄國東北亞)。

*__kan·ga·roo__ [͵kæŋgəˋru] *n.* Ⓒ (*pl.* ～s, ～)袋鼠。§ ～ **cóurt**〖俗〗私設[非法]的法庭。

Kan·sas [ˋkænzəs] *n.* 堪薩斯(美國中部州)。—**Kan′san,** *adj.* & *n.*

Kant [kænt] *n.* 康德(Immanuel, 德國哲學家)。—**i·an,** *adj.* & *n.*

ka·o·li·ang [͵kɑolɪˋæŋ]〖中〗*n.* Ⓤ 高粱(酒)。

ka·o·lin(e) [ˋkeəlɪn] *n.* Ⓤ 高嶺土；白陶土。

ka·on [ˋkeɑn] *n.* Ⓒ〖理〗K介子。

ka·put(t) [kəˋpʊt] *adj.*〖俗〗被毀壞的；完蛋的；被擊敗的。

ka·ra·o·ke [͵kɑrɑˋoke] *n.* ① Ⓒ 伴唱機。② Ⓤ 伴唱。

ka·ra·te [kəˋrɑtɪ]〖日〗*n.* Ⓤ 空手道。

kar·ma [ˋkɑrmə] *n.* Ⓤ ①〖印度教〗羯磨；業。②〖佛教〗因緣。③命運；宿命。

Kash·mir [kæʃˋmɪr] *n.* ①喀什米爾。②(k-)＝**cashmere.**

kay·ak [ˋkaɪæk] *n.* Ⓒ 愛斯基摩人用的皮船。

Keats [kits] *n.* 濟慈(John, 1795-1821, 英國詩人)。

ke·bab, ke·bob [kəˋbɑb] *n.* Ⓤ Ⓒ 喀巴布；串烤羊肉。

kedge [kɛdʒ]〖海〗*v.t.* & *v.i.* 收拋在船前方的錨鍊使(船)前移。—*n.* Ⓒ (亦作 **kedge anchor**)小錨。

*__keel__ [kil] *n.* Ⓒ ①(船、飛機、飛艇)龍骨。②〖詩〗船。*on an even* ～平穩的；平放的。—*v.t.* & *v.i.* ①裝以龍骨。②(使)傾覆。～ *over* **a.** 傾覆；翻。**b.**暈倒。

keel·haul [ˋkil͵hɔl] *v.t.* ①將(人)用繩子拖過船底。②嚴責。

*__keen__[1] [kin] *adj.* ①鋒利的；銳利的。②刻骨的；尖刻的。③銳敏的；敏捷的。④聰明的；智慧的。⑤(感情)強烈的。⑥熱心的；渴望的(常與 about, for 或不定詞連用)。⑦價格低廉的。—**ly,** *adv.* —**ness,** *n.*

keen[2]〖愛〗*n.* Ⓒ (慟哭死者的)哀哭；輓歌。—*v.t.* & *v.i.* 爲死者慟哭。

‡**keep** [kip] *v.t.*(**kept**)①保存；保持；保留。②保藏；收藏。③保守(祕密等)。④經售；經銷。⑤養護；維持；養活。⑥管理；經理；經營。⑦遵守；履行。⑧保持(狀態、活動等)。⑨防止；預防〔from〕.⑩慶祝；紀念。⑪保護；保衛。⑫餵；飼養。⑬抑制；忍住。⑭保持有用的狀態。⑮保管；照顧。⑯蓄(妾)；金屋藏(嬌)。⑰保持在原位。⑱保持(職位)。⑲繼續遵循。—*v.i.*①保持；維持(原狀)。②能保存；能持久不壞。③續留原處。④遠離；不接觸〔常 away, back, off

out〕. ⑤約束；抑制。～ *at* 堅持。～ *back* **a.** 擋住。 **b.** 遠離。 **c.** 拒絕洩露。～ *in touch with* 與…保持聯繫。 ～ *in with* 〖俗〗與…保持友誼。 ～ *it up* 照目前的情形繼續下去。～ *on* (*doing something*) 繼續(做某事)；不斷。～ *to* **a.** 遵奉；遵照。**b.** 局限。～ *to oneself* **a.**不與他人交往。**b.**保守祕密。～(*something*) *under* 控制；壓制。～ *up* **a.** 保持；繼續下去。**b.**保存。**c.** 使浮起；支撐不倒下。**d.** 不落後。**e.**忍受；忍耐。～ *up with* 趕得上。**—** *n.*①Ⓤ生活必需品；生活費。②Ⓒ最堅實部分。 *for* ～*s* **a.** 歸優勝者所有的。 **b.**〖俗〗永久地。

***keep·er** [ˋkipɚ] *n.* Ⓒ①看守人；監護人。②管理員。③〖運動〗守門員。

***keep·ing** [ˋkipɪŋ] *n.* Ⓤ①保管；保存；保護；管理。②飼養；糧餉；飼料；食物。③一致；協調。

keep·sake [ˋkip,sek] *n.* Ⓒ 紀念物；贈品。

keg [kɛg] *n.* Ⓒ①小桶(容量通常在五至十加侖以下)。②稱釘子的衡量名(等於100磅)。

kelp [kɛlp] *n.* Ⓤ①大海藻。②海草灰。

Kelt [kɛlt] *n.* =**Celt.**

Kelt·ic [ˋkɛltɪk] *n.* & *adj.*=Celtic.

ken [kɛn] *n.* Ⓤ①眼界；視界。②知識範圍；領悟；見地。

Ken·ne·dy [ˋkɛnədɪ] *n.* 甘迺迪(John Fitzgerald, 於1961-63任美國第三十五位總統)。§ ∼ **Cápe** 甘迺迪角(爲火箭試驗中心所在地)。

***ken·nel** [ˋkɛnḷ] *n.* Ⓒ ①狗舍。②(常 *pl.*)飼狗場。③狗群。④不佳的住處。**—** *v.t.* & *v.i.*(**-l-,**〖英〗**-ll-**)置於狗舍；畜養於狗舍中。

Ken·tuck·y [kənˋtʌkɪ] *n.*肯塔基(美國中東部之一州)。

Ken·ya [ˋkɛnjə] *n.*肯亞共和國(非洲東部，首都 Nairobi).

‡**kept** [kɛpt] *v.* pt. & pp. of **keep.**

***kerb** [kɝb] *n.* Ⓒ〖英〗(街頭的)邊石；井欄石(=curb).

ker·chief [ˋkɝtʃɪf] *n.* Ⓒ①(昔婦人的)頭巾。②手帕。③圍巾。

***ker·nel** [ˋkɝnḷ] *n.* Ⓒ①核；仁。②穀粒；麥粒。③中心；要點。

***ker·o·sene,-sine** [ˋkɛrə,sin, ,kɛrəˋsin] *n.* Ⓤ〖美〗煤油；火油。

ketch [kɛtʃ] *n.* Ⓒ〖海〗一種雙桅小船。

ketch·up [ˋkɛtʃəp] *n.* Ⓤ 蕃茄醬。(亦作 **catsup, catchup**)

***ket·tle** [ˋkɛtḷ] *n.* Ⓒ壺；罐；鍋。～ *of fish* **a.**爲難的處境；一團糟。**b.** 正考慮中之事。

ket·tle·drum [ˋkɛtḷ,drʌm] *n.* Ⓒ定音鼓。

‡**key** [ki] *n.*① Ⓒ 鑰匙。② Ⓒ 解答；答案。③ Ⓒ 解答之書；題解。④(the ～)地理上的要衝；門戶。⑤Ⓒ(鋼琴、打字機等的)鍵。⑥ Ⓒ〖樂〗調；主調音。⑦Ⓒ 聲調；音調；格調；風格。⑧Ⓒ栓；楔。⑨Ⓒ(上發條等用之)鑰匙。 **—** *adj.* 最主要的；基礎的；機要的。**—** *v.t.* ①調音。②使帶有…語調。③鎖上。～ *up* **a.**提高勇氣和精神；激勵。**b.**提高音調。§ ∼ **pùnch** 打卡機；打孔機。∼ **ríng** 鑰匙環。∼ **wórd** 關鍵語[字]。

key·board [ˋki,bord] *n.* Ⓒ(鋼琴或打字機的)鍵盤。

key·hole [ˋki,hol] *n.* Ⓒ (鎖上的)鑰匙孔。

key·note [ˋki,not] *n.* Ⓒ ①〖樂〗主音；主調音。②主旨；要義。③(政黨等之)施政方針。

key·punch [ˋki,pʌntʃ] *v.t.*在(卡片或紙帶上)打孔。—**er,** *n.*

kg. keg(s); kilogram(s).

khak·i [ˋkɑkɪ] *n.* Ⓤ①土黃色；卡其色。②黃色卡其布。③(常 *pl.*)卡其布的制服；卡其褲。**—** *adj.* 土黃色的；卡其布的。

khan [kɑn] *n.* Ⓒ①可汗；汗(韃靼與蒙古民族對國王、皇帝的稱呼)。②(中亞細亞、阿富汗等地)酋長或官吏之稱號。

Khmer [kmɛr] *n.*①高棉(中南半島之一國，原名Cambodia，首都爲金邊)。②Ⓒ高棉人。③Ⓤ高棉語。

kib·itz [ˋkɪbɪts] *v.i.* 〖美俗〗①從背後看別人玩紙牌。②(尤指看牌人)多嘴出主意；多管閒事。—**er,** *n.*

‡**kick** [kɪk] *v.t.* ①踢；蹴。②踢中；踢贏。③使汽車加速。④(槍砲等)後坐。⑤〖俚〗戒除(毒品、壞習慣等)。**—** *v.i.* ①踢；(馬)踢跳。②(槍於發射時)後坐。③〖俗〗埋怨；反抗。④活躍。～ *around*〖俚〗**a.**虐待(他人)。**b.**討論或考慮(建議、計畫等)。～ *in* **a.**付款。**b.**死亡。～ *off* **a.**(足球比賽)開球。**b.**〖俚〗死。**c.**〖俚〗發起；領頭。～ *out* 開除。～ *up* **a.**〖俚〗開始；引起。**b.**踢起。**—** *n.* ① Ⓒ 踢。② Ⓒ(足球)球員。③ Ⓒ〖美俚〗興奮；

刺激。④Ⓤ〖俗〗彈力；力氣。⑤Ⓒ(槍發射時的)後坐力。⑥Ⓒ抱怨；反對。***get more ~s than halfpence*** 得不償失。

kick·back [ˋkɪk,bæk] *n.* ⓊⒸ①〖美俗〗強烈的反應。②〖俚〗(贓物之)退回。③〖美俗〗佣金。④回扣。

kick·off [ˋkɪk,ɔf] *n.* Ⓒ①〖足球〗(比賽開始時之)開球。②〖俚〗開始。

kick·up [ˋkɪk,ʌp] *n.* Ⓒ〖俗〗騷動。

‡**kid**[1] [kɪd] *n.*①Ⓒ小山羊。②Ⓤ小山羊皮[肉]。③(*pl.*)小山羊皮手套或鞋。④Ⓒ〖俗〗小孩。

‡**kid**[2] *v.t.* & *v.i.* (**-dd-**)〖俗〗①逗；哄騙。②嘲弄。

kid·nap [ˋkɪdnæp] *v.t.* (**-p-**, 〖英〗**-pp-**)①誘拐(兒童)。②綁架；勒贖。—(**p**)**er**, —(**p**)**ing**, *n.*

***kid·ney** [ˋkɪdnɪ] *n.*①Ⓒ腎。②Ⓒ腰子(作食用)。③(*sing.*)個性；天性；種類。§ ~ **bèan** 菜豆。~ **machìne** 人工腎臟。~ **stòne** 腎結石。

‡**kill** [kɪl] *v.t.* ①殺；宰。②破壞；摧毀；扼殺。③使(議案等)不能通過；阻擱。④刪去(字、項目等)。⑤抵消；中和。⑥〖俗〗壓制；制服。⑦消遣；排遣。⑧浪費(時間)。⑨徹底征服。⑩使(聲音)減低或消失。⑪使精疲力竭。— *v.i.* ①殺害。②被殺。③令人神魂顛倒。~ ***off*** **a.**徹底毀滅；屠殺。**b.**〖俚〗消除。~ ***with kindness*** 過於熱心助人反而害人。— *n.*①(the ~)(狩獵時)射中。②(*sing.*)(獵獲的)動物。③Ⓒ被擊毀的敵機[敵艦]。

kill·er [ˋkɪlɚ] *n.* Ⓒ①殺生者(指人、動物或物)；殺人者(尤指職業兇手)。②(亦作 **killer whale**)逆戟鯨。

kill·ing [ˋkɪlɪŋ] *adj.* ①殺害的；致死的。②〖俗〗極迷人的。③〖俗〗笑死人的。— *n.* ①Ⓤ謀殺；殺戮。②(a ~)〖俗〗大發利市。—**ly**, *adv.*

kill-joy [ˋkɪl,dʒɔɪ] *n.* Ⓒ掃興之人；煞風景。(亦作 **killjoy**)

kiln [kɪl, kɪln] *n.* Ⓒ窰；爐。

ki·lo [ˋkɪlo] *n.* Ⓒ (*pl.* **~s**)①公斤(=kilogram). ②公里(=kilometer).

kilo- 〖字首〗表「千」之義。

kil·o·bit [ˋkɪlə,bɪt] *n.* Ⓒ〖電算〗千位元。

kil·o·byte [ˋkɪlə,baɪt] *n.* Ⓒ〖電算〗千位元組(=1,024 位元)。

kil·o·cal·o·rie [ˋkɪlə,kælərɪ] *n.* Ⓒ〖理〗大卡。

kil·o·cy·cle [ˋkɪlə,saɪkḷ] *n.* Ⓒ〖電〗千周；千周率。

***kil·o·gram,** 〖英〗**-gramme** [ˋkɪlə,græm] *n.* Ⓒ 公斤(=2.2046 磅，略作 **kg.**).

***kil·o·li·ter,** 〖英〗**-tre** [ˋkɪlə,litɚ] *n.* Ⓒ公秉；千公升(略作**kl.**).

***kil·o·me·ter,** 〖英〗**-tre** [ˋkɪlə,mitɚ] *n.* Ⓒ公里(略作 **km.**).

kil·o·watt [ˋkɪlə,wɑt] *n.* Ⓒ〖電〗瓩(=1,000 watts).

kilt [kɪlt] *n.* Ⓒ(蘇格蘭高地男子著之)褶疊短裙。— *v.t.* 打褶；撩起。

ki·mo·no [kəˋmonə] *n.* Ⓒ (*pl.* **~s**)①日本和服。②婦女寬大之晨衣。

kin** [kɪn] *n.* Ⓤ(集合稱)①家族；親戚。②親戚關係。③性質相似之物；地位職業等相似之人。next of*** ~ 最近親。***of*** ~ 有親屬關係。—**ship**, *n.*

-kin 〖字尾〗表「小」之義。

‡**kind**[1] [kaɪnd] *adj.* ①慈愛的；親切的；和藹的。②仁慈的；溫和的。③宜人的。

‡**kind**[2] *n.* ①Ⓒ種；類；屬。②Ⓤ性質。***in*** ~ **a.** 以貨(代錢)。**b.** 同樣地。**c.** 實質上；本質上。~ ***of***〖俗〗有一點；有幾分(作副詞用)。***of a*** ~ **a.** 同類的。**b.** 品質極低劣的。

kin·der·gar·ten [ˋkɪndɚ,gɑrtn̩] *n.* ⓊⒸ幼稚園。

kind-heart·ed [ˋkaɪndˋhɑrtɪd] *adj.* 好心腸的；仁慈的。

***kin·dle** [ˋkɪndḷ] *v.t.* ①點燃；使著火。②使發紅光；使明亮。③引起；激起。— *v.i.* ①燃燒；著火。②興奮；激動。

kin·dling [ˋkɪndlɪŋ] *n.* Ⓤ①點燃；點火。②激怒。③引火之易燃物。

‡**kind·ly** [ˋkaɪndlɪ] *adj.* ①和藹的；親切的。②爽快的；宜人的。③(土壤之對作物)有利的。— *adv.*①和善地；親切地。②誠懇地。③請(=please). ***take ~ to*** 欣然接受；泰然處之。—**kind′li·ness**, *n.*

***kind·ness** [ˋkaɪndnɪs] *n.* Ⓤ仁慈；親切。

***kin·dred** [ˋkɪndrɪd] *n.* Ⓤ①(集合稱)家族；親戚。②家族[親戚]關係。③相似。— *adj.* ①同宗[族]的。②同源的；同系的。③類似的。

kine [kaɪn] *n. pl.* 〖古〗(雌)牛。

kin·e·ma [ˋkɪnəmə] *n.*=**cinema.**

kin·e·mat·ics [,kɪnəˋmætɪks] *n.* Ⓤ〖理〗運動學。

kin·e·scope [ˋkɪnɪ,skop] *n.* Ⓒ①

(電視機之)影像放映眞空管。②(電視)錄像。── *v.t.* (電視)錄像。

ki·net·ic [kɪˋnɛtɪk] *adj.*①〖理〗運動的。②由運動而起的。§ ~ **árt** 動態藝術。~ **énergy**〖理〗動能。

ki·net·ics [kɪˋnɛtɪks] *n.* Ⓤ〖理〗動力學。

‡**king** [kɪŋ] *n.*① Ⓒ 君王; 君主。② Ⓒ〖美俗〗(某界的)鉅子; 大王。③ Ⓒ 被喩爲王者。④ Ⓒ (棋子中的)王; 將; 帥。⑤ Ⓒ (紙牌中的)老K. ⑥(K-)上帝; 基督。*K- of Kings* **a.** 萬王之王(耶穌基督)。**b.** (古代東方諸國之)皇帝。~ *of terrors* 死。§ ~ **cóbra**〖動〗眼鏡王蛇。~ **cráb**〖動〗(1)鱟。(2)阿拉斯加大螃蟹。**K~ Léar** 李爾王(莎翁四大悲劇之一及其主角)。~ **sàlmon** 大鱗鮭魚。**Kíng's [Quéen's] Cóunsel**〖英〗王室顧問律師。~**'s ránsom** 大量之金錢; 高價。~**'s wéather**〖俗〗好天氣。**the K~ Jámes Vérsion [Bíble]** 欽定的聖經譯本。**the Kíng's Énglish** 標準英語。─ **ship,** *n.*

‡**king·dom** [ˋkɪŋdəm] *n.* ① Ⓒ 王國。② Ⓒ **a.** 所支配的地方。**b.** (學問等的)世界; 領域。③ Ⓒ 自然三界之一。④(the ~)神之國; 天國。

king·fish·er [ˋkɪŋˏfɪʃɚ] *n.* Ⓒ〖鳥〗魚狗; 翠鳥。

***king·ly** [ˋkɪŋlɪ] *adj.* ①王的; 國王的。②儼若君王的; 高貴的。

king·pin [ˋkɪŋˏpɪn] *n.* Ⓒ ①〖俗〗主腦之人或物。②(保齡球之)中央瓶。

king-size(d) [ˋkɪŋˏsaɪz(d)] *adj.*〖美俗〗特大的。

kink [kɪŋk] *n.* Ⓒ ①(線、繩、索等之)扭結; 糾纏。②頸、背等處之痙攣。③〖俗〗神經混亂; (性格的)彆扭; 乖僻。── *v.t. & v.i.*(使)糾結; (使)絞纏。─ **y,** *adj.*

kins·folk(s) [ˋkɪnzˏfok(s)] *n. pl.* 親戚; 血族。

kins·man [ˋkɪnzmən] *n.* Ⓒ (*pl.* **-men**)親屬; 親戚(指男性者, 女性者爲 **kinswoman**).

ki·osk [kɪˋɑsk] *n.* Ⓒ ①涼亭。②公共電話亭; 報攤; 音樂臺。

kip·per [ˋkɪpɚ] *v.t.* 鹽醃而曬乾或燻製。── *n.*① Ⓒ (產卵季中或季後之)雄鮭。② ⓊⒸ 燻鮭魚。③ Ⓒ〖俚〗人; 年輕人; 兒童。

kirk [kɝk] *n.* Ⓒ〖蘇〗教會; 禮拜堂。

kirsch(·was·ser) [ˋkɪrʃ(ˏvɑsɚ)] *n.* Ⓤ 櫻桃酒。

kis·met [ˋkɪzmɛt] *n.* Ⓤ 命運; 天命。

‡**kiss** [kɪs] *v.t. & v.i.*①吻; 和…接吻。②輕拂; 接觸。~ *hands*(大臣等被授任時)吻君王的手。~ *the book*[*the Bible*]在法庭上吻聖書而宣誓。~ *the dust*[*ground*]受辱; 被殺。── *n.* Ⓒ ①吻; 接吻。②輕拂。§ ~**ing cóusin** [**kín**]〖美俗〗(1)(由於關係親密在相遇時可以接吻的)親戚。(2)親近的人。~**ing disèase**〖醫〗傳染性單核血球病。

kiss·er [ˋkɪsɚ] *n.* Ⓒ ①接吻的人。②〖俚〗嘴; 嘴唇; 臉。

kit [kɪt] *n.*① Ⓤ (兵士或水手之)裝備。② Ⓒ (旅行、運動等的)一套用具; 一組工具; 工具箱[袋]。③ Ⓒ〖英〗(軍人等的)行囊。

‡**kitch·en** [ˋkɪtʃɪn, -ən] *n.* Ⓒ ①廚房。②炊具; 廚房用具。── *adj.* 廚房用的。§ ~ **càbinet** (1)〖美俗〗(政府首長之)智囊團。(2)廚房內的餐具櫃。~ **gàrden** 家庭菜圃。~ **mìdden**〖考古〗貝塚。~ **políce**〖軍〗(1)(集合稱)炊事兵。(2)炊事勤務。~ **sìnk** 廚房清洗槽。~ **stùff** (1)炊事材料。(2)廚房之剩屑。~ **ùnit**〖英〗整套廚房設備(包括洗濯臺、調理臺、瓦斯爐、棚架等)。

kitch·en·et(te) [ˏkɪtʃɪnˋɛt] *n.* Ⓒ (公寓等的)小廚房。

kitch·en·maid [ˋkɪtʃɪnˏmed] *n.* Ⓒ 廚師之助手; 燒飯女工。

kitch·en·ware [ˋkɪtʃɪnˏwɛr] *n.* Ⓤ 廚房用具。

***kite** [kaɪt] *n.* Ⓒ ①風箏; 紙鳶。fly a ~放風箏。②〖動〗鳶。③任何高而輕的帆。④〖商〗爲舉債而開的支票。⑤騙子。── *v.i.* 輕快地移動。

kitsch [kɪtʃ] *n.* Ⓤ 投大眾所好的膚淺[通俗]作品。

***kit·ten** [ˋkɪtn̩] *n.* Ⓒ 小貓。*have* ~*s*〖俚〗煩惱; 心煩意亂。

kit·ten·ish [ˋkɪtn̩ɪʃ] *adj.* ①似小貓的; 頑皮的。②搔首弄姿的。

kit·ti·wake [ˋkɪtɪˏwek] *n.* Ⓒ〖鳥〗三趾鷗。

kit·ty[1] [ˋkɪtɪ] *n.* Ⓒ 小貓。

kit·ty[2] *n.* Ⓒ ①賭錢時之抽頭錢。②賭注; 下注。③儲蓄(小額集存者)。

ki·wi [ˋkiwɪ] *n.* Ⓒ ①鷸鴕。②(K-)〖俗〗紐西蘭人。③奇異果; 獮猴桃。

K.K.K., KKK Ku Klux Klan.

kl., kl kiloliter(s).

klat(s)ch [klætʃ] *n.* Ⓒ〖美〗非正式的聚會；茶話會。

klax·on [ˋklæksən] *n.* Ⓒ (汽車的)警報用喇叭；高音警報器。

Klee·nex [ˋklinɛks] *n.* Ⓤ Ⓒ〖商標〗可麗舒(面紙)。

klep·to·ma·ni·a [ˏklɛptəˋmenɪə] *n.* Ⓤ 竊盜狂。

klep·to·ma·ni·ac [ˏklɛptəˋmenɪˏæk] *n.* Ⓒ 有竊盜狂[癖]的人。— *adj.* 有竊盜習慣的；竊盜狂的。

klíeg lìght [ˋklig ～] *n.* Ⓒ 強烈弧光燈。

klu(d)ge [kludʒ] *n.* Ⓒ〖電算，俚〗解決硬體或軟體難題的程式、方法。

klutz [klʌts] *n.* Ⓒ〖美 俚〗笨蛋；笨頭笨腦的人。— **klutz'y,** *adj.*

klys·tron [ˋklaɪstrɑn] *n.* Ⓒ〖電〗速度調制電子管；調速管。

km. kilometer(s).

K-me·son [ˋkeˋmɛzɑn] *n.* Ⓒ〖理〗K 介子(=kaon).

knack [næk] *n.* Ⓒ (常 *sing.*)技巧；竅門；能力。

knap·sack [ˋnæpˏsæk] *n.* Ⓒ 背包；登山袋。

***knave** [nev] *n.* Ⓒ ①騙子；詭計多端的人。②〖牌戲〗=**jack** ③.

knav·er·y [ˋnevərɪ] *n.* ① Ⓤ 惡性；奸詐。② Ⓒ 欺詐的行爲。

knav·ish [ˋnevɪʃ] *adj.* 奸詐的；無賴的；可惡的。— **ly,** *adv.*

***knead** [nid] *v.t.* ①揉(土、麵粉等)。②按摩。③捏製；塑造。§ ～**ing tròugh** 揉麵槽；揉麵鉢。

‡**knee** [ni] *n.* Ⓒ ①膝；膝頭；膝關節。②似膝之物；褲之膝部。***bring a person to his ～s*** 使某人屈膝；迫使屈服。***go on one's ～s*** 跪下；祈禱。***on the ～s of the gods*** 非人所能控制地。— *v.t.* 用膝蓋碰撞。§ ～ **àction** (1)汽車前輪的緩衝方式。(2)機器接合處有限度彎曲以取下零件。～ **jèrk**〖醫〗膝反射。

knee·cap [ˋniˏkæp] *n.* Ⓒ ①膝蓋骨。②護膝。

***kneel** [nil] *v.i.* (**knelt** or ～**ed**) 跪下。

***knell** [nɛl] *n.* Ⓒ ①鐘聲(特指喪鐘)。②凶兆；不吉之兆。— *v.i.* ①發出喪鐘聲。②發出哀傷的、凶兆的或警告的聲音。— *v.t.* 以鐘聲宣布或召集。

knelt [nɛlt] *v.* pt. & pp. of **kneel.**

knew [nju, nu] *v.* pt. of **know.**

knick·ers [ˋnɪkɚz] *n. pl.* 燈籠褲。

knick·knack [ˋnɪkˏnæk] *n.* Ⓒ 小裝飾品；小古董。

‡**knife** [naɪf] *n.* Ⓒ (*pl.* **knives**) ①有柄的小刀。②切割工具的刃部。***under the ～*** 接受手術。— *v.t.* ①(用小刀)切割。②圖用陰險手段擊敗。— *v.i.* 破(浪)前進。

‡**knight** [naɪt] *n.* Ⓒ ①(中古時期的)騎士；武士。②爵士。③〖西洋棋〗有馬頭的棋子。— *v.t.* 授以爵位。

knight-er·rant [ˋnaɪtˋɛrənt] *n.* Ⓒ (*pl.* **knights-er·rant**) 遊俠騎士。

knight·hood [ˋnaɪtˑhud] *n.* ① Ⓤ 騎士的身分。② Ⓤ Ⓒ (勳)爵士的爵位。③ Ⓤ 騎士本色；騎士道。④ (the ～)勳爵士團。

knight·ly [ˋnaɪtlɪ] *adj.* 騎士的；謙恭的；俠義的。— *adv.* 英勇地。

knish [knɪʃ] *n.* Ⓒ 一種包有馬鈴薯、肉或乳酪餡的煎餅捲。

***knit** [nɪt] *v.t.* (**knit·ted** or **knit, knit·ting**) ①編織；編結。②皺起；皺眉。③黏合；接合。④將(碎片)拼合。— *v.i.* ①編織毛線。②癒合(如碎骨)。

knit·ting [ˋnɪtɪŋ] *n.* Ⓤ ①編織；編結。②編織物。§ ～ **nèedle** 編織毛線所用的長針。

‡**knives** [naɪvz] *n.* pl. of **knife.**

***knob** [nɑb] *n.* Ⓒ ①節；瘤；球塊。②圓形或球形門[抽屜]柄。

‡**knock** [nɑk] *v.t.* 打擊；敲；撞；碰；碰倒。— *v.i.* ①敲擊。②(機器)發出如敲擊之聲。③互撞；發抖。④敲門。⑤〖俗〗攻擊；批評；吹毛求疵。～ ***about*** [***around***] **a.**〖俗〗流浪；漂泊。**b.** 遊手好閒。**c.** 虐待。～ ***down*** **a.**(拍賣時)賣(給出價最高者)。**b.** 迫使減價。**c.**(將汽車、機器等)拆散；拆零(以便裝運)。**d.** 擊倒；打倒；撞倒。**e.** 拆毀；拆除。～ ***off*** 〖俗〗**a.** 下班。**b.** 即席做成；匆匆做成。**c.** 減價。**d.** 收拾。**e.** 殺害；謀殺。～ ***out*** **a.**〖拳擊〗擊倒；打敗。**b.** 磕出(煙斗)中的煙灰。**c.**使異常吃驚；嚇倒。**d.**〖俚〗立刻有效地提出。**e.**破壞。～ ***over*** **a.**打倒；打翻。**b.**震驚；嚇呆。～ ***up*** **a.** 把(球)擊高。**b.**以敲門喚醒。**c.**使疲倦。**d.**草草做成。**e.**損壞。— *n.* Ⓒ ①打；擊；敲。②敲門(聲)。③爆聲。

knock·down [ˋnɑkˏdaun] *adj.* ①壓倒性的。②折疊[組合]式的。③(價格之)壓低的；減至最低的。— *n.*

Ⓒ①擊倒；壓倒。②組合式家具。③〖美俚〗介紹。④減價；減少；折扣。

knock·er [ˋnakɚ] *n.* Ⓒ①敲門者；來客。②門鎚；門環。

knock-knee [ˋnak,ni] *n.* Ⓒ羅圈腿；兩腿向內彎曲。

knock·off, knock-off [ˋnak,ɔf] *n.* Ⓒ(尤指廉價的)仿造品(如流行的成衣款式)。

knock·out [ˋnak,aut] *n.* Ⓒ①〖拳擊〗擊昏；打敗。②(使對方被擊昏之)一擊。③〖美俗〗漂亮的人；引人之物。—— *adj.* ①擊昏的。②壓倒性的。

***knoll** [nol] *n.* Ⓒ小山；小丘；墩。

***knot** [nat] *n.* Ⓒ①結；結節。②蝴蝶結。③群；簇。④木頭上的節瘤。⑤困難；糾紛。⑥浬；海里。—— *v.t.* (-tt-)①結；包紮。②使結合；使糾結。③打結成(縫)。—— *v.i.* ①打結。②糾纏；糾結。— **ted,** — **ty,** *adj.*

knot·hole [ˋnat,hol] *n.* Ⓒ(木材上之)節孔。

‡**know** [no] *v.t.* (**knew, known**)①知道；懂得；了解。②認識；熟識；認出。③經歷；嘗受。④辨識出；分別出。⑤對…有研究；精通。⑥記牢。—— *v.i.* 知道；懂得；了解。—— *n.* 僅見於下一習慣語中。***in the*** ～〖俗〗熟悉內幕消息。

know-how [ˋno,hau] *n.* Ⓤ實用[專門]知識；技能；方法；祕訣。

***know·ing** [ˋnoɪŋ] *adj.* ①有學問的；博學的。②聰穎的；機警的。③自以爲無所不知的。④心照不宣的。

know·ing·ly [ˋnoɪŋlɪ] *adv.* ①心照不宣地。②故意地；有意地。

‡**knowl·edge** [ˋnalɪdʒ] *n.* Ⓤ①知識；學識；學問。②知曉；了解。③熟悉；認識。***to one's*** ～ **a.**確知。**b.**(與否定詞連用)就某人所知。***to the best of my*** ～據我所知；就我所知而論。— **a·ble,** *adj.*

‡**known** [non] *v.* pp. of **know.**

knuck·le** [ˋnʌkl] *n.* ①Ⓒ指關節。②Ⓤ(小牛、豬之)膝關節肉。③Ⓒ〖機〗(連結的)鉤爪；關節。the*** ～***s*** 指關節隆起。—— *v.t.* & *v.i.* 以指節敲[壓，擦]；(打彈子時)把指節放於地上。～ ***down*** **a.** 專心工作。**b.**(亦作 **knuckle under**)屈服。

knuck·le·head [ˋnʌkl̩,hɛd] *n.* Ⓒ〖俗〗傻瓜；笨蛋。

knurl [nɜl] *n.* Ⓒ①(木之)結節。②(金屬表面之)小粒；小隆起；(硬幣邊緣上之)刻痕。— **knurl'y,** *adj.*

KO, K.O., k.o. [ˋkeˋo] *n.* Ⓒ (*pl.* ～**'s**)〖拳擊〗擊倒(=knockout).

ko·a·la [kəˋalə] *n.* Ⓒ〖動〗(澳洲產之)無尾熊。

Ko·be [ˋkobɪ] *n.*神戶(日本本州的一個海港)。

Ko·dak [ˋkodæk] *n.* Ⓒ〖商標〗柯達牌小型手提照相機。—— *v.t.* & *v.i.* (k-)用上述照相機照(相)。

Kō·di·ak bèar [ˋkodɪ,æk ～] *n.* Ⓒ〖動〗(阿拉斯加產的)棕熊。

kohl·ra·bi [ˋkolˋrabɪ] *n.* ⓊⒸ (*pl.* ～**es**)〖植〗可食用之球莖甘藍。

ko·la [ˋkolə] *n.* Ⓒ〖植〗①可樂果(含咖啡精甚多)。②可樂樹(熱帶非洲產)。

kol·khoz [kəlˋkɔz] 〖俄〗*n.* Ⓒ集體農場。

kook [kuk] *n.* Ⓒ〖俚〗怪人；瘋子。

kook·y [ˋkukɪ] *adj.* 〖俚〗①乖僻的；怪人的。②瘋狂的；瘋子的。

Ko·ran [koˋran] *n.* (the ～)可蘭經(回教經典)。

***Ko·re·a** [koˋriə] *n.*韓國(第二次世界大戰以後分爲南韓與北韓)。

***Ko·re·an** [koˋriən] *adj.* 韓國(人，語)的。—— *n.* ①Ⓒ韓國人。②Ⓤ韓國語。

ko·sher [ˋkoʃɚ] *adj.* ①合猶太教戒律的(食物等)。②販賣或使用合這類食物的(商店、家庭等)。

kow·tow [kauˋtau] *v.i.* ①磕頭(中文之譯音)。②恭服；順從。—— *n.* Ⓒ磕頭。(亦作 **kotow**)

kraal [kral] *n.* Ⓒ①南非土人之小村莊。②牛羊之圍欄。

kra·ter [ˋkretɚ] *n.* Ⓒ(古希臘及羅馬用以混合葡萄酒及水的)調酒器。

Krem·lin [ˋkrɛmlɪn] *n.* (the ～)克里姆林宮(在莫斯科，係前蘇聯政府及現在俄國政府的中樞辦公地)。

krill [krɪl] *n.* Ⓒ (*pl.* ～)〖動〗磷蝦。

kro·na [ˋkronə] *n.* Ⓒ (*pl.* **-nor** [-nɔr])瑞典及冰島之貨幣單位。

kro·ne [ˋkronɛ] *n.* Ⓒ (*pl.* **-ner** [-nɛr])丹麥、挪威之貨幣單位。

kryp·ton [ˋkrɪptan] *n.* Ⓤ〖化〗氪(稀有氣體元素；符號 Kr).

KS Kansas.

Kt, Kt. 〖西洋棋〗knight. **kt.** knot.

Kua·la Lum·pur [ˋkwaləˋlumpur] *n.* 吉隆坡(馬來西亞首都)。

Ku·blai Khan [ˋkjublaɪˋkan] *n.* 忽必烈汗(1216-94, 中國元朝開國者)。

ku·dos [ˋkjudas] *n.* Ⓤ〖俗〗榮譽。

ku·du [ˋkudu] *n.* Ⓒ〖動〗(南非產之)條紋羚。

kud·zu [ˋkudzu] *n.* Ⓤ〖植〗(產於中國和日本的)葛藤。

Ku Klux Klan [ˋkju,klʌksˋklæn] *n.* (the ～)〖美〗三 K 黨(**a.**內戰後於南方成立之祕密團體，以重建及保持白人優越地位爲宗旨。**b.**1915 年由生於美國之白人新教徒組成之祕密團體，以反舊教徒、猶太人、黑人及東方人爲宗旨)。(略作 **K.K.K.**，亦作 **Ku Klux**)

ku·lak [kuˋlɑk] *n.* Ⓒ〖俄〗①剝削貧農之富農。②自耕農。

kum·quat [ˋkʌmkwɑt] *n.* Ⓒ 金橘(樹)。

kung fu [,kuŋˋfu] *n.* Ⓤ 功夫；中國武術；中國功夫。

Kú·ril(e) Íslands [ˋkurɪl ～] *n. pl.* (the ～)千島群島。

Ku·wait [kuˋwet] *n.* 科威特(波斯灣西北隅一國，首都 Kuwait)。

Ku·wai·ti [kəˋwetɪ] *adj.* 科威特(人)的。—— *n.* Ⓒ 科威特人。

kW, kw kilowatt(s).

kwash·i·or·kor [,kwɑʃɪˋɔrkɚ] *n.* Ⓤ 紅孩病(因食物中缺乏蛋白質所引起的一種兒科病)。

KWIC key word in context. 文中關鍵字。**KWOC** key word out of context.〖電算，圖書館〗文首關鍵字。

Ky. Kentucky.

kyat [tʃɑt] *n.* Ⓒ 緬甸貨幣單位。

Kyu·shu [ˋkjuʃu] *n.* 九州(日本四大島之一)。

L l *L l*

L or **l** [ɛl] *n.* (*pl.* **L's, Ls, l's, ls** [ɛlz]) ① Ⓤ Ⓒ 英文字母之第十二個字母。② Ⓤ 羅馬數字的 50。

l. land; latitude; law; leaf; league; left; length; line; lira; liter; large.

la [lɑ] *n.* Ⓤ Ⓒ〖樂〗長音階的第六音。

La〖化〗lanthanum.

La. Louisiana. **L.A.** Latin America;〖美俗〗Los Angeles.

lab [læb] *n.*〖俗〗= **laboratory.**

*__la·bel__ [ˋlebl] *n.* Ⓒ 標籤；籤條。—— *v.t.* (**-l-,**〖英〗**-ll-**) ① 貼標籤於。② 指爲；稱爲。

la·bi·al [ˋlebɪəl] *adj.* 唇的。—— *n.* Ⓒ 唇音。

la·bi·um [ˋlebɪəm] *n.* (*pl.* **-bi·a**) ① Ⓒ 唇；唇形器官。② (*pl.*) 陰唇。③ Ⓒ〖昆〗下唇。④ Ⓒ〖植〗(唇形花冠之)下唇瓣。

‡**la·bor,**〖英〗**-bour** [ˋlebɚ] *n.* ① Ⓤ 勞動；勞作。② Ⓒ 工作。③ Ⓤ 勞工；勞動階級。④ Ⓤ 分娩；陣痛。—— *v.i.* ①勞動；勞作。②緩慢顚簸而行。③分娩；陣痛。—— *v.t.* ①仔細地分析解釋。②使疲倦。～ *under* 受…的不利影響；爲…所支配。§ ～ **càmp** (1)勞工營。(2)農場流動幫工的臨時住處。**L～ Dày**〖美〗勞工[勞動]節(九月的第一個禮拜一)。～ **màrket** 勞動市場。～ **ùnion**〖美〗工會(=〖英〗trade union). **the L～ Pàrty** 勞工黨；工黨。

*__lab·o·ra·to·ry__ [ˋlæbrə,torɪ] *n.* Ⓒ ①科學實驗室。②化學物品、藥品、炸彈等製造廠。

la·bo(u)red [ˋlebɚd] *adj.* ①緩慢的；困難的；痛苦的。②不流暢的；矯揉造作的。

*__la·bo(u)r·er__ [ˋlebərɚ] *n.* Ⓒ ①勞動者。②勞工。

*__la·bo·ri·ous__ [ləˋborɪəs] *adj.* ①費力的；艱難的。②努力的；勤勞的。③具見苦心的。— **ly,** *adv.*

la·bo(u)r·ite [ˋlebə,raɪt] *n.* Ⓒ ①勞工黨員或其擁護者。②(常 L-)(英國的)工黨黨員。

la·bor-sav·ing [ˋlebɚ,sevɪŋ] *adj.* 省力的；節省人力的。

la·bur·num [ləˋbɜnəm] *n.* Ⓤ Ⓒ〖植〗金鏈花。

lab·y·rinth [ˋlæbə,rɪnθ] *n.* ① Ⓒ 迷宮。② Ⓒ 複雜難解的事物。③ Ⓒ 複雜的關係或情況。④ (L-)〖希神〗迷宮。⑤ (the ～)〖解〗內耳。

*__lace__ [les] *n.* ① Ⓤ 緞帶；絲帶；花邊；飾邊。② Ⓒ 帶(如 shoelaces 等)。③ Ⓤ Ⓒ 加在食物[飲料]中的少量酒。—— *v.t.* ①以帶結。②飾以花邊。③(以胸衣)束腰(up)。④編結。⑤加上[畫上]條紋。⑥〖俗〗鞭打。⑦攙酒於(飲料)。—— *v.i.* ①結帶子；用帶結。②攻擊；責難。

lac·er·ate [ˋlæsə,ret] *v.t.* ①撕裂；劃破。②傷害(情感等)；使傷心。

— **lac·er·a′tion,** *n.*
lach·ry·mal [ˋlækrəml̩] *adj.* ①眼淚的；生淚的。②哭泣的。**—** *n.* (*pl.*)淚腺。§ **the ∼ glánds** 淚腺。
lach·ry·ma·to·ry [ˋlækrəmə,torɪ] *adj.* 眼淚的；催淚的。
lach·ry·mose [ˋlækrə,mos] *adj.* ①悲慘的；令人落淚的。②悲哀的。
‡**lack** [læk] *v.t.* ①缺乏；沒有。②短少。**—** *v.i.* 缺乏；無。**—** *n.* ①Ⓤ缺乏；無。②Ⓒ缺乏的東西。
lack·a·dai·si·cal [,lækəˋdezɪkl̩] *adj.* ①無精打采的。②懶惰的。
lack·ey [ˋlækɪ] *n.* Ⓒ ①男僕；跟班。②卑躬屈膝者。
lack·ing [ˋlækɪŋ] *adj.* 缺少的；不夠的。**—** *prep.* 如果沒有。
lack·lus·ter, 〖英〗**-tre** [ˋlæk,lʌstɚ] *adj.* 無光澤的；黯淡的。
la·con·ic [ləˋkɑnɪk] *adj.* 簡潔的；簡明的。
lac·quer [ˋlækɚ] *n.* ①ⓊⒸ漆。②ⓊⒸ天然漆。③Ⓤ漆器。**—** *v.t.* 塗漆於；噴髮膠於(頭髮)。
la·crosse [ləˋkrɔs] *n.* Ⓤ長曲棍球。
lac·tate [ˋlæktet] *v.i.* ①分泌乳；生乳。②哺乳；授乳。**—** *n.* Ⓤ〖化〗乳酸鹽。— **lac·ta′tion,** *n.*
lac·te·al [ˋlæktɪəl] *adj.* ①乳的；乳狀的。②〖解〗輸送[輸入]乳糜的。**—** *n.* (*pl.*)〖解〗乳糜管。
lac·tic [ˋlæktɪk] *adj.* 乳的；由乳而來的。§ **∼ ácid**〖化〗乳酸。
lacto- 〖字首〗表「乳」之義。
lac·to·ba·cil·lus [,læktobəˋsɪləs] *n.* Ⓒ (*pl.* **-li** [-laɪ])〖細菌〗乳桿菌；乳酸桿菌。
lac·to·gen·ic [,læktoˋdʒɛnɪk] *adj.* 催乳的。§ **∼ hórmone**〖生化〗催乳激素。
lac·tom·e·ter [lækˋtɑmətɚ] *n.* Ⓒ驗乳計。
lac·tose [ˋlæktos] *n.* Ⓤ〖化〗乳糖。
la·cu·na [ləˋkjunə] *n.* Ⓒ (*pl.* **-nae** [-ni], **∼s**) ①孔；窩；凹。②空隙；裂口。③闕文；脫漏；空白。
lac·y [ˋlesɪ] *adj.* 絲[緞]帶的；帶狀的；有花邊的。
‡**lad** [læd] *n.* Ⓒ ①少年；青年。②老友(暱稱)。③〖俗〗人。
***lad·der** [ˋlædɚ] *n.* Ⓒ ①梯。②進身的階梯；立身成名的步驟。③類似梯之物。
lade [led] *v.t.* (**lad·ed, lad·en** or **lad·ed**) ①裝載。②加負擔於。③以杓汲取(液體)。
***lad·en** [ˋledn̩] *adj.* 載滿的；充滿的。**—** *v.* pp. of **lade.**
lad·ing [ˋledɪŋ] *n.* Ⓤ ①裝載。②(所裝載的)貨物。
la·dle [ˋledl̩] *n.* Ⓒ長柄杓。**—** *v.t.* ①以杓舀取。②給予；贈送。
‡**la·dy** [ˋledɪ] *n.* ①Ⓒ(有地位者的)妻子；夫人。②Ⓒ貴婦；淑女。③Ⓒ女人；婦人。④Ⓒ情婦；戀人。⑤Ⓒ妻子。⑥(L-)〖英〗夫人。**—** *adj.* 女性的。§ **ládies' ròom** 女廁。
la·dy·bug [ˋledɪ,bʌg] *n.* Ⓒ瓢蟲。(亦作 **ladybird**)
la·dy·fin·ger [ˋledɪ,fɪŋgɚ] *n.* Ⓒ〖美〗一種指形蛋糕。
la·dy-kill·er [ˋledɪ,kɪlɚ] *n.* Ⓒ〖俚〗使女性一見鍾情之男子。
la·dy·like [ˋledɪ,laɪk] *adj.* ①風度雍容如貴婦的。②適於貴婦身分的。③貞淑的；溫雅的。
la·dy·ship [ˋledɪ,ʃɪp] *n.* Ⓒ ①貴婦的階級[地位]。②夫人。
la·dy's-slip·per [ˋledɪz,slɪpɚ] *n.* Ⓒ〖植〗①鬼督郵。②〖美〗鳳仙花。
‡**lag** [læg] *v.i.* (**-gg-**) ①慢慢地走；落後。②未充分發展。③逗留；延遲。④慢慢地減少。**—** *n.* Ⓒ ①落後；遲延。②落後的人。
la·ger [ˋlɑgɚ] *n.* Ⓤ儲藏啤酒。§ **∼ lòut** 醉惡少。
lag·gard [ˋlægɚd] *adj.* 緩慢的；落後的。**—** *n.* Ⓒ行動緩慢或落後者。
la·gn(i)appe [lænˋjæp] *n.* Ⓒ〖美方〗小贈品。
la·goon [ləˋgun] *n.* Ⓒ ①中有沙堤與海相隔之淺水。②環形珊瑚島中之海水；礁湖。
laid [led] *v.* pt. & pp. of **lay**¹.
laid-back [ˋledˋbæk] *adj.* 從容不迫的；鬆弛的；懶散的；悠哉的；逍遙自在的。
‡**lain** [len] *v.* pp. of **lie**².
lair [lɛr] *n.* Ⓒ ①野獸的巢穴。②盜賊的藏身地。③〖英〗牛舍。
laird [lɛrd] *n.* Ⓒ〖蘇〗地主。
lais·sez-faire, lais·ser-faire [,lɛseˋfɛr] 〖法〗*n.* Ⓤ ①(自由)放任政策。②自由競爭。
la·i·ty [ˋleətɪ, ˋle·ɪtɪ] *n.* (the ∼) ①俗人(別於僧侶、教士而言)。②外行人；門外漢(別於專家而言)。
‡**lake**¹ [lek] *n.* Ⓒ湖；湖水。
lake² *n.* Ⓤ ①深紅色顏料。②深紅色。

L

lam¹ [læm] *v.i.* & *v.t.* (**-mm-**)〖俚〗打；鞭笞〔常 out, into〕.

lam²〖俚〗*n.* (the ～) 避罪逃亡；脫逃。***be on the*** ～ 在逃；逃亡中。— *v.i.* (**-mm-**)逃跑；脫逃。

la·ma [ˋlɑmə] *n.* Ⓒ 喇嘛僧。the Grand [Dalai] *L*· 達賴喇嘛。

La·ma·ism [ˋlɑmə,ɪzəm] *n.* Ⓤ 喇嘛教。

La·maze [ləˋmɑz] *adj.* 拉梅茲無痛分娩的。the ～ method 拉梅茲無痛分娩法。

‡**lamb** [læm] *n.* ①Ⓒ小羊；羔羊。②Ⓤ羔羊肉。③Ⓒ年幼而天真無邪之人。***like a*** ～ **a.** 溫順地；膽怯地。**b.** 易受騙地。***the L-*** (***of God***) 耶穌基督。— *v.i.* 生小羊。

lam·ba·da [læmˋbɑdə] *n.* (the ～)黏巴達(一種貼身舞)。

lamb·da [ˋlæmdə] *n.* ⓊⒸ希臘字母之第11字(Λ, λ).

lam·bent [ˋlæmbənt] *adj.* ①(火、光)輕輕搖曳的。②溫柔而光明的；閃爍的。③輕妙的。— **lam′ben·cy,** *n.*

lamb·kin [ˋlæmkɪn] *n.* Ⓒ①小羊。②對年輕人或幼兒之暱稱。

lamb·skin [ˋlæm,skɪn] *n.* ⓊⒸ 小羊皮；羊皮紙。

***lame** [lem] *adj.* ①跛足的。②僵痛的。③理由不充足的。④不完全的。— *v.i.* 變跛；跛行。— *v.t.* ①使跛；使成殘廢。②使有缺點。§ ～ **dúck** (1)再競選失敗的現任國會議員(尤指眾院議員)。(2)無能之人；無用之物(如廢船等)。

la·mé [læˋme, lɑ-]〖法〗*n.* Ⓤ 金銀絲織物(用於婦女晚禮服、聖袍等)。

la·mel·la [ləˋmɛlə] *n.* Ⓒ (*pl.* **-lae** [-li], ～**s**)①(尤指骨或體素之)薄板；薄片；薄葉；薄層。②〖植〗菌褶。

***la·ment** [ləˋmɛnt] *v.i.* & *v.t.* ①哀悼；悲傷；慟哭。②悔恨。— *n.* Ⓒ ①悲傷；哀悼；慟哭。②哀歌；輓詩。③悔恨。

***la·men·ta·ble** [ˋlæməntəbḷ] *adj.* ①可悲的；悲慘的；令人悔恨的。②悲哀的。③可憐的；低劣的。

***lam·en·ta·tion** [,læmənˋteʃən] *n.* ①Ⓤ哀傷；哀痛；慟哭。②(Lamentations)(舊約中的)耶利米哀歌。③Ⓒ悲嘆聲；哀歌。

lam·i·na [ˋlæmənə] *n.* Ⓒ (*pl.* **-nae** [-,ni], ～**s**)①(金屬、骨、動植物體素、岩石等之)薄板；薄片；薄層；薄膜。②〖植〗葉片。

lam·i·nate [ˋlæmə,net] *v.t.* ①鎚打或輾壓(金屬)成薄板。②切成薄板。③覆以薄板。④疊合薄片作成。— *v.i.* 成薄板或薄片。— [ˋlæmənɪt, -,net] *adj.* 由薄片組成的；薄板[薄片]狀的。— **lam·i·na′tion,** *n.*

‡**lamp** [læmp] *n.* ①Ⓒ燈。②Ⓒ〖詩〗(太陽、月亮等發光的)星球。the ～*s* of heaven 星球。③Ⓒ智慧[希望]的源泉。④(*pl.*)〖俗〗眼睛。

lamp·black [ˋlæmp,blæk] *n.* Ⓤ 油煙；黑色顏料。

lamp·light·er [ˋlæmp,laɪtə] *n.* Ⓒ點燃街燈之燈夫。

lam·poon [læmˋpun] *n.* Ⓒ譏嘲之文章。— *v.t.* 以詩、文攻擊或譏諷。

lamp·post [ˋlæmp,post] *n.* Ⓒ路燈柱。

lam·prey [ˋlæmprɪ] *n.* Ⓒ 八目鰻。

lamp-shade [ˋlæmp,ʃed] *n.* Ⓒ燈罩。

la·nai [ləˋnaɪ] *n.* Ⓒ (夏威夷式的)陽臺。

***lance** [læns, lɑns] *n.* Ⓒ①輕騎兵所持之長矛。②戰士(特指執矛騎馬者)。③似槍矛之工具(如魚叉等)。— *v.t.* 以槍矛攻擊。

lanc·er [ˋlænsə] *n.* Ⓒ槍騎兵。

lan·cet [ˋlænsɪt] *n.* Ⓒ ①〖外科〗柳葉刀；雙刃小刀。②〖建〗**a.** 尖頂拱。**b.** 尖頂窗。

‡**land** [lænd] *n.* ①Ⓤ陸地(對海空而言)。②Ⓤ土地；田地。③Ⓒ國土；國家。④Ⓤ地產；(私有的)田地。— *v.t.* ①使(飛機)降落；使著陸。②(自船上)卸下。③(飛機)使降落；(船舶)卸下(客、貨)。④〖俗〗得到；獲得。⑤使處於(某種環境中)。⑥擊；打。— *v.i.* ①登岸；著陸〔at〕. ②(罪犯等)落網。③(終於)到達。§ ～ **brèeze** 陸風(日落後由陸地吹向海的風)。～ **grànt**〖美〗政府撥給大學或築鐵路等之土地。～ **mìne**〖軍〗地雷。～ **refòrm** 土地改革。～ **tàx** 土地稅；地租。

lan·dau [ˋlændɔ] *n.* Ⓒ①蘭道馬車(四輪有頂篷之馬車)。②頂篷可分兩半放下之轎車。

land·ed [ˋlændɪd] *adj.* ①擁有土地的。②由田地等構成的(指財產)。

land·er [ˋlændə] *n.* Ⓒ①〖礦〗司罐工人；把鉤工人。②(太空探險使用的)登陸艙。

land·fall [ˋlænd,fɔl] *n.* ⓊⒸ ①

〖空，海〗接近陸地；著陸。②〖海〗看到陸地；所看到的陸地。③山崩。

land·fill [ˋlænd͵fɪl] *n.* Ⓒ (掩埋式)垃圾處理場。

land·hold·er [ˋlænd͵holdɚ] *n.* Ⓒ 地主；持有土地者。

***land·ing** [ˋlændɪŋ] *n.* ① ⓊⒸ 登陸；上岸；(飛機)著陸。② Ⓒ (船等)卸貨處；碼頭。③ Ⓒ 樓梯頂端的走道；(樓梯階段間的)駐腳台。§ ∼ **cràft** 登陸艇。∼ **fìeld** 飛機起落場。∼ **gèar** 起落架 (飛機之滑行輪或浮艇，於陸上或水面升降用之)。∼ **stàge** 棧橋(供人、貨起落者)。∼ **strìp**飛機起落跑道。

***land·la·dy** [ˋlænd͵ledɪ, ˋlæn͵ledɪ] *n.* Ⓒ ①女房東；女地主。②(旅館等之)女主人；女老闆。

land·locked [ˋlænd͵lɑkt] *adj.* 爲陸地所包圍的(海灣等)。

***land·lord** [ˋlænd͵lɔrd, ˋlæn-] *n.* Ⓒ ①房東；地主。②(旅館等之)主人；老闆。

land·lub·ber [ˋlænd͵lʌbɚ] *n.* Ⓒ〖海〗新水手；不慣於航海者。

***land·mark** [ˋlænd͵mɑrk, ˋlæn-] *n.* Ⓒ ①顯而易見的目標；地標；陸標。②重要事件。③界石；界標。

land·mass [ˋlænd͵mæs] *n.* Ⓒ 大塊陸地。(亦作 **land mass**)

land·own·er [ˋlænd͵onɚ] *n.* Ⓒ 地主；擁有土地者。

land-poor [ˋlændˋpur] *adj.* 擁有(許多)土地卻(因稅捐高而)窮困的。

land·scape [ˋlænskep, ˋlænd-] *n.* Ⓒ ①(陸上)風景；山水。②山水風景畫。—— *v.t.* 使美化；使風景宜人。—— *v.i.* 作庭園設計師。§ ∼ **àrchitect** 造園技師；景色美化設計家。∼ **gàrdener** 庭園設計師；造園家。

land·slide [ˋlænd͵slaɪd] *n.* Ⓒ ①山崩。②因崩裂所滑下的山石。③〖美〗壓倒性勝利。

land·slip [ˋlænd͵slɪp] *n.* Ⓒ〖英〗山崩。

lands·man [ˋlændzmən] *n.* Ⓒ (*pl.* **-men**)①陸居者；陸上工作者。②初次航海之水手。

land·ward [ˋlændwɚd] *adv.* (亦作 **landwards**) 向陸地地。—— *adj.* 面向陸地的。

lane [len] *n.* Ⓒ ①小路；小徑。②〖美〗單行道。③(城市中的)小巷；衖；弄。④(船或飛機的)航路。⑤(比賽用的)跑道；泳道。⑥保齡球道。§ ∼ **clòsure** 修路圍籬。

lang·syne [ˋlæŋˋsaɪn]〖蘇〗*adv.* 許久以前。—— *n.* Ⓤ 許久以前。

‡**lan·guage** [ˋlæŋgwɪdʒ] *n.* ① Ⓤ 語言；文字。② Ⓒ 一個國家或民族的語言文字。③ Ⓤ 語調；措辭。④ Ⓤ 其他表情達意的方法。⑤ Ⓤ 術語。⑥ Ⓤ 語言學。⑦ Ⓤ 特殊的表達方式。⑧ Ⓤ 態度；立場。§ ∼ **làboratory** 語言(實習)教室。

lan·guid [ˋlæŋgwɪd] *adj.* ①精神不振的；軟弱無力的。②毫無興趣的；漠不關心的。③不活潑的；停滯的；遲緩的。④不起效用的；無生氣的。—**ly,** *adv.*

***lan·guish** [ˋlæŋgwɪʃ] *v.i.* ①變得衰弱無力；凋萎；憔悴。②渴望；苦思。③面呈傷感或柔情之色。④受苦；呻吟。⑤鬆弛；鬆懈。⑥減弱。

lan·guor [ˋlæŋgɚ] *n.* Ⓤ ①無精力；衰弱；倦怠。②無興趣；沒精打采。③柔情。④不活潑；遲緩。⑤(氣壓的)沉悶。—**ous,** *adj.*

lank [læŋk] *adj.* ①細長的。②(毛髮)平直的；無鬈曲的。

lank·y [ˋlæŋkɪ] *adj.* 瘦長的；細長的。

lan·o·lin(e) [ˋlænəlɪn] *n.* Ⓤ〖化〗羊毛脂(製藥膏用)。

***lan·tern** [ˋlæntɚn] *n.* Ⓒ 燈籠；提燈。§ ∼ **slìde** 幻燈片。

lan·tha·nide [ˋlænθə͵naɪd] *n.* Ⓤ〖化〗鑭化物；鑭族元素。

lan·tha·num [ˋlænθənəm] *n.* Ⓤ〖化〗鑭(金屬元素；符號 La)。

lan·yard [ˋlænjɚd] *n.* Ⓒ ①〖軍〗(發砲用的)拉火索。②〖海〗舟上繫物之短索。③水手套在頸上，以懸小刀或哨子等的繩索。

Lao [lau] *n.* (*pl.* ∼, ∼**s**)① Ⓒ 寮國人。② Ⓤ 寮國語。—— *adj.* 寮國(人，語)的。

Laos [lauz] *n.* 寮國(中南半島之一國)。

Lao-tzu, Lao-tse, Lao-tze [ˋlauˋdzʌ] *n.* 老子 (604? -531 B.C., 中國哲學家)。

***lap**¹ [læp] *n.* Ⓒ ①膝部。②(坐下時)腰至兩膝部分的衣裙。③衣裙的邊緣。④(任何東西)休息或養育之處。⑤環境；境遇。⑥控制範圍。⑦山坳。§ ∼ **dòg** 膝狗；巴兒狗(常被置於膝上玩的小狗)。

***lap**² *v.i.* (**-pp-**)①重疊；層疊。②延伸。③包圍。—— *v.t.* ①包裹。②使重疊。

***lap**³ *v.t.*(**-pp-**)①舐；舐食。②欣然接

受。③輕拍；輕擊。— *v.i.* ①輕拍；輕擊。②舐。～ **up a.**〖俗〗熱烈地接受。**b.** 吃或喝。— *n.* ①Ⓒ舐。②Ⓒ被舐之物。③Ⓤ(給狗吃的)流體食物。④(the ～)輕拍聲。

la·pel [ləˋpɛl] *n.* Ⓒ (西服上身的)翻領。

lap·i·dar·y [ˋlæpəˏdɛrɪ] *n.* Ⓒ ①寶石匠。②寶石鑑定家；寶石商。

lap·in [ˋlæpɪn]〖法〗*n.* ①Ⓒ兎子。②Ⓤ其毛皮。

lap·is laz·u·li [ˋlæpɪsˋlæzjəˏlaɪ] *n.* ①ⓊⒸ〖礦〗青金石；璧琉璃。②Ⓤ天藍色。

lap·pet [ˋlæpɪt] *n.* Ⓒ ①(衣、帽等之)垂下部分；垂飾。②衣衿。③(火雞之)肉垂；耳垂。

*__lapse__ [læps] *n.* Ⓒ ①失誤；差錯；筆誤。②過失；小疵。③流逝；經過。④〖法律〗(特權等的)消滅；終止；失效。⑤倒退；墮落。⑥消失；廢止。— *v.i.* ①過失。②失誤；失足。③消滅；終止；失效。④塌陷。⑤滑過；流逝。⑥背教。⑦消失；廢止。

lap·top [ˋlæpˏtap] *n.* Ⓒ 手提式個人電腦[電子計算機]；膝上型微電腦[電子計算機]。

lap·wing [ˋlæpˏwɪŋ] *n.* Ⓒ 田鳧。

lar·board [ˋlarbəd] *n.* Ⓤ 左舷(今易爲 port). — *adj.* (向)左舷的。

lar·ce·ny [ˋlarsn̩ɪ] *n.*〖法律〗①Ⓤ Ⓒ 竊盜。②Ⓤ 竊盜罪。

larch [lartʃ] *n.* ①Ⓒ落葉松。②Ⓤ落葉松之木材。

*__lard__ [lard] *n.* Ⓤ 豬油。— *v.t.* ①加豬油。②於烹調之前塞或覆鹹肉[醃肉]於(牛、雞等瘦肉之中或之上)。③修飾；點綴(文章、演說等)。

lard·er [ˋlardə] *n.* Ⓒ ①食物貯藏室。②家用食料。

‡**large** [lardʒ] *adj.* ①大的；巨大的。②廣闊的；無限制的。③大規模的；大量的。④寬大的。⑤誇大的。⑥〖海〗順風的。— *n.* 僅見於下列成語中的習慣用法。*at* ～ **a.** 自由的。**b.** 一般的；整個詳細地；冗長地。**c.** 的。**d.** 隨便地；零亂地。**e.** 代表一州或一區的。*in* (*the*) ～ 大規模地；廣義地；一般地。— *adv.* ①誇大地；自誇地。②順風地。§ ∼ **intéstine**〖解〗大腸。— **ness,** *n.*

large·heart·ed [ˋlardʒˋhartɪd] *adj.* 寬宏大量的。

‡**large·ly** [ˋlardʒlɪ] *adv.* ①大量地。②大半地；主要地。

large-scale [ˋlardʒˋskel] *adj.* ①大規模的。②大比例尺的(地圖)。

lar·gess(e) [ˋlardʒɪs] *n.* Ⓤ 慷慨的贈與[幫助]；(豐厚的)禮物。

lar·ghet·to [larˋgɛto]〖樂〗*adj.* & *adv.* 稍緩慢的[地]。— *n.* Ⓒ (*pl.* ～s) 稍緩慢曲。

larg·ish [ˋlardʒɪʃ] *adj.* 頗大的。

lar·go [ˋlargo]〖樂〗*adv.* & *adj.* 極緩慢地[的]。— *n.* Ⓒ (*pl.* ～s) 緩慢曲。

*__lark__[1] [lark] *n.* Ⓒ ①雲雀；百靈鳥。②詩人；歌手。

lark[2] *n.* Ⓒ〖俗〗①嬉戲；玩笑；歡樂。②頑皮的行動。— *v.i.* ①玩樂；開玩笑；自娛。②做出頑皮的行動。

lark·spur [ˋlarkˏspɜ] *n.* Ⓒ〖植〗飛燕草。

*__lar·va__ [ˋlarvə] *n.* Ⓒ (*pl.* **-vae** [-vi]) ①(昆蟲的)幼蟲。②幼體時期之動物(如蝌蚪)。— **lar′val,** *adj.*

lar·yn·gi·tis [ˏlærɪnˋdʒaɪtɪs] *n.* Ⓤ 喉炎。

la·ryn·go·scope [ləˋrɪŋgəˏskop] *n.* Ⓒ〖外科〗喉頭鏡。

lar·ynx [ˋlærɪŋks] *n.* Ⓒ (*pl.* **la·ryn·ges** [ləˋrɪndʒiz], ～**es**) 喉頭(包括聲帶)。

las·civ·i·ous [ləˋsɪvɪəs] *adj.* ①淫亂的；好色的。②有挑逗性的。— **ly,** *adv.*

la·ser [ˋlezə] *n.* Ⓒ〖理〗雷射(爲 *l*ight *a*mplification by *s*timulated *e*mission of *r*adiation 之略)。§ ∼ **chèmistry** 雷射化學。∼ (**vídeo**) **dìsk** 雷射影碟。∼ **dísk plàyer** 雷射唱機(=**CD player**). ∼ **prìnter** 雷射印表機。∼ **sùrgery** 雷射手術。

*__lash__[1] [læʃ] *n.* ①Ⓒ 鞭上皮條部分。②Ⓒ 鞭撻。③Ⓒ 睫毛(=eyelash)。④(the ～)鞭刑。⑤Ⓒ鞭子。— *v.t.* ①鞭撻；打。②前後揮動或打擊。③諷刺；抨擊。④激動；煽動。— *v.i.* ①擺動。②拍打；抽打。③急動；猛衝。～ *out* **a.** 鞭撻；打擊。**b.** 責備責罵。**c.** 突然做。**d.** 作過分的動作或暴烈的行爲。

*__lash__[2] *v.t.* 縛；束；綑；紮。

*__lass__ [læs] *n.* Ⓒ ①少女；女孩。②愛人；情婦。

las·sie [ˋlæsɪ] *n.* Ⓒ〖蘇〗①小姑娘；少女。②愛人(指女性)。

las·si·tude [ˋlæsəˏtjud] *n.* Ⓤ 疲乏；倦怠；懶散。

las·so [ˋlæso] *n.* Ⓒ (*pl.* ～(e)s)

索；一端有活結之繩索(用以擲出套牛、馬者)。— *v.t.* 以活結套索套捕(牛、馬)。

‡**last¹** [læst, lɑst] *adj.* ①最後的；末尾的(爲 first 之對)。②最末的(指時間的順序)。③昨(晚)；上(週等)；去(年)。～ night 昨晚。④唯一的；最後的。⑤最近的(指過去時間)。⑥最不可能的；最不適的。He's the ～ man I want to see. 他是我最不願見的一個人。⑦最大的；極端的。⑧臨終的。⑨決定性的；結論的。⑩單獨的(與 every 連用藉以加強語氣)。— *adv.* ①最後地；最末地。②最近一次地。～ *of all* 最後。— *n.* (the ～)最後之人或事物。*at* ～ 終於；到底。*at long* ～ (經過重重困難或不愉快的經歷之後)終於。*see the* ～ *of* 不再看見。§ ∼ **náme**〖美〗姓。**the** ∼ **dày** 最後審判日。**the L∼ Júdgment**(世界末日之)最後審判。**the** ∼ **stráw** 加上去後令人無法再忍受的負擔[行爲]。**the L∼ Súpper**(耶穌與其使徒之)最後晚餐。

***last²** *v.i.* ①延續；持續。②支持；持久。③維持。— *v.t.* ①安然度過；生還〔常 out〕。②繼續滿足…之需要。～ *out* 維持過去；度過。

last³ *n.* Ⓒ 鞋楦。*stick to one's* ～ 堅守自己的崗位；只管自己的事。

last-ditch [ˋlæstˋdɪtʃ] *adj.* 最後防線上的；不再後退的。

***last·ing** [ˋlæstɪŋ,ˋlɑs-] *adj.* 持久的；永恆的。

***last·ly** [ˋlæstlɪ] *adv.* (依次列舉)最後一點；最後地。

Las Ve·gas [lɑsˋvegəs] *n.* 拉斯維加斯(位於美國 Nevada 州的賭城)。

lat. latitude. **Lat.** Latin.

latch [lætʃ] *n.* Ⓒ ①門閂。②小彈簧鎖；門鎖。*on the* ～祇栓著門閂，但沒有上鎖。— *v.t.* 以門栓(門等)。— *v.i.* ①栓。②抓住。③〖俗〗得到。④〖俗〗了解。

latch·key [ˋlætʃ,ki] *n.* Ⓒ 門鎖鑰匙。§ ∼ **chìld** 鑰匙兒童。

late [let] *adj.* (**lat·er** or **lat·ter, lat·est** or **last**) ①遲的；晚的。②在後的；將盡的；末期的。③近來的；新近的。④亡故的；已故的。⑤已辭職的；前任的。*of* ～ 近來(=lately)。— *adv.* (**lat·er, lat·est** or **last**) ①遲；晚。②近來地；新近地。③以前；先前。John Smith, ～ of Boston 以前在波士頓的約翰·史密斯。*better* ～ *than never* 亡羊補牢(永不爲遲)。— **ness,** *n.*

late·com·er [ˋlet,kʌmɚ] *n.* Ⓒ 晚來者；新進者。

***late·ly** [ˋletlɪ] *adv.* 近來；最近。

late-night [ˋlet,naɪt] *adj.* 深夜的；午夜的。

***la·tent** [ˋletn̩t] *adj.* 潛在的；不易被覺察的；潛伏的。— **laˊten·cy,** *n.*

***lat·er** [ˋletɚ] *adj.* comp. of **late.** 更遲的；更後的。— *adv.* 後來；稍後；隨後。～ *on* 後來；過些時。

***lat·er·al** [ˋlætərəl] *adj.* 旁邊的；側面的。— *n.* Ⓒ ①側部；側生枝。②側路；支線。— **ly,** *adv.*

***lat·est** [ˋletɪst] *adj.* superl. of **late.** ①最遲的。②最近的；最新的。— *adv.* 最遲地；最近地。— *n.* (the ～) ①最新流行物。②最新的消息。*at* (*the*) ～ 最遲；最晚。

lath [læθ, lɑθ] *n.* ① Ⓤ Ⓒ 板條。② Ⓒ 薄木片。③ Ⓒ 瘦子。*as thin as a* ～ 骨瘦如柴。

lathe [leð] *n.* Ⓒ ①車床。②旋盤；鏇床。

lath·er [ˋlæðɚ] *n.* Ⓤ (又作 a ～) ①肥皂泡沫。②(馬等之)汗沫。— *v.t.* ①塗以肥皂泡沫。②〖俗〗用力鞭打。③使緊張；使焦急〔常 up〕.

‡**Lat·in** [ˋlætɪn] *n.* ① Ⓤ 拉丁文。② Ⓒ 拉丁系的人。③ Ⓒ 古羅馬人。④ Ⓒ 羅馬天主教徒。— *adj.* ①拉丁文的。②拉丁(系)的。§ ∼ **América** 拉丁美洲(即南美洲、中美洲、墨西哥及西印度群島等地)。∼ **Américan** 拉丁美洲人。∼ **Chúrch** 羅馬天主教會；拉丁[西方]教會。— **ism,** — **ist,** *n.* — **ize,** *v.t.* & *v.i.*

La·ti·no [ləˋtino, læ-] *n.* Ⓒ (*pl.* ～**s**)〖美〗拉丁美洲人。

***lat·i·tude** [ˋlætə,tjud] *n.* ① Ⓤ 緯度；緯線。②(*pl.*)某緯度之地區。③ Ⓤ (思想、行動等的)範圍；自由。*warm* [*cold*] ～*s* 熱[寒]帶地區。

lat·i·tu·di·nal [,lætəˋtjudən̩l] *adj.* 緯度的。— **ly,** *adv.*

lat·i·tu·di·nar·i·an [,lætə,tjudn̩ˋɛrɪən] *adj.* 自由主義的；寬容的；不拘泥於教條的。— *n.* Ⓒ 自由主義者；不拘泥於教條者。— **ism,** *n.*

la·trine [ləˋtrin] *n.* Ⓒ 廁所(尤指兵營或營地中者)。

‡**lat·ter** [ˋlætɚ] *adj.* ①後者的。②(時間上)較後的。— **ly,** *adv.*

lat·ter-day [ˋlætɚˋde] *adj.* 近代的；當今的。§ **L~ Sáint**〖美〗末日聖徒(摩門教徒)。

lat·tice [ˋlætɪs] *n.* Ⓒ (窗等的)格子。**—** *v.t.* ①做成格子式樣。②裝格子於。**—lat′ticed** [~t], *adj.*

lat·tice·work [ˋlætɪs,wɝk] *n.* Ⓤ①格子細工。②(集合稱)格子。

laud [lɔd] *v.t.*褒獎；讚美。**—** *n.*① Ⓤ 褒獎；讚美。② Ⓒ 讚美詩；頌歌。③(常 L-) (*pl.*, 作 *sing.* or *pl.*解)清晨所作之宗教讚課。**— a·ble,** *adj.*

laud·a·to·ry [ˋlɔdə,torɪ], **-tive** [-tɪv] *adj.* 讚賞的；褒揚的。

‡**laugh** [læf, lɑf] *v.i.* 笑。**—** *v.t.*①(藉笑)使消除〔away, off〕。②以笑表示。③笑得…。~ *at* **a.** 笑；嘲笑。**b.** 一笑置之。**c.**雖覺可笑但帶有同情心。~ *off* 一笑置之。**—** *n.* ① Ⓒ (常a ~) 笑； 笑柄。②(*pl.*)娛樂。*have the last* ~ *on* 表面上似乎失敗但獲得最後的勝利或成功；佔優勢。*raise a* ~ 引人發笑。**—a·ble,** *adj.* **—a·bly,** *adv.*

laugh·ing [ˋlæfɪŋ] *adj.*①帶笑的；笑容滿面的。②可笑的；令人發噱的。**—** *n.* Ⓤ 笑(的動作)。§ ~ **gàs**〖化〗笑氣。**—ly,** *adv.*

laugh·ing·stock [ˋlæfɪŋ,stɑk] *n.* Ⓒ笑柄；受人嘲笑者。

*__laugh·ter__ [ˋlæftɚ,ˋlɑf-] *n.* Ⓤ ①笑。②笑聲。

*__launch__ [lɔntʃ, lɑntʃ] *v.t.* ①使(船)下水；行下水式。②使(飛機)升空；發射(飛彈等)。③使(某人)從事。④開辦；創辦。**—** *v.i.* 開始；著手。~ (*out*) *into* 狂熱於；熱心於。**—** *n.* ① (*sing.*, 常 the ~)下水(式)。② Ⓒ (軍艦所帶的)大艇。③ Ⓒ 遊艇。§ ~**·ing pàd**(火箭或飛彈的)發射台。

laun·der [ˋlɔndɚ] *v.t.* 洗熨(衣服等)。**—** *v.i.* ①經洗。②洗熨衣服。

laun·dress [ˋlɔndrɪs] *n.* Ⓒ 洗衣婦；洗燙衣物的女工。

laun·dro·mat [ˋlɔndrəmæt] *n.* Ⓒ①(營業性)自助洗衣店。②論磅收費的洗衣店。

*__laun·dry__ [ˋlɔndrɪ,ˋlɑn-] *n.* ① Ⓒ 洗衣店。② Ⓤ (the ~, 集合稱)〖俗〗所洗或送洗的衣服。

laun·dry·man [ˋlɔndrɪmən] *n.* Ⓒ (*pl.* **-men**)①洗衣工。②洗衣店所雇取送衣服者。

lau·re·ate [ˋlɔrɪɪt] *n.* Ⓒ ①桂冠詩人(=poet laureate). ②任何贏得榮譽者。③稱讚者；讚美者。**—** *adj.*①戴桂冠的。②有名的。**—ship,** *n.*

*__lau·rel__ [ˋlɔrəl, ˋlɑr-] *n.* ① Ⓒ 月桂樹。② Ⓤ 桂樹葉。③(*pl.*)光榮；榮譽。④(*pl.*)勝利。*rest on one's* ~*s* 對既得之榮譽感到滿足。**—(l)ed** [~d], *adj.*

*__la·va__ [ˋlɑvə, ˋlævə] *n.* Ⓤ①(火山流出的)熔岩；岩漿。②(由熔岩凝結成的)火山岩。§ ~ **fìeld** 熔岩區。

lav·a·to·ry [ˋlævə,torɪ] *n.* Ⓒ①盥洗室；廁所。②洗臉盆。

*__lav·en·der__ [ˋlævəndɚ] *n.* Ⓤ ①歐薄荷；薰衣草。②淡紫色。§ ~ **wà·ter** 薰衣草香水。

*__lav·ish__ [ˋlævɪʃ] *adj.* ①豐富的；過多的。②過度慷慨的；浪費的。**—** *v.t.* 浪費；濫用。**—ness,** *n.*

*__lav·ish·ly__ [ˋlævɪʃlɪ] *adv.* 浪費地；豐富地。

‡**law** [lɔ] *n.* ① Ⓤ 法律。② Ⓒ 法律條文；法規。③ Ⓤ 法(律)學。④ Ⓤ (常 the ~)法律業；律師業；司法界。⑤ Ⓤ 法律的手段[手續]；訴訟。⑥ Ⓤ Ⓒ **a.** 規律；慣例；習慣。**b.** (宗教之)戒律；律法。**c.** (科學等之)法則；定律；原理。**d.** (藝術等之)原則；法。**e.** (競賽之)規則；規定。⑦ Ⓤ (集合稱)〖俗〗警官；警察。⑧(the L-)舊約聖經；摩西的律法。*go to* ~ 訴諸法律；提起訴訟。*take the* ~ *into one's own hands* 私行治罪或保衛自己的權益。§ ~ **còurt**法庭(=court of law). ~ **tèrm**(1)法律用語。(2)開庭期。

law-a·bid·ing [ˋlɔə,baɪdɪŋ] *adj.* 守法的；安分守己的。

law·break·er [ˋlɔ,brekɚ] *n.* Ⓒ 犯法者；罪犯。

*__law·ful__ [ˋlɔfəl] *adj.* ①合法的。②法定的。reach ~ age 達到法定年齡。③守法的。**—ly,** *adv.*

law·giv·er [ˋlɔ,gɪvɚ] *n.* Ⓒ 立法者。

law·less [ˋlɔlɪs] *adj.* ①沒有法律的；法律無法實行的。②目無法紀的；違法的。③難管訓的。**—ness,** *n.*

law·mak·er [ˋlɔ,mekɚ] *n.* Ⓒ 立法者。

*__lawn__¹ [lɔn] *n.* Ⓒ①草地。②(網球等的)球場。§ ~ **mòwer** 割草機。~ **pàrty**〖美〗園遊會。~ **tènnis** 草地網球。**—lawn′y,** *adj.*

lawn² *n.* Ⓤ一種薄麻布。

Law·rence [ˋlɔrəns] *n.* 勞倫斯(David Herbert, 1885-1930, 英國小說家、詩人)。

law·suit [ˋlɔ͵sut] *n.* Ⓒ訴訟(案)。

*__law·yer__ [ˋlɔjɚ] *n.* Ⓒ律師。

lax [læks] *adj.* ①散漫的。②不嚴謹的；馬馬虎虎的。③放縱的。④模糊的。⑤腹瀉的。— **i·ty** [ˋlæksətɪ], *n.*

lax·a·tive [ˋlæksətɪv] *adj.* ①通便的。②未被抑制的。— *n.* Ⓒ通便劑；瀉藥。

‡**lay**[1] [le] *v.t.* (**laid**) ①置放；橫置。②使。They ~ the land waste. 他們將該地區夷爲平地。③產(卵)。④撲滅；消除。⑤準備；鋪設。⑥提出；陳述。⑦課(稅)；下(令)。⑧以…爲背景(常用被動語態)。⑨覆蓋；塗(顏料等)。⑩打；擊。⑪打(賭)；賭注。⑫砌。⑬設計；安排。⑭歸咎；委諸於。⑮鋪平；擺平。⑯埋葬。— *v.i.* ①產卵。②打賭；賭注。③努力從事。④計畫。~ *about* 向四面揮打。~ *aside* **a.** 貯藏；儲蓄。**b.** 推置一邊；棄置。**c.** 拋棄；革除。**d.** =lay up. ~ *down* **a.** 使躺下。**b.** 藏(酒於地窖中)。**c.** 放棄；犧牲。**d.** 賭(錢)。**e.** 計畫；設計。**f.** 規定(規則、原則等)。**g.** 栽植；墾殖(土地)爲牧場。~ *in* 貯藏。~ *off* **a.** 駛(船)離(岸或他船)。**b.** 〖美〗暫時解雇。**c.** 休息。~ *on* **a.** 猛(打)。**b.** 塗；敷。**c.** 裝(水管、煤氣管等)。~ *oneself out* 盡力；用盡苦心。~ *out* **a.** 打開備用。**b.** 出現；呈現。**c.** 準備埋葬。**d.** 〖俗〗擊倒；擊昏。**e.** 用(錢)。**f.** 計畫；設計。~ *up* **a.** 貯藏。**b.** 使(船)入船塢。**c.** 臥床(用被動語態)。— *n.* ①Ⓤ(常 the ~)方位；位置；地形；地勢。②Ⓒ〖鄙〗性交(的對象)。

‡**lay**[2] *v.* pt. of **lie**[2].

lay[3] *adj.* ①普通平民的；凡俗的(對牧師、僧侶而言)。②非屬於專門職業的(對律師、醫師等而言)；外行的。§ ~ **figure** (1)(美術家或商店的)人體模型。(2)傀儡似的人物；無用的人。

lay[4] *n.* Ⓒ①短抒情詩(尤指能唱者)。②歌曲。

láy·a·way plán [ˋleə͵we ~] *n.* Ⓒ商品預購法(先付定金，待餘款付清才取貨的辦法)。

lay-by [ˋle͵baɪ] *n.* Ⓒ〖英〗①幹道旁邊之停車修理區。②〖鐵路〗旁軌。

*__lay·er__ [ˋleɚ] *n.* Ⓒ①一層。②產卵雞。③放置者。④〖園藝〗壓條。§ ~ **càke**〖美〗夾心蛋糕。

*__lay·man__ [ˋlemən] *n.* Ⓒ (*pl.* **-men**) ①門外漢；外行人(對專家而言)。②俗人(對教士而言)。

lay·off [ˋle͵ɔf] *n.* Ⓒ①臨時解雇。②失業時期。③休息；中止活動。

lay·out [ˋle͵aʊt] *n.* ①Ⓒ〖美〗設計；布置。②Ⓤ呈現；陳列。③Ⓒ設計之物。④Ⓒ一套工具。

laze [lez] *v.i.* 懶散；怠惰。— *v.t.* 懶散地打發(時間)〔away〕.

*__la·zi·ly__ [ˋlezɪlɪ] *adv.* 懶惰地；懶洋洋地。

*__la·zy__ [ˋlezɪ] *adj.* ①懶惰的；怠惰的。②緩慢的；不活潑的。③令人懶惰的。§ ~ **Súsan**(置於餐桌中央便於取食之)大轉盤。— **la′zi·ness**, *n.*

la·zy·bones [ˋlezɪ͵bonz] *n.* (常作 *sing.* 解)〖俗〗懶人；懶骨頭。

lb. (*pl.* **lbs., lb.**) libra. **L / C, l / c** letter of credit. **LD** laser disk. **Ld.** Limited; Lord.

lea [li] *n.* Ⓒ〖詩〗草原；牧場。

leach [litʃ] *v.t.* ①過濾(水等)。②濾取(可溶物質)。— *v.i.* 過濾。— *n.* ①Ⓤ過濾。②Ⓒ濾器。③Ⓤ濾劑；濾液。

‡**lead**[1] [lid] *v.t.* (**led**) ①引導；嚮導。②牽引。③領導；率領。④過(生活)。⑤居首；爲第一名。— *v.i.* ①領導；率領。②做嚮導；領路。③通；至；達。④(比賽中)領先。⑤導致。⑥居首。⑦出牌；首先打出。~ *off* 開始；率先。~ *on* 使誤入歧途；使誤解。~ *up to* 漸次提及；鋪路。— *n.* ①(*sing.*) **a.** 最前頭(的位置)。**b.** 率先；指揮。②Ⓒ榜樣。③**a.** (the ~)冠軍。**b.** (a ~)領先(的差距)；優勢。④Ⓒ〖俗〗提示；頭緒。⑤(the ~)〖戲劇〗主角；主要演員。⑥Ⓒ(新聞報導文之)開頭；第一段。

*__lead__[2] [lɛd] *n.* ①Ⓤ鉛。②Ⓒ(測水深用的)鉛錘。③(*pl.*)(鋪屋頂的)鉛板。④(*pl.*)裝玻璃之鉛框。— *v.t.* ①以鉛接合；以鉛沉壓。②〖印刷〗塞鉛條於(活字)的行間。§ ~ **péncil**鉛筆。~ **pòisoning**〖醫〗鉛中毒；鉛毒症。

lead·en [ˋlɛdn̩] *adj.* ①鉛製的。②鉛色的；淺黑色的。③沉重的。④沉悶的；意志消沉的。⑤低級的。

*__lead·er__ [ˋlidɚ] *n.* Ⓒ①領袖；指揮者。②(報紙的)社論。③馬車之先導馬。④(樹木的)嫩枝。§ ~ **wrìter**〖英〗(報紙之)社論作者；主筆。

L

***lead·er·ship** [ˋlidɚ͵ʃɪp] *n.* ①Ⓤ 領導地位；領導權。②Ⓤ 領導能力。③Ⓒ 領導階層。

lead-free [ˋlɛd͵fri] *adj.* 無鉛的。～ gasoline [petrol] 無鉛汽油。

lead-in [ˋlid͵ɪn] *n.* Ⓒ ①〖電〗天線引入線。②序言；介紹辭。

‡**lead·ing** [ˋlidɪŋ] *adj.* 領導的；主要的；在前的。— *n.* Ⓤ ①領導；指導。②疏導。§ ∼ **árticle** (1)社論。(2)報紙上的最重要消息；頭條新聞。∼ **lády** 公司的女主管；影劇女主角。∼ **líght** 領導人物。∼ **mán**〖戲劇〗男主角。∼ **quéstion** 誘導性詢問[問題]。

lead·off [ˋlid͵ɔf] *n.* Ⓒ〖棒球〗第一棒打擊手。— *adj.* (亦作**lead-off**)起頭的；最先的。

lead-up [ˋlid͵ʌp] *n.* Ⓒ 準備階段或步驟。

leaf** [lif] *n.* (*pl.* **leaves**) ①Ⓒ 樹葉；草葉。②Ⓒ (書的)一張；一葉(即兩面或兩頁)。③Ⓒ 花瓣。④Ⓤ (金屬)箔。take a ～ out of*** [***from***] ***one's book*** 仿傚某人；依樣畫葫蘆。***turn over a new ～*** 改過自新。— *v.i.* ①(樹)生葉。②翻書頁〔常 through〕. — *v.t.* 翻(書等)的頁。§ ∼ **bùd**〖植〗葉芽；嫩葉。∼ **mòld** 腐葉土。—**less,** *adj.*

leaf·age [ˋlifɪdʒ] *n.* Ⓤ (集合稱)葉。

***leaf·let** [ˋliflɪt] *n.* Ⓒ ①小葉。②傳單；散頁印刷品；摺疊的印刷品。

leaf·stalk [ˋlif͵stɔk] *n.* Ⓒ〖植〗葉柄。

***leaf·y** [ˋlifɪ] *adj.* ①多葉的；葉叢密的。②葉狀的。

‡**league**[1] [lig] *n.* Ⓒ ①聯盟；同盟。②〖美〗(棒球等的)聯賽；聯盟。③種類。***in ～*** 聯合的；聯盟的。***the L-*** (***of Nations***)國際聯盟。

league[2] *n.* Ⓒ 里格(長度名，約等於三英里)。

***leak** [lik] *n.* ①Ⓒ 漏洞；漏隙。②Ⓒ 漏出量。③Ⓒ 漏電。④(a ～)〖俗〗排尿；小便。— *v.i.* ①漏；(水、光等)流入或洩出。②(祕密等)洩漏〔out〕. — *v.t.* ①漏；使(水、光等)流入或洩出。②洩漏。

leak·age [ˋlikɪdʒ] *n.* ①ⓊⒸ 漏；漏泄物。②Ⓤ (祕密等的)洩漏。

leak·y [ˋlikɪ] *adj.* 漏的；有漏隙的。

‡**lean**[1] [lin] *v.i.* (**leaned** or **leant**) ①傾斜；傾側〔to〕. ②憑；靠。③傾身。④依賴；依靠。⑤傾向；偏。— *v.t.* 使傾斜；使倚憑。***～ over backward***〖俗〗**a.** 矯枉過正。**b.** 盡最大努力。— *n.* (a ～)傾斜；偏倚。

***lean**[2] *adj.* ①瘠瘦的。②歉收的；貧乏的。— *n.* Ⓤ 瘦肉。

lean·ing [ˋlinɪŋ] *n.* Ⓒ ①傾斜。②傾向；嗜好；偏好。

leant [lɛnt] *v.* pt. & pp. of **lean**[1].

lean-to [ˋlin͵tu] *n.* Ⓒ (*pl.* **～s**)單斜面屋頂。

‡**leap** [lip] *n.* Ⓒ ①跳；躍。②一躍之距離。③劇增。***a ～ in the dark*** 冒險。***by ～s and bounds*** 躍進地；迅速地。— *v.i.* (**leaped** or **leapt**) ①跳；躍；猛衝。②急速進步；飛躍。— *v.t.* ①跳過；躍過。②使跳過。***Look before you ～.*** 三思而後行。§ ∼ **yèar** 閏年。

leap·frog [ˋlip͵frɑg, -͵frɔg] *n.* Ⓤ 跳蛙[跳背]遊戲。— *v.i.* (**-gg-**)作跳蛙式前進〔over〕.

leapt [lɛpt, lipt] *v.* pt. & pp. of **leap.**

‡**learn** [lɝn] *v.t.* (**learned** or **learnt**) ①學習；學。②學會；(由學而)懂得。③獲悉。— *v.i.* ①學；學習。②聞；聞悉〔of〕. ***～ by heart*** 默誦；默記。—**er,** *n.*

***learn·ed** [ˋlɝnɪd] *adj.* ①有學問的；博學的。②學術性的。

***learn·ing** [ˋlɝnɪŋ] *n.* Ⓤ ①學問；學識；學術。②學習。

‡**learnt** [lɝnt] *v.* pt. & pp. of **learn.**

***lease** [lis] *n.* Ⓒ 租；租期；租約。— *v.t.* ①租用。②租出。

lease·hold [ˋlis͵hold] *n.* ⓊⒸ ①租賃權。②租用之土地或建築物。— *adj.* 租得的。—**er,** *n.*

leash [liʃ] *n.* Ⓒ (牽狗等所用的)皮帶。***hold*** [***have***] ***in ～*** 控制。— *v.t.* ①以皮帶束縛。②加以抑制。

‡**least** [list] *adj.* (常 the ～)最小的；最少的；最不重要的。the ～ common multiple〖數〗最小公倍數(略作 L.C.M.). — *pron.* (常 the ～)最少；最小；最少量。***at*** (***the***)***～*** 至少。***not in the ～*** 一點也不(=not at all). — *adv.* 最少；最不；最沒有。***～ of all*** 最不(應該)；尤其不。***not ～*** 頗；尤其。

‡**leath·er** [ˋlɛðɚ] *n.* ①Ⓤ 皮革。②Ⓒ 皮革製品。— *v.t.*〖俗〗以皮鞭打。—**leath′er·y,** *adj.*

leath·er·ette [͵lɛðəˋrɛt] *n.* Ⓤ 假皮；人造皮。

leath·ern [ˋlɛðɚn] *adj.* ①革(製)

的。②似革的。

leath·er·neck [ˋlɛðɚ͵nɛk] *n.* Ⓒ〖俚〗美海軍陸戰隊員。

‡**leave**[1] [liv] *v.t.*(**left**)①留置；置放。②遺置；忘記。③讓；聽任。④離開；離別；辭去。⑤(死後)遺留。⑥付託；依賴。⑦剩餘。⑧走過；經過。⑨遺棄。⑩留下。⑪放棄或停止。⑫省略；遺漏；不提〔常 off, out〕. —*v.i.* ①出發；往；赴〔for〕. ②停止〔off〕. ③離去。～ ***behind*** 忘記攜帶；遺落；棄置。～ ***off*** **a.** 脫去(衣服)。**b.** 停止；放棄。～ ***out*** 遺漏；省略。～ ***somebody to himself*** [***his own devices***]不管他；讓他隨便行動。

leave**[2] *n.* ①Ⓤ許可；同意。②Ⓤ Ⓒ請假；准假；假期。③Ⓤ離開；告別。～ ***of absence 休假。***on*** ～ 告假中；休假中。

leaved [livd] *adj.* (有)…葉的。a narrow-*leaved* tree 狹葉樹。

leav·en [ˋlɛvən] *n.* ①Ⓤ酵；酵母。②ⓊⒸ潛在勢力。—*v.t.* ①使發酵。②影響；感化。

leaves [livz] *n.* pl. of **leaf.**

leave-tak·ing [ˋliv͵tekɪŋ] *n.* ⓊⒸ告別；道別。

leav·ings [ˋlivɪŋz] *n. pl.* 渣滓；殘餘。

Leb·a·non [ˋlɛbənən] *n.* 黎巴嫩(地中海東岸的共和國，首都 Beirut).

lech·er [ˋlɛtʃɚ] *n.* Ⓒ好色之徒；色情狂。—*v.i.* 耽於色情。

lech·er·ous [ˋlɛtʃərəs] *adj.* 好色的；淫蕩的。—**lech′er·y,** *n.*

lec·i·thin [ˋlɛsəθɪn] *n.* Ⓤ〖生化〗卵磷脂；蛋黃素。

lec·tern [ˋlɛktən] *n.* Ⓒ①教堂中的讀經台。②講演台。

***lec·ture** [ˋlɛktʃɚ] *n.* Ⓒ①演講(特指有教育和學術性者)。②教訓；訓誡。—*v.t.* & *v.i.* ①對…演講。②訓誡；責罵。§ ∼ **háll**講堂；大教室。∼ **thèater** 階梯式教室。

***lec·tur·er** [ˋlɛktʃərɚ] *n.* Ⓒ①講演人；講課人。②講師。③訓誡者。

led [lɛd] *v.* pt. & pp. of **lead**[1].

***ledge** [lɛdʒ] *n.* Ⓒ①(牆壁等)突出之狹長部分。②岩石面之突出部分。

ledg·er [ˋlɛdʒɚ] *n.* Ⓒ①〖簿記〗總帳。②(蓋於墓上之)大石板。

lee [li] *n.* (the ～)①庇蔭(處)。②避風處。③〖海〗風吹向處；下風處。—*adj.* ①避風的。②下風處的。

leech [litʃ] *n.* Ⓒ①〖動〗水蛭。②吸血鬼；高利貸；食客。③〖古〗醫生。

leek [lik] *n.* Ⓒ〖植〗韮蔥。

leer [lɪr] *n.* Ⓒ秋波；媚眼；睨視。—*v.i.* & *v.t.* 送秋波；拋媚眼。

leer·y [ˋlɪrɪ] *adj.* 多疑的；提防的。

lees [liz] *n. pl.*(常 the ～)沉於杯底的殘渣。

lee·ward [ˋliwɚd] *adj.* 在下風的。—*adv.* 向下風地。—*n.* Ⓤ下風。

lee·way [ˋli͵we] *n.* ①Ⓤ〖空，海〗風壓偏航；風壓差。②ⓊⒸ(時間之)損失；落後。③ⓊⒸ〖俗〗活動的餘地；充裕時間。

‡**left**[1] [lɛft] *adj.* ①左方的；左側的。②左翼的；左傾的；急進的。—*n.* ①(the ～, one's ～)左方；左側。②Ⓤ(常the L-)急進派；左派。—*adv.* ①在[向]左邊。②左傾地。§ ∼ **wíng** (1)(政治上)左翼(政黨)；急進派。(2)(球類運動之)左翼(隊員)。

‡**left**[2] *v.* pt. & pp. of **leave**[1].

left-hand [ˋlɛftˋhænd] *adj.* ①左方的。②(用)左手的。③不自然的。

left-hand·ed [ˋlɛftˋhændɪd] *adj.* ①慣用左手的；笨拙的。②用左手做的。③左旋的；反時鐘方向的。④無誠意的；可疑的。

left-hand·er [ˋlɛftˋhændɚ] *n.* Ⓒ①慣用左手的人。②左拳；突擊。

left·ist [ˋlɛftɪst] *n.* Ⓒ左派議員；左派的人；社會主義者。—*adj.* 左派的；左翼的；過激的。

left·o·ver [ˋlɛft͵ovɚ] *adj.* 殘餘的；賸下的。—*n.* Ⓒ(常 *pl.*)剩餘物；剩飯。

left-wing [ˋlɛft͵wɪŋ] *adj.* 左翼的；急進的。—**er,** *n.*

left·y [ˋlɛftɪ] *n.* Ⓒ①〖美俚〗左撇子。②〖棒球〗左手投手。③左派人士或社會主義者。

‡**leg** [lɛg] *n.* Ⓒ①腿；足。②衣物的腿部。③(桌、椅等的)脚。④旅行中的一段路程。***give a person a*** ～ ***up*** 扶人上馬；(轉爲)助人克服困難。***have not a*** ～ ***to stand on***(對自己的行動)無理由可申述。***pull a person's*** ～ **a.** 開玩笑。**b.** 欺騙；愚弄。***stretch one's*** ～***s***(久坐之後)出外散步。***take to one's*** ～***s*** 逃逸。—*v.i.* & *v.t.* (**-gg-**)〖俗〗走；跑(常與it連用)。We couldn't get a ride so we had to ～ it. 我們搭不上車，祇得走路。§ ∼ **guàrd**(尤指冰上曲棍球等所用的)護膝。∼ **shòw** 大腿舞。

L

leg·a·cy [ˋlɛgəsɪ] *n.* Ⓒ ①〖法律〗遺產。②祖先傳下來的東西。

***le·gal** [ˋligḷ] *adj.* ①法律的；法律上的。②法定的。③律師的。④合法的。§ ∼ **áge** 法定年齡。∼ **áid**〖法律〗法律援助(對窮困者提供訴訟費用的援助)。∼ **hóliday** 法定假日。∼ **ténder**〖法律〗法定貨幣；法幣。— **ism,** — **ist,** *n.*

le·gal·i·ty [lɪˋgælətɪ] *n.* Ⓤ ①合法(性)；正當。②墨守法規。

le·gal·ize [ˋligḷ,aɪz] *v.t.* 使合法。

***le·gal·ly** [ˋligḷɪ] *adv.* 在法律上；從法律的觀點。

leg·ate [ˋlɛgɪt] *n.* Ⓒ ①羅馬教皇的使節。②使節；使者。

le·ga·tion [lɪˋgeʃən] *n.* Ⓒ ①公使館全體人員。②公使館。

le·ga·to [lɪˋgɑto]〖義〗*adj.* & *adv.*〖樂〗圓滑的[地]。

***leg·end** [ˋlɛdʒənd] *n.* ① ⓊⒸ 傳奇；傳說；稗史。② Ⓤ 傳奇文學。③ Ⓒ 傳奇性人物。④ Ⓒ (錢幣或獎章上的)刻字。⑤ Ⓒ (繪畫、地圖等的)說明；圖例。— **ar·y** [∼ ,ɛrɪ], *adj.*

leg·er·de·main [,lɛdʒədɪˋmen] *n.* Ⓤ ①魔術。②詐術。③詭辯。

leg·ged [ˋlɛgɪd, lɛgd] *adj.* 有(…)腿的。four-*legged* 有四隻腳的。

leg·ging [ˋlɛgɪŋ] *n.* Ⓒ (常 *pl.*)護脛；裹腿；綁腿。

leg·gy [ˋlɛgɪ] *adj.* ①長腿的。②腿修長的。— **leg′gi·ness,** *n.*

leg·i·ble [ˋlɛdʒəbḷ] *adj.* ①(字跡等)易讀的；清楚的。②可看出的；可辨認的。— **leg′i·bly,** *adv.*

***le·gion** [ˋlidʒən] *n.* ① Ⓒ 古羅馬之軍團。② Ⓒ 聲勢浩大之武裝人員；軍隊。③(a ∼ or *pl.*)衆多；多數；大批。

leg·is·late [ˋlɛdʒɪs,let] *v.i.* & *v.t.* 制定法律。— **leg′is·la·tor,** *n.*

***leg·is·la·tion** [,lɛdʒɪsˋleʃən] *n.* Ⓤ ①立法；制定法律。②法律。

leg·is·la·tive [ˋlɛdʒɪs,letɪv] *adj.* ①立法的；立法權的。②立法機構的。— *n.* Ⓒ 立法機構。— **ly,** *adv.*

***leg·is·la·ture** [ˋlɛdʒɪs,letʃə] *n.* Ⓒ 立法機關；議會。

le·git·i·ma·cy [lɪˋdʒɪtəməsɪ] *n.* Ⓤ ①合法性；正當。②嫡出。

***le·git·i·mate** [lɪˋdʒɪtəmɪt] *adj.* ①合法的；正當的。②嫡出的。§ ∼ **dráma** 正統戲劇。— **ly,** *adv.*

le·git·i·mize [lɪˋdʒɪtə,maɪz] *v.t.* 使合法化；給予法律保障。

leg·less [ˋlɛglɪs] *adj.* 無腿的。

leg·room [ˋlɛg,rum] *n.* Ⓤ (座位前)伸腳之地。

leg·ume [ˋlɛgjum] *n.* Ⓒ ①莢豆。②豆莢。③(作爲蔬菜的)豆類。

lei [le] *n.* Ⓒ (夏威夷人戴在頸上的)花圈。§ **L∸ Dày**(夏威夷之)五朔節(=May Day).

lei·sure** [ˋliʒə, ˋlɛʒə] *n.* Ⓤ ①空閒；閒暇。②自在；不勉強。at*** ∼ **a.** 在閒暇中的；閒暇的。**b.** 慢慢地；不匆忙地。**c.** 失業。***at one's*** ∼ 當其空閒時。— *adj.* ①空閒的；閒暇的。②有空閒的。— **lei′sured,** *adj.*

***lei·sure·ly** [ˋliʒəlɪ, ˋlɛʒəlɪ] *adj.* & *adv.* 從容的[地]；悠閒的[地]。

leit·mo·tif, -tiv [ˋlaɪtmo,tif] *n.* Ⓒ ①〖樂〗主導主題；主樂旨。②反覆出現的主題；中心思想。

***lem·on** [ˋlɛmən] *n.* ① Ⓒ 檸檬(樹)。② Ⓤ 檸檬色；淡黃色。③ Ⓒ〖俚〗令人討厭之物；無價值之物。§ ∼ **sòda**〖美〗檸檬蘇打水(有檸檬風味的碳酸飲料)。∼ **squásh**〖英〗檸檬蘇打。∼ **squéezer** 檸檬榨汁器。∼ **téa** 檸檬茶。

***lem·on·ade** [,lɛmənˋed] *n.* ⓊⒸ 檸檬水。

lem·on·y [ˋlɛmənɪ] *adj.* 有檸檬味的。

le·mur [ˋlimə] *n.* Ⓒ〖動〗(Madagascar 島產之)狐猴。

‡**lend** [lɛnd] *v.t.* (**lent**) ①借出；借與。②貸(款)。③增添。④提供。∼ ***itself to*** 適合。∼ ***oneself to*** 幫助；協助；參與。— **er,** *n.*

lend-lease [ˋlɛndˋlis] *n.* Ⓤ 資援(二次大戰時美國通過租借法案，對盟國所作的物資、武器援助)。§ **the Lénd-Léase Áct** 租借法案(美國國會於 1941 年 3 月授權總統對盟國援助之法案)。

‡**length** [lɛŋkθ, lɛŋθ] *n.* ① ⓊⒸ 長；長度。② ⓊⒸ 時間；期間。③ Ⓒ 一段；一截。④ Ⓒ 船或馬等的長度(競賽時作長度的單位)。***at full*** ∼ 全身伸展地。***at*** ∼ **a.** 最後；終於。**b.** 時間很長地；詳盡地。***go (to) any*** ∼***(s)***; ***go all*** ∼***s*** 盡一切所能爲。***over the*** ∼ ***and breadth of*** 到處；四面八方。

***length·en** [ˋlɛŋkθən, ˋlɛŋθən] *v.t.* & *v.i.* (使)加長；變長。

length·wise [ˋlɛŋkθ,waɪz, ˋlɛŋθ-], **-ways** [-,wez] *adv.* & *adj.* 縱長地[的]。

length·y [ˋlɛŋkθɪ] *adj.* (演說、寫作、文體等之)冗長的；長而乏味的。

le·ni·ent [ˋliniənt] *adj.* 寬大的；溫和的；(刑罰)輕的。— **ly,** *adv.* — **le′ni·ence, le′ni·en·cy,** *n.*

Len·in [ˋlɛnɪn] *n.* 列寧(Nikolai, 1870-1924, 俄國共產黨領袖，建立蘇維埃政府)。

Len·in·grad [ˋlɛnɪn͵græd] *n.* 列寧格勒(俄國歐洲部分一城市，於1991年恢復原名 St. Petersburg)。

***lens** [lɛnz] *n.* Ⓒ ①透鏡；(照相機等的)鏡頭。②(眼球的)水晶體。

‡**lent** [lɛnt] *v.* pt. & pp. of **lend.**

Lent [lɛnt] *n.* 封齋期；四旬齋(自聖灰日起至復活節前夕星期日除外之四十天)。

Lent·en, l- [ˋlɛntən] *adj.* ①封齋期的。②貧乏的；樸素的。③陰鬱的；不開朗的。

len·til [ˋlɛntḷ] *n.* Ⓒ〖植〗扁豆。

len·to [ˋlɛnto]〖義〗*adj.* & *adv.*〖樂〗緩慢的[地]。

Le·o [ˋlio] *n.*〖天〗①獅子座。②獅子宮(黃道之第五宮)。

Le·o·nar·do da Vin·ci [͵liəˋnardodəˋvɪntʃi] *n.* 達文西(1452-1519, 義大利畫家、雕刻家、建築家)。

le·o·nine [ˋliə͵naɪn] *adj.* ①(似)獅的。②威風凜凜的；勇猛的。

leop·ard [ˋlɛpɚd] *n.* Ⓒ 豹。

le·o·tard [ˋliətard] *n.* ① Ⓒ 緊身運動衣。②(*pl.*)緊身褲。

lep·er [ˋlɛpɚ] *n.* Ⓒ 痲瘋病患者。

lep·re·chaun [ˋlɛprə͵kɔn] *n.* Ⓒ〖愛爾蘭傳說〗妖精。

lep·ro·sy [ˋlɛprəsɪ] *n.* Ⓤ 痲瘋病。

lep·rous [ˋlɛprəs] *adj.* (患)痲瘋病的。

lep·ton [ˋlɛptan] *n.* Ⓒ〖理〗微子；輕粒子。

Les·bi·an [ˋlɛzbɪən] *adj.* ① Lesbos 島的。②(常 l-)(女性)同性戀的。③(常 l-)色情的。— *n.* Ⓒ (常 l-)(女性)同性戀者。— **ism,** *n.*

le·sion [ˋliʒən] *n.* Ⓒ ①傷害；損害。②〖醫〗(機能、組織之)損害。

Le·so·tho [ləˋsoto] *n.* 賴索托(非洲南部一王國，首都 Maseru)。

less [lɛs] *adj.* ①較小的；較少的。②(年紀、職位、重要性等)較小的。— *adv.* ①較小；不及；較差。②較少；不如。~ *and* ~ 越來越小[少]地。~ *than* 決不；毫不。— *pron.* 較少[小]之量或額。— *prep.* 不足；減除。

-less〖字尾〗表「無；缺；不能；不」之義。

les·see [lɛsˋi] *n.* Ⓒ 賃借人；承租人；租地人。

***less·en** [ˋlɛsṇ] *v.t.* ①使小；減少。②藐視；抹煞。— *v.i.* 變小；變少；收縮；減少。

***less·er** [ˋlɛsɚ] *adj.* 較少的；較小的；次要的。

‡**les·son** [ˋlɛsṇ] *n.* Ⓒ ①功課；課業；課程；一課。②教訓；譴責。③日課(在禮拜儀式中誦讀的一段聖經)。*learn one's* ~ (從經驗中)獲取教訓。

les·sor [ˋlɛsɔr] *n.* Ⓒ 房屋出租人；地主。

***lest** [lɛst] *conj.* 以免；因恐。

‡**let**[1] [lɛt] *v.t.* (**let, let·ting**) ①讓；允許。②解散；放開。③讓(表示間接的命令)。④出租。⑤認爲；假設。— *v.i.* 被出租。~ ***be*** 別找麻煩；別干預。~ ***down*** **a.** 放下；鬆下。**b.** 慢下來。**c.** 使失望。**d.** 羞辱。~ ***fall*** **a.** 使跌倒；丟下。**b.** 說出；吐出。~ ***in*** **a.** 捲入(麻煩)。**b.** 容許(某人)知道或參加(某事)。~ ***into*** **a.** 嵌入。**b.** 告知。~ ***off*** **a.** 放(槍砲)。**b.** 了事；算數；釋放。**c.** 讓…離去。~ ***on***〖俗〗**a.** 洩露(祕密等)。**b.** 假裝；使信。~ ***out*** **a.** 租出去。**b.** 放出；洩出。**c.** 放寬；放大(衣服)。**d.**〖俗〗解雇；開除；釋放。**e.**(學校)放學；(戲院)散場。~ ***up***〖俗〗停止。— *n.* Ⓒ 出租；租出。

let[2] *v.t.* (**let·ted** or **let, let·ting**)〖古〗阻礙；妨礙。— *n.* Ⓒ ①阻礙；妨礙。②(網球等發球時的)球觸網。

-let〖字尾〗表「小」之義。

let·down [ˋlɛt͵daʊn] *n.* Ⓒ〖俗〗失望。

le·thal [ˋliθəl] *adj.* 致命的。

le·thar·gic, -gi·cal [lɪˋθardʒɪk(ḷ)] *adj.* ①使人昏昏欲睡的。②遲滯的；不活潑的。

leth·ar·gy [ˋlɛθɚdʒɪ] *n.* Ⓤ (又作 a ~)①昏睡(病)。②無力氣；不活潑；怠倦。

Le·the [ˋliθi] *n.* ①〖希神〗遺忘川。② Ⓤ 忘卻。— **Le·the′an,** *adj.*

‡**let's** [lɛts, lɛs] = **let us.**

‡**let·ter** [ˋlɛtɚ] *n.* ① Ⓒ 字母。② Ⓒ 書信；函。③ Ⓒ (常 *pl.*)正式證書；許可證；特權狀。④(the ~, *sing.*)正確之用字；字義。⑤(*pl.*) **a.** 文學。**b.** 文學知識；文學修養。**c.** 寫作生

涯。*to the* ~ (做)到每一細節。§~ bòmb 書信炸彈。~ bòx〖英〗信箱。

let·tered [ˋlɛtəd] *adj.* ①受過教育的。②有學問的；博學的。③有文學修養的。④印有字母[文字]的。

let·ter·head [ˋlɛtəˏhɛd] *n.* ①Ⓒ印在信紙上的銜頭；信紙信頭。②Ⓤ有銜頭的信紙。

let·ter·ing [ˋlɛtərɪŋ] *n.* Ⓤ(書寫、雕刻之)文字。

let·ter-per·fect [ˋlɛtəˋpɝfɪkt] *adj.* 完全記住(功課或臺詞)的。

let·ter·press [ˋlɛtəˏprɛs] *n.* Ⓤ凸版印刷。

***let·tuce** [ˋlɛtɪs, -əs] *n.* ①ⓊⒸ萵苣。②Ⓤ〖俚〗鈔票；美鈔。

let·up [ˋlɛtˏʌp] *n.* ⓊⒸ〖美俗〗停止；中止；弛緩。

leu·k(a)e·mi·a [ljəˋkimɪə] *n.* Ⓤ〖醫〗白血球過多症；血癌。

leu·ko·cyte [ˋlukəˏsaɪt] *n.* Ⓒ〖生理〗白血球。

lev·ee[1] [ˋlɛvɪ] *n.* Ⓒ①堤防；防洪堤。②碼頭。

lev·ee[2] [ləˋvi] *n.* Ⓒ①接見會(君主或其他顯要人物於早晨起床後立即舉行者)。②〖美〗總統招待會。③〖英〗(宮廷的)午朝(下午二、三時召開，限男子)。

‡**lev·el** [ˋlɛvḷ] *adj.* ①平的；水平的；平坦的。②平衡的；健全的。③平等的。④平穩的。⑤平板的；單調的。⑥勢均力敵的。*do one's* ~ *best* 盡一切可能；盡最大努力。—*n.* ①ⓊⒸ平面；水平面；水平線。②ⓊⒸ高度。③Ⓒ水平儀。④Ⓒ(社會、道德、知識上的)標準；程度。⑤Ⓒ階層；階級。*find one's own* ~ 找到與自己身分、才幹等相當的人或適當的位置。*on the* ~〖俗〗誠實的；直率的。—*v.t.* (-l-,〖英〗-ll-)①使平；使成水平；拆毀。②舉(槍)瞄準。③使同等；使相同。④針對(某話、意向等)。—*v.i.* ①(拿武器)瞄準；對準 [at]. ②變成平等；拉平。③坦白說話。— (l)er, *n.*

lev·el-head·ed [ˋlɛvḷˋhɛdɪd] *adj.* 穩健的；頭腦清晰的；明智的。

lev·el·(l)ing [ˋlɛvḷɪŋ] *n.* Ⓤ①使平；使平坦。②〖測量〗抄平；水平測量；高低測量。③平等運動。④〖語言〗(字形變化之)單純化。

***lev·er** [ˋlɛvə, ˋlivə] *n.* Ⓒ槓桿。—*v.t. & v.i.* 以槓桿移動；撬開。

— **age** [~ɪdʒ], *n.*

le·vi·a·than [lɪˋvaɪəθən] *n.* ①(常 L-)〖聖經〗巨大海獸。②Ⓒ任何巨大之物(如巨艦等)。

Le·vis, Le·vi's [ˋlivaɪz] *n. pl.* 〖美商標〗藍色緊身工作褲；牛仔褲。

lev·i·tate [ˋlɛvəˏtet] *v.i. & v.t.* 輕浮；浮於空中。

lev·i·ta·tion [ˏlɛvəˋteʃən] *n.* ⓊⒸ藉魔術使身體浮於空中。

Le·vit·i·cus [ləˋvɪtɪkəs] *n.* 利未記(舊約聖經之第三書)。

lev·i·ty [ˋlɛvətɪ] *n.* ①Ⓤ輕率；浮躁。②Ⓒ輕率的舉動。

lev·y [ˋlɛvɪ] *v.t.* ①征稅。②徵集。③發動(戰爭)；作(戰)。—*v.i.* ①扣押。②仰賴。—*n.* Ⓒ①徵稅；徵集。②徵集之錢；徵集之人。

lewd [lud] *adj.* 淫蕩的；猥褻的；好色的。— **ly,** *adv.* — **ness,** *n.*

Lew·is [ˋluɪs] *n.* 劉易斯(Sinclair, 1885-1951, 美國小說家)。

lex·i·cog·ra·pher [ˏlɛksəˋkɑgrəfə] *n.* Ⓒ辭典編纂人。

lex·i·cog·ra·phy [ˏlɛksəˋkɑgrəfɪ] *n.* Ⓤ辭典編纂(法)。— **lex·i·co·graph′i·cal** [-ˋgræf-], *adj.*

lex·i·con [ˋlɛksɪkən] *n.* Ⓒ(*pl.* **-i·ca** [-ɪkə], ~**s**)①(尤指希臘語、希伯來語、拉丁語及阿拉伯語之)辭典；字典。②專門字典。③字彙。

L.F., LF low frequency.〖無線〗低頻率；長波。

Lha·sa [ˋlɑsə] *n.* 拉薩(西藏首府)。

Li〖化〗lithium.

li·a·bil·i·ty [ˏlaɪəˋbɪlətɪ] *n.* ①Ⓤ義務；應該。②Ⓤ易患；易染。③(*pl.*)債務。④Ⓒ不利；缺點。

***li·a·ble** [ˋlaɪəbḷ] *adj.* ①可能遭…的。②易患的；易陷的。③應負責的；有責任的。④有義務的。⑤受控制的

li·aise [lɪˋez] *v.i.* 連絡。

li·ai·son [ˏlieˋzɔ̃]〖法〗*n.* ①Ⓤ聯絡。②Ⓒ私通。③Ⓒ連音。

***li·ar** [ˋlaɪə] *n.* Ⓒ說謊者。

Lib, lib [lɪb] *n.* Ⓤ解放運動。—*adj.* 與解放運動有關的。

li·ba·tion [laɪˋbeʃən] *n.* Ⓒ①傾酒或油於地以祭神。②祭神之酒或油；奠酒。③〖諧〗酒。

li·bel [ˋlaɪbḷ] *n.* ①Ⓤ文字誹謗(罪)。②Ⓤ誹謗罪。③Ⓒ誹謗或損害名譽之事物。④Ⓤ誹謗；中傷。—*v.t.* (-l-,〖英〗-ll-) ①發表誹

(人)的文章。②誹謗；中傷。
— (l)er, *n.* — (l)ous, *adj.*

lib·er·al [ˋlɪbərəl] *adj.* ①慷慨的；大方的。②豐富的；充分的。③寬厚的；大度的。④自由主義的。**—** *n.* Ⓒ ①自由主義者。②(L-)自由黨黨員。§ **L∸ Pàrty** (英國之)自由黨。
— **ist,** — **ism, lib·er·al′i·ty** [-ˋræl-], *n.* — **lib·er·al·is′tic,** *adj.* — **ly,** *adv.*

lib·er·al·ize [ˋlɪbərəl͵aɪz] *v.t.* & *v.i.* (使)自由主義化；變成寬厚。
— **lib·er·al·i·za′tion,** *n.*

lib·er·ate [ˋlɪbə͵ret] *v.t.* 釋放；使獲自由；解放。— **lib·er·a′tion, lib′-er·a·tor,** *n.*

Li·be·ri·a [laɪˋbɪrɪə] *n.* 賴比瑞亞(非洲西部之一國)。

lib·er·tar·i·an [͵lɪbɚˋtɛrɪən] *adj.* 主張(思想、行動等之)自由的；自由論的。**—** *n.* Ⓒ 自由(意志)論者。

lib·er·tine [ˋlɪbɚ͵tin] *n.* Ⓒ 放蕩者；淫蕩者。

lib·er·ty [ˋlɪbɚtɪ] *n.* ①Ⓤ 自由；自由權。②(*sing.*)失禮；冒昧。③(*pl.*)特權。*at* ~ **a.** 空閒的；閒暇的。**b.** 失業的。*take liberties* (*with*) **a.** 太隨便；冒昧。**b.** 任意改變；歪曲(事實)。§ **L∸ Ìsland** 自由島(在紐約灣內，自由女神像在此島上)。

li·bi·do [lɪˋbaɪdo] *n.* ⓊⒸ (*pl.* ~**s**) ①〖精神分析〗本能的衝動；生命力。②性衝動；性慾。

Li·bra [ˋlaɪbrə] *n.* 〖天〗①天秤座。②天秤宮(黃道之第七宮)。

li·brar·i·an [laɪˋbrɛrɪən] *n.* Ⓒ 圖書館員；圖書館長。

li·brar·y [ˋlaɪ͵brɛrɪ] *n.* Ⓒ ①圖書館；圖書室。②文庫；叢書。③藏書。④書房。§ ∸ **càrd** 借書證。∸ **scí-ence** 圖書館(管理)學。

li·bret·to [lɪˋbrɛto] *n.* Ⓒ (*pl.* ~**s,** **-ti** [-tɪ]) 歌劇劇本。

Lib·y·a [ˋlɪbɪə] *n.* 利比亞(非洲北部之一國)。— **Lib′y·an,** *adj.* & *n.*

lice [laɪs] *n.* pl. of **louse.**

li·cense, -cence [ˋlaɪsn̩s] *n.* ① Ⓤ Ⓒ 特許；許可。② Ⓒ 執照；特許證。③ Ⓤ 放肆；放縱。**—** *v.t.* 許可；特許。

li·censed [ˋlaɪsənst] *adj.* ①被認可的；領有執照的。②社會公認的。

li·cen·see, -cee [͵laɪsn̩ˋsi] *n.* Ⓒ 執照持有者。

li·cen·ti·ate [laɪˋsɛnʃɪɪt] *n.* Ⓒ 領得開業執照者。

li·cen·tious [laɪˋsɛnʃəs] *adj.* 放蕩不拘的；放縱的；不守法則的。

li·chee [ˋlitʃi] *n.* =**litchi.**

li·chen [ˋlaɪkɪn, -kən] *n.* Ⓤ ①〖植〗青苔；地衣。②〖醫〗苔癬。

lic·it [ˋlɪsɪt] *adj.* 合法的；正當的。

***lick** [lɪk] *v.t.* ①(以舌)舐。②(火)捲燒；(浪)沖洗。③〖俗〗打擊；戰勝；征服。④〖俗〗揍一頓。~ *into shape* 整頓；使具規模。**—** *n.* ① Ⓒ 舐。②(a ~)極少之量；少許。③ Ⓒ〖俗〗打；擊。④ Ⓒ〖俗〗(動作、努力等之)一下。⑤ Ⓤ〖俗〗速度。*a ~ and a promise* **a.** 馬虎的洗擦。**b.** 敷衍。

lic·o·rice [ˋlɪkərɪs] *n.* Ⓤ ①〖植〗甘草。②甘草根；甘草汁。

***lid** [lɪd] *n.* Ⓒ ①蓋。②眼瞼。

***lie**[1] [laɪ] *n.* ① Ⓒ 謊言；欺人之談。② Ⓒ 虛僞之行爲。③(the ~)對謊言[虛僞]之指控。*give the ~ to* (*something*) 證實(某事)爲虛僞；反駁。**—** *v.i.* & *v.t.* (~**d, ly·ing**) ①撒謊；以謊言使。②作假。§ ∸ **detèc-tor** 測謊器。

‡**lie**[2] *v.i.* (**lay, lain, ly·ing**) ①臥；躺。②在(某種狀態中)。③位於；在。④存在。⑤(死人)葬(在)；長眠地下。⑥〖法律〗成立；可獲准。~ *by* **a.** 休息。**b.** 未被使用。~ *in* **a.** 睡懶覺。**b.** (產婦)待產。~ *over* 擱延。~ *to* (船)逆風時幾乎不能前進。~ *up* **a.** 臥床不起；不出門。**b.** (船)停在船塢；不使用。~ *with* **a.** 爲…之職責。**b.** 與…發生肉體關係。**—** *n.* ① Ⓤ (常 the ~)位置；方向；形勢。② Ⓒ (動物的)巢；穴。③ Ⓒ〖英〗一臥；一躺。

Liech·ten·stein [ˋlɪktən͵staɪn] *n.* 列支敦斯登(位於歐洲中部奧地利和瑞士之間的一個小公國)。

lied [lid] 〖德〗 *n.* Ⓒ (*pl.* **lie·der** [ˋlidɚ]) 〖樂〗歌曲。

lie-down [ˋlaɪ͵daʊn] *n.* Ⓒ〖俗〗小睡；午睡；躺臥罷工[抗議]。

lief [lif] *adv.* 喜悅地；自願地。

liege [lidʒ] *n.* Ⓒ ①主上；君王。②臣僕。**—** *adj.* ①君主的；君王的。②臣僕的。③忠實的。

lien [lin] *n.* Ⓒ〖法律〗留置權；質權；抵押權。

lieu [lu] *n.* Ⓤ 僅用於下列片語。*in ~ of* 代替。

Lieut. Lieutenant.

***lieu·ten·ant** [luˋtɛnənt, lɪu-,

L

〖英〗lɛf-] *n.* [C] ①代理上級長官者；副官。②陸軍中尉[少尉]。③海軍上尉[中尉]。④助理人員；助手。§ ～ **cólonel**〖美〗陸軍中校；空軍中校。～ **commánder**〖美〗海軍少校。～ **géneral**〖美〗陸軍中將；空軍中將。～ **góvernor** (1)〖美〗副州長。(2)〖英〗副總督。

‡**life** [laɪf] *n.* (*pl.* **lives**) ①[U] 生命；性命。②[C] 壽命。③[C] 一生；終身。④[U] 生活。⑤[C] 傳記。⑥[U] 精神；生氣；活力。⑦[C] 人；活的人。⑧[U] 存在之時間。⑨[U] (集合稱)生物。⑩(the ～)力量或生氣等之來源。⑪[U] 社交活動。⑫[C] 新生命；新機會。⑬[C] 生涯。⑭[U] 實物。⑮[C]〖保險〗壽險對象。⑯[U] 人生。*bring* [*come*] *to* ～使蘇醒；使復活。*for* ～ 終身。*for the* ～ *of me* 要我的命也…；無論如何也…。§ ～ **assùrance**〖英〗人壽保險。～ **bèlt** 救生帶；浮帶。～ **bùoy** 救生圈[袋]。～ **cỳcle**〖生物〗生活環(自最初卵之受精起而至再生殖下一代止之循環)。～ **expèctancy** 平均壽命。～ **insùrance** (1)人壽保險。(2)(保險公司付給之)人壽保險金。(3)(保險人付給保險公司之)人壽保險費。～ **jàcket** 救生衣。～ **lìne** (1)救生[救難]索；(喻)似救生索之物。(2)潛水人員作升降或發信號用之繩索。(3)(手相)生命線。～ **péer** 止於一身之貴族(子孫不能承襲)。～ **presèrver** (1)〖美〗救生工具。(2)〖英〗防身用之短棒。～ **ràft** 救生艇。～ **scíences** 生命科學。～ **séntence** 無期徒刑之判決。～ **spàn** 壽命(生物可能的最長生命)。～ **stỳle** (有個性的)生活方式。

life·blood [ˋlaɪf,blʌd] *n.* [U] ①保持生命所必需的血液。②任何事物的主要部分或原動力。

life·boat [ˋlaɪf,bot] *n.* [C] 救生艇。

life·guard [ˋlaɪf,gɑrd] *n.* [C] ①救生人員。②〖英〗英王侍衛。

***life·less** [ˋlaɪflɪs] *adj.* ①無生命的；死的。②無生物的。

life·like [ˋlaɪf,laɪk] *adj.* 生動的；栩栩如生的。

life·long [ˋlaɪfˋlɔŋ] *adj.* 終身的。

life·man·ship [ˋlaɪfmən,ʃɪp] *n.* [U] 虛張聲勢。

life·sav·ing [ˋlaɪf,sevɪŋ] *adj.* 救生(用)的；救難(用)的；救溺的。

life-size(d) [ˋlaɪfˋsaɪz(d)] *adj.* 與實物大小一樣的。

***life·time** [ˋlaɪf,taɪm] *n.* [C] ①一生；終身。②有生之日。

life·work [ˋlaɪfˋwɜk] *n.* [U] 終身事業。

LIFO [ˋlaɪfo] *n.*〖經〗後進先出法。

‡**lift** [lɪft] *v.t.* ①舉起；抬起；搬起。②(自土中)掘出。③晉升；擢升。④提高。⑤〖俗〗撿起；偷。⑥〖美〗償付；贖。⑦使向上突出。⑧解除(禁令等)。⑨抄襲。⑩帶；運送。── *v.i.* ①升高。②被舉起；被推起。③(霧等)消散。④向上突出。── *n.* [C] ①高舉；舉起。②幫助；助手。③〖英〗電梯；升降機。

lift-off [ˋlɪft,ɔf] *n.* [C]〖空〗(尤指火箭或直升機)升空；發射(時間)。

lig·a·ment [ˋlɪgəmənt] *n.* [C]〖解〗韌帶。

lig·a·ture [ˋlɪgə,tʃur] *n.* [C] ①綁縛之物；結合之物(如繃帶等)。②〖印刷〗連字(如 *Æ, ffl* 等)。

‡**light**¹ [laɪt] *n.* ①[U] 光；光線；光亮。②[C] 發光物；引火物。③[C] 火。④[C] 光源。⑤[U] 照明；光度。⑥[U] 光明之處。⑦[U] (常 the ～)白天；日間。⑧[U] (常 the ～)天明；破曉。⑨[C] 使光線進入之物。⑩[U] 了解；明白。⑪[C] 見解；事實的眞相。⑫[C] 顯赫人物；典範人物。⑬[U] 同意。⑭[U] 目光；臉上的光彩。⑮[C] 交通燈光號誌。⑯[U] (常 the ～)日光。⑰[C] 眞理。⑱[U] 衆人之耳目。⑲[U]〖古〗視力。⑳[C] 燈塔。㉑(*pl.*)一個人所有的知識能力與思想能力等。*in* … *good* [*bad*] ～ **a.**容[不]易看清的 **b.** 從好[壞]的觀點。*in the* ～ *of* 從…的觀點。*see the* ～ (*of th*… *day*) **a.** 出生。**b.** 公開；公諸於世 **c.** 得到正確的觀念。── *adj.* ①光明的；明亮的。②淺色的；淡色的。③容光煥發的。── *v.t.* (**lit** or ～**ed**)①點燃。②供給光線；使光明。③使容光煥發。④使發光。⑤以燈引路。── *v.i.* ①變亮；轉爲光亮。②著火。③容光煥發。§ ～ **mèter** 曝光表；光度計。～ **pèn**〖電算〗光筆(在指示板上畫特定點或字，以便進行光電變換輸入電腦)。

***light**² *adj.* ①輕的。②分量輕的(就體積論)。③輕捷的；靈活的。④輕微的。⑤愉快的；高興的。⑥輕浮的；輕率的。⑦軟性的；通俗的。⑧輕…的。⑨不重要的；微小的。⑩多孔的；含沙的。⑪味淡的；酒精成分不多的

⑫易消化的。⑬輕裝備的。⑭小規模的。⑮輕音的(音節)。⑯頭暈的。⑰載貨很少的；未載貨的。⑱(武器等)小型的；小口徑的。⑲淫蕩的；人盡可夫的。⑳易變的。*make* ~ *of* 低估；輕視。— *adv.* ①輕輕地；容易地。②不帶貨地。§ ∼ áircraft(通常有一具螺旋槳的)小飛機；輕型飛機。∼ héavyweight 重乙級(選手體重於拳擊在161-175磅，於摔角在176-191磅，於舉重在168-180磅者)。∼ índustries 輕工業。

light³ *v.i.* (~**ed** or **lit**)①(自馬上)下來。②(鳥等)棲止。

*__light·en__¹ [ˋlaɪtn̩] *v.t.* ①使光明。②使淡。— *v.i.* ①變成光明；變亮。②閃電發光。

*__light·en__² *v.t.* & *v.i.* ①減輕；(使)輕。②(使)輕鬆；(使)愉快。

light·er¹ [ˋlaɪtɚ] *n.* Ⓒ①點火的人[物]。②打火機。

light·er² *n.* Ⓒ駁船。— *v.t.* 以駁船運(貨)。

light-head·ed [ˋlaɪtˋhɛdɪd] *adj.* ①頭昏眼花的。②輕率的。

light-heart·ed [ˋlaɪtˋhɑrtɪd] *adj.* 無憂無慮的；愉快的。

light-horse·man [ˋlaɪt͵hɔrsmən] *n.* Ⓒ (*pl.* **-men**)輕騎兵。

light·house [ˋlaɪt͵haʊs] *n.* Ⓒ燈塔。

light·ing [ˋlaɪtɪŋ] *n.* Ⓤ①點燈；點火。②舞臺照明法。

light-mind·ed [ˋlaɪtˋmaɪndɪd] *adj.* 輕浮的；輕率的；浮躁的。

light·ning [ˋlaɪtnɪŋ] *n.* Ⓤ 閃電。§ ∼ bùg [bèetle]〖美〗螢火蟲。∼ ròd [condùctor] (1)避雷針。(2)用以避免攻擊之事物。

light·ship [ˋlaɪt͵ʃɪp] *n.* Ⓒ 燈塔船。

light·some [ˋlaɪtsəm] *adj.* ①活潑的；輕巧的。②輕浮的；瑣細的。

light·weight [ˋlaɪt͵wet] *n.* Ⓒ ①標準重量以下的人。②〖俗〗無能之人；不重要之人。③輕量級拳擊家[選手](體重在127至135磅之間)。

light-year [ˋlaɪtˋjɪr] *n.* Ⓒ光年。

lig·nin [ˋlɪgnɪn] *n.* Ⓤ〖化〗木質素。

lig·nite [ˋlɪgnaɪt] *n.* Ⓤ〖礦〗褐炭。

lig·num vi·tae [ˋlɪgnəmˋvaɪtɪ] *n.* ①Ⓒ〖植〗癒瘡木。②Ⓤ其木材。

lig·ro·in(e) [ˋlɪgroɪn] *n.* Ⓤ〖化〗石油英；石油醚。

lik·a·ble, like·a·ble [ˋlaɪkəbl̩] *adj.* 可愛的；有人緣的。

‡**like**¹ [laɪk] *prep.* ①像；似；如。②依照；如同；像。③代表著…之特徵。*something* ∼ 差不多；幾乎。
— *adj.* ①同樣的；相似的。②可能會；像要。③適於；高興於。— *adv.* ①〖俗〗或有可能地。②同樣地。③與…相同地。— *n.* (the ∼, one's ∼)相似的人或事物。*the* ∼(*s*) *of* **a.** 類似之人[物]。**b.** 性質相同之物。
— *conj.* 〖俗〗像；似；如。

‡**like**² *v.t.* ①喜歡；愛好。②欲；想；願意。③特別喜歡；最愛。④適合…的健康。⑤感覺。— *v.i.* 覺得喜歡。
— *n.*(*pl.*)愛好；嗜好。

-like 〖字尾〗表「似…的；像…一般的；有…特徵的」之義。

like·li·hood [ˋlaɪklɪ͵hʊd] *n.* Ⓤ (又作 a ∼)有可能之事；可能性。

‡**like·ly** [ˋlaɪklɪ] *adj.* ①有可能的。②合適的；如所期望的。③前途有望的。— *adv.* 或許；或有可能地。

like-mind·ed [ˋlaɪkˋmaɪndɪd] *adj.* 同心的；同志的；志趣相同的。

lik·en [ˋlaɪkən] *v.t.* 比喻爲。

*__like·ness__ [ˋlaɪknɪs] *n.* ①Ⓤ相像；相似。②Ⓒ相似之點。③Ⓒ相似物；肖像；照相。④Ⓤ容貌；相貌。

*__like·wise__ [ˋlaɪk͵waɪz] *adv.* ①同樣地。②也；亦。

*__lik·ing__ [ˋlaɪkɪŋ] *n.*(a ∼)愛好；嗜好。

*__li·lac__ [ˋlaɪlək] *n.* Ⓤ①紫丁香花。②淡紫色。— *adj.* 淡紫色的。

lilt [lɪlt] *n.* ①(a ∼)輕快之旋律或節拍。②Ⓒ節律輕快的歌曲。③Ⓒ輕快活潑之動作。— *v.t.* & *v.i.* ①輕快地唱[奏]。②輕快地動。

*__lil·y__ [ˋlɪlɪ] *n.* Ⓒ〖植〗百合；百合花。∼ *of the valley*〖植〗鈴蘭。— *adj.* 純白色的；純潔的；可愛的。§ ∼ pàd〖美〗(浮在水上的)睡蓮之葉。

lil·y-liv·ered [ˋlɪlɪˋlɪvɚd] *adj.* 膽小的。

lim. limit.

Li·ma [ˋlimə] *n.* 利馬(秘魯首都)。

lí·ma bèan [ˋlaɪmə ∼] *n.* Ⓒ〖植〗利馬豆(淺綠色扁豆)。

*__limb__ [lɪm] *n.* Ⓒ①(四)肢；手足。②(樹的)大枝。③(某物之)分支或後裔。④頑皮的小孩。*out on a* ∼ 在不能後退的危險狀態。— *v.t.* 切斷…之手足。

lim·ber [ˋlɪmbɚ] *adj.* 柔軟的。
— *v.i.* & *v.t.* (使)變柔軟靈活。

lim·bo[1] [ˋlɪmbo] *n.* (*pl.* **~s**)①Ⓤ(常 L-)地獄邊緣地區。②Ⓤ遺忘；被遺棄的狀態。③Ⓒ監牢；拘留所。

lim·bo[2] *n.* Ⓒ(*pl.* **~s**)凌波舞(發源於西印度群島的舞蹈；舞者輪流將身體後仰，以蹲仰姿勢舞蹈鑽過逐次降低的橫竿底下)。

Lim·burg·er [ˋlɪmbɜgɚ] *n.* Ⓤ林堡乾酪(比利時產，氣味濃烈)。

***lime**[1] [laɪm] *n.* Ⓤ①石灰。②黏鳥膠。— *v.t.* ①以石灰處理。②塗黏鳥膠於…。

lime[2] *n.* Ⓒ菩提樹。§ ∼ **trèe**菩提「樹。」

lime[3] *n.* Ⓒ①極像檸檬之芸香科樹；萊姆樹。②萊姆果。§ ∼ **grèen**淺黃綠色。∼ **jùice**萊姆果汁。

lime·light [ˋlaɪm,laɪt] *n.* Ⓤ①**a.**石灰光。**b.**聚光燈；水銀燈(舞臺照明用)。②(the ∼)衆目注視的中心。

lim·er·ick [ˋlɪmərɪk] *n.* Ⓒ五行滑稽詩。

***lime·stone** [ˋlaɪm,ston] *n.* Ⓤ石灰石。

‡**lim·it** [ˋlɪmɪt] *n.* ①Ⓒ界限；邊界；極限。②Ⓒ(常 *pl.*)境界。③(*pl.*)範圍；區域。④(the ∼)〖俗〗令人氣得無法忍受之人[物]。*within* **~s** 在限度內地。— *v.t.* ①定界限於…；限定。②〖法律〗確定；確切指派。— **less,** *adj.*

***lim·i·ta·tion** [,lɪməˋteʃən] *n.* ①Ⓒ(常 *pl.*)缺陷；環境的限制。②ⓊⒸ限制。③ⓊⒸ〖法律〗有效時期。④Ⓒ限額。

***lim·it·ed** [ˋlɪmɪtɪd] *adj.* ①有限制的；有限的；狹窄的；少的。②(公司)有限(責任)的。§ ∼ **áccess hìgh-way**高速公路。∼ **cómpany**有限(責任)公司。

limn [lɪm] *v.t.* ①描；畫。②描寫。

lim·o [ˋlɪmo] *n.* (*pl.* **~s**) = **limousine.**

lim·ou·sine [ˋlɪmə,zin] *n.* Ⓒ①轎車型之汽車。②接送旅客於機場與市區間之小型巴士。

limp[1] [lɪmp] *adj.* ①柔軟的；易曲的。②無力的；軟弱的。

***limp**[2] *v.i.* ①跛行。②勉強航行[飛行]。— *n.* (a ∼)跛行。

lim·pet [ˋlɪmpɪt] *n.* Ⓒ①〖貝〗蝛。②〖諧〗堅守某一職位之人。

lim·pid [ˋlɪmpɪd] *adj.* ①清澈的；透明的。②明晰的；清楚的。— **ly,** *adv.* — **ness, lim·pid'i·ty,** *n.*

lin·age [ˋlaɪnɪdʒ] *n.* Ⓤ①(原稿等之)行數。②按行數付的稿費。

linch·pin [ˋlɪntʃ,pɪn] *n.* Ⓒ(軸端之)輪轄；制輪楔。

Lin·coln [ˋlɪŋkən] *n.* 林肯(Abraham, 1809-65, 美國第十六位總統)。

Lind·bergh [ˋlɪnbɜg] *n.* 林白(Charles Augustus, 1902-74, 美國飛行家，於 1927 年首次完成橫渡大西洋不著陸飛行)。

lin·den [ˋlɪndən] *n.* Ⓒ〖植〗菩提樹椴樹。

‡**line**[1] [laɪn] *n.* ①Ⓒ直線；線。②Ⓒ線條；筆劃。③Ⓒ繩；索；(電)線。④Ⓒ排；列。⑤Ⓒ(臉上的)皺紋。⑥Ⓒ(印刷物之)一行。⑦Ⓒ短簡短函。⑧(L-)Ⓒ(常 *pl.*)運輸線路運輸公司。⑨Ⓒ(球場等的)場線。⑩Ⓒ **a.** 嗜好；興趣；專長。**b.** 行業本行。⑪Ⓒ貨品之一種。⑫Ⓒ〖數線。⑬(*pl.*)輪廓；外貌。⑭(*pl.*)結構設計。⑮Ⓒ邊界。⑯Ⓒ一連串有關之人[事物]。⑰Ⓒ家族；家系。⑱Ⓒ行程；方向。⑲Ⓒ方向；方針主義。⑳Ⓒ(常 *pl.*)最前線之戰壕其他防禦工事。㉑(*pl.*)(兵士之)雙行㉒Ⓒ部隊[船隻]之並列。㉓Ⓒ軍隊或艦隊之戰備布署。㉔Ⓒ鐵軌。㉕(*pl.*)(劇本中演員之)臺詞。㉖Ⓒ〖樂五線譜中之一線。㉗(*pl.*)命運。㉘(*pl.*)韁繩。㉙Ⓒ一英寸之十二分之一。㉚Ⓒ詩句；詩節；詩篇。*down the* ∼ 完全；從頭到尾。*draw the* [*a*] ∼ 加限制；止於。*hold the* ∼ 維持現狀。*in* ∼ **a.** 排成隊。**b.** 同意。**c.** 準備就緒。**d.** 按順序。*in* ∼ *of duty* 執行職務中。∼ *of country*(某種)工作；職業。*on a* ∼ 平行的；在一條線上。**b.** 直飛地(球)。*on the* ∼ **a.** 在兩者之中；兩皆非。**b.** 暴露在危險中。**c.** 立即。**d.**爲妓女。*out of* ∼ **a.** 不同意；不和諧。**b.** 行爲不檢。**c.** 不妥當；不合適。— *v.t.* ①畫線於。②使生皺紋③排成隊伍或行。— *v.i.* ①排隊；成行；成列。②相鄰接。§ ∼ **dràwing**線條畫(如鋼筆畫、鉛筆畫等)。∼ **dríve**〖棒球〗平飛球。∼ **prìnter**〖計算〗高速列表機。

line[2] *v.t.* ①襯裏於(衣服)。②填裝。③當做襯裏。

lin·e·age [ˋlɪnɪɪdʒ] *n.* Ⓤ血統；家系。

lin·e·al [ˋlɪnɪəl] *adj.* ①直系的；血統的。②世襲的。③線的。

lin·e·a·ment [ˋlɪnɪəmənt] *n.* Ⓒ (常*pl.*)①容貌；相貌；輪廓。②特徵。

lin·e·ar [ˋlɪnɪɚ] *adj.* ①線的；直線的。②線做成的。③在一直線的。④長度的。⑤線狀的。⑥〖數〗一次的；線性的。

line·back·er [ˋlaɪn͵bækɚ] *n.* Ⓒ〖美式足球〗後衛球員。

line·man [ˋlaɪnmən] *n.* Ⓒ (*pl.* **-men**)①電報、電話線架設工或保養工。②〖足球〗前鋒。

lin·en** [ˋlɪnɪn, -ən] *n.* Ⓤ①亞麻布；亞麻線。②(常*pl.*,集合稱)亞麻布製品(包括衣衫、桌布、床單、襯衫等)。③亞麻紙。wash one's dirty ~ in public*** 向外宣揚家醜。**—** *adj.* 亞麻布製的。§ ~ **dràper**〖英〗布商。

***lin·er**[1] [ˋlaɪnɚ] *n.* Ⓒ ①〖美〗班輪；班機。②劃線者。③=**line drive.**

lin·er[2] *n.* Ⓒ ①加襯裏者。②襯裏物。③〖機〗襯墊；襯圈。

lines·man [ˋlaɪnzmən] *n.* Ⓒ (*pl.* **-men**)(球賽等之)巡邊員；司線員。

line-up [ˋlaɪn͵ʌp] *n.* Ⓒ ①陣列；陣容。②運動員之排列；配置。

-ling 〖字尾〗①附於名詞後表「小」之義(常含有輕蔑之意)。②表「屬於…之人或物；與…有關者」之義。

***lin·ger** [ˋlɪŋgɚ] *v.i.* ①逗留；徘徊；留戀。②遲緩。③(疾病)纏綿。④漫步。**—** *v.t.* 苟延(殘生)；浪費(光陰)。

lin·ge·rie [ˋlænʒə͵ri] *n.* Ⓤ①女用內衣。②亞麻製品。

lin·go [ˋlɪŋgo] *n.* Ⓒ (*pl.* **~es**)〖謔,蔑〗①外國語言。②令人費解的話。③專門術語。

lin·gua fran·ca [ˋlɪŋgwə ˋfræŋkə] 〖義〗*n.* Ⓒ (*pl.* **~s, linguae fran·cae**)任何混合國際語言(如商人所用的洋涇濱英語之類)；共同語言；通用媒介。

lin·gual [ˋlɪŋgwəl] *adj.* ①舌的。②語言的。③〖語音〗舌音的。**—** *n.* Ⓒ〖語音〗舌音(字)(t, l 等)。

lin·guist [ˋlɪŋgwɪst] *n.* Ⓒ ①語言學家。②通曉好幾種外國語文者。

lin·guis·tic [lɪŋˋgwɪstɪk] *adj.* ①語言上的。②語言學上的。

lin·guis·tics [lɪŋˋgwɪstɪks] *n.* Ⓤ語言學。

lin·i·ment [ˋlɪnəmənt] *n.* ⓊⒸ軟膏；塗敷藥。

lin·ing [ˋlaɪnɪŋ] *n.* ①ⓊⒸ(衣的)襯裏。②Ⓤ加襯裏。

***link** [lɪŋk] *n.* Ⓒ①環；鏈環。②連結物；連鎖物；一環。③(常 *pl.*)襯衫之活袖扣。**—** *v.t.* ①連結；連繫。②挽(臂)。**—** *v.i.* 連結；環接。§ ~**ing vèrb**〖文法〗連繫動詞；綴系動詞。

link·age [ˋlɪŋkɪdʒ] *n.* ① ⓊⒸ 聯合；連鎖。②Ⓒ〖機〗傳桿裝置。

links [lɪŋks] *n. pl.* ①草地；(尤指)近海岸之沙丘。②高爾夫球場。

link·up [ˋlɪŋk͵ʌp] *n.* Ⓒ ①結合；連接。②結合[連接]點。

Lin·nae·us [lɪˋniəs] *n.* 林奈(Carolus, 1707-78, 瑞典植物學家)。

lin·net [ˋlɪnɪt] *n.* Ⓒ〖鳥〗紅雀。

li·no·le·um [lɪˋnolɪəm] *n.* Ⓤ ①油氈；油布。②地板布。

Lin·o·type [ˋlaɪnə͵taɪp] *n.* Ⓒ〖商標〗整行鑄排機。**—** *v.t.* & *v.i.* 用整行鑄排機排(版)。

lin·seed [ˋlɪn͵sid] *n.* ⓊⒸ 亞麻仁；亞麻子。§ ~ **òil**亞麻仁油；亞麻子油。

lint [lɪnt] *n.* Ⓤ ①軟布。②(生棉的)棉屑；線頭；絨毛。③生棉。

lin·tel [ˋlɪntl̩] *n.* Ⓒ〖建〗(門或窗上之)橫木；楣石。

‡**li·on** [ˋlaɪən] *n.* Ⓒ ①獅。②異常勇猛的人。③名人。***the ~'s share*** 最大或最好的部分。

li·on·ess [ˋlaɪənɪs] *n.* Ⓒ 雌獅。

li·on·heart·ed [ˋlaɪənˋhɑrtɪd] *adj.* 勇猛的；大膽的。

li·on·ize [ˋlaɪən͵aɪz] *v.t.* 把(某人)視爲名人。

‡**lip** [lɪp] *n.* ① Ⓒ 唇。② Ⓒ (常 *pl.*)口。③Ⓒ(器皿等的)邊；緣；口。④Ⓒ 樂器之嘴。⑤Ⓤ〖俚〗冒失的說話。***bite one's ~*** 咬唇(表示困惑)；忍笑；抑制某種情感的表示。***keep a stiff upper ~*** 鼓足勇氣；不害怕；不氣餒。§ ~ **sèrvice** 口惠；空口的應酬話。~ **sỳnc**(電影、電視等配音)對嘴；(口的動作與錄音的聲音之)聲影一致。

lip·id [ˋlɪpɪd] *n.* Ⓤ〖生化〗油脂。

li·pol·y·sis [lɪˋpɑləsɪs, laɪ-] *n.* Ⓤ〖生化〗脂肪溶解(作用)。

li·po·pro·tein [͵laɪpəˋprotiɪn, ͵lɪ-] *n.* Ⓤ〖生化〗脂蛋白。

lip·o·suc·tion [ˋlɪpo͵sʌkʃən] *n.* Ⓤ手術抽脂減肥法。

lip·read·ing [ˋlɪp͵ridɪŋ] *n.* Ⓤ(聽覺障礙者的)讀唇法。

lip·stick [ˋlɪp͵stɪk] *n.* ⓊⒸ〖美〗口紅；唇膏。

L

liq. liquid; liquor.

liq·ue·fy [ˋlɪkwə͵faɪ] *v.t.* & *v.i.* (使)液化; 熔解。

li·queur [lɪˋkɜ, lɪˋkjʊr] *n.* Ⓤ Ⓒ 利口酒(含有強烈酒精及香味之甜酒)。

***liq·uid** [ˋlɪkwɪd] *n.* ① Ⓤ Ⓒ 液體。② Ⓒ 流音(l, r). — *adj.* ①液體的; 稀的。②清澈的; 明亮的; 透明的。③清脆的; 柔和的。④不定的; 易變的。§ ~ **crýstal** 液體結晶(即有結晶性質之液體)。~ **crýstal displày** 液晶顯示(器)。~ **méasure** (1)液量。(2)液量單位。~ **óxygen** 〖化〗液體氧; 液態氧。

liq·ui·date [ˋlɪkwɪ͵det] *v.t.* ①償付(債務)。②清理帳目。③清除; 消滅。④殺戮。⑤變賣。

liq·ui·da·tion [͵lɪkwɪˋdeʃən] *n.* Ⓤ①清算; 清理。②整肅。

liq·ui·da·tor [ˋlɪkwɪ͵detə] *n.* Ⓒ (公司等之)帳目清理人。

li·quid·i·ty [lɪˋkwɪdətɪ] *n.* Ⓤ ①流動性。②(音等之)流暢; 清脆; 明亮。③流動資產。④〖商〗資產變賣能力; 資產折現力。

***liq·uor** [ˋlɪkə] *n.* ① Ⓤ Ⓒ 酒類。② Ⓤ Ⓒ 酒。③ Ⓤ 滷汁; 液體。④ Ⓤ 藥湯。

liq·uo·rice [ˋlɪkərɪs] *n.* Ⓤ 甘草。

li·ra [ˋlɪrə] *n.* Ⓒ (*pl.* **li·re** [ˋlɪre], ~s) 里拉(義大利及土耳其貨幣名)。

lisle [laɪl] *n.* Ⓤ ①萊耳線(堅韌的棉線)。②其編織物。

lisp [lɪsp] *n.* (a ~)口齒不清(之發音)。— *v.i.* & *v.t.* ①將 s, z 發作 [θ], [ð]. ②口齒不清地說。

lis·som(e) [ˋlɪsəm] *adj.* ①柔軟的。②輕快的; 敏捷的。

‡**list**[1] [lɪst] *n.* Ⓒ 目錄; 一覽表; 冊; 單; 簿。— *v.t.* ①列於表上。②列成一表; 造冊; 編目錄。③列舉。— *v.i.* 被列入目錄定價出售。

list[2] *n.* (a ~) (船)傾側。— *v.i.* (船)傾側。— *v.t.* 使傾側。

list[3] *n.* Ⓒ ①(織物等之)緣; 織邊。②細長的(布)片。③〖美〗田壟。— *v.t.* ①鑲布邊於…。②〖美〗起壟於…。

‡**lis·ten** [ˋlɪsn̩] *v.i.* ①傾聽。②聽從; 服從。③〖俚〗聽起來似乎。~ *in* **a.** 聽(收音機)廣播。**b.** 聽他人在電話上講話。§ ~**ing pòst** (1)〖軍〗(偵察敵方軍事行動之)聽音哨。(2)情報站。

lis·ten·a·ble [ˋlɪsn̩əbl] *adj.* 值得一聽的。

***lis·ten·er** [ˋlɪsn̩ə, ˋlɪsnə] *n.* Ⓒ ①聽者。②(收音機的)聽衆。

Lis·ter [ˋlɪstə] *n.* 李斯德(Joseph, 1827-1912, 英國外科醫生, 爲消毒外科之創始者)。

list·ing [ˋlɪstɪŋ] *n.* ① Ⓤ **a.** 一覽表[名單, 名冊]之編製。**b.** 記入(一覽表中)。② Ⓒ 一覽表; 名單[冊]。

list·less [ˋlɪstlɪs] *adj.* ①沒精打采的。②漠不關心的。

‡**lit** [lɪt] *v.* pt. & pp. of **light**[1,3].

lit. literal; literally; literary; literature; liter(s); litre(s).

lit·a·ny [ˋlɪtn̩ɪ] *n.* Ⓒ ①〖宗〗連禱。②囉哩囉唆的話。

li·tchi [ˋlitʃi] *n.* Ⓒ 荔枝; 荔枝樹。

lite bèer [ˋlaɪt~] *n.* Ⓤ 低熱量啤酒(=light beer).

***li·ter,** 〖英〗**-tre** [ˋlitə] *n.* Ⓒ 公[升。]

lit·er·a·cy [ˋlɪtərəsɪ] *n.* Ⓤ 有閱讀書寫之能力。

***lit·er·al** [ˋlɪtərəl] *adj.* ①逐字的(翻譯)。②求實際的。③實在的; 一點不誇張的。④文字上的; 字面上的。

***lit·er·al·ly** [ˋlɪtərəlɪ] *adv.* ①逐字地; 按字面地。②實在地; 不誇張地。

***lit·er·ar·y** [ˋlɪtə͵rɛrɪ] *adj.* ①文學的; 著作的。②精通文學的。

lit·er·ate [ˋlɪtərɪt] *adj.* ①能閱讀及寫作的。②受過教育的; 精通文學的。

lit·e·ra·ti [͵lɪtəˋretaɪ, ͵lɪtəˋrɑtɪ] 〖拉〗*n. pl.* ①文人; 學者。②文學界; 文學家。

lit·e·ra·tim [͵lɪtəˋretɪm] 〖拉〗 *adv.* 逐字地; 照字義地。

***lit·er·a·ture** [ˋlɪtərətʃə] *n.* Ⓤ ①文學。②文獻; 著作。

Lith. Lithuania(n).

lith- 〖字首〗表「石」之義。

lithe [laɪð] *adj.* 柔軟的; 易彎的。

lithe·some [ˋlaɪðsəm] *adj.* = lithe.

lith·i·um [ˋlɪθɪəm] *n.* Ⓤ〖化〗鋰(金屬元素之最輕者; 符號 Li).

litho- 〖字首〗表「石; 結石; 岩石」之義。

lith·o·graph [ˋlɪθə͵græf] *n.* Ⓒ 石印品; 石版畫。— *v.t.* & *v.i.* 石印; 以石版印刷。

li·thog·ra·phy [lɪˋθɑgrəfɪ] *n.* Ⓤ 石版印刷術。

Lith·u·a·ni·a [͵lɪθjʊˋenɪə] *n.* 立陶宛(波羅的海沿岸小國, 首都 Vilnius). — **Lith·u·a′ni·an,** *adj.* & *n.*

lit·i·gant [ˋlɪtəgənt] *n.* Ⓒ 訴訟當事人。— *adj.* 訴訟的。

lit·i·gate [ˋlɪtə,get] *v.t.* & *v.i.* ①訴訟。②爭論。— **lit·i·ga′tion,** *n.*

li·ti·gi·ous [lɪˋtɪdʒɪəs] *adj.* ①好訟的。②可訴訟的；可爭的。

lit·mus [ˋlɪtməs] *n.* Ⓤ 石蕊色素(青色染料)。§ ∼ **pàper** 石蕊試紙。

li·tre [ˋlitə] *n.* 〖英〗=**liter.**

*__lit·ter__ [ˋlɪtə] *n.* ① Ⓤ 雜物；垃圾。② Ⓒ 雜亂；零亂。③ Ⓒ (豬、狗等)一胎所生的小豬小狗；一窩。④ Ⓤ (用以造獸窩或保護農作物的)乾草。⑤ Ⓒ 擔架；舁床。⑥ Ⓒ 轎；輿。— *v.t.* ①使雜亂。②產(小動物)。③用稻草等爲(動物)作床；用草鋪(狗、豬等)的窩〖常 down〗. — *v.i.* ①亂丟雜物。②(動物)生產。

lit·ter·bug [ˋlɪtə,bʌg] *n.* Ⓒ 亂丟垃圾的人。

‡**lit·tle** [ˋlɪtl] *adj.* (**less** or **less·er, least**) ①小的。②短的。③很少的；些微的(不用冠詞 a 有「幾乎沒有」或「實際等於沒有」之義。爲 much 之對)。④少許的；少量的；一些(須與冠詞 a 連用)。— *adv.* (**less, least**) ①很少(不用冠詞 a 有「幾乎不」之義)。②完全不。③稍微地；稍稍地(須與冠詞 a 連用)。∼ *less* [*better*] *than* 差不多等於。∼ *more than* 不過。*not a* ∼ 相當地。— *n.* (a ∼)①一點點；少許；些許。②一會兒；短時間；短距離。∼ *by* ∼ 漸漸地；漸次地。*make* ∼ *of* 不重視；輕視。*not a* ∼ 不少的；相當多的。§ ∼ **fínger** (手的)小指。∼ **théater** (1)小劇院；實驗劇場(演出實驗性戲劇的場所)。(2)(集合稱)適合小劇院的戲劇。

lit·to·ral [ˋlɪtərəl] *adj.* (沿)海岸的。— *n.* Ⓒ 沿岸地；沿海地區。

lit·ur·gy [ˋlɪtədʒɪ] *n.* ① Ⓒ 禮拜儀式。②(the ∼)禱告文式；祈禱文。— **li·tur′gic(al),** *adj.*

liv·a·ble [ˋlɪvəbl] *adj.* ①適於居住的；可住的。②適於同住的。③有生活價值的。

‡**live**[1] [lɪv] *v.i.* ①生；活；生存。②繼續活；繼續生存。③生活；過活。④居；住。⑤(指事物之)繼續；存留。⑥享受人生；高興地過日子。— *v.t.* ①過(某種的生活)。②實踐於生活中。∼ *and let* ∼ 互相容忍彼此的缺點；待人寬容如待己。∼ *by* 賴…爲生。∼(*something*) *down* 改過自新地生活使人忘掉(過去的過失)。∼ *it up* 享受人生；過快樂的日子。∼ *on* **a.** 繼續活著(on 係 *adv.*). **b.** 以…爲食；靠…過活(on 係 *prep.*). ∼ *out* **a.** 活過(一定時期)；保持壽命。**b.** 不寄宿在工作處；通勤。∼ *through* 活過；經過…而未死。∼ *up to* 依(某種標準)生活；遵從(主義等)行動；實行…。

*__live__[2] [laɪv] *adj.* ①活的；有生命的。②燒燃的；熾熱的。③(槍彈等)未爆發的；未用過的。④(電線)充電的。⑤精力充沛的。⑥〖美〗目前最爲人所關切的(問題等)。⑦〖俗〗最近的；最新的；摩登的；現代的。⑧動的；發動的。⑨未掘出的；天然的。⑩正用著的。⑪生動的。⑫現場傳播的。— *adv.* 現場地。§ ∼ **wíre** (1)有電流的電線。(2)〖俗〗精力充沛的人；很活躍的人。

live-in [ˋlɪv,ɪn] *adj.* 寄宿於工作處的。

*__live·li·hood__ [ˋlaɪvlɪ,hʊd] *n.* Ⓒ 生計；營生。

live·long [ˋlɪv,lɔŋ, ˋlaɪv-] *adj.* (時間)長的；長久的。

*__live·ly__ [ˋlaɪvlɪ] *adj.* ①活潑的；快活的。②鮮明的。③有生氣的。④驚險的。⑤生動的；寫實的。— *adv.* ①活潑地；生動地。②驚險地。— **live′li·ness,** *n.*

liv·en [ˋlaɪvən] *v.t.* 注以生命；使奮起；使快活〖常 up〗. — *v.i.* 變爲活潑有力；現愉快之色〖常 up〗.

live-out [ˋlɪv,aʊt] *adj.* 不寄宿於工作處的。

*__liv·er__[1] [ˋlɪvə] *n.* ① Ⓒ 肝臟。② Ⓤ Ⓒ 肝(食物)。③ Ⓤ 豬肝色；赤褐色。

liv·er[2] *n.* Ⓒ ①生活者。②居民；居住者。

liv·er·wurst [ˋlɪvə,wɜst] *n.* Ⓤ Ⓒ 〖美〗(以肝爲主製成的)臘腸。

*__liv·er·y__ [ˋlɪvərɪ] *n.* ① Ⓤ Ⓒ 男僕所穿之制服。② Ⓤ 特殊之服色、裝束或外貌等。③ Ⓒ 〖美〗馬車出租店；馬房；(船之)出租店。

lives [laɪvz] *n.* pl. of **life.**

live·stock [ˋlaɪv,stɑk] *n.* Ⓤ (作 *sing.* or *pl.* 解)家畜。

liv·id [ˋlɪvɪd] *adj.* ①鉛色的；(挫傷、瘀傷)青黑色的。②憤怒的。

*__liv·ing__ [ˋlɪvɪŋ] *adj.* ①活的；活在世上的。②強烈的；現成的。③現行的；現代的。④栩栩如生的。⑤生活的。⑥夠生活的。⑦燃燒的。⑧天然的；

未開採的。— *n.* ①Ⓤ生計；生存。②Ⓤ生活；生涯。③Ⓒ教士有給職。§ ～ **ròom** 起居室；客廳。～ **wáge** (能維持最低水準之生活的)生活工資。

liz·ard [ˋlɪzəd] *n.* Ⓒ ①〖動〗蜥蜴。②〖動〗壁虎(=house lizard).

'll [l]〖俗〗will 之縮寫(有時亦爲 shall 之縮寫)。

lla·ma [ˋlɑmə] *n.* ① Ⓒ〖動〗駱馬；駝馬。②Ⓤ駝馬毛。

*__lo__ [lo] *interj.* 看呀！瞧！注意！

‡**load** [lod] *n.* Ⓒ ①負擔；負荷(物)。②車等所載之量(用於複合字中)。③〖機〗載荷。④(槍砲等的)裝塡火藥；裝彈。⑤〖電〗負荷。⑥(常 *pl.*)很多。— *v.t.* ①裝載；裝貨物於(車、船等)。②堆積於；使負擔。③大量地給與；塡滿。④裝彈藥於。— *v.i.* ①裝貨；載客。②裝子彈。③上車〔常 into〕. — *adv.* (*pl.*)〖俗〗很多；大量。

load·ed [ˋlodɪd] *adj.* ①載重的；裝著貨的。②裝有彈藥的。③裝塡著(鉛等)的。④〖美俚〗酒醉的。⑤〖俚〗有錢的。⑥〖俗〗意味深長的；有用意的。

*__loaf__[1] [lof] *n.* (*pl.* **loaves**) ①Ⓒ一條(麵包)。②ⓊⒸ大塊烤過的食物。③Ⓒ錐形糖塊。④Ⓒ〖俚〗腦袋；頭腦。

loaf[2] *v.i.* & *v.t.* 游手好閒；虛擲光陰。— **er,** *n.*

loam [lom] *n.* Ⓤ ①沃土。②壚埴(泥、沙、草等之混合物)。

*__loan__ [lon] *n.* ①Ⓤ借；借出[入]。②Ⓒ(公)債；借出物；貸款。③Ⓒ外來語(=loanword). — *v.t.* ①〖美〗借出。②〖方〗借入。— *v.i.* 供應貸款。

loan·word [ˋlon,wɜd] *n.* Ⓒ外來語；借用語。

loath [loθ] *adj.* 不願意的；勉強的。

loathe [loð] *v.t.* 厭惡；嫌惡。

loath·ing [ˋloðɪŋ] *n.* Ⓤ強烈的憎惡[厭惡，憎恨]。

loath·some [ˋloðsəm] *adj.* 可厭的；令人作嘔的。— **ly,** *adv.*

lob [lɑb] *n.* Ⓒ ①〖網球〗高(緩)球。②〖板球〗低(緩)球。— *v.t.* (**-bb-**)向上拋投。— *v.i.* ①笨重而行〔常 along〕. ②擊緩而高曲之球。

*__lob·by__ [ˋlɑbɪ] *n.* Ⓒ ①廳；廊；休息室。②(議員用以接待民衆等的)民衆接待室。③〖美〗(議院外的)遊說議員者(集合稱)。— *v.t.* & *v.i.* ①遊說議員使通過(議案等)。②遊說(議員或議會)。

lob·by·ist [ˋlɑbɪɪst] *n.* Ⓒ〖美〗議院外之遊說者；活動議案通過者。

lobe [lob] *n.* Ⓒ ①耳垂。②〖植〗裂片；瓣。③〖解〗葉(腦葉、肺葉等)。

*__lob·ster__ [ˋlɑbstə] *n.* ① Ⓒ 龍蝦。②Ⓤ龍蝦肉(食物)。

‡**lo·cal** [ˋlokḷ] *adj.* ①地方的；本地的。②局部的。— *n.* Ⓒ (常 *pl.*)本地居民。§ ～ **cólor** (文藝中的)地方色彩。～ **góvernment** (1)地方政府。(2)地方自治。～ **tíme** 當地時間。

*__lo·cal·i·ty__ [loˋkælətɪ] *n.* Ⓒ ①位置；所在地。②地方；區域。

lo·cal·ize [ˋlokḷ,aɪz] *v.t.* ①使地方化。②使限於局部。

‡**lo·cate** [ˋloket, loˋket] *v.t.* ①設置；設立。②測出；尋出…的位置。③指出或說明(某地)的位置。④爲…定位；爲…定界限。— *v.i.*〖美〗定居。

*__lo·ca·tion__ [loˋkeʃən] *n.* ①Ⓤ選定位置。②Ⓒ位置；地方；場所。③Ⓒ(電影的)外景拍攝地。

loch [lɑk] *n.* Ⓒ〖蘇〗①湖。②海灣。

‡**lock**[1] [lɑk] *n.* Ⓒ ①鎖。②槍機。③(運河、船塢等的)水閘。④刹車。⑤獨佔。～, ***stock, and barrel*** 〖俗〗全部；完全地。***under*** ～ ***and key*** 上鎖；嚴密保管。— *v.t.* ①加鎖於；鎖。②深陷於；深藏於。③挽(臂)。④把…關在外面或裡面。⑤使卡住；刹住。⑥用水閘使(船)通過。— *v.i.* ①鎖；鎖住。②(船)通過水閘。③連鎖。～ ***away*** 鎖藏起來。～ ***in*** 鎖在房內。～ ***out*** **a.** 停工直至職工接受雇主的條件。**b.** 將…鎖在外面。～ ***up*** **a.** 關鎖起來。**b.** 使固定；將…弄緊。

lock[2] *n.* ① Ⓒ 鬈髮。②(*pl.*)頭髮。③Ⓒ(乾草、羊毛)一把；小量。

lock·er [ˋlɑkə] *n.* Ⓒ ①上鎖之人。②(有鎖之)櫥櫃、抽屜等。

lock·et [ˋlɑkɪt] *n.* Ⓒ(懸於項鍊下之)小金盒；盒式小墜子。

lock-in [ˋlɑk,ɪn] *n.* Ⓒ ①〖美〗佔駐示威。②監禁。

lock·out [ˋlɑk,aut] *n.* Ⓒ雇主爲抵制工人非法要求而停工。

lock·smith [ˋlɑk,smɪθ] *n.* Ⓒ 鎖匠。

lock·up [ˋlɑk,ʌp] *n.* =**jail.**

lo·co·mo·tion [,lokəˋmoʃən] *n.* Ⓤ ①運動(力)；移轉(力)；運轉(力)。②旅行。

*__lo·co·mo·tive__ [,lokəˋmotɪv] *n.* Ⓒ火車機車；火車頭。— *adj.* ①移動的；運動的。②自力移動的。

lo·cus [ˋlokəs] *n.* Ⓒ (*pl.* **lo·ci**

[ˋlosaɪ], **lo·ca** [ˋlokə])①場所；位置；所在地。②〖幾何〗軌跡。

*__lo·cust__ [ˋlokəst] *n.* Ⓒ ①蝗蟲。②蟬。

lo·cu·tion [loˋkjuʃən] *n.* ① Ⓤ 語法；語風；語句。② Ⓒ 慣用語。

lode [lod] *n.* Ⓒ ①礦脈。②泉源。

lode·star [ˋlod,stɑr] *n.* ① Ⓒ 指示方向之星。②(the ～)北極星。③ Ⓒ 指導原則；目標。

*__lodge__ [lɑdʒ] *v.t.* ①供以臨時住宿處。②使擊中；使射於(某處)。③儲藏；存放。④提呈；遞。── *v.i.* (臨時)住宿；寄宿。── *n.* Ⓒ ①門房。②小屋；〖美〗旅館。③(祕密會社的)分會；支部。

lodg·er [ˋlɑdʒɚ] *n.* Ⓒ 房客；住宿者；寄宿者。

*__lodg·ing__ [ˋlɑdʒɪŋ] *n.* ① Ⓒ 臨時住宿處；寓所。②(*pl.*)寄居宿舍；公寓。③ Ⓤ 寄宿。§～ **hòuse** 公寓。

lodg(e)·ment [ˋlɑdʒmənt] *n.* ① Ⓤ 提出；遞。② Ⓤ 住宿。③ Ⓒ 寓所；臨時住宿所。④ Ⓒ 貯藏物；沉澱物。⑤ Ⓒ 〖軍〗占領；占據。

*__loft__ [lɔft, lɑft] *n.* Ⓒ ①閣樓；頂樓。②堆積乾草用之廄樓。③鴿房。④貨倉或商業建築的樓上一層。⑤(講堂、教堂的)樓廂。── *v.t.* 〖高爾夫〗將(球)擊高。

*__loft·y__ [ˋlɔftɪ, ˋlɑftɪ] *adj.* ①高的。②高尚的。③高傲的；傲慢的。— **loft'i·ly,** *adv.* — **loft'i·ness,** *n.*

‡**log** [lɔg, lɑg] *n.* Ⓒ ①圓木；原木。②航海日誌。③(船運)測速器。── *v.t.* (**-gg-**)①伐(木)。②記載於航海日誌中。③鋸(木材)。

log·a·rithm [ˋlɔgə,rɪðəm] *n.* Ⓒ 〖數〗對數。

log·book [ˋlɔg,bʊk] *n.* Ⓒ ①〖海,空〗航海[空]日誌。②旅行雜誌。

log·ging [ˋlɔgɪŋ] *n.* Ⓤ 伐木(業)。

*__log·ic__ [ˋlɑdʒɪk] *n.* Ⓤ ①邏輯；理則學。②正確的推理。

*__log·i·cal__ [ˋlɑdʒɪkl̩] *adj.* ①理則學的；(合)邏輯的。②合理的；始終一致的。— **ly,** *adv.*

lo·gi·cian [loˋdʒɪʃən] *n.* Ⓒ 邏輯學家；理則學家。

lo·gis·tics [loˋdʒɪstɪks] *n.* Ⓤ 〖軍〗後勤學。— **lo·gis'tic,** *adj.*

log·jam [ˋlɔg,dʒæm] *n.* Ⓒ ①河流中木材之阻塞。②停滯狀態；僵局。③擁擠；大量。

lo·go [ˋlɔgo] *n.* (*pl.* ～**s**)〖俗〗= **logotype.**

log·o·type [ˋlɔgə,taɪp] *n.* Ⓒ ①單語活字。②商標或公司名稱的圖案字。③名牌。

*__loin__ [lɔɪn] *n.* ①(*pl.*)腰；腰部。② Ⓤ (動物的)腰肉。 ***gird* (*up*) *one's* ～*s*** 準備遠行；準備行動。

loin·cloth [ˋlɔɪn,klɔθ] *n.* Ⓒ (野蠻人用的)纏腰布。

*__loi·ter__ [ˋlɔɪtɚ] *v.i.* 逍遙；閒蕩。

loll [lɑl] *v.i.* ①憑倚；(懶洋洋地)站、坐或躺著。②下垂；伸出〔out〕.

lol·li·pop, lol·ly- [ˋlɑlɪ,pɑp] *n.* Ⓒ ①棒棒糖。②糖果。

*__Lon·don__ [ˋlʌndən] *n.* 倫敦(英國的首都)。— **er,** *n.*

*__lone__ [lon] *adj.* ①孤寂的。②孤立的；隔離的。③〖諧〗單身的；寡居的。§～ **párent** 單親(家庭)。～ **wólf** 〖俗〗喜歡單獨行動者。

*__lone·ly__ [ˋlonlɪ] *adj.* ①孤單的。②孤寂的；寂寞的；無依的。§～ **hèarts** 〖俚〗急於物色結婚對象的中年男女。— **lone'li·ness,** *n.*

*__lone·some__ [ˋlonsəm] *adj.* 寂寞的；孤寂的。

‡**long**[1] [lɔŋ, lɑŋ] *adj.* ①(距離、長度等)長的。②(時間)長久的。③冗長的；拖長的。④〖語音〗長音的。⑤達到遠方的；延持很久的。⑥費時很久的；慢的。⑦集中的；注意的；徹底的。⑧(在某方面)充分的〔on〕. ── *adv.* 長久地；長期地。***no* ～*er*** 不再。***so* [*as*]～ *as*** 如果；只要。── *n.* ① Ⓤ 長期間。② Ⓒ 〖語音〗長母音；長音節。③(the ～)〖英俚〗暑假。***before* ～** 不久。***the* ～ *and* (*the*) *short of it*** 歸結起來；總之。§～ **dístance**〖美〗長途電話(局)。～ **dózen** 十三個。～ **jùmp**〖主英〗跳遠。～ **shòt** (1)〖影〗遠拍。(2)大膽的[希望不大的，困難的]事業。(3)〖俗〗得勝機會甚少的打賭。(4)成功希望不大的人。～ **tón** 長噸(=2,240 磅)。～ **wàve**〖無線〗長波。

*__long__[2] *v.i.* 渴望；熱望。

long·bow [ˋlɔŋ,bo] *n.* Ⓒ 大弓；長弓。

lon·gev·i·ty [lɑnˋdʒɛvətɪ] *n.* Ⓤ 長命；長壽。

long·hair [ˋlɔŋhɛr] *n.* Ⓒ ①〖俗〗知識分子。②(尤指)古典音樂家。③〖俚〗留長髮者(尤指男性嬉皮)。

long·hand [ˋlɔŋ,hænd] *n.* Ⓤ 普通寫法。

long·horn [ˋlɔŋ,hɔrn] *n.* Ⓒ 長角

動物；(尤指)長角牛。

***long·ing** [ˋlɔŋɪŋ] *n.* Ⓤ Ⓒ & *adj.* 渴望(的)；熱望(的)。

***lon·gi·tude** [ˋlɑndʒə,tjud] *n.* Ⓤ ①經度；經線。②〖諧〗長。

lon·gi·tu·di·nal [,lɑndʒəˋtjudn̩l] *adj.* ①經度(線)的。②縱的。

long-lived [ˋlɔŋˋlaɪvd] *adj.* ①長壽的。②耐用的。

lóng-play·ing récord [ˋlɔŋ,pleɪŋ～] *n.* Ⓒ 長時間唱片(通稱LP唱片，速度爲每分鐘 33 ⅓轉)。

long-range [ˋlɔŋ,rendʒ] *adj.* ①長距離的；長射程的。②長期的。

long·shore·man [ˋlɔŋ,ʃormən] *n.* Ⓒ (*pl.* **-men**)①碼頭(裝卸)工人。②近海漁夫。③海岸散工。

long-stand·ing [ˋlɔŋˋstændɪŋ] *adj.* 經年累月的。

long-suf·fer·ing [ˋlɔŋˋsʌfərɪŋ] *adj.* 忍受長期痛苦與折磨的。

long-term [ˋlɔŋ,tɜm] *adj.* 長期的。

long·time [ˋlɔŋ,taɪm] *adj.* 長期的。

long-wind·ed [ˋlɔŋˋwɪndɪd] *adj.* ①氣息長的。②冗長的。

loo [lu] *n.* Ⓒ (*pl.* **～s**)〖英俗〗廁所。

‡look [lʊk] *v.i.* ①視；看；觀；望(常 at)。②面上現出…的樣子；看來似乎是。③留心；注意；查明白。④(房屋等)面向；朝…。⑤尋找；搜查。⑥有…之趨勢。**—** *v.t.* ①尋找；訪問。②露出…表情。③注視；看。④顯出(某歲數)。⑤檢查；視察(常 over)。 **～ *after*** **a.** 照料。**b.** 目送。**c.** 注意。**～ *at*** **a.** 注視；盯。**b.**(在否定句中，尤其與 will, would 連用時)拒絕；輕視。**～ *back*** **a.** 回顧；回憶。**b.**(對事業等)不起勁；畏縮；停止不前。**～ *down upon*[*on*]** 瞧不起。**～ *for*** **a.** 尋找；尋求；採集。**b.** 期望。**～ *into*** 調查；考查；洞察。**～ *like*** 看來像是。**～ *out*** 當心；注意。**～ *over*** **a.** 校閱；看過一遍。**b.** 忽略；寬恕。**～ *up*** **a.** 漲價；繁榮。**b.** 仰視。**c.**(在字典中)查明。**～ *up to*** 崇敬。**—** *n.* ① Ⓒ (常 *sing.*)看；視；望；觀。② Ⓒ 神色；外表；表情。③(*pl.*)容貌。④ Ⓒ 尋求；找。§ **∼ing glàss**鏡子。

look·er-on [,lukəˋan] *n.* Ⓒ (*pl.* **look·ers-on**)旁觀者。

***look·out** [ˋlʊk,aʊt] *n.* ①(*sing.*)注意；守望；謹防。② Ⓒ 守望者；瞭望臺。③(*sing.*)遠景；前途。④(one's ～)應注意的事。

***loom**[1] [lum] *n.* Ⓒ 織布(機)。

***loom**[2] *v.i.* ①隱現；隱約可見。②陰森地迫近；可怖地出現。**—** *n.* (a ～)隱約出現；逐漸呈現。

loon [lun] *n.* Ⓒ ①潛鳥。②懶人；愚人；無用的傢伙。③〖俗〗瘋子。

loon·y [ˋlunɪ] 〖俚〗*adj.* ①發瘋的。②笨拙的。**—** *n.* Ⓒ 狂人；瘋子。§ **∼ léft** 極左派。

***loop** [lup] *n.* Ⓒ ①圈；環。②環狀物。③〖空〗翻圈飛行；翻觔斗。④(鐵路之)環狀側線。⑤〖電算〗迴路；環路。**—** *v.t.* ①使成圈、環。②以圈、環結。**—** *v.i.* 自成圈環。

loop·hole [ˋlup,hol] *n.* Ⓒ ①砲眼；小窗。②逃出口；漏洞。

‡loose [lus] *adj.* ①釋放的。②鬆的。③不牢的。④不精確的；不深入的。⑤放蕩的。⑥散裝的。⑦無拘束的。⑧不結實的；樣子難看的。⑨(動作)隨便的；不準確的。***break* ～** 掙脫羈絏；逃出樊籠。***cast* ～ a.** 解開；分開。**b.** 遣走；使自由飄泊。***let*[*set, turn*]～ a.** 釋放；放任；放縱。**b.** 垮。**—** *v.t.* ①釋放；解囊；揚帆。②放(箭、槍)。**—** *n.* Ⓤ 解開；放任。***on the* ～** 〖俗〗**a.** 自由的。**b.** 歡樂的；痛飲的；放蕩的。**c.** 逃走在外的。

***loos·en** [ˋlusn̩] *v.t.* ①使鬆；解(結)。②解除(便秘)。③放寬(限制)。**—** *v.i.* ①鬆弛。②放鬆。

loot [lut] *n.* Ⓤ ①贓物；掠奪品；戰利品。②〖俚〗不正當收入。③金錢；資本。**—** *v.i.* & *v.t.* 掠奪；搶掠。

lop [lɑp] *v.t.* (**-pp-**)砍伐；截去；修剪。**—** *v.i.* 垂下；垂掛。**—** *n.* Ⓒ 垂耳的兎子。

lop·sid·ed [ˋlɑpˋsaɪdɪd] *adj.* 傾向一方的；不對稱的。

lo·qua·cious [loˋkweʃəs] *adj.* ①多嘴的；好辯的。②喧噪的。

Lor·an, lor·an [ˋlɔræn] *n.* Ⓤ (船隻或飛機由一既知電臺所發出之電波以測定其位置之)遠航儀。

‡lord [lɔrd] *n.* ① Ⓒ 〖英〗貴族；領主；上議院議員。②(L-)閣下。③(L-)對有爵位的貴族的尊稱。④(L-)上帝；耶穌基督；主。***the Lord's Supper*** **a.** 最後晚餐。**b.** 聖餐。**—** *v.t.* ①統治。②使成貴族。**—** *v.i.* 作威作福。**—ly,** *adv.* **—li·ness,** *n.*

lord·ship [ˋlɔrdʃɪp] *n.* ① Ⓤ 貴族的地位或階級。② Ⓒ (常 L-)閣下(對

貴族的尊稱)。Your *L*-. 閣下。③Ⓤ統治；支配；所有權。

lore [lor] *n.* Ⓤ(特殊的)知識；學問。

lor·gnette [lɔrn`jɛt]〖法〗*n.* Ⓒ①長柄眼鏡。②有柄望遠鏡。

lorn [lɔrn] *adj.* ①〖詩〗孤單的；寂寞的。②〖古〗被棄的；毀壞的。

lor·ry [`lɔrɪ, `lɑrɪ] *n.* Ⓒ ①〖英〗卡車。②(礦場鐵路用之)手推車。

Los An·ge·les [lɔs`æŋgələs, -`ændʒələs] *n.* 洛杉磯(美國加州一港市)。

lose [luz] *v.t.* (**lost**)①失；失落；遺失。②損失；失去。③輸掉；未能得到。④喪失(妻、子等)；(因死亡等)被剝奪。⑤未能趕上(火車等)。⑥浪費。⑦走入歧途。⑧沉迷；沉醉於(用被動式)。⑨(用被動語態)滅亡；破壞。⑩使失去。⑪(鐘錶)走慢。⑫走失。— *v.i.* ①虧損；蒙損害。②失敗；輸。③(鐘錶)走慢。④遜色；減低價值、美麗等。

los·er [`luzɚ] *n.* Ⓒ①失敗者；輸者。②〖俗〗做事老是做不好的人。

loss [lɔs] *n.* ①ⓊⒸ損失；遺失；喪失。②ⓊⒸ損失物；虧損。③Ⓤ未得逞；失敗；敗北。④Ⓤ浪費。⑤Ⓤ未能保持。⑥(*pl.*)〖軍〗傷亡(人數)；損害。⑦Ⓒ〖保險〗死亡；傷害；損失額。***at a ~* a.** 虧本。**b.** 迷惑。§ ∼ **lèader** 犧牲品；廉價特銷商品。

lost [lɔst] *v.* pt. & pp. of **lose.** — *adj.* ①失去的；遺失的；失落的。②敗的；輸的。③毀壞的。④浪費的。⑤迷失的。⑥困惑的；迷惑的。⑦沉迷的。***~ to* a.** 不再爲…所有。**b.** 不感覺；漠然。

lot[1] [lɑt] *n.* ①(a ～, 常 *pl.*)〖俗〗許多。②(the ～)全部；全體；總量。***a ~ (of); ~s (of)*** 許多(的)；很多(的)(指「數」或「量」均可)。

lot[2] *n.* ①Ⓒ籤；鬮。②Ⓤ抽籤或拈鬮決定法。③Ⓤ中籤。④Ⓒ運氣；命運。⑤Ⓒ一塊地。⑥Ⓒ一堆；一組；一包。⑦Ⓒ一批(貨物)。⑧Ⓒ電影攝影場。⑨Ⓒ〖俗〗像伙；人。***cast [draw] ~s*** 抽籤(決定)。— *v.t.* 劃分(土地等)；分堆；分組。— *v.i.* 抽籤。

loth [loθ] *adj.* =**loath.**

lo·tion [`loʃən] *n.* ⓊⒸ ①〖藥〗洗劑。②化粧水。

lot·ter·y [`lɑtərɪ] *n.* ①Ⓒ彩票；獎券。②(a ～)碰巧[偶然]之事。

lo·tus, -tos [`lotəs] *n.* ①Ⓒ〖植〗蓮；荷。②Ⓤ忘憂樹。§ ∼ **posì-tion** 蓮花坐姿(雙腿曲疊，雙臂置於膝上，用於瑜珈術)。

‡**loud** [laud] *adj.* ①高聲的；大聲的。②極度的；不斷的。③喧吵的；吵鬧的。— *adv.* 高聲地；大聲地。— **ly,** *adv.* — **ness,** *n.*

loud·hail·er [`laud`helɚ] *n.* Ⓒ〖英〗擴聲器。

loud·mouth [`laud,mauθ] *n.* Ⓒ大聲嚷嚷的人；大嘴巴。

***loud·speak·er** [`laud`spikɚ] *n.* Ⓒ擴音器。

Lou·i·si·an·a [,luɪzɪ`ænə, lu-,izɪ-] *n.* 路易西安那(美國南部之一州)。

***lounge** [laundʒ] *v.i.* & *v.t.* ①散漫怠惰地打發時間。②懶懶地橫靠或坐著。③閒蕩；漫步。— *n.* ①Ⓒ臥榻；沙發。②Ⓒ休息室；吸煙室。③(a ～)懶散；閒逸。④(a ～)漫步。§ ∼ **càr** 火車上供乘客休息飲酒用之車廂。

loupe [lup] *n.* Ⓒ(珠寶匠所用的)高倍放大鏡。

lour [laur] *v.i.* ①皺眉頭；作怒相。②(天氣)呈陰霾昏暗狀。— **ing,** *adj.*

louse [laus] *n.* Ⓒ(*pl.* **lice**)蝨。

lous·y [`lauzɪ] *adj.* ①多蝨的；生蝨的。②〖俗〗污穢的；卑鄙的；很糟的。

lout [laut] *n.* Ⓒ粗鄙之人；鄉下佬。— **ish,** *adj.*

lou·ver [`luvɚ] *n.* Ⓒ①(中世紀建築物之)天窗。②氣窗；百葉窗。③(常 *pl.*)〖建〗(羽板窗等之)羽板。

lov·a·ble [`lʌvəbl̩] *adj.* 可愛的；惹人愛的。

‡**love** [lʌv] *n.* ①Ⓤ愛；親愛。②Ⓤ愛好；喜好。③Ⓤ(親屬間的)問候。④Ⓒ愛人；情人。⑤Ⓤ戀愛；愛情。⑥Ⓒ〖俗〗惹人愛的人物；漂亮東西。⑦Ⓤ(上帝的)慈愛；(對上帝的)崇敬。⑧Ⓤ〖運動〗(網球)零分；無得分。***for ~*** 娛樂性的；非職業的；不爲錢的。***in ~ with*** 與…在戀愛中。***make ~ to*** 向…求愛。***no ~ lost*** 敵意；厭惡。— *v.t.* & *v.i.* ①愛；戀愛。②敬拜。③待以仁愛。④喜好；愛好。§ ∼ **affàir** (1)戀愛事件；韻事。(2)對某種活動之迷戀。∼ **chìld** 私生子。∼ **sèat** 雙人座椅；鴛鴦椅。

love·bird [`lʌv,bɝd] *n.* Ⓒ①情鳥(雌雄間極爲恩愛)。②(常 *pl.*)愛侶。

love-in [`lʌv,ɪn] *n.* Ⓒ〖美〗群衆互相示愛的集會(抗議不人道政策的群衆示威)。

love·less [`lʌvlɪs] *adj.* ①無愛情

L

的。②得不到愛的。— **ly,** *adv.*

love·lock [ˋlʌv,lɑk] *n.* Ⓒ ①(女人的)嬌髮(額前的捲髮)。②17-18世紀流行之長及肩部的男性髮型。

love·lorn [ˋlʌv,lɔrn] *adj.* 失戀的；無人愛的。

‡**love·ly** [ˋlʌvlɪ] *adj.* ①可愛的；美麗的。②【俗】愉快的；有趣的。
— **love′li·ness,** *n.*

love-mak·ing [ˋlʌv,mekɪŋ] *n.* Ⓤ ①求婚；調情。②性交。

‡**lov·er** [ˋlʌvə] *n.* Ⓒ ①愛好者。②愛人；情人。

love·sick [ˋlʌv,sɪk] *adj.* 害相思病的。

love·y-dove·y [ˋlʌvɪˋdʌvɪ] *adj.* 【俚】多愁善感的；多情的。

*__lov·ing__ [ˋlʌvɪŋ] *adj.* 親愛的；愛戀的。§ ∼ **cùp** 愛杯(有兩個杯柄以便輪飲的大銀酒杯)。— **ly,** *adv.*

‡**low**[1] [lo] *adj.* ①低的；矮的。②淺的。③低弱的。④微賤的。⑤消沉的。⑥未開化的；低等的。⑦下流的。⑧虛弱的。⑨壞的。⑩低級的；粗野的；品格低劣的。— *adv.* ①低下地；低聲地。②謙卑地。③近期地。④輸贏小地；花錢少地。*lay* ∼ **a.** 擊倒。**b.** 殺死。*lie* ∼ 【俗】靜待；藏匿不出。— *n.* Ⓒ ①低者。②最低點。§ **L∼ Cóuntries** 北海沿岸之低地國家(今荷、比、盧三國)。

low[2] *v.i.*(牛)鳴叫。— *n.* Ⓒ 牛鳴。

low·ball [ˋlo,bɔl] *v.t.* 偏低估價。

low·bred [ˋloˋbrɛd] *adj.* 粗野的。

low·brow [ˋloˋbraʊ] *adj.* & *n.* Ⓒ 【俗】庸俗的(人)；低級趣味的(人)。

low-budg·et [ˋlo,bʌdʒɪt] *adj.* 低預算的；低預算做成的。

low·down [ˋloˋdaʊn] *adj.* 【俗】身分卑下的；不誠實的。— *n.* (the ∼) 【俚】實情；內幕。

‡**low·er**[1] [ˋloə] *v.t.* ①降下；降低。②減低。③使(聲音等)低。④削弱。⑤貶抑。— *v.i.* 降低。— *adj.* & *adv.* comp. of **low.** § ∼ **cáse** 【印刷】小寫字母盤(略作 l. c.). **the** ∼ **clásses** 下層階級。**the L∼ Hóuse** 下議院。**the** ∼ **wórld** (1)陰間。(2)塵世。

low·er[2] [ˋlaʊə] *v.i.* = **lour.**

low·er·case [ˋloəˋkes] 【印刷】 *adj.* 用小寫字型(印)的。— *v.t.* 用小寫字型排印。— *n.* Ⓤ 小寫字體。

low·est [ˋloɪst] *adj.* superl. of **low.** ①最低的。②最小的。③最便宜的。*at* (*the*) ∼ 最低。§ ∼ **cómmon denóminator** (1)【數】最小公分母(略作 L.C.D., l.c.d.). (2)為廣大群衆所接受的事物。∼ **cómmon múltiple** 【數】最小公倍數(略作 L.C.M., l.c.m.)

low-key [ˋloˋki] *adj.* 低音(調)的；抑制的。(亦作 **low-keyed**)

*__low·land__ [ˋlo,lænd, -lənd] *n.* Ⓒ (常 *pl.*)低地。*the Lowlands* 蘇格蘭東南部的低地。— *adj.* 低地的。

*__low·ly__ [ˋlolɪ] *adj.* ①位低的。②下的；謙卑的。— *adv.* ①低賤地。②謙遜地。③低聲地。④位置低下地。

low-mind·ed [ˋloˋmaɪndɪd] *adj.* 心地卑劣的；卑鄙的。

low-spir·it·ed [ˋloˋspɪrɪtɪd] *adj.* 無精打采的；憂鬱的。

lox [lɑks] *n.* Ⓤ 【化】液體氧(=liquid oxygen). (亦作 **LOX**)

*__loy·al__ [ˋlɔɪəl, ˋlɔjəl] *adj.* 忠實的。— **ly,** *adv.* — **ist,** *n.*

*__loy·al·ty__ [ˋlɔɪəltɪ] *n.* Ⓤ 忠貞。

loz·enge [ˋlɑzɪndʒ] *n.* Ⓒ ①菱形。②菱形物。③錠劑；藥片。

LP, Lp, L-p long-playing record. **LSD** lysergic acid diethylamide. 一種迷幻藥。

Ltd., ltd. 【英】limited.

Lu·an·da [luˋændə] *n.* 盧安達(Angola 之首都)。

lu·bri·cant [ˋlubrɪkənt] *n.* Ⓤ 潤滑油。— *adj.* 潤滑的。

lu·bri·cate [ˋlubrɪ,ket] *v.t.* ①潤滑；加潤滑油。②使順利。— ①生潤滑作用。②喝醉；喝酒。

lu·bri·cious [ˋlubrɪʃəs] *adj.* 淫的；猥褻的。

lu·bric·i·ty [luˋbrɪsətɪ] *n.* Ⓤ 平滑。②(精神)不安定。③淫蕩。狡猾。

lu·cent [ˋlusn̩t] *adj.* ①光輝的。②透明的。

lu·cid [ˋlusɪd] *adj.* ①明白易懂的。②平靜的。③光輝的。④透明的。— **ly,** *adv.*

Lu·ci·fer [ˋlusəfə] *n.* ①金星(=Venus)；曉星。②【宗】惡魔；撒旦(Satan).

*__luck__ [lʌk] *n.* Ⓤ ①機運；運氣。幸運；好運。*down on one's* ∼ 【俗】不幸的。*for* ∼ 祝福；求好運。*in* ∼ 幸運。*Just my* ∼! 我總是這樣倒楣! *out of* ∼ 不幸。*worse* 更糟糕的是。— **less,** *adj.*

*__luck·i·ly__ [ˋlʌkɪlɪ] *adv.* 幸虧；僥倖；幸運地。

luck·y** [ˋlʌkɪ] *adj.* ①幸運的。②僥倖的。~ ***bag[***dip***]幸運袋；摸獎箱。~ ***dog***[***beggar***]幸運兒。— *n.* Ⓤ Ⓒ〖英俚〗逃亡。

lu·cra·tive [ˋlukrətɪv] *adj.* 可獲利的；待遇好的。— **ly,** *adv.*

lu·cre [ˋlukɚ] *n.* Ⓤ利益；財富。

lu·cu·bra·tion [ˏlukjuˋbreʃən] *n.* ① Ⓤ 夜間之沉思；燈下創作。②(常 *pl.*)學術作品。

lu·di·crous [ˋludɪkrəs] *adj.* 滑稽的；可笑的。— **ly,** *adv.*

lug[1] [lʌg] *v.t.* & *v.i.*(-**gg**-) ①使勁拉。②〖俗〗硬拖入。— *n.* ① Ⓒ (常 *sing.*)強拖；拉曳。②(*pl.*)〖俚〗裝腔作勢。***put on*** ~***s*** 〖美俚〗擺架子；裝腔作勢。

lug[2] *n.* Ⓒ ①突出部。②柄；把手。③〖蘇〗耳朶；耳垂。④〖俚〗傻子。

lug·gage [ˋlʌgɪdʒ] *n.* Ⓤ〖英〗行李(=〖美〗baggage).

lu·gu·bri·ous [luˋgjubrɪəs] *adj.* 悲哀的；鬱鬱不樂的。

Luke [luk] *n.* 〖聖經〗①路加(路加福音作者)。②路加福音。

luke·warm [ˋlukˋwɔrm] *adj.* 溫熱的。— **ly,** *adv.* — **ness,** *n.*

lull [lʌl] *v.t.* ①使平靜；使(嬰兒)入睡。②消除。③使和緩；使平息。— *v.i.* (風等)平息。— *n.* (a ~)稍息；間歇。

lull·a·by [ˋlʌləˏbaɪ] *n.* Ⓒ搖籃曲；催眠曲。

lum·ba·go [lʌmˋbego] *n.* Ⓤ〖醫〗腰痛。

lum·ber[1] [ˋlʌmbɚ] *n.* Ⓤ ①木材；木料。②無用雜物。— *v.t.* ①亂堆；亂積。②砍倒(樹)以備做木料。— *v.i.* 砍倒樹木以做木料。— **er,** *n.*

lum·ber[2] *v.i.* 笨重的移動；(火車)隆隆作聲地向前駛。

lum·ber·jack [ˋlʌmbɚˏdʒæk] *n.* Ⓒ〖美〗伐木工人。

lum·ber·yard [ˋlʌmbɚˏjɑrd] *n.* Ⓒ木材堆置場。

lu·mi·naire [ˏluməˋnɛr] *n.* Ⓒ照明設備；光源。

lu·mi·nar·y [ˋluməˏnɛrɪ] *n.* Ⓒ ①發光體(如日、月等)。②先知先覺；導師。③名人。

lu·mi·nes·cence [ˏluməˋnɛsn̩s] *n.* Ⓤ〖理〗無熱光；冷光。

lu·mi·nous [ˋlumənəs] *adj.* ①發光的；有光輝的。②光亮的。③明晰的；易懂的。④(房間等)光度足夠的。— **lu·mi·nos′i·ty** [-ˋnɑs-], *n.*

lum·mox [ˋlʌməks] *n.* Ⓒ〖美俗〗愚蠢不中用者；傻瓜。

lump** [lʌmp] *n.* Ⓒ ①小塊。a ~ of sugar 一塊(方)糖。②堆；團；大量。③傷腫；碰傷。④蠢笨的人。⑤〖俗〗大塊頭；體格高大壯健的人。a*** ~ ***in the throat*** 如骨鯁在喉。***in the*** ~ 全部地；總括地。— *v.i.* ①成塊狀。②笨拙地移動。— *v.t.* ①將…堆成一堆；將…混在一起。②忍耐；忍受。③做成塊狀。④使隆起或鼓出成塊狀。— **ish, lump′y,** *adj.*

lu·na·cy [ˋlunəsɪ] *n.* ① Ⓤ 瘋癲。② Ⓒ (常 *pl.*)瘋狂的行動；不智之舉。

lu·nar [ˋlunɚ] *adj.* ①陰曆的。②似月亮的。§ ~ cálendar 陰曆。

***lu·na·tic** [ˋlunəˏtɪk] *n.* Ⓒ①瘋人；癲狂者。②極端愚蠢的人。— *adj.* ①瘋狂的。②爲瘋人而設的。③極愚的。§ ~ frínge〖俗〗極端分子。

***lunch** [lʌntʃ] *n.* ① Ⓤ Ⓒ 午餐。② Ⓒ 便餐。③ Ⓒ〖美〗點心。— *v.i.* 進午餐。— *v.t.* 供給午餐。

***lunch·eon** [ˋlʌntʃən] *n.* ① Ⓤ Ⓒ 午餐。② Ⓒ 午宴(較 lunch 正式)。§ ~ vòucher(公務)餐券。

lunch·eon·ette [ˏlʌntʃənˋɛt] *n.* Ⓒ便餐館。

lunch·time [ˋlʌntʃˏtaɪm] *n.* Ⓤ午餐時間。

***lung** [lʌŋ] *n.* Ⓒ ①肺。②(常 *pl.*)(大城市內或附近之)廣場；空曠處。

lunge [lʌndʒ] *n.* Ⓒ 前衝；刺；戳(如鬥劍等)。— *v.i.* 向前刺；戳；擊。— *v.t.* 使朝前衝。

lung·fish [ˋlʌŋˏfɪʃ] *n.* Ⓒ (*pl.* ~, ~**es**)〖動〗肺魚。

lu·pin(e)[1] [ˋlupɪn] *n.* Ⓒ〖植〗羽扇豆。

lu·pine[2] [ˋlupaɪn] *adj.* 貪吃的；兇猛的。

lurch [lɝtʃ] *n.* Ⓒ①(船等之)突然傾斜。②(醉漢的)蹣跚之行動。③困境。④(比賽中)慘敗。***leave*** (***someone***) ***in the*** ~ 棄人於危難之中。— *v.i.* ①突然傾向或滑向一邊。②蹣跚而行。

***lure** [lur] *n.* Ⓒ ①誘惑(物)。②誘鷹鳥。③〖釣魚〗餌。— *v.t.* 誘惑。

lu·rid [ˋlurɪd] *adj.* ①(顏色)深濃的。②可怖的；驚人的。③(天空等)火紅的。— **ly,** *adv.*

***lurk** [lɝk] *v.i.* ①潛伏。②潛行。

lus·cious [ˋlʌʃəs] *adj.* ①味甘美的。②使人身心愉快的。

lush[1] [lʌʃ] *adj.* ①嫩綠的；多汁的。

②青草茂盛的。③豐富的。

lush[2] 〖俚〗 *n.* ①Ⓤ酒。②Ⓒ醉漢。 — *v.t.* & *v.i.* ①飲酒。②給以酒。 — *adj.* 酒醉的。

***lust** [lʌst] *n.* ⓊⒸ①貪慾；色慾。②熱愛。— *v.i.* ①貪求〔for, after〕. ②有強烈之性慾。— **ful,** *adj.*

***lus·ter,** 〖英〗**-tre** [ˋlʌstɚ] *n.* Ⓤ①光彩；光輝。②榮譽。③瓷器光澤的表面。④光亮的棉毛織物。— *v.t.* 使發光澤。

lus·trous [ˋlʌstrəs] *adj.* 有光澤的；光亮的。— **ly,** *adv.*

lust·y [ˋlʌstɪ] *adj.* 健壯的；精力充沛的。— **lust′i·ly,** *adv.*

***lute** [lut] *n.* Ⓒ琵琶；魯特琴。

lu·te·ti·um [luˋtiʃɪəm] *n.* Ⓤ〖化〗鎦(金屬元素；符號 Lu).

Lu·ther [ˋluθɚ] *n.* 馬丁路德(Martin, 1483-1546, 德國神學家，宗教改革的領袖)。— **an,** *adj.* & *n.*

luxe [lʊks, lʌks] 〖法〗*n.* Ⓤ上等；奢侈；華美。(參看 **deluxe**)

Lux·em·burg [ˋlʌksəm,bɝg] *n.* 盧森堡(位於德、法、比之間的一小國，首都爲 Luxemburg).

lux·u·ri·ant [lʌgˋʒʊrɪənt, lʌkˋʃʊr-] *adj.* ①(植物)繁茂的。②豐富的。③肥沃的；多產的。④(文體)華麗的。— **ly,** *adv.*

lux·u·ri·ate [lʌgˋʒʊrɪ,et] *v.i.* ①繁茂。②縱情享樂〔in〕. ③沉溺於…中。

***lux·u·ri·ous** [lʌgˋʒʊrɪəs, lʌkˋʃʊr-] *adj.* ①豪華的；奢侈的。②浪費的。— **ly,** *adv.*

***lux·u·ry** [ˋlʌkʃərɪ] *n.* ①Ⓤ奢侈；奢華。②Ⓒ奢侈品。

Lu·zon [luˋzɑn] *n.* 呂宋(菲律賓群島中的最大島)。

ly·ce·um [laɪˋsiəm] *n.* ①Ⓒ講堂；書院。②Ⓒ〖美〗學術講演社團；文化活動。③(the L-)亞里斯多德教授生徒之處；亞里斯多德哲學及其門徒。

ly·ing [ˋlaɪɪŋ] *adj.* 說謊的；假的。a ～ rumor 毫無根據的謠言。— *n.* Ⓤ說謊(的習慣)；虛假。

ly·ing-in [ˋlaɪɪŋˋɪn] *n.* Ⓒ (*pl.* ～s, **ly·ings-in**)分娩；臨盆。— *adj.* 生產的。a ～ hospital 產科醫院。

lymph [lɪmf] *n.* Ⓤ ①〖生理〗淋巴；淋巴液。②〖醫〗血清。§ ～ **glànd** [**nòde**]〖解〗淋巴腺；淋巴結。

lym·phat·ic [lɪmˋfætɪk] *adj.* ①淋巴(液)的。②淋巴性體質的；遲鈍的；軟弱的。— *n.* Ⓒ淋巴管。

lynch [lɪntʃ] *n.* Ⓤ 私刑；私罰。 — *v.t.* 加私刑；以私刑處死。§ ～ **làw** 私刑。

lynx [lɪŋks] *n.* (*pl.* **～es,** ～) ①**a.** Ⓒ山貓。**b.** Ⓤ山貓皮。②(the L-)〖天〗天貓座。

lynx-eyed [ˋlɪŋks,aɪd] *adj.* 目光銳利的；目光犀利的。

Ly·ons [ˋlaɪənz] *n.* 里昂(法國東部之一城市，法文作 Lyon).

lyre [laɪr] *n.* Ⓒ古希臘的七絃琴。

***lyr·ic** [ˋlɪrɪk] *n.* ①Ⓒ抒情詩。②(*pl.*)歌詞。— *adj.* ①抒情(詩)的。②(適於)歌唱的。— **lyr′i·cal,** *adj.* — **lyr′i·cal·ly,** *adv.*

lyr·i·cism [ˋlɪrə,sɪzəm] *n.* Ⓤ抒情詩體；抒情詩風格。

lyr·i·cist [ˋlɪrɪsɪst] *n.* Ⓒ抒情詩人。

ly·sis [ˋlaɪsɪs] *n.* Ⓒ〖醫〗(熱或疾病之)消散；減退。

ly·sol [ˋlaɪsɑl] *n.* Ⓤ〖醫〗來舒爾(消毒藥水)。

lyt·ic [ˋlɪtɪk] *adj.* 〖生化〗(細胞)溶解的。

M m M m *M m*

M or **m** [ɛm] *n.* (*pl.* **M's, m's** [ɛmz]) ①ⓊⒸ英文字母第十三個字母。②Ⓤ羅馬數字的1,000。

***ma** [mɑ] *n.* 〖俗〗媽(爲 mamma 之略)。

ma'am [mæm, mɑm] *n.* 〖俗〗= **madam.**

ma·ca·bre, -ber [məˋkɑbɚ] *adj.* 可怕的；陰森恐怖的。

mac·ad·am [məˋkædəm] *n.* ①Ⓤ(鋪路用)碎石。②Ⓒ碎石路。

Ma·cao [məˋkau] *n.* 澳門。

mac·a·ro·ni [,mækəˋronɪ] 〖義〗*n.* Ⓤ通心粉；通心麵。

mac·a·roon [,mækəˋrun] *n.* 蛋白杏仁餅乾。

Mac·Ar·thur [məkˋɑrθɚ] *n.* 麥克阿瑟(Douglas, 1880-1964, 美國陸軍五星上將)。

ma·caw [məˋkɔ] *n.* Ⓒ金剛鸚鵡。

Mac·beth [məkˋbɛθ] *n.* ①馬克白

(莎士比亞四大悲劇之一)。②馬克白(其主角名)。

mace¹ [mes] *n.* Ⓒ ①鎚矛。②權杖；職杖。③持權杖者。

mace² *n.* Ⓤ 肉荳蔻(一種香料)。

Mac·e·do·ni·a [ˌmæsəˋdonɪə] *n.* ①馬其頓(希臘北部之古王國)。②馬其頓地區(位於南歐)。

mac·er·ate [ˋmæsəˌret] *v.t.* ①浸軟。②使憔悴。③虐待。— *v.i.* ①(因被浸而)變軟。②消瘦。— **mac·er·a′tion,** *n.*

Mach [mɑk] *n.* Ⓤ〖理〗馬赫(飛行速度與音速之比率)。§ ∼ **nùmber**〖理〗馬赫值。

Mach·i·a·vel·(l)i·an [ˌmækɪəˋvɛlɪən] *adj.* ①馬基維利的。②運用權謀的。— *n.* Ⓒ 權謀政治家。

Mach·i·a·vel·li [ˌmækɪəˋvɛlɪ] *n.* 馬基維利(Niccolò di Bernardo, 1469-1527, 義大利權謀政治家)。

mach·i·nate [ˋmækəˌnet] *v.i.* & *v.t.* 圖謀(不軌)；陰謀(叛變)。— **mach·i·na′tion, mach′i·na·tor,** *n.*

‡**ma·chine** [məˋʃin] *n.* Ⓒ ①機器。②機械裝置；機械作用。③汽車。④飛機。⑤〖美〗政黨核心人物。⑥機械般工作的人。⑦任何複雜的機構或工作體系。§ ∼ **gùn** 機關槍。∼ **shòp** 機械工廠；機械修理店。∼ **tòol** 工作母機；工具機。

‡**ma·chin·er·y** [məˋʃinərɪ] *n.* Ⓤ ①(集合稱)機器。②機械部分；機械作用。③組織；機關。

ma·chin·ist [məˋʃinɪst] *n.* Ⓒ ①機械師。②修理機械者；製造機械者。

ma·cho [ˋmɑtʃo]〖西〗*adj.* 雄壯的；有男人氣概的；有膽量的。

mac(k)·in·tosh [ˋmækɪnˌtɑʃ] *n.* ① Ⓒ 橡皮布雨衣。② Ⓤ 橡皮布。

mack·er·el [ˋmækərəl] *n.* Ⓒ (*pl.* ∼, ∼**s**)青花魚；鯖。

mac·ra·mé [ˋmækrəˌme]〖法〗*n.* Ⓤ (家具裝飾用之)流蘇；花邊。

mac·ro·bi·ot·ics [ˌmækrobaɪˋɑtɪks] *n.* (作 *sing.*解)長壽術。

mac·ro·cosm [ˋmækrəˌkɑzəm] *n.* ①(the ∼)大宇宙；大世界。② Ⓒ 全範圍；總體。

ma·cron [ˋmekrən] *n.* Ⓒ (母音上之)長音記號。

mac·ro·scop·ic, -i·cal [ˌmækrəˋskɑpɪk(l̩)] *adj.* ①肉眼可見的；肉眼的。②宏觀的。

‡**mad** [mæd] *adj.* (**-dd-**)①瘋狂的。②(風等)狂暴的；(心緒)狂歡的。③狂妄的；愚蠢的。④(犬)瘋的。⑤〖俗〗憤怒的。Don't get ∼ at me! 不要對我發脾氣！⑥極爲愚蠢的。⑦著了迷的。***drive*** [***send***] ***a person*** ∼ 逼人發狂。***like*** ∼ 猛烈地；迅速地。

Mad·a·gas·car [ˌmædəˋgæskɚ] *n.* 馬達加斯加共和國(原名 Malagasy Republic)。

***mad·am** [ˋmædəm] *n.* Ⓒ ①(*pl.* **mes·dames**)女士；夫人(對女子之尊稱)。②(家庭)主婦。

mad·ame [ˋmædəm]〖法〗*n.* Ⓒ (*pl.* **mes·dames**)法國對婦人之尊稱(=Mrs.)；夫人(在英美對外國已婚女性之稱呼)。(略作 **Mme., Mdme.**)

mad·cap [ˋmædˌkæp] *adj.* & *n.* Ⓒ 鹵莽的(人)；狂暴的(人)。

mad·den [ˋmædn̩] *v.t.* & *v.i.* ①(使)瘋狂。②(使)大怒。— **ing,** *adj.*

‡**made** [med] *v.* pt. & pp. of **make.** — *adj.* ①已製成的；已形成的。②特別準備的。③人工製的。④成功的。a ∼ man成功者。⑤創造的；捏造的。

made-up [ˋmedˋʌp] *adj.* ①排好的。②化了妝的。③虛構的。④有決心的。

mad·house [ˋmædˌhaʊs] *n.* Ⓒ ①精神病院；瘋人院。②吵鬧的地方。

***mad·ly** [ˋmædlɪ] *adv.* ①瘋狂地。②猛烈地；狂熱地。③愚蠢地。

***mad·man** [ˋmædmən] *n.* Ⓒ (*pl.* **-men**)瘋子。

***mad·ness** [ˋmædnɪs] *n.* Ⓤ ①瘋狂；精神錯亂。②憤怒。③愚蠢(行爲)。④狂犬病。

Ma·don·na [məˋdɑnə] *n.* ①(the ∼)聖母瑪利亞。② Ⓒ 聖母像。③瑪丹娜(美國歌星)。

Ma·drid [məˋdrɪd] *n.*馬德里(西班牙首都)。

mad·ri·gal [ˋmædrɪgl̩]〖義〗*n.* Ⓒ ①抒情短詩。②情歌。③〖樂〗牧歌。

mael·strom [ˋmelstrəm] *n.* ① Ⓒ 大漩渦。② Ⓒ (常*sing.*)(感情、思想或情況之)大混亂。③(the M-)挪威西北部海上危險的大漩渦。

maes·tro [ˋmaɪstro]〖義〗*n.* Ⓒ (*pl.* ∼**s, -tri** [-tri])①名作曲家；名指揮家。②(藝術之)名家；大師。

Ma(f)·fi·a [ˋmɑfɪə] *n.* Ⓒ ①(the ∼, 集合稱)黑手黨。②(m-)暴力集團。

mag [mæg] *n.* Ⓒ〖俗〗雜誌。

M

‡**mag·a·zine** [ˌmægəˋzin, ˋmægəˌzin] *n.* Ⓒ ①雜誌。②(城堡或戰艦之)火藥貯藏庫。③火藥庫；軍用倉庫。④彈夾。⑤(照相機中的)軟片盒。

Ma·gel·lan [məˋdʒɛlən] *n.* 麥哲倫(Ferdinand, 1480?-1521, 葡萄牙航海家)。the Strait of ～麥哲倫海峽(在智利南端)。

ma·gen·ta [məˋdʒɛntə] *n.* Ⓤ①紫紅染料。②紫紅色。

mag·got [ˋmægət] *n.* Ⓒ ①蛆。②狂想；空想。

Ma·gi [ˋmedʒaɪ] *n. pl.* (*sing.* **Magus** [ˋmegəs])〖聖經〗(自東方來祝賀耶穌降生的)東方三賢人。

*__mag·ic__ [ˋmædʒɪk] *n.* Ⓤ①魔法。②魔力。③魔術；變戲法。— *adj.* 魔術的；(似)有魔力的。

mag·i·cal [ˋmædʒɪkḷ] *adj.* 魔術的；不可思議的。— **ly,** *adv.*

*__ma·gi·cian__ [məˋdʒɪʃən] *n.* Ⓒ 魔術家；術士。

mag·is·te·ri·al [ˌmædʒɪsˋtɪrɪəl] *adj.* ①長官的。②有權威的；專橫的。

*__mag·is·trate__ [ˋmædʒɪsˌtret, -trɪt] *n.* Ⓒ①長官。②法官；推事。

mag·nan·i·mous [mægˋnænəməs] *adj.* 心地高尚的；度量寬大的。

mag·nate [ˋmægnet] *n.* Ⓒ 鉅子；巨擘；大企業家。

mag·ne·sia [mægˋniʃə] *n.* Ⓤ〖化〗①氧化鎂。②含水碳酸鎂(俗稱瀉鹽)。— **mag·ne′sian,** *adj.*

mag·ne·si·um [mægˋniʃɪəm, -ʒɪəm] *n.* Ⓤ〖化〗鎂(金屬元素；符號 Mg)。

*__mag·net__ [ˋmægnɪt] *n.* Ⓒ①磁鐵；吸鐵石。②有吸引力之人或物。

*__mag·net·ic__ [mægˋnɛtɪk] *adj.*①有磁性的。②磁的；磁學的。③奪魂的；吸引人的。§ ∼ **detéctor** 磁性檢波器。∼ **fíeld**〖理〗(1)磁場。(2)磁場中之磁力。∼ **néedle**磁針。∼ **póle**〖理〗磁極；磁北極。∼ **stórm** 磁暴(因太陽黑點而起的地磁動亂)。— **mag·net′i·cal·ly,** *adv.*

mag·net·ics [mægˋnɛtɪks] *n.* Ⓤ「磁學。」

mag·net·ism [ˋmægnəˌtɪzəm] *n.* Ⓤ①磁性。②魅力。③〖理〗磁學。

mag·net·ite [ˋmægnəˌtaɪt] *n.* Ⓤ〖礦〗磁鐵礦。

mag·net·ize [ˋmægnəˌtaɪz] *v.t.* ①使磁化。②吸引。— *v.i.* 磁化。

mag·ne·to [mægˋnito] *n.* Ⓒ (*pl.* ∼**s**)永磁發電機。

mag·ne·tom·e·ter [ˌmægnəˋtɑmətə] *n.* Ⓒ〖理〗磁力計；地磁儀。

*__mag·nif·i·cence__ [mægˋnɪfəsṇs] *n.* Ⓤ 華麗；宏大；堂皇。

*__mag·nif·i·cent__ [mægˋnɪfəsṇt] *adj.* ①華麗的；壯麗的；堂皇的。②高尚的；神聖的。③豐富的；富裕的。— **ly,** *adv.*

mag·ni·fi·er [ˋmægnəˌfaɪə] *n.* Ⓒ①放大者；放大之物。②放大鏡。

*__mag·ni·fy__ [ˋmægnəˌfaɪ] *v.t.* ①放大；擴大。②誇大。§ ∼**ing glàss** 放大鏡。

mag·nil·o·quent [mægˋnɪləkwənt] *adj.* 誇張的；誇大的。

*__mag·ni·tude__ [ˋmægnəˌt(j)ud] *n.* ① Ⓤ 大小；積；量；長(度)。② Ⓤ 重要；重大。③ Ⓒ (星辰的)光度。④ Ⓒ (地震的)級數。

mag·no·lia [mægˋnolɪə] *n.* Ⓒ ①〖植〗木蘭。②木蘭花。

mag·num [ˋmægnəm] *n.* Ⓒ 大酒瓶(約裝 2 quarts)。

mag·pie [ˋmægˌpaɪ] *n.* Ⓒ①鵲。②饒舌之人。

mag·uey [ˋmægwe] *n.* Ⓒ〖植〗龍舌蘭。

Mah·di [ˋmɑdi] *n.* Ⓒ〖回教〗(將於世界末日降臨的)救世主。

mah-jong(g) [mɑˋdʒɔŋ]〖中〗*n.* Ⓤ 麻將牌戲。

*__ma·hog·a·ny__ [məˋhɑgənɪ] *n.*① Ⓤ Ⓒ〖植〗桃花心木；紅木。② Ⓤ 桃花心木製成之家具。③ Ⓤ 紅褐色。***be under the*** ∼醉倒在(桃花心木的)桌下。***with one's knees under the*** ∼ 就席；坐。

Ma·hom·et [məˋhɑmɪt] *n.*＝**Mohammed.**

‡**maid** [med] *n.* Ⓒ①少女；處女。②未婚女子。③女僕；婢。

*__maid·en__ [ˋmedṇ] *n.* Ⓒ 少女；處女。— *adj.* ①少女的；處女的。②新鮮的；未試用過的；未墾殖的。∼ ground 處女地。③首次的。a ∼ voyage 處女航。④未婚的。§ ∼ **náme** 女子婚前之姓。

maid·en·hood [ˋmedṇˌhud] *n.* Ⓤ①處女身分。②處女時代。

‡**mail**[1] [mel] *n.*① Ⓤ (集合稱)郵件。② Ⓤ 信件。③ Ⓤ 郵政。④ Ⓒ 郵船；郵車。— *v.t.* 郵寄。§ ∼ **òrder** 郵購；函購。

mail[2] *n.* Ⓤ 盔甲。***a coat of*** ∼ 盔甲。

mail·bag [ˋmel,bæg] *n.* Ⓒ 郵袋。

mail·box [ˋmel,bɑks] *n.* Ⓒ ①(公用)郵筒。②(私人)信箱。

mail·man [ˋmel,mæn] *n.* Ⓒ (*pl.* **-men**)郵差。

mail-or·der [ˋmel,ɔrdə] *adj.* 〖美〗郵購制的。§ ∽ **hòuse**郵購商店。

***maim** [mem] *v.t.* 使殘廢。

‡**main** [men] *adj.* ①主要的；重要的；最大的。②最高度的。do something by ～ strength [force] 傾全力做某事。— *n.* ① Ⓒ (常 *pl.*)(輸送水及汽油等之)總管；幹線。②(the ～)〖詩〗海洋。③ Ⓤ 主要部分。*in the* ～就一般而論；大致上。§ ∽ **líne** (1)〖英〗(鐵路之)幹線。(2)〖俚〗主血管。

Maine [men] *n.* 緬因(美國東北部之一州)。

main·frame [ˋmen,frem] *n.* Ⓒ 〖電算〗主機。

***main·land** [ˋmen,lænd, ˋmenlənd] *n.* Ⓒ 大陸；本土。

main·line [ˋmen,laɪn] *v.i.* 〖俚〗將麻醉藥品(尤指海洛因)直接注入靜脈。

***main·ly** [ˋmenlɪ] *adv.* ①主要地。②大概；大部分。

main·mast [ˋmen,mæst] *n.* Ⓒ 〖海〗主桅；大桅。

main·sail [ˋmen,sel] *n.* Ⓒ 〖海〗大帆；主帆。

main·spring [ˋmen,sprɪŋ] *n.* Ⓒ ①(鐘錶內的)主發條。②主要動機。

main·stay [ˋmen,ste] *n.* Ⓒ (常 *sing.*)①〖海〗支持主桅之繩索。②主要的依靠。

main·stream [ˋmen,strim] *n.* ①(the ～)(傾向、潮流等之)主流。② Ⓒ (河川之)主流。— *adj.* ①主流的。②搖滾音樂的。

***main·tain** [menˋten, mənˋten] *v.t.* ①保持；維持。②贍養。③堅持；擁護。④保養(機器、道路等)。

***main·te·nance** [ˋmentənəns, -tɪn-] *n.* Ⓤ ①保持；保有。②支持；維持。③贍養生活費用。④保養。

maize [mez] *n.* Ⓤ ①玉蜀黍。②淡黃色。

***ma·jes·tic, -ti·cal** [məˋdʒɛstɪk(l̩)] *adj.* 莊嚴的。— **ma·jes'ti·cal·ly,** *adv.*

***maj·es·ty** [ˋmædʒɪstɪ, ˋmædʒəstɪ] *n.* ① Ⓤ 莊嚴；威嚴。② Ⓤ 最高權威。③ Ⓤ (集合稱)皇室人物；王族。④(M-) Ⓒ 陛下。Your [His, Her] *M-* 陛下。

‡**ma·jor** [ˋmedʒə] *adj.* ①較大的；較多的；主要的。②成年的。③(M-)較爲年長的(同姓學生)。Hobbes *M-* is not of a scientific bent. 年齡較大的Hobbes對科學不感興趣。— *n.* Ⓒ ①成年人(年屆二十一歲者)。②(陸、空軍)少校。③主科。④主修某科目或課程的學生。⑤〖樂〗大調；長調。⑥〖邏輯〗大前提。 — *v.i.* 〖美〗主修 [in]. § ∽ **géneral**(陸、空軍)少將。∽ **kéy**〖樂〗長調。∽ **léague**〖美〗兩大職業棒球協會之一(指 American League 或 National League). ∽ **prémise**〖邏輯〗大前提。∽ **scàle**〖樂〗長音階。

‡**ma·jor·i·ty** [məˋdʒɔrətɪ, -ˋdʒɑr-] *n.* ① Ⓤ 多數；大半。② Ⓒ (常 *sing.*)(投票)多得之票數。③ Ⓒ (集合稱)多數黨。④ Ⓒ (常 *sing.*)法定成年。⑤ Ⓒ (常 *sing.*)陸、空軍少校之軍階。*join* [*go over to, pass over to*] *the* (*great*) ～ 死。

‡**make** [mek] *v.t.* (**made**) ①做；製造。②致使；使看來像。③迫使。④成爲。She will ～ him a good wife. 她將成爲他的好妻子。⑤安排；整理。～ a fire 生火。⑥得；賺。⑦〖俗〗管理；策動。⑧組成；等於。Two and two ～ four. 二加二得四。⑨猜想；估計；計算。⑩到達；抵。The ship *made* port. 船抵港。⑪走；旅行。The train ～*s* 40 miles an hour. 這火車時速爲四十英里。⑫接通(電路)。⑬給與。I wish to ～ him a present. 我希望給他一件禮物。⑭被認爲是。One swallow does not ～ a summer. 一燕飛來不能認爲夏天已到。⑮判斷；解釋。What do you ～ of it? 你對此作何判斷[你對此有何意見]? ⑯保證成功。⑰發表；說出。～ a speech 發表演說。⑱及時到達。～ the first show 及時到達看第一場演出。⑲〖俗〗趕上(火車、飛機等)。If you hurry, you can ～ the next flight. 你如果趕快，可以趕上下一次班機。⑳獲得榮譽；列入…。㉑立(契約、遺囑等)。～ a will 立遺囑。— *v.i.* ①走動；進行；向…移動。②(潮汐等)漲起。③按指定的做。～ *a fool of* 愚弄。～ *after* 追求；追趕。～ *against* 反對；不贊成。～ *a scene* 大鬧一番。～ *away with* **a.** 偷。**b.** 殺死。**c.** 用完；消耗

M

光。~ *for* **a.** 移向；走向。**b.** 傾向；導向。**c.** 攻擊。**d.** 促進；有助於…。~ *it* 〖俗〗 **a.** 達成某項特定目標。**b.** 成功。~ *off* 跑開；匆匆離開。~ *off with* 偷。~ *one's way* 往前跑；前進。~ *or break* 使成功或失敗。~ *out* **a.** 做；成功。**b.** 分辨；證明。**c.** 寫(支票、帳目等)。**d.** 了解；解釋。**e.** 假裝。**f.** 湊足；完成(參看 **make up**)。**g.**〖美俗〗進展。~ *over* **a.** 更正；修改(衣服等)。**b.** 正式轉讓。~ *up* **a.** 組成；形成。**b.** 虛構；捏造。**c.** 和解；復交。**d.** 化妝；化裝；塗脂粉。**e.** 整理(被褥)。**f.** 準備；製造。**g.** 完成。**h.** 重修；補考。**i.** 補償；彌補。~ *up for* 補償；賠償。~ *up to* 奉承；巴結。— *n.* Ⓤ Ⓒ ①製造方法。Is this your own ~? 這是你自己做的嗎? ②樣式；牌子。③性質；性格。④製造之量。⑤接通電路。*on the* ~〖俗〗急求成功；急求得益。〔注意〕(1) **made of** 與 **made from** 用法不同。通常原料被製成物品後仍具原質者，用 **of.** 已失原質者用 **from.** (2) **make** 作 *v.t.* ③解時，其後之不定式略去 **to.** 但在被動式中，則 **to** 不能省。

make-be·lieve [ˋmekbəˏliv] *n.* ①Ⓤ假裝；虛構。②Ⓒ假裝者。— *adj.* 假裝的。

***mak·er** [ˋmekɚ] *n.* ①Ⓒ製造者。②(M-)上帝。

make·shift [ˋmekˏʃɪft] *n.* Ⓒ①暫用代替物。②權宜之計。— *adj.* ①暫時代替的。②權宜的。

***make-up** [ˋmekˏʌp] *n.* ①Ⓒ(常 *sing.*)天性。②Ⓤ(又作 a ~)化妝品。③Ⓒ(常 *sing.*)組織；組成的方法。④Ⓒ〖印刷〗排版；整版。⑤Ⓒ(報紙的)版面。⑥Ⓤ(演員之)扮相。⑦Ⓒ重修；補考。(亦作 **makeup**)

mak·ing [ˋmekɪŋ] *n.* ①(the ~)成功之因素。②(*pl.*)原料；材料。③(*pl.*)所需之性質。④Ⓒ製成之物。⑤Ⓒ一次所產之量。⑥Ⓤ製作。⑦Ⓤ構造。*in the* ~製作中；尚未完成；發展中。

Ma·lac·ca [məˋlækə] *n.* 麻六甲。Strait of ~麻六甲海峽(在馬來半島與蘇門答臘間)。

mal·ad·just·ment [ˏmæləˋdʒʌstmənt] *n.* Ⓤ調節不善；不適應。

mal·a·droit [ˏmæləˋdrɔɪt] *adj.* 笨拙的；拙劣的；愚鈍的。

mal·a·dy [ˋmælədɪ] *n.* Ⓒ①疾病。②混亂；道德上之缺點。

Mal·a·gas·y [ˏmæləˋgæsɪ] *n.* (*pl.* ~, **-gas·ies**) ①Ⓒ馬達加斯加人。②Ⓤ馬達加斯加語。③馬達加斯加共和國(the Madagascar Republic)的原名。

ma·laise [mæˋlez] *n.* Ⓤ(病初發時)不舒服；抑鬱；微恙。

mal·a·prop·ism [ˋmæləprɑpˏɪzəm] *n.* ①ⓊⒸ字之怪誕的誤用。②Ⓒ被誤用之字。

mal·ap·ro·pos [ˏmælæprəˋpo] 〖法〗 *adv.* & *adj.* 不適當地[的]。

***ma·lar·i·a** [məˋlɛrɪə] *n.* Ⓤ ①〖醫〗瘧疾。②瘴氣。— **ma·lar′i·al, ma·lar′i·an,** *adj.*

ma·lar·k(e)y [məˋlɑrkɪ] *n.* Ⓤ〖美俚〗無聊話；胡說；夢話。

Ma·la·wi [mɑˋlɑwɪ] *n.* 馬拉威(南非一國，首都 Lilongwe)。

Ma·lay [məˋle] *n.* & *adj.* = **Malayan.**

Ma·lay·a [məˋleə] *n.* ①馬來半島。②馬來亞(地處馬來半島南部，爲馬來西亞一地區)。

Ma·lay·an [məˋleən] *n.* ①Ⓒ馬來人。②Ⓤ馬來語。— *adj.* 馬來半島的；馬來(人，語)的。

Ma·lay·sia [məˋleʒə] *n.* ①馬來群島。②馬來西亞(1963年獨立之一聯邦國家)。

Ma·lay·sian [məˋleʃən] *n.* Ⓒ馬來西亞人。— *adj.* 馬來西亞(人)的。

mal·con·tent [ˋmælkənˏtɛnt] *adj.* 不滿的；反抗(時政)的。— *n.* ①Ⓒ不滿者；反叛者。②Ⓤ不滿。

Mal·dives [ˋmældaɪvz] *n.* 馬爾地夫(印度洋中一共和國，首都 Male)。

***male** [mel] *n.* Ⓒ男人；男孩；雄性動物。— *adj.* ①陽性的；男性的；雄性的。②〖植〗有雄蕊的。

mal·e·dic·tion [ˏmæləˋdɪkʃən] *n.* Ⓒ①詛咒。②誹謗。

mal·e·fac·tor [ˋmæləˏfæktɚ] *n.* Ⓒ罪犯；作惡者。

ma·lev·o·lence [məˋlɛvələns] *n.* Ⓤ惡意。

ma·lev·o·lent [məˋlɛvələnt] *adj.* 惡意的；惡毒的。— **ly,** *adv.*

mal·fea·sance [ˏmælˋfizn̩s] *n.* ⓊⒸ①惡行；惡事。②瀆職。

mal·for·ma·tion [ˏmælfɔrˋmeʃən] *n.* ①Ⓤ畸形。②Ⓒ畸形之物。

M

mal·func·tion [mælˋfʌŋkʃən] *n.* Ⓒ (器官之)機能障礙; (機器之)故障。— *v.i.* 發生故障。

Ma·li [ˋmɑlɪ] *n.* 馬利(非洲西部一共和國, 首都 Bamako)。

***mal·ice** [ˋmælɪs] *n.* Ⓤ ①惡意; 惡毒; 怨恨。②預謀。§ ∼ **afóre-thought** 〖法律〗預謀不軌。

***ma·li·cious** [məˋlɪʃəs] *adj.* 懷惡意的; 壞心腸的。—**ly,** *adv.*

ma·lign [məˋlaɪn] *v.t.* 詆毀; 誹謗。— *adj.* ①邪惡的。②懷惡意的。

ma·lig·nant [məˋlɪgnənt] *adj.* ①懷惡意的。②有害的。③惡性的。

ma·lig·ni·ty [məˋlɪgnətɪ] *n.* Ⓤ 極大之惡意[憎恨]。

ma·lin·ger [məˋlɪŋgɚ] *v.i.* 裝病以逃避職務。

mall [mɔl] *n.* Ⓒ ①林蔭路。②購物中心。

mal·lard [ˋmælɚd] *n.* ① Ⓒ 野鴨。② Ⓤ 野鴨肉。

mal·le·a·ble [ˋmælɪəbḷ] *adj.* ①(金屬)可鍛的; 可鎚薄的。②(人性)能適應的。—**mal·le·a·bil′i·ty,** *n.*

mal·let [ˋmælɪt] *n.* Ⓒ ①木槌。②(曲棍球或馬球之)球棍。

malm·sey [ˋmɑmzɪ] *n.* Ⓤ (Madeira 產之)一種甘美的白葡萄酒。

mal·nour·ished [mælˋnɝɪʃt] *adj.* 營養失調[不良]的。

mal·nu·tri·tion [ˌmælnjuˋtrɪʃən] *n.* Ⓤ 營養不良。

mal·oc·clu·sion [ˌmæləˋkluʒən] *n.* Ⓤ (牙齒)咬合不正。

mal·prac·tice [mælˋpræktɪs] *n.* ⓊⒸ ①〖醫〗醫療失當。②瀆職。

malt [mɔlt] *n.* Ⓤ ①麥芽。∼ sugar 麥芽糖。②啤酒。— *v.t.* ①以麥芽釀造。②使成麥芽。— *v.i.* 變成麥芽。

Mal·ta [ˋmɔltə] *n.* 馬爾他(地中海中之島國, 首都 Valletta)。

Mal·tese [mɔlˋtiz] *adj.* 馬爾他島[人, 語]的。— *n.* (*pl.* ∼) ① Ⓒ 馬爾他島人或居民。② Ⓤ 馬爾他語。

Mal·thus [ˋmælθəs] *n.* 馬爾薩斯 (Thomas Robert, 1766-1834, 英國經濟學家, 「人口論」作者)。

Mal·thu·si·an [mælˋθjuzɪən] *adj.* 馬爾薩斯人口論的。— *n.* Ⓒ 馬爾薩斯主義者。

malt·ose [ˋmɔltos] *n.* Ⓤ 〖化〗麥芽糖。

mal·treat [mælˋtrit] *v.t.* 虐待; 苛待。—**ment,** *n.*

***ma·ma** [ˋmɑmə] *n.* Ⓒ 媽媽。§ ∼'s **bòy** 〖美〗=mother's boy.

***mam·mal** [ˋmæmḷ] *n.* Ⓒ 哺乳動物。

mam·mal·o·gy [mæˋmælədʒɪ] *n.* Ⓤ 哺乳動物學。

mam·ma·ry [ˋmæmərɪ] *adj.* 乳房的。

mam·mon [ˋmæmən] *n.* ①(M-)財神。② Ⓤ 財富(被認爲會帶來壞運)。

mam·moth [ˋmæməθ] *n.* Ⓒ 猛獁(冰河時代的一種長毛巨象)。— *adj.* 龐大的。

mam·my [ˋmæmɪ] *n.* Ⓒ ①媽媽(小兒語)。②〖美俗〗(美國南部之)黑人褓姆。

‡**man** [mæn] *n.* (*pl.* **men**) ① Ⓒ 男子。② ⓊⒸ (泛指)人; 人類。③ Ⓒ (常 *pl.*) 男僕; 男雇員; 臣。④ Ⓒ 丈夫。⑤ Ⓒ (常 *pl.*)兵士。⑥ Ⓒ 男子漢; 大丈夫。⑦(用於稱呼)喂! 老兄! ⑧ Ⓒ 一顆棋子。⑨ Ⓒ 所需的人。***a*** ∼ ***of the world*** 精於世故者。***as one*** ∼ 一致。***be one's own*** ∼ **a.** 自主。**b.** 身心健全。∼ ***about town*** 社交活躍的人; 酒色之徒。∼ ***and boy*** 從小到大。***to a*** ∼ 一致; 皆; 諸。***to the last*** ∼ 一致; 毫無例外。
— *v.t.* (**-nn-**) ①供給人員。②使堅強; 振作精神; 鼓起勇氣。③操作; 看守; 堅守崗位。

man·a·cle [ˋmænəkḷ] *n.* Ⓒ (常 *pl.*) ①手銬。②束縛。— *v.t.* ①上手銬。②束縛。

‡**man·age** [ˋmænɪdʒ] *v.t.* ①處理; 支配; 駕馭。②完成; 達成。③〖俗〗吃; 收拾。④經營; 管理; 設法。
— *v.i.* ①辦事; 處理事務。②生活; 過活。③撐住; 維持。

man·age·a·ble [ˋmænɪdʒəbḷ] *adj.* ①可管理的; 可處理的。②溫順的; 易於駕御[統御]的。

***man·age·ment** [ˋmænɪdʒmənt] *n.* ① Ⓤ 經營; 支配; 處理; 管理。② ⓊⒸ 經理; 管理人員。③ Ⓤ 手段; 技巧。④(the ∼, 集合稱)資方。

***man·ag·er** [ˋmænɪdʒɚ] *n.* Ⓒ ①經理。②管理業務者; 管家務者。③經紀人。

man·a·ge·ri·al [ˌmænəˋdʒɪrɪəl] *adj.* ①經理的; 管理者的。②經營(上)的; 管理(上)的。

man·ag·ing [ˋmænɪdʒɪŋ] *adj.* ①管理的; 經營的; 主腦的。②善經營的。③愛管閒事的。④節儉的; 吝嗇的。§ ∼ **éditor** 總編輯。

man-at-arms [ˋmænətˋɑrmz]

M

n. Ⓒ (pl. **men-at-arms**)①士兵。②(中世紀之)重騎兵。

man·a·tee [͵mænəˋti] n. Ⓒ〖動〗海牛。

Man·chu [mænˋtʃu] n. (pl. ~, ~s) ①Ⓒ中國的滿族人。②Ⓤ滿族語。
— adj. 滿族人[語]的。

Man·chu·ri·a [mænˋtʃʊrɪə] n. 滿洲(中國東北的舊稱)。

man·da·rin [ˋmændərɪn] n. ①Ⓒ滿清官吏。②(M-)Ⓤ中國官話；國語。③(亦作 **mandarin orange**) Ⓒ橘。§～ **dúck** 鴛鴦。

man·date [ˋmændet, -dɪt] n. Ⓒ①命令；訓令。②選民給予議員之權限。③委託統治權。④託管地。⑤(民法)委任；委託。—[ˋmændet] v.t. 將(某地)委託統治；託管。

man·da·to·ry [ˋmændə͵torɪ] adj. ①(含有)命令的。②〖法律〗無選擇自由的。③受委託統治的。④強迫性的。— n. Ⓒ受委託統治的國家。

man·di·ble [ˋmændəbl̩] n. Ⓒ〖解，動〗①(哺乳動物、魚類等之)顎。②鳥嘴之上[下]喙。③(昆蟲之)大顎。

***man·do·lin(e)** [ˋmændl̩͵ɪn, ͵mændl̩ˋɪn] n. Ⓒ曼陀林(樂器)。

man·drake [ˋmændrɪk] n. Ⓒ〖植〗曼陀羅花。

man·drel, -dril [ˋmændrəl] n. Ⓒ①尖頭鋤。②〖機〗心軸。

man·drill [ˋmændrɪl] n. Ⓒ〖動〗山魈。

***mane** [men] n. Ⓒ①鬃。②長而厚的「頭髮」。

***ma·neu·ver** [məˋnuvə] n. Ⓒ①調遣；換防。②(常 pl.)演習。③策略；巧計。— v.t. ①調遣。②計誘。③操縱。— v.i. ①演習。②用計策。

man·ful [ˋmænfəl] adj. 剛毅的；決斷的；有男子氣概的。—ly, adv.

man·ga·nese [ˋmæŋgə͵nis] n. Ⓤ〖化〗錳(金屬元素；符號 Mn)。

mange [mendʒ] n. Ⓤ畜疥；獸疥(家畜等所患之疥癬)。

***man·ger** [ˋmendʒə] n. Ⓒ牛槽；馬「槽。」

man·gle[1] [ˋmæŋgl̩] v.t. ①將(皮肉)撕裂。②(因錯誤而)傷害；損壞。

man·gle[2] n. Ⓒ軋布機；軋光機。

man·go [ˋmæŋgo] n. Ⓒ (pl. ~s, ~es) 芒果；芒果樹。

man·grove [ˋmæŋgrov] n. Ⓒ〖植〗紅樹林。

man·gy [ˋmendʒɪ] adj. ①患疥癬的。②污穢的；齷齪的。③下賤的。

man·han·dle [ˋmæn͵hændl̩] v.t. ①粗暴地對付。②以人力轉動或處理。

Man·hat·tan [mænˋhætn̩] n. 曼哈坦(紐約之市中心)。

man·hole [ˋmæn͵hol] n. Ⓒ(下水道供修理工人出入之)人孔；出入孔。

***man·hood** [ˋmænhʊd] n. Ⓤ①成年；成人。②勇氣；剛毅。③(集合稱)男子。

man·hunt [ˋmæn͵hʌnt] n. Ⓒ〖美〗搜索逃犯。(亦作 **man hunt**)

ma·ni·a [ˋmenɪə] n. ①Ⓤ癲狂；狂亂。②Ⓒ熱中；狂熱〔for〕.

ma·ni·ac [ˋmenɪ͵æk] n. Ⓒ瘋子。
— adj. 癲狂的；狂妄的。

ma·ni·a·cal [məˋnaɪəkl̩] adj. = **maniac.**

man·ic [ˋmenɪk] adj. ①〖精神病〗癲狂的；躁狂的。②似發狂的；狂熱的。

man·ic-de·pres·sive [ˋmænɪkdɪˋprɛsɪv] adj. 〖精神病〗癲狂與抑鬱交替發作的。

man·i·cure [ˋmænɪ͵kjʊr] v.t. & v.i. 修(指甲)。— n. ①ⓊⒸ修指甲。②Ⓒ修指甲者。

***man·i·fest** [ˋmænə͵fɛst] adj. 顯然的；明白的。— v.t. ①表示。②證明。③記入載貨單。— n. Ⓒ①載貨清單。②旅客名單。—ly, adv.

***man·i·fes·ta·tion** [͵mænəfɛsˋteʃən] n. ①Ⓤ顯示；表明；證明。②Ⓒ顯示或證明的言行。③Ⓒ示威運動。④Ⓒ顯聖；顯靈。

man·i·fes·to [͵mænəˋfɛsto] n. Ⓒ (pl. 〖美〗~es, 〖英〗~s)宣言。

***man·i·fold** [ˋmænə͵fold] adj. ①多種的；繁多的。②多種形式的。③多倍的。— n. Ⓒ①複寫本；繕本。②〖機〗歧管。③多樣之物。④複寫紙。
— v.t. ①複寫；繕抄。②繁殖。

man·(n)i·kin [ˋmænəkɪn] n. Ⓒ①侏儒；矮人。②人體解剖模型。③= **mannequin.**

Ma·nil·a [məˋnɪlə] n. 馬尼拉(菲律賓首都)。

ma·nip·u·late [məˋnɪpjə͵let] v.t. ①操作；善理。②把持；操縱。③竄改；假造。

ma·nip·u·la·tion [mə͵nɪpjəˋleʃən] n. ⓊⒸ①操縱；使用(法)。②竄改。③〖外科〗觸診。

ma·nip·u·la·tive [məˋnɪpjə͵letɪv] adj. 以手處理的。

***man·kind** [mænˋkaɪnd] n. Ⓤ(集

合稱)①人類。②男子；男性。

***man·ly** [ˋmænlɪ] *adj.* ①像男人的；強壯的；爽直的；勇敢的；獨立的。②適於男人的。— **man′li·ness,** *n.*

man-made [ˋmæn͵med] *adj.*①人造的。②合成的。

manned [mænd] *adj.* 有載人的。

man·ne·quin [ˋmænəkɪn] *n.* Ⓒ ①時裝模特兒。②人體模型。

‡**man·ner** [ˋmænɚ] *n.*① Ⓒ (常 *sing.*)方法；方式；樣子。②(a ～, one's ～)態度；舉止。③(*pl.*)禮貌；風俗；習俗。④ Ⓒ (文學、藝術的)風格；文體。***all ～ of*** 各種。***by all ～ of means*** 最確實地；一定。***by no ～ of means*** 在任何情況下均不。 ***in a ～*** 有幾分。***make one's ～s*** 〖美方〗鞠躬、欠身等以示禮貌。***to the ～ born*** 生而習慣之。

man·nered [ˋmænɚd] *adj.*①有禮貌的。②矯飾的。

man·ner·ism [ˋmænə͵rɪzəm] *n.* ① Ⓤ 獨特之格調、形式等。② Ⓒ 奇癖。

man·ner·ly [ˋmænɚlɪ] *adj.* & *adv.* 有禮貌的[地]；客氣的[地]。

man·nish [ˋmænɪʃ] *adj.* ①(女人)像男人的。②男人特質的。

ma·noeu·vre [məˋnuvɚ] *n.* & *v.* 〖英〗=**maneuver.**

man-of-war [ˋmænəvˋwɔr] *n.* Ⓒ (*pl.* **men-of-war**)〖古〗軍艦。

ma·nom·e·ter [məˋnɑmətɚ] *n.* Ⓒ ①壓力計。②血壓計。

man·or [ˋmænɚ] *n.* Ⓒ ①(封建時代貴族之)采邑。②地主之田地。
— **ma·no·ri·al** [məˋnorɪəl], *adj.*

man·pow·er [ˋmæn͵pauɚ] *n.* (*pl.* ～)① Ⓤ 人力。② Ⓒ 人力(功之單位，合1／10馬力)。③ Ⓤ 人力資源。

manse [mæns] *n.* Ⓒ 牧師之住宅。

man·serv·ant [ˋmæn͵sɝvənt] *n.* Ⓒ (*pl.* **men·serv·ants**)男僕。

***man·sion** [ˋmænʃən] *n.* ① Ⓒ 大廈；邸。②(*pl.*)〖英〗公寓(=〖美〗apartment house).

man·slaugh·ter [ˋmæn͵slɔtɚ] *n.* Ⓤ ①殺人。②〖法律〗過失殺人。

man·ta [ˋmæntə] *n.* Ⓒ ①(西班牙、中南美用的)披肩；斗篷。②(亦作 **manta ray**)大鰩魚。

man·tel [ˋmæntl̩] *n.* Ⓒ ①壁爐上部及兩側之裝飾構造。②壁爐架。

man·tel·piece [ˋmæntl̩͵pis] *n.* Ⓒ 壁爐架。

man·til·la [mænˋtɪlə] 〖西〗*n.* Ⓒ (西班牙及墨西哥婦女用的)連披肩之頭紗。

man·tis [ˋmæntɪs] *n.* Ⓒ (*pl.* **～es, -tes** [-tiz])螳螂。

***man·tle** [ˋmæntl̩] *n.* Ⓒ ①無袖外套；斗篷。②覆罩之物。③(煤氣燈之)燃罩。④=**mantel.** — *v.i.* ①罩；覆。②臉紅。③(鳥翼)伸展。④爲泡沫所覆。— *v.t.* ①(以斗篷)覆蓋。②掩藏。

man·tu·a [ˋmæntʃuə] *n.* Ⓒ 女用外套。

***man·u·al** [ˋmænjuəl] *adj.* ①手的；手製的。②用手操作的；手工的。③如手冊的。— *n.* Ⓒ ①手冊；袖珍本。②風琴鍵盤。③(槍等之)操練。§ ～ **tráining** 手工藝訓練。

‡**man·u·fac·ture** [͵mænjəˋfæktʃɚ] *v.t.* ①製造。②將(原料)製成用品。③捏造；假造。④粗製濫造地大量寫(書)。— *n.* ① Ⓤ 製造。② Ⓒ 製造品。

***man·u·fac·tur·er** [͵mænjəˋfæktʃərɚ] *n.* Ⓒ 製造業者；廠主。

man·u·mis·sion [͵mænjəˋmɪʃən] *n.* Ⓤ (奴隸之)解放。

man·u·mit [͵mænjəˋmɪt] *v.t.* (**-tt-**)解放(奴隸)。

***ma·nure** [məˋnjur] *n.* Ⓤ 肥料；糞肥。— *v.t.* 施肥。

***man·u·script** [ˋmænjə͵skrɪpt] *n.* Ⓤ Ⓒ 草稿；原稿。— *adj.* 手寫的；打字機打出的。

Manx [mæŋks] *adj.* 曼島(Isle of Man)的；曼島人[語]的。— *n.* ①(the ～, 作 *pl.* 解)曼島人。② Ⓤ 曼島語。§ ～ **cát** 曼島貓(一種無尾貓)。

‡**man·y** [ˋmɛnɪ] *adj.* (**more, most**)許多的。***a good ～*** 相當多的。***a great ～*** 很多的。***as ～*** 同數的；同樣多的。***be one too ～ for*** 勝過；優於。***how ～*** 有多少。***～ a*** 許多的(=many)(其後須用單數名詞及動詞)。***one too ～*** **a.** 不需要的；多一個的。**b.** 礙事。— *n.* ① Ⓒ 許多。②(the ～)多數人；群眾。— *pron.* 多人；多數。

man·y-sid·ed [ˋmɛnɪˋsaɪdɪd] *adj.* ①多邊的。②多才多藝的。

man·za·ni·ta [͵mænzəˋnitə] *n.* Ⓒ 石南科常綠灌木。

‡**map** [mæp] *n.* Ⓒ ①地圖。②天體圖。③似地圖之事物。④〖俚〗臉。***put on the ～*** 放在地圖上；爲人所知。— *v.t.* (**-pp-**)①繪製…之地圖。②計畫〔out〕.

***ma·ple** [ˋmepl̩] *n.* ① Ⓒ 楓樹。② Ⓤ 楓木；楓材。

***mar** [mɑr] *v.t.* (**-rr-**)損毀；損傷。

Mar. March.

mar·a·bou [ˋmærə͵bu] *n.* ① Ⓒ (西非產之)大鸛；(印度產之)禿鸛。② Ⓤ 鸛之羽毛。③ Ⓒ 鸛之羽毛製裝飾品。

mar·a·schi·no [͵mærəˋskino] *n.* Ⓤ 黑櫻桃酒。

mar·a·thon [ˋmærə͵θɑn] *n.* Ⓒ ①馬拉松(長跑)。②長途[持久]賽跑。

ma·raud [məˋrɔd] *v.t.* 搶掠；劫奪。**—** *v.i.* 奪掠。**–er,** *n.*

***mar·ble** [ˋmɑrbl̩] *n.* ① Ⓤ 大理石。② Ⓒ (遊戲中之)彈珠。③(*pl.*, 作*sing.* 解)彈珠戲。④(*pl.*)一堆蒐集的雕刻品。**—** *adj.* ①大理石的。②冷酷無情的。**—** *v.t.* 使有大理石樣色紋。

mar·bled [ˋmɑrbl̩d] *adj.* ①大理石花紋的。②(食用肉)夾有脂肪的。

mar·ble·heart·ed [ˋmɑrbl̩ˋhɑrtɪd] *adj.* 冷酷無情的；鐵石心腸的。

mar·ca·site [ˋmɑrkə͵saɪt] *n.* Ⓤ 〖礦〗白鐵礦。

mar·ces·cent [mɑrˋsɛsn̩t] *adj.* 〖植〗萎凋的。

‡**march**¹ [mɑrtʃ] *v.i.* ①以整齊步伐進行。②進軍；行軍。③前進；行進。**—** *v.t.* 使前進〔off〕. **—** *n.* ① Ⓤ 前進；進軍；行軍。② Ⓒ 進行曲。③ Ⓤ 行程。④ Ⓤ 困難的長途行進。⑤ (the ～)發展；進行。***on the*** **～**發展中。***steal a*** **～** ***on*** **a.** 偷襲敵人。**b.** 著人先鞭；占先；占優勢。

march² *n.* Ⓒ (常 *pl.*)邊界；邊疆。

‡**March** [mɑrtʃ] *n.* 三月(略作**Mar.**).

mar·chion·ess [ˋmɑrʃənɪs] *n.* Ⓒ 侯爵夫人；女侯爵。

mare**¹ [mɛr] *n.* Ⓒ 母馬；母驢。Money makes the*** **～** ***go.*** 有錢能使鬼推磨。***The gray*** **～** ***is the better horse.*** 牝雞司晨。***win the*** **～** ***or lose the halter*** 孤注一擲。

ma·re² [ˋmare] *n.* Ⓒ (*pl.* **ma·ri·a** [ˋmarɪə])①海。②月球表面的黑暗區(昔認為海)。

mar·ga·rine [ˋmɑrdʒə͵rin] *n.* Ⓤ 人造奶油。(亦作 **margarin**)

***mar·gin** [ˋmɑrdʒɪn] *n.* Ⓒ ①邊；緣。②書頁邊之空白。③盈餘；利潤。④餘裕；餘地。⑤(證券交易所中的)保證金。⑥極限。⑦〖經〗最低報酬。**—** *v.t.* ①加邊緣於；留邊緣於；圍繞。②記於書頁邊空白處。③〖商〗交納保證金。

mar·gin·al [ˋmɑrdʒɪnl̩] *adj.* ①邊緣的；寫或印於欄外的；有旁註的。②境界的。③邊際的。④〖商〗勉強能收支平衡的。⑤最起碼的。§ **～ séa** 領海。

mar·gi·na·li·a [͵mɑrdʒəˋnelɪə] *n. pl.* 旁註；標註。

mar·gin·al·ize [ˋmɑrdʒɪnə͵laɪz] *v.t.* 忽略；排斥。

mar·gue·rite [͵mɑrgəˋrit] *n.* Ⓒ 〖植〗延命菊；雛菊。

mar·i·gold [ˋmærə͵gold] *n.* Ⓒ 〖植〗金盞花。

ma·ri·jua·na, -hua·na [͵mɑrɪˋhwɑnə] *n.* Ⓤ ①〖植〗大麻(=hemp). ②乾大麻葉。

ma·rim·ba [məˋrɪmbə] *n.* Ⓒ 馬林巴(木琴之一種)。

ma·ri·na [məˋrinə] *n.* Ⓒ 遊艇港；小艇停泊補給站。

ma·rine** [məˋrin] *adj.* ①海的；海中的；海中產的。②海事的；海軍的。**—** *n.* ① Ⓤ (集合稱)船隻；航海業。② Ⓒ 艦隊。③ Ⓒ 海軍；水兵。④ Ⓒ 海景；海景畫。⑤ Ⓒ 〖美〗海軍陸戰隊士兵。Tell that*** **[*it*]** ***to the*** **～*s!*** 哪有那樣的事！鬼才相信這話！§ **M～ Còrps** 〖美〗海軍陸戰隊。**～ insúrance** 海上保險。

***mar·i·ner** [ˋmærənɚ] *n.* Ⓒ 水手；船員(=sailor).

mar·i·o·nette [͵mærɪəˋnɛt] *n.* Ⓒ 木偶；傀儡。

mar·i·tal [ˋmærətl̩] *adj.* 婚姻的。

mar·i·time [ˋmærə͵taɪm] *adj.* ①海上的；近海的。②居於海濱的。③海的。④海員的；航海的。

mar·jo·ram [ˋmɑrdʒərəm] *n.* Ⓤ 〖植〗一種唇形科薄荷屬之植物。

‡**mark**¹ [mɑrk] *n.* ① Ⓒ 符號；記號。② Ⓒ 分界線。③ Ⓒ 標誌；標點；符號。④ Ⓒ 分數；點數。⑤ Ⓒ 污點；疤痕；痕跡。⑥ Ⓒ (不會寫自己名字的人的)十字畫押。⑦ Ⓒ 鵠的；目標。⑧(*sing.*, the ～)常態；標準。⑨ Ⓒ 影響；印象。⑩ Ⓤ 名譽。⑪ Ⓒ (標價格、品質之)標籤；籤條。⑫(常 M-) 〖軍〗武器型號，如：M-1 rifle M-1式步槍。⑬ Ⓒ 被嘲笑、欺騙之對象。⑭ Ⓒ 目標。⑮ Ⓒ 特徵。***beside the*** **～** **a.** 未中鵠的。**b.** 未成功。**c.** 離譜；不相干。**(*God*)** ***bless*** **[*save*]** ***the*** **～** ***!*** 表示不贊同、輕視、不耐煩

M

的感嘆詞。*hit the ~* **a.** 達到目的。**b.** 中肯。*on your ~(s)!* 預備！(賽跑時就位之口令)。*wide of the ~* **a.**未中鵠的。**b.**不切題的。— *v.t.* ①記分數於。②加符號於。③顯示；指明。④注意；留心。⑤加標籤[圖印等]於。⑥使顯著。— *v.i.* 留心；注意；考慮。~ *down* 寫下；減價。~ *off* 區分。~ *out* 劃線分出。~ *out for* 選出。~ *time* **a.** 原地踏步而不前進。**b.** 耽擱。~ *up* **a.** 漲價。**b.** 加記號。

mark² *n.* Ⓒ 馬克(德國的貨幣名稱)。

marked [markt] *adj.* ①有記號的。②顯著的。③受監視的。

mark·er [ˋmarkɚ] *n.* Ⓒ ①作記號者。②記分員。③書籤。④籌碼。

mar·ket [ˋmarkɪt] *n.* ① Ⓒ 市場；市集。② Ⓒ 市集上的群眾。③ Ⓒ 市況；市面。④ Ⓒ 食品店。⑤ Ⓤ 銷路。⑥ Ⓒ 推銷地區。⑦ Ⓤ 一般的買賣。⑧ Ⓤ 需要。⑨ Ⓤ 行業。*be in the ~ for* 爲…可能的購買者；想買。*bring one's eggs* [*hogs*] *to a bad ~* [*to the wrong ~*] **a.** 計畫失敗。**b.** 因求援對象錯誤而失敗。*on the ~* 出售中；上市。*play the ~* 〖股票〗投機。— *v.i.* 在市集上買賣；交易。— *v.t.* ①出售。②帶(貨物)到市場出售。§ ∼ **gàrden** 果菜園。∼ **prìce** 售價；市價。∼ **rèsearch** 市場調查。

mar·ket·er [ˋmarkɪtɚ] *n.* Ⓒ 到市場的人；在市場做買賣的人。

mar·ket·ing [ˋmarkɪtɪŋ] *n.* Ⓤ 在市場之交易；買賣。

mar·ket·place [ˋmarkɪt͵ples] *n.* Ⓒ 市集；市場。

mark·ing [ˋmarkɪŋ] *n.* ① Ⓒ 記號；印記；斑點；條紋。② Ⓤ 記分。

marks·man [ˋmarksmən] *n.* Ⓒ (*pl.* **-men**) 射手；善射者。

mark·up [ˋmark͵ʌp] *n.* Ⓒ 漲價(額)。

marl [marl] *n.* Ⓤ 石灰泥(做肥料用)。

mar·lin [ˋmarlɪn] *n.* Ⓒ (*pl.* ~, ~s) 馬林魚。

mar·ma·lade [ˋmarml͵ed, ͵marmlˋed] *n.* Ⓤ (用帶皮的橘子或檸檬等製成之)果醬。

mar·mo·set [ˋmarmə͵zɛt] *n.* Ⓒ (中南美洲所產之)狨猴。

mar·mot [ˋmarmət] *n.* Ⓒ 〖動〗土撥鼠。

ma·roon¹ [məˋrun] *n.* ① Ⓤ 栗色；茶色。② Ⓒ 警告煙火。— *adj.* 栗色的；茶色的。

ma·roon² *v.t.* ①放逐於荒島。②使處於孤獨無助之境。— *v.i.* (美國南方)在外作數日露營。— *n.* Ⓒ ①避居於西印度群島及荷屬圭亞那之黑奴遺族。②被孤立的人。

mar·quee [marˋki] *n.* Ⓒ ①〖英〗(戶外野餐或花園茶會時用之)大帳幕。②(戲院等門外之)遮簷。

***mar·quis** [ˋmarkwɪs] *n.* Ⓒ 侯爵。

mar·quise [marˋkiz] *n.* Ⓒ ①侯爵夫人；侯爵之遺孀。②女侯爵。

‡**mar·riage** [ˋmærɪdʒ] *n.* ① Ⓤ Ⓒ 婚姻；結婚。② Ⓒ 婚禮。③ Ⓤ Ⓒ 密切結合。④ Ⓤ Ⓒ 商業合併。*by ~* 由姻親關係。*give* (*a daughter*) *in ~* 嫁女。*take* (*a woman*) *in ~* 娶妻。§ ∼ **lìnes** 結婚證書。

***mar·ried** [ˋmærɪd] *adj.* ①已婚的；有夫[妻]的。②婚姻的；夫妻的。*get ~* 結婚。

mar·row [ˋmæro] *n.* ① Ⓤ 〖解〗髓。②(the ~)精華；核心。③ Ⓒ 〖英〗食用葫蘆。④(the ~)力量；活力。

‡**mar·ry** [ˋmærɪ] *v.t.* ①結婚；娶；嫁。②嫁(女)〔常 off〕。③主持…的婚禮。④使密切結合一起。— *v.i.* ①結婚。②合併；結合。

***Mars** [marz] *n.* ①〖羅神〗戰神。② Ⓤ 戰爭。③〖天〗火星。

***marsh** [marʃ] *n.* Ⓤ Ⓒ 沼澤；濕地。§ ∼ **gàs** 沼氣；甲烷。∼ **màrigold** 〖植〗驢蹄草。

***mar·shal** [ˋmarʃəl] *n.* Ⓒ ①警官。②高級軍官。③司儀者；司禮官。④法警。— *v.t.* (**-l-**, 〖英〗**-ll-**) ①整列；排列。②列隊備戰。③(用儀式)引導。— *v.i.* 按次序就位。

marsh·mal·low [ˋmarʃ͵mælo] *n.* ① Ⓒ 〖植〗藥蜀葵。② Ⓤ Ⓒ 軟糖。

mar·su·pi·al [marˋsjupɪəl] *n.* Ⓒ & *adj.* 有袋動物(的)(如袋鼠等)。

mart [mart] *n.* Ⓒ 市場；商業中心。

mar·ten [ˋmartɪn] *n.* ① Ⓒ 貂鼠。② Ⓤ 貂皮。

***mar·tial** [ˋmarʃəl] *adj.* ①戰爭的；軍事的。②勇武的；好戰的。③威武的；雄赳赳的。§ ∼ **làw** 戒嚴令；戒嚴法。— **ly**, *adv.*

Mar·tian [ˋmarʃɪən] *adj.* ①火星的。②戰神的。— *n.* Ⓒ 火星人。

mar·tin [ˋmartɪn] *n.* Ⓒ 〖鳥〗岩燕。

mar·ti·net [͵martnˋɛt] *n.* Ⓒ 厲行

M

嚴格紀律的人。

mar·ti·ni [mɑrˋtinɪ] *n.* Ⓤ Ⓒ 馬丁尼酒(雞尾酒之一種)。

***mar·tyr** [ˋmɑrtɚ] *n.* Ⓒ ①烈士；殉道者；殉教者。②受難者；受苦者。 *make a ~ of oneself* 犧牲。— *v.t.* ①因其堅守其信仰、主義等而處死。②使受苦；使受難。— **dom,** *n.*

***mar·vel** [ˋmɑrvḷ] *n.* Ⓒ 奇異之事物[景象]。— *v.i.* (**-l-,** 〖英〗**-ll-**)驚異[at]。— *v.t.* 對…感驚異；因…感驚異(與子句連用)。

***mar·vel·ous,** 〖英〗 **mar·vel·lous** [ˋmɑrvḷəs] *adj.* ①令人驚嘆的。②〖俗〗出色的。

Marx·ism [ˋmɑrksɪzəm] *n.* Ⓤ 馬克斯主義。

Mar·y·land [ˋmɛrələnd] *n.* 馬里蘭(美國東部大西洋岸之一州)。

mas·car·a [mæsˋkærə] *n.* Ⓤ 染睫毛[眉毛]油。

mas·cot [ˋmæskət] *n.* Ⓒ 吉祥之人[物]。

***mas·cu·line** [ˋmæskjəlɪn] *adj.* ①男性的。②雄壯的；強有力的。③〖文法〗陽性的。④(女性之)像男人樣的。— *n.* ①(the ~)〖文法〗陽性。② Ⓒ 陽性字；陽性型式。

mas·cu·lin·i·ty [ˌmæskjəˋlɪnətɪ] *n.* Ⓤ 丈夫氣；剛毅；雄壯。

ma·ser [ˋmezɚ] *n.* Ⓒ 〖理〗(由分子[原子]所放出的)微波激射(器)。

***mash** [mæʃ] *n.* Ⓤ ①用熱水泡的碎麥芽(釀啤酒用)。②一種牛馬等之飼料(由穀物、麥麩、熱水混於一起者)。③(又作 a ~)糊狀物。— *v.t.* ①搗碎使成糊狀。②加熱水於(碎麥芽)。— **er,** *n.* Ⓒ 搗碎機。

***mask** [mæsk, mɑsk] *n.* Ⓒ ①假面具；面罩。②掩飾；偽裝。③防毒面具。 *throw off one's ~* 揭掉假面具；亮出眞相。— *v.t.* ①戴假面具。②掩飾；偽裝。③掩護。④隱藏。— *v.i.* 戴面具；化裝。

mas·och·ism [ˋmæzəˌkɪzəm] *n.* Ⓤ 〖精神病〗受虐狂。

***ma·son** [ˋmesṇ] *n.* Ⓒ ①泥瓦匠。②(M-)共濟會(Freemason)會員。

ma·son·ry [ˋmesṇrɪ] *n.* Ⓤ ①泥瓦砌工；磚造物；石造物。②泥瓦匠業；泥瓦匠之技藝。③(M-) **a.** 共濟會之主義。**b.** (集合稱)共濟會會員。

mas·quer·ade [ˌmæskəˋred] *n.* Ⓒ ①化裝舞會。②偽裝。— *v.i.* ①參加化裝舞會。②喬裝；偽裝。

‡mass [mæs] *n.* ① Ⓒ 塊；團。② Ⓒ (常 a ~)大量；多數。③(the ~)大部分。④ Ⓒ 大小；量。⑤ Ⓤ 〖理〗質量。⑥ Ⓒ (美術作品中的)團塊。 *in the ~* 大體而論；整體地。 *the ~es* 勞工階級；平民。— *v.t. & v.i.* (使)集合。 § ∼ communicátion 大眾傳播。∼ média 大眾傳播媒體。∼ prodúction 大量生產。∼ psychólogy 群眾心理。

Mass [mæs, mɑs] *n.* Ⓤ Ⓒ (有時 m-)(天主教的)彌撒。

Mas·sa·chu·setts [ˌmæsəˋtʃusɪts] *n.* 麻薩諸塞州(位於美國東部)。

***mas·sa·cre** [ˋmæsəkɚ] *n.* Ⓒ 大屠殺。— *v.t.* 屠殺。

mas·sage [məˋsɑʒ] *n.* Ⓤ Ⓒ & *v.* 按摩；揉。 § ∼ pàrlour (1)按摩院。(2)妓院。— **mas·sag'ist,** *n.*

mas·sif [ˋmæsɪf] *n.* Ⓒ 〖地質〗①中央山塊。②斷層地塊。

***mas·sive** [ˋmæsɪv] *adj.* ①大而重的；大塊的。②寬大的。③堅定的；有力的。④宏偉的；莊嚴的；予人深刻印象的。⑤大量的。— **ly,** *adv.*

mass-pro·duce [ˋmæsprəˋdjus] *v.t. & v.i.* 大量[成批]生產。

***mast** [mæst, mɑst] *n.* Ⓒ ①檣；桅。②直立之柱。

mas·tec·to·my [mæsˋtɛktəmɪ] *n.* Ⓤ Ⓒ 〖外科〗乳房切除(術)。

‡mas·ter [ˋmæstɚ, ˋmɑs-] *n.* ① Ⓒ 主人；指揮者；雇主。② Ⓒ 家長。③ Ⓒ 船長。④ Ⓒ 男教師；校長。⑤ (M-)(冠於少年名字前之尊稱)君；少主人。⑥ Ⓒ (精通工藝等之)專家；名家。⑦ Ⓒ 藝術大師。⑧ Ⓒ (常 M-)碩士。⑨(the M-)耶穌。⑩ Ⓒ 勝利者。⑪ Ⓒ 法院的書記官。⑫ Ⓒ (用來複製普通唱片之)母片。⑬ Ⓒ 師傅。⑭ 母機。 *be ~ of* **a.** 精通。**b.** 能自由使用。 *be one's own ~* 自由獨立的。 *~ of ceremonies* 司儀。— *v.t.* ①制服；征服；支使。②精通。 § ∼ buílder (1)建築包工者；木匠師傅。(2)卓越的建築家。∼ hánd (1)名家。(2)熟練。∼ kéy 萬能鑰匙。∼ stròke 高招。

Mas·ter·Card [ˋmæstɚˌkɑrd] *n.* Ⓒ 萬仕達卡(一種信用卡)。

mas·ter·ful [ˋmæstɚfəl] *adj.* 喜權勢的；專橫的；盛氣凌人的。巧妙的；老練的。

mas·ter·ly [ˋmæstɚlɪ] *adj.* 巧妙的；精巧的。— *adv.* 精巧地。

M

mas·ter·mind [ˋmæstɚ,maɪnd] *n.* Ⓒ大智之人；運籌帷幄的人。 — *v.t.* 策畫；暗中指揮。

mas·ter·piece [ˋmæstɚ,pis, ˋmɑs-] *n.* Ⓒ ①絕妙之作。②傑作；名著。

mas·ter·y [ˋmæstərɪ] *n.* Ⓤ ①統治權；控制權。②征服；勝利。③(又作 a ～)精通〔of〕. ④技巧；知識。

mast·head [ˋmæst,hɛd] *n.* Ⓒ ①桅梢。②報頭。

mas·ti·cate [ˋmæstə,ket] *v.t.* ①咀嚼。②磨爛。 — **mas·ti·ca′tion,** *n.*

mas·tiff [ˋmæstɪf] *n.* Ⓒ 獒犬。

mas·ti·tis [mæsˋtaɪtɪs] *n.* Ⓤ〖醫〗乳腺炎；乳房炎。

mas·tur·ba·tion [,mæstɚˋbeʃən] *n.* Ⓤ 手淫。

mat¹ [mæt] *n.* Ⓒ ①蓆子；墊子。②(常 a ～)一叢；一團；一簇。③編織物。 — *v.t.* (**-tt-**)①鋪蓆於…上。②纏結。 — *v.i.* 結纏一起。

mat² *adj.* 無光澤的。 — *n.* Ⓒ ①畫或相片的厚襯紙。②消光面。

mat·a·dor [ˋmætə,dɔr] *n.* Ⓒ 鬥牛士。

match¹ [mætʃ] *n.* Ⓒ 火柴。

match² *n.* ①(one's ～, a ～)對手；(相配之)一對。② Ⓒ 比賽；競爭。③ Ⓒ (常 *sing.*)配偶；婚姻。 — *v.t.* ①相等；相似；相調諧。②相配。③匹配。④相對；匹敵。⑤使一致。⑥對抗。⑦拼湊。⑧結婚。 — *v.i.* ①相等；適合。②相配。③聯姻。 § ∼ **póint**〖球戲〗結束勝分(網球、排球等決定比賽勝負的一分)。 — **less,** *adj.*

match·lock [ˋmætʃ,lɑk] *n.* Ⓒ 火繩槍。

match·mak·er [ˋmætʃ,mekɚ] *n.* Ⓒ ①媒人。②(拳擊、摔角等之)安排比賽的人。③做火柴的人。

mate [met] *n.* Ⓒ ①一對或一雙中之一。②配偶。③大副；船員。④助手。⑤伙伴。 — *v.t.* ①結伴。②使結成對。③使符合；使一致〔with〕. ④結婚。 — *v.i.* ①結伴。②結婚。③交配。

ma·te·ri·al [məˋtɪrɪəl] *n.* ① Ⓤ Ⓒ 材料；原料。② Ⓤ 資料；事實；經驗。 — *adj.* ①物質的。②身體的；肉體的。③重要的；相關的〔常 to〕.

ma·te·ri·al·ism [məˋtɪrɪəl,ɪzəm] *n.* Ⓤ ①唯物論。②現實主義。

ma·te·ri·al·ize [məˋtɪrɪəl,aɪz] *v.t.* ①使具體化。②使物質化。 — *v.i.* ①具有實體。②實現。

***ma·ter·nal** [məˋtɝnḷ] *adj.* ①(似)母親的。②母系的。

ma·ter·ni·ty [məˋtɝnətɪ] *n.* Ⓤ 母性。 — *adj.* 懷孕的；產婦的。 § ∼ **allòwance** [**bènefit**]〖英〗生育津貼。 ∼ **hòspital** 產科醫院。 ∼ **lèave** 產假。 ∼ **núrse** 助產士。

math [mæθ] *n.*〖俗〗= **mathematics.**

***math·e·mat·ic, -i·cal** [,mæθəˋmætɪk(ḷ)] *adj.* ①數學(上)的。②精確的。

math·e·ma·ti·cian [,mæθəməˋtɪʃən] *n.* Ⓒ 數學家。

***math·e·mat·ics** [,mæθəˋmætɪks] *n.* Ⓤ 數學。

mat·i·nee, -née [,mætṇˋe] *n.* Ⓒ 下午所演之戲劇或音樂。 § ∼ **ìdol** 受女性觀眾歡迎之男演員；風流小生。

ma·tri·arch [ˋmetrɪ,ɑrk] *n.* Ⓒ 女家長；女族長。

ma·tri·ar·chy [ˋmetrɪ,ɑrkɪ] *n.* Ⓤ Ⓒ 女家長制；母權制。

ma·tri·cide [ˋmetrə,saɪd] *n.* ① Ⓤ 弒母。② Ⓒ 弒母者。 — **ma·tri·cid·al** [,metrəˋsaɪdḷ], *adj.*

ma·tric·u·late [məˋtrɪkjə,let] *v.t.* (大學中)准許…註冊入學。 — *v.i.* 註冊入學。 — **ma·tric·u·la′tion,** *n.*

mat·ri·mo·ny [ˋmætrə,monɪ] *n.* Ⓤ ①婚姻；結婚。②婚姻生活。③婚禮。 ④婚姻關係。 — **mat·ri·mo′ni·al** [-ˋmonɪəl], *adj.*

ma·trix [ˋmetrɪks] *n.* Ⓒ (*pl.* **ma·tri·ces** [ˋmetrɪ,siz], ∼**·es**)①(生物)母體。②子宮。③〖生物〗細胞間質。④〖礦〗母岩。⑤〖印刷〗字模；紙型。

ma·tron [ˋmetrən] *n.* Ⓒ ①年長之已婚婦女(尤指品格高尚者)；太太。②女舍監；護士長。

‡**mat·ter** [ˋmætɚ] *n.* ① Ⓤ 實質；實體(為 form 之對)。 ② Ⓤ 物質(為 mind, spirit 之對)。③ Ⓤ (書或印刷物之)資料；材料。④ Ⓤ Ⓒ 理由；原因；根源。⑤ Ⓒ 事實；事件；問題。⑥ Ⓤ Ⓒ 數量；內容。⑦(the ～)困難。⑧ Ⓤ 重要性。***as a ～ of fact*** 事實上。***for that ～; for the ～ of that*** 就那件事而論。***in the ～ of*** 至於。***～ of course*** 當然之事。***no ～*** **a.** 無論；不管。**b.** 不重要；無關係。 — *v.i.* ①關係重要(常用於疑問句、否定句或假設句中)。②化膿。

mat·ter-of-fact [ˋmætərəvˋfækt] *adj.* 事實的；平凡的。

M

mat·ting [`mætɪŋ] *n.* Ⓤ ①麻、草等之編織物。②(集合稱)蓆。

mat·tock [`mætək] *n.* Ⓒ 鶴嘴鋤。

***mat·tress** [`mætrɪs] *n.* Ⓒ ①床墊。②〖土木〗柴排。

***ma·ture** [mə`t(j)ur] *adj.* ①成熟的。②熟思的。③(付款等)到期的。**—** *v.i.* ①成熟。②充分發展。③(票據等)到期。**—** *v.t.* ①使成熟。②審慎擬定。

***ma·tu·ri·ty** [mə`t(j)urətɪ] *n.* Ⓤ ①成熟。②完成；備齊(計畫等)。③(債務、支票等)到期。

maud·lin [`mɔdlɪn] *adj.* 易傷感的；愛落淚的。

maul [mɔl] *v.t.* ①虐打；傷害。②〖美〗用大槌槌打。**—** *n.* Ⓒ 大槌。

maun·der [`mɔndɚ] *v.i.* ①絮聒。②徘徊；迷惘地言行。

mau·so·le·um [ˌmɔsə`liəm] *n.* Ⓒ (*pl.* **~s, -le·a** [-`liə])壯麗之墓。

mauve [mov] *n.* Ⓤ 淡紫色。
— *adj.* 淡紫色的。

ma·ven, ma·vin [`mevən] *n.* Ⓒ〖美俚〗專家；行家；鑑賞家。

mav·er·ick [`mævrɪk] *n.* Ⓒ ①(美西部)未打烙印之牛。②〖俗〗(政治家、藝術家等的)特立獨行者。
— *v.i.* 〖美西部〗迷失；迷途。
— *adj.* 不隨俗的。

maw [mɔ] *n.* Ⓒ ①(動物之)胃或胃腔；(鳥之)嗉囊。②(某些動物之)喉、食道、顎或口腔。

mawk·ish [`mɔkɪʃ] *adj.* ①令人作嘔的。②沒風味的。③傷感的。

***max·im** [`mæksɪm] *n.* Ⓒ ①格言。②座右銘。

max·i·mal [`mæksəməl] *adj.* 最大的；最高的。

max·i·mize [`mæksəˌmaɪz] *v.t.* 使達最大或最高限度。

***max·i·mum** [`mæksəməm] *n.* Ⓒ (*pl.* **~s, -ma** [-mə]) ①最大量；最高點。②〖數〗極大(值)；最大(值)。
— *adj.* 最高的；最大極限的。

‡**may** [me] *aux. v.* (**might**) ①可能(多少與 perhaps 相當)。②可以(表許可)。③願(表願望或請求)。④俾可；欲(表目的)。⑤儘可。⑥能夠；能。

‡**May** [me] *n.* ①五月。②(one's ～)盛年；青春。③(m-) ⓊⒸ 山楂(花)。
— *v.i.* (m-)慶祝五朔節；採山楂花。
§ ∼ **Dày** (1)五朔節(5月1日舉行的春之祭典)。(2)國際勞動節。(3)=Mayday. ∼ **flŷ** (1)蜉蝣。(2)人造魚餌

Ma·ya [`mɑjə] *n.* (*pl.* **~, ~s**) ① Ⓒ 馬雅人(中美印第安人之一族)。② Ⓤ 馬雅語。**—** *adj.* 馬雅人[語]的。

‡**may·be** [`mebi, `mebɪ] *adv.* 大概；或許。

May·day [`meˌde] *n.* Ⓒ (船或飛機之)無線電求救信號。

May·flow·er [`meˌflauɚ] *n.* ① (the ～)五月花號船(1620 年清教徒自英渡美所乘者)。②(m-) Ⓒ 五月開花之植物；五月花。

may·hem [`mehɛm, `meəm] *n.* Ⓤ ①〖法律〗身體傷害(罪)。② **a.**(故意的)破壞。**b.**〖俚〗大混亂。

may·n't [ment] =**may not.**

***may·on·naise** [ˌmeə`nez] *n.* Ⓤ 美乃滋；蛋黃醬。

***may·or** [`meɚ] *n.* Ⓒ 市長。

May·pole, m- [`meˌpol] *n.* Ⓒ 五月柱(慶祝五朔節時飾有花及彩帶之柱)。

***maze** [mez] *n.* ① Ⓒ 迷宮。② Ⓤ 迷惘；惶惑。③ Ⓤ 混亂。**—** *v.t.*〖方〗使迷惘；使混亂。

ma·z(o)ur·ka [mə`zɝkə] *n.* Ⓒ 馬厝卡舞(波蘭之輕快舞蹈)；馬厝卡舞曲。

ma·zy [`mezɪ] *adj.* 如迷宮般複雜的。

MB 〖電算〗megabyte(s).

Mc·Don·ald's [mək`dɑnəldz] Ⓒ〖商標〗麥當勞(漢堡)。

M.D. 〖拉〗Medicinae Doctor (=Doctor of Medicine).

‡**me** [mi] *pron.* ①(I 的受格)我。②〖俗〗代替 my(用於動名詞構造句)。

mead[1] [mid] *n.* Ⓤ 蜂蜜酒。

mead[2] *n.*〖詩〗=**meadow.**

***mead·ow** [`mɛdo] *n.* ⓊⒸ ①草地。②河邊低草地。§ ∼ **làrk**(北美產之)野雲雀。— **mead′ow·y,** *adj.*

mea·ger,〖英〗**-gre** [`migɚ] *adj.* ①瘦的。②微薄的；不足的。③不豐盛的。— **ly,** *adv.* — **ness,** *n.*

‡**meal**[1] [mil] *n.* Ⓒ ①一餐。②一次吃完之食物。

***meal**[2] *n.* Ⓤ (各種穀類所碾之)粗粉。

meal·y [`milɪ] *adj.* ①似粉的；粉狀的。②塗有粉的。③(面貌)蒼白的。

meal·y·mouthed [`mil ɪ`mauðd] *adj.* 說話委婉的；拐彎抹角說的；甜言蜜語的。— **ly,** *adv.*

‡**mean**[1] [min] *v.t.* (**meant**) ①意欲；打算。②意謂。③有…意義。④引

⑤指定；計畫。I ～ you to go. 我指定由你去。⑥有價值；有重要性。⑦註定適於作某種用途。He was *meant* for a soldier. 他天生是一個軍人。— *v.i.* 意欲；懷…意。He ～s well. 他出自好意。

***mean**[2] *adj.* ①(品質)低劣的；(地位)卑賤的；平庸的。②襤褸的。③卑鄙的。④吝嗇的；小氣的。⑤〖俗〗自卑的；慚愧的。feel ～ 自慚形穢。⑥〖俗〗身體不適的。feel ～ 覺得不舒服。⑦惱人的。**no** ～ 很好的。— **ly,** *adv.* — **ness,** *n.*

mean**[3] *adj.* 中間的；中庸的；平均的。in the ～ time***[***while***]當其時；於此際。— *n.* ①(*pl.*)方法；工具；手段。②(*pl.*)財產；財富。③Ⓒ中間；中庸。④Ⓒ〖數〗平均數。***by all ～s*** **a.** 必定；當然。**b.**竭力；不惜一切。***by any ～s*** 不顧一切；以任何方法。***by ～s of*** 以；藉。***by no ～s*** 決不。***by some ～s or other*** 總得設法；想盡辦法。

me·an·der [mɪˋændɚ] *v.i.* ①蜿蜒而流。②漫遊。③閒談。— *n.* Ⓒ(常 *pl.*)漫遊；迂迴之路。

***mean·ing** [ˋminɪŋ] *n.* ⓊⒸ①意義；含義。②目的。— *adj.* 有意義的；有意思的(眼神)；含義深長的。— **ly,** *adv.* — **ful,** *adj.*

meant [mɛnt] *v.* pt. & pp. of **mean**[1].

***mean·time** [ˋmin,taɪm] *n.* (the ～)中間的時間；其時[間]。— *adv.* 於其時；於此際。

***mean·while** [ˋmin,hwaɪl] *adv.* & *n.* =**meantime.**

***mea·sles** [ˋmizḷz] *n.* Ⓤ①麻疹。②風疹。

meas·ur·a·ble [ˋmɛʒrəbḷ] *adj.* 可測量的。— **meas′ur·a·bly,** *adv.*

‡**meas·ure** [ˋmɛʒɚ] *v.t.* & *v.i.* ①量…之尺度；大小爲…。②測度；估量；與…比較或競爭。③評價；判斷。④衡量；調整。～ ***out*** 計量分配。～ ***up*** 符合標準；合格。— *n.* ①Ⓤ大小；尺寸；分量。waist ～ 腰圍尺寸。②Ⓒ量度器。③Ⓤ量度標準；量度單位。④Ⓒ任何賴以比較、估計、判斷之標準。⑤ⓊⒸ限度。⑥ⓊⒸ〖詩，樂〗韻律；拍子；小節。⑦Ⓒ(常 *pl.*)措施；步驟；手段。⑧Ⓒ議案；法令。⑨Ⓒ〖數〗約數。⑩(*pl.*)地層。***beyond*** ～ 非常地；極度地。***for good*** ～ 附加地；另外地。***in a*** ～ 有點兒；多少。***in great*** ～ 大半。***made to*** ～ (衣服)定做的 ***set ～s to*** 加限制於…。***take ～s*** 採取行動。***take one's*** ～ **a.** 判斷某人之性格。**b.** 量身材。— **less,** *adj.*

***meas·ure·ment** [ˋmɛʒɚmənt] *n.* ①Ⓤ測量；測定(法)。②Ⓒ測定值；尺寸；大小。

‡**meat** [mit] *n.* Ⓤ①肉。②食物。③可食之部分。④飯；餐。⑤內容；實質。～ ***and potatoes***〖俚〗最重要或最基本的部分。

meat·ball [ˋmit,bɔl] *n.* Ⓒ①肉丸。②〖俚〗笨拙的人；飯桶。

meat·y [ˋmitɪ] *adj.* ①多肉的。②有內容的；有思想的。

Mec·ca [ˋmɛkə] *n.* 麥加(沙烏地阿拉伯一首邑，穆罕默德誕生地，爲回教聖地)。

***me·chan·ic** [məˋkænɪk] *n.* Ⓒ①機匠；技工。②修理機械之工人。

***me·chan·i·cal** [məˋkænɪkḷ] *adj.* ①機械上的；機械製的。②無表情的；呆板的。③機械學的。§ ～ **engi·néering** 機械工程。— **ly,** *adv.*

mech·a·ni·cian [,mɛkəˋnɪʃən] *n.* Ⓒ機械(工程)師；機工。

me·chan·ics [məˋkænɪks] *n.* ①Ⓤ力學；機械學。②(常 the ～，作 *pl.* 解)技巧。

***mech·a·nism** [ˋmɛkə,nɪzəm] *n.* ①Ⓒ機械裝置。②Ⓒ結構；機構。③Ⓤ手法；技巧。

mech·a·nize [ˋmɛkə,naɪz] *v.t.* ①使機械化。②用機械工作。③使(軍隊)機械化。— **mech·a·ni·za′tion,** *n.*

***med·al** [ˋmɛdḷ] *n.* Ⓒ獎牌；獎章；勳章；徽章。

me·dal·lion [mɪˋdæljən] *n.* Ⓒ①大獎牌。②類似獎牌之設計或裝飾。

***med·dle** [ˋmɛdḷ] *v.i.* 干預或擾亂他人的事物(in, with)。

med·dle·some [ˋmɛdḷsəm] *adj.* 愛管閒事的。— **ly,** *adv.*

me·di·a [ˋmidɪə] *n.* pl. of **medium.** § ～ **míx** 同時使用數種媒體(如影片、錄音帶、幻燈片等)的(戲院)演出。

me·di·ae·val [,midɪˋivḷ] *adj.* = **medieval.**

me·di·al [ˋmidɪəl] *adj.* ①中間的。②適中的；普通的。— **ly,** *adv.*

me·di·an [ˋmidɪən] *adj.* 中間的；

中央的。— *n.* Ⓒ ①中間數字。②〖數〗中線。§ ∽ **stríp** 中央分界帶；車道中間的安全島。

me·di·ate [ˋmidɪˏet] *v.i.* ①居中。②調停；斡旋。— *v.t.*①居間以促成。②做…之中間者。③促成(結果)。④轉交(禮物)；做…之媒介。
— [ˋmidɪɪt] *adj.* ①中間的。②間接的。— **ly,** *adv.* — **me′di·a·tor,** *n.*

me·di·a·tion [ˏmidɪˋeʃən] *n.* Ⓤ 仲裁；斡旋；調停。

med·ic [ˋmɛdɪk] *n.* Ⓒ〖俗〗①醫生。②醫學院學生；實習醫生。

med·i·ca·ble [ˋmɛdɪkəbḷ] *adj.* 可治療的；可醫的。

***med·i·cal** [ˋmɛdɪkḷ] *adj.* ①醫學的；醫療的。②內科的(爲 surgical 之對)。— *n.* Ⓒ〖俗〗①醫生；醫學院學生。②體格檢查。§ ∽ **schòol** 醫學院。— **ly,** *adv.*

me·dic·a·ment [məˋdɪkəmənt, ˋmɛdɪkə-] *n.* ⓊⒸ 醫藥；藥劑。

med·i·cate [ˋmɛdɪˏket] *v.t.* ①以藥物治療。②加入藥品。

med·i·ca·tion [ˏmɛdɪˋkeʃən] *n.* ①Ⓤ 敷藥；藥物治療。②ⓊⒸ 藥物。

me·dic·i·nal [məˋdɪsṇḷ] *adj.* 醫藥的；治療的。— **ly,** *adv.*

***med·i·cine** [ˋmɛdəsṇ] *n.* ①ⓊⒸ 藥。②Ⓤ 醫學。③Ⓤ 內科。④Ⓤ 巫術。— *v.t.* 給…服藥。§ ∽ **chèst** 藥箱。∽ **màn** (1)(北美印第安人的)巫醫；巫師。(2)成藥推銷員。

***me·di·e·val** [ˏmidɪˋivḷ, ˏmɛd-] *adj.* 中世紀的；中古風的。— **ism,** *n.*

me·di·o·cre [ˋmidɪˏokɚ, ˏmidɪˋokɚ] *adj.* 平常的；平凡的。

me·di·oc·ri·ty [ˏmidɪˋɑkrətɪ] *n.* ①Ⓤ 平凡；平庸。②Ⓒ 平凡的人。

***med·i·tate** [ˋmɛdəˏtet] *v.t.*想；考慮。— *v.i.* 冥思；回想。

***med·i·ta·tion** [ˏmɛdəˋteʃən] *n.* Ⓤ 沉思；冥想。

med·i·ta·tive [ˋmɛdəˏtetɪv] *adj.* ①沉思的；冥想的。②喜沉思的；愛冥想的。— **ly,** *adv.*

***Med·i·ter·ra·ne·an** [ˏmɛdətəˋrenɪən] *adj.* 地中海的；地中海沿岸地區的。— *n.* (the ～)地中海(亦作 **the Mediterranean Sea**)。

***me·di·um** [ˋmidɪəm] *adj.* 中間的；中等的；中庸的。— *n.* Ⓒ (*pl.* **～s, -di·a**)①中間物。②媒介物；媒體。③生活條件；環境。④〖美〗巫；靈媒。⑤〖醫〗細菌培養基。

me·di·um-sized [ˋmidɪəmˋsaɪzd] *adj.* 中型的。

med·ley [ˋmɛdlɪ] *n.* Ⓒ ①混合；混合物。②〖樂〗混合曲。

me·du·sa [məˋdjusə] *n.* Ⓒ (*pl.* **-sae** [-si], **～s**)〖動〗水母。

meed [mid] *n.* Ⓒ〖詩〗報酬；褒賞。

***meek** [mik] *adj.* ①溫順的；謙和的。②馴服的。— **ly,** *adv.* — **ness,** *n.*

‡**meet**[1] [mit] *v.t.* (**met**)①遇；逢。②接合；相交；會合。③迎接；迎戰。④引見；結識。⑤付(帳單、債務等)。⑥接觸。⑦會見。⑧滿足；適合。～ a person's wish 滿足某人之願望。⑨對付；反抗。⑩面對。⑪經驗到；聽到或看到。— *v.i.* ①相遇。②會合；相交。③結合。④集會。⑤相識。⑥同意。～ (*up*) *with* **a.** 嘗到(經驗)。**b.** 偶遇。— *n.* Ⓒ〖美〗①集會；競賽大會；運動會(=〖英〗meeting)。②集會之處。

meet[2] *adj.* 適宜的；合適的。

‡**meet·ing** [ˋmitɪŋ] *n.* Ⓒ ①(常 *sing.*)會晤；邂逅。②會；集會。③交會處；會合處。④決鬥；對抗賽。

meg·a·byte [ˋmɛgəˏbaɪt] *n.* Ⓒ〖電算〗百萬位元組(記憶容量單位)。

meg·a·cy·cle [ˋmɛgəˏsaɪkḷ] *n.* Ⓒ ①〖理〗百萬周。②〖無線〗兆周。

meg·a·lo·ma·ni·a [ˏmɛgələˋmenɪə] *n.* Ⓤ〖精神病〗妄想自大狂。

meg·a·lop·o·lis [ˏmɛgəˋlɑpəlɪs] *n.* Ⓒ 都會區(由幾個城市及郊區連成者)。(亦作 **megapolis**)

***meg·a·phone** [ˋmɛgəˏfon] *n.* Ⓒ 擴音器；傳聲筒。

meg·a·ton [ˋmɛgəˏtʌn] *n.* Ⓒ ①100 萬噸。②相當於 100 萬噸 TNT 之爆炸威力(氫彈爆炸力之單位)。

meg·a·watt [ˋmɛgəˏwɑt] *n.* Ⓒ〖電〗百萬瓦特。

me·grim [ˋmɪgrɪm] *n.* ①ⓊⒸ〖醫〗偏頭痛。②(*pl.*)憂鬱；抑鬱。③Ⓒ 空想；幻想。

mel·an·cho·li·a [ˏmɛlənˋkolɪə] *n.* Ⓤ〖精神病〗憂鬱症。

mel·an·cho·li·ac [ˏmɛlənˋkolɪˏæk] *n.* Ⓒ 憂鬱症患者。

mel·an·chol·ic [ˏmɛlənˋkɑlɪk] *adj.* ①憂鬱的。②患憂鬱症的。— *n.* Ⓒ 憂鬱症患者。

***mel·an·chol·y** [ˋmɛlənˏkɑlɪ] *n.* Ⓤ ①憂鬱；悲哀。②愁思。— *ad*

M

①憂鬱的；悲哀的。②使人悲傷的。③愁思的。

Mel·bourne [ˋmɛlbən] *n.* 墨爾本(澳洲東南部之一城市)。

meld [mɛld] *v.t.* & *v.i.*(使)融合；(使)結合。

mel·io·rate [ˋmiljə͵ret] *v.t.* & *v.i.* 改善；改良。— **mel′io·ra·tive** [-͵retɪv], *adj.*

mel·lif·lu·ous [məˋlɪfluəs] *adj.* 甜蜜的(話、音樂、聲音)；流暢的。(亦作 **mellifluent**)

***mel·low** [ˋmɛlo] *adj.* ①甜而多汁的。②成熟的；醇的。③圓熟的；老練的。④柔和而豐滿的。⑤肥沃的。⑥〖俚〗歡樂的；沉醉的。— *v.t.* & *v.i.* 使熟；變熟。— **ly,** *adv.* — **ness,** *n.*

me·lod·ic [məˋlɑdɪk] *adj.* 旋律的；和諧的；悅耳的。

me·lo·di·ous [məˋlodɪəs] *adj.* 和諧悅耳的；曲調優美的。— **ly,** *adv.* — **ness,** *n.*

mel·o·dra·ma [ˋmɛlə͵drɑmə] *n.* ①Ⓒ鬧劇；通俗劇。②Ⓤ任何誇大刺激之文章或言語。

mel·o·dra·mat·ic [͵mɛlədrəˋmætɪk] *adj.* 通俗劇的。

***mel·o·dy** [ˋmɛlədɪ] *n.*①Ⓤ優美的曲子；優美的音樂。②Ⓒ歌曲。③Ⓒ主調；曲調。

***mel·on** [ˋmɛlən] *n.* ⓊⒸ①瓜。②〖俗〗額外紅利。

‡**melt** [mɛlt] *v.t.* & *v.i.*(~**ed,** ~**ed** or **mol·ten**)①熔化；融化。②(使)溶解。③(使)逐漸消失；(使)減弱。④軟化。~ ***away*** 漸漸消失；融化。~ ***down*** 熔毀。

melt·ing [ˋmɛltɪŋ] *adj.* ①熔化的。②動人的；使人感傷的。§ ~ **pòint** 熔點。~ **pòt**(文化)熔爐。

‡**mem·ber** [ˋmɛmbɚ] *n.* Ⓒ①團體中之一員；會員；社員。②議員。③肢體(特指腿或臂)。④組成分子。***M- of Congress***〖美〗衆議院議員(略作 **M.C.**)。***M- of Parliament***〖英〗下議院議員(略作 **M.P.**)。

***mem·ber·ship** [ˋmɛmbɚ͵ʃɪp] *n.* ①Ⓤ會員或社員資格。②Ⓒ(集合稱)全體會員。③(*sing.*)會員數。§ ~ **càrd** 會員證。~ **fèe** 會費。

mem·brane [ˋmɛmbren] *n.*〖解〗①Ⓒ膜；薄膜。②Ⓤ膜組織。

mem·bra·nous [ˋmɛmbrənəs, mɛmˋbre-] *adj.* 膜質的；膜(狀)的。

me·men·to [mɪˋmɛnto] *n.* Ⓒ(*pl.* ~(**e**)**s**)紀念品；遺物。§ ~ **móri** [ˋmoraɪ]〖拉〗死之象徵(如骷髏)。

***mem·o** [ˋmɛmo] *n.* Ⓒ(*pl.* ~**s**)〖俗〗備忘錄(=memorandum)。

mem·oir [ˋmɛmwɑr] *n.*①Ⓒ研究報告。②Ⓒ傳記。③(*pl.*)回憶錄。

mem·oir·ist [ˋmɛmwarɪst] *n.* Ⓒ撰寫回憶錄的人；傳記作家。

***mem·o·ra·ble** [ˋmɛmərəbḷ] *adj.* 值得紀念的。

***mem·o·ran·dum** [͵mɛməˋrændəm] *n.* Ⓒ(*pl.* ~**s, -da** [-də])①備忘錄。②便箋；摘要；非正式之記錄。③〖法律〗買賣契約書。

***me·mo·ri·al** [məˋmorɪəl,-ˋmɔr-] *n.* Ⓒ①紀念物。②(常 *pl.*)歷史記載。③請願書；陳情書。— *adj.* ①追悼的。a ~ service 追悼會。②紀念的。§ **M∽ Dày**〖美〗陣亡將士紀念日。~ **párk**〖美〗公墓。

me·mo·ri·al·ize [məˋmorɪəl͵aɪz] *v.t.* ①紀念。②向…上陳情書。

***mem·o·rize** [ˋmɛmə͵raɪz] *v.t.* ①記於心。②記錄；記下。

‡**mem·o·ry** [ˋmɛmərɪ] *n.* ①Ⓒ記憶力。②Ⓤ記憶。③Ⓒ記得；紀念。④(*sing.*)記憶所及之時間。⑤Ⓤ死後之名望。⑥〖電算〗**a.** Ⓤ記憶容量。**b.** Ⓒ記憶體。***in*** ~ ***of*** 紀念。§ ~ **bànk**〖電算〗記憶銀行；記憶庫。

‡**men** [mɛn] *n.* pl. of **man.** § ~'**s ròom** [**lòunge**]男廁所。

***men·ace** [ˋmɛnɪs] *n.* ⓊⒸ威脅；脅迫。— *v.t.* & *v.i.* 威嚇；脅迫。

mend** [mɛnd] *v.t.* 修補；改良；改正(錯誤)。— *v.i.* ①恢復健康。②改進；進步。— *n.* ①Ⓤ改進；改良。②Ⓒ改進之處。on the*** ~在改善中；恢復中。

mend·er [ˋmɛndɚ] *n.* Ⓒ修理者；改善者；改良者。

men·di·can·cy [ˋmɛndɪkənsɪ] *n.* Ⓤ①乞丐(生活)。②托鉢；行乞。

men·di·cant [ˋmɛndɪkənt] *adj.* 行乞的；托鉢的。— *n.* Ⓒ①乞丐。②托鉢僧。

men·folk(**s**) [ˋmɛn͵fok(s)] *n. pl.*〖方〗男人們。

me·ni·al [ˋminɪəl] *adj.*①僕人的。②低賤的。③奴性的。— *n.* Ⓒ賤僕；傭人。

men·in·gi·tis [͵mɛnɪnˋdʒaɪtɪs] *n.* Ⓤ〖醫〗腦膜炎。

M

MENSA [ˋmɛnsə] *n.* 國際資優人士組織(通過一項測驗，居各國前2%的頂尖人物方可入會)。

mensch [mɛntʃ] *n.* Ⓒ (*pl.* **~en** [ˋmɛntʃən], **~es**)〖俗〗受尊敬的人物；正派人士。

men·ses [ˋmɛnsiz] *n. pl.* (作 *sing.* or *pl.* 解)〖生理〗月經。

men·stru·al [ˋmɛnstruəl] *adj.* 月經的。a ～ cycle 月經周期。

men·stru·ate [ˋmɛnstruˏet] *v.i.* 排出月經；行經。

men·su·ra·tion [ˏmɛnʃəˋreʃən] *n.* Ⓤ ①測量；測量術。②測量學。

mens·wear [ˋmɛnzˏwɛr] *n.* Ⓤ 男裝；男子服飾用品。

***men·tal** [ˋmɛntl̩] *adj.* ①心理的。②用腦子的。～ arithmetic 心算。③精神病的。④智力的；智能的。§ ∼ **áge**〖心〗智力年齡；心理年齡。∼ **deféctive**智能不足者。∼ **defíciency**〖心〗智能不足；智力缺陷。

men·tal·ism [ˋmɛntl̩ˏɪzəm] *n.* Ⓤ ①〖哲〗唯心論。②〖心〗心靈主義。

men·tal·i·ty [mɛnˋtælətɪ] *n.* Ⓤ ①智力。②心理狀態。

men·thol [ˋmɛnθol] *n.* Ⓤ〖化〗薄荷腦(用於藥品、化妝品等)。

‡**men·tion** [ˋmɛnʃən] *v.t.* 提及；述及；談起。***Don't ～ it.*** 不要客氣。***not to ～;   without ～ing*** 姑且不談；不待言。— *n.* Ⓤ Ⓒ 陳述；提及。***at the ～ of*** 一說到。

men·tor [ˋmɛntɚ] *n.* Ⓒ 優秀的領導者；好顧問；良師。

***men·u** [ˋmɛnju, ˋmenju] *n.* Ⓒ ①菜單。②菜餚；餐。③〖電算〗選單。

me·ow [mɪˋaʊ] *n.* Ⓒ 貓叫聲。— *v.i.* (貓)喵喵地叫。

Meph·i·stoph·e·les [ˏmɛfəˋstɑfəˏliz] *n.* ①哥德所著「浮士德」中之魔鬼。②Ⓒ 誘惑者。

mer·can·tile [ˋmɝkənˏtaɪl] *adj.* 商人的；貿易的；商業的。§ ∼ **marìne** (集合稱)一國商船。

mer·can·til·ism [ˋmɝkənˏtaɪˏlɪzəm] *n.* Ⓤ ①重商主義。②商業主義；商人氣質。

***mer·ce·nar·y** [ˋmɝsn̩ˏɛrɪ] *adj.* 爲金錢而工作的；被雇的。— *n.* Ⓒ ①傭兵。②雇來的人。

mer·cer [ˋmɝsɚ] *n.* Ⓒ〖英〗布商；綢緞商。

***mer·chan·dise** [ˋmɝtʃənˏdaɪz] *n.* Ⓤ ①商品。②存貨。— *v.t. & v.i.* ①交易；買賣。②促銷。

mer·chan·dis·ing [ˋmɝtʃənˏdaɪzɪŋ] *n.* Ⓤ 商品之廣告推銷。

‡**mer·chant** [ˋmɝtʃənt] *n.* Ⓒ ①商人；零售商。a wholesale ～ 批發商。②店主。— *adj.* 商業的。§ ∼ **maríne** [**návy**] (集合稱)(1)商船。(2)商船船員。

mer·chant·man [ˋmɝtʃəntmən] *n.* Ⓒ (*pl.* **-men**) 商船。

***mer·ci·ful** [ˋmɝsɪfəl] *adj.* 仁慈的；慈悲的。— **ly,** *adv.*

***mer·ci·less** [ˋmɝsɪlɪs] *adj.* 無慈悲心的；殘忍的。— **ly,** *adv.*

mer·cu·ri·al [mɝˋkjʊrɪəl] *adj.* ①水銀的；含水銀的。②活潑的；機智的；多變的。③(M-)水星的；Mercury 神的。— *n.* Ⓤ 水銀劑；汞劑。

mer·cu·ri·al·ism [mɝˋkjʊrɪəlˏɪzəm] *n.* Ⓤ 水銀中毒；汞中毒。

***mer·cu·ry** [ˋmɝkjərɪ] *n.* ①Ⓤ 水銀；汞。②Ⓒ 溫度計中之水銀柱。③(M-)水星。④(M-)〖羅神〗莫丘里(諸神的使者)。⑤Ⓒ 使者。§ ∼ **barómeter** 水銀氣壓計。

mer·cy** [ˋmɝsɪ] *n.* ①Ⓤ 仁慈；慈悲；憐憫。②Ⓒ (常 *sing.*)天恩；恩惠。③Ⓤ 寬恕。at the ～ of*** 任…之處置；在…掌握中。***for ～'s sake*** 請大發慈悲。§ ∼ **kílling** 安樂死(= euthanasia).

‡**mere**[1] [mɪr] *adj.* 祇；不過。

mere[2] *n.* Ⓒ〖詩，方〗小湖；池塘；沼澤。

‡**mere·ly** [ˋmɪrlɪ] *adv.* 僅；祇(= only).

mer·e·tri·cious [ˏmɛrəˋtrɪʃəs] *adj.* 俗麗的；浮華的。

merge [mɝdʒ] *v.t.* 吞併；兼併；合併。— *v.i.* 吞沒；沒入；消沒。

merg·er [ˋmɝdʒɚ] *n.* Ⓒ ①合併；歸併。②合併者。

me·rid·i·an [məˋrɪdɪən, mɪ-] *n.* ①Ⓒ 子午線。②(the ～)頂點；鼎盛期。the ～ of life 壯年。— *adj.* ①子午線的；子午圈的。②正午的。③頂點的；全盛的。

me·ri·no [məˋrino] *n.* (*pl.* **~s**) ①Ⓒ 麥利諾羊。②Ⓤ 麥利諾羊毛紡成的毛線[呢料]。

***mer·it** [ˋmɛrɪt] *n.* ①Ⓤ Ⓒ 優點；價值；功績；功勳。②(*pl.*)功過；是非曲直。③Ⓒ (常 *pl.*)本身的條件；長處、才幹等。— *v.t.* 應得。§ ∼

sỹstem(美國文官之)考績制度。

mer·i·to·ri·ous [ˌmɛrə`torɪəs] *adj.* 應受褒賞的；有功的；有價值的。

mer·maid [`mɜˌmed] *n.* Ⓒ ①(雌)人魚；美人魚。②善泳之女人。

mer·man [`mɜˌmæn] *n.* Ⓒ (*pl.* **-men**)①(雄)人魚。②善泳之男子。

***mer·ri·ly** [`mɛrɪlɪ] *adv.* 愉快地；高興地。

***mer·ri·ment** [`mɛrɪmənt] *n.* Ⓤ「歡樂；嬉戲。」

‡**mer·ry** [`mɛrɪ] *adj.* ①嬉笑的；嬉戲的。②快樂的；愉快的。***make ~*** **a.**開…的玩笑；揶揄。**b.**取樂。

mer·ry-an·drew [`mɛrɪ`ændru] *n.* Ⓒ小丑；丑角。

mer·ry-go-round [`mɛrɪgoˌraund] *n.* Ⓒ ①(娛樂場之)旋轉木馬。②迅速之旋轉。

mer·ry·mak·ing [`mɛrɪˌmekɪŋ] *n.* Ⓤ作樂；狂歡。

me·sa [`mesə] *n.* Ⓒ方山；臺地。

mesh** [mɛʃ] *n.* ①Ⓒ網孔；篩孔。②(*pl.*)網絲。③Ⓤ網。④(*pl.*)陷阱。in ~***(齒輪)相嚙合。— *v.t. & v.i.* ①以網捕捉。②編織(網)。③(齒輪)嚙合。

mes·mer·ic [mɛs`mɛrɪk] *adj.*催眠術的。

mes·mer·ism [`mɛsməˌrɪzəm] *n.* Ⓤ催眠術。

mes·mer·ize [`mɛsməˌraɪz] *v.t.* ①施以催眠術。②吸引；迷住；迷惑。

me·son [`mizɑn] *n.* Ⓒ〖理〗介子。

Mes·o·po·ta·mi·a [ˌmɛsəpə`temɪə] *n.* 美索不達米亞(亞洲西南部Tigris與Euphrates兩河間之地區)。

Mes·o·zo·ic [ˌmɛsə`zo·ɪk]〖地質〗*n.* (the ~)中生代。— *adj.* 中生代的。

mess [mɛs] *n.*①Ⓤ(又作 a ~)骯髒的一堆；雜亂的一團。②(a ~)紊亂；困難。③Ⓤ集體用膳(特指軍中)。④Ⓤ伙食。⑤Ⓒ流質食物。⑥Ⓒ多水而難吃的食物。⑦Ⓒ邋遢鬼；(思考)混亂的人。— *v.t.* ①使紊亂〔常 up〕。②將(事務等)弄糟。③(軍中)供伙食。— *v.i.* ①共食；聚餐。②亂擺弄。***~ about*** [***around***] **a.** 窮忙。**b.** 浪費時間。**c.** 鬼混。***~ in*** [***with***] 管閒事。

mes·sage [`mɛsɪdʒ] *n.* Ⓒ ①消息；音信。②官方之(口頭或文字)報告。③神示；預言。④任務。⑤寓意；教訓。***go on a ~*** [***~s***]出差。— *v.t. & v.i.* 通信；報信。

mes·sen·ger [`mɛsn̩dʒɚ] *n.* Ⓒ ①報信者；信差。②先驅；預兆。

Mes·si·ah [mə`saɪə] *n.* ①(the ~)彌賽亞(猶太人所期待的救主)。②(the ~)基督。③(m-)Ⓒ解救者。

mes·sieurs [`mɛsɚz]〖法〗*n. pl.* (*sing.* **mon·sieur**)諸位先生；諸君。

mess·y [`mɛsɪ] *adj.* ①雜亂的；污穢的；紊亂的。②麻煩的。

‡**met** [mɛt] *v.* pt. & pp. of **meet**¹.

me·tab·o·lism [mə`tæbl̩ˌɪzəm] *n.* Ⓤ〖生物〗新陳代謝。— **met·a·bol·ic** [ˌmɛtə`bɑlɪk], *adj.*

me·tab·o·lize, -lise [mə`tæbl̩ˌaɪz] *v.t.*〖生物〗使新陳代謝。

‡**met·al** [`mɛtl̩] *n.*①ⓊⒸ金屬。②Ⓒ〖化〗金屬元素。③Ⓤ鋪路用之碎石、煤屑等。④Ⓤ製玻璃或瓷器的熔漿。⑤Ⓤ質料；本質。⑥(*pl.*)〖英〗鐵軌。— *v.t.* (**-l-**,〖英〗**-ll-**)①以金屬覆蓋。②〖英〗以碎石鋪路。

met·al·ize [`mɛtl̩ˌaɪz] *v.t.* ①以金屬處理；覆以金屬。②使金屬化。

***me·tal·lic** [mə`tælɪk] *adj.* ①金屬的。②似金屬的。

met·al·lif·er·ous [ˌmɛtl̩`ɪfərəs] *adj.* 含金屬的；產金屬的。

met·al·lur·gy [`mɛtl̩ˌɜdʒɪ] *n.* Ⓤ冶金學[術]。— **met·al·lur′gi·cal,** *adj.*

met·al·work [`mɛtl̩ˌwɜk] *n.* Ⓤ「金屬製品。」

met·a·mor·phic [ˌmɛtə`mɔrfɪk] *adj.* ①變態的；變形的。②〖地質〗變質的。

met·a·mor·phose [ˌmɛtə`mɔrfoz] *v.t.* 使變形。

met·a·mor·pho·sis [ˌmɛtə`mɔrfəsɪs] *n.* ⓊⒸ (*pl.* **-ses** [-ˌsiz]) ①蛻變。②變質；變態。

met·a·phor [`mɛtəfɚ] *n.* ⓊⒸ隱喻；暗譬。

met·a·phor·i·cal [ˌmɛtə`fɔrɪkl̩] *adj.* 隱喻的；比喻的。— **ly,** *adv.*

met·a·phys·i·cal [ˌmɛtə`fɪzɪkl̩] *adj.* ①形而上學的。②極抽象的；難了解的。— **ly,** *adv.*

met·a·phy·si·cian [ˌmɛtəfə`zɪʃən] *n.* Ⓒ形而上學家。

met·a·phys·ics [ˌmɛtə`fɪzɪks] *n.* Ⓤ形而上學；玄學。

me·tas·ta·sis [mə`tæstəsɪs] *n.* ⓊⒸ (*pl.* **-ses** [-ˌsiz])〖醫〗(癌症等病毒之)轉移。

mete¹ [mit] *v.t.* ①分配；給與(賞罰)

M

〔常 out〕. ②〖詩〗衡量。

mete² *n.* Ⓒ 分界石；邊界。

***me·te·or** [ˋmitɪɚ] *n.* Ⓒ ①〖天〗流星。②〖俗〗一夜間成名的人。— **me·te·or·ic** [ˏmitɪˋɔrɪk], *adj.*

me·te·or·ite [ˋmitɪəˏraɪt] *n.* Ⓒ 隕石；流星。

me·te·or·o·log·ic, -i·cal [ˏmitɪərəˋlɑdʒɪk(l̩)] *adj.* 氣象(學)的。§ ∼ **obsérvatory** 氣象台。

me·te·or·ol·o·gy [ˏmitɪəˋrɑlədʒɪ] *n.* Ⓤ 氣象學。— **me·te·or·ol′o·gist,** *n.*

***me·ter¹** [ˋmitɚ] *n.* ①Ⓒ 公尺；米。②ⓊⒸ 詩與音樂的韻律。

me·ter² *n.* Ⓒ 計量器。a water ∼ 水表。— *v.t.* 以計量器計量。

meth·ane [ˋmɛθen] *n.* Ⓤ〖化〗沼氣；甲烷。

me·thinks [mɪˋθɪŋks] *v.* (*pt.* **me·thought**)〖古〗據我看來；我以爲(=it seems to me).

‡**meth·od** [ˋmɛθəd] *n.* ①Ⓒ 方法。②Ⓤ 做事的條理；計畫。③Ⓒ 順序；程序。

me·thod·i·cal [məˋθɑdɪkl̩] *adj.* ①有方法的；有順序的。②做事有條不紊的。— **ly,** *adv.*

***Meth·od·ist** [ˋmɛθədɪst] *n.* Ⓒ ①〖基督教〗美以美會教徒。②(m-)過分強調方法的人。

meth·od·ize [ˋmɛθəˏdaɪz] *v.t.* ①使方式化。②使有組織、秩序等。

meth·od·ol·o·gy [ˏmɛθədˋɑlədʒɪ] *n.* ⓊⒸ 方法論。

me·thought [mɪˋθɔt] *v.* pt. of **methinks.**

meth·yl [ˋmɛθəl] *n.* Ⓤ & *adj.*〖化〗甲基(的)。

me·tic·u·lous [məˋtɪkjələs] *adj.* 過分慎重的；拘泥細節的。— **ly,** *adv.*

mé·tier [meˋtje]〖法〗*n.* Ⓒ 行業；職業；專長。

me-too [ˋmiˋtu] *v.t.* 模倣。— *adj.* ①模倣的。②〖美俚〗奉承的；逢迎的；人云亦云的。

me·tre [ˋmitɚ] *n.*〖英〗=**meter.**

met·ric [ˋmɛtrɪk] *adj.* 米制的；十進制的；公制的。§ ∼ **sỳstem** 米突制；公制。

met·ro [ˋmɛtro] *n.* (有時 M-, the ∼)(歐洲都市之)地下鐵。

***me·trop·o·lis** [məˋtrɑplɪs] *n.* ①(the ∼)首府；主要城市。②Ⓒ 大城市；重要中心。

***met·ro·pol·i·tan** [ˏmɛtrəˋpɑlətn̩] *adj.* ①大都市的。②首都的。— *n.* Ⓒ ①大都市居民。②首都居民。

met·tle [ˋmɛtl̩] *n.* Ⓤ ①勇氣；精神。②性格。*put one on one's* ∼激勵某人。

met·tle·some [ˋmɛtl̩səm] *adj.* 有精神的；勇敢的；熱心的。

mew¹ [mju] *n.* Ⓒ 咪咪(貓叫聲)。— *v.i.* 作貓叫聲。

mew² *n.* Ⓒ 海鷗。(亦作 **sea mew**)

mew³ *v.t.* ①關(鷹)入籠。②把…關起來〔up〕.

***Mex·i·can** [ˋmɛksɪkən] *adj.* 墨西哥的。— *n.* ①Ⓒ 墨西哥人。②Ⓤ 墨西哥語。§ ∼ **promótion**〖美俚〗不加薪的升級。∼ **wáve**(啦啦隊之)海浪式接龍。

***Mex·i·co** [ˋmɛksɪˏko] *n.* 墨西哥(中美洲國家，首都爲 Mexico City).

mez·za·nine [ˋmɛzəˏnin] *n.* Ⓒ ①中層樓。②(戲院中之)包廂。

mi [mi] *n.* ⓊⒸ〖樂〗長音階之第三音。

Mi·am·i [maɪˋæmə, -ˋæmɪ] *n.* 邁阿密(美國Florida州東南部一城市)。

mi·as·ma [maɪˋæzmə] *n.* Ⓒ (*pl.* ∼**s,** ∼**ta** [∼tə])瘴氣。

mi·as·mal [maɪˋæzml̩] *adj.* ①瘴氣的；毒氣的。②有害的。

mi·ca [ˋmaɪkə] *n.* Ⓤ〖礦〗雲母。

mice [maɪs] *n.* pl. of **mouse.**

Mi·chel·an·ge·lo Buo·nar·ro·ti [ˏmaɪklˋændʒəˏlo ˏbwɔnɑrˋrɔtɪ] *n.* 米開蘭基羅(1475-1564, 義大利雕刻家、畫家及建築家)。

Mich·i·gan [ˋmɪʃəgən] *n.* 密西根(美國中西部的一州)。

Míck·ey Móuse [ˋmɪkɪ ∼] *n.* ①米老鼠(W. Disney 卡通漫畫的主角名)。②Ⓒ (常 m- m-)〖俚〗不重要[沒價值]的東西。③Ⓒ (常 m- m-)過分簡單[容易]的科目。

mick·le [ˋmɪkl̩] *adj.* & *adv.* & *n.* (a ∼)〖古，蘇〗多；大。*Many* [*Every*] *little makes a* ∼. 積少成多；集腋成裘。

mi·crobe [ˋmaɪkrob] *n.* Ⓒ ①微生物。②病菌。

mi·cro·bi·ol·o·gy [ˏmaɪkrobaɪˋɑlədʒɪ] *n.* Ⓤ 微生物學。

mi·cro·bus [ˋmaɪkroˏbʌs] *n.* Ⓒ〖美〗小型公車；迷你巴士。

mi·cro·chip [ˋmaɪkroˏtʃɪp] *n.* Ⓒ

〖電〗微晶片(積體電路半導體零件)。

mi·cro·cir·cuit [`maɪkro,sɜkɪt] *n.* Ⓒ 積體電路(= integrated circuit).

mi·cro·com·put·er [,maɪkrokəm`pjutɚ] *n.* Ⓒ 微電腦。

mi·cro·cop·y [`maɪkrə,kɑpɪ] *n.* Ⓒ 縮影膠片版。— *v.t.* & *v.i.* 攝製縮影膠片版。

mi·cro·cosm [`maɪkrə,kɑzəm] *n.* Ⓒ ①小宇宙(爲 macrocosm 之對)。②人類社會(作爲宇宙之縮影)。③縮圖。— **mi·cro·cos′mic,** *adj.*

mi·cro·ec·o·nom·ics [,maɪkro,ikə`nɑmɪks] *n.* Ⓤ 個體經濟學(以個別消費者、生產者、企業等的經濟行爲作研究對象, 爲 macroeconomics 之對)。

mi·cro·e·lec·tron·ics [,maɪkroɪ,lɛk`trɑnɪks] *n.* Ⓤ 微電子學(處理電子回路的集積技術等)。

mi·cro·film [`maɪkrə,fɪlm] *n.* ⓊⒸ①顯微膠片。②顯微鏡照相。— *v.t.* & *v.i.* 用顯微膠片攝影。

mi·cro·in·struc·tion [,maɪkroɪn`strʌkʃən] *n.* Ⓒ〖電算〗微指令。

mi·cro·ma·nip·u·la·tion [,maɪkromə,nɪpjə`leʃən] *n.* Ⓤ 顯微外科手術。

mi·cro·or·gan·ism [,maɪkro`ɔrgən,ɪzəm] *n.* Ⓒ 微生物。

mi·cro·phone [`maɪkrə,fon] *n.* Ⓒ 麥克風。

mi·cro·print [`maɪkrə,prɪnt] *n.* Ⓒ 縮小複印圖片。— *v.t.* 縮小複印。

mi·cro·proc·es·sor [,maɪkrə`prɑsɛsɚ] *n.* Ⓒ〖電算〗微處理機。

mi·cro·scope [`maɪkrə,skop] *n.* Ⓒ 顯微鏡。

mi·cro·scop·ic, -i·cal [,maɪkrə`skɑpɪk(l̩)] *adj.* ①微小的; 僅用顯微鏡可見的。②精微的。③顯微鏡的; 用顯微鏡的。

mi·cro·sec·ond [`maɪkrə,sɛkənd] *n.* Ⓒ 百萬分之一秒; 微秒。

mi·cro·sur·ger·y [`maɪkro,sɜdʒərɪ] *n.* Ⓤ 顯微外科手術。

mi·cro·wave [`maɪkrə,wev] *n.* Ⓒ〖無線〗微波。§ ∼ **òven** 微波爐。

mid [mɪd] *adj.* 中間的; 中央的。

mid- 〖字首〗表「中; 中部」之義。

mid·air [,mɪd`ɛr] *n.* Ⓤ 半空中。

Mi·das [`maɪdəs] *n.* ①麥得斯(希臘傳說中 Phrygia 之王, 能點物成金)。②Ⓒ 大富翁; 善理財者。

mid·brain [`mɪd,bren] *n.* Ⓒ〖解〗中腦。

***mid·day** [`mɪd,de] *n.* Ⓤ & *adj.* 正午(的); 中午(的)。

mid·den [`mɪdn̩] *n.* Ⓒ ①廚房內堆積之殘餘物。②〖方〗糞堆; 垃圾堆。③〖考古〗貝殼丘(有可食介類之貝殼及他物, 證實爲史前人類居住處)。

‡mid·dle [`mɪdl̩] *adj.* ①中間的; 中央的; 正中的。②居中的; 中等的。③中庸的; 不極端的。— *n.* ①(the ∼)中央; 中間; 中部; 中心。②(the ∼, one's ∼)腰部。§ **M∠ Áges** 中古時代。**M∠ América** 中美洲。∼ **cláss** (1)中流社會; 中產階級。(2)〖英〗介於貴族及勞工間的中產階級。(3)中等; 中層。∼ **dístance** (1)〖繪畫〗中景。(2)〖徑賽〗中距離。∼ **éar** 〖解〗中耳。**M∠ Éast** 中東。**M∠ Énglish** 中古英語。∼ **nàme** 中間名。∼ **schòol** 中學。**M∠ Wést** 美國中西部。

***mid·dle-aged** [`mɪdl̩`edʒd] *adj.* 中年的。

mid·dle·brow [`mɪdl̩,brau] *adj.* & *n.* Ⓒ 知識[學問, 教養等]中等程度的(人)。

mid·dle-class [`mɪdl̩`klæs] *adj.* 中產階級的。

mid·dle·man [`mɪdl̩,mæn] *n.* Ⓒ (*pl.* **-men**)①經紀人。②居間人。③傳播者。

mid·dle-sized [`mɪdl̩`saɪzd] *adj.* 中等大小的。

mid·dle·weight [`mɪdl̩,wet] *n.* Ⓒ ①體重中等之人。②(拳擊、摔角等之)中量級(147-160 磅)。

mid·dling [`mɪdlɪŋ] *adj.* (大小、品質、等級等)中等的。

mid·dy [`mɪdɪ] *n.* Ⓒ ①〖俗〗= **midshipman.** ② = **middy blouse.** § ∼ **blòuse** 一種婦女或兒童穿著的水手領罩衫。

Mid East, Mid·east [`mɪd`ist] *n.* (the ∼) = **Middle East.**

midge [mɪdʒ] *n.* Ⓒ ①蚊、蚋等類的小蟲。②侏儒; 矮人。

midg·et [`mɪdʒɪt] *n.* Ⓒ ①侏儒; 矮人。②同類中之小者。

mid·i [`mɪdɪ] *n.* Ⓒ 迷地裝[裙]。

mid·land [`mɪdlənd] *n.* Ⓒ (the ∼)內陸。*the Midlands* 英格蘭中部諸郡。— *adj.* (在)內陸的。

mid-life [`mɪd,laɪf] *n.* Ⓤ 中年。

M

§ ~ **crísis** 中年危機(中年時有感於青春已逝，而常覺得不快樂和缺乏信心等)。

mid·morn·ing [ˋmɪdˋmɔrnɪŋ] *n.* Ⓤ上午十時左右。

***mid·night** [ˋmɪd,naɪt] *n.* Ⓤ & *adj.* 夜半(的)；午夜(的)。§ ~ **féast** 小宵夜(半夜吃的小點心，尤指住校小學生半夜偷偷起來吃的甜食)。

mid·point [ˋmɪd,pɔɪnt] *n.* Ⓒ (常 *sing.*)中心點；中央；中點。

mid·riff [ˋmɪdrɪf] *n.* Ⓒ〖解〗橫膈膜。

mid·ship·man [ˋmɪd,ʃɪpmən] *n.* Ⓒ (*pl.* **-men**)①美國海軍學校學生。②海軍少尉之候補軍官。

***midst** [mɪdst] *n.*(常 the ~, one's ~)中間；中央。*in the ~ of* 在其中。— *prep.* 在…中間。— *adv.* 在中間。

mid·stream [ˋmɪd,strim] *n.* Ⓤ中流。

***mid·sum·mer** [ˋmɪdˋsʌmɚ] *n.* Ⓤ①仲夏。②夏至期。§ **M~ Dáy** 仲夏節(6月24日)。

mid·term [ˋmɪd,tɝm] *adj.* (學期、總統任期等之)期中的。— *n.* ① Ⓒ (常 *pl.*)〖俗〗(大學等之)期中考試。② Ⓤ學期期中。③ Ⓤ任期期中。

mid·town [ˋmɪdˋtaʊn] *n.* Ⓒ 市中心區。— *adj.*(位於)市中心區的。

***mid·way** [ˋmɪdˋwe] *adj.* 中途的；中間的。— *adv.* 在中途地。§ **M~ Íslands** 中途島。

mid·week [ˋmɪdˋwik] *n.* Ⓤ & *adj.* 一週中間(的)。

Mid·west [ˋmɪdˋwɛst] *n.* = **Middle West.**

mid·wife [ˋmɪd,waɪf] *n.* Ⓒ (*pl.* **-wives**)助產士；接生婆。

mid·wife·ry [ˋmɪd,waɪfərɪ] *n.* Ⓤ①接生(術)。②產科學。

mid·win·ter [ˋmɪdˋwɪntɚ] *n.* Ⓤ ①仲冬。②冬至。

mid·year [ˋmɪd,jɪr] *adj.* ①年中的。②學年中的。— *n.* ① Ⓤ 年中。② Ⓤ 學年中。③ Ⓒ (常 *pl.*)〖俗〗年中考試。

mien [min] *n.* Ⓒ (常 *sing.*)風采；態度；樣子。

miffed [mɪft] *adj.* 〖俗〗微怒的。

‡**might**[1] [maɪt] *aux. v.* pt. of **may.** ①表過去之「許可；可能」等。②表「與現狀相反」之事。③表比 may 可能性較小之事。④用於客氣措辭中。

***might**[2] *n.* Ⓤ ①體力；力氣。②強權；權力；勢力。*with all one's ~* 傾全力。

‡**might·y** [ˋmaɪtɪ] *adj.* 有力的；強大的。*high and ~*〖俗〗很驕傲的。— *adv.*〖俗〗很；極。

mi·graine [ˋmaɪgren] *n.* Ⓤ Ⓒ 偏頭痛。

mi·grant [ˋmaɪgrənt] *n.* Ⓒ移居之人或鳥獸等；候鳥。— *adj.* 移居的。

***mi·grate** [ˋmaɪgret] *v.i.* ①移動；移往。②隨季節變化而移居。

***mi·gra·tion** [maɪˋgreʃən] *n.* ① ⓊⒸ 移動；移住。② Ⓒ 成群遷徙的人或物。§ ~ **státion** 候鳥觀測站。

mi·gra·to·ry [ˋmaɪgrə,torɪ] *adj.* 流動的；移動的。

mike [maɪk] *n.* 〖俚〗= **microphone.**

mil [mɪl] *n.* Ⓒ〖電〗密爾(千分之一英寸，計算電線直徑之單位)。

Mi·lan [mɪˋlæn] *n.* 米蘭(義大利之一城市)。— **Mil·an·ese′**, *n.* & *adj.*

***mild** [maɪld] *adj.* ①溫柔的；和善的。②溫暖的；和暖的。③軟甜的；淡味的。④寬大的；寬容的。⑤輕的；不嚴重的。— **ly,** *adv.* — **ness,** *n.*

mil·dew [ˋmɪl,dju] *n.* Ⓤ 霉；黴。

mil·dewed [ˋmɪl,djud] *adj.* ① 發霉的。②〖植〗生黴菌病的。

‡**mile** [maɪl] *n.* ① Ⓒ 哩；英里(5,280英尺)。②(the ~)一英里賽跑。

mile·age [ˋmaɪlɪdʒ] *n.* Ⓤ ①哩數；哩程。②(以英里計算之)旅費。③效益；用途。

mile·stone [ˋmaɪl,ston] *n.* Ⓒ ①哩程標[碑]。②劃時代的重大事件。

mi·lieu [miˋljϕ]〖法〗*n.* Ⓒ (*pl.* **~s, ~x** [~])(常 *sing.*)環境。

mil·i·tant [ˋmɪlətənt] *adj.* 態度強硬的；好戰的。— *n.* Ⓒ 好戰者；態度強硬者。— **mil′i·tan·cy,** *n.*

mil·i·tar·i·a [,mɪlɪˋtɛrɪə] *n. pl.* 軍用品。

mil·i·ta·rism [ˋmɪlətə,rɪzəm] *n.* Ⓤ 軍國主義；黷武主義。

mil·i·ta·ris·tic [,mɪlətəˋrɪstɪk] *adj.* 軍國主義的。

mil·i·ta·rize [ˋmɪlətə,raɪz] *v.t.* ①爲戰爭而裝備。②灌輸尚武精神使好戰。

‡**mil·i·tar·y** [ˋmɪlə,tɛrɪ] *adj.* 軍人的；軍事的；戰爭的。— *n.* (the ~, 集合稱)軍隊；軍人。§ ~ **políce** 憲兵隊。~ **sérvice** 兵役。

mil·i·tate [ˋmɪlə͵tet] *v.i.* 發生作用; 影響〔against, for〕.

mi·li·tia [məˋlɪʃə] *n.* (the ～, 集合稱)人民自衛隊; 民團。

mi·li·tia·man [məˋlɪʃəmən] *n.* Ⓒ (*pl.* **-men**)國民兵; 自衛隊員。

‡**milk** [mɪlk] *n.* Ⓤ ①乳。②乳狀物。 — *v.t.* ①擠(牛、羊等之)乳。②擠出…的汁或毒液。③榨取; 勒索。④加牛奶於。 — *v.i.* ①產乳。②擠奶。 § ∼ **rùn**〖俗〗走慣[常走]的路; 老路線。∼ **shàke** 奶昔。∼ **tòoth** 乳齒。

milk·maid [ˋmɪlk͵med] *n.* Ⓒ 擠乳婦; 牛奶廠女工。

milk·man [ˋmɪlk͵mæn, -mən] *n.* Ⓒ (*pl.* **-men**)①擠乳男工。②賣[送]牛奶者。

milk·sop [ˋmɪlk͵sɑp] *n.* Ⓒ 懦夫; 脂粉氣的男人。

milk-white [ˋmɪlk͵hwaɪt] *adj.* 乳白色的。

***milk·y** [ˋmɪlkɪ] *adj.* ①乳狀的; 乳白色的。②(含)乳的。 § **M∼ Wáy** 天河; 銀河。

‡**mill** [mɪl] *n.* Ⓒ ①磨粉機; 壓榨機。②製粉廠; 磨坊。③工廠; 製造廠。④〖俚〗拳戰。***go*** [***put***] ***through the*** ～ **a.** 得到徹底的訓練或經驗。**b.** 由痛苦經驗中學習。 — *v.t.* ①磨細; 碾。②磨成漿。③製造。④使(牛群等)亂轉。⑤〖俗〗以拳打; 打。⑥軋齒邊於(錢幣)上。 — *v.i.* ①亂轉。②亂闖闖地推擠。③被磨。④〖俚〗拳鬥。 § ∼ **whèel** 水車; 水車的輪子。

mil·len·ni·um [məˋlɛnɪəm] *n.* (*pl.* **∼s, -ni·a** [-nɪə])① Ⓒ 一千年; 一千年之期間。② Ⓒ 千年紀念。③(the ～)〖神學〗千福年(基督將再臨統治人間的一千年期間)。

***mill·er** [ˋmɪlɚ] *n.* Ⓒ 廠主(特指麵粉廠主); 磨坊主。

mil·let [ˋmɪlɪt] *n.* Ⓤ 稷; 粟。

milli- 〖字首〗表「千分之一」之義。

mil·li·bar [ˋmɪlɪ͵bɑr] *n.* Ⓒ〖氣象〗毫巴(氣壓單位)。

mil·li·gram(me) [ˋmɪlə͵græm] *n.* Ⓒ 千分之一公克; 毫克。

mil·li·li·ter, 〖英〗**-tre** [ˋmɪlə͵litɚ] *n.* Ⓒ 千分之一公升; 公撮。

mil·li·me·ter, 〖英〗**-tre** [ˋmɪlə͵mitɚ] *n.* Ⓒ 毫米; 公釐。

mil·li·ner [ˋmɪlənɚ] *n.* Ⓒ 製造[販賣]女帽者。

mil·li·ner·y [ˋmɪlə͵nɛrɪ] *n.* Ⓤ ①(集合稱)女帽。②製造、裝飾或販賣女帽業。

‡**mil·lion** [ˋmɪljən] *n.* (*pl.* **∼, ∼s**) ① Ⓒ 百萬。②(*pl.*)數百萬; 無數; 多數。③(the ～)大眾。 — *adj.* ①百萬的。②(常 a ～)無數的; 多數的。

***mil·lion·(n)aire** [͵mɪljənˋɛr] *n.* Ⓒ 百萬富翁; 大富豪。

mil·lionth [ˋmɪljənθ] *n.* & *adj.* ① Ⓤ (常 the ～)第一百萬(的)。② Ⓒ 百萬分之一(的)。

mil·li·sec·ond [ˋmɪlə͵sɛkənd] *n.* Ⓒ 千分之一秒; 毫秒。

mill·stone [ˋmɪl͵ston] *n.* Ⓒ ①石磨; 磨石。②重擔。

milque·toast [ˋmɪlk͵tost] *n.* Ⓒ 意志薄弱者; 膽小者。

Mil·ton [ˋmɪltn̩] *n.* 密爾頓(John, 1608-74, 英國詩人)。

mime [maɪm] *n.* Ⓒ ①丑角。②(古希臘羅馬之)一種笑劇。③此種笑劇演員。④啞劇動作。 — *v.i.* 扮演笑劇; 扮演啞劇。 — *v.t.* 以啞劇動作表演。

mim·e·o·graph [ˋmɪmɪə͵græf] *n.* Ⓒ ①油印機。②油印品。 — *v.t.* 用油印機油印。

mi·met·ic [mɪˋmɛtɪk] *adj.* 模仿的。

mim·ic [ˋmɪmɪk] *v.t.* (**-ck-**)①模仿以取笑; 戲擬。②仿效; 擬態。 — *n.* Ⓒ 善於模仿之人或物。 — *adj.* 模擬的。

mim·ic·ry [ˋmɪmɪkrɪ] *n.* Ⓤ ①戲擬; 模仿。②〖生物〗擬態。

mi·mo·sa [mɪˋmosə] *n.* Ⓤ Ⓒ 含羞草。

min. minimum; minute(s).

min·a·ret [͵mɪnəˋrɛt] *n.* Ⓒ 叫拜樓(回教寺院之尖塔)。

***mince** [mɪns] *v.t.* ①切碎; 剁碎。②細分(土地等)。③矯飾地說或做。 — *v.i.* ①言行矯飾。②裝腔作勢地走。 — *n.* Ⓤ ①切碎物。②=**mince-meat.** § ∼ **píe** 碎肉餅(以 mince-meat 為餡的圓形小餅, 常於耶誕節時食用)。

mince·meat [ˋmɪns͵mit] *n.* Ⓤ 餅餡(用碎肉、蘋果、葡萄乾等調合而成)。***make*** ～ ***of*** 徹底擊敗。

‡**mind** [maɪnd] *n.* ① Ⓤ Ⓒ (思想、感覺、行使意志的)心; 意志; 理性; 精神。② Ⓤ 智力; 理解力; 悟性。③ Ⓒ (常 *sing.*)心意; 意向; 欲望。④ Ⓤ 注意力; 思想。⑤ Ⓤ 記憶; 記性。⑥ Ⓒ 智者。***bear*** [***keep***] ***in*** ～ 記住; 切記。***be in two*** **∼*s*** 猶疑不決。

M

be of one [*a*] ~ 一心。*be* [*go*] *out of one's* ~ 發狂[瘋]；心神錯亂。*call* [*bring*] *to* ~ 憶起；回憶。*change one's* ~改變主意；變卦。*have a good* [*great*] ~ *to*幾欲。*have half a* ~ *to...*有幾分想要…。*have in* ~ 欲；計畫。*know one's own* ~ 不糊塗；有一己之見。*make up one's* ~ 決心。*to one's* ~ **a.**依(某人)之意；(某人)以爲。**b.** 爲(某人)所喜歡。 — *v.t.* ①記住；注意；留心。②照顧；看管。③服從。④介意；反對；關心(多用於疑問句、否定句及條件句中)。 — *v.i.* ①注意；留意；當心。②服從。③關心；介意。

mind-bend·ing [ˋmaɪnd,bɛndɪŋ] *adj.* 〖俚〗=**mind-blowing.**

mind-blow·ing [ˋmaɪnd,bloɪŋ] *adj.* 〖俗〗①(藥物)引起幻覺的。②使人極度興奮的；使人震驚的。

mind-bog·gling [ˋmaɪnd,bɑglɪŋ] *adj.* 令人吃驚的；使人驚駭的。

***mind·ed** [ˋmaɪndɪd] *adj.*①有某種心向的。②有意的；有心的。③具有意志的。

mind·er [ˋmaɪndɚ] *n.* Ⓒ (小孩等之)照料者；看護人；看守人。

mind-ex·pand·ing [ˋmaɪndɪk,spændɪŋ] *adj.* 〖俗〗(藥物)有幻覺作用的；對知覺產生障礙的。

mind·ful [ˋmaɪndfəl] *adj.* ①思索的；自覺的。②留神的；注意的。

mind·less [ˋmaɪndlɪs] *adj.*①不聰慧的；愚鈍的。②不留心的；不注意的(of)。—**ly,** *adv.*

mind-set [ˋmaɪnd,sɛt] *n.* Ⓒ 思想傾向；思考態度。

‡**mine**[1] [maɪn] *pron.* 我的；我的東西[家人]。

***mine**[2] *n.* ①Ⓒ礦坑。②(a ~)富源。③Ⓒ地雷。④Ⓒ水雷。 — *v.t.*①開礦；採礦。②掘(地道)；挖坑。③敷設地雷或水雷於。 — *v.i.* ①掘礦。②挖掘。 § ~ **fìeld**布地[水]雷區。 ~ **làyer** 布雷艇。 ~ **swèeper** 掃雷艇[器]。 ~ **wòrker** 礦工。

***min·er** [ˋmaɪnɚ] *n.* Ⓒ①礦工。②地雷工兵。

***min·er·al** [ˋmɪnərəl] *n.* ①Ⓒ礦物。②ⓊⒸ無機物。③Ⓒ(常 *pl.*)〖英〗礦泉水；蘇打水；汽水。 — *adj.* (似)礦物的；含礦物的。 § ~ **òil** 礦油。 ~ **wàter** 礦泉水。

min·er·al·o·gy [,mɪnəˋælədʒɪ] *n.* Ⓤ礦物學。

***min·gle** [ˋmɪŋgl] *v.t.* ①混合。②結合；聯合。 — *v.i.* 相混。

míng trée [ˋmɪŋ ~] *n.* Ⓒ人造盆景植物。

min·i [ˋmɪnɪ] *n.* Ⓒ①迷你裙[服裝]。②小型汽車；迷你車。

mini- 〖字首〗表「體積或規模極小」之義，如：*mini*bike.

***min·i·a·ture** [ˋmɪnɪətʃɚ] *n.* Ⓒ①縮小之物；縮圖。②(象牙或精美牛皮紙上的)小畫像。 — *adj.* 小規模的；纖小的。 — *v.t.* 爲…之縮影。

min·i·bike [ˋmɪnɪ,baɪk] *n.* Ⓒ〖美〗迷你摩托車。

min·i·bus [ˋmɪnɪbʌs] *n.* Ⓒ 小型公車。

min·i·cab [ˋmɪnɪ,kæb] *n.* Ⓒ小型[計程車。]

min·i·com·put·er [ˋmɪnɪkəmˋpjutɚ] *n.* Ⓒ迷你電腦；小型電腦。

min·im [ˋmɪnɪm] *n.* Ⓒ①〖樂〗二分音符。②米尼姆(液量之最小單位，約等於一滴)。③極小之物。

min·i·mal [ˋmɪnɪml] *adj.* 最少的；最小的；最低的。

min·i·mal·ist [ˋmɪnɪməlɪst] *n.* Ⓒ①最小主義藝術家。②最低限度主義者；極端消極主義者。

min·i·mize [ˋmɪnə,maɪz] *v.t.* ①使減至最少。②貶低；輕視。

***min·i·mum** [ˋmɪnəməm] *n.* Ⓒ(*pl.* **~s, -ma** [-mə])最小量；最低限度；最低點。 — *adj.* ①最小的。②最低的。 § ~ **wáge** 最低工資。

***min·ing** [ˋmaɪnɪŋ] *n.* Ⓤ①採礦；採礦業。②敷設水雷或地雷。

min·ion [ˋmɪnjən] *n.* Ⓒ〖蔑〗受寵者；寵臣。

min·i·se·ries [ˋmɪnɪ,sɪrɪz] *n.* Ⓒ〖視〗迷你影集。

min·i·skirt [ˋmɪnɪ,skɜt] *n.* Ⓒ迷你裙。

min·i·state [ˋmɪnɪ,stet] *n.* Ⓒ獨[立小國。]

‡**min·is·ter** [ˋmɪnɪstɚ] *n.* Ⓒ①牧師。②部長。③公使。 — *v.i.* ①服事；看護。②救助。③主持聖事。

min·is·te·ri·al [,mɪnəsˋtɪrɪəl] *adj.* ①牧師、內閣或部長的；部長級的。②行政上的。③附屬的。

***min·is·try** [ˋmɪnɪstrɪ] *n.* ①(the ~)(常 *sing.*)部長職務；部長任期。②(the ~)教堂眾牧師。③Ⓒ政府[各]部長；內閣。④Ⓤ服務；救助；捐助。⑤Ⓒ工具；手段。⑥Ⓒ(常 M-)部。

M

Min·i·track [ˋmɪnɪˏtræk] *n.* 〖商標〗追蹤火箭或人造衛星之系統。

mink [mɪŋk] *n.* (*pl.* **~s, ~**) ① Ⓒ 〖動〗貂。② Ⓤ 貂皮。③ Ⓒ 貂皮衣。

Minn. Minnesota.

Min·ne·so·ta [ˏmɪnɪˋsotə] *n.* 明尼蘇達(美國中北部之一州)。

min·now [ˋmɪno] *n.* Ⓒ (*pl.* **~, ~s**) ①鰷魚。②小魚。

***mi·nor** [ˋmaɪnɚ] *adj.* ①較小的；較次要的。②〖樂〗短音階的；小調的。③兩同姓孩子中之年紀較小的。④未成年的。⑤副修的(課程)。— *n.* Ⓒ ①未成年者。②〖美，教育〗副科(主科以外的課程)。③〖樂〗短音階；小調。— *v.i.* 副修某科〔in〕.

***mi·nor·i·ty** [məˋnɔrətɪ, maɪ-] *n.* ① Ⓒ (常 *sing.*，集合稱)少數。② Ⓤ 未成年。③ Ⓒ (常 *sing.*，集合稱)少數民族；少數黨(派)。§ ~ **léader** 少數黨領袖。

min·ster [ˋmɪnstɚ] *n.* Ⓒ 〖英〗①寺院的教堂。②大教堂。

min·strel [ˋmɪnstrəl] *n.* Ⓒ ①吟遊詩人。②〖詩〗歌唱者或詩人。③白人扮演黑人之滑稽歌唱表演。

min·strel·sy [ˋmɪnstrəlsɪ] *n.* Ⓤ ①吟遊詩人的詩(歌)。②(集合稱)吟遊詩人。

***mint**[1] [mɪnt] *n.* ① Ⓤ 薄荷。② Ⓒ 薄荷糖。

mint[2] *n.* Ⓒ ①造幣廠。②製造所；僞造所。— *v.t.* ①鑄造(錢幣)。②創造(新字語等)。

min·u·et [ˏmɪnjuˋɛt] *n.* Ⓒ ①小步舞(十七世紀中葉的一種緩慢而莊嚴的舞步)。②小步舞曲。

***mi·nus** [ˋmaɪnəs] *prep.* ①減。②缺少；無。— *adj.* ①減的。②負的。— *n.* Ⓒ ①負號(－)。②負數。

mi·nus·cule [mɪˋnʌskjul] *n.* Ⓒ & *adj.* 小寫字體(的)；小寫字(的)。

min·ute**[1] [ˋmɪnɪt] *n.* ① Ⓒ 分；六十秒。②(*sing.*)片刻；瞬息。③ Ⓒ 分；一度之六十分之一。④(*pl.*)會議紀錄。up to the ~*** 最近地。***wait a ~*** 稍待。— *v.t.* ①量(時間或速度)。②作…之紀錄。§ ~ **hànd** (時鐘的)分針。

mi·nute[2] [məˋnjut, maɪ-] *adj.* ①微小的。②精密的。— **ly,** *adv.*

min·ute·man [ˋmɪnɪtˏmæn] *n.* Ⓒ (*pl.* **-men**) 〖美史〗(獨立戰爭時期的)後備民兵。

mi·nu·ti·a [mɪˋnjuʃɪə] *n.* Ⓒ (*pl.* **-ti·ae** [-ʃɪˏi]) (常 *pl.*)細目；詳細；瑣事；小節。

minx [mɪŋks] *n.* Ⓒ 孟浪[輕浮]的少女。

mips [mɪps] *n.* (*sing.*) 〖電算〗每秒百萬條指令(爲 *m*illion *i*nstructions *p*er *s*econd 之略)。

***mir·a·cle** [ˋmɪrəkl] *n.* Ⓒ ①奇蹟。②奇事。③驚人的例子。

mi·rac·u·lous [məˋrækjələs] *adj.* ①神奇的；不可思議的。②奇異的；非常的。

mi·rage [məˋrɑʒ] 〖拉〗*n.* Ⓒ ①海市蜃樓。②幻想；妄想。

mire [maɪr] *n.* Ⓤ 泥濘；泥沼。— *v.t.* ①使陷入泥濘。②使陷於困境中。— *v.i.* 陷入泥濘。

***mir·ror** [ˋmɪrɚ] *n.* Ⓒ ①鏡子。②寫眞；眞實之反映。③模範。— *v.t.* 反映。§ ~ **wrìting** 反寫；書寫顚倒。

***mirth** [mɜθ] *n.* Ⓤ 歡樂；歡笑；快活。— **ful,** *adj.*

MIRV [mɜv] *n.* Ⓒ 〖軍〗多彈頭分導重返大氣層運載工具；多彈頭飛彈。

mir·y [ˋmaɪrɪ] *adj.* ①泥濘的；如沼澤的。②骯髒的；污穢的。

MIS management information system. 管理資訊系統。

mis- 〖字首〗表「壞；錯誤；否定」之義。

mis·ad·ven·ture [ˏmɪsədˋvɛntʃɚ] *n.* Ⓤ Ⓒ 不幸；災難。

mis·al·li·ance [ˏmɪsəˋlaɪəns] *n.* Ⓒ ①(尤指身分)不相稱的通婚。②不相稱的結合。

mis·an·thrope [ˋmɪsənˏθrop] *n.* Ⓒ 厭惡人類者；討厭與人交往者。

mis·an·throp·ic [ˏmɪsənˋθrɑpɪk] *adj.* 厭惡人類的。

mis·an·thro·py [mɪsˋænθrəpɪ] *n.* Ⓤ 對人類之厭惡；厭世。

mis·ap·pli·ca·tion [ˏmɪsæpləˋkeʃən] *n.* Ⓤ Ⓒ 誤用；濫用。

mis·ap·ply [ˏmɪsəˋplaɪ] *v.t.* 誤用。

mis·ap·pre·hend [ˏmɪsæprɪˋhɛnd] *v.t.* 誤解。

mis·ap·pro·pri·ate [ˏmɪsəˋproprɪˏet] *v.t.* ①誤用。②侵占；盜用。

mis·be·got·ten [ˏmɪsbɪˋgɑtn̩] *adj.* 私生的；庶出的。

mis·be·have [ˏmɪsbɪˋhev] *v.t.* & *v.i.* 行爲不端。

mis·be·hav·ior, 〖英〗**-iour** [ˏmɪsbɪˋhevjɚ] *n.* Ⓤ 品行不良。

mis·be·lief [ˏmɪsbəˋlif] *n.* Ⓤ Ⓒ ①錯誤的信仰[見解]。②邪教信仰。

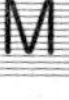

mis·be·liev·er [ˌmɪsbə`livɚ] *n.* Ⓒ信仰錯誤者；信仰異端邪說者。

mis·cal·cu·late [mɪs`kælkjəˌlet] *v.t.* & *v.i.* 誤算；誤估；判斷錯誤。— **mis·cal·cu·la′tion,** *n.*

mis·car·riage [mɪs`kærɪdʒ] *n.* ⓊⒸ ①失敗。②(信件、貨物之)誤送；未達。③流產；小產。

mis·car·ry [mɪs`kærɪ] *v.i.* ①不順遂；失敗。②(信件等之)誤投。③流產；小產。

mis·cast [mɪs`kæst] *v.t.* (**-cast**) 對(戲劇)作不適當的角色安排。

mis·ceg·e·na·tion [ˌmɪsɪdʒə`neʃən] *n.* Ⓤ 種族混淆；(尤指美國白人與黑人)異族通婚。

***mis·cel·la·ne·ous** [ˌmɪsl̩`enɪəs] *adj.* ①各種的；多方面的。②多才多藝的。— **ly,** *adv.*

mis·cel·la·ny [`mɪsl̩ˌenɪ] *n.* ① Ⓒ混合。②(*pl.*)雜集；雜錄。

mis·chance [mɪs`tʃæns] *n.* ⓊⒸ 不幸；壞運。

***mis·chief** [`mɪstʃɪf] *n.* ① Ⓤ 傷害；危害；災禍。② Ⓒ 惡作劇者。

mis·chief-mak·er [`mɪstʃɪfˌmekɚ] *n.* Ⓒ 挑撥離間者。

***mis·chie·vous** [`mɪstʃɪvəs] *adj.* ①有害的；會傷人的。②惡作劇的；淘氣的。— **ly,** *adv.* — **ness,** *n.*

mis·con·ceive [ˌmɪskən`siv] *v.t.* & *v.i.* 誤解；誤認。

mis·con·cep·tion [ˌmɪskən`sɛpʃən] *n.* ⓊⒸ 誤解；錯誤的觀念。

mis·con·duct [mɪs`kɑndʌkt] *n.* Ⓤ ①行爲不檢；持身不正。②處置不善；失策。③不貞；通姦。

mis·con·strue [ˌmɪskən`stru, mɪs`kɑnstru] *v.t.* 誤解；誤會。

mis·cre·ant [`mɪskrɪənt] *n.* Ⓒ 惡棍。

mis·deed [mɪs`did] *n.* Ⓒ 惡行；罪行。

mis·de·mean·or, 〖英〗**-our** [ˌmɪsdɪ`minɚ] *n.* Ⓒ ①〖法律〗輕罪。②卑劣的行爲；不軌的行爲。

mis·di·rect [ˌmɪsdə`rɛkt] *v.t.* ①指錯(方向、地址等)。②寫錯(信封上的地址)。③錯用。

mi·ser [`maɪzɚ] *n.* Ⓒ 守財奴；吝嗇鬼。— **ly,** *adj.*

***mis·er·a·ble** [`mɪz(ə)rəbl̩] *adj.* ①悲慘的；可憐的。②帶來苦痛與不幸的。③窮困的；卑賤的。④可恥的。

***mis·er·y** [`mɪzərɪ] *n.* ⓊⒸ ①悲慘；不幸。②窮困；悲慘的環境。

mis·fire [mɪs`faɪr] *v.i.* & *n.* Ⓒ ①(槍砲、內燃機等)不發火；不著火。②失敗。

mis·fit [`mɪsˌfɪt] *n.* Ⓒ ①不適合的東西。②不能適應環境、職位之人。

***mis·for·tune** [mɪs`fɔrtʃən] *n.* ⓊⒸ 不幸；災禍。

***mis·giv·ing** [mɪs`gɪvɪŋ] *n.* Ⓤ (常 *pl.*)疑懼；焦慮。

mis·guid·ed [mɪs`gaɪdɪd] *adj.* 被錯誤引導的；誤入歧途的。

mis·han·dle [mɪs`hændl̩] *v.t.* 不當地使用；處理不當。

***mis·hap** [`mɪsˌhæp, mɪs`hæp] *n.* ⓊⒸ 不幸之事；災禍。

mis·hear [ˌmɪs`hɪr] *v.t.* & *v.i.* (**-heard**)誤聽；聽錯。

mish·mash [`mɪʃˌmæʃ] *n.* Ⓤ 混雜物；雜集。

mis·in·form [ˌmɪsɪn`fɔrm] *v.t.* 誤報；誤傳。

mis·in·ter·pret [ˌmɪsɪn`tɝprɪt] *v.t.* 誤譯；誤解。

mis·judge [mɪs`dʒʌdʒ] *v.t.* & *v.i.* 判斷不公；誤判。— **ment,** *n.*

mis·lay [mɪs`le] *v.t.* (**-laid**)將…置於不能記起之處。

mis·lead [mɪs`lid] *v.t.* (**-led**) ①領錯路；導入歧途。②使做錯事；使誤作。③使生錯誤思想；欺騙。

mis·lead·ing [mɪs`lidɪŋ] *adj.* 導致錯誤的；易引起誤解的。

mis·man·age [mɪs`mænɪdʒ] *v.t.* & *v.i.* 處置失當。— **ment,** *n.*

mis·match [mɪs`mætʃ] *v.t.* 誤將…配合；使做不適當的結合(尤指婚姻)。— *n.* Ⓒ 不適當的配合；不適當的婚姻。

mis·no·mer [mɪs`nomɚ] *n.* Ⓒ ①錯誤的名詞。②名詞或名字之誤用。

mi·sog·y·nist [mɪ`sɑdʒənɪst] *n.* Ⓒ 厭惡女人的人。

mi·sog·y·ny [mɪ`sɑdʒənɪ] *n.* Ⓤ 厭惡女人；對女人之憎恨。

mis·place [mɪs`ples] *v.t.* ①誤置；誤放。②誤給(愛情、信任等)。

mis·print [*n.* mɪs`prɪnt, `mɪsˌprɪnt *v.* mɪs`prɪnt] *n.* Ⓒ & *v.t.* 印錯；排版錯誤。

mis·pro·nounce [ˌmɪsprə`nauns] *v.t.* & *v.i.* 發音錯誤。

mis·quote [mɪs`kwot] *v.t.* & *v.i.* 誤引。

mis·read [mɪsˋrid] *v.t.* (**-read** [-ˋrɛd])誤讀；誤解。

mis·rep·re·sent [ˏmɪsrɛprɪˋzɛnt] *v.t.* 誤傳；誤示；誤言。 — **mis·rep·re·sen·ta'tion,** *n.*

mis·rule [mɪsˋrul] *n.* Ⓤ ①失政；苛政。②混亂。— *v.t.* 治理不善；施以苛政。

‡**miss**[1] [mɪs] *v.t.*①未擊中。②未抓住；未捉住。③未見；未遇；未得到。④失卻。⑤未趕上。⑥懷念；想念。⑦發現遺失。⑧逃過；避免。⑨省掉；漏去〔out〕. ⑩忽略。— *v.i.* ①不中。②失敗。③未獲得〔of, in〕. — *n.* Ⓒ ①不中；不得。②省略。③故意躲避。④逃脫。⑤流產。

‡**miss**[2] *n.* ①Ⓒ女郎；少女。②(M-)小姐(冠於未婚女子姓名前)。③小姐(用以稱呼陌生的年輕女性)。

Miss. Mississippi.

mis·sal [ˋmɪsl̩] *n.* Ⓒ (常M-)彌撒書。

mis·shap·en [mɪsˋʃepən] *adj.* 畸形的；殘缺的。

***mis·sile** [ˋmɪsl̩] *n.* Ⓒ ①投射出的武器(箭、子彈等)。②飛彈；火箭；導航飛彈。

mis·sile·man [ˋmɪsl̩ˏmæn] *n.* Ⓒ (*pl.* **-men**)飛彈製造、發射或保養者；飛彈專家。

***miss·ing** [ˋmɪsɪŋ] *adj.* 缺少的；不在的；失蹤的；行蹤不明的。§ ∼ **línk** 一完整體系中短少之物。

***mis·sion** [ˋmɪʃən] *n.* Ⓒ ①使命；任務。②使節團；負有特殊任務之團體。③傳教團體、工作、地區等。④人生之目的；天職。⑤〖軍事〗任務。

***mis·sion·ar·y** [ˋmɪʃənˏɛrɪ] *n.* Ⓒ 傳教士。— *adj.* ①傳教(士)的。②負有使命的。

mis·sis [ˋmɪsɪz] *n.*〖俗〗①(the ∼, one's ∼)妻子。②主婦；太太(僕人對主婦稱呼)。

Mis·sis·sip·pi [ˏmɪsəˋsɪpɪ] *n.* ①(the ∼)密西西比河。②密西西比州(在美國南部，略作 **Miss.**)。

mis·sive [ˋmɪsɪv] *n.* Ⓒ 公文；書信；信函。

Mis·sour·i [məˋzʊrɪ] *n.*密蘇里州(位於美國中西部)。

mis·spell [mɪsˋspɛl] *v.t.* (**-spelled** or **-spelt**)拼錯。

mis·spend [mɪsˋspɛnd] *v.t.* (**-spent**)浪費；徒費；虛度。

mis·sus [ˋmɪsəz] *n.*〖俗〗= **missis.**

***mist** [mɪst] *n.* ① ⓊⒸ 霧。② Ⓤ (*sing.*)任何使朦朧不清的東西。③ Ⓤ (*sing.*)(眼睛)朦朧不清。— *v.t.* 罩以霧；使模糊不清。— *v.i.* ①起霧。②變模糊。

‡**mis·take** [məˋstek] *n.* Ⓒ錯誤；誤會；誤解。— *v.t.* (**-took, -tak·en**) ①誤認；誤會。②誤選；選錯。— *v.i.* 犯錯。

***mis·tak·en** [məˋstekən] *v.* pp. of **mistake.** — *adj.* ①犯錯的。②錯誤的；誤置的。— **ly,** *adv.*

***mis·ter** [ˋmɪstɚ] *n.* (M-)先生(冠於人名或其職務名前的尊稱，略作 **Mr.**)。§ **M∸ Ríght** 如意郎君。

mis·time [mɪsˋtaɪm] *v.t.* (言語、行動等)不合時機。

mis·tle·toe [ˋmɪsl̩ˏto] *n.* Ⓤ〖植〗槲寄生(常用做聖誕樹的裝飾)。

mis·took [mɪsˋtʊk] *v.* pt. of **mistake.**

mis·trans·late [ˏmɪstrænsˋlet] *v.t.* 誤譯。— **mis·trans·la'tion,** *n.*

mis·treat [mɪsˋtrit] *v.t.* 虐待；苛待。— **ment,** *n.*

***mis·tress** [ˋmɪstrɪs] *n.* ① Ⓒ 主婦；女主人。② Ⓒ 統治者；支配者。③ Ⓒ 精通一學科之婦女。④ Ⓒ 女教師。⑤(M-)夫人(現已以Mrs.或Miss代之)。⑥Ⓒ〖詩〗情婦；愛人。

mis·tri·al [mɪsˋtraɪəl] *n.* Ⓒ〖法律〗①因違反程序而無效之審判。②(陪審員意見不一致而)無結論之審判。

mis·trust [mɪsˋtrʌst] *v.t.* & *v.i.* 不信；懷疑。— *n.* Ⓤ (又作 a ∼)疑惑。— **ful,** *adj.*

***mist·y** [ˋmɪstɪ] *adj.* 有霧的。

***mis·un·der·stand** [ˏmɪsʌndɚˋstænd] *v.t.* (**-stood**)誤會；誤解。

mis·un·der·stand·ing [ˏmɪsʌndɚˋstændɪŋ] *n.* ① ⓊⒸ 誤解；誤會。② Ⓒ 不和；爭執。

mis·un·der·stood [ˏmɪsʌndɚˋstʊd] *v.* pt. & pp. of **misunderstand.**

***mis·use** [mɪsˋjus] *n.* ⓊⒸ 誤用；濫用。—[mɪsˋjuz] *v.t.* ①誤用；濫用。②虐待。

mite[1] [maɪt] *n.* ①Ⓒ小銅錢。②Ⓒ幼兒；極小的東西。③(a ∼)少許；一點點。

mite[2] *n.* Ⓒ小蜘蛛；小蝨；小蟲。

mi·ter, 〖英〗**-tre** [ˋmaɪtɚ] *n.* Ⓒ ①主教法冠。②〖木工〗斜接。— *v.t.*

賜予主教法冠；升為主教。

mit·i·gate [`mɪtə,get] *v.t.* 使緩和；使減輕。—**mit·i·ga′tion,** *n.*

***mitt** [mɪt] *n.* Ⓒ①棒球手套。②=**mitten.** ③〖俚〗手。

***mit·ten** [`mɪtn̩] *n.* Ⓒ 拇指除外其他四指連在一起的手套。

‡**mix** [mɪks] *v.t.*(**mixed** or **mixt**)①混合；混和。②使聯合一起。③加添；混於一起。④配製。⑤弄錯；搞錯。⑥〖動〗將…作異種交配。— *v.i.*①相溶。②相處；交遊。③參與〔in〕。④調合。⑤〖動〗異種交配。⑥〖拳擊〗激烈地互相出拳攻擊。～ *it* (*up*)〖俚〗互毆；交戰。～ *up* 相混；混亂。— *n.* ①Ⓒ混合(物)。②(a ～)〖俗〗混亂。

***mixed** [mɪkst] *adj.*①混合的；由不同成分組成的。②不同種類的；各形各色的。③男女混合的。～ doubles (球類中的)男女混合雙打。④〖俗〗頭腦混亂的。§～ **gríll** 什錦烤肉。～ **média** 藝術的混合效應法(如表演、彩色燈光、錄音帶等多種媒介的混合運用)。～ **númber**〖數〗帶分數。

mixed-me·di·a [`mɪkst`midɪə] *n.* =**multimedia.**

mixed-up [`mɪkst`ʌp] *adj.* 頭腦混亂的；糊裡糊塗的。

mix·er [`mɪksɚ] *n.* ①Ⓒ 混合者；攪拌器。②Ⓒ 調酒師。③Ⓤ 調酒用的飲料。④Ⓒ〖俗〗聯誼會。

***mix·ture** [`mɪkstʃɚ] *n.*①Ⓤ混合；混淆。②ⓊⒸ混合劑；混合物。

mix-up [`mɪks,ʌp] *n.* Ⓒ ①混亂。②〖俗〗混戰。

miz·(z)en [`mɪzn̩] *n.* Ⓒ ①後帆。②=**mizzenmast.**

miz·(z)en·mast [`mɪzn̩məst] *n.* Ⓒ〖海〗(三桅船之)後桅；尾桅。

M.K.S. meter-kilogram-second.

mm. millimeter; millimeters.

MM. (Their) Majesties; Messieurs.

Mme. Madame.

mne·mon·ic [ni`mɑnɪk] *adj.*①幫助記憶的。②記憶(術)的。

mne·mon·ics [ni`mɑnɪks] *n.* Ⓤ 記憶術。

Mo. Missouri; Monday.

***moan** [mon] *n.*①Ⓒ呻吟(聲)。②(the ～)呼嘯聲。③Ⓒ牢騷。— *v.t.* & *v.i.* ①呻吟。②抱怨；悲傷。

***moat** [mot] *n.* Ⓒ 壕溝。— *v.t.*圍以壕溝。

***mob** [mɑb] *n.* ①Ⓒ群聚之民眾。②(the ～)民眾。③(the ～)暴民。— *v.t.* (**-bb-**)①群集圍攻。②湧向…；群集於。

mo·bile [`mobl̩] *adj.* ①流動、運動、移動或變動的。②易變的；迅速改變的。③〖軍〗機動的。

mo·bi·li·za·tion [,mobl̩ə`zeʃən] *n.* Ⓤ①〖軍〗動員。②流通。

mo·bi·lize [`mobl̩,aɪz] *v.t.* & *v.i.* ①動員。②(使)流通。③(使)運動。

mob·ster [`mɑbstɚ] *n.* Ⓒ〖美俚〗暴徒；盜匪。

moc·ca·sin [`mɑkəsn̩] *n.* Ⓒ①軟鹿皮。②(常 *pl.*)(北美印第安人所穿的)鹿皮鞋。③嚙魚蛇。

Mo·cha [`mokə] *n.* ①摩卡(阿拉伯西南端之海港)。②(m-) Ⓤ 摩卡咖啡。③(m-) Ⓤ 一種製手套用的軟山羊皮。

***mock** [mɑk] *v.t.*①嘲弄；愚弄。②模仿以嘲弄。③模仿。④抵抗；抗拒。⑤欺騙。⑥輕視；忽視。— *v.i.* 嘲弄；愚弄〔at〕。— *adj.* 假的。— *n.* Ⓒ ①嘲笑；戲弄。②仿造品；贋品。③受藐視的人或物。§～ **tùrtle sóup** 假鱉甲湯(用犢肉煮成)。

mock·er·y** [`mɑkərɪ] *n.* ①Ⓤ 嘲弄；挖苦。②Ⓒ (常 *sing.*)被嘲弄者；笑柄。③Ⓒ 嘲弄性的模仿。④Ⓒ 虛有其表之事。⑤Ⓒ 徒勞無功。make a ～ of somebody*** 嘲弄某人。

mock·ing·bird [`mɑkɪŋ,bɝd] *n.* Ⓒ嘲鶇。

mock-up [`mɑk,ʌp] *n.* Ⓒ (飛機、機械等之)實物大模型。

mod [mɑd] *adj.*(有時 M-)〖俗〗(服裝等)前衛的；時髦的。— *n.* ①Ⓒ時髦人物。②Ⓤ最新流行之服裝。

***mode** [mod] *n.* Ⓒ①作法；樣式；方式。②時式；風尚。③〖樂〗音階。④〖文法〗=**mood**².

‡**mod·el** [`mɑdl̩] *n.* Ⓒ①模型。②雛型；原型；設計圖。③模範；典型。④模特兒。⑤(服飾、汽車之)型；款式。⑥極相似的人。— *v.t.* & *v.i.* (**-l-,**〖英〗**-ll-**)①塑造；做…的模型。②模仿；仿製。③為(服裝)做模特兒。— *adj.* ①模範的。②做模型用的。

mo·dem [`modɛm] *n.* Ⓒ〖電算〗調變解調器；數據機。

***mod·er·ate** [`mɑdərɪt] *adj.* ①適度的；有節制的。②溫和的；穩健的。③公平的；中等的。④有限的。— *n.* Ⓒ 言行中庸之人；穩健之人。—[`mɑdə,ret] *v.t.* & *v.i.* ①(使)減

輕；(使)緩和。②作主席；主持(會議)；作仲裁者；作和事佬。

mod·er·a·tor [ˋmadə͵retɚ] *n.* Ⓒ①主席；議長。②仲裁者；調停者。③〖理〗(原子爐之中子)減速劑；緩和劑。④調節器。

‡**mod·ern** [ˋmadɚn] *adj.* ①現代的；近世的。②新式的；時髦的。— *n.* Ⓒ(常 *pl.*)①現代人；近代人。②有新思想的人。

mod·ern·ism [ˋmadɚn͵ɪzəm] *n.* ①Ⓤ現代主義。②(M-)Ⓤ〖宗〗現代主義(依照科學原理解釋教義之謂)。③Ⓒ現代語法。

mod·ern·ist [ˋmadɚnɪst] *n.* Ⓒ現代主義者。

***mod·est** [ˋmadɪst] *adj.* ①謙遜的。②羞怯的。③莊重的。④適度的。⑤質樸的。— **ly,** *adv.*

***mod·es·ty** [ˋmadəstɪ] *n.* Ⓤ①質樸。②羞怯。③謙遜；有禮。

mod·i·cum [ˋmadɪkəm] *n.* (a ～)少量；些微。

mod·i·fi·er [ˋmadə͵faɪɚ] *n.* Ⓒ①〖文法〗修飾語；形容語。②修改之人或物。

***mod·i·fy** [ˋmadə͵faɪ] *v.t.* ①變更；修改。②修飾；限制(意義)。③使減輕；使緩和。

mod·ish [ˋmodɪʃ] *adj.* 流行的。

mo·diste [moˋdist] *n.* Ⓒ女裁縫。

mod·u·late [ˋmadʒə͵let] *v.t.* ①調節；調整。②使柔；使緩。③改變聲調。④變更(電波)之周波數；調節頻率。

mod·u·la·tion [͵madʒəˋleʃən] *n.* ⓊⒸ①調節；緩和。②〖樂〗變調。③〖無線〗電波頻率之轉變；調幅。④(聲音之)抑揚。

mod·u·la·tor [ˋmadʒə͵letɚ] *n.* Ⓒ①調節者[物]。②〖電信〗調幅器。

mod·ule [ˋmadʒul] *n.* Ⓒ①(建材等之)標準尺寸；基本單位；組合單元。②〖建〗度(柱式之比例測定單位)。③〖電算〗模組。

mo·gul [ˋmogl] *n.* Ⓒ滑雪道拐彎處的雪坡。

Mo·gul [ˋmogʌl] *n.* Ⓒ①蒙古人。②蒙兀兒人。③(m-)顯要人物。

mo·hair [ˋmo͵hɛr] *n.*①Ⓤ毛海(小亞細亞產的安哥拉羊毛)。②Ⓤ毛海織物。③Ⓒ毛海製成的衣服。

Mo·ham·med [moˋhæmɪd] *n.* 穆罕默德(570?-632 A.D., 回教的始祖)。

Mo·ham·med·an [moˋhæmədən] *adj.* 穆罕默德的；伊斯蘭教的；回教的。— *n.* Ⓒ回教徒；伊斯蘭教徒。— **ism,** *n.*

moi·e·ty [ˋmɔɪətɪ] *n.* Ⓒ(常 *sing.*)①〖法律〗(財產之)一半。②約一半。③部分。

moil [mɔɪl] *v.i.* 勞苦；辛勞；勞碌。

***moist** [mɔɪst] *adj.*①潮濕的。②多雨的。③感傷的。

***mois·ten** [ˋmɔɪsn̩] *v.t.* 使濕潤；弄濕。— *v.i.* 變濕。

***mois·ture** [ˋmɔɪstʃɚ] *n.* Ⓤ①潮濕；水分；濕氣；水蒸氣。②降雨。

mol [mol] *n.* Ⓒ〖化〗克分子；莫耳。

mo·lar [ˋmolɚ] *n.* Ⓤ臼齒。— *adj.* ①臼齒的。②宜於研磨的。

***mo·las·ses** [məˋlæsɪz] *n.* Ⓤ糖蜜。

***mold**[1] [mold] *n.*①Ⓒ模子；鑄模；字模；鑄型。②Ⓒ鑄成物。③Ⓒ模型。④Ⓤ性質；氣概。— *v.t.* ①造型；塑造；鑄。②磨練；鍛鍊。③(對思想性格等)產生影響。④造成。

mold[2] *n.* Ⓤ黴菌。— *v.i.* 發霉。

mold[3] *n.* Ⓤ沃土；糞土(富有有機物之沃土)。

mold·er[1] [ˋmoldɚ] *v.t.*使腐朽；使崩壞。— *v.i.* 腐朽；敗壞〔常 away〕.

mold·er[2] *n.* Ⓒ塑造者；造模者。

mold·ing [ˋmoldɪŋ] *n.* ①Ⓤ塑造；鑄造。②Ⓒ塑造[鑄造]物。③Ⓒ(常 *pl.*)〖建〗裝飾用的嵌線。

mold·y [ˋmoldɪ] *adj.* ①發霉的。②舊式的。

***mole**[1] [mol] *n.* Ⓒ痣。

***mole**[2] *n.* Ⓒ〖動〗鼴鼠；田鼠。

mole[3] *n.* Ⓒ①防波堤；海堤。②防波堤所圍繞的海港。

***mol·e·cule** [ˋmalə͵kjul] *n.* Ⓒ①〖理，化〗分子。②微點；些微。

mole·hill [ˋmol͵hɪl] *n.* Ⓒ①鼴鼠丘。②不重要的東西。

mole·skin [ˋmol͵skɪn] *n.*①ⓊⒸ鼴鼠毛皮。②Ⓤ一種厚棉布。③(*pl.*)此棉布製成之衣服(特指長褲)。

mo·lest [məˋlɛst] *v.t.* ①妨害；干擾；騷擾。②調戲。— **er, mo·les·ta′tion,** *n.*

moll [mal] *n.* Ⓒ〖俚〗①盜匪或流氓之姘婦。②妓女。

mol·li·fy [ˋmalə͵faɪ] *v.t.* ①安慰；撫慰。②緩和；減緩。③使柔軟。

mol·lusk,〖英〗**-lusc** [ˋmaləsk] *n.* Ⓒ軟體動物。

mol·ly·cod·dle [ˋmalɪ,kadl̩] *n.* Ⓒ①沒骨氣的男人。②喜被縱容的人。— *v.t.* 溺愛；嬌慣。

Mó·lo·tov cócktail [ˋmalətɔf ～] *n.* Ⓒ〖俚〗汽油手榴彈。

molt [molt] *v.i.* 換毛；蛻皮。— *v.t.* ①換(毛)；蛻(皮)。②丟棄。— *n.* ①ⓊⒸ換毛或蛻皮(的時期)。②Ⓤ脫落之毛或皮。

***mol·ten** [ˋmoltn̩] *v.* pp. of **melt.** — *adj.* ①熔化的。②鑄造的。

Mo·luc·cas [məˋlʌkəz] *n. pl.* (the ～)摩鹿加群島。

mo·lyb·de·num [məˋlɪbdənəm] *n.* Ⓤ〖化〗鉬(化學元素；符號 Mo).

mom [mam] *n.* Ⓒ〖俗〗媽媽。

‡**mo·ment** [ˋmomənt] *n.*①Ⓒ(常 a ～)瞬間；片刻。②Ⓤ(of ～)重要。③Ⓤ(常 *sing.*, the ～)〖理〗矩；力率；能率。④(the ～)現時。⑤Ⓒ階段；時期。⑥Ⓒ組成分子；要素。***the*** ～ 即刻(=as soon as). ***to the*** ～ 非常準時的。

mo·men·tar·i·ly [ˋmomən,tɛrəlɪ] *adv.* ①暫時地；片刻地。②時時刻刻地；隨時地。③立刻；馬上。

***mo·men·tar·y** [ˋmomən,tɛrɪ] *adj.* ①剎那的；轉瞬間的。②時時刻刻的；每刻的。

mo·men·tous [moˋmɛntəs] *adj.* 極重要的。— **ly,** *adv.*

mo·men·tum [moˋmɛntəm] *n.* (*pl.* ～**s, -ta** [-tə])①ⓊⒸ〖理〗動量。②Ⓤ動力；衝勁；推進力。

Mon. Monday; Monsignor.

Mon·a·co [ˋmanə,ko] *n.* 摩納哥(法國東南海岸之一小國)。

***mon·arch** [ˋmanɚk] *n.* Ⓒ①帝王；統治者。②如帝王般的人或物。

mo·nar·chal [məˋnarkl̩] *adj.* 王的；君主的；適合於君主的。

mo·nar·chic, -chi·cal [məˋnarkɪk(l̩)] *adj.* ①君主的。②君主政治[政體]的。

mon·ar·chism [ˋmanɚ,kɪzəm] *n.* Ⓤ①君主制。②君主主義(論)。

***mon·ar·chy** [ˋmanɚkɪ] *n.* ①Ⓤ君主政體。②Ⓒ君主國。

***mon·as·ter·y** [ˋmanəs,tɛrɪ] *n.* Ⓒ修道院；(尤指)僧院。

mo·nas·tic [məˋnæstɪk] *adj.* ①僧侶的；修道生活的。②僧院的；修道院的。③隱居的；禁慾的。

mon·au·ral [manˋɔrəl] *adj.* ①單耳的。②非立體音響的。

‡**Mon·day** [ˋmʌndɪ] *n.* ⓊⒸ星期一(略作 **Mon.**).

mon·e·ta·rism [ˋmʌnətə,rɪzm̩, ˋmanə-] *n.* Ⓤ貨幣主義。

mon·e·tar·y [ˋmʌnə,tɛrɪ] *adj.* ①貨幣的；幣制的。②金融的；財政的。§ ～ **únit** 貨幣單位。

mon·e·tize [ˋmʌnə,taɪz] *v.t.* ①鑄成貨幣。②使成合法貨幣。

‡**mon·ey** [ˋmʌnɪ] *n.* ①Ⓤ金錢；貨幣；財富。②(*pl.*)金額；資金；一筆錢。③Ⓤ獎金(與 first, second 及 third 連用)。④Ⓤ〖經〗交換之媒介；貨物貨幣。***coin*** ～很快致富；暴富。***for one's*** ～ 據某人的看法、選擇或意願。***in the*** ～〖俚〗**a.** 很富有。**b.** 賽馬或賽狗之前三名。***make*** ～ 賺錢。***(pay)*** ～ ***down*** 現金交易。～ ***of account*** 計算[記帳]貨幣。***M- talks.*** 錢能通神。§ ～ **màrket** 金融市場。～ **òrder** 匯票。～ **plàyer**〖俚〗(1)表現最佳者。(2)善下大注賭錢者。

mon·ey·chang·er [ˋmʌnɪ,tʃendʒɚ] *n.* Ⓒ①兌換業者。②兌換機。

mon·ey·lend·er [ˋmʌnɪ,lɛndɚ] *n.* Ⓒ放利者。

mon·ey·mak·ing [ˋmʌnɪ,mekɪŋ] *n.* Ⓤ①賺錢；蓄財。②貨幣的鑄造。— *adj.* ①熱心賺錢的。②獲益的(事業等)。

mon·ger [ˋmʌŋgɚ] *n.* Ⓒ〖英〗販子；商人。

Mon·gol [ˋmaŋgəl] *n.* ①Ⓒ蒙古人。②Ⓤ蒙古語。— *adj.* 蒙古人[語]的。

Mon·go·li·a [maŋˋgolɪə] *n.* 蒙古。

Mon·go·li·an [maŋˋgolɪən] *n.* ①Ⓒ蒙古人。②Ⓤ蒙古語。③Ⓒ黃種人。— *adj.*①蒙古族[語]的。②黃種人的。③(常 m-)罹患蒙古症的。

Mon·gol·ism [ˋmaŋgəl,ɪzəm] *n.* Ⓤ〖醫〗蒙古症(唐氏症候群的舊稱)。

Mon·gol·oid [ˋmaŋgəl,ɔɪd] *adj.* 似蒙古人種的；黃色人種的。— *n.* Ⓒ①黃種人。②(常 m-)患蒙古症者。

mon·goos(e) [ˋmaŋgus] *n.* Ⓒ〖動〗獴(產於印度，形似鼬)。

mon·grel [ˋmaŋgrəl] *n.* Ⓒ①雜種狗。②〖蔑〗混血兒。— *adj.* 雜種的。— **ism,** — **ness,** *n.*

mon·i·ker [ˋmanɪkɚ] *n.* Ⓒ①符號；標識；花押。②〖俚〗姓名；綽號。

mon·ism [ˋmɑnɪzəm] *n.* Ⓤ〖哲〗一元論。— **mon′ist,** *n.*

mo·ni·tion [moˋnɪʃən] *n.* ⓊⒸ ①勸告; 警戒。②〖法律〗傳喚。③〖宗〗訓戒信。

***mon·i·tor** [ˋmɑnətɚ] *n.* Ⓒ ①班長; 監察員。②監視員; 監聽員。③監視器; 監聽器。④一種大蜥蜴。⑤〖機〗監控裝置。— *v.i. & v.t.* 監視; 監聽; 截聽; 控制。

mon·i·to·ry [ˋmɑnə,torɪ] *adj.* 勸告的; 警告的。— *n.* Ⓒ 訓戒信。

***monk** [mʌŋk] *n.* Ⓒ 僧侶; 修道士。

mon·key** [ˋmʌŋkɪ] *n.* ① Ⓒ 猴; 猿。② Ⓒ 頑皮的孩子。③ Ⓤ〖美俚〗吸毒癮。④ Ⓒ〖英俚〗五百鎊。⑤ Ⓤ〖英〗忿怒。get*** [***have, put***] ***one's ~ up***〖英俗〗(使)發怒; (使)生氣。***have a ~ on one's back***〖俚〗**a.** 有吸毒癮。**b.**沈重的負累。— *v.i.*〖美俗〗嘲弄; 玩弄〔常 around, with〕。— *v.t.* ①模仿; 學樣。②戲弄; 諷嘲。§ ~ **bùsiness** [**trìck**]〖俚〗(1)不正當的行爲。(2)輕佻的行爲; 惡作劇的行爲。~ **cùp** 豬籠草。~ **jàcket**(昔時水手的)緊身短外套。~ **nùt**〖英俚〗落花生。~ **pùzzle**〖植〗智利松。~ **sùit**〖俚〗(1)制服。(2)(男用)禮服; 晚禮服。~ **tìme** 夏天。~ **wrênch** 活動扳鉗; 活口扳頭。

mon·key·ish [ˋmʌŋkɪɪʃ] *adj.* 似猿猴的; 頑皮的。

mon·key·shine [ˋmʌŋkɪ,ʃaɪn] *n.* Ⓒ(常 *pl.*)〖美俚〗①惡作劇。②舞弊。

monks·hood [ˋmʌŋks,hud] *n.* Ⓒ〖植〗烏頭; 附子。

mon·o [ˋmɑno] *adj.*(唱片等)單聲(音)的; 單耳的。— *n.* (*pl.* ~**s**) ① Ⓒ 單聲唱片。② Ⓤ 單聲重現。

mon·o·chrome [ˋmɑnə,krom] *n.* ⓊⒸ 單色畫(法)。— **mon·o·chro·mat′ic,** *adj.*

mon·o·cle [ˋmɑnəkl̩] *n.* Ⓒ 單片眼鏡。

mon·o·cot·y·le·don [,mɑnə,kɑtl̩ˋidn̩] *n.* Ⓒ〖植〗單子葉植物。

mo·noc·u·lar [məˋnɑkjəlɚ] *adj.* 單眼(用)的。

mon·o·cul·ture [ˋmɑnə,kʌltʃɚ] *n.* Ⓤ〖農〗(田地)單一耕作。

mon·o·dy [ˋmɑnədɪ] *n.* Ⓒ ①(希臘悲劇之)獨唱歌; 悲歌。②輓歌; 追悼詩。

mo·nog·a·my [məˋnɑgəmɪ] *n.* Ⓤ 一夫一妻(制)。— **mo·nog′a·mist,** *n.* — **mo·nog′a·mous,** *adj.*

mon·o·gram [ˋmɑnə,græm] *n.* Ⓒ 組合文字; 花押字。

mon·o·graph [ˋmɑnə,græf] *n.* Ⓒ 專論; 專文。(亦作**monography**)

mon·o·lin·gual [,mɑnəˋlɪŋgwəl] *adj. & n.* Ⓒ 僅諳一種語言的(人)。

mon·o·lith [ˋmɑnl̩,ɪθ] *n.* Ⓒ ①(一塊)巨石; 獨石。②由一塊巨石製成的碑、柱、像等。③巨大的結構或組織。

mon·o·log(ue) [ˋmɑnl̩,ɔg] *n.* ⓊⒸ ①獨白; 獨語; 獨腳戲。②長談; 長篇大論。

mon·o·ma·ni·a [,mɑnəˋmenɪə] *n.* Ⓤ (又作 a ~)〖醫〗偏執狂; 專對一事的狂熱。

mon·o·ma·ni·ac [,mɑnəˋmenɪ,æk] *n.* Ⓒ ①偏執狂者。②專對一事狂熱的人。

mon·o·mer [ˋmɑnəmɚ] *n.* Ⓒ〖化〗單體。— **mon·o·mer′ic,** *adj.*

mo·no·mi·al [moˋnomɪəl] *adj.* ①〖數〗單項的。②〖生物〗名稱由一字構成的; 單名的。— *n.* Ⓒ ①〖數〗單項式。②〖生物〗單名。

mon·o·nu·cle·o·sis [,mɑnə,njuklɪˋosɪs] *n.* ⓊⒸ〖醫〗單核白血球增多症。

mon·o·phon·ic [,mɑnəˋfɑnɪk] *adj.* ①〖樂〗無伴奏的。②無立體音響效果的。

mon·o·plane [ˋmɑnə,plen] *n.* Ⓒ 單翼飛機。

mo·nop·o·list [məˋnɑpl̩ɪst] *n.* Ⓒ ①專賣者; 壟斷者。②主張或贊成專賣者。— **mo·nop·o·lis′tic,** *adj.*

mo·nop·o·lize [məˋnɑpl̩,aɪz] *v.t.* ①壟斷; 專賣。②獨占; 據爲己有。

***mo·nop·o·ly** [məˋnɑpl̩ɪ] *n.* ①(a ~)壟斷; 獨占。② Ⓒ 專賣權; 專賣品; 專利權。③ Ⓒ 獨占事業; 專賣事業。④ Ⓒ 專利公司。

mon·o·rail [ˋmɑnə,rel] *n.* Ⓒ 單軌(鐵路)。

mon·o·so·di·um glu·ta·mate [,mɑnəˋsodɪəmˋglutə,met] *n.* Ⓤ〖化〗麩胺酸鈉(俗稱味精)。

mon·o·syl·la·ble [ˋmɑnə,sɪləbl̩] *n.* Ⓒ 單音節字。— **mon·o·syl·lab′ic,** *adj.*

mon·o·the·ism [ˋmɑnəθi,ɪzəm] *n.* Ⓤ 一神論; 一神教。— **mon·o·the·is′tic,** *adj.*

mon·o·tone [ˋmɑnə,ton] *n.*

M

(a ～)(聲調、文體、顏色等之)單調。**—** *v.i.* 單調地歌唱或朗誦。

***mo·not·o·nous** [məˋnɑtn̩əs] *adj.* ①單調的；無變化的。②因單調而使人厭倦的。— **mo·not′o·ny,** *n.*

mon·o·type [ˋmɑnə,taɪp] *n.* Ⓒ〖印刷〗自動鑄字機。

mon·ox·ide [mɑnˋɑksaɪd] *n.* Ⓤ Ⓒ〖化〗一氧化物。

mon·sieur [məˋsjɝ]〖法〗*n.* (*pl.* **mes·sieurs**) 先生(=Mr., sir).

Mon·si·gnor [mɑnˋsinjɚ] *n.* (*pl.* **～s, Mon·si·gno·ri** [,mɑnsiˋnjɔri]) 閣下(天主教對大主教等要人的敬稱, =my lord).

mon·soon [mɑnˋsun] *n.* (the ～) ①季風(印度洋與亞洲南部之季風)。②(印度之)雨季。

***mon·ster** [ˋmɑnstɚ] *n.* Ⓒ ①怪物。②巨物[獸]。③惡人；殘酷之人。④任何醜惡或違反自然之物。**—** *adj.* 巨大的。

mon·stros·i·ty [mɑnˋstrɑsətɪ] *n.* ① Ⓒ 怪物。② Ⓤ 畸形；怪異。③ Ⓒ 巨形；巨大之物。④ Ⓤ 惡行。

***mon·strous** [ˋmɑnstrəs] *adj.* ①巨大的。②畸形的。③怪異的。④令人吃驚的；恐怖的。⑤〖俗〗不合情理的。— **ly,** *adv.* — **ness,** *n.*

mon·tage [mɑnˋtɑʒ] *n.* ① Ⓤ Ⓒ 混合畫；混合畫之構成。② Ⓤ〖影〗蒙太奇；畫面剪輯。

Mon·tan·a [mɑnˋtænə] *n.* 蒙大拿(美國西北部之一州)。

Mon·te Car·lo [,mɑntɪˋkɑrlo] *n.* 蒙地卡羅(Monaco 之一城市，俗稱賭城)。

Mon·tes·quieu [,mɑntəˋskju] *n.* 孟德斯鳩(Charles, 1689-1755, 法國的政治哲學家)。

Mon·te·vi·de·o [,mɑntəvɪˋdeo] *n.* 蒙特維多(烏拉圭之首都)。

‡**month** [mʌnθ] *n.* Ⓒ ①月。②一個月的期間(三十天)。~ ***of Sundays*** 一段無限長的時期。

***month·ly** [ˋmʌnθlɪ] *adj.* ①每月的；(付款等)按月的；每月一次的。②供一個月用的。**—** *n.* ① Ⓒ 月刊。② (*pl.*) 月經。§ ～ **périod** 月經。

Mont·re·al [,mɑntrɪˋɔl] *n.* 蒙特婁(加拿大東南部Quebec省最大都市)。

***mon·u·ment** [ˋmɑnjəmənt] *n.* Ⓒ ①紀念碑。②紀念物。③界碑。④紀念文。⑤不朽之功業[作品]。⑥出類拔萃。

***mon·u·men·tal** [,mɑnjəˋmɛntl̩] *adj.* ①紀念碑的。②做爲紀念的。③似紀念碑的。④不朽的。⑤巨大的。

mooch [mutʃ]〖俚〗*v.i.* ①潛行。②流浪；漂泊。③揩油。**—** *v.t.* ①偷。②乞求；討。— **er,** *n.*

***mood**[1] [mud] *n.* ① Ⓒ 心情；心境。②(*pl.*)易怒的情緒；壞情緒。

mood[2] *n.* Ⓤ Ⓒ 語氣；方式。

mood·y [ˋmudɪ] *adj.* ①心情變幻不定的。②憂鬱的。

‡**moon** [mun] *n.* ①(常the ～)月亮。② Ⓤ 月光。③ Ⓒ 衛星。④ Ⓒ 一個月的時間。***cry for the*** ～想做不能做到的事；想要得不到的東西。**—** *v.t.* 閒度(時光)〔away〕. **—** *v.i.* ①閒蕩〔about, around〕. ②如癡如醉地想[看]。§ ～ **càke**〖中〗中秋月餅。～ **rócket**探月的火箭。～ **shòot**向月球發射火箭等的試驗。

moon·beam [ˋmun,bim] *n.* Ⓒ 月光。

***moon·light** [ˋmun,laɪt] *n.* Ⓤ 月光。**—** *adj.* 有月光的；月夜的。**—** *v.i.* 兼差。— **er,** *n.*

moon·lit [ˋmun,lɪt] *adj.* 被月光照亮的。

moon·shine [ˋmun,ʃaɪn] *n.* Ⓤ ①月光。②胡言；妄想。③〖美俗〗私酒。

moon·stone [ˋmun,ston] *n.* Ⓤ Ⓒ〖礦〗月長石。

moon·struck [ˋmun,strʌk] *adj.* 昏迷的；發狂的。

moon·y [ˋmunɪ] *adj.* ①月亮的。②夢幻的；恍惚的。

***moor**[1] [mʊr] *n.* Ⓒ (常 *pl.*)〖英〗①(長有石南屬植物 heather 的)曠野。②狩獵之地。

moor[2] *v.t.* ①使(船)碇泊。②使固定。**—** *v.i.* ①碇泊；下錨。②繫牢。

Moor [mʊr] *n.* Ⓒ 摩爾人(居於非洲西北部之回教人種)。

moor·age [ˋmʊrɪdʒ] *n.* ① Ⓤ Ⓒ 碇泊。② Ⓒ 碇泊處。③ Ⓤ Ⓒ 碇泊費。

moor·ing [ˋmʊrɪŋ] *n.* ① Ⓤ 碇泊；繫船。② Ⓒ (常 *pl.*)碇泊設備。

moor·land [ˋmʊr,lænd] *n.* Ⓤ (常 *pl.*)荒地；沼地。

moose [mus] *n.* Ⓒ (*pl.* ～)〖動〗麋。

moot [mut] *adj.* ①有討論餘地的。②懷疑的。③假設的。**—** *v.t.* 提出討論；辯論。**—** *n.* Ⓤ Ⓒ ①〖英史〗自由市民公會。②(法科學生)辯論會。

***mop**[1] [mɑp] *n.* Ⓒ ①拖把。②似拖把

之物。— *v.t.* (-pp-)①洗擦；以拖把擦。②擦；揩。～ *the floor with* 〖俗〗痛擊(對方)。～ *up* **a.** 狼吞虎嚥。**b.** 完成。**c.** 肅清。**d.** 榨取(利益)。

mop² *v.i.* (-pp-)作鬼臉；作怪相。— *n.* Ⓒ怪相；鬼臉。

mope [mop] *v.t.* & *v.i.* 抑鬱不樂。— *n.* ①Ⓒ抑鬱不樂的人。②(*pl.*)憂鬱。

mo·raine [moˋren] *n.* Ⓒ〖地質〗冰磧石。

‡**mor·al** [ˋmɔrəl] *adj.* ①品行端正的；公正的。②能辨是非的。③道德的；道德上的。④教訓的。⑤精神上的；道義上的。⑥基於良心的。— *n.* ①Ⓒ教訓；寓意。②(*pl.*)品行；風化。③(*pl.*, 作 *sing.* 解)行爲原則；道德律；倫理學。§ ∼ **láw** 道德律。∼ **Re-Ármament (Móvement)** 道德重整運動。∼ **sénse** 道德感。

mo·rale [moˋræl] *n.* Ⓤ民心；士氣。

mor·al·ist [ˋmɔrəlɪst] *n.* Ⓒ道德家。

***mo·ral·i·ty** [mɔˋrælətɪ] *n.* ①Ⓤ道德；道義。②Ⓤ美德；德性。③Ⓒ教訓；寓意。④(*pl.*)倫理；道德律。⑤Ⓒ(十五、十六世紀之)道德劇。

mor·al·ize [ˋmɔrəlˏaɪz] *v.t.* ①以道德意義解說。②教以道德；賦以道德。③使道德化。— *v.i.* 說教；教訓；以道德感化。

mo·rass [moˋræs] *n.* Ⓒ①沼地；泥沼；濕地。②(常 *sing.*)困境。

mor·a·to·ri·um [ˏmɔrəˋtorɪəm] *n.* Ⓒ(*pl.* ∼**s**, **-ri·a** [-rɪə])①〖法律〗延期償付。②延期償付之有效期。③停止；暫時禁止(令)。

Mo·ra·vi·a [moˋrevɪə, mə-] *n.* 摩拉維亞(捷克中部地區)。

mor·bid [ˋmɔrbɪd] *adj.* ①(精神、思想)病態的；不健康的。②疾病的。③病理的；病理學的。— **ly,** *adv.* — **mor·bid′i·ty,** *n.*

mor·da·cious [mɔrˋdeʃəs] *adj.* ①有腐蝕力的。②銳利的；刻薄的。

mor·dant [ˋmɔrdn̩t] *adj.* ①諷刺的。②有腐蝕性的。③媒染的。④激烈的。

more [mor] *adj.* comp. of **much, many,** superl., **most.** ①更多的；更大的。②另外的；外添的；多餘的。— *pron.* ①更大的數量。②另外之數量；加添的數量。③更重要之人或物。— *adv.* ①更(用以構成兩音節以上的形容詞、副詞之比較級，相當於字尾-er之用途)。②(形容動詞)更多；更大。③再。④寧；更甚。∼ *and* ∼ 越來越多。∼ *or less* **a.** 多少；有些。**b.** 大約；大概；左右。**c.** 一點也。∼ *than* 多過；大過；比…更。*no* ∼ **a.** 不再。**b.** 死。*no* ∼ *than* **a.** 不過；祇；僅。**b.** 與…同樣不…。*the* ∼ … *the* ∼ … 愈…愈…。(*and*) *what's* ∼ 再者；更有甚者；而且。

mo·rel [məˋrɛl] *n.* Ⓒ一種小蘑菇。

***more·o·ver** [morˋovɚ, mɔr-] *adv.* 而且；此外。

mo·res [ˋmoriz] *n. pl.* 〖社會〗社會的傳統習慣；習俗。

morgue [mɔrg] *n.* Ⓒ①陳屍所。②(報館之)資料室。

mor·i·bund [ˋmɔrəˏbʌnd] *adj.* ①將死的。②即將消滅的。

Mor·mon [ˋmɔrmən] *n.* Ⓒ摩門教教友。— **ism,** *n.* Ⓤ摩門教。

***morn** [mɔrn] *n.* 〖詩〗=**morning.**

‡**morn·ing** [ˋmɔrnɪŋ] *n.* ①ⓊⒸ早晨；上午。②(the ∼)早期；初期。*in the* ∼在早晨；在上午。— *adj.* ①早晨的；上午的。②(社交用語)午後的。§ ∼ **càll** (1)晨間拜訪。(2)晨喚。∼ **gòwn** 晨衣。∼ **pàper** (報紙之)早報。∼ **práyer** (1)晨禱。(2)(M-P-)〖英國教〗晨禱。∼ **ròom** (上午家人共用的)起居室。∼ **sìckness** 晨吐；害喜。**the** ∼ **stár** 晨星；曉星(在日出前出現；通常指金星)。

morn·ing-glo·ry [ˋmɔrnɪŋˏglorɪ] *n.* ①ⓊⒸ〖植〗牽牛花。②Ⓒ虎頭蛇尾者。

Mo·roc·can [məˋrɑkən] *adj.* 摩洛哥(人)的。— *n.* Ⓒ摩洛哥人。

Mo·roc·co [məˋrɑko] *n.* ①摩洛哥(西北非洲一國家，首都爲Rabat)。②(m-)Ⓤ(亦作 **morocco leather**)摩洛哥山羊皮(裝訂書用)。

mo·ron [ˋmorɑn] *n.* Ⓒ低能者。

mo·rose [moˋros] *adj.* 憂鬱的；陰沉的；壞脾氣的。

morph [mɔrf] *n.* Ⓒ〖生物〗(同種類中的)變體。

mor·phi·a [ˋmɔrfɪə], **mor·phine** [ˋmɔrfin] *n.* Ⓤ嗎啡。

morpho- 〖字首〗表「外形；形態；結構」之義。

mor·pho·gen·e·sis [ˏmɔrfəˋdʒɛnəsɪs] *n.* Ⓒ〖胚胎〗形態發育。

mor·phol·o·gy [mɔrˋfɑlədʒɪ]

M

n. Ⓤ①〖生物〗形態學。②〖語言〗形態學；構詞學。

mor·row [ˋmɔro] *n.* ①(the ~)翌日；次日。②〖古〗=**morning.**

Mórse códe [mɔrs ~] *n.* Ⓤ〖電信〗摩爾斯電碼(用點與線表示字母的電碼)。

mor·sel [ˋmɔrsəl, -sl] *n.* Ⓒ①一口。②一小片；少量。

***mor·tal** [ˋmɔrtl] *adj.* ①不免一死的。②人類的。③致命的。④臨終的。⑤拚命的。⑥非常的。⑦漫長的。 — *n.* Ⓒ①必死的東西。②人；人類。

***mor·tal·i·ty** [mɔrˋtælətɪ] *n.* Ⓤ①必死的命運。②大規模死亡。③死亡率。 § ~ **tàble**〖保險〗死亡率統計表。

mor·tar[1] [ˋmɔrtɚ] *n.* Ⓤ灰泥。 — *v.t.* 塗以灰泥；以灰泥黏住。

mor·tar[2] *n.* Ⓒ①臼；乳鉢。②臼砲；迫擊砲。 — *v.t.* & *v.i.* 以迫擊砲攻擊。

***mort·gage** [ˋmɔrgɪdʒ] *n.* ①ⓊⒸ抵押。②Ⓒ抵押單據。③Ⓤ義務；精神負擔。 — *v.t.* ①抵押。②誓約。

mort·ga·gee [͵mɔrgɪˋdʒi] *n.* Ⓒ承受抵押者。

mort·gag·er, mort·ga·gor [ˋmɔrgɪdʒɚ] *n.* Ⓒ抵押者。

mor·ti·fy [ˋmɔrtə͵faɪ] *v.t.* ①使感到羞辱；使蒙屈辱。②抑制(肉慾及情慾)。 — *v.i.* ①生成壞疽；成爲死肉。②禁慾。 — **mor·ti·fi·caˊtion,** *n.*

mor·tise [ˋmɔrtɪs] *n.* Ⓒ枘穴；榫眼。 — *v.t.* ①上榫。②接牢。

mor·tu·ar·y [ˋmɔrtʃʊ͵ɛrɪ] *n.* Ⓒ停屍處；太平間。 — *adj.* ①死的；死者的；紀念死者的。②埋葬的。

mo·sa·ic [moˋzeɪk] *n.* ①Ⓤ鑲嵌細工；馬賽克。②Ⓒ馬賽克畫；鑲嵌畫。③Ⓒ(常 *sing.*)鑲嵌式之物。 — *adj.* 鑲嵌式的；拼湊而成的。

Mos·cow [ˋmɑsko] *n.* 莫斯科(前蘇聯首都；俄國首都)。

Mo·ses [ˋmozɪz] *n.* ①〖聖經〗摩西(先知及立法者)。②Ⓒ偉大領袖。

mo·sey [ˋmozɪ] *v.i.* 〖美俚〗①蹣跚而行。②漫步；徘徊。

Mos·lem [ˋmɑzləm] *n.* Ⓒ (*pl.* ~, ~**s**)回教徒。 — *adj.* 回教(徒)的。

mosque [mɑsk] *n.* Ⓒ回教寺院；清眞寺。

***mos·qui·to** [məˋskito] *n.* Ⓒ (*pl.* ~(**e**)**s**)①蚊。②(M-)英國的蚊式輕轟炸機。 § ~ **bòat** 魚雷快艇。 ~ **nèt** 蚊帳。

***moss** [mɔs] *n.* ⓊⒸ〖植〗苔。 — *v.t.* & *v.i.* (使)生滿青苔。

‡**most** [most] *adj.* superl. of **much, many.** ①最多的；最大的。②大多數的；幾乎全部的。 — *n.* ①(常 the ~, 作 *sing.* 解)最多；最大。②大部分。 ***at* (*the*) ~** 至多。 ***make the ~ of*** 善爲利用；獲益。 ***the ~*** 〖俚〗極至；觀止。 — *adv.* ①最(用以構成兩音節以上的形容詞、副詞之最高級)。②極；非常。③〖俗〗幾乎；近乎(=almost, nearly).

***most·ly** [ˋmostlɪ] *adv.* ①主要地；多半地。②通常。

mot [mo] 〖法〗*n.* Ⓒ警句；妙語。

mote [mot] *n.* Ⓒ①微塵。②小毛病。

mo·tel [moˋtɛl] *n.* Ⓒ〖美〗汽車旅館。

***moth** [mɔθ, mɑθ] *n.* Ⓒ①蠹；蛀蟲。②蛾。

moth·ball [ˋmɔθ͵bɔl] *n.* Ⓒ樟腦丸。 ***in* [*into*] ~*s*** **a.** (衣物等)加上樟腦丸收藏的。**b.** (艦艇、飛機等)編入後備役的；暫封不用的。**c.** (計畫等)被擱置的。 § ~ **fléet**〖美俗〗海軍中之後備艦隊。

‡**moth·er** [ˋmʌðɚ] *n.* ①Ⓒ母親。②(the ~)根本；源泉。③(M-)Ⓒ婦女宗教社會首長；修女院長。④(M-)對老年婦女之稱呼。 — *v.t.* ①對…盡母職。②收…爲養子；承認爲…的母親。③生。④照顧。⑤產生。 § ~ **cóuntry** 母國；祖國。 ~ **éarth** 大地。 **M~ Góose rhȳme**〖美〗童謠。 ~**'s bòy** 過分依戀母親的男孩。 **M~'s Dāy** 母親節。 ~ **shìp** 母船；補給船；護航船。 ~**'s mílk** 母乳。 ~ **supérior** 女修道院等之院長。 ~ **tóngue** 母語。 ~ **wít** 與生俱來的智慧；常識。 — **hood** *n.* — **ly,** *adj.*

moth·er·board [ˋmʌðɚ͵bord] *n.* Ⓒ〖電算〗主機板。

moth·er-in-law [ˋmʌðərɪn͵lɔ] *n.* Ⓒ (*pl.* **moth·ers-in-law**)婆婆；岳母。

moth·er·land [ˋmʌðɚ͵lænd] *n.* Ⓒ①祖國；故鄉。②發源地。

moth·er-of-pearl [ˋmʌðəəvˋpɝl] *n.* Ⓤ珠母層；眞珠母。

moth·proof [ˋmɔθ͵pruf] *adj.* 防蛀蟲的。 — *v.t.* 加以防蟲處理。

mo·tif [moˋtif] *n.* Ⓒ (文學、藝術作

品之)主題；主旨。

‡**mo·tion** [ˋmoʃən] *n.* ① Ⓤ 運動；移動；動作。② Ⓒ 姿態；手勢。③ Ⓒ 動議；提議。④ Ⓒ 動機；意向。*in* ～在運行中。— *v.t.* & *v.i.* 以手或頭示意。§ ～ **pícture** 電影。～ **sìckness** 暈車[船，機]。

***mo·tion·less** [ˋmoʃənlɪs] *adj.* 不動的；靜止的。

mo·ti·vate [ˋmotə,vet] *v.t.* 引起…之動機；促起；激發。— **mo·ti·va′·tion,** *n.*

***mo·tive** [ˋmotɪv] *n.* Ⓒ ①動機；目的。②=**motif.** — *adj.* 發動的。— *v.t.* =**motivate.**

mot·ley [ˋmɑtlɪ] *n.* ① Ⓒ 雜色花衣(小丑所穿者)。② Ⓤ 雜色。③ Ⓤ 混雜。— *adj.* ①雜色的。②混雜的。③穿雜色花衣的。

‡**mo·tor** [ˋmotɚ] *n.* Ⓒ ①馬達。②發電機。③內燃機。④汽車。⑤〖解〗運動肌。— *adj.* ①發動機的。②運動肌[神經]的。③推動的。— *v.i.* & *v.t.* 乘汽車旅行；以汽車載運。§ ～ **shìp** 摩托船。～ **torpédo bòat** 魚雷快艇。～ **vàn** 〖英〗有篷卡車。

mo·tor·bike [ˋmotɚ,baɪk] *n.* 〖英〗=**motorcycle.**

mo·tor·boat [ˋmotɚ,bot] *n.* Ⓒ 汽艇。

mo·tor·bus [ˋmotɚ,bʌs] *n.* Ⓒ 公共汽車。

mo·tor·cade [ˋmotɚ,ked] *n.* Ⓒ 〖美〗汽車行列。— *v.i.* 〖俗〗參加汽車隊行動。

mo·tor·car [ˋmotɚ,kɑr] *n.* =**automobile.**

mo·tor·cy·cle [ˋmotɚ,saɪkl] *n.* Ⓒ 機車。— *v.i.* 乘機車旅行。

***mo·tor·ist** [ˋmotərɪst] *n.* Ⓒ 駕汽車者；乘汽車旅行者。

mo·tor·man [ˋmotɚmən] *n.* Ⓒ (*pl.* **-men**)①電車或電動火車司機。②管理發動機者。

mot·tle [ˋmɑtl] *v.t.* 使成雜色；弄斑駁。— *n.* Ⓒ 有雜色之斑點。

***mot·to** [ˋmɑto] *n.* Ⓒ (*pl.* ～**es,** ～**s**) ①箴言；座右銘。②題辭；引用句；題句。

mould [mold] *v.* & *n.*〖英〗=**mold.**

moult [molt] *v.* & *n.*〖英〗=**molt.**

***mound** [maund] *n.* Ⓒ ①堤；土堆。②丘陵；假山。③〖棒球〗投手板。

‡**mount**[1] [maunt] *v.t.* ①爬上；登上。②使…騎乘。③裝備。④裱褙。⑤供以服裝與道具。⑥演出(戲劇)。⑦擔任(守衛)。⑧派(警衛人員)。— *v.i.* ①上升；增加；(物價等)上漲。②乘馬。③被裝置。— *n.* Ⓒ ①乘用馬。②框。③襯布；襯紙。④架。⑤騎馬。

***mount**[2] *n.* ①(M-)山。② Ⓒ〖手相〗宮(掌內隆起處)。

‡**moun·tain** [ˋmauntn, -tɪn] *n.* ① Ⓒ 山；高山。②(*pl.*)山脈。③ Ⓒ 高如山之物。④ Ⓒ 大量之物。⑤ Ⓒ 巨大的障礙。§ ～ **àsh** 花楸。～ **sìckness** 〖醫〗高山病。

***moun·tain·eer** [,mauntṇˋɪr] *n.* Ⓒ ①山居者。②善於登山者。— *v.i.* 爬山。— **ing,** *n.*

***moun·tain·ous** [ˋmauntṇəs] *adj.* ①多山的。②巨大的；如山的。

moun·tain·side [ˋmauntṇ,saɪd] *n.* Ⓒ (常 *sing.*)山腹；山坡。

moun·te·bank [ˋmauntə,bæŋk] *n.* Ⓒ ①江湖醫生；江湖郎中。②騙子；炫言惑眾者。— **er·y,** *n.*

***mourn** [morn, mɔrn] *v.t.* & *v.i.* ①哀悼；悲悼；憂傷。②惋惜。

mourn·er [ˋmɔrnɚ] *n.* Ⓒ ①哀悼者；送喪者。②懺悔者；悔罪者。

***mourn·ful** [ˋmɔrnfl] *adj.* 悲哀的；悽慘的。— **ly,** *adv.*

mourn·ing [ˋmɔrnɪŋ] *n.* Ⓤ ①悲哀；哀悼。②穿孝；戴孝；著喪服。③喪服。

***mouse** [maus] *n.* (*pl.* **mice**) Ⓒ ①鼠。②膽小或羞怯的人。③(*pl.* **mice, mous·es**)〖電算〗滑鼠。

mouse·trap [ˋmaus,træp] *n.* Ⓒ 捕鼠器。

mous·sa·ka [muˋsɑkə] *n.* Ⓤ 茄片夾肉；茄合子(希臘菜名，覆以白醬汁和乾酪然後烤熟)。

mousse [mus] *n.* Ⓤ Ⓒ ①慕絲(固定髮型用的)。②泡沫冰淇淋。

***mous·tache** [ˋmʌstæʃ, məˋstæʃ] *n.* =**mustache.**

‡**mouth** [mauθ] *n.* Ⓒ (*pl.* ～**s** [mauðz])①嘴；口。②口狀物。③河口。④鬼臉；苦相。⑤發言人。⑥多言。***down in the*** ～ 悲哀的；沮喪的。— [mauð] *v.t.* ①將…置於口中；以口銜…；咬。②(裝腔作勢地)大聲說出…。③以口或唇舐、磨…。④以嘴唇不作聲地說。§ ～ **òrgan** 口琴。

mouth·breed·er [ˋmauθ,bridɚ] *n.* Ⓒ 吳郭魚。

***mouth·ful** [ˋmauθ,ful] *n.* ① Ⓒ 一

M

口；滿口。② Ⓒ 少許；少量。③ (a ～)長而難唸之字詞。

mouth·piece [ˋmaʊθˏpis] *n.* Ⓒ ①樂器之吹口。②馬銜；嚼。③代言者；發言人。

mouth-to-mouth [ˋmaʊθtə-ˋmaʊθ] *adj.* (人工呼吸)口對口的；嘴對嘴的。the ～ resuscitation 口對口人工呼吸法。

mouth·wash [ˋmaʊθˏwɑʃ] *n.* Ⓤ Ⓒ 漱口藥水。

mouth-wa·ter·ing [ˋmaʊθ-ˋwɔtərɪŋ] *adj.* 令人垂涎的；誘人的。

mou·ton [ˋmutɑn] *n.* Ⓤ (製成像海狸或海豹毛皮之)羊毛皮。

***mov(e)·a·ble** [ˋmuvəbl̩] *adj.* ①可動的；活動的。②〖法律〗動產的。③可移動的。**—** *n.* Ⓒ (常 *pl.*)①(可移動之)家具。②〖法律〗動產。— **mov·a·bil′i·ty,** *n.*

‡move [muv] *v.t.* ①移動…的位置；搬動。②使動。③使行動；迫使。④感動；激動；煽動。⑤(會議中正式)提議。**—** *v.i.* ①移動；轉動；進行。②採取行動。③移居。④移動棋子。⑤賣；售。⑥請求；懇求〔for〕。⑦活動；生活。⑧出發；走。～ *in*[*out*] 遷入[出]。～ *on* 繼續前進(交通警察命令)。**—** *n.* Ⓒ ①一著棋；(棋等)輪到走。②處置；步驟。③行動；移動。④遷居；移居。*get a ～ on*〖俗〗趕快。*on the ～* **a.** 在移動中；遷移。**b.** 在行動。**c.** 在進步中。**d.** 忙碌的。— **mov′er,** *n.*

‡move·ment [ˋmuvmənt] *n.* ① Ⓤ 動作；運動。② Ⓒ (常 *pl.*)活動；行動。③ Ⓒ 移動；遷徙。④ Ⓒ〖樂〗樂章。⑤ Ⓤ 事態或形勢之迅速發展。⑥ Ⓒ 思想、觀念等之發展趨向。

***mov·ie** [ˋmuvɪ] *n.* Ⓒ〖美俗〗①影片。②電影院。*the ～s* 電影(指娛樂)。§ ∠ **hòuse** [**thèater**]〖俗〗電影院。

mov·ie·dom [ˋmuvɪdəm] *n.* Ⓤ 電影界；影壇(＝filmdom)。

mov·ie·go·er [ˋmuvɪˏgoɚ] *n.* Ⓒ 看電影的人；(尤指)常看電影之人。

mov·ing [ˋmuvɪŋ] *adj.* ①動的。②令人感動的；使人悲傷的。§ ∠ **pícture** 電影。∠ **stáircase**〖英〗自動扶梯。— **ly,** *adv.*

***mow**[1] [mo] *v.t.* (～**ed,** ～**ed** or **mown**)①(用機器或鐮刀)割；刈。②掃射；射倒。③轟擊。

mow[2] [maʊ] *n.* Ⓒ ①乾草堆；禾堆。②禾草貯堆處；乾草棚。

mow·er [ˋmoɚ] *n.* Ⓒ 刈草者；除草機。

mox·ie [ˋmɑksɪ] *n.* Ⓤ〖俚〗①力氣；精力；勇氣。②技能；經驗。

Mo·zam·bique [ˏmozəmˋbik] *n.* 莫三鼻克(南非一國，首都Maputo)。

M.P. Member of Parliament; Military Police.

mpg, m.p.g. miles per gallon. 每加侖汽油所駛之英里數。**mph, m.p.h.** miles per hour. 時速。

‡Mr., Mr [ˋmɪstɚ] *n.* (*pl.* **Messrs.** [ˋmɛsɚz])先生(Mister 之縮寫)。§ **Mr. Rìght** 如意郎君。

‡Mrs. [ˋmɪsɪz, ˋmɪsɪs] *n.* (*pl.* **Mmes.** [meˋdɑm]) 太太；夫人(Mistress 之縮寫)。

Ms. [mɪz] *n.* (*pl.* **Mses., Ms's. Mss.** [ˋmɪzɪz])…女士(不知婦女爲已婚或未婚時，加在其姓或姓名前之用)。

M.S(c). Master of Science.

Mt. Mount.

Mts. Mountains; Mounts.

MTV music television. 音樂電視。

‡much [mʌtʃ] *adj.* (**more, most**)①多的；大量的。②很好的。**—** *adv.* ①多；極。②幾乎；差不多。**—** *n.* (作 *sing.* 解)多；許多；大量。*as ～ (...as)* **a.** (與…)同量。**b.** (與…)同限度。*how ～* **a.** 多少(量)。*How ～ is there?* 有多少? **b.** 多少錢；價值若干。**c.** 如何(程度)。～ *as* 儘管。*so ～ (...as)* **a.** 如此之多。**b.** 如此程度。*too ～* 過多；過度。

***muck** [mʌk] *n.* Ⓤ ①糞；糞肥；肥料。②污物；垃圾；討厭之物。③〖俗〗雜亂。④拙劣作品。**—** *v.t.* ①弄髒。②施肥於。③自…除去髒物。

muck·rake [ˋmʌkˏrek] *v.t.* & *v.i.* 揭發醜聞。

muck·rak·ing [ˋmʌkˏrekɪŋ] *n.* Ⓤ & *adj.* 蒐集並揭發名人醜聞(的)；揭發貪污腐敗(的)。

muck·y [ˋmʌkɪ] *adj.* ①(似)糞的。②污穢的。③卑鄙的。

mu·cus [ˋmjukəs] *n.* Ⓤ〖生物〗黏液。

***mud** [mʌd] *n.* Ⓤ ①泥。②誹謗。§ ∠ **flàt** (退潮後的)泥灘。

mud·dle [ˋmʌdl̩] *n.* Ⓒ (常 a ～)一團糟；混亂。**—** *v.t.* ①將…弄成一團糟。②使糊塗。**—** *v.i.* 糊裡糊塗地混；愚蠢地想。～ *through* 混過去。

***mud·dy** [ˋmʌdɪ] *adj.* ①泥的。②泥濘的。③泥污的。④混亂的；不清楚

的。— *v.t.*①使泥污；使污濁。②使不清楚；使混亂。

mud·guard [ˋmʌd͵gɑrd] *n.* Ⓒ (車輛之)擋泥板。

mud·sling·er [ˋmʌd͵slɪŋɚ] *n.* Ⓒ愛毀謗他人者。

mud·sling·ing [ˋmʌd͵slɪŋɪŋ] *n.* Ⓤ (政界之)毀謗；中傷。

mu·ez·zin [mjuˋɛzɪn] *n.* Ⓒ (回教寺院的)通報禱告時刻的人。

***muff** [mʌf] *n.* Ⓒ①暖手筒；皮手筒。②〖球戲〗接球失誤。③笨拙的處理或工作。— *v.t.* ①〖球戲〗失(球)；漏接(球)。②〖俗〗拙劣地去作；做錯。— *v.i.* 〖俗〗笨拙地處理；拙劣地作。

muf·fin [ˋmʌfɪn] *n.* Ⓒ鬆餅。

***muf·fle** [ˋmʌfḷ] *v.t.* ①圍裹。②將…蒙起或裹起以使聲音低沉。

muf·fler [ˋmʌflɚ] *n.* Ⓒ ①圍巾；頭巾。②消音器。③拳擊手套。

***mug** [mʌg] *n.* Ⓒ①馬克杯(通指圓筒狀有柄之大杯)。②(該種杯的)一杯之容量。③〖俚〗面孔。④〖俚〗嘴。⑤易受騙者。— *v.t.* (**-gg-**)①〖俚〗拍…之照(尤指依公務需要者)。②自背後以前臂扼頸襲擊(被害者等)。

mug·ger [ˋmʌgɚ] *n.* Ⓒ〖美俚〗從背後扼人頸部的強盜。

mug·gy [ˋmʌgɪ] *adj.* 悶熱的。

Mu·ham·mad·an [muˋhæmədən, mə-] *n.* & *adj.* =**Mohammedan.**

mu·lat·to [məˋlæto] *n.* Ⓒ (*pl.* **~s, ~es**)黑白混血兒。

mul·ber·ry [ˋmʌl͵bɛrɪ] *n.* ①Ⓒ桑樹。②Ⓒ桑椹。③Ⓤ深紫紅色。

mulch [mʌltʃ] *n.* Ⓤ (又作 a～)〖園藝〗爲保護樹根而鋪於地面之稻草、樹葉和鬆土等。— *v.t.* 覆以護根。

mule [mjul] *n.* Ⓒ①騾。②〖俗〗倔強之人。③一種紡織機。④一種無後跟的拖鞋。

mull [mʌl] *v.t.* & *v.i.* 思索；仔細考慮。

mul·la(h) [ˋmʌlə] *n.* Ⓒ師；先生(回教徒對回教高僧、學者、教師等之尊稱)。

mul·let [ˋmʌlɪt] *n.* Ⓒ (*pl.* **~, ~s**)鯡鯢鰹。

multi- 〖字首〗表「多；多倍」之義。

mul·ti·col·o(u)red [͵mʌltɪˋkʌlɚd] *adj.* 多色的。

mul·ti·fac·et·ed [͵mʌltɪˋfæsɪtɪd] *adj.* ①(寶石等)有多面的。②多方面的。③多才多藝的。

mul·ti·far·i·ous [͵mʌltəˋfɛrɪəs] *adj.* 種種的；各式各樣的。

mul·ti·form [ˋmʌltə͵fɔrm] *adj.* 多形的；多種的；各式各樣的。

mul·ti·lat·er·al [͵mʌltɪˋlætərəl] *adj.* ①多邊的。②〖政〗多數國參加的。§～ **tráde** 多邊貿易。

mul·ti·lin·gual [͵mʌltɪˋlɪŋgwəl] *adj.* ①用多種語言寫成的。②通曉多種語言的。

mul·ti·me·di·a [͵mʌltɪˋmidɪə] *n. pl.* (集合稱時作*sing.* 解)多媒體。

mul·ti·mil·lion·aire [͵mʌltə͵mɪljənˋɛr] *n.* Ⓒ千萬富翁。

mul·ti·na·tion·al [͵mʌltɪˋnæʃənḷ] *adj.* ①多民族的；多國家的；多國籍的。②多國籍公司的。— *n.* Ⓒ多國籍公司；跨國企業。

mul·ti·ple [ˋmʌltəpḷ] *adj.* ①複合的；複式的；多樣的。②〖數〗倍數的。— *n.* Ⓒ〖數〗倍數；倍量。§～ **sclerósis**〖醫〗多數[多發]性硬化。～ **shóp** [**stóre**]〖英〗連鎖商店。

mul·ti·ple-choice [ˋmʌltɪpḷˋtʃɔɪs] *adj.* (考試)多重選擇的；複選的。a ～ test 多重選擇測驗。

mul·ti·plex [ˋmʌltə͵plɛks] *adj.* ①多種的；多樣的；複合的。②〖電信〗多重的；多工的。

mul·ti·pli·cand [͵mʌltəplɪˋkænd] *n.* Ⓒ〖數〗被乘數。

mul·ti·pli·ca·tion [͵mʌltəpləˋkeʃən] *n.* ①ⓊⒸ增多；倍加。②Ⓤ〖數〗乘法。§～ **tàble** 乘法表。

mul·ti·plic·i·ty [͵mʌltəˋplɪsətɪ] *n.* Ⓤ多；眾多；多樣；重複。

mul·ti·pli·er [ˋmʌltə͵plaɪɚ] *n.* Ⓒ①使增加[繁殖]者。②〖數〗乘數。③〖理〗放大器。

***mul·ti·ply** [ˋmʌltə͵plaɪ] *v.t.* & *v.i.* ①(使)繁殖；(使)增加；(使)增多。②〖數〗乘。

mul·ti·ra·cial [͵mʌltɪˋreʃəl] *adj.* 多種族的。

mul·ti·sto·ry, 〖英〗**-sto·rey** [͵mʌltɪˋstorɪ] *adj.* (樓)多層的。

mul·ti·tas·king [͵mʌltɪˋtæskɪŋ] *n.* Ⓤ〖電算〗多工處理。

***mul·ti·tude** [ˋmʌltə͵tjud] *n.* Ⓒ①眾多。②群眾。

mul·ti·tu·di·nous [͵mʌltəˋtjudṇəs] *adj.* 眾多的；人數眾多的。

mul·ti·ver·si·ty [͵mʌltɪˋvɝsətɪ] *n.* Ⓒ綜合大學(規模大，擁有許

M

多學院、科系分散於各地之大學)。

mul·ti·vi·ta·min [ˌmʌltɪˋvaɪtəmɪn] *adj.* 多種維生素的。— *n.* Ⓒ 綜合維生素劑。

mum[1] [mʌm] *adj.* 沉默的；無言的；不說話的。— *interj.* 禁聲；噓!

mum[2] *n.* =mother.

***mum·ble** [ˋmʌmbl̩] *v.i.* & *v.t.* ①喃喃而言；囁嚅；咕噥。②無齒咀嚼；癟嘴嚼。— *n.* Ⓒ 囁嚅；咕噥。

mum·bo jum·bo [ˋmʌmboˋdʒʌmbo] *n.* Ⓤ 無意義的唸咒；胡言亂語。

mum·mi·fy [ˋmʌmɪˌfaɪ] *v.t.* ①使成木乃伊。②保存。③使乾枯。

***mum·my**[1] [ˋmʌmɪ] *n.* Ⓒ ①(古埃及之)木乃伊；乾屍。②瘦而乾癟之人；乾枯之物。

mum·my[2] *n.* Ⓒ 媽咪(兒語)。

mumps [mʌmps] *n.* Ⓤ (常 the ～) 耳下腺炎；腮腺炎。

munch [mʌntʃ] *v.t.* & *v.i.* 用力咀嚼；大聲咀嚼。

mun·chies [ˋmʌntʃɪz] *n. pl.*〖俗〗①當點心的食物。②(常 the ～)餓。

mun·dane [ˋmʌnden] *adj.* ①世俗的；現世的。②宇宙的；世界的。

***mu·nic·i·pal** [mjuˋnɪsəpl̩] *adj.* ①市的；市政的。②自治區的。③內政的。— *n.* (*pl.*)市政府或鎮公所發行的公債。

mu·nic·i·pal·i·ty [ˌmjunɪsəˋpælətɪ] *n.* Ⓒ 自治市[區]。

mu·nic·i·pal·ize [mjuˋnɪsəplˌaɪz] *v.t.* ①使(某地)成爲市。②使歸市有；使歸市營。

mu·nif·i·cent [mjuˋnɪfəsn̩t] *adj.* ①寬厚的；慷慨的。②大方的；精美的。— **mu·nif′i·cence,** *n.*

mu·ni·tion [mjuˋnɪʃən] *n.* Ⓒ (常 *pl.*)軍火；軍需品。

mu·on [ˋmjuɑn] *n.* Ⓒ〖理〗μ 介子。

mu·ral [ˋmjʊrəl] *adj.* 壁上的。— *n.* Ⓒ 壁畫。

***mur·der** [ˋmɜdɚ] *n.* ⓊⒸ 謀殺。 *get away with* ～〖俚〗做壞事而不受處罰。— *v.t.* ①謀殺。②(因缺乏技術或知識而)損毀；破壞。③浪費時間。— *v.i.* 犯謀殺罪。

***mur·der·er** [ˋmɜdərɚ] *n.* Ⓒ 謀殺犯；兇手。

mur·der·ess [ˋmɜdərɪs] *n.* Ⓒ 女謀殺犯；女兇手。

***mur·der·ous** [ˋmɜdərəs] *adj.* ①能殺害的；凶狠的。②殺人的。

murk [mɜk] *n.* Ⓤ & *adj.*〖詩〗黑暗(的)；陰暗(的)。

murk·y [ˋmɜkɪ] *adj.* ①黑暗的；陰暗的。②不易懂的；含糊的。

‡**mur·mur** [ˋmɜmɚ] *n.* ①Ⓒ 連續之模糊聲。②Ⓒ 微語；細語；低語。③(a ～)低聲的怨言。④ⓊⒸ〖醫〗心臟跳動的雜音。— *v.t.* 低聲而言。— *v.i.* ①作低而輕的模糊聲。②低語。③抱怨。

Múr·phy bèd [ˋmɜfɪ ～] *n.* Ⓒ〖美〗可摺疊收藏的床。

Múr·phy's Láw [ˋmɜfɪz ～] *n.* 任何幽默的經驗法則；墨菲法則(會出岔的事終究會出岔)。

***mus·cle** [ˋmʌsl̩] *n.* ①ⓊⒸ 肌肉。②Ⓤ 膂力；力氣。③Ⓤ 力量。

mus·cle-bound [ˋmʌsl̩ˌbaund] *adj.* ①(因過度運動等而)肌肉僵硬的。②不靈活的。

mus·cle·man [ˋmʌsl̩ˌmæn] *n.* Ⓒ (*pl.* **-men**)①肌肉發達的人。②受雇之惡棍；打手。

***mus·cu·lar** [ˋmʌskjələ˞] *adj.* ①肌肉的。②肌肉發達的；有力的；強壯的。§ ～ **dýstrophy** 肌肉萎縮症。

mus·cu·la·ture [ˋmʌskjələtʃɚ] *n.* ⓊⒸ〖解〗肌肉組織；肌肉系統。

***muse** [mjuz] *v.i.* & *v.t.* ①沉思；冥想。②沉思地凝視；仔細端詳。③沉思地說。— *n.* Ⓤ 沉思。

Muse [mjuz] *n.* ①Ⓒ 繆斯(司文學、藝術、科學等的九位女神之一)。②Ⓒ (常 one's ～, the ～)詩才；靈感。③(the m-)詩歌。④(m-) Ⓒ 詩人。

***mu·se·um** [mjuˋziəm, -ˋzɪəm] *n.* Ⓒ 博物院；博物館。

mush [mʌʃ] *n.* Ⓤ ①〖美〗玉米濃粥。②糊狀之物。③〖俗〗脆弱的感情；愚昧的談吐。

***mush·room** [ˋmʌʃrum,-rʊm] *n.* ①ⓊⒸ 蕈；菌；蘑菇。②Ⓒ 形狀似蕈之物；生長迅速之物。③Ⓒ〖俗〗暴發戶。④Ⓒ 蕈狀雲。— *adj.* ①似蕈的。②生長迅速的。— *v.i.* 迅速生長或增加。

mush·y [ˋmʌʃɪ] *adj.* ①(似玉米粥般)濃稠的；糊狀的。②軟弱的；過於柔美傷感的。

‡**mu·sic** [ˋmjuzɪk] *n.* Ⓤ ①音樂。②樂曲。③悅耳之聲音。④樂譜。⑤音樂欣賞力。 *face the* ～〖俗〗勇敢地面對麻煩或困難。§ ～ **bòx**〖美〗音樂

盒。～ **hàll** (1)〖美〗音樂廳。(2)〖英〗雜耍戲院。～ **stànd** 樂譜架。

***mu·si·cal** [ˋmjuzɪkḷ] *adj.* ①音樂的。②聲音美妙的。③配以音樂的。④喜愛音樂的。⑤精於音樂的。§ ～ **bòx** 〖英〗音樂盒。～ **cháirs** 搶椅遊戲。

***mu·si·cian** [mjuˋzɪʃən] *n.* Ⓒ ①音樂家。②樂師。③作曲家。

mu·si·cian·ship [mjuˋzɪʃən͵ʃɪp] *n.* Ⓤ 音樂演奏能力；音樂家之才氣[技巧]。

mu·si·col·o·gy [͵mjuzəˋkɑlədʒɪ] *n.* Ⓤ 音樂學。

musk [mʌsk] *n.* Ⓤ 麝香(之香氣)。

mus·ket [ˋmʌskɪt] *n.* Ⓒ 毛瑟槍；滑膛槍。

mus·ket·eer [͵mʌskəˋtɪr] *n.* Ⓒ 配備毛瑟槍之步兵。

musk·rat [ˋmʌsk͵ræt] *n.* (*pl.* ～, ～**s**) ① Ⓒ 〖動〗麝鼠。② Ⓤ 麝鼠皮。

musk·y [ˋmʌskɪ] *adj.* 似麝香的；有麝香氣味的。

Mus·lem, -lim [ˋmʌzləm] *n.* (*pl.* ～**s**, ～) & *adj.* = **Moslem.**

mus·lin [ˋmʌzlɪn] *n.* Ⓤ ①馬斯林(一種細布)。②〖美〗印花布；棉布。

mus·sel [ˋmʌsḷ] *n.* Ⓒ 貽貝；淡菜。

‡**must** [mʌst] *aux. v.* ①不得不；必須；務必。②應該。③必定；必將。④偏巧。⑤必然。— *n.* (a ～)必須做、看、聽的事；必備之物。— *adj.* 〖俗〗必須的。

***mus·tache** [ˋmʌstæʃ, məˋstæʃ] *n.* Ⓒ (常 *pl.*)髭。

mus·tang [ˋmʌstæŋ] *n.* Ⓒ (美國平原之)野馬；半野馬。

***mus·tard** [ˋmʌstəd] *n.* Ⓤ ①芥末。②〖植〗芥菜。§ ～ **gàs** 芥子氣(一種糜爛性毒氣)。

mus·ter [ˋmʌstə] *v.t.* ①集合；召集；集中。②鼓起；振作。— *v.i.* 聚集；集合。～ *in* [*out*] (使)入[退]伍。— *n.* Ⓒ ①集合；召集；集中。②校閱；點兵。③集合之人數。*pass* ～ 符合要求；合格。

must·n't [ˋmʌsṇt] = **must not.**

mus·ty [ˋmʌstɪ] *adj.* ①發霉的。②陳腐的；過時的。

mu·ta·ble [ˋmjutəbḷ] *adj.* ①易變的。②可變化的。— **mu·ta·bil·i·ty,** *n.*

mu·tant [ˋmjutənt] *n.* Ⓒ 〖生物〗由突變而產生之新種或新個體；變種。

mu·tate [ˋmjutet] *v.t.* & *v.i.* ①變化。②〖生物〗突變。

mu·ta·tion [mjuˋteʃən] *n.* ① Ⓤ Ⓒ 變化；變形；變質。②〖生物〗a. Ⓤ Ⓒ 突變。b. Ⓒ 突變新種。

***mute** [mjut] *adj.* ①沉默的；無言的。②啞的；不能說話的。— *n.* Ⓒ ①啞子。②弱音器。③不發音之字母。— *v.t.* ①消除[減弱]…之聲音。②使(顏色)變柔和。

mu·ti·late [ˋmjutḷ͵et] *v.t.* 切斷(手足等)；使殘廢。

mu·ti·neer [͵mjutṇˋɪr] *n.* Ⓒ 反叛者；背叛者。

mu·ti·nous [ˋmjutṇəs] *adj.* 反叛的；背叛的。

***mu·ti·ny** [ˋmjutṇɪ] *n.* Ⓤ Ⓒ 叛變；兵變。— *v.i.* 叛變；反抗。

***mut·ter** [ˋmʌtə] *v.t.* & *v.i.* ①喃喃低語。②出怨言；鳴不平。— *n.* (*sing.*)喃喃低語。

***mut·ton** [ˋmʌtṇ] *n.* Ⓤ 羊肉。

***mu·tu·al** [ˋmjutʃuəl] *adj.* ①相互的。②〖俗〗共同的。§ ～ **fùnd** 共同基金[合股]投資公司。— **ly,** *adv.*

muu·muu [ˋmu͵mu] *n.* Ⓒ 夏威夷婦女穿的寬大棉布衣。

Mu·zak [ˋmjuzæk] *n.* Ⓤ 〖商標〗(透過有線廣播在餐廳、工作場所等到處播放的)錄音配樂。

***muz·zle** [ˋmʌzḷ] *n.* Ⓒ ①(狗、狐、馬等動物之)鼻、口和顎之部分。②(動物之)口絡；鼻籠。③槍口；砲口。— *v.t.* 戴口絡於(動物之口部)。

muz·zle·load·er [ˋmʌzḷ͵lodə] *n.* Ⓒ 前膛槍；前膛砲。

muz·zy [ˋmʌzɪ] *adj.* 〖俗〗昏迷的；醉得發呆的；酩酊的。

M.V.P. Most Valuable Player.

MW 〖英〗 megawatt.

‡**my** [maɪ] *pron.* 我的。— *interj.* 哎呀！天哪！(表示驚訝之詞)。

my·co·tox·in [͵maɪkoˋtɑksɪn] *n.* Ⓒ 黴菌毒素。

my·o·car·di·o·graph [͵maɪoˋkɑrdɪə͵græf] *n.* Ⓒ 心肌搏動描記器。

my·o·pi·a [maɪˋopɪə] *n.* Ⓤ 〖醫〗「近視。」

my·op·ic [maɪˋɑpɪk] *adj.* ①近視的；近視眼的。②缺乏遠見的。

myr·i·ad [ˋmɪrɪəd] *n.* Ⓒ ①一萬。②無數；極大數量。— *adj.* ①無數的。②形形色色的。

myr·tle [ˋmɜtḷ] *n.* Ⓒ ①〖植〗桃金孃。②〖美〗蔓生的長春花屬植物。

‡**my·self** [məˋsɛlf, maɪˋsɛlf] *pron.*

M

N

(*pl.* **our·selves**)①(我)親自(me 或 I 的加重語勢)。②我自己(me 的反身代名詞)。③自身；自我。(***all***) ***by*** ~ 無人幫助；獨自。

***mys·te·ri·ous** [mɪs`tɪrɪəs] *adj.* 神祕的；難解的。—**ly,** *adv.*

***mys·ter·y** [`mɪst(ə)rɪ] *n.* ① Ⓤ Ⓒ 神祕；祕密。② Ⓒ 不可思議之事。③ Ⓒ 奧理；玄義。④ Ⓒ 祕密宗教儀式。§ ～ **play** 神蹟劇(中古時代根據聖經事蹟編寫的戲劇)。

mys·tic [`mɪstɪk] *adj.* =**mystical.** —*n.* Ⓒ 神祕主義者。

mys·ti·cal [`mɪstɪkḷ] *adj.* ①不可思議的；神祕的。②精神象徵的。③祕密之宗教儀式的。

mys·ti·cism [`mɪstə,sɪzəm] *n.* Ⓤ ①神祕主義。②神祕(的體驗)；玄想(的謬說)。③模糊之思想或空論。

mys·ti·fy [`mɪstə,faɪ] *v.t.* ①使迷惑。②使神祕[難解]。

mys·tique [mɪs`tik] *n.* Ⓤ ①神祕性；神祕感；神祕的氣氛。②祕訣；神祕的技巧。

***myth** [mɪθ] *n.* ① Ⓤ Ⓒ 神話。② Ⓒ 虛構之故事。③ Ⓒ 虛構的人或物。

myth·ic, -i·cal [`mɪθɪk(ḷ)] *adj.* 神話的；神話中的。

myth·o·log·i·cal [,mɪθə`lɑdʒɪkḷ] *adj.* 神話(學)的。

***my·thol·o·gy** [mɪ`θɑlədʒɪ] *n.* Ⓤ ①(集合稱)神話。②神話學。

myth·o·ma·ni·a [,mɪθə`menɪə] *n.* Ⓤ 誇大狂；渲染狂。

myx·o·ma·to·sis [,mɪksəmə`tosɪs] *n.* Ⓤ 〖醫〗黏液瘤病。

N n N n 𝒩 𝓃

N or **n** [ɛn] *n.* Ⓤ Ⓒ (*pl.* **N's, n's** [ɛnz]) 英文字母之第十四個字母。

n. north; northern; noun; neuter; noon; nominative; note; number.

'n [ən, ṇ] *conj.* ①=**and.** ②=**than.**

nab [næb] *v.t.* (**-bb-**)〖俗〗①猛然抓住；偷。②逮捕；捉住。

na·dir [`nedɚ] *n.* ①(the ~)天底。② Ⓒ (常 *sing.*)最低點；最糟之地步。

nag[1] [næg] *v.t.* & *v.i.* (**-gg-**)①絮聒不休地責罵或抱怨〔常 at〕。②造成痛苦、不適、精神萎靡等〔常 at〕。

nag[2] *n.* Ⓒ ①〖俗〗馬。②駑馬；老馬。

nai·ad [`neæd] *n.* Ⓒ (*pl.* **~s, nai·a·des**[-ə,diz])〖希、羅神〗保護河泉的女神；水精。(亦作 **Naiad**)

‡**nail** [nel] *n.* Ⓒ ①(手或腳的)指甲；鳥獸之爪。②釘子。***as hard as ~s*** (身體)結實的；冷酷的(心)。***hit the ~ on the head*** 中的；得其要領；一針見血。—*v.t.* ①用釘釘牢。②使固定；使不動。③〖俗〗抓住；捕獲。④〖俗〗覺察或揭發(謊言、虛偽等)。⑤〖俚〗偷。⑥〖俚〗打；擊中。§ ～ **file** 指甲鋰刀。～ **polish** 指甲油。～ **scissors** [**nippers**] 指甲刀。

nail·brush [`nel,brʌʃ] *n.* Ⓒ 指甲刷。

na·ïve, na·ive [nɑ`iv]〖法〗*adj.* ①像孩子的；天眞的；質樸的。②輕信的。—**ly,** *adv.*

na·ïve·té, na·ive·te [nɑ,iv`te]〖法〗*n.* ① Ⓤ 天眞；質樸。② Ⓒ (常 *pl.*)天眞的話或行爲。

na·ïve·ty, na·ive·ty [nɑ`ivtɪ] *n.* =**naïveté.**

na·ked** [`nekɪd] *adj.* ①裸體的。②未遮蓋的；原原本本的。③顯然的；明白的。stark*** ~ 全裸；一絲不掛。—**ly,** *adv.* —**ness,** *n.*

‡**name** [nem] *n.* ① Ⓒ 名字；名稱。② Ⓒ 辱罵之話。③(a ~, one's ~)名譽；聲望。④ Ⓒ 名人。⑤ Ⓒ 名義；虛名。***by*** ~ **a.** 叫做；就名字上。**b.** 以指名的方式。***call*** (***a person***) ***~s*** 辱罵。***in*** ~ 就名義上說。***in the ~ of*** **a.** 爲…之緣故。**b.** 爲；替。—*v.t.* ①命名。②稱；呼(名字)。③指名；任命。④提及。⑤訂；指定。⑥提名。⑦指控。⑧(英國下議院議長)指控(某議員)行爲越規。

name-drop [`nem,drɑp] *v.i.* (**-pp-**)(在談話中)高攀名人顯要以抬高身價。—**name'-drop·per,** *n.*

name-drop·ping [`nem,drɑpɪŋ] *n.* Ⓤ name-drop 之作風。

***name·less** [`nemlɪs] *adj.* ①無名的。②不可名狀的；沒有名稱的。

***name·ly** [`nemlɪ] *adv.* 即；就是。

name·plate [`nem,plet] *n.* Ⓒ (門上之)名牌。

name·sake [`nem,sek] *n.* Ⓒ 同名

N

的人或物。

nance [næns] *n.* Ⓒ〖俚〗娘娘腔的男人；搞同性戀的男人。

nan·keen, -kin [næn`kin] *n.* Ⓤ ①南京棉布；紫花布。②紫花布色；淡黃色。

nan·ny [`nænɪ] *n.* Ⓒ〖英〗奶媽；奶奶；外婆。§ ～ **gòat** 母山羊。

nan·o·me·ter [`næno,mitɚ] *n.* Ⓒ十億分之一公尺。

nan·o·sec·ond [`næno,sɛkənd] *n.* Ⓒ十億分之一秒。

***nap**[1] [næp] *n.* Ⓒ小睡；午睡；微睡。— *v.i.* (**-pp-**)①小睡；午睡。②不注意；無準備。

nap[2] *n.* Ⓤ (又作 a ～)(絨布等上的)細毛。— **less,** *adj.*

na·palm [`nepɑm] *n.* ① Ⓤ (燃燒彈、火焰噴射器等所用之)膠態汽油。② Ⓒ汽油彈。

nape [nep, næp] *n.* Ⓒ (常 the ～ of the neck)後頸；頸背。

naph·tha·lin(e) [`næfθəlɪn] *n.* Ⓤ〖化〗萘；石腦油精。

***nap·kin** [`næpkɪn] *n.* Ⓒ ①餐巾。②似餐巾之物(如小毛巾、尿布等)。

nap·py [`næpɪ] *n.* Ⓒ〖英俗〗尿布。

narc [nɑrk] *n.* Ⓒ〖美俚〗專門取締麻醉毒品之刑警。

nar·cis·sism [nɑr`sɪs,ɪzəm] *n.* Ⓤ①自我陶醉[崇拜]。②〖精神分析〗自戀；自愛慾。

nar·cis·sis·tic [,nɑrsɪ`sɪstɪk] *adj.* 自我陶醉的；自我中心主義的。

Nar·cis·sus [nɑr`sɪsəs] *n.* (*pl.* ～**es, -cis·si** [-`sɪsaɪ])①〖希神〗那西塞斯(一美少年，因自戀其水中之影，墜水溺死而化爲水仙花)。②(n-) Ⓒ〖植〗水仙屬之植物；水仙。

nar·co·lep·sy [`nɑrkə,lɛpsɪ] *n.* Ⓤ〖醫〗頻睡病；發作性睡病。

***nar·cot·ic** [nɑr`kɑtɪk] *n.* Ⓒ①(常 *pl.*)麻醉劑；催眠藥。②吸毒者。— *adj.* ①麻醉的；催眠的。②麻醉劑的。③治吸毒者用的。

nar·rate [næ`ret] *v.t.* & *v.i.* 敍述；說明。— **nar·ra′tor, nar·rat′er,** *n.*

***nar·ra·tion** [næ`reʃən] *n.* ① Ⓤ 敍述。② Ⓒ故事。

***nar·ra·tive** [`nærətɪv] *n.* ①Ⓒ故事。② Ⓤ 敍述；講述。— *adj.* 敍述的；敍事的。

‡**nar·row** [`næro] *adj.* ①窄的。②有限制的；範圍窄的。③勉強的；間不容髮的。④心胸狹窄的；褊狹的。⑤精密的；仔細的。⑥貧乏的。⑦〖語音〗狹窄音的(如 e, i 等)。⑧有限的；少量的。⑨〖英方〗小器的。— *n.* Ⓒ ①(場所或物品之)狹窄部分。②(常 *pl.*) 海峽；山峽；隘路。— *v.t.* & *v.i.* ①使狹窄；變窄；變細。②使眼光狹窄。§ ～ **bóat**〖英〗(運河用的)狹長的船。— **ly,** *adv.*

nar·row-mind·ed [`næro`maɪndɪd] *adj.* 氣量小的。

NASA, N.A.S.A. National Aeronautics and Space Administration. 美國國家航空及太空總署。

na·sal [`nezl̩] *adj.* ①鼻的。②〖語音〗鼻音的。— *n.* Ⓒ〖語音〗鼻音(字)。

nas·cent [`næsn̩t] *adj.* 初生的；初期的；發生中的。

na·stur·tium [næ`stɜʃəm] *n.* Ⓒ〖植〗金蓮花。

***nas·ty** [`næstɪ] *adj.* ①骯髒的；汚穢的。②淫猥的。③極不愉快的；討人厭的。④難對付的。— **nas′ti·ly,** *adv.* — **nas′ti·ness,** *n.*

na·tal [`netl̩] *adj.* 出生的。

‡**na·tion** [`neʃən] *n.* Ⓒ ①國家；民族。②全體國民。

‡**na·tion·al** [`næʃənl̩] *adj.* ①國家的；國民的。②全國性的。③國立的；國有[營]的。§ ～ **ánthem** 國歌。～ **débt** 國債。～ **fórest** 國有林。N～ **Guárd**(美國各州的)國民兵。～ **hóliday** 國定假日。～ **íncome**〖經〗國民所得。N～ **Insúrance**(英國的)國民保險(制度)。～ **mónument** (由聯邦政府管理的)古蹟；史蹟。～ **párk** 國家公園。～ **próduct**〖經〗(每年度的)國民生產。～ **sérvice**(常 N- S-)〖英〗國民兵役(1958 年廢除)。

na·tion·al·ism [`næʃənl̩,ɪzəm] *n.* Ⓤ國家主義；民族主義；愛國心。

na·tion·al·ist [`næʃənl̩ɪst] *n.* Ⓒ國家主義者；民族主義者。— *adj.* 國家主義(者)的；民族主義(者)的。

***na·tion·al·i·ty** [,næʃən`ælətɪ] *n.* ① Ⓒ 國家；國民。② Ⓤ Ⓒ 國籍。③ Ⓤ 國民性。④ Ⓤ 國家之地位。

na·tion·al·i·za·tion [,næʃənl̩ɪ`zeʃən] *n.* Ⓤ①國家化。②歸化。

na·tion·al·ize [`næʃənl̩,aɪz] *v.t.* ①使國家化；歸化。②使(土地、工業、鐵路等)歸國有。③使成爲國家。

na·tion·wide [`neʃən,waɪd] *adj.* 全國性的。

N

‡**na·tive** [ˋnetɪv] *n.* Ⓒ①本地人。②土著。③土產的動物。— *adj.* ①生於某地或某國的。②本國的; 本土的。③生來的; 天賦的。④土人的。⑤土產的; 土著的。⑥樸實的。⑦純淨的。*go* ~ 過土人的生活。

na·tiv·i·ty [neˋtɪvətɪ] *n.*①Ⓤ誕生。②(the N-)基督誕生節日; 耶誕節。③(N-) Ⓒ 基督誕生圖。④ Ⓒ 天宮圖。

NATO, N.A.T.O., Nato [ˋneto] North Atlantic Treaty Organization. 北大西洋公約組織。

nat·ty [ˋnætɪ] *adj.* ①整潔的; 整飾的。②靈巧的。

‡**nat·u·ral** [ˋnætʃərəl] *adj.* ①天然的; 自然的。②本能的; 天賦的。③正常的。④必然的; 當然的。⑤本能地認爲對的或公正的。⑥不矯揉造作的。⑦關於自然的。⑧〖樂〗本位音的。⑨不合法出生的。— *n.* Ⓒ ①自然物。②〖樂〗本位音。③白癡。④〖俗〗天才。⑤〖俗〗必定的成功。§ ~ **chíld** 私生子。~ **chíldbirth** 自然分娩。~ **déath** 自然死亡。~ **énemy** 天敵。~ **fóod** 天然食品。~ **gás** 天然瓦斯; 天然氣。~ **génder**〖文法〗自然性別。~ **histórian** 博物學家; 博物誌的作者。~ **hístory** (1)博物學。(2)博物誌。~ **lánguage** 自然語言(相對於人工語言)。~ **resóurces** 天然資源。~ **ríghts** 天賦人權。~ **scíence** 自然科學。~ **seléction** 物競天擇; 自然淘汰。

***nat·u·ral·ist** [ˋnætʃərəlɪst] *n.* Ⓒ①博物學者。②自然主義者。

nat·u·ral·ize [ˋnætʃərəl͵aɪz] *v.t.* ①使歸化。②採用(外語、異俗)。③移植。④使自然化。⑤認爲是自然的。⑥使習慣於。⑦用自然現象解釋。— *v.i.* ①歸化。②從事博物學研究。

‡**nat·u·ral·ly** [ˋnætʃərəlɪ] *adv.* ①自然地; 不借助人力地。②天然地; 天生地。③必然地。

‡**na·ture** [ˋnetʃɚ] *n.* ①Ⓤ 自然。②Ⓤ 自然之道; 人情; 常理。③Ⓤ 自然之生活。④ⓊⒸ天性; 本性; 性質; 性情。⑤(*sing.*)種類; 樣子。⑥Ⓤ 實際; 實況。⑦Ⓒ 有特性之人。⑧Ⓤ 活力; 精力。⑨Ⓤ 率眞之德行。⑩Ⓤ 天生的慾望或生理機能。⑪Ⓤ 未開化的狀態。*by* ~ 天生地。*in a state of* ~ 裸體。*in the course of* ~ 根據事物之常規。*in* [*of*] *the* ~ *of* 類似。*pay the debt of* ~ 死。§ ~ **stùdy** 自然現象之研究。~ **tràil** (爲觀察自然而設的)漫步道路。~ **wòrship** 自然崇拜。

na·tur·op·a·thy [͵netʃəˋrɑpəθɪ] *n.* Ⓤ 自然療法。

***naught** [nɔt] *n.* ①Ⓤ 無。②Ⓒ 零。*set at* ~ 藐視。

***naugh·ty** [ˋnɔtɪ] *adj.* ①頑皮的。②不妥的; 不適當的。— **naugh′ti·ly,** *adv.* — **naugh′ti·ness,** *n.*

nau·se·a [ˋnɔʒə, ˋnɔzɪə] *n.* Ⓤ①反嘔; 作嘔。②暈船。③厭惡。

nau·se·ate [ˋnɔʒɪ͵et] *v.t.* ①使作嘔。②厭惡。— *v.i.* 想嘔; 感到噁心。

nau·seous [ˋnɔʒəs, -zɪəs] *adj.* ①令人作嘔的。②令人厭惡的。

nau·ti·cal [ˋnɔtɪkl̩] *adj.* 船舶的; 船員的; 航海的。§ ~ **míle**〖海, 空〗海里; 浬(距離單位)。

nau·ti·lus [ˋnɔtl̩əs] *n.* Ⓒ (*pl.* ~**es, -li** [-͵laɪ])〖動〗①鸚鵡螺。②舡魚。

Nav·a·jo, -ho [ˋnævə͵ho] *n.* Ⓒ (*pl.* ~, ~(**e**)**s**) 拿佛和族人(北美印第安人的一主要部族)。

***na·val** [ˋnevl̩] *adj.* 海軍的; 軍艦的。§ ~**acàdemy** 海軍官校。~ **árchitect** 造船技師。~ **fòrces** 海軍。~ **òfficer** 海軍軍官;〖美〗海關人員。

nave [nev] *n.* Ⓒ ①教堂的中殿; 本堂。②(車)轂; 輪軸。

na·vel [ˋnevl̩] *n.* Ⓒ ①肚臍。②(the ~)中心。③臍橙(亦作 **navel orange**).

nav·i·ga·ble [ˋnævəgəbl̩] *adj.* ①(河、海等)可航行的; 適於航行的。②(船隻等)耐航的。③(船、飛機等)可操縱的。— **nav·i·ga·bil′i·ty,** *n.*

nav·i·gate [ˋnævə͵get] *v.t.* ①駕駛(船隻、飛機等)。②航行(海、河、空中)。③以水運運(貨)。— *v.i.* ①航行。②駕駛; 領航。

***nav·i·ga·tion** [͵nævəˋgeʃən] *n.* Ⓤ ①航海; 航行; 航空。②航海術; 航海學; 航空術。§ **N**~ **Àct**〖英史〗航海條例(1651-1849)。

***nav·i·ga·tor** [ˋnævə͵getɚ] *n.* Ⓒ ①航海者。②精於航海術者。③海上探險者。④(飛機)領航員。⑤〖英〗= **navvy.**

nav·vy [ˋnævɪ] *n.* Ⓒ〖英〗鑿河或修路的工人; 粗工。

***na·vy** [ˋnevɪ] *n.*①Ⓒ 海軍。②Ⓒ 海

軍人員。③ Ⓒ〖古，詩〗艦隊。④ Ⓤ 深藍色。§ ~ **blúe** 深藍色。**N~ Cróss**〖美海軍〗英勇十字章。~ **yàrd** 海軍船塢；海軍工廠。

***nay** [ne] *adv.* ①〖古〗不；否。②不只於此；而且。— *n.* ① Ⓤ 不；否；反對；拒絕。② Ⓒ (投)反對票(者)。

Na·zi [ˋnɑtsɪ] *n.* Ⓒ 納粹黨人；法西斯黨人。— *adj.* 納粹黨人的。

N.B., n.b.〖拉〗nota bene. 注意(= note well). **NBC, N.B.C.** National Broadcasting Corporation [Company]. (美國)國家廣播公司。

NCO, N.C.O. noncommissioned officer. **Nd**〖化〗neodymium. **Ne**〖化〗neon. **NE** Nebraska; northeast; northeastern. **N.E.** New England; northeast; northeaster.

Ne·an·der·thal [nɪˋændɚ,tɑl] *adj.* 尼安德塔人的。

‡**near** [nɪr] *adv.* ① 近(為 far 之對)；不遠地。②密切地；親近地。③〖俗〗幾乎；差不多。*be ~ at hand* **a.** 在近旁。**b.** 逼近；即將發生。*come ~ doing [to do] something* 差一點做了某件事。— *adj.* ①近的。②親密的。③近親的。④直接的。⑤勉強的；間不容髮的。⑥左方的(為 off 與 right 之對)。⑦極像的。⑧吝嗇的。— *prep.* (空間、時間等)接近；在…附近。— *v.t. & v.i.* 接近；走近。§ ~ **béer**〖美〗淡啤酒。**N~ Éast** 近東。~ **míss** (1)(轟炸、射擊的)接近擊中(目標)彈。(2)僅差毫釐。(3)〖空〗異常接近。~ **thíng**〖俗〗幾乎無勝算的比賽。— **ness,** *n.*

***near·by** [ˋnɪrˋbaɪ] *adj. & adv.* 近旁的[地]；附近的[地]。

***near·ly** [ˋnɪrlɪ] *adv.* ①幾乎；近乎(為 quite 之對)。②密切地；親近地。③親密地。④精密地。⑤吝嗇地。*not ~* 絕不；相差甚遠。

near·sight·ed [ˋnɪrˋsaɪtɪd] *adj.* 近視的。

neat [nit] *adj.* ①整潔的；整齊的。②好整潔的。③優雅的。④靈巧的。⑤〖英〗(酒)純粹的。⑥簡潔的。⑦〖俚〗很棒的；美妙的。— **ly,** *adv.*

neb [nɛb] *n.* Ⓒ ①(鳥之)嘴；喙。②(動物之)鼻。③尖端；筆尖。④〖廢〗(人之)嘴；口。

neb·bish [ˋnɛbɪʃ] *n.* Ⓒ 倒楣鬼。

Ne·bras·ka [nəˋbræskə] *n.* 內布拉斯加(美國中部之一州)。

neb·u·la [ˋnɛbjələ] *n.* Ⓒ (*pl.* **-lae** [-,li], **~s**)〖天〗星雲。

neb·u·lous [ˋnɛbjələs] *adj.* ①渾濁的。②雲霧狀的。③星雲狀的。

***nec·es·sar·i·ly** [ˋnɛsə,sɛrəlɪ, ,nɛsəˋsɛrəlɪ] *adv.* ①必要地；必須地。②必然地。

‡**nec·es·sar·y** [ˋnɛsə,sɛrɪ] *adj.* ①必須的；必要的。②〖邏輯〗不能否定的。— *n.* (*pl.*) 必需品；必要之物。

***ne·ces·si·tate** [nəˋsɛsə,tet] *v.t.* ①使成為必需；需要。②迫使。

ne·ces·si·tous [nəˋsɛsətəs] *adj.* ①窮的；貧困的。②必然的。

‡**ne·ces·si·ty** [nəˋsɛsətɪ] *n.* ① Ⓤ (又作 a ~)需要；必要。② Ⓒ 必需品。③ Ⓤ 貧困。④ Ⓤ Ⓒ 必然的事。⑤ Ⓤ Ⓒ〖哲〗必然(性)。*make a virtue of ~* 爽快地去做非做不可的事。*of ~* 必然；不得已。

‡**neck** [nɛk] *n.* ① Ⓒ 頸。② Ⓒ 衣領。③ Ⓒ 似頸之物。④ Ⓤ Ⓒ 頸肉。⑤ Ⓒ〖建〗頸彎飾。⑥ Ⓒ 牙齒之齒根與齒冠間之部分。⑦ Ⓒ (賽馬或賽狗等中)微差。*a stiff ~* 強項；頑強。*break one's ~*〖俗〗作極大努力。*get it in the ~* **a.** 受嚴厲懲處。**b.** 被開除；被丟棄。*~ and crop [heels]* 迅速而完全地。*~ and ~* 並肩齊驅。*~ or nothing* **a.** 冒一切危險。**b.** 孤注一擲。*save one's ~* 得免絞刑；得免一死。— *v.t. & v.i.*〖美俚〗擁抱；愛撫。

neck·band [ˋnɛk,bænd] *n.* Ⓒ 圍頸帶；(襯衣等之)領圈。

neck·er·chief [ˋnɛkɚtʃɪf] *n.* Ⓒ 圍巾；頸巾。

neck·ing [ˋnɛkɪŋ] *n.* ① Ⓒ〖建〗柱頂的小嵌線。② Ⓤ〖美俚〗擁吻愛撫。

***neck·lace** [ˋnɛklɪs] *n.* Ⓒ 項鍊。

neck·line [ˋnɛk,laɪn] *n.* Ⓒ 領口。

***neck·tie** [ˋnɛk,taɪ] *n.* Ⓒ 領帶。

ne·crol·o·gy [nɛˋkrɑlədʒɪ] *n.* Ⓒ ①死亡名單。②訃聞。

nec·ro·man·cer [ˋnɛkrə,mænsɚ] *n.* Ⓒ 巫師；降神者。

nec·ro·man·cy [ˋnɛkrə,mænsɪ] *n.* Ⓤ ①巫術；通靈(術)。②魔術；妖術。

ne·crop·o·lis [nɛˋkrɑpəlɪs] *n.* Ⓒ 墓地。

ne·cro·sis [nɛˋkrosɪs] *n.* Ⓤ Ⓒ (*pl.* **-ses** [-siz]) ①〖醫〗壞疽。②〖植〗黑斑症。

nec·tar [ˋnɛktɚ] *n.* Ⓤ ①〖希神〗眾

N

神喝的飲料；瓊漿玉液。②花蜜。

nec·tar·ine [ˋnɛktə,rin] *n.* Ⓒ 〖植〗油桃。

‡**need** [nid] *n.* ① Ⓤ 需要；必需。② Ⓒ (常 *pl.*)缺少之物；必需之物。③ Ⓤ 缺乏；缺少。④ Ⓤ 困難之境；困難之時。⑤ Ⓤ 窮困。*be in* ~ *of* 需要。*if* ~ *be* 如果必須的話。— *v.t.* ①需要。②必要。— *v.i.* ①必要。②〖古〗需要。③窮困。

***need·ful** [ˋnidfəl] *adj.* 必須的；需要的。— *n.* (the ~)①所需之事物。②〖俚〗錢。

‡**nee·dle** [ˋnidl̩] *n.* Ⓒ ①針。②織針。③磁針。④注射針。⑤(松樹等之)針狀葉。⑥(留聲機)唱針。⑦(雕刻用)針狀刻刀。⑧尖岩；尖峰；方尖塔(=obelisk)。⑨針狀活塞。*look for a* ~ *in a bundle of hay* 大海撈針。— *v.t.* ①揶揄；嘲弄；激勵。②〖俚〗加酒精於(飲料)。— *v.i.* ①用針縫紉。②結晶成針狀。§ ~ **bàth** 噴霧狀淋浴。~ **bòok** 針簿。~ **thèrapy** 針灸療法。~ **vàlve**〖機〗針形閥；針狀活門。

nee·dle·point [ˋnidl̩,pɔɪnt] *n.* ① Ⓒ 針尖。② Ⓤ 針繡花邊。

***need·less** [ˋnidlɪs] *adj.* 不需要的；多餘的。~ *to say* 無須乎說。

nee·dle·wom·an [ˋnidl̩,wumən] *n.* Ⓒ (*pl.* **-wom·en**)女裁縫。

nee·dle·work [ˋnidl̩,wɜk] *n.* Ⓤ 縫紉；刺繡；女紅。

need·n't [ˋnidn̩t] =**need not.**

***needs** [nidz] *adv.* 必要地；一定地。

need·y [ˋnidɪ] *adj.* 貧窮的。

ne'er [nɛr] *adv.* 〖詩〗=**never.**

ne·far·i·ous [nɪˋfɛrɪəs] *adj.* 兇惡的；殘暴的。— **ly,** *adv.*

ne·gate [ˋniget] *v.t.* 否定。

ne·ga·tion [nɪˋgeʃən] *n.* ① Ⓤ Ⓒ 否定；否認。② Ⓤ 虛無。③ Ⓤ 〖文法〗否定。

***neg·a·tive** [ˋnɛgətɪv] *adj.* ①否定的。②消極的。③負的。④〖電〗陰性的。⑤〖攝〗明暗相反的；底片的。— *n.* ① Ⓒ 否定；否認。② Ⓤ (辯論中)反對之一面。③ Ⓒ 否定的回答、手勢等。④ Ⓒ 拒絕。⑤ Ⓒ 陰電；陰極。⑥ Ⓒ 底片。⑦ Ⓒ 負數。⑧ Ⓒ 否決權。*in the* ~ 表示反對。— *v.t.* ①否定。②反駁。③否認。④抵銷。§ ~ **íncome tàx**〖美〗低收入補助。~ **póle** 陰極。~ **pláte**〖電〗陰極板。~ **séntence** 否定句。~ **sígn** 負號。— **ly,** *adv.*

neg·a·tiv·ism [ˋnɛgətɪv,ɪzəm] *n.* Ⓤ ①〖哲〗否定論；消極主義。②〖心〗反抗癖。— **neg'a·tiv·ist,** *n.*

***ne·glect** [nɪˋglɛkt] *v.t.* ①疏忽；忽略。②棄置；不顧。③遺漏。— *n.* Ⓤ 疏忽；忽略。

neg·li·gé [negliˋʒe] 〖法〗 *n.* = **negligee.**

neg·li·gee [,nɛglɪˋʒe] *n.* ① Ⓒ (婦女套在睡衣上的)室內服。② Ⓤ 便服。

***neg·li·gence** [ˋnɛglədʒəns] *n.* Ⓤ ①怠慢；疏忽。②〖法律〗過失。

***neg·li·gent** [ˋnɛglədʒənt] *adj.* ①疏忽的。②大意的。③草率的。

neg·li·gi·ble [ˋnɛglədʒəbl̩] *adj.* 可忽略的；不足取的；不關重要的。

ne·go·ti·a·ble [nɪˋgoʃɪəbl̩] *adj.* ①可磋商或談判的。②可轉讓的。③可通行的。

***ne·go·ti·ate** [nɪˋgoʃɪ,et] *v.t.* ①商議；商訂。②出售；讓渡。③〖俗〗通過；經過。— *v.i.* 磋商；談判。

***ne·go·ti·a·tion** [nɪ,goʃɪˋeʃən] *n.* Ⓤ Ⓒ (常 *pl.*)交涉；談判。

ne·go·ti·a·tor [nɪˋgoʃɪ,etɚ] *n.* Ⓒ ①談判者。②出售者。

Ne·gress [ˋnigrɪs] *n.* Ⓒ Negro 之女性。

***Ne·gro** [ˋnigro] *n.* Ⓒ (*pl.* ~**es**)黑人。— *adj.* 黑人的。

Ne·groid [ˋnigrɔɪd] *adj.* (有時n-)(似)黑人的。

***neigh** [ne] *n.* Ⓒ 馬嘶聲。— *v.i.* [(馬)嘶。

‡**neigh·bor,** 〖英〗**-bour** [ˋnebɚ] *n.* Ⓒ ①鄰人；鄰居。②相近之人；鄰近之物。③同胞。— *v.t.* ①鄰接；相鄰。②使接近。— *v.i.* ①鄰接；相鄰。②友好；友善〔常 with〕。— *adj* 鄰近的；相鄰的。

***neigh·bo(u)r·hood** [ˋnebɚ,hud] *n.* ①(*sing.*)鄰近之地區；附近之地方。②(*sing.*)區域；地方。③ Ⓒ 鄰人；四鄰。④ Ⓤ 鄰居之情誼。⑤ Ⓤ 近；接近。*in the* ~ *of* 在…之附近。

***neigh·bor·ing** [ˋnebərɪŋ] *adj* 鄰近的；附近的；鄰界的。

neigh·bor·ly [ˋnebəlɪ] *adj.* 親善的；和睦的。

‡**nei·ther** [ˋniðɚ, ˋnaɪðɚ] *conj.* 既非；既不；亦非。~ *...nor...* 既非…亦非…。— *adj.* 兩者皆不。— *pron*

二者都不。

nel·son [ˋnɛlsn̩] *n.* Ⓒ〖角力〗肩下握頸。

Nem·e·sis [ˋnɛməsɪs] *n.* (*pl.* **-ses** [-ˏsiz])①〖希神〗娜美西斯(司復讎的女神)。②(n-) **a.** Ⓤ天罰；報應。**b.** Ⓒ 懲罰者；報復者。**c.** Ⓒ 強敵；無法勝過的對手。

neo- 〖字首〗表「新；新近；新創」之義。

ne·o·dym·i·um [ˏnioˋdɪmɪəm] *n.* Ⓤ〖化〗釹(稀金屬元素；符號 Nd)。

ne·o·lith·ic [ˏniəˋlɪθɪk] *adj.* 新石器時代的。(亦作 **Neolithic**)

ne·ol·o·gism [niˋɑləˏdʒɪzəm] *n.* ① Ⓤ 使用新語；創造新義。② Ⓒ 新語；新字；新義；有新義之詞句。③ Ⓒ 新說；新主義。④ Ⓒ〖神學〗新教義。

ne·on [ˋniɑn] *n.* Ⓤ ①〖化〗氖(氣體元素；符號 Ne)。②霓虹燈。

ne·o·nate [ˋniəˏnet] *n.* Ⓒ〖醫〗新生兒。

ne·o·phyte [ˋniəˏfaɪt] *n.* Ⓒ ①新信徒；新入教者。②初學者；生手。③〖天主教〗新聖司鐸；新修士。

ne·o·plasm [ˋnioˏplæzm̩] *n.* Ⓒ〖醫〗腫瘍；贅瘤；贅疣。

ne·o·prene [ˋnioˏprin] *n.* Ⓤ 尼奧普林(一種合成樹膠)。

Ne·pal [nɪˋpɔl] *n.* 尼泊爾(印度與西藏間的一小國，首都爲 Katmandu)。

***neph·ew** [ˋnɛfju, ˋnɛvju] *n.* Ⓒ 姪兒；外甥。

ne·phri·tis [nɛˋfraɪtɪs] *n.* Ⓤ〖醫〗腎炎；腎臟炎。

nep·o·tism [ˋnɛpəˏtɪzəm] *n.* Ⓤ 偏袒親戚；引用親戚；族閥主義。

Nep·tune [ˋnɛptʃun,-tjun] *n.* ①〖羅神〗納普敦(海神，希臘神話之 Poseidon)。②海洋。③〖天〗海王星。

nep·tu·ni·um [nɛpˋtunɪəm] *n.* Ⓤ〖化〗錼(放射性元素；符號 Np)。

Ne·re·id [ˋnɪrɪɪd] *n.* ①〖希神〗妮瑞德(海的女神)。②(n-) Ⓒ〖動〗沙蠋。

nerve [nɜv] *n.* ① Ⓒ 神經。②(*pl.*)神經過敏。③ Ⓤ 勇氣；精力；膽量。④ Ⓤ (又作 a ～)〖俚〗冒失；厚顏。⑤ Ⓒ 葉脈；翅脈。⑥(*pl.*)中樞。⑦ Ⓒ筋。*get on one's ～s* 刺激人；攪得人不安。*lose one's ～* 失去勇氣；氣餒。*strain every ～* 盡最大努力。— *v.t.* 使有勇氣；予以力量；激勵。§ ～ **cèll**〖解〗神經細胞。～ **cènter**〖解〗神經中樞。～ **fìber**〖解〗神經纖維。～ **gàs** 神經瓦斯。～ **ìmpulse**〖醫〗神經興奮。

nerve-(w)rack·ing [ˋnɜvˏrækɪŋ] *adj.* 極令人頭痛的。

***nerv·ous** [ˋnɜvəs] *adj.* ①神經的。②神經質的。③剛健的。④膽怯的。⑤神經過敏的。§ ～ **bréakdown** [**prostrátion**]精神崩潰。— **ly,** *adv.*

nerv·y [ˋnɜvɪ] *adj.* ①勇敢的；大膽的。②〖美俚〗厚顏的。③〖英〗神經質的；易激動的。

-ness 〖字尾〗表「性質；狀態；程度」之義，附於形容詞或分詞之後造成名詞，如：bitter*ness*, tired*ness*.

‡**nest** [nɛst] *n.* Ⓒ ①窠；鳥巢。②產卵育幼處。③溫暖安適之處。④罪惡的淵藪。⑤一窠(鳥、獸等)。⑥一套(一個比一個小，可重疊放置者)。— *v.i.* ①築巢。②獵尋鳥巢。③重疊。— *v.t.* ①爲…築巢。②安頓；放置。§ ～ **ègg** (1)留窩蛋。(2)儲蓄。

***nes·tle** [ˋnɛsl̩] *v.i.* ①舒適地坐定；依偎。②築巢。— *v.t.* ①擁抱。②安頓；掩蔽。

nest·ling [ˋnɛs(t)lɪŋ] *n.* Ⓒ ①雛鳥。②幼兒。

‡**net**[1] [nɛt] *n.* ① Ⓒ 網。② Ⓒ 網狀物。③ Ⓒ 陷阱。④ ⓊⒸ 網織品。⑤ Ⓒ (網球等)觸網球。⑥ Ⓒ〖俗〗電視廣播網。— *v.t.* (**-tt-**)①用網捕。②織成網。③打(球)觸網。— *v.i.* 織網。

net[2] *adj.* ①淨餘的。②最後的。— *n.* Ⓒ 實價；淨利；淨重。— *v.t.* (**-tt-**)淨賺。§ ～ **éarnings** 實得報酬。～ **íncome** 淨所得。～ **nátional próduct**〖經〗國民生產淨額。～ **prófit** 淨利。～ **tón** 淨噸。～ **wéight** 淨重。

Net Internet.〖電算〗國際網路。

neth·er [ˋnɛðɚ] *adj.* ①冥府的。②〖古，詩〗下面的。

Neth·er·lands [ˋnɛðɚləndz] *n.* (the ～)荷蘭(俗稱 Holland)。

net·ting [ˋnɛtɪŋ] *n.* ① Ⓤ 網；結網。② Ⓤ 撒網。③ Ⓒ 網狀編結物。

***net·tle** [ˋnɛtl̩] *n.* Ⓒ〖植〗蕁麻。— *v.t.* 刺激；激惱；惹怒。§ ～ **ràsh**〖醫〗蕁麻疹。

***net·work** [ˋnɛtˏwɜk] *n.* ① ⓊⒸ 網。② Ⓒ 網狀組織。③ Ⓒ 廣播網。④ Ⓒ〖電算〗網路。

neu·ral [ˋnjurəl] *adj.* 神經(系統)的。

neu·ral·gia [njuˋrældʒə] *n.* Ⓤ〖醫〗神經痛。— **neu·ral′gic,** *adj.*

neur·as·the·ni·a [ˏnjurəsˋθinɪə] *n.* Ⓤ〖醫〗神經衰弱。

neu·ri·tis [njuˋraɪtɪs] *n.* Ⓤ〖醫〗神

N

經炎。

neu·rol·o·gy [njuˋralədʒɪ] *n.* Ⓤ 神經(病)學。

neu·ron [ˋnjuran], **-rone** [-ron] *n.* Ⓒ〖解〗神經原；神經細胞。

neu·ro·sis [njuˋrosɪs] *n.* ⓊⒸ (*pl.* **-ses** [-siz])〖醫〗神經病；神經官能症。

neu·rot·ic [njuˋratɪk] *adj.* ①患神經病的。②過於神經質的。**—** *n.* Ⓒ 神經病患。

neut. neuter; neutral.

neu·ter [ˋnjutɚ] *adj.* ①〖文法〗中性的。②〖生物〗無性的。③中立的。**—** *n.* ① Ⓒ 中性字。②(the ～) 中性。③ Ⓒ 中性動[植]物。

***neu·tral** [ˋnjutrəl] *adj.* ①中立的。②〖電，化〗中性的。③〖語音〗無性的；中性的。④無色的；微灰色的。⑤不確定的。**—** *n.* ① Ⓒ 中立者；中立國。② Ⓒ 戰時中立國國民。③ Ⓤ〖機〗齒輪的空檔。

neu·tral·ism [ˋnjutrəlɪzəm] *n.* Ⓤ ①中立主義[政策]。②中立。

neu·tral·i·ty [njuˋtrælətɪ] *n.* Ⓤ ①中立。②〖化〗中性。

neu·tral·ize [ˋnjutrəl,aɪz] *v.t.* ①使中立。②使無效；中和。

neu·tri·no [njuˋtrino] *n.* Ⓒ (*pl.* **～s**)〖理〗微中子。

neu·tron [ˋnjutran] *n.* Ⓒ〖理〗中子。

Ne·vad·a [nəˋvædə] *n.* 內華達(美國西部之一州)。

‡**nev·er** [ˋnɛvɚ] *adv.* ①從未地；未曾地；永不地。②毫不；決不。～ ***so*** **a.** 甚至…也不。**b.** 無論怎樣。

nev·er·more [,nɛvɚˋmor] *adv.* 永不再；決不再。

‡**nev·er·the·less** [,nɛvəðəˋlɛs] *adv.* 雖然如此；不過；然而。

‡**new** [nju, nu] *adj.* ①新的。②新生的；新來的；新製的。③初次用的；新鮮的。④不同的。⑤陌生的。⑥不熟悉的。⑦新式的。⑧剛來的。⑨更進一層的。**—** *adv.* ①新近地。②重新地。§ ∼ **lóok**〖俗〗新式樣。∼ **móon** 新月。∼ **pénny**〖英〗新便士。**N∼ Téstament** 新約聖經。∼ **wáve** (常 the N- W-)(藝術、政治等的)新趨向；新潮流；新作風。**N∼ Yéar** 元旦。**N∼ Yèar's Dáy** 元旦(美、加常省略 Day)。**N∼ Yèar's Éve** 除夕。**the N∼ Críticism** 文學新批評(派)。**the N∼ Déal** 新政。**the N∼ Wórld** 新世界；新大陸(美洲大陸)。**the ∼ yéar** 新年。— **ness,** *n.*

new·bie [ˋnju,bi] *n.* Ⓒ 新的或無經驗的網際網路使用者。

new·born [ˋnjuˋbɔrn] *adj.* ①剛出生的。②(生活)新生的。**—** *n.* Ⓒ 新生嬰兒。

***new·com·er** [ˋnju,kʌmɚ] *n.* Ⓒ ①新來者。②新到達之移民。

New Del·hi [,njuˋdɛlɪ] *n.* 新德里(印度共和國之首都)。

new·el [ˋnjuəl] *n.* Ⓒ ①(旋梯的)中心柱。②(梯頂及梯腳的)欄杆支柱。

New Eng·land [,njuˋɪŋglənd] *n.* 新英格蘭(美國之東北部，包括 Maine, New Hampshire, Vermont, Massachusetts, Rhode Island, Connecticut 六州)。

new·fan·gled [,njuˋfæŋgld] *adj.* ①新近流行的。②喜新奇的。

New·found·land [,njufəndˋlænd] *n.* ①紐芬蘭島。② [njuˋfaundlənd] Ⓒ 紐芬蘭犬。

New Guin·ea [,njuˋgɪnɪ] *n.* 新幾內亞(澳洲北方之一島)。(略作 **N.G.**)

New Hamp·shire [,njuˋhæmpʃɚ] *n.* 新罕布夏(美國東北部之一州)。

New Jer·sey [njuˋdʒɜzɪ] *n.* 新澤西州(美國東部一州，略作**N.J., NJ**)。

***new·ly** [ˋnjulɪ] *adv.* ①新近地；最近地。②重新地；再度。

new·ly·wed [ˋnjulɪ,wɛd] *n.* ① Ⓒ 新婚者。②(*pl.*) 新婚夫婦。

New Mex·i·co [njuˋmɛksə,ko] *n.* 新墨西哥州(美國西南部之一州)。

‡**news** [njuz, nuz] *n.* Ⓤ ①新聞；消息。②(the ～)(廣播、電視的)新聞(節目)。③新聞的材料；新奇的事；趣聞。④(N-)…報(用於報紙名)。***break the ～*** (*to*) 傳凶訊(給)。§ ∼ **àgency** [**sèrvice**] 通訊社。∼ **ànalyst** 新聞[時事]評論家或分析者。∼ **cònference** 記者招待會。∼ **flàsh** 簡短的新聞電訊快報。∼ **stòry** 新聞報導。∼ **vàlue** 新聞價值。**the ∼ mèdia** 新聞媒體。— **less,** *adj.*

news·a·gent [ˋnjuz,edʒənt] *n.* Ⓒ〖英〗發賣報紙者。

news·boy [ˋnjuz,bɔɪ] *n.* Ⓒ 報童；賣報童。

news·cast [ˋnjuz,kæst] *n.* Ⓒ 新聞廣播。— **er,** *n.*

news·let·ter [ˋnjuz,lɛtɚ] *n.* Ⓒ ①(定期出版的)時事通訊[評論]。②

(公司、機關的)簡訊；業務通訊。

news·mon·ger [ˋnjuz,mʌŋgɚ] *n.* Ⓒ 愛傳述新聞者；好閒談者。

‡**news·pa·per** [ˋnjuz,pepɚ, ˋnjus-] *n.* ① Ⓒ 報紙。② Ⓤ 新聞用紙；白報紙。

news·print [ˋnjuz,prɪnt] *n.* Ⓤ 白報紙；新聞用紙。

news·reel [ˋnjuz,ril] *n.* Ⓒ〖美〗新聞影片。

news·room [ˋnjuz,rum] *n.* Ⓒ 新聞編輯室。(亦作 **news room**)

news·stand [ˋnjuz,stænd] *n.* Ⓒ 書報攤。(亦作 **news stall**)

news·wor·thy [ˋnjuz,wɝðɪ] *adj.* 有報導[新聞]價值的。

news·y [ˋnjuzɪ] *adj.*〖美〗①多新聞的。②饒舌的。 — *n.*〖俗〗= **newsboy.**

newt [njut] *n.* Ⓒ〖動〗水蜥；蠑螈。

New York [njuˋjɔrk] *n.* ①紐約州(俗稱 the Empire State, 位於美國東部)(略作 **N.Y., NY**). ②紐約市(亦稱 New York City, 或書寫爲 New York, N.Y.).

New Zea·land [njuˋzilənd] *n.* 紐西蘭(大英國協在南太平洋之一會員國)(略作 **N.Z.**).

‡**next** [nɛkst] *adj.* 最近的；其次的。~ *door to* **a.** 在…隔壁。**b.** 差不多。~ *to* **a.** 相鄰。**b.** 次於。**c.** 幾乎。 — *adv.* ①下次。②(地點、時間、位置等)最近地。 — *prep.* 與…鄰接。

next-door [ˋnɛks,dɔr] *adv.* & *adj.* 鄰家(的)；隔鄰(的)。

nex·us [ˋnɛksəs] *n.* Ⓒ (*pl.* ~, ~**es**)①連結；連鎖；關係。②〖文法〗敍述關係；表達關係。

Nfld. Newfoundland.

N.H. New Hampshire.

Ni 〖化〗nickel.

ni·a·cin [ˋnaɪəsn̩] *n.* Ⓤ〖化〗菸鹼酸。

Ni·ag·a·ra [naɪˋægrə] *n.* ①尼加拉河(在美、加交界處)。② = **Niagara Falls.** ③(n-) 蜂擁而至。§ ~ **Fálls**(美、加交界的)尼加拉瀑布。

nib [nɪb] *n.* Ⓒ ①筆尖；筆嘴。②尖頭；尖端。③鳥嘴；喙。 — *v.t.* (-**bb**-) 裝以筆尖；修(筆尖)。

nib·ble [ˋnɪbl̩] *v.i.* ①細咬；輕咬〔常 at〕. ②做出有意接受的樣子。 — *v.t.* 細咬；細嚼。 — *n.* Ⓒ ①細咬；輕咬。②一小口；一小塊。

Nic·a·ra·gua [,nɪkəˋrɑgwə] *n.* 尼加拉瓜(中美一國，首都Managua).

‡**nice** [naɪs] *adj.* ①好的；悅人的；漂亮的。②親切的；關心的。③精確的；微妙的；敏感的。④講究的。⑤狡黠的；棘手的。⑥適當的；合適的。⑦謹慎的。⑧文雅的。⑨〖諷〗壞的；難的；糟的。⑩美味的。⑪規矩的；可敬的。— **ly,** *adv.* — **ness,** *n.*

ni·ce·ty [ˋnaɪsətɪ] *n.* ① Ⓤ 精確。② Ⓤ 微細差異。③ Ⓤ 優雅。④ Ⓒ (常 *pl.*)精美之物；珍饈。⑤ Ⓒ (常 *pl.*)細節。*to a* ~ 正確地。

niche [nɪtʃ] *n.* Ⓒ ①壁龕。②適當的位置。 — *v.t.* 置於壁龕內；置於適當地位(通常用被動式)。

nick [nɪk] *n.* ① Ⓒ 刻痕；裂口；微凹。②(the ~)〖英俚〗監獄。*in the* ~ *of time* 正是時候。 — *v.t.* ①刻痕於；弄缺。②以刻痕記錄。③割(馬尾)根部使尾翹高。④擊中；言中。⑤〖英俗〗逮捕。⑥詐騙。

***nick·el** [ˋnɪkl̩] *n.* ① Ⓤ〖化〗鎳(金屬元素；符號 Ni). ② Ⓒ〖美〗鎳幣。 — *v.t.* (-**l**-,〖英〗-**ll**-)鍍鎳於。

nick·el·o·de·on [,nɪkl̩ˋodɪən] *n.* Ⓒ ①〖美〗(二十世紀初的)五分錢戲院。②自動點唱機(=jukebox).

***nick·name** [ˋnɪk,nem] *n.* Ⓒ ①綽號；渾名。②小名；暱稱。 — *v.t.* ①加綽號於。②叫錯名字。

nic·o·tine [ˋnɪkə,tin], **-tin** [-tɪn] *n.* Ⓤ 尼古丁(煙草中之毒素)。

nic·o·tin·ic [,nɪkəˋtɪnɪk] *adj.* 〖化〗尼古丁的；菸鹼(酸)的。

nic·o·tin·ism [ˋnɪkə,tinɪzəm] *n.* Ⓤ 菸鹼中毒。

***niece** [nis] *n.* Ⓒ 姪女；甥女。

Nie·tzsche [ˋnitʃə] *n.* 尼采(Friedrich Wilhelm, 1844-1900, 德國哲學家)。

nif·ty [ˋnɪftɪ] *adj.* 時髦的；精巧的。

nig·gard [ˋnɪgɚd] *n.* Ⓒ 吝嗇鬼；小氣鬼。 — *adj.* ①吝嗇的；小氣的。②少的；不足的。— **ly,** *adj.* & *adv.*

nig·ger [ˋnɪgɚ] *n.* Ⓒ ①〖俗〗黑人(=Negro). ②有黑人血統者。③〖蔑〗其他黑膚色人種。

nigh [naɪ] *adj.* & *adv.* & *prep.* & *v.*〖古，詩，方〗= **near.**

‡**night** [naɪt] *n.* ① Ⓤ Ⓒ 夜(爲 day 之對)。② Ⓒ (聚會等的)晚上；(…之)夜。③ Ⓤ 昏暗；黑暗。④ Ⓤ 愚昧、罪惡、悲傷、老年、死亡等所造成之黑暗。*have* [*pass*] *a good* [*bad*] ~

N

夜裡睡[不]好。**make a ～ of it** 狂歡通宵。 § ～ **bìrd** (1)夜鳥；夜鶯。(2)夜遊者。 ～ **blìndness** 〖醫〗夜盲(症)。～ **càrt** 水肥車。～ **clērk** (飯店的)夜間櫃台員。～ **làtch** [**bōlt**] 彈簧鎖。～ **lètter** 夜間電報。～ **ōwl** (1)夜貓子。(2)貓頭鷹。～ **pìece** 夜景畫。～ **pòrter** (飯店、客棧的)夜間服務生。～ **sàfe** [〖美〗**depòsitory**] (銀行)上班時間外的服務窗口；夜間保險箱。～ **schòol** 夜校。～ **stìck** 警棍。～ **swèat** 〖醫〗盜汗；夜汗。～ **tàble** 〖美〗床頭几。～ **wàtch** (1)守夜者。(2)守夜(時間)。～ **wátchman** 值夜者；守夜者；夜警。

night·cap [ˋnaɪt,kæp] *n.* Ⓒ ①睡帽。②〖俗〗睡前酒。③〖俗〗(當天)最後一場比賽(尤指棒球賽)。

night·clothes [ˋnaɪt,kloðz] *n. pl.* 睡衣。

night·club [ˋnaɪt,klʌb] *n.* Ⓒ 夜總會。

night·dress [ˋnaɪt,drɛs] *n.* = nightgown.

***night·fall** [ˋnaɪt,fɔl] *n.* Ⓤ 日暮；黃昏；傍晚。

night·gown [ˋnaɪt,gaʊn] *n.* Ⓒ (長的)睡衣。(亦作 **night robe**)

night·hawk [ˋnaɪt,hɔk] *n.* Ⓒ ①夜鷹。②〖俗〗夜遊者；夜貓子。

***night·in·gale** [ˋnaɪtn̩,gel, ˋnaɪtɪn-, ˋnaɪtɪŋ-] *n.* Ⓒ 夜鶯。

Night·in·gale [ˋnaɪtn̩,gel, -tɪŋ-] *n.* 南丁格爾(Florence, 1820-1910, 爲近代護理制度創始人)。

***night·ly** [ˋnaɪtlɪ] *adj.* ①每夜的。②〖詩〗夜間的。③如夜晚的。④夜晚發生的。 — *adv.* ①每夜地。②在夜間。

***night·mare** [ˋnaɪt,mɛr] *n.* Ⓒ ①夢魘；惡夢。②可怕的經驗。

night·shade [ˋnaɪt,ʃed] *n.* ⓊⒸ 〖植〗 ①龍葵(= black nightshade). ②顛茄(=deadly nightshade).

night·shirt [ˋnaɪt,ʃɜt] *n.* Ⓒ 男睡衣。

night·time [ˋnaɪt,taɪm] *n.* Ⓤ 夜間。

night-vi·sion [ˋnaɪt,vɪʒən] *n.* Ⓤ 夜視力(在夜間或黑暗中能看清物體的能力)。

night·work [ˋnaɪt,wɜk] *n.* Ⓤ 夜工。

night·y [ˋnaɪtɪ] *n.* Ⓒ 睡衣(暱稱)。

ni·hil·ism [ˋnaɪəl,ɪzəm] *n.* Ⓤ ①〖哲〗虛無主義；極端懷疑論。②(N-)(俄國十九世紀末葉之)無政府主義。 — **ni′hil·ist,** *n.* — **ni·hil·is′tic,** *adj.*

nil [nɪl] *n.* Ⓤ 無；零。

Nile [naɪl] *n.* (the ～)尼羅河。

Ni·lot·ic [naɪˋlɑtɪk] *adj.* 尼羅河的；尼羅河流域居民的。

***nim·ble** [ˋnɪmbl̩] *adj.* ①敏捷的；迅速的；靈活的。②聰明的；伶俐的。 — **nim′bly,** *adv.*

nim·bus [ˋnɪmbəs] *n.* Ⓒ (*pl.* ～-es, -bi [-baɪ]) ①(聖像頭上之)光輪；靈光。②〖氣象〗雨雲。

nin·com·poop [ˋnɪnkəm,pup] *n.* Ⓒ 愚人；傻子。

‡**nine** [naɪn] *n.* ①ⓊⒸ 九。②Ⓒ 九個人[物]之一組。③Ⓒ 棒球隊。**～ out of ten** 十有八九。 — *adj.* 九個的；九的。

nine·fold [ˋnaɪn,fold] *adj.* & *adv.* 九倍的[地]；九重的[地]。

‡**nine·teen** [ˋnaɪnˋtin] *n.* ①ⓊⒸ 十九。②(作 *pl.* 解)十九個。 — *adj.* 十九的；十九個的。**talk ～ to the dozen** 不斷說話；喋喋不休。

***nine·teenth** [ˋnaɪnˋtinθ] *adj.* 第十九的。 — *n.* ①Ⓤ (the ～)第十九。②Ⓒ 十九分之一。

***nine·ti·eth** [ˋnaɪntɪɪθ] *adj.* 第九十的。 — *n.* ①Ⓤ (the ～)第九十。②Ⓒ 九十分之一。

nine-to-five [ˋnaɪtəˋfaɪv] *adj.* 從早上九點工作到下午五點的。 — **nine′-to-fiv′er,** *n.*

‡**nine·ty** [ˋnaɪntɪ] *adj.* 九十的；九十個的。 — *n.* ⓊⒸ 九十。

‡**ninth** [naɪnθ] *adj.* 第九的。 — *n.* ①Ⓤ (常the ～)第九。②Ⓒ 九分之一。

***nip** [nɪp] *v.t.* (**-pp-**) ①箝；捏；挾。②摘取；剪下〔常 off〕。③使受(寒風等)傷害；使枯萎。④刺痛。 — *v.i.* ①箝；捏；挾。②刺痛。③〖英俗〗急走；急動〔off, away, along〕。**～ in the bud** 在萌芽時摘取；防患於未然。 — *n.* (a ～)①箝；挾；捏。②霜害。③刺膚之寒冷。④一小塊；一點兒。**～ and tuck** (比賽中)旗鼓相當。

nip·per [ˋnɪpɚ] *n.* ①Ⓒ 挾者；摘取者。②(*pl.*)鑷子；鉗。③(*pl.*)手銬；腳鐐。④Ⓒ〖英俗〗小童。

nip·ple [ˋnɪpl̩] *n.* Ⓒ ①乳頭。②(奶瓶的)奶嘴。

Nip·pon [nɪˋpɑn, ˋnɪpɑn] 〖日〗 *n.* 日本。

nir·va·na [nɜˋvænə] *n.* ①(N-) Ⓤ〖佛教〗涅槃；極樂世界。②ⓊⒸ (自痛苦、煩惱)超脫。

nit [nɪt] *n.* Ⓒ (虱等之)卵。

ni·ter, 〖英〗**-tre** [ˋnaɪtɚ] *n.* Ⓤ 〖化〗硝酸鉀；硝酸鈉；智利硝石。

nit-pick [ˋnɪt,pɪk] *v.t. & v.i.* (對…)挑剔；(對…)吹毛求疵。— **er,** *n.*

ni·trate [ˋnaɪtret] *n.* ⓊⒸ 硝酸鹽；硝酸鉀；硝酸鈉。— *v.t.* ①以硝酸處理。②使硝化。

ni·tric [ˋnaɪtrɪk] *adj.* 〖化〗①氮的；含氮的。②硝石的。§～ **àcid** 硝酸。

***ni·tro·gen** [ˋnaɪtrədʒən] *n.* Ⓤ 〖化〗氮(氣體元素；符號 N)。— **ni·trog·e·nous** [naɪˋtrɑdʒənəs], *adj.*

ni·tro·glyc·er·in(e) [,naɪtrəˋglɪsrɪn] *n.* Ⓤ 〖化〗硝化甘油。

ni·trous [ˋnaɪtrəs] *adj.* 硝石的；含氮的。§～ **ácid** 〖化〗亞硝酸。～ **óxide** 〖化〗氧化亞氮(N_2O)；笑氣。

nit·wit [ˋnɪt,wɪt] *n.* Ⓒ 〖俗〗蠢人。

N.J. New Jersey.

‡**no** [no] *n.* (*pl.* **no(e)s**) ① ⓊⒸ 不；否定。② ⓊⒸ 否認；拒絕。③(*pl.*) 否決；投反對票者。— *adj.* ①沒有；絕不。②差不多沒有的；很少的。— *adv.* ①不。②絕不是；並不。

***No.** north; northern.

No., N°, no. [ˋnʌmbɚ] (*pl.* **Nos., N°ˢ, nos.**) number.

no-ac·count [ˋnoəˋkaʊnt] *adj.* 〖美俚〗無價值的；不中用的。— *n.* Ⓒ 不中用的人。

No·ah [ˋnoə] *n.* 〖聖經〗諾亞。§～**'s Árk** 諾亞方舟。

nob [nɑb] *n.* Ⓒ ①〖俚〗頭。②〖英俗〗富翁；有社會地位之人。

No·bel [noˋbɛl] *n.* 諾貝爾(Alfred Bernhard, 1833-96, 瑞典工業家、慈善家)。§～ **prízes** 諾貝爾獎(諾貝爾遺囑中所設獎金，每年頒給前一年在物理、化學、醫藥、文學，及促進和平方面有卓越貢獻者)。

***no·bil·i·ty** [noˋbɪlətɪ] *n.* Ⓤ ①(the ～)貴族(階級)。②貴族出身。③高貴；高尚。

‡**no·ble** [ˋnobl̩] *adj.* ①貴族的；高貴的。②高尚的；偉大的。③卓越的；優秀的；輝煌的。④寶貴的；不易腐蝕或生銹的。— *n.* Ⓒ (常 *pl.*)貴族。— **ness,** *n.* — **no′bly,** *adv.*

no·ble·man [ˋnobl̩mən] *n.* Ⓒ (*pl.* **-men**)貴族。

no·ble-mind·ed [ˋnobl̩ˋmaɪndɪd] *adj.* 心地高尚的。

no·blesse [noˋblɛs] *n.* Ⓤ ①貴族之地位或出身。②(尤指法國之)貴族階級；貴族(集合稱)。

no·ble·wom·an [ˋnobl̩,wʊmən] *n.* Ⓒ (*pl.* **-wom·en**)貴婦。

‡**no·bod·y** [ˋno,bɑdɪ, ˋnobʌdɪ, -bədɪ] *pron.* 沒人；無一人。— *n.* Ⓒ (常 *sing.*)不重要之人；庸碌之人。〔注意〕**nobody, nothing, nowhere** 均應連寫成一個單字。nobody 與 nothing 均作單數解。

noc·tam·bu·lism [nɑkˋtæmbjə,lɪzəm] *n.* Ⓤ 夢遊症。— **noc·tam′bu·list,** *n.*

noc·tur·nal [nɑkˋtɝnəl,-nl] *adj.* ①夜的；夜間的。②夜間活動的；夜晚發生的。③(花)晝閉夜開的。

noc·turne [ˋnɑktɝn] *n.* Ⓒ ①〖樂〗夜曲；夢幻曲。②〖美術〗夜景畫。

‡**nod** [nɑd] *v.i.* (**-dd-**)①點頭。②點首答應。③打盹；懈怠。④低垂；擺動。— *v.t.* ①點頭以表示。②使(某物)擺動[低垂]。(*Even*) *Homer sometimes* **～s.** (即使)最偉大的人有時也會錯。— *n.* Ⓒ (常 *sing.*)①點頭。②打盹時之垂頭；打盹。③同意。

node [nod] *n.* Ⓒ ①結；節；瘤。②〖植〗莖節(莖上生葉的部分)。③〖醫〗硬結腫。④〖天〗交點。⑤〖理〗波節。

nod·ule [ˋnɑdʒul] *n.* Ⓒ ①小結。②〖植〗結節。— **nod′u·lar,** *adj.*

no-good [ˋno,gʊd] *adj.* 毫無用處[價值]的。— *n.* Ⓒ 〖俚〗①毫無用處的人。②廢物。

‡**noise** [nɔɪz] *n.* ⓊⒸ ①吵鬧聲；噪音。②聲音；雜聲。 *make a* **～ a.** 吵鬧。**b.** 引起談論；引起注意。— *v.t.* 謠傳；宣稱。— *v.i.* ①發出噪音。②議論；公開談論。§～ **pollùtion** 噪音污染。〔注意〕**noise** 特指不愉快的嘈雜、叫囂、刺耳、震耳之聲。**sound** 是泛指一般的聲音。

***noise·less** [ˋnɔɪzlɪs] *adj.* 無聲的；安靜的；聲音很輕的；不出聲的。

***noise·less·ly** [ˋnɔɪzlɪslɪ] *adv.* 輕輕地；寂然無聲地。

noise·proof [ˋnɔɪz,pruf] *adj.* 防噪音的；防雜音的。

noi·some [ˋnɔɪsəm] *adj.* ①使人不快的；有惡臭的。②有害的；有毒的。— **ly,** *adv.* — **ness,** *n.*

***nois·y** [ˋnɔɪzɪ] *adj.* 喧鬧的；嘈雜的。— **nois′i·ness,** *n.*

no·mad [ˋnomæd] *n.* Ⓒ ①遊牧民族(的人)。②流浪的人。— *adj.* ①遊牧的。②流浪的。

N

no·mad·ic [no`mædɪk] *adj.* ①遊牧的。②流浪的。
no·mad·ism [`nomæd,ɪzəm] *n.* Ⓤ遊牧生活；流浪。
no·men·cla·ture [`nomən,kletʃə, no`mɛnklətʃə] *n.* ①ⓊⒸ(專門學科中的)有系統的命名法。②Ⓤ專門名辭；術語。
nom·i·nal [`nɑmənl] *adj.* ①名義上的。②極微薄的。③名目上的。④〖文法〗名詞的。⑤記名的。§～ **válue**(股票等之)面額。—**ly,** *adv.*
***nom·i·nate** [`nɑmə,net] *v.t.* ①提名爲…之候選人。②任命；派定。
***nom·i·na·tion** [,nɑmə`neʃən] *n.* ⓊⒸ提名；任命；推薦。
***nom·i·na·tive** [`nɑmənətɪv] *adj.* ①〖文法〗主格的。②被提名或任命的。③(股票等)記名的。—*n.* Ⓒ①主格。②主格語。
nom·i·na·tor [`nɑmə,netə] *n.* Ⓒ提名者；推薦者；任命者。
nom·i·nee [,nɑmə`ni] *n.* Ⓒ被提名的候選人；被任命者。
non- 〖字首〗表「無；不；非」之義。
non·age [`nɑnɪdʒ] *n.* Ⓤ①〖法律〗未成年。②早期；未成熟期。
non·al·co·hol·ic [,nɑnælkə`hɔlɪk] *adj.* 不含酒精的。
non·cha·lant [`nɑnʃələnt] *adj.* 冷漠的；滿不在乎的。—**ly,** *adv.* —**non′cha·lance,** *n.*
non·com·bat·ant [nɑn`kɑmbətənt] *n.* Ⓒ①非戰鬥人員。②平民；戰時未參與戰鬥的人。—*adj.*未參加戰鬥的；非戰鬥人員的。
non·com·mer·cial [,nɑnkə`mɝʃəl] *adj.* 非營利性的。
non·com·mis·sioned [,nɑnkə`mɪʃənd] *adj.* 無委任狀的；未受任命的。§～ **ófficer** 士官；軍士。
non·com·mit·tal [,nɑnkə`mɪtl] *adj.* 不予承諾的；不明確表示意見的；含糊的；曖昧的。
non·com·pli·ance [,nɑnkəm`plaɪəns] *n.* Ⓤ不順從；不讓步。
non·con·duc·tor [,nɑnkən`dʌktə] *n.* Ⓒ〖理〗不良導體；絕緣體。
non·con·form·i·ty [,nɑnkən`fɔrmətɪ] *n.* Ⓤ①不遵從(規則、習慣等)。②不遵奉國教；非國教教徒。
non·co·op·er·a·tion [,nɑnko,ɑpə`reʃən] *n.* Ⓤ①不合作。②(印度甘地派對英國之)不合作政策。
non·dair·y [nɑn`dɛrɪ] *adj.* 不含牛奶[乳製品]的。
non·de·script [`nɑndɪ,skrɪpt] *adj.* 無特徵的；難以分類的。—*n.* Ⓒ難以分類的人或物。
non·dis·tinc·tive [,nɑndɪ`stɪŋktɪv] *adj.* 無區別的。
non·drink·er [nɑn`drɪŋkə] *n.* Ⓒ不飲酒的人。
non·du·ra·ble [nɑn`djurəbl] *adj.* 不耐久的；不經用的。—*n.* (*pl.*)不耐久之物。
‡**none** [nʌn] *pron.* ①毫無(=not any)。②無一人；無一物(= no one; not one)。③無人；無物(= no persons or things, 通常當複數用，故亦應用複數動詞)。—*adv.* 毫不。～ *the less* 依然；然而。〔注意〕**none** 是一個字，而 **no one** 是分寫的兩個字，且常代替 none 以加強語氣。none 可作複數，亦可作單數，但現在則多作複數。
non·en·ti·ty [nɑn`ɛntətɪ] *n.* ①Ⓤ不存在。②Ⓒ無足輕重之人；無用之人或物。③Ⓒ不存在之物；想像之物。
non·es·sen·tial [,nɑnə`sɛnʃəl] *adj.* 非本質上的；非主要的。—*n.* Ⓒ非必需之事物或人。
none·the·less [,nʌnðə`lɛs] *adv.* 然而；儘管如此。
non·ex·ist·ence [,nɑnɪg`zɪstəns] *n.* ①Ⓤ不存在；無。②Ⓒ非實在之物。—**non·ex·ist′ent,** *adj.*
non·fea·sance [nɑn`fizṇs] *n.* Ⓤ〖法律〗不履行義務。
non·fic·tion [nɑn`fɪkʃən] *n.* Ⓤ非小說類的文學作品(傳記、歷史、小品文等)。—**al,** *adj.*
non·in·ter·fer·ence [,nɑnɪntə`fɪrəns] *n.* Ⓤ不干涉。
non·in·ter·ven·tion [,nɑnɪntə`vɛnʃən] *n.* Ⓤ不介入；不干涉。
non·i·ron [nɑn`aɪən] *adj.*(衣服)不需熨燙的；免燙的。
non·lead(·ed) [nɑn`lɛd(ɪd)] *adj.* 無鉛的。
non·met·al [nɑn`mɛtl] *n.* ⓊⒸ〖化〗非金屬(元素)。
non·mor·al [nɑn`mɔrəl,-`mɑr-] *adj.* 與道德[倫理]無關的。
non·nu·cle·ar [nɑn`njuklɪə] *adj.* 非核子(武器)的。
non·ob·serv·ance [,nɑnəb

`zɜvəns] *n.* Ⓤ不遵守; 違反。

non·of·fi·cial [ˌnɑnəˋfɪʃəl] *adj.* 非官方的; 非正式的。

non·pa·reil [ˌnɑnpəˋrɛl] *adj.* 無上的; 無比的。 — *n.*(常 the ～)舉世無雙之人或物。

non·par·ti·san, -zan [nɑnˋpɑrtəzn̩] *adj.* 不屬於黨派的; 超黨派的; 無黨無派的。

non·pay·ment [nɑnˋpemənt] *n.* Ⓤ不支付; 未繳納。

non·per·form·ance [ˌnɑnpəˋfɔrməns] *n.* Ⓤ不履行; 不實行。

non·plus [nɑnˋplʌs] *v.t.* (**-s-**, 〖英〗**-ss-**)使困惑; 使窘困; 使爲難。 — *n.*(a ～)困惑; 狼狽。

non·po·lit·i·cal [ˌnɑnpəˋlɪtɪkl] *adj.* 非政治性的。

non·pol·lut·ing [ˌnɑnpəˋlutɪŋ] *adj.* 無汚染的。

non·prof·it [nɑnˋprɑfɪt] *adj.* 非營利的; 無利可圖的。

non·res·i·dent [nɑnˋrɛzədənt] *adj.* 不住在…的; 非本地居民的。 — *n.* Ⓒ非本地居民。

non·re·stric·tive [ˌnɑnrɪˋstrɪktɪv] *adj.* ①無限制的。②〖文法〗僅加以形容而不限制其意義的。

***non·sense** [ˋnɑnsɛns] *n.* Ⓤ 無意義; 無意義的話或舉動。 — *adj.* 無意義的; 荒謬的。 — *interj.* 胡說!

non·stand·ard [nɑnˋstændəd] *adj.* (發音等) 不標準的; (產品等)不合標準的。

non·stick [nɑnˋstɪk] *adj.*不沾鍋的。

non·stop [ˋnɑnˋstɑp] *adj.* & *adv.* 中途不停的[地]; 中途不著陸的[地]; 直達的[地]。

non·vi·o·lence [nɑnˋvaɪələns] *n.* Ⓤ不訴諸暴力的主張、政策。

non·vi·o·lent [nɑnˋvaɪələnt] *adj.* 不訴諸暴力的。 — **ly,** *adv.*

non·white [nɑnˋhwaɪt] *n.* Ⓒ非白(種)人。 — *adj.* 非白(種)人的。

noo·dle[1] [ˋnudl] *n.* Ⓒ (常*pl.*)麵條。

noo·dle[2] *n.* Ⓒ ①笨人; 傻瓜。②〖俚〗頭; 腦袋。

***nook** [nʊk] *n.* Ⓒ ①角落; 屋隅。②隱蔽處; 僻遠處; 不引人注目之處。

‡**noon** [nun] *n.* Ⓤ ①正午; 中午。②(the ～)頂點; 全盛時代。 — *adj.* 中午的。

***noon·day** [ˋnunˌde] *n.* Ⓤ正午。 *as clear as* ～ 極爲明顯。 — *adj.* 中午的; 正午的。

no-one [ˋnoˌwʌn] *pron.* 沒有人(=nobody). (亦作 **no one**)

***noon·time** [ˋnunˌtaɪm], **-tide** [-ˌtaɪd] *n.* =**noon.**

noose [nus] *n.* Ⓒ ①活結; 繩套。②羅網; 圈套。 — *v.t.*①以(繩)結成活套。②以活結繩套捕; 加圈套。

‡**nor** [nɔr, nə] *conj.*①亦不(與 neither 連用)。②〖詩〗=**neither**(與另一 nor 連用)。

Nor. North; Norway; Norwegian.

Nor·dic [ˋnɔrdɪk] *n.* Ⓒ北歐人。 — *adj.* 北歐人的。

norm [nɔrm] *n.* Ⓒ (常 *pl.*)標準; 規範; 模範。

***nor·mal** [ˋnɔrml] *adj.* ①正常的; 正規的; 標準的; 典型的; 常態的。②〖幾何〗法線的; 垂直的; 正交的。 — *n.* ① Ⓤ 常態; 標準。② Ⓒ〖幾何〗法線; 垂直線。§ ～ **schòol**師範學校。—**nor·mal′i·ty** [-mæl-], *n.* —**ize,** *v.*

nor·mal·i·za·tion [ˌnɔrmləˋzeʃən] *n.* Ⓤ正常化; 標準化。

nor·mal·ly [ˋnɔrmlɪ] *adv.* ①正常地。②常態地; 通常地。

Nor·man [ˋnɔrmən] *n.* Ⓒ ①法國諾曼第人。②居住於 Normandy 之斯堪的那維亞人與法國人的混血兒。 — *adj.* ①諾曼或諾曼第(人, 語言, 文化)的。②諾曼第式建築的。

Nor·man·dy [ˋnɔrməndɪ] *n.* 諾曼第(法國西北部之一地區, 第二次世界大戰期中盟軍登陸地點)。

Norse [nɔrs] *adj.* ①古代斯堪的那維亞(人, 語)的。②挪威(人, 語)的。 — *n.* (the ～, 作 *pl.* 解)古代斯堪的那維亞人; 挪威人。

Norse·man [ˋnɔrsmən] *n.* Ⓒ (*pl.* **-men**)古代斯堪的那維亞人。

‡**north** [nɔrθ] *n.* ①(the ～)北; 北方(略作 **N**). ②(the ～)一國之北部。③(the N-)美國北部。④ Ⓤ 北風。 *to* [*on, in*] *the* ～ *of* 在…之北。 — *adj.*①北方的; 在北部的。②來自北方的。 — *adv.*在北方; 向北方。§ **N∼ Atlántic Tréaty Organizàtion** 北大西洋公約組織(略作 NATO). **the N∼ Stár**〖天〗北極星。

Nórth Carolína *n.* 北卡羅來納(美國南部之一州, 略作 **N.C.** 或 **NC**).

Nórth Dakóta *n.* 北達科塔(美國中北部之一州, 略作 **N. Dak.**).

N

***north·east** [ˌnɔrθˋist] *adj.* ①(在)東北的。②向東北的。③來自東北的。**—** *n.* (the ～)①東北。②東北的地方；向東北的地方。**—** *adv.* ①向東北地。②自東北地。③在東北地。

north·east·er [ˌnɔrθˋistɚ] *n.* Ⓒ 東北(強)風。

***north·east·ern** [ˌnɔrθˋistɚn] *adj.* ①東北方的；在東北的；向東北的。②來自東北的。

north·east·ward [ˌnɔrθˋistwɚd] *adv.* & *adj.* 向東北地[的]；朝東北地[的]。**—** *n.* (the ～)東北(方)。—**ly,** *adv.* & *adj.*

north·east·wards [ˌnɔrθˋistwɚdz] *adv.* =**northeastward.**

north·er [ˋnɔrðɚ] *n.* Ⓒ 〖美〗強烈北風。

north·er·ly [ˋnɔrðɚlɪ] *adj.* & *adv.* ①向北的[地]。②來自北方的[地]。③北方的[地]。

‡**north·ern** [ˋnɔrðɚn] *adj.* ①向北的。②來自北方的。③在北方的。④(N-)美國北方的。§ ～ **líghts** 北極光。 **the N～ Hémisphere** 北半球。—**er,** *n.*

North·man [ˋnɔrθmən] *n.* Ⓒ (*pl.* **-men**) ① 古代斯堪的那維亞人 (=Norseman, 於八至十一世紀劫掠歐洲各地之海盜)。②北歐人。

north-po·lar [ˌnɔrθˋpolɚ] *adj.* 北極的。

Nórth Póle *n.* (the ～)北極。

***north·ward** [ˋnɔrθwɚd] *adv.* & *adj.* 向北方地[的]。**—** *n.* (the ～)北方。—**ly,** *adj.* & *adv.*

north·wards [ˋnɔrθwɚdz] *adv.* =**northward.**

north·west** [ˌnɔrθˋwɛst] *adj.* ①西北的。②向西北的。③來自西北的。④在西北的。**—** *n.* (the ～)①西北。②西北部地方。the N～*** 美國西北部(Washington, Oregon, Idaho 諸州)。**—** *adv.* ①向西北地。②自西北地。③在西北地。

north·west·er [ˌnɔrθˋwɛstɚ] *n.* Ⓒ 西北(強)風。

***north·west·ern** [ˌnɔrθˋwɛstɚn] *adj.* ①在西北部的；(向)西北的。②來自西北的。③(N-)美國西北部的。

north·west·ward [ˌnɔrθˋwɛstwɚd] *adv.* & *adj.* 向西北地[的]。**—** *n.* (the ～)西北方[部]；西北地區。—**ly,** *adj.* & *adv.*

north·west·wards [ˌnɔrθˋwɛstwɚdz] *adv.* =**northwestward.**

***Nor·way** [ˋnɔrwe] *n.* 挪威(歐洲西北部一國，首都奧斯陸 Oslo)。

***Nor·we·gian** [nɔrˋwidʒən] *adj.* 挪威(人，語)的。**—** *n.* ① Ⓒ 挪威人。② Ⓤ 挪威語。

‡**nose** [noz] *n.* ① Ⓒ 鼻子。②(a ～)嗅覺。③(a ～)偵察的能力。④ Ⓒ 突出部分(如機首、船首等)。⑤(one's ～)干涉。 ***by a ～*** 〖俚〗以極微之差。***count ～s*** 清點人數。***cut off one's ～ to spite one's face*** 想報復別人而害了自己。***follow one's ～*** **a.** 向前進；直走。 **b.** 憑直覺。 ***lead (a person) by the ～*** 牽著一個人的鼻子[令之唯命是從]。***on the ～*** 直接地；十分正確地。***pay through the ～*** 付出很高的價錢。***poke one's ～ into*** 干涉(他人之事)。***put someone's ～ out of joint*** **a.** 破壞某人之計畫。**b.** 奪人之寵。**c.** 使某人難堪。***turn up one's ～ at*** 鄙視。***under someone's (very) ～*** 在…之面前；當著…的面。**—** *v.t.* ①嗅出；靠嗅覺察出〔out〕。②以鼻嗅。③以尖端推進。④以鼻磨擦。**—** *v.i.* ①嗅〔常 at, about〕。②(以鼻部或首部)挺進。③找；探究；探聽；干涉。***～ out*** **a.** 探出(祕密等)。**b.** 險勝。§ ～ **dìve**(1)飛機之垂直俯衝。(2)突降(如物價等)。～ **jòb** 整鼻手術。

nose·bleed [ˋnozˌblid] *n.* Ⓒ 鼻出血。

nose-dive [ˋnozˌdaɪv] *v.i.* ①俯衝。②突降。

nose·gay [ˋnozˋge] *n.* Ⓒ 花束；花球。

nose·wheel [ˋnozˌhwil] *n.* Ⓒ (飛機機頭之)降落輪。

nos·tal·gia [nɑˋstældʒɪə] *n.* Ⓤ ①鄉愁；懷鄉病。②懷古；懷舊。—**nos·tal'gic,** *adj.*

***nos·tril** [ˋnɑstrəl] *n.* Ⓒ 鼻孔。

nos·y [ˋnozɪ] *adj.* 〖俗〗好管閒事的；好追問的；愛探聽的。

‡**not** [nɑt] *adv.* 不；未。***～ a few*** 不少。〖文法〗(1)與助動詞或不完整動詞連用，形成否定句。(2)用以造成字或句的部分之否定。

***no·ta·ble** [ˋnotəbl̩] *adj.* ①值得注意的；顯著的；著名的。②可覺察的；有相當分量的。**—** *n.* Ⓒ ①著名人士；名人。②值得注意之事物。—**no'·ta·bly,** *adv.* —**no·ta·bil'i·ty,** *n.*

no·ta·rize [ˋnotəˌraɪz] *v.t.* 公證

證明(合同、契約等)。

no·ta·ry [ˋnotərɪ] *n.* Ⓒ (法律)公證人。

no·ta·tion [noˋteʃən] *n.*① Ⓤ (使用特殊文字、記號的)表示法；標記法。decimal ～ 十進法。②Ⓒ (常 *sing.*)記載；標示。③ⓊⒸ 備忘錄；筆記；註釋。

***notch** [nɑtʃ] *n.* Ⓒ① V字形刻痕。②谷道。③〖俗〗程度；等級。— *v.t.* ①刻V字凹痕於…。②刻痕計(數)。③獲得(勝利、地位等)。

‡**note** [not] *n.*① Ⓒ 摘記；筆記。② Ⓤ 注意。③Ⓒ 註解；註釋。④Ⓒ 短箋；便條。⑤Ⓒ 一個單音。⑥Ⓒ 音符；音鍵。⑦Ⓒ 歌曲；調子；旋律。⑧Ⓤ 名聲；顯著。⑨Ⓒ 期票；定期付款票。⑩Ⓒ 外交函件；備忘錄；通牒。⑪Ⓒ 鳥鳴聲。⑫Ⓒ 特徵；以證明眞實不僞之符號。⑬Ⓒ 紙幣。⑭Ⓤ 重要性。⑮Ⓒ 標點符號；信號。*compare ～s* 交換意見。*make a ～ of* 記錄；記下。*take ～ of* 留心。— *v.t.*①記錄。②注意；留心。③註解。④特別提及。

***note·book** [ˋnot,bʊk] *n.* Ⓒ 筆記本；手册。

***not·ed** [ˋnotɪd] *adj.* 著名的；顯著的。

note·less [ˋnotlɪs] *adj.*①不引人注目的；平凡的；無名的。②無聲的。

note·pap·er [ˋnot,pepɚ] *n.* Ⓤ 信紙；便條紙。(亦作 **note paper**)

note·wor·thy [ˋnot,wɝðɪ] *adj.* 值得注意的；顯著的。

‡**noth·ing** [ˋnʌθɪŋ] *pron.*(作 *sing.* 解)①(什麼也)沒有。②不關緊要之事務；無足輕重之人。*come to ～* 完全失敗；無結果。*for ～* a. 免費。b. 無理由；無緣故。c. 無用地；白費地。 *have ～ to do but* [*except*] 除…以外毫無辦法。 *have ～ to do with* 與…無關。*make ～ of* a. 不了解。b. 輕視。c. 不能做；未能利用。～ *but* [*except*] 祇；不過。～ *doing*〖俗〗a. 不行。b. 不幹了；算了(失敗或拒絕之詞)。*think ～ of* a. 認爲容易。b. 視爲不重要或無價值。— *n.* ①Ⓤ 無；零。②Ⓒ 微不足道的人[事, 物]。③ Ⓒ (常 *pl.*)瑣碎的話。— *adv.* 毫不。

‡**no·tice** [ˋnotɪs] *n.*①Ⓤ 注意。②Ⓤ 警告。③Ⓒ 標記；招牌。④ⓊⒸ 告示；公告；啓事；通知。⑤Ⓤ 預告。⑥Ⓒ (對新書等之)短評；評介。*take ～* 注意；留意；看；(小孩)開始懂事。*take ～ of* a. 款待；禮遇。b. 注意。— *v.t.* ①注意。 ②通知。 ③提及；評介。§ ～ **bòard** 告示板；布告板。

***no·tice·a·ble** [ˋnotɪsəbl̩] *adj.* ①顯明的；顯著的。②值得注意的。

no·tice·a·bly [ˋnotɪsəblɪ] *adv.* 顯眼地；顯著地。

no·ti·fi·ca·tion [,notəfəˋkeʃən] *n.* ①Ⓤ 通知；通報；公告。②Ⓒ 通知書；報告書。

***no·ti·fy** [ˋnotə,faɪ] *v.t.* ①通知。②報告；公告。③警告。

***no·tion** [ˋnoʃən] *n.* ①Ⓒ 觀念； 概念。②Ⓒ 意見； 信仰。 ③Ⓒ 意念；意向；企圖。④Ⓒ 怪念頭；奇想。⑤(*pl.*)雜物(如別針、針、線等)。§ ～ **stòre**〖美〗雜貨店。

no·to·ri·e·ty [,notəˋraɪətɪ] *n.* ①Ⓤ 狼藉的名聲。②Ⓤ 聞名；顯著；眾人皆知。③Ⓒ 惡名昭彰者。

***no·to·ri·ous** [noˋtorɪəs] *adj.* ①聲名狼藉的；罪惡昭彰的。②著名的；眾人皆知的。〔注意〕**notorious** 通常指因不名譽之原因而著名。**famous** 指因其成就或優越而著名。

***not·with·stand·ing** [,nɑtwɪθˋstændɪŋ, -wɪð-] *prep.* 縱使。— *conj.* 雖然。— *adv.* 雖然；然而。

nou·gat [ˋnugət, ˋnugɑ] *n.* ⓊⒸ 牛軋糖(由果仁和蜜糖製成)。

***nought** [nɔt] *n.* =**naught.**

***noun** [naʊn] *n.* Ⓒ 名詞。— *adj.* 名詞的；似名詞的。

***nour·ish** [ˋnɝɪʃ] *v.t.* ①滋養；給…營養。②懷有；孕育。③供給；支持；助長。— **ing,** *adj.*

***nour·ish·ment** [ˋnɝɪʃmənt] *n.* Ⓤ①滋養品；養料。②營養；滋養。

Nov. November.

***nov·el** [ˋnɑvl̩] *adj.* 新奇的；異常的。— *n.* Ⓒ (長篇)小說。

nov·el·ette [,nɑvl̩ˋɛt] *n.* Ⓒ 短篇或中篇小說。

***nov·el·ist** [ˋnɑvl̩ɪst] *n.* Ⓒ 小說家。

no·vel·la [noˋvɛlə] *n.* Ⓒ (*pl.* **-le** [-li], **～s**) 短篇故事；中篇小說。

***nov·el·ty** [ˋnɑvl̩tɪ] *n.* ①Ⓤ 新奇；新鮮。②Ⓒ 新奇之事物。③(*pl.*)新奇玲瓏之物[玩具]；價廉之首飾等。

‡**No·vem·ber** [noˋvɛmbɚ] *n.* 十一月。(略作 **Nov.**)

nov·ice [ˋnɑvɪs] *n.* Ⓒ ①生手；新手；初學者。②新入教者；新信徒。

‡**now** [naʊ] *adv.* ①現在；此刻；立

N

刻。②剛才。③當時；那時；然後。④(轉變話題時置於句首)且說；那麼。～ ***and then***[***again***]有時；偶然。 ～ ... ～ 時而…時而。 ***N- or never!*** 勿失良機！ — *n.* Ⓤ 現在。— *conj.* 既然(與 that 連用)。

***now·a·days** [ˋnauə,dez] *adv.* (亦作 **nowaday**)現今；時下。 — *n.* Ⓤ 現在；時下。

no·way(s) [ˋno,we(z)] *adv.* 決不；毫不。

***no·where** [ˋno,hwɛr] *adv.* 無處。

nox·ious [ˋnɑkʃəs] *adj.* 有毒害的。

noz·zle [ˋnɑzl̩] *n.* Ⓒ ①(水管等的)管嘴。②茶壺嘴。③(風箱等之)噴氣口。④〖俚〗鼻子。

Np〖化〗neptunium. **NSC** National Security Council. 〖美〗國家安全會議。 **NT, NT., N.T.** New Testament. **nt. wt.** net weight.

nu·ance [njuˋɑns] *n.* Ⓒ (色彩、音調、措詞、意味、感情等的)細微差異。

nub [nʌb] *n.* ① Ⓒ 瘤；(煤等的)結；小塊。②(the ～)〖俗〗核心；要點。

nu·bile [ˋnjubl̩] *adj.* 已到結婚年齡的(女人)。

nu·bil·i·ty [njuˋbɪlətɪ] *n.* Ⓤ (女子的)適婚期。

***nu·cle·ar** [ˋnjuklɪɚ, ˋnu-] *adj.* ①〖生物〗(細胞)核的。②〖理〗(原子)核的。§ ∼ **énergy**〖理〗核能。 ∼ **fámily** 核心家庭(由父母與其子女所組成)。 ∼ **plánt** 核能發電廠。 ∼ **reáctor** 原子爐；核反應爐。

nu·cle·ar-pow·ered [ˋnjuklɪɚˋpauɚd] *adj.* 核子動力的；原子能推進的。

nu·clé·ic ácid [njuˋkliɪk ～] *n.* Ⓤ〖生化〗核酸。

nu·cle·on [ˋnjuklɪɑn] *n.* Ⓒ〖理〗核子。

nu·cle·on·ics [,njuklɪˋɑnɪks] *n.* Ⓤ 核子學。

***nu·cle·us** [ˋnjuklɪəs] *n.* Ⓒ (*pl.* **-clei** [-klɪ,aɪ], ～**es**) ①中心；核心；核心組織。②〖理化〗原子核。③〖生物〗細胞核。④基礎；開端。

nude [njud] *adj.* ①裸體的；赤裸裸的。②無覆蓋的；無家具的。③無葉的；無毛的。 — *n.* ① Ⓒ 裸體像；裸體畫。②(the ～)裸體。

nudge [nʌdʒ] *v.t.* & *v.i.* 以肘輕觸(以喚起注意或予以暗示)。 — *n.* Ⓒ 輕推。

nu·ga·to·ry [ˋnjugə,torɪ] *adj.* ①無價值的；無用的。②無效的。

***nui·sance** [ˋnjusn̩s] *n.* Ⓒ 討厭之人或物。

nuke [njuk] *n.* Ⓒ〖美俚〗核武器。 — *v.t.* 以核武器攻擊。

null [nʌl] *adj.* ①無約束力的；無效的。②無意義的。③不存在的。④零的。～ ***and void***(指法律文件)無效的。

nul·li·fy [ˋnʌlə,faɪ] *v.t.* ①使無效；廢棄；取消。②使不重要；使無意義；抵消。 — **nul·li·fi·ca′tion,** *n.*

nul·li·ty [ˋnʌlətɪ] *n.* ① Ⓤ 無效；作廢。② Ⓒ 不足道的人[物]。③ Ⓤ 無價值；無。

***numb** [nʌm] *adj.* 麻木的；失去知覺的。 — *v.t.* ①使麻木。②使昏迷。 — **ly,** *adv.* — **ness,** *n.*

‡**num·ber** [ˋnʌmbɚ] *n.* ① Ⓒ 數；數字。② Ⓤ (the ～)數目；總數。③ (a ～)若干；一些。④ Ⓒ (節目等)一節；(雜誌等)一期。⑤ Ⓒ 號數(略作 **No.**, 複數作 **Nos.**)。⑥ Ⓤ Ⓒ〖文法〗數。⑦(*pl.*)算術。⑧ Ⓒ (常 *sing.*)商品(尤指衣物)。***a ～ of*** 一些；若干；許多。***beyond ～*** 無數；多不勝數。***get***[***have***]***someone's ～***〖俚〗曉得某人之眞正動機、意圖。***without ～*** 無數的。 — *v.t.* ①標以號數。②數；計算。③計有；達…之數。④將…算作(某類或某集團)之一。⑤限數；限制。§ ∼ **óne** (1)第一號。(2)第一號人物；首要人物。(3)〖俗〗小便。 ∼ **plàte**(房屋的)門牌；〖英〗(汽車等的)牌照。

nu·mer·a·ble [ˋnjumərəbl̩] *adj.* 可數的；可計算的。 — **ness,** *n.*

***nu·mer·al** [ˋnjumərəl] *n.* Ⓒ 數字。 — *adj.* ①數字的。②代表數字的。

nu·mer·a·tion [,njuməˋreʃən] *n.* Ⓤ 計算(法)。

nu·mer·a·tor [ˋnjumə,retɚ] *n.* Ⓒ ①〖數〗(分數中之)分子。②計算者；計算器。

nu·mer·ic, -i·cal [njuˋmɛrɪk(l̩)] *adj.* ①數字(上)的。②以數字表示的。 — **nu·mer′i·cal·ly,** *adv.*

‡**nu·mer·ous** [ˋnjumərəs] *adj.* ①極多的。②數目眾多的。

num·skull [ˋnʌm,skʌl] *n.* Ⓒ〖俗〗傻瓜。

***nun** [nʌn] *n.* Ⓒ 修女；尼姑。

nun·ci·o [ˋnʌnʃɪ,o] *n.* Ⓒ (*pl.* ～**s**) 羅馬教皇之使節；教廷大使。

nun·ner·y [ˋnʌnərɪ] *n.* Ⓒ 女修道院；尼姑庵。

nup·tial [ˋnʌpʃəl] *adj.* 婚姻的；婚禮的。— *n.* (*pl.*) 結婚；婚禮。

‡**nurse** [nɜs] *n.* Ⓒ①護士；看護。②褓姆；乳母。③養育者；保護者。*put out to* ~將(嬰兒)交託褓姆或乳母撫養。— *v.t.* ①哺乳。②做…之褓姆；看護。③養育；保護。④治療；療養。⑤擁抱。⑥蓄意。— *v.i.* ①做褓姆[看護]。②(嬰兒)吃奶。③餵奶。

***nurs·er·y** [ˋnɜsrɪ] *n.* Ⓒ ①育兒室。②苗圃；養殖場。③溫床。④=**nursery school.** § ∼ **rhỳme** 兒歌；童謠。∼ **schòol** 托兒所；育幼院。∼ **tàle** 兒童故事；童話。

nurs·ing [ˋnɜsɪŋ] *adj.* 養育的。— *n.* Ⓤ (職業性的)養育；看護。§ ∼ **bòttle** 奶瓶。∼ **hòme**〖英〗私立療養院。∼ **mòther** 養母。∼ **schòol** 護士學校。

nurs(e)·ling [ˋnɜslɪŋ] *n.* Ⓒ ①嬰兒。②被小心照顧的人或物。

nur·ture [ˋnɜtʃə] *v.t.* ①養育；教養。②滋養。— *n.* Ⓤ ①養育；教養。②滋養。

‡**nut** [nʌt] *n.* ① Ⓒ 果核；栗；胡桃；堅果。② Ⓒ 核仁。③ Ⓒ 螺釘帽。④ Ⓒ〖俚〗頭；腦殼。⑤ Ⓒ〖俚〗怪人；瘋子；傻瓜；熱愛者。⑥ Ⓒ (常 *pl.*)〖英〗小煤塊。⑦(*pl.*)〖美鄙〗睪丸。*a hard* [*tough*] ~ *to crack* **a.** 難題。**b.** 不易親近或了解的人。~*s and bolts* 基本特點或成分。*off one's* ~〖俚〗**a.** 瘋狂的。**b.** 混亂的。**c.** 錯誤的。— *v.i.* (**-tt-**) 採集堅果；拾核果。§ ∼ **càse**〖俗，謔〗瘋子。

N.U.T. National Union of Teachers.〖英〗全國教師聯盟。

nut·crack·er [ˋnʌt,krækə] *n.* Ⓒ 胡桃鉗。

nut·meg [ˋnʌtmɛg] *n.* Ⓒ〖植〗荳蔻。

nu·tri·ent [ˋnjutrɪənt] *adj.* 滋養的；營養的。— *n.* Ⓒ 滋養物；營養物。

nu·tri·ment [ˋnjutrəmənt] *n.* Ⓤ Ⓒ ①營養品；食物。②有助成長之物。

***nu·tri·tion** [njuˋtrɪʃən] *n.* Ⓤ ①食物；營養。②營養的供給。— **ist,** *n.* Ⓒ 營養專家；營養學家。

nu·tri·tious [njuˋtrɪʃəs] *adj.* 滋養的；營養的。

nuts [nʌts]〖俚〗*adj.* 狂的；瘋的；笨的；蠢的。— *interj.* (表示討厭、失望、不信、拒絕等)哼！不見得！

nut·shell [ˋnʌt,ʃɛl] *n.* Ⓒ ①堅果之殼。②小容器；小房屋。*in a* ~ 簡述之。

nut·ty [ˋnʌtɪ] *adj.* ①多堅果的。②似堅果的。③〖俚〗熱中的。④〖俚〗瘋狂的；古怪的。

nuz·zle [ˋnʌzl] *v.t.* ①〖動〗以鼻掘；將鼻插入。②以鼻觸或摩擦。— *v.i.* ①用鼻掘。②將鼻伸出。③舒服地躺著；依偎而睡。

n.w. net weight; northwest; northwestern. **NWA** Northwest Airlines. 西北航空公司。

NWbW, N.W.bW. northwest by west. **n.wt.** net weight.

N.Y. New York.

***ny·lon** [ˋnaɪlɑn] *n.* ① Ⓤ 尼龍。② (*pl.*) 尼龍襪。

***nymph** [nɪmf] *n.* Ⓒ ①寧芙(出現於河、海、山林、泉水的仙女)。②〖詩〗美貌女郎。③〖動〗(昆蟲的)蛹。

N.Z., N.Zeal. New Zealand.

O o **O o** *O o*

O[1] or **o** [o] *n.* (*pl.* **O's, Os, o's, os, oes** [oz]) ① Ⓤ Ⓒ 英文字母之第十五個字母。② Ⓒ O 形物。③ Ⓒ 零。

‡**O**[2] [o] *interj.* 啊！*O* God, save us! 上帝啊，拯救我們！

O〖化〗oxygen.

oaf [of] *n.* Ⓒ (*pl.* **~s, oaves**) ①畸形兒；低能兒。②蠢人；莽漢。— **oafʹ·ish,** *adj.* 愚蠢的；癡呆的。

O·a·hu [oˋɑhu] *n.* 歐胡島(夏威夷群島的第三大島，Honolulu 即位於該島)。

‡**oak** [ok] *n.* (*pl.* **~, ~s**) ① Ⓒ 橡樹。② Ⓤ 橡木。

***oak·en** [ˋokən] *adj.* ①橡木製的。②橡樹的。

oa·kum [ˋokəm] *n.* Ⓤ〖海〗(自舊繩中解得之)麻絮(用以填塞船縫)。

‡**oar** [or, ɔr] *n.* Ⓒ ①櫓；槳。②槳手；划櫓夫。③似槳之物。*put in one's ~; put one's ~ in* 干涉；多管閒事。— *v.t. & v.i.* 用槳划；划渡。

oar·lock [ˋor,lɑk] *n.* Ⓒ 槳架。

oars·man [ˋorzmən] *n.* Ⓒ (*pl.* **-men**) 划槳者；櫓夫。— **ship,** *n.* Ⓤ 划槳術。

OAS, O.A.S. Organization of American States. 美洲國家組織。

***o·a·sis** [o`esɪs, `oəsɪs] *n.* Ⓒ (*pl.* **-ses** [-siz]) ①沙漠中之綠洲。②(枯燥、或厭煩之事中)一個輕鬆的變化。

O

oat** [ot] *n.* Ⓒ (常 *pl.*)燕麥; 燕麥片。 ***feel one's ~s 〖美俚〗**a.** 活潑; 精神飽滿。**b.** 得意揚揚。 ***sow one's wild ~s*** 年輕時縱情玩樂。

oath** [oθ] *n.* Ⓒ (*pl.* **~s** [oðz]) ①誓約。②濫用神名; 咒詛; 誓語。 ***on (one's) ~ 發誓。 ***take [make] an ~*** 宣誓。

***oat·meal** [`ot,mil,-`mil] *n.* Ⓤ ①燕麥片。②燕麥片粥。

ob. 〖拉〗obiter(=incidentally); oboe.

O·ba·di·ah [,obə`daɪə] *n.* 〖聖經〗俄巴底亞書(舊約之一卷)。

ob·bli·ga·to [,ablɪ`gato] *adj.* 〖樂〗必要的; 不可少的(伴奏)。 **—** *n.* Ⓒ (*pl.* **~s, -ti** [-ti]) (不可缺的)伴奏; 助唱。

ob·du·rate [`abdjərɪt] *adj.* ①冷酷的。②執拗的; 倔強的。— **ly,** *adv.* — **ob′du·ra·cy,** *n.*

o·be·di·ence** [ə`bidɪəns] *n.* Ⓤ 服從; 孝順。 ***in ~ to 服從。

o·be·di·ent** [ə`bidɪənt] *adj.* 服從的; 順從的; 孝順的。 ***Your (most) ~ servant 頓首; 謹啓(正式或公開書信中結尾用語)。— **ly,** *adv.*

o·bei·sance [o`besn̩s] *n.* ①Ⓒ 敬禮(如鞠躬、屈膝等)。②Ⓤ 尊敬; 順從。— **o·bei′sant,** *adj.*

ob·e·lisk [`abl̩,ɪsk] *n.* Ⓒ ①方尖形的碑。②〖印刷〗短劍符號(†)。

o·bese [o`bis] *adj.* 肥胖的。

‡**o·bey** [ə`be, o`be] *v.t.* & *v.i.* 服從; 遵奉; 順從。

ob·fus·cate [ab`fʌsket] *v.t.* ①使暗; 使模糊。②使困惑[迷亂]; 使糊塗。— **ob·fus·ca′tion,** *n.*

o·bit·u·ar·y [ə`bɪtʃu,ɛrɪ] *n.* Ⓒ 訃聞; 訃告。 **—** *adj.* 死亡的; 關於死者的。

‡**ob·ject** [`abdʒɪkt] *n.* Ⓒ ①物體。②(情感、思想或行動之)對象。③可憐、滑稽或愚蠢的人或物。④目的; 目標。⑤〖哲〗客觀; 對象。⑥〖文法〗受詞。 **—** [əb`dʒɛkt] *v.i.* ①反對〔to, against〕. ②拒絕。 **—** *v.t.* ①提出(作爲)反對的理由。②拒絕。 § **∼ bàll** 〖撞球〗目標球。 **∼ còde** 〖電算〗目的碼。 **∼ lèsson** 實物教學。

***ob·jec·tion** [əb`dʒɛkʃən] *n.* ①Ⓤ Ⓒ 異議。②Ⓤ Ⓒ 反對; 厭惡。③Ⓒ 反對的理由。— **a·ble,** *adj.*

***ob·jec·tive** [əb`dʒɛktɪv] *n.* Ⓒ ①目的; 目標。②受格(的字)。③實物。④(望遠鏡等之)接物透鏡。 **—** *adj.* ①實體的。②客觀的。③受詞的。④目標的。— **ly,** *adv.*

ob·jec·tiv·i·ty [,abdʒɛk`tɪvətɪ] *n.* Ⓤ 客觀性; 對象性。

ob·jet d'art [ɔb`ʒɛ`dar] 〖法〗*n.* Ⓒ (*pl.* **ob·jets d'art** [∼]) 藝術品; 骨董。

ob·jur·gate [`abdʒə,get] *v.t.* 嚴責; 嚴叱; 叱責。— **ob·jur′ga·to·ry,** *adj.* — **ob·jur·ga′tion,** *n.*

ob·late [`ablet] *adj.* 〖幾何〗扁圓的。

ob·la·tion [ab`leʃən] *n.* ①Ⓤ 奉獻(式); 聖餐式。②Ⓒ (常*pl.*)祭品; 奉獻物。③Ⓤ 捐獻。

ob·li·gate [`ablə,get] *v.t.* ①使負責; 使負義務。②強迫。 **—** *adj.* 不可缺的; 必須的。

***ob·li·ga·tion** [,ablə`geʃən] *n.* ①Ⓤ Ⓒ 義務; 職責。②Ⓤ Ⓒ (法令、允諾、義務等之)束縛。③Ⓤ Ⓒ 恩惠; 人情債。④Ⓒ 契約。⑤Ⓒ 債務。

o·blig·a·to·ry [ə`blɪgə,torɪ] *adj.* ①義務上的。②有拘束力的。③強制的〔on, upon〕.

o·blige** [ə`blaɪdʒ] *v.t.* ①使受(諾言、契約、職責等)束縛; 強制。②賜; 施於; 加於。 ***be ~d to 必須。 ***be ~d to somebody*** 感激某人。 **—** *v.i.* 取悅; 巴結; 應命。

o·blig·ing [ə`blaɪdʒɪŋ] *adj.* 親切的; 熱心助人的; 仁慈的。

o·blique [ə`blik] *adj.* ①歪的; 斜的。②間接的; 迂曲的。③閃爍其詞的; 不正的。④〖文法〗從格的。 **—** *n.* Ⓤ Ⓒ 斜線(/)。 **—** *v.i.* 歪偏; 傾斜。— **o·bliq′ui·ty,** *n.* — **ly,** *adv.*

ob·lit·er·ate [ə`blɪtə,ret] *v.t.* ①消滅; 毀跡。②塗抹; 擦掉(文字等)。— **ob·lit·er·a′tion,** *n.*

ob·liv·i·on [ə`blɪvɪən] *n.* Ⓤ ①湮滅。②忘卻。③特赦。

ob·liv·i·ous [ə`blɪvɪəs] *adj.* ①忘記的; 不注意的〔of〕. ②使忘記的。

ob·long [`ablɔŋ] *n.* Ⓒ & *adj.* ①長方形(的)。②長橢圓形(的)。

ob·lo·quy [`abləkwɪ] *n.* Ⓤ ①(公眾的)譴責; 辱罵。②不名譽; 汚名; 恥辱。③毀謗。

ob·nox·ious [əbˋnɑkʃəs] *adj.* 令人不悅的；使人討厭的。— **ly,** *adv.*

o·boe [ˋobo, ˋobɔɪ] *n.* Ⓒ〖樂〗雙簧管(一種樂器)。— **o′bo·ist,** *n.*

ob·scene [əbˋsin] *adj.* ①猥褻的。②討厭的。— **ob·scen′i·ty** [-ˋsɛn-], *n.*

***ob·scu·rant** [əbˋskjurənt] *n.* Ⓒ 反啓蒙主義者；反開化主義者；蒙昧主義者。— **ism,** *n.*

***ob·scure** [əbˋskjur] *adj.* ①無名的；微賤的。②隱藏的；幽僻的。③不清楚的。④朦朧的。⑤含糊的。— *v.t.* ①使朦朧。②使意義含混。

***ob·scu·ri·ty** [əbˋskjurətɪ] *n.* ① Ⓤ 陰暗；朦朧；難解；含糊。② Ⓒ 晦澀之文字；不明之事。③ Ⓤ 卑微；默默無聞。④ Ⓤ 低賤的身分。⑤ Ⓒ 默默無聞之人或地方。

ob·se·quies [ˋɑbsɪkwɪz] *n. pl.* 葬禮；葬儀。

ob·se·qui·ous [əbˋsikwɪəs] *adj.* 逢迎的；諂媚的；卑躬的。

***ob·serv·ance** [əbˋzɜvəns] *n.*① Ⓤ 遵守；奉行〔of〕。② Ⓒ (常*pl.*)慶祝典禮；宗教儀式。③ Ⓒ 遵守之習慣或規則。④ Ⓤ 觀察。

ob·serv·ant [əbˋzɜvənt] *adj.* ①善於觀察的；留心的；機警的。②小心遵守的。— **ly,** *adv.*

***ob·ser·va·tion** [ˏɑbzɚˋveʃən] *n.* ① Ⓤ 觀察力。② ⓊⒸ 覺察；注意。③ Ⓒ 觀察所得。④ Ⓒ 批評；評論。⑤ ⓊⒸ 觀測。§ ∼ **càr**〖鐵路〗瞭望車。∼ **pôst**〖軍〗觀測所；監視哨；瞭望哨。

***ob·serv·a·to·ry** [əbˋzɜvəˏtorɪ] *n.* Ⓒ 天文臺；氣象臺；瞭望臺。

‡**ob·serve** [əbˋzɜv] *v.t.* ①觀看；看到。②觀察；監視；研究。③評論；說。④保持；遵守。⑤慶祝；紀念。— *v.i.* 觀察；注意。

***ob·serv·er** [əbˋzɜvɚ] *n.* Ⓒ ①觀察者；遵奉者。②評論者。③(會議之)觀察員。④〖空軍〗機上偵察員。

ob·sess [əbˋsɛs] *v.t.*(爲惡魔、妄念等)縈繞；使心神困擾。— **ob·ses′sive,** *adj.* — **ob·ses′sion,** *n.*

ob·so·les·cent [ˏɑbsəˋlɛsn̩t] *adj.* ①行將作廢的。②〖生物〗漸趨消滅的；退化的。— **ob·so·les′cence,** *n.*

ob·so·lete [ˋɑbsəˏlit] *adj.* ①作廢的。②落伍的。③〖生物〗只留下痕跡的；退化的。

ob·sta·cle [ˋɑbstək!] *n.* Ⓒ 障礙；妨害物。§ ∼ **ràce** 障礙賽跑。

ob·stet·ric, -ri·cal [əbˋstɛtrɪk(!)] *adj.* ①產科的。②助產的。

ob·stet·rics [əbˋstɛtrɪks] *n.* Ⓤ 產科醫學；接生術。

***ob·sti·na·cy** [ˋɑbstənəsɪ] *n.* Ⓤ ①倔強；頑固。②(疾病)難治。

***ob·sti·nate** [ˋɑbstənɪt] *adj.* ①倔強的；固執的；頑固的。②難控制的；難醫治的。— **ly,** *adv.*

ob·strep·er·ous [əbˋstrɛpərəs] *adj.* 喧鬧的；無秩序的；暴亂的。— **ly,** *adv.*

***ob·struct** [əbˋstrʌkt] *v.t.* ①阻隔；遮斷。②妨礙；遮蔽。

***ob·struc·tion** [əbˋstrʌkʃən] *n.*① Ⓒ 障礙物。② Ⓤ 障礙；閉塞；封鎖。③ Ⓤ (議會中的)妨害或拖延手段。

ob·struc·tive [əbˋstrʌktɪv] *adj.* 妨礙的。— *n.* Ⓒ ①妨礙物；障礙。②(議事等的)妨礙者。

‡**ob·tain** [əbˋten] *v.t.* ①得；獲得。②達到(目的)。— *v.i.* ①應用；流行。②如願以償。— **a·ble,** *adj.*

ob·trude [əbˋtrud] *v.t.*①強行提出；強使接受。②伸出。— *v.i.* 擠入；闖入；打擾。— **ob·trud′er,** *n.*

ob·tru·sive [əbˋtrusɪv] *adj.* 強行提出的；闖入的；強入的。— **ob·tru′sion,** *n.*

ob·tuse [əbˋtus] *adj.* ①不銳利的；鈍的。②鈍角的。③〖植〗(葉、花瓣等)尖端圓形的。④(理解或感覺)遲鈍的。

ob·verse [əbˋvɜs, ˋɑbvɜs] *adj.* ①正面的(爲 reverse 之對)。②相對的。③〖植〗鈍頭形的；(葉)倒生的。— [ˋɑbvɜs] *n.* ①(the ∼)(貨幣、獎章等之)正面；前面。② Ⓒ 相對物。③ Ⓒ〖邏輯〗反換命題。

ob·vi·ate [ˋɑbvɪˏet] *v.t.* 排除；防止；避免(危險、困難等)。

***ob·vi·ous** [ˋɑbvɪəs] *adj.* 顯然的；明白的。— **ly,** *adv.*

‡**oc·ca·sion** [əˋkeʒən] *n.*① Ⓒ 特殊的時候[場合]。② Ⓒ 特別的大事；節日；慶典。③ ⓊⒸ 機會；良機。④ Ⓤ 理由；原因。*for one's* ∼ 爲某人。*give* ∼ *to* 引起。*improve the* ∼ 把握機會。*on* ∼ 有時。*on several* ∼*s* 屢次。*rise to the* ∼ 善處難局。— *v.t.* 產生出；導使；惹起。

***oc·ca·sion·al** [əˋkeʒənl̩] *adj.* ①偶然的。②應時的。③備用的。— **ism,** *n.* Ⓤ 機會論；偶因說。

O

***oc·ca·sion·al·ly** [ə`keʒənḷɪ] *adv.* 偶而；有時。

Oc·ci·dent [`aksədənt] *n.* ①(the ～)西方國家。②(the o-)西方。

oc·ci·den·tal [,aksə`dɛntḷ] *adj.* ①(O-)西洋的。②西方的。— *n.* Ⓒ(常 O-)西方人。— **ism,** *n.* Ⓤ西洋式[文化]。

oc·clude [ə`klud] *v.t.* 封閉(通道、毛孔等)。— *v.i.* 〖醫〗(上下牙齒)咬合。

oc·cult [ə`kʌlt] *adj.* ①玄奧的。②超自然法則的。③祕傳的。④隱藏的。— *n.* (the ～)①神祕。②玄學。— *v.t.* & *v.i.* 掩蓋。

oc·cu·pan·cy [`akjəpənsɪ] *n.* ① Ⓤ(土地、房屋等之)占有。② Ⓤ〖法律〗先占；占據。③ Ⓒ 居住期。

***oc·cu·pant** [`akjəpənt] *n.* Ⓒ ①占有者；現住者。②〖法律〗占據者。

***oc·cu·pa·tion** [,akjə`peʃən] *n.* ① ⓊⒸ 職業。② Ⓤ 占領。③ Ⓤ 居住。④ Ⓒ 居住期。⑤ Ⓤ 從事；從業。⑥ ⓊⒸ 消遣。

oc·cu·pa·tion·al [,akjə`peʃənḷ] *adj.* 職業(上)的。§ ～ **házard** 職業上的危險或困擾。～ **thérapy**〖醫〗職業療法。

‡**oc·cu·py** [`akjə,paɪ] *v.t.* ①占；填滿。②使忙碌；使從事。③占據；占領。④居住於。⑤居於；充任。

‡**oc·cur** [ə`kɜ] *v.i.* (**-rr-**)①發生。②被發現；存在。③被想起；使想到〔常 to〕。

***oc·cur·rence** [ə`kɜəns] *n.* ① Ⓤ 發生；出現。of frequent ～經常發生的。② Ⓒ 事件。

‡**o·cean** [`oʃən] *n.* ① Ⓤ(常 the ～)海洋。②(the ... O-)五大洋之一。③(an ～)廣漠。§ ～ **bàsin**〖地質〗海洋盆地。～ **bèd** 海底[牀]。～ **flìght** 越洋飛行。～ **làne** 遠洋航線。～ **lìner** 郵輪。～ **tràmp** 無一定航線的遠洋貨輪。

O·ce·an·i·a [,oʃɪ`ænɪə] *n.* 大洋洲。

o·ce·an·ic [,oʃɪ`ænɪk] *adj.* ①大海的；大洋的。②居於海洋中的；海洋出產的。③廣大的。

o·cea·nog·ra·phy [,oʃɪən`ag-rəfɪ] *n.* Ⓤ 海洋學。

oc·e·lot [`osə,lat] *n.* Ⓒ〖動〗(中、南美產之)豹貓。

o·cher, o·chre [`okə] *n.* Ⓤ ①〖礦〗赭土；赭石。②赭色。

‡**o'clock** [ə`klak] *adv.* 點鐘。

OCR optical character recognition. 〖電算〗感光讀字；光學字元識別。

Oct. October.

oc·ta·gon [`aktə,gan] *n.* Ⓒ 八角[邊]形。— **oc·tag'o·nal** [-`tæg-], *adj.*

oc·ta·he·dron [,aktə`hidrən] *n.* Ⓒ (*pl.* **～s, -dra** [-drə])八面體。

oc·tane [`akten] *n.* Ⓤ〖化〗辛烷。§ ～ **nùmber** [**ràting, vàlue**] 辛烷值(汽油防震性之指數)。

oc·tant [`aktənt] *n.* Ⓒ ①八分圓。②八分儀。

oc·tave [`aktev, -tɪv] *n.* Ⓒ ①〖樂〗第八音；第八度音程。②〖宗〗從節日起之第八天。③十四行詩(sonnet)中的起首的八行；八行詩。④八個的一組；一組中的第八個。

oc·ta·vo [ak`tevo] *n.* (*pl.* **～s**) ① Ⓤ 八開本；八開(略作 **8vo, 8°**)。② Ⓒ 八開本的書。— *adj.* 八開的。

oc·tet(te) [ak`tɛt] *n.* Ⓒ ①〖樂〗八重唱[奏，曲]；八重唱[奏]團。②十四行詩(sonnet)之前八行。③八個的一組。

octo- 〖字首〗表「八」之義。(亦作 **oct-**)

‡**Oc·to·ber** [ak`tobə] *n.* 十月。

oc·to·ge·nar·i·an [,aktədʒə`nɛrɪən] *adj.* 八十(餘)歲的。— *n.* Ⓒ 八十(餘)歲的人。

oc·to·pus [`aktəpəs] *n.* Ⓒ (*pl.* **～es, -pi** [-,paɪ])章魚。

oc·u·lar [`akjələ] *adj.* 眼睛的；視覺的。— *n.* Ⓒ 接目鏡。

oc·u·list [`akjəlɪst] *n.* Ⓒ 眼科醫生。

OD [`o`di] *v.i.*〖俚〗服用過量的藥〔on〕.

OD Officer of the Day 值日官；outside diameter.

O.D. Officer of the Day; Old Dutch; olive drab; overdraft; overdrawn.

***odd** [ad] *adj.* ①剩餘的。②單隻[個]的。③額外的；附加的。④奇數的(為 even 之對)。⑤奇異[奇特]的；古怪的。⑥臨時的；零星的；零碎的。～ moments 餘暇。⑦不尋常的；偏僻的。⑧(一雙中)不配的。— *n.* ① Ⓒ 奇怪的事物。② Ⓤ 怪異；奇特。③ Ⓒ〖高爾夫〗**a.** 讓給對方的一桿。**b.** 贏對方的一桿。§ ～ **mán**(1)握有決定票的人。(2)〖英〗臨時工。

odd·ball [`ad,bɔl] *n.* Ⓒ〖美俚〗奇人；怪人。— *adj.* 古怪的；乖僻的。

odd·i·ty [`adətɪ] *n.* ① Ⓤ 奇怪；古怪。② Ⓒ 奇異或古怪之人或物。

***odd·ly** [`adlɪ] *adv.* ①奇怪地。②零

碎地；成奇數。③剩餘地。④額外地。

odd·ment [`ɑdmənt] *n.*①Ⓒ(常*pl.*)殘餘之物；零頭。②(*pl.*)〖印刷〗書籍本文以外之部分。

***odds** [ɑdz] *n. pl.*①賭注與付款之差額。②(遊戲中給予較弱一方的)讓步；有利條件。③可能性；可能的機會。④分別(=difference). ⑤不平等。⑥恩惠。*at* ~不睦；爭吵。*by all ~; by long ~; by* ~毫無疑問地。*lay* [*give*] ~ *of* 讓與…的有利條件。~ *and ends* 殘餘；零星雜物。*the* ~ *are* 很可能。

odds-on [`ɑdz`ɑn] *adj.* ①有勝算的。②有希望的。

ode [od] *n.* Ⓒ(一種莊嚴的)抒情詩；頌；歌。*the Book of Odes* 詩經。

o·di·ous [`odɪəs] *adj.* 可憎的；可厭的。

o·di·um [`odɪəm] *n.* Ⓤ①憎恨。②「譴責。」

o·dom·e·ter [o`dɑmətɚ] *n.* Ⓒ(汽車等之)里程錶。

o·don·tol·o·gy [͵odɑn`tɑlədʒɪ] *n.* Ⓤ①牙科學。②牙科醫術。

***o·dor,** 〖英〗**o·dour** [`odɚ] *n.* ①Ⓒ氣味；臭氣。②Ⓒ香氣。③Ⓤ名譽；聲望。④Ⓒ特有的風味。*be in bad* ~ 聲名狼藉。—**less,** *adj.*

o·dor·if·er·ous [͵odə`rɪfərəs] *adj.* 芳香的；有香味的。

O·dys·se·us [o`dɪsjus] *n.*〖希神〗奧迪修斯。(亦作 **Ulysses**)

Od·ys·sey [`ɑdəsɪ] *n.*①(the ~)奧德賽(相傳為 Homer 所作的史詩)。②Ⓒ(有時 o-)〖文〗長期的流浪；長期的冒險旅行；遊歷。

Oed·i·pus [`ɛdəpəs] *n.*〖希神〗伊底帕斯(Thebes 王 Laius 與后 Jocasta 之子；為命運撥弄而弒父娶母)。§ ~ **còmplex** 伊底帕斯情結；戀母情結。

o'er [or, ɔr] *prep.* & *adv.*〖詩〗= **over.**

‡**of** [ɑv, əv] *prep.* ①屬於。②由…製成；由…組成；包括(=made from). ③表性質或狀態。④表距離、方向或位置。⑤關於。⑥經；由(=through). ⑦除去；剝奪。⑧從(=out of). ⑨在其中(=among). ⑩表原因或動機等。⑪表部分關係。⑫表時間。⑬差…到。⑭表同格關係。⑮表受格關係。

‡**off** [ɔf, ɑf] *prep.*①脫落；離開。②自…下來；離(=from或away from). ③正在…之外。④從。⑤少於；低於。~ *color* 氣色不佳；身體不好。~ *the map*〖俗〗消滅。— *adv.* ①脫下；除掉。②離開(=away). ③表距離之遠。④表時間距離。⑤停止。⑥表關係斷絕。⑦無工作。⑧漸衰；漸冷；漸減。⑨欺騙。⑩全；盡。*be* ~ **a.**離開。**b.**變壞；失常。~ *and on* 有時；偶然；斷斷續續。— *adj.* ①斷的；停的。②休閒的。③(金錢、財產等)特殊情況的。④不佳的。⑤身體不適的。⑥不新鮮的。⑦在右手邊的。⑧可能性不大的。⑨向海的。⑩較遠的。⑪錯的。⑫失常的。⑬開始；啓程。— *interj.*走開！躲開！~ *with* **a.** 拿去！**b.** 排除。— *n.*(the ~)(板球戲)擊球員的對邊。§ ~ **chànce** 很小的機會[希望]。~ **dày** 休息日。~ **lìmits** 禁區。~ **yèar** (1)沒有總統大選的年份。(2)荒年。

off. offered; office; officer; official.

of·fal [`ɔfl] *n.* Ⓤ①動物被屠宰後不可食之部分。②廢棄之物；垃圾。

off-bal·ance [`ɔf`bæləns] *adj.* & *adv.* 不穩固的[地]。

off·beat [`ɔf͵bit] *adj.*〖俗〗不平常的；奇異的。— *n.* Ⓒ〖樂〗弱拍；次強拍。

off-col·o(u)r [`ɔf`kʌlɚ] *adj.* ①(寶石等)顏色不佳的。②氣色不好的。

off-du·ty [`ɔf`djutɪ] *adj.* 下班後「的。」

of·fence [ə`fɛns] *n.*〖英〗= **offense.**

***of·fend** [ə`fɛnd] *v.t.* ①觸怒；傷…感情。②使不快。— *v.i.* ①犯法。②冒犯；得罪。

***of·fend·er** [ə`fɛndɚ] *n.* Ⓒ罪犯；「犯規者。」

***of·fense,** 〖英〗**-fence** [ə`fɛns] *n.* ①Ⓒ違反；犯規。②Ⓤ傷感情；不悅。③Ⓤ攻擊。④Ⓒ(the ~, 集合稱)採取攻勢的人、隊、軍隊等。*give* ~ 使(某人)動怒[不悅]。*take* ~ 動怒。—**less,** *adj.*

***of·fen·sive** [ə`fɛnsɪv] *adj.* ①討厭的；冒犯的；無禮的。②難聞的；難看的。③攻擊的；攻勢的。— *n.* ①(the ~)攻擊。②(積極的)活動。—**ly,** *adv.* —**ness,** *n.*

‡**of·fer** [`ɔfɚ, `ɑfɚ] *v.t.* ①呈贈；奉呈；獻。②設有；提供。③供奉；奉獻。④表現。⑤出價。⑥表示；施以。— *v.i.* ①發生；出現。②企圖；試。③供奉；奉獻。~ *one's hand* **a.** 伸出手以握手。**b.** 求婚。— *n.* Ⓒ①給與；提供。②出價。③出售。④提議。⑤求婚。

O

***of·fer·ing** [ˋɔfərɪŋ,ˋɑf-] *n.*①Ⓤ供奉；奉獻。②Ⓒ祭品。③Ⓤ提供。④Ⓒ禮物。

off·hand [ˋɔfˋhænd] *adv.* 即刻地；未經準備地。—*adj.* ①即刻的；未經準備的。②不客氣的；隨便的。

‡**of·fice** [ˋɔfɪs, ˋɑfɪs] *n.* ①Ⓒ辦公室；事務所；公司；營業所。②Ⓤ(the ～, 集合稱)全體職員。③Ⓒ政府的部、局、處等。④Ⓒ職務；職責。⑤(*pl.*)斡旋；幫忙。⑥Ⓒ〖宗〗聖事；日課。⑦Ⓒ儀式(尤指葬儀)。⑧(*pl.*)廚房；食物貯藏室。⑨ⓊⒸ官職；公職。⑩(the ～)〖英俚〗暗示。§ ～ **bòy** 工友。～ **bùilding** 〖美〗辦公大樓。～ **còpy** 公文正本；正式抄本。～ **hòurs** (1)辦公時間；營業時間。(2)〖美〗門診時間。～ **hùnter** [**sèeker**] 求官職者。

‡**of·fi·cer** [ˋɔfəsɚ, ˋɑf-] *n.* Ⓒ ①軍官。②公務員。③(會社等之)正副主席、祕書等。④(商船的)高級船員。⑤社團中的職員。⑥公司中的高級職員。⑦警員；警官。—*v.t.* ①配以軍官；配以高級船員。②指揮；指導。

‡**of·fi·cial** [əˋfɪʃəl] *n.* Ⓒ官員；公務員；職員。—*adj.* ①公務上的；職務上的；官方的。②有權威的；正式的。③官僚的；形式化的。④〖藥〗法定的。—**ly,** *adv.*

of·fi·ci·ate [əˋfɪʃɪ,et] *v.i.* ①執行職務；主持會議等。②司祭。

of·fi·cious [əˋfɪʃəs] *adj.* ①好管閒事的。②非官方的。—**ly,** *adv.* —**ness,** *n.*

off·ing [ˋɔfɪŋ] *n.* ①(the ～)海面；洋面。②Ⓒ與岸邊之距離。*in the* ～ **a.** 從岸上可以望見的。**b.** 在不遠之處。**c.** 即將發生或出現；在醞釀中。

off·ish [ˋɔfɪʃ] *adj.* 〖俗〗不喜歡交際的；冷漠的；冷冰冰的。

off-key [ˋɔfˋki] *adj.* ①走調的；不和諧的。②有點不適當[畸形]的。

off-lim·its [ˋɔfˋlɪmɪts] *adj.* 禁區的。

off-line [ˋɔfˋlaɪn] *adj.* 〖電算〗離線「的。」

off-load [ˋɔf,lod] *v.t.* & *v.i.* 卸貨。

off·print [ˋɔf,prɪnt] *n.* Ⓒ(出版物中某文之)單獨重刊；選刊。

off-sea·son [ˋɔfˋsizən] *adj.* & *adv.* (在)淡季的[地]。—*n.* Ⓒ淡季。

***off·set** [ɔfˋsɛt] *v.t.* (～, **-set·ting**) ①抵銷；彌補。②〖印刷〗以平版印刷。—[ˋɔf,sɛt] *n.* Ⓒ①補償。②(植物的)分枝。③分支。④〖機〗迂迴管。⑤〖印刷〗透印版。

off·shoot [ˋɔf,ʃut] *n.* Ⓒ ①〖植〗旁枝。②分枝。③衍生物；引伸物。

off·shore [ˋɔfˋʃor] *adj.* 離海岸的；向海面的。—*adv.* ①在近海處。②向海面。

off·side [ˋɔfˋsaɪd] *adj.* & *adv.* 〖足球〗越位的[地]。—*n.* ①(the ～)〖英〗(馬、馬車的)右側。②Ⓤ〖足球〗越位。

***off·spring** [ˋɔf,sprɪŋ] *n.* Ⓒ (*pl.* ～, ～**s**)①子孫；後裔。②結果；產物。

off·stage [ˋɔfˋstedʒ] *adj.* 舞臺後面的；私生活的；保密的。—*adv.* 在舞臺後；往後臺；非正式地。

off-the-cuff [ˋɔfðəˋkʌf] *adj.* & *adv.* 〖俗〗未預備的[地]；即席的[地]。

off-the-rec·ord [ˋɔfðəˋrɛkɚd] *adj.* & *adv.* 不留紀錄的[地]。

off-the-wall [ˋɔfðəˋwɔl] *adj.* 不尋常的；奇怪的。

***oft** [ɔft] *adv.* 〖古〗=**often.**

‡**of·ten** [ˋɔfən, ˋɔftən] *adv.* 時常地；屢次。*every so* ～ 時時。*more* ～ *than not*時常。

of·ten·times [ˋɔfən,taɪmz] *adv.* 「=**often.**」

o·gle [ˋogl] *v.t.* & *v.i.* 送秋波；作媚眼；脈脈含情地看。—*n.* Ⓒ(常 *sing.*)秋波；媚眼。

o·gre [ˋogɚ] *n.* Ⓒ①(童話中之)食人巨妖。②醜怪殘暴的人；易怒的人。

‡**Oh, oh** [o] *interj.*①(冠於人名前之稱呼語)啊！呀！②表驚奇、憂懼、快樂、悲傷等。—*n.* Ⓒ(*pl.* **oh's, ohs**)「啊！」,「呀！」之驚嘆語。

O·hi·o [oˋhaɪo] *n.*俄亥俄(美國中東部州名)。

ohm [om] *n.* Ⓒ〖電〗歐姆(電阻單「位)。」

-oid 〖字尾〗表示「如…的(東西)；…狀的(東西)；…質的」之義，如：Negr*oid.*

‡**oil** [ɔɪl] *n.* ①ⓊⒸ油。②(*pl.*)油畫(顏料)。③Ⓤ石油。④Ⓤ〖俚〗諂媚；奉承。*burn the midnight* ～讀書或工作至深夜。*pour* ～ *on troubled waters* 調解爭端。*strike* ～ **a.** 掘得油。**b.** 成暴富。—*v.t.* ①敷油於；浸以油。②賄賂。③使圓滑；使油滑。④溶化成(如奶油等)。—*v.i.* 化爲油。～ *a person's palm* 向某人行賄。～ *the wheels* [*works*] **a.** 藉圓滑行賄手段使事物順利發展。**b.** 疏通。§ ～ **còlor**(常 *pl.*)油畫顏料。～

O

èngine石油發動機；石油引擎。～ **fìeld** 油田。 ～ **làmp** 煤油燈；油燈。 ～ **pàinting** 油畫(術)。 ～ **tànker** 油輪；運油車。～ **wèll**〖美〗油井。

oil·cloth [ˋɔɪl͵klɔθ] *n.* Ⓤ Ⓒ 油布；防雨布；防水布。

oiled [ɔɪld] *adj.*①以油浸漬的；上了一層油的；塗了油的。②〖美〗喝醉的。

oil·er [ˋɔɪlɚ] *n.* Ⓒ ①加油者[器具]。②加油壺。③(常 *pl.*)〖美俗〗油布衣。④油輪；油船。

oil·skin [ˋɔɪl͵skɪn] *n.* ① Ⓤ 油布；防水布。②(*pl.*)油布衣。

***oil·y** [ˋɔɪlɪ] *adj.* ①油的；含油的。②塗或沾有油的。③圓滑的。— **oil′i·ly,** *adv.*

***oint·ment** [ˋɔɪntmənt] *n.* Ⓤ Ⓒ 藥膏；油膏。

OK, O.K. [ˋoˋke] *adj.* & *adv.* 好；不錯。— *v.t.* (**OK'd** or **O.K.'d, OK'ing** or **O.K.'ing**) 批准；認可。— *n.* Ⓒ (*pl.* **OK's, O.K.'s**) 批准；認可；同意。

O·khotsk [oˋkɑtsk] *n.*(the Sea of ～)鄂霍次克海(在俄國亞洲東北堪察加半島之西)。

O·ki·na·wa [͵okɪˋnɑwə] *n.* 沖繩(琉球群島之一)。

O·kla·ho·ma [͵okləˋhomə] *n.*俄克拉荷馬(美國中南部之一州)。

o·kra [ˋokrə] *n.* Ⓒ 秋葵。

****old** [old] *adj.* (**old·er** or **eld·er, old·est** or **eld·est**)①老的；年代久的。②年高的；高齡的。③有多少歲的(=of age; in age). ④舊的。⑤破舊的。⑥古老的。⑦看來已老的。⑧有經驗的；老練的。⑨從前的。⑩熟悉的；親密的。⑪通常置於形容詞後以加強語氣。We had a fine ～ time. 我們玩得非常高興。— *n.* ①(常 of ～)昔時。②(常...year-old)…歲的人或動物。§～ **áge** 老年(通常指65 歲以上者的時期)。～ **bóy** (1)〖英〗(男校的)畢業生；校友。(2)(the O-B-)〖俚〗魔鬼。(3)富有朝氣的老年人。～ **Énglish** 古英語(大約五至十一世紀的英語，略作OE, O.E.). ～ **Frénch** 古法語(八至十四世紀的法語，略作OF, O.F.). ～ **gírl** (1)〖英〗(女校的)畢業生；校友。(2)(the ～ girl)〖俗〗老婆；母親。(3)(對妻、母親的親密稱呼)喂；老婆；媽。(4)老太婆。～ **hánd** (1)老手；有經驗者。(2)〖澳〗有前科者。～ **lády** (1)老婦人。(2)(one's ～ lady)(自己的)妻子；母親。～ **máid** 老處女。～ **mán** (1)老人。(2)(one's ～ man)(自己的)丈夫；父親。～ **máster**(尤指十五至十八世紀歐洲的)偉大畫家；其作品。～ **schòol**(1)(常one's ～ school)母校。(2)(the ～ school)保守派。～ **schòol tíe**〖英〗(1)(public school畢業生所打的)母校的領帶。(2)(the ～ school tie)(public school 等的)偏袒同學；學派。～ **stáger** 老練的人；資深者。～ **stóry** (1)老故事。(2)陳腔濫調。～ **wóman** (1)老太婆。(2)〖蔑〗婆婆媽媽的男人。(3)(one's ～ woman)(自己的)妻子；母親。**the Ó- Guárd** 保守派。**the Ó- Stóne Àge** 舊石器時代。**the Ó- Téstament**〖聖經〗舊約。**the Ó- Wórld** (1)舊世界(尤指歐洲)。(2)東半球。

old·en [ˋoldn̩] *adj.*〖古〗往昔的；古老的。

***old-fash·ioned** [ˋoldˋfæʃənd] *adj.* ①老式的；舊式的。②守舊的。

old·ie [ˋoldɪ] *n.* Ⓒ〖俗〗①陳舊之物。②〖美俚〗老人。

old·ish [ˋoldɪʃ] *adj.* 稍老的；稍舊的。

old-line [ˋoldˋlaɪn] *adj.* ①歷史悠久的。②保守的。

***old-time** [ˋold͵taɪm] *adj.* 往昔的；多年的。

old-world [ˋoldˋwɝld] *adj.* ①太古的。②古色古香的；老式的。③舊世界的；東半球的。

o·le·ag·i·nous [͵olɪˋædʒənəs] *adj.* ①油質的。②油嘴滑舌的。

o·le·an·der [͵olɪˋændɚ] *n.* Ⓒ 夾竹桃。

o·le·o·mar·ga·rin(e) [͵olɪəˋmɑrdʒə͵rin] *n.* Ⓤ 人造奶油。

ol·fac·tion [ɑlˋfækʃən] *n.* Ⓤ 嗅覺。

ol·fac·to·ry [ɑlˋfæktərɪ] *adj.* 嗅覺的。— *n.* Ⓒ (常 *pl.*)嗅覺器官。

ol·i·garch [ˋɑlɪ͵gɑrk] *n.* Ⓒ 寡頭政治執政者[支持者]。

ol·i·gar·chy [ˋɑlɪ͵gɑrkɪ] *n.* ① Ⓤ 寡頭政治。② Ⓒ 獨裁國家。

***ol·ive** [ˋɑlɪv] *n.* ① Ⓒ 橄欖樹。② Ⓒ 橄欖。③ Ⓤ 橄欖色。— *adj.* 黃綠色的；黃褐色的。§～ **brànch** (1)橄欖枝(象徵和平)。(2)任何和平的象徵。(3)孩子。～ **crówn**(古希臘之)橄欖冠。～ **dràb** (1)深黃綠色。(2)(*pl.*)〖美軍〗(深黃綠色之)冬季軍服。～ **gréen** 橄欖色。～ **òil** 橄欖油。

-ology 〖字尾〗 表「…學；…論」之義，如：ge*ology*.

O

O·lym·pi·a [o`lɪmpɪə] *n.* 奧林匹亞(希臘南部一大平原，古代該地每四年舉行競賽一次)。

O·lym·pi·ad [o`lɪmpɪ,æd] *n.* Ⓒ ①四年期間(兩次奧林匹克競技會的間隔時間)。②奧林匹克世界運動會。

O·lym·pi·an [o`lɪmpɪən] *adj.* ①奧林帕斯山的。②威嚴的。③奧林匹亞的。— *n.* Ⓒ ①〖希神〗奧林帕斯山十二神之一。②奧林匹克世運會選手。

***O·lym·pic** [o`lɪmpɪk] *adj.* ①與希臘Olympia平原有關的。②與Mount Olympus 有關的。— *n.* (*pl.*) = **Olympic Games.** § ∼ **Gámes** (1)古希臘人每四年舉行一次的競賽會。(2)奧林匹克世界運動會。

O·lym·pics [o`lɪmpɪks] *n. pl.* (the ∼) = **Olympic Games.**

O·lym·pus [o`lɪmpəs] *n.* ①奧林帕斯山(古希臘神話中眾神所居之處)。②天堂；天國。

O·man [o`mæn] *n.* 阿曼(阿拉伯東南部一回教國，首都 Muscat)。

om·buds·man [`ɑm,bʊdzmən] *n.* Ⓒ (*pl.* **-men** [-mən]) (瑞典、挪威、紐西蘭等國所設)調查人民對政府各部門投訴案件之專員。

o·me·ga [o`mɛgə] *n.* ①ⓊⒸ 希臘字母之最後一個字母(Ω, ω)。②(the ∼)最後一個；末尾。

om·e·let(te) [`ɑm(ə)lɪt] *n.* Ⓒ 煎蛋捲。***You cannot make ∼s without breaking eggs.*** 〖諺〗做事不能畏首畏尾。

***o·men** [`omɪn, `omən] *n.* ⓊⒸ 徵兆；預兆。— *v.t.* 給…之預兆。

om·i·cron [`ɑmɪ,krɑn] *n.* ⓊⒸ 希臘字母之第十五個字母(*O, o*)。

***om·i·nous** [`ɑmənəs] *adj.* ①惡兆的。②預兆的。It is ∼ of death. 它預兆死亡。— **ly,** *adv.*

o·mis·si·ble [o`mɪsəbl̩] *adj.* 可省略的；無必要的。

o·mis·sion** [o`mɪʃən] *n.* ①Ⓤ 省略；刪除。②Ⓒ 省略[刪除]之物。sins of ∼*** 懈怠；應作之事而未作。

***o·mit** [o`mɪt, ə`mɪt] *v.t.* (**-tt-**) ①遺漏；略去；省去。②疏忽；忽略。

***om·ni·bus** [`ɑmnə,bʌs, `ɑmnəbəs] *n.* Ⓒ ①公共汽車；巴士；公共馬車(=bus)。②(某一作家或一科目的)全集。— *adj.* 總括的。an ∼ clause 總括的條款。an ∼ book [volume] 全集。

om·nip·o·tent [ɑm`nɪpətənt] *n.* (the O-)全能的神[上帝]。— *adj.* 全能的。— **om·nip′o·tence,** *n.*

om·ni·pres·ent [,ɑmnɪ`prɛzn̩t] *adj.* 無處不在的。— **om·ni·pres′ence,** *n.*

om·nis·cient [ɑm`nɪʃənt] *adj.* 無所不知的。— *n.* (the O-)上帝。

om·niv·o·rous [ɑm`nɪvərəs] *adj.* ①雜食的。②無所不吸收的。— **ly,** *adv.*

‡**on** [ɑn] *prep.* ①在…之上。*on* the table 在桌上。②環繞；附著於…之上。He put a ring *on* her finger. 他把戒指戴在她的手指上。③接近。New York is situated *on* the Hudson River. 紐約瀕哈德遜河邊。④向…方向。The house looks out *on* the sea. 這屋子面向大海。⑤表示動作。call *on* 拜訪。⑥藉；由。This news is *on* good authority. 這項消息有正確的根據。⑦在…之時；當…之時。*on* Sunday 在星期日。⑧關於；論及。a book *on* animals 一本關於動物的書。⑨爲…之目的。⑩在其中。Who is *on* the committee? 誰在此委員會中? ⑪在某種狀況中。*on* duty 值班。*on* sale 出售中。⑫在某基礎上；在某條件上。*on* equal terms 基於平等條件。⑬一次接一次。Defeat *on* defeat discouraged them. 一次一次的失敗使他們氣餒。⑭冒…之險。*on* pain of death 冒死亡之險。— *adv.* ①在上。②相接；附著。hold *on* 握住。③指向(某地、某點或某目標)。look *on* 旁觀。④向前。march *on* 前進。⑤在某種情況、過程、狀態或行動中。Turn the gas *on.* 打開煤氣。⑥以後；自從。later *on* 後來。***on and on*** 繼續不斷地。***on to*** 到…之上面(= onto)。He jumped *on to* the shore. 他跳到岸上。— *adj.* 進行中的。The race is *on.* 競賽正進行中。— *n.* (the on) 〖板球〗(打者的)左前方。

‡**once** [wʌns] *adv.* ①一次地。②從前。③無論何時地。***more than ∼*** 不只一次地。***∼ again*** [***more***] 再一次。***∼ and again*** 重複地；再三地。***∼*** ***(and) for all*** 堅決地；最終地。***∼ in a while*** 有時。***∼ upon a time*** 昔時。— *n.* Ⓤ 一度；一回。***at ∼*** a. 立刻。b. 同時。***for ∼*** 至少一次。— *adj.* 一度的；從前的。— *con*[j.]

一旦…就。*O-* you cross the river, you are safe. 你一旦渡過這河，便安全了。

once-o·ver [ˋwʌnsˏovɚ] *n.* Ⓒ (常 *sing.*)〖俚〗粗略的察看；草率的工作。

on·co·gene [ˋɑŋkəˏdʒin] *n.* Ⓒ〖生物〗致癌基因。

on·co·gen·e·sis [ˏɑŋkoˋdʒɛnəsɪs] *n.* Ⓤ〖醫〗腫瘤形成。

on·col·o·gy [ɑŋˋkɑlədʒɪ] *n.* Ⓤ〖醫〗腫瘤學。—**on·co·log′ic,** *adj.*

on·com·ing [ˋɑnˏkʌmɪŋ] *adj.* 即將來臨的；接近的。— *n.* Ⓤ 來臨；接近。

‡**one** [wʌn] *n.* ①Ⓒ 1 的數字[記號]。②ⓊⒸ 一；一人；一物；一個。***all in*** ～ 合在一起。***at*** ～ 一致。***make*** ～ **a.** 作爲一員。**b.** 團結一致；結婚。～ ***and all*** 每個。～ ***another*** 互相(三者以上)。～ ***by*** ～ 逐一；陸續。～ ***up on***〖俗〗占上風。— *adj.* ①一個的；單一的。②或有的(=some). ③相同的。④一致的。⑤某一的(=a certain). ⑥(the ～)唯一的。***all*** ～一樣的；相同的。— *pron.* ①某一人[物]。②任何人[物]。③同一人[物]。

óne-base hít [ˋwʌnˏbes ～] *n.* Ⓒ〖棒球〗一壘安打(= single).

one-man [ˋwʌnˋmæn] *adj.* 個人的；僅一人的。

one-off [ˋwʌnˋɔf]〖英〗*adj.* 祇一次的；祇供一人使用的。a ～ stage 祇演出一次的舞台。— *n.* Ⓒ 祇用一次的東西。

óne-par·ent fámily [ˋwʌnpɛrənt ～] *n.* Ⓒ 單親家庭。

one-piece [ˋwʌnˋpis] *adj.* 單件的；上下連身的。— *n.* Ⓒ 單件式衣服。

on·er·ous [ˋɑnərəs] *adj.* ①繁重的；煩苛的。②〖法律〗負有義務的。

‡**one's**[1] [wʌnz] *pron.* (one 的所有格) 一個人的；某人的；其人的。

one's[2]〖俗〗one is 的縮寫。

*__one·self__ [wʌnˋsɛlf] *pron.* 自己；自身。***be*** ～ **a.** 能充分控制個人之身心。**b.** 行動自然。***for*** ～ 獨力；自立。

one-sid·ed [ˋwʌnˋsaɪdɪd] *adj.* ①祇見問題之一面的。②偏袒的；有偏見的；倒向一面的；不公平的。③祇有一面的。

one·time [ˋwʌnˏtaɪm] *adj.* ①過去的；從前的。②祇發生過一次的。

one-to-one [ˋwʌntəˋwʌn] *adj.* ①一比一的。②〖數〗一對一的。

one-track [ˋwʌnˏtræk] *adj.* ①〖鐵路〗單軌的。②〖俗〗固執的。

one-up [ˋwʌnˋʌp] *v.t.* 高(人)一等。— *adj.* 占上風的。

one-up(s)·man·ship [ˏwʌnˋʌp(s)mənˏʃɪp] *n.* Ⓤ (在事業、社會地位、特權等)表現高人一等的作風。

one-way [ˋwʌnˋwe] *adj.* ①單行(道)的。②(車票)單程的。a ～ ticket 單程票。③單向的。

on·go·ing [ˋɑnˏgoɪŋ] *adj.* 前進的；行進的；進行中的。— *n.* ①Ⓤ 進行；前進。②(*pl.*)程序；處置；行爲。

*__on·ion__ [ˋʌnjən] *n.* ①ⓊⒸ 洋葱。②Ⓤ 洋葱味。③Ⓒ〖俚〗人；傢伙。—**on′ion·y,** *adj.*

on·ion·skin [ˋʌnjənˏskɪn] *n.* ①Ⓒ 洋葱皮。②Ⓤ 葱皮紙(打字等所用的半透明薄紙)。

on-line [ˋɑnˏlaɪn] *adj.* & *adv.*〖電算〗線上(式)的[地]。

on·look·er [ˋɑnˏlukɚ] *n.* Ⓒ 旁觀者。

‡**on·ly** [ˋonlɪ] *adj.* ①獨一的。②最優的。— *adv.* ①僅。②唯一。③最後難免。***if*** ～ 但願(=I wish). ～ ***just*** 剛剛(=just). ～ ***too*** 很(=very). — *conj.* ①但；不過。②(當從屬連接詞用)要不是…；如果沒有…。

on·o·mat·o·poe·ia [ˏɑnəˏmætəˋpiə] *n.* ①Ⓤ 擬聲。②Ⓒ 擬聲語(如 buzz, tinkle, cuckoo, boom). ③Ⓤ〖修〗聲喻法。

on·rush [ˋɑnˏrʌʃ] *n.* Ⓒ (常 *sing.*) ①猛衝；突襲。②(水的)急流；奔流。—**ing,** *adj.*

on-screen [ˋɑnˋskrin] *adj.* & *adv.* 顯示在螢幕上的[地]。

on·set [ˋɑnˏsɛt] *n.* (the ～)①進攻。②開始。③發病。

on·shore [ˋɑnˏʃor] *adv.* & *adj.* 向陸地[的]；在陸上[的]。

on·slaught [ˋɑnˏslɔt] *n.* Ⓒ 猛攻。

on·stage [ˋɑnˋstedʒ] *adj.* & *adv.*〖戲劇〗在舞臺上的[地]。

Ont. Ontario.

On·tar·i·o [ɑnˋtɛrɪˏo] *n.* ①安大略省(加拿大南部的一省，首府 Toronto). ②(Lake ～)安大略湖(在安大略省與美國紐約州之間)。

on-the-job [ˋɑnðəˋdʒɑb] *adj.* 在職的。～ training 在職訓練。

on-the-spot [ˋɑnðəˏspɑt] *adj.* ①現場的。②立刻做成或發生的。

O

***on·to** [ˋantu, -tə] *prep.* 到…之上；在上。〔注意〕**onto** 與 **on to,** 在 on 作副詞用，to 爲介詞時，亦可分寫爲兩字。

o·nus [ˋonəs] *n.* (the ～)負擔；責任。

***on·ward** [ˋanwəd] *adv.* 向前；前進。— *adj.* 前進的(=forward).

on·wards [ˋanwədz] *adv.* = **onward.**

ooze [uz] *v.i.* ①慢慢地流。②慢慢地洩露〔out〕. ③慢慢消失〔away〕. ④冒出濕氣。— *v.t.* ①淌(汗)。②流(血)。③流出。— *n.* ①Ⓤ慢慢的滲流。②Ⓤ滲流的東西。③Ⓤ水底的軟泥。④ⓊⒸ沼澤地。

op [ap] *n.* Ⓤ〖美術〗視幻藝術。(亦作 **op art**)

o·pac·i·ty [oˋpæsətɪ] *n.* Ⓤ①不透明(體)。②曖昧。③愚鈍。

o·pal [ˋopl] *n.* ⓊⒸ〖礦〗貓眼石。

o·pal·ine [ˋoplɪn] *adj.* ①似蛋白石的。②發乳白光的。— *n.* Ⓤ①乳白玻璃。②乳白色。

o·paque [oˋpek] *adj.* ①不透光的。②昏暗的。③意義不明的。④愚鈍的。⑤不傳導熱[電]的。— *n.* ①Ⓒ不透明體。②(the ～)黑暗。— **ly,** *adv.*

OPEC Organization of Petroleum Exporting Countries. 石油輸出國家組織。

‡**o·pen** [ˋopən, ˋopm̩] *adj.* ①開的。②空(曠)的。③未填滿的。④可使用的；可自由競爭的。⑤未遮蓋的。⑥公開的。⑦坦率的；開明的。⑧伸開的。⑨(商店等)開著的；(展覽會等)參觀時間的。⑩未決定的。⑪未結凍的。⑫易受…感動的；易接受…的。⑬〖印刷〗行距寬的。⑭〖語音〗**a.** 開口發音的。**b.** 以母音結尾的(音節)。⑮有網眼的。⑯不設防的。⑰(水道)未結冰的。⑱(支票)憑票即付的。
— *n.* ①(the ～)**a.** 曠野；戶外。**b.** 衆所周知。②Ⓒ(運動之)公開賽。*in* ～ 公然無隱。— *v.t.* ①打開；睜開。②開墾。③暴露；展示。④表明；啓發。⑤開業。⑥開放。⑦開始。～ an account with a bank 在銀行開一戶頭。⑧〖海〗(移動船位)使看得見。— *v.i.* ①開；展開。②通向。This door ～*s* into the dining room. 這門通向餐廳。③開始。④(商店)開張；營業。⑤展示；顯出。⑥發展。⑦說明。⑧翻開。*O-* at page 12. 翻到第十二頁。～ *up* **a.** 打開；開。**b.** 展開。**c.** 開始(射擊)。**d.** 吐露眞情。§ ～ **áir** 戶外；露天。～ **bállot** 無記名投票。～ **bóok** 一目瞭然的事[物，情況]；淸淸楚楚的事[物]；沒有任何祕密的人。～ **chéque**〖英〗普通支票(未劃線的支票)。～ **círcuit**〖電〗斷路。～ **cíty**〖軍〗不設防之城市。～ **dóor** (1)門戶開放；自由進出。(2)門戶開放政策。～ **enróllment** [**admíssions**]〖美〗(大學)入學資格不加限制的政策。～ **hóuse** (1)(歡迎親友到家來的)家庭派對。(2)〖美俗〗(學校、宿舍、俱樂部等准許公衆參觀之)開放日。～ **létter** 公開信。～ **plán**〖建〗沒有明顯隔間的房間設計。～ **pórt** (1)自由港。(2)不凍港。～ **sándwich** 只有一片的三明治。～ **schóol** 無學年制的學校。～ **séa** 公海。～ **sécret** 公開的祕密。～ **sésame** (1)(天方夜譚之 *Ali Baba and the Forty Thieves* 故事中)開盜穴洞門之咒語。(2)獲得許可、通過等之穩當方法；口令；開門的暗號。～ **shóp**〖美〗(不限定雇用工會會員之)開放工廠[商店]。～ **únion** 對新會員之加入無嚴格限制的工會。～ **vérdict**〖法律〗未定[存疑]裁決。～ **vówel**〖語音〗開口母音(如 æ, ɑ). **the Ó- Univérsity** (英國於 1970 年創設的)空中[開放]大學(可利用通訊方式接受大學教育)。

o·pen-air [ˋopənˋɛr] *adj.* 戶外的；室外的；野外的；露天的。

o·pen-armed [ˋopənˋarmd] *adj.* 伸開兩臂的；衷心的；歡迎的。

ó·pen-bóok examinátion [ˋopənˋbʊk ～] *n.* Ⓒ開卷考試。

o·pen-door [ˋopənˋdor] *adj.* 門戶開放的；機會均等的。

o·pen-end·ed [ˋopənˋɛndɪd] *adj.* ①(時間、目的等)無限制的；自由的。②中途有變更可能的。

o·pen·er [ˋopənə] *n.* Ⓒ①開啓者；開始者。②開瓶[罐]器。

o·pen-eyed [ˋopənˋaɪd] *adj.* ①睜開眼睛的；機警的。②驚訝的；瞠目吃驚的。③坦白的。

o·pen-hand·ed [ˋopənˋhændɪd] *adj.* 慷慨好施的。

o·pen-heart·ed [ˋopənˋhartɪd] *adj.* ①坦白的。②慷慨的。

ó·pen-héart sùrgery [ˋopənˋhart ～] *n.* Ⓤ開心手術。

***o·pen·ing** [ˋopənɪŋ, ˋopnɪŋ] *n.* ①Ⓒ口；穴；孔。②Ⓒ初步；開始。

③Ⓒ空缺的職位。④Ⓤ張開。⑤Ⓒ機會。⑥Ⓒ空地；空場。

***o·pen·ly** [ˋopənlɪ] *adv.* ①無隱地；公然地。②坦白地；率直地。

o·pen-mar·ket [ˋopənˋmarkɪt] *adj.* 自由市場的。

o·pen-mind·ed [ˋopənˋmaɪndɪd] *adj.* 虛心的；無偏見的。

***op·er·a** [ˋapərə] *n.* ①Ⓒ歌劇。②Ⓒ歌劇曲譜或歌詞。③Ⓤ歌劇之演出。④Ⓒ歌劇院。§ ～ **clòak** 觀劇用的女外套。～ **glàsses**(觀劇用之)小型雙眼望遠鏡。～ **hàt**(可以縮扁之男用)大禮帽。～ **hòuse** (1)歌劇院。(2)任何劇院。～ **wìndow**(汽車的)後側板小窗。

***op·er·ate** [ˋapə͵ret] *v.i.* ①轉動。②起作用。③生效。④施手術。⑤採取軍事行動。⑥買賣股票或公債。 — *v.t.* ①使運轉；管理；操縱。②產生；使發生。

op·er·at·ic [͵apəˋrætɪk] *adj.* (似)歌劇的；適於歌劇的。

op·er·at·ing [ˋapə͵retɪŋ] *adj.* ①手術用的。an ～ room 手術室。②經營[營運]上的。～ expenses 營業費用。§ ～ **sýstem**〖電算〗操作系統。

‡**op·er·a·tion** [͵apəˋreʃən] *n.* ①ⓊⒸ作用；動作。②Ⓤ運轉；營運。③Ⓤ **a.** 實施。**b.** (藥物的)效能。④Ⓒ手術。⑤Ⓒ(常*pl.*)軍事行動。⑥Ⓒ〖數〗運算。⑦Ⓒ交易；投機。*come* [*go*] *into* ～ 開始動作；開始生效。*in* ～ 實行中；生效中。

op·er·a·tion·al [͵apəˋreʃənḷ] *adj.* ①經營[營運]上的。②可使用的。

op·er·a·tive [ˋapə͵retɪv] *adj.* ①實施中的；生效的。②運轉的；生產的。③(靠)手術的。— *n.* Ⓒ ①工人；技工。②偵探。③特務。

***op·er·a·tor** [ˋapə͵retə] *n.* Ⓒ ①工作者。②(電話)接線生；(電報)收發報員。③廠主；經營者。④施手術者。⑤證券經紀人。⑥〖俚〗以巧妙的手段達成目的者。

op·er·et·ta [͵apəˋrɛtə] *n.* Ⓒ (*pl.* ～**s, -ti** [-ti]) 輕鬆活潑的小歌劇。

oph·thal·mi·a [afˋθælmɪə] *n.* Ⓤ〖醫〗眼炎。

oph·thal·mic [afˋθælmɪk] *adj.* ①眼的；眼科的。②患眼炎的。

oph·thal·mol·o·gy [͵afθælˋmalədʒɪ] *n.* Ⓤ〖醫〗眼科學。

o·pi·ate [ˋopɪɪt, -͵et] *n.* Ⓒ麻醉劑。— *adj.* ①含有鴉片的。②麻醉的。

o·pine [oˋpaɪn] *v.t.* & *v.i.* 〖諧〗持有意見；表達意見；以爲；想。

‡**o·pin·ion** [əˋpɪnjən] *n.* ①Ⓒ意見；見解。②Ⓒ(常*pl.*)主張；信念。③(an ～)判斷；評論。④Ⓤ輿論。*have no* ～ *of* 對…有壞印象(=to think badly of). *have the courage of one's* ～*s* 敢於依自己的信念行動。§ ～ **pòll** 輿論調查。

o·pin·ion·at·ed [əˋpɪnjən͵etɪd] *adj.* 固執的。

***o·pi·um** [ˋopɪəm] *n.* Ⓤ鴉片。§ ～ **dèn** 吸鴉片的地方。～ **èater** 吸鴉片者。～ **pòppy** 〖植〗罌粟。**the Ó- Wâr**(1839-42 年中英)鴉片戰爭。

***op·po·nent** [əˋponənt] *n.* Ⓒ對手；反對者。— *adj.* ①相向的。②敵對的。

op·por·tune [͵apəˋtjun] *adj.* 合時宜的；及時的。— **ly,** *adv.*

op·por·tun·ism [͵apəˋtjunɪzəm] *n.* Ⓤ機會主義。— **op·por·tun'ist,** *n.*

‡**op·por·tu·ni·ty** [͵apəˋtjunətɪ] *n.* ⓊⒸ機會；時機。

‡**op·pose** [əˋpoz] *v.t.* ①反對；反抗。②以…對抗。③使相對；使相向。 — *v.i.* 採取反對行爲。

op·posed [əˋpozd] *adj.* 相對的；對立的。

‡**op·po·site** [ˋapəzɪt] *adj.* ①對立的。②相反的。～ *number* 處於相等或相當職位的人。— *n.* Ⓒ ①相對的人或物。②反意語。— *prep.* 在…對面。— *adv.* 在對側地。

***op·po·si·tion** [͵apəˋzɪʃən] *n.* ①Ⓤ反對。②Ⓒ反對黨。③Ⓤ對照。

***op·press** [əˋprɛs] *v.t.* ①壓迫；壓制。②壓抑。— **op·pres'sor,** *n.* Ⓒ壓迫者。

***op·pres·sion** [əˋprɛʃən] *n.* ⓊⒸ ①鬱悶。②抑壓之情況。③壓迫。

op·pres·sive [əˋprɛsɪv] *adj.* ①嚴苛的。②抑鬱的。— **ly,** *adv.*

opt [apt] *v.i.* 選擇；決定。～ *for* 選擇；贊成。 ～ *out* 退出；辭職。

op·ta·tive [ˋaptətɪv] *adj.* 表願望的；表祈願的。— *n.* Ⓒ祈願語態；祈願語態之動詞。

op·tic [ˋaptɪk] *adj.* 眼睛的；視覺的。— *n.* Ⓒ (常 *pl.*)〖俗〗眼。

op·ti·cal [ˋaptɪkḷ] *adj.* ①眼的；視覺的。～ art 視幻藝術。②幫助視力

的。③光學的。～ fiber 光纖。

op·ti·cian [ɑp`tɪʃən] *n.* Ⓒ 眼鏡和光學儀器製造者或販賣商。

op·tics [`ɑptɪks] *n.* Ⓤ〖理〗光學。

*__op·ti·mism__ [`ɑptə,mɪzəm] *n.* Ⓤ 樂觀(主義)。— **op′ti·mist,** *n.* — **op·ti·mis′tic,** *adj.*

op·ti·mum [`ɑptəməm] *n.* Ⓒ (*pl.* **-ma** [-mə], **~s**)〖生物〗最適宜條件。

op·tion [`ɑpʃən] *n.* ① Ⓤ 選擇(權)。② Ⓒ 選擇之事物。— **al,** *adj.*

‡**or** [ɔr, ɚ] *conj.* ① 抑；或。② 否則；不然。③即；就是。***either…or…*** 不是…就是…；…或…。***or else*** 否則。***whether…or…*** 不論…或…。

*__or·a·cle__ [`ɔrəkḷ] *n.* Ⓒ ①神諭。②發布神諭的地方。③祭司。④賢人。

o·rac·u·lar [ɔ`rækjələ] *adj.* ①(似)神諭的。②意義含混的；難解的。③聰明的。

*__o·ral__ [`orəl, `ɔrəl] *adj.* ①口頭的；口述的。②口的。③〖語音〗口音的。**—** *n.* Ⓒ (常 *pl.*)〖俗〗口試。— **ly,** *adv.*

‡**or·ange** [`ɔrɪndʒ] *n.* ① Ⓤ Ⓒ 橘；柑；橙。② Ⓒ 橘、柑或橙樹。③ Ⓤ 橘色；橙黃色。**—** *adj.* ①橘、柑或橙的。②橘、柑或橙色的。§ **～ blòssom** 橘花。**～ pèel** 橘子皮。

or·ange·ade [`ɔrɪndʒ`ed] *n.* Ⓤ 橘子水；橘子汽水。

o·rang-u·tan [o`ræŋu,tæn] *n.* Ⓒ 婆羅洲與蘇門答臘的長臂巨猿。

o·ra·tion [o`reʃən] *n.* Ⓒ 講演；演說；致詞。

*__or·a·tor__ [`ɔrətɚ, `ɑrətɚ] *n.* Ⓒ 演說者；講演者；演說家。

or·a·to·ry [`ɔrə,torɪ] *n.* Ⓤ ①演說術。②雄辯術；修辭。— **or·a·tor′i·cal,** *adj.* — **or·a·tor′i·cal·ly,** *adv.*

*__or·bit__ [`ɔrbɪt] *n.* Ⓒ ①(天體或人造衛星繞行的)軌道。②生活的常軌。③〖解〗眼窩；眼眶。④勢力範圍。**—** *v.t.* ①繞(軌道)而行。②將(人造衛星)送入軌道。**—** *v.i.* 繞軌道而行。— **al,** *adj.* — **er,** *n.*

*__or·chard__ [`ɔrtʃəd] *n.* ① Ⓒ 果園。② Ⓤ 果樹。— **or′chard·ist,** *n.*

*__or·ches·tra__ [`ɔrkɪstrə] *n.* Ⓒ ①管絃樂隊。②(劇院中)樂隊演奏處。— **or·ches′tral,** *adj.*

or·ches·trate [`ɔrkɪs,tret] *v.t.* & *v.i.* 改編為管絃樂；作管絃樂曲。— **or·ches·tra′tion,** *n.*

or·chid [`ɔrkɪd] *n.* ① Ⓒ 蘭(花)。② Ⓤ 淡紫色。③(*pl.*)讚美辭。**—** *adj.* 淡紫色的。

*__or·dain__ [ɔr`den] *v.t.* ①註定；規定。②任命(聖職)。

*__or·deal__ [ɔr`dil] *n.* Ⓒ 嚴酷之考驗；痛苦的經驗。

‡**or·der** [`ɔrdɚ] *n.* ① Ⓤ 次序。② Ⓤ 常態。③ Ⓤ 情況；狀態。④ Ⓤ 常則。⑤ Ⓒ 體制。⑥ Ⓒ (常 *pl.*)命令。⑦ Ⓒ 匯票。⑧ Ⓒ 訂貨(單)。⑨ Ⓒ 等級；種類。⑩ Ⓒ (常 *pl.*)階級；身分。⑪ Ⓒ (建築的)柱式。⑫ Ⓤ 會議程序。⑬ Ⓒ (常 *pl.*)指示。⑭ Ⓒ〖生物〗目。⑮(*pl.*)神職。⑯ Ⓤ 整理。⑰ Ⓒ 修道會；(中世紀)騎士團。⑱ Ⓒ 公會。⑲ Ⓒ (常 O-)勳位；勳章。⑳ Ⓒ (常 *sing.*)儀式；典禮。㉑ Ⓒ (餐館中)的一客(飯菜)。***by*** **～** 奉命令。***call to*** **～** 要求安靜(開始開會)；宣布開會。***in*** **～ a.** 整齊的；在良好的狀況中。**b.** 工作正常的。**c.** 遵守會議程序的。**d.** 合適的。***in*** **～** ***that*** 俾使；為了(=so that)。***in*** **～** ***to***(***do something***)俾能；欲…。***in short*** **～** 快地；迅速地。***on*** **～** 已定購(貨尚未到)。***on the*** **～** ***of*** 與…相似；與…相同。***out of*** **～ a.** 壞了。**b.** 不適合。**c.** 違反會議規程。***take*** **～*s*** 任神職。**—** *v.t.* ①整頓；整理。②命令；指令。③(向商店等)定(貨)。④決定；評定。⑤任(神職)。**—** *v.i.* ①命令；下令。②定貨。**～** ***about*** [***around***] 驅使。§ **～ bòok** (1)〖商〗定貨簿。(2)〖軍〗命令簿。**～ fòrm** [**blànk**] 定貨單。**～ pàper**(議會等的)議事日程表。

or·der·ly [`ɔrdɚlɪ] *adj.* ①有秩序的。②守秩序的。③傳令的；值班的。**—** *n.* Ⓒ ①傳令兵；(陸軍醫院的)看護兵。②醫院侍者。§ **～ ófficer**〖軍〗(1)值日官。(2)〖英〗傳令兵。

*__or·di·nal__ [`ɔrdṇəl] *adj.* 次序的。**—** *n.* Ⓒ ①序數(亦作 **ordinal number**)。②〖宗〗(天主教)彌撒書；(基督教)禮拜儀式書。

or·di·nance [`ɔrdṇəns] *n.* Ⓒ ①法令；條例。②宗教儀式。③習俗。

*__or·di·nar·i·ly__ [`ɔrdṇ,ɛrəlɪ] *adv.* 通常；一般地。

‡**or·di·nar·y** [`ɔrdṇ,ɛrɪ] *adj.* ①普通的；正常的。②平凡的。**—** *n.* (the ～)普通狀態。***in*** **～** 正規服務的。***out of the*** **～** 例外的；特殊的。

or·di·na·tion [,ɔrdṇ`eʃən] *n.* Ⓤ Ⓒ 聖職任命(儀式)；按手禮。

ord·nance [`ɔrdnəns] *n.* Ⓤ (集合稱)①砲; 軍械。②兵工。

or·dure [`ɔrdʒɚ, -djur] *n.* Ⓤ ①排泄物; 糞; 肥料。②下流的言語。

***ore** [or, ɔr] *n.* ⓊⒸ (含金屬的)礦石。§ ∼ **drèssing** 選礦。

Ore(g). Oregon.

Or·e·gon [`ɑrɪ,gɑn] *n.* 奧勒岡(美國太平洋沿岸之一州)。§ ∼ **píne** 美國松。**the** ∼ **Tráil** 奧勒岡道(從 Missouri 到 Oregon, 爲從前移民及拓荒者常行之山道)。— **Or·e·go′ni·an,** *n.* & *adj.*

***or·gan** [`ɔrgən] *n.* Ⓒ ①器官。②機關; 機關報[雜誌]。③管風琴; 手風琴; 風琴。§ ∼ **grìnder** 於街頭搖奏手風琴者。∼ **lòft**(教堂中)放置風琴的位置。∼ **pìpe**(管風琴的)音管。

or·gan·dy, -die [`ɔrgəndɪ] *n.* Ⓤ 玻璃紗; 細薄而硬之棉織品。

***or·gan·ic** [ɔr`gænɪk] *adj.* ①器官的。②有機的; 含碳的。③有組織的。④有機體的; 有機物的。⑤生來的; 根本的。— **or·gan′i·cal·ly,** *adv.*

***or·gan·ism** [`ɔrgən,ɪzəm] *n.* Ⓒ ①生物; 有機體。②社會組織; 機關。③細小之動植物。

or·gan·ist [`ɔrgənɪst] *n.* Ⓒ 風琴彈奏者。

‡**or·gan·i·za·tion** [,ɔrgənə`zeʃən] *n.* ①Ⓤ組織; 構造。②Ⓒ機構; 結構。③Ⓒ團體; 工會; 協會。④Ⓒ有機體。§ ∼ **chárt** (公司等的)組織圖; 人事關係分析圖。∼ **màn**對組織唯命是從的人; 組織內馴順的成員。

***or·gan·ize** [`ɔrgən,aɪz] *v.t.* ①組織; 使有系統化。②籌劃; 舉辦; 設立; 創設。③組成工會; 使加入工會。

or·gan·ized [`ɔrgən,aɪzd] *adj.* ①有組織的; 編組的; 組織性的; 有計畫的。②有機(體)的。③組織成工會的; 加入工會的。

or·gan·iz·er [`ɔrgən,aɪzɚ] *n.* Ⓒ ①組織者; 發起人。②整理文件、檔案的夾子。

or·gasm [`ɔrgæzəm] *n.* ⓊⒸ 〖生理〗(性交時)興奮之頂點; 高潮。

or·gi·as·tic [,ɔrdʒɪ`æstɪk] *adj.* ①(似)酒神祭禮的。②狂飲(作樂)的。③狂歡的。

or·gy [`ɔrdʒɪ] *n.* ①Ⓒ (常 *pl.*) 狂飲作樂。②Ⓒ 恣縱; 恣意。③(*pl.*)古希臘、羅馬祭酒神的祕密儀式。

***o·ri·ent** [`orɪ,ɛnt] *v.t.* ①安定位置; 定方位。②使向東。③使適應(環境)。④使熟悉新環境、情勢等。⑤使向確定之方向; 朝; 向。⑥定向; 決定…之方向。— *v.i.* 朝向東或其他方向。— [`orɪ,ɛnt, -ənt] *n.* ①(the ∼)東方; 東。② Ⓤ (眞珠的)光澤。*the O-* 東方諸國; 亞洲(特指遠東)。— [`orɪənt] *adj.* ①〖詩〗東方的。②〖古〗上升的。③燦爛的; 光耀的。

***O·ri·en·tal** [,orɪ`ɛntl] *adj.* ①東方諸國的; 亞洲的。②(o-)東(方)的。— *n.* Ⓒ 東方人; 亞洲人。— **ism,** — **ist,** *n.*

o·ri·en·tate [`orɪɛn,tet] *v.* = **orient.**

o·ri·en·ta·tion [,orɪɛn`teʃən] *n.* ⓊⒸ ①東向; 使向東; 定方位。②決定方針; 定位。③〖心〗定向(認識環境以確定其與自身關係之能力)。④指示方向; 指導; 適應。⑤〖化〗配向; 定位。

o·ri·ent·ed [`orɪ,ɛntɪd] *adj.* 趨向的; 取向的; 使…適應的。be politically ∼ 以政治爲取向的。

or·i·fice [`ɔrəfɪs, `ɑr-] *n.* Ⓒ 開口; 孔; 洞。

***or·i·gin** [`ɔrədʒɪn, `ɑr-] *n.* ① ⓊⒸ 起源; 來源; 開端; 原始。② Ⓤ (常 *pl.*)出身; 來歷。

‡**o·rig·i·nal** [ə`rɪdʒənl] *adj.* ①原始的; 最初的。②新奇的。③有創作性的。④獨創的。⑤原作的; 原文的。— *n.* ①Ⓒ原物; 原作品。②(the ∼)原文。③Ⓒ怪人。§ ∼ **gúm** 郵票背面之原有膠質。∼ **sín**原罪(因 Adam 和 Eve 墮落而引起的人類固有的罪)。

***o·rig·i·nal·i·ty** [ə,rɪdʒə`nælətɪ] *n.* Ⓤ①創作力。②創意。③原始; 固有。

***o·rig·i·nal·ly** [ə`rɪdʒənlɪ] *adv.* ①原來; 本來; 最初。②獨創性地; 新奇地。

***o·rig·i·nate** [ə`rɪdʒə,net] *v.t.* 創始; 發明; 使產生。— *v.i.* 開始; 發起(多與in或from連用)。— **o·rig′i·na·tor, o·rig·i·na′tion,** *n.*

o·ri·ole [`orɪ,ol] *n.* Ⓒ 金鶯。

O·ri·on [o`raɪən] *n.* ①〖天〗獵戶星座。②〖希神〗歐來恩(英俊的獵人)。

Or·lé·ans [`ɔrlɪənz] *n.* 奧爾良(法國中北部之一城市)。

or·lon [`ɔrlən] *n.* Ⓤ ①奧龍(一種合成纖維)。②(O-)其商標名。

or·mo·lu [`ɔrmə,lu] *n.* Ⓤ ①金色

黃銅(銅、鋅、錫之合金)。②鍍金用之金箔。

***or·na·ment** [ˋɔrnəmənt] *n.* ①Ⓒ裝飾品。②Ⓒ增光彩之人；增優美之性質。③Ⓤ裝飾。④Ⓒ〖樂〗裝飾音。**—**[ˋɔrnə,mɛnt] *v.t.* 裝飾；修飾。

***or·na·men·tal** [,ɔrnəˋmɛntl] *adj.* ①裝飾(用)的。②僅作爲裝飾的。**— ly,** *adv.* **— or·na·men·ta′tion,** *n.* Ⓤ裝飾(品)。

or·nate [ɔrˋnet] *adj.* ①裝飾華麗的。②(文體)華麗不實的。

or·ni·thol·o·gy [,ɔrnəˋθalədʒɪ] *n.* Ⓤ 鳥類學。**— or·ni·thol′o·gist,** *n.* **— or·ni·tho·log′i·cal,** *adj.*

***or·phan** [ˋɔrfən] *n.* Ⓒ ①孤兒。②被母親遺棄或失去母親的小動物。**—** *adj.* ①孤兒的。an ～ asylum 孤兒院。②無父[母]的；無雙親的。**—** *v.t.* 使成孤兒。

or·phan·age [ˋɔrfənɪdʒ] *n.* ①Ⓒ孤兒院。②Ⓤ孤兒的身分；(集合稱)孤兒。

or·tho·don·tia [,ɔrθəˋdanʃə] *n.* Ⓤ畸齒矯正術；正牙學。

or·tho·dox** [ˋɔrθə,daks] *adj.* ①正統的(尤指宗教)。②傳統的。O-*** ***(Eastern) Church*** 〖基督教〗東方正教；希臘正教。

or·tho·dox·y [ˋɔrθə,daksɪ] *n.* Ⓤ正教；正統派之學說[信仰]；正統。

or·thog·ra·phy [ɔrˋθagrəfɪ] *n.* Ⓤ①正確的拼字法；正字法。②〖幾何〗正投影法。

or·tho·p(a)e·dics [,ɔrθəˋpidɪks] *n.* Ⓤ整形外科(術)。

o·ryx [ˋorɪks] *n.* Ⓒ (*pl.* **～·es, ～**) 〖動〗(非洲產之)劍羚。

O·sa·ka [oˋsakə] *n.* 大阪(日本本州南部之一海港)。

Os·car [ˋɔskɚ, ˋas-] *n.* Ⓒ 奧斯卡金像獎(美國電影藝術科學院頒授)。

os·cil·late [ˋasl̩,et] *v.i.* ①擺動；在兩點間往返。②(意見、目的之)游移不定；躊躇。③〖理〗振動；振盪。**—** *v.t.* 使擺動；使振動[動搖]。**— os·cil·la′tion,** *n.* **— os′cil·la·to·ry,** *adj.*

os·cu·late [ˋaskjə,let] *v.t.* & *v.i.* ①〖諧〗接吻。②(使)密接[結合]。**— os′cu·la·to·ry,** *adj.* **— os·cu·la′tion,** *n.*

OSI open systems interconnection. 電腦系統連線。

o·sier [ˋoʒɚ] *n.* Ⓒ ①〖英〗一種柳樹。②其柳條(可編筐籃)。

Os·lo [ˋazlo] *n.* 奧斯陸(挪威之首都)。

os·se·in [ˋasɪɪn] *n.* Ⓤ〖生化〗骨素；骨膠原。

os·se·ous [ˋasɪəs, -jəs] *adj.* 由骨構成的；含骨的；似骨的。**— ly,** *adv.*

os·si·fy [ˋasə,faɪ] *v.t.* ①〖生理〗使骨化；使成爲骨。②使硬化。③使冷酷無情。**—** *v.i.* ①〖生理〗骨化；成爲骨。②硬化；僵化；不進步。**— os·si·fi·ca′tion,** *n.*

os·te·i·tis [,astɪˋaɪtɪs] *n.* Ⓤ 骨炎。

os·ten·si·ble [asˋtɛnsəbl] *adj.* ①外表的；表面的；假裝的。②可公開的；非機密的。③明顯的。**— os·ten′si·bly,** *adv.* 表面上。

os·ten·ta·tion [,astənˋteʃən] *n.* Ⓤ誇張；誇耀；庸俗的華麗。

os·ten·ta·tious [,astənˋteʃəs] *adj.* 誇張的；虛飾的；賣弄的；誇耀的；炫耀的。**— ly,** *adv.*

os·te·o·po·ro·sis [,astɪopəˋrosɪs] *n.* Ⓤ〖醫〗骨質疏鬆症。

os·tra·cism [ˋastrə,sɪzəm] *n.* Ⓤ ①古希臘之貝殼投票放逐(由公民投票決定，票書於貝殼上)。②放逐；排斥。

os·tra·cize [ˋastrə,saɪz] *v.t.* ①以貝殼投票放逐。②排斥。③擯除。

***os·trich** [ˋɔstrɪtʃ] *n.* Ⓒ ①鴕鳥。②自欺者；逃避現實者。§ ～ **belíef** 自欺欺人的想法。～ **fárm** 鴕鳥飼養場。～ **pólicy** 鴕鳥政策(逃避現實的政策)。

O·thel·lo [oˋθɛlo] *n.* 奧賽羅(莎士比亞四大悲劇之一)。

‡oth·er [ˋʌðɚ] *adj.* ①其它的；其餘的。②另外的；此外的。③別的；不同的。④不久以前的。⑤從前的。～ ***than*** 與…不同。**—** *pron.* 其他的人；其他之物。***one after the ～*** 相繼地。**—** *adv.* 用其他方法。

oth·er-di·rect·ed [ˋʌðɚdɪˋrɛktɪd] *adj.* 受外力支配的。

‡oth·er·wise [ˋʌðɚ,waɪz] *adv.* ①用不同的方法；不同地。②在其他方面。③在其它狀態。**—** *conj.* 否則；不然。**—** *adj.* ①不同的。②在其他方面的。③在不同情況之下的。

oth·er·world·ly [ˋʌðɚˋwɝldlɪ] *adj.* 來世的；超脫塵俗的。

***ot·ter** [ˋatɚ] *n.* (*pl.* **～s, ～**) ①Ⓒ〖動〗水獺。②Ⓤ 水獺皮。

ouch [aʊtʃ] *interj.* 哎唷！(表突然疼痛等的聲音)。

‡**ought** [ɔt] *aux. v.* ①應當(表義務)。②該(表願望)。③大概是。

***ounce** [auns] *n.* Ⓒ ①盎斯；英兩(英國重量單位，常衡爲1／16磅，金衡爲1／12磅)。②盎斯(液量名，十六盎斯爲一品脫)。③少量。

‡**our** [aur] *pron.* the possessive of we. 我們的；屬於我們的。

‡**ours** [aurz] *pron.* ①我們的；屬於我們的。②我們的東西。

***our·self** [aur`sɛlf] *pron.* (作家、國王、法官等用語)我自己。

‡**our·selves** [aur`sɛlvz] *pron. pl.* ①我們親自(we或us之加重語勢)。②我們自己(us的反身代名詞)。(*all*) *by* ～ **a.** 獨力無助的。**b.** 我們單獨。

oust [aust] *v.t.* ①逐出。②免職。③〖法律〗驅逐；剝奪。

‡**out** [aut] *adv.* ①外出地；在外地；向外地。②(動作)突發地。③突出地。④高聲地。⑤出現；露出；洩漏。⑥出版；問世。⑦徹底地；完全地。⑧缺乏；缺貨。⑨(火)熄滅。⑩昏倒；不醒人事。⑪到期；過時。⑫發出；交出。⑬挑出；選出；掘出。⑭錯誤。⑮不和；起爭執。⑯〖棒球〗出局。⑰〖高爾夫〗打完前半局。*all* ～〖俗〗完全地；徹底地；全心全意地。～ *and away* 遠；甚；無比。～ *from under* 解除困境；脫離難局。～ *of* (做介系詞用)。**a.** 在外面。**b.** 因；由。**c.** 表狀態。**d.** 在…的範圍外；向…達不到的地方。**e.** 失去…；沒有…。～ *of it* 處於局外；不明局內事。— *adj.* ①熄滅的。②破的；露出的。③特大的。④錯誤的。⑤外邊的。⑥外出的；借出的；出版的。⑦過時的；不流行的。⑧〖棒球〗出局的。⑨結束的；完結的。⑩失勢的；未掌握權力的；在野的。⑪(花)開的。⑫損失的。⑬不和的。⑭要出去的；將出去的。⑮罷工中的。— *v.i.* ①現出；公布。②〖網球〗將球打出界外。— *v.t.* ①擊倒(特指拳賽中)。②熄滅。③罷免。④向外伸出。— *n.* ①(*pl.*)在野黨；不在職者。② Ⓒ 缺點；弱點。③ Ⓒ〖印刷〗漏排；排脫。④ Ⓒ〖棒球〗出局者；出局。⑤(the ～)外緣；外邊。⑥ Ⓒ 打開僵局的辦法；退路；出路。— *prep.* ①出自；從…出。②〖俗〗沿著…離去。

out·age [`autɪdʒ] *n.* ①ⓊⒸ 停用；停電；停水。② Ⓒ 停電[水]時間。

out-and-out [`autən`aut] *adj.* 完全的；徹底的。

out·back [`aut,bæk] *n.* (the ～)〖澳〗(人煙稀少的)內陸地區。

out·bid [aut`bɪd] *v.t.* (**-bid, -bid** or **-bid·den, -bid·ding**)(拍賣時)比…出更高的價錢。

out·board [`aut,bord] *adj.* & *adv.* 在船外的[地]；在舷側的[地]。

out·bound [`aut`baund] *adj.* 開往國外的；開往市郊的。

***out·break** [`aut,brek] *n.* Ⓒ ①爆發；發生。②暴亂；騷動。

out·build·ing [`aut,bɪldɪŋ] *n.* Ⓒ (與正屋分離之)附屬建築物。

***out·burst** [`aut,bɜst] *n.* Ⓒ ①爆發；突發。②星際間之爆炸；太陽黑子之爆發。

out·cast [`aut,kæst] *n.* Ⓒ 被逐出者；流浪者。— *adj.* 被逐出的；被棄的；無家可歸的。

out·class [aut`klæs] *v.t.* 遠高於；遠優於；遠勝過。

***out·come** [`aut,kʌm] *n.* Ⓒ (常 *sing.*)結果；成果。

out·crop [`aut,krɑp] *n.* Ⓒ ①(礦脈等)露出地面；出現。②露出於地面上的部分。

out·cry [`aut,kraɪ] *n.* Ⓒ ①叫喊。②喧囂；大聲反對。

out·dat·ed [aut`detɪd] *adj.* 過時的。

out·dis·tance [aut`dɪstəns] *v.t.* (在競賽中)領先；勝過；超越。

out·do [aut`du] *v.t.* (**-did, -done**) 超越；勝過。

***out·door** [`aut,dor] *adj.* ①戶外的。②救濟院外的；醫院外的。

***out·doors** [`aut`dorz] *adv.* 戶外。— *n.* Ⓤ (常 the ～)戶外地方。

out·doors·man [aut`dorzmən] *n.* Ⓒ (*pl.* **-men**)①戶外生活者。②喜愛戶外活動者。

***out·er** [`autɚ] *adj.* 外部的；外面的。§ ～ **plánet** 外行星(位於地球外側的行星)。～ **spáce** 外太空。

out·er·most [`autɚ,most] *adj.* 最外的；最遠的。

out·er·wear [`autɚ,wɛr] *n.* Ⓤ (集合稱)外衣；外套。

out·fall [`aut,fɔl] *n.* Ⓒ 河口；出口；(下水道的)排水口。

out·field [`aut`fild, -,fild] *n.* (the ～)〖棒球〗外野；(集合稱)外野手。

out·field·er [`aut`fildɚ] *n.* Ⓒ〖棒球〗外野手。

***out·fit** [ˋaʊt,fɪt] *n.* Ⓒ ①用具；裝備；配備。②組織；機構；公司。
— *v.t.* (**-tt-**)①裝備。②供應。
out·fit·ter [ˋaʊt,fɪtɚ] *n.* Ⓒ 備辦全套旅行用品之商人；服飾品商人。
out·flank [aʊtˋflæŋk] *v.t.* ①包圍(敵軍等)之側翼。②以計勝過。
out·flow [ˋaʊt,flo] *n.* ①Ⓤ 流出。②Ⓒ 流出物。③Ⓒ 流出量。
out·fox [aʊtˋfɑks] *v.t.* 以計[智]勝過。
out·go [ˋaʊt,go] *n.* (*pl.* **~es**) ①ⓊⒸ開支；支出。②Ⓒ 外出；出發。③Ⓒ出口。**—** *v.t.* (**-went, -gone**) 勝過；優於；超過。
out·go·ing [ˋaʊt,goɪŋ] *adj.* ①外出的；離去的。②友善的；好交際的；外向的。**—** *n.* ①ⓊⒸ 外出；出發。②(*pl.*)〖英〗開支；費用。
out·grow [aʊtˋgro] *v.t.* (**-grew, -grown**)①過大而不適於。②較…長得大或快。③因年長而放棄或革除。
out·growth [ˋaʊt,groθ] *n.* Ⓒ ①自然的發展；自然的結果。②衍生物。③枝條。
out·guess [aʊtˋgɛs] *v.t.* 猜測勝過。
out·house [ˋaʊt,haʊs] *n.* Ⓒ ①=**outbuilding.** ②戶外廁所。
out·ing [ˋaʊtɪŋ] *n.* Ⓒ ①小遊；遠足；短途旅行。②比賽。
out·land·ish [aʊtˋlændɪʃ] *adj.* ①奇異的。②異國風味的。
out·last [aʊtˋlæst] *v.t.* ①較…耐久；比…持久。②壽命較…長。
out·law [ˋaʊt,lɔ] *n.* Ⓒ ①被放逐者。②不法之徒；無賴；罪犯。
— *v.t.* ①將…放逐。②使失去法律之保護。③宣布…爲非法。
out·law·ry [ˋaʊt,lɔrɪ] *n.* Ⓤ ①放逐；公權的剝奪。②宣布爲非法。
out·lay [ˋaʊt,le] *n.* ①Ⓤ 消耗。②Ⓒ (常*sing.*)支出；費用。**—** [aʊtˋle] *v.t.* (**-laid**) 花費。
***out·let** [ˋaʊt,lɛt] *n.* Ⓒ ①出口；出路；排洩口。②銷路；市場。③某產品的經銷店。④插座。
***out·line** [ˋaʊt,laɪn] *n.* Ⓒ ①外形；輪廓。②略圖；草稿。③要點；大綱；要旨；概要。**—** *v.t.* ①述要點。②畫…之外形或輪廓。
out·live [aʊtˋlɪv] *v.t.* ①生存得比…更久；比…更經久。②久活而失去。
***out·look** [ˋaʊt,lʊk] *n.* Ⓒ (常*sing.*) ①景色。②景況。③展望；看法；觀點。④看守；瞭望。⑤瞭望處。

out·ly·ing [ˋaʊt,laɪɪŋ] *adj.* ①偏僻的；邊遠的。②邊界[範圍]以外的。
out·ma·neu·ver,〖英〗**-noeu·vre** [,aʊtməˋnuvɚ] *v.t.* ①以謀略勝；智勝。②機動性勝過。
out·mod·ed [aʊtˋmodɪd] *adj.* 舊式的；過時的。
out·num·ber [aʊtˋnʌmbɚ] *v.t.* 比…多；數目勝過…。
out-of-date [ˋaʊtəvˋdet] *adj.* 過時的；落伍的。
out-of-doors [ˋaʊtəvˋdorz] *adj.* (亦作 **out-of-door**) =**outdoor.**
— *n.* & *adv.*=**outdoors.**
out-of-pock·et [ˋaʊtəvˋpɑkɪt] *adj.* ①付現款的。②無錢的。
out-of-the-way [ˋaʊtə(v)ðəˋwe] *adj.* ①荒僻的；人跡罕至的。②不尋常的；奇怪的。
out-of-town [ˋaʊtəvˋtaʊn] *adj.* 位於市外的；外埠的。
out·pace [aʊtˋpes] *v.t.* ①比…跑得快；追過。②勝過；凌駕。
out·pa·tient [ˋaʊt,peʃənt] *n.* Ⓒ 門診病人(爲 inpatient 之對)。
out·per·form [,aʊtpɚˋfɔrm] *v.t.* (機器等性能方面)較…優越。
out·play [aʊtˋple] *v.t.* 打敗；(遊戲之)技術優於…。
out·point [aʊtˋpɔɪnt] *v.t.* 得分較多於。
out·post [ˋaʊt,post] *n.* Ⓒ ①哨兵；前哨(站)。②邊境的殖民地。
out·pour·ing [ˋaʊt,porɪŋ] *n.* ①Ⓤ 流出；傾出。②Ⓒ 流出物。③Ⓒ (常*pl.*)感情流露。
***out·put** [ˋaʊt,pʊt] *n.* Ⓤ ①生產(額)；產量。②發揮；發出。③(機械動力之)輸出量。④〖電算〗輸出。
***out·rage** [ˋaʊt,redʒ] *n.* ①ⓊⒸ 暴行；迫害。②Ⓤ 憤慨；憤怒。**—** *v.t.* ①觸犯；傷害。②非禮。
***out·ra·geous** [aʊtˋredʒəs] *adj.* ①暴亂的。②極無禮的。③憤怒的。④離奇的。**—ly,** *adv.*
out·rank [aʊtˋræŋk] *v.t.* 階級[地位]高於。
ou·tré [uˋtre]〖法〗*adj.* 逸出常軌的；奇怪的。
out·reach [ˋaʊt,ritʃ] *n.* ①Ⓤ 範圍。②(the ～)伸出；延展。
out·rid·er [ˋaʊt,raɪdɚ] *n.* Ⓒ ①騎從；侍衛。②開路前導車。
out·right [aʊtˋraɪt] *adv.* ①率直地；坦白地。②立刻地。③全然地。
— [ˋaʊt,raɪt] *adj.* ①完全的；徹底

的。②率直的；坦白的。③全然的。

out·run [aʊt`rʌn] *v.t.* (**-ran, -run, -run·ning**)①跑得較快。②勝過；追過；超過…的範圍。

out·sell [aʊt`sɛl] *v.t.* (**-sold**)①銷數勝過。②較…銷售得快。

out·set [`aʊt,sɛt] *n.* (the ～)開始；起初。

out·shine [aʊt`ʃaɪn] *v.t.* (**-shone**) 比…更好；勝過。

‡**out·side** [`aʊt`saɪd] *n.*(*sing.*, 常 the ～)①外部；外面。②外界。③(人之)外觀；外表。④極端。*at the (very)*～ 至多；充其量。— *adj.* ①在外面的；外部的。②〖俗〗最高的；最大的。③局外的。④可能性極小的。⑤課外的；業餘的。— *adv.* ①外面地；外部地。②在外邊；在戶外。
— [aʊt`saɪd] *prep.* ①在外；超過…範圍。②〖俗〗除外。③超越界限。

out·sid·er [aʊt`saɪdɚ] *n.* Ⓒ ①在外之人。②圈外人；局外人。③(競賽中)無獲勝機會的馬或選手。

out·size [`aʊt,saɪz] *n.* Ⓒ ①特大號。②特大號之衣服(等)。— *adj.* (亦作 **outsized**)特大的。

out·skirts [`aʊt,skɜts] *n. pl.* 郊外；市郊；郊區；邊界；邊緣。

out·smart [aʊt`smɑrt] *v.t.* 〖美俗〗以機智勝過。

out·spo·ken [`aʊt`spokən] *adj.* 直言無隱的；坦白的。

***out·stand·ing** [`aʊt`stændɪŋ] *adj.* ①傑出的；顯著的；突出的。②未付的；未完成的；未解決的。

out·stay [aʊt`ste] *v.t.* ①較…久留。②居留過長。

out·step [aʊt`stɛp] *v.t.* (**-pp-**)踏過；越過；超出…的範圍。

***out·stretched** [aʊt`strɛtʃt] *adj.* 伸開的；張開的；伸長的。

out·strip [aʊt`strɪp] *v.t.* (**-pp-**)①超越；比…更速。②勝過；優於。

out·take [`aʊt,tek] *n.* Ⓒ 影片或錄影帶被剪掉的部分。

out-tray [`aʊt,tre] *n.* Ⓒ (辦公室的)發文盤；發文架。

out·vote [aʊt`vot] *v.t.* 以投票數勝過；得票數超過。

***out·ward** [`aʊtwɚd] *adj.* ①向外的；在外的。②外面的；外部的。③外表上的；顯而易見的。④表面的；肉體的。— *adv.* ①向外。②在外。— *n.* Ⓒ ①外部；外面。②外界。③外表；外貌。

out·ward·ly [`aʊtwɚdlɪ] *adv.* ①外表上；表面地。②向外地。③從外面看來。

***out·wards** [`aʊtwɚdz] *adv.* =outward.

out·weigh [aʊt`we] *v.t.* ①比…重。②勝過；比…重要。

out·wit [aʊt`wɪt] *v.t.* (**-tt-**)以機智勝過；以智敗之；哄騙；欺瞞。

out·worn [`aʊt`worn] *adj.* ①疲倦的。②陳腐的；已廢的；過時的。③穿壞的；穿破的。

ou·zo [`uzo] *n.* Ⓤ 加水飲用的希臘酒。

o·va [`ovə] *n.* pl. of **ovum.**

***o·val** [`ovl̩] *adj.* ①卵形的。②橢圓形的。— *n.* Ⓒ 卵形或橢圓形之物。§ **Ó- Óffice**〖美俗〗橢圓形辦公室(在白宮內的總統辦公室)。

o·va·ry [`ovərɪ, `ovrɪ] *n.* Ⓒ ①〖動〗卵巢。②〖植〗子房。

o·vate [`ovet] *adj.* ①卵形的。②〖植〗卵形的(葉)。

o·va·tion [o`veʃən] *n.* Ⓒ 熱烈的歡迎；大喝采。

***ov·en** [`ʌvən] *n.* Ⓒ 烤爐；烤箱。

‡**o·ver** [`ovɚ] *prep.* ①在上空(未接觸的)。②在…之上；覆於…之上(相接觸的)。③遍於…之上。④橫過；越過。⑤在彼面；在彼方。⑥自…落下。⑦超過於；高於。⑧遍經。⑨在…的時間內。⑩關於。⑪支配；統治；在…之上位。⑫從頭到尾。⑬正從事…的時候；中途。⑭不同於。⑮透過；經過。⑯直到…之後[過後]。— *adv.* ①在上空。②遍及全面地。③橫過；越過。④在彼方。⑤落下。⑥顛倒；反轉。⑦再；又；反覆。⑧自始至終。⑨交付。⑩太；過度(主要用於複合字中)。⑪一直；過(某時)。⑫自一邊到另一邊。⑬倒下。⑭在(某距離)以外。*all* ～ **a.** 遍布；到處。**b.** 完全地；徹底地。 **c.** 完結。 ～ *again* 再一次。～ *and above* 而且；加之。～ *and* ～ (*again*)再三。 ～ *here* 在這邊；在這裡。～ *there* **a.** 在那邊；在那裡。**b.**〖美俗〗在歐洲；往歐洲。— *adj.* ①在上的；表層的。②結束的。③剩餘的；多餘的。④過度的。⑤兩面都煎的(蛋)。— *n.* Ⓒ 過度之數量。

over- 〖字首〗①表「在上；外；優越；傑出」之義。②表「過度；太多」之義。③表「使低於；降服」之義。④表「橫過；越過」之義。

o·ver·a·chieve [,ovərə`tʃiv] *v.t.*

& *v.i.* 超過預期標準。

o·ver·act [ˋovəˋækt] *v.t.* & *v.i.* 動作過度；表演(角色)過火。

o·ver·age [ˋovərɪdʒ, ˋovrɪdʒ] *n.* Ⓤ (商品等的)過剩。

***o·ver·all** [ˋovə͵ɔl] *adj.* 全面的；全盤的。—[͵ovəˋɔl] *adv.* ①大體上；就整個來說。②從一端到另一端。— *n.* (*pl.*)工裝褲。

o·ver·arm [ˋovə͵ɑrm] *adj.* 舉手過肩的；由上向下的。

o·ver·awe [͵ovəˋɔ] *v.t.* 威嚇；使畏縮；懾服。

o·ver·bal·ance [͵ovəˋbæləns] *v.t.* ①重要性超過；重量超過；壓倒。②使失平衡。

o·ver·bear [͵ovəˋbɛr] *v.t.* (**-bore, -borne**)壓倒；否決；威壓。— *v.i.* 結實或產子過多。

o·ver·bear·ing [͵ovəˋbɛrɪŋ] *adj.* 自大的；專制的；傲慢的。

o·ver·blown [͵ovəˋblon] *adj.* ①盛開期已過的(花)。②吹過的；被颳去的；已停歇的。③誇張的。

o·ver·board** [ˋovə͵bord, -bɔrd] *adv.* 在船外；落水地。go*** ~ 做得太過火。***throw*** ~ **a.** 丟入水中。**b.** 排斥；放棄。

o·ver·book [͵ovəˋbuk] *v.t.* & *v.i.* 接受超過實有數之訂位(指飛機、輪船及大旅館等)。

o·ver·build [͵ovəˋbɪld] *v.t.* (**-built**)在(土地)上建屋過多。

o·ver·came [͵ovəˋkem] *v.* pt. of **overcome.**

o·ver·ca·pac·i·ty [͵ovəkəˋpæsɪtɪ] *n.* ⓊⒸ生產力過剩。

o·ver·cast [ˋovə͵kæst, ͵ovəˋkæst] *adj.* ①多雲的；陰暗的。②憂鬱的。— *v.t.* (**-cast**)使陰暗。— *v.i.* 變成陰暗。

o·ver·charge [ˋovəˋtʃɑrdʒ] *v.t.* & *v.i.* ①索價過高。②誇張；誇大。—[ˋovə͵tʃɑrdʒ] *n.* Ⓒ過高的索價。

***o·ver·coat** [ˋovə͵kot] *n.* Ⓒ大衣；外套。— *v.t.* 多塗一層漆於。

***o·ver·come** [͵ovəˋkʌm] *v.t.* (**over-came, o·ver·come**) ①壓倒；克服；擊敗。②使軟弱；使無能爲力。

o·ver·do [ˋovəˋdu] *v.t.* (**-did, -done**)①過分；過火。②煮[炒，烤]得過久。③使疲倦；竭盡。

o·ver·done [ˋovəˋdʌn] *adj.* ①做得過分的。②煮得太久的。

o·ver·dose [ˋovə͵dos] *n.* Ⓒ藥量過多；過量的一劑藥。—[͵ovəˋdos] *v.t.* ①配(藥)過量。②使服藥過量。

o·ver·draft, -draught [ˋovə͵dræft] *n.* Ⓒ〖商〗透支(額)；(支票的)透支[開過頭]。

o·ver·draw [ˋovəˋdrɔ] *v.t.* (**over-drew, o·ver·drawn**) ①透支(銀行存款等)；溢開(支票等)。②過拉(弓等)。③誇張；誇大。

o·ver·drive [ˋovəˋdraɪv] *n.* ⓊⒸ〖機〗超速傳動(向推進軸傳達比引擎速度較大速度之一種傳動裝置)。

o·ver·dub [͵ovəˋdʌb] *v.t.* & *v.i.* (**-bb-**)加(音效、音樂等)於錄音帶上。—[ˋovə͵dʌb] *n.* Ⓒ加錄；加有音效、音樂等的錄音。

o·ver·due [ˋovəˋdju] *adj.* ①支付期限過期的。②遲到的。

***o·ver·eat** [ˋovəˋit] *v.t.* & *v.i.* (**-ate, -eat·en**)吃得過量。

o·ver·em·pha·size, -sise [͵ovəˋɛmfə͵saɪz] *v.t.* 過分強調。

o·ver·es·ti·mate [ˋovəˋɛstəmɪt] *v.t.* 對…估計過高；評估過高。— *n.* ⓊⒸ過高的估計。 —**o′ver·es·ti·ma′tion,** *n.*

o·ver·ex·cit·ed [ˋovərɪkˋsaɪtɪd] *adj.* 過分興奮的。

o·ver·ex·tend [ˋovərɪkˋstɛnd] *v.t.* ①過分擴張。②使部署於過長的防線或過大區域。

o·ver·flight [ˋovə͵flaɪt] *n.* Ⓒ飛越領空。

***o·ver·flow** [͵ovəˋflo] *v.t.* ①使(液體)流出；溢出；氾濫。②(人等)擠出。— *v.i.* ①(液體)流出；溢出；氾濫。②充溢。③充滿；擠出。—[ˋovə͵flo] *n.* Ⓒ氾濫；充溢。

o·ver·fly [͵ovəˋflaɪ] *v.t.* (**-flew, -flown**)飛越(某場所)的上空；侵犯…的領空。

o·ver·ground [ˋovə͵graund] *adj.* 地上的。

o·ver·grown [ˋovəˋgron, ͵ovə-] *adj.* ①長滿(草木等)的。②發育過速的；長得太高的(人)。

***o·ver·hang** [͵ovəˋhæŋ] *v.t.* (**over-hung**) ①懸於…之上；突出於…之上。②懸垂；伸出。③威脅；逼近。— *v.i.* ①突出。②逼近。—[ˋovə͵hæŋ] *n.* Ⓒ突出；突出之物。

o·ver·haul [͵ovəˋhɔl] *v.t.* ①(爲修理)徹底檢查；仔細檢驗。②翻修。

③追及；趕上。— [ˋovəˏhɔl] *n.* Ⓒ 徹底檢查；檢驗；翻修。

***o·ver·head** [ˋovəˋhɛd] *adv.* 在樓上；在高處；在上面。—[ˋovəˏhɛd] *adj.* ①在上面的；經過頭上的。②經常的。— *n.* Ⓒ 經常開支。

***o·ver·hear** [ˏovəˋhɪr] *v.t.* (**-heard**) 無意中聽到；從旁聽到。

o·ver·heat [ˋovəˋhit] *v.t.* ①過度加熱。②使過度興奮或激動。

o·ver·hung [ˏovəˋhʌŋ] *v.* pt. & pp. of **overhang.**

o·ver·in·dulge [ˏovərɪnˋdʌldʒ] *v.t. & v.i.* 過度放任；使過度耽溺。

o·ver·joy [ˏovəˋdʒɔɪ] *v.t.* 使大[狂]喜。— **ed,** *adj.*

o·ver·kill [ˋovəˏkɪl] *n.* Ⓤ ①(核子武器等的)過度的殺傷威力。②(行動等的)過分；過火。

o·ver·land [ˋovəˏlænd] *adj.* 陸路的。— *adv.* 經由陸路地。

o·ver·lap [ˏovəˋlæp] *v.t. & v.i.* (**-pp-**)①重疊；重複。②部分時間相同。—[ˋovəˏlæp] *n.* Ⓤ Ⓒ ①重疊；重複。②重疊[重複]之部分。

o·ver·lay [ˏovəˋle] *v.t.* (**-laid**) 置於他物之上；覆蓋。—[ˋovəˏle] *n.* Ⓒ 蓋於上面之物；外罩；小檯布。

o·ver·leaf [ˋovəˋlif] *adv.* 在(紙之)背面；在(書之)次頁。

o·ver·load [ˏovəˋlod] *v.t.* ①使裝載過重；使充塡過度。②〖電〗給…過量充電。—[ˋovəˏlod] *n.* Ⓒ (常 *sing.*)過重負擔。

***o·ver·look** [ˏovəˋlʊk] *v.t.* ①俯視；俯瞰。②看漏；未注意；忽略。③寬恕。④監督；管理；監視。

o·ver·lord [ˋovəˏlɔrd] *n.* Ⓒ 大地主；君主。

o·ver·ly [ˋovəlɪ] *adv.* 非常；過度地。

o·ver·mas·ter [ˏovəˋmæstə] *v.t.* 征服；壓倒。— **ing·ly,** *adv.*

o·ver·much [ˋovəˋmʌtʃ] *adj.* 過多的。— *adv.* 過度地；極端地。

***o·ver·night** [ˋovəˋnaɪt] *adj.* ①前一夜的；昨夜的。②過夜的；通宵的。③一夜之間的；突然的。— *adv.* ①通宵地；整夜地。②在前一夜。③一夜之間；忽然。

o·ver·pass [ˋovəˏpæs] *n.* Ⓒ 天橋；陸橋；高架橋。—[ˏovəˋpæs] *v.t.* (**-passed** or **-past**)①越過。②超越。③忽略。

o·ver·pay [ˋovəˋpe] *v.t.* (**-paid**) 過多償付；給錢過多。

o·ver·play [ˏovəˋple] *v.t.* ①表演過火。②過分強調；誇大。— *v.i.* 誇張地表演。

o·ver·pop·u·late [ˏovəˋpɑpjəˏlet] *v.t.* 使人口過多[過密]。— **o·ver·pop′u·lat·ed,** *adj.* — **o′ver·pop·u·la′tion,** *n.*

***o·ver·pow·er** [ˏovəˋpaʊə] *v.t.* ①勝過；打敗；克服。②壓服；壓倒。③給以過大動力。

o·ver·pow·er·ing [ˏovəˋpaʊərɪŋ] *adj.* 強烈的；難抗拒的。

o·ver·qual·i·fied [ˋovəˋkwɑləfaɪd] *adj.* 資格超過標準的。

o·ver·ran [ˏovəˋræn] *v.* pt. of **overrun.**

o·ver·rate [ˋovəˋret] *v.t.* 高估。

o·ver·reach [ˏovəˋritʃ] *v.t.* ①過度伸展。②越過(目標)；走過頭。③(以奸詐)勝過。④欺騙；哄。⑤普及。

o·ver·re·act [ˏovərɪˋækt] *v.i.* 反應過度〔to〕.

o·ver·ride [ˏovəˋraɪd] *v.t.* (**-rode, -rid·den**)①不顧；藐視；拒絕。②凌駕。③蹂躪。④把(馬)騎累。

o·ver·rule [ˏovəˋrul] *v.t.* ①推翻；駁回；不准；廢棄；宣布無效。②克服；支配；壓制；戰勝。

o·ver·run [ˏovəˋrʌn] *v.t.* (**-ran, -run, -run·ning**)①蔓延；蔓生(含有傷害之意)。②侵占；占領。③超過；逾出。— *n.* Ⓒ ①超出。②過量。

***o·ver·sea(s)** [ˏovəˋsi(z)] *adv.* 在海外；在外國。—[ˋovəˋsi(z)] *adj.* ①海外的；國外的。②外國的；來自海外的；往海外的。

o·ver·see [ˏovəˋsi] *v.t.* (**-saw, -seen**)督導；監督。— **o′ver·se·er,** *n.* Ⓒ 監督者；工頭。

o·ver·sell [ˋovəˋsɛl] *v.t.* (**-sold**) ①賣…過多。②過分誇獎…。

o·ver·sexed [ˏovəˋsɛkst] *adj.* 性慾過度旺盛的。

o·ver·shad·ow [ˏovəˋʃædo] *v.t.* ①使失色；使相形見絀。②使暗；遮蔽；使蒙上陰影。③庇護；保護。

o·ver·shoot [ˏovəˋʃut] *v.t.* (**-shot**) ①射過頭；使超過適當限度。②超過。— *v.i.* 射越；超過。

o·ver·sight [ˋovəˏsaɪt] *n.* ① Ⓤ Ⓒ 失察；疏忽；看漏。② Ⓤ (又作 an ～)監督；監視；照顧。

o·ver·sim·pli·fy [ˏovəˋsɪmplə͵faɪ] *v.t.* 過度簡化。— **o·ver·sim·pli·fi·ca′tion,** *n.*

o·ver·size [`ovə`saɪz] *adj.* 過大的；特大的。

O

o·ver·sleep [`ovə`slip] *v.i.* & *v.t.* (**-slept**) 睡過頭。

o·ver·spend [`ovə`spɛnd] *v.t.* (**-spent**) 花費超過(收入等)；用錢過多。— *v.i.* 過度花費；浪費。

o·ver·spill [`ovə͵spɪl] *n.* ①Ⓒ溢出之物。②Ⓤ溢出。③(常 *sing.*)〖英〗過剩的人口。

o·ver·state [`ovə`stet] *v.t.* 誇大敘述；誇張。— **ment,** *n.*

o·ver·stay [`ovə`ste] *v.t.* 停留超過(某一時間)。

o·ver·steer [͵ovə`stɪr] *v.i.* (打方向盤時)過度轉向。

o·ver·step [͵ovə`stɛp] *v.t.* (**-pp-**) 踏過…；超越…的界限。

o·ver·stretch [͵ovə`strɛtʃ] *v.t.* 過度伸張；伸張於…之上。

o·ver·stuff [`ovə`stʌf] *v.t.* ①過度填塞。②以軟墊完全鋪蓋(家具)。

o·vert [`ovɜt] *adj.* 顯然的；公開的。— **ly,** *adv.*

***o·ver·take** [͵ovə`tek] *v.t.* (**-took, -tak·en**) ①追及；趕上。②襲擊；突襲。③壓倒；克服。

o·ver·tax [`ovə`tæks, ͵ovə-] *v.t.* ①課以重稅；過度征收。②加以過重的負擔；使過度勞動。

o·ver-the-coun·ter [`ovə-ðə`kauntə] *adj.* ①店面交易的。②不需醫生處方的(藥品)。

***o·ver·throw** [͵ovə`θro] *v.t.* (**over·threw, o·ver·thrown**) ①打翻(東西)。②打倒；推翻(政府等)。③使瓦解；使毀滅。— [`ovə͵θro] *n.* Ⓒ(常 *sing.*)推翻；覆沒；瓦解。

o·ver·time [`ovə͵taɪm] *n.* Ⓤ ①額外的工作時間；加班的時間。②額外工作時間的薪給；加班費。— *adv.* & *adj.* 超出時間地[的]。— [͵ovə-`taɪm] *v.t.* 使歷時過久。

o·ver·tone [`ovə͵ton] *n.* Ⓒ ①〖樂〗泛音(一發聲體所發出之音中頻率較高於基音者)。②(常 *pl.*)寓意；絃外之音。

o·ver·trick [`ovə͵trɪk] *n.* Ⓒ〖橋牌〗超點(超出叫牌以上的得分)。

o·ver·ture [`ovətʃə] *n.* Ⓒ ①(常 *pl.*)提議；提案。②〖樂〗序曲。

***o·ver·turn** [͵ovə`tɜn] *v.t.* & *v.i.* ①(使)傾覆。②推翻。③顛倒。

o·ver·use [͵ovə`juz] *v.t.* 過度使用；濫用。— [`ovə`jus] *n.* Ⓤ 過度使用；濫用〔of〕.

o·ver·val·ue [͵ovə`vælju] *v.t.* 對…估價過高；高估；過於重視。— **o′ver·val·u·a′tion,** *n.*

o·ver·view [`ovə͵vju] *n.* Ⓒ 概觀；概要；綱要。

o·ver·ween·ing [`ovə`winɪŋ] *adj.* 過於自信的；傲慢的。

o·ver·weight [`ovə`wet] *adj.* 過重的；超過規定重量的。

***o·ver·whelm** [͵ovə`hwɛlm] *v.t.* ①淹沒；傾覆。②擊潰；使粉碎。③控制；壓倒。④使窘。

***o·ver·whelm·ing** [͵ovə`hwɛl-mɪŋ] *adj.* 壓倒性的；勢不可當的。— **ly,** *adv.* — **ness,** *n.*

***o·ver·work** [`ovə`wɜk] *n.* Ⓤ 過多或過勞之工作。— *v.t.* (**-worked** or **-wrought**) 使工作過度；使過度勞累；使用過度。— *v.i.* 工作過度；過度勞累。

o·ver·wrought [`ovə`rɔt] *adj.* 過度緊張的；過度興奮或激動的。

o·vip·a·rous [o`vɪpərəs] *adj.* 卵生的。

ov·u·late [`ovjulet] *v.i.* 排卵。

o·vum [`ovəm] *n.* Ⓒ (*pl.* **o·va** [`ovə])〖生物〗卵；卵細胞。

ow [au] *interj.* 噢！哎唷！(表疼痛、驚愕的叫聲)。

***owe** [o] *v.t.* ①欠(某人)債；負有(若干)債。②感恩；感激。③負有(義務)。④歸功於；由於。— *v.i.* 欠。

ow·ing** [`o·ɪŋ] *adj.* ①負債的。②應付的；到期的。~ ***to 因爲；由於。

***owl** [aul] *n.* Ⓒ 貓頭鷹；鴞。§ ~ **tràin** 夜車。— **ish,** *adj.*

‡**own** [on] *adj.* ①自己的。②親的；同胞的。***get* (*a bit of*) *one's ~ back*** 〖俗〗雪恥；報仇。— *v.t.* ①擁有。②自認；承認。— *v.i.* 供認；自認〔to〕. ~ ***up*** 〖俗〗爽爽快快承認。— ***pron*** (one's ~) 自己的所有物。***come into one's ~*** **a.** 自立；自覺。**b.** 得到應得的名譽、成功等。***hold one's ~*** **a.** 堅持自己的立場；固守立場。**b** 支撐。***of one's ~*** 自己的；自己所有的。***on one's ~*** 〖俗〗獨力；憑自己。

‡**own·er** [`onə] *n.* Ⓒ 物主；所有者。— **less,** *adj.* 無主的。

own·er-oc·cu·pi·er [`onə

ˋɑkjəpaɪɚ] *n.* Ⓒ 〖英〗居住自己房子的人。

***own·er·ship** [ˋonɚ,ʃɪp] *n.* Ⓤ 所有權；主權。

***ox** [ɑks] *n.* Ⓒ (*pl.* **ox·en**)公牛；閹牛(去勢之公牛)。

Ox·bridge [ˋɑks,brɪdʒ] *n.* 〖英〗牛津大學或[與]劍橋大學。

ox·cart [ˋɑks,kɑrt] *n.* Ⓒ 牛車。

ox·en [ˋɑksn̩] *n.* pl. of **ox.**

***Ox·ford** [ˋɑksfɚd] *n.* ①牛津(英國一城)。②牛津大學。③ Ⓒ (常 *pl.*)淺口鞋。

ox·i·da·tion [,ɑksəˋdeʃən] *n.* Ⓤ 〖化〗氧化(作用)。

ox·ide [ˋɑksaɪd], **ox·id** [ˋɑksɪd] *n.* Ⓤ Ⓒ 〖化〗氧化物。

ox·i·dize [ˋɑksə,daɪz] *v.i.* & *v.t.* (使)氧化；(使)生銹。

ox·tail [ˋɑks,tel] *n.* Ⓤ Ⓒ 牛尾(用以製湯)。

***ox·y·gen** [ˋɑksədʒən] *n.* Ⓤ 〖化〗氧。 — *adj.* 氧氣的。§ ∼ **màsk** 〖空〗氧氣面罩。∼ **tènt** 氧幕；氧氣帳篷(急救用)。—**less,** *adj.*

ox·y·gen·ate [ˋɑksədʒən,et] *v.t.* 〖化〗以氧處理；加氧於…。

ox·y·mo·ron [,ɑksɪˋmorɑn] *n.* Ⓒ (*pl.* **-ra** [-rə], **∼s**) 〖修〗矛盾修飾法(如：a wise fool).

ox·y·to·cin [,ɑksɪˋtosɪn] *n.* Ⓤ 催產素。

‡**oys·ter** [ˋɔɪstɚ] *n.* Ⓤ Ⓒ 蠔；牡蠣。§ ∼ **bànk [bèd, fârm]** 牡蠣養殖場。∼ **càtcher**〖鳥〗蠣鷸。

oz. ounce.

o·zone [ˋozon, oˋzon] *n.* Ⓤ ①〖化〗臭氧。②〖俗〗新鮮空氣。§ ∼ **lâyer** 臭氧層。

o·zo·nif·er·ous [,ozəˋnɪfərəs] *adj.* 含臭氧的；生臭氧的。

o·zo·no·sphere [oˋzɑnə,sfɪr] *n.* (the ∼)〖氣象〗臭氧層。

P p P p *P p*

P or **p** [pi] *n.* Ⓤ Ⓒ (*pl.* **P's, p's** [piz])英文字母之第十六個字母。

p. page; part; participle; past.

pa [pɑ] *n.* Ⓒ 〖俗〗爸；父親。

p.a. participial adjective; 〖拉〗 per annum(=by the year).

pab·u·lum [ˋpæbjələm] *n.* Ⓤ ①食物；滋養品。②精神食糧。

‡**pace** [pes] *n.* ① Ⓒ (一)步；步子。② Ⓒ 步幅(約爲 2 ½英尺)。③(a ∼)步調；步伐；速度。④ Ⓒ (常 *sing.*)馬之躍行步法；溜蹄。⑤ Ⓒ (常 *sing.*)步態。⑥ Ⓒ 性能之展示。 ***keep ∼ with*** 與…並進；與…相匹敵。***put a person through his ∼s*** 試驗某人的能力。***set the ∼*** **a.** 定步調；定速度(以便他人跟隨)。**b.** 立下榜樣。 — *v.t.* ①(以普通之步伐)走過。②以步測量。③使(馬)走慣某種步子。④引導；爲…做前導。 — *v.i.* ①(以普通步伐)走。②(馬)躍行；溜蹄。

paced [pest] *adj.* ①…步的；步伐…的。②以步測量的；步測的。

pace·mak·er [ˋpes,mekɚ] *n.* Ⓒ ①(競走)定步調者。②引導者。

pace·set·ter [ˋpes,sɛtɚ] *n.* = **pacemaker.**

pach·y·derm [ˋpækə,dɝm] *n.* Ⓒ ①〖動〗厚皮動物(象、河馬、犀牛等)。②厚臉皮的人。

***pa·cif·ic** [pəˋsɪfɪk] *adj.* ①愛好和平的。②(P-)太平洋(沿岸)的。 — *n.* (the P-)太平洋。

pac·i·fi·er [ˋpæsə,faɪɚ] *n.* Ⓒ ①安慰者；調停者。②(哄嬰兒的)奶嘴。

pac·i·fism [ˋpæsə,fɪzəm] *n.* Ⓤ 和平主義；反戰主義。— **pac′i·fist,** *n.*

pac·i·fy [ˋpæsə,faɪ] *v.t.* ①平定；平靖。②撫慰；使平靜。③姑息。

‡**pack¹** [pæk] *n.* ① Ⓒ 包裹；行李。② Ⓒ 一群；一組。③ Ⓒ (獵狗、狼等)一群；一隊。④ Ⓒ 一副紙牌(通常爲 52 張)。⑤ Ⓤ 大塊浮冰。⑥ Ⓒ 馱子；背包。⑦ Ⓒ 裝箱[罐]量；包裝量。⑧ Ⓒ 乾布塊；濕布塊(治療用)。⑨ Ⓒ 包裝；包裝法。 — *v.t.* ①包裝；綑紮〔up〕. ②裝填；塞滿。③擠緊；擁擠。④將(水果、肉類等)裝於罐內(使不透空氣)。⑤打發走；送走。⑥壓緊(使不漏水或漏氣)。⑦把包裹馱在(牲口)身上；負載。⑧〖俗〗搬運；攜帶。 — *v.i.* ①包裝；綑紮。②緊擠在一起。③將物緊密堆放。④搬運貨物。⑤攜帶行裝騎馬旅行。∼ ***off*** [***away***] **a.** 打發走。**b.** 突然離開。§ ∼ **ànimal** 馱獸(用以搬運貨物之

牛、馬等)。～ ìce 積冰；浮冰。

‡**pack**² *v.t.* 籠絡；操縱；串通。

***pack·age** [ˋpækɪdʒ] *n.* Ⓒ①包裹。②包裝。③整批。— *v.t.* 包裝；裝箱。§～ **stòre**(只供外帶的)酒店。～ **tòur**[**hòliday**](旅行社代辦一切食宿交通的)包辦旅行。

packed [pækt] *adj.* 擠得滿滿的；擁擠的。

pack·er [ˋpækɚ] *n.* Ⓒ①包裝者；包裝機。②挑夫。

***pack·et** [ˋpækɪt] *n.* Ⓒ①包裹；小包；(郵件等的)一捆。②定期郵船。

pack·ing [ˋpækɪŋ] *n.* Ⓤ①包裝；捆裝。②包裝材料；填料。§～ **càse**[**bòx**]裝運貨箱。

pact [pækt] *n.* Ⓒ協定；公約。

***pad** [pæd] *n.* Ⓒ①襯墊；填料；墊子。②(動物脚底的)肉趾。③水面浮葉。④(可一頁頁撕下的)信紙本；便條紙本。⑤印色盒；印泥。⑥(火箭之)發射臺。— *v.t.*(**-dd-**)①(以棉絮等軟物)裝填；填塞。②添湊(文章等)篇幅〔常 out〕。③誇大；虛報。

pad·ding [ˋpædɪŋ] *n.* Ⓤ①填塞物；填料。②添湊語；補白。

***pad·dle**¹ [ˋpædl] *n.* ①Ⓒ(短而闊的)槳；短槳。②Ⓤ划(槳)。③Ⓒ(輪船等的)明輪翼。④Ⓒ槳狀物(如擣衣板、乒乓球拍等)。— *v.i.* ①盪槳；用槳划。②用蹼輪或明輪前進。— *v.t.* ①用槳划(小船、獨木舟)。②(船等)用明輪翼划動。③〖俗〗拍打；笞責。§～ **bòat**[**stèamer**]明輪船。～ **whèel**(明輪船的)蹼輪；明輪。

***pad·dle**² *v.i.* ①涉水。②輕摩；玩弄。③用手划水。④蹣跚地走。

pad·dock [ˋpædək] *n.* Ⓒ①(馬廐附屬的)小牧場。②(賽馬場的)圍場。

pad·dy [ˋpædɪ] *n.* ①Ⓤ水稻。②Ⓒ稻田；水田。

pad·dy·field [ˋpædɪˏfild] *n.* Ⓒ「稻田」。

pad·lock [ˋpædˏlɑk] *n.* Ⓒ掛鎖；扣鎖。— *v.t.* 鎖以掛鎖。

pa·dre [ˋpɑdrɪ] *n.* Ⓒ①神父；教士。②〖軍〗隨軍牧師。

pae·an [ˋpiən] *n.* Ⓒ讚美歌；歡樂歌；凱歌。(亦作 **pean**)

pa·gan [ˋpegən] *n.* Ⓒ①異教徒。②無宗教信仰者。— *adj.* 異教的；異端的；不信宗教的。— **ism,** *n.*

‡**page**¹ [pedʒ] *n.* Ⓒ①頁；(書籍之)一張。②紀錄。③(歷史上的)事件。— *v.t.* 標明…之頁數。

page² *n.* Ⓒ①服務員；男侍；僮僕。②貴族之隨侍。③(中古)見習騎士。— *v.t.* ①(在旅館、俱樂部等地)喊名字找(某人)。②爲…之僮僕。

***pag·eant** [ˋpædʒənt] *n.* ①Ⓒ花車遊行。②Ⓒ歷史遺跡展覽；露天歷史劇。③Ⓤ虛飾；壯觀；華麗。

pag·eant·ry [ˋpædʒəntrɪ] *n.* Ⓤ①壯觀；華麗。②虛飾；虛華。

page·boy [ˋpedʒˏbɔɪ] *n.* Ⓒ①僮僕。②(垂肩內捲的)髮型。

pa·go·da [pəˋgodə] *n.* Ⓒ(東方寺院之)寶塔；浮屠。

pah [pɑ] *interj.*(表憎惡或輕蔑)呸！「哼！」

paid [ped] *v.* pt. & pp. of **pay.** — *adj.* ①有薪金的。②已付清的。§～ **political bróadcast**〖美〗(選舉期間)政黨付費的電視或廣播。

paid-up [ˋpedˋʌp] *adj.* 已付清的；已繳清全部費用的。

***pail** [pel] *n.* Ⓒ①桶。②一桶之量。

‡**pain** [pen] *n.* ①ⓊⒸ疼痛；苦痛。②(*pl.*)勞苦；辛苦。***for one's*** **～*s*** 作爲勞力的報酬。***on*** [***upon, under***] **～** ***of death*** 違者處死。***take*** **～*s*** 辛苦工作。— *v.t.* 使痛苦。— *v.i.* 疼痛。

***pain·ful** [ˋpenfəl] *adj.* ①疼痛的；痛苦的。②困難的；勞苦的。③令人煩惱[厭煩]的。— **ly,** *adv.*

pain·kill·er [ˋpenˏkɪlɚ] *n.* Ⓒ〖俗〗止痛藥；鎮痛劑。

pain·less [ˋpenlɪs] *adj.* ①無痛苦的。②不知痛苦的。— **ly,** *adv.*

pains·tak·ing [ˋpenzˏtekɪŋ] *n.* Ⓤ& *adj.* 辛苦(的)；勞苦(的)；下工夫(的)。

‡**paint** [pent] *n.* ①ⓊⒸ油漆；顏料。Fresh[Wet]～! 油漆未乾！②Ⓤ香粉；胭脂。③Ⓒ繪畫作品。— *v.t.* ①油漆；塗色於。②繪畫。③形容；描寫。④塗敷。⑤掩飾。— *v.i.* ①油漆；著色。②繪畫。③塗脂粉。

paint·box [ˋpentˏbɑks] *n.* Ⓒ繪具匣[箱]。

paint·brush [ˋpentˏbrʌʃ] *n.* Ⓒ畫筆；畫刷；油漆刷。

paint·ed [ˋpentɪd] *adj.* ①著了色的。②油漆了的。③搽了脂粉的。④假的；虛飾的。⑤色彩鮮明的。§ **the P～ Désert** 彩色沙漠(位於美國亞利桑那州中東部，土呈多色)。

***paint·er** [ˋpentɚ] *n.* Ⓒ①畫家。②油漆匠；油漆工。

paint·er·ly [ˋpentəlɪ] *adj.* 畫家

的；畫家特有的。

*__paint·ing__ [ˋpentɪŋ] *n.* ①Ⓤ繪畫；畫法。②Ⓒ(一幅)畫。③Ⓤ油漆。

‡__pair__ [pɛr, pær] *n.* Ⓒ (*pl.* **~s, ~**)①一雙；一副。②(剪刀等)一把；(褲子)一條。③夫婦；配偶。④(動物的)偶；一對。— *v.t.* & *v.i.* 使成對；使成配偶；成對；配合。

__pais·ley__ [ˋpezlɪ] *n.* Ⓤ (有時 P-)渦旋紋軟花呢(織品)。

*__pa·ja·mas,__ 〖英〗 __py·ja·mas__ [pəˋdʒæməz, pəˋdʒɑməz] *n. pl.* ①睡衣。②寬長褲。

__Pak·i__ [ˋpækɪ] *n.* Ⓒ〖英俚，蔑〗(移居英國的)巴基斯坦人。

__Pa·ki·stan__ [ˌpɑkɪˋstɑn] *n.* 巴基斯坦(亞洲一共和國)。

__Pa·ki·sta·ni__ [ˌpɑkəˋstɑnɪ] *n.* Ⓒ (*pl.* **~s, ~**)巴基斯坦人。— *adj.* 巴基斯坦的。

*__pal__ [pæl] *n.* Ⓒ〖俗〗朋友；同志；夥伴。— *v.i.* (**-ll-**)結爲友{with}.

‡__pal·ace__ [ˋpælɪs, -əs] *n.* Ⓒ①(常 P-)宮殿。②華廈。

__pal·an·quin, -keen__ [ˌpælənˋkin] *n.* Ⓒ轎子。

__pal·at·a·ble__ [ˋpælətəbl̩] *adj.* ①味美的；怡人的。②愉快的。

__pal·ate__ [ˋpælɪt] *n.* ①Ⓒ口蓋；上顎。②Ⓒ味覺。③ⓊⒸ嗜好；喜愛。

__pa·la·tial__ [pəˋleʃəl] *adj.* ①(似)宮殿的。②宏大的；壯麗的。

__pa·lav·er__ [pəˋlævɚ] *n.* ①Ⓒ商談；談判；交涉。②Ⓤ談話；閒談。③Ⓤ阿諛；奉承。— *v.i.* ①空談。②談判。

*__pale__[1] [pel] *adj.* ①蒼白的。②暗淡的。③無力的；微弱的。— *v.i.* 變蒼白；變暗。— *v.t.* 使變蒼白；使變微暗。 § **~ ále** 淡啤酒。 — **ly,** *adv.* — **ness,** *n.*

__pale__[2] *n.* ①Ⓒ柵；欄杆；樁。②(the ～)界限；範圍。— *v.t.* 圍以柵。

__pa·le·on·tol·o·gy__ [ˌpelɪɑnˋtɑlədʒɪ] *n.* Ⓤ古生物學；化石學。

__Pal·es·tine__ [ˋpæləsˌtaɪn] *n.* 巴勒斯坦。

__pal·ette__ [ˋpælɪt] *n.* Ⓒ①調色盤；調色板。②(某畫家專用的)色彩種類。

__pal·i·mo·ny__ [ˋpæləmonɪ] *n.* Ⓒ伴侶贍養費(無婚姻關係之男女分居後被遺棄之一方所要求者)。

__pal·in·drome__ [ˋpælɪnˌdrom] *n.* Ⓒ迴文；迴語(前後讀起均同之語句，如：eye 及 madam).

__pal·i·sade__ [ˌpæləˋsed] *n.* ①Ⓒ木樁；柵欄。②(*pl.*)(河邊的)斷崖。

__pall__[1] [pɔl] *n.* ①Ⓒ棺槨；柩衣。②(a ～)陰暗的幕罩。— *v.t.* 以柩衣覆蓋；以陰暗之幕罩住。

__pall__[2] *v.i.* (因過分而)生厭；失去興趣；乏味{on, upon}. — *v.t.* 使饜足(於美味等)；使生厭。

__pall·bear·er__ [ˋpɔlˌbɛrɚ] *n.* Ⓒ(出殯時的)扶棺者；抬棺者。

__pal·let__ [ˋpælɪt] *n.* Ⓒ草床；小床。

__pal·let·ize__ [ˋpælɪtˌaɪz] *v.t.* 把…放在貨盤上；用貨盤裝運。

__pal·li·ate__ [ˋpælɪˌet] *v.t.* ①減輕(病、痛等)；緩和。②掩飾；辯解；減(罪)。— **pal·li·a′tion,** *n.*

__pal·li·a·tive__ [ˋpælɪˌetɪv] *adj.* ①減輕的；緩和的。②辯解的；掩飾的。— *n.* Ⓒ①緩和劑。②辯解。

__pal·lid__ [ˋpælɪd] *adj.* ①無色澤的；蒼白的。②暗淡的。③呆板的。

__pal·lor__ [ˋpælɚ] *n.* Ⓤ (又作 a ～)無血色；蒼白。

__pal·ly__ [ˋpælɪ] *adj.* 〖俚〗友好的。

*__palm__[1] [pɑm] *n.* Ⓒ①手掌。②手掌之寬度(約 3 至 4 英寸)。③(手套之)掌部。— *v.t.* ①藏匿於掌中。②用手撫弄。～ *off* 以假物欺騙或賣。

*__palm__[2] *n.* Ⓒ①棕櫚。②棕櫚枝葉(勝利之象徵)。 § **~ òil** 棕櫚油。

__palm·er__ [ˋpɑmɚ] *n.* Ⓒ①(昔 Palestine的)聖地朝聖者。②行脚僧；遊方僧。

__palm·is·try__ [ˋpɑmɪstrɪ] *n.* Ⓤ手相術。

__pal·o·mi·no__ [ˌpæləˋmino] *n.* Ⓒ (*pl.* **~s**)帕洛米諾馬(鬃及尾毛爲白色，其它部分爲奶油色)。

__pa·loo·ka__ [pəˋlukə] *n.* Ⓒ〖美俚〗①平凡[蹩脚]的運動員或拳擊手。②笨手笨脚的人。

__pal·pa·ble__ [ˋpælpəbl̩] *adj.* ①可觸知的；摸得出的。②明顯的；明白的。③〖醫〗可觸診的。

__pal·pi·tate__ [ˋpælpəˌtet] *v.i.* ①(心臟)急速地跳動；忐忑。②顫動；發抖{with}. — **pal·pi·ta′tion,** *n.*

__pal·sy__ [ˋpɔlzɪ] *n.* Ⓤ①麻痺；癱瘓；中風。②顫抖。— *v.t.* 使麻痺。

__pal·sy-wal·sy__ [ˋpɔlzɪˋwɔlzɪ] *adj.* 〖俚〗顯得很親熱的；很要好的。

__pal·ter__ [ˋpɔltɚ] *v.i.* ①敷衍；搪塞；含糊其辭。②殺價；討價還價。

__pal·try__ [ˋpɔltrɪ] *adj.* ①無價值的；

微不足道的。②卑鄙的。

pam·pas [ˋpæmpəz] *n. pl.* 南美大草原。

pam·per [ˋpæmpɚ] *v.t.* ①縱容；嬌養。②〖古〗使飲食過量。

***pam·phlet** [ˋpæmflɪt] *n.* Ⓒ①小冊子。②(有關時事的)小冊子刊物。

pam·phlet·eer [͵pæmflɪˋtɪr] *n.* Ⓒ小冊子的作者。

P

pan**[1] [pæn] *n.* Ⓒ①平底鍋；盤。②任何似淺鍋之物；天平盤；淘金盤。—*v.t.* (**-nn-**) ①淘洗(礦砂)；淘(金)。②〖俗〗嚴厲批評。～ ***out **a.** 結果；結局。**b.** 成功。

pan[2] *v.t.* & *v.i.* (**-nn-**)〖影〗(爲攝取全景或跟著移動物而)上下、左右移動(鏡頭、攝影機)。

pan- 〖字首〗表「全；總；汎」之義。

pan·a·ce·a [͵pænəˋsiə, -ˋsɪə] *n.* Ⓒ①萬靈藥。②萬全之策。

pa·nache [pəˋnæʃ] *n.* Ⓤ誇示；假威風。

Pan·a·ma [ˋpænə͵mɑ] *n.* ①巴拿馬(國名，位於中美洲)。②Ⓒ(有時 p-)巴拿馬帽(＝panama hat). § **the ～ Canál** 巴拿馬運河。

Pan-A·mer·i·can [ˋpænəˋmɛrəkən] *adj.* 全美洲的；泛美的。a ～ block 泛美集團。— **ism,** *n.*

pan·cake [ˋpæn͵kek] *n.* ①ⓊⒸ薄煎餅。②Ⓒ〖空〗平降；垂直降落。

pan·cre·as [ˋpænkrɪəs] *n.* Ⓒ胰臟。

pan·cre·at·ic [͵pænkrɪˋætɪk] *adj.* 胰臟的。

pan·da [ˋpændə] *n.* Ⓒ〖動〗貓熊。§ **～ cár**〖英〗警察巡邏車。**～ cróssing**〖英〗(交通燈號可由行人控制之)行人穿越道。

pan·dem·ic [pænˋdɛmɪk] *n.* Ⓒ全國[世界]性的流行病；傳染病。

pan·de·mo·ni·um [͵pændɪˋmonɪəm] *n.* ①(P-)群魔殿；地獄。②Ⓒ大混亂之場所。

pan·der [ˋpændɚ] *n.* Ⓒ①誘人爲惡之徒；幫人做壞事的人。②淫媒。—*v.t.* & *v.i.* ①爲淫媒。②迎合。

Pan·do·ra [pænˋdorə] *n.* 〖希神〗潘朵拉(人間第一個女人)。§ **～'s bóx** (1)潘朵拉的盒子(開啓之時，所盛一切災害罪惡全部從裡面跑出來散布於人間，祇有希望還留在裡面)。(2)〖喩〗意外災禍之源。

***pane** [pen] *n.* Ⓒ門窗上之單塊的玻璃。

pan·e·gyr·ic [͵pænəˋdʒɪrɪk] *n.* ①Ⓒ頌詞。②Ⓤ激賞。

***pan·el** [ˋpænl̩] *n.* Ⓒ①門窗上之方格。②畫板。③鑲板。④陪審員名單；陪審團。⑤狹長的畫或照片。⑥討論小組；小組委員會。⑦〖英〗健康保險醫師名單。§ **～ discùssion** 小組討論會；座談會。**～ hèating** 放射式暖氣。

pan·el·(l)ing [ˋpænəlɪŋ] *n.* Ⓤ「(集合稱)鑲板。」

pan·el·ist [ˋpænl̩ɪst] *n.* Ⓒ小組討論會之參與者。

***pang** [pæŋ] *n.* Ⓒ一陣突然的痛苦；劇痛；悲痛；苦悶。

pan·gram [ˋpæŋgræm] *n.* Ⓒ所有字母皆出現一次的句子。

pan·han·dle[1] [ˋpæn͵hændl̩] *n.* Ⓒ(有時 P-)突出的狹長區域。

pan·han·dle[2] *v.t.* & *v.i.* 〖俚〗在公路上(向人搭訕而)行乞。

***pan·ic** [ˋpænɪk] *n.* ①ⓊⒸ恐慌；驚惶。②Ⓒ經濟上之恐慌。—*adj.* 恐慌的；驚惶的。—*v.t.* (**-ick-**)使恐慌；使驚惶。—*v.i.* 驚惶失措。

pan·ick·y [ˋpænɪkɪ] *adj.* 恐慌的；提心吊膽的；驚惶失措的。

pan·ic-strick·en [ˋpænɪk͵strɪkən] *adj.* 恐慌的；驚慌的。

pan·nier [ˋpænjɚ] *n.* Ⓒ①(掛於馱獸兩側的)馱籃。②背籃；肩筐。

pan·o·ply [ˋpænəplɪ] *n.* ①Ⓒ全副盔甲。②Ⓤ富麗堂皇。

pan·o·ram·a [͵pænəˋræmə] *n.* Ⓒ①全景；全圖。②活動畫景。— **pan·o·ram′ic,** *adj.*

***pan·sy** [ˋpænzɪ] *n.* Ⓒ①〖植〗三色紫羅蘭。②〖俚〗同性戀的男子。

***pant** [pænt] *n.* Ⓒ喘氣；喘息；心悸。—*v.i.* ①喘息；喘氣。②渴望。—*v.t.* 喘息而言。

pan·ta·loon [͵pæntl̩ˋun] *n.* (*pl.*) 馬褲；褲子。

pan·the·ism [ˋpænθi͵ɪzəm] *n.* Ⓤ泛神論；多神崇拜。— **pan′the·ist,** *n.* — **pan·the·is′tic,** *adj.*

Pan·the·on [ˋpænθɪən] *n.* (the ～)①萬神殿(羅馬之一圓頂廟宇)。②偉人祠。

***pan·ther** [ˋpænθɚ] *n.* Ⓒ (*pl.* **～s,** ～)①豹。②美洲豹。③美洲虎。

pant·ies [ˋpæntɪz] *n. pl.* 婦女、兒童之短襯褲。

pan·to·mime [ˋpæntə͵maɪm] *n.* ①ⓊⒸ啞劇；默劇。②ⓊⒸ〖英〗童話劇。③Ⓤ手勢。—*v.i.* ①以手勢

表示。②演啞劇。

pan·try [ˋpæntrɪ] *n.* Ⓒ餐具室；(冷凍)食品儲存室。

***pants** [pænts] *n. pl.* 〖美俗〗褲子。

pant·suit [ˋpænt͵sut] *n.* Ⓒ(女用之)套裝。(亦作 **pants suit**)

pant·y [ˋpæntɪ] *adj.* 短襯褲的。§ ∼ **hòse** 褲襪。

pant·y·waist [ˋpæntɪ͵west] *n.* Ⓒ〖美〗①(衣褲相連的)幼兒用內衣褲。②娘娘腔的人。

pap [pæp] *n.* Ⓤ①流質食物。②純娛樂性讀物。

***pa·pa** [ˋpɑpə, pəˋpɑ] *n.* Ⓒ爸爸。

pa·pa·cy [ˋpepəsɪ] *n.* ①(the ∼)羅馬教皇之職位；教皇權。②(the P-)教皇制度；教皇政治。

pa·pal [ˋpepḷ] *adj.* ①羅馬教皇的。②羅馬教皇制度的。③天主教的。

pa·pa·ya [pəˋpaɪə, pəˋpɑjə] *n.* ①ⓊⒸ木瓜。②Ⓒ木瓜樹。

‡**pa·per** [ˋpepɚ] *n.* ①Ⓤ紙。②ⓊⒸ壁紙。③Ⓒ報紙。④Ⓤ文件；證件。⑤(*pl.*)身分證。⑥(*pl.*)船證；船照。⑦Ⓒ論文。⑧Ⓒ考卷。⑨Ⓒ(學生之)作業。⑩Ⓒ紙袋；紙包。⑪Ⓤ票據。⑫Ⓤ鈔票。⑬Ⓒ票。⑭Ⓤ(集合稱)〖俚〗免費招待的觀衆。*on* ∼ **a.** 抄寫的；印的。**b.** 理論上的。**c.** 在籌備階段。**d.** 名義上；表面[書面]上。— *adj.* ①紙的。②薄的。③理論上的。④文字上的。⑤文書的。⑥大部分由免費招待者構成的。⑦紙幣的。⑧平裝的。— *v.t.* ①糊紙；包以紙。②貼於紙上。③〖俚〗以免費招待的觀衆爲…湊熱鬧。④騙。§ ∼ **clìp** 紙夾。∼ **knìfe** 裁紙刀。∼ **móney** 紙幣；鈔票。

pa·per·back [ˋpepɚ͵bæk] *n.* ①Ⓤ平裝版[本]。②Ⓒ平裝書。

pa·per-thin [ˋpepɚ͵θɪn] *adj.* 薄如紙的；如紙一般薄的。

pa·per·weight [ˋpepɚ͵wet] *n.* Ⓒ書鎮；紙壓。

pa·per·work [ˋpepɚ͵wɝk] *n.* Ⓤ文書業務；書寫工作。

pa·pier-mâ·ché [ˋpepɚməˋʃe] 〖法〗*n.* Ⓤ混凝紙。

pa·pist [ˋpepɪst] *n.* Ⓒ〖蔑〗①天主教徒；羅馬教徒。②教皇至上的信徒。

pap·ri·ka [pæˋprikə] *n.* ①Ⓒ乾辣椒。②Ⓤ辣椒粉。

pa·py·rus [pəˋpaɪrəs] *n.* (*pl.* **-ri** [-raɪ])①Ⓤ紙草。②Ⓤ紙草製成之紙。③Ⓒ紙草上之古代紀錄。

***par** [pɑr] *n.* Ⓤ①同等(地位)；同程度。②定額；標準；(健康或精神的)常態。③(股票等之)票面價值。④(又作 a ∼)〖高爾夫〗標準桿數。— *adj.* ①平均的；正常的。②票面價額的。

par·a [ˋpærə] *n.* ①Ⓒ〖俗〗跳傘者。②(*pl.*)傘兵部隊。

par·a·ble [ˋpærəbḷ] *n.* Ⓒ寓言；比喻；譬語。

pa·rab·o·la [pəˋræbələ] *n.* Ⓒ拋物線；碟形天線。

par·a·bol·ic[1] [͵pærəˋbɑlɪk] *adj.* 拋物線(狀)的。

par·a·bol·ic[2] *adj.* 譬喻的；寓言的。

***par·a·chute** [ˋpærə͵ʃut] *n.* Ⓒ降落傘。— *v.t.* & *v.i.* ①跳傘。②由降落傘運送。

par·a·chut·ist [ˋpærə͵ʃutɪst] *n.* Ⓒ跳傘者；傘兵。

***pa·rade** [pəˋred] *n.* ①Ⓒ行列；遊行。②Ⓒ炫示；誇耀。③Ⓒ公共散步場所。④ⓊⒸ閱兵；校閱。⑤Ⓒ遊行場所。— *v.t.* ①遊行過(某處)。②炫示；誇耀。③檢閱(軍隊)。— *v.i.* ①列隊行進。②爲閱兵而列隊。

pa·rade-ground [pəˋred͵graʊnd] *n.* Ⓒ校閱場。

par·a·digm [ˋpærə͵dɪm, -͵daɪm] *n.* Ⓒ①模範。②〖文法〗(詞類)變化表。

par·a·dig·mat·ic [͵pærədɪgˋmætɪk] *adj.* 典型的；可爲模範的；例證的。

***par·a·dise** [ˋpærə͵daɪs] *n.* ①(P-)天堂；天國。②(a ∼)樂園。③(the P-)伊甸園。

***par·a·dox** [ˋpærə͵dɑks] *n.* ①ⓊⒸ似非而是的議論。②Ⓒ自相矛盾的話。— **par·a·dox′i·cal,** *adj.* — **par·a·dox′i·cal·ly,** *adv.*

par·a·drop [ˋpærə͵drɑp] *n.* Ⓒ空投。— *v.t.* (**-pp-**)(以降落傘)空投。

par·af·fin(e) [ˋpærəfɪn] *n.* Ⓤ①石蠟。②石蠟油。

par·a·gon [ˋpærə͵gɑn] *n.* Ⓒ模範；典型之人或物。

***par·a·graph** [ˋpærə͵græf] *n.* Ⓒ①(文章等)段；節。②新聞的一節；短評。③分段符號(如 ¶)。

Par·a·guay [ˋpærə͵gwe, -͵gwaɪ, ͵parɑˋgwaɪ] *n.* 巴拉圭(國名，在南美洲中部)。

par·a·jour·nal·ism [͵pærəˋdʒɝnə͵lɪzṃ] *n.* Ⓤ〖美〗帶有主編或採

訪記者主觀色彩的報導文章。

par·a·keet [ˋpærə͵kit] *n.* Ⓒ〖鳥〗(小型的)長尾鸚鵡。

par·a·le·gal [͵pærəˋlig!] *n.* Ⓒ & *adj.* 律師的專職助手(的)。

par·al·lax [ˋpærə͵læks] *n.* Ⓤ Ⓒ ①〖天〗視差。②(照相機的鏡頭與窺鏡之)視差。

***par·al·lel** [ˋpærə͵lɛl] *adj.* ①平行的。②相同的；相似的。— *n.* Ⓒ ①平行線；平行面。②緯線；緯度圈。③相似之物；相同之物。④對比；比較。⑤平行的狀態；平行。⑥〖電〗並聯。— *v.t.* (**-l-,** 〖英〗**-ll-**) ①(使)與…平行。②找相同的例。③對比；比較。④與…相同或相似。⑤平行放置。§ ∼ **bárs** 雙槓。

par·al·lel·ism [ˋpærəlɛl͵ɪzəm] *n.* Ⓤ ①平行。②類似；對應；比較。

par·al·lel·o·gram [͵pærəˋlɛlə͵græm] *n.* Ⓒ 平行四邊形。

pa·ral·y·sis [pəˋræləsɪs] *n.* Ⓤ Ⓒ (*pl.* **-ses** [-͵siz]) ①〖醫〗麻痺。②無力；停滯；癱瘓狀態。

par·a·lyt·ic [͵pærəˋlɪtɪk] *adj.* 麻痺的；無力的；中風的。— *n.* Ⓒ 患麻痺者；中風患者。

***par·a·lyze,** 〖英〗**-lyse** [ˋpærə͵laɪz] *v.t.* ①使麻痺。②使無能力。

par·a·med·ic [͵pærəˋmɛdɪk] *n.* Ⓒ 醫務輔助員。

pa·ram·e·ter [pəˋræmətɚ] *n.* Ⓒ ①〖數〗參數。②〖統計〗母數。③ **a.** 特質；要因。**b.** 限制範圍；界限。

par·a·mil·i·tar·y [͵pærəˋmɪlə͵tɛrɪ] *adj.* 非正規軍的。

par·a·mount [ˋpærə͵maʊnt] *adj.* 最重要的；最高的；至上的。

par·a·mour [ˋpærə͵mʊr] *n.* Ⓒ 情夫；情婦(=mistress)。

par·a·noi·a [͵pærəˋnɔɪə] *n.* Ⓤ 偏執狂；妄想症。

par·a·noid [ˋpærə͵nɔɪd] *adj.* 偏執狂的。— *n.* Ⓒ 偏執狂患者。

par·a·nor·mal [͵pærəˋnɔrm!] *adj.* 超科學知性範圍的。

par·a·pet [ˋpærəpɪt] *n.* Ⓒ ①〖建〗胸牆；胸壁。②矮垣；欄杆。

par·a·pher·na·lia [͵pærəfəˋnelɪə] *n. pl.* ①隨身用品；行頭。②裝備；設備。

***par·a·phrase** [ˋpærə͵frez] *v.t.* & *v.i.* 意譯；釋義；改述。— *n.* Ⓒ 意譯；釋義；改述。

par·a·ple·gi·a [͵pærəˋplidʒɪə] *n.* Ⓤ〖醫〗半身不遂。

par·a·psy·chol·o·gy [͵pærəsaɪˋkɑlədʒɪ] *n.* Ⓤ 心靈學(研究心電感應等超自然現象)。

par·a·site [ˋpærə͵saɪt] *n.* Ⓒ ①寄生蟲或寄生植物。②依人爲生者。

par·a·sit·ic [͵pærəˋsɪtɪk] *adj.* ①寄生的。②由寄生物引起的。

par·a·sol [ˋpærə͵sɔl] *n.* Ⓒ (女用)陽傘。

par·a·thi·on [͵pærəˋθaɪɑn] *n.* Ⓤ 巴拉松(劇毒的農藥)。

par·a·troop [ˋpærə͵trup] *adj.* 傘兵的；空降部隊的。

par·a·troop·er [ˋpærə͵trupɚ] *n.* Ⓒ 傘兵。

par·a·troops [ˋpærə͵trups] *n. pl.* 傘兵部隊；空降部隊。

par a·vi·on [paraˋvjɔ̃] 〖法〗*adv.* 航空郵遞。

par·boil [ˋpɑr͵bɔɪl] *v.t.* ①把…煮成半熟。②使過熱。

***par·cel** [ˋpɑrs!] *n.* ① Ⓒ 包裹。② Ⓒ 一片；一塊。③(a ∼)一群。— *v.t.* (**-l-,** 〖英〗**-ll-**) ①分成數分；分配〔常 out〕. ②包裝成包裹。§ ∼ **póst** (1)郵政包裹業務。(2)包裹郵件。

***parch** [pɑrtʃ] *v.t.* ①炒；烘。②使(人)唇舌枯焦。③使乾透；使焦乾。— *v.i.* ①焦乾。②喉嚨乾渴。

parched [pɑrtʃt] *adj.* ①枯乾的；乾透的。②燒焦的；焦乾的；爛的。

parch·ment [ˋpɑrtʃmənt] *n.* ① Ⓤ 羊皮紙。② Ⓒ 寫於羊皮紙上之文件。③ Ⓤ 假羊皮紙。

pard·ner [ˋpɑrdnɚ] *n.* Ⓒ 伙伴；朋友(partner 之變體，爲直接對話時口語上的用法)。

***par·don** [ˋpɑrdn̩] *n.* ① Ⓤ Ⓒ 赦宥；寬恕；原諒。② Ⓒ 赦免；免罪。③ Ⓒ 赦免特狀；免罪符。— *v.t.* ①寬恕。②原諒。③赦免(罪犯)。

par·don·a·ble [ˋpɑrdn̩əb!] *adj* 可寬恕的；可原諒的；可赦免的。

***pare** [pɛr, pær] *v.t.* ①剝；削。②削去；剝去(外皮)。③削減。∼ *off* [*down, away*]削去(角、邊等)；減少(開支等)。

‡**par·ent** [ˋpɛrənt, ˋpærənt, ˋperənt] *n.* ① Ⓒ 父；母。②(*pl.*)雙親。③(*pl.*)祖先。④ Ⓒ 根源。

par·ent·age [ˋpɛrəntɪdʒ] *n.* Ⓤ ①出身；家系。②父或母的身分。

pa·ren·tal [pə`rɛntḷ] *adj.* 父[母]親的；雙親的。

***pa·ren·the·sis** [pə`rɛnθəsɪs] *n.* Ⓒ (*pl.* **-ses** [-ˌsiz])①插句；插入句間的字或片語。②括弧( )。

par·en·thet·ic, -i·cal [ˌpærən`θɛtɪk(ḷ)] *adj.* ①插句的；插入語的。②多用插句[插入語]的。

par·ent·ing [`pærəntɪŋ] *n.* Ⓤ 父母對小孩的養育。

Pár·ent-Téach·er Associ·àtion [`pɛrənt`titʃɚ ～] *n.* Ⓒ〖教育〗教師家長會(即家長會或母姊會, 略作 **P.T.A.**).

pa·ri·ah [pə`raɪə] *n.* Ⓒ ①最下級人民；賤民。②被社會摒棄者。

par·ing [`pɛrɪŋ] *n.* ① Ⓤ 剝；削；去皮。② Ⓒ (常 *pl.*)剝、削去之物。

***Par·is** [`pærɪs] *n.* 巴黎(法國首都)。

***par·ish** [`pærɪʃ] *n.* Ⓒ ①教區。②居於一教區之住民。③〖英〗地方自治區。④〖美〗Louisiana 州之縣。

pa·rish·ion·er [pə`rɪʃənɚ] *n.* Ⓒ 一教區中之居民。

***Pa·ri·sian** [pə`rɪʒən, pə`rɪzɪən] *adj.* 巴黎(人)的；巴黎風格的。— *n.* Ⓒ 巴黎人或居民。

par·i·ty [`pærətɪ] *n.* Ⓤ ①同等；對等；同價；階級相等。②類似；相同。③〖商〗平價。

‡**park** [park] *n.* Ⓒ ①公園。②獵苑。③停車處。④〖軍〗軍需品營地。
— *v.t.* ①停車於。②〖俗〗置於；放於；藏於。

par·ka [`parkə] *n.* Ⓒ〖美〗帶兜帽之外衣。

park·ing [`parkɪŋ] *n.* ① Ⓤ (汽車等之)停車。No ～. 不准停車! ② Ⓒ 停車場所。§ ～ **lòt** 停車場。～ **mèter** 停車計時器。

Pár·kin·son's disèase [`parkɪnsṇz ～] *n.* Ⓤ〖醫〗巴金森病；震顫性麻痺症。

Pár·kin·son's láw [`parkɪnsṇz ～] *n.* Ⓤ 帕金森定律(機關人員之增加與工作量無關, 而是以固定比率自然增加)。

park·land [`parkˌlænd] *n.* Ⓤ 公園用地。

park·way [`parkˌwe] *n.* Ⓒ 兩旁有草坪及樹木之大道。

par·lance [`parləns] *n.* Ⓤ 說法；語調；語法。

par·ley [`parlɪ] *n.* Ⓒ 談判；商議；與敵人交涉〖with〗. — *v.i.* ①與敵人交涉。②商談。

***par·lia·ment** [`parləmənt] *n.* ① Ⓒ 國會；議院。②(P-)英國國會。

par·lia·men·tar·i·an [ˌparləmɛn`tɛrɪən] *n.* Ⓒ ①議院法規專家；議會的雄辯家。②國會議員。

***par·lia·men·ta·ry** [ˌparlə`mɛntərɪ] *adj.* ①國會的；議院的。②議院制定的。③遵照議院法的。

***par·lor,** 〖英〗**-lour** [`parlɚ] *n.* Ⓒ ①客廳；會客室。②〖美〗(室內裝潢如客廳的)店鋪。③旅舍中的私室。§ ～ **gàme** 室內遊戲。

par·lour·maid [`parlɚˌmed] *n.* Ⓒ〖英〗(在家中侍候用餐、接待來客的)女僕。

par·lous [`parləs] *adj.* ①危險的。②可怕的；極大的。③精明的。

Par·me·san [ˌparmə`zæn] *n.* Ⓤ Ⓒ 巴馬乾酪(用擦板擦碎後撒在菜餚上)。(亦作 **Parmesan cheese**)

pa·ro·chi·al [pə`rokɪəl] *adj.* ①教區的；地方性的。②狹小的。

par·o·dy [`pærədɪ] *n.* ① Ⓤ Ⓒ 諷刺詩文。② Ⓒ 拙劣的模仿。— *v.t.* 歪改(他人之詩文)。

pa·role [pə`rol] *n.* ①(*sing.*)假釋。② Ⓤ 誓言。③ Ⓒ 口令。— *v.t.* 使(俘虜)宣誓後釋放；假釋。

par·ox·ysm [`pærəksˌɪzəm] *n.* Ⓒ ①疾病發作。②(感情)突然激發。

par·quet [par`ke] *n.* ① Ⓤ 拼花地板。② Ⓒ 劇院之正廳。

par·ri·cide [`pærəˌsaɪd] *n.* ① Ⓤ 弒親(罪)；殺父母(罪)；忤逆(罪)。② Ⓒ 殺父母者；弒尊長者。

***par·rot** [`pærət] *n.* Ⓒ ①鸚鵡。②應聲蟲；機械式模仿他人行爲者。
— *v.t.* 像鸚鵡般重覆或模仿；機械式地模仿。

par·ry [`pærɪ] *v.t.* ①擋開；躲開(武器、襲擊等)。②避開；迴避。
— *n.* Ⓒ ①擋開；閃避。②遁辭。

parse [pars] *v.t.* ①對(句子等)作文法上的分析。②分析；剖析。

par·si·mo·ni·ous [ˌparsə`monɪəs] *adj.* 吝嗇的；極度儉省的。
— **par′si·mo·ny,** *n.*

***pars·ley** [`parslɪ] *n.* Ⓤ〖植〗荷蘭芹；西洋芹；香芹。

pars·nip [`parsnəp] *n.* Ⓒ〖植〗①防風草(芹科植物, 根部可以食用)。②防風草根。

***par·son** [`parsṇ] *n.* Ⓒ ①教區牧

師。②牧師。

par·son·age [ˋparsn̩ıdʒ] *n.* Ⓒ牧師住宅。

‡**part** [part] *n.* ①Ⓒ部分；片段。②Ⓒ(構成整體之)一分。③Ⓤ本分；職分。④Ⓤ(辯論、競爭或爭吵中之)一方。⑤Ⓒ〖戲劇〗角色；臺詞。⑥Ⓒ(頭髮之)分界線。⑦(*pl.*)才能。⑧Ⓒ音部；樂曲之一部。⑨(*pl.*)區域；地方。***for my*** **~** 就我而論。***for the most*** **~** 一般的；大抵。***in good*** **~** 以友善或欣然的態度。***in*** **~** 一部分；有幾分。***on the*** **~** ***of*** **a.** 在某方面。**b.** 代表某方。**~** ***and parcel*** 主要的部分。**~** ***of speech*** 〖文法〗(字之)詞類；詞性。***play a*** **~** ***in*** 與…有關。***take*** **~** ***in*** 參加。***take someone's*** **~** 站在某人一方；偏袒某人。**—** *v.t.* ①分開；使分裂。②迫使分開；排開。③離開。④將(頭髮)分梳。⑤分配。**—** *v.i.* ①分開。②分離。**~** ***with*** 放棄；讓渡；割愛。**—** *adj.* 部分的。**—** *adv.* 部分地；有幾分。

***par·take** [pɚˋtek, par-] *v.t.* & *v.i.* (**-took, -tak·en**)①分擔；分享；參與。②有幾分；略帶。

***par·tial** [ˋparʃəl] *adj.* ①一部分的。②偏袒的。③偏愛的。

par·ti·al·i·ty [parˋʃælətı] *n.* ①Ⓤ偏袒；偏見。②(a ~)偏愛。

***par·tial·ly** [ˋparʃəlı] *adv.* ①部分地。②偏袒地；偏愛地。

par·tic·i·pant [pɚˋtısəpənt] *n.* Ⓒ參與者；共享者。**—** *adj.* 參與的；共享的；有關係的。

***par·tic·i·pate** [pɚˋtısə͵pet, par-] *v.i.* & *v.t.* 分享；參與。

***par·tic·i·pa·tion** [pɚ͵tısəˋpeʃən, par-] *n.* Ⓤ參與；共享。

par·tic·i·pa·to·ry [pɚˋtısə͵petərı, par-] *adj.* 直接參與的。§ **~ demócracy** 參與的民主。

***par·ti·ci·ple** [ˋpart(ə)səpl, ˋpartə͵sıpl] *n.* Ⓒ〖文法〗分詞。
— **par·ti·cip′i·al,** *adj.*

***par·ti·cle** [ˋpartıkl] *n.* Ⓒ①極小量；分子；微粒。②〖理〗質點。③〖文法〗質詞(包括 preposition, conjunction, article 或 interjection). ④字首或字尾。

par·ti-col·o(u)red [ˋpartı͵kʌləd] *adj.* 雜色的。

‡**par·tic·u·lar** [pɚˋtıkjələ] *adj.* ①單個的；單獨的。②個別的；各個的；獨有的。③特殊的；特別的。④難以取悅的；考究的。⑤詳盡的。⑥要好的；知己的。**—** *n.* ①Ⓒ事項；項目。②(*pl.*)詳情；細節。③(the ~)〖邏輯〗特稱；特殊。***in*** **~** 特別地。

par·tic·u·lar·i·ty [pɚ͵tıkjəˋlærətı] *n.* ①Ⓤ特別；特殊。②Ⓒ特性；特徵。

par·tic·u·lar·ize [pɚˋtıkjələ͵raız] *v.t.* & *v.i.* 詳述；列舉。

‡**par·tic·u·lar·ly** [pɚˋtıkjələlı] *adv.* ①特別地；特殊地。②異常地；顯著地。③詳細地。

***part·ing** [ˋpartıŋ] *n.* ①ⓊⒸ離別；分別。②ⓊⒸ分歧；分開。③Ⓒ分歧處。**—** *adj.* ①離別的；臨別的。②離去的；消逝的。③分開的。

***par·ti·san** [ˋpartəzn̩] *n.* Ⓒ①幫夥；同黨者；黨派觀念強的人。②游擊隊員。**—** *adj.* ①黨派觀念強的。②游擊隊員的。(亦作 **partizan**)

par·ti·san·ship [ˋpartəzn̩͵ʃıp] *n.* Ⓤ黨派性；黨派意識。

***par·ti·tion** [parˋtıʃən, pɚ-] *n.* ①Ⓤ分隔；分割。②Ⓒ分隔物；隔牆；隔間。③Ⓒ〖植〗隔膜。**—** *v.t.* ①分割；瓜分；分配。②隔開。

par·ti·tive [ˋpartətıv]〖文法〗*n.* Ⓒ表分詞(如 some of them 的 some). **—** *adj.* 表示部分的。

***part·ly** [ˋpartlı] *adv.* 部分地；有幾分；有些。

***part·ner** [ˋpartnɚ] *n.* Ⓒ①伙伴；合作者。②合夥人；股東。③配偶(夫或妻)。④舞伴；(比賽的)搭檔；同組的人。**—** *v.t.* ①做爲(他人)的夥伴。②使(人)成一組。**—** *v.i.* 合夥；合股；(與某人)成夥伴[搭檔]。

***part·ner·ship** [ˋpartnɚ͵ʃıp] *n.* ①Ⓤ合夥；合作。②Ⓒ合夥公司。

par·took [pɚˋtuk] *v.* pt. of **partake.**

***par·tridge** [ˋpartrıdʒ] *n.* Ⓒ (*pl.* **-tridg·es,** ~)山鶉。

part-time [ˋpartˋtaım] *adj.* 部分時間的；兼任的。

part-tim·er [ˋpartˋtaımɚ] *n.* Ⓒ兼任者；兼職者。

par·tu·ri·tion [͵partjuˋrıʃən] *n.* Ⓤ生產；分娩。

‡**par·ty** [ˋpartı] *n.* Ⓒ①(集合稱)團體；一夥。②(社交)集會。③政黨。④參與者；關係人。⑤(合同、訴訟等中的)一方。⑥〖諧〗人。**—** *adj.* ①政

黨的；朋黨的。②參與的；有關係的。③宴會的。§ ∽ líne 一政黨的政策。

‡**pass** [pæs, pɑs] *v.t.* ①經過。②穿過；通過。③傳遞。④使及格；批准。⑤超過。⑥度過；消磨。⑦使進行；使前進。⑧評判；宣告。⑨使流通；使用(僞幣)。⑩使被接受。⑪排泄。～ water 小便。— *v.i.* ①走過。②度過；經過。③傳遞；傳。④結束；消失。⑤死。⑥通過；及格。⑦變化。⑧發生。⑨被接受爲；被認爲〔for, as〕. ⑩評判；品評。⑪被忽略；不予計較。⑫流通；通用。⑬〖球戲〗傳球。⑭〖牌戲〗放棄叫牌機會。***bring to*** ～ 引起；促起；達到。***come to*** ～ 發生。～ ***away*** **a.** 死去；消滅。**b.** 結束；終止。～ ***by*** **a.** 經過。**b.** 疏忽；置之不理。～ ***for*** 被認爲；被當做。～ ***off*** **a.** 以贋品充騙。**b.** 消滅；減退。～ ***on*** 死去。～ ***out*** 〖俚〗**a.** 昏厥；失去知覺。**b.** 死去。～ ***over*** **a.** 忽視。**b.** 死亡。**c.** 不把(某人)列入考慮。～ ***through*** 經驗。～ ***up*** 放棄；拋棄；拒絕。— *n.* ① Ⓤ 走過；經過。② Ⓒ 考試及格。③ Ⓒ 免費票；招待券。④ Ⓒ 執照；通行證。⑤ (a ～)情況；境遇。⑥ Ⓒ 狹路；隘口。⑦ Ⓒ 傳球。⑧ Ⓒ〖棒球〗四壞球保送上壘。

pas·sage [ˋpæsɪdʒ] *n.* ① Ⓒ 通道；走廊。② Ⓒ 通行之方法或工具。③ Ⓤ 通行權。④ Ⓤ 經過；變遷。⑤ Ⓒ (文章等)一節；一段。⑥ Ⓤ 橫過；航行。⑦ Ⓤ 核准；通過。⑧ ⓊⒸ (人與人的)招呼；交往。⑨ Ⓒ〖樂〗樂節。

pas·sage·way [ˋpæsɪdʒ,we] *n.* Ⓒ 走廊；通道。

pas·sen·ger [ˋpæsn̩dʒɚ] *n.* Ⓒ 旅客；乘客。

pass·er-by [ˋpæsɚˋbaɪ] *n.* Ⓒ (*pl.* **pass·ers-by**)過路客；行人。

pass·ing [ˋpæsɪŋ, ˋpɑs-] *adj.* ①經過的；路過的。②迅速的；短暫的。③目前的。④及格的。⑤偶然的。— *adv.* 〖古〗甚；極。— *n.* Ⓤ ①經過；通過。②考試及格。③消滅。④死亡。***in*** ～ 順便(提起)。

pas·sion [ˋpæʃən] *n.* ① Ⓤ 熱情；強烈的情感。②(a ～)激怒；忿怒。③ Ⓤ 愛情。④(*sing.*)愛好；嗜癖。⑤(the P-)耶穌在十字架上的受苦難。

pas·sion·ate [ˋpæʃənɪt] *adj.* ①熱情的；熱烈的。②易動感情的；易怒的。— **ly,** *adv.*

pas·sion·flow·er [ˋpæʃən,flauɚ] *n.* Ⓒ〖植〗西番蓮。

pas·sion·fruit [ˋpæʃən,frut] *n.* Ⓒ 百香果；西番蓮之果實。

***pas·sive** [ˋpæsɪv] *adj.* ①消極的；被動的。②不抵抗的。— *n.* (the ～) 被動語態。§ ∽ smóking 吸二手煙。∽ vóice〖文法〗被動語態。— **ly,** *adv.* — **pas·siv′i·ty,** *n.*

***pass·port** [ˋpæs,port] *n.* Ⓒ ①護照。②〖喻〗手段。

pass·word [ˋpæs,wɝd, ˋpɑs-] *n.* Ⓒ ①〖軍〗口令。②〖電算〗密碼。

‡**past** [pæst, pɑst] *adj.* ①過去的；結束的。②剛過去的。for the ～ few days 過去數日。③卸任的。④〖文法〗過去的。— *n.* (*sing.*) ① (the ～) 過去；往時。②過去的生活；往事。③〖文法〗過去式。— *prep.* ①越過；走過；超越。②較…爲遲；晚於。— *adv.* 過；越過。§ ∽ máster 專家；能手；高手；老手。∽ párticiple〖文法〗過去分詞。∽ pérfect〖文法〗過去完成式。

***paste** [pest] *n.* ⓊⒸ ①漿糊。②麵糰。③糊狀物。④〖俚〗毆打；猛擊。— *v.t.* ①黏貼〔up〕. ②〖俚〗毆打；猛擊。③弄成麵糰狀。

paste·board [ˋpest,bord] *n.* Ⓤ ①紙板。②〖俚〗紙板製品(如紙牌、名片、車票等)。

pas·tel [pæsˋtɛl, ˋpæs,tɛl] *n.* ① Ⓒ 粉蠟筆。② ⓊⒸ 淡而柔和的色彩。— *adj.* 粉蠟筆(畫)的；色調柔和的。

past·er [ˋpestɚ] *n.* Ⓒ ①貼紙。②黏貼人[物]。

pas·teur·ize [ˋpæstə,raɪz] *v.t.* 以低溫殺菌。— **pas·teur·i·za′tion,** *n.*

pas·tiche [pæsˋtiʃ] *n.* ① Ⓒ 模仿作品。② Ⓤ 模仿(的手法)。③ Ⓒ 集錦。

***pas·time** [ˋpæs,taɪm] *n.* Ⓒ 娛樂；消遣。

***pas·tor** [ˋpæstɚ] *n.* Ⓒ 牧師。

***pas·to·ral** [ˋpæstərəl] *adj.* ①牧人(生活)的。②適於牧畜的(土地等)。③田園風光的；田園生活的。④牧師的。— *n.* Ⓒ 牧歌；田園詩[畫]。

pas·to·ral·ism [ˋpæstərəlɪzm̩] *n.* Ⓤ 田園風味；牧歌體。

***pas·try** [ˋpestrɪ] *n.* ① Ⓤ 餡餅皮。② ⓊⒸ 糕餅(如 pie 等)。

***pas·ture** [ˋpæstʃɚ] *n.* ① ⓊⒸ 牧草地；牧場。② Ⓤ 牧草。— *v.t.* ①放牧。②(家畜)吃草。— *v.i.* (家畜)

吃草。

past·y [ˋpestɪ] *adj.* ①糊狀的；漿糊似的。②(臉色)蒼白的。③軟弱的；鬆懈的。

***pat** [pæt] *v.t.* (**-tt-**)①(以掌等)輕拍。②撫拍。 — *v.i.* ①啪嗒啪嗒地走或跑。②輕拍；輕撫。 — *n.* ①(a ～)啪嗒聲。②Ⓒ輕拍(聲)。③Ⓒ小塊(特指奶油)。

P

patch** [pætʃ] *n.* Ⓒ ①(衣服等的)補綻。②包傷口之布片。③眼罩。④斑點；斑紋。⑤一小塊土地。 ***not a ～ on 遠不及…；比…差得遠。 — *v.t.* ①補綴；彌縫。②用作補片。③用布片拼成。④匆促修理；草率做成(up)。

patch·work [ˋpætʃˌwɜk] *n.* ①ⓊⒸ補綴[拼湊]的手工。②(a ～)雜湊之物；補綴物。

pate [pet] *n.* Ⓒ〖諧〗①頭；頭頂。②腦。

***pat·ent** [ˋpetn̩t, ˋpætn̩t] *adj.* ①專利的；專賣的。②顯著的；公開的。③新奇的；巧妙的。 — *n.* Ⓒ①特許狀。②專利(權)。③專利品。 — *v.t.* 取得專利；給予專利。 § ～ **médicine** 成藥；專利藥品。 **P～ Óffice** 專利局。 ～ **rìght** 專利權。

pat·ent·ee [ˌpætn̩ˋti] *n.* Ⓒ專利權所有人。

pa·ter·nal [pəˋtɜnl̩] *adj.* ①(像)父親的；仁慈的。②父系的。

pa·ter·ni·ty [pəˋtɜnətɪ] *n.* Ⓤ ①父道；父職；父系。②(事物之)起源；根源。 § ～ **léave** 陪產假。

‡**path** [pæθ] *n.* Ⓒ (*pl.* **～s** [pæðz])①小徑；(花園中的)步道。②通路；軌道。③(人生的)道路；方針。

***pa·thet·ic** [pəˋθɛtɪk] *adj.* 哀憐的；悲慘的。 — **pa·thet′i·cal·ly,** *adv.*

path·find·er [ˋpæθˌfaɪndɚ] *n.* Ⓒ①拓荒者；先導者。②〖美俚〗(警察的)密探。③〖軍〗導航飛機。

path·less [ˋpæθlɪs] *adj.* 無路的；人跡未到的；未開拓的。

path·o·gen [ˋpæθədʒən] *n.* Ⓒ 病菌；病原體。

pa·thol·o·gy [pæˋθɑlədʒɪ] *n.* Ⓤ ①病理(學)。②病狀。 — **path·o·log′i·cal,** *adj.*

pa·thos [ˋpeθɑs] *n.* Ⓤ ①哀愁；悲哀。②〖藝術〗動情力；悲愴性。

path·way [ˋpæθˌwe] *n.* Ⓒ小路。

***pa·tience** [ˋpeʃəns] *n.* Ⓤ ①容忍；忍耐；耐性。②堅忍；耐苦。

‡**pa·tient** [ˋpeʃənt] *adj.* ①有耐心的；有耐性的；能忍耐的。②努力不懈的；勤勉的。③能容忍的。 — *n.* Ⓒ 病人。 — **ly,** *adv.*

pa·tri·arch [ˋpetrɪˌɑrk] *n.* Ⓒ ①家長；族長。②創始者。③元老。 — **pa·tri·ar′chal,** *adj.*

pa·tri·arch·y [ˋpetrɪˌɑrkɪ] *n.* ①ⓊⒸ家長[族長]政治。②Ⓒ父系社會。

pa·tri·cian [pəˋtrɪʃən] *n.* Ⓒ 貴族。 — *adj.* ①出身高貴的。②貴族的；適於貴族的。

pat·ri·cide [ˋpætrɪˌsaɪd] *n.* ①Ⓤ弒父罪。②Ⓒ弒父者。 — **pat·ri·cid′al,** *adj.*

pat·ri·mo·ny [ˋpætrəˌmonɪ] *n.* Ⓤ (又作 a ～)①世襲財產；祖傳產業。②傳家之物；遺傳；繼承。 — **pat·ri·mo′ni·al,** *adj.*

***pa·tri·ot** [ˋpetrɪət] *n.* Ⓒ愛國者。

***pa·tri·ot·ic** [ˌpetrɪˋɑtɪk] *adj.* 愛國的；有愛國心的；愛國心強的。

***pa·tri·ot·ism** [ˋpetrɪətɪzəm] *n.* Ⓤ愛國心。

***pa·trol** [pəˋtrol] *n.* ①Ⓤ巡邏；巡查。②Ⓒ巡邏者。③Ⓒ巡邏隊；斥候兵。④Ⓒ(集合稱)童子軍小隊。 — *v.i.* & *v.t.* (**-ll-**)巡查；巡邏。 § ～ **wàgon** 囚車。

pa·trol·man [pəˋtrolmən] *n.* Ⓒ (*pl.* **-men**)①巡邏人；巡查者。②〖美〗巡邏警察。

***pa·tron** [ˋpetrən] *n.* Ⓒ①保護者；資助人；贊助人。②顧客；主顧。③守護神。 § ～ **sáint** 守護聖徒[神]。

***pa·tron·age** [ˋpetrənɪdʒ, ˋpæt-] *n.* Ⓤ ①鼓勵；資助；庇護。②(顧客的)惠顧。③施恩的態度。④任命權。

pa·tron·ize [ˋpetrənˌaɪz] *v.t.* ①光顧。②以施恩的態度對待。③保護；支援；贊助。 — **pa′tron·iz·ing,** *adj.*

pat·ter[1] [ˋpætɚ] *v.i.* & *v.t.* ①發出急速輕拍聲。②拍噠拍噠地跑。 — *n.* (*sing.*)急速之輕拍聲。

pat·ter[2] *n.* Ⓤ①快嘴話；喋喋快語。②行話。 — *v.t.* & *v.i.* 喋喋說出。

‡**pat·tern** [ˋpætɚn] *n.* Ⓒ ①圖案；花樣；樣式；方式。②模範；榜樣。③〖機〗模型。 — *v.t.* 仿作；摹製。 ～ ***oneself after*** 模仿。 § ～ **bòmbing** 地毯式轟炸；飽和轟炸。

paunch [pɔntʃ] *n.* Ⓒ①瘤胃(反芻動物的第一胃)。②(胖子的)大肚子。

pau·per [ˋpɔpɚ] *n.* Ⓒ 窮人；

民；被救濟者。

‡pause [pɔz] *v.i.* 中止；躊躇。**—** *n.* Ⓒ①中止；躊躇。②停讀；斷句；句讀。③〖樂〗休止；延長符號(𝄐或𝄑)。*give* ～ 使(人)躊躇。

***pave** [pev] *v.t.* 鋪(街道等)。～ *the way for*[*to*]爲…鋪路[預作安排]。

***pave·ment** [ˋpevmənt] *n.* ①Ⓤ鋪設。②Ⓒ(用柏油等)鋪設的道路。③Ⓒ〖英〗人行道。

***pa·vil·ion** [pəˋvɪljən] *n.* Ⓒ①亭；閣。②(園遊會等用之)大帳篷。③看台；選手席。④(博覽會的)展示館。⑤(醫院的)隔離式病房。

***paw** [pɔ] *n.* Ⓒ①(貓、狗等有爪之)足掌。②〖俗〗手。**—** *v.t.* & *v.i.* ①(動物等)用足搔爬。②拙笨地處理。

pawn¹ [pɔn] *v.t.* ①典當；抵押。②以…保證。**—** *n.* ①Ⓤ質押；典當。②Ⓒ抵押物；人質。§ ～ **ticket** 當票。

pawn² *n.* Ⓒ①(西洋棋的)卒；兵。②被利用者；爪牙。

pawn·bro·ker [ˋpɔn,brokɚ] *n.* Ⓒ開當鋪者；當鋪老闆。

pawn·shop [ˋpɔn,ʃɑp] *n.* Ⓒ當鋪。

pay [pe] *v.t.* (**paid**)①付(款)；給與報酬。②償還。③對…有價值；有利於。④給與；致。⑤報應；懲罰。**—** *v.i.* ①支付；付款。②值得；有利。③賠償；受罰。～ *back* **a.** 歸還(欠債)。**b.** 報答。**c.** 報復。～ *down*(分期付款之)即時支付。～ *off* **a.** 給薪解雇。**b.** 報仇。**c.** 還清債務。**d.**〖俗〗付保護費。～ *out* **a.** 放(繩子、鍊條等)。**b.** 報復；懲罰。～ *up* 還清；付清。**—** *n.* Ⓤ①報酬；薪俸；工資。②報償。*in the* ～ *of* 受…雇用；受…買通。§ ～ **envelope** 薪水袋。～ **rise** 加薪。～ **station**〖美〗公用電話亭。

pay·a·ble [ˋpeəbl̩] *adj.* ①到期的。②付得起的。③可獲利的。

pay·day [ˋpe,de] *n.* Ⓒ發薪日。

pay·ee [peˋi] *n.* Ⓒ受款人；收款人。

pay·er [ˋpeɚ] *n.* Ⓒ交付人；付款人。

pay·mas·ter [ˋpe,mæstɚ] *n.* Ⓒ(負責發薪餉之)出納員；軍需官。

pay·ment [ˋpemənt] *n.* ①ⓊⒸ支付。②Ⓒ支付金額。③Ⓤ報應；懲罰。

pay·off [ˋpe,ɔf] *n.* ①(*sing.*)支付(薪俸)；償還(借款)。②(*sing.*)付款日。③(*sing.*)報酬；報復。④Ⓒ〖美俗〗賄賂。⑤(*sing.*, 常 the ～)(事件等的)結局；高潮。

pay·out [ˋpe,aut] *n.* Ⓒ〖俚〗支出。

pay·roll [ˋpe,rol] *n.* ①Ⓒ薪水冊；員工名冊。②(*sing.*)薪水冊上應付薪資總額。

pay-TV [ˋpeˋtiˋvi] *n.* Ⓒ付費電視。

PBS Public Broadcasting System.〖美〗公視。**PC** personal computer.

pc. piece; price(s). **pd.** paid.

***pea** [pi] *n.* (*pl.* **～s,**〖古〗**pease** [piz])①Ⓒ〖植〗豌豆。②ⓊⒸ豌豆(仁)。§ ～ **green** 黃綠色。

‡peace [pis] *n.* Ⓤ①(又作 a ～)和平；太平。②(常P-)媾和；和約。③平靜；寧靜。*be at* ～ *with* 與…和平相處。*hold* [*keep*] *one's* ～ 保持緘默。*keep the* ～ 維持社會安寧；維持治安。*make one's* ～ *with* 與…講和。*make* ～ 謀和；談和。

***peace·a·ble** [ˋpisəbl̩] *adj.* ①和平的；平穩的；安靜的。②愛好和平的；溫和的。

***peace·ful** [ˋpisfəl] *adj.* ①和平的；安靜的。②愛好和平的。— **ly,** *adv.*

peace·mak·er [ˋpis,mekɚ] *n.* Ⓒ調停人；仲裁人；和事佬。

peace·nik [ˋpisnɪk] *n.* Ⓒ〖俚〗反戰示威者；反戰份子。

peace·time [ˋpis,taɪm] *n.* Ⓤ & *adj.* 和平時期(的)；平時(的)。

***peach¹** [pitʃ] *n.* ①ⓊⒸ桃子。②Ⓒ桃樹。③Ⓤ桃色。④(a ～)〖俚〗極好的東西；美人。**—** *adj.* 粉紅色的；桃色的。— **peach'y,** *adj.*

peach² *v.i.* & *v.t.*〖俚〗告密；賣友 {against, on, upon}.

***pea·cock** [ˋpi,kɑk] *n.* Ⓒ①(雄)孔雀。②好虛榮的人。

pea·fowl [ˋpi,faul] *n.* Ⓒ(*pl.* ～, ～**s**)孔雀(雌雄通用)。

pea·hen [ˋpi,hɛn] *n.* Ⓒ雌孔雀。

***peak** [pik] *n.* Ⓒ①山峰；山頂。②頂點；最高點。③尖端。④帽簷。

peak·ed¹ [ˋpikɪd, pikt] *adj.* ①尖的；尖頂的。②(帽子)有帽簷的。

peak·ed² [ˋpikɪd] *adj.* 瘦削的；憔悴的。

***peal** [pil] *n.* Ⓒ①鐘聲；笑聲；拍手聲。②〖樂〗一組鐘；鐘樂。③宏亮的響聲。**—** *v.t.* & *v.i.* (使)響；(使)鳴。

***pea·nut** [ˋpi,nʌt] *n.* ①ⓊⒸ落花生。②(*pl.*)極小之金額。

***pear** [pɛr] *n.* ①ⓊⒸ西洋梨。②Ⓒ梨(樹)。

pearl** [pɜl] *n.* ①Ⓒ珍珠。②Ⓒ似珍珠狀物(如露珠、淚珠)。③Ⓒ(同類中)傑出者；珍貴之物。④Ⓤ珍珠色(淡藍灰色)。⑤Ⓤ珍珠母。⑥Ⓤ珍珠型鉛字(等於5磅因)。cast* [*throw*] *~s before swine***對牛彈琴。— *adj.* ①淡藍灰色的；珍珠色的。— *v.i.* ①採集珍珠。②珍珠一般地滾動。— *v.t.* 在…成珠。§ ∼ **gráy** 帶藍色的灰色。∼ **óyster** 珍珠貝。

pearl-fish·er·y [ˋpɜl͵fɪʃərɪ] *n.* ①Ⓤ採珠業。②Ⓒ採珠場。

***peas·ant** [ˋpɛzn̩t] *n.* Ⓒ①農夫；佃農。②土包子。

peas·ant·ry [ˋpɛzn̩trɪ] *n.* Ⓤ(集合稱)農夫；佃農。

peat [pit] *n.* ⓊⒸ泥炭；泥炭塊。

***peb·ble** [ˋpɛbl̩] *n.* Ⓒ小圓石；卵石；細礫。— *v.t.* 用小圓石鋪砌。— **peb′bly,** *adj.*

pec·ca·dil·lo [͵pɛkəˋdɪlo] *n.* Ⓒ(*pl.* **~s, ~es**)輕罪；小過失。

peck[1] [pɛk] *n.* ①Ⓒ配克(乾量單位，等於二加侖)。②(a ∼)大量；許多。

***peck**[2] *v.t.* ①以喙啄。②挖出；掘出。— *v.i.* ①啄。②一點點地慢慢吃〔at〕. — *n.* Ⓒ①啄。②被啄之痕跡或傷。③〖俗〗匆匆一吻。§ **the ∼ing òrder** (1)(禽鳥的)強弱次序。(2)〖謔〗(人類社會的)長幼尊卑次序。

pec·ten [ˋpɛktən] *n.* Ⓒ(*pl.* **~s, pec·ti·nes** [-tə͵niz])〖解〗恥骨。

pec·to·ral [ˋpɛktərəl] *adj.* 胸的。

pec·u·late [ˋpɛkjə͵let] *v.t.* & *v.i.* 侵吞；挪用(公款、公物)。— **pec·u·la′tion, pec′u·la·tor,** *n.*

***pe·cu·liar** [pɪˋkjuljɚ] *adj.* ①奇異的；怪僻的。②特有的；特殊的。

***pe·cu·li·ar·i·ty** [pɪ͵kjulɪˋærətɪ] *n.* ①ⓊⒸ奇異；怪僻；怪異。②Ⓒ特色；特徵；特性。

***pe·cu·liar·ly** [pɪˋkjuljɚlɪ] *adv.* ①特別地；格外地；特殊地。②奇怪地；奇異地。

pe·cu·ni·ar·y [pɪˋkjunɪ͵ɛrɪ] *adj.* 金錢上的；金錢的。

ped·a·gog(ue) [ˋpɛdə͵gɑg] *n.* Ⓒ〖蔑〗①(中小學的)老師；教員。②賣弄學問的人。

ped·a·go·gy [ˋpɛdə͵godʒɪ] *n.* Ⓤ①教授；教學。②教育學；教授法。

***ped·al** [ˋpɛdl̩] *n.* Ⓒ踏板。— *v.t.* & *v.i.* (**-l-,** 〖英〗**-ll-**) ①踏動踏板。②騎脚踏車。— *adj.* ①脚的。②踏板的；用踏板操作的。

ped·ant [ˋpɛdn̩t] *n.* Ⓒ①腐儒；學究。②賣弄學問的人。

pe·dan·tic [pɪˋdæntɪk] *adj.* ①好賣弄學問的。②迂腐的。

ped·dle [ˋpɛdl̩] *v.i.* ①沿街叫賣。②當小販。— *v.t.* ①叫賣。②傳播(謠言)。

***ped·dler** [ˋpɛdlɚ] *n.* Ⓒ小販。

ped·es·tal** [ˋpɛdɪstl̩] *n.* Ⓒ①(塑像、花瓶、檯燈等的)座；基座。②根基；基礎。set a person on a ∼*** 把某人理想化；崇拜某人。

***pe·des·tri·an** [pəˋdɛstrɪən] *n.* Ⓒ步行者。— *adj.* ①徒步的。②平凡的；無詩意的。§ ∼ **cróssing** 行人穿越道。∼ **précinct** 行人徒步區。

pe·di·at·ric [͵pidɪˋætrɪk, ͵pɛdɪ-] *adj.* 〖醫〗小兒科的。

pe·di·a·tri·cian [͵pidɪəˋtrɪʃən] *n.* Ⓒ小兒科醫師。(亦作 **pediatrist**)

pe·di·at·rics [͵pidɪˋætrɪks, ͵pɛdɪ-] *n.* Ⓤ〖醫〗小兒科。

ped·i·gree [ˋpɛdə͵gri] *n.* ①Ⓒ系譜。②ⓊⒸ血統；家系。

ped·i·greed [ˋpɛdə͵grid] *adj.* ①(純種家畜)血統可考的。②望族的。

pe·dom·e·ter [pɪˋdɑmətɚ] *n.* Ⓒ計步器；步程計。

peek [pik] *v.i.* 偷看；窺見。— *n.* (a ∼)偷看；窺視。

***peel** [pil] *n.* ⓊⒸ果皮。— *v.t.* 剝…之皮；去…之皮。— *v.i.* ①脫皮〔off〕. ②〖俗〗脫衣。

peel·er [ˋpilɚ] *n.* Ⓒ①剝皮器。②〖美俚〗脫衣舞孃。

***peep**[1] [pip] *v.i.* ①(自洞隙中)觀望；窺視。②微現；現出。— *n.* ①(∼)一瞥；窺視。②(*sing.*, 常the ∼)出現。(the) ∼ of day破曉。§ ∼ **shòw** (1)西洋鏡。(2)(透過小孔看的)低級表演。

peep[2] *n.* Ⓒ(小鳥)啾啾的叫聲。— *v.i.* ①(小鳥)啾啾叫。②悄聲說。

peep·hole [ˋpip͵hol] *n.* Ⓒ窺視孔。

***peer**[1] [pɪr] *n.* Ⓒ①同輩；同儕。②匹敵。without ∼ 無匹敵。③貴族。

***peer**[2] *v.i.* ①細看；凝視；窺視〔at, into〕. ②出現。

pee·vish [ˋpivɪʃ] *adj.* 脾氣乖張的；易怒的；好抱怨的。— **ly,** *adv.*

***peg** [pɛg] *n.* Ⓒ①木栓；木釘。②掛釘。③塞桶洞用的木塞。④衣夾。⑤琴軫；琴鈕。⑥藉口；遁詞。⑦〖俗〗等級；程度。⑧〖俗〗腿；(木製)義肢。

square ~ *in a round hole* 不適任的人。*take a person down a* ~ (*or two*) 挫某人之銳氣；使受辱。 — *v.t.* (**-gg-**)①以木釘釘牢。②以木標定界。③以固定價格拋售或收買(股票等)以穩定其價格。 — *v.i.* ①勤快工作。②急行。§ ~ **lèg** 義肢。~ **tòp** (梨形)陀螺。

pe·jo·ra·tive [ˋpidʒə,retɪv] *adj.* 含貶損之意的；輕侮的。 — *n.* Ⓒ 輕蔑語。 — **ly,** *adv.*

Pe·king [ˋpiˋkɪŋ] *n.* 北京(=Beijing). § ~ **mán** 〖人類學〗北京人。

pel·i·can [ˋpɛlɪkən] *n.* Ⓒ 鵜鶘(食魚鳥)。 § **the P~ Státe** 美國 Louisiana 州之俗稱。

pel·let [ˋpɛlɪt] *n.* Ⓒ ①小球。②小彈丸。③藥丸。

pell-mell, pell·mell [pɛlˋmɛl] *adv.* ①雜亂地；混亂地。②紛忙地。 — *adj.* ①紛亂的；混亂的。②倉促的。 — *n.* Ⓤ Ⓒ 極度混亂。

pel·lu·cid [pəˋlusɪd] *adj.* ①清澈的；透明的。②易解的；明晰的。

pelt[1] [pɛlt] *n.* Ⓒ ①(獸類之)生皮；毛皮。②〖謔〗人的皮膚。

pelt[2] *v.t.* ①投擲；投擊。②拋出；使(雨等)急降。③(以惡言等)質問；攻擊。 — *v.i.* ①投擲。②(雨)急降。③急行。 — *n.* ① Ⓤ 投擲。② Ⓒ 亂射。③ Ⓤ 疾走。*at full* ~ 全速地。

pel·vic [ˋpɛlvɪk] *adj.* 〖解〗骨盆的。

pel·vis [ˋpɛlvɪs] *n.* Ⓒ (*pl.* ~**es, -ves** [-viz]) 〖解〗骨盆。

pen[1] [pɛn] *n.* ① Ⓒ 筆；鋼筆。②(the ~, one's ~)文筆。③(*sing.*)作家。 — *v.t.* (**-nn-**)①寫。②起草(文件)。 § ~ **nàme** 筆名。~ **pàl** 筆友。

pen[2] *n.* Ⓒ (家畜的)圍欄；圈；檻。 — *v.t.* (**penned** or **pent, pen·ning**) ①關入欄中。②監禁〔up, in〕.

pe·nal [ˋpinḷ] *adj.* ①刑事(上)的；刑罰的。②應受處罰的。§ ~ **còde** 刑法。~ **sérvitude** 勞役刑。

pe·nal·ize [ˋpinḷ,aɪz] *v.t.* ①宣告有罪。②科以罰則；處罰。③使…處於不利地位。

pen·al·ty [ˋpɛnḷtɪ] *n.* Ⓤ Ⓒ ①懲罰；刑罰。②罰金；違約金。③不利；障礙。*under* [*on*] ~ *of* 違者處以…之罰。§ ~ **área** (足球)罰球區。

pen·ance [ˋpɛnəns] *n.* Ⓤ ①懺悔；(贖罪的)苦行。②〖天主教〗告解聖事。

pence [pɛns] *n.* pl. of **penny.**

pen·chant [ˋpɛntʃənt] *n.* Ⓒ (常 *sing.*)傾向；嗜好；愛好。

‡**pen·cil** [ˋpɛnsḷ] *n.* Ⓒ ①鉛筆；色筆。②似鉛筆之物；眉筆；口紅。③〖光學〗光束。 — *v.t.* (**-l-,** 〖英〗**-ll-**) 用鉛筆寫；用眉筆畫。§ ~ **shàrpener** 削鉛筆機。 — **pen′cil(l)ed,** *adj.*

pend·ant [ˋpɛndənt] *n.* Ⓒ ①(項鍊、耳環等的)垂飾。②天花板或屋頂之垂下飾物。 — *adj.* =**pendent.**

pend·ent [ˋpɛndənt] *adj.* ①下垂的；懸垂的。②伸出的；凸出的。③懸而未決的。 — *n.* =**pendant.**

pend·ing [ˋpɛndɪŋ] *adj.* 未決定的；待解決的。 — *prep.* ①在…之中。②在…前；直到。

pen·du·lous [ˋpɛndʒələs] *adj.* ①懸垂的。②擺動的；搖晃的。

***pen·du·lum** [ˋpɛndʒələm] *n.* Ⓒ ①鐘擺。②(向兩端)擺動的東西。

pen·e·tra·ble [ˋpɛnətrəbḷ] *adj.* ①可透入的；可貫穿的；可滲透的。②可看破的；可洞察的。

***pen·e·trate** [ˋpɛnə,tret] *v.t.* ①穿入；透過。②刺入。③滲透；浸透。④洞察；了解。⑤侵入(市場)。⑥深深地感動；打動。 — *v.i.* ①透入；侵入〔through, into〕. ②洞察；看穿。③打動人心。 — **pen·e·tra′tion,** *n.* — **pen′e·tra·tive,** *adj.*

pen·e·trat·ing [ˋpɛnə,tretɪŋ] *adj.* ①銳利的；貫穿的。②有眼光的。

pen·guin [ˋpɛngwɪn] *n.* Ⓒ 企鵝。

pen·i·cil·lin [,pɛnɪˋsɪlɪn] *n.* Ⓤ 〖藥〗盤尼西林；青黴素。

***pen·in·su·la** [pəˋnɪnsələ, -sjulə] *n.* Ⓒ 半島。 — **pen·in′su·lar,** *adj.*

pe·nis [ˋpinɪs] *n.* Ⓒ (*pl.* **-nes** [-niz], ~**es**) 〖解〗陰莖。

pen·i·tent [ˋpɛnətənt] *adj.* 悔罪的；後悔的。 — *n.* Ⓒ ①悔罪者。②〖天主教〗告解者；懺悔者。 — **pen′i·tence,** *n.* — **ly,** *adv.*

pen·i·ten·tial [,pɛnəˋtɛnʃəl] *adj.* 悔悟的；悔罪的。 — *n.* =**penitent.** — **ly,** *adv.*

pen·i·ten·tia·ry [,pɛnəˋtɛnʃərɪ] *n.* Ⓒ ①感化院。②〖美〗監獄。 — *adj.* ①悔罪的；懺悔的。②感化的。③應予懲罰的。

pen·knife [ˋpɛn,naɪf] *n.* Ⓒ (*pl.* **-knives**)小刀；削鉛筆刀。

pen·man [ˋpɛnmən] *n.* Ⓒ (*pl.* **-men**)①書法家；善書法者。②文人；

P

作家。③〖英〗謄寫員。

pen·man·ship [ˋpɛnmən,ʃɪp] *n.* Ⓤ①書法; 筆法。②寫作。

pen·nant [ˋpɛnənt] *n.* Ⓒ(軍艦等之)旒旗; 小旗。

pen·ni·less [ˋpɛnɪlɪs] *adj.* 身無分文的; 一文不名的; 貧困的。

Penn·syl·va·nia [,pɛnsḷˋvenjə] *n.* 賓夕凡尼亞(美國東部一州)。

P

Penn·syl·va·nian [,pɛnsḷˋvenjən] *adj.* 賓夕凡尼亞州(人)的。**—** *n.* Ⓒ賓夕凡尼亞州人。

‡**pen·ny** [ˋpɛnɪ] *n.* (*pl.* **pen·nies, pence**) ①Ⓒ便士。②Ⓒ(*pl.* **pennies**)〖美, 加〗一分錢(=cent). ③(a ～)小錢。***a ～ for your thoughts*** 獃想。***In for a ～, in for a pound.*** 一不做, 二不休。***pennies from heaven*** 意外的好運。***turn an honest ～*** 正當地掙錢。

pen·ny-pinch·er [ˋpɛnɪ,pɪntʃɚ] *n.* Ⓒ吝嗇鬼; 小氣鬼。

pen·ny-pinch·ing [ˋpɛnɪ,pɪntʃɪŋ] *adj.* & *n.* Ⓤ吝嗇(的); 小氣(的)。

pen·ny-wise [ˋpɛnɪˋwaɪz] *adj.* 省小錢的; 惜分文的。～ ***and pound-foolish*** 〖諺〗貪小失大。

pen·sion** [ˋpɛnʃən] *n.* Ⓒ①養老金; 退休金; 撫恤金。②獎金。**—** *v.t.* 給以養老金。～ ***off 發給養老金使退休。§ ～ **plàn** [**schème**]〖英〗退休制度(=〖美〗retirement plan).

pen·sive [ˋpɛnsɪv] *adj.* ①沉思的。②憂鬱的; 哀思的。— **ly,** *adv.*

pent [pɛnt] *adj.* 被關閉的; 被幽禁的。**—** *v.* pt. & pp. of **pen**[2].

pen·ta·gon [ˋpɛntə,gɑn] *n.* Ⓒ①五角形。②(the P-)美國國防部五角大廈。

pen·tath·lon [pɛnˋtæθlən] *n.* Ⓤ「五項運動。」

pent·house [ˋpɛnt,haʊs] *n.* Ⓒ①附於大建築物之棚舍。②築於大廈屋頂之小屋。

Pen·tium [ˋpɛntiəm] *n.* Ⓒ〖電算〗Intel 公司生產的微處理機。

pent-up [ˋpɛntˋʌp] *adj.* 被關閉的; 被幽禁的; 鬱積的。

pe·nu·ri·ous [pəˋnurɪəs] *adj.* ①貧窮的。②吝嗇的。③不肥沃的。

pen·u·ry [ˋpɛnjərɪ] *n.* Ⓤ貧窮; 缺乏。

pe·o·ny [ˋpiənɪ] *n.* Ⓒ牡丹(花); 「芍藥。」

‡**peo·ple** [ˋpipḷ] *n.* ①(集合稱, 作 *pl.* 解)人們; 世人。②Ⓒ民族。the Chinese ～*s* 中華民族。③(集合稱, 作 *pl.* 解)(一地方之)居民; (某一階層; 團體的)人。④(the ～)平民; 老百姓。⑤(one's ～)〖俗〗家人; 親屬; 祖先。**—** *v.t.* ①在…殖民; 居於。②飼養; 生長。

pep [pɛp] *n.* Ⓤ〖俚〗精力; 元氣; 活力。**—** *v.t.* (**-pp-**)予以精神及氣力; 激勵士氣〔up〕.

***pep·per** [ˋpɛpɚ] *n.* ①Ⓤ胡椒(粉)。②Ⓒ胡椒屬植物。**—** *v.t.* ①灑以胡椒末調味。②向…連發(子彈)。③接二連三的發問。④使有生氣。§ ～ **gàs** 催淚瓦斯。～ **pòt**〖英〗=pepperbox.

pep·per·box [ˋpɛpɚ,bɑks] *n.* Ⓒ①胡椒罐[瓶]。②〖俚〗急性子的人。

pep·per·mint [ˋpɛpɚ,mɪnt] *n.* ①Ⓤ薄荷(油)。②Ⓒ薄荷糖。

pep·per·y [ˋpɛpərɪ] *adj.* ①胡椒的。②似胡椒的; 辛辣的。③(言詞等)尖刻的; 譏刺的。④易怒的。

pep·sin(e) [ˋpɛpsɪn] *n.* Ⓤ①胃液素; 胃蛋白酶。②助消化藥。

pep·talk [ˋpɛp,tɔk] *v.t.* & *v.i.*〖俗〗作精神講話; 鼓勵; 爲(人)打氣。

pep·tic [ˋpɛptɪk] *adj.* ①消化的; 助消化的。②胃液素的。**—** *n.* Ⓒ助消化藥; 健胃劑。§ ～ **ùlcer**〖醫〗消化性潰瘍。

per** [pɚ] *prep.* ①每。②由; 經… ***as ～ usual〖俚〗照常(=as usual).

per·am·bu·late [pɚˋæmbjə,le…] *v.t.* & *v.i.* ①巡視; 巡行。②在(某場所)閒蕩。— **per·am·bu·laˊtion,** *n.*

per·am·bu·la·tor [pɚˋæmbjə,letɚ] *n.* Ⓒ①嬰兒車(略作 **pram**)。②巡視者; 勘查者。

***per·ceive** [pɚˋsiv] *v.t.* ①感覺; 知覺。②明白; 理解。

‡**per·cent, per cent** [pɚˋsɛn…] *n.* (*pl.* ～) = **percentage.** **—** *ad…* (與數字連用)百分之…的。

***per·cent·age** [pɚˋsɛntɪdʒ] *n.* ①Ⓒ百分比; 百分率。②Ⓤ〖俚〗利益…

***per·cep·ti·ble** [pɚˋsɛptəbl] *a…* 可以感覺得到的; 看得出的。— **per·cepˊti·bly,** *adv.*

***per·cep·tion** [pɚˋsɛpʃən] *n.* ①Ⓤ知覺力; 感受。②Ⓒ知覺的對象…

per·cep·tive [pɚˋsɛptɪv] *adj.* ①知覺的; 有知覺(力)的。②知覺敏銳的。③觀察入微的。

***perch** [pɝtʃ] *n.* Ⓒ①(鳥類之)棲木…

棲枝。②高的地位。③車輛上御者之座位。④英國長度名(5 ½碼, =pole, rod). ⑤英國面積單位(30 ¼平方碼)。 *knock one off one's* ~ 打敗; 殺死。 — *v.i.* ①棲息; 棲止〔on, upon〕. ②站立; 蹲; 坐。 — *v.t.* 放置; 擱置(多用過去分詞)。

per·chance [pɚˋtʃæns] *adv.* ①或者; 或許。②偶然; 萬一。

per·cip·i·ent [pɚˋsɪpɪənt] *adj.* ①有知覺力的。②有鑑賞力的。 — *n.* Ⓒ 知覺者; 感覺靈敏的人。

per·co·late [ˋpɝkə͵let] *v.i.* 濾; 滲透; 滴出。— **per·co·la′tion,** *n.*

per·co·la·tor [ˋpɝkə͵letɚ] *n.* Ⓒ ①咖啡壺。②過濾器。

per·cus·sion [pɚˋkʌʃən] *n.* ① Ⓤ Ⓒ 衝擊; 碰撞。②(the ~, 集合稱)〖樂〗打擊樂器。③ Ⓤ〖醫〗叩診法。 § ~ **cap** 雷管。 ~ **instrument** 打擊樂器。

per·di·tion [pɚˋdɪʃən] *n.* Ⓤ ①毀滅; 滅亡。②下地獄。③地獄。

per·dur·a·ble [pɚˋdjurəbḷ] *adj.* 持續的; 持久的; 不朽的; 永久的。

per·dure [pɚˋdjur] *v.i.* 持久; 繼續。

per·e·gri·nate [ˋpɛrəgrɪ͵net] *v.t.* & *v.i.* 遊歷; 旅行。— **per·e·gri·na′tion, per′e·gri·na·tor,** *n.*

per·emp·to·ry [pəˋrɛmptərɪ, ˋpɛrəmp͵torɪ] *adj.* ①〖法律〗決定性的。②絕對的; 斷然的。③專橫的; 武斷的; 高壓的。— **per·emp′to·ri·ly,** *adv.* — **per·emp′to·ri·ness,** *n.*

per·en·ni·al [pəˋrɛnɪəl] *adj.* ①終年無間斷的。②永久的。③〖植〗多年生的。 — *n.* Ⓒ 多年生植物。 — **ly,** *adv.*

per·fect [ˋpɝfɪkt] *adj.* ①無瑕的; 美好的。②完整的。③全然的。④熟練的。⑤理想的(人選等)。⑥純粹的。⑦絕對的。⑧徹頭徹尾的。⑨絲毫無謬誤的。⑩〖文法〗完成的。 the ~ tense 完成式。 — *n.* Ⓒ〖文法〗完成式。 — [pɚˋfɛkt] *v.t.* ①使完美無疵。②改良。③完成。— **ness,** *n.*

per·fec·tion [pɚˋfɛkʃən] *n.* ① Ⓤ 完全; 完備。② Ⓒ 完美之人或物。③(the ~)極致。④ Ⓤ 完成。 *to* ~ 盡善盡美地。

per·fec·tion·ist [pɚˋfɛkʃənɪst] *n.* Ⓒ 完美主義者; 過分講究完美的人。

per·fect·ly [ˋpɝfɪktlɪ] *adv.* 圓滿地; 全然地; 正確地。

per·fid·i·ous [pɚˋfɪdɪəs] *adj.* 不忠的; 不義的; 奸詐的。— **ly,** *adv.*

per·fi·dy [ˋpɝfədɪ] *n.* Ⓤ Ⓒ 背信; 不忠; 背叛; 不誠實。

per·fo·rate [ˋpɝfə͵ret] *v.t.* 穿孔; 打洞; 貫穿。 — *v.i.* 刺穿; 貫穿〔into, through〕. — [ˋpɝfərɪt, -͵ret] *adj.* 有孔的; 打了洞的; 鑿穿的。

per·fo·ra·tion [͵pɝfəˋreʃən] *n.* ① Ⓤ 穿孔; 貫穿; 打洞。② Ⓒ 洞; 孔眼; 接縫孔。

per·force [pɚˋfors] *adv.* 必需地; 強迫地; 不得已地。

‡**per·form** [pɚˋfɔrm] *v.t.* & *v.i.* ①做; 實行。②執行; 履行。③表演; 演(劇); 奏(樂)。

***per·for·mance** [pɚˋfɔrməns] *n.* ① Ⓤ 履行; 實行; 執行。② Ⓤ 動作; 行爲。③ Ⓒ 扮演; 演奏; 奏樂; 表演。

per·form·er [pɚˋfɔrmɚ] *n.* Ⓒ 演奏者; 表演者; 執行者; 動作者。

***per·fume** [ˋpɝfjum] *n.* ① Ⓤ 香味; 芳香。② Ⓤ Ⓒ 香水。 — [pɚˋfjum] *v.t.* ①使香; 薰香。②灑香水於。

per·func·to·ry [pɚˋfʌŋktərɪ] *adj.* ①敷衍的; 馬虎的; 機械性的。②不熱心的。— **per·func′to·ri·ly,** *adv.*

per·fuse [pɚˋfjuz] *v.t.* 灌; 使充滿; 鋪滿; 灑遍; 撒滿。

per·go·la [ˋpɝgələ] *n.* Ⓒ (藤蔓棚下之)涼亭。

‡**per·haps** [pɚˋhæps] *adv.* 或許; 可能。

***per·il** [ˋpɛrəl] *n.* Ⓤ Ⓒ 危險。 — *v.t.* (-l-, 〖英〗-ll-)冒危險。

***per·il·ous** [ˋpɛrələs] *adj.* 危險的。

pe·rim·e·ter [pəˋrɪmətɚ] *n.* Ⓒ ①周邊。②周長。③〖光學〗視野計。

per·i·na·tal [͵pɛrɪˋnetḷ] *adj.* 〖醫〗接近出生期的; 出生前後的。

‡**pe·ri·od** [ˋpɪrɪəd] *n.* ① Ⓒ 期間。② Ⓒ 時期; 時代; 階段。③ Ⓒ〖天〗周期。④ Ⓒ〖地質〗紀。⑤ Ⓒ (上課之)一節; 一堂。⑥ Ⓒ (常 *pl.*)月經期。⑦ Ⓒ 句點(.)。⑧(a ~)結束。 — *adj.* 有某一時代之特徵的。

pe·ri·od·ic [͵pɪrɪˋɑdɪk] *adj.* ①周期的; 定時的。②不時發生的。③某一時期的。④〖文法〗完全句的。⑤〖修〗掉尾句的。 § ~ **table**〖化〗元素周期表。

***pe·ri·od·i·cal** [͵pɪrɪˋɑdɪkḷ] *n.* Ⓒ 定期刊物; 雜誌。 — *adj.* ①刊物的。②定期出版的。③周期的; 定時的。— **ly,** *adv.*

P

per·i·o·don·tal [ˌpɛrɪə`dɑntḷ] *adj.* 齒周膜的；牙周的。

per·i·o·don·tics [ˌpɛrɪə`dɑntɪks] *n.* Ⓤ 牙周病學。

per·i·pa·tet·ic [ˌpɛrəpə`tɛtɪk] *adj.* ①巡迴的；徘徊的。②(P-)〖哲〗(亞里斯多德主張之)逍遙學派的。

pe·riph·er·al [pə`rɪfərəl] *adj.* ①周圍的；外圍的。②〖電算〗周邊裝置的。— *n.* Ⓒ〖電算〗周邊設備。 — **ly,** *adv.*

pe·riph·er·y [pə`rɪfərɪ] *n.* Ⓒ ①(常 *sing.*)周圍。②(球形體之)表面。

per·i·scope [`pɛrəˌskop] *n.* Ⓒ (潛水艇之)潛望鏡。

***per·ish** [`pɛrɪʃ] *v.i.* 死；毀滅；消失。— **ing,** *adj.*

per·ish·a·ble [`pɛrɪʃəbḷ] *adj.* 易壞的；易滅的；易死的。

per·i·to·ni·tis [ˌpɛrətə`naɪtɪs] *n.* Ⓤ〖醫〗腹膜炎。

per·i·win·kle [`pɛrəˌwɪŋkḷ] *n.* Ⓒ ①長春花屬植物。②〖動〗濱螺。

per·jure [`pɝdʒɚ] *v.t.* 僞證。 — **per′jur·er,** *n.*

per·jured [`pɝdʒɚd] *adj.* 僞證的；犯僞證罪的。

per·ju·ry [`pɝdʒərɪ] *n.* Ⓤ 僞證；僞誓；僞證罪。

perk [pɝk] *v.i.* ①行動敏捷。②趾高氣揚。— *v.t.* ①豎起。②修飾；修理。～ *up* 快活起來；振作起來。

perk·y [`pɝkɪ] *adj.* ①活潑的；意氣揚揚的。②裝腔作勢的；傲慢的。

perm [pɝm] *v.t.* & *v.i.* 燙髮。 — *n.* Ⓒ〖俗〗燙髮。

per·ma·frost [`pɝməˌfrɔst] *n.* Ⓤ (北極地方的)永久凍土層。

per·ma·nence [`pɝmənəns] *n.* Ⓤ 恆久；不變。

***per·ma·nent** [`pɝmənənt] *adj.* 永久的；不變的；耐久的。— *n.* Ⓒ〖俗〗燙髮。§～ **préss** 免燙衣服。～ **wáve** 燙髮。— **ly,** *adv.*

per·me·a·ble [`pɝmɪəbḷ] *adj.* 可滲入的；可透過的。

per·me·ate [`pɝmɪˌet] *v.t.* & *v.i.* 瀰漫；擴散；充滿；滲透。— **per·me·a′tion,** *n.*

per·mis·si·ble [pɚ`mɪsəbḷ] *adj.* 可容許的；可承認的。

***per·mis·sion** [pɚ`mɪʃən] *n.* Ⓤ 許可；允許；准許。

per·mis·sive [pɚ`mɪsɪv] *adj.* ①表示准許的。②縱容的。

‡**per·mit** [pɚ`mɪt] *v.t.* & *v.i.* (-tt-) ①允許；容許(某人)。②准許；許可(事物)。— [`pɝmɪt, pɚ`mɪt] *n.* ①Ⓒ 許可證。②Ⓤ 許可；准許。

per·mu·ta·tion [ˌpɝmjə`teʃən] *n.* ①Ⓒ 交換。②ⓊⒸ〖數〗排列。

per·ni·cious [pɚ`nɪʃəs] *adj.* ①有害的；有毒的。②惡性的；致命的。～ anemia 惡性貧血。— **ly,** *adv.*

per·nick·et·y [pɚ`nɪkɪtɪ] *adj.* ①過分注意瑣事的；吹毛求疵的。②難對付的；須小心從事的。

per·o·ra·tion [ˌpɛro`reʃən] *n.* Ⓒ ①(演說等之)結論。②慷慨陳辭。

per·ox·ide [pə`rɑksaɪd] *n.* Ⓤ〖化〗①過氧化物。②過氧化氫。§～ **blónde** 以過氧化氫染成金髮的女人。

***per·pen·dic·u·lar** [ˌpɝpən`dɪkjələ] *adj.* 垂直的。— *n.* ①Ⓤ 垂直。②Ⓒ 垂直線。

per·pe·trate [`pɝpəˌtret] *v.t.* 犯(罪)；作(惡)。— **per·pe·tra′tion** **per′pe·tra·tor,** *n.*

***per·pet·u·al** [pɚ`pɛtʃuəl] *adj.* ①永久的。②終身的。③不斷的。④(花卉)整年開花的。— **ly,** *adv.*

per·pet·u·ate [pɚ`pɛtʃuˌet] *v.t.* 使永存；使不朽。— **per·pet·u·a′tion** **per·pet′u·a·tor,** *n.*

per·pe·tu·i·ty [ˌpɝpə`tjuətɪ] *n.* ①Ⓤ 永存；永久。②ⓊⒸ 永存之物；永久財產。③Ⓒ 終身年金。*in* ～ 永遠地。

***per·plex** [pɚ`plɛks] *v.t.* ①使困窘；使迷惑。②使難解；使混亂。

per·plexed [pɚ`plɛkst] *adj.* ①困惑的；不知所措的。②混亂的。

per·plex·ing [pɚ`plɛksɪŋ] *adj.* 使人爲難的；使人困窘[困惑]的。

***per·plex·i·ty** [pɚ`plɛksətɪ] *n.* ①Ⓤ 困惑。②Ⓒ 令人困惑的事。

per·qui·site [`pɝkwəzɪt] *n.* Ⓒ (常 *pl.*)①(因職務而得的)臨時收入；利益。②賞錢；小費。

***per·se·cute** [`pɝsɪˌkjut] *v.t.* ①(宗教)迫害。②困惑；煩擾。

***per·se·cu·tion** [ˌpɝsɪ`kjuʃən] *n.* ⓊⒸ (宗教上的)迫害；煩擾。

per·se·cu·tor [`pɝsɪˌkjutɚ] *n.* Ⓒ 迫害者；虐待者。

***per·se·ver·ance** [ˌpɝsə`vɪrəns] *n.* Ⓤ 毅力；堅忍；堅持。

***per·se·vere** [ˌpɝsə`vɪr] *v.i.*

忍；堅持。

Per·sian [`pɜʒən, -ʃən] *adj.* 波斯(人，語)的。— *n.* ①Ⓒ波斯人。②Ⓤ波斯語。§ ～ **cát** 波斯貓。～ **Gúlf** 波斯灣。

***per·sim·mon** [pɚ`sɪmən] *n.* ①Ⓒ〖植〗柿子樹。②ⓊⒸ柿子。

***per·sist** [pɚ`zɪst, -`sɪst] *v.i.* ①堅持；固執。②持久。③主張。

per·sist·ence [pɚ`zɪstəns, -`sɪst-], **-cy** [-sɪ] *n.* Ⓤ①堅持；固執。②繼續存在；持續。

***per·sist·ent** [pɚ`zɪstənt, -`sɪst-] *adj.* ①固執的；堅持的。②繼續的；永續的。— **ly,** *adv.*

‡**per·son** [`pɜsn̩] *n.* ①Ⓒ人。②Ⓒ身體；外貌。③ⓊⒸ〖文法〗人稱。

per·so·na [pɚ`sonə] 〖拉〗 *n.* (*pl.* **-nae** [-ni]) ①Ⓒ人。②(*pl.*)(戲劇、小說等中之)人物。

per·son·a·ble [`pɜsn̩əbl̩] *adj.* 動人的；風度好的。

***per·son·age** [`pɜsn̩ɪdʒ] *n.* Ⓒ ①名人。②人。③(小說、戲劇等中之)人物。④容貌。

‡**per·son·al** [`pɜsn̩l̩] *adj.* ①個人的；私人的。②本人的；親自的。③身體的；外貌的。④關於或針對個人的；攻擊人的。⑤說話或問題涉及私事的。⑥〖文法〗人稱的。⑦〖法律〗動產的。— *n.* Ⓒ〖美〗①有關個人之短聞。②有關私事的廣告；人事廣告。§ ～ **compúter** 個人電腦。～ **prónoun**〖文法〗人稱代名詞。

***per·son·al·i·ty** [ˌpɜsn̩`ælətɪ] *n.* ①ⓊⒸ個性。②ⓊⒸ爲人。③Ⓒ名人；人物。④ⓊⒸ獨特氣質。

per·son·al·ize [`pɜsn̩lˌaɪz] *v.t.* ①使成爲私人的。②使人格化。

***per·son·al·ly** [`pɜsn̩l̩ɪ] *adv.* ①親自地。②就人而論。

per·son·al·ty [`pɜsn̩l̩tɪ] *n.* Ⓤ〖法律〗動產(爲 realty 之對)。

per·son·ate [`pɜsn̩ˌet] *v.t.* ①扮演；飾演。②假扮；僞裝。③冒充。④象徵；代表。— **per·son·a′tion,** *n.*

per·son·i·fi·ca·tion [pɚˌsɑnəfə`keʃən] *n.* ①ⓊⒸ擬人(法)。②(the ～)化身；活例；典型。

per·son·i·fy [pɚ`sɑnəˌfaɪ] *v.t.* ①擬爲人；視爲人。②爲…之化身。

***per·son·nel** [ˌpɜsn̩`ɛl] *n.* Ⓤ(集合稱)人員；員工；全體職員。

per·son-to-per·son [`pɜsəntə`pɜsən] *adj.* 私人間的；個人的。

***per·spec·tive** [pɚ`spɛktɪv] *n.* ①Ⓤ透視法；遠近的配合。②Ⓒ透視畫。③Ⓤ正確的眼光。④Ⓒ前景；遠景；眼界。⑤Ⓒ前途；希望。— *adj.* 透視的；配景的。

per·spi·ca·cious [ˌpɜspɪ`keʃəs] *adj.* 聰慧的；明察的；敏銳的。— **per·spi·cac′i·ty** [-`kæsətɪ], *n.*

per·spic·u·ous [pɚ`spɪkjuəs] *adj.* 明白的；明晰的(文體)。

per·spi·ra·tion [ˌpɜspə`reʃən] *n.* Ⓤ①汗。②流汗。

per·spire [pɚ`spaɪr] *v.i.* 流汗。— *v.t.* 自毛孔排出；滲出；流(汗)。

***per·suade** [pɚ`swed] *v.t.* 說服；勸誘；勸服；使相信。

***per·sua·sion** [pɚ`sweʒən] *n.* Ⓤ ①說服；勸誘；勸服。②(又作 a ～)堅定的信念；信條。

per·sua·sive [pɚ`swesɪv] *adj.* 有說服力的；善於遊說的。

pert [pɜt] *adj.* ①無禮的；粗魯的。②〖方〗活潑的。③絢爛的。

per·tain [pɚ`ten] *v.i.* ①屬於。②有關；關於。③合宜；適於。

per·ti·na·cious [ˌpɜtn̩`eʃəs] *adj.* ①頑固的。②不屈不撓的。— **per·ti·nac′i·ty** [-`æsətɪ], *n.*

per·ti·nent [`pɜtn̩ənt] *adj.* ①有關的；關聯的。②適當的；中肯的；切題的。— **ly,** *adv.* — **per′ti·nence, per′ti·nen·cy,** *n.*

per·turb [pɚ`tɜb] *v.t.* ①使心煩意亂。②擾亂；攪亂。— **per·tur·ba′tion,** *n.* — **a·ble,** *adj.*

per·tus·sis [pɚ`tʌsɪs] *n.* Ⓤ〖醫〗百日咳。— **per·tus′sal,** *adj.*

Pe·ru [pə`ru] *n.* 秘魯(南美西岸之一共和國，首都 Lima)。

pe·ruke [pə`ruk] *n.* Ⓒ(十七、八世紀男人戴之)假髮。

pe·rus·al [pə`ruzl̩] *n.* ⓊⒸ細讀；閱讀。

pe·ruse [pə`ruz] *v.t.* ①細讀；精讀。②讀；閱讀。

Pe·ru·vi·an [pə`ruvɪən] *adj.* 秘魯的；秘魯人的。— *n.* Ⓒ秘魯人。

***per·vade** [pɚ`ved] *v.t.* ①遍布；瀰漫；遍及；滲透。②走遍。— **per·va′sion** [-ʒən], *n.* — **per·va′sive,** *adj.*

per·verse [pɚ`vɜs] *adj.* ①倔強的。②與所希望者相反的。— **ly,** *adv.*

per·ver·sion [pɚ`vɜʒən] *n.* ⓊⒸ①顚倒；倒置。②曲解；誤用。③

〖心〗性慾倒錯；性變態。④惡化。

per·ver·si·ty [pɚ`vɝsətɪ] *n.* Ⓤ 邪惡；偏強。

per·vert [pɚ`vɝt] *v.t.* ①引入邪路。②曲解；扭曲；誤解。③誤用；濫用。④使反常。 — [`pɝvɝt] *n.* Ⓒ ①墮落的人。②性變態者。

per·vi·ous [`pɝvɪəs] *adj.* ①可滲透的；可通過的。②有感受力的。

pe·se·ta [pə`sɛtə] *n.* Ⓒ 披塞塔(西班牙銀幣名)。

pes·ky [`pɛskɪ] *adj.* 〖俗〗麻煩的；討厭的。

pe·so [`peso] *n.* Ⓒ (*pl.* ~s) 披索(中南美、墨西哥及菲律賓之貨幣單位)。

pes·sa·ry [`pɛsərɪ] *n.* Ⓒ〖醫〗①子宮壓定器。②(避孕用)子宮套。

***pes·si·mism** [`pɛsə,mɪzəm] *n.* Ⓤ 悲觀；悲觀主義。

pes·si·mist [`pɛsəmɪst] *n.* Ⓒ ①悲觀者。②悲觀主義者。 — **pes·si·mis′tic,** *adj.*

***pest** [pɛst] *n.* Ⓒ ①害蟲。②(常 *sing.*)令人討厭的人或物。

pes·ter [`pɛstɚ] *v.t.* 使厭煩；使苦惱。

pes·ti·cide [`pɛstɪ,saɪd] *n.* Ⓤ Ⓒ 殺蟲劑。

***pes·ti·lence** [`pɛstl̩əns] *n.* Ⓤ Ⓒ ①傳染病；(特指)鼠疫。②禍害。

pes·ti·lent [`pɛstl̩ənt] *adj.* ①傳染病的。②敗壞風俗的。③討厭的。

pes·tle [`pɛsl̩] *n.* Ⓒ 杵。

***pet** [pɛt] *n.* Ⓒ ①供玩賞之動物；寵物。②受寵愛的人。 — *adj.* ①寵愛的；得意的。②〖俗〗特殊的。 — *v.t.* (-tt-) 寵愛；愛撫。

***pet·al** [`pɛtl̩] *n.* Ⓒ 花瓣。

pe·tard [pɪ`tɑrd] *n.* Ⓒ〖史〗(炸開城門的)一種爆炸裝置。 ***hoist with* [*by, on*] *one's own* ~** 害人反害己。

pe·ter [`pitɚ] *v.i.* 漸小、漸弱而終於消失〔out〕.

Pe·ter [`pitɚ] *n.* ①(St. ~)彼得(耶穌十二門徒之一)。②彼得書(新約聖經卷名)。 ***rob* ~ *to pay Paul*** 借債來還債；東借西還。

pet·it [`pɛtɪ] 〖法〗 *adj.* 小的；瑣屑的；微不足道的。 § ~ **bourgeóis** 小資產階級；小市民。 ~ **fóur** 精緻小餅。 ~ **júry**=petty jury.

pe·tite [pə`tit] 〖法〗*adj.* (形容婦女)嬌小的。

***pe·ti·tion** [pə`tɪʃən] *n.* Ⓒ ①呈請；請願。②祈禱；懇求。 — *v.t.* & *v.i.* ①請求；呈請。②祈求；懇求。

pet·nap·ping [`pɛt,næpɪŋ] *n.* Ⓤ〖美〗偷竊寵物。

pet·rel [`pɛtrəl] *n.* Ⓒ〖鳥〗海燕。

pet·ri·fac·tion [,pɛtrə`fækʃən] *n.* ① Ⓒ 化石。② Ⓤ 成爲化石；石化。③ Ⓤ 嚇呆。

pet·ri·fy [`pɛtrə,faɪ] *v.t.* ①使堅硬；使僵化。②使石化。③使發呆。 — *v.i.* ①發呆；變僵硬。②變成石。

pet·ro [`pɛtro] *adj.* 石油(工業)的。

pet·ro·chem·i·cal [,pɛtro`kɛməkl̩] *n.* Ⓒ (常 *pl.*)石油化學品。

pet·ro·chem·is·try [,pɛtro`kɛmɪstrɪ] *n.* Ⓤ 石油[岩石]化學。

pet·ro·dol·lar [`pɛtrə,dɑlɚ] *n.* (*pl.*)石油美元(石油國輸出石油所得的外匯)。

pet·rol [`pɛtrəl] *n.* Ⓤ〖英〗汽油。

***pe·tro·le·um** [pə`trolɪəm] *n.* Ⓤ 石油。crude [raw] ~ 原油。

***pet·ti·coat** [`pɛtɪ,kot] *n.* Ⓒ (婦女所穿的)襯裙。

pet·ti·fog·ging [`pɛtɪ,fɑgɪŋ] *adj.* ①訟棍式的；詐欺的；卑劣的。②吹毛求疵的；小題大作的。

pet·tish [`pɛtɪʃ] *adj.* 易怒的；壞脾氣的。

pet·ti·skirt [`pɛtɪ,skɝt] *n.* Ⓒ 襯裙。

***pet·ty** [`pɛtɪ] *adj.* ①細小的；瑣碎的。②心胸狹窄的。③下級的。④小規模的。 § ~ **cásh** 小額的現金收支；零用錢。 ~ **júry** 小陪審團(由 12 人組成)。 ~ **ófficer** (海軍)士官。

pet·u·lant [`pɛtʃələnt] *adj.* 性急的；暴躁的。 — **pet′u·lance,** *n.*

pe·tu·nia [pə`tjunjə] *n.* ① Ⓒ〖植〗(南美產)矮牽牛。② Ⓤ 深紫紅色。

pew [pju] *n.* Ⓒ 教堂中之一排座位。

pew·ter [`pjutɚ] *n.* Ⓤ ①錫與鉛或其他金屬之合金；白鑞。②白鑞器。

PFC, Pfc. Private First Class. 一等兵。 **pfd.** preferred.

pfen·nig [`pfɛnɪg] *n.* Ⓒ (*pl.* **~s, pfen·ni·ge** [`pfɛnɪgə]) 分尼(德國的貨幣單位，值 1／100 馬克)。

PG Parental Guidance. 〖美影〗兒童觀看時應由父母陪同觀賞的電影；paying guest. **PG-13** 〖美影〗未滿 13 歲的兒童應由父母陪同觀賞之準普通級電影。 **pH** 〖化〗氫離子指數。

pha·e·ton [`feətn̩] *n.* Ⓒ ①輕快的四輪馬車。②旅行用敞篷汽車。

pha·lanx [`felæŋks] *n.* Ⓒ (*pl.* **~es**) ①古希臘重武裝步兵列成密集的方

陣。②密集隊伍。③爲一共同目標而結合的一群人。

phal·lus [ˋfæləs] *n.* Ⓒ (*pl.* **phal·li** [ˋfælaɪ], **~es**) ①陰莖之圖像。②〖解〗陰莖。

phan·tasm [ˋfæntæzəm] *n.* Ⓒ ①幻象。②幻想；空想。③幽靈。

phan·tas·ma·go·ri·a [ˌfæntæzməˋgorɪə] *n.* Ⓒ ①連續變化之幻影[幻想]；幻覺效應。②變幻不定的光景。— **phan·tas·ma·gor′ic,** *adj.*

phan·tas·mal [fænˋtæzml] *adj.* 幻影的；空想[幻想]的。

phan·ta·sy [ˋfæntəsɪ] *n.* =**fantasy.**

***phan·tom** [ˋfæntəm] *n.* Ⓒ ①幻影；幻像。②幽靈；鬼怪。③空想；幻想。④外表；有名無實。— *adj.* 虛幻的；似鬼的。

Phar·aoh [ˋfɛro] *n.* Ⓒ 法老(古埃及王的尊稱)。

Phar·i·see [ˋfærəˌsi] *n.* Ⓒ ①古猶太法利賽教派之教徒。②(p-)形式主義者；僞善者。

phar·ma·ceu·tic, -ti·cal [ˌfɑrməˋsjutɪk(l̩)] *adj.* ①製藥的；調藥的。②藥劑師的。

phar·ma·ceu·tics [ˌfɑrməˋsjutɪks] *n.* Ⓤ 調劑學；製藥學。

phar·ma·cist [ˋfɑrməsɪst] *n.* Ⓒ ①藥劑師。②製藥商。

phar·ma·col·o·gy [ˌfɑrməˋkɑlədʒɪ] *n.* Ⓤ 藥物學；藥理學。

phar·ma·co·p(o)e·ia [ˌfɑrməkəˋpiə] *n.* Ⓒ 處方書；藥劑書；藥典(尤指官方所刊印者)。

phar·ma·cy [ˋfɑrməsɪ] *n.* ① Ⓤ 調藥；配藥；製藥學。② Ⓒ 藥房。

phar·yn·gi·tis [ˌfærɪnˋdʒaɪtɪs] *n.* Ⓤ 〖醫〗咽炎。

phar·ynx [ˋfærɪŋks] *n.* Ⓒ (*pl.* **~es, pha·ryn·ges** [fəˋrɪndʒiz]) 〖解〗咽。

***phase** [fez] *n.* Ⓒ ①局面；狀態；時期；階段。②〖理〗相；周相；金相；震相。

phase-out [ˋfezˌaʊt] *n.* Ⓒ 逐步淘汰；分段結束。

Ph.D. Doctor of Philosophy.

***pheas·ant** [ˋfɛznt] *n.* (*pl.* **~s, ~**) ① Ⓒ 〖鳥〗雉。② Ⓤ 雉肉。

phe·nix [ˋfinɪks] *n.* =**phoenix.**

phe·nol [ˋfinɔl] *n.* Ⓤ 〖化〗酚；石炭酸。

phe·nom·e·na [fəˋnɑmənə] *n.* pl. of **phenomenon.**

phe·nom·e·nal [fəˋnɑmənl] *adj.* ①現象的。②可由感官感知的。③〖俗〗驚人的；非凡的。

phe·nom·e·nol·o·gy [fɪˌnɑməˋnɑlədʒɪ] *n.* Ⓤ 〖哲〗現象學。

***phe·nom·e·non** [fəˋnɑməˌnɑn] *n.* Ⓒ (*pl.* **-na** [-nə]) ①現象。② (*pl.* **~s**) 特殊的人；特殊的事物。

pher·o·mone [ˋfɛrəˌmon] *n.* Ⓒ 〖生化〗外激素(動物爲引起其他同種動物的某一特定反應而分泌的物質)。

phew [fju] *interj.* 呸！啐！(表示憎厭、不耐、驚訝等之聲)。

phi·al [ˋfaɪəl] *n.* Ⓒ 小瓶；小藥瓶。

phi·lan·der [fəˋlændɚ] *v.i.* (指男子)不眞誠地戀愛；調戲女子。
— **er,** *n.*

phi·lan·thro·py [fəˋlænθrəpɪ] *n.* ① Ⓤ 慈善心。② Ⓒ 慈善事業。
— **phi·lan′thro·pist,** *n.* — **phil·an·throp′ic** [-ˋθrɑp-], *adj.*

phi·lat·e·list [fəˋlætl̩ɪst] *n.* Ⓒ 集郵者；集郵家。

phi·lat·e·ly [fəˋlætl̩ɪ] *n.* Ⓤ 集郵。

phil·har·mon·ic [ˌfɪlɚˋmɑnɪk] *adj.* 愛好音樂的。— *n.* Ⓒ 交響樂團。

Phil·ip·pine [ˋfɪləˌpin] *adj.* 菲律賓群島的；菲律賓人的。§ **the ~ Islands** 菲律賓群島。

Phil·ip·pines [ˋfɪləˌpinz] *n. pl.* (the ~)菲律賓羣島。

phi·lis·tine [fəˋlɪstɪn] *n.* Ⓒ 市儈；庸俗之人。— *adj.* 庸俗的。

phi·lis·tin·ism [fəˋlɪstɪnˌɪzəm] *n.* Ⓤ 鄙俗；庸俗。

phi·lol·o·gy [fɪˋlɑlədʒɪ] *n.* Ⓤ 語言學。— **phi·lol′o·gist,** *n.*

***phi·los·o·pher** [fəˋlɑsəfɚ] *n.* Ⓒ ①哲學家。②達觀者；哲人。

phil·o·soph·ic, -i·cal [ˌfɪləˋsɑfɪk(l̩)] *adj.* ①哲學上的。②精於哲學的。③賢明的。— **phil·o·soph′i·cal·ly,** *adv.*

phi·los·o·phize [fəˋlɑsəˌfaɪz] *v.i.* 如哲學家般地思維或推理。

***phi·los·o·phy** [fəˋlɑsəfɪ] *n.* ① Ⓤ 哲學。② Ⓒ 人生觀。③ Ⓒ 哲理；原理。④ Ⓤ 明達；冷靜；徹悟。

phil·ter, 〖英〗**-tre** [ˋfɪltɚ] *n.* Ⓒ ①春藥。②誘淫巫術。③魔藥。

phlegm [flɛm] *n.* Ⓤ ①痰。②黏液。③遲鈍；冷漠。④冷靜；鎮定。

phleg·mat·ic, -i·cal [flɛgˋmætɪk(l̩)] *adj.* ①遲鈍的；冷漠的。

P

②黏液質的。

-phobe 〖字尾〗表「懼怕…者; 厭惡…者」之義。

pho·bi·a [ˋfobɪə] *n.* Ⓤ Ⓒ 恐懼症; 異常的恐怖; 畏懼。

-phobia 〖字尾〗表「…恐懼症」之義。

phoe·nix [ˋfinɪks] *n.* Ⓒ 長生鳥(相傳此鳥於活五、六百年後, 自焚爲灰, 然後由灰中復生); 鳳凰。

***phone** [fon] *n.* & *v.* 〖美俗〗=**telephone.**

phone·book [ˋfon,bʊk] *n.* Ⓒ 〖美〗電話簿。

phone·booth [ˋfon,buθ] *n.* Ⓒ 公共電話亭。

pho·neme [ˋfonim] *n.* Ⓒ 〖語音〗音素; 音位。

pho·ne·mic [foˋnimɪk] *adj.* 〖語音〗音素的; 音位的。

pho·ne·mics [foˋnimɪks] *n.* Ⓤ 音素學; 音位學。

pho·net·ic [foˋnɛtɪk] *adj.* ①語音的; 語音學的。②表示發音的。— **pho·net′i·cal·ly,** *adv.*

pho·net·ics [foˋnɛtɪks] *n.* Ⓤ 語音學。

pho·ney [ˋfonɪ] *adj.* & *n.* 〖美俚〗=**phony.**

phon·ic [ˋfanɪk, ˋfonɪk] *adj.* 音的; 語音的; 發音上的。

***pho·no·graph** [ˋfonə,græf] *n.* Ⓒ 〖美〗留聲機。

pho·nol·o·gy [foˋnalədʒɪ] *n.* Ⓤ 音韻學; 語音學。

pho·non [ˋfonan] *n.* Ⓒ 〖理〗聲子。

pho·ny [ˋfonɪ] 〖美俚〗 *adj.* 假的; 僞造的。— *n.* Ⓒ ①假冒之物; 贋品。②騙子。

phos·phate [ˋfasfet] *n.* ① Ⓤ Ⓒ 〖化〗磷酸鹽。② Ⓤ Ⓒ (常 *pl.*)含有磷酸鹽之肥料。③ Ⓤ 加果汁及少許磷酸的汽水。

phos·pho·resce [,fasfəˋrɛs] *v.i.* 發磷光; 發磷火。

phos·pho·res·cence [,fasfəˋrɛsəns] *n.* Ⓤ 磷光; 發磷光; 鬼火。

phos·pho·res·cent [,fasfəˋrɛsənt] *adj.* 發磷光的; 磷光性的。

phos·phor·ic [fasˋfɔrɪk] *adj.* 〖化〗磷的; 含磷的。～ acid 磷酸。

phos·pho·rous [ˋfasfərəs] *adj.* 含三價磷的; 亞磷的。

phos·pho·rus [ˋfasfərəs] *n.* Ⓤ 〖化〗磷(非金屬元素; 符號 P)。

***pho·to** [ˋfoto] *v.* & *n.* (*pl.* ～s) 〖俗〗=**photograph.** § ～ **finish** (1)〖賽馬〗終點攝影裁判(競賽時依攝影來判定勝負)。(2)勢均力敵的競賽。

photo- 〖字首〗表「光; 照相」之義。

pho·to·com·po·si·tion [,foto,kampəˋzɪʃən] *n.* Ⓤ 照相排版。

pho·to·cop·i·er [ˋfotə,kapɪɚ] *n.* Ⓒ 影印機。

pho·to·cop·y [ˋfotə,kapɪ] *n.* Ⓒ 影印本。— *v.t.* 影印。

pho·to·en·grav·ing [,fotoɪnˋgrevɪŋ] *n.* ① Ⓤ 照相雕刻(術)。② Ⓒ 照相雕刻版。

pho·to·gen·ic [,fotəˋdʒɛnɪk] *adj.* ①宜於藝術攝影的(人); 上鏡頭的。②〖生物〗發光(性)的。

***pho·to·graph** [ˋfotə,græf] *n.* Ⓒ 相片; 照片。— *v.t.* & *v.i.* 攝影。

***pho·tog·ra·pher** [fəˋtagrəfɚ] *n.* Ⓒ 攝影者; 攝影家。

pho·to·graph·ic [,fotəˋgræfɪk] *adj.* ①攝影的; 攝影術的; 似相片的。②用於攝影的; 攝製的。

***pho·tog·ra·phy** [fəˋtagrəfɪ] *n.* Ⓤ 攝影; 攝影術。

pho·to·gra·vure [,fotəgrəˋvjʊr, -ˋgrevjɚ] *n.* ① Ⓤ 照相製版法。② Ⓒ 照相版; 影印版。

pho·to·mon·tage [,fotəmanˋtaʒ] *n.* Ⓤ Ⓒ 集錦照相(術)。

pho·to·mu·ral [,fotəˋmjʊrəl] *n.* Ⓒ 裝飾牆壁用的大照片。

pho·ton [ˋfotan] *n.* Ⓒ 〖理〗光子; 光量子。

pho·to·re·con·nais·sance [,fotorɪˋkanəsəns] *n.* Ⓤ 空中照相偵察。

Pho·to·stat [ˋfotə,stæt] *n.* Ⓒ 〖商標〗直接影印機。

pho·to·syn·the·sis [,fotəˋsɪnθəsɪs] *n.* Ⓤ 〖生化〗光合作用。

***phrase** [frez] *n.* ① Ⓤ Ⓒ 措辭; 語法。② Ⓒ 成語; 慣用語。③ Ⓒ 簡短之警句。④ Ⓒ 〖文法〗片語。⑤ Ⓒ 〖樂〗樂句; 樂節。— *v.t.* ①措辭。②分(音符)爲節。

phra·se·ol·o·gy [,frezɪˋalədʒɪ] *n.* Ⓤ ①措辭; 特殊的用語。②語詞; 語詞表現法。

phras·ing [ˋfrezɪŋ] *n.* Ⓤ ①措辭; 語法。②〖樂〗分節法。

phre·net·ic, -i·cal [frɪˋnɛtɪk(l)] *adj.* ①狂亂的。②狂熱的。

phre·nol·o·gy [frɛˋnalədʒɪ] *n.* Ⓤ 骨相學。

phthi·sis [ˋθaɪsɪs] *n.* Ⓤ 肺結核。

phy·lum [ˋfaɪləm] *n.* Ⓒ (*pl.* **-la** [-lə])①〖生物〗門；類。②〖語言〗語系。

phys·ic [ˋfɪzɪk] *n.* ⓊⒸ ①藥；(尤指)瀉藥。②〖古〗醫術；醫學。

***phys·i·cal** [ˋfɪzɪkḷ] *adj.* ①身體的；肉體的。②物質的。③根據自然法規的；自然的。④物理學的。§ ∼ **cúlture**[**educátion, tráining**]體育。∼ **geógraphy** 地文學；自然地理。∼ **scíence** 物理學；自然科學。

***phys·i·cal·ly** [ˋfɪzɪkḷɪ] *adv.* ①依自然法則地。②在物質上；在物理(學)上。③肉體上。

***phy·si·cian** [fəˋzɪʃən] *n.* Ⓒ ①醫生。②內科醫生。

phys·i·cist [ˋfɪzəsɪst] *n.* Ⓒ 物理學家。

***phys·ics** [ˋfɪzɪks] *n.* Ⓤ 物理學。

phys·i·og·no·my [ˌfɪzɪˋɑgnəmɪ] *n.* ①Ⓒ相貌。②Ⓤ相面術。

phys·i·og·ra·phy [ˌfɪzɪˋɑgrəfɪ] *n.* Ⓤ ①地文學。②地形學。

phys·i·ol·o·gy [ˌfɪzɪˋɑlədʒɪ] *n.* Ⓤ生理學。

phys·i·o·ther·a·py [ˌfɪzɪoˋθɛrəpɪ] *n.* Ⓤ〖醫〗物理療法。

phy·sique [fɪˋzik] *n.* Ⓤ (又作 a ∼)體格；體形。

pi [paɪ] *n.* ① ⓊⒸ 希臘字母之第16個字母(Π, π)。②Ⓤ〖數〗圓周率(以 π 代表，近似值爲 3.14159)。

pi·a·nis·si·mo [ˌpiəˋnɪsəˌmo] *adv.* & *adj.* 〖樂〗極弱地[的]。

***pi·an·ist** [pɪˋænɪst, ˋpiənɪst] *n.* Ⓒ 彈鋼琴者；鋼琴師。

‡**pi·an·o**[1] [pɪˋæno] *n.* Ⓒ (*pl.* ∼**s**) 鋼琴。

pi·a·no[2] [pɪˋɑno] *adj.* & *adv.* 〖樂〗降低的[地]；減弱的[地]。

pi·an·o·forte [pɪˋænəˌfort] *n.* =**piano**[1].

***pi·az·za** [pɪˋætsə] *n.* Ⓒ (*pl.* ∼**s**, **pi·az·ze** [pɪˋætse])①[pɪˋæzə]〖美〗走廊。②(義大利城市之)廣場。③〖英〗有頂迴廊。

pic [pɪk] *n.* Ⓒ (*pl.* **pix** [pɪks], ∼**s**) ①〖美俚〗電影。②〖新聞〗照片。

pi·ca·dor [ˋpɪkəˌdɔr] *n.* Ⓒ 騎馬鬥牛士。

pic·a·resque [ˌpɪkəˋrɛsk] *adj.* ①惡漢的。②以惡漢及其冒險爲題材的。

pic·co·lo [ˋpɪkəˌlo] *n.* Ⓒ (*pl.* ∼**s**) 短笛。

pick[1] [pɪk] *v.t.* ①挑選；選擇。②採；摘。③鑿；撬開。④剔；挖。⑤扯去；拔去(雞、鴨等)的毛以備烹製。⑥撕開；扯開。⑦找；尋求。∼ a quarrel 挑釁；挑戰。⑧掏；竊取。⑨啄食；飲食；〖俗〗細食。⑩〖樂〗以指撥奏。 — *v.i.* ①鑿；刺；挖。②撥食；細食。③偷。④精選。∼ ***at*** 細食；一點一點地吃。∼ ***off*** 一個個地射。∼ ***on*** **a.** 〖俗〗揶揄；絮聒不休地抱怨；批評；使煩惱。**b.** 選擇。∼ ***one's way***[***steps***]愼擇道路。∼ ***out*** **a.** 選擇。**b.** 分別出；區別。∼ ***over*** 仔細檢查而挑選。∼ ***up*** **a.** 拾起；舉起。**b.** 偶獲；偶得；求得。**c.** (無人教而)學得。**d.** 攜帶；搭載。**e.** 鼓起(勇氣)。**f.** 改進。**g.** 再得到；再開始。**h.** 增加速度。**i.** 認識；未與介紹而相識。**j.** 整理。**k.** 〖俚〗逮捕。**l.** 偷竊。**m.** 重獲；恢復(健康、勇氣等)。 — *n.* ①Ⓤ選擇；挑揀；選擇權。②(the ∼)最優部分；精華。

‡**pick**[2] *n.* Ⓒ ①鑿子；尖頭鋤。②尖的工具(常構成複合字)。

pick·ax(e) [ˋpɪkˌæks] *n.* Ⓒ 尖鋤；鶴嘴鋤。

pick·er [ˋpɪkɚ] *n.* Ⓒ ①啄者；摳者；挖者；剔者。②摘者；採集者。

pick·et [ˋpɪkɪt] *n.* Ⓒ ①(常 *pl.*)尖樁；籬笆之樁。②〖軍〗哨兵；步哨。③糾察員。 — *v.t.* ①以柵欄護。②繫(牲口)於樁上。③〖軍〗放步哨以警戒。④派遣糾察員於…。 — *v.i.* 擔任糾察員。§ ∼ **fénce** 柵欄。∼ **líne** (1)警戒線。(2)示威或罷工群衆排成之線。

pick·ing [ˋpɪkɪŋ] *n.* ①Ⓤ選擇；採摘；鑿掘；扒竊。②Ⓒ 採集之量。③(*pl.*)剩餘之物；殘物。④(*pl.*)竊得之物；贓物。

***pick·le** [ˋpɪkḷ] *n.* ① Ⓤ (醃肉菜等之)醃汁。② ⓊⒸ (常 *pl.*)任何醃菜。③(a ∼)〖俗〗困難；苦境；窘境。 — *v.t.* 醃。

pick·led [ˋpɪkḷd] *adj.* ①醃的；醋泡的。②〖美俚〗醉的。

pick-me-up [ˋpɪkmɪˌʌp] *n.* Ⓒ 〖俗〗提神飲料；興奮劑。

pick-off [ˋpɪkˌɔf] *n.* Ⓒ〖棒球〗跑壘者在壘外被觸殺出局。

pick·pock·et [ˋpɪkˌpɑkɪt] *n.* Ⓒ扒手。— **ing,** *n.*

pick·up [ˋpɪkˌʌp] *n.* ① ⓊⒸ 拾起。② Ⓒ〖俗〗偶然認識；邂逅。③ Ⓤ (汽車之)加速。④Ⓒ 小型輕便貨車。⑤ ⓊⒸ〖俗〗進步；改良。⑥ Ⓒ〖棒球〗球著地後即將其接住。

P

***pic·nic** [ˋpɪknɪk] *n.* Ⓒ野餐。 — *v.i.* (**-ck-**)①野餐。②以野餐方式吃。

pic·to·graph [ˋpɪktə,græf] *n.* Ⓒ①繪畫文字。②統計圖表。

pic·to·ri·al [pɪkˋtorɪəl] *adj.* ①圖畫的。②如畫的。 — *n.* Ⓒ畫報；畫刊。 — **ly,** *adv.*

‡**pic·ture** [ˋpɪktʃɚ] *n.* ①Ⓒ畫；照片。②(a ～)景色。③(a ～)美麗之物。④(the ～) 肖像；化身。⑤(*pl.*)電影；電影院。⑥(a ～)生動的描寫。⑦Ⓒ印象；記憶。*be out of the* ～ 不相干的；不重要的。 — *v.t.* ①畫。②想像。③生動地描述。§ ～ **bòok** (兒童之)圖畫書。～ **pôstcard** 有圖畫之明信片。～ **tùbe**(電視機之)映像管。～ **wíndow** 眺望窗。

***pic·tur·esque** [,pɪktʃəˋrɛsk] *adj.* ①如畫的。②栩栩如生的；生動的。

pid·dle [ˋpɪdḷ] *v.i.* & *v.t.* 〖兒〗小便；撒尿。

pidg·in [ˋpɪdʒɪn] *n.* ⓊⒸ不純粹之語言。§ ～ **Énglish** 洋涇濱英語。

***pie**[1] [paɪ] *n.* ⓊⒸ派；餡餅。§ ～ **chàrt** 圓形分格統計圖表。

pie[2] *n.* =**magpie.**

pie·bald [ˋpaɪ,bɔld] *adj.* 兩色混雜的(尤指黑白或棕白兩色，特指馬等)。

‡**piece** [pis] *n.* Ⓒ①片、塊、段、枝等；斷片。②部分。③(一套中之)一件。④貨幣。⑤樣本；例子。⑥(文學、藝術作品之)一首；一支；一篇。⑦槍；砲。⑧〖西洋棋〗重要棋子。*be of a* ～ 與…一致；與…有關。*go to* ～*s* **a.** 裂爲碎片。**b.** 身心崩潰。 — *v.t.* ①修補；補綴。②結合；聯結。§ ～ **gòods** 疋頭；布疋。

piece·meal [ˋpis,mil] *adv.* ①一件件地；零碎地；逐漸地。②破碎地。 — *adj.* 一件件的；逐漸的。

piece·work [ˋpis,wɜk] *n.* Ⓤ計件工。

pied [paɪd] *adj.* ①雜色的；有斑點的。②著雜色服裝的。

pied-à-terre [,pjedɑˋtɛr] 〖法〗*n.* Ⓒ (*pl.* **pieds-à-terre**)臨時住宿處。

***pier** [pɪr] *n.* Ⓒ①突堤碼頭。②防波堤。③橋脚；橋柱。④窗間壁；戶間壁。⑤方柱。

***pierce** [pɪrs] *v.t.* ①戳入；刺透。②穿洞於。③衝過；響徹。④識破；洞悉。⑤強烈地影響到。 — *v.i.* 穿過；穿入。 — **pierc′ing,** *adj.*

Pi·er·rot [,piəˋro] *n.* Ⓤ皮耶羅(昔法國默劇中身穿寬鬆白衣，面塗白粉的丑角)。

***pi·e·ty** [ˋpaɪətɪ] *n.* ①Ⓤ虔敬。②Ⓤ孝順；恭敬。③Ⓒ虔敬的行爲；孝順的言行。

pif·fle [ˋpɪfḷ] 〖俗〗*v.i.* 胡說。 — *n.* Ⓤ胡言亂語；廢話。

pif·fling [ˋpɪflɪŋ] *adj.* 〖俗〗無意義的；無用的；胡扯的。

‡**pig** [pɪg] *n.* ①Ⓒ豬；小豬。②Ⓤ豬肉。③Ⓒ〖俗〗(行動、外表)似豬之人；貪婪、骯髒、愚蠢、遲緩等的人。*make a* ～ *of oneself* 狼吞虎嚥。

***pi·geon** [ˋpɪdʒən, ˋpɪdʒɪn] *n.* Ⓒ①鴿子。②〖俗〗易受騙的人；愚人。

pi·geon·hole [ˋpɪdʒən,hol] *n.* Ⓒ①鴿籠中之隔室。②裝文件等之架格。 — *v.t.* ①置於架格中；貯存。②分類記存。③擱置；置之不理。

pi·geon-toed [ˋpɪdʒən,tod] *adj.* 趾或脚向內彎的。

pig·ger·y [ˋpɪgərɪ] *n.* Ⓒ〖英〗豬舍；豬欄。

pig·head·ed [ˋpɪgˋhɛdɪd] *adj.* 頑固的；愚頑的。

pig·ment [ˋpɪgmənt] *n.* ①ⓊⒸ顏料。②Ⓤ〖生物〗色素。

pig·my [ˋpɪgmɪ] *adj.* & *n.* =**pygmy.**

pig·pen [ˋpɪg,pɛn] *n.* Ⓒ①豬欄；豬圈。②骯髒的地方。

pig·skin [ˋpɪg,skɪn] *n.* ①Ⓤ豬皮；豬革。②Ⓒ〖俗〗足球；橄欖球。③Ⓒ〖俗〗馬鞍。

pig·sty [ˋpɪg,staɪ] *n.* =**pigpen.**

pig·tail [ˋpɪg,tel] *n.* Ⓒ①辮子。②一種捲煙；撚草煙。

pike[1] [paɪk] *n.* Ⓒ矛；槍。

pike[2] *n.* Ⓒ (*pl.* ～, ～**s**)白斑狗魚；狀似狗魚之其他魚類。

pike[3] *n.* Ⓒ①收費公路；鄉間公路。②收費站。③過路費。

pi·las·ter [pəˋlæstɚ] *n.* Ⓒ〖建〗半露方柱；挨壁柱。

pil·chard [ˋpɪltʃɚd] *n.* ⓊⒸ沙腦魚；沙丁魚。

‡**pile**[1] [paɪl] *n.* ①Ⓒ一堆；一批；一排。②(a ～ of, ～s of)大堆；大量。③Ⓒ(常 *sing.*)〖俗〗大量金錢。④Ⓒ(火葬等時用的)柴堆。⑤Ⓒ大建築物。⑥Ⓒ電池；電堆。⑦Ⓒ核子反應爐。 — *v.t.* ①堆起；堆疊。②積聚；儲蓄；積蓄{up}。③裝載。 — *v.i.* ①堆起。②蜂湧而行。③積聚；積蓄

〔up〕. ~ *it on*〖俗〗誇耀。

pile² *n.* Ⓒ 木樁。 — *v.t.* 固以樁；打樁於。 § ~ **drìver** [**ègine**] 打樁機。

pile³ *n.* Ⓤ ①軟毛；細毛。②絨毯上的絨毛。

piles [paɪlz] *n. pl.* 痔瘡。

pil·fer [ˋpɪlfɚ] *v.t.* & *v.i.* 小量偷竊。

*__pil·grim__ [ˋpɪlgrɪm] *n.* Ⓒ ①朝聖者；朝山進香者。②旅客。③(P-)〖美〗1620年創立普里茅斯殖民地(Plymouth Colony)之清教徒。§ **The Pílgrim's Prógress** 天路歷程(John Bunyan 所著的宗敎寓言小說)。

*__pil·grim·age__ [ˋpɪlgrəmɪdʒ] *n.* ① Ⓤ Ⓒ 朝聖(者)之旅途。② Ⓒ 漫長之旅途。③ Ⓒ 人生；生命的途程。— *v.i.* 朝聖。

*__pill__ [pɪl] *n.* ① Ⓒ 藥丸。②(the ~)口服避孕丸。③ Ⓒ 小彈丸。④ Ⓒ〖俚〗球(尤指棒球和高爾夫球)。⑤ Ⓒ〖俚〗惹人厭的人。⑥ Ⓒ 苦事。

pil·lage [ˋpɪlɪdʒ] *v.t.* & *v.i.* 強劫；掠奪。— *n.* ① Ⓤ Ⓒ 強劫；掠奪。② Ⓒ 掠奪物。

*__pil·lar__ [ˋpɪlɚ] *n.* Ⓒ ①柱子。②柱狀物。③棟樑。④紀念柱。 ***be driven from ~ to post*** **a.** 無目標地飄蕩。**b.** 到處碰壁；被逼得走投無路。

pill·box [ˋpɪl,bɑks] *n.* Ⓒ ①藥丸盒。②〖軍〗碉堡。

pil·lion [ˋpɪljən] *n.* Ⓒ ①鞍褥(供婦女乘騎之用)。②二輪摩托車之後座。

pil·lo·ry [ˋpɪlərɪ] *n.* ① Ⓒ 頸手枷(古時刑具)。②(the ~)受衆辱。— *v.t.* ①施以枷刑。②使受衆辱。

*__pil·low__ [ˋpɪlo] *n.* Ⓒ 枕頭。— *v.t.* ①枕於。②作爲…的枕頭。

pil·low·case [ˋpɪlo,kes], **-slip** [-,slɪp] *n.* Ⓒ 枕套。

pi·lot [ˋpaɪlət] *n.* Ⓒ ①(飛機之)駕駛員；飛行員。②領航員；舵手；領港員。③指導員；嚮導。 ***drop the ~*** **a.** 領港員完成任務時令其離船。**b.** 開除可靠的顧問。— *v.t.* ①駕駛(飛機、船等)；領港。②嚮導；領導。— *adj.* ①示範的；實驗的。②領港的；導航的。③總的。§ ~ **ballòon** 測風氣球。~ **fìlm**〖視〗電視影集之樣片。~ **fìsh** 領航魚；擬鰤。~ **làmp** [**lìght**]〖電〗指示燈。~ **òfficer**〖英〗空軍少尉。— **less,** *adj.*

pi·men·to [pɪˋmɛnto] *n.* (*pl.* **~s,** ~)〖植〗①=**pimiento.** ② Ⓒ 多香果。

pi·mien·to [pɪmˋjɛnto] *n.* Ⓒ (*pl.* **~s**)青椒；甜辣椒。

pimp [pɪmp] *n.* Ⓒ 淫媒；拉皮條的人；妓院老板；老鴇。— *v.i.* 拉皮條；經營妓院。

pim·ple [ˋpɪmp!] *n.* Ⓒ 青春痘；粉刺；面皰。— **pim'pled** [~d], *adj.*

*__pin__ [pɪn] *n.* Ⓒ ①大頭針。②飾針。③有別針的徽章。④釘；栓。⑤支槳的木栓。⑥(樂器上調絃的)木栓。⑦〖保齡球〗木瓶。⑧(常 *pl.*)〖俗〗腿。⑨小而無價值的東西。⑩〖高爾夫〗(指示洞口之)旗杆。 ***not care a ~*** 一點也不在乎。 ***on ~s and needles*** 如坐針氈。— *v.t.* (**-nn-**) ①(用針等)釘住。②使不能動。③使固守。④〖俚〗抓；逮捕。~ ***one's faith on*** 堅決相信；絕對信賴。~ ***something on someone***〖俚〗歸咎於某人。 § ~ **mòney**〖俗〗女人的零用錢；小錢；零錢。

pin·a·fore [ˋpɪnə,for] *n.* Ⓒ 圍兜；圍裙。

pin·ball [ˋpɪn,bɔl] *n.* Ⓤ 彈球戲。

pin·cers [ˋpɪnsɚz] *n. pl.* ①鉗子；鑷子。②〖動〗(蝦、蟹的)螯。 § ~ **mòvement**〖軍〗鉗形攻勢；兩面夾攻。

*__pinch__ [pɪntʃ] *v.t.* ①挾；捏；擠。②使皺縮；使困苦。③〖俚〗逮捕。④〖俚〗偷竊。— *v.i.* ①壓；緊。②用錢吝嗇。~ ***pennies*** 吝嗇；節儉。— *n.* ① Ⓒ 挾；捏；擠。② Ⓒ 撮；捻。③(the ~)困苦；緊急。④ Ⓤ Ⓒ〖俚〗逮捕。⑤ Ⓤ Ⓒ〖俚〗偷。§ ~ **hít**〖棒球〗代打者擊出的安打。~ **hítter** (1)〖棒球〗代打者。(2)代理人；替身。~ **rúnner**〖棒球〗代跑者。

pin·cush·ion [ˋpɪn,kʊʃən] *n.* Ⓒ (裁縫用的)針墊。

‡**pine¹** [paɪn] *n.* ① Ⓒ 松樹。② Ⓤ 松木。③ Ⓤ Ⓒ〖俗〗鳳梨。§ ~ **còne** 松毬；松果。~ **màrten**〖動〗(歐洲產的)松貂。~ **nèedle** 松葉。~ **nùt** (1)松子。(2)松果。

*__pine²__ *v.i.* ①渴望〔常 for〕. ②憔悴。

*__pine·ap·ple__ [ˋpaɪn,æp!] *n.* ① Ⓤ Ⓒ 鳳梨；波蘿。② Ⓒ 鳳梨叢。③ Ⓒ〖俚〗手榴彈。

*__ping-pong__ [ˋpɪŋ,pɑŋ, -,pɔŋ] *n.* Ⓤ 乒乓球(戲)；桌球(戲)。

pin·hole [ˋpɪn,hol] *n.* Ⓒ 針孔；小孔。§ ~ **cámera** 針孔照相機。

pin·ion [ˋpɪnjən] *n.* Ⓒ ①鳥翼之尖端部分；翮。②〖詩〗翼；翅。③鳥翅上的羽毛。④〖機〗小齒輪。— *v.t.* ①

P

剪掉或縛住(鳥翼)使不能飛。②束縛。

***pink** [pɪŋk] *n.* ①Ⓤ Ⓒ粉紅色。②(the ～)典型。③ Ⓒ 石竹(花)。④ Ⓒ (常 P-)〖俗〗左傾份子。
— *adj.* ①淡紅色的。②〖俗〗左傾的。
§ ～ **élephant**〖謔〗酒醉[吸毒]者的幻覺。～ **gìn** 粉紅杜松子酒。～ **lády** 粉紅佳人(一種雞尾酒)。～ **slìp**〖俚〗解僱通知。～ **tèa**〖俗〗正式茶會。

pink·ie [ˋpɪŋkɪ] *n.* Ⓒ〖俗〗小指。

pink·o [ˋpɪŋko] *n.* Ⓒ (*pl.* ～(e)s)〖蔑〗略微左傾的人。

pin·na·cle [ˋpɪnəkḷ] *n.* Ⓒ①岩石的尖頂; 尖峰。②極高之名望或地位。③頂點。④尖塔。— *v.t.* ①置於極高處。②築[飾]尖塔於。

pin·nate [ˋpɪnet] *adj.* ①羽狀的。②〖植〗有羽狀葉的。

pin·point [ˋpɪn,pɔɪnt] *n.* Ⓒ①針尖。②瑣屑之物。③正確位置[目標]。— *v.t.* ①指示正確的位置。②精確顯示。— *adj.* 準確的。

***pint** [paɪnt] *n.* Ⓒ①品脫(等於八分之一加侖)。②一品脫的容器。

pint-size(d) [ˋpaɪnt,saɪz(d)] *adj.*〖俚〗小而無價值的; 小型的。

pin-up [ˋpɪn,ʌp] *n.* Ⓒ①〖俗〗(掛在牆上的)美女照片。②美女。— *adj.* ①漂亮的。②可掛在牆上的。

pin·worm [ˋpɪn,wɜm] *n.* Ⓒ 蟯蟲。

pin·y [ˋpaɪnɪ] *adj.* 似松樹的; 松樹茂盛的(=piney)。

***pi·o·neer** [,paɪəˋnɪr] *n.* Ⓒ①拓荒者; 開墾者。②先鋒; 先驅。③〖軍〗工兵。— *v.t.* 開拓(道路); 爲…開路。— *v.i.* 作先鋒。

***pi·ous** [ˋpaɪəs] *adj.* ①虔誠的。②以宗教爲名的。③〖古〗孝順的。

pip¹ [pɪp] *n.* Ⓒ①(橘子、梨等的)種子。②〖俚〗很好的事或人。

pip² *n.* ① Ⓤ (家禽的)舌病。②(the ～)(人的)小毛病。③(the ～)〖英俚〗精神萎靡。

‡**pipe** [paɪp] *n.* ① Ⓒ 管; 導管; 筒。② Ⓒ 煙斗。③ Ⓒ 笛。④(*pl.*)風笛。⑤ Ⓒ 大酒桶。⑥ Ⓒ 管狀物。— *v.t.* & *v.i.* ①以管輸送。②供以管。③吹(笛)。④發呼聲。⑤以笛聲召集。～ *down*〖俚〗沈默; 住嘴。§ ～ **drèam** 妄想。～ **òrgan**〖樂〗管風琴。～ **ràck** 煙斗架。

pipe·line [ˋpaɪp,laɪn] *n.* Ⓒ ①管線。②祕密消息來源。

pip·er [ˋpaɪpɚ] *n.* Ⓒ吹笛人。

pip·ing [ˋpaɪpɪŋ] *n.* Ⓤ①(集合稱)管。②吹奏笛子; 管樂。③笛聲; 尖聲; 小鳥鳴叫聲。④(衣服的)滾邊; (糕餅的)條狀花飾。— *adj.* ①吹笛的; 發尖聲的。②太平的。

pi·quant [ˋpikənt] *adj.* ①夠刺激的; 令人痛快淋漓的; 有趣的。②開胃的。③帶有尖刻意味的。— **piʹ-quan·cy,** *n.*

pique [pik] *n.* Ⓤ Ⓒ 慍怒。— *v.t.* ①激怒; 激起。②傷(自尊心等)。③引起感情或使採某行動。～ *oneself on* [*upon*] 對…感到驕傲。

pi·ra·cy [ˋpaɪrəsɪ] *n.* Ⓤ Ⓒ ①海上搶劫。②侵害著作權; 剽竊。

***pi·rate** [ˋpaɪrət, -rɪt] *n.* Ⓒ①海盜。②海盜船。③剽竊者; 盜印者。④掠奪者。— *v.t.* & *v.i.* ①掠奪。②盜印; 翻印。— **pi·rat·ic(al)** [paɪˋrætɪk(ḷ)], *adj.*

pir·ou·ette [,pɪruˋɛt] *n.* Ⓒ〖舞蹈〗趾尖旋轉。— *v.i.* 以趾尖旋轉。

Pi·sa [ˋpizə] *n.* 比薩(義大利西北部一城, 以其斜塔著名於世)。

Pis·ces [ˋpɪsiz] *n.* Ⓤ ①〖動〗魚綱。②〖天〗雙魚座; 雙魚宮。

piss [pɪs]〖鄙〗*v.i.* 撒尿。— *n.* Ⓤ 小便。

pis·tach·i·o [pɪsˋtaʃɪ,o] *n.* (*pl.* ～s) ① Ⓒ〖植〗阿月渾子樹。② Ⓤ 淡黃綠色。

***pis·til** [ˋpɪstḷ] *n.* Ⓒ〖植〗雌蕊。

***pis·tol** [ˋpɪstḷ] *n.* Ⓒ 手槍。— *v.t* (-l-,〖英〗-ll-)以手槍射擊。

***pis·ton** [ˋpɪstṇ] *n.* Ⓒ〖機〗活塞。

***pit**¹ [pɪt] *n.* ① Ⓒ 坑。②(the ～)地獄。③(the ～)〖英〗劇院正廳後面之部分; 坐在正廳後面部分的觀衆。④ Ⓒ (身體的)凹窩。⑤ Ⓒ (常 *pl.*)痘痕。⑥ Ⓒ 陷阱。⑦(the ～)暗伏的危險。⑧ Ⓒ〖美〗交易場所。⑨ Ⓒ 門雞場; 鬥犬場。— *v.t.* (-tt-)①使有痘痕或傷痕。②使相鬥。③置放於坑內。

pit²〖美〗*n.* Ⓒ (桃、梅等之)核。
— *v.t.* (-tt-)去…之核。

***pitch**¹ [pɪtʃ] *n.* Ⓤ①瀝青。②松脂。
— *v.t.* 塗以瀝青。

***pitch**² *v.t.* ①擲; 拋; 投。②〖美〗〖棒球〗投(球)。③紮; 釘牢。④置於固定地位。⑤〖樂〗定(一曲調之)基音。⑥〖俚〗努力推銷。— *v.i.* ①向前傾跌。②(船首)上下顚簸。③紮營。… *in* **a.**〖俗〗努力工作。**b.** 參加; 貢獻。～ *into*〖俗〗攻擊; 大吃。～ o…

[*upon*] 決定。— *n.* ①Ⓒ擲；投。②(*sing.*)高度；程度；位置。③ⓊⒸ聲音之高低度。④Ⓤ(又作 a ～)傾斜度。⑤Ⓒ推銷；商品宣傳。

***pitch·er**[1] [ˋpɪtʃɚ] *n.* Ⓒ ①水罐。②一水罐的容量。

***pitch·er**[2] *n.* Ⓒ①〖棒球〗投手。②投擲的人。③高爾夫球桿之一種。

pitch·fork [ˋpɪtʃ,fɔrk] *n.* Ⓒ長柄叉(用以叉乾草等)。— *v.t.* ①以長柄叉把…耙攏。②強使…進入；投進。

pit·e·ous [ˋpɪtɪəs] *adj.* 可憐的；悽慘的。

pit·fall [ˋpɪt,fɔl] *n.* Ⓒ①捕捉動物之陷阱。②圈套；隱藏的危險。

pith [pɪθ] *n.* ①Ⓤ(雙子葉植物之)木髓。②Ⓤ〖解〗髓；脊髓。③(the ～)精華；核心；要點。④Ⓤ精力。⑤Ⓤ重要性。⑥Ⓤ(文章的)氣勢。

Pith·e·can·thro·pus [,pɪθɪkænˋθropəs] *n.* Ⓒ (*pl.* **-pi** [-paɪ])〖人類學〗猿人屬。

pit·i·a·ble [ˋpɪtɪəbl] *adj.* ①令人同情的。②可悲的。— **pit′i·a·bly,** *adv.*

***pit·i·ful** [ˋpɪtɪfəl] *adj.* ①使人同情的；可憐的。②感覺哀憐的。③可鄙的。

***pit·i·less** [ˋpɪtɪlɪs] *adj.* 無憐憫心的；無情的。— **ly,** *adv.*

pit·man [ˋpɪtmən] *n.* Ⓒ (*pl.* **-men**)礦工。

pit·tance [ˋpɪtn̩s] *n.* Ⓒ①微薄的薪俸或津貼。②少量；小分。

pit·ter-pat·ter [ˋpɪtɚ,pætɚ] *n.* (*sing.*)(下雨等)啪嗒啪嗒聲；連續急速的輕擊聲。— *adv.* (雨等)劈劈啪啪地；嘩啦嘩啦地。

pi·tu·i·tar·y [pɪˋtjuə,tɛrɪ] 〖解〗 *adj.* ①黏液的。②腦下垂體的；腦下腺的。— *n.* Ⓒ腦下垂體。

‡**pit·y** [ˋpɪtɪ] *n.* ①Ⓤ同情；憐憫。②(*sing.*)憾事；可惜的原因[事]。— *v.i.* & *v.t.* 同情；憐憫。

piv·ot [ˋpɪvət] *n.* Ⓒ①旋軸；尖軸；樞軸。②中心點；基準點。— *v.t.* 裝以旋軸；置於旋軸上。— *v.i.* 於旋軸上旋轉。— **al,** *adj.*

pix·el [ˋpɪksəl, -sɛl] *n.* Ⓒ〖視〗圖元；圖素(構成螢幕影像之最小單位)。

pix·y, pix·ie [ˋpɪksɪ] *n.* Ⓒ小精靈；小妖精。

pi(z)·zazz [pəˋzæz] *n.* Ⓤ〖美俚〗①精力；精神。②漂亮；時髦派頭。

piz·za [ˋpitsə] *n.* ⓊⒸ披薩；義大利脆餅。

plac·a·ble [ˋplekəbl] *adj.* 可撫慰的；溫和的；寬容的。

***plac·ard** [ˋplækɑrd] *n.* Ⓒ ①公告；布告；告示；招貼；海報。②行李牌；名牌。 — [ˋplækɑrd, plæˋkɑrd] *v.t.* 張貼布告於；以公告或招貼公布。

pla·cate [ˋpleket] *v.t.* 安慰；撫慰；使和解。

‡**place** [ples] *n.* ①Ⓒ地點；場所。②Ⓒ城；鎮；村；地方。③Ⓒ(特殊用途之)建築物。④Ⓒ(常 *sing.*, one's ～)住宅；住處。⑤Ⓒ部分；點。⑥ⓊⒸ正當的位置。⑦Ⓒ身分；職位；生活方式。⑧Ⓒ位子；座位。⑨Ⓒ(one's ～)職分；職務。⑩Ⓒ情形；環境。⑪Ⓒ步驟。⑫Ⓤ(戲劇等動作)進行的時間；進展的情形。⑬Ⓒ〖數〗位。⑭Ⓒ(常 *sing.*)比賽之前三名(尤指第二名)。***a ～ in the sun*** 有利之地位。***give*** [***make***] ***～ to*** 讓位於。***go ～s*** 〖俚〗有發展。***in ～*** 適當。***in ～ of*** 代替。***know*** [***keep***] ***one's ～*** 明瞭自己的地位而不越分。***out of ～*** 不適當。***put someone in his ～*** 給某人下馬威。***take ～*** 發生。***take the ～ of*** 代替。— *v.t.* ①放；安置。②任命。③認出。④投(資)。⑤訂(貨)；發出(訂單)；委託。⑥(比賽中)位列(前三名，尤指第二)。— *v.i.* (比賽中)名列前三名。§ **～ màt** 餐桌上墊布。**～ nàme** 地名。**～ sètting** 一套餐具。

pla·ce·bo [pləˋsibo] *n.* Ⓒ (*pl.* **～s, ～es**) ①〖醫〗安慰藥。②寬心的話。§ **～ efféct** 安慰劑效應。

place·ment [ˋplesmənt] *n.* ①(常 *sing.*, the ～)安置。②Ⓒ職業介紹。③ⓊⒸ〖足球〗為作定位踢而把球置於地上。

pla·cen·ta [pləˋsɛntə] *n.* Ⓒ (*pl.* **～s, -tae** [-ti])〖解〗胎盤。

plac·er [ˋplæsɚ] *n.* Ⓒ ①安置者。②砂礦。

***plac·id** [ˋplæsɪd] *adj.* 安靜的；平靜的；溫和的。

plack·et [ˋplækɪt] *n.* Ⓒ ①(女裙的)開口。②(女裙的)口袋。

pla·gia·rism [ˋpledʒə,rɪzəm] *n.* ①Ⓤ剽竊；抄襲。②Ⓒ剽竊之思想、辭句、情節等。

pla·gia·rize [ˋpledʒə,raɪz] *v.t.* & *v.i.* 剽竊；抄襲。

***plague** [pleg] *n.* Ⓒ ①瘟疫；黑死病。②惹人煩惱之人或物。③災害；

天譴。— v.t. ①折磨。②使患瘟疫。

plaice [ples] n. (pl. ~, **plaic·es**) ①Ⓒ〖魚〗孫鰈。②Ⓤ孫鰈的肉。

plaid [plæd] n. ①Ⓤ(蘇格蘭高地人用的)格子花呢。②Ⓒ格子呢肩巾。

‡**plain** [plen] adj. ①明白的。②無裝飾的；樸素的。③單色的。④平淡的。⑤一般的。⑥不美的。⑦坦白的。⑧容易的。⑨平的；平坦的。⑩完全的。— adv. ①清晰地。②簡直。— n. ①Ⓒ平原；平地。②(pl.)草原。§ ~ **déaling** 率直；坦白；光明正大。~ **flóur** 未加酸粉的麵粉。~ **Jáne** 相貌平庸的女性。~ **sáiling** 容易的事；一帆風順。— **ly,** adv.

plain·clothes·man [ˋplen-ˋklozmən] n. Ⓒ (pl. **-men**)便衣警察[刑警]；偵探。

plain-spo·ken [ˋplenˋspokən] adj. 直言無隱的。

plaint [plent] n. Ⓒ ①不平；怨訴。②〖法律〗告訴；控訴。③〖古, 詩〗悲歎。

plain·tiff [ˋplentɪf] n. Ⓒ〖法律〗原告；起訴人。

plain·tive [ˋplentɪv] adj. 憂愁的；哀傷的；哀愁的。— **ly,** adv.

plait [plet] n. Ⓒ ①髮辮；編繩。②褶。— v.t. ①編成辮。②摺疊。

‡**plan** [plæn] n. Ⓒ ①計畫；策略。②(房屋等的)圖案；設計圖。③街道圖。— v.t. (**-nn-**) ①計畫；籌畫(out). ②設計。③意欲；打算。— v.i. 計畫。

‡**plane**[1] [plen] n. Ⓒ ①平面；水平面。②水準。③飛機。— adj. 平面的。— v.i. ①搭機旅行。②滑行。③(快艇)微離水面行駛。

‡**plane**[2] n. Ⓒ 鉋子。— v.t. 用鉋子將…鉋平。— v.i. 鉋平。

plane[3] n. Ⓒ 篠懸木。

***plan·et** [ˋplænɪt] n. Ⓒ ①行星。②〖星相〗能影響人生與世界大事的天體。

plan·e·tar·i·um [ˌplænəˋtɛrɪəm] n. Ⓒ (pl. **~s, -tar·i·a** [-ˋtɛrɪə]) ①行星儀。②天文館。

plan·e·tar·y [ˋplænəˌtɛrɪ] adj. ①行星的。②繞軌道移動的。③受天體影響的。④流浪的。⑤俗世的。

plan·gent [ˋplændʒənt] adj. ①(波浪等)沖擊的；澎湃的。②(鐘聲)響徹的；悲切的。

***plank** [plæŋk] n. Ⓒ ①厚板。②(政黨之)政綱條款。③支撐物。— v.t. ①鋪以厚板。②〖美〗在板上烹煎。③〖俗〗把…砰一聲放下(down). ④〖俗〗立刻付款(down, out).

plank·ton [ˋplæŋktən] n. Ⓤ〖生物〗浮游生物。

‡**plant** [plænt] n. ①Ⓒ植物；苗木。②Ⓒ工廠。③Ⓤ設施；設備。④Ⓒ(常 sing.)〖俗〗騙局；欺詐。— v.t. ①栽培；種植；養殖。②安置；置放。③建立；建設。④灌輸；注入。⑤〖俗〗藏起(贓物)。⑥〖俗〗打出(一擊)。⑦殖民。⑧設置；派遣。§ ~ **lòuse** 蚜蟲。~ **pathòlogy** 植物病蟲害學。

***plan·ta·tion** [plænˋteʃən] n. Ⓒ ①農場；種植地。②植林；森林。③殖民。

plant·er [ˋplæntɚ] n. Ⓒ ①種植者；栽培者。②農場主人。③播種機。④〖史〗早期殖民者。⑤花盆。

plaque [plæk] n. ①Ⓒ(用金屬、陶瓷等製成的)匾額；飾板。②Ⓒ胸章[徽章]飾物。③Ⓤ〖醫〗牙垢。

plash [plæʃ] n. Ⓒ (常 sing.)水的濺潑聲。— v.i. & v.t. 輕拍(水面)；作濺潑聲。— **plash′y,** adj.

plas·ma [ˋplæzmə] n. Ⓤ ①原形質。②血漿。③乳漿。④綠玉髓。

***plas·ter** [ˋplæstɚ] n. ①Ⓤ石膏。②ⓊⒸ膏藥。③Ⓤ熟[燒]石膏。— v.t. ①塗以灰泥。②敷以膏藥。③使平。§ ~ **cást** (1)石膏模型；石膏像。(2)〖醫〗石膏粉。

plas·tered [ˋplæstɚd] adj. 〖諧〗酒醉的。

***plas·tic** [ˋplæstɪk] adj. ①塑造的。②塑膠的。③易受影響的；有可塑性的。④〖外科〗整形的。⑤有創造性的。⑥非自然的；不眞實的。— n. ⓊⒸ(常 pl.)可塑體；塑膠。§ ~ **explósive** 塑膠炸藥。~ **mòney** 信用卡。~ **súrgery** 整形外科。

plas·tic·i·ty [plæsˋtɪsətɪ] n. Ⓤ ①可塑性。②柔軟性；適應性。

‡**plate** [plet] n. ①Ⓒ盤；碟；盤狀物。②(the ~)教會的捐款盤。③Ⓒ一盤所盛之量。④Ⓒ(一餐中)一人所食之物。⑤Ⓤ(集合稱)金銀器皿。⑥Ⓒ〖攝〗感光版。⑦Ⓒ薄金屬板。⑧Ⓒ金屬片製的甲冑。⑨Ⓒ板狀的器官[組織]。⑩Ⓒ刻板；電鑄版。⑪Ⓒ〖棒球〗本壘。⑫Ⓒ(常 sing.)假牙床。⑬Ⓒ〖電〗極板。⑭Ⓒ盛在一盤的全餐。⑮(the ~)(競賽的)金銀獎杯。⑯(pl.)〖英俚〗脚。— v.t. ①覆以金屬板。②鍍(金、銀等)。

pla·teau [plæˋto] n. Ⓒ (pl. **~s,**

~x [~z])高原。

plat·ed [ˋpletɪd] *adj.* ①電鍍的；裝甲的。②(織物)顏色表裡不一的。

plate·let [ˋpletlɪt] *n.* Ⓒ①血小板。②小盤；小板。

***plat·form** [ˋplæt,fɔrm] *n.* Ⓒ①月台。②(政黨之)政綱。③講臺；主席臺。④(常 *sing.*)〖美〗政綱的發表。⑤客車的踏板。§ ∽ **scále** 台秤。∽ **tìcket**〖英〗月台票。

***plat·i·num** [ˋplætṇəm] *n.* Ⓤ ①〖化〗鉑；白金。②白金色。

plat·i·tude [ˋplætə,tjud] *n.* ①Ⓒ陳腔濫調。②Ⓤ單調；平凡。—**plat·i·tu′di·nous,** *adj.*

Pla·to [ˋpleto] *n.* 柏拉圖(427? -347 B.C., 希臘哲學家)。

Pla·ton·ic [pleˋtɑnɪk] *adj.* ①柏拉圖的。②(常p-)友誼的；精神的。~ love 精神戀愛。③理想的。

pla·toon [plæˋtun] *n.* Ⓒ①〖軍〗排。②小隊；組。

***plat·ter** [ˋplætɚ] *n.* Ⓒ①〖古〗大淺盤。②〖俚〗(棒球之)本壘。③〖俚〗唱盤；唱片。

plat·y·pus [ˋplætəpəs] *n.* Ⓒ (*pl.* ~**es, -pi** [-,paɪ])〖動〗鴨嘴獸。

plau·dit [ˋplɔdɪt] *n.* Ⓒ (常 *pl.*)鼓掌喝采。

***plau·si·ble** [ˋplɔzəbḷ] *adj.* ①似眞實的；似合理的；似可信賴的。②嘴巧的。

‡**play** [ple] *n.* ①Ⓤ遊戲；遊玩。②Ⓤ比賽；競賽。③Ⓤ比賽方法；技能。④ⓊⒸ嬉戲；玩笑。⑤(*sing.*)跳動；閃動。⑥Ⓤ活動。⑦Ⓒ戲劇；劇本。⑧Ⓤ(對人的)態度；行爲；作風。⑨Ⓤ賭博。***a ~ on words*** 用雙關語。***as good as a ~*** 十分有趣。***bring into ~*** 利用。***come into ~*** 開始行動。***in ~*** **a.** 比賽中。**b.** 開玩笑。***out of ~*** 不能用於比賽中。— *v.t.* ①參加(遊戲)；玩(球)。②與…比賽。③扮演(角色)。④彈(琴)；奏(曲)；吹(笛)。⑤開(玩笑)。⑥打賭或下注。⑦利用。— *v.i.* ①遊玩；玩耍。②參加遊戲。③扮演；假裝。④活動。⑤(機器等)自由運轉。⑥賭博。⑦玩弄。***~ along with*** 與…合作。***~ a part*** 扮演一角色。***~ at*** 假裝。***~ both ends against the middle*** 坐收漁利。***~ down*** 不重視。***~ fair*** [***foul***] (不)公平處置。***~ into the hands of*** 上當。***~ off*** 加賽一場以決勝負。***~ off one against the other*** [***another***]使雙方互鬥以坐收漁利。***~ on***[***upon***]利用。***~ out*** **a.** 演完一劇。**b.** 結束。**c.** 筋疲力竭。***~ up*** 大事宣傳。***~ up to***〖俗〗諂媚；求寵。***~ with*** **a.** 以…自娛。**b.** 玩弄。§ ∽ **thérapy**〖心〗遊戲療法。

play·back [ˋple,bæk] *n.* Ⓒ①(錄音帶等的)播放；放影。②倒帶裝置。

play·bill [ˋple,bɪl] *n.* Ⓒ戲單；戲碼。

play·boy [ˋple,bɔɪ] *n.* Ⓒ花花公子。

***play·er** [ˋpleɚ] *n.* Ⓒ①遊戲者；運動者。②演員。③音樂師。④自動演奏器。⑤職業運動員。⑥賭徒。

***play·ful** [ˋplefəl] *adj.* ①嬉戲的。②戲謔的。—**ly,** *adv.*

play·girl [ˋple,gɜl] *n.* Ⓒ好交際應酬和尋樂的女子。

***play·ground** [ˋple,graund] *n.* Ⓒ①(學校的)運動場。②遊樂場。

play·group [ˋple,grup] *n.* Ⓒ幼兒遊戲園(專爲三至五歲幼兒所設的非正式學校)。

play·house [ˋple,haus] *n.* Ⓒ①劇院。②兒童遊戲室。③玩具小屋。

***play·mate** [ˋple,met] *n.* Ⓒ遊伴。

play-off [ˋple,ɔf] *n.* Ⓒ(雙方得分相等時的)最後決賽。

***play·thing** [ˋple,θɪŋ] *n.* Ⓒ①玩物；玩具。②被玩弄取樂的人。

play·wright [ˋple,raɪt] *n.* Ⓒ劇作家。

pla·za [ˋplæzə] *n.* Ⓒ城市內之廣場。

***plea** [pli] *n.* Ⓒ①懇求；祈求。②(常 *sing.*, the ~)辯解；答辯；藉口。③(常 *sing.*)〖法律〗抗辯。

***plead** [plid] *v.i.* (**plead·ed** or **pled**) ①辯護。②懇求。— *v.t.* ①爲…辯護。②以…爲口實；託稱。

plead·ing [ˋplidɪŋ] *n.* ①(*pl.*)(原告的)訴狀；(被告的)答辯狀。②ⓊⒸ辯護；申辯。

‡**pleas·ant** [ˋplɛzṇt] *adj.* ①愉快的；可愛的。②容易相處的。③晴朗的。—**ly,** *adv.* —**ness,** *n.*

‡**please** [pliz] *v.t.* & *v.i.* ①願意；期望；不反對。②使快樂；取悅。***if you ~*** 如君願意；請。***~ God*** 如果上帝願意；如果可能。***~ oneself*** 隨自己之意。

***pleased** [plizd] *adj.* 欣喜的；滿足的。

***pleas·ing** [ˋplizɪŋ] *adj.* 愉快的；

令人滿意的；令人喜愛的。

pleas·ur·a·ble [ˋplɛʒ(ə)rəbl] *adj.* 愉快的；悅人的。

‡**pleas·ure** [ˋplɛʒɚ] *n.* ①Ⓤ快樂；享樂。②Ⓒ樂趣。③Ⓤ俗世的享樂。④(*sing.*, 常 one's ～)願望；選擇；意志。***at one's ～*** 隨意；聽便。***take ～ in*** 以…爲樂。***with ～***願意。§ ～ **bòat** 遊艇。～ **grôund** 遊樂場。～ **trìp** 遊覽。

pleat [plit] *n.* Ⓒ(衣服上的)褶。—*v.t.* 打褶。

ple·be·ian [plɪˋbiən] *n.* Ⓒ①(古羅馬之)平民。②庶民。③鄙俗之人。—*adj.* ①(古羅馬之)平民的；庶民的。②庸俗的。

pleb·i·scite [ˋplɛbə,saɪt] *n.* Ⓒ公民投票。

plec·trum [ˋplɛktrəm] *n.* Ⓒ (*pl.* **-tra** [-trə], **～s**) 撥子；琴撥；義甲。

pledge** [plɛdʒ] *n.* ①ⓊⒸ誓言；誓約；諾言；公約。②Ⓒ保證；信物。③**a.**Ⓤ典當；抵押。**b.**Ⓒ典當物；抵押品。④Ⓒ祝酒。give* [*lay, put*]*... to* [*in*] ～** 典當…。***take* [*sign*] *the* ～**發誓戒酒。—*v.t.* ①誓言；保證。②以…作擔保。③飲酒祝…健康。④使發誓。⑤典當；抵押。

ple·na·ry [ˋplinərɪ] *adj.* ①完全的；絕對的；完美的。②全體出席的。

plen·i·po·ten·ti·ar·y [,plɛnəpəˋtɛnʃərɪ] *n.* Ⓒ全權大使。—*adj.* ①有全權的。②絕對的。

plen·i·tude [ˋplɛnə,tjud] *n.* Ⓤ充足；充分；豐饒；豐富。

plen·te·ous [ˋplɛntɪəs] *adj.* 〖詩〗=**plentiful.**

***plen·ti·ful** [ˋplɛntɪfəl] *adj.* 很多的；豐富的。—**ly,** *adv.*

‡**plen·ty** [ˋplɛntɪ] *n.* Ⓤ①豐富；充分。②富足。***in ～***豐富。—*adj.* 充分的；豐富的。—*adv.* 充足地。

ple·num [ˋplinəm] *n.* Ⓒ (*pl.* **～s, -na**[-nə])①充滿物質之空間(爲vacuum之對)。②充滿；充實。③全體出席之會議；全會。—*adj.* 全體會議的；全會的。

ple·o·nasm [ˋpliə,næzəm] *n.* ①Ⓤ〖修〗冗言法。②Ⓒ冗言。

pleth·o·ra [ˋplɛθərə] *n.* ①(a ～)過多；過剩。②Ⓤ〖醫〗多血症。—**ple'thor·ic,** *adj.*

pleu·ri·sy [ˋplurəsɪ] *n.* Ⓤ〖醫〗肋膜炎；胸膜炎。

plex·us [ˋplɛksəs] *n.* Ⓒ (*pl.* **～es,** ～) ①〖解〗(神經、血管之)叢；網狀組織。②一堆錯綜複雜的事、思想。

pli·a·ble [ˋplaɪəbl] *adj.* ①易曲的；柔軟的。②柔順的。

pli·an·cy [ˋplaɪənsɪ] *n.* Ⓤ柔軟(性)；柔順。

pli·ant [ˋplaɪənt] *adj.* =**pliable.**

pli·ers [ˋplaɪɚz] *n. pl.* 鉗子。

***plight**[1] [plaɪt] *n.* Ⓒ(通常指惡劣的)情勢；處境；情況。

plight[2] *v.t.* ①宣誓；誓約。②以誓約束(尤指婚姻)。—*n.* Ⓒ①誓言；保證。②訂婚。

Pli·o·cene [ˋplaɪə,sin] 〖地質〗 *adj.* 鮮新世的；上新世的。—*n.* (the ～)鮮新世；上新世。

plod [plɑd] *v.t.* (**-dd-**)緩步或重步地走在…。—*v.i.* ①重步或吃力地行走〔on, along〕. ②孜孜從事〔at, away, through〕. —*n.* Ⓒ沉重之脚步聲。

plo·sive [ˋplosɪv] *n.* Ⓒ & *adj.* 〖語音〗破裂音(的)。

***plot** [plɑt] *n.* Ⓒ①陰謀。②(戲劇、小說等之)情節。③一小塊土地。④地圖；圖表。—*v.t.* (**-tt-**)①圖謀；密謀。②分(地)成小塊〔out〕. ③製…之圖。④擬定(故事等的)情節。—*v.i.* 策畫；圖謀〔for, against〕.

plot·ter [ˋplɑtɚ] *n.* Ⓒ(常*pl.*)圖謀者；陰謀者。

plough [plau] *n.* & *v.* 〖英〗=**plow.**

plov·er [ˋplʌvɚ] *n.* Ⓒ千鳥；鴴。

plow** [plau] *n.* ①Ⓒ犁。②Ⓒ犁形器具(如除雪機)。③Ⓤ耕地；田。④(P-)〖天〗北斗七星。follow* [*hold*] *the* ～** 以耕田爲業。***put one's hand to the* ～** 開始工作。***under the* ～**(田地)耕種中。—*v.t.* ①用犁耕(田)；耕(田)。②使生皺紋。③(船等)破(浪)前進。④使考試不及格。—*v.i.* ①耕犁。②辛苦地經過〔through〕. ③〖英俗〗考試落第。***～ one's way*** 費力地前進；推進。***～ the sands*** 徒勞無功。

plow·man [ˋplaumən] *n.* Ⓒ (*pl.* **-men**)①用犁者。②農夫。

plow·share [ˋplau,ʃɛr] *n.* Ⓒ犁刃。

ploy [plɔɪ] *n.* Ⓒ①〖俗〗(圖占優勢的)策略。②〖蘇〗工作；職業；事業。

pluck** [plʌk] *v.t.* ①摘；採。②拔；拉。③〖俗〗搶劫；詐欺。④以指撥(樂器之絃)。—*v.i.* 拉；抓〔at〕. ***～ up **a.** 連根拔起。**b.** 鼓起勇氣。—*n.* ①(a ～)猛拉；扯。②Ⓤ勇氣；膽

量。③(the ～)(動物的)內臟。

***plug** [plʌg] *n.* Ⓒ ①塞子；栓。②消防栓。③〖電〗插頭。④火星塞。⑤(廣播節目中的)廣告。⑥老而無用的馬。⑦〖俗〗滯銷品；陳貨。 —*v.t.* (**-gg-**) ①以塞子塞住。②射擊；拳擊。③以廣告大事宣傳。—*v.i.* 孜孜從事。～ *in* 接上插頭通電。

***plum** [plʌm] *n.* ① Ⓒ 李樹；梅樹。② Ⓒ 李子；梅子。③ Ⓒ (果餅中之)葡萄乾。④ Ⓒ 陳皮梅。⑤ Ⓒ 精品；美好之物；精華。⑥ Ⓤ 深紫色。§ ～ **trèe** 梅樹；李樹。

plum·age [ˋplumɪdʒ] *n.* Ⓤ (集合稱)鳥類之羽毛。

plumb [plʌm] *n.* Ⓒ ①鉛錘；測水錘。②垂直。—*adj.* ①垂直的。②〖俗〗完全的。—*adv.* ①垂直地。②精確地。③全然地。—*v.t.* ①以鉛錘測定(是否垂直)；以鉛錘測深度〔up〕. ②了解。§ ～ **bòb** 鉛錘；線鉈。～ **lìne** 錘線。—**er,** *n.* Ⓒ 鉛管工人。

plumb·ing [ˋplʌmɪŋ] *n.* Ⓤ ①修理水管(業)。②(集合稱)鉛管類。

***plume** [plum] *n.* Ⓒ ①(常 *pl.*)羽毛。②(常 *pl.*)羽飾。③榮譽的標誌。*borrowed ～s* 借來的衣物而誇爲己有。—*v.t.* ①飾以羽毛。②整刷…之羽毛。～ *oneself on* [*upon*] 自誇。

plum·met [ˋplʌmɪt] *n.* Ⓒ ①鉛錘；測水深度之錘。②(釣絲上的)墜子。—*v.i.* 垂直下落。

***plump**[1] [plʌmp] *adj.* 圓胖的；豐滿的。—*v.i.* & *v.t.* (使)變圓胖。

***plump**[2] *v.i.* ①忽然落下。②〖英〗將選票只投給一人〔for〕. —*v.t.* ①使突然而沉重地落下〔常down〕. ②無保留地說出〔常 out〕. ③稱讚。—*n.* (a ～) 突然落下。—*adv.* 直接地；忽然地。—*adj.* 直接的；率直的。

***plun·der** [ˋplʌndɚ] *v.t.* & *v.i.* 搶劫；搶奪；掠奪。—*n.* ① Ⓒ 劫奪品。② Ⓤ 劫奪；搶劫；掠奪。

***plunge** [plʌndʒ] *v.t.* 使投入；使陷入〔into〕. —*v.i.* ①投入；跳入；陷入〔into〕. ②衝進；突進〔into, down〕. ③猛顚。④狂賭；冒險；投機。—*n.* (*sing.*)①跳水。②突進。*take the* ～ 決意冒險。

plung·er [ˋplʌndʒɚ] *n.* Ⓒ ①投入之人或物；跳入者；潛水者。②機器之突動部分(如活塞等)。③冒險的賭博者或投機者。

plu·per·fect [pluˋpɜfɪkt] *n.* Ⓤ Ⓒ & *adj.* 〖文法〗過去完成式(的)。

***plu·ral** [ˋplurəl] *adj.* 複數的。—*n.* ① Ⓤ 複數。② Ⓒ 複數形；複數詞。§ ～ **márriage**(尤指摩門教)重婚。

plu·ral·ism [ˋplurəlɪzəm] *n.* Ⓤ ①〖哲〗多元論。②〖宗〗兼職。

plu·ral·ist [ˋplurəlɪst] *n.* Ⓒ ①〖哲〗多元論者。②〖宗〗兼職者。

plu·ral·i·ty [pluˋrælətɪ] *n.* ① Ⓤ 複數(性)。② Ⓒ 大多數；大半。③ Ⓒ 得票差；最高得票數。

***plus** [plʌs] *prep.* ①加。②和(=and also). —*adj.* ①多的；加的。②表示多的。③陽的；正電的。—*n.* Ⓒ ①加號；正號(+)。②盈餘；餘額。③正數。

plush [plʌʃ] *n.* Ⓤ 厚絨布。—*adj.* 〖俚〗豪華的；奢侈的。

Plu·to [ˋpluto] *n.* ①〖希、羅神〗普魯托(冥王)。②〖天〗冥王星。

plu·toc·ra·cy [pluˋtɑkrəsɪ] *n.* ① Ⓤ 富豪[財閥]政治。② Ⓒ 富豪階級；財閥階級。

plu·to·crat [ˋplutəˌkræt] *n.* Ⓒ 財閥；富豪。—**plu·to·crat′ic,** *adj.*

plu·vi·om·e·ter [ˌpluvɪˋɑmətɚ] *n.* Ⓒ 雨量計。

plu·vi·ous [ˋpluvɪəs] *adj.* (多)雨的。

***ply**[1] [plaɪ] *v.t.* ① 勤用。② 勤於(工作、讀書)。③追問；盤問。④經常在…上來往。—*v.i.* ①固定地往來。②勤奮做事；孜孜工作。

ply[2] *n.* Ⓤ ①層；摺；疊。②(紗、繩等之)股。③傾向；癖性。

ply·wood [ˋplaɪˌwud] *n.* Ⓤ 三夾板；合板。

p.m., P.M. [ˋpiˋɛm] *adv.* & *adj.* 下午(的)； 午後(的) (爲〖拉〗*post meridiem*(=afternoon)之略)。

pneu·mat·ic [njuˋmætɪk] *adj.* ①空氣的；氣體的。②含有空氣的。③由壓縮空氣推動或操作的。

pneu·mat·ics [njuˋmætɪks] *n.* Ⓤ 氣體力學。

***pneu·mo·nia** [njuˋmonjə, nu-, -nɪə] *n.* Ⓤ 〖醫〗肺炎。—**pneu·mon′ic** [-ˋmɑnɪk], *adj.*

poach[1] [potʃ] *v.i.* & *v.t.* ①偷獵；偷釣。②侵入(他人土地)。③侵害(他人權利等)。—**er,** *n.*

poach[2] *v.t.* 煮荷包蛋。

‡**pock·et** [ˋpɑkɪt] *n.* Ⓒ ①衣袋。②凹處。③不利的位置；孤立地帶。④〖空〗氣穴。⑤〖地〗礦穴。⑥〖撞球〗球

袋。⑦(袋鼠等的)腹袋。⑧(常 *sing.*)(口袋所帶的)錢；財力。*be in* ～ **a.** 手頭有(錢)。**b.** 賺錢。*be out of* ～ **a.** 賠錢。**b.** 失敗。*have a person in one's* ～ 可隨意左右某人。*put one's hand in one's* ～ 花錢。*put one's pride in one's* ～ 忍辱；抑制自尊心。— *v.t.* ①將…納入袋中；侵吞。②壓抑；忍受。③擱置(議案等)。④〖撞球〗撞入球袋。⑤(競賽中)困住對方。— *adj.* ①可攜帶於衣袋中的。②袖珍的。§ ～ **mòney** 零用錢。～ **vèto**〖美〗(總統或州長對議案的)擱置否決權。

pock·et·book [ˋpɑkɪt͵bʊk] *n.* Ⓒ ①〖美〗女用手提包。②皮夾；錢包。③小筆記簿。④袖珍本。

pock·et·ful [ˋpɑkɪt͵fʊl] *n.* Ⓒ 滿袋；一袋之量〔of〕。

pock·et-size(d) [ˋpɑkɪt͵saɪz(d)] *adj.* 小型的；袖珍型的。

pod [pɑd] *n.* Ⓒ ①豆莢；蒴。②(飛機外部掩蓋引擎、武器等的)流線型覆蓋。— *v.i.* (**-dd-**)結莢；成莢；生蒴。— *v.t.* 剝…的莢。

po·di·um [ˋpodɪəm] *n.* Ⓒ (*pl.* ～**s, -di·a** [-dɪə])(管弦樂隊的)指揮臺；講臺。

‡**po·em** [ˋpo·ɪm] *n.* Ⓒ ①詩；韻文。②文字優美的作品。

po·e·sy [ˋpo·ɪsɪ] *n.* 〖古〗=**poetry.**

‡**po·et** [ˋpo·ɪt] *n.* Ⓒ 詩人。§ ～ **láureate** 桂冠詩人(英國國王指派的官方詩人，職務爲作詩祝賀大典)。

po·et·as·ter [ˋpo·ɪt͵æstɚ] *n.* Ⓒ 打油詩人；劣等詩人。

***po·et·ic, -i·cal** [poˋɛtɪk(l̩)] *adj.* 詩(般)的；詩人的。

po·et·ics [poˋɛtɪks] *n.* Ⓤ 詩學；詩論。

***po·et·ry** [ˋpo·ɪtrɪ] *n.* Ⓤ ①(集合稱)詩。②寫詩的藝術。③詩情；詩意。

poign·ant [ˋpɔɪnənt] *adj.* ①痛切的；深刻的。②銳利的；強烈的。③辛辣的。— **poign'an·cy,** *n.*

poin·set·ti·a [pɔɪnˋsɛtɪə] *n.* Ⓒ〖植〗聖誕紅。

‡**point** [pɔɪnt] *n.* ①Ⓒ尖；尖端。②Ⓒ點。③Ⓒ地點；場所。④Ⓤ程度；階段。⑤Ⓒ項目；細節。⑥Ⓒ特點；特質。⑦Ⓤ必要；目的；寓意。⑧Ⓤ效果；適切。⑨Ⓒ方位。⑩Ⓤ時刻；(時間的)點。⑪Ⓒ突出水中之岬。⑫Ⓒ分數。⑬Ⓤ〖印刷〗磅因(活字大小單位，約合1／72英寸)。⑭Ⓒ〖俗〗暗示。⑮(*pl.*)〖鐵路〗轉轍器。⑯Ⓒ〖教育〗學分。⑰Ⓒ爭議之處；論點。*at the* ～ *of* 即將；瀕於。*be at the* ～ *of the sword* 在暴力的威脅下；在刀尖的威迫下。*be on* [*upon*] *the* ～ *of* 將要。*carry* [*gain*] *one's* ～ 達到目的。*in* ～ 合適的；切題的。*in* ～ *of* 論及；以…而論。*make a* ～ *of* 堅持；強調；認爲必要或重要。～ *of view* 見解；論點。*to the* ～ 扼要；中肯。— *v.t.* ①使尖；使銳利。②劃上小點；加標點。③增加(言語、行動等之)力量。④指向。⑤瞄準。⑥(獵犬)指示獵物所在處。— *v.i.* ①指；指示〔at, to〕。②表明；表示；指明。§ ～ **dùty**〖英〗(交通警察的)站崗；值勤。～ **switch** (鐵路)轉轍機。～ **sỳstem** (1)(盲人)點字法。(2)〖教育〗分數制度。(3)〖印刷〗磅因制。

point-blank [ˋpɔɪntˋblæŋk] *adj.* & *adv.* ①(近距離)直射的[地]。②坦白的[地]；率直的[地]。

***point·ed** [ˋpɔɪntɪd] *adj.* ①有尖頭的；尖的。②銳敏的；銳利的。③率直的。— **ly,** *adv.*

point·er [ˋpɔɪntɚ] *n.* ①Ⓒ指示者；指示物。②Ⓒ教鞭。③Ⓒ(鐘錶等的)指針。④Ⓒ嚮導犬。⑤Ⓒ〖俗〗暗示；提示。⑥(Pointers)〖天〗指極星。

point·less [ˋpɔɪntlɪs] *adj.* ①無尖端的；鈍的。②無意義的；無目標的。③無分數的。

***poise** [pɔɪz] *n.* Ⓤ ①鎮定；平靜；泰然自若。②姿態。③平衡；均衡。④躊躇；猶豫。— *v.t.* ①使均衡。②考慮。— *v.i.* 均衡；保持平衡。— **poised,** *adj.*

***poi·son** [ˋpɔɪzn̩] *n.* ①ⓊⒸ毒藥；毒物。②ⓊⒸ弊害；敗壞道德之事。③(one's ～)〖諧〗酒類。④Ⓤ(原子爐的)有毒物質。— *v.t.* ①毒殺；毒害。②下毒。③敗壞。§ ～ **fáng** 毒牙。～ **gás** 毒氣。～ **ívy**〖植〗野葛。— **ed,** *adj.* — **er,** *n.*

poi·son·ing [ˋpɔɪzn̩ɪŋ] *n.* Ⓤ 中毒。

***poi·son·ous** [ˋpɔɪzn̩əs] *adj.* ①有毒的。②令人不能忍受的。③敗德的；有壞影響的。

***poke** [pok] *v.t.* ①刺；戳。②毆打。③插入；伸出。— *v.i.* ①刺探；調查〔into〕。②刺；戳。③伸出〔常 out〕。～ *one's nose into other people's business* 管閒事；干預他人之事。

P

— *n.* Ⓒ ①刺；戳。②毆打。

pok·er[1] [ˋpokɚ] *n.* Ⓤ 撲克牌戲。§∼ **fâce** 撲克臉(無表情的臉)。

pok·er[2] *n.* Ⓒ ①撥火棍；火鉗。②刺、戳的人或物。

pok·(e)y [ˋpokɪ] *adj.* ①無精打采的；遲鈍的。②狹小擁擠的。③襤褸的。

Po·land [ˋpolənd] *n.* 波蘭(歐洲中部國名，首都爲 Warsaw)。

***po·lar** [ˋpolɚ] *adj.* ①近北極或南極的；屬於北極或南極的。②(電池之)正負極的。③磁極的。④極端相反的。§∼ **bèar** 北極熊。∼ **cáp**(火星的)極冠。∼ **coördinates**〖數〗極座標。∼ **líghts** (南北)極光。

po·lar·i·ty [poˋlærətɪ] *n.* Ⓤ Ⓒ ①〖理〗兩極性；(陰、陽)極性。②(主義、性格等的)正相反。

‡**pole**[1] [pol] *n.* Ⓒ 竿；柱；桿。— *v.t.* 〖美〗以竿撐(船)。§∼ **vàult** [**jùmp**] 撐竿跳。

***pole**[2] *n.* Ⓒ ①(南、北)極。②極地。③磁極；電極。④相對；相反。

pole·cat [ˋpol͵kæt] *n.* Ⓒ ①臭貓。②北美產之臭鼬類。

po·lem·ic [poˋlɛmɪk] *n.* Ⓒ ①爭論；辯論；論戰。②爭論者；辯論者。— *adj.* (亦作 **polemical**) 爭論的；辯論的。— **po·lem'i·cal·ly,** *adv.*

pole·star [ˋpol͵stɑr] *n.* ①(the ∼, 常P-)北極星。②Ⓒ 指標；指導原則。

‡**po·lice** [pəˋlis] *n.* Ⓤ (集合稱，常 the ∼)警察；警方。— *v.t.* ①使有秩序；整頓。②以警察管治(一地區)。§∼ **bòx** [**stànd**] 警察崗亭。∼ **dòg** 警犬。∼ **fòrce** 警力。∼ **òffice**〖英〗警察局。∼ **òfficer** 警員；警官。∼ **sérgeant** 警佐。∼ **stàte** 警察國家(用祕密警察來控制人民的集權國家)。∼ **stàtion**〖美〗警察局。

***po·lice·man** [pəˋlismən] *n.* Ⓒ (*pl.* **-men**) 警察。

po·lice·wom·an [pəˋlis͵wumən] *n.* Ⓒ (*pl.* **-wom·en**) 女警察。

***pol·i·cy**[1] [ˋpɑləsɪ] *n.* ① Ⓒ 政策；方針。② Ⓤ 權謀；智慧；深慮。

pol·i·cy[2] *n.* ① Ⓒ 保險單。② Ⓤ 搖彩賭博。

pol·i·cy·hold·er [ˋpɑləsɪ͵holdɚ] *n.* Ⓒ 保險客戶；投保人。

po·li·o·my·e·li·tis [͵pɑlɪo͵maɪəˋlaɪtɪs] *n.* Ⓤ〖醫〗小兒麻痺症；脊髓灰白質炎。(亦作 **polio**)

pol·ish** [ˋpɑlɪʃ] *v.t.* ①磨光；擦亮。②使優雅；潤飾；洗鍊。— *v.i.* 發光澤；變光滑。∼ ***off **a.**〖俗〗很快地吃完、做完。**b.**〖俚〗打倒；擺脫(某人)。∼ ***up*** 使較美觀；改良。— *n.* ① Ⓤ (又作 a ∼)光澤；光亮。② Ⓤ Ⓒ 擦亮粉；光澤劑。③ Ⓤ 優雅；精良。— **ed** [∼t], *adj.*

Po·lish [ˋpolɪʃ] *adj.* 波蘭(人，語)的。— *n.* Ⓤ 波蘭語。

***po·lite** [pəˋlaɪt] *adj.* ①有禮貌的；客氣的。②文雅的；上流的。— **ly,** *adv.* — **ness,** *n.*

pol·i·tic [ˋpɑlə͵tɪk] *adj.* ①有智慮的；明達的；精明的。②狡詐的。③有策略的；權宜的。④政治上的。

‡**po·lit·i·cal** [pəˋlɪtɪkḷ] *adj.* ①政治學的。②政治(上)的。③政客的；政黨的。§∼ **asýlum** 政治庇護。∼ **párty** 政黨。∼ **prísoner** 政治犯。∼ **scíence** 政治學。— **ly,** *adv.*

***pol·i·ti·cian** [͵pɑləˋtɪʃən] *n.* Ⓒ 政治家；政客。〔注意〕**statesman** 常指好的政治家，**politician** 則帶有輕蔑之意。

po·lit·i·cize [pəˋlɪtə͵saɪz] *v.t.* 使政治化。— *v.i.* 從政；參與政事。

pol·i·tick [ˋpɑlətɪk] *v.i.*〖美俗〗從事政治性活動。

pol·i·tics [ˋpɑlə͵tɪks] *n.* ① Ⓤ 政治；政治學。②(作*pl.*解)政見；政綱。③(作 *sing.* or *pl.*解)策略；政策。

pol·ka [ˋpolkə] *n.* Ⓒ ①波卡舞(一種輕快雙人圓舞)。②波卡圓舞曲。

***poll** [pol] *n.* ①(*sing.*)投票；投票數；投票結果。② Ⓒ 選舉人名冊。③(*pl.*)〖美〗投票所。④ Ⓒ〖謔〗人頭。⑤ Ⓒ 民意調查[問卷]。— *v.t.* ①獲(選票)。②投(票)。③登記…之選票。④(民意測驗中)訪問。⑤剪短(髮、毛)；鋸下(角、枝等)。§∼ **tàx** 人頭稅。

pol·len [ˋpɑlən] *n.* Ⓤ 花粉。

pol·li·nate [ˋpɑlə͵net] *v.t.*〖植〗授粉；給…傳授花粉。

pol·li·na·tion [͵pɑləˋneʃən] *n.* Ⓤ 授粉(作用)。

poll·ing [ˋpolɪŋ] *n.* Ⓤ 投票。§∼ **bòoth**(投票所的)圈票處。∼ **dày** 投票日；選舉日。∼ **plàce** [〖英〗 **stàtion**] 投票所。

pol·li·no·sis [͵pɑləˋnosɪs] *n.* Ⓤ〖醫〗花粉病；花粉過敏症。

poll·ster [ˋpolstɚ] *n.* Ⓒ 從事民意測驗[調查]的人。

pol·lu·tant [pəˋlutṇt] *n.* Ⓤ Ⓒ 污

染物。「褻瀆。」
pol·lute [pəˋlut] *v.t.* 污染；玷污；
pol·lu·tion [pəˋluʃən] *n.* Ⓤ 玷污；染污；污穢。
po·lo [ˋpolo] *n.* Ⓤ ①馬球。②(亦作 **water polo**)水球。§ ~ **shirt** 一種短袖、圓領的棉衫。
Po·lo [ˋpolo] *n.* 馬可波羅(Marco, 1254? - ?1324, 義大利旅行家)。
P
pol·troon [palˋtrun] *n.* Ⓒ 膽小鬼；懦夫。— *adj.* 膽小的。
pol·troon·er·y [palˋtrunərɪ] *n.* Ⓤ 膽小；怯懦。
pol·y [ˋpalɪ] *n.* Ⓒ (*pl.* ~**s**)〖英〗工藝學校；工技學院。
pol·y·chrome [ˋpalɪ,krom] *adj.* 多色的；彩色印刷的。— *n.* Ⓒ 多色畫；彩色印刷品。
pol·y·clin·ic [,palɪˋklɪnɪk] *n.* Ⓒ 聯合診所；綜合醫院。
pol·y·eth·yl·ene [,palɪˋɛθɪlin] *n.* Ⓤ〖化〗聚乙烯。
pol·y·glot [ˋpalɪ,glat] *adj.* ①通曉數種語言的。②用數種語言寫成的。— *n.* Ⓒ ①通曉數種語言的人。②用數種語言寫成的書。
pol·y·gon [ˋpalɪ,gan] *n.* Ⓒ 多角形；多邊形。— **po·lyg′o·nal,** *adj.*
pol·y·mer [ˋpalɪmə] *n.* Ⓒ〖化〗聚合體；聚合物。— **pol·y·mer′ic,** *adj.*
Pol·y·ne·sia [,paləˋniʒə] *n.* 玻里尼西亞(中太平洋之一群島)。
pol·y·no·mi·al [,palɪˋnomɪəl] *adj.* ①多名的。②〖數〗多項的。— *n.* Ⓒ ①多名。②〖數〗多項式。
pol·y·sty·rene [,palɪˋstaɪrin] *n.* Ⓤ〖化〗多苯乙烯。§ ~ **cemént** 強力膠。
pol·y·syl·la·ble [ˋpalə,sɪləbl] *n.* Ⓒ (三音節以上的)多音節字。— **pol·y·syl·lab′ic,** *adj.*
pol·y·tech·nic [,paləˋtɛknɪk] *adj.* 多種工藝的。— *n.* Ⓤ Ⓒ 工藝學校；工技學院。
pol·y·the·ism [ˋpaləθi,ɪzəm] *n.* Ⓤ 多神論；多神教。— **pol′y·the·ist,** *n.* — **pol·y·the·is′tic,** *adj.*
po·made [poˋmed] *n.* Ⓤ 髮油。— *v.t.* 塗髮油。
pome·gran·ate [ˋpʌm,grænɪt] *n.* Ⓒ ①石榴。②石榴樹。
Pom·er·a·ni·an [,paməˋrenɪən] *n.* Ⓒ 博美犬。
pom·mel [ˋpʌml] *n.* Ⓒ ①鞍頭。②劍等之柄端。— *v.t.* (-l-,〖英〗-ll-) 以拳連續打；以柄頭打。
***pomp** [pamp] *n.* ① Ⓤ 盛觀；壯麗。②(*pl.*)誇耀；誇示。
Pom·peii [pamˋpe·i] *n.* 龐貝(義大利西南部 Vesuvius 火山附近古城，西元 79 年因火山爆發而埋入地下)。
pomp·ous [ˋpampəs] *adj.* ①誇大的；傲慢的；自大的。②華而不實的；鋪張的。— **ly,** *adv.* — **pom·pos′i·ty** [-ˋpas-], *n.*
ponce [pans]〖俚〗*n.* Ⓒ ①皮條客；淫媒。②娘娘腔的男子。— *v.i.*(男人)以女子般的姿態走來走去〔about〕.
pon·cho [ˋpantʃo] *n.* Ⓒ (*pl.* ~**s**)南美人的一種斗篷。
‡**pond** [pand] *n.* Ⓒ 池塘。§ ~ **lìly**〖植〗睡蓮(=water lily).
pon·der [ˋpandə] *v.t.* & *v.i.* 考慮；沉思〔on, over〕.
pon·der·ous [ˋpandərəs] *adj.* ①沉重的。②笨重的。③令人厭倦的。
pon·gee [panˋdʒi] *n.* Ⓤ 繭[府]綢。
pon·iard [ˋpanjəd] *n.* Ⓒ 匕首；短劍。— *v.t.* 以匕首[短劍]刺。
pon·tiff [ˋpantɪf] *n.* Ⓒ ①教皇；教宗。②(猶太教)大祭司。
pon·tif·i·cal [panˋtɪfɪkl] *adj.* ①教皇的；教宗的。②大祭司的。— *n.* (*pl.*)主教的祭服。
pon·toon¹ [panˋtun] *n.* Ⓒ ①〖軍〗(用以支架浮橋的)平底船；浮舟。②(水上飛機之)浮筒；浮囊。③(亦作 **pontoon bridge**)浮橋。
pon·toon² *n.* Ⓤ〖牌戲〗二十一點。
***po·ny** [ˋponɪ] *n.* Ⓒ ①小馬；矮種馬。②〖俗〗學生所用的教科書之譯本或註釋本。③〖俗〗一小杯酒。④小型物。⑤〖英俚〗25 鎊。
po·ny·tail [ˋponɪ,tel] *n.* Ⓒ 馬尾巴(一種髮型)。
poo·dle [ˋpudl] *n.* Ⓒ 捲毛獅子狗。
pooh [pu] *interj.*(表輕蔑)呸！啐！
pooh-pooh [ˋpuˋpu] *v.t.* & *v.i.* 輕蔑；藐視；嘲弄。
***pool**¹ [pul] *n.* Ⓒ ①小池；水塘。②潭；淵。③水坑。
pool² *n.* Ⓒ ①總賭注；賭金。②共同出資；合資。③合夥經營；共同管理[利用]；聯營。④集中備用的物資；儲備人員。— *v.t.* 合夥經營；聯營。
pool·room [ˋpul,rum] *n.* Ⓒ〖美〗①撞球場。②公開賭場。「船尾。」
poop¹ [pup] *n.* Ⓒ ①船尾高甲板。②

poop² *v.t.* 〖美俚〗使筋疲力竭。 — *v.i.* ①疲乏。②(機械等)不能運轉；報廢。

‡**poor** [pur] *adj.* ①貧窮的。②壞的；拙劣的；質劣的。③少量的；薄弱的。④可憐的；不幸的。⑤瘦弱的；精神萎靡的。～ ***man's***(比同類)差的；廉價的。— *n.* (the ～, 集合稱)窮人。— **ness,** *n.*

poor·house [ˋpur,haus] *n.* Ⓒ (昔日之)貧民救濟院。

***poor·ly** [ˋpurlɪ] *adv.* ①不足地；貧乏地。②壞地；拙劣地。— *adj.* 〖俗〗不適的；不健康的。

poor-spir·it·ed [ˋpurˋspɪrɪtɪd] *adj.* 無氣力的；懦弱的；怯懦的。

pop**¹ [pap] *v.i.* (**-pp-**)①發短促爆裂聲。②突然走動[移動]。③砰然裂開。④(眼睛)睜大或突出(表示驚訝等)。⑤(砰然)射擊。— *v.t.* ①突然伸出[放入]。②〖俗〗射擊。③使發出「砰」聲。④〖俗〗典當。⑤突然發出(問題)。⑥爆炒(玉米)。～ ***the question〖俗〗求婚。— *n.* ① Ⓒ 短促爆裂聲。② Ⓒ 開槍。③ Ⓤ 氣泡飲料。— *adv.* 突然地；砰然地。§ ～ **flý**〖棒球〗內野高飛球。

pop² *n.* Ⓒ〖俚〗父親；老伯。

***pop**³ *adj.* 〖俗〗流行的；大衆化的；通俗的。— *n.* (*pl.*, 常作 *sing.* 解) 流行音樂會。§ ～ **árt** 普普[大衆]藝術(1962年起以紐約爲中心的前衛派美術運動)。

pop·corn [ˋpap,kɔrn] *n.* Ⓤ 爆米花。

***pope** [pop] *n.* Ⓒ①(常 P-)羅馬教皇；教宗。②擁有絕對權威的人。

Pope [pop] *n.* 波普(Alexander, 1688-1744, 英國詩人)。

Pop·eye [ˋpap,aɪ] *n.* 卜派(美國卡通影片「大力水手」的主角)。

pop·eyed [ˋpap,aɪd] *adj.* 突眼的；(因驚慌而)睜大眼睛的。

***pop·lar** [ˋpaplɚ] *n.* ① Ⓒ〖植〗白楊。② Ⓤ 白楊木。

pop·lin [ˋpaplɪn] *n.* Ⓤ 毛葛(一種棉、毛或絲織品)。

pop·py [ˋpapɪ] *n.* ① Ⓒ 罌粟。② Ⓒ 罌粟花。③ Ⓤ 罌粟色；深紅色。

pop-top [ˋpap,tap] *adj.* 易開罐的。

pop·u·lace [ˋpapjəlɪs, -ləs] *n.* Ⓤ ①平民；民衆；老百姓。②居民。

pop·u·lar [ˋpapjəlɚ] *adj.* ①得衆望的；受人歡迎的。②普遍的；流行的。③民衆的。④平易的；一般的。§ ～ **vóte**〖美〗選民投票。— **ly,** *adv.*

***pop·u·lar·i·ty** [,papjəˋlærətɪ] *n.* Ⓤ 流行；普遍；聲望。

pop·u·lar·ize [ˋpapjələ,raɪz] *v.t.* 使普遍；使流行；使得人心。— **pop·u·lar·i·za′tion,** *n.*

pop·u·late [ˋpapjə,let] *v.t.* ①居住於。②殖民於。

‡**pop·u·la·tion** [,papjəˋleʃən] *n.* ① ⓊⒸ 人口(數)。②(*sing.*)〖生物〗族群。

***pop·u·lous** [ˋpapjələs] *adj.* (地區)人口稠密的；人口多的。— **ly,** *adv.* — **ness,** *n.*

pop-up [ˋpap,ʌp] *n.* ＝**pop fly.** — *adj.* 自動彈起的。

por·ce·lain [ˋporslɪn, ˋpɔr-] *n.* Ⓤ①瓷器。②(集合稱)瓷器類。

‡**porch** [portʃ, pɔrtʃ] *n.* Ⓒ①門廊。②陽台(＝veranda).

por·cu·pine [ˋpɔrkjə,paɪn] *n.* Ⓒ ①〖動〗豪豬。②梳麻機。

***pore**¹ [por, pɔr] *v.i.* ①熟讀；熟視。②沉思；默想〔常 over, on, upon〕.

pore² *n.* Ⓒ 毛孔；氣孔。

***pork** [pork, pɔrk] *n.* Ⓤ 豬肉。

pork·chop [ˋpɔrk,tʃap] *n.* ⓊⒸ 豬排。

porn [pɔrn] *n.* 〖俚〗＝**pornography.** (亦作 **porno**)

por·nog·ra·phy [pɔrˋnagrəfɪ] *n.* Ⓤ 春宮；色情畫；色情文學。— **por·no·graph·ic** [,pɔrnəˋgræfɪk], *adj.*

po·rous [ˋporəs] *adj.* ①多孔的。②可浸透的。

por·poise [ˋpɔrpəs] *n.* Ⓒ〖動〗鼠海豚。

por·ridge [ˋpɔrɪdʒ] *n.* Ⓤ ①麥片粥。②刑期。do (one's) ～ 服刑。

***port**¹ [port, pɔrt] *n.* ⓊⒸ ①港；港口。②港市。③〖俗〗機場。④〖電算〗埠。§ ～ **authòrity** 港務局。～ **chàrges** 港稅；入口稅；噸稅。

port² *n.* ⓊⒸ (葡萄牙原產的)(紅)葡萄酒。

port³ *n.* ＝**porthole.**

port⁴ *n.* Ⓤ (船或飛機的)左舷。— *adj.* 左舷的。

port⁵ *n.* ① Ⓤ 舉止；態度。②(the ～)端槍的姿勢。— *v.t.* 端槍。

***port·a·ble** [ˋportəbl, ˋpɔr-] *adj.* 可攜帶的；可移動的。— *n.* Ⓒ 手提式器具。

por·tage [ˋportɪdʒ] *n.* ① ⓊⒸ 兩水路間之陸運。② ⓊⒸ 搬運；運輸。③ Ⓤ (又作 a ～)運費。

P

***por·tal** [ˋportl, ˋpɔr-] *n.* Ⓒ 大門; 入口; 正門。

por·tend [porˋtɛnd] *v.t.* ①預兆; 成爲…的前兆。②表示。

por·tent [ˋportɛnt] *n.* ① Ⓤ 意味。② Ⓒ 凶兆。③ Ⓒ 異常之人; 怪事。

por·ten·tous [porˋtɛntəs] *adj.* ①預示凶事的; 不祥的。②令人驚異的。③自負的。

***por·ter**[1] [ˋportə, ˋpɔr-] *n.* Ⓒ ①搬運工人; 挑夫。②〖美〗(火車中之)侍者。

***por·ter**[2] *n.* Ⓒ 門房。

***por·ter**[3] *n.* Ⓤ Ⓒ 黑啤酒。

por·ter·age [ˋportərɪdʒ] *n.* ① Ⓤ 搬運(業)。② Ⓤ (又作 a ～)運費。

port·fo·li·o [portˋfolɪ,o, pɔrt-] *n.* (*pl.* **～s**) ① Ⓒ 公事包; 紙夾; 文件夾。② Ⓤ 部長[閣員]的職位。

port·hole [ˋport,hol] *n.* Ⓒ (船)舷窗; (飛機)圓窗; (城牆)射擊孔。

por·ti·co [ˋportɪ,ko] *n.* Ⓒ (*pl.* **～es, ～s**)門廊; 柱廊。

por·tiere, -tière [,portɪˋɛr] 〖法〗 *n.* Ⓒ 門帷; 門簾。

‡**por·tion** [ˋporʃən, ˋpɔr-] *n.* ① Ⓒ 部分。② Ⓒ (分配之)一分。③ Ⓒ 分得之遺產。④ Ⓒ 嫁妝; 妝奩。⑤(*sing.*, one's ～)命運。— *v.t.* ①分配; 分割。②給與遺產[嫁妝]。

port·ly [ˋportlɪ] *adj.* ①肥胖的; 身體碩大的。②莊嚴的。

port·man·teau [portˋmænto] 〖法〗 *n.* Ⓒ (*pl.* **～s, ～x** [～z]) (可對開的)旅行包[皮箱]。

***por·trait** [ˋportret, ˋpɔr-, -trɪt] *n.* Ⓒ ①人像; 肖像; 相片。②描寫; 描述。③類[酷]似物。— **like,** *adj.*

por·trai·ture [ˋportrɪtʃə] *n.* Ⓤ ①人像的繪畫。②(集合稱)人像; 肖像。③生動的人物描寫。

por·tray [porˋtre] *v.t.* ①畫像; 描繪; 寫眞。②扮演; 飾演。

por·tray·al [porˋtreəl] *n.* ① Ⓤ 描畫; 描寫。② Ⓒ 描畫[描寫]物; 肖像。③ Ⓤ 飾演。

***Por·tu·gal** [ˋportʃəgl] *n.* 葡萄牙(歐洲西南部國家, 首都 Lisbon)。

***Por·tu·guese** [ˋportʃə,giz, ˋpɔr-] *n.* (*pl.* ～) ① Ⓒ 葡萄牙人。② Ⓤ 葡萄牙語。— *adj.* 葡萄牙(人, 語)的。

***pose**[1] [poz] *n.* ① Ⓒ 姿勢。② Ⓤ Ⓒ 裝模作樣; 僞裝。— *v.i.* ①擺姿勢(供攝影等)。②假裝; 自命〔as〕。— *v.t.* ①使擺好姿勢。②提出; 陳述。

pose[2] *v.t.* 使…爲難題所困; 難住。

pos·er [ˋpozə] *n.* Ⓒ 難題。

‡**po·si·tion** [pəˋzɪʃən] *n.* ① Ⓒ 位置。② Ⓒ 姿勢。③ Ⓒ 工作; 職位。④ Ⓤ Ⓒ 階級; 地位。⑤ Ⓒ 見解; 立場; 態度。⑥ Ⓤ 〖軍〗陣地。

***pos·i·tive** [ˋpɑzətɪv] *adj.* ①無問題的; 確實的。②過分相信的; 斷然的。③積極的; 絕對的。④實在的。⑤實際的。⑥〖電〗正的; 陽的。⑦〖數〗正的。⑧〖攝〗正片的。⑨〖文法〗原級的。— *n.* ①(the ～)〖文法〗原級。② Ⓒ (電池之)陽極。③ Ⓒ 〖攝〗正片。④ Ⓒ 〖數〗正量; 正數。⑤ Ⓒ 實在(物)。— **ness,** *n.*

***pos·i·tive·ly** [ˋpɑzətɪvlɪ] *adv.* ①積極地; 確實地。②毫無疑問地。— *interj.* 當然! (表強烈的肯定)。

pos·i·tiv·ism [ˋpɑzətɪv,ɪzəm] *n.* Ⓤ ①(亦作P-)〖哲〗實證哲學; 實證主義。②積極性; 明確性; 確信。

pos·i·tron [ˋpɑzɪ,trɑn] *n.* Ⓒ 〖理〗陽電子; 正電子。

‡**pos·sess** [pəˋzɛs] *v.t.* ①擁有; 具有。②支配; 控制。③被…纏住; 附體。④保持; 維持。— **pos·ses′sor,** *n.*

pos·sessed [pəˋzɛst] *adj.* ①著了魔的; 瘋狂的。②鎭定的。

‡**pos·ses·sion** [pəˋzɛʃən] *n.* ① Ⓤ 持有; 所有權。②(*pl.*)所有物; 財產。③ Ⓤ 著魔。④ Ⓒ 領地; 屬國。

***pos·ses·sive** [pəˋzɛsɪv] *adj.* ①所有的。②有占有慾的。③〖文法〗所有格的。— *n.* ①(the ～)所有格。② Ⓒ 所有格的字。§ ～ **cáse**〖文法〗所有格。

***pos·si·bil·i·ty** [,pɑsəˋbɪlətɪ] *n.* ① Ⓤ (又作 a ～)可能(性)。② Ⓒ 可能發生之事。③ Ⓒ (常*pl.*)展望; 潛力。

‡**pos·si·ble** [ˋpɑsəbl̩] *adj.* ①可能的。②可能發生的。③可接受的; 尚可的。— *n.* ①(the ～)可能性。② Ⓒ 合適的人; 候選人。

‡**pos·si·bly** [ˋpɑsəblɪ] *adv.* ①可能地。②或許; 說不定。

pos·sum [ˋpɑsəm] *n.* Ⓒ 〖美俗〗鼴。*play* ～〖美俗〗僞裝; 裝病; 裝死; 裝睡。

***post**[1] [post] *n.* Ⓒ ①柱; 支柱。②(競賽的)起點標; 終點標。— *v.t.* ①貼(布告等)。②公布; 揭示。③公告不得侵入。

***post**[2] *n.* Ⓒ ①哨站; 崗位。②軍隊駐紮地。③職位; 工作。— *v.t.* ①配置

(哨兵)；駐紮。②使調職。§ ∼ exchànge〖美軍〗福利社。

‡**post³** *n.* 〖英〗① Ⓤ (集合稱)郵件。② Ⓤ 郵政(制度)。③ Ⓤ (郵件的)收送。④(the ∼)郵筒；郵局。*by* ∼ 郵寄。— *v.t.* ①郵寄。②告知；使知曉。③謄帳；過帳(從流水帳記入總帳)。— *v.i.* 急行；趕路。—*adv.* 迅速地。§ ∼ òffice 郵政局。

post- 〖字首〗表「在後」之義。

***post·age** [ˋpostɪdʒ] *n.* Ⓤ 郵費。

***post·al** [ˋpostḷ] *adj.* 郵政的；郵局的。— *n.* Ⓒ (亦作 **postal card, post card**) 明信片。§ ∼ còde 郵遞區號。∼ òrder 郵政匯票。∼ sávings 郵政儲金。the P∼ Sérvice〖美〗郵政國營公司(原為郵政局)。

post·box [ˋpost,bαks] *n.* =mailbox.

***post·card** [ˋpost,kαrd] *n.* Ⓒ 明信片。(亦作 **post card**)

***post·er** [ˋpostɚ] *n.* Ⓒ①海報；大幅廣告。②貼海報[廣告]的人。

pos·te·ri·or [pαsˋtɪrɪɚ] *adj.* ①背部的；後部的(為 anterior 之對)。②(順序、時間上)在後的。— *n.* Ⓒ (常 *pl.*)身體之後部；臀部。

***pos·ter·i·ty** [pαsˋtɛrətɪ] *n.* Ⓤ ①後裔；子孫。②後代。

pos·tern [ˋpostɚn] *n.* Ⓒ ①(昔之)後門；便門；旁門。②〖築城〗暗道。— *adj.* ①後門或暗道的。②後面的。

post·free [ˋpostˋfri] *adv.* & *adj.* ①免郵資(的)。②〖英〗郵資已付(的)。

post·grad·u·ate [postˋgrædʒuɪt] *n.* Ⓒ 研究生。— *adj.* 大學畢業後的；研究所的。

post·hu·mous [ˋpαstʃuməs] *adj.* ①作者死後出版的。②死後的。③父死後生的；遺腹的。

post·ing [ˋpostɪŋ] *n.* Ⓤ Ⓒ (尤指軍職的)委任；派任。

***post·man** [ˋpostmən] *n.* Ⓒ (*pl.* -men)郵差。

post·mark [ˋpost,mαrk] *n.* Ⓒ 郵戳。— *v.t.* 蓋以郵戳。

post·mas·ter [ˋpost,mæstɚ] *n.* Ⓒ 郵政局長。

post·mod·ern [postˋmαdɚn] *adj.* 後現代(主義)的。

post·mod·ern·ism [postˋmαdɚ,nɪzm̩] *n.* Ⓤ 後現代主義(1970年代主張揚棄或改變現代主義的藝術運動)。

post·mor·tem [postˋmɔrtəm] *adj.* ①死後的。a ∼ examination 驗屍。②事後的。— *n.* Ⓒ ①驗屍。②事後檢討。

post·na·tal [postˋnetḷ] *adj.* 出生後的；產後的。

post-of·fice [ˋpost,ɔfɪs] *adj.* 郵政[局]的。§ ∼ bòx 郵政信箱(略作 P.O.B.). ∼ òrder 郵政匯票(略作P.O.O.).

post·paid [ˋpostˋped] *adj.* 郵資已付的。

***post·pone** [postˋpon] *v.t.* & *v.i.* 展緩；延擱。— **ment,** *n.*

post·po·si·tion [,postpəˋzɪʃən] *n.* 〖文法〗① Ⓤ 後置。② Ⓒ 後置詞。— **post·pos′i·tive,** *adj.*

***post·script** [ˋpos·skrɪpt, ˋpost-] *n.* Ⓒ ①(信中)附筆；再啓(略作 **P.S.**). ②(書等之)附錄；後記；跋。

pos·tu·late [ˋpαstʃə,let] *n.* Ⓒ ①假定；假說。②條件。③基本原理。— *v.t.* ①主張；要求。②假定。③認為當然。

pos·ture [ˋpαstʃɚ] *n.* ① Ⓤ Ⓒ 姿勢。② Ⓒ (常 *sing.*)條件；情況；位置。③ Ⓒ (常 *sing.*)心境。— *v.t.* 使擺出某種姿勢或態度。— *v.i.* ①擺某種姿勢。②裝作…的樣子。

post·war [ˋpostˋwɔr] *adj.* 戰後的。

po·sy [ˋpozɪ] *n.* Ⓒ①花。②花束。

***pot** [pαt] *n.* ① Ⓒ (常構成複合字)罐、壺、瓶、盆、鍋等容器。② Ⓒ 便器；夜壺。③ Ⓒ〖俗〗(比賽的)獎杯。④ Ⓒ 一鍋[罐]之量。⑤ Ⓤ〖俗〗大麻。⑥ Ⓒ (常 *pl.*)〖俗〗一筆巨款。*go to* ∼ 變壞；毀滅；沒落。*keep the* ∼ *boiling* **a.** 謀生。**b.** 使保有生氣。*The* ∼ *calls the kettle black.* 五十步笑百步。— *v.t.* (**-tt-**) ①裝入鍋[罐，盆等]中。②貯於罐中。③在鍋中煮。④射擊。— *v.i.* 射擊。

po·ta·ble [ˋpotəbḷ] *adj.* 適於飲用的。

po·tas·si·um [pəˋtæsɪəm] *n.* Ⓤ 〖化〗鉀。

po·ta·tion [poˋteʃən] *n.* ① Ⓤ 飲；一飲。② Ⓒ (常 *pl.*)飲酒；酒宴。③ Ⓒ 飲料；酒類。

‡**po·ta·to** [pəˋteto] *n.* Ⓤ Ⓒ (*pl.* ∼**es**) 馬鈴薯；洋芋。*hot* ∼ 棘手的問題。§ ∼ chíp(1)〖美〗炸馬鈴薯片。(2)〖英〗炸薯條。∼ crìsp〖英〗炸馬鈴薯片。

pot·boil·er [ˋpαt,bɔɪlɚ] *n.* Ⓒ〖俗〗為賺稿費而粗製濫造的作品。

pot-bound [ˋpαt,baund] *adj.* ①〖園藝〗(盆栽的植物)根生滿花盆的。②無發展餘地的。

P

po·ten·cy [ˋpotṇsɪ] *n.* ①[U]力量；權勢。②[U]功效；效能。③[C]潛力。

***po·tent** [ˋpotṇt] *adj.* ①強有力的；有效的。②有影響力的。③有性能力的。—**ly,** *adv.*

po·ten·tate [ˋpotṇ,tet] *n.* [C] ①有權勢者。②統治者；君主。③強國。

***po·ten·tial** [pəˋtɛnʃəl] *adj.* 有可能性的；潛在的。— *n.* [U] (又作 a ～)①可能性。②電位。—**ly,** *adv.*

po·ten·ti·al·i·ty [pə,tɛnʃɪˋælətɪ] *n.* ①[U]可能性。②[C](常 *pl.*)潛力；潛在性。

pot·head [ˋpɑt,hɛd] *n.* [C]〖美俚〗吸大麻煙的人。

pot·hole [ˋpɑt,hol] *n.* [C]①(路面上的)坑洞。②〖地質〗地壺(河床岩石長年經水侵蝕而成的壺狀洞穴)。

po·tion [ˋpoʃən] *n.* [C]①(藥等之)一服；一劑。②一種飲料。

pot·luck [ˋpɑt,lʌk] *n.* [U]便飯。

pot·pour·ri [pɑtˋpurɪ]〖法〗*n.* [C]①百花香料；乾花瓣香包。②〖樂〗混成曲。③(文學)雜集。

pot·ted [ˋpɑtɪd] *adj.* ①盆栽的。②壺[罐，瓶]裝的。③〖英俚〗簡化的；平易化的。

pot·ter [ˋpɑtɚ] *n.* [C]陶工；陶藝家。

***pot·ter·y** [ˋpɑtərɪ] *n.* ①[U]陶器。②[U]陶器製造術。③[C]陶器場。

***pouch** [pautʃ] *n.* [C]①小袋；小包；囊。②彈藥袋。③煙袋。④郵袋。⑤袋狀物。⑥(袋鼠等之)腹袋。

poul·tice [ˋpoltɪs] *n.* [C]敷劑；膏藥。— *v.t.* 敷藥於。

***poul·try** [ˋpoltrɪ] *n.* [U](作 *pl.*解)家禽(雞、鴨、鵝等)。

pounce [pauns] *v.i.* ①突然跳躍。②突然撲向。— *v.t.* 撲過去抓住。— *n.* (*sing.*)猛撲；突襲。

‡**pound**[1] [paund] *n.* [C](*pl.* ～, ～**s**)①磅(重量單位，常衡=16盎斯，金衡=12盎斯)。②鎊(英國貨幣單位)。§～ **càke** 磅餅(用麵粉、糖、牛油各1磅配製者)。

pound[2] *v.t.* & *v.i.* ①連擊；重擊。②擊碎；搗成粉。③沉重地走。④重敲發(聲)；擊擊地打。

‡**pour** [por, pɔr] *v.t.* ①使流；灌；倒；澆。②繼續不斷地發出、推出。③傾瀉；傾訴。— *v.i.* 流；湧出；瀉。～ *cold water on* 使沮喪；向…澆冷水。— *n.* [C]①流；瀉。②傾盆大雨。

***pout** [paut] *v.t.* & *v.i.* 噘嘴。— *n.* [C]①噘嘴。②(常 *pl.*)繃臉。

***pov·er·ty** [ˋpɑvɚtɪ] *n.* [U]①貧窮。②(又作a ～)缺乏；不足。③(土地的)不毛；貧瘠。

pov·er·ty-strick·en [ˋpɑvɚtɪ,strɪkən] *adj.* 極度貧困的。

POW, P.O.W. (*pl.* **POWs, POW's**)prisoner of war. 戰俘。

‡**pow·der** [ˋpaudɚ] *n.* ①[U][C]粉；細粉。②[U]化粧粉；爽身粉。③[U]火藥。— *v.t.* ①使成粉。②塗以粉；搽粉。③撒。— *v.i.* ①成爲粉。②搽粉。§～ **blúe** 淺灰藍色。～ **pùff** 粉撲。～ **ròom** 化妝室；洗手間。

pow·dered [ˋpaudɚd] *adj.* ①粉狀的。②搽了粉的。

pow·der·y [ˋpaudərɪ] *adj.* ①似粉的；粉狀的。②塗粉的。

‡**pow·er** [ˋpauɚ] *n.* ①[U]力；能力。②(*pl.*)體力。③[U]權力；勢力。④[U]國力；軍力。⑤[C]職權；權限。⑥[C]乘方；乘冪。⑦[U]〖機〗動力；馬力；功率。⑧(*pl.*)神祇。*the ～s that be* 當局者。§～ **bràke** 動力煞車。～ **plànt** 動力裝置；發電廠。～ **plày** 集中攻勢。～ **pòint**〖英〗(電)插座。～ **pólitics** 強權政治[外交]。～ **shòvel** 動力鏟。～ **stàtion** 發電廠。～ **stéering** (汽車的)動力操作。～ **strùcture** 權力機構。

pow·er·boat [ˋpauɚ,bot] *n.* [C]汽艇。

‡**pow·er·ful** [ˋpauɚfəl] *adj.* ①有力的；強的。②(藥物等)有特效的。③〖方〗很多的。—**ly,** *adv.*

pow·er·house [ˋpauɚ,haus] *n.* [C]①發電廠。②〖俚〗精力充沛的人。

***pow·er·less** [ˋpauɚlɪs] *adj.* 無力的；無權的；無效能的。

pow·wow [ˋpau,wau] *n.* [C]①(北美印第安人爲醫病、狩獵等而舉行之)祈禱會；集會。②〖俗〗商談；會議；集會。— *v.i.* 舉行會議。

pox [pɑks] *n.*〖醫〗①[U]水痘；天花。②(the ～)梅毒。

pp. pages; past participle.

P.P., p.p. parcel post; postpaid.

ppd. postpaid; prepaid.

PPP Point-to-Point protocol. 由電話線存取的網際網路所使用的傳輸協定。**P.Q.** Province of Quebec.

pr. pair; present; price; printed; printing; pronoun. **Pr.** Priest; Prince. **PR** public relations.

P.R. proportional representation; public relations; Puerto Rico.

prac·ti·ca·ble [ˋpræktɪkəbl̩] *adj.* ①可實行的。②能用的。— **prac·ti·ca·bil′i·ty,** *n.*

‡**prac·ti·cal** [ˋpræktɪkl̩] *adj.* ①實際的。②實用的；有用的。③經驗豐富的；有實地經驗的。④實質上的。§～ **jóke** 惡作劇。

‡**prac·ti·cal·ly** [ˋpræktɪkl̩ɪ] *adv.* ①實際地[上]。②〖俗〗幾乎地。③實用地[上]。④實驗地。

‡**prac·tice** [ˋpræktɪs] *n.* ① Ⓤ 實用；實行；應用。② ⓊⒸ 練習；實習。③ Ⓒ (常 *sing.*)習慣；常例。④ Ⓒ (醫生或律師之)業務；生意。⑤ Ⓤ (又作 *pl.*)策略；詭計。— *v.t.* & *v.i.* ①練習；實習。②慣做；常爲。③以(醫生、律師等)爲業；營業；開業。④實行；爲。⑤訓練；教練；使練習。⑥利用。

prac·ticed [ˋpræktɪst] *adj.* 熟練的；經驗豐富的。(亦作 **practised**)

prac·tise [ˋpræktɪs] *v.t.* & *v.i.* 〖英〗= **practice.**

prac·ti·tion·er [prækˋtɪʃənɚ] *n.* Ⓒ 開業者。

prag·mat·ic, -i·cal [prægˋmætɪk(l̩)] *adj.* ①〖哲〗實用主義的。②實用本位的；實際的。

prag·mat·ics [prægˋmætɪks] *n.* Ⓤ 語用論；語言實用學。

prag·ma·tism [ˋprægmə,tɪzəm] *n.* Ⓤ〖哲〗現實[實用]主義。

prai·rie [ˋprɛrɪ] *n.* Ⓒ ①大草原。②牧場；草地。

praise [prez] *n.* ① Ⓤ 讚美；稱讚；崇拜。②(*pl.*)頌詞。— *v.t.* ①稱讚；讚揚。②(以歌等)讚頌。

praise·wor·thy [ˋprez,wɝðɪ] *adj.* 值得讚美的；令人欽佩的。

pra·line [ˋprɑlin] *n.* ⓊⒸ 杏仁糖；胡桃糖。

pram [præm] *n.* Ⓒ〖英俗〗嬰兒車。

prance [præns] *v.i.* ①(馬)騰躍而行。②昂首闊步；神氣十足地走。③歡躍(about).

prank[1] [præŋk] *n.* Ⓒ ①戲謔。②惡作劇。

prank[2] *v.t.* & *v.i.* 盛裝；裝飾。

prat [præt] *n.* Ⓒ 〖英俚〗無能者；廢物；蠢貨。

prate [pret] *v.t.* & *v.i.* 喋喋不休；空談。— *n.* ⓊⒸ 空談；廢話。

prat·fall [ˋpræt,fɔl] *n.* Ⓒ〖俚〗①(低級喜劇演出的)臀部著地的摔跤。②尷尬的失敗或錯誤。

prat·tle [ˋprætl̩] *v.i.* & *v.t.* ①閒談。②(像小孩)談話。— *n.* Ⓤ 閒談；無聊話；小兒之語。

prawn [prɔn] *n.* Ⓒ〖動〗斑節蝦。

‡**pray** [pre] *v.t.* & *v.i.* ①祈禱。②向…乞求；懇求。③請。

‡**prayer** [prɛr] *n.* ① Ⓤ 祈禱；禱告。② Ⓒ (常 *pl.*)祈禱文。③ Ⓤ (常 P-)祈禱式。④ Ⓒ 請願。⑤ [ˋpreɚ] Ⓒ 祈禱者。§～ **bòok** 祈禱書。

pre- 〖字首〗表「在…先；前；預先」之義。

***preach** [pritʃ] *v.t.* & *v.i.* ①傳教；說教。②宣講(教義等)。③講勸；倡導。④嘮叨。— **preach′y,** *adj.*

***preach·er** [ˋpritʃɚ] *n.* Ⓒ 傳道者；宣教者；牧師。

pre·ad·o·les·cence [,priædəˋlɛsn̩s] *n.* Ⓤ 青春期前的時期。

pre·am·ble [ˋpriæmbl̩] *n.* Ⓒ ①前文；導言。②開場白。

pre·am·pli·fi·er [priˋæmplə,faɪɚ] *n.* Ⓒ〖電〗前置放大器。

pre·ar·range [,priəˋrendʒ] *v.t.* 預先安排[協商]；預定。

pre·a·tom·ic [,priəˋtɑmɪk] *adj.* 使用原子能之前的。

pre·car·i·ous [prɪˋkɛrɪəs] *adj.* ①不確定的；不可靠的。②危險的；不安定的。— **ly,** *adv.*

prec·a·to·ry [ˋprɛkə,torɪ] *adj.* (表示)懇求的。

***pre·cau·tion** [prɪˋkɔʃən] *n.* Ⓤ Ⓒ (常 *pl.*)預防；防備；事先之準備；預防措施。— **ar·y,** *adj.*

***pre·cede** [priˋsid] *v.t.* & *v.i.* ①在前；在先。②(地位等)高於；優於。

prec·e·dence [prɪˋsidn̩s], **-cy** [-sɪ] *n.* Ⓤ ①居先；先行。②上位；上座。③優先(權)。

***prec·e·dent** [ˋprɛsədənt] *n.* ① Ⓤ 先例；慣例。② ⓊⒸ〖法律〗判例。

***pre·ced·ing** [priˋsidɪŋ] *adj.* 在前的；在先的。

pre·cept [ˋprisɛpt] *n.* ⓊⒸ ①箴言；教訓。②(機械等之)操作方法。③〖法律〗命令書；令狀。

pre·cep·tor [prɪˋsɛptɚ] *n.* Ⓒ ①教訓者；導師。②聖殿騎士團團長。

pre·cinct [ˋprisɪŋkt] *n.* Ⓒ ①(城市之)區域；區。②限定之區域。③(常 *pl.*)界限；範圍。

‡**pre·cious** [ˋprɛʃəs] *adj.* ①寶貴的；

貴重的。②可愛的；珍愛的。③(言語、行爲等)過於考究的；矯揉造作的。④〖俗〗極大的。⑤好的；很大的(諷刺語)。— **ly,** *adv.*

*__prec·i·pice__ [ˋprɛsəpɪs] *n.* Ⓒ ①懸崖。②極爲危急之情勢。

pre·cip·i·tate [prɪˋsɪpə,tet] *v.t.* ①突然引起。②擲下；墜下；猛投。③使(空中水氣)凝爲雨露而落下。④使沉澱。— *v.i.* ①倒落；墜落；倉皇。②沉澱。③(空中水氣)凝結爲雨露落下。— [prɪˋsɪpə,tet, -tɪt] *adj.* ①突然的。②匆忙的；鹵莽的。— *n.* ⓊⒸ〖化〗沉澱物。— **ly,** *adv.*

pre·cip·i·ta·tion [prɪ,sɪpəˋteʃən] *n.* ①Ⓤ(又作a ～)猛然摔下；落下。②Ⓤ(又作a ～)匆促；慌張；輕率。③〖化〗**a.** Ⓤ沈澱。**b.** ⓊⒸ沈澱物。④Ⓤ〖氣象〗降雨(量)；下雪。

pre·cip·i·tous [prɪˋsɪpətəs] *adj.* ①陡峭的。②急轉直下的。

pré·cis [preˋsi] 〖法〗*n.* Ⓒ (*pl.* ～ [～z])大綱；摘要；要旨。

*__pre·cise__ [prɪˋsaɪs] *adj.* ①正確的。②考究的。③嚴格的。— **ly,** *adv.*

*__pre·ci·sion__ [prɪˋsɪʒən] *n.* Ⓤ (又作a ～) & *adj.* 精密(的)；正確(的)。

pre·clin·i·cal [priˋklɪnɪkl] *adj.* 〖醫〗臨床前(期)的。

pre·clude [prɪˋklud] *v.t.* ①排除。②妨礙；阻止；使不可能。

pre·co·cious [prɪˋkoʃəs] *adj.* ①早熟的。②〖植〗早開花的。— **pre·coc′i·ty** [-ˋkɑs-], *n.*

pre·co·lo·ni·al [,prikəˋlonɪəl] *adj.* 淪爲殖民地以前的。

pre·con·ceive [,prikənˋsiv] *v.t.* 預想；事先考慮；預先形成(觀念等)。～*d* ideas 先入之見；成見。

pre·con·cep·tion [,prikənˋsɛpʃən] *n.* Ⓒ①預想。②先入之見。③偏見；偏好。

pre·con·di·tion [,prikənˋdɪʃən] *n.* Ⓒ先決條件；必需的條件；前提。

pre·cook [priˋkuk] *v.t.* 將(食物)預先烹調。— **ed,** *adj.*

pre·cur·sor [prɪˋkɜsə] *n.* Ⓒ ①先驅；先兆。②前輩；先進。— **pre·cur′so·ry,** *adj.*

pre·date [priˋdet] *v.t.* ①填比實際日期較早之日期。②(日期)先於。

pred·a·tor [ˋprɛdətə] *n.* Ⓒ ①掠奪者。②肉食動物。

pred·a·to·ry [ˋprɛdə,torɪ] *adj.* ①掠奪的。②肉食性的。

pre·dawn [priˋdɔn] *adj.* 黎明前的。

pre·de·cease [,pridɪˋsis] *v.t.* 〖法律〗死於…之前。

*__pred·e·ces·sor__ [,prɛdɪˋsɛsə] *n.* Ⓒ ①(某職位的)前任。②被取代之物。③祖先；前輩。

pre·des·ti·nate [prɪˋdɛstə,net] *v.t.* ①命中註定；預定。②(神)預先安排。— **pre·des·ti·na′tion,** *n.*

pre·des·tine [prɪˋdɛstɪn] *v.t.* 預定；注定。— **pre·des′ti·na·ble,** *adj.*

pre·de·ter·mine [,pridɪˋtɜmɪn] *v.t.* ①預先決定。②使先有某種傾向。— **pre·de·ter·mi·na′tion,** *n.*

pre·de·ter·min·er [,pridɪˋtɜmɪnə] *n.* Ⓒ〖文法〗前限定詞。

pre·dic·a·ment [prɪˋdɪkəmənt] *n.* Ⓒ處境；苦境；窮境。

*__pred·i·cate__ [ˋprɛdɪkɪt] *n.* Ⓒ ①〖文法〗述詞；述語。②〖邏輯〗賓辭；屬性。— [ˋprɛdɪ,ket] *v.t.* ①宣稱(某事屬實)；斷言。②意含；意指。③使(陳述或行動)有根據。

pred·i·ca·tive [ˋprɛdɪ,ketɪv] *adj.* ①肯定的；斷定的。②〖文法〗敘述的；述語的。— **ly,** *adv.*

*__pre·dict__ [prɪˋdɪkt] *v.t.* & *v.i.* 預知；預言。— **pre·dic′tive,** *adj.*

pre·dict·a·ble [prɪˋdɪktəbl] *adj.* ①可預測的。②無創意的。

*__pre·dic·tion__ [prɪˋdɪkʃən] *n.* ①Ⓤ被預言的事物。②Ⓒ預言；預報。

pre·di·lec·tion [,pridlˋɛkʃən] *n.* Ⓒ偏愛；偏好(for)。

pre·dis·pose [,pridɪsˋpoz] *v.t.* ①使偏向於。②使易患(某種病)。— **pre·dis·po·si′tion,** *n.*

*__pre·dom·i·nant__ [prɪˋdɑmənənt] *adj.* ①主要的；有勢力的；傑出的。②顯著的；突出的。— **ly,** *adv.* — **pre·dom′i·nance,** *n.*

pre·dom·i·nate [prɪˋdɑmə,net] *v.i.* 佔優勢；握主權。

pree·mie [ˋprimɪ] *n.* Ⓒ早產兒。

pre·em·i·nent [prɪˋɛmənənt] *adj.* 優越的；卓越的。— **ly,** *adv.* — **pre·em′i·nence,** *n.*

pre·empt [prɪˋɛmpt] *v.t.* ①搶先取得或占用。②預先占有(公地)而取得先買權。— **pre·emp′tive,** *adj.*

preen [prin] *v.t.* ①(鳥)以喙整理(羽毛)。②(人)修飾打扮。

pre·fab [priˋfæb] *adj.* 預先建造的

— *n.* Ⓒ〖俗〗組合式[活動]房屋。
pre·fab·ri·cate [pri`fæbrə,ket] *v.t.* ①製造(房屋等之)標準化部分。②預造；預鑄。
***pref·ace** [`prɛfɪs] *n.* Ⓒ 序言；開端。— *v.t.* 作爲…的序文；開始。
pref·a·to·ry [`prɛfə,torɪ] *adj.* 序文的；引言的；開場的。
pre·fect [`prifɛkt] *n.* Ⓒ①(古羅馬之)長官。②(法、義)地方行政長官。③〖英〗(學生)級長；班長。
***pre·fec·ture** [`prifɛktʃɚ] *n.* Ⓒ (常 P-)(法國的)省；(日本的)縣。
‡**pre·fer** [prɪ`fɜ] *v.t.* (**-rr-**) ①較喜歡；偏好(多與 to, rather than 連用)。②提出；呈出。③提拔；擢升。
pref·er·a·ble [`prɛfrəbl̩] *adj.* 較合意的。— **pref′er·a·bly,** *adv.*
***pref·er·ence** [`prɛfərəns] *n.* ① Ⓤ 偏好；選擇。② Ⓒ 嗜好物。
pref·er·en·tial [,prɛfə`rɛnʃəl] *adj.* ①優先的。②優惠的；特惠的。
pre·fer·ment [prɪ`fɜmənt] *n.* Ⓤ Ⓒ 擢升；晉升。
pre·fig·ure [pri`fɪgjɚ] *v.t.* ①預示。②預想；揣測。
***pre·fix** [`pri,fɪks] *n.* Ⓒ字首(例如 unkind 中之 un). — [pri`fɪks] *v.t.* ①加字首。②置於前。
preg·gers [`prɛgɚz] *adj.* 〖英俚〗懷孕的(=pregnant).
***preg·nant** [`prɛgnənt] *adj.* ①懷孕的。②富饒的(with). ③有意義的；重要的。④極可能的。⑤富想像力的(in). — **preg′nan·cy,** *n.*
pre·his·tor·ic, -i·cal [,pri(h)ɪs`tɔrɪk(l̩)] *adj.* 史前的。
pre·his·to·ry [pri`hɪst(ə)rɪ] *n.* Ⓤ 史前時代；史前史；史前學。
pre·in·dus·tri·al [,prin`dʌstrɪəl] *adj.* 工業化以前的。
pre·judge [pri`dʒʌdʒ] *v.t.* ①預斷；過早[貿然]判斷。②未審問而判決。
prej·u·dice [`prɛdʒədɪs] *n.* ① Ⓤ Ⓒ 偏見；成見。② Ⓤ〖法律〗傷害；損害。— *v.t.* ①使存偏見；使有成見。②傷害；損害。— **prej′u·diced** [～t], *adj.*
prej·u·di·cial [,prɛdʒə`dɪʃəl] *adj.* ①使生偏見的。②有害的。
prel·ate [`prɛlɪt] *n.* Ⓒ 高級神職人員(如主教、大主教)。
pre·lim·i·nar·y [prɪ`lɪmə,nɛrɪ] *adj.* 初步的；開始的。— *n.* Ⓒ①初賽。②(常 *pl.*)初步行動。
prel·ude [`prɛljud] *n.* Ⓒ①序言；前奏。②〖樂〗序曲；前奏曲。— *v.t.* ①爲…之前奏。②以前奏曲開始。
pre·mar·i·tal [pri`mærətl̩] *adj.* 婚前的。～ sex 婚前性行爲。
pre·ma·ture [,primə`tjur] *adj.* ①未成熟的；太早的。②草率的；匆促的。— **ly,** *adv.*
pre·med [`primɛd, pri`mɛd] *adj.* 醫預科的。— *n.* (亦作 **premedic**) Ⓒ 醫預科學生。
pre·med·i·tate [prɪ`mɛdə,tet] *v.t.* & *v.i.* 預謀。— **pre·med′i·tat·ed,** *adj.* — **pre·med·i·ta′tion,** *n.*
***pre·mier** [`primɪɚ, prɪ`mɪr] *n.* Ⓒ 首相；內閣總理；(我國之)行政院長。— [`primɪɚ] *adj.* 首要的；第一的。
pre·mière [prɪ`mɪr] 〖法〗*n.* Ⓒ ①首演；首映。②首席女主角。
pre·mier·ship [`primɪɚ,ʃɪp] *n.* Ⓤ Ⓒ 首相、總理等之職位與任期。
***prem·ise** [`prɛmɪs] *n.* ① Ⓒ〖邏輯〗前提。②(*pl.*)(包括地基之)房屋；房產。— [prɪ`maɪz, `prɛmɪs] *v.t.* & *v.i.* 提論；立前題。
prem·iss [`prɛmɪs] *n.* Ⓒ〖邏輯〗前提。
pre·mi·um** [`primɪəm] *n.* Ⓒ①報酬；津貼。②獎金；賞金。③保險費。④額外費用[加價]。put*** [***set, place***] ***a ～ on*** 給予甚高評價；獎勵。
pre·mo·ni·tion [,primə`nɪʃən] *n.* Ⓒ①預先告誡。②前兆；預感。
pre·mon·i·to·ry [prɪ`mɑnə,torɪ] *adj.* 預先告誡的；前兆的。
pre·na·tal [pri`netl̩] *adj.* 出生前的；胎兒期的。
pre·nu·cle·ar [pri`njuklɪɚ] *adj.* 核子武器時代以前的。
pre·oc·cu·pa·tion [pri,ɑkjə`peʃən] *n.* ① Ⓤ 先得；先佔；先居住。② Ⓒ 先入爲主的見解；偏見。③ Ⓤ 全神貫注；出神。
pre·oc·cu·py [pri`ɑkjə,paɪ] *v.t.* ①盤據(心頭)；使凝神於。②預占；先占。— **pre·oc′cu·pied,** *adj.*
pre·or·dain [,priɔr`den] *v.t.* (神、命運等)預先注定；命中註定。— **pre·or·di·na′tion,** *n.*
pre·owned [pri`ond] *adj.* 二手的；用過的。(亦作 **pre-owned**)
prep [prɛp] *n.* Ⓤ Ⓒ〖俗〗先修班；預備學校；補習學校。
prep. preparatory; preposition.

P

pre·pack [priˋpæk] *v.t.* =**pre-package.**

pre·pack·age [priˋpækɪdʒ] *v.t.* 出售前包裝(食品)。

pre·paid [priˋped] *adj.* 先付的；付訖的。

***prep·a·ra·tion** [ˏprɛpəˋreʃən] *n.* ①Ⓤ(又作 a ～)準備；預備。②Ⓒ(常 *pl.*)準備之事物。③Ⓒ(調製成之)藥劑；配製(食)品。

***pre·par·a·to·ry** [prɪˋpærəˏtorɪ] *adj.* 預備的；準備的。～ *to* 先於；作爲…之準備。§ ∼ **schòol** (1)〖英〗(public school 之)預備學校。(2)〖美〗大學預科。

‡**pre·pare** [priˋpɛr] *v.t.* ①預[準]備。②爲…之先導；爲…鋪路。— *v.i.* 預[準]備。— **pre·par′ed·ness,** *n.*

pre·pon·der·ant [prɪˋpɑndərənt] *adj.* ①占優勢的。②主要的；重要的。— **pre·pon′der·ance,** *n.*

pre·pon·der·ate [prɪˋpɑndəˏret] *v.i.* ①數目超過；力量大過；影響力勝過。②占優勢；爲主要。

***prep·o·si·tion**[1] [ˏprɛpəˋzɪʃən] *n.* Ⓒ介系詞；前置詞。— **al,** *adj.*

pre·po·si·tion[2] [ˏpripəˋzɪʃən] *v.t.* 事先安置。(亦作 **pre-position**)

pre·pos·sess [ˏpripəˋzɛs] *v.t.* ①使預先具有。②使有好感、好印象(常用被動式)。— **ing,** *adj.*

pre·pos·ter·ous [prɪˋpɑstərəs] *adj.* 反常的；荒謬的。

pre·pro·duc·tion [ˏpriprəˋdʌkʃən] *adj.* 生產前(試驗)的。

Pre-Raph·a·el·ite [priˋræfɪəˏlaɪt] *n.* Ⓒ①前拉斐爾派的人[畫家]。②拉斐爾之前的畫家。— *adj.* 前拉斐爾派的。

pre·re·cord [ˏpririˋkɔrd] *v.t.* 預先錄音[錄影]。

pre·req·ui·site [priˋrɛkwəzɪt] *n.* Ⓒ必要[先決]條件。— *adj.* 必須[先決]的。

pre·rog·a·tive [prɪˋrɑgətɪv] *n.* Ⓒ(常 *sing.*)特權；特典；大權。

pres·age [ˋprɛsɪdʒ] *n.* Ⓒ①預兆；前兆。②預感。— [priˋsedʒ] *v.t.* ①預示；預兆。②預感。

Pres·by·te·ri·an [ˏprɛzbəˋtɪrɪən] *adj.* 長老會(制)的。

pre·school [ˋpriˋskul] *adj.* 未屆學齡的；學前的。

pre·sci·ent [ˋprɛʃɪənt] *adj.* 有先見的；預知的。— **pre′sci·ence,** *n.*

***pre·scribe** [prɪˋskraɪb] *v.t.* & *v.i.* ①命令；規定；指定。②開藥方。

***pre·scrip·tion** [prɪˋskrɪpʃən] *n.* ①**a.** Ⓤ規定。**b.** Ⓒ法令；法規。②Ⓒ藥方。③Ⓤ〖法律〗時效。

pre·scrip·tive [prɪˋskrɪptɪv] *adj.* ①規定的。②〖法律〗根據或起於時效的。③慣例的。

‡**pres·ence** [ˋprɛzn̩s] *n.* ①Ⓤ在場；出席。②Ⓤ存在。③Ⓤ(又作 a ～)態度；風采。～ *of mind* 鎮定；平靜；沈著。

‡**pre·sent**[1] [prɪˋzɛnt] *v.t.* ①給；贈。②提出。③呈遞；送呈；呈獻。④介紹。⑤演出(戲劇等)。⑥呈現出。⑦指向；轉向。⑧出席。— [ˋprɛzn̩t] *n.* Ⓒ禮物；贈品。— **a·ble,** *adj.*

‡**pres·ent**[2] [ˋprɛzn̩t] *adj.* ①在場的；出席的。②現在的；此刻的。③〖文法〗現在的。— *n.* ①(the ～)現在；目前。②Ⓒ〖文法〗現在式。*for the* ～ 眼前；目前；現在。§ ∼ **pártici-ple**〖文法〗現在分詞。∼ **pérfect**〖文法〗現在完成式。

***pres·en·ta·tion** [ˏprɛzn̩ˋteʃən, ˏprizɛn-] *n.* ①ⓊⒸ贈送；進呈。②Ⓤ提出。③ⓊⒸ演出。④ⓊⒸ介紹；引見。§ ∼ **còpy** (書)贈送本。

pres·ent-day [ˋprɛzn̩tˋde] *adj.* 今日的；現代的。

pre·sent·er [prɪˋzɛntɚ] *n.* Ⓒ①贈與者；提出者。②〖英〗節目主持人；新聞播報員。

pre·sen·ti·ment [prɪˋzɛntəmənt] *n.* Ⓒ(不祥之)預感。

‡**pres·ent·ly** [ˋprɛzn̩tlɪ] *adv.* ①不久地；即刻地。②目前；現在。

***pres·er·va·tion** [ˏprɛzɚˋveʃən] *n.* Ⓤ保護；保存；保藏。

pres·er·va·tion·ist [ˏprɛzɚˋveʃənɪst] *n.* Ⓒ自然保育者。

pre·serv·a·tive [prɪˋzɝvətɪv] *n.* ⓊⒸ防腐劑；保護物。— *adj.* ①保存的；有保存力的。②防腐的。

‡**pre·serve** [prɪˋzɝv] *v.t.* ①保護。②保持。③保存。④糖漬；鹽醃。— *n.* ①ⓊⒸ(常 *pl.*)蜜餞水果。②Ⓒ自然保護區；禁獵區。

pre·set [priˋsɛt] *v.t.* (～, **-set·ting**) 預先調整[裝置]；預調。

***pre·side** [prɪˋzaɪd] *v.i.* ①開會時主席(at, over)。②管理(over)。

***pres·i·den·cy** [ˋprɛz(ə)dənsɪ] *n.* Ⓒ president 的職權[任期]。

‡**pres·i·dent** [ˋprɛzədənt] *n.* Ⓒ ① 董事長；總經理；社長；會長；大學校長等。②(常 P-)總統。

pres·i·dent-e·lect [ˋprɛzɪdəntɪˋlɛkt] *n.* Ⓒ (*pl.* **pres·i·dents-e·lect**) 當選而尙未就職之總統。

***pres·i·den·tial** [ˌprɛzəˋdɛnʃəl] *adj.* ① president 的。②統轄的；監督的；指揮的。

‡**press** [prɛs] *v.t.* ①壓；按；擠；榨。②擁抱；緊抱。③使平；壓平。④力勸；敦促。⑤迫；逼。⑥催促。 — *v.i.* ①壓；壓迫。②擁擠；推進。③緊迫；急迫。***be ~ed for time* [*money*]** 時間緊迫[金錢拮据]。 — *n.* ①(a ~)壓；擠；擁擠。②Ⓒ壓力機；壓榨機。③Ⓤ(常 the ~)印刷(術)。④Ⓒ印刷機；印刷廠。⑤Ⓤ(常 the ~)新聞界。⑥Ⓤ群衆。⑦Ⓤ緊急。⑧Ⓒ壁櫥。⑨ⓊⒸ(衣服的)熨燙。***go to ~*** 付印；開始印刷。§ ~ **àgency** 通訊社。~ **àgent** (劇場的)新聞宣傳員。~ **bòx** 新聞記者席。~ **cònference** 記者會。~ **gàllery** 記者席。~ **relèase**(發給報社之)新聞稿。

press-gang [ˋprɛsˌgæŋ] *v.t.* ①強徵…入伍。②強迫…做(事)。

***press·ing** [ˋprɛsɪŋ] *adj.* ①迫急[緊急]的；近在眉睫的。②強求的。

press·man [ˋprɛsmən] *n.* Ⓒ (*pl.* **-men**)①印刷工人。②〖英〗新聞記者。

press-up [ˋprɛsˌʌp] *n.* Ⓒ〖英〗伏地挺身(=〖美〗push-up)。

***pres·sure** [ˋprɛʃɚ] *n.* ①Ⓤ壓。②ⓊⒸ壓力。③ⓊⒸ困窮；困厄。④Ⓤ緊急；匆忙。⑤Ⓤ壓迫(感)。§ ~ **còoker** 壓力鍋。~ **gròup** 壓力團體(對議員施以壓力以維護自身利益的團體)。~ **sùit**〖空〗壓力服。

pres·sur·ize [ˋprɛʃəˌraɪz] *v.t.* 在(飛機)中保持近於正常氣壓。

pres·ti·dig·i·ta·tion [ˌprɛstɪˌdɪdʒɪˋteʃən] *n.* Ⓤ 變戲法；手法；幻術。

pres·tige [ˋprɛstɪdʒ, prɛsˋtiʒ] *n.* Ⓤ威望；聲望。

pres·tig·i·ous [prɛsˋtɪdʒɪəs] *adj.* 享有聲望的；享有名聲的。

pres·to [ˋprɛsto] *adv.* ①〖樂〗急速地；快。②立刻地。

pre·sum·a·ble [prɪˋzuməbl] *adj.* 可假定的；可能的。— **pre·sum′a·bly,** *adv.* 或許；可能。

pre·sume [prɪˋzum] *v.t.* ①假定；推測。②敢於。 — *v.i.* 占便宜。

pre·sump·tion [prɪˋzʌmpʃən] *n.* ①Ⓤ無禮；傲慢；僭越；厚臉皮。②Ⓒ臆測；推定；設定。

pre·sump·tive [prɪˋzʌmptɪv] *adj.* 假定的；推定的。

pre·sump·tu·ous [prɪˋzʌmptʃuəs] *adj.* 僭越的；膽大妄爲的；無顧忌的。— **ly,** *adv.*

pre·sup·pose [ˌprisəˋpoz] *v.t.* ①預想；假定；推測。②必須先有；以…爲先決條件。— **pre·sup·po·si·tion** [ˌprisʌpəˋzɪʃən], *n.*

prêt-à-por·ter [ˌprɛtɑpɔrˋte] 〖法〗*n.* Ⓒ成衣。

pre·tax [priˋtæks] *adj.* 未扣稅的；繳稅前收入的。

pre·teen [priˋtin] *adj.* & *n.* Ⓒ未滿十三歲的(孩童)。

***pre·tence** [prɪˋtɛns] *n.* 〖英〗=**pretense.**

***pre·tend** [prɪˋtɛnd] *v.t.* ①佯裝；僞裝。②僞稱；佯稱。③聲稱；自命。 — *v.i.* ①覬覦；主張；爭。②假裝。

pre·tend·er [prɪˋtɛndɚ] *n.* Ⓒ ①假裝者；僞託者。②(不當的)要求者。③覬覦王位者。

***pre·tense** [prɪˋtɛns] *n.* ①Ⓤ(又作 a ~)僞裝；掩飾；虛僞。②ⓊⒸ藉口；託辭；口實；僞稱。③Ⓤ虛飾。④Ⓤ炫耀；自負。

pre·ten·sion [prɪˋtɛnʃən] *n.* ①Ⓒ(常 *pl.*) 要求。②Ⓒ自負。③Ⓤ虛飾。④ⓊⒸ口實；託詞。

pre·ten·tious [prɪˋtɛnʃəs] *adj.* ①虛飾的；矯飾的。②自負的；驕傲的。— **ly,** *adv.* — **ness,** *n.*

pret·er·it(e) [ˋprɛtərɪt] *n.* Ⓒ & *adj.* 〖文法〗過去式(的)。

pre·ter·mit [ˌpritɚˋmɪt] *v.t.* (**-tt-**) ①忽略；怠忽。②省略。— **pre·ter·mis′sion,** *n.*

pre·ter·nat·u·ral [ˌpritɚˋnætʃərəl] *adj.* ①超自然的；不可思議的。②異常的；奇特的。

pre·test [ˋpriˌtɛst] *n.* Ⓒ事先之試驗；(產品等的)預行試驗。 — [prɪˋtɛst] *v.t.* & *v.i.* 預先測試。

pre·text [ˋpritɛkst] *n.* Ⓒ藉口。

pret·ti·fy [ˋprɪtɪˌfaɪ] *v.t.* 〖蔑〗(過分地)修飾。

pret·ty [ˋprɪtɪ] *adj.* ①悅人的；漂亮的；精緻的。②很不好的。③〖俗〗大的；廣的。 — *adv.* 相當；頗；非常。 — *n.* (my ~, 用於稱呼) 可愛的動

物；心肝；寶貝。 —— *v.t.* 予以美化〔常 up〕. —pret′ti·ly, *adv.*

pret·zel [ˋprɛtsḷ] *n.* Ⓒ鹹脆捲餅。

pre·vail** [prɪˋvel] *v.i.* ①盛行；流行。②占優勢。③戰勝。④生效；有效。～ ***on[***upon, with***]說服。

***pre·vail·ing** [prɪˋvelɪŋ] *adj.* ①占優勢的。②盛行的；流行的。

***prev·a·lent** [ˋprɛvələnt] *adj.* 普遍的；流行的。—**prev′a·lence,** *n.*

P

pre·var·i·cate [prɪˋværə͵ket] *v.i.* 支吾其詞；搪塞。—**pre·var·i·ca′tion, pre·var′i·ca·tor,** *n.*

‡**pre·vent** [prɪˋvɛnt] *v.t.* ①阻礙；妨礙。②防止；預防；使…不發生。—**a·ble,** *adj.*

***pre·ven·tion** [prɪˋvɛnʃən] *n.* Ⓤ防止；預防。

pre·ven·tive [prɪˋvɛntɪv] *adj.* 預防的；妨礙的。—— *n.* Ⓒ①預防措施[藥物]。②妨礙物。

pre·view [ˋpri͵vju] *n.* Ⓒ①預先的察看或勘察。②〖影〗**a.** (公映前之)試映。**b.** 預告片。——[priˋvju] *v.t.* ①預先察看或勘察。②試映。

pre·vi·ous** [ˋpriviəs] *adj.* ①在前的；先前的。②〖俗〗過快的；過急的。～ ***to 在…以前。

pre·vi·sion [prɪˋvɪʒən] *n.* ⓊⒸ先見；預知；預感。

pre·war [priˋwɔr] *adj.* 戰前的。

***prey** [pre] *n.* ①Ⓤ被捕食的動物。②Ⓤ捕食之習性；掠食。③Ⓤ(又作 a ～)犧牲者[品]。—— *v.i.* ①捕食；攫食。②搶奪；掠奪；剝削。

‡**price** [praɪs] *n.* ①Ⓒ價格；價錢。②(*sing.*)代價。③Ⓤ〖古〗貴重。④Ⓒ懸賞金。***at any*** ～ 不惜任何代價。***what*** ～…何價[用]? —— *v.t.* ①定以價格。②問…之價。③估…之價。§ ∼ **suppòrt**(政府用收購或補貼方式)穩定價格。∼ **tàg** 價格(標籤)。∼ **wàr** 削價競爭；價格戰。

príce-earn·ings rátio [ˋpraɪs͵ɜnɪŋz ～] *n.* Ⓒ價格與獲利比率；本益比。

price·less [ˋpraɪslɪs] *adj.* ①無價的。②〖俚〗極有趣的；極荒謬的。

‡**prick** [prɪk] *n.* Ⓒ①尖銳物；刺。②刺痛；良心的責備。③戳刺。④刺點。—— *v.t.* ①扎；刺；戳；穿孔。②以針孔標示。③刺痛。④驅策。⑤豎起(耳朵)。—— *v.i.* ①刺。②感覺刺痛。③豎起〔up〕. ④策馬前進。～ ***up the ears*** **a.** 豎起耳朵。**b.** 仔細聽。

prick·le [ˋprɪkḷ] *n.* ①Ⓒ尖刺；刺。②(*sing.*)〖俗〗刺痛感覺。—— *v.i.* ①感覺刺痛。②刺。

prick·ly [ˋprɪklɪ] *adj.* ①多刺的。②如針刺的；刺痛的。③棘手的。§ ∼ **héat** 痱子。∼ **péar**〖植〗霸王樹(仙人掌之一種)。

‡**pride** [praɪd] *n.* ①Ⓤ自負；自大。②(*sing.*)引以爲傲之人[物]。③Ⓤ(又作 a ～)驕傲；傲慢。④Ⓤ自豪；自尊(心)。⑤Ⓒ(常 *sing.*)(獅子的)群。—— *v.t.* 自負；驕傲。～ ***oneself on*** 以…自傲。

***priest** [prist] *n.* Ⓒ教士；牧師；神父；祭司；僧侶。—**ly,** *adj.*

priest·ess [ˋpristɪs] *n.* Ⓒ女教士；女祭司；尼姑。

priest·hood [ˋprist·hʊd] *n.* Ⓤ①僧職；聖職。②(集合稱)僧侶；教士。

prig [prɪg] *n.* Ⓒ〖蔑〗①一本正經的人。②自命不凡者。—**gish,** *adj.*

prim [prɪm] *adj.* (**-mm-**) 拘泥形式的；端端正正的。—**ly,** *adv.*

pri·ma·cy [ˋpraɪməsɪ] *n.* ①Ⓤ首位。②Ⓒ〖天主教〗primate 之職。

pri·mal [ˋpraɪmḷ] *adj.* ①最初的；原始的。②主要的；基本的。

***pri·ma·ri·ly** [ˋpraɪ͵mɛrəlɪ, praɪˋmɛrəlɪ] *adv.* ①主要地；首要地；本來。②最初；首先。

***pri·ma·ry** [ˋpraɪ͵mɛrɪ, -mərɪ] *adj.* ①第一的；初步的；初級的。②基本的。③原來的；根本的。④首要的；主要的。—— *n.* Ⓒ①最主要者。②〖美〗(政黨之)初選。§ ∼ **cólor** 原色(顏料指紅、黃、藍；光色指紅、綠、藍)。∼ **schòol**〖英〗小學。

pri·mate [ˋpraɪmɪt, -met] *n.* Ⓒ(常 P-)①〖英國教〗大主教。②〖天主教〗總主教。③〖動〗靈長類。

***prime**[1] [praɪm] *adj.* ①首要的；第一的；主要的。②最上等的；最佳的。③基本的；最初的；最早的。④〖數〗質數的。—— *n.* ①(*sing.*, the ～, one's ～)全盛時期；最佳部分。②(*sing.*, the ～)最初部分；開始；青春；春天。§ ∼ **mínister** 總理；首相。∼ **mòver**〖機〗原動力。∼ **númber**〖數〗質數。∼ **tìme**〖美〗(電視等的)黃金時段。

***prime**[2] *v.t.* ①上火藥；裝雷管。②塗頭道油漆。

prim·er[1] [ˋprɪmɚ] *n.* ①Ⓒ初學

書；初階。②Ⓤ一種活字。

prim·er² [ˋpraɪmɚ] *n.* Ⓒ①裝火藥者。②雷管；引火線。

pri·me·val [praɪˋmivl] *adj.* 原始時代的；太古的；初期的。

prim·i·tive [ˋprɪmətɪv] *adj.* ①原始的；上古的。②最早的；最初的。

pri·mo·gen·i·tor [ˏpraɪməˋdʒɛnətɚ] *n.* Ⓒ祖先；始祖。

pri·mo·gen·i·ture [ˏpraɪməˋdʒɛnətʃɚ] *n.* Ⓤ①長子之身分。②〖法律〗長子繼承制。

pri·mor·di·al [praɪˋmɔrdɪəl] *adj.* 原始的；最初的。

***prim·rose** [ˋprɪmˏroz] *n.* ①Ⓒ〖植〗櫻草；櫻草花。②Ⓤ淡黃色。

prim·u·la [ˋprɪmjulə] *n.* Ⓒ〖植〗櫻草科的植物。

pri·mus [ˋpraɪməs] *n.* Ⓒ〖商標〗手提式汽化爐。

‡**prince** [prɪns] *n.* Ⓒ①(常 P-)王子；太子。②(常 P-)(小國之)君主；諸侯。③泰斗。§ P∼ **Chárming** 白馬王子(女孩子理想中的情人)。

prince·ly [ˋprɪnslɪ] *adj.* ①君王的；王子的；王侯的；皇家的。②似王子的；豐厚的。③尊貴的；莊嚴的。

***prin·cess** [ˋprɪnsɪs] *n.* Ⓒ(常 P-)①公主。②公爵夫人。③王妃。

‡**prin·ci·pal** [ˋprɪnsəpl] *adj.* 重要的；首要的；主要的。—*n.* Ⓒ(常 P-)長官；首長；校長。§∼ **párts** 英文中動詞的三個主要形式(即現在式、過去式、過去分詞)。

prin·ci·pal·i·ty [ˏprɪnsəˋpælətɪ] *n.* Ⓒ公國；侯國。

***prin·ci·pal·ly** [ˋprɪnsəplɪ] *adv.* 大抵；重要地；首要地；主要地。

‡**prin·ci·ple** [ˋprɪnsəpl] *n.* ①Ⓒ本義；本質；眞諦。②Ⓒ基本信條；主義。③Ⓒ根源；來源。④Ⓤ(常 *pl.*)正直；節操。⑤Ⓒ原理；原則。⑥Ⓒ〖化〗素；精。*in* ∼ 原則上；理論上。*on* ∼ **a.** 根據原則。**b.** 從道德觀點來看。

prin·ci·pled [ˋprɪnsəpḷd] *adj.* 講道義的；有節操的。

print [prɪnt] *v.t.* ①印刷。②出版；刊行。③用印刷體寫。④印於；印花樣於。⑤曬印(相片等)。—*n.* ①Ⓤ印刷；印刷字體。②Ⓒ版畫。③ⓊⒸ印花布。④Ⓒ印痕。⑤Ⓒ印刷品；出版物；報紙。⑥Ⓒ版；模型。⑦Ⓒ(印出之)相片。⑧Ⓒ(常 *sing.*)印象。*in* ∼ 印好的；印刷中；出售中。*out of* ∼ 絕版。

print·a·ble [ˋprɪntəbl] *adj.* 可印刷的；有出版價值的。

print·ed [ˋprɪntɪd] *adj.* ①印刷的。②印染的。§∼ **círcuit** 印刷電路。∼ **màtter** 印刷品(標示於郵件上)。

***print·er** [ˋprɪntɚ] *n.* Ⓒ①印刷者；印刷業者；排版工人。②印刷機。③〖電算〗印表機。§∼**'s dévil** 印刷廠之學徒。∼**'s érror** 排版錯誤；誤植。∼**'s márk**(版權頁上的)出版社商標。∼**'s píe** (1)活字的混合堆。(2)混亂。

***print·ing** [ˋprɪntɪŋ] *n.* ①Ⓤ印刷(術)；印刷業。②Ⓤ印刷物。③Ⓤ印刷體。④Ⓒ一次印刷之份數。§∼ **hòuse** 印刷廠。∼ **ìnk** 印刷用油墨。∼ **machìne**〖英〗印刷機。∼ **òffice** 印刷廠。∼ **pàper**(洗照片用的)感光紙。∼ **prèss** 印刷機。∼ **shòp** 印刷廠。

print·out [ˋprɪntˏaut] *n.* Ⓒ〖電算〗印刷輸出；列印。

***pri·or¹** [ˋpraɪɚ] *adj.* ①在前的；較早的。②較重要的。∼ *to* 在…之前。

pri·or² *n.* Ⓒ小修道院院長；修道院副院長。

pri·or·i·ty [praɪˋɔrətɪ] *n.* ①Ⓤ(時間、順序)在前。②Ⓤ優先(權)。③Ⓒ優先事項。

pri·o·ry [ˋpraɪərɪ] *n.* Ⓒ小修道院。

***prism** [ˋprɪzəm] *n.* Ⓒ①〖數〗稜柱(體)。②稜鏡；三稜鏡。

pris·mat·ic [prɪzˋmætɪk] *adj.* ①稜柱(形)的。②以三稜鏡分解的；分光的；色彩繽紛的。

‡**pris·on** [ˋprɪzn̩] *n.* ①ⓊⒸ監獄；牢。②Ⓤ監禁；禁錮；限制。go to ∼ 坐牢。§∼ **brèaker** 越獄者。∼ **brèaking** 越獄。∼ **càmp** 囚犯[戰俘]集中營。∼ **hòuse** 監獄。∼ **vàn**〖英〗囚車。

‡**pris·on·er** [ˋprɪznɚ, ˋprɪzn̩ɚ] *n.* Ⓒ①囚犯；犯人。②俘虜。a ∼ of war 戰俘(略作 POW)。§∼**'s báse** 搶陣地[捉俘虜]遊戲。

pris·sy [ˋprɪsɪ] *adj.*〖俗〗①拘謹的；矜持的。②過分文雅的。

pris·tine [ˋprɪstin] *adj.* ①原始的；原有的。②純正的；純淨的。

***pri·va·cy** [ˋpraɪvəsɪ] *n.* Ⓤ①隱居；獨處。②祕密。③私事；隱私權；私生活。

‡**pri·vate** [ˋpraɪvɪt] *adj.* ①私人的；

自用的。②民營的；私有的。③祕密的。④無官職的；平民的。⑤僻遠的；隱遁的。— *n.* ①Ⓒ列兵；二等兵。②(*pl.*)私處；陰部。*in* ~ 祕密地(= secretly). § ~ **hotél**(僅供熟人投宿之)旅館。~ **sóldier** 列兵。

pri·va·teer [ˌpraɪvəˋtɪr] *n.* Ⓒ ①私掠船(戰時受命攻擊敵船之民船)。②私掠船之船長或船員。— *v.i.* (私掠船)巡弋。

***pri·vate·ly** [ˋpraɪvɪtlɪ] *adv.* 私下地；以私人身分。

pri·va·tion [praɪˋveʃən] *n.* ①ⓊⒸ(生活必需品之)匱乏；窮困。②Ⓤ剝奪；喪失；欠缺。

pri·va·tize [ˋpraɪvəˌtaɪz] *v.t.* 使民營化；使私營化。

***priv·i·lege** [ˋprɪvḷɪdʒ] *n.* ⓊⒸ特權；特殊利益。— *v.t.* 與以特權；特許。

priv·i·leged [ˋprɪvḷɪdʒd] *adj.* 特權的。

priv·i·ly [ˋprɪvəlɪ] *adv.* 私下地；祕密地。

priv·y [ˋprɪvɪ] *adj.* ①與聞某事(之祕密)的。②私有的；私用的。— *n.* Ⓒ ①〖美〗屋外廁所。②〖法律〗當事人；利害關係人。§ **P~ Cóuncil**〖英〗樞密院(略作 P.C.). **P~ Cóuncillor**〖英〗樞密院顧問官(略作 P.C.). ~ **pùrse**〖英〗(國王的)私人支出費用。**P~ Séal**〖英〗御璽。

***prize**[1] [praɪz] *n.* Ⓒ ①獎品。②競爭之目標。— *adj.* ①做爲獎品的。②值得給獎的；入選的。③獲得獎品的。④突出的。— *v.t.* ①珍視。②估價。§ ~ **dày**(常 P- D-)(學校)一年一度的頒獎日。~ **mòney** 獎金。~ **rìng** 職業拳擊場；職業拳擊賽。

prize[2] *n.* Ⓒ ①戰利品；俘虜；(尤指)擄獲的船隻。②意外的收穫。

prize[3] *v.t.* & *v.i.* ①撬。~ open a box 撬開一個箱子。②探聽出。

prize·fight [ˋpraɪzˌfaɪt] *n.* Ⓒ 職業拳賽。

pro[1] [pro] *adv.* 贊成地。— *adj.* 贊成的；正面的。— *n.* Ⓒ (*pl.* ~**s**)①贊成者；提議者。②贊成之議論[論點]。③贊成票。— *prep.* 贊成。

pro[2] *adj.* & *n.* Ⓒ (*pl.* ~**s**)〖俗〗= **professional.**

PRO Public Relations Officer. 公關人員；公共關係官員。

***prob·a·bil·i·ty** [ˌprɑbəˋbɪlətɪ] *n.* ①Ⓤ可能性；機會。②Ⓒ可能發生之事。③Ⓤ〖數〗機率。*in all* ~ 很可能。

***prob·a·ble** [ˋprɑbəbḷ] *adj.* ①或有的；大概的。②可能的。

‡**prob·a·bly** [ˋprɑbəblɪ] *adv.* 或許；大概。

pro·ba·tion [proˋbeʃən] *n.* Ⓤ ①審定；試用。②〖法律〗緩刑；監護。— **a·ry,** *adj.* — **er,** — **ship,** *n.*

probe [prob] *v.t.* & *v.i.* ①探求；細察。②〖醫〗以探針探查。— *n.* Ⓒ ①探察；調查。②探針(外科器械)。

pro·bi·ty [ˋprobətɪ] *n.* Ⓤ 剛直；廉潔；正直；誠實。

‡**prob·lem** [ˋprɑbləm] *n.* Ⓒ ①問題；難題。②(常 *sing.*)麻煩的人物；造成煩惱的原因。— *adj.* 有問題的；麻煩的。a ~ child 問題兒童。

prob·lem·at·ic, -i·cal [ˌprɑbləˋmætɪk(ḷ)] *adj.* 問題的；有疑問的；可疑的；不確定的。— **prob·lem·at′·i·cal·ly,** *adv.*

pro·bos·cis [proˋbɑsɪs] *n.* Ⓒ (*pl.* ~**es, -bos·ci·des** [-ˋbɑsɪˌdiz]) ①(象等之)長鼻。②(昆蟲等之)針狀吻。③〖諧〗(人之)大鼻子。

pro·ce·dur·al [proˋsidʒərəl] *adj.* 程序(上)的；手續上的。

***pro·ce·dure** [prəˋsidʒɚ] *n.* ①Ⓒ手續；程序。②ⓊⒸ訴訟程序；議事程序。③Ⓤ(事情的)進展。

‡**pro·ceed** [prəˋsid] *v.i.* ①(停止後)繼續進行。②(動作)開始進行。③發出。④繼續攻讀學位。⑤〖法律〗起訴；進行訴訟程序。~ against (a person) 控訴(某人)。

***pro·ceed·ing** [prəˋsidɪŋ] *n.* ①Ⓤ行動；處置。②(*pl.*)會議記錄；年報。③(*pl.*)訴訟程序。④(*pl.*)經過。

‡**proc·ess** [ˋprasɛs, ˋprosɛs] *n.* ①ⓊⒸ進行；過程。②ⓊⒸ手續；程序。③Ⓒ隆起；突起。④Ⓒ方法。⑤Ⓒ訴訟程序；傳票。— *v.t.* ①以特種方法處置；對…加工。②起訴；對…發出傳票。③處理(文件、資料等)。— *adj.* 以特種方法加工處理的。

***pro·ces·sion** [prəˋsɛʃən, pro-] *n.* ①Ⓒ行列。②Ⓤ行進；進行。

proc·es·sor [ˋprasɛsɚ] *n.* Ⓒ ①〖電算〗處理機。②(農產品)加工業者。

***pro·claim** [proˋklem] *v.t.* ①正式宣布。②顯示。③加以法律限制；禁止。④公開讚揚。

***proc·la·ma·tion** [ˌprɑkləˋme

ʃən] *n.* ①Ⓒ聲明書；宣告書。②Ⓤ正式宣布；宣言發布。

pro·cliv·i·ty [proˋklɪvətɪ] *n.* Ⓒ癖性；傾向；脾氣{to, towards}.

pro·cras·ti·nate [proˋkræstə͵net] *v.t.* & *v.i.* 拖延；延宕；耽擱。— **pro·cras′ti·na·tor,** *n.*

pro·cras·ti·na·tion [pro͵kræstəˋneʃən] *n.* Ⓤ拖延；延宕。

pro·cre·ate [ˋprokrɪ͵et] *v.t.* & *v.i.* 生育；生殖；產生；產(子)。

pro·cre·a·tion [͵prokrɪˋeʃən] *n.* Ⓤ生產；生殖。

proc·tor [ˋprɑktɚ] *n.* Ⓒ (常 P-)〖法律〗代理人；代訴人。

proc·u·ra·tor [ˋprɑkjə͵retɚ] *n.* Ⓒ ①〖法律〗(訴訟)代理人。②(古羅馬之)地方稅吏。③檢察官。

***pro·cure** [proˋkjur] *v.t.* ①取得。②促成。③引誘；說服。— *v.i.* 蓄娼；拉皮條。— **ment,** *n.*

prod [prɑd] *v.t.* (**-dd-**)①(以尖物)刺。②督促；激勵；刺激。— *v.i.* 刺；戳。— *n.* Ⓒ ①刺；戳。②刺棒。③鼓勵之言語、行動等。

***prod·i·gal** [ˋprɑdɪgḷ] *adj.* ①浪費的。②過度慷慨的；濫用的{常 of}. ③極度豐富的。— *n.* Ⓒ浪子；浪費者。— **prod·i·gal′i·ty** [-ˋgæl-], *n.*

pro·di·gious [prəˋdɪdʒəs] *adj.* ①很大的。②奇異的；驚人的。

prod·i·gy [ˋprɑdədʒɪ] *n.* Ⓒ ①奇才；神童。②令人驚奇之事物；奇觀。

‡**pro·duce** [prəˋdjus] *v.t.* ①製造；出產。②導致。③生產(作物)；結(果實)。④產生。⑤提出。⑥演出(戲劇等)。⑦〖數〗延長(線段)。— *v.i.* 創作；生產；出產。— [ˋprɑdjus] *n.* Ⓤ (集合稱)產品；農產。

***pro·duc·er** [prəˋdjusɚ] *n.* Ⓒ①生產者；製作者。②〖美〗電影製片人；(戲劇等)製作人。③〖英〗導演(=〖美〗director). § ∼(s') gòods〖經〗生產財。

‡**prod·uct** [ˋprɑdəkt, -dʌkt] *n.* Ⓒ ①產物；產品。natural ∼*s*天然產物。②(數字)乘積。③結果。

‡**pro·duc·tion** [prəˋdʌkʃən] *n.* ①Ⓤ製造；生產。②Ⓒ產品。③Ⓤ繳驗。§ ∼ contról 生產管制。∼ lìne 生產線；作業線。

***pro·duc·tive** [prəˋdʌktɪv] *adj.* ①生產的。②有生產價值的。③肥沃的。④多產的。

pro·duc·tiv·i·ty [͵prodʌkˋtɪvətɪ] *n.* ⓊⒸ生產力；創作力。

pro·em [ˋproɛm] *n.* Ⓒ序言；緒言。

prof [prɑf] *n.* Ⓒ〖俗〗教授。

Prof., prof. professor.

***pro·fane** [prəˋfen] *adj.* ①凡俗的。②汚穢的。③異教的。— *v.t.* ①褻瀆。②誤用。— **ly,** *adv.*

pro·fan·i·ty [prəˋfænətɪ] *n.* ①Ⓤ不敬；瀆神；冒瀆。②ⓊⒸ褻瀆的言語或行爲。

***pro·fess** [prəˋfɛs] *v.t.* ①聲稱。②明言。③表明信仰。④以…爲業。⑤教授。⑥僞稱。

pro·fessed [prəˋfɛst] *adj.* ①公然宣稱的。②自稱的；詐稱的。

***pro·fes·sion** [prəˋfɛʃən] *n.* ①Ⓒ職業(尤指用腦的)。②Ⓤ (the ∼, 集合稱)同業。③ⓊⒸ宣布；表白。

***pro·fes·sion·al** [prəˋfɛʃənḷ] *adj.* (專門)職業上的。— *n.* Ⓒ①專業人員。②職業選手。— **ly,** *adv.*

pro·fes·sion·al·ism [prəˋfɛʃənḷɪzm] *n.* Ⓤ①專業特性或方法。②專業精神。③職業選手身分。

pro·fes·sion·al·ize [prəˋfɛʃənḷ͵aɪz] *v.t.* & *v.i.* (使)職業化。

‡**pro·fes·sor** [prəˋfɛsɚ] *n.* Ⓒ①教授。②〖俗〗=**teacher.**

prof·fer [ˋprɑfɚ] *v.t.* & *n.* Ⓒ提供；貢獻。

***pro·fi·cient** [prəˋfɪʃənt] *adj.* 精通的。be ∼ in music 精通音樂。— *n.* Ⓒ專家。— **pro·fi′cien·cy,** *n.*

***pro·file** [ˋprofaɪl] *n.* Ⓒ①側面像；橫斷面圖。②輪廓。③人物簡介。— *v.t.* ①畫…的側面像。②對…做扼要描寫。

‡**prof·it** [ˋprɑfɪt] *n.* ①ⓊⒸ (常 *pl.*)利潤。②Ⓤ利益。— *v.t.* & *v.i.* ①有利。②獲利。§ ∼ màrgin 利潤率。∼ shàring 利潤分享(制)。∼ sỳstem 自由企業的利潤制。

***prof·it·a·ble** [ˋprɑfɪtəbḷ] *adj.* 可賺錢的;有用的。— **prof′it·a·bly,** *adv.*

prof·it·eer [͵prɑfəˋtɪr] *n.* Ⓒ乘機獲暴利者；奸商。— *v.i.* 獲暴利。

prof·li·gate [ˋprɑflәgɪt] *adj.* ①放蕩的。②浪費的。— *n.* Ⓒ浪子。

***pro·found** [prəˋfaund] *adj.* ①極深的。②深刻的。③深奧的。— **pro·fun′di·ty** [-ˋfʌn-], *n.*

***pro·found·ly** [prəˋfaundlɪ] *adv.* ①深刻地。②深深地。③完全地(指耳聾之程度而言)。

pro·fuse [prə`fjus] *adj.* ①很多的。②浪費的。— **pro·fu′sion,** *n.*

pro·gen·i·tor [pro`dʒɛnətɚ] *n.* Ⓒ①祖先；前輩。②起源；前身。

prog·e·ny [`prɑdʒənɪ] *n.* Ⓤ(集合稱)①子孫。②產物；成果。

pro·ges·ter·one [pro`dʒɛstə,ron] *n.* Ⓤ〖生理〗黃體脂酮；妊娠素。

prog·no·sis [prɑg`nosɪs] *n.* Ⓤ Ⓒ (*pl.* **-ses** [-siz])①〖醫〗病狀預斷。②預測。

prog·nos·tic [prɑg`nɑstɪk] *adj.* ①預兆的。②〖醫〗病狀預斷的。— *n.* Ⓒ①預知。②病狀預斷。

prog·nos·ti·cate [prɑg`nɑstɪ,ket] *v.t.* (由前兆)預測；預示；預知。

***pro·gram** [`progræm] *n.* Ⓒ ①節目表；節目。②計畫；進度表。③〖電算〗程式。— *v.t.* (**-m-, -mm-**)①排節目表。②擬計畫。③〖電算〗設計程式。(亦作 **programme**) § ∼ **lànguage** 〖電算〗程式語言。 ∼(**m**)**ed léarning** 循序漸近式的學習。∼ **mùsic**〖樂〗標題音樂。∼ **pìcture**(低成本的)加映影片。

pro·gram·mer [`progræmɚ] *n.* Ⓒ①安排節目者。②(電腦)程式設計師。③〖教育〗程序編製員。

pro·gram·(m)ing [`progræmɪŋ] *n.* Ⓤ〖電算〗程式設計。

‡**prog·ress** [`prɑgrɛs, `pro-] *n.* Ⓤ ①進步。make ∼ 有進步。②前進。*in* ∼ 進行中。— [prə`grɛs] *v.i.* ①進步。②進展順利。

pro·gres·sion [prə`grɛʃən] *n.* ①Ⓤ(又作 a ∼)前進。②Ⓒ〖數〗級數。③Ⓤ進步。

***pro·gres·sive** [prə`grɛsɪv] *adj.* ①前進的。②進步的。③日益增長的。④向前流動的。⑤(稅率)累進的。⑥〖文法〗(動詞)進行式的。— *n.* Ⓒ ①提倡進步論者。②(P-)進步黨(員)。— **ly,** *adv.*

***pro·hib·it** [pro`hɪbɪt] *v.t.* ①禁止。②阻止；妨礙。

***pro·hi·bi·tion** [,proə`bɪʃən] *n.* ①Ⓤ禁止。②Ⓒ禁令。③Ⓤ(常P-)〖美〗禁止酒類的釀造與販賣。

pro·hib·i·tive [pro`hɪbɪtɪv] *adj.* ①禁止的。②高得令人不敢問津的(價格)。— **ly,** *adv.*

***proj·ect** [`prɑdʒɛkt] *n.* Ⓒ①方案；企畫。②企業；事業。③工程。— [prə`dʒɛkt] *v.t.* ①計畫；設計。②投出；射出。③投影於…上。④投射(光、影)；放映(電影)。⑤想出。⑥表現。⑦使突出。— *v.i.* 突出。

pro·jec·tile [prə`dʒɛktḷ] *n.* Ⓒ拋射物；發射物。— *adj.* ①投射的；發射的。②能發射的。

pro·jec·tion [prə`dʒɛkʃən] *n.* ①Ⓤ投射；發射。②Ⓤ〖繪畫〗投影(法)。③Ⓤ〖影〗放映。④ⓊⒸ〖心〗主觀的投射。⑤Ⓒ突出(物)。⑥Ⓤ計畫。⑦Ⓒ預測。§ ∼ **bòoth** [**ròom**] (電影院的)放映室。∼ **machìne** 放映機。

pro·jec·tor [prə`dʒɛktɚ] *n.* Ⓒ①(電影之)放映機。②計畫者。

pro·le·tar·i·an [,prolə`tɛrɪən] *adj.* 無產階級的。— *n.* Ⓒ無產階級者(爲 bourgeois 之對)。

pro·le·tar·i·at [,prolə`tɛrɪət] *n.* Ⓤ(集合稱)無產階級；勞動階級。

pro-life [pro`laɪf] *adj.* 反對墮胎[人工流產]合法化的。

pro·lif·er·ate [pro`lɪfə,ret] *v.i.* ①(細胞等)繁殖。②增加。— *v.t.* 大量產生。— **pro·lif·er·a′tion,** *n.*

pro·lif·ic [prə`lɪfɪk] *adj.* ①結很多果實的；肥沃的。②多產的；豐富的。

pro·lix [pro`lɪks] *adj.* 冗長的；嚕囌的。— **pro·lix′i·ty,** *n.*

pro·log(ue) [`prolɔg] *n.* Ⓒ①開場白。②前兆；開端。

***pro·long** [prə`lɔŋ] *v.t.* 延長；加長。

pro·lon·ga·tion [,prolɔŋ`geʃən] *n.* ①Ⓤ伸展；延展；延期。②Ⓒ延長或附加之部分。

prom [prɑm] *n.* Ⓒ①〖俗〗(大學或中學之)舞會。②〖英〗= **promenade.**

***prom·e·nade** [,prɑmə`ned] *n.* Ⓒ①(悠閒的)散步；閒逛。②公衆散步之場所。③舞會。— *v.i.* 漫步。— *v.t.* ①散步經過。②率領(人群)遊行。— **prom·e·nad′er,** *n.*

prom·i·nence [`prɑmənəns] *n.* ①Ⓤ著名；傑出。②Ⓒ突出物。

***prom·i·nent** [`prɑmənənt] *adj.* ①著名的；主要的。②顯著的。③突出的；突起的。— **ly,** *adv.*

pro·mis·cu·ous [prə`mɪskjuəs] *adj.* ①雜亂的。②男女混雜的；(性交)隨便的。③〖俗〗不規則的。— **prom·is·cu′i·ty,** *n.*

‡**prom·ise** [`prɑmɪs] *n.* ①Ⓒ諾言；約定。②Ⓤ預兆。③Ⓤ(又作 a ∼)前途；希望。a writer of ∼有希望的

作家。— *v.t.* ①允諾；約定。②有…希望。— *v.i.* ①約定。②有希望。§ **the Prómised Lánd** 許諾之地；天國；嚮往之地。

prom·is·ee [ˌpramɪˋsi] *n.* Ⓒ〖法律〗受約者。

***prom·is·ing** [ˋpramɪsɪŋ] *adj.* 有希望的；有可能的。

prom·is·so·ry [ˋpraməˌsorɪ] *adj.* ①允諾的。②〖商〗約定支付的。a ～ note 本票；期票。

pro·mo [ˋpromo] *n.* Ⓒ (*pl.* **～s**)〖俚〗電視節目預告。

prom·on·to·ry [ˋpramənˌtorɪ] *n.* Ⓒ①海角；岬。②〖解〗隆突。

***pro·mote** [prəˋmot] *v.t.* ①擢升。②提倡。③〖美〗宣傳促銷。④創辦。

pro·mot·er [prəˋmotɚ] *n.* Ⓒ ①擢升者。②支持者；提倡者。③鼓舞者。④發起人。

***pro·mo·tion** [prəˋmoʃən] *n.* Ⓤ Ⓒ①晉陞；升遷。②促進；提倡；獎勵。③協助組織；創設。④促銷。

***prompt** [prampt] *adj.* ①迅速的。②即時的。— *v.t.* ①使做；鼓動。②喚起。③提示(演員等)。— *n.* Ⓒ ①(對演員等之)提詞。②促進物。③〖商〗欠帳償付期限。§ ～ **bòx** 提詞人的座位。～ **nóte** 即期支票。— **ly,** *adv.* — **er,** — **ness,** *n.*

prompt·ing [ˋpramptɪŋ] *n.* Ⓤ ①(常 *pl.*)鼓勵；刺激。②提示。

promp·ti·tude [ˋpramptəˌt(j)ud] *n.* Ⓤ 迅速；敏捷；果斷。

prom·ul·gate [prəˋmʌlget] *v.t.* ①宣布；頒布。②傳播；推廣。— **pro·mul′ga·tor, pro·mul·ga′tion,** *n.*

pron. pronoun; pronounced; pronunciation.

prone [pron] *adj.* ①易於…的。be ～ to anger 易於發怒的。②俯臥的；面向下的。③手心向下平放的。④傾斜的；斜倚的。

pro·nom·i·nal [prəˋnamən], pro-] *adj.* ①代名詞的。a ～ adjective 代名形容詞。②有代名詞性質的。

***pro·noun** [ˋpronaun] *n.* Ⓒ 代名詞。

***pro·nounce** [prəˋnauns] *v.t.* ①發出…之音。②宣稱。③宣判。— *v.i.* ①發音；讀音。②聲言。③表示意見；斷定；下判斷。

***pro·nounced** [prəˋnaunst] *adj.* 顯著的；確切的。

pro·nounce·ment [prəˋnaunsmənt] *n.* Ⓒ①發布；公告；文告；聲明。②意見；決定。

***pro·nun·ci·a·tion** [prəˌnʌnsɪˋeʃən] *n.* Ⓤ Ⓒ 發音；發音方法。

***proof** [pruf] *n.* ①Ⓤ Ⓒ 證明；證據。②Ⓤ Ⓒ〖法律〗證明文件；物證。③Ⓒ 考驗。④Ⓒ (常*pl.*) (亦作**proofsheet**) 校樣。⑤Ⓤ (酒的)標準酒精度。⑥Ⓤ 耐力。⑦Ⓒ〖數〗驗算；證明。**bring** [**put**] **to the** ～ 試驗；實驗。**give** ～ **of** 證明。**in** ～ **of** 作爲…的證明。— *adj.* ①堅固的；不能透入的。②(酒類)標準酒精度的。— *v.t.* ①使耐…；使防(水)。②校對。

proof·read [ˋprufˌrid] *v.t.* & *v.i.* (**-read**)校正[對]。— **er,** — **ing,** *n.*

***prop**[1] [prap] *v.t.* (**-pp-**)支撐；支持。— *n.* Ⓒ①支柱。②支持者[物]。

prop[2] *n.* Ⓒ〖俚〗舞臺道具。

***prop·a·gan·da** [ˌprapəˋgændə] *n.* Ⓤ①宣傳；傳道。②宣傳之言論或信仰。〖注意〗此字現常表蔑意。

***prop·a·gate** [ˋprapəˌget] *v.t.* ①繁殖。②傳導；傳送。③傳播；宣傳。— *v.i.* ①繁殖；傳播。②擴展。— **prop′a·ga·tor, prop·a·ga′tion,** *n.*

pro·pel [prəˋpɛl] *v.t.* (**-ll-**)①推動；推進。②鼓勵；驅策。

pro·pel·lant [prəˋpɛlənt] *n.* Ⓤ Ⓒ 推進者；(尤指)發射火藥。

pro·pel·lent [prəˋpɛlənt] *adj.* 推進的。— *n.* =**propellant.**

***pro·pel·ler** [prəˋpɛlɚ] *n.* Ⓒ①推動者。②推進器；螺旋槳。

pro·pen·si·ty [prəˋpɛnsətɪ] *n.* Ⓒ 嗜好；習性。

‡**prop·er** [ˋprapɚ] *adj.* ①正確的；適當的。②得體的。③特有的。④眞正的。China ～中國本土。⑤〖俗〗完全的；徹底的。⑥〖文法〗專有的。⑦英俊的。§ ～ **fráction**〖數〗眞分數。～ **mótion**〖天〗(恆星的)自行。～ **náme** [**nóun**]〖文法〗專有名詞。

***prop·er·ly** [ˋprapɚlɪ] *adv.* ①正當地；適當地。②嚴格地；精確地。③理所當然地。④〖俗〗徹底地。

‡**prop·er·ty** [ˋprapɚtɪ] *n.* ①Ⓤ 財產；所有物。②Ⓤ (又作 a ～)〖法律〗所有權。③Ⓒ 性質；特性。④Ⓒ (常 *pl.*)舞臺道具。⑤Ⓤ Ⓒ 地產(=estate). § ～ **táx** 財產稅。

***proph·e·cy** [ˋprafəsɪ] *n.* ①Ⓤ 預言能力。②Ⓒ 預言。

P

*__proph·e·sy__ [ˋprɑfə,saɪ] *v.t.* & *v.i.* 預言；預告。

*__proph·et__ [ˋprɑfɪt] *n.* Ⓒ①預言者。②先知。「預言家。」

__proph·et·ess__ [ˋprɑfɪtɪs] *n.* Ⓒ女

__pro·phet·ic, -i·cal__ [prəˋfɛtɪk(l̩)] *adj.* ①預示的；預言(性)的。②預言者的；(似)先知的。③惡兆的。

__pro·phy·lax·is__ [,profəˋlæksɪs] *n.* ⓊⒸ (*pl.* __-lax·es__ [-siz]) (疾病等)預防(法)。

P

__pro·pin·qui·ty__ [proˋpɪnkwətɪ] *n.* Ⓤ①近處。②(時間之)迫切。③近親。④(性質之)相近；類似。

__pro·pi·ti·ate__ [prəˋpɪʃɪ,et] *v.t.* 撫慰；安撫；勸解；與…和解；邀寵於…。— __pro·pi·ti·a′tion,__ *n.* — __pro·pi′ti·a·to·ry__ [-ʃɪə,torɪ], *adj.*

__pro·pi·tious__ [prəˋpɪʃəs] *adj.* ①順利的。②吉祥的；吉利的。③慈祥的(神等)。— __ly,__ *adv.* — __ness,__ *n.*

‡__pro·por·tion__ [prəˋporʃən, -ˋpɔr-] *n.* ①ⓊⒸ比率。②Ⓤ均衡。③(*pl.*)大小；容積。④Ⓒ部分。⑤Ⓤ〖數〗比例。*in* ～ 相稱的；均衡的。*out of* ～不相稱。— *v.t.* 使相稱。— __a·ble,__ *adj.*

__pro·por·tion·al__ [prəˋporʃənl̩] *adj.* ①相稱的。②成比例的。— *n.* Ⓒ〖數〗比例項。— __ly,__ *adv.*

__pro·por·tion·ate__ [prəˋporʃənɪt] *adj.* 成比例的。— [prəˋporʃən,et] *v.t.* 使成比例；使相稱。— __ly,__ *adv.*

*__pro·pos·al__ [prəˋpozl̩] *n.* ①ⓊⒸ(常 *pl.*)建議；提議。②Ⓒ求婚。

‡__pro·pose__ [prəˋpoz] *v.t.* & *v.i.* ①提議；建議；推薦。②打算；計劃。③求婚。～ *a toast* [*a person's health*]舉杯祝某人健康。

*__prop·o·si·tion__ [,prɑpəˋzɪʃən] *n.* ①Ⓒ提議。②Ⓒ意見。③(a ～)待解決的問題；難應付的傢伙。④Ⓒ〖邏輯〗命題。

__pro·pound__ [prəˋpaund] *v.t.* 提出(學說、問題等)。

__pro·pri·e·tar·y__ [prəˋpraɪə,tɛrɪ] *adj.* ①有財產的；所有權的。②獨占的；專利的。～ articles 專利品。③私有的；私營的。— *n.* ①Ⓒ所有者。②ⓊⒸ所有權；所有(物)。③Ⓒ專利藥品。

*__pro·pri·e·tor__ [prəˋpraɪətɚ] *n.* Ⓒ①所有者。②有專利權者。

*__pro·pri·e·ty__ [prəˋpraɪətɪ] *n.* ①Ⓤ禮節；規矩。a breach of ～ 無禮；失禮。②(the proprieties)禮儀。③Ⓤ適當；妥當；適宜。

__pro·pul·sion__ [prəˋpʌlʃən] *n.* Ⓤ①(船、飛機的)推進。②推進(力)。

__pro·sa·ic__ [proˋzeɪk] *adj.* ①散文的。②散文般的；平淡的；單調的。— __pro·sa′i·cal·ly,__ *adv.*

__pro·scribe__ [proˋskraɪb] *v.t.* ①摒棄於法律保護之外。②禁止。③排斥。④放逐；充軍。— __pro·scrip′tion,__ *n.*

*__prose__ [proz] *n.* ⓊⒸ①散文(體)。②單調；乏味。③無趣的談話。— *adj.* ①用散文寫的。②缺乏想像力的；平凡的。

*__pros·e·cute__ [ˋprɑsɪ,kjut] *v.t.* ①告發；檢舉；對…提起公訴。②實行；實地進行。— *v.i.* 告發；檢舉。

__pros·e·cu·tion__ [,prɑsɪˋkjuʃən] *n.* ①ⓊⒸ起訴；控告。②Ⓤ(the ～, 集合稱)原告；檢察當局。③Ⓤ執行；施行。④Ⓤ從事；經營。

__pros·e·cu·tor__ [ˋprɑsɪ,kjutɚ] *n.* Ⓒ①檢察官。②原告。*Public P-*檢察官。

__pros·e·lyte__ [ˋprɑsl̩,aɪt] *n.* Ⓒ改變意見或信仰者；變節者。— *v.t.* & *v.i.*(使)改變思想、信仰等。

__pros·o·dy__ [ˋprɑsədɪ] *n.* Ⓤ詩體論；韻律學；作詩法。

*__pros·pect__ [ˋprɑspɛkt] *n.* ①Ⓤ(又作a ～)預期；希望。②Ⓒ(常*sing.*)景象。③Ⓒ〖美〗可能的顧客、候選人等。④Ⓒ眺望處。⑤(*pl.*)前途。*in* ～ **a.** 有希望。**b.** 在考慮中；預期的。— *v.t.* & *v.i.* 探勘。

__pro·spec·tive__ [prəˋspɛktɪv] *adj.* ①預期的。②瞻望未來的。— __ly,__ *adv.*

__pros·pec·tor__ [ˋprɑspɛktɚ, prəˋspɛktɚ] *n.* Ⓒ探礦者。

__pro·spec·tus__ [prəˋspɛktəs] *n.* Ⓒ(即將出版之新作品等之)樣本；(創辦學校、醫院、企業等)計畫書。

*__pros·per__ [ˋprɑspɚ] *v.i.* & *v.t.*(使)興盛；(使)成功。

*__pros·per·i·ty__ [prɑsˋpɛrətɪ] *n.* Ⓤ成功；幸運；繁榮。

*__pros·per·ous__ [ˋprɑspərəs] *adj.* ①成功的；繁盛的；興隆的。②茂盛的。③順利的。— __ly,__ *adv.*

__pros·tate__ [ˋprɑstet] *n.* Ⓒ & *adj.* 〖解〗攝護腺(的)。

__pros·ti·tute__ [ˋprɑstə,tjut] *n.* Ⓒ①娼妓。②出賣人格者。— *v.t.* ①使

賣淫。②濫用。— **pros·ti·tu'tion,** *n.*

***pros·trate** [ˋprastret] *v.t.* ①平臥。②使衰弱；使疲倦。③使沮喪。**—** *adj.* ①俯臥的。②無力抵抗的；被征服的。③衰弱的；疲倦的。
— **pros·tra'tion,** *n.*

pros·y [ˋprozɪ] *adj.* ①散文(體)的。②乏味的；平凡的；單調的。

pro·tag·o·nist [proˋtægənɪst] *n.* Ⓒ ①(戲劇、小說中之)主角。②主要人物；領導者〔of〕.

‡**pro·tect** [prəˋtɛkt] *v.t.* ①保護；防護〔from, against〕. ②(對輸入品課重稅以)保護(國內產業)。

***pro·tec·tion** [prəˋtɛkʃən] *n.* ① Ⓤ保護。②(a ～)保護者。③Ⓤ(貿易)保護制度或政策。④Ⓤ(給幫派分子的)保護費。

pro·tec·tion·ism [prəˋtɛkʃən-ɪzəm] *n.* Ⓤ〖經〗保護政策；保護主義。

pro·tec·tion·ist [prəˋtɛkʃənɪst] *n.* Ⓒ保護貿易主義者。

***pro·tec·tive** [prəˋtɛktɪv] *adj.* 保護的；防護的。§ ∼ **clóthing** 防護衣。∼ **cóloring**[**colorátion**]〖動〗保護色。∼ **cústody**(警方的)保護拘留。∼ **táriff** 保護關稅。

pro·tec·tor [prəˋtɛktɚ] *n.* Ⓒ ①保護者；擁護者。②〖英史〗攝政。③保護物；保護裝置。

pro·tec·tor·ate [prəˋtɛktərɪt] *n.* Ⓒ保護國；保護地。

pro·té·gé [ˋprotə,ʒe] *n.* Ⓒ 被保護者；門徒(指男性)。

pro·té·gée [ˋprotə,ʒe] *n.* Ⓒ 被保護者(指女性)。

pro·tein [ˋprotiɪn] *n.* ⓊⒸ 蛋白質。

‡**pro·test** [ˋprotɛst] *n.* ① Ⓤ 抗議。② Ⓒ 抗議書。③ Ⓒ〖商〗(票據等之)拒付證書。***under*** ∼ 不服。**—** [prəˋtɛst] *v.t.* ①抗議。②斷言。③〖商〗拒絕(票據等)之支付。**—** *v.i.* ①反對。②明言；斷言。

***prot·es·tant** [ˋpratɪstənt] *n.* Ⓒ 抗議者。**—** *adj.* 抗議的。

***Prot·es·tant** [ˋpratɪstənt] *n.* Ⓒ 基督徒；新教徒。**—** *adj.* 基督徒[新教徒]的。§ ∼ **Epíscopal Chúrch** 〖宗〗聖公會。— **ism,** *n.*

prot·es·ta·tion [,pratəsˋteʃən] *n.* ①Ⓤ抗議；異議〔against〕. ②Ⓒ 明言；斷言〔of, that〕.

pro·to·col [ˋprotə,kal] *n.* ① Ⓒ 議定書；草約。②Ⓒ〖電算〗協定。③ Ⓤ外交禮節。

pro·ton [ˋprotan] *n.* Ⓒ〖理〗質子。

pro·to·type [ˋprotə,taɪp] *n.* Ⓒ① 原型。②典型；模範。

pro·to·zo·an [,protəˋzoən] *n.* Ⓒ (*pl.* **-zo·a** [-ˋzoə])原生動物。**—** *adj.* 原生動物的。

pro·tract [proˋtrækt] *v.t.* ①延長。②伸出。③以比例尺繪[製]圖。

pro·trude [proˋtrud] *v.t.* 伸出；凸出。**—** *v.i.* 凸出；突出。— **pro·tru'sion** [-ʒən], *n.*

pro·tu·ber·ant [proˋtjubərənt] *adj.* ①凸出的；突出的；隆起的。②顯著的。— **pro·tu'ber·ance,** *n.*

‡**proud** [praʊd] *adj.* ①自尊的；自重的。②驕傲的；高傲的。③極愉快的；感到光榮的。④堂皇的；壯麗的。***be*** ∼ ***of*** 以…為榮；為…沾沾自喜。***do one*** ∼〖俗〗使感到驕傲；使滿意；優待(某人)。§ ∼ **flésh**(傷口癒後所結的)疤；浮肉。— **ly,** *adv.* — **ness,** *n.*

‡**prove** [pruv] *v.t.*(**proved, proved** or **prov·en**)①證明；證實。②試驗。③表現；證明〔oneself〕. ④〖數〗驗算；核算。⑤〖法律〗認證(遺囑)。**—** *v.i.* 顯示；表明。— **prov'a·ble,** *adj.*

prov·en [ˋpruvən] *v.* pp. of **prove.**

prov·en·der [ˋpravəndɚ] *n.* Ⓤ ①(飼家畜之)芻草；秣料。②〖俗，謔〗食料；食物。

prov·erb** [ˋpravɜb] *n.* Ⓒ①諺語；格言。②話柄。the Book of Proverbs***(舊約中的)箴言篇。

pro·ver·bi·al [prəˋvɜbɪəl] *adj.* ①諺語的。②有名的。— **ly,** *adv.*

‡**pro·vide** [prəˋvaɪd] *v.t.* ①供給。②預先約定；規定。③準備。**—** *v.i.* ①防備；預備〔for, against〕. ②供應必需品；贍養〔for〕. ③規定。

***pro·vid·ed** [prəˋvaɪdɪd] *conj.* 假若；倘使。She will go ∼ her friends can go also. 假如她的朋友也去，她就去。

***prov·i·dence** [ˋpravədəns] *n.* ① Ⓤ(又作 a ∼, 常 P-)神意；天命。② (P-)神；上帝。

prov·i·dent [ˋpravədənt] *adj.* ①預知的。②有先見之明的。③愼重的。

prov·i·den·tial [,pravəˋdɛnʃəl] *adj.* ①幸運的。②神意的。— **ly,** *adv.*

pro·vid·ing [prəˋvaɪdɪŋ] *conj.* =**provided.**

***prov·ince** [ˋpravɪns] *n.* ①Ⓒ 省。

P

②Ⓤ範圍；領域；職責。③Ⓤ〖羅史〗本國以外的領土。*the* ~*s* 地方；鄉下(英國指倫敦外的全國各地)。

***pro·vin·cial** [prəˋvɪnʃəl] *adj.* ①省的。②地方的。③區域性的；鄉下氣的。④偏狹的。— *n.* Ⓒ①省的居民。②鄉下人。③粗俗的人。—**ism,** *n.* ⓊⒸ地方的特質[習慣]。

***pro·vi·sion** [prəˋvɪʒən] *n.* ①Ⓒ〖法律〗條款。②Ⓤ準備。③(*pl.*)供應品；糧食。④Ⓤ供應。*make* ~預作安排。— *v.t.* 供以食物。

pro·vi·sion·al [prəˋvɪʒənl] *adj.* 臨時的。—**ly,** *adv.*

pro·vi·so [prəˋvaɪzo] *n.* Ⓒ (*pl.* ~**s,** ~**es**)但書；條件。

pro·vi·so·ry [prəˋvaɪzərɪ] *adj.* ①有條件的。②臨時的；暫時的。

prov·o·ca·tion [ˌprɑvəˋkeʃən] *n.* ①Ⓤ激怒。②Ⓒ激怒之原因。

pro·voc·a·tive [prəˋvɑkətɪv] *adj.* 刺激的；煽動的。— *n.* Ⓒ刺激物。—**ly,** *adv.*

***pro·voke** [prəˋvok] *v.t.* ①引起。②激起。③激怒。—**pro·vokˊing,** *adj.* —**pro·vokˊing·ly,** *adv.*

pro·vost [ˋprɑvəst,〖軍〗ˋprovo-] *n.* Ⓒ (常 P-)①學院院長(尤指牛津、劍橋)。②〖美〗教務長。③〖蘇〗市長。§ ~ **cóurt**〖軍〗軍事法庭。~ **guárd**〖軍〗憲兵特遣隊。~ **márshal**〖軍〗憲兵司令。

prow [praʊ] *n.* Ⓒ船首；(飛機)機首。

prow·ess [ˋpraʊɪs] *n.* Ⓤ①勇敢。②勇敢的行爲。③好本領；卓越。

prowl [praʊl] *v.t.* & *v.i.* ①潛行以尋覓或偷竊。②徘徊。— *n.* (a ~)逡巡；徘徊。§ ~ **cár**〖美〗巡邏車。

prox. proximo.

prox·i·mate [ˋprɑksəmɪt] *adj.* ①最近的。②即將來臨的。③近似的。

prox·im·i·ty [prɑkˋsɪmətɪ] *n.* Ⓤ接近；近似。

prox·i·mo [ˋprɑksɪmo] *adv.* 下月「地。」

prox·y [ˋprɑksɪ] *n.* ①Ⓤ代理(權)。②Ⓒ代理人。③Ⓒ委託書。

prude [prud] *n.* Ⓒ故作拘謹的人。

***pru·dence** [ˋprudn̩s] *n.* Ⓤ①謹慎；小心。②節儉。

***pru·dent** [ˋprudn̩t] *adj.* ①智慮的；謹慎的。②節儉的。—**ly,** *adv.*

prud·ish [ˋprudɪʃ] *adj.* 過分守禮或謙遜的；裝得規規矩矩的。

***prune**[1] [prun] *v.t.* & *v.i.* ①修剪(away, off, down)。②刪改；刪掉。

***prune**[2] *n.* ⓊⒸ乾梅子。~*s and prism(s)*裝腔作勢。

pru·ri·ent [ˋprʊrɪənt] *adj.* 好色的；淫亂的；猥褻的。

***Prus·sia** [ˋprʌʃə] *n.* 普魯士(從前位於德國北部的一個舊王國)。

pry[1] [praɪ] *v.i.* 細查；打聽(about, into)。— *n.* Ⓒ愛打聽閒事的人。

pry[2] *v.t.* ①(以槓桿)抬起；舉起；移動。②費力得到。— *n.* ①Ⓒ槓桿。②Ⓤ槓桿作用。

P.S. postscript.

***psalm** [sɑm] *n.* ①Ⓒ讚美歌[詩]。②(P-)(舊約中之)聖歌。③(Psalms, 作*sing.* 解)詩篇。— *v.t.* 唱讚美歌。

pseu·do·nym [ˋsudn̩ˌɪm, ˋsju-] *n.* Ⓒ假名；筆名。

pshaw [ʃɔ] *interj.* 哼！啐！(表示輕蔑、厭煩等)。

Psy·che [ˋsaɪkɪ] *n.* ①〖希神〗賽姬(Cupid所愛之美少女，爲靈魂之化身)。②(the p-)靈魂；精神。

psy·chi·a·try [saɪˋkaɪətrɪ] *n.* Ⓤ精神病治療法；精神醫學[科學]。—**psy·chiˊa·trist,** *n.* —**psy·chi·atˊric** [ˌsaɪkɪˋætrɪk], *adj.*

psy·chic, -i·cal [ˋsaɪkɪk(l̩)] *adj.* ①靈魂的；精神上的(爲physical之對)。②心靈的；超自然的。③易受心靈作用的。— *n.* Ⓒ通靈者；靈媒。

psy·cho [ˋsaɪko] *adj.* 〖俚〗精神病(治療)的。— *n.* Ⓒ (*pl.* ~**s**)〖俗〗精神病患。

psy·cho·a·nal·y·sis [ˌsaɪkoəˋnæləsɪs] *n.* Ⓤ心理分析；精神分析。

psy·cho·an·a·lyst [ˌsaɪkoˋænlɪst] *n.* Ⓒ精神分析學家。

***psy·cho·log·i·cal** [saɪkəˋlɑdʒɪkl̩] *adj.* ①心理上的。②心理學的。§ ~ **móment** (1)使在心理上發生效果的最恰當時刻。(2)緊要關頭。~ **wárfare** 心理戰。—**ly,** *adv.*

***psy·chol·o·gy** [saɪˋkɑlədʒɪ] *n.* ①Ⓤ心理學。②Ⓒ心理學論著。③ⓊⒸ心理性質；心理狀態。—**psy·cholˊo·gist,** *n.*

psy·cho·sis [saɪˋkosɪs] *n.* ⓊⒸ (*pl.* **-ses** [-siz])精神病；精神異常。

psy·cho·ther·a·py [ˌsaɪkoˋθɛrəpɪ] *n.* Ⓤ(精神病之)心理療法。

psy·chot·ic [saɪˋkɑtɪk] *adj.* 精神病的。— *n.* Ⓒ精神異常者。

PˊT bòat [ˋpiˋti ~] *n.* Ⓒ〖美海軍〗

魚雷快艇(=patrol torpedo boat).

P.T.O., p.t.o. please turn over.

pto·main(e) [ˋtomen] *n.* Ⓤ 屍毒；屍鹼(腐敗物所產生的一種毒素)。

pub [pʌb] *n.* Ⓒ〖英俚〗啤酒屋；酒館(爲 public house 之略)。

pu·ber·ty [ˋpjubətɪ] *n.* Ⓤ 青春期(男子爲十四歲，女子爲十二歲)。

‡**pub·lic** [ˋpʌblɪk] *adj.* ①公衆的。②人民所爲的。③爲人民的。a ～ man 政府官員。④公立的。⑤公開的。⑥國家的。— *n.* Ⓤ ①(the ～, 集合稱)大衆。②(又作 a ～, 集合稱)(有共同興趣、目標的)一群人。*in* ～ 公開地。*the* ～ 公衆。§ ～ **bár**〖英〗(酒館、客棧、旅館等的)大衆酒吧。～ **bíll** (國會中的) 公共利益法案。～ **cómpany** 股票公開上市的企業公司。～ **convénience** 〖英〗公廁。～ **corporátion**〖法律〗公共法人；公共企業體。～ **defénder**〖美〗公設辯護律師。～ **domáin** 〖美〗國有土地。～ **educátion** 學校教育；〖英〗私立寄宿學校的教育。～ **énemy** 公敵。～ **házard** 公害。～ **héalth** 公共衛生。～ **héaring** 聽證會。～ **hòuse**〖英〗酒館；啤酒屋。～ **núisance**〖法律〗妨害公益之人或物。～ **opínion** 輿論。～ **ównership**(企業、財產等的)國有(化)；國有制度。～ **prósecutor** 檢察官。～ **relátions** 公關；宣傳活動。～ **schòol** (1)〖美〗公立學校(包括小學、中學)。(2)〖英〗有基金的私立寄宿中學。～ **sérvant** 公務員；公僕。～ **sérvice** (1)公用設施。(2)公共服務。(3)公職。～ **spéaker** 演說家。～ **spìrit** 熱心公益的精神。～ **télevision** 公共電視。～ **utílity** 公用事業。～ **wórks** 公共建設[工程]。— **ly,** *adv.* — **ness,** *n.*

***pub·li·ca·tion** [ˌpʌblɪˋkeʃən] *n.* ① ⓊⒸ 出版(物)；發行(物)。② Ⓤ 發表；公布。

***pub·lic·i·ty** [pʌbˋlɪsətɪ] *n.* Ⓤ ① 公開(性)；出風頭。②廣告；宣傳。③當衆公開的場面。

pub·li·cize [ˋpʌblɪˌsaɪz] *v.t.* 宣揚；引人注意；廣爲宣傳。

‡**pub·lish** [ˋpʌblɪʃ] *v.t.* ①出版；發行。②發表；公開。— *v.i.* ①(作品)被出版。②從事出版業。

***pub·lish·er** [ˋpʌblɪʃə] *n.* Ⓒ ①出版者；出版公司；發行人。②〖美〗報社社長。

pub·lish·ing [ˋpʌblɪʃɪŋ] *n.* ① Ⓤ 出版(業)。②(當形容詞用)出版(業)的。a ～ house 出版社。

puck·er [ˋpʌkə] *v.t.* 皺起；折成褶子。— *v.i.* 皺起來；成褶子；縮攏。— *n.* Ⓒ 皺；褶。

***pud·ding** [ˋpudɪŋ] *n.* ① ⓊⒸ 布丁。② ⓊⒸ 香腸。③ Ⓤ 報酬。④(a ～)濕而軟的東西。§ ～ **clòth** 紮煮布丁之布。～ **fáce** 胖圓而無表情的臉。～ **héart** 懦夫；精神萎靡的人。～ **stòne**〖礦〗礫岩。

pud·dle [ˋpʌdl̩] *n.* ① Ⓒ (泥)水坑。② Ⓤ 膠土。③ Ⓤ〖俗〗混亂。— *v.t.* ①搗成膠土。②精煉(鐵)。— *v.i.* 在泥或污水中打滾。

pu·er·ile [ˋpjuəˌrɪl] *adj.* 兒童的；稚氣的；不成熟的；膚淺的。

Puer·to Ri·co [ˌpwɛrtəˋriko] *n.* 波多黎各(西印度東部一島，屬美國，首府爲San Juan).(亦作**Porto Rico**) — **Puer·to Ri′can,** *adj.* & *n.*

***puff** [pʌf] *v.i.* ①吹氣；噴出。②噴著煙移動。③喘息。④輕視；蔑視。⑤膨脹；爆開；張開。⑥誇張；吹牛。— *v.t.* ①吹噴；噴出。②使(頭髮等)膨鬆。③過獎；吹噓；誇大宣傳。④撲(粉)。⑤氣喘吁吁地說。— *n.* ① Ⓒ 吹；噴。② Ⓤ 氣息。③ Ⓒ (頭髮、羊毛等)膨鬆。④ Ⓒ 粉撲。⑤ Ⓒ 塡塞以棉絮等的墊褥。⑥ Ⓤ 誇獎；吹噓。⑦ Ⓒ 泡芙；膨鬆的糕餅。§ ～ **àdder** 鼓身蛇(一種非洲產的毒蛇)。～ **bòx** 粉盒。— **er,** *n.*

pug [pʌg] *n.* Ⓒ ①哈巴狗。②獅子鼻。③〖俚〗拳師；拳擊家(爲pugilist之略)。

pu·gi·lism [ˋpjudʒəˌlɪzəm] *n.* Ⓤ 拳擊；拳術。— **pu′gi·list,** *n.* — **pu·gi·lis′tic,** *adj.*

pug·na·cious [pʌgˋneʃəs] *adj.* 好鬥的；喜戰的。— **ly,** *adv.*

Pul·itz·er [ˋpjulɪtsə] *n.* 普立茲(Joseph, 1847-1911, 美國新聞記者及慈善家，出生於匈牙利)。§ ～ **Príze** 普立茲獎(由普立茲所設，每年一度頒獎給美國新聞、文學、或音樂等傑出之作者)。

‡**pull** [pul] *v.t.* ①拉；拖；扯。②拉住。③拔。④扭傷。⑤划(船)。⑥採；摘。⑦撕碎。⑧裝備…支槳；以…支槳划。⑨〖俗〗實行；做。Don't ～ any tricks. 不要耍詐。⑩打出(校樣)。⑪抑制。⑫呈現。⑬吸引。⑭得到；拿到。— *v.i.* ①拉；拖；拉出；

P

拖出〔at〕. ②進行(通常指費力者)；拖曳而行。③划行〔away, out, for〕. ④飲；喝〔at〕. ⑤吸。⑥被拔。⑦吸引人。~ *a face* 蹙眉。*P- devil,* ~ *baker!* 拔河比賽等鼓勵雙方加油之詞。~ *for* 〖俗〗協助。~ *in* **a.** 拉緊。**b.** 抵達。**c.** 逮捕。~ *off* **a.** 脫掉。**b.** 〖俚〗成功地完成一件需要勇氣、大膽或機智的工作。~ *oneself together* 恢復正常能力、鎮靜等。~ *out* **a.** 離開；撤離。**b.** 突然放棄。~ *round* 復元；康復。~(*something*) *to pieces* **a.** 撕碎。**b.** 嚴酷批評。~ (*a person, thing*) *up* 使停止；阻止。— *n.* ① Ⓒ 拉；拖；扯。②(a ~)吃力的動作。③ Ⓒ 拉手；把手。④ Ⓒ 一飲；一吸。⑤(a ~)划船。⑥ Ⓤ 引力；吸力。⑦ Ⓤ (又作 a ~)有利條件。

pull·back [ˋpul͵bæk] *n.* Ⓒ (軍隊的)後退；撤退；撤離。

pul·ley [ˋpulı] *n.* Ⓒ 滑輪；滑車。

pull·o·ver [ˋpul͵ovɚ] *n.* Ⓒ 套頭毛衣。

pul·mo·nar·y [ˋpʌlmə͵nɛrı] *adj.* ①肺的；肺部的。②肺狀的。③患肺病的。§ ~ **ártery** [**véin**] 肺動[靜]脈。~ **tuberculósis** 肺結核。

***pulp** [pʌlp] *n.* ① Ⓤ 果肉；果漿。② Ⓤ 〖解〗牙髓。③ Ⓤ 紙漿。④ Ⓒ 〖俗〗低級雜誌。⑤ Ⓤ 柔軟之物。

***pul·pit** [ˋpulpıt] *n.* ① Ⓒ (教會的)講壇。②(the ~)傳教。③(the ~, 集合稱)傳教士；宗教界。

pulp·wood [ˋpʌlp͵wud] *n.* Ⓤ ①做紙漿的材料。②木質紙漿。

pul·sar [ˋpʌlsɑr, -sɚ] *n.* Ⓒ 〖天〗脈衝星(周期地發出電波的小天體)。

pul·sate [ˋpʌlset] *v.i.* ①(脈)有規律地跳動；(心臟)跳動。②震動；搖動。— **pul·sa′tion, pul′sa·tor,** *n.*

***pulse** [pʌls] *n.* Ⓒ ①脈搏。②(有規律之)跳動。③情緒；意向。④生命力。⑤電流之突然增強或減弱。⑥〖電〗脈波；脈衝。— *v.i.* (脈)搏動。

púlse-jèt éngine [ˋpʌls͵dʒɛt ~] *n.* Ⓒ 間歇燃燒噴射引擎。

pul·ver·ize [ˋpʌlvə͵raız] *v.t.* ①磨成粉；搗碎。②粉碎；毀壞。— *v.i.* 成爲粉末。(亦作 **pulverise**)

pu·ma [ˋpjumə] *n.* Ⓒ 美洲山獅。

pum·ice [ˋpʌmıs] *n.* Ⓤ Ⓒ 輕石；浮石。— *v.t.* 用輕石磨擦[清潔]。

***pump**¹ [pʌmp] *n.* Ⓒ ①抽水機；打氣機；打氣筒。②心臟。— *v.t.* ①用抽水機汲(水)；用打氣筒打(氣)〔up〕. ②(如抽水機柄般)上下動。③灌入或抽出。④追問。⑤使上氣不接下氣。After the race he was all ~*ed* out. 賽跑過後他氣喘如牛。— *v.i.* ①使用唧筒；用唧筒抽水。②如唧筒柄般上下移動。③盤問。④跳動。⑤間歇地噴出。

pump² *n.* Ⓒ (常 *pl.*)一種低跟輕便舞鞋。

***pump·kin** [ˋpʌmpkın, ˋpʌŋkın] *n.* Ⓤ Ⓒ ①南瓜。②南瓜藤。*some* ~*s* 重要人物或場所。§ ~ **hèad** (1)像南瓜的頭(特指剪平頭者)。(2)清教徒。(3)愚蠢的人。

pun [pʌn] *n.* Ⓒ 雙關語；雙關俏皮話。— *v.i.* & *v.t.* (**-nn-**)說雙關語〔on, upon〕. — **ner,** *n.* — **less,** *adj.*

***punch**¹ [pʌntʃ] *v.t.* ①以拳擊。②趕(牛、羊群)。③刺；撥。④打；敲。⑤發出；說出。— *n.* ① Ⓒ 擊；打。② Ⓤ 〖俗〗力量。§ ~**ing bàg**(練習拳擊用的)吊袋。

punch² *v.t.* 打洞；鑽孔。~ *in* [*out*]打卡上[下]班。— *n.* Ⓒ 打洞器；鑽孔器。

punch³ *n.* Ⓤ Ⓒ 潘趣酒(酒、水、牛奶等調以砂糖、檸檬、香料等之飲料)。

punc·til·i·o [pʌŋkˋtılı͵o] *n.* Ⓤ Ⓒ (*pl.* ~**s**)(行爲、儀式、手續等之)細節；拘謹；拘泥形式；刻板。

***punc·tu·al** [ˋpʌŋktʃuəl] *adj.* 敏捷的；守時的。— **ly,** *adv.*

punc·tu·ate [ˋpʌŋktʃu͵et] *v.t.* ①加標點於；以標點分開。②(以呼喊等)打斷(他人的話)。③加重。

***punc·tu·a·tion** [͵pʌŋktʃuˋeʃən] *n.* Ⓤ 標點(法)。§ ~ **màrks**標點符號。

punc·ture [ˋpʌŋktʃɚ] *n.* Ⓒ 孔；洞。— *v.t.* ①穿孔；刺穿。②減低；毀掉；毀壞。— *v.i.* 有破孔。

pun·dit [ˋpʌndıt] *n.* Ⓒ ①印度的學者；梵文學家。②〖諧〗博學之人。

pun·gent [ˋpʌndʒənt] *adj.* ①刺激性的；辛辣的。②嚴厲的。③痛切的。④刺激精神的。— **pun′gen·cy,** *n.*

***pun·ish** [ˋpʌnıʃ] *v.t.* ①處罰；懲罰。②嚴厲對付；使痛苦。③鞭策。

***pun·ish·ment** [ˋpʌnıʃmənt] *n.* ① Ⓤ 懲罰；處罰；刑罰。② Ⓤ Ⓒ 痛苦；損失。③ Ⓤ 虐待；苛待。

pu·ni·tive [ˋpjunətıv] *adj.* ①處罰的；懲罰的；刑罰的。②討伐的。

pu·ni·to·ry [ˋpjunə͵torı] *adj.* =

punitive.

Pun·jab [pʌnˋdʒab] *n.* 旁遮普(從前爲印度的一省，現在分屬於印度及巴基斯坦)。

Pun·ja·bi [pʌnˋdʒabɪ] *adj.* 旁遮普(人，語)的。— *n.* ①Ⓒ旁遮普人。②Ⓤ旁遮普語。

punk[1] [pʌŋk] *n.* Ⓤ〖美〗(引火用的)腐木；朽木；火絨(=touchwood).

punk[2] *n.* Ⓒ〖俚〗廢物；年輕小子；太保[太妹]。— *adj.* ①龐克風格的(指表現反抗性的大聲喊叫似的搖滾音樂及奇特髮型、服裝)。②〖美俚〗健康情形不好的。③〖美俚〗無價值的；無用的。

punt[1] [pʌnt] *n.* Ⓒ①〖英〗方頭平底小船(以篙撐者)。②〖足球〗球未著地前之一踢。— *v.t.* & *v.i.* ①以篙撐(船)。②踢(未著地前的球)。

punt[2] *v.i.* ①賭莊家。②(在賽馬中)對一馬下重賭注。③賭博。— *n.* Ⓒ賭注；賭博。

pu·ny [ˋpjunɪ] *adj.* ①形狀小的；軟弱的。②細微的；不重要的。

***pup** [pʌp] *n.* Ⓒ①小狗。②幼狐、小狼、小海豹等。③傲慢自負的年輕人。④〖俗〗學生(爲 pupil 之略語)。

‡**pu·pil** [ˋpjupḷ] *n.* Ⓒ①學生。②〖法律〗被監護人。③瞳孔；瞳仁。

***pup·pet** [ˋpʌpɪt] *n.* Ⓒ①木偶。②傀儡。a ~ government 傀儡政權。§ ~ **plày** [**shòw**] 傀儡戲；木偶戲。

***pup·py** [ˋpʌpɪ] *n.* Ⓒ①小狗。②小狐、小狼等。③沒有教養而自大的青年。§ ~ **lòve** 初戀；幼稚的戀愛。

pur·blind [ˋpɜˏblaɪnd] *adj.* ①半盲的；近視的。②遲鈍的。

‡**pur·chase** [ˋpɜtʃəs, -ɪs] *v.t.* ①購買。②換得；獲得。③〖海〗藉機械舉起(錨等)。— *n.* Ⓤ①購買。②購得之物。③(每年的)收益；價值。④〖機〗擴力裝置。⑤土地每年收益。§ ~ **mòney** 買價；定金；代價。— **purˊ-chas·er,** *n.*

‡**pure** [pjʊr] *adj.* ①純粹的。~ gold 純金。②清潔的。③完美的；正確的。④僅僅的；全然的。⑤純潔的；貞潔的。⑥抽象的；理論的。⑦血統純粹的。~ ***and simple*** 完全的；絕對的。— *n.* Ⓒ純潔的東西。— **ness,** *n.*

***pure·ly** [ˋpjʊrlɪ] *adv.* ①完全地；全然。②純粹地。③純潔地。

pur·ga·tion [pɜˋgeʃən] *n.* Ⓤ①洗罪。②洗滌；整肅。③(吃瀉藥)淨腸。

pur·ga·tive [ˋpɜgətɪv] *n.* Ⓒ〖醫〗瀉藥。— *adj.* ①能通便的；致瀉的。②能清除的。③洗罪的。

pur·ga·to·ry [ˋpɜgəˏtorɪ] *n.* ①Ⓤ(常 P-)(天主教)煉獄。②ⓊⒸ暫時受難或受懲的處所或狀態。③ⓊⒸ受罪。

***purge** [pɜdʒ] *v.i.* & *v.t.* ①清除；洗滌。②滌罪。③整肅；排除國內或黨內的異己分子。④通大便。— *n.* Ⓒ①洗滌；洗罪。②整肅。③瀉藥。

***pu·ri·fy** [ˋpjʊrəˏfaɪ] *v.t.* ①使清淨。②滌除罪過。③純化；精煉。— **pu-ri·fi·caˊtion,** *n.*

pur·ism [ˋpjʊrɪzəm] *n.* ①ⓊⒸ(語言等)純正主義(排除誤用、俗用、外來語等而保護母語純正)。②Ⓤ(文體、用語的)純正癖。— **purˊist,** *n.*

***Pu·ri·tan** [ˋpjʊrətṇ] *n.* Ⓒ①清教徒。②(p-)(宗教、道德上)嚴謹的人。— *adj.* ①清教徒的。②(p-)嚴謹的。

pu·ri·tan·ic, -i·cal [ˏpjʊrəˋtænɪk(ḷ)] *adj.* ①(P-)清教徒的。②嚴格的。③反對享樂的。

***pu·ri·ty** [ˋpjʊrətɪ] *n.* Ⓤ①純潔。②天眞無邪。③純粹。④貞潔。

pur·ple** [ˋpɜpḷ] *n.* ①ⓊⒸ紫色；深紅色。②Ⓤ紫布；紫衣；紫袍(特指帝王等所穿的)。③(the ~)皇族；貴族。be born in***[***to***] ***the*** ~ 生於皇室[貴族之家]。— *adj.* ①紫色的；深紅色的。②帝王的。③華麗的。— *v.t.* & *v.i.*(使)呈紫色。

pur·port [ˋpɜport] *n.* Ⓤ(又作 a ~)①意義；主旨。②目的；企圖。— [pəˋport] *v.t.* 聲稱。

‡**pur·pose** [ˋpɜpəs] *n.* ①Ⓒ目的；意向；宗旨。②Ⓤ決心；果斷力。***of set*** ~ 蓄意地。***on*** ~ 故意地。***to little*** [***no***] ~ 幾乎[毫]無結果；幾乎[毫]無收穫。***to some*** ~ 有點結果；有些收穫。***to the*** ~ 得要領；切題；合乎目的。— *v.t.* 計劃；意欲；企圖。

pur·pose·ful [ˋpɜpəsfəl] *adj.* ①有目的的；故意的。②意味深長的；重要的。③果斷的。— **ly,** *adv.*

pur·pos·ive [ˋpɜpəsɪv] *adj.* ①有目的的；合於目的的。②(人)果斷的。

***purr** [pɜ] *v.i.* ①(貓等)作嗚嗚叫的聲音。②發出低而愉快的聲音。— *v.t.* 高興而低聲地說出。— *n.* Ⓒ(又作 a ~)嗚嗚叫(的聲音)。

***purse** [pɜs] *n.* ①Ⓒ錢袋。②(常 *sing.*)金錢；財富。Who holds the

~ rules the house.〖諺〗有錢就有勢。③(a ~)一筆錢。— *v.t.* ①使皺縮；抽緊。②放進錢袋。*control* [*hold*] *the ~ strings* 控制金錢開支。*loosen the ~ strings* 亂花錢。*tighten the ~ strings* 節省用錢。§ ~ **bèarer** (1)會計員。(2)〖英〗儀式中的捧璽官。~ **sèine** [**nèt**]袋網。~ **strìngs** (1)鬆緊錢袋口的繩索。(2)支配金錢的權力。(3)財政。

P

purs·er [ˋpɜsɚ] *n.* Ⓒ (商船上之)事務長；(軍艦上)之軍需官。— **ship,** *n.*

pur·su·ance [pɚˋsuəns] *n.* Ⓤ ①(目的之)追求。②實施；從事。

pur·su·ant [pɚˋsuənt] *adj.* ①依照的；遵從的〔to〕. ②隨後的。— *adv.* 依照；符合〔to〕.

*__pur·sue__ [pɚˋsu, -ˋsɪu] *v.t.* ①追捕。②追逐；追求。③繼續。④糾纏。⑤緊緊追隨。⑥照…而行；沿…而進。

pur·su·er [pɚˋsuɚ] *n.* Ⓒ ①追捕者；追逐者。②追求者。

*__pur·suit__ [pɚˋs(j)ut] *n.* ①ⓊⒸ追捕；追逐；追求。②Ⓒ職業；消遣；娛樂。§ ~ **plàne** 追擊機；驅逐機。

pu·ru·lent [ˋpjurələnt] *adj.* 化膿性的；流膿的。

pur·vey [pɚˋve] *v.t.* & *v.i.* 供應；供給〔for〕.

pur·vey·or [pɚˋveɚ] *n.* Ⓒ 供應糧食者；承辦伙食者。

pur·view [ˋpɜvju] *n.* Ⓤ ①(法令的)條款。②(活動的)範圍。③視界；識界。

pus [pʌs] *n.* Ⓤ 膿。

‡**push** [puʃ] *v.t.* ①推；衝。②用力前進；擠。③使進行；推進。④用力插入。⑤驅策；力求。⑥擴展。⑦(數目等)將達。— *v.i.* ①用力前進；擠進。②推；衝。③推行運動；強求。④被推。⑤突出。*be ~ed for* 困於…。~ *along* [*forward*] 繼續前進；急進。~ *off*〖俗〗出發；離開。~ *on* a. 努力地前進；趕進。b. 趕快完成。~ *one's way* a. 排路前進。b. 奮力成功。— *n.* ①Ⓒ推。②Ⓒ加一把勁；奮發。make a ~ 奮發；加油。③Ⓤ〖俗〗精力；力量。He is full of ~. 他精力充沛。④Ⓒ攻擊；攻勢。⑤(the ~)〖俚〗解雇。*get the ~* 被解雇。§ ~ **bìke**〖俗〗自行車(亦作 pushbike). ~ **bùtton** 按鈕。

push-but·ton [ˋpuʃ,bʌtn̩] *adj.* 按鈕操作的。~ war 按鈕操作的戰爭。

push·cart [ˋpuʃ,kɑrt] *n.* Ⓒ 手推車。

push·er [ˋpuʃɚ] *n.* Ⓒ ①擁擠者。②推進式飛機(推進器裝於引擎之後者)。③行動積極者。④〖俚〗販賣毒品者。

push-up [ˋpuʃ,ʌp] *n.* Ⓒ 伏地挺身。

pu·sil·lan·i·mous [,pjuslˋænəməs] *adj.* 懦弱的；膽怯的。

puss[1] [pus] *n.* Ⓒ ①貓(暱稱或兒語)。②小姑娘；少女。③〖英〗野兔。

puss[2] *n.* Ⓒ (常*sing.*)〖俚〗①臉。②嘴。

puss·y[1] [ˋpusɪ] *n.* Ⓒ〖兒〗(用於稱呼)貓咪。§ ~ **wìllow**〖植〗貓柳。

pus·sy[2] *n.*〖鄙〗①Ⓒ女性的陰部。②Ⓤ〖美〗性交。

‡**put** [put] *v.t.* (~, **put·ting**) ①放；安置。②使成某種狀態或關係。③說明；表白；簽署。④安裝；供應。⑤提出。⑥課稅。⑦擲；投(十六磅鉛球等)。⑧估計。⑨應用。⑩使向某特定方向進行。⑪使從事某種職業。⑫翻譯。⑬賭。— *v.i.* ①(船)駛向；前進。②〖植〗發芽。~ *about* a. 改變…之航路；改變方向。b. 傳說。c. 帶給…麻煩。d. 使悲痛。~ *across*〖俗〗a. 完成。b. 使被接受。~ *aside* a. 放在一旁。b. 儲蓄。c. 擱置。~ *away* a. 貯存。b. 收拾整齊。c.〖俗〗送入瘋人院；送入監獄；抵押。d.〖俚〗吃；飲。e. 置諸腦後。f. 驗去。~ *back* a. 放回原處。b. 撥回。c. 阻礙。~ *by* a. 儲蓄。b. 躲避。~ *down* a. 放下。b. 鎮壓。c. 寫。d. 減縮。e. 表示決心。f. 買；儲藏。g. 制止。h. 降低地位。i. 認爲；估計。j. 歸於；諉於。~ *forth* a. 長出；發出。b. 使用；盡力。c. 使流行；發行。d. 發表。e. 出發；啓程。~ *forward* a. 提示；提出；建議。b. 推舉。c. 撥快(鐘針)。~ *in* a. 任命；使就職。b. 提出要求。c. 做；實行。d. 度過(時間)。e. 進入；駛入；停泊。f. 申請。~ *in for* a. 請求；申請。b. 做…候選人。~ *off* a. 延期。b. 推脫；推辭。c. 妨礙；說服使放棄。d. 除掉。e. 出發。~ *on* a. 穿；戴(帽等)(爲 take off 之對)。b. 假裝；僞裝。c. 增加。~ *out* a. 熄。b. 逐出。c. 使迷惑；使憂傷。d. 脫臼。e. 給予在家中做的工作。f. 放利息。g. 伸出。h. 生產；製造。i. 航行。j.〖棒球〗刺殺；使出局。k. 發行；發表。~ *over* a. 成功地完成。b. 欺騙。c. 使了解。~ *through* a. 順利完成。b. 幫(人)接通電話。~ *together* 建立；創造。~ *to it* 使遭

遇困難；使遇難題。~ *up* **a.** 舉起。**b.** 呈獻(祈禱等)；出賣(貨品)。**c.** 提高(價格)。**d.** 建築。**e.** 供膳宿。**f.** 擱置(工作)。**g.** 蜜餞(水果等)；醃。**h.** 收起；藏起。**i.** 關(店)。**j.** 包裝。**k.** 提名…爲候選人。**l.** 使(野獸、鳥等)離窩。**m.** 密謀。**n.**公布；張貼。**o.** 得到。**p.** 自願做。**q.** 供給；捐獻。~ *upon* 利用；欺騙；占…之便宜。~ (*a person*) *up to* **a.** 通知；警告。**b.** 鼓動；唆使。~ *up with* 忍受；容忍。

pu·ta·tive [ˋpjutətɪv] *adj.* 推定的；想像的。

put-down [ˋput͵daʊn] *n.* Ⓒ ①飛機之降落。②反駁；無禮的回答。

put-out [ˋput͵aut] *n.* Ⓒ〖棒球〗出局。

pu·tre·fac·tion [͵pjutrəˋfækʃən] *n.* Ⓤ ①腐敗。②腐敗物。

pu·tre·fy [ˋpjutrə͵faɪ] *v.t.* & *v.i.* 致腐；使腐；腐朽。

pu·trid [ˋpjutrɪd] *adj.* ①腐朽的；腐爛的。②〖俗〗非常壞的；極令人不快的。

putt [pʌt]〖高爾夫〗*v.t.* & *v.i.* 輕擊(球)入洞。— *n.* Ⓒ 輕擊動作。

put·tee [ˋpʌtɪ] *n.* Ⓒ (常*pl.*)裹腿；綁腿。

put·ter[1] [ˋputə] *n.* Ⓒ ①置放者。②擲鉛球者。

putt·er[2] [ˋpʌtə] *n.* Ⓒ〖高爾夫〗①輕擊者。②輕擊用的球桿。

put·ter[3] *v.i.* ①無精打采或無目的地工作〔常 over, along, around〕. ②緩緩而行。③閒蕩。— *v.t.* 虛度〔away〕.

put·ty [ˋpʌtɪ] *n.* Ⓤ 油灰。— *v.t.* 敷油灰；以油灰接合。

***puz·zle** [ˋpʌzl] *n.* ① Ⓒ (*sing.*)難題；難解之事。② Ⓒ (測驗智力之)玩具或問題；謎。③(*sing.*)迷惑。— *v.t.* ①使迷惑；使難解。②使苦思。He ~*d* his brains to find the answer. 他絞盡腦汁以求答案。— *v.i.* ①困惑；不解。②思索。③胡亂尋找。~ *out* 苦思而找出解答；研究出來。

PX, P.X. post exchange.〖美〗軍中免稅商店。

pyg·my [ˋpɪgmɪ] *n.* Ⓒ ①(P-)俾格米族人(中非洲的矮黑人)。②矮小的人；侏儒。③細小之物。④不重要的人。— *adj.* 侏儒的；很小的。

***py·ja·mas** [pəˋdʒæməz] *n. pl.*〖英〗睡衣褲(=pajamas).

py·lon [ˋpaɪlɑn] *n.* Ⓒ ①(機場的)指示塔。②(古埃及神殿的)塔門。③(架高壓電線的)鐵塔。

***pyr·a·mid** [ˋpɪrəmɪd] *n.* Ⓒ ①角錐。②角錐形之物。③〖數〗錐體。④結構。*the Pyramids* 埃及金字塔。— **py·ram·i·dal** [pɪˋræmədl], *adj.*

pyre [paɪr] *n.* Ⓒ ①一堆木材或其他易燃物。②火葬時用的柴堆。

Pyr·e·nees [ˋpɪrə͵niz] *n. pl.* (the ~)庇里牛斯山(在法國、西班牙兩國邊境)。

py·re·thrum [paɪˋrɛθrəm, -ˋriθ-] *n.* ① Ⓒ〖植〗除蟲菊。② Ⓤ〖藥〗除蟲菊粉；除蟲菊劑。

py·ro·tech·nic, -ni·cal [͵paɪrəˋtɛknɪk(l)] *adj.* ①煙火的；如煙火的。②煙火製造術的。③(才智等)炫耀的；動人的。

py·ro·tech·nics [͵paɪrəˋtɛknɪks] *n.* ① Ⓤ 煙火製造術；煙火使用法。②(作*pl.*解)(用辭等之)炫耀；煽動；妙舌生花。

py·thon [ˋpaɪθɑn] *n.* Ⓒ 蟒；蚺蛇(熱帶地方的巨蛇)。

pyx, pix [pɪks] *n.* Ⓒ〖天主教〗聖體容器；聖餅盒。

Q q **Q q** *Q q*

Q or **q** [kju] *n.* Ⓤ Ⓒ (*pl.* **Q's, q's**)英文字母之第十七個字母。

Qa·tar [ˋkɑtɑr] *n.* 卡達(臨波斯灣的阿拉伯半島東部的獨立國)。

Q.C. Queen's Counsel. 女王御用大律師。

qr. quarter; quire.

***quack**[1] [kwæk] *n.* Ⓒ ①鴨叫聲。②大聲閒聊。— *v.i.* ①(鴨等)呷呷叫；模仿鴨叫。②高聲閒談。

quack[2] *n.* Ⓒ ①庸醫。②任何冒充內行之人；大言不慚之人。— *adj.* ①庸醫的。a ~ doctor 庸醫。②作僞欺人的。~ medicine 假藥。

quack·er·y [ˋkwækərɪ] *n.* Ⓤ ①庸醫的治療。②欺騙行爲。

quad·ran·gle [ˋkwɑdræŋgl] *n.* Ⓒ ①四邊形。②方庭；方院。③方院四邊的建築物。

quad·ran·gu·lar [kwɑdˋræŋgjulə] *adj.* 四邊形的；有四角或四邊的。

quad·rant [ˋkwadrənt] *n.* Ⓒ ①〖幾何〗象限。②象限儀；四分儀。③任何以直交的二直線劃出的一區或一部分。

quad·rate [ˋkwadrɪt] *adj.* 方形的；長方形的。— *n.* Ⓒ 方形；方形狀；長方形物。— [ˋkwadret] *v.t.* ①使一致；使相合。②使成方形。— *v.i.* 適合；一致〔with〕.

quad·rat·ic [kwadˋrætɪk]〖數〗*adj.* 二次的。a ～ equation 二次方程式。— *n.* Ⓒ 二次方程式。

quad·ren·ni·al [kwadˋrɛnɪəl] *adj.* ①每四年一次的。②四年的；四年間的。— *n.* Ⓒ ①一個四年的期間；四年。②每四年發生一次的事。— **ly,** *adv.*

quad·ri·lat·er·al [ˌkwadrəˋlætərəl] *n.* Ⓒ〖數〗四邊形；四角形；四邊形之地。— *adj.* ①四邊形的。②有四個關係人的；四方面的；四角的。

qua·drille [kwəˋdrɪl] *n.* Ⓒ ①(由四對組成的)方舞。②四對方舞舞曲。③流行於十八世紀由四人參加之紙牌戲。④大小相同的方格圖樣。— *adj.* 形成許多大小相同之方格的；方眼的。§ ～ **páper** 方格紙。

quad·ril·lion [kwadˋrɪljən] *n.* Ⓒ ①〖美，法〗千萬億(=10^{15})。②〖英，德〗10^{24}.

quad·ri·par·tite [ˌkwadrɪˋpartaɪt] *adj.* ①由四部分組成的；可分為四部分的。②由四人或四國形成的。

quad·ri·ple·gi·a [ˌkwadrəˋplidʒɪə] *n.* ⓊⒸ〖醫〗四肢麻痺。

quad·roon [kwadˋrun] *n.* Ⓒ 黑人血統占四分之一的人。

quad·ru·ped [ˋkwadrəˌpɛd] *n.* Ⓒ 四足獸。— *adj.* 有四足的。

quad·ru·ple [ˋkwadrʊpl] *adj.* ①四部的。②四倍的；四重的。③〖樂〗四拍的。— *adv.* 四倍地；四拍地。— *n.* Ⓤ (the ～)四倍。— *v.t.* 使成四倍。— *v.i.* 變成四倍。

quad·ru·plet [kwadˋruplɪt, ˋkwadrʊˌplɪt] *n.* ① Ⓒ 四胞胎之一。②(*pl.*)四胞胎。③ Ⓒ 四組；四套。

quaff [kwæf] *v.t.* & *v.i.* 痛飲；暢飲；一飲而盡。— *n.* Ⓒ 痛飲；暢飲。

quag·mire [ˋkwægˌmaɪr] *n.* Ⓒ ①沼地；泥沼。②無法脫身之困境。

qua·hog [ˋkwɔhɔg] *n.* Ⓒ〖動〗北美產的一種圓蛤。(亦作 **quahaug**)

quail[1] [kwel] *n.* Ⓒ (*pl.* ～**s,** ～)〖鳥〗鵪鶉。

quail[2] *v.i.* 畏縮；畏懼；沮喪。

***quaint** [kwent] *adj.* ①古怪而有趣的。②奇怪的。③做得很精巧的。— **ly,** *adv.* — **ness,** *n.*

quake [kwek] *v.i.* 震動；戰慄。He was *quaking* with fear[cold]. 他因恐懼[寒冷]而發抖。— *n.* Ⓒ ①震動；戰慄。②地震。— **quak′y,** *adj.*

***Quak·er** [ˋkwekɚ] *n.* Ⓒ 教友派(Society of Friends)的信徒。§ ～ **Cíty** 美國費城(Philadelphia)之別稱。～ **gùn** 騙敵用的假砲(常為木所製成，因 Quakers 反對任何戰爭故名)。～ **mèeting**(亦作 Quakers' meeting)(1)教友派信徒的聚會。(2)〖美俗〗沈默的聚會；徹夜的守靈。～**'s bárgain** 不二價之交易。

***qual·i·fi·ca·tion** [ˌkwaləfəˋkeʃən] *n.* ① Ⓤ (有時 *pl.*)資格。② Ⓤ Ⓒ 限制。③ Ⓤ 資格賦予。

qual·i·fied [ˋkwaləˌfaɪd] *adj.* ①合格的；合式的；適任的。②受限制的。

qual·i·fi·er [ˋkwaləˌfaɪɚ] *n.* Ⓒ ①賦予資格[權限]之人[物]；限定物。②〖文法〗修飾詞。③合格者。

***qual·i·fy** [ˋkwaləˌfaɪ] *v.t.* ①使合格；使勝任。②限制。③形容；修飾。④描寫；敍述。⑤緩和。— *v.i.* 合格；適合。

qual·i·ta·tive [ˋkwaləˌtetɪv] *adj.* ①性質上的；品質上的。②〖化〗定性的。～ analysis 定性分析。

‡**qual·i·ty** [ˋkwalətɪ] *n.* ① Ⓤ 特質；性質。② Ⓒ 種類；等第。③ Ⓤ 品質。④ ⓊⒸ 本性；脾氣。⑤ Ⓒ 品德；德性。⑥ Ⓒ 關係；地位。⑦ Ⓤ 上流社會。a man of ～ 世家出身之人。⑧ ⓊⒸ〖理〗音質；音色。§ ～ **contròl** 品質管制。～ **tíme** 親子時間。

qualm [kwam] *n.* Ⓒ (常 *pl.*)①噁心。～*s* of seasickness 暈船。②不安；疑懼；良心的譴責。— **ish,** *adj.*

quan·da·ry [ˋkwand(ə)rɪ] *n.* Ⓒ 困惑；窘境；進退兩難之境。

quan·ti·fy [ˋkwantəˌfaɪ] *v.t.* ①定…之量。②〖邏輯〗(用 all, none 或 some 等)限定。

quan·ti·ta·tive [ˋkwantəˌtetɪv] *adj.* 與量有關的；定量的。～ analysis 定量分析。— **ly,** *adv.*

‡**quan·ti·ty** [ˋkwantətɪ] *n.* ① Ⓤ 量；數量。② Ⓒ 特定的量。③ Ⓒ (常 *pl.*)大量；大宗。④ Ⓒ 可量的東西。

⑤ Ⓤ〖樂〗音符長度；音量。⑥ Ⓤ 母音或音節的長度。⑦ Ⓒ〖數〗量；數。§ ∼ survèyor〖建〗估計建築工程工時及工程費用的人；估算員。

quan·tum [ˋkwantəm] *n.* Ⓒ (*pl.* **-ta** [-tə]) ①量；特定量。②分得的部分。③〖理〗量子。§ ∼ **júmp** [**léap**]〖理〗量子跳變。∼ **mechánics**〖理〗量子力學。∼ **thèory**〖理〗量子論。

quar·an·tine [ˋkwɔrən,tin] *v.t.* ①使停船受檢疫。②使(在政治上或商業上)孤立。— *n.* ① ⓊⒸ (對來自疫區旅客、貨物的)隔離；檢疫。② Ⓒ 停船檢疫期間。③ Ⓒ 檢疫所。④ Ⓤ 隔絕。

quark [kwark, kwɔrk] *n.* Ⓒ〖理〗夸克(構成原子質料的最小物質)。

‡**quar·rel** [ˋkwɔrəl, ˋkwar-] *n.* Ⓒ ①爭論；爭吵；口角。②爭論之原因。— *v.i.* (**-l-**, 〖英〗**-ll-**) ①爭論；爭吵。②怨；挑剔。

***quar·rel·some** [ˋkwɔrəlsəm, ˋkwar-] *adj.* 愛爭吵的；好口角的。

quar·ry[1] [ˋkwɔrı, ˋkwarı] *n.* Ⓒ ①採石場。②(知識、事實、消息等之)源泉。— *v.t.* & *v.i.* ①自採石場挖出。②(自書中等)探索(資料)。

quar·ry[2] *n.* Ⓒ ①(常 *sing.*)獵物。②急急追求之事物或目標。

quart** [kwɔrt] *n.* Ⓒ 夸脫(容量單位，液量等於 ¼ gallon，乾量等於 ⅛ peck, 2 pints；略作 **qt.**)。try to put a ∼ into a pint pot*** 嘗試做不可能的事。

‡**quar·ter** [ˋkwɔrtə] *n.* ① Ⓒ 四分之一。② Ⓒ 一刻鐘。a ∼ to two 差一刻到兩點。a ∼ past six 六點一刻。③ Ⓒ〖美〗二角五分。④ Ⓒ 二角五分之銀幣。⑤ Ⓒ 季；三個月。⑥ Ⓒ 一碼的四分之一；九英寸。⑦ Ⓒ ¼ hundredweight；二十五磅或二十八磅。⑧ Ⓒ 區域；地方。the Chinese ∼ in San Francisco 舊金山的華人區。⑨ Ⓒ 社區或一群體的某一部分。⑩(*pl.*)住處；寓所。⑪ Ⓒ 方位；方角；方向。from all ∼*s* 來自四方。⑫ Ⓤ (對敵人等之)饒命；寬恕。⑬ Ⓒ 鳥獸屍體被四分後之一肢。⑭ Ⓒ 腿及其附近的部分。⑮ Ⓒ 船尾。⑯ Ⓒ〖紋章〗盾的四分之一。⑰ Ⓒ〖樂〗四分音符。⑱(*pl.*)〖軍〗營舍；軍營。⑲ Ⓒ (消息、錢等的)來源。⑳(*pl.*)就位備戰。***at close ∼s*** 極爲接近；幾乎相接觸。— *v.t.* ①四等分。②駐紮。③將…切成四塊；肢解。④將紋章安於(盾的右上角四分之一處)。⑤來回地橫越。— *v.i.* ①駐紮；居住。②(風)吹向船尾。§ ∼ **dày** 四季結帳日或付款日。∼ **sèction**〖美〗四分之一平方哩的土地，相當於 160 畝。

quar·ter·fi·nal [,kwɔrtəˋfaınl] *adj.* 準決賽前之比賽的。

quar·ter·ly [ˋkwɔrtəlı] *adj.* 一年四次的；每季的。— *adv.* 每季地。— *n.* Ⓒ 季刊。

quar·ter·mas·ter [ˋkwɔrtə,mæstə] *n.* Ⓒ ①〖軍〗經理官；後勤部隊軍官。②舵手；航信士官。§ ∼ **géneral**〖軍〗經理署署長；軍需兵司令兼軍需局局長(略作 Q.M.G.)。∼ **sérgeant** 補給軍士。

quar·tet(te) [kwɔrˋtɛt] *n.* Ⓒ ①四個(人或物)組成的一組。②四部合唱；四重奏。③四部合唱曲；四部合奏曲。

quar·to [ˋkwɔrto] *n.* (*pl.* ∼**s**) ① Ⓤ 四開(通常爲 9×12 英寸)。② Ⓒ 四開本。— *adj.* 四開的；四開本的。

***quartz** [kwɔrts] *n.* Ⓤ〖礦〗石英石。§ ∼ **clòck**[**wàtch**]石英鐘[錶]。∼ **crýstal**〖電〗石英晶體。∼ **glàss** 石英玻璃。∼ **làmp** 石英燈。

qua·sar [ˋkwezar] *n.* Ⓒ〖天〗類星體；類星源(距離太陽系四十至一百億光年，發出強力的電波能)。

quash [kwaʃ] *v.t.* ①取消；作廢。②壓碎；擠碎；鎮壓。

qua·ver [ˋkwevə] *v.i.* (聲音)震顫。— *v.t.* 以震顫聲說[唱]出。— *n.* Ⓒ ①抖顫；顫音。②〖樂〗八分音符。

quay [ki] *n.* Ⓒ 碼頭。

quea·sy [ˋkwizı] *adj.* ①令人作嘔的(食物)。②易嘔的；(胃)不易消化食物的。③不舒服的。④脾氣古怪的。

Que·bec [kwıˋbɛk] *n.* ①魁北克(加拿大東部最大的一省)。②魁北克市(Quebec 省首府)。

‡**queen** [kwin] *n.* Ⓒ ①皇后。②(常 Q-)女王。③最有權力之女子；最有吸引力之女子。④最佳者；最美者。⑤雌蜂；雌蟻。⑥(撲克牌及棋中之)女王。***to the ∼'s taste*** 無可挑剔的。— *v.t.* 立爲女王[王后]。— *v.i.* 統治；作女王。∼ ***it*** 做女王統治；行動像女王一般。§ **Q∼ Ánne** (1)安女王(1665-1714, 英國女王)。(2)(家具、建築等)安女王朝代式的。∼ **ánt** 蟻王；雌蟻。∼ **bée** (1)蜂王；雌蜂。(2)〖俚〗

統治一群人的女人；領導社交活動的婦女。～ **cónsort** 王后。～ **dówager** 孀居之王后。～ **móther** 母后；皇太后。～ **pòst**〖建〗直立橫梁上支撐屋頂的兩內柱之一；雌柱。～ **régent** (執政的)女王［王后］。～ **régnant** 攝政后。 **Quéen's Bénch** 英國高等法院。**Quéen's Cóunsel** 英國王室法律顧問。—**ly,** *adj.* & *adv.*

***queer** [kwɪr] *adj.* ①奇怪的；古怪的。②〖俗〗可疑的。③(身體)覺得不舒服的；暈眩的。④〖俚〗假的；僞造的。⑤心智失去平衡的。— *v.t.*〖俚〗糟蹋；破壞。— *n.*〖俚〗① Ⓤ 僞鈔。② Ⓒ 同性戀者。—**ly,** *adv.*

quell [kwɛl] *v.t.* ①撲滅；壓服。②緩和；使鎮靜。

***quench** [kwɛntʃ] *v.t.* ①解(渴等)。②熄滅；消滅。③(鍛鐵)淬火；驟冷。

quer·u·lous [ˋkwɛrələs] *adj.* ①愛抱怨的。②易怒的；暴躁的。—**ly,** *adv.* —**ness,** *n.*

que·ry [ˋkwɪrɪ] *n.* Ⓒ ①問題；疑問。②問號。— *v.t.* & *v.i.* ①質問；詢問。②表示懷疑。③加問號。

***quest** [kwɛst] *n.* Ⓒ ①探詢；搜尋。②探求物。— *v.t.* & *v.i.* 搜尋；找。

‡**ques·tion** [ˋkwɛstʃən] *n.* Ⓒ ①訊問；疑問。②問題；討論［爭執］之事物；論點。③(待表決之)提議；提案。④疑問句。⑤疑義；論點。⑥表決。*beside the* ～ 離題；在問題外。*beyond* [*without*] ～ 毫無疑問。*call in*[*into*]～ 表示異議；表示懷疑。*in* ～ **a.** 正被談論的(人或物)。**b.** 在爭議中。*out of* ～ 毫無疑問。*out of the* ～ 不可能。*put the* ～ 表決。*Q-!* (公開集會中之喊聲)**a.** 離題了(促言歸本題)。**b.** 有疑問；有異議！— *v.t.* ①詢問；質問；審問。②懷疑。③對…提出異議。§ ～ **màrk** 問號(?)。

ques·tion·a·ble [ˋkwɛstʃənəbḷ] *adj.* 有問題的；可疑的。—**ques′tion·a·bly,** *adv.*

ques·tion·ar·y [ˋkwɛstʃən,ɛrɪ] *adj.* 質問的；疑問的。— *n.* =**questionnaire.**

ques·tion·er [ˋkwɛstʃənɚ] *n.* Ⓒ 質問者；詢問者。

ques·tion·naire [,kwɛstʃənˋɛr] *n.* Ⓒ 一組問題(調查或測驗用)；問卷。

queue [kju] *n.* Ⓒ ①辮子。②(人或汽車等)一行。— *v.i.* & *v.t.*〖英〗排成一行(=line up).

quib·ble [ˋkwɪbḷ] *n.* Ⓒ ①雙關語。②遁辭；模稜兩可的話。— *v.i.* 以雙關語說出；模稜兩可地說。

‡**quick** [kwɪk] *adj.* ①迅速的；敏捷的。②即刻的。③急躁的。④機伶的；活潑的。a ～ wit[mind]機智。⑤短時間的。⑥旺盛的；(火)熊熊的。⑦顯示有生命的。— *n.* Ⓤ ①(皮肉)細嫩敏感的部分。②本質；核心；要害。③活人；生物。④最重要之部分。*cut to the* ～ 深深地傷害；損傷(某人之)感情。— *adv.* =**quickly**(常置於動詞之後)。Come ～! 快來！§ ～ **fíx** 權宜而不適當的解決之道。～ **fréezing** 急速冷凍法。～ **góods** 家畜；畜生。～ **màrch**〖軍〗齊步行進；快步走。～ **párts** 才智；穎悟。～ **stúdy** 學新東西學得很快的人。～ **tìme**〖軍〗齊步；快步。—**ness,** *n.*

***quick·en** [ˋkwɪkən] *v.t.* ①使加速；催促。②鼓舞；使復甦。— *v.i.* ①加速。②鼓舞；復甦。

quick·ie [ˋkwɪkɪ] *n.* Ⓒ〖俚〗①匆匆製成的劣品(尤指電影)。②需時甚短之事物。③(酒等的)匆忙的一飲。— *adj.* 敷衍的。

‡**quick·ly** [ˋkwɪklɪ] *adv.* 快地；迅速地。

quick·sand [ˋkwɪk,sænd] *n.* Ⓒ ①(常*pl.*)流沙。②危險不可信賴的事。

***quick·sil·ver** [ˋkwɪk,sɪlvɚ] *n.* Ⓤ 水銀；汞。

quick·step [ˋkwɪk,stɛp] *n.* Ⓒ ①快步。②快的舞步。③〖樂〗快步進行曲。

quick-tem·pered [ˋkwɪkˋtɛmpɚd] *adj.* 性情急躁的；易怒的。

quick-wit·ted [ˋkwɪkˋwɪtɪd] *adj.* 才思敏捷的。

quid [kwɪd] *n.* Ⓒ (*pl.* ～)〖英俚〗一鎊；二十先令。

qui·es·cent [kwaɪˋɛsn̩t] *adj.* 靜的；不活動的。—**qui·es′cence, qui·es′cen·cy,** *n.*

‡**qui·et** [ˋkwaɪət] *adj.* ①平穩的；靜止的。②安閒的；安靜的。③恬靜的；清靜的。④靜寂的；靜謐的。⑤溫和的；文雅的。～ manners 文雅的舉止。⑥樸素的；暗淡的。⑦祕密的；內心的。⑧平靜的；不積極的。— *n.* Ⓤ ①閒適；安靜；靜謐。②平安；寧靜；安定。— *v.t.* ①使靜。②使鎮定。③使減少(恐懼、疑慮等)。— *v.i.* 靜止(down). —**ist,** —**ness,** *n.*

‡**qui·et·ly** [ˋkwaɪətlɪ] *adv.* ①和平

地；平靜地。②無動靜地。③靜寂地。

qui·e·tude [ˋkwaɪə,tjud] *n.* Ⓤ 安靜；靜止；鎮靜。

qui·e·tus [kwaɪˋitəs] *n.* ① Ⓤ (債務的)償清；(義務的)解除。② Ⓒ 根絕之物。③ Ⓤ 死。④ Ⓒ 最後一擊。

quill [kwɪl] *n.* Ⓒ ①翎管。②翎做的筆等；翎管所製之物。③剛毛；硬毛。④(翼或尾部硬直的)羽毛。⑤牙籤。

quilt [kwɪlt] *n.* Ⓒ 棉被；與棉被相似之物。— *v.t.* ①(加軟墊於內)縫合。②縫成線條或花樣。— *v.i.* 製棉被。

qui·nine [ˋkwaɪnaɪn], **quin·in** [ˋkwɪnɪn] *n.* Ⓤ〖藥〗金雞納霜；奎寧。

quin·quen·ni·al [kwɪnˋkwɛnɪəl] *adj.* ①延續五年的。②每隔五年發生一次的。— *n.* Ⓒ ①每五年發生的事件。②持續五年的事件。

quin·sy [ˋkwɪnzɪ] *n.* Ⓤ〖醫〗膿性扁桃腺炎；咽門炎。

quin·tes·sence [kwɪnˋtɛsn̩s] *n.* (the ～)①精髓；精華；本質。②榜樣；典型。— **quin·tes·sen'tial,** *adj.*

quin·tet(te) [kwɪnˋtɛt] *n.* Ⓒ ①五人[物]之一組。②合唱或合奏之五人。③〖樂〗五部曲；五重奏。

quin·tu·ple [ˋkwɪntjʊpl̩] *adj.* 五倍的；五重的；五部分組成的。— *n.* Ⓒ 五倍。— *v.t.* & *v.i.* (使)成五倍。

quin·tu·plet [ˋkwɪntəplɪt] *n.* ① (*pl.*)五胞胎。② Ⓒ 五胞胎之一。③ Ⓒ 任何五個所成的一組。

quip [kwɪp] *n.* Ⓒ ①譏諷語。②妙語；警語。③雙關語；遁辭。④奇異舉動、事物。

quire [kwaɪr] *n.* Ⓒ 二十四或二十五張的一刀紙。*in* ～*s*(書)未裝訂的。

quirk [kwɜk] *n.* Ⓒ ①奇行；怪癖。②遁辭；詭辯。③急扭；急轉。④花體(字)。

quirk·y [ˋkwɜkɪ] *adj.* 劇變的；反覆無常的；任性的。

***quit** [kwɪt] *v.t.*(**quit** or **quit·ted, quit·ting**)①停止；棄。②離去。③根絕；脫去。He has ～ drinking. 他已戒酒。④還清；償還(債務等)。⑤除去；清除。⑥放手。— *v.i.* ①停工。②離去。③辭職。④罷手；認輸。— *adj.* 清除的；了結的〔常 of〕. § ～ **ràte** 離職率；解雇率。

‡**quite** [kwaɪt] *adv.* ①完全地。②(表贊成、同感等之應答)的確。③〖俗〗頗；有幾分。*Oh* [*Yes*], ～. 的確。

Qui·to [ˋkito] *n.* 基多(厄瓜多首都)。

quits [kwɪts] *adj.* 兩相抵銷的；無勝負的。*be* ～ *with* 向…報復或復讎。*call it* ～ **a.** 暫時或永久停止。**b.** 罷手；放棄。*cry* ～ 承認沒有勝負。

quit·tance [ˋkwɪtn̩s] *n.* ① Ⓤ 免除；赦免；解除。② Ⓒ 免除債務的證書；收據。③ Ⓤ 償還；報答。

***quiv·er**[1] [ˋkwɪvə] *v.t.* & *v.i.* 使振動；戰慄。— *n.* Ⓒ (常 *sing.*)戰慄。

quiv·er[2] *n.* Ⓒ 箭囊；箭筒。

Qui·xo·te [kɪˋhotɪ] *n.* ①唐吉訶德(Don, 西班牙Cervantes小說中主角)。② Ⓒ 如唐吉訶德之人物；俠義的空想家；不切實際的理想家。

quix·ot·ic [kwɪksˋɑtɪk] *adj.* ①如唐吉訶德的。②不切實際的。

quiz [kwɪz] *v.t.*(**-zz-**)①(非正式地)測驗；小考。②訊問；查問。— *n.* Ⓒ (*pl.* ～**zes**)非正式的測驗。§ ～ **gàme** 猜謎遊戲。～ **kìd**〖美俗〗(早熟且對難題答得很快的)天才兒童；神童。～ **prògram**[**shòw**]〖美〗(廣播或電視的)猜謎節目。

quiz·zi·cal [ˋkwɪzɪkl̩] *adj.* ①疑問的；迷惑的。②戲弄的。— **ly,** *adv.*

quoit [kwɔɪt] *n.* ① Ⓒ 鐵圈；金屬環。②(*pl.*)擲環套樁遊戲。

quon·dam [ˋkwɑndəm] *adj.* 過去的；以前的。

Quón·set hùt [ˋkwɑnsɪt ～] *n.* Ⓒ〖商標〗活動[組合式]房屋。

quo·rum [ˋkworəm] *n.* Ⓒ ①法定人數。②特選的一群人。

quot. quotation.

quo·ta [ˋkwotə] *n.* Ⓒ ①分；分配；承擔或得到的部分。②(分配的)數量。③(外國輸入品、移民等的)限額；配額；定額。§ ～ **ìmmigrants**〖美〗限額移民(根據美國政府移民限額規定進入的移民)。～ **sỳstem** 限額制度。

quot·a·ble [ˋkwotəbl̩] *adj.* 值得或適於引用的。

***quo·ta·tion** [kwoˋteʃən] *n.* ① Ⓤ Ⓒ 引用；引用文；引用句。② Ⓒ 市價。③ Ⓒ〖商〗估價；報價。④ Ⓒ 報價單；估價單。§ ～ **màrk(s)** 引號(" "或' ')(亦作 quote mark(s))。

***quote** [kwot] *v.t.* ①引用。②定價；喊價。③引證；舉證。— *v.i.* 引用他人文句〔from〕. — *n.* Ⓒ ①引用文[句]。②(常 *pl.*)引號。

quo·tid·i·an [kwoˋtɪdɪən] *adj.* 每日的；每日發生的。— *n.* Ⓤ Ⓒ

〖醫〗每日熱(=quotidian fever).
quo·tient [ˋkwoʃənt] *n.* Ⓒ〖數〗(除法的)商(數)。 § ∼ **gròup**〖數〗商群。∼ **rìng**〖數〗商環。

R r **R r** *R r*

R

R or **r** [ɑr] *n.* ⓊⒸ (*pl.* **R's, r's**) 英文之第十八個字母。 ***the three R's*** 讀寫算。
R restricted.〖美〗限制級的(電影)(17歲以下無成人陪伴者不得觀賞)。
R, r response; rook. **r.** right; ruble; rupee. **R.** Radius; Railroad; Railway; Ratio; Republic(an); River; Royal.
Ra [rɑ] *n.*〖埃及神話〗太陽神。
Ra〖化〗radium. **R.A.** Rear Admiral; Royal Academician; Royal Academy; Royal Artillery; Regular Army.
rab·bi [ˋræbaɪ] *n.* Ⓒ①猶太教之法律專家；法師；教師；先生。②猶太教牧師。(亦作 **rabbin**)
‡**rab·bit** [ˋræbɪt] *n.* ①Ⓒ兎子。②Ⓤ兎毛；兎皮。③Ⓒ〖俗〗拙劣的運動員。— *v.i.* 獵兎。§ ∼ **èars**〖美〗兎耳型天線(室內用小型電視天線)。
rab·ble [ˋræbl̩] *n.* ①(*sing.*, 集合稱)暴民。②(the ∼)〖蔑〗下層社會。
rab·id [ˋræbɪd] *adj.* ①狂暴的。②狂怒的。③狂犬症的。— **ness, ra·bid′i·ty,** *n.*
ra·bies [ˋrebiz] *n.* Ⓤ〖醫〗恐水症；狂犬病。
rac·coon [ræˋkun] *n.* ①Ⓒ浣熊。②Ⓤ浣熊之皮毛。§ ∼ **dòg** 狸。
‡**race**[1] [res] *n.* ①Ⓒ競賽；賽跑。②Ⓒ人生之旅程。③(*pl.*)賽馬(大會)。④Ⓒ競爭。⑤Ⓒ急流；急潮。⑥Ⓒ溝；水道。— *v.t.* ①與…賽跑。②使(人、馬等)跑。③使疾進。— *v.i.* ①疾行；跑。②加速。§ ∼ **càrd** 賽馬時之順序單。∼ **mèet** [**mèeting**] 賽馬會；(腳踏車等)競賽會。
‡**race**[2] *n.* ①Ⓒ(生物的)族類；種屬。②Ⓒ種族。③Ⓤ血統；門第。④Ⓒ優秀的血統。⑤Ⓤ生動或刺激性的品質。§ ∼ **rìot** 種族暴動。∼ **sùicide** 種族自殺(因人民不欲生育而造成的種族絕滅)。
race·course [ˋres͵kors] *n.* =racetrack.
rac·er [ˋresɚ] *n.* Ⓒ參加賽跑的人、動物等。
race·track [ˋres͵træk] *n.* Ⓒ競賽場；賽馬場。
****ra·cial** [ˋreʃəl] *adj.* 人種的；種族的。— **ly,** *adv.*
rac·ing [ˋresɪŋ] *n.* Ⓤ①競走；賽跑。②賽馬；賽船。— *adj.* ①賽馬的；賽馬用的。②比賽用的。§ ∼ **bòat**[**càr**]競賽用的船[車]。∼ **fòrm** (1)有關賽馬資料之出版品。(2)任何比賽中有關參加者之詳細記錄。(亦作 racing-sheet) ∼ **stàble** 訓練賽馬的馬廐。
rac·ism [ˋresɪzəm] *n.* Ⓤ種族主義；種族優越感；種族歧視；種族差異。
rac·ist [ˋresɪst] *adj.* 種族差別論的；懷種族偏見的。— *n.* Ⓒ種族差別論者；懷種族偏見者。
****rack**[1] [ræk] *n.* ①Ⓒ掛物或裝物之架。②Ⓒ裝草架。③Ⓒ(配裝齒輪之)齒棒。④Ⓒ(古時之)拷問臺。⑤(the ∼)(身體上或精神上的)巨大痛苦。⑥Ⓤ綳緊。***be on the*** ∼ **a.** 受拷刑。**b.** 受到壓力。***live at*** ∼ ***and manger*** 過豪華生活。— *v.t.* ①使痛苦；絞。②以拷問臺行刑。∼ ***one's brains*** 絞腦汁。§ ∼ **ràilway** 齒軌鐵路。∼ **whèel** 大齒輪。
rack[2] *n.* Ⓒ(馬的)輕跑；小跑之步法。— *v.i.*(馬)輕跑；溜蹄。
rack[3] *n.* Ⓒ流雲。
rack[4] *n.* Ⓤ毀滅。***go to*** ∼ ***and ruin*** 破壞；毀滅。
****rack·et**[1] [ˋrækɪt] *n.* ①Ⓒ網球拍。②(*pl.*)一種拍球戲。
rack·et[2] *n.* ①(a ∼)喧嘩。②Ⓒ〖俗〗以威脅手段騙錢之計策。③Ⓒ〖蔑〗職業。④Ⓒ〖俗〗有組織之非法行動。⑤Ⓤ歡樂之聚會。⑥Ⓒ痛苦的經驗。***go on a*** ∼ 縱情歡鬧。***stand the*** ∼ **a.** 付帳。**b.** 長久保持；負責任。— *v.i.*①喧鬧。②過放蕩生活。
rack·et·eer [͵rækɪtˋɪr] *n.* Ⓒ〖美俚〗勒索者。— *v.i.* 以威脅手段詐財。
rack·et·eer·ing [͵rækɪtˋɪrɪŋ] *n.* Ⓤ〖美〗不正當的獲利；勒索；黑市買賣。
****ra·dar** [ˋredɑr] *n.* ⓊⒸ①〖電〗雷達(爲 *r*adio *d*etecting *a*nd *r*anging 之略)。②由雷達原理裝配之機械。

§ ∼ astrónomy 雷達天文學。∼ bèacon雷達信標。∼ fènce [scrèen] 雷達屏網。∼ tèlescope 雷達望遠鏡。

ra·di·al [ˋredɪəl] *adj.* ①光線的；光線狀的。②〖數〗半徑的。③成輻射狀的；放射狀的。— **ly,** *adv.*

***ra·di·ance** [ˋredɪəns, -djəns], **-cy** [-sɪ] *n.* Ⓤ ①燦爛。②發光；射光。③輻射。

***ra·di·ant** [ˋredɪənt, -djənt] *adj.* ①閃爍的。②滿面春風的。③輻射的。

***ra·di·ate** [ˋredɪ,et] *v.t.* 發射；射出。— *v.i.* 射出；向四周伸張。
— *adj.* ①光輝的。②輻射狀的。

ra·di·a·tion [,redɪˋeʃən] *n.* ① Ⓤ 輻射。② Ⓒ 輻射線。③ Ⓤ 輻射能。

***ra·di·a·tor** [ˋredɪ,etɚ] *n.* Ⓒ ①暖氣爐。②(汽車等的)冷卻器。③發光[熱]的物。

***rad·i·cal** [ˋrædɪkḷ] *adj.* ①基本的。②急進的。— *n.* Ⓒ ①急進分子。②〖化〗根；基。③〖數〗根號(√)。④〖語音〗語根。 § ∼ léft 極左派；新左派。∼ ríght 極右派；急進右派。
— **ly,** *adv.*

rad·i·cal·ism [ˋrædɪkḷ,ɪzəm] *n.* Ⓤ 急進；激進主義。

rad·i·cal·ize [ˋrædɪkə,laɪz] *v.t.* 使急進；使偏激。

‡**ra·di·o** [ˋredɪ,o] *n.* (*pl.* ∼**s**) ① Ⓤ (常the ∼)無線電報；無線電話；無線電播音。② Ⓒ 收音機。③ Ⓤ〖俗〗無線電通訊。— *adj.* 無線電報的；收音機的。— *v.t.* & *v.i.* ①以無線電廣播。②以無線電通信。§ ∼ astrónomy 電波天文學。∼ bèacon 無線電信標；導航臺。∼ bèam〖通訊〗導航波束。∼ bèeper (無線電)呼叫器。∼ càr 有無線電通訊設備的汽車。R∼ Cíty 無線電城(美國 New York 市內的娛樂街)。∼ còmpass 無線電羅盤。∼ contròl 無線電操縱。∼ fréquency 射頻。∼ recéiver 收音機。∼ (recéiving) sèt 收音機。∼ sìlence 無線電靜止(避免敵人等察知發信源的通訊停止)。∼ sòurce [stàr]〖天〗(無線)電波源。∼ stàtion 無線電臺。∼ télescope 無線電測遠儀。∼ tùbe 無線電眞空管。∼ wàve〖通訊〗無線電波。

ra·di·o·ac·tive [,redɪoˋæktɪv] *adj.* 有輻射能的；放射性的。∼ waste 放射性廢料(〖美〗亦作 radwaste).
— **ra·di·o·ac·tiv′i·ty,** *n.*

ra·di·o·gram [ˋredɪə,græm] *n.* Ⓒ ①無線電報。②放射線照片。

ra·di·o·graph [ˋredɪə,græf] *n.* Ⓒ 放射線照相；X 光照片。— *v.t.* 作…之放射線照相。

ra·di·o·i·so·tope [,redɪoˋaɪsə,top] *n.* Ⓒ 放射性同位素。

ra·di·ol·o·gy [,redɪˋɑlədʒɪ] *n.* Ⓤ ①放射學；應用輻射學。②〖醫〗放射線科；放射線透視。

ra·di·o·sonde [ˋredɪo,sɑnd] *n.* Ⓒ 無線電探空儀；無線電測候器。

ra·di·o·tel·e·gram [ˋredɪoˋtɛlə,græm] *n.* Ⓒ 無線電報。

ra·di·o·tel·e·graph [,redɪoˋtɛlə,græf] *n.* Ⓒ 無線電報機。— *v.t.* & *v.i.* 以無線電報機發送。

ra·di·o·tel·e·phone [,redɪoˋtɛlə,fon] *n.* Ⓒ 無線電話(機)。— *v.i.* & *v.t.* 打無線電話。

ra·di·o·ther·a·py [ˋredɪoˋθɛrəpɪ] *n.* Ⓤ X 光療法；放射線療法。

rad·ish [ˋrædɪʃ] *n.* Ⓒ 蘿蔔；萊菔子。

***ra·di·um** [ˋredɪəm] *n.* Ⓤ〖化〗鐳(放射性元素；符號 Ra).

***ra·di·us** [ˋredɪəs] *n.* Ⓒ (*pl.* **-di·i** [-dɪ,aɪ], ∼**es**) ①半徑。②以半徑畫成之圓形面積。③橈骨。④範圍；地區。

ra·don [ˋredɑn] *n.* Ⓤ〖化〗氡(放射性元素；符號 Rn).

raf·fle [ˋræfḷ] *n.* Ⓒ 抽獎出售法。— *v.t.* 以抽獎法出售 (off). — *v.i.* 加入抽獎銷售。

***raft**[1] [ræft] *n.* Ⓒ 筏；救生艇。
— *v.t.* ①以筏運送。②製成筏。
— *v.i.* 搭乘筏子；使用筏子。

raft[2] *n.* (a ∼)〖俗〗大量；許多。

***raf·ter** [ˋræftɚ] *n.* Ⓒ〖建〗椽。

***rag**[1] [ræg] *n.* ① Ⓤ Ⓒ 破布。②(*pl.*) 破衣服。③ Ⓒ 少量。④ Ⓒ〖蔑〗手帕；旗子；鈔票等。⑤ Ⓒ 爲人輕視的報紙或雜誌。 *chew the* ∼*s*〖俚〗閒談。*take the* ∼ *off* 強過；超過。
— *adj.* 破布片製的。§ ∼ bàby [dòll] 布玩偶。∼ pàper (碎布製的)優質紙。∼ tràde 婦女服裝業。

rag[2] *v.t.* (**-gg-**)〖俚〗①罵。②逗；惹。③戲弄。— *n.* Ⓒ〖英〗嘲笑；逗弄。
§ ∼ dày〖英〗(大學生的)遊行募捐日。∼ wèek〖美〗遊行募捐週。

***rage** [redʒ] *n.* ① Ⓤ (又作 a ∼)憤怒。He flew [fell] into a ∼. 他勃然大怒。②(the ∼)流行之物。③(a ∼)極端的熱情。④ Ⓤ 狂暴。

R

— *v.i.* ①憤怒；發怒。②(疾病等)蔓延；傳布。③激烈地進行。

***rag·ged** [ˋrægɪd] *adj.* ①破爛的。②著破爛衣服的。③嶙峋的。④粗啞的(=harsh)。⑤不整潔的。⑥凹凸不平的；皮肉有破損的。⑦不整齊的。§ ~ **édge**(懸崖等的)邊緣；危險邊緣。~ **schòol** 貧民學校。—**ly,** *adv.*

rag·ing [ˋredʒɪŋ] *adj.* ①激怒的；憤怒的。②猛烈的。③劇痛的。

rag·man [ˋræg,mæn] *n.* Ⓒ (*pl.* **-men**)收買破爛者。

rag·pick·er [ˋræg,pɪkɚ] *n.* Ⓒ 撿破爛者。

rag·tag [ˋræg,tæg] *n.* (the ~, 集合稱)下層社會；賤民。~ *and bobtail* 下層社會；賤民。

R

***raid** [red] *n.* Ⓒ ①突擊〔on, upon〕. ②搜捕〔on, upon〕. — *v.t.* ①侵入。②搶劫。③挖角。— *v.i.* 搜捕；襲擊。

raid·er [ˋredɚ] *n.* Ⓒ①襲擊者。②(美海軍陸戰隊)突擊大隊的士兵。

‡**rail**[1] [rel] *n.* Ⓒ①欄杆。②鐵軌。③鐵道。④船舷上之欄杆。*off the ~s* 出軌；擾亂秩序；混亂。— *v.t.* ①鋪以鐵軌。②圍以欄杆。§ ~ **fènce** 柵欄。

rail[2] *v.i.* 罵；咒罵；嘲罵；奚落〔at, against〕.

rail[3] *n.* Ⓒ〖鳥〗秧雞。

***rail·ing** [ˋrelɪŋ] *n.* ①Ⓒ(常 *pl.*)柵欄；圍欄；欄杆。②Ⓤ **a.** (集合稱)欄杆。**b.** 其材料。

rail·ler·y [ˋrelərɪ] *n.* ⓊⒸ①善意的嘲笑；玩笑；嘲弄。②戲言。

‡**rail·road** [ˋrel,rod] *n.* Ⓒ〖美〗①鐵路；鐵道。②鐵路界。— *v.t.* ①〖美〗以鐵路運輸。②鋪以鐵路。③〖美俗〗使(議案等)急速通過。④〖美俗〗輕率審判而定罪。§ ~ **apàrtment** [**flàt**] 列車式公寓(沒有走廊的公寓；各房間像火車)。~ **stàtion** 火車站。

‡**rail·way** [ˋrel,we] *n.* Ⓒ ①〖英〗=**railroad.** ②鐵軌。③電車路軌。

‡**rain** [ren] *n.* ①ⓊⒸ 雨。②(*pl.*)雨之降落。③(*sing.*)如雨般之降落。~ *or shine* 不論晴雨；無論如何。*the ~s* 雨季。— *v.i.* ①下雨。②(似雨般)降落。— *v.t.* 使傾注。*It never ~s but it pours.* 不雨則已，一雨傾盆。§ ~ **chèck** (1)雨天延期入場憑證。(2)被邀赴宴會因故不能到，而希望以後改期再請的要求。~ **clòud** 雨雲(=nimbus). ~ **dànce** 美國印第安人之祈雨舞。~ **dàte** 〖美〗(戶外活動、比賽)當天下雨時延後舉行的日期。~ **fòrest** (熱帶多雨地區的)雨林。~ **gàuge** 雨量計。~ **glàss** 晴雨計。~ **shòwer** 陣雨；驟雨。~ **wàter** 雨水。

***rain·bow** [ˋren,bo] *n.* Ⓒ虹。

rain·coat [ˋren,kot] *n.* Ⓒ雨衣。

rain·drop [ˋren,drɑp] *n.* Ⓒ 雨滴；雨點。

***rain·fall** [ˋren,fɔl] *n.* ① ⓊⒸ 降雨。②Ⓤ降雨量；雨量。

rain·mak·er [ˋren,mekɚ] *n.* Ⓒ①祈雨法師。②人造雨科學家。

rain·proof [ˋrenˋpruf] *adj.* 防雨的。

rain·storm [ˋren,stɔrm] *n.* Ⓒ暴風雨。

‡**rain·y** [ˋrenɪ] *adj.* ①下雨的；多雨的。②爲雨所淋濕的。§ ~ **dáy** (1)雨天。(2)將來可能有的苦日子。

‡**raise** [rez] *v.t.* ①舉起；扶起。②使升。③擢升。④增加；提高。⑤使(聲音)增高。⑥聚集；招募。⑦產生。⑧提出。⑨建立。⑩激起。⑪飼育；栽培。⑫結束；解除。⑬籌募。~ money 募款。⑭(酵素)使(麵包)膨起。Yeast ~*s* bread. 發酵粉使麵包膨起。⑮起死回生。— *n.* Ⓒ (價格、待遇)提高。

rais·er [ˋrezɚ] *n.* Ⓒ〖美〗栽植者；飼養者。

***rai·sin** [ˋreznฺ] *n.* ⓊⒸ 葡萄乾。

ra·ja(h) [ˋrɑdʒə] *n.* Ⓒ (印度、爪哇、婆羅洲之)統治者；首領；酋長；土王。

***rake**[1] [rek] *n.* Ⓒ 耙子。— *v.t.* ①耙。②搜尋。③沿…縱線掃射。④大量收集〔常 in〕. ⑤揭露〔常 up〕.
— *v.i.* ①以耙子耙。②到處調查。

rake[2] *n.* Ⓒ 流氓；浪子。

rake[3] *n.*(*sing.*)〖海〗傾斜。— *v.i.* & *v.t.*(使)(船頭、船尾等)傾斜。

rak·ish[1] [ˋrekɪʃ] *adj.* ①漂亮的。②輕快的；速度很快似的。

rak·ish[2] *adj.* 放蕩的；淫邪的。

***ral·ly**[1] [ˋrælɪ] *v.t.* ①收集。②重振。— *v.i.* ①集合。②前去幫助一人、一黨或一運動〔常 to, around〕. ③恢復氣力；(部分)復原。④〖網球〗連續往返拍擊。⑤振作力氣、精神等。
— *n.* ①(a ~)恢復。②Ⓒ 大集會。③Ⓒ〖網球〗連續來回的打。④(a ~)價格回升。⑤Ⓒ長途賽車。

ral·ly[2] *v.t.* & *v.i.* 嘲笑；挖苦。

***ram** [ræm] *n.* ①Ⓒ (未去勢之)公羊。②Ⓒ 撞擊機。③Ⓒ 戰艦前端之撞角。④(R-)〖天〗白羊宮。— *v.t.* (**-mm-**) ①撞；撞倒。②擠入；撞入。

Ram·a·dan [ˌræməˋdɑn] *n.* ①回教曆之第九月(信徒在此月中從日出禁食到日落); 齋月。②齋月戒齋。

***ram·ble** [ˋræmbl̩] *v.i.* ①漫步。②漫談; 隨筆。③蔓延。— *n.* Ⓒ 漫步。

ram·bler [ˋræmblɚ] *n.* Ⓒ①漫遊者。②漫談者。③〖植〗攀緣薔薇。

ram·bling [ˋræmblɪŋ] *adj.* ①漫步的。②漫談的; 隨筆的。③散漫不整的。④思想散漫的。⑤攀緣的。

ram·bunc·tious [ræmˋbʌŋkʃəs] *adj.* 〖俚〗①蠻橫的。②難控制的。

ram·i·fi·ca·tion [ˌræməfəˋkeʃən] *n.* Ⓒ①分枝(狀)。②區分; 支流。

ram·i·fy [ˋræməˌfaɪ] *v.t.* 使分枝。— *v.i.* 分歧; 分成網狀。

ram·mish [ˋræmɪʃ] *adj.* ①公羊的; 有羶臊味的。②淫亂的。

ramp[1] [ræmp] *n.* Ⓒ 坡道; 活動梯。

ramp[2] *v.i.* 猛衝; 暴跳。— *n.* Ⓒ 〖俚〗欺騙; 獲取暴利。

ram·page [ˋræmpedʒ] *n.* (*sing.*, 常 the ～)一陣狂暴或興奮之行動。—[ræmˋpedʒ] *v.i.* 狂暴地亂衝。

ram·part [ˋræmpɑrt] *n.* Ⓒ①(常 *pl.*)堡壘。②防禦物。

ram·shack·le [ˋræmʃækl̩] *adj.* ①要倒塌的。②頹廢的。

***ran** [ræn] *v.* pt. of **run.**

***ranch** [ræntʃ] *n.* Ⓒ (大)農場。— *v.i.* 經營農場; 在農場工作。§ ～ **hòuse** 〖美〗(1)牧場主人所住的房屋。(2)農莊式平房。

ranch·er [ˋræntʃɚ] *n.* Ⓒ①農場主人或管理人。②牧童; 農場工人。

ran·cid [ˋrænsɪd] *adj.* ①陳腐的; 敗壞的。②惡臭的。③難以相處的。

ran·cor, 〖英〗**-cour** [ˋræŋkɚ] *n.* Ⓤ 深仇; 怨恨。— **ous,** *adj.*

R & D research and development. 研究與發展。

***ran·dom** [ˋrændəm] *adj.* 隨便的; 無目的的。— *n.* ⓊⒸ 隨便。*at* ～ 隨便地; 無目的地。§ ～ **áccess** 〖電算〗隨機出入。～ **sámple** 〖統計〗隨機樣本。～ **sámpling** 〖統計〗隨機抽樣。～ **váriable** 〖統計〗隨機變數。

ran·dy [ˋrændɪ] *adj.* 淫蕩的。

rang [ræŋ] *v.* pt. of **ring**[2].

‡**range** [rendʒ] *n.* ①Ⓤ 範圍。②Ⓤ 射程。③Ⓒ 射擊場。④Ⓒ 放牧區。⑤Ⓒ 列; 行。⑥Ⓒ 爐竈。⑦(*sing.*)(動、植物的)分布或繁殖的區域。⑧Ⓒ 方向。⑨ⓊⒸ 階級; 種類。— *v.t.* ①漫遊。②排列。③列於某人一邊。④分類。⑤排整齊。⑥瞄準。— *v.i.* ①在某範圍之內變化。②伸展。③漫遊。④產生。⑤找出某物之距離或方向。§ ～ **fìnder** 測距器。

rang·er [ˋrendʒɚ] *n.* Ⓒ①守林人。②〖英〗皇家森林或公園看守者。

Ran·goon [ræŋˋgun] *n.* 仰光(緬甸之首都)。

‡**rank**[1] [ræŋk] *n.* ①Ⓒ 一行兵士。②(*pl.*)軍隊。③ⓊⒸ 官階。④Ⓤ 高位; 顯貴。⑤ⓊⒸ 社會階層。⑥ⓊⒸ 等級。*the ～ and file* **a.** 士兵。**b.** 平民。— *v.t.* ①使成行列。②分類。③階級高於…。— *v.i.* ①列於。②居高位。③排成橫隊。

rank[2] *adj.* ①粗的。②生長茂盛的。③肥沃的。④野樹雜草叢生的。⑤腥臭的。⑥極端的。⑦下賤的; 卑鄙的。

***rank·ing** [ˋræŋkɪŋ] *adj.* 出類拔萃的。— *n.* Ⓤ 等級; 順序。

ran·kle [ˋræŋkl̩] *v.i.* 使人心痛;痛。— *v.t.* 使酸痛。

ran·sack [ˋrænsæk] *v.t.* ①細細搜索。②洗劫。

***ran·som** [ˋrænsəm] *n.* ①Ⓒ 贖金。②Ⓤ 贖回。— *v.t.* 贖回。

rant [rænt] *v.i.* 怒吼。— *v.t.* 怒喊。— *n.* Ⓤ①狂言; 壯語。②喧嚷。

***rap** [ræp] *v.t.* (**-pp-**)①敲擊。②斥責。— *v.i.* 敲。— *n.* Ⓒ ①敲擊(聲)。②〖俚〗斥責; 判刑。§ ～ **sès·sion** 專題討論。～ **shèet** 〖美俚〗犯罪檔案。

ra·pa·cious [rəˋpeʃəs] *adj.* ①強取的。②貪婪的。③〖動〗捕食生物的。

ra·pac·i·ty [rəˋpæsətɪ] *n.* Ⓤ ①強取。②貪婪。

rape [rep] *n.* ⓊⒸ①劫取。②強姦。— *v.t.* ①強劫。②強姦。

***rap·id** [ˋræpɪd] *adj.* ①迅速的。②急陡的。— *n.* Ⓒ (常 *pl.*)急流。— **ly,** *adv.*

***ra·pid·i·ty** [rəˋpɪdətɪ] *n.* Ⓤ 迅速; 急促。

ra·pi·er [ˋrepɪɚ] *n.* Ⓒ 一種細而長的雙刃劍(決鬥用)。§ ～ **thrùst** (1)用細長雙刃劍的一刺。(2)即時而巧妙的應答; 巧妙犀利的諷刺。

rap·ine [ˋræpɪn] *n.* Ⓤ 強奪; 搶劫。

rap·ist [ˋrepɪst] *n.* Ⓒ 犯強姦罪者; 強姦者。

rap·port [ræˋport] *n.* Ⓤ①關係。②和諧。

***rapt** [ræpt] *adj.* ①狂喜的。②精神貫注的。③心移神馳的。

R

*__rap·ture__ [ˋræptʃɚ] *n.* Ⓤ ①銷魂。②(又作 *pl.*)欣喜若狂；歡喜；狂喜。— **rap′tur·ous,** *adj.*

*__rare__[1] [rɛr] *adj.* 罕見的；極好的。§ ∼ **éarth** (1)稀土(族)。(2)稀土元素。

__rare__[2] *adj.* 未完全煮熟的。

__rare·bit__ [ˋrɛr,bɪt] *n.* ⓊⒸ 麵包上所塗之已溶的乳酪(=Welsh rabbit).

__rar·e·fy__ [ˋrɛrə,faɪ] *v.t.* ①(使)稀釋。②(使)變更純；(使)變精良。— *v.i.* 變稀。— **rar·e·fac′tion,** *n.*

*__rare·ly__ [ˋrɛrlɪ] *adv.* ①罕見地；罕有地。②非常地；非常好地。

__rar·i·ty__ [ˋrɛrətɪ] *n.* ①Ⓒ珍品；罕見之物。②Ⓤ稀薄。③Ⓤ不常發生。

*__ras·cal__ [ˋræskḷ] *n.* Ⓒ ①流氓；惡棍。②〖諧〗傢伙(對頑皮孩子的暱稱)。

__ras·cal·i·ty__ [ræsˋkælətɪ] *n.* ①Ⓤ卑鄙的根性或行爲；流氓行爲。②Ⓒ壞事；惡事。(亦作 **rascalism**)

*__rash__[1] [ræʃ] *adj.* ①輕率的；不留心的。②鹵莽的。— **ly,** *adv.* — **ness,** *n.*

__rash__[2] *n.* (a ∼)疹；皮疹。

__rash·er__ [ˋræʃɚ] *n.* Ⓒ鹹肉片。

__rasp__ [ræsp] *n.* ①Ⓒ銼。②(a ∼)刺耳聲。— *v.i.* ①用銼子銼。②發刺耳聲。— *v.t.* ①用銼子銼。②以刺耳聲說出。③刺激。

__rasp·ber·ry__ [ˋræz,bɛrɪ] *n.* ①ⓊⒸ〖植〗覆盆子(的果實)。②Ⓒ覆盆子樹。③Ⓒ(常 the ∼, a ∼)〖俚〗咂舌、唇之聲；嘲笑輕蔑之聲。

*__rat__ [ræt] *n.* Ⓒ ①鼠。②卑鄙之人。③〖美〗髮墊。④叛徒。⑤告密者。***Rats!***〖俚〗胡說八道；我不信。***smell a*** ∼ 覺得可疑。— *v.i.* (**-tt-**)①捕鼠。②背叛。③告密。

__rat·a·ble__ [ˋretəbḷ] *adj.* ①可估價的。②按比例的。③〖英〗應負擔地方稅的。

__ratch·et__ [ˋrætʃɪt] *n.* Ⓒ ①棘齒輪；棘齒。②棘齒輪裝置。

‡__rate__[1] [ret] *n.* ①Ⓒ比率；率。②Ⓒ價格。③Ⓤ等級。④Ⓒ(常 *pl.*)〖英〗捐稅；地方稅。***at any*** ∼ 無論如何。***at that*** ∼ 照那種情形。— *v.t.* ①估價。②認爲。③定等級(如船或海員)。④徵地方稅；定稅率。⑤評分。⑥爲某種速度而設計。⑦決定…之速度。— *v.i.* ①有價值；有等級。②被認爲；被列入。

__rate__[2] *v.t.* & *v.i.* 申斥；叱責；罵。

‡__rath·er__ [ˋræðɚ, ˋrɑðɚ] *adv.* ①寧可；寧願。②更恰當。③更正確地說。④頗；有幾分。⑤反之；相反地。***had*** ∼ 寧願(= prefer to). — *interj.*〖俗〗當然！一定！怎麼不！

*__rat·i·fy__ [ˋrætə,faɪ] *v.t.* 批准；確認。— **rat·i·fi·ca′tion,** *n.*

__rat·ing__ [ˋretɪŋ] *n.* ⓊⒸ責罵；申斥；嚴責；怒斥。

*__ra·tio__ [ˋreʃo] *n.* ⓊⒸ (*pl.* ∼**s**)比率；比例。

__ra·ti·oc·i·nate__ [,ræʃɪˋɑsṇ,et] *v.i.* 推論；推理。

*__ra·tion__ [ˋræʃən, ˋreʃən] *n.* ①Ⓒ(常 *pl.*)定食；口糧；(軍隊)一日之定量配糧。②Ⓒ分。③(*pl.*)糧食。— *v.t.* ①供以口糧。②定量配給。

*__ra·tion·al__ [ˋræʃənḷ] *adj.* ①合理的。②理智的。③理性的。④頭腦清楚的。⑤推理的。— **ly,** *adv.* — **ra·tion·al′i·ty** [-ˋnæl-], *n.*

__ra·tion·ale__ [,ræʃəˋnæl, -ˋnɑlɪ] *n.* ⓊⒸ ①基本理由；理論基礎。②理論的說明[解釋]。

__ra·tion·al·ism__ [ˋræʃənḷ,ɪzəm] *n.* Ⓤ 理性主義。

__ra·tion·al·ize__ [ˋræʃənḷ,aɪz] *v.t.* ①使合於理性。②以科學知識解釋。③尋求(常是意識的)藉口。④使(事業之經營)合於經濟原則。— **ra′tion·al·iz·er,** *n.*

__ra·tion·ing__ [ˋræʃənɪŋ, ˋre-] *n.* Ⓤ配給。

__rats·bane__ [ˋræts,ben] *n.* Ⓤ殺鼠藥。

__rat·tan__ [ræˋtæn] *n.* ①Ⓒ藤。②Ⓒ藤杖。③Ⓤ(集合稱)藤條。

*__rat·tle__ [ˋrætḷ] *v.t.* ①使發嘎嘎聲。②喋喋說出。③〖俗〗使紊亂；使緊張。④〖俗〗使激動；激起。⑤用力追趕(獵物)。— *v.i.* ①發嘎嘎聲。②喋喋而言。— *n.* ①Ⓤ(又作 a ∼)嘎嘎聲；喋喋聲。②Ⓤ(又作 a ∼)格咯格咯(肺疾時或臨死前的喉嚨聲)。③Ⓤ吵鬧；喧囂。④Ⓒ(響尾蛇的)音響器官。

__rat·tler__ [ˋrætlɚ] *n.* Ⓒ ①響尾蛇。②作嘎啦響聲之人或物。③〖俗〗快速之運貨列車。④〖俗〗極好之事物；能幹的人。

__rat·tle·snake__ [ˋrætḷ,snek] *n.* Ⓒ響尾蛇。

__rat·tling__ [ˋrætlɪŋ] *adj.* ①發嘎嘎之聲的。②〖俗〗快速的；快活的；活潑的。③〖俗〗良好的。— *adv.*〖俗〗很；甚；非常。

__rau·cous__ [ˋrɔkəs] *adj.* ①粗啞的；聲音沙啞的。②嘈雜的。

*__rav·age__ [ˋrævɪdʒ] *v.t.* & *v.i.* 蹂躪；破壞；毀掉；掠奪。— *n.* Ⓤ蹂

躪；荼毒；破壞。

*__rave__ [rev] *v.i.* ①發譫語；發狂言。②過分而言〔about, of〕. ③怒吼。 — *v.t.* 叫囂地說出。 — *n.* Ⓤ Ⓒ ①發狂；怒吼。②〖俚〗過分之讚揚。

__rav·el__ [ˋræv!] *v.t.* (-l-, 〖英〗-ll-) ①使糾纏；使混亂。②拆開(繩索)。③使明白〔out〕. — *v.i.* ①拆開；解決〔常out〕. ②變爲錯綜複雜。 — *n.* Ⓒ ①糾結之物。②混亂；錯綜。

__ra·ven__[1] [ˋrevən] *n.* Ⓒ〖鳥〗渡烏。 — *adj.* 烏黑的。

__rav·en__[2] [ˋrævɪn] *v.t.* & *v.i.* ①搜尋；捕食；掠奪。②狼吞虎嚥。 — *n.* Ⓤ Ⓒ 掠奪(物)。

__ra·vine__ [rəˋvin] *n.* Ⓒ 峽谷；山澗。

__rav·ing__ [ˋrevɪŋ] *adj.* ①發譫語的；狂亂的。②〖俗〗卓越的；非凡的。 — *n.* (*pl.*) 譫語。

__rav·ish__ [ˋrævɪʃ] *v.t.* ①擄奪。②使狂喜；迷住。③強姦。④搶劫。⑤將(婦女)擄走。

*__raw__ [rɔ] *adj.* ①生的。②未精煉過的；未加工過的。③無經驗的；未訓練的。④陰寒的。⑤刺痛的。⑥〖俚〗嚴苛的。⑦未開化的。⑧粗糙的。⑨未稀釋的。 — *n.* (the ～) ①生的肉。②身上的痛處。③未經提煉過的糖或油。*touch one on the* ～ 觸及某人痛處。 § ～ __matérial__ 原料。～ __mílk__ 未經殺菌的牛乳。～ __sílk__ 生絲。

__raw·boned__ [ˋrɔˋbond] *adj.* 骨瘦如柴的；消瘦的。

__raw·hide__ [ˋrɔˌhaɪd] *n.* ① Ⓤ 生牛皮。② Ⓒ 生牛皮的繩或鞭。 — *v.t.* 以生牛皮鞭鞭打。

‡__ray__[1] [re] *n.* ① Ⓒ 光線。② Ⓒ 線；熱線；電流。③ Ⓒ 射線。④ (a ～) 微光。⑤ Ⓒ 似射線的部分。 — *v.t.* ①放射；射出(光線等)。②以射線治療。③照射。

__ray__[2] *n.* Ⓒ 鰩魚；魟魚。

__ray·on__ [ˋreɑn] *n.* Ⓤ ①人造絲。②人造絲織物。

__raze__ [rez] *v.t.* ①(從記憶中)消逝。②擦傷。③摧毀。

*__ra·zor__ [ˋrezɚ] *n.* Ⓒ 剃刀；刮鬍刀。(*as*) *sharp as a* ～ 頭腦很好；機警的。 § ～ __blàde__ 刀片。

__ra·zor-edge__ [ˋrezɚˌɛdʒ] *n.* Ⓒ ①剃刀之刃。②危機。③鋒銳之刀刃。④尖銳之山脊。

__Rb__ 〖化〗 rubidium. __RBI, rbi__ run(s) batted in. 〖棒球〗安打得分。

__RC, R.C.__ Red Cross; Roman Catholic. __Rd., rd.__ road.

__re__[1] [re] *n.* Ⓤ Ⓒ〖樂〗長音階的第二音。

__re__[2] [ri] *prep.* 關於。

‡__reach__ [ritʃ] *v.t.* ①到；達；抵。②伸出。③觸及；接觸。④影響；感動。⑤(用手)遞；交給。⑥總達；計有；等於。⑦得到或獲得(結論)；做(決定)。⑧建立通信。 — *v.i.* ①伸出。②伸展；延長。③(伸手)欲得；欲達。④及；達；起作用。⑤〖海〗順風行駛。⑥數達〔to〕. *as far as the eye can* ～ 至地平線；極目。 — *n.* ① (a ～) 伸出；伸展。② Ⓤ 範圍；能力所及之範圍。③ Ⓒ 寬廣的一片。④ Ⓒ (常 *pl.*) 河區；江區。*within* [*out of*] *one's* ～ 手所(不)能及；力所(不)能及。

__reach-me-down__ [ˋritʃmɪˌdaʊn] *n.* Ⓒ (常 *pl.*)〖英俚〗年長者穿過後給年少者的衣服；舊衣；二手貨。

*__re·act__ [rɪˋækt] *v.i.* ①反動；反抗；反作用。②反應。③起化學反應。④復古。

__re·act·ant__ [rɪˋæktənt] *n.* Ⓒ〖化〗作用物；反應物。

*__re·ac·tion__ [rɪˋækʃən] *n.* ① Ⓤ Ⓒ 反作用。② Ⓤ 反動；反動力。③ Ⓤ (政治趨勢的)復古。④ Ⓒ 反應。⑤ Ⓤ Ⓒ 化學反應。 § ～ __èngine__ 噴射引擎。～ __tìme__ 〖心〗反應時間。

*__re·ac·tion·ar·y__ [rɪˋækʃənˌɛrɪ] *adj.* 反動的；保守的。 — *n.* Ⓒ 反動分子；保守主義者。

__re·ac·tive__ [rɪˋæktɪv] *adj.* ①反動的。②〖化〗反應的。③〖理〗反作用的。

__re·ac·tor__ [rɪˋæktɚ] *n.* Ⓒ ①反動者；反應者。②〖理〗原子爐。③〖化〗反應器。

‡__read__[1] [rid] *v.t.* (__read__ [rɛd]) ①閱讀。②誦；朗讀。③指示；表示。④學習；研究。⑤讀作；原文作。⑥解釋；解答；預測。⑦觀測；了解。⑧可讀；可解釋。 — *v.i.* ①閱讀；讀書。②朗讀。③閱悉；讀知。④寫著。⑤研究；學習。～ *between the lines* 尋言外之意；了解絃外之音。～ *into* 作某種解釋；加以解釋。～ *out of* 自(政黨等)開除。

__read__[2] [rɛd] *v.* pt. & pp. of __read__[1].

__read·a·ble__ [ˋridəb!] *adj.* ①可讀的；易讀的。②易辨識的。

‡__read·er__ [ˋridɚ] *n.* ① Ⓒ (誦)讀者。② Ⓤ Ⓒ (出版社之)審閱稿件者。③ Ⓒ 讀本。④ Ⓒ 教堂儀式中朗讀聖經

R

者。⑤UC (某些英國大學中)講師。

read·er·ship [ˋridɚ͵ʃɪp] *n.* ① U (又作 a ～)講師或助教的身分[職務]。②(*sing.*)讀者群。

***read·i·ly** [ˋrɛdḷɪ, -ɪlɪ] *adv.* ①迅速地。②容易地。③願意地。

***read·ing** [ˋridɪŋ] *n.* ① U 閱讀。② U 朗讀。③ U 讀書。④ U 讀物。⑤ C (儀器等)指示之度數; 讀數。

re·ad·just [͵riəˋdʒʌst] *v.t.* 重新調整; 再整理; 使適應。— **ment,** *n.*

read·out [ˋrid͵aʊt] *n.* U〖電算〗資料輸出; 讀出。

‡**read·y** [ˋrɛdɪ] *adj.* ①已預備好的。②願意的。③敏捷的。④喜好的。⑤在手邊的。⑥隨時可發生的。***Get ～!*** 就位! ***make ～*** 準備。**—** *v.t.* 準備。§ ∼ **réckoner** 簡易計算表。∼ **ròom** 飛行員出勤任務講解室。

***read·y-made** [ˋrɛdɪˋmed] *adj.* ①現成的; 做好的。②陳腐的; 非獨創的。③應急而做的。

re·af·firm [͵riəˋfɝm] *v.t.* 再斷定; 再肯定; 再證實。

Rea·gan [ˋregən] *n.* 雷根(Ronald Wilson, 1911- , 美國第 40 位總統)。

re·a·gent [riˋedʒənt] *n.* C〖化〗試劑。

‡**re·al** [ˋriəl, ril, ˋrɪəl] *adj.* ①實際的; 眞實的。②純粹的; 眞的。③〖法律〗不動產的。④〖數〗實數的。⑤〖光學〗實像的。**—** *adv.*〖俗〗=**really.** § ∼ **estàte** (1)〖法律〗不動產。(2)〖美〗房地產。∼ **próperty**〖法律〗不動產。∼ **tíme**〖電算〗眞時; 即時。∼ **wáges**〖經〗實際工資。

re·al·ism [ˋriəl͵ɪzəm] *n.* U ①現實主義。②寫實主義。— **re'al·ist,** *n.*

re·al·is·tic [͵riəˋlɪstɪk] *adj.* ①逼眞的。②寫實的。③實際的。④寫實主義(者)的。— **re·al·is'ti·cal·ly,** *adv.*

***re·al·i·ty** [rɪˋælətɪ] *n.* UC ①實在; 眞實。②實體; 實物; 實事。

‡**re·al·ize** [ˋriə͵laɪz, ˋrɪə-] *v.t.* ①認知; 了解。②實現。③寫實。④變賣。⑤賺得(若干利潤)。

‡**re·al·ly** [ˋriəlɪ, ˋrɪəlɪ, ˋrilɪ] *adv.* ①實際地; 實在地。②果然。

***realm** [rɛlm] *n.* C ①(常 R-)王國。②地區; 地域。③(常 *pl.*)領域。

real-time [ˋrilˋtaɪm] *adj.*〖電算〗眞時的; 即時的。

re·al·tor [ˋriəltɚ] *n.* C 不動產經紀人。

re·al·ty [ˋriəltɪ] *n.* U 不動產。

ream [rim] *n.* C ①令; 二十刀(480 至 516 張紙)。②(常 *pl.*)〖俗〗很多。

ream·er [ˋrimɚ] *n.* C ①鑽孔者; 鑽孔器。②榨檸檬汁等的器具。

re·an·i·mate [riˋænə͵met] *v.t.* ①使復有生氣; 使復活。②鼓舞。

reap** [rip] *v.t.* & *v.i.* ①收割; 刈。②收穫; 獲得。～ where one has not sown*** 不勞而獲。***sow the wind and ～ the whirlwind*** 做蠢事得到報應。

***reap·er** [ˋripɚ] *n.* ① C 收割者。② C 收割機。③(常 the R-)死神。

***re·ap·pear** [͵riəˋpɪr] *v.i.* 再出現。— **ance,** *n.*

rear**[1] [rɪr] *n.* (the ～) ①後部; 背後。②(軍隊、艦隊之)後陣; 尾部。bring up the ～*** 隨後; 殿後。**—** *adj.* 後部的。§ ∼ **ádmiral** 海軍少將。∼ **énd** (1)(物的)後部。(2)〖俚〗臀部。∼ **guàrd**〖軍〗後衛。

***rear**[2] *v.t.* ①養育; 飼養。②建立; 豎起。③抬起; 揚起。**—** *v.i.* ①(馬等動物)以後腿站立〔常 up〕。②豎立。

rear·guard [ˋrɪr͵gɑrd] *adj.* 後衛的; 目的在防止、延遲或逃避的。

re·arm [riˋɑrm] *v.t.* & *v.i.* ①重整軍備; 再武裝。②供給或改良武器裝備。— **re·ar'ma·ment,** *n.*

rear·most [ˋrɪr͵most] *adj.* 最後面的; 最後的; 最末的。

re·ar·range [͵riəˋrendʒ] *v.t.* 重新編排[安排, 排列]; 再整理。

réar-view mírror [ˋrɪr͵vju ～] *n.* C (汽車的)後視鏡。

rear·ward [ˋrɪrwɚd] *adj.* 後面的; 最末的; 靠近末端的。**—** *adv.* (亦作 **rearwards**)向後面地。

‡**rea·son** [ˋrizṇ] *n.* ① UC 理由; 原因; 動機。② U 理性; 思考力; 理智。***by ～ of*** 由於。***in ～*** 合理的。***listen to***[***hear***] ***～*** 聽從道理; 合乎人情。***stand to ～*** 得當; 合道理。***with ～*** 有理由。**—** *v.i.* 思考; 推理。**—** *v.t.* ①說服; 勸服。②使合邏輯。③想出。

***rea·son·a·ble** [ˋrizṇəbḷ] *adj.* ①知理的; 通人情的。②正當的; 合理的。③不貴的; 公道的。④有理性的。

rea·son·ing [ˋrizṇɪŋ] *n.* U ①推論之過程。②道理; 論據; 理由。

re·as·sem·ble [͵riəˋsɛmbḷ] *v.t.* & *v.i.* 再集合; 再聚集。

re·as·sert [͵riəˋsɝt] *v.t.* 再主張; 再斷言; 再宣稱。

re·as·sure [ˌriəˋʃur] *v.t.* ①使恢復信心。②再保證。③再保險。— **re·as·sur′ing,** *adj.* — **re·as·sur′ance,** *n.*

re·bate [ˋribet] *n.* Ⓒ 折扣；回扣；貼現。— *v.t.* 退還；給回扣；予以折扣；貼現。

***reb·el** [ˋrɛbl̩] *n.* Ⓒ & *adj.* 叛徒(的)；謀反者(的)。— [rɪˋbɛl] *v.i.* (**-ll-**) ①反叛；謀反。②厭惡；不從；反對。

***re·bel·lion** [rɪˋbɛljən] *n.* Ⓤ Ⓒ ①反叛；謀反。②反抗。

re·bel·lious [rɪˋbɛljəs] *adj.* ①謀反的；反叛的。②難治的；難處理的。

re·birth [riˋbɝθ] *n.* Ⓤ (又作a ～) ①再生；重生。②復興；復活。

re·born [riˋbɔrn] *adj.* 再生的。

re·bound [rɪˋbaund] *v.i.* 彈回；跳回。— [ˋriˌbaund, rɪˋbaund] *n.* Ⓒ ①彈回；跳回。②〖籃球〗籃板球。

re·broad·cast [riˋbrɔdˌkæst] *n.* ① Ⓤ〖無線〗重播；轉播。② Ⓒ 重播之節目。— *v.t.* & *v.i.* (**-cast** or **-cast·ed**) 重播；轉播。

re·buff [rɪˋbʌf] *n.* Ⓒ & *v.t.* ①挫折；阻礙。②斷然拒絕。

re·build [riˋbɪld] *v.t.* (**-built**) 再建；重建；再造；翻修。

***re·buke** [rɪˋbjuk] *n.* Ⓤ Ⓒ & *v.t.* 指責；叱責；譴責。

re·bus [ˋribəs] *n.* Ⓒ 謎；謎畫。

re·but [rɪˋbʌt] *v.t.* (**-tt-**) ①舉證據以辯駁；反駁。②拒絕。— **re·but′tal,** *n.*

rec. receipt; record.

re·cal·ci·trant [rɪˋkælsɪtrənt] *adj.* 反抗的；固執的。— *n.* Ⓒ 反抗[固執]者；不服從的人。— **re·cal′ci·trance,** *n.*

***re·call** [rɪˋkɔl] *v.t.* ①記起。②召回。③挽回。④撤回；取消。— [ˋriˌkɔl, rɪˋkɔl] *n.* ① Ⓤ 回憶；回想。② Ⓤ (又作a ～) 召回。③ (the ～) 召回人、船等的訊號。④ Ⓤ 撤回；取消。⑤ Ⓤ (又作a～) (由人民投票的)罷免。*beyond* [*past*] ～ **a.** 不能召回或撤回。**b.** 記不起。

re·cant [rɪˋkænt] *v.t.* & *v.i.* 正式或公然撤回或取消。

re·cap [ˋriˌkæp] *n.* Ⓒ 翻新過之輪胎。— [riˋkæp] *v.t.* (**-pp-**) 翻新(輪胎)。

re·ca·pit·u·late [ˌrikəˋpɪtʃəˌlet] *v.t.* ①撮要說明；簡述要旨。②〖樂〗反覆。③〖生物〗各進化階段重現。

re·ca·pit·u·la·tion [ˌrikəˌpɪtʃəˋleʃən] *n.* Ⓤ Ⓒ ①重述要點；撮要。②〖樂〗反覆。③〖生物〗進化階段之重現。

re·cap·ture [riˋkæptʃɚ] *v.t.* ①再捕獲；收復。②記憶。③歸公。— *n.* ① Ⓤ 再捕獲；收復。② Ⓒ 再獲得之物。③ Ⓤ 歸公。

***re·cede**[1] [rɪˋsid] *v.i.* ①後退。②向後傾斜。③退出；撤回；撤銷。④變模糊。⑤縮小；減退；降低。

re·cede[2] [ˌriˋsid] *v.t.* 返還；歸還。

***re·ceipt** [rɪˋsit] *n.* ① Ⓒ 收據。② (*pl.*) 收到之款。③ Ⓤ 收到；領收。④ Ⓒ 收到之事物。⑤〖方〗=**recipe.** — *v.t.* 開收據。

‡**re·ceive** [rɪˋsiv] *v.t.* ①收到；領收。②接受；領受。③裝載；支持；負擔；容納。④聽(告解)；同意聽取。⑤經歷；遭受。⑥款待；歡迎。⑦收容；收留。⑧容許；准予進入。— *v.i.* ①收到；領收；接受。②接見；會客。③〖無線〗接收；收受。

***re·ceiv·er** [rɪˋsivɚ] *n.* Ⓒ ①收受者。②收話器；接收機；收信機。③電話的耳機。④〖法律〗(破產財團之)財產管理人。⑤〖商〗收款人。⑥贓物商。⑦容器。⑧〖棒球〗捕手。

‡**re·cent** [ˋrisn̩t] *adj.* ①最近的；近來的。②近代的。

‡**re·cent·ly** [ˋrisn̩tlɪ] *adv.* 最近。

re·cep·ta·cle [rɪˋsɛptəkl̩] *n.* Ⓒ ①容器。②〖植〗花托；花床。③〖電〗插座。

***re·cep·tion** [rɪˋsɛpʃən] *n.* ① Ⓒ (常 *sing.*) 接待；歡迎。② Ⓤ 容納；收入。③ Ⓒ 歡迎之態度。④ Ⓒ 歡迎會。⑤ Ⓤ 收受；接受。⑥ Ⓤ〖無線〗接收。§ ～ **dèsk** 櫃檯。～ **ròom** 會客室；客廳。

re·cep·tion·ist [rɪˋsɛpʃənɪst] *n.* Ⓒ 招待員；(公司等)櫃檯人員。

re·cep·tive [rɪˋsɛptɪv] *adj.* 能接受的；能容納的。— **re·cep·tiv′i·ty,** *n.*

re·cep·tor [rɪˋsɛptɚ] *n.* Ⓒ ①〖生理〗神經末梢；感受體。②=**receiver.**

***re·cess** [rɪˋsɛs, ˋrisɛs] *n.* ① Ⓤ Ⓒ 休閒時間；休假期；休會期；休業期。② Ⓒ 壁凹。③ Ⓒ 深幽處。— [rɪˋsɛs] *v.t.* ①置於隱密處；隱藏。②於…形成凹處；作凹處。— *v.i.* 休憩；休假。

re·ces·sion [rɪˋsɛʃən] *n.* ① Ⓤ 退；引退。② Ⓒ (壁等的)凹處。③ Ⓒ〖經〗蕭條。

re·ces·sion·ar·y [rɪˋsɛʃənˌɛrɪ] *adj.* 經濟萎縮的。

re·charge [riˋtʃɑrdʒ] *v.t.* & *n.* Ⓤ

Ⓒ再進攻；再裝塡(子彈)。

*__rec·i·pe__ [ˋrɛsəpɪ, -ˏpi] *n.* Ⓒ①烹飪法；食譜。②製法；祕訣；祕法。③祕方。

__re·cip·i·ent__ [rɪˋsɪpɪənt] *n.* Ⓒ接受者。— *adj.* 容納的；接受的。

*__re·cip·ro·cal__ [rɪˋsɪprəkl] *adj.* ①交往的；互惠的。②相互的；交互的。③〖文法〗相互的。— *n.* Ⓒ①相互事物；對等物。②〖數〗倒數。§ ～ **tràde** 互惠通商。

__re·cip·ro·cate__ [rɪˋsɪprəˏket] *v.t.* & *v.i.* ①回報；報答；回信。②〖機〗往復；來回。— **re·cip·ro·ca′tion,** *n.*

__rec·i·proc·i·ty__ [ˏrɛsəˋprɑsətɪ] *n.* Ⓤ①相互的動作、依靠等。②互換；交易。③(兩國間商業上的)互惠。

__re·cit·al__ [rɪˋsaɪtl] *n.* Ⓒ①述說；吟誦。②故事。③獨奏或獨唱(會)。④表演會。

__rec·i·ta·tion__ [ˏrɛsəˋteʃən] *n.* ①Ⓤ再述。②Ⓤ背誦。③Ⓒ所背誦之篇章。

__rec·i·ta·tive__ [ˏrɛsətəˋtiv] *n.* 〖樂〗①Ⓤ敍唱調。②Ⓒ敍唱部。

*__re·cite__ [rɪˋsaɪt] *v.t.* & *v.i.* ①背誦。②詳述。③朗讀(詩歌等)。

*__reck·less__ [ˋrɛklɪs] *adj.* 鹵莽的；不顧一切的。

*__reck·on__ [ˋrɛkən] *v.t.* ①計算。②推定；公認。③〖俗〗認爲。— *v.i.* ①計算；算帳。②依賴；仗恃〔on, upon〕. ～ *in* 計及。～ *up* 計算。～ *with* a. 考慮到。b. 處理。— **er,** *n.*

__reck·on·ing__ [ˋrɛkənɪŋ] *n.* ①Ⓤ計算。②Ⓤ算帳。③Ⓒ(尤指酒館等的)帳單。④Ⓤ船隻位置的推算。

*__re·claim__ [rɪˋklem] *v.t.* ①矯正；敎化(野蠻人)。②開拓；墾殖；塡築。③廢物利用；再製。④馴服(野獸等)。⑤取回；要求(土地)的歸還。— *n.* Ⓤ①糾正；挽救。②新的要求。— **rec·la·ma′tion,** *n.*

*__re·cline__ [rɪˋklaɪn] *v.t.* 斜倚；橫臥；憑依。— *v.i.* 斜倚；橫臥〔on, upon, against〕.

__rec·luse__ [ˋrɛklus, rɪˋklus] *n.* Ⓒ隱士。— [rɪˋklus] *adj.* 隱居的。

*__rec·og·ni·tion__ [ˏrɛkəgˋnɪʃən] *n.* Ⓤ①認識；認出；認得。②承認；認可。③察覺；注意。④(又作a ～)讚譽。

__re·cog·ni·zance__ [rɪˋkɑgnɪzəns] *n.* Ⓒ(常 *pl.*)〖法律〗①保證書；具結(書)。②保證金。

‡__rec·og·nize__ [ˋrɛkəgˏnaɪz] *v.t.* ①認識；認得。②認出；辨認。③承認；認可。④覺察；注意。⑤(在會議中)予以發言權。⑥感激；讚揚；表揚。— **rec′og·niz·a·ble,** *adj.*

__re·coil__ [rɪˋkɔɪl] *v.i.* ①退卻；退縮。②彈回；跳回。③起反應；呈反作用。④〖理〗反衝。— *n.* Ⓤ(又作 a ～)①退卻；退縮。②彈回；跳回。③反應；反作用。

*__rec·ol·lect__ [ˏrɛkəˋlɛkt] *v.t.* & *v.i.* ①記起；憶起。②(禱告時)沉思。

__re-col·lect__ [ˏrikəˋlɛkt] *v.t.* ①再收集。②鼓起(勇氣)；集中(心思)。③恢復(冷靜)。

*__rec·ol·lec·tion__ [ˏrɛkəˋlɛkʃən] *n.* ①Ⓤ(又作a ～)記起；記憶力。②Ⓒ(常 *pl.*)回憶；記憶。

*__rec·om·mend__ [ˏrɛkəˋmɛnd] *v.t.* ①介紹；推薦。②勸告。③使得人歡心。④託交；託付。

*__rec·om·men·da·tion__ [ˏrɛkəmɛnˋdeʃən] *n.* ①Ⓤ推薦；介紹。②Ⓒ推薦書；介紹信。③ⓊⒸ勸告；讚譽之言。④Ⓒ可取之處。

*__rec·om·pense__ [ˋrɛkəmˏpɛns] *v.t.* ①償還；報答；報酬。②補償；賠償。— *n.* Ⓤ(又作 a ～)①酬金；報酬；償還金。②賠償；補償金。

*__rec·on·cile__ [ˋrɛkənˏsaɪl] *v.t.* ①復交；和解。②調解(口角等)。③使一致。④使滿足。

__rec·on·cil·i·a·tion__ [ˏrɛkənˏsɪlɪˋeʃən] *n.* Ⓤ(又作 a ～)①復交；修好。②調停；調和。

__rec·on·dite__ [ˋrɛkənˏdaɪt] *adj.* 難解的；深奧的。

__re·con·nais·sance__ [rɪˋkɑnəsəns] *n.* ⓊⒸ①〖軍〗偵察；搜索。②勘查。

__rec·on·noi·ter,__ 〖英〗 **-tre** [ˏrikəˋnɔɪtə, ˏrɛkə-] *v.t.* ①〖軍〗偵察(敵情)。②勘測(地形、地勢)；勘查(地區)。

__re·con·sid·er__ [ˏrikənˋsɪdə] *v.t.* & *v.i.* ①再考慮。②(會議中)覆議。

__re·con·sti·tute__ [riˋkɑnstəˏtjut] *v.t.* ①再組成；再構成。②再任命。③再設立。④重制定。⑤使還原。

*__re·con·struct__ [ˏrikənˋstrʌkt] *v.t.* 重建；改造。

*__re·con·struc·tion__ [ˏrikənˋstrʌkʃən] *n.* ①Ⓤ重建。②Ⓒ重建物。

‡__re·cord__ [rɪˋkɔrd] *v.t.* ①記錄。②記

載。③將…錄音。④顯出；表示。 — (**rec·ord** [ˋrɛkɚd]) *n.* ① Ⓤ 記錄。② Ⓒ 官方記載；案卷。③ Ⓒ 唱片。④ Ⓒ 履歷。⑤ Ⓒ〖美〗前科。⑥ Ⓒ 比賽記錄。 ***break*** [***beat***] ***the*** ~ 打破記錄。***go on*** ~ 公開聲明。***off the*** ~ 不可以公開的。***on*** ~ 有案可稽的。 — *adj.* 造成記錄的。 § ∽ **chànger**(音響唱盤的)自動換唱片裝置。∽ **lìbrary**唱片圖書館。∽ **plàyer** 唱機；電唱機。

rec·ord-break·ing [ˋrɛkɚd-ˏbrekɪŋ] *n.* Ⓤ & *adj.* 打破紀錄(的)。

re·cord·er [rɪˋkɔrdɚ] *n.* Ⓒ ① 記錄員；書記。②記錄器；錄音機。

re·cord·ing [rɪˋkɔrdɪŋ] *n.* ① Ⓤ Ⓒ 記錄；錄影；錄音。② Ⓒ 被記錄的東西。 — *adj.* 記錄的。

re·count [rɪˋkaunt] *v.t.* ① 詳述；描述。②依次列舉。

re-count [ˏriˋkaunt] *v.t.* 覆算；重數。 — [ˋriˏkaunt, riˋkaunt] *n.* Ⓒ 覆算票數。

re·coup [rɪˋkup] *v.t.* ①取得補償；彌補。②付還。 — *v.i.* 獲得補償。

re·course [ˋrikors] *n.* ① Ⓤ 求助；請求保護。② Ⓒ 賴以保護之人或物。

***re·cov·er** [rɪˋkʌvɚ] *v.t.* ①尋回；復得；恢復。②補償；補救。③使復元；使痊癒；使清醒。 — *v.i.* ①痊癒；復元〔from, of〕。②〖法律〗勝訴。

re-cov·er [ˏriˋkʌvɚ] *v.t.* 再覆蓋；裝新面。

***re·cov·er·y** [rɪˋkʌvərɪ] *n.* ① Ⓤ 恢復；尋回；復得。② Ⓤ (又作a ~)痊癒；復元。③ Ⓤ Ⓒ〖法律〗取得某項權益。§ ∽ **rȍom**(醫院的)恢復室。

rec·re·ant [ˋrɛkrɪənt] *adj.* ①怯懦的；卑劣的。②叛逆的。 ~ *n.* Ⓒ ① 懦夫；膽小鬼。②叛徒；賣國賊。

rec·re·ate [ˋrɛkrɪˏet] *v.t.* 休養；娛樂。 — *v.i.* 消遣。

rec·re·a·tion [ˏrɛkrɪˋeʃən] *n.* Ⓤ Ⓒ 消遣；娛樂；休養。

rec·re·a·tion·al [ˏrɛkrɪˋeʃənl] *adj.* 娛樂的；休養的；消遣的。§ ∽ **vèhicle** 休閒車。

re·crim·i·nate [rɪˋkrɪməˏnet] *v.i.* 反控；反責；反唇相譏。 — **re·crim·i·na′tion,** *n.*

re·cru·desce [ˏrikruˋdɛs] *v.i.* (疼痛、疾病、憤怨等)再發作；復發。

re·cruit [rɪˋkrut] *n.* Ⓒ ①新兵。②新會員。 — *v.t.* ①使入伍；招募。②吸收(新分子)。③恢復。④補充。 — *v.i.* ①招募新兵。②靜養。

re·cruit·ment [rɪˋkrutmənt] *n.* Ⓤ 補充；招募。

rect. receipt; rectified; rector; rectory.

rec·tal [ˋrɛktl̩] *adj.* 直腸的。

***rec·tan·gle** [ˋrɛktæŋgl̩] *n.* Ⓒ 長方形；矩形。 — **rec·tan·gu·lar** [rɛkˋtæŋgjəlɚ], *adj.*

rec·ti·fy [ˋrɛktəˏfaɪ] *v.t.* ①修正；改正；矯正。②精鍊。③〖電〗整流。 — **rec·ti·fi·ca′tion, rec′ti·fi·er,** *n.*

rec·ti·tude [ˋrɛktəˏtjud] *n.* Ⓤ ① 誠實；正直。②(判斷或方法的)正確。

***rec·tor** [ˋrɛktɚ] *n.* Ⓒ ①教區長；牧師。②校長。 — **ship,** *n.*

rec·to·ry [ˋrɛktərɪ] *n.* Ⓒ ①聖公會牧師之住宅。②〖英〗教區之牧師的俸祿或住宅。 — **rec·to′ri·al,** *adj.*

rec·tum [ˋrɛktəm] *n.* Ⓒ (*pl.* **~s, -ta** [-tə])〖解〗直腸。

re·cum·bent [rɪˋkʌmbənt] *adj.* ①橫臥的；斜靠的。②休息著的；不活潑的。 — **re·cum′ben·cy,** *n.*

re·cu·per·ate [rɪˋkjupəˏret] *v.i.* & *v.t.* ①復原；恢復(健康)；休養。②(從損失中)恢復。 — **re·cu·per·a′tion,** *n.* — **re·cu′per·a·tive,** *adj.*

***re·cur** [rɪˋkɜ] *v.i.* (**-rr-**)①重現；再發生。②再回到〔to〕。③訴諸。

re·cur·rent [rɪˋkɜənt] *adj.* ① 再現的；再發的；回歸性的。②周期性的；反覆的。 — **re·cur′rence,** *n.*

re·cy·cle [riˋsaɪkl̩] *v.t.* 循環利用；再使用。 — **re·cy′cla·ble,** *adj.*

‡**red** [rɛd] *n.* ① Ⓤ Ⓒ 紅色。② Ⓤ Ⓒ 紅色顏料。③ Ⓤ Ⓒ 紅布；紅衣。④ Ⓒ (常 R-)激進分子；共產黨員。⑤ (the ~)赤字；虧空；負債。***in the*** ~〖俚〗賠本；欠債。***see*** ~〖俚〗極爲震怒；憤怒欲狂。 — *adj.* (**-dd-**) ①紅的。②紅腫的；發炎的。③羞紅的；紅臉的。④(R-)極端急進的；共產黨的。§ ∽ **alért**(防空)緊急警報；非常緊急狀態。∽ **blóod cèll** 紅血球。∽ **cárpet** (1)迎接貴賓用的紅地毯。(2)隆重的接待。∽ **córpuscle** 紅血球。**R**∽ **Króss** 紅十字會。∽ **cúrrant**〖植〗紅醋栗。∽ **dèer**〖動〗赤鹿。∽ **fóx**〖動〗紅狐。∽ **gíant**〖天〗紅巨星(表面溫度低而顏色帶紅的巨大恆星)。∽ **héat** 極度興奮；激怒。∽ **hérring** 燻青魚；分散他人注意之物。**R**∽ **Índian** 美國印第安人；北美土

人。~ ínk (1)紅墨水。(2)〖俚〗虧損。~ léad 丹鉛。~ líght (1)危險信號。(2)使車輛停止行駛的紅燈。~ mèat 紅肉(牛肉、羊肉等)。~ múllet 側斑海緋鯉。~ ócher 赭色赤鐵礦；代赭石。~ pépper〖植〗番椒；辣椒。R~ Ríver 紅河(源自美國德州西北部，注入密西西比河)。R~ Séa 紅海(阿拉伯半島與非洲大陸之間的狹海)。~ tápe (繫公文的)紅帶子；官僚作風；繁文縟節。~ tíde 紅潮。~ wíne 紅葡萄酒。

red-blood·ed [`rɛd`blʌdɪd] *adj.* ①意志堅強的；活潑有力的(人)。②充滿動作的；令人興奮的(小說等)。

***red·breast** [`rɛd,brɛst] *n.* Ⓒ 知更鳥。(亦作 **robin redbreast**)

red·bud [`rɛd,bʌd] *n.* Ⓒ〖植〗紫荊。

***red·den** [`rɛdn̩] *v.t.* & *v.i.* ①使紅；變紅。②使面紅；赧顏。

***red·dish** [`rɛdɪʃ] *adj.* 微紅色的；帶紅色的。

re·dec·o·rate [ri`dɛkə,ret] *v.t.* & *v.i.* 重新裝潢；再裝修。

***re·deem** [rɪ`dim] *v.t.* ①買回(已賣之物)；收回。②贖回。③實踐；履行。④贖出；救贖。⑤補償；補救。⑥換(紙幣)成硬幣。— **a·ble,** *adj.*

re·deem·er [rɪ`dimə] *n.* ①Ⓒ 買回者；贖回者。②Ⓒ 拯救者；贖罪者。③(the R-)救世主；耶穌。

re·demp·tion [rɪ`dɛmpʃən] *n.* ①Ⓤ 買回；贖回；償還。②Ⓤ 救贖；贖罪。③Ⓤ (承諾、義務等的)履行；補償。④Ⓒ 贖回物；補償之物。

red-hand·ed [`rɛd`hændɪd] *adj.* ①殘忍的。②現行犯的。

red·head [`rɛd,hɛd] *n.* Ⓒ ①紅髮的人。②北美產的一種紅頭鴨。

red-hot [`rɛd`hɑt] *adj.* ①紅熱的；極熱的。②十分熱心的；激昂的；激烈的。③最新近的(新聞等)。

re·di·rect [,ridə`rɛkt] *v.t.* 重新繕寄(信件)。— *adj.* 〖法律〗(對證人)再直接詢問的。

re·dis·cov·er [,ridɪ`skʌvə] *v.t.* 再發現。

re·dis·trib·ute [,ridɪ`strɪbjut] *v.t.* 再分配；再分發；再分送。— **re·dis·tri·bu′tion,** *n.*

re·dis·trict [ri`dɪstrɪkt] *v.t.* 將…再分區(尤指選舉區)。

red-let·ter [`rɛd`lɛtə] *adj.* ①紅字的；標有紅字的。②值得紀念的；特別快樂的。§ ~ dày (1)聖徒之節日。(2)喜慶日。

réd-líght dìstrict [`rɛd`laɪt ~] *n.* Ⓒ〖美〗紅燈區；風化區；花街柳巷。

red·o·lent [`rɛdl̩ənt] *adj.* ①香的；芬芳的。②有強烈氣味的(常 of)。③有某種意味的(常 of)。— **red′o·lence,** *n.* — **ly,** *adv.*

re·dou·ble [ri`dʌbl̩] *v.t.* ①加倍；增添；激增。②發回聲。— *v.i.* ①加倍；激增。②發回聲。

re·doubt [rɪ`daut] *n.* Ⓒ〖兵學〗內堡；臨時堡；堡壘。

re·doubt·a·ble [rɪ`dautəbl̩] *adj.* ①可畏的；勇敢的。②令人起敬的。— **re·doubt′a·bly,** *adv.*

re·dound [rɪ`daund] *v.i.* ①有助於；增加；提高；有損於；及於。②歸之於；歸返於。

re·dress [rɪ`drɛs] *v.t.* ①修正；改正；重新修理。②矯正；匡正；補救。③補償。④調整。— [`ridrɛs, rɪ`drɛs] *n.* Ⓤ ①補償。②修正。

red·tap·ism [,rɛd`tepɪzəm] *n.* Ⓤ 官樣文章；繁瑣手續；官僚作風。

‡**re·duce** [rɪ`djus] *v.t.* ①減少；減縮；減低。②將…貶爲；使賤；使陷於。③使變形；分解；使簡化。④征服。⑤〖醫〗使(折骨)復位。⑥〖化〗使還原。⑦減價。⑧沖淡。— *v.i.* ①節食以減肥。②減少。— **re·duc′er,** *n.*

***re·duc·tion** [rɪ`dʌkʃən] *n.* ⓊⒸ ①減少；減縮；減低。②減少或減低之數量。③地圖照相等之縮版。④變形。⑤〖化〗還原。

re·dun·dant [rɪ`dʌndənt] *adj.* 過多的；冗贅的；多餘的。— **ly,** *adv.* — **re·dun′dance, re·dun′dan·cy,** *n.*

re·du·pli·cate [rɪ`djuplə,ket] *v.t.* 加倍；重複。— [rɪ`djupləkɪt] *adj.* 加倍的；雙重的。

red·wood [`rɛd,wud] *n.* ①Ⓒ 美國加州產之杉樹。②Ⓤ 紅色木材。

***reed** [rid] *n.* ①Ⓒ 蘆葦；蘆葦桿。②Ⓒ 蘆桿製成之物；似蘆桿之物。③Ⓒ (常 *pl.*) (樂器之)簧；蘆笛。④(*pl.*)做屋頂用之茅草。⑤Ⓒ〖詩〗矢；箭。*a broken* ~ 懦弱得不能依賴的人或物。*the* ~*s* 管絃樂隊中的簧樂器。§ ~ òrgan 簧風琴；腳踏式風琴。~ pìpe (1)蘆笛；牧笛。(2)(管風琴的)簧管。~ stòp〖樂〗簧管音栓。— **like,** *adj.*

***reef**¹ [rif] *n.* Ⓒ ①暗礁。②礦脈。

reef² *n.* Ⓒ帆之可捲疊收縮部分。 — *v.t.* ①縮帆；收帆。②降低(中檣、斜檣等)。§～ **knòt** 方結。

reef·er [`rifɚ] *n.* Ⓒ ①〖美〗冷藏車；冷藏船。②〖俚〗含大麻的香煙。

reek [rik] *n.* Ⓤ (又作 a ～)①水汽；濕氣。②強烈的氣味；臭味。— *v.i.* ①發出水汽；冒煙。②發出強烈臭氣。 — **reek′y,** *adj.*

reel**¹ [ril] *n.* Ⓒ ①紡車；繞線機。②線軸；捲線筒。③捲在軸上的東西(如一軸線)。④一捲電影片。(right***) ***off the*** ～ **a.** 迅速不停地。**b.** 立刻。 — *v.t.* ①繞(線軸)〔in〕. ②抽(線軸)〔out〕. ③捲收〔in〕.

***reel**² *v.i.* ①站立不穩；搖晃。②撤退。③蹣跚而行；搖搖欲墜。④暈眩。⑤搖擺；擺盪；旋轉。— *v.t.* ①使眩暈；使動搖。②蹣跚而行。

re-e·lect [ˏriə`lɛkt] *v.t.* 重選；再選。 — **re-e·lec′tion,** *n.*

re-en·act, re·en·act [ˏriɪn`ækt] *v.t.* 再制定(法律)。

re·en·ter [ri`ɛntɚ] *v.t.* & *v.i.* ①再加入。②再記入；再登記。

re-en·try, re·en·try [ri`ɛntrɪ] *n.* ⓊⒸ①再進入。②(火箭、太空船等)重返大氣層。

re·ex·am·ine [ˏriɪg`zæmɪn] *v.t.* 再試驗；再調查；覆問(證人)。 — **re·ex·am·i·na′tion,** *n.*

ref [rɛf] *n.* Ⓒ & *v.t.* & *v.i.* (**-ff-**) 〖俚〗裁判(爲 referee 之略)。

re·fec·to·ry [rɪ`fɛktərɪ] *n.* Ⓒ (修道院及學校的)餐廳；膳廳。

***re·fer** [rɪ`fɜ] *v.t.* (**-rr-**) ①指示。②使諮詢。③歸之於；諉於。④交給；提交。⑤歸因於；歸類於。— *v.i.* ①指示；言及。②參考；諮詢。

ref·er·ee [ˏrɛfə`ri] *n.* Ⓒ①裁判員。②仲裁者；公斷人。— *v.t.* & *v.i.* 裁判；仲裁。

ref·er·ence** [`rɛfərəns] *n.* ① Ⓒ 指示；查照。② Ⓒ 附註；旁註。③ ⓊⒸ 參考；諮詢。④ Ⓒ (品性、能力等之)證明人；保證人。⑤ Ⓒ (對品性、能力等之)證明書；介紹書。⑥ ⓊⒸ 言及；提及。cross*** ～ 一書內之前後參照。***in***[***with***]～ ***to*** 關於。§～ **lìbrary** 參考圖書館(藏書不准外借)。

ref·er·en·dum [ˏrɛfə`rɛndəm] *n.* Ⓒ (*pl.* **～s, -da** [-də])(關於政策的)公民投票；人民複決(權)。

re·fer·ral [rɪ`fɜəl] *n.* ⓊⒸ 參照；照會；推舉；委託；交付。

re·fill [ri`fɪl] *v.t.* 再注滿。— [`riˏfɪl] *n.* Ⓒ①再填滿。②附加物。

re·fi·nance [ˏrifə`næns, ri`faɪnæns] *v.t.* 對…再供給資金。

***re·fine** [rɪ`faɪn] *v.t.* ①使純；精煉；精製。②使文雅。③使精確。— *v.i.* ①變純。②改善；改進。

***re·fined** [rɪ`faɪnd] *adj.* ①精煉的；精製的。②文雅的；高尚的。

***re·fine·ment** [rɪ`faɪnmənt] *n.* ① Ⓤ 文雅；高尚；精美。② Ⓤ 文雅之行爲；高尚之舉動。③ Ⓤ 精煉；精製。④ Ⓒ 精密；精微的區別。

re·fin·er [rɪ`faɪnɚ] *n.* Ⓒ ①精製者；精煉者。②精製機。

re·fin·er·y [rɪ`faɪnərɪ] *n.* Ⓒ 精製廠；煉製廠；精煉設施。

re·fin·ish [ri`fɪnɪʃ] *v.t.* 再修整；再磨光；修整表面。

re·fit [ri`fɪt] *v.t.* & *v.i.* (**-tt-**)①修裝。②改裝；重新裝配。— *n.* Ⓒ ①修理；修復。②船隻的改裝。

re·flate [rɪ`flet] *v.t.* & *v.i.* (使)通貨再膨脹。 — **re·fla′tion,** *n.*

***re·flect** [rɪ`flɛkt] *v.t.* ①反射。②反映(形像)。③反映(意見、思想等)；表達。— *v.i.* ①反映。②考慮。③歸咎〔on〕. — **re·flec′tive,** *adj.*

***re·flec·tion** [rɪ`flɛkʃən] *n.* ① Ⓤ 反射；反射作用。② Ⓤ 反射光；反射熱；反射色。③ Ⓒ 映像；影像。④ Ⓤ 內省；考慮。⑤ Ⓒ 意見；感想；評論。⑥ Ⓒ 損及名譽的言行；非難。⑦ Ⓒ 咎責；不名譽。

re·flec·tor [rɪ`flɛktɚ] *n.* Ⓒ ①反射者；表達意見者。②反射望遠鏡。③反射器；反光鏡。

re·flex [`riflɛks] *adj.* ①不自主的。②反射(作用)的。— *n.* Ⓒ ①反射作用。②反映；反照。

re·flex·ion [rɪ`flɛkʃən] *n.* 〖英〗= **reflection.**

re·flex·ive [rɪ`flɛksɪv]〖文法〗*adj.* 反身的。— *n.* Ⓒ 反身動詞；反身代名詞。— **ly,** *adv.*

re·flex·ol·o·gy [ˏriflɛk`sɑlədʒɪ] *n.* Ⓤ 反射論。

re·flux [`riˏflʌks] *n.* Ⓤ 逆流；退潮。

re·for·est [ri`fɔrɪst] *v.t.* 再造林。

***re·form** [rɪ`fɔrm] *v.t.* & *v.i.* 改造；改進；改革；改過自新。— *n.* ⓊⒸ ①改善；改進；改革。②思想、行爲

R

R

等之改進。

re-form [͵riˋfɔrm] *v.t.* & *v.i.* 再形成；再組成；再作。

***ref·or·ma·tion** [͵rɛfəˋmeʃən] *n.* ① Ⓤ Ⓒ 改革；改善；改良。② (the R-) (歐洲十六世紀)宗教改革。

re·form·a·to·ry [rɪˋfɔrmə͵torɪ] *adj.* (亦作 **reformative**) ① 改革的；改善的。②感化的。 — *n.* Ⓒ 少年感化院。

***re·form·er** [rɪˋfɔrmə] *n.* Ⓒ ①改革者。②(R-)宗教改革家。

re·fract [rɪˋfrækt] *v.t.* 使(光)屈折；使折射。— **re·frac′tion,** *n.*

re·frac·tor [rɪˋfræktə] *n.* Ⓒ ①折光物(如透鏡等)。②折射望遠鏡。

re·frac·to·ry [rɪˋfræktərɪ] *adj.* ①難駕馭的；倔強的。②難治療的。③難鎔化的；耐高溫的。

***re·frain**[1] [rɪˋfren] *v.i.* & *v.t.* 抑制；制止；禁止(from)。

***re·frain**[2] *n.* Ⓒ ①詩歌中之重疊句。②口頭禪。

***re·fresh** [rɪˋfrɛʃ] *v.t.* ①使爽快；使消除疲勞；使振作精神。②恢復(記憶)；補充；補足。 — *v.i.* 提起精神；恢復精神。

re·fresh·er [rɪˋfrɛʃə] *adj.* 複習的；溫習的。 — *n.* Ⓒ 清涼劑；酒。

re·fresh·ing [rɪˋfrɛʃɪŋ] *adj.* 令人精神爽快的；提神的。— **ly,** *adv.*

***re·fresh·ment** [rɪˋfrɛʃmənt] *n.* ① Ⓤ 爽快；心曠神怡。② Ⓤ (又作 a ～)提神之事物。③(*pl.*)點心。

re·frig·er·ate [rɪˋfrɪdʒə͵ret] *v.t.* 使冷卻；使清涼。— **re·frig·er·a′tion,** *n.*

***re·frig·er·a·tor** [rɪˋfrɪdʒə͵retə] *n.* Ⓒ 電冰箱。§ ～ **càr** 冷藏車。

re·fu·el [riˋfjuəl] *v.t.* & *v.i.* (-l-, 〖英〗-ll-)再加燃料。

***ref·uge** [ˋrɛfjudʒ] *n.* ① Ⓤ 安全；保護。② Ⓒ 避難所；避難處。

ref·u·gee [͵rɛfjuˋdʒi] *n.* Ⓒ 避難者；逃難者；難民。

re·ful·gent [rɪˋfʌldʒənt] *adj.* 光輝的；燦爛的。— **re·ful′gence,** *n.*

re·fund [rɪˋfʌnd] *v.t.* & *v.i.* 償付；償還；退還。 — [ˋri͵fʌnd] *n.* Ⓤ Ⓒ 退款；退還之款。

re·fur·bish [riˋfɝbɪʃ] *v.t.* 整修；「刷新。」

***re·fus·al** [rɪˋfjuzḷ] *n.* ① Ⓤ Ⓒ 拒絕；謝絕。② Ⓤ (the ～)取捨權；選擇的自由；先買權。

‡**re·fuse**[1] [rɪˋfjuz] *v.t.* & *v.i.* ①拒絕；謝絕。②不願；不肯。

ref·use[2] [ˋrɛfjus] *n.* Ⓤ 廢物；垃圾。 — *adj.* 廢棄的；無價值的。

re·fute [rɪˋfjut] *v.t.* 反駁；駁斥。— **ref·u·ta·tion** [͵rɛfjuˋteʃən], *n.*

reg. regent; regiment; region; register; registered; registrar; registry; regular; regulation; regulator.

***re·gain** [rɪˋgen] *v.t.* ①復得；恢復。②重回；復至。

***re·gal** [ˋrigḷ] *adj.* ①帝王的。②帝王「氣派的。」

re·gale [rɪˋgel] *v.t.* ①款以盛饌；款待。②使喜悅；使享受。

re·ga·li·a [rɪˋgelɪə] *n. pl.* ①王權的標識。②任何團體之任何標識。

‡**re·gard** [rɪˋgɑrd] *v.t.* ①視爲；認爲。②尊敬。③注視。④關係。⑤注意。 — *v.i.* ①注意。②注視。 ***as*** ～***s*** 至於。 — *n.* ① Ⓤ 關心。② Ⓒ 注視。③ Ⓤ 尊敬；好感。④(*pl.*)問候。⑤ Ⓤ 關係。⑥ Ⓒ 方面；特點。 ***in*** [***with***] ～ ***to*** 關於。 ***in this*** ～ 關於此事。

***re·gard·ing** [rɪˋgɑrdɪŋ] *prep.* 關於；至於。

***re·gard·less** [rɪˋgɑrdlɪs] *adj.* 不顧的；不拘的(of). — *adv.* ①不顧地。②不管；雖然。

re·gat·ta [rɪˋgætə] *n.* Ⓒ 賽船(會)。

re·gen·cy [ˋridʒənsɪ] *n.* ① Ⓤ 攝政政治；攝政職位。② Ⓒ 攝政期間。

re·gen·er·ate [rɪˋdʒɛnə͵ret] *v.t.* ①使重獲新生；使改過自新。②重生。 — *v.i.* ①精神更生。②重生。 — [rɪˋdʒɛnərɪt] *adj.* ①精神重生的。②改造[革新]過的。 — **re·gen′er·a·tive,** *adj.* — **re·gen·er·a′tion,** *n.*

***re·gent** [ˋridʒənt] *n.* Ⓒ ①攝政。②(大學之)董事。 — *adj.* 攝政的。

reg·gae [ˋrɛge] *n.* Ⓤ 雷鬼(起源於西印度群島民俗音樂的搖滾樂)。

reg·i·cide [ˋrɛdʒə͵saɪd] *n.* ① Ⓤ 弒君。② Ⓒ 弒君者。

***re·gime, ré-** [rɪˋʒim] *n.* Ⓒ ①政權；政體。②社會制度。③生活規律；養生之道。

reg·i·men [ˋrɛdʒə͵mɛn] *n.* Ⓒ ①〖醫〗攝生法。②政體；制度。

***reg·i·ment** [ˋrɛdʒəmənt] *n.* Ⓒ ①〖軍〗團。②(常*pl.*)多數；大群；簇。 — [ˋrɛdʒə͵mɛnt] *v.t.* ①編成團。②嚴格而統一地管理；統制。

reg·i·men·tal [͵rɛdʒəˋmɛntḷ] *adj.* 團的。 — *n.* (*pl.*)軍服。

reg·i·men·ta·tion [ˌrɛdʒəmɛn`teʃən] *n.* Ⓤ①編成團；組織；編組。②統制；管轄。

‡**re·gion** [`ridʒən] *n.* Ⓒ①(常 *pl.*)地方；區域。②境界。

re·gion·al [`ridʒənḷ] *adj.* 某一地區內的；區域性的。— **ly,** *adv.*

re·gion·al·ism [`ridʒənḷˌɪzəm] *n.* Ⓤ①地域性。②鄉土主義。③〖文〗鄉土色彩。

***reg·is·ter** [`rɛdʒɪstɚ] *n.* Ⓒ①名單；名簿。②登記簿；註冊簿。③自動記錄器。④登記；註冊；掛號。⑤登記者；註冊主任。 — *v.t.* ①登記；註冊。②指示。③掛號。④以(驚訝、快樂、憂傷等)表情表示。 — *v.i.* 登記；註冊。§ ∼ **òffice** 戶籍登記處(登記出生、婚姻、死亡等的政府機關)。

reg·is·tered [`rɛdʒɪstɚd] *adj.* ①登記過的。②註過冊的。③(郵件)掛號的。§ ∼ **núrse** 有執照之護士。

reg·is·trar [`rɛdʒɪˌstrɑr] *n.* Ⓒ登記員；註冊主任。

***reg·is·tra·tion** [ˌrɛdʒɪ`streʃən] *n.* Ⓤ登記；註冊；掛號。

reg·is·try [`rɛdʒɪstrɪ] *n.* ①Ⓤ登記；註冊。②Ⓒ登記[註冊]處。③Ⓒ登記簿。 § ∼ **òffice** 〖英〗保存公共記錄的戶籍及監管非教堂結婚的機關。

re·gress [`rigrɛs] *n.* Ⓤ①回歸；後退。②復歸權。③退步。 — [rɪ`grɛs] *v.i.* 後退；復舊。— **re·gres′sion,** *n.* — **re·gres′sive,** *adj.*

***re·gret** [rɪ`grɛt] *n.* ①Ⓤ(又作 a ∼)悔恨；懊悔；悼惜。②Ⓤ(又作 a ∼)抱歉；遺憾。③(*pl.*)表示客氣的婉言謝絕。④(*pl.*) 敬謝之回帖。 — *v.t.* (**-tt-**) 悔恨；惋惜；抱歉。 — **ful(ly),** *adj.* (*adv.*)

re·gret·(t)a·ble [rɪ`grɛtəbḷ] *adj.* 可後悔的；令人遺憾的。

re·group [ri`grup] *v.t.* & *v.i.* ①再集合；再集成群。②〖軍〗整編。

‡**reg·u·lar** [`rɛgjəlɚ] *adj.* ①通常的；正常的。②依法的；循規的。③常例的；定期的。④習慣性的；經常的。⑤整齊的；端正的。⑥對稱的。⑦有規律的；有秩序的。⑧常備(軍)的。 — *n.* Ⓒ①常備兵；正規兵。②老顧客。— **reg·u·lar′i·ty** [-`lær-], *n.*

reg·u·lar·ize [`rɛgjələˌraɪz] *v.t.* ①使規律化。②使合法化。

***reg·u·late** [`rɛgjəˌlet] *v.t.* ①管理；節制；規定。②調節；調整。

***reg·u·la·tion** [ˌrɛgjə`leʃən] *n.* ①Ⓤ管理；節制；規定。②Ⓒ規則；條例；法令；法規。

reg·u·la·tor [`rɛgjəˌletɚ] *n.* Ⓒ①調整者；規定者。②調整器。

re·gur·gi·tate [ri`gɜdʒəˌtet] *v.t.* 使湧回；使流回；反芻。 — *v.i.* 流回；湧回；反芻；反胃。

re·hab [`riˌhæb] *n.* ①Ⓤ恢復；修復。②Ⓒ修復的建築物。

re·ha·bil·i·tant [ˌriə`bɪlətənt] *n.* Ⓒ(健康、心理等)復健者。

re·ha·bil·i·tate [ˌriə`bɪləˌtet] *v.t.* ①恢復；修復。②恢復地位、名譽等。③恢復心理健康。

re·hash [ri`hæʃ] *v.t.* 再處理；改造(舊材料)成新形式。 — [`riˌhæʃ] *n.* Ⓒ①再處理；改成新形式。②用舊材料改編的作品；改寫品。

re·hears·al [rɪ`hɜsḷ] *n.* ①ⓊⒸ預演；再三訓練。②Ⓒ詳述；復述。

***re·hearse** [rɪ`hɜs] *v.t.* ①預演。②詳述；複述。 — *v.i.* 預演；演習。

re·house [ri`haʊz] *v.t.* 供以新居；使住進新住宅。

***reign** [ren] *n.* ①Ⓒ朝代；王朝。②Ⓤ王權；統治。 — *v.i.* ①爲王；統治。②占優勢；盛行。

re·im·burse [ˌriɪm`bɜs] *v.t.* 補償；退款。— **ment,** *n.*

***rein** [ren] *n.* Ⓒ(常 *pl.*)①韁繩。②箝制；權勢。 — *v.t.* 駕馭；控制。

re·in·car·nate [ˌriɪn`kɑrnet] *v.t.* 賦予(靈魂)一新肉體；使再化身。 — **re·in·car·na′tion,** *n.*

***rein·deer** [`renˌdɪr] *n.* Ⓒ(*pl.* ∼, ∼**s**)馴鹿。

re·in·force [ˌriɪn`fors] *v.t.* ①增援。②增強。③〖心〗強化(對刺激的反應)。§ ∼**d cóncrete** 鋼筋混凝土。

re·in·force·ment [ˌriɪn`fors-mənt] *n.* ①Ⓤ增援；加強。②Ⓒ增援或加強之物。③(*pl.*)援兵；援艦。

re·in·state [ˌriɪn`stet] *v.t.* ①使復原位；恢復原職；恢復。②使復原；重建。— **ment,** *n.*

re·is·sue [ri`ɪʃʊ] *v.t.* 再發行。 — *n.* ①Ⓤ再發行。②Ⓒ再版。

re·it·er·ate [ri`ɪtəˌret] *v.t.* 反覆地說[做]。— **re·it·er·a′tion,** *n.*

***re·ject** [rɪ`dʒɛkt] *v.t.* ①拒絕。②丟棄。③嘔吐。④駁斥；不理會。 — [`ridʒɛkt] *n.* Ⓒ被棄之物。 — **re·jec′tion,** *n.*

re·jig [ri`dʒɪg] *n.* Ⓒ & *v.t.* (**-gg-**) 提供新設備或新系統；重新規劃。

re·jig·ger [rɪ`dʒɪgɚ] *v.t.* 〖俗〗提供新設備或新系統；重新規劃。

***re·joice** [rɪ`dʒɔɪs] *v.t.* 使喜；使樂。— *v.i.* 喜歡；高興。

re·join[1] [ˌri`dʒɔɪn] *v.t.* & *v.i.* ①再參加；再加入。②再接合。③再聚。

re·join[2] [rɪ`dʒɔɪn] *v.t.* & *v.i.* 應答。

re·join·der [rɪ`dʒɔɪndɚ] *n.* Ⓒ 回答。

re·ju·ve·nate [rɪ`dʒuvəˌnet] *v.t.* 使返老還童；使充滿活力。— *v.i.* 恢復青春；恢復活力。

re·kin·dle [ri`kɪndḷ] *v.t.* ①再點燃。②使…再振奮。— *v.i.* 再點火；再振作。

rel. relative(ly); religion; religious.

re·lapse [rɪ`læps] *v.i.* ①回復。②(舊病)復發。③故態復萌；又陷入不良嗜好或壞行爲。— *n.* Ⓒ 復發。

***re·late** [rɪ`let] *v.t.* ①敍述；說。②使有關係；使有關聯。③與…有親戚關係。— *v.i.* 有關係；關於。

re·lat·ed [rɪ`letɪd] *adj.* ①有相互關係的；有關聯的。②親戚的；同族的。

‡**re·la·tion** [rɪ`leʃən] *n.* ①ⓊⒸ 敍述；述說。②Ⓤ 關係。③Ⓒ 親戚。*in* [*with*] ~ *to* 關於。

re·la·tion·al [rɪ`leʃənḷ] *adj.* ①關係的；表關係的。②親戚的。

***re·la·tion·ship** [rɪ`leʃənˌʃɪp] *n.* ⓊⒸ ①親戚關係。②關係。

***rel·a·tive** [`rɛlətɪv] *n.* Ⓒ 親戚；親族。— *adj.* ①有關係的；表關係的。②比較的。③相對的；相互的。~ *to* **a.** 關於；和…有關。**b.** 和…成比例。§ ~ **cláuse** 關係子句。~ **humídity** 相對濕度。~ **prónoun** 關係代名詞。

***rel·a·tive·ly** [`rɛlətɪvlɪ] *adv.* ①相對地；比較上。②成比例地。

rel·a·tiv·ism [`rɛlətɪvɪzəm] *n.* Ⓤ〖哲〗相對論；相對主義。

rel·a·tiv·ist [`rɛlətɪvɪst] *n.* Ⓒ〖哲，理〗相對論者；相對主義者。

rel·a·tiv·i·ty [ˌrɛlə`tɪvətɪ] *n.* Ⓤ ①相關；相對。②相對論。

***re·lax** [rɪ`læks] *v.t.* ①放鬆。②放寬；鬆懈。— *v.i.* ①放鬆。②鬆懈。

re·lax·a·tion [ˌrilæks`eʃən] *n.* Ⓤ 鬆弛；減輕；緩和。

re·laxed [rɪ`lækst] *adj.* ①輕鬆的。②鬆懈的；寬鬆的。

re·lax·ing [rɪ`læksɪŋ] *adj.* 使人懶洋洋的(天氣等)。

re·lay [rɪ`le] *v.t.* 接轉。— *v.i.* 〖電〗轉送。— *n.* Ⓒ ①接力。②備替換之馬、犬等。③〖電〗繼電器。§ ~ **ràce** 接力賽跑。

***re·lease** [rɪ`lis] *v.t.* ①解放；解開；釋放。②解除；免除。③准予發表。④讓與(財產等)；放棄(權利等)。— *n.* ①Ⓤ (又作 a ~)解放；釋放。②Ⓤ (又作 a ~)解除；免除。③Ⓒ 棄權；讓渡證書。④ⓊⒸ 准許發表、展覽或售賣等。⑤ⓊⒸ 准許電影片上演；准予上演的影片。

rel·e·gate [`rɛləˌget] *v.t.* ①貶謫；貶黜。②放逐；驅逐。③移轉；委託。— **rel·e·ga′tion,** *n.*

re·lent [rɪ`lɛnt] *v.i.* ①變溫和。②變寬容；動憐憫心{toward}.

re·lent·less [rɪ`lɛntlɪs] *adj.* 冷酷的；毫不留情的。— **ly,** *adv.*

rel·e·vant [`rɛləvənt] *adj.* 有關的；切題的；中肯的{to}. — **rel′e·vance, rel′e·van·cy,** *n.*

re·li·a·bil·i·ty [rɪˌlaɪə`bɪlətɪ] *n.* Ⓤ 可靠性；可信度。

***re·li·a·ble** [rɪ`laɪəbḷ] *adj.* 可靠的；可信賴的。— **re·li′a·bly,** *adv.*

re·li·ance [rɪ`laɪəns] *n.* ①Ⓤ 信賴；信任；依賴。②Ⓤ 信心。③Ⓒ 所依賴的東西。— **re·li′ant,** *adj.*

***rel·ic** [`rɛlɪk] *n.* ①Ⓒ 遺跡；遺物；遺俗。②Ⓒ 聖徒遺物；聖徒遺骸。③Ⓒ 紀念物。④(*pl.*)遺骸；廢墟。

‡**re·lief** [rɪ`lif] *n.* ①Ⓤ (痛苦、負擔等之)減輕；解除；解救。②ⓊⒸ 慰藉。③Ⓤ 調劑。④Ⓤ 賑濟；救濟。⑤Ⓤ 換班；接替。⑥Ⓒ 輪班者；接替者。⑦Ⓤ 浮雕。§ ~ **màp** 立體模型地圖；有等高線之地圖。

***re·lieve** [rɪ`liv] *v.t.* ①減輕；緩和。②解除；免除。③解救；援助。④使免除單調。⑤換班；接替。~ *nature* [*oneself*] 大便；小便。

‡**re·li·gion** [rɪ`lɪdʒən] *n.* Ⓤ ①宗教。②宗教信仰。

re·lig·i·os·i·ty [rɪˌlɪdʒɪ`ɑsətɪ] *n.* Ⓤ 狂熱的信仰。

‡**re·li·gious** [rɪ`lɪdʒəs] *adj.* ①宗教的；宗教上的。②信奉宗教的；虔誠的。— *n.* Ⓒ (*pl.* ~)僧侶；尼姑；修士；修女。— **ly,** *adv.*

re·lin·quish [rɪ`lɪŋkwɪʃ] *v.t.* 放棄。— **ment,** *n.*

rel·i·quar·y [`rɛləˌkwɛrɪ] *n.* Ⓒ

聖骨箱；聖物箱；遺物盒。

***rel·ish** [ˋrɛlɪʃ] *n.* [U] ①(又作 a ～)美味；原味。②(又作 a ～)享受；食慾。③喜好；嗜好；興趣。— *v.t.* 欣賞；嗜好；喜好；享受。— *v.i.* 有…的味道。

re·live [riˋlɪv] *v.t.* (憑想像)再體驗。— *v.i.* 再生；復甦。

re·load [riˋlod] *v.t.* & *v.i.* 再裝貨；再裝(砲彈等)。

re·lo·cate [riˋloket] *v.t.* 徙置於另一新地方。— **re·lo·caˊtion,** *n.*

***re·luc·tance** [rɪˋlʌktəns] *n.* [U] (又作 a ～)①不願；勉強。②因勉強而行動遲緩。③〖電〗磁阻。

***re·luc·tant** [rɪˋlʌktənt] *adj.* ①不願的；勉強的。②因不願而遲緩的。③頑抗的。— **ly,** *adv.*

***re·ly** [rɪˋlaɪ] *v.i.* 依賴；信賴；指望；倚靠{on, upon}.

REM rapid eye movement.

‡**re·main** [rɪˋmen] *v.i.* ①停留；居住。②繼續；依然。③剩下；剩餘。— *n.* (*pl.*)①殘餘；餘物。②遺骸；遺物；遺跡。③遺稿。④化石。

***re·main·der** [rɪˋmendɚ] *n.* ① [U] (常 the ～, 集合稱)殘餘；其餘的人[物]。② [C]〖數〗餘數。③ [C] 賣剩的書。— *v.t.* 廉價出售(存書)。

re·make [rɪˋmek] *v.t.* (**-made**)①再做；重做；改做。②〖影〗重拍。

re·mand [rɪˋmænd] *v.t.* ①將(犯人或被告)再送回牢獄；還押。②將(案件)發回下級法院重審。— *n.* [U][C] ①還押。②發回一案件複審。

***re·mark** [rɪˋmɑrk] *v.t.* ①述及；評論。②注意；留意。— *v.i.* 評論；談論。— *n.* ① [C] 短語。② [U] 注意。

***re·mark·a·ble** [rɪˋmɑrkəbḷ] *adj.* 值得注意的；不平常的。— **re·markˊa·bly,** *adv.*

re·mar·riage [riˋmærɪdʒ] *n.* [U][C] 再婚。

re·mar·ry [riˋmærɪ] *v.t.* & *v.i.* 再婚。

re·me·di·a·ble [rɪˋmidɪəbḷ] *adj.* 可補救的；可治療的。

re·me·di·al [rɪˋmidɪəl] *adj.* ①治療(上)的。②補救的；矯正的。③〖教育〗補修的。— **ly,** *adv.*

***rem·e·dy** [ˋrɛmədɪ] *n.* [U][C] ①藥物；治療法。②補救方法。— *v.t.* ①治療。②修理；補救。③抵銷。

‡**re·mem·ber** [rɪˋmɛmbɚ] *v.t.* ①追憶；憶及。②記得；記著。③牢記；不忘。④代…問候[致意]。⑤給與餽贈；報酬；給小費。

***re·mem·brance** [rɪˋmɛmbrəns] *n.* ① [U][C] 記憶。② [U][C] 紀念物；紀念。③ [U] 記憶力。④(*pl.*)問候；致意。§ **R∽ Dày** [**Súnday**]〖英, 加〗陣亡將士[國殤]紀念日。

***re·mind** [rɪˋmaɪnd] *v.t.* 使憶起；提醒。

re·mind·er [rɪˋmaɪndɚ] *n.* [C] 提醒者。

rem·i·nisce [ˌrɛməˋnɪs] *v.i.* 說往事；回憶；話舊。

rem·i·nis·cence [ˌrɛməˋnɪsṇs] *n.* ① [U] 回憶；追懷。②(*pl.*)回憶(錄)。

rem·i·nis·cent [ˌrɛməˋnɪsṇt] *adj.* ①回憶的；喜談論往事的。②引起回憶的；引起聯想的{常 of}.

re·miss [rɪˋmɪs] *adj.* ①疏忽的；不小心的。②無氣力的。

re·mis·sion [rɪˋmɪʃən] *n.* ① [U] 免除；赦免；寬恕。② [U][C] 和緩。

***re·mit** [rɪˋmɪt] *v.t.* (**-tt-**)①匯寄。②緩和。③赦免；豁免。④將(案件)發回下級法院重審。— *v.i.*①匯款。②減退；和緩。

re·mit·tance [rɪˋmɪtṇs] *n.* ① [U] (又作 a ～)匯款。② [C] 匯款額。

***rem·nant** [ˋrɛmnənt] *n.* ①(the ～, 常 *pl.*)殘餘；遺物。② [C] 剩餘的布料。③ [C] 痕跡；遺跡。

re·mod·el [riˋmɑdḷ] *v.t.* (**-l-,** 〖英〗 **-ll-**)①再塑。②修改；改作。

re·mon·strance [rɪˋmɑnstrəns] *n.* [U][C] ①抗議。②忠告。

re·mon·strate [rɪˋmɑnstret] *v.t.* & *v.i.* ①抗議。②忠告。

***re·morse** [rɪˋmɔrs] *n.* [U] 懊悔；悔恨。— **ful,** *adj.* — **ful·ly,** *adv.*

re·morse·less [rɪˋmɔrslɪs] *adj.* 無惻隱心的。— **ly,** *adv.*

***re·mote** [rɪˋmot] *adj.* ①遠的。②非直接的。③冷淡的。§ ∽ **contról**〖通訊〗遙控。— **ly,** *adv.* — **ness,** *n.*

re·mould [riˋmold] *v.t.* 再塑。

re·mount [riˋmaunt] *v.t.* & *v.i.* 再騎上(馬、自行車等)。

re·mov·a·ble [rɪˋmuvəbḷ] *adj.* ①可移動的。②可免職的。

***re·mov·al** [rɪˋmuvḷ] *n.* [U][C] ①撤除；排除。②遷移；移動；搬家。③免職；解職。

‡**re·move** [rɪˋmuv] *v.t.* ①(自某處)移動。②除去。③免職。④殺死。— *v.i.* 遷移；移居。— *n.* [C] ①移

動。②等級。

***re·moved** [rɪˋmuvd] *adj.* ①遠離的。②親屬關係相隔一等或多等的。

re·mov·er [rɪˋmuvə] *n.* Ⓒ ①遷居者。②〖英〗搬家業者。③去除劑。④(法院之)移轉管轄。

re·mu·ner·ate [rɪˋmjunə,ret] *v.t.* 報酬；酬勞。— **re·mu·ner·a′tion,** *n.*

re·mu·ner·a·tive [rɪˋmjunə,retɪv] *adj.* 有報酬的；有利益的。

***ren·ais·sance** [,rɛnəˋzɑns, rɪˋnesn̩s] *n.* Ⓒ 再生；新生；復興。*the R-* **a.** 文藝復興(時期)。**b.** 文藝復興時期的藝術、建築等之形式。

re·nal [ˋrinl̩] *adj.* (關於)腎臟的。

re·name [riˋnem] *v.t.* 予以新名；再命名。

***rend** [rɛnd] *v.t.* (**rent**) ①撕裂。②割裂；使分裂。③震動。— *v.i.* 分裂。

‡**ren·der** [ˋrɛndə] *v.t.* ①使成；致使。②給與。③報答。④納付。⑤報告；呈遞。⑥翻譯。⑦放棄；投降。⑧表示。⑨正式宣布。⑩表現；描繪。⑪還給。

ren·der·ing [ˋrɛndərɪŋ] *n.* Ⓤ Ⓒ ①翻譯；譯文。②表現；表演；演奏。③牆壁之初次塗泥。

ren·dez·vous [ˋrɑndə,vu] 〖法〗 *n.* Ⓒ (*pl.* ～ [～z]) ①約會。②會合地。— *v.t.* & *v.i.* 會合；約見。

ren·di·tion [rɛnˋdɪʃən] *n.* Ⓒ ①翻譯。②對音樂或劇本之表演；演奏。

ren·e·gade [ˋrɛnɪ,ged] *n.* Ⓒ ①叛教者。②叛黨者。— *adj.* 變節的。

re·nege [rɪˋnɪg] *v.i.* 〖俗〗違背諾言；背信；毀約(on)。

***re·new** [rɪˋnju] *v.t.* ①更新；恢復。②再始；復始。③重訂；續訂。④換新；補充；補足。

re·new·a·ble [rɪˋnjuəbl̩] *adj.* 可更新[修整]的；可繼續有效的(契約)。

re·new·al [rɪˋnjuəl] *n.* Ⓤ Ⓒ ①更新；復始；恢復。②更換。③繼續。

***re·nounce** [rɪˋnaʊns] *v.t.* ①放棄。②否認；與…斷絕關係。— *v.i.* 正式投降。— **ment,** *n.*

ren·o·vate [ˋrɛnə,vet] *v.t.* ①革新；使變新。②修理。— **ren·o·va′tion,** *n.*

***re·nown** [rɪˋnaʊn] *n.* Ⓤ 名望；聲譽。

re·nowned [rɪˋnaʊnd] *adj.* 著名的。

***rent**[1] [rɛnt] *n.* Ⓤ (又作 a ～) ①租金。②〖經〗生產事業或地產之純利。*for* ～ 出租的。— *v.t.* ①租用。②出租。§ ～ **bòy** 年輕男妓。

rent[2] *v.* pt. & pp. of **rend.** — *n.* Ⓒ ①破裂處；裂口。②破裂；不和。

rent-a-car [ˋrɛntə,kɑr] *n.* Ⓒ 〖美〗出租汽車。

rent·al [ˋrɛntl̩] *n.* Ⓒ 租金總額。

rent-free [ˋrɛntˋfri] *adj.* & *adv.* 不收租金的[地]。

re·nun·ci·a·tion [rɪ,nʌnsɪˋeʃən] *n.* Ⓤ Ⓒ ①放棄。②否認；拒絕。③自制；克己。

re·o·pen [riˋopən] *v.t.* ①再打開。②再討論。— *v.i.* 再開始。

re·or·gan·ize [riˋɔrgə,naɪz] *v.t.* & *v.i.* 重新組織；改組。— **re·or·gan·i·za′tion,** *n.*

rep [rɛp] *n.* Ⓒ 〖俚〗推銷員；外務員。

rep. repair; report(ed); reporter; representative; republic.

Rep. Representative; Republic(an).

re·pack·age [riˋpækədʒ] *v.t.* 重新包裝；重新裝飾。

re·paid [rɪˋped] *v.* pt. & pp. of **repay.**

***re·pair**[1] [rɪˋpɛr] *v.t.* ①修補；修理。②補救；補償。— *n.* Ⓒ (常*pl.*) 修補；修理。§ ～ **shòp** 修理廠。

re·pair[2] *v.i.* 往；赴。

re·pair·man [rɪˋpɛr,mæn] *n.* Ⓒ (*pl.* **-men**) 修補工人。

rep·a·ra·tion [,rɛpəˋreʃən] *n.* ①Ⓤ補償。②(*pl.*)賠款；賠償。③Ⓤ修理；修復。

rep·ar·tee [,rɛpəˋti] *n.* ①Ⓤ敏捷應答之才能。②Ⓒ敏捷的應答。

re·past [rɪˋpæst] *n.* Ⓒ 餐；食物。

re·pa·tri·ate [riˋpetrɪ,et] *v.t.* 遣返。— *v.i.* 歸國。— *n.* Ⓒ 被遣返之人。— **re·pa·tri·a′tion,** *n.*

***re·pay** [rɪˋpe] *v.t.* (**-paid**) ①付還。②報答；回報。— **ment,** *n.*

re·pay·a·ble [rɪˋpeəbl̩] *adj.* ①可付還的；可回報的。②必須償還的。

***re·peal** [rɪˋpil] *v.t.* ①撤銷；撤回。②廢止。— *n.* Ⓤ ①撤銷。②廢止。

‡**re·peat** [rɪˋpit] *v.t.* ①重做；重複。②重說；再述。③誦讀；背誦。④跟著說。— *v.i.* 重做；覆述。— *n.* Ⓒ ①重複；重述。②〖樂〗重覆句；反覆符號。

***re·peat·ed** [rɪˋpitɪd] *adj.* 再三的；反覆的。— **ly,** *adv.*

***re·pel** [rɪˋpɛl] *v.t.* (**-ll-**) ①逐退；拒絕。②使不悅；使憎惡。③〖理〗排斥；

排拒；迸開。④不透水。

re·pel·lent [rɪ`pɛlənt] *adj.* 討人厭的。— *n.* Ⓒ 驅除劑。

***re·pent** [rɪ`pɛnt] *v.t.* & *v.i.* 悔悟；懊悔；悔恨。— **ant,** *adj.*

***re·pent·ance** [rɪ`pɛntəns] *n.* Ⓤ ①悔恨；懊悔。②悛改。

re·per·cus·sion [ˌripə`kʌʃən] *n.* ① Ⓒ (常*pl.*)影響。② Ⓤ Ⓒ 回響。

rep·er·toire [`rɛpəˌtwar] 〖法〗 *n.* Ⓒ ①戲目；演唱目錄。②某一藝術領域內之全部作品。

rep·er·to·ry [`rɛpəˌtorɪ, -ˌtɔrɪ] *n.* ① **a.** Ⓤ 劇團在某一期間輪演固定劇目。**b.** =**repertoire.** ② Ⓒ (知識等的)貯藏；蒐集；寶庫。

***rep·e·ti·tion** [ˌrɛpɪ`tɪʃən] *n.* Ⓤ Ⓒ 重複；反覆；重說[做]。

rep·e·ti·tious [ˌrɛpɪ`tɪʃəs] *adj.* 重複的；令人厭倦地反覆著的。

re·pet·i·tive [rɪ`pɛtɪtɪv] *adj.* = **repetitious.**

re·phrase [ri`frez] *v.t.* 再措辭；改變措辭。

***re·place** [rɪ`ples] *v.t.* ①代替。②替換；更換。③放回；置於原處。

re·place·a·ble [rɪ`plesəbl̩] *adj.* 可替代[取代]的。

re·place·ment [rɪ`plesmənt] *n.* ① Ⓤ 放回原處；歸還；復職；復位。② **a.** Ⓤ 替換；更換。**b.** Ⓒ 更換[代替]品；接替者；後任者。

re·plen·ish [rɪ`plɛnɪʃ] *v.t.* ①再裝滿；補充；補給。②再添以燃料等。— **ment,** *n.*

re·plete [rɪ`plit] *adj.* ①充滿的；飽足的。②充分供應的。

rep·li·ca [`rɛplɪkə] *n.* Ⓒ ①(原作者自己的)複製品；摹寫品。②複製。

rep·li·cate [`rɛplɪˌket] *v.t.* ①折返；折轉。②摹寫；複製。

rep·li·con [`rɛplɪˌkan] *n.* Ⓒ 〖生物〗複製子(一種遺傳單元)。

‡**re·ply** [rɪ`plaɪ] *v.t.* & *v.i.* ①答覆；回答。②採取行動；反應。— *n.* Ⓒ 答覆；回答；覆函。

‡**re·port** [rɪ`port] *n.* ① Ⓒ 報導；紀事；紀錄。② Ⓒ 報告；通知。③ Ⓒ (槍彈等)爆聲。④ Ⓤ 名譽；聲譽。— *v.t.* ①宣告。②正式報導；報告。③敘述；描述。④報到；復命。⑤寫報告。⑥報導(新聞事件)；寫採訪稿。— *v.i.* ①作報告。②報到。③採訪新聞。§ ∼ **càrd** 學生的成績報告單。

re·port·ed·ly [rɪ`portɪdlɪ] *adv.* 據說；據傳。

***re·port·er** [rɪ`portə] *n.* Ⓒ ①報告者。②通訊員；記者。

***re·pose** [rɪ`poz] *n.* Ⓤ ①休息；睡眠。②安靜。— *v.t.* 使休息；使安眠。— *v.i.* ①休息。②安眠。③依賴。④安置。

re·pos·i·to·ry [rɪ`pazəˌtorɪ, -ˌtɔrɪ] *n.* Ⓒ ① **a.** 貯藏室；倉庫。**b.** 埋葬地。②(知識等的)寶庫。

re·pos·sess [ˌripə`zɛs] *v.t.* 再取得；再取回；再具有；復有。

rep·re·hend [ˌrɛprɪ`hɛnd] *v.t.* 責難；譴責。— **rep·re·hen′sion,** *n.*

rep·re·hen·si·ble [ˌrɛprɪ`hɛnsəbl̩] *adj.* 應受責難的。

‡**rep·re·sent** [ˌrɛprɪ`zɛnt] *v.t.* ①表示；象徵。②代表。③扮演。④描寫；描繪。⑤陳述；描述。

rep·re·sen·ta·tion [ˌrɛprɪzɛn`teʃən] *n.* ① Ⓒ 畫像；雕像；模型。② Ⓤ **a.** 代表；代理。**b.** (集合稱)代表。③ Ⓤ Ⓒ 演出；上演。④(*pl.*)說明；陳述；抗議。

rep·re·sen·ta·tion·al [ˌrɛprɪzɛn`teʃənl̩] *adj.* ①〖美術〗具象的；具象主義的。②有關代議制度的。

‡**rep·re·sent·a·tive** [ˌrɛprɪ`zɛntətɪv] *n.* Ⓒ ①代表。②(R-)〖美〗衆議員。③樣本；典型。— *adj.* ①代議制的。②表明的；象徵的。③代表性的；典型的。

re·press [rɪ`prɛs] *v.t.* ①阻止；抑制。②鎮壓。— **re·pres′sion,** *n.* — **re·pres′sive,** *adj.*

re·pressed [rɪ`prɛst] *adj.* ①(感情或慾望)受壓抑的。②被抑制的。

re·pres·sor [rɪ`prɛsə] *n.* Ⓒ 壓抑者；鎮壓者。

re·prieve [rɪ`priv] *v.t.* ①緩刑。②暫救；暫減。— *n.* Ⓒ 暫緩執行。

rep·ri·mand [`rɛprəˌmænd] *n.* Ⓤ Ⓒ 申斥；懲戒。— [`rɛprəˌmænd, ˌrɛprə`mænd] *v.t.* 嚴斥；申戒。

re·print [ri`prɪnt] *v.t.* 再印；再版；翻印。— [`riˌprɪnt] *n.* Ⓒ 再版(本)。

re·pris·al [rɪ`praɪzl̩] *n.* Ⓤ Ⓒ 報復性的侵占或掠奪；報復。

re·prise [rɪ`praɪz] *n.* Ⓒ 〖樂〗再現部；插入部。— *v.t.* 再現；插入。

re·pro [`ripro] *n.* Ⓒ (*pl.* ∼**s**) 〖俗〗 複製品(為 *repro*duction 之略)。

***re·proach** [rɪ`protʃ] *n.* Ⓤ ①譴責；

R

責備。②恥辱。— *v.t.* 譴責；叱斥。

re·proach·ful [rɪˋprotʃfəl] *adj.* 責備的；表示譴責的。— **ly,** *adv.*

rep·ro·bate [ˋrɛprə,bet] *n.* Ⓒ 墮落的人。— *adj.* 墮落的。— *v.t.* ①非難；斥責。②拒絕。— **rep·ro·ba′tion,** *n.*

***re·pro·duce** [,riprəˋdjus] *v.t.* ①再生。②複製。③生殖；產。

***re·pro·duc·tion** [,riprəˋdʌkʃən] *n.* ①Ⓤ複製。②Ⓒ拷貝；複製品。③Ⓤ生殖。— **re·pro·duc′tive,** *adj.*

re·prog·ra·phy [rɪˋprɑgrəfɪ] *n.* Ⓤ複印；翻印。

***re·proof** [rɪˋpruf] *n.* ①Ⓤ譴責；斥責。②Ⓒ斥責的話。

***re·prove** [rɪˋpruv] *v.t.* 譴責。

re·prov·ing [rɪˋpruvɪŋ] *adj.*〖文〗譴責的；責備似的。— **ly,** *adv.*

R

***rep·tile** [ˋrɛptl̩, -tɪl] *adj.* ①卑鄙的。②匍匐的；爬行的。— *n.* Ⓒ①卑鄙的人。②爬蟲。— **rep·til′i·an,** *adj. & n.*

***re·pub·lic** [rɪˋpʌblɪk] *n.* Ⓒ共和國。

‡**re·pub·li·can** [rɪˋpʌblɪkən] *adj.* ①共和國的；共和政體的。②(R-)〖美〗共和黨的。③贊成共和的。*the R- Party*〖美〗共和黨。— *n.* Ⓒ①擁護共和政體者。②(R-)〖美〗共和黨員。— **ism,** *n.*

re·pu·di·ate [rɪˋpjudɪ,et] *v.t.* ①拒絕；駁斥。②否認；棄絕。— **re·pu·di·a′tion,** *n.*

re·pug·nance [rɪˋpʌgnəns], **-cy** [-sɪ] *n.* ①Ⓤ嫌惡；厭惡；厭棄；反感〔to〕。②ⓊⒸ矛盾；不一致〔of, to, with〕。— **re·pug′nant,** *adj.*

***re·pulse** [rɪˋpʌls] *v.t.* ①擊退。②拒絕。— *n.* ⓊⒸ①擊退。②拒絕。

re·pul·sion [rɪˋpʌlʃən] *n.* Ⓤ①(又作 a ～)厭惡。②驅逐；拒絕。③〖理〗斥力；拒力。

re·pul·sive [rɪˋpʌlsɪv] *adj.* ①使人厭惡的。②排斥的。③〖理〗拒斥的。

rep·u·ta·ble [ˋrɛpjətəbl̩] *adj.* 名譽好的；有聲望的；可尊敬的。

***rep·u·ta·tion** [,rɛpjəˋteʃən] *n.* Ⓤ①(又作 a ～)名譽。②美名。

***re·pute** [rɪˋpjut] *n.* Ⓤ①名譽。②美名。— *v.t.* (祇用於被動式)被認爲。

re·put·ed [rɪˋpjutɪd] *adj.* ①評價好的；出名的。②一般認爲的；號稱的。— **ly,** *adv.*

‡**re·quest** [rɪˋkwɛst] *v.t.* ①請求；要求。②邀請；請。— *n.* ①ⓊⒸ請求。②Ⓒ請求之事物。③Ⓤ需要。④Ⓒ請願書。

Re·qui·em, re·qui·em [ˋrikwɪəm] *n.* Ⓒ①安靈彌撒(曲)。②輓歌。

‡**re·quire** [rɪˋkwaɪr] *v.t.* ①需要。②命令；要求。

***re·quire·ment** [rɪˋkwaɪrmənt] *n.* Ⓒ①需要；需要之事物。②要求；要求之事物。③命令；規定。

req·ui·site [ˋrɛkwəzɪt] *adj.* 需要的；必要的。— *n.* Ⓒ必需品。

req·ui·si·tion [,rɛkwəˋzɪʃən] *n.* ①Ⓤ需要。②Ⓤ要求；請求。③Ⓤ徵購；徵用。④Ⓒ必備條件。— *v.t.* 徵用；強制使用。

re·quit·al [rɪˋkwaɪtl̩] *n.* Ⓤ①報答；酬勞；回報。②報仇；處罰。

re·quite [rɪˋkwaɪt] *v.t.* ①回報。②報酬。③報復；報仇。④補償。

re·run [riˋrʌn] *v.t. & v.i.* (**-ran, -run**)①再放映(電影)；重播(電視節目)。②再跑。— [ˋri,rʌn] *n.* Ⓒ①再放映(的電影)；重播(節目)。②(比賽之)再跑。

re·sched·ule [riˋskɛdʒul] *v.t.* 重新排定…的時間。

re·scind [rɪˋsɪnd] *v.t.* 廢止；撤銷；取消；宣告無效。— **re·scis′sion,** *n.*

***res·cue** [ˋrɛskju] *v.t.* ①解救；救出。②〖法律〗非法奪回(扣押之物)；非法營救出(囚犯)。— *n.* ①ⓊⒸ解救；援助。②Ⓤ〖法律〗非法奪回。*come*[*go*] *to the* ～ 援救。

***re·search** [ˋrisɜtʃ] *n.* ①Ⓤ研究；探索。②Ⓒ(常*pl.*)研究工作。— [rɪˋsɜtʃ, ˋrisɜtʃ] *v.i. & v.t.* 研究；探索。§ ～ **library** 研究圖書館。～ **professor** 研究教授。～ **worker** 研究員。

***re·sem·blance** [rɪˋzɛmbləns] *n.* ①ⓊⒸ相似(之處)。②ⓊⒸ外表；表面。③Ⓒ副本；形像。*bear* ～ *to* 與…相像。

***re·sem·ble** [rɪˋzɛmbl̩] *v.t.* 相似。

***re·sent** [rɪˋzɛnt] *v.t.* 憤恨；憎惡。— **ful,** *adj.* — **ment,** *n.*

***res·er·va·tion** [,rɛzəˋveʃən] *n.* ①Ⓒ隱藏；隱諱。②ⓊⒸ限制條件。③Ⓒ保留地。④Ⓒ(常*pl.*)預定。⑤Ⓒ保留的事物。

‡**re·serve** [rɪˋzɜv] *v.t.* ①隱藏；保留。②延遲；改期。③貯備。④預定(車座、戲座等)。⑤留作專用。— *n.* ①Ⓒ保留地；指定保護地區。

②Ⓒ(常 *pl.*)備用人力[物資]; 貯藏物。③(the ～, 常 *pl.*,常 R-)〖軍〗**a.** 預備部隊。**b.**後備部隊。④Ⓤ隱藏; 保留。⑤Ⓤ謹慎; 節制。⑥Ⓤ冷漠; 隔閡。*in* ～ 保留的。*without* ～毫無保留的[地]。§ ～ **bànk**〖美〗準備[儲備]銀行。～ **bòok**(圖書館中)不外借的書。～ **clàuse** 保留條款。～ **ófficer** 預備軍官。

re·served [rɪ`zɜvd] *adj.* ①預定的; 儲備的。②自制的; 緘默的。③分開的; 保留的。 —**re·serv′ed·ly** [-vɪdlɪ], *adv.*

re·serv·ist [rɪ`zɜvɪst] *n.* Ⓒ後備軍人。

***res·er·voir** [`rɛzə,vɔr] *n.*〖法〗Ⓒ①貯水池; 水庫。②儲藏庫。③(知識、財富等的)儲藏; 累積。

re·set [ri`sɛt] *v.t.* (**-set, -set·ting**) ①再設; 重組。②重排(活字)。③重鑲; 重嵌。④〖外科〗接骨。

re·set·tle [ri`sɛtl] *v.t.* & *v.i.* 再定居; 再建立; 再安置。—**ment,** *n.*

re·shape [ri`ʃep] *v.t.* 使再形成; 重定新方針。— *v.i.* 形成新形態。

re·shuf·fle [ri`ʃʌfl] *v.t.* ①再洗(紙牌)。②改革; 轉變。— *n.* Ⓒ①再洗牌。②轉變; 改革; 改組。

re·side [rɪ`zaɪd] *v.i.* ①居住。②存在; 屬於{in}。

***res·i·dence** [`rɛzədəns] *n.* ①Ⓤ居住。②Ⓒ住宅; 住處。③Ⓒ居留之時間。④Ⓒ總公司所在地。*in* ～ **a.** 住公家宿舍的; 住校的。**b.** 駐於任所的。

***res·i·dent** [`rɛzədənt] *n.* Ⓒ①居住者; 居民。②駐外國宮廷之代表。③住院醫師。— *adj.* ①居住的; 居留的。②駐在任所的。③不遷居的; 定居的。

res·i·den·tial [,rɛzə`dɛnʃəl] *adj.* ①適於居住的。②與居住有關的。

re·sid·u·al [rɪ`zɪdʒuəl] *adj.* ①殘餘的; 剩餘的。②〖數〗差的; 剩餘的。③〖醫〗殘留的。④附加酬金的。— *n.* Ⓒ①殘餘; 殘留物。②〖數〗差; 剩餘。§ ～ **cúrrent devìce**〖電〗斷路器。—**ly,** *adv.*

re·sid·u·ar·y [rɪ`zɪdʒu,ɛrɪ] *adj.* ①殘餘的。②〖法律〗剩餘財產的。

res·i·due [`rɛzə,dju] *n.* Ⓒ(常 *sing.*)①殘餘; 剩餘。②〖法律〗剩餘財產。③〖化〗殘渣; 剩餘物。④〖數〗餘數。

re·sid·u·um [rɪ`zɪdʒuəm] *n.* Ⓒ (*pl.* **-u·a** [-uə]) = **residue.**

***re·sign** [rɪ`zaɪn] *v.t.* & *v.i.* ①辭職; 辭退。②順從; 聽從。③放棄; 捨棄。④委託。～ *oneself* 順從。～ *oneself to one's fate* 聽天由命。

***res·ig·na·tion** [,rɛzɪg`neʃən] *n.* ①ⓊⒸ辭職。②Ⓒ(常 one's ～)辭呈。③Ⓤ忍受; 順從。

re·signed [rɪ`zaɪnd] *adj.* 順從的; 聽天由命的。—**ly,** *adv.*

re·sil·i·ent [rɪ`zɪlɪənt] *adj.* ①有彈性的; 彈回的。②活潑的; 愉快的。—**re·sil′i·ence, re·sil′i·en·cy,** *n.*

res·in [`rɛzn̩] *n.* ⓊⒸ樹脂; 松脂。—**ous,** *adj.*

***re·sist** [rɪ`zɪst] *v.t.* & *v.i.* ①抵抗; 對抗。②抵住; 忍住。③防止。

***re·sist·ance** [rɪ`zɪstəns] *n.* ①Ⓤ(又作 a ～)抵抗。②Ⓤ抵抗力。③Ⓤ阻力。④Ⓤ〖電〗電阻。⑤Ⓒ有電阻之導體。⑥Ⓤ反對。⑦Ⓤ(常 R-)(地下)反抗運動[組織]。

re·sis·tant [rɪ`zɪstənt] *adj.* ①抵抗的。②耐…的; 有抵抗力的。— *n.* Ⓒ①抵抗者; 反抗者。②〖紡〗防染劑。

re·sis·tor [rɪ`zɪstə] *n.* Ⓒ〖電〗電阻器; 電阻。

***res·o·lute** [`rɛzə,lut] *adj.* 堅決的; 堅毅的; 斷然的; 勇敢的。—**ly,** *adv.* —**ness,** *n.*

***res·o·lu·tion** [,rɛzə`luʃən] *n.* ①Ⓒ決心; 決意; 堅決; 決定。②Ⓤ果斷力; 決斷力。③Ⓒ決議(案)。④Ⓤ分解; 溶解; 分析; 轉換; 轉化。⑤Ⓤ〖光學〗分辨。⑥Ⓤ解決; 解釋。⑦Ⓤ〖醫〗(發炎等之)消散。

***re·solve** [rɪ`zɑlv] *v.t.* ①決定; 下決心。②分解。③解決; 解答。④議決; 投票表決。⑤改變。— *v.i.* ①決定; 決心。②分解。— *n.* ①Ⓒ決定之事物。②Ⓤ決心。

***re·solved** [rɪ`zɑlvd] *adj.* 有決心的; 意志堅決的。—**ly,** *adv.*

res·o·nance [`rɛzn̩əns] *n.* ①ⓊⒸ回響; 反響。②Ⓤ共鳴。③Ⓤ〖電〗諧振; 共振。§ ～ **bòx**[**chàmber**]共鳴箱。～ **péndulum**〖理〗共振擺。～ **radiàtion**〖理〗共振輻射。

res·o·nant [`rɛzn̩ənt] *adj.* ①(聲音)反響的; 回響的。②共鳴的。③〖電〗諧振的; 共振的。— *n.* Ⓒ共鳴音; 響音。

res·o·nate [`rɛzə,net] *v.i.* ①共鳴; 反響。②產生共振; 產生共鳴;

產生回響。— *v.t.* 使共鳴或共振。

re·sort** [rɪ`zɔrt] *v.i.* ①去；常去〔to〕. ②求助；依賴；訴諸〔to〕. — *n.* ①Ⓒ休閒[遊樂]勝地。②Ⓤ聚集；人潮。③Ⓤ訴求；憑藉；求助。in the last*** ~ 作爲最後的手段。

***re·sound** [rɪ`zaʊnd] *v.i.* ①回響；共鳴。②高聲響。③充滿響聲。④轟動；揚名；馳名。— *v.t.* ①使成回聲；使共鳴。②高聲說或讀出。

re·sound·ing [rɪ`zaʊndɪŋ] *adj.* ①發出回聲的。②宏亮的。— **ly,** *adv.*

re·source** [rɪ`sors] *n.* ①Ⓒ(常 *pl.*)來源。②(*pl.*)資源。③ⓊⒸ(常 *pl.*)策略；機智。be at the end of one's ~s*** 至山窮水盡之地步；智窮力竭。— **less,** *adj.*

re·source·ful [rɪ`sorsfəl] *adj.* ①有機智的。②多資源的。

‡**re·spect** [rɪ`spɛkt] *n.* ①Ⓤ(又作 a ~)尊敬；敬重；尊重。②Ⓤ顧慮；關心。③(*pl.*)敬意。④Ⓒ細事；點；方面。⑤Ⓤ差別待遇；歧視。***in ~ of*** [***to***] = **with regard to** 關於；至於。***in ~ that***〖古〗由於；因爲。***in some*** [***all***] ***~s*** 在某些[各]方面。***pay one's ~s to*** 拜謁以示敬意。***with ~ to*** 關於；顧慮到。— *v.t.* ①尊敬；敬重。~ oneself 自重。②顧慮；考慮。③重視；遵奉。④關於；與…有關。

***re·spect·a·ble** [rɪ`spɛktəbḷ] *adj.* ①有好名譽的；應受尊敬的。②相當好的。③(事物、行爲)文雅的；高尚的。④可以讓人看的；尚可的。— **re·spect'a·bly,** *adv.*

***re·spect·ful** [rɪ`spɛktfəl] *adj.* 表示尊敬的；有禮貌的。

***re·spec·tive** [rɪ`spɛktɪv] *adj.* 個別的；各個的。

***re·spec·tive·ly** [rɪ`spɛktɪvlɪ] *adv.* 個別地；各個地；分別地。

res·pi·ra·tion [ˏrɛspə`reʃən] *n.* ⓊⒸ呼吸(作用)。

re·spire [rɪ`spaɪr] *v.t. & v.i.* 呼吸。

res·pite [`rɛspɪt] *n.* Ⓤ(又作 a ~)①休息；中止。②緩刑。— *v.t.* ①使有喘息機會。②緩期執行。

***re·splend·ent** [rɪ`splɛndənt] *adj.* 燦爛的；華麗的；輝耀的。

***re·spond** [rɪ`spɑnd] *v.i.* ①回答。②回應；反應。③負責。

re·spond·ent [rɪ`spɑndənt] *adj.* 回答的；感應的。— *n.* Ⓒ①回答者。②被告(尤指上訴及離婚案件)。

***re·sponse** [rɪ`spɑns] *n.* ①Ⓒ回答；回應。②Ⓒ(常 *pl.*)〖基督教〗應答文。③ⓊⒸ〖生理〗反應。

***re·spon·si·bil·i·ty** [rɪˏspɑnsə`bɪlətɪ] *n.* ①Ⓤ責任；職責；義務。②Ⓒ具體的責任；負擔。

***re·spon·si·ble** [rɪ`spɑnsəbḷ] *adj.* ①負責任的〔for〕. ②可靠的。③有責任的。④明白是非的；能負責任的。⑤對…負責的〔常 for, to〕.

re·spon·sive [rɪ`spɑnsɪv] *adj.* ①回答的。②易感動的；敏感的。

‡**rest**[1] [rɛst] *n.* ①ⓊⒸ睡眠。②ⓊⒸ休息；休憩。③Ⓤ(又作 a ~)靜止；安靜。④Ⓒ支持物。⑤Ⓒ休息處。⑥Ⓒ〖樂〗休止(符)。⑦Ⓒ(讀書中之)頓挫。⑧Ⓤ死。⑨Ⓒ旅館。***at ~*** **a.** 休息；睡覺。**b.** 死亡。**c.** 休止；不動。**d.** 安靜；無憂。***go*** [***retire***] ***to ~*** 就寢。***lay…to ~*** 安葬。— *v.i.* ①睡眠；休息；停止。②被支持；倚靠。③倚賴〔常 on〕. ④繫於；以…爲基礎；在於。⑤信賴；信任。⑥停留於。⑦盯住；注視。⑧死後永遠安息。— *v.t.* ①使休息。②倚靠。③指向(如目光)。④以…爲根據；使依賴。⑤使停止。~ ***with*** 全在於。§ ~ **ènergy**〖理〗靜能。~ **hòme** 靜養所；療養所。~ **pèriod**〖生物〗休眠期。~ **ròom** 廁所；洗手間。~ **stòp** (交流道之)休息站。

‡**rest**[2] *n.* Ⓤ(the ~)①剩餘；殘餘。②(集合稱)其餘之人[物]。***and*** (***all***) ***the ~*** (***of it***) 以及其他的一切；…等等。***for the ~*** 至於其他。— *v.i.* 仍然是。

***res·tau·rant** [`rɛstərənt] *n.* Ⓒ飯店；餐館。

res·tau·ra·teur [ˏrɛstərə`tɜ]〖法〗*n.* Ⓒ飯店主人。

res·ti·tu·tion [ˏrɛstə`tjuʃən] *n.* Ⓤ①歸還；償還。②賠償。

res·tive [`rɛstɪv] *adj.* ①不安寧的；動亂的。②難駕馭的。③不肯前進的。

***rest·less** [`rɛstlɪs] *adj.* ①不安靜的；好動的；紛擾的。②無睡眠的。③無休止的。— **ly,** *adv.* — **ness,** *n.*

***res·to·ra·tion** [ˏrɛstə`reʃən] *n.* ①Ⓤ歸還；償還〔of〕. ②Ⓤ復職；復位。③**a.** ⓊⒸ(古建築物、美術品等的)修復；復原(作業)〔of〕. **b.** Ⓒ(建築物、已滅絕動物等)修復[復原](之物)。④(the R-)(英國的)王權復興

(時代)。

re·stor·a·tive [rɪˋstorətɪv] *adj.* ①交還的；回復的。②可恢復的。 —— *n.* Ⓒ 補劑；興奮劑。

***re·store** [rɪˋstor, -ˋstɔr] *v.t.* ①恢復；重建。②修補；修復。③使痊癒；使復原。④歸還；交還。⑤使再出現；重新使用。

***re·strain** [rɪˋstren] *v.t.* ①克制；抑制；自制。②限制；監禁；約束。

***re·straint** [rɪˋstrent] *n.* Ⓤ ①抑制。②限制；約束。③監禁。④自制；忍耐。

***re·strict** [rɪˋstrɪkt] *v.t.* 限制；約束。

re·strict·ed [rɪˋstrɪktɪd] *adj.* ①限制的；受約束的。②僅限於某一團體或人群的。③〖美軍〗機密的。

***re·stric·tion** [rɪˋstrɪkʃən] *n.* ① Ⓤ 限制。② Ⓒ 帶有限制性之條件或規則。

re·stric·tive [rɪˋstrɪktɪv] *adj.* ①帶有限制的。②〖文法〗限制的。

re·struc·ture [riˋstrʌktʃɚ] *v.t.* 重新組織；重新建造。

‡**re·sult** [rɪˋzʌlt] *n.* ①**a.** Ⓤ Ⓒ 結果；效果。**b.** Ⓒ (常 *pl.*)成績。② Ⓒ〖英俚〗(足球比賽的)勝利。③ Ⓒ〖數〗結果；答案。—— *v.i.* ①產生；起於〔常 from〕。②終歸；導致〔常 in〕。

re·sult·ant [rɪˋzʌltn̩t] *adj.* ①結果的。②合成的。—— *n.* Ⓒ ①結果。②〖理〗合力；合成運動。

***re·sume** [rɪˋzum, -ˋzɪum] *v.t.* ①重新開始；繼續。②重獲；再取。—— *v.i.* 再開始；復始；繼續。— **re·sump′tion** [-ˋzʌmp-], *n.*

ré·su·mé [ˌrɛzʊˋme]〖法〗*n.* Ⓒ (亦作 **resume**)①摘要；概略；提要。②(求職者的)簡歷。

res·ur·rect [ˌrɛzəˋrɛkt] *v.t.* ①使蘇醒；使復活。②恢復；復興。③〖俗〗掘起；挖出。—— *v.i.* 蘇醒；復活。

res·ur·rec·tion [ˌrɛzəˋrɛkʃən] *n.* Ⓤ ①復活。②恢復；修復。③挖掘屍體。*the R-* 耶穌的復活。

re·sus·ci·tate [rɪˋsʌsəˌtet] *v.t. & v.i.* (使)蘇醒；(使)復活。— **re·sus·ci·ta′tion,** *n.*

***re·tail** [ˋritel] *n.* Ⓤ 零售。—— *adj.* ①零碎的；少量的。②零售的。—— *v.i.* 零售。—— *v.t.* ①零售。② [rɪˋtel] 轉述；再說。— **er,** *n.*

***re·tain** [rɪˋten] *v.t.* ①保留；保持。②不忘；記憶。③聘請。④留住。

§ ∼**ed éarning**公積金。∼**ed óbject**〖文法〗保留受詞。∼**ing fée** 律師費。∼**ing wáll** 防浪牆。

re·tain·er[1] [rɪˋtenɚ] *n.* Ⓒ ①保留者；保持者。②家臣；門客。

re·tain·er[2] *n.* Ⓒ〖法律〗①聘請的律師[顧問](等)。②聘請律師的預約金；律師費。

re·take [riˋtek] *v.t.* (**-took, -taken**) ①再取；取回。②奪回。③〖影，攝〗重攝；重拍。—— [ˋriˌtek] *n.* Ⓒ (照片、電影的)重攝；重攝之景[像]。

re·tal·i·ate [rɪˋtælɪˌet] *v.i. & v.t.* 報復；回敬。— **re·tal·i·a′tion,** *n.*

re·tard [rɪˋtɑrd] *v.t.* ①阻礙。②延遲。—— *n.* Ⓒ 阻礙；延緩。

re·tard·ed [rɪˋtɑrdɪd] *adj.* (兒童)智力遲鈍的；低能的。

re·ten·tion [rɪˋtɛnʃən] *n.* Ⓤ ①保留；保持(力)。②記憶(力)。③拘留；扣押。④〖醫〗留滯；分泌閉止。

re·ten·tive [rɪˋtɛntɪv] *adj.* ①保留的；有保持力的。②有記憶力的；記性好的。— **ly,** *adv.* — **ness,** *n.*

re·think [riˋθɪŋk] *v.t.* (**-thought**)再想；再考慮。—— *n.* (a ∼)〖俗〗再考慮。

ret·i·cence [ˋrɛtəsn̩s] *n.* Ⓤ Ⓒ 沈默；緘口；寡言。(亦作 **reticency**)

ret·i·cent [ˋrɛtəsn̩t] *adj.* 沈默的；寡言的；保守的。— **ly,** *adv.*

ret·i·na [ˋrɛtn̩ə] *n.* Ⓒ (*pl.* **∼s, -nae** [-ni])〖解〗視網膜。

ret·i·nue [ˋrɛtn̩ˌju] *n.* Ⓒ (集合稱)侍從；隨員。

***re·tire** [rɪˋtaɪr] *v.i.* ①隱居；隱退。②就寢。③退休；退職。④(軍隊)撤退。⑤離去；退去。—— *v.t.* ①使解職。②收回(債券、股票等)；撤回。③〖棒球〗使(打擊手)出局。

re·tired [rɪˋtaɪrd] *adj.* ①退職的；已退休的。②隱退的。③隱蔽的。

re·tir·ee [rɪˌtaɪˋri] *n.* Ⓒ 退休者。

***re·tire·ment** [rɪˋtaɪrmənt] *n.* ① Ⓤ Ⓒ 退休。② Ⓤ 退隱之生活方式。③ Ⓒ 退隱之所。

re·tir·ing [rɪˋtaɪrɪŋ] *adj.* ①隱退的。②退職的；退休的。③羞怯的。

***re·tort**[1] [rɪˋtɔrt] *v.t.* 回嘴。—— *v.i.* 反擊。—— *n.* Ⓤ Ⓒ 回嘴；反駁。

re·tort[2] *n.* Ⓒ〖化〗蒸餾器。

re·touch [riˋtʌtʃ] *v.t.* ①〖攝〗修描(底片或照片)。②修飾；潤色；修改(繪畫等)。—— *n.* Ⓒ 修改；潤色。

re·trace [rɪˋtres] *v.t.* ①折回；退

回；引還。②回顧。③追溯；探源。

re·tract [rɪˋtrækt] *v.t.* ①縮回。②收回。— *v.i.* ①縮回。②收回聲明、承諾等。

***re·treat** [rɪˋtrit] *v.t.* & *v.i.* ①撤退；退卻。②向後傾斜。— *n.* ①Ⓤ Ⓒ 撤退；退卻。②(the ～)撤退號。③Ⓒ安靜的地方；安全的地方。④ⓊⒸ〖天主教〗避靜。 *beat a* ～ a. 撤退；逃走。b. 放棄某項工作。

re·trench [rɪˋtrɛntʃ] *v.t.* & *v.i.* ①減少(支出)；節省。②刪除；省略。— **ment,** *n.*

ret·ri·bu·tion [ˌrɛtrəˋbjuʃən] *n.* Ⓤ(又作a ～) 報應； 報償。— **re·trib′u·tive, re·trib′u·to·ry,** *adj.*

re·trieve [rɪˋtriv] *v.t.* ①尋回；取回；找回。②恢復。③補救；訂正。④援救。— *v.i.* 尋回獵獲物。— *n.* Ⓤ①尋回；恢復。②尋回的可能性。

ret·ro·ac·tive [ˌrɛtroˋæktɪv] *adj.* ①追溯的。②有追溯效力的。

ret·ro·grade [ˋrɛtrəˌgred] *adj.* ①後退的；倒退的。②退化的；退步的。— *v.i.* ①退後；倒退。②退化；退步。③衰落；墮落。

ret·ro·gress [ˋrɛtrəˌgrɛs] *v.i.* 倒退；墮落；衰微。— **ret·ro·gres′sion,** *n.* — **ret·ro·gres′sive,** *adj.*

ret·ro·rock·et [ˋrɛtroˌrɑkɪt] *n.* Ⓒ(太空船或飛彈之)減速火箭。

ret·ro·spect [ˋrɛtrəˌspɛkt] *n.* Ⓤ 反顧；回溯。*in* (*the*) ～回顧。— *v.t.* & *v.i.* 回想。— **ret·ro·spec′tive,** *adj.*

‡**re·turn** [rɪˋtɝn] *v.i.* ①回；歸。②回復。③回答。④回想。— *v.t.* ①歸還。②回答。③獲利。④宣告。⑤選出(議員等)。⑥報答。⑦反射(聲、光等)。— *n.*①ⓊⒸ回來；歸。②Ⓒ歸還；報答。③Ⓒ(常*pl.*)贏利。④Ⓒ(常*pl.*)報告；陳述。⑤Ⓒ回答；反擊。*in* ～以爲報答。— *adj.* ①回來的；歸來的。②送回的；回報的。

re·un·ion [riˋjunjən] *n.* Ⓤ①重行結合；重修舊好；融合。②重聚。③團圓。

re·u·nite [ˌrijuˋnaɪt] *v.t.* & *v.i.* (使)再結合；(使)重聚；(使)團聚。

rev [rɛv]〖俗〗*n.* Ⓒ(發動機之)旋轉。— *v.t.* (**-vv-**)加快(引擎、馬達等)速度〔常 up〕. — *v.i.* 加速旋轉。

Rev. Revelation; Reverend.

re·val·ue [riˋvælju] *v.t.* 重新評價；再估價。— **re·val·u·a′tion,** *n.*

re·vamp [riˋvæmp] *v.t.* ①修訂；修改。②修補；換新鞋面。

‡**re·veal** [rɪˋvil] *v.t.* ①洩露；透露。②顯示；顯出。

rev·eil·le [ˋrɛvḷˌi, ˌrɛvḷˋi] *n.* Ⓤ(常 the ～)〖軍〗起床號。

rev·el [ˋrɛvḷ] *v.i.* (**-l-,**〖英〗**-ll-**)①狂喜； 沈迷〔in〕. ②狂歡；縱酒。— *n.* Ⓤ(常*pl.*)狂歡；宴樂。— **rev′el·(l)er,** *n.*

***rev·e·la·tion** [ˌrɛvḷˋeʃən] *n.* ①Ⓤ洩露；顯示。②Ⓒ顯示之事物；啓示。③Ⓤ天啓。④(R-, 常 *pl.*)〖新約〗啓示錄。— **al,** *adj.*

rev·el·ry [ˋrɛvḷrɪ] *n.* Ⓤ(又作 *pl.*)狂歡；飲宴作樂。

***re·venge** [rɪˋvɛndʒ] *n.* Ⓤ①(又作a ～)報仇；復仇；報復。②報仇心；復仇心；宿怨。 *take* [*have*] *one's* ～ 報仇。— *v.t.* & *v.i.* 報仇；報復；復仇。～ *oneself on* [*upon*] *a person* 向某人報仇。— **ful,** *adj.*

***rev·e·nue** [ˋrɛvəˌnju] *n.* ①ⓊⒸ收入總額；國家之歲入。②(*pl.*)收入項目；收入數目。③(常 the ～)稅務局；稅捐處。§ ～ **stàmp** 印花。

re·ver·ber·ate [rɪˋvɝbəˌret] *v.i.* & *v.t.* (使)起回聲；(使)有回響。— **re·ver′ber·ant,** *adj.* — **re·ver·ber·a′tion,** *n.*

***re·vere** [rɪˋvɪr] *v.t.* 尊敬；尊崇。

***rev·er·ence** [ˋrɛvərəns] *n.* ①Ⓤ(又作a ～)崇敬；尊敬。②(R-)對教士之尊稱。③Ⓒ〖古〗深鞠躬。

***rev·er·end** [ˋrɛvərənd] *adj.* 應受尊敬的。— *n.* (the R-)牧師之尊稱(略作 **Rev.**).

rev·er·ent [ˋrɛvrənt] *adj.* 恭敬的；虔誠的。— **ly,** *adv.*

rev·er·en·tial [ˌrɛvəˋrɛnʃəl] *adj.* 恭敬的；表示虔誠的。

rev·er·ie [ˋrɛvərɪ] *n.* ⓊⒸ幻想；深思。

re·ver·sal [rɪˋvɝsəl] *n.* ⓊⒸ反轉；顚倒。

***re·verse** [rɪˋvɝs] *n.* ①(the ～)顚倒；反轉。②Ⓒ(常 *pl.*)不幸。③(the ～)反面。④Ⓒ使機械倒退的裝置。⑤Ⓒ〖舞蹈〗逆轉。— *adj.* 向後的；顚倒的；相反的。— *v.t.* ①逆行；反轉；顚倒。②取消；廢棄。③轉過來；顚倒過來。④作相反之決定。— *v.i.* ①逆行；反行。②用倒退排擋。— **ly,** *adv.*

re·vers·i·ble [rɪˋvɝsəbḷ] *adj.* ①可反轉的。②可廢棄的。③(衣料之)

兩面都可用的。④兩面可穿的。

re·ver·sion [rɪ`vɜʒən] *n.* ① Ⓤ 歸屬。② Ⓒ 承繼權。③ Ⓤ 隔代遺傳。④ Ⓤ 回復。— **al,** — **ar·y,** *adj.*

re·vert [rɪ`vɜt] *v.i.* ①回到(原來之話題)。②恢復原狀; 重返舊觀。③(耕地)重成荒地。④〖生物〗返回祖先狀態; 返祖遺傳。⑤回想。⑥復歸。

***re·view** [rɪ`vju] *v.t.* ①覆閱; 溫習。②回顧。③細察; 觀察。④檢閱; 檢查。⑤評論; 批評。⑥覆審或再審(案件)。— *v.i.* 評論; 批評。— *n.* ① Ⓒ 複習; 溫習。② Ⓒ 回顧; 檢討。③ ⓊⒸ 檢查; 檢閱。④ Ⓒ 評論。⑤ Ⓒ 評論雜誌。⑥=**revue.** ⑦ Ⓒ 覆審; 再審。*come under* ~ 接受檢查; 被考慮。— **al,** — **er,** *n.*

re·vile [rɪ`vaɪl] *v.t.* & *v.i.* 辱罵; 誹謗。

***re·vise** [rɪ`vaɪz] *v.t.* ①校訂; 改訂。②更改; 改變。— *n.* Ⓒ ①校訂。②校訂後之形式或版本。③校樣。§ **the Revísed Stándard Vérsion** 標準本聖經修訂版。**the Revísed Vérsion** 欽定英譯本的修訂本聖經。

***re·vi·sion** [rɪ`vɪʒən] *n.* ① ⓊⒸ 改訂; 訂正; 修正; 校訂。② Ⓒ 改訂版; 修訂本; 改譯。③ Ⓤ 〖英〗復習。

re·vis·it [ri`vɪzɪt] *v.t.* & *n.* Ⓒ 再訪; 重遊。

***re·viv·al** [rɪ`vaɪvl̩] *n.* ① ⓊⒸ 復活; 蘇醒。② ⓊⒸ (精力、健康等之)恢復。③ ⓊⒸ 再興; 重演。④ Ⓒ (對宗教之)信仰復興(運動)。

***re·vive** [rɪ`vaɪv] *v.i.* ①復活; 甦醒。②重振; 振興。③再興; 復用; 重新流行。— *v.t.* ①使復甦; 使振作。②使重現; 重演; 再流行。

re·viv·i·fy [ri`vɪvə͵faɪ] *v.t.* 使甦醒; 使復活; 使恢復氣力。

rev·o·ca·ble [`rɛvəkəbl̩] *adj.* 可廢止的; 可撤銷的; 可解除的。
— **rev·o·ca·tion** [͵rɛvə`keʃən], *n.*

re·voke [rɪ`vok] *v.t.* 廢棄; 廢止; 取消。— *n.* Ⓒ 〖牌戲〗有牌不跟。

***re·volt** [rɪ`volt] *n.* ⓊⒸ ①叛亂; 背叛。②厭惡。— *v.i.* ①叛亂; 背叛{against}。②嫌惡; 起惡感{against, at, from}。— *v.t.* 使嫌惡; 使起惡感。— **ing,** *adj.*

‡**rev·o·lu·tion** [͵rɛvə`luʃən] *n.* ① ⓊⒸ 革命。② Ⓒ 改革; 大改變。③ **a.** ⓊⒸ 旋轉; 迴轉; 周轉。**b.** Ⓤ 〖理〗旋轉運動。④ ⓊⒸ (季節等的)週期; 循環。⑤ ⓊⒸ (天體的)公轉。— **ism,** — **ist,** *n.*

***rev·o·lu·tion·ar·y** [͵rɛvə`luʃən͵ɛrɪ] *adj.* ①革命(性)的。②(R-)美國革命戰爭的。

rev·o·lu·tion·ize [͵rɛvə`luʃən͵aɪz] *v.t.* 鼓吹革命; 推翻。

***re·volve** [rɪ`vɑlv] *v.i.* ①周轉; 旋轉; 循環{about, round}。②熟思; 考慮。— *v.t.* ①使旋轉。②反覆考慮。

***re·volv·er** [rɪ`vɑlvɚ] *n.* Ⓒ 左輪連發手槍。

re·vue [rɪ`vju] *n.* ⓊⒸ 時事諷刺劇(常含輕鬆歌舞之幽默喜劇)。

re·vul·sion [rɪ`vʌlʃən] *n.* ① Ⓤ (又作 a ~)(心情之)突變; 劇變; 厭惡。② Ⓤ 〖醫〗誘導法。③ Ⓒ 拉回; 牽回。

***re·ward** [rɪ`wɔrd] *n.* ⓊⒸ 報答; 報酬。— *v.t.* 酬謝; 酬報。

re·ward·ing [rɪ`wɔrdɪŋ] *adj.* 有報酬的; 有用的; 有益的。

re·work [ri`wɜk] *v.t.* 修改; 重做。

re·write [ri`raɪt] *v.t.* (**-wrote, -writ·ten**) ①重寫; 改寫。②〖美〗改寫新聞稿。— [`ri͵raɪt] *n.* Ⓒ ①改寫之作品。②〖美〗經改寫之新聞稿。

Rey·kja·vik [`rekjə͵vik] *n.* 雷克雅維克(冰島共和國的首都)。

rhap·so·dy [`ræpsədɪ] *n.* ① Ⓒ (常 *pl.*)狂熱的言論或詩文。② Ⓒ 〖樂〗狂想曲。③ Ⓒ 史詩; 敘事詩; 史詩之一節。④ Ⓤ 狂喜。— **rhap·sod·ic(al)** [ræp`sɑdɪk(l̩)], *adj.*

rhe·o·stat [`riə͵stæt] *n.* Ⓒ 〖電〗變阻器。

rhe·sus [`risəs] *n.* Ⓒ (印度產的)恆河猴。

***rhet·o·ric** [`rɛtərɪk] *n.* Ⓤ ①修辭學。②修辭法。③華麗的文體; 花言巧語; 誇張。

rhe·tor·i·cal [rɪ`tɔrɪkl̩] *adj.* ①修辭學的; 修辭(上)的。②華麗詞句的; 誇張的。§ ~ **quéstion**〖文法〗修辭性問句; 反問(例如以 *Who cares?* 表示 Nobody cares.)。

rhet·o·ri·cian [͵rɛtə`rɪʃən] *n.* Ⓒ ①修辭學者; 修辭學教師。②雄辯家; 喜用華麗詞句的人。

rheum [rum] *n.* Ⓤ 〖醫〗①炎性分泌物。②鼻黏膜炎; 感冒。

rheu·mat·ic [ru`mætɪk] *adj.* 風濕症的; 風濕症致起的。~ fever 風濕性熱。— *n.* ① Ⓒ 風濕症患者。②(*pl.*)風濕症。

R

R

*rheu·ma·tism [ˋruməˏtɪzəm] *n.* Ⓤ①風濕症。②風濕性熱。
rheu·ma·toid [ˋruməˏtɔɪd] *adj.* 風濕(性)的。
Rh fàctor [ˋɑrˋetʃ～] *n.* (the ～)〖生化〗Rh 因子；獼因子(紅血球中的凝血素)。
Rhine [raɪn] *n.* (the ～)萊茵河(自瑞士中部經德國流入北海)。§ ～ **wìne** 萊茵葡萄酒；白葡萄酒。
rhi·ni·tis [raɪˋnaɪtɪs] *n.* Ⓤ〖醫〗鼻炎。
rhi·no [ˋraɪno] *n.* (*pl.* **～s, ～**)①Ⓒ〖俗〗犀牛。②Ⓤ〖英俚〗金錢。
rhi·noc·er·os [raɪˋnɑsərəs] *n.* Ⓒ (*pl.* **～es, ～**)犀牛。
rhi·zome [ˋraɪzom] *n.* Ⓒ〖植〗根莖；地下莖。(亦作 **rhizoma**)
Rhode Is·land [rodˋaɪlənd] *n.* 羅德島(美國東部之一州)。
rho·di·um [ˋrodɪəm] *n.* Ⓤ〖化〗銠(金屬元素；符號 Rh).
rho·do·den·dron [ˏrodəˋdɛndrən] *n.* Ⓒ〖植〗杜鵑花屬的植物。
rhom·boid [ˋrɑmbɔɪd] *n.* Ⓒ & *adj.* 長斜方形(的)；長菱形(的)。
rhom·bus [ˋrɑmbəs] *n.* Ⓒ (*pl.* **-bi** [-baɪ], **～·es**)①〖數〗菱形；斜方形。②〖結晶〗菱面體；斜方六面體。
rhu·barb [ˋrubɑrb] *n.* Ⓤ①〖植〗大黃(其根可作藥，葉柄可供食用)。②〖美俚〗爭吵；口角；喧嘩；吵鬧。
*rhyme [raɪm] *v.t.* & *v.i.* (使)押韻。— *n.* ①ⓊⒸ韻。②Ⓒ押韻的字或行。③Ⓒ押韻詩。④ⓊⒸ節奏。*without ～ or reason*莫名其妙；不合理；雜亂無章。
*rhythm [ˋrɪðəm] *n.* ⓊⒸ①節奏；律動。②〖聲韻〗韻律。③〖樂〗節奏；節拍。— **rhyth′mic(al)**, *adj.*
RI Rhode Island.
*rib [rɪb] *n.* Ⓒ①肋骨。②肋骨狀物。③樹葉之粗大葉脈。④(布或針織物上之)稜線。⑤〖俚〗取笑。— *v.t.* (**-bb-**)①供以肋狀物。②綴以稜線。③〖俚〗嘲笑。
rib·ald [ˋrɪbḷd] *adj.* 下流的；猥褻的；不敬的。— *n.* Ⓒ下流人；說話粗鄙的人。
rib·ald·ry [ˋrɪbḷdrɪ] *n.* Ⓤ下流(話)；猥褻(語)。
rib·bing [ˋrɪbɪŋ] *n.* Ⓤ①(集合稱)肋骨。②(葉脈等的)肋狀組織；埂。③(紡織品)稜線花樣。
*rib·bon [ˋrɪbən] *n.* ①ⓊⒸ絲帶；緞帶；絨帶。②Ⓒ帶；條。③Ⓒ(勳章之)綬帶；飾帶。④(*pl.*)碎片；斷片。⑤(*pl.*)麻繩。— *v.t.* ①飾以緞帶。②撕成帶；撕成碎片。§ ～ **pàrk** 帶狀公園。
*rice [raɪs] *n.* Ⓤ①稻穀；米；米飯。②〖植〗稻。— *v.t.* 使成米粒狀。§ ～ **bòwl** (1)飯碗。(2)產米區。～ **cròp** 稻作。～ **pàddy** 稻田。～ **pàper** 宣紙；通草紙。
‡rich [rɪtʃ] *adj.* ①有錢的；富的。②富饒的；豐富的(in). ③肥沃的。④貴重的。⑤昂貴的；華貴的。⑥甘美的；油膩的。⑦(顏色)濃的；(聲音)宏亮圓潤的；(氣味)馥郁的。⑧〖俗〗好玩的；可笑的。⑨隆重的；盛大的。*the ～* 富人。— **ness**, *n.*
*rich·es [ˋrɪtʃɪz] *n. pl.* 財富；財寶。
*rich·ly [ˋrɪtʃlɪ] *adv.* ①富麗地。②充分地。
Rích·ter scále [ˋrɪktɚ～] *n.* (the ～)芮氏地震強度分級表。
rick [rɪk] *n.* Ⓒ禾堆；乾草堆。— *v.t.* 堆成禾堆。
rick·ets [ˋrɪkɪts] *n.* Ⓤ軟骨病；傴僂病。
rick·et·y [ˋrɪkɪtɪ] *adj.* ①患傴僂病的；虛弱的。②(家具等)搖搖晃晃的；東倒西歪的。
ric·o·chet [ˏrɪkəˋʃe] *v.i.* & *v.t.* (使)躍起；(使)跳彈；(使)掠平面而飛。
*rid [rɪd] *v.t.* (**rid** or **rid·ded, rid·ding**)免除；解除。*be*[*get*] *～ of* 免除；解除。
rid·dance [ˋrɪdṇs] *n.* Ⓤ除去；擺脫。*good ～* 樂得沒有；樂得擺脫。
‡rid·den [ˋrɪdṇ] *v.* pp. of **ride**.
*rid·dle[1] [ˋrɪdḷ] *n.* Ⓒ①不可解之問題；謎。②謎樣的人；費解之人。— *v.i.* 講話含糊；出言若謎。— *v.t.* 解(謎)。
rid·dle[2] *n.* Ⓒ粗篩。— *v.t.* ①篩。②穿孔。③挑剔(言論)中的漏洞。
‡ride [raɪd] *v.i.* (**rode, rid·den**)①乘馬、腳踏車等而行。②乘坐；跨。③前進；飄行；浮。④(車、馬等載人而)行。⑤依；靠。— *v.t.* ①騎；乘。②飄行；御行。③控制；駕馭。④騎(馬等)、乘(車等)經過或通過。⑤(騎乘而)做；作。⑥使騎乘。⑦〖俚〗揶揄；嘲弄。⑧克服。*～ down* **a.** 擊倒。**b.** 克服；征服。**c.** 騎馬追及。**d.** 由騎乘而使力竭。*～ herd on* 監督；監視；管教。*～ out* **a.** 抵擋(狂風等)而不受損。**b.** 安然度過。*～ roughshod over* 蹂躪；擊敗。— *n.* Ⓒ①

乘馬[車等]；乘在馬[車等]上的短程旅行。②供騎馬之道路。

***rid·er** [ˋraɪdɚ] *n.* Ⓒ ①騎馬者；騎[乘]車者。②(文件)附文；附件。

***ridge** [rɪdʒ] *n.* Ⓒ ①屋脊。②狹長之山脈；山脊。③任何隆起的窄物(稜線、鼻梁、田壟等)。— *v.t.* 使成脊。— *v.i.* 成脊形。§ ∼ **tìle** 屋脊瓦。

ridge·pole [ˋrɪdʒ,pol] *n.* Ⓒ〖建〗棟木。

***rid·i·cule** [ˋrɪdɪ,kjul] *v.t.* & *n.* Ⓤ訕笑；嘲弄。

***ri·dic·u·lous** [rɪˋdɪkjələs] *adj.* 荒謬的。— **ly,** *adv.*

rid·ing [ˋraɪdɪŋ] *n.* Ⓤ騎馬；乘車。— *adj.* 騎乘(用)的。§ ∼ **bòot** 馬靴；長統靴。∼ **brèeches** 馬褲。∼ **hàbit** 女用騎裝。∼ **làmp** [**lìght**]〖海〗停泊燈。∼ **schòol** 騎術學校。∼ **sùit** 騎裝。

rife [raɪf] *adj.* ①流行的。②眾多的。

riff [rɪf] *n.* Ⓒ〖爵士樂〗反覆的音樂小節[詞句]。— *v.i.* 重複彈奏某一樂句。

***ri·fle**[1] [ˋraɪfl] *n.* ① Ⓒ 來福槍；步槍。②(*pl.*)來福槍兵；步槍兵。

ri·fle[2] *v.t.* 搶劫；偷竊；搜劫。

ri·fle·man [ˋraɪflmən] *n.* Ⓒ (*pl.* **-men**) 步槍兵。

ri·fling [ˋraɪflɪŋ] *n.* Ⓤ (來福槍的)膛線。

rift [rɪft] *n.* Ⓒ ①裂縫；罅隙。②不和。— *v.t.* & *v.i.* 劈開；裂開。

***rig**[1] [rɪg] *n.* Ⓒ ①船具裝置法。②設備。③服裝。— *v.t.* (**-gg-**)①裝索具於(船)。②裝置；配備。③〖俚〗裝束。④準備。⑤草草做成〔up〕.

rig[2] *v.t.* (**-gg-**)控制；壟斷。— *n.* ⓊⒸ ①〖英〗欺騙；惡作劇。②〖商〗囤積。

rig·ging [ˋrɪgɪŋ] *n.* Ⓤ ①船之纜索。②裝備。③〖俚〗服裝。

‡**right** [raɪt] *adj.* ①公正的；合法的。②眞實的。③合適的。④健康的。⑤右方的。⑥直的；垂直的。*at* ∼ *angles* 成直角地。*get something* ∼ 徹底了解一事。*on the* ∼ *side of* 尙未及…歲。*put* [*set*] *something* [*somebody*] ∼ **a.** 整頓。**b.** 矯正。**c.** 使恢復健康。(*as*) ∼ *as rain* 很順利；滿意。— *adv.* ①公正地；合法地。②正確地。③合適地。④向右地。⑤即刻地。⑥一直地。⑦徹底地。⑧直接地。∼ *along* 不停地。∼ *and left* 向各方面。∼ *away* [*off*] 立刻；馬上。— *n.* ① Ⓤ 正義；公理。② Ⓒ (常 *pl.*)權利。③ Ⓤ (the ∼, one's ∼)右；右方。④ Ⓒ 右手所擊之拳。⑤ Ⓤ (常 R-)右派。⑥ ⓊⒸ 購買新股之特權；此種特權證。⑦ Ⓤ〖棒球〗右外野。*by* ∼(*s*) 公正地；恰當地。*by* ∼ *of* 因為；由於。*in one's own* ∼ **a.** 由於本人之繼承權。**b.** 因本身之能力、條件等。∼ *of way* 通行權。*to* ∼*s*〖俗〗就緒。— *v.t.* ①糾正。②整頓。③扶正。④公正對待。— *v.i.* (船從傾斜中)恢復直立。§ ∼ **ángle** 直角。∼ **fíeld**〖棒球〗右外野。∼ **fíelder**〖棒球〗右外野手。∼ **hánd** (1)右手。(2)最得力的助手。∼ **tríangle** 直角三角形。∼ **wíng** (1)(the ∼ wing) (政黨等的)右派；保守派。(2)(足球等的)右翼；右翼手。

right·a·bout-face [ˋraɪtə,bautˋfes] *n.* Ⓒ ①〖軍〗向後轉。②(信仰、行為之)完全轉變。

right-an·gled [ˋraɪtˋæŋgld] *adj.* 直角的。

***right·eous** [ˋraɪtʃəs] *adj.* ①行為正當的。②公正的。

***right·eous·ness** [ˋraɪtʃəsnɪs] *n.* Ⓤ公正。

right·ful [ˋraɪtfəl] *adj.* ①合法的。②正直的；公正的。— **ly,** *adv.*

***right-hand** [ˋraɪtˋhænd] *adj.* ①右方的。②右手的。③最得力的。

right-hand·ed [ˋraɪtˋhændɪd] *adj.* ①習慣於用右手的。②以右手用的。③順時針方向的；右旋的。

right·ist [ˋraɪtɪst]〖政〗*n.* Ⓒ (常 R-)右派分子。— *adj.* 右派的。

***right·ly** [ˋraɪtlɪ] *adv.* ①正直地。②合理地。

right-wing [ˋraɪtˋwɪŋ] *adj.*〖政〗右派的。

right-wing·er [ˋraɪtˋwɪŋɚ] *n.* Ⓒ右派分子。

***rig·id** [ˋrɪdʒɪd] *adj.* ①僵硬的。②嚴格的。③精確的。— **ri·gid′i·ty,** *n.*

rig·or,〖英〗**-our** [ˋrɪgɚ] *n.* ① Ⓤ 嚴厲。② Ⓤ 剛強。③(the ∼, 常 *pl.*)嚴寒；酷熱。④ Ⓤ 精確性；嚴密性。

rig·or·ous [ˋrɪgərəs] *adj.* ①堅硬的。②嚴密的；嚴格的。③極冷的。— **ly,** *adv.*

rile [raɪl] *v.t.* ①〖俚〗惹怒。②〖美〗攪渾濁。

***rim** [rɪm] *n.* Ⓒ (圓形物之)邊緣；框。— *v.t.* (**-mm-**)①加邊於；鑲邊於。②沿洞之邊緣滾。

***rime** [raɪm] *n.* & *v.* =**rhyme.**

rimmed [rɪmd] *adj.* (常構成複合字)有…邊[框]的。gold-*rimmed* glasses 金邊眼鏡。

***rind** [raɪnd, raɪn] *n.* Ⓤ Ⓒ ①樹皮；果皮；獸皮。②硬殼；外殼。

‡**ring**[1] [rɪŋ] *n.* ① Ⓒ 環。② Ⓒ 指環。③ Ⓒ 樹木之年輪。④ Ⓒ (圓形物之)外沿。⑤(the ～)圓形競技場。⑥ Ⓒ 黨徒。⑦ Ⓒ 競爭。⑧(the ～)馬戲表演場。⑨(the ～)拳擊賽場。*in the ～ for election* 競選。*run ～s around* 顯然優於…；超過。— *v.t.* ①圍繞。②擲環以套(短樁等)。③供以環。④套環於。⑤在…周圍環行。§ ～ **fìnger**(左手之)無名指。～ **ròad**〖英〗(都市周圍的)環狀道路。

‡**ring**[2] *v.i.* (**rang, rung**)①響。②共鳴。— *v.t.*①使鳴；使響。②高聲而言；傳播。③發(鳴聲)。④以鐘聲召集[宣告]。⑤打電話給。～ *a bell* 引起共鳴。～ *in* **a.** 以不正當手段引入。**b.** 打卡上班。～ *off* 掛斷電話。～ *the bell* 說服。～ *up* 用電話聯絡；打電話。～ *up the curtain* **a.** 鳴鈴拉開戲幕。**b.** 開始表演；開始行動。— *n.* ① Ⓒ 鈴聲；鐘聲。② Ⓤ 打鐘；搖鈴。③(a ～)打電話。

ring·lead·er [ˋrɪŋˌlidɚ] *n.* Ⓒ 叛黨首領；暴動之魁首。

ring·let [ˋrɪŋlɪt] *n.* Ⓒ ①小環；環形物。②鬈髮。

rink [rɪŋk] *n.* Ⓒ ①溜冰場。②室內溜冰場。③供作冰上遊戲之滑冰場。

***rinse** [rɪns] *v.t.* ①清洗。②洗濯。③漱(口)。④沖去。⑤(用水)將(食物)吞入。— *n.* ① Ⓒ 漱洗。② Ⓤ Ⓒ (潤髮用)潤絲精。

Ri·o de Ja·nei·ro [ˋriodədʒəˋnɪro] *n.* 里約熱內盧(巴西舊都)。

***ri·ot** [ˋraɪət] *n.* ① Ⓒ 騷擾；騷動。② Ⓒ 非常有趣或好玩之事物。③(a ～)有趣之人或表演。④ Ⓒ 喧鬧。*run ～* **a.** 行動無約束。**b.** 生長茂盛。— *v.i.* 喧鬧；騷動。— *v.t.* 浪費；亂花。

ri·ot·ous [ˋraɪətəs] *adj.* ①暴亂的。②恣情的。

***rip**[1] [rɪp] *v.t.* (**-pp-**)①撕開。②(沿木紋理)直鋸或直劈(木材)。③〖俗〗出言不遜。— *v.i.* ①裂開。②〖俗〗向前直闖。③〖俗〗胡說{out}. *let things ～* 擱著不管。— *n.* Ⓒ 裂痕。§ ～ **còrd**〖空〗(降落傘的)開傘索。

rip[2] *n.* Ⓒ〖俚〗①無賴漢。②劣馬。③浪子。

***ripe** [raɪp] *adj.* ①成熟的。②發展完成的。③準備成熟的{for}. ④已化膿的。⑤足夠的。⑥年長的。*Soon ～, soon rotten.*〖諺〗早熟早爛。

***rip·en** [ˋraɪpən] *v.t.* & *v.i.* (使)成熟。

rip·off [ˋrɪpˌɔf] *n.* Ⓒ〖美俚〗①偷；搶。②詐騙。

rip·ping [ˋrɪpɪŋ] *adj.* & *adv.*〖英俚〗非凡的[地]；絕妙的[地]。

***rip·ple** [ˋrɪpl̩] *n.* ① Ⓒ 微波。② Ⓒ 微波狀物(如髮浪等)。③(*sing.*)聲浪。— *v.t.* & *v.i.* (使)起微波[波紋]。—**rip′ply,** *adj.*

rip·roar·ing [ˋrɪpˋrɔrɪŋ] *adj.*〖俚〗喧囂的；騷亂的。

rip·saw [ˋrɪpˌsɔ] *n.* Ⓒ 粗齒鋸。

‡**rise** [raɪz] *v.i.* (**rose, ris·en**) ①起身；起床。②升起。③矗立。④漸高。⑤漲。⑥升級。⑦起源。⑧發生。⑨築。⑩振作。⑪叛變。⑫變大；變鬆。⑬再生。⑭休會。⑮熱烈歡呼鼓掌。⑯(魚)上升至水面(以吃餌)。— *v.t.* 使升起。～ *to* **a.**相等於。**b.** 能應付。— *n.* ① Ⓒ (向上的)斜坡。② Ⓒ 增加；增高。③ Ⓒ 起源。④ Ⓤ 上升。⑤ Ⓒ (魚之)上升至水面。⑥ Ⓒ (臺階等之)垂直高度。⑦ Ⓤ 升至地平線上。⑧ Ⓒ 刺人的回答。*give ～ to* 引起；導致。

‡**ris·en** [ˋrɪzn̩] *v.* pp. of **rise.**

ris·er [ˋraɪzɚ] *n.* Ⓒ ①起床者。an early ～早起的人。②升起之物。

ris·i·ble [ˋrɪzəbl̩] *adj.* ①愛笑的。②與笑有關的。③可笑的。

***ris·ing** [ˋraɪzɪŋ] *adj.* 上升的；增強的。— *prep.* ①〖俗〗多於。②〖方〗接近。— *n.* ① Ⓤ 上升；起床。② Ⓒ 叛亂。③ Ⓤ 復活。④ Ⓒ 瘍腫；瘤。

***risk** [rɪsk] *n.* ① Ⓤ 危險。② Ⓒ 被保險人[物]。*at all ～s; at any ～* 不顧一切。*run a ～* 冒險。*run* [*take*] *the ～ of* 冒…之險。— *v.t.* ①使冒危險。②冒…之險。

risk·y [ˋrɪskɪ] *adj.* ①危險的。②冒險的。

***rite** [raɪt] *n.* Ⓒ (常 *pl.*)儀式；禮儀。

rit·u·al [ˋrɪtʃuəl] *n.* ① Ⓤ 典禮；儀式。② Ⓒ 儀式之舉行。③ Ⓒ 習慣性的行爲；儀式性的活動。— *adj.* 儀式的；典禮的。—**ly,** *adv.*

rit·u·al·ism [ˋrɪtʃuəlˌɪzəm] *n.* Ⓤ 拘泥儀式；儀式主義。

***ri·val** [ˋraɪvḷ] *n.* Ⓒ競爭者；匹對者。 — *adj.* 競爭的。 — *v.t.* (**-l-,** 〖英〗**-ll-**)①與…爭勝。 ②匹敵。 — *v.i.* 競爭。

***ri·val·ry** [ˋraɪvḷrɪ] *n.* ⓊⒸ競爭；敵對。

rive [raɪv] *v.t.* (**rived, rived** or **riv·en** [ˋrɪvən])①扯裂；撕開；劈開。②使悲痛。

‡**riv·er** [ˋrɪvɚ] *n.* Ⓒ①河；江。②任何湧流之物。§ ∼ **bàsin** 江河流域。

riv·er·bank [ˋrɪvɚ,bæŋk] *n.* Ⓒ河岸。

riv·er·bed [ˋrɪvɚ,bɛd] *n.* Ⓒ河床。

riv·er·side [ˋrɪvɚ,saɪd] *n.* (the ∼)河岸。 — *adj.* 在河岸上的。

***riv·et** [ˋrɪvɪt] *n.* Ⓒ 鉚釘。 — *v.t.* ①用鉚釘釘。②緊牢。③凝視。④吸引(注意力)。 ∼ *one's attention* [*eyes*] *upon* (使)深深注意。

riv·u·let [ˋrɪvjəlɪt] *n.* Ⓒ小河；溪流。

Ri·yadh [riˋjɑd] *n.* 利雅得(沙烏地阿拉伯的首都)。

R.N. registered nurse; Royal Navy.

RNA ribonucleic acid.〖生化〗核糖核酸。

roach[1] [rotʃ] *n.* Ⓒ (*pl.* ∼, ∼**es**)①歐洲產之一種鯉科淡水魚。②美洲所產之翻車魚。

roach[2] *n.* Ⓒ 蟑螂。

‡**road** [rod] *n.* ①Ⓒ公路；道路。②(the ∼)路；道(廣義的)。the ∼ to ruin 趨毀滅之路；敗亡之道。③Ⓒ(常 *pl.*)(近岸之)碇泊處。 *be on the* ∼ **a.**旅行(特指推銷員)。**b.** 旅行演出(特指樂團或劇團)。 *get out of the* ∼不阻礙；讓路。 *hit the* ∼〖俚〗啓程。 *in the* ∼ 阻礙。 *on the* ∼ 在途中。 *take to the* ∼(由公路)出發。§ ∼ **àgent** 〖美〗攔路強盜。∼ **sènse** 安全駕駛的能力。∼ **shòw**旅行劇團之簡陋的街頭表演。∼ **sìgn** 道路標誌。 ∼ **sìster** 流浪女子。∼ **tèst**車輛實地試驗。∼ **wòrks** 〖英〗(用於告示)道路施工中。

road·bed [ˋrod,bɛd] *n.* Ⓒ (常 *sing.*)鋪築鐵路、馬路等路基。

road·block [ˋrod,blɑk] *n.* Ⓒ ①路障。②障礙。

***road·side** [ˋrod,saɪd] *n.* (the ∼) 路邊；路旁。

***road·way** [ˋrod,we] *n.* (the ∼) 馬路；快車道。

***roam** [rom] *v.i.* & *v.t.* 閒逛。 — *n.* Ⓒ閒逛。 —**er,** *n.*

‡**roar** [ror, rɔr] *v.i.* 吼；怒號；轟鳴。 — *v.t.* ①大聲說出。②使轟鳴。 — *n.* Ⓒ吼；怒號。

roar·ing [ˋrorɪŋ] *adj.* ① 吼叫的；風急雨大的。②〖俗〗興隆的。

***roast** [rost] *v.t.* ① 烤。② 烤乾；烘乾。③熬。④使熱。⑤挖苦；嚴加批評。 — *v.i.* ①變暖。②被烤。 — *n.* ①ⓊⒸ 烤肉；待烤之肉。② Ⓒ 烤肉野餐會。③(a ∼)烤。④Ⓤ〖俗〗嚴厲之批評。 *rule the* ∼ 做主人。 — *adj.* 烘烤的。

***rob** [rɑb] *v.t.* (**-bb-**)① 搶劫。∼ a man of his money搶劫某人之錢。②剝奪。 — *v.i.* 搶劫。

***rob·ber** [ˋrɑbɚ] *n.* Ⓒ強盜； 盜賊。

***rob·ber·y** [ˋrɑbərɪ] *n.* ⓊⒸ 搶劫。

***robe** [rob] *n.* ① Ⓒ 寬鬆的外袍。② Ⓒ (常 *pl.*)禮服。③ Ⓒ 外套。④ Ⓒ 覆蓋物。⑤(the ∼)律師業。⑥Ⓒ 衣櫥。 *the long* ∼ 律師業。 — *v.t.* & *v.i.* ①穿(衣)。②覆蓋。

***rob·in** [ˋrɑbɪn] *n.* Ⓒ〖鳥〗歐 鴝；知更鳥；紅襟鳥。

ro·bot [ˋrobət] *n.* Ⓒ ①機器人。②行動機械的人。§ ∼ **bòmb** 自動導航飛彈。∼ **pìlot** 自動駕駛儀。

ro·bust [roˋbʌst] *adj.* ① 強 壯 的。②需要體力的。③粗魯的。④強烈的；濃厚的。

‡**rock**[1] [rɑk] *n.* ① Ⓤ 岩石；礁。② Ⓒ (小)石頭(=stone). ③(*sing.*)如岩石般穩固之物；支持物。④ ⓊⒸ 礦石。⑤ Ⓤ 硬糖。⑥ Ⓒ (常 *pl.*)危險物。⑦Ⓒ愚蠢的錯誤。 *on the* ∼*s* **a.** 觸礁。**b.**〖俚〗處於災難中。**c.** 〖俚〗破產；窮困。**d.** (飲料等)放有小冰塊的。§ ∼ **bóttom** 最低層；最低限度。 ∼ **càke** 一種表面堅硬的糕餅。∼ **càndy** 冰糖。∼ **crỳstal** 無色水晶。∼ **drìll** 鑿石機。∼ **gàrden** 岩石庭園。∼ **sàlt** 岩鹽。∼ **wòol** 岩棉；石棉。

***rock**[2] *v.t.* & *v.i.* ①搖擺；搖動。②受極深之感動或震驚。 — *n.* ① Ⓤ Ⓒ 搖擺；搖動。② Ⓤ 搖滾樂。∼ *and roll* 搖滾樂；搖滾舞。(亦作 **rock-and-roll, rock'n'roll**)

rock-bot·tom [ˋrɑkˋbɑtəm] *adj.* 最低的；最低限度的。

rock-bound [ˋrɑk,baʊnd] *adj.* ①被岩石封閉的。②鞏固的。

rock·er [ˋrɑkɚ] *n.* Ⓒ ①(搖椅、搖籃等下面的)彎軸。②搖椅。

***rock·et** [ˋrɑkɪt] *n.* Ⓒ 火箭。

R

— *v.i.* ①(如火箭般)向上直衝。②被火箭送入軌道。— *v.t.* ①用火箭攻擊。②用火箭推動。~ a satellite into orbit 用火箭推動衛星進入軌道。③使急速上升。§ ~ **àirplane** (1)用火箭推動的飛機。(2)用火箭作武器的飛機。~ **bòmb** 用火箭推進的炸彈。~ **èngine** 火箭引擎。~ **gún** 火箭筒。~ **làuncher**(步兵用)火箭砲。~ **shìp** 以火箭爲推進動力的飛行器或太空船。

rock·ing [`rakıŋ] *adj.* 搖動的。§ ~ **chàir** 搖椅。~ **hòrse** 兒童玩耍時所騎的搖動木馬。

rock'n'roll [`rakən`rol] *n.* Ⓤ =**rock and roll.**

***rock·y**[1] [`rakı] *adj.* ①多岩石的。②岩石製的。③如岩石的; 穩固的。§ **the R~ Móuntains** 落磯山脈。

rock·y[2] *adj.* ①搖動的。②〖俗〗眩暈的。③不堅決的。④困難的。

ro·co·co [rə`koko] *n.* Ⓤ (常 R-)洛可可式(十八世紀以法國爲中心所流行的纖巧華麗建築和音樂風格)。— *adj.* ①洛可可式的。②過分修飾的。

***rod** [rad] *n.* Ⓒ ①桿; 棒; 竿。②鞭; 教鞭。③釣竿。④竿(長度名, 等於16½英尺或5½碼)。⑤處罰。⑥〖美俚〗手槍。⑦家系。⑧權杖。⑨權利; 權威。⑩〖解〗桿狀體。⑪〖機〗桿; 棒。⑫〖生物〗桿菌。⑬避雷針。*kiss the ~* 甘心受罰。*rule with a ~ of iron* 實行高壓政策。*Spare the ~ and spoil the child.* 不打不成器。

‡**rode** [rod] *v.* pt. of **ride.**

ro·dent [`rodn̩t] *n.* Ⓒ〖動〗齧齒類。

ro·de·o [`rodı,o, ro`deo] *n.* Ⓒ (*pl.* ~**s**)〖美〗①驅集牛群(以備烙印)。②牛仔以套索驅牛群的競技[表演]。

rog·er [`radʒɚ] *interj.* ①〖美俚〗好! 知道了! (=O.K.! right!). ②〖通訊〗收到了! (=received).

***rogue** [rog] *n.* Ⓒ ①流氓。②騙子。③小淘氣(親暱語)。④離群而居脾氣乖張的野象; 離群獸。§ ~**'s gállery** 前科犯相片陳列室。

ro·guish [`rogıʃ] *adj.* ①無賴的。②惡作劇的; 淘氣的。

roist·er [`rɔıstɚ] *v.i.* ①作威作福; 擺架子。②鬧飲。— **er,** *n.*

***role, rôle** [rol] *n.* Ⓒ ①(戲劇中之)角色。②任務; 職責; 本分。

‡**roll** [rol] *v.i.* ①滾; 轉。②旋轉而行。③(天體)運行; (歲月)推移。The years ~ on. 歲月推移。④搖擺; 顛簸。⑤起伏。⑥發隆隆聲。⑦(眼球)左右轉動。⑧滾流。⑨打滾。⑩蹣跚。⑪漫步。⑫〖俗〗富有。~ in money 富有。⑬(乘車而)行。⑭被捲(成筒形或球形)。⑮有作爲。⑯運轉。⑰(鳥)啁啾而鳴。⑱(飛機)滾轉飛行。— *v.t.* ①使轉動。②包捲; 纏。③滾成; 輾平。④以顫聲發(音)。⑤使(眼球)左右轉動。⑥〖印刷〗以滾筒敷油墨於。⑦連續而快地擊(鼓)。⑧使運轉。~ *back* **a.** 使(物價等)全面回降。**b.** 擊退。~ *in* **a.** 滾滾而來。**b.** 上床; 睡覺。**c.** 大量擁有。~ *out* **a.** 起床。**b.** 展開; 壓平。~ *up* **a.** 累積; 增加。**b.** 坐車抵達。**c.**捲起。— *n.* Ⓒ ①一捲; 捲物。②捲形物。③滾動; 搖擺。④名單。a ~ of honor 陣亡將士名冊。⑤麵包捲。⑥隆隆聲。⑦鼓的連續疾敲。⑧滾筒機; 壓路機; 輾壓機。⑨起伏。*call the ~* 點名。*strike off* [*from*] *the ~s* 除名; 開除。§ ~ **càll** 點名; 點名(信)號; 點名時間。

***roll·er** [`rolɚ] *n.* Ⓒ ①滾動之物。②滾子; 滾轉機。③巨浪。④一捲紗布。⑤滾轉某種東西的人。⑥〖鳥〗佛法僧(一種鳴聲尖脆的金絲雀)。§ ~ **bèaring** 滾子軸承。~ **blàde**(溜冰鞋之)冰刀。~ **blìnd**〖英〗窗上用以遮陽之捲帘。~ **còaster**(遊樂場的)雲霄飛車。~ **dèrby** 輪式溜冰競賽大會。~ **mìll** 滾筒製粉機。~ **skàte** 輪式溜冰鞋。~ **skàter** 穿輪式溜冰鞋溜冰的人。~ **tòwel** 掛在滾筒上滾轉的擦手毛巾。

rol·lick [`ralık] *v.i.* & *n.* Ⓤ Ⓒ 嬉戲; 耍鬧。— **ing,** — **some,** *adj.*

roll·ing [`rolıŋ] *adj.* ①轉動的; 滾動的。②起伏的。③作隆隆聲的。④搖擺的。⑤波動的。⑥周而復始的。*A ~ stone gathers no moss.* 滾石不生苔; (喩)轉業不聚財。— *n.* Ⓤ ①轉動; 輾壓。②隆隆聲。§ ~ **mìll** (1)輾壓機。(2)輾壓工廠。~ **pìn** 擀麵杖。~ **stóck**(集合稱)鐵路車輛; 貨運車輛。

róll·top désk [`rol,tap ~] *n.* Ⓒ 附有可以捲縮之頂蓋的寫字檯。

ROM read-only memory. 〖電算〗唯讀記憶體。**rom.** 〖印刷〗roman.

***Ro·man** [`romən] *adj.* ①羅馬(人)的。②羅馬天主教的。③(r-)〖印刷〗羅馬字體的。④堅忍不拔的。— *n.* ① Ⓒ 羅馬人。② Ⓒ 羅馬天主教徒。

③(r-) Ⓤ羅馬字體。 § ∼ álphabet 羅馬字母; 羅馬字。∼ árch 半圓形拱門。∼ cándle 羅馬煙火(一種手持燃放的筒形煙火)。∼ Cátholic (羅馬)天主教徒。∼ Cathólicism (1)(羅馬)天主教。(2)天主教的教義[儀式, 習慣]。∼ hóliday 羅馬假期(以看別人受苦爲樂的娛樂)。∼ láw 羅馬法。∼ létter 〖印刷〗羅馬體(鉛字)。∼ nóse 鼻梁高的鼻子。∼ númerals 羅馬數字。∼ péace 以武力維持的和平。

***ro·mance** [ro`mæns, rə-] *n.* ① Ⓒ 羅曼史; 風流豔事。② Ⓒ 中世紀騎士故事; 傳奇小說; 愛情小說。③ Ⓤ Ⓒ 杜撰; 虛構。④ Ⓤ 浪漫的氣氛。⑤ Ⓒ 〖樂〗浪漫曲。— *v.i.* ①編寫羅曼史。②作奇想。

***ro·man·tic** [ro`mæntɪk] *adj.* ①傳奇性的; 想像的。②有浪漫思想的。③浪漫的; 小說般的。④浪漫主義的。⑤富於感情的。— *n.* ① Ⓒ 浪漫派作家; 浪漫主義者。②(*pl.*)浪漫的思想; 浪漫的行爲。 § R∼ Móvement 浪漫主義運動。— **ro·man′ti·cal·ly,** *adv.*

ro·man·ti·cism [ro`mæntə,sɪzəm] *n.* Ⓤ ①浪漫的精神或傾向。②〖文〗浪漫主義。

***Rome** [rom] *n.* ①羅馬(義大利首都)。②古羅馬帝國。③羅馬天主教會。

romp [ramp] *v.i.* ①頑皮喧鬧地嬉戲。②〖俚〗輕快地跑。③(在比賽中)輕取勝利。— *n.* Ⓒ ①嬉戲。②頑皮的人(尤指女孩)。③輕取的勝利。

romp·er [`rampɚ] *n.* ①(*pl.*)(孩童所著)連褲背心裝。② Ⓒ 蹦蹦跳跳的人。

ron·do [`rando] *n.* Ⓒ (*pl.* ∼s)〖樂〗輪旋曲(主旋律反覆數次的曲子)。

rood [rud] *n.* ①(the ∼)(耶穌受難之)十字架。② Ⓒ 十字架之耶穌像。③ Ⓒ 路得(面積單位, 約等於四分之一英畝)。*by the* (*holy*) ∼ 對著十字架; 的確; 必定(誓言)。

‡**roof** [ruf] *n.* Ⓒ ①屋頂。②似屋頂之物。③房屋。④頂部。*the* ∼ *of the world* 世界屋脊(高原, 尤指帕米爾高原)。 *under one's* ∼在某人家中作客; 受人照顧。— *v.t.* 蓋以頂; 覆遮。

roof·ing [`rufɪŋ] *n.* Ⓤ ①蓋屋頂。②蓋屋頂之材料。③屋頂。— *adj.* 蓋屋頂用的。

roof·top [`ruf,tap] *n.* Ⓒ 屋頂。

rook [rʊk] *n.* Ⓒ ①〖鳥〗白嘴鴉(歐洲的一種烏鴉)。②賭博騙子。— *v.t.* ①以賭博騙取。②敲詐。— *v.i.* ①行騙。②敲竹槓。

rook·ie [`rʊkɪ] *n.* Ⓒ〖俚〗①無經驗的新兵。②生手。

‡**room** [rum, rʊm] *n.* ① Ⓒ 房間; 室。②(*pl.*)一組房間; 住所。③(the ∼)屋內的人。④ Ⓤ 場所; 地方; 空位。⑤ Ⓤ 機會; 餘地。There is no ∼ for dispute. 沒有爭論之餘地。⑥ Ⓤ 地位。⑦ Ⓤ 能力。*make* ∼ *for* 讓位; 給…讓出空間; 空出通道。*no* ∼ *to swing a cat* 狹窄的空間。∼ *and board* 膳宿。— *v.i.* 占一房間; 投宿。— *v.t.* 給予…住處; 留住(客人)。

room·mate [`rum,met] *n.* Ⓒ〖美〗室友; 同住人。

***roost** [rust] *v.i.* 棲息; 夜宿。*come home to* ∼ 害人反害己。Curses *come home to* ∼. 詛咒別人反而應驗到自己身上; 害人反害己。— *n.* Ⓒ ①棲木; 鳥巢。②(人的)安歇之處; 睡眠之處。go to ∼ 上床睡覺。③窩藏處。④一巢或一窩鳥。*rule the* ∼ 當家; 作主; 居首。

***roost·er** [`rustɚ] *n.* Ⓒ 公雞。

***root**[1] [rut] *n.* Ⓒ ①(常 *pl.*)植物之根。②似根之物。③(常 the ∼)根源; 原因。④〖文法〗字根。⑤〖數〗根。⑥(常 the ∼)根基。⑦〖樂〗和絃的基礎音。⑧(常 the ∼)基礎。⑨底部。⑩祖先。⑪後裔。∼ *and branch* 連根帶枝; 完全地。*take* ∼ 生根; 固定。— *v.i.* ①生根。②固定不移。③發源。— *v.t.* ①使固定; 使根深蒂固。②拔出。③使有基礎。

root[2] *v.t.* & *v.i.* ①以鼻將土翻起。②搜尋。③〖俚〗以喝采鼓舞或支持。

root·ed [`rutɪd] *adj.* ①生根的。②根深蒂固的。

‡**rope** [rop] *n.* ① Ⓤ Ⓒ 粗繩。② Ⓒ 串; 貫。③ Ⓒ〖美〗一端有活結的繩索。④(the ∼)絞首索; 絞刑。⑤(the ∼)吊死。⑥ Ⓒ 賣藝人走的繩索。⑦ Ⓤ 黏絲。⑧(*pl.*)祕訣。*be at* [*come to*] *the end of one's* ∼ 智窮力盡。*be on the high* ∼*s* 得意揚揚。*give one enough* ∼ 放任某人讓他自取滅亡。— *v.t.* ①以繩將…縛住。②圍繩以隔開或圈起。③〖美〗以有活結之繩捉(馬、牛等)。— *v.i.* ①形成黏漿。②彼此以繩繫結而行。∼ *in* **a.** 以繩圍起。**b.** 〖俚〗誘人上鉤。

rope·danc·er [`rop,dænsɚ] *n.*

Ⓒ走繩索者。

ro·sa·ry [ˋrozərɪ] *n.* Ⓒ ①**a.** (天主教之)玫瑰經。**b.** (尤指念玫瑰經用之)一串念珠。②玫瑰園; 玫瑰花壇。

‡**rose**[1] [roz] *n.* ①Ⓒ 玫瑰; 薔薇。②Ⓒ 薔薇科植物。③Ⓒ 似玫瑰的東西。④Ⓒ 美麗之女子。⑤Ⓤ 玫瑰色。⑥Ⓤ 玫瑰香水。⑦Ⓒ 英國的五瓣玫瑰國徽。⑧Ⓤ〖建〗圓花飾。⑨Ⓒ 令人高興之事。***a bed of ~s*** 十分安樂之境地。***gather (life's) ~s*** 享樂。***no ~ without a thorn*** 沒有無刺之薔薇(有樂必有苦)。***not all ~s*** 不完美。***under the ~*** 祕密的。— *adj.* 玫瑰色的。§ ~ **hìp** 玫瑰果實。~ **lèaf** 玫瑰花瓣。~ **màllow**〖植〗(1)美洲芙蓉。(2)蜀葵(=hollyhock). ~ **òil** 玫瑰油。~ **pínk** 淡玫瑰色。~ **réd** 玫瑰紅; 深紅色。~ **wàter** 玫瑰香水。~ **wìndow** 配有玫瑰式線紋裝飾或窗櫺的圓窗。

rose[2] *v.* pt. of **rise.**

ro·sé, Ro·sé [roˋze]〖法〗*n.* Ⓤ Ⓒ 粉紅色的葡萄酒。

ro·se·ate [ˋrozɪɪt] *adj.* ①玫瑰色的。②容光煥發的; 樂觀的。

***rose·bud** [ˋroz,bʌd] *n.* Ⓒ 玫瑰花蕾。

rose·mar·y [ˋroz,mɛrɪ] *n.* Ⓒ〖植〗迷迭香(象徵忠實、貞操等)。

ro·sette [roˋzɛt] *n.* Ⓒ ①薔薇形飾物。②薔薇形緞帶結。

ros·in [ˋrɑzn̩, ˋrɑzɪn] *n.* Ⓤ ①松香。②樹脂。— *v.t.* 用樹脂、松香擦抹。

ros·ter [ˋrɑstɚ] *n.* Ⓒ〖軍〗名簿; 勤務簿。

ros·trum [ˋrɑstrəm] *n.* Ⓒ (*pl.* **~s, -tra** [-trə])講臺。

***ros·y** [ˋrozɪ] *adj.* ①玫瑰色的。②玫瑰花做成的。③光明的; 樂觀的。

***rot** [rɑt] *v.i.* (**-tt-**)①腐爛。②衰弱; 成爲無用。③胡說。④(在精神上)腐敗。— *v.t.* ①使腐爛; 使枯朽。②挖苦。— *n.* Ⓤ ①腐爛。②腐爛之物。③囈語; 愚事。Don't talk ~. 不要胡說。

Ro·tar·i·an [roˋtɛrɪən] *n.* Ⓒ 扶輪社(Rotary Club)之社員。

ro·ta·ry [ˋrotərɪ] *adj.* 旋轉的。— *n.* Ⓒ ①輪轉印刷機。②〖美〗(道路交會的)圓環。§ **R~ Clùb** 扶輪社。

***ro·tate** [ˋrotet] *v.i.* ①旋轉。②輪迴。— *v.t.* ①使旋轉。②輪植。~ crops〖農〗輪作。③使替換; 使輪流。

ro·ta·tion** [roˋteʃən] *n.* Ⓤ Ⓒ ①旋轉。②輪流。③輪植。in ~*** 輪流。

rote [rot] *n.* Ⓤ ①機械的方法; 固定程序。②強記(僅用於 by rote 中)。

ro·tor [ˋrotɚ] *n.* Ⓒ ①〖電〗迴轉子。②〖空〗旋轉翼。③〖機〗迴轉輪。

***rot·ten** [ˋrɑtn̩] *adj.* ①腐爛的。②惡臭的。③不健全的。④墮落的。⑤〖俚〗令人不愉快的。

ro·tund [roˋtʌnd] *adj.* ①圓胖的。②聲音洪亮的。③文體華麗的。

***rouge** [ruʒ] *n.* Ⓤ ①胭脂。②過氧化鐵。— *v.t.* & *v.i.* ①搽胭脂。②(使)發紅。

‡**rough** [rʌf] *adj.* ①粗糙的; 崎嶇的。②未精製的。③艱苦的。④未完成的; 概略的。⑤粗而不齊的。⑥不雅的。⑦激烈的; 亂的。⑧有風暴的。~ weather 有風暴的天氣。⑨費勞力的。~ work 粗重工作。⑩性烈的。~ wine 烈酒。⑪笨拙的。⑫沙啞的(聲音)。⑬〖語音〗帶 h 音的; 氣音的。— *n.* ①Ⓒ 粗暴之人。②Ⓒ 粗糙的東西。③(the ~)〖高爾夫〗深草區。***in the ~*** **a.** 粗糙的。**b.**隨便地。**c.** 蠻荒。— *v.t.* ①使粗糙; 使不平。②粗製; 略繪。~ out a plan 草擬一計畫。③過艱苦生活。④對…舉止粗魯; 毆打〔常 up〕. ~ ***it*** 過不舒適的生活; 過野外生活。— *adv.* ①粗暴地。②粗糙地。

rough·age [ˋrʌfɪdʒ] *n.* Ⓤ ①粗糙原料。②食物之粗糙部分。

rough-and-read·y [ˋrʌfn̩ˋrɛdɪ] *adj.* 不精美但足可應用的(東西)。

rough-and-tum·ble [ˋrʌfn̩ˋtʌmbl̩] *adj.* ①莽撞的; 混亂的。②草率作成的。— *n.* Ⓤ Ⓒ 混戰; 扭鬥。

rough·en [ˋrʌfən] *v.t.* & *v.i.* 使成崎嶇不平; 變粗糙。

rough-hew [,rʌfˋhju] *v.t.* (**~ed, -hewn** or **~ed**)粗削(木材、石等); 粗製。「製的。②粗野的。

rough-hewn [,rʌfˋhjun] *adj.* ①粗

***rough·ly** [ˋrʌflɪ] *adv.* ①粗暴地; 粗魯地。②大約地; 約略地。

rou·lette [ruˋlɛt] *n.* Ⓤ ①輪盤賭。②在郵票等上刻騎縫刻痕之齒輪。

‡**round** [raund] *adj.* ①圓的; 圓形的。②肥胖的。③循圓而動的。④(金額)可觀的。a good ~ sum of money 一筆巨款。⑤坦白的。⑥音調圓潤宏亮的。⑦有力的; 輕快的。⑧用圓唇發出的(音)。a ~ vowel 用圓唇發聲的母音。⑨多的; 大的。⑩圓

滑的(字體)。⑪猛烈的。⑫完全的；完整的。**in ~ numbers** 以約略數字言之(即以幾千幾百等整數而言)。**—** *n.* Ⓒ ①圓形物。②巡行；巡察。The night watchman makes his ~s. 守夜者巡察。③旋轉。④(職責、事件等)一連串。the daily ~ 例行公事。⑤(競賽等之)一回合。⑥範圍。⑦(彈藥之)一發。⑧一齊射擊。⑨(喝采、歡呼等)一次。⑩〖樂〗輪唱(之歌)。⑪圓舞。⑫循環。**in the ~ a.** (雕刻等)形狀完整的。**b.** 完全地。**—** *v.t.* ①使圓；使圓滿完成〔off, out〕. ②繞行。③使轉向。**—** *v.i.* ①轉身。②成圓形。③成熟。**~ off a.** 使十全十美。**b.** 以四捨五入表示。**c.** =**round out.** **~ on**[**upon**]突然以言語或行動攻擊。**~ out a.** (使)成圓形。**b.** 完成；結束。**~ up**聚集；捕捉。**—** *adv.* ①周行地。②四處地；遍及地。③圓周地；周圍地。④繞道地。⑤傳遞地。⑥(時間)循環地。Summer will soon come ~ again. 夏天又快來到了。⑦在附近地(=about, around). ⑧到說話者所在的地方。⑨爲大家(=for all). ⑩向後轉地。**—** *prep.* ①在…之四周；至…之附近。②繞著…；沿著…之邊緣。③在…前後。**get**[**come**]**~ a person a.** 以機智勝人。**b.** 甜言蜜語誘勸人。**~ the corner** 轉角處。§ **~ dànce** 圓舞；圓舞曲。**~ tàble** (1)圓桌會議。(2)(R- T-)圓桌武士。**~ tìcket** 來回票。**~ tríp** 來回旅行；雙程旅行。

round·a·bout [ˋraundə͵baut] *adj.* ①間接的；迂迴的；繞遠的。②豐滿的。**—** *n.* Ⓒ ①間接的方式；委婉說法。②短而緊的男上衣。③〖英〗=**merry-go-round.** ④繞道；繞圈。⑤〖英〗圓環。

roun·de·lay [ˋraundə͵le] *n.* Ⓒ ①輪旋曲。②圓舞；輪舞。

round·ly [ˋraundlı] *adv.* ①呈圓形地。②努力地；熱心地；活潑地；神高氣爽地。③率直地；直言無隱地。④徹底地；周到地。⑤嚴苛地；苛刻地。⑥約略地；按整數計地。

round-the-clock [ˋraundðəˋklɑk] *adj.* 整天的；二十四小時的。

round-trip [ˋraundˋtrıp] *adj.* 來回的；雙程的。

round·up [ˋraund͵ʌp] *n.* Ⓒ ①驅集(牛羊等)。②被驅集於一處之牛羊群。③(新聞之)綜合報導。

round·worm [ˋraund͵wɜm] *n.* Ⓒ 線蟲(指寄生人腸內者，如蛔蟲)。

***rouse** [rauz] *v.t.* ①喚醒；驚醒。②激勵；鼓舞；使激動。③驚起(鳥、獸)。**—** *v.i.* ①醒來。②奮起。③驚起。④被激起。**—** *n.* Ⓤ ①被激起之狀態。②〖軍〗起床號。— **rous′er,** *n.*

***rout** [raut] *v.i.* & *v.t.* ①(獸類)以鼻挖土；挖掘。②尋找；搜尋。③強迫。④打敗；擊敗。**—** *n.* ① Ⓤ Ⓒ 潰敗。② Ⓒ〖古〗混亂無秩序的群衆[集會]；烏合之衆。③ Ⓒ〖古〗社交聚會；大晚會。

‡**route** [rut, raut] *n.* Ⓤ ①道路。②路線。**—** *v.t.* ①安排…之道路；定以路線。②經某路投送。

***rou·tine** [ruˋtin] *n.* Ⓤ Ⓒ 例行公事；日常工作；慣例；常規。**—** *adj.* 慣行的；例行的。

***rove** [rov] *v.i.* ①流浪；漫遊；漂泊〔over〕. ②(眼睛)轉來轉去。**—** *v.t.* 在…徘徊；漫遊於。**—** *n.* Ⓤ (常the ~)徘徊；飄動；轉動。

rov·er [ˋrovɚ] *n.* Ⓒ ①漂泊者。②海盜(船)。③〖英〗十八歲以上的男童軍；羅浮童軍。

rov·ing [ˋrovıŋ] *adj.* 盤桓的；移動的；無定所的。

‡**row**[1] [ro] *n.* Ⓒ ①(一)列；(一)排；(一)行。②(劇院等中)一排座位。③一排房子；連棟式住宅。

‡**row**[2] *v.i.* 划船。**—** *v.t.* 以槳划(船)；以船渡。**—** *n.* (a ~)划(船)。— **er,** — **ing,** *n.*

***row**[3] [rau] *n.* ① Ⓒ 爭吵；吵鬧。②(*sing.*)喧鬧聲。③ Ⓒ 挑剔受責。**kick up a ~ a.** 爭吵。**b.** 引起亂子。**—** *v.i.* 〖俗〗爭吵；吵鬧。

row·dy [ˋraudı] *n.* Ⓒ 粗暴而喧嚷者；流氓；地痞。**—** *adj.* 粗暴的；喧嚷的。

‡**roy·al** [ˋrɔıəl] *adj.* ①王室的；皇家的。②屬於皇家的；爲王室服務的。③欽定的；勅建的。④盛大的；輝煌的。⑤威嚴的。⑥深豔的；鮮亮的。⑦極好的。⑧極大的。§ **R~ Acádemy**〖英〗皇家藝術學會。**~ flúsh**(撲克牌的)同花大順。**~ jélly** 蜂王漿。**~ mást**〖海〗最上桅。**~ pálm** 美洲產一種高大、優美、羽狀葉的棕樹。**~ róad** 平坦易行的道路；捷徑。**R~ Socíety**〖英〗皇家學會。

roy·al·ist [ˋrɔıəlıst] *n.* Ⓒ 保皇者；保皇黨員。**—** *adj.* 尊王主義的；保皇黨的。

roy·al·ly [ˋrɔıəlı] *adv.* ①似國王

R

地；以國王之名義。②輝煌地；燦爛地。③大規模地。

***roy·al·ty** [ˋrɔɪəltɪ] *n.* ①Ⓤ(集合稱)皇族；皇室。②Ⓤ王權；王位。③Ⓤ莊嚴；高貴。④Ⓒ(常 *pl.*)王國。⑤Ⓒ皇族之一員。⑥Ⓒ(專利權、著作權)使用費；版稅；(戲劇)上演稅[權利金]。⑦Ⓒ礦區使用費。

RPM, rpm, r.p.m. revolutions per minute. 每分鐘…轉。**R. R.** railroad; Right Reverend; rural route. **RSPCA, R.S.P.C.A.** The Royal Society for the Prevention of Cruelty to Animals. 英國動物保護會。

R.S.V.P., RSVP 〖法〗Répondez s'il vous plaît (=Please answer). 敬請答覆。

R

rub** [rʌb] *v.t.* (**-bb-**)①磨；擦。②揉；按摩。③擦去；磨光；擦亮〔out, off〕。— *v.i.* ①摩擦。②使人惱火；令人易發脾氣。③勉強維持下去。～ ***down **a.** 徹底擦乾淨。**b.** 擦平；擦亮。**c.** 按摩。～ ***in*** **a.** 擦入。**b.** 強迫學習；迫使承認或接受不快之事實；強調。～ ***off*** 擦掉；擦去。～ ***up*** **a.** 擦淨；擦亮。**b.** 重溫。— *n.* ①(a ～)摩擦。②Ⓒ刺傷感情之事物；譴責；譏諷。③Ⓒ(the ～)困難；障礙。

***rub·ber** [ˋrʌbɚ] *n.* ①Ⓤ橡皮；橡膠。②Ⓒ橡皮製成物(如膠皮套鞋)。③Ⓒ摩擦者；摩擦器。④Ⓒ輪胎。⑤Ⓒ橡皮擦。— *adj.* 橡皮製的。— *v.t.* 包以橡皮。— *v.i.* 〖俚〗引頸而望。§ ∼ **bánd**(包裝等所用)橡皮筋。∼ **dínghy**(以空氣吹脹的)充氣橡皮艇。∼ **stámp** (1)橡皮圖章。(2)〖俗〗不加考慮即表贊同或予批准之人[機構]。∼ **trèe**〖植〗橡膠樹。

rub·ber·ize [ˋrʌbə͵raɪz] *v.t.* 塗以橡膠；以橡膠填充。

rub·ber·neck [ˋrʌbɚ͵nɛk] 〖美俚〗*n.* Ⓒ引頸而望者；好奇觀覽者；遊客。— *v.i.* ①引頸而望；好奇觀覽；東張西望。②觀光；遊覽。

***rub·bish** [ˋrʌbɪʃ] *n.* Ⓤ①廢物；垃圾。②胡說；毫無價值的話或思想。— **rub'bish·y,** *adj.*

rub·ble [ˋrʌbl] *n.* Ⓤ粗石；碎石；瓦礫。

rub·down [ˋrʌb͵daun] *n.* (a ～)按摩。

ru·bel·la [ruˋbɛlə] *n.* Ⓤ〖醫〗風疹；德國麻疹。

ru·bi·cund [ˋrubə͵kʌnd] *adj.* ①帶紅色的。②臉色紅潤的。

ru·bid·i·um [ruˋbɪdɪəm] *n.* Ⓤ〖化〗銣(銀白色金屬元素；符號 Rb).

Rú·bik's Cúbe [ˋrubɪks ～] *n.* Ⓒ〖商標〗魔術方塊(一種形狀如骰子的拼色益智玩具)。

ru·ble [ˋrubl] *n.* Ⓒ盧布(俄國錢幣單位)。

ru·bric [ˋrubrɪk] *n.* Ⓒ①朱字；朱印；紅標題。②禮拜規程；教儀。

ru·by** [ˋrubɪ] *n.* ①ⓊⒸ紅寶石。②Ⓤ紅寶石色；鮮紅色。③Ⓤ〖英印刷〗細鉛字(5 ½磅因的鉛字)。④Ⓤ〖英俚〗血。above rubies*** 價值連城的。— *adj.* 紅寶石色的；鮮紅色的。§ ∼ **wédding** 紅寶石婚(結婚四十五周年紀念)。

ruck·sack [ˋrʌk͵sæk] *n.* Ⓒ(登山用的)軟式背包。

ruck·us [ˋrʌkəs] *n.* Ⓒ爭吵；激辯。

***rud·der** [ˋrʌdɚ] *n.* Ⓒ①船舵；(飛機的)方向舵。②領導者；掌舵者。— **less,** *adj.*

***rud·dy** [ˋrʌdɪ] *adj.* ①(淺)紅色的。②紅潤的(表示健康)。

***rude** [rud] *adj.* ①無禮貌的。②粗製的。③粗暴的；猛烈的。④野蠻的。⑤健壯的。⑥刺耳的。

ru·di·ment [ˋrudəmənt] *n.* ①(*pl.*)基礎。②Ⓒ(常 *pl.*)初階；初步；初期。③Ⓒ〖生物〗退化的器官。

ru·di·men·tal [͵rudəˋmɛntl] *adj.* =**rudimentary.**

ru·di·men·ta·ry [͵rudəˋmɛntərɪ] *adj.* ①基本的；初期的。②未發展的；發展不完全的。③〖生物〗發育未全的；已退化的；已衰退的。

rue[1] [ru] *n.* Ⓤ〖植〗芸香。

rue[2] *v.t.* & *v.i.* 〖文〗後悔；悔恨。

rue·ful [ˋrufəl] *adj.* ①悲哀的；悲慘的。②悔恨的；悲傷的。

ruff [rʌf] *n.* Ⓒ①襞襟。②鳥獸之頸毛。

***ruf·fi·an** [ˋrʌfɪən] *n.* Ⓒ流氓；凶漢；無賴；惡棍。— *adj.* 兇惡的；殘暴的。

ruf·fle** [ˋrʌfl] *v.t.* ①摺皺；使皺；振(羽)。②滋擾；打擾。③加以襞飾。④洗牌。⑤急速翻動(書頁)。— *v.i.* ①起皺。②飄盪。～ ***it 欺凌弱小；擺臭架子。— *n.* Ⓒ①皺摺；皺紋。②鑲於衣邊的摺邊。③滋擾；煩亂。④忙亂。⑤漣漪；微波。⑥振羽。

ru·fous [ˋrufəs] *adj.* ①發紅色的；赤褐色的。②面色紅潤的。

***rug** [rʌg] *n.* Ⓒ①地毯。②厚毯。

Rug·by [ˋrʌgbɪ] *n.* ①拉戈比(英國

中部一城市名)。② Ⓤ 橄欖球(=Rugby football).

***rug·ged** [ˋrʌgɪd] *adj.* ①崎嶇的；不平坦的。②〖美〗強壯的。③狂暴的；粗野的。④艱苦的。⑤忠誠、坦直而嚴厲的(人)。⑥不雅的；粗陋的。⑦刺耳的。—**ly,** *adv.* —**ness,** *n.*

‡**ru·in** [ˋruɪn] *n.* ① Ⓤ 滅亡；破壞；推翻。② Ⓤ 頹廢；傾覆。③(one's ~, the ~)衰敗的原因。④(*pl.*)廢墟。⑤ Ⓤ 破產。—*v.t.* ①使滅亡；破壞。②使破產。—*v.i.* 衰敗；毀滅。

‡**rule** [rul] *n.* ① Ⓒ 規則；法規；法令。② Ⓒ 教規；教條。③ Ⓒ 章程。④ Ⓤ 統治；管理。⑤ Ⓒ 慣例。⑥ Ⓒ 界尺；尺。⑦〖印刷〗線；嵌線。***as a*** ~ 照例地；通常地。—*v.t.* ①規定；裁決。②統治；管理。③畫線於。④畫界；以線分隔。—*v.i.* ①統治；管理；裁判。②(價格等)保持某種程度或比率。~ ***out*** 拒絕承認；消滅；排除。

***rul·er** [ˋrulɚ] *n.* Ⓒ ①統治者。②尺。

***rul·ing** [ˋrulɪŋ] *n.* ① Ⓤ 統治；管理。② Ⓒ 法院之裁判。—*adj.* ①管理的；統治的。②主要的。③流行的。

rum [rʌm] *n.* Ⓤ Ⓒ ①蘭姆酒(由甘蔗或糖蜜製成的甜酒)。②酒。—*adj.* (**-mm-**)〖英俚〗可笑的；奇異的。

rum·ba [ˋrʌmbə] *n.* Ⓒ ①倫巴舞。②倫巴舞曲。—*v.i.* 跳倫巴舞。

***rum·ble** [ˋrʌmbl̩] *v.i.* ①發隆隆聲；發轆轆聲。②喃喃地說。—*n.* ①(*sing.*)隆隆聲；轆轆聲；噪音；喧嘩聲。② Ⓒ 汽車或馬車後部之車座或裝行李處。§ ~ **sèat**〖美〗(汽車車篷後的)無頂折合式座位。

rum·bling [ˋrʌmblɪŋ] *adj.* 發低沈聲音的；喃喃而言的。

ru·men [ˋrumɪn] *n.* Ⓒ (*pl.* **-mi·na** [-mɪnə], **~s**)瘤胃(反芻動物之第一胃)。

ru·mi·nant [ˋrumənənt] *n.* Ⓒ 反芻動物。—*adj.* ①反芻的；反芻動物的。②沈思的。

ru·mi·nate [ˋruməˏnet] *v.t.* & *v.i.* ①反芻。②再嚼。③沈思。

rum·mage [ˋrʌmɪdʒ] *v.i.* & *v.t.* ①翻尋。②搜檢。~ ***out*** [***up***] 搜尋出。—*n.* ①(a ~)搜尋。② Ⓤ 搜尋出來的東西。③ Ⓤ 零星雜物。④ Ⓤ 義賣。§ ~ **sàle** (1)義賣。(2)出淸存貨的大拍賣。

ru·mor,〖英〗**-mour** [ˋrumɚ] *n.* Ⓤ Ⓒ 謠言；傳說；流言。—*v.t.* 謠傳；傳聞。

rump [rʌmp] *n.* Ⓒ ①(動物之)臀部。②牛之臀肉。③渣滓；剩餘的一群。

rum·ple [ˋrʌmpl̩] *v.t.* 使皺；弄皺。

rum·pus [ˋrʌmpəs] *n.* (*sing.*)〖俗〗喧鬧；騷擾。

rum·run·ner [ˋrʌmˏrʌnɚ] *n.* Ⓒ〖美〗偷運私酒入境者或走私船。

‡**run** [rʌn] *v.i.* (**ran, run, run·ning**) ①跑；奔。②逃。③行；進行；行駛。④爬；攀登。⑤(機器等)轉動。⑥伸展；伸延。⑦延續；延長；繼續。⑧流。⑨成爲；變爲。⑩發散；散播。⑪流逝。⑫有某種性質、形式、大小等。⑬發生；感到。⑭〖美〗競選。⑮輕快地移動；撫。⑯脫針；抽絲。⑰說；敍述。⑱通用；有效。⑲(戲劇等)連續上演；(書等)續版；(物價)續漲。⑳表現；寫出。㉑融化。㉒傳播。—*v.t.* ①使跑；開(車)進。②使插入。③使遭受。④經營；管理。⑤穿過；衝過。⑥追溯；溯源。⑦傳說。⑧使流入。⑨追趕。⑩〖美〗登載於報紙。⑪鎔鑄。⑫推舉；舉出。⑬使(馬)參加比賽。⑭與…比賽。⑮在表面上畫(線)。⑯走私。⑰攜帶；運送。⑱流著。⑲使迅速經過。~ ***about*** 到處亂跑；自由自在地跑著玩。~ ***across*** 偶遇。~ ***after*** 追；追逐。~ ***away*** 逃走；離家。~ ***away with*** **a.**偷；挾…而逃。**b.** 同…私奔。**c.** 匆匆接受。**d.** 失去控制。**e.** 用盡(錢等)。~ ***down*** **a.** 跑下；流下。**b.** 停止；耗盡。**c.** 追趕；趕上。**d.** 搜出。**e.** 撞倒。**f.** 使…衰退；使…疲倦。**g.** 誹謗。~ ***out*** **a.** 用盡；結束。**b.**伸出；突出。**c.**(繩子)抽出；拉出。**d.** 逐出。~ ***out of*** 耗盡。~ ***over*** **a.**輾過；壓過。**b.**複習；覆查。**c.** 超過。**d.** 溢出(容器)。**e.** 很快地讀一遍。~ ***through*** **a.** 浪費；濫用。**b.** 複習；預演。**c.** 刺入；貫穿。**d.** 畫線將(字)刪掉。—*n.* ① Ⓒ 跑；賽跑。②(*sing.*, the ~)進行。③(a ~)旅程。④ Ⓒ (壘球、板球比賽中之)分數單位。⑤(a ~)連續。⑥(a ~)繼續演出。⑦(a ~)擠兌(on). ⑧ Ⓒ (常the ~)種類；階級；普通人。⑨ Ⓤ 自由使用。⑩ Ⓒ 獸群；魚群。⑪ Ⓒ (供動物用之)圍場。⑫ Ⓒ 絲襪上脫針之處。⑬ Ⓒ 猛跌。⑭(*sing.*)(工廠中的機器)動作時間。⑮ Ⓤ (汁液)流出；流出之量。⑯ Ⓒ 水流；小溪。⑰ Ⓤ 私貨之上岸。⑱ Ⓒ〖樂〗急奏。⑲ Ⓒ 擁擠。⑳ Ⓤ 力氣。㉑ Ⓒ 足跡。㉒ Ⓒ

R

斜道。㉓大量而持續的需求、銷售等。*in the long* ~ 終久。*on the* ~ **a.** 逃跑。**b.** 忙碌。**c.** 奔跑中；匆忙地。

run·a·way [ˋrʌnə͵we] *n.* Ⓒ ①逃亡者；離家出走的小孩。②脫韁之馬。③逃亡；私奔。— *adj.* ①逃亡的。②輕易獲勝的。

run·down [ˋrʌn͵daʊn] *n.* ①(*sing.*, 常 the ~)裁員。②Ⓒ〖俗〗概要；(口頭)簡報。③Ⓒ〖棒球〗夾殺。

run-down [ˋrʌnˋdaʊn] *adj.* ①疲憊的；健康不佳的。②破爛的。③(鐘錶等)因未上緊發條而停止的。

rune [run] *n.* Ⓒ ①(常 *pl.*)盧恩字母(北歐文字)。②神祕之文字或記號。

rung[1] [rʌŋ] *v.* pp. of **ring**[2].

rung[2] *n.* Ⓒ ①(椅子的四條腿之間的)橫撐；梯級。②車軸。

R

***run·ner** [ˋrʌnɚ] *n.* Ⓒ ①奔跑者。②(橇之)滑行部分；溜冰鞋之滑刀。③信差。④(機器的)操作員。⑤走私者。⑥長條布、毯、花邊等。⑦〖植〗纖匍枝；蔓。⑧〖棒球〗跑壘員。⑨跑腿者。⑩〖鳥〗走禽類；(尤指)秧雞。⑪〖美〗(襪子的)抽絲；脫線。

run·ner-up [ˋrʌnɚˋʌp] *n.* Ⓒ (*pl.* **run·ners-up**)第二名；亞軍。

***run·ning** [ˋrʌnɪŋ] *n.* Ⓤ ①跑；流。②液狀物之流出。③力氣；衝動。④管理。*be in*[*out of*] *the* ~ 有[無]獲勝機會。*take up the* ~ 領導；率先。— *adj.* ①連接的；連續的。②流膿的(傷口)。③流動的。④液體的；溶解的。⑤跑的；奔跑的。— *adv.* 連續地。§ ~ **màte** (1)陪跑的馬(訓練時和正式參賽的馬一起跑，以定其步調)。(2)競選伙伴。

run·ny [ˋrʌnɪ] *adj.* ①過於鬆軟的；水分過多的。②流鼻涕的。

run-on [ˋrʌn͵ɑn] *adj.* ①〖印刷〗連續接排的。②衍生的；加添的。— *n.* Ⓒ 連續接排的印刷物。

runt [rʌnt] *n.* Ⓒ 矮小的人、畜或植物。— **runt′y,** *adj.*

run-up [ˋrʌn͵ʌp] *n.* ①Ⓒ (跳遠的)助跑。②(the ~)〖英〗(某活動的)籌備期間。③Ⓒ (飛機的)起轉。④Ⓒ 漲價。

run·way [ˋrʌn͵we] *n.* Ⓒ ①跑道。②動物踏出的小徑。③獸苑；供家禽或家畜活動的場地。④飛機跑道。⑤伸展臺；表演臺。

ru·pee [ruˋpi] *n.* Ⓒ 盧比(印度及巴基斯坦錢幣單位)。(略作 **R., r., Re.**)

rup·ture [ˋrʌptʃɚ] *v.i.* & *v.t.* ①破裂。②斷絕；決裂。— *n.* ①ⓊⒸ破裂。②ⓊⒸ絕交。③Ⓒ〖醫〗(腸)脫出。

***ru·ral** [ˋrʊrəl] *adj.* ①鄉村的；農村的。②有關農業的。§ ~ (**frée**) **delív·ery** 鄉村地區郵件的免費遞送。

Rus. Russia; Russian.

ruse [ruz] *n.* Ⓒ 策略；計謀；詐術。

‡**rush**[1] [rʌʃ] *v.i.* ①衝進。②急進；急促行事。③急流。— *v.t.* ①使急進；猛攻；猛衝。②急促運送；匆促進行。③向…索高價。④撲向；衝入。⑤向…求寵；向…獻殷懃。⑥〖美俗〗爲爭取社員而招待(未加入大學社團的學生)。— *n.* ①Ⓒ 衝進；突進；激流。②Ⓤ (又作 a ~)匆促。③(*sing.*)搶購。④Ⓒ〖美〗兩組學生間的競技。⑤Ⓤ 殷懃。⑥Ⓒ (常 *pl.*)〖影〗毛片；樣片。*with a* ~ 突然；匆匆地。— *adj.* ①緊急的。②熙熙攘攘的。

rush[2] *n.* ⓊⒸ ①燈心草。②無價值的東西。

rusk [rʌsk] *n.* ⓊⒸ 乾麵包；餅乾。

rus·set [ˋrʌsɪt] *n.* ①Ⓤ赤褐色。②Ⓤ 赤褐色粗布。③Ⓒ 一種皮色粗而駁雜之冬季蘋果。— *adj.* ①赤褐色的。②褐色粗布製的。

***Rus·sia** [ˋrʌʃə] *n.* ①(1917年以前的)俄羅斯帝國。②= **Soviet Russia.**

***Rus·sian** [ˋrʌʃən] *adj.* 俄國(人，語)的。— *n.* ①Ⓒ 俄國人。②Ⓤ 俄語。§ ~ **Sóviet Féderated Sócialist Repúblic** 俄羅斯社會主義聯邦蘇維埃共和國(爲前蘇聯中最大之共和國，占全面積四分之三，首都 Moscow，簡稱 Soviet Russia)。

***rust** [rʌst] *n.* Ⓤ ①銹。②〖植〗銹菌；銹病。③紅褐色。— *v.i.* ①生銹。②陳舊；朽腐。③〖植〗生銹病。④變成紅褐色。— *v.t.* ①使銹；荒廢。②使變成紅褐色。— **less,** *adj.*

***rus·tic** [ˋrʌstɪk] *adj.* ①鄉村的。②單純的；質樸的。③粗野的；鄉土氣的。④用原木造的。⑤表面粗糙的。— *n.* Ⓒ 鄉下人；粗野之人。— **rus′ti·cal·ly,** *adv.*

***rus·tle** [ˋrʌsl̩] *n.* (*sing.*) 沙沙聲。— *v.i.* ①發沙沙聲。②穿著發出沙沙聲的衣服。③〖俚〗奮力工作。— *v.t.* ①使發沙沙聲。②〖俚〗奮力地作；奮力而得到。③〖俚〗偷家畜。

***rust·y** [ˋrʌstɪ] *adj.* ①生銹的。②陳腐的；(學問、技術等)荒疏的；荒廢的。③褪色的(指黑色衣服)。④〖植〗

患銹斑病的。⑤紅褐色的。

rut¹ [rʌt] *n.* ①Ⓒ轍跡。②(*sing.*)常規。③Ⓒ凹痕。— *v.t.* (**-tt-**) ①留轍跡於。②使生凹痕。

rut² *n.* Ⓤ(雄鹿、羊等之)發情；春情發動期。— *v.i.* (**-tt-**)春情發動。

ru·ta·ba·ga [ˌrutəˋbegə] *n.* ⓊⒸ〖植〗蕪菁。

***ruth·less** [ˋruθlɪs] *adj.* 無情的；殘忍的。— **ly,** *adv.* — **ness,** *n.*

Rwan·da [rʊˋandə] *n.* 盧安達(中非一共和國，首都 Kigali).

Rx recipe.

***rye** [raɪ] *n.* ①Ⓤ裸麥；黑麥。②Ⓤ裸麥粒。③Ⓤ裸麥麵包。④ⓊⒸ裸麥酒(以黑麥釀造的威士忌酒)。

Ryu·kyu [ˋrjuˋkju] *n.* 琉球(群島)。(又作 **Ryukyu Islands**)

S s **S s** *S s*

S or **s** [ɛs] *n.* (*pl.* **S's, Ss, s's, ss** [ˋɛsɪz]) ①ⓊⒸ英文字母之第十九個字母。②Ⓒ S 形之物。

S 〖化〗 sulfur; sulphur. **s.** shilling(s); solidus; son; south. **s., S.** school; singular. **s., S, S.** southern.

***Sab·bath** [ˋsæbəθ] *n.* Ⓒ 安息日。— *adj.* 安息日的。

sab·bat·ic, -i·cal [səˋbætɪk(l̩)] *adj.* ①(S-)安息日的。②安息的；休息的；安寧的。— *n.* Ⓒ(大學給予教師每七年一次之)休假年。§ ∼ **léave** =sabbatical year. ∼ **yéar** (1)安息年(猶太人每七年中停止耕作及釋放債務人之一年)。(2)(大學教師之)休假年。

sa·ber [ˋsebɚ] *n.* Ⓒ(騎兵所用的)軍刀。— *v.t.* 以軍刀砍傷或斬殺。§ ∼ **ràttling** 耀武揚威。

Sa·bin [ˋsebɪn] *n.* 沙賓(Albert Bruce, 1906-, 生於波蘭之美國微生物學家)。§ ∼ **vàccine** 沙賓疫苗(防治小兒麻痺疫苗)。

sa·ble [ˋsebl̩] *n.* ①Ⓒ黑貂。②Ⓤ黑貂皮。③Ⓤ〖徽〗黑色。④(*pl.*)黑貂皮大衣。⑤(*pl.*)喪服。— *adj.* ①黑貂皮製成的。②黑色的；黑暗的。

sab·o·tage [ˋsæbəˌtɑʒ] *n.* Ⓤ①破壞行動(工人於勞資糾紛中，故意毀壞機器、浪費材料等)。②任何惡意之破壞。— *v.t.* 破壞；故意損壞。

sab·o·teur [ˌsæbəˋtɝ] 〖法〗*n.* Ⓒ從事破壞工作的人；破壞份子。

sa·bre [ˋsebɚ] *n.* & *v.* 〖英〗=**saber.**

sac [sæk] *n.* Ⓒ(動、植物組織中之)囊；液囊。

sac·cha·rin [ˋsækərɪn] *n.* Ⓤ〖化〗糖精。

sac·er·do·tal [ˌsæsɚˋdotl̩] *adj.* ①僧侶的；神職(人員)的。②尊重僧權[神職]的。

sa·chem [ˋsetʃəm] *n.* Ⓒ(北美印第安人之)酋長。

sa·chet [sæˋʃe] *n.* ①Ⓒ(置於抽屜或衣櫃內使衣服帶香味的)香囊。②Ⓤ(裝於香囊中之)香粉。

***sack**¹ [sæk] *n.* ①Ⓒ粗布袋；牛皮紙袋；囊；包。②Ⓒ一袋(之量)；一包(之量)。③Ⓒ寬鬆外衣。④(the ∼)〖英俚〗解雇；革職。⑤Ⓒ(常 the ∼)〖棒球〗壘(=base).
— *v.t.* ①置於囊中。②〖俚〗解雇。③獲得；贏得。§ ∼ **còat**(沒有腰身的寬短)男用上衣。∼ **drèss** 布袋裝。∼ **ràce** 套袋賽跑(把兩腳或下半身套入袋中，跳著前進的一種賽跑)。∼ **sùit** 〖美〗男用寬鬆短上衣。∼ **tìme**〖美俚〗睡眠時間。

sack² *v.t.* 劫掠；掠奪。— *n.* (*sing.*, 常 the ∼)劫掠；掠奪。

sack·cloth [ˋsækˌklɔθ] *n.* Ⓤ①麻袋布；粗麻布。②懺悔服。*in* ∼ *and ashes* 懺悔；悲苦。

sack·ing [ˋsækɪŋ] *n.* Ⓤ麻袋布。

sac·ra·ment [ˋsækrəmənt] *n.* ①Ⓒ(基督教會之)聖禮；聖事。②(常 the S-)聖體；聖餐。③Ⓒ神聖之事物。④Ⓒ記號；表徵。⑤Ⓒ誓言；誓約。

***sa·cred** [ˋsekrɪd] *adj.* ①神聖的；宗教上的；屬於或奉獻予上帝的。②受崇敬的；不可侵犯的。③奉獻的。§ ∼ **cǒw** (1)(印度的)聖牛。(2)〖諧〗神聖不可侵犯的人[物]。**S∼ Wrít**=Scripture. **the S∼ Cóllege** 〖天主教〗羅馬天主教樞機主教團。

***sac·ri·fice** [ˋsækrəˌfaɪs, -ˌfaɪz] *n.* ①ⓊⒸ供奉；獻祭；祭祀。②Ⓒ祭品；犧牲品。③Ⓒ犧牲(的行爲)。④Ⓒ賤賣；拋售。⑤Ⓒ〖棒球〗犧牲打。— *v.t.* & *v.i.* ①供奉；獻祭；

S

祭祀。②犧牲。③賤賣。④〖棒球〗擊出犧牲打。§ ~ flý 高飛犧牲打。~ hít [búnt]〖棒球〗犧牲打。— sac·ri·fi′cial [-`fɪʃəl], *adj.*

sac·ri·lege [`sækrəlɪdʒ] *n.* Ⓤ Ⓒ ①褻瀆神聖。②褻瀆聖物；竊取聖物；褻瀆聖地(之罪)。— **sac·ri·le·gious** [,sækrɪ`lɪdʒəs], *adj.*

sac·ro·sanct [`sækro,sæŋkt] *adj.* 神聖不可侵犯的。

‡**sad** [sæd] *adj.* (**-dd-**) ①悲哀的；憂愁的。②使人悲哀的。③暗色的；黑的。④非常壞的。~*der and wiser* 經歷坎坷而變爲明智。

sad·den [`sædn̩] *v.t.* ①使悲哀；使悲傷。②使帶暗色。— *v.i.* 悲哀；悲傷。

***sad·dle** [`sædl̩] *n.* Ⓒ ①鞍；鞍座。②(脚踏車等的)車座。③鞍狀物。④兩山峰間的凹下部分；鞍部。*in the* ~ **a.** 乘馬的。**b.** 在位的；在職的。— *v.t.* ①套以馬鞍。②使負擔。③(爲使參加賽馬而)訓練(馬)。— *v.i.* 套馬鞍。§ ~ **hòrse** 可騎乘的馬；鞍馬。~ **ròof**〖建〗鞍狀屋頂。

sad·dler [`sædlɚ] *n.* Ⓒ 製造[出售]馬鞍[馬具]的人。

sad·dler·y [`sædlərɪ] *n.* ① Ⓤ 馬具。② Ⓒ 馬具店。③ Ⓤ 馬具製造業；馬具製造術。

sa·dism [`sædɪzəm, `sedɪzəm] *n.* Ⓤ ①性虐待狂。②虐待狂。— **sa′dist,** *n.*

***sad·ness** [`sædnɪs] *n.* Ⓤ ①悲傷；悲哀。②悲慘的事。

sa·fa·ri [sə`farɪ] *n.* Ⓒ (在非洲東部之)狩獵旅行；狩獵遠征隊。§ ~ **pàrk** 野生動物園。

‡**safe** [sef] *adj.* ①安全的。②穩妥的。③可靠的。④必定的。⑤不能爲害的。⑥〖棒球〗安全上壘的。⑦不會錯的。*be on the* ~ *side* 萬無一失；妥加準備以防萬一。~ *and sound* 平安無恙。— *n.* Ⓒ ①保險箱[櫃]。②冷藏櫃[室]。§ ~ **hóuse** 隱匿處；地下工作人員的集會所。~ **périod**(不會懷孕的)安全期間。—**ly,** *adv.*

***safe·guard** [`sef,gard] *v.t.* 保護；防護。— *n.* Ⓒ ①保護；防護。②保護者；安全裝置；保障…的章程。

‡**safe·ty** [`seftɪ] *n.* ① Ⓤ 平安；安全。② Ⓒ 安全裝置；安全瓣；保險器。③ Ⓒ〖棒球〗安打。*in* ~ 安全；無恙。*play for* ~ 不冒險。§ ~ **bèlt** (1)(繫於飛機或汽車座位的)安全帶。(2)(水中)救生帶。~ **glàss** 安全玻璃。~ **màtch** 安全火柴。~ **pìn** 安全別針。~ **ràzor** 安全剃刀。~ **vàlve** (1)安全瓣。(2)(精力、感情的)發洩對象。

saf·fron [`sæfrən] *n.* ① Ⓒ〖植〗番紅花。② Ⓤ 番紅花粉(用於糖果、飲料等之著色及添加香味)。③ Ⓤ 橘黃色。— *adj.* 橘黃色的。

saf·role [`sæfrol] *n.* Ⓤ 黃樟素；黃樟油精。

sag [sæg] *v.i.* (**-gg-**) ①壓陷；中間下墜。②不整齊地下垂。③消沈。④跌價。⑤〖海〗漂離航線。— *n.* (*sing.*) ①下陷處。②跌價。③精神消沈。

sa·ga [`sagə] *n.* Ⓒ ①古代北歐之英勇故事。②〖喻〗英雄故事；冒險故事。§ ~ **nòvel** 長篇小說；年代記(將一個家族等作歷史性敍述的長篇小說)。

sa·ga·cious [sə`geʃəs] *adj.* ①睿智的；明敏的；精明的。②伶俐的(動物)。— **ly,** *adv.* — **ness,** *n.*

sa·gac·i·ty [sə`gæsətɪ] *n.* Ⓤ 睿智；明敏；精明。

***sage**[1] [sedʒ] *adj.* ①賢明的；明智的。②嚴肅的。— *n.* Ⓒ 聖人；哲人。

sage[2] *n.* Ⓤ ①〖植〗洋蘇草。②= sagebrush. § ~ **gréen** 灰綠色。~ **gròuse** 艾叢松雞。

sage·brush [`sedʒ,brʌʃ] *n.* Ⓤ 山艾樹(產於美國西部的一種灰綠色灌木)。

Sag·it·tar·i·us [,sædʒɪ`tɛrɪəs] *n.*〖天〗人馬宮；射手座。

Sa·har·a [sə`hɛrə, -`harə] *n.* ① (the ~)撒哈拉沙漠。②(s-) Ⓒ 不毛之地。

***said** [sɛd] *v.* pt. & pp. of **say.** — *adj.* 上述的；該。

Sai·gon [saɪ`gan] *n.* 西貢(越南南部第一大都市)。

‡**sail** [sel] *n.* ① Ⓤ Ⓒ 帆。② Ⓒ 帆狀物。③ Ⓒ (*pl.* ~) **a.** 帆船；船。**b.** 船隊。④ Ⓤ (又作 a ~)航行。*in* [*under*] *full* ~ 張滿帆。*make* ~ **a.** 張帆。**b.** 起航。*set* ~ 起航。*take in* ~ **a.** 減少或放低船帆。**b.** 減少活動；減低雄心。*under* ~ 張帆前進中。— *v.i.* ①(帆船)張帆而行(汽船等)航行。②(鳥、雲等)飛行於空中；平穩地行動。③駕駛船隻。④輕易完成；輕易過關。— *v.t.* ①航行；渡。②駕駛(船舶)。③使輕盈滑行或飛行。~ *in* 懷有信心地開始做某事。~ *near* [*close*] *to the wind* 幾乎犯規；幾乎違法。

sail·boat [ˋsel,bot] *n.* Ⓒ帆船。

sail·ing [ˋselɪŋ] *n.* ① Ⓤ 航海術; 航海法。② Ⓤ Ⓒ 航行; 啓航。§ ∼ **bòat** 〖英〗帆船。∼ **màster** 航海官。∼ **shìp** (大)帆船。

‡**sail·or** [ˋselɚ] *n.* Ⓒ ①水手; 船員; 海員。②=**sailor hat.** *a bad* [*good*] ∼ 會暈船[不暈船]的人。§ ∼ **cóllar** 水手領。∼ **hàt** 平頂草帽。∼**s' hóme** 水手之家。∼**'s knòt** 水手所用的繩結(法); (領帶的)水手結; 拱結。∼ **sùit** (兒童之)水兵裝。

sail·plane [ˋsel,plen] *n.* Ⓒ (利用上升氣流作長途飛行的)輕滑翔機。

sain·foin [ˋsenfɔɪn] *n.* Ⓒ 〖植〗紅豆草; 驢食草。

‡**saint** [sent] *n.* Ⓒ ①聖徒; 聖人。②德高望重的人。③已進天國之人; 死者。—*v.t.* 列爲聖徒; 使成爲聖徒。

‡**sake** [sek] *n.* Ⓤ 緣故; 原因; 關係; 目的。*for God's* [*goodness, Heaven's, mercy's*] ∼ 看在上帝面上; 千萬; 務請。*for the* ∼ *of* 爲了; 因爲。

Sa·kha·lin [,sækəˋlin] *n.* 庫頁島(在西伯利亞之東, 日本之北)。

sal [sæl] *n.* Ⓤ 〖藥〗鹽。

sa·laam [səˋlɑm] *n.* Ⓒ 印度之額手鞠躬禮。—*v.t. & v.i.* 行額手鞠躬禮。

sal·a·ble [ˋseləbḷ] *adj.* 可銷售的; 適於銷售的; 易賣的。—**sal·a·bil'i·ty,** *n.*

sa·la·cious [səˋleʃəs] *adj.* ①好色的。②(書籍等)猥褻的。

***sal·ad** [ˋsæləd] *n.* Ⓤ Ⓒ 沙拉; 生菜食品。§ ∼ **bàr** 沙拉吧。∼ **bòwl** 沙拉碗。∼ **crèam** 奶油狀的調味料(沙拉醬等)。∼ **dàys** 少不更事之時期。∼ **drèssing** 生菜之調味汁; 沙拉醬。∼ **òil** 沙拉油。

sal·a·man·der [ˋsælə,mændɚ] *n.* Ⓒ ①〖動〗鯢; 蠑螈。②(傳說生活於火中的)火蜥蜴。

sal·a·ried [ˋsælərɪd] *adj.* 領薪水的; 支薪的。

‡**sal·a·ry** [ˋsælərɪ] *n.* Ⓤ Ⓒ 薪水; 俸給。—*v.t.* 付薪水給…。

‡**sale** [sel] *n.* ① Ⓤ Ⓒ 銷售; 交易。② Ⓒ 銷路; 需求。③ Ⓒ 特價廉售; 賤賣。④ Ⓒ (大)拍賣。*for* [*on*] ∼ 出售。Not *for* ∼. 非賣品。

sale·a·ble [ˋseləbḷ] *adj.* = **salable.**

sales·clerk [ˋselz,klɝk] *n.* Ⓒ 店員。

***sales·man** [ˋselzmən] *n.* Ⓒ (*pl.* **-men**)店員; 售貨員; 推銷員。

sales·per·son [ˋselz,pɝsn̩] *n.* Ⓒ 售貨員; 店員。

sales·wom·an [ˋselz,wʊmən] *n.* Ⓒ (*pl.* **-wom·en**)女店員。

sa·li·ent [ˋselɪənt] *adj.* ①顯著的; 突出的。②凸出的。③跳躍的。④向上噴出的。—*n.* Ⓒ (要塞等之)凸出[凸角]部分。—**ly,** *adv.* —**sa'li·ence,** *n.*

sa·lif·er·ous [səˋlɪfərəs] *adj.* 含鹽的; 產鹽的。

sa·line [ˋselaɪn] *adj.* ①鹽的; 有鹽的。②含鹽的。—*n.* Ⓤ ①鹽井; 鹽沼; 鹽礦。②含鎂、鉀等金屬之鹽類; 含鹽劑。③〖醫〗鹽水。

sa·li·va [səˋlaɪvə] *n.* Ⓤ 唾液。

sal·i·var·y [ˋsælə,vɛrɪ] *adj.* 唾液的; 分泌唾液的。

sal·i·vate [ˋsælə,vet] 〖生理〗 *v.i.* 分泌唾液。—*v.t.* 使分泌過量唾液。

sal·low[1] [ˋsælo] *adj.* 病黃色的(皮膚或面色)。—*v.t.* 使發病黃色。

sal·low[2] *n.* Ⓒ ①〖植〗闊葉柳。②柳枝。—**sal'low·y,** *adj.*

***sal·ly** [ˋsælɪ] *v.i.* ①突擊。②出發。—*n.* Ⓒ ①俏皮話。②突擊。③突發。④出發旅行; 遠足旅行。

***salm·on** [ˋsæmən] *n.* (*pl.* ∼, ∼**s**) ① Ⓒ 〖魚〗鮭。② Ⓤ 橙紅色。

sal·mo·nel·la [,sælməˋnɛlə] *n.* Ⓒ (*pl.* **-lae** [-li], ∼**s,** ∼)沙門氏菌(引起食物中毒的病原菌)。

***sa·lon** [saˋlõ] 〖法〗*n.* ① Ⓒ 客廳。②(the S-)沙龍畫展。③ Ⓒ 美術展覽會場; 畫廊。④ Ⓒ 名流社交聚會[聯誼會]。⑤ Ⓒ (服飾)店; (美容)院。

***sa·loon** [səˋlun] *n.* Ⓒ ①公用之大廳或場所。②〖美〗酒店。③(輪船等之)大廳。④=**saloon car.** § ∼ **càbin** 頭等艙。∼ **càr** [**càrriage**] 〖鐵路〗頭等客車; 頭等餐車。∼ **dèck** 頭等艙乘客之專用甲板。∼ **pàssenger** 頭等艙之乘客。∼ **pìstol** [**rífle**] 〖英〗射擊場專用的手槍[步槍]。

sal·sa [ˋsɔlsə, ˋsɑl-] *n.* Ⓒ 一種源自拉丁美洲的流行音樂(兼具爵士和搖滾等音樂的特徵)。

‡**salt** [sɔlt] *n.* ① Ⓤ 鹽; 食鹽。② Ⓒ (常 old ∼)有經驗的水手。③ Ⓒ 鹽罐(=saltcellar)。④ Ⓤ 譏刺; 機智。⑤ Ⓤ 要素; 刺激; 趣味。⑥ Ⓒ 〖化〗鹽; 鹽類。⑦(*pl.*)瀉鹽。⑧(*pl.*)嗅鹽(=smelling salts)。⑨ Ⓤ 懷疑。*eat one's* ∼ 在某人家作客。*the* ∼ *of the*

S

earth 社會中堅分子。 — *v.t.* ①加鹽。②用鹽醃以便保藏。③餵以鹽。④〖化〗以鹽處理；加鹽於。～ ***away*** [***down***] **a.** 用鹽醃以便保藏。**b.** 積蓄；儲存。§ **S～ Làke Cìty** 鹽湖城(美國猶他州的首府)。～ **lìck** (1)野獸舐食天然岩鹽之鹽地。(2)(家畜舐食的)鹽塊。～ **màrsh** 鹽澤；鹽沼。

SALT [sɔlt] *n.* 戰略武器限制談判[會談](爲 Strategic Arms Limitation Talks 之略)。

salt·y [ˋsɔltɪ] *adj.* ①含鹽的；有鹹味的。②尖銳的；機智的；有趣的。

sa·lu·bri·ous [səˋlubrɪəs] *adj.* (空氣、氣候、土地等)有益健康的。

sal·u·tar·y [ˋsæljə,tɛrɪ] *adj.* ①有益健康的。②有益的。

sal·u·ta·tion [,sæljəˋteʃən] *n.* ①Ⓤ致意；敬禮。②Ⓒ(信件開頭的)稱呼。③Ⓒ寒暄。

***sa·lute** [səˋlut] *v.t.* ①向…敬禮；致敬。②向…致意；歡迎；祝賀；頌揚。— *v.i.* 致意；祝賀；致敬禮。— *n.* Ⓒ①致意；致候。②敬禮；舉槍(等)致敬。③禮砲。

sal·vage [ˋsælvɪdʒ] *n.* Ⓤ ①**a.** 海難救援。**b.** 打撈(作業)。**c.** 救出的人[物]。②**a.**(災難等的)人命救助；財物的搶救。**b.** 救出財物。③廢物利用[回收]；可利用的廢物。— *v.t.* ①援救…於海難。②打撈(沈船)。

***sal·va·tion** [sælˋveʃən] *n.* ①Ⓤ救助；拯救。②Ⓒ(常 *sing.*)救濟物。§ **the S～ Àrmy** 救世軍。

salve [sæv] *n.* ①ⓊⒸ藥膏；軟膏。②Ⓒ緩和物；安慰(物)。— *v.t.* ①敷以藥膏。②安慰；緩和。

sal·ver [ˋsælvə] *n.* Ⓒ金屬製圓盤(用以放置信件、名片等)。

sal·vo [ˋsælvo] *n.* Ⓒ (*pl.* **～s, ～es**) ①排砲；同時發射；齊發。②禮砲。③齊聲歡呼或喝采。

SAM surface-to-air missile(s). 地對空飛彈。

sam·ba [ˋsæmbə] *n.* ①(the ～)森巴舞。②Ⓒ森巴舞曲。

‡**same** [sem] *adj.* ①同一的。②相同的；同樣的。③無變化的。④上述的。— *pron.* ①(the ～)同一之人；同樣之事物。②上述之物；該物。***be all*** [***just***] ***the ～ to*** (*somebody*)對(某人)是一樣的。***one and the ～*** 完全同一的。***the ～*** 同樣地。***the very ～*** 就是那個；與那個完全一樣的。

same·ness [ˋsemnɪs] *n.* Ⓤ(又作 a ～)千篇一律；無變化。

sam·iz·dat [ˋsɑmɪz,dɑt] *n.* Ⓒ〖俄〗地下出版(物)。

sam·o·var [ˋsæmə,vɑr] *n.* Ⓒ俄國煮茶之銅壺。

***sam·ple** [ˋsæmpḷ] *n.* Ⓒ ①樣品；樣本。②〖統計〗抽樣。— *v.t.* ①取…的貨樣；試驗…的貨樣。②抽樣調查。

sam·pler [ˋsæmplə] *n.* Ⓒ①集錦；集粹。②刺繡花樣[作品]。

sam·u·rai [ˋsæmu,raɪ] 〖日〗*n.* (*pl.* **～, ～s**)①Ⓒ(日本封建時代之)武士。②(the ～)(昔日)武士階級。

san·a·to·ri·um [,sænəˋtorɪəm] *n.* Ⓒ (*pl.* **～s, -ri·a** [-rɪə]) ①療養院。②休養地。

sanc·ti·fy [ˋsæŋktə,faɪ] *v.t.* ①使神聖。②使聖潔；使純潔。③使成爲正當；認可。

sanc·ti·mo·ni·ous [,sæŋktəˋmonɪəs] *adj.* 僞裝神聖[虔誠]的。

sanc·ti·mo·ny [ˋsæŋktə,monɪ] *n.* Ⓤ故作神聖狀；僞裝的虔誠。

***sanc·tion** [ˋsæŋkʃən] *n.* ①Ⓤ批准；認可。②Ⓒ制裁；處罰。— *v.t.* ①批准；認可。②授權；准許。

sanc·ti·ty [ˋsæŋktətɪ] *n.* Ⓤ神聖；虔誠。

***sanc·tu·ar·y** [ˋsæŋktʃu,ɛrɪ] *n.* ①Ⓒ聖所；聖堂。②Ⓒ避難所；隱匿地；庇護所。③Ⓤ庇護；保護。④Ⓒ(鳥獸的)禁獵區；保護區。

sanc·tum [ˋsæŋktəm] *n.* Ⓒ (*pl.* **～s, -ta** [-tə])①聖所。②私室。

‡**sand** [sænd] *n.* ①Ⓤ沙。②(*pl.*)沙地；岸；沙漠。③(*pl.*)**a.** 沙粒。**b.** 時刻；壽命。④Ⓤ〖美俚〗勇氣；決斷力。— *v.t.* 以沙紙或沙擦淨或磨光。§ ～ **bàr**(河口等的)沙洲。～ **dùne** 沙丘。～ **pàinting** 沙繪。～ **pìt** (1)採沙場。(2)〖英〗(供兒童遊戲的)沙坑。

***san·dal** [ˋsændḷ] *n.* Ⓒ(常 *pl.*)涼鞋；草鞋。

san·dal·wood [ˋsændḷ,wud] *n.* Ⓤ〖植〗檀香(木)。

sand·bag [ˋsænd,bæg] *n.* Ⓒ沙袋；沙包；沙囊。— *v.t.*(**-gg-**)以沙袋擊。

sand·bank [ˋsænd,bæŋk] *n.* Ⓒ①沙洲。②沙丘。

sand·cas·tle [ˋsænd,kæsḷ] *n.* Ⓒ(小孩用沙堆起的)城堡。

sand·glass [ˋsænd,glæs] *n.* Ⓒ(計時用的)沙漏。

sand·man [ˋsænd,mæn] *n.* (the ～)神話中之睡魔。

sand·pa·per [ˋsænd,pepɚ] *n.* Ⓤ 沙紙。

***sand·stone** [ˋsænd,ston] *n.* ⓊⒸ「〖地質〗沙岩。」

sand·storm [ˋsænd,stɔrm] *n.* Ⓒ 大風沙；沙暴。

***sand·wich** [ˋsændwɪtʃ, ˋsæn-] *n.* ⓊⒸ 三明治。 — *v.t.* 將…夾在中間；插入。§ ～ **shòp** 速簡餐廳。

***sand·y** [ˋsændɪ] *adj.* ①(多)沙的。②(髮等)沙色的；淺茶色的。

***sane** [sen] *adj.* ①神志清明的；頭腦清楚的。②穩健的；通達事理的。

***San Fran·cis·co** [,sænfrənˋsɪsko] *n.* 舊金山。

***sang** [sæŋ] *v.* pt. of **sing.**

sang-froid [sɑ̃ˋfrwɑ]〖法〗*n.* Ⓤ 沈著；冷靜；鎮定。

san·gri·a [sæŋˋgriə] *n.* ⓊⒸ 桑葛蕾酒(紅葡萄酒中加入果汁、汽水，冰過後飲用之西班牙飲料)。

san·gui·nar·y [ˋsæŋgwɪn,ɛrɪ] *adj.* ①血腥的；血淋淋的。②嗜殺的；殘暴的。

san·guine [ˋsæŋgwɪn] *adj.* ①樂天的。②自信的；有望的。③臉色紅潤的。④多血的。⑤血紅的。

san·i·tar·i·um [,sænəˋtɛrɪəm] *n.* (*pl.* ～**s**, **-i·a** [-rɪə]) = **sanatorium.**

***san·i·tar·y** [ˋsænə,tɛrɪ] *adj.* ①衛生的；衛生方面的。②清潔的。§ ～ **lándfill** 垃圾衛生掩埋法。～ **nàpkin**〖美〗衛生棉。～ **tòwel**〖英〗= sanitary napkin.

san·i·ta·tion [,sænəˋteʃən] *n.* Ⓤ 衛生；衛生設施[設備]。

san·i·ty [ˋsænətɪ] *n.* Ⓤ ①神志清醒；心智健全。②公正；明達。

sank [sæŋk] *v.* pt. of **sink.**

sans [sænz, sɑ̃] *prep.*〖古，詩〗沒有；無(=without).「文。」

San·skrit [ˋsænskrɪt] *n.* Ⓤ 梵

***San·ta Claus** [ˋsæntɪ,klɔz, ˋsæntə-] *n.* 聖誕老人。

San·ta Ger·tru·dis [,sæntəgɝˋtrudɪs] *n.* Ⓒ 美國南部所飼養的一種肉牛。

***sap**[1] [sæp] *n.* ① Ⓤ 樹液。② Ⓤ 血；元氣；精力。③ Ⓒ〖俚〗蠢材。

sap[2] *v.t.* (**-pp-**) 削弱；耗竭；損壞。

sa·pi·ent [ˋsepɪənt] *adj.* 有智慧的；有知識的(常含諷刺之意)。

sap·ling [ˋsæplɪŋ] *n.* Ⓒ ①樹苗。②年輕人。

sap·o·na·ceous [,sæpəˋneʃəs] *adj.* 似肥皂的；石鹼質的。

sa·pon·i·fy [səˋpɑnə,faɪ] *v.t.* & *v.i.* 使石鹼化；使鹼化。

sap·per [ˋsæpɚ] *n.* Ⓒ ①〖英〗挖壕之工兵。②炸彈、水雷處理專家。

***sap·phire** [ˋsæfaɪr] *n.* ① ⓊⒸ 青玉；藍寶石。② Ⓤ 青玉色。

sap·py [ˋsæpɪ] *adj.* ①多樹汁的。②精力充沛的。③〖俗〗愚蠢的。

Sa·ran (Wrap) [səˋræn(ræp)] *n.* Ⓤ〖商標〗賽綸(用乙烯基製造的塑膠包裝紙)。

sar·casm [ˋsɑrkæzəm] *n.* Ⓤ 譏諷；諷刺。— **sar·cas'tic,** *adj.*

sar·coid·o·sis [,sɑrkɔɪˋdosɪs] *n.* Ⓤ〖醫〗肉狀瘤病。

sar·co·ma [sɑrˋkomə] *n.* ⓊⒸ (*pl.* ～**s**, ～**ta** [～tə])〖醫〗惡性毒瘤；肉瘤；結節病。

sar·coph·a·gus [sɑrˋkɑfəgəs] *n.* Ⓒ (*pl.* **-gi** [-,dʒaɪ], ～**·es**) (古希臘、羅馬、埃及之)雕刻精美之石棺。

sar·dine** [sɑrˋdin] *n.* (*pl.* ～, ～**s**) ① Ⓒ〖魚〗沙丁魚。② Ⓤ 沙丁魚肉。packed like ～s*** 擠得像(罐裝)沙丁魚一般；擁擠不堪。

sar·don·ic [sɑrˋdɑnɪk] *adj.* 諷刺的；譏誚的；嘲笑的。— **sar·don'i·cal·ly,** *adv.* — **sar·don'i·cism,** *n.*

sarge [sɑrdʒ] *n.*〖美俚〗= **sergeant.**

sa·ri, -ree [ˋsɑri] *n.* Ⓒ 紗麗(印度女裝，以長布做成，穿著時半披半裹，通常自腰纏繞到肩膀)。

sa·rong [səˋrɔŋ, ˋsɑrɔŋ] *n.* Ⓒ (馬來群島等地男女所著之)紗龍；圍裙。

sar·to·ri·al [sɑrˋtorɪəl] *adj.*〖諧〗裁縫的；衣服的。

sash[1] [sæʃ] *n.* ⓊⒸ 窗框。— *v.t.* 裝以窗框。§ ～ **wìndow** 可上下拉動之窗。

***sash**[2] *n.* Ⓒ 帶；飾帶；肩帶；腰帶。

sa·shay [sæˋʃe] *v.i.* 行；走；滑。

sas·sy [ˋsæsɪ] *adj.*〖美俗〗莽撞的；無禮的；厚臉皮的。

***sat** [sæt] *v.* pt. & pp. of **sit.**

SAT〖美〗Scholastic Aptitude Test. 學力性向測驗。

Sat. Saturday.

***Sa·tan** [ˋsetn̩] *n.* 撒旦；惡魔；魔鬼。— **sa·tan·ic** [seˋtænɪk], *adj.*

Sa·tan·ism [ˋsetənɪzəm] *n.* Ⓤ 魔道；惡魔主義；惡魔崇拜。

satch·el [ˋsætʃəl] *n.* Ⓒ小皮包；小學生書包。

sate [set] *v.t.* 供給過多致使厭棄；使膩。

sa·teen [sæˋtin] *n.* Ⓤ棉緞(一種棉織物)。

***sat·el·lite** [ˋsætḷˌaɪt] *n.* Ⓒ①〖天〗衛星。②隨從人員；僕從。③附庸國；衛星都市。④人造衛星。§ ∼ TV [télevision]衛(星電)視。

sa·ti·ate [ˋseʃɪˌet] *v.t.* ①使飽；使滿足。②使膩。

sa·ti·e·ty [səˋtaɪətɪ] *n.* Ⓤ飽足；饜足；滿足；生膩。

sat·in [ˋsætn̩] *n.* Ⓤ緞。— *adj.*①緞的。②光澤如緞的。

sat·in·wood [ˋsætn̩ˌwʊd] *n.* ①Ⓒ緞木(印度產之一種良質木材)。②Ⓤ緞木的木材。

***sat·ire** [ˋsætaɪr] *n.* ①Ⓤ諷刺；譏刺。②Ⓒ諷刺詩；諷刺文；諷刺作品。③Ⓤ諷刺文學。— **sa·tir·i·cal** [səˋtɪrɪkḷ], *adj.* — **sat·i·rist** [ˋsætərɪst], *n.* — **sat·i·rize** [ˋsætəˌraɪz], *v.*

***sat·is·fac·tion** [ˌsætɪsˋfækʃən] *n.* ①Ⓤ滿足；滿意。②Ⓒ令人滿意之事物。③Ⓤ補償；償還。④Ⓤ償罪；贖罪。⑤Ⓤ報復的機會。

***sat·is·fac·to·ry** [ˌsætɪsˋfæktərɪ] *adj.* 滿意的；令人滿意的。— **sat·is·fac′to·ri·ly**, *adv.*

sat·is·fied [ˋsætɪsˌfaɪd] *adj.* ①滿足的。②已付清的。③被說服的。

‡**sat·is·fy** [ˋsætɪsˌfaɪ] *v.t.* ①使滿意；使滿足。②償還；賠償；補償。③使確信。④解決；解答。— **ing**, *adj.*

sa·trap [ˋsetræp] *n.* Ⓒ①古波斯之省長。②殖民地的總督。

sat·su·ma [sætˋsumə]〖日〗*n.* ⓊⒸ溫州蜜柑。

sat·u·rate [ˋsætʃəˌret] *v.t.* ①浸；浸透；滲透。②使滿；使達飽和點。③〖化〗使飽和。

sat·u·rat·ed [ˋsætʃəˌretɪd] *adj.* ①飽和的。②充滿的；塞滿的。③滲透的；濕透的；浸水的。

sat·u·ra·tion [ˌsætʃəˋreʃən] *n.* Ⓤ①浸透；浸潤。②飽和。③〖化〗飽和(狀態)。

‡**Sat·ur·day** [ˋsætədɪ, -de] *n.* 星期六。

***Sat·urn** [ˋsætən] *n.* ①〖羅神〗撒登(農神)。②〖天〗土星。

sat·ur·nine [ˋsætəˌnaɪn] *adj.*〖文〗憂鬱的；沈默的；嚴肅的。

sa·tyr [ˋsætə, ˋsetə] *n.* Ⓒ①〖希神〗塞特(森林之神)。②色情狂。

***sauce** [sɔs] *n.* ①ⓊⒸ調味汁；醬油。②Ⓤ〖美〗果醬。③Ⓒ添加味道[刺激，趣味]的東西。④Ⓤ〖俗〗無禮(的言行)；莽撞。— *v.t.* ①加味道；調味。②〖俗〗對…唐突莽撞；對…無規矩。

***sauce·pan** [ˋsɔsˌpæn] *n.* Ⓒ燉鍋(長柄有蓋的煮鍋)。

***sau·cer** [ˋsɔsə] *n.* Ⓒ①托碟；茶盤。②小碟。③碟狀物。

***sau·cy** [ˋsɔsɪ] *adj.* ①鹵莽的；無禮的。②俊俏的；慧黠的。— **sau′ci·ly**, *adv.* — **sau′ci·ness**, *n.*

Sáu·di Arábia [ˋsaudɪ∼, saˋudɪ∼] *n.* 沙烏地阿拉伯(阿拉伯半島中部之一國)。

sau·er·kraut [ˋsaurˌkraut] *n.* Ⓤ泡甘藍菜。

sau·na [ˋsaunɑ] *n.* Ⓒ三溫暖。

***sau·sage** [ˋsɔsɪdʒ] *n.* ⓊⒸ臘腸；香腸。§ ∼ róll 臘腸捲。

sau·té [soˋte]〖法〗*adj.* 煎的；炸的。— *n.* ⓊⒸ煎或炸的菜餚。

***sav·age** [ˋsævɪdʒ] *adj.* ①天然的；荒野的。②野蠻的；未開化的。③兇暴的；殘酷的；殘忍的。④未經馴服的；野生的。— *n.* Ⓒ①野人；野蠻人。②殘酷之人。— **ly**, *adv.*

sav·age·ry [ˋsævɪdʒrɪ] *n.* ①Ⓤ蠻荒狀態；未開化。②Ⓤ殘忍；殘暴。③Ⓒ(常 *pl.*)野蠻的行爲。

sa·van·na(h) [səˋvænə] *n.* ⓊⒸ大草原。

sa·vant [səˋvɑnt, ˋsævənt]〖法〗*n.* Ⓒ著名學者；博學之士。

‡**save**[1] [sev] *v.t.* ①援救；拯救；保全(from)。②儲蓄；貯存。③節省；省去；免去。④減少。— *v.i.* ①儲蓄。②節省。③拯救。④保全；保護。⑤貯藏食物等使不變壞。∼ *up* 存錢。

***save**[2] *prep.* & *conj.* 除…外。

sav·er [ˋsevə] *n.* Ⓒ①救助者；援助之人；救星。②節儉的人。③節省的方法[機械，裝置]。

***sav·ing** [ˋsevɪŋ] *adj.* ①援救的；救助的。②儉約的；節儉的。③儲蓄的。— *prep.* 除…外；除非。— *conj.* 除…之外；除非。— *n.* ①Ⓤ拯救；救助。②ⓊⒸ節省；節約。③(*pl.*)儲金。∼*s and loan association*信用合作社。§ ∼ gráce 足以補償其他缺點之特質。∼s bànk 儲蓄銀行。∼s bònd〖美〗儲蓄公債。

***sav·ior,** 〖英〗**-iour** [ˋsevjɚ] *n.* Ⓒ救濟者；拯救者。*the S-* 救世主。

***sa·vor,** 〖英〗**-vour** [ˋsevɚ] *n.* ①Ⓤ味；風味。②(a ～)特質；意味。—*v.t.* ①品嚐。②調味；加以香味。③盡情享受。—*v.i.* 具有某種氣味、意味或性質〔of〕.

sa·vor·y¹, 〖英〗**-vour·y** [ˋsevərɪ] *adj.* 味香的；可口的。

sa·vor·y² *n.* Ⓤ〖植〗(歐洲產的一種)香薄荷。

sav·vy [ˋsævɪ] *v.t. & v.i.* 知道；了解。—*n.* Ⓤ理解；見解。

***saw¹** [sɔ] *n.* Ⓒ 鋸子。—*v.t.* (**sawed, sawed** or **sawn**)鋸；鋸開。—*v.i.* 鋸；鋸開。

***saw²** *v.* pt. of **see.**

saw³ *n.* Ⓒ格言；諺語。

saw·dust [ˋsɔ,dʌst] *n.* Ⓤ鋸屑。

saw·mill [ˋsɔ,mɪl] *n.* Ⓒ鋸木廠。

sawn [sɔn] *v.* pp. of **saw¹.**

saw·yer [ˋsɔjɚ] *n.* Ⓒ鋸木匠。

sax [sæks] *n.* 〖俗〗＝**saxophone.**

Sax·on [ˋsæksn̩] *n.* ①(the ～s)撒克遜民族。②Ⓒ撒克遜人。—*adj.* 撒克遜人[語]的。

sax·o·phone [ˋsæksə,fon] *n.* Ⓒ薩克斯風；薩克管(一種裝有單簧片的管樂器)。

sax·o·phon·ist [ˋsæksə,fonɪst] *n.* Ⓒ薩克管吹奏者。

‡**say** [se] *v.t.* (**said**)①說。②表達；宣布。③背誦；誦讀。④假定；姑且說。—*v.i.*言；說。*I ～!*哎呀！喂喂！我是說…。*It is said* [*They ～*]... 據說…。*that is to ～*即是；換言之。—*n.* ①(one's ～)言辭；欲言之事。②Ⓤ發言權；發言的機會。

***say·ing** [ˋse·ɪŋ] *n.* ①Ⓤ言語；陳述。②Ⓒ格言；諺語；名言。

say-so [ˋse,so] *n.* (*sing.*)〖俗〗①主張；發言。②聲明；斷定。

scab [skæb] *n.* ①Ⓒ(創口上結的)疤；痂。②Ⓤ癬；(特指羊的)疥癬。③Ⓒ非工會的工人；破壞罷工的人；不參加罷工者。

scab·bard [ˋskæbɚd] *n.* Ⓒ劍鞘；鞘。—*v.t.* 將…插入(劍)鞘中。

scab·by [ˋskæbɪ] *adj.* ①結痂的。②患疥癬病的。

sca·bi·es [ˋskebɪ,iz] *n.* Ⓤ〖醫〗疥癬。

scab·rous [ˋskebrəs] *adj.* ①粗糙的。②猥褻的；下流的。

scaf·fold [ˋskæfl̩d, -fold] *n.* Ⓒ①足臺；鷹架。②斷頭臺；絞臺。

scaf·fold·ing [ˋskæfl̩dɪŋ] *n.* Ⓤ①鷹架。②其建築材料。

scag, skag [skæg] *n.* Ⓤ〖美俚〗海洛因。

***scald** [skɔld] *v.t.* ①燙傷。②煮熱。③用沸水或蒸氣澆燙。—*n.* Ⓒ燙傷。

scald·ing [ˋskɔldɪŋ] *adj.* ①會燙傷(人)的。②(批評、意見等)嚴厲的；尖酸刻薄的。

***scale¹** [skel] *n.* Ⓒ①天秤盤。②(常*pl.*)天秤；秤。*tip the ～s* **a.**稱得體重。**b.** 因一邊過重而使失去平衡。

***scale²** *n.* ①Ⓒ鱗。②Ⓒ鱗狀物。③ⓊⒸ(常*pl.*)鱗片。④Ⓤ鍋垢；鏽皮。⑤Ⓒ〖植〗鱗苞。—*v.t.* ①剝鱗。②使生水垢；使在…上生鏽皮。—*v.i.* ①剝落；脫落。②生水垢。

***scale³** *n.* ①Ⓒ等級；階級。②Ⓒ尺；尺度；刻度。③Ⓒ比例尺；縮尺；比例。④Ⓒ〖樂〗音階。⑤Ⓒ記數法；進法。⑥ⓊⒸ規模。—*v.t.* ①攀登；以梯登；爬越。②(按比例)增加〔up〕；(按比例)減低〔down〕. ③按照比例尺繪[製]…。

scale-down [ˋskel,daʊn]*adj.* 縮小的；減低的。

scale-up [ˋskel,ʌp] *adj.* 增加的；擴大的；按比例增加的。

scal·lion [ˋskæljən] *n.* ⓊⒸ〖植〗①青蔥。②冬蔥。③韮菜。

scal·lop [ˋskɑləp] *n.* Ⓒ①〖貝〗扇貝。②(常*pl.*)干貝。③淺鍋；貝形鍋。④(常*pl.*)扇形皺褶。—*v.t.* ①焙；烤。②使成扇形皺褶。

scal·ly·wag [ˋskælɪ,wæg] *n.* Ⓒ〖謔〗無賴；流氓；惡棍。

scal·o·gram [ˋskelə,græm] *n.* Ⓒ〖心〗(心理測驗問題按難易排列的)量圖。

***scalp** [skælp] *n.* Ⓒ①頭皮。②連髮頭皮。—*v.t.* ①剝取…的頭皮。②做(股票)小投機。③賣(黃牛票)。

scal·pel [ˋskælpɛl] *n.* Ⓒ外科[解剖]用之小刀。

scalp·er [ˋskælpɚ] *n.* Ⓒ①(轉售戲票等之)黃牛。②炒股票者。

scal·y [ˋskelɪ] *adj.* ①鱗狀的；多鱗的。②〖俗〗卑鄙的；可憎的。

scam [skæm] *n.* Ⓒ〖美俚〗詐欺。

scamp [skæmp] *n.* Ⓒ①流氓；無賴漢。②頑皮[搗蛋]鬼；野丫頭。—*v.t.* 潦草從事；胡亂應付。

scamp·er [ˋskæmpɚ] *v.i.* 蹦蹦跳

跳；嬉戲；落荒而逃。— *n.* Ⓒ 跑來跑去；跳來跳去。

scam·pi [ˋskæmpɪ] *n.* ⓊⒸ 炸斑節蝦(一種以蒜汁調味的義大利菜)。

scan [skæn] *v.t.* (**-nn-**) ①細察；審視。②〖俗〗瀏覽。③按韻律吟誦(詩)。④〖視〗掃描。 — *v.i.* ①〖詩〗合於韻律。②瀏覽。— *n.* (a ～) ①審視。②分析韻律。③掃描。

*__scan·dal__ [ˋskændḷ] *n.* ①Ⓒ恥辱；汚辱。②ⓊⒸ醜行；醜聞。③Ⓤ誹謗；詆毀。

scan·dal·ize [ˋskændḷˏaɪz] *v.t.* 使(人)憤慨；使(人)駭異。

scan·dal·ous [ˋskændḷəs] *adj.* ①可恥的；令人反感的。②誹謗的；中傷人的。

Scan·di·na·vi·a [ˏskændəˋneviə] *n.* 斯堪的那維亞(挪威、瑞典、丹麥、冰島之集合稱)。— **Scan·di·na′vi·an,** *adj.* & *n.*

scan·ner [ˋskænɚ] *n.* Ⓒ ①〖視，通信，電算〗影像掃描機。②〖醫〗(檢查人體內部的)掃描器；掃描裝置。

scan·ning [ˋskænɪŋ] *n.* Ⓤ ①詳察；審視。②〖視〗掃描。③〖醫〗掃描診斷法。§ ∼ **eléctron mìcroscope** 電子掃描顯微鏡。

*__scant__ [skænt] *adj.* 欠缺的；不足的。— *v.t.* 減少；限制。

*__scant·y__ [ˋskæntɪ] *adj.* 缺乏的；不足的；少量的。— **scan′ti·ly,** *adv.*

scape·goat [ˋskepˏgot] *n.* Ⓒ 替罪羊；替身；代人受過者。

scape·grace [ˋskepˏgres] *n.* Ⓒ 無賴漢；流氓；惡棍。

scap·u·la [ˋskæpjələ] *n.* Ⓒ (*pl.* **-lae** [-ˏli], **～s**) 〖解〗肩胛骨。

*__scar__[1] [skɑr] *n.* Ⓒ ①傷痕；疤；痕跡。②內心之創傷。— *v.t.* (**-rr-**) 使留下傷痕。— *v.i.* 結疤；留下痕跡。

scar[2] *n.* Ⓒ 巉岩；斷崖；峭壁。

*__scarce__ [skɛrs] *adj.* 缺乏的；不足的。***make oneself*** **～** 〖俗〗**a.** 退避。**b.** 突然離去；悄悄離開；溜走。

‡**scarce·ly** [ˋskɛrslɪ] *adv.* ①幾乎不。②一定不。③將近；不充分；勉強算。④一…就(與 when 或 before 連用)。

*__scar·ci·ty__ [ˋskɛrsətɪ] *n.* ①ⓊⒸ缺乏；不足。②Ⓤ稀罕；難得。

*__scare__ [skɛr] *v.t.* 恐嚇；驚嚇；使害怕。— *v.i.* 受驚；驚駭；驚恐。— *n.* (a ～)驚恐；恐慌。

*__scare·crow__ [ˋskɛrˏkro] *n.* Ⓒ ①稻草人。②衣服襤褸者。③嚇唬人之物。

scared [skɛrd] *adj.* 受驚的；嚇著的；害怕的。

*__scarf__[1] [skɑrf] *n.* Ⓒ (*pl.* **scarves**) 圍巾；頸巾；腰巾。

scarf[2] *v.t.* 狼吞虎嚥(down, up).

*__scar·let__ [ˋskɑrlɪt] *n.* Ⓤ ①深紅；緋紅；猩紅。②深紅色的布或衣著。— *adj.* 深紅的；緋紅的；猩紅的。§ ∼ **féver**〖醫〗猩紅熱。

scarp·er [ˋskɑrpɚ] *v.i.* 〖英〗突然離去(尤指不付帳而溜走)。

scarves [skɑrvz] *n.* pl. of **scarf**[1].

scar·y [ˋskɛrɪ, ˋskærɪ] *adj.* 〖俗〗①使驚恐的；可怕的。②易驚恐的。

scat [skæt] *n.* Ⓤ 即興歌唱(以無意義的音節代替歌詞)。— *v.i.* (**-tt-**) 唱即興歌曲。

scathe [skeð] 〖古〗 *n.* Ⓤ 損傷；傷害。— *v.t.* 傷害。

scath·ing [ˋskeðɪŋ] *adj.* ①傷害的。②嚴苛的；苛刻的。

sca·tol·o·gy [skəˋtɑlədʒɪ] *n.* Ⓤ 糞石學；糞便學。— **sca·to·log·i·cal** [skætəˋlɑdʒɪkḷ], *adj.*

‡**scat·ter** [ˋskætɚ] *v.t.* ①散播；撒播。②驅散。— *v.i.* 分散；離散。— *n.* Ⓤ 散布；散播；離散。§ ∼ **rùg** 小幅地毯(用以鋪部分地板者)。

scat·ter·brain [ˋskætɚˏbren] *n.* Ⓒ 注意力不集中的人；浮躁的人。

scat·ter·brained [ˋskætɚˏbrend] *adj.* 〖俗〗精神散漫的；容易分心的。

scat·tered [ˋskætɚd] *adj.* 散亂的；分散的。

scat·ter·ing [ˋskætərɪŋ] *adj.* ①分散的。②散落的。

scat·ter·shot [ˋskætɚˏʃɑt] *adj.* ①擴散很廣的。②廣泛的；一般的。

scat·ty [ˋskætɪ] *adj.* 〖俗〗思想不集中的；頭腦有些不正常的。

scav·enge [ˋskævɪndʒ] *v.t.* 從垃圾箱中蒐集(可利用的東西)。

scav·en·ger [ˋskævɪndʒɚ] *n.* Ⓒ ①清道夫；拾荒者；收購廢物的人。②以腐物腐屍爲食之動物。

sce·nar·i·o [sɪˋnɛrɪˏo] *n.* Ⓒ (*pl.* **～s**) ①劇情說明書。②電影脚本。

‡**scene** [sin] *n.* Ⓒ ①(電影、戲劇等的)一場；一幕；場景；佈景；背景；道具布置。②景色；風景；景象。③(事件、故事的)舞台；場面；現場。④(浮現腦海的)情景。⑤〖俗〗大吵大

鬧；醜態。

***scen·er·y** [ˋsinərɪ] *n.* Ⓤ ①舞臺之布景；道具布置。②風景；景色。

scene-steal·er [ˋsin͵stilɚ] *n.* Ⓒ〖俗〗搶鏡頭的配角；比主要人物更出風頭的人。

***sce·nic** [ˋsinɪk, ˋsɛn-] *adj.* ①舞臺的；戲劇的。②風景的；多風景的。

***scent** [sɛnt] *n.* ①Ⓒ香味；氣味。②ⓊⒸ香水。③(a ～)嗅覺。④Ⓒ(常 *sing.*)線索；蹤跡；臭跡；遺臭。 — *v.t.* ①嗅出；聞出。②使香。③察覺。§ ～ **bòttle** 香水瓶。

scep·ter, 〖英〗**-tre** [ˋsɛptɚ] *n.* ①Ⓒ王節；寶杖。②(the ～)王權；王位。 — *v.t.* 授以王權。

scep·tic [ˋskɛptɪk] *n.* =**skeptic.**

***sched·ule** [ˋskɛdʒʊl] *n.* Ⓒ目錄；表；一覽表；時間表。 — *v.t.* ①作目錄；列於表中。②列入時間表中；排定(在某時間作某事)。

sche·ma [ˋskimə] *n.* Ⓒ (*pl.* **～ta** [～tə])圖表；圖解；略圖；綱要。

sche·mat·ic [skiˋmætɪk] *adj.* ①圖表的；圖解式的。②概要的。

***scheme** [skim] *n.* Ⓒ①方案；計畫；設計。②圖謀；陰謀。③圖表；一覽表。 — *v.t.* & *v.i.* 計劃；圖謀。 —**schem′er,** *n.* —**schem′ing,** *adj.*

scher·zo [ˋskɛrtso] 〖義〗 *n.* Ⓒ (*pl.* **～s, -zi** [-tsi])〖樂〗諧謔曲。

schism [ˋsɪzəm] *n.* ⓊⒸ①(一個組織之)分裂。②宗派；派系。

schiz·o [ˋskɪtso] *n.* Ⓒ (*pl.* **～s**) & *adj.*〖俗〗精神分裂症患者(的)。

schiz·oid [ˋskɪzɔɪd]〖醫〗*adj.* ①精神分裂症傾向的。②患精神分裂症的。 — *n.* Ⓒ患有精神分裂症的人。

schiz·o·phre·ni·a [͵skɪzəˋfrinɪə] *n.* Ⓤ〖醫〗精神分裂症。

schiz·o·phren·ic [͵skɪzəˋfrɛnɪk] *adj.* 患精神分裂症的。 — *n.* Ⓒ精神分裂症患者。

schlepp [ʃlɛp]〖俚〗*v.i.* (**-pp-**)緩慢地移動。 — *n.* Ⓒ笨蛋；蠢貨。

schlock [ʃlɑk] *adj.*〖俚〗賤的；不值錢的。 — *n.* Ⓤ不值錢的東西。

schmal(t)z [ʃmɑlts] *n.* Ⓤ極端的感傷主義；感傷的曲調[藝術]。

schmear [ʃmɪr] *n.* Ⓒ〖俚〗事情。

schmo(e) [ʃmo] *n.* Ⓒ〖俚〗笨人；愚人。(亦作 **shmo**)

schmoos(e) [ʃmuz] *n.* ⓊⒸ〖俚〗流言蜚語；閒話。 — *v.i.* 搬弄是非。

schnap(p)s [ʃnæps] *n.* ⓊⒸ①荷蘭杜松子酒。②任何烈酒。

schnook [ʃnʊk] *n.* Ⓒ〖俚〗笨人。

***schol·ar** [ˋskɑlɚ] *n.* Ⓒ①學者。②學生；學習者。③領獎學金之學生。

schol·ar·ly [ˋskɑlɚlɪ] *adj.* ①學者的；有學者之風的。②學術上的。

***schol·ar·ship** [ˋskɑlɚ͵ʃɪp] *n.* ①Ⓤ學識；學問。②Ⓒ獎學金。

scho·las·tic [skoˋlæstɪk] *adj.* ①學校的；學者的。②煩瑣哲學的。③學究的。 — *n.* Ⓒ煩瑣哲學家。

scho·las·ti·cism [skoˋlæstə͵sɪzəm] *n.* Ⓤ煩瑣哲學。

‡**school**[1] [skul] *n.* ①Ⓒ學校；校舍。②Ⓤ就學(不用冠詞)。③Ⓤ課業；授課(不用冠詞)。④Ⓒ(常 the ～)全體師生。⑤Ⓒ學派；派。⑥Ⓒ(大學內的)院、系；(研究所的)學院。⑦Ⓒ大學院、系之建築物；館；樓。⑧Ⓒ訓練所；養成所。 — *v.t.* ①教授；教育。②訓練；克制。§ ～ **àge** (1)學齡；就學年齡。(2)義務教育年限。～ **bòard**〖美〗(學區的)教育委員會。～ **bùs** 校車。～ **dàys** 求學時代。

school[2] *n.* Ⓒ(魚及水族動物之)群；隊。 — *v.i.* 成群地游。

school·book [ˋskul͵bʊk] *n.* Ⓒ教科書。

***school·boy** [ˋskul͵bɔɪ] *n.* Ⓒ學童；男學生。

school·child [ˋskul͵tʃaɪld] *n.* Ⓒ (*pl.* **-chil·dren**)學童。

school·fel·low [ˋskul͵fɛlo] *n.* Ⓒ同學(=schoolmate)。

***school·girl** [ˋskul͵gɜl] *n.* Ⓒ女學生。

***school·house** [ˋskul͵haʊs] *n.* Ⓒ校舍。

school·ing [ˋskulɪŋ] *n.* Ⓤ①學校教育。②學費。

school-leav·er [ˋskul͵livɚ] *n.* Ⓒ〖英〗離校者。

***school·mas·ter** [ˋskul͵mæstɚ] *n.* Ⓒ〖英〗①校長。②教師。

school·mate [ˋskul͵met] *n.* Ⓒ同學。(參看 **classmate**)

school·mis·tress [ˋskul͵mɪstrɪs] *n.* Ⓒ〖英〗①女校長。②女教師。

***school·room** [ˋskul͵rum, -͵rʊm] *n.* Ⓒ教室。

school·teach·er [ˋskul͵titʃɚ] *n.* Ⓒ(小學、中學的)教員；教師。

school·teach·ing [ˋskul͵titʃɪŋ] *n.* Ⓤ教職。

school·time [ˋskul,taɪm] *n.* ① Ⓤ 授課時間。② Ⓒ (常 *pl.*)求學時代；學生時代。

school·work [ˋskul,wɜk] *n.* Ⓤ 功課；學業成績。

school·yard [ˋskul,jard] *n.* Ⓒ 校園；運動場。

schoon·er [ˋskunɚ] *n.* Ⓒ ①(兩桅以上之)縱帆式帆船。②〖美〗(有把手的)大啤酒杯。

schwa [ʃwa] *n.* Ⓒ 〖語音〗中性元音；不重讀之母音。

sci·at·ic [saɪˋætɪk] *adj.* ①坐骨的。②坐骨神經(痛)的。

sci·at·i·ca [saɪˋætɪkə] *n.* Ⓤ〖醫〗坐骨神經痛。

***sci·ence** [ˋsaɪəns] *n.* ⓊⒸ 科學；學術。§ ∼ **fíction**科幻小說(略作SF, sf). ∼ **párk** 科學園區。

***sci·en·tif·ic** [,saɪənˋtɪfɪk] *adj.* 科學(上)的；合乎科學的。

***sci·en·tist** [ˋsaɪəntɪst] *n.* Ⓒ 科學家；(尤指)自然科學家。

sci-fi [ˋsaɪˋfaɪ] *n.* Ⓤ〖俗〗科幻小說(=science fiction).

scim·i·tar [ˋsɪmətɚ] *n.* Ⓒ (波斯人、阿拉伯人之)彎刀；偃月刀。

scin·til·la [sɪnˋtɪlə] *n.* ① Ⓒ 火花。②(a ∼)微粒；一點點；極少。

sci·on [ˋsaɪən] *n.* Ⓒ ①(爲接枝或栽植而剪下之)芽或小枝。②〖文〗後裔；子孫。

***scis·sors** [ˋsɪzɚz] *n. pl.* 剪刀。§ ∼ **kìck** 〖游泳〗剪水式。

scle·ro·sis [sklɪˋrosɪs] *n.* ⓊⒸ (*pl.* **-ses** [-siz])〖醫〗硬化症。

***scoff**[1] [skɔf] *n.* ① Ⓒ (常 *pl.*)嘲笑；嘲弄。②(*sing.*, 常 the ∼)笑柄。
— *v.i.* & *v.t.* 嘲笑；嘲弄。

scoff[2] *v.t.*& *v.i.* 狼吞虎嚥；急忙地吃；貪婪地吃。

***scold** [skold] *v.t.* & *v.i.* 叱責；責罵。— *n.* Ⓒ (常 *sing.*)叱責者。

sconce [skans] *n.* Ⓒ (裝於牆上的)蠟燭臺。

scone [skon] *n.* ⓊⒸ 扁平的圓餅。

***scoop** [skup] *n.* Ⓒ ①杓子。②(半球狀有柄之)舀取用具。③一舀之量；一鏟之量。④一舀；舀取。⑤(疏浚機的)舀泥用具。⑥〖俗〗大撈一票。⑦〖俚〗獨家新聞。— *v.t.* ①汲取；舀取。②掘；挖。③〖俚〗比…搶先登出獨家新聞。

scoot [skut] *v.i.* 快走；疾走。

scoot·er [ˋskutɚ] *n.* Ⓒ ①滑行車；踏板車。②機車；速克達。③冰上或水上行駛之帆船。

***scope** [skop] *n.* Ⓤ ①範圍；眼界；見識。②機會；餘地。

***scorch** [skɔrtʃ] *v.t.* ①烘焦；燒焦。②使萎；使枯。③大罵。— *v.i.* ①燒焦；枯萎。②〖俗〗以全速奔馳。
—**ing**(**ly**), *adj.*(*adv.*)

scórched-éarth pòlicy [ˋskɔtʃtˋɜθ∼] *n.* Ⓒ 焦土政策。

‡**score** [skor, skɔr] *n.* ① Ⓒ 截痕；劃線；記號。② Ⓒ (常 *sing.*)(競賽之)得分；得點。③ Ⓒ 帳；欠款；夙怨。④ Ⓒ (常 *sing.*)理由；緣故。⑤ Ⓒ 總樂譜。⑥ Ⓒ (*pl.* ∼)二十。⑦(*pl.*)許多。⑧ Ⓒ (考試的)分數；成績。***by ∼s*** 不少；許多。***pay off*** [***settle***] ***old ∼s*** 報復舊怨宿仇；還清舊帳。— *v.t.* ①劃線；作記號。②(比賽、考試)得(分)；記(點數)；打分數。③獲得；成功。④〖美俗〗刻薄地批評；罵。⑤爲(電影、戲劇等)作曲；寫樂譜。— *v.i.* ①記點數。②得點數。③獲勝；得利益。④做記號；刻痕；劃線。—**scor′er,** *n.*

score·board [ˋskor,bord] *n.* Ⓒ ①記分板。②記錄。

score·card [ˋskor,kard] *n.* Ⓒ ①記分卡。②選手一覽表。

score·less [ˋskorlɪs] *adj.* 沒有得分的；零比零的。

score·sheet [ˋskor,ʃit] *n.* Ⓒ (比賽用的)記分單；記分紙。

***scorn** [skɔrn] *n.* ① Ⓤ 輕蔑；輕視。②(the ∼)輕蔑的對象；笑柄。③ Ⓤ 諷刺；譏嘲。— *v.t.* & *v.i.* ①輕蔑地拒絕；不屑於。②蔑視；瞧不起。

***scorn·ful** [ˋskɔrnfəl] *adj.* 輕蔑的；輕視的。—**ly,** *adv.*

Scor·pi·o [ˋskɔrpɪ,o] *n.* ①〖天〗天蠍座。② Ⓒ 屬天蠍座的人。

scor·pi·on [ˋskɔrpɪən] *n.* ① Ⓒ〖動〗蠍。②(the S-)〖天〗天蠍座。

***Scot** [skat] *n.* Ⓒ 蘇格蘭人。

scotch [skatʃ] *v.t.* 鎮壓。

***Scotch** [skatʃ] *adj.* 蘇格蘭(人，語)的。— *n.* ①(the ∼)蘇格蘭人。② ⓊⒸ〖俗〗蘇格蘭威士忌酒。§ ∼ **égg** 〖英〗腸肉蛋。∼ **tápe** 〖美〗透明膠帶。

Scotch·man [ˋskatʃmən] *n.* Ⓒ (*pl.* **-men**)蘇格蘭人。

scot-free [ˋskatˋfri]*adj.* 安全無恙的；免於受罰的。

***Scot·land** [ˋskɑtlənd] *n.* 蘇格蘭。

Scots [skɑts] *adj.* 蘇格蘭(人, 語)的。— *n.* ①Ⓤ蘇格蘭語。②(作 *pl.* 解)蘇格蘭人。

Scots·man [ˋskɑtsmən] *n.* Ⓒ (*pl.* **-men**)蘇格蘭人。

Scots·wom·an [ˋskɑts,wumən] *n.* 蘇格蘭女人。(亦作**Scotchwoman**)

***Scot·tish** [ˋskɑtɪʃ] *adj.* 蘇格蘭(人, 語)的。— *n.* ①(the ～)蘇格蘭人(集合稱)。②Ⓤ蘇格蘭語。

***scoun·drel** [ˋskaundrəl] *n.* Ⓒ 無賴; 惡漢。

scour[1] [skaur] *v.t.* & *v.i.* ①磨擦; 洗滌。②清除; 掃淨。— *n.* (a ～)擦洗; 沖洗; 清除。

scour[2] *v.i.* & *v.t.* 搜索。

***scourge** [skɜdʒ] *n.* Ⓒ ①鞭; 笞。②懲罰; 禍患; 天災; 天譴。— *v.t.* ①鞭笞。②懲罰; 使受痛苦。

***scout** [skaut] *n.* ①Ⓒ 斥候; 偵察兵。②(a ～)偵察。③Ⓒ 斥候艦; 偵察機。④Ⓒ 童子軍。— *v.i.* 斥候; 偵察; 尋找。— *v.t.* ①搜尋; 偵察。②尋找。§ ∼ **càr** 輕裝甲巡邏車。

scout·mas·ter [ˋskaut,mæstɚ] *n.* Ⓒ①童子軍教練。②斥候長。

***scowl** [skaul] *v.i.* 蹙額; 皺眉〔at, on〕. — *n.* Ⓒ 蹙額。

scrab·ble [ˋskræbl̩] *v.i.* & *v.t.* ①爬尋。②亂塗; 亂寫。— *n.*(a ～)①爬尋。②互爭; 爭奪。

scrag·gy [ˋskrægɪ] *adj.* 骨瘦如柴的; 皮包骨的。

scram [skræm] *v.i.*(**-mm-**)〖美俚〗出去; 走開(命令語氣)。

***scram·ble** [ˋskræmbl̩] *v.i.* ①爬; 攀緣。②爭取; 爭奪。③混雜一起。— *v.t.* ①炒(蛋)。②匆忙湊合; 湊攏。— *n.* (a ～)①爬; 攀緣。②爭取; 爭奪。

scram·bler [ˋskræmblɚ] *n.* Ⓒ〖通訊〗(防止竊聽用的)攪頻器。

scram·jet [ˋskræm,dʒɛt] *n.* Ⓒ 一種衝壓噴射引擎。

***scrap**[1] [skræp] *n.* ①Ⓒ 小片; 碎片。②Ⓤ 廢物。③Ⓒ (常 *pl.*)剪報。④(*pl.*)剩餘的食物。— *v.t.*(**-pp-**)①使成碎片。②丟棄; 廢棄。

scrap[2] 〖俚〗 *v.i.* & *v.t.*(**-pp-**)打架; 口角; 格鬥。— *n.* Ⓒ 打架; 口角。

***scrap·book** [ˋskræp,buk] *n.* Ⓒ 剪貼簿; 集錦簿。

***scrape** [skrep] *v.t.* ①削去; 刮落; 擦淨; 擦去。②擦傷。③挖掘; 穿(孔)。— *v.i.* ①刮; 削; 擦。②亂彈(絃樂器); 發出怪聲音。③勉強維持。④行一脚往後退之鞠躬。～ *through* 勉強通過。— *n.* Ⓒ ①刮; 削; 摩擦。②刮削聲; 摩擦聲。③困境; 麻煩。④刮痕; 擦傷。

scrap·er [ˋskrepɚ] *n.* Ⓒ ①刮削者。②刮削用具; 擦墊。③守財奴。

scrap·ing [ˋskrepɪŋ] *n.* ①Ⓤ 擦; 刮; 削。②(*pl.*)被刮削下的東西。

scrap·py [ˋskræpɪ] *adj.* ①殘餘的。②片斷的; 散漫的。③〖俗〗好鬥的。

***scratch** [skrætʃ] *v.t.* ①搔; 抓。②以爪挖掘。③潦草書寫。④勾消; 畫線塗掉。⑤搔癢。— *v.i.* ①搔; 抓。②勉強維持。③退出比賽。— *n.* ①Ⓒ 抓痕; 擦傷。②Ⓤ 賽跑之出發線。③Ⓒ 刮痕; 刮擦聲。④(a ～)搔抓。*from* ～ **a.** 從一開始; 從出發點。**b.** 從一無基礎的情況。*up to* ～ 夠上水準; 情況良好。— *adj.* ①臨時湊成的。②起草的。③平等比賽的。§ ∼ **pàper** 便紙條。∼ **tèst** 過敏性測驗。

scratch·y [ˋskrætʃɪ] *adj.* ①潦草的; 亂畫的。②發出刮擦聲的; 會刮紙的。③發癢的。

scrawl [skrɔl] *v.i.* & *v.t.* 潦草書寫; 亂塗。— *n.* Ⓒ (常 *sing.*)潦草書寫; 塗鴉。

scrawn·y [ˋskrɔnɪ] *adj.* 〖美俗〗骨瘦如柴的; 皮包骨的。

***scream** [skrim] *v.i.* & *v.t.* 尖聲叫喊; 大笑; 高聲說話。— *n.* Ⓒ 尖叫(聲)。— **ing,** *adj.*

scree [skri] *n.* ①Ⓤ (山的)多岩石陡坡。②Ⓒ 碎石堆。

***screech** [skritʃ] *v.i.* 發出刺耳的尖叫聲。— *v.t.* 以尖銳聲喊叫。— *n.* Ⓒ 尖叫聲。§ ∼ **òwl** (1)(北美)鳴角鴞。(2)預言凶事者。

***screen** [skrin] *n.* ①Ⓒ 幕; 屏; 簾; 帳(等遮蔽物)。②Ⓒ 鐵絲網; 紗窗[門]。③Ⓒ 銀幕。④(the ～)電影。⑤Ⓒ 篩子。⑥Ⓒ 似幕之物; 矮牆。— *v.t.* ①(用屏、幕之類)遮蔽; 阻隔; 掩護。②篩。③放映(電影); 改編爲電影; 拍成影片。§ ∼ **pàss** 〖足球〗掩護性傳球。∼ **prìnting** 絹印法。∼ **tèst** 試鏡。

screen·play [ˋskrin,ple] *n.* Ⓒ 〖影〗電影脚本。

screen·writ·er [ˋskrin,raɪtɚ] *n.* Ⓒ 電影劇本作家。

S

screw** [skru] *n.* Ⓒ①螺旋；螺旋釘。②螺旋推進機。③螺旋狀物。④螺旋式之轉動；螺絲之一轉。⑤〖桌球〗旋轉(球)。⑥(常 *pl.*)恐嚇。put the ~ on*** 逼使。— *v.t.* ①用螺旋釘釘住；扭螺旋。②榨取；勒索。③強迫做某事。④鼓起(勇氣)；加強(效率)。⑤殺價。— *v.i.* ①旋轉。②用螺絲轉緊、轉鬆或轉開。③勒索。

screw·ball [ˋskru͵bɔl] *n.* Ⓒ ①〖美俚〗奇人；怪人。②〖棒球〗旋轉球。

screw·driv·er [ˋskru͵draɪvɚ] *n.* Ⓒ螺絲刀；起子。

screw·up [ˋskru͵ʌp] *n.* Ⓒ〖美俚〗糟透的事；大錯。

scrib·ble [ˋskrɪbl] *v.t.* & *v.i.* 潦草書寫。— *n.* ① Ⓤ (又作 a ~)潦草書寫。② Ⓒ (常 *pl.*)潦草或胡亂寫成的東西；塗鴉。

scrib·bler [ˋskrɪblɚ] *n.* Ⓒ①字跡潦草的人。②沒沒無聞的小作家。

scribe [skraɪb] *n.* Ⓒ ①書記；抄寫者。②(猶太法的)學者。

scrim·mage [ˋskrɪmɪdʒ] *n.* Ⓒ ①混戰；扭打。②〖橄欖球〗**a.** 並列爭球。 **b.** 分兩隊練球。— *v.i.* ①參與混戰。②〖橄欖球〗並列爭球。— *v.t.* 〖橄欖球〗(練球時)對抗。

scrimp [skrɪmp] *v.i.* ①節儉。②剋扣。— *v.t.* 節省。

***script** [skrɪpt] *n.* ① Ⓤ 文字。② Ⓤ 筆跡；手稿。③ Ⓒ 脚本；原稿。④ Ⓤ 草體之鉛字字體。⑤ Ⓤ Ⓒ〖法律〗正本。— *v.t.* 爲…寫脚本或廣播稿。

script·ed [ˋskrɪptɪd] *adj.* (演講、廣播等)有原稿的；有脚本的

***scrip·ture** [ˋskrɪptʃɚ] *n.* ① Ⓤ (又作 *pl.*，常 S-)經文；經典。②(S-)聖經(亦作 **the Scriptures, the Holy Scripture**). — **scrip′tur·al, Scrip′tur·al,** *adj.*

script·writ·er [ˋskrɪpt͵raɪtɚ] *n.* Ⓒ (廣播、電影、電視)脚本作家。

scrof·u·la [ˋskrɔfjələ] *n.* Ⓤ〖醫〗瘰癧；腺病。

scrof·u·lous [ˋskrɑfjələs] *adj.* (患)瘰癧的。

***scroll** [skrol] *n.* Ⓒ ①紙卷；卷軸。②渦卷形的裝飾。

Scrooge [skrudʒ] *n.* ①史古魯居 (Dickens 所著 *A Christmas Carol* 中的一個吝嗇鬼)。② Ⓒ (常 s-) 吝嗇鬼；守財奴。

scro·tum [ˋskrotəm] *n.* Ⓒ (*pl.* **-ta** [-tə], **~s**)〖解〗陰囊。

scrounge [skraundʒ] *v.t.* ①〖俚〗擅取；偷取。②求；乞討。— *v.i.* 搜尋。— **scroung′er,** *n.*

***scrub**[1] [skrʌb] *v.t.* (**-bb-**)①(用力)擦洗。②〖俚〗取消。— *v.i.* 洗；擦洗。— *n.* (a ~) (用力)擦洗。

scrub[2] *n.* ① Ⓤ 灌木叢。② Ⓒ 渺小之物。③ Ⓒ (球隊之)預備隊員。

scrub·ber [ˋskrʌbɚ] *n.* Ⓒ ①**a.** 打掃地板的人。**b.** 刷洗工具。②〖英俚〗蕩婦；妓女。

scrub·by [ˋskrʌbɪ] *adj.* ①雜木叢生的。②卑劣的；下等的；破舊的。③矮小的。

scruff [skrʌf] *n.* Ⓒ頸背。***take a person by the ~ of the neck*** 抓住某人的頸背。

scruff·y [ˋskrʌfɪ] *adj.* 〖俗〗齷齪的；(衣著)寒酸的。

scrum [skrʌm] *v.i.* (**-mm-**)〖橄欖球〗並列爭球。— *n.* Ⓒ ①〖橄欖球〗並列爭球。②〖英俗〗湧入的人們。

scrum·mage [ˋskrʌmɪdʒ] *n.* & *v.i.* 〖英〗=**scrimmage.**

scrump·tious [ˋskrʌmpʃəs] *adj.* 〖俚〗極好的；卓越的。

scrunch [skrʌntʃ] *v.* & *n.* = **crunch.**

***scru·ple** [ˋskrupl] *n.* ① Ⓤ 躊躇；猶豫；顧忌。② Ⓒ 斯克魯(衡量名，等於二十喱)。③ Ⓒ (常 *pl.*)良心的譴責。— *v.i.* 躊躇；顧慮(常用於否定語)。— *v.t.* 對…有顧忌。

scru·pu·lous [ˋskrupjələs] *adj.* 多顧慮的；小心翼翼的；審愼的。— **ly,** *adv.*

scru·ti·neer [͵skrutəˋnɪr] *n.* Ⓒ ①檢查官。②〖英〗選票檢查人。

scru·ti·nize [ˋskrutn̩͵aɪz] *v.t.* & *v.i.* 細察；詳審。

scru·ti·ny [ˋskrutn̩ɪ] *n.* ① Ⓤ Ⓒ 細察；詳審。② Ⓒ 選票的複查。

scu·ba [ˋskubə] *n.* Ⓒ水肺。§ ~ **dìving** 用水肺潛水的運動。

scud [skʌd] *v.i.* (**-dd-**)①疾行；飛駛。②乘風前進。— *n.* ①(a ~)疾行；飛駛。② Ⓤ 飛雲。

scuff [skʌf] *v.i.* 拖足而行。— *v.t.* ①曳(足)而行；以足擦(地)。②磨壞。— *n.* Ⓒ ①拖曳行走；拖步。②磨壞之處。③(常 *pl.*)拖鞋。

scuf·fle [ˋskʌfl] *v.i.* ①混戰；扭打。②拖足而行。— *n.* Ⓒ ①混戰。②

(走路時之)拖足。

scull [skʌl] *n.* Ⓒ ①(船之)尾櫓；短槳；雙槳中之一葉。②輕艇(單人雙槳的比賽用輕舟)。—*v.t.* & *v.i.* 以短槳划(船)。

scul·ler·y [ˋskʌlərɪ] *n.* Ⓒ〖英〗餐具洗滌室。

***sculp·tor** [ˋskʌlptɚ] *n.* Ⓒ 雕刻家。

sculp·tur·al [ˋskʌlptʃərəl] *adj.* 雕刻(術)的。

***sculp·ture** [ˋskʌlptʃɚ] *n.* ①Ⓤ雕刻術；雕刻。②ⓊⒸ雕刻物；雕像。—*v.t.* 雕刻；雕塑。—*v.i.* 從事雕刻。

scum [skʌm] *n.* ①Ⓤ(又作 a ～)浮渣；泡沫；薄膜。②ⓊⒸ〖蔑〗廢物；人渣。

scup·per [ˋskʌpɚ] *n.* Ⓒ (常 *pl.*)船甲板兩側之排水孔。—*v.t.* ①故意沈(船)。②破壞。

scurf [skɜf] *n.* Ⓤ頭皮屑；頭垢。—**scurf′y,** *adj.*

scur·ril·ous [ˋskɜɪləs] *adj.* 下流的；卑鄙的；謾罵的；無口德的。—**ly,** *adv.*

scur·ry [ˋskɜɪ] *v.i.* 小步疾走。—*v.t.* 使疾走；使倉皇而跑。

scur·vy [ˋskɜvɪ] *n.* Ⓤ〖醫〗壞血症。—*adj.* 卑鄙的；可鄙的。

scutch·eon [ˋskʌtʃən] *n.* = **escutcheon.**

scut·tle[1] [ˋskʌtl̩] *n.* Ⓒ 煤斗；煤箱。

scut·tle[2] *n.* Ⓒ ①天窗；小艙口。②小艙口蓋。—*v.t.* 鑿孔沈(船)。

scut·tle[3] *v.i.* 急行；倉皇跑走。—*n.* (a ～)急行。

scythe [saɪð] *n.* Ⓒ 大鐮刀。—*v.t.* & *v.i.* 用大鐮刀割。

SE, S.E. southeast.

‡**sea** [si] *n.* ①(the ～)海；洋。②海上之情形(可用定冠詞或不定冠詞)。③(the S-)(大的內陸)湖；鹹水湖。④Ⓒ(常 *pl.*)波浪；大浪。***at ～*** **a.** 在海上。**b.** 茫然；迷惑。***follow the ～*** 當海員；做水手。***go to ～*** **a.** 航海。**b.** 當海員。***put* (*out*) *to ～*** 出港。 § ∼ **anèmone**〖動〗海葵。 ∼ **bìrd** 海鳥。 ∼ **brèeze** 海風。 ∼ **chànge**〖文〗驚人的變化。∼ **dòg** 老經驗的海員或水手。∼ **fòod** 海產食物。∼ **frònt** 城市的濱海地區。∼ **gùll** 海鷗。∼ **hòrse** (1)海馬。(2)(神話中)半馬半魚之怪獸。∼ **lèvel** 海平面；海拔。∼ **lìon**〖動〗海獅。∼ **mèw** 一種海鷗(產於歐洲)。∼ **òtter**〖動〗海獺。∼ **pòwer** 海軍強國；海軍力量；制海權。∼ **ròver** 海盜(船)。∼ **ùrchin**〖動〗海膽。

sea·bed [ˋsi,bɛd] *n.* (the ～)海底；海床。

Sea·bee [ˋsi,bi] *n.* Ⓒ〖美〗海軍工程營之一員。

sea·board [ˋsi,bord] *n.* Ⓒ 海岸；海濱。

sea-borne [ˋsi,born] *adj.* ①海上運送的。②(船)浮在海上的。

***sea·coast** [ˋsi,kost] *n.* Ⓒ 海岸。

sea·far·er [ˋsi,fɛrɚ] *n.* Ⓒ ①海員；水手。②海上旅行者。

sea·far·ing [ˋsi,fɛrɪŋ] *adj.* ①海上旅行的。②航海的。—*n.* Ⓤ ①航海。②航海業。

sea·go·ing [ˋsi,go·ɪŋ] *adj.* ①航海的。②從事航海事業的。

sea-green [ˋsiˋgrin] *adj.* 海綠色的。

seal**[1] [sil] *n.* Ⓒ ①捺印；封緘。②印章；圖章。③火漆；封蠟；封條(等)。④保證；表示。⑤圖記；記號。set one's ～ to*** **a.** 在…上蓋印。**b.** 批准；贊同。—*v.t.* ①蓋印；蓋章。②封緘。③決定。④密封。⑤保證。 § ∼**ing wàx** 封蠟。

***seal**[2] *n.* Ⓒ 海豹。

sea-lane [ˋsi,len] *n.* Ⓒ 海上航道。

seal·ant [ˋsilənt] *n.* ⓊⒸ 密封劑；封水劑。

sea·lift [ˋsi,lɪft] *n.* Ⓒ 海上運輸。—*v.t.* 海上輸送。

seal·skin [ˋsil,skɪn] *n.* ①Ⓤ海豹[海狗]的毛皮。②Ⓒ海豹[海狗]毛皮之製品。

***seam** [sim] *n.* Ⓒ ①縫；接縫。②接合線；綴合處。③似縫之線；皺紋。④地層；層。—*v.t.* ①縫合；接合。②使有痕跡；使有皺紋。—*v.i.* 生裂痕。—**less,** *adj.*

***sea·man** [ˋsimən] *n.* Ⓒ (*pl.* **-men**) ①船員。②水兵。

sea·man·ship [ˋsimən,ʃɪp] *n.* Ⓤ船舶操縱術；航海技術。

seam·stress [ˋsimstrɪs] *n.* Ⓒ 女裁縫；縫紉女工。

seam·y [ˋsimɪ] *adj.* ①露出縫線的。②道德低落的；卑鄙的。

sé·ance [ˋseɑns]〖法〗*n.* Ⓒ (透過靈媒與死者靈魂溝通的)降靈會。

sea·plane [ˋsi,plen] *n.* Ⓒ 水上飛機。

***sea·port** [ˋsi,port] *n.* Ⓒ 海港；海口；港埠。

sear [sɪr] *v.t.* ①使枯萎；使憔悴。②

灼燒；燒焦。③加烙印於。④使(良心等)麻痺無情；使冷酷。— *adj.* 枯乾的；枯萎的。

‡**search** [sɝtʃ] *v.t.* 搜尋；搜查；探查。— *v.i.* ①尋覓；搜索。②探求；調查；研究。～ *me*〖俚〗不知道(回答問題時用)。— *n.* Ⓒ 搜尋；探求；調查；研究。*in* ～ *of* 尋找。§ ～ **èngine**〖電算〗搜尋檔案的軟體。～ **pàrty** 搜索隊。～ **wàrrant**〖法律〗(對住宅等的)搜索狀。— **er,** *n.*

search·ing [ˋsɝtʃɪŋ] *adj.* ①徹底的。②(觀察等)銳利的。③(寒風等)刺骨的。— **ly,** *adv.*

***search·light** [ˋsɝtʃ͵laɪt] *n.* Ⓒ ①探照燈；照空燈。②光線；光柱。

sea·scape [ˋsi͵skep] *n.* Ⓒ ①海景畫。②海景。

sea·shell [ˋsi͵ʃɛl] *n.* Ⓒ 海貝；貝殼。

***sea·shore** [ˋsi͵ʃor] *n.* Ⓤ 海岸；海濱。

***sea·sick** [ˋsi͵sɪk] *adj.* 暈船的。— **ness,** *n.*

***sea·side** [ˋsi͵saɪd] *n.* (the ～)海邊。— *adj.* 海濱的。

‡**sea·son** [ˋsizn̩] *n.* Ⓒ ①季。②時期；季節；當令之時。③短暫的一段時間。*in good* ～ 有足夠時間的；儘早的。*in* ～ **a.** 當令、合宜的時間。**b.** ＝**in good season.** *out of* ～ 不當令。— *v.t.* ①使適應；使適用。②調味。③緩和。④使更有趣；使更適宜。⑤使木材乾燥。— *v.i.* 變爲適用；(木材)變乾。§ ～ **tìcket** (1)〖英〗定期車票；季票。(2)(演奏會等的)長期[定期]入場券。

sea·son·al [ˋsizn̩əl] *adj.* 季節的；季節性的。— **ly,** *adv.*

sea·soned [ˋsizn̩d] *adj.* ①經調味的。②變乾的。③習慣於…的；訓練有素的；有經驗的。

sea·son·ing [ˋsizn̩ɪŋ] *n.* ① Ⓤ 調味。② Ⓒ 調味品。

‡**seat** [sit] *n.* Ⓒ ①座；座位。②席位；席次。③(椅子等的)座部。④臀部(或褲子上之臀部)。⑤所在地；中心；場所；位置。⑥邸宅；別莊。⑦坐的姿勢；騎乘的姿勢。— *v.t.* ①使坐；使就座。②有(若干)座位；可容納。③供以座位。④修(椅等)之座部。⑤使得職位，或議會中席次。§ ～ **bèlt**(飛機或汽車上的)安全帶。

seat·ing [ˋsitɪŋ] *n.* Ⓤ 就座；引人入座。

sea·ward [ˋsiwəd] *adv.* & *adj* 向海地[的]。

sea·wa·ter [ˋsi͵wɔtə] *n.* Ⓤ 海水。

sea·way [ˋsi͵we] *n.* ① Ⓒ 航路；航道。② Ⓒ 公海；大海。③ Ⓤ 航行。④ Ⓒ 波濤洶湧之海。

***sea·weed** [ˋsi͵wid] *n.* Ⓤ 海藻；海菜。

sea·wor·thy [ˋsi͵wɝðɪ] *adj.* (船)適於航海的；能耐風浪的。

se·ba·ceous [sɪˋbeʃəs] *adj.* 脂肪的；似脂肪的；分泌脂肪的。

se·bum [ˋsibəm] *n.* Ⓤ〖生理〗脂肪；皮脂。

sec [sɛk] *n.* Ⓒ〖俗〗一會兒；片刻。

se·cant [ˋsikənt, ˋsikænt] *n.* Ⓒ〖數〗正割；割線(略作 **sec**).

sec·a·teurs [͵sɛkəˋtɝz] *n. pl.* (修剪樹木之)大剪刀。

se·cede [sɪˋsid] *v.i.* 從(政黨、教會等)脫離；退出。

se·ces·sion [sɪˋsɛʃən] *n.* Ⓒ 脫離；退出。

se·ces·sion·ism [sɪˋsɛʃən͵ɪzəm] *n.* Ⓤ 脫離論；分離主義。— **se·ces′sion·ist,** *n.* & *adj.*

***se·clude** [sɪˋklud] *v.t.* 隔離；隔絕；使隱居。

se·clud·ed [sɪˋkludɪd] *adj.* 隔離的；隱退的。

se·clu·sion [sɪˋkluʒən] *n.* Ⓤ ①蟄居；隱遁。②隔離；隔絕。

‡**sec·ond**[1] [ˋsɛkənd] *adj.* ①第二的。②次的；二等的；較劣的。③另一個的；又一個的。④額外的。— *adv.* 第二地；次要地。— *n.* ① Ⓤ (常 the ～)**a.** 第二人；第二物；第二者。**b.** (月之)初二；二日。②(*pl.*)**a.** 次等品；劣物。**b.** 粗劣的麵粉。③ Ⓒ 輔助者；助手。— *v.t.* ①贊成；附議。②支持；輔助；證實。③〖英〗被暫時調任。§ ～ **banána**〖美俚〗主角諧星的搭檔；演配角的人；隨從式人物。～ **báse**〖棒球〗二壘。～ **bést** 次等[次好]的人[物]。～ **chíldhood**(委婉語)老糊塗；衰老；第二童年。～ **cláss** (1)(火車等之)二等。(2)〖美郵政〗第二類(新聞紙類)。**S**～ **Cóming** 基督再臨。～ **cóusin** 從堂[表]兄弟姊妹。～ **estáte**(英法等國)貴族。～ **fíddle** (1)交響樂隊中第二小提琴部；該部的小提琴手。(2)第二的人；次要地位。～ **lánguage** (1)(母語以外所學的)第二語言。(2)(母語、當地語言以外的)共同語言；公用語。～ **lieuténant** 少尉。～ **náture** 第二天性。～ **pérson**〖文法〗第二人稱。～ **síght** 千里眼；預知力。～ **thóught**(s) 愼思熟

慮後所做之決定。～ **wínd** (1)(激烈運動等後的)呼吸恢復正常狀態。(2)〖俗〗恢復常態；恢復元氣。 **S～ Wórld Wár** 第二次世界大戰(1939-45)。

***sec·ond²** *n.* Ⓒ ①秒；秒針。②(常 *sing.*)片刻。③秒(角度單位)。

***sec·ond·ar·y** [ˋsɛkən͵dɛrɪ] *adj.* ①第二的；從屬的。②次要的；較不重要的。— *n.* Ⓒ 次要的人[事，物]；代理人；輔助者。§ ～ **schòol** 中等學校。～ **séx characterìstic**〖醫〗第二性徵。

sec·ond-class [ˋsɛkəndˋklæs] *adj.* 二流的；二等的。— *adv.* 坐二等艙地；坐二等車地。

sec·ond-de·gree [ˋsɛkənddɪˋgri] *adj.* 第二級的。

sec·ond·guess [ˋsɛkəndˋgɛs] *v.t.* & *v.i.* ①〖俗〗作事後聰明；放馬後砲。②預言；猜測。

sec·ond·hand [ˋsɛkəndˋhænd] *adj.* ①用過的；二手的。②非原始的；得自他處的。

sec·ond-in-com·mand [ˋsɛkəndɪnkəˋmænd] *n.* Ⓒ (*pl.* **sec·onds-in-com·mand**) ①副司令官。②副指揮官。

***sec·ond·ly** [ˋsɛkəndlɪ] *adv.* 第二；其次。

sec·ond·ment [ˋsɛkəndmənt] *n.* Ⓤ〖英〗暫調；借調。

sec·ond-rate [ˋsɛkəndˋret] *adj.* ①二等的；二流的。②庸劣的。

sec·ond-string [ˋsɛkəndˋstrɪŋ] *adj.* ①第二流的；次要的。②〖體育〗非正選隊的；預備隊的。

***se·cre·cy** [ˋsikrəsɪ] *n.* Ⓤ ①祕密。②守祕密。③掩飾。

‡**se·cret** [ˋsikrɪt] *adj.* ①隱祕的。②祕密的。③隱退的；隱居的。— *n.* ① Ⓒ 祕密。②(*sing.*，常 the ～)祕訣。③Ⓒ 奧妙；玄妙。*in* ～ 祕密地。§ ～ **ágent** 特務；情報人員；間諜；密探。～ **políce** 祕密警察。～ **sérvice** 情報局；特務機構。

sec·re·tar·i·al [͵sɛkrəˋtɛrɪəl] *adj.* ①祕書的；書記的。②部長的。

sec·re·tar·i·at(e) [͵sɛkrəˋtɛrɪət] *n.* Ⓒ ①書記[祕書，部長]之職。②祕書處；文書課。

***sec·re·tar·y** [ˋsɛkrə͵tɛrɪ] *n.* Ⓒ ①書記；祕書。②大臣；部長。the *S-* of State(美國)國務卿；(英國)國務大臣。③寫字檯。

sec·re·tar·y-gen·er·al [ˋsɛkrə͵tɛrɪˋdʒɛnərəl] *n.* Ⓒ (*pl.* **sec·re·tar·ies-gen·er·al**) 祕書長；書記長。

se·crete [sɪˋkrit] *v.t.* ①隱匿；隱藏。②分泌。— **se·cre′tion,** *n.*

se·cre·tive [sɪˋkritɪv] *adj.* ①隱匿的。②〖生理〗分泌的。— **ly,** *adv.*

***sect** [sɛkt] *n.* Ⓒ 派；宗派；教派。

sec·tar·i·an [sɛkˋtɛrɪən] *adj.* 宗派的；派系的；有門戶之見的。— *n.* Ⓒ 派系意識濃厚的人。

‡**sec·tion** [ˋsɛkʃən] *n.* ① Ⓤ Ⓒ 切開；切斷。② Ⓒ 斷片；部分。③ Ⓒ 節；項。④ Ⓒ 區域；地段。⑤ Ⓒ 斷面；截面。— *v.t.* 切成部分；分成章節。

sec·tion·al [ˋsɛkʃənl] *adj.* ①部分的；分節的。②區域的；地段的。

sec·tor [ˋsɛktɚ] *n.* Ⓒ ①〖數〗扇形。②〖軍〗戰區；陣線。

sec·u·lar [ˋsɛkjəlɚ] *adj.* ①現世的；世俗的；非宗教的。②永久的；長期的。③百年一度的。— **ism,** *n.* Ⓤ 世俗[現世]主義。

sec·u·lar·ize [ˋsɛkjələ͵raɪz] *v.t.* ①使俗化；使現世化。②使(教育)脫離宗教。

‡**se·cure** [sɪˋkjur] *adj.* ①無受損、受害、受攻擊之虞的；安全的。②確定的；無疑的。③安心的；無慮的。④可靠的；穩固的。— *v.t.* ①使安全；保護。②擔保；保證。③繫緊；緊閉。④得到；獲得。— **ly,** *adv.*

***se·cu·ri·ty** [sɪˋkjurətɪ] *n.* ① Ⓤ 安全。② Ⓤ 保障；防衛(措施)。③ Ⓤ 疏忽；大意。④ Ⓤ 保證；擔保。⑤ Ⓒ 抵押品；擔保品。⑥(*pl.*)公債；股票。⑦ Ⓒ 擔保人；保證人。§ ～ **blànket**〖美〗(1)安樂毯(給小孩抓摸使感覺舒適安全的小絨毯)。(2)擁有即能使人有安全感的東西。**S～ Còuncil** (聯合國)安全理事會。～ **guàrd** 保安人員。～ **rìsk**〖美〗危險人物。

se·dan [sɪˋdæn] *n.* Ⓒ ①(亦作 **sedan chair**)轎；肩輿。②轎車。

se·date [sɪˋdet] *adj.* 安詳的；靜肅的。— **ly,** *adv.* — **se·da′tion,** *n.*

sed·a·tive [ˋsɛdətɪv] *adj.* ①鎮定的；鎮靜(作用)的。②使安靜的。— *n.* Ⓒ 鎮定劑。

sed·en·tar·y [ˋsɛdn̩͵tɛrɪ] *adj.* ①慣坐的；久坐的；不活動的。②須坐著的。③非候鳥的；定居的。

sedge [sɛdʒ] *n.* Ⓤ〖植〗蘆葦。

sed·i·ment [ˋsɛdəmənt] *n.* Ⓤ ①(又作a ～)沈澱物；渣。②沈積物。— **sed-**

i·men′tal, sed·i·men′ta·ry, *adj.* — sed·i·men·ta′tion, *n.*

se·di·tion [sɪ`dɪʃən] *n.* Ⓤ ①煽動叛亂之言行。②暴動；叛亂。— **ist,** *n.* — **se·di′tious,** *adj.*

se·duce [sɪ`djus] *v.t.* ①誘惑。②使入歧途。③勾引；誘姦(婦女)。— **se·duc′tive,** *adj.* — **ment, se·duc′er,** *n.*

sed·u·lous [`sɛdʒələs] *adj.* 勤勉的；努力不倦的。— **ly,** *adv.* — **ness, se·du·li·ty** [sɪ`djulətɪ], *n.*

‡**see** [si] *v.t.* (**saw, seen**)①看；見；視。②了解；領會；察覺。③發現；察知。④經驗；閱歷。⑤會面；晤見；訪晤；商談；接見。⑥護送；照顧。⑦參加；參觀。⑧讓；允許。⑨注意；負責。⑩期待。— *v.i.* ①看；見；視。②具有視力。③察看。④考慮。⑤了解；領會。⑥注意；留心。～ ***about*** **a.** 注意。**b.** 考察；查詢。～ ***after*** 照顧。～ ***into*** 調查。～ ***out*** 完成；貫徹。～ ***over*** 檢查；調查。～ ***somebody off*** 送行。～ ***things*** 有幻想；有幻覺。～ ***through*** **a.** 看透；眞正了解。**b.** 堅持到底；貫徹始終。～ ***to*** 注意。— **a·ble,** *adj.*

‡**seed** [sid] *n.*(*pl.* **～s, ～**)①ⓊⒸ種；種子。②Ⓤ子孫；後裔。③Ⓒ(常*pl.*)根源。④Ⓤ精子；卵子。⑤Ⓒ〖運動〗種子選手。***go*** [***run***] ***to*** ～ **a.** 結子。**b.** 衰頹。— *v.i.* ①結實；成熟。②播種。— *v.t.* ①播種於。②去…之種子。③〖運動〗配(種子選手)於比賽之各組。§ ～ **càpsule**〖植〗蒴。～ **còat**〖植〗種皮。～ **còral**(作裝飾用的)珊瑚粒。～ **córn** 穀種。～ **lèaf** 子葉。～ **mòney**〖美〗種子基金(基金會用來支持各種計畫的錢)。～ **òyster** 供繁殖用之牡蠣。～ **pèarl**(¼ grain 以下之)珍珠；米珠。～ **plànt** 種子植物。～ **vèssel** 包種子的莢、外殼等。

seed·bed [`sid,bɛd] *n.* Ⓒ 苗床。

seed·ling [`sidlɪŋ] *n.* Ⓒ ①從種子中長出的植物。②(三呎以下的)幼木；樹苗。③苗圃中供移植的小樹。

seed·y [`sidɪ] *adj.* ①多種子的。②多氣泡的。③(衣著)寒酸的。④〖俗〗精神不佳的。

***see·ing** [`siɪŋ] *conj.* 因為；既然；鑑於。— *n.* Ⓤ①看。②視覺。§ **S～ Éye (dòg)** 導盲犬。

‡**seek** [sik] *v.t.* (**sought**)①尋覓。②尋求；請求。③企圖獲得；嘗試。④往。— *v.i.* 尋覓〔after, for〕. — **er,** *n.*

‡**seem** [sim] *v.i.* 似乎是；看似；似乎；似覺。

***seem·ing** [`simɪŋ] *adj.* 彷彿的；似乎的；表面上的。— *n.* Ⓤ 外貌；外觀。— **ly,** *adv.*

seem·ly [`simlɪ] *adj.* ①合適的；端莊的。②貌美的。— *adv.* 合適地。

***seen** [sin] *v.* pp. of **see.**

seep [sip] *v.i.* ①滲。②(觀念等)滲入；普及；擴大。③混合；滲透。

seer [sɪr] *n.* Ⓒ ①預言家；先知；卜者。② [`siɚ] 觀看者。

***see·saw** [`si,sɔ] *n.* ①Ⓤ蹺蹺板(遊戲)。②ⓊⒸ上下或前後移動。— *v.i.* 玩蹺蹺板；上下動；前後動。— *adj.* ①上下或前後動的。②拉鋸式的。§ ～ **gàme** 拉鋸戰。

seethe [sið] *v.i.* ①煮沸；沸騰。②起泡沫。③激昂；騷動。— *v.t.* ①漬；浸。②煮。

see-through [`si,θru] *adj.* 透明的。— *n.* ①Ⓒ透明的服飾。②ⓊⒸ穿著此種服飾之時尚。

seg·ment [`sɛgmənt] *n.* Ⓒ ①片；部分；斷片。②〖數〗節。— *v.i.* & *v.t.* 分割成(部分)。— **seg·men′tal,** *adj.* — **seg·men·ta′tion,** *n.*

seg·re·gate [`sɛgrɪ,get] *v.t.* ①隔離。②強制隔離(不同種族、宗教信仰等)。— *v.i.* ①分離。②(依種族、性別)採取隔離政策。— [`sɛgrəgɪt] *adj.* 隔離的；分離的。— **seg·re·ga·tion** [,sɛgrɪ`geʃən], *n.*

seg·re·gat·ed [`sɛgrə,getɪd] *adj.* ①被隔離的。②採取(種族、性別等)隔離政策的。

sei·gnior [`sinjɚ] *n.* Ⓒ ①封建君主；諸侯。②君(尊稱，相當於 Sir).(亦作 **seigneur**)

seine [sen] *n.* Ⓒ 大捕魚網；拖網。— *v.i.* & *v.t.* 以大魚網捕魚。

seis·mic [`saɪzmɪk] *adj.* 地震的；由地震引起的。(亦作 **seismal**)

seismo-〖字首〗表「地震」之義。

seis·mo·graph [`saɪzmə,græf] *n.* Ⓒ 地震儀。

seis·mol·o·gy [saɪz`mɑlədʒɪ] *n.* Ⓤ 地震學。— **seis·mol′o·gist,** *n.* — **seis·mo·log′i·cal** [-`lɑdʒɪkl], *adj.*

‡**seize** [siz] *v.t.* ①捉；握；攫取。②了解；把握；明白。③侵襲。④占有；扣押。⑤結；接。— *v.i.* ①攫取；強取〔on, upon〕. ②(機器)因過熱而停止

轉動。③訴諸(常 on, upon)。

sei·zure [ˋsiʒɚ] *n.* ①Ⓤ捕獲；奪取。②Ⓤ扣押；沒收。③Ⓒ侵襲；(疾病)發作。④Ⓒ扣押品；捕獲物。

‡**sel·dom** [ˋsɛldəm] *adv.* 很少；不常；罕；難得。

‡**se·lect** [səˋlɛkt] *v.t.* 選擇；挑選。**—** *adj.* ①精選的。②挑剔的；苛擇的。§ ∼ **commíttee**(立法機關等)特別委員會。— **a·ble,** *adj.* — **ly,** *adv.*

***se·lec·tion** [səˋlɛkʃən] *n.* ①ⓊⒸ選擇；挑選；淘汰。②Ⓒ選出之人或物；精選品。

se·lec·tive [səˋlɛktɪv] *adj.* ①選擇的；淘汰的。②〖無線〗有良好選擇性的。§ ∼ **sérvice** 義務兵役(制度)。— **ly,** *adv.*

‡**self** [sɛlf] *n.* (*pl.* **selves**) ①**a.** Ⓒ自身；本身；自己。**b.** Ⓤ (常 the ∼) 自我。②Ⓒ本質；精髓。③Ⓤ私心；私欲。④Ⓤ〖俗〗我；我自己(=me, myself)；本人。**—** *adj.* (品質、顏色等)相同的；一致的。**—** *pron.* 我自己、他自己等。

self- 〖字首〗表「及於自己的；由自己發出的」之義。

self-ab·sorbed [ˋsɛlfəbˋsɔrbd] *adj.* 專心於自身利益的；自私的。

self-ad·dressed [ˋsɛlfəˋdrɛst] *adj.* (爲方便回信，信封等)有發信人姓名住址的；寫給自己的。

self-ap·point·ed [ˋsɛlfəˋpɔɪntɪd] *adj.* 自薦的；自己指定的。

self-as·ser·tion [ˋsɛlfəˋsɝʃən] *n.* Ⓤ①堅持己見。②逞強；逞能。

self-as·sured [ˋsɛlfəˋʃurd] *adj.* 有自信的；自信心強的。— **ness,** *n.*

self-cen·tered [ˋsɛlfˋsɛntɚd] *adj.* ①自我中心的。②自私自利的。

self-con·ceit [ˋsɛlfkənˋsit] *n.* Ⓤ自大；自滿；自負。— **ed,** *adj.*

self-con·fi·dence [ˌsɛlfˋkanfədəns] *n.* Ⓤ自信。— **self-con′fi·dent,** *adj.* — **self-con′fi·dent·ly,** *adv.*

self-con·scious [ˋsɛlfˋkanʃəs] *adj.* 自覺的；神經過敏的；不自然的；忸怩的。— **ly,** *adv.*

self-con·tained [ˋsɛlfkənˋtend] *adj.* ①能克制自己言行的；寡言的；不衝動的。②必需品完備的。③自足的；獨立的。

self-con·trol [ˋsɛlfkənˋtrol] *n.* Ⓤ克己；自制。

self-de·fense, 〖英〗**-fence** [ˋsɛlfdɪˋfɛns] *n.* Ⓤ自衛；正當防衛。

self-de·ni·al [ˋsɛlfdɪˋnaɪəl] *n.* Ⓤ自制；克己；自我犧牲；無私。

self-de·ny·ing [ˋsɛlfdɪˋnaɪɪŋ] *adj.* 自我犧牲的；無私的。

self-de·struct [ˋsɛlfdɪsˋtrʌkt] *v.t.* 自我毀滅；自動毀壞。

self-de·struc·tion [ˋsɛlfdɪˋstrʌkʃən] *n.* Ⓤ自殺；自毀。

self-de·ter·mi·na·tion [ˋsɛlfdɪˌtɝməˋneʃən] *n.* Ⓤ①自己決定；自決。②民族自決。

self-dis·ci·pline [ˌsɛlfˋdɪsəplɪn] *n.* Ⓤ自我訓練；自我修養；自律；自制。

self-ed·u·cat·ed [ˌsɛlfˋɛdʒəˌketɪd] *adj.* 自修的；自習的。— **self-ed·u·ca′tion,** *n.*

self-em·ployed [ˋsɛlfɛmˋplɔɪd] *adj.* 自雇的；自己經營的。

self-es·teem [ˋsɛlfəˋstim] *n.* Ⓤ自尊；自負；自大；自滿。

self-ev·i·dent [ˌsɛlfˋɛvədənt] *adj.* 不證自明的；不言而喻的。

self-ex·plan·a·to·ry [ˋsɛlfɪkˋsplænəˌtorɪ] *adj.* 意義明顯的。

self-ex·pres·sion [ˋsɛlfɪkˋsprɛʃən] *n.* Ⓤ自我表現。

self-ful·fil(l)·ment [ˋsɛlffulˋfɪlmənt] *n.* Ⓤ 自我實現。

self-gov·ern·ing [ˌsɛlfˋgʌvənɪŋ] *adj.* 自治的；獨立的。

self-gov·ern·ment [ˌsɛlfˋgʌvənmənt] *n.* Ⓤ①自制；克己。②自治；自治制。

self-help [ˌsɛlfˋhɛlp] *n.* Ⓤ自助；自立。

self-im·por·tant [ˋsɛlfɪmˋpɔrtn̩t] *adj.* 自誇的；自大的；自視過高的。— **self′-im·por′tance,** *n.*

self-im·posed [ˋsɛlfɪmˋpozd] *adj.* 自己加給自己的；自願去做的。

self-in·duced [ˋsɛlfɪnˋdjust] *adj.* 〖電〗自誘導的；自感應的。

self-in·duc·tion [ˌsɛlfɪnˋdʌkʃən] *n.* Ⓤ〖電〗自感應。

self-in·dul·gence [ˋsɛlfɪnˋdʌldʒəns] *n.* Ⓤ放縱自己。

self-in·ter·est [ˌsɛlfˋɪntərɪst] *n.* Ⓤ私利；利己；私慾；私心。

***self·ish** [ˋsɛlfɪʃ] *adj.* 自私的；自利的；利己的；自我本位的。— **ly,** *adv.* — **ness,** *n.*

self·less [ˋsɛlflɪs] *adj.* 忘我的；無私的。

self-love [ˋsɛlfˋlʌv] *n.* Ⓤ 自私；自愛；自憐。

self-made [ˋsɛlfˋmed] *adj.* ①自製的。②白手起家的；自力完成的。

self-pit·y [ˌsɛlfˋpɪtɪ] *n.* Ⓤ自憐。

self-pol·li·nat·ed [ˋsɛlfˋpɑləˌnetɪd] *adj.* 〖植〗自花受粉的。 — **self′-pol·li·na′tion,** *n.*

self-pos·ses·sion [ˋsɛlfpəˋzɛʃən] *n.* Ⓤ沈著；鎮靜；泰然自若。— **self′-pos·sessed′,** *adj.*

self-pres·er·va·tion [ˋsɛlfprɛzəˋveʃən] *n.* Ⓤ自保；自衛。

self-re·al·i·za·tion [ˋsɛlfˌriələˋzeʃən] *n.* Ⓤ自我實現。

self-re·li·ance [ˋsɛlfrɪˋlaɪəns] *n.* Ⓤ自恃；自立。— **self-re·li′ant,** *adj.*

self-re·spect [ˋsɛlfrɪˋspɛkt] *n.* Ⓤ自尊；自重。

self-right·eous [ˌsɛlfˋraɪtʃəs] *adj.* 僞善的；自以爲是的。

self-sac·ri·fice [ˌsɛlfˋsækrəˌfaɪs] *n.* Ⓤ自我犧牲；獻身。

***self·same** [ˋsɛlfˌsem] *adj.* 同一的；同樣的。— **self·same′ness,** *n.*

self-seal·ing [ˌsɛlfˋsilɪŋ] *adj.* 自行封口的；自固的。

self-search·ing [ˋsɛlfˋsɝtʃɪŋ] *adj.* 自我檢討的。

self-seek·ing [ˋsɛlfˋsikɪŋ] *adj.* 自私的；只圖私利的。— *n.* Ⓤ自利；自私；追求私利。

self-serv·ice [ˋsɛlfˋsɝvɪs] *n.* Ⓤ自助(式)；自取(食物、商品等)。

self-start·er [ˋsɛlfˋstɑrtɚ] *n.* Ⓒ①自動起動器。②有自發裝置的汽車[機車]引擎。

self-styled [ˋsɛlfˋstaɪld] *adj.* 自稱的；自任的；自封的。

self-suf·fi·cient [ˋsɛlfsəˋfɪʃənt] *adj.* ①自給自足的。②傲慢的；自負的。— **self′-suf·fi′cien·cy,** *n.*

self-taught [ˋsɛlfˋtɔt] *adj.* 自修的；自學的；自學而獲得的。

self-will [ˌsɛlfˋwɪl] *n.* Ⓤ固執己見；執拗。— **ed,** *adj.*

self-wind·ing [ˋsɛlfˋwaɪndɪŋ] *adj.* 自動上發條的(錶等)。

‡sell [sɛl] *v.t.* (**sold**) ①售賣；販賣。②背叛；放棄；出賣。③使接受；使贊成。④使能售出。⑤使購買。⑥〖俚〗欺騙。— *v.i.* ①售賣。②(商品)銷售。～ ***off*** 清除存貨的廉價出售。～ ***one's life dear*** (***ly***) 使敵蒙受重大損失而後死。～ ***out*** **a.** 完全脫售。**b.** 〖俚〗背棄。— *n.* 〖俚〗①(a ～)欺騙；期待落空之事。②Ⓤ銷貨(法)。

***sell·er** [ˋsɛlɚ] *n.* Ⓒ①賣者。②出售之物。a good ～ 暢銷商品。

sell·out [ˋsɛlˌaut] *n.* Ⓒ〖俚〗①賣完。②賣滿座的演出。③(常 *sing.*)〖美〗密告；出賣。

sel·vage, -vedge [ˋsɛlvɪdʒ] *n.* Ⓒ布的織邊。

selves [sɛlvz] *n.* pl. of **self.**

sem. semicolon. **SEM** scanning electron microscope. 電子掃瞄顯微鏡。

se·man·tic [səˋmæntɪk] *adj.* ①意義的；與意義有關的。②語意[義]學的。— **se·man′ti·cist,** *n.*

se·man·tics [səˋmæntɪks] *n.* Ⓤ語意[義]學。

sem·a·phore [ˋsɛməˌfor] *n.* ①Ⓒ信號機；信號燈；信號旗。②Ⓤ旗語。— *v.t.* 以信號通知。— *v.i.* 以信號通訊。

sem·blance [ˋsɛmbləns] *n.* (*sing.*)①肖像。②相似；類似。③外觀；外貌；外表；樣子；模樣。

se·men [ˋsimən] *n.* (*pl.* **sem·i·na** [ˋsɛmɪnə]) ①Ⓤ〖生理〗精液。②ⓊⒸ〖植〗胚種；種子。

se·mes·ter [səˋmɛstɚ] *n.* Ⓒ半學年；一學期。

sem·i·an·nu·al [ˌsɛmɪˋænjuəl] *adj.* 半年的；每半年的。— **ly,** *adv.*

sem·i·breve [ˋsɛməˌbriv] *n.* Ⓒ〖樂〗全音符。

sem·i·cir·cle [ˋsɛməˌsɝkḷ] *n.* Ⓒ半圓；半圓形(的東西)。

sem·i·cir·cu·lar [ˌsɛmɪˋsɝkjələ] *adj.* 半圓形的。§ ～ **canál**〖解〗(耳之)半規管。

***sem·i·co·lon** [ˋsɛməˌkolən] *n.* Ⓒ半支點；分號(；)。

sem·i·con·duc·tor [ˌsɛməkənˋdʌktɚ] *n.* Ⓒ半導體。

sem·i·fi·nal [ˌsɛməˋfaɪnḷ] *n.* Ⓒ〖運動〗準決賽。— *adj.* 準決賽的。— **ist,** *n.* Ⓒ參加準決賽者。

sem·i·month·ly [ˌsɛməˋmʌnθlɪ] *adj.* 半月的；半月一次的。— *adv.* 每半月地；半月一次地。— *n.* Ⓒ半月刊。

sem·i·nal [ˋsɛmənḷ] *adj.* ①精液的。②〖植〗胚子的；種子的。③潛在的；含蓄的。④根本的；基本的。

sem·i·nar [ˋsɛməˌnɑr] *n.* Ⓒ①大學學生在指導下進行某特定主題的研討課程。②研討室。③講習會；討論會。

sem·i·nar·y [ˋsɛmə͵nɛrɪ] *n.* Ⓒ ①學校；學院。②神學院。③發源地；溫床。④〖古〗(私立的)女子中學。

sem·i·of·fi·cial [͵sɛmɪəˋfɪʃəl] *adj.* 半官方的。— **ly,** *adv.*

se·mi·ot·ics [͵simɪˋɑtɪks] *n.* Ⓤ ①〖醫〗徵候學。②〖邏輯，語言〗符號學。

sem·i·pre·cious [͵sɛməˋprɛʃəs] *adj.* 準寶石的；半寶石的；半珍貴的。

sem·i·pro·fes·sion·al [͵sɛməprəˋfɛʃənl̩] *adj.* 半職業性的。— *n.* Ⓒ 半職業性之人[選手]。

sem·i·skilled [͵sɛməˋskɪld] *adj.* 半熟練的(工人)。

Se·mit·ic [səˋmɪtɪk] *adj.* 閃族(語)的。— *n.* ① Ⓒ 閃族人。② Ⓤ 閃族語(包括 Hebrew, Arabic 等語系)。

sem·i·tone [ˋsɛmə͵ton] *n.* Ⓒ 〖樂〗半音。

sem·i·vow·el [ˋsɛmə͵vauəl] *n.* Ⓒ〖語音〗半母音。

sem·i·week·ly [͵sɛməˋwiklɪ] *adj.* 一週二次的。— *n.* Ⓒ 半週刊。— *adv.* 一週二次地。

sem·i·year·ly [͵sɛməˋjɪrlɪ] *adj.* 每年兩次的；半年一次的。— *n.* Ⓒ 半年刊。— *adv.* 半年一次。

sem·o·li·na [͵sɛməˋlinə] *n.* Ⓤ 粗小麥粉。

‡**sen·ate** [ˋsɛnɪt] *n.* ① **a.** (S-) Ⓒ 參議院；上議院。**b.** Ⓒ 參議院[上議院]議場。② Ⓒ (常 the ～) (大學等的)評議委員會。③ Ⓤ (the ～) (古希臘、羅馬的)元老院。§ ～ **hòuse** (1)參議院議場。(2)英國劍橋大學評議員辦公處。

‡**sen·a·tor** [ˋsɛnətɚ] *n.* Ⓒ ①(常 S-)參議員。②(大學的)評議委員。③(古代羅馬的)元老院議員。— **ship,** *n.* — **sen·a·to′ri·al,** *adj.*

‡**send** [sɛnd] *v.t.* (**sent**) ①遣；派；使往。②送；傳遞；傳達。③促使。④施與；賜給。⑤拋；擲。⑥送出；送到。⑦發出〔常 forth, off, out, through〕。⑧〖電〗發出信號。⑨〖俚〗使興奮。⑩迫使。⑪引起…上升或下降。— *v.i.* ①遣使。②〖電〗送出(信號)。～ *away* **a.** 解僱(僕人等)。**b.** 寫信或派人至遠方。～ *for* 延請。～ *forth*(*out*) **a.** 生出；發出。**b.** 出口。～ *in* **a.** 參加展覽。**b.** 使宣布；使爲人知。～ *off* **a.** 發貨；送貨。**b.** 送別。**c.** 差遣；辭退。～ *on* **a.** 轉送；轉寄。**b.**先送；先寄。～ *out* **a.** 放射；放出。**b.** 生出；長出。**c.** 分發。～ *up* **a.**使上揚；使升高。**b.**使高升(職位)。**c.**〖俚〗判刑；把…送進監獄。～ *word* 通知。

send·er [ˋsɛndɚ] *n.* Ⓒ ①送者；發送人；發貨人。②(電話之)送話器；(電報之)發報機。

send-off [ˋsɛnd͵ɔf] *n.* Ⓒ〖俚〗①話別會；送別會。②出發；開始。

se·nile [ˋsinaɪl] *adj.* 老年的；衰老的。— *n.* Ⓒ 老年人；衰老者。
— **se·nil·i·ty** [səˋnɪlətɪ], *n.*

***sen·ior** [ˋsinjɚ] *adj.*①年長的；同名的父子或兄弟二人中之長者(常略作 **Sen., Senr., Sr.**)。②上級的；高級的；前輩的。③〖美〗(大學或四年制中學之)四年級的；畢業班的。④資深的(軍官等)。— *n.* Ⓒ ①年長者。②上司；前輩。③〖美〗(大學或四年制中學之)四年級學生；畢業班學生。§ ～ **cítizen** 高齡者；老年人。～ **hígh schòol**〖美〗高級中學。

sen·ior·i·ty [sinˋjɔrətɪ] *n.* Ⓤ ①年長。②年資；資歷。§ ～ **rúle**〖美〗資深規則。

se·ñor [senˋjɔr]〖西〗*n.* (*pl.* **se·ño·res** [～es], **～s**) ①…先生(=Mr.)(略作 **Sr.**)。② Ⓒ 紳士。

se·ño·ra [͵senˋjorə]〖西〗*n.* ①…夫人。② Ⓒ 女士。

se·ño·ri·ta [͵senjəˋritə]〖西〗*n.* ①…小姐(對未婚女子的稱呼)。② Ⓒ 小姐；姑娘。

***sen·sa·tion** [sɛnˋseʃən] *n.* ① Ⓤ Ⓒ 感覺；知覺。② Ⓒ 感覺；感受。③ Ⓒ 大轟動；聳人聽聞的事件。

***sen·sa·tion·al** [sɛnˋseʃənl̩] *adj.* ①聳人聽聞的；令人激動的。②意圖激動感情的。③感覺的；感情的。④〖哲〗感覺論的。— **ly,** *adv.*

‡**sense** [sɛns] *n.* ① Ⓒ 感官；官能。② Ⓤ 感覺；知覺。③ Ⓤ 直覺；感覺能力。④ Ⓤ 判斷力；見識。⑤(*pl.*)理性；神智。⑥ Ⓒ 意義；意味。⑦ Ⓤ 興情。*come to one's* **～s** **a.** 醒悟。**b.** 恢復知覺。*in a* ～在某一方面來說。*in one's*(*right*) **～s** 神智正常。*make* ～ 理解；合理。*out of one's* (*right*) **～s** 神智失常。*talk* ～ 說有意義的話。— *v.t.* ①覺得；感知。②〖俗〗了解；明白。§ ～ **dàtum**〖心〗經驗因素。～ **òrgan** 感覺器官。

***sense·less** [ˋsɛnslɪs] *adj.* ①無感覺的。②無知的。③無意義的。

***sen·si·bil·i·ty** [͵sɛnsəˋbɪlətɪ] *n.*

S

Ⓤ ①感覺; 感覺能力。②(常 *pl.*)敏感; 敏感性。③(常 *pl.*)情感。

***sen·si·ble** [ˋsɛnsəbḷ] *adj.* ①可感覺的。②聰明的; 有理性的。③感知的。④敏感的。⑤(數量等)相當大的。

***sen·si·tive** [ˋsɛnsətɪv] *adj.* ①有感覺的。②敏感的; 感覺靈敏的。③敏於理解的; 能辨好壞的。④易受影響的; 易受傷害的。⑤易感光的。⑥(職務等)涉及高度機密的。⑦(秤或溫度器等)感度高的。§ ～ **plànt** 含羞草。— **ly,** *adv.* — **ness,** *n.*

sen·si·tiv·i·ty [ˌsɛnsəˋtɪvətɪ] *n.* Ⓤ ①敏感度; 靈敏度。②〖攝〗(底片的)感光度。③〖無線〗感度。

sen·si·tize [ˋsɛnsəˌtaɪz] *v.t.* ①使敏感。②〖攝〗使(底片)易於感光。

sen·sor [ˋsɛnsɚ] *n.* Ⓒ 感測器。

sen·so·ri·al [sɛnˋsorɪəl] *adj.* = **sensory.**

sen·so·ry [ˋsɛnsərɪ] *adj.* 感覺的; 感官的。

sen·su·al [ˋsɛnʃuəl] *adj.* ①肉體上的; 五官的。②(耽於)肉慾的; 好色的。③享樂主義的。

sen·su·al·i·ty [ˌsɛnʃuˋælətɪ] *n.* Ⓤ ①淫蕩; 好色。②感覺性。

sen·su·ous [ˋsɛnʃuəs] *adj.* ①感官的; 感覺的。②訴諸感覺的。③感覺敏銳的; 敏感的。

‡**sent** [sɛnt] *v.* pt. & pp. of **send.**

***sen·tence** [ˋsɛntəns] *n.* ① Ⓒ (文)句。② **a.** Ⓤ 宣判; 判決。**b.** Ⓒ 刑罰。③ Ⓒ〖古〗格言。*be under ～ of death*已被宣判死刑。*pass ～* 宣判刑罰。*serve a ～* 服刑。**—** *v.t.* 宣判; 判決。— **sen·ten′tial,** *adj.*

sen·ten·tious [sɛnˋtɛnʃəs] *adj.* ①簡潔精鍊的。②警句的。③好說教的; 自以爲正義的。— **ly,** *adv.*

sen·tient [ˋsɛnʃənt] *adj.* 知覺的; 感覺的。— **sen′tience, sen′tien·cy,** *n.*

***sen·ti·ment** [ˋsɛntəmənt] *n.* ① Ⓤ (常 *pl.*)感情; 情緒; 情操。② Ⓤ 傷感; 多愁善感。③ Ⓒ (常 *pl.*)意見; 觀點。

***sen·ti·men·tal** [ˌsɛntəˋmɛntḷ] *adj.* ①感情的; 情緒的。②感情用事的; 多愁善感的; 感傷的。— **ly,** *adv.*

sen·ti·men·tal·ism [ˌsɛntəˋmɛntḷˌɪzəm] *n.* Ⓤ 感情[感傷]主義。— **sen·ti·men′tal·ist,** *n.*

***sen·ti·nel** [ˋsɛntənḷ] *n.* Ⓒ ①哨兵; 步哨。②守衛人。*stand ～ over* 守衛。**—** *v.t.* (-l-, 〖英〗 -ll-) 站崗; 看管。

***sen·try** [ˋsɛntrɪ] *n.* Ⓒ 哨兵; 步哨; 守望者。*go on ～*上哨; 當哨。*stand ～* 站崗; 看顧; 守護。§ ～ **bòx** 哨兵崗位; 哨亭。～ **gò** 步哨線。

Se·oul [sol, seˋol] *n.* 漢城(大韓民國首都)。

Sep. September.

sep·a·ra·ble [ˋsɛpərəbḷ] *adj.* 能分開的; 可區分的。— **sep·a·ra·bil′i·ty,** *n.*

‡**sep·a·rate** [ˋsɛpəˌret] *v.t.* ①分離; 分開; 隔開。②開除; 開革; 遣散。**—** *v.i.* 分離; 脫離; 分開; 分居。**—** [ˋsɛpərɪt] *adj.* 分離的; 分開的; 各別的; 單獨的。**—** *n.* ①(*pl.*)可分開穿著的女裝。② Ⓒ (雜誌等的)抽印本。§ ～ **bróther** 〖天主教〗非天主教徒。～ **estáte** [**próperty**] (妻之)獨有財產。— **ly,** *adv.*

***sep·a·ra·tion** [ˌsɛpəˋreʃən] *n.* ① ⓊⒸ 分離; 分開; 獨立; 脫離。② Ⓒ 間隔; 距離。③ ⓊⒸ 分居。④ Ⓒ 缺口; 孔; 裂口。⑤ Ⓤ〖美〗退役; 解雇; 開除。§ ～ **allòwance** 軍屬津貼。～ **cènter** 軍隊復員中心。～ **pày** 遣散費。

sep·a·ra·tism [ˋsɛpərəˌtɪzəm] *n.* Ⓤ ①〖政, 宗〗分離主義。②獨立主義。— **sep′a·ra·tist,** *n.*

sep·a·ra·tor [ˋsɛpəˌretɚ] *n.* Ⓒ ①分離者。②選礦機; 隔離板。

sep·sis [ˋsɛpsɪs] *n.* ⓊⒸ〖醫〗敗血症。

Sept. September; Septuagint.

‡**Sep·tem·ber** [sɛpˋtɛmbɚ] *n.* 九月(略作 **Sept., Sep.**)。

sep·tic [ˋsɛptɪk] *adj.* 致使腐敗的; 敗血性的。§ ～ **tànk** (下水道污水處理的)淨化槽; 化糞池。

sep·ti·cae·mi·a [ˌsɛptəˋsimɪə] *n.* Ⓤ〖醫〗敗血症。(亦作 **septicemia**)

sep·tu·a·ge·nar·i·an [ˌsɛptʃuədʒəˋnɛrɪən] *adj.* & *n.* Ⓒ 七十多歲的(人)。

Sep·tu·a·gint [ˋsɛptʃuəˌdʒɪnt] *n.* (the ～)希臘文舊約聖經(由七十或七十二位猶太學者譯成)。

sep·tum [ˋsɛptəm] *n.* Ⓒ (*pl.* **-ta** [-tə])〖生物〗隔膜; 隔板。

sep·tu·ple [ˋsɛptupḷ] *adj.* 七倍的。**—** *v.t.* 以七倍之; 以七乘之。

sep·ul·cher, 〖英〗**-chre** [ˋsɛpḷkɚ] *n.* Ⓒ 墳墓; 塚。*a whited ～*僞君子。*the Holy S-* 聖墓(耶穌之墓)。**—** *v.t.* 埋葬。

se·pul·chral [səˋpʌlkrəl] *adj.* ①

墳墓的。②陰森森的。「葬。」

sep·ul·ture [ˋsɛpl̩tʃɚ] *n.* Ⓤ 埋

se·quel [ˋsikwəl] *n.* Ⓒ ①(小說等的)續集；續篇；後續。②結果；結局。*as a ~ to*[*of*]由於…的結果。*in the ~* 結果；到後來。

***se·quence** [ˋsikwəns] *n.* ①Ⓤ 繼續；繼起。②Ⓤ 次第；順序；關聯。③Ⓒ後果；結局。*the ~ of tenses*〖文法〗時態的一致。

se·ques·ter [sɪˋkwɛstɚ] *v.t.* ①扣押；沒收。②使退隱；分離(作反身動詞用，或以過去分詞作形容詞用)。③〖國際法〗扣押(敵產)。

se·ques·trate [sɪˋkwɛstret] *v.t.*〖法律〗①假扣押。②查封；沒收。
— **se·ques·tra′tion,** *n.*

se·quin [ˋsikwɪn] *n.* Ⓒ亮片。

se·quoi·a [sɪˋkwɔɪə] *n.* ⓊⒸ〖植〗美洲杉。

se·ra [ˋsɪrə] *n.* pl. of **serum.**

se·ra·pe [sɛˋrɑpɪ] *n.* Ⓒ (拉丁美洲人穿的)彩色披肩；彩色披毯。

ser·aph [ˋsɛrəf] *n.* Ⓒ (*pl.* **~s, ser·a·phim** [-ˏfɪm])六翼天使(九級天使中地位最高者)。

Serb [sɝb] *adj.* 塞爾維亞(人，語)的。— *n.* ①Ⓒ 塞爾維亞人。②Ⓤ 塞爾維亞語。(亦作 **Serbian**)

sere [sɪr] *adj.*〖文〗乾枯的。

***ser·e·nade** [ˏsɛrəˋned] *n.* Ⓒ 夜曲；小夜曲(尤指情人在其女友窗外所奏唱者)。— *v.t.* 向…奏或唱小夜曲。
— *v.i.* 歌唱或奏小夜曲。

***se·rene** [səˋrin] *adj.* ①安詳的；平靜的；寧靜的；沈著的；晴朗的。②(常 S-)對皇族的尊稱(常與 his, your 等連用)。— **ly,** *adv.* — **se·ren′i·ty** [-ˋrɛnətɪ], — **ness,** *n.*

serf [sɝf] *n.* Ⓒ ①農奴。②奴隸。③被虐待如農奴的人。「料)。」

serge [sɝdʒ] *n.* Ⓤ 嗶嘰(一種斜紋布

***ser·geant** [ˋsɑrdʒənt] *n.* Ⓒ ①(陸軍)中士；(空軍)下士。②警佐。③(S-)〖美〗地對地單節飛彈。§ ⁓ **first cláss** 陸軍上士。⁓ **májor** 軍士長；士官長。

se·ri·al [ˋsɪrɪəl] *n.* Ⓒ①連載小說；連續劇；續集。②定期刊物。— *adj.* ①連載的。②連續刊行物的；連續廣播的。③連續的；排成系列的。§ ⁓ **nùmber** (1)依次編列的號碼。(2)編號。— **ly,** *adv.*

‡**se·ries** [ˋsɪriz] *n.* ①Ⓒ 連續；系列。②Ⓒ 級數。③Ⓤ〖電〗串聯。④Ⓒ叢書。⑤Ⓒ一套(如郵票)。⑥Ⓒ(棒球等的)一連串比賽。*in ~* 連續地；順序地。— *adj.*〖電〗串聯的。

ser·if [ˋsɛrɪf] *n.* Ⓒ〖印刷〗襯線(附加於 H, I 等字母上下的裝飾細線)。

se·ri·o·com·ic [ˏsɪrɪoˋkɑmɪk] *adj.* 嚴肅而又詼諧的。

‡**se·ri·ous** [ˋsɪrɪəs] *adj.* ①莊重的；嚴肅的。②認眞的。③重要的；需加考慮的。④危險的；嚴重的。
— **ly,** *adv.* — **ness,** *n.*

***ser·mon** [ˋsɝmən] *n.* Ⓒ ①說教；講道。②訓誡。③使人厭煩的長篇演講。*S- on the Mount*(耶穌之)山上寶訓。

se·rol·o·gy [sɪˋrɑlədʒɪ] *n.* Ⓤ 血清學。— **se·ro·log′i·cal,** *adj.*

***ser·pent** [ˋsɝpənt] *n.* ①Ⓒ蛇。②Ⓒ 狡猾的人。③(S-)巨蛇座。*the* (*old*) *S-* 魔鬼；撒旦。

ser·pen·tine [ˋsɝpənˏtin] *adj.* ①蛇的；似蛇的。②繞曲的；蜿蜒的。③狡猾的。— *n.* Ⓒ〖礦〗蛇紋石。

ser·rate [ˋsɛrɪt] *adj.*〖生物〗鋸齒狀的。

se·rum [ˋsɪrəm] *n.*(*pl.* **~s, -ra** [-rə])①Ⓤ 血漿。②ⓊⒸ 血清。

‡**serv·ant** [ˋsɝvənt] *n.* Ⓒ ①僕人；服務者。②有用的東西。③公務員。*a civil* [*public*] *~* 文官；公僕。
§ ⁓ **gìrl**[**màid**]女僕。

‡**serve** [sɝv] *v.t.* ①為…服務；為…服役。②供應；侍候(顧客)。③備置(餐食)。④適合。⑤對待。⑥奉(職)；服(刑)。⑦送達。⑧(網球)發球。⑨使用(槍砲等)。⑩貢獻。⑪滿足(慾望、需要等)。⑫(雄性動物)與…交配。
— *v.i.* ①服務；服役。②招呼；侍候。③使人滿意；合適。④可作…用〔as, for〕。⑤發球。⑥彌撒時充任輔祭。*~ one right* 得到應受之處罰。*~ out* 服完(任期；刑期)。*~ time* 服刑。— *n.* Ⓒ 發球。

serv·er [ˋsɝvɚ] *n.* Ⓒ①服務者；服役者。②盤；盆。③(用以分菜餚之)大叉子[湯匙]。④輔祭。⑤(網球等的)發球者。⑥〖電算〗伺服器。

‡**serv·ice** [ˋsɝvɪs] *n.* ①Ⓤ 服務。②Ⓤ 僕人的職業。③ⓊⒸ 公職；公職之部門或其全體人員。④Ⓤ 兵役。⑤ⓊⒸ 保養檢查。⑥Ⓒ (常 *pl.*)貢獻。⑦ⓊⒸ 幫助。⑧Ⓤ (動物之)交配。⑨Ⓒ一套；一組。a silver tea ~一套銀質茶具。⑩Ⓒ (常 *pl.*)服務

(業)。⑪Ⓒ〖網球〗發球。⑫Ⓤ(傳票等的)送達。⑬ⓊⒸ(車、船等之)交通服務。⑭Ⓒ儀式。⑮ⓊⒸ公用事業(如水、電、瓦斯等之供應)。***at someone's*** ～ 隨時提供服務。***be of*** ～ 能幫助的；有用的。***do somebody a*** ～ 對某人幫忙。— *v.t.* ①使…適於使用；修理。②提供服務或消息等。— *adj.* ①服務的；有用的。②僕傭的。③服務業的。④〖軍〗後勤的。§ ～ **àrea** (1)(廣播、電視的)播放地區。(2)服務地區。～ **bòok** 祈禱書；禮拜儀式書。～ **càp** 軍帽。～ **cèiling**〖空〗實用升限(從海平面算的高度)。～ **chàrge** 手續費；服務費。～ **clùb** (1)親善團體[組織]。(2)(軍人的)社交俱樂部。～ **cǒurt**〖網球〗發球區。～ **èntrance** 傭人或送貨人使用之門。～ **flàt**〖英〗提供服務的公寓(供伙食也提供清潔服務)。～ **hàtch**〖英〗(廚房與餐廳間之)遞送飯菜的小窗口。～ **lìfe** 耐用年數。～ **lìne**〖網球〗發球線。～ **màrk** 服務標誌。～ **mòdule**(太空船的)機械艙。～ **pìpe**(自來水、煤氣等之)輸送管。～ **ròad** 側道(與高速公路等平行的連絡道路)。～ **stàtion** (1)加油站；供應汽油[機油]處。(2)服務站。～ **strìpe**〖美〗軍人制服左袖上之斜條(每條代表服役三年)。

serv·ice·a·ble [ˋsɝvɪsəbḷ] *adj.* ①有用的。②耐用的；實用的。

serv·ice·man [ˋsɝvɪs͵mæn] *n.* Ⓒ (*pl.* **-men**)①軍人。②修理員。

serv·ice·wom·an [ˋsɝvɪs͵wʊmən] *n.* Ⓒ (*pl.* **-wom·en**)女軍人。

ser·vile [ˋsɝvḷ] *adj.* ①奴隸的。②奴隸性的；卑屈的〔常 to〕。③(藝術作品等)無創作性的。— **ser·vil′i·ty,** *n.*

ser·vi·tude [ˋsɝvə͵tjud] *n.* Ⓤ ①奴役；苦役。②奴隸狀態。

ses·a·me [ˋsɛsəmɪ] *n.* Ⓤ〖植〗芝麻。

ses·qui·cen·ten·ni·al [͵sɛskwɪsɛnˋtɛnɪəl] *adj.* 一百五十年的。— *n.* Ⓒ一百五十周年紀念。

***ses·sion** [ˋsɛʃən] *n.* ①Ⓤ(議會等之)開會；(法庭之)開庭。The court is now in ～. 法庭現正開庭。②Ⓒ會期；開庭期。③Ⓒ學期。④Ⓒ〖美〗授課時間。⑤(*pl.*)〖英法律〗治安法庭開庭。⑥Ⓒ(在一定期間團體舉行的)活動；聚會。— **al,** *adj.*

ses·tet [sɛsˋtɛt] *n.* Ⓒ①〖樂〗六重奏；六部合唱。②任何六行的一節詩(尤指義大利型十四行詩之最後六行)。

‡**set** [sɛt] *v.t.* (**set, set·ting**)①置；放。②調整。③對準。④致；使。⑤指定；規定。⑥使從事。⑦種；植。⑧使(母雞)孵蛋。⑨使移動。⑩裝起；裝好。⑪鑲嵌(寶石)於。⑫釋放。⑬使(植物)結果實。⑭爲(詩、詞)做樂譜；改寫(樂曲)。⑮〖印刷〗排(鉛字)。⑯捲(頭髮)。⑰致力於。⑱使坐下。⑲(獵狗)以鼻指著(獵物)以指示其位置。⑳〖戲劇〗安排舞臺道具、布景。㉑蓋(印)。㉒磨(刀)。㉓使凝固。㉔煽動攻擊；使生敵意。㉕使朝某一方向。㉖使(顏色)固著。㉗使緊。— *v.i.* ①凝固。②沈落。③流向；傾向。④(母雞)孵卵。⑤適合。⑥(獵犬以某種姿勢)指示獵物所在。⑦開始活動。⑧(花)結成實。⑨固定；變爲僵硬。⑩(頭髮)捲。⑪攻擊。⑫開始工作。⑬(顏色)固著。～ ***about*** **a.** 著手。**b.** 散布。**c.** 攻打。～ ***against*** **a.** 使猜忌；使反對。**b.** 對比；襯托。～ ***apart*** **a.** 劃歸某種用途。**b.** 使受到注意。～ ***aside*** **a.** 提出；保留。**b.** 忽視。**c.** 拒絕。**d.**〖法律〗廢止；取消。～ ***back*** **a.** 阻礙。**b.** 撥慢。～ ***by*** 保留。～ ***down*** **a.** 放下；卸下。**b.** 使下車。**c.** 寫下；塡入(表中)。**d.** 認爲。**e.** 歸功於。**f.** 規定；制定。**g.** 挫銳氣；凌辱。**h.** 降落。～ ***forth*** **a.** 宣布。**b.** 啓程；動身。～ ***forward*** **a.** 動身啓程。**b.** 宣布。**c.** 將(鐘錶時間)撥快。～ ***in*** **a.** 開始。**b.** 向…前進；流向。**c.** 置於…中。～ ***off*** **a.** 出發。**b.** 使爆發；燃放。**c.** 襯托。**d.** 使開始做。**e.** 分開。～ ***on*** [***upon***] **a.** 前進。**b.** 攻擊。**c.** 煽動。～ ***out*** **a.** 出發。**b.** 裝飾。**c.** 發表。**d.** 種植。**e.** 打算；企圖。**f.** 設計；計畫。**g.** 解釋；描述。～ ***to*** **a.** 開始積極地做。**b.** 開始打鬥。～ ***up*** **a.** 設立。**b.** 創立。**c.** 建立；開始。**d.** 使獲權；勝過。**e.** 提議。**f.** 喊出。**g.** 供給(常用被動式)。**h.** 恢復健康與力量。**i.** 排活字。**j.** 爲(病)的原因。**k.** 提高；晉陞。**l.** 宣稱；假裝。**m.**〖俚〗請客。**n.** 促成。**o.**〖俚〗刺激。— *adj.* ①確定的。②固定的。③固執的。④決心的。⑤習慣的。***all*** ～〖俗〗準備就緒。***get*** ～預備！— *n.* ①Ⓒ套；組；全集。②(*sing.*)(志趣相投的)伙伴。③Ⓒ機組。a television ～ 電視機。④Ⓒ〖戲劇〗布景。⑤Ⓤ型式；形狀；姿勢；體態。⑥(*sing.*)方向；趨向。

S

⑦(*sing.*)轉；彎曲。⑧Ⓒ鋪路用花崗石。⑨Ⓒ插枝；苗。⑩Ⓤ〖詩〗日落。⑪Ⓒ(網球等比賽中)一局。⑫Ⓤ(獵犬的)指示獵物。⑬(*sing.*)做頭髮。**—** *interj.* 預備！ § ~ **phráse** 陳腔濫調。~ **pìece** (1)花式煙火。(2)(文學等流於固定型的)一般化作品。(3)事先精心策畫的行動[場面]。~ **pòint**〖網球〗(決定勝負的)關鍵得分。~ **scène** (舞台上之)立體布景。~ **shòt**〖籃球〗原地投籃。~ **thèory**〖數〗集合論。

set·back [ˋsɛt͵bæk] *n.* Ⓒ①挫折。②高樓外牆之逐漸縮入。

set·tee [sɛˋti] *n.* Ⓒ(有靠背及扶手之)長椅。

set·ter [ˋsɛtɚ] *n.* Ⓒ①安放者；排字者；鑲嵌者。②諜犬(一種長毛獵狗)。

***set·ting** [ˋsɛtɪŋ] *n.* ①Ⓤ置放；裝置。②Ⓒ(常 *sing.*)環境。③Ⓒ(寶石等的)鑲嵌；鑲台。④Ⓒ(常 *sing.*)(戲劇的)布景。⑤Ⓤ〖樂〗譜曲。⑥Ⓒ一窩蛋。⑦Ⓤ(日、月之)沈落。⑧Ⓤ凝固。⑨Ⓒ安置機器用之架、床等(如鉋床)。⑩Ⓒ一套餐具。⑪Ⓤ〖印刷〗(活字的)幅。 § ~ **rùle**〖印刷〗排字規則。

‡**set·tle** [ˋsɛtl] *v.t.* ①解決。②安排。③清算。④安頓。⑤使沈；使降。⑥鎮定。⑦殖民(某地)。⑧使堅固。⑨贈予。⑩〖法律〗和解。⑪使緊密。⑫調整。**—** *v.i.* ①確定。②安居。③僑居；殖民。④安身。⑤平靜；鎮靜。⑥澄清。⑦下陷。⑧償付。⑨棲息。⑩和解。⑪(雌性動物)懷胎。~ ***down*** **a.** 定居。 **b.** 恢復鎮靜。 **c.** 認眞做事。~ ***in*** 遷入(新居)。~ ***on*** [***upon***] 決定。— **set′tled** [~d], *adj.*

‡**set·tle·ment** [ˋsɛtlmənt] *n.* ①Ⓒ解決；和解。②Ⓤ安頓。③Ⓒ清償。④**a.**Ⓤ殖民。**b.**Ⓒ殖民地；居留地。⑤Ⓒ產業的贈予。⑥Ⓒ社會福利實施區。⑦Ⓤ(建築物之)下陷。⑧Ⓤ(液體之)澄清；沈澱。

set·tler [ˋsɛtlɚ] *n.* Ⓒ①居留者；定居者。②移住者；殖民者。

set·tling [ˋsɛtlɪŋ] *n.* ①Ⓤ固定。②Ⓤ移住；殖民；居留。③Ⓒ決定；解決。④Ⓒ和解。⑤Ⓤ沈澱。⑥(*pl.*)沈渣。 § ~ **dày** 結帳日。

set-to [ˋsɛt͵tu] *n.* (*pl.* ~s)〖俗〗①(a ~)爭鬥；爭論。②Ⓒ競爭；比賽。

set·up [ˋsɛt͵ʌp] *n.* Ⓒ①(常 *sing.*)結構；機械裝置。②體格。③〖美俚〗身體之姿態。④冰、蘇打水、酒杯等飲酒所需的東西。⑤〖美俚〗**a.** 故意使雙方實力懸殊之比賽。**b.** 易打敗的對手。⑥容易做的事。⑦爲某事而準備、安排的工具。⑧計畫。

‡**sev·en** [ˋsɛvən] *adj.* 七(個)的。***the City of*** (***the***) ***S- Hills*** 七丘之城(羅馬市的俗稱)。***the ~ cardinal*** [***principal***] ***virtues*** 基本七德。***the ~ deadly sins*** 七大罪惡。***the S- Hills*** (***of Rome***) 羅馬七丘(古羅馬的七個山丘，爲古代羅馬市的中心)。***the S- Wonders of the World*** (古代的)世界七大奇觀。**—** *n.* ⓊⒸ七；七個。

sev·en·fold [ˋsɛvənˋfold] *adj.* 七倍的；七重的。**—** *adv.* 七倍地。

‡**sev·en·teen** [͵sɛvənˋtin] *n.* ⓊⒸ十七。**—** *adj.* 十七(個)的。

***sev·en·teenth** [͵sɛvənˋtinθ] *adj.* ①第十七的。②十七分之一的。**—** *n.* ①(the ~)第十七。②Ⓒ十七分之一。

‡**sev·enth** [ˋsɛvənθ] *adj.* ①第七的。②七分之一的。**—** *n.* ①(the ~)第七。②Ⓒ七分之一。 § ~ **héaven** (1)七重天(天之最高處)。(2)極樂世界。

***sev·en·ti·eth** [ˋsɛvəntɪɪθ] *adj.* ①第七十的。②七十分之一的。**—** *n.* ①(the ~)第七十。②Ⓒ七十分之一。

‡**sev·en·ty** [ˋsɛvəntɪ] *n.* ①ⓊⒸ七十；七十個。②(*pl.*)70 到 79 之數；七十年代。**—** *adj.* 七十的。

***sev·er** [ˋsɛvɚ] *v.t.* ①切斷。②斷絕；終止。③〖法律〗分割(產業等)。④區別。**—** *v.i.* ①分裂。②斷。

‡**sev·er·al** [ˋsɛvərəl] *adj.* ①數個的。②個別的；單獨的。③〖法律〗有連帶責任的。**—** *pron.* 數個；數人。

sev·er·ance [ˋsɛvərəns] *n.* ⓊⒸ隔斷；斷絕。 § ~ **pày** 離職金。

***se·vere** [səˋvɪr] *adj.* ①嚴厲的。②嚴重的。③劇烈的。④樸素的。⑤困難的。⑥精確的。— **ness,** *n.*

***se·vere·ly** [səˋvɪrlɪ] *adv.* 嚴厲地。

***se·ver·i·ty** [səˋvɛrətɪ] *n.* ①Ⓤ嚴厲。②Ⓤ酷烈。③Ⓤ精確。④Ⓤ樸素。⑤Ⓒ(常 *pl.*)嚴苛的對待。

sew** [so] *v.t.* & *v.i.* (~**ed,** ~**ed** or **sewn**)縫合；縫級。~ ***up **a.** 〖俗〗壟斷；控制。**b.** 縫合。**c.** 〖俗〗成功地完成(協商、合約等)。**d.** 使確定。

sew·age [ˋsjuɪdʒ] *n.* Ⓤ下水道中之汚物；汚水。 § ~ **dispòsal** 汚水處

理。

***sew·er¹** [ˋsoɚ] *n.* Ⓒ 從事於縫製的［人或工具。］

sew·er² [ˋsjuɚ] *n.* Ⓒ 陰溝；下水道。

sew·er·age [ˋsjuərɪdʒ] *n.* Ⓤ ①下水道設備[系統]。②下水道排水[汚物]處理。③=**sewage.**

***sew·ing** [ˋsoɪŋ] *n.* Ⓤ ①縫紉。②縫製物。§ ∼ **còtton** 縫紉用線。∼ **machìne** 縫紉機。

sewn [son] *v.* pp. of **sew.**

sex** [sɛks] *n.* ① ⓊⒸ 性；性別。female ∼ 女性。male ∼ 男性。both ∼*es* 兩性；男女。② Ⓤ 性特徵。③ Ⓤ 性之吸引力。④ Ⓤ 性交。the fair*** [***weaker***] ∼ 女性。***the sterner*** [***stronger***] ∼ 男性。— *adj.* 性的；與性有關的。§ ∼ **appèal** 性感。∼ **chròmosome** 〖生物〗性染色體。∼ **glànd** 〖解〗性腺；生殖腺。∼ **hòrmone** 性荷爾蒙。∼ **kìtten** 〖俚〗性感的女人。∼ **ràtio** 〖社會〗性別比率；男女人口比例。

sex·ism [ˋsɛksɪzəm] *n.* Ⓤ 性別歧視(尤指對女性之歧視)。

sex·ist [ˋsɛksɪst] *n.* Ⓒ 歧視女性的人。

Sex·tant [ˋsɛkstənt] *n.* ①〖天〗六分儀座。②(s-) Ⓒ 六分儀。

sex·tet(te) [sɛksˋtɛt] *n.* Ⓒ ①六重唱曲；六重奏曲。②六人或六物之一組。

sex·til·lion [sɛksˋtɪljən] *n.* Ⓒ ①〖美，法〗10^{21}。②〖英，德〗10^{36}。

sex·ton [ˋsɛkstən] *n.* Ⓒ 教堂司事。

sex·tu·ple [ˋsɛkstjupl̩] *adj.* ①六重的；六倍的；六部分組成的。②〖樂〗六拍子的。— *v.t.* & *v.i.* 增至六倍。

sex·tu·plet [ˋsɛkstuˌplɪt] *n.* Ⓒ ①六胞胎之一個。②以六組成之事物。

sex·u·al [ˋsɛkʃuəl] *adj.* 性的；有雌雄分別的；兩性之間的。∼ desire 性慾。∼ intercourse 性交。∼ organs 生殖器。∼ selection〖生物〗雌雄選擇。§ ∼ **harássment** 性騷擾。

sex·u·al·i·ty [ˌsɛkʃuˋælətɪ] *n.* Ⓤ ①性慾；性行爲。②性別。

sex·u·al·ly [ˋsɛkʃuəlɪ] *adv.* 在性方面。§ ∼ **transmítted diséase** 性病(略作 STD，通稱 venereal diseases)。

sex·y [ˋsɛksɪ] *adj.* 〖俚〗①性感的。②涉及性的；挑逗性的。

Sgt., sgt. Sergeant.

sh [ʃ] *interj.* (命令對方安靜)噓！

***shab·by** [ˋʃæbɪ] *adj.* ①破舊的；襤褸的。②卑鄙的。③簡陋的。— **shabˊbi·ly,** *adv.*

shack [ʃæk] *n.* Ⓒ〖美〗小木屋。

shack·le [ˋʃækl̩] *n.* Ⓒ (常 *pl.*) ①手銬；足鐐。②束縛物；羈絆物。— *v.t.* ①加枷鎖。②束縛；羈絆。

shad [ʃæd] *n.* Ⓒ (*pl.* ∼, ∼**s**) 鯡魚。

‡shade [ʃed] *n.* ① Ⓤ 蔭；陰。②(the ∼)蔭涼處。③(*pl.*)微暗。④ Ⓒ 遮蔽光熱之物(簾、罩、陽傘等)。⑤ Ⓒ 色度；顏色之深淺。⑥(a ∼)少許。⑦ Ⓒ 鬼魂；(*pl.*)陰間。⑧ Ⓤ 相片的陰影。⑨(*pl.*)〖俚〗太陽眼鏡。***cast*** [***put***] ***someone in*** [***into***] ***the*** ∼ 使某人[物]相形失色。— *v.t.* ①遮蔽；使暗。②微減。— *v.i.* 漸變；微現不同。— **less,** *adj.*

‡shad·ow [ˋʃædo] *n.* ① Ⓒ 影子。②(*sing.*)少許。③ Ⓒ 影像。④ Ⓒ 模糊的影像。⑤ Ⓒ 如影隨形者。⑥ Ⓒ 尾隨者。⑦ Ⓒ 預兆。⑧ Ⓤ 陰暗處。⑨ Ⓒ 暗的部分。⑩ Ⓒ 陰影。⑪ Ⓒ 幽靈；幻象。***under*** [***in***] ***the*** ∼ ***of*** 和…靠得很近。— *v.t.* ①遮蔽；隱憂。②投影於…上。③使憂鬱。④預示；預兆。⑤祕密尾隨。∼ ***forth*** 預示；預兆。§ ∼ **càbinet**〖英〗影子內閣(在野黨計畫中的預備內閣)。∼ **plày** 影子戲。

shad·ow·box·ing [ˋʃædoˌbɑksɪŋ] *n.* Ⓤ 太極拳。

***shad·ow·y** [ˋʃædəwɪ] *adj.* ①多蔭影的。②朦朧的。③鬼魂般的。

shad·y** [ˋʃedɪ] *adj.* ①多蔭涼的。②蔭蔽的。③不清楚的。④〖俗〗令人懷疑的。keep*** ∼ 〖俚〗隱匿。***on the*** ∼ ***side of*** 〖俚〗(年齡)大於。

***shaft** [ʃæft] *n.* Ⓒ ①箭幹；矛柄。②箭；矛。③〖植〗幹；莖。④羽軸。⑤(常 *pl.*)(馬車等的)車轅。⑥器械之柄。⑦煙突。⑧機械之軸。⑨〖礦〗豎坑。⑩光線。⑪柱身。⑫旗桿。⑬井狀通道。

shag [ʃæg] *n.* Ⓤ ①粗毛。②織物上的絨毛；表面有絨毛之織物。③一種切成細片的粗煙草。— *v.t.* (**-gg-**)使粗糙；使蓬亂。

***shag·gy** [ˋʃægɪ] *adj.* ①多粗毛的；毛髮蓬鬆的。②長濃而粗的。

‡shake [ʃek] *v.t.* (**shook, shak·en**) ①搖動。②動搖(信念、決心等)。③〖俚〗擺脫；治好(病)；除去(煩惱)。④(在手裏)搖動(骰子)。— *v.i.* ①戰慄。②搖動。③(信心)動搖；(勇氣

受挫。～ ***down*** **a.** 搖落。**b.** 使安居下來。**c.** 整理使有秩序。**d.** 〖俚〗敲詐(金錢)。**e.** 鋪(草等)於地板做床。**f.** 測驗。**g.** 〖俚〗搜查；搜(身)。～ ***hands*** 握手。～ ***in one's shoes*** 戰慄。～ ***off*** **a.** 脫落。**b.** 擺脫。～ ***one's head at something*** [***somebody***] 對某事[某人]搖頭(表示不贊成)。～ ***one's sides with laughter*** 捧腹大笑。～ ***up*** **a.** 猛搖。**b.** 激起。**c.** 震動(身體、神經)。**—** *n.* Ⓒ ①搖動；震動。②(常 *pl.*)戰慄。③震驚。④〖美〗雪克；奶昔(=milk shake)。⑤〖俗〗地震。⑥〖俚〗片刻。⑦樹上裂隙。⑧〖樂〗顫音。⑨握手(的行爲或方式)。⑩命運；運氣。⑪地上的龜裂。***a brace of ～s*** 片刻。***in half a ～; in two ～s*** 立刻。***no great ～s*** 沒什麼了不起的；平凡的。***two ～s (of a lamb's tail)*** 片刻。

shake·down [ˋʃek͵daʊn] *n.* Ⓒ ①臨時的便床。②敲詐；勒索。

shak·en [ˋʃekən] *v.* pp. of **shake.**

shak·er [ˋʃekɚ] *n.* Ⓒ ①搖動者。②攪拌器。③(有小孔蓋的)胡椒瓶；鹽瓶。④(調製雞尾酒的)搖杯。

***Shake·speare** [ˋʃek͵spɪr] *n.* 莎士比亞(William, 1564-1616, 英國詩人、劇作家)。

shake-up [ˋʃek͵ʌp] *n.* Ⓒ ①〖俚〗攪動；騷動。②人事大變動；大改革。

shak·y [ˋʃekɪ] *adj.* ①搖動的；戰慄的。②不穩固的。③沒把握的。

shale [ʃel] *n.* Ⓤ〖地質〗頁岩；泥板岩。§ ∼ **òil** 頁岩油。

‡**shall** [ʃæl, ʃəl] *aux. v.* (*pt.* **should**) ①將(第一人稱，表示單純未來)。②須；應(第二或第三人稱)。He says he won't go, but I say he ～. 他說他不去，但是我說他必須去。③用於疑問句中之第一人稱及第三人稱，表請示之意。*S-* I open the window? 我可以把窗子打開嗎? ④ shall we 等於或補充 let us 之義。Let's start tomorrow, ～ *we?* 我們明天動身吧，好不好? ⑤在以 if, when 等開始的附屬子句中 shall 之第一人稱表未來，其第二或第三人稱表不確定。

***shal·low** [ˋʃælo] *adj.* ①淺的。②淺薄的；膚淺的。**—** *n.* (*pl.*)淺灘；沙洲。**—** *v.t.* & *v.i.* (使)變淺。

shalt [ʃælt] *v.* 〖古〗=**shall**(用於第二人稱、單數、現在式，與thou連用)。

sham [ʃæm] *n.* ①(a ～)贗品。②Ⓒ 騙子。③ Ⓤ 欺詐。**—** *adj.* 假的；虛僞的；模擬的。**—** *v.t.* & *v.i.* (**-mm-**)假裝。

sham·ble [ˋʃæmbl] *v.i.* 蹣跚而行。**—** *n.* Ⓒ 蹣跚的步態。

‡**shame** [ʃem] *n.* ① Ⓤ 羞愧。② Ⓤ 恥辱。③(a ～)可恥之事、人或物。What a ～! 多麼可恥! ***For ～!*** 眞可恥! ***put to ～*** **a.** 使蒙羞。**b.** 勝過；使黯然失色。**—** *v.t.* ①使羞愧。②使蒙羞。③使相形見絀；使黯然失色。

shame·faced [ˋʃem͵fest] *adj.* ①怕羞的。②羞愧的。— **ly,** *adv.*

***shame·ful** [ˋʃemfəl] *adj.* 可恥的。

shame·less [ˋʃemlɪs] *adj.* 無恥的。

sham·poo [ʃæmˋpu] *v.t.* ①洗(頭及髮)。②按摩。③以特別洗滌劑洗(地毯等)。**—** *n.* (*pl.* **～s**) ① Ⓒ 洗髮；洗頭。② Ⓤ Ⓒ 洗髮劑[粉]。

shang·hai [ˋʃæŋhaɪ, ʃæŋˋhaɪ] *v.t.* ①灌以麻醉劑而綁架至船上服勞役。②〖俚〗強迫[誘騙](他人)做某事。

Shang·hai [ˋʃæŋˋhaɪ] *n.* 上海。

Shan·gri-la [ˋʃæŋgrɪˋlɑ] *n.* ①香格里拉(人間的理想樂園)。②美國陸軍航空隊之祕密基地。

shank [ʃæŋk] *n.* ① Ⓒ 脛；脛骨。② Ⓒ 腿。③ Ⓒ (用具等之)幹；身；柄部。④ Ⓒ 鞋襪之脛部。***go*** [***ride***] ***on ～'s*** [***～s'***] ***mare*** 步行；走。～ ***of the evening*** 晚上最好之時間。

shan't [ʃænt, ʃɑnt] *n.* =**shall not.**

shan·ty[1] [ˋʃæntɪ] *n.* Ⓒ 簡陋的小屋。

shan·ty[2] *n.* Ⓒ 船歌；櫂歌(=chantey)。

‡**shape** [ʃep] *n.* ① Ⓒ 形；形狀。② **a.** Ⓤ (又作 a ～)形態；裝扮。**b.** Ⓒ (模糊的、奇怪的)形象；輪廓；幻影。③ Ⓤ (計畫等的)完整[具體]形式。④ Ⓤ (健康、經營等的)情形；狀況。⑤ Ⓒ 模型。***get something into ～*** 使成適當形式；整理。***take ～*** 成形；實現。**—** *v.t.* ①造成(某)形。②定…的方向。③定型；塑造。④使適合。**—** *v.i.* 成形。～ ***up*** **a.** 成形；具體化。**b.** 發展；進展。**c.** 表現某種趨勢；有…之傾向。— **less,** *adj.*

shaped [ʃept] *adj.* …形狀的。

‡**share**[1] [ʃɛr] *n.* ①(*sing.*)部分；分。② Ⓒ 股份；出資。③ Ⓤ (又作 a ～)角色；參與；貢獻。***go ～s in something*** 平分；均攤。***on*** [***upon***] ***～s*** 利害與共。**—** *v.t.* ①分配。②共有；分享；分擔。**—** *v.i.* 分受；分享；共同負擔。～ ***and ～ alike*** **a.** 平均分

配。b. 一切與他人分享。

share² *n.* Ⓒ 犁頭。

share·hold·er [ˋʃɛr͵holdɚ] *n.* Ⓒ 股東。

share·ware [ˋʃɛr͵wɛr] *n.* Ⓒ〖電算〗分享軟體。

***shark** [ʃɑrk] *n.* Ⓒ ①鯊; 鮫。②騙子; 放高利貸者。③〖俚〗高手。
— *v.t.* & *v.i.* 欺騙; 詐騙。

‡**sharp** [ʃɑrp] *adj.* ①銳利的。②尖的。③急轉的。④嚴寒的。⑤劇烈的。⑥敏捷的。⑦迫切的。⑧敏銳的。⑨機警的。⑩嚴厲的。⑪顯明的。⑫聲調高的。⑬〖樂〗升半音的。⑭〖語音〗氣音的(如 p, t, k 等)。⑮(味道之)辣的。⑯精明的。⑰〖俚〗(衣著)時髦的。
— *adv.* ①準; 整。one o'clock ~ 一點整。②尖銳地。③機警地。④突然地。***Look ~!*** 趕快! 注意! 小心!
— *n.* Ⓒ ①〖樂〗嬰音; 嬰記號(即#)。②騙子。③〖俗〗專家。— **ly,** *adv.*

***sharp·en** [ˋʃɑrpən] *v.t.* ①使尖銳; 磨(刀); 削(鉛筆)。②加強; 使敏銳。
— *v.i.* ①變銳利; 變尖銳。②增強; 變爲敏銳。— **er,** *n.*

sharp·shoot·er [ˋʃɑrp͵ʃutɚ] *n.* Ⓒ ①神槍手。②狙擊手。

***shat·ter** [ˋʃætɚ] *v.t.* 使粉碎。
— *v.i.* 粉碎。— *n.* (*pl.*)碎片。

shave** [ʃev] *v.t.* & *v.i.* (~**d**, ~**d** or **shav·en**) ①修面; 刮鬍子。②鉋; 削; 切成薄片。— *n.* Ⓒ ①(常 *sing.*)修面; 刮鬍子。②修面刀; 刮具。③削片; 薄片。a close*** [***narrow, near***] ~ 死裡逃生; 千鈞一髮。

***shav·en** [ˋʃevən] *v.* pp. of **shave.**

shav·er [ˋʃevɚ] *n.* Ⓒ ①理髮師。②剃頭刀。

shav·ing [ˋʃevɪŋ] *n.* ① Ⓤ 刮臉; 修面。② Ⓤ 刨; 削。③ Ⓒ (常 *pl.*)削片; 刨花。§ ~ **brùsh** 修面刷。~ **crèam** 刮鬍膏。~ **hòrse** 削架; 刨架。~ **sòap** 刮鬍皂。

***shawl** [ʃɔl] *n.* Ⓒ 披肩; 圍巾。

‡**she** [ʃi] *pron.* 她。— *n.* Ⓒ ①女人; 女孩。Is the baby a he or a ~? 這嬰兒是男的還是女的? ②雌性動物。

sheaf [ʃif] *n.* Ⓒ (*pl.* **sheaves**) 束; 捆。— *v.t.* 將…捆成束。

***shear** [ʃɪr] *v.i.* & *v.t.* (~**ed**, ~**ed** or **shorn**) ①修剪; 剪羊毛。②刈; 割。③剝奪。— *n.* ①(*pl.*)大剪刀。② Ⓒ 剪(羊)毛之次數; (羊的)年齡。

***sheath** [ʃiθ] *n.* Ⓒ (*pl.* ~**s** [ʃiðz]) ①鞘。②〖植〗葉鞘。③〖昆〗翅鞘。④包皮; 保險套。

sheathe [ʃið] *v.t.* ①(將刀、劍)插入鞘。②包; 覆。

sheath·ing [ˋʃiðɪŋ] *n.* Ⓤ ①包覆物; 護套。②納入鞘中。

sheaves [ʃivz] *n.* pl. of **sheaf.**

***shed¹** [ʃɛd] *n.* Ⓒ 車庫; 小倉庫; 小屋。

shed²** *v.t.* (~, **shed·ding**) ①流出; 落下。②殺死。③發散; 放射。④脫落; 蛻; 擺脫。⑤遮蔽。— *v.i.* 脫毛或殼等; 脫換。~ ***blood 喪生; 殺死。

she'd [ʃid] = **she had; she would.**

sheen [ʃin] *n.* Ⓤ (又作 a ~)光輝; 光澤; 光彩。— *adj.* 〖詩〗光輝的。

‡**sheep** [ʃip] *n.* (*pl.* ~) ① Ⓒ 羊; 綿羊。② Ⓒ 怯懦的人。③ Ⓤ 羊皮。***cast*** [***make***] ~ ***eyes at a person*** 向人眉目傳情。***lost*** ~ 迷途之羊; 誤入歧途的人。***One may as well be hanged for a ~ as a lamb.*** 與其偷小羊受絞刑, 倒不如偷大羊受絞刑; 一不做二不休。***separate the ~ from the goats*** 分辨好人壞人。§ ~ **rànge** 牧羊場。~ **rùn** 大牧羊場。

sheep·fold [ˋʃip͵fold] *n.* Ⓒ 羊欄。

sheep·ish [ˋʃipɪʃ] *adj.* ①羞怯的。②如綿羊的。— **ly,** *adv.*

sheep·skin [ˋʃip͵skɪn] *n.* ① Ⓤ (帶毛之)羊皮。② Ⓒ 羊皮衣。③ Ⓤ Ⓒ 羊革; 羊皮紙。④ Ⓒ〖美俗〗文憑。
— *adj.* ①羊皮做的。②(衣服之)以帶毛羊皮鑲邊的。

***sheer¹** [ʃɪr] *adj.* ①純粹的。②極薄的。③垂直的; 峻峭的。— *adv.* ①完全地。②峻峭地; 垂直地。— *n.* ① Ⓤ 透明的紡織品。② Ⓒ 此種衣服。— **ly,** *adv.*

sheer² *v.i.* 躲開; 躲避(off, away).
— *n.* Ⓒ〖海〗逸出路線; 轉向。

‡**sheet** [ʃit] *n.* Ⓒ ①被單; 褥單。②薄片; 薄板; (紙之)一張。③報紙; 印刷品。④(常*pl.*)一大片。a ~ of water 一片汪洋。⑤〖海〗帆脚索。⑥帆。***a ~ in the wind*** [***wind's eye***]〖俗〗微有醉意。***get between the ~s*** 就寢。— *v.t.* 鋪以床單。§ ~ **ànchor** (1)〖海〗緊急時始使用之大錨。(2)緊急時可依恃的人或物; 最後的依恃。~ **glàss** 大片平板玻璃。~ **ìron** 薄鐵板。~ **lìghtning** 片狀閃電。~ **mètal** 薄金屬片; 金屬板。~ **mùsic** 單張樂譜。

sheik (h) [ʃik] *n.* Ⓒ ①(阿拉伯之)

酋長；族長。②回教領袖；教主。

shelf** [ʃɛlf] *n.* Ⓒ (*pl.* **shelves**)①架；棚。②岩棚。③暗礁。on the ~ a.*** 被棄置的；無人問津的。**b.** (女性之)無結婚希望的。§ ~ **lìfe**(藥、食品等的)儲藏壽命[期間]。~ **màrk**〖圖書館學〗書架號。

‡**shell** [ʃɛl] *n.* ①ⓊⒸ殼；甲。②Ⓒ貝；有介殼之軟體動物。③Ⓒ單人划艇。④Ⓒ砲彈。⑤Ⓒ房屋的框架；船體；骨架。⑥Ⓒ外觀；外形。***come out of one's ~***不再羞怯沈默。***go [retire] into one's ~***變得羞怯沈默。— *v.t.* ①剝殼。②砲轟。— *v.i.* ①脫殼；(由穗或莢中)脫出。②砲擊。~ ***out***〖俗〗付款；捐獻。§ ~ **bèan**(去莢殼吃的)豆類。~ **ègg** 帶殼的蛋。~ **hèap** [**mòund**]貝塚。~ **jàcket** 軍用短夾克。~ **shòck** 彈震症(由炮彈之爆炸和震聲所引起之精神病)。

she'll [ʃil] =**she shall; she will.**

shel·lac(k) [ʃəˋlæk] *n.* ①Ⓤ充漆；假漆。②Ⓤ(造充漆的)蟲膠。③Ⓒ用假漆做的唱片。— *v.t.* (**-ck-**) ①塗以充漆。②〖俚〗徹底擊敗。

***shell·fish** [ˋʃɛl,fɪʃ] *n.* ⓊⒸ (*pl.* **~, ~es**)貝類；甲殼類。

‡**shel·ter** [ˋʃɛltɚ] *n.* ①Ⓒ避難所；遮蔽物。②Ⓤ庇護；遮蔽。③Ⓤ住所。— *v.t. & v.i.* 庇護；掩護。

shelve[1] [ʃɛlv] *v.t.* ①將…置於架上。②擱置。③解雇。④裝架子於。

shelve[2] *v.i.* 傾斜(通常指海岸)。

shelves [ʃɛlvz] *n.* pl. of **shelf.**

***shep·herd** [ˋʃɛpɚd] *n.* ①Ⓒ牧羊人。②Ⓒ牧師；指導者。③(the Good) S-)基督。— *v.t.* ①牧；放牧。②照顧。③指導；引領。§ ~ **dòg**牧羊犬。~ **gòd** 牧羊神(=Pan). ~**'s píe** 牧羊人的肉餅(馬鈴薯泥包絞肉烤成的餅)。

shep·herd·ess [ˋʃɛpɚdɪs] *n.* Ⓒ 牧羊女。

***sher·iff** [ˋʃɛrɪf] *n.* Ⓒ①〖美〗郡保安官；警長。②〖英〗郡長。

sher·ry [ˋʃɛrɪ] *n.* ⓊⒸ雪利酒。§ ~ **cóbbler** 冰雪利(由雪利酒、柑橘汁及冰混成)。

she's [ʃiz] =**she is [has].**

shi·at·su [ʃiˋɑtsu] *n.* Ⓤ指壓治療。

***shield** [ʃild] *n.* Ⓒ①盾。②防禦物。③盾形物。④保護者；後盾。— *v.t.* 防禦；保護。

shift** [ʃɪft] *v.t.* ①移動；變換。②除去；解脫。③變(汽車排擋)的位置。— *v.i.* ①移動；變換。②策畫；籌畫。③瞞騙。— *n.* Ⓒ①變換。②(常 *pl.*)手段；方法；計策。③輪值；換班。④〖美〗(汽車的)變速裝置(=gearshift). ⑤〖地質〗(小)斷層。make ~ a.*** 設法過活或度日。**b.** 設法繼續或維持。§ ~ **kèy**(打字機之)大寫鍵。— **er,** *n.*

shift·ing [ˋʃɪftɪŋ] *adj.* ①移動的；(風向等)易變的。~ sand(沙漠等的)流沙。②弄權術的；欺詐的。— *n.* ⓊⒸ①欺詐；狡賴。②移動；變動。

shift·less [ˋʃɪftlɪs] *adj.* ①懶惰的。②不中用的。

shift·y [ˋʃɪftɪ] *adj.* ①足智多謀的。②不正直的。

shil·ling** [ˋʃɪlɪŋ] *n.* Ⓒ先令(英國幣名)。cut someone off with a ~*** 剝奪某人之繼承權。

shil·ling-mark [ˋʃɪlɪŋ,mɑrk] *n.* Ⓒ書寫或印刷的記號(／)。

shil·ly-shal·ly [ˋʃɪlɪ,ʃælɪ] *n.* Ⓤ優柔寡斷。— *adj.* 猶豫不決的。— *adv.* 躊躇不定地。— *v.i.* 躊躇；猶豫。

shim·mer [ˋʃɪmɚ] *v.i.* 發閃光。— *n.* Ⓤ(又作 a ~)微光；閃光。

***shin** [ʃɪn] *n.* Ⓒ外脛；脛骨。— *v.t. & v.i.* (**-nn-**)爬(樹)。§ ~ **guàrd** (踢足球用的)護脛。

shin·bone [ˋʃɪn,bon] *n.* Ⓒ〖解〗脛骨。

shin·dig [ˋʃɪndɪg] *n.* Ⓒ〖美俚〗舞會。

‡**shine** [ʃaɪn] *v.i.* (**shone**)①發光；發亮。②卓越。— *v.t.* ①(**shined**) 磨光；擦亮。He ~*d* my shoes. 他擦亮我的皮鞋。②使發光。~ ***up to***〖俚〗**a.** 竭力討好以博取…的友誼。**b.** 竭力博取異性之歡心。— *n.* ①Ⓤ(又作 a ~)光輝；光采。②Ⓤ陽光；晴天。③(a ~)擦亮。④Ⓒ〖俚〗喜愛。⑤(*pl.*)〖俚〗惡作劇。⑥Ⓒ〖蔑〗黑人。***make no end of a ~*** 大鬧。***put a good ~ on*** 將…擦亮。***(come) rain or ~ a.*** 晴雨無阻。**b.** 不管怎麼樣。***take a ~ to***〖俚〗喜歡；看中。

shin·er [ˋʃaɪnɚ] *n.* Ⓒ①發光體。②出類拔萃的人。③擦皮鞋者。

shin·gle[1] [ˋʃɪŋgl] *n.* Ⓒ①屋頂板；木瓦。②一種後面短兩側長的女子髮型。③〖美俗〗(醫師或律師所用的)小招牌。— *v.t.* ①蓋屋頂板。②剪短

S

(頭髮)。
shin·gle[2] *n.* Ⓤ (集合稱) 海濱沙石; 砂礫。— **shin′gly,** *adj.*
shin·gles [ˋʃɪŋglz] *n.* Ⓤ〖醫〗帶狀疱疹。
shin·ing [ˋʃaɪnɪŋ] *adj.* ①發光的; 閃耀的。②傑出的。*improve each* [*the*] *~ hour* 利用時光。
shin·ny [ˋʃɪnɪ] *n.* Ⓤ 一種簡易的 hockey 球戲。— *v.i.* 玩此種球戲。
*__shin·y__ [ˋʃaɪnɪ] *adj.* ①發光的; 晴朗的。②(衣服)磨光的。
‡**ship** [ʃɪp] *n.* Ⓒ ①船; 艦(單數代名詞用 she, her). ②(集合稱)船[艦]上之全體人員。③〖俗〗飛機。*take ~* 乘船。*when one's ~ comes in* [*home*] 當某人時來運轉時。— *v.t.* (-pp-) ①以船運送。②雇用(水手)。③〖海〗灌入(海水)。④裝置(船具)。— *v.i.* ①乘船; 坐船旅行。②在船上服務。*~ water* [*a sea*] 冒著風浪。§ ~ [〖英〗~'s] **biscuit**(船上用的)粗硬餅乾(亦作 ship bread). ~ **brèaker** 廢船解體業者。~ **bròker** 船舶經紀人; 水險掮客。~ **canàl** 可航行大船的運河。~('s) **chàndler** 船具商。~ **chàndlery** (1)船具業。(2)(集合稱)船具。~ **fèver**〖醫〗傷寒。~ **lètter** 郵船外其他船隻運送之信件。~ **mòney**〖英史〗建艦稅。~'s **còmpany** 一船之全體船員。~'s **húsband** 隨船押貨人。~'s **páper** 船舶文件。
ship·board [ˋʃɪp,bord] *n.* Ⓤ 船。*on ~* 在船上。
ship·build·ing [ˋʃɪp,bɪldɪŋ] *n.* Ⓤ 造船學; 造船術。
*__ship·ment__ [ˋʃɪpmənt] *n.* ① Ⓤ 裝船。② Ⓒ 所載之貨。
*__ship·ping__ [ˋʃɪpɪŋ] *n.* Ⓤ ①船運; 航運。②船舶總噸數。③(集合稱)船舶。§ ~ **àgent** 航運代理商。~ **àrticles**〖海〗船員僱傭契約。~ **bìll** [**nòte**]出口貨清單; 請求退還原稅單。~ **clèrk** 運務員。~ **làne** 航路。~ **lìne** 船公司。~ **òffice** 貨運業事務所; 海員監督事務所。~ **ròom** (商號、工廠等之)發貨室。
*__ship·wreck__ [ˋʃɪp,rɛk] *n.* ① Ⓤ Ⓒ 船難; 海難。② Ⓒ 遇難的船。③ Ⓤ 毀滅。— *v.t.* ①使(船隻)遭難。②毀滅。— *v.i.* 船隻遭難或失事。
ship·wright [ˋʃɪp,raɪt] *n.* Ⓒ 造船者; 修船者。
ship·yard [ˋʃɪp,jard] *n.* Ⓒ 造船廠。
shire [ʃaɪr] *n.* Ⓒ〖英〗州; 郡。§ ~ **hòrse**(用於拖貨車之)大種馬。
shirk [ʃɝk] *v.t.* & *v.i.* 規避; 躲避。— *n.* Ⓒ 規避者。— **er,** *n.*
‡**shirt** [ʃɝt] *n.* Ⓒ 襯衫。*keep one's ~ on*〖俚〗保持冷靜。§ ~ **frònt** 襯衣的前胸。
shish ke·bab [ˋʃɪʃkə,bæb, -,bab] *n.* Ⓤ Ⓒ 烤(羊)肉串。
shit [ʃɪt]〖鄙〗*n.* Ⓤ ①糞; 大便; 屎。②胡說; 謊言。— *v.i.* (~, **shitting**)大便。— *v.t.* ①在…大便。②大便失禁。— *interj.* 胡說! 狗屎! 混蛋!
*__shiv·er__[1] [ˋʃɪvɚ] *v.i.* 顫抖。— *n.* Ⓒ 顫抖。— **shiv′er·y,** *adj.*
shiv·er[2] *v.t.* & *v.i.* (使)破碎; 打碎。— *n.* Ⓒ (常 *pl.*)碎片; 破片。
*__shoal__[1] [ʃol] *n.* Ⓒ ①群; 魚群。②(*pl.*)〖俗〗大量; 許多。— *v.i.* (魚)群聚; 成群。
*__shoal__[2] *n.* Ⓒ ①淺灘; 沙洲; 沙灘。②(常 *pl.*)隱伏的危機或困難。
‡**shock**[1] [ʃak] *n.* Ⓤ Ⓒ ①震動。②地震。③衝擊。④電擊; 觸電。⑤震驚; 激動。⑥〖醫〗休克。— *v.t.* ①震動。②使震驚。③使受電擊。— *v.i.* 衝突; 碰撞。§ ~ **absòrber** (1)緩衝器。(2)(汽車之)避震器。~ **thèrapy** [**trèatment**]〖醫〗震擊療法。~ **tròops** 突擊隊。~ **wàve**〖理〗衝擊波; 激波。
shock[2] *n.* Ⓒ ①捆堆; 束堆。②一大堆[批]。— *v.t.* & *v.i.* 捆束成堆。
shock·er [ˋʃakɚ] *n.* Ⓒ ①引起震驚之人或物。②〖英俚〗煽情的小說[戲劇]。
shock·ing [ˋʃakɪŋ] *adj.* ①可驚的; 駭人的。②使人厭惡的。③〖俗〗極差的; 糟透的; 不像話的。— *adv.*〖俗〗極度地; 非常地。
shod [ʃad] *v.* pt. & pp. of **shoe.**
shod·dy [ˋʃadɪ] *adj.* ①舊毛絨等再製的。②冒充好貨的。— *n.* Ⓤ ①舊毛絨再製品。②虛飾外觀之劣等貨。
‡**shoe** [ʃu] *n.* Ⓒ ①(常 *pl.*)鞋; 靴。②鞋形物。③蹄鐵。④(手杖等的)金屬環箍。*look after* [*wait for*] *dead men's ~s* 等候別人死(以奪其地位或財產)。*Over ~s, over boots.* 一不做二不休。*stand in another's ~s* 代替別人; 處於別人的位置。*where the ~ pinches* 癥結之所在。— *v.t.* (**shod** or **~d**)①使穿上鞋(祇能用過去分詞)。②爲(馬)釘蹄鐵。§ ~ **lèather** (1)製鞋用之皮革。(2)皮

鞋。~ pòlish 鞋油。~ stòre [〖英〗shòp]〖美〗鞋店。~ trèe 鞋楦。

shoe·black [ˋʃuˏblæk] *n.* Ⓒ 擦鞋匠(=bootblack).

shoe·brush [ˋʃuˏbrʌʃ] *n.* Ⓒ 鞋刷。

shoe·horn [ˋʃuˏhɔrn] *n.* Ⓒ 鞋拔。

shoe·lace [ˋʃuˏles] *n.* Ⓒ 鞋帶。

***shoe·mak·er** [ˋʃuˏmekɚ] *n.* Ⓒ 鞋匠。

shoe·mak·ing [ˋʃuˏmekɪŋ] *n.* Ⓤ 補鞋；製鞋(業)。

shoe·string [ˋʃuˏstrɪŋ] *n.* Ⓒ ①鞋帶。②〖俗〗開始經營企業或投資等所用之極少數金錢。

sho·gun·ate [ˋʃoˏgʌnɪt]〖日〗*n.* Ⓤ (日本之)幕府時代；將軍政治。

***shone** [ʃon] *v.* pt. & pp. of **shine.**

shoo [ʃu] *interj.* 趕走鳥獸之呼聲。 — *v.t.* 以此呼聲趕走(鳥獸)。

shook [ʃuk] *v.* pt. of **shake.**

‡**shoot** [ʃut] *v.t.* (**shot**) ①射中；射死。②發射；射擊。③發出；提出。④投；拋。⑤迅速通過；穿過。⑥發(芽)；生(枝)。⑦拍(照)；攝影。⑧傾倒；排出。⑨踢[射](球)入門。— *v.i.* ①射擊；放槍；射箭。②打獵。③突進；疾馳。④生長；迅速發育〔up〕。⑤發芽。⑥突出；伸入。~ *down* 打下；擊落。— *n.* Ⓒ ①射擊；狩獵。②芽；苗；嫩枝。

shoot·ing [ˋʃutɪŋ] *n.* ① ⓊⒸ 發射；射擊。② Ⓤ 狩獵。§ ~ gàllery (1)(室內)射擊練習場。(2)(遊藝場所等的)打靶場。(3)〖俚〗吸食[注射]麻藥者的聚集處。~ ìron〖美俚〗槍；手槍。~ lìcense 狩獵執照。~ màtch 射擊比賽。~ rànge 射擊場；靶場。~ stár 流星(=falling star). ~ wàr 槍戰；熱戰。

‡**shop** [ʃap] *n.* Ⓒ ①店鋪；商店。②工廠；修理廠。③職業；業務。*all over the* ~〖俚〗**a.** 在各處。**b.** 零亂；雜亂。*talk* ~ 談論本行的事物等。— *v.i.* (-pp-)購物。§ ~ assìstant〖英〗(零售店的)店員。~ hòurs (商店的)營業時間。

shop·girl [ˋʃapˏgɝl] *n.* Ⓒ 女店員。

***shop·keep·er** [ˋʃapˏkipɚ] *n.* Ⓒ 零售商人；小店主。

shop·lift [ˋʃapˏlɪft] *v.t.* & *v.i.* 佯裝顧客偷竊；順手牽羊。

shop·lift·er [ˋʃapˏlɪftɚ] *n.* Ⓒ 佯爲顧客而偷竊貨品者。— **shop′lift·ing,** *n.*

shop·man [ˋʃapmən] *n.* Ⓒ (*pl.* **-men**) ①售貨員。②零售商人；小商人；店主。

shop·per [ˋʃapɚ] *n.* Ⓒ 看貨、購物之人。

***shop·ping** [ˋʃapɪŋ] *n.* Ⓤ 購物。*go (out)* ~ 去購物。§ ~ bàg 手提購物袋。~ cènter 購物中心。~ lìst 購物清單。~ màll 行人專用商店街。

shop·worn [ˋʃapˏworn] *adj.* 在店中擺舊的；經久曝露而陳舊的。

‡**shore** [ʃor, ʃɔr] *n.* ① Ⓒ 岸；(尤指)海岸。② Ⓤ 陸地。③ Ⓒ (常 *pl.*)國家。*in* ~ 近岸。*off* ~ 在離岸不遠的海面上。*on* ~ 在岸上。§ ~ dìnner〖美〗海鮮大餐。~ lìne 海岸線(亦作 shoreline). ~ patròl〖美〗海岸巡邏隊。

shore·ward [ˋʃorwɚd] *adj.* 向岸[陸地]的。— *adv.* (亦作 **shorewards**)向岸地。

shorn [ʃorn] *v.* pp. of **shear.**

‡**short** [ʃɔrt] *adj.* ①短的；短暫的。②矮的。③簡短的；簡潔的。④不足的；短少的；缺少的。⑤唐突的；無禮的。⑥(餅等)鬆脆的。⑦〖語音〗短音的。⑧即期的；即將兌現的；賣空的。⑨達不到(目標)的；不夠遠的。⑩〖英〗(威士忌之)純的。*be* ~ *of* **a.** 未達到；在…近處。**b.** 缺乏；短少。*nothing* ~ *of* 除…外；完全[簡直]…的。— *adv.* ①短地。②突然。③不足地；缺乏地。④未達某程度地〔of〕。*fall*[*come*] ~ **a.** 未達；不及。**b.** 不足；缺乏。*run* ~ 不足；不夠。— *n.* ①(the ~)要點；概要。② Ⓒ 缺乏或不足者。③ Ⓒ〖語音〗短音節。④(*pl.*)短褲。*for* ~ 簡稱。*in* ~ 總而言之。— *v.t.* & *v.i.*〖電〗(使)生短路。§ ~ bíll 短期票據。~ círcuit〖電〗短路。~ cùt (1)近路。(2)省時、省力、省錢的方法；捷徑。~ sále〖商〗賣空(未買貨即預作銷售)。~ sélling〖商〗賣空行爲。~ ~ stòry 極短篇小說。~ stóry 短篇小說。~ tíme 縮短作業時間。~ tón 短噸；美噸(=2000 pounds).
— **ness,** *n.*

***short·age** [ˋʃɔrtɪdʒ] *n.* ⓊⒸ ①缺乏；不足。②不足之額；缺陷。

short-cir·cuit [ˏʃɔrtˋsɝkɪt] *v.t.* & *v.i.*〖電〗(使)發生短路；使中斷。

short·com·ing [ˋʃɔrtˏkʌmɪŋ] *n.* Ⓒ (常 *pl.*)缺點；短處。

***short·en** [ˋʃɔrtn̩] *v.t.* ①使短；縮短。②使鬆脆。— *v.i.* 縮短；減少。

short·fall [ˋʃɔrtˏfɔl] *n.* Ⓒ 不足

(額)；不夠。

***short·hand** [ˋʃɔrt,hænd] *n.* Ⓤ 速記法。— *adj.* 用速記的。

short-hand·ed [ˋʃɔrtˋhændɪd] *adj.* 人手不足的。

short-haul [ˋʃɔrt,hɔl] *adj.* 短距離的；短程的。

short-lived [ˋʃɔrtˋlaɪvd] *adj.* 短命的；持續不久的；曇花一現的。

***short·ly** [ˋʃɔrtlɪ] *adv.* ①即刻；不久。②簡略地。③唐突地；無禮地。

short-range [ˋʃɔrtˋrendʒ] *adj.* 短射程的；短期間的。

short-run [ˋʃɔrtˋrʌn] *adj.* 短期的；短時間的。

***short·sight·ed** [ˋʃɔrtˋsaɪtɪd] *adj.* ①近視的。②目光短淺的；無遠見的。

short·stop [ˋʃɔrt,stɑp] *n.* Ⓒ〖棒球〗游擊手。

short-tem·pered [ˋʃɔrtˋtɛmpɚd] *adj.* 易怒的；脾氣暴躁的。

short-term [ˋʃɔrtˋtɜm] *adj.* 短期的。

short-wave [ˋʃɔrt,wev] *v.t.* 以短波播送。— *n.* ①Ⓤ〖通訊〗短波。②Ⓒ短波收音機。— *adj.* 短波的；用短波播送的。

short-wind·ed [ˋʃɔrtˋwɪndɪd] *adj.* ①喘氣的；呼吸困難的。②(文章等)簡短的；扼要的。

shot[1] [ʃɑt] *v.* pt. & pp. of **shoot.** — *adj.* (布等)彩色閃變的。

***shot**[2] *n.*(*pl.* ~**s**)① ⓊⒸ 彈丸；砲彈。②Ⓤ發射；射擊；一發；一射。③Ⓤ瞄準；襲擊；狙擊。④Ⓤ射程。⑤Ⓒ射手；砲手。⑥Ⓒ似彈丸等之物。⑦Ⓤ尖刻的批評。⑧Ⓒ試圖；嘗試；猜測。⑨Ⓒ〖運動〗鉛球。⑩Ⓒ照片。⑪Ⓒ打針；注射。*big* ~〖美俚〗重要人物；大人物。*like a* ~ 立刻。— *v.t.* (**-tt-**)①裝以彈丸等。②試圖。§ ∼ **pùt**〖運動〗擲鉛球。

shot·gun [ˋʃɑt,gʌn] *n.* Ⓒ 霰彈槍；獵槍；鳥槍。§∼ **wédding** [**márriage**]〖俚〗(1)因已懷孕而不得不舉行的婚禮[結婚]。(2)強迫的結合[協調]。

‡**should** [ʃʊd, ʃəd,] *aux. v.* pt. of **shall.** ①普通用法：作shall的過去式(參看 **shall**)。②特殊用法：**a.** 表示一種責任或義務之意(=ought to, 應該)。You ~ try to make fewer mistakes. 你應該設法少犯一些錯誤。**b.** 表示一種不確定的狀態。If it ~ rain tomorrow, I ~ not go. 如果明天下雨，我就不去了。**c.** 表示一種可能發生而實際並未發生的情形。I ~ have bought it if I had had enough money. 如果我當時有足夠的錢，我就會把它買來了。**d.** 表示預料或可能之意。**e.** 表示一種比較委婉的說法。*S-* you like to go? 你願意去嗎? **f.** 表示事物之狀態或理由。**g.** 表示不合理、難以相信或不應該之事(常用於why問句)。Why ~ you think that I did not like the book? 你有甚麼理由認爲我不喜歡這本書呢?

‡**shoul·der** [ˋʃoldɚ] *n.* ①Ⓒ肩。②Ⓒ衣服的肩部；衣肩。③ⓊⒸ(豬、牛等連前腿的)肩膀肉。④Ⓒ肩狀的部分或突出部。⑤Ⓒ(常 *sing.*)路肩。*give*[*turn*]*a cold* ~ *to a person* 冷淡對待某人。*have broad* ~*s* 肩膀寬；可擔重任。*put one's* ~ *to the wheel* 努力工作。*rub* ~*s with* 與…爲伍；和…在一起。~ *to* ~ 並肩；團結一致。*straight from the* ~ 公然地；直接地；坦白地。— *v.t.* & *v.i.* ①肩負；掮於肩上。②負擔；擔任。*S- arms!*〖口令〗槍上肩！§ ∼ **bàg** 有肩帶的女用手提包。∼ **blàde**〖解〗肩胛骨。∼ **màrk** [**bòard**]〖美〗(海軍的)軍銜肩章。∼ **pàd** 墊肩。∼ **pàtch**(佩戴於制服袖上部的)臂章。∼ **stràp** 吊帶；背帶。

should·n't [ˋʃʊdnt] =**should not.**

‡**shout** [ʃaʊt] *v.i.* & *v.t.* ①呼；喊；叫。②高聲談笑。— *n.* Ⓒ叫；喊。

shout·ing [ˋʃaʊtɪŋ] *n.* Ⓤ叫；喊；歡呼。*all over but the* ~勝負已成定局。

***shove** [ʃʌv] *v.t.* ①推；推擠；撞。②置放。— *v.i.* 推；擠；撞。~ *off* **a.** 推船離岸。**b.** 動身；出發。— *n.* ①Ⓒ(常 *sing.*)推。②ⓊⒸ支持。

***shov·el** [ˋʃʌvl] *n.* Ⓒ ①鏟；鐵鍬。②一鏟或一鍬之量。— *v.t.*(**-l-**,〖英〗**-ll-**)①用鏟子鏟起。②用鏟子挖。

‡**show** [ʃo] *v.t.* (**showed, shown** or **showed**)①顯示；表現；顯露；表示。②解釋；說明；告知；指示；引導。③證明；表明。④施與。⑤表演；演出；上映。⑥出示(爲出售等)。— *v.i.* ①顯現；可見；出現。②顯得。③展覽。④〖俚〗(賽跑)跑前三名。⑤〖俗〗赴約。⑥〖俗〗參加演出；上演。~ *off* **a.** 誇耀；炫示。**b.** 賣弄。~ *up* **a.**〖俗〗出現。**b.** 突出；顯眼。**c.** 使別人相形見絀。— *n.* ①(a ~)顯示；展覽。②Ⓒ展覽會。③

Ⓤ虛飾；外觀。④(a ～)表示。⑤Ⓒ徵象；痕跡。⑥Ⓒ〖俗〗演出；電影。⑦(*sing.*)〖俗〗機會。⑧Ⓒ嘲弄的對象；笑柄。***be on*** ～ 展覽中。***by*** (***a***) ～ ***of hands*** 以舉手表決。***for*** ～ 爲效果起見；爲引人注意。***give the*** (***whole***) ～ ***away*** 露出馬脚；失言。***steal the*** ～ **a.** 搶鏡頭。**b.** 出鋒頭。§ ～ **bìll** 招貼；(演出之)廣告；戲單。～ **bìz** [**bùsiness**] 演藝事業。～ **gìrl** (1)歌舞女郎。(2)廣告女郎。～ **júmping** 〖馬術〗超越障礙比賽。～ **trìal** (極權國家舉行的)公審。～ **wìndow** 櫥窗。— **a·ble,** *adj.*

show·case [ˋʃo,kes] *n.* Ⓒ①(商店之)玻璃展示櫃。②陳列；展示。

show·down [ˋʃo,daʊn] *n.* Ⓒ(常 *sing.*)攤牌。

***show·er** [ˋʃaʊɚ] *n.* Ⓒ①(常 *pl.*)陣雨。②任何似陣雨之物。③淋浴；淋浴室。— *v.t.* ①淋濕。②大量地給與。③給…澆水。④爲…淋浴。— *v.i.* ①下驟雨[陣雨]。②淋浴。§ ～ **cùrtain** 浴簾。

****shown** [ʃon] *v.* pp. of **show.**

show-off [ˋʃo,ɔf] *n.* ①Ⓤ炫耀；誇示。②Ⓒ炫耀的人；自鳴得意的人。

show·piece [ˋʃo,pis] *n.* Ⓒ①展示品；供展覽的樣品。②優秀作品。

show·room [ˋʃo,rum] *n.* Ⓒ展示室；陳列室。

show·up [ˋʃo,ʌp] *n.* Ⓒ〖俚〗暴露；出現；揭發。

show·y [ˋʃoɪ] *adj.* 華麗的；炫耀的。

shrank [ʃræŋk] *v.* pt. of **shrink.**

***shred** [ʃrɛd] *n.* ①Ⓒ(常*pl.*)碎片；細條。②(a ～)微量；些微；少許；一點點。— *v.t.* & *v.i.* (**shred·ded** or **shred, shred·ding**)撕成碎片；切成細條；切碎。— **der,** *n.*

shrew [ʃru] *n.* Ⓒ①潑婦；悍婦。②〖動〗地鼠。

***shrewd** [ʃrud] *adj.* ①明敏的；精明的。②銳利的；酷烈的。— **ly,** *adv.* — **ness,** *n.*

***shriek** [ʃrik] *n.* Ⓒ尖叫聲；尖銳的聲音。— *v.i.* ①尖叫。②發出尖銳聲音。— *v.t.* 以尖聲叫。— **er,** *n.*

shrift [ʃrɪft] *n.* Ⓤ〖古〗①懺悔。②(懺悔後所得的)寬恕；赦罪。

shrike [ʃraɪk] *n.* Ⓒ百舌鳥；伯勞。

***shrill** [ʃrɪl] *adj.* ①(聲音)尖銳的。②(批評等)尖酸的。— *v.i.* 發出尖銳的聲音。— *v.t.* 以尖銳聲音發出。— *n.* Ⓒ尖銳的聲音。— **shril′ly,** *adv.*

shrimp [ʃrɪmp] *n.* Ⓒ①小蝦。②無足輕重的人；矮子。

***shrine** [ʃraɪn] *n.* Ⓒ①神龕。②廟；祠。③聖地。④聖者之墓。— *v.t.* 將…置於神龕內；奉祀於廟中(=enshrine).

***shrink** [ʃrɪŋk] *v.i.* (**shrank** or **shrunk, shrunk** or **shrunk·en**)①收縮；縐縮；萎縮。②退縮；退避；畏縮。— *v.t.* 使收縮；使縐縮。— *n.* Ⓒ收縮；萎縮；畏縮。

shrink·age [ˋʃrɪŋkɪdʒ] *n.* Ⓤ縮少；縐縮；收縮。

shriv·el [ˋʃrɪvl] *v.t.* & *v.i.* (**-l-,** 〖英〗**-ll-**) ①(使)枯萎；(使)縐縮；(使)捲縮。②(使)成爲無用。

***shroud** [ʃraʊd] *n.* Ⓒ①屍衣；壽衣。②遮蔽物；覆蓋物。③(常 *pl.*)(船之)橫桅索。— *v.t.* ①包以屍衣。②遮蔽；覆蓋。

***shrub** [ʃrʌb] *n.* Ⓒ灌木。

shrub·ber·y [ˋʃrʌbərɪ] *n.* ①Ⓤ(集合稱)灌木。②Ⓒ灌木叢；矮樹叢。

shrub·by [ˋʃrʌbɪ] *adj.* ①像灌木的。②覆有灌木的。③多灌木的。

***shrug** [ʃrʌg] *v.t.* & *v.i.* (**-gg-**)聳(肩)(表示嫌惡、懷疑、冷淡、不耐煩等意)。— *n.* Ⓒ聳肩。

shrunk [ʃrʌŋk] *v.* pt. & pp. of **shrink.**

shrunk·en [ˋʃrʌŋkən] *v.* pp. of **shrink.** — *adj.* 縐縮的；萎縮的。

***shud·der** [ˋʃʌdɚ] *v.i.* 戰慄；發抖。— *n.* Ⓒ戰慄；發抖。

shud·der·ing·ly [ˋʃʌd(ə)rɪŋlɪ] *adv.* 發抖地；戰慄地；毛骨悚然地。

shuf·fle** [ˋʃʌfl] *v.t.* ①曳(足)而行。②弄混；洗(牌)。③亂堆；亂塞。④把…四處移動。— *v.i.* ①曳足而行。②洗牌。③支吾；閃避；矇混。～ ***off 除去；排除；推卸。— *n.* ①(*sing.*) **a.** 曳步。**b.** 〖舞蹈〗拖步。②Ⓒ **a.** 混合；混雜。**b.** 〖牌戲〗洗牌；輪到洗牌。③Ⓒ(內閣等的)改組(= reshuffle).④Ⓒ詭計；矇混；支吾之詞。— **shuf′fler,** *n.*

***shun** [ʃʌn] *v.t.* (**-nn-**) 規避；避免；避開。— **ner,** *n.*

shunt [ʃʌnt] *v.t.* ①使(火車)轉到(另一軌道)。②擱置(計畫)；迴避(問題)。③分路傳送(電流)。④排擠(人)；使降職。— *v.i.* (火車)轉入支軌；轉轍。— *n.* Ⓒ〖鐵路〗轉轍器。

shush [ʃʌʃ] *interj.* 噓！安靜！

— *v.t.* 發噓聲使…安靜。

‡**shut** [ʃʌt] *v.t.* (**shut, shut·ting**) ①關；閉。②摺起；合攏。③關閉(店等)。④關入；幽禁。⑤拒絕；排出。⑥門(門)。— *v.i.* 關上；關閉。~ *down* 關閉；停工。~ *off* **a.** 遮斷；停閉(水、電、煤氣等)。**b.** 隔離；隔絕。~ *out* **a.** 遮蔽。**b.** 拒絕。**c.** 使對方不能得分。~ *up* **a.** 關閉門窗。**b.** 囚禁；妥藏。**c.** 〖俚〗使不開口。**d.** 〖俚〗緘默。

shut·down [ˋʃʌt,daʊn] *n.* Ⓒ 暫時休業[停工]；關店。

shut-in [ˋʃʌt,ɪn] *adj.* ①臥病的。②有孤獨傾向的。— *n.* Ⓒ (因病不能離家的)病人。

shut·out [ˋʃʌt,aʊt] *n.* Ⓒ ①遮斷；關閉。②〖棒球〗完全封鎖使對方掛零。

***shut·ter** [ˋʃʌtɚ] *n.* Ⓒ ①百葉窗；窗板。②(照相機之)快門。*put up the ~s* **a.** 放下百葉窗。**b.** 關店；停業。— *v.t.* 裝以百葉窗或遮門。

***shut·tle** [ˋʃʌtl̩] *n.* ① Ⓒ (紡織機的)梭。② Ⓒ 太空梭(=space shuttle). ③ Ⓒ 短距離往返的火車[公車，飛機等]。④ = **shuttlecock.** — *v.t.* & *v.i.* (使)(定期)往返移動。

shut·tle·cock [ˋʃʌtl̩,kɑk] *n.* ① Ⓒ 羽毛球。② Ⓤ 羽毛球運動。— *v.t.* & *v.i.* 往復移動。

***shy**[1] [ʃaɪ] *adj.* ①怕羞的；羞怯的。②膽怯的；易受驚的。③畏縮的；審慎的。④懷疑的；不信任的。*fight ~ of* 設法避開。~ *of* 缺乏；不足。— *v.i.* ①驚跳。②(人)畏縮；退縮。— **ness,** *n.*

shy[2] *v.t.* 投；擲。— *n.* Ⓒ ①投；擲。②〖俚〗譏笑；嘲弄。

Shy·lock [ˋʃaɪlɑk] *n.* Ⓒ 冷酷無情的放高利貸者(原爲 Shakespeare 所著 *The Merchant of Venice* 中的放高利貸之猶太人)。

***shy·ly** [ˋʃaɪlɪ] *adv.* 害羞地；畏怯地。

shy·ster [ˋʃaɪstɚ] *n.* Ⓒ〖俚〗奸猾的律師。

si [si] *n.* Ⓤ Ⓒ〖樂〗音階的第七音。

Si 〖化〗 silicon.

Si·be·ri·a [saɪˋbɪrɪə] *n.* 西伯利亞。— **Si·be′ri·an,** *adj.* & *n.*

sib·i·lant [ˋsɪbl̩ənt] *adj.* 有[發]嘶嘶聲的。— *n.* Ⓒ 齒擦音(如s, z, ʃ).

sib·ling [ˋsɪblɪŋ] *adj.* 兄弟或姊妹的。— *n.* Ⓒ 兄弟或姊妹。

sic[1] [sɪk] 〖拉〗 *adv.* 原文如此(=so, thus, 於引用文句時，如遇原文謬誤或欠妥之處，於其後標 sic 於方括弧[ ]內)。

sic[2] *v.t.* (**-ck-**)唆使(狗等)攻擊。

Sic·i·ly [ˋsɪsl̩ɪ] *n.* 西西里島。— **Si·cil·i·an** [sɪˋsɪlɪən], *adj.* & *n.*

‡**sick** [sɪk] *adj.* ①患病的；有病的。②作嘔的；欲嘔的。③厭惡的；厭煩的。④渴望的；戀慕的；憔悴的〔for〕. ⑤蒼白的；有倦容的。⑥病態的；不健全的。§ ~ **bènefit** 病假津貼。~ **càll** 就診時段。~ **héadache**〖美〗嘔吐性頭痛；偏頭痛。~ **lèave**(支薪的)病假。~ **lìst** 病籍；病冊。~ **nòte** (請病假之)假條。~ **nùrse** 護士。~ **pày** 病假津貼。〔注意〕在英國 **sick** 專指「噁心；嘔吐」而言，在美國則指一切疾病。參看 **ill.**

sick·bed [ˋsɪk,bɛd] *n.* Ⓒ 病床。

sick·en [ˋsɪkən] *v.i.* ①患病；生病。②厭惡；厭倦〔of〕. ③作嘔；欲嘔。— *v.t.* ①使厭惡；使厭倦。②使作嘔；使病。— **ing,** *adj.*

sick·le [ˋsɪkl̩] *n.* Ⓒ 鐮刀。

sick·ly [ˋsɪklɪ] *adj.* ①多病的；不健康的；憔悴的；委靡的。②致病的。③令人作嘔的。④虛弱的；暗淡的。

***sick·ness** [ˋsɪknɪs] *n.* ① Ⓤ Ⓒ 疾病；患病。② Ⓤ 作嘔；嘔吐。

‡**side** [saɪd] *n.* ① Ⓒ 邊；側；面。② Ⓒ 脇；身體之兩邊。③ Ⓒ 山或河岸的斜坡。④ Ⓒ 河岸。⑤ Ⓒ 方面。⑥ Ⓒ 集團；黨；派系。⑦ Ⓒ 血統；家系；世系。⑧ Ⓤ〖英俚〗傲慢自大；擺架子。*by the ~ of* 與某人並列；在…附近。*on* [*from*] *all ~s* 從各方面；到處；處處。*on the right* [*wrong*] *~ of forty* 不足[已過]四十歲。*on the…~* 有幾分…的意味；相當；頗。*shake* [*burst*] *one's ~s with laughter* [*laughing*] 捧腹大笑。*~ by ~* **a.** 並肩地；互相支持地。**b.** 相等地。**c.** 共存地；相鄰地。*split one's ~s* 捧腹大笑。*take ~s* 加入；袒護〔常 with〕. — *adj.* ①側的。②斜的。③不重要的；枝節的。— *v.i.* 援助；參與；袒護〔常 with〕. § ~ **dìsh** 正菜外加的菜；小菜。~ **dòor** [**èntrance**] 側門。~ **effèct**〖藥〗副作用。~ **hòrse**〖美〗(健身用的)鞍馬。~ **íssue** 與正題無關的問題。~ **lìght** (1)側光；側燈；側窗。(2)偶然啓示；間接說明。~ **lìne** (1)界線。(2)(*pl.*)界線外之地。(3)副業。(4)

支線。⁓ strèet 小巷。⁓ whìskers 絡腮鬍。

side·board [ˋsaɪd,bord] *n.* Ⓒ 餐室中之餐具櫥；餐具架。

side·burns [ˋsaɪd,bɜnz] *n. pl.* 兩頰上之鬍鬚；短腮鬍。

side·long [ˋsaɪd,lɔŋ] *adj. & adv.* ①橫的[地]；斜的[地]。②側面的[地]。

si·de·re·al [saɪˋdɪrɪəl] *adj.* 星的；星座的。

side·slip [ˋsaɪd,slɪp] *n.* Ⓒ ①橫滑；(汽車等)滑向一邊。②〖空〗側滑。 — *v.i.* (-pp-)橫滑；側滑。

side·split·ting [ˋsaɪd,splɪtɪŋ] *adj.* 令人捧腹大笑的。— **ly,** *adv.*

side-step [ˋsaɪd,stɛp] *v.t. & v.i.* (-pp-)①走側步。②閃開；規避。

side·track [ˋsaɪd,træk] *n.* Ⓒ ①〖鐵路〗側線；旁軌。②規避；搪塞。 — *v.t.* ①將(火車)轉入側線。②轉移(某人)之目標。

***side·walk** [ˋsaɪd,wɔk] *n.* Ⓒ〖美〗人行道(=〖英〗pavement)。

side·way [ˋsaɪd,we] *n.* Ⓒ①小路；岔道。②人行道。— *adj. & adv.* = **sideways.**

side·ways [ˋsaɪd,wez] *adv.* 斜向一邊地。— *adj.* 向一邊的；橫斜的。

side·wise [ˋsaɪd,waɪz] *adj. & adv.* =**sideways.**

sid·ing [ˋsaɪdɪŋ] *n.* ①Ⓒ〖鐵路〗側線；旁軌。②Ⓤ〖美〗外壁板；牆板。

si·dle [ˋsaɪdḷ] *v.i.* (羞澀或膽怯地)側身而行。— **si′dling·ly,** *adv.*

siege** [sidʒ] *n.* ①ⓊⒸ圍困；圍攻；圍城。②Ⓒ長期的困擾。lay ~ to*** 圍困。— *v.t.* 包圍；圍攻。

si·er·ra [sɪˋɛrə, ˋsɪrə] *n.* Ⓒ (常*pl.*)鋸齒狀之山脈。

sieve [sɪv] *n.* Ⓒ 篩；漏杓。— *v.t.* 以篩子篩；過濾。

***sift** [sɪft] *v.t.* ①篩；過濾；篩撒。②詳察；細審。— *v.i.* 篩下；(雪等)紛落。— **er,** *n.*

‡**sigh** [saɪ] *v.i.* ①歎息。②發出類似歎息之聲。③熱望；渴想〔for〕。 — *v.t.* 歎息說出；以歎息表示〔out〕。 — *n.* Ⓒ 歎息；嘆氣。

‡**sight** [saɪt] *n.* ①Ⓤ視力；視覺。②Ⓤ(又作 a ~)觀覽；見。③Ⓤ視界；視野。④Ⓒ看見的東西；瞥見。⑤Ⓒ情景；景象。⑥(*pl.*) **a.** 名勝。**b.** 目標。⑦(a ~)笑料；醜態。⑧Ⓤ見解；看法；判斷。⑨Ⓒ(槍砲等之)瞄準；瞄準具；表尺。⑩ (a ~) 很多。***a*** (***long***) ~ 〖俚〗很多。***a ~ for sore eyes*** 喜歡見的人或物。***at first ~*** 初見。***at*** [***on***] ~見到立即。***catch ~ of*** 看見。***in ~***在望；看得見。***in ~ of*** 在看得見…的地方；在…所看得見的地方。***know by ~***認得某人；面熟。***lose ~ of*** **a.**看不見。**b.** 不得音訊。**c.** 遺漏；忽略。***out of ~*** 看不到；不被看到。***Out of ~, out of mind.*** 去者日以疏；離久則情疏。— *v.t.* ①看見。②瞄準。③調整(槍砲的)瞄準器。§ ⁓ **dràft** 見票即付之支票或匯票(略作 S/D)。 — **less,** *adj.*

sight·ed [ˋsaɪtɪd] *adj.* ①(人)眼睛看得見的。②視力(…)的。

sight·ly [ˋsaɪtlɪ] *adj.* 悅目的；美麗的。

***sight·see·ing** [ˋsaɪt,siɪŋ] *n.* Ⓤ觀光；遊覽。— *adj.* 觀光的；遊覽的。a ~ car 遊覽車。— **sight′se·er,** *n.* Ⓒ觀光客。

sig·ma [ˋsɪgmə] *n.* ⓊⒸ 希臘文之第十八個字母(Σ, σ)。

‡**sign** [saɪn] *n.* Ⓒ①記號；符號。②手勢；姿勢。③痕跡；跡象；徵兆。④足跡。⑤祕語；暗號。⑥告示；標誌。⑦〖天〗(黃道十二宮之)宮。— *v.t. & v.i.* ①簽字。②打信號。③以手勢或信號表示。④雇；聘。⑤顯示；爲…之徵兆。***~ away*** [***over***] 簽字讓渡。***~ off*** 廣播電台宣布廣播節目結束。***~ on*** [***up***] 簽字於雇用契約。§ ⁓ **lànguage** 手語。⁓ **pàinter** 畫廣告者；畫招牌者。

***sig·nal** [ˋsɪgnḷ] *n.* Ⓒ①信號；暗號。②導火線；動機〔for〕。— *v.t.* (-l-, 〖英〗-ll-)①向…作信號。②以信號報知。③表示。— *v.i.* 發信號；作信號。— *adj.* ①信號(用)的。②顯著的；重大的。§ **S⁓ Còrps** (美陸軍的)通訊隊。⁓ **fìre** 烽火。⁓ **flàg** 信號旗。⁓ **gùn** 信號槍。⁓ **tòwer** 信號塔。

sig·nal·ize [ˋsɪgnə,laɪz] *v.t.* ①使著名；使顯著。②表現；表露。③以信號通知。

sig·nal·man [ˋsɪgnḷ,mæn] *n.* Ⓒ (*pl.* **-men**)信號手；信號兵。

sig·na·to·ry [ˋsɪgnə,torɪ] *adj.* 簽名的；簽署的。— *n.* Ⓒ簽名者；簽約國。

***sig·na·ture** [ˋsɪgnətʃɚ] *n.* Ⓒ①簽字；簽名。②〖樂〗調號。§ ⁓ **lòan** 不需抵押品的貸款。

sign·board [ˋsaɪn,bord] *n.* Ⓒ 廣

告牌；告示牌。

***sig·nif·i·cance** [sɪg`nɪfəkəns] *n.* Ⓤ (又作a ～)①重要；重大。②意義；意味。③意味深長。(亦作**significancy**)

***sig·nif·i·cant** [sɪg`nɪfəkənt] *adj.* ①有意義的；有含意的。②意味深長的；重大的。— **ly,** *adv.*

sig·ni·fi·ca·tion [sɪg,nɪfə`keʃən] *n.* ①Ⓒ意義；意味。②ⓊⒸ表明；表示。— **sig·nif′i·ca·tive,** *adj.*

***sig·ni·fy** [`sɪgnə,faɪ] *v.t.* 表示…之義；表示。— *v.i.* 有重要性；有關係。

sign·post [`saɪn,post] *n.* Ⓒ路標(=guidepost).

Sikh [sik] *n.* Ⓒ〖印〗錫克教徒。

Sikh·ism [`sikɪzṃ] *n.* Ⓤ錫克教(十六世紀時起源於印度北部)。

‡**si·lence** [`saɪləns] *n.* ①Ⓤ寂靜；無聲；靜默。②Ⓤ緘默；無言；守口如瓶。Speech is silver, ～ is golden.〖諺〗雄辯是銀，沈默是金。③ⓊⒸ默禱。④Ⓤ渺無音訊。⑤Ⓤ湮沒；忘卻。— *v.t.* ①使停止射擊；制壓。②使閉口無言。③使停止。— *interj.* 肅靜(=be silent).

‡**si·lent** [`saɪlənt] *adj.* ①寂靜的；無聲的。②緘默的；無言的。③匿名的。④不發音的。⑤不積極活動的。
— *n.* Ⓒ (常*pl.*)無聲電影；默片。§ ∼ **majórity**〖美〗沈默的大衆。∼ **pícture** 無聲電影；默片。∼ **trèatment** 無言的冷漠(表示抗議或輕蔑)。∼ **vòte** (1)無記名投票。(2)有資格投票而不投票者所有的票數。

sil·hou·ette [,sɪlu`ɛt] *n.* Ⓒ ①側面影像；剪影。②輪廓。— *v.t.* 使現出黑色影像[輪廓]。

sil·i·ca [`sɪlɪkə] *n.* Ⓤ〖化〗矽土(二氧化矽)。

sil·i·con [`sɪlɪkən] *n.* Ⓤ〖化〗矽。§ **S∼ Válley** 矽谷(在美國加州舊金山市郊，爲精密電子工業集中地區)。

sil·i·cone [`sɪlə,kon] *n.* ⓊⒸ〖化〗矽膠；樹脂。

‡**silk** [sɪlk] *n.* ① **a.** Ⓤ絲；綢；蠶絲。**b.** Ⓤ綢布；絲織品。**c.** Ⓒ (常*pl.*)絲綢的衣服。②Ⓒ〖英〗王室律師。③(*pl.*)(賽馬的)騎士服。④Ⓤ〖美〗玉蜀黍鬚(=corn silk). ⑤Ⓤ蜘蛛絲。
— *adj.* 絲(製)的；生絲的。～ stockings 絲襪。§ ∼ **còtton** 木棉(又稱爪哇棉)。∼ **hát** 圓筒形的絲質大禮帽。∼ **mìll** 繅絲廠；織綢廠。∼ **pàper** 薄紙。**S∼ Ròad** 絲路(古時中亞細亞與中國間之貿易路線，因以絲爲主要貿易品，故名)。— **like,** *adj.*

***silk·en** [`sɪlkən] *adj.* ①如絲的；絲製的。②光滑柔軟的。③溫柔的；嬌滴滴的。④奢華的；優美的。

***silk·worm** [`sɪlk,wɜm] *n.* Ⓒ蠶。

silk·y [`sɪlkɪ] *adj.* ①像絲的；平滑的。②巴結的；設法討好的。

***sill** [sɪl] *n.* Ⓒ門檻；窗臺。

***sil·ly** [`sɪlɪ] *adj.* ①愚蠢的。②可笑的。③〖古〗純樸的；天眞的。④〖俚〗驚呆的；昏了頭的。— *adv.* 愚蠢地。— *n.* Ⓒ傻瓜。— **sil′li·ness,** *n.*

si·lo [`saɪlo] *n.* Ⓒ (*pl.* ～**s**) ①圓筒形倉。②貯藏穀物或草料之地下建築物或地窖。③地下飛彈發射室。

silt [sɪlt] *n.* Ⓤ淤泥。— *v.t. & v.i.* 以淤泥充塞(up).

sil·van [`sɪlvən] *adj.* = **sylvan.**

‡**sil·ver** [`sɪlvɚ] *n.* Ⓤ①銀。②銀幣。③銀器。④銀色。⑤似銀的東西。
— *adj.* ①銀的；銀製的。②銀色的。
— *v.t.* ①包以銀；鍍以銀。②使呈銀色。— *v.i.* 變爲銀白色。§ ∼ **bírch**〖植〗銀樺(又稱紙皮樺)。∼ **córd** (1)臍帶。(2)母子[母女]之情。∼ **fóil** 銀箔。∼ **fóx** (1)銀狐。(2)銀狐毛皮。∼ **íodide**〖化〗碘化銀。∼ **lèaf** 銀箔。∼ **líning** (1)黑雲之白色邊緣。(2)光明之前途；漸入佳境之希望。∼ **médal** 銀牌(比賽等的第二獎)。∼ **nítrate**〖化〗硝酸銀。∼ **scrêen** (1)銀幕。(2)電影。∼ **stándard** 銀本位。**S∼ Stár**〖美陸軍〗銀星勳章。∼ **wédding** 銀婚(結婚二十五周年紀念)。

sil·ver·fish [`sɪlvɚ,fɪʃ] *n.* Ⓒ ①(*pl.* ～, ～**es**)銀魚。②(*pl.* ～)〖昆〗衣魚；蠹魚。

sil·ver-plate [`sɪlvɚ`plet] *v.t.* 將…鍍銀(尤指電鍍)。

sil·ver·smith [`sɪlvɚ,smɪθ] *n.* Ⓒ銀匠。

sil·ver-tongued [`sɪlvɚ`tʌŋd] *adj.* 有口才的；雄辯的。

sil·ver·ware [`sɪlvɚ,wɛr] *n.* Ⓤ(集合稱)銀器。

***sil·ver·y** [`sɪlvərɪ] *adj.* ①如銀的；銀色的。②(聲音等)如銀鈴般的；清脆的。

‡**sim·i·lar** [`sɪmələ˞] *adj.* 類似的；同樣的；同類的。

sim·i·lar·i·ty [,sɪmə`lærətɪ] *n.* ①Ⓤ類似；相似。②Ⓒ相似之點。

***sim·i·lar·ly** [`sɪmələ˞lɪ] *adv.* 同樣地；相同地。

sim·i·le [ˋsɪmə͵li] *n.* Ⓤ Ⓒ 直喻；明喻(如：He is as brave as a lion. 他勇猛如獅)。

si·mil·i·tude [səˋmɪlə͵tjud] *n.* ①Ⓤ相似；類似。②Ⓒ比喻。③Ⓒ相似之人或物。

sim·mer [ˋsɪmɚ] *v.t.* 慢慢煮(使溫度在沸點下)。— *v.i.* ①溫火慢煮。②發出將沸時之聲。③(怒氣、笑等)將爆發。～ *down* 平靜下來；冷靜下來。— *n.* (*sing.*)①慢煮使沸的狀態。②文火；溫火。

sim·per [ˋsɪmpɚ] *v.i.* 假笑；傻笑。— *n.* Ⓒ 傻笑；假笑。

‡**sim·ple** [ˋsɪmpḷ] *adj.* ①簡單的；簡易的。②樸實的；樸素的。③單純的；天真爛漫的；無虛飾的。④愚蠢的；無知的。⑤完全的；純然的。⑥單一的；非複合的。⑦普通的。⑧微賤的；卑下的。— *n.* Ⓒ ①愚蠢的人。②簡單之事物。③草藥。④身分卑微者；平民。§ ～ **equátion** 〖數〗一次方程式。～ **ínterest** 單利。～ **séntence** 〖文法〗簡單句。

sim·ple-heart·ed [ˋsɪmpḷˋhɑrtɪd] *adj.* ①天眞的；直率的。②誠實的。

sim·ple-mind·ed [ˋsɪmpḷˋmaɪndɪd] *adj.* 頭腦簡單的；愚蠢的。

sim·ple·ton [ˋsɪmpḷtən] *n.* Ⓒ 愚人；蠢貨。

*__sim·plic·i·ty__ [sɪmˋplɪsətɪ] *n.* Ⓤ ①簡單；簡易。②樸素；樸實。③單純；無虛飾。④遲鈍；頭腦簡單。

*__sim·pli·fy__ [ˋsɪmplə͵faɪ] *v.t.* 使單純；使簡化。— **sim·pli·fi·ca′tion,** *n.*

sim·plis·tic [sɪmˋplɪstɪk] *adj.* 過分單純化的；過分簡化的。— **sim·plis′ti·cal·ly,** *adv.*

‡**sim·ply** [ˋsɪmplɪ] *adv.* ①實在；簡直。②簡單地。③樸素地。④僅；祇。⑤純然地；絕對地。

sim·u·late [ˋsɪmjə͵let] *v.t.* ①假裝；僞裝。②模擬。③〖生物〗擬態。— *adj.* ①僞裝的。②擬態的。— **sim′u·lant, sim′u·la·tive,** *adj.*

sim·u·la·tion [͵sɪmjəˋleʃən] *n.* Ⓤ Ⓒ ①假裝；佯爲。②擬態。③模擬實驗[訓練]。

si·mul·cast [ˋsaɪməl͵kæst] *v.t.* (**-cast**)以電視與無線電同時播出；聯播。— *n.* Ⓒ (節目)同時播出。

*__si·mul·ta·ne·ous__ [͵saɪmḷˋtenɪəs] *adj.* 同時的；同時存在的；同時發生的。§ ～ **interpretàtion** 口譯。

— **ly,** *adv.*

‡**sin** [sɪn] *n.* ①Ⓤ Ⓒ罪；罪惡。②Ⓒ過失；失禮；違反。③Ⓒ不該做的事；罪過；蠢事。— *v.i.* & *v.t.* (**-nn-**)犯(罪)〔against〕. ～ *one's mercies* 忘恩負義。

sin 〖數〗sine.

‡**since** [sɪns] *prep.* 自…以後；自…以來。— *conj.* ①自…以後；自…以來。②既然；因爲。*S-* you ask, I will tell you. 你既然問，我就告訴你。— *adv.* 自彼時至此時；其後。*long* ～ 很久以前。

*__sin·cere__ [sɪnˋsɪr] *adj.* ①眞實的；誠摯的。②自信心極強的。

*__sin·cere·ly__ [sɪnˋsɪrlɪ] *adv.* 眞實地；誠懇地。*Yours* ～ 敬啓(信文後簽名前的問候語)。

*__sin·cer·i·ty__ [sɪnˋsɛrətɪ] *n.* Ⓤ 眞實；誠懇。

sine [saɪn] *n.* Ⓒ〖幾何〗正弦。

si·ne·cure [ˋsaɪnɪ͵kjʊr] *n.* Ⓒ 閒差。

*__sin·ew__ [ˋsɪnju] *n.* ① Ⓤ Ⓒ 腱。② Ⓤ (又作 *pl.*) **a.** 力量；能力；體力。**b.** 力量的來源。— *v.t.* 給予力量；加強。— **sin′ew·y,** *adj.*

‡**sing** [sɪŋ] *v.i.* (**sang** or **sung, sung**) ①歌唱。②啼。③歌頌。④(溪流、水壺、風等)作鳴聲。⑤作詩。— *v.t.* ①歌唱。②唱出。③歌頌。④歌唱以使…。She *sang* the baby to sleep. 她唱歌使小兒入睡。⑤(鳥等)鳴。⑥聲明。～ *another song* [*tune*]受屈辱後變沈默；變謙遜。～ *out* 大聲呼救。～ *small*＝**sing another song.** — *n.* Ⓒ 歌唱；合唱；歌唱會。

sing. singular.

Sin·ga·pore [ˋsɪŋgə͵por] *n.* 新加坡(位於馬來半島南端，首都 Singapore).

singe [sɪndʒ] *v.t.* ①燙焦。②燙(頭髮)。③傷害。— *v.i.* 燒焦；燙焦。～ *one's feathers* [*wings*] **a.** 損壞名譽。**b.** 事業失敗。— *n.* Ⓒ 輕微的燒灼；燒焦。

*__sing·er__ [ˋsɪŋɚ] *n.* Ⓒ ①聲樂家；歌手。②鳴禽。③詩人。

sing·ing [ˋsɪŋɪŋ] *n.* ①**a.** Ⓤ 聲樂。**b.** Ⓤ Ⓒ 歌唱。②Ⓤ鳴；響。③(a ～)耳鳴。— *adj.* 歌唱的；鳴囀的。

‡**sin·gle** [ˋsɪŋgḷ] *adj.* ①單一的；單式的。②〖植〗單瓣的。③每邊祇有一個的。④獨身的。⑤誠實的。⑥獨特的。⑦唯一的。⑧祇關心(某事)的。⑨一致的。— *n.* ①Ⓒ一個。②Ⓒ

〖棒球〗一壘安打。③(*pl.*, 作 *sing.*解)(網球等的)單打(比賽)。④ Ⓒ 單人房。⑤Ⓒ(年輕的)單身漢；單身女子。**—** *v.t.* ①挑選〔常out〕. ②〖棒球〗以一壘安打使(隊友)上…壘。**—** *v.i.* 〖棒球〗擊出一壘安打。§ ∼ **cómbat** 一對一的毆鬥。∼ **éntry**〖簿記〗單式記帳法。∼ **fíle** 一列縱隊。∼ **párent** 單親。∼ **rhýme** 單音節之押韻。∼ **stándard** (1)單本位制(或用銀本位、或用金本位)。(2)全體適用之道德標準；男女同樣適用之道德標準。∼ **tàx** 單一稅。∼ **tìcket**〖英〗單程票。

sin·gle-breast·ed [`sɪŋgl`brɛstɪd] *adj.* 單排扣的(上衣)。

sin·gle-hand·ed [`sɪŋgl`hændɪd] *adj.* ①獨力的。②單手操作的。**—** *adv.* 獨力地。

sin·gle-mind·ed [`sɪŋgl`maɪndɪd] *adj.* 一心一意的。

sin·gle·ton [`sɪŋgltən] *n.* Ⓒ ①單獨存在之物。②(橋牌等)弔單之牌。

sin·gly [`sɪŋglɪ] *adv.* ①單獨地；個別地。②一個一個地。③獨力地。

sing·song [`sɪŋˌsɔŋ] *n.* ①(a ∼)單調的節奏。②Ⓒ即席唱歌會。**—** *adj.* ①單調的。②平凡的。

***sin·gu·lar** [`sɪŋgjələ] *adj.* ①非凡的。②奇特的。③單一的。④〖文法〗單數的。⑤個別的。**—** *n.* Ⓒ(常the ∼)〖文法〗單數式；單數的字。

sin·gu·lar·i·ty [ˌsɪŋgjə`lærətɪ] *n.* ①Ⓤ奇異。②Ⓒ特性。③Ⓤ單一。

***sin·gu·lar·ly** [`sɪŋgjələlɪ] *adv.* 「奇異地。」

***sin·is·ter** [`sɪnɪstə] *adj.* ①邪惡的。②不祥的。③(盾形徽章之)左方的。— **ly,** *adv.*

‡**sink** [sɪŋk] *v.i.* (**sank** or **sunk, sunk** or **sunk·en**)①沈落。②沮喪。③降低。④滲入〔into〕. ⑤墮入(某種狀態)。⑥予人以深刻印象。**—** *v.t.* ①使沈。②使衰落。③掘。④插入；埋入。⑤對…作無利的投資。⑥掩飾。⑦不重視。⑧使凹。∼ ***or swim*** 成敗。**—** *n.* Ⓒ ①溝渠。②水槽。③藏垢納污之地。

***sin·ner** [`sɪnə] *n.* Ⓒ①(宗教、道德上的)罪人。②〖俚〗該遭報應的人。

Si·nol·o·gy [saɪ`nɑlədʒɪ] *n.* Ⓤ 漢學(研究中國文學、藝術、語言、歷史等)。— **Si·nol′o·gist,** *n.*

sin·u·ous [`sɪnjuəs] *adj.* 彎彎曲曲的；迂迴的。— **ly,** *adv.*

si·nus [`saɪnəs] *n.* Ⓒ (*pl.* **∼·es, ∼**) ①〖解〗竇。②〖醫〗瘻；瘻管。

***sip** [sɪp] *v.t.* & *v.i.* (**-pp-**)啜；啜飲。**—** *n.* Ⓒ一啜；啜飲。

si·phon [`saɪfən] *n.* Ⓒ 彎管；虹吸管。**—** *v.t.* & *v.i.* 用虹吸管吸出。

‡**sir** [sɜ] *n.* ①(用於稱呼男子)先生。②(S-)爵士(英國對從男爵 baronet 或男爵 knight 的尊稱，置於名前或連名帶姓一起使用)。③(用於表示意見或諷刺)喂！你！老兄！④(S-)寫信時開始之稱呼。

sire [saɪr] *n.* ①Ⓒ〖詩〗父；祖先。②Ⓒ(四足獸之)雄親。③閣下；陛下。**—** *v.t.* (尤指雄的種馬等)生(小馬)。

si·ren [`saɪrən] *n.* Ⓒ ①(常S-)〖希神〗賽倫(海上女妖)。②妖婦。③號笛；警報器。**—** *adj.* 誘惑人的。§ ∼ **sùit**〖英〗=coveralls.

sir·loin [`sɜlɔɪn] *n.* ⓊⒸ牛腰肉上部(爲最好吃的部分)。

sir·up [`sɪrəp] *n.* Ⓤ 糖漿(=syrup).

sis [sɪs] *n.*〖俚〗=**sister.**

sis·sy [`sɪsɪ] *n.* Ⓒ〖俚〗①=**sister.** ②娘娘腔的男子。③膽小鬼。**—** *adj.* 娘娘腔的；膽小的。

‡**sis·ter** [`sɪstə] *n.* Ⓒ ①姊；妹。②女會員；女社友。③修女；女教士。④親切的女人。⑤〖英〗護士；(尤指)護士長。**—** *adj.* 如姊妹般關係的。§ ∼ **shíp** 姊妹艦[船]。— **ly,** *adj.*

sis·ter·hood [`sɪstəhud] *n.* ①Ⓤ姊妹的關係。②Ⓒ婦女團體；(尤指)女修道會。

sis·ter-in-law [`sɪstərɪnˌlɔ] *n.* Ⓒ (*pl.* **sis·ters-**)①夫或妻之姊妹。②兄或弟之妻。③姻兄弟之妻。

‡**sit** [sɪt] *v.i.* (**sat, sit·ting**)①坐。②位於。③在會議中有一席位。④開會；開庭。⑤擺姿勢。⑥棲。⑦孵卵。⑧適合。⑨合身。The coat ∼*s* well. 這件上衣很合身。⑩參加(考試等)。⑪〖美〗當臨時保姆。⑫〖俚〗(粗暴地)壓住；使沈默。**—** *v.t.* ①使就座。②騎乘。***make a person* ∼ *up*** a. 使某人驚起。b. 鼓舞某人從事活動。∼ ***at home*** 蟄居家中。∼ ***down*** a. 坐下。b. 會商；協議。c. (飛機)降落。∼ ***down under*** (***insults***) 無怨言地忍受(凌辱)。∼ ***in*** a. 參加(競賽、會議等)。b. 不採取行動。∼ ***on*** [***upon***] a. (陪審團)調查。b.〖俚〗壓制。c. 占有一席次。d. 擱置。∼ ***on a fence*** 持觀望態度。∼ ***out*** a. 貫徹始

終。b. 保持坐著而不參加。c. 留得比(別人)更久。~ *up* a. 不睡。b. 坐直。c. 保持直坐姿勢。d. 驚起；發生興趣。

sit·com [ˋsɪt,kɑm] *n.* 〖俚〗=**situation comedy.**

sit-down [ˋsɪt,daʊn] *n.* Ⓒ ①〖美〗靜坐罷工。②靜坐抗議。③〖英俚〗坐下聊天。—— *adj.* (用餐)坐著享受的。

***site** [saɪt] *n.* Ⓒ ①位置；場所。②遺址。③〖電算〗電腦機房。

sit-in [ˋsɪt,ɪn] *n.* Ⓒ 靜坐罷工；靜坐抗議。

sit·ter [ˋsɪtɚ] *n.* Ⓒ ①入席者。②(供人繪畫拍照的)模特兒。③孵蛋的禽鳥。④臨時看護嬰兒者。

sit·ting [ˋsɪtɪŋ] *n.* ①Ⓒ開會或開庭的期間。②Ⓒ一次坐著不動的期間。③Ⓤ就座；入席。④ a. Ⓤ孵蛋。b. Ⓒ一鳥所孵的卵數。§ ~ **dúck** 容易射中的目標；易於欺騙或傷害的對象。~ **ròom** 起居室；客廳。

sit·u·ate [ˋsɪtʃʊ,et] *v.t.* 置於某處。

***sit·u·at·ed** [ˋsɪtʃʊ,etɪd] *adj.* 坐落(某處)的；處於(某種)境地的。

‡**sit·u·a·tion** [,sɪtʃʊˋeʃən] *n.* Ⓒ ①位置；場所。②情勢；境遇。③戲劇、小說等中的緊要情節或場面。§ ~ **cómedy** (廣播、電視中的)情節[情景]喜劇(人物相同但各集情節獨立之一系列影集)。

sit-up [ˋsɪt,ʌp] *n.* Ⓒ 仰臥起坐。

‡**six** [sɪks] *adj.* 六(個)的；六人的。~ years 六年。—— *pron.* 六個人；六個。—— *n.* ⓊⒸ 六；六點。*at* ~*(es) and seven(s)* 亂七八糟。

six·pence [ˋsɪkspəns] *n.* Ⓒ ①六辨士。②六辨士之銀幣。

‡**six·teen** [sɪksˋtin] *adj.* 十六的；十六個的。—— *pron.* 十六個。—— *n.* ⓊⒸ 十六。

***six·teenth** [sɪksˋtinθ] *adj.* ①第十六的。②十六分之一的。—— *n.* ①Ⓤ (常 the ~)第十六；十六日。②Ⓒ十六分之一。§ ~ **nòte** 〖樂〗十六分音符。~ **rèst** 〖樂〗十六分休止符。

‡**sixth** [sɪksθ] *adj.* ①第六的。②六分之一的。—— *n.* ①Ⓤ (常 the ~)第六。the ~ of the month 當月六號。②Ⓒ六分之一。—— *adv.* 第六地。§ ~ **fórm** 〖英〗第六學年；六年級；(尤指)中等學校的第六學年(相當高三)。~ **sénse** 第六感；直覺。

***six·ti·eth** [ˋsɪkstɪɪθ] *adj.* ①第六十的。②六十分之一的。—— *n.* ①Ⓤ (常the ~)第六十。②Ⓒ六十分之一。

‡**six·ty** [ˋsɪkstɪ] *adj.* 六十的；六十個的；六十人的。—— *n.* ⓊⒸ 六十。

siz·a·ble [ˋsaɪzəbḷ] *adj.* 頗大的；相當大[多]的。(亦作 **sizeable**)

‡**size** [saɪz] *n.* ① ⓊⒸ 大小；容量；尺寸。②Ⓒ(鞋、帽等的)號。③(the ~)〖俚〗實況；眞確的描述。④Ⓤ大；偉大；(人的)力量；才幹。*of a* ~ 同一大小。—— *v.t.* ①按大小排列[分類]。②量(其)大小；估量。③按大小分。~ *down* 依照大小排列…。~ *up* a. 估量；打量。b. 到達某種標準。

siz·zle [ˋsɪzḷ] *n.* (*sing.*)嘶嘶聲。—— *v.i.* 發出嘶嘶聲；發嘶嘶聲地煎炒。

***skate**[1] [sket] *n.* Ⓒ (常*pl.*)溜冰鞋。—— *v.i.* 溜冰。~ *over thin ice* 巧妙地論述困難問題。

skate[2] *n.* Ⓒ (*pl.* ~, ~**s**)〖魚〗鰩。

skel·e·tal [ˋskɛlətḷ] *adj.* ①骨骼的；骸骨的。②輪廓的。③以骸骨的；骨瘦如柴的。

***skel·e·ton** [ˋskɛlətṇ] *n.* Ⓒ ①骨骼；骨架。②鋼骨。③很瘦的人或動物。④輪廓；綱要。*family* ~; ~ *in the cupboard* [*closet, house*] 家醜。~ *at the feast* 掃興者。—— *adj.* ①(似)骨骼的。②綱要的。§ ~ **constrúction** 鋼骨建築。~ **crèw** 〖海〗基幹船員。~ **kèy** 萬能鑰匙。

skep·tic [ˋskɛptɪk] *n.* Ⓒ ①懷疑者。②對宗教表示懷疑者。—— *adj.* 懷疑的。—**skep′ti·cism,** *n.*

skep·ti·cal [ˋskɛptɪkḷ] *adj.* 多疑的；懷疑的。

***sketch** [skɛtʃ] *n.* Ⓒ ①略圖；草稿；素描。②小品文字；短劇；短曲。—— *v.t.* & *v.i.* ①繪略圖；素描；寫生。②記述…的概略。§ ~ **màp** 略圖。—**a·ble,** *adj.* —**er,** *n.*

sketch·book [ˋskɛtʃ,bʊk] *n.* Ⓒ ①素描簿。②見聞錄；小品文集。

sketch·y [ˋskɛtʃɪ] *adj.* ①概略的；草圖的。②不完全的；不徹底的。③不足的。

skew [skju] *adj.* ①歪的；斜的。②不對稱的。—— *n.* ⓊⒸ 歪斜；傾斜。—— *v.i.* ①歪斜。②斜進。—— *v.t.* ①使歪斜；使偏。②曲解。

skew·er [ˋskjuɚ] *n.* Ⓒ 烤肉叉。—— *v.t.* 以烤肉叉串起。

***ski** [ski] *n.* Ⓒ (*pl.* ~, ~**s**)(常 *pl.*)雪屐；滑雪板。—— *v.i.* 滑雪。§ ~

bòot 滑雪靴。～ **jùmp** 飛躍滑雪(的跳臺)。～ **lìft**(滑雪場載運遊客的)空中纜車。～ **màsk** 滑雪用頭罩(僅在眼、口或鼻部開洞)。～ **pànts** 滑雪褲。～ **patròl**滑雪區巡邏救生隊。～ **rùn** 滑雪道; 滑雪場。～ **rùnner** 滑雪者。～ **rùnning** 滑雪。～ **stìck** [**pòle**] 滑雪杖。～ **sùit** 滑雪裝。～ **tòw** 將滑雪者拉上山坡用的電纜。

skid [skɪd] *n.* ①(a ～)滑向一邊。②Ⓒ制輪器; 煞車。***on the ～s*** 走上被解雇、失敗或其他災禍之路。— *v.i.* (**-dd-**)①(行進時)滑向一側。②(車輪)不轉動而橫滑。§ ～ **rów** 貧民區之街道; 破舊之街道。— **der,** *n.*

skiff [skɪf] *n.* Ⓒ輕舟; 小艇。

***skil(l)·ful** [ˋskɪlfəl] *adj.* 熟練的。— **ly,** *adv.*

***skill** [skɪl] *n.* ①ⓊⒸ技能; 技巧; 熟練。②Ⓤ(集合稱)有技術的人。

***skilled** [skɪld] *adj.* ①巧妙的; 熟練的。②需要技能的。

***skim** [skɪm] *v.t.* (**-mm-**)①撇去(牛乳等)的浮皮; 撇取(浮沫)。②掠過。③草草閱讀。④取…之精華。— *v.i.* ①掠過。②草草閱讀。③覆有一層薄冰等。§ ～ **mílk** 脫脂牛乳 (亦作 skimmed milk).

skim·mer [ˋskɪmɚ] *n.* Ⓒ①撇取者。②網杓。③除沫器。④〖鳥〗剪嘴鷗。⑤略讀者。⑥寬邊平頂草帽。

skimp [skɪmp] *v.t.* ①吝於供應。②草率從事。— *v.i.* 節儉; 吝嗇。

skimp·y [ˋskɪmpɪ] *adj.* ①太少的; 不足的。②吝嗇的; 過於節省的。

‡**skin** [skɪn] *n.*①ⓊⒸ皮; 皮膚。②ⓊⒸ(動物之)毛皮。③Ⓒ革製品。④Ⓒ(果實等之)外皮。⑤Ⓒ皮製之囊袋(裝液體用者)。⑥Ⓒ殼。⑦Ⓒ〖俚〗騙子。⑧Ⓒ〖俚〗吝嗇之人。⑨Ⓒ(液體表面之)表皮。***by the ～ of one's teeth*** 相差極微; 僅。***have a thick ～*** 麻木不仁; 反應遲鈍。***have a thin ～*** 敏感的; 易受傷害的。***in*** [***with***] ***a whole ～*** 安全無恙。***out of one's ～*** (高興或驚慌得)不能自制。***save one's ～*** 免受損傷; 安然逃脫。— *v.t.* (**-nn-**)①剝皮; 去皮; 去殼。②覆以皮(over). ③〖俚〗欺騙。— *v.i.* 爲皮所覆蓋; 長皮。§ ～ **dìver**切膚潛水者。～ **dìving**切膚潛水。～ **fríction** 〖理〗表面摩擦。～ **gâme** 〖美俚〗詐欺。～ **gràft** 供移植用的皮膚。～ **gràfting** 〖醫〗皮膚移植; 植皮術。

skin-deep [ˋskɪnˋdip] *adj.* ①表面的。②膚淺的。

skin-dive [ˋskɪn,daɪv] *v.i.* 作切膚潛水(不穿潛水衣而只用水肺、穿鰭狀橡皮蛙鞋潛游)。

skin·head [ˋskɪn,hɛd] *n.* Ⓒ①理平頭的青少年; 禿頭者。②〖英〗平頭族少年; 小混混; 小太保。③海軍陸戰隊的新兵。

skin·ny [ˋskɪnɪ] *adj.* ①很瘦的。②似皮的; 皮狀[質]的。

***skip** [skɪp] *v.i.* (**-pp-**)①跳躍。②沿一表面跳進。③遺漏。④〖俚〗匆匆離去。⑤跳讀。⑥跳級。— *v.t.* ①輕輕跳過。②拋出…使沿一表面跳進。③遺漏; 跳讀。④〖俚〗匆匆離開。⑤使跳年升級。— *n.* Ⓒ①跳; 跳躍。②遺漏; 跳讀。③遺漏的部分; 可刪節的部分。

skip·per [ˋskɪpɚ] *n.* Ⓒ①跳躍者。②船長; 隊長。③飛魚。

skir·mish [ˋskɜmɪʃ] *n.* Ⓒ 小戰; 小衝突。— *v.i.* 進行小規模戰鬥; 發生小爭論。

‡**skirt** [skɜt] *n.* ①Ⓒ裙子。②Ⓒ(長外衣腰部以下的)裙。③Ⓒ(常 *pl.*)郊區; 邊緣。④Ⓤ〖俚〗年輕姑娘; 女人。— *v.t.* ①沿(某地)的邊緣而行。②位於…邊緣。— *v.i.* ①繞行。②位於邊緣; 沿邊緣。

skit [skɪt] *n.* Ⓒ諷刺短劇; (短篇)諷刺文。

skit·tish [ˋskɪtɪʃ] *adj.* ①易驚恐的; 易驚惶的。②輕浮的; 易變的。③怕羞的。

skoal [skol] *interj.* 乾杯! — *n.* Ⓒ 乾杯; 敬酒。

skul·dug·ger·y [skʌlˋdʌgərɪ] *n.* Ⓤ〖美俚〗陰謀; 欺騙。

skulk [skʌlk] *v.i.* 藏匿; 潛行。— *n.* Ⓒ潛伏者。— **er,** *n.*

skull** [skʌl] *n.* Ⓒ①頭蓋骨; 腦殼。②頭; 腦子。③頭頂。have a thick ～*** 愚蠢。～(*s*) ***and crossbones*** **a.** (海盜用的)骷髏旗; 骷髏畫。**b.** 表危險的標誌。

***skunk** [skʌŋk] *n.* ①Ⓒ〖動〗臭鼬。②Ⓤ臭鼬毛皮。③Ⓒ〖俚〗卑鄙之人。— *v.t.* 〖俚〗使慘敗; 使(對手)得零分。

‡**sky** [skaɪ] *n.* ①(the ～)天; 天空。②Ⓒ(常 *pl.*)天氣。③(the ～)天堂。***out of a clear*** [***clear blue***] ***～*** 突然地; 出其不意地; 晴天霹靂地。***to the skies*** [～] 很高地; 非常。§ ～ **blúe** 天藍色。～ **dìver** 花式跳傘的運動員。～ **dìving** 花式跳傘。～ **màr-**

shal〖美〗空中警長(在客機上預防劫機事件的聯邦便衣警長)。~ pàrlor〖俚〗閣樓。~ pìlot〖俚〗(1)牧師。(2)飛行員。~ shòw 飛機內放映的電影。~ sìgn〖英〗空中廣告；屋頂廣告。~ tràin 由一架飛機拖曳若干滑翔機而成的航空機群。~ trùck 大型運輸機。~ wàve〖無線〗天空電波。

sky·jack [ˋskaɪ͵dʒæk] *v.t.* 空中劫機。—**er,** *n.*

Sky·lab [ˋskaɪ͵læb] *n.* Ⓒ(繞行地球的)太空實驗站。

***sky·lark** [ˋskaɪ͵lɑrk] *n.* Ⓒ ①雲雀。②〖俗〗嬉戲。— *v.i.* 〖俗〗嬉戲。

sky·light [ˋskaɪ͵laɪt] *n.* Ⓒ天窗。

sky·line [ˋskaɪ͵laɪn] *n.* Ⓒ ①地平線。②以天空爲背景而映出的建築物、山、樹等之輪廓。

sky·rock·et [ˋskaɪ͵rɑkɪt] *n.* Ⓒ流星煙火。— *v.i.* ①曇花一現。②(物價等)猛漲。③失去自制。— *v.t.* 使急增；使(物價等)猛漲；使急升。

***sky·scrap·er** [ˋskaɪ͵skrepɚ] *n.* Ⓒ①摩天樓。②任何特高之物。

sky·ward [ˋskaɪwɚd] *adj.* 向天空的；向上的。— *adv.* =**skywards.**

sky·wards [ˋskaɪwɚdz] *adv.* 向天空地；向上地。

***slab** [slæb] *n.* Ⓒ ①厚板；片(如石、木等)。②(麵包等之)厚的切片。— *v.t.*(**-bb-**)①製成厚板。②以厚板鋪、撐等。③大量塗上。

slack** [slæk] *adj.* ①鬆弛的；寬的。②懈怠的。③不活潑的；不景氣的。④緩慢的。keep a ~ rein*** 寬大地對待。— *n.* ①ⓊⒸ(繩索、帆等)鬆弛之部分。②Ⓒ〖商〗淡季。③(*pl.*)寬鬆的褲子。④Ⓤ水流之滯緩。— *v.t.* & *v.i.* (使)鬆弛。~ ***off*** **a.** 使鬆。**b.** 鬆懈力量。~ ***up*** 漸緩；慢行。§ ~ jáw 乏味[無禮]之言。~ sùit 便服；寬鬆套裝。~ wáter [tíde] 緩慢流動或靜止不動的水；平潮。—**ly,** *adv.*

slack·en [ˋslækən] *v.t.* & *v.i.* ①使緩慢；變爲緩慢。②遲滯；變爲不景氣。③使鬆弛；變爲鬆弛。

slag [slæg] *n.* ①Ⓤ礦渣；鎔渣。②Ⓤ火山鎔岩；火山岩燼。③Ⓤ廢物；渣滓。④Ⓒ〖英俚〗輕佻的醜女。— *v.t.*(**-gg-**)使化爲鎔渣。— *v.i.* 變爲鎔渣。

slain [slen] *v.* pp. of **slay.**

sla·lom [ˋslɑləm] *n.* Ⓤ(常 the ~)障礙滑雪；彎道滑雪(比賽)。— *v.i.* 做彎道滑雪比賽。

***slam** [slæm] *v.t.* & *v.i.* (**-mm-**)①砰然關閉(門、窗等)；(門、窗等)砰然關起。②猛力投擲或放置。③猛擊。④〖美俚〗猛烈而苛刻地抨擊。— *n.* ①(a ~)砰然聲。②Ⓒ〖美俚〗苛刻的抨擊。③Ⓒ〖橋牌〗滿貫；全勝。

slan·der [ˋslændɚ] *n.* Ⓒ①誹謗。②造謠。— *v.t.* & *v.i.* 誹謗。—**er,** *n.* —**ous,** *adj.* —**ous·ly,** *adv.*

***slang** [slæŋ] *n.* Ⓤ①俚語。②某一階層或行業中所用的特殊習用語。③(盜賊等的)隱語。— *v.t.* & *v.i.* ①辱罵。②用俚語說。

***slant** [slænt] *v.i.* & *v.t.* ①(使)傾斜；歪向。②曲解。— *n.* ①(*sing.*)傾斜。②Ⓒ觀點。③Ⓒ〖美俚〗斜眼看。

slap** [slæp] *n.* Ⓒ ①掌擊。②拒絕；非難。③掌擊聲；似掌擊之聲音。~ ***and tickle〖英俚〗(男女的)調情。~ ***in the face*** **a.** 一個耳光；一巴掌。**b.** (意外的、嚴厲的)拒絕。~ ***on the wrist*** 輕罰；輕微的警告。— *v.t.* (**-pp-**)①掌擊；拍擊。②用力放置；擲。— *adv.* ①直接地；正面地。②突然地。

slap·dash [ˋslæp͵dæʃ] *adv.* & *adj.* 草率地[的]；粗心地[的]。

slap·stick [ˋslæp͵stɪk] *n.* ①Ⓒ擊板；敲板。②Ⓤ鬧劇。— *adj.* 鬧劇的；胡鬧的。

***slash** [slæʃ] *v.t.* ①砍；斬；砍傷；戳傷。②鞭撻。③酷評；非難。④削減。⑤在(衣服上)開叉。— *v.i.* ①砍；斬；戳。②酷評。— *n.* Ⓒ ①砍；斬；戳。②砍痕；斬傷。③削減。④鞭打。⑤(衣服上的)長縫。⑥(樹木被砍後的)林中空地。

slate** [slet] *n.* ①Ⓤ板石；粘板岩。②Ⓒ石板；寫字板。③Ⓒ石板瓦。④Ⓤ深藍灰色。⑤Ⓒ〖美〗被提名或任命的候選人名單。⑥Ⓒ行爲記錄。have a clean ~*** 有清白的記錄；沒有犯過罪。— *v.t.* ①以石板瓦蓋於(屋頂)。②列(名)於候選人名單上。③預定。§ ~ clùb〖英〗(每人每週繳出一點錢的)互助會。~ péncil 石筆(寫石板用)。

slat·tern [ˋslætɚn] *n.* Ⓒ懶散的女人；衣著不整潔的女人。

***slaugh·ter** [ˋslɔtɚ] *n.* ①Ⓤ宰殺。②ⓊⒸ殺戮。③Ⓒ大敗。— *v.t.* ①屠殺；殺戮；屠宰。②使遭大敗。—**er,** *n.* Ⓒ屠宰者；殺戮者。

slaugh·ter·house [ˋslɔtɚ͵haus] *n.* Ⓒ 屠宰場。

Slav [slɑv, slæv] *n.* Ⓒ 斯拉夫人。 — *adj.* 斯拉夫人的；斯拉夫語的。

‡**slave** [slev] *n.* Ⓒ ①奴隸。②被欲望、習慣或影響所控制者。③苦工；奴工。— *v.i.* 做苦工。§ ～ **clòck** (精密天文鐘的)副鐘。S～ **Còast** 奴隸海岸(位於赤道非洲的西部，十六至十九世紀間為奴隸買賣中心)。～ **drìver** (1)監督奴隸工作者。(2)嚴苛的工頭或監工。～ **hùnter** 擄賣奴隸者。～ **hùnting** (非洲的) 獵捕奴隸。～ **làbor** (1)苦役；奴役。(2)作苦役之奴工。～ **màrket** 奴隸市場。～ **shìp** 販賣奴隸的船。～ **stàtes** 南北戰爭前美國承認奴隸制的各州。～ **stàtion** 〖無線〗輔助電台。～ **tràde** 販賣奴隸。～ **tràder** 奴隸販子。

slav·er[1] [ˋslevɚ] *n.* Ⓒ ①販賣奴隸者。②販賣奴隸所用之船。

slav·er[2] [ˋslævɚ] *v.i.* ①垂涎。②諂媚。— *v.t.* 以口水弄濕或弄污。— *n.* Ⓤ ①涎；口水。②妄語。

***slav·er·y** [ˋslevərɪ] *n.* Ⓤ ①奴役；奴隸身分。②奴隸制度。③苦役。④(慾望的)奴隸；沈迷。

Slav·ic [ˋslævɪk] *adj.* 斯拉夫人的；斯拉夫語的。— *n.* Ⓤ 斯拉夫語。

slav·ish [ˋslevɪʃ] *adj.* ①奴隸的。②卑屈的；卑賤的；奴隸性的。③無創造性的。— **ly,** *adv.*

***slay** [sle] *v.t.* (**slew, slain**) 殺害。— *v.i.* 造成死亡。— **er,** *n.*

slea·zy [ˋslizɪ, ˋslezɪ] *adj.* ①薄而質料不佳的(織物)。②簡陋的。

***sled** [slɛd] *n.* Ⓒ 雪車；雪橇。— *v.t.* (-dd-)以橇載運。— *v.i.* 乘橇。

***sledge**[1] [slɛdʒ] *n.* & *v.* =**sled.**

sledge[2] *n.* Ⓒ 大錘；任何強而有力之物。— *v.i.* & *v.t.* 以大錘錘擊。

sledge-ham·mer [ˋslɛdʒ͵hæmɚ] *v.t.* 以大錘錘打；以任何強而有力之物壓服。— *adj.* 強有力的。

***sleek** [slik] *adj.* ①有光澤的。②有光滑皮膚或毛髮的。③圓滑的。④很帥的。— *v.t.* ①使光滑；使整齊。②掩飾。— **ly,** *adv.*

‡**sleep** [slip] *v.i.* (**slept**) ①睡眠。②靜止。③死。— *v.t.* ①睡。②供給住宿。～ ***around*** 〖俗〗亂搞男女關係。～ ***away*** **a.** 在睡眠中消磨。**b.** 藉睡眠驅散或消除。～ ***off*** 用睡眠除去；睡掉。～ ***on*** [***upon, over***] ***a question*** 把一問題留待第二天解決。～ ***out*** **a.** 不住在雇主家。**b.** 離家外宿。— *n.* ①Ⓤ 睡眠。②(a ～)睡眠時間。③Ⓤ 靜止；安息。④Ⓤ 死；長眠。***go to*** ～ 睡著。***last*** ～ 死。***put*** [***send***] ... ***to*** ～ **a.** 使人入睡。**b.** 使人麻醉。

***sleep·er** [ˋslipɚ] *n.* Ⓒ ①睡眠者。②〖美〗臥車。③〖英〗枕木(=〖美〗tie)。④〖美俚〗意外成功的人；爆出的冷門。

sleep-in [ˋslip͵ɪn] *adj.* & *n.* Ⓒ 住在雇主家裏的(人)。

***sleep·ing** [ˋslipɪŋ] *n.* Ⓤ 睡眠；休息。— *adj.* 睡眠的；供睡眠用的。§ ～ **bàg** 睡袋。S～ **Béauty** 睡美人。～ **càr** [**càrriage**] (鐵路之)臥車。～ **dráught** 安眠藥。～ **pártner** 不參與實際業務的股東；匿名股東；外股。～ **pìll** 安眠藥丸。～ **políceman**〖英〗橫過路面突起的狹長部分(迫使車輛減速慢行)。～ **pòwder** 安眠藥粉。～ **sìckness** 〖醫〗睡眠症；嗜睡性腦炎。～ **tàblet** 安眠藥(片)。

sleep·less [ˋsliplɪs] *adj.* 失眠的。— **ly,** *adv.* — **ness,** *n.*

sleep-out [ˋslip͵aut] *adj.* 不住在雇主家裡的。

sleep·walk·er [ˋslip͵wɔkɚ] *n.* Ⓒ 夢遊者；患夢遊症者。

***sleep·y** [ˋslipɪ] *adj.* ①欲睡的。②不活潑的；懶惰的。③催眠的。§ ～ **sìckness** 〖英〗=sleeping sickness. — **sleep′i·ly,** *adv.*

***sleet** [slit] *n.* Ⓤ 霰；霙。— *v.i.* 降霰；下雨雪[雹]。— **sleet′y,** *adj.*

sleeve** [sliv] *n.* Ⓒ ①袖。②筒；套管；(唱片的)封套。have a plan*** [***card***] ***up one's*** ～ 胸有定策。***laugh up*** [***in***] ***one's*** ～ 竊笑；暗笑。— *v.t.* 供以袖子。§ ～ **lìnks** 男子襯衫的袖扣。～ **nòte**(唱片封套上的)內容說明。～ **nùt** 套筒螺母；鬆緊螺旋扣。～ **tàrget**(飛機所拖之)筒靶。— **like,** *adj.*

***sleigh** [sle] *n.* Ⓒ 雪橇；馬拉之雪車。— *v.i.* & *v.t.* ①乘雪車旅行。②以雪車運送。

sleight [slaɪt] *n.* ①Ⓤ 巧妙；熟練。②ⓊⒸ〖罕〗狡計；巧計。～ ***of hand*** **a.** 變戲法。**b.** 手動作之熟練或技巧。

***slen·der** [ˋslɛndɚ] *adj.* ①細長的；纖細的。②微少的；微薄的。

***slept** [slɛpt] *v.* pt. & pp. of **sleep.**

sleuth [sluθ] *n.* Ⓒ ①警犬。②〖美俚〗偵探。— *v.t.* & *v.i.* 跟蹤。

slew[1] [slu] *v.* pt. of **slay.**

slew[2] *v.t.* & *v.i.* 使旋轉；迴轉。
— *n.* Ⓒ 旋轉。(亦作 **slue**)

***slice** [slaɪs] *n.* Ⓒ ①片；薄片。②刀刃薄而寬的刀或其他器具。③部分。④〖運動〗斜擊；曲球。— *v.t.* & *v.i.* ①切成薄片。②切去〔off〕. ③分…爲若干分。④〖運動〗擊(球)使斜飛；擊出曲球。

slick [slɪk] *adj.* ①有光澤的。②圓滑的。③精巧的。④〖俚〗(文章等)有技巧而無內容的。⑤〖俚〗良好的；精美的。— *n.* Ⓒ ①光滑之處。②(常 *pl.*)〖美俚〗紙面光滑之雜誌(爲 pulp 之對)。— *adv.* ①〖俚〗直接地；正面地。②光滑地。③巧妙地。— *v.t.* & *v.i.* ①使平滑；使光滑。②加以修飾、打扮〔常 up〕.

***slide** [slaɪd] *v.i.* (**slid** [slɪd], **slid** or **slid·den** [ˋslɪdn̩]) ①滑動；滑行。②潛行；溜進。③在不知不覺中逝去。— *v.t.* ①使滑動；使輕輕溜過。②順溜地放入。*let things* ~ 聽其自然。~ *into bad habits* 沾染惡習。— *n.* Ⓒ ①滑；滑行。②滑面。③溜滑梯。④滑板。⑤玻璃板；幻燈片。⑥伸縮喇叭中可拉出推進的U形管。⑦雪崩；土崩。§ ∼ **fàstener** 拉鍊。∼ **guitàr** 一種吉他滑音彈奏法。∼ **projèctor** 幻燈機。∼ **rùle** 滑尺；計算尺。∼ **vàlve** 〖機〗滑瓣。
— **slid′a·ble,** *adj.*

‡**slight** [slaɪt] *adj.* ①輕微的。②纖細的。③纖弱的。*make* ~ *of* 輕視。*not in the* ~*est* 完全不(=not at all). — *v.t.* 輕視。— *n.* Ⓒ 輕蔑。*put a* ~ *upon* 輕視；侮辱。

***slight·ly** [ˋslaɪtlɪ] *adv.* ①輕微地。②纖細地；苗條地。

***slim** [slɪm] *adj.* (**-mm-**) ①細長的。②微少的；微弱的。③狡猾的。— *v.t.* & *v.i.* (**-mm-**) ①使變細。②減肥。
— **ly,** *adv.*

slime [slaɪm] *n.* Ⓤ ①黏土；黏泥。②(魚、蝸牛等之)黏液。

slim·ming [ˋslɪmɪŋ] *n.* Ⓤ 減肥。

slim·y [ˋslaɪmɪ] *adj.* ①覆有黏土的。②(似)黏土的。③污穢的。④卑劣的。

sling [slɪŋ] *n.* Ⓒ ①吊索。②吊腕帶。③投石器。④投擲。— *v.t.* & *v.i.* (**slung**) ①投擲。②吊；懸。③以吊索吊或繫。④〖俚〗混合。~ *ink*〖俚〗(賣文爲生者)趕寫文稿；當新聞記者。§ ∼ **chàir** 用帆布等做椅座與靠背的椅子。∼ **dòg** 索端之掛鉤。

slink [slɪŋk] *v.i.* (**slunk** [slʌŋk] or **slank** [slæŋk], **slunk**) 潛行；潛逃〔away, off, about〕.

‡**slip**[1] [slɪp] *v.i.* (**-pp-**) ①滑；溜。②失足；滑倒。③失去。④滑脫。⑤悄悄溜去。⑥犯錯誤；失誤。⑦被忘記。⑧迅速穿衣。⑨衰弱。— *v.t.* ①使滑。②迅速俐落地穿上或脫下。③失去；使逸去。④放開；釋放；放走。⑤無意中提到。⑥(家畜)早產；流產。⑦使脫關節。*let* ~ 無意說出；洩漏。~ *into* 迅速地或輕易地穿(衣)。~ *off* 脫(衣)。~ *on* 穿(衣)。~ *something over on* 欺騙(某人)；占(某人)的便宜。~ *up*〖俗〗犯錯誤。— *n.* ① Ⓒ 滑；滑跌。② Ⓒ 錯誤；失誤。③ Ⓒ 下跌。④ Ⓒ 枕套；(婦女之)套裙；(小兒之)胸巾。⑤ Ⓒ (常 *pl.*)(傾斜的)造船臺。⑥(*pl.*)〖英〗(舞台的)邊門。⑦〖板球〗**a.** Ⓤ 外野(守三柱門球員旁的位置)。**b.** Ⓒ 外野球員。*give someone the* ~ 躲避某人。*There's many a* ~ (*'twixt the cup and the lip*). 〖諺〗愼防功敗垂成。§ ∼ **dísk** [**dísc**]〖醫〗脊椎骨間軟骨性圓盤的變位(脫離正常的位置，引起背部劇痛)。∼ **knòt** 活結；滑結。∼ **nòose** 活結繩套。∼ **rìng** 〖機〗滑環；集電環。∼ **ròad**〖英〗(通高速公路之)交流道。∼ **strèam** 〖機〗沖流；滑流。

‡**slip**[2] *v.t.* (**-pp-**) 剪(枝)備插種；從(植物)剪下插枝。— *n.* Ⓒ ①狹長的紙片、木片等。②紙條。a deposit ~ 存款單。③年輕而瘦弱的人。④剪下備插的枝。

***slip·per** [ˋslɪpɚ] *n.* Ⓒ (常 *pl.*) 室內便鞋；拖鞋。— *v.t.* 以拖鞋打。
— *v.i.* 穿著拖鞋走。

***slip·per·y** [ˋslɪpərɪ] *adj.* ①表面光滑的；滑溜的。②不可靠的；狡猾的。§ ∼ **élm** 〖植〗赤楡(皮)(用作緩和劑)。

slip·shod [ˋslɪp,ʃɑd] *adj.* 隨便的；懶散的；穿拖鞋的。

slit [slɪt] *v.t.* (**slit, slit·ting**) ①割裂；劃破。②使成細長條。— *n.* Ⓒ 裂縫；豁口。§ ∼ **pòcket** 縱開的口袋。∼ **trènch** 狹窄之防空壕或散兵壕。

slith·er [ˋslɪðɚ] *v.i.* & *v.t.* (使)滑動；(使)滑行。— *n.* Ⓒ 滑動；滑行。

sliv·er [ˋslɪvɚ] *n.* Ⓒ ①長條；裂片；細片。②(毛、棉等待梳整成條之)疏鬆纖維束。— *v.t.* 切成長條；使裂成細片。— *v.i.* 裂開。

slob·ber [ˋslɑbɚ] *v.i.* ①流涎；淌口水。②極端感情用事。— *v.t.* 以涎等弄濕或弄污。— *n.* Ⓤ ①涎；口水。②感傷的話；哭訴。

sloe [slo] *n.* Ⓒ〖植〗野李(樹)；野梅(樹)。~ gin 野梅酒。

slog [slɑg] *v.t. & v.i.* (**-gg-**) ①猛擊。②掙扎行走；辛苦工作。— *n.* Ⓒ 痛打；猛擊。

***slo·gan** [ˋslogən] *n.* Ⓒ ①標語；口號。②戰爭中士兵的吶喊聲。

sloop [slup] *n.* Ⓒ 一種單桅帆船。

slop [slɑp] *v.t.* (**-pp-**) ①灑；潑。②灑液體於。— *v.i.* ①灑；潑。②在泥濘中走。~ *over* 〖俚〗表現過分的熱心。— *n.* ① Ⓤ 灑的水；濺出的水(或其他液體)。②(*pl.*)汚水；餿水。③ Ⓤ 稀泥；泥水。④(*pl.*)液體食物。⑤(*pl.*)(人的)糞尿。§ ~ **bàsin** [**bòwl**]〖英〗餐桌上盛殘渣的淺碟。~ **pàil** [**bùcket**] (盛殘湯賸菜供餵家畜之用的)汚水桶。

***slope** [slop] *v.i. & v.t.* 傾斜；使傾斜；使成斜坡。— *n.* ① Ⓤ Ⓒ 傾斜；坡度。② Ⓒ 斜坡；傾斜面。

slop·py [ˋslɑpɪ] *adj.* ①濕的；泥濘的。②爲水濺濕或玷汚的。③乏味的(食物或飲料)。④〖俚〗不留心的；不整潔的。⑤〖俚〗脆弱的；易動感情的。

slosh [slɑʃ] *n.* Ⓤ ①雪泥；稀泥；軟土。②〖俗〗味淡的飲料。③水之劈啪聲。— *v.i.* 濺著水而行；在泥水中輾轉而行。— *v.t.* 在液體中攪動或搖動。

slot [slɑt] *n.* Ⓒ ①狹縫。②〖機〗槽溝。③(自動販賣機的)投幣口。— *v.t.* (**-tt-**)於…之中開一狹縫或槽溝。§ ~ **machìne** 自動販賣機；吃角子老虎。~ **màn**〖美〗報館之編輯主任。

sloth [sloθ] *n.* ① Ⓤ 怠惰；緩慢。② Ⓒ〖動〗樹懶。

slouch [slautʃ] *v.i.* 垂頭彎腰地站立、坐、走路或行動。— *v.t.* 使低垂。— *n.* ①(a ~)頭及肩部之低垂；(動作)消沈之姿態。② Ⓒ 笨拙之人；不中用之人。§ ~ **hàt** 垂邊軟帽。

slough[1] [slau] *n.* Ⓒ ①泥沼；泥坑。② [slu]〖美，加〗沼澤。③絕望、無助、沮喪的情況。

slough[2] [slʌf] *n.* Ⓒ ①(蛇等之)蛻皮；蛻殼。②〖醫〗腐肉；痂；死肉。— *v.i.* 脫皮；長痂；脫落(off)。— *v.t.* 脫除；廢棄(off)。

slov·en [ˋslʌvən] *n.* Ⓒ 不修邊幅的人。— *adj.* 不整潔的。

slov·en·ly [ˋslʌvənlɪ] *adj. & adv.* 不整潔的[地]；潦草的[地]。

‡**slow** [slo] *adj.* ①遲緩的；緩慢的。②遲鈍的；呆笨的。③無趣味的。④不急速的；不輕易的。⑤遲到的。⑥燃燒緩慢或溫和的(火)。⑦不景氣的。— *v.t. & v.i.* 使遲緩；緩行；變爲遲緩。— *adv.* ①緩慢地。②審愼地。§ ~ **búrn**〖俚〗怒氣之逐漸形成(爲突然暴怒之對)。~ **còach**〖俚〗遲鈍的人。~ **mátch** 導火線。~ **mótion**〖影〗慢動作。~ **vìrus** 慢性病毒。
— **ly,** *adv.* — **ness,** *n.*

slow·down [ˋsloˌdaun] *n.* Ⓒ〖俗〗①減速。②減低生產；怠工。③趨於不活潑；變爲緩慢。

slow-mo·tion [ˋsloˋmoʃən] *adj.* ①緩慢的。②高速攝影的。

sludge [slʌdʒ] *n.* Ⓤ ①泥漿；泥濘；半融的雪；浮冰。②(排水溝裡的)汚物；汚泥。③(積於水槽、油槽、鍋爐底下的)沈澱物。— **sludg'y,** *adj.*

slue [slu] *v.t. & v.i.* 轉動；旋轉。— *n.* Ⓒ 旋轉。

slug[1] [slʌg] *n.* Ⓒ ①蛞蝓。②行動遲緩的人、動物、車輛等。③金屬塊。④小彈丸。⑤排版用之鉛條；自動鑄字機鑄出來的一行相連的鉛字。⑥〖俚〗一杯酒。

slug[2] *v.t. & v.i.* (**-gg-**) (以拳)重擊；猛擊。— *n.* Ⓒ 拳擊；重擊。

slug·gard [ˋslʌgɚd] *n.* Ⓒ 怠惰者；懶人。— *adj.* 怠惰的；懶的。

slug·gish [ˋslʌgɪʃ] *adj.* ①行動遲緩的；緩慢的。②怠惰的；呆滯的。③不景氣的；不振的；不活潑的。
— **ly,** *adv.* — **ness,** *n.*

sluice [slus] *n.* Ⓒ ①堰；堰內之水。②水門；水閘。③排水道[溝]。④〖礦〗斜水槽；洗礦槽。— *v.t.* ①開水閘放(水)。②沖洗。— *v.i.* 流出；泛濫。§ ~ **gàte** 水門；水閘。

slum [slʌm] *n.* Ⓒ (常*pl.*) 貧民窟，貧民區。— *v.i.* (**-mm-**) (爲慈善目的而)去貧民區視察。

***slum·ber** [ˋslʌmbɚ] *v.i.* ①睡眠；安睡。②(火山等)停止活動；蟄伏。— *v.t.* 以睡眠度過(away)。— *n.* ① Ⓤ Ⓒ (常 *pl.*)睡眠；打盹。② Ⓤ 無生氣；沈滯。— **ous,** *adj.*

***slump** [slʌmp] *v.i.* ①陷；猛然落下。②衰落。— *n.* Ⓒ ①猛然落下。②暴跌。③衰落；不景氣。④運動員表現失常的一段時期。

slung [slʌŋ] *v.* pt. & pp. of **sling.** § ∼ **shòt** 〖美〗繩子、皮帶前端裝上小塊金屬或石頭等用作武器。

slur [slɜ] *v.t.* (**-rr-**) ①忽略；忽視〔常 over〕. ②含糊讀出；不清楚地講。③〖樂〗標以連音符；輕快地唱[奏]。④侮辱；蔑視；中傷。— *v.i.* 含糊而讀；潦草書寫；馬虎了事。— *n.* ①(a ∼)含糊之發音、聲音等。② Ⓒ〖樂〗連音符；連結線(⌣, ⌢)。③ Ⓒ 污點；瑕疵；輕蔑或藐視之言辭。

slut [slʌt] *n.* Ⓒ ①邋遢的女人。②放蕩的女子。— **tish,** *adj.*

***sly** [slaɪ] *adj.* (**sly·er** or **sli·er, sly·est** or **sli·est**) ①狡猾的；詭譎的；狡詐的。②淘氣的；幸災樂禍的。— *n.* Ⓤ 祕密；狡猾。*on the* ∼ 祕密地。

***smack**[1] [smæk] *n.* ① Ⓒ 氣味；滋味。②(a ∼ of...)遺痕；風味；微量。— *v.i.* 微有…味；帶有…風味〔of〕.

***smack**[2] *v.t.* ①咂(唇)作響。②拍擊；摑；掌擊。③使(鞭子等)發爆裂聲。④響吻。— *n.* Ⓒ ①咂唇聲；掌摑聲；響吻聲(等)。②掌摑；拍擊。③響吻。— *adv.* 〖俚〗①直接地；正面地。②突然地。

‡**small** [smɔl] *adj.* ①小的；少的；不重要的。②鄙劣的；吝嗇的。③淡薄的；弱的。④資本或資產不大的。⑤(聲音)低的；輕的。⑥(字母)小寫的。*feel* ∼ 感到慚愧。*in a* ∼ *way* 小規模地；儉約地。— *adv.* ①成爲碎塊地。②(聲音)低低地；輕輕地。*sing* ∼ 轉成謙遜之音調或態度。— *n.* ①(the ∼) 小東西；小用品。②(*pl.*)短褲；小件包裹。*the* ∼ *of the back* 背部最窄之處；後腰。§ ∼ **ád** 〖英〗(報紙等的)分類廣告。∼ **árms** 輕便武器。∼ **béer** (1)淡啤酒。(2)瑣事；不重要的人物。∼ **cálorie** 〖理〗小卡(路里)。∼ **cápital**〖印刷〗小號的大寫字母。∼ **chánge** (1)小額錢幣；零錢。(2)無足輕重之人或物。∼ **intéstine** 小腸。∼ **potátoes** 〖俚〗小人物；小物件。∼ **scrèen** 電視。∼ **tàlk** 閒談；聊天。

***small·pox** [ˋsmɔl͵pɑks] *n.* Ⓤ 〖醫〗痘症；天花。

small-town [ˋsmɔlˋtaʊn] *adj.* 〖美〗小鎮的；地方性的；質樸的。

smarm·y [ˋsmɑrmɪ] *adj.* 〖俚〗奉承的；討好賣乖的。

‡**smart** [smɑrt] *v.i.* ①感到劇痛。②精神上感到痛苦。— *n.* Ⓒ 劇痛；痛苦；傷心。— *adj.* ①刺痛的；劇烈的。②活潑的；輕快的。③聰敏的；伶俐的；機敏的。④漂亮的；時髦的。⑤整齊的；淸新的。⑥〖方〗相當大的。— *adv.* ①劇烈地。②俐落地；聰明地。§ ∼ **bòmb** 〖美軍俚〗精靈炸彈。∼ **mòney** (1)罰金；賠償金。(2)有經驗者所下的注或作的投資。(3)(消息靈通的) 投資者或下注者。— **ly,** *adv.* — **ness,** *n.*

smart·en [ˋsmɑrtn̩] *v.t.* & *v.i.* ①裝飾；修整；弄漂亮。②使輕快；使活潑。

***smash** [smæʃ] *v.t.* ①搗碎；使破碎。②擊敗；使瓦解。③殺球。④〖俗〗重擊；投擲。— *v.i.* ①粉碎；破碎。②破產。③碰撞。∼ *in* [*down*] 擊破(阻擋物)。— *n.* Ⓒ ①破碎；粉碎；破碎聲。②碰撞。③破產；慘敗；瓦解；災難。④(網球的)殺球。⑤痛擊。⑥大成功。*go to* ∼ 垮臺；毀滅。— *adv.* 破碎地。— *adj.* 非常成功的。§ ∼ **hít** 演出極爲成功之電影或戲劇。

smash·ing [ˋsmæʃɪŋ] *adj.* ①粉碎的。②猛烈的。③極好的；絕妙的。

smat·ter [ˋsmætɚ] *n.* Ⓒ 一知半解；膚淺的知識。

smat·ter·ing [ˋsmætərɪŋ] *n.* Ⓒ (常 *sing.*)淺薄的知識；一知半解。

***smear** [smɪr] *v.t.* ①塗；敷；弄髒；弄污。②使污；塗污；玷辱。③〖俚〗擊潰；痛擊。— *v.i.* 弄成污濁一片。— *n.* Ⓒ ①污點；污跡。②(供顯微鏡檢查的)塗抹標本。③中傷。§ ∼ **tèst** 抹片檢查。∼ **wòrd** 有損名譽之字語。

‡**smell** [smɛl] *v.t.* (**smelled** or **smelt**) ①嗅；聞；嗅出。②覺出…的跡象。③藉嗅覺而探索或發現〔out〕. — *v.i.* ①有嗅覺；嗅；聞。②發出氣味。③發出臭味；發出壞味。④有…之跡象。∼ *out* **a.** 以嗅覺檢查或發現。**b.** 由細心研究而發現。∼ *up* 使充滿難聞的氣味。— *n.* ① Ⓤ 嗅覺。② Ⓒ (常 *sing.*)嗅；聞。③ Ⓒ 氣味。④ Ⓒ 跡象。§ ∼**ing bòttle** 嗅鹽瓶。∼**ing sàlts** 嗅鹽。

smell·y [ˋsmɛlɪ] *adj.* 臭的；有臭味的。

smelt[1] [smɛlt] *v.t.* & *v.i.* ①鎔煉；鎔解(礦石)。②精煉；製煉。

smelt[2] *n.* (*pl.* ~, ~**s**)①Ⓒ銀白魚；沙鑽魚。②Ⓤ銀白魚肉。

smelt[3] *v.* pt. & pp. of **smell.**

smelt·er [ˋsmɛltɚ] *n.* Ⓒ①熔煉工。②熔爐。

‡**smile** [smaɪl] *v.i.* ①微笑；現笑容；現喜色。②眷顧；示好意。③冷笑；嗤笑。— *v.t.* 發出(微笑)；微笑以示。— *n.* Ⓒ ①微笑；喜色。②冷笑。③眷顧。*be all ~s* 面露喜色；極爲高興。

smirch [smɜtʃ] *v.t.* 使污；玷污；污辱。— *n.* Ⓒ污點；污斑；瑕疵。

smirk [smɜk] *v.i.* 傻笑；得意地笑〔at, on, upon〕. — *n.* Ⓒ假笑；得意之笑。

*****smite** [smaɪt] *v.t.* (**smote, smit·ten** or **smit** [smɪt]) ①打；擊。②責備。③擊敗。④突擊。— *v.i.* 打；擊；震。

*****smith** [smɪθ] *n.* Ⓒ①鍛工； 冶工；工匠。②鐵匠。

smit·ten [ˋsmɪtn̩] *v.* pp. of **smite.**

smock [smɑk] *n.* Ⓒ罩衫；工作服。— *v.t.* ①著以罩衫。②用針線(在布料上)縫成一叢蜂窩形的皺褶。§ ~ **fròck**(歐洲農夫等所穿的)一種寬鬆的罩衫。

smock·ing [ˋsmɑkɪŋ] *n.* Ⓤ保持布褶平整的裝飾縫線；褶飾。

*****smog** [smɑg] *n.* Ⓤ〖美〗煙霧。

‡**smoke** [smok] *n.* ①Ⓤ煙；煙霧；蒸發氣。②Ⓒ一根煙。③Ⓤ吸煙。④Ⓤ空幻。*end* 〔*go up*〕 *in ~* 成爲泡影。— *v.i.* ①冒煙；起煙霧；發蒸氣。②吸煙。— *v.t.* ①燻製。②吸(煙)。③以煙燻而驅除。~ *out* **a.** 以煙燻逐出。**b.** 發現並宣布。§ ~ **bòmb** 煙幕彈。~ **hèlmet** 消防帽；防毒面具。~ **scrèen** (1)煙霧。(2)障眼法。~ **sìgnal** (1)狼煙；用煙做的信號。(2)朕兆；象徵。~ **trèe**〖植〗黃櫨。

smoke·house [ˋsmok,haus] *n.* Ⓒ燻製所。

smoke·stack [ˋsmok,stæk] *n.* Ⓒ煙囪。

*****smok·ing** [ˋsmokɪŋ] *n.* Ⓤ吸煙。§ ~ **càr** 〔**càrriage**〕吸煙車廂。~ **compàrtment**(火車內的)吸煙室。~ **còncert** 准許吸煙之音樂會。~ **ròom** 吸煙室。~ **stànd** 煙灰臺。

smok·y [ˋsmokɪ] *adj.* ①冒煙的；多煙的；如煙的。②燻黑的；燻污的。

smol·der [ˋsmoldɚ] *v.i.* ①無火燄而燃燒或冒煙；悶燒。②潛伏；鬱積。— *n.* Ⓒ(常 *sing.*)①悶燒；濃煙。②壓抑的情緒。

‡**smooth** [smuð] *adj.* ①光滑的；平滑的。②平穩的；安靜的。③流暢的；圓通的。④無毛的。⑤順利的。⑥持重的；安祥的。⑦溫和的。⑧悅耳的。— *v.t.* ①使平滑；燙平。②使和順；使平和。③洗鍊；潤飾。— *v.i.* 變爲平靜。~ *away* 消除(麻煩、困難等)。~ *down* 使平靜；安慰。~ *over* 掩飾過去。— *adv.* 平滑地；平穩地；流利地。— *n.* ①(a ~)平滑；平坦；撫平。②Ⓒ平面；平地。*take the rough with the ~* 逆來順受。— **ly,** *adv.* — **ness,** *n.*

smote [smot] *v.* pt. of **smite.**

*****smoth·er** [ˋsmʌðɚ] *v.t.* ①使窒息。②悶熄。③遏制。④掩蔽。⑤蒸煮；燉。— *v.i.* ①窒息；透不過氣來。②被抑止。③〖方〗悶燒。— *n.* ①(a ~)塵、煙、霧汽等。②Ⓤ窒息。— **smoth′er·y,** *adj.*

smoul·der [ˋsmoldɚ] *v.i.* & *n.* =**smolder.**

smudge [smʌdʒ] *n.* Ⓒ①污點；污斑。②燻蚊火；蚊煙。— *v.t.* ①塗污；弄髒。②以燻火燻(蟲)。— *v.i.* ①形成污斑。②被塗污。

smug [smʌg] *adj.* (**-gg-**)沾沾自喜的；自鳴得意的；自以爲是的。

*****smug·gle** [ˋsmʌgl̩] *v.t.* & *v.i.* 偷運；私運；走私〔in, out, over〕.

smug·gler [ˋsmʌgl̩ɚ] *n.* Ⓒ①走私者；偷運者。②走私船。

smut [smʌt] *n.* ①ⓊⒸ煤煙；炱煤。②ⓊⒸ髒污；污斑。③Ⓤ猥褻之談話；色情文學。④Ⓤ(穀類之)黑穗病。— *v.t.* & *v.i.*(**-tt-**)①變污；弄髒。②(使)患黑穗病。— **ty,** *adj.*

snack [snæk] *n.* Ⓒ①小吃；點心；宵夜。②部分。*go ~(s)* 分享(利潤)。§ ~ **bàr** 小吃店；賣小吃的櫃臺。

snag [snæg] *n.* Ⓒ①沈樹。②任何銳利而突出之尖端(如枝椿等)。③牙根；暴牙；齜牙；缺牙。④暗礁。⑤斷線部分。⑥預料之外的阻礙。— *v.t.* (**-gg-**) ①用沈樹破壞(船)或阻礙。②阻礙；妨害。③清除沈樹；切枝；修枝。— **gy,** *adj.*

*****snail** [snel] *n.* Ⓒ①蝸牛。②懶惰而遲緩的人。*at a ~'s pace* 緩慢地。

*****snake** [snek] *n.* Ⓒ①蛇。②陰險之人。*a ~ in the grass* 隱敵；潛伏的危機。— *v.i.* 蜿蜒轉折而行；蛇

行。— *v.t.* 〖俚〗①(用力地)拖；拉。②突拉；急抽。③曲折前進。§ ∼ **chàrmer** 弄蛇者。∼ **dànce** (1)蛇舞。(2)彎曲的遊行行列。∼ **dòctor** (1)〖美方〗蜻蜓。(2)美洲蛇蛉之幼蟲。∼ **òil** 江湖郎中賣的萬靈藥。∼ **pìt** (1)瘋人院。(2)混亂悲慘(處)。(3)蛇坑。

snak·y [ˋsnekɪ] *adj.* ①蛇的。②蛇形的；似蛇的。③多蛇的。④迂迴的；蜿蜒的。⑤狡詐的；陰險的。

***snap** [snæp] *v.t.* (**-pp-**)①使發脆快之響聲。②折斷。③咬；攫奪。④急促發布。⑤拍…的快照。⑥急速發射。— *v.i.* ①發爆裂聲；發脆快之響聲。②折斷；突斷。③咬；攫取〔at〕。④突然關閉。⑤急迅移動。⑥發閃光。*S- into it!* 〖美〗趕快做；好好趕。∼ *one's fingers at* **a.** 輕蔑(某人)。**b.** 對…漠不關心。∼ *out of it*〖俚〗**a.** 突然改變態度、習慣等。**b.** 恢復原狀；重新振作起來。∼ *someone's head off* 〖俗〗對某人咆哮；斥責某人。— *n.* ①Ⓒ爆裂聲。②Ⓒ折斷；突斷。③Ⓒ突然的一咬；攫取。④Ⓤ急促之說話態度。⑤Ⓒ〖攝〗快照。⑥Ⓤ〖俚〗急促之情形；俐落。⑦Ⓒ一短時間之寒冷[炎熱]天氣。⑧Ⓒ扣；鉤。⑨ⓊⒸ一種薄的脆餅。⑩(a ∼)〖美俚〗輕鬆的工作[科目]。⑪Ⓤ元氣；精力。⑫Ⓤ一種牌戲。*not a* ∼ 一點也不。*not give* [*care*] *a* ∼ (*of one's finger for*) 不當一回事；不在乎。— *adj.* ①倉卒的；突然的；急就的。②〖俚〗容易的。§ ∼ **bèan** 〖植〗青豆；菜豆。∼ **lòck** 彈簧鎖。∼**ping tùrtle** 〖動〗鱷龜。∼ **shòoter** 快槍手。

snap·drag·on [ˋsnæpˏdrægən] *n.* Ⓒ〖植〗金魚草。

snap·pish [ˋsnæpɪʃ] *adj.* ①好咬的；有嚙咬之習慣的。②(言語、態度上)不耐煩的；暴躁的；尖刻的。

snap·py [ˋsnæpɪ] *adj.* ①好咬的；暴躁的。②聲音尖脆的；爆裂聲的。③〖俚〗活潑的；銳利的；敏捷的。

snap·shot [ˋsnæpˏʃɑt] *n.* Ⓒ〖攝〗快照。

***snare** [snɛr] *n.* Ⓒ①羅網；陷阱。②誘惑物；圈套。— *v.t.* ①以羅網、陷阱捕捉。②誘陷；陷害。§ ∼ **drùm** 響弦鼓。

***snarl**[1] [snɑrl] *v.t.* & *v.i.* ①咆哮；吠叫。②咆哮而言；怒吼。— *n.* Ⓒ①咆哮。②怒語；謾罵。

snarl[2] *n.* Ⓒ(常 *pl.*)纏結；糾結；混亂。— *v.t.* & *v.i.* 糾纏；纏結。

***snatch** [snætʃ] *v.t.* & *v.i.* ①攫奪；奪取。②以迅速之行動拯救。— *n.* Ⓒ①攫取。②(常 *pl.*)片刻；短時間。③(常 *pl.*)小量；片段。

***sneak** [snik] *v.i.* (∼**ed** or **snuck** [snʌk])①潛行；偷偷進入；鬼鬼祟祟地作。②打小報告。— *v.t.* ①潛行過。②〖俚〗偷竊。③悄悄地做。∼ *out of* 偷巧規避。— *n.* Ⓒ①行為鬼祟之人。②向教師告密之學生。§ ∼ **thìef** (不施暴力的)小偷。

sneak·er [ˋsnikɚ] *n.* ①(*pl.*)〖美〗膠底運動鞋。②Ⓒ潛行者；卑劣之人。

***sneer** [snɪr] *v.i.* & *v.t.* ①輕蔑；鄙夷；嘲笑；譏誚。②發噓聲。③以輕蔑的口吻說。— *n.* Ⓒ嘲弄；鄙夷的態度；譏誚之辭。

***sneeze** [sniz] *v.i.* 打噴嚏。∼ *at* 輕視；卑視。— *n.* Ⓒ噴嚏。

snick [snɪk] *n.* Ⓒ①刻痕；凹痕。②〖板球〗輕擊。— *v.t.* ①刻淺痕於。②猛擊。③〖板球〗輕擊(球)。

snick·er [ˋsnɪkɚ] *v.i.* & *n.* =**snigger.**

***sniff** [snɪf] *v.i.* ①以鼻吸氣。②嗤之以鼻〔at〕. — *v.t.* ①以鼻吸入(空氣等)。②嗅出；發覺；覺察出；懷疑。— *n.* Ⓒ以鼻吸氣(聲)；嗅。

snif·fle [ˋsnɪfl] *v.i.* 頻頻以鼻吸氣作聲；作鼻聲；抽搐。— *n.* Ⓒ鼻聲；鼻塞聲。*the* ∼*s* 〖俚〗**a.** 傷風。**b.** (哭泣時的)抽搐聲；鼻聲。

snig·ger [ˋsnɪgɚ] *v.i.* 低聲暗笑；竊笑。— *n.* Ⓒ暗笑；竊笑。

snip [snɪp] *v.t.* & *v.i.* (**-pp-**)剪斷；剪去。— *n.* ①Ⓒ剪；一剪。②Ⓒ斷片；碎片。③Ⓒ〖俚〗無足輕重的人；乳臭未乾的小子。④(*pl.*)鐵絲剪；鋏子。

snipe [snaɪp] *n.* Ⓒ(*pl.* ∼, ∼**s**)①〖鳥〗鷸；沙錐鳥。②伏擊；狙擊。③〖俚〗香煙頭。— *v.i.* & *v.t.* ①獵鷸。②伏擊；狙擊。

snip·er [ˋsnaɪpɚ] *n.* Ⓒ〖軍〗狙擊兵；狙擊手。

snip·pet [ˋsnɪpɪt] *n.* ①Ⓒ小片；碎片。②Ⓒ〖美俚〗無關重要之人。③(*pl.*)零碎的知識；片段的引敍。

sniv·el [ˋsnɪvl] *v.i.* (**-l-**, 〖英〗 **-ll-**) ①啜泣；抽噎。②假裝悲傷。③流鼻涕。④吸鼻涕作響。— *n.* Ⓤ①假哭。②啜泣；抽搐。③鼻涕。

snob [snɑb] *n.* Ⓒ勢利小人；諂上傲

S

下的人；瞧不起窮人者；注重派頭者。§～ **appèal** (商品之)派頭。

snob·ber·y [ˋsnɑbərɪ] *n.* Ⓤ Ⓒ 勢利的行爲。

SNOBOL string oriented symbolic language.〖電算〗字串導向符號語言(處理長串符號的電腦程式語言)。

snook·er [ˋsnukɚ] *n.* Ⓤ〖撞球〗落袋檯球。— *v.t.*〖俚〗使(人、計畫等)陷入困境；欺騙；打敗。

snoop [snup]〖俚〗*v.i.* & *v.t.* 窺察；管閒事〔常 around〕. — *n.* Ⓒ 窺探之人；愛管閒事者。

snoot [snut] *n.* Ⓒ〖俚〗①鼻。②表示輕視之鬼臉。

snooze [snuz] *v.i.* & *n.* Ⓒ〖俚〗小睡；假寐。

***snore** [snor] *v.i.* 發鼾聲。— *v.t.* 發鼾聲熟睡度過。— *n.* Ⓒ 鼾聲。

***snort** [snɔrt] *v.i.* & *v.t.* ①自鼻噴氣作聲；噴鼻息。②噴鼻息表輕蔑或不耐之意。③氣呼呼地說…。— *n.* Ⓒ 噴鼻息；噴鼻聲。

snout [snaut] *n.* Ⓒ ①(尤指豬之)口鼻部。②管嘴；噴口。③〖動〗吻狀突起；吸盤。④〖蔑〗(人之)鼻；大鼻。

‡**snow** [sno] *n.* ① Ⓤ Ⓒ 雪；下雪。②(*pl.*)積雪。③ Ⓤ〖詩〗純白色。④ Ⓒ 似雪之物。⑤ Ⓤ〖俚〗古柯鹼；海洛英。⑥ Ⓤ (電視畫面上)跳動的白點；雪花形干擾。— *v.i.* ①下雪。②似雪片般飛來。— *v.t.* ①使似雪般落下。②以雪覆蓋[封閉]。③使變白。～ *under* **a.** 以雪掩蓋。**b.**〖俚〗窮於應付的(信件、工作等)。§ ～ **blìndness** 雪盲。～ **bùnting**〖鳥〗雪鵐。～ **fìeld** 雪原。～ **gòose** 白雁。～ **ìce** 雪冰。～ **jòb**〖俚〗欺騙或說服他人之企圖；恭維。～ **lèopard**〖動〗雪豹。～ **lìne** 雪線。～ **tìre** 雪地用輪胎。**S～ Whìte** 白雪公主。

snow·ball [ˋsno,bɔl] *n.* Ⓒ 雪球。— *v.t.* ①向…擲雪球。②使迅速增大或增加。— *v.i.* ①滾雪球般地迅速增大或增加。②作擲雪球遊戲。

snow·bank [ˋsno,bæŋk] *n.* Ⓒ 雪堆；雪丘。

snow·board [ˋsno,bord] *n.* Ⓒ 滑雪板。

snow-bound [ˋsno,baund] *adj.* 爲雪所封閉的；爲雪所阻的。

snow·drift [ˋsno,drɪft] *n.* Ⓒ ①爲風吹成之雪堆。②隨風吹飄之雪。

snow·drop [ˋsno,drɑp] *n.* Ⓒ〖植〗雪花蓮。

snow·flake [ˋsno,flek] *n.* Ⓒ 雪花；雪片。

snow·plow, 〖英〗**-plough** [ˋsno,plau] *n.* Ⓒ 雪犂。— *v.i.* 用雪犂清除積雪。

snow·shoe [ˋsno,ʃu] *n.* Ⓒ (常 *pl.*) 雪鞋。— *v.i.* 著雪鞋行走或旅行。

snow·storm [ˋsno,stɔrm] *n.* Ⓒ 暴風雪。

snow-white [ˋsnoˋhwaɪt] *adj.* 雪白的；純白的。

***snow·y** [ˋsnoɪ] *adj.* ①似雪的；雪白的。②多雪的；大雪的；雪封的。

snub [snʌb] *v.t.* (**-bb-**)①輕待；冷落。②斷然拒絕；責罵。③突然使(船、馬等)停住。— *n.* Ⓒ ①輕待；冷落。②斥退；責罵。③突然之喝止。— *adj.* 短、扁而微向上翻的。

***snuff**[1] [snʌf] *v.t.* & *v.i.* ①吸入鼻中。②聞(=sniff)。③吸鼻煙。— *n.* ① Ⓤ 鼻煙。② Ⓒ (常 *sing.*)吸鼻煙。③ Ⓤ 氣味。*up to* ～〖俚〗**a.** 很好；夠標準。**b.**不易受騙；精明。

***snuff**[2] *v.t.* ①剪(燭花)。②消滅〔out〕. — *v.i.*〖俚〗死〔常 out〕. ～ *out* **a.**熄滅。**b.** 壓制；擊潰。**c.**〖俚〗死。— *n.* Ⓒ 燭花。

snuff·box [ˋsnʌf,bɑks] *n.* Ⓒ 鼻煙盒。

snuf·fle [ˋsnʌfl] *v.i.* ①嗅；聞。②大聲地吸氣或吸鼻涕。③帶鼻音說話。④哭泣。— *v.t.* ①以鼻聲說[唱]。②用鼻子吸。— *n.* ① Ⓒ 嗅聞；大聲之吸氣或吸鼻涕等。② Ⓒ 鼻塞聲；鼻音。③(*pl.*)鼻塞。

***snug** [snʌg] *adj.*(**-gg-**)①舒適的；溫暖的。②整潔的。③緊貼的；合身的(上衣等)。④少而足夠的。⑤隱匿的；看不見的。— **ly,** *adv.* — **ness,** *n.*

snug·gle [ˋsnʌgl] *v.i.* 蜷伏；貼近；挨緊。— *v.t.* 擁抱；將(孩子等)拉抱過來。

‡**so** [so] *adv.* ①如是；如此。②如上所述。③至此程度。④如…那樣…；如此…乃至於…。⑤很。⑥因此。⑦亦；亦復如此。*and so* **a.** 同樣地；也。**b.** 因而。*or so* 大約；左右。*so as to* 以便。*so far as* 至此程度。*so far from* 毫不…地。*So long!* 再會！*so so*〖俗〗還好；馬馬虎虎。*so that* 以致；以便。*So what?* 有甚麼了不起？那又怎麼樣？— *pron.* ①左右；約。②如是；如此。③同樣。— *conj.* ①倘若；假使；只要。②因此；所以。③爲了要。— *interj.* ①好啦！就如此罷！②眞的嗎？③因此；所以。

***soak** [sok] *v.t.* ①浸；濡濕。②吸收

〔in, up〕. ③狂飲。④〖美俚〗重罰；重擊。⑤〖俚〗使…付過多；敲竹槓；敲詐；徵重稅。— *v.i.* ①浸濕；浸透。②〖俚〗狂飲。③深入腦際。～ *up* a. 吸收。b.牢記心頭。— *n.* Ⓒ ①浸；漬。②浸液；漬液。③〖俚〗酒徒；酒鬼。

soak·ing [ˋsokɪŋ] *adj.* (使)濕透的。

so-and-so [ˋsoən,so] *n.* (*pl.* ～s) 〖俚〗① Ⓤ 某某；某人；某事物。② Ⓒ 討厭的傢伙。— *adj.* 咀咒的。

***soap** [sop] *n.* Ⓤ ①肥皂。②〖美俚〗錢(尤指賄款)。— *v.t.* ①以肥皂擦洗。②諂媚；奉承。§ ～ **bùbble** (1)肥皂泡。(2)短暫虛幻之物。～ **òpera** 連續劇。～ **pòwder** 肥皂粉。

soap·box [ˋsop,bɑks] *n.* Ⓒ ①肥皂箱。②街頭演說臺。— *v.i.* 作街頭演說。— *adj.* 街頭演說的。

soap·suds [ˋsop,sʌdz] *n. pl.* 有泡沫的肥皂水。

soap·y [ˋsopɪ] *adj.* ①多肥皂泡沫的。②似肥皂的。③油腔滑調的。

***soar** [sor] *v.i.* ①翱翔；高飛。②升騰；升高；升聳。③滑翔。④高歌。— *n.* Ⓒ 翱翔；高飛。

***sob** [sɑb] *v.i.* (-bb-)嗚咽；啜泣。— *v.t.* ①使啜泣。②以啜泣發洩。— *n.* Ⓒ 啜泣。§ ～ **sìster** 報導傷感消息的女記者。～ **stòry** 傷感故事。～ **stùff** 傷感文章。

***so·ber** [ˋsobɚ] *adj.* ①清醒的。②適度的；有節制的。③冷靜的；審慎的。④端莊的。⑤樸素的。⑥不誇張的。⑦合理的。— *v.t.* & *v.i.* ①(使)清醒〔up, off〕. ②使沈著〔down〕. ③使端莊；變爲端莊；變爲嚴肅。

so·bri·e·ty [səˋbraɪətɪ] *n.* Ⓤ ①清醒。②節制。③沈著。④端莊；嚴肅。⑤節酒。

***so-called** [ˋsoˋkɔld] *adj.* 所謂的。

***soc·cer** [ˋsɑkɚ] *n.* Ⓤ 足球。

so·cia·ble [ˋsoʃəbl] *adj.* ①好交際的；友善的。②社交的。— *n.* Ⓒ 〖美〗非正式的社交集會；聯誼會。— **so′cia·bly,** *adv.*

‡**so·cial** [ˋsoʃəl] *adj.* ①社會的。②群居的。③社交的。④好交際的；友善的。⑤與上流社會有關的。⑥社會主義的。— *n.* Ⓒ 交誼會。§ ～ **anthropólogy** 社會人類學。～ **clímber** 尋求飛黃騰達的人。S～ **Dárwinism** 社會達爾文主義。～ **disèase** 性病；花柳病。～ **scíence** 社會科學(歷史學、經濟學、社會學等)。～ **secúrity** 〖美〗社會福利(制度)。～ **sérvice** (1)(由團體組織所推行的)社會服務。(2)〖英〗(政府等實施的)社會福利事業。～ **wélfare** 社會福利。～ **wórk** 社會工作；社會福利事業。～ **wórker** 社工人員；社會福利工作者。— **ness, so·ci·al·i·ty** [,soʃɪˋælətɪ], *n.* — **ly,** *adv.*

***so·cial·ism** [ˋsoʃəl,ɪzəm] *n.* Ⓤ 社會主義。

***so·cial·ist** [ˋsoʃəlɪst] *n.* Ⓒ ①社會主義者。②(S-)社會黨黨員。

so·cial·ize [ˋsoʃə,laɪz] *v.t.* ①使社會化；使適於社會生活。②使社會主義化。— *v.i.* ①參加社會活動。②交際；來往。§ ～**d médicine** 〖美〗公費醫療制度。— **so·cial·i·za′tion,** *n.*

‡**so·ci·e·ty** [səˋsaɪətɪ] *n.* ① Ⓤ Ⓒ 社會。② Ⓤ 交際；交往；社交界。③ Ⓒ 會；社；協會；學會；工會；團體。④ Ⓤ 上流社會。§ **the S～ Islands** 社會群島(位於南太平洋，爲法國屬地)。

so·ci·o·ec·o·nom·ic [,sosɪo,ikəˋnɑmɪk] *adj.* 社會經濟學的。

so·ci·ol·o·gy [,soʃɪˋɑlədʒɪ] *n.* Ⓤ 社會學。— **so·ci·o·log′i·cal,** *adj.* — **so·ci·ol′o·gist,** *n.*

***sock** [sɑk] *n.* Ⓒ (常 *pl.*)短襪。

***sock·et** [ˋsɑkɪt] *n.* Ⓒ ①凹處；承口。②電線之插頭等。— *v.t.*裝入插頭或承口中。

Soc·ra·tes [ˋsɑkrə,tiz] *n.* 蘇格拉底(469-399 B.C., 古代雅典的哲學家)。

***sod**[1] [sɑd] *n.* Ⓤ Ⓒ 草地；草皮。*be under the* ～ 已被掩埋；在黃泉之下。— *v.t.* (-dd-)鋪以草皮。

sod[2] *n.* Ⓒ 〖英俚〗①笨蛋；累贅者。②傢伙。③麻煩[困難]的事物。

***so·da** [ˋsodə] *n.* Ⓤ ①蘇打；碳酸鈉。②蘇打水；汽水。§ ～ **àsh** 蘇打灰(工業用碳酸鈉)；純鹼。～ **bìscuit** [**cràcker**]〖美〗蘇打餅乾。～ **fòuntain** 冷飲販賣部。～ **pòp**〖美〗(瓶裝的)加味蘇打水[汽水]。～ **wàter** 蘇打水；汽水。

sod·den [ˋsɑdn̩] *adj.* ①水漬的；浸透的。②浸水變重的。③恍惚的；愚蠢的。④喝醉的。— *v.t.* ①浸濕。②使變呆；使變愚蠢。— *v.i.* 濕透。

so·di·um [ˋsodɪəm] *n.* Ⓤ 〖化〗鈉(符號Na). § ～ **bicàrbonate** 碳酸氫鈉；小蘇打。～ **càrbonate** 碳酸鈉。～ **chlóride** 氯化鈉；食鹽。～

cýanide 氰化鈉。 ~ hydróxide 氫氧化鈉。~ nítrate 硝酸鈉。

sod·om·y [`sadəmɪ] *n.* Ⓤ 雞姦。

***so·fa** [`sofə] *n.* Ⓒ 沙發。§ ~ **bèd** 可兼沙發的兩用床。

So·fi·a [`sofɪə, so`fiə] *n.* 索非亞(保加利亞首都)。(亦作 **Sofiya**)

‡**soft** [sɔft] *adj.* ①柔軟的。②軟滑的；細嫩的。③溫和的。④不明顯的；柔和的。⑤柔弱的。⑥愚蠢的。⑦〖語音〗軟音的(如 city 中之 c 與 gentle 中之 g 爲軟音 soft sound). ⑧〖俚〗輕鬆的；隨和的。⑨不險峻的；徐緩的。— *adv.* 柔軟地；安靜地。— *n.* Ⓒ 柔軟物。§ ~ **cóal** 煙煤；生煤。~ **còpy** 〖電算〗軟拷貝。 ~ **drínk** 不含酒精的飲料。 ~ **glànces** 媚眼；秋波。~ **gòods** 紡織品；非耐久性貨品。~ **lánding**(太空船)緩慢降落；輕著陸。~ **léns** 軟性隱形眼鏡。~ **lòan** 優惠貸款。~ **pálate** 軟口蓋；軟顎。~ **pèdal**(鋼琴的)弱音踏瓣。~ **róck** 軟性搖滾樂。~ **sáwder** 奉承；諂媚。~ **séll** 軟性推銷法。~ **shóulder** 公路邊緣未鋪柏油的軟地。~ **sóap** (1)液體或半液體之肥皂。(2)〖俚〗阿諛之詞；恭維話。~ **spòt** (感情上或防衛上之)弱點。~ **tóuch** 易被說服[擊敗]的人。~ **wáter** 軟水。— **ly,** *adv.* — **ness,** *n.*

soft·ball [`sɔft,bɔl] *n.* Ⓤ Ⓒ 壘球。

***soft·en** [`sɔfən] *v.t.* ①使變軟；使柔軟。②緩和；減輕。③使溫柔。④使柔弱。— *v.i.* ①軟化；變軟。②變柔弱。

soft-heart·ed [`sɔft`hartɪd] *adj.* 心慈的；溫柔的；寬大的。

soft-ped·al [,sɔft`pɛdl] *v.t. & v.i.* ①使(樂器)降低音調；使(聲音)降低。②〖俚〗減弱；變低；緩和；減輕。

soft·ware [`sɔft,wɛr] *n.* Ⓤ 〖電算〗軟體。

soft·wood [`sɔft,wud] *n.* Ⓤ ①組織鬆軟的木材。②松柏科的林木。

soft·y [`sɔftɪ] *n.* Ⓒ 〖俚〗①軟弱的人。②易受騙的人；愚人。

sog·gy [`sagɪ] *adj.* ①濕透的。②未烘透的(麵包等)。③遲鈍的；無精打采的。

‡**soil**[1] [sɔɪl] *n.* ① Ⓤ 土壤；土。② Ⓤ Ⓒ 土地；國。③(the ~)農地；田園(生活)。§ ~ **bànk** 〖美〗一種政府津貼農民使其減少某種作物產量，以避免生產過剩的政策。~ **conservàtion** 水土保持。~ **scìence** 土壤學。

***soil**[2] *v.t.* ①汚損；弄髒。②汚辱；玷汚。— *v.i.* 變髒。— *n.* Ⓤ ①汚穢；汚點。②堆肥。

soi·ree, -rée [swɑ`re] 〖法〗 *n.* Ⓒ 晚會。

***so·journ** [`sodʒɜn] *n.* Ⓒ 逗留；停留；寄居。—[so`dʒɜn, `sodʒɜn] *v.i.* 逗留；寄居。

sol [sol] *n.* Ⓤ Ⓒ 〖樂〗全音階的長音階之第五音。

Sol [sal] *n.* ①太陽神。②太陽。

sol·ace [`salɪs, -əs] *n.* ① Ⓤ 安慰；慰藉。② Ⓒ 使人感到安慰的東西。— *v.t.* 安慰；慰藉。

so·lan [`solən] *n.* Ⓒ 〖動〗塘鵝。

***so·lar** [`solɚ] *adj.* ①太陽的。②與太陽有關的。③藉太陽的光或熱之作用而工作或運轉的。§ ~ **báttery** 太陽能電池(組)。~ **cálendar** 陽曆。~ **céll** 太陽(能)電池。~ **fúrnace**(利用太陽能的)太陽爐。~ **hòuse** 利用太陽能調溫的房子。~ **pléxus** (1)〖解〗(胃後方的)太陽神經叢。(2)〖俚〗胃；心窩。~ **sỳstem** 〖天〗太陽系。

so·lar·i·um [so`lɛrɪəm] *n.* Ⓒ (*pl.* ~**s, -i·a** [-ɪə]) 日光浴室。

***sold** [sold] *v.* pt. & pp. of **sell.**

sol·der [`sadɚ] *n.* ① Ⓤ 焊錫；焊料。② Ⓒ 接合物。— *v.t.* ①以焊錫修補或焊接。②結合。§ ~**ing ìron** 電焊棒；電烙鐵。

‡**sol·dier** [`soldʒɚ] *n.* Ⓒ ①軍人。②士兵。③軍事家。④爲任何目標而奮鬥之人；鬥士。 ~ *of fortune* 〖俗〗(爲利益、冒險等而受雇去任何地方的)傭兵；冒險家。§ ~ **cráb** 〖動〗寄居蟹。— **like,** — **ly,** *adj.*

sol·dier·y [`soldʒərɪ] *n.* Ⓤ ①(集合稱)軍人；軍隊。②軍事訓練；軍事知識。

sold-out [`sold`aut] *adj.* 完全售罄的。

***sole**[1] [sol] *adj.* ①唯一的。②專用的。③單獨的。

***sole**[2] *n.* Ⓒ ①脚掌；蹠。②鞋底；靴底。③底部。— *v.t.* 配上鞋底。

sole[3] *n.* Ⓒ 〖魚〗鰨魚。

sol·e·cism [`salə,sɪzəm] *n.* Ⓒ ①違反語法；破格；文法錯誤。②失禮；舉止失態。

***sole·ly** [`sollɪ] *adv.* ①獨自地；單獨地。②僅僅；單；只。

***sol·emn** [`saləm] *adj.* ①嚴肅的；莊重的；鄭重的。②合於儀式的；神聖的。③法律上正式的。§ ~ **máss** 〖宗〗盛式彌撒。~ **vów**〖宗〗盛式誓願。— **ly,** *adv.* — **ness,** *n.*

so·lem·ni·ty [sə`lɛmnətɪ] *n.* ① Ⓤ

莊嚴；嚴肅。② Ⓒ (常*pl.*)莊嚴的儀式。

sol·em·nize [ˋsɑləm͵naɪz] *v.t.* ①以莊嚴儀式慶祝。②舉行(儀式)。③使嚴肅；使端莊。 — **sol·em·ni·za′tion,** *n.*

***so·lic·it** [səˋlɪsɪt] *v.t. & v.i.* ①懇求。②教唆。③促起。④吸引。 — **so·lic·i·ta′tion,** *n.*

so·lic·i·tor [səˋlɪsətɚ] *n.* Ⓒ ①懇求者。②律師。③(城市或州之)地方法務官。§ ∼ **géneral** 〖美〗首席檢察官。

so·lic·it·ous [səˋlɪsɪtəs] *adj.* ①焦慮的；掛念的。②渴望的。③細心的。 — **ly,** *adv.*

so·lic·i·tude [səˋlɪsə͵tjud] *n.* ① Ⓤ 焦慮；掛念。②(*pl.*)掛慮的事。

***sol·id** [ˋsɑlɪd] *adj.* ①固體的。②立體的。③堅實的；可靠的。④實心的。⑤純粹的。⑥一致的；團結的。⑦完整的。⑧實質的。⑨眞正的。⑩內容充實的。⑪經濟穩固的。⑫〖俚〗友善的(前面常用 in). — *n.* Ⓒ ①固體。②立體。§ ∼ **fùel** 固體燃料。∼ **geómetry** 立體幾何學。∼ **ròcket** 用固體燃料推進的火箭。**S∼ Sóuth** (美國民主黨地盤鞏固之)南方諸州。 — **ly,** *adv.*

sol·i·dar·i·ty [͵sɑləˋdærətɪ] *n.* Ⓤ 團結；休戚相關。

so·lid·i·fy [səˋlɪdə͵faɪ] *v.t.* ①使凝固；使堅硬。②使一致；使團結。③充實；鞏固。 — *v.i.* ①凝固；變堅硬。②團結一起。③變可靠；變穩固。§ ∼**ing pòint** 〖理〗凝點。 — **so·lid·i·fi·ca′tion,** *n.*

so·lil·o·quy [səˋlɪləkwɪ] *n.* ① Ⓤ Ⓒ 自言自語。② Ⓒ 〖戲劇〗獨白。

***sol·i·tar·y** [ˋsɑlə͵tɛrɪ] *adj.* ①單一的；唯一的。②孤獨的。③人跡罕到的。 — *n.* Ⓒ 孤獨生活的人。 — **sol′i·tar·i·ly,** *adv.*

***sol·i·tude** [ˋsɑlə͵tjud] *n.* ① Ⓤ 孤獨；獨居。② Ⓒ 荒僻之地。

***so·lo** [ˋsolo] *n.* Ⓒ (*pl.* ∼**s, -li** [-li]) ①獨唱(曲)；獨奏(樂)。②單獨表演；獨作。 — *adj.* 單獨的。 — *v.i.*(飛行教練中)放單飛。 — **ist,** *n.*

sol·stice [ˋsɑlstɪs] *n.* Ⓒ 〖天〗至；至日。the summer ∼ 夏至。

sol·u·ble [ˋsɑljəbl̩] *adj.* ①可[易]溶解的。②可解決的。 — **sol·u·bil′i·ty,** *n.*

***so·lu·tion** [səˋluʃən] *n.* ① Ⓤ Ⓒ 解決；解答；解釋。② Ⓤ 溶解；分解。③ Ⓤ Ⓒ 溶液；溶劑。

***solve** [sɑlv] *v.t.* 解釋；解答；解決。 — **solv′a·ble,** *adj.*

sol·vent [ˋsɑlvənt] *adj.* ①能償債的。②有溶解力的。 — *n.* Ⓒ 溶劑；溶媒。

So·ma·li·a [səˋmɑlɪə] *n.* 索馬利亞(東非一國家，首都 Mogadishu).

***som·ber,** 〖英〗 **-bre** [ˋsɑmbɚ] *adj.* ①陰沈的；幽暗的。②憂鬱的；鬱悶的。③暗色的；樸素的。

‡**some** [sʌm, səm] *adj.* ①少許的；一些的；少數的。②某些；有些。③某一；一個；任一；某種的。④大約的。⑤〖美俚〗好的；大的。∼ ***day*** 來日；他日；在將來的某時。∼ ***day or other*** 遲早。 — *pron.* 若干；一部分；少數；少許。 — *adv.* ①〖俚〗稍；略(=somewhat). ②〖美俚〗極爲。That's going ∼! 那眞不得了!

***some·bod·y** [ˋsʌm͵bɑdɪ, -͵bʌdɪ] *pron. & n.* Ⓒ ①某人。②重要人物。

some·day [ˋsʌm͵de] *adv.* 來日；將來總有一天。

some·how** [ˋsʌm͵haʊ] *adv.* ①以某種方法。②不知什麼緣故。∼ ***or other 設法；藉某種方法。

‡**some·one** [ˋsʌm͵wʌn] *pron.* = **somebody.**

some·place [ˋsʌm͵ples] *adv.* 在某處。

som·er·sault [ˋsʌmɚ͵sɔlt], **som·er·set** [ˋsʌmɚ͵sɛt] *n.* Ⓒ 觔斗。turn a ∼ 翻觔斗。 — *v.i.* 翻觔斗。

‡**some·thing** [ˋsʌmθɪŋ] *pron.* ①某事；某物。②若干；幾分。③重要之事物[人]。He thinks he's ∼. 他認爲他了不起。④該類事物。He's a wool merchant or ∼. 他是個羊毛商之類的人。⑤某種吃[喝]的東西。 — *adv.* ①稍；略。②非常地。 — *n.* Ⓒ ①某事；某物。②有價值或重要之人或物。He is really ∼! 他眞是個了不起的人!

***some·time** [ˋsʌm͵taɪm] *adv.* ①來日。②某時。 — *adj.* 以前的。

‡**some·times** [ˋsʌm͵taɪmz, sʌmˋtaɪmz] *adv.* 有時。

‡**some·what** [ˋsʌm͵hwɑt, ˋsʌmhwət] *adv.* 有幾分；略。 — *pron.* 幾分。He is ∼ of a musician. 他可算是音樂家。

‡**some·where** [ˋsʌm͵hwɛr, -͵hwær] *adv.* ①在某處。②大約。

som·nam·bu·lism [sɑmˋnæmbjə͵lɪzəm] *n.* Ⓤ 夢遊症。

som·nif·er·ous [sam`nɪfərəs] *adj.* ①催眠的。②昏昏欲睡的。

som·no·lent [`samnələnt] *adj.* ①想睡的。②催眠的。

‡**son** [sʌn] *n.* ①Ⓒ兒子。②Ⓒ(常*pl.*)子孫。③孩子(年長者對年輕人的稱呼)。④Ⓒ女婿。⑤Ⓒ擁戴者。⑥(the S-)〖天主教〗聖子；耶穌基督。

so·nar [`sonar] *n.* Ⓤ聲納(軍艦用以偵測潛艇之儀器，爲*so*und *na*vigation *r*anging 之略)。

so·na·ta [sə`natə] *n.* Ⓒ〖樂〗奏鳴曲。

‡**song** [sɔŋ] *n.* ①Ⓒ歌；詩；曲。②ⓊⒸ歌唱；(鳥)鳴聲。③Ⓤ老花樣；老調子。*for a* ~ 以極低的代價。 ~ *and dance* 〖美俚〗花言巧語的解釋。§ ~ **spàrrow** 〖鳥〗歌雀。~ **thrùsh** 〖鳥〗歌鶇；畫眉鳥。

song·bird [`sɔŋ,bɜd] *n.* Ⓒ①鳴禽。②女歌手。

song·ster [`sɔŋstɚ] *n.* Ⓒ①歌者。②詩歌之作者。③鳴禽。

song·stress [`sɔŋstrɪs] *n.* Ⓒ女歌手；女作曲者；女詩人。

song·writ·er [`sɔŋ,raɪtɚ] *n.* Ⓒ流行歌曲作家。

son·ic [`sanɪk] *adj.* 音的；音波的；音速的。 § ~ **bárrier** 〖理〗音速障礙。~ **bóom** 音爆。~ **dépth finder** 一種海洋測深儀。~ **míne** 感音水雷。~ **spéed** 音速。

son-in-law [`sʌnɪn,lɔ] *n.* Ⓒ(*pl.* **sons-in-law**)女婿。

***son·net** [`sanɪt] *n.* Ⓒ十四行詩。

son·ny [`sʌnɪ] *n.* (用於稱呼)寶寶；乖兒。

so·nor·i·ty [sə`nɔrətɪ] *n.* Ⓤ響亮。

so·no·rous [sə`norəs] *adj.* ①響亮的。②浮誇的。

‡**soon** [sun] *adv.* ①即刻；馬上。②早；快。③寧願(=rather). *as ~ as* 即刻。*no ~er ... than* 剛…就。*~er or later* 遲早。

***soot** [sʊt, sut] *n.* Ⓤ煤煙；煤灰；油煙。— *v.t.* 把…弄得盡是煤煙。

***soothe** [suð] *v.t.* ①安慰；撫慰。②緩和；使減輕痛苦。

sooth·say·er [`suθ,seɚ] *n.* Ⓒ預言者；占卜者。

sop [sap] *n.* Ⓒ①(浸於牛奶、羹湯等裏的)食物。②安慰物；賄賂。— *v.t.* (-pp-) ①用液體浸。②吸去(水等)；揩；抹〔常 up〕. — *v.i.* ①變濕；淋濕。②(水、液體)滲入〔in〕.

soph·ism [`safɪzəm] *n.* ①Ⓒ詭辯；似是而非的理論。②Ⓤ詭辯法。

soph·ist [`safɪst] *n.* Ⓒ①詭辯家；巧辯家。②(常 S-)古希臘之修辭學、哲學、雄辯術等教師。③博學之人。

so·phis·ti·cate [sə`fɪstɪ,ket] *v.t.* ①使熟悉世故；使失去純眞。②使迷惑；使誤解。③使複雜。— *v.i.* 詭辯。— [sə`fɪstɪkɪt] *n.* Ⓒ矯飾者；世故的人。— **so·phis′ti·cat·ed** [~ɪd], *adj.* — **so·phis·ti·ca′tion,** *n.*

soph·ist·ry [`safɪstrɪ] *n.* ⓊⒸ詭辯(術)。

soph·o·more [`safm̩,or] *n.* Ⓒ大學或四年制高級中學之二年級學生。— *adj.* 二年級學生的。

soph·o·mor·ic, -i·cal [,safə`mɔrɪk(l̩)] *adj.* ①(大學或四年制中學之)二年級的。②〖美〗幼稚而自大的。

sop·o·rif·ic [,sopə`rɪfɪk] *adj.* ①催眠的。②疲倦的。— *n.* Ⓒ催眠劑。

sop·py [`sapɪ] *adj.* ①浸透的。②多雨的。③〖英俚〗易傷感的。

so·pra·no [sə`præno] 〖義〗 *n.* (*pl.* ~**s**, **-ni**[-ni]) 〖樂〗①Ⓤ女高音。②Ⓒ女高音歌唱者。— *adj.* 女高音的。

sor·cer·er [`sɔrsərɚ] *n.* Ⓒ魔法師；男巫。

sor·cer·ess [`sɔrsərɪs] *n.* Ⓒ女巫師。

sor·cer·y [`sɔrsərɪ] *n.* Ⓤ魔法；巫術。

sor·did [`sɔrdɪd] *adj.* ①污穢的；不潔的。②卑賤的。— **ly,** *adv.*

***sore** [sor, sɔr] *adj.* ①疼痛的。②使人痛苦的；傷心的。③痛心的。④劇烈的。— *n.* Ⓒ①傷處；痛處。②痛苦；傷心事。

***sore·ly** [`sorlɪ] *adv.* ①痛苦地。②猛烈地；非常。

sor·ghum [`sɔrgəm] *n.* Ⓤ①〖植〗高粱。②由此種植物中提煉之糖漿。

so·ror·i·ty [sə`rɔrətɪ] *n.* Ⓒ①(尤指大學之)姊妹會；女學生聯誼會。②婦女會。§ ~ **hòuse** 〖美〗大學女生聯誼會會所。

sor·rel [`sɔrəl] *adj.* 栗色的。— *n.* ①Ⓤ紅褐色。②Ⓒ紅褐色馬。

‡**sor·row** [`saro] *n.* ①Ⓤ悲哀；憂愁。②Ⓒ(常*pl.*)可悲之事；憂患。— *v.i.* 悲苦〔at, for, over〕.

***sor·row·ful** [`sarofəl] *adj.* 悲哀的；憂愁的；使人悲傷的。— **ly,** *adv.*

‡**sor·ry** [`sɔrɪ, `sarɪ] *adj.* ①悲哀的；憂愁的。②可惜的。③可憐的。④沒有價值的。— *interj.* 對不起！抱歉！

‡**sort** [sɔrt] *n.* Ⓒ①種; 類。②有某特性之人或物。③樣子; 態度; 方式。*after a* ~ **a.** 有幾分; 稍爲。**b.** 某種的。*of* ~*s* **a.** 某種的。**b.** 品質平常的。*out of* ~*s* 心情不佳。~ *of* 〖美俚〗稍稍地。— *v.t.* ①分類。②揀選。~ *out* 挑出。—**er,** *n.*

sor·tie [ˋsɔrti] *n.* Ⓒ①(自被圍之陣地)突擊。②(軍機之)發航; 架次。

*__SOS__ [ˋɛs,oˋɛs] *n.* Ⓒ (*pl.* ~**'s**)①(無線電訊之)求救信號; 求救電碼。②任何緊急求救之表示。

so-so [ˋso,so] *adj.*〖俚〗馬馬虎虎的。— *adv.* 馬馬虎虎地。(亦作 **so so**)

sot [sɑt] *n.* Ⓒ 酒徒; 酒鬼。—**tish,** *adj.*

souf·flé [suˋfle, ˋsufle]〖法〗*n.* Ⓤ Ⓒ 蛋白牛奶酥。

sought [sɔt] *v.* pt. & pp. of **seek.**

sought-af·ter [ˋsɔt,æftɚ] *adj.* 很吃香的; 爭相羅致的。

‡**soul** [sol] *n.* ①ⓊⒸ 靈魂。②Ⓤ 熱情; 魄力。③(the ~)中心人物; 精髓。④Ⓒ 人。⑤(the ~)具體的表現。⑥Ⓤ 崇高的德性或品格。*upon my* ~ 確確實實的。§ ~ **bròther**〖美俚〗黑人男子。~ **kìss** 舌頭伸入對方口中的接吻(=French kiss). ~ **màte** (1)情人。(2)密友。~ **mùsic** 靈魂音樂(一種黑人音樂)。

soul·ful [ˋsolfəl] *adj.* ①深情的; 熱情的。②靈魂的; 精神的。

‡**sound**[1] [saʊnd] *n.* ①ⓊⒸ 聲音。②Ⓤ 聲音所及之距離。— *v.i.* ①發聲。②聽起來; 似乎。③發音。④有聲音。— *v.t.* ①使發聲。②發表; 通知。③〖醫〗叩診; 聽診。§ ~ **arrèster**〖機〗防音裝置。~ **articulàtion** 發音清晰度。~ **bàrrier**〖理〗音障。~ **bòx** (1)(唱機之)唱頭。(2)〖樂〗共鳴箱。~ **càmera** 錄音攝影機。~ **detèctor** 檢聲器。~ **effècts** 音響效果。~ **fìeld**〖理〗聲場。~ **fìlm** 有聲電影。~ **pollùtion** =noise pollution. ~ **recòrding** 錄音。~ **shìft**〖語音〗語音推移; 語音變化。~ **spèctrogram**〖理〗聲譜圖。~ **spèctrograph**〖理〗音響攝譜儀。~ **tràck**〖影〗聲帶(音樂)。~ **trùck**〖美〗(備有擴音器的)宣傳車; 廣播車。~ **wàve**〖理〗聲波。

‡**sound**[2] *adj.* ①健全的。②堅實的。③正確的。④徹底的。⑤〖法律〗有效的。— *adv.* 舒暢地。—**ly,** *adv.* —**ness,** *n.*

*__sound__[3] *v.t.* ①(以測錘)測量(水之深淺)。②試探; 打聽。③〖醫〗以探針探測。— *v.i.* ①(以測錘)測量水之深淺。②下潛。— *n.* Ⓒ〖醫〗(外科醫生用之)探針; 探子。

sound·proof [ˋsaʊnd,pruf] *adj.* 隔音的。— *v.t.* 在…設隔音裝置。

*__soup__[1] [sup] *n.* ⓊⒸ〖俚〗① 湯; 羹湯; 肉汁。②濃霧。③硝化甘油(=nitroglycerin). *from* ~ *to nuts* 從頭到尾; 無所不包。*in the* ~〖俚〗處於困境; 陷於困難。§ ~ **kìtchen** 施捨食物處。~ **plàte** 湯碟; 湯盤。

soup[2] *v.t.* ①增加馬力[性能]。②使更精彩。

*__sour__ [saʊr] *adj.* ①酸的。②發酵的。③乖戾的。④陰濕的。⑤令人不快的。— *v.t.* & *v.i.* ①(使)變酸。②(使)變乖戾。— *n.* ①Ⓒ 酸的東西。②(the ~)苦事。§ ~ **bàll** 有酸味的硬圓小糖果。~ **crèam** 酸奶油。~ **grápes** 酸葡萄(得不到的東西就說它不好)。~ **órange** (1)〖植〗酸橙樹。(2)酸橙。

‡**source** [sors, sɔrs] *n.* Ⓒ①泉源。②來源。§ ~ **bòok** 原典; 原始資料書。~ **matèrial**(調查、研究等之)資料。

‡**south** [saʊθ] *n.* ①(the ~)南; 南方。②(the ~)南部地方。③(the S-)美國南北戰爭時之南方聯邦。④(the S-)南半球。~ *by east* [*west*]正南偏東[西]。— *adj.* 南方的。— *adv.* 向南。go ~ 向南行。

Sòuth África *n.* 南非共和國(首都 Pretoria 與 Capetown).

Sóuth América *n.* 南美洲。

Sóuth Carolína *n.* 南卡羅來納(美國東南部之一州, 其首府爲 Columbia).

Sóuth Chína Séa *n.* (the ~)南海(位於中國大陸東南海岸外)。

Sóuth Dakóta *n.* 南達科他(美國中北部之一州, 其首府爲 Pierre).

*__south·east__ [,saʊθˋist] *adj.* 東南的; 來自東南的。— *adv.* 來自東南; 向東南。— *n.* (the ~)東南(部)。

south·east·er [,saʊθˋistɚ] *n.* Ⓒ 東南風; 來自東南的暴風。

south·east·ern [,saʊθˋistɚn] *adj.* ①向東南的; 來自東南的; 東南的。②東南部的。

south·er·ly [ˋsʌðɚlɪ] *adj.* ①向南的。②從南方吹來的(風)。— *adv.* 向南地; 從南方。

‡**south·ern** [ˋsʌðən] *adj.* ①南的; 南方的; 來自南方的; 向南方的。②南部的。③(S-)美國南部的。**—** *n.* (S-) Ⓒ南方人(=Southerner). § **S~ Cróss**〖天〗南十字座。**S~ Hémisphere** 南半球。**~ líghts** 南極光。

south·ern·er [ˋsʌðənə] *n.* Ⓒ ①南方人; 南部人。②(S-)美國南方人。

south·paw [ˋsaʊθˏpɔ] *n.* Ⓒ ①〖俚〗慣用左手的運動員。②〖棒球〗用左手投球之投手。**—** *adj.* 〖俚〗慣用左手的。

Sóuth Póle *n.* (the ~) 南極。

Sóuth Sèa Íslands *n. pl.* (the ~) 南太平洋諸島。

Sóuth Séas *n. pl.* (the ~) ①南半球之海洋。②南太平洋。

***south·ward** [ˋsaʊθwəd] *adv.* & *adj.* 向南。**—** *n.* (the ~)南方;南部。

***south·west** [ˏsaʊθˋwɛst] *adj.* 西南的; 來自西南的; 向西南的; 在西南的。**—** *adv.* 向西南; 來自西南。**—** *n.* ①(the ~)西南方[部]。②(the S-)美國西南部。

south·west·er [ˏsaʊθˋwɛstə] *n.* Ⓒ ①西南風。②[ˏsaʊˋwɛstə] 一種後沿較寬可護頸之防水帽。

***south·west·ern** [ˏsaʊθˋwɛstən] *adj.* ①西南的; 來自西南的; 向西南的; 在西南的。②(S-)美國西南部的。

sou·ve·nir [ˏsuvəˋnɪr] *n.* Ⓒ特產; 紀念品。

***sov·er·eign** [ˋsɑvrɪn, ˋsʌv-] *n.* Ⓒ ①君主; 最高統治者。②金鎊(英國之金幣)。③獨立國。**—** *adj.* ①最高的。②至尊的。③有主權的; 獨立的; 自主的。④極好的; 極有效的。

***sov·er·eign·ty** [ˋsɑvrɪntɪ, ˋsʌv-] *n.* ①Ⓤ主權; 統治權。②Ⓒ獨立國。

***so·vi·et** [ˋsovɪɪt, ˏsovɪˋɛt] *n.* ①Ⓒ〖俄〗委員會; 評議會。②(Soviets)蘇聯政府。**—** *adj.* ①委員會的; 評議會的。②(S-)蘇維埃的; 蘇聯的。§ **S~ Rússia** (1)蘇聯(=Soviet Union). (2)俄羅斯(前蘇聯之最大的一個共和國)。**S~ Únion**蘇聯(正式名稱Union of Soviet Socialist Republics, 首都Moscow, 已於1991年解體)。

***sow**[1] [so] *v.t.* (~ed, sown or ~ed) ①撒(種子)於田地中; 播種。②散布; 傳播。**—** *v.i.* 播種。**—a·ble,** *adj.*

sow[2] [saʊ] *n.* Ⓒ母豬。§ **~ bùg** 潮蟲。**~ thìstle**〖植〗苦菜。

sow·er [ˋsoə] *n.* Ⓒ播種者; 播種機。

sown [son] *v.* pp. of **sow**[1].

soy [sɔɪ] *n.* ①Ⓤ醬油。②Ⓒ黃豆;大豆。

soy·a [ˋsɔɪə] *n.* =**soybean.**

soy·bean [ˋsɔɪˋbin] *n.* Ⓒ大豆; 黃豆。§ **~ mìlk** 豆漿。

spa [spɑ] *n.* Ⓒ ①礦泉; 溫泉。②有礦泉、溫泉之處。

‡**space** [spes] *n.* ①Ⓤ太空; 空間。②Ⓒ場所; 地區。③ⓊⒸ間隔; 距離; 空白。④ⓊⒸ(常 *sing.*)一段時間。⑤(a ~)〖古〗一會兒。⑥Ⓒ〖印刷〗空鉛。⑦Ⓒ〖樂〗間(五線譜上線與線間之空白)。⑧Ⓤ(火車等之)座位或鋪位。⑨ⓊⒸ篇幅。**—** *v.t.* 隔開(字母、字、行等)。§ **S~ Àge** 太空時代。**~ bàr** 空間棒(打字機上用以打出空格的橫桿)。**~ càpsule** 太空艙。**~ fiction** 太空(旅行)小說。**~ flìght** 太空飛行。**~ hèater**(可置室內任何地方的)小暖爐。**~ làw** 太空法。**~ màrk**〖印刷〗間隔記號(#)。**~ mèdicine** 太空醫學。**~ òpera**以太空探險爲主題之電影[電視, 廣播劇]。**~ plàtform [stàtion]** 太空站。**~ pròbe**太空探測火箭。**~ scìence** 太空科學。**~ shùttle**太空梭(用以運輸人員及物資至太空站)。**~ sìckness** 宇航病; 太空病。**~ sùit** 太空衣。**~ tíme**以時間作爲第四度空間之理論。**~ tràvel(ing)**太空旅行。**~ wèapon** 太空武器。**~ wrìter** [**màn**]以稿件所占篇幅計酬之作家(尤指新聞記者)。

space·craft [ˋspesˏkræft] *n.* Ⓒ (*pl.* ~)太空船。

space·man [ˋspesˏmæn] *n.* Ⓒ (*pl.* **-men**) ①太空人。②太空科學家。

space·ship [ˋspesˏʃɪp] *n.* Ⓒ 太空船; 宇宙飛船。

***spa·cious** [ˋspeʃəs] *adj.* 廣闊的。

***spade** [sped] *n.* Ⓒ ①鏟; 鏟; 鍬。②〖牌戲〗黑桃。*call a ~ a ~* 直言無隱。**—** *v.t.* 鏟; 鏟。**—ful,** *n.*

spa·ghet·ti [spəˋgɛtɪ] *n.* Ⓤ ①義大利式麵條。②〖電〗(包纏裸線之)細絕緣管。§ **~ wéstern**〖美俚〗義大利製作的西部片。

***Spain** [spen] *n.* 西班牙(歐洲國家, 首都Madrid).

***span** [spæn] *n.* Ⓒ ①一手掌的長度[距離](拇指尖至小指尖間伸張時之距離, 約爲九英寸)。②短時間。③(二橋墩間的)墩距; 兩支柱間的距離。④(橋樑等的)架徑。⑤全長; 全幅。⑥〖空〗翼長; 翼展。*~ of attention*〖心〗注意廣度(一種集中力, 以能複述

瞬間所看過之物體的多寡來衡量)。 — *v.t.* (-nn-)①以手掌距量。②跨過；架。③持續；長達。④拉緊；張緊。§ ~ **ròof** 斜坡[山形]屋頂。

***span·gle** [ˋspæŋgḷ] *n.* Ⓒ①(作裝飾用的)亮片。②任何閃爍的東西。 — *v.t.* ①飾以亮片。②以光耀之小片撒布。 — *v.i.* 閃亮；燦爛發光。

***Span·iard** [ˋspænjəd] *n.* Ⓒ 西班牙人。

span·iel [ˋspænjəl] *n.* Ⓒ①西班牙獵犬。②阿諛者；走狗。

***Span·ish** [ˋspænɪʃ] *adj.* 西班牙(人，語)的。 — *n.* ①(the ~)(集合稱)西班牙人。②Ⓤ西班牙語。§ ~ **Armáda** (西班牙的)無敵艦隊。~ **báyonet**〖植〗(沙漠中產的)金棒蘭。~ **Cívil Wár** 西班牙內戰(1936-39)。~ **flý**〖昆〗斑蝥。~ **Inquisítion** 西班牙的宗教裁判(所)(1480-1834，以其處置之嚴厲和殘酷而聞名)。~ **Máin** (1)南美洲北部沿岸。(2)加勒比海；鄰近南美洲北岸加勒比海地區。

spank [spæŋk] *v.t.* ①(用巴掌、拖鞋等)打(尤指打屁股)。②鞭策急趨；使急速前進。③痛斥。 — *v.i.* 疾走(介乎 trot 與 gallop 之間)。 — *n.* Ⓒ拍打；一巴掌。

span·ner [ˋspænɚ] *n.* Ⓒ 螺旋鉗；螺絲起子；扳鉗；扳手。

spar[1] [spɑr] *n.* Ⓒ ①〖海〗帆桅；檣；桁。②〖空〗翼樑。 — *v.t.* (-rr-)裝以桅、檣等。

spar[2] *v.i.* (-rr-)①拳擊。②(雄雞)互踢。③爭論；辯論。 — *n.* Ⓒ ①拳擊；拳擊比賽。②爭論；辯論。③鬥雞。§ ~**ring pàrtner**〖拳擊〗拳擊陪練(受雇爲拳擊手練習的對手)。

‡**spare** [spɛr] *v.t.* ①赦免。②節省使用。③省卻；捨棄。I have no time to ~. 我沒有餘暇。④使免於(苦役、痛苦等)。 — *v.i.* 節省。 — *adj.* ①剩餘的；備用的。②瘦的；貧乏的。③節約的。 — *n.* Ⓒ ①備用之物。②〖保齡球〗滾球兩次將所有之木瓶擊倒。§ ~ **hánd** 備用之人手。~ **párt** 供更換使用之機器零件。~ **tíre** (1)備用輪胎。(2)〖諧〗肥胖的腰圍；中年發胖。

spar·ing [ˋspɛrɪŋ] *adj.* ①謹愼的。②儉約的。③愛惜的。— **ly,** *adv.*

***spark**[1] [spɑrk] *n.* ① Ⓒ 火星；火花。② Ⓒ 閃光；閃耀。③(a ~)少量；一點(常用於否定句)。She has not a ~ of sincerity in her. 她毫無誠意。④Ⓒ(才華等的)閃現。 — *v.i.* ①放散火星；(內燃機)發出火花。②閃爍。 — *v.t.* 鼓勵。§ ~ **arrèster** 防止火花[電花]擴散之裝置。~ **cóil**〖電〗電花線圈；感應線圈。~**(ing) plùg** (1)(內燃機之)火星塞。(2)〖俚〗指導人物；領袖。

spark[2] *n.* Ⓒ ①紈袴子。②愛人。 — *v.i.* & *v.t.* 求婚；調情。

***spar·kle** [ˋspɑrkḷ] *v.i.* ①放散火花。②閃爍。③起泡沫。④(才華)閃現。 — *v.t.* 使閃爍。 — *n.* ⓊⒸ ①火花；火星。②閃耀；光澤。③閃現；光彩。④(葡萄酒等的)冒泡。

spar·kling [ˋspɑrklɪŋ] *adj.* ①發出火花的；閃亮的。②(才氣)煥發的。③(葡萄酒等)起泡沫的。

***spar·row** [ˋspæro] *n.* Ⓒ 麻雀。§ ~ **hàwk** 雀鷹[隼]。

sparse [spɑrs] *adj.* 稀少的；稀疏的。— **ly,** *adv.*

Spar·ta [ˋspɑrtə] *n.* 斯巴達(古希臘最重要的城邦之一，以尙武著稱)。

Spar·tan [ˋspɑrtn̩] *adj.* ①斯巴達的；斯巴達式的。②剛勇的。 — *n.* Ⓒ①斯巴達人。②剛勇之人。

spasm [ˋspæzəm] *n.* ①ⓊⒸ痙攣。②Ⓒ突發的一陣。

spas·mod·ic, -i·cal [spæzˋmɑdɪk(ḷ)] *adj.* ①〖醫〗痙攣(性)的。②突發性的。③狂熱的。

spat[1] [spæt] *n.* Ⓒ①口角；鬥嘴。②輕打；掌擊。③(如雨般的)連擊聲。 — *v.i.* (-tt-)①〖俚〗口角；鬥嘴。②輕打；拍擊。

spat[2] *v.* pt. & pp. of **spit**[1].

spate [spet] *n.* 〖英〗①Ⓒ洪水(泛濫)。②(a ~)(話等的)傾吐；滔滔不絕。

spa·tial [ˋspeʃəl] *adj.* ①空間的。②占有空間的。— **ly,** *adv.*

spat·ter [ˋspætɚ] *v.t.* ①濺。②灑；潑。③(如雨般)紛落。④誹謗。 — *v.i.* ①濺出水滴(如沸水)。②灑落。 — *n.* Ⓒ①濺灑。②(常 *sing.*)淅瀝聲。

spawn [spɔn] *n.* Ⓤ ①(魚類、兩棲類等水生動物之)卵；剛孵出之子。②〖植〗菌絲。③〖蔑〗子孫；產物。 — *v.i.* & *v.t.* (魚等)產(卵)。

‡**speak** [spik] *v.i.* (**spoke, spo·ken**) ①說話。②表達意思、感情。③演說。④發響聲。⑤請求。⑥(狗)吠。 — *v.t.* ①說。②說；使用(語言)。③招呼；聯絡。④表明；表達。***not to ~ of*** 更不用說。***so to ~*** 可以

說。～ *by the book* 有權威性地說；精確地說。～ *for* 爲…說情；替…講好話。～ *one's mind* 直言不隱。～ *up*[*out*] a. 大聲說。b. 毫不拘束地說出自己的意見。

***speak·er** [ˋspikɚ] *n.* Ⓒ ①說話者。②演說者。③主席；議長。④揚聲器；擴音器。⑤演講辭選集。

speak·er·phone [ˋspikɚ͵fon] *n.* Ⓒ 擴音器電話。

speak·ing [ˋspikɪŋ] *adj.* ①說話的；發言的。②只到交談程度的。a ～ acquaintance 泛泛之交。③像要開口似的；逼眞的；生動的。── *n.* Ⓤ 講話；演說。§ ∼ **clóck** 〖英〗電話的報時服務。∼ **trùmpet** 船與船間通話用的揚聲筒。∼ **tùbe** (1)=speaking trumpet. (2)通話管；傳聲筒(如兩房之間所用的)。

***spear** [spɪr] *n.* Ⓒ 槍；矛；魚叉。── *v.t.* 用槍[矛]刺。§ ∼ **sìde** 父系。

spear·head [ˋspɪr͵hɛd] *n.* Ⓒ ①槍尖；矛頭。②先鋒(部隊)。── *v.t.* 爲…作先鋒。

spear·mint [ˋspɪr͵mɪnt] *n.* Ⓤ 〖植〗綠薄荷；留蘭香。

spec [spɛk] *n.* Ⓤ Ⓒ 〖俗〗投機(爲 *spec*ulation 之略)。

‡**spe·cial** [ˋspɛʃəl] *adj.* ①特殊的。②獨特的。③專門的。④特別用的；臨時的。── *n.* Ⓒ ①專車。②特殊之人或物。③(報紙的)特刊；專輯。④〖美〗(商店及飯館等之)特製品、特價品等。§ ∼ **delívery**〖美〗快遞。∼ **dívidend** 額外紅利。∼ **efféćts** 電影中之特殊效果。S∼ **Fórces**〖美軍〗特種部隊。∼ **lícense**〖英法律〗結婚特別許可證。∼ **pléading** (1)〖法律〗特別申訴。(2)詭辯。∼ **séssion** 立法機關召開之特別會議。∼ **stúdent**〖美〗(大學的)旁聽生。

***spe·cial·ist** [ˋspɛʃəlɪst] *n.* Ⓒ 專家；專科醫師。── *adj.* 專家的；專門的。

spe·ci·al·i·ty [͵spɛʃɪˋælətɪ] *n.* 〖主英〗=**specialty.**

***spe·cial·ize** [ˋspɛʃəl͵aɪz] *v.i.* 專攻；專門研究。── *v.t.* 使專門化；使特殊化。

***spe·cial·ly** [ˋspɛʃəlɪ] *adv.* 特別地；專門地。

spe·cial·ty [ˋspɛʃəltɪ] *n.* Ⓒ ①特性。②專門研究；專長。③特製品。④特徵。⑤特別項目。⑥特級品。

§ ∼ **shòp**[**stòre**] 專門商店。

spe·cie [ˋspiʃɪ] *n.* Ⓤ 錢幣；硬幣。

***spe·cies** [ˋspiʃɪz, -ʃiz] *n.* Ⓒ (*pl.* ～) ①種類。②〖生物〗種。③外表。

***spe·cif·ic** [spɪˋsɪfɪk] *adj.* ①明確的。②特殊的。③有特效的。④〖生物〗種(species)的。── *n.* ①Ⓒ 特效藥。②(*pl.*)細節。§ ∼ **dúty** 〖商〗從量稅。∼ **grávity** 〖理〗比重。∼ **héat** 〖理〗比熱。∼ **náme** 〖生物〗種名。── **spe·cif′i·cal·ly,** *adv.*

spec·i·fi·ca·tion [͵spɛsəfəˋkeʃən] *n.* ①Ⓤ 詳述；明細。②Ⓒ 明細表；清單。③Ⓒ (常*pl.*) (建築物、車子等的)設計(說明)書；規格。

***spec·i·fy** [ˋspɛsə͵faɪ] *v.i.* & *v.t.* ①列舉。②詳述；詳載。

***spec·i·men** [ˋspɛsəmən] *n.* Ⓒ ①樣品；標本。②〖俚〗怪人；傢伙。

spe·cious [ˋspiʃəs] *adj.* ①似是而非的。②華而不實的。── **ly,** *adv.*

***speck** [spɛk] *n.* Ⓒ ①斑點；瑕疵。②微片；一點點。── *v.t.* 使…有斑點。

***speck·le** [ˋspɛkl̩] *n.* Ⓒ 小點；斑點。

***spec·ta·cle** [ˋspɛktəkl̩] *n.* ①Ⓒ 景象；壯觀。②(*pl.*)眼鏡。③(*pl.*)見解。*make a* ～ *of oneself* 出醜；丟人。

spec·tac·u·lar [spɛkˋtækjəlɚ] *adj.* 供人觀賞的；奇觀的；戲劇化的。── *n.* Ⓒ (長時間的)豪華(電視)節目。── **ly,** *adv.*

***spec·ta·tor** [ˋspɛktetɚ, spɛkˋtetɚ] *n.* Ⓒ 觀衆；旁觀者。

spec·ter, 〖英〗**-tre** [ˋspɛktɚ] *n.* Ⓒ 鬼；幽靈。

spec·tral [ˋspɛktrəl] *adj.* 分光譜的。§ ∼ **análysis** 光譜分析。

spec·tro·scope [ˋspɛktrə͵skop] *n.* Ⓒ 〖理〗分光器[鏡]。

spec·trum [ˋspɛktrəm] *n.* Ⓒ (*pl.* **-tra,** ～**s**)〖理〗光譜。

spec·u·late [ˋspɛkjə͵let] *v.i.* ①沉思。②投機(in). ③推測。── *v.t.* 對(有風險事業)投資。

***spec·u·la·tion** [͵spɛkjəˋleʃən] *n.* Ⓤ Ⓒ ①思索；推測。②投機(買賣)。

spec·u·la·tive [ˋspɛkjə͵letɪv] *adj.* ①純理論的。②投機的。③冒險的。── **ly,** *adv.*

spec·u·la·tor [ˋspɛkjə͵letɚ] *n.* Ⓒ ①投機者。②思索者；空談者。

spec·u·lum [ˋspɛkjələm] *n.* Ⓒ (*pl.* **-la** [-lə], ～**s**) ①金屬鏡；反射鏡。

②(醫生檢查用之)耳鬥鏡；子宮鏡。

sped [spɛd] *v.* pt. & pp. of **speed.**

‡**speech** [spitʃ] *n.* ①Ⓤ說話；言語；言辭。②Ⓤ說話能力。③Ⓒ演說。④Ⓤ語言。⑤Ⓤ〖文法〗語法。§ ∼ **dày**(英國學校的)頒獎日。

‡**speed** [spid] *n.* ①Ⓤ速率；速度。②Ⓒ汽車的排檔。***at full***[***top***] ∼ 全速；最快速度。— *v.i.* (**sped** or **speed·ed**)①快速前進；急行。②〖古〗成功。③超速。— *v.t.* ①使速進；使急行。②使趕快離開。③推進；促進。④〖古〗使成功。God ∼ you. 願上帝祝福你。∼ ***up*** 加速。§ ∼ **còp**〖美俚〗取締汽車超速之警察。∼ **ìndicator** 速率指示器。∼ **lìmit** (1)速度限制。(2)受限制的最高速度。∼ **mèrchant** 好違規開快車的駕駛人。∼ **recòrder** 速率記錄器。∼ **skàting** 快速溜冰。∼ **tràp** 汽車超速監視區。

***speed·i·ly** [ˋspidlɪ] *adv.* 迅速地。

speed·om·e·ter [spiˋdɑmətɚ] *n.* Ⓒ(汽車等之)速度計。

speed-up [ˋspid͵ʌp] *n.* ⓊⒸ①生產率之提高。②加速。

speed·way [ˋspid͵we] *n.* Ⓒ①高速公路。②賽車跑道。

***speed·y** [ˋspidɪ] *adj.* 迅速的；快的。

spell**[1] [spɛl] *v.t.*(**spelled** or **spelt**)①拼(某字)。②(用字母)拼成(字、音節等)。③意指；招致。— *v.i.* 拼字；綴字。∼ ***out **a.** 詳細說明；詳加解釋。**b.** 拼出來。**c.** 費力地求解。

***spell**[2] *n.* Ⓒ①符咒。②魔力。

***spell**[3] *n.* Ⓒ①工作時間；輪值時間。②一段時期。③替代他人工作。④(疾病等一陣子的)發作。— *v.t.* 〖俚〗暫代(他人)。

spell·bound [ˋspɛl͵baund] *adj.* 被迷住的；意亂情迷的。

***spell·ing** [ˋspɛlɪŋ] *n.* ①Ⓒ拼字；綴字。②Ⓤ拼字法。§ ∼ **bèe**〖美〗拼字比賽。∼ **bòok** 拼字書。∼ **màtch** 拼字比賽。∼ **pronunciàtion** 按照拼法的發音(如often [ˋɔfən]讀作[ˋɔftn])。

spelt [spɛlt] *v* pt. & pp. of **spell.**

‡**spend** [spɛnd] *v.t.*(**spent**)①耗費。②用盡。③度過(時間等)。— *v.i.* 花錢。

spend·thrift [ˋspɛnd͵θrɪft] *n.* Ⓒ浪費者。— *adj.* 浪費的。

‡**spent** [spɛnt] *v.* pt. & pp. of **spend.** — *adj.* 耗盡的；疲竭的。

sperm[1] [spɝm] *n.*(*pl.* ∼, ∼**s**)①Ⓤ精液。②Ⓒ精蟲。

sperm[2] *n.* ①Ⓒ〖動〗抹香鯨。②Ⓤ鯨蠟。③Ⓤ鯨腦油。§ ∼ **òil** 鯨油；抹香鯨油。∼ **whàle**〖動〗抹香鯨。

spew [spju] *v.t.* & *v.i.* 作嘔；嘔吐。

***sphere** [sfɪr] *n.* Ⓒ①球；球形；球體；球面。②天體。③地球儀；渾天儀。④範圍；領域；社會地位。

spher·i·cal [ˋsfɛrɪkl] *adj.* 球的；球狀的；球面的。§ ∼ **súrface** 球面。∼ **tríangle** 球面三角形。

sphinc·ter [ˋsfɪŋktɚ] *n.* Ⓒ〖解〗括約肌。

***sphinx** [sfɪŋks] *n.* (*pl.* ∼**·es, sphin·ges** [ˋsfɪndʒiz])①Ⓒ獅身人[公羊、鷹]頭之雕像。②(the S-)埃及首都開羅附近的獅身人面大雕像。③(the S-)〖希神〗獅身人面且有翅膀之怪物。④Ⓒ神祕的人；怪人。

***spice** [spaɪs] *n.* ①ⓊⒸ香料；調味品。②ⓊⒸ香味。③Ⓤ(又作 a ∼)風味。— *v.t.* ①加以香料。②爲…加添興趣。

spick-and-span [ˋspɪkənˋspæn] *adj.* 嶄新的。

spic·y [ˋspaɪsɪ] *adj.* ①加有香料的；有香味的。②多香料的。③辛辣的；尖刻的。④下流的。

***spi·der** [ˋspaɪdɚ] *n.* Ⓒ蜘蛛。

spi·der·y [ˋspaɪdərɪ] *adj.* 細長如蜘蛛足的。

spiel [spil] *n.* ⓊⒸ〖俚〗(招攬生意的)講話；演說。

spig·ot [ˋspɪgət] *n.* Ⓒ①栓；塞子。②〖美〗(自來水的)龍頭。

***spike**[1] [spaɪk] *n.* Ⓒ①長釘；大釘。②釘狀物。— *v.t.* ①以大釘釘牢。②將釘裝於(鞋上)。③用鞋釘傷(人)。④阻止；使失敗。⑤加酒於(飲料)。

***spike**[2] *n.* Ⓒ①穗。②穗狀花。

spike·nard [ˋspaɪknɚd] *n.* Ⓤ〖植〗香穗草(又稱甘松)。

spik·y [ˋspaɪkɪ] *adj.* 如椿的；有尖頭的；打釘的；多釘的。

***spill** [spɪl] *v.t.*(∼**ed** or **spilt**)①使(水等)流出或落下；灑(水)。②使自馬上、車上等顛落或摔下。③洩露(祕密)；道出。— *v.i.* 溢出；灑。— *n.* ①Ⓒ流出；溢出。②Ⓤ濺出之量。

spill·age [ˋspɪlɪdʒ] *n.* Ⓤ①溢出。②溢出物；溢出量。

spill·o·ver [ˋspɪl͵ovɚ] *n.* ⓊⒸ溢出(量)；流出。

S

spill·way [ˋspɪl͵we] *n.* Ⓒ(堰、河等之)溢洪道；排水口。

spilt [spɪlt] *v.* pt. & pp. of **spill.**

***spin** [spɪn] *v.t.* (**spun**)①紡；紡織。②抽(絲)織網。③編(故事)；講(故事)。④使旋轉。—*v.i.* ①紡織。②旋轉。③暈眩。～ *out* 拖長。—*n.* ①ⓊⒸ(常a ～)旋轉。②Ⓒ(常a ～)疾行；疾馳。

spi·na bi·fi·da [ˋspaɪnəˋbɪfɪdə] *n.* Ⓤ〖醫〗脊柱裂。

spin·ach, spin·age [ˋspɪnɪdʒ] *n.* Ⓤ菠菜。

spi·nal [ˋspaɪnl] *adj.* 脊骨的；脊柱的。§～ **còlumn** 脊柱；脊椎骨。～ **còrd** 脊髓。

***spin·dle** [ˋspɪndl] *n.* Ⓒ①紡錘。②軸；轉軸。§～ **sìde** 母系。

spin·dling [ˋspɪndlɪŋ] *adj.* 細長的。

spin·dly [ˋspɪndlɪ] *adj.* 紡錘形的；細長的。

spin-dry [ˋspɪnˋdraɪ] *v.t.* 用旋轉式脫水機使(洗好的衣服)脫水。

***spine** [spaɪn] *n.* Ⓒ①脊骨。②針；刺；棘狀突起。③脊骨狀物。

spine·less [ˋspaɪnlɪs] *adj.* ①(動物)無脊椎的。②優柔寡斷的；沒骨氣的。

spin·et [ˋspɪnɪt] *n.* Ⓒ〖樂〗①鍵琴。②豎形小鋼琴。③小型電子風琴。

spin·na·ker [ˋspɪnəkɚ] *n.* Ⓒ〖海〗競賽遊艇用的大三角帆。

spin·ner [ˋspɪnɚ] *n.* Ⓒ①紡織工人；紡織業者。②紡織機。③〖板球〗旋轉球；投旋轉球的投手。

spin·ney [ˋspɪnɪ] *n.* Ⓒ〖英〗雜木林。

***spin·ning** [ˋspɪnɪŋ] *adj.* 紡織的。—*n.* Ⓤ紡紗；紡織(業)。§～ **jènny** 多軸紡織機。～ **whèel** 紡車。

spin·off [ˋspɪn͵ɔf] *n.* ⓊⒸ①將新子公司股份分配給母公司股東之措施。②(電視劇之)續集。③副產物。

spin·ster [ˋspɪnstɚ] *n.* Ⓒ①未婚女性。②老處女。③紡織女工。

spin·y [ˋspaɪnɪ] *adj.* ①多針的；多刺的；覆有針或刺的。②刺狀的；似針的。③困難的；麻煩的。

***spi·ral** [ˋspaɪrəl] *adj.* 螺旋(形)的。—*n.* Ⓒ螺旋形之物。—*v.t.* (**-l-**, 〖英〗**-ll-**)使成螺旋形。—*v.i.* 成螺旋狀移動或旋轉。§～ **gálaxy** [**néb-ula**]〖天〗漩渦星雲。—**ly,** *adv.*

***spire** [spaɪr] *n.* Ⓒ①塔尖；尖頂。②最高點；頂點。③芽。

‡**spir·it** [ˋspɪrɪt] *n.* ①Ⓤ精神。②Ⓒ靈魂；亡靈；幽靈。③(the S-)神；聖靈。④Ⓒ(具有…氣質的)人；人物。⑤Ⓤ元氣；勇氣；氣魄；銳氣。⑥**a.** (*pl.*)心情；心境；氣勢。**b.**Ⓤ性情；個性；脾氣。⑦Ⓤ(the ～)(時代等的)風氣；潮流〔of〕。⑧(用*sing.*)心態；意圖。⑨(用*sing.*, 常the ～)(法律、文件的)精神；眞諦。⑩**a.**Ⓤ酒精。**b.** (*pl.*)烈酒。**c.**Ⓤ(常*pl.*)〖化〗酒精。—*v.t.* ①拐走；誘拐；(偷偷)帶走。②使振作；鼓舞；鼓勵。§～ **lèvel** 酒精水準器。

spir·it·ed [ˋspɪrɪtɪd] *adj.* ①精神飽滿的；活潑的。②(用於複合詞中)有…精神的；有…心境的。

spir·it·less [ˋspɪrɪtlɪs] *adj.* 無生命力的；萎靡不振的；垂頭喪氣的。

***spir·it·u·al** [ˋspɪrɪtʃuəl] *adj.* ①靈魂的；精神(上)的。②神聖的；宗教上的。③脫俗的；崇高的。—*n.* Ⓒ(黑人的)靈歌。

spir·it·u·al·ism [ˋspɪrɪtʃuəl͵ɪzəm] *n.* Ⓤ①招魂論。②招魂術；降神術。

spir·it·u·al·ist [ˋspɪrɪtʃuəl͵ɪst] *n.* Ⓒ降靈術者；靈媒。

spir·it·u·al·i·ty [͵spɪrɪtʃuˋælətɪ] *n.* Ⓤ精神性；心靈性。

***spit**[1] [spɪt] *v.i.* (**spat** or **spit, spit-ting**)唾；吐唾液。—*v.t.* 吐出；放出。—*n.* ①Ⓤ唾液。②Ⓤ唾吐。③Ⓒ酷似的東西。

spit[2] *n.* Ⓒ①烤肉叉；炙叉。②突伸海中的狹長陸地；崎；岬。

‡**spite** [spaɪt] *n.* Ⓤ惡意；怨恨。*in ～ of* 雖然；儘管…仍。—*v.t.* 使困惱；使難堪；輕蔑。—**ful,** *adj.* —**ful·ly,** *adv.*

spit·tle [ˋspɪtl] *n.* Ⓤ唾液；口水。

spit·toon [spɪˋtun] *n.* Ⓒ痰盂。

spiv [spɪv] *n.* Ⓒ〖英俚〗作奸犯科者。

***splash** [splæʃ] *v.t.* ①濺(水、泥等)。②濺污；濺濕。③涉水、泥走。—*v.i.* ①激濺水、泥等。②涉水、泥而進。—*n.* Ⓒ①激濺(聲)。②(水、泥等濺起的)污跡；斑痕。③張揚；渲染。*make a ～* 引起他人注意。

splash·down [ˋsplæʃ͵daun] *n.* Ⓒ(太空船等在海面上的)水面降落。

splat [splæt] *n.* (a ～)噼啪聲。

splat·ter [ˋsplætɚ] *v.t.* & *v.i.* 濺污；發潑濺聲；不清晰地說。

splay [sple] *v.t.* ①擴張；延展。②使傾斜。—*adj.* ①擴張的；延展的。

②傾斜的；歪斜的。— n. Ⓒ ①擴大；展開。②〖建〗斜面或斜角。

splay·foot [ˋsple,fʊt] n. Ⓒ (pl. **-feet**)扁平脚；外八字脚。

spleen [splin] n. ①Ⓒ脾臟。②Ⓤ發脾氣；憤怒。③Ⓤ抑鬱。

‡**splen·did** [ˋsplɛndɪd] adj. ①華麗的；壯麗的；輝煌的。②〖俗〗絕妙的；極佳的。— **ly,** adv.

***splen·dor,** 〖英〗**-dour** [ˋsplɛndɚ] n. Ⓤ (常 pl.)①光彩；光輝。②華麗；壯麗。③顯赫；卓越。

sple·net·ic [splɪˋnɛtɪk] adj. ①脾臟的。②易怒的；性情乖戾的。

splice [splaɪs] v.t. ①編結而接起(繩或繩頭)；接合。②疊接(兩塊木材)。③〖俗〗結婚。— n. Ⓒ ①疊接。②結合；結婚。

splint [splɪnt] n. Ⓒ ①(固定斷骨用)夾板。②(編結用)細軟木條。

***splin·ter** [ˋsplɪntɚ] n. Ⓒ ①碎片；裂片。②(木、竹等的)細片；尖刺。— v.t. & v.i. 分裂；碎裂。

split** [splɪt] v.t.(**split, split·ting**) ①割裂；劈開。②分配；分攤。③分化；使(團體等)分裂。— v.i. ①裂開。②(團體等之)分裂；分開；失和。③〖俚〗匆匆離開；快走。~ ***hairs 作極細微之區別；剖析瑣屑之點。~ ***the difference*** 妥協；折中；互相讓步。— n. Ⓒ ①分裂。②裂開。§ ~ **infínitive** 〖文法〗分裂不定詞(指在 'to'-infinitive 之間插入副詞或副詞片語者)。~ **personálity**(同時有正反性格的)雙重人格；人格分裂。~ **sécond** 一秒的幾分之一的時間；一瞬間。

split-lev·el [ˋsplɪtˋlɛvl] adj. & n. Ⓒ 地板高低不齊的(房屋)；錯層式的(房屋)。

split·ting [ˋsplɪtɪŋ] adj. (頭痛)劇烈的；劇痛的。

splodge [splɑdʒ] n. & v.t. = **splotch.**

splotch [splɑtʃ] n. Ⓒ 污痕；污漬。— v.t. 玷污。

splurge [splɝdʒ] 〖俗〗 n. Ⓒ 誇示；炫耀。— v.i. ①炫耀；賣弄。②亂花錢；擺闊。

splut·ter [ˋsplʌtɚ] v. & n. = **sputter.**

‡**spoil** [spɔɪl] v.t.(**spoiled** or **spoilt**) ①損傷；損害；破壞。②姑息；寵壞。③搶劫；掠奪。— v.i. ①腐敗；變壞。②搶劫。— n. ①Ⓤ(又作 pl.)掠奪品；戰利品。②(pl.)〖美〗**a.** (執政黨所取得之)肥差事。**b.** 獎品。

spoil·age [ˋspɔɪlɪdʒ] n. Ⓤ 損壞；損壞物[量]。

spoil·er [ˋspɔɪlɚ] n. Ⓒ ①損壞者；寵壞者。②〖空〗擾流器。§ ~ **pàrty** 〖美〗搗亂性第三黨。

spoilt [spɔɪlt] v. pt. & pp. of **spoil.**

‡**spoke**[1] [spok] v. pt. of **speak.**

***spoke**[2] n. Ⓒ ①輪輻。②船舵輪柄。

‡**spo·ken** [ˋspokən] v. pp. of **speak.** — adj. 口頭的；口述的。

spokes·man [ˋspoksmən] n. Ⓒ (pl. **-men**)代言人；發言人。(亦作 **spokesperson**)

spokes·wom·an [ˋspoks,wumən] n. Ⓒ (pl. **-women**)女代言人；女發言人。

***sponge** [spʌndʒ] n. ①Ⓒ〖動〗海綿。②ⓊⒸ 海綿(沐浴等用以浸水者)。③Ⓒ 寄食者；食客。— v.t. & v.i. ①用海綿揩乾或吸乾。②依賴；敲取。§ ~ **càke** 海綿蛋糕。~ **rúbber** 海綿狀橡皮(做椅墊等物之材料)。

spong·er [ˋspʌndʒɚ] n. Ⓒ 寄人籬下者；食客。

spon·gy [ˋspʌndʒɪ] adj. ①海綿狀[質]的。②多孔的。

***spon·sor** [ˋspɑnsɚ] n. Ⓒ ①保證人；負責人。②教父；教母。③主持者；贊助者。④電臺或電視臺之節目提供者。— v.t. 〖美〗資助；主持；支持。— **ship,** n.

***spon·ta·ne·ous** [spɑnˋtenɪəs] adj. ①自然的；自發的。②自然生長的。— **ly,** adv. — **ness, spon·ta·ne·i·ty** [-təˋniətɪ], n.

spoof [spuf] 〖俚〗 n. Ⓒ 諷刺；騙局；笑話。— v.t. & v.i. 欺騙；愚弄。

spook [spuk] n. Ⓒ〖俗〗鬼；幽靈。

spook·y [ˋspukɪ] adj. 〖俗〗似鬼的；有鬼的；出現鬼魂的。

spool [spul] n. Ⓒ 線軸。

spoon** [spun] n. Ⓒ 匙；調羹。be born with a silver ~ in one's mouth*** 生於富貴之家。

spoon·er·ism [ˋspunə,rɪzəm] n. Ⓒ 首音誤置；首音調換(把兩個或兩個以上的字首音對調的錯誤)。

spoon-feed [ˋspun,fid] v.t. & v.i. (**-fed**) ①用湯匙餵。②溺愛；嬌寵。③惡補；施以填鴨式教育。

***spoon·ful** [ˋspun,ful] n. Ⓒ (pl. **~s, spoons·ful**)一匙；滿匙。

spoor [spur] n. Ⓒ (野獸的)足跡。

spo·rad·ic, -i·cal [spoˋræd-

S

ɪk(l̩)] *adj.* ①零星的；時有時無的。②散在的；散發性的。③單獨發生的。— **spo·rad/i·cal·ly,** *adv.*

spore [spor] *n.* Ⓒ ①〖生物〗芽胞；孢子。②胚種；種子；生殖細胞。

spor·ran [ˋsparən] *n.* Ⓒ (蘇格蘭高地男子腰帶上所繫的)毛布袋。

‡**sport** [sport, spɔrt] *n.* ① Ⓤ Ⓒ 運動；戶外活動。② Ⓤ 遊戲；娛樂。③ Ⓤ 戲謔；玩笑。④(the ～)戲謔的對象。⑤(*pl.*)運動會。⑥ Ⓒ〖俗〗有運動道德的人；堂堂正正的人。**～** *v.i.* ①遊戲。②戲弄；嘲弄。**—** *v.t.* ①炫耀。②浪費(時間、金錢)。

sport·ing [ˋsportɪŋ] *adj.* ①遊戲的；運動的。②遵守運動規則的；堂堂正正的。③愛好運動的。

spor·tive [ˋsportɪv] *adj.* ①(好)嬉戲的；開玩笑的。②運動的。

sports [sports] *adj.* 運動的；適於運動的。§ ∼ **càr** 跑車。

sports·cast [ˋsports͵kæst] *n.* Ⓒ (電視、廣播)體育消息之播報。

***sports·man** [ˋsportsmən] *n.* Ⓒ (*pl.* **-men**)①作戶外運動者。②有運動道德之人。— **like,** *adj.*

sports·man·ship [ˋspɔrtsmən͵ʃɪp] *n.* Ⓤ 運動道德；運動員精神；堂堂正正的態度。

sports·wear [ˋsports͵wɛr] *n.* Ⓤ (集合稱)運動裝；便服。

sports·wom·an [ˋsports͵wʊmən] *n.* Ⓒ (*pl.* **-wom·en**)女運動員。

sports·writ·er [ˋsports͵raɪtɚ] *n.* Ⓒ 體育記者；體育新聞稿作者。

sport·y [ˋsportɪ] *adj.*〖俗〗①似運動家的。②華麗的。③時髦的。

‡**spot** [spat] *n.* ① Ⓒ 斑點。② Ⓒ 瑕疵；污點。③ Ⓒ 地點；場所。④(a ～)〖俗〗一些；少許。⑤ Ⓒ〖俗〗**a.** 職位。**b.** (節目安排)位置；時段。⑥ Ⓒ〖美俚〗小額鈔票。***on the* ～ a.** 立刻。**b.** 在現場。**c.** (被迫立刻回答難題等而)陷入窘境。**—** *v.t.* (**-tt-**)①加以斑點；沾污。②去(衣服上)之污點。③〖俗〗察出；認出。**—** *adj.* 當場的。§ ∼ **chèck** 抽樣調查；抽查；突擊檢查。

spot·less [ˋspatlɪs] *adj.* ①無斑點的。②潔白的；無瑕疵的。

spot·light [ˋspat͵laɪt] *n.* Ⓒ 舞台上用之聚光燈。

spot-on [ˋspatˋan] *adj.* & *adv.*〖英俗〗準確的[地]；正確的[地]。

spot·ted [ˋspatɪd] *adj.* ①有斑點的。②有污點的。

spot·ter [ˋspatɚ] *n.* Ⓒ ①〖美〗監視人。②私人偵探；刑警。③〖美〗〖鐵路〗檢路器。④監視敵機動態之民防人員。⑤(以乾洗)去污的人。⑥觀察機；敵機監視員。

spot·ty [ˋspatɪ] *adj.* ①有斑點的；多斑點的。②不規則的；不穩定的。

spous·al [ˋspauzl] *adj.* 結婚的。

spouse [spauz] *n.* Ⓒ 配偶。

***spout** [spaut] *v.t.* ①噴。②滔滔不絕地說出。③使大量湧出。④〖俚〗當；典押。**—** *v.i.* ①噴出；湧流出。②滔滔不絕地說。**—** *n.* Ⓒ ①(水管等的)嘴；噴口；噴水孔。②承霤(房簷下的水筧)。

sprain [spren] *v.t.* & *n.* Ⓒ 扭傷。

***sprang** [spræŋ] *v.* pt. of **spring.**

sprat [spræt] *n.* Ⓒ 鯡屬小海魚。

sprawl [sprɔl] *v.i.* ①伸開手足而臥或坐；仰臥。②展開；蔓延。③紊亂地散開。**—** *v.t.* ①使不規則地散開。②使伸手足而臥或坐。**—** *n.* ① Ⓒ (常 *sing.*)手足伸開而臥。② Ⓤ (又作 a ～)雜亂無章的蔓延。

***spray**[1] [spre] *n.* Ⓒ ①小枝。②小枝狀的裝飾物。

***spray**[2] *n.* ① Ⓤ 水沫；浪花。② Ⓒ 類似浪沫之物。③ Ⓒ 噴霧器。**—** *v.t.* ①用噴霧器噴射。②掃射。**—** *v.i.* 噴霧；噴射。§ ∼ **gùn** 噴霧器。

‡**spread** [sprɛd] *v.t.* (**spread**)①展開；塗敷；羅列。②伸出；使延展。③傳布；傳播。④遮蓋；覆蓋。⑤撒開。⑥鋪(桌面)；上(菜)。**—** *v.i.* ①展開；伸展；擴展。②傳布；流傳；蔓延。**—** *n.* ① Ⓒ (常 *sing.*)伸展；擴展。② Ⓒ (常 *sing.*)廣闊；範圍。③(*sing.*, 常 the ～)傳布；蔓延。④ Ⓒ〖俗〗酒席；宴會。⑤ Ⓤ Ⓒ 塗於麵包上的牛油、果醬等。⑥ Ⓒ 桌布；床單。§ ∼ **éagle**(美國國徽)展翼鷹。

spree [spri] *n.* Ⓒ ①歡鬧；遊樂。②縱飲；狂飲。

sprig [sprɪg] *n.* Ⓒ ①嫩枝；小枝。②枝狀裝飾或圖案。

spright·ly [ˋspraɪtlɪ] *adj.* 活潑的；愉快的。

‡**spring** [sprɪŋ] *v.i.* (**sprang** or **sprung, sprung**)①跳；躍起。②彈回。③萌芽；發出；迸發。④開始動；開始行動。⑤(木板等)彎曲；扭曲；裂開。⑥突然出現。⑦突然湧出。

— *v.t.* ①使躍起；使跳躍。②使突然發生；(藉彈簧之力)發動。③使爆發；使破裂；裂開。— *n.* ①[C]跳躍。②[C]彈簧；發條。③[U]彈性；彈力。④[U][C]春季。⑤[C](常 *pl.*)泉；泉源。⑥[C]起源；動機。§ ∼ **féver** 春睏(某些人在初春時所感到的睏倦狀態)。∼ **róll** 春捲。∼ **tíde** (1)(新月與滿月時所發生的)滿潮；子午潮。(2)奔流；高潮。

spring·board [ˋsprɪŋˏbord] *n.* [C]①(跳水)跳板。②(體操)彈性板。

spring-clean [ˋsprɪŋˋklin] *v.t.* 做春季大掃除。— **ing,** *n.*

***spring·time** [ˋsprɪŋˏtaɪm] *n.* [U](常 the ∼)①春天；春季。②青春。

spring·y [ˋsprɪŋɪ] *adj.* ①有彈性的。②多泉的。

***sprin·kle** [ˋsprɪŋkl̩] *v.t.* ①撒；灑。②散置；漫布。— *v.i.* ①灑；撒落。②下微雨。— *n.* [C]①(常 *sing.*)少量。②微雨；毛毛雨。

sprin·kler [ˋsprɪŋklɚ] *n.* [C]灑水裝置。§ ∼ **sỳstem** (1)灑水滅火系統。(2)自動灑水系統。

sprin·kling [ˋsprɪŋklɪŋ] *n.* ①[C](常 *sing.*)(散布之)微量；少數。②[U]灑水。

sprint [sprɪnt] *v.i.* 以全速奔跑(尤指短距離者)。— *n.* [C]①短距離賽跑。②短時間之劇烈活動。— **er,** *n.*

sprite [spraɪt] *n.* [C]妖精；小精靈。

sprock·et [ˋsprɑkɪt] *n.* [C]扣鏈齒輪；鏈輪。

***sprout** [spraut] *v.i.* ①長出；發芽；萌芽。②〖俗〗迅速地發展。— *v.t.* 使長出；使發芽。— *n.* ①[C]芽；苗。②(*pl.*)球芽甘藍。

spruce[1] [sprus] *n.* [U][C]〖植〗雲杉(木)。§ ∼ **bèer** 雲杉啤酒。

spruce[2] *adj.* 整潔的；漂亮的；瀟灑的。— *v.t.* & *v.i.* 打扮得整潔漂亮。— **ly,** *adv.*

‡**sprung** [sprʌŋ] *v.* pt. & pp. of **spring.**

spry [spraɪ] *adj.* 活潑的；輕快的；敏捷的。

spud [spʌd] *n.* [C]①小鏟；小鋤。②〖俗〗馬鈴薯。

spume [spjum] *n.* [U]泡沫。— *v.i.* & *v.t.* (使)起泡沫。

***spun** [spʌn] *v.* pt. & pp. of **spin.** § ∼ **gláss** 玻璃絲。

spunk [spʌŋk] *n.* [U]〖俗〗勇氣；膽量；毅力。

spunk·y [ˋspʌŋkɪ] *adj.* 〖俗〗有勇氣的；精神蓬勃的。

spur** [spɝ] *n.* [C]①刺馬釘。②激勵(物)；刺激(物)。③山之支脈；橫嶺。 ***on the ∼ of the moment 憑一時衝動。— *v.t.* & *v.i.* (**-rr-**)①以刺馬釘刺(馬)。②策勵；刺激。

spu·ri·ous [ˋspjurɪəs] *adj.* ①假的；偽造的。②私生的；庶出的。

***spurn** [spɝn] *v.i.* & *v.t.* ①擯斥；趕走。②狂傲地拒絕。

spur-of-the-mo·ment [ˋspɝˏəvðəˋmomənt] *adj.* 〖俗〗即席的；當場的；一時興起的。

spurt [spɝt] *v.i.* & *v.t.* ①噴出；湧出；迸出。②突然奮力活動；衝刺。— *n.* [C]①噴出；湧出；猝發。②(短時間的)奮力活動；衝刺。

sput·nik [ˋspʌtnɪk, ˋsput-] *n.* [C]①(S-)史普尼克(前蘇聯於 1957 年發射之人造衛星)。②人造衛星。

sput·ter [ˋspʌtɚ] *v.i.* & *v.t.* ①作拍拍聲。②噴出(唾沫、飯屑等)。③氣急敗壞地說。— *n.* [U](又作 a ∼)急語。

spu·tum [ˋspjutəm] *n.* [U][C](*pl.* **-ta** [-tə])唾液；痰。

***spy** [spaɪ] *n.* [C]間諜；偵探；偵察者。— *v.t.* & *v.i.* ①偵察；窺探。②發現。③瞥見；看見。

spy·glass [ˋspaɪˏglæs] *n.* [C]小型望遠鏡。

sq. sequence; square.

squab·ble [ˋskwɑbl̩] *n.* [C]小爭吵；小口角。— *v.i.* 爭吵；爭論。

***squad** [skwɑd] *n.* [C](集合稱)①一小群人；小隊。②〖軍〗班。§ ∼ **càr** 警察巡邏車。

***squad·ron** [ˋskwɑdrən] *n.* [C]①海軍分遣艦隊。②**a.** 空軍中隊。**b.** 航空隊。③騎兵中隊。

squal·id [ˋskwɑlɪd] *adj.* ①汚穢的；不潔的。②卑劣的；不道德的。

squall[1] [skwɔl] *v.t.* & *v.i.* 大聲叫喊；悲鳴。— *n.* [C]大聲尖叫。

squall[2] *n.* [C]狂風(常夾雨、雪等)。

squall·y [ˋskwɔlɪ] *adj.* ①暴風的。②(風)強勁的；強烈的。

squal·or [ˋskwɑlɚ] *n.* [U]①不潔；汚穢。②卑劣；下流；悲慘。

squa·ma [ˋskwemə] *n.* [C](*pl.* **-mae** [-mi])〖生物〗鱗(片)。

squan·der [ˋskwɑndɚ] *v.t.* 浪費。— *n.* [U]浪費；虛擲。

S

S

‡**square** [skwɛr] *n.* Ⓒ ①正方形。②方形物。③〖英〗街區；(四面有街道之)房屋區。④方形廣場。⑤街區或廣場四圍的建築物。⑥規矩；曲尺。⑦〖數〗平方；自乘。⑧〖軍〗方陣。***on the ~* a.** 成直角的。**b.** 〖俗〗爽直；公正。***out of ~* a.** 斜的；不正的；無秩序的。**b.** 不規則的；錯誤的。 **—** *adj.* ①正方形的；四方形的。②直角的。③收支相抵的；清算的。④直的；平直的。⑤坦率的；率直的。⑥方正的；公平的。⑦平方的。⑧〖俚〗保守的；不時髦的。**—** *v.t.* ①使成方形；使成直角。②使直；使平。③調整；整理；結算。④自乘。**—** *v.i.* 一致；符合。***~ away* a.** 〖海〗調正帆桁，以便順風行駛。**b.** 重新做起；採取或使採取新路線。***~ off*** 〖俗〗採取自衛或攻擊之陣式。***~ the circle* a.** 作一正方形，使其面積與一已知圓相等。**b.** 做不可能之事；做異想天開之事。**—** *adv.* ①〖俗〗公平地；忠實地。②成正方形地。③照直地。§ **~ dànce** 方塊舞。**~ knòt** 〖美〗死結。

***square·ly** [ˋskwɛrlɪ] *adv.* ①方正地；誠實地；公平地。②直接地。

square-rigged [ˋskwɛrˋrɪgd] *adj.* 〖海〗有橫帆裝置的。

squares·ville [ˋskwɛrzvɪl] 〖俚〗 *n.* Ⓒ 過時、保守的事[地方等]。

squash[1] [skwɑʃ] *v.t.* ①壓爛；壓扁。②鎮壓；撲滅。③〖俗〗以諷刺的言語使(人)緘默。**—** *v.i.* ①潰；被壓爛。②擠。**—** *n.* ① Ⓤ 壓碎之物；壓爛的果物。② Ⓒ 壓碎聲。③ Ⓤ 以壓出的果汁製成的飲料。④ Ⓤ 一種類似網球的球戲。⑤(a ~)人潮。

squash[2] *n.* Ⓤ Ⓒ (*pl.* **~, ~es**)〖植〗南瓜。

squash·y [ˋskwɑʃɪ] *adj.* ①易爛的。②軟而鬆的。③表面壓爛的。

***squat** [skwɑt] *v.i.* (**squat·ted** or **squat, squat·ting**) ①蹲踞。②〖俗〗坐。**—** *v.t.* 使蹲踞。**—** *adj.* ①蹲踞的。②矮胖的。**—** *n.* Ⓤ (a ~)蹲踞；蹲踞的姿勢。**— ter,** *n.*

squaw [skwɔ] *n.* Ⓒ (印第安人的)女子或妻。

squawk [skwɔk] *v.i.* ①粗厲地叫；咯咯地叫。②〖俗〗高聲抱怨。**—** *n.* Ⓒ 咯咯的叫聲。

squawk·box [ˋskwɔk͵bɑks] *n.* Ⓒ 〖美俚〗擴音器。

***squeak** [skwik] *v.i.* 發尖銳叫聲。**—** *v.t.* ①以尖銳叫聲發出或說出。②使發尖銳聲。**—** *n.* Ⓒ 尖銳聲。 **— squeak′y,** *adj.*

squeak·y-clean [ˋskwikɪˋklin] *adj.* 〖美俗〗非常乾淨的。

***squeal** [skwil] *v.i.* & *v.t.* ①發出長而尖銳的叫聲。②密告。**—** *n.* Ⓒ 長而尖銳的叫聲。

squeam·ish [ˋskwimɪʃ] *adj.* ①過於拘謹的；神經質的。②有潔癖的。③易於嘔吐的。

***squeeze** [skwiz] *v.t.* ①壓榨；緊握。②緊抱。③榨取；勒索；逼迫。④擠；塞。**—** *v.i.* ①擠。②壓縮。③用手捏擠。**—** *n.* ① Ⓒ 壓榨；緊抱；緊握。② Ⓤ 勒索；榨取。③(a ~)擁擠。④ Ⓒ (常 *sing.*)困境。

squeg [skwɛg] *v.i.* (**-gg-**)〖電〗作極不規則的振動。

squelch [skwɛltʃ] *v.t.* ①壓制。②使緘默。**—** *v.i.* ①(踏地時)發咯吱聲。②發咯吱聲地行走。**—** *n.* Ⓤ ①(又作 a ~)(踏地時所發出之)咯吱聲。②〖俗〗反駁；壓碎；鎮壓。

squib [skwɪb] *n.* Ⓒ ①諷刺短文。②起花(一種爆竹)。

squid [skwɪd] *n.* Ⓒ (*pl.* **~, ~s**)烏賊；魷魚。

squidg·y [ˋskwɪdʒɪ] *adj.* 〖英俗〗糊狀的；溼軟的。

squig·gle [ˋskwɪgl] *n.* Ⓒ ①彎彎曲曲的線(如心電圖或地震儀所畫之線)。②潦草的書寫。**— squig′gly,** *adj.*

squint [skwɪnt] *v.i.* 斜視；瞇眼而看。**—** *v.t.* ①半閉著(眼睛)。②使斜視。**—** *n.* Ⓒ ①斜視；瞥視；看。②〖醫〗斜視眼。

***squire** [skwaɪr] *n.* Ⓒ ①鄉紳；大地主。②〖美〗地方法官。③護衛。**—** *v.t.* 護衛。

squirm [skwɜm] *v.i.* 蠕動；扭曲；侷促不安。**—** *n.* Ⓒ 扭動身體；侷促不安。

squir·rel [ˋskwɜ(ə)l] *n.* (*pl.* **~, ~s**) ① Ⓒ 〖動〗松鼠。② Ⓤ 松鼠毛皮。

squir·rel·(l)y [ˋskwɜrəlɪ] *adj.* 古怪的。

squirt [skwɜt] *v.t.* ①噴出。②噴濕。**—** *v.i.* 自狹口中噴出。**—** *n.* Ⓒ ①液體之噴出。②注射器；水槍。③夜郎自大的人。

Sri Lan·ka [͵srɪˋlæŋkə] *n.* 斯里蘭卡(印度洋中一島國)。

st. stone; strait; street.

St. [sent, sənt, sn̩t, sn̩] *n.*(*pl.* **SS., Sts.**)聖…。

St. Saturday; Strait; Street.

stab** [stæb] *v.t.*(**-bb-**)①刺；刺傷。②以(刀)刺。③傷害；損傷。**—** *v.i.* 刺；刺死。～ ***a person in the back 背後陷害某人。**—** *n.* Ⓒ①刺；戳。②刺傷；劇痛。③〖俗〗企圖；嘗試。

stab·bing [ˋstæbɪŋ] *adj.*(痛等)如刺的；(言詞等)刻薄的；傷人的。
— **ly,** *adv.*

***sta·bil·i·ty** [stəˋbɪlətɪ] *n.* Ⓤ (又作 a ～)①穩固；穩定。②堅定；有恆。③永恆性；耐久性。

sta·bi·lize [ˋstebḷ,aɪz] *v.t.* 使穩定。— **sta·bi·li·za′tion,** *n.*

sta·bi·liz·er [ˋstebə,laɪzɚ] *n.* Ⓒ ①使穩定者。②〖機〗穩定器。③〖化〗安定劑。④〖空〗平衡器。

***sta·ble**[1] [ˋstebḷ] *n.* Ⓒ①(常 *pl.*)廐；畜舍。②(常 *pl.*)訓練賽馬之馬廐。③一個主人的一群賽馬。

***sta·ble**[2] *adj.* ①堅固的；穩定的。②堅決的。

sta·ble·boy [ˋstebḷ,bɔɪ] *n.* Ⓒ 小馬夫；馬童。

sta·ble·lad [ˋstebḷ,læd] *n.* = **stableboy.**

sta·ble·mate [ˋstebḷ,met] *n.* Ⓒ 同一馬廐的馬；同一主人的馬。

stac·ca·to [stəˋkɑto] *adj.* & *adv.* 〖樂〗斷奏的[地]。

***stack** [stæk] *n.* ① Ⓒ 堆。② Ⓒ 煙囪；煙筒。③ Ⓒ (常 *pl.*)大量；大宗；多數。④Ⓒ槍架。⑤(*pl.*)圖書館中之書架[書庫]。**—** *v.t.* 堆起；堆積。

stack·a·ble [ˋstækəbḷ] *adj.* 易於堆積[架起]的。

stacked [stækt] *adj.* 〖俚〗(女子)婀娜多姿的；豐滿的。

stack-ex·press [ˋstæk,ɪkˋsprɛs] *n.* Ⓒ 商品展示；落地陳列。

***sta·di·um** [ˋstedɪəm] *n.* Ⓒ (*pl.* **～s, -di·a**)(有看台的)體育場。

***staff** [stæf, stɑf] *n.* Ⓒ (*pl.* **～s, staves**)①棒；杖；竿。②旗竿。③可依靠的東西；支持物。④(集合稱)(輔佐的)職員；全體人員。⑤(*pl.* **～s**)(集合稱)〖軍〗參謀；幕僚。⑥(*pl.* **～s**)五線譜。

staff·er [ˋstæfɚ] *n.* Ⓒ〖美〗①職員。②(報社之)編輯。

***stag** [stæg] *n.* Ⓒ (*pl.* **～, ～s**) ①雄鹿。②〖美俗〗限男子參加之聚會等。

‡**stage** [stedʒ] *n.* ①Ⓒ壇；臺。②Ⓒ舞臺；劇場。③(the ～)戲劇業。④Ⓒ (常 the ～)活動的場所。⑤Ⓒ驛；站；驛程。⑥Ⓒ驛馬車。⑦Ⓒ階段；時期。***go on the*** ～當演員。**—** *v.t.* ①表演；上演。②實現；舉行。§ ～ **dirèction** (1)舞臺指導。(2)導演。～ **dóor** 舞台後門；後臺門。～ **frìght** 怯場。～ **nàme** 藝名。～ **ríght** 舞臺右側(面對觀衆時舞臺中央之右方)。～ **whìsper** 演員欲使觀衆聽見的大聲自語。

stage·coach [ˋstedʒ,kotʃ] *n.* Ⓒ 驛馬車。

stage·craft [ˋstedʒ,kræft] *n.* Ⓤ 編劇術；上演術。

stage·hand [ˋstedʒ,hænd] *n.* Ⓒ 管理舞臺布景、道具及燈光等之人。

stage-man·age [ˋstedʒ,mænɪdʒ] *v.t.* ①指揮；督導。②在暗中安排或指導。③擔任…的舞臺監督。

stage-struck [ˋstedʒ,strʌk] *adj.* 熱望當演員的；嚮往舞台生活的。

stag·fla·tion [stægˋfleʃən] *n.* Ⓤ 〖經〗停滯性的通貨膨脹。

***stag·ger** [ˋstægɚ] *v.i.* ①蹣跚；搖擺。②猶豫；躊躇。③不穩；崩潰。**—** *v.t.* ①使蹣跚；使搖擺。②使猶豫；使躊躇。③間隔(不使集中在一個時間發生)。**—** *n.* ①Ⓒ 蹣跚；躊躇。②(the ～s)〖獸醫〗家畜暈倒症。
— **ing,** *adj.*

stag·ing [ˋstedʒɪŋ] *n.* ① ⓊⒸ 演出；上演。②Ⓤ (集合稱)鷹架。§ ～ **àrea**〖軍〗軍隊集結整備地區。～ **pòst** (1)(飛機長距離飛行的)中途站。(2)某項發展的重要階段。

stag·nant [ˋstægnənt] *adj.* ①停滯的；不流動的。②不景氣的。

stag·nate [ˋstægnet] *v.i.* & *v.t.* ①(使)停滯；(使)不流動；(使)變爲腐濁。②(使)不振；(使)不景氣。

staid [sted] *adj.* 穩定的；沉著的。

***stain** [sten] *n.* ①ⓊⒸ污點。②Ⓒ污辱；瑕疵。③ⓊⒸ 顏料；染料。**—** *v.t.* ①污；染污。②玷污；污辱。③染；著色於。**—** *v.i.* ①受污。②染污他物；造成污跡。

***stain·less** [ˋstenlɪs] *adj.* 無污點的；無瑕疵的；不生銹的。

‡**stair** [stɛr] *n.* ①Ⓒ 階梯之一級。②(*pl.*)樓梯；階梯。

***stair·case** [ˋstɛr,kes] *n.* Ⓒ 樓梯「(間)。」

***stair·way** [ˋstɛr,we] *n.* Ⓒ 樓梯。

*__stake__¹ [stek] *n.* Ⓒ①椿。②火刑柱。*pull up ~s*〖美俗〗**a.** 搬家；遷居。**b.** 辭職。— *v.t.* ①以椿支持；繫於椿上。②以椿爲界。

*__stake__² *v.t.* 以…爲賭注；賭。— *n.* ①Ⓒ(常 *pl.*)賭物；賭金。②(*pl.*)(賽馬或競技的)獎金。*at* ~ 利害攸關；瀕於危險。

__stake·hold·er__ [ˋstek,holdɚ] *n.* Ⓒ賭金保管者。

__stake·out__ [ˋstek,aʊt] *n.* Ⓒ受警察監視的地方或房子。

__sta·lac·tite__ [stəˋlæktaɪt] *n.* Ⓒ鐘乳石。

__sta·lag__ [ˋstæləg, ˋʃtɑlɑk]〖德〗*n.* Ⓒ(收容士兵的)戰俘營。

__sta·lag·mite__ [stəˋlægmaɪt] *n.* Ⓒ石筍。

*__stale__ [stel] *adj.* ①不新鮮的；陳腐的。②精力喪失的。

__stale·mate__ [ˋstel,met] *n.* ⓊⒸ①(奕棋中之)王棋受困；將死。②停頓。— *v.t.* ①使王棋受困；將死。②使停頓；使無路可走。

*__stalk__¹ [stɔk] *n.* Ⓒ①(植物的)莖；柄。②(無脊椎動物的)莖狀部分。

*__stalk__² *v.i.* & *v.t.* ①潛行；潛近(獵物等)。②大步走；高視闊步。③(疾病、災害等)蔓延。— *n.* Ⓒ①潛近；潛躡。②高視闊步。

__stalk·ing-horse__ [ˋstɔkɪŋ,hɔrs] *n.* Ⓒ①獵人藉以潛近獵物之馬或假馬。②託詞；口實；煙幕。

*__stall__¹ [stɔl] *n.* ①Ⓒ廐；畜舍；畜舍之一欄。②Ⓒ攤；商場中之貨攤。③Ⓒ(禮拜堂之)教士座位。④(*pl.*)(劇院之)正廳前排席。⑤Ⓒ教堂中合唱團之席次。⑥Ⓒ〖空〗失速。— *v.t.* ①納…於廐中；在廐中飼肥。②(如陷入泥中等)使進退不得。③使(飛機等)失速。— *v.i.* ①(馬、車等因遇爛泥、積雪等而)進退不得。②(發動機等因缺乏燃料或負荷過度而)停止。③(飛機)失速下降。

*__stall__² *n.* Ⓒ〖俚〗口實；託辭；拖延行爲。— *v.i.* & *v.t.* 推托；拖延。

__stall·hold·er__ [ˋstɔl,holdɚ] *n.* Ⓒ租攤位者。

__stal·lion__ [ˋstæljən] *n.* Ⓒ種馬。

__stal·wart__ [ˋstɔlwɚt] *adj.* ①強壯的。②堅定的；堅毅的。— *n.* Ⓒ①強壯之人。②政黨之中堅分子。

__sta·men__ [ˋstemən] *n.* Ⓒ(*pl.* ~**s**, **stam·i·na** [ˋstæmənə])〖植〗雄蕊。

__stam·i·na__ [ˋstæmənə] *n.* Ⓤ體力；精力；(對疾病、疲勞之)耐力。

*__stam·mer__ [ˋstæmɚ] *v.i.* & *v.t.* 口吃；結結巴巴地說(out)。— *n.* Ⓒ(常 *sing.*)口吃。—**er,** *n.*

‡__stamp__ [stæmp] *v.t.* ①跺(足)；踏。②鎮服；撲滅。③蓋印於；加記號於。④表徵。⑤貼以郵票或印花。⑥銘刻於。⑦壓碎(礦石等)。— *v.i.* 踏足；頓足。— *n.* Ⓒ①踏足；頓足。②印章；戳記。③打印器；壓印器；壓碎機。④痕跡；表徵。⑤郵票；印花。⑥種；類。§ ~ **collècting** 集郵。~ **tàx** 印花稅。

__stam·pede__ [stæmˋpid] *n.* Ⓒ①(受驚之動物)驚逃；逃竄。②(人群)潰散；奔竄。— *v.i.* & *v.t.* (使)驚逃；(使)奔竄。

__stance__ [stæns] *n.* Ⓒ(常 *sing.*)①(高爾夫球等)擊球時之脚的位置。②(對事物的)態度；立場。

__stanch__¹ [stæntʃ, stɑntʃ] *v.t.* ①止住(血等)。②止住(傷口)流血。

__stanch__² *adj.* 堅固的；忠誠的。

__stan·chion__ [ˋstænʃən, -tʃən] *n.* Ⓒ①(窗戶、廐欄等之)支柱。②牛欄中夾限牛頸之隔框；栓牛枷。

‡__stand__ [stænd] *v.i.* (**stood**)①站立；站住；立起。②位於；處於某種地位或情形。③站立時高度爲…。④停住；勿動。⑤不變；持久；有效。⑥航行。— *v.t.* ①豎起；使直立。②忍耐；忍受。③不受…之損傷。④供給；付帳。~ *by* **a.** 旁觀。**b.** 援助。~ *for* **a.** 代替；代表。**b.** 擁護。**c.**〖俗〗容忍；允許。~ *in* 參加；代理。~ *in with*〖俗〗**a.** 與…爲伍。**b.** 與…友善。~ *off* 避開；不接近。~ *on* [*upon*] **a.** 以…爲基礎；依賴。**b.** 要求；聲言。~ *out* 顯著；突出。~ *over* **a.** 延緩。**b.** 監督。~ *to* **a.** 固守。**b.** 繼續做下去。**c.** 準備行動。~ *up* **a.** 站著。**b.** 仍強硬；仍可信服；站得住。**c.**〖俚〗使(人)空等；不守約。**d.** 耐久。~ *up for* 堅持；維護；辯護。~ *up to* 對抗；抵禦。— *n.* ①(a ~)停止；停頓。②Ⓒ位置。③Ⓒ講臺。④(*pl.*)看臺。⑤Ⓒ置物臺；架。⑥Ⓒ攤。⑦Ⓒ抵抗。⑧Ⓒ旅行劇團爲在某處演出而做之停留。⑨Ⓒ(法院之)證人席。⑩Ⓒ車輛之招呼站。⑪(one's ~)立場。

__stand-a·lone__ [ˋstændə,lon] *adj.*〖電算〗可獨立作業的。

‡**stand·ard** [ˋstændɚd] *n.* ①Ⓒ(常 *pl.*)標準；模範。②Ⓤ本位；官定重量。③Ⓒ(軍)旗；象徵。④Ⓒ直立的支柱；電線桿。⑤Ⓒ(英國小學之)班級。—*adj.* 標準的；模範的；本位的。§ ∼ **tìme** 標準時間(一國、一地區共同採用的時間)。

stand·ard-bear·er [ˋstændɚd-ˌbɛrɚ] *n.* Ⓒ①掌旗官(兵)。②指導者；領袖。

stand·ard·ize [ˋstændɚd,aɪz] *v.t.* 使符合標準；使標準化。

stand·by [ˋstænd,baɪ] *n.* Ⓒ(*pl.* ∼**s**)①可靠的人或物；靠山。②準備隨時救急的船。③待命的信號。④待命接替者。

stand-in [ˋstænd,ɪn] *n.* ①Ⓒ〖影〗替身。②Ⓤ〖俚〗有利地位。

***stand·ing** [ˋstændɪŋ] *n.* ①ⓊⒸ地位；身分；名望。②Ⓤ持續；期間。③ⓊⒸ站立(處)。—*adj.* ①直立的。②持續的；永存的；固定的。③靜止的；停滯的。

stand·off [ˋstænd,ɔf] *n.* ①Ⓤ站於一旁。②Ⓤ旁觀；冷漠；孤立。③Ⓒ競賽中打成平手。

stand·off·ish [stændˋɔfɪʃ] *adj.* 旁觀的；保留的；不友善的。

stand·out [ˋstænd,aut] *n.* Ⓒ①出類拔萃的人物。②〖俗〗堅持己見者；孤立主義者。—*adj.* ①顯著的；傑出的。②堅持己見的。

***stand·point** [ˋstænd,pɔɪnt] *n.* Ⓒ立場；見地；觀點。

stand·still [ˋstænd,stɪl] *n.* (a ∼)停頓；停滯；停止。

stand-up [ˋstænd,ʌp] *adj.* ①筆挺的；直立的。②站著做的。

stank [stæŋk] *v.* pt. of **stink.**

stan·num [ˋstænəm] *n.* Ⓤ〖化〗錫。

***stan·za** [ˋstænzə] *n.* Ⓒ(詩之)一節。

staph·y·lo·coc·cus [ˌstæfɪləˋkakəs] *n.* Ⓒ(*pl.* **-coc·ci** [-ˋkaksaɪ])葡萄球菌。(亦作 **staph**)

***sta·ple**[1] [ˋstepl] *n.* Ⓒ①(常 *pl.*)主要物產[商品]；土產；名產。②原料；材料。③(常 *sing.*)纖維。④(常 *pl.*)要素；主要成分。—*adj.* 主要的；最重要的。

sta·ple[2] *n.* Ⓒ ①U形大釘。②釘書釘；釘書針。—*v.t.* 釘以 U 形釘。

sta·pler [ˋsteplɚ] *n.* Ⓒ釘書機。

star [star] *n.* ①Ⓒ星；恆星。②Ⓒ(常 *pl.*)星宿；命運。③Ⓒ明星；主角；名角；泰斗；大家。④Ⓒ星標；星符；星狀物(如☆等)。⑤Ⓒ〖美軍〗星章(佩帶於衣袖，表示參加某戰役)。⑥(*sing.*)成功；幸運。***see*** ∼***s***(因被打)眼冒金星；目眩。∼***s in one's eyes*** 幸福感。***the Stars and Stripes*** 星條旗(美國國旗)。—*v.t.* (**-rr-**)①以星裝飾。②加星標於。③以…爲主角。—*v.i.* 擔任主要角色；主演。—*adj.* 主要的；最好的；卓越的。§ ∼ **chàrt**〖天〗星位圖。∼ **dùst**(1)(肉眼不能分辨之)星團。(2)宇宙塵；星塵。(3)〖俗〗魅力；恍惚。

star·board [ˋstar,bord] *n.* Ⓤ(船之)右舷。—*adj.* 右舷的。—*adv.* 向右舷地。—*v.t.* & *v.i.* 將(舵)轉向右邊。

***starch** [startʃ] *n.* ①ⓊⒸ澱粉。②Ⓤ(漿硬衣服用之)漿糊。③Ⓤ態度拘泥；古板。④Ⓤ〖俗〗精力。⑤(*pl.*)澱粉食物。—*v.t.* 漿(衣服等)。

star·dom [ˋstardəm] *n.* Ⓤ①(集合稱)電影明星。②明星之地位。

‡**stare** [stɛr] *v.t.* ①凝視；睇視。②瞪眼注視使(人)…。—*v.i.* ①睇視；瞪眼。②顯著；刺眼。③(頭髮、羽毛等)聳起。∼ ***a person down*** [***out of countenance***]盯視某人使其侷促不安。∼ ***one in the face***迫在眼前；顯而易見。—*n.* Ⓒ睇視；瞪視。

star·fish [ˋstar,fɪʃ] *n.* Ⓒ(*pl.* ∼, ∼**es**)〖動〗海盤車；海星。

***stark** [stark] *adj.* ①僵硬的。②完全的；純然的。—*adv.* 完全；全然。

star·let [ˋstarlɪt] *n.* Ⓒ①小星。②〖俗，影〗正接受訓練的小明星。

star·light [ˋstar,laɪt] *n.* Ⓤ星光。—*adj.* 星光閃閃的。

star·ling [ˋstarlɪŋ] *n.* Ⓒ(歐洲產之)椋鳥；燕八哥。

star·lit [ˋstar,lɪt] *adj.* 星光照耀的。

***star·ry** [ˋstarɪ] *adj.* ①(天空)多星的。②燦爛如星的。③星狀的。④星的；與星有關的。

star·ry-eyed [ˋstarɪ,aɪd] *adj.* 過於理想的；不實際的。

star-span·gled [ˋstar,spæŋgld] *adj.* 星點散布的；飾以星點的。

‡**start** [start] *v.i.* ①起身；出發。②開始。③發生；發起。④驚起；突動。⑤突來；突流出。⑥突出；伸出。⑦變鬆；脫節；脫出。—*v.t.* ①開始；開始旅程。②發動；使開動；創始。

③驚起。④使鬆；使脫線。⑤協助…使開始。⑥發信號使開始。~ *in*〖俗〗開始(做某事)。~ *out* a. 起程；動身。b. 企圖做…；著手做。~ *up* a. 突然升起[起立，出現]。b. 發動(引擎)。c. 開始做某事。*to* ~ *with* a. 首先；第一。b. 開始時。— *n.* ① Ⓒ開始；著手；動身。② Ⓒ 使開始賽跑等的信號；起跑線。③ Ⓒ 驚動。④ Ⓤ (又作 a ~)優先條件；優先地位。

START [start] *n.* Ⓤ 裁減戰略武器談判(*St*rategic *A*rms *R*eduction *T*alks之略)。

start·er [ˋstartɚ] *n.* Ⓒ ①起始之人[物]；一系列中之最先者。②賽跑中之發令員。③〖機〗起動裝置。

start·ing [ˋstartɪŋ] *n.* Ⓤ 出發；開始。§ ~ **pòint** 出發點；起點。

***star·tle** [ˋstartl̩] *v.t.* 使吃驚；使驚愕；驚動。— *v.i.* 吃驚。— *n.* Ⓒ 驚愕；驚恐。— **star′tler,** *n.*

***star·tling** [ˋstartlɪŋ] *adj.* 使驚駭的；駭人聽聞的。

***star·va·tion** [starˋveʃən] *n.* Ⓤ 饑餓；飢荒；餓死。

***starve** [starv] *v.i.* & *v.t.* ①(使)饑餓。②渴望。③(使)餓死。④〖英方〗(因缺乏某物)(使)受困苦；挨凍。

stash [stæʃ]〖美俚〗*v.t.* 偷偷藏起來；儲藏〔常away〕. — *n.* Ⓒ 貯藏物。

‡**state** [stet] *n.* ① Ⓒ (常 *sing.*)情形；狀態。② Ⓒ (常 *pl.*)國；國家；政府；(美國等的)州。③ Ⓒ 身分；地位。④ Ⓤ 威嚴；榮耀。*the Department of S-; the S- Department*〖美〗國務院。*the States* 美國。— *v.t.* 說；陳述。— *adj.* ①州的；國家的。②儀式用的；正式的。

state·house [ˋstet,haus] *n.* Ⓒ (常S-)〖美〗州議會大廈。

***state·ly** [ˋstetlɪ] *adj.* 莊嚴的；堂皇的。

‡**state·ment** [ˋstetmənt] *n.* ① Ⓤ Ⓒ 陳述；記載；聲明；聲明書。② Ⓒ (財務)借貸表；報告書。

state·room [ˋstet,rum] *n.* Ⓒ (船、火車之)艙房；包房。

state·side [ˋstet,saɪd] *adj.*〖俗〗美國(本土)的。— *adv.* 在美國本土。

***states·man** [ˋstetsmən] *n.* Ⓒ (*pl.* **-men**)政治家。— **ly,** *adj.*

state·wide [ˋstet,waɪd] *adj.* & *adv.*〖美〗遍及全州的[地]。

stat·ic [ˋstætɪk] *adj.*(亦作 **statical**) ①靜止的；靜態的。②〖電〗靜電的。— *n.* Ⓤ ①靜電干擾。②靜電；天電。

stat·ics [ˋstætɪks] *n.* Ⓤ〖理〗靜力學(研究物體的靜力平衡)。

‡**sta·tion** [ˋsteʃən] *n.* Ⓒ ①位置；場所；崗位。②車站。③(軍隊之)駐地；根據地。a police ~ 警察局。④地位；身分。⑤(無線電)電臺。⑥〖澳〗牧場。— *v.t.* 配置；安置。§ ~ **wàgon**(有摺疊式後座之)旅行車。

sta·tion·ar·y [ˋsteʃən,ɛrɪ] *adj.* ①固定的；不動的。②無增減的；不變的。

sta·tion·er [ˋsteʃənɚ] *n.* Ⓒ 文具商。

sta·tion·er·y [ˋsteʃən,ɛrɪ] *n.* Ⓤ ①(集合稱)文具。②(成套的)信紙信封。

sta·tion·mas·ter [ˋsteʃən,mæstɚ] *n.* Ⓒ 火車站站長。

sta·tis·tic [stəˋtɪstɪk] *adj.* =**statistical.** — *n.* Ⓒ 統計值[量]。

sta·tis·ti·cal [stəˋtɪstɪkl̩] *adj.* 統計(學)的。— **ly,** *adv.*

stat·is·ti·cian [,stætəˋstɪʃən] *n.* Ⓒ 統計學家；統計人員。

***sta·tis·tics** [stəˋtɪstɪks] *n.* ① Ⓤ 統計學。②(作 *pl.*解)統計；統計表。

stat·u·ar·y [ˋstætʃu,ɛrɪ] *n.* Ⓤ ①(集合稱)雕像；塑像。②雕塑術。— *adj.* 雕像的；雕塑(用)的。

***stat·ue** [ˋstætʃu] *n.* Ⓒ 像；雕像。

stat·u·esque [,stætʃuˋɛsk] *adj.* 莊嚴、優美如雕像的。

stat·u·ette [,stætʃuˋɛt] *n.* Ⓒ 小雕像；小塑像。

***stat·ure** [ˋstætʃɚ] *n.* Ⓤ Ⓒ ①身材；身長。②身體、心智或道德之發展。

***sta·tus** [ˋstetəs] *n.* ① Ⓒ 情形；狀態。② Ⓤ Ⓒ 身分；地位。③ Ⓤ 高地位；威信。§ ~ **quó** [ˋkwo] 原狀；現狀。~ **sỳmbol** 地位的象徵。

***stat·ute** [ˋstætʃut] *n.* Ⓒ ①成文法；法規。②規章；規程。§ ~ **bòok** 法令全書。~ **làw** 成文法。

stat·u·to·ry [ˋstætʃu,torɪ] *adj.* ①法律的；法令的；法規的。②法令所定的。③依法應處罰的。

staunch [stɔntʃ, stantʃ] *adj.* & *v.t.* =**stanch**[1,2].

stave [stev] *n.* Ⓒ ①桶板。②棍；棒。③譜表(=staff)。④詩節；詩句。⑤梯之橫木。— *v.t.*(**staved** or **stove**)①鑿孔；鑿穿(桶、船等)。②防止；避開；延緩〔off〕。③裝以桶板；裝以橫木。— *v.i.*(船等)穿孔。

‡**stay**[1] [ste] *v.i.* ①停止；停留；繼續停留於某個地方或某種狀態。②暫住

居留。③等待。④能持久；有耐力。 — *v.t.* ①止住。②延緩；延期。③等待。④遏制。~ ***put*** 〖俗〗停留原地不動；保持原狀不動。 — *n.* ①Ⓒ(常 *sing.*)逗留；逗留時期。②ⓊⒸ(法律上的)延緩執行；訴訟程序之中止。③Ⓤ妨礙；抑制。④Ⓤ耐久力；持久力。

stay² *n.* ①Ⓒ支持物；支柱；船桅上的支索。②(*pl.*)婦人的胸衣；緊身褡。 — *v.t.* ①以(繩索、支柱等)固定。②支撐。③(在精神方面)鼓勵。

stay-at-home [ˋsteət,hom] 〖俗〗 *n.* Ⓒ甚少離家外出的人。 — *adj.* 常在家的；不常外出的。

stay·sail [ˋste,sel, ˋstesl] *n.* Ⓒ 〖海〗支索帆。

stead** [stɛd] *n.* Ⓤ①代替；替身。②利益；好處。in someone's*** ~ 代替某人。***stand someone in good*** ~ 於某人有好處。

***stead·fast** [ˋstɛd,fæst] *adj.* ①固定的；堅定的。②不變的；不移的。

***stead·i·ly** [ˋstɛdəlı] *adv.* 有規則地；穩固地；不動搖地。

‡**stead·y** [ˋstɛdı] *adj.* ①穩定的；不動搖的。②無變化的；同樣的；有規律的。③沉著的；鎮定的。④穩健的；殷實的；可靠的。⑤(船)在洶湧之海上保持平穩的。***go*** ~ 〖俗〗祇跟一個固定的異性約會。 — *v.t.* & *v.i.* 使[變爲]堅定；使[變爲]穩定；使[變爲]沉著。 — *n.* Ⓒ男[女]朋友；固定的異性朋友。

***steak** [stek] *n.* ⓊⒸ①牛排。②煎炸用的魚片或肉片。

‡**steal** [stil] *v.t.* & *v.i.* (**stole, stolen**)①偷；竊取。②獲得；贏得。③潛行；偷偷行走。④緩進；緩動。⑤〖棒球〗盜(壘)。⑥偷偷地搬運、移動。 — *n.* ①Ⓒ〖俗〗偷竊。②Ⓒ〖俗〗贓物。③(a ~)〖俗〗很便宜買到的東西。④Ⓒ〖棒球〗盜壘。

stealth [stɛlθ] *n.* Ⓤ祕密行動；祕密。***by*** ~ 祕密地；偷偷地。

stealth·i·ly [ˋstɛlθəlı] *adv.* 偷偷地；悄悄地。

stealth·y [ˋstɛlθı] *adj.* 隱祕的。

‡**steam** [stim] *n.* Ⓤ①蒸氣；水氣。②〖俗〗氣力；精力。get up ~ 鼓起精神。 — *v.i.* ①蒸發；發蒸氣。②藉蒸氣力行駛。③(玻璃窗等)凝結蒸氣。 — *v.t.* ①蒸(食物等)。②發出(蒸氣)。③以蒸氣力運送或推進。§ ~ **éngine** 蒸氣機。~ **shòvel** 汽鏟。

***steam·boat** [ˋstim,bot] *n.* Ⓒ輪船；汽船。

***steam·er** [ˋstimə] *n.* Ⓒ①汽船。②蒸氣機。③蒸籠；蒸器。

steam·roll·er [ˋstim,rolə] *n.* Ⓒ①蒸氣壓路機。②壓制反對的方法。 — *v.t.* ①〖俗〗壓；輾(道路)。②壓倒(對方)或克服(障礙)以通過。 — *v.i.* 輾壓前進。

***steam·ship** [ˋstim,ʃıp] *n.* Ⓒ汽船；輪船。

steam·y [ˋstimı] *adj.* ①(似)蒸氣的。②又熱又潮濕的。

***sted·fast** [ˋstɛd,fæst] *adj.* = **steadfast.**

steed [stid] *n.* Ⓒ〖詩〗馬；駿馬。

‡**steel** [stil] *n.* Ⓤ①鋼。②鋼製品(如刀等)。③鋼鐵般的堅硬或力量。 — *adj.* 鋼的；如鋼的。 — *v.t.* ①使堅如鋼。②給…加以鋼刃；以鋼包裹。§ ~ **wóol** 鋼絨。

steel·y [ˋstilı] *adj.* ①鋼的；鋼製的。②色澤如鋼的；堅硬如鋼的。③嚴酷的；無情的；頑固的。

***steep¹** [stip] *adj.* ①陡峭的；險峻的。②〖俗〗過分的；不合理的。③〖俗〗(敍述等)極端的；無法相信的。 — *n.* Ⓒ陡坡；峭壁。

***steep²** *v.t.* 浸；漬；濡濕；沾染(in). — *n.* ①ⓊⒸ浸；漬。②Ⓤ浸液；漬液。

steeped [stipt] *adj.* ①浸液的；浸漬的。②沈湎[籠罩]於…的(in).

***stee·ple** [ˋstipl] *n.* Ⓒ(教堂等的)尖塔；有尖塔的建築物。

stee·ple·chase [ˋstipl,tʃes] *n.* Ⓒ①障礙馬賽；障礙賽跑。②越野賽馬；越野賽跑。

steer** [stır] *v.t.* ①駕駛。②引導。③沿…前進。 — *v.i.* 駕駛；航行。~ ***clear of 避開。 — *n.* Ⓒ〖美俚〗勸告；消息；念頭。

steer·ing [ˋstırıŋ] *n.* Ⓤ①操舵。②指導。§ ~ **committee** 程序委員會。~ **whèel** 方向盤；舵輪。

stein [staın] *n.* Ⓒ一種有柄之陶製啤酒杯；任何類似之玻璃啤酒杯。

stel·lar [ˋstɛlə] *adj.* ①星的；似星的；星狀的。②主要的；主角的。

***stem** [stɛm] *n.* Ⓒ①莖；幹；葉柄；花梗。②莖狀物；(工具之)柄。③家系；族。④語幹。⑤船首。 — *v.t.* (**-mm-**) ①去(葉、果實等之)梗。②阻止。③(船)逆…而上。 — *v.i.* ①滋長；發

展。②源自；起源(from).

stem·ware [ˋstɛm͵wɛr] *n.* Ⓤ〖美〗高脚酒杯。

stem-wind·ing [ˋstɛmˋwaɪndɪŋ] *adj.* 以轉柄上發條的。

stench [stɛntʃ] *n.* Ⓒ (常 *sing.*) 臭氣；惡臭。

sten·cil [ˋstɛnsḷ] *n.* Ⓒ ①印刷模板；鏤花[空]型板；(油印用)蠟紙。②用蠟紙或模板印刷之文字或圖案。 — *v.t.* (-l-, 〖英〗-ll-)以上述模板印刷。

***ste·nog·ra·pher** [stəˋnɑgrəfɚ] *n.* Ⓒ〖美〗速記員。

ste·nog·ra·phy [stəˋnɑgrəfɪ] *n.* Ⓤ 速記；速記術。

‡**step** [stɛp] *n.* ① Ⓒ 步；脚步。② Ⓒ 一步的距離。③ Ⓒ 很短的距離。④ ⓊⒸ 步態；步調。⑤ Ⓒ 脚步聲；足跡。⑥ Ⓒ 步驟；手段；措施。⑦ Ⓒ 階段；踏級。⑧ Ⓒ 官階的一級；升級。⑨ Ⓒ〖樂〗度；音階。***break*** ~ 步伐不一致。 ***in*** ~ 與…同一步伐。***keep*** ~ 齊步伐；跟上；配合；與…一致。***out of*** ~ 不合步伐；不合拍子。~ ***by*** ~ 一步一步地；慢慢地。***watch one's*** ~ 小心謹慎。— *v.t.* (-pp-)①踏。②以步測量(off). ③裝桅於…。④裝階梯於。— *v.i.* ①踏足；舉步行走。②踩。~ ***aside*** **a.** 走到一旁；避在一邊。**b.** 讓職位給別人；下臺。~ ***down*** **a.** 走下來。**b.** 辭職；讓位。**c.** 減少；減低。~ ***in*** **a.** 走進。**b.** 干涉；介入。**c.** 參加。~ ***it*** 走；跳舞。~ ***on it***〖俗〗快走。~ ***out***〖美俗〗**a.** 外出尋樂。**b.** 快走。**c.** 暫時離開。~ ***up*** **a.** 登上。**b.** 加速。**c.** 增加。

step- 〖字首〗表「後；繼」之義(指因父母再婚而產生之家庭關係)。

step·broth·er [ˋstɛp͵brʌðɚ] *n.* Ⓒ 繼父或繼母以前婚姻中所生之子。

step·child [ˋstɛp͵tʃaɪld] *n.* Ⓒ (*pl.* **-chil·dren**) ①夫或妻前次婚姻所生之孩子。②不受重視的人。

step·daugh·ter [ˋstɛp͵dɔtɚ] *n.* Ⓒ 夫或妻前次婚姻所生之女。

step·fa·ther [ˋstɛp͵fɑðɚ] *n.* Ⓒ 繼父；後父。

step·lad·der [ˋstɛp͵lædɚ] *n.* Ⓒ 四脚梯；高凳。

***step·moth·er** [ˋstɛp͵mʌðɚ] *n.* Ⓒ 繼母；後母。

step·par·ent [ˋstɛp͵pɛrənt] *n.* Ⓒ 後父或後母；繼父或繼母。

steppe [stɛp] *n.* Ⓒ 無樹的大平原。

step·ping·stone [ˋstɛpɪŋ͵ston] *n.* Ⓒ ①踏脚石。②進身之階。

step·sis·ter [ˋstɛp͵sɪstɚ] *n.* Ⓒ 繼父或繼母以前婚姻中所生之女。

step·son [ˋstɛp͵sʌn] *n.* Ⓒ 夫或妻以前婚姻中所生之子。

stere [stɪr] *n.* Ⓒ 立方公尺。

ster·e·o [ˋstɛrɪo] *n.* (*pl.* **~s**) ①〖俗〗= **stereotype.** ② ⓊⒸ 立體鏡照相(術)。③ Ⓤ 立體音響。④ Ⓒ 立體音響設備。

ster·e·o·phon·ic [͵stɛrɪəˋfɑnɪk] *adj.* 立體音響(效果)的。

ster·e·oph·o·ny [͵stɛrɪˋɑfənɪ, ͵stɪr-] *n.* Ⓤ 立體音響(效果)。

ster·e·o·scope [ˋstɛrɪə͵skop] *n.* Ⓒ 實體[立體]鏡。

ster·e·o·type [ˋstɛrɪə͵taɪp] *n.* ① Ⓤ 鉛版印刷術。② Ⓒ 用紙型澆製之鉛版。③ Ⓒ 陳腔濫調；老套。 — *v.t.* ①澆製鉛版。②用鉛版印刷。③使成定型。④(用凸版印刷機)將…印製成盲人閱讀的點字。

ster·ile [ˋstɛrəl] *adj.* ①不肥沃的(土地)。②不能生育的；(植物)不結果實的。③無生氣的；(演講等)枯燥無味的。④無細菌的；消毒的。⑤(工作等)無結果的。— **ste·ril′i·ty,** *n.*

ster·i·lize [ˋstɛrə͵laɪz] *v.t.* ①剝奪…之生產能力。②殺…的菌；消…的毒。— **ster·i·li·za′tion,** *n.*

ster·ling [ˋstɝlɪŋ] *n.* Ⓤ ①英國貨幣。②純銀；純銀製品。— *adj.* ①英國貨幣的(通常寫於金額之後，略作 **stg.**). ②標準成分的；含 92.5% 純銀的。③由標準成分純銀製成的(刀、叉等)。④真正的；極佳的；可靠的。§ ~ **àrea** [**blòc**] 英鎊地區。

***stern**[1] [stɝn] *adj.* ①嚴厲的；嚴格的。②堅決的；不讓步的。③可怖的；令人害怕的。— **ly,** *adv.* — **ness,** *n.*

***stern**[2] *n.* Ⓒ ①船尾。②臀部。③野獸之尾。

ster·num [ˋstɝnəm] *n.* Ⓒ (*pl.* **-na** [-nə], **~s**)〖解〗胸骨。

stern-wheel·er [ˋstɝn͵hwilɚ] *n.* Ⓒ 船尾明輪船。

ste·roid [ˋstɪrɔɪd] *n.* ⓊⒸ & *adj.*〖生化〗類固醇(的)。

ste·rol [ˋstɛrol] *n.* ⓊⒸ〖生化〗固醇。

ster·to·rous [ˋstɝtərəs] *adj.* 發鼾聲的；打呼的。

steth·o·scope [ˋstɛθə͵skop] *n.*

Ⓒ〖醫〗聽診器。

ste·ve·dore [ˋstivəˏdor] *n.* Ⓒ 碼頭之裝卸工人。

stew** [stju] *v.t.* & *v.i.* ①燜；燉。②〖俗〗憂慮；憤悶。③悶熱而感覺不舒服。~ ***in one's own juice 自作自受。— *n.* ①ⓊⒸ 燜菜；燉菜。②(a ~) 煩惱；憂慮。

***stew·ard** [ˋstjuwəd] *n.* Ⓒ ①管理人；管家。②(輪船、火車、飛機或俱樂部等之)膳務員。③(客船、客機等之)服務生[員]；空中少爺。④餐會、舞會等之籌備人。

***stew·ard·ess** [ˋstjuwədɪs] *n.* Ⓒ ①女管理人；女管家。②輪船、客機等之女招待；空中小姐。

‡**stick**[1] [stɪk] *n.* ① Ⓒ 杖；棍；棒。② Ⓒ 棒形物；柄；槌。③ Ⓒ (細)木條；柴枝。④ Ⓒ〖俗〗固執之人；蠢人。⑤ Ⓤ (常 the ~)鞭打；處罰。⑥ Ⓒ (常 *pl.*)(家具的)一件。⑦ Ⓒ (巧克力、口紅等的)條；支。***have*** [***get***] ***hold of the wrong end of the*** ~ 誤解一種情勢。***the ~s*** 〖俗〗森林地區；鄉間。— *v.t.* 以桿撐(植物、藤等)。

stick**[2] *v.t.* (**stuck**) ①刺；戳；貫穿。②以尖刀殺死。③插於。④插於針上展覽。⑤伸出；使突出。⑥黏貼。⑦〖俗〗使困惑。⑧〖俚〗欺騙。⑨阻止；使停止。⑩忍受；容忍。⑪放於指定位置。⑫〖俗〗將不愉快之事加諸(某人)。— *v.i.* ①黏著；附著；不分離。②堅持；固執。③陷住。④刺入；梗塞；卡住。⑤突出；豎起〔out, up〕。⑥躊躇；困惑〔常 at〕。~ ***around 〖俚〗在附近逗留或等待。~ ***at*** **a.** 繼續做某事。**b.** 遲疑。**c.** 顧慮。~ ***it on*** 〖俚〗**a.** 誇大。**b.** 索高價。~ ***out*** **a.** 突出；伸出。**b.** 觸目；顯眼。**c.** 〖俗〗忍耐到底。~ ***out for*** 堅持要求。~ ***up*** 〖俚〗搶劫；持槍搶劫。~ ***up for*** 〖俗〗爲…辯護；維護。~ ***up to*** 抗拒。— *n.* ① Ⓒ 一刺。② Ⓤ 黏著之物。

stick·er [ˋstɪkə] *n.* Ⓒ ①黏貼告示或廣告之人。②固執的人。③(反面塗有膠等的)標紙；郵票。④蒺藜；刺鉤；芒刺。⑤久坐不去之客人。⑥滯銷品。⑦〖俗〗難題；謎。

stick·ing [ˋstɪkɪŋ] *adj.* 黏的；有黏性的。§ ~ **plàster** 膠布。

stick·le [ˋstɪkl̩] *v.i.* ①爲瑣事爭論。②反對；過慮。

stick·ler [ˋstɪklə] *n.* Ⓒ ①堅持…之人〔常 for〕；一絲不苟的人。②〖俗〗難題；費解的事物。

stick-to-it-ive [ˏstɪkˋtuɪtɪv] *adj.* 〖美俚〗頑固的；執拗的；堅持的；不屈不撓的。— **ness,** *n.*

stick·up [ˋstɪkˏʌp] *n.* Ⓒ〖俚〗(持槍的)搶劫。

***stick·y** [ˋstɪkɪ] *adj.* ①黏的。②濕熱的。③棘手的；困難的。④非常令人討厭的。—**stick′i·ness,** *n.*

***stiff** [stɪf] *adj.* ①硬的；堅硬的；不易彎曲的。②濃黏的。③不易移動的。④倔強的；執拗的。⑤不自然的；呆板的。⑥強烈的；過分的。⑦(物價)過高的。⑧拉緊的；緊張的。⑨費力的；難應付的。⑩嚴厲的。⑪不易跌價的(如股票等)。— *n.* Ⓒ〖俚〗①屍首；屍體。②拘泥形式的人；呆板的人。③**a.** 傢伙。**b.** 流浪漢。④僞造支票。— **ly,** *adv.* — **ness,** *n.*

***stiff·en** [ˋstɪfən] *v.t.* & *v.i.* ①(使)堅挺；(使)變硬。②(使)濃黏；(使)凝固。③(使)堅強；(使)猛烈。

stiff-necked [ˋstɪfˋnɛkt] *adj.* 頑固的。

***sti·fle** [ˋstaɪfl̩] *v.t.* ①使窒息。②使窒息而死。③熄滅；抑止。— *v.i.* 窒悶；有窒息之感。

stig·ma [ˋstɪgmə] *n.* Ⓒ (*pl.* **~s, ~ta** [~tə]) ①恥辱；瑕疵；污名。②(*pl.* **~ta**)聖傷(似耶穌釘痕之傷)。③〖植〗柱頭。

stig·ma·tize [ˋstɪgməˏtaɪz] *v.t.* ①非難；指責；誣衊。②加烙印於。— **stig·ma·ti·za′tion,** *n.*

stile [staɪl] *n.* Ⓒ ①梯磴；階梯。②十字形旋門。

sti·let·to [stɪˋlɛto] *n.* Ⓒ (*pl.* **~s, ~es**) ①匕首；短劍。②刺繡用之穿孔錐。— *v.t.* 用短劍刺傷或刺死。

‡**still**[1] [stɪl] *adj.* ①靜止的；不動的。②靜寂的；無聲的。③(酒等)不起泡的。④低沉輕柔的(聲音)。— *v.t.* & *v.i.* (使)安靜；(使)靜止；(使)寂靜。— *n.* ① Ⓤ〖詩〗靜止；寂靜。② Ⓒ 靜止之人或物之照片；作爲廣告用之電影的單張照片。— *adv.* ①仍；仍然。②更；愈。③然則；可是依然。④〖古，詩〗持續地；常常。— *conj.* 但是；然而。

still[2] *n.* Ⓒ 蒸餾器；蒸餾所。

still·birth [ˋstɪlˏbɜθ] *n.* ① ⓊⒸ 死產。② Ⓒ 死胎。

still·born [ˋstɪlˏbɔrn] *adj.* 死產的。

***still·ness** [ˋstɪlnɪs] *n.* Ⓤ ①靜止。②安靜；肅靜。

stilt [stɪlt] *n.* Ⓒ (常 *pl.*)①高蹺。②(架於水上等建築物之)支柱。

stilt·ed [ˋstɪltɪd] *adj.* ①矜持的。②虛飾的；浮誇的。③如踩高蹺而升高的。④〖建〗建於支柱上的。

stim·u·lant [ˋstɪmjələnt] *n.* Ⓒ ①興奮劑。②刺激物；酒。— *adj.* ①刺激(性)的；興奮的。②鼓舞的。

***stim·u·late** [ˋstɪmjə,let] *v.t.* ①刺激；激勵；鼓舞。②用酒刺激；使醉。— *v.i.* 起刺激[激勵]作用。— **stim·u·la′tion,** *n.*

stim·u·la·tive [ˋstɪmjə,letɪv] *adj.* 刺激的；鼓舞的。— *n.* Ⓤ Ⓒ 刺激劑。

***stim·u·lus** [ˋstɪmjələs] *n.* Ⓒ (*pl.* **-li** [-,laɪ])刺激物；刺激；激勵。

***sting** [stɪŋ] *v.t.* (**stung**)①刺；螫。②刺痛；刺傷。③激勵；刺激。④〖俚〗欺騙；索求過多。— *v.i.* ①刺人；螫人。②感覺刺痛。— *n.* Ⓒ ①刺；螫。②刺傷；刺痛。③劇痛；痛苦。④使劇痛之物。⑤刺激物；激勵。

stin·gy [ˋstɪndʒɪ] *adj.* ①吝嗇的。②缺乏的；不足的。

stink [stɪŋk] *n.* ① Ⓒ 臭味；臭氣。②(*pl.*, 作 *sing.*解)〖俗〗化學。③ Ⓤ Ⓒ 〖俚〗醜聞；不愉快的紛擾。— *v.i.* (**stank** or **stunk, stunk**)①發臭味。②聲名狼藉。— *v.t.* ①使(場所)充滿臭氣〔out〕。②以臭氣驅逐〔out〕。

stink·bug [ˋstɪŋk,bʌg] *n.* Ⓒ 放惡臭的蟲。

stint [stɪnt] *v.t.* & *v.i.* ①吝惜；緊縮；限制；節儉。②〖古〗(使)停止。— *n.* ① Ⓤ Ⓒ 限制；吝惜。② Ⓒ 定量；定額。③ Ⓒ 指定必做之工作。

sti·pend [ˋstaɪpɛnd] *n.* Ⓒ 薪水；薪俸。

stip·u·late [ˋstɪpjə,let] *v.t.* (條約或契約上)規定；記明。— *v.i.* (契約)規定；約定〔常 for〕。

stip·u·la·tion [,stɪpjəˋleʃən] *n.* ① Ⓤ 契約；約定；合約。② Ⓒ (契約上之)規定；條件。

‡**stir**[1] [stɜ] *v.t.* (**-rr-**)①使動；移動。②攪和。③激動；惹起。— *v.i.* ①動；活動。②攪和；拌動。③興奮；奮起。～ ***one's stumps*** 〖俗〗疾迅地行動。— *n.* ① Ⓒ 移動；撥動；攪和。②(a ～)激動；騷動。③ Ⓒ (常 *sing.*)活動；活躍。

‡**stir**[2] *n.* Ⓒ 〖俚〗監獄。

stir-cra·zy [ˋstɜˋkrezɪ] *adj.* 〖俚〗因長期監禁而精神失常的。

stir-fry [ˋstɜ,fraɪ] *v.t.* 邊炒邊攪拌；炒(菜)。— *n.* Ⓒ 炒的菜。

stir·rer [ˋstɜə] *n.* Ⓒ ①活動分子；煽動者。②攪拌器[棒]。

stir·ring [ˋstɜɪŋ] *adj.* ①活動的；繁忙的。②激動的；鼓舞的。

stir·rup [ˋstɪrəp, ˋstɜəp] *n.* Ⓒ ①馬鐙。②鐙形物。§ ～ **cùp** 餞別酒。～ **pùmp** 一種輕便的消防抽水機。

stitch** [stɪtʃ] *n.* ① Ⓒ 一針；一縫。② Ⓤ (又作 a ～)針法；縫法。③ Ⓒ 縫線；針脚。④ Ⓒ (常 *sing.*)布片；一件衣服。⑤(a ～)〖俗〗小片；一點點。⑥(a ～)突然疼痛；劇痛。A ～ in time saves nine.*** 〖諺〗及時縫一針，省卻將來的九針。— *v.t.* 縫；綴連。— *v.i.* 縫紉。

stoat [stot] *n.* Ⓒ 〖動〗白鼬。

sto·chas·tic [stəˋkæstɪk] *adj.* ①猜測的。②〖統計〗隨機的。

‡**stock** [stɑk] *n.* ① Ⓒ 貯蓄；蓄積。② Ⓤ 貯藏品；存貨；現貨。③ Ⓤ (集合稱)家畜(通常作 livestock)。④ Ⓤ Ⓒ 股票；公債。⑤ Ⓤ 家系；血統。⑥ Ⓤ 原料；材料。⑦ Ⓒ (樹木等之)幹；莖；地下莖。⑧ Ⓒ (從前皮革製的)襟飾。⑨ Ⓤ 湯料；原湯。⑩ Ⓒ 斷株；殘立之幹。⑪ Ⓒ (插入接木的)臺木；本幹。⑫ Ⓒ 紫羅蘭。⑬(*pl.*)造船臺。⑭(*pl.*)足或手枷。***in ～*** 備有；持有；現貨供應。***out of ～*** 無現貨；售罄；賣光。***take ～*** 清點存貨；盤存。***take*** [***put***] ***～ in*** **a.** 〖俗〗對…有興趣；重視；相信。**b.** 買(公司)的股票。***take ～ of*** **a.** 仔細推想；鑑定。**b.** 計算；估價。— *v.t.* ①供應；備置。②裝托柄；繫以柄狀物。③備以馬、牛等。— *v.i.* ①發芽。②採辦；貯存〔常 up〕。— *adj.* ①經常備有的。②普通的；日常的。③股票的；公債的。④豢養家畜的。⑤存貨的。§ ～ **càr** (1)(鐵路的)家畜載運車。(2)賽車用之跑車。～ **còmpany** (1)股份公司。(2)(在一劇院長期演出多齣劇的)專業[專屬]劇團。～ **exchànge** 證券交易(所)。～ **fàrm** 畜牧農場。～ **màrket** (1)股票市場；證券交易所。(2)股票買賣；股票行情。(3)牲畜市場。～ **ràising** 畜牧(業)。～ **tìcker** 股票行情顯示器。

stock·ade [stɑkˋed] *n.* Ⓒ ①〖築城〗(以直立之木柱等構成之)障礙物。

②柵欄。③〖美軍〗拘留室。— *v.t.* 以柵欄保護、防衛或圍起。
stock·brok·er [ˋstɑk͵brokɚ] *n.* Ⓒ 證券經紀人。
stock·hold·er [ˋstɑk͵holdɚ] *n.* Ⓒ 股東。
Stock·holm [ˋstɑk͵hom] *n.* 斯德哥爾摩(瑞典首都)。
stock·ing [ˋstɑkɪŋ] *n.* Ⓒ (常 *pl.*) 長襪。*in one's ~ feet* 祇穿襪不穿鞋的。
stock·ist [ˋstɑkɪst] *n.* Ⓒ〖英〗有存貨的批發商或零售商。
stock·pile [ˋstɑk͵paɪl] *n.* Ⓒ ①儲備品。②為戰爭準備的核子武器。— *v.t.* & *v.i.* 儲備(原料及必需品)。
stock·room [ˋstɑk͵rum] *n.* Ⓒ ①商品儲藏室。②商品陳列室。(亦作 **stock room**)
stock·y [ˋstɑkɪ] *adj.* 堅實的；矮而壯的；粗短的。
stock·yard [ˋstɑk͵jɑrd] *n.* Ⓒ 家畜圍欄。
stodg·y [ˋstɑdʒɪ] *adj.* ①令人生厭的。②(人)庸俗的。③(人)軀體笨重的。④難消化的。
sto·gie, sto·gy [ˋstogɪ] *n.* Ⓒ ①長而細的劣等雪茄。②笨重的靴或鞋。
sto·ic [ˋsto·ɪk] *n.* Ⓒ ①(S-)古希臘Stoicism的信奉者。②禁慾主義者；克己主義者。— *adj.* ①(S-)與Stoic學派有關的。②=**stoical.**
sto·i·cal [ˋsto·ɪkl] *adj.* 堅忍的；苦修的。— **ly,** *adv.*
sto·i·cism [ˋsto·ɪ͵sɪzəm] *n.* Ⓤ ①(S-)斯多噶哲學。②堅忍；禁慾。
stoke [stok] *v.t.* & *v.i.* ①撥(火)；加燃料於(火爐)。②〖俗〗吞食。
stoke·hold [ˋstok͵hold] *n.* Ⓒ 汽船上的鍋爐室。
stok·er [ˋstokɚ] *n.* Ⓒ ①司爐；火伕。②自動添煤機。
stole[1] [stol] *v.* pt. of **steal.**
stole[2] *n.* Ⓒ ①(教士所披之)袈裟。②(婦女之)長圍巾。
sto·len [ˋstolən] *v.* pp. of **steal.**
stol·id [ˋstɑlɪd] *adj.* 不易感動的；不易激動的；遲鈍的。— **ly,** *adv.*
***stom·ach** [ˋstʌmək] *n.* ① Ⓒ 胃。② Ⓒ 腹。③ Ⓤ (又作 a ~，常用於否定句)**a.** 胃口；食慾。**b.** 愛好；慾望〔for〕。— *v.t.* ①能吃；能消化。②忍受。
stomp [stɑmp] *v.t.* 〖俗〗①=**stamp** ①②. ②跳爵士樂曲。— *n.* Ⓒ ①〖俗〗=**stamp** ①. ②早期的爵士樂曲。③合此樂曲的舞。
‡**stone** [ston] *n.* ① Ⓤ Ⓒ 石；石材。a heart of ~ 鐵石心腸。② Ⓒ 紀念碑；墓石。③ Ⓒ 小石狀之物。④ Ⓒ〖醫〗結石。⑤ Ⓒ〖植〗核。plum ~*s* 李核。⑥ Ⓒ 寶石；玉。⑦ Ⓒ 石臼；磨刀石。⑧ Ⓒ (*pl.* ~)呩(重量單位，十四磅)。⑨ Ⓒ (常 *pl.*)〖鄙〗睪丸。*a ~'s throw* [*cast*] 擲石可及之距離。*cast the first ~* 起頭批評或攻擊。*leave no ~ unturned* 不遺餘力。*throw ~s at* 攻擊某人之品格等。— *adj.* 石(製)的。— *v.t.* ①以石砌築。②以石投向。③投石擊死。④去(果)核。⑤磨之以石。§ **S~ Age** 〖考古〗石器時代。**~ bruise** 腳掌傷痛。**~ fruit** 〖植〗核果。**~ pit** 石坑；採石場。
stone·cut·ter [ˋston͵kʌtɚ] *n.* Ⓒ ①石匠。②切石機。
stone·ware [ˋston͵wɛr] *n.* Ⓤ (集合稱)粗陶器。
***ston·y** [ˋstonɪ] *adj.* ①多石的。②如石的；鐵石心腸的。③〖俚〗一文不名的。④僵硬的。
‡**stood** [stud] *v.* pt. & pp. of **stand.**
***stool** [stul] *n.* ① Ⓒ (無靠背的)椅子；凳。② Ⓤ Ⓒ 糞便。③ Ⓒ 廁所；便器。④ Ⓒ (長新芽的)母樹；根株。*fall between two ~s* 兩頭落空。§ **~ pigeon** (1)(誘使他鴿入羅網的)媒鴿。(2)〖美俚〗告密的人；線民。(3)〖俚〗職業賭徒用以引人上鉤之助手。— **like,** *adj.*
***stoop**[1] [stup] *v.i.* ①屈身；彎腰；傴僂。②屈尊；卑屈。③(樹、懸崖等)前曲；前傾。④(鷹等)撲下。— *v.t.* 屈(身)；俯(首)。*~ to conquer* [*win*] 含垢忍辱以求雪恥。— *n.* (a ~) ①屈身；傴僂。②屈尊；卑屈。③下撲。
stoop[2] *n.* Ⓒ〖美〗門廊；門階。
‡**stop** [stɑp] *v.t.* (**-pp-**) ①使停止；阻止。②塡塞；堵塞。③截斷；扣留。④用軟木塞、栓等關閉(容器)。⑤妨礙；攔阻。⑥止付(支票)。⑦制止(打擊等)。⑧〖競賽〗擊敗。⑨加標點於。— *v.i.* ①停止。We *~ped* to think. 我們停下來想一想。②逗留；住(=stay). *~ by* 中途作短暫的訪問。*~ dead* [*short*] 突然停止。*~ down* 〖攝〗將鏡頭之光圈縮小。*~ in* 作短暫而未計畫的訪問。*~ off* 〖俗〗

作短暫逗留。～ ***over*** **a.** 停留片刻。**b.** 中途下車[機，船等]；中途停留。～ ***up*** **a.** 塞；阻。**b.** 醒著；沒有睡(=sit up). — *n.* Ⓒ ①中止；停止。②逗留。③停留之處；車站。④阻塞物。⑤阻塞。⑥控制或阻止機械活動之器具。⑦句點。⑧〖樂〗音栓；音節柱。⑨〖語音〗閉鎖子音(即 p, b, t, d, k, g). ⑩〖商〗(支票的)止付。***come to a*** (***full***) ～ 停止。***put a*** ～ ***to*** 使終止。§ ～ **light** (1)(交通的)停止號誌。(2)(汽車車尾的)煞車燈。～ **préss** (報紙付印時臨時插入的)最後消息。～ **wàtch** 計時錶；馬錶。

stop·cock [ˋstap,kak] *n.* Ⓒ (水管、煤氣管上的)開關；龍頭。

stop·gap [ˋstap,gæp] *n.* Ⓒ ①塞孔之物。②權宜之計。③臨時代替之人[物]。— *adj.* 權宜的；臨時的。

stop·page [ˋstapɪdʒ] *n.* ① Ⓒ 停止；塞住。② Ⓒ 阻礙；阻塞。③ Ⓒ 停工。④ Ⓤ Ⓒ 止付；扣除。

stop·per [ˋstapɚ] *n.* Ⓒ ①阻止者；阻塞物。②(瓶等之)塞子；栓。— *v.t.* 加以塞子；塞住。

stop·ple [ˋstapl̩] *n.* Ⓒ (瓶等的)塞子。— *v.t.* 用塞子塞住；將…閉塞。

***stor·age** [ˋstorɪdʒ] *n.* Ⓤ ①貯藏。②倉庫；貯藏所。③倉庫費。§ ～ **bàttery** 蓄電池。

‡**store** [stor, stɔr] *n.* ① Ⓒ〖美〗商店。② Ⓒ (常 *pl.*)貯藏；積蓄；大量；豐富。a ～ of knowledge 豐富的知識。③(*pl.*)貯存待用的物品；原料品。④ Ⓒ 倉庫。⑤(*pl.*)〖英〗百貨店。***in*** ～ **a.** 準備著；貯藏著。**b.** 必將來到或發生。***set*** [***lay***] ～ ***by*** 重視；珍視。— *v.t.* ①供給；裝配。②貯藏；積蓄。③存入倉庫。

***store·house** [ˋstor,haus, ˋstɔr-] *n.* Ⓒ ①倉庫；棧房。②寶庫；寶藏。

store·keep·er [ˋstor,kipɚ] *n.* Ⓒ ①〖美〗店主。②倉庫管理人。

store·room [ˋstor,rum] *n.* Ⓒ 儲藏室；收藏東西的小倉庫。

***sto·rey** [ˋstorɪ] *n.* (*pl.* ～s)〖英〗= story[2].

sto·ried[1] [ˋstorɪd] *adj.* 有…層樓的。(〖英〗亦作 **storeyed**)

sto·ried[2] *adj.* ①在故事或歷史上有名的。②以歷史或故事圖畫來裝飾的。

***stork** [stɔrk] *n.* Ⓒ〖鳥〗鸛。

‡**storm** [stɔrm] *n.* Ⓒ ①風暴。②暴風雨；暴風雪。③任何似暴風雨之物。④騷動。⑤襲擊；猛攻。～ ***in a teacup*** 大驚小怪。***take by*** ～ **a.** 襲取；攻奪。**b.** 使深受感動。— *v.i.* ①下大雨；起風暴。②狂怒；咆哮[at]. ③猛衝；突進。— *v.t.* 猛攻。§ ～ **céllar** 避颶風之地窖。～ **cènter** (1)暴風中心；暴風眼。(2)騷亂的中心[人物，問題]。～ **clòud** (1)暴風雲。(2)(常 *pl.*)動亂的前兆。～ **còne** 報風錐(暴風雨的警報球)。～ **dòor** 裝於門外遮擋風雪的板門。～ **tròoper** (第二次世界大戰期間德國納粹黨的)突擊隊員。～ **tròops** (從前德國納粹黨的)突擊隊。

***storm·y** [ˋstɔrmɪ] *adj.* ①有暴風的；多風暴的。②騷亂的；猛烈的。

‡**sto·ry**[1] [ˋstorɪ] *n.* ① Ⓒ 故事；經歷。② Ⓒ〖俗〗謊言。③ Ⓤ (戲劇、小說等)情節。④ Ⓒ〖美〗新聞記事；報導。⑤ Ⓒ〖古〗歷史。***make a long*** ～ ***short*** 長話短說；簡言之。— *v.t.* ①作爲故事講述。②以史蹟繪畫裝飾。§ ～ **lìne** 故事的本身；情節。～ **wrìter** 小說作家。

***sto·ry**[2] *n.* Ⓒ ①層；樓。②樓之一層。(〖英〗亦作 **storey**)

sto·ry·tell·er [ˋstorɪ,tɛlɚ] *n.* Ⓒ ①講故事者。②故事作者。③〖俗〗說謊者。

***stout** [staut] *adj.* ①肥大的。②強壯的；堅固的。③堅決的。— *n.* ① Ⓤ Ⓒ 黑啤酒；濃烈的啤酒。② Ⓤ Ⓒ 肥胖的人所穿的衣服尺寸。③ Ⓒ 肥胖的人。—**ly,** *adv.*

stout-heart·ed [ˋstautˋhartɪd] *adj.* 勇敢的；大膽的。

***stove**[1] [stov] *n.* Ⓒ ①火爐；爐灶。②〖英〗溫室。§ ～ **plànt** 溫室植物。

stove[2] *v.* pt. & pp. of **stave.**

stow [sto] *v.t.* ①裝載；裝塡；裝入；收藏(於某處)。②〖俚〗停止(常用祈使語氣)。～ ***away*** **a.** 偷渡。**b.**(收)藏於安全之處。

stow·age [ˋstoɪdʒ] *n.* Ⓤ ①裝載。②裝載處。③裝載物。④裝載量。

stow·a·way [ˋstoə,we] *n.* Ⓒ 偷渡者。

stra·bis·mus [strəˋbɪzməs] *n.* Ⓤ〖醫〗斜視。

strad·dle [ˋstrædl̩] *v.i.* ①兩腿叉開地走、站或坐。②觀望。— *v.t.* ①將(兩腿)分開。②叉腿站於或跨於。③對…持騎牆態度。— *n.* Ⓒ ①跨立；跨坐；跨腿而行。②跨立時兩足間之距離。③騎牆態度。

strafe [stref, strɑf] *v.t.* ①(飛機低飛)掃射。②〖俗〗處罰。

strag·gle [ˋstræg!] *v.i.* ①迷途；漂泊。②星散；落伍。③蔓延。—**strag′gler,** *n.* —**strag′gling,** *adj.*

‡**straight** [stret] *adj.* ①直的；平直的。②直立的。③正直的。④秩序井然的。⑤連續的。⑥〖美〗徹底的。⑦〖美〗未變更的；純淨的；未稀釋的。⑧〖俗〗可靠的。⑨〖牌戲〗順字的。⑩正確的(思考、理論等)。*keep a ~ face* 板起面孔。— *adv.* ①直地；直接地。②立即。③坦白地。④連續地。⑤〖美俗〗無論買多少不打折扣地。⑥直線地。*~ away*[*off*]立刻。— *n.* ①(the ~) **a.** 直；直線。**b.** (接近終點之)直線跑道。②Ⓒ〖撲克牌〗順。*out of the ~* 歪曲的；彎著的。
§ *~* **àngle** 〖數〗平角。*~* **árrow** 循規蹈矩的人。*~* **flúsh**(撲克牌的)同花順(同花色的五張連號牌)。

straight·a·way [ˋstretə,we] *adj.* 直進的；直線的。— *n.* Ⓒ 直路。— *adv.* 立即。

***straight·en** [ˋstretn̩] *v.t.* ①使直。②整頓。— *v.i.* ①變直。②〖俗〗改過自新。*~ one's face* 板起面孔。

straight·for·ward [,stretˋfɔrwəd] *adj.* ①直進的。②正直的。— *adv.* 直進地；率直地。

***straight·way** [ˋstret,we] *adv.* 立刻；即刻。

‡**strain**[1] [stren] *v.t.* ①拉緊；繃緊。②竭盡…的全力。③濫用。④扭傷。⑤強迫。⑥曲解。⑦緊抱。⑧濾。— *v.i.* ①努力。②用力拉。③因過分用力受傷。④濾過；滲出。*~ a point* 踰越範圍；變通辦理。— *n.* ①ⓊⒸ拉緊；緊張；拉力。②Ⓤ過度之努力。③Ⓤ辛苦。④ⓊⒸ扭傷。⑤Ⓤ壓力。⑥Ⓤ(語言、口才等之)滔滔不絕。

strain[2] *n.* ①Ⓒ血統；門第。②Ⓒ(動植物構成一族、一類或一種的)群。③(a ~)氣質；(遺傳的)素質。④(*sing.*)作風；語調；筆調。⑤Ⓒ(常*pl.*)小歌謠；詩歌；旋律。

strained [strend] *adj.* 勉強的；不自然的；牽強附會的。

***strait** [stret] *n.* ①Ⓒ(常*pl.*，作*sing.*解)海峽。②(*pl.*)困難。

strait·en [ˋstretn̩] *v.t.* ①使缺乏；使困難。②使狹窄；使受限制。

***strand**[1] [strænd] *n.* Ⓒ〖詩〗岸；濱。— *v.t.* & *v.i.* ①擱淺。②(使)束手無策(常用被動語態)。

strand[2] *n.* Ⓒ①繩索之一股。②一縷[串]。— *v.t.* ①將繩索之股結在一起形成(繩索)。②將(繩索)之股弄斷。

‡**strange** [strendʒ] *adj.* ①奇異的。②陌生的；生疏的。③不習慣的；無經驗的。*~ to say* 說也奇怪。— *adv.* 奇異地。—**ly,** *adv.*

‡**stran·ger** [ˋstrendʒɚ] *n.* Ⓒ①陌生人；異鄉人。②客人；訪客。③門外漢；無經驗者。④〖法律〗第三者。

stran·gle [ˋstræŋg!] *v.t.* ①絞殺；勒死。②使窒息；使窒悶。③壓抑。

stran·gle·hold [ˋstræŋg!,hold] *n.* Ⓒ①〖摔角〗勒頸。②束縛。

stran·gu·late [ˋstræŋgjə,let] *v.t.* ①絞死；勒死。②〖醫〗勒束；壓縮(血液循環)。

***strap** [stræp] *n.* Ⓒ①帶；皮帶；皮條。②磨刀革帶。③吊帶；帶圈；吊環。— *v.t.*(**-pp-**)①用帶綑。②用皮帶打。③用皮帶磨(剃刀等)。

strapped [stræpt] *adj.* ①用皮條綑紮的。②〖俗〗身無分文的。

strap·ping [ˋstræpɪŋ] *adj.* 〖俗〗高大壯健的；魁偉的。

stra·ta [ˋstretə] *n.* pl. of **stratum.**

strat·a·gem [ˋstrætədʒəm] *n.* Ⓒ計謀；詭計。

stra·te·gic, -gi·cal [strəˋtidʒɪk(!)] *adj.* 戰略的。—**stra·te′gi·cal·ly,** *adv.*

strat·e·gist [ˋstrætədʒɪst] *n.* Ⓒ戰略家；兵法家。

strat·e·gy [ˋstrætədʒɪ] *n.* ①Ⓤ軍事學；兵法。②Ⓤ軍略；戰略。③ⓊⒸ策略；謀略。

strat·i·fy [ˋstrætə,faɪ] *v.t.* & *v.i.* 使成層；形成層。

strat·o·sphere [ˋstrætə,sfɪr] *n.* (the ~)〖氣象〗平流層；同溫層。

stra·tum [ˋstretəm] *n.* Ⓒ(*pl.* **-ta** [-tə], **~s**)①層；地層。②社會階層。

stra·tus [ˋstretəs] *n.* Ⓒ(*pl.* **-ti** [-taɪ])〖氣象〗層雲。

***straw** [strɔ] *n.* ①ⓊⒸ稻草；麥稭。②Ⓒ無價值之物；少許；小量。not to care a ~毫不介意。③Ⓒ莖管；蠟紙管。④Ⓒ草帽(=straw hat). *a ~ in the wind* 預示未來大勢之小事。*catch* [*clutch, grasp*] *at a ~* [*at ~s, at any ~, at any ~s*] 危急時無論如何細微的機會

均欲掌握利用。*make bricks without* ~ 想實行無足夠資源或支持之事。*the last* ~ 使全盤垮臺之最後增加的細微負荷。— *adj.* ①藁製的；稻草作的。②無價值的；瑣細的。§ ~ vòte[bàllot]非正式投票。

***straw·ber·ry** [ˋstrɔ͵bɛrɪ] *n.* Ⓤ Ⓒ草莓。

***stray** [stre] *v.i.* ①迷路；漂泊；遊蕩。②走入歧途。— *adj.* ①迷路的；漂泊的。②散漫的；偏離的。a ~ bullet 流彈。③偶然的。— *n.* ①Ⓒ漂泊者。②Ⓒ迷失的家畜。③(*pl.*)〖無線〗空電。

***streak** [strik] *n.* Ⓒ①條紋；線條；條痕。②氣質；性情；癖性。③層；脈。④〖美俗〗短時間；一陣。*like a* ~ (*of lightning*)極迅速地。— *v.t.* 加以條紋或條痕。— *v.i.* ①生條痕；變爲有條紋。②〖俗〗疾馳；飛跑。

‡**stream** [strim] *n.* Ⓒ①溪；水流；河；川。②(常 *sing.*)流勢；趨勢。③(常 *sing.*)流注；流出(通常用於譬喻)。*go with the* ~順應潮流。*on* ~全力生產中。*the* ~ *of consciousness*〖心〗意識流。— *v.i.* ①流。②蜂擁而進；魚貫而行。③飄揚；招展。④以直線伸展；射出。— *v.t.* ①使流；流出。②使飄揚。

***stream·er** [ˋstrimɚ] *n.* ①Ⓒ旗旛；狹長之旗。②Ⓒ狹長之飾帶。③Ⓒ任何狹長的東西。④Ⓒ〖新聞〗橫跨全頁的大標題。⑤(*pl.*)(日蝕時所見的)日暈的光輝。⑥Ⓒ(北極光等的)射光；流光。

stream·let [ˋstrimlɪt] *n.* Ⓒ小溪。

stream·line [ˋstrim͵laɪn] *adj.* 流線型的。— *v.t.* ①使成流線型。②使簡化；使現代化。— *n.* Ⓒ流線(型)。

stream·lined [ˋstrim͵laɪnd] *adj.* 流線型的；最新式的。

stream·lin·er [ˋstrim͵laɪnɚ] *n.* Ⓒ流線型火、汽車等。

***street** [strit] *n.* ①Ⓒ街；街道；車道。②(the ~, 集合稱)街上居民；市井之人。*the man in the* ~ 市井中人；平常人。*up one's* ~[*alley*]合於某人之性情[胃口]。§ ~ àrab [Àrab]流浪兒童。~ clèaner 清道夫。~ críes〖英〗沿街叫賣的聲音。~ dòor 大門(指臨街之大門)。~ drèss 外出服。~ gírl 娼妓。~ musícian 街頭音樂家。~ òrderly〖英〗清道夫。~ ùrchin 流浪街頭的兒童。

***street·car** [ˋstrit͵kɑr] *n.* Ⓒ市區電車。

street·lamp [ˋstrit͵læmp] *n.* Ⓒ街燈；路燈。(亦作 **street lamp**)

street·walk·er [ˋstrit͵wɔkɚ] *n.* Ⓒ娼妓。

‡**strength** [strɛŋθ, strɛŋkθ] *n.* ①Ⓤ力；力量。②Ⓤ強度；濃度。③Ⓤ抗力；持久力。④Ⓤ兵力；人數。⑤Ⓤ智力；能力；毅力。⑥ⓊⒸ長處；優點。*on the* ~ *of* 憑恃。

***strength·en** [ˋstrɛŋθən] *v.t.* 使強；加強。— *v.i.* 變強。

***stren·u·ous** [ˋstrɛnjuəs] *adj.* ①費力的；多艱辛的。②發奮的；精力充沛的。— **ly,** *adv.*

strep·to·my·cin [͵strɛptəˋmaɪsɪn] *n.* Ⓤ〖生化〗鏈黴素。

***stress** [strɛs] *n.* ①ⓊⒸ壓迫力；重壓。②Ⓤ重要；強調。③ⓊⒸ重讀；重音。④ⓊⒸ〖機〗應力。⑤ⓊⒸ(精神上的)壓力；過度緊張。*times of* ~ 多事之秋；危急的時候。— *v.t.* ①加壓力於。②強調；著重。③重讀。

stress·ful [ˋstrɛsfəl] *adj.* 充滿壓力的；充滿緊張的。— **ly,** *adv.*

‡**stretch** [strɛtʃ] *v.t.* ①伸展；引伸。②拉緊；張緊。③誇張；通融；曲解。④使躺下；打倒。⑤努力；出全力。— *v.i.* ①伸展；引伸。②舒伸四肢。③可伸展；能擴張。④(時間上之)回溯。~ *oneself* 伸展身體。— *n.* ①Ⓒ(常 *sing.*)伸張；伸展。②Ⓤ伸縮性；彈性。③Ⓒ(常 *sing.*)一口氣；一次。④Ⓒ〖俚〗刑期；徒刑。⑤Ⓒ(常 *sing.*)(尤指終點前的)直線跑道。⑥Ⓒ(時間或空間的)綿亙；延伸。*a* ~ *of the imagination* [*of authority*]想像[權力]之過分使用。

***stretch·er** [ˋstrɛtʃɚ] *n.* Ⓒ①舁床；擔架。②伸張的人[物]。③畫架。

***strew** [stru] *v.t.*(~**ed,** ~**ed** or **strewn** [strun])撒布；散播(with)。

***strick·en** [ˋstrɪkən] *v.* pp. of **strike.** — *adj.* 受(疾病、災難、傷害)侵襲的。~ *field* 戰場。~ *in years* 年老。

***strict** [strɪkt] *adj.* ①嚴格的；嚴厲的；精確的。in the ~ sense of the word嚴格說來。②完全的；絕對的。

***strict·ly** [ˋstrɪktlɪ] *adv.* ①嚴格地；嚴密地。②的確地；全然地。

stric·ture [ˋstrɪktʃɚ] *n.* Ⓒ①(常

pl.)嚴苛之批評；非難。pass ～*s* on …對…加以抨擊。②〖醫〗(身體中管道的)狹窄。

*__stride__ [straɪd] *v.i.*(**strode** [strod], **strid·den** [ˋstrɪdn̩])①大步行走。②跨。── *v.t.* ①跨坐；跨立。②跨過。── *n.* Ⓒ 大步；闊步；一跨之距離。*get into one's* ～(工作)進入情況；開始上軌道。*hit one's* ～ 舉動闊綽。*make great*[*rapid*]～ 突飛猛進；大有進步。 *take* (*something*) *in one's* ～ 鎮靜地做；成功地應付。

stri·dent [ˋstraɪdn̩t] *adj.* 作粗糙聲的；發尖銳聲的。

*__strife__ [straɪf] *n.* Ⓤ 爭吵；爭鬥。

‡**strike** [straɪk] *v.t.*(**struck, struck** or **strick·en**)①打；擊；敲。②使感動；使突然充滿(一種強烈的情緒)。③劃(火柴)。④使想起；出現於(某人)心頭。⑤鑄造。⑥締結。⑦落下；取下。⑧發現。⑨鳴響；報時。⑩採取(態度)；裝出。⑪使(植物)生根；種植。⑫估定；結算。～ a balance 結帳。⑬遇到；碰到。⑭用魚叉叉(鯨魚)。⑮劃掉；刪除〔常 out〕. ⑯擠出；取下〔常 off〕. ⑰使突然患病；死亡。⑱停(工)；罷(工)。── *v.i.* ①打；打擊。②(鐘)鳴；響。③進攻。④罷工。⑤〖植〗生根。⑥(魚等)啣餌；上鉤。⑦(火柴)劃燃；著火。⑧走；去。⑨(船等)觸礁。⑩產生某種印象。⑪突然來臨或發現〔常 on, upon〕. ～ *hands* 完成一合約。～ *home* 痛擊；命中；中肯。～ *in* 插言；(疾病等)侵襲內臟。～ *into* 突然轉入；突然開始。～ *it rich* 〖美俗〗**a.** 發現豐富的油礦。**b.** 突然或意外地成功。～ *off* **a.** 取消；抹去。**b.** 斬下(人頭等)。**c.** 印刷。～ *oil* **a.** 發現石油礦。**b.** 獲得重要發現；獲得好運氣。～ *out* **a.** 抹去；刪去。**b.** (游泳或溜冰)向某一方向前進。**c.** 想出；籌劃。**d.** 〖棒球〗(使)三振出局。～ *up*開始奏唱。── *n.* Ⓒ ①打擊；毆打。②罷工。③暴富。④〖棒球〗好球。⑤一次所鑄之錢幣數量。⑥礦藏之重要發現。⑦〖保齡球〗全倒。*have two* ～*s against one* 在不利或危急的情況下。

strik·er [ˋstraɪkɚ] *n.* Ⓒ ①打擊者；打擊物。②罷工者。③用魚叉叉魚者。④〖美軍〗陸軍軍官的傳令兵。

*__strik·ing__ [ˋstraɪkɪŋ] *adj.* 顯著的；引人注意的。─ **ly,** *adv.*

‡**string** [strɪŋ] *n.* ① ⓊⒸ 線；細繩。②Ⓒ一串；一列。③Ⓒ(樂器或弓等之)弦。④Ⓒ 纖維。⑤(*pl.*)絃樂器(集合稱)。⑥ Ⓒ (常 *pl.*)〖俗〗附帶條件。*on the* [*a*] ～ 在控制下；被指揮。*pull* ～*s* **a.** 暗中操縱。**b.** 運用影響力。── *v.t.* (**strung**)① 串起。②上弦。③使緊；收緊。④使緊張；使興奮。⑤去(豆莢等)之筋。⑥排成一列。⑦〖俚〗欺騙；拐誘。── *v.i.* ①成串；魚貫而進。②(膠等)引長成絲。～ *along with* 贊同；跟隨。～ *out* **a.** 拖長；延伸。**b.** 延長；拖延。～ *up* 〖俗〗絞死。§ ～ **bánd** 弦樂團。～ **bêan** (1)菜豆(又稱四季豆)；菜豆莢。(2)〖俗〗瘦而高的人。～ **quartét** 弦樂四重奏。

strin·gen·cy [ˋstrɪndʒənsɪ] *n.* Ⓤ①嚴厲。②銀錢短少。③說服力。

strin·gent [ˋstrɪndʒənt] *adj.* ①嚴格的。②緊要的。③缺乏現金的。④令人信服的。─ **ly,** *adv.*

‡**strip**[1] [strɪp] *v.t.*(**-pp-** or **stript**)①剝去；脫去；取去。②剝奪。③搶劫；偷。④弄掉(螺釘等)之螺線。⑤擠乾(牛)之奶。⑥拆去。── *v.i.* ①脫衣；裸露。②被剝去。

*__strip__[2] *n.* Ⓒ ①狹長之一條或一片。②〖空〗狹長之跑道。③報章雜誌上之連環圖畫。── *v.t.* 切成狹長之片條。

*__stripe__ [straɪp] *n.* Ⓒ①斑紋；條紋。②種類；性質。③(軍中之)臂章；袖章。④鞭打；鞭痕。*get one's* ～*s* 升官。*lose one's* ～*s* 降級。── *v.t.* 加以條紋；鑲邊。

*__striped__ [straɪpt] *adj.* 有條紋的。

strip·ling [ˋstrɪplɪŋ] *n.* Ⓒ 小夥子。

strip·per [ˋstrɪpɚ] *n.* Ⓒ①〖美俚〗演脫衣舞者。②剝奪者。③摘取菸葉者。④乳將盡之牛。⑤截穗機。

strip·tease [ˋstrɪp,tiz] *n.* Ⓒ〖美〗脫衣舞。── *v.i.* 跳脫衣舞。─ **stripʹ-tea·ser,** *n.*

*__strive__ [straɪv] *v.i.*(**strove, striv·en** [ˋstrɪvən])① 努力。② 奮鬥；鬥爭〔with, against〕.

striv·en [ˋstrɪvən] *v.* pp. of **strive.**

strobe [strob] *n.* Ⓒ〖攝〗閃光燈。

strode [strod] *v.* pt. of **stride.**

*__stroke__[1] [strok] *n.* ① Ⓒ 打擊。② Ⓒ 敲聲；(鐘的)鳴聲。③ Ⓒ 一划。④ Ⓒ 筆畫。⑤ Ⓒ (疾病)突然發作；中風。⑥(a ～)成就。⑦(a ～)一段運氣；意外事故。What a ～ of luck! 多幸運啊! ⑧ Ⓒ (心臟的)鼓

S

動；脈搏。⑨(a ～)努力。⑩Ⓒ手段；策劃。⑪Ⓒ尾槳手。 *a ～ above...* 比…棋高一著。*at a* [*one*] *～* 一下子；一舉。*keep ～s* 齊一動作；齊著划槳。— *v.t.* 充當…的尾槳手。

***stroke²** *v.t.* 撫摸。*～ a person* (*up*) *the wrong way* 逗惱人；激怒。— *n.* Ⓒ撫摸。

***stroll** [strol] *v.i.* & *n.* Ⓒ漫步；遨遊；巡遊。

stroll·er [ˋstrolə] *n.* Ⓒ①漫步者。②巡遊藝人。③四輪嬰兒車。

‡**strong** [strɔŋ] *adj.* ①健壯的；堅強的；強大的。②有力的。③濃烈的。～ tea 濃茶。④足達某數的；實足的。⑤有強烈味道的；有臭味的。⑥熱心的；強硬的。⑦〖商〗價格堅挺的。⑧堅決的。⑨清楚而有力的。⑩富於某種東西的。⑪強烈的(如光線、顏色等)。— *adv.* 強有力地；猛烈地。§ ≈ **mèat** 不容易消化或接受的手段、教訓、讀物等。≈ **ròom** 貴重物品保管室。— **ly,** *adv.*

***strong·hold** [ˋstrɔŋˏhold] *n.* Ⓒ ①要塞；堡壘。②根據地。

strove [strov] *v.* pt. of **strive.**

struck [strʌk] *v.* pt. & pp. of **strike.** — *adj.* 因罷工而關門的；受到罷工影響的。

struc·tur·al [ˋstrʌktʃərəl] *adj.* ①建築(用)的。②結構(上)的。§ ≈ **fórmula**〖化〗結構式。≈ **linguístics** 結構語言學。≈ **psychólogy** 結構心理學。

***struc·ture** [ˋstrʌktʃə] *n.* ①Ⓤ構造；結構。②Ⓤ建造法；建築物的樣式。③Ⓒ建築物；構造物。— *v.t.* 構造；建造。

stru·del [ˋʃtrudəl, ˋstrudəl] *n.* Ⓤ Ⓒ水果捲心餅。

‡**strug·gle** [ˋstrʌgl] *v.i.* ①努力；奮鬥。②掙扎。— *n.* Ⓒ①努力；奮鬥；競爭。②掙扎。③鬥爭；戰爭。

strum [strʌm] *v.t.* & *v.i.* (**-mm-**)漫不經心地亂彈(琴等)。— *n.* Ⓒ漫不經心而亂彈的聲音。

strum·pet [ˋstrʌmpɪt] *n.* Ⓒ娼妓。

‡**strung** [strʌŋ] *v.* pt. & pp. of **string.** — *adj.* 容易興奮的。

***strut¹** [strʌt] *v.i.* (**-tt-**)神氣十足地行走 {about, along}. — *n.* Ⓒ(常 *sing.*)高視闊步。

strut² *n.* Ⓒ〖建〗支柱；撐木。— *v.t.* (**-tt-**)用支柱支撐。

stub [stʌb] *n.* Ⓒ①殘株；殘根。②(支票簿等的)存根。③任何短小粗鈍之物。— *v.t.* (**-bb-**)①拔除(土地)之殘根。②絆(脚)；戳(脚趾)。③按熄(燃著的香煙)。— **by,** *adj.*

***stub·ble** [ˋstʌbl] *n.* Ⓤ①(稻等)殘株。②短鬚。— **stub′bly,** *adj.*

***stub·born** [ˋstʌbən] *adj.* ①堅決的。②固執的；倔強的。③難應付的。— **ly,** *adv.*

stuc·co [ˋstʌko] *n.* Ⓤ(粉刷牆壁用的)灰泥。— *v.t.* 塗以灰泥；粉刷。

stuck [stʌk] *v.* pt. & pp. of **stick².**

stuck-up [ˋstʌkˋʌp] *adj.* 〖俗〗傲慢的。

***stud¹** [stʌd] *n.* Ⓒ①飾釘。②(襯衣之)領扣。③(建築物之)間柱。④〖機〗柱螺栓。— *v.t.* (**-dd-**)①飾以釘、鈕扣或類似之物。②漫布；滿布。③裝柱螺栓。

stud² *n.* Ⓒ①(專爲打獵、賽馬等飼養的)馬。②養馬場。③〖美〗種馬。

‡**stu·dent** [ˋstjudn̩t] *n.* Ⓒ①學生。②學者；研究者。

stud·horse [ˋstʌdˏhɔrs] *n.* Ⓒ種馬。

***stud·ied** [ˋstʌdɪd] *adj.* 經細心計畫的；故意的。

***stu·di·o** [ˋstjudɪˏo] *n.* Ⓒ (*pl.* **～s**) ①畫室；工作室；技術室。②(常 *pl.*)電影攝影棚。③播音室。

stu·di·ous [ˋstjudɪəs] *adj.* ①好學的；用功的。②用心的。③細心計劃的。— **ly,** *adv.*

‡**stud·y** [ˋstʌdɪ] *n.* ①Ⓤ讀書。②ⓊⒸ研討；調查。③Ⓒ研究的對象；學科。④Ⓒ研究結果之論著。⑤Ⓒ書房。⑥(*sing.*)值得注意的事物。⑦Ⓒ(故事、圖畫等的)草稿；速寫；素描。⑧Ⓒ〖樂〗練習曲。⑨Ⓤ Ⓒ沉思。⑩Ⓒ(常 *pl.*)研究。— *v.i.* ①求學；研究。②沉思。③努力。— *v.t.* ①學習。②仔細察閱。③想出；設計。

‡**stuff** [stʌf] *n.* Ⓤ①材料；原料；物品。②要素；素質。③織物；毛織物。④廢物；劣品。⑤無聊話；荒唐事。⑥〖俗〗自己本行之事。— *v.t.* ①塡塞。②製標本。～*ed* birds 製成標本的鳥。③阻塞。④塞餡於(雞等)之腹中(以便烹煮)。⑤〖英〗將假選票放入(投票櫃裏)。⑥使(腦子裏)裝滿(知識、想法等)；灌輸。— *v.i.* 飽食；狼吞虎嚥。§ ≈**ed shírt** 裝模作樣的男人。≈ **shòt** 〖籃球〗灌籃。

stuff·ing [ˋstʌfɪŋ] *n.* Ⓤ①塡塞物。②烹煮前塞於雞、鴨腹中的材料。

stuff·y [ˋstʌfɪ] *adj.* ①通風不良的。②索然無味的。③〖俗〗易吃驚的。④拘謹的；保守的。⑤自命不凡的。

stul·ti·fy [ˋstʌltəˏfaɪ] *v.t.* ①使顯得愚蠢。②使失效。③〖法律〗聲明(某人)精神錯亂。

***stum·ble** [ˋstʌmbl̩] *v.i.* ①顛躓；絆跌。②蹣跚而行。③遲疑而笨拙地說話、做事等。④錯誤；做錯。⑤偶然發現；偶然遇到。— *v.t.* ①使顛躓。②使迷惑。— *n.* Ⓒ①顛躓。②錯誤。③墮落。§ **stúmbling blòck** (1)障礙物；絆脚石。(2)煩惱的原因。

***stump** [stʌmp] *n.* ①Ⓒ(樹被砍倒後遺下之)殘幹。②Ⓒ殘餘部分。③Ⓒ作政治性演說的地方。④Ⓒ笨重的脚步(聲)。⑤Ⓒ木腿。⑥(*pl.*)〖俚〗腿；脚。⑦Ⓒ矮胖之人。*on the* ~ 作政治演說。*stir one's ~s* 急行。*up a* ~〖美俗〗不知如何是好。— *v.i.* ①以艱難而笨拙的步伐行走。②作政治演說。— *v.t.* ①使成殘幹。②〖美〗在…作政治演說。③〖美俗〗困惑；難倒。

***stun** [stʌn] *v.t.*(**-nn-**)①使昏暈。②使吃驚；使目瞪口呆。

stung [stʌŋ] *v.* pt. & pp. of **sting.**

stunk [stʌŋk] *v.* pt. & pp. of **stink.**

stun·ning [ˋstʌnɪŋ] *adj.* ①使不省人事的。②〖俗〗極美的。

***stunt**[1] [stʌnt] *v.t.* 阻礙…之生長或發展。— *n.* Ⓒ發育不全的動、植物。

stunt[2] *n.* Ⓒ〖俗〗絕技；驚人的技藝。— *v.t.* & *v.i.* 表演絕技。

stu·pe·fy [ˋstjupəˏfaɪ] *v.t.* 使昏迷；使驚愕。— **stu·pe·fac′tion,** *n.*

stu·pen·dous [stjuˋpɛndəs] *adj.* 驚人的；巨大的。— **ly,** *adv.*

***stu·pid** [ˋstjupɪd] *adj.* ①愚蠢的。②無趣味的。③暈眩的。— **ly,** *adv.*

stu·por [ˋstjupɚ] *n.* Ⓤ(又作 a ~)昏迷；恍惚。

***stur·dy** [ˋstɜdɪ] *adj.* ①壯健的。②堅定的。— **stur′di·ly,** *adv.*

stut·ter [ˋstʌtɚ] *v.i.* 口吃；結巴。— *v.t.* 結結巴巴地說〔out〕. — **er,** *n.*

‡**style** [staɪl] *n.* ①ⓊⒸ時式；時尚。②ⓊⒸ文體；風格。③Ⓒ稱呼；尊稱。④Ⓒ〖植〗花柱。⑤Ⓒ(蠟板上書寫的)尖筆。⑥ⓊⒸ〖印刷〗體例。⑦Ⓤ(生活的)優雅；奢華。⑧Ⓒ曆法。— *v.t.* ①稱呼。②〖美〗(按某型式或新式樣)設計。

style·book [ˋstaɪlˏbʊk] *n.* Ⓒ①(編輯)體例說明書。②時裝圖樣書。

styl·ish [ˋstaɪlɪʃ] *adj.* ①時髦的。②優雅的。— **ly,** *adv.*

styl·ist [ˋstaɪlɪst] *n.* Ⓒ①文體家；文體批評家。②(衣服、裝飾等之)設計家。— **sty·lis′tic,** *adj.* 「的。」

suave [swɑv] *adj.* 溫和的；嫻雅

suav·i·ty [ˋswævətɪ] *n.* ①Ⓤ溫和；殷懃。②(*pl.*)溫文爾雅之舉止或言談。

sub [sʌb]〖俗〗*n.* Ⓒ①代理者；替代物。②潛水艇。③僚屬。— *adj.* ①代理的；替代的。②潛水艇的。③附屬的。— *v.i.*(**-bb-**)代替。

sub·al·tern [səbˋɔltɚn] *n.* Ⓒ①〖英〗中[少]尉。②副官。— *adj.* ①部屬的。②中尉的；少尉的。

sub·com·mit·tee [ˋsʌbkəˏmɪtɪ] *n.* Ⓒ小組委員會；附屬委員會。

sub·con·scious [sʌbˋkɑnʃəs] *adj.* 潛意識的。— *n.*(the ~)潛意識；下意識。— **ly,** *adv.* — **ness,** *n.*

sub·di·vide [ˏsʌbdəˋvaɪd] *v.t.* 再分；細分。— *v.i.* (東西)被細分。— **sub·di·vi′sion,** *n.*

***sub·due** [səbˋdju] *v.t.* ①征服；克服；壓制。②降低(聲音)；緩和。

sub·head(ing) [ˋsʌbˏhɛd(ɪŋ)] *n.* Ⓒ小標題；副標題。

subj. subject; subjective(ly); subjunctive(ly).

‡**sub·ject** [ˋsʌbdʒɪkt] *n.* Ⓒ①主題；題目；科目；學科。②庶民；臣民。③被實驗者；病人；患者。④〖文法〗主詞。⑤〖樂〗樂旨；主旋律。⑥〖哲〗實體；自我。— *adj.* ①受制於…的；服從的。②易罹…的；易受…的。③依照…的；聽候…的。— [səbˋdʒɛkt] *v.t.* ①使服從；使隸屬。②使蒙受；使罹。③提出。§ ∼ **càtalog** 圖書目錄。∼ **màtter** 內容；主題；題目。— **sub·jec′tion,** *n.*

sub·jec·tive [səbˋdʒɛktɪv] *adj.* ①出自內心的；主觀的。②〖文法〗主詞的。— **ly,** *adv.* — **sub·jec·tiv′i·ty,** *n.* 「補；添加。」

sub·join [səbˋdʒɔɪn] *v.t.* 補述；增

sub·ju·gate [ˋsʌbdʒəˏget] *v.t.* 征服；抑制。— **sub·ju·ga′tion,** *n.*

***sub·junc·tive** [səbˋdʒʌŋktɪv] *n.* (the ~) & *adj.*〖文法〗假設語氣(的)；假設法(的)。

sub·lease [ˋsʌbˏlis] *n.* Ⓒ轉租；分租。— [sʌbˋlis] *v.t.* 轉租；分租。

S

sub·let [sʌb`lɛt] *v.t.* (**-let, -letting**)①轉租。②轉包給；分包給。

sub·li·mate [`sʌbləmɪt, -ˌmet] *adj.* ①昇華的。②高尚的；純化的。**—** *n.* Ⓒ昇華物。**—**[`sʌbləˌmet] *v.t.* ①使昇華。②純化；精鍊。③使高尚；理想化。— **sub·li·ma′tion,** *n.*

*__sub·lime__ [sə`blaɪm] *adj.* ①崇高的；壯麗的。②〖俗〗極度的；完全的。**—** *n.* (the ～) ①崇高；宏壯；卓絕。②最高的程度；最大的限度。
— *v.t.* & *v.i.* 昇華；精鍊；純化；淨化。— **ly,** *adv.*

sub·lim·i·nal [sʌb`lɪmənḷ] *adj.* ①〖心〗潛意識的。②弱得不能感覺到的；小得無法注意到的。

sub·lim·i·ty [sə`blɪmətɪ] *n.* ①Ⓤ高尚；崇高；壯麗；絕頂；極致。②Ⓒ崇高之人或物。

sub·lu·nar·y [sʌb`lunərɪ] *adj.* ①月下的。②地上的。③塵世的。

*__sub·ma·rine__ [`sʌbməˌrin] *n.* Ⓒ潛水艇。**—**[ˌsʌbmə`rin]*adj.* 海底的；海生的；在海中用的。

*__sub·merge__ [səb`mɜdʒ] *v.t.* ①置於水中；浸入水中。②將…遮覆；埋沒。**—** *v.i.* 沉入水中；潛入水中。
— **sub·mer′gence,** *n.*

sub·mers·i·ble [səb`mɜsəbḷ] *adj.* 可潛航的。**—** *n.* Ⓒ潛水艇；從事深海探測的小型潛艇。

sub·mer·sion [səb`mɜʃən] *n.* Ⓤ潛水；潛航；沉沒；浸漬。

*__sub·mis·sion__ [səb`mɪʃən] *n.* ①ⓊⒸ服從；歸順。②Ⓤ恭謹；謙遜。③Ⓒ提交仲裁。

*__sub·mit__ [səb`mɪt] *v.t.* (**-tt-**)①使服從；使降服〔to〕. ②提出〔to〕. ③主張；建議。**—** *v.i.* 屈服；甘受〔to〕.

sub·nor·mal [sʌb`nɔrmḷ] *adj.* 正常[普通]以下的；(尤指)智力低於常人的。

sub·or·bit·al [sʌb`ɔrbɪtḷ] *adj.* (人造衛星等)小軌道飛行的。

*__sub·or·di·nate__ [sə`bɔrdṇɪt] *adj.* 下級的；次要的；附屬的。
— *n.* Ⓒ屬下；屬僚；附屬物。
—[sə`bɔrdṇˌet] *v.t.* 使居下位；使服從。— **sub·or′di·na·tive,** *adj.*
— **sub·or·di·na′tion,** *n.*

sub·orn [sə`bɔrn] *v.t.* ①賄買。②使作偽證。③唆使。— **sub·or·na′tion,** *n.*

sub·plot [`sʌbˌplɑt] *n.* Ⓒ(文藝作品中之)次情節。

sub·poe·na, -pe·na [sə`pinə] *n.* Ⓒ〖法律〗傳票。**—** *v.t.* 傳審。

sub·rou·tine [ˌsʌbru`tin] *n.* Ⓒ〖電算〗次常式。

*__sub·scribe__ [səb`skraɪb] *v.t.* ①捐助；認捐。②簽署。③簽名(於合約等)表示同意。**—** *v.i.* ①同意；贊同。②訂閱(雜誌、書籍等)〔to, for〕. ③捐助。④申購(股票等)。⑤簽名〔to〕.
— **sub·scrib′er,** *n.*

*__sub·scrip·tion__ [səb`skrɪpʃən] *n.* ①Ⓒ署名；簽諾。②Ⓤ認捐。③Ⓒ捐款。④Ⓤ預約；訂購。⑤Ⓒ預約金；訂閱費。⑥Ⓤ同意；贊成。

*__sub·se·quent__ [`sʌbsɪˌkwɛnt] *adj.* 隨後的；後來的；繼起的。
— **sub′se·quence,** *n.*

sub·ser·vi·ent [səb`sɜvɪənt] *adj.* 阿諛的；屈從的〔to〕.

*__sub·side__ [səb`saɪd] *v.i.* ①降落。②(熱病、憤怒、暴風等)平息。③沉澱。④坐下。— **sub·sid′ence,** *n.*

sub·sid·i·ar·y [səb`sɪdɪˌɛrɪ] *adj.* ①輔助的；補助的。②附屬的。③補助金的。**—** *n.* Ⓒ①補助物；附屬物；附加物。②附屬公司。

sub·si·dize [`sʌbsəˌdaɪz] *v.t.* ①以金錢補助；資助；津貼。②收買(現常含有賄賂之意)。

sub·si·dy [`sʌbsədɪ] *n.* Ⓒ補助金；津貼；獎金。

*__sub·sist__ [səb`sɪst] *v.i.* ①存在。②生活。③居住；位於〔in〕. **—** *v.t.* 供給糧食；給養。

sub·sist·ence [səb`sɪstəns] *n.* Ⓤ生活；生存；生計。

sub·soil [`sʌbˌsɔɪl] *n.* Ⓤ(常the ～)(表層下面的)下層土。

sub·son·ic [sʌb`sɑnɪk] *adj.* 低於音速的。

‡**sub·stance** [`sʌbstəns] *n.* ①Ⓒ物質；物。②Ⓤ實質；內容；實體；本體。③(the ～)要義；主旨；大意。④Ⓤ〖古〗財產；資產。***in* ～ a.** 本質上；實質上。**b.** 實在地；眞正地。

*__sub·stan·tial__ [səb`stænʃəl] *adj.* ①眞實的；實際的。②牢固的；堅實的。③豐富的。④重大的。⑤富有的。⑥大致的。— **ly,** *adv.* — **sub·stan·ti·al′i·ty,** *n.*

sub·stan·ti·ate [səb`stænʃɪˌet] *v.t.* ①證實；證明。②使具體化。③加強。— **sub·stan·ti·a′tion,** *n.*

sub·stan·tive [ˋsʌbstəntɪv] *adj.* ①〖文法〗作為名詞用的；表示存在的。②獨立的。③實在的；實際的。④本質的；主要的。**—** *n.* Ⓒ〖文法〗名詞。

***sub·sti·tute** [ˋsʌbstə,tjut] *n.* Ⓒ ①代理人。②代替物。**—** *v.t.* 以…代替…。**—** *v.i.* 代替〔for〕. **—** *adj.* 代替的；代理的。— **sub·sti·tu′tion,** *n.*

sub·strate [ˋsʌbstret] *n.* ①Ⓒ= **substratum.** ② Ⓤ〖生化〗受(酶)質；酶作用物(接受酵素作用的物質)。

sub·stra·tum [sʌbˋstretəm] *n.* Ⓒ (*pl.* **-ta** [-tə])①下層(土)。②地基；基礎；根基。

sub·struc·ture [sʌbˋstrʌktʃɚ] *n.* Ⓒ基礎；根基。

sub·tend [səbˋtɛnd] *v.t.* ①〖數〗(弦、邊、角等)正對(弧、角等)。②〖植〗包於葉腋內。

sub·ter·fuge [ˋsʌbtɚ,fjudʒ] *n.* ①Ⓒ遁辭；藉口。②Ⓤ詭計。

sub·ter·ra·ne·an [,sʌbtəˋrenɪən] *adj.* ①地下的。②祕密的；隱藏的。(亦作 **subterraneous**)

sub·ti·tle [ˋsʌb,taɪtl̩] *n.* Ⓒ①小標題；副標題。②〖影〗字幕說明。

***sub·tle** [ˋsʌtl̩] *adj.* ①精緻的；微妙的。②稀薄的；淡的。③明敏的；聰明的。④狡猾的。⑤靈巧的；熟練的。— **sub′tly,** *adv.*

sub·to·tal [ˋsʌb,totl̩] *n.* Ⓒ 小計。

***sub·tract** [səbˋtrækt] *v.t.* 減去；扣除。**—** *v.i.* 做減法。— **sub·trac′tion,** *n.* — **sub·trac′tive,** *adj.*

sub·tra·hend [ˋsʌbtrə,hɛnd] *n.* Ⓒ〖數〗減數。

sub·trop·ics [sʌbˋtrɑpɪks] *n. pl.* (the ～)亞熱帶。

***sub·urb** [ˋsʌbɜb] *n.* ① Ⓒ 市郊；城郊；郊區。②(*pl.*)城郊之住宅區。

***sub·ur·ban** [səˋbɜbən] *adj.* ①城郊的；市郊的；郊區的。②有郊區特性的；偏狹的；偏見的。

sub·ur·ban·ite [səˋbɜbən,aɪt] *n.* Ⓒ郊區居民。

sub·ver·sion [səbˋvɜʃən] *n.* Ⓤ 顛覆；推翻；敗壞。

sub·ver·sive [səbˋvɜsɪv] *adj.* 顛覆的；促使滅亡的；敗壞的。**—** *n.* Ⓒ企圖摧毀(政府)者；顛覆分子。

sub·vert [səbˋvɜt] *v.t.* ①顛覆；毀滅(國家等)。②使(信心等)逐漸失去。

***sub·way** [ˋsʌb,we] *n.* Ⓒ①(常 the ～)〖美〗地下鐵道。②地道。

sub·woof·er [ˋsʌb,wufɚ] *n.* Ⓒ 次低音揚聲器(低於125赫的低音喇叭)。

‡**suc·ceed** [səkˋsid] *v.i.* ①成功。②成就；完成。③繼續。④繼位；繼承；繼任。**—** *v.t.* ①繼續。②繼承。

‡**suc·cess** [səkˋsɛs] *n.* ① Ⓤ 成功；好結果；勝利。②Ⓤ財富、地位等的獲得；成就。③ Ⓒ 成功之人或事物。④Ⓤ成效；結果。

‡**suc·cess·ful** [səkˋsɛsfəl] *adj.* ①成功的。②飛黃騰達的。— **ly,** *adv.*

***suc·ces·sion** [səkˋsɛʃən] *n.* Ⓤ ①繼續；連續。②繼承(權)。③(集合稱)一系列之繼承人。*in* ～ 接連地；連續地。

***suc·ces·sive** [səkˋsɛsɪv] *adj.* 繼續的；連續的。— **ly,** *adv.*

***suc·ces·sor** [səkˋsɛsɚ] *n.* Ⓒ 後繼者；繼承者；繼任者。

suc·cinct [səkˋsɪŋkt] *adj.* 簡明的；簡潔的。— **ly,** *adv.* — **ness,** *n.*

suc·co(u)r [ˋsʌkɚ] *n.* ①Ⓤ援助；幫助。②Ⓒ援助者；幫助者。③(*pl.*)〖古〗援軍。**—** *v.t.* 援助；幫助。

suc·cu·lent [ˋsʌkjələnt] *adj.* ①多汁液的。②津津有味的；有趣味的。— **suc′cu·lence,** *n.*

suc·cumb [səˋkʌm] *v.i.* ①服從；屈從。②死。

‡**such** [sʌtʃ, sətʃ] *adj.* ①如此的；這樣的。②導致…之類的；某一特殊的。③非常的。④某。⑤同類的。～ *and* ～ 某某類的。～ *as* **a.** 諸如…(用於引述同類的實例)。**b.** 某一種的；某一程度的。**—** *pron.* 如此之人；如此之事物。*and* ～ 等等；…之類。*as* ～ **a.** 如所指明者；用那個資格或名義。**b.** 本身。

such·like [ˋsʌtʃ,laɪk] *adj.* 諸如此類的；像這樣的。**—** *pron.* (作 *pl.* 解)此類的人或物。

***suck** [sʌk] *v.t.* 吸；吮；飲；吸收。**—** *v.i.* ①吸；吸入；啜乳；吸收。②〖俚〗諂媚〔常 around〕. **—** *n.* ①Ⓤ吸；啜；吸收。②Ⓒ一吸；一吮；一啜；一舐；一口；一杯。③ Ⓒ (常 *pl.*)〖俚〗失敗；失望。*Sucks!* 活該！ *give* ～ *to* 餵奶。

***suck·er** [ˋsʌkɚ] *n.* Ⓒ①吸吮者。②吸管；吸盤。③有吸盤的魚；鯉屬的魚。④〖植〗吸枝。⑤(唧筒的)活塞；吸嘴。⑥〖美俚〗易受騙之人。⑦棒棒糖。⑧尚在哺乳的嬰兒或小動物。**—** *v.t.* 除去吸枝；拔去吸枝。

S

— *v.i.* 生吸枝。

suck·le [ˋsʌkl] *v.t.* ①哺乳。②養育。— *v.i.* 吮乳；吃奶。

suck·ling [ˋsʌklɪŋ] *n.* Ⓒ乳兒；幼獸。

suc·tion [ˋsʌkʃən] *n.* ①Ⓤ吸；吸引；吸入。②Ⓒ吸(水)管。— *adj.* 使生吸力的；以吸力操作的。§ ∼ **pùmp** 抽水機；汲水唧筒。

Su·dan [suˋdæn] *n.* 蘇丹(非洲之一共和國，首都 Khartoum)。

‡**sud·den** [ˋsʌdn̩] *adj.* 突然的；出乎意料的；快速的。— *n.*用於下列片語。***all of a ∼ ; on a ∼*** 突然地；忽然地。— **ness,** *n.*

‡**sud·den·ly** [ˋsʌdn̩lɪ] *adv.* 突然地。

su·dor·if·ic [ˌsudəˋrɪfɪk] *adj.* 發汗的；催汗的。— *n.* Ⓒ發汗藥；催汗劑。

suds [sʌdz] *n. pl.* ①肥皂水。②肥皂泡沫。③〖俚〗啤酒。

sue [su, sɪu] *v.i.* & *v.t.* ①起訴；控告。②懇求；請求〔for〕。③〖古〗求愛；求婚。

suède, suede [swed] *n.* Ⓤ①麂皮。②一種有毳面之布。— *adj.* 麂皮製成的；有毳面布料製成的。

Su·ez [ˋsuɛz] *n.* 蘇彝士(埃及東北部，蘇彝士運河南端之一海港)。§ **the ∼ Canál** 蘇彝士運河。

‡**suf·fer** [ˋsʌfɚ] *v.t.* ①蒙受；遭受；經驗。②容許。③忍受；忍耐。— *v.i.* ①受苦；受害。②受懲罰。③生(病)；患。∼ ***from*** 患於；苦於；因…受困擾；因…受損害。— **er,** *n.*

suf·fer·ance [ˋsʌfrəns] *n.* Ⓤ①容許；寬容；容忍。②忍耐力。***on ∼*** 出於容忍[寬容]。

***suf·fer·ing** [ˋsʌfrɪŋ] *n.* ⓊⒸ(常 *pl.*)①痛苦；苦難；受害。②災害。

suf·fice** [səˋfaɪs] *v.i.* ①足夠。②具備必要條件；合格。— *v.t.* 使滿足；足敷…之用。S- it to say that ....*** 只說…就夠了。

‡**suf·fi·cient** [səˋfɪʃənt] *adj.* 充分的；足夠的。— **ly,** *adv.*

***suf·fix** [ˋsʌfɪks] *n.* Ⓒ〖文法〗字尾；接尾語。— [səˋfɪks] *v.t.* & *v.i.* 加字尾；附加。

***suf·fo·cate** [ˋsʌfəˌket] *v.t.* ①使窒息。②悶死。③熄滅。— *v.i.* ①窒悶；窒息。②悶死。— **suf·fo·ca′tion,** *n.*

***suf·frage** [ˋsʌfrɪdʒ] *n.* ①Ⓒ投票。②Ⓤ投票權；選舉權。③ⓊⒸ贊成。

suf·fra·gette [ˌsʌfrəˋdʒɛt] *n.* Ⓒ主張婦女有參政權的婦女。

suf·fra·gist [ˋsʌfrədʒɪst] *n.* Ⓒ①主張擴大參政權者。②主張婦女參政者。

suf·fuse [səˋfjuz] *v.t.* 充盈；布滿。— **suf·fu′sion** [-ʒən], *n.*

‡**sug·ar** [ˋʃʊgɚ] *n.* Ⓤ糖。— *v.t.* ①加糖使甜；覆以糖；使甜蜜。②使吸引人。— *v.i.* 形成糖；變成糖。∼ ***off*** (製楓糖時)將楓汁煮乾使結晶。§ ∼ **àpple**〖植〗番荔枝。∼ **bèet**〖植〗糖萊菔(俗稱甜菜)。∼ **càne** 甘蔗。∼ **còrn**〖美〗甜玉蜀黍。∼ **dàddy**〖俗〗(致送禮物以博取年輕女子歡心的)中年男子。∼ **diabétes** 糖尿病。∼ **màple**〖植〗糖楓。

sug·ar-coat [ˋʃʊgɚˌkot] *v.t.* ①加以糖衣。②使…顯得更可愛迷人。

sug·ar·plum [ˋʃʊgɚˌplʌm] *n.* Ⓒ小糖球；圓形小糖果。

sug·ar·y [ˋʃʊgərɪ] *adj.* ①含糖的；甜的。②諂媚的。

‡**sug·gest** [səgˋdʒɛst, səˋdʒɛst] *v.t.* ①使想到；使聯想。②提出；提議。③暗示。④促成。— **i·ble,** *adj.*

***sug·ges·tion** [səgˋdʒɛstʃən] *n.* ①ⓊⒸ建議。②ⓊⒸ暗示；聯想。③Ⓒ一點；很少的痕跡。

sug·ges·tive [səgˋdʒɛstɪv] *adj.* ①暗示的；引起聯想的。②誘發色情的；猥褻的。

***su·i·cide** [ˋsuəˌsaɪd] *n.* ①ⓊⒸ自殺。②Ⓒ自殺者。③Ⓤ自毀。— **su·i·cid′al,** *adj.*

‡**suit** [sut, sɪut, sjut] *n.* Ⓒ①(衣服等的)一套；一副。②訴訟。③請求；求婚。④(紙牌的)一組。⑤一套；一組。***follow ∼*** **a.** 跟牌。**b.** 蕭規曹隨；倣照前人辦法。— *v.t.* ①供以衣服。②適合於；適應。③取悅；滿足。— *v.i.* 適合；適當。∼ ***oneself*** 隨某人之便。

***suit·a·ble** [ˋsutəbl, ˋsɪu-, ˋsju-] *adj.* 適合的；適宜的；恰當的。— **suit·a·bil′i·ty,** *n.* — **suit′a·bly,** *adv.*

***suit·case** [ˋsutˌkes, ˋsjut-] *n.* Ⓒ小提箱(尤指旅行時裝衣服用者)。

***suite** [swit] *n.* Ⓒ①套房。②一班隨員。③〖樂〗組曲。④一組舞曲。⑤一套家具。⑥一組事物；一套東西。

suit·or [ˋsutɚ] *n.* Ⓒ①求婚者。②起訴者；原告。③求情者。— **ship,** *n.*

su·ki·ya·ki [ˋsukiˋjɑki] *n.* Ⓒ壽喜燒(一種日本菜)。

sul·fa·nil·a·mide [ˌsʌlfəˋnɪləˌmaɪd] *n.* Ⓒ〖化，藥〗對胺基苯磺醯胺(治淋病、敗血症)。(亦作 **sulphanil-**

amide)

sul·fate [ˋsʌlfet] *n.* Ⓤ Ⓒ〖化〗硫酸鹽。— *v.t.* ①以硫酸或硫酸鹽處理。②使產生硫酸鹽之沉澱。(亦作 **sulphate**)

sul·fide [ˋsʌlfaɪd] *n.* Ⓤ Ⓒ〖化〗硫化物。(亦作 **sulphide**)

*__sul·fur__ [ˋsʌlfɚ] *n.* Ⓤ ①〖化〗硫磺(非金屬元素；符號S)。②黃綠色；硫磺色。— *adj.* 硫磺色的。§ ~ **dióxide**〖化〗二氧化硫。

sul·fu·ric [sʌlˋfjʊrɪk] *adj.* ①硫磺的。②〖化〗含(正六價之)硫的。§ ~ **ácid**〖化〗硫酸。

sul·fur·ous [ˋsʌlfərəs] *adj.* ①硫磺的。②〖化〗含(正四價之)硫的。③似燃燒之硫磺的(指臭味、顏色等言)。§ ~ **ácid**〖化〗亞硫酸。

sulk [sʌlk] *v.i.* 慍怒。— *n.* (*pl.*) 慍怒；不高興。

sulk·y [ˋsʌlkɪ] *adj.* ①慍怒的；鬱鬱不樂的。②陰沈的(天氣)。— *n.* Ⓒ 一人乘坐的兩輪輕便馬車。— **sulk′i·ly,** *adv.* — **sulk′i·ness,** *n.*

*__sul·len__ [ˋsʌlɪn, -ən] *adj.* ①慍怒的；鬱鬱不樂的。②陰沉的。— **ly,** *adv.* — **ness,** *n.*

sul·ly [ˋsʌlɪ] *v.t.* 使污；染污；玷污。— *v.i.* 變污；被玷污。— *n.* Ⓒ 污；污點；瑕疵。

*__sul·phur__ [ˋsʌlfɚ] *n.* & *adj.* = **sulfur.**

*__sul·tan__ [ˋsʌltn̩] *n.* ① Ⓒ 回教國之君主；蘇丹。②(S-)昔日土耳其君主。

*__sul·try__ [ˋsʌltrɪ] *adj.* ①溽暑的；酷熱的；悶熱的。②熱情的；肉慾的；性感的。— **sul′tri·ly,** *adv.* — **sul′tri·ness,** *n.*

‡**sum** [sʌm] *n.* ①(the ~) 總數；合計；和。② Ⓒ (常 *pl.*)〖俗〗算術題。③ Ⓒ (常 *pl.*)金額。④(the ~)概略；要點。*in* ~ 簡言之。— *v.t.* (**-mm-**) ①總計；合計〔up〕。②概括；約略而言〔up〕。— *v.i.* 概略而言。

su·mac(h) [ˋʃumæk] *n.* Ⓒ ①〖植〗鹽膚木。②鹽膚木乾葉之製品。

Su·ma·tra [sʊˋmɑtrə] *n.* 蘇門答臘(印尼西部之一大島)。

sum·ma·rize [ˋsʌmə,raɪz] *v.t.* & *v.i.* 摘要；概述。

*__sum·ma·ry__ [ˋsʌmərɪ] *n.* Ⓒ 摘要；概略。— *adj.* ①簡明的；簡短的。②迅速的；即時的；即決的。

sum·ma·tion [sʌmˋeʃən] *n.* ① Ⓤ〖數〗合計。② Ⓒ 總和。③ Ⓒ〖法律〗案件判決前辯論的最後總結。

‡**sum·mer** [ˋsʌmɚ] *n.* ① Ⓤ Ⓒ 夏；夏季(在美爲六、七、八三個月，在英爲五月中旬至八月中旬)。② Ⓒ (常 *pl.*)年齡。③(the ~)青春；全盛期。— *adj.* 夏季的。— *v.i.* 過夏；避暑〔at, in〕。— *v.t.* 夏季飼養；於夏季作。§ ~ **càmp** 夏令營。~ **resórt** 避暑地。~ **schòol** 暑期講習會；暑期學校。~ **sólstice** 夏至。

sum·mer·house [ˋsʌmɚ,haʊs] *n.* Ⓒ 涼亭。

sum·mer·time [ˋsʌmɚ,taɪm] *n.* Ⓤ (常the ~)①夏季。②〖英〗日光節約時間；夏令時間。

sum·ming-up [ˋsʌmɪŋˋʌp] *n.* Ⓒ (*pl.* **sum·mings-**) 總結；結論。

*__sum·mit__ [ˋsʌmɪt] *n.* ①(the ~)巔峰；絕頂。② Ⓒ 高層會議。*at the* ~〖外交〗最高層的；國家元首間的。— *adj.*〖外交〗國家元首之間的。

*__sum·mon__ [ˋsʌmən] *v.t.* ①召喚；傳喚。②召集。③鼓起；奮起〔常 up〕。

sum·mons [ˋsʌmənz] *n.* Ⓒ (*pl.* **~·es**)①傳喚；召喚。②傳票。— *v.t.*〖俗〗送達傳票；以傳票召傳。

su·mo [ˋsumo]〖日〗*n.* Ⓤ 相撲。

sump·tu·ous [ˋsʌmptʃʊəs] *adj.* 費用浩大的；奢侈的；華麗的。— **ly,** *adv.* — **ness,** *n.*

‡**sun** [sʌn] *n.* ① Ⓤ (the ~)日；太陽。② Ⓤ (又作 the ~)陽光。③ Ⓒ 恒星。④(the ~) 鼎盛時期。*a place in the* ~ 順境。*from* ~ *to* ~〖古〗從日出到日落。*in the* ~ 在顯而易見的地方。*see the* ~ 生存著。*under the* ~ 在地球上；在世界上。— *v.i.* & *v.t.* (**-nn-**)曬；曝；曬太陽。§ ~ **bàth** 日光浴。~ **blìnd**窗前之篷蓋；遮陽。~ **pàrlor**〖美〗(陽光充足的)日光浴室(=〖英〗sun lounge)。~ **pòrch** 由玻璃所圍起的門廊。~ **ròof** 汽車篷上可開闔之孔。~ **shòwer** 夏季之陣雨。~ **stàr**〖動〗海盤車。

Sun. Sunday.

sun·baked [ˋsʌn,bekt] *adj.* ①太陽曬乾的。②炎熱的；豔陽高照的。

sun·bathe [ˋsʌn,beð] *v.i.* 行日光浴；沐日光浴。

*__sun·beam__ [ˋsʌn,bim] *n.* Ⓒ 日光；陽光。

sun·burn [ˋsʌn,bɝn] *n.* Ⓤ 曬黑；日炙。— *v.t.* (**-burned** or **-burnt**) 日曬。— *v.i.* 曬黑。

S

sun·burnt [ˋsʌn,bɝnt] *v.* pt. & pp. of **sunburn.** — *adj.* 曬黑的; 曬傷的; 曬焦的。

sun·dae [ˋsʌndɪ] *n.* Ⓤ Ⓒ 聖代(加水果蜜汁或其他佐料的冰淇淋)。

‡**Sun·day** [ˋsʌndɪ] *n.* 星期日; 禮拜日。*one's ~ clothes* [*best*] 一個人最好的衣服。 § ~ **schòol** 主日學校。

sun·der [ˋsʌndɚ] *v.t.* & *v.i.* 分開; 隔離; 分裂; 斷絕。

sun·di·al [ˋsʌn,daɪəl] *n.* Ⓒ 日規; 日晷儀。

***sun·down** [ˋsʌn,daʊn] *n.* Ⓤ 日落; 日沒(=sunset).

sun·dries [ˋsʌndrɪz] *n. pl.* ①雜貨; 雜物; 雜費; 雜事。②〖簿記〗雜項。

***sun·dry** [ˋsʌndrɪ] *adj.* 各色各樣的; 雜多的。*all and ~* 每人; 所有的人。

sun·fish [ˋsʌn,fɪʃ] *n.* Ⓒ (*pl.* ~, ~es) 太陽魚; 翻車魚。

sun·flow·er [ˋsʌn,flaʊɚ] *n.* Ⓒ 〖植〗向日葵。

‡**sung** [sʌŋ] *v.* pp. of **sing.**

sunk [sʌŋk] *v.* pp. & 〖美〗pt. of **sink.** — *adj.* 下陷的; 凹的。

sunk·en [ˋsʌŋkən] *v.* pp. of **sink.** — *adj.* ①沉下的; 沒於水中的。②凹的; 下陷的。③低於一般平面的。

***sun·light** [ˋsʌn,laɪt] *n.* Ⓤ 日光; 太陽光。

sun·lit [ˋsʌn,lɪt] *adj.* 陽光照耀的。

***sun·ny** [ˋsʌnɪ] *adj.* ①向日的; 當陽的。②陽光充足的; 輝耀的; 晴朗的。③歡樂的; 愉快的。④(像)太陽的。

***sun·rise** [ˋsʌn,raɪz] *n.* Ⓤ Ⓒ ①日出。②日出之時; 黎明; 拂曉。③日出時之大氣變化。④初期。

***sun·set** [ˋsʌn,sɛt] *n.* Ⓤ Ⓒ ①日沒; 日落。②日暮; 傍晚。

sun·shade [ˋsʌn,ʃed] *n.* Ⓒ ①遮陽之物; 天棚。②(商店前之)遮陽布幔。③婦人用之遮陽傘或闊邊帽。

***sun·shine** [ˋsʌn,ʃaɪn] *n.* ① Ⓤ 陽光; 日光。② Ⓤ 光明; 愉快; 令人快活之事物。③(the ~)向陽處。§ the S~ **Stàte** 美國佛羅里達州之別稱。

sun·spot [ˋsʌn,spɑt] *n.* Ⓒ 太陽黑子; 日斑。

sun·stroke [ˋsʌn,strok] *n.* Ⓤ 〖醫〗「中暑。」

sun·tan [ˋsʌn,tæn] *n.* ① Ⓤ 日曬的膚色。② Ⓤ 一種棕黃色。③(*pl.*)卡其制服。§ ~ **lòtion** 防曬液。~ **òil** 日曬油(爲使皮膚曬成小麥色用)。

sun·up [ˋsʌn,ʌp] *n.* Ⓤ 日出。

***sup** [sʌp] *v.i.* (**-pp-**) ①吃晚餐。②飲啜。— *v.t.* ①供以晚餐。②飲啜。*He that ~s with the devil needs a long spoon.* 〖諺〗與惡人交, 必特別留意。— *n.* Ⓒ 啜飲。

su·per [ˋsupɚ] *n.* Ⓒ 〖俗〗①冗員; 額外人員; (尤指)臨時演員; 小配角。②〖商〗特等物品; 特大號物品。③監督; 指揮者。— *adj.* ①面積的; 平方的。②〖俚〗特佳的。

super- 〖字首〗表下列諸義: ①在上; 在…之上。②加之; 更。③超過標準; 過度。

su·per·a·bun·dant [,supərəˋbʌndənt] *adj.* ①極多的; 很多的。②過多的; 過剩的。— **ly,** *adv.*

su·per·an·nu·ate [,supɚˋænju,et] *v.t.* ①因年老病弱而使之退職; 給以養老金而罷退(官吏等)。②因陳舊過時而棄置; 淘汰。— **su·per·anˊnu·at·ed** [~ɪd], *adj.*

su·perb [suˋpɝb] *adj.* ①宏偉的; 壯麗的; 華美的。②極好的; 上等的。— **ly,** *adv.*

su·per·car·go [,supɚˋkɑrgo] *n.* Ⓒ (*pl.* ~es, ~s) 商船上貨物管理人。

su·per·charge [,supɚˋtʃɑrdʒ] *v.t.* ①過度地裝塡; 過度地苛責。②以增壓器增強(引擎)馬力。

su·per·charg·er [ˋsupɚ,tʃɑrdʒɚ] *n.* Ⓒ (內燃機之)增壓器。

su·per·cil·i·ous [,supɚˋsɪlɪəs] *adj.* 蔑視別人的; 傲慢的; 自大的; 目空一切的。

su·per·com·put·er [ˋsupɚkəm,pjutɚ] *n.* Ⓒ 超級電腦(超高速電腦)。

su·per·con·duc·tiv·i·ty [,supɚ,kɑndʌkˋtɪvətɪ] *n.* Ⓤ 〖理〗超導電性。

su·per·con·duc·tor [,supɚkənˋdʌktɚ] *n.* Ⓒ 〖理〗超導體。

su·per·cool [,supɚˋkul] *v.t.* & *v.i.* 〖理〗過度冷卻(使達於冰點以下而不凝結)。— **ed,** *adj.* — **ing,** *n.*

su·per·e·go [,supɚˋigo] *n.* Ⓒ (*pl.* ~s) (常 the ~)〖精神分析〗超我。

su·per·e·rog·a·to·ry [,supərəˋrɑgə,torɪ] *adj.* 分外的; 額外的。

***su·per·fi·cial** [,supɚˋfɪʃəl] *adj.* ①表面的; 外表的。②表皮的。③膚淺的; 淺薄的。④面積的; 平方的。— **ly,** *adv.*

su·per·fine [ˌsupɚˋfaɪn] *adj.* ①最上品的；特級的。②過分精緻[精細]的；一絲不苟的。

su·per·flu·i·ty [ˌsupɚˋfluətɪ] *n.* Ⓤ Ⓒ ①冗多。②多餘(之物)。

***su·per·flu·ous** [sʊˋpɝfluəs] *adj.* ①過多的；多餘的。②不必要的。—**ly,** *adv.* —**ness,** *n.*

su·per·gi·ant [ˋsupɚˌdʒaɪənt] *n.* Ⓒ 超巨星(光度超過太陽一百至一萬倍之星)。(亦作 **supergiant star**)

su·per·high·way [ˌsupɚˋhaɪˌwe] *n.* Ⓒ〖美〗超高速公路。

su·per·hu·man [ˌsupɚˋhjumən] *adj.* ①超人的；神靈的；常人做不到的。②智力超人的。

su·per·im·pose [ˌsupərɪmˋpoz] *v.t.* ①置於他物之上。②添加；附加。

su·per·in·tend [ˌsuprɪnˋtɛnd] *v.t.* 監督；指揮；管理。

***su·per·in·tend·ent** [ˌsuprɪnˋtɛndənt] *n.* Ⓒ ①監督者；指揮者；管理者。②長官；部長。

‡**su·pe·ri·or** [səˋpɪrɪɚ, sʊ-] *adj.* ①優良的；卓越的。②較大的；較多的。③較高的；上級的。④有優越感的。⑤不受…影響的；不向…屈服的〔常 to〕. ~ ***to* a.** 高於；大於；優於。**b.** 超越；不受…影響。— *n.* Ⓒ ①長者；長輩；長官；上司。②優越者。③(S-)修道院院長；方丈。

***su·pe·ri·or·i·ty** [səˌpɪrɪˋɔrətɪ] *n.* Ⓤ 優越；卓越；優良；自傲情結。§ ~ **còmplex**〖心〗優越感。

su·per·la·tive** [səˋpɝlətɪv, sʊ-] *adj.* ①最高的；無上的。②〖文法〗最高級的。— *n.* ① Ⓒ 最好者。②(the ~)〖文法〗最高級。speak*** [***talk***] ***in*** ***~s*** 言過其實；誇張。

su·per·man [ˋsupɚˌmæn] *n.* Ⓒ (*pl.* **-men**)超人。

su·per·mar·ket [ˋsupɚˌmɑrkɪt] *n.* Ⓒ〖美〗超級市場。

su·per·nal [sʊˋpɝnḷ] *adj.* 天上的；神聖的；至高的。—**ly,** *adv.*

su·per·nat·u·ral [ˌsupɚˋnætʃərəl] *adj.* 超自然的；神奇的；不可思議的。— *n.* (the ~)超自然的東西[現象]。—**ly,** *adv.*

su·per·no·va [ˌsupɚˋnovə] *n.* Ⓒ (*pl.* **~s, -vae** [-vi])〖天〗超新星(較普通新星明亮幾萬倍的新星)。

su·per·nu·mer·ar·y [ˌsupɚˋnjuməˌrɛrɪ] *adj.* 額外的；多餘的；臨時雇的。— *n.* Ⓒ ①多餘之人或物；冗員；臨時雇員。②〖戲劇〗(無台詞的)臨時演員；小配角。

su·per·phos·phate [ˌsupɚˋfɑsfet] *n.* Ⓤ Ⓒ〖化〗①過磷酸鹽；酸性磷酸鹽。②過磷酸石灰。

su·per·pow·er [ˋsupɚˌpaʊɚ] *n.* ① Ⓒ 政治權力凌駕其他列強之國家；超級強國。② Ⓤ〖電〗總合電力；強大電力。— *adj.* 電力強大的。

su·per·sat·u·rate [ˌsupɚˋsætʃəˌret] *v.t.* 使過度飽和。

su·per·scribe [ˌsupɚˋskraɪb] *v.t.* ①寫、標記、刻(姓名等)於某物上方或外面。②書寫姓名、住址等於(信件、包裹等)之外面。

su·per·script [ˋsupɚˌskrɪpt] *adj.* 肩上的；附在上面的。— *n.* Ⓒ (寫在右上角的)肩上文字[符號，數字](例：x^2 和 α^1 中之 2 與 1)。

su·per·scrip·tion [ˌsupɚˋskrɪpʃən] *n.* Ⓒ ①寫[刻]在上面；題字；銘文。②(信封上的)姓名地址。

su·per·sede [ˌsupɚˋsid] *v.t.* ①替代；代換。②充任；接替；取而代之。

su·per·son·ic [ˌsupɚˋsɑnɪk] *adj.* ①超音波的。②超音速的。

su·per·star [ˋsupɚˌstɑr] *n.* Ⓒ (運動、電影界)超級明星。

***su·per·sti·tion** [ˌsupɚˋstɪʃən] *n.* Ⓤ Ⓒ 迷信。

***su·per·sti·tious** [ˌsupɚˋstɪʃəs] *adj.* 迷信的。—**ly,** *adv.*

su·per·store [ˋsupɚˌstor] *n.* Ⓒ 超級商店。

su·per·struc·ture [ˋsupɚˌstrʌktʃɚ] *n.* Ⓒ ①(建築於他物上之)上層構造或建築物。②地層上之全部建築物。③軍艦中甲板以上的部分。

su·per·tank·er [ˋsupɚˌtæŋkɚ] *n.* Ⓒ 超級油輪(七萬五千噸以上)。

su·per·vene [ˌsupɚˋvin] *v.i.* 接著來；附帶發生；併發；附加；續加。

***su·per·vise** [ˌsupɚˋvaɪz] *v.t.* 監督；管理；指導。

***su·per·vi·sion** [ˌsupɚˋvɪʒən] *n.* ① Ⓤ 監督；管理。② Ⓒ〖英〗論文指導教授。

***su·per·vi·sor** [ˌsupɚˋvaɪzɚ] *n.* Ⓒ 監督者；管理者；監察人。— **su·per·vi′so·ry,** *adj.*

su·pine [suˋpaɪn] *adj.* ①仰臥的；仰向的。②怠惰的；懶散的；無精打采的。—**ly,** *adv.*

S

S

‡**sup·per** [ˋsʌpɚ] *n.* Ⓤ Ⓒ 晚餐。*the Last S-* (基督被釘十字架前夜與其門徒共食的)最後晚餐。

sup·plant [səˋplænt] *v.t.* ①(以不正當方式)排擠；取而代之。②代替。

sup·ple [ˋsʌpl̩] *adj.* ①柔軟的；易曲的。②逢迎的；取悅上司的。③順從的。— *v.t.* & *v.i.* 使柔軟；變爲柔軟。

***sup·ple·ment** [ˋsʌpləmənt] *n.* Ⓒ ①補遺；補編；附刊；增刊。②〖數〗補角；補弧。— [ˋsʌplə,mɛnt] *v.t.* 增補；補充。— **sup·ple·men′·tal,** *adj.*

sup·ple·men·ta·ry [,sʌpləˋmɛntərɪ] *adj.* 增補的；補充的。

sup·pli·ant [ˋsʌplɪənt] *n.* Ⓒ 懇求者；哀求者。— *adj.* 哀懇的；表示懇求的。— **ly,** *adv.*

sup·pli·cate [ˋsʌplɪ,ket] *v.i.* & *v.t.* ①懇求；籲請。②祈禱。

sup·pli·ca·tion [,sʌplɪˋkeʃən] *n.* Ⓤ Ⓒ ①懇求。②祈禱。

sup·pli·er [səˋplaɪɚ] *n.* Ⓒ 供應者；供給者。

‡**sup·ply** [səˋplaɪ] *v.t.* ①供給；備辦。②滿足。③補充；補缺。— *n.* ① **a.** Ⓤ 供給；備辦。**b.** Ⓒ (常 *pl.*)供應品；貯藏(量)。②(*pl.*)(軍隊或大團體之)生活必需品；軍需品。③(*pl.*)國家之支出。④ Ⓒ (教師、牧師等之)代理人。

‡**sup·port** [səˋport, -ˋpɔrt] *v.t.* ①支持；支撐；扶持。②鼓勵；幫助。③資助。④維持；贍養。⑤支援；擁護。⑥掩護。⑦證明；證實。⑧忍受；忍耐。⑨助演(某一角色)；與(主角)配戲。— *n.* ① Ⓤ 支持；支撐；扶持；援助；擁護；贍養。② Ⓒ 贍養者；支援者；支撐物；贊助者。③ Ⓒ 配角；助演者。④ Ⓒ 證明；實證。

***sup·port·er** [səˋportɚ, -ˋpɔr-] *n.* Ⓒ ①支持者；支援者；贊助者；贍養者。②支持物；支柱。③〖外科〗綁帶。

sup·port·ive [səˋpɔrtɪv] *adj.* 有支持作用的；有支持力的。

‡**sup·pose** [səˋpoz] *v.t.* ①想像；以爲。②假定。③必須有；含攝；包含。④以…爲前題。⑤倘若；假使(=if, 爲連接字之代用)。

***sup·posed** [səˋpozd] *adj.* 想像的；推測的；被信以爲眞的。

sup·pos·ing [səˋpozɪŋ] *conj.* 假使；倘若。

sup·po·si·tion [,sʌpəˋzɪʃən] *n.* Ⓤ 假定；推測；臆測。— **al,** *adj.*

***sup·press** [səˋprɛs] *v.t.* ①鎮壓；平定。②抑制；忍住。③禁止出版；扣留。④使止住。

sup·pres·sion [səˋprɛʃən] *n.* Ⓤ ①鎮壓；平定。②抑制。③禁止出版；扣留；封鎖。

sup·pu·rate [ˋsʌpjə,ret] *v.i.* 化膿；生膿。— **sup·pu·ra′tion,** *n.* — **sup′pu·ra·tive,** *adj.*

su·pra·na·tion·al [,suprəˋnæʃənl] *adj.* 超國家的；超民族的。

su·prem·a·cist [səˋprɛməsɪst] *n.* Ⓒ 主張某集團居於控制地位者。

***su·prem·a·cy** [səˋprɛməsɪ, su-] *n.* Ⓤ ①至高；無上。②主權；至高權力；霸權；控制權。

***su·preme** [səˋprim, su-] *adj.* 至高的；無上的。§ **the S∸ Béing** 上帝。**the S∸ Cóurt** 最高法院。— **ly,** *adv.*

su·pre·mo [səˋprimo] *n.* Ⓒ (*pl.* **~s**)〖英〗最高統治者。

Supt., supt. Superintendent.

sur·charge [ˋsɜ,tʃɑrdʒ] *n.* Ⓒ ①過大的負擔。②額外的索價。③(郵資不足等之)附加罰款；欠資罰款。④郵票等的變值印記。— [sɜˋtʃɑrdʒ] *v.t.* ①使負擔過重；使充電過度；索高價。②額外索價。③處罰款。

‡**sure** [ʃur] *adj.* ①一定的。②確實的。*be ~* 務必一定(要做到)。*for ~* 確然地。*make ~* **a.** 確定；一定；查明；弄清楚。**b.** 預先保留。*to be ~* 確然；的確。— *adv.* ①確實地；無疑地。②當然。*~ enough* 一定地；必定地。

sure-fire [ˋʃur,faɪr] *adj.* 〖美俚〗必會成功的；定如所期的。

sure-foot·ed [ˋʃurˋfutɪd] *adj.* 踏實的；立脚穩固的；無失誤之虞的。

‡**sure·ly** [ˋʃurlɪ] *adv.* ①必定地；無疑地。②無誤地；堅定地。③確實地。

sur·e·ty [ˋʃur(ə)tɪ] *n.* Ⓤ Ⓒ ①保證；擔保。②保證人；擔保人。

surf [sɜf] *n.* Ⓤ 拍岸之浪；澎湃之浪。— *v.i.* 作衝浪運動。

‡**sur·face** [ˋsɜfɪs] *n.* ① Ⓒ 表面。②(the ~)外表；外貌。— *adj.* 表面的；膚淺的。— *v.t.* 裝以面；使成平面。— *v.i.* ①(潛水艇)浮出水面。②(問題等)表面化；出現。§ **∸ màil** (非航空的)普通郵件。

sur·face-to-air [ˋsɜfɪstuˋɛr]

adj. & *adv.* (火箭等)地對空的[地]。

sur·fac·tant [sɜ`fæktənt] *n.* Ⓒ〖化〗界面活性劑(如清潔劑)。

surf·board [`sɜf,bord] *n.* Ⓒ (水上運動用之)衝浪板。

sur·feit [`sɜfɪt] *n.* Ⓒ ①過量；過度。②暴飲暴食。— *v.t.* & *v.i.* (使)飲食過度；(使)飽足生厭。

surf·ing [`sɜfɪŋ] *n.* Ⓤ 衝浪運動。

surf·rid·ing [`sɜf,raɪdɪŋ] *n.* Ⓤ 衝浪運動。

***surge** [sɜdʒ] *v.i.* (波浪)起伏；洶湧；澎湃。— *n.* Ⓒ ①巨浪；波濤。②洶湧；澎湃。

***sur·geon** [`sɜdʒən] *n.* Ⓒ ①外科醫生。②軍醫；船上的醫師。

***sur·ger·y** [`sɜdʒərɪ] *n.* ① Ⓤ 外科；外科手術。② Ⓒ 外科醫院；外科醫生手術室。③ Ⓒ〖英〗診療所。

sur·gi·cal [`sɜdʒɪkḷ] *adj.* ①外科的。②外科手術用的。—**ly,** *adv.*

sur·gi·cen·ter [`sɜdʒə,sɛntɚ] *n.* Ⓒ 一般外科設施(可為門診病人施行較小的外科手術)。

sur·ly [`sɜlɪ] *adj.* 乖戾的；不高興的；陰鬱的。

sur·mise [*v.* sɚ`maɪz *n.* sɚ-`maɪz, `sɜmaɪz] *v.t.* & *v.i.* & *n.* Ⓒ 臆測；猜度。

sur·mount [sɚ`maʊnt] *v.t.* ①克服；戰勝；凌駕。②高矗於…上。③爬過；越過。④置某物於…頂上。

***sur·name** [`sɜ,nem] *n.* Ⓒ ①姓。②別號；別名。

***sur·pass** [sɚ`pæs, -`pɑs] *v.t.* 超越；凌駕；勝過。—**ing,** *adj.*

sur·plice [`sɜplɪs] *n.* Ⓒ〖宗〗牧師及聖詩班團員之白長袍；白袈裟。

***sur·plus** [`sɜplʌs] *n.* Ⓒ 過剩；剩餘；盈餘額。— *adj.* 過剩的。

‡**sur·prise** [sə`praɪz] *n.* Ⓤ ①驚駭；驚愕；驚奇。②奇襲；偷襲。***take by*** ~ **a.** 奇襲。**b.** 使大吃一驚。— *v.t.* ①使驚駭；使驚奇[吃驚]。②奇襲；突擊。

sur·pris·ing [sə`praɪzɪŋ] *adj.* 令人驚愕的；想不到的。

sur·re·al·ism [sə`riəl,ɪzəm] *n.* Ⓤ 超現實主義。

sur·re·al·ist [sə`riəlɪst] *n.* Ⓒ 超現實主義者。— *adj.* 超現實主義(者)的。

sur·re·al·is·tic [sə,riəl`ɪstɪk] *adj.* 超現實主義的。

***sur·ren·der** [sə`rɛndɚ] *v.t.* ①使(自己)屈服於；耽於；縱於。②讓與；放棄。— *v.i.* 投降；降服；屈服。— *n.* ① Ⓤ Ⓒ 投降；降服。② Ⓤ 讓與；放棄；交付；引渡。

sur·rep·ti·tious [,sɜəp`tɪʃəs] *adj.* 祕密的；偷盜的。

sur·ro·gate [`sɜə,get] *n.* Ⓒ 代理者。

‡**sur·round** [sə`raʊnd] *v.t.* 包圍；環繞。

***sur·round·ing** [sə`raʊndɪŋ] *n.* (*pl.*) 周圍的事物；環境。

sur·tax [`sɜ,tæks] *n.* Ⓤ Ⓒ ①附加稅。②累進的附加所得稅。

sur·veil·lance [sɚ`veləns] *n.* Ⓤ 監視；看守；監督。

***sur·vey** [sɚ`ve] *v.t.* ①綜覽；眺望。②視察；考察。— [`sɜve, sɚ`ve] *n.* ① Ⓒ 綜覽；眺望。② Ⓤ Ⓒ 勘察；測量；實地調查。

sur·vey·ing [sɚ`veɪŋ] *n.* Ⓤ 測量(術)。

sur·vey·or [sɚ`veɚ] *n.* Ⓒ ①土地測量者。②海關檢查員。

sur·viv·a·ble [sɚ`vaɪvəbḷ] *adj.* 可生存的；可殘存的。

sur·viv·al [sɚ`vaɪvḷ] *n.* ① Ⓤ 殘存；生存。② Ⓒ 殘存者[物]；遺風。

***sur·vive** [sɚ`vaɪv] *v.t.* 生命較…為長；經歷(災難、危險等)之後仍然活著。— *v.i.* 殘存；繼續存在。

***sur·vi·vor** [sɚ`vaɪvɚ] *n.* Ⓒ ①生還者；遺族。②殘存物；遺物。

sus·cep·ti·bil·i·ty [sə,sɛptə-`bɪlətɪ] *n.* ① Ⓤ 感受性。②(*pl.*)敏銳的情感。

***sus·cep·ti·ble** [sə`sɛptəbḷ] *adj.* ①易感的；易感動的；易受影響的。②容許的；接納的。

***sus·pect** [sə`spɛkt] *v.t.* & *v.i.* 猜想；懷疑；猜疑(某人)犯(某種罪行)。— [`sʌspɛkt] *n.* Ⓒ 被懷疑之人；嫌疑犯。— *adj.* 令人懷疑的；可疑的；不可信的。

***sus·pend** [sə`spɛnd] *v.t.* ①懸掛；吊。②靜止於；靜留於。③停止；暫停。④使停學；使停職。⑤延緩；懸而不決。— *v.i.* ①暫時停業；暫時停辦。②懸浮；懸掛。

sus·pend·ers [sə`spɛndɚz] *n. pl.* ①背帶；吊褲帶。②吊襪帶。

***sus·pense** [sə`spɛns] *n.* Ⓤ ①不確定的狀態；懸而未決。②焦慮；懸念。③懸疑。

sus·pense·ful [sə`spɛnsfəl] *adj.*

充滿懸疑的；緊張的。

***sus·pen·sion** [səˋspɛnʃən] *n.* Ⓤ①懸掛；吊掛。②中止；暫停；休學；停職。§ ∼ **brìdge** 吊橋。

***sus·pi·cion** [səˋspɪʃən] *n.* ① Ⓤ Ⓒ 懷疑；嫌疑。②(a ∼)些微。③ Ⓒ觀念；感覺；覺察。

***sus·pi·cious** [səˋspɪʃəs] *adj.* ①猜疑的；多疑的。②令人懷疑的；可疑的。③表示懷疑的。—**ly,** *adv.*

***sus·tain** [səˋsten] *v.t.* ①支撐；承住。②支持；維持。③贍養；供應。④抵擋。⑤蒙受；忍耐；遭受。⑥准許；認可。⑦證實。⑧扮演(角色)。

sus·tain·ing [səˋstenɪŋ] *adj.* ①持續的；維持的；支持的。②(食物等)維持體力的。③持久的；耐久的。§ ∼ **prògram**〖美〗廣播電台自播[非營業性]節目(非由廣告客戶提供者)。

sus·te·nance [ˋsʌstənəns] *n.* Ⓤ①生活；生計。②營養物；食物。③支持；維持；耐久；持續。

su·ture [ˋsutʃɚ, ˋsju-] *n.* ① Ⓒ (傷口之)縫口。② Ⓤ (傷口之)縫合(法)。— *v.t.* 縫合；綴合。

su·ze·rain [ˋsuzərɪn] *n.* Ⓒ宗主；宗主國。

su·ze·rain·ty [ˋsuzərɪntɪ] *n.* Ⓤ宗主的地位；宗主權。

svelte [svɛlt] *adj.* 苗條的；修長的。

SW, S.W., s.w. southwest.

swab [swɑb] *n.* Ⓒ ①拖把；擦帚。②藥籤。③槍砲刷；砲帚。— *v.t.* (**-bb-**)(以拖把等)擦淨；擦洗。

swab·bie, -by [ˋswɑbɪ] *n.* Ⓒ〖美俚〗水手。

swad·dle [ˋswɑdl] *v.t.* 以襁褓包裹(嬰兒)。

swag [swæg] *n.* Ⓤ (集合稱)〖俚〗贓物；掠奪物。

swag·ger [ˋswægɚ] *v.i.* ①高視闊步而行。②擺臭架子。③吹噓。— *n.* Ⓒ①昂首闊步。②自負；自大。

swain [swen] *n.* Ⓒ〖古，詩〗①鄉下的青年。②情郎；情人。

***swal·low**[1] [ˋswɑlo] *v.t.* ①吞；嚥。②吞沒；吸收。③耗盡。④輕信。⑤容忍；忍受。⑥抑制；遏止。— *n.* Ⓒ①吞；嚥。②一吞之量。

***swal·low**[2] *n.* Ⓒ〖鳥〗燕子。

swal·low·tail [ˋswɑlo,tel] *n.* Ⓒ①燕尾。②〖俗〗燕尾服。

swal·low-tailed [ˋswɑlo,teld] *adj.* 燕尾形的。

‡**swam** [swæm] *v.* pt. of **swim.**

***swamp** [swɑmp] *n.* Ⓤ Ⓒ 沼澤；濕地。— *v.t.* ①使陷於沼澤或水中。②淹沒；覆沒；使充溢。③使失措。

swamp·land [ˋswɑmp,lænd] *n.* Ⓤ沼地；沼澤地。

***swan** [swɑn] *n.* Ⓒ天鵝。§ ∼ **dìve** 燕子式跳水。∼ **sòng** 天鵝之歌。

swank [swæŋk]〖俚〗*v.i.* 炫耀；虛張聲勢。— *n.* Ⓤ ①炫耀；虛張聲勢；虛飾。②時髦；華麗。— *adj.* 炫耀的；時髦的；華麗的。

swap [swɑp, swɔp] *v.t.* & *v.i.* (**-pp-**) & *n.* Ⓒ交換。

sward [swɔrd] *n.* Ⓤ草皮；草地。

***swarm** [swɔrm] *n.* Ⓒ (集合稱)①蜂群。②群。— *v.i.* ①群集；環繞；蜂擁。②擠；一擁而進。③被擁滿；充滿。— *v.t.* 群集；蜂擁。

swarth·y [ˋswɔrðɪ] *adj.* 黑的；黑皮膚的。

swash·buck·ling [ˋswɑʃ,bʌklɪŋ] *n.* Ⓤ & *adj.* 虛張聲勢(的)。

swas·ti·ka, -ti·ca [ˋswɑstɪkə] *n.* Ⓒ 萬字卍(古代之幸運符號，德國納粹黨曾改作卐，並用作國徽)。

swat [swɑt]〖俗〗*v.t.* (**-tt-**)猛烈地打；拍。— *n.* Ⓒ猛打；拍。

swath [swɑθ] *n.* Ⓒ (*pl.* **∼s** [∼s, swɑðz]) ①一刈的面積；刈幅。②刈下的牧草、穀物等。***cut a ∼ through...*** 把…刈倒；嚴重破壞…。

swathe[1] [sweð] *v.t.* ①嚴密或完全地包裹；緊裹。②縛；裹；纏；綁。— *n.* Ⓒ包布；繃帶。

swathe[2] *n.* = **swath.**

***sway** [swe] *v.i.* ①搖擺；擺動。②有支配作用；有影響力。— *v.t.* ①搖動；揮舞。②影響；左右；支配。— *n.* Ⓤ①搖擺；揮動。②權勢；統治。

Swa·zi·land [ˋswɑzɪ,lænd] *n.* 史瓦濟蘭(非洲東南王國)。

swear** [swɛr] *v.t.* (**swore, sworn**) ①宣誓；發誓；立誓。②使宣誓；使立誓。— *v.i.* ①發誓；宣誓；立誓。②詛咒；詬罵。∼ ***by **a.** 對(天、神)發誓。**b.** 深信；極力推薦。∼ ***in*** 使宣誓就職。— *n.* Ⓒ ①誓言。②詛咒；詬罵。

swear·word [ˋswɛr,wɝd] *n.* Ⓒ詛咒；罵人的話。

***sweat** [swɛt] *n.* ① Ⓤ 汗；一陣汗。②(a ∼)發汗；出汗。③(a ∼)苦工。④(a ∼)焦急；不耐煩。— *v.i.* (∼ or **∼ed**)①出汗。②汗濕；汗污。③

作苦工。— *v.t.* ①使出汗。②使辛苦工作。 §∼ **glànd**〖解〗汗腺。 ∼ **shìrt** 運動衫。∼ **sùit** (上下一套的)運動服。

***sweat·er** [ˋswɛtɚ] *n.* Ⓒ①毛線衫。②壓榨工人的雇主。§∼ **gìrl** 胸部豐滿的女子。

sweat·shop [ˋswɛt,ʃɑp] *n.* Ⓒ 壓榨勞力的工廠(其工人工作時間長而薪資極低廉)。

sweat·y [ˋswɛtɪ] *adj.* ①汗濕的；多汗的。②使出汗的；費力的。

***Swede** [swid] *n.* Ⓒ 瑞典人。

***Swe·den** [ˋswidn̩] *n.* 瑞典。

***Swed·ish** [ˋswidɪʃ] *adj.* 瑞典(人,語)的。— *n.* ①(the ∼, 集合稱)瑞典人。②Ⓤ瑞典語。

***sweep** [swip] *v.t.* (**swept**)①掃；掃除；清掃。②掃蕩；清除。③捲起；捲走；沖掉。④拖(地)。⑤掠過；拂。— *v.i.* ①掃；掃除。②掠過；掃過；疾馳。③(衣服等)在地上拖。④(目光等)掃射。— *n.* Ⓒ①掃除；掃蕩。②掠過。③範圍；區域。④掃除者；掃除煙囪者。— **er,** *n.*

***sweep·ing** [ˋswipɪŋ] *adj.* ①總括的；範圍廣大的。②掃清的；沖走的；掃蕩的。— *n.* ①Ⓤ清掃；打掃。②(*pl.*)掃集物；一堆垃圾。

sweep·stake(s) [ˋswip,stek(s)] *n.* Ⓒ (*pl.* ∼)賭金由一人或數人贏得的賽馬[賭博]。

‡**sweet** [swit] *adj.* ①甜的；甘的。②芳香的。③新鮮的。④溫和的；悅耳的。— *n.* ①Ⓤ甘美；甜蜜。②Ⓒ(常 *pl.*)甜的東西。③(*pl.*)糖果。④(*pl.*)歡樂；快樂。⑤(my ∼, 用於稱呼)情人；戀人。⑥(*pl.*)香味；芳香。— *adv.* 甜蜜地；悅人地。§∼ **córn** 甜玉米。∼ **pèa** 麝香豌豆。∼ **pép-per** 甜椒。∼ **potàto** 甘薯。∼ **tàlk** 甜蜜的謊言；諂媚。∼ **tòoth**〖俗〗嗜吃甜食。

sweet-and-sour [ˋswitən-ˋsaur] *adj.* 烹調成甜酸味的。

sweet·bread [ˋswit,brɛd] *n.* Ⓒ (小牛等之)胰臟(供食用者)。

***sweet·en** [ˋswitn̩] *v.t.* ①使甜；使香。②使溫和。③使清潔。— *v.i.* ①變甜。②變可愛；變溫和。

sweet·en·er [ˋswitn̩ɚ] *n.* Ⓒ ①(人工)甘味料。②〖俗〗賄賂；甜頭。

***sweet·heart** [ˋswit,hɑrt] *n.* Ⓒ 愛人；戀人；情人。

sweet·ie [ˋswitɪ] *n.* Ⓒ ①〖俗〗愛人；戀人。②(常 *pl.*)〖英〗糖果。

sweet·ish [ˋswitɪʃ] *adj.* 有點甜的；稍甜的。

***sweet·ly** [ˋswitlɪ] *adv.* 甘甜地。

sweet·meat [ˋswit,mit] *n.* Ⓒ (常 *pl.*)糖果；甜品；蜜餞。

***sweet·ness** [ˋswitnɪs] *n.* Ⓤ 甜「(度)。」

‡**swell** [swɛl] *v.i.* (∼**ed**, ∼**ed** or **swol·len**)①增大；膨脹。②隆起。③積聚。④漸強。⑤〖俗〗變得驕傲。— *v.t.* ①使增大；使膨脹。②使提高。③使加強。— *n.* ①Ⓤ(又作 a ∼) 增大； 膨脹。 ②(*sing.*, 常 the ∼)(波浪的)起伏；洶湧；大浪；(土地的)起伏。③Ⓒ〖俗〗時髦人物；漂亮人物。— *adj.*〖俚〗①優秀的；上等的。②上流的。

swell·ing [ˋswɛlɪŋ] *n.* ①Ⓤ腫脹。②Ⓒ腫瘡；瘤。③Ⓤ膨脹。

swel·ter [ˋswɛltɚ] *v.i.* 汗流浹背。

swel·ter·ing [ˋswɛltərɪŋ] *adj.* ①汗流浹背的。②悶熱的。

swept [swɛpt] *v.* pt. & pp. of **sweep.**

swerve [swɝv] *v.i.* 轉向；離正路。— *v.t.* 使轉向；使循曲線進行。— *n.* Ⓒ 轉向；逸出常軌。

***swift** [swɪft] *adj.* & *adv.* 迅速的[地]；敏捷的[地]。— *n.* Ⓒ 褐雨燕。

swig [swɪg]〖俗〗*n.* Ⓒ 痛飲；牛飲。— *v.t.* & *v.i.* (**-gg-**)痛飲；大口喝。

swill [swɪl] *n.* ①Ⓤ(餵豬的)餿水。②Ⓤ垃圾。③Ⓒ牛飲；痛飲。④(a ∼)水之沖擊(聲)。— *v.t.* ①長飲；大喝；狼吞虎嚥。②倒。

‡**swim** [swɪm] *v.i.*(**swam, swum, swim·ming**)①游泳。②漂浮。③盈溢；充滿。④暈眩。— *v.t.* ①游泳；游過。②使游泳。③使浮起。— *n.* Ⓒ(常 *sing.*)游泳。— **mer,** *n.*

swim·ming [ˋswɪmɪŋ] *n.* Ⓤ①游泳；游水。②眩暈。§∼ **bàth**〖英〗(室內)游泳池。∼ **còstume**〖英〗泳裝。∼ **pòol** 游泳池。∼ **sùit** 游泳衣；泳裝。∼ **trùnks** 泳褲。

swim·ming·ly [ˋswɪmɪŋlɪ] *adv.* 順利地；成功地。

swim·suit [ˋswɪm,sut] *n.* Ⓒ 游「泳衣。」

swin·dle [ˋswɪndl̩] *v.t.* & *v.i.* 詐取；欺騙。— *n.* Ⓒ 騙術；欺詐。— **swin′dler,** *n.*

swine [swaɪn] *n.* Ⓒ ①(*pl.* ∼)豬。②(*pl.* ∼, ∼**s**)鄙賤之人。

S

swine·herd [`swaɪn,hɜd] *n.* Ⓒ 養豬人。

‡**swing** [swɪŋ] *v.i.* (**swung**)①搖擺。②旋轉。— *v.t.* ①使搖擺；使擺動。②使迴轉；使旋轉。③掛；吊。— *n.* ①ⓊⒸ搖擺；擺動；揮動。②Ⓒ鞦韆。③Ⓤ活動。*go with a* ~(詩歌等)節拍輕快；成功；流行。*in full* ~ 處於最活躍的進行狀態中。§ ~ **dòor** 自動門；迴旋門。~ **shìft**〖美俗〗小夜班(常爲下午四時至十二時)。

swinge·ing [`swɪndʒɪŋ] *adj.*〖俗〗大的；巨大的。

swing·er [`swɪŋɚ] *n.* Ⓒ 活潑而現代化的人；走在時代尖端的人。

swing-wing [`swɪŋ,wɪŋ] *adj.*〖空〗擺[變]翼的。

swin·ish [`swaɪnɪʃ] *adj.* ①豬一樣的。②粗魯的；下流的。

swipe [swaɪp] *n.* Ⓒ〖俗〗揮臂猛擊；重擊。— *v.t.* ①〖俗〗揮臂猛擊；重擊。②〖俚〗偷。— *v.i.*〖俗〗作揮臂重擊。

swirl [swɜl] *v.t.* & *v.i.* (使)渦捲；(使)旋轉。— *n.* Ⓒ 漩渦。

swish[1] [swɪʃ] *v.t.* & *v.i.* 發出瑟瑟之聲。— *n.* Ⓒ 瑟瑟聲。

swish[2] *adj.*〖英俗〗時髦的。

***Swiss** [swɪs] *adj.* 瑞士(風格)的；瑞士人的。— *n.* Ⓒ (*pl.* ~)瑞士人。

***switch** [swɪtʃ] *n.* ①Ⓒ軟枝；鞭。②Ⓒ(女人之)假髮。③(*pl.*)〖鐵路〗轉轍器。④Ⓒ〖電〗開關。⑤Ⓒ轉變；變換。— *v.t.* ①鞭打。②擺動。③使轉轍。④開通或關閉(電流)。— *v.i.* ①鞭打。②轉轍。③轉換。④擺動。

switch·back [`swɪtʃ,bæk] *n.* Ⓒ 上陡坡用的 Z 字形鐵路；Z 形道路。

switch·blade [`swɪtʃ,bled] *n.* Ⓒ〖美〗彈簧刀。

switch·board [`swɪtʃ,bord] *n.* Ⓒ①配電盤；電鍵板。②電話總機。

switch·man [`swɪtʃmən] *n.* Ⓒ (*pl.* **-men**)(鐵路之)轉轍員；扳閘夫。

***Switz·er·land** [`swɪtsɚlənd] *n.* 瑞士(歐洲之一國)。

swiv·el [`swɪvḷ] *n.* Ⓒ〖機〗轉鐶；旋轉軸承。§ ~ **chàir** 旋轉椅。

swiz·zle [`swɪzḷ] *n.* Ⓒ 高杯雞尾酒。§ ~ **stìck** (調雞尾酒用之)攪拌棒。

***swol·len** [`swolən] *adj.* 腫的；脹的；漲水的。

***swoon** [swun] *v.i.* ①〖罕〗昏厥；暈倒。②著迷。③漸漸衰弱。— *n.* Ⓒ〖罕〗暈倒。

swoop [swup] *v.i.* 猝然降下(攫捕或攻擊)。— *v.t.* 猝然攫取。— *n.* Ⓒ 猝然下降。

swop [swɑp] *n.* & *v.* (**-pp-**) = **swap.**

‡**sword** [sord, sɔrd] *n.* ①Ⓒ劍；刀。②(the ~)戰爭；武力。

sword·fish [`sord,fɪʃ] *n.* Ⓒ (*pl.* ~, ~**es**)〖魚〗箭魚。

sword·play [`sord,ple] *n.* Ⓤ ①舞劍；鬥劍。②〖喻〗鬥智。

swords·man [`sordzmən] *n.* Ⓒ (*pl.* **-men**)①劍客；擊劍者。②軍人；武人。

swords·man·ship [`sordzmən-,ʃɪp] *n.* Ⓤ 劍術；劍道。

swore [swor] *v.* pt. of **swear.**

***sworn** [sworn] *v.* pp. of **swear.** — *adj.* 宣過誓的；宣誓證明的。

swot [swɑt] *v.i.* & *v.t.* (**-tt-**)〖英俚〗苦讀；拼命用功。— *n.* Ⓒ〖英〗死讀書的學生。

‡**swum** [swʌm] *v.* pp. of **swim.**

swung [swʌŋ] *v.* pt. & pp. of **swing.** § ~ **dàsh** 代字號(~)。

syb·a·rite [`sɪbə,raɪt] *n.* Ⓒ 耽於奢侈逸樂者。 — **syb·a·rit·ic** [,sɪbə-`rɪtɪk], *adj.*

syc·a·more [`sɪkə,mor] *n.* ⓊⒸ〖植〗①〖英〗(產於歐洲的)西克摩槭樹；其堅材。②(產於埃及、敍利亞之)西克摩榕樹；其果實。

syc·o·phan·cy [`sɪkəfənsɪ] *n.* Ⓤ 阿諛；奉承；巴結。

syc·o·phant [`sɪkəfənt] *n.* Ⓒ 阿諛者。— **syc·o·phan'tic,** *adj.*

syl·lab·ic [sɪ`læbɪk] *adj.* ①綴音的；音節的。②無母音而自成音節的(如 battle 中之 l)。

syl·lab·i·cate [sɪ`læbɪ,ket] *v.t.* 分(某字)的音節。 — **syl·lab·i·ca'-tion,** *n.*

syl·lab·i·fy [sɪ`læbə,faɪ] *v.t.* = **syllabicate.**

***syl·la·ble** [`sɪləbḷ] *n.* Ⓒ ①音節。②一點點；一個字。

syl·la·bus [`sɪləbəs] *n.* Ⓒ (*pl.* ~**es, -bi** [-,baɪ])摘要；教學大綱。

syl·lo·gism [`sɪlə,dʒɪzəm] *n.* Ⓒ〖邏輯〗演繹法；三段論法。

syl·van [`sɪlvən] *adj.* 森林的；(多)林木的；居於森林中的。

sym·bi·o·sis [,sɪmbaɪ`osɪs] *n.* ⓊⒸ (*pl.* **-o·ses** [-siz]) ①〖生物〗共生；共棲。②共存；共同生活。— **sym-**

bi·ot′ic [-baɪ`ɑtɪk], *adj.*

***sym·bol** [`sɪmbḷ] *n.* Ⓒ①符號；記號。②象徵；表徵。

sym·bol·ic, -i·cal [sɪm`bɑlɪk(ḷ)] *adj.* 符號的；象徵的。

sym·bol·ism [`sɪmbḷ,ɪzəm] *n.* Ⓤ①(常S-)象徵主義。②象徵意義；象徵性。③符號的使用；符號體系。

sym·bol·ize [`sɪmbḷ,aɪz] *v.t.* ①爲…之象徵；象徵；代表。②以符號表示；以象徵表示。③作成符號。

***sym·met·ric, -ri·cal** [sɪ`mɛtrɪk(ḷ)] *adj.* 對稱的；勻稱的。

sym·me·try [`sɪmɪtrɪ] *n.* Ⓤ對稱；勻稱；調和。

***sym·pa·thet·ic** [,sɪmpə`θɛtɪk] *adj.* ①同情的；同感的。②和諧的；合宜的。③交感的。④〖理〗共鳴的。⑤〖俗〗贊成的。 — **sym·pa·thet′i·cal·ly,** *adv.*

***sym·pa·thize** [`sɪmpə,θaɪz] *v.i.* ①同情。②具有同感；同意。— **sym′pa·thiz·er,** *n.*

sym·pa·tho·lyt·ic [,sɪmpəθo`lɪtɪk] *adj.* (藥物等)消除交感神經作用的；抗交感的。

***sym·pa·thy** [`sɪmpəθɪ] *n.* Ⓤ①同情；憐憫。②同感；贊同。③〖生理〗交感；共感。

sym·phon·ic [sɪm`fɑnɪk] *adj.* 交響樂[曲]的。

***sym·pho·ny** [`sɪmfənɪ] *n.* Ⓒ①交響樂[曲]。②(亦作**symphony orchestra**)交響樂團。

sym·po·si·um [sɪm`pozɪəm] *n.* Ⓒ(*pl.* ~s, **-si·a** [-zɪə]) ①座談會；討論會。②諸家論文集。

***symp·tom** [`sɪmptəm] *n.* Ⓒ徵候；徵兆。

symp·to·mat·ic, -i·cal [,sɪmptə`mætɪk(ḷ)] *adj.* ①徵兆的。②徵候的。

syn·a·gogue [`sɪnə,gɔg] *n.* ①Ⓒ猶太教的會堂。②(the ~)猶太教教徒的聚會。

sync, synch [sɪŋk] *n.* Ⓤ〖俗〗同步調。

syn·chro·nize [`sɪŋkrə,naɪz] *v.i.* ①同時發生；時間一致。②同時以同一速度進行。— *v.t.* ①使在時間上一致。②使同時以同速進行。§ ~d swímming 水上芭蕾。

syn·co·pate [`sɪŋkə,pet] *v.t.* ①〖樂〗切分(音)；調節。②〖語言〗中略…的一音[數音](如every略成ev'ry等)。— **syn·co·pa′tion,** *n.*

syn·dic [`sɪndɪk] *n.* Ⓒ①大學董事。②政府官吏；(尤指)地方行政長官。

syn·di·cal·ism [`sɪndɪkḷ,ɪzəm] *n.* Ⓤ工團主義(以大罷工使工會控制生產及分配之方式)。

syn·di·cate [`sɪndɪkɪt] *n.* Ⓒ(集合稱)①企業組合；銀行團。②報紙雜誌聯盟。③董事會。— [`sɪndɪ,ket] *v.t.* & *v.i.* ①聯合成爲企業組合。②以企業組合管理或經營。③以(稿件)供報紙雜誌聯盟同時發表。

syn·drome [`sɪn,drom] *n.* Ⓒ①a.〖醫〗徵候群；綜合症狀。b. 病的現象。②(一定的)行爲模式。

syn·ec·tics [sɪ`nɛktɪks] *n.* Ⓤ群辯法；集思廣益研討法。

syn·od [`sɪnəd] *n.* Ⓒ①教會會議；宗教會議。②會議；議會。

***syn·o·nym** [`sɪnə,nɪm] *n.* Ⓒ①同義字。②代用名詞。

syn·on·y·mous [sɪ`nɑnəməs] *adj.* 同義的。

syn·op·sis [sɪ`nɑpsɪs] *n.* Ⓒ(*pl.* **-ses** [-siz])大意；要略；綱領。

syn·op·tic, -ti·cal [sɪ`nɑptɪk(ḷ)] *adj.* ①大意的；綱領的。②(常S-)對觀福音書的。

***syn·tax** [`sɪntæks] *n.* Ⓤ〖文法〗句子構造；造句法。

syn·the·sis [`sɪnθəsɪs] *n.* (*pl.* **-ses** [-,siz])①Ⓤ綜合(法)。②Ⓒ綜合體。③Ⓤ〖化〗合成(法)。

syn·the·size [`sɪnθə,saɪz] *v.t.* 綜合；合成。

syn·the·siz·er [`sɪnθə,saɪzɚ] *n.* Ⓒ①綜合者[人，物]。②電子合成音響裝置。

syn·thet·ic, -i·cal [sɪn`θɛtɪk(ḷ)] *adj.* ①綜合的；合成的。②人造的。

syph·i·lis [`sɪfḷɪs] *n.* Ⓤ〖醫〗梅毒。

sy·phon [`saɪfən] *n.* & *v.* = **siphon.**

Syr·i·a [`sɪrɪə] *n.* 敍利亞(亞洲西部之一國家，首都 Damascus).

Syr·i·an [`sɪrɪən] *adj.* 敍利亞(人)的。— *n.* ①Ⓒ敍利亞人。②Ⓤ敍利亞語。

sy·ringe [`sɪrɪndʒ] *v.t.* 注射；灌洗。— *n.* Ⓒ注射器；注水器。

***syr·up** [`sɪrəp] *n.* Ⓤ糖漿。

syr·up·y [`sɪrəpɪ] *adj.* ①蜜狀的；黏漿狀的。②甜蜜的；濃稠的。

S

‡**sys·tem** [ˋsɪstəm] *n.* ①Ⓒ系統。②Ⓒ制度；體制；體系。③Ⓒ方式；方法。④Ⓤ秩序；規律。⑤(the ～)身體。§ ～ **admínistrator**〖電算〗系統管理師。

***sys·tem·at·ic, -i·cal** [ˌsɪstəˋmætɪk(l̩)] *adj.* 系統的；有系統的。

sys·tem·a·tize [ˋsɪstəməˌtaɪz] *v.t.* 加以系統化；使組織化；加以分類。— **sys·tem·a·ti·za′tion,** *n.*

sys·tem·ic [sɪsˋtɛmɪk] *adj.* ①體系的；系統的。②〖生理〗(侵入)全身的。

sys·to·le [ˋsɪstəˌli] *n.* ⓊⒸ〖生理〗心臟收縮。

T t 𝒯𝓉

T, t [ti] *n.* (*pl.* **T's, t's**) ①ⓊⒸ英文字母之第二十個字母。②Ⓒ T 形之物。*to a T* 恰好地；精確地。

tab [tæb] *n.* Ⓒ①小的垂懸物；垂飾；標籤。②〖俚〗記錄；計核。③帳單。

Ta·bas·co [təˋbæsko] *n.* Ⓤ〖商標〗塔巴斯哥(一種辣醬油)。

tab·by [ˋtæbɪ] *n.* Ⓒ虎斑貓。

tab·er·nac·le [ˋtæbɚˌnækl̩] *n.* ①Ⓒ暫居之地(如帳篷、茅舍等)。②(the T-)〖聖經〗聖幕(古猶太人安置約櫃的移動式神殿)。③Ⓒ猶太神殿；(非國教派的)禮拜堂。

‡**ta·ble** [ˋtebl̩] *n.* ①Ⓒ桌；檯。②Ⓒ餐桌。③Ⓤ餐；餚饌。④Ⓒ同席之人。⑤Ⓒ表；一覽表。⑥Ⓒ平板；平面；畫板。⑦Ⓒ臺地；高原。*turn the ～s* (*on someone*) 使(對方)由優勢轉爲劣勢；扭轉形勢；轉敗爲勝。— *v.t.* ①置於桌上。②〖美〗擱置。③列…成一覽表。§ ～ **làmp** 檯燈。～ **tènnis** 桌球。～ **wìne** 進餐時喝的淡酒；開胃酒。

tab·leau [ˋtæblo, tæbˋlo]〖法〗*n.* Ⓒ (*pl.* **～x** [～z], **～s**) ①吸引人的場面。②畫。③活人畫(以活人扮演的靜態畫面)。

***ta·ble·cloth** [ˋtebl̩ˌklɔθ] *n.* Ⓒ桌布；檯布。

ta·ble d'hôte [ˋtæbl̩ˋdot]〖法〗*n.* Ⓒ (*pl.* **ta·bles d'hôte** [～]) 客飯；全餐；和菜。

ta·ble-hop [ˋtebl̩ˌhɑp] *v.i.* (**-pp-**) 周旋於餐桌間與人寒暄。

ta·ble·land [ˋtebl̩ˌlænd] *n.* Ⓒ (常 *pl.*)高原。

***ta·ble·spoon** [ˋtebl̩ˌspun] *n.* Ⓒ湯匙；大調羹。

***ta·ble·spoon·ful** [ˋtebl̩spunˌful] *n.* Ⓒ一湯匙之量。

***tab·let** [ˋtæblɪt] *n.* Ⓒ ①紙簿。②碑；牌；匾額。③寫字板。④片；塊；錠劑。

tab·loid [ˋtæblɔɪd] *n.* Ⓒ①小型報。②藥片；錠劑。— *adj.* 簡短的。

ta·boo [təˋbu] *adj.* 禁止的；禁忌的。— *v.t.* 禁用；禁止；禁忌。— *n.* ⓊⒸ (*pl.* **～s**)①禁忌。②禁止。

tab·u·lar [ˋtæbjələ˞] *adj.* ①表的；列成表的。②平板的；平板狀的。

tab·u·late [ˋtæbjəˌlet] *v.t.* ①將(事實、數字等)列成表。②使成板狀平面。— [ˋtæbjəlɪt] *adj.* 平板狀的。

tach·o·graph [ˋtækəˌgræf] *n.* Ⓒ自動回轉速度計。

ta·chom·e·ter [təˋkɑmətɚ, tæ-] *n.* Ⓒ①轉速計。②流速計。

tach·y·on [ˋtækɪˌɑn] *n.* Ⓒ速子(假想的超光速粒子)。

tac·it [ˋtæsɪt] *adj.* 沈默的；心照不宣的。— **ly,** *adv.*

tac·i·turn [ˋtæsəˌtɝn] *adj.* 無言的；不愛說話的；沈默寡言的。

***tack** [tæk] *n.* ①Ⓒ大頭釘；圖釘。②ⓊⒸ(依船帆風位而定之)航行方向。③Ⓒ搶風調向。④Ⓒ(衣服之)假縫。⑤ⓊⒸ行動方針；政策。— *v.t.* ①以大頭釘釘住。②附加；添加。③以假縫縫製。— *v.i.* ①(船)搶風作 Z 形航行。②改變方針[政策]。

***tack·le** [ˋtækl̩] *n.* ①Ⓤ器械；用具。②[ˋtekl̩] ⓊⒸ船的索具。③ⓊⒸ滑車；轆轤。④Ⓒ〖橄欖球〗擒抱(抱住並絆倒對方球員)。⑤Ⓒ〖橄欖球〗攻擊線上的二名前鋒之一。— *v.t.* & *v.i.* ①處理；解決。②捕捉；格鬥。③〖橄欖球〗抱住並絆倒(拿球奔跑的對方球員)。④上馬具。

tack·y [ˋtækɪ] *adj.* ①黏的；黏著性的。②〖俚〗襤褸的；不整齊的。

***tact** [tækt] *n.* Ⓤ機智；圓滑。

tact·ful [ˋtæktfəl] *adj.* 機敏的；圓滑的。— **ly,** *adv.*

tac·ti·cal [ˋtæktɪkl̩] *adj.* ①戰術的。②精於兵法的。

tac·ti·cian [tæk`tɪʃən] *n.* Ⓒ 戰術家；策士。

tac·tics [`tæktɪks] *n.* ①Ⓤ 戰術。②(作*pl.*解)策略。

tac·tile [`tæktḷ] *adj.* ①觸覺的。②可感觸到的。

tact·less [`tæktlɪs] *adj.* 無機智的；不圓滑的。

tad [tæd] *n.* Ⓒ〖美〗①小孩(尤指男孩)。②微量。

tad·pole [`tæd,pol] *n.* Ⓒ 蝌蚪。

tae kwon do [`taɪ`kwɑn`do]〖韓〗*n.* Ⓤ 跆拳道。

taf·fe·ta [`tæfɪtə] *n.* Ⓤ 波紋綢(一種光面而質略硬的絲綢或人造絲綢)。

tag [tæg] *n.* ①Ⓒ 標籤。②Ⓒ 懸垂物；附屬物。③Ⓒ 帶端的金屬頭(如鞋帶之末端等)。④Ⓒ 歌曲、劇本、演員臺詞等之結尾部分。⑤Ⓤ(小孩玩之)捉人遊戲。⑥Ⓒ 陳腐的詞句。～ *and rag* 賤民；暴民。— *v.t.* (-gg-) ①附以籤條。②添飾。③(捉人遊戲中)捉。④尾隨；跟隨。— *v.i.*〖俚〗尾隨。§ ∽ **dày**〖美〗募捐日。∽ **quès·tion**〖文法〗附加問句。

‡**tail** [tel] *n.* ①Ⓒ 尾。②Ⓒ 尾狀物。③Ⓒ(常 *sing.*)後部。④Ⓒ 髮束；辮子。⑤Ⓒ(常 *pl.*)硬幣之背面。⑥Ⓒ 排成一列之人。⑦Ⓒ 侍從人員。⑧(*pl.*)〖俚〗男人之燕尾禮服。～ *of the eye* 眼角。 *turn* ～ 逃走。 *with one's* ～ *between one's legs* 受辱；遇到挫敗；害怕。— *v.t.* & *v.i.* ①附於其後。②尾隨。③形成尾部。④排成一行前進。～ *away* [*off*] **a.** 落於後。**b.** 變少。§ ∽ **fìn** (1)(飛機)尾翅；垂直安定面。(2)尾鰭。∽ **wìnd** 順風。

tail·light [`tel,laɪt] *n.* Ⓒ(車)尾燈。

***tai·lor** [`telɚ] *n.* Ⓒ 裁縫師；裁縫店。— *v.t.* ①縫製。②爲…縫製衣服。③使配合；使適應。— *v.i.* 做裁縫；縫製衣服。

tai·lor-made [`telɚ`med] *adj.* ①定製的。②穿男式服裝的。③服裝講究的。— *n.* Ⓒ 定製的服裝。

***taint** [tent] *n.* Ⓤ 汚點；腐敗。— *v.t.* & *v.i.* 沾染；感染；(使)腐敗。

Tai·pei [`taɪ`pe] *n.* 臺北。

Tai·wan [`taɪ`wɑn] *n.* 台灣(中國之一省)。§ ∽ **Stráit** 台灣海峽。

‡**take** [tek] *v.t.* (**took, tak·en**) ①取；拿。②握；攫；執。③捕；捉。④攻取；占領。⑤獲得。⑥享受。⑦接受。⑧患。⑨採用；選擇。⑩食；飲；服用。⑪乘；坐。⑫費去；占用。⑬需要。⑭使喜悅；迷惑。⑮租。⑯訂購；訂閱。⑰伴同；引導。⑱攜帶。⑲減去；扣除。⑳感覺；感受。㉑了解。㉒以爲；當作；相信。㉓記錄。㉔爲；作；行。㉕採取某種態度。*T*· care! 留心！㉖忍受。㉗移去。㉘使死亡。㉙引至。㉚(以特別方法)做；獲得。㉛找出；量出。The doctor *took* her temperature. 醫生量她的體溫。㉜舉出(例子)。Let's ～ an example. 我們舉個例吧！㉝負起；履行。㉞著(火)。㉟偷取；不經允許而取去。㊱容納。— *v.i.* ①獲得財產。②奏效。③去；赴。④受歡迎。⑤感染(病)。He *took* sick. 他生病。⑥減損(from). ⑦照相。⑧生根；扎根。⑨(魚類)爲餌所誘。～ *after* 像；相似。～ *away* **a.** 拿走。**b.** 拿掉；去掉。**c.** 減掉；減去。**d.** 收拾碗盤。～ *back* **a.** 撤銷；撤回。**b.** 重新獲得；取回。**c.** 退回調換。**d.** 使回憶。～ *down* **a.** 記錄。**b.** 打擊；挫銳氣。**c.** 困難地吞下。**d.** 拆毀。～ *for* 當作；誤認爲。～ *from* 減少；減弱。～ *in* **a.** 接受；容納。**b.** 縮小；捲起；疊起。**c.** 了解；領悟。**d.** 欺騙。**e.** 訂閱。**f.** 相信(虛假之事)。**g.** 包含；包括。**h.** 將…帶回家去做。**i.** 改短(衣服)。～ *it out on*〖俚〗拿(別人)出氣。～ *off* **a.** 除去；脫去。**b.** 離地；離水；起飛。**c.** 摹仿。**d.** 帶走。**e.** 減去。**f.** 離開；啓程。**g.** 殺死；致死。**h.** 免除工作。～ *on* **a.** 擔承。**b.** 雇用。**c.** 現出激憤、悲痛或其他強烈的情緒。**d.** 接受…作對手。**e.** 變得有…；開始有…。**f.** 得人心；受歡迎。～ *out* **a.** 去掉。**b.** 領得；發出。**c.** 申請取得。～ *over* 接管；接收。～ *up* **a.** 占。**b.** 接納。**c.** 吸收。**d.** 開始；從事。**e.** 繼續。**f.** 打斷或校正(說話者)。**g.** 逮捕；阻止。**h.** 舉起；拿起。**i.** 使更小。**j.** 責怪。～ *upon oneself* 承擔；擔任。～ *up with* **a.** 與(人)相交。**b.** 贊成；同意；接受。— *n.* Ⓒ ①(常 *sing.*)捕獲量；獲取量。②(常 *sing.*)利益；獲利。③〖影〗一次的拍攝。

‡**tak·en** [`tekən] *v.* pp. of **take.**

take·off [`tek,ɔf] *n.* ⓊⒸ ①(飛機)起飛(點)。②起跳(點)。

take·out [`tek,aʊt] *n.* Ⓒ〖美〗外賣[外帶]的食物。— *adj.* 供客人帶走的(食物)。

take·o·ver [`tek,ovɚ] *n.* Ⓒ 佔據；接管。

tak·er [ˋtekɚ] *n.* Ⓒ①取者; 接受者。②捕獲者。③收票員; 接受打賭[挑戰]的人。

tak·ing [ˋtekɪŋ] *adj.* ①迷人的。②〖俚〗傳染性的。— *n.* ①Ⓤ取; 捕獲。②(*pl.*)收取之款; 所得。

‡**tale** [tel] *n.* Ⓒ①故事。②虛語; 誹語; 謠言。*tell its own* ~ 不須說明; 顯而易見。*tell* ~*s* (*out of school*) 洩露機密。

tale·bear·er [ˋtel,bɛrɚ] *n.* Ⓒ長舌者; 喜閒話是非的人。

***tal·ent** [ˋtælənt] *n.* ①ⓊⒸ才能; 才幹。②Ⓤ(集合稱)人才。③Ⓒ有才幹之人。— **less,** *adj.*

tal·ent·ed [ˋtæləntɪd] *adj.* 有才能的。

‡**talk** [tɔk] *v.i.* ①說話。②討論。③說閒話。④表示。— *v.t.* ①說。②說服。~ *around* **a.** 勸…回心轉意; 說服。**b.** 轉彎抹角地說話。~ *at a person* 暗指著某人說。~ *away* 以談話度過。~ *back* 反唇相譏。~ *down* **a.** 高聲壓倒。**b.** 以口頭協助(飛機等)降落。~ *of* [*about*] 談到; 說到。~ *out* 談個明白。~ *over* 商談; 說服。~ *over a matter* 討論一件事情。~ *to* 〖俚〗訓戒; 斥責。~ *to oneself* 自言自語。~ *up* **a.** 捧; 誇獎; 熱烈討論。**b.** 坦白說話。— *n.* ①Ⓒ談話。②(the ~)話題; 話柄。③Ⓒ非正式講演。④Ⓤ說話的態度、內容、形式等。⑤Ⓒ會談。⑥Ⓤ謠傳。⑦Ⓤ空談。§ ~ **shōw** 〖美〗(電視或電台上的)訪問節目; 脫口秀。

talk·a·tive [ˋtɔkətɪv] *adj.* 好說話的; 多嘴的。— **ly,** *adv.*

***talk·ie** [ˋtɔkɪ] *n.* Ⓒ〖俗〗有聲電影(=talking picture).

‡**tall** [tɔl] *adj.* ①高的。②誇大的。③長的; 狹長的。— *adv.* 誇大地。talk ~ 說大話。§ ~ **hát** 高頂帽; 大禮帽。~ **tálk** 誇大之辭。

tal·low [ˋtælo] *n.* Ⓤ獸脂。— *v.t.* 塗以脂。§ ~ **càndle** 獸脂蠟燭。

tal·ly [ˋtælɪ] *n.* Ⓒ①符節。②任何記帳用之物。③記帳用之單位或分劃。④記錄; 計算。— *v.t.* ①計算; 記錄。②附以標籤。③使適合; 使符合。— *v.i.* ①符合。②計算; 記錄。§ ~ **clèrk** 計票員。~ **plàn** 〖英〗分期付款。~ **shèet** (1)記數紙。(2)〖美〗投票數記錄紙。~ **shòp** 〖英〗以分期付款售貨之商店。

tal·on [ˋtælən] *n.* ①Ⓒ(肉食鳥類之)爪。②(*pl.*)似爪之手指; 緊握之手。

tam·bou·rine [,tæmbəˋrin] *n.* Ⓒ〖樂〗小手鼓; 鈴鼓。

***tame** [tem] *adj.* ①馴服的。②無精打采的。— *v.t.* ①使馴服。②使不怕人。③克制; 挫折。— *v.i.* 被馴服。— **ly,** *adv.* — **ness,** *n.*

tam·per [ˋtæmpɚ] *v.i.* ①干預; 玩弄。②賄賂。③竄改。

tam·pon [ˋtæmpɑn] *n.* Ⓒ①〖醫〗止血塞; 止血棉花球。②一種兩端有頭的鼓槌。— *v.t.* 置棉塞於…中。

***tan** [tæn] *v.t.* (**-nn-**)①硝(皮)。②(使皮膚)曬成褐色。③〖俚〗鞭笞。— *v.i.* 曬成褐色。— *n.* ①Ⓒ皮膚經日曬而成之褐色。②Ⓤ黃褐色; 茶色。③Ⓤ含有單寧酸的樹皮。— *adj.* 黃褐色的; 茶色的。

tan·dem [ˋtændəm] *adv.* 一前一後地; 縱列地。— *adj.* 前後縱列的。— *n.* Ⓒ①前後縱駕的兩匹馬。②兩馬前後縱駕的兩輪馬車。③協力車。

tang[1] [tæŋ] *n.* Ⓒ①(常*sing.*)強烈的味道或氣味。②(常*sing.*)特性; 特質。③鑿、銼等插入柄內之尖端。

tang[2] *n.* Ⓒ鏜鏜聲。

tan·gent [ˋtændʒənt] *adj.* ①接觸的。②〖數〗相切的。— *n.* 〖數〗①Ⓒ切線。②Ⓤ正切。*go* [*fly*] *off at* [*on*] *a* ~ 突然改換方針或話題。

tan·ge·rine [ˋtændʒə,rin, ,tændʒəˋrin] *n.* ①ⓊⒸ橘子; 椪柑。②Ⓤ橘紅色。— *adj.* 橘紅色的。

tan·gi·ble [ˋtændʒəbl̩] *adj.* ①可觸知的。②眞實的。③實體的。— *n.* (*pl.*)有形資產。— **tan·gi·bil′i·ty,** *n.* — **tan′gi·bly,** *adv.*

***tan·gle** [ˋtæŋgl̩] *v.t.* 使纏結; 使糾纏。— *v.i.* ①糾纏不清。②爭吵。— *n.* Ⓒ①纏結; 亂七八糟的一堆。②爭吵; 鬥爭。

tan·gly [ˋtæŋglɪ] *adj.* 糾纏不清的。

tan·go [ˋtæŋgo] *n.* (*pl.* ~**s**)①Ⓒ探戈舞。②ⓊⒸ探戈舞曲。— **ist,** *n.*

***tank** [tæŋk] *n.* Ⓒ①槽(水槽、油槽等)。②池。③戰車。— *v.t.* 置或貯於槽中。§ ~ **càr** (鐵路之)油槽車。~ **fàrming** 水耕法。

tan·kard [ˋtæŋkɚd] *n.* Ⓒ(有把手之)大杯; 一大杯之量。

tank·er [ˋtæŋkɚ] *n.* Ⓒ①油輪; 油罐車。②戰車之戰士。

tan·ner [ˋtænɚ] *n.* Ⓒ製革者。

tan·ner·y [ˋtænərɪ] *n.* Ⓒ製革廠。

tan·nin [ˋtænɪn] *n.* Ⓤ〖化〗單寧酸; 鞣酸。

tan·ta·lize [ˋtæntl͵aɪz] *v.t.* 吊胃口。

tan·trum [ˋtæntrəm] *n.* Ⓒ〖俗〗發脾氣; 勃然大怒。

Tan·za·ni·a [͵tænzəˋniə] *n.* 坦尙尼亞(東非一共和國, 首都 Dar es Salaam).

Tao·ism [ˋtaʊɪzəm] *n.* Ⓤ (中國)「道教。」

***tap**[1] [tæp] *v.t.* & *v.i.* (**-pp-**) ①輕敲; 輕拍; 輕踏。②修鞋底或鞋跟。③任命; 指定。— *n.* ① Ⓒ 輕敲; 輕拍; 輕踏。② Ⓒ 輕敲之聲。③ Ⓒ 修理鞋時所加之鞋底或鞋跟。④(*pl.*)熄燈號音或鼓音。§ ∼ **dànce** 踢躂舞。

***tap**[2] *n.* Ⓒ ①栓; 塞。②水龍頭。③一種酒。④〖俚〗酒吧。⑤電線接頭處。*on* ∼ **a.** 開水龍頭。**b.**〖俚〗可隨時供應的。— *v.t.* (**-pp-**) ①拔去…之栓或塞; 在…中鑿孔使液體流出。②在…上裝栓或塞子。③拔塞子汲取。④開發。⑤搭線偷聽。⑥(外科手術中)放出液體。

tape** [tep] *n.* ① Ⓤ 帶。② Ⓒ 捲尺; 皮尺。③ Ⓒ 繫在跑道終點之線。④ ⓊⒸ 磁帶。breast the*** ∼(賽跑者)衝過終點線而贏得比賽。— *v.t.* ①以帶縛起。②用皮尺測量。③把…錄音。§ ∼ **mèasure** 捲尺; 皮尺。∼ **recòrder** [**machìne**] 錄音機。

tape·line [ˋtep͵laɪn] *n.* Ⓒ 捲尺; 皮尺。

***ta·per**[1] [ˋtepɚ] *v.i.* & *v.t.* ①(使)逐漸尖細〔off〕. ②(使)逐漸減少〔off〕. — *n.* Ⓒ ①細蠟燭。②減小; 減弱。③逐漸尖細。— *adj.* 長而尖細的。

tap·er[2] *n.* Ⓒ 錄音帶的錄製剪接人員。

***tap·es·try** [ˋtæpɪstrɪ] *n.* ⓊⒸ ①繡帷; 綴錦。②綴錦畫。— *v.t.* ①蓋或飾以繡帷。②在繡帷上繡出。

tar**[1] [tɑr] *n.* Ⓤ 焦油; 黑油。— *v.t.* (**-rr-**) 塗以焦油; 浸以焦油。∼ ***and feather a person 將人滿身塗以焦油後裹上羽毛(一種私刑及侮辱)。***tarred with the same brush*** [***stick***] 有同樣的特點。

tar[2] *n.* Ⓒ〖俚〗水手; 海員。

***tar·dy** [ˋtɑrdɪ] *adj.* 遲延的; 遲遲的; 緩慢的。— **tar′di·ly,** *adv.*

tare[1] [tɛr] *n.* ① Ⓒ〖植〗野豌豆。②〖聖經〗稗子; 莠草。

tare[2] *n.* (*sing.*) ①皮重(計重時容器或箱子等的重量)。②空車重量。— *v.t.* 求出或標明皮重。

***tar·get** [ˋtɑrgɪt] *n.* Ⓒ ①靶子; 標的。②(被指責、批評或攻擊的)目標; 對象。— *v.t.* 將…定作目標。

***tar·iff** [ˋtærɪf] *n.* Ⓒ ①關稅; 關稅率; 關稅表。②價目表。

tar·mac [ˋtɑrmæk] *n.* ① Ⓤ〖英〗柏油碎石鋪料。② Ⓒ (常 *sing.*)柏油碎石地面。— *adj.* 以柏油碎石鋪成的。— *v.t.* 以柏油碎石鋪…。

tar·nish [ˋtɑrnɪʃ] *v.t.* & *v.i.* (使)失光澤; 玷汚。— *n.* Ⓤ ①暗晦; 失去光澤。②瑕疵; 汚點。

ta·ro [ˋtɑro] *n.* Ⓒ (*pl.* ∼**s**)〖植〗芋。

tar·ot [ˋtæro]〖法〗*n.* Ⓒ 二十二張一組的占卜用圖案紙牌。

tar·pau·lin [tɑrˋpɔlɪn] *n.* ① ⓊⒸ 防水布[罩]。② Ⓒ 防水衣。

tar·ry[1] [ˋtærɪ] *v.i.* 滯留; 耽擱。

tar·ry[2] [ˋtɑrɪ] *adj.* ①焦油的; 似焦油的。②塗有焦油的。

tar·sus [ˋtɑrsəs] *n.* Ⓒ (*pl.* **-si** [-saɪ])〖解〗①踝; 跗骨。②眼瞼軟骨。

tart[1] [tɑrt] *n.* Ⓒ ①果子餡餅。②〖英俚〗娼妓; 行爲不檢的女人。

tart[2] *adj.* ①酸的。②尖刻的; 嚴厲的。— **ly,** *adv.* — **ness,** *n.*

tar·tan [ˋtɑrtn̩] *n.* ① Ⓤ 格子呢(主要爲蘇格蘭高地人所穿用)。② Ⓒ 格子呢之花樣。

Tar·tar [ˋtɑrtɚ] *n.* Ⓒ ①韃靼人。②(t-)野蠻而兇悍的人。***catch a*** ∼ 遭遇頑敵; 遭到意料之外困難的事。— *adj.* 韃靼人的。(亦作 **Tatar**)

‡**task** [tæsk, tɑsk] *n.* Ⓒ 工作; 任務; 作業; 課業。***take*** [***call***] ***to*** ∼ **a.** 找麻煩。**b.** 責備。— *v.t.* ①派給工作。②使做苦工。§ ∼ **fòrce** (1)〖軍〗特遣隊(臨時編組以執行一項特殊任務的部隊或艦隊)。(2)專案小組。

task·mas·ter [ˋtæsk͵mæstɚ] *n.* Ⓒ 分派工作者; 工頭; 監工。

tas·sel [ˋtæsl̩] *n.* Ⓒ 綫; 纓; 流蘇。

‡**taste** [test] *n.* ① ⓊⒸ 味; 滋味。②(the ∼, one's ∼)味覺。③(*sing.*)一口; 少量(可加定冠詞或不定冠詞)。④ Ⓤ 欣賞力; 鑑賞力; 判斷力。⑤ ⓊⒸ 愛好; 嗜好。⑥ Ⓤ 風味; 韻味; 情趣。***leave a bad*** ∼ ***in the mouth*** 造成一個壞印象; 引起一種嫌惡的感覺。***to the king's*** [***queen's***] ∼ 十全十美; 非常令人滿意地。— *v.t.* ①嘗(食物等); 品嘗。②吃[喝](一口)。③體驗; 領略。— *v.i.* ①嘗味; 經驗到。②有(某)味。§ ∼

bùd 味蕾。— **ful,** — **less,** *adj.* — **ful·ly,** — **less·ly,** *adv.*

tast·er [\`testɚ] *n.* Ⓒ 品嘗味道者(尤指受雇品嘗茶、酒以鑑定其品質者)。

tast·y [\`testɪ] *adj.* ①〖俚〗味美的。②有良好之鑑賞力的。

ta-ta [\`tɑ,tɑ] *interj.* 〖兒〗再見!

tat·ter [\`tætɚ] *n.* (*pl.*)破布; 襤褸。in (rags and) ～*s*衣衫襤褸。— *v.t.* 撕破; 穿破; 戴破。— **ed,** *adj.*

tat·tle [\`tætl] *v.i.* & *v.t.* ①洩露祕密。②閒談; 聊天。— *n.* Ⓤ 閒談; 聊天。— **tat′tler,** *n.*

tat·too¹ [tæ\`tu] *n.* Ⓒ (*pl.* ～**s**)①〖軍〗歸營號或鼓。②連續之輕敲。③〖英〗軍隊行進(通常在夜間, 並配以軍樂)。*beat the devil's* ～ (興奮、焦躁或不耐煩時)以手指擊桌。— *v.t.* & *v.i.* 連續地輕敲。

tat·too² *v.t.* 刺青; 紋身。— *n.* Ⓒ (*pl.* ～**s**)紋身; 刺青; 黥墨。

‡**taught** [tɔt] *v.* pt. & pp. of **teach.**

taunt [tɔnt] *v.t.* ①痛罵; 笑罵; 奚落。②以揶揄、笑罵等使之做。— *n.* Ⓒ①(常*pl.*)痛罵; 笑罵。②笑罵的對象。— **ing·ly,** *adv.*

Tau·rus [\`tɔrəs] *n.* 〖天〗①金牛座。②金牛宮。

taut [tɔt] *adj.* ①拉緊的(繩索); 緊張的(神經、肌肉等)。②整潔的; 整齊的。

*__tav·ern__ [\`tævən] *n.* Ⓒ①酒店。②旅店; 客棧。

taw·dry [\`tɔdrɪ] *adj.* 華麗而不值錢的; 俗麗的。

taw·ny [\`tɔnɪ] *adj.* 黃褐色的; 茶色的。— *n.* Ⓤ 黃褐色。

‡**tax** [tæks] *n.* ①ⓊⒸ 稅; 租稅。②(a ～)重負。— *v.t.* ①課以稅。②使負重荷。③斥責; 譴責〔with〕. ④評定(訴訟費等)。§ ～ **collèctor** 稅務員。～ **evàsion** 逃稅。～ **stàmp** 印花。— **a·ble,** *adj.* — **tax·a′tion, tax·a·bil′i·ty,** *n.*

tax-ex·empt [\`tæksɪg\`zɛmpt] *adj.* ①免稅的。②不課稅的。

tax-free [\`tæks\`fri] *adj.* = **tax-exempt.**

*__tax·i__ [\`tæksɪ] *n.* Ⓒ (*pl.* ～**s,** ～**es**) 計程車; 出租汽車。— *v.i.* & *v.t.* ①乘計程車。②(飛機在地面或水面上)滑行。§ ～ **dàncer** 職業舞女。

tax·i·cab [\`tæksɪ,kæb] *n.* Ⓒ 出租汽車。

tax·i·der·my [\`tæksə,dɝmɪ] *n.* Ⓤ (動物標本)剝製術。

tax·i·me·ter [\`tæksɪ,mitɚ] *n.* Ⓒ (計程車之)自動計費器; 計程表。

*__tax·pay·er__ [\`tæks,peɚ] *n.* Ⓒ 納稅人。

TB, T.B., Tb tuberculosis.

T-bone [\`ti,bon] *n.* ⓊⒸ 丁骨牛排。(亦作 **T-bone steak**)

TCP / IP Transmission Control Protocol/Internet Protocol. 〖電算〗傳輸控制協定。

‡**tea** [ti] *n.* ①Ⓤ 茶樹; 茶葉; 茶。black ～ 紅茶。②ⓊⒸ〖英〗下午茶。③Ⓤ (下午的)茶會。④Ⓤ (似茶的)濃湯。beef ～ 濃牛肉湯。⑤Ⓤ〖俚〗麻醉藥。*high* [*meat*] ～〖英〗茶點。*make* ～ 泡茶。§ ～ **càddy** 茶筒; 茶罐。～ **còzy** [〖英〗**còsy**] 茶壺保溫罩。～ **sèrvice** [**sèt**] (成套的)茶具。～ **trày** 茶盤。～ **wàgon** (裝有輪子的)茶具台。

‡**teach** [titʃ] *v.t.* (**taught**) 教; 教授; 教導; 訓練。— *v.i.* ①教書; 當老師。②教學。— **a·ble,** *adj.*

‡**teach·er** [\`titʃɚ] *n.* Ⓒ 教師。

*__teach·ing__ [\`titʃɪŋ] *n.* ①Ⓤ 教; 教授; 教書; 教學。②Ⓒ (常 *pl.*)教訓; 教旨。

tea·cup [\`ti,kʌp] *n.* Ⓒ 茶杯; 滿茶杯。

teak [tik] *n.* ①Ⓒ〖植〗(東印度之)麻栗樹; 柚木。②Ⓤ 柚木之木材。

tea·ket·tle [\`ti,kɛtl] *n.* Ⓒ 水壺。

‡**team** [tim] *n.* Ⓒ ①隊; 組。②套在一起共同工作的一組馬或其他牲口。— *v.t.* & *v.i.* ①聯成一組; 聯合工作。②駕車載運。

team·mate [\`tim,met] *n.* Ⓒ 隊友。

team·ster [\`timstɚ] *n.* Ⓒ ①趕牲口者。②駕駛曳引卡車者; 運輸工會會員。

team·work [\`tim,wɝk] *n.* Ⓤ 協調合作。

tea·pot [\`ti,pɑt] *n.* Ⓒ 茶壺。

‡**tear¹** [tɪr] *n.* ①Ⓒ (常 *pl.*)淚; 眼淚。②(*pl.*)悲哀。*in* ～*s* 哭泣。§ ～ **gàs** 催淚瓦斯。— **less,** *adj.*

‡**tear²** [tɛr] *v.t.* (**tore, torn**)① 撕; 扯; 撕裂; 扯破。②離開。③破壞(國家等的)安寧; 使痛苦; 使煩惱(用被動式)。④使破裂; 使受傷。⑤使分裂。⑥猛挖; 猛鑿。— *v.i.* ①撕破; 被撕破。②〖俚〗衝; 狂跑。③趕快。～ *down* **a.** 使瓦解; 破壞。**b.** 拆開; 拆掉。～ *one's hair* 扯髮(表示憤怒、絕望等)。～ *up* **a.** 挖開。**b.** 撕掉; 撕

毀。— *n.* ①[U]撕；扯。②[C]破處；裂縫。③[U][C]匆忙；衝；趕。④[C]〖俚〗狂飲。— **ing,** *adj.* — **er,** *n.*

tear·drop [ˋtɪr͵drɑp] *n.* [C] 淚珠。

tear·ful [ˋtɪrful, -fl̩] *adj.* 含著眼淚的；悲傷的。— **ly,** *adv.*

***tease** [tiz] *v.t.* ①揶揄；嘲弄。②懇請；索求。③梳理。④使(布等)起絨毛。— *n.* [C] ①揶揄。②好揶揄他人者。— **teas′er,** *n.* — **teas′ing,** *adj.*

***tea·spoon** [ˋti͵spun] *n.* [C]茶匙；小調羹。

***tea·spoon·ful** [ˋtispun͵ful] *n.* [C]一茶匙的容量。

teat [tit] *n.* [C]乳頭；奶嘴。

tea-things [ˋti͵θɪŋz] *n. pl.* 茶具。

tech·nic [ˋtɛknɪk] *n.*＝**technique.**

***tech·ni·cal** [ˋtɛknɪkl̩] *adj.* ①工藝的；工業的。②專門的；學術上的；技術上的。～ terms 術語；專門名詞。③有關專門技術的。— **ly,** *adv.*

tech·ni·cal·i·ty [͵tɛknɪˋkælətɪ] *n.* ①[C]專門的事項、細節、用語、手續等。②[U]專門性。

tech·ni·cian [tɛkˋnɪʃən] *n.* [C]技術人員；專門技師。

***tech·nique** [tɛkˋnik] *n.* ①[U]技術；技藝；技巧；(技藝的)表演法。②[C]方法。

tech·noc·ra·cy [tɛkˋnɑkrəsɪ] *n.* [U][C]專家政治；技術主義(主張一切經濟資源、社會制度至國家行政，全由專家管理的學說)。

tech·no·crat [ˋtɛknə͵kræt] *n.* [C]主張專家政治論者。

tech·nol·o·gy [tɛkˋnɑlədʒɪ] *n.*①[U]工業技術。②[U]專門用語；術語。③[U][C]方法；技術。— **tech·no·log′i·cal,** *adj.* — **tech·nol′o·gist,** *n.*

***te·di·ous** [ˋtidɪəs, ˋtidʒəs] *adj.* 冗長而乏味的；令人生厭的。— **ly,** *adv.*

te·di·um [ˋtidɪəm] *n.* [U]冗長；厭煩。

tee [ti] *n.* [C]〖高爾夫〗①開球區域。②球座。— *v.t.* 置(高爾夫球)於球座上。～ *off* **a.**〖高爾夫〗開球。**b.**開始。**c.**使發怒。

teem [tim] *v.i.* 充滿；富於；多。— **ing,** *adj.*

teen [tin] *n.* ①＝**teenager.** ②[C](特指)十幾歲的少女。— *adj.* 十幾歲(從十三到十九歲)的。§ ～ **age** 從十三到十九歲的年齡。

teen-age [ˋtin͵edʒ] *adj.* 十幾歲(從十三到十九歲)的。

teen·ag·er [ˋtin͵edʒɚ] *n.* [C]十幾歲的青少年(十三至十九歲者)。(亦作 **teener**)

teens [tinz] *n. pl.*十三歲至十九歲之「年齡。」

tee·ter [ˋtitɚ] *v.i.*〖美俗〗①蹣跚地走。②搖搖欲墜。③玩蹺蹺板。— *v.t.* 使搖擺；使搖動。— *n.* [C]搖擺；搖動。

***tee·ter·board** [ˋtitɚ͵bord] *n.* [C]蹺蹺板。

***teeth** [tiθ] *n.* pl. of **tooth.**

teethe [tið] *v.i.* 生牙；長牙齒。

tee·to·tal [tiˋtotl̩] *adj.* ①戒酒的。②〖俗〗全然的；絕對的。

tee·to·tal·er,〖英〗**-tal·ler** [tiˋtotl̩ɚ] *n.* [C]不喝酒者。

tee·to·tal·ism [tiˋtotl̩͵ɪzəm] *n.* [U]禁酒主義。— **tee·to′tal·ist,** *n.*

TEFL [ˋtɛfl̩] Teaching English as a Foreign Language. 以英語作爲外語的教學。

teg·u·ment [ˋtɛgjəmənt] *n.* [C]皮；覆皮；外殼。

Te·he·ran, Teh·ran [͵tɪəˋrɑn, ͵tɛhəˋrɑn] *n.* 德黑蘭(伊朗首都)。

Tel A·viv [ˋtɛləˋviv] *n.* 特拉維夫(以色列一城市)。

tel·e·cast [ˋtɛlə͵kæst] *v.t.* & *v.i.* (～ or ～**ed**) 以電視廣播或播送。— *n.* [C]電視廣播；電視播送。

tel·e·com·mu·ni·ca·tion [͵tɛləkə͵mjunəˋkeʃən] *n.* [U]電信術；電信學。

tel·e·com·mute [ˋtɛləkə͵mjut] *v.i.* 採電傳通勤方式上班。— **tel′e·com·mut·er,** *n.*

tel·e·com·mut·ing [ˋtɛləkə͵mjutɪŋ] *n.* [U]〖電算〗在家上班。

***tel·e·gram** [ˋtɛlə͵græm] *n.* [C]電報。send a ～ 發電報。

***tel·e·graph** [ˋtɛlə͵græf] *n.* ①[C]電報機；電信機。②[U]電報；電訊。— *v.t.* & *v.i.* 打電報；用電報傳達。

te·leg·ra·pher [təˋlɛgrəfɚ] *n.* [C]電報員；報務員。

te·leg·ra·phone [təˋlɛgrə͵fon] *n.* [C]錄音電話機。

te·leg·ra·phy [təˋlɛgrəfɪ] *n.* [U]①電報(法)。②電報機的製造或使用。

tel·e·news [ˋtɛlə͵njuz] *n.* [U]電視「新聞。」

te·lep·a·thy [təˋlɛpəθɪ] *n.* [U]精神感應(術)；傳心術。— **tel·e·path′ic,** *adj.* — **te·lep′a·thist,** *n.*

‡**tel·e·phone** [ˋtɛlə͵fon] *n.*①[C]電話機。②[U](常 the ～)電話。— *v.i.* & *v.t.* 打電話(給…)。§ ～

bòoth [bòx]電話亭。∼ **dirèctory** 電話簿。∼ **exchànge** (1)電話局。(2)電話交換台。

tel·e·pho·to [ˋtɛlə͵foto] *adj.* ①遠距攝影的。②電傳照相的。— *n.* = **telephotograph.** § ∼ **léns** 遠距離照相機用的透鏡。

tel·e·pho·to·graph [͵tɛləˋfotə͵græf] *n.* Ⓒ①電傳照相。②電傳相片。③望遠攝影照片。 — *v.t.* ①用遠距離照相機拍攝。②用傳眞照片傳送。 —**tel·e·pho·to·graph′ic,** *adj.*

tel·e·pho·tog·ra·phy [͵tɛləfoˋtɑgrəfɪ] *n.* Ⓤ①電傳照相術。②電報傳眞術。③望遠攝影。

tel·e·print·er [ˋtɛlə͵prɪntɚ] *n.* Ⓒ打字電報機。

***tel·e·scope** [ˋtɛlə͵skop] *n.* Ⓒ望遠鏡。— *v.t.* ①使嵌入；使套疊；使擠撞而嵌入。②縮短；簡略。— *v.i.* ①嵌進；套疊。②縮短。

tel·e·scop·ic [͵tɛləˋskɑpɪk] *adj.* ①望遠鏡的。②用望遠鏡所見的。③祇能在望遠鏡中見到的。④看得遠的。⑤能自由伸縮的；套筒式的。

tel·e·type [ˋtɛlə͵taɪp] *n.* (T-) Ⓒ〖商標〗打字電報機。— *v.t.* & *v.i.* 用打字電報機拍發(電報)。

tel·e·type·writ·er [͵tɛləˋtaɪp͵raɪtɚ] *n.* Ⓒ打字電報機。

tel·e·va·ri·e·ty [͵tɛləvəˋraɪətɪ] *n.* Ⓒ電視綜藝節目。

tel·e·view [ˋtɛlə͵vju] *v.t.* & *v.i.* 看電視；收看。—**er,** *n.*

tel·e·vise [ˋtɛlə͵vaɪz] *v.t.* ①由電視播送。②由電視看(節目、表演等)。

‡**tel·e·vi·sion** [ˋtɛlə͵vɪʒən] *n.* ①Ⓤ電視(略作 **TV**)。②Ⓒ電視機。

tel·ex [ˋtɛlɛks] *n.* ①Ⓤ商務交換電報。②(T-)其商標名。

‡**tell** [tɛl] *v.t.* (**told**)①述；講；說。②告知；告訴；向(某人)講述。③辨識；識別；斷定；知道(常與 can, could, be able to 等連用)。④吩咐；命令。⑤計算；數。— *v.i.* ①敍述；報告。②奏效；發生影響。③洩露。④說。He is always ∼*ing,* never doing. 他老是說而不做。⑤顯示；顯露。⑥斷定；確定。Who can ∼? 誰能斷定? ***I (can)∼ you; let me ∼ you*** 的確如此。∼ ***off*** **a.** 分派(工作)。**b.**〖俗〗責罵。∼ ***on*** **a.** 使疲倦。**b.**〖俗〗說…的壞話；攻訐告密。***You are ∼ing me!***〖俚〗你所說的我已知道得很清楚；我同意你的說法!

tell·er [ˋtɛlɚ] *n.* Ⓒ①講話者；敍述者。②(銀行之)出納員。③計算者。

tell·ing [ˋtɛlɪŋ] *adj.* 有效的；有力的；顯著的。—**ly,** *adv.*

tell·tale [ˋtɛl͵tel] *n.* Ⓒ①揭人隱私者；搬弄是非者。②顯示器；計時器。③(火車鐵軌之)標示。— *adj.* ①洩露祕密的。②(機械等)顯示或警告的。

tel·ly [ˋtɛlɪ] *n.* Ⓤ (the ∼)〖主英〗電視(=television).

te·mer·i·ty [təˋmɛrətɪ] *n.* Ⓤ魯莽；孟浪。

tem·per** [ˋtɛmpɚ] *n.*①Ⓒ氣質；性情；脾氣(凡不加形容詞時，均指壞脾氣)。②Ⓤ(鋼鐵、黏土等之)硬度。③ⓊⒸ調劑；加入某物使其性質起變化的物質。④Ⓒ趨向；傾向。be out of ∼*** 發脾氣。***lose one's ∼*** 發怒。— *v.t.* ①緩和；調劑；調節。②鍛鍊；淬硬(金屬等)；捏(黏土等)。③〖樂〗調準；調(樂器的)音。④調(色)。— *v.i.* 緩和；調劑。

tem·per·a [ˋtɛmpərə] *n.*〖美術〗①Ⓤ塗料混以蛋黃等使色彩暗晦之一種畫法。②Ⓒ用此法所繪之畫。

***tem·per·a·ment** [ˋtɛmp(ə)rəmənt] *n.* ⓊⒸ①氣質；性情。②體質。③〖樂〗調率；整調。

tem·per·a·men·tal [͵tɛmprəˋmɛntl] *adj.* ①本質的。②有特殊氣質的。③容易生氣的；性情多變的。

***tem·per·ance** [ˋtɛmprəns] *n.* Ⓤ①節制；自制；克己。②節飲；戒酒。

***tem·per·ate** [ˋtɛmprɪt] *adj.* ①有節制的；適度的。②溫和的。the ∼ zone 溫帶。③(飲酒)有節制的。

‡**tem·per·a·ture** [ˋtɛmprətʃɚ] *n.* ⓊⒸ①溫度。②體溫。take one's ∼ 量體溫。③發燒。

***tem·pest** [ˋtɛmpɪst] *n.* Ⓒ①暴風雨；風暴。②騷亂。

tem·pes·tu·ous [tɛmˋpɛstʃuəs] *adj.* ①有暴風雨的。②騷動的。

‡**tem·ple**[1] [ˋtɛmpḷ] *n.* Ⓒ①廟；寺；神殿；祠堂。②禮拜堂；教堂。

***tem·ple**[2] *n.* Ⓒ顳顬；太陽穴。

tem·po [ˋtɛmpo] *n.* Ⓒ (*pl.* **∼s, -pi** [-pi])①〖樂〗速度；拍子。②動率；活動速度。

tem·po·ral[1] [ˋtɛmpərəl] *adj.* ①現世的；世俗的。②時間的；表示時間關係的。③一時的；暫時的。

tem·po·ral[2] *adj.* 顳顬的；太陽穴

的。— *n.* Ⓒ 顱骨。

***tem·po·rar·i·ly** [ˋtɛmpə͵rɛrəlɪ] *adv.* 暫時地；一時地；臨時地。

***tem·po·rar·y** [ˋtɛmpə͵rɛrɪ] *adj.* 暫時的；一時的。

tem·po·rize [ˋtɛmpə͵raɪz] *v.i.* ①因循；遷延。②順應時勢；見風使舵。③姑息；妥協。

***tempt** [tɛmpt] *v.t.* ①勸誘；勾引。②引誘；誘使。③激引；引起。④〖古〗考驗；試驗。⑤冒…之險。～ *Providence* 冒大險。

***temp·ta·tion** [tɛmpˋteʃən] *n.* ①Ⓤ引誘；誘惑。②Ⓒ誘惑物。

tempt·er [ˋtɛmptɚ] *n.* Ⓒ引誘者；誘惑者。*the T-* 撒旦。

***tempt·ing** [ˋtɛmptɪŋ] *adj.* 誘惑人的；迷人的；引人的。

tempt·ress [ˋtɛmptrɪs] *n.* Ⓒ誘惑[迷惑]人(爲惡)的婦女。

‡**ten** [tɛn] *n.* ① ⓊⒸ 十。～ to one 十之八九。② Ⓤ 十個；十人；十歲；十時；十分。③ Ⓒ 十個[人]一組。— *adj.* 十(個)的。

ten·a·ble [ˋtɛnəbḷ] *adj.* ①可防守的；守得住的。②(思想等)站得住脚的；有條理的。③可維持的。

te·na·cious [tɪˋneʃəs] *adj.* ①抓住不放的。②固執的；堅持到底的。③很強的。④黏得牢的；分不開的。

te·nac·i·ty [tɪˋnæsətɪ] *n.* Ⓤ ①固執。②強記憶力。③堅韌；黏著。

ten·an·cy [ˋtɛnənsɪ] *n.* ①Ⓤ租賃。②Ⓒ租賃期限。③Ⓤ任職(期間)。

***ten·ant** [ˋtɛnənt] *n.* Ⓒ①佃戶；房客。②居住者。— *v.t.* 租賃。§ ～ **fàrmer** 佃農。

ten·ant·ry [ˋtɛnəntrɪ] *n.* ①Ⓤ租賃；占有。②Ⓒ tenant 之集合稱。

‡**tend**[1] [tɛnd] *v.i.* ①通向。②有某種傾向；易於。③有助於。

***tend**[2] *v.t.* 照料。— *v.i.* ①服侍；伺候〔on, upon〕. ②照料；留心〔to〕.

***ten·den·cy** [ˋtɛndənsɪ] *n.* Ⓒ①趨勢；傾向。②意向；癖性。

‡**ten·der**[1] [ˋtɛndɚ] *adj.* ①柔軟的；嫩的。②嬌性的；脆弱的。③親切的；溫柔的。④柔和的；溫和的。⑤易感的；善感的。⑥幼稚的；未成熟的。⑦一觸就痛的。⑧顧慮周到的。⑨需要技巧或仔細應付的。—**ly,** *adv.*

***ten·der**[2] *v.t.* ①提出；提供；貢獻。②〖法律〗償還(金錢、貨物等)。— *v.i.* 投標。— *n.* ①Ⓒ提出；提議。②Ⓒ招標；投標。③Ⓒ提供物。④ⓊⒸ償付債務時必須接受之金錢、貨物等。*legal* ～ 法定貨幣。

tend·er[3] *n.* Ⓒ ①看守者；照料者。②補給船。③(火車之)煤水車廂。

ten·der·heart·ed [ˋtɛndɚˋhartɪd] *adj.* 心腸軟的；情深的；慈善的。

ten·der·loin [ˋtɛndɚ͵lɔɪn] *n.* Ⓤ Ⓒ 牛或豬之腰部的軟肉。

***ten·der·ness** [ˋtɛndɚnɪs] *n.* Ⓤ ①柔軟；嫩；嬌弱。②惻隱心；愛意。

ten·don [ˋtɛndən] *n.* Ⓒ 腱；筋。

ten·dril [ˋtɛndrɪl] *n.* Ⓒ〖植〗卷鬚。

***ten·e·ment** [ˋtɛnəmənt] *n.* Ⓒ ①家屋；住宅。②一房客所租的一部分房屋。③(亦作 **tenement house**)共同住宅；多家合居之房屋。

ten·et [ˋtɛnɪt] *n.* Ⓒ 主義；信條；教條。

ten·fold [ˋtɛnˋfold] *adj. & adv.* 十倍的[地]；十重的[地]。

Ten·nes·see [͵tɛnəˋsi] *n.* 田納西州(美國中南部之一州)。

***ten·nis** [ˋtɛnɪs] *n.* Ⓤ 網球。

ten·on [ˋtɛnən] *n.* Ⓒ〖木工〗榫。

***ten·or** [ˋtɛnɚ] *n.* ①Ⓒ (常 *sing.*)進程。②Ⓒ要旨；大意。③Ⓤ男高音。④Ⓒ唱男高音者。

***tense**[1] [tɛns] *adj.* 拉緊的；緊張的。— *v.t.* 拉緊。— *v.i.* 變緊；變緊張。—**ly,** *adv.* —**ness,** *n.*

***tense**[2] *n.* ⓊⒸ〖文法〗時態；時式。

ten·sile [ˋtɛnsḷ] *adj.* ①緊張的；伸張的；張力的。②可拉長的。

***ten·sion** [ˋtɛnʃən] *n.* ①Ⓤ緊張；伸長。② ⓊⒸ 精神緊張。③Ⓤ(又作 *pl.*)緊迫；緊張(狀態)。④Ⓤ〖理〗張力；電壓。

‡**tent** [tɛnt] *n.* Ⓒ天幕；帳篷。— *v.i.* 住於帳篷中。— *v.t.* 以帳篷覆蓋。

ten·ta·cle [ˋtɛntəkḷ] *n.* Ⓒ ①〖動〗觸角；觸鬚。②〖植〗觸毛。

ten·ta·tive [ˋtɛntətɪv] *adj.* 暫時的；試驗性質的。

ten·ter·hook [ˋtɛntɚ͵hʊk] *n.* Ⓒ 張布鉤。*on* ～*s* 煩躁不安。

‡**tenth** [tɛnθ] *adj.* ①第十的。②十分之一的。— *n.* ① Ⓤ (常 the ～)第十。 ②Ⓒ十分之一。 ③Ⓤ(常the ～)(每月的)十號。—**ly,** *adv.*

te·nu·i·ty [tɛnˋjuətɪ] *n.* Ⓤ ①細；薄。②(氣體等)稀薄。③(證據、內容之)貧乏。

ten·u·ous [ˋtɛnjʊəs] *adj.* ①細的；薄的。②稀薄的。③薄弱的。

ten·ure [ˋtɛnjɚ] *n.* Ⓤ ①保有(權)。②保有期間；任期。③保有之條件或形式。④終身職。

tep·id [ˋtɛpɪd] *adj.* ①微溫的。②不大熱心的。—**ly,** *adv.*

ter·cen·te·nar·y [tɜˋsɛntəˌnɛrɪ] *adj.* 三百(周)年的。— *n.* Ⓒ 三百年；三百周年紀念。

‡**term** [tɜm] *n.* ① Ⓒ 專門名詞；術語。②(*pl.*)措辭；說法。③ Ⓒ 期限；期間。④ Ⓒ 學期；(法庭的)開庭期。⑤(*pl.*)條件。⑥(*pl.*)費用；價錢。⑦(*pl.*)關係；交誼。⑧ Ⓒ〖數〗項。***be on good* [*bad*] *~s with a person*** 與某人友善[交惡]。***bring a person to ~s*** 勸服或迫使某人訂約。***come to* [*make*] *~s*** **a.**達成協議。**b.**逆來順受；習慣於。***in ~s of*** 以…之觀點；以…之措辭。— *v.t.* 稱；呼。

ter·ma·gant [ˋtɜməgənt] *n.* Ⓒ 悍婦；潑婦；嘴碎的女人。— *adj.* 嘴碎的；兇悍的。

‡**ter·mi·nal** [ˋtɜmənl̩] *adj.* ①末端的；終點的。②最後的；期終的。③按期的；定期的；每學期的。④末期的。— *n.* Ⓒ ①末端；終點。②起站或終站。③電流接頭的裝置。④〖電算〗終端機。—**ly,** *adv.*

***ter·mi·nate** [ˋtɜməˌnet] *v.t.* ①終止；終結；結束。②形成…之末尾；限制。— *v.i.* 終止；期滿。

ter·mi·na·tion [ˌtɜməˋneʃən] *n.* ①ⓊⒸ 終止；期滿。②ⓊⒸ 末端。③Ⓒ 字尾。

ter·mi·nol·o·gy [ˌtɜməˋnɑlədʒɪ] *n.* Ⓤ 術語；專門名詞。

ter·mi·nus [ˋtɜmənəs] *n.* Ⓒ (*pl.* **-ni** [-ˌnaɪ], **~es**)①終點；盡頭。②起站或終站。③目的(地)。④界限；邊界。⑤界標。

ter·mite [ˋtɜmaɪt] *n.* Ⓒ 白蟻。

tern [tɜn] *n.* Ⓒ 燕鷗。

ter·ra [ˋtɛrə]〖拉〗*n.* Ⓒ 地；土地；地球。§ ∼ **cótta** [ˋkɑtə] (1)一種赤土陶器。(2)赤褐色；赤土色。∼ **fírma** [ˋfɜmə] (對水中或空中而言之安全堅實的)大地；陸地。

***ter·race** [ˋtɛrɪs, -əs] *n.* Ⓒ ①梯形地之一層。②房屋之平頂。③壇；坪。— *v.t.* 使成梯形地；使成壇。

ter·rain [tɛˋren] *n.* ⓊⒸ ①地域；地帶。②地勢；地形。

Ter·ra·my·cin [ˌtɛrəˋmaɪsn̩] *n.* Ⓤ〖商標〗土黴素。

ter·res·tri·al [təˋrɛstrɪəl] *adj.* ①地球(上)的；陸地的。②陸棲的。③塵世的；現世的。

‡**ter·ri·ble** [ˋtɛrəbl̩] *adj.* ①可怕的；可怖的；令人恐懼的。②〖俗〗非常的；極端的。③〖俗〗極壞的。

***ter·ri·bly** [ˋtɛrəblɪ] *adv.* ①可怕地；駭人地。②極度地；非常地。

ter·ri·er [ˋtɛrɪɚ] *n.* Ⓒ 㹴(一種小獵「狗)。

***ter·rif·ic** [təˋrɪfɪk] *adj.* ①可怕的；令人恐怖的。②〖俗〗非常的；極端的；極大的。③〖俗〗極好的。

***ter·ri·fy** [ˋtɛrəˌfaɪ] *v.t.* 使恐怖；驚嚇。—**ing,** *adj.*

ter·ri·to·ri·al [ˌtɛrəˋtorɪəl] *adj.* ①土地的。②領土的。∼ waters [seas] 領海。③區域的。

‡**ter·ri·to·ry** [ˋtɛrəˌtorɪ] *n.* ① Ⓤ Ⓒ 土地；地方；區域。② ⓊⒸ 領土；領域。③(T-) Ⓒ 美國未被承認爲 State 的領土。

***ter·ror** [ˋtɛrɚ] *n.* ① Ⓤ 恐怖；駭懼。② Ⓒ 令人恐怖之人或事物。③ Ⓒ 恐怖集團[活動]。

ter·ror·ism [ˋtɛrəˌrɪzəm] *n.* Ⓤ 恐怖主義。

ter·ror·ist [ˋtɛrərɪst] *n.* Ⓒ 恐怖主「義者。

ter·ror·ize [ˋtɛrəˌraɪz] *v.t.* ①使恐怖；恐嚇。②恐怖統治。

ter·ror-strick·en [ˋtɛrɚˌstrɪkn̩] *adj.* 恐怖的；驚懼的。

terse [tɜs] *adj.* 簡潔的；簡明的(文體等)。—**ly,** *adv.* —**ness,** *n.*

ter·ti·ar·y [ˋtɜʃɪˌɛrɪ] *adj.* ①第三位的；第三級的；第三的。②(T-)〖地質〗第三紀的。— *n.* (the T-)〖地質〗第三紀[層]。

TESL [ˋtɛsl] Teaching English as a Second Language. 將英文當第二語言的教學。

‡**test** [tɛst] *n.* Ⓒ ①試驗；測驗；考驗。②用以考驗之物；試金石。***put to the ~*** 使受考驗。***stand* [*bear*] *the ~*** 經得起考驗；及格。— *v.t.* ①試驗；考驗。②化驗。③檢驗。§ ∼ **pàper** (1)〖化〗石蕊試紙。(2)〖美〗試卷。∼ **pìlot**(新型飛機之)試飛員。∼ **tùbe** 試管。

***tes·ta·ment** [ˋtɛstəmənt] *n.* ① Ⓒ 遺囑(通常用於 last will and testament 一語中)。②(T-)聖經。the Old[New] *T-* 舊[新]約聖經。

tes·ta·men·ta·ry [ˌtɛstəˋmɛntərɪ] *adj.* 遺囑的；依照遺囑作的。

tes·tate [`tɛstet] *adj.* 留有遺囑的。 — *n.* Ⓒ 留有遺囑之死者。
tes·ta·tor [`tɛstetɚ] *n.* Ⓒ ①立遺囑之人。②留有遺囑之死者。
tes·ta·trix [tɛs`tetrɪks] *n.* Ⓒ (*pl.* **-tri·ces** [-trɪ,siz]) testator 之女性。
test·er [`tɛstɚ] *n.* Ⓒ ①試驗者；檢查者；分析者。②試驗器[裝置]。
tes·ti·cle [`tɛstɪkl̩] *n.* Ⓒ 睪丸。
***tes·ti·fy** [`tɛstə,faɪ] *v.t.* ①證明。②作證；證實。③宣稱。 — *v.i.* 證明；作證(to)。
tes·ti·mo·ni·al [,tɛstə`monɪəl] *n.* Ⓒ ①(品格、資格等的)證明書；推薦書。②褒揚狀；感謝狀。
tes·ti·mo·ny** [`tɛstə,monɪ] *n.* ① ⓊⒸ 證言；口供。② ⓊⒸ 證據。③ Ⓤ 宣言。④(*pl.*) 聖經。bear ~ to*** 爲…作證。
test·ing [`tɛstɪŋ] *adj.* 試驗的；作試驗用的。 — **ly,** *adv.*
tes·tos·ter·one [tɛs`tɑstə,ron] *n.* Ⓤ 〖生化〗睪固酮。
test-tube [`tɛst,tjub] *adj.* 試管的；母體外人工授精的。a ~ baby 試管嬰兒。
tes·ty [`tɛstɪ] *adj.* 易怒的；暴躁的。
tet·a·nus [`tɛtənəs] *n.* Ⓤ 〖醫〗①破傷風。②強直性痙攣。
tête-à-tête [`tetə`tet] 〖法〗*adj.* & *adv.* 面對面的[地]；祕密的[地]。 — *n.* Ⓒ ①面談；密談。②一種 S 型坐位(面對面坐)。
teth·er [`tɛðɚ] *n.* Ⓒ ①(拴牲畜的)繫繩；繫鏈。②(智能、知識、財源、權限之)範圍；限度。***at*** [***to***] ***the end of one's ~*** 智盡技窮；力量、智慧、忍耐等已至最大限度。
tet·ra·gon [`tɛtrə,gɑn] *n.* Ⓒ 四邊形。 — **te·trag′o·nal,** *adj.*
tet·ra·he·dral [,tɛtrə`hidrəl] *adj.* 四面體的。
tet·ra·he·dron [,tɛtrə`hidrən] *n.* Ⓒ (*pl.* **~s, -dra** [-drə]) 四面體。
te·tram·e·ter [tɛ`træmətɚ] *n.* Ⓒ 〖詩〗四音步句。
Teu·ton [`tjutn̩] *n.* ①(the ~s) 條頓族(包括日耳曼、荷蘭等)。② Ⓒ 條頓人。③ Ⓒ 德國人。
Teu·ton·ic [tju`tɑnɪk] *adj.* 條頓語的；條頓族的；德國的。
Tex·an [`tɛksn̩] *adj.* 德克薩斯州的。 — *n.* Ⓒ 德克薩斯州人。
Tex·as [`tɛksəs] *n.* 德克薩斯(美國西南部之一州)。
***text** [tɛkst] *n.* ① ⓊⒸ 正文；本文。② ⓊⒸ 原文。③ Ⓒ 作爲宣講題目之聖經文句。④ Ⓒ 題目；主題。⑤ = **textbook.**
***text·book** [`tɛkst,bʊk] *n.* Ⓒ 教科書。
***tex·tile** [`tɛkstl̩, -tɪl] *adj.* ①紡織的；織物的。②可織的。 — *n.* Ⓒ ①織物。②織物原料。
tex·tu·al [`tɛkstʃʊəl] *adj.* 本文的；原文的；文字上的。
tex·ture [`tɛkstʃɚ] *n.* ⓊⒸ ①(織物的)質地；織物。②構造；結構。
Tha·i [`tɑ·i] *n.* (*pl.* **~, ~s**) ① Ⓒ 泰國人。② Ⓤ 泰國語。
Thai·land [`taɪlənd] *n.* 泰國(首都 Bangkok)。
tha·lid·o·mide [θə`lɪdə,maɪd] *n.* Ⓤ 一種會使胎兒畸形的鎮靜劑。
Thames [tɛmz] *n.* (the ~) 泰晤士河(倫敦位於其畔)。
‡**than** [ðæn] *conj.* ①比較。②除…外。③當(=when)。 — *prep.* 與…相較(常與代名詞受格連用)。
thane [θen] *n.* Ⓒ 〖英史〗①介於自由人與貴族間之大鄉紳。②蘇格蘭之貴族。(亦作 **thegn**)
‡**thank** [θæŋk] *v.t.* 感謝；道謝。***have oneself to ~*** 錯在自己；自己負責。 — *n.* (*pl.*) 謝意；感謝。***~s to*** 由於；因。
***thank·ful** [`θæŋkfəl] *adj.* 感謝的；感激的。 — **ly,** *adv.* — **ness,** *n.*
***thanks·giv·ing** [,θæŋks`gɪvɪŋ] *n.* ① Ⓤ 感謝；感恩。②(T-)感恩節。§ **T- Day** 〖美〗感恩節(十一月最後的星期四)。
‡**that**[1] [ðæt, ðət] *adj.* & *pron.* (*pl.* **those**) 那；那個；彼(與 this 相對而言)。***and all ~*** 等等。***and ~*** 代替前半句所述之事實之詞。***at ~*** 〖俗〗儘管如此；然而。***in ~*** 因爲。***~ is*** (***to say***) 就是說；即。***That's it.*** 對啦，正是如此。***That's ~.*** 〖俗〗就這樣決定了；不必再多講了。***with ~*** 這樣說著；於是。
‡**that**[2] *relative pron.* 用以代替 who, whom, which, at[in] which.
‡**that**[3] *conj.* ①用以引導一個附屬子句，常被省略。②用以引導一個名詞子句。③(用以表示結果或目的)以致；以求。④(表示原因)因爲。⑤表示強烈願望、驚訝、憤怒等。
that[4] *adv.* 〖俗〗如許；那麼(=so)。

***thatch** [θætʃ] *n.*①Ⓤ茸草。②Ⓒ草屋頂。③Ⓒ濃密的頭髮。— *v.t.* 以茸草覆蓋。— **er,** *n.*

***thaw** [θɔ] *v.i.* ①溶化；融解。②變溫暖。③在態度上變爲較不拘泥；變爲溫和。— *v.t.* ①使溶化；使融解。②使態度上變得較不拘泥；使變溫和。— *n.* Ⓒ①溶化；融解。②冰雪融解之時令。

‡**the**[1] [子音前 ðə, 母音前 ðɪ, 重讀 ði] *adj. & definite article.* 此；這。

the[2] [ðə, ðɪ] *adv.* 愈；更(用於形容詞或副詞的比較級之前)。

‡**the·a·ter,**〖英〗**-tre** [ˋθiətɚ, ˋθɪə-] *n.*①Ⓒ劇場；戲院；電影院。②Ⓒ階梯教室。③Ⓒ重大事件發生的場所。④Ⓤ(常 the～)戲劇。

the·a·ter·go·er [ˋθiətɚˏgoɚ] *n.* Ⓒ常看戲者；戲迷。

the·a·ter·go·ing [ˋθiətɚˏgo·ɪŋ] *n.* Ⓤ觀劇；看戲。

the·at·ri·cal [θɪˋætrɪkl] *adj.* ①戲院的；戲劇的；演戲的。②戲劇性的；誇張的。— *n.*(*pl.*)演戲。

‡**thee** [ði] *pron.*(the objective case of **thou**)〖古〗你；汝。

***theft** [θɛft] *n.* ⓊⒸ盜竊行爲。

‡**their** [ðɛr] *pron.*(the possessive case of **they**)他們的。

‡**theirs** [ðɛrz] *pron.* 他們的。

the·ism [ˋθiɪzəm] *n.* Ⓤ①一神論。②有神論。— **the′ist,** *n.*

‡**them** [ðɛm] *pron.* (the objective case of **they**)他們；她們；它們。

the·mat·ic [θɪˋmætɪk] *adj.* ①論題的；主題的。②〖樂〗主題的；主旋律的。(亦作 **thematical**)

***theme** [θim] *n.* Ⓒ①題；題目。②作文；作文題。③〖樂〗主題；樂旨；主旋律。§ ～ **sòng** 主題曲。

‡**them·selves** [ðəmˋsɛlvz] *pron.* (pl. of **himself, herself, itself**)他[她，它]們自己。

‡**then** [ðɛn] *adv.* ①在將來的某時；屆時。②在過去的某時；當時。③然後；之後。④繼之。⑤那麼；因此。⑥並且；還(前面常有 and)。*but* ～同時；但是另一方面。*now* ... ～ ... 有時…有時…。*now* ～ (抗議、警告)可是，喂! *there and* ～; ～ *and there* 當場；立即。— *n.* Ⓤ其時；當時。— *adj.* 當時的。

***thence** [ðɛns] *adv.* ①由彼處。②〖罕〗自彼時。③因此。

thence·forth [ˏðɛnsˋforθ] *adv.* 從那時以後。

thence·for·ward(s) [ˏðɛnsˋfɔrwɚd(z)] *adv.* =**thenceforth.**

the·oc·ra·cy [θiˋɑkrəsɪ] *n.*①Ⓤ神權政治。②Ⓤ僧侶政治。③Ⓒ實行神權[僧侶]政治的國家。

the·o·crat·ic, -i·cal [ˏθiəˋkrætɪk(l)] *adj.* 神權政治的；神權主義的；僧侶政治的。

the·o·lo·gian [ˏθiəˋlodʒən] *n.* Ⓒ神學家。

the·o·log·ic, -i·cal [ˏθiəˋlɑdʒɪk(l)] *adj.* 神學(上)的。

the·ol·o·gy [θiˋɑlədʒɪ] *n.* Ⓤ神學。

the·o·rem [ˋθiərəm] *n.* Ⓒ①〖數〗定理。②原理；原則。

the·o·ret·ic, -i·cal [ˏθiəˋrɛtɪk(l)] *adj.* ①理論(上)的。②推理的。— **the·o·ret′i·cal·ly,** *adv.*

the·o·rist [ˋθiərɪst] *n.* Ⓒ理論家。

the·o·rize [ˋθiəˏraɪz] *v.i.* 創立理論或學說。— **the′o·riz·er,** *n.*

‡**the·o·ry** [ˋθiərɪ, ˋθɪərɪ] *n.* ①Ⓒ學說；論。②Ⓤ學理；原理。③Ⓤ空論；理論。④Ⓒ意見；看法。

the·os·o·phy [θiˋɑsəfɪ] *n.* Ⓤ通神學；通神論。

ther·a·peu·tic, -ti·cal [ˏθɛrəˋpjutɪk(l)] *adj.* 治療學的；有療效的；有助於維持健康的。

ther·a·peu·tics [ˏθɛrəˋpjutɪks] *n.* Ⓤ治療學；療法。

ther·a·py [ˋθɛrəpɪ] *n.* ⓊⒸ療法。

‡**there** [ðɛr] *adv.* ①在那裡；在彼處。②往那裡；向彼處。③在那一點；關於那一點。④(在行動、故事等之)某一點上。⑤與 verb to be 連用。⑥與其他置於主詞之前的動詞連用。⑦用以引起注意。⑧用以表示嘉許、鼓勵等。*be all* ～〖俗〗(能力、精神)很正常的；健全的。*get* ～ 達到目的；成功。*You have me* ～. 你難倒我了。— *n.* Ⓤ那裡；彼處。— *interj.* 表示安慰或得意等。

***there·a·bout(s)** [ˏðɛrəˋbaut(s)] *adv.* ①在那地方附近。②在那個時間前後。

***there·af·ter** [ðɛrˋæftɚ,-ˋɑf-] *adv.* 其後。

there·at [ðɛrˋæt] *adv.* ①在那個地方；在那個時候。②因此；於是。

***there·by** [ðɛrˋbaɪ] *adv.* ①藉以。②與那個相關連。③在該處附近。

‡**there·fore** [ˋðɛrˏfor, -ˏfɔr] *adv.*

因此；所以。

there·from [ðɛr\`fram] *adv.* 從那裡。

there·in [ðɛr\`ɪn] *adv.* ①在裡面。②在那一點上。

there·of [ðɛr\`av] *adv.*〖古〗①由是；由此。②屬於它；關於它。

there·on [ðɛr\`an] *adv.* ①在那上面。②立刻地。

there·up·on [ˌðɛrə\`pan] *adv.* ①隨即。②因此；所以。③在其上。

there·with [ðɛr\`wɪð, -\`wɪθ] *adv.* ①外加。②隨後。

there·with·al [ˌðɛrwɪð\`ɔl] *adv.* 其外；此外；又。

therm [θɜm] *n.* Ⓒ〖理〗撒姆(熱量單位，等於1,000大卡路里)。

ther·mal [\`θɜml] *adj.* ①熱的；溫度的。②溫泉的。— *n.* Ⓒ一股上升之熱空氣。§ ～ **spring** 溫泉。

ther·mic [\`θɜmɪk] *adj.* 熱(量)的；由熱導致的。

ther·mo·dy·nam·ic, -i·cal [ˌθɜmodaɪ\`næmɪk(l)] *adj.* 熱力學的；熱力的。

ther·mo·dy·nam·ics [ˌθɜmodaɪ\`næmɪks] *n.* Ⓤ熱力學。

***ther·mom·e·ter** [θə\`mamətɚ, θɚ-] *n.* Ⓒ寒暑表；溫度計。

ther·mo·nu·cle·ar [ˌθɜmo\`nuklɪɚ] *adj.*〖理〗熱核(反應)的。

ther·mos [\`θɜməs] *n.* Ⓒ熱水瓶。(亦作 **thermos bottle**)

ther·mo·set·ting [\`θɜmoˌsɛtɪŋ] *adj.* 加熱即硬化的(可塑物)。

ther·mo·stat [\`θɜməˌstæt] *n.* Ⓒ自動調溫器。

the·sau·rus [θɪ\`sɔrəs] *n.* Ⓒ (*pl.* **-ri** [-raɪ], **～es**)①知識的寶庫。②辭典；百科全書。

‡**these** [ðiz] *adj.* & *pron.* pl. of **this.** 「這些。」

the·sis [\`θisɪs] *n.* Ⓒ (*pl.* **-ses** [-siz])①論文；畢業論文；學位論文；課題。②〖哲〗(黑格爾辯證法中「正」，「反」，「合」之)正(命題)。

‡**they** [ðe] *pron.* pl. of **he, she, it.** ①他[她，它]們。②人們。

they'd [ðed] =**they had**[**would**].

they'll [ðel] =**they will**[**shall**].

they're [ðer] =**they are.**

they've [ðev] =**they have.**

‡**thick** [θɪk] *adj.* ①厚的；粗大的。②濃的；稠的。③密集的；稠密的。④不晴朗的(天氣等)。⑤不清晰的；重濁的(聲音)。⑥〖俗〗愚笨的；遲鈍的。⑦〖俗〗親密的。⑧〖俗〗不能忍受的。— *adv.* ①厚地；密地；密集地；豐富地。②時常地；頻頻地。③不清晰地。*lay it on ～*〖俗〗過分恭維。— *n.* (*sing.*, 常 the ～)最厚[最濃密]之部分。*through ～ and thin* 同甘共苦。

***thick·en** [\`θɪkən] *v.t.* & *v.i.* ①(使)變厚。②(使)變濃。③(使)密集。④(使)變複雜。

***thick·et** [\`θɪkɪt] *n.* Ⓒ灌木叢。

***thick·ly** [\`θɪklɪ] *adv.* ①濃密地。②大量地。③頻繁地。

***thick·ness** [\`θɪknɪs] *n.* ①ⓊⒸ厚；厚度。②Ⓤ聲音沙啞不清。③Ⓒ一層。④(the ～)厚的部分。

thick·set [\`θɪk\`sɛt] *adj.* ①矮壯的。②密植的；繁茂的。

thick·skinned [\`θɪkˌskɪnd] *adj.* ①皮厚的。②感覺遲鈍的。

***thief** [θif] *n.* Ⓒ (*pl.* **thieves** [θivz]) 賊；竊賊。

thieve [θiv] *v.i.* & *v.t.* 偷竊。

thiev·er·y [\`θivərɪ] *n.* ⓊⒸ偷竊。

thiev·ish [\`θivɪʃ] *adj.* ①有偷竊習慣的。②像賊的。③偷偷摸摸的。

***thigh** [θaɪ] *n.* Ⓒ大腿。

thigh·bone [\`θaɪˌbon] *n.* Ⓒ〖解〗股骨；大腿骨。

thim·ble [\`θɪmbl] *n.* Ⓒ頂針；針箍；嵌環。

‡**thin** [θɪn] *adj.* (**-nn-**)①薄的。②細的。③瘦的。④稀薄的；稀少的。⑤微弱的(聲音)。⑥淺薄的；貧乏的。⑦淡的(色彩)。⑧〖俗〗難過的；不愉快的。— *v.t.* & *v.i.* (**-nn-**)①(使)變薄。②(使)變細。③(使)變瘦。④(使)稀薄；(使)變稀少。— **ly,** *adv.*

***thine** [ðaɪn] *pron.* possessive case of **thou.** ①(只能用於母音之前)=**your, thy.** ②=**yours.**

‡**thing** [θɪŋ] *n.* ①Ⓒ物件；東西。②(*pl.*)所有物；衣服；用品。③Ⓒ事；行爲。④(*pl.*)情況；事態。⑤Ⓒ人(含有熟識或憐惜之意)。⑥Ⓒ工作。⑦(*pl.*, 將形容詞置於其後)文物。～*s* Chinese 中國文物。⑧(the ～)**a.** 風行之式樣[形式]。**b.** 重要的事或想法。**c.** 健康狀態。*for one ～* 首先；一則。*make a good ～ of* 因…賺到錢；從…獲利。

thing·a·my, thing·um·my [\`θɪŋəmɪ] *n.* Ⓒ〖俗〗某人[物]。

‡**think** [θɪŋk] *v.i.* (**thought**)①思索；

想；考慮。②記憶；想到。③意欲；企圖。── *v.t.* ①想；考慮。②認爲；以爲。③企圖；預料。④想像。～ ***aloud*** 自言自語。～ ***better of*** a.改變…的念頭。b.認爲(某人)不致於。～ ***fit***[***good***] ***to*** 認爲…適當。～ ***nothing of*** 輕視；認爲無所謂。～ ***of*** a.思索；思想；想像。b.和 should 或 would 與一否定詞結合，爲 would [should] never 的強勢語。c.記起；記憶。d. 發現；建議；提示。～ (***something***) ***out*** a.想出。b.想透；從頭到尾仔細考慮。～ ***over*** 仔細考慮。～ ***through*** 想通；想透。～ ***twice*** 再三考慮。～ ***up*** 想出；想起。§ ～ **piece** 〖新聞〗有關政治、經濟等問題之分析評論。

think·er [ˋθɪŋkə] *n.* Ⓒ 思考者；思想家。

think·ing** [ˋθɪŋkɪŋ] *adj.* ①有思想力的。②思考的。put on one's ～ cap*** 仔細考慮某事。── *n.* Ⓤ 思考；思想；見解。

thin-skinned [ˋθɪnˋskɪnd] *adj.* ①皮薄的。②敏感的。③易怒的。

‡third [θɜd] *adj.* ①第三的。②三分之一的。── *n.* ① Ⓤ (the ～)第三個。② Ⓤ (the ～)月之三日。③ Ⓒ 三分之一。§ **the ～ degrée**〖美〗酷刑逼供；拷問。**the ～ párty** 第三黨；少數黨。**the ～ pérson**〖文法〗第三人稱。**～ class** 第三類；第三等。

third·ly [ˋθɜdlɪ] *adv.* 第三；(首先…，再則…，)三則…。

thirst** [θɜst] *n.*① Ⓤ (又作 a ～)渴；口渴。②(*sing.*)渴望；熱望。have a ～*** 〖俗〗想喝一杯。── *v.i.* ①口渴。②渴想；熱望(for, after)。

***thirst·y** [ˋθɜstɪ] *adj.* ①渴的。②〖俗〗使人口渴的。③乾燥的。④渴望的(for)。─ **thirst′i·ly,** *adv.*

‡thir·teen [θɜˋtin] *n.*① Ⓤ Ⓒ 十三；13。② Ⓤ 十三歲；十三美元[英鎊等]。── *pron.*(作 *pl.*解)十三個；十三人。── *adj.* 十三的。

***thir·teenth** [θɜˋtinθ] *n.* & *adj.*①(the ～)第十三(的)。② Ⓒ 十三分之一(的)。── *pron.* 第十三個人[物]。

***thir·ti·eth** [ˋθɜtɪɪθ] *n.* ①(the ～)第三十。② Ⓒ 三十分之一。── *adj.* (常 the ～)第三十的；三十分之一的。

‡thir·ty [ˋθɜtɪ] *n.* ① Ⓤ Ⓒ 三十；30。② Ⓤ 三十歲；三十美元[英鎊等]。③(*pl.*)三十與四十之間。── *pron.* (作 *pl.*解)三十個；三十人。── *adj.* 三十(個，人)的。

‡this [ðɪs] *pron.* (*pl.* **these**) 這；此；這個(爲 that 之對)。～, ***that, and the other*** 一切東西；種種。── *adj.* 這；這個；此；本。── *adv.* 到此界限[程度]；如此。

***this·tle** [ˋθɪsl] *n.* Ⓒ 薊(其紫色花爲蘇格蘭國花)。

this·tle·down [ˋθɪsl͵daun] *n.* Ⓤ 薊花的冠毛。

***thith·er** [ˋθɪðə, ˋðɪðə] *adv.* 到彼處；向彼方(與 hither 相對)。── *adj.* 對岸的；那邊的。

thith·er·ward(s) [ˋθɪðəwəd(z)] *adv.* 向彼處；在彼方。

tho, tho' [ðo] *conj.* & *adv.* = **though.**

thong [θɔŋ, θaŋ] *n.* Ⓒ (用以綑物或作鞭子的)皮帶；皮條。

tho·rax [ˋθoræks] *n.* Ⓒ (*pl.* **～es, -ra·ces** [-rə͵siz])〖解〗胸腔；胸部。

thorn** [θɔrn] *n.*① Ⓒ 刺；棘。② Ⓤ Ⓒ 荊棘。③ Ⓒ 使人苦惱之事物。a ～ in one's flesh*** [***side***] 經常的煩惱之因。

thorn·y [ˋθɔrnɪ] *adj.* ①多刺[荊棘]的。②困難的；棘手的。

***thor·ough** [ˋθɜo, -ə] *adj.* ①完全的；徹底的。②周到的。

thor·ough·bred [ˋθɜo͵brɛd] *adj.* ①純種的(動物)。②有教養的；舉止優雅的(人)。── *n.* Ⓒ ①純種動物。②有教養的人。

thor·ough·fare** [ˋθɜo͵fɛr] *n.* Ⓒ 通路；大道。no ～*** 不准通行。

thor·ough·go·ing [ˋθɜoˋgoɪŋ] *adj.* 徹底的；全然的。

those [ðoz] *adj.* & *pron.* pl. of **that.** 那些。

‡thou [ðau] *pron.*(*pl.* **ye**)〖古，詩〗你(第二人稱，單數，主格，＝you)。

‡though [ðo] *conj.* ①雖然。②即令；縱然。***as ～*** 一若(＝as if)。── *adv.* 可是；雖然。

‡thought [θɔt] *v.* pt. & pp. of **think.** ── *n.* ① Ⓒ (常*pl.*)意思；觀念。② Ⓤ 沉思冥想。③ Ⓤ 思考。④ Ⓤ 思想；思潮。⑤ Ⓤ 關注。⑥ Ⓤ 意向；意志。⑦ Ⓤ 預料。⑧ Ⓤ 注意。⑨(常 *pl.*)判斷；意見。⑩(a ～)〖俗〗一點；些微；稍許。

***thought·ful** [ˋθɔtfəl] *adj.* ①深思的。②富於思想[關懷]的。③注意的；

關切的；體貼的。

***thought·less** [ˋθɔtlɪs] *adj.* ①無思想的。②不注意的；疏忽的。③不關心他人的。—**ly,** *adv.*

‡thou·sand [ˋθaʊzn̩d] *n.* & *adj.* ① Ⓒ 千(的)；千個(的)；1,000(的)。②(*pl.*)多數(的)；無數(的)；成千(的)。*a* ～ *to one* 千對一；幾乎絕對的。*one in a* ～ 千中之一；罕有的人或物。

thou·sand·fold [ˋθaʊzn̩dˋfold] *adj.* & *adv.* 千倍的[地]。

thou·sandth [ˋθaʊzn̩dθ] *n.* & *adj.* ① Ⓤ (常 the ～)第一千(的)。②Ⓒ千分之一(的)。

thral(l)·dom [ˋθrɔldəm] *n.* Ⓤ奴隸身分或地位；奴役。

thrall [θrɔl] *n.* ①Ⓒ奴隸。②Ⓤ奴隸的身分或地位。

***thrash** [θræʃ] *v.t.* ①打(穀物)。②笞打；責打。③擊敗；勝過。— *v.i.* ①打穀。②猛烈移動；猛烈動蕩。～ *out* 研討解決。～ *over* 再三精細檢查；翻滾。— *n.* ⓊⒸ打；鞭打。

thrash·er [ˋθræʃɚ] *n.* Ⓒ①打穀者；打穀機。②長尾鮫。

thrash·ing [ˋθræʃɪŋ] *n.* Ⓒ ①打穀。②鞭打。

‡thread [θrɛd] *n.* ①ⓊⒸ線；纖維；細絲。②Ⓒ線狀物。③Ⓒ線索；脈絡。④Ⓒ螺紋。*cut one's mortal* ～ 割斷命脈；殺死。*hang by a* ～ 千鈞一髮；處於危險之境。～ *and thrum* 盡數；全部。— *v.t.* ①穿線於(針孔)；以線穿起。②穿過。③加螺紋於(螺釘等)。— *v.i.* ①成線(狀)。②如線般穿過。§ ～ **màrk** 細紋(製紙幣用的紙漿中摻入有色纖維而成之細紋，以防僞造貨幣)。

thread·bare [ˋθrɛd,bɛr] *adj.* ①毛絨已磨掉的；穿到露線的。②著破衣的。③陳腐的；無趣的。

***threat** [θrɛt] *n.* Ⓒ①恐嚇；威脅。②惡兆。

‡threat·en [ˋθrɛtn̩] *v.t.* ①恐嚇；威脅。②預示…之惡兆；使…有受禍害之虞。— *v.i.* ①恐嚇；威脅。②勢將；即將來臨。—**ing,** *adj.*

‡three [θri] *n.* ①ⓊⒸ三；3。②Ⓤ三個；三歲；三時。③Ⓒ三個人或物之一組。— *adj.* 三的；三個的。

three-D, 3-D [ˋθriˋdi] *adj.* 立體(電影)的。— *n.* Ⓤ立體。

three-di·men·sion·al [,θridəˋmɛnʃənl] *adj.* ①立體的。②有立體感的。③有眞實感的。

three·fold [ˋθriˋfold] *adj.* & *adv.* 三倍的[地]；三重的[地]。

three·pence [ˋθrɪpəns] *n.* ①Ⓤ三辨士之款額。②Ⓒ〖英〗值三辨士之銀幣。

three·pen·ny [ˋθri,pɛnɪ] *adj.* ①值三辨士的。②無價值的；便宜的。

three-quar·ter [ˋθriˋkwɔrtɚ] *adj.* ①四分之三的。②(衣服等)四分之三的長度的；七分的。

three·score [ˋθriˋskor] *n.* Ⓤ 六十。— *adj.* 六十的。

thren·o·dy [ˋθrɛnədɪ] *n.* Ⓒ輓歌；哀歌；悲歌。

thresh [θrɛʃ] *v.t.* 打(穀)。— *v.i.* ①打穀。②翻來覆去；搖動。

***thresh·old** [ˋθrɛʃold, ˋθrɛʃhold] *n.* Ⓒ①門檻。②入口；門口。③(常 *sing.*)開始；開端。*at the* ～ *of* 在…的開始；就要開始的時候。

‡threw [θru] *v.* pt. of **throw.**

***thrice** [θraɪs] *adv.* ①三倍地；三度地。②很；非常。

***thrift** [θrɪft] *n.* Ⓤ①節儉；儉約。②〖植〗濱簪花。

thrift·less [ˋθrɪftlɪs] *adj.* 奢侈的；不節儉的。—**ly,** *adv.*

***thrift·y** [ˋθrɪftɪ] *adj.* ①節儉的。②興旺的；茂盛的。—**thrift′i·ly,** *adv.* —**thrift′i·ness,** *n.*

***thrill** [θrɪl] *n.* Ⓒ①震顫。②刺激；激動。— *v.t.* 刺激；激動。— *v.i.* ①震顫；抖顫。②因興奮而生震顫之感；深受感動。

thrill·er [ˋθrɪlɚ] *n.* Ⓒ①富有刺激性之人或事物。②引起街談巷議的戲劇、消息等。

thrill·ing [ˋθrɪlɪŋ] *adj.* 令人震顫的；使感動的；震顫的。

***thrive** [θraɪv] *v.i.* (**thrived** or **throve, thrived** or **thriv·en**)①繁盛；興盛。②健旺；茂盛。

thro', thro [θru] *prep.* =**through.**

‡throat [θrot] *n.* Ⓒ①咽喉；喉嚨。②狹窄之通路。*cut one's own* ～自取滅亡。*cut someone's* ～ 擊敗；消滅。*stick in one's* ～ (話)梗於喉間。*thrust* [*force, ram, shove*] *something down one's* ～ 強迫他人接受或同意某事。

***throb** [θrɑb] *v.i.* (**-bb-**) 悸動；跳動；有規律地跳動；震顫。— *n.* Ⓒ悸動；有規律的跳動；震顫。

throes [θroz] *n. pl.* ①劇痛。②分娩時之陣痛。③苦痛的努力[掙扎]。

***throne** [θron] *n.* ①Ⓒ寶座；御座。②(the ～)王位；帝位；君權。③(the T-)〖英〗君主。— *v.t.* 使登基。

***throng** [θrɔŋ] *n.* Ⓒ①群；群衆。②衆多；多數。— *v.t.* 擠入；擠滿。— *v.i.* 擠集；群集。

throt·tle [ˋθratḷ] *n.* Ⓒ①節流閥。②〖俗〗喉；氣管。— *v.t.* ①使窒息；扼死；勒死。②壓制(言行)。③關節氣閥以減低速度。

‡**through** [θru] *prep.* ①經過；通過。②遍及；歷盡。③由於；因爲。④藉；由。⑤結束；完成。⑥從頭到尾。
— *adv.* ①自始至終；貫通地。②完全地。③完畢。④全程地；直達地。***be ～ with*** a. 絕交。b. 完畢；結束。～ ***and*** ～ 完全地；徹底地。
— *adj.* ①通行的。②直達的。
(亦作 **thru**)

‡**through·out** [θruˋaut] *prep.* 遍及；在全部期間；在各處。— *adv.* ①在各處；徹頭徹尾。②自始至終。

throve [θrov] *v.* pt. of **thrive.**

‡**throw** [θro] *v.t.* (**threw, thrown**) ①投；拋；擲。②推出；推倒。③投射；投置；拋向；移向。④移動(槓桿等)；轉動(槓桿等)。⑤轉動槓桿使轉動；轉動槓桿使連起或斷開。⑥使跌落。⑦蛻；脫(皮)。⑧使陷入(某種狀態)。⑨〖美俗〗在(比賽中)放水。⑩搓(絲)成線。⑪(家畜)生產(幼子)。⑫〖俗〗舉行(一派對)。⑬匆忙地穿或脫(衣)。— *v.i.* ①投；擲；拋。②擲骰子。～ ***about*** a. 亂丟[扔，花]。b. 猛烈地揮動。～ ***away*** 放棄；丟掉。～ ***back*** a.返回祖先的型態。b.使延遲。～ ***cold water on*** 潑冷水於；使氣餒。～ ***in*** a.額外贈送。b.插進。～ ***off*** a.匆匆脫掉。b.擺脫掉；失掉。c.即席而做。～ ***open*** a.打開。b.開放。～ ***out*** a.否決(議案等)。b.發表；說出。c.增建；加蓋。～ ***over*** 放棄；遺棄。～ ***together*** a.匆匆做成。b.使結合。～ ***up*** a.嘔吐。b.舉起；推上。c. 放棄。d. 急速建造。
— *n.* Ⓒ①投；擲；拋。②投距。③圍巾；毛毯。④骰子之一擲；運氣。⑤機會；冒險。—**er,** *n.*

throw·a·way [ˋθroə,we] *n.* Ⓒ(在街上分送或挨戶傳送的)傳單。

throw·back [ˋθro,bæk] *n.* Ⓒ①擲回；扔回。②〖生物〗返祖現象。③阻遏；挫折。

throw-in [ˋθro,ɪn] *n.* Ⓒ〖運動〗擲界外[邊線]球(指將球投入場內)。

‡**thrown** [θron] *v.* pp. of **throw.**

thru [θru] *prep.* & *adv.* & *adj.* = **through.**

thrum [θrʌm] *v.i.* & *v.t.* (**-mm-**) ①撫彈(弦樂器)；撥弄(樂器)之弦。②(以手指)輕扣；輕敲。

thrush[1] [θrʌʃ] *n.* Ⓒ畫眉鳥。

thrush[2] *n.* Ⓤ①鵝口瘡；雪口症。②〖俗〗陰道炎。

***thrust** [θrʌst] *v.t.* (**thrust**)①插入；用力推；衝。②戳；刺。— *v.i.* ①刺；戳。②推擠；擠進。— *n.* ①Ⓤ力推；衝。②Ⓒ刺；戳。③Ⓒ攻擊；突擊。④Ⓤ〖機〗推力；向軸壓力。

thru·way [ˋθru,we] *n.* Ⓒ高速公路。

thud [θʌd] *n.* Ⓒ①重擊聲；砰擊聲。②砰然的跌落；重擊。— *v.i.* & *v.t.* (**-dd-**)砰然地落下；重擊。

thug [θʌg] *n.* Ⓒ①惡棍；刺客；殺人者。②(T-)(昔時印度之)暗殺團中的一分子。

thumb** [θʌm] *n.* Ⓒ拇指。all ～s*** 笨手笨腳的。***～s down*** 表示反對或拒絕的手勢。***～s up*** 伸大拇指表示贊成或接受的手勢。***under the ～ of a person; under one's ～***受某人的壓制。— *v.t.* ①以拇指翻(書頁等)而匆匆閱讀。②以拇指弄污損。③笨拙處理。④以拇指指向要去的方向而搭便車。§ ～ **index** 字典等頁邊上的字母指標。

thumb·screw [ˋθʌm,skru] *n.* Ⓒ翼形螺釘。

thumb·tack [ˋθʌm,tæk] *n.* Ⓒ圖釘。

***thump** [θʌmp] *v.t.* & *v.i.* ①重擊；拳打。②發砰然聲；砰砰地跳。③放大腳步聲地走路。— *n.* Ⓒ①重擊。②砰然聲。

thun·der** [ˋθʌndɚ] *n.* Ⓤ①雷；雷聲。②似雷之聲。③恐嚇；威脅。④譴責。steal someone's ～*** a. 剽竊別人的思想或方法等。b. 搶某人的鋒頭。
— *v.i.* ①打雷。②發出如雷之聲。③大聲斥責或恐嚇。④大聲說；叫喊。
— *v.t.* 大聲喊出(斥責、譴責、威脅等之語)。

***thun·der·bolt** [ˋθʌndɚ,bolt] *n.* Ⓒ①雷電；霹靂。②突然而又可怕的事情。

thun·der·clap [ˋθʌndɚ,klæp] *n.* Ⓒ①雷響；霹靂。②突然而又驚人

的事[消息]。
thun·der·cloud [ˋθʌndɚˌklaud] *n.* Ⓒ 夾有雷電的烏雲。
thun·der·ing [ˋθʌndərɪŋ] *adj.* ①似雷鳴的。②〖俗〗非常的；驚人的。
thun·der·ous [ˋθʌndərəs] *adj.* ①發雷聲的；雷聲隆隆的。②喧聲如雷的。③(天候)似將打雷的。
thun·der·show·er [ˋθʌndɚˌʃauɚ] *n.* Ⓒ 雷陣雨。
thun·der·storm [ˋθʌndɚˌstɔrm] *n.* Ⓒ 雷雨。
thun·der·struck [ˋθʌndɚˌstrʌk] *adj.* ①被雷擊的。②驚呆的；驚愕的。
Thur(s). Thursday.
‡**Thurs·day** [ˋθɜzdɪ] *n.* Ⓤ Ⓒ 星期四；禮拜四。
‡**thus** [ðʌs] *adv.* ①如此；像這樣。②因此；於是。③至此；至此程度。～ *far* 至此；迄今。
thwack [θwæk] *v.t.* (以扁平物)重擊。— *n.* Ⓒ 猛打。
***thwart** [θwɔrt] *v.t.* ①反對；阻撓；妨礙；使受挫折。②〖古〗橫越。— *n.* Ⓒ ①划船者所坐的橫板。②獨木舟之橫撐。— *adj.* 橫過的。— *prep.* & *adv.* 橫過(地)。
***thy** [ðaɪ] *adj.* (thou的所有格)〖古，詩〗你的(=your).
thyme [taɪm] *n.* Ⓤ 〖植〗百里香；麝香草。
thy·mus [ˋθaɪməs] *n.* Ⓒ (*pl.* ～**es, -mi** [-maɪ])〖解〗胸腺。
thy·roid [ˋθaɪrɔɪd] *n.* ① Ⓒ 甲狀腺。② Ⓒ 甲狀軟骨。③ Ⓤ Ⓒ 從甲狀腺中提煉出的藥劑。— *adj.* 甲狀腺的。§ ～ **glánd** 甲狀腺。
***thy·self** [ðaɪˋsɛlf] *pron.* 〖古，詩〗你自己(thou 的反身代名詞，=yourself)。
ti [ti] *n.* Ⓤ Ⓒ 〖樂〗全音階的第七音。
Tian·an·men Squáre [ˌtjɛnænmən ～] *n.* 天安門廣場。
ti·ar·a [taɪˋɛrə] *n.* Ⓒ ①頭飾；后冠。②羅馬教皇之三重冠[教權]。
Ti·bet [tɪˋbɛt] *n.* 西藏(中國地方之一，首府 Lhasa).(亦作 **Thibet**)
Ti·bet·an [tɪˋbɛtn̩] *adj.* 西藏(人，語)的。— *n.* ① Ⓒ 西藏人。② Ⓤ 西藏語。(亦作 **Thibetan**)
tib·i·a [ˋtɪbɪə] *n.* Ⓒ (*pl.* **-i·ae** [-ɪˌi], ～**s**)〖解，動〗脛骨。
tic [tɪk] *n.* Ⓒ 〖醫〗局部肌肉抽搐(特指面肌抽搐)。
***tick¹** [tɪk] *n.* Ⓒ ①(鐘錶等之)滴答聲。②小記號(如 ∨)。③〖俗〗片刻。— *v.i.* 作滴答聲。— *v.t.* ①標以小記號。②以滴答聲表(時間)。
tick² *n.* Ⓒ 〖動〗扁蝨。
tick³ *n.* Ⓒ 枕頭套；褥套。
tick·er [ˋtɪkɚ] *n.* Ⓒ ①發出滴答聲之人或物。②股票行情指示器。③自動收報機。④〖俚〗錶；鐘。⑤〖俚〗心臟。
‡**tick·et** [ˋtɪkɪt] *n.* ① Ⓒ 票；車票；入場券。② Ⓒ 標籤。③ Ⓒ 〖美〗政黨候選人名單。④ Ⓒ 〖俗〗違規通知單；傳單。⑤ Ⓒ 高級船員或飛機駕駛員的執照。⑥(the ～)〖俗〗合理想的事；該做的事。— *v.t.* ①加以標籤。②〖美〗供應車票。③給傳單。
tick·ing [ˋtɪkɪŋ] *n.* Ⓤ 做褥套、枕套等有條紋之布。
***tick·le** [ˋtɪkl] *v.t.* ①輕觸使生酥癢之感；胳肢。②使愉悅；使滿足。— *v.i.* 覺酥癢。— *n.* Ⓤ Ⓒ ①輕觸；胳肢。②酥癢之感。
tick·lish [ˋtɪklɪʃ] *adj.* ①怕癢的；易癢的。②難處理的；棘手的。③不穩當的。④易被觸怒的。
tick-tack-toe [ˌtɪktækˋto] *n.* Ⓤ 井字遊戲。
tid·al [ˋtaɪdl] *adj.* 潮的；有潮的；受潮水影響的。§ ～ **cúrrent** 潮流。～ **wâve** (1)海嘯。(2)潮浪。(3)(民心的)大動搖；(人事的)大變動。
***tide** [taɪd] *n.* Ⓒ ①潮；潮汐。②潮流；趨勢。*turn the* ～ 使局勢改觀。— *v.i.* & *v.t.* ①克服〔over〕。②隨潮漂流。③如潮水般地湧流。
tide·land [ˋtaɪdˌlænd] *n.* Ⓤ 海岸低窪地帶；受潮地。
tide·wa·ter [ˋtaɪdˌwɔtɚ] *n.* Ⓤ ①被漲潮帶上一地區中的潮水。②受漲潮影響的地區。③受漲潮影響的地區中之河水。— *adj.* 潮水的；海岸地方的。
tide·way [ˋtaɪdˌwe] *n.* Ⓒ ①潮路。②潮流。
***ti·dings** [ˋtaɪdɪŋz] *n. pl.*(有時作 *sing.*解)消息。
***ti·dy** [ˋtaɪdɪ] *adj.* ①整潔的；整齊的。②〖俗〗鉅額的；可觀的。③〖俗〗相當好的。— *v.t.* 使整潔。— *n.* Ⓒ ①椅套。②盛零碎物件的容器。
‡**tie** [taɪ] *v.t.* (**tied, ty·ing** [ˋtaɪɪŋ]) ①繫；結；縛；綁；紮；捆；拴。②約束；束縛；限制。③與…得同樣分數。④〖樂〗以連結線連起。⑤ **a.** 連結。**b.** 以繫梁連結。⑥〖俗〗結婚。— *v.i.* ①打結；結起。②得同樣分數。～ *down* 限

制；束縛。～ ***one on*** 〖俚〗喝得大醉。～ ***the knot*** 〖俗〗結婚。～ ***up*** **a.** 繫緊。**b.** 包紮。**c.** 妨礙。**d.** 不賣。— *n.* Ⓒ①結；結飾。②用以捆縛之繩、帶等。③領帶(=necktie). ④(常 *pl.*)關係；束縛；約束。⑤(鐵路的)枕木。⑥(常 *sing.*)牽累。⑦不分勝負。⑧不分勝負之比賽。⑨〖樂〗連結線。⑩(常 *pl.*)繫帶之矮統鞋。 § ~ **bèam** 〖建〗繫梁；水平拉桿。~ **tàck** 領帶針。

tie-dye [ˋtaɪˌdaɪ] *v.t.* 以結染法染。

tie-in [ˋtaɪˌɪn] *n.* Ⓒ①兩件商品一起的搭賣或搭買；此種商品。②關連。

tier [tɪr] *n.* Ⓒ①(劇院等階梯式之)一排(座位)。②層；級。— *v.t.* & *v.i.* 排成層列。

tie-up [ˋtaɪˌʌp] *n.* Ⓒ①停止；停滯。②(因事故造成之)工作、活動、交通之暫時停頓。③同盟罷工。④〖俗〗關係；聯繫。

tiff [tɪf] *n.* Ⓒ①小爭吵；小爭執。②慍怒。— *v.i.* ①小口角。②慍怒。

***ti·ger** [ˋtaɪgɚ] *n.* Ⓒ (*pl.* ~**s**, ~) ①虎。②兇暴的人。③〖美〗歡呼後之吼聲。 § ~ **càt** 〖動〗(1)美洲虎貓。(2)美洲豹貓。~ **lìly** 卷丹；麻點百合。

ti·ger·ish [ˋtaɪgərɪʃ] *adj.* ①虎的；似虎的。②殘酷的；兇猛的。

***tight** [taɪt] *adj.* ①緊的。②緊密的；不漏的。③緊身的；太緊的；塞滿的。④張緊的(繩等)。⑤銀根緊的。⑥吝嗇的。⑦〖俚〗醉的。⑧合適的；整潔的；舒適的。⑨嚴厲的。⑩困難的。⑪勝負難分的。— *adv.* 緊緊地(=tightly). —**ly,** *adv.* —**ness,** *n.*

***tight·en** [ˋtaɪtn̩] *v.t.* & *v.i.* 使緊；變緊。

tight·fist·ed [ˋtaɪtˋfɪstɪd] *adj.* 吝嗇的。

tight-lipped [ˋtaɪtˋlɪpt] *adj.* ①緊閉嘴唇的。②嘴緊的。

tight·rope [ˋtaɪtˌrop] *n.* Ⓒ拉緊的繩索(走繩索者行於其上表演技巧)。

tights [taɪts] *n. pl.* ①緊身衣。②女用褲襪(=〖美〗 panty hose).

tight·wad [ˋtaɪtˌwɑd] *n.* Ⓒ〖美俚〗吝嗇鬼；守財奴。

ti·gress [ˋtaɪgrɪs] *n.* Ⓒ①雌虎。②兇悍的女人。

***tile** [taɪl] *n.*①Ⓒ瓦；(鋪地用之)磚；瓷磚。②Ⓤ磚瓦之集合稱。③Ⓒ排除地上積水的排水管。④Ⓒ絲質高頂硬帽。— *v.t.* 鋪以磚瓦。

‡**till**[1] [tɪl] *prep.* 迄；直到；直到…(才…)。— *conj.* 迄；直到；在…以前。

till[2] *v.t.* 耕種。— *v.i.* 耕地。

till[3] *n.* Ⓒ(櫃臺後放錢的)小抽屜。

till·age [ˋtɪlɪdʒ] *n.* Ⓤ①耕種；耕作。②耕作地。③耕作地之收成。

till·er[1] [ˋtɪlɚ] *n.* Ⓒ耕者；農夫。

til·ler[2] *n.* Ⓒ〖造船〗舵柄。

tilt**[1] [tɪlt] *v.i.* ①傾側；傾斜。②以長矛刺擊。③以輪鎚鎚打。— *v.t.* 使傾側；使傾斜。~ ***at 攻擊；抗議。~ ***at windmills*** 攻擊想像中的敵人。— *n.* Ⓒ①傾側；傾斜。②馬上之長矛戰。③辯論；爭吵。④輪鎚。(***at***) ***full*** ~ 以全速。

tilt[2] *n.* Ⓒ①覆蓋篷車等之粗帆布。②帆布篷。— *v.t.* 用帆布篷覆蓋。

tim·bal [ˋtɪmbl̩] *n.* Ⓒ①鑵鼓。②(蟬等發聲器官中的)震動膜。

***tim·ber** [ˋtɪmbɚ] *n.*①Ⓤ木材；木料。②Ⓒ(建屋或造船等所用之)橫木；棟木。③Ⓤ森林。— *v.t.* 備以木材；支以木材。§ ~ **hìtch**〖海〗(將繩子繫於桅桿等圓材上時用的)木結。~ **lìne** 樹木界線。~ **wòlf**(北美洲所產的)灰色大狼。

tim·brel [ˋtɪmbrəl] *n.* Ⓒ有鈴之手鼓。

‡**time** [taɪm] *n.*①Ⓤ時；時間。②Ⓤ(又作 a ~)一段時間；一部分時間。③Ⓤ(以小時或分計量的)時刻。④Ⓤ以年、月、小時、分、秒等單位衡量的時間。⑤Ⓤ期限；(該做某事的特殊)時期。⑥Ⓒ(常 *pl.*)時代；時期；時勢。⑦Ⓤ某特殊時期中的生活情況或環境等。⑧Ⓤ時機。⑨Ⓒ次數；次。⑩(*pl.*)倍；乘。⑪Ⓤ〖樂〗拍子。 ***against*** ~ 搶時間完成。 ***at one*** ~ **a.** 曾經。**b.** 同時。***at*** ~***s*** 有時；間或。***be behind the*** ~***s*** 落伍；過時。 ***for the*** ~ ***being*** 暫時。***from*** ~ ***to*** ~ 時常；間或。***gain*** ~ 延期以便準備或等待更有利時機。***in good*** ~ **a.**在合宜的時刻。**b.**立刻；趕快。***in no*** ~立即。***in*** ~ **a.**及時；早晚；將來。**b.**合節拍。***keep*** ~ **a.** 計時。**b.**(鐘錶等)走得準。**c.**合節拍。***one at a*** ~每次一個。***on*** ~ **a.**準時；按時。**b.** 分期付款。***take one's*** ~ 不慌不忙；悠哉遊哉。~ ***after*** ~ 屢次；多次。~ ***and a half*** 相當於每小時工資一倍半的加班費。~ ***and again*** 屢次。— *v.t.* ①測定…的速率；記錄…的時間。②使合時宜；選擇合宜時間。③調節；使在時間上與…相適應。— *v.i.* 配合做事；打拍子。— *adj.* ①時間的。②定時的；

定期的。③分期付款的。§ ～ bòmb 定時炸彈。～ clòck 打卡鐘。～ expòsure 定時曝光。～ sìgnal 對時(如收音機上)信號。～ sìgnature 〖樂〗拍子記號。～ stùdy 工作方法與所費時間之研究。Tímes Squáre 泰晤士廣場。

time-con·sum·ing [ˋtaɪmkən-ˏsumɪŋ] *adj.* 耗費時間的。

time-hon·ored [ˋtaɪmˏɑnəd] *adj.* 因年久而被尊敬[遵守]的；由來已久的。

time·keep·er [ˋtaɪmˏkipə] *n.* Ⓒ①鐘錶。②計時員。

time·less [ˋtaɪmlɪs] *adj.* ①無窮的；永久的。②不屬於某一特殊之時間的；無時間性的。

*__time·ly__ [ˋtaɪmlɪ] *adj.* 合時的；適時的。

time·piece [ˋtaɪmˏpis] *n.* Ⓒ 計時器；鐘；錶。

tim·er [ˋtaɪmə] *n.* Ⓒ①計時員。②(汽車的)時速計。③計秒錶；馬錶。④使內燃機中火花定時發生之裝置。

time·serv·er [ˋtaɪmˏsɜvə] *n.* Ⓒ 以一己之利益爲準則者；趨炎附勢者。— **timeˊserv·ing,** *adj.*

time-shar·ing [ˋtaɪmˏʃɛrɪŋ] *n.* Ⓤ〖電算〗共用時；分時系統。

time·ta·ble [ˋtaɪmˏtebl̩] *n.* Ⓒ 時間表；時刻表。

time·work [ˋtaɪmˏwɜk] *n.* Ⓤ 計時或計日付酬之工作。

time·worn [ˋtaɪmˏworn] *adj.* 陳舊的；老朽的。

*__tim·id__ [ˋtɪmɪd] *adj.* 膽小的；膽怯的；怯懦的。— **ly,** *adv.* — **ness,** *n.*

ti·mid·i·ty [tɪˋmɪdətɪ] *n.* Ⓤ 膽小；怯懦。

tim·ing [ˋtaɪmɪŋ] *n.* Ⓤ①〖戲劇〗使一劇中的各動作同時發生以獲得最佳之效果。②〖運動〗速度的控制(使在適當時間達到最高峰)。

tim·or·ous [ˋtɪmərəs] *adj.* 膽小的；膽怯的；畏怯的。

tim·o·thy [ˋtɪməθɪ] *n.* Ⓒ〖植〗一種筒狀長穗之草。

tim·pa·ni [ˋtɪmpəˏni] *n. pl.* (常作 *sing.*解)定音鼓。— **timˊpa·nist,** *n.*

*__tin__ [tɪn] *n.* ①Ⓤ〖化〗錫。②Ⓤ馬口鐵；洋鐵皮。③Ⓒ〖英〗馬口鐵罐；罐頭。— *adj.* 錫的；馬口鐵的。— *v.t.* (-nn-)①裝罐。②包以錫。§ ～ cán (1)錫罐；(尤指)空罐。(2)〖美俚〗驅逐艦。～ òpener 〖英〗開罐器。

tinc·ture [ˋtɪŋktʃə] *n.* ①ⓊⒸ 溶解在酒精裡的藥。②(a ～)色澤。③(a ～)些許；微量。— *v.t.* ①染以色澤。②帶有…意味。

tin·der [ˋtɪndə] *n.* Ⓤ 火絨；火種。

tin·der·box [ˋtɪndəˏbɑks] *n.* Ⓒ①火絨匣。②易燃物。③脾氣暴躁的人。

tine [taɪn] *n.* Ⓒ(叉子、鹿角等)突出之尖端或叉齒。

tin·foil [ˋtɪnˏfɔɪl] *n.* Ⓤ①錫箔。②(包糖果、香煙的)錫紙。

*__tinge__ [tɪndʒ] *v.t.* (**tinged, tinge·ing** or **ting·ing**)①染以輕淡之顏色。②加以某種意味。— *n.*(a ～)①輕色度。②意味。

*__tin·gle__ [ˋtɪŋgl̩] *v.i.* ①有刺痛之感。②激動；興奮。③發玎璫聲。— *v.t.* 使有刺痛之感。— *n.*(a ～)①刺痛之感。②興奮之感。③玎璫聲。

*__tin·ker__ [ˋtɪŋkə] *n.* Ⓒ①修補鍋、盤等的工匠。②能作各種輕微修補工作的人。③笨拙的工作者。④笨拙的工作。***not to care a ～'s dam(n)*** 毫不介意。— *v.i.* & *v.t.* ①做補鍋匠。②拙劣修補。

*__tin·kle__ [ˋtɪŋkl̩] *v.t.* & *v.i.*①(發)玎璫聲。②發玎璫之聲以引起、召集。— *n.* Ⓒ (常 *sing.*)玎璫聲。

tinned [tɪnd] *adj.* ①包錫的；包洋鐵皮的。②〖英〗罐頭的。

tin·ny [ˋtɪnɪ] *adj.* ①錫的；含錫的；產錫的。②聲音或樣子像錫的。③有錫味的。

Tín Pàn Álley [ˋtɪn ～ ～] *n.* ①城市中樂師、樂曲出版家麕集之區域或街道(尤指紐約市中者)。②Ⓤ通俗音樂之出版者、作曲者及倡導者之集合稱。

tin·sel [ˋtɪnsl̩] *n.* Ⓤ①閃亮的金屬片、金屬絲等。②華麗而無價值的東西。③金、銀、銅線與絲或羊毛織成之薄布。— *v.t.* (-l-, 〖英〗-ll-)飾以發燦麗亮光之金屬片或絲。— *adj.* 華而不實的。

tin·smith [ˋtɪnˏsmɪθ] *n.* Ⓒ 洋鐵匠；錫器匠。

tint [tɪnt] *n.* Ⓒ①色；色彩。②色度；濃淡。③淡色。— *v.t.* 微染；著以輕微之顏色。

tin·type [ˋtɪnˏtaɪp] *n.* Ⓤ 鐵板或錫板照相(法)。

tin·ware [ˋtɪnˏwɛr] *n.* Ⓤ 洋鐵器；錫器。

‡**ti·ny** [ˋtaɪnɪ] *adj.* 微小的；極小的。

*__tip__[1] [tɪp] *n.* Ⓒ①小費；賞錢。②祕密消息。③暗示；勸告。④輕拍；輕擊。

— *v.t.* (-pp-) ①賞錢；給小費。②給暗示。③透露祕密。— *v.i.* 賞小費。～ ***a person off***〖美俗〗**a.** 告以祕密消息。**b.**警告。

‡**tip**² *n.* Ⓒ ①尖；尖端。②具尖端之物。③尖頂。***on the ～ of one's tongue***(話)到嘴邊；就在嘴邊上(卻想不起來了)。— *v.t.* (-pp-)①裝以尖頭。②裝飾尖頭。

*__tip__³ *v.t.* (-pp-) ①使傾斜。②打翻〔常over〕。③傾出；倒出。④觸摸或微舉(帽邊)致敬。— *v.i.* ①傾斜。②推翻。— *n.* Ⓒ 傾斜；堆垃圾處。

tip⁴ *v.t.* (-pp-)①輕擊；輕拍。②擦棒(球)。

tip-off [ˋtɪp,ɔf] *n.* Ⓒ ①(賽馬或投機事業中的)祕密消息。②警告。

tip·ple [ˋtɪpl̩] *v.t.* 常飲(烈酒)。— *v.i.* 常飲少量之酒。— *n.* Ⓤ Ⓒ (常*sing.*)烈酒。

tip·sy [ˋtɪpsɪ] *adj.* ①微醉的。②易傾倒的。③蹣跚的；踉蹌的。

*__tip·toe__ [ˋtɪp,to] *n.* Ⓒ 腳尖。***on ～*** **a.** 用腳尖(走路)；以腳尖(站)。**b.** 熱切地。— *v.i.* 以腳尖行走。— *adj.* ①以腳尖走路的。②熱切的。— *adv.* 用腳尖(走或站)地。

ti·rade [ˋtaɪred] *n.* Ⓒ ①長篇的激烈演說。②長篇的彈劾或攻擊性演說。

*__tire__¹ [taɪr] *v.t.* ①使疲倦。②使厭倦。— *v.i.* ①疲倦。②厭倦〔常of〕. ～ ***out*** (使)筋疲力竭。

*__tire__², __tyre__ *n.* Ⓒ 輪箍；輪胎。— *v.t.* 裝以輪胎或輪箍。

‡**tired** [taɪrd] *adj.* ①疲乏的；疲倦的。②厭倦的；厭煩的。

tire·less [ˋtaɪrlɪs] *adj.* ①不知疲倦的。②不停的。

*__tire·some__ [ˋtaɪrsəm] *adj.* ①令人厭倦的；討厭的。②易使人疲倦的。

'**tis** [tɪz]〖詩〗＝**it is.**

*__tis·sue__ [ˋtɪʃʊ] *n.* ①Ⓤ〖生物〗組織。②Ⓤ Ⓒ 細薄之絲織物。③Ⓒ 編造的故事；結構。④Ⓤ Ⓒ 薄紙(＝tissue paper). §～ **pàper** 薄紙(包裝用)；化妝紙。

tit¹ [tɪt] *n.* Ⓒ ①山雀。②其他之小鳥。

tit² *n.* 用於下列片語。～ ***for tat*** 還擊；一報還一報。

tit³ *n.* Ⓒ 奶頭；乳頭。

Ti·tan [ˋtaɪtn̩] *n.* ①Ⓒ〖希神〗泰坦族之任何一員。②(t-) Ⓒ 有巨大的力量、形狀、權利等的人或物。③太陽神。— *adj.* (t-)＝**titanic.**

ti·tan·ic [taɪˋtænɪk] *adj.* ①巨大的；龐大的；力大無比的。②(T-)(似)泰坦神的。

ti·ta·ni·um [taɪˋtenɪəm] *n.* Ⓤ〖化〗鈦(金屬元素；符號 Ti).

tit·bit [ˋtɪt,bɪt] *n.* Ⓒ ①量少而質精的食物。②珍聞；花邊新聞；花絮。(亦作 **tidbit**)

tithe [taɪð] *n.* Ⓒ ①十分之一。②一小部分；一點。③(常*pl.*)什一之稅(以農產十分之一繳予教會)。— *v.t.* ①課以十分之一的稅。②對…納十分之一的稅。— *v.i.* 繳納什一稅。

tit·il·late [ˋtɪtl̩,et] *v.t.* ①搔癢。②刺激(味覺、想像等)使有愉快之感。

‡**ti·tle** [ˋtaɪtl̩] *n.* ①Ⓒ 標題；題目；名稱。②Ⓤ Ⓒ 稱號；頭銜。③Ⓤ 權利；資格。④Ⓤ〖法律〗所有權。⑤Ⓒ 冠軍。⑥＝**title page.** ⑦Ⓒ (常*pl.*)〖影，視〗**a.** 字幕。**b.**片頭。— *v.t.* ①以官銜稱呼。②賦予頭銜、標題等。§～ **dèed**〖法律〗所有權狀。～ **pàge** 書籍的內封面；書名頁(印有書名、作者、出版者等)。～ **ròle** [**pàrt**] 劇名角色；主角。

ti·tled [ˋtaɪtl̩d] *adj.* 有官銜[爵位]的。

tit·mouse [ˋtɪt,maus] *n.* Ⓒ (*pl.* -mice) 小山雀。

ti·trate [ˋtaɪtret] *v.t.*〖化〗滴定。—**ti·tra'tion,** *n.*

tit·ter [ˋtɪtɚ] *n.* Ⓒ 竊笑；偷笑。— *v.i.* 竊笑；偷笑。

tit·tle [ˋtɪtl̩] *n.* ①Ⓒ 字母上的小點或標號(如i上之小點，ā上之ˊ)。②(a ～)微量。

tit·tle-tat·tle [ˋtɪtl̩,tætl̩] *n.* Ⓤ 聊天；閒談。— *v.i.* 聊天；閒聊。

tit·u·lar [ˋtɪtʃələ] *adj.* ①名義上的；有名無實的。②關於名稱的；標題的。③有爵位的。—**ly,** *adv.*

tiz·zy [ˋtɪzɪ] *n.* Ⓒ ①(常 *sing.*)〖俚〗(為了無足輕重的小事而)顫抖或發狂。②〖英俚〗六辨士。

T.K.O., TKO, t.k.o. technical knock-out.〖拳擊〗技術擊倒。

TNT, T.N.T. trinitrotoluene.

‡**to** [tu, tʊ] *prep.* ①向…方。②指向某目標；面對某目標。③至；到；達；迄。④致使成某種狀態。⑤為某種目的。⑥比；比較。⑦適合；按照；配合。⑧屬於。⑨加於。⑩關於。⑪與動詞原形連用而構成不定詞。⑫表示數目或數量。— *adv.* ①達於尋常或所要求之狀態；達於關閉或休止狀態。②(與某些動詞連用)著手…；開始…

(如 fall to; set to; turn to). *to and fro* 往復; 來回。

***toad** [tod] *n.* Ⓒ ①蟾蜍。②卑鄙的人。

toad·stool [ˋtod͵stul] *n.* Ⓒ①蕈。②毒蕈。

toad·y [ˋtodɪ] *n.* Ⓒ 諂媚者。— *v.i.* & *v.t.* 諂媚; 奉承。

***toast**[1] [tost] *n.* Ⓤ 烤麵包片。— *v.t.* ①烘; 烤。②烘暖。— *v.i.* 取暖。

***toast**[2] *n.* Ⓒ①被舉杯頌祝健康者。②飲酒頌祝健康; 乾杯。— *v.t.* & *v.i.* 飲酒頌祝某人健康; 爲(某人)乾杯。

toast·er [ˋtostɚ] *n.* Ⓒ 烤麵包機; 烤麵包的人。

toast·mas·ter [ˋtost͵mæstɚ] *n.* Ⓒ①主持宴會並介紹講演者的人。②提議舉杯祝頌健康等的人。

***to·bac·co** [təˋbæko] *n.* ⓊⒸ (*pl.* ~s, ~es)煙草; 煙葉。§ ~ **pìpe**(抽煙絲用的)煙斗。~ **plànt** 煙草屬之植物; 煙草。~ **pòuch** 煙袋。

to·bac·co·nist [təˋbækənɪst] *n.* Ⓒ〖英〗煙草商。

to·bog·gan [təˋbɑgən] *n.* Ⓒ 扁長平底橇。— *v.i.* ①乘橇滑下。②(聲望、物價)急降。

toc·sin [ˋtɑksɪn] *n.* Ⓒ 警鐘; 警鈴。

‡**to·day** [təˋde] *n.* Ⓤ ①今天。②現在; 當今。— *adv.* ①今天。②現今。

tod·dle [ˋtɑdl] *v.i.* ①(如童叟般)以短而不穩定的腳步行走。②〖俗〗閒步; 散步。— *n.* Ⓒ 蹣跚步伐。— **tod′dler,** *n.*

tod·dy [ˋtɑdɪ] *n.* ⓊⒸ ①椰子汁; 棕櫚酒。②威士忌或其他酒類中加入糖水及香料之飲料。

***toe** [to] *n.* Ⓒ ①趾; 足指。②鞋、襪等之趾部。③足或蹄之前部。④趾狀物。*on one's ~s* 〖俗〗警覺的; 準備好了。*step*[*tread*] *on one's ~s* 觸怒某人。— *v.t.* ①以趾踏觸; 用腳尖踢。②〖高爾夫〗用球桿的末端擊(球)。— *v.i.* 行走時趾尖向內[外]。§ ~ **hòld** (1)登山時放足趾的地方; 立足點; 任何排除障礙或克服困難的方法。(2)〖角力〗反踝關節扭腳趾。

to·ga [ˋtogə] *n.* Ⓒ (*pl.* ~s, -gae [-dʒi])①(古羅馬男子之)寬外袍。②官服; 制服。

‡**to·geth·er** [təˋgɛðɚ] *adv.* ①一起; 共同。②連接地; 不斷地。③同時。④彼此; 互相。~ *with* 連同; 和。

tog·ger·y [ˋtɑgərɪ] *n.* Ⓤ (集合稱)〖俗〗衣服。

tog·gle [ˋtɑgl] *n.* Ⓒ ①〖機〗接根; 套環; 肘節。②穿索眼或鏈環之大釘或細棒。— *v.t.* 裝以穿索眼或鏈環之大釘。

***toil**[1] [tɔɪl] *n.* Ⓤ 辛勞; 辛苦工作。— *v.i.* ①辛勞; 辛苦工作。②很艱苦地行進。— **er,** *n.*

toil[2] *n.* (*pl.*)(法律等的)羅網。

***toi·let** [ˋtɔɪlɪt] *n.* ①Ⓤ梳妝; 裝飾。②Ⓒ 浴室; 盥洗室; 廁所。③Ⓒ 一套梳妝用具。④Ⓒ〖古〗梳妝臺。⑤Ⓤ 衣服; 裝束。§ ~ **pàper** [**tìssue**] 衛生紙。~ **sèt** 化妝用具。~ **sòap** 香皂; 洗面皂。~ **tàble** 梳妝台; 化妝台。~ **wàter** 化妝水; 花露水。

toi·let·ry [ˋtɔɪlɪtrɪ] *n.* (*pl.*)化妝品。

toi·lette [tɔɪˋlɛt, twɑˋlɛt]〖法〗*n.* Ⓤ①(女人的)化妝; 裝扮。②服裝。

***to·ken** [ˋtokən] *n.* Ⓒ ①表號; 表徵; 象徵; 記號。②紀念品。③代用幣。*by the same ~* **a.**而且; 此外。**b.**基於同樣的理由。— *adj.* 象徵性的。§ ~ **móney** [**cóin**] 代用幣; 輔幣。~ **páyment** 象徵性償付。

To·ky·o, To·ki·o [ˋtokɪ͵o] *n.* 東京(日本首都)。§ ~ **Bày** 東京灣。

‡**told** [told] *v.* pt. & pp. of **tell.**

***tol·er·a·ble** [ˋtɑlərəbl] *adj.* 可忍受的; 尚可的。— **tol′er·a·bly,** *adv.*

tol·er·ance [ˋtɑlərəns] *n.* ① Ⓤ 寬容; 容忍的精神。② ⓊⒸ 忍受或抗拒藥物、毒藥等之能力。③ⓊⒸ(機械、鑄幣的)公差。

tol·er·ant [ˋtɑlərənt] *adj.* ①寬容的; 容忍的。②有耐藥力的。

tol·er·ate [ˋtɑlə͵ret] *v.t.* ①容許; 容忍; 忍受。②對(藥物)有耐藥力。

tol·er·a·tion [͵tɑləˋreʃən] *n.* Ⓤ ①容許; 容忍; 忍受。②信仰自由。

***toll**[1] [tol] *v.t.* ①鳴(鐘)(報時或通告某人死亡)。②鳴鐘召集或解散。— *v.i.* (鐘)鳴。— *n.* (*sing.*)① 緩慢而有規律的鐘聲。②鳴鐘。

***toll**[2] *n.* Ⓒ ①使用稅; 通行費。②收此等稅或費的權力。③(常 *sing.*)代價; 犧牲; 損失。④爲某種服務而收的費用。§ ~ **bàr** (爲徵收過路費或過橋費而設的)遮路橫木; 關卡; 關閘。~ **brìdge** 收過橋費的橋樑。~ **càll**〖美〗長途電話。~ **lìne** 長途電話線。~ **ròad** 徵收通行稅的道路。~ **TV** 收費電視。

toll·gate [ˋtol͵get] *n.* =**toll bar.**

toll·house [ˋtol͵haus] *n.* Ⓒ 通行稅徵收處。

T

toll·keep·er [ˋtol,kipɚ] *n.* Ⓒ 收通行稅的人。

Tol·stoy [ˋtɑlstɔɪ] *n.* 托爾斯泰 (Lev[Leo]Nikolaevich, 1828-1910, 俄國小說家及社會改革者)。

tom [tɑm] *n.* Ⓒ 雄性動物; (尤指)雄貓。

tom·a·hawk [ˋtɑmə,hɔk] *n.* Ⓒ (北美印第安人用的)戰斧; 鉞。 ***bury* [*lay aside*] *the ~*** 講和。 — *v.t.* 用戰斧斬或殺。

*__to·ma·to__ [təˋmeto] *n.* Ⓤ Ⓒ (*pl.* ~es) 番茄。

*__tomb__ [tum] *n.* Ⓒ 墳墓。 — *v.t.* 埋葬於墓中。

tom·boy [ˋtɑm,bɔɪ] *n.* Ⓒ 行爲似男孩的女孩; 頑皮姑娘。

tomb·stone [ˋtum,ston] *n.* Ⓒ 墓碑。

tom·cat [ˋtɑm,kæt] *n.* Ⓒ 雄貓。

tome [tom] *n.* Ⓒ 大冊書; 大本書。

tom·fool [ˋtɑmˋful] *n.* Ⓒ 愚人; 笨伯。 — *adj.* 愚笨的。

tom·fool·er·y [,tɑmˋfulərɪ] *n.* ① Ⓤ 蠢態。 ② Ⓒ 華而不實之物。

to·mo·gram [ˋtomə,græm] *n.* Ⓒ 〖醫〗局部 X 射線相片。

to·mog·ra·phy [toˋmɑgrəfɪ] *n.* Ⓤ 斷層攝影術。

‡**to·mor·row** [təˋmɔro, -ˋmɑr-] *n.* Ⓤ 明天。 — *adv.* 明天; 來日。

*__ton__ [tʌn] *n.* Ⓒ ①噸。 ②貨物體積。 ③船艙容積單位(=100立方英尺)。 ④船的載貨單位(= 40 立方英尺)。 ⑤船的排水量單位(= 35 立方英尺)。 ⑥(常 *pl.*)〖俗〗許多; 大量。 ***long ~*** 英噸(= 2,240 磅)。 ***metric ~*** 公噸(= 1,000 公斤)。 ***short ~*** 美噸(=2,000 磅)。

ton·al [ˋtonl] *adj.* 聲音的; 音調的。

to·nal·i·ty [toˋnælətɪ] *n.* Ⓤ Ⓒ ①〖美術〗色調。 ②〖樂〗音調。

‡**tone** [ton] *n.* ① Ⓒ 聲音; 音調。 ② Ⓒ 音質。 ③ Ⓒ 〖樂〗樂音; 全音; 全音程。 ④ Ⓒ 語調; 語氣。 ⑤ Ⓒ 〖語音〗音調的抑揚。 ⑥ Ⓒ 風氣; 品質; 景況。 ⑦ Ⓤ (身心的)健康狀態。 ⑧ Ⓒ 色調; 顏色的配合。 — *v.t.* ①以某種特殊腔調說出。 ②定(樂器)之音。 ③以某種色調繪(畫)。 ***~ down*** 緩和; 減輕。 ***~ up*** 提高; 加強。 § ∼ **àrm** (電唱機之)唱臂。 ∼ **còlor**〖樂〗音色。

toned [tond] *adj.* 帶有…調子的; 調子…的。 shrill-*toned* 聲調尖銳的。

tone-deaf [ˋton,dɛf] *adj.* 音感差的。

tone·less [ˋtonlɪs] *adj.* 無聲的; 單調的; 平凡的。 —**ly,** *adv.*

*__tongs__ [tɔŋz] *n. pl.* 鉗; 夾具。

‡**tongue** [tʌŋ] *n.* ① Ⓒ 舌。 ② Ⓤ Ⓒ (供食用的)動物舌頭。 ③ Ⓒ 言語能力。 ④ Ⓒ 講話的方式、態度。 ⑤ Ⓒ 語言。 ⑥ Ⓒ 舌狀物。 ⑦ Ⓒ 〖機〗榫舌。 ***hold one's ~*** 緘默。 (***with one's***) ***~ in*** (***one's***) ***cheek*** 毫無誠意地。 — *v.t.* & *v.i.* ①以簧舌調整(樂器)的音調。 ②裝榫舌於。 ③以舌觸。 ④斥責。 ⑤〖俗〗說出。 § ∼ **twìster** 繞口令。

tongue-in-cheek [ˋtʌŋɪn,tʃik] *adj.* 不能認真的; 諷刺的。

tongue-lash·ing [ˋtʌŋ,læʃɪŋ] *n.* Ⓤ Ⓒ 嚴厲的責備。

tongue-tied [ˋtʌŋ,taɪd] *adj.* 張口結舌的; 講不出話的。

ton·ic [ˋtɑnɪk] *n.* ① Ⓒ 滋補品。 ② Ⓤ (亦作 **tonic water**)奎寧水(與酒混合以稀釋酒精)。 ③ Ⓒ 〖樂〗主調音。 — *adj.* ①滋補的。 ②〖樂〗主調音的。 ③〖生理〗緊張的。

‡**to·night** [təˋnaɪt] *n.* Ⓤ 今晚; 今夜。 — *adv.* 今夜。

ton·nage [ˋtʌnɪdʒ] *n.* Ⓤ ①噸數; 載重量。 ②船舶的噸稅。 ③以噸計之重量。

tonne [tʌn] *n.* Ⓒ (*pl.* **~s,** ~)公噸。

ton·sil [ˋtɑnsl] *n.* Ⓒ 〖醫〗扁桃腺。

ton·sil·lec·to·my [,tɑnslˋɛktəmɪ] *n.* Ⓤ Ⓒ 〖外科〗扁桃體切除術。

ton·sil·li·tis [,tɑnslˋaɪtɪs] *n.* Ⓤ 〖醫〗扁桃腺炎。

‡**too** [tu] *adv.* ①也; 亦。 ②太; 過於。 ③非常; 極。

‡**took** [tʊk] *v.* pt. of **take.**

*__tool__ [tul] *n.* Ⓒ ①工具; 器具。 ②傀儡; 走狗。 — *v.t.* ①用工具製造。 ②壓印圖案於(皮面書的封面)。 ③駕駛; 乘坐(車子)。 — *v.i.* ①用工具工作。 ②乘坐車子。

tool·box [ˋtul,bɑks] *n.* Ⓒ 工具箱。

toot [tut] *n.* Ⓒ 號角、笛等的鳴聲。 — *v.i.* & *v.t.* ①吹號角或笛。 ②發出號角聲或笛聲。

‡**tooth** [tuθ] *n.* Ⓒ (*pl.* **teeth** [tiθ]) ①牙; 齒。 ②齒狀物。 ③(常 *pl.*)威力; 破壞力。 ④嗜好; 味道。 ***in the teeth of* a.** 面對; 正面反對。 **b.** 蔑視; 不顧。 ***set one's teeth*** 咬緊牙關; 立下決心。 ***~ and nail*** [***claw***] 傾全力; 不遺餘力。 ***to the teeth*** 完全地; 徹底地。 — *v.t.* ①裝以齒。 ②將(邊緣)切成齒狀。 — *v.i.* (如齒輪)結合。 § ∼ **pòwder** 牙粉。

tooth·ache [ˋtuθ,ek] *n.* Ⓤ Ⓒ 牙

痛。

tooth·brush [ˋtuθ,brʌʃ] *n.* Ⓒ 牙刷。

tooth·less [ˋtuθlɪs] *adj.* 無牙齒的。

tooth·paste [ˋtuθ,pest] *n.* Ⓤ Ⓒ 牙膏。

tooth·pick [ˋtuθ,pɪk] *n.* Ⓒ 牙籤。

tooth·some [ˋtuθsəm] *adj.* 美味的。— **ly,** *adv.* — **ness,** *n.*

tooth·y [ˋtuθɪ] *adj.* 露出牙齒的。

too·tle [ˋtutl] *v.i.* (笛等)輕柔或反覆地吹。— *n.* Ⓒ 吹笛等的聲音。

‡**top**[1] [tɑp] *n.* ① Ⓒ 頂; 上端。②(the ～)最高階段。③(the ～)最高度; 極點。④ Ⓒ 居於領袖地位的人。⑤(the ～)最好與最重要的部分。⑥ Ⓒ (常 *pl.*)植物長於地面上的部分; 樹枝尖端較嫩的部分。⑦ Ⓒ 頭頂。⑧ Ⓒ 車頂; 車篷。⑨ Ⓒ 鞋或靴的上部。⑩ Ⓒ 髮綹; 纖維束。⑪ Ⓒ 船的桅樓。⑫ Ⓒ 〖棒球〗一局比賽之前半部。***blow one's* ～** 〖俚〗**a.** 發脾氣。 **b.** 發瘋。***from* ～ *to toe*** 從頭到腳; 完完全全地。***on* (*the*) ～ *of*** **a.** 在…上邊。**b.** 此外。 ***over the* ～** 〖軍〗從戰壕(開槍)。— *adj.* ①最高的; 最大的。②頂上的。— *v.t.* (**-pp-**)① 加以頂(蓋)。②截去頂端。③爲…的頂點; 位於…的頂端。④抵達…之頂峰。⑤升到…上。⑥超越; 勝過。— *v.i.* ① 高聳。②卓越; 優越。～ ***off*** 完成; 結束。 § ～ **hàt** 高頂絲質禮帽。 ～ **sêcret** 最高機密; 絕對機密。～ **tàlks** 最高級會談。

top**[2] *n.* Ⓒ 陀螺。sleep like a* ～** 睡得很熟。

to·paz [ˋtopæz] *n.* Ⓤ Ⓒ 〖礦〗黃晶; 黃玉。

top·coat [ˋtɑp,kot] *n.* Ⓒ 大衣; 薄大衣; 外套。

top-draw·er [ˋtɑp,drɔɚ] *adj.* ①上流社會的。②最高級的; 最重要的。

top-heav·y [ˋtɑp,hɛvɪ] *adj.* 上部過重的; 頭重腳輕的; 不穩的。

to·pi·ar·y [ˋtopɪ,ɛrɪ] *adj.* 剪修花草使成裝飾形式的。— *n.* Ⓤ Ⓒ ①剪修裝飾。②經剪修過的花園。

***top·ic** [ˋtɑpɪk] *n.* Ⓒ 論題; 話題; 題目。

top·i·cal [ˋtɑpɪkl] *adj.* ①時事問題的; 話題的。②論題的; 標題的。③〖醫〗局部的。

top·knot [ˋtɑp,nɑt] *n.* Ⓒ ①頂髻; 頭頂之飾結。②鳥冠(毛)。

top-lev·el [ˋtɑpˋlɛvl] *adj.* 〖俗〗高階層的; 首腦的。

top·mast [ˋtɑp,mæst] *n.* Ⓒ 〖海〗頂桅。

top·most [ˋtɑp,most] *adj.* 最高的; 絕頂的。

top-notch [ˋtɑpˋnɑtʃ] *adj.* 〖俗〗第一流的; 最高的。(亦作 **topnotch**)

to·pog·ra·pher [toˋpɑgrəfɚ] *n.* Ⓒ ①地誌學者。②繪製地形圖者; 地形測量師。

top·o·graph·ic, -i·cal [,tɑpəˋgræfɪk(l)] *adj.* 地誌的; 地形學上的。

to·pog·ra·phy [toˋpɑgrəfɪ] *n.* Ⓤ ①地形學; 地誌。②地形。

top·per [ˋtɑpɚ] *n.* Ⓒ ①〖俚〗最優秀的人或物。②〖俗〗禮帽。③〖俗〗外衣; (尤指)女人之短而寬鬆的外衣。

top·ping [ˋtɑpɪŋ] *adj.* ①高的; 高聳的。②〖英俗〗優秀的; 第一流的。

top·ple [ˋtɑpl] *v.i.* ①(因頭重而)倒下〔常 over〕。②向前傾; 搖搖欲墜。— *v.t.* 使倒; 推翻; 顛覆。

top-rank·ing [ˋtɑp,ræŋkɪŋ] *adj.* 〖美俗〗職位高的; 階級高的; 第一流的。

top·sail [ˋtɑpsl] *n.* Ⓒ 〖海〗中桅帆。

top-se·cret [ˋtɑpˋsikrɪt] *adj.* 〖軍〗絕對機密的。

top·side [ˋtɑpˋsaɪd] *n.* Ⓒ (常 *pl.*) 〖海〗船的乾舷。

top·soil [ˋtɑp,sɔɪl] *n.* Ⓤ 表層土壤。

top·sy-tur·vy [ˋtɑpsɪˋtɝvɪ] *adv.* & *adj.* ①顛倒地[的]。②混亂地[的]; 亂七八糟地[的]。— *n.* Ⓤ ①顛倒。②混亂。

torch** [tɔrtʃ] *n.* Ⓒ ①火炬; 火把。②〖英〗手電筒(= flashlight). ③知識、文明等的源泉。④(焊接用的)噴火器。carry the* [*a*] ～ *for*** 〖俚〗對(異性)發生單相思。

torch·light [ˋtɔrtʃ,laɪt] *n.* Ⓤ 火炬之光。

tore [tor, tɔr] *v.* pt. of **tear**[2].

***tor·ment** [tɔrˋmɛnt] *v.t.* 使痛苦; 使煩惱; 使折磨。— [ˋtɔrmɛnt] *n.* ① Ⓤ 痛苦; 煩惱。② Ⓒ 痛苦[煩惱]之因。

tor·men·tor [tɔrˋmɛntɚ] *n.* Ⓒ 使痛苦[煩惱]之人或物。

torn [torn] *v.* pp. of **tear**[2].

tor·na·do [tɔrˋnedo] *n.* Ⓒ (*pl.* **～s, ～es**) 颶風; 旋風; 龍捲風。

***tor·pe·do** [tɔrˋpido] *n.* Ⓒ (*pl.* **～es**) ①魚雷; 水雷。②鐵軌上的信號雷管。③小孩玩的摜砲。④〖魚〗電鰩。— *v.t.* ①以魚雷襲擊或轟沉。②破壞。§ ～ **bôat** 魚雷快艇。

tor·pid [ˋtɔrpɪd] *adj.* ①呆鈍的。②麻痺的; 無感覺的。③蟄伏的。

tor·por [ˋtɔrpɚ] *n.* Ⓤ ①不活潑；呆鈍。②麻痺；無感覺。③蟄伏。

torque [tɔrk] *n.* ①Ⓤ〖機〗轉(力)矩。②Ⓒ(古時之)頸圈；頸鏈。

***tor·rent** [ˋtɔrənt, ˋtɑr-] *n.* Ⓒ ①急流；湍流。～s of rain 傾盆大雨。②連續不斷；滔滔不絕。

tor·ren·tial [tɔˋrɛnʃəl] *adj.* ①急流的。②猛烈的。

tor·rid [ˋtɔrɪd] *adj.* 炎熱的；熱烈的。

tor·si·bil·i·ty [ˌtɔrsəˋbɪlətɪ] *n.* Ⓤ耐扭力；抗扭力。

tor·sion [ˋtɔrʃən] *n.* Ⓤ捻；扭轉。

tor·so [ˋtɔrso] *n.* Ⓒ (*pl.* **~s, -si** [-si])①(無頭及四肢的)軀幹雕像。②(人體之)軀幹。

tort [tɔrt] *n.* Ⓒ〖法律〗民事的侵犯或侵害(違約除外)。

tor·til·la [tɔrˋtija]〖西〗*n.* ⓊⒸ 薄而圓的玉蜀黍餅。

***tor·toise** [ˋtɔrtəs, -tɪs] *n.* Ⓒ (生於陸上之)龜。§～ **shèll** (1)龜甲。(2)蛺蝶。(3)花貓。

tor·tu·ous [ˋtɔrtʃuəs] *adj.* ①彎曲的；扭曲的。②歪曲的；不正直的。

***tor·ture** [ˋtɔrtʃɚ] *n.* ①Ⓤ拷問；刑訊。②ⓊⒸ(身體或心靈的)痛苦；苦惱。 —*v.t.* ①折磨。②曲解。③扭曲。④拷問。

To·ry [ˋtorɪ] *n.* Ⓒ①(常t-)英國昔日保皇黨黨員。②美國獨立戰爭時傾向英國的美國人。—*adj.* 保守的。

toss** [tɔs] *v.t.* ①投；擲；拋。～ a coin 擲錢幣(以正反面取決)。②搖蕩。③舉起；抬起。④擾亂；使不安。 —*v.i.* ①輾轉。②搖蕩；顛簸。～ ***off **a.** 迅速而容易地做。**b.** 一飲而盡。 —*n.* ①Ⓒ投；擲；拋。②Ⓒ舉起；抬起。③ⓊⒸ投擲的距離。④(*sing.*, 常 the ～)震盪；顛簸。

toss·up [ˋtɔsˌʌp] *n.*①Ⓒ (決定某事的)擲錢。②(a ～)一半的機會。

tost [tɔst] *v.*〖詩〗pt. & pp. of **toss.**

tot[1] [tɑt] *n.* Ⓒ①小兒；小孩。②〖英〗少量之酒。

tot[2]〖英俗〗*v.t.* (**-tt-**) 加；總計〔常up〕. —*n.* Ⓒ合計。

‡**to·tal** [ˋtotl̩] *adj.* ①全體的；總的。②完全的；全然的。—*n.* Ⓒ 總數；總額；合計；全部。—*v.t.* (**-l-,**〖英〗**-ll-**)①加起來；求得…的總數。②共計；總計。§～ **eclípse**(日、月蝕之)全蝕。

to·tal·i·tar·i·an [ˌtotæləˋtɛrɪən] *n.* Ⓒ極權主義者。

to·tal·i·ty [toˋtælətɪ] *n.* ①Ⓒ總數；總額。②Ⓤ全體；完全。

***to·tal·ly** [ˋtotl̩ɪ] *adv.* 全部地；完全地；全然地。

tote [tot] *v.t.* ①背負；提。②(以船、車等)運。—*n.* Ⓒ①背負；提；運。②背負之事物。 — **tot'er,** *n.*

to·tem [ˋtotəm] *n.* Ⓒ①圖騰(原始民族用作部落、家族等之象徵的自然物)。②圖騰像。§～ **pòle** 圖騰柱。

***tot·ter** [ˋtɑtɚ] *v.i.* ①蹣跚；以不穩之步伐行走。②(建築物等)搖搖欲倒。③(國家等)瀕於傾覆。

tou·can [ˋtukæn] *n.* Ⓒ鵎鵼(美洲熱帶之巨嘴鳥)。

‡**touch** [tʌtʃ] *v.t.* ①觸摸；觸及。②靠於…上；使接觸。③輕彈。④傷害；影響。⑤感動。⑥涉及；談到。⑦匹敵；及得上(通常用於否定句)。⑧吃(通常用於否定句)。⑨停泊；停靠。⑩使精神錯亂。⑪感染；使帶(某種)氣味。⑫〖俚〗借；偷。—*v.i.* ①觸；接觸。②毗鄰。③(船)停靠；停泊。④論及；述及〔on, upon〕. ～ ***down*** **a.** (飛機)著陸；落地。**b.**〖橄欖球〗在對方目標線後以球觸地。～ ***off*** **a.**觸發。**b.** 放(砲)。**c.** 精確地說明。～ ***up*** 修整；改進。—*n.* ①Ⓤ觸覺。②Ⓒ觸；接觸。③Ⓒ一筆；筆法。④Ⓤ連繫。⑤Ⓒ特徵；特質。⑥(a ～)少許；微量。a ～ of salt 少量的鹽。⑦Ⓤ彈奏；彈奏法。⑧(a ～)微恙。⑨Ⓒ一般的試驗。⑩ⓊⒸ逃走。

touch·down [ˋtʌtʃˌdaʊn] *n.* ⓊⒸ〖橄欖球〗①持球者越過對方球門線以球觸地之舉。②底線得分。

tou·ché [tuˋʃe]〖法〗*interj.* ①(比劍時表示觸及對方之口令)點到！②聽到令人折服的答辯所作之驚歎聲。

***touch·ing** [ˋtʌtʃɪŋ] *adj.* 動人的；引人傷感的。—*prep.* 關於。 — **ness,** *n.* — **ly,** *adv.*

touch·screen [ˋtʌtʃˌskrin] *n.* Ⓒ〖電算〗觸摸式螢幕(用手觸摸就可輸入資料的電腦顯示器)。

touch·stone [ˋtʌtʃˌston] *n.* Ⓒ試金石。

touch·y [ˋtʌtʃɪ] *adj.* ①暴躁的；易怒的。②難處理的；棘手的。③對觸覺敏感的。④易起火的。

***tough** [tʌf] *adj.* ①堅韌的。②強壯的；耐勞苦的。③困難的；費力的。④倔強的；固執的。⑤〖美〗粗暴的；暴亂的。⑥難以忍受的。⑦不易改變

Ⓒ彈道；抛射物之弧形行程。

***tram** [træm] *n.* Ⓒ ①〖英〗電車(=streetcar). ②電車道。③煤礦車。

tram·car [ˋtræm͵kɑr] *n.* Ⓒ ①〖英〗電車。②(採礦時用的)礦車。

tram·mel [ˋtræml̩] *n.* Ⓒ ①(常*pl.*)任何束縛物；拘束；妨害。②(捕捉魚、鳥等之)細網。③鍋鉤；吊鉤。 — *v.t.* (**-l-**, 〖英〗**-ll-**)①阻礙；束縛；妨害。②以網捕捉。

***tramp** [træmp] *v.i.* ① 踐 踏〔on, upon〕. ② 重步行走。③ 流浪；漂泊。 — *v.t.* ①踐踏。②徒步旅行。 — *n.* ①(*sing.*)(常 the ～)踏 步 聲。② Ⓒ 徒步旅行。③ Ⓒ 飄泊者。④ Ⓒ 航線不定的貨船。 — **er,** *n.*

***tram·ple** [ˋtræmpl̩] *v.t.* & *v.i.* 踐踏；蹂躪。 — *n.* Ⓒ 蹂躪；踐踏(聲)。

tram·po·line [͵træmpəˋlin] *n.* Ⓒ 健身用的彈簧墊。

tram·way [ˋtræm͵we] *n.* Ⓒ ①〖英〗電車道。②索道。

trance [træns, trɑns] *n.* Ⓒ ①恍惚；失神。②睡眠狀態。③狂喜。 — *v.t.* 使恍惚；使昏迷。

***tran·quil** [ˋtrænkwɪl, ˋtræŋ-] *adj.* (**-l-**,〖英〗**-ll-**)安靜的；平靜的；寧靜的。 — **ly,** *adv.*

‡**tran·quil·(l)i·ty** [trænˋkwɪlətɪ] *n.* Ⓤ (又作a ～)①安靜；寧靜。②鎮定；鎮靜。

tran·quil·(l)ize [ˋtræŋkwɪ͵laɪz] *v.t.* 使寧靜；使安定；鎮定。 — *v.i.* 變寧靜；變安定；平靜。

tran·quil·iz·er [ˋtræŋkwɪ͵laɪzɚ] *n.* Ⓒ ①使鎮定之人或物。②鎮靜劑。(亦作 **tranquillizer**)

trans- 〖字首〗表下列諸義：①橫過；貫通。如：*trans*continental. ②超越；以外。如：*trans*cend. ③變化；轉移。如：*trans*late, *trans*form.

***trans·act** [trænsˋækt, trænz-] *v.t.* 辦理；處理；執行。 — *v.i.* 辦事；處理事務。 — **trans·ac'tor,** *n.*

***trans·ac·tion** [trænsˋækʃən, trænz-] *n.* ① Ⓤ (常 the ～)辦理；執行。② Ⓒ (常 *pl.*)交易；事務；事項。③(*pl.*)記錄。

trans·at·lan·tic [͵trænsətˋlæntɪk] *adj.* ①橫越大西洋的。②在大西洋彼岸的。

tran·scend [trænˋsɛnd] *v.t.* ①超出；超越。②勝過；優於。 — *v.i.* 優越。

tran·scend·ent [trænˋsɛndənt] *adj.* ①超越的。②〖神學〗超越物質世界而存在的。③〖哲〗超越經驗的。

tran·scen·den·tal [͵trænsɛnˋdɛntl̩] *adj.* ①=**transcendent.** ②形而上的。③〖數〗(函數)超越的。

trans·con·ti·nen·tal [͵trænskɑntəˋnɛntl̩] *adj.* 橫貫大陸的。

tran·scribe [trænˋskraɪb] *v.t.* ①謄寫；刊印。②用另一種文字或符號寫出。③改編(樂曲)以便唱奏；改作。④爲…錄音或灌片以便廣播放送。

tran·script [ˋtræn͵skrɪpt] *n.* Ⓒ 副本；謄本。 — **tran·scrip'tion,** *n.*

tran·sept [ˋtrænsɛpt] *n.* Ⓒ 十字式教堂的左右翼部；袖廊。

***trans·fer** [trænsˋfɝ] *v.t.* (**-rr-**)①遷移；移動；調職；移轉。②讓渡(財產等)。③轉寫；摹寫；轉印。 — *v.i.* ①換車；換船。②轉移；轉學；調任。 — [ˋtrænsfɝ] *n.* ① ⓊⒸ 遷移；調職；移轉。② ⓊⒸ 讓渡(證書)。③ Ⓒ 轉寫(書)；轉印(文)。④ Ⓒ 換車票。⑤ Ⓒ 換乘的地點。⑥ Ⓒ 匯兌。 — **a·ble,** *adj.* — **trans·fer·ee',** *n.*

trans·fer·ence [trænsˋfɝəns] *n.* Ⓤ ①轉移；讓渡；移動；調動；遷移。②〖精神分析〗感情轉移。

trans·fer·rer [trænsˋfɝɚ] *n.* Ⓒ ①讓渡人；讓與者。②轉印者。

trans·fig·u·ra·tion [͵trænsfɪgjəˋreʃən] *n.* ①ⓊⒸ 變形；變貌。②(the T-)〖聖經〗**a.** 基督在山上的變貌。**b.**基督變容節(八月六日)。

trans·fig·ure [trænsˋfɪgjɚ] *v.t.* ①使變形。②使變高尙；理想化。

trans·fix [trænsˋfɪks] *v.t.* ①刺穿；戳穿。②(因驚愕、恐怖等)使發呆；使麻木。

trans·form [trænsˋfɔrm] *v.t.* ①使變形；使改觀〔into〕. ②改變(電流之)電壓。 — **a·ble,** *adj.*

trans·for·ma·tion [͵trænsfɚˋmeʃən] *n.* ⓊⒸ ①變形。②變性；變質。③(電流之)變壓。④(婦人的)假髮；假髻。

trans·form·er [trænsˋfɔrmɚ] *n.* Ⓒ 變壓器。

trans·fuse [trænsˋfjuz] *v.t.* ①(從一容器)倒於(另一容器)。②輸(血)。③注射(溶液)於血管中。④灌輸。 — **trans·fu'sion,** *n.*

trans·gress [trænsˋgrɛs] *v.t.* ①踰越；脫離。②違犯(法律、條約等)。 — *v.i.* ①違犯法律或規則等。②獲

罪；有罪。— **trans·gres′sor,** *n.*

tran·sient [ˋtrænʃənt] *adj.* ①短暫的；一瞬間的。②過路的；過境的。— *n.* Ⓒ〖美〗短期停留的旅客。

tran·sis·tor [trænˋzɪstɚ] *n.* Ⓒ ①電晶體。②〖俗〗電晶體收音機。

***tran·sit** [ˋtrænsɪt, -zɪt] *n.* ①Ⓤ通過；通行。②Ⓤ搬運；運送。③Ⓤ變遷；改變。④ⓊⒸ〖天〗**a.**天體之通過子午線。**b.**小天體之經過其他天體。— *v.t.* & *v.i.* 通過；經過。

***tran·si·tion** [trænˋzɪʃən, -ˋsɪʃən] *n.* ⓊⒸ ①轉移；變遷；過渡。②〖樂〗變調；轉調。— **al,** *adj.*

***tran·si·tive** [ˋtrænsətɪv] *adj.* ①〖文法〗及物的(動詞)。②轉移的。— *n.* Ⓒ 及物動詞。

tran·si·to·ry [ˋtrænsə͵torɪ] *adj.* 短暫的；一時的；頃刻的。

***trans·late** [trænsˋlet, trænz-] *v.t.* ①翻譯。②解釋；說明。③移動；調動。④轉變爲。⑤肉身不死而升天。⑥傳遞(電報等)。— *v.i.* 翻譯。

***trans·la·tion** [trænsˋleʃən] *n.* ①ⓊⒸ翻譯。②Ⓒ譯文；翻譯本。③ⓊⒸ解釋；改述；轉換。

trans·la·tor [trænsˋletɚ, trænz-] *n.* Ⓒ 翻譯者(尤指以此爲職業者)。

trans·lit·er·ate [trænsˋlɪtə͵ret] *v.t.* 音譯(如臺灣譯成 Taiwan).

trans·lu·cent [trænsˋlusn̩t] *adj.* ①半透明的。②容易了解的。

trans·mi·grate [trænsˋmaɪgret] *v.i.* ①移居；移民。②(靈魂)轉生；輪迴。— **trans·mi·gra′tion,** *n.*

trans·mis·sion [trænsˋmɪʃən] *n.* ①Ⓤ傳送；傳達；傳播。②Ⓒ被傳達之物。③Ⓤ無線電傳送。④Ⓒ(汽車等之)傳動系統。

***trans·mit** [trænsˋmɪt] *v.t.* (**-tt-**) ①傳送；傳達；傳播。②〖理〗傳導。③〖無線〗播送。④遺傳。

trans·mit·ter [trænsˋmɪtɚ] *n.* Ⓒ ①傳送者；傳達者。②〖電〗發送機；發射機；發話機。

trans·mute [trænsˋmjut] *v.t.* 使變質；使變形；使變化。— **trans·mu·ta′tion,** *n.*

trans·o·ce·an·ic [͵trænsoʃɪˋænɪk] *adj.* 越洋的；在海洋彼岸的；海外的。

tran·som [ˋtrænsəm] *n.* Ⓒ ①頂窗；氣窗。②橫楣；橫梁。

trans·pa·cif·ic [͵trænspəˋsɪfɪk] *adj.* ①橫渡太平洋的。②太平洋彼岸的；太平洋那邊的。

***trans·par·ent** [trænsˋpɛrənt] *adj.* 透明的。— **trans·par′en·cy,** *n.* — **ly,** *adv.*

tran·spire [trænˋspaɪr] *v.t.* 排出；發散；蒸發。— *v.i.* ①洩露；爲人所知。②發生。③散發；排出。

trans·plant [trænsˋplænt] *v.t.* ①移植；移種。②使遷徙。③〖醫〗移植(器官、皮膚)。

tran·spon·dor, tran·spon·der [trænsˋpɑndɚ] *n.* Ⓒ〖空〗自動應答機。

***trans·port** [trænsˋport] *v.t.* ①運送；運輸。②使心神恍惚。③流放；放逐(通常用於被動語態)。— [ˋtræns-port] *n.* ①Ⓤ運輸；輸送。②Ⓒ運輸船[機]。③(a ～)一陣強烈的情緒。

***trans·por·ta·tion** [͵trænspɚˋteʃən] *n.* ①Ⓤ運輸；輸送。②Ⓤ運輸工具；運輸費用。③Ⓤ流刑；放逐。④Ⓒ車票；船票。

trans·port·er [trænsˋportɚ] *n.* Ⓒ ①運送者。②運輸裝置。

trans·pose [trænsˋpoz] *v.t.* ①改換…之位置或順序；置換。②〖代數〗移項。③〖樂〗變調；轉調。— **trans·po·si′tion,** *n.*

trans·sex·u·al [trænsˋsɛkʃuəl] *n.* Ⓒ 變性者。— *adj.* 變性的。

trans·ver·sal [trænsˋvɝsl̩] *adj.* 橫斷的；橫亙的。— *n.* Ⓒ〖數〗橫貫線；截線。

***trans·verse** [trænsˋvɝs, trænz-] *adj.* 橫的；橫斷的。— *n.* Ⓒ 橫放物；橫亙物。— **ly,** *adv.*

trans·ves·tism [trænsˋvɛstɪzm̩] *n.* Ⓤ 穿著異性服裝癖。

trans·ves·tite [trænsˋvɛstaɪt, trænz-] *n.* Ⓒ 有穿著異性服裝怪癖者；異性模仿癖者。

***trap** [træp] *n.* Ⓒ ①捕捉機；陷阱。②圈套；詭計。③一種輕便馬車。④(防蒸氣、水等通過的)門瓣；凝氣瓣。— *v.t.* (**-pp-**)①誘捕；計陷；局限。②裝門瓣[凝氣瓣，U字管]。— *v.i.* 設置捕捉機或陷阱。

trap·door [ˋtræpˋdɔr] *n.* Ⓒ 地板或屋頂上之活門。

tra·peze [træˋpiz] *n.* Ⓒ 健身房或馬戲場所用之高空鞦韆。

trap·e·zoid [ˋtræpə͵zɔɪd] *n.* Ⓒ ①〖美〗梯形。②〖英〗不等邊四邊形。

trap·per [ˋtræpə] *n.* Ⓒ 捕獸者(尤指爲獲皮毛者)。

trap·pings [ˋtræpɪŋz] *n. pl.* ①馬飾。②裝飾(物)。

Trap·pist [ˋtræpɪst] *n.* 〖天主教〗Cistercian 修會中一派之修道士(生活嚴肅簡樸，好沉思)。

trash [træʃ] *n.* Ⓤ ①廢物；垃圾；殘屑。②無價值之人、物、作品。§ ～ **compàctor** 〖美〗垃圾壓縮器(用於廚房)。— **trash′y**, *adj.*

trash·man [ˋtræʃ,mən] *n.* Ⓒ (*pl.* **-men**) 〖美〗收垃圾[廢物]者。

trat·to·ri·a [,trɑttoˋriɑ] 〖義〗*n.* Ⓒ (*pl.* **～s, -ri·e** [-ˋrie]) 飲食店。

trau·ma [ˋtrɔmə] *n.* Ⓤ Ⓒ (*pl.* **～ta** [～tə], **～s**) 〖醫〗①外傷。②精神創傷；情感上的打擊。— **trau·mat′ic** [-ˋmæt-], *adj.*

trau·ma·tize [ˋtrɔmə,taɪz] *v.t.* 〖醫〗①損傷(體素)。②使精神或情緒受創傷。— **trau·ma·ti·za′tion**, *n.*

tra·vail [ˋtrævel] *n.* Ⓤ ①勞苦；苦工。②劇痛。③分娩之陣痛。— *v.i.* ①辛勞工作；勞苦。②受分娩之陣痛。

‡**trav·el** [ˋtrævl] *v.i.* (**-l-**,〖英〗**-ll-**) 旅行；遊歷。— *v.t.* ①旅行；遊歷。②經過；走過。— *n.* ① Ⓤ 旅行。② Ⓒ (常 *pl.*) 遊歷。③(*pl.*) 遊記(文章)。

‡**trav·el·(l)er** [ˋtrævlə] *n.* Ⓒ ①旅行者；旅客。②旅行推銷員。§ ～′s **chèck** 旅行支票。

trav·el·(l)ing [ˋtrævlɪŋ] *adj.* ①旅行用的。②遊歷的；巡迴的。§ ～ **sálesman** 旅行推銷員。

trav·e·log(ue) [ˋtrævə,lɔg] *n.* Ⓒ ①旅行見聞講座。②遊記電影。

***tra·verse** [ˋtrævəs, ˋtrævɜs] *v.t.* ①走過；經過；橫過。②橫亙；橫貫。— *v.i.* ①橫向亂走。②旋轉。— *n.* Ⓒ ①橫過；橫貫；橫亙。②橫亙之物。③保護壕溝等的土牆。④教堂中的橫廊。⑤〖海〗Z 字形航路。

trav·es·ty [ˋtrævɪstɪ] *n.* Ⓒ 滑稽化；諧謔化。— *v.t.* 使(嚴肅主題或其他事物)滑稽化。

trawl [trɔl] *n.* Ⓒ ①曳網；拖網。②排鉤。— *v.t.* & *v.i.* 以拖網或排鉤捕(魚)；拖(網)。

trawl·er [ˋtrɔlə] *n.* Ⓒ ①拖網船。②拖網捕魚人。

***tray** [tre] *n.* Ⓒ 缸；碟。

***treach·er·ous** [ˋtrɛtʃərəs] *adj.* ①叛逆的。②不可靠的。③危險的。

***treach·er·y** [ˋtrɛtʃərɪ] *n.* ① Ⓒ (常*pl.*) 奸詐行爲。② Ⓤ 叛逆；叛國。

trea·cle [ˋtrikl] *n.* Ⓤ 〖英〗糖蜜。

***tread** [trɛd] *v.t.* & *v.i.* (**trod, trod·den** or **trod**) ①行走於；步行在。②踐踏；踩碎。③踏成；踩出。— *n.* ① (*sing.*) 踏步；步法；步態；足音。② Ⓒ (樓梯之)踏面；踏板。③ Ⓤ Ⓒ 腳底；鞋底。

trea·dle [ˋtrɛdl] *n.* Ⓒ (車床、縫紉機等之)踏板。— *v.i.* 踩踏板。

tread·mill [ˋtrɛd,mɪl] *n.* Ⓒ ①踏車(古時用以懲罰囚犯者)。②(常 the ～) 任何單調無聊之工作。

***trea·son** [ˋtrizn] *n.* Ⓤ ①叛逆；叛國。②背信；背義。

trea·son·a·ble [ˋtriznəbl] *adj.* 叛逆的；叛國的。

‡**treas·ure** [ˋtrɛʒə] *n.* ① Ⓤ 財寶；寶物；財貨；財富；金銀。② Ⓒ 被珍愛之人或物。— *v.t.* ①珍愛；重視。②儲藏；珍藏。

***treas·ur·er** [ˋtrɛʒərə] *n.* Ⓒ 會計部門；出納官。

***treas·ur·y** [ˋtrɛʒərɪ] *n.* ① Ⓒ 金庫。② Ⓒ 資金；基金。③(the T-) 財政部。④ Ⓒ 珍藏寶物的地方。

‡**treat** [trit] *v.t.* ①對待。②視爲；以爲。③治療。④論述。⑤處理；使遭受某種作用。⑥款待。— *v.i.* ①論述。②談判；磋商。③款待。— *n.* ①(one's ～) 宴饗；款待。② Ⓒ 樂事。*stand* ～ 作東；請客。

***trea·tise** [ˋtritɪs] *n.* Ⓒ (學術) 論文；論說。

***treat·ment** [ˋtritmənt] *n.* ① Ⓤ 待遇。② Ⓤ 處置；處理。③ Ⓤ Ⓒ 醫療；醫療法。

‡**trea·ty** [ˋtritɪ] *n.* ① Ⓒ 條約；盟約。② Ⓤ 談判；協商。

***tre·ble** [ˋtrɛbl] *adj.* ①三倍的；三重的。②最高音部的。— *v.t.* 使增爲三倍。— *v.i.* 增爲三倍。— *n.* ① Ⓤ 最高音部。② Ⓒ 最高音部的聲音[歌唱者，樂器]。§ ～ **cléf**〖樂〗高音譜符號(𝄞)。

‡**tree** [tri] *n.* Ⓒ ①樹；樹木。②特殊目的用的木頭。③(表現成樹木狀的)圖表。a family ～家系圖。*up a* ～在困難的處境中；進退維谷。§ ～ **fròg** [**tòad**] 樹蛙；雨蛙。

tree·less [ˋtrilɪs] *adj.* 無樹木的

tree·lined [ˋtri,laɪnd] *adj.* 沿途有樹的。

tree·top [ˋtri͵tɑp] *n.* Ⓒ 樹梢。
trek [trɛk] *v.i.* (**-kk-**) 緩慢艱辛地旅行。— *n.* Ⓒ (長而艱辛的)旅行[移居]。
trel·lis [ˋtrɛlɪs] *n.* Ⓒ 格子架; 格子棚。— *v.t.* ①裝設格子架或格子棚。②以格子棚[架]支撐(蔓生植物)。
‡**trem·ble** [ˋtrɛmbl̩] *v.i.* ①戰慄; 震顫; 發抖。②憂慮; 擔心。— *n.* (a ~)戰慄; 震顫。
***tre·men·dous** [trɪˋmɛndəs] *adj.* ①可怕的。②〖俗〗巨大的; 非常的。③〖俗〗非常好的。— **ly**, *adv.*
trem·o·lo [ˋtrɛmə͵lo] 〖義〗 *n.* Ⓒ (*pl.* ~**s**) 〖樂〗顫音。
trem·or [ˋtrɛmɚ] *n.* Ⓒ ①顫抖; 震顫。②激動; 興奮。③震動。
***trem·u·lous** [ˋtrɛmjələs] *adj.* 戰慄的; 抖動的; 怯懦的; 畏縮的。
***trench** [trɛntʃ] *n.* Ⓒ ①戰壕。②溝; 壕溝。— *v.t.* 圍以溝; 在…挖溝; 隔絕。— *v.i.* 掘壕; 挖溝。
trench·ant [ˋtrɛntʃənt] *adj.* ①尖刻的; 苛刻的; 銳利的。②清晰的。③有力的; 有效的。
trench·er [ˋtrɛntʃɚ] *n.* Ⓒ ①挖戰壕者; 挖溝者。②(切肉用的)木板; 盛食物的木盤。
***trend** [trɛnd] *n.* Ⓒ ①趨勢; 傾向。②流行; 時尚。— *v.i.* 向; 傾向。
trend·set·ter [ˋtrɛnd͵sɛtɚ] *n.* Ⓒ 開啓風尚的人或物。
trend·set·ting [ˋtrɛnd͵sɛtɪŋ] *adj.* 能開啓風尚的。
trend·y [ˋtrɛndɪ] *adj.* 〖英俗〗最流行的; 時髦的。
trep·i·da·tion [͵trɛpəˋdeʃən] *n.* Ⓤ ①驚恐; 惶恐。②震顫; 戰慄。
trep·o·ne·ma·to·sis [͵trɛpə͵niməˋtosɪs] *n.* Ⓤ 〖醫〗螺旋體病。
***tres·pass** [ˋtrɛspəs] *v.i.* ①侵入; 侵犯; 侵害。②犯罪。— *n.* ①Ⓤ Ⓒ 侵入; 侵犯; 侵害。②Ⓒ 罪過。
tress [trɛs] *n.* Ⓒ (常 *pl.*)(尤指婦女的)長頭髮; 鬈髮。
tres·tle [ˋtrɛsl̩] *n.* Ⓒ ①支架; 檯架。②叉架; 橋架。
tri- 〖字首〗表「三」之義, 如 *tricycle.*
tri·ad [ˋtraɪæd,-əd] *n.* Ⓒ ①三個一組。②〖樂〗三和音[弦]。
‡**tri·al** [ˋtraɪəl] *n.* ①Ⓤ Ⓒ 審訊; 審判。②Ⓤ Ⓒ 考驗; 試驗。③Ⓒ 苦難; 磨難。④Ⓤ Ⓒ 試圖; 努力。*on* ~ **a.**用於試驗等目的; 暫時。**b.**試驗後; 看試驗的結果。~ *and error* 嘗試錯誤法。§ ~ **rún**(機器等之)試車。
***tri·an·gle** [ˋtraɪ͵æŋgl̩] *n.* Ⓒ ①三角形(之物)。②〖樂〗三角鐵。
tri·an·gu·lar [traɪˋæŋgjəlɚ] *adj.* ①三角形的; 有三角形底的。②三者間的; 三角關係的。
trib·al [ˋtraɪbl̩] *adj.* 部落的; 種族的。— **ly**, *adv.*
trib·al·ism [ˋtraɪbl̩͵ɪzəm] *n.* Ⓤ ①部落之組織、生活及特徵。②對自己宗族、黨派等之忠誠。
‡**tribe** [traɪb] *n.* Ⓒ ①種族; 部落。②〖生物〗族; 類。
trib·u·la·tion [͵trɪbjəˋleʃən] *n.* Ⓤ Ⓒ 苦難; 困苦; 憂患。
tri·bu·nal [trɪˋbjunl̩, traɪ-] *n.* Ⓒ ①法庭; 裁判所。②裁判。
***trib·une** [ˋtrɪbjun] *n.* ①Ⓒ 講壇。②Ⓒ 古羅馬之護民官。③Ⓒ 民衆的保護人。④(T-)(常用於報刊名)論壇。
***trib·u·tar·y** [ˋtrɪbjə͵tɛrɪ] *n.* Ⓒ ①支流。②納貢者[國]; 屬國。— *adj.* ①支流的。②納貢的; 從屬的。③補助的。
***trib·ute** [ˋtrɪbjut] *n.* ①Ⓤ Ⓒ 貢金; 貢物; 貢獻。②Ⓒ 表示尊敬或讚美的言辭或行爲。
trice [traɪs] *n.* Ⓒ 瞬間。in a ~ 立刻。
tri·ceps [ˋtraɪsɛps] *n.* Ⓒ (*pl.* ~**es**, ~**s**) 〖解〗三頭肌。
‡**trick** [trɪk] *n.* Ⓒ ①詭計; 奸計; 欺詐手段。②巧技; 技藝; 妙訣。③假裝或不實之物; 幻覺。④幻術; 戲法。⑤惡作劇。⑥特別的習慣。*do*[*turn*] *the* ~ 達到目的; 順遂。— *v.t.* ①欺騙。②修飾; 打扮。— *v.i.* 騙人; 玩把戲。
trick·er·y [ˋtrɪkərɪ] *n.* Ⓤ 欺詐; 欺騙; 詭計; 奸計。
***trick·le** [ˋtrɪkl̩] *v.i.* ①滴流; 細流。②慢慢地來、去、經過等。— *v.t.* 使慢慢滴流。— *n.* Ⓒ ①細流。②滴; 慢慢地來、去、經過等。
trick·le-down [ˋtrɪkl̩͵daun] *adj.* 〖經〗利益擴散理論的。the ~ theory 利益擴散理論。
trick·ster [ˋtrɪkstɚ] *n.* Ⓒ 欺騙者; 騙子; 狡詐者; 狡徒。
trick·y [ˋtrɪkɪ] *adj.* ①好惡作劇的; 奸詐的。②複雜的; 難處理的。
tri·col·o(u)r [ˋtraɪ͵kʌlɚ] *adj.* 三色的。— *n.* ①Ⓒ 三色旗。②(the T-)法國國旗。
tri·cy·cle [ˋtraɪsɪkl̩] *n.* Ⓒ 三輪車

(跛者或兒童乘坐的)。

***tried** [traɪd] *v.* pt. & pp. of **try.** —*adj.* 經過試驗的; 可信賴的。

tri·en·ni·al [traɪˋɛnɪəl] *adj.* ①延續了三年的。②三年一次的。—*n.* [C]①每三年一次的事件。②三周年紀念。—**ly,** *adv.*

tri·er [ˋtraɪɚ] *n.* [C]①試驗者; 試驗物。②審問者。

***tri·fle** [ˋtraɪfl] *n.* ①[C]瑣事; 小事; 瑣物。②[C]少量; 少許; 少量金錢。③[U]白鑞(錫鉛等之合金)。*a* ~稍微; 有點; 一點。—*v.i.* ①玩忽; 疏忽。②戲弄。③虛費光陰。—*v.t.* 浪費; 虛耗。

***tri·fling** [ˋtraɪflɪŋ] *adj.* ①無關重要的; 微小的。②輕率的; 淺陋的。

tri·fo·cal [traɪˋfokl] *adj.* 三焦點的; 有三焦點的。—*n.* ①[C]三焦點透鏡。②(*pl.*)三焦點眼鏡。

trig·ger [ˋtrɪgɚ] *n.* [C] ①(槍的)扳機。②〖機〗制輪機; 制滑器。—*v.t.* ①引起或促起(一連串的連鎖反應)。②扣…之扳機。

trig·ger-hap·py [ˋtrɪgɚ,hæpɪ] *adj.* 〖俗〗①不計後果, 喜歡亂開槍的。②好戰的。

trig·o·no·met·ric, -ri·cal [,trɪgənəˋmɛtrɪk(l)] *adj.* 三角學的; 以三角學方法完成的。

trig·o·nom·e·try [,trɪgəˋnɑmətrɪ] *n.* [U]三角法; 三角學。

tri·jet [ˋtraɪ,dʒɛt] *n.* [C] 三引擎噴射機。

trike [traɪk] *n.* [C]〖俗〗三輪車。

tri·lat·er·al [traɪˋlætərəl] *adj.* 〖幾何〗三邊的。

tril·by [ˋtrɪlbɪ] *n.* [C]〖英〗一種男用軟呢帽。(亦作 **trilby hat**)

trill [trɪl] *v.t.* & *v.i.* ①發顫聲; 以顫聲說出。②以顫音唱、奏等。③用捲舌發出(抖顫的 r 音)。—*n.* [C] ①顫聲。②〖樂〗震音。③〖語音〗顫音。

tril·lion [ˋtrɪljən] *n.* [C] ①〖美〗兆; 百萬的平方。②〖英〗百萬兆; 百萬的立方。

tril·o·gy [ˋtrɪlədʒɪ] *n.* [C] (戲劇、歌劇、小說等)三部曲。

***trim** [trɪm] *v.t.* (**-mm-**)①使整潔; 使整齊; 修整; 整飾; 修剪。②裝飾。③安排所載貨物重量使(船、飛機等)平衡。④調整(船帆)以適應風向。⑤〖俗〗擊敗; 笞; 打。⑥〖俗〗譴責; 申斥。—*v.i.* ①採取兩面討好政策; 騎牆。②〖海〗a.保持平衡。b.調節船帆。—*adj.* (**-mm-**)整齊的; 整潔的。—*n.* [U] ①整齊; 整潔。②準備狀態。—**ly,** *adv.* —**ness,** *n.*

tri·ma·ran [ˋtraɪmə,ræn] *n.* [C] 三船體小艇(聯結三個 hull 之小艇)。

trim·mer [ˋtrɪmɚ] *n.* [C] ①整修者; 整修之器具。②騎牆者。

trim·ming [ˋtrɪmɪŋ] *n.* ①[U]整修; 修剪。②[U][C]裝飾。③[C](常 *pl.*)修整時被剪去的部分。④(*pl.*)(烹飪的)佐料; 配料。⑤[U][C]〖俗〗叱責; 申斥。⑥[C]〖俗〗擊敗。

Trin·i·tar·i·an [,trɪnəˋtɛrɪən] *adj.* 三位一體(論)的; 信仰三位一體的。—*n.* [C]信仰三位一體論者。

tri·ni·tro·tol·u·ene [traɪ,naɪtroˋtɑljʊ,in] *n.* [U]強力炸藥。

***trin·i·ty** [ˋtrɪnətɪ] *n.* ①[C]三個之一組。②(the T-)三位一體(基督教中聖父、聖子、聖靈合成一神)。

trin·ket [ˋtrɪŋkɪt] *n.* [C]①精美小飾物。②瑣物。

tri·o [ˋtrio, ˋtraɪo] *n.* [C] (*pl.* **~s**)①三人或三物之一組。②[ˋtrio]〖樂〗三重奏[唱](曲)。

‡**trip** [trɪp] *n.* [C]①旅行; 遠足。②顛躓; 失足。③摔倒; 絆倒。④差錯; 過失。⑤輕快之腳步。—*v.i.* (**-pp-**) ①顛躓; 跌倒。②犯過失。③以輕快的腳步跑或跳。④旅行。—*v.t.* ①使顛躓; 絆跌。②使犯錯誤。③發覺(某人)的錯誤。

tri·par·tite [traɪˋpɑrtaɪt, ˋtrɪpɚ,taɪt] *adj.* ①分爲三部分的。②有相同之三部分的。③三者間的。

tripe [traɪp] *n.* [U] ①牛等之胃(供食用)。②〖俗〗無意義或無價值的東西。

***tri·ple** [ˋtrɪpl] *adj.* ①三部分合成的。②三倍的; 三重的。—*n.* [C] ①三倍。②〖棒球〗三壘打。—*v.t.* 使成三倍。—*v.i.* ①成爲三倍。②〖棒球〗擊出三壘打。§ ~ **pláy**〖棒球〗三殺(使三人出局)。

tri·plet [ˋtrɪplɪt] *n.* [C] ①三胞胎之一; (*pl.*)三胞胎。②三個之一組。③〖樂〗三連音符。

trip·li·cate [ˋtrɪplə,ket] *v.t.* ①使成三倍。②將(文件)作成三份。—[ˋtrɪpləkɪt] *adj.* ①三倍的; 三重的。②一式三份的(文件)。—*n.* [C] 完全相同的三物之一; 一式三份的文件之一。

tri·pod [ˋtraɪpɑd] *n.* [C] 三腳架; 鼎; 香爐等。

trip·per [ˋtrɪpɚ] *n.* Ⓒ 遠足者；短途旅行者。

trip·ping [ˋtrɪpɪŋ] *adj.* (腳步)輕快的；敏捷的。

trip·tych [ˋtrɪptɪk] *n.* Ⓒ 三幅相連之畫。

tri·sect [traɪˋsɛkt] *v.t.* 分成三部分；(尤指)將…三等分。

trite [traɪt] *adj.* 陳腐的；平凡的。 —ly, *adv.* —ness, *n.*

***tri·umph** [ˋtraɪəmf] *n.* ① Ⓒ 勝利；大成功。② Ⓤ 勝利引起的喜悅。③ Ⓒ (古羅馬的)凱旋式。— *v.i.* ①獲得勝利；成功。②得意；狂喜。

tri·um·phal [traɪˋʌmfl] *adj.* 凱旋的；慶祝勝利的。

***tri·um·phant** [traɪˋʌmfənt] *adj.* 勝利的；成功的；得意洋洋的。

tri·um·vir [traɪˋʌmvɚ] *n.* Ⓒ (*pl.* ~s, -vi·ri [-vəraɪ])古羅馬三執政之一。

tri·um·vi·rate [traɪˋʌmvərɪt] *n.* Ⓒ 三頭政治；三人政治。

triv·et [ˋtrɪvɪt] *n.* Ⓒ 三腳架；三腳臺(承托烹煮器皿者)。

triv·i·a [ˋtrɪvɪə] *n. pl.* 瑣事。

***triv·i·al** [ˋtrɪvɪəl] *adj.* 不重要的；瑣屑的。

triv·i·al·i·ty [ˌtrɪvɪˋælətɪ] *n.* Ⓤ Ⓒ 瑣屑(之事物)。

triv·i·al·ize [ˋtrɪvɪəlˌaɪz] *v.t.* 使平凡；使平庸。

trod [trɑd] *v.* pt. & pp. of **tread.**

trod·den [ˋtrɑdn̩] *v.* pp. of **tread.**

trog·lo·dyte [ˋtrɑgləˌdaɪt] *n.* Ⓒ 古代穴居者。

troi·ka [ˋtrɔɪkə] *n.* Ⓒ ①(俄國的)三頭馬車；此種並列的三匹馬。②三頭政治；三人領導小組。

Tro·jan [ˋtrodʒən] *adj.* Troy(人)的。— *n.* Ⓒ ① Troy 居民。②有能力有決心之人。§ **the ∼ Wár** 特洛伊之戰(Homer 所敍述之戰爭，延續十年，Troy 終爲希臘人所毀)。∼ **hórse** 特洛伊木馬(特洛伊之戰時，希臘人所作，希臘兵藏於木馬腹中，進入特洛伊城)。

troll[1] [trol] *v.t.* & *v.i.* ①輕鬆愉快地歌唱。②輪唱。③用輪轉線釣(魚)。— *n.* Ⓒ ①輪唱的歌。②以輪轉線釣魚法。

troll[2] *n.* Ⓒ〖北歐傳說〗居住地下或洞穴中之巨人。

***trol·ley** [ˋtrɑlɪ] *n.* Ⓒ (*pl.* ~s) ①觸輪(托在電線上的滑輪，以導電至電車等者)。②電車。③〖英〗貨車；手推車。§ ∼ **càr**〖美〗電車。

trom·bone [ˋtrɑmbon] *n.* Ⓒ〖樂〗伸縮喇叭；低音大喇叭。

trom·bon·ist [ˋtrɑmbonɪst] *n.* Ⓒ 伸縮喇叭手。

‡**troop** [trup] *n.* Ⓒ ①群；組；班；多數。②(常 *pl.*)軍隊。③騎兵連。— *v.i.* ①群集。②成群而行。

troop·er [ˋtrupɚ] *n.* Ⓒ ①騎兵。②騎馬之警察。③〖俗〗州警察。

troop·ship [ˋtrupˌʃɪp] *n.* Ⓒ 運兵船。

***tro·phy** [ˋtrofɪ] *n.* Ⓒ ①戰利品；勝利紀念品。②獎品。③紀念品。

trop·ic** [ˋtrɑpɪk] *n.* ① Ⓒ 回歸線。②(*pl.*)熱帶；熱帶地方。the T- of Cancer*** 北回歸線。***the T- of Capricorn*** 南回歸線。— *adj.* 熱帶的。

***trop·i·cal** [ˋtrɑpɪkl] *adj.* ①熱帶的；適於熱帶的。②熱情的。§ ∼ **aquárium** 熱帶水族館。

trot** [trɑt] *v.i.* (-tt-)小跑；疾走；快步走。— *v.t.* 使小跑；使快步行走。∼ ***out〖俗〗舉以示人。— *n.* (a ∼)疾走；小跑；快步。

troth [trɔθ] *n.* Ⓤ ①忠實；信實。②約；婚約。

trot·ter [ˋtrɑtɚ] *n.* ① Ⓒ 疾走者。② Ⓒ 快步之馬。③ Ⓤ Ⓒ (供食用之)(羊、豬之)蹄。

trou·ba·dour [ˋtrubəˌdur] *n.* Ⓒ ①抒情詩人。②泛指任何吟遊詩人。

‡**trou·ble** [ˋtrʌbl] *v.t.* ①使煩惱；使憂慮；使苦惱。②煩勞；麻煩。③使痛苦；使感不適。④攪亂；擾亂。— *v.i.* ①煩惱；憂慮。②煩勞；麻煩。— *n.* ① Ⓤ Ⓒ 煩惱；苦惱；困苦。② Ⓤ 麻煩；煩勞；辛苦；困難。③ Ⓤ Ⓒ 紛爭；紛擾；騷亂。④ Ⓤ Ⓒ 疾病；病痛。

trou·bled [ˋtrʌbld] *adj.* ①(表情等)爲難的；不安的；困惑的。②(世態等)騷然的；(海浪)洶湧的。

trou·ble·mak·er [ˋtrʌblˌmekɚ] *n.* Ⓒ 時常惹麻煩的人。

trou·ble-shoot·er [ˋtrʌblˌʃutɚ] *n.* Ⓒ ①發現並修理機器故障者。②解決困難者。

trou·ble-shoot·ing [ˋtrʌblˌʃutɪŋ] *n.* Ⓤ 解決困難。

****trou·ble·some*** [ˋtrʌblsəm] *adj.* 使人苦惱或煩勞的；困難的；麻煩的。

****trough*** [trɔf] *n.* Ⓒ ①食槽；水槽。②任何槽形之物。③水溝。④(兩浪或山間等之)凹處。

trounce [traʊns] *v.t.* ①打；鞭笞。②痛懲；嚴責；擊敗。

troupe [trup] *n.* Ⓒ 班；隊；團(尤指伶人、歌手等所組成者)。

troup·er [ˋtrupɚ] *n.* Ⓒ ①(劇團、馬戲團等之)團員；演員。②忠於職守者；做事負責者。

***trou·ser** [ˋtraʊzɚ] *adj.* 褲子(上)的。— *n.* Ⓒ 左右褲管之任一。

trou·sers [ˋtraʊzɚz] *n. pl.* 褲子。

trous·seau [truˋso] *n.* Ⓒ (*pl.* ~x [~z], ~s)嫁妝；妝奩。

***trout** [traʊt] *n.* Ⓒ (*pl.* ~, ~s)鱒魚。

trow·el [ˋtraʊəl] *n.* Ⓒ ①小鏟子。②(用以塗抹灰泥之)鏝子。

troy [trɔɪ] *adj.* 金衡的；金衡制的。— *n.* =troy weight. § ∼ wèight (衡量寶石、金、銀等之)金衡(制)。

tru·ant [ˋtruənt] *n.* Ⓒ ①逃學者。②玩忽職務者；荒廢職務者。*play* ~ 逃學；曠職。— *adj.* ①逃學的。②荒廢職務的；怠惰的。— *v.i.* 逃學；荒廢職務。— **tru′an·cy,** *n.*

truce [trus] *n.* Ⓤ Ⓒ ①休戰；停戰。②休止；中止。

***truck**[1] [trʌk] *n.* Ⓒ ①貨車；卡車。②(火車站腳夫用以搬運行李之)手車。③(火車之)無蓋貨車。

truck[2] *n.* Ⓤ ①〖美〗種植以出售之蔬菜。②零星什物。③〖俗〗垃圾；廢物；胡說。④交易；買賣。— *v.t.* & *v.i.* 交易；交往。

truck·er [ˋtrʌkɚ] *n.* Ⓒ ①卡貨車運輸業者。②卡貨車司機。

truc·u·lent [ˋtrʌkjələnt] *adj.* ①野蠻的；兇猛的；殘酷的。②(言語、文字等)粗野的；苛刻的。

***trudge** [trʌdʒ] *n.* Ⓒ ①走。②跋涉。— *v.i.* 沈重地走；跋涉。

‡**true** [tru] *adj.* ①確實的。②眞實的；眞正的。③正確的。④忠實的。*come* ~實現。

true-blue [ˋtruˋblu] *adj.* 不變的；忠誠的。

truf·fle [ˋtrʌfl̩] *n.* Ⓤ Ⓒ 〖植〗松露；麥蕈(生在地面下的囊子菌類)。

tru·ism [ˋtruɪzəm] *n.* Ⓒ ①公認的眞理。②陳腐之言；老生常談。

***tru·ly** [ˋtrulɪ] *adv.* ①確切地；眞實地；忠實地。②事實上。*Yours* ~敬上(信文末簽名前之問候語)。

trump [trʌmp] *n.* ①(*pl.*)〖橋牌〗王牌之一組。②Ⓒ 王牌。③Ⓒ 最後的手段；最後的良策。④Ⓒ〖俗〗好人。— *v.t.* & *v.i.* ①以王牌取勝。②優於；勝過；擊敗。

trumped-up [ˋtrʌmptˋʌp] *adj.* 捏造的。

trump·er·y [ˋtrʌmpərɪ] *n.* Ⓤ 虛有其表而無價值的東西；無價值的雜物。— *adj.* ①外表華麗而少價值的。②淺薄的；無聊的。

***trum·pet** [ˋtrʌmpɪt] *n.* Ⓒ ①小喇叭。②喇叭形之物。③喇叭聲。*blow one's own* ~自吹自誇。— *v.i.* ①吹喇叭。②發出類似吹喇叭的聲音。

trum·pet·er [ˋtrʌmpɪtɚ] *n.* Ⓒ 喇叭手；號手。

trun·cate [ˋtrʌŋket] *v.t.* 切短；修短。— *adj.* 切短的；削去頂端的。

trun·cat·ed [ˋtrʌŋketɪd] *adj.* 刪減了的；截短的。

trun·cheon [ˋtrʌntʃən] *n.* Ⓒ 短棍；(尤指)警棍。

trun·dle [ˋtrʌndl̩] *v.t.* & *v.i.* (使)滾動；以車推運。

***trunk** [trʌŋk] *n.* ①Ⓒ 樹幹。②Ⓒ (人或動物之)軀幹。③Ⓒ 大衣箱。④Ⓒ 象鼻。⑤(*pl.*)(運動員、游泳者等所著之)短褲。⑥Ⓒ 幹線。

truss [trʌs] *v.t.* ①縛綁；繫；紮住。②把(乾草等)束成捆。— *n.* Ⓒ ①(乾草等的)一捆；一束。②〖醫〗疝帶；突逸帶。

‡**trust** [trʌst] *n.* ①Ⓤ 信賴；信任。②Ⓒ 可信賴的人或物。③Ⓤ 堅定之信念；相信。④Ⓤ 責任；職責。⑤Ⓒ 所委託之事；委託物。⑥Ⓤ 委託；信託。⑦Ⓒ 托辣斯；操縱某種營業的組合。*in* ~受託的；代為保管的。— *v.t.* ①信賴；信任。②委託；託付。③希望；相信。④賒賣。⑤依賴。— *v.i.* ①信任；信賴；相信。②期待〔for〕。③賒賣。— **ful,** *adj.*

***trust·ee** [trʌsˋti] *n.* Ⓒ 受託人；被信託之人；董事。

trust·ee·ship [trʌsˋtiʃɪp] *n.* ①Ⓤ Ⓒ 受委託者之地位或職務。②Ⓤ (聯合國之)託管。③Ⓒ 受聯合國託管之地區。

trust·ing [ˋtrʌstɪŋ] *adj.* 信賴的；信任的；相信的。

trust·wor·thy [ˋtrʌstˏwɝðɪ] *adj.* 可信賴的；可信任的；可靠的。

***trust·y** [ˋtrʌstɪ] *adj.* 可信任的；可靠的。— *n.* Ⓒ ①可信任的人。②模範囚犯。

‡**truth** [truθ] *n.* (*pl.* ~s [truðz, ~s]) ①Ⓒ 眞實；眞相；事實。②Ⓤ 確實；

眞實性。③ Ⓤ 誠實。④ Ⓤ 眞理。*in* ～ 實際上。

***truth·ful** [ˋtruθfəl] *adj.* 說實話的；誠實的(人)；眞實的(敍述等)。—**ly,** *adv.* —**ness,** *n.*

‡**try** [traɪ] *v.t.* ①設法；嘗試。②試；試驗。③審問。④磨難；使受痛苦。⑤考驗；使過勞；使難堪。⑥提煉；精煉。— *v.i.* 試做；勉力。～ ***on*** 試穿(衣服等)。～ ***out*** **a.**徹底試驗。**b.**試出(某種性質)。**c.**參加競爭。**d.**提煉。— *n.* Ⓒ ①嘗試；試驗；努力。②〖橄欖球〗達陣得分。

***try·ing** [ˋtraɪɪŋ] *adj.* 難堪的；使人痛苦的；難忍的。

try·out [ˋtraɪˏaʊt] *n.* Ⓒ〖俗〗①選拔賽。②試驗；考驗。③戲劇之預演。

tryst [trɪst, traɪst] *n.* Ⓒ ①約會。②約會地點。— *v.t. & v.i.* 約定；約會。

tsar [tsɑr] *n.* = **czar.**

tset·se [ˋtsɛtsɪ] *n.* Ⓒ 赤道(非洲產的)采采蠅。(亦作 **tsetse fly**)

T-shirt [ˋtiˏʃɝt] *n.* Ⓒ T恤；圓領短袖汗衫；圓領運動衫。

T square [ˋtiˏskwɛr] *n.* Ⓒ 丁字尺；丁字規。

tsu·na·mi [tsuˋnɑmɪ] *n.* Ⓒ (*pl.* ～, ～**s**) 海嘯。— **tsu·na′mic,** *adj.*

T-time [ˋtiˏtaɪm] *n.* Ⓤ (火箭或導彈等的)發射時間。

Tu. Tuesday.

***tub** [tʌb] *n.* Ⓒ ①桶；木盆。②一桶之量。③浴盆。④〖俗〗沐浴。⑤似盆之物。— *v.t. & v.i.* (**-bb-**)在盆中洗澡[物]。

tu·ba [ˋtjubə] *n.* Ⓒ 土巴號(管絃樂隊中最低音銅管樂器)。

tub·al [ˋtjubl] *adj.* ①管的。②〖解〗管(狀)的；(尤指)輸卵管的。

tub·by [ˋtʌbɪ] *adj.* ①桶狀的。②矮胖的。③鈍音的；如敲空桶之聲音的。

***tube** [tjub] *n.* Ⓒ ①管；筒。②裝牙膏或顏料等之小筒。③管狀器官。④隧道。⑤〖俗〗地下鐵道。⑥眞空管。

tu·ber [ˋtjubə] *n.* Ⓒ ①〖植〗(馬鈴薯等之)塊莖；球根。②〖解〗結節。—**tu·ber′cu·lar,** *adj.*

tu·ber·cle [ˋtjubəkl] *n.* Ⓒ ①(骨骼或植物上的)小結節。②〖醫〗結節；結核。

tu·ber·cu·lin [tjuˋbɝkjəlɪn] *n.* Ⓤ〖醫〗結核菌素(治肺結核之注射液)。

tu·ber·cu·lo·sis [tjuˏbɝkjəˋlosɪs] *n.* Ⓤ〖醫〗結核病；肺結核。

tube·rose [ˋtjubˏroz] *n.* Ⓒ〖植〗月下香。

tub·ing [ˋtjubɪŋ] *n.* Ⓤ ①管的材料。②(集合稱)管類。③管之一段[節]。

tu·bu·lar [ˋtjubjələ] *adj.* ①管狀的。②有管的；由管造成的。

***tuck** [tʌk] *v.t.* ①塞置於狹窄或隱蔽之所。②捲起；摺起。③(在衣服上面)打褶襉。④縮攏。— *v.i.* ①打褶襉。②收縮；收攏。③大吃特吃[into, in]。— *n.* ① Ⓒ 摺；襉；襞。② Ⓤ〖英俚〗食物；糖果。

tuck·er [ˋtʌkə] *n.* ① Ⓒ 打横褶的人；縫褶機。② Ⓒ (十七至十八世紀婦女圍在頸部的)領布；飾紗。③ Ⓒ 婦女的小胸衣。④ Ⓤ Ⓒ〖澳〗食物。

Tues. Tuesday.

‡**Tues·day** [ˋtjuzdɪ, -de] *n.* Ⓤ Ⓒ 星期二；禮拜二。

***tuft** [tʌft] *n.* Ⓒ ①一束；一卷；一叢；一簇。②土墩；小丘。— *v.t. & v.i.* ①裝卷束於；分成卷、束。②叢生；簇生。—**ed, tuft′y,** *adj.*

tug** [tʌg] *v.t.* (**-gg-**)①用力拉；拖曳。②以拖船拖曳。— *v.i.* ①用力拉；拖曳。②奮力。— *n.* Ⓒ ①拖扯。②奮力。③拖船。④拖革；以馬拖車用之皮帶。～ ***of war **a.**拔河。**b.**兩派的激烈鬥爭。

tug·boat [ˋtʌgˏbot] *n.* Ⓒ 拖船。

tu·i·tion [tjuˋɪʃən] *n.* Ⓤ ①教學；講授。②學費。—**al,** *adj.*

***tu·lip** [ˋtjuləp] *n.* Ⓒ 鬱金香；山慈姑。

tulle [tjul] *n.* Ⓤ 薄紗(作婦女面紗者)。

***tum·ble** [ˋtʌmbl] *v.i.* ①跌落；跌倒。②滾動。③急忙或倉皇地行動。④翻觔斗。⑤下跌；降落。⑥崩潰。⑦碰到[upon]。— *v.t.* ①使跌倒；使跌落。②擾亂。③擊倒。④推翻。⑤使倒塌。— *n.* ① Ⓒ 跌倒；跌落。②(a ～)混亂。③ Ⓒ 翻觔斗。

tum·ble-down [ˋtʌmblˋdaʊn] *adj.* 破毀的；就要倒塌的(建築物)。

tum·bler [ˋtʌmblə] *n.* Ⓒ ①作翻觔斗等雜技的演員。②平底大玻璃杯。③鎖中之制栓部分；撥動後始能開鎖之部分。④(飛翔時打滾的)翻飛鴿。

tu·mid [ˋtjumɪd] *adj.* ①腫脹的；隆起的。②華而不實的；誇張的(文體)。—**tu·mid′i·ty,** —**ness,** *n.*

tum·my [ˋtʌmɪ] *n.* Ⓒ〖兒〗胃；肚子。

tu·mor,〖英〗**-mour** [ˋtjumə] *n.* Ⓒ ①腫脹。②〖醫〗腫瘤；瘤。—**ous,** *adj.*

***tu·mult** [ˋtjumʌlt] *n.* Ⓤ Ⓒ ①喧囂。②騷動；暴動。③激昂；奮發。

tu·mul·tu·ous [tjuˋmʌltʃuəs] *adj.* ①喧囂的。②騷亂的。③兇猛的。—**ly,** *adv.* —**ness,** *n.*

tu·na [ˋtunə] *n.* (*pl.* ~, ~**s**) ① Ⓒ 鮪；金槍魚。② Ⓤ 鮪魚肉(=tuna fish).

tun·dra [ˋtʌndrə, ˋtundrə] *n.* (the ~)苔原；凍原(兩極寒冷地帶，冬季覆滿冰雪，夏季只生長苔蘚植物)。

***tune** [tjun] *n.* ① Ⓒ 歌曲；曲調。② Ⓤ 正確的音調；和諧。③ Ⓤ 心情。— *v.t.* ①調整(樂器的)音調。②歌唱；奏(樂)。③調整(收音機)至某一波長或周率。~ *in* 撥收音機以收聽(所欲聽到的廣播)。~ *out* **a.** 撥收音機以避免(不願聽到的廣播或聲音)。**b.** 變得不關心。~ *up* **a.** 調(數種樂器)成同一音調。 **b.** 〖俗〗開始唱；開始演奏；(小兒)開始哭。**c.** 進入最佳之工作狀況。—**ful,** —**less,** **tun(e)′a·ble,** *adj.* —**ful·ly,** —**less·ly, tun(e)′a·bly,** *adv.*

tun·er [ˋtjunɚ] *n.* Ⓒ ①(樂器)調音師。②調音器。

tune-up [ˋtjun͵ʌp] *n.* Ⓒ ①(機器之)調整。②準備。

tung·sten [ˋtʌŋstən] *n.* Ⓤ〖化〗鎢(=wolfram, 金屬元素；符號 W).

tu·nic [ˋtjunɪk] *n.* Ⓒ ①古希臘、羅馬人所著的上衣或長袍。②婦人所著垂至腰下的束胸上衣。③軍警等所穿的一種緊身上衣。

tun·ing [ˋtjunɪŋ] *n.* Ⓤ 調音；整調。§ ~ **fòrk**〖理〗音叉。

Tu·nis [ˋtjunɪs] *n.* 突尼斯(爲突尼西亞的首都，在古代迦太基舊址附近)。

Tu·ni·sia [tjuˋnɪʃɪə] *n.* 突尼西亞(北非濱地中海之一共和國，首都爲Tunis).

***tun·nel** [ˋtʌnl] *n.* Ⓒ ①隧道；地道。②動物之穴。— *v.t.* & *v.i.* (-**l**-,〖英〗-**ll**-) 掘隧道〔through, into〕.

***tur·ban** [ˋtɜbən] *n.* Ⓒ ①頭巾。②無邊帽。—**ed,** *adj.*

tur·bid [ˋtɜbɪd] *adj.* ①混濁的。②濃密的(雲、煙等)。③紊亂的。

tur·bine [ˋtɜbaɪn] *n.* Ⓒ〖機〗渦輪機；渦輪。

tur·bo·jet [ˋtɜbo͵dʒɛt] *n.* Ⓒ ①渦輪噴射引擎。②渦輪噴射機。

tur·bot [ˋtɜbət] *n.* (*pl.* ~, ~**s**) ① Ⓒ 歐洲產之大比目魚。② Ⓤ 比目魚肉。

tur·bu·lent [ˋtɜbjələnt] *adj.* 狂烈的；騷動的；暴亂的。—**tur′bu·lence, tur′bu·len·cy,** *n.*

tu·reen [tuˋrin, tjuˋrin] *n.* Ⓒ (盛湯等的)有蓋深盌；(燒菜和上菜用的)焙盤；蒸鍋。

***turf** [tɜf] *n.* (*pl.* ~**s, turves**) ① Ⓤ 草泥；草地；草皮。② Ⓒ 泥炭塊。③ (the ~)賽馬；跑馬場。— *v.t.* 覆以草皮。—**turf′y,** *adj.*

Tur·ge·n(i)ev [turˋgɛnjɪf] *n.* 屠格涅夫(Ivan Sergeevich, 1818-83, 俄國小說家)。

tur·gid [ˋtɜdʒɪd] *adj.* ①腫脹的；浮腫的。②誇張的；虛飾的；華而不實的(言語或文體)。—**ly,** *adv.* —**ness, tur·gid′i·ty,** *n.*

***Turk** [tɜk] *n.* Ⓒ ①土耳其人。②〖諧〗頑皮孩子；殘暴而野蠻者；暴君。③激進分子。④土耳其馬。

***tur·key** [ˋtɜkɪ] *n.* Ⓒ 火雞。

***Tur·key** [ˋtɜkɪ] *n.* 土耳其(西亞南歐之一國，首都 Ankara).

***Turk·ish** [ˋtɜkɪʃ] *adj.* 土耳其(人)的。— *n.* Ⓤ 土耳其語。§ ~ **báth** 土耳其浴。

tur·mer·ic [ˋtɜmərɪk] *n.* Ⓤ ①〖植〗鬱金；薑黃。②其根。

tur·moil [ˋtɜmɔɪl] *n.* Ⓤ 騷動；混亂。

‡**turn** [tɜn] *v.t.* ①旋轉。②轉動；翻轉。③使轉向。④使變成；改變。⑤使昏狂。⑥翻譯。⑦轉過。⑧驅逐。⑨使用；利用。⑩到達並度過(某一時期)。⑪形成。⑫使作嘔。⑬阻止；擋回。⑭思索〔常 over〕.
— *v.i.* ①旋轉。②轉動；翻身。③轉變方向。④變爲。⑤依賴。⑥(牛奶等)變酸。⑦(樹葉)變色。⑧眩暈。⑨作嘔。~ *about* 向後轉。~ *against* 對…轉取敵對態度。~ *aside* (使)轉變方向。~ *away* **a.**轉變…的方向；不看。**b.**不許進入；辭退。~ *down* **a.**拒絕；摒斥。**b.**扭轉活栓以使(燈等)之火燄減小。**c.**翻下。~ *in* **a.**進入；折入。**b.**(使)向內曲。**c.**〖俗〗就寢。~ *off* **a.**遮斷；關閉(煤氣、自來水、電燈等)。**b.**解雇。**c.**轉向旁邊。~ *on* **a.**打開(煤氣、自來水、電燈等)。**b.**依賴。**c.**反對；攻擊。~ *out* **a.**逐出。**b.**翻轉；翻閱。**c.**製成。**d.**外出；出來。**e.**關閉(電燈、自來水等)。**f.**〖俗〗起床。~ *over* **a.**移交；交付；讓渡。**b.**考慮。**c.**(躺臥時)翻身。**d.**翻；翻轉。~ *round* (使)轉過來[去]。~ *to* **a.**求助於。**b.**開始；著

手。c.指…；參考…。d.變爲。~ *up* a.捲起；翻轉；向上彎；向上傾。b.將(燈等)扭得更亮。c.將(收音機)扭得聲音更大。d.出現；發生。e.轉向上升。f.翻起。g.找到；發現。~ *upon* a.依賴。b.反對；攻擊。
— *n.* ①Ⓒ旋轉；轉動。②Ⓒ轉變方向。③Ⓒ彎曲；轉彎之處。④(the ~)轉機；改變。⑤Ⓒ格式；樣式。⑥Ⓒ輪流。⑦(a ~)散步；駕車；騎馬(等)。⑧Ⓒ事蹟；行爲。⑨Ⓒ特殊需要；目的。⑩(a ~)傾向；癖性；才能。*by ~s* 輪流地。*in ~* a.依順序地。b.必然也…。*out of ~* a.不依照順序地。b.不合時宜地。*take ~s* 輪流。

turn·a·bout [ˋtɜnə,baut] *n.* Ⓒ ①轉向；迴轉。②背叛；變節。③〖美〗迴轉木馬。④贊成改變者。

turn·a·round [ˋtɜnə,raund] *n.* ①Ⓒ(思想、態度等之)轉變。②Ⓤ(航空等)往返所需的時間。③Ⓤ船出海前在港中停泊之時間。④Ⓒ可供車輛倒轉之小廣場。⑤Ⓒ轉向；迴轉。

turn·coat [ˋtɜn,kot] *n.* Ⓒ變節者；叛徒。

turn·down [ˋtɜn,daun] *adj.* 向下翻折的；翻折式的。

turn·er [ˋtɜnɚ] *n.* Ⓒ①轉動之人或物。②鏇匠；車床工人。

turn·er·y [ˋtɜnərɪ] *n.* Ⓤ旋盤細工；鏇床細工。

turn·ing [ˋtɜnɪŋ] *n.* ①Ⓤ旋轉。②Ⓒ彎曲。③Ⓤ鏇床工；車床細工。§ ~ pòint 轉機；轉捩點。

***tur·nip** [ˋtɜnɪp] *n.* ①ⓊⒸ蘿蔔。②Ⓒ〖植〗蕪菁。

turn·out [ˋtɜn,aut] *n.* ①Ⓒ(常 *sing.*)群集之人；(集會之)出席者。②(*sing.*)生產量；量額。③Ⓒ窄路上之寬闊處(車輛可以相錯或超馳者)。④Ⓒ鐵路之避讓線。⑤Ⓒ裝扮；裝備。⑥Ⓒ〖英〗罷工(者)。⑦Ⓒ馬車。

turn·o·ver [ˋtɜn,ovɚ] *n.* ①Ⓒ翻覆。②(*sing.*)人事變動。③(*sing.*)周轉。④(*sing.*)某一時期的總營業額；營業量。— *adj.* (可以)翻過來的。

turn·pike [ˋtɜn,paɪk] *n.* Ⓒ①(收取通行稅之)關柵；關卡。②有收取通行稅柵門之道路；收稅道路(=turnpike road).

turn·stile [ˋtɜn,staɪl] *n.* Ⓒ(設於戲院、遊戲場所等入口處之)十字轉門。

turn·ta·ble [ˋtɜn,tebl] *n.* Ⓒ①〖鐵路〗(用來轉換機車等方向的)轉車臺；旋車盤。②(留聲機之)轉盤。

turn·up [ˋtɜn,ʌp] *n.* Ⓒ〖俚〗①騷亂；打鬥。②突然成名者；突然出現者。③翻折；翻折之物；褲腳之翻折邊。— *adj.* 翻轉的；(衣領)可翻折的。

tur·pen·tine [ˋtɜpən,taɪn] *n.* Ⓤ松脂；松油；松節油。— *v.t.* 塗以松節油。

tur·pi·tude [ˋtɜpə,tjud] *n.* Ⓤ①邪惡；卑鄙。②可恥的行爲。

tur·quoise [ˋtɜkwɔɪz] *n.* ①ⓊⒸ〖礦〗綠松石。②Ⓤ綠藍色；天藍色。— *adj.* 天藍色的。

***tur·ret** [ˋtɜɪt, ˋturɪt] *n.* Ⓒ①(建築物之)小塔；角樓。②砲塔。③裝甲車上之車塔。④戰鬥機之槍座。

***tur·tle** [ˋtɜtl] *n.* Ⓒ①龜；鱉；甲魚。②〖古〗斑鳩(= turtledove). *turn ~* (船等)翻覆；沉沒。

tur·tle·dove [ˋtɜtl,dʌv] *n.* Ⓒ斑鳩。

tur·tle·neck [ˋtɜtl,nɛk] *n.* Ⓒ①有翻折高領的毛線衫。②(套頭毛線衫的)翻折的高領。(亦作 **turtle neck**)

tusk [tʌsk] *n.* Ⓒ①(象等之)長牙。②似長牙之物。— *v.t. & v.i.* 以長牙挖掘或刺戳。

tus·sle [ˋtʌsl] *n.* Ⓒ劇烈的爭鬥；搏鬥；扭打。— *v.i.* 互相扭打。

tus·sock [ˋtʌsək] *n.* Ⓒ(草等之)叢;簇。

tut [tʌt] *interj. & n.* Ⓒ噓！嘖！(表示不耐煩、輕蔑、責難之聲)。— *v.i.* (-tt-)發出噓、嘖之聲。

tu·te·lage [ˋtutlɪdʒ] *n.* Ⓤ①保護。②教育；教導。

tu·te·lar·y [ˋtutl,ɛrɪ] *adj.* 保護(者)的；守護(者)的。

***tu·tor** [ˋtutɚ, ˋtju-] *n.* Ⓒ①家庭教師。②(英國大學之)導師。③(美國大學之)教員(職位低於instructor者)；助教。— *v.t. & v.i.* ①教授；教導。②保護；照顧；作…之監護人。—**ship,** *n.* —**tu·to′ri·al,** *adj.*

tut·ti-frut·ti [ˋtutɪˋfrutɪ] *n.* ⓊⒸ蜜餞百果；攙有蜜餞百果的冰淇淋。

tu·tu [ˋtutu]〖法〗*n.* Ⓒ芭蕾舞短裙。

tux [tʌks] *n.*〖美俗〗=**tuxedo.**

tux·e·do [tʌkˋsido] *n.* Ⓒ(*pl.* **~s, ~es**)男用無尾晚禮服。

TV television; terminal velocity.

twad·dle [ˋtwɑdl] *n.* Ⓤ廢話；無聊話。— *v.i.* 講廢話；笨拙而無意義地寫。

twain [twen] *n. & adj.*〖古，詩〗= **two.**

Twain [twen] *n.* 馬克吐溫(Mark,

1835-1910, 美國小說家及幽默家, 其本名為 Samuel Langhorne Clemens).

twang [twæŋ] *n.* Ⓒ ①弦聲。②尖銳的鼻音。— *v.t. & v.i.* ①發弦聲。②以鼻音說話。

'twas [twɑz] 〖古, 詩〗=**it was.**

tweak [twik] *n.* Ⓒ 擰; 扭; 用力扯。— *v.t.* 扭; 用力扯。

twee [twi] *adj.* 〖英俚〗矯揉造作的; 喬裝可愛的。

tweed [twid] *n.* ①Ⓤ一種蘇格蘭出產之粗呢。②(*pl.*)以蘇格蘭粗呢做的衣服。

tweet [twit] *n.* Ⓒ 鳥叫聲; 啾啾聲。— *v.i.* (小鳥)啾啾地叫; 啁啾而鳴。

tweet·er [ˋtwitɚ] *n.* Ⓒ (立體身歷聲揚聲中的)高音喇叭; 高音擴聲器。

tweez·er [ˋtwizɚ] *v.t.* 以鑷子或鉗子挾; 挾。— *n.* =**tweezers.**

tweez·ers [ˋtwizɚz] *n. pl.* 鑷子; 鉗子。

***twelfth** [twɛlfθ] *n.* ① Ⓤ 第十二。② Ⓒ 十二分之一。— *adj.* ①第十二的。②十二分之一的。

‡**twelve** [twɛlv] *n.* ①ⓊⒸ十二; 12。② Ⓤ 十二個; 十二人; 十二歲; 十二時。— *adj.* 十二個的。

***twen·ti·eth** [ˋtwɛntɪɪθ] *n.* ① Ⓤ 第二十。② Ⓒ 二十分之一。— *adj.* 第二十的。

‡**twen·ty** [ˋtwɛntɪ] *n.* ①ⓊⒸ二十; 20。② Ⓤ 二十個; 二十人; 二十歲。③ Ⓒ (號碼之)二十號。— *adj.* 二十(個, 人, 歲)的。

'twere [twɜ] 〖古, 詩〗=**it were.**

twerp [twɜp] *n.* Ⓒ 〖俚〗粗俗的人。

‡**twice** [twaɪs] *adv.* ①兩次。②兩倍。***think*** ~ **a.** 再三考慮。**b.** 猶豫不決。

twice-told [ˋtwaɪsˋtold] *adj.* 說過兩次的; 陳舊的; 陳腐的。

twid·dle [ˋtwɪdl] *v.t.* 撫弄; 玩弄。— *v.i.* ①玩弄; 戲弄。②忙於瑣事。③旋轉。~ ***one's thumbs***[***fingers***] **a.**無聊地交互繞動著兩個拇指。**b.**無所事事; 懶散。— *n.*(a ~)用手指等捻弄; 一轉。

***twig**[1] [twɪg] *n.* Ⓒ 小枝; 嫩枝。—**gy,** *adj.*

twig[2] *v.t. & v.i.* (**-gg-**)〖英俚〗①注意。②了解; 懂。

***twi·light** [ˋtwaɪˏlaɪt] *n.* Ⓤ ①(日出前的)微明; 曉光; (日落前的)薄暮; 黃昏。②微弱的光芒。③全盛時期之前後。— *adj.* ①微明的; 暗晦的。②黃昏時出現的。

twill [twɪl] *n.* Ⓤ ①斜紋布。②(織物之)斜紋。—**ed,** *adj.*

'twill [twɪl] 〖古, 詩〗=**it will.**

***twin** [twɪn] *n.* ① Ⓒ 孿生子之一。②(*pl.*)一對孿生子。③ Ⓒ 兩個極其相似的人或物之一。— *adj.* ①孿生的。②成雙的; 成對的。③有一對相同部分的。— *v.t. & v.i.* (**-nn-**)①生雙生子。②匹配; 成對。

***twine** [twaɪn] *n.* Ⓤ ①合股線; 細繩。②編結。③纏繞。④纏結之物。— *v.t. & v.i.* ①編織。②纏繞。

twinge [twɪndʒ] *n.* Ⓒ (身、心上之)劇痛; 痛苦。— *v.t. & v.i.* (使)感覺突然之劇痛; (使)良心受痛責。

***twin·kle** [ˋtwɪŋkl] *v.i.* ①閃爍; 閃耀。②迅速移動; 閃動。③〖古〗轉瞬。— *v.t.* ①使閃爍; 使閃耀。②閃閃發(光)。— *n.*(*sing.*)①(常 the ~)閃爍; 閃耀。②閃動。③轉瞬。

‡**twin·kling** [ˋtwɪŋklɪŋ] *adj.* ①閃耀的; 閃爍的。②(腳步)輕快的。— *n.* (*sing.*)①閃耀; 閃爍。②瞬間。

twirl [twɜl] *v.t. & v.i.* ①(使)旋轉。②扭轉; 捲曲。③擲(棒球)。— *n.* Ⓒ①旋轉。②扭曲; 彎曲; 花體(式)。

***twist** [twɪst] *v.t.* ①搓; 捻; 編。②捲纏。③扭曲; 擰。④曲解。⑤使變形。— *v.i.* ①盤旋; 曲折; 迂迴。②扭歪; 扭傷。③轉身。— *n.* ① Ⓒ 線; 索; 繩。② Ⓒ 扭捲而成之物。③ Ⓒ 扭曲; 扭歪; 纏繞。④ Ⓒ 曲折; 彎曲。⑤ Ⓒ 失常; 偏差。⑥(the ~)扭扭舞。

twit [twɪt] *v.t.* (**-tt-**)①嘲笑; 挖苦; 揶揄。②譴責; 責罵。

***twitch** [twɪtʃ] *v.i.* ①痙攣; 抽動。②急拉。③突然發生劇痛。— *v.t.* ①急拉; 扯。②使抽動。③搶走。

twit·ter [ˋtwɪtɚ] *n.* ① Ⓤ 囀; 鳥鳴聲。②(a ~)興奮; 顫抖。③ Ⓒ 格格的笑。④ Ⓤ 喋喋不休。— *v.i.* ①(鳥)吱吱地叫。②格格而笑。③因興奮而戰慄。④喋喋不休地說話。— *v.t.* 擺動。

‡**two** [tu] *n.* ① ⓊⒸ 二; 2。② Ⓤ 兩個; 兩人; 兩歲; 兩點鐘。***by ~s and threes*** 三三兩兩地。***put ~ and ~ together*** 根據事實作一極顯然的結論; 推斷。— *adj.* 二的; 兩個的。

twó-base hít [ˋtuˏbes ~] *n.* Ⓒ 〖棒球〗二壘安打。

two-di·men·sion·al [ˋtudə-

`mɛnʃən|] *adj.* ①有長寬的；二度空間的；平面的。②(作品)沒有深度的。

two-edged [`tu`ɛdʒd] *adj.* = **double-edged.**

two-faced [`tu`fest] *adj.* = **double-faced.**

two·fold [`tu,fold] *adj.* ①兩倍的；雙重的。②有兩部分的。— *adv.* 兩倍地。

two-hand·ed [`tu`hændɪd] *adj.* ①有兩隻手的。②須用兩隻手的。③需要兩人的。

two-leg·ged [`tu`lɛgɪd] *adj.* 有兩條腿的。

two·pence [`tʌpəns] *n.* ①Ⓤ兩辨士之金額。②Ⓒ(英國舊時的)兩辨士銅幣。*not care* ~不在乎。

two·pen·ny [`tu,pɛnɪ, `tʌpənɪ] *adj.* ①值二辨士的。②便宜的；瑣屑的。— *n.* Ⓒ兩辨士；(英國舊時的)兩辨士銅幣。

two·pen·ny-half·pen·ny [`tʌpənɪ`hepənɪ] *adj.* 〖英〗①二辨士半的。②瑣屑的。

two-piece [`tu`pis] *adj.* 兩件式的；(衣服)分爲上裝及下裝的。— *n.* Ⓒ(亦作 **two-piecer**)兩件式衣服。

two·some [`tusəm] *n.* Ⓒ①二人一組；一對人。②兩人的遊戲。

two-step [`tu,stɛp] *n.* Ⓒ二拍圓舞(曲)。

'twould [twʊd] = **it would.**

two-way [`tu`we] *adj.* 兩路的；有兩條通道的。

TX Texas.

-ty 〖字尾〗表「性質；狀態」之義。

ty·coon [taɪ`kun] *n.* Ⓒ①〖俗〗大亨；實業界鉅子。②大將；將軍(日本德川幕府時代 1603-1867 之將軍)。

ty·ing [`taɪɪŋ] *v.* ppr. of **tie.** — *n.* Ⓤ結。

tym·pa·num [`tɪmpənəm] *n.* Ⓒ(*pl.* ~**s**, **-na** [-nə])①〖解〗鼓膜；中耳；鼓室。②〖建〗山牆的凹面(通常爲三角形)；拱與楣間之部分。③(電話機之)振動膜。

‡**type** [taɪp] *n.* ①Ⓒ型；型式；樣式；類型。②Ⓒ典型；模範；代表物；標本。③Ⓒ〖古〗象徵。④ⓊⒸ〖印刷〗活字。⑤ⓊⒸ錢幣或金屬上兩面之刻字或圖案。⑥Ⓒ血型。— *v.t.* ①代表；表徵。②以打字機打出。③驗明(血型)。④作爲…之典型。⑤給(演員)以某種造型。— *v.i.* 打字。

type·cast [`taɪp,kæst] *v.t.* (**-cast**) 演與個性、體型等相宜之角色。

type·script [`taɪp,skrɪpt] *n.* ⓊⒸ打字原稿[文件](以別於手寫或印刷者)。

type·set [`taɪp,sɛt] *v.t.* (**-set, -setting**)將(原稿)排字；把…排版。

type·set·ter [`taɪp,sɛtɚ] *n.* Ⓒ①排字工人。②排字機。

type·write [`taɪp,raɪt] *v.t.* & *v.i.* (**-wrote** [-,rot], **-writ·ten** [-,rɪtn̩]) 打字。

*__type·writ·er__ [`taɪp,raɪtɚ] *n.* Ⓒ打字機。

typh·li·tis [tɪf`laɪtɪs] *n.* Ⓤ〖醫〗盲腸炎。

ty·phoid [`taɪfɔɪd] *adj.* ①傷寒症的。②似斑疹傷寒的。— *n.* Ⓤ〖醫〗傷寒症(=typhoid fever).

*__ty·phoon__ [taɪ`fun] *n.* Ⓒ颱風。

ty·phus [`taɪfəs] *n.* Ⓤ〖醫〗斑疹傷寒症。

*__typ·i·cal__ [`tɪpɪk|] *adj.* 典型的；有代表性的；象徵的。—**ly,** *adv.*

typ·i·fy [`tɪpə,faɪ] *v.t.* ①代表；象徵。②爲…之典型。③預示。

typ·ing [`taɪpɪŋ] *n.* Ⓤ打字。§ ~ **pàper** 打字用紙。

*__typ·ist__ [`taɪpɪst] *n.* Ⓒ打字員。

ty·po·graph·ic, -i·cal [,taɪpə`græfɪk(|)] *adj.* 印刷上的；排字上的。

ty·pog·ra·phy [taɪ`pɑgrəfɪ] *n.* ①Ⓤ活字印刷術。②ⓊⒸ印刷的式樣[方法]。

ty·pol·o·gy [taɪ`pɑlədʒɪ] *n.* ⓊⒸ①〖心，哲，語言，生物〗類型學。②印刷學。

ty·ran·nic, -ni·cal [tɪ`rænɪk(|)] *adj.* 似暴君的；專橫的；暴虐的。— **ty·ran'ni·cal·ly,** *adv.*

tyr·an·nize [`tɪrə,naɪz] *v.i.* & *v.t.* ①虐待；欺壓(over)。②暴力統治。

ty·ran·no·saur [tə`rænə,sɔr, taɪ-] *n.* Ⓤ〖古生〗暴(君)龍(爲肉食恐龍中之最大者)。

tyr·an·nous [`tɪrənəs] *adj.* 暴虐的；專橫的。—**ly,** *adv.*

*__tyr·an·ny__ [`tɪrənɪ] *n.* ①Ⓤ暴虐；虐政。②Ⓒ(常 *pl.*)暴行。

*__ty·rant__ [`taɪrənt] *n.* Ⓒ暴君。

tyre [taɪr] *n.* & *v.* 〖英〗=**tire**[2].

ty·ro [`taɪro] *n.* Ⓒ(*pl.* ~**s**)初學者；生手；新手。

tzar [tsɑr] *n.* =**czar.**

tza·ri·na [tsɑ`rinə] *n.* =**czarina.**

U u **U u** *U u*

U or **u** [ju] *n.* (*pl.* **U's, u's**) *n.* ①Ⓤ Ⓒ英文之第二十一個字母。②Ⓒ U 形之物。a *U* bolt U 形螺栓。

U 〖化〗uranium; 〖英影〗Universal. 普級的; Unionist; University.

u·biq·ui·tous [juˋbɪkwətəs] *adj.* 無所不在的; 遍在的。

u·biq·ui·ty [juˋbɪkwətɪ] *n.* Ⓤ到處存在; 遍在。

U-boat [ˋju͵bot] *n.* Ⓒ德國潛水艇; 「U 型艇。」

UCLA University of California at Los Angeles. (美國)加州大學洛杉磯分校。

ud·der [ˋʌdɚ] *n.* Ⓒ(動物的)乳房。

UFO [ˋjufo] *n.* Ⓒ (*pl.* **~s, ~'s**) 幽浮; 不明飛行物體; (尤指)飛碟(爲 *U*nidentified *F*lying *O*bject 之略)。

U·gan·da [juˋgændə] *n.* 烏干達(東非一國, 首都 Kampala).

ugh [ux, ʌ] *interj.* 啊! 唷! 哎呀! (表示嫌惡、恐怖等之感嘆聲)。

***ug·ly** [ˋʌglɪ] *adj.* ①難看的; 醜陋的。②醜惡的; 邪惡的; 令人厭惡的。③險惡的。④〖美俗〗脾氣壞的; 好爭吵的。§ ~ **dúckling** 醜小鴨(小時長得醜或受輕視, 長大後變得很漂亮或很有成就的孩子)。— **ug′li·ly,** *adv.* — **ug′li·ness,** *n.*

uh [ʌ] *interj.* 唔(講話當中作爲與下一句話的連接或整理思路時所發的聲音)。

UHF, uhf ultrahigh frequency.

uh-huh [ˋʌˋhʌ] *interj.* 嗯(表示肯定、同意所發出的鼻音)。

uh-uh [ˋʌ̃ˋʌ̃] *interj.* 哦(表示不平、不同意時所發的鼻音)。

U.K., UK United Kingdom.

U·kraine [ˋjukren] *n.* 烏克蘭(前蘇聯歐洲部分之一共和國, 首都Kiev).

U·krain·i·an [juˋkrenɪən] *adj.* 烏克蘭(人, 語)的。— *n.* ①Ⓒ烏克蘭人。②Ⓤ烏克蘭語。

u·ku·le·le [͵jukəˋlelɪ] *n.* Ⓒ(發源於夏威夷與吉他相似的)四弦琴。

ul·cer [ˋʌlsɚ] *n.* Ⓒ①〖醫〗潰瘍。②弊害; 弊風。

ul·cer·ate [ˋʌlsə͵ret] *v.i.* & *v.t.* (使)生潰瘍; (使)腐敗。

ul·cer·a·tion [͵ʌlsəˋreʃən] *n.* Ⓤ潰瘍(的形成)。

ul·cer·ous [ˋʌlsərəs] *adj.* 潰瘍性的; 患潰瘍的。

ult. ultimate(ly); ultimo.

ul·te·ri·or [ʌlˋtɪrɪɚ] *adj.* ①隱祕的; 未揭露的。②以後的; 未來的。③在彼方的; 遙遠的。

***ul·ti·mate** [ˋʌltəmɪt] *adj.* ①最後的; 終極的。②根本的; 基本的; 主要的。③最大的; 極限的。— *n.* Ⓒ終極; 根本; 最後的階段。

***ul·ti·mate·ly** [ˋʌltəmɪtlɪ] *adv.* 最後; 最終; 終結。

ul·ti·ma·tum [͵ʌltəˋmetəm] *n.* Ⓒ (*pl.* **~s, -ta** [-tə]) 最後通牒; 哀的美敦書; 最後的要求。

ul·ti·mo [ˋʌltə͵mo] *adv.* 在上個月。— *adj.* 上月分的。(常略作**ult.**)

ul·tra [ˋʌltrə] *adj.* 偏激的; 極端的; 過度的。— *n.* Ⓒ極端主義者; 偏激論者; 急進分子。

ultra- 〖字首〗表「極端; 過度」之義。

ul·tra·high [͵ʌltrəˋhaɪ] *adj.* 高到極點的; 最高程度的。§ ~ **fréquency** 〖無線〗超高頻率(略作 UHF).

ul·tra·ma·rine [͵ʌltrəməˋrin] *adj.* ①海外的; 海那邊的。②深藍色的。— *n.* Ⓤ①佛青色。②群青(藍色的顏料)。

ul·tra·mon·tane [͵ʌltrəˋmɑnten] *adj.* ①山那邊的。②阿爾卑斯山南麓的。③教宗絕對權力主義的。— *n.* Ⓒ①阿爾卑斯山南方之人。②教宗至上論者。

ul·tra·son·ic [͵ʌltrəˋsɑnɪk] *adj.* 超音波的。

ul·tra·sound [ˋʌltrə͵saund] *n.* Ⓤ〖理〗超音波。

ul·tra·vi·o·let [͵ʌltrəˋvaɪəlɪt] *adj.* 〖理〗紫外(線)的; 產生[應用]紫外線的。§ ~ **ráys** 紫外線。

ul·u·late [ˋjuljə͵let] *v.i.* ①(狼、犬等)嗥; (梟)啼。②哀鳴。— **ul·u·la′tion,** *n.*

um·ber [ˋʌmbɚ] *n.* Ⓤ①赭土(天然褐色顏料)。②暗褐色。— *adj.* 赭色的。

um·bil·i·cal [ʌmˋbɪlɪkl] *adj.* 臍帶的。§ ~ **còrd** (1)〖解〗臍帶。(2)(太空人、潛水夫等的)救生索; 安全索。

um·bil·i·cus [ʌmˋbɪlɪkəs, ͵ʌmbɪˋlaɪkəs] *n.* Ⓒ (*pl.* **~es, -ci** [-͵saɪ])

①〖解〗肚臍。②〖植〗種臍。③〖幾何〗臍點。

um·brage [ˋʌmbrɪdʒ] *n.* Ⓤ ①彆扭；不愉快；埋怨。②生蔭之葉簇。③〖詩〗蔭。*take* ~ (*at*)對…生氣。

***um·brel·la** [ʌmˋbrɛlə] *n.* Ⓒ ①傘；雨傘。②(戰鬥機形成)空中掩護幕。③庇護。§ ~ **stând** 傘架。

um·laut [ˋumlaut] 〖德〗*n.* Ⓤ 〖語言〗①母音變化；曲音(受後音節中一母音之影響而生之母音變化)。②由此種變化而生之母音(如德文中之 ä, ö, ü 等)。③曲音符號(即上例母音上部之兩點)。

***um·pire** [ˋʌmpaɪr] *n.* Ⓒ ①(競賽之)裁判。②仲裁者；公斷人。— *v.i.* 作裁判員；作仲裁者。— *v.t.* 裁判；仲裁；公斷。

ump·teen [ˋʌmpˋtin] *adj.* 〖俗〗很多的；無數的。

UN, U.N. United Nations.

'un [ən] *pron.* 〖俗〗人；傢伙；東西(=one).

un- 〖字首〗①用於形容詞或副詞之前，表示「不；與…相反的」之義，如：*un*fair. ②用於動詞之前，表示「相反」之義，如：*un*dress. ③用於名詞之前，表示「不；無」之義，如：*un*certainty.

un·a·bashed [ˌʌnəˋbæʃt] *adj.* 不羞赧的；無羞恥心的。

un·a·bat·ed [ˌʌnəˋbetɪd] *adj.* 不減弱的。

***un·a·ble** [ʌnˋebḷ] *adj.* 不能的(to do).

un·a·bridged [ˌʌnəˋbrɪdʒd] *adj.* 未刪節的；完整的(書等)。

un·ac·cept·a·ble [ˌʌnəkˋsɛptəbḷ] *adj.* 不能接受的；不能接納的；不中意的。

un·ac·com·mo·dat·ing [ˌʌnəˋkɑməˌdetɪŋ] *adj.* ①不順從的；不肯通融的。②不仁慈的；不親切的。

un·ac·com·pa·nied [ˌʌnəˋkʌmpənɪd] *adj.* ①無人陪伴的；無附屬物的。②〖樂〗無伴奏的。

un·ac·count·a·ble [ˌʌnəˋkauntəbḷ] *adj.* ①不能說明的；不可解的；奇妙的。②沒有責任的；不負責的。— **un·ac·count′a·bly,** *adv.*

un·ac·cus·tomed [ˌʌnəˋkʌstəmd] *adj.* ①不習慣的。②異乎尋常的。

un·ac·knowl·edged [ˌʌnəkˋnɑlɪdʒd] *adj.* 不認知的；不承認的；不回報的；不答覆的；不懺悔的。

un·a·dul·ter·at·ed [ˌʌnəˋdʌltəˌretɪd] *adj.* ①未摻雜別物的。②純粹的；眞正的。

un·ad·vised [ˌʌnədˋvaɪzd] *adj.* ①欠思慮的；輕率的。②未受勸告的。— **un·ad·vis′ed·ly** [-ˋvaɪzɪdlɪ], *adv.*

un·af·fect·ed[1] [ˌʌnəˋfɛktɪd] *adj.* 不受影響的；不受感動的。

un·af·fect·ed[2] *adj.* 無矯飾的；眞摯的；自然的。

un·a·fraid [ˌʌnəˋfred] *adj.* 不怕…的；不在乎的(of).

un·aid·ed [ʌnˋedɪd] *adj.* 無幫助的；未受幫助的；獨立的。

un·al·loyed [ˌʌnəˋlɔɪd] *adj.* ①無雜物的；純粹的(金屬)。②完全的；眞實的。

un·al·ter·a·ble [ʌnˋɔltərəbḷ] *adj.* 不變的；不能改變的。— **un·al′ter·a·bly,** *adv.*

un·al·tered [ʌnˋɔltəd] *adj.* 未改變的；依然如舊的。

un·am·big·u·ous [ˌʌnæmˋbɪgjuəs] *adj.* 清晰的；明白的；不模糊的。

un·am·bi·tious [ˌʌnæmˋbɪʃəs] *adj.* ①無野心的；無名利心的；無大志的。②無矯飾的；質樸的。

u·na·nim·i·ty [ˌjunəˋnɪmətɪ] *n.* Ⓤ 全體同意；全體一致。

***u·nan·i·mous** [juˋnænəməs] *adj.* 意見一致的；全體一致的。— **ly,** *adv.* — **ness,** *n.*

un·an·swer·a·ble [ʌnˋænsərəbḷ] *adj.* ①不能回答的。②無法爭辯的。

un·an·swered [ʌnˋænsəd] *adj.* ①無回答的。②未經反駁的。③無回報的。

un·ap·proach·a·ble [ˌʌnəˋprotʃəbḷ] *adj.* ①不能接近的。②無與倫比的；無敵的。

***un·armed** [ʌnˋɑrmd] *adj.* ①未武裝的；未帶武器的；徒手的。②無爪、鱗或刺的。

un·a·shamed [ˌʌnəˋʃemd] *adj.* ①厚顏無恥的。②肆無忌憚的。

un·asked [ʌnˋæskt] *adj.* 未受請求的；未經邀請的。

un·as·sail·a·ble [ˌʌnəˋseləbḷ] *adj.* ①難攻的；不能攻擊的。②無可反駁的(論證等)。

un·as·sist·ed [ˌʌnəˋsɪstɪd] *adj.* =**unaided.**

un·as·sum·ing [ˌʌnəˋsumɪŋ] *adj.* 不擺架子的；謙遜的。

un·at·tached [ˌʌnəˋtætʃt] *adj.* ①不附著的。②無所屬的；中立的。③未訂婚的；未結婚的。

un·at·tain·a·ble [͵ʌnəˋtenəbḷ] *adj.* 難到達的；難有成就的。

un·at·tend·ed [͵ʌnəˋtɛndɪd] *adj.* ①無伴的；無侍從的。②無人照顧的；無人管理的。

un·at·trac·tive [͵ʌnəˋtræktɪv] *adj.* 無吸引力的；不美麗的。

un·au·thor·ized [ʌnˋɔθə͵raɪzd] *adj.* ①無權的；未經許可的；未被授權的。②未經公認的。

un·a·vail·a·ble [͵ʌnəˋveləbḷ] *adj.* ①不能利用的。②無法取得的；得不到的。③(人)不在的。

un·a·vail·ing [͵ʌnəˋvelɪŋ] *adj.* 無效的；無益的；無結果的。

un·a·void·a·ble [͵ʌnəˋvɔɪdəbḷ] *adj.* ①不可避免的。②不能廢除或取消的。— **un·a·void′a·bly,** *adv.*

*__un·a·ware__ [͵ʌnəˋwɛr] *adj.* 不知道的；未覺察的。— *adv.* =**unawares.** — **ly,** *adv.* — **ness,** *n.*

un·a·wares [͵ʌnəˋwɛrz] *adv.* ①不知不覺地；無意地。②意外地。

un·bal·ance [ʌnˋbæləns] *n.* Ⓤ①不均衡；不平衡。②(精神)錯亂。— *v.t.* ①使不均衡[平衡]。②使(精神)錯亂。

un·bal·anced [ʌnˋbælənst] *adj.* ①不均衡的；不平衡的；失去平衡的。②(精神)錯亂的。③〖商〗未決算的。

un·bar [ʌnˋbɑr] *v.t.* & *v.i.* (**-rr-**) 拔去門閂；拔去…之閂；打開；開放。

*__un·bear·a·ble__ [ʌnˋbɛrəbḷ] *adj.* 不堪忍受的。— **un·bear′a·bly,** *adv.*

un·beat·a·ble [ʌnˋbitəbḷ] *adj.* 無法擊敗的；無敵的；最高的。

un·beat·en [ʌnˋbitn̩] *adj.* ①未被擊敗的；(記錄)未曾被打破的。②人跡所未及的。③未受打擊的。

un·be·com·ing [͵ʌnbɪˋkʌmɪŋ] *adj.* ①不合適的。②失禮的。③不相配的。

un·be·known [͵ʌnbɪˋnon] *adj.* 未知的；不爲人知的〔to〕.

un·be·lief [͵ʌnbɪˋlif] *n.* Ⓤ 不信；不信仰上帝；懷疑。

un·be·liev·a·ble [͵ʌnbəˋlivəbḷ] *adj.* 難以置信的；不可信的。— **un·be·liev′a·bly,** *adv.*

un·be·liev·er [͵ʌnbəˋlivɚ] *n.* Ⓒ①不相信者；懷疑者。②無宗教信仰者。

un·be·liev·ing [͵ʌnbəˋlivɪŋ] *adj.* 不相信的；沒有信心的；懷疑的。

un·bend [ʌnˋbɛnd] *v.t.* (**-bent** or **~ed**)①使變直。②鬆弛(身心等)；使舒暢。③卸下(帆篷)；放鬆(繩索等)。④解開(結子等)。— *v.i.* ①伸直。②舒暢。

un·bend·ing [ʌnˋbɛndɪŋ] *adj.* ①不彎曲的。②不屈的；堅決的；剛愎的。③鬆弛的。— **ly,** *adv.* — **ness,** *n.*

un·bi·as(s)ed [ʌnˋbaɪəst] *adj.* 無偏見的；公平的。

un·bid·den [ʌnˋbɪdn̩] *adj.* ①未受吩咐的；未奉命的。②自發的。③未受邀請的。

un·bind [ʌnˋbaɪnd] *v.t.* (**-bound**) ①解開(繩索等)。②釋放。

un·blem·ished [ʌnˋblɛmɪʃt] *adj.* 無污點的；無瑕疵的；潔白的。

un·born [ʌnˋbɔrn] *adj.* ①未誕生的。②將來的；未來的。

un·bos·om [ʌnˋbuzəm] *v.t.* & *v.i.* 吐露(機密等)；剖明(心跡)。

un·bowed [ʌnˋbaʊd] *adj.* ①不彎曲的。②不屈服的；未征服的。

un·bri·dled [ʌnˋbraɪdḷd] *adj.* ①無韁轡的；無羈勒的(馬)。②不受約束的；激烈的。

*__un·bro·ken__ [ʌnˋbrokən] *adj.* ①未破損的；完整的。②連續不斷的。③未馴服的。④未開墾的。⑤(記錄等)未被打破的。

un·bur·den [ʌnˋbɝdn̩] *v.t.* ①卸(貨)。②解除(心靈的)負擔。③傾訴；吐露(祕密等)。

un·but·ton [ʌnˋbʌtn̩] *v.t.* 解開…的鈕扣。

un·called-for [ʌnˋkɔld͵fɔr] *adj.* 不必要的；不適當的。

un·can·ny [ʌnˋkænɪ] *adj.* 令人毛骨悚然的；神奇的；怪誕的。

un·ceas·ing [ʌnˋsisɪŋ] *adj.* 不絕的；不停的。— **ly,** *adv.*

un·cer·e·mo·ni·ous [͵ʌnsɛrəˋmonɪəs] *adj.* ①不拘禮儀的；非正式的。②無禮的；唐突的。

*__un·cer·tain__ [ʌnˋsɝtn̩] *adj.* ①不定的；不確定的。②不確知的；不確信的。③易變的；不可靠的。④模糊不清的。— **ly,** *adv.*

*__un·cer·tain·ty__ [ʌnˋsɝtn̩tɪ] *n.* ①Ⓤ不確定；無常。②Ⓤ不可靠；不穩定。③Ⓒ不確定的事物。

un·chain [ʌnˋtʃen] *v.t.* ①解開…之鎖鏈。②除去…束縛。③釋放；解放。

un·chal·lenged [ʌnˋtʃælɪndʒd] *adj.* 不成問題的；未引起爭論的；未受到挑戰的。

un·change·a·ble [ʌn`tʃendʒəbl̩] *adj.* 不變的；不能改變的。

***un·changed** [ʌn`tʃendʒd] *adj.* 未改變的；無變化的。

un·char·i·ta·ble [ʌn`tʃærətəbl̩] *adj.* 嚴酷的；無同情心的；不寬貸的。

un·chaste [ʌn`tʃest] *adj.* ①不貞的。②低級趣味的；鄙俗的。

un·checked [ʌn`tʃɛkt] *adj.* ①未被遏止[抑制]的。②未經檢查的。

un·civ·il [ʌn`sɪvl̩] *adj.* 無禮貌的；粗野的；野蠻的；未開化的。

un·civ·i·lized [ʌn`sɪvl̩,aɪzd] *adj.* 未開化的；野蠻的。

un·clad [ʌn`klæd] *adj.* 未穿衣的；赤裸的。

un·clasp [ʌn`klæsp] *v.t. & v.i.* ①解開…之扣子。②放開(掌握)。

‡**un·cle** [`ʌŋkl̩] *n.* ①Ⓒ叔父；伯父；舅父；姑丈；姨丈。②Ⓒ〖俚〗開當鋪者。③(U-)〖俗〗老伯；世伯。***say* [*cry*] ～** 〖美俗〗投降；認輸。§ **Ú-Sám** 山姆大叔；(典型的)美國人；美國政府。**Ú- Tóm** 〖蔑〗屈服於白人的黑人。

un·clean [ʌn`klin] *adj.* ①不潔淨的；汚穢的。②不純潔的；行爲不檢的。③宗教儀式上不潔淨的。

un·clean·ly [ʌn`klɛnlɪ] *adj.* ①不潔的；骯髒的。②不純潔的。**—** [ʌn`klinlɪ] *adv.* 不潔地；汚濁地。

un·clear [ʌn`klɪr] *adj.* 不清楚的；不明瞭的。

***un·com·fort·a·ble** [ʌn`kʌmfətəbl̩] *adj.* ①不舒適的。②不安的。③不合意的。

***un·com·mon** [ʌn`kɑmən] *adj.* ①非常的；不凡的。②罕有的。

un·com·pro·mis·ing [ʌn`kɑmprə,maɪzɪŋ] *adj.* 不妥協的。

un·con·cern [,ʌnkən`sɝn] *n.* Ⓤ 漠不關心；不感興趣。

un·con·cerned [,ʌnkən`sɝnd] *adj.* ①不相關的；無關係的。②不關心的；無興趣的。

un·con·di·tion·al [,ʌnkən`dɪʃənəl] *adj.* 無條件的；絕對的。

un·con·firmed [,ʌnkən`fɝmd] *adj.* 未經認可的；未經證實的。

un·con·scion·a·ble [ʌn`kɑnʃənəbl̩] *adj.* ①不受良心引導或約束的。②不合理的；過度的。

***un·con·scious** [ʌn`kɑnʃəs] *adj.* ①無意識的。②不知道的；不覺察的。③不知不覺的。**—** *n.* (the ～)〖精神分析〗無意識。

un·con·sti·tu·tion·al [,ʌnkɑnstə`tjuʃənl̩] *adj.* 違憲的。

un·con·trol·la·ble [,ʌnkən`troləbl̩] *adj.* 難控制的；難以抑制的；無法管束的。

un·con·trolled [,ʌnkən`trold] *adj.* 未受抑制的；未受管束的；自由自在的。

un·con·ven·tion·al [,ʌnkən`vɛnʃənl̩] *adj.* 非常規的；不依慣例的；非因襲的。

un·couth [ʌn`kuθ] *adj.* ①笨拙的；粗魯的。②奇怪的；古怪的。

***un·cov·er** [ʌn`kʌvɚ] *v.t.* ①移去…的覆蓋物。②洩露；揭露。③脫去…的帽。**—** *v.i.* 脫帽致敬。

unc·tion [`ʌŋkʃən] *n.* Ⓤ ①塗油；傅油式(一種宗教儀式)。②(塗用之)油；膏。③熱心；熱情；興味。④令人舒服或慰藉之物。⑤虛僞的熱情。

unc·tu·ous [`ʌŋktʃuəs] *adj.* ①似油的；油質的。②油腔滑調的；假慇懃的。③油滑的；滑膩的。

un·cut [ʌn`kʌt] *adj.* ①未切的；未雕琢的。②未割的。③未刪節的。

un·daunt·ed [ʌn`dɔntɪd] *adj.* 不怕的；勇敢的；不屈的。—**ly,** *adv.*

un·de·cid·ed [,ʌndɪ`saɪdɪd] *adj.* ①未決定的。②不安定的。

un·de·mon·stra·tive [,ʌndɪ`mɑnstrətɪv] *adj.* 喜怒不形於色的；感情不露於外的。

un·de·ni·a·ble [,ʌndɪ`naɪəbl̩] *adj.* ①無可否認的；不能爭辯的。②極佳的。③不會錯的。

‡**un·der** [`ʌndɚ] *prep.* ①在…之下；在…的下面；在…的表面之下。②未滿；少於(指數量而言)。③在…的過程中；在…中。④低於。⑤受制於。⑥根據。⑦以…爲代表。⑧受…之約束。**～*age*** 未成年。**—** *adv.* ①在下；在下面。②在下面文中；在下文中。**—** *adj.* 下面的；下級的；從屬的。

un·der·a·chieve [,ʌndərə`tʃiv] *v.i.* 學業成績未達智商所顯示的程度。

un·der·age [`ʌndɚ`edʒ] *adj.* 未成年的。

un·der·arm [`ʌndɚ,ɑrm] *adj.* 腋下的。**—** *n.* Ⓒ腋下。

un·der·bel·ly [`ʌndɚ,bɛlɪ] *n.* Ⓒ①下腹部。②弱點。

un·der·bid [,ʌndɚ`bɪd] *v.t.* **(-bid,**

-bid·ding) 喊價低於； 願以較低報酬做(某事)；以低價售出。

un·der·bred [ˋʌndɚˋbrɛd] *adj.* ①教養不良的。②(馬)非純種的。

***un·der·brush** [ˋʌndɚˏbrʌʃ] *n.* Ⓤ (森林中大樹下面的)矮樹叢。

un·der·car·riage [ˋʌndɚˏkærɪdʒ] *n.* Ⓒ (汽車的)底盤；(飛機的)起落架；脚架。

un·der·class·man [ˏʌndɚˋklæsmən] *n.* Ⓒ (*pl.* **-men**)〖美〗大學或高中一、二年級學生。

un·der·clothes [ˋʌndɚˏkloðz] *n. pl.* 內衣褲。

un·der·coat [ˋʌndɚˏkot] *n.* ① Ⓒ (鳥獸的)短毛。② Ⓤ Ⓒ 底漆。

un·der·cov·er [ˏʌndɚˋkʌvɚ] *adj.* 祕密從事的；祕密的。

un·der·cur·rent [ˋʌndɚˏkɝənt] *n.* Ⓒ ①潛流；暗流。②潛伏的情緒。

un·der·cut [ˏʌndɚˋkʌt] *v.t.* & *v.i.* (**-cut, -cut·ting**) ①切、削或鑿去…之下部。②索價低於(他人)。③〖高爾夫〗把球向上打。④〖網球〗把(球)下切。 — [ˋʌndɚˏkʌt] *n.* Ⓒ ①切除下部；由下切掉的部分。②〖英〗(牛的)裡脊肉。③〖高爾夫，網球〗下切球。

un·der·de·vel·oped [ˏʌndɚdɪˋvɛləpt] *adj.* ①發育不全的。②顯影不足的。③低度開發的。

un·der·dog [ˋʌndɚˋdɔg] *n.* Ⓒ ①(比賽中)居劣勢者；敗北者。②(社會上)被壓迫者。

un·der·done [ˋʌndɚˋdʌn] *adj.* (尤指牛肉)半熟的；嫩烤的。

un·der·es·ti·mate [ˋʌndɚˋɛstəˏmet] *v.t.* 對於…作過低的評價；低估；輕視。 — [ˋʌndɚˋɛstəmɪt] *n.* Ⓒ 評價過低；輕視。

un·der·foot [ˏʌndɚˋfʊt] *adv.* & *adj.* ①在腳下面(的)；在地上(的)。②服從地[的]；屈從地[的]。③〖美〗礙手礙腳地[的]。

un·der·gar·ment [ˋʌndɚˏgɑrmənt] *n.* Ⓒ 內衣。

***un·der·go** [ˏʌndɚˋgo] *v.t.* (**-went, -gone**) 遭受；經歷；忍受。

un·der·grad·u·ate [ˏʌndɚˋgrædʒʊɪt] *n.* Ⓒ 大學部(在校)學生。

***un·der·ground** [ˋʌndɚˋgraʊnd] *adv.* ①在地下。②祕密地。 — *adj.* ①地下的。②祕密的。③祕密反抗的。 — [ˋʌndɚˏgraʊnd] *n.* ① Ⓒ 地下之處所。② Ⓒ〖英〗地下鐵(=〖美〗subway)。③(the ～, 集合稱)地下[祕密]組織。

un·der·growth [ˋʌndɚˏgroθ] *n.* ①(*sing.*)生於大樹下的灌木或矮樹。② Ⓤ 發育不足。

un·der·hand [ˋʌndɚˋhænd] *adj.* ①祕密的；不正大光明的；陰險的。②(投球時)低手投的(指手之高度在肩以下之動作)。 — *adv.* ①祕密地；陰險地。②(投球時)低手投地。

un·der·hand·ed [ˋʌndɚˋhændɪd] *adj.* ①祕密的；不公正的。②人手不足的。

un·der·laid [ˏʌndɚˋled] *v.* pt. & pp. of **underlay**[2].

un·der·lain [ˏʌndɚˋlen] *v.* pp. of **underlie.**

un·der·lay[1] [ˏʌndɚˋle] *v.* pt. of **underlie.**

un·der·lay[2] [ˏʌndɚˋle] *v.t.* (**-laid**) 鋪在…之下；由下面之物支撐。 — [ˋʌndɚˏle] *n.* Ⓒ (地毯、床墊等的)襯墊(通常為防水紙或布)。

un·der·lie [ˏʌndɚˋlaɪ] *v.t.* (**-lay, -lain, -ly·ing**) ①位於…之下。②為…之基礎。

***un·der·line** [ˏʌndɚˋlaɪn] *v.t.* ①劃線於…之下。②強調。 — [ˋʌndɚˏlaɪn] *n.* Ⓒ 底線。

un·der·ling [ˋʌndɚlɪŋ] *n.* Ⓒ〖蔑〗手下；下屬。

un·der·ly·ing [ˋʌndɚˋlaɪɪŋ] *adj.* ①在下面的。②基本的；根本的。

un·der·mine [ˏʌndɚˋmaɪn] *v.t.* ①在…之下挖掘(地道)。②逐漸損壞…的基礎。③暗中破壞。

un·der·most [ˋʌndɚˏmost] *adj.* & *adv.* 最下的[地]；最低的[地]。

***un·der·neath** [ˏʌndɚˋniθ, -ˋnið] *prep.* 在…的下面；在…之下。 — *adv.* 在下面；在下。 — *n.* (*sing.*, 常 the ～)下面；最底部。

un·der·nour·ished [ˏʌndɚˋnɝɪʃt] *adj.* 營養不良的；營養不足的。

un·der·pants [ˋʌndɚˏpænts] *n. pl.* (男用)襯褲；內褲。

un·der·pass [ˋʌndɚˏpæs] *n.* Ⓒ 地下道(尤指鐵路或公路下之通路)。

un·der·pay [ˋʌndɚˋpe] *v.t.* (**-paid**) 不充分地付；不足量地付。

un·der·pin [ˏʌndɚˋpɪn] *v.t.* (**-nn-**) ①加強…之基礎。②支持。

un·der·pin·ning [ˋʌndɚˏpɪnɪŋ] *n.* Ⓤ Ⓒ ①(牆壁等的)支柱；基礎。②支持；支援。

U

un·der·rate [ˋʌndɚˋret] *v.t.* 估計過低；低估。

un·der·score [ˏʌndɚˋskor] *v.t.* ①劃線於…之下。②強調。— [ˋʌndɚˏskor] *n.* Ⓒ 底線。

un·der·sec·re·tar·y [ˏʌndɚˋsɛkrəˏtɛrɪ] *n.* Ⓒ (常 U-) 次長。

un·der·sell [ˏʌndɚˋsɛl] *v.t.* (**-sold**) 廉價出售；售價低於(他人)。

un·der·shirt [ˋʌndɚˏʃɝt] *n.* Ⓒ 汗衫；貼身內衣。

un·der·shorts [ˋʌndɚˏʃɔrts] *n. pl.* 〖美〗短內褲。

un·der·side [ˋʌndɚˏsaɪd] *n.* Ⓒ 下側；下面；內面；底面。

un·der·signed [ˏʌndɚˋsaɪnd] *adj.* 簽名於文[信]件末尾的。*the* ~ 簽署者。

un·der·sized [ˋʌndɚˋsaɪzd] *adj.* 體積較一般爲小的；小型的。

‡**un·der·stand** [ˏʌndɚˋstænd] *v.t.* (**-stood**) ①懂；了解；領會。②聞知；知悉。③推斷；以爲；相信。④省略(用被動語態)。— *v.i.* ①了解。②聞知；知悉。③諒解。*make oneself understood* 使人了解自己的意思。~ *each other* 同意；彼此心照不宣。— **a·ble,** *adj.*

***un·der·stand·ing** [ˏʌndɚˋstændɪŋ] *n.* ① Ⓤ (又作 an ~) 了解；通曉。② Ⓤ (又作 an ~) 理解力；悟性。③ Ⓒ (常 *sing.*) 協議；協定；諒解。— *adj.* ①聰明的；穎悟的。②能體諒別人的。— **ly,** *adv.*

un·der·state [ˏʌndɚˋstet] *v.t.* 掩飾地說；隱瞞地陳述。— **ment,** *n.*

‡**un·der·stood** [ˏʌndɚˋstud] *v.* pt. & pp. of **understand.**

un·der·stud·y [ˋʌndɚˏstʌdɪ] *n.* Ⓒ 臨時替角；墊角。— *v.t.* ①爲臨時代替主演者的角色而研習。②臨時代替(某角色)上臺。

***un·der·take** [ˏʌndɚˋtek] *v.t.* (**-took, -tak·en**) ①從事；著手；擔任。②擔保。③答應。

un·der·tak·er [ˏʌndɚˋtekɚ] *n.* Ⓒ ①擔任者；承攬者。② [ˋʌndɚˏtekɚ] 葬儀社(的人)。

***un·der·tak·ing** [ˏʌndɚˋtekɪŋ] *n.* ① Ⓒ 事業；企業。② Ⓒ 保證。③ [ˋʌndɚˏtekɪŋ] Ⓤ 殯葬的業務。

un·der-the-coun·ter [ˋʌndɚðəˋkauntɚ] *adj.* 黑市買賣的。

un·der-the-ta·ble [ˋʌndɚðəˋtebḷ] *adj.* 祕密的；暗中的。

un·der·tone [ˋʌndɚˏton] *n.* Ⓒ ①低音。②淺色。③潛在的因素。

un·der·took [ˏʌndɚˋtuk] *v.* pt. of **undertake.**

un·der·val·ue [ˋʌndɚˋvælju] *v.t.* ①低估…之價值。②輕視。

un·der·wa·ter [ˋʌndɚˏwɔtɚ] *adj.* ①水面下的；水中(用)的。②(船的)吃水線下的。— *adv.* 在水面下。

un·der·way [ˋʌndɚˋwe] *adj.* ①進行中的。②〖海〗航行中的。

***un·der·wear** [ˋʌndɚˏwɛr] *n.* Ⓤ (集合稱)內衣褲。

un·der·weight [ˋʌndɚˋwet] *n.* Ⓤ Ⓒ & *adj.* 重量不足(的)。

un·der·went [ˏʌndɚˋwɛnt] *v.* pt. of **undergo.**

un·der·wood [ˋʌndɚˏwud] *n.* Ⓤ 長在大樹下的草木；矮林；叢藪。

***un·der·world** [ˋʌndɚˏwɝld] *n.* (the ~) ①地獄。②下層社會。③塵世。④對蹠地。

un·der·write [ˏʌndɚˋraɪt] *v.t.* (**-wrote, -writ·ten**) ①簽名於下。②承諾(支付、賠償等)。③簽名接受(保險)。④簽名承購(未售出之股票、證券等)。

un·der·writ·er [ˋʌndɚˏraɪtɚ] *n.* Ⓒ ①保險業者。②股票債券之承購人。

***un·de·sir·a·ble** [ˏʌndɪˋzaɪrəbḷ] *adj.* 不良的；惹人厭的。— *n.* Ⓒ 討厭的人或物。

un·de·vel·oped [ˏʌndɪˋvɛləpt] *adj.* ①未充分發展的。②未開發的。③〖攝〗未顯像的。

un·dies [ˋʌndɪz] *n. pl.* 〖俗〗(婦女、兒童之)內衣。

un·dis·closed [ˏʌndɪsˋklozd] *adj.* 未經透露的；身分不明的。

un·dis·cov·ered [ˏʌndɪˋskʌvɚd] *adj.* 未被發現的；未知的。

un·dis·guised [ˏʌndɪsˋgaɪzd] *adj.* 無僞裝的；坦白的；公然的。

un·dis·put·ed [ˏʌndɪˋspjutɪd] *adj.* 無庸爭論的；無疑問的。

***un·dis·turbed** [ˏʌndɪˋstɝbd] *adj.* 安靜的；鎮定的。

un·di·vid·ed [ˏʌndəˋvaɪdɪd] *adj.* ①未分割的；完整的。②專心的。

***un·do** [ʌnˋdu] *v.t.* (**-did, -done**) ①解開。②使(努力)的結果報銷；將(已做的事)恢復原狀。③使墮落；破壞；毀滅。

un·done [ʌnˋdʌn] *v.* pp. of **undo.**

— *adj.* ①未做的；未做完的。②零落的；破滅的。③解開的。

un·doubt·ed [ʌn`dautɪd] *adj.* 無疑的；確實的。

***un·doubt·ed·ly** [ʌn`dautɪdlɪ] *adv.* 無疑地；確然地。

un·dreamed-of [ʌn`drimdɑv] *adj.* 想像不到的。

un·dress [ʌn`drɛs] *v.t.* ①爲…脫衣服。②解下(傷口)繃帶。 — *v.i.* 脫衣服。 — [`ʌn,drɛs] *n.* Ⓤ 便服。

un·due [ʌn`dju] *adj.* ①不適當的。②過分的。③未到期的。

un·du·late [`ʌndjə,let] *v.t.* & *v.i.* (使)起波動；(使)起伏；(使)震動。 — **un·du·la′tion,** *n.*

un·du·la·to·ry [`ʌndjələ,torɪ] *adj.* 波狀的；波動的；起伏的。

un·du·ly [ʌn`djulɪ] *adv.* ①過分地；過度地；非常地。②不當地。

un·dy·ing [ʌn`daɪɪŋ] *adj.* 不朽的；不死的；永恆的。

un·earned [ʌn`ɜnd] *adj.* 不勞而獲的。

un·earth [ʌn`ɜθ] *v.t.* ①發掘。②破獲。③發現。

un·earth·ly [ʌn`ɜθlɪ] *adj.* ①非塵世的；超自然的。②怪異的。

***un·eas·i·ly** [ʌn`izɪlɪ] *adv.* ①不舒適地。②不安地；焦慮地。③不自然地；侷促地。

***un·eas·i·ness** [ʌn`izɪnɪs] *n.* Ⓤ 不舒適；不安；焦慮；不自然；侷促。

***un·eas·y** [ʌn`izɪ] *adj.* ①不舒適的。②不安的；焦慮的。③拘謹的；侷促的；不自然的。

un·ed·u·cat·ed [ʌn`ɛdʒə,ketɪd] *adj.* 未受教育的；無學問的。

***un·em·ployed** [,ʌnɪm`plɔɪd] *adj.* ①失業的；沒有工作的。②閒置的；未被利用的。

***un·em·ploy·ment** [,ʌnɪm`plɔɪmənt] *n.* Ⓤ 失業(人數)。

un·end·ing [ʌn`ɛndɪŋ] *adj.* ①永遠的。②繼續不斷的。

un·en·gaged [,ʌnɪn`gedʒd] *adj.* ①未訂婚的。②閒著無事的。

***un·e·qual** [ʌn`ikwəl] *adj.* ①不等的；不同的。②不規則的；不均勻的。③不勝任的。 — **ly,** *adv.*

un·e·qual(l)ed [ʌn`ikwəld] *adj.* 無比的；無雙的；無敵的。

un·e·quiv·o·cal [,ʌnɪ`kwɪvəkl] *adj.* 不含糊的；明白的；率直的。

un·err·ing [ʌn`ɜɪŋ] *adj.* 無過失的；無錯誤的；正確的。

UNESCO, U·nes·co [ju`nɛsko] *n.* 聯合國教科文組織(爲the *U*nited *N*ations *E*ducational, *S*cientific, and *C*ultural *O*rganization 之略)。

***un·e·ven** [ʌn`ivən] *adj.* ①不平坦的；凹凸的。②不均勻的；不平衡的；參差不齊的。③奇數的(=odd).
— **ly,** *adv.* — **ness,** *n.*

un·e·vent·ful [,ʌnɪ`vɛntfəl] *adj.* 平靜無事的；太平無事的。

un·ex·am·pled [,ʌnɪg`zæmpḷd] *adj.* 無可比擬的；無前例的。

un·ex·cep·tion·a·ble [,ʌnɪk`sɛpʃənəbḷ] *adj.* 無缺點的；無可非難的；完美的。

***un·ex·pect·ed** [,ʌnɪk`spɛktɪd] *adj.* 意外的；突然的。

***un·ex·pect·ed·ly** [,ʌnɪk`spɛktɪdlɪ] *adv.* 出乎意外地。

un·fail·ing [ʌn`felɪŋ] *adj.* ①忠實的。②無止境的。③確實的。

***un·fair** [ʌn`fɛr] *adj.* 不正直的；不公平的；不正當的。

un·faith·ful [ʌn`feθfəl] *adj.* ①不忠實的；不誠實的。②不正確的。③不貞的。 — **ly,** *adv.*

un·fa·mil·iar [,ʌnfə`mɪljɚ] *adj.* ①不熟悉的；不習慣的。②奇怪的；不尋常的。 — **ly,** *adv.*

un·fash·ion·a·ble [ʌn`fæʃənəbḷ] *adj.* 不時髦的；過時的。

un·fas·ten [ʌn`fæsn̩] *v.t.* & *v.i.* 解開；鬆開；打開。

un·fath·om·a·ble [ʌn`fæðəməbḷ] *adj.* ①深不可測的。②不可解的。

***un·fa·vor·a·ble** [ʌn`fevrəbḷ] *adj.* ①不利的；有害的。②不吉祥的。
— **un·fa′vor·a·bly,** *adv.*

un·feel·ing [ʌn`filɪŋ] *adj.* ①殘酷無情的。②無感覺的。

un·feigned [ʌn`fend] *adj.* 眞實的；不做作的；誠摯的；不虛僞的。

un·fin·ished [ʌn`fɪnɪʃt] *adj.* ①未做完的；未完成的；未結束的。②粗糙的；未潤飾的。

***un·fit** [ʌn`fɪt] *adj.* 不適當的；不勝任的(for). — *v.t.* (**-tt-**)使不合適；使不能勝任；使無資格(for). — *n.* Ⓒ 不勝任者。

un·flap·pa·ble [ʌn`flæpəbḷ] *adj.* (即使面臨危機也)不驚慌的；泰然自若的。

U

un·fledged [ʌn`flɛdʒd] *adj.* ①羽毛未豐的。②不成熟的；未發達的。
un·flinch·ing [ʌn`flɪntʃɪŋ] *adj.* 不畏縮的；果敢的；決斷的。
*__un·fold__ [ʌn`fold] *v.t.* ①展開。②顯露；表明；說明。— *v.i.* ①(蓓蕾)綻放。②(風景)展現；(故事)展開。
un·fore·seen [͵ʌnfor`sin] *adj.* 事先不曉得的；預料不到的。
un·for·get·ta·ble [͵ʌnfɚ`gɛtəbl̩] *adj.* 令人難忘的。
*__un·for·tu·nate__ [ʌn`fɔrtʃənɪt] *adj.* ①不幸的。②不合宜的。— *n.* Ⓒ不幸的人。— **ly,** *adv.*
un·found·ed [ʌn`faʊndɪd] *adj.* 無根據的；無稽的。
un·friend·ed [ʌn`frɛndɪd] *adj.* 無朋友的；無依的；無援的。
un·friend·ly [ʌn`frɛndlɪ] *adj.* ①不友善的；含有敵意的。②不利的。— *adv.* 不友善地；含敵意地。
un·ful·filled [͵ʌnfʊl`fɪld] *adj.* 未完成的；未實現的。
un·furl [ʌn`fɝl] *v.t.* 展開；抖開。— *v.i.* 展開；飄揚。
un·gain·ly [ʌn`genlɪ] *adj.* & *adv.* 笨拙的[地]；不雅的[地]。
un·god·ly [ʌn`gɑdlɪ] *adj.* ①不敬神的；罪孽極深的。②〖俗〗不能容忍的；可怕的。
un·gov·ern·a·ble [ʌn`gʌvɚnəbl̩] *adj.* 難控制的；難駕馭的。
un·gra·cious [ʌn`greʃəs] *adj.* ①無禮貌的；粗野的。②不慇懃的；不親切的。— **ly,** *adv.* — **ness,** *n.*
un·gram·mat·i·cal [͵ʌngrə`mætɪkl̩] *adj.* 不合文法的。
*__un·grate·ful__ [ʌn`gretfəl] *adj.* ①忘恩負義的。②使人不愉快的；令人厭惡的。— **ly,** *adv.* — **ness,** *n.*
un·guard·ed [ʌn`gɑrdɪd] *adj.* ①無防備的。②不注意的；輕率的。
un·guent [`ʌŋgwənt] *n.* ⓊⒸ藥膏；軟膏(=ointment)。
un·hal·lowed [ʌn`hælod] *adj.* 褻瀆神聖的；污辱神明的；罪深的。
*__un·hap·py__ [ʌn`hæpɪ] *adj.* ①不快樂的。②不幸的。③不適當的。— **un·hap′pi·ly,** *adv.*
un·harmed [ʌn`hɑrmd] *adj.* 未受傷害的；平安無事的。
un·health·ful [ʌn`hɛlθfəl] *adj.* 有害健康的；不衛生的。
un·health·y [ʌn`hɛlθɪ] *adj.* ①不健康的。②有害健康的。③不道德的。④有害的。
un·heard-of [ʌn`hɝd͵ɑv] *adj.* 前所未聞的；空前的。
un·heed·ed [ʌn`hidɪd] *adj.* 未加注意的；不顧的。
un·hes·i·tat·ing [ʌn`hɛzə͵tetɪŋ] *adj.* 不猶豫的；迅速的。
un·hinge [ʌn`hɪndʒ] *v.t.* ①卸下(門等)的絞鏈。②使(精神)失常。
un·ho·ly [ʌn`holɪ] *adj.* ①不神聖的；褻瀆的；邪惡的；有罪的。②〖俗〗可怕的；醜惡的。
un·hook [ʌn`hʊk] *v.t.* 去…之鉤；自鉤上解下。
un·hurt [ʌn`hɝt] *adj.* 未受損害的；未受傷的。
u·ni·cam·er·al [͵junɪ`kæmərəl] *adj.* (議會)一院(制)的。
u·ni·cel·lu·lar [͵junɪ`sɛljəlɚ] *adj.* 〖生物〗單細胞的。
u·ni·corn [`junɪ͵kɔrn] *n.* Ⓒ獨角獸。
u·ni·cy·cle [`junɪ͵saɪkl̩] *n.* Ⓒ獨輪(腳踏)車。
un·i·den·ti·fied [͵ʌnaɪ`dɛntə͵faɪd] *adj.* ①不能證明為同一人或物的。②未確認出的；來路不明的。
u·ni·fi·ca·tion [͵junəfə`keʃən] *n.* Ⓤ①統一。②一致；單一化。
‡**u·ni·form** [`junə͵fɔrm] *adj.* ①無變化的；相同的；一律的。②不變的；始終如一的。— *n.* ⓊⒸ制服。— *v.t.* ①使穿制服；供以制服。②使一致。— **ly,** *adv.*
u·ni·formed [`junə͵fɔrmd] *adj.* 穿著制服[軍服]的。
u·ni·form·i·ty [͵junə`fɔrmətɪ] *n.* Ⓤ同樣；一律。
u·ni·fy [`junə͵faɪ] *v.t.* 統一；使合一；使一致。
u·ni·lat·er·al [͵junɪ`lætərəl] *adj.* 單方的；片面的；單獨的。
un·im·ag·i·na·ble [͵ʌnɪ`mædʒɪnəbl̩] *adj.* 難以想像的。
un·im·ag·i·na·tive [͵ʌnɪ`mædʒɪnətɪv] *adj.* 缺乏想像力的。
un·im·peach·a·ble [͵ʌnɪm`pitʃəbl̩] *adj.* 無可指責的；無過失的。
*__un·im·por·tant__ [͵ʌnɪm`pɔrtn̩t] *adj.* 不重要的。
un·in·tel·li·gi·ble [͵ʌnɪn`tɛlədʒəbl̩] *adj.* 無法了解的。
un·in·ten·tion·al [͵ʌnɪn`tɛnʃənl̩] *adj.* 無意的；無心的。

un·in·ter·est·ed [ʌn`ɪntərɪstɪd] *adj.* ①不關心的。②不感興趣的。

un·in·ter·est·ing [ʌn`ɪntərɪstɪŋ] *adj.* 無趣味的。

un·in·ter·rupt·ed [ˏʌnɪntə`rʌptɪd] *adj.* 不間斷的; 連續的。

un·in·vit·ed [ˏʌnɪn`vaɪtɪd] *adj.* 未被邀請的; 不請自來的。

‡**un·ion** [`junjən] *n.* ① Ⓤ 聯合; 結合; 合併。② Ⓤ 團結; 一致; 和睦; 和諧。③ⓊⒸ 婚姻; 性交。④ Ⓒ 同盟; 協會; 工會。⑤ Ⓒ (常 U-)聯邦。 *the U-* **a.**美國。 **b.**=**the United Kingdom.** § **Ú- Jáck** 英國國旗。 ~ **shòp** 規定從業人員經採錄後, 在一定期間內加入工會的企業組織。

un·ion·ism [`junjənˏɪzm̩] *n.* Ⓤ ①聯合主義。 ②(U-)(美國)聯邦主義(尤指內戰時期者)。③工會主義。

un·ion·ize [`junjənˏaɪz] *v.t. & v.i.* ①聯合; 組合。②使…組織工會。

***u·nique** [ju`nik] *adj.* ①唯一的; 獨特的。②珍奇的; 稀罕的。

u·ni·sex [`junəˏsɛks] *adj.* (服裝等)無男女之別的; 男女通用的。

u·ni·sex·u·al [ˏjunɪ`sɛkʃuəl] *adj.* 〖生物〗單性的; 雌雄異體的。

u·ni·son [`junəzn̩] *n.* Ⓤ ①一致; 和諧。②同音; 同調; 諧音。 *in* ~ 完全一致; 完全符合。

***u·nit** [`junɪt] *n.* Ⓒ ①一個; 一人。②單位。③部隊。④最小的整數; 一。 § ~ **prìce** 單價。

U·ni·tar·i·an [ˏjunə`tɛrɪən] *n.* Ⓒ ①唯一神教派(基督教之一派, 認爲上帝係單一者, 反對三位一體之說)之信徒。②單一政府主義者。 — *adj.* 唯一神教派的。

u·ni·tar·y [`junəˏtɛrɪ] *adj.* ① 單位的; 一元的。②作爲單位的; 整體的。③單一政制的; 中央集權論的。

‡**u·nite** [ju`naɪt] *v.t.* ①聯合; 結合; 合併。②兼備(各種性質)。 — *v.i.* ①聯合; 合併; 混合。②協力。

***u·nit·ed** [ju`naɪtɪd] *adj.* 聯合的; 合併的; 結合的; 一致的。 § **the U- Kíngdom** 聯合王國; 英國(包括大不列顚和北愛爾蘭)。 **the U- Nátions** (作 *sing.*解)聯合國。 **the U- Státes (of América)** (作 *sing.* 解)美利堅合衆國; 美國。 — **ly,** *adv.*

***u·ni·ty** [`junətɪ] *n.* ① Ⓤ 單一; 統一。② Ⓒ 單一體; 個體。③ Ⓤ 聯合; 結合。④ Ⓤ 和諧。⑤ Ⓤ 協調; 統一性。⑥ Ⓤ 數目一; 1。

u·ni·valve [`junəˏvælv] 〖動〗*adj.* 單殼的。 — *n.* Ⓒ 單殼軟體動物。

***u·ni·ver·sal** [ˏjunə`vɜsl̩] *adj.* ① 宇宙的; 全世界的; 萬國的; 普通的; 普遍的; 一般的。②多才多藝的; 博學多才的。 — *n.* ① Ⓒ 〖邏輯〗全稱命題。②(the ~)〖哲〗一般概念。 § **U- Próduct Còde** 統一商品條碼(略作 UPC). ~ **súffrage** 普通選舉權。

U·ni·ver·sal·ism [ˏjunə`vɜsəˏlɪzəm] *n.* ① Ⓤ 〖神學〗普救說(全人類終必得救之說或信仰)。②(u-)=**universality.** — **U·ni·ver′sal·ist,** *n.*

u·ni·ver·sal·i·ty [ˏjunəvɜ`sælətɪ] *n.* Ⓤ 一般性; 普遍性。

***u·ni·verse** [`junəˏvɜs] *n.* ①(the ~) 宇宙; 天地萬物。 ②(the ~)世界; 全人類。③ Ⓒ 領域; 範圍。

‡**u·ni·ver·si·ty** [ˏjunə`vɜsətɪ] *n.* ⓊⒸ 大學。 § ~ **exténsion** 大學教育推廣制度。

***un·just** [ʌn`dʒʌst] *adj.* 不公平的; 不義的; 不當的。 — **ly,** *adv.* — **ness,** *n.*

un·kempt [ʌn`kɛmpt] *adj.* ①(頭髮)未梳理的; 蓬亂的。②(衣服、外表)不整潔的; 邋遢的。

***un·kind** [ʌn`kaɪnd] *adj.* 不親切的; 無情的;不厚道的。— **ly,** *adv.* — **ness,** *n.*

un·know·a·ble [ʌn`noəbl̩] *adj.* 不可知的; 人類知識或經驗以外的。

‡**un·known** [ʌn`non] *adj.* 未知的; 不確知的; 不明的; 不詳的。 — *n.* ① Ⓒ 未知之事物; 默默無聞之人。② Ⓒ 〖數〗未知數。 ③(the ~)未知的世界。 § **U- Sóldier** 陣亡的無名英雄。

un·lace [ʌn`les] *v.t.* 解開…之帶子; 解開帶子以脫掉…之衣物。

un·law·ful [ʌn`lɔfəl] *adj.* ①不合法的。②私生(子)的。 — **ly,** *adv.*

un·lead·ed [ʌn`lɛdɪd] *adj.* (汽油等)無鉛的。

un·learn·ed [ʌn`lɜnɪd] *adj.* ①無學問的; 未受教育的。②[ʌn`lɜnd] 非由學習而知的。

un·leash [ʌn`liʃ] *v.t.* ①解開皮帶以釋放。②放棄對…之控制。

‡**un·less** [ən`lɛs] *conj.* 除非; 如果…不; 若不。 — *prep.* 除…之外(=except).

un·let·tered [ʌn`lɛtəd] *adj.* ①未受教育的; 不識字的; 文盲的。②(墓碑等)無字的。

***un·like** [ʌn`laɪk] *adj.* 不同的; 相

異的。— *prep.* 不像；和…不同。

un·like·li·hood [ʌnˋlaɪklɪhud] *n.* Ⓤ 不可能。

***un·like·ly** [ʌnˋlaɪklɪ] *adj.* ①不像是眞的。②似乎不會成功的。— *adv.* 不大可能地。

***un·lim·it·ed** [ʌnˋlɪmɪtɪd] *adj.* 無限的；不受限制的。

***un·load** [ʌnˋlod] *v.t.* ①卸(貨)。②卸下…之重擔。③退出(槍砲)中之彈藥。④拋售(貨物、股票等)。— *v.i.* ①卸貨。②退出子彈。

***un·lock** [ʌnˋlɑk] *v.t.* ①開…的鎖；開；啓。②宣洩；顯露。— *v.i.* 開鎖；開啓。

un·looked-for [ʌnˋlukt,fɔr] *adj.* 意外的；預料不到的。

un·loose [ʌnˋlus] *v.t.* 放開；釋放；放鬆。(亦作 **unloosen**)

***un·luck·y** [ʌnˋlʌkɪ] *adj.* 不吉利的；不祥的。— **un·luck′i·ly,** *adv.*

un·make [ʌnˋmek] *v.t.* (**-made**) ①毀壞；毀滅。②廢除。

un·man [ʌnˋmæn] *v.t.* (**-nn-**)①使失去男子氣概；使怯懦。②閹割。

un·man·age·a·ble [ʌnˋmænɪdʒəbḷ] *adj.* 難處理的；難操縱的。

un·man·nered [ʌnˋmænəd] *adj.* ①無禮的；粗魯的。②不做作的。

un·man·ner·ly [ʌnˋmænəlɪ] *adj.* & *adv.* 無禮貌的[地]；粗魯的[地]。

un·marked [ʌnˋmɑrkt] *adj.* ①無記號的。②未被注意到的。③無道路標誌的。④無(某種特色)的。

***un·mar·ried** [ʌnˋmærɪd] *adj.* 未婚的；獨身的。

un·mask [ʌnˋmæsk] *v.t.* ①揭除…之假面具或僞裝。②使暴露出眞象。— *v.i.* 摘下假面具。

un·men·tion·a·ble [ʌnˋmɛnʃənəbḷ] *adj.* 不可提及的；不足掛齒的；不堪出口的。— *n.* ①(*pl.*)〖諧〗褲子；內衣。②Ⓒ不堪出口的事。

un·mer·ci·ful [ʌnˋmɜsɪfəl] *adj.* ①無情的；殘酷的；不仁慈的。②〖俗〗過分的；不合理的。— **ly,** *adv.*

un·mis·tak·a·ble [,ʌnməˋstekəbḷ] *adj.* 不會錯的；不會被誤解的；明顯的。

un·mit·i·gat·ed [ʌnˋmɪtə,getɪd] *adj.* ①純然的；絕對的。②未減輕的；未緩和的。

un·mo·lest·ed [,ʌnməˋlɛstɪd] *adj.* 不受騷擾的；無苦惱的；無麻煩的；平安無事的。

un·mor·al [ʌnˋmɔrəl] *adj.* 與道德無關的；超乎道德的。

un·moved [ʌnˋmuvd] *adj.* ①不動搖的；堅決的。②冷靜的。

un·named [ʌnˋnemd] *adj.* 無名的；沒有名稱的；未明確指明的。

***un·nat·u·ral** [ʌnˋnætʃərəl] *adj.* ①不自然的。②反常的；不近人情的。— **ly,** *adv.* — **ness,** *n.*

***un·nec·es·sar·y** [ʌnˋnɛsə,sɛrɪ] *adj.* 不必要的；多餘的。— *n.*(*pl.*)非必需品。— **un·nec′es·sar·i·ly,** *adv.*

un·nerve [ʌnˋnɜv] *v.t.* 使失去鎭定力；嚇壞。

un·no·ticed [ʌnˋnotɪst] *adj.* 未被顧及的；不引人注意的；被忽視的。

un·num·bered [ʌnˋnʌmbəd] *adj.* ①沒有計算的。②未編號的。③不可勝數的。

un·ob·served [,ʌnəbˋzɜvd] *adj.* ①未被遵守的。②未被發覺的；未受注意的。

un·ob·tru·sive [,ʌnəbˋtrusɪv] *adj.* 不冒昧的；謙遜的；謹愼的。

***un·oc·cu·pied** [ʌnˋɑkjə,paɪd] *adj.* ①沒有人居住的；空的。②空閒的；不忙的。

un·of·fend·ing [,ʌnəˋfɛndɪŋ] *adj.* ①不觸怒人的。②無害的。③無罪的。

un·of·fi·cial [,ʌnəˋfɪʃəl] *adj.* 非官方的；非正式的。

un·or·gan·ized [ʌnˋɔrgən,aɪzd] *adj.* ①無組織的。②未組織成工會的。③未參加組織的。④〖化〗無機的。

un·or·tho·dox [ʌnˋɔrθə,dɑks] *adj.* 非正統的；異教的。

un·pack [ʌnˋpæk] *v.t.* ①開箱取出。②開(箱)取物。— *v.i.* 解開包裹[行李]；卸貨。

un·paid [ʌnˋped] *adj.* ①未付的；未繳納的。②無薪的；無酬勞的。

un·par·al·lel(l)ed [ʌnˋpærə,lɛld] *adj.* 無比的。

un·par·lia·men·ta·ry [,ʌnpɑrləˋmɛntərɪ] *adj.* 違反議會慣例的；(言語等)不適於議會使用的。

un·peo·ple [ʌnˋpipḷ] *v.t.* (因瘟疫、暴力等)減少或滅絕…之居民。

***un·pleas·ant** [ʌnˋplɛzn̩t] *adj.* 使人不快的；使人厭惡的。— **ly,** *adv.*

un·plumbed [ʌnˋplʌmd] *adj.* ①深不可測的。②(建築物)無水道、煤

氣、下水道之設備的。

un·pop·u·lar [ʌn`pɑpjələ˞] *adj.* ①不流行的。②不受歡迎的；名聲不佳的。

un·prec·e·dent·ed [ʌn`prɛsə͵dɛntɪd] *adj.* 空前的；無前例的。

un·pre·dict·a·ble [͵ʌnprɪ`dɪktəbl̩] *adj.* 不可預測的。 — *n.* Ⓒ 不可預測之事。

un·prej·u·diced [ʌn`prɛdʒədɪst] *adj.* ①無偏見的；大公無私的；立場公正的。②未受損害的(權利等)。

un·pre·med·i·tat·ed [͵ʌnprɪ`mɛdə͵tetɪd] *adj.* ①無預謀的；非故意的；未準備的。②臨時的；即席的。

un·pre·pared [͵ʌnprɪ`pɛrd] *adj.* ①事先未加準備的。②未準備好的。

un·pre·ten·tious [͵ʌnprɪ`tɛnʃəs] *adj.* 不自負的；謙虛的。

un·prin·ci·pled [ʌn`prɪnsəpl̩d] *adj.* 無原則的；無節操的；無道義的。

un·print·a·ble [ʌn`prɪntəbl̩] *adj.* 不宜印出的；猥褻的。

un·pro·duc·tive [͵ʌnprə`dʌktɪv] *adj.* ①不生產的；無生產力的；不毛的。②無收益的；無效果的。

un·pro·fes·sion·al [͵ʌnprə`fɛʃənl̩] *adj.* ①違反職業道德、行規、習慣等的。②非職業性的；業餘的。③外行的；不能與行家相比的。

un·prof·it·a·ble [ʌn`prɑfɪtəbl̩] *adj.* 無利可圖的；無益的。 — **un·prof′it·a·bly,** *adv.*

un·pro·tect·ed [͵ʌnprə`tɛktɪd] *adj.* ①無保護(者)的。②無防衛的。

un·pub·lished [ʌn`pʌblɪʃt] *adj.* ①未公開的。②未出版的；未刊行的。

un·qual·i·fied [ʌn`kwɑlə͵faɪd] *adj.* ①不合格的；不適宜的。②無限制的；無條件的。③絕對的；完全的。

un·ques·tion·a·ble [ʌn`kwɛstʃənəbl̩] *adj.* ①無可懷疑的；確定的。②無可詬病的；無可指責的。 — **un·ques′tion·a·bly,** *adv.*

un·qui·et [ʌn`kwaɪət] *adj.* 不安的；紛擾的；擾亂的。

un·quote [ʌn`kwot] *v.i.* 結束引述。

un·rav·el [ʌn`rævl̩] *v.t.* (**-l-,** 〖英〗 **-ll-**)①解開(糾纏的線等)。②闡明；解決。 — *v.i.* ①解開。②獲解決。

un·read [ʌn`rɛd] *adj.* ①未讀書的；無學識的。②(書)未經閱讀的。

un·read·a·ble [ʌn`ridəbl̩] *adj.* ①讀起來乏味的；無聊的；無閱讀價值的。②難讀(懂)的；難辨認的。

un·re·al [ʌn`riəl] *adj.* 不眞實的；虛幻的；空想的。 — **ly,** *adv.*

***un·rea·son·a·ble** [ʌn`riznəbl̩] *adj.* ①不合理的；無理性的。②過度的；過分的。③不切實際的；不適當的。 — **un·rea′son·a·bly,** *adv.*

un·re·lent·ing [͵ʌnrɪ`lɛntɪŋ] *adj.* ①不寬容的；嚴峻的；堅定不移的。②絲毫不懈的。

un·re·li·a·ble [͵ʌnrɪ`laɪəbl̩] *adj.* 不可靠的。

un·re·mit·ting [͵ʌnrɪ`mɪtɪŋ] *adj.* 不停的；不鬆懈的。 — **ly,** *adv.*

un·re·served [͵ʌnrɪ`zɝvd] *adj.* ①率直的；無保留的。②無限制的；無條件的；完全的。③未預約的。 — **un·re·serv′ed·ly** [-vɪdlɪ], *adv.*

***un·rest** [ʌn`rɛst] *n.* Ⓤ ①不安的狀態。②動蕩的局面。

un·re·strained [͵ʌnrɪ`strend] *adj.* ①無約束的；無拘束的；無自制力的。②自然的；(態度等)從容的。

un·re·strict·ed [͵ʌnrɪ`strɪktɪd] *adj.* 不受限制的。

un·right·eous [ʌn`raɪtʃəs] *adj.* ①不義的；不正直的；不公正的。②邪惡的；有罪的。 — **ly,** *adv.* — **ness,** *n.*

un·ri·valed, 〖英〗 **-valled** [ʌn`raɪvl̩d] *adj.* 無匹的；無雙的。

un·roll [ʌn`rol] *v.t.* & *v.i.* ①展開(成捲或摺合之物)。②公開；(使)顯露。

un·ruf·fled [ʌn`rʌfl̩d] *adj.* ①平靜的；平穩的。②未受擾亂的；不混亂的；冷靜的。

un·ru·ly [ʌn`rulɪ] *adj.* 難控制的；不守法的。 — **un·ru′li·ness,** *n.*

un·sad·dle [ʌn`sædl̩] *v.t.* ①卸下(馬)之鞍。②使(人)墜馬。 — *v.i.* 卸下馬鞍。

un·safe [ʌn`sef] *adj.* 不安全的。

un·said [ʌn`sɛd] *v.* pt. & pp. of **unsay.** — *adj.* 不講出的。

***un·sat·is·fac·to·ry** [͵ʌnsætɪs`fækt(ə)rɪ] *adj.* 不能令人滿意的。 — **un·sat·is·fac′to·ri·ly,** *adv.*

un·sa·vor·y, 〖英〗 **-vour·y** [ʌn`sevərɪ] *adj.* ①無味的。②氣味[味道]不好的；不好吃的。③(道德上)聲名狼藉的；臭名的。

un·say [ʌn`se] *v.t.* (**-said**)取消[撤回](前言)。

un·scathed [ʌn`skeðd] *adj.* 未受損傷的；未受傷害的。

un·schooled [ʌn`skuld] *adj.*①未

受過正式教育的。②天生的。

un·sci·en·tif·ic [ˌʌnsaɪən`tɪfɪk] *adj.* 不科學的;不合科學原理或法則的。

un·scram·ble [ʌn`skræmbl̩] *v.t.* 〖俗〗①整理;整頓。②調整收音機之頻率使(播音)變清晰。

un·screw [ʌn`skru] *v.t.* ①鬆開或除掉…之螺釘。②將瓶蓋或罐蓋旋鬆以打開(瓶或罐)。— *v.i.* 旋出螺釘。

un·scru·pu·lous [ʌn`skrupjələs] *adj.* ①無遠慮的;不謹慎的。②無道德的。③狂妄的。— **ly,** *adv.*

un·seal [ʌn`sil] *v.t.* ①開…之封口。②使開啓;解除約束。

un·sea·son·a·ble [ʌn`siznəbl̩] *adj.* ①不合季節的。②不合時宜的。③不適於某種場合的。— **ness,** *n.*

un·seat [ʌn`sit] *v.t.* ①將(騎者)拋下馬鞍;使落馬。②使去職;罷免。

un·se·cured [ˌʌnsɪ`kjurd] *adj.* ①無抵押[擔保]的。②沒有扣緊的。

un·seem·ly [ʌn`simlɪ] *adj.* & *adv.* 不體面的[地];不適宜的[地]。

***un·seen** [ʌn`sin] *adj.* ①未見過的;看不見的。②(翻譯、樂譜等)即席的。

un·self·ish [ʌn`sɛlfɪʃ] *adj.* 不自私的;無我的。— **ly,** *adv.* — **ness,** *n.*

un·set·tle [ʌn`sɛtl̩] *v.t.*①攪亂;使不安定。②使(心)不寧靜。— *v.i.*動搖;心緒不寧。— **un·set′tled,** *adj.*

un·sex [ʌn`sɛks] *v.t.* 使失去性別之特徵;(尤指)使(女性)男性化。

un·shape·ly [ʌn`ʃeplɪ] *adj.*① 不成形的。②不勻稱的;醜怪的。

un·sheathe [ʌn`ʃið] *v.t.* ①拔(刀)出鞘。②揭去(覆蓋物);脫去(衣服)。

un·ship [ʌn`ʃɪp] *v.t.*(**-pp-**)①將(船貨)卸下;使(乘客)下船。②〖海〗卸下(舵柄、槳等)。

un·sight·ly [ʌn`saɪtlɪ] *adj.* 不雅觀的;難看的。

un·skilled [ʌn`skɪld] *adj.* ①沒有特殊技能的。②不須特別技術的。③不熟練的。

un·so·cia·ble [ʌn`soʃəbl̩] *adj.* ①不愛交際的;不和氣的;不易親近的。②不能並存的;不相容的。

un·so·cial [ʌn`soʃəl] *adj.*不善社交的;不合群的。

un·so·phis·ti·cat·ed [ˌʌnsə`fɪstɪˌketɪd] *adj.* ①單純的;天眞的。②純粹的;眞正的。③簡單的;簡陋的。

un·sound [ʌn`saund] *adj.* ①不健康的。②不堅固的。③不健全的。④睡得不熟的。⑤(貨物等)有瑕疵的。⑥財務上不穩固的;不可靠的。

un·spar·ing [ʌn`spɛrɪŋ] *adj.*①慷慨的;不吝惜的。②嚴酷不饒人的;不寬容的。— **ly,** *adv.*

un·speak·a·ble [ʌn`spikəbl̩] *adj.* ①無法形容的; 不能以言語表達的。②極惡劣的。— **un·speak′a·bly,** *adv.* — **ness,** *n.*

un·spo·ken [ʌn`spokən] *adj.* ①不言而喩的;暗示的。②不說話的;靜默的。③沒有人交談的〔常 to〕。

un·sta·ble [ʌn`stebl̩] *adj.* ①不穩定的;不穩固的。②易變的。③〖化〗不安定的。

un·stead·y [ʌn`stɛdɪ] *adj.*①不穩的;不安定的;易變的。②不規則的;不平均的。③行爲不檢的。

un·stick [ʌn`stɪk] *v.t.*(**-stuck**)扯開或鬆開(粘合之物)。— *v.i.* 脫落。

un·stop [ʌn`stɑp] *v.t.*(**-pp-**)①拔去…之塞。②除去…之障礙。

un·stressed [ʌn`strɛst] *adj.* ①不強調的。②不重讀的(音節)。

un·string [ʌn`strɪŋ] *v.t.* (**unstrung**)①放鬆(絃樂器、弓等)之絃。②使鬆弛。③使(神經)衰弱;使(神經)錯亂。

un·struc·tured [ˌʌn`strʌktʃəd] *adj.* 缺乏明確結構的;鬆散的。

un·strung [ʌn`strʌŋ] *v.* pt. & pp. of **unstring.** — *adj.* ①(絃樂器、弓等)未上絃的;絃鬆的。②神經衰弱的。

un·sub·stan·tial [ˌʌnsəb`stænʃəl] *adj.*①無實體的;無實質的。②不堅固的;薄弱的。③空幻的。④無事實根據的。

un·suc·cess·ful [ˌʌnsək`sɛsfəl] *adj.* 未成功的;失敗的。— **ly,** *adv.*

un·suit·a·ble [ʌn`sjutəbl̩] *adj.* 不合適的;不適當的。

un·suit·ed [ʌn`sjutɪd] *adj.*不適合的;不適當的;不相稱的。

un·sure [ʌn`ʃur] *adj.* ①不肯定的;沒把握的;無自信的。②靠不住的。

un·sur·passed [ˌʌnsɚ`pæst] *adj.* (同類中之)最優的;出類拔萃的。

un·sus·pect·ing [ˌʌnsə`spɛktɪŋ] *adj.* 不懷疑的;信任的。

un·sus·pi·cious [ˌʌnsə`spɪʃəs] *adj.* 無疑慮的;不引起懷疑的。— **ly,** *adv.*

un·tan·gle [ʌn`tæŋgl̩] *v.t.* 解開(糾結);排解(糾紛)。

un·taught [ʌn`tɔt] *adj.* ①未受過

教育的；無知的。②非學習而獲知的；無師自通的；天生的。

un·ten·a·ble [ʌn`tɛnəbl̩] *adj.* ①難防守的。②難維持的；難獲支持的。

un·think·a·ble [ʌn`θɪŋkəbl̩] *adj.* 無法想像的；極端不可能的。— *n.* Ⓒ 不可思議之事物。

un·think·ing [ʌn`θɪŋkɪŋ] *adj.* ①缺乏思考力的。②輕率的。

un·ti·dy [ʌn`taɪdɪ] *adj.*①亂七八糟的；不整潔的。②雜亂的。

***un·tie** [ʌn`taɪ] *v.t.* (**-ty·ing**) ①解開；解去…的束縛。②解放；使自由。

‡**un·til** [ən`tɪl] *prep.*①迄…之時；直到…時。②在…以前(常用在否定句中)。— *conj.*①迄…時；直到…時。②在…以前。③直到…地方；直到…程度。

un·time·ly [ʌn`taɪmlɪ] *adj.* & *adv.* ①不合時宜的[地]；不合時令的[地]。②過早的[地]。

***un·to** [`ʌntu, `ʌntʊ, `ʌntə] *prep.*①〖古，詩〗=**to.** ②=**until.**

un·told [ʌn`told] *adj.* ①未說出的；未說明的。②無數的；數不清的。

un·touch·a·ble [ʌn`tʌtʃəbl̩] *adj.* ①不可觸摸的；碰不得的；禁止的。②不可及的；無比的。③賤民的。— *n.* Ⓒ (常U-) (原指印度最低階級的)賤民。

***un·touched** [ʌn`tʌtʃt] *adj.* ①沒有碰過的；原封不動的。②不受感動的。③未論及的。④未碰到的；未觸及的。

un·to·ward [ʌn`tord] *adj.*①不幸的；不順利的；困難的。②不適當的。③〖古〗剛愎的；執拗的。

un·tried [ʌn`traɪd] *adj.* ①未經考驗的。②〖法律〗未經審理的。

***un·true** [ʌn`tru] *adj.* ①虛偽的；不正確的。②不忠實的。③不合標準的。

un·truth [ʌn`truθ] *n.* (*pl.* **~s** [-ðz, -θs]) ① Ⓤ 虛偽；不眞實。② Ⓒ 虛言；謊言；假話。— **ful,** *adj.* — **ful·ly,** *adv.* — **ful·ness,** *n.*

un·tu·tored [ʌn`tjutəd] *adj.* ①未受教育的；無知的。②粗野的；野蠻的。

un·twist [ʌn`twɪst] *v.t.* & *v.i.*分開；鬆開(搓合之繩或線)。— **er,** *n.*

un·used [ʌn`juzd] *adj.* ①不用的；不使用的。②[ʌn`just]不習慣於…的〔to〕. ③從未用過的。

***un·u·su·al** [ʌn`juʒuəl] *adj.* 異常的；稀罕的；獨特的。— **ly,** *adv.*

un·ut·ter·a·ble [ʌn`ʌtərəbl̩] *adj.*①非語言所能表達的。②全然的；徹底的。③無法說得出的；無法發音的。— **un·ut′ter·a·bly,** *adv.*

un·var·y·ing [ʌn`vɛrɪɪŋ] *adj.* 無變化的；固定的；不變的。— **ly,** *adv.*

un·veil [ʌn`vel] *v.t.* & *v.i.* ①揭幕；揭面紗等。②揭露；顯示。

un·voiced [ʌn`vɔɪst] *adj.* ①未出聲的；未言的。②〖語音〗無聲的。

un·want·ed [ʌn`wɑntɪd] *adj.* 不受歡迎的；多餘的；不要的。

***un·wel·come** [ʌn`wɛlkəm] *adj.* 不受歡迎的。

un·well [ʌn`wɛl] *adj.* ①不舒服的；有病的。②(委婉語)在月經期的。

un·whole·some [ʌn`holsəm] *adj.* ①不衛生的；有害健康的。②(外表)不健康的。③不道德的。— **ly,** *adv.*

un·wield·y [ʌn`wildɪ] *adj.* 龐大而不易控制或處理的；笨重的。

***un·will·ing** [ʌn`wɪlɪŋ] *adj.* ①不情願的；不願意的；勉強的。②反抗的；頑強的。— **ly,** *adv.* — **ness,** *n.*

un·wind [ʌn`waɪnd] *v.t.* & *v.i.* (**-wound**)①將(捲起之物)打開。②解開(糾結之物)。③(使)放鬆心情。

***un·wise** [ʌn`waɪz] *adj.* 不明智的；愚蠢的。— **ly,** *adv.*

un·wit·ting [ʌn`wɪtɪŋ] *adj.* ①無心的；不經意的。②不知情的；無知的。— **ly,** *adv.*

un·wont·ed [ʌn`wʌntɪd] *adj.* ①〖古〗對…不熟悉或不習慣的〔to〕. ②不尋常的；稀罕的。

un·work·a·ble [ʌn`wɜkəbl̩] *adj.* 難施工的；難以處理的；難運轉的；難實行的。

***un·wor·thy** [ʌn`wɜðɪ] *adj.* ①無價值的。②不相稱的；不值得的〔of〕. ③卑鄙的；可恥的。— *n.* Ⓒ 不值得敬重的人。— **un·wor′thi·ly,** *adv.* — **un·wor′thi·ness,** *n.*

un·wrap [ʌn`ræp] *v.t.* (**-pp-**)解開；打開(包裹等)。— *v.i.* 散開。

un·writ·ten [ʌn`rɪtn̩] *adj.* ①口傳的。②不成文的。③空白的。§ ~ **láw** 不成文法。

un·yield·ing [ʌn`jildɪŋ] *adj.*不屈的；剛硬的；頑強的。— **ly,** *adv.*

‡**up** [ʌp] *adv.*①向上地；在上地；向或近頂端地。②向[在]更高處。③升空；(太陽)升起。④(由南)北上；朝[在]北方。⑤向…接近；往…途中。⑥起來；起床。⑦完全地；全然地；徹底地。⑧盡；終了；完結。⑨精通。⑩

在活動狀態中；在動作中。⑪達於平等地位；不落後地。⑫集攏地；一起地。⑬在緊閉的狀態中。⑭儲存地。⑮每；各。⑯得分領先。***up to*** **a.**直到。**b.**從事。**c.**勝任。**d.**適合。**e.**應由(某人)擔任或負責。**f.**到某一程度或部分。**g.**高達；數達。— *prep.*①向上；在上。②向上游；向內地。③沿；穿過。④在更遠或更高之處。⑤逆向；逆流。***up hill and down dale*** 不顧一切。— *adj.*①向上的；上行的。②前行的；進步的。③在地面上的。④近的。⑤〖運動〗領先對方多少分的。— *n.* Ⓒ ①興盛。②上升；升高。③上行火車或汽車。④高漲。***on the up and up*** [***up-and-up***]〖俚〗坦白；誠實。***the ups and downs***(人生之)盛衰；浮沉。— *v.t.* (**-pp-**)〖俗〗①增加；加速。②提高(賭注)。— *v.i.*〖俗〗①突然開始做某事(常與 and 和另一動詞連用)。②跳起。③舉起〔常 with〕.

up-and-com·ing [ˋʌpənˋkʌmɪŋ] *adj.*〖美俗〗富於企業精神的；精力充沛的；前途有希望的。

up-and-down [ˋʌpənˋdaʊn] *adj.* ①〖俗〗高低起伏的。②浮沉的。③純然的。④垂直的。

up·beat [ˋʌp͵bit] *n.*(the ～)①〖樂〗上拍；非重音拍子。②重振；復蘇；再度上升。— *adj.* 樂觀的；快樂的。

up·braid [ʌpˋbred] *v.t.* 譴責；叱責。— **ing,** *n. & adj.*

up·bring·ing [ˋʌp͵brɪŋɪŋ] *n.* Ⓤ (又作an ～)教育方法；教養；人格陶冶。

up·com·ing [ˋʌp͵kʌmɪŋ] *adj.* 即將來臨的；接近的。

up·coun·try [ˋʌpˋkʌntrɪ] *n.* (the ～)內地。— *adj.*①內地的；內陸的。②鄉間的；粗率的。— *adv.*向內地；在內地。

up·date [ʌpˋdet] *v.t.* 使…成爲最新的東西；爲…補充最新資料。— [ˋʌp͵det] *n.* Ⓤ 最新資訊；最新知識。

up·grade [ˋʌpˋgred] *n.* Ⓒ ①向上之斜坡。②增長或改善(前面常冠以 on the). ③(書籍等的)新版本；升級版；(汽車等的)改良型。— *v.t.* 改良(動物)之品種；提高…之等級[品質]。— *adj. & adv.* 上坡的[地]。

up·growth [ˋʌp͵groθ] *n.* ①Ⓤ生長；發育；進步；發達。②Ⓒ生長物。

up·heave [ʌpˋhiv] *v.t.* (**-heaved** or **-hove**)①舉起；使隆起。②造成大混亂。— *v.i.* 隆起；升起；鼓起。
— **up·heav′al,** *n.*

up·hill [ˋʌpˋhɪl] *adj.* ①上坡的；向上的。②困難的。— *adv.* ①上坡地；向上地。②困難地。

***up·hold** [ʌpˋhold] *v.t.* (**-held**)①舉起；抬高。②確認；鼓勵。③贊成；支持。— **er,** *n.*

up·hol·ster [ʌpˋholstə] *v.t.*①爲(椅子、沙發等)裝上套、墊等。②爲(房間)裝設簾幕、地毯等；裝潢。— **er,** *n.*

up·hol·ster·y [ʌpˋholstərɪ] *n.* Ⓤ ①(集合稱)室內裝飾品(如椅子、沙發、窗帘、地毯之類)。②室內裝飾業。

UPI, U.P.I. United Press International. 合眾國際社。

up·keep [ˋʌp͵kip] *n.* Ⓤ ①(土地、房屋、汽車等之)保養；(生活之)維持。②保養費。

***up·land** [ˋʌplənd, ˋʌp͵lænd] *n.* Ⓒ (常*pl.*)丘陵地；丘阜；高地。— *adj.* 高地的；丘陵地的。

***up·lift** [ʌpˋlɪft] *v.t.* ①舉起；抬起；提高。②提高…社會地位；改良…道德水準。③使精神爲之一振。— [ˋʌp͵lɪft] *n.* ①Ⓤ提高；舉高；高揚。②ⓊⒸ〖地質〗隆起。③Ⓤ道德的向上；精神昂揚。④Ⓒ(高聳型)胸罩。

up·mar·ket [ˋʌp͵mɑrkɪt] *adj. & adv.* 迎合高收入消費者的[地]。

‡**up·on** [əˋpɑn] *prep.* = **on.**

‡**up·per** [ˋʌpə] *adj.* ①較高的。②(階級、地位等)較高的；高等的；上流的；上級的。③(常U-)〖地質〗後紀的。④深入內陸的。 ***get*** [***gain, have***] ***the ～ hand of...*** 比…占優勢。— *n.* Ⓒ ①鞋幫。②〖俗〗上位；上鋪。***be on one's ～s*** **a.** 鞋底磨透的。**b.** 襤褸的。**c.** 窮困不堪的。§ **the Ú-Hóuse** 上(議)院。**～ cáse**〖印刷〗(1)大寫字母。(2)放置大寫字母的活字盤。**～ cláss** (1)上流社會(的人)。(2)(學校的)高年級。**～ crúst** (1)(麵包的)外皮。(2)〖俗〗上流社會。**～ stóry** (1)二樓。(2)〖俚〗頭腦。

up·per-class [ˋʌpəˋklæs] *adj.*①上流社會的。②高年級的。

up·per·cut [ˋʌpə͵kʌt]〖拳擊〗*n.* Ⓒ 上鉤拳(由下向上)。— *v.t. & v.i.* (**-cut**)以上鉤拳攻擊。

up·per·most [ˋʌpə͵most] *adj.* ①最高的。②最主要的。— *adv.* ①最高地；最上地。②最初；首先。

up·raise [ʌp`rez] *v.t.*①舉起。②使振奮；鼓勵。

***up·right** [`ʌp,raɪt, ʌp`raɪt] *adj.*①直立的。②正直的；誠實的。③合乎正道的。— *adv.*直地。— *n.*① Ⓤ 直立的狀態。② Ⓒ 直立之物；直立材料。③ Ⓒ (亦作 **upright piano**)豎型鋼琴。— **ly,** *adv.* — **ness,** *n.*

***up·ris·ing** [`ʌp,raɪzɪŋ] *n.* Ⓒ ①叛亂；叛變。②升起。③上斜坡。

***up·roar** [`ʌp,ror] *n.* Ⓤ (又作 an ～)喧囂；騷動。

up·roar·i·ous [ʌp`rorɪəs] *adj.*喧囂的；騷動的。— **ly,** *adv.*

***up·root** [ʌp`rut] *v.t.*①拔…之根；將…連根拔起。②根除；根絕。

UPS United Parcel Service. 美國一郵遞公司。

***up·set** [ʌp`sɛt]*v.t.*(**-set, -set·ting**) ①顚覆；傾覆；推翻。②擾亂；使煩惱。③弄亂；使混亂。④擊敗。— *v.i.* 顚覆；傾覆。— *adj.* ①傾覆的。②受擾的；難過的。③弄亂的；零亂的。—[`ʌp,sɛt] *n.* ① Ⓤ Ⓒ 顚覆；傾覆。② Ⓒ 煩惱；煩亂。③ Ⓒ 不和；爭吵。④ Ⓒ (運動中)出乎意料的結果。§ ∼ **prìce** 拍賣時之底價。

up·shot [`ʌp,ʃɑt] *n.* (the ～)結局；結果；結論。

up·side** [`ʌp`saɪd, `ʌp,saɪd] *n.* Ⓒ 上側；上部；上段。～ ***down **a.** 倒轉；倒置。**b.**混亂地；雜亂地。

up·side-down [`ʌp,saɪd`daun] *adj.* ①倒置的。②混亂的。

up·stage [`ʌp`stedʒ] *adv.* 在舞臺後方地。— *adj.* ①舞臺後方的。②〖俗〗高傲的。— *v.t.* ①藉走向舞台後方而迫使(其他演員)背向觀眾以搶盡風頭。②〖俗〗傲慢地對待。— *n.* Ⓤ 舞台後方。

***up·stairs** [`ʌp`stɛrz] *adv.* ①在樓上；向樓上。②〖俗〗(飛機)在高空。— *adj.* 樓上的。— *n.* Ⓤ 樓上。

up·start [`ʌp,stɑrt] *n.* Ⓒ & *adj.* ①暴發戶(的)。②傲慢自負之人(的)。

up·stream [`ʌp`strim] *adv.* & *adj.* 在上流地[的]；逆流地[的]。

up·surge [ʌp`sɜdʒ] *v.i.* 向上湧；高漲；向上翻騰；增加；上升。—[`ʌp,sɜdʒ] *n.* Ⓒ ①向上湧；高漲；上升。②反叛；革命；起義。

up·swing [`ʌp,swɪŋ] *n.* Ⓒ ①向上的擺動。②顯著的進步。③上揚。

up·take [`ʌp,tek] *n.*(the ～)理解；了解。

up·tight [`ʌp`taɪt] *adj.*〖俚〗十分不安的；憂心忡忡的。

***up-to-date** [`ʌptə`det] *adj.*① 直到現代的；現時的；當代的。②最新的。— **ness,** *n.*

up·town [`ʌp`taun] *adv.* 向住宅區；在住宅區。— *adj.* (在)住宅區的。—[`ʌp,taun] *n.* Ⓒ 住宅區。

up·turn [ʌp`tɜn] *v.t.* ①挖掘；掘翻(土地)。②使向上；使朝上。—[`ʌp,tɜn] *n.* Ⓒ 情況好轉。— **ed**[～d], *adj.*

up·ward** [`ʌpwəd] *adv.*①向上地；上升地。②向上游。③以上；超過。～ ***of 超過；多於。— *adj.* 向上的。

***up·wards** [`ʌpwədz] *adv.*=**upward.**

U·ral [`jurəl] *n.* ①(the ～)烏拉河(源自烏拉山，流入裏海)。②(the ～s)烏拉山(爲歐亞界山)。— *adj.* 烏拉山[河]的。

u·ra·ni·um [ju`renɪəm] *n.* Ⓤ 〖化〗鈾(放射性金屬元素；符號 U).

***ur·ban** [`ɜbən] *adj.* 都市的；住在都市的。§ ∼ **dístrict** 市區。∼ **renéwal** 都市美化[重建]。∼ **spráwl** (無限制的)都市擴張現象。

ur·bane [ɜ`ben] *adj.*溫文的；有禮貌的；文雅的。— **ur·ban'i·ty** [-`bæn-], *n.*

ur·ban·ite [`ɜbən,aɪt] *n.* Ⓒ 都市人。

ur·ban·ize [`ɜbən,aɪz] *v.t.* 使都市化。

***ur·chin** [`ɜtʃɪn] *n.* Ⓒ ①小男孩；頑童。②海膽(=sea urchin).

u·re·a [ju`riə] *n.* Ⓤ 〖化〗尿素。

u·re·mi·a [ju`rimɪə] *n.* Ⓤ 〖醫〗尿毒症。

u·re·ter [ju`ritə] *n.* Ⓒ 〖解〗輸尿管。

u·re·thra [ju`riθrə] *n.* Ⓒ (*pl.* **-thrae** [-θri], **～s**)〖解〗尿道。— **u·re'thral,** *adj.*

‡**urge** [ɜdʒ] *v.t.* ①驅策。②力勸；力請。③力陳；力言。— *n.* Ⓒ ①衝動。②驅策；激勵。

***ur·gent** [`ɜdʒənt] *adj.* ①緊急的；急迫的。②力促的；急切的；強求的。— **ly,** *adv.* — **ur'gen·cy,** *n.*

u·ric [`jurɪk] *adj.*尿的；取自尿中的。§ ∼ **ácid** 〖化〗尿酸。

u·ri·nal [`jurənl̩] *n.* Ⓒ ①尿壺。②小便處。

u·ri·nal·y·sis [,jurə`næləsɪs] *n.* Ⓤ Ⓒ (*pl.* **-ses** [-,siz])〖醫〗驗尿。

u·ri·nar·y [`jurə,nɛrɪ] *adj.* 尿的；

泌尿(器)的。

u·ri·nate [ˋjurə,net] *v.i.* 排尿；小便。

u·rine [ˋjurɪn] *n.* Ⓤ 尿。

***urn** [ɜn] *n.* Ⓒ ①有座腳與耳之瓶；甕；骨灰罈。②有龍頭的咖啡壺或茶壺。③墳墓。

u·rol·o·gy [juˋrɑlədʒɪ] *n.* Ⓤ〖醫〗泌尿學。

Úr·sa Májor [ˋɜsə ～] *n.*〖天〗大熊座。

Úr·sa Mínor [ˋɜsə ～] *n.*〖天〗小熊座。

ur·ti·car·i·a [,ɜtɪˋkɛrɪə] *n.* Ⓤ〖醫〗蕁麻疹；風疹塊。

U·ru·guay [ˋjurə,gwe] *n.* 烏拉圭(南美一共和國，首都 Montevideo).

‡**us** [ʌs] *pron.* the objective case of **we.**

***U.S.** United States.

***U.S.A.** the United States of America.

us·a·ble [ˋjuzəbl] *adj.* 可用的；方便的。

USAF United States Air Force. 美國空軍。

***us·age** [ˋjusɪdʒ] *n.* ① Ⓤ 使用；用法；處理；對待。② Ⓤ Ⓒ 習慣；慣例；習俗。③ Ⓤ Ⓒ (語言之)慣用法。

us·ance [ˋjuzns] *n.* Ⓤ〖商〗對國外匯票習慣上所寬給的支付期限

‡**use** [juz] *v.t.* ①用；使用；利用。②消耗；用盡。③對待；接待。④實行；慣行。～*d up* **a.** 耗盡；用盡。**b.** 精疲力竭。 **—** [jus] *n.* ① Ⓤ 用；使用；用法。② Ⓒ 用途；用處。③ Ⓤ 效用；益處；價值。④ Ⓤ 使用的能力。⑤ Ⓤ 使用權。⑥ Ⓤ 習慣；習俗；慣例。*make ～ of* **a.**使用。**b.**利用；占…的便宜。

‡**used**[1] [just, jus] *adj.* 慣於；習於〖to〗. *be* [*get*] *～ to* 習慣於；適應於。

***used**[2] [juzd] *adj.* ①用舊了的；半舊的。②用過的。

‡**use·ful** [ˋjusfəl] *adj.* ①有用的；有益的。②〖俚〗有效的；能幹的。— **ly,** *adv.* — **ness,** *n.*

***use·less** [ˋjuslɪs] *adj.* 無用的；無效的；無益的。— **ly,** *adv.*

us·er [ˋjuzə] *n.* Ⓒ ①使用者；用戶。②吸毒成癮者。③〖電算〗電腦使用者。§～ **ínterface**〖電算〗使用者介面。

us·er-friend·ly [ˋjuzəˋfrɛndlɪ] *adj.* (電腦等)容易操作[理解]的。

***ush·er** [ˋʌʃə] *n.* Ⓒ ①守衛；門房。②(教堂或影戲院等之)接待員。③〖美〗婚禮中的迎賓招待員。④〖英〗助理教員。 **—** *v.t.* ①引導；招待。②預報；預示。～ *in* 引進；開始。

***USSR, U.S.S.R.** Union of Soviet Socialist Republics.

‡**u·su·al** [ˋjuʒuəl] *adj.* 通常的；平素的；通例的；尋常的。

‡**u·su·al·ly** [ˋjuʒuəlɪ] *adv.* 通常地；通例地；大抵。

u·su·rer [ˋjuʒərə] *n.* Ⓒ 放高利貸者。

u·su·ri·ous [juˋʒurɪəs] *adj.* ①高利貸的；高利的。②取高利的。

***u·surp** [juˋzɜp] *v.t.* 篡奪；僭取；霸占。— **er, u·sur·pa′tion,** *n.*

u·su·ry [ˋjuʒərɪ] *n.* Ⓤ 高利；高利貸。

U·tah [ˋjutɔ] *n.* 猶他(美國西部之一州)。

***u·ten·sil** [juˋtɛnsl] *n.* Ⓒ 器皿；用具。

u·ter·us [ˋjutərəs] *n.* Ⓒ (*pl.* **-ter·i** [-,raɪ], **～es**)〖解〗子宮。

u·til·i·tar·i·an [,jutɪləˋtɛrɪən] *adj.* ①功利的。②功利主義的。 **—** *n.* Ⓒ 功利主義者。— **ism,** *n.*

***u·til·i·ty** [juˋtɪlətɪ] *n.* ① Ⓤ 有用；利益；效用。② Ⓒ 有用之物。③ Ⓒ (亦作 **public utility**)公用事業(如水、電、公共汽車等事業)。④(*pl.*)公用事業股票。 **—** *adj.* ①作多種用途的。②實用的；實用本位的(商品)。§～ **ròom** 用具存放室。

***u·ti·lize** [ˋjutl,aɪz] *v.t.* 利用。—**u·til·i·za′tion,** *n.*

***ut·most** [ˋʌt,most] *adj.* 最遠的；極端的；極度的。 **—** *n.* (the ～, one's ～)極端；最大限度。

U·to·pi·a [juˋtopɪə] *n.* ①烏托邦；理想國(Sir Thomas More所著 *Utopia* 中描述之有完美政治及社會制度之一島)。② Ⓒ (常u-)理想中的社會或政治制度。

U·to·pi·an [juˋtopɪən] *adj.* ①烏托邦的；理想國的。②(常 u-)理想的；空想的。 **—** *n.* Ⓒ (常 u-)理想家。

***ut·ter**[1] [ˋʌtə] *adj.* 完全的；全然的；絕對的。

***ut·ter**[2] *v.t.* ①說出；發出。②宣布；吐露；發表。③使用(偽鈔)。

***ut·ter·ance** [ˋʌtərəns, ˋʌtrəns] *n.* ① Ⓤ 發聲；發表。②(*sing.*)說話的方式；語調；發音。③ Ⓒ 言辭。

***ut·ter·ly** [ˋʌtəlɪ] *adv.* 完全地；全然地；絕對地。

***ut·ter·most** [ˋʌtə,most] *adj.* & *n.* = **utmost.**

U-turn [ˋju,tɜn] *n.* Ⓒ "U"形轉彎；迴轉。

UV, U.V. ultraviolet.

ux·o·ri·ous [ʌkˋsorɪəs] *adj.* 溺愛妻子的；對妻過分寵愛的。

V v **V** **v** 𝒱 𝓋

V or **v** [vi] *n.*(*pl.* **V's, v's** [viz])① Ⓤ Ⓒ 英文字母之第二十二個字母。② Ⓒ V 形之物。③ Ⓤ 羅馬數字之 5。④ Ⓒ 〖俗〗五元鈔票。

V velocity; victory. **v.** valve; verb; versus; verse; 〖拉〗 vide(= see); voice; vice; volume. **V.** Venerable; Viscount. **Va.** Virginia.

***va·can·cy** [ˋvekənsɪ] *n.* ① Ⓤ 空虛; 空。② Ⓒ 空職; 空缺。③ Ⓒ 空地; 空處; 空隙。④ Ⓤ 茫然若失。

***va·cant** [ˋvekənt] *adj.* ①空的; 空虛的。②閒暇的。③茫然的。

va·cate [ˋveket] *v.t.* & *v.i.*①使空; 使出缺; 空出(房屋、職位等)。②撤去; 離開。③取消; 使無效。

***va·ca·tion** [veˋkeʃən, və-] *n.* Ⓒ 休假; 假期。— *v.i.* 度假。

vac·ci·nate [ˋvæksn̩ˏet] *v.t.* & *v.i.* ①爲…種痘。②接種疫苗。

vac·ci·na·tion [ˏvæksn̩ˋeʃən] *n.* Ⓤ Ⓒ ①種痘; 接種疫苗; 預防注射。②種痘的疤痕。

vac·cine [ˋvæksin] *n.* ① Ⓤ Ⓒ 痘苗; 疫苗。② Ⓒ 〖電算〗解毒程式。— *adj.* 牛痘的; 疫苗的。

vac·il·late [ˋvæsl̩ˏet] *v.i.* ①搖擺; 擺動。②猶疑不決; 躊躇; 搖動。

va·cu·i·ty [væˋkjuətɪ] *n.* Ⓤ 〖文〗 ①空虛; 眞空。②心靈的空虛; 茫然; 愚笨。

vac·u·ous [ˋvækjuəs] *adj.*①空的; 空虛的。②愚蠢的。③茫然的。④閒散的。

***vac·u·um** [ˋvækjuəm] *n.* Ⓒ (*pl.* **~s, vac·u·a** [ˋvækjuə])①眞空。②空間; 空虛。③眞空吸塵器(=vacuum cleaner). — *v.t.* 〖俗〗 以眞空吸塵器掃除…。— *v.i.* 〖俗〗使用眞空吸塵器。§ ~ **bòttle** [**flàsk**] 熱水瓶。~ **clèaner** 眞空吸塵器。~ **gàuge** 眞空計。~ **tùbe** [**vàlve**]眞空管。

vac·u·um-pack [ˋvækjuəmˏpæk] *v.t.* 用眞空罐[瓶]裝(食物等); 眞空包裝。—**ed,** *adj.*

va·de me·cum [ˋvedɪˋmikəm] *n.* Ⓒ 隨身攜帶備用之物; 便覽; 手冊。

***vag·a·bond** [ˋvægəˏbɑnd] *n.* Ⓒ ①漂泊者; 流浪者。②流氓; 無賴。— *adj.* 漂泊的; 游蕩的; 無賴的。

va·gar·y [vəˋgɛrɪ] *n.* Ⓒ ①奇異的幻想。②不可預測的行爲或事件。

va·gi·na [vəˋdʒaɪnə] *n.* Ⓒ (*pl.* **~s, -nae** [-ni]) ①〖解〗陰道; 膣。②〖植〗葉鞘。③器官之鞘狀部分。

va·gran·cy [ˋvegrənsɪ] *n.* Ⓤ Ⓒ ①漂泊; 流浪。②(集合稱)流浪者。③(意見、思想等之)游移不定。

***va·grant** [ˋvegrənt] *n.* Ⓒ ①漂泊者; 流浪者。②流氓; 無賴。— *adj.* ①遊蕩的。②飄忽不定的(思想等)。

***vague** [veg] *adj.* ①不明確的; 不清楚的; 模糊的; 含混的。②(用於否定句)絲毫的。— **ly,** *adv.* — **ness,** *n.*

‡**vain** [ven] *adj.*①徒然的; 無結果的; 無益的。②自負的; 得意的。③空虛的。*in* ~ **a.**無效的[地]。**b.**隨便地; 冒瀆地。—**ly,** *adv.*

vain·glo·ry [venˋglorɪ] *n.* Ⓤ 虛榮; 自負; 虛妄之誇飾。— **vain·glo′·ri·ous,** *adj.*

vale[1] [vel] *n.* Ⓒ 〖詩〗谷。

va·le[2] [ˋveli] 〖拉〗 *interj.* 再見。— *n.* Ⓒ 分別; 別離。

val·e·dic·tion [ˏvæləˋdɪkʃən] *n.* ① Ⓤ 告別。② Ⓒ 告別辭。

val·e·dic·to·ri·an [ˏvælədɪkˋtorɪən] *n.* Ⓒ 〖美〗在畢業典禮中致告別辭之畢業生代表。

val·e·dic·to·ry [ˏvæləˋdɪktərɪ] *adj.* 告別的; 辭別的。— *n.* Ⓒ (畢業生代表之)告別講演。

Val·en·tine [ˋvælənˏtaɪn] *n.*① 聖・華倫泰(西元三世紀時羅馬基督教殉教者)。②(v-) Ⓒ 在二月十四日聖・華倫泰節, 所選或所祝賀之愛人。③(v-) Ⓒ 在二月十四日寄給異性之信、卡片、畫片或禮物。§ ~'s **Dày** 情人節(二月十四日)(亦作St. Valentine's Day).

val·et [ˋvælɪt] *n.* Ⓒ (專司看管衣物及替主人穿衣之)男僕; (旅館中的)服務生。— *v.t.* & *v.i.* 伺候; 照料。

val·e·tu·di·nar·i·an [ˏvæləˏtjudn̩ˋɛrɪən] *n.* Ⓒ ①病人; 健康不佳者; 病弱者。②經常爲身體健康發愁的人。— *adj.*①有病的; 虛弱的。②經常爲健康發愁的。

***val·iant** [ˋvæljənt] *adj.*勇敢的; 驍

V

勇的。— **ly,** *adv.*

val·id [ˋvælɪd] *adj.* ①有確實根據的；正當的。②有效的。— **ly,** *adv.*

val·i·date [ˋvæləˏdet] *v.t.* ①使有效；使有法律效力。②確認。

va·lid·i·ty [vəˋlɪdətɪ] *n.* Ⓤ ①正當；正確；確實性；妥當性。②有效；效力；合法性。

va·lise [vəˋlis] *n.* Ⓒ 手提旅行箱。

‡**val·ley** [ˋvælɪ] *n.* Ⓒ ①谷；山谷。②(常 *sing.*)流域。

***val·or,**〖英〗**-our** [ˋvælɚ] *n.* Ⓤ 勇氣；勇武；勇猛。

val·or·ous [ˋvælərəs] *adj.* 勇敢的。

‡**val·u·a·ble** [ˋvæljuəbl̩] *adj.* ①有價值的；貴重的。②可計算其價值的。— *n.* Ⓒ (常 *pl.*)貴重物品；珠寶。

val·u·ate [ˋvæljuˏet] *v.t.*對…作估價；對…作評價。— **val′u·a·tor,** *n.*

***val·u·a·tion** [ˏvæljuˋeʃən] *n.* ① Ⓤ 評價；估價。② Ⓒ 估定之價格；價值。③ⓊⒸ 對人之評價。

‡**val·ue** [ˋvælju] *n.*① Ⓤ 價值；重要性；實在價值。② Ⓤ (又作 a ～)評價。③ ⓊⒸ 價格；代價。④ Ⓒ 眞義；意義。⑤(*pl.*)生活的理想；價值觀。⑥ Ⓒ〖樂〗音符所表示音之長度。⑦ Ⓒ (常 *pl.*)(畫之)明度。⑧ Ⓒ〖數〗值。— *v.t.* ①估價；評價。②重視。

val·ue-add·ed [ˋvæljuˋædɪd] *n.* Ⓒ & *adj.* 附加價值(的)。§ ～ **tàx** 增值稅。

val·ued [ˋvæljud] *adj.* ①被尊敬的；受重視的。②被估過價的。③貴重的。

val·ue·less [ˋvæljulɪs] *adj.* 無價值的。

***valve** [vælv] *n.* Ⓒ ①活瓣；活門；活塞。a safty ～安全閥。②瓣膜。③(雙殼貝之)殼。④〖英〗眞空管。⑤〖植〗莢片。⑥(管樂器之)栓塞。

vamp[1] [væmp] *n.* Ⓒ ①(靴或鞋前端的)鞋面。②拼湊補綴之物；補釘。③〖樂〗即席伴奏。— *v.t.* ①給(鞋子)換新鞋面。②翻新；修補〔up〕. ③捏造〔up〕. ④即席伴奏。

vamp[2] 〖俚〗 *n.* Ⓒ 水性楊花的女人；蕩婦。— *v.t.* 以美色引誘(男人)。

vam·pire [ˋvæmpaɪr] *n.* Ⓒ ①吸血鬼。②榨取他人錢財者。③以色相賺錢的蕩婦。④〖動〗吸血蝙蝠。

***van**[1] [væn] *n.* Ⓒ 家具搬運車；箱型車；有蓋貨車。

van[2] *n.*(the ～, 作 *sing.*解)先鋒；前驅。*be in the* ～ 爲…之先驅。

Van·dal [ˋvændl̩] *n.*①(the ～s)汪達爾族(紀元五世紀侵入西歐高盧、西班牙及羅馬之東日耳曼蠻族)。②(v-) Ⓒ 破壞文化或藝術品之人。

van·dal·ism [ˋvændl̩ˏɪzəm] *n.* Ⓤ 因無知而破壞文化或藝術品的行爲；暴力行爲。

vane [ven] *n.* Ⓒ ①風向標；風信旗。②(風車、螺旋槳之)一葉。③羽毛之平軟部分；羽瓣。

van·guard [ˋvænˏgɑrd] *n.* ① Ⓒ (集合稱)〖軍〗先鋒；先驅。②(the ～, 作 *sing.*解)領導地位；先驅者。

va·nil·la [vəˋnɪlə] *n.*① Ⓒ〖植〗香草。② Ⓤ 自其果莢中取出之香精(用作製冰淇淋、香水等)。

***van·ish** [ˋvænɪʃ] *v.i.* 消失；消散。— *v.t.* 使消失。§ ～**ing pòint**(透視畫法的)消失點；沒影點。

***van·i·ty** [ˋvænətɪ] *n.* ① Ⓤ 空虛；空幻。② Ⓤ 虛榮(心)；虛誇。③ Ⓒ 無益或無用的事物[行爲]。④=**vanity case.** ⑤ Ⓒ 連鏡之梳妝臺。§ ～ **càse** [**bòx**](女人隨身攜帶的)小梳妝盒。～ **plàte**(汽車等的)所有人自選字母及號碼的牌照。

van·pool [ˋvænpul] *n.* ⓊⒸ 上下班交通車合用小組；由公司提供箱型車讓員工共乘通勤的付費乘車方式。

van·quish [ˋvæŋkwɪʃ] *v.t.* 征服；擊敗。

van·tage [ˋvæntɪdʒ] *n.* Ⓤ ①優勢；有利之地位。②〖網球〗deuce 後先得之一分。§ ～ **gròund** [**pòint**] 有利地位；地利。

vap·id [ˋvæpɪd] *adj.* ①無味的。②(人等)無趣味的；無生氣的。— **ly,** *adv.* — **ness, va·pid′i·ty,** *n.*

***va·po(u)r** [ˋvepɚ] *n.* ① ⓊⒸ (水)蒸氣；煙(霧)。② Ⓤ〖理〗汽。③ Ⓒ 空想；幻想。— *v.i.* ①蒸發；發散；發出(蒸氣)。②吹牛；誇大。

va·por·ize [ˋvepəˏraɪz] *v.t.* & *v.i.* 蒸發；使汽化。— **va·por·i·za′tion,** *n.*

va·por·ous [ˋvepərəs] *adj.*①發出蒸氣的；蒸氣狀的；充滿蒸氣的；多霧的。②無實質的；幻想的；空想的。

***var·i·a·ble** [ˋvɛrɪəbl̩] *adj.* ①易變的；可變的；會變化的。②〖生物〗變異的。— *n.* Ⓒ ①會變化的東西。②方向不定之風。③〖數〗變數；變量。— **var·i·a·bil′i·ty,** *n.*

var·i·ance [ˋvɛrɪəns] *n.* ⓊⒸ ①不同；差異。②變化；改變。③不和；

齟齬。

var·i·ant [`vɛrɪənt] *adj.*①不同的；差異的。②變異的。— *n.* Ⓒ①另一不同的形式。②(拼法、發音的)變體。③(典籍的)異文；異本。

***var·i·a·tion** [ˌvɛrɪ`eʃən] *n.*①ⓊⒸ變化；變動。②Ⓒ變量；變度。③ⓊⒸ語尾變化。④Ⓒ〖樂〗變奏曲。⑤ⓊⒸ〖生物〗變種；變異。⑥ⓊⒸ〖天〗運行或軌道之改變。

***var·ied** [`vɛrɪd] *adj.* ①不同種的；各種各樣的。②富於變化的。③雜色的；斑駁的。— **ly,** *adv.*

var·i·e·gat·ed [`vɛrɪˌgetɪd] *adj.* ①雜色的；斑駁的。②有變化的；有各種不同之性質、形狀或外貌的。

‡**va·ri·e·ty** [və`raɪətɪ] *n.*①Ⓤ變化；多樣。②(a ～ of)各種各樣。③(a ～ [varieties] of) 〖生物〗種。④Ⓤ〖英〗雜耍。§ ～ **shòw** [**entertàinment**] 綜藝節目。～ **stòre**〖美〗雜貨店。～ **tàble**〖英〗梳妝台；鏡台。

vario- 〖字首〗表「多樣的；有變化的」之義。

‡**var·i·ous** [`vɛrɪəs] *adj.* ①不同的。②種種的；各式各樣的；多方面的。③許多的。④可轉變的。— **ly,** *adv.*

***var·nish** [`vɑrnɪʃ] *n.* ①ⓊⒸ清漆；洋漆；光漆。②(*sing.*)光澤面。③(a ～)虛飾；文飾。— *v.t.* ①漆清漆於。②掩飾；文飾(外表等)。

var·si·ty [`vɑrsətɪ] *n.* Ⓒ①〖英俗〗大學(尤指牛津與劍橋大學)。②大學運動代表隊。

***var·y** [`vɛrɪ] *v.t.* ①改變；變換；使不同。②〖樂〗變奏。③使有變化。— *v.i.* 改變；不同；有變化。

vas·cu·lar [`væskjələ] *adj.* 〖解〗脈管的；血管的。

***vase** [ves] *n.* Ⓒ瓶；花瓶。

va·sec·to·my [væ`sɛktəmɪ] *n.* ⓊⒸ輸精管切除術。

vas·e·line [`væsḷˌin] *n.* Ⓤ①〖化〗凡士林。②(V-)〖商標〗凡士林。

vas·sal [`væsḷ] *n.* Ⓒ①(封建時代的)家臣；諸侯。②隸屬者；奴僕。— *adj.* ①家臣的；諸侯的。②隸屬的；奴僕的。

‡**vast** [væst] *adj.* ①巨大的；廣大的；浩大的。②〖俗〗非常的。— **ness,** *n.*

***vast·ly** [`væstlɪ] *adv.* ①廣大地。②巨大地。③非常地。

vat [væt] *n.* Ⓒ(供釀造、發酵等使用的)大桶。— *v.t.* (**-tt-**)裝入大桶中；在大桶中摻和。

Vat·i·can [`vætɪkən] *n.* (the ～)①梵蒂岡(羅馬教皇之教廷)(亦作**Vatican Palace**)。②教皇權；教皇政治。§ ～ **Cíty Státe** 梵蒂岡市(在羅馬市內，爲教皇統治之一獨立國)。

vau·de·ville [`vodəˌvɪl] *n.* Ⓤ雜耍(包括歌唱、舞蹈、特技等)表演。

***vault**[1] [vɔlt] *n.* ①Ⓒ拱形圓屋頂；穹窿。②Ⓒ窖；地下貯藏室。③Ⓒ貴重物品保管室。④Ⓒ地下墳墓。⑤(*sing,* 常 the ～)蒼穹；天空。— *v.t.* & *v.i.* 做成[變爲]圓拱形；覆以圓屋頂。

vault[2] *v.i.* 撐竿跳躍；跳躍。— *v.t.* 跳過。— *n.* Ⓒ跳躍；撐竿跳。

vaunt [vɔnt, vɑnt] *n.* Ⓒ吹噓；誇張。— *v.i.* 誇耀。— *v.t.* 自誇；炫耀。

vb. verb. **V.C.** Vice-Chancellor; Vice-Consul; Victoria Cross.

VCR [`viˌsi`ɑr] *n.* Ⓒ (*pl.* ～**s**)卡式錄放影機(爲*v*ideo*c*assette *r*ecorder 之略)。

VD, V.D. venereal disease.

***veal** [vil] *n.*①Ⓤ(供食用的)小牛之肉。②Ⓒ(專供食用的)牛犢。

vec·tor [`vɛktə] *n.* Ⓒ①〖數〗向量；矢量。②〖生物〗帶菌者；傳播病菌之媒介(昆蟲)。

veer [vɪr] *v.i.*①(風)改變方向。②改變意見、態度等。③轉向；轉入。④〖海〗(以船首向下風)轉變航向。— *n.* ⓊⒸ轉向；改變方向。

veg [vɛdʒ] *n.* ⓊⒸ (*pl.* ～) (常 *pl.*) 〖英俗〗(通常指已烹調的)蔬菜。

ve·gan [`vɛgən] *n.* Ⓒ〖英〗嚴守素食主義的人。

‡**veg·e·ta·ble** [`vɛdʒətəbḷ] *n.*①Ⓒ(常 *pl.*)蔬菜。②Ⓤ植物。③Ⓒ(失去意識、思考力的)植物人。— *adj.* ①蔬菜的；植物的。②單調的；無聊的。

veg·e·tar·i·an [ˌvɛdʒə`tɛrɪən] *n.* Ⓒ素食者。— *adj.* ①素食(者)的。②素的；不含肉類的。— **ism,** *n.*

veg·e·tate [`vɛdʒəˌtet] *v.i.* ①(植物)生長。②像植物般生長。③過呆板單調的生活。

***veg·e·ta·tion** [ˌvɛdʒə`teʃən] *n.* Ⓤ①(植物的)生長。②(集合稱)植物；草木。③單調貧乏的生活。

veg·e·ta·tive [`vɛdʒəˌtetɪv] *adj.* ①與植物生長有關的。②能使植物生長的。③飽食終日無所用心的。

***ve·he·ment** [`viəmənt, `vihɪ-] *adj.* ①激烈的；猛烈的。②熱烈的；熱切的。— **ve′he·mence,** *n.*

V

***ve·hi·cle** [ˋviɪkḷ, ˋviə-] *n.* Ⓒ ①車輛；陸上交通工具。②傳達的媒介。

***veil** [vel] *n.* ①Ⓒ面紗；面罩。②(*sing.*)任何遮蔽他物之物。③(*sing.*)假託；口實。— *v.t.*①以面罩遮掩。②隱瞞。— *v.i.* 戴面紗。

veiled [veld] *adj.*①戴著面紗的。②隱蔽的；隱藏的。

***vein** [ven] *n.* ①Ⓒ靜脈。②Ⓒ(植物之)葉脈；(昆蟲等之)翅脈；(地質、礦山之)礦脈；岩脈。③(in a [the] ... ～)氣質；意向；心緒。— *v.t.* 覆以脈紋(通常用於被動語態)。— **ed,** *adj.*

veld(t) [vɛlt] *n.* Ⓒ(常 the ～)(南非洲的)無林大草原。

vel·lum [ˋvɛləm] *n.* Ⓤ一種精美的皮紙(用作書的封面；古代用作書寫用紙)。

***ve·loc·i·ty** [vəˋlɑsətɪ] *n.* Ⓤ①(又作 a ～)迅速。②〖理〗速度；速率。

ve·lour(s) [vəˋlʊr] *n.* Ⓤ天鵝絨；絲絨。

***vel·vet** [ˋvɛlvɪt] *n.* Ⓤ①天鵝絨；絲絨。②任何似天鵝絨或絲絨之物。

vel·vet·een [ˌvɛlvəˋtin] *n.* ①Ⓤ棉製天鵝絨。②(*pl.*)棉製天鵝絨褲子。

vel·vet·y [ˋvɛlvɪtɪ] *adj.* ①輕軟光滑如天鵝絨的。②(酒類)性溫和的。

Ven. Venerable; Venice.

ve·nal [ˋvinḷ] *adj.* ①貪污的；腐敗的。②(地位等)可用金錢收買的。

ve·nal·i·ty [viˋnælətɪ] *n.* Ⓤ貪污；唯利是圖；受賄。

vend [vɛnd] *v.t.* ①叫賣；兜售；販賣。②聲明；發表。§ **～ing machine** 自動販賣機。

vend·er [ˋvɛndɚ] *n.* Ⓒ①小販；售賣者。②賣主。③＝**vending machine.**

ven·det·ta [vɛnˋdɛtə] *n.* Ⓒ①(兩家族間的)相互仇殺。②世仇；深仇。

ven·dor [ˋvɛndɚ] *n.* ①＝**vender.** ②Ⓒ〖法律〗賣主。

ve·neer [vəˋnɪr] *v.t.* ①貼(木片)於。②裝飾(外表)。③將(薄木片)黏合使成三夾板。— *n.* ①ⓊⒸ鑲於他物上之薄木片或其他美觀之物。②Ⓒ三夾板中之一層。③Ⓒ(常 *sing.*)外表之裝飾。— **er,** *n.*

ven·er·a·ble [ˋvɛnərəbḷ] *adj.*(因年高、古老等而)可尊敬的；莊嚴的。

ven·er·ate [ˋvɛnəˌret] *v.t.* ①對…懷有敬意。②崇拜。

ven·er·a·tion [ˌvɛnəˋreʃən] *n.* Ⓤ敬奉；尊敬。

ve·ne·re·al [vəˋnɪrɪəl] *adj.* ①性慾的；性交的。②因性交而傳染的。a ～ disease 性病(略作 VD, V.D.)。③患性病的。④治性病的。

Ve·ne·tian [vəˋniʃən] *adj.* Venice (人)的；威尼斯式的。— *n.* Ⓒ威尼斯人。§ **～ blínd** 活動百葉窗。

venge·ance** [ˋvɛndʒəns] *n.* Ⓤ(有時 a ～)復仇；報仇。take ～ on*** [***upon***]嚴厲地處罰或報復。

venge·ful [ˋvɛndʒfəl] *adj.* ①復仇心重的。②報復的。— **ly,** *adv.*

ve·ni·al [ˋvinɪəl] *adj.* 可寬恕的；可原諒的；(過失)輕微的。

***Ven·ice** [ˋvɛnɪs] *n.* 威尼斯(義大利東北部之一沿海城市)。

ven·i·son [ˋvɛnəzn̩, ˋvɛnzn̩] *n.* Ⓤ鹿肉。

ven·om [ˋvɛnəm] *n.* Ⓤ ①(毒蛇、蜘蛛等之)毒液；蟲毒。②惡毒；怨恨；惡意。

ven·om·ous [ˋvɛnəməs] *adj.* ①有毒的；有害的。②惡毒的；惡意的。

ve·nous [ˋvinəs] *adj.* ①靜脈的。②〖植〗多葉脈的。

***vent** [vɛnt] *n.* Ⓒ ①孔口。②出口；發洩；吐露。③(鳥、蟲、魚等之)肛門。④(汽車中之)通風口。— *v.t.* ①鑽孔於。②發洩；吐露。

***ven·ti·late** [ˋvɛntḷˌet] *v.t.* ①使通風。②以新鮮空氣使之純淨。③公開；公開討論。④設置氣孔。

ven·ti·la·tion [ˌvɛntḷˋeʃən] *n.* Ⓤ①通風；流通空氣。②通風設備。③公開討論。

ven·tri·cle [ˋvɛntrɪkḷ] *n.* Ⓒ〖解〗心室；腦室；室。

ven·tril·o·quism [vɛnˋtrɪləˌkwɪzəm] *n.* Ⓤ腹語術。

ven·tril·o·quist [vɛnˋtrɪləkwɪst] *n.* Ⓒ腹語術者[師]。

ven·ture** [ˋvɛntʃɚ] *n.* Ⓒ ①冒險。②投機。at a ～***胡亂地。— *v.t.* ①使…遭遇危機；以…爲賭注。②膽敢。③冒…之險。— *v.i.* 冒險從事；膽敢。— **venˊtur·er,** *n.*

ven·ture·some [ˋvɛntʃɚsəm] *adj.* ①好冒險的。②(事業等)冒險的；危險的。

ven·ue [ˋvɛnju] *n.* Ⓒ ①〖法律〗**a.**犯罪現場及其附近之地。**b.**審判地點。②〖俗〗集會場。

***Ve·nus** [ˋvinəs] *n.*①〖羅神〗維納斯(愛和美的女神，即希臘神話中之Aphrodite)。②〖天〗金星；太白星。

ve·ra·cious [vəˋreʃəs] *adj.* ①誠

實的；可靠的。②眞實的；正確的。

ve·rac·i·ty [və`ræsətɪ] *n.* Ⓤ①眞實性；眞實。②正直；誠實。

***ve·ran·da(h)** [və`rændə] *n.* Ⓒ走廊；遊廊。

***verb** [vɜb] *n.* Ⓒ《文法》動詞。

ver·bal [`vɜbl̩] *adj.*①言辭的。②口頭的。③逐字的。④《文法》動詞的；由動詞變來的。**—** *n.* Ⓒ由動詞變成的名詞、形容詞等。— **ly,** *adv.*

ver·bal·ize [`vɜbl̩,aɪz] *v.t.* ①以言詞表達[描述]。②使成動詞。— **ver·bal·i·za′tion,** *n.*

ver·ba·tim [vɜ`betɪm] *adv.* & *adj.* 逐字地[的]。

ver·be·na [və`binə] *n.* Ⓒ《植》馬鞭草。

ver·bi·age [`vɜbɪɪdʒ] *n.* Ⓤ(文章、言辭等之)冗贅。

ver·bose [və`bos] *adj.* 用字過多的；冗長的；冗贅的。— **ver·bos′i·ty,** *n.*

ver·dant [`vɜdn̩t] *adj.* ①綠的；青葱的。②長滿了綠色草木的。③無經驗的；未成熟的。— **ver′dan·cy,** *n.*

***ver·dict** [`vɜdɪkt] *n.* Ⓒ①陪審員的判決；裁決。②結論；判斷。

ver·di·gris [`vɜdɪ,gris] *n.* Ⓤ銅綠。

ver·dure [`vɜdʒə] *n.* Ⓤ①新綠；葱綠。②葱綠之草木。③青春朝氣；繁盛；新鮮。— **ver′dur·ous,** *adj.*

***verge** [vɜdʒ] *n.* Ⓒ①邊；緣；邊際。My father is on the ～ of 80. 我的父親將近八十歲了。②界限；範圍。③權杖。**—** *v.i.* 瀕臨；接近；傾向。

***ver·i·fy** [`vɛrə,faɪ] *v.t.* ①證實；證明。②鑑定；查對。③《法律》作證。— **ver′i·fi·a·ble,** *adj.* — **ver·i·fi·ca′tion,** *n.*

ver·i·ly [`vɛrəlɪ] *adv.* 《古》眞實地；確然地。

ver·i·si·mil·i·tude [,vɛrəsə`mɪlə,tjud] *n.* ①Ⓤ逼眞。②Ⓒ逼眞之事物[話]。

ver·i·ta·ble [`vɛrətəbl̩] *adj.* 眞正的；確實的。

ver·i·ty [`vɛrətɪ] *n.* ①Ⓤ眞實性；確實。②Ⓒ(常*pl.*)眞實之陳述；正確的斷言；事實；眞理。

ver·mil·ion [və`mɪljən] *adj.* 朱紅的。**—** *n.* Ⓤ朱紅色。

ver·min [`vɜmɪn] *n.* Ⓤ(集合稱)①害蟲(蚤、蝨、臭蟲等)。②社會的害蟲；歹徒。③《英》害獸；害鳥。

Ver·mont [və`mɑnt] *n.* 佛蒙特(美國東北部之一州)。

ver·m(o)uth [`vɜmuθ, və`muθ] *n.* ⓊⒸ苦艾酒。

ver·nac·u·lar [və`nækjələ] *n.* Ⓒ(常 the ～)①本國語；白話；土語。②專門語；術語。**—** *adj.* ①本國(語)的。②地方(性)的。

ver·nal [`vɜnl̩] *adj.* ①春天的；春天生長的。②青春的；年輕的。

ver·sa·tile [`vɜsətɪl] *adj.* ①多才多藝的；多方面的。②可作多種用途的。③易變的；反覆無常的；前後不一致的。— **ness, ver·sa·til′i·ty** [-`tɪl-], *n.*

verse** [vɜs] *n.*①Ⓤ詩；韻文。②Ⓒ詩句。③Ⓒ詩節。④Ⓒ(聖經之)一小節。 ***give chapter and ～ for註明引用之章節。

versed [vɜst] *adj.* 精通的；熟練的〔in〕.

ver·si·fi·ca·tion [,vɜsəfə`keʃən] *n.* Ⓤ作詩；詩體；作詩法。

ver·si·fy [`vɜsə,faɪ] *v.t.* 將(散文)改寫成韻文；用韻文記述。**—** *v.i.*作詩。— **ver′si·fi·er,** *n.*

***ver·sion** [`vɜʒən, `vɜʃən] *n.* Ⓒ①翻譯；譯本。②(根據個人或特殊的觀點對於某事情的)意見；說法。③(作品等的)改作；…版。

ver·sus [`vɜsəs] *prep.* …對…(用於訴訟或競技等之中，縮寫作 **v., vs.**).

ver·te·bra [`vɜtəbrə] *n.* Ⓒ(*pl.* **-brae** [-,bri])《解》脊骨中的一節；脊椎骨節。— **ver′te·bral,** *adj.*

ver·te·brate [`vɜtə,bret] *n.* Ⓒ脊椎動物。**—** *adj.*①有脊椎骨的。②脊椎動物的。

ver·tex [`vɜtɛks] *n.* Ⓒ(*pl.* **～es, -ti·ces** [-tə,siz])①最高點；頂點。②《解》頭頂。③《數》頂點。

***ver·ti·cal** [`vɜtɪkl̩] *adj.* ①垂直的；直立的。②在最高點的；頂點的。③在正上方的。**—** *n.* Ⓒ垂直線[面，圈]；垂直位置。§ ～ **únion** 縱向工會(同一工業部門內跨行業的工會)。— **ly,** *adv.*

ver·tig·i·nous [vɜ`tɪdʒənəs] *adj.* ①旋轉的。②令人眩暈的。③不安定的；多變化的。

ver·ti·go [`vɜtɪ,go] *n.* Ⓤ《醫》眩暈；頭暈。

verve [vɜv] *n.* Ⓤ(文學或美術作品所表現之)活力；神韻。

‡**ver·y** [`vɛrɪ] *adv.* ①很；極。②正是地；全然地。③用以加強最高級之形容詞。④(與否定語連用表示)不太。⑤與 own 連用，以加強所有。**—** *adj.* ①同一的。②眞正的；恰好

V

的。③甚至…都；就連…也(=even the)；僅僅的(=mere). §∼ **hìgh fréquency** 〖無線〗特高頻率(略作 VHF). ∼ **lòw fréquency** 〖無線〗特低頻率(略作 VLF).

ves·per [ˋvɛspɚ] *n.* ① Ⓤ Ⓒ 〖古〗黃昏。②(V-)黃昏的星辰。③(*pl.*)晚禱；晚課。④ Ⓒ 晚禱鐘。

ves·per·tine [ˋvɛspɚtɪn] *adj.* ①黃昏的；傍晚的。②〖植〗夜間開花的。③〖動〗夜晚活動的。④〖天〗日落時沉沒的(行星)。

‡**ves·sel** [ˋvɛsl̩] *n.* Ⓒ ①船；艦。②容器；器皿。③脈管；管。

*__vest__ [vɛst] *n.* Ⓒ ①男用背心。②內衣；汗衫。③女裝胸前V字形飾布。— *v.t.*①使穿衣；著袍；著祭袍。②授給；賜給；賦與(財產、權利、權力等)。③置於…管理下。— *v.i.*①穿衣。②(財產、權利等之)歸屬。

Ves·ta [ˋvɛstə] *n.*〖羅神〗維斯坦(爐火之女神或女竈神)。

ves·tal [ˋvɛstl̩] *n.* Ⓒ ①守望 Vesta 女神聖火之處女之一。②處女。③尼姑；修女。— *adj.* ①Vesta女神的。②貞潔的；處女的。

vest·ed [ˋvɛstɪd] *adj.* ①〖法律〗既得的；既定的。②穿著祭服的。

ves·ti·bule [ˋvɛstəˌbjul] *n.* Ⓒ ①前門與室內之間的通道、走廊或大廳；玄關。②〖美〗連廊。③〖解〗前庭。

ves·tige [ˋvɛstɪdʒ] *n.* Ⓒ ①痕跡；形跡；遺跡。②〖生物〗退化之器官。

vest·ment [ˋvɛstmənt] *n.* Ⓒ (常 *pl.*) ①衣服；外衣；袍。②官服；禮服。③法衣；祭袍。

ves·try [ˋvɛstrɪ] *n.* Ⓒ ①(教堂)放置法衣、聖物之房間。②供祈禱會、主日學等所用之禮拜堂。③(美國聖公會、英國國教的)教區委員會。

ves·try·man [ˋvɛstrɪmən] *n.* Ⓒ (*pl.* **-men**)教區代表；教區委員。

vet[1] [vɛt] *n.* 〖俗〗=**veterinarian.**

vet[2] *n.* Ⓒ〖俗〗退役軍人。

vetch [vɛtʃ] *n.* Ⓤ Ⓒ 〖植〗野豌。

*__vet·er·an__ [ˋvɛtərən] *n.* Ⓒ ①老兵；老將。②老手；老練者。③〖美〗退伍軍人。— *adj.* ①老練的。②老兵的；退伍軍人的。

vet·er·i·nar·i·an [ˌvɛtrəˋnɛrɪən, -tərə-] *n.* Ⓒ 獸醫。

vet·er·i·nar·y [ˋvɛtrəˌnɛrɪ] *n.* Ⓒ *& adj.* 獸醫(的)。

*__ve·to__ [ˋvito] *n.* (*pl.* ∼**es**)① Ⓒ 否認；否決；禁止；拒絕。② Ⓤ 否決權；禁止權。*put a* ∼ *upon* 否決；禁止；反對。— *v.t.* 不認可；否決。

*__vex__ [vɛks] *v.t.*①使煩惱；激怒。②騷擾。③徹底或踴躍討論(問題等)。

*__vex·a·tion__ [vɛksˋeʃən] *n.* ① Ⓤ 煩惱；苦惱；煩擾。② Ⓒ (常 *pl.*)招人煩惱之事物。— **vex·a′tious,** *adj.*

vex·ing [ˋvɛksɪŋ] *adj.* 令人厭煩的；麻煩的。

VHS 〖商標〗錄放影機的一種型式。

v.i. intransitive verb. 不及物動詞。

*__vi·a__ [ˋvaɪə] *prep.*①經由；通過。②以…爲媒介；藉。

vi·a·bil·i·ty [ˌvaɪəˋbɪlətɪ] *n.* Ⓤ ①生活能力；生存能力。②可行性。

vi·a·ble [ˋvaɪəbl̩] *adj.* ①有生活能力的。②能生存的(胎兒)。③(計畫等)可實施的。

vi·a·duct [ˋvaɪəˌdʌkt] *n.* Ⓒ 陸橋；高架橋[道]；棧道。

vi·al [ˋvaɪəl] *n.* Ⓒ 裝藥的或作其他用的各樣小玻璃瓶。

vi·a me·di·a [vaɪəˋmidɪə] *n.* Ⓒ 中庸之道。

vi·and [ˋvaɪənd] *n.*(*pl.*)①食品。②食物(尤指精美者)。

vi·brant [ˋvaɪbrənt] *adj.*①震動的；顫動的。②發顫音的；回響的。③有精力的；活潑的。

*__vi·brate__ [ˋvaɪbret] *v.i.* ①震動。②(鐘擺等)擺動。③顫動；悸動。④回響。— *v.t.*①以擺動計出。②使震動；使顫動。

*__vi·bra·tion__ [vaɪˋbreʃən] *n.* ① Ⓤ Ⓒ 震動；顫動；擺動。② Ⓤ Ⓒ 〖理〗振動。③ Ⓒ (常 *pl.*)(人、地方等給人的)印象；情緒上的激動。

vi·brom·e·ter [vaɪˋbrɑmɪtɚ] *n.* Ⓒ 振動計。

vi·car·i·ous [vaɪˋkɛrɪəs] *adj.* ①爲別人工作的；代別人受苦的。②代理的；受託的。— **ly,** *adv.*

*__vice__[1] [vaɪs] *n.*① Ⓤ Ⓒ 罪惡；邪惡。② Ⓤ Ⓒ 惡行；惡習；惡癖。③ Ⓒ 缺點；毛病。

vice[2] *n. & v.t.*〖英〗=**vise.**

vi·ce[3] [ˋvaɪsɪ] 〖拉〗*prep.* 代替；取代。

vice- 〖字首〗表「副的；次的」之義，如：vice-president.

vice-chair·man [ˋvaɪsˋtʃɛrmən] *n.* Ⓒ (*pl.* **-men**)副主席；副會長；副議長；副委員長；副董事長。

vice-con·sul [ˋvaɪsˋkɑnsl̩] *n.* Ⓒ

副領事。

vice-gov·er·nor [ˋvaɪsˋgʌvɚnɚ] *n.* Ⓒ副州長；副省主席；副總督。

***vice-pres·i·dent** [ˋvaɪsˋprɛzədənt] *n.* Ⓒ副總統；副總裁；副會長；副社長。(亦作 **vice president**)

vice·roy [ˋvaɪsrɔɪ] *n.* Ⓒ總督。

vi·ce ver·sa [ˋvaɪsɪˋvɝsə] 〖拉〗 *adv.* 反之亦然(=conversely).

***vi·cin·i·ty** [vəˋsɪnətɪ] *n.* ①ⓊⒸ附近；近處。②Ⓤ接近。

***vi·cious** [ˋvɪʃəs] *adj.*①惡的；邪惡的。②有惡習的。③謬誤的；不正確的。④惡意的；惡毒的。⑤〖俗〗厲害的。§ ∼ **círcle** (1)惡性循環。(2)〖邏輯〗循環論證。∼ **spíral**〖經〗惡性循環。— **ly,** *adv.* — **ness,** *n.*

***vic·tim** [ˋvɪktɪm] *n.* Ⓒ ①犧牲(爲祭神而殺的人或畜)。②(迫害、不幸等的)犧牲者；受害者。

vic·tim·ize [ˋvɪktɪm,aɪz] *v.t.* ①使犧牲；使受害；使受苦。②欺騙；欺詐。— **vic·tim·i·za·tion** [,vɪktɪməˋzeʃən], *n.*

***vic·tor** [ˋvɪktɚ] *n.* Ⓒ勝利者；征服者。— *adj.* 勝利的。

vic·to·ri·a [vɪkˋtorɪə] *n.* Ⓒ ①一種雙座敞篷四輪馬車。②〖植〗王蓮。

***Vic·to·ri·a** [vɪkˋtorɪə] *n.* 維多利亞(1819-1901,英國女王，在位期間爲1837-1901)。§ ∼ **Cróss** 維多利亞勳章(常略作 V.C.).

Vic·to·ri·an [vɪkˋtorɪən] *adj.* 維多利亞女王時代的；有維多利亞女王時代特徵的。

***vic·to·ri·ous** [vɪkˋtorɪəs] *adj.* 勝利的；凱旋的。

‡**vic·to·ry** [ˋvɪktərɪ, ˋvɪktrɪ] *n.* ⓊⒸ勝利；戰勝。

vict·ual [ˋvɪtl̩] *n.* (*pl.*)〖俗〗食物；食品。— *v.t.* & *v.i.* (**-l-,**〖英〗**-ll-**)供以食物；裝貯食物。

vict·ual·(l)er [ˋvɪtl̩ɚ] *n.* Ⓒ ①食物供應者。②運糧船。③〖英〗餐[旅]館主人。

vi·cu·ña [vɪˋkjunə] *n.* ①Ⓒ〖動〗駱馬(南美洲產，外形似駝馬)。②Ⓤ駱馬毛之織物。

vid·e·o [ˋvɪdɪ,o] *adj.* 以電視播送或接收影像的。— *n.* (*pl.* ∼**s**)①Ⓤ電視。②Ⓒ錄放影機。§ ∼ **càmera** 攝錄放影機。∼ **gàme** 電動玩具遊戲。∼ (**tàpe**) **recòrder** 錄放影機(略作 VTR). ∼ (**tàpe**) **recòrding** (1)錄影的節目。(2)(節目等的)錄製。

vid·e·o·cas·sette [ˋvɪdɪokə,sɛt] *n.* Ⓒ & *adj.*卡式錄影帶(的)。

vid·e·o·cast [ˋvɪdɪo,kæst] *n.* ⓊⒸ電視廣播。

vid·e·o·disc [ˋvɪdɪo,dɪsk] *n.* Ⓒ影碟(可播出影像及聲音的圓形雷射錄影片)。

vid·e·o·phone [ˋvɪdɪə,fon] *n.* Ⓒ影像電話；顯像電話。(亦作 **Picturephone, viewphone**)

vid·e·o·play·er [ˋvɪdɪə,pleɚ] *n.* Ⓒ錄影帶放映機。

vid·e·o·tape [ˋvɪdɪo,tep] *n.* ⓊⒸ錄影帶。— *v.t.* 將…錄影。

vie [vaɪ] *v.i.* (∼**d, vy·ing**)競爭；爭勝。— *v.t.* ①使參加競賽。②(玩牌時)下賭注。

Vi·en·na [vɪˋɛnə] *n.* 維也納(奧地利之首都)。

Vi·et·nam, Vi·et Nam [,viɛtˋnɑm] *n.* 越南(首都Hanoi，正式名稱Socialist Republic of Vietnam).

Vi·et·nam·ese [vi,ɛtnɑˋmiz] *adj.* 越南(人)的。— *n.* (*pl.* ∼)①Ⓒ越南人。②Ⓤ越南語文。

‡**view** [vju] *n.* ①(*sing.*)看；視察；觀察；考察。②Ⓤ視力；視域；眼界。③Ⓒ景色；光景；景物。④Ⓒ風景畫；風景照片；圖。⑤Ⓒ(常 *sing.*)觀念。⑥Ⓒ意見；想法；見解。⑦ⓊⒸ意向；意圖；目的。⑧ⓊⒸ前途；希望。***be on*** ∼展覽中。***in*** ∼ **a.** 正被考慮。**b.**目的在於。**c.**盼望。***in*** ∼ ***of*** 鑒於；由於。***point of*** ∼見解；論點；立場。***take a dim*** ∼ ***of*** 不贊成；不樂觀。***with a*** ∼ ***to*** **a.** 擬；爲了要。**b.**希望。***with the*** ∼ ***of*** 爲…的目的。— *v.t.* ①觀看；視察；觀察。②考慮；認爲。

view·er [ˋvjuɚ] *n.* Ⓒ①觀看者。②看電視者。③幻燈機。

view·less [ˋvjulɪs] *adj.* ①看不見的。②無眼光的；無意見的。

***view·point** [ˋvju,pɔɪnt] *n.* Ⓒ ①見地；觀點；著眼點。②觀測點。

vig·il [ˋvɪdʒəl] *n.* ①ⓊⒸ徹夜不眠；守夜。②Ⓒ祈禱之夜。

***vig·i·lance** [ˋvɪdʒələns] *n.* Ⓤ ①警戒；注意。②不眠；守夜。

vig·i·lant [ˋvɪdʒələnt] *adj.* 警戒的；注意的。— **ly,** *adv.*

***vig·or,**〖英〗**-our** [ˋvɪgɚ] *n.* Ⓤ精力；活力；體力；氣勢。

vig·or·ous [ˋvɪgərəs] *adj.* 精力充

V

沛的；元氣旺盛的；壯健的；有力的；活潑的。— **ly,** *adv.*

Vi·king [ˋvaɪkɪŋ] *n.* Ⓒ 八至十世紀間，掠奪歐洲西海岸的北歐海盜。

***vile** [vaɪl] *adj.* ①惡劣的；極壞的。②討厭的。③卑鄙的；卑賤的。

vil·i·fy [ˋvɪlə͵faɪ] *v.t.* 詆毀；誹謗；中傷。— **vil·i·fi·ca′tion,** *n.*

***vil·la** [ˋvɪlə] *n.* Ⓒ ①別墅；鄉下大宅邸。②〖英〗郊外住宅。③莊園。

‡**vil·lage** [ˋvɪlɪdʒ] *n.* Ⓒ ①鄉村；村莊。②(集合稱)村民。

***vil·lag·er** [ˋvɪlɪdʒɚ] *n.* Ⓒ 村人；村民。

***vil·lain** [ˋvɪlən] *n.* Ⓒ ①惡徒；惡棍。②傢伙。③=**villein.**

vil·lain·ous [ˋvɪlənəs] *adj.* ①惡徒的。②邪惡的。③〖俗〗極壞的。

vil·lain·y [ˋvɪlənɪ] *n.* ①Ⓤ 卑鄙；邪惡。②Ⓒ (常*pl.*)邪惡的行爲；罪行。

vil·lein [ˋvɪlɪn] *n.* Ⓒ〖英史〗農奴。

vil·lus [ˋvɪləs] *n.* Ⓒ (*pl.* **vil·li** [-laɪ]) ①〖解〗絨毛。②〖植〗(葉表等的)軟毛。

vim [vɪm] *n.* Ⓤ 精力；力氣；活力。

Vin·ci [ˋvɪntʃɪ] *n.* 達文西(Leonardo Da, 1452-1519, 義大利畫家、雕刻家、建築家及工程師)。

vin·ci·ble [ˋvɪnsəbḷ] *adj.* 可克服的；可征服的；可擊敗的。

vin·di·ca·ble [ˋvɪndəkəbḷ] *adj.* 可辯護的；可辯明的；可證明爲正確的。

vin·di·cate [ˋvɪndə͵ket] *v.t.* ①辯證；辯解；辯明。②證明有理由。— **vin′di·ca·tor, vin·di·ca′tion,** *n.*

vin·dic·tive [vɪnˋdɪktɪv] *adj.* 有復仇心的；(欲)報復的。

***vine** [vaɪn] *n.* Ⓒ ①葡萄樹。②有藤蔓的植物。

***vin·e·gar** [ˋvɪnɪgɚ] *n.* Ⓤ 醋。

vin·e·gar·y [ˋvɪnɪgərɪ] *adj.* ①醋的；酸的。②尖酸刻薄的。

***vine·yard** [ˋvɪnjɚd] *n.* Ⓒ 葡萄園。

vin·tage [ˋvɪntɪdʒ] *n.* ①Ⓒ(常*sing.*)葡萄的收穫(期)[收穫量]；葡萄酒生產量。②Ⓤ〖俗〗…年的製品。③Ⓤ…年畢業的班級。— *adj.* ①優良的；(葡萄酒)標明出產年份的。②古典型的；傑出的。③舊式的；趕不上時代的。§ ∼ **wíne** 佳釀；優良葡萄酒。∼ **yéar** 葡萄的豐收年。

vi·nyl [ˋvaɪnɪl] *n.* ⓊⒸ〖化〗乙烯「基。」

vi·o·la[1] [vɪˋolə] *n.* Ⓒ 中音(小)提琴。

vi·o·la[2] [ˋvaɪələ] *n.* Ⓒ〖植〗董菜屬之植物。

***vi·o·late** [ˋvaɪə͵let] *v.t.* ①違犯(法律、契約等)；違背(良心等)。②妨害；妨礙；侵犯；擾亂。③褻瀆；冒瀆。④強暴。— **vi′o·la·tor,** *n.*

***vi·o·la·tion** [͵vaɪəˋleʃən] *n.* ⓊⒸ①違反；違背。②妨害；侵犯；侵入。③褻瀆。④強暴。

***vi·o·lence** [ˋvaɪələns] *n.* Ⓤ ①猛烈；劇烈。②暴行；暴亂；暴力。③(感情等之)強烈。④歪曲(事實)。

***vi·o·lent** [ˋvaɪələnt] *adj.* ①猛烈的；劇烈的；暴烈的。②由暴力造成的。a ∼ death 橫死。③激烈的。④兇暴的。⑤極端的。— **ly,** *adv.*

***vi·o·let** [ˋvaɪəlɪt] *n.* ①Ⓒ 紫羅蘭。②Ⓤ 紫羅蘭色；藍紫色。— *adj.* 紫羅蘭色的；藍紫色的。∼ ray 紫外線。

***vi·o·lin** [͵vaɪəˋlɪn] *n.* Ⓒ①小提琴。②(常*pl.*)〖俗〗管弦樂團之提琴手。— **ist,** *n.*

vi·o·lon·cel·lo [͵viəlɑnˋtʃɛlo] *n.* Ⓒ (*pl.* ∼**s**)大提琴。

VIP, V.I.P. very important person. 〖俚〗大人物。

vi·per [ˋvaɪpɚ] *n.* Ⓒ①毒蛇；蝮蛇。②奸佞之徒。— **ous,** *adj.*

vi·ra·go [vəˋrego] *n.* Ⓒ (*pl.* ∼**s,** ∼**es**)潑婦；悍婦。

vi·ral [ˋvaɪrəl] *adj.* (濾過性)病毒的。

***vir·gin** [ˋvɝdʒɪn] *n.* Ⓒ ①處女。②未婚女子。③〖宗〗聖女(尤指未婚者)。*the V-* 聖母瑪利亞。— *adj.* ①處女的；童貞的。②純潔的。③第一次的。④沒有經驗過的。§ ∼ **fórest** 原始森林。**V∼ Máry** 聖母瑪利亞。∼ **sóil** 處女地；未開墾之地。

vir·gin·al [ˋvɝdʒɪnḷ] *adj.* ①處女的；純潔的；無瑕的。②〖動〗未受精的。§ ∼ **blòom** 二八年華。∼ **generátion**〖生物〗單性生殖。— **ly,** *adv.*

Vir·gin·ia [vɚˋdʒɪnjə] *n.* 維吉尼亞(美國東部之一州)。§ ∼ **créeper**〖植〗五葉地錦；美國藤。— **Vir·gin′·ian,** *adj.*

vir·gin·i·ty [vɚˋdʒɪnətɪ] *n.* Ⓤ①處女身分；處女性；童貞。②純潔。

Vir·go [ˋvɝgo] *n.* ①〖天〗處女星座。②〖占星〗處女座；處女宮。③Ⓒ 屬處女座的人。

vir·gule [ˋvɝgjul] *n.* Ⓒ 短斜線(／)(置於二字間，以表示任何一字之義均可適用，如 and／or)。

vir·i·des·cent [͵vɪrəˋdɛsn̩t] *adj.* 淡綠色的；略帶綠色的。

vir·ile [ˋvɪrəl] *adj.* ①男人的；男性

的。②剛健的；強有力的。③有生殖力的。— **vi·ril·i·ty** [vəˋrɪlətɪ], *n.*

vir·tu [vɜˋtu] *n.* Ⓤ①(集合稱)美術品或古董。②對美術品或古董之愛好或知識。***articles of*** ～古董；古玩；珍品。(亦作 **vertu**)

vir·tu·al [ˋvɜtʃuəl] *adj.* 實際上的；實質上的；事實上的。§ ～ **mémory**〖電算〗虛擬記憶體。— **ly,** *adv.*

‡**vir·tue** [ˋvɜtʃu] *n.*①Ⓤ德行；美德。②Ⓤ女德；貞操。③Ⓒ優點。④ⓊⒸ效能；效力。***by***[***in***] ～ ***of*** 由於。

vir·tu·o·so [ˌvɜtʃuˋoso] *n.* Ⓒ (*pl.* ～**s, -si** [-si])①(藝術界之)名家；巨匠；(尤指)精於樂器演奏者。②(美術品等之)鑑賞家或收藏家。

***vir·tu·ous** [ˋvɜtʃuəs] *adj.* ①有品德的；善良的。②貞潔的。— **ly,** *adv.*

vir·u·lent [ˋvɪrjələnt] *adj.* ①有毒的；毒性的。②痛恨的；惡毒的；敵意的。③〖醫〗惡性的。— **ly,** *adv.* — **vir′u·lence,** *n.*

vi·rus [ˋvaɪrəs] *n.* ①Ⓒ病原體；濾過性病毒。②Ⓤ(有害思想、道德等的)毒素。③Ⓤ〖電算〗病毒。

vi·sa [ˋvizə] *n.* Ⓒ簽證。— *v.t.* 簽證(護照等)。

Ví·sa càrd [ˋvizə ～] *n.* Ⓒ〖商標〗美國一種信用卡名稱。(亦作**Visa**)

vis·age [ˋvɪzɪdʒ] *n.* Ⓒ面貌；顏面；面容。

vis-à-vis [ˌvizəˋvi]〖法〗*adv.* & *adj.* 面對面地[的]；相對著[的]。— *prep.* 與…相對；關於…；與…相較。

vis·cer·a [ˋvɪsərə] *n. pl.* (*sing.* **vis·cus** [ˋvɪskəs])①內臟；臟腑。②〖俗〗腸。

vis·count [ˋvaɪkaunt] *n.* Ⓒ (常 V-)子爵。

vis·cous [ˋvɪskəs] *adj.* ①黏的；黏著的。②〖理〗有黏性的。

vise [vaɪs] *n.* Ⓒ虎頭鉗；老虎鉗。— *v.t.*以虎頭鉗夾緊；鉗制；緊握。(亦作 **vice**)

vi·sé [ˋvize] *n.* & *v.*=**visa.**

***vis·i·ble** [ˋvɪzəbl̩] *adj.* ①可見的。②明顯的；顯而易見的。— **vis·i·bil′i·ty,** *n.* — **vis′i·bly,** *adv.*

***vi·sion** [ˋvɪʒən] *n.* ①Ⓤ視力；視覺。②Ⓤ洞察力；觀察力；想像力。③Ⓒ幻想；夢想；想像。④Ⓒ美景；美人。⑤Ⓒ幻像；幻影。

vi·sion·ar·y [ˋvɪʒənˌɛrɪ] *adj.*①幻想的；空幻的。②理想的；不切實際的。— *n.* Ⓒ①幻想者；理想主義者。②預言者。

‡**vis·it** [ˋvɪzɪt] *v.t.* ①訪問；訪晤。②遊覽；參觀；往。③視察。④(疾病、災害等)侵襲。⑤將…加諸[常 on, upon].⑥懲罰。⑦在…作客。⑧慰問。— *v.i.* ①訪問；作客；作短暫之逗留。②懲罰。～ ***with***〖俗〗與…談話。— *n.* Ⓒ①訪問；訪晤。②遊覽；參觀。③在某處暫居；作客。④〖俗〗談話；聊天。⑤視察。

vis·it·ant [ˋvɪzətənt] *n.* Ⓒ①訪問者；訪客；參觀者。②〖鳥〗候鳥。— *adj.* 訪問的。

vis·it·a·tion [ˌvɪzəˋteʃən] *n.* Ⓒ①訪問；訪晤。②巡視；視察。③(疾病、災禍等之)侵襲；天譴。

vis·it·ing [ˋvɪzɪtɪŋ] *adj.* 訪問的；訪晤的；參觀的；巡視的。§ ～ **càrd** 名片。～ **dày** 會客日。～ **fíreman**(1)(必須殷勤招待的)重要訪客。(2)揮金如土的觀光客。～ **profèssor** 客座教授。～ **téacher** 家庭訪問教師。

***vis·i·tor** [ˋvɪzɪtɚ] *n.* Ⓒ訪問者；賓客；參觀者；觀光客；巡視者。§ ～**s' bóok** 來賓簽名簿；旅客登記簿。

vi·sor [ˋvaɪzɚ] *n.* Ⓒ①(盔之)面甲。②帽舌；帽簷。③(汽車的)遮陽板。

vis·ta [ˋvɪstə] *n.* Ⓒ①(狹長而兩側有樹木或山的)景色；遠景。②行樹；通道。③回想；預想；展望。

Vís·ta Vísion [ˋvɪstə ～] *n.* ⓊⒸ〖商標〗超視綜藝體。

***vis·u·al** [ˋvɪʒuəl] *adj.*①視覺的。②可見的；非幻想的。③靠肉眼觀察的。§ ～ **acúity** 視力。～ **áids** 視覺教具(教學上用的影片、幻燈片、模型、掛圖等)。～ **displáy ùnit**〖電算〗視覺顯示器。～ **fíeld** 視野。～ **flíght**〖空〗目視飛行(不使用儀器，靠肉眼觀察之飛行)。～ **instrúction**[**educátion**]利用視覺教具之教學方法。～ **ránge**〖氣象〗視程；能見度。— **ly,** *adv.*

vis·u·al·ize [ˋvɪʒuəlˌaɪz] *v.t.* & *v.i.* ①想像。②使可見。— **vis·u·al·i·za′tion,** *n.*

***vi·tal** [ˋvaɪtl̩] *adj.* ①生命的；與生命有關的。②維持生命所必需的。③極重要的；不可缺乏的。④致命的；嚴重的。⑤充滿生命力的；有生氣的；生動的。— *n.* (*pl.*)①身體之主要器官(如腦、心、肺等)。②要害；核心。§ ～ **capácity** 肺活量。～ **sìgns** 生命特徵(如脈搏、呼吸、體溫等)。～ **statístics** (1)人口動態統計。(2)〖諧〗

V

女性的三圍。— **ly,** *adv.*

***vi·tal·i·ty** [vaɪˋtælətɪ] *n.* Ⓤ ①活力；生命力。②持續力。③(藝術、文學作品中的)活力；生動。

vi·tal·ize [ˋvaɪtḷ͵aɪz] *v.t.* 賦以生命力；賦以生機。

***vi·ta·min(e)** [ˋvaɪtəmɪn] *n.* Ⓤ Ⓒ 維他命；維生素。

vi·ti·ate [ˋvɪʃɪ͵et] *v.t.* ①敗壞；污損；破壞；弄髒；使污濁。②使(契約等)無效。— **vi·ti·a′tion,** *n.*

vit·re·ous [ˋvɪtrɪəs] *adj.* ①玻璃的；似玻璃的。②玻璃質的；玻璃製的。

vit·ri·ol [ˋvɪtrɪəl] *n.* Ⓤ ①〖化〗硫酸鹽。②〖化〗硫酸。③尖刻的言詞、批評、諷刺等。

vi·tu·per·ate [vaɪˋtupə͵ret] *v.t.* 罵；責罵；咒罵；辱罵。— **vi·tu′per·a·tive,** *adj.* — **vi·tu·per·a′tion,** *n.*

vi·va [ˋvivə] *interj.* (歡呼時用)…萬歲！ — *n.* ① Ⓒ「萬歲」聲。②(*pl.*)歡呼聲。

vi·va·cious [vaɪˋveʃəs] *adj.* 活潑的；快活的；愉快的。— **ly,** *adv.* — **vi·vac′i·ty** [-ˋvæs-], *n.*

vi·va vo·ce [ˋvaɪvəˋvosɪ] 〖拉〗 *adv.* 口頭地(=orally). — *adj.* 口頭的；口述的。

vive [viv] 〖法〗 *interj.* 萬歲。

***viv·id** [ˋvɪvɪd] *adj.* ①(色彩等)鮮明的；(光等)閃耀的。②活潑的；生動的。③清楚的。— **ly,** *adv.* — **ness,** *n.*

viv·i·fy [ˋvɪvə͵faɪ] *v.t.* 賦予生命；使活潑；使生動。

vi·vip·a·rous [vaɪˋvɪpərəs] *adj.* ①〖動〗胎生的。②〖植〗母體發芽的。

viv·i·sect [͵vɪvəˋsɛkt] *v.t.* 活體解剖(動物)。— *v.i.* 做活體解剖。

viv·i·sec·tion [͵vɪvəˋsɛkʃən] *n.* Ⓤ Ⓒ 活體解剖。— **al(ly),** *adj.* (*adv.*)

vix·en [ˋvɪksn̩] *n.* Ⓒ ①雌狐。②悍婦；潑婦。

viz. [vɪz] 〖拉〗 *adv.* 即；就是(=namely, 爲 videlicet 之略)。

viz·ard [ˋvɪzɚd] *n.* =**visor.**

vi·zor [ˋvaɪzɚ] *n.* =**visor.**

V-neck [ˋvi͵nɛk] *n.* Ⓒ (襯衫、毛衣等的) V 字領。

***vo·cab·u·lar·y** [vəˋkæbjə͵lɛrɪ] *n.* ① Ⓤ Ⓒ 字彙；語彙。② Ⓤ Ⓒ (某個人、某作家或某部門的)用語[字]範圍。③ Ⓒ 單字表。§ ～ **èntry** 字[辭]典中所列入的字或短語。

***vo·cal** [ˋvok]] *adj.* ①聲的；發聲的；有聲的；關於聲音的。②自由表達意見的。③口頭的。④母音的。— *n.* Ⓒ ①母音。②(常 *pl.*)(尤指爵士及熱門音樂的)聲樂曲。§ ～ **còrds**〖解〗聲帶。～ **òrgans** 發聲器官。～ **sòlo** 獨唱。— **ly,** *adv.*

vo·cal·ic [voˋkælɪk] *adj.* ①(似)母音的。②含母音的；多母音的。

vo·cal·ist [ˋvokḷɪst] *n.* Ⓒ 聲樂家；(尤指爵士樂團或熱門音樂的)歌手。

vo·cal·ize, -ise [ˋvokḷ͵aɪz] *v.t.* ①講出；說出；唱出。②使母音化。— *v.i.* 說；講；唱。— **vo·cal·i·za′tion,** *n.*

vo·ca·tion [voˋkeʃən] *n.* ① Ⓒ (常 *sing.*)職業。② Ⓤ (又作 a ～)(對於某種職業的)適宜性；才能。③ Ⓒ (常 *sing.*)〖神學〗神命；神召。

vo·ca·tion·al [voˋkeʃənḷ] *adj.* 職業的；職業上的。§ ～ **diséase** 職業病。～ **educátion** 職業教育。～ **schòol** 職業學校。— **ly,** *adv.*

voc·a·tive [ˋvɑkətɪv] 〖文法〗 *adj.* 呼格的。— *n.* Ⓒ 呼格；呼喚語。

vo·cif·er·ate [voˋsɪfə͵ret] *v.i.* & *v.t.* 大聲呼叫；呼喊。— **vo·cif·er·a′tion,** *n.*

vo·cif·er·ous [voˋsɪfərəs] *adj.* 呼喊的；嘈雜的；喧譁的。— **ly,** *adv.*

vod·ka [ˋvɑdkə] *n.* Ⓤ Ⓒ 伏特加酒(一種俄國的烈性麥酒)。

***vogue** [vog] *n.* ①(the ～)時尚；流行。②(a ～)受歡迎。

‡**voice** [vɔɪs] *n.* ① Ⓤ Ⓒ 聲音。② Ⓤ 發言能力；發聲能力。③ Ⓒ 自然界的各種聲音；天籟。④ Ⓒ 發聲法。⑤ Ⓒ (合唱團的)歌手。⑥ Ⓤ (又作 a ～)發表；表示；吐露。⑦ Ⓤ (又作 a ～)意見；願望。⑧ Ⓤ (又作a ～)發言權；參與決定之權。⑨ Ⓒ 表達之媒介。⑩ Ⓒ (常*sing.*)〖文法〗語態。⑪ Ⓒ 聲部。***lift up one's*** **～** 叫；嚷；抗議。***the V- of America*** 美國之音(美國國務院的海外廣播電台，略作**VOA**). ***with one*** **～** 異口同聲地；全體一致地。— *v.t.* ①發表；道出；宣述。②〖語音〗發出有聲之音。§ ～ **bòx** 喉頭(=larynx). ～ **vòte** 發聲[呼聲]表決。

voiced [vɔɪst] *adj.* ①有聲的。②用言語表達的。

voice·less [ˋvɔɪslɪs] *adj.* ①沉寂的；啞的；無言的。②〖語音〗無聲的。③無發言權的。— **ly,** *adv.*

voice-o·ver [ˋvɔɪs͵ovɚ] *n.* Ⓒ 旁白。

***void** [vɔɪd] *adj.* ①〖法律〗無效的。②

空的；空虛的。③缺乏…的；沒有…的〔of〕. ④無用的；無益的。— *n.* ①(the ～)空虛；空處。②(a ～)空虛感。— *v.t.* ①使無效；使作廢。②排泄。③清理場地〔常 of〕.

vo·lant [ˋvolənt] *adj.*①飛的；能飛的。②快速的。③〖紋章〗飛翔姿態的。

vol·a·tile [ˋvalətl] *adj.* ①揮發性的。②輕快的；輕浮的；易變的；反覆無常的。③爆炸性的。

vol·a·til·i·ty [ˌvaləˋtɪlətɪ] *n.* Ⓤ ①揮發性。②輕浮；易變。

vol·a·til·ize [ˋvalətlˌaɪz] *v.i. & v.t.* 揮發；蒸發。— **vol·a·til·i·za′tion,** *n.*

***vol·can·ic** [valˋkænɪk] *adj.*① 火山的；火山所造成的。②暴躁易怒的；易爆發的。③多火山的。

vol·can·ism [ˋvalkənˌɪzm̩] *n.* Ⓤ火山活動；火山作用；火山現象。

***vol·ca·no** [valˋkeno] *n.* Ⓒ (*pl.* **～es, ～s**)火山。

vole [vol] *n.* Ⓒ〖動〗田鼠。

vo·li·tion [voˋlɪʃən] *n.* Ⓤ①意志作用；意欲。②意志力；決心。— **al,** *adj.*

***vol·ley** [ˋvalɪ] *n.* Ⓒ ①(槍砲等)齊發；齊射。②(質問等)連發。③〖網球〗截擊(在球落地前擊球)。 — *v.t.* ①一齊射擊；齊發；連發。②〖網球〗在球落地前擊(球)。— *v.i.* 放排槍[排砲]。

***vol·ley·ball** [ˋvalɪˌbɔl] *n.*① Ⓤ 排球。②Ⓒ排球比賽所用之球。

volt [volt] *n.* Ⓒ伏特(電壓的單位)。

volt·age [ˋvoltɪdʒ] *n.* ⓊⒸ 伏特數；電壓量；電壓。

Vol·taire [valˋtɛr] *n.*伏爾泰(本名François Marie Arouet, 1694-1778,法國諷刺家、哲學家、劇作家及歷史家)。

vol·tam·e·ter [valˋtæmətɚ] *n.* Ⓒ〖電〗電量計。

volt-am·pere [ˋvoltˋæmpɪr] *n.* Ⓒ〖電〗伏特安培。

volte-face [ˋvaltˌfas] 〖法〗 *n.* Ⓒ (*pl.* ～) (常*sing.*) ①轉身；轉向。②(意見、態度等的)改變；轉變。

volt·me·ter [ˋvoltˌmitɚ] *n.* Ⓒ〖電〗伏特計；電壓表。

vol·u·ble [ˋvaljəbl] *adj.* 健談的；口若懸河的；多言的。— **vol′u·bly,** *adv.* — **vol·u·bil′i·ty,** *n.*

‡**vol·ume** [ˋvaljəm] *n.*①Ⓒ卷；冊；書本。②Ⓤ體積；容積[量]。③Ⓒ(常*pl.*)大量；多量。④Ⓤ音量。 ***speak ～s*** 充分地表明；含有重大意義。

vo·lu·mi·nous [vəˋlumənəs] *adj.* ①有很多卷的；大部頭的。②多產的(作家)。③大的；多的；浩瀚的。

vol·un·tar·i·ly [ˋvalənˌtɛrəlɪ] *adv.* 自願地；自動地。

***vol·un·tar·y** [ˋvalənˌtɛrɪ] *adj.* ①自願的；志願的；自動的；自發的。②故意的。③由自由捐助支持的。④能依自由意志行動的。⑤爲意志所控制的。— *n.* Ⓒ ①自願者。②〖樂〗風琴獨奏。 § ～ **ármy** 志願軍。

***vol·un·teer** [ˌvalənˋtɪr] *n.* Ⓒ ①志願者；自願從事者。②志願兵；義勇軍。— *adj.*①自願的；志願的。②〖植〗自生的。— *v.t.* 自動；自願獻出。— *v.i.* ①自願；自願效勞。②自願投軍；當志願兵。

vo·lup·tu·ar·y [vəˋlʌptʃuˌɛrɪ] *adj. & n.* Ⓒ耽於逸樂的(人)。

vo·lup·tu·ous [vəˋlʌptʃuəs] *adj.* ①奢侈逸樂的；耽迷肉慾的；貪戀酒色的。②色情的；情慾的；肉感的；艷麗的。— **ly,** *adv.* — **ness,** *n.*

vom·it [ˋvamɪt] *v.t.* ①嘔吐。②噴出；吐出。— *v.i.*①嘔吐；吐出。②(火山)噴出岩漿。— *n.* ①Ⓒ 嘔吐。②Ⓤ嘔吐物。

von [van, fɔn] 〖德〗*prep.* = **from, of** (常加在姓前以表示貴族)。

voo·doo [ˋvudu] *n.* (*pl.* **～s**)①Ⓤ(常V-)巫毒教(=voodooism). ②Ⓒ巫毒教之術士。— *adj.* 巫毒教的。— **ist,** *n.*

voo·doo·ism [ˋvuduˌɪzm̩] *n.* Ⓤ 巫毒教(源自非洲的巫術信仰)。

vo·ra·cious [voˋreʃəs] *adj.*①暴飲暴食的。②貪婪的。— **ly,** *adv.* — **ness, vo·rac′i·ty** [-ˋræ-], *n.*

vor·tex [ˋvɔrtɛks] *n.* (*pl.* **～es, -ti·ces** [-tɪˌsiz]) ①Ⓒ 漩渦；旋風；旋轉。②(the ～)如旋風或漩渦般之活動或情勢。— **vor′ti·cal,** *adj.*

vo·ta·ry [ˋvotərɪ] *n.* Ⓒ ①信徒；篤信者。②(理想、主義、運動等的)愛好者；崇拜者；支持者。

‡**vote** [vot] *n.* ①Ⓒ投票。 ②Ⓒ(常the ～)表決。③(the ～)投票權；選舉權。④Ⓒ選票；選票數。— *v.i.* 投票；選舉。— *v.t.*①以投票方式通過或決定。②投票擁護。③〖俗〗提議。④同意；一致認爲。 ***～ down*** 投票否決。 ***～ in*** 選舉。— **vot′er,** *n.*

vot·ing [ˋvotɪŋ] *n.* Ⓤ 投票；選舉。— *adj.* 投票用的。 § ～ **pàper** 〖英〗選舉票。

vo·tive [ˋvotɪv] *adj.* 誓願的；許願

V

的；(因還願而)奉獻的。

vouch [vautʃ] *v.i.* ①擔保(常 for)。②保證(常 for)。— *v.t.* ①證實；保證。②證明。③引典證實。

vouch·er [ˋvautʃɚ] *n.* Ⓒ ①證明人；保證人；證件；證書。②收據；(商業記帳用的)傳票；憑單。

vouch·safe [vautʃˋsef] *v.t.*①惠予。②恩准；准予。— *v.i.* 屈尊；俯就。

***vow** [vau] *n.* Ⓒ 誓言；誓約。*take* [*make*] *a* ~ 立誓。— *v.t.* & *v.i.* 立誓；誓言；發誓。

***vow·el** [ˋvauəl] *n.* Ⓒ①母音。②母音字母。§ ~ **mutátion**＝umlaut.

vox [vaks] 〖拉〗*n.* Ⓒ (*pl.* **vo·ces** [ˋvosiz]) 聲音。§ ~ **póp**〖英俗〗(電視、廣播)記者在街頭做的民意訪問。~ **pópuli** [ˋpapju,laɪ] 人民的聲音；輿論(＝the voice of the people).

***voy·age** [ˋvɔɪɪdʒ] *n.* Ⓒ 旅行；航海；航行。*the* ~*s* 旅行記；航海記；遊記。— *v.i.* & *v.t.* 航行；航空[海]。— **voyʹag·er,** *n.*

vs. verse; versus.

V-shaped [ˋvi,ʃept] *adj.* V 字形的。

V sìgn [ˋvi ~] *n.* Ⓒ ①勝利記號(以食指及中指作 V 字形爲勝利之表徵)。②〖英〗猥褻或輕蔑的手勢。

VSO, V.S.O. very superior old; special old. 陳年(指十二到十七年的)白蘭地。

VSOP, V.S.O.P. very superior [special] old pale. 特級陳年(指十八至二十五年的)白蘭地。

VT, Vt. Vermont. **v.t.** verb transitive.

VTR video tape recorder [recording].

vul·can·ize [ˋvʌlkən,aɪz] *v.t.* 以高溫及硫黃處理(橡皮)；硬化(橡皮)。— **vul·can·i·zaʹtion,** *n.*

***vul·gar** [ˋvʌlgɚ] *adj.*①粗俗的；粗鄙的。②平民的。③通俗的；(語言)平常使用的。§ **V~ Látin** 通俗拉丁文(別於古典的拉丁文，今日拉丁語系諸語言皆由通俗拉丁文演變而來)(略作 VL)。— **ly,** *adv.* — **ness,** *n.*

vul·gar·i·an [vʌlˋgɛrɪən] *n.* Ⓒ 無教養的人；粗俗的人；(尤指)俗氣的暴發戶。

vul·gar·i·ty [vʌlˋgærətɪ] *n.*① Ⓤ 粗俗；粗鄙；粗陋。② Ⓒ (常 *pl.*) 庸俗的行爲或談吐。

vul·gar·ize [ˋvʌlgə,raɪz] *v.t.* 使通俗化；使庸俗。— **vul·gar·i·zaʹtion,** *n.*

vul·ner·a·ble [ˋvʌlnərəbl] *adj.* ①易受攻擊的；難防守的；脆弱的。②易受傷的；敏感的；易受影響的。

vul·pine [ˋvʌlpaɪn] *adj.*①狐狸的。②似狐的；狡猾的；奸詐的。

vul·ture [ˋvʌltʃɚ] *n.* Ⓒ①兀鷹。②貪婪而殘酷之人。

vul·va [ˋvʌlvə] *n.* Ⓒ (*pl.* **-vae** [-vi], ~**s**)〖解〗女陰；陰門；陰戶。

vy·ing [ˋvaɪɪŋ] *adj.* 競爭的；比賽的。— *v.* ppr. of **vie.**

W

W w **W** **w** *W w*

W or **w** [ˋdʌblju] *n.* (*pl.* **W's, w's** [~z]) ① Ⓤ Ⓒ 英文之第二十三個字母。② Ⓒ W 形之事物。

W watt(s). **w.** week(s); west; wide; width; wife; watt(s); weight; western. **W.** west; Western; Wednesday; Wales; Welsh.

WA Washington.

wab·ble [ˋwabl] *v.* & *n.* ＝**wobble.**

wack·y [ˋwækɪ] *adj.* 〖美俚〗荒謬的；怪誕的；反常的；不正常的。

wad [wad] *n.* Ⓒ①(軟物的)小塊；塡料。②一疊。③槍膛或子彈中的塡彈塞。④〖俚〗一大堆(尤指金錢)。⑤(常 *pl.*)〖俚〗多量；很多。— *v.t.* (**-dd-**) 弄成小塊；塡塞。

wad·ding [ˋwadɪŋ] *n.* Ⓤ 塡料；塡塞棉。

wad·dle [ˋwadl] *v.i.* 蹣跚而行；搖擺而行。— *n.* Ⓒ (常 *sing.*) 搖擺而行；搖擺的步態。

***wade** [wed] *v.i.* ①(從水、雪、沙、泥或任何障礙物中)走過；跋涉。②艱苦進行。— *v.t.* 涉過。~ *in*[*into*]〖俗〗**a.** 猛烈攻擊。**b.** 開始奮力工作。— *n.* Ⓒ 跋涉。§ **wáding bìrd** 涉禽類之鳥。**wáding pòol**〖美〗兒童用的淺水游泳池。

wad·er [ˋwedɚ] *n.* ① Ⓒ 徒涉者。② Ⓒ 涉禽類的鳥。③(*pl.*) 涉水時穿的高統靴或防水褲。

wa·di, wa·dy [ˋwadɪ] *n.* Ⓒ (近東和北非的)谷；常乾涸的河道。

***wa·fer** [ˋwefɚ] *n.* ① Ⓤ Ⓒ 威化餅乾(輕烤的薄脆餅)。② Ⓒ〖宗〗聖餅。③

Ⓒ封糊；封緘紙。

waf·fle[1] [ˋwɑfḷ] *n.* ⓊⒸ 雞蛋餅。§ ～ **ìron** 烘雞蛋餅的鐵模。

waf·fle[2] *v.i.* ①閒聊；談天。②= **equivocate.** — *n.* Ⓤ瞎扯；胡說。

***waft** [wæft, wɑft] *v.t.* 使飄浮；使飄蕩。— *v.i.* 飄蕩。— *n.* Ⓒ①搖動。②一陣風或香氣等。

***wag** [wæg] *v.t.*(**-gg-**) ①搖擺；搖動。②饒(舌)。— *v.i.* ①搖擺；擺動。②饒舌。～ *one's finger at a man* 指摘某人。～ *one's tongue* 多言；饒舌。— *n.* Ⓒ ①(常 *sing.*)搖擺；搖動。②好說笑話的人；詼諧者。

‡**wage** [wedʒ] *n.* Ⓒ ①(常 *pl.*)工資；薪給。②(常*pl.*，作*sing.* 解)報償；報酬；代價。— *v.t.* 從事；進行。§ ～ **èarner** 靠工資維生的人。 ～ **slàve** 〖諧〗靠工資生活者。

wa·ger [ˋwedʒɚ] *v.t.* & *v.i.* 打賭。— *n.* Ⓒ①賭注。②打賭。③打賭之對象或內容。

wag·ger·y [ˋwægərɪ] *n.* ①Ⓤ滑稽；諧謔。②Ⓒ玩笑；惡作劇。

wag·gish [ˋwægɪʃ] *adj.* 滑稽的；諧謔的；惡作劇的。— **ness,** *n.*

wag·gle [ˋwægḷ] *v.t.* & *v.i.* 搖擺；擺動。— *n.* Ⓒ搖擺；擺動。

‡**wag·(g)on** [ˋwægən] *n.* Ⓒ 四輪運貨馬車；貨車。*on the*(*water*)～〖俚〗不飲酒的。§ ～ **tràin** (1)載運軍需品的一列運貨馬車。(2)(移民們的)篷車隊。

wag·tail [ˋwæg,tel] *n.* Ⓒ鶺鴒。

waif [wef] *n.* Ⓒ流浪的人；無家可歸者；流浪兒童；無住處之動物。

***wail** [wel] *v.i.* 哭泣；哭號；哀泣；悲傷。— *v.t.* 哀悼；為…慟哭。— *n.* Ⓒ①哭泣；哀悼；悲傷。②哭泣或哀悼聲。

wain·scot [ˋwenskət] *n.* ⓊⒸ 壁板。— *v.t.* (**-t-,**〖英〗**-tt-**) (牆壁或房間)裝以壁板。

***waist** [west] *n.* Ⓒ腰；腰部。

waist·band [ˋwest,bænd] *n.* Ⓒ 束腰帶。

***waist·coat** [ˋwest,kot] *n.* Ⓒ 背心。

waist·line [ˋwest,laɪn] *n.* Ⓒ 腰線；腰圍。

‡**wait** [wet] *v.i.* ①等候；等待。②服侍；伺候。— *v.t.* ①等候；等待。②延緩(食事)。～ *on* [*upon*] **a.** 伺候。**b.** 謁見。**c.** 為…之結果；從…而至。— *n.* Ⓒ 等候；等候的時間。

***wait·er** [ˋwetɚ] *n.* Ⓒ①等待者。②侍者；侍應生。③盆；盤；皿。

***wait·ing** [ˋwetɪŋ] *n.* Ⓤ①等待。②服侍；侍候。§ ～ **gàme** 待機戰術。～ **lìst** 補位名單；候補名單。～ **ròom** 等待室；候車[診]室。

wait·ress [ˋwetrɪs] *n.* Ⓒ女侍；女侍應生。

waive [wev] *v.t.* ①放棄(權利、特權、要求等)。②擱置。

waiv·er [ˋwevɚ] *n.* 〖法律〗①Ⓤ放棄；棄權。②Ⓒ棄權書。

‡**wake**[1] [wek] *v.i.* (**waked** or **woke, waked** or **wok·en**)①醒；醒來。②醒著；不眠。③醒悟；覺悟。④甦醒。— *v.t.* 喚醒；喚起。

wake[2] *n.* Ⓒ①船跡；足跡。②後果；餘波。*in the* ～ *of* 隨…之後。

wake·ful [ˋwekfəl] *adj.* 睡不著的；警醒的。— **ness,** *n.*

***wak·en** [ˋwekən] *v.i.* & *v.t.* 醒；喚醒。

***Wales** [welz] *n.* 威爾斯(大不列顛西南部的地方)。

‡**walk** [wɔk] *v.i.* ①行走；步行；散步。②漫遊；徘徊。③〖棒球〗保送上壘。— *v.t.* ①走過；行過。②使行走；使由於行走而…。③〖棒球〗投四壞球讓(打擊手)上壘。④陪著走。～ *into*〖俗〗**a.** 很開心地吃。**b.** 譴責；斥責。～ *off with* **a.** 攜走；偷走。**b.** 比賽中贏得。～ *out* **a.** 〖俗〗罷工。**b.** 退席抗議。～ *over* 輕易地打敗(並且分數相差甚多)。— *n.* Ⓒ ①步行；散步。②步行距離。③步態；步法。④人行道。

walk·a·bout [ˋwɔkə,baʊt] *n.* Ⓒ (高官深入民間的)巡視；考察。

walk·er [ˋwɔkɚ] *n.* Ⓒ①助嬰兒走路的架子；嬰兒學步車。②助殘廢人走路的架子。③走路的人；健行者。

walk·ie-talk·ie [ˋwɔkɪˋtɔkɪ] *n.* Ⓒ手提式無線電話機。

walk·ing [ˋwɔkɪŋ] *n.* Ⓤ ①步行；散步；步態。②路況。§ ～ **pàpers** [**tìcket**] 〖俗〗免職令；解雇通知。～ **stìck** (1)手杖。(2)竹節蟲。

Walk·man [ˋwɔkmən] *n.* Ⓒ〖商標〗隨身聽(收錄音機)。

walk-on [ˋwɔk,ɑn] *n.* Ⓒ (無臺詞的)小角色。— *adj.* 演小角色的。

walk·out [ˋwɔk,aʊt] *n.* Ⓒ〖美俗〗①罷工。②退席抗議。

walk·o·ver [ˋwɔk,ovɚ] *n.* Ⓒ ①輕易獲勝。②不戰而勝。

W

walk-up [ˋwɔk,ʌp] *n.* Ⓒ & *adj.* 〖美俗〗沒有電梯之公寓建築(的)。

walk·way [ˋwɔk,we] *n.* Ⓒ (公園等的)人行道; (工廠內的)通道。

‡**wall** [wɔl] *n.* Ⓒ ①牆; 壁; 垣。②在形狀或用途方面和牆相類似的東西。 *go to the* ~ **a.** 失敗; 敗北。 **b.** 破產。 — *v.t.* ①圍以牆。②填塞; 堵塞。

wal·la·by [ˋwaləbɪ] *n.* Ⓒ (*pl.* **-bies,** ~)〖動〗袋鼠(又稱沙袋鼠)。

wal·la·roo [,waləˋru] *n.* Ⓒ (*pl.* ~**s,** ~)岩大袋鼠。

walled [wɔld] *adj.* 有牆壁的。

***wal·let** [ˋwalɪt] *n.* Ⓒ 皮包; 皮夾; 錢袋; 旅行袋(裝衣服、乾糧者)。

wall·flow·er [ˋwɔl,flauɚ] *n.* Ⓒ ①〖植〗牆花。②〖俗〗舞會中無舞伴而僅作壁上觀之人(尤指女子)。

wal·lop [ˋwaləp] 〖俗〗*v.t.* ①痛毆; 重擊。②擊潰; 徹底打敗(對手)。 — *n.* Ⓒ 痛毆; 重擊; 擊潰。

wal·low [ˋwalo] *v.i.* ①(在泥、沙、雪、水中)打滾。②耽溺; 沉迷。

wall·pa·per [ˋwɔl,pepɚ] *n.* Ⓤ 壁紙。 — *v.t.* & *v.i.* 糊以壁紙。

Wáll Strèet [ˋwɔl ~] *n.* ①華爾街(美國紐約市曼哈坦之一街名, 爲美國之主要金融中心)。② Ⓤ 美國金融市場; 美國金融界。

wall-to-wall [ˋwɔltəˋwɔl] *adj.* ①把整個地板都蓋住的; 自此牆至彼牆的。②徹頭徹尾的; 全體的。

***wal·nut** [ˋwɔlnət] *n.* ① Ⓒ 胡桃; 核桃。② Ⓤ 胡桃木; 核桃木。③ Ⓤ 胡桃色; 茶色。

wal·rus [ˋwɔlrəs] *n.* Ⓒ (*pl.* ~**es,** ~)海象。

waltz [wɔlts] *n.* Ⓒ (有時 the ~)①華爾茲舞。②圓舞曲; 華爾茲舞曲。 — *v.i.* ①跳華爾茲舞。②愉快地匆匆疾走。 — *v.t.* 使(某人)跳華爾茲舞。

wan [wan] *adj.*(**-nn-**)蒼白的; 衰弱的; 無力的。

WAN wide area network.

***wand** [wand] *n.* Ⓒ ①棒; 魔杖。②(樂隊長所用之)指揮棒。③權杖。

‡**wan·der** [ˋwandɚ] *v.i.* ①徘徊; 漂泊; 流浪; 漫遊。②迷惘。 —**er,** *n.*

wan·der·ing [ˋwandərɪŋ] *adj.* 徘徊的; 漂泊的; 流浪的; 迷途的。 — *n.*(*pl.*)①遊蕩。②漫遊。

wan·der·lust [ˋwandɚ,lʌst] *n.* Ⓤ 旅行熱; 旅行癖; 流浪癖。

***wane** [wen] *v.i.* ①減弱; 減少; 減小; 衰微。②(月亮)虧; 缺。 — *n.* (the ~)減弱; 減少; 減小; 衰微; (月亮之)虧缺。 *on*[*in*] *the* ~ **a.** 虧缺。 **b.** 衰微。

wan·gle [ˋwæŋgl] 〖俗〗 *v.t.* 以計謀或不正當手段取得或完成。

wank [wæŋk] 〖英鄙〗 *v.i.* 手淫〔常 off〕. — *n.* (a ~)自慰行爲。

wank·er [ˋwæŋkɚ] *n.* Ⓒ〖英鄙〗對事情不認眞者; 玩票者。

wan·na [ˋwanə] 〖美俗〗=**want to.**

‡**want** [want, wɔnt] *v.t.* ①希望; 願望; 要; 欲得。②缺少; 沒有。③必須。④需要。 — *v.i.* ①缺少; 短少。②貧困。 — *n.* ① Ⓒ (常 *pl.*)欲望; 希望得到的東西。② Ⓤ (又作 a ~)缺乏; 不足。③ Ⓤ 貧困。 § ∠ **àd**〖俗〗(報紙的)求才廣告。

want·ing [ˋwantɪŋ] *adj.* ①缺乏的; 短少的。②未達標準的。 — *prep.* ①沒有。②差; 缺少。

***wan·ton** [ˋwantən] *adj.* ①放縱的; 任性的; 胡亂的。②嬉戲的; 頑皮的。③繁茂的。④淫蕩的; 淫亂的。 — *v.i.* 嬉戲; 閒蕩。 — *n.* Ⓒ 淫蕩者; (尤指)蕩婦。

‡**war** [wɔr] *n.* ① ⓊⒸ 戰爭。② Ⓤ Ⓒ (對立力量的)鬥爭。③ Ⓤ 兵法; 戰術; 軍事。 *be at* ~ *with* 同…作戰。 *go to* ~ **a.** 開戰。 **b.** 從軍; 當兵。 — *v.i.* (**-rr-**)戰鬥; 作戰。 § ∠ **chèst** (1)爲政治目的等而籌措的款項。(2)軍費。 ∠ **crỳ** (1)作戰時戰士的吶喊。(2)政黨競選時的標語或口號。

war·ble [ˋwɔrbl] *v.i.* & *v.t.* ①鳥鳴。②以顫聲唱; 顫聲說話。 — *n.* Ⓒ (常 *sing.*)①鳥囀。②顫聲。

war·bler [ˋwɔrblɚ] *n.* Ⓒ 顫音唱歌的人; 歌手; 鳴囀的鳥。

***ward** [wɔrd] *n.* Ⓒ ①守護; 監護。②被監護者。③(城市之)區。④(醫院之)病房; (監獄之)監房。 — *v.t.* 抵擋; 避免。

-ward(s) 〖字尾〗表「向…」之義。

war·den [ˋwɔrdn̩] *n.* Ⓒ ①看守人; 監護人。②〖英〗校長; 學監。③典獄官。④教區委員。

ward·er [ˋwɔrdɚ] *n.* Ⓒ 看守; 獄吏; 守衛; 警衛; 監視人。

***ward·robe** [ˋwɔrd,rob] *n.* Ⓒ ①衣服。②衣櫃; 衣櫥; 藏衣室。

***ware** [wɛr] *n.* ① Ⓤ (集合稱)器物; 製造品(用於複合字中, 如 silver*ware* 等)。② Ⓤ 陶器。③(*pl.*)貨物; 商品。

***ware·house** [ˋwɛr,haus] *n.* Ⓒ 貨棧; 倉庫。— [ˋwɛr,hauz] *v.t.* 將(貨物)儲於倉庫中。

***war·fare** [ˋwɔr,fɛr] *n.* Ⓤ ①戰爭; 交戰狀態; 戰鬥(行爲)。②鬥爭。

***war·like** [ˋwɔr,laɪk] *adj.* ①好戰的; 尚武的。②軍事的; 戰爭的。③以戰爭相威脅的。

‡**warm** [wɔrm] *adj.* ①暖的; 溫暖的。②熱心的; 親切的。— *v.t.* 使溫暖; 使熱。— *v.i.* ①變溫暖; 變熱。②變得熱心; 興奮起來。~ ***up*** **a.** 熱心起來。**b.** (運動前)作熱身運動。— *n.* (a ~)〖俗〗取暖。

warm-blood·ed [ˋwɔrmˋblʌdɪd] *adj.* 〖動〗溫血的。

warm-heart·ed [ˋwɔrmˋhɑrtɪd] *adj.* 熱心的; 親切的; 懇切的; 有同情心的。

warm·ing-up [ˋwɔrmɪŋˋʌp] *n.* Ⓒ (參加運動比賽前之)熱身活動。

war·mon·ger [ˋwɔr,mʌŋgɚ] *n.* Ⓒ 好戰者; 戰爭販子。

***warmth** [wɔrmpθ, wɔrmθ] *n.* Ⓤ ①溫暖。②熱心; 熱情。

warm-up [ˋwɔrm,ʌp] *n.* = **warming-up.**

‡**warn** [wɔrn] *v.t.* ①警告; 警戒。②預告; 通知。~ ***away***[***off***] 警告(某人)不可靠近; 警告(某人)離開。

***warn·ing** [ˋwɔrnɪŋ] *n.* ① Ⓤ Ⓒ 警告; 警戒。② Ⓤ 預告; 通知。

***warp** [wɔrp] *v.t.* ①使彎翹不平。②歪曲。— *v.i.* ①變彎曲不平。②扭曲; 歪曲。— *n.* ①(a ~)(木板等之)彎曲; 彎翹。②(the ~)〖紡〗經線。③ Ⓒ 拉船之索。

war·path [ˋwɔr,pæθ] *n.* Ⓒ 北美印第安人出征時所經之路。***on the ~*** **a.** 準備作戰。**b.** 盛怒。

war·plane [ˋwɔr,plen] *n.* Ⓒ 軍用飛機。

***war·rant** [ˋwɔrənt, ˋwɑrənt] *n.* ① Ⓤ 正當的理由; 權利; 根據。② Ⓒ 令狀; 授權書; 委任狀。— *v.t.* ①證明…爲正當; 辯解。②保證。③授權。§ ~ **officer** (1)〖美陸軍〗准尉。(2)〖美海軍〗士官長。

war·ran·tee [,wɔrənˋti] *n.* Ⓒ 〖法律〗被保證人。

war·ran·tor [ˋwɔrən,tɔr] *n.* Ⓒ 〖法律〗保證人。

war·ran·ty [ˋwɔrəntɪ] *n.* Ⓒ ①〖法律〗**a.** 保證; 擔保。**b.** 擔保契約。②正當理由; 合理根據。

war·ren [ˋwɔrɪn] *n.* Ⓒ ①養兎場。②擁擠的公寓; 大雜院。

war·ring [ˋwɔrɪŋ] *adj.* 敵對的; 相鬥爭的。

***war·ri·or** [ˋwɑrɪɚ] *n.* Ⓒ 戰士; 勇士。

***war·ship** [ˋwɔr,ʃɪp] *n.* Ⓒ 軍艦。

wart [wɔrt] *n.* Ⓒ ①〖醫〗疣; 瘊; 腫瘤。②〖植〗樹癭。§ ~ **hog**〖動〗(非洲產的)疣豬。

war·time [ˋwɔr,taɪm] *n.* Ⓤ & *adj.* 戰時(的)。

***war·y** [ˋwɛrɪ, ˋwerɪ, ˋwærɪ] *adj.* ①機警小心的; 不疏忽的。②顧慮周到的; 愼重的。— **war′i·ly,** *adv.*

‡**was** [wɑz, wəz] *v.* pt. of **be**(用於第一及第三人稱, 單數, 直說法)。

‡**wash** [wɑʃ, wɔʃ] *v.t.* ①洗; 洗去; 洗淸。②使濕。③沖擊; 沖壞; 沖。④以水篩洗(礦砂)。— *v.i.* ①洗衣服; 洗澡; 洗臉; 洗手。②耐洗。③沖壞。④〖俗〗經得起考驗。~ ***down*** **a.** 以水沖淨; 沖洗。**b.** 用水、飲料等把食物吞下。~ ***out*** **a.** 洗滌(瓶等)之內部。**b.** 淸洗布匹等以除去(肥皂或污物)。**c.** 失去(顏色、精力等)。**d.** 被水沖走; 沖走。**e.**〖俗〗淘汰; 開除。~ ***up*** **a.** 洗餐具。**b.** 飯前洗臉洗手。— *n.* ①(a ~)洗。②(*sing.*, 集合稱)洗濯物; 待洗衣物。③ Ⓤ (the ~)沖擊; 擊起的水。

wash·a·ble [ˋwɑʃəbl̩] *adj.* 耐洗的。

wash·a·te·ri·a [,wɑʃəˋtɪrɪə] *n.* Ⓒ ①自助洗衣店。②自助洗車場。

wash·ba·sin [ˋwɑʃ,besn̩] *n.* Ⓒ 洗臉盆。

wash·cloth [ˋwɑʃ,klɔθ] *n.* Ⓒ 洗臉用的毛巾; 面巾。

washed-out [ˋwɑʃtˋaut] *adj.* ①褪色的。②〖俗〗疲倦的。

washed-up [ˋwɑʃtˋʌp] *adj.* 〖俗〗用盡的; 完蛋的; 完全失敗的。

wash·er [ˋwɑʃɚ] *n.* Ⓒ 洗濯者; 洗濯機; 洗濯器。

wash·er-dry·er [ˋwɑʃɚ,draɪɚ] *n.* Ⓒ 附有烘乾機的洗衣機。

***wash·ing** [ˋwɑʃɪŋ] *n.* Ⓤ ①洗滌。②一次洗的衣服。③淘洗出來的東西。§ ~ **machine** 洗衣機。

***Wash·ing·ton** [ˋwɑʃɪŋtən] *n.* ①(亦作 **Washington D.C.**)華盛頓(美國之首都)。②華盛頓州(美國西北部之一州)。③華盛頓(George, 1732-99, 美國第一位總統)。

W

wásh·ing-up líquid [ˋwɑʃɪŋ-ˏʌp ～] *n.* Ⓤ〖英〗洗碗精。

wash·out [ˋwɑʃˏaut] *n.* Ⓒ〖俚〗①大失敗。②失敗者；留級生。

wash·room [ˋwɑʃˏrum] *n.* Ⓒ 盥洗室；廁所；洗手間。

wash·stand [ˋwɑʃˏstænd] *n.* Ⓒ 臉盆架；盥洗臺。

wash·y [ˋwɑʃɪ] *adj.* ①(酒、飲料中)水分多的；稀薄的。②無力的；無生氣的(文體)。

‡**was·n't** [ˋwɑznt, ˋwɑzn̩] = **was not.**

wasp [wɑsp] *n.* Ⓒ ①〖昆〗黃蜂；胡蜂。②易怒者；暴躁的人。

WASP, Wasp [wɑsp, wɔsp] *n.* Ⓒ 盎格魯撒克遜系的白人(爲 *W*hite *A*nglo-*S*axon *P*rotestant 之略)。

wasp·ish [ˋwɑspɪʃ] *adj.* ①易怒的。②尖刻的(文體)。

wast·age [ˋwestɪdʒ] *n.* Ⓤ (又作 a ～)消耗；消耗量。

‡**waste** [west] *v.t.* ①浪費；徒耗。②蹂躪；損毀；使荒廢。③消耗；耗損。 **—** *v.i.* ①耗損；衰弱。②被浪費。 **—** *n.* Ⓤ ①(又作 a ～)浪費；徒耗；損毀。②(又作 ～s)廢物；殘物。 **—** *adj.* ①無用的；廢棄的。②荒蕪的；不毛的。§ ～ **pìpe** 排水管。

waste·bas·ket [ˋwestˏbæskɪt] *n.* Ⓒ〖美〗廢紙簍；字紙簍。

***waste·ful** [ˋwestfəl] *adj.* 浪費的；不經濟的。— **ly,** *adv.*

waste·land [ˋwestˏlænd] *n.* Ⓤ Ⓒ 荒野；不毛之地。

waste·pa·per [ˋwestˏpepɚ] *n.* Ⓤ 廢紙；紙屑。§ ～ **bàsket**〖英〗廢紙簍；字紙簍。

wast·er [ˋwestɚ] *n.* Ⓒ〖英〗無用之人；浪子。

wast·ing [ˋwestɪŋ] *adj.* 消耗的；使弱的；漸減的。

wast·rel [ˋwestrəl] *n.* Ⓒ ①浪費者。②無用之人；遊手好閒者。

‡**watch** [wɑtʃ] *v.t.* ①注意；看；注視；細心觀察。②照顧；看護。③監視。 **—** *v.i.* ①注意；注視。②注意等待；守候。③看守；監看。④不眠；守夜。～ *out*〖俗〗小心；提高警覺。 **—** *n.* ① Ⓤ Ⓒ 注意；留心；警戒；監視。② Ⓤ (常 the ～, 集合稱)看守者；守夜者。③ Ⓤ 值班。④ Ⓒ 值班時間。⑤ Ⓒ 錶。*be on the* ～ 警戒。

watch·dog [ˋwɑtʃˏdɔg] *n.* Ⓒ ①守望犬；警犬。②監視者；守望者。

***watch·ful** [ˋwɑtʃfəl] *adj.* 注意的；警醒的(of, against)。— **ness,** *n.*

watch·mak·er [ˋwɑtʃˏmekɚ] *n.* Ⓒ 錶匠；修錶者。

***watch·man** [ˋwɑtʃmən] *n.* Ⓒ (*pl.* **-men**)看守者；守夜者；巡夜者。

watch·tow·er [ˋwɑtʃˏtauɚ] *n.* Ⓒ 守望樓；更樓；瞭望臺。

watch·word [ˋwɑtʃˏwɝd] *n.* Ⓒ ①口令。②口號；標語。

‡**wa·ter** [ˋwɔtɚ, ˋwɑtɚ] *n.* ① Ⓤ 水。② Ⓤ 身體中分泌之液體。③ **a.** Ⓒ (絲綢金屬等之)波紋。**b.** Ⓤ (寶石之)光澤。④ Ⓤ 水位；潮。⑤ Ⓤ (常 *pl.*)流動的水；海浪；湖水；河水。*be in deep* ～*s* 陷入極大的困境。*get into* [*be in*] *hot* ～ 陷於困難之境。*hold* ～ (理論)無漏洞；能站得住腳。*throw cold* ～ *on* (*a plan, etc.*)對(計畫等)澆冷水。 **—** *v.t.* ①灑以水；澆以水。②供以水；給以飲水。③攙以水。④沖淡；使缺乏力量。⑤〖商〗(發行無實際資產配合的新股票)虛報(資本)。 **—** *v.i.* ①(動物等)飲水。②(輪船等)加水。③出水。④流口水。§ ～ **bèd** 水床。～ **bìrd** 水鳥；水禽。～ **bòttle** 水壺；水瓶。～ **bùffalo**〖動〗水牛。～ **bùtt** 盛雨水桶。～ **cànnon** 高壓噴水裝置(用以驅散示威群眾)。～ **chèstnut** (1)〖植〗柳葉菜科菱屬水生植物的統稱。(2)菱角。～ **clòset** (1)〖英〗有抽水設備的廁所。(2)抽水馬桶。(3)〖方〗浴室。～ **còlor** 水彩；水彩顏料。～ **gàp** (水流通過之)峽。～ **hòle** 積水處；小水塘。～ **jùmp** (障礙賽馬中的)水溝。～ **lìly**〖植〗荷花；(睡)蓮。～ **lìne** (1)船的吃水線；水線。(2)水量標。～ **màin** 主輸水管；自來水總管。～ **mèadow** 淹水的牧草地(肥沃的牧草地)。～ **mìll** (1)水車；水(力)磨。(2)(利用水車的)製粉廠。～ **pìpe** (1)輸[給]水管。(2)水煙筒。～ **pìstol** 玩具水槍。～ **pòlo** 水球。～ **pòwer** 水力。～ **ràte**〖英〗自來水費。～ **skì** 滑水板。～ **supplỳ** 供水量；供水設備。～ **tàble** 地下水位。～ **tòwer** 水塔；(消防用)救火噴水塔。～ **vòle** 水鼫。

wa·ter-borne [ˋwɔtɚˏborn] *adj.* ①(傳染病)由飲用水媒介的。②由水路運送的。～ trade 水上貿易。

wa·ter·col·o(u)r [ˋwɔtɚˏkʌlɚ] *n.* ① Ⓤ (又作 a ～)水彩；水彩顏料。② Ⓒ 水彩畫。

wa·ter·course [ˋwɔtɚˏkors] *n.* Ⓒ ①(河、溪等之)水流。②河床。③水路；運河。

wa·ter·cress [ˋwɔtɚˏkrɛs] *n.* Ⓤ 〖植〗水甕菜(其葉可作沙拉)。

wa·tered-down [ˋwɔtɚdˋdaun] *adj.* ①用水稀釋的；摻水的。②斟酌過的；趣味性減少的。

***wa·ter·fall** [ˋwɔtɚˏfɔl] *n.* Ⓒ 瀑布

wa·ter·fowl [ˋwɔtɚˏfaul] *n.* Ⓒ (*pl.* ~**s**, ~)水鳥；水禽。

wa·ter·front [ˋwɔtɚˏfrʌnt] *n.* Ⓒ (常 *sing.*)濱水地方；湖邊[海岸]地區；河岸。

wa·ter·ing [ˋwɔtərɪŋ, ˋwɑt-] *n.* Ⓤ Ⓒ 灑水；澆水；灌水。— *adj.* 灑水的；澆水的；灌水的。§ ~ **plàce** [**hôle**](1)有溫泉的地方；海水浴場。(2)(動物的)飲水處。(3)〖美〗喝酒的場所。~ **pòt**[**càn**]灑水壺。

wa·ter-logged [ˋwɔtɚˏlɑgd] *adj.* ①(船等之)進水而不能操縱或行動遲緩的；進水的。②(地)被水浸透了的；泥濘的。

wa·ter·mark [ˋwɔtɚˏmɑrk] *n.* Ⓒ ①(壓印在紙裡的)透明花紋；浮水印。②水位標；水量標。— *v.t.* 印透明花紋(於紙上)。

wa·ter·mel·on [ˋwɔtɚˏmɛlən] *n.* ①Ⓤ Ⓒ 西瓜。②Ⓤ 〖植〗西瓜藤。

***wa·ter·proof** [ˋwɔtɚˋpruf] *adj.* 不透水的。—[ˋwɔtɚˏpruf] *n.* Ⓒ 雨衣。— *v.t.* 使不透水。

wa·ter-re·sist·ant [ˋwɔtɚrɪˋzɪstənt] *adj.* 抗水(但非完全防水)的。

wa·ter·shed [ˋwɔtɚˏʃɛd] *n.* Ⓒ ①分水線；分水嶺。②流域。

wa·ter·side [ˋwɔtɚˏsaɪd] *n.* (the ~)河畔；海濱；湖岸。

wa·ter·sol·u·ble [ˋwɔtɚˏsɑljəbḷ] *adj.* 可溶於水的；水溶性的。

wa·ter·tight [ˋwɔtɚˋtaɪt] *adj.* ①不透水的。②十全十美的。

wa·ter·way [ˋwɔtɚˏwe] *n.* Ⓒ 水道；航路。

wa·ter·wheel [ˋwɔtɚˏhwil] *n.* Ⓒ 水車；灌溉用的戽水車。

wa·ter·works [ˋwɔtɚˏwɝks] *n.* (作 *sing.*解)水廠；抽水站；淨水站。

wa·ter·y [ˋwɔtərɪ] *adj.* ①水的；與水有關的。②含水的。③含淚的。④似水的；淡薄的；無味的。⑤有雨意的(天空等)。

watt [wɑt] *n.* Ⓒ 瓦特；瓦(電力單位)。

watt·age [ˋwɑtɪdʒ] *n.* Ⓤ (又作 a ~)瓦特數；瓦數。

wat·tle [ˋwɑtḷ] *n.* Ⓒ ①(常 *pl.*)編條；枝條(用作籬笆、圍牆或屋頂等)。②(雞、火雞等之)肉垂。

‡**wave** [wev] *n.* Ⓒ ①波；波浪。②波動；波紋；(頭髮的)波浪形。③揮動。④(音、光、電等之)波。— *v.t.* ①揮動；揮動以表示或指揮。②使鬈曲；使有波紋。— *v.i.* ①波動；飄動。②揮動；揮手。③鬈曲。§ ~ **bànd**(電視、廣播的)波帶；波段。~ **lèngth** 〖理〗波長。

wave·let [ˋwevlɪt] *n.* Ⓒ 微波；小浪。

***wa·ver** [ˋwevɚ] *v.i.* ①擺動；搖曳。②躊躇；猶豫；動搖。

wav·y [ˋwevɪ] *adj.* ①波動的；波狀的。②動搖的。

***wax**[1] [wæks] *n.* ①Ⓤ Ⓒ 蠟；蜜蠟；蜂蠟。②Ⓤ 似蜂蠟之物。③Ⓤ 地板蠟。— *v.t.* 塗以蠟。— *adj.* 蠟的；用蠟做的。§ ~(**ed**) **pàper** 蠟紙(用以防潮濕者)。

wax[2] *v.i.* ①增大；增長；(月亮)漸滿(爲 wane 之對)。②逐漸變爲。

wax·en [ˋwæksn̩] *adj.* ①蠟製的。②蠟狀的；蒼白的。

wax·work [ˋwæksˏwɝk] *n.* ①Ⓒ 蠟製品；蠟人。②(*pl.*, 常作 *sing.*解)蠟人展覽；蠟像館。

wax·y [ˋwæksɪ] *adj.* 似蠟的。

‡**way** [we] *n.* ①Ⓒ 道路；路。②(*sing.*)路程；行程；距離。③(*sing.*)方面；方向。④Ⓒ (常 *sing.*)通路；經過的路。⑤Ⓤ 〖俚〗方位；一帶；附近。⑥Ⓒ 方法；手段；做法。⑦Ⓒ (個人的)做法；作風。⑧Ⓒ (常 *pl.*)(社會的)風氣；習慣；慣例。⑨Ⓒ (in ~)方面；點。⑩Ⓒ (in ~)行業。⑪(a ~)健康狀態。*by the* ~ **a.** 在途中；順路。**b.** 順便說；卻說；可是(用以改變話題的口頭語)。*by* ~ *of* **a.** 經過；由。**b.** 意在；當作。*give* ~ **a.** 退去；退讓；讓出地位；讓路。**b.** 崩壞；衰敗；折；裂。**c.** 屈服於某種情緒。*go a long* [*good*] ~ 大有助益；很有用。*go one's* ~ 離去。*go out of the* [*one's*] ~ *to* 逸出常規；特別努力做。*have one's* (*own*) ~ 隨心所欲。*in a small* ~ 小規模地。*in a* ~ 有一點點；有些。*in no* ~ 決不。*in the* ~ 阻礙；妨礙。*in the* ~ *of* **a.** 在有利的地位。**b.** 關於；有關。*make one's* ~ **a.** 進

行。b. 努力上進；成功。*make* ~ a. 讓路。b. 前進；進行。*out of the* ~ a. 處於不致成爲妨礙之位置。b. 離正途的。c. 不尋常的；奇特的。*under* ~正在進行中。── *adv.* 〖俗〗老遠地。§ ~ **stàtion** 〖美〗鐵路之小站。

way·far·er [ˋwe,fɛrɚ] *n.* Ⓒ 徒步旅行者。

way·lay [,weˋle] *v.t.* (**-laid**) ①路劫；半路埋伏。②攔截。

***way·side** [ˋwe,saɪd] *n.* (the ~) & *adj.* 路邊(的)；道旁(的)。

way·ward [ˋwewɚd] *adj.* ①剛愎的；頑強的；任性的。②不穩的。

W.C. water closet.

‡**we** [wi, wɪ] *pron.* pl. of **I.** 我們。〔注意〕作者、編輯、國王或法官講話時，常用 we 而實際上是 I.

‡**weak** [wik] *adj.* ①虛弱的；軟弱的。②不牢的；不堅的；不穩固的。③愚蠢的。④稀薄的；淡薄的(茶、咖啡、酒等)。

***weak·en** [ˋwikən] *v.t.* ①使弱。②使稀薄；使淡。── *v.i.* 變弱；衰弱。

weak-kneed [ˋwikˋnid] *adj.* ①易屈服的。②優柔寡斷的。

weak·ling [ˋwiklɪŋ] *n.* Ⓒ 孱弱之人或動物；弱者。

***weak·ly** [ˋwiklɪ] *adv.* & *adj.* 軟弱地[的]；虛弱地[的]。

weak-mind·ed [ˋwikˋmaɪndɪd] *adj.* 懦弱的；優柔寡斷的。

***weak·ness** [ˋwiknɪs] *n.* ① Ⓤ 虛弱；柔弱；怯懦。② Ⓒ 弱點；缺點。③ Ⓒ 偏好；溺愛；癖嗜。

weal[1] [wil] *n.* Ⓤ 幸福；福利。

weal[2] *n.* Ⓒ 鞭痕；條痕。

‡**wealth** [wɛlθ] *n.* ① Ⓤ 財富；財產。②(the ~, a ~)豐富；多量。

***wealth·y** [ˋwɛlθɪ] *adj.* 富的；富裕的；富有的。

wean [win] *v.t.* ①使斷乳。②使戒｛絕。｝

***weap·on** [ˋwɛpən] *n.* Ⓒ ①兵器；武器。②做爲武器的手段。

weap·on·ry [ˋwɛpənrɪ] *n.* Ⓤ 兵器；軍備。

‡**wear** [wɛr] *v.t.* (**wore, worn**) ①穿；著；戴；佩。②蓄。③帶有。④穿舊；耗損；磨損。⑤使疲乏；使疲弱。── *v.i.* ①耐用；耐久。②耗損；磨損。③(時間)漸漸過去。~ *away* a. 磨損。b. (時間)慢慢地挨過。~ *down* a. 磨掉。b. 克服。c. 使疲倦。~ *off* a. 消減。b. 磨掉。~ *out* a. 筋疲力竭。b. 穿壞；破損。c. 耗盡。── *n.* Ⓤ ①穿著；佩帶。②衣服類；穿戴物。③磨損；耗損；穿舊。④耐久(性)；耐用(性)。~ *and tear* 磨損；損耗。

wear·a·ble [ˋwɛrəbl] *adj.* ①可穿的；可佩帶的。②耐用的。

wear·er [ˋwɛrɚ] *n.* Ⓒ ①穿用者；佩帶者。②消耗物。

***wea·ry** [ˋwɪrɪ, ˋwirɪ] *adj.* ①疲倦的。②令人厭煩的。── *v.t.* ①使疲倦。②使厭煩。── *v.i.* ①疲倦。②厭煩。── **wea′ri·some,** *adj.* ── **wea′ri·ly,** *adv.* ── **wea′ri·ness,** *n.*

wea·sel [ˋwizl] *n.* Ⓒ ①鼬；黃鼠狼。②狡猾的人。

‡**weath·er** [ˋwɛðɚ] *n.* Ⓤ 天氣；氣象。── *v.t.* ①曝露；曬乾；風乾。②平安度過。── *v.i.* 因曝曬而褪色；能耐曝露於日光、風、雨等。── *adj.* 頂風的。§ ~ **fòrecast** 氣象[天氣]預報。~ **stàtion** 測候所；氣象臺。~ **vàne** 風標；風向計。

weath·er-beat·en [ˋwɛðɚ,bitn̩] *adj.* ①飽經風吹雨打的。②飽經風霜的；老練的。

weath·er·cock [ˋwɛðɚ,kɑk] *n.* Ⓒ 風標；風信雞。

weath·er·glass [ˋwɛðɚ,glæs] *n.* Ⓒ 指示大氣狀況之儀器(如晴雨計、溫度計、氣壓表等)。

weath·er·man [ˋwɛðɚ,mæn] *n.* Ⓒ (*pl.* **-men**) ①〖俗〗氣象播報員。②〖美〗氣象局職員。

weath·er·proof [ˋwɛðɚˋpruf] *adj.* 耐風雨的。

weath·er-wise [ˋwɛðɚ,waɪz] *adj.* 善於預測天氣的。

***weave** [wiv] *v.t.* (**wove, wo·ven** or **wove**) ①織；編。②織成；編成。③撰作；編排。── *v.i.* 編織。── *n.* Ⓤ (又作 a ~)編[織]法。

***weav·er** [ˋwivɚ] *n.* Ⓒ 織者；織工。

***web** [wɛb] *n.* Ⓒ ①織物；布。②(蜘蛛等之)網。③一疋布。④網狀物。⑤蹼。⑥(W-)〖電算〗全球資訊網路(World Wide Web). § **W~ brόwser** 全球資訊網路瀏覽器。

webbed [wɛbd] *adj.* 有蹼的。

web·bing [ˋwɛbɪŋ] *n.* Ⓤ (用作馬之腹帶等的)帶子。

web-foot·ed [ˋwɛbˋfʊtɪd] *adj.* (有)蹼足的。

***wed** [wɛd] *v.t.* (**wed·ded, wed·ded**

or **wed, wed·ding**) 與…結婚；嫁給；娶。— *v.i.* 結婚；結合。

we'd [wid] = **we had; we should; we would.**

Wed. Wednesday.

wed·ded [ˋwɛdɪd] *adj.* ①已結婚的。②婚姻的。③結合的。④專心一致的；固執的。

***wed·ding** [ˋwɛdɪŋ] *n.* Ⓒ結婚；婚禮。§ ∼ **rìng** [**bànd**]結婚戒指。

***wedge** [wɛdʒ] *n.* Ⓒ①楔。②似楔之物。— *v.t.* ①擠進；插入；嵌入。②楔住；用楔子固定。

wed·lock [ˋwɛdlɑk] *n.* Ⓤ婚姻(生活)。

‡**Wednes·day** [ˋwɛnzdɪ] *n.* 星期三；禮拜三。

***wee** [wi] *adj.* ①極小的；微小的。②極早的；絕早的。

***weed** [wid] *n.* Ⓒ雜草。— *v.t.* ①除去(某地)的雜草。②除去；淘汰(無用或劣等的人、物)〔out〕. — *v.i.* 除雜草。§ ∼ **kìller** 除草劑。

weed·y [ˋwidɪ] *adj.* ①多雜草的。②高瘦而弱的(人)。

‡**week** [wik] *n.* Ⓒ①星期；週。②星期日以外的六天；作業日。

***week·day** [ˋwik͵de] *n.* Ⓒ平日；週日。

***week·end** [ˋwikˋɛnd] *n.* Ⓒ週末(通常自星期五下午至星期日晚間)。

week·end·er [ˋwik͵ɛndɚ] *n.* Ⓒ①週末度假的人。②週末客人。

***week·ly** [ˋwiklɪ] *adj.* ①一週的；一星期的。②每週的；每週一次的。— *adv.* 每週一次地；每週地。— *n.* Ⓒ週刊；週報。

***weep** [wip] *v.i.* (**wept**)①哭泣；流淚。②流；滴落。③滲出水滴。④低垂。— *v.t.* ①爲…而哭泣；哀悼；悲歎。②流(淚)；落(淚)。

weep·ing [ˋwipɪŋ] *adj.* ①哭泣的。②垂枝的。③滲出的；滴下的。§ ∼ **wíllow** 垂柳。

weft [wɛft] *n.* (the ∼, 集合稱)〖紡〗緯線；橫經之線(爲 warp 之對)。

‡**weigh** [we] *v.t.* ①稱…的重量。②考慮；斟酌。③將…壓下去。④起(錨)。— *v.i.* ①重(若干)。②具有重要性。③重壓；壓迫。④起錨。

‡**weight** [wet] *n.* ①Ⓤ重；體重；重量。②Ⓒ錘；砝碼。③Ⓤ度量衡制度。④Ⓒ重量單位。⑤Ⓒ重物；鎮石。⑥Ⓒ(常 *sing.*)重負；重壓。⑦Ⓤ重要性；勢力。*by* ∼ 論重(賣等)；依重量計算。*carry* ∼ 有分量；受重視。*pull one's* (*own*) ∼ 盡自己的本分。*throw one's* ∼ *around* [*about*] 〖俗〗倚勢凌人。∼*s and measures* 度量衡。— *v.t.* ①加重；附以重物；使負重荷。②使苦惱。③使增加重要性。§ ∼ **lìfter** 舉重選手。∼ **lìfting** 舉重。∼ **màn** 擲鐵餅[鉛球]運動員。

weight·y [ˋwetɪ] *adj.* ①重的。②累人的；煩重的。③重要的；有力的。④有影響力的。

weir [wɪr] *n.* Ⓒ①堰。②魚梁(爲捕魚順水勢所設之柵)。

***weird** [wɪrd] *adj.* ①非人世所有的；超乎事理之外的；不可思議的；奇異的。②命運的。

‡**wel·come** [ˋwɛlkəm] *interj.* 歡迎。— *n.* Ⓒ①歡迎。②款待；接待。— *v.t.* 歡迎；樂意接受。— *adj.* ①受歡迎的。②可隨便享用的；可任意使用的。③無任何約束的；無任何義務的(對表示謝意的人之謙虛話)。You're ∼. 不客氣。

weld [wɛld] *v.t.* ①鎔接；焊接；鍛接。②密結；結合。— *v.i.* 鎔接；焊接；鍛接。— *n.* Ⓒ①鎔接之接頭；接合處。②鎔接。

***wel·fare** [ˋwɛl͵fɛr, -͵fær] *n.* Ⓤ福祉；福利；安寧；幸福。§ ∼ **stàte** 福利國家(各種社會福利制度完善的國家)。∼ **wòrk** 救濟事業。

wel·kin [ˋwɛlkɪn] *n.* (the ∼)〖詩〗蒼穹；天空(=sky).

‡**well**[1] [wɛl] *adv.* (**bet·ter, best**)①良好地；很好地。②徹底地；全然地；充分地。③甚；頗；頗多地。④適當地；有理由地。⑤詳細地；週全地。*as* ∼ a. 也；同樣地。b. 此外。*as* ∼ *as* a. 同；和；不僅；除…外。b. 同樣好。*do* ∼ *to* 幸而；幸虧；幸好。*live* [*do oneself*] ∼ 生活優裕。— *adj.* (**bet·ter, best**)①健康的；安好的。②好的；良好的；適宜的。(*all*) ∼ *and good* 好吧；就這樣吧。*It is all very* ∼.... 那的確很好…(表不滿或不贊成之反語)。*let* ∼ (*enough*) *alone* 那樣就很好了，別去管它。— *interj.* 表示驚愕、同意、安慰、期待、允諾、讓步等的溫和的感歎詞。

‡**well**[2] *n.* Ⓒ①井。②泉。③泉源；來源。④井孔(裝於建築物的中間，從頂層到底層，以安設樓梯及電梯)。⑤(法庭的)律師席。— *v.i.* 湧出；噴出；流出。

W

we'll [wil] =**we shall; we will.**
well-ap·point·ed [ˋwɛləˋpɔɪntɪd] *adj.* 裝備完善的；配備齊全的。
well-bal·anced [ˋwɛlˋbælənst] *adj.* ①(精神上)正常的；意識健全的。②均衡的。
well-be·ing [ˋwɛlˋbiɪŋ] *n.* Ⓤ 健康；幸福；福利。
well·born [ˋwɛlˋbɔrn] *adj.* 出身名門的。
well-bred [ˋwɛlˋbrɛd] *adj.* ①有教養的；有禮貌的。②良種的(馬等)。
well-de·fined [ˋwɛldɪˋfaɪnd] *adj.* 定義明確的；清晰的。
well-dis·posed [ˋwɛldɪsˋpozd] *adj.* 懷好意的；親切的。
well-done [ˋwɛlˋdʌn] *adj.* ①做得好的；做得出色的。②完全煮熟了的。— *interj.* 好！做得好！
well-dressed [ˋwɛlˋdrɛst] *adj.* ①穿著入時的。②(修剪等)合宜的。
well-es·tab·lished [ˋwɛləsˋtæblɪʃt] *adj.* (習慣等)已被大眾接受的；已建立地位的。
well-fixed [ˋwɛlˋfɪkst] *adj.* 有錢的；富有的。
well-found·ed [ˋwɛlˋfaʊndɪd] *adj.* 有充分根據[理由]的。
well-groomed [ˋwɛlˋgrumd] *adj.* 梳洗得整潔的；穿得整潔的。
well-ground·ed [ˋwɛlˋgraʊndɪd] *adj.* ①有充分理由[根據]的。②(對某學科)基礎好的。
well-heeled [ˋwɛlˋhild] *adj.* 〖俚〗富有的；有錢的。
well-in·formed [ˋwɛlɪnˋfɔrmd] *adj.* ①見聞廣博的。②消息靈通的。
well-in·ten·tioned [ˋwɛlɪnˋtɛnʃənd] *adj.* (出自)善意的。
well-knit [ˋwɛlˋnɪt] *adj.* ①結實的；堅牢的。②組織嚴密的。
***well-known** [ˋwɛlˋnon] *adj.* 著名的；爲大家所熟知的。
well-man·nered [ˋwɛlˋmænərd] *adj.* 有禮貌的；舉止得體的。
well-mean·ing [ˋwɛlˋminɪŋ] *adj.* ①(人)善意的；好心的。②(行爲等)出自善意的。
well-nigh [ˋwɛlˋnaɪ] *adv.* 〖文〗殆；幾乎(=almost).
well-off [ˋwɛlˋɔf] *adj.* ①相當富有的。②在舒適的狀態中的。
well-round·ed [ˋwɛlˋraʊndɪd] *adj.* ①豐滿的。②各方面俱備的。

well-spo·ken [ˋwɛlˋspokən] *adj.* ①說話流利的。②善於辭令的。③得體的(話)。
well·spring [ˋwɛl͵sprɪŋ] *n.* Ⓒ ①水源。②來源。
well-to-do [ˋwɛltəˋdu] *adj.* 小康的；富裕的。
Welsh [wɛlʃ, wɛltʃ] *adj.* 威爾斯(Wales)的；威爾斯人[語]的。— *n.* ①(the ～, 集合稱)威爾斯人。②Ⓤ 威爾斯語。§ ～ **córgi** 威爾斯柯基犬(威爾斯產的一種狐頭矮腳狗)。～ **rábbit**[**rárebit**] (用來塗麪包的)威爾斯乳酪。
Welsh·man [ˋwɛlʃmən, ˋwɛltʃmən] *n.* Ⓒ (*pl.* **-men**)威爾斯人。
welt [wɛlt] *n.* Ⓒ ①〖俗〗傷痕。②〖俗〗毆打。③(鞋底和鞋面接縫間的)革條。④鑲邊；貼邊。— *v.t.* ①加以革條或貼邊。②〖俗〗重笞；重打。
wel·ter [ˋwɛltɚ] *v.i.* ①(海浪等)澎湃；洶湧。②翻滾。③沈浸；耽溺。— *n.* (*sing.*) ①澎湃；洶湧；翻滾。②騷動；混亂。
wel·ter·weight [ˋwɛltɚ͵wet] *n.* Ⓒ 輕中量級之拳擊者或角力者。
wench [wɛntʃ] *n.* Ⓒ ①少女；少婦。②鄉婦；僕婦。
wend [wɛnd] *v.t.* (**wend·ed** or〖古〗**went**)〖詩〗向…而進；去。— *v.i.* 行；前進。
‡**went** [wɛnt] *v.* pt. of **go.**
wept [wɛpt] *v.* pt. & pp. of **weep.**
‡**were** [wɜ, ͵wɜ] *v.* ① pt. of **be**(複數，及第二人稱，單數，直說法)。② past subjunctive of **be**(第一、二、三人稱，單複數，假設法的過去式)。
we're [wir, ˋwɪr] =**we are.**
‡**weren't** [wɜnt] =**were not.**
‡**west** [wɛst] *n.* ①(the ～)西；西方；西部。②(the W-)美國西部。③(the W-)西洋；西方各國。— *adj.* 西方的；在西方的；向西方的；來自西方的。— *adv.* 向西。*go* ～〖俚〗歸西；死。§ the **W- Índies** 西印度群島。**W- Índian** 西印度群島的(人)。**W- Póint** (1)西點(在美國紐約州，爲西點軍校所在地)。(2)西點軍校。
west·er·ly [ˋwɛstɚlɪ] *adj.* ①西方的；在西方的。②向西方的。③來自西方的。— *adv.* ①向西。②來自西方。— *n.* Ⓒ 西風。
‡**west·ern** [ˋwɛstɚn] *adj.* ①向西方的。②來自西方的。③(在)西方的。

④(W-)西洋的; 歐美的; 美國西部的。— *n.* Ⓒ (常 W-)〖俗〗西部片; 西部的人。§ **the W~ Hémisphere** 西半球(指南北美洲大陸)。

West·ern·er [ˋwɛstənə] *n.* Ⓒ ①西方人; 歐美人。②〖美〗西部人。

west·ern·ize [ˋwɛstə͵naɪz] *v.t.* 使歐化; 使西洋化。

***west·ward** [ˋwɛstwəd] *adj.* (向)西方的。— *adv.* 向[在]西方。— *n.* (the ～)西方。— **ly,** *adv.*

west·wards [ˋwɛstwədz] *adv.* = **westward.**

‡**wet** [wɛt] *adj.* (**-tt-**)①濕的。②降雨的; 多雨的。③〖美俚〗允許釀酒販賣的。***all*** ～〖俚〗完全錯誤; 大錯特錯。～ ***through*** 濕透。～ ***to the skin*** 全身濕透的。— *v.t.* (**wet** or **wet·ted, wet·ting**) ①使濕。②撒尿於。— *v.i.* 變濕。— *n.* ① Ⓤ 濕氣; 水分; 水; 液體。②(the ～)雨; 雨天。③ Ⓒ〖美俗〗反對禁酒者(爲 dry 之對)。④(a ～)〖英俚〗飲酒; (一杯)酒。§ ～ **blánket** 掃興的人或物; 煞風景者。～ **drèam** 夢精; 夢遺。～ **nùrse** 乳母。～ **sùit** 潛水衣。— **ly,** *adv.*

wet·back [ˋwɛt͵bæk] *n.* Ⓒ 非法進入美國境內之墨西哥人。

wet-nurse [ˋwɛt͵nɝs] *v.t.* ①當…之乳母。②過分庇護; 溺愛。

we've [wiv, wɪv] = **we have.**

WFTU, W.F.T.U. World Federation of Trade Unions 世界工會聯盟。

whack [hwæk] *v.t. & v.i.* ①〖俗〗重擊; 猛擊; 用力打。②〖俚〗分成…份; 分配。— *n.* Ⓒ ①〖俗〗敲擊; 重擊。②(常 *sing.*)〖俚〗一試; 嘗試。③(常 *sing.*)〖俚〗分配之一份。

whale** [hwel] *n.* (*pl.* ～, **～s**)① Ⓒ 鯨; 巨大的東西。② Ⓤ 鯨魚肉。a*** ～ ***of*** 非常。— *v.i.* 捕鯨。

whale·bone [ˋhwel͵bon] *n.* Ⓤ 鯨鬚(製品)。

whal·er [ˋhwelə] *n.* Ⓒ ①捕鯨者。②捕鯨船。

whal·ing [ˋhwelɪŋ] *n.* Ⓤ 捕鯨。

***wharf** [hwɔrf] *n.* Ⓒ (*pl.* **wharves** [hwɔrvz], **～s**)碼頭; 埠頭。

wharf·age [ˋhwɔrfɪdʒ] *n.* Ⓤ ①碼頭之使用(費)。②(集合稱)碼頭。

‡**what** [hwɑt] *pron.* ①甚麼(作疑問代名詞用)。②作關係代名詞用(= that which, those which, any that). ③多少錢。***and*** ～ ***have you; and*** ～ ***not*** 諸如此類; 等等。***I'll tell you*** ～. 我告訴你(做甚麼); 我有好主意。～ ***about***[***of***] **a.** …會怎樣? …怎樣了? **b.** (徵求對方的意見)如何? 怎樣? ～ ***for*** 爲甚麼; 爲何。～ ***if*** 假設…; 如果…該怎麼辦。— *adj.* ①甚麼(作疑問形容詞)。②所…的; 任何的(作關係形容詞= that...which, those...which, any...that). ③多麼; 何等(用以表示驚訝、懷疑、忿怒、喜愛等)。— *adv.* ①多麼。②到何程度。— *interj.* (表疑問、驚訝)什麼! 怎麼!

what·e'er [hwɑtˋɛr] *pron. & adj.* 〖詩〗= **whatever.**

‡**what·ev·er** [hwɑtˋɛvə] *pron.* ①不論甚麼; 任何。②〖俗〗究竟甚麼。— *adj.* 不論甚麼; 任何的。

what·not [ˋhwɑt͵nɑt] *n.* ① Ⓒ 放置裝飾品之格架。② Ⓤ 種種東西[人]。

what's [hwɑts] ①= **what is.** ②= **what has.**

***what·so·ev·er** [͵hwɑtsoˋɛvə] *pron. & adj.* = **whatever.**

‡**wheat** [hwit] *n.* Ⓤ 小麥。§ ～ **gérm**〖植〗小麥胚芽。

wheat·en [ˋhwitn̩] *adj.* ①小麥製成的; 麵粉做成的。②小麥的。

whee·dle [ˋhwidl̩] *v.t.* 以甜言蜜語勸誘[哄騙]。

‡**wheel** [hwil] *n.* ① Ⓒ 輪; 車輪。② Ⓒ 輪狀物。③(the ～)舵輪。④ Ⓒ 紡車。⑤ Ⓒ〖俗〗腳踏車。⑥(thé ～)方向盤。⑦ Ⓒ (常 *pl.*)原動力。⑧(*pl.*)機器; 汽車。⑨ Ⓒ 轉動; 迴旋。⑩ Ⓒ (常 big ～)政治領袖; 重要人物。***at the*** ～ **a.** 駕駛。**b.** 控制。***Fortune's*** ～ 時運; 流年。***go on*** ～***s*** 順利進行。～***s within*** ～***s*** 複雜的機構; 複雜的事情。— *v.t.* ①旋轉; 使轉變方向。②以車載運。③裝以車輪。— *v.i.* ①旋轉; 轉變方向; 迴旋。②〖俗〗騎腳踏車。③駕車前進。～ ***and deal*** 運用權力或財勢爲所欲爲。

wheel·bar·row [ˋhwil͵bæro] *n.* Ⓒ (獨輪)手推車。

wheel·chair [ˋhwilˋtʃɛr] *n.* Ⓒ (病人用之)輪椅。

wheeze [hwiz] *v.t. & v.i.* 喘息; 哮喘; 喘哮而說。— *n.* Ⓒ ①喘息; 哮喘。②〖俚〗俏皮話; 老生常談的笑話。

W

wheez·y [ˋhwizɪ] *adj.* 喘息聲的。

whelp [hwɛlp] *n.* Ⓒ ①幼犬；(獅、虎等之)幼兒。②〖蔑〗孩子；小鬼；小子。— *v.i.* & *v.t.* (獸)產子。

‡**when** [hwɛn] *adv.* ①何時；甚麼時候。②從前境遇較差時。— *conj.* ①當…時；在…的時候。②在其時；在那時。③每逢。④儘管；雖然。⑤在…以後。⑥相反；而。— *pron.* ①何時。②那時。— *n.* (the ～)時間；時期。

***whence** [hwɛns] *adv.* ①從何處。②由何；何以。— *conj.* 來處；原因。

when·e'er [hwɛnˋɛr] *adv.* 〖詩〗= **whenever.**

‡**when·ev·er** [hwɛnˋɛvɚ, hwən-] *conj.* 不論何時；每逢。— *adv.* 甚麼時候(=when ever).

when·so·ev·er [ˏhwɛnsoˋɛvɚ] *conj.* & *adv.* =**whenever.**

‡**where** [hwɛr] *adv.* ①何處；在[向，從]何處。②在哪方面；在哪一點上。— *conj.* ①在那裡；在該處；在…地方。②在那種情況；在那方面。— *n.* (the ～)地點；場所。

where·a·bouts [ˏhwɛrəˋbaʊts] *adv.* 在何處。—[ˋhwɛrəˏbaʊts] *n.* Ⓤ (作 *sing.* or *pl.* 解)下落。

where·as [hwɛrˋæz] *conj.* ①然而；而；雖然；可是(=but, while). ②就…而論；鑒於。— *n.* Ⓒ 正式文件(尤指用 whereas 開頭之文件)之開場白。

where·by [hwɛrˋbaɪ] *adv.* ①用以…；藉以。②因此；由是。

where·fore [ˋhwɛrˏfor] *adv.* 爲何；何故。— *conj.* 因此。— *n.* (the ～, *pl.*)理由；原因。

W

where·in [hwɛrˋɪn] *adv.* ①在何處；何在。②在其中；在該處。

where·on [hwɛrˋɑn] *adv.* ①在其上。②在甚麼上面(用於疑問句中)。

where·so·ev·er [ˏhwɛrsoˋɛvɚ] *conj.* & *adv.*=**wherever.**

where·up·on [ˏhwɛrəˋpɑn] *adv.* 於是；因此。— *conj.* 在甚麼上面；在其上。

***wher·ev·er** [hwɛrˋɛvɚ] *conj.* & *adv.* 不管在何處；無論何處。

where·with [hwɛrˋwɪθ] *adv.* & *conj.* ①用甚麼。②用那個。

whet [hwɛt] *v.t.* (-**tt**-) ①磨。②刺激；使變興奮。

‡**wheth·er** [ˋhwɛðɚ] *conj.* ①是否。②…抑或…〔or〕. ③不論。**～ *or no*** 總之；無論如何；必定。

whet·stone [ˋhwɛtˏston] *n.* Ⓒ 磨(刀)石。

‡**which** [hwɪtʃ] *pron.* ①(疑問代名詞)哪一個；哪些；何者；誰。②(用於從屬子句中)該物；該事；該種情形。③(而)這個；(但)那個。④任何其中之一。— *adj.* ①(用在名詞前)哪一個；哪些。②(用於從屬句中)其；該。③無論如何。

***which·ev·er** [hwɪtʃˋɛvɚ] *pron.* 不論何者；任何。— *adj.* 任何一個。

whiff [hwɪf] *n.* ①(a ～)(風、煙等的)一吹；一陣；一噴；一陣氣味。② Ⓒ (常 *pl.*)(香煙等的)吸入。③ Ⓒ 〖棒球〗揮棒落空。— *v.t.* & *v.i.* 噴；吹；發出淡淡的氣味；抽(煙斗等)。

Whig [hwɪg] *n.* ①(the ～s) **a.** (十七至十八世紀的英國)民黨。**b.** (美國)自由黨。② Ⓒ 民黨黨員。

‡**while** [hwaɪl] *n.* (a ～)(短暫的)時間；暫時。for a ～ 暫時。***all the ～*** 一直；始終。***between ～s*** 有時；間或。***in a little ～*** 不久；即刻。***once in a ～*** 有時；偶爾。***the ～*** 其間；當…之時；同時。***worth (one's) ～*** 值得。— *conj.* ①當…的時候。②雖然；而。— *v.t.* 消磨；度過〔常 away〕.

***whilst** [hwaɪlst] *conj.* 〖古，方〗= **while.**

whim [hwɪm] *n.* Ⓒ ①突然的念頭；奇想；怪念頭。②〖礦〗起礦轆轤。

***whim·per** [ˋhwɪmpɚ] *v.i.* ①(小孩)啜泣；嗚咽；抽噎。②(犬等)低吠。③(人)嘀嘀咕咕抱怨。— *v.t.* 抽噎地講出。— *n.* Ⓒ 嗚嗚聲；啜泣；唏噓。

whim·si·cal [ˋhwɪmzɪkḷ] *adj.* ①多幻想的；古怪的。②難以意料的；無原則的。

whim·s(e)y [ˋhwɪmzɪ] *n.* ① Ⓒ 奇想；怪念頭。② Ⓤ 無原則的作風或行爲。

whine [hwaɪn] *v.i.* ①哀泣。②抱怨；發牢騷。— *v.t.* 以哀聲說出；以怨聲道出。— *n.* Ⓒ ①低哀之鼻聲；啜泣聲。②抱怨；牢騷。

whin·ny [ˋhwɪnɪ] *n.* Ⓒ 馬嘶聲。— *v.i.* 馬嘶。— *v.t.* 以嘶聲表示。

whip [hwɪp] *n.* ① Ⓒ 鞭。②(the ～)鞭韃。③ Ⓤ Ⓒ 由打蛋、攪奶油做成的餐後甜點心。④ Ⓒ 政黨在議會中的首腦人物[幹事]。⑤ Ⓒ 獵犬指揮員。

⑥Ⓒ馬車夫。— *v.t.* (**whipped** or **whipt, whip·ping**)①鞭打；笞責。②攪(蛋以及奶油等)。③迅速[突然]移動或攫取。④〖美俗〗擊敗；勝過。⑤別上(針縫)；縫上(衣邊)。⑥纏；繞(繩索)。⑦用釣竿抽釣。— *v.i.* ①迅速而忽然地移動或經過。②飄盪；揮動。~ *in*[*together*] **a.** 用鞭子召攏(獵犬)。**b.** 召集(黨員)。~ *up* 〖俗〗**a.** 迅速地計劃或湊攏。**b.** 煽動；挑逗；激起。§ **the ~ hànd a.** (執鞭的)右手。**b.** 控制；支配；優勢。

whip·per·snap·per [ˋhwɪpɚ-ˏsnæpɚ] *n.* Ⓒ傲氣十足的人。

whip·ping [ˋhwɪpɪŋ] *n.* ⓊⒸ ①鞭笞。②〖俗〗敗北。§ **~ bòy**(從前陪王子讀書並)代受鞭打的小孩。

***whir(r)** [hwɜ] *n.* Ⓒ (常*sing.*)鳥的疾飛聲；呼呼的聲音。— *v.i.* (**-rr-**)呼呼地急速轉動；颼颼地飛。

***whirl** [hwɜl] *v.i.* ①迴旋；旋轉。②急走；急動。③(頭腦)眩暈；(思緒)紛亂。— *v.t.* ①使迴旋；旋轉。②迅速載走。— *n.* ①Ⓒ迴旋；旋轉。②Ⓒ旋轉物；漩渦。③(a ~)精神的混亂；錯亂。④Ⓒ(常 *sing.*)一連串(的事件等)；接連不斷；忙亂。⑤(a ~)〖俗〗嘗試。

whirl·i·gig [ˋhwɜlɪˏgɪg] *n.* Ⓒ ①陀螺。②旋轉木馬。③鼓蟲。④旋轉(運動)。

whirl·pool [ˋhwɜlˏpul] *n.* Ⓒ ①漩渦。②紛亂。

***whirl·wind** [ˋhwɜlˏwɪnd] *n.* Ⓒ ①旋風。②似旋風之物。— *adj.* 匆忙的；性急的。

whisk [hwɪsk] *v.t.* ①拂；掃；揮。②使急動；迅速挾帶。③打；攪拌(蛋、奶油等)。— *v.i.* 急動；急走。— *n.* Ⓒ ①拂；掃；揮。②(刷衣服用的)小刷帚。③急行；急動。④(蛋、奶油等的)攪拌器。

***whisk·er** [ˋhwɪskɚ] *n.* Ⓒ①(常*pl.*)頰髭；髯。②(常 *pl.*)(貓等之)鬚。③(a ~)微小的距離。

***whis·k(e)y** [ˋhwɪskɪ] *n.* ⓊⒸ& *adj.* 威士忌酒(的)。

‡**whis·per** [ˋhwɪspɚ] *v.i.* ①悄悄說；耳語。②(樹葉等)作沙沙聲；作颯颯聲。— *v.t.* 低聲述說；祕密告訴。— *n.* Ⓒ ①耳語；悄悄之語。②(常*sing.*)沙沙聲；颯颯聲。

whist[1] [hwɪst] *interj.* 「噓！靜些！別鬧！」

whist[2] *n.* Ⓤ 四人分兩組對打的牌戲，演變成後來的橋牌。

‡**whis·tle** [ˋhwɪsl] *v.i.* ①吹口笛；吹哨；鳴汽笛。②發嘯聲而行進。— *v.t.* ①吹嘯出(曲調)。②用口哨喊召、通知或指揮。— *n.* Ⓒ ①口笛聲；汽笛聲；嘯聲。②警笛；汽笛。③口哨；口笛。*blow the ~ on*〖俚〗使(某人、機關等)中止某項行動。*wet one's ~*〖俗〗喝一杯(酒)。

‡**white** [hwaɪt] *n.* ①ⓊⒸ白；白色。②ⓊⒸ白色顏[染]料。③Ⓒ眼白。④Ⓤ白布；白衣服。⑤Ⓒ(常 *pl.*)白種人。— *adj.* ①白的；白色的。②蒼白無血色的。③淡色的。④白種人的。⑤降雪的。⑥空白的。⑦純潔的；無瑕疵的。⑧〖俗〗忠實的；可靠的；公平的。⑨穿白衣服的。⑩非常保守的；反動的。*bleed ~*〖俗〗剝奪…的資源；使筋疲力竭。§ **the ~ féather** 懦弱(的象徵)。**the W~ Hòuse** 白宮(美國總統官邸)。**the ~ plágue**(肺)結核病。**~ ánt** 白蟻。**~ béar** 北極熊。**~ bóok** 白皮書(政府就國內政務所發表的報告書)。**~ córpuscle**〖生理〗白血球(亦作 white blood cell). **~ dwárf**〖天〗白矮星。**~ élephant** (1)白象。(2)昂貴或大而無用之物。**~ flág** 白旗(表示休戰或投降)。**~ góld** 白合金(金和鎳與鋅、錫等的合金)。**~ hópe** 被寄予厚望者。**~ léad**〖化〗鉛白(用作白色顏料)。**~ líe** 善意的謊言。**~ lìst** 合格者[優良者]之名單。**~ màtter**〖解〗(腦、脊髓的)白質。**~ páper** 白皮書(英國政府發表的報告書)。**W~ Rússia** 白俄羅斯。**~ sàuce**(一種用奶油、麵粉、牛奶等製成的)白色調味料。**~ sláve** 被賣到國外爲娼的婦女；被迫爲奴的白種人。

white-col·lar [ˋhwaɪtˋkɑlɚ] *adj.*〖美〗白領階級的(指勞心之職業)。

White·hall [ˋhwaɪtˏhɔl] *n.*〖英〗①倫敦之一街名(爲倫敦市內各政府機關所在地)。②Ⓤ英國政府。

***whit·en** [ˋhwaɪtn̩] *v.t.* 使白；漂白。— *v.i.* 變白。

***white·ness** [ˋhwaɪtnɪs] *n.* Ⓤ ①白；蒼白。②純潔；純白。

white·wash [ˋhwaɪtˏwɑʃ] *v.t.* ①用石灰刷白；粉刷。②掩飾(過錯)。③〖俗〗使獲零分而慘敗。— *n.* ①Ⓤ石灰水。②ⓊⒸ對錯誤或過失之掩飾。③ⓊⒸ〖俗〗運動比賽得零分而敗北。

W

***whith·er** [ˋhwɪðɚ] *adv.* 向何處。 — *conj.* 向那裡。

whit·ing [ˋhwaɪtɪŋ] *n.* (*pl.* ~, ~**s**) ①Ⓒ〖魚〗牙鱈。②Ⓤ白堊粉。

whit·ish [ˋhwaɪtɪʃ] *adj.* 略白的；稍白的。

whit·low [ˋhwɪtlo] *n.* Ⓒ〖醫〗①膿性指頭炎。②(獸類之)蹄冠炎。

Whit·sun·day [ˋhwɪtˋsʌndɪ] *n.* Ⓤ(有時 the ~)聖靈降臨節(復活節後的第七個禮拜日)。

whit·tle [ˋhwɪtl] *v.t.*①削修；削切；削。②逐漸減少；削減(away, down). — *v.i.* 削；削修。

whiz(z) [hwɪz] *v.i.*作颼颼聲；呼嘯掠過。 — *n.*①Ⓤ颼颼聲。②Ⓒ短期旅行。③Ⓒ〖俚〗高手；專家。§ ~ **kìd** 〖俗〗青年才俊；有實力者；在企業界迅速成功者；神童。

‡**who** [hu] *pron.* (所有格 **whose,** 受格 **whom**)①(作疑問代名詞用)誰；何人。②(作關係代名詞用)那個人；其人。

WHO, W.H.O. World Health Organization. 世界衛生組織。

who·dun·it [huˋdʌnɪt] *n.* Ⓒ〖俚〗偵探小說或劇本。

***who·ev·er** [huˋɛvɚ] *pron.* (所有格 **whosever,** 受格 **whomever**)①不論誰；任何人。②究竟是誰。

‡**whole** [hol] *adj.* ①完全的。②全部的；整個的。③完整的；未破碎的；未受傷的。④健康的。⑤整數的。*be made out of ~ cloth* 全是捏造或想像的。 — *n.* Ⓒ(常*sing.*)①(the ~)全部；全體；整體。②完全之體系。*as a ~* 就全體而論；整個看來。*on* [*upon*] *the ~* **a.** 整個看起來。**b.** 大概。§ ~ **fòod** 〖英〗天然食品；(無添加物的)營養食品。~ **hóg** 〖俚〗最大程度；全部。~ **mílk** 全脂奶。~ **nòte** 〖樂〗全音符(=〖英〗semibreve). ~ **númber** 〖數〗整數。

whole·heart·ed [ˋholˋhɑrtɪd] *adj.* 熱誠的；專心一意的。

whole·meal [ˋholˏmil] *adj.* 〖英〗=**whole-wheat.**

***whole·sale** [ˋholˏsel] *n.* Ⓤ批發；躉售。*by ~*大量的；大批的。 — *adj.* ①批發的。②大批的；大規模的。 — *adv.* 大批地。 — *v.t. & v.i.* 批發。— **whole'sal·er,** *n.*

***whole·some** [ˋholsəm] *adj.* ①合乎衛生的；有益健康的。②有益的；裨益心智或道德的。—**ly,** *adv.*

whole-wheat [ˋholˋhwit] *adj.* 全麥做的。~ bread 全麥麵包。

***whol·ly** [ˋholɪ] *adv.* 完全地；全部地；全然地。

‡**whom** [hum, hʊm] *pron.* **who** 的「受格。」

whoop [hup, hwup] *n.* Ⓒ①高聲呼叫；呼喊；吶喊。②梟鳴聲。③(百日咳的)喘息聲。 — *v.i.* ①高聲呼叫；尖叫；吶喊。②作梟叫。③喘息。 — *v.t.* ①高聲吼叫。②以高聲呼叫驅策。*~ it* [*things*] *up* 〖俚〗**a.**喧鬧；喝酒歡鬧。**b.**鼓起熱烈興趣。§ ~**ing còugh** 百日咳。

whore [hor] *n.* Ⓒ娼妓。 — *v.i.* ①嫖妓。②當娼妓。

who's [huz] =**who is; who has.**

‡**whose** [huz, hʊz] *pron.* (**who, which** 的所有格)誰的；其。

‡**why** [hwaɪ] *adv.*①(作疑問副詞用)爲甚麼；何故。*W-* not? 爲甚麼不? 有甚麼不可以? ②(作關係副詞用)所以；所以…的原因。 — *n.* (*pl.* ~**s**) (*pl.*)原因；理由。 — *interj.* 表示驚奇、懷疑、異議、承認、發現等的感歎詞。

wick [wɪk] *n.* Ⓒ燈芯；蠟燭芯。

***wick·ed** [ˋwɪkɪd] *adj.* ①邪惡的。②惡作劇的；有惡意的。③〖俗〗不愉快的。④〖俗〗狂暴的。⑤非常危險[麻煩]的。⑥難聞的。

wick·er [ˋwɪkɚ] *n.* ①ⓊⒸ(集合稱)柔枝；柳條。②Ⓤ(集合稱)枝編細工。③Ⓤ柳條編製品。 — *adj.*用柳枝做的；用枝條製成的。

wick·er·work [ˋwɪkɚˏwɝk] *n.* Ⓤ(集合稱)柳條編製品。

wick·et [ˋwɪkɪt] *n.* Ⓒ①(大門上或大門旁的)便門；小門。②小窗口(如售票處之窗戶)。③水壩之閘門；放水門。④〖板球〗**a.** 三柱門。**b.** 投球場(的情況)。

‡**wide** [waɪd] *adj.* ①寬廣的；廣闊的。②寬…的。③淵博的；廣泛的。④張大的。⑤遠離標的的(of). — *adv.*①廣闊地；廣大地。②遍及各處地。③遠離標的地。§ ~ **área nétwork**〖電算〗廣域網路。

wide-an·gle [ˋwaɪdˋæŋgl] *adj.* 〖攝〗廣角度的；用廣角透鏡的。

wide-a·wake [ˋwaɪdəˋwek] *adj.* ①極清醒的。②機警的。

wide-eyed [ˋwaɪdˏaɪd] *adj.* ①睜大眼睛的。②目瞪口呆的；大爲驚異的。③天真的。

***wide·ly** [ˋwaɪdlɪ] *adv.* ①範圍廣

地。②寬闊地。③很大地。

***wid·en** [ˋwaɪdn̩] *v.t.* 加寬；增廣。 — *v.i.* 變寬；擴展。

wide-rang·ing [ˋwaɪdˋrendʒɪŋ] *adj.* 範圍廣闊的。

***wide·spread** [ˋwaɪdˋsprɛd] *adj.* ①擴展開的。②普及的；流傳廣遠的。

***wid·ow** [ˋwɪdo] *n.* Ⓒ 孀婦；寡婦。 — *v.t.* 使成寡婦；使喪偶。

wid·ow·er [ˋwɪdəwɚ] *n.* Ⓒ 鰥夫。

wid·ow·hood [ˋwɪdo,hud] *n.* Ⓤ Ⓒ 寡居(期)。

***width** [wɪdθ] *n.* ① Ⓤ Ⓒ 廣；寬闊。② Ⓒ 有一定寬度的東西；(布)一幅。③ Ⓤ Ⓒ (心胸)廣闊。

wield [wild] *v.t.* 揮舞；使用；支配。

wie·ner [ˋwinɚ] *n.* Ⓤ Ⓒ 〖美〗燻製之牛肉或豬肉香腸。(亦作**wienerwurst**)

‡**wife** [waɪf] *n.* Ⓒ (*pl.* **wives** [waɪvz]) ①妻；婦。②〖古〗婦人。***an old wives' tale*** 充滿迷信的無稽故事。***take (a woman) to*** ～ 娶(某女)爲妻。

***wig** [wɪg] *n.* Ⓒ 假髮。 — *v.t.* (**-gg-**) ①使戴假髮。②責罵。

wigged [wɪgd] *adj.* 戴假髮的。

wig·gle [ˋwɪgl̩] *v.i.* (以輕快之動作)移動；搖動；擺動。 — *v.t.* 使搖動；使迅速擺動。 — *n.* Ⓒ ①快速擺動；搖動。②彎曲線。

wig·gler [ˋwɪglɚ] *n.* Ⓒ ①扭動[擺動]的人[物]。②〖昆〗孑孓。

wight [waɪt] *n.* Ⓒ 〖古，方〗人。 — *adj.* 〖蘇，古〗①勇猛的。②輕捷的。

wig·wag [ˋwɪg,wæg] *v.t.* & *v.i.* (**-gg-**) ①來回搖擺。②搖擺手臂、信號旗或燈以發出(信號)。 — *n.* 〖海〗① Ⓒ 旗語[燈火]信號。② Ⓤ 此種信號法。

wig·wam [ˋwɪgwɑm, -wɔm] *n.* Ⓒ (北美印第安人的)小屋；帳篷。

‡**wild** [waɪld] *adj.* ①野性的；野生的。②無人居住的；荒野的。③容易驚恐的；難接近的。④未開化的。⑤放肆的；放蕩的。⑥暴亂的；紊亂的。⑦狂暴的；激昂的；憤怒的。⑧有暴風雨的。⑨狂妄的；胡亂的。⑩迫切的；殷切的。⑪(計劃等)荒唐的。⑫激烈的。***run*** ～ **a.**放蕩。**b.**滋生；到處蔓延。 — *adv.*暴亂地；胡亂地。 — *n.* (the ～, 常 *pl.*)荒地；荒野；未開墾之地。§ ～ **bóar**〖動〗野豬。～ **bríer** 〖植〗歐洲野薔薇；多花薔薇。～ **cárd** 〖牌戲〗百搭；萬能牌(丑角牌等)。～ **cát** 野貓。～ **dúck** 〖鳥〗野鴨；鳧。～ **fôwl** 獵鳥；野禽。～ **góose** 〖鳥〗雁。～ **hýacinth** 〖植〗(1)北美喀瑪霞(似風信子的植物)。(2)歐洲藍綿棗兒。～ **óat** 〖植〗野燕麥。～ **róse** 〖植〗野薔薇。 — **ly,** *adv.* — **ness,** *n.*

***wild·cat** [ˋwaɪld,kæt] *n.* Ⓒ ①〖動〗山貓。②兇狠的鬥者。③〖俗〗未掛車箱的火車頭。④野貓井(盲目鑽探的油井)。 — *adj.*①不穩固的；不安全的；冒險性的。②(機器)失去控制而亂轉動的。③未經允許或指示而參加罷工的。§ ～ **stríke** 未經總工會允許或違反合約的罷工。

wil·de·beest [ˋwɪldə,bist] *n.* Ⓒ (*pl.* ～**s,** ～)非洲產的大羚羊；角馬。

***wil·der·ness** [ˋwɪldɚnɪs] *n.* ① (the ～)荒地；荒野。② Ⓒ (常*sing.*)雜亂的一堆或一群。

wild-eyed [ˋwaɪld,aɪd] *adj.* 目光兇暴的。

wild·fire [ˋwaɪld,faɪr] *n.* Ⓤ ①(昔日戰爭用之)強烈燃燒物。②無雷聲之閃電。***spread like*** ～ (消息、謠言等)迅速地傳播。

wild·flow·er [ˋwaɪld,flauɚ] *n.* Ⓒ 野花。(亦作 **wild flower**)

wild·fowl [ˋwaɪld,faul] *n.* Ⓒ (*pl.* ～**s,** 集合稱 ～)獵鳥；野禽。

wild·life [ˋwaɪld,laɪf] *n.* Ⓤ (集合稱)野生動植物。

wild·wood [ˋwaɪld,wud] *n.* Ⓒ 天然林；原始林。

wile [waɪl] *n.* Ⓒ (常 *pl.*)詭計；策略。 — *v.t.* 消磨。～ ***away the time*** 愉快地消磨掉時間。

***wi(l)l·ful** [ˋwɪlfəl] *adj.* ①任性的；剛愎的。②故意的。 — **ly,** *adv.* — **ness,** *n.*

‡**will**[1] [wɪl] *aux. v.* (*pt.* **would**) ①(表示單純未來時)將。②願意(=be willing to)。③願望。④能；可以(=be able to, can)。⑤必須(=must)。

‡**will**[2] *n.* ① Ⓤ (常the ～)意志。② Ⓤ (又作a ～)意志力。③ Ⓤ (常 one's ～)目的；決心；意向。④ Ⓒ 遺囑。⑤ Ⓤ 對他人的感情。***against one's*** ～ 非出於自願。***at (one's)*** ～ 隨意。***do the*** ～ ***of*** 服從。***have one's*** ～ 如願以償。***with a*** ～樂意地；熱心地；有決心地。 — *v.t.*①決定；以意志力驅使。②立遺囑贈與。③立遺囑。④願；望。 — *v.i.*①決意；運用意志力。②願；望。§ ～ **cóntest** 求證遺囑是否有效之法律訴訟。～ **pôwer** 意志力；自制力。

***will·ful** [ˋwɪlfəl] *adj.*①任性的；倔

W

強的；頑固的。②故意的。

wil·lies [ˋwɪlɪz] *n. pl.* (the ～)一陣緊張。

***will·ing** [ˋwɪlɪŋ] *adj.*情願的；欣然從事的。— **ly,** *adv.* — **ness,** *n.*

will-o'-the-wisp [ˌwɪləðəˋwɪsp] *n.* Ⓒ①磷火；鬼火。②**a.** 騙人的東西；不可靠的人。**b.** 無法達到的目標。

***wil·low** [ˋwɪlo, ˋwɪlə] *n.* ① Ⓒ柳樹。② Ⓤ 柳木。③ Ⓒ 柳木製成之物。— *adj.* 柳條編的；柳木製的。

wil·low·y [ˋwɪləwɪ] *adj.*①苗條的。②多柳樹的。

wil·ly-nil·ly [ˋwɪlɪˋnɪlɪ] *adv.* 不管願不願意；不管怎樣。— *adj.* 猶豫不決的；拖延的。

wilt[1] [wɪlt] *v.i.*①枯萎；凋謝。②衰微；凋零；頹喪。— *v.t.* 使枯萎；使凋謝；使衰微。— *n.* Ⓤ ①凋謝；衰微。②(亦作**wilt disease**)〖植〗枯萎病。

***wilt**[2] *aux. v.* 〖古〗will 之第二人稱，單數，現在式，直陳法。

wil·y [ˋwaɪlɪ] *adj.*有智謀的；狡詐的。

wim·ble [ˋwɪmbḷ] *n.* Ⓒ 鑽；錐。

wimp [wɪmp] *n.* Ⓒ 軟弱無能的人。

wim·ple [ˋwɪmpḷ] *n.* Ⓒ (中古時期婦人所戴，現在修女仍用之)頭巾。— *v.t.* ①以頭巾包之。②使起漣漪。— *v.i.* 起漣漪。

‡**win** [wɪn] *v.t.* (**won** [wʌn], **winning**)①贏得；獲得。②在…之中獲得勝利[成功]。③(經過努力而)到達。④勸誘；說服。⑤獲得某人之愛。— *v.i.* 獲勝；成功。～ ***out*** 〖俗〗獲勝；成功。～ ***the day*** [***field***]戰勝。～ ***through*** 歷經千辛萬苦而終獲成功。— *n.* Ⓒ〖俗〗勝利；成功。

***wince** [wɪns] *v.i.* & *n.* (a ～)退避；畏縮。

winch [wɪntʃ] *n.* Ⓒ ①曲柄。②絞盤；絞車。

‡**wind**[1] [wɪnd] *n.* ①ⓊⒸ 風；強風；狂風。②ⓊⒸ 風勢；風力。③ Ⓤ 氣味。④ Ⓤ (又作 a ～)呼吸。⑤ Ⓤ 無用的空話。⑥ Ⓤ 腸胃中的氣體。⑦(*pl.*)管絃樂團吹奏管樂器的團員。⑧ Ⓤ (集合稱)管樂器。⑨ Ⓤ 暗示；朕兆。⑩ Ⓒ〖拳擊，俚〗心窩。***before the*** ～ 順風向。***between*** ～ ***and water*** **a.** 在船的吃水線處。**b.** 在危險的地方。***find out how the*** ～ ***blows*** 觀察情勢。***get*** ～ ***of*** 風聞；察覺。***in the eye*** [***teeth***] ***of the*** ～ 逆風。***in the*** ～ 在上風；將發生。***off the*** ～ 順風。***on the*** [***a***] ～ 盡可能逆風(行駛)。***take the*** ～ ***out of a person's sail*** 以先發制人的手段而占某人的上風。***the four*** ～***s***四面八方。— *v.t.* ①嗅出。②使呼吸急促。③使喘口氣。④暴露風中。§ ≂ **bànd** 管樂隊。≂**eròsion** 風蝕。≂ **gàuge** 風力計；風速計。≂ **ìndicator**(飛機場之)飛向風速指示器。≂**ìnstrument** 管樂器。≂ **ròse** 〖氣象〗風向配置圖(表示該地點的風向頻度)。≂ **scàle**〖氣象〗風級。≂**shìp** 大帆船。≂ **sòck**[**còne, slèeve**]〖氣象〗風向袋。≂ **sprínt** 短距離賽跑[衝刺]。≂ **tèe**(機場上指示風向及飛機起降方向之)「T」字形風標。≂ **tùnnel** (測定風壓對飛機或汽車等之作用的)風洞。≂ **vàne** 風標；風信旗。

‡**wind**[2] [waɪnd] *v.i.* (**wound**)①(道路、河流等)紆曲；蜿蜒。②(蛇、向上爬的植物等)盤繞；纏繞。③上發條。④迂迴[間接]地得到。— *v.t.*①迂迴地走(路)。②捲；纏繞；裹。③扭緊(機器的)發條。④使迂迴前進。⑤絞起；吊起。～ ***a person round one's little finger***隨意操縱某人。～ ***off*** 解開。～ ***up*** **a.** 結束。**b.** 捲起；纏繞。**c.** 〖棒球〗揮臂準備投球。**d.** 使緊張；使興奮。— *n.* Ⓒ ①捲；纏繞。②蜿蜒；彎曲；曲折。

wind[3] [waɪnd, wɪnd] *v.t.*(**wind·ed** or **wound** [waʊnd])吹。

wind·bag [ˋwɪndˌbæg] *n.* Ⓒ ①風囊；氣囊。②〖俚〗滿口空話之人。

wind·break [ˋwɪndˌbrek] *n.* Ⓒ 防風設備；防風林。

wind·burn [ˋwɪndˌbɜn] *n.* Ⓤ 因暴露於風中過久而引起的皮膚發炎。

wind·chill [ˋwɪndˌtʃɪl] *n.* Ⓤ〖氣象〗風寒因素。

wind·fall [ˋwɪndˌfɔl] *n.* Ⓒ①被風吹落的果實。②意外收穫。

wind·flow·er [ˋwɪndˌflaʊɚ] *n.* Ⓒ〖植〗白頭翁；銀蓮花屬植物。

***wind·ing** [ˋwaɪndɪŋ] *n.* ① Ⓤ 彎曲。②Ⓒ 迂迴；蜿蜒。③Ⓒ 纏繞物。④ ⓊⒸ 捲繞；捲起。⑤(*pl.*)不正當的方法[行為]。— *adj.*彎曲的；蜿蜒的。§≂ **shèet** 裹屍布；壽衣。

wind·lass [ˋwɪndləs] *n.* Ⓒ 起重轆轤；捲揚器；絞盤。

wind·mill** [ˋwɪndˌmɪl] *n.* Ⓒ風車。fight*** [***tilt at***] ～***s*** 同幻想[假想]中的敵人作戰。

‡**win·dow** [ˋwɪndo] *n.* Ⓒ ①窗；窗扉。②〖電算〗視窗。***have all one's goods in the*** ~金玉其外，敗絮其中。 § ~ **bòx**(置於窗台上的)花盆箱。~ **drèssing**(1)櫥窗的陳列與裝飾(法)。(2)裝飾門面。 ~ **ènvelope** 開窗信封(從貼有透明玻璃紙之處，可看到收件人的姓名、地址)。~ **frâme**窗框。~ **sàsh**(嵌玻璃的)窗框。 ~ **sèat** 靠窗座位。~ **shâde**〖美〗遮陽的窗帘。

win·dow·pane [ˋwɪndo͵pen] *n.* Ⓒ 窗玻璃。

win·dow-shop [ˋwɪndo͵ʃap] *v.i.* (-pp-) 瀏覽商店之櫥窗。— **per,** *n.*

win·dow·sill [ˋwɪndo͵sɪl] *n.* Ⓒ 窗臺。(亦作 **window sill**)

wind·pipe [ˋwɪnd͵paɪp] *n.* Ⓒ 氣管。

wind·row [ˋwɪn(d)͵ro] *n.* Ⓒ①乾草。②(鋪於地上曬乾之)穀類。③(被風吹成堆的)落葉(等)。— *v.t.* 將(草或穀物)鋪排成行。

wind·screen [ˋwɪnd͵skrin] *n.* 〖英〗= **windshield.**

wind·shield [ˋwɪnd͵ʃild] *n.* Ⓒ 〖美〗(汽車之)擋風玻璃。

wind·surf·ing [ˋwɪnd͵sɝfɪŋ] *n.* Ⓤ 風浪板運動。

wind-swept [ˋwɪnd͵swɛpt] *adj.* 被風吹亂的；迎風的。(亦作**windswept**)

wind·up [ˋwaɪnd͵ʌp] *n.* Ⓒ ①結束；完結。②〖棒球〗投手在投球前揮動胳臂的準備動作。

wind·ward [ˋwɪndwɚd] *adj.* & *adv.* 向風的[地]；頂風的[地]。— *n.* Ⓤ 上風。***get to the*** ~ ***of*** **a.** 駛到(敵船)的上風；(為躲避臭氣)轉到…的上風。**b.** 比…占有利的地位；占上風。

***wind·y** [ˋwɪndɪ] *adj.*①多風的；迎風的。②空論的；虛誇的。③多言的；多空談的。④引起腸胃中滯氣的。⑤〖俚〗受驚的。

‡**wine** [waɪn] *n.* ①ⓊⒸ 葡萄酒。②ⓊⒸ 水果酒。③Ⓤ 暗紅色。***new*** ~ ***in old bottles*** 舊瓶裝新酒；舊形式新內容。— *v.t.* 以酒款待。§ ~ **cèllar**酒窖。~ **còlor**深紅色。~ **còoler** 冷酒器。~ **gâllon** 〖英〗(從前的)加侖 (=160 fluid ounce)。~ **gròwing**種植葡萄兼釀製葡萄酒業。~ **lìst** [**càrd**] 飯館中之酒單。~ **prèss** [**prèsser**] 葡萄壓榨機。 ~ **réd** 葡萄酒色；紅色。~ **tàster** 試飲葡萄酒者；品酒者。~ **vàult** (1)藏葡萄酒的地窖。(2)酒店。

wine·glass [ˋwaɪn͵glæs] *n.* Ⓒ 小酒杯；葡萄酒杯。

win·er·y [ˋwaɪnərɪ] *n.* Ⓒ 葡萄酒釀造廠；釀酒廠。

wine·skin [ˋwaɪn͵skɪn] *n.* Ⓒ ①酒囊。②豪飲者；縱飲者。

‡**wing** [wɪŋ] *n.* Ⓒ ①翼；翅。②在形狀或用途與翼相似之物。③〖諧〗臂；獸的前腿。④建築物在邊側突出之部分；邊屋；廂房。⑤舞臺之側面。⑥(軍隊之)翼。⑦政黨等的派系。⑧〖美〗(空軍)聯隊。⑨飛翔；飛行。⑩箭翎。⑪球隊之左[右]翼。***lend*** ~***s to*** 使快走。***on the*** ~ **a.** 在飛行中的。**b.** 在旅行中的。**c.** 在活動中的。***take*** ~ **a.** 飛去。**b.** 迅速離去。— *v.t.* ①裝以翼。②使能飛。③飛過。④增加…的速度。⑤傷(鳥)之翼；傷(人)之臂。— *v.i.* 飛過。§ ~ **càse** [**còver**] 〖昆〗翅鞘。~ **chàir**(椅背成翼狀的)安樂椅。~ **commànder** 〖英空軍〗中校。

winged [wɪŋd] *adj.* ①有翅的。②能飛的。③迅速的。

wing·spread [ˋwɪŋ͵sprɛd] *n.* Ⓒ ①兩翼張開之寬度。②(飛機的)翼展。

wink** [wɪŋk] *v.i.* ①眨眼。②假裝未見。③(光、星等)閃爍。— *v.t.* ①瞬(目)；眨(眼)。②眨眼除去(灰塵、眼淚)。③使閃爍(以發信號)。— *n.*①Ⓒ眨眼。②Ⓒ暗示。③(a ~)瞬息。④Ⓒ閃爍。forty*** ~***s*** 短暫的睡眠。***tip a person the*** ~ 對人使眼色(予以警告)。

wink·er [ˋwɪŋkɚ] *n.* Ⓒ ①眨眼的人；閃爍之物。②(馬之)遮眼罩。③〖俗〗眼睛；睫毛。

***win·ner** [ˋwɪnɚ] *n.* Ⓒ ①勝利者。②得獎者；得獎作品。

***win·ning** [ˋwɪnɪŋ] *adj.* ①勝利的；得勝的。②迷人的；嬌媚的。— *n.* ①Ⓤ 贏得；獲得。②Ⓒ 贏得[獲得]的東西。③(*pl.*)打賭等的獎金。 § ~ **pòst** 田徑跑道上之終點竿。

win·now [ˋwɪno] *v.t.*①(利用風等)揚去(穀物)之糠皮等；簸(穀)。②除去(惡劣部分)；選出(優良部分)；挑出；篩選；辨別。③鼓(翼)。— *v.i.* 簸去糠皮等。— *n.* ①Ⓒ 簸穀器；簸箕。②Ⓤ 簸揚穀物。

win·some [ˋwɪnsəm] *adj.* 迷人的；悅目的；可愛的；有吸引力的。

‡**win·ter** [ˋwɪntɚ] *n.* ① ⓊⒸ (常 the ~)冬季。②Ⓒ 衰退期；晚年。③(*pl.*)年；歲。— *adj.*①冬的；冬季

的。②可備冬季用的。— *v.t.* 在冬季飼養(家畜)或保護(花草等)。— *v.i.* 過冬；避寒。§ ～ **gárden** 冬園。～ **quárters**(1)冬眠處。(2)〖軍〗冬季營地。～ **slèep** 冬眠。～ **sólstice** 冬至。～ **spórts** 冬季運動。

win·ter·green [ˋwɪntɚ,grin] *n.* Ⓒ〖植〗鹿蹄草；冬綠樹。

win·ter·ize [ˋwɪntə,raɪz] *v.t.* 備以防寒裝置。

win·ter·kill [ˋwɪntɚ,kɪl] *v.t.* & *v.i.* 凍死(指植物而言)。

win·ter·time [ˋwɪntɚ,taɪm] *n.* Ⓤ冬；冬天；冬季。

***win·try** [ˋwɪntrɪ] *adj.* ①冬的；如冬的；寒冷的。②冷淡的。

***wipe** [waɪp] *v.t.*①擦；拭；抹。②擦去；拭去。③徹底消滅；滅絕。～ *out* **a.** 徹底毀滅。**b.**〖俗〗謀殺。～ *the floor with a person*〖俚〗徹底擊敗某人。— *n.* Ⓒ ①擦；拭；抹。②〖俚〗手帕。③揮擊。

‡**wire** [waɪr] *n.*①ⓊⒸ鐵線；鐵絲。②Ⓒ〖俗〗電報。③Ⓤ鐵絲網。④ⓊⒸ電線；電纜。⑤Ⓒ(樂器的)弦。*get under the* ～及時趕到。*pull* (*the*) ～*s* 暗中操縱。— *adj.*由鐵線做成的。— *v.t.* ①用鐵絲綑起、繫起、穿起(等)。②裝以電線。③〖美俗〗拍電報給(某人)。④用鐵絲網捕捉。— *v.i.* 拍電報。§ ～ **àgency**[**sèrvice**]〖新聞〗通訊社。～ **brùsh** 鋼絲刷。～ **cùtters** 剪鐵絲鉗。～ **gàuge** 線號規。～ **gáuze** 細金屬線網。～ **nétting** 鐵絲網。～ **recòrder** 舊式的鋼絲錄音機。～ **recòrding** 鋼絲錄音。～ **rópe** 鋼索。～ **tàpping** 電信[電話]的竊聽。～ **wóol**〖英〗(刷洗鍋子等的)鋼絲刷。

W

***wire·less** [ˋwaɪrlɪs] *adj.* ①無線的。②無線電的。— *n.* ①Ⓤ無線電。②Ⓤ無線電報；無線電話。③〖主英〗**a.**Ⓒ收音機。**b.**Ⓤ(the ～)無線電臺之廣播節目。— *v.t.* & *v.i.* 以無線電傳送消息。

wire·pull·er [ˋwaɪr,pʊlɚ] *n.* Ⓒ ①木偶[傀儡]之牽線者。②〖俗〗幕後之操縱者。

wire·tap [ˋwaɪr,tæp] *v.t.*(**-pp-**)〖美〗竊聽(電信、電話)；偷聽(某人等)的電話。— *v.i.* 竊聽電信[電話]。

wir·ing [ˋwaɪrɪŋ] *n.* Ⓤ①架線；配線；接線。②(房屋等之)電線系統。

***wir·y** [ˋwaɪrɪ] *adj.* ①金屬線製的；鐵絲製的。②金屬線狀的；剛硬的。③(人體等)瘦長而結實的。

Wis·con·sin [wɪsˋkɑnsn̩] *n.*威斯康辛州(美國中北部一州)。

‡**wis·dom** [ˋwɪzdəm] *n.* ①Ⓤ智慧；睿智。②(the ～)明智的行爲或言語。③Ⓤ知識；學識。④Ⓒ〖古〗賢人。*W- of Solomon*所羅門王的智慧(舊約僞經之一卷)。§ ～ **tòoth** 智齒。

‡**wise**[1] [waɪz] *adj.*①有智慧的；明智的；聰明的。②知道的；了解的；明白的。③飽學的。*be* [*get*] ～ *to*〖俚〗瞭解。*put someone* ～〖俚〗以祕密告知某人。— *v.t.* & *v.i.* 使明白(up)。

wise[2] *n.*(*sing.*)〖古〗方式；方面；態度。

wise·crack [ˋwaɪz,kræk]〖俚〗*n.* Ⓒ俏皮話；妙語；警語。— *v.i.* 說尖刻[機靈]的話；說俏皮話。

‡**wish** [wɪʃ] *v.t.*①意欲；切望。②希望；渴望(that-clause中的that通常省略)。③需要；要；想要。④許願；祝；頌；祈。⑤表示一種關懷的願望。— *v.i.* 欲；願。～ *on*強迫；強加諸。— *n.* Ⓒ①希望；願望。②(常*pl.*)祝頌。③祈求的事物。

wish·bone [ˋwɪʃ,bon] *n.* Ⓒ(鳥胸的)叉骨；如願骨。

wish·ful [ˋwɪʃfəl] *adj.* ①渴望的；切望的；充滿希望的。②基於願望的。§ ～ **thínking** 如意算盤。

wisp [wɪsp] *n.* Ⓒ①小綹；小把；小縷。②小物件；小東西。③鬼[燐]火。

wist·ful [ˋwɪstfəl] *adj.* ①企盼的；渴望的。②沉思的；令人憂思的。

‡**wit**[1] [wɪt] *n.* ①Ⓤ(常*pl.*)心智；智力；才智。②Ⓤ機智。③Ⓒ機智者；才子。④(*pl.*)健全的神智。*be at one's* ～*'s end*窮於應付；不知所措。*have* [*keep*] *one's* ～ *about one* 機警。*live by one's* ～ 靠著小聰明混日子。

wit[2] *v.t.* & *v.i.*(**wist, wit·ting**)〖古〗知道(=know)。

***witch** [wɪtʃ] *n.* Ⓒ①巫婆。②醜老太婆。③〖俗〗美麗迷人的女性。— *v.t.* ①對…施巫術。②迷住；迷惑。§ ～ **dòctor** 巫醫。～ **házel** (1)〖植〗金縷梅。(2)金縷梅皮止痛水。～ **hùnt** (1)搜捕女巫；抓妖。(2)(以莫須有罪名進行的)政治迫害。

witch·craft [ˋwɪtʃ,kræft] *n.* Ⓤ巫術；魔法；魔力。

witch·er·y [ˋwɪtʃərɪ] *n.*=**witchcraft.**

witch·ing [ˋwɪtʃɪŋ] *adj.* 巫術的；迷人的。*the* ～ *hour of night* 半夜三更；午夜。

‡**with** [wɪð, wɪθ] *prep.*①同；偕；共；與。②帶有；具有。③用；以。④加於；包括有；含有。⑤一致；相合。⑥表示關係。⑦(引導感情、關係的對象)關於；對於。⑧由於。⑨按照…的比例。⑩隨同；隨著。⑪對。⑫同…分別。⑬(表示關係、立場)對於。⑭雖然；儘管。⑮與…同時。⑯與…同方向。⑰獲有；取得。⑱與副詞結合，表示命令。～ *it*〖俚〗**a.**走在流行尖端的。**b.**對某事甚感興趣。

with·al [wɪð`ɔl, wɪθ`ɔl] 〖古〗*adv.* ①又；且；同樣；同時。②雖說如此。— *prep.* 以(=with，但常用於目的語之後，放在句末)。

***with·draw** [wɪð`drɔ, wɪθ-] *v.t.* (**-drew, -drawn**)取回；撤回；收回；撤銷；撤退。— *v.i.* 撤退；退去。— **al,** *n.*

***with·er** [`wɪðə] *v.i.* ①(植物)凋謝；枯萎；萎縮。②(希望)破滅；衰退。— *v.t.* ①使凋謝。②使衰退；使色衰。③使退縮[畏縮]。— **with′ered** [～d], *adj.*

with·ers [`wɪðəz] *n. pl.* 馬肩隆(馬的兩肩骨間的隆起)。

***with·hold** [wɪð`hold, wɪθ-] *v.t.* (**-held**)①拒絕。②抑制；制止。§ ∼**ing tàx** 預扣稅(如雇主替政府從職員薪資中扣繳的所得稅等)。

‡**with·in** [wɪð`ɪn, wɪθ`ɪn] *prep.* ①在…之內。②在…的範圍內。— *adv.* ①在內部。②在室內。③在內心裡面。

‡**with·out** [wɪð`aut, wɪθ-] *prep.*①沒有；無；不。②在沒有(某物)的情況下。— *adv.* ①在外部；在外面。②在戶外。— *n.* Ⓤ 外部；外面。— *conj.* 〖美方〗除非(=unless)。

***with·stand** [wɪθ`stænd, wɪð-] *v.i.* & *v.t.* (**-stood**)抵抗；對抗；耐。

wit·less [`wɪtlɪs] *adj.*無智慧的；愚笨的；輕率的。

‡**wit·ness** [`wɪtnɪs] *n.* ① Ⓤ 證據；證明。②Ⓒ 目擊者。③Ⓒ 證人。*call to* ～ 請…作證。— *v.t.* ①親見；目擊。②證明。③於(文書)上面簽名作證。— *v.i.* 證明；作證。§ ∼ **stànd** 〖美〗(法庭的)證人席。

wit·ti·cism [`wɪtəˌsɪzəm] *n.* Ⓒ 諧語；雋語；妙語；俏皮話。

***wit·ty** [`wɪtɪ] *adj.*富於機智的；詼諧的。— **wit′ti·ly,** *adv.* — **wit′ti·ness,** *n.*

wives [waɪvz] *n.* pl. of **wife.**

***wiz·ard** [`wɪzəd] *n.* Ⓒ①男巫。②〖俗〗有傑出才幹之人；專家。— *adj.* ①魔法的。②〖主英〗極佳的；驚人的。

wiz·en(ed) [`wɪzn̩(d)] *adj.* 凋謝的；皺縮的；枯槁的。

wk. week.

wob·ble [`wabl] *v.i.* ①往復地擺動；搖動。②(政策、心情)游移不定。③震顫。— *n.* Ⓒ 擺動；搖動；震顫。

***wo(e)** [wo] *n.* (*pl.* **～s**)① Ⓤ〖詩，雅〗悲哀；悲痛；苦惱。② Ⓒ (常 *pl.*)禍；災難；憂患。— *interj.*表不幸或悲痛之感歎詞。

woe·be·gone [`wobɪˌgɔn] *adj.*顯出悲傷的；憂愁的。

woe·ful [`wofəl] *adj.* ①悲哀的；悲傷的；不幸的。②可憫的。— **ly,** *adv.*

‡**woke** [wok] *v.* pt. of **wake**[1].

‡**wo·ken** [`wokən] *v.* pp. of **wake**[1].

‡**wolf** [wulf] *n.* Ⓒ (*pl.* **wolves**)①狼。②殘忍貪婪之人。③〖俚〗色狼。*cry* ～ 發假警報。 *keep the* ～ *from the door* 使不受饑寒。— *v.t.* 狼吞虎嚥〔常 down〕。— *v.i.* 獵狼。§ ∼ **cùb** (1)小狼。(2)幼童軍。∼ **dòg** 狼犬；獵狼犬。— **ish,** *adj.*

wol·ver·ine [ˌwulvə`rin] *n.*① Ⓒ 狼獾。② Ⓤ 狼獾的毛皮。③(W-) Ⓒ〖美俗〗美國 Michigan 州人。

wolves [wulvz] *n.* pl. of **wolf.**

‡**wom·an** [`wumən] *n.*(*pl.* **women**) ① Ⓒ 婦女；女子(指成年者)。②(當總稱用，不加冠詞)一般婦女；女流。③ Ⓒ 女僕。④(the ～)女人味；女人的氣質。⑤ Ⓒ 愛人；情婦。— *adj.* ①女人的；婦女的。②女性的。～ *of the street*[*town*]妓女。～ *of the world* 熟悉人情世故的女人。§ ∼**'s ríghts**女權。∼**'s stúdies**婦女研究。∼ **súffrage**婦女參政權。— **ish,** — **like,** *adj.*

wom·an·hood [`wumənˌhud] *n.* Ⓤ ①女性；女子的性質。②(女子的)成年期。③(集合稱)女子。

wom·an·kind [`wumən`kaɪnd] *n.* Ⓤ (集合稱)婦女；女性；女子。

womb [wum] *n.* Ⓒ①子宮。②孕育任何事物之處所。*in the* ～ *of time* 未來的(事件)。

‡**wom·en** [`wɪmɪn] *n.* pl. of **woman.**

won [wʌn] *v.* pt. & pp. of **win.**

‡**won·der** [`wʌndə] *n.* ① Ⓒ 奇蹟；奇觀；不可思議之事物。② Ⓤ 驚愕；驚訝。*a nine days'* ～ 轟動一時但很快被遺忘的事件。*do* [*work*] ～*s*創造奇蹟。*for a* ～ 令人驚奇地。*no* ～ **a.** 非傑

出人才。**b.** 難怪。*to a* ～〖古〗…得令人驚奇。**—** *v.i.* ①驚愕。②想知道。**—** *v.t.* ①極欲知道。②對…感覺驚奇。§ ∼ **drûg** 仙藥；特效藥。

‡**won·der·ful** [ˋwʌndɚfəl] *adj.* ①令人驚奇的；使人驚嘆的；驚人的；不可思議的。②〖俗〗極好的；絕妙的。— **ness,** *n.*

won·der·land [ˋwʌndɚ,lænd] *n.* Ⓤ 奇境；仙境。

won·der-struck [ˋwʌndɚ,strʌk] *adj.* 深感驚異的。

won·drous [ˋwʌndrəs] *adj.* 〖詩，雅〗令人驚奇的；奇異的；不可思議的。**—** *adv.* 驚人地；非常地。

***wont** [wʌnt, wont] *adj.* 習慣於…的；習以爲常的。**—** *n.* Ⓤ (常 one's ～) 習慣。

‡**won't** [wont, wʌnt] = **will not.**

wont·ed [ˋwʌntɪd, ˋwontɪd] *adj.* 慣常的；素常的。

***woo** [wu] *v.t.* ①向…求愛；向…求婚。②央求。③求…之歡心。④招致。**—** *v.i.* ①求愛； 求婚。 ②討好。— **er,** *n.*

‡**wood** [wud] *n.* ①ⓊⒸ木材。②Ⓒ(常 *pl.*)森林。③Ⓤ柴薪。④Ⓤ木製品。⑤(the ～)木桶。⑥(the ～)木管樂器。**—** *adj.* 木製的。**—** *v.t.* ①供以木材；供以柴薪。②植樹；造林。**—** *v.i.* 收集木材；貯藏柴薪〔常 up〕. § ∼ **álcohol**[**spìrit**]〖化〗木精；甲醇。∼ **anèmone** 〖植〗木質銀蓮花。∼ **blòck** (1)〖印刷〗木刻板；木版畫。(2)木魚(交響樂團中的一種木製擊樂器)。(3)舖地用木磚。∼ **càrving** 木刻；木雕。∼ **còal** (1)褐煤。(2)木炭。∼ **engràving** (1)木刻(術)。(2)木刻畫；木刻品。∼ **fìber** 木質纖維。∼ **hỳacinth** 〖植〗歐洲藍綿棗兒。∼ **lòt** 造林地。∼ **lòuse** 潮蟲。∼ **nòte** 森林中鳥之歌聲。∼ **nỳmph** (1)森林中之精靈[仙女]。(2)斑蛾。∼ **pìgeon** 一種頸部有白環的林鴿。∼ **pùlp**(製紙用的)木質紙漿。∼ **sòrrel** 〖植〗山酢漿草。∼ **tàr** 木焦油。∼ **thrùsh** 〖鳥〗黃褐森鶇。∼ **tùrning** 木工車床加工。∼ **vìnegar** 木醋酸。∼ **wìnd** 〖樂〗木管樂器。

wood·bine [ˋwud,baɪn] *n.* Ⓤ〖植〗①忍冬。②(美國 Virginia 州之)蛇葡萄。(亦作 **woodbind**)

wood·chuck [ˋwud,tʃʌk] *n.* Ⓒ (北美之)土撥鼠。

wood·cock [ˋwud,kak] *n.* Ⓒ (*pl.* ～, ～s)〖鳥〗山鷸。

wood·cut [ˋwud,kʌt] *n.* Ⓒ 木刻；木刻畫。

wood·cut·ter [ˋwud,kʌtɚ] *n.* Ⓒ ①伐木者。②木刻(畫)家。

wood·ed [ˋwudɪd] *adj.* 多樹木的；樹茂盛的。

***wood·en** [ˋwudn̩] *adj.* ①木製的。②木然的；無表情的。③僵硬的。§ ∼ **hórse** 〖希神〗(特洛依戰爭中的)木馬。∼ **spóon** (1)木湯匙。(2)〖英俗〗尾獎；精神獎。

***wood·land** [ˋwud,lænd] *n.* Ⓤ (常 *pl.*)林地；森林地區。**—** [ˋwudlənd] *adj.* 森林的。

***wood·man** [ˋwudmən] *n.* Ⓒ (*pl.* **-men**)①樵夫。②居於森林之人。③看管森林之人。

***wood·peck·er** [ˋwud,pɛkɚ] *n.* Ⓒ 啄木鳥。

wood·shed [ˋwud,ʃɛd] *n.* Ⓒ 柴房。

woods·man [ˋwudzmən] *n.* Ⓒ (*pl.* **-men**)①慣於森林生活之人。②伐木者。

wood·work [ˋwud,wɝk] *n.* Ⓤ ①(房屋等的)木造部份。②木工手藝。③(集合稱)木製品。

wood·y [ˋwudɪ] *adj.* ①樹木繁茂的；多樹木的。②木質的。

woof [wuf] *n.* ①(the ～, 集合稱)緯線(織物之橫紗，爲warp之對)。②Ⓤ 織物；織地。

‡**wool** [wul] *n.* Ⓤ①羊毛。②似羊毛之物。③毛織物；毛衣。④毛線。⑤捲曲的頭髮。*go for ～ and come home shorn*偷雞不著蝕把米。*much cry and little ～* 只會空叫嚷而做不出事來；雷聲大，雨點小。**—** *adj.* 羊毛製的。

***wool·(l)en** [ˋwulɪn] *adj.* 羊毛的；羊毛製的；毛織的。**—** *n.*(*pl.*)毛織品。

wool·ly [ˋwulɪ] *adj.* ①(似)羊毛的。②被羊毛或羊毛狀物覆蓋的。③〖俗〗粗獷的。④不清楚的；無組織的。**—** *n.* Ⓒ (常 *pl.*)羊毛內衣；羊毛衣。

wooz·y [ˋwuzɪ] *adj.* 〖俚〗暈眩的；昏迷的；模糊不清的；噁心的。

‡**word** [wɝd] *n.* ①Ⓒ語言；文字。②Ⓒ (常 *pl.*)談話；言辭。③Ⓤ 消息；音訊。④Ⓒ (常 *sing.*)指示；命令。⑤(one's ～)諾言。⑥(*pl.*)爭論；口角。⑦Ⓒ (常 *sing.*)口令；口號。⑧(*pl.*)歌詞。*be as good as one's ～* 言而有信。*big ～s* 大言壯語。*by ～ of mouth* 口頭地。*have the*

last ~ (辯論中)說了有決定性的話。*have ~s with a person* 同某人口角。*in a*[*one*] ~ 一言以蔽之。*keep*[*break*] *one's* ~ 守[失]約。*my* ~噯呀！啊呀！*on*[*with*] *the* ~ 說了這話後立即…。*take a person at his* ~ 聽信某人之言。*upon*[*on*] *my* ~ 的確；眞的。~ *for* ~ 逐字地。~ *of honor* 諾言。— *v.t.* 說；措辭。§ ~ **blìndness** 字盲(症)；視性失語症。~ **clàss**〖文法〗詞類。~ **èlement**〖文法〗字素。~ **gàme**文字遊戲。~ **òrder**〖文法〗字序。~ **pàinting** 生動之敍述。~ **pìcture** 生動逼眞的描寫。~ **pròcessor** 文字處理機(由打字機與電腦組合而成，用於文書的製作、記憶、印刷等)。~ **squàre** 同字方陣。

word·ing [ˋwɜdɪŋ] *n.* (*sing.*)措辭；語法。

word·less [ˋwɜdlɪs] *adj.* 無言的；沉默的；啞的。

word·y [ˋwɜdɪ] *adj.* ①多言的；冗長的。②口頭的；言語的。

‡**wore** [wor] *v.* pt. of **wear.**

‡**work** [wɜk] *n.* ① Ⓤ 工作；勞動；作業。② Ⓤ 職業。③ Ⓒ 製作品；作品；著作。④(*pl.*)工作時所用的材料、工具等。⑤(*pl.*)工廠。⑥(*pl.*)機械。⑦(*pl.*)堡壘；防禦工事。⑧ Ⓤ〖理〗功。*at* ~ **a.** 工作中。**b.** 在起作用；在產生影響。*in* ~ 進行中。*make short*[*quick*]~ *of* **a.** 匆匆做畢。**b.** 排除。**c.** 克服。*out of* ~ 失業。*set*[*go, get*] *to* ~ 著手。— *adj.* 工作用的。— *v.i.*(~**ed** or **wrought**)①工作；勞動；做事。②(機械、身體器官等)運轉；轉動；活動。③(計畫、方法等)有效。④奮力行進；緩慢行進。⑤漸漸變爲(通常與副詞或形容詞連用)。⑥發酵；影響。⑦澎湃；翻騰。— *v.t.* ①使工作。②運轉；使用。③在(某地區)推銷貨物。④經營；實行；應用。⑤造成。⑥形成；鑄成。⑦算出(得數)；解決(問題)。⑧使動；使因激動而扭動。⑨艱苦行(路)；以工作抵償。⑩刺繡。⑪影響；說服。⑫揉(麵)；混合。⑬〖俗〗騙取。⑭使變爲。⑮採(礦)。⑯使興奮；煽動。⑰使(啤酒)發酵。~ *away*[*on*]繼續工作。~ *in* **a.** 插進；放進去。**b.** 抽出時間。~ *off* **a.** 漸漸除去；做完(剩下的工作)。**b.** 用工作來償付。~ *on*[*upon*] **a.**企圖說服或影響。**b.**感動。~ *out* **a.** 努力獲致。**b.** 精細計畫。**c.** 用盡；枯竭。**d.** 有預期的結果。**e.** (體育選手)練習。~ *up* **a.** 努力獲致；漸漸造成；促成。**b.** 激動。**c.** 組成；混合；搜集。**d.** 逐漸晉陞。§ ~ **fòrce** 全體工作人員；勞動力；勞動人口。~ **lòad** 工作量。

work·a·ble [ˋwɜkəbḷ] *adj.* ①可工作的；可使用的；(機器等)可開動的；能運轉的。②(計畫等)可實行的；會成功的。③(材料等)可加(細)工的。

work·a·day [ˋwɜkə͵de] *adj.* ①工作日的；普通日的。②普通的；平凡的；實際的。

work·a·hol·ic [͵wɜkəˋhɑlɪk] *n.* Ⓒ 工作狂熱者；廢寢忘食的工作者。

work·book [ˋwɜk͵bʊk] *n.* Ⓒ ①練習簿。②工作手冊。③筆記簿。

work·day [ˋwɜk͵de] *n.* Ⓒ ①工作日；平日。②一日之工作時間。— *adj.* =**workaday.**

‡**work·er** [ˋwɜkɚ] *n.* Ⓒ ①工作者。②勞動者；工人。③工蜂；工蟻。④創造者。

work·house [ˋwɜk͵haʊs] *n.* Ⓒ ①〖美〗監犯工廠；感化院。②(有時 the ~)〖英〗貧民習藝所。

***work·ing** [ˋwɜkɪŋ] *n.* ① Ⓤ 工作；勞動。② Ⓒ (常*pl.*)作用。③ Ⓒ (常*pl.*)礦坑、採石場或坑道等施工之處。④ Ⓤ 製造；塑造。— *adj.* ①工作的。②實用的。§ ~ **càpital** 營業資本；流動資金。~ **clàss**勞工[工人]階級。~ **dày** 工作[作業]日。~ **gìrl**〖俚〗娼妓。~ **hypóthesis** 作業假設。~ **mòther**就業母親。~ **pàrty**〖英〗(政府等任命的)專門調查委員會。

***work·man** [ˋwɜkmən] *n.* Ⓒ (*pl.* **-men**) (特定行業的)勞工；作業員。

work·man·ship [ˋwɜkmən͵ʃɪp] *n.* Ⓤ ①手藝；技藝；技巧。②製作品。

work·out [ˋwɜk͵aʊt] *n.* Ⓒ ①(拳擊、競賽等之)事先練習；訓練。②〖俚〗檢定；測驗；試驗。

work·place [ˋwɜk͵ples] *n.* Ⓒ 工作場所。

***work·shop** [ˋwɜk͵ʃɑp] *n.* Ⓒ ①工場；工廠。②研討會；進修會。

work·sta·tion [ˋwɜk͵steʃən] *n.* Ⓒ〖電算〗工作站。

‡**world** [wɜld] *n.* ①(the ~)世界；地球。②(the ~，作 *sing.*解)世人；人類。③(the ~)俗世；現世。④ Ⓒ (the ~)社交場合；上流社會的人。⑤(the ~)世事。⑥ Ⓒ 星辰；行星。

⑦(the W-)(地球上的)地區；…世界。⑧(the ～)〖生物〗界。⑨(a ～)大量；許多。***come into the*** ～ 誕生。***for all the*** ～ 無論如何。***in the*** ～ 到底；究竟。***the other*** ～ 來生；來世。***to the*** ～ 完全地。～ ***without end*** 永遠地。§ **the W∸ Cóurt** 國際法庭。**the W∸ Cúp** (1)世界杯比賽(足球等的世界冠軍賽)。(2)世界杯比賽的獎杯。∽ **féderalism** 世界聯邦主義。∽ **lánguage** (1)世界語；國際語(Esperanto 等)。(2)通行世界的語言(如英語)。∽ **pówer** 對全球有影響力之強國。∽ **premíere**(戲劇等)正式的初次公演。∽**'s fáir** 世界博覽會。∽ **vìew** 世界觀。**W∸ Wàr** 世界大戰。**W∸ Wíde Wéb** 全球資訊網(略作 WWW)。

world-class [ˋwɜld,klæs] *adj.* 世界級的；國際水準的。

world-fa·mous [ˋwɜldˋfeməs] *adj.* 舉世聞名的。

world·ling [ˋwɜldlɪŋ] *n.* Ⓒ①俗人；凡人；追求名利之人。②地球上之居民。

***world·ly** [ˋwɜldlɪ] *adj.* ①現世的；世俗的。②追求名利的。— *adv.* 世俗地；現世地。— **world′li·ness,** *n.*

world·ly-wise [ˋwɜldlɪˋwaɪz] *adj.* 老於世故的。

world-wide [ˋwɜldˋwaɪd] *adj.* 遍及全世界的。

***worm** [wɜm] *n.* ①Ⓒ蟲；蠕蟲。②Ⓒ其形狀或活動與蟲相似之物(如螺旋線等)。③(*pl.*，作 *sing.* 解)寄生蟲病。④Ⓒ可悲的小人；可憐蟲。⑤Ⓒ〖電算〗毛蟲(能在電腦網路中進出自如的獨立程式)。— *v.t.* ①蠕行；爬行。②漸漸探出(祕密等)。③除去…之蟲；除蟲。— *v.i.* 蠕行；蠕動。§ ∽ **gèar** [**whèel**]〖機〗渦輪；螺旋輪。

worn [worn] *v.* pp. of **wear.** — *adj.* ①用壞的；破舊的。②疲倦的。

worn-out [ˋwornˋaut] *adj.* ①用到不能再用的。②疲倦不堪的；精疲力竭的。③陳腐的；陳舊的。

wor·ried [ˋwɜɪd] *adj.* 憂慮的；擔心的；困擾的。

‡**wor·ry** [ˋwɜɪ] *v.t.* ①使煩惱；困擾。②使不適；使痛苦。③咬嚙。— *v.i.* 煩惱；焦慮。— *n.* ①Ⓤ煩惱；苦惱；憂慮。②Ⓒ(常 *pl.*)令人煩惱的人或事。— **wor′ri·er** *n.* — **wor′ri·some,** *adj.*

wor·ry·ing [ˋwɜɪɪŋ] *adj.* 麻煩的；令人擔心的。

‡**worse** [wɜs] *adj.* comp. of **bad, ill.** 更壞的；更惡劣的。～ ***off*** 情況不佳。— *adv.* comp. of **badly, ill.** 更壞地；更惡劣地。— *n.* Ⓤ更壞之事；更惡劣之事。

wors·en [ˋwɜsn̩] *v.t.* & *v.i.* (使)變壞；(使)惡化。

‡**wor·ship** [ˋwɜʃəp] *n.* ①Ⓤ崇拜；禮拜。②Ⓤ禮拜儀式。③Ⓤ崇敬；尊敬。④(your W-, his W-)(用於尊稱)閣下。Your *W-*. 大人。— *v.t.* (-p-, 〖英〗-pp-)①崇拜；禮拜。②敬愛。— *v.i.* 參加禮拜。— (**p**)**er,** *n.*

wor·ship·ful [ˋwɜʃəpfəl] *adj.* ①篤信的；虔誠的。②(W-)〖英〗有名譽的；值得尊敬的；聲望高的。

‡**worst** [wɜst] *adj.* superl. of **bad, ill.** 最壞的；最惡劣的。— *adv.* superl. of **badly, ill.** 最壞地；最惡劣地。— *n.*(the ～)最惡劣的人、事、物、情形、行爲、可能等。***at*** (***the***) ～ 在最壞的情形下。***get the*** ～ ***of it*** 失敗。***if*** (***the***) ～ ***comes to*** (***the***) ～ 如果情形壞到極點。— *v.t.* 打敗；勝過。

wor·sted [ˋwustɪd] *n.* Ⓤ①絨線；毛紗。②絨線或毛紗衣料。— *adj.* 用絨線或毛紗製的。

‡**worth** [wɜθ] *adj.* ①值得的。②值(若干)的。③有價值(若干)之財產的。***for all one is*** ～ 盡全力。***for what it is*** ～ 不論眞僞。— *n.* Ⓤ價值。

***worth·less** [ˋwɜθlɪs] *adj.* ①無價值的；無用的；無益的。②卑鄙的；不足取的。— **ly,** *adv.* — **ness,** *n.*

worth-while, worth·while [ˋwɜθˋhwaɪl] *adj.* 值得的。

‡**wor·thy** [ˋwɜðɪ] *adj.* ①有價值的；可敬的。②值得的；應得的；適合的；相宜的。— *n.* Ⓒ①有價值的人；傑出人物。②(諷刺)大人物。— **wor′thi·ly,** *adv.* — **wor′thi·ness,** *n.*

‡**would** [wud] *aux. v.* ①pt. of **will**[1]. ②特殊用法。**a.** 表示決心或意向。**b.** 表示一種過去的習慣。**c.** 表示願望。**d.** 表示條件。**e.** 表示一種客氣的意味。*W-* you kindly show me the way to the station? 您可以指示我到車站去的路嗎? **f.** 表示將來時間。*W-* he never go? 他永遠不去嗎? ～ ***rather*** 寧願。

would-be [ˋwud,bi] *adj.* 願爲的；

自稱[自許]的；願成而未成的。

would·n't [ˋwʊdn̩t] =**would not.**

wouldst [wʊdst] *aux. v.*〖古〗will[1]之第二人稱、單數、過去式。

***wound**[1] [wund] *n.* Ⓒ ①傷口；創傷；損傷。②(信用、名譽、感情等的)損害；痛苦。— *v.t.* 傷；創傷；傷害(肉體或感情)。—**ed,** *adj.*

wound[2] [waʊnd] *v.* pt. & pp. of **wind**[2] and **wind**[3].

wove [wov] *v.* pt. & pp. of **weave.**

wo·ven [ˋwovən] *v.* pp. of **weave.**

wow [waʊ] *n.* (*sing.*)〖美俚〗(戲劇等之)空前大成功。— *interj.* 噢(表示驚愕、愉快、痛苦等之感嘆詞)。

wrack[1] [ræk] *n.* ①Ⓤ破壞；滅亡。②Ⓒ失事的船隻。③Ⓤ(被沖到岸邊的)海草或其他海生植物。

wrack[2] *n.*=**rack**[3].

wran·gle [ˋræŋgl̩] *v.i.* ①爭吵；口角。②辯論；爭辯。— *v.t.* ①辯論；爭辯〔into, out of〕. ②以爭辯取得；爭取。③(在美國西部)牧(牲畜)；看守(馬群)。— *n.* Ⓒ 爭吵。

***wrap** [ræp] *v.t.*(**wrapped** or **wrapt, wrap·ping**)①包；裹；捲；纏。②包圍；隱蔽。— *v.i.* ①捲；纏。②穿衣。*be ~ped up in* 致力於；熱中於；對…感到濃厚之興趣。*~ up* **a.** 披上外衣。**b.** 結束。**c.** 贏定。— *n.* Ⓒ 外套；圍巾；披肩(等)。

wrap·per [ˋræpɚ] *n.* Ⓒ ①包裹者。②包裝用之物(如紙、布等)。

wrap·ping [ˋræpɪŋ] *n.* Ⓤ (常 *pl.*) 包裝紙[布]。

wrap-up [ˋræp,ʌp] *n.* Ⓒ 綜合報導；摘要。

***wrath** [ræθ, rɑθ] *n.* Ⓤ ①憤怒；暴怒。②猛烈的力量。—**ful,** *adj.*

wreak [rik] *v.t.* ①發洩。②報復。③施(罰)；爲(害)。

***wreath** [riθ] *n.* Ⓒ (*pl.* **~s** [riðz, riθs]) ①花冠；花環。②(煙、雲等作螺旋狀之)渦卷；圈。

***wreathe** [rið] *v.t.* ①將(花、枝葉等)作成花環。②盤繞。③飾以花環。— *v.i.* (煙霧等)旋捲；繚繞。

***wreck** [rɛk] *n.* ①ⓊⒸ船隻的破毀；海難。②Ⓒ破毀的船隻。③ⓊⒸ(房屋、飛機等之)破毀。④ⓊⒸ破滅；挫折。⑤Ⓒ殘骸。— *v.t.* ①使(船、火車、房屋等)破毀。②破壞；摧毀。— *v.i.* ①(船、火車、房屋等)破毀。②受到摧毀。③拆除房屋。

wreck·age [ˋrɛkɪdʒ] *n.* Ⓤ ①(集合稱)破毀後之殘餘物。②毀滅。

wreck·er [ˋrɛkɚ] *n.* Ⓒ ①破壞者。②救助破船之人或船。③掠奪遇難船者。④〖美〗拖吊車(移走違規或出車禍的車輛)；救險車。⑤拆除建築物者。

wren [rɛn] *n.* Ⓒ ①〖鳥〗鷦鷯。②〖美俗〗少女；女子。

***wrench** [rɛntʃ] *n.* ①Ⓒ猛扭；扭轉。②Ⓒ扭傷。③(*sing.*)(離別的)悲哀。④Ⓒ(事實等)牽強附會；歪曲。⑤Ⓒ扳手；扳鉗。— *v.t.* ①猛扭。②扭傷。③歪曲；曲解(事實或言語)。

***wrest** [rɛst] *v.t.* ①猛扭；扭奪；奪取。②歪曲；曲解；牽強附會。

***wres·tle** [ˋrɛsl̩] *v.t.* ①與…角力。②艱苦執行[推行，處理]。— *v.i.* ①角力；搏鬥。②奮鬥。— *n.* Ⓒ ①角力。②奮鬥。

wres·tler [ˋrɛslɚ] *n.* Ⓒ 角力者。

***wres·tling** [ˋrɛslɪŋ] *n.* Ⓤ 角力；格鬥；扭鬥。

***wretch** [rɛtʃ] *n.* Ⓒ ①可憐的人。②卑鄙的人。

***wretch·ed** [ˋrɛtʃɪd] *adj.* ①可憐的；不幸的；悲慘的。②惡劣的；極不令人滿意的。③無恥的；卑鄙的。

wrick [rɪk] *n.* Ⓒ 扭傷；扭筋。

wrig·gle [ˋrɪgl̩] *v.i.* ①蠕動；蜿蜒。②設法進行。— *v.t.* 蠕動；蜿蜒而行。— *n.* Ⓒ 蠕動；蜿蜒。

wrig·gler [ˋrɪglɚ] *n.* Ⓒ ①蠕動的人或物。②孑孓。(亦作 **wiggler**)

wright [raɪt] *n.* Ⓒ ①製造者；工匠。②作者；作家。

***wring** [rɪŋ] *v.t.*(**wrung**)①扭；絞；擰。②絞出(水等)；榨出。③緊握。④折磨；使苦惱。— *n.* Ⓒ扭；絞。

wring·er [ˋrɪŋɚ] *n.* Ⓒ ①(洗衣用之)舊式脫水機。②痛苦的經驗。

***wrin·kle**[1] [ˋrɪŋkl̩] *n.* Ⓒ 皺；皺紋。— *v.t.* & *v.i.* (使)起皺紋。

wrin·kle[2] *n.* Ⓒ〖俗〗好主意；妙計。

***wrist** [rɪst] *n.* Ⓒ 腕；腕關節。

wrist·band [ˋrɪst,bænd] *n.* Ⓒ (襯衫等的)袖口。

wrist·let [ˋrɪstlɪt] *n.* Ⓒ ①(防寒用)腕套；腕帶。②手鐲。③〖俚〗手銬。

wrist·watch [ˋrɪst,wɑtʃ] *n.* Ⓒ 手錶。

writ [rɪt] *n.* Ⓒ ①文字。②令狀；文書；書面命令。

‡**write** [raɪt] *v.i.* (**wrote** or〖古〗**writ, writ·ten** or〖古〗**writ**) ①書寫。②著述。③寫信。— *v.t.* ①書；寫。②撰寫；著述。③寫信給(某人)；寫信告知(消息等)。④明白地表示。~

down 寫下；記錄。～ *off* **a.** 劃銷；取銷。**b.** 迅速流利地書寫。**c.** 勾銷。～ *out* **a.** 謄寫。**b.** 竭盡…之寫作能力；(江郎)才盡。～ *up* **a.** 記述；描寫；詳細記載。**b.** 爲文讚揚。**c.** 予以告發。

write-off [ˋraɪt,ɔf] *n.* Ⓒ〖俗〗(汽車等)嚴重破損者。

***writ·er** [ˋraɪtɚ] *n.* Ⓒ ①書寫者。②著者；作者。

write-up [ˋraɪt,ʌp] *n.* Ⓒ〖俗〗報紙或雜誌稱讚的[有利的]報導。

writhe [raɪð] *v.i.* ①翻滾；扭動。②受苦。—*v.t.*〖罕〗使盤繞；扭。—*n.* Ⓒ扭；繞；轉動；受苦。

***writ·ing** [ˋraɪtɪŋ] *n.* ① Ⓤ 書寫。② Ⓤ 筆跡；書法。③ Ⓤ 寫成之文件。④(*pl.*)著述；作品。～ *on the wall* 預示失敗或災禍的朕兆。§ ～ **dèsk** (1)書桌。(2)可作書桌用的文具箱。～ **pàper** 寫字用紙。

‡**writ·ten** [ˋrɪtn̩] *v.* pp. of **write.** —*adj.* 書寫的；成文的。

‡**wrong** [rɔŋ] *adj.* ①不正當的；邪惡的；不法的。②不正確的；錯誤的。③不適當的。—*adv.* 邪惡地；錯誤地；不適當地。*go* ～ 走錯路；出毛病；走入歧途。—*n.* ① Ⓤ 惡；不義。② Ⓒ 錯誤；過失。③ Ⓤ Ⓒ 損害；不公正的待遇。*in the* ～ 不正當的；錯誤的。—*v.t.* ①虐待；傷害；冤枉。②以不正當的方法自…奪取(某物)。

wrong·do·er [ˋrɔŋˋduɚ] *n.* Ⓒ 做壞事的人；犯罪的人。

wrong·do·ing [ˋrɔŋˋduɪŋ] *n.* Ⓤ Ⓒ 惡事；惡行；犯罪；加害。

wrong·ful [ˋrɔŋfəl] *adj.* ①錯誤的；傷害的。②不法的；非法的。—**ly,** *adv.* —**ness,** *n.*

wrong-head·ed [ˋrɔŋˋhɛdɪd] *adj.* 判斷或意見錯誤的；頑固的。

‡**wrote** [rot] *v.* pt. of **write.**

wroth [rɔθ] *adj.* 憤怒的；激怒的。

wrought [rɔt] *v.* pt. & pp. of **work.** —*adj.* 細工做成的；精製的；精煉的。§ ～ **íron** 鍛鐵；熟鐵。

wrought-up [ˋrɔtˋʌp] *adj.* 興奮的；激動的。

wrung [rʌŋ] *v.* pt. & pp. of **wring.**

wry [raɪ] *adj.* ①扭歪的；歪斜的。②不對勁的。③諷刺的。—**ly,** *adv.*

WSW west-southwest. **wt.** weight.

WWW World Wide Web. 全球資訊網。

Wy·o·ming [waɪˋomɪŋ] *n.* 懷俄明(美國西北部之一州)。

WYSIWYG What You See Is What You Get. 所見即所得(指文件、圖形及版面格式設定，顯示在螢幕上的內容會和印出來的結果相同)。

X

X x **X x** *X x*

X or **x** [ɛks] *n.* (*pl.* **X's, x's** [ˋɛksɪz]) ① Ⓤ Ⓒ 英文字母之第二十四個字母。② Ⓤ 羅馬數字之 10。

Xan·a·du [ˋzænə,du] *n.* Ⓒ 富於田園美的土地[村鎮]；世外桃源。

xan·thous [ˋzænθəs] *adj.* ①黃色的。②黃色人種的。

X-cer·tif·i·cate [ˋɛkssɚ,tɪfəkɪt] *adj.* (電影)X 級的(=X-rated).

X chro·mo·some [ˋɛks,kroməsom] *n.* Ⓒ〖生物〗X 染色體(性染色體之一種)。

xe·bec [ˋzibɛk] *n.* Ⓒ (航行於地中海之)一種三桅船。

xen·o·phile [ˋzɛnə,faɪl] *n.* Ⓒ 喜愛外國人及其文物者；親外者。

xen·o·pho·bi·a [,zɛnəˋfobɪə] *n.* Ⓤ 仇外；懼外；生人恐懼症。

xen·o·pho·bic [,zɛnəˋfobɪk] *adj.* 仇視外國人的；恐懼外國人的；患生人恐懼症的。

xe·rog·ra·phy [zɪˋrɑgrəfɪ] *n.* Ⓤ 靜電印刷；乾印術；靜電照相。

xe·ro·phyte [ˋzɪrə,faɪt] *n.* Ⓒ 耐旱植物(生長於乾燥地區)。

xe·rox [ˋzɪrɑks] *n.* Ⓤ ①全錄影印法；靜電複印術。②(X-)其商標名。—*v.t.* 以全錄影印法影印。

Xmas [ˋkrɪsməs] *n.* =**Christmas.**

X-rat·ed [ˋɛks,retɪd] *adj.*〖俗〗①(電影) X 級的；以成人爲對象的。②猥褻的；色情的。

X ray [ˋɛks,re, ˋɛksˋre] *n.* Ⓒ ①(常 *pl.*)X 光；X 射線。② X 光照片。

X-ray [ˋɛksˋre] *v.t.* 用 X 光線檢查、照相或治療。—*adj.* X 光線的。§ ～ **thèrapy**〖醫〗X 射線治療法。

xy·lem [ˋzaɪlɛm] *n.* Ⓤ〖植〗木質部。

xy·lo·phone [ˋzaɪlə,fon] *n.* Ⓒ木琴。— **xy′lo·phon·ist,** *n.*

Y y **Y y** *Y y*

Y or **y** [waɪ] *n.* (*pl.* **Y's, y's** [waɪz]) ①ⓊⒸ英文之第二十五個字母。②Ⓒ Y 形物。

-y[1] 〖字尾〗形成形容詞，表「充滿；有…性質；有…的狀態；有…傾向；頗；有幾分；類似」之義。

-y[2] 〖字尾〗附加於名詞後，常表「親暱；小」之義(如 Billy, daddy 等)。

y. yard(s); year(s); yellow.

***yacht** [jɑt] *n.* Ⓒ輕舟；遊艇。
— *v.i.* 駕輕舟；乘遊艇。

yacht·ing [ˋjɑtɪŋ] *n.* Ⓤ遊艇比賽；乘遊艇。

yachts·man [ˋjɑtsmən] *n.* Ⓒ (*pl.* **-men**) 遊艇駕駛者。

yah [jɑ] *interj.* 呀！(表示嘲笑、不喜歡或挑釁、反抗等)。**—** *adv.* 〖美〗=**yes.**

yak [jæk] *n.* Ⓒ (西藏及中亞所產之) 犛牛。

yam [jæm] *n.* Ⓒ①薯蕷；山藥。②甘薯(=sweet potato).

yank [jæŋk] *v.t.* & *v.i.* 〖俗〗用力猛拉。**—** *n.* Ⓒ急拉；猛拔。

Yank [jæŋk] *n.* & *adj.* =**Yankee.**

***Yan·kee** [ˋjæŋkɪ] *n.* Ⓒ揚基 **a.** 美國北部諸州的人；北佬。**b.** 美國新英格蘭人。**—** *adj.* ①美國北方人的。②揚基式的。

yap [jæp] *v.i.* (**-pp-**) ①吠；汪汪叫。②〖俚〗吵嚷；嘮叨。**—** *n.* ①Ⓒ犬吠；狗叫聲。②Ⓤ〖俚〗吵嚷；瞎談。③Ⓒ〖俚〗吵鬧的人。

‡yard[1] [jɑrd] *n.* Ⓒ①庭院；天井；庭園。②工場；工作場。③調車場。

***yard**[2] *n.* Ⓒ①碼(三英尺)。②帆桁。③(常 *pl.*) 大量。

yard·bird [ˋjɑrd,bɜd] *n.* Ⓒ〖美俚〗①囚犯；罪犯。②軍中的新兵。

yard·stick [ˋjɑrd,stɪk] *n.* Ⓒ①碼尺。②任何評判或比較之標準。

yarn** [jɑrn] *n.* ①Ⓤ紗；線。②Ⓒ〖俗〗故事；奇談；旅行者的故事；難以置信的故事。spin a*** **~** [**~s**] 講一個故事；編造不實的故事。**—** *v.i.* 〖俗〗講故事；長談。

yaw [jɔ] *v.t.* & *v.i.* ①(船、飛機等) 偏航；逸出航線。②轉動。

yawl [jɔl] *n.* Ⓒ①(前桅高後桅低之) 小型帆船。②船載小艇。

***yawn** [jɔn] *v.i.* ①打呵欠。②張開；裂開。**—** *v.t.* 打著呵欠說。
— *n.* Ⓒ①打呵欠。②令人厭倦的事或人。③張開；裂開。

Y chro·mo·some [ˋwaɪ,kro-məsom] *n.* Ⓒ〖生物〗Y染色體(雄性才有的性染色體)。

yd. yard(s).

ye [ji] *pron.* ①〖古〗pl. of **thou.** ②〖俗〗=**you.** ③〖古〗=**the.**

yea [je] *adv.* ①是；然(=yes). ②實在；的確(=indeed). **—** *n.* Ⓒ贊成票；投贊成票者。

yeah [jɛ] *adv.* 〖美俗〗=**yes.**

yean [jin] *v.t.* & *v.i.* 生產(小羊)。

yean·ling [ˋjinlɪŋ] *n.* Ⓒ羔；小羊。
— *adj.* 新生的；幼小的。

‡year [jɪr] *n.* ①Ⓒ年；歲；一年(期間)。②Ⓒ學年；年級。③(*pl.*) **a.** 很久的時間。**b.** 年長；年老。**c.** 年齡。**~ *by* ~** 年年；每年。**~ *in,* ~ *out*** 一年一年地；不斷地。

year·book [ˋjɪr,bʊk] *n.* Ⓒ①年鑑；年報。②〖美〗畢業紀念冊。

year·ling [ˋjɪrlɪŋ] *n.* Ⓒ一歲的小獸。**—** *adj.* 一歲的。

year·long [ˋjɪrˋlɔŋ] *adj.* ①連續一年的。②連續多年的；經年的。

***year·ly** [ˋjɪrlɪ] *adj.* 每年一次的；每年的；一年間的。

***yearn** [jɜn] *v.i.* ①渴望；思念。②同情；憐憫。— **ing,** *n.* & *adj.*

year-round [ˋjɪrˋraʊnd] *adj.* 全年可使用的；全年開放的。

***yeast** [jist] *n.* Ⓤ①酵母。②發酵粉[片]。③興奮素。④泡沫。

***yell** [jɛl] *v.i.* 號叫；呼喊。**—** *v.t.* ①喊出；大聲發出。②向…喊。**—** *n.* Ⓒ①呼喊；號叫。②〖美〗(學生鼓勵其本校選手之)歡呼；吶喊。

‡yel·low [ˋjɛlo] *n.* ⓊⒸ①黃；黃色。②黃色顏料。③蛋黃。④黃種人。
— *adj.* ①黃色的。②〖美俗〗懦弱的；卑怯的。**—** *v.t.* & *v.i.* 使黃；變黃。
§ **~ alért** 空襲警報。**~ féver** 黃熱病。**~ jàck** (1)=yellow fever. (2)檢疫旗。**~ jàcket** 〖昆〗黃色胡蜂。**~**

líght 黃燈。— yel′low·y, *adj.*

yel·low·ish [ˋjɛloɪʃ] *adj.* 微黃的; 帶黃色的。

Yel·low·stone [ˋjɛlo͵ston] *n.* 黃石公園(美國的國立公園, 以噴泉、溫泉及瀑布著稱於世)。

***yelp** [jɛlp] *v.i.* & *v.t.* ①(犬等)吠叫。②突然喊叫。— *n.* Ⓒ吠叫。

Yem·en [ˋjɛmən] *n.* 葉門(**a.** 阿拉伯半島西南部一共和國。**b.** 阿拉伯半島南部一共和國)。

yen[1] [jɛn] *n.* Ⓒ (*pl.* ~)圓(日幣單位)。

yen[2] *n.* (a ~)癮; 熱望; 渴望。— *v.i.* (-nn-) 渴望〔for〕.

***yeo·man** [ˋjomən] *n.* Ⓒ (*pl.* **-men**) ①〖美海軍〗文書上士。②〖古〗(王家貴室之)從僕; 衛士。③〖英史〗自由民。④〖英〗小地主; 自耕農。⑤〖英〗(自由民子弟組成的)義勇騎兵。

yeo·man·ry [ˋjomənrɪ] *n.* Ⓤ (the ~)① yeoman 之集合稱。②(自由民子弟組成的)義勇騎兵。

‡**yes** [jɛs] *adv.* ①是; 然。②而且; 不但。③(表示懷疑人家的話)眞的嗎? 哦? (用上升的音調)。④(用以轉換語氣)不錯(但…)。— *n.* ⓊⒸ是; 然。

yes-man [ˋjɛs͵mən] *n.* Ⓒ (*pl.* **-men**)〖蔑〗完全聽命於上司的人。

‡**yes·ter·day** [ˋjɛstədɪ, -͵de] *n.* ① Ⓤ昨天。② Ⓤ晚近。③ Ⓒ (常 *pl.*)最近的過去。— *adv.* ①昨天。②近來; 晚近。

yes·ter·night [ˋjɛstəˋnaɪt] *n.* Ⓤ & *adv.* 〖古, 詩〗(在)昨夜。

yes·ter·year [ˋjɛstəˋjɪr] *n.* Ⓤ & *adv.* ①去年。②近幾年。

‡**yet** [jɛt] *adv.* ①尙; 還; 仍; 迄今。②現在; 目前。③又; 再; 更; 愈。④而且也; 且亦(與 nor 連用)。⑤遲早; 終必。⑥然而; 但是。*as* ~ 迄今; 直到目前。— *conj.* 然而; 但是。

Yet·i, yet·i [ˋjɛtɪ] *n.* Ⓒ (*pl.* ~, ~**s**)傳說中之喜馬拉雅山雪人。

‡**yew** [ju] *n.* ① Ⓒ〖植〗紫杉; 水松。② Ⓤ紫杉木材; 水松木材。

Y-gun [ˋwaɪ͵gʌn] *n.* Ⓒ艦尾發射深水炸彈之裝置。

Yid·dish [ˋjɪdɪʃ] *n.* Ⓤ 意第緒語(由一種 High German 方言組成, 用希伯來字母拼寫, 字彙中雜有希伯來文、俄文、波蘭文等, 爲散居歐美猶太人所使用)。

***yield** [jild] *v.t.* ①出產; 生產; 生。②放棄; 讓渡。③承認。④給與。⑤耽溺。— *v.i.* ①生產; 出產; 生。②投降; 屈服; 讓步。— *n.* Ⓒ①生產; 生產量; 生產物。②投資收益。

yield·ing [ˋjildɪŋ] *adj.* ①放棄的; 屈服的; 順從的; 讓步的。②易彎曲的; 柔軟的。

yip·pee [ˋjɪpi] *interj.* 呀嗬! (表示狂喜、快樂等之感嘆詞)。

yip·pie [ˋjɪpi] *n.* Ⓒ (亦作 Y-)〖美〗逸痞(對政治狂熱的激進派分子, 爲 *Y*outh *I*nternational *P*arty 的字首仿 hippie 所構成的字)。

Y.M.C.A., YMCA Young Men's Christian Association. 基督敎青年會。

yob [jɑb] *n.* Ⓒ〖英俚〗阿飛; 不良少年。(亦作 **yobbo**)

yo·del, yo·dle [ˋjodl̩] *v.t.* & *v.i.* (**-l-**, 〖英〗**-ll-**) 用眞假嗓音陡然互換而唱。

Yo·ga, yo·ga [ˋjogə] *n.* Ⓤ (印度宗敎哲學之)瑜珈(術); 瑜珈論; 瑜珈派。

yo·gi [ˋjogi] *n.* Ⓒ 瑜珈派修行者。

yo·gurt [ˋjogət] *n.* ⓊⒸ 酸乳酪; 酵母乳。(亦作 **yoghourt**)

***yoke** [jok] *n.* ① Ⓒ 軛。② Ⓒ 軛狀物。③ Ⓒ 一對(牛)。④(the ~)支配; 奴役。— *v.t.* ①駕以軛; 用軛連起。②結合; 匹配; 配合。

yo·kel [ˋjokl̩] *n.* Ⓒ鄉下人; 鄉愚。

yolk [jok] *n.* ⓊⒸ①蛋黃。②羊毛油脂。

Yom Kip·pur [jɑmˋkɪpə] *n.* 「(猶太人的)贖罪日。」

***yon·der** [ˋjandə] *adv.* 在那邊; 在彼處。

yonks [jaŋks] *n.* Ⓤ〖英俗〗長時間。

yore [jor] *n.* Ⓤ往古; 昔時(僅用於下列片語中)。*of* ~ 從前; 往昔。

‡**you** [ju] *pron. pl.* or *sing.* ①你; 你們。②一個人; 任何人。③喂(用以引起他人注意)。

you'd [jud] ①=**you had.** ②=**you should.** ③=**you would.**

you'll [jul] =**you will** [**shall**].

‡**young** [jʌŋ] *adj.* (**young·er** [ˋjʌŋgə], **young·est**) ①年幼的; 年輕的; 幼小的。②無經驗的。③在尙早的(階段)。④新建立的。⑤代表進步的; 主張進步的。— *n.* (the ~, 作 *pl.*解)①(動物之)仔; 雛。②年輕者(集合稱)。*be with* ~ (動物)有孕。

young·ish [ˋjʌŋɪʃ] *adj.* 稍年輕的。

young·ling [ˋjʌŋlɪŋ] *n.* Ⓒ①年輕人。②(動物)幼雛; (植物)幼株; 幼苗。③無經驗之人。— *adj.* 年輕的; 幼的。

*__young·ster__ [ˋjʌŋstɚ] *n.* Ⓒ 年輕人；兒童；少年。

‡__your__ [jʊr] *pron. pl.* or *sing.* (you 的所有格)你的；你們的。§ ∼ **pérsonal stòre** 個人化商店。

__you're__ [jʊr] =**you are.**

‡__yours__ [jʊrz] *pron. sing.* or *pl.* (you 的獨立所有格)①你的；你們的。②你的家人、信、任務等。***Y- truly* a.** 信文末尾簽名前之問候語。**b.**(y- t-)〖俗〗我。

‡__your·self__ [jʊrˋsɛlf] *pron.* (*pl.* **-selves**)①(加強語勢)你自己。②你自己；你們自己(you 的反身代名詞)。③你的常態；你本來的面目。

__your·selves__ [jʊrˋsɛlvz] *pron.* pl. of **yourself.**

‡__youth__ [juθ] *n.*(*pl.* **∼s** [juθs, juðz]) ① Ⓤ 年輕；活力；血氣；朝氣。② Ⓤ 青年時期；青春期。③ Ⓒ 年輕人；青年。④ Ⓤ (常 the ∼，集合稱)青年們；年輕人。§ ∼ **hòstel** 青年之家；青年招待所。

__youth·ful__ [ˋjuθfəl] *adj.* ①年輕的；有朝氣的；有活力的。②年輕人的；適合年輕人的。— **ly,** *adv.*

__you've__ [juv] =**you have.**

__yowl__ [jaul] *v.i.*(動物)發出長聲的哀鳴。**—** *n.* Ⓒ (動物的)哀鳴聲。

__yo-yo__ [ˋjo,jo] *n.* Ⓒ (*pl.* **∼s**)溜溜球(一種木[塑膠]製輪形玩具，用線扯動，可使上下旋轉)。

__yr.__ year(s); your; younger.

__yu·an__ [juˋɑn] *n.* Ⓒ (*pl.* ∼)元(中國幣制單位)。

__yuc·ca__ [ˋjʌkə] *n.* Ⓒ〖植〗王蘭；絲蘭。

__Yu·go·slav__ [ˋjugo,slɑv] *adj.* 南斯拉夫(人)的。**—** *n.* Ⓒ 南斯拉夫人。(亦作 **Jugoslav, Jugo-Slav**)

__Yu·go·sla·vi·a__ [ˋjugoˋslɑvɪə] *n.* 南斯拉夫(歐洲東南部之聯邦共和國，自1992年起由 Serbia 與 Montenegro 組成，首都爲 Belgrade)。— **Yu′go·sla′vi·an,** *adj.* & *n.*

__yule, Yule__ [jul] *n.* Ⓤ 耶誕節；耶誕季節。

__yule·tide__ [ˋjul,taɪd] *n.* Ⓤ (常 Y-)耶誕季節。

__yum·my__ [ˋjʌmɪ] *adj.*〖俗〗①引人的；悅人的。②美麗的；漂亮的。

__Yup·pie, Yup·py, yup·pie__ [ˋjʌpɪ] *n.* Ⓒ 雅痞(居於都市郊區，生活優裕的高知識分子；爲 *y*oung *u*rban *p*rofessional 的頭字語)。

__yurt__ [jʊrt] *n.* Ⓒ 圓頂帳篷；蒙古包。

__Y.W.C.A.__ Young Women's Christian Association. 基督教女青年會。

Z z **Z z** 𝒵 𝓏

__Z__ or __z__ [zi] *n.* (*pl.* **Z's, z's** [ziz])① Ⓤ Ⓒ 英文字母之第二十六個字母。② Ⓤ 第二十六個。

__z.__ zero; zone.

__Za·i·re__ [zəˋirə] *n.* 薩伊(非洲一共和國，首都 Kinshasa)。

__Zam·bi·a__ [ˋzæmbɪə] *n.* 尙比亞(非洲南部之一共和國，首都 Lusaka)。

__za·ny__ [ˋzenɪ] *n.* Ⓒ ①丑角。②笨蛋。**—** *adj.* 滑稽的；愚蠢的。

__zap__ [zæp] *v.t.* (**-pp-**)①射擊；打擊；鞭打。②突然或快速地推進。**—** *v.i.* 猛衝；突進。**—** *n.* Ⓤ 勁道；活力。**—** *interj.* 咻！砰！

__zap·per__ [ˋzæpɚ] *n.* Ⓒ ①微波滅蟲器。②猛烈的抨擊。③〖美俚〗遙控器。

*__zeal__ [zil] *n.* Ⓤ 熱心；熱中；熱誠。

__zeal·ot__ [ˋzɛlət] *n.* Ⓒ 對於信仰或黨派過度熱心者。

*__zeal·ous__ [ˋzɛləs] *adj.* 熱心的；熱誠的。— **ly,** *adv.*

__ze·bra__ [ˋzibrə] *n.* Ⓒ (*pl.* **∼s,** ∼)斑馬。§ ∼ **cróssing** 斑馬線。

__ze·bu__ [ˋzibju] *n.* Ⓒ〖動〗(中國、印度及非洲東部所產之)犎牛；瘤牛(喉際下垂，肩上有大瘤)。

__Zeit·geist__ [ˋzaɪt,gaɪst]〖德〗*n.* (the ∼)時代精神[思潮]。

__Zen__ [zɛn] *n.* Ⓤ ①禪。②禪宗。(亦作 **Zen Buddhism**)

__ze·na·na__ [zɛˋnɑnə] *n.* Ⓒ (印度、波斯)閨房。

__Zend-A·ves·ta__ [,zɛndəˋvɛstə] *n.*(the ∼)波斯祆教之經典。

__ze·nith__ [ˋzinɪθ] *n.* ①(the ∼)天頂。② Ⓒ (常 *sing.*)頂點；顚峯；全盛。

__zeph·yr__ [ˋzɛfɚ] *n.* ①(Z-)西風(擬人語)。② Ⓒ〖詩〗和風；微風。③ Ⓤ Ⓒ 柔軟、質輕之薄紗。

*__ze·ro__ [ˋzɪro] *n.*(*pl.* **∼s, ∼es**) ① Ⓒ 零；0。② Ⓤ 零點；零位；(溫度計的)零度。③ Ⓤ 最低點；無。**—** *adj.* ①

零的；在零度的。②無的。— *v.t.* (前三解常與 in 連用)①調整(槍砲)之射距。②集中砲火於…。③瞄準(槍砲)。④將…歸零。— *v.i.* 集中砲火〔常 in〕. § ~ **hòur** (1)〖軍〗零時；預定行動開始的時間。(2)(火箭等的)發射時刻。(3)決定性的瞬間；危機。~ **populátion grôwth** 人口零成長。

ze·ro-sum [ˋziroˋsʌm] *adj.* 零和(關係)的(一方所得利益引起另一方相對損失的)。

***zest** [zɛst] *n.* Ⓤ (又作 a ~)①風味；滋味；趣味。②強烈的興趣；熱心。— *v.t.* 增加興趣。

ze·ta [ˋzetə] *n.* ⓊⒸ 希臘字母之第六個字母(Z, ζ).

Zeus [zus, zjus] *n.* 〖希神〗宙斯(Olympus 的主神)。

***zig·zag** [ˋzɪgzæg] *adj.* & *adv.* 鋸齒形的[地]；曲折的[地]。— *v.i.* (-gg-) 作鋸齒形；曲折地前進。— *v.t.* 使成鋸齒形；使曲折。— *n.* Ⓒ 鋸齒形(之物)。

zilch [zɪltʃ] *n.* Ⓤ〖美俚〗零；無。

zil·lion [ˋzɪljən] *n.* Ⓒ (*pl.* ~s, ~) 〖俗〗幾兆億；無數。

Zim·bab·we [zɪmˋbɑbwɪ, -bwe] *n.* 辛巴威(非洲東南部一共和國)。

***zinc** [zɪŋk] *n.* Ⓤ〖化〗鋅(金屬元素；符號Zn). — *v.t.* (**zinc(k)ed, zinc(k)ing**)覆以鋅；給…鍍鋅。

zing [zɪŋ] *n.* ① Ⓤ 活力；興緻。② Ⓒ 引起興趣之特點或性質。③ Ⓒ 〖俚〗颼颼聲。— *v.i.* & *v.t.* 〖俚〗發颼颼聲。

Zi·on [ˋzaɪən] *n.* ①錫安山(耶路撒冷之一山名，為希伯來政教及國民生活之中心)。② Ⓤ (集合稱)以色列(人民)。③ Ⓤ 天堂；天國。④ Ⓒ 樂園；烏托邦。

Zi·on·ism [ˋzaɪən,ɪzəm] *n.* Ⓤ 猶太人復國運動。

Zi·on·ist [ˋzaɪənɪst] *n.* Ⓒ 錫安主義者。— *adj.* 錫安主義的。

zip [zɪp] *n.* 〖俗〗① Ⓒ (彈丸飛過時之)颼颼聲。② Ⓤ 能力；活力。— *v.i.* (-pp-)①作颼颼聲；颼颼飛駛。②拉拉鍊。§ ~ **côde** 郵遞區號。

zip-fas·ten·er [ˋzɪp,fæsn̩ə] *n.* 〖英〗=**zipper.**

zip·per [ˋzɪpə] *n.* Ⓒ 拉鍊。— *v.t.* & *v.i.* 以拉鍊扣緊。

zir·con [ˋzɜkɑn] *n.* ⓊⒸ〖礦〗鋯石；風信子玉。

zit [zɪt] *n.* Ⓒ〖美俚〗青春痘。

zith·er [ˋzɪθə] *n.* Ⓒ 齊特琴(有三十至四十條絃，用撥子或手指彈奏之)。

zith·ern [ˋzɪθən] *n.* =**zither.**

zo·di·ac [ˋzodɪ,æk] *n.* ①(the ~)〖天〗黃道帶。② Ⓒ 十二宮一覽圖；十二星座的配置圖。

zom·bi(e) [ˋzɑmbɪ] *n.* Ⓒ (*pl.* ~s) 還魂屍；復活之死屍。

***zone** [zon] *n.* Ⓒ 地區；地帶；區域。— *v.t.* ①用帶子圍。②分成地區。— *v.i.* 形成地區。

zonked [zɑŋkt] *adj.* 〖俚〗①醉酒的；(因吸食毒品)木然的。②筋疲力竭的；(因勞累而)熟睡的。

***zoo** [zu] *n.* Ⓒ (*pl.* ~s)動物園。

***zo·o·log·i·cal** [,zoəˋlɑdʒɪkl̩] *adj.* 動物(學)的。§ ~ **gárden** 動物園。

***zo·ol·o·gy** [zoˋɑlədʒɪ] *n.* Ⓤ 動物學。— **zo·ol′o·gist,** *n.*

zoom [zum] *v.i.* ①陡直地上升；攢升。②迅速地移動同時並發出嗡嗡聲。③〖攝〗用自由焦距鏡頭使影像縮小或放大〔in, out〕. — *v.t.* ①使陡直地上升。②〖攝〗調整(自由焦距鏡頭)使物像放大或縮小。— *n.* (a ~)陡直上升；呼嘯疾駛。§ ~ **lèns**〖攝〗變焦距鏡頭；變焦。

zóot sùit [ˋzut ~] *n.* Ⓒ〖美俚〗一種男性服裝(上衣肩寬而長，褲腰大而褲口窄狹)。— **er,** *n.*

zoot·y [ˋzutɪ] *adj.* 〖俚〗過於華麗的；裝飾考究的。

Zo·ro·as·tri·an [,zoroˋæstrɪən] *adj.* 祆教的。— *n.* Ⓒ 祆教徒。

zow·ie [ˋzauɪ] *interj.* 呀！哇！(表示激動、高興、驚訝)。

zuc·chi·ni [zuˋkinɪ] *n.* ⓊⒸ (*pl.* ~, ~s)綠皮胡瓜。

Zu·lu [ˋzulu] *n.* (*pl.* ~s, ~)①(the ~)祖魯族(南非一好戰民族)。② Ⓒ 祖魯族人。③ Ⓤ 祖魯語。— *adj.* 祖魯族人[語]的。

zyme [zaɪm] *n.* Ⓒ 酶；酵素。

Z

不規則動詞表

斜體字主要用於詩語或古語

現　在	過　去	過去分詞
abide	abode, abided	abode, abided
alight	alighted, *alit*	alighted, *alit*
arise	arose	arisen
awake	awoke, awaked	awaked, awoke, awoken
backbite	backbit	backbitten, backbit
backslide	backslid	backslid, backslidden
be(am, *art*, is; are)	was, *wast*, *wert*; were	been
bear	bore, *bare*	borne, born
beat	beat	beaten, *beat*
become	became	become
befall	befell	befallen
beget	begot, *begat*	begotten, begot
begin	began	begun
begird	begirt, begirded	begirt, begirded
behold	beheld	beheld
bend	bent, *bended*	bent, *bended*
bereave	bereaved, bereft	bereaved, bereft
beseech	besought, beseeched	besought, beseeched
beset	beset	beset
bespeak	bespoke, *bespake*	bespoken, bespoke
bestrew	bestrewed	bestrewed, bestrewn
bestride	bestrode, bestrid	bestridden, bestrid
bet	bet, betted	bet, betted
betake	betook	betaken
bethink	bethought	bethought
bid	bade, bid, bad	bidden, bid
bide	bode, bided	bided
bind	bound	bound, *bounden*
bite	bit	bitten, bit
bleed	bled	bled
blend	blended, *blent*	blended, *blent*
bless	blessed, blest	blessed, blest
blow	blew	blown
break	broke, *brake*	broken, *broke*
breed	bred	bred
bring	brought	brought
broadcast	broadcast(ed)	broadcast(ed)
browbeat	browbeat	browbeaten
build	built, *builded*	built, *builded*
burn	burned, burnt	burned, burnt
burst	burst	burst
buy	bought	bought
can	could	——
cast	cast	cast
catch	caught	caught

現　在	過　去	過去分詞
chide	chided, chid	chided, chid, chidden
choose	chose	chosen
cleave	cleft, cleaved, clove	cleft, cleaved, cloven
cleave	cleaved, *clave*	cleaved
cling	clung	clung
clothe	clothed, *clad*	clothed, *clad*
come	came	come
cost	cost	cost
creep	crept	crept
crow	crowed, *crew*	crowed
curse	cursed, curst	cursed, curst
cut	cut	cut
dare	dared, durst	dared
deal	dealt	dealt
dig	dug, *digged*	dug, *digged*
dive	dived, dove	dived
do, does	did	done
draw	drew	drawn
dream	dreamed, dreamt	dreamed, dreamt
dress	dressed, drest	dressed, drest
drink	drank	drunk, drank, *drunken*
drive	drove, *drave*	driven
dwell	dwelt, dwelled	dwelt, dwelled
eat	ate	eaten
fall	fell	fallen
feed	fed	fed
feel	felt	felt
fight	fought	fought
find	found	found
flee	fled	fled
fling	flung	flung
fly	flew	flown
forbear	forbore	forborne
forbid	forbade, forbad	forbidden, forbid
forecast	forecast(ed)	forecast(ed)
forego	forewent	foregone
foreknow	foreknew	foreknown
foresee	foresaw	foreseen
foretell	foretold	foretold
forget	forgot, *forgat*	forgotten, forgot
forgive	forgave	forgiven
forsake	forsook	forsaken
forswear	forswore	forsworn
freeze	froze	frozen
gainsay	gainsaid, gainsayed	gainsaid, gainsayed
get	got, *gat*	got, gotten
gild	gilded, gilt	gilded, gilt
gird	girded, girt	girded, girt
give	gave	given
gnaw	gnawed	gnawed, gnawn
go	went	gone
grave	graved	graven, graved
grind	ground	ground

現　在	過　去	過去分詞
grow	grew	grown
hamstring	hamstrung, hamstringed	hamstrung, hamstringed
hang	hung, hanged	hung, hanged
have, *hast*, has	had, *hadst*	had
hear	heard	heard
heave	heaved, hove	heaved, hove
hew	hewed	hewed, hewn
hide	hid	hidden, hid
hit	hit	hit
hold	held	held, *holden*
hurt	hurt	hurt
inlay	inlaid	inlaid
inset	inset	inset
keep	kept	kept
kneel	knelt, kneeled	knelt, kneeled
knit	knitted, knit	knitted, knit
know	knew	known
lade	laded	laden, laded
lay	laid	laid
lead	led	led
lean	leaned, leant	leaned, leant
leap	leaped, leapt	leaped, leapt
learn	learned, learnt	learned, learnt
leave	left	left
lend	lent	lent
let	let	let
let	letted, let	letted, let
lie	lay	lain
light	lighted, lit	lighted, lit
lose	lost	lost
make	made	made
may	might	——
mean	meant	meant
meet	met	met
melt	melted	melted, molten
methinks	methought	——
misdeal	misdealt	misdealt
misgive	misgave	misgiven
mislay	mislaid	mislaid
mislead	misled	misled
misread	misread	misread
misspell	misspelled, misspelt	misspelled, misspelt
mistake	mistook	mistaken
misunderstand	misunderstood	misunderstood
mow	mowed	mowed, mown
outbid	outbid, outbade	outbid, outbidden
outdo	outdid	outdone
outgo	outwent	outgone
outgrow	outgrew	outgrown
outride	outrode	outridden
outrun	outran	outrun
outsell	outsold	outsold
outshine	outshone	outshone

現　在	過　去	過去分詞
outspread	outspread	outspread
outwear	outwore	outworn
overbear	overbore	overborne
overcast	overcast	overcast
overcome	overcame	overcome
overdo	overdid	overdone
overdraw	overdrew	overdrawn
overdrink	overdrank	overdrunk
overdrive	overdrove	overdriven
overeat	overate	overeaten
overfeed	overfed	overfed
overgrow	overgrew	overgrown
overhang	overhung	overhung
overhear	overheard	overheard
overlay	overlaid	overlaid
overleap	overleaped, overleapt	overleaped, overleapt
overlie	overlay	overlain
overpay	overpaid	overpaid
override	overrode	overridden
overrun	overran	overrun
oversee	oversaw	overseen
overset	overset	overset
overshoot	overshot	overshot
oversleep	overslept	overslept
overspread	overspread	overspread
overtake	overtook	overtaken
overthrow	overthrew	overthrown
overwork	overworked, overwrought	overworked, overwrought
partake	partook	partaken
pay	paid	paid
pen	penned, pent	penned, pent
plead	pleaded, ple(a)d	pleaded, ple(a)d
prepay	prepaid	prepaid
prove	proved	proved, proven
put	put	put
quit	quit, quitted	quit, quitted
read	read [rɛd]	read [rɛd]
reave	reaved, reft	reaved, reft
rebuild	rebuilt	rebuilt
recast	recast	recast
reeve	rove, reeved	rove, reeved
re-lay	re-laid	re-laid
rend	rent	rent
repay	repaid	repaid
reread	reread	reread
resell	resold	resold
reset	reset	reset
retell	retold	retold
rewrite	rewrote	rewritten
rid	rid, ridded	rid, ridded
ride	rode, *rid*	ridden
ring	rang	rung

現　在	過　去	過去分詞
rise	rose	risen
rive	rived	rived, riven
run	ran	run
saw	sawed	sawed, sawn
say	said	said
see	saw	seen
seek	sought	sought
sell	sold	sold
send	sent	sent
set	set	set
sew	sewed	sewed, sewn
shake	shook	shaken
shall, *shalt*	should, *shouldst*	——
shave	shaved	shaved, shaven
shear	sheared	sheared, shorn
shed	shed	shed
shine	shone, shined	shone, shined
shoe	shod, shoed	shod, shoed
shoot	shot	shot
show	showed	shown, showed
shred	shredded, *shred*	shredded, *shred*
shrink	shrank, shrunk	shrunk, shrunken
shrive	shrived, shrove	shriven, shrived
shut	shut	shut
sing	sang, *sung*	sung
sink	sank, *sunk*	sunk, sunken
sit	sat, *sate*	sat, *sate*
slay	slew	slain
sleep	slept	slept
slide	slid	slid, slidden
sling	slung	slung
slink	slunk, *slank*	slunk
slit	slit	slit
smell	smelled, smelt	smelled, smelt
smite	smote	smitten, *smit*
sow	sowed	sown, sowed
speak	spoke, *spake*	spoken, *spoke*
speed	sped, speeded	sped, speeded
spell	spelled, spelt	spelled, spelt
spellbind	spellbound	spellbound
spend	spent	spent
spill	spilled, spilt	spilled, spilt
spin	spun, *span*	spun
spit	spat, spit	spat, spit
split	split	split
spoil	spoiled, spoilt	spoiled, spoilt
spread	spread	spread
spring	sprang, sprung	sprung
squat	squatted, squat	squatted, squat
stand	stood	stood
stave	staved, stove	staved, stove
stay	stayed, *staid*	stayed, *staid*
steal	stole	stolen

現　在	過　去	過去分詞
stick	stuck	stuck
sting	stung	stung
stink	stank, stunk	stunk
strew	strewed	strewed, strewn
stride	strode	stridden
strike	struck	struck, *stricken*
string	strung	strung
strive	strove	striven
sunburn	sunburned, sunburnt	sunburned, sunburnt
swear	swore, *sware*	sworn
sweat	sweat, sweated	sweat, sweated
sweep	swept	swept
swell	swelled	swelled, swollen
swim	swam	swum
swing	swung	swung
take	took	taken
teach	taught	taught
tear	tore	torn
tell	told	told
think	thought	thought
thrive	throve, thrived	thriven, thrived
throw	threw	thrown
thrust	thrust	thrust
toss	tossed, *tost*	tossed, *tost*
tread	trod	trodden, trod
typewrite	typewrote	typewritten
unbend	unbent, unbended	unbent, unbended
unbind	unbound	unbound
undergo	underwent	undergone
understand	understood	understood
undertake	undertook	undertaken
underwrite	underwrote	underwritten
undo	undid	undone
uphold	upheld	upheld
upset	upset	upset
wake	waked, woke	waked, woken
waylay	waylaid	waylaid
wear	wore	worn
weave	wove, weaved	woven, wove, weaved
wed	wedded	wedded, wed
weep	wept	wept
wet	wet, wetted	wet, wetted
will, *wilt*	would, *wouldst*	——
win	won	won
wind	wound	wound
wind	wound, winded	wound, winded
withdraw	withdrew	withdrawn
withhold	withheld	withheld
withstand	withstood	withstood
work	worked, *wrought*	worked, *wrought*
wrap	wrapped, wrapt	wrapped, wrapt
wring	wrung	wrung
write	wrote, *writ*	written, *writ*

數的讀法

1. 基數與序數

基 數 (Cardinals)		序 數 (Ordinals)
1……one	I [i]	1st……first
2……two	II [ii]	2nd……second
3……three	III [iii]	3rd……third
4……four	IV [iv]	4th……fourth
5……five	V [v]	5th……fifth
6……six	VI [vi]	6th……sixth
7……seven	VII [vii]	7th……seventh
8……eight	VIII [viii]	8th……eighth
9……nine	IX [ix]	9th……ninth
10……ten	X [x]	10th……tenth
11……eleven	XI [xi]	11th……eleventh
12……twelve	XII [xii]	12th……twelfth
13……thirteen	XIII [xiii]	13th……thirteenth
14……fourteen	XIV [xiv]	14th……fourteenth
15……fifteen	XV [xv]	15th……fifteenth
16……sixteen	XVI [xvi]	16th……sixteenth
17……seventeen	XVII [xvii]	17th……seventeenth
18……eighteen	XVIII [xviii]	18th……eighteenth
19……nineteen	XIX [xix]	19th……nineteenth
20……twenty	XX [xx]	20th……twentieth
21……twenty-one	XXI [xxi]	21st……twenty-first
22……twenty-two	XXII [xxii]	22nd……twenty-second
23……twenty-three	XXIII [xxiii]	23rd……twenty-third
30……thirty	XXX [xxx]	30th……thirtieth
40……forty	XL [xl]	40th……fortieth
50……fifty	L [l]	50th……fiftieth
60……sixty	LX [lx]	60th……sixtieth
70……seventy	LXX [lxx]	70th……seventieth
80……eighty	LXXX [lxxx]	80th……eightieth
90……ninety	XC [xc]	90th……ninetieth
100……one hundred	C [c]	100th……(one) hundredth
101……one hundred (and) one	CI [ci]	101st……(one) hundred and first
500……five hundred	D [d]	500th……five hundredth
1,000……one thousand	M [m]	1,000th……(one) thousandth

注意：序數通常都冠以 the.

2. 萬以上的數字

10,000(一萬)……ten thousand
100,000(十萬)……one hundred thousand
1,000,000(百萬)……one million
10,000,000(千萬)……ten million
100,000,000(一億)……one hundred million

9,123,456 ………nine million, one hundred and twenty-three thousand, four hundred and fifty-six

十億以上的大數字在美英各有不同的讀法：

十億〖美〗one billion	〖英〗one thousand million
百億〖美〗ten billion	〖英〗ten thousand million
千億〖美〗one hundred billion	〖英〗one hundred thousand million
一兆〖美〗one trillion	〖英〗one billion

3.分數(Fractions)

$\frac{1}{2}$=a [one] half $\frac{1}{3}$=a third $\frac{1}{4}$=a quarter

$\frac{3}{5}$=three-fifths $2\frac{5}{6}$=two and five-sixths

$\frac{115}{352}$=one hundred and fifteen over [by] three hundred and fifty-two

4.小數(Decimals)

20.15=twenty decimal [point] one five
0.042=decimal naught four two

5.計算式(Expressions)

8+4=12 Eight plus four equals twelve.
9−2=7 Nine minus two is equal to seven.
或爲, Two from nine leaves seven.
8×3=24 Eight times three is twenty-four.
24÷6=4 Twenty-four divided by six makes four.
3：6=4：8 Three is to six as four is to eight.
或爲, The ratio of three to six equals the ratio of four to eight.
x^2 x square 或爲 x squared
y^3 y cube 或爲 y cubed

6.時間(Time)

8：30 a.m.=eight thirty a.m.
或爲, half past(=〖美〗after)eight a.m.(上午八點三十分)
5：45 p.m.=five forty-five p.m.(下午五點四十五分)
或爲, a quarter to(=〖美〗before)six p.m.(下午五點三刻)
或爲, 〖美〗a quarter of six p.m.

7.年・月・日(Date)

7/1/1997=July(the)first, nineteen ninety-seven(美國式)
23/5/1996(或爲 23 V 96)=(the)twenty-third of May, nineteen ninety-six(歐洲式)

8.度量衡(Weights and Measures)

長度 6 ft. 8 in.=six feet eight inches
面積 30×18 feet=thirty by eighteen feet
或爲 thirty feet by eighteen
體積 $7'' \times 5'' \times 2\frac{1}{3}''$=seven inches by five by two and a third
重量 10 lbs. 6 oz.=ten pounds six ounces
8 cwt. 3 lbs.=eight hundredweights three pounds

9.電話號碼(Telephone Numbers)

電話號碼通常將各個數字以基數讀出來，但以把兩個數字一讀的方式較易明瞭，如須把局號放進時，通常是把它放在電話號碼之前或後讀出來。
0306=0 [o] three, 0 six
或爲 naught three, naught six
(02)5021948=0 two, five 0 two, one nine, four eight.
或爲 naught two, five naught two, one nine, four eight.

度量衡換算表

長 度(linear measure)

公釐	公尺	公里	市尺	營造尺	舊日尺(台尺)	吋	呎	碼	哩	國際浬
1	0.001	……	0.003	0.00313	0.0033	0.03937	0.00328	0.00109	……	……
1000	1	0.001	3	3.125	3.3	39.37	3.28084	1.09361	0.00062	0.00054
……	1000	1	3000	3125	3300	39370	3280.84	1093.61	0.62137	0.53996
333.333	0.33333	0.00033	1	1.04167	1.1	13.1233	1.09361	0.36454	0.00021	0.00018
320	0.32	0.00032	0.96	1	1.056	12.5984	1.04987	0.34996	0.0002	0.00017
303.030	0.30303	0.00030	0.90909	0.94697	1	11.9303	0.99419	0.33140	0.00019	0.00016
25.4	0.0254	0.00003	0.07620	0.07938	0.08382	1	0.08333	0.02778	0.00002	0.00001
304.801	0.30480	0.00031	0.91440	0.95250	1.00584	12	1	0.33333	0.00019	0.00017
914.402	0.91440	0.00091	2.74321	2.85751	3.01752	36	3	1	0.00057	0.00049
……	1609.35	1.60935	4828.04	5029.21	5310.83	63360	5280	1760	1	0.86898
……	1852.00	1.85200	5556.01	5787.50	6111.60	72913.2	6076.10	2025.37	1.15016	1

註：1英碼＝0.9143992公尺　1公尺＝1.0936143英碼　1英吋＝2.539998公分　1海里＝6080呎
　　1美碼＝0.91440183公尺　1公尺＝1.0936111美碼　1美吋＝2.54000公分　　＝1.516哩

公釐 Millimeter mm; 公分 Centimeter cm; 公寸 Decimeter dm; 公尺 Meter m;
公丈 Dekameter dkm; 公引 Hectometer hm; 公里 Kilometer km

面 積(square measure)

平方公尺	公畝	公頃	平方公里	市畝	營造畝	日坪	日畝	台灣甲	英畝	美畝
1	0.01	0.0001	……	0.0015	0.001628	0.30250	0.01008	0.000103	0.00025	0.00025
100	1	0.01	0.0001	0.15	0.16276	30.25	1.00833	0.01031	0.02471	0.02471
10000	100	1	0.01	15	16.276	3025.0	100.833	1.03102	2.47106	2.47104
……	10000	100	1	1500	1627.6	302500	10083.3	103.102	247.106	247.104
666.666	6.66667	0.06667	0.000667	1	1.08507	201.667	6.72222	0.06874	0.16441	0.16474
614.40	6.1440	0.06144	0.000614	0.9216	1	185.856	6.19520	0.06238	0.15203	0.15182
3.30579	0.03306	0.00033	……	0.00496	0.00538	1	0.03333	0.00034	0.00082	0.00082
99.1736	0.99174	0.00992	0.00009	0.14876	0.16142	30	1	0.01023	0.02451	0.02451
9699.17	96.9917	0.96992	0.00970	14.5488	15.7866	2934	97.80	1	2.39672	2.39647
4046.85	40.4685	0.40469	0.00405	6.07029	6.58666	1224.17	40.8057	0.41724	1	0.99999
4046.87	40.4687	0.40469	0.00405	6.07031	6.58671	1224.18	40.806	0.41724	1.000005	1

註：1平方哩＝2.58999平方公里＝640美[英]畝　1台灣甲＝2934坪

1 日町＝10段＝100日畝＝3000日坪
平方公尺 Centiare ca; 公畝 Are a; 公頃 Hectare ha

容　量(volume or capacity)

公撮	公升(市升)	營造升	日升(台升)	英液盎司	美液盎司	美液品脫	英加侖	美加侖	英蒲式耳	美蒲式耳
1	0.001	0.00097	0.00055	0.03520	0.03382	0.00211	0.00022	0.00026	0.00003	0.00003
1000	1	0.96575	0.55435	35.1960	33.8148	2.11342	0.21998	0.26418	0.02750	0.02838
1035.47	1.03547	1	0.57402	36.4444	35.0141	2.18838	0.22777	0.27355	0.02960	0.02939
1803.91	1.80391	1.74212	1	63.4904	60.9986	3.81242	0.39682	0.47655	0.04960	0.05119
28.4123	0.02841	0.02744	0.01585	1	0.96075	0.06005	0.00625	0.00751	0.00078	0.00081
29.5729	0.02957	0.02856	0.01639	1.04086	1	0.06250	0.00651	0.00781	0.00081	0.00084
473.167	0.47317	0.45696	0.26230	16.6586	16	1	0.10409	0.1250	0.01301	0.01343
4545.96	4.54596	4.39025	2.52007	160	153.721	9.60752	1	1.20094	0.1250	0.12901
3785.33	3.78533	3.65567	2.09841	133.229	128	8	0.83268	1	0.10409	0.10745
3636.77	36.3677	35.1220	20.1605	1280	1229.76	76.8602	8	9.60753	1	1.02921
35238.3	35.2383	34.0313	19.5344	1240.25	1191.57	74.4733	7.75156	9.30917	0.96895	1

註：1公升=1.000028立方公寸　1英加侖=8英品脫=160英液盎司=32英及耳=76800英米甯
1美加侖=8美液品脫=128美液盎司=32美及耳=61440美米甯

公撮 Milliliter ml; 公勺 Centiliter cl; 公合 Deciliter dl; 公升 Liter l;
公斗 Decaliter dal; 公石 Hectoliter hl; 公秉 Kiloliter kl

重　量(mass and weight)

公克	公斤	公噸	市斤	營造庫平斤	台兩	日斤(台斤)	盎司	磅	長噸	短噸
1	0.001	……	0.002	0.00168	0.02667	0.00167	0.03527	0.00221	……	……
1000	1	0.001	2	1.67556	26.6667	1.66667	35.2740	2.20462	0.00098	0.00110
……	1000	1	2000	1675.56	26666.7	1666.67	35274.0	2204.62	0.98421	1.10231
500	0.5	0.0005	1	0.83778	13.3333	0.83333	17.6370	1.10231	0.00049	0.00055
596.816	0.59682	0.0006	1.19363	1	15.9151	0.99469	21.0521	1.31575	0.00059	0.00066
37.5	0.0375	0.00004	0.075	0.06283	1	0.0625	1.32277	0.08267	0.00004	0.00004
600	0.6	0.0006	1.2	1.00534	16	1	21.1644	1.32277	0.00059	0.00066
28.3495	0.02835	0.00003	0.0567	0.04751	0.75599	0.04725	1	0.0625	0.00003	0.00003
453.592	0.45359	0.00045	0.90719	0.76002	12.0958	0.75599	16	1	0.00045	0.00050
……	1016.05	1.01605	203.209	1702.45	27094.6	1693.41	35840	2240	1	1.12
907185	907.185	0.90719	1814.37	1520.04	24191.6	1511.98	32000	2000	0.89286	1

註：1英磅=0.45359245公斤　1脫來磅=12脫來盎司=0.822857磅
1克辣=0.2公克　1美磅=0.4535924277公斤
1日貫=1000日匁=6.25台斤=100台兩　1克冷=0.0648公克

公絲 Milligram mg; 公毫 Centigram cg; 公銖 Decigram dg; 公克 Gram g; 公錢 Decagram dag; 公兩 Hectogram hg; 公斤 Kilogram kg; 公衡 Myriagram mag; 公擔 Quintal q; 公噸 Tonne t

長　度(linear measure)

inches 吋	feet 呎	yards 碼	rods 桿	miles 哩	日制	公制
1	0.083333	0.027778	0.00505051	0.0000157828	0.84 寸	2.54 *cm*
12	1	0.333333	0.0606061	0.000189394	1.006 尺	0.3048*m*
36	3	1	0.181818	0.000568182	3.017 尺	0.9144*m*
198	16.5	5.5	1	0.003125	16.596 尺	5.029 *m*
63,360	5,280	1,760	320	1	0.4098里	1,609.3*m*

面　積(square measure)

square inches 平方吋	square feet 平方呎	square yards 平方碼	square rods 平方桿	acres 畝	square miles 平方哩	日制	公制
1	0.0069444	0.0007716				0.70平方寸	6.452cm^2
144	1	0.1111	0.0036731	2.29568×10^{-5}	3.58701×10^{-8}	0.028坪	929cm^2
1,296	9	1	0.03305785	2.06612×10^{-4}	3.22831×10^{-7}	0.253坪	0.8361m^2
39,204	272.25	30.25	1	0.00625	9.765625×10^{-6}	7.650坪	25.293m^2
627,264	43,560	4,840	160	1	0.0015625	4.0804反	0.40468ha
(4.0154×10^9)	(27,878,400)	(3,097,600)	(102,400)	(640)	(1)	(261.147町步)	(259ha)

體　積(cubic measure)

cubic inches 立方吋	cubic feet 立方呎	cubic yards 立方碼	日制	公制
1	0.000578704	2.143347×10^{-5}	0.91勺	16.387cm^3
1,728	1	0.0370370	15.697升	0.0283m^3
46,656	27	1	4.23819石	0.7646m^3

液　量(liquid measure)

gills 及耳	pints 品脫	quarts 夸脫	gallons 加侖	美國		英國	
1	0.25	0.125	0.03125	0.66 合	0.1183l	0.79 合	0.142 l
4	1	0.5	0.125	2.62 合	0.4732l	3.15 合	0.568 l
8	2	1	0.25	5.25 合	0.9464l	6.29 合	1.136 l
32	8	4	1	2.098升	3.7853l	2.517升	4.5459l

乾　量(dry measure)

pints 品脫	quarts 夸脫	pecks 配克	bushels 蒲式耳	美國		英國	
1	0.5	0.0625	0.015625	0.305升	0.5506l	0.315升	0.568l
2	1	0.125	0.03125	0.610升	1.1012l	0.629升	1.136l
16	8	1	0.25	4.878升	8.8096l	5.035升	9.092l
64	32	4	1	1.953斗	35.2383l	2.014斗	36.368l

常　衡(avoirdupois weight)

drams 特拉姆	ounces 噸	pounds 磅	(short) tons (短)噸	(long) tons (長)噸	日制	公制
1	0.0625	0.00390625			0.47 匁	1.772g
16	1	0.0625	0.00003125	0.0000279	7.56 匁	28.35g
256	16	1	0.0005	0.00045	120.96 匁	453.59g
572,000	32,000	2,000	1	0.8929	241.916貫	907.185kg
573,440	35,840	2,240	1.12	1	270.946貫	1,016.05kg

金　衡(troy weight)

grains 喱	pennyweights 英錢	ounces 啢	pounds 磅	日制	公制
1	0.041667	0.0020833	0.0001736111	0.02匁	0.0648g
24	1	0.05	0.0041667	0.41匁	1.5552g
480	20	1	0.083333	8.30匁	31.1035g
5,760	240	12	1	99.50匁	373.2418g

藥劑用衡量(apothecaries' weight)

grains 喱	scruples 斯克魯	drams 特拉姆	ounces 唡	pounds 磅	日制	公制
1	0.05	0.016667	0.0020833	0.0001736111	0.02匁	0.0648g
20	1	0.333333	0.041667	0.0034722	0.35匁	1.2960g
60	3	1	0.125	0.0104167	1.04匁	3.8879g
480	24	8	1	0.083333	8.29匁	31.1035g
5,760	288	96	12	1	99.51匁	373.2418g

中文數字(The Chinese Numerals)

	Ordinary style	Large style to avoid fraud	碼字		Ordinary style	Large style to prevent fraud	Examples
1.	一	壹 弌	〡	100.	百	佰	13, 〡三
2.	二	貳 弍	〢	1,000.	千	仟	22, 〢二
3.	三	叄 弎	〣	10,000.	萬	万 abbr.	24, 〢〤
4.	四	肆	〤	100,000.	億 *		102, 〡〇二
5.	五	伍	〥	1,000,000.	兆 *		115, 〡一〥
6.	六	陸	〦				1360, 〡三〦十
7.	七	柒	〧				1335, 〡三〣〥
8.	八	捌	〨				4642, 〤〦〤二
9.	九	玖	〩	The 碼字 are commonly used on accounts where no need exists for special caution. They are used as in the above examples.			
10.	十	拾	十				

註：* 億兆有大小兩種。小者，十萬爲億，十億爲兆。大者，萬萬爲億，萬億爲兆。

新字補充

新字補充

新字補充

FAR EAST MINI ENGLISH-CHINESE DICTIONARY

遠東迷你英漢字典(聖經紙本)

1998年8月版

定價：新台幣180元（外埠酌加運滙費）

編輯者／遠東圖書公司編審委員會
發行人／浦家麟
印刷者／遠東圖書公司
發行所／遠東圖書公司
地址／台北市重慶南路一段66號
電話總機／(02)23118740 FAX:(02)23114184
郵政劃撥／00056691
美國發行所／U. S. 國際出版公司
U. S. INTERNATIONAL PUBLISHING INC.
39 WEST 38TH STREET
NEW YORK, N. Y. 10018, U. S. A.
登記證／局版台業字第0820號
http://www.fareast.com.tw
本／佳

本字典採用米黃色聖經紙精印，以護目力。

國家圖書館出版品預行編目資料

遠東迷你英漢字典＝Far East mini English-Chinese dictionary / 遠東圖書公司編審委員會編輯. --二版. --臺北市：遠東, 1997
[民86]印刷
面； 公分

ISBN 957-612-345-3(72K 聖經精裝)

1.英國語言 - 字典, 辭典 - 中國語言

805.132 85011670

請將
本辭典的優點告訴他們
本辭典的缺點告訴我們
謝謝